中国林业产业与林产品年鉴

YEARBOOK OF CHINA'S FOREST INDUSTRIES

2008 ~ 2010

国家林业局　编

STATE FORESTRY ADMINISTRATION

中国林业出版社

CHINESE FORESTRY PUBLISHING HOUSE

图书在版编目(CIP)数据

中国林业产业与林产品年鉴．2008～2010/国家林业局编．—北京：中国林业出版社，2011.1
ISBN 978-7-5038-6082-9

Ⅰ.①中… Ⅱ.①国… Ⅲ.①林业经济－中国－2008～2010－年鉴②林产品－中国－2008～2010－年鉴 Ⅳ.①F326.2－54②F426.88－54

中国版本图书馆 CIP 数据核字(2011)第014285号

出版 中国林业出版社(100009 北京西城区德内大街刘海胡同7号)
电话 (010)83282326
网址 http：//lycb.forestry.gov.cn
E-mail：cfphz@public.bta.net.cn
发行 中国林业出版社
印刷 北京中科印刷有限公司
版次 2010年12月第1版
印次 2010年12月第1次
开本 889mm×1194mm 1/16
印数 1～4200册
印张 64
插页 2
字数 2286千字
定价 299.00元

编辑委员会

编辑部

编 辑 说 明

一、《中国林业产业与林产品年鉴》由国家林业局主持编纂。是一部全面、系统反映中国林业产业体系建设成就、经验及其发展动态的大型工具书。每年一卷，限收录上年度信息资料。

二、第二卷(2008~2010)，按照国家林业局林策发〔2007〕117号文件精神，以2008、2009年资料为主，同时也收录了2007年有关重要文献资料。全卷200万字，大16开，精装。

三、《中国林业产业与林产品年鉴》的基本任务是，面向市场、面向基层、面向林业产业现代化，为林业行政机关，林业行业广大生产经营单位、国内外林业投资者、林业研究工作者，提供主要县(旗、市、区、局)林产品产销信息、国家和地方有关政策法规 、各省(区、市)林业产业动态及其先进地(市)和县(旗、市、区、局)经验与重点企业经营状况、林产品进出口贸易等资料。

四、该卷(2008~2010)编纂设六个栏目：(一)特辑(中央及局领导有关林业产业重要指示、讲话)，主要林业产业政策与法规；(二)全国林业产业发展综述；(三)中国林业产业大事记；(四)各省(区、市)及国有林业集团产业发展概述；(五)林产品主产县(旗、市、区、局)；(六)林产品进出口贸易资料。

五、该卷林业产业与林产品资料来源。分县资料，由各省级单位组织下属各县(旗、市、区、局)林业部门根据相关统计调查资料收集整理并通过中国林业产业与林产品信息网络平台填写，并经省、地、县三级审核(见流程简图)。

六、第二卷所录资料，均不含台湾及香港、澳门特别行政区。

七、年鉴文字部分，实行条目编辑。条头设【 】。条目标题力求简明、规范。长条设黑体和楷体两级层次标题。全卷编排按内容分类。

八、年鉴文稿编撰，由各省(区、市)林业厅(局)、四大国有林区森工(林业)集团、新疆生产建设兵团林业局和国家林业局有关司(局)，以及林业产业行业协会承担。

九、年鉴计量单位、文字撰稿、资料选用均执行国家现行立法规定；其中反映基层的商品林资源面积可用亩。

十、条目、文章，一律署名，文责自负。

中国林业产业与林产品年鉴编辑部

《中国林业产业与林产品年鉴》编纂流程简图

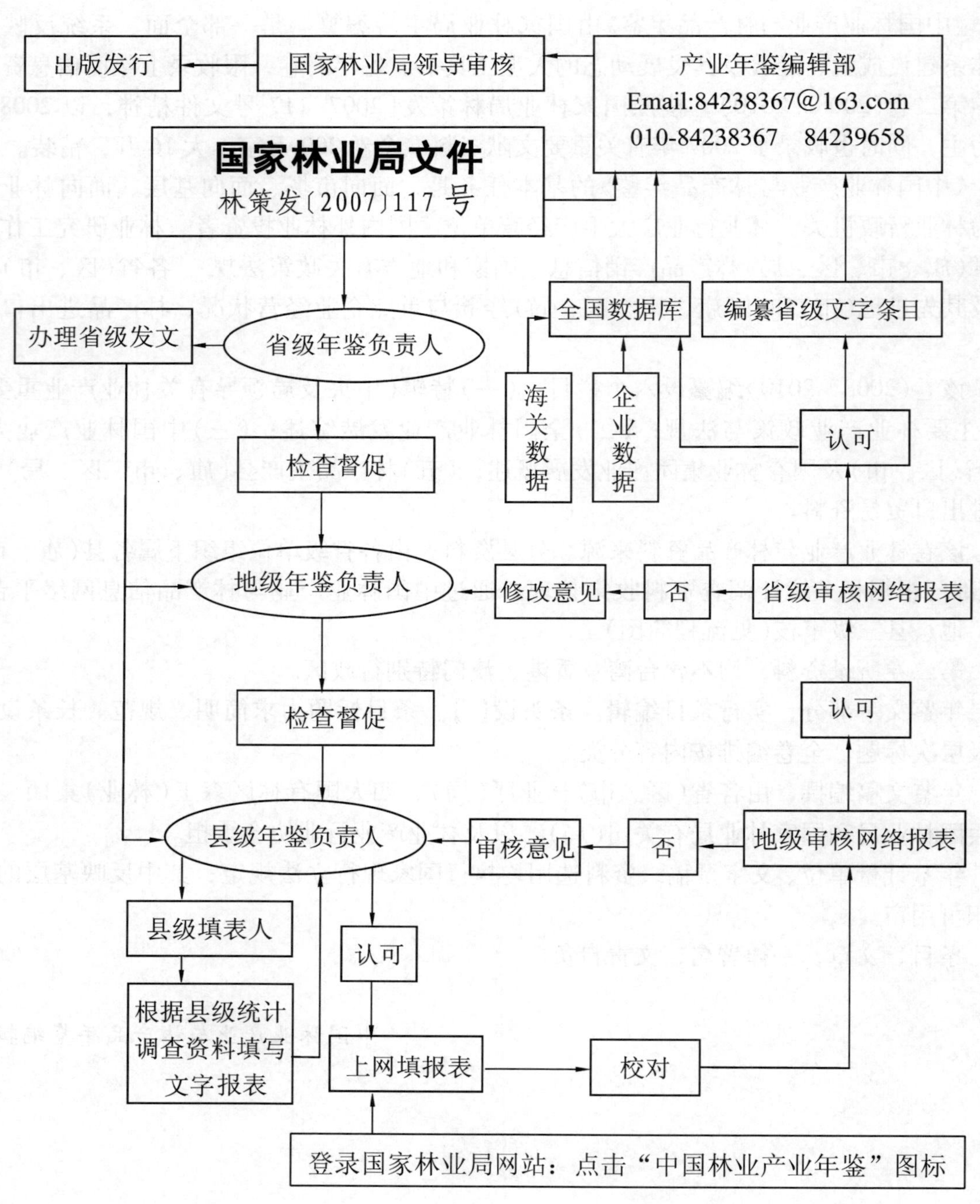

目　录

特　辑

中国林业产业综述

中国林业产业大事记

各省(区、市)林业产业

林产品主产县(旗、市、区、局、场)

林产品进出口贸易资料

Contents

Special

Overview of China's Forest Industry

Forestry Industry Memorabilia

Provincial Forestry Industry

Principal Originating Counties of Forest Products

Foreign Trade Statistics of Forest Products

特　辑

Special

回良玉副总理在中央林业工作会议上的讲话

(2009年6月22日)

在新中国成立60周年即将到来之际，中央召开首次林业工作会议，谋划加快林业改革发展大计，全面推进集体林权制度改革，意义十分重大。这是加快发展现代林业、进一步解放和发展农村社会生产力的重大举措，对生态文明建设和社会主义新农村建设都将产生巨大的推动作用。

这次会议的主要任务是：全面贯彻党的十七大、十七届三中全会和《中共中央国务院关于全面推进集体林权制度改革的意见》(中发〔2008〕10号)精神，高举中国特色社会主义伟大旗帜，以邓小平理论和“三个代表”重要思想为指导，深入贯彻落实科学发展观，进一步统一思想认识，系统研究新形势下林业改革发展问题，全面部署推进集体林权制度改革工作，为推动林业又好又快发展、全面建设小康社会作出新贡献。

党中央、国务院对这次会议高度重视。刚才，温家宝同志亲切接见全体会议代表，并即席发表了重要讲话。温家宝同志的讲话，从全局和战略的高度，精辟阐述了加快林业改革发展的极端重要性，深刻阐明了全面推进集体林权制度改革的重大意义，明确提出了林业发展、生态建设特别是集体林权制度改革的方向、目标任务和重大举措，讲话立意高远，言简意明，具有很强的针对性和指导性。我们要认真学习，深刻领会，全面落实。下面，我讲四个问题。

一、科学分析当前林业工作的形势任务，切实增强加快林业改革发展的紧迫感和责任感

林业是一项重要的基础产业，是一项具有特殊功能的公益事业。发展林业，是利在当代、荫及后世、恩泽人类的丰功伟业。新中国成立以来，党和国家始终高度重视林业工作，把加快林业发展、加强生态建设放在重要战略位置。毛泽东同志发出了“绿化祖国”的伟大号召。邓小平同志倡导了“全民义务植树运动”。江泽民同志提出了“再造祖国秀美山川”的宏伟目标。党的十六大以来，以胡锦涛同志为总书记的党中央，确立了“以生态建设为主的林业发展战略”，作出了建设生态文明的战略部署。新中国成立60年来，特别是改革开放以来，在党中央、国务院的正确领导下，经过全国人民和林业战线广大干部职工长期不懈的艰苦努力，我国林业发展取得了举世瞩目的辉煌成就，为国民经济和社会发展作出了重大贡献。

*一是森林资源明显增长。*长期以来，我们坚持开展大规模植树造林和封山育林，有力促进了森林资源的恢复和增长，在全球森林资源减少的大背景下，实现了森林面积和森林蓄积量双增长，初步形成了以林草植被为主体的国土生态安全体系。森林覆盖率从新中国成立初期的8.6%提高到18.21%。森林面积达到26亿多亩，比改革开放初期增加8亿亩，增长44%。活立木蓄积量达到136亿立方米，比改革开放初期增加1/3。人工林面积达8亿亩，居世界第一位，占全球人工林面积的1/3。全国累计115.2亿人次参加义务植树，植树538.5亿株。

*二是局部生态明显改善。*改革开放以来，国家先后实施了三北防护林、天然林保护、退耕还林、平原绿化等重点生态工程，对生态状况脆弱、生态地位突出的重点地区进行集中治理，呈现出森林植被增加、局部生态改善的良好势头。三北防护林工程造林3.67亿亩，工程区森林覆盖率提高一倍。天然林保护工程有效保护天然林14.3亿亩，减少森林资源消耗4.26亿立方米。退耕还林工程造林4亿多亩(其中退耕地造林1.4亿亩，荒山造林和封山育林2.6亿亩)，工程区森林覆盖率提高2个多百分点。无林少林的广大平原地区森林覆盖率提高到15.8%，农田林网控制率增加到74%。

*三是防沙治沙明显突破。*我国颁布了世界上第一部防沙治沙法，出台了全国防沙治沙规划，按照科学防治、综合防治、依法防治的方针，实施了京津风沙源治理、石漠化治理等工程，沙化土地面积开始缩减，总体上实现了从“沙逼人退”向“人逼沙

退”的历史性转变。全国沙化面积由20世纪末的年均扩展约3436平方千米变为目前的年均缩减约1283平方千米。陕西、宁夏、内蒙古等过去主要的风沙源，目前沙化危害已明显减轻，有的地方开始再现“塞上江南”、“风吹草低见牛羊”的美好景象。

四是物种保护明显加强。国家先后颁布了野生动物保护法、野生植物保护条例、自然保护区条例等法律法规，野生动植物和湿地保护进入了快速发展的新阶段。全国累计建立林业自然保护区2006处，总面积18.4亿亩，占国土面积的12.8%，有效保护了90%的陆地生态系统类型、85%的野生动物种群和65%的高等植物群落。大熊猫、朱鹮、扬子鳄、兰科植物等濒危物种种群得到恢复发展。建立湿地自然保护区553处、国家湿地公园38处、国际重要湿地36处，49%的自然湿地得到有效保护。全国森林火灾受害率控制在0.5‰以下，低于世界1‰的平均水平。

五是供给能力明显提高。林业产业功能不断拓展、规模显著扩大、结构明显优化。木材生产、木浆造纸、家具制造等木质产业快速发展，干鲜果品、木本粮油、森林旅游、野生动物驯养繁殖等非木质产业强劲增长，生物质能源、生物制药、生物质材料等新兴产业方兴未艾。60年累计为社会提供木材60多亿立方米，人造板、地板、家具、松香等产品产量居世界首位，经济林、花卉、紫胶、活性炭等产品产量居世界前列。2008年，我国林业产业产值达到1.44万亿元，林产品进出口贸易额突破700亿美元，已跃升为世界林产品生产和贸易大国。

回顾总结新中国成立60年和改革开放30年，可以看到，我国林业发展的历程极不平凡、成就极其巨大、贡献极为卓著。在此，我代表党中央、国务院，向全国林业战线全体干部职工和科技人员，向农村广大基层干部和农民群众，向所有关心、支持和参与林业建设的社会各界人士，致以亲切的慰问，表示衷心的感谢！

在充分肯定成绩的同时，我们也必须清醒地看到，我国森林资源总量仍然严重不足，森林生态系统整体功能仍然非常脆弱，与经济社会发展的需要相比还很不适应。我国森林覆盖率排在世界第一百三十位；人均森林面积仅1.97亩，不足世界平均水平的1/4，排在世界第一百三十四位；人均活立木蓄积量仅10.3立方米，只有世界平均水平的1/7，排在世界第一百二十二位。总体上看，生态问题依然是制约我国可持续发展最突出的问题之一，生态产品已成为当今社会最短缺的产品之一，生态差距已构成我国与发达国家之间最主要的差距之一，加快林业发展、加强生态建设任重而道远。

当前，我国正处于继续全面建设小康社会、加快推进社会主义现代化的关键时期，建设生态文明已成为我国现代化建设的战略任务，维护生态安全已成为全球面临的重大课题，林业工作肩负着更加重大的历史使命。

(一)实现科学发展，必须把发展林业作为重大举措。深入贯彻落实科学发展观，实现全面协调可持续发展，促进经济发展与人口资源环境相协调，要求我们必须加强生态建设、加快林业发展。林业是陆地生态系统的主体，承担着建设森林生态系统、保护湿地生态系统、改善荒漠生态系统和维护生物多样性的重要职责，在维护生态平衡、提高生态承载力中起着决定性作用。森林是一个巨大的可再生资源库，木材是重要的原材料，林产品是广受欢迎的绿色产品，在资源替代方面具有巨大潜力，对缓解资源供需矛盾、促进经济社会永续发展有着不可替代的作用。森林还是生物质能源库，是仅次于煤炭、石油、天然气的能源资源，发展森林生物质能源已经成为世界各国能源替代战略的一个重要选择。加快林业发展，增加森林资源总量和林产品供给，增强森林生态系统整体功能，实现自然生态系统与社会经济系统的良性循环，对于维护国家的生态安全、能源安全、经济安全都具有重要的战略意义。

(二)建设生态文明，必须把发展林业作为首要任务。建设生态文明是顺应世界文明发展潮流的必然选择，是推动人类文明进步的必由之路，也是党的十七大作出的重大战略决策。建设生态文明，必须首先加快林业发展。森林是“地球之肺”，湿地是“地球之肾”，生物多样性是地球的“免疫系统”，只有不断“强肾润肺”、增强“免疫功能”，才能保障地球的“健康”，维护好我们共同的家园，而损害、破坏哪个系统，都会危及人类的生存和发展。人类历史上，因破坏森林、湿地导致国家衰

亡、文明消失的事例屡见不鲜。在一定意义上说，人类如果失去森林，就等于失去未来，失去一切。我们决不能重蹈历史的覆辙，重犯同样的错误。必须咬定青山不放松，坚持不懈地加强林业建设，努力使山更绿、水更清、天更蓝、空气更清新，让祖国山川更秀美、人民生活更美好。

（三）应对气候变化，必须把发展林业作为战略选择。全球气候变化是人类面临的巨大威胁，是人类必须共同面对的重大挑战。应对气候变化，最有效的途径是工业直接减排和森林间接减排。与工业减排相比，森林固碳投资少、代价低、综合效益大，更具经济可行性和现实操作性。森林是陆地最大的储碳库和最经济的吸碳器，全球陆地生态系统中约储存了2.48万亿吨碳，其中1.15万亿吨碳储存在森林生态系统中。《京都议定书》把发展林业列为应对气候变化、固碳减排的重要途径。2007年9月，胡锦涛主席在亚太经合组织第十五次领导人非正式会议上提出了建立“亚太森林恢复和可持续经营网络”的重要倡议，被国际社会誉为应对气候变化的森林方案，得到了高度评价和积极响应。2007年12月，在《联合国气候变化框架公约》第十三次缔约方大会上，植树造林、加强抚育、减少毁林、控制森林退化被列为巴厘岛路线图的重要内容。加快林业发展，增强森林碳汇功能，已成为全球应对气候变化的共识和行动。林业从来没有像今天这样，在国际事务和外交战略中占有如此重要的地位。

（四）解决“三农”问题，必须把发展林业作为重要途径。“三农”问题关系党和国家事业发展全局，解决好“三农”问题是全党工作的重中之重。林业一直是农林牧渔大农业的重要组成部分，近年来在农业农村发展中发挥着越来越重要的作用，今后加快农村发展、实现农民增收必须更加充分地依靠林业。我国是一个多山国家，山区占国土总面积的69%，山区人口占全国总人口的56%，这些地区贫困人口相对集中，经济社会发展相对滞后，民生问题更为突出。加快山区经济发展、促进农民增收致富，最大的潜力在山，最大的希望在林，必须充分依托森林资源优势，大力培育林业支柱产业。我国林地广阔，现有43亿亩，是耕地面积的2.3倍，林业产业链条长，林产品多达1万多种，涉及一二三产业，市场成长性好，做大做强林业产业，将大大拓宽农民就业增收的空间，有力推动社会主义新农村建设。

总的来看，现在的林业与过去的林业已大不相同，社会对林业的需求日趋多样，林业的内涵日益丰富，林业的多种功能空前凸显。过去林业主要是保障木材等林产品供给，现在正在向开发生物产业、森林观光、保健食品等多元化方向拓展；过去林业主要是发挥防风固沙、水土保持等作用，现在正在向森林固碳、物种保护、生态疗养等新领域延伸；过去林业主要是着眼发展经济，现在正在向改善人居、传承文化、提升形象等高层次推进。我们要充分认识新时期加快林业改革发展的重大意义，准确把握新时期林业在经济社会发展全局中的战略地位，切实增强紧迫感和责任感，坚定不移地推进林业改革，毫不动摇地加快林业发展。

二、深刻认识集体林权制度改革的重大意义，切实保证改革沿着正确的方向推进

30年前，一场由农民发起的包产到户，真正实现了“地有其主”，极大地解放和发展了农村社会生产力，农民的积极性空前迸发，一举解决了全国人民的温饱问题。30年后的今天，一场仍然起源于基层探索、来源于农民创造的集体林权制度改革，真正实现了“山有其主”，农村社会生产力迎来了又一次大解放，再次激发了亿万农民的创业热情，必将为推进农村全面小康建设注入新的活力。

党中央、国务院高度重视集体林权制度改革工作，在总结各地试点经验的基础上，2008年作出了全面推进集体林权制度改革的重大决策。胡锦涛、温家宝等中央领导同志都对集体林权制度改革作出过重要指示，并亲自考察指导，对改革产生了巨大推动作用。各地区各部门按照中央部署，积极推进集体林权制度改革工作，取得了重要进展和初步成效。目前，福建、江西、辽宁、浙江、云南5省基本完成了明晰产权、承包到户的主体改革任务，另有14个省(区、市)改革已全面铺开，其他省(区、市)也正在进行试点。截至2008年底，全国已确权到户的林地面积12.7亿亩，占集体林地总面积的50%。集体林权制度改革的实践是一个渐进深化的过程，是一个示范带动的过程，也是一个突破创新的过程，改革极大地调动了农民发展林业的积极性，极大地释放了林地蕴藏的巨大潜力，初步呈现出森林资源增加、农民群众增收、林业经济增长的“三增”局面。这场改革广泛而深刻，我们必须充分认识改革的重大意义，进一步增强继续推进改革的自觉性和主动性。

（一）全面推进集体林权制度改革，是农村经营制度的又一重大变革。集体林权制度改革是农村经营制度改革在林地上的拓展和延伸，是农村家庭承包经营制度在林业上的丰富和发展，掀开了农村改革新的历史篇章。推进集体林权制度改革，真正实现“山有其主，主有其权，权有其责，责有其利”，可以从根本上解决过去长期存在的产权归属不清晰、经营主体不落实、经营机制不灵活、利益分配不合理等问题。改革实践充分印证了一个现象：把“我们的”变成“我的”，一字之差，天壤之别；变“要我干”为“我要干”，顺序一变，就大不相同。由于我国集体林地面积远远大于耕地，林地及林木财产价值较高，林权的物权性质更强，并且搞好集体林权制度改革既事关农民增收又事关生态安全，因此其意义不亚于当年的耕地承包。

（二）全面推进集体林权制度改革，是一项惠及亿万农民的民心工程。集体林权制度改革是农村分配关系的重大调整，其实质是“还山于民”、“还权于民”、“还利于民”。通过集体林权制度改革，把25亿亩集体林地承包到户，把36亿立方米、数万亿元的林木资产落实到户，不仅使亿万农民获得了大量的生产资料和可观的家庭财产，而且为农民提供了重要的创业平台和广阔的致富空间。这项改革顺民意、得民心、增民利、惠民生，是一项兴林富民的德政工程，是一项利国利民的民心工程，得到了亿万农民的衷心拥护和社会各界的广泛认同。

（三）全面推进集体林权制度改革，是发展现代林业的强大动力。动力不足、效益不高是当前林业生产面临的最大问题，体制不顺、机制不活是制约现代林业发展的最大障碍。发展现代林业，就是要创新林业运行机制和管理体制，强化现代科学技术支撑，加快构建完善的林业生态体系、发达的林业产业体系、繁荣的生态文化体系，有效发挥林业的多种功能、多种作用、多种效益，不断满足社会的多样需求。实行集体林权制度改革，有利于发挥市场配置林业资源的基础性作用，充分释放林地资源、物种资源、人力资源的巨大潜力；有利于从根本上增强林业发展活力，充分引导各种生产要素向林业聚集；有利于从整体上增强林业发展动力，全面提升林地产出率、资源利用率、劳动生产率和市场竞争力。

（四）全面推进集体林权制度改革，是应对国际金融危机的重要举措。扩大国内需求，最大潜力在农村；保障和改善民生，重点难点在农民；促进农民就业增收，广阔空间在林业。实行集体林权制度改革，能够扩大林业的“容人之量”，培育更多林业经营主体，对农民就业形成“磁吸效应”，对农民增收形成“倍数效应”。在当前国际金融危机影响仍未见底、农民工返乡较多的背景下，推动集体林权制度改革正好可以吸纳更多农民工开展植树造林、从事林业经营，缓解就业矛盾。当前，不少实行集体林权制度改革的地方出现了“一户承包，全家就业”、“城里下岗，山上创业”的局面，实现了“不离乡可就业，不出山能致富”。

（五）全面推进集体林权制度改革，是促进农村和谐稳定的有力保障。集体林权制度改革，是农民群众广泛参与、自主决策的过程，也是推进依法行政、科学管理的过程。全面推进集体林权制度改革，有利于解决农民最关心的林地权属和利益分配问题，化解长期存在的历史遗留问题和矛盾纠纷，推进农村基层民主政治建设，进一步融洽党群干群关系，营造农民安居乐业的良好氛围。各地借集体林权制度改革的契机，普遍修订了乡规民约，完善了村务管理，健全了村务公开制度。据对19个省（区、市）的统计，集体林权制度改革以来已解决各类山林纠纷40多万起，有效消除了农村大量不稳定因素。由于农民潜心林业经营，许多“贫困村”变成了“富裕村”，一些“上访村”变成了“稳定村”。同时，集体林权制度改革还催生了多种新型林业专业合作组织，对帮助农民形成互助合作的良好风气也产生了推动作用。

现在来看，集体林权制度改革既有内在的动力和要求，也有社会的认同和支持；既有实践的探索和经验，也有推进的实力和条件。在近几年各地率先试点、大胆实践的基础上，全面推进改革的时机已经到来。但也要看到，各地改革进展还不平衡，具体政策不尽完善，有的地方认识不够到位，甚至还存在观望、畏难情绪。我们必须从全局和战略高度，进一步统一思想，凝聚意志，锐意创新，把这场事关兴林富民、事关农村发展、事关生态文明建设的重大改革全面推向深入。

现在，中央关于全面推进集体林权制度改革的大政方针已定。各地区各部门要继续认真学习贯彻落实中发〔2008〕10号文件精神，加大工作力度，加快改革进度，确保改革质量，重点把握以下几项基本要求。

第一，必须确保实现两个基本目标。实现资源增长、农民增收、生态良好、林区和谐，是集体林权制度改革的目标，其中最重要的是资源增长和农民增收，也就是生态受保护、农民得实惠，这是改革的出发点和落脚点。推进集体林权制度改革，必须立足于加快植树造林步伐，增加森林资源总量，提高森林经营水平，提升森林资源质量，增强森林生态系统的整体功能。决不能以破坏森林、牺牲生态为代价，这是集体林权制度改革必须坚守的一条底线。保障农民的物质利益、尊重农民的民主权利是做好整个“三农”工作的重要准则，也是推进集体林权制度改革必须遵循的基本要求，必须着眼于让农民得到实实在在的利益，激发农民造林护林营林的积极性，使林业真正成为农民创业就业、增收致富的重要门路。对农民该给的利益一定要给足，该减的负担一定要减够，该搞的服务一定要搞好，这是检验集体林权制度改革成效的一个基本标准。

第二，必须建立起两项根本制度。创新集体林业体制机制，必须依法明晰产权、放活经营、规范流转、强化支持，根本是建立以家庭承包经营为基础的现代林业产权制度和支持林业发展的公共财政制度，这是加快集体林业发展的内在动力和外部保障。集体林权制度改革，必须坚持和完善农村基本经营制度，赋予农民更加充分而有保障的林地承包经营权，做到放活经营权、落实处置权、保障收益权，让农民吃下长效“定心丸”。各地要因地制宜，根据不同条件，研究制定科学的改革方案。林业是公益性、基础性、战略性很强的产业。加快集体林业发展，需要亿万农民的辛勤劳动，也需要政府的支持保护。只有建立起以公共财政为基础、社会力量广泛参与的林业支持保护机制，才能保障集体林业又好又快发展。

第三，必须坚持两项重要原则。尊重农民意愿、坚持依法办事，是确保集体林权制度改革规范有序推进的两大法宝。农民群众是集体林权制度改革的参与主体和受益主体，也是决策主体和监督主体。在改革过程中，必须充分尊重农民意愿，加强集体林权制度改革政策宣传，把政策和办法交给农民，让农民自己说了算，切实保障农民的知情权、参与权、决策权、监督权，不能包办代替，更不能强迫命令、强制推行。同时，推进集体林权制度改革必须坚持依法办事，严格执行有关法律法规，确保改革的内容、方法、程序与法律规定相符合、相一致。改革方案必须依法经本集体经济组织成员同意，做到内容、程序、方法、结果四公开，严禁暗箱操作、以权谋私。

第四，必须抓住两个关键环节。在集体林权制度改革的诸多步骤和环节中，勘界发证和落实责任最为关键。勘界是明晰产权的基础，林权证是落实产权的法律文书。必须依法进行实地勘界、明确“四至”、准确登记，核发全国统一式样的林权证，确保登记的内容齐全规范、数据准确无误，做到图、表、册一致，人、地、证相符。只有这样，集体林业产权才能真正落地到户，农民的合法权益才能真正受到法律保护。对承包方、发包方，既要赋予应有权利，又要明确应尽责任。要签订书面承包合同，明确规定并落实双方在造林育林、保护管理、森林防火、病虫害防治等方面的责任。承包方不能改变林地用途，不得损毁林地。发包方要尊重承包方的承包经营权，不得非法变更、解除承包合同，不得干涉承包方的生产经营活动，并努力为承包方提供生产、技术、信息等服务。

第五，必须处理好两个重要关系。能否处理好改革与稳定、放活与管理的关系，是决定集体林权制度改革成败的关键。稳定是改革的前提和保证，没有农村社会稳定，集体林权制度改革就不可能取得成功。推进集体林权制度改革，必须有利于促进农村社会和谐稳定，坚决防止因工作不到位而引发新的不稳定因素。改革要严格按规范程序和方法步骤组织实施，进度服从质量，不图形式、不赶进度、不走过场。要妥善处置历史遗留问题，防止出现新的矛盾，避免留下各种隐患。各级干部要深入排查山林权属矛盾，高度重视信访工作，及时就地处置纠纷，防止矛盾激化。集体林权制度改革后，对商品林要放活经营，让经营主体依法自主决定经营方向和经营模式、自主销售林产品。对公益林主要是保护，但也不能机械地管死，一点都不能动，也要研究措施，在不破坏生态功能的前提下，按照科学经营的要求，兼顾发挥其经济功能和经济效益。要科学确定公益林比例，合理划定公益林范围，有关部门要抓紧制定具体办法；要合理利用林地资源，开发特色种养业，发展林下经济；充分利用森林景观和人文资源，大力发展森林旅游业和生态文化产业；鼓励依法进行抚育，允许依法进行更新性质的采伐。山林承包到户后，要加强管理，不能一放了之。要防止乱砍滥伐，守住生态底线，强化森林防火，搞好病虫害防治。

我们在集中精力抓好集体林权制度改革的同时，也要高度重视国有林区和国有林场改革工作。继续搞好国有林场和伊春国有林区林权制度改革试点，并认真总结改革试点经验，及时研究解决遇到的困难和问题，确保改革试点取得预期效果。

三、着力强化林业支持保护体系建设，切实优化林业改革发展的政策环境

发展现代林业，加强生态建设，实现林业科学发展，必须不断深化林业改革，强化兴林富民政策，完善林业管理体制，创新林业运行机制。各地区各部门要各司其职，各尽其能，密切配合，优化政策环境，加快林业改革发展步伐。

*（一）建立健全林业支持保护制度，为现代林业和生态文明建设提供有力保障。*林业支持保护制度包括林业投入保障、生态效益补偿、林业补贴、税费扶持等制度。各级政府要将林业部门行政事业经费纳入财政预算，将森林防火、病虫害防治以及林业行政执法体系等方面的基础设施建设纳入政府基本建设规划，将林区道路、供水、供电、通信等基础设施建设纳入相关行业的发展规划，继续加大对重点生态工程建设的投入。各级政府要尽快建立健全森林生态效益补偿基金制度，从2010年起对属集体林的国家级公益林，中央财政补偿标准由每年每亩5元提高到10元，并随着国家财力的增长逐步提高补偿标准，地方财政也要根据实际加大补偿力度。建立造林、抚育、保护、管理投入补贴制度，从2009年起开展造林苗木、森林抚育补贴试点，中央财政对造林优质苗木、中幼林和低产林抚育给予补贴，并逐步扩大试点范围。按照财政部、国家林业局新修订的育林基金征收使用管理办法，从2009年7月1日起，将育林基金征收标准由林木产品销售收入的20%降至10%以下。育林基金减少后，林业部门行政事业经费由同级财政通过部门预算予以核拨。继续对以林区“三剩物”（采伐、造材、加工剩余物）、次小薪材（次加工材、小径材、薪材）为原料生产加工的综合利用产品实行增值税即征即退政策。搞好国有林区和国有林场棚户区改造工作。

*（二）建立健全林业金融支撑制度，全面增强金融对林业发展的服务能力。*中国人民银行、财政部、中国银监会、中国保监会、国家林业局已经出台了相关政策，对加大林业信贷投放、开发林业信贷产品、拓宽林业融资渠道、完善财政贴息政策、健全林权抵押贷款制度、建立政策性森林保险制度作出了明确规定。这是农村金融制度改革的重大突破，不仅将对林业发展产生重大推动作用，而且也将对整个农村发展产生深远影响。新的政策规定，林业贷款期限最长可为10年；林权抵押贷款利率低于信用贷款利率；小额林农贷款，借款人实际承担利率不超过基准利率的1.3倍。完善林业贷款中央财政贴息政策，适当延长林业贷款贴息期限，提高林业贷款贴息率。从2009年开始，中央财政已在福建、江西、湖南3省开展森林保险保费补贴试点工作，在省级财政至少补贴25%保费的基础上，中央财政再补贴30%的保费。

*（三）建立健全林木采伐管理制度，赋予森林经营者更充分的林木处置权。*林木采伐管理是影响森林经营的关键环节，也是调节经营者利益和公共利益关系的重要手段。只有建立科学的林木采伐管理制度，才能使造林营林得到应有的回报，让经营者充分共享林业发展成果，才能形成森林保护与利用的良性循环，实现“越采越多、越采越好、青山常在、永续利用”。要简化采伐审批程序，做到简便易行、公开透明，推行采伐限额公示制度。实行林木采伐分类管理，非林业用地林木不纳入采伐限额管理，由经营者自主采伐；商品林采伐指标5年内可结转使用。基层林业部门要引导和帮助森林经营者编制森林经营方案，依方案核定林木采伐限额，分解落实到经营主体，何时采、采多少，让他

们提前知道。

(四)建立健全集体林权流转制度，规范林地承包经营权、林木所有权流转。集体林权流转是推进林业适度规模经营、优化林业要素配置的重要途径。在不改变林地集体所有性质、不改变林地用途、不损害农民林地承包权益的前提下，农民可依法自愿有偿流转林地承包经营权和林木所有权，可以转包、出租、转让，可以互换、入股、抵押，也可以作为出资、合作条件。任何组织和个人不得限制农民自主流转林权，也不得强迫农民流转林权。鼓励农民走专业合作的路子，联合起来开展规模经营、集约经营。加快建立健全林权流转市场，为林权流转提供信息发布、市场交易、法律服务、政策咨询等综合服务。依法规范林权流转登记管理工作，搞好林权纠纷调处和合同仲裁。尽快建立森林资源资产评估师制度和评估制度，启动评估师认定工作，制定评估机构准入条件。有关部门要抓紧研究制定关于集体林权流转的法律法规。

(五)建立健全林业社会化服务体系，为林业发展提供优质高效服务。加强林业社会化服务是集体林权制度改革的重要内容，是发展现代林业的必然要求。要加快构建公益性服务和经营性服务相结合、专业服务和综合服务相协调的新型林业社会化服务体系。大力发展农民林业专业合作社、家庭合作林场、股份制林场等林业合作组织，开展自我服务，降低生产和流通成本，提高林业经营效益。国家支持农民林业专业合作社承担林业和山区经济发展建设项目。林业专业合作社同等享受农民专业合作社的有关扶持政策。鼓励发展各类林业专业协会，引导和规范各类林业中介组织健康发展。

四、进一步加强对林业工作的领导，切实开创林业改革发展的新局面

加快林业改革发展，是当前和今后一个时期农村工作的重点，也是关系党和国家工作全局的一件大事。要进一步加强对林业工作的领导，建立齐抓共管的工作机制，形成共同推进的工作格局，努力开创林业改革发展新局面。

(一)切实加强党政领导，强化推动林业工作的组织保障。各级党委和政府要把林业工作摆上重要议事日程，像重视农业生产一样重视林业发展，像关注粮食安全一样关注生态安全，在组织领导、政策制定、工作部署、财力投放等方面切实体现重视林业的战略意图，层层落实工作责任制，确保领导到位、责任到位、措施到位。支持各级人大、政协履行职能，充分发挥各民主党派、人民团体和社会组织积极作用，共同推动林业改革发展。当前，特别要加强对集体林权制度改革的领导，各地都要成立集体林权制度改革领导小组。党委和政府的主要领导要亲自抓、负总责，分管领导要直接抓、负主要责任，形成党委统一领导、党政齐抓共管、有关部门各负其责的领导体制和工作机制。已基本完成明晰产权、承包到户主体改革任务的地区，要不断巩固完善成果，推进配套改革；已全面推开主体改革的地区，要精心组织，强化指导，抓出成效；还在试点的地区，要积极创造条件，尽早全面启动改革。

(二)认真履行部门职责，形成支持林业工作的强大合力。各部门要切实增强大局意识，各负其责，通力协作，积极支持林业改革发展。该出的政策要早出台，该定的办法要早制定，该给的经费要早下拨。发展改革、财政等部门要完善各项林业扶持政策，不断加大林业投入。金融部门要完善林业投融资机制，健全政策性林业保险制度，不断拓宽林业投融资渠道。宣传部门要大力宣传党的兴林富民政策，全面普及生态知识，引导全社会牢固树立生态道德观、生态价值观、生态政绩观、生态消费观等生态文明观念。林业部门要当好各级党委和政府的参谋助手，义不容辞地抓好组织实施工作。各有关部门要积极发挥自身优势，为加快林业改革发展作出应有贡献。

(三)统筹生态建设与产业发展，构建林业协调发展的科学格局。生态建设、产业发展是林业建设的两大主要任务。要正确处理两者的关系，推进“生态建设产业化、产业发展生态化”，实现生态建设与产业发展良性互动。继续实施以生态建设为主的林业发展战略，深入开展全民义务植树运动，继续抓好天然林保护等重点生态工程建设，巩固退耕还林成果，加快推进国土绿化进程。突出抓好三北防护林工程建设，继续推进京津风沙源治理和石漠化治理。全面实施全国湿地保护工程规划，建立湿地生态效益补偿机制和生态补水机制。加强野生动植物保护和自然保护区建设，推进濒危物种拯救工作。加大对林业产业的扶持力度，引导农民和林业企业大力发展生物质材料、生物质能源、林产品精深加工、森林旅游等林业产业，特别要着力发展板栗、核桃、油茶等木本粮油。加快山区综合开发步伐，尽快形成有区域特色、竞争力强的产业集群，全面提高农民经营林业的经济收益。

（四）严密防控重大林业灾害，确保森林资源和人民生命财产安全。在全球气候变化的大背景下，森林火灾、病虫害、沙尘暴、动物疫源疫病等林业灾害发生频率增多、强度增大，防控形势十分严峻，必须格外重视，常抓不懈。要把林业灾害防控纳入政府应急管理，科学制定防控方案，修订完善应急预案，全面落实责任举措。切实加强灾害防控的科普宣传、预警监测、应急处置和灾后重建等工作，努力把林业灾害的损失降到最低程度。认真落实森林防火条例等法律法规，积极引导建立防火、防盗、防虫等民间“三防”体系，加强林区防灾、抗灾和救灾能力建设，全面提高林业灾害综合防控水平。当前，要突出抓好夏季森林防火工作，加强雷电预警监测，看死盯牢高火险地段，确保不发生重特大森林火灾。

（五）强化科技和人才支撑，提升林业建设的质量效益。发展现代林业，科技是关键，人才是根本。要大力加强现有林业科技成果和实用技术推广，最大限度地将林业科学技术转化为现实生产力。充分发挥市场在科技成果转化中的导向作用，积极营造机制灵活、转化顺畅的良好氛围，逐步形成产学研紧密结合的林业科技成果转化新格局。紧紧围绕目前制约林业发展的关键技术瓶颈，加大科技创新力度，力争尽快在若干重要学科领域掌握一批核心技术，拥有一批自主知识产权，大幅度提升林业自主创新能力，努力提高资源利用率和林业的综合效益，实现科技兴林、科技富林、科技强林。大力发展林业教育，全面加强技术培训，努力造就一支高素质的林业人才队伍。加快推进林业机械化、信息化、标准化建设，不断提高现代林业建设的物质装备水平和科学管理水平。

全国政协副主席王忠禹在全国林业产业大会暨中国林业产业协会成立大会上的讲话

（2007年8月20日）

很高兴参加国家林业局召开的全国林业产业大会暨中国林业产业协会成立大会。刚才，宣读了回良玉副总理的贺信，良玉同志对林业产业的发展指明了方向，对林业产业协会的工作提出了要求。希望林业系统和林业产业界的同志们共同努力，认真贯彻落实好国务院领导同志的指示，促进林业产业又好又快地向前发展。

治邦同志邀请我担任中国林业产业协会名誉会长，我欣然同意了。原因有二：一是我长期在东北工作，在企业以及从事企业管理工作，对产业发展，特别是东北林区的产业发展，既熟悉，又有感情；二是林业产业发展潜力大，我对林业产业协会工作很看重。通过发挥协会作用来协调、推动林业产业发展，在发展社会主义市场经济条件下，意义重大。协会工作任务很重，也很有意义。

第一，要充分认识发展林业产业是全面贯彻落实科学发展观，推动“五个统筹”的重要内容。

当前，党中央、国务院审时度势、统揽全局，作出了全面落实科学发展观的总体部署，明确了构建社会主义和谐社会、建设资源节约型和环境友好型社会的发展目标，并提出了推进社会主义新农村建设的历史任务。这一系列重大战略决策，对中华民族振兴乃至世界的和平与发展具有重要的现实意义和深远的历史影响，我们必须举全党、全国之力去努力践行。我觉得这是林业发展前所未有的大好机遇，完全能够在实施中央制定的发展战略中发挥自身作用，并且能够发挥重要作用。

为什么这么说呢？这是因为林业的特殊性及其在经济与社会发展中所能发挥的多功能作用所决定的。林业是具有生态、经济和社会三大功能的公益事业和基础产业，能够提供生态、物质和文化三大产品，发挥生态、经济和社会三大效益。同时，我国拥有2.87亿公顷林地、0.33亿公顷湿地、1.73亿公顷沙地,三者之和超过国土总面积的一半,并且还拥有4万多种生物资源,开发利用的前景十分广阔。

具体来说,森林作为陆地生态系统的主体,是维护国土生态安全,促进人与自然和谐发展的重要保障。森林作为自然可再生资源,是地球上最丰富的资源宝库,科学合理地培育和开发利用森林资源,全面提高林地产出率,能够有效地缓解经济社会可持续发展所面临的资源和环境问题。

以森林资源为基础的林业产业,既是一项传统产业,也是一项新兴产业。作为传统产业,它具有分布广、门类多和劳动力密集等优势,是适合我国当前发展阶段特别是农村现状的重要产业。作为新兴产业,它能够不断拓展林业发展领域,丰富林业发展内容,增强林业发展功能。加快林业产业发展,能够在满足经济社会发展对绿色天然林产品需求的同时,有效地推进农村劳动力转移,促进农民增收致富和区域经济发展。一是通过大力发展木本粮油、森林食品和森林药材,能够满足人们改善膳食结构和健康营养的需要。二是通过大力发展森林游憩等生态服务业,能够满足人们对回归自然、休闲娱乐的需要。三是通过大力发展生物质能源和生物制药等林业高新技术产业,能够解决人类未来新发疾病、缓解石化资源不足造成的能源短缺问题。四是通过扩大社会就业,能够满足人们生存发展和实现自我价值的需要。五是加快林业产业发展,能够大幅度提高我国特色和优势林产品的市场竞争力,推进国内企业走出国门参与国际竞争,能够大量吸引国际资金、技术、人才,活跃我国经济发展,能够加强国际森林资源合作开发,获取更多的国外资源。总之,林业产业在全面贯彻落实科学发展观的过程中,是推动"五个统筹"的重要内容,能够发挥重要作用。

在充分认识林业产业重要作用和巨大发展潜力的同时,我们也要看到当前林业产业发展面临的问题与不足。来这之前,我翻阅了国内外有关资料。据联合国粮农组织统计,从森林覆盖率来看,世界平均为29.6%,日本、瑞典、芬兰等国家都在60%以上,我国森林覆盖率才为18.21%;从对国民经济贡献来看,世界林业增加值占GDP的7%左右,芬兰等国家达到7%以上,而我国林业增加值还不到GDP的1%;从产业结构看,全球林业第二产业产值占林业总产值的70%以上,发达国家平均在90%以上,而我国还不到50%。另外,我们在技术装备、工艺水平和提供就业能力等方面,与发达国家相比也存在相当大的差距,我这里就不一一列举了。虽然,这些问题有统计口径问题,也有一些客观原因,但我们不能不承认,我国林业产业还是国民经济中的弱质产业,对经济社会发展的重要作用还没有得到充分发挥。

为此,我们要正视发展林业产业的重要意义,站在全局的高度去认识问题,思考问题,解决问题,全力推进林业产业的发展,为党中央发展战略目标的实现发挥更大的作用。

第二,中国林业产业协会要在"诚信、自律、桥梁、纽带"上做文章。

治邦同志让我担任协会的名誉会长,我跟贾庆林主席报告了,他很赞同。这段时间我就想,在新的历史阶段,在社会主义市场经济条件下,行业协会应该怎么生存和发展呢?前不久,国务院办公厅就行业协会发展也专门发了文件,林业产业协会要认真贯彻执行。我认为,协会的作用主要体现在"诚信、自律、桥梁、纽带"这八个字上,协会要发展壮大,就必须在这八个字上做文章。

一是要在"诚信"上做文章。公生明,廉生威,诚生义,信生誉。诚信是协会发展壮大的基础。细释古典可以得知,"诚"的本义是真实、真切;"信"的本义是求真、守诚。诚信作为一种价值观念,具有公正、不偏的特性,它要求社会群体建立公正、合理的制度,要求每个社会成员树立起公正、公平的处事态度和大公无私的道德观念。讲诚信,就是要公正合理、不偏不倚、大公无私。那么,协会的诚信在哪里体现呢?要我说,主要体现在真情实意、信守承诺上,就是要想会员所想,急会员所急,真正代表会员利益,对承诺的事情要想方设法办到,为会员排忧解难。要体现在对会员一视同仁、办事公道上,就是无论企业规模大小、出身如何,都要作为协会普通的一员公平对待,实事求是、公平公正地协调解决会员间的纠纷和摩擦。要体现在制度建设和诚信经营上,就是要通过建立行业诚信制度和会员诚信档案,大力推进企业诚信,从而实现行业诚信。不讲诚信的协会,难有立足之地。不讲诚信的行业，难以可持续发展。

二是要在“自律”上做文章。“律”，既可以作名词，也可以作动词。名词的意思是“法律、律条”，动词的意思是“约束、规范”。自律就是通过会员的自我教育、自我管理、自我约束，规范市场秩序，维护公平竞争，保护合法权益，实现共同发展。自律是协会发展壮大的保障。中国林业产业协会要通过制定和实施行规行约，建立行业自律机制，强化自我约束，规范企业行为。要通过贯彻国家产业政策，树立行业品牌，鼓励先进，淘汰落后，减少低水平重复建设。要通过法律法规宣传，提高企业守法意识，强化自我管理，倡导诚信经营，营造公平环境，规范市场秩序，保护合法权益。要树立企业的社会责任意识，通过社会公德教育，增强企业的社会责任感和恪守职业道德的自觉性，保证向社会提供最好的产品，做到问心无愧、童叟无欺，推进企业健康发展。要通过建立行业同盟，加强自我监督，规避各自为战、假冒伪劣、竞相降价等恶性竞争。没有自律，行业就难以实现规范发展。没有行业的规范发展，协会就难以做大做强。

三是要在“桥梁”上做文章。在社会主义市场经济条件下，政府通过实施宏观调控推进社会经济发展，不再直接面对单个企业、干预微观经济。政府对宏观经济的调控需要了解企业发展情况，企业发展也需要得到政府的支持与鼓励，行业协会就成了两者之间沟通的“桥梁”。“桥梁”也就成了协会发展壮大的依托。中国林业产业协会的会员既有林业产业界的精英，也有林业产业方面的专家学者，要充分发挥在林业产业发展中的“智囊团”作用，积极参与行业规划、发展战略和产业政策研究，及时准确地反映广大林业企业的呼声和愿望，使政府部门的决策更能适应企业发展需要。要广泛宣传和积极组织企业贯彻落实有关林业产业发展的政策法规，并及时准确地把企业遇到的问题反映给政府，为政策法规的制定和调整提供依据。没有协会的桥梁作用，政府决策和企业发展就难以对接，协会发展也就会迷失方向。

四是要在“纽带”上做文章。企业发展既需要了解国内同行业的发展情况，也需要掌握世界同行业的发展信息，这仅靠各自独立的企业难以实现。行业协会在这方面具有得天独厚的优势，理所当然地应成为企业对外交流联系的纽带，这也是协会不断发展壮大的重要途径。中国林业产业协会要积极开展有影响力的活动，加强会员之间的交流。要切实加强信息服务，为林业产业发展提供准确信息和预警。要建立广泛有效的交流合作机制，形成多形式、多渠道、多层次的国际合作与交流平台，提高国际交流与合作的综合效能。要充分利用国内外两个市场、两种资源，帮助企业打造民族品牌，提高林产品国际市场竞争力。要积极应对各种技术壁垒，增强处置贸易争端的能力，不断拓展林业产业的发展空间。

当然，要更好地发挥协会作用，还要不断加强协会的自身建设。中国林业产业协会刚刚成立，需要在国家林业局的领导和社会各界的支持下，大力发展会员，不断增强会员代表的广泛性。抓紧成立相关行业分会和专业委员会，进一步细化协会功能。要加强服务能力建设，为林业产业发展提供全方位的优质高效服务。要加强协会秘书处建设，不断完善规章制度和工作机制，提高协会的组织协调能力。要通过大家的共同努力，把中国林业产业协会打造成一个代表广泛、功能齐全、服务完善、凝聚力强、在国内外同行业中有影响力的社团组织。

坚持兴林富民　加快发展步伐
努力构建我国发达的林业产业体系

——国家林业局局长贾治邦在全国林业产业大会暨中国林业产业协会成立大会上的讲话

（2007年8月20日）

这次会议，是在以生态建设为主的林业发展战略深入实施、现代林业建设全面推进的关键时期召开的一次重要会议，也是近10年来国家林业局全面部署产业工作、全国林业产业界集聚一堂共谋发展的一次盛会。会议的主要任务是：以邓小平理论和“三个代表”重要思想为指导，全面落实科学发展观，按照建设现代林业的战略构想和总体要求，分析林业产业面临的新形势和新任务，研究加快林业产业发展的对策和措施，凝聚和动员各方面的力量，为全面构建我国发达的林业产业体系作出贡献。

党中央、国务院对林业事业高度重视，对这次产业大会给予了高度关注。回良玉副总理亲自向大会致信，对做好林业产业工作作出重要指示。全国政协副主席王忠禹同志亲自担任中国林业产业协会名誉会长，并在百忙中出席这次会议，刚才又给我们作了非常重要的讲话。这是对林业工作的亲切关怀，是对林业产业界的巨大鼓舞，我们一定要认真学习，深入贯彻。下面，我讲三点意见，供大家讨论。

一、充分认识加快林业产业发展的重大意义

我国现代化建设已经站在新的历史起点上，进入了加快推进的重要时期。以胡锦涛同志为总书记的党中央作出了全面落实科学发展观、构建社会主义和谐社会、建设社会主义新农村、建设资源节约型和环境友好型社会等一系列重大战略决策，为林业建设赋予了新的使命，对林业发展提出了新的要求。维护生态安全、促进人与自然和谐，维护气候安全、缓解全球气候变暖，维护木材安全、解决木材供需矛盾，维护能源安全、发展生物质能源，维护农村社会和谐稳定、促进农民就业增收，都要求林业有更大的发展，都需要林业作出新的贡献。这当中，林业产业充当着重要的角色，发挥着重大作用，具有重大意义。

加快林业产业发展是实施以生态建设为主的林业发展战略的内在要求，对维护国家生态安全具有重要意义。改善生态，是经济社会发展的重要基础，也是经济增长的新途径，是最大、最长远的经济利益。实施生态建设为主的林业发展战略，是党中央、国务院总揽全局，着眼于国家生态安全和经济社会发展作出的英明决策，是林业工作的永恒主题和根本任务。全面实施这一战略，既要坚定不移地加强林业生态建设，也要大力推进林业产业发展。生态和产业相互依存、相互制约、相互促进，是对立统一的辩证关系。只有大力加强生态建设，建立起完善的生态体系，充分发挥林业巨大的生态功能，满足社会和人们对良好生态的需求，形成丰富的森林和足够的资源，林业产业发展才有坚实的物质基础和发展空间。同时，只有大力发展林业产业，建立起发达的产业体系，充分发挥林业巨大的经济功能，满足社会和人们对林产品的需求，积累雄厚的财富和充足的资金，生态建设才有坚实的资金保障和发展动力。那种把生态与产业对立起来的观点，是片面的、形而上学的。只有把两者统筹起来，协调推进，才符合马克思主义的观点和科学发展观的要求。这是坚定地而不是摇摆地贯彻中央的战略，这是全面地而不是片面地落实中央的要求，有利于发展和巩固生态建设成果，有利于加快现代林业建设，有利于实现林业又好又快发展。

加快林业产业发展是建设资源节约型、环境友好型社会的客观需要，对促进经济社会可持续发展具有重要意义。为了解决资源、环境这两大“瓶颈”制约，促进经济社会可持续发展，中央明确提出建设资源节约型、环境友好型社会的目标。森林就其本质而言，既有可再生性又有可降解性，是地球上最大的自然循环经济体。从再生性讲，森林是支持经济发展用之不竭的能源资源，能源当量仅次于煤炭、石油、天然气，是第四大能源资源。据国际能源机构统计，煤炭可供开采年限为220～240年、石油为70～100年、天然气为50～60年。而森林作为典型的再生性能源资源，其木质纤维的发热量平均都在4000～5000大卡，用来发电可以直接将其热能转化为电能。有的树木，如麻疯树、黄连木等，其果实或种子能提炼出生物柴油，供动力机械使用。只要科学地培育和利用，就能够为人类文明发展提供丰富的、永续利用的能源保证。从降解性讲，森林又是支持经济发展的绿色原材料。木材与钢材、水泥、塑料被公认为四大原材料，在这四大原材料中，木材及其制品以可降解、绿色环保的优势，越来越受到各国政府和民众的青睐。我国木材及林产品需求一直呈刚性增长，缺口越来越大。2006年，全国木材及其制品供需缺口折合成原木超过1亿立方米。据预测，2010年，我国木材供需缺口将达到1.6亿～1.8亿立方米。综上所述，发展林业产业，既能提供支持经济建设、促进可持续发展的丰富的、可再生的能源资源，又能提供绿色环保产品，完全符合建设资源节约型、环境友好型社会的内在要求，完全可以起到“反弹琵琶"、逆向拉动生态建设的作用，是我国现代化建设的客观需要，有着广阔的空间和光明的前景。

加快林业产业发展是实现兴林富民的必然途径，对建设社会主义新农村具有重要意义。6月25日，胡锦涛总书记在中央党校发表的重要讲话，再一次告诫我们，必须牢记社会主义初级阶段的基本国情，紧紧扭住经济建设这个中心，始终把实现好、维护好、发展好最广大人民的根本利益作为党和国家一切工作的出发点和落脚点。发展林业的根本目的，就是实现兴林富民。兴林和富民，两者相互依存、相互促进、相得益彰，是辩证统一的整体。只有正确处理兴林和富民的关系，为人民谋利益，为老百姓增福祉，才能促进林业又好又快发展。实际工作中处理好兴林与富民的关系，就要不断地解放和发展林业生产力，通过大力发展林业产业，充分挖掘林业的经济潜力，不断地增加农民的收入。我国山区面积占国土总面积的近70%，有5亿多农民生活在山区，"依山脱贫，靠林致富"是他们的迫切愿望，也是林业承担的历史使命。通过大力发展林业产业，把2.87亿公顷林地的潜力、4万多种物种资源的潜力和林产品市场的潜力转化为现实生产力，把山区林区巨大的资源优势转化为现实的经济效益，可以让广大农民实实在在地分享到林业发展的成果，有效地实现农民增收致富的愿望。广大农民富裕起来后，必然会激发出更高的造林、育林、护林积极性，必然会把更多的生产要素投入到林业建设。林兴则民富，民富则林兴。在这个良性发展的过程中，必然会进一步推动生态建设，推动社会主义新农村建设。

加快林业产业发展是全面建设小康社会的有效保障，对提升人民的生活品质具有重要意义。全面建设小康社会，是我们党和国家到2020年的奋斗目标。按照马斯洛的"需求层次理论"，在推进小康社会建设的进程中，人们对物质文化的需求将向更高层次发展，消费领域不断拓展、消费结构不断改善、消费水平不断提高。林产品以其种类丰富的优势，可再生性的特点，绿色环保的品质，将发挥十分重要的独特作用。根据人类的消费习惯和现代社会的消费趋势，我们完全可以预测，人们今后将越来越多地使用木材、竹子制成的生活用品和生产用具，将越来越多地食用天然绿色的森林食品和森林药品，将越来越多地享受森林景观和文化内涵。可以肯定地说，全面小康社会是林产品十分丰富的社会，是林业产业十分发达的社会。通过大力发展木竹加工业，能够满足人们对天然绿色林产品的需要。通过大力发展木本粮油和森林食品，能够满足人们对改善膳食、营养保健的需要。通过大力发展森林游憩业，能够满足人们对回归自然、休闲娱乐的需要。特别是随着生物技术的发展，许多新药品，如抗生素、止痛药和防治心血管、癌症药的有效成分，不断在森林中发现。通过大力发展林业生物产业，可以满足人们防治疾病、延年益寿的愿望。全面建设小康社会，林业产业必然有一个更大的发展，也必须要有一个更大的发展。

在党中央、国务院的关怀和地方各级党委、政府的重视下，经过全社会特别是林业产业界的共同努力，我国林业产业在曲折中发展、在开拓中前进、在调整中完善，从无到有、从小变大、从弱渐强，取得了显著成绩，为经济社会发展作出了重要贡献。特别是近年来，林业产业持续高速增长，呈现出可喜的发展势头。一是产业规模不断扩大，经济实力进一步增强。2006年，总产值突破了1万亿元大关，是2000年的近3倍。浙江、福建、广东等省的林业产业总产值都超过了千亿元，四川、云南以森林为依托的生态旅游业蓬勃发展，新疆、陕西大力发展特色林果业，林业产业正在变成地方经济增长的新亮点。我国人造板、木质地板、竹材及竹制品、经济林产品、松香、家具等产量居世界前列，成为林产品生产大国。二是新兴产业方兴未艾，产业内涵进一步丰富。近些年来，我国森林食品、花卉竹藤、森林旅游、野生动植物繁育利用等产业快速发展，林业生物质能源、生物质材料、生物制药等蓬勃兴起。据统计，2006年，全国花卉种植面积超过66.67万公顷，产值达到420多亿元；森林公园发展到2067处，实现旅游社会综合产值800多亿元；野生动植物繁育利用总产值约2000亿元。三是产业集聚度不断提高，区域特色进一步突出。纤维板、木地板行业前10名企业的市场占有率，达到了30%～50%；纤维板、刨花板单线最大规模分别达到30万立方米和45万立方米。中东部地区已经成为人造板生产中心，东北已成为森林食品和北药的主要产区，东南沿海已成为花卉产业的主要基地。四是非公有制经济发展迅猛，多元化格局初步形成。“十五”期间，非公有制林业企业占全国林业企业总数的70%以上，非公有制林业经济总量占全国林业总产值的50%以上。在全国造林面积中，非公有制占了62%；在产业投入中，超过90%是民间和境外资本。五是林产品贸易快速增长，国际化进程明显加快。2006年，我国林产品贸易额为470多亿美元，是2000年的2.6倍。

经过多年的发展，我国林业产业已经有了一个良好的基础。同时，我们要清醒地看到，林业产业发展仍然存在着不少问题，面临着不少困难。一是林业产业的资源支撑较弱。我国现有森林面积1.75亿公顷，森林蓄积量124.56亿立方米；人均森林面积0.13公顷，人均森林蓄积量9.42立方米，分别只有世界平均水平的22%和15%。每公顷森林蓄积量84.73立方米，不到世界平均水平的80%。据统计，“十五”期间，我国年均林木蓄积消耗需求5.50亿立方米，而国内只提供了3.65亿立方米，近2亿立方米靠进口弥补；“十一五”期间，年均消耗需求将达到约7亿立方米，国内最多能提供约4亿立方米，缺口在3亿立方米左右。森林资源供给不足，严重困扰着林业产业的发展。二是林业产业的整体素质不高。生产规模较小，刨花板、中密度纤维板、木浆造纸的平均产量，分别只有世界先进水平的12.98%、33.33%和35%。装备水平较低，除少数大型企业外，多数企业的装备还处于国际上20世纪六七十年代的水平，落后30年。企业技术创新能力较弱，科技成果转化率低，林业产业科技贡献率仅为35%，低于其他行业平均40%的水平。资源利用效率较差，木材综合利用率仅60%左右，较林业发达国家低30个百分点左右。三是资源培育业与加工利用业联系不够紧密。一方面，资源培育分散在千家万户，难以满足加工企业对资源数量和品质的要求；另一方面，加工企业不能准确地把需求信息传达到资源培育者，难以引导资源培育的行为。这样，既不能发挥上游产业对下游产业的支撑作用，也不能发挥下游产业对上游产业的带动作用。四是林业产业体制机制和政策支持不够完善。企业改革滞后，政企不分，事企同体，市场主体不明确。企业经营管理不规范，市场体系不健全，中介组织发育滞后。政府指导和扶持不到位，市场、政策、科技等服务十分薄弱，投融资、税收优惠等方面的政策措施不完善。这些问题，都严重制约着我国林业产业持续健康快速发展，在今后的工作中必须高度重视，采取切实措施予以解决。

二、准确把握加快林业产业发展的总体要求

随着我国经济社会的快速发展，林业产业的外延在不断拓展，内涵在不断丰富。林业产业就是以森林资源为基础，以获取经济效益为目的，以技术和资金为手段，有效组织和提供各种物质和非物质产品的行业。林业产业横跨一二三产业，主要包括林木种植业、经济林培育业、花卉培育业、木竹采运业、木竹加工业、人造板制造业、木浆造纸业、林产化工加工业、林副产品采集加工业、森林旅游业等。林业产业作为重要的基础产业，除具有一般产业的共同属性外，还有自身的四大特性，即资源的可再生性，产品的可降解性，三大效益的统一性，一二三产业的同体性。

推进现代林业建设，要高度重视林业产业发展。当前及今后一个时期，林业产业发展要以科学发展观为指导，认真贯彻落实《中共中央国务院关于加快林业发展的决定》，以兴林富民、增加林产品供给为根本目标，以市场为导向，以改革创新为动力，以培育森林资源为基础，着力提升传统产业，大力发展新兴产业，不断优化产业结构和经济结构，加快建设发达的林业产业体系，最大限度地满足经济社会发展对林业的多种需求。到2010年，全国林业产业总产值达到1.5万亿元，林业产业的资源基础进一步巩固，主导产业实力进一步增强，新兴产业进一步壮大，对现代林业建设的支撑和保障作用进一步显现。

为了实现林业产业发展的目标任务，要高度重视和切实坚持五个原则。一要把林业产业放在国家生态安全的大局中来把握。林业是生态建设的主体。林业产业发展，必须服从和服务于国家生态安全的大局，按照林业区划，实行分类经营，做到产业得发展、生态受保护；必须以森林可持续经营和科学利用为基础，切实做到资源越采越多、越用越好，青山常在、永续利用；必须坚持产业与生态相协调，在生态建设中不忘发挥产业功能，在产业发展中不忘兼顾生态要求。二要把林业产业放在社会主义市场经济体制中来谋划。发展林业产业，必须遵循市场经济规律，充分发挥“无形的手”的作用，由经营主体按照市场规则，自主决定各种生产和经营活动，真正让市场对各种生产要素的配置发挥基础性作用。政府要在充分尊重市场的前提下，搞好宏观指导、市场监管和相关服务，为产业发展创造良好条件。三要把林业产业放在全球化和国际化的背景中来运作。林业产业发展，必须按照利用“两种资源、两个市场”的要求，积极探索对外合作的新形式和新机制，建立多元、稳定、安全的资源供应和产品销售体系，拓展林业产业发展的空间。必须按照“引进来、走出去”的战略要求，有所为和有所不为，在全球林业产业分工和转移中占据有利位置，提高林业产业的国际竞争力。四要把因地制宜和发挥优势作为关键问题来解决。林业产业发展，要尊重经济规律和自然规律，因地制宜，合理布局，形成以优势产业和名牌产品为主体的产业带和产业集群。要利用林业资源资产、知识产权的优势，进行合资合作和资本运营，造福于老百姓和林业职工，改变那种“抱着金饭碗要饭吃”的现象和“一卖了之”的做法。五要把转变林业产业增长方式作为重大任务来完成。林业产业发展，必须通过加快科技进步、转变经营机制，走内涵式发展道路，努力实现速度、质量、效益相统一，规模、资源、环境相协调。必须加强上、下游产业的紧密联系，按照循环经济的模式，做到树干、树枝、树根全部利用，废木、废纸、废料回收再利用，形成资源共享和废物循环利用的生态产业链，最有效地利用资源和保护环境，走新型工业化道路。

为了实现林业产业发展的目标任务，还要努力在六个重点领域取得新突破。

第一，充分挖掘林地生产潜力，加快发展以用材林资源培育为主的林业第一产业。构筑雄厚的用材林资源，既是产业发展的重要任务，也是产业发展的重要基础。要认真搞好林业发展区划，在区划的指导下，编制好森林经营方案，严格管好公益林，大力发展商品林。要立足当前，加快发展短周期工业原料林、速生丰产林，切实解决木材供需总量不足的问题；也要着眼长远，积极发展珍贵树种、大径级用材林，逐步缓解木材供需的结构性矛盾。要根据林业产业发展的需要，按照林板一体化、林纸一体化的要求，建设一批丰产优质高效的工业原料林基地。南方地区，要以建设短周期浆纸原料林基地为主，适量发展周期较长的热带和亚热带特有珍贵用材树种。长江中下游地区，要培育以欧美杨和松类、竹类为主的工业原料林，兼顾周期较长的大径级用材林基地建设。东北、内蒙古地区，要切实加快以现有中幼林改培为主的原料林基地建设，同时注重珍贵大径级材的培育。平原地区，要大力发展农田防护林，改善农业生产条件，提供大量木材，逐步形成我国新的重要的木材供应基地。目前，一些典型的平原绿化县，活立木蓄积量达到200万～300万立方米，每年生产木材15万～20万立方米。如果全国近1000个平原县都能这样，每年就可生产木材1.5亿～2.0亿立方米，这对解决我国木材供需矛盾具有重大意义。另外，要积极支持建立各种各样的资源基地，特别是花卉竹藤、林产化工、野生动物驯养繁殖等，夯实林业产业发展的基础。

第二，充分依靠现代科技和装备，全面提升以木材加工为主的林业第二产业。木材加工为主的第二产业是发达的林业产业体系的中心环节。要运用现代科技、装备和工艺，大力培植一批原料有保障、规模适度、辐射面广、竞争力强的木材加工龙头企业，充分发挥林业第二产业的牵引作用。为此，要力求在三个方面取得实质性进展。一是提升人造板制造业的水平。大力发展人工速生材、小径材、“三剩物”为原料的人造板，适度发展大径材为原料的人造板，努力推进林板一体化。南方、东北的人造板产业集群，要以企业改制改造为重点，加快建立现代企业制度，扩大产品生产规模，提高产品质量。中东部地区的人造板产业集群，要针对小型民营企业居多的特点，引导和促进企业联合重组、技术改造和设备更新换代，提升人造板企业的素质和效益。二是提升林浆一体化水平。以市场为导向，以产权、资本和利益为纽带，通过技术升级、管理升级、产品升级，培育和发展林纸一体化的大公司、大集团，形成集制浆造纸与原料林基地建设于一体的发展新格局。三是提升林业机械制造业水平。要切实提高创新能力和创新水平，继续加强林木采运、木材加工、植树造林、林业有害生物防治、森林消防等关键设备的研发，提高参与国际市场竞争的能力。大力发展森林食品加工机械、竹材加工机械和生物质能源综合利用等设备，形成具有自主知识产权的特色产品。

第三，充分开发林业景观资源，大力发展以生态旅游为主的林业第三产业。生态旅游是世界旅游业的新趋势，是极具发展潜力的新兴产业。据统计，近年来，全球生态旅游的年增长率高达30%，美国每年有20多亿人次到森林中旅游，是全国人口数量的7倍左右。我国现有自然保护区1700多处，森林公园2000多处，国有林场4000多个，是做大做强生态旅游的重要资源。要加大对生态旅游的规划指导、合理布局和系统开发，打造许许多多各具特色并相互衔接、相互补充、相互带动的生态旅游精品线，形成大大小小的以生态景观为主体、以其他景观为辅助、以“森林之家”为补充的生态旅游圈，满足人们多层次、多样化的休闲娱乐需求。重点是：一要围绕西双版纳、九寨沟、张家界、神农架、武夷山、五指山、长白山等优质森林景观，全面构建森林生态旅游区；二要围绕鄱阳湖、洞庭湖、太湖、千岛湖、三江源、白洋淀、黑龙江大沾河等优质湿地景观，大力打造湿地生态旅游区；三要围绕浑善达克沙地、腾格里沙漠边缘、塔里木河两岸、河北坝上、甘肃酒泉等优质沙漠景观，加快形成沙漠生态旅游区。

第四，充分发挥森林物种优势，努力壮大以林业生物质能源、生物质材料为主的林业高新技术产业。生物质产业是新世纪的朝阳产业，是未来人类文明发展的重要支撑。林业以丰富的物种资源优势，将在这一产业发展中扮演极其重要的角色。“十一五”期间，将重点扶持林业生物质能源和生物质材料的发展。要充分利用山区、沙区等边际土地和宜林地，大力发展麻疯树、黄连木、油桐、文冠果、光皮树等乡土树种，建设一批林业生物柴油示范基地，当前要特别做好与中石油、中粮集团合作的生物质能源项目。要充分利用退耕还林、防沙治沙发展起来的灌木林资源，以及间伐材和主伐剩余物，加工成固体成型高效燃料，供直接燃烧或发电使用。要积极开发生物质能高效转化发电技术、定向热解气化技术和液化油提炼技术，逐步形成从原料培育、加工生产、市场销售、科技开发的“林能一体化”格局。同时，要抓好生物质新材料、生物制药等的开发利用，培植一批科技含量高、市场竞争力强的高新技术产业和名牌产品，促进林业高新技术产业的发展壮大。

第五，充分借助市场需求的力量，切实推进经济林产业尽快迈上新台阶。发展经济林，是维护国家粮食安全、改善人们膳食结构的一条战略途径。我国山区面积大，经济林树种丰富，许多木本粮油、干鲜果品为我国独有，市场前景十分广阔。要根据市场需求，加快实现经济林产业由数量型向质量型、品牌型的转变，下大力气调整经济林的品种结构，培育发展名特优新品种；加强经济林品牌建设，提高市场竞争力；扶持龙头企业的发展和产品深加工，增强对产业发展的带动力。各地要根据自然条件和形成优势产业带的需要，建立具有区域特色的经济林产业基地，形成一个个集生产、加工、销售为一体的经济林产业集群。要打破部门、行业和所有制的界限，共同搭建生产、加工、流通、科研等平台，引导地方形成区域性规模生产，引导企业提高产品质量，引导科研和生产加工的有效联合，切实解决经济林发展中“小生产与大市场”不对称的问题。

第六，充分利用林下资源，积极发展以种植养殖业、非木质采集业为主的林下产业。林下产业是与老百姓利益密切相关的产业。要充分发挥林下土地资源和环境优势，大力发展林农、林草、林菌、林药、林禽、林畜等林地立体复合经营，积极推进林下种植养殖业资源共享、循环相生、协调发展，全面提高林地产出率。要积极推广适宜林间种植养殖的新品种、新技术，努力探索适合区域特点的林间种养模式，坚持林下经济因地制宜、突出特色。要积极培育生产大户、专业经济组织和龙头企业，发挥他们的示范和带动作用，推进规模化、基地化、标准化生产，不断提高林下产业的聚集效应，推进林下经济向大规模、深层次发展。要通过产品的精深加工，不断延长产业链，提高产品附加值，以加工业的大发展来带动林下经济的大发展。

三、为林业产业又好又快发展创造良好条件

建设发达的林业产业体系，是全面实施以生态建设为主的林业发展战略、推进现代林业建设、实现林业又好又快发展的需要。要切实抓住当前林产

品市场需求旺盛，林业生产要素十分活跃的有利时机，培育市场主体，加强宏观指导，强化政策扶持，提高服务质量，规范市场监管，为林业产业的大发展创造良好的条件。

（一）深化改革，培育市场主体。推进林业产业发展，必须通过深化林业改革，理顺体制机制，改造、催生和扶持一大批充满生机与活力的市场主体。一是要认真按照党中央、国务院的决策和部署，加快集体林权制度改革，尽快把集体山林承包到户，明晰林地经营权和林木所有权，落实处置权，保障收益权，建立"物权归属清晰，经营主体到位，责权划分明确，利益保障严格"的现代林业产权制度，使广大林农真正成为林业产业发展的有生力量。同时，要加快推进国有林场和国有重点林区改革。国有林区改革当前要着力推进主辅分离、辅业改制和分离办社会的职能，为深化改革做好充分准备。二是要深化林业企业内部改革，加快建立现代企业制度。现代企业制度包括三个层次：第一层次是产权清晰，建立有效的法人治理结构；第二层次是建立有效的企业内部组织结构，形成责、权、利有效结合的职能和职位体系；第三层次是人、财、物和产、供、销的科学管理。这三个层次之间既彼此联系，又各自独立，要协调全面地推进。要建立健全企业用工制度、分配制度、社会保障制度，确保职工的合法权益。三是要大力培育龙头企业，特别是非公有制龙头企业。积极扶持规模大、竞争力强、经济效益好、信用等级高、可持续发展能力强的企业，充分发挥龙头企业的辐射带动作用。

（二）加大力度，推进科技创新。构建科技支撑体系，是提高林业产业素质和效益的根本途径。一是加大科技攻关力度。要加强对于全局性、战略性和对林业产业带动力强的生物技术、新材料技术、信息技术、关键性技术、清洁生产技术的研发和推广，为林业产业发展占据科技制高点。二是积极推广现有科技成果。通过加强林产品标准制定，加大标准化、示范化建设，完善林业标准体系等措施，鼓励企业广泛应用新品种、新工艺，加快科技成果向现实生产力的转化。三是加快企业技术创新体系建设。制定出台相关办法，做到在现有科研经费安排上，对国家科研队伍和企业科研队伍一视同仁，对科研推广和技术创新有突出贡献的企业和个人，优先给予经费支持。

（三）配套协调，强化政策扶持。林业产业是朝阳产业，也是弱质产业，要切实加强政策扶持。各地要采取有效措施，把《林业产业政策要点》落到实处，国家林业局将会同有关部门抓好三件事。一是争取各级政府将林业产业项目纳入产业发展资金扶持范畴。逐步建立以政府支持为导向、社会资金为主体的投入机制，支持林业产业基地和基础设施建设，鼓励林产品精深加工和社会效益明显、生态效益突出的产业发展。二是加大政策性信贷扶持力度。政策性银行对林业的贷款年限放宽为10～20年，宽限期为5～10年，有关金融机构开展对林业的小额贷款。中央和地方财政对林业贷款实行贴息政策。三是实行优惠的税费政策。认真落实林业种植养殖业和林产品初级加工免征所得税政策，积极协调解决有关资源性产品的消费税、出口退税和延长资源综合利用产品增值税的即征即退政策。改革育林基金征收制度，降低征收比例，减少林业收费项目。对于实现加工和资源培育一体化的经营主体，应当允许造林成本计入加工产品成本，所征收的育林基金也应返还企业用于造林。

（四）搭建平台，健全市场体系。建立公平竞争、规范有序的市场体系，是林业产业发展的重要基础。一要建设要素市场。各地在推进集体林权制度改革的同时，要积极做好配套改革工作，加快建设林业生产要素市场，为各种林业经营主体方便快捷地进行林权登记、森林资源资产评估、产权交易等提供基础条件，实现森林资源资本化。二要建设产品市场。从用地、资金和税收等方面争取优惠政策，在东北、西南、东南等区域建设较大规模的木材及林产品批发市场，并鼓励各类经济实体建立多层次、专业化的林产品交易市场。积极探索电子商务、连锁经营等现代高效快捷的流通方式，逐步形成设施先进、功能完善、交易规范的林产品市场体系。三要活跃资本市场。开拓各种融资渠道，开发适合林业生产经营特点的金融产品，推行林权抵押贷款、联户联保贷款等做法，探索新型的森林保险制度和林业信贷担保方式，为林业产业发展提供金融支持。

（五）指导监督，加强宏观调控。林业产业是资源约束型产业，要切实加强宏观引导和调控。一是加快"十一五"林地征占用定额编制，严格林地征占用审批，确保林地数量，为资源培育和产业发展奠定坚实基础。二是制定和落实发展规划，落实好产业政策要点，避免低水平重复建设，控制高耗能高污染企业，促进林业循环经济发展，形成布局科学合理的优势产业带和特色产业集群。三是建立健全林木种苗、营造林、野生动植物保护利用、名特优新经济林品种、名贵花卉、木材类产品等标准体系，制定和出台《木材经营加工监督管理办法》等管理办法。加强木竹产品生产流通各环节的追溯管理和监督检查，推进全程监管。四是落实野生动植物产品和木材防腐产品标识制度，执行转基因林业植物标识制度，启动林产品质量安全检验检测体系建设，推进无公害林产品认证和森林认证，推行林产品产地准出制度。

（六）齐心协力，提高服务水平。各级政府、各类林业产业协会、各种林业社会中介机构和林业专业合作组织，要共同为产业的发展搭建服务平台。一是林业主管部门要切实履行"调控、监督、引导、服务"职责，及时掌握市场发展变化趋势，加强有关信息发布工作，为产业发展提供前瞻性服务。支持林业企业"走出去"，组织参与涉林国际公约、规则和标准的制定，充分利用境外资源，开拓国际市场。二是各类林业产业协会要按照王忠禹副主席讲话中提出的要求，在诚信、自律、桥梁、纽带上做好文章，切实加强自身建设，不断提高服务水平，真正成为企业之家、会员之家。三是各类中介组织要积极发挥应有功能和作用，在产品生产、市场营销、咨询评估、技术培训等方面提供优质服务。

科学分析形势　深入总结经验
努力把我国建设成为林业产业强国

——国家林业局局长贾治邦在第二届全国林业产业大会上的讲话

（2009年11月3日）

在我国积极应对国际金融危机取得初步成效的关键时刻，我们在江苏省邳州市召开第二届全国林业产业大会，主要任务是：深入落实中央林业工作会议精神，总结推广邳州市林业产业发展经验，认真分析林业产业发展的新形势新任务，研究部署今后一个时期的林业产业发展工作，加快构建发达的林业产业体系，努力把我国建设成为林业产业强国，为改善生态状况、繁荣地方经济、实现兴林富民作出更大贡献。下面，我讲四点意见。

一、认真学习邳州市的成功经验，努力做大做强林业产业

这次会议之所以选择在邳州市召开，主要是因为邳州市林业产业发展取得了重大成效，走出了一条生态与产业、兴林与富民有机结合的成功之路，实现了大地增绿、农民增收、企业增效、政府增税。邳州市幅员2088平方千米，人口163万，过去森林覆盖率很低。就是这样一个缺林少绿的非林区县级市，现在已发展成为林业产值达220亿元的林业产业强市，创造了闻名全国的"邳州现象"。目前，全市森林覆盖率已达到30.94%，形成了人造板、银杏、森林旅游三大支柱产业。全市板材加工企业达到3000多家，年产优质人造板800万立方米，出口450万立方米，生产家具150万件，板材家具产值达到200亿元，占全市工业产值的52%，成为全国四大板材加工出口基地之一。全市成片银杏园达到28万亩，年产银杏果1600多吨、银杏叶1.5万吨、银杏产品20多种、银杏黄酮250吨，实现了科研、种植、加工、销售一条龙，银杏产业年产值达到15亿元，成为全国三大银杏生产基地之一。同时，邳州市还创造了享誉国内外的森林景观，建成了被誉为"天下银杏第一园"的国家级银杏博览园和全长超过40千米的"天下水杉第一路"以及银杏姊妹园、银杏展览馆、九龙山省级森林公园，形成了独具特色的森林旅游观光带，2007年被评为中国优秀旅游城市。林业产业已吸收近50万农村剩余劳动力和城镇下岗职工就业，并形成了一支近10万人的经纪、运输等服务队伍，仅板材企业每年工资发放额就高达16亿多元，有力促进了农民就业增收。

在短短十几年时间里，邳州市能从一个“风吹飘黄土，日照晒地皮”的缺林少绿地区，发展成为一个生态环境优美、林业产业发达，对财政收入贡献率达到32%、对农民收入贡献率达到25%以上的林业产业强市，他们的做法和经验概括起来主要有以下几点：

第一，以战略思维审视林业，以强烈的责任感狠抓林业。邳州过去是一个缺林少绿、洪涝灾害频繁发生的地区，1990年全市森林覆盖率只有12.5%。在富民强市进程中，他们深刻认识到，发展平原林业是农民增收致富的坚实基础，是建设生态文明的坚实保障，是执政为民的重要体现，提出了“林业兴则全市兴、林业强则全市强”的发展理念，把林业产业发展摆在十分突出的战略位置，科学制定全市林业产业发展规划，千方百计推动林业产业发展。他们提出“不重视林业发展的干部，是对百姓不负责任的干部；不擅长提升林业产业的干部，是科学发展能力欠缺的干部”。每年召开林业专题会议，把林业发展纳入各镇年度综合考核，四套班子、市直部门分工负责解决林业骨干企业存在的问题，在行政审批中心开设林业发展专用窗口，每年拿出近千万元重奖种植大户、民企排头兵，鼓励农民植树造林，推进林业产业化经营，把林业办成了邳州经济发展的主导产业。

第二，实行立体化种植，充分发挥平原林业的巨大潜力。他们以打造绿色邳州、生态邳州为目标，大力实施林业富民工程，根据当地实际和农民意愿，发挥优势，突出特色，重点发展银杏、意杨和干鲜果。推行农田林网立体种植、连片种植和丘陵山区绿化相结合，利用一切空地植树造林，在全市河道的两边，在所有的沟、渠、路的两侧及村旁、塘边、隙地，大力营造意杨，轮伐轮种，全市路河绿化率达100%，村庄绿化覆盖率超过60%。各镇着力推广炮车、碾庄等镇高标准农田林网建设的“小网格模式”，全市农田林网面积达到180万亩，农田林网率达到98.2%，探索出了一条高效林业发展的路子，获得了林业、粮食双丰收，全市粮食总产量由1990年的54.86亿吨增加到2008年的69.93亿吨，增长27.47%，实现了土地资源的高效利用。

第三，向能人要厂子，向加工要效益。为了将资源优势转化为产业优势，邳州市明确提出“向能人要厂子，向深加工要效益”。实施了“百强林企培育工程”，培育出多层胶合板、高档贴面板、集装箱底板、木地板、高档家具等60多个板材品类，开发出银杏茶，开心果，银杏酮胶囊、片剂等20多种银杏保健品，实现了从“卖原料”到“卖产品”的根本性转变。为了拓展国内外市场，邳州市连续举办了五届“板材节”、三届“银杏节”，建成了中国科技木业城、家具一条街、银杏苗木市场等专业市场10多家，先后引进了金凤凰、耀邦等一批国内知名家具企业，形成了苏北最大的板材家具产业集群。为了解决林业产业规模扩张的资金难题，他们在苏北率先成立经济信用担保商会、民办银行和“邳州民企资金互助合作社”，仅2008年以来就为林业企业协调贷款15亿多元。目前，全市规模以上林业企业有307家，占全市规模企业总数的60%。

第四，坚持科技为先、质量第一，全面提升林业产业素质。邳州市早在1986年就成立了银杏科学研究所，建立了全国首家银杏种质资源圃和银杏良种繁育圃。近年来，先后聘请20多所大专院校专家教授担任邳州市林业发展顾问，引进了40多个优良新品种，建设优质苗木基地8000亩。重点推广了林农复合种植、果树高枝嫁接等20多项技术，积极推行林果标准化生产，建立了4个银杏、油桃标准化示范区，银杏叶基地顺利通过国家认证，成为全国第一家中药材栽培标准基地。邳州市依托国家木制家具和人造板质量监督检验中心，与南京林业大学、北京林业大学、国家人造板标准化委员会等院校和机构建立了长期合作关系，严格执行国家技术标准，大力推进规范化生产。他们坚持向质量要市场，向创新要效益，推动林业产业向高端化、品牌化提升。仅2008年以来，全市就引进先进技术50多项、先进生产设备150余台（套），新建实验室174个，新增木地板生产企业5家、家具生产企业50余家，90%以上的企业通过技术改造升级走出困境。强大的科技支撑为邳州林业产业发展注入了强大活力。

第五，加强政策扶持，为林业产业发展创造良好条件。近年来，邳州市着力营造“三个环境”，推进林业产业做大做强。特别是2008年以来，针对金融危机带来的严重影响，提前谋划，积极应对。一是全力打造优厚的政策环境。制定了银杏、意杨、干鲜果发展的优惠政策和支持板材家具产业发展的10条意见、32项具体措施，把优质生产要素、优惠扶持政策、优良高效服务向林业企业集中。全市实施了“人造板千线扩张”和“村级投入超千万工程”，既抓“顶天立地”又抓“铺天盖地”，2007年投入1250万元用于省级重点龙头木材加工企业扩大再生产，不断做大做强林业企业。以盛和、富祥、夹河为代表的一大批规模大、实力强的板材加工企业相继崛起，2007年这三家企业产值均超亿元，仅盛和木业就纳税近2000万元。在重点抓好龙头企业的同时，邳州市还重点发展了以官湖、土山两镇为中心，包括2500多家中小企业的邳北、邳南两个板材产业集聚区，充分发挥企业的集群效应。二是全力打造优质的服务环境。凡规模以上林业企业全部列入市重点保护企业，在土地、金融、品牌培育等方面倾力支持，协调上海铁路局开通林产品出口铁路集装箱运输专线，为林业产业发展开通高效、快捷、畅通的绿色通道。三是全力打造优良的创业环境。积极组织成立企业贷款担保商会，协调江苏银行成立分支机构和村镇银行，促进银企合作，为林业企业发展提供信贷支持。近年来，累计发放中小企业贷款20多亿元，投入6300万元农发资金用于林业建设。对林业企业实行“一卡通”，凡持卡企业运输车辆，在邳州市境内一律不收过桥过路费，企业发展难题实行限时办结，重大问题市委常委会专题研究解决。

邳州的实践证明，大力发展林业产业，对于加强生态建设、繁荣地方经济、促进兴林富民、推进社会主义新农村建设具有重大战略意义。邳州的实践同样证明，林业是个大产业，是个富民产业，是具有多种功能的朝阳产业。邳州创造的好经验、好做法，值得全国各地认真学习借鉴。目前，全国已有17个县市林业产业年产值超过50亿元，有44家林业企业年产值在10亿到244亿元之间。希望各地认真总结学习林业产业发展的先进经验，不断做大做强林业产业。

二、科学分析林业产业发展的形势，进一步坚定做强林业产业的信心和决心

2007年全国林业产业大会后，国家和各地相继出台了一系列扶持林业产业发展的政策措施，有力推动了林业产业发展。2008年全国林业产业总产值达到1.44万亿元，比2007年增长14.94%，林产品进出口贸易总额达到719亿美元，比2007年增长11.8%，已跃升为世界林产品生产和贸易大国。全国人造板产量达到9409.95万立方米，松香、竹材、竹制品、家具等产品产量均居世界首位。同时，我国林业产业发展也呈现出一些新变化。一是林业特色产业成为新亮点。在传统林业产业稳步发展的同时，木本油料、林下经济、森林旅游、生物质能源、野生动物驯养繁育利用等特色产业快速发展。二是民营林业经济得到新发展。目前，在林业工业发展总投入中，90%以上是民营资本。全国民营林业企业总数已达到1.17万家，占全国规模以上林业工业企业的78.2%，产值占70.4%。三是林业产业结构呈现新变化。在产业政策的引导下，林业产业结构调整呈现加速之势，产业升级和淘汰落后产能成为各企业的主动意愿。林业一二三产业产值结构由2007年的44.3∶48.1∶7.6，调整为44.1∶47.5∶8.4，第三产业增长速度远远超过其他两个产业。

在看到林业产业发展积极向好的同时，我们也必须正视林业产业发展中存在的一些主要问题：森林资源支撑能力较弱，原料林基地建设缓慢，质量不高，效益较差；产业整体素质偏低，经济增长方式粗放，科技贡献率不高，落后产能庞大；林产品科技含量低，品牌意识薄弱，国际知名产品缺乏；林业机械制造业水平总体落后，高端林产品加工机械主要依赖进口。总的看，我国虽然已经成为林业产业大国，但还不是林业产业强国。

除此之外，国际金融危机也给我国林业产业发展带来了新的挑战。虽然我们采取一系列有力措施积极应对国际金融危机，林产品进出口已出现企稳向好的势头，但2009年1~8月全国林产品进出口仍然受到较大影响，主要林产品进出口贸易总额365.98亿美元，同比下降13.68%。尤其是各国贸易保护主义势力明显抬头，为林业产业发展带来更为不利的形势。据世界银行发布的一份报告，全球已有约47项保护主义措施付诸实施。美国《〈雷斯法案〉修订案》已于2008年5月22日正式生效。专家分析，这项法案的实施将加剧我国林产品进出口困难，使我国木制品出口美国的门槛以及经营成本、交易成本都大大提高。而我国人造板、木地板和家具出口市场又以美国为主，几乎占到美国林产品市场的半壁江山。由此可见，我国林产品出口仍然面临着严峻挑战。

在困难和挑战面前，我们必须统一思想，提高认识，坚定信心，科学应对。一要充分认识林业的基本功能。林业是人类经济社会发展最古老的产业，是一个具有经济、生态、社会、文化等多种功能的特殊产业。从某种意义上讲，林业的经济功能的充分发挥，能够极大地带动和促进生态、社会、文化功能的发挥。邳州等各地的实践证明，林业产业的大发展，带动了森林资源的快速增长，改善了生产条件和人居环境，还打造了一系列优美的生态景区，对满足社会对林业的多样化需求发挥了突出作用。二要充分认识发展林业产业对农民增收和增加地方财政收入的重要作用。我国还是欠发达国家，特别是农民人均收入还很低，2008年农民人均收入只有4761元，人均不到700美元，与发达国家的农民收入和我国城市居民的收入相比，差距还很大，同时我国还有不少县经济十分落后，财政十分困难。邳州通过发展林业产业，大大加快了区域经济发展，农民收入的1/4、财政收入的1/3都来自林业，这充分说明林业产业对增加农民收入和地方财政收入具有独特的优势和巨大的潜力。三要充分认识发展林业产业对应对金融危机的重大作用。林业产业链条长、产品种类多、市场空间广、就业潜力大，尽管我国遭受了有史以来最严重的国际金融危机的冲击，但2009年农民收入仍然保持了较快增长，农村社会仍然保持着和谐稳定，这是党中央、国务院英明决策、科学应对的结果，也与我国全面推进集体林权制度改革、大力发展各种林业产业有着密切的关系。据不完全统计，已承包到户的15多亿亩集体林地，约为返乡农民工提供了3600多万个就业岗位，许多地方出现了“城里下岗，山上创业”的可喜局面，这对增加农民收入、安定民心、维护社会稳定功不可没。我们坚信，经过金融危机洗礼的中国林业产业一定会更加强大，产业素质将会明显提高，产业发展将迈上一个新的台阶。这些信心主要源于以下基本判断：

*一是我国林业产业发展的基本面没有改变。*近8年来，我国林业产业总产值以年均19.70%的速度快速增长。2008年底国际金融危机发生以来，虽然对我国林业产业带来很大冲击，造成林产品出口大幅下降，但是我国林业产业仍然保持了10%以上的增长速度，高于全国的平均水平。特别是造林、育种育苗、陆生野生动物饲养、家具制造、森林旅游增长速度分别达到39.34%、31.85%、42.64%、24.94%和23.28%。据初步统计，2009年上半年，我国林业产业总产值达到7266亿元，与2008年同期基本持平。主要林产品产量比2008年同期增减互现，二季度比一季度环比增幅在28.2%以上，有些产品环比增长高达51.1%。总体上看，我国林业产业并没有“伤筋动骨”，我们在金融危机中损失的一些加工企业和生产能力，大多是市场竞争力低、抗风险能力差的落后产能。从长远看，淘汰落后产能有利于加快产业结构调整，有利于提高产业素质，有利于提高市场竞争力。目前，我国林业产业已呈现较明显的企稳回暖迹象，总体发展趋势继续向好。

*二是国际国内对林产品需求增长的趋势不会改变。*经济越发达，对木材的需求增长越强；人们生活水平越高，对林产品的消费量越大。近10年来世界木材需求处于长期增长的趋势。据联合国粮农组织发表的数据，2007年世界工业用原木消费量为17.72亿立方米，比1997年增加11%。世界原木进口总量从9200万立方米增加到1.34亿立方米，提高0.5倍。据预测，2030年全世界工业用材将达到24.6亿立方米，比1990年增加47%。随着经济社会的发展，我国对木材的需求量也急剧增加。特别是在回归自然、崇尚绿色的新趋势下，作为天然、绿色、无污染的林产品备受青睐，需求十分旺盛。近10年来我国的原木进口量猛增，提高了4.7倍。2008年与2007年相比，我国刨花板产量增加37.77%，木地板产量增加9.74%，工业用木材呈现出强劲的增长势头。随着经济社会的发展，市场还会对林产品产生许多新需求，将推动新兴林业产业不断发展。这些巨大的市场需求，将是林业产业不断发展壮大的不竭动力。

三是我国林业产业还具有巨大的发展潜力和增长空间。我国有43亿亩林业用地，还有8亿亩可治理的沙地和近6亿亩湿地，三者合计是我国耕地总面积的3倍多。同时，我国有木本植物8000多种、陆生野生动物2400多种、野生植物3万多种，开发潜力巨大。目前，我国林地产出远低于耕地，林地蕴藏的巨大潜力远未充分发挥出来。从总体上看，我国林业产业发展很快，但森林资源经营仍很粗放，第一产业发展基础不扎实，发展的空间很大。据最新森林资源清查，目前我国有中幼龄林15.69亿亩，如果通过加强森林经营，每亩提高森林蓄积量2立方米，就可增加森林蓄积总量30多亿立方米，创造几万亿元的物质财富。同时，林产品加工业科技含量低，效益不高，第二产业的素质提升空间很大。此外，林业第三产业仅占8.4%，发展潜力更大。特别是林业产业是最大的绿色产业、低碳产业，是发展低碳经济的潜力所在，是国家鼓励发展的新兴产业，前景十分广阔。如果将我国丰富的林地资源、物种资源、劳动力资源的潜力充分挖掘出来，加之巨大的市场需求，我国一定能够实现由林业产业大国向林业产业强国的历史性转变。

四是集体林权制度改革为我国林业产业发展注入了强大动力。当前正在全面推进的集体林权制度改革，解放和发展了农村生产力。一方面，集体林权制度改革使农民获得了一笔可观的资产，极大地激发了农民特别是山区农民的创业热情。农民如饥似渴地通过发展产业来增收致富，他们“把山当田耕，把树当菜种”，精心抚育林木，同时大力发展林下经济、森林旅游等林业产业，农民来自林业的收入大幅度增加。另一方面，极大地调动了社会力量发展林业产业的积极性，各种生产要素迅速向林业聚集，有力带动了林业产业发展。特别是林业就业岗位和农民来自林业收入的明显增加，对应对国际金融危机发挥了重要作用，并将为拉动内需和消费、进一步带动整个经济社会发展产生难以估量的作用。大家知道，经济发展永恒的动力是消费，当前我们应对金融危机要扩大内需，而扩大内需的关键是扩大消费。如果消费上不去，投资过快形成的产能就释放不出来，那就好像吃进去消化不了，拉不出来，这样会更危险。我们国家扩大消费的潜力在农村，广大农民和部分城市低收入者消费意愿强，消费倾向高，但没有钱消费，购买力低，而少数高收入者虽然购买力强，但消费倾向低，这就出现了购买能力和消费意愿的错位。通过集体林权制度改革，农民就业岗位显著增加，农民收入显著增长，农民盖房子、买家电、购家具就会随之增加，拉动消费。当然，林业生产周期长，不像耕地承包那样收效快，但从长远看，集体林权制度改革必将促进农民增收致富，必将极大地提升农民的消费能力，必将对林业产业发展和整个国民经济发展产生十分重要的影响。

五是我国已成功探索了一条市场调节与政府调控有机结合的林业产业发展之路。我国林业产业是市场化程度较高的领域之一，在长期的市场经济博弈中，林业产业从小到大，从低速扩张到高速发展，具备了较强的市场适应能力。各级政府高度重视林业产业发展，将其纳入重要议事日程，通过出台产业规划、制定产业政策、加大产业投入等措施，逐步加强对林业产业发展的调控、指导和扶持，为林业产业发展营造了良好的政策环境。凡是政府服务到位、市场机制健全的地方，各种社会资金进入林业产业领域的就多，林业产业就发展得好、增长得快、实力就强。可以说，我们所探索的市场调节与政府调控有机结合的林业产业发展之路，将是推动林业产业不断发展的有力保障。

三、准确把握林业产业发展的方向和重点，全面提升林业产业的质量效益

2009年6月召开的中央林业工作会议确立了林业的新地位新使命，对加快林业产业发展也提出了新要求。刚刚发布的《林业产业振兴规划(2010~2012年)》进一步明确了林业产业发展的指导思想、基本原则、目标任务和主要措施。当前和今后一个时期，林业产业发展的总体要求是：高举中国特色社会主义伟大旗帜，以邓小平理论和“三个代表”重要思想为指导，深入贯彻科学发展观，全面落实中央林业工作会议精神，以产业结构调整为主线，以体制、政策、科技创新为动力，大力培育林业骨干产业，全面提升林业产业素质，加快构建林业产业体系，充分发挥林业产业在拉动生态建设、增加社会就业、促进农民增收、保障市场供应、推动经济发展等方面的重要作用，努力把我国建设成为林业产业强国。力争到2012年，全国林业产业总产值达到2.26万亿元，年均增长12%左右，林产品国际贸易总量达到900亿美元以上；林业第二产业和第三产业占林业总产值的比重分别增加到50%以上和18%以上。

实现上述目标，必须始终坚持和把握好以下基本原则。一是坚持把培育森林资源作为做强林业产业的重要基础。大力培育森林资源，既是发展林业第一产业的重要内容，又是发展林业第二产业的根基。没有充足的森林资源，就没有加工原材料，林业产业发展就是无米之炊，就谈不上发展。各地要加快造林绿化进程，着力加强森林经营，全面提高森林质量。要鼓励生产企业建立原料林基地，扩大速生丰产林、工业原料林、大径材和珍贵树种等原料林基地建设规模，加大原料林定向培育力度，确保有稳定充足的原料来源。二是坚持把培育龙头企业作为做强林业产业的重要举措。龙头企业是带动林业产业发展的重要力量。要实行政策扶持，鼓励兼并重组，培育龙头企业和产业集团，带动林业产业向规模化、集团化、集群化方向发展，提高经营规模和经济效益。重点扶持100家国家级林业重点龙头企业和人造板、家具、木浆造纸、竹制品等特色产业集群，充分发挥龙头企业的辐射和带动作用。三是坚持把实施“走出去”战略作为做强林业产业的重要途径。林业产业发展，必须按照“走出去”的战略要求，积极探索对外合作的新形式和新机制，充分利用国际国内两种资源、两个市场，拓宽原料来源渠道，拓展林产品市场。财政部、商务部发布了关于开展境外林业合作的相关扶持政策，对我国企业从事境外林业投资、合作等给予项目前期费用补助、资源回运补助、“走出去”人员人身意外伤害保险保费补助、境外突发事件处置费用补助、境外研发中心专利注册费用补助和贷款贴息，这是林业“走出去”的重要政策支持，各地一定要认真研究，把这些好政策用好用足。四是坚持把全面提升产业素质作为做强林业产业的基本着力点。目前，我国已是林产工业大国、贸易大国，但还不是林产工业强国。必须通过加快科技进步和科技创新，转变经营机制，走内涵式发展道路，提高企业自主创新能力，鼓励企业进行技术改造，要以应对国际金融危机为契机，主动淘汰过剩产能和落后产能，转变林业产业增长方式。创新管理理念和管理模式，提升林业产业集约化、信息化管理水平。五是坚持把兴林富民作为做强林业产业的根本宗旨。发展林业产业的一个主要目的，就是促进农民增收致富。做强林业产业，必须紧密结合农民经营林业的特点，积极引导农民发展各种特色林业产业，尤其要重视林下经济的开发。发展林下经济投入少、见效快、易操作、潜力大，是集体林权制度改革后尽快实现农民增收致富的重要途径。我们一定要坚持把兴林富民贯穿于林业产业发展的始终，以产业发展带动农民增收致富，促进生态建设，实现产业与生态协调发展。

当前，我国林业产业要在全面加快发展的同时，重点培育十大支柱产业，力争尽快取得突破。

*一是木材加工产业。*木材加工既是林业的传统产业，也是林业的优势产业和主导产业。当前，我国木材加工业在整个林业产业中占有很大比重，人造板、家具等产品产量居世界第一。其中，我国人造板生产年均增长速度超过20%，人造板企业达6000多家，生产规模接近1亿立方米，是世界人造板生产和消费第一大国，在国际木业市场上占有举足轻重的地位。随着经济社会的发展，我国木材加工产业产值还将长期保持快速增长的趋势。但我们也必须清醒地看到，我们的产品大多是初级产品，产品附加值和木材利用率都不高，还大有潜力可挖。木材加工业必须向精深加工迈进，丰富产品种类，改进加工工艺，增加科技含量，全面提升产品的档次。同时，也要重视发展木雕等工艺品产业。我国木雕种类繁多，历史悠久。随着经济社会的发展和人们生活水平的提高，木雕等艺术性强、文化内涵深的艺术品市场需求日益旺盛，发展潜力很大。要进一步发展壮大木雕等工艺品产业，大力推进木制工艺品产业化，让这一传统产业发挥现代价值。

*二是森林旅游产业。*过去半个多世纪以来，世界森林旅游业得到迅猛发展，并且展示出光明前景。早在1977年，美国每年的森林旅游消费就突破1600亿美元，超过石油工业而成为美国最大的产业。20世纪90年代，美国每年森林旅游的人数高达20多亿人次，几乎是美国人口的10倍，每年消费总额达到3000亿美元，约占美国家庭收入的1/8。我国森林旅游业近年来也一直呈快速发展之

势，旅游人数持续增长，产业规模不断扩大，直接旅游收入每年以20%多的速度增长。2008年，全国森林公园共接待游客2.74亿人次，创造社会综合旅游产值1400多亿元。据统计，森林旅游业使全国近2000万农民受益，直接吸纳就业人口近50万。但是，目前森林旅游业还存在基础设施落后、经营管理粗放、产业化水平低等问题。今后，必须按照“严格保护、统筹规划、合理开发、永续利用”的原则，大力发展以森林公园为主的森林旅游业，加快基础设施建设，提升生态文化功能，树立森林旅游品牌，力争到2010年，全国森林公园总数达到2400处，森林旅游人数达到3亿人次，森林旅游社会综合产值达到1500亿元。

*三是油茶等木本粮油产业。*目前，我国食用植物油的进口依存度高达60%，每年需净进口800多万吨，是世界上最大的食用植物油进口国。同时，我国也是世界油料进口大国，大豆进口量占全球进口贸易量的45%，油菜籽进口量占全球进口贸易量的12%。随着人口的增加和消费层次的升级，我国对食用植物油的需求今后还将呈刚性增长态势，维护国家粮油安全已成为一个重大战略问题。我国山区面积占国土总面积的69%，有近8亿亩宜林荒山荒地，木本粮油发展潜力巨大。据测算，我国现有木本粮油8000万亩，适宜发展木本粮油的土地1.6亿亩，如果全部开发出来，相当于近1亿亩耕地的粮油产量，可以大大增加我们解决粮油问题的回旋余地。目前，我国木本粮油产业发展存在的主要问题是，经营粗放，规模化、集约化、产业化程度低，新产品新技术研发落后。今后，木本粮油产业必须坚持走良种化建园、规范化生产、市场化引导、集约化经营、标准化管理、集群化发展的道路，重点发展油茶、核桃、板栗、柿子、枣这五个树种，力争到“十二五”期末，全国建成2500万亩高标准木本粮油示范基地，为农民增加1000亿元收入。国家对发展木本粮油产业高度重视，2009年10月底国务院批复了《全国油茶产业发展规划(2009~2020)》，明确要求，到2020年要使我国油茶种植面积达到7000万亩，全国年产茶油250万吨左右，占到全国食用植物油总产量的20%以上。各地要认真贯彻落实油茶产业发展规划，搞好优质种苗培育，扩大基地建设规模，进一步加强产品研发，真正把油茶产业培育成为服务国家大局的支柱产业、维护人民健康的民生产业、促进农民增收的致富产业。

*四是竹藤产业。*我国竹藤资源十分丰富。全球1200多种竹子中我国有500余种，居世界第一位。全国现有竹林面积484万公顷，年产竹子11.5亿根。全球600多种棕榈藤植物中我国有61种，最高年产野生藤6500吨。我国竹藤资源的储量、产量、产品种类及加工利用水平均居世界首位，具有做大做强竹藤产业的良好基础。目前，我国竹产业年产值已超过700亿元，年增长率保持在20%以上，竹藤产品出口177个国家，直接从事竹产业的人员超过3500万，主要竹产区农民收入的30%来自竹产业。但是，我国竹产业还存在区域发展不平衡、产业化规模小、可工业化利用竹资源的质量和数量有待提高等问题。今后，要按照区域化布局、规模化经营和科学化管理的要求，大力培育和扶持龙头企业，调整优化竹藤资源培育产业，不断壮大竹加工产业，积极发展竹文化产业，实现竹藤产业产、加、销一条龙发展。加强自主创新和集成创新，积极开发高附加值产品，加快构建竹藤国际标准化体系，掌握国际贸易主动权。

*五是花卉产业。*花卉业是一个发展潜力巨大、发展前景广阔的朝阳产业。目前全球花卉年消费额已达1000多亿美元，贸易额100多亿美元。经过近30年的快速发展，我国已成为世界花卉生产和消费大国。截至2008年底，全国花卉生产面积达77.5万公顷，销售额667亿元，出口额3.99亿美元。与花卉业发达国家相比，我国花卉业还存在着劳动生产率水平低，区域布局和产品结构不合理，自主创新能力弱，流通体系不健全，市场竞争不规范等问题。2007年，全国花卉平均每公顷销售收入仅为8万元，人均产出不足1.7万元，而荷兰花卉业人均产值高达6万多欧元，每公顷产值达12.5万欧元。我国自然条件优越，种质资源丰富，市场潜力巨大，花卉产业发展前景十分广阔。据初步预测，2010年全国花卉销售额将达到700亿元，2020年将达到1000亿元。大力发展花卉业，要着力提高自主创新能力，努力在核心技术和关键技术上取得突破。要进一步优化产业布局，逐步提高专业化、规模化水平，努力提升产品品质。要大力宣

传花卉文化，普及花卉知识，积极引导花卉消费。要积极引进国外先进技术、优秀品种，努力开拓国外市场，不断提高我国花卉业发展水平。

六是野生动植物繁育利用产业。我国野生动植物种类丰富、分布广泛，发展野生动植物繁育利用业具有得天独厚的条件。目前，全国从事野生动植物繁育利用的单位和专业户已达4万家，年产值和进出口贸易额达2000亿元，对促进地方经济发展和农民增收发挥了重要作用。但与快速增长的市场需求相比，我国野生动植物繁育利用业总体上还处于资源短缺阶段，种源不足和技术落后仍然制约着这一产业的快速发展。据初步测算，我国现阶段野生动植物原料缺口货值达500亿~600亿元，许多生产经营活动只能实行限产措施，因此损失了数千亿元的产值。加快野生动植物繁育利用业发展的关键在于，因地制宜，合理布局，加快野生动植物种源繁育基地建设，重点做好种源储备、技术攻关、产品开发、资金筹措等工作，为产业发展提供可靠的支撑。同时，加强野生动植物及其产品流通监管，防止因发展产业而破坏野外资源。

七是木浆造纸产业。造纸业是国民经济重要的基础产业之一，纸和纸板的消费水平已成为衡量一个国家现代化水平的重要标志。造纸工业具有资金技术密集、规模效益显著、产业关联度大等特点，是拉动国家经济发展的重要支柱产业。改革开放以来，我国造纸业得到了快速发展，纸及纸板生产企业达3500家，产能达8000万吨，总产值达3600亿元。目前，我国纸及纸板人均年消费量为50多千克，仅相当于美国350多千克人均年消费量的1/7，市场发展潜力巨大，正以年均10%左右的速度递增。但是，我国造纸业仍然存在企业规模效益低、优质原料缺口大、污染治理任务重、装备研发能力差等问题，制约着造纸产业的快速发展。我国森林资源丰富，具有大力发展木浆造纸产业的优势，以满足国内日益增加的市场需求。今后，要大力发展木浆造纸产业，积极推进林纸一体化发展，加强原料林基地建设，加大企业重组力度，优化原料产品结构，降低资源能源消耗，进一步提升木浆造纸产业的集中度和竞争力。

八是林业生物质能源产业。随着化石能源的日益枯竭和生态环境的不断恶化，发展生物质能源已成为世界各国能源替代战略的重要选择。2009年9月，胡锦涛总书记在联合国气候变化峰会上承诺，争取到2020年我国非化石能源占一次能源消费比重达到15%左右。根据国家可再生能源中长期发展规划，到2020年，全国生物质发电总装机容量要达到3000万千瓦，生物质固体成型燃料年利用量达到5000万吨，生物燃料乙醇年利用量达到1000万吨，生物柴油年利用量达到200万吨。我国有种子含油量在40%以上的木本油料树种154种，每年还有大量枝丫剩余物，发展林业生物质能源的前景十分广阔。林业资源能源化开发利用将是我国生物质能源产业化发展的主要方面，成为发展绿色经济、低碳经济和循环经济的重要内容。目前，我国林业生物质能源产业正处于起步阶段，生产、流通、使用以及生态评估的政策体系尚未形成，国家的扶持力度还不够，制约着林业生物质能源产业的发展。加快发展林业生物质能源产业，关键在于加强能源林基地建设，形成稳定的原料供应渠道。加强林业生物质能源高效转化和综合利用等技术的研究攻关，形成可产业化推广的技术、工艺和产品储备。制定完善支持林业生物质能源产业发展的政策措施，充分发挥市场和政府的两个积极性，使林业生物质产业真正发展成为企业收益、百姓得利的绿色产业。

九是林产化工产业。林产化工产品具有纯天然、不可替代性等明显优势，是经济建设和人民生活必不可少的重要产品，市场潜力巨大，深加工程度和产品附加值高。以松香为例，美国等发达国家已先后开发出100多种深加工产品，深加工利用率接近100%，产品附加值可比原料松香提高2~30倍。改革开放以来，我国林产化工业得到了迅速发展，松香、活性炭等主要林化产品的产量和出口量均居世界第一，其中松香年产量达80余万吨，出口占世界贸易总量的60%。全国林产化工产业年产值已达1500亿元以上。但是，目前我国林产化工产业仍然存在原料利用率低、生产成本高、精深加工产品少、缺乏国际标准话语权等问题。我国有丰富的森林资源，以及充足的松脂、芳香植物、木本油料、药用动植物等特色资源，加之近年来在生物质能源、生物质材料、活性炭、植物提取物等方面实现了技术突破，林产化工产业拥有明显的发展优势和潜力。同时，随着经济的不断发展，国际市场对生物基材料、松香、活性炭、生物农药等林化产品的需求将持续增加。今后，要按照产业布局区域化、资源供给基地化、利用方向高值化、生产工艺清洁化、生产装备节能化、产品加工精深化的要求，通过创新和重大关键技术的突破，加快发展生物质能源转化利用、松脂资源精深加工、天然香料和生物新材料开发等产业，把林产化工产业培育成林业的支柱产业。

十是沙产业。我国现有沙化土地174万平方千米，其中可治理沙化土地50多万平方千米。土地沙化会加剧贫困，但只要科学利用，沙化土地同样可以带来财富。沙区拥有广袤的土地、充足的阳光和丰富的动植物等资源，在保护生态的前提下，发挥沙区特有的资源优势，大力发展沙产业，不仅可以促进沙区经济发展，增加农民群众收入，而且可以调动社会各界防沙治沙的积极性。内蒙古鄂尔多斯市仅种植沙柳一项就为农牧民每年人均增收100元以上，2008年全市农牧民来自林沙产业的人均纯收入达到1900元。经过多年发展，我国沙产业已经发展成为一个具有五个大类、上千个品种的大产业。但是，我国沙产业仍然处于探索起步阶段，必须进一步加大扶持力度。今后，要在切实保护和改善生态的前提下，突出抓好资源培育，大力扶持龙头企业，着力开发精深加工，重点发展灌木林培育和加工利用、中药材生产与产品开发、生物质能源开发、经济林果种植与精深加工、沙漠旅游、沙区风能和太阳能等支柱产业，形成特色鲜明、优势突出、资源配置合理、综合效益显著的沙产业发展新格局，为沙区生态改善、经济发展、农民增收作出更大贡献。

四、全面加大对林业产业的扶持力度，切实优化林业产业发展的政策环境

林业产业是联系兴林和富民两大目标的桥梁与纽带，就像一根扁担一头挑着兴林，一头挑着富民。只有林业产业发展了，经济效益提高了，才能像邛州那样，同时实现既兴林又富民的目标。可以说，抓住林业产业就抓住了兴林富民的关键，抓住了林业发展的“牛鼻子”。在全面发展现代林业、建设生态文明、推动科学发展的新形势下，一定要牢固树立产业兴林、产业富民的理念，加大扶持力度，完善政策措施，进一步加快林业产业发展，充分发挥林业产业拉动生态建设、促进农民增收的重大作用。

(一)切实加强对林业产业的组织领导。林业产业门类多、链条长、涉及面广，既事关农民群众的切身利益，又事关森林资源的经营利用，必须充分发挥市场调节和宏观调控的作用，才能确保林业产业又好又快发展。各级林业部门既要重视生态建设，也要重视产业发展，把发展林业产业摆上重要日程，给予更多的重视和支持，投入更多的精力研究、指导林业产业。尤其要积极争取党委、政府和有关部门对林业产业的重视和关心，真正把发展林业产业放在心上，抓在手上，体现在行动上，形成加快林业产业发展的强大推动力。各级林业部门要加强林业产业的指导和管理，充分发挥林业产业协会的作用，确保林业产业有机构抓、有专人管。积极引进林业产业方面的优秀人才，为他们创业发展提供良好条件，通过引进人才达到引进资金、技术的目的。要抓好典型示范，树立兴林富民的榜样，激发农民群众发展林业产业的热情。

(二)认真编制林业产业发展规划。林业产业是一种资源约束型产业，必须精心谋划，才能避免破坏生态和盲目扩张，实现科学有序发展。各级林业部门要根据《林业产业振兴规划(2010~2012年)》的原则要求，抓紧编制完善本地的林业产业发展规划，并将林业支柱产业纳入当地“十二五”经济社会发展规划。编制林业产业发展规划，要准确把握国家宏观产业政策，全面了解国内外市场需求趋势，紧密结合本地的资源状况、产业基础和技术力量等情况，科学确定今后一个时期林业产业的规划目标、主要任务和发展重点，切实增强规划的预见性、针对性和可操作性。要坚持生态建设产业化、产业发展生态化,统筹协调好发展产业与保护资源的关系,绝对不能因发展产业而破坏生态，努力实现产业发展与生态建设良性互动。各地的林业产业发展规划千万不能贪大求全,要紧密结合实际,突出地方特色,努力培育优势产业。要以编制林业产业发展规划为契机,协调有关部门制定支持林业产业发展的政策措施,为全面实施规划提供有力支持。

(三)不断完善支持林业产业发展的政策措施。与其他产业相比，林业产业融资能力差、生产周期

长，在发展起步阶段尤其需要政策扶持。《林业产业政策要点》、《林业产业振兴规划(2010～2012年)》、《关于做好集体林权制度改革与林业发展金融服务工作的指导意见》、《林业贷款中央财政贴息资金管理办法》等有关文件已经明确了支持林业产业发展的政策措施,现在的关键是要加大沟通协调力度,全面落实这些扶持政策,切实优化林业产业发展的政策环境。要争取逐步加大财政对林业产业的投入,加快培育龙头企业和名优产品。积极探索森林植被恢复费的使用方式,加大对森林资源培育、森林经营工作的支持力度。全面落实种苗补贴、贴息贷款、税收优惠等政策措施,认真执行《育林基金征收使用管理办法》,切实降低林业生产经营者的负担。积极开办林权抵押贷款等业务,鼓励企业通过发行债券募集资金,不断丰富林业产业融资渠道。逐步探索建立森林保险制度,落实保费补贴政策,完善保费分摊机制,提高林业产业的抗风险能力。

(四)全面提升林业产业的科技支撑能力。我国林产品附加值低、竞争力差的主要原因是科技落后。建设林业产业强国，提高林产品质量和效益，必须依靠科技进步，加强科技创新。要紧紧围绕林业产业发展中的关键技术，开展科技攻关和技术创新，各地要充分利用科技推广资金，增加科技创新资金的投入，鼓励提高林业产业的科技支撑能力。支持有实力的企业与高等院校、科研院所开展科技合作，组建林业产业技术创新战略联盟，联手开展科技攻关。大力推广各种实用技术和科技成果，重点扶持新兴产业的科学研究、技术开发、成果转化，尽快形成林业生产力。积极支持林业高新技术发展，推动企业科技创新和林业产业结构升级，以科技进步带动林业产业发展方式的转变。建立林产品市场准入制度，制定行业技术标准和产品标准，开展森林认证和绿色林产品认证，提高林产品国际竞争力。

(五)大力开拓林产品市场。没有稳定的市场，林业产业发展就会失去根本动力。今后，各企业必须一手抓生产，一手抓市场，形成良性互动的产业发展格局。要加强市场需求研究，及时掌握市场信息，大力发展订单林业，按照市场需求组织产品生产。要按照“引进来、走出去”的要求，充分利用国内国际两个资源、两个市场，着力稳定传统出口市场，积极开拓新兴国际市场，避免因市场过于单一而降低林产品抵御市场风险的能力。加大林产品消费政策引导，积极培育国内市场需求，加快建设区域性林产品市场，健全林产品市场流通体系。丰富林产品功能，开辟新的林产品利用领域，挖掘林产品城乡市场消费潜力，建立多元、稳定、安全的林产品市场体系。

(六)建立健全林业产业社会化服务体系。林业产业一头连着千家万户的农民，一头连着千变万化的市场，具有生产相对分散、建设主体较多的特点，必须加强社会化服务体系建设，帮助解决那些一家一户、一企一业办不了、办不好的事，提高林业生产经营者适应市场的能力。要积极组建各类专业合作社、行业协会、中介服务机构，完善林业社会化服务网络，提高林业产业的组织化程度。林业产业协会要在全方位的社会化服务方面发挥重要作用，积极协助政府主管部门，组织应对反倾销、反补贴等国际贸易摩擦，及时反映行业情况和企业诉求，加强行业自律，促进林业产业健康发展。建立林产品信息预测预警系统和信息发布平台，加强市场信息的收集、整理、分析、预测、发布等工作，及时掌握市场行情，超前应对市场变化，为政府宏观调控和企业科学决策提供更好的信息服务。

国家林业局局长贾治邦在联合国气候变化峰会关于减少毁林和森林退化碳排放会议上的讲话

(2009年9月23日)

主席先生；女士们，先生们：

下午好。我首先代表中国政府，对在联合国气候变化峰会期间召开本次会议表示祝贺。这次会议再次表明各国对森林在减缓气候变化中作用的重视，以及各国在推动气候变化谈判进程中对林业相关议题的政治意愿。中国政府对此表示欢迎。

气候变化是全人类面临的严峻挑战。森林在应对气候变化中具有独特地位和双重作用，既是吸收汇，也是排放源。增加森林资源，可增加碳吸收；减少森林资源，将增加碳排放。联合国《2000年生态环境展望》指出，全球森林比人类文明初期减少了50%。这无疑对全球气候变暖造成了重要影响。政府间气候变化专门委员会第四次评估报告指出，因毁林等活动造成的温室气体排放约占全球总排放的17%~24%，为第二大排放源。植树造林，减少毁林，防止森林退化，推动森林可持续经营，已成为应对气候变化的必然选择。中国国家主席胡锦涛在联合国气候变化峰会上提出了增加森林资源，增加森林碳汇的建议，这对发挥林业在应对气候变化中的特殊功能具有十分重大意义。

中国政府一贯高度重视发挥森林在应对气候变化中的重要作用。近10年来，中国政府投资700多亿美元，采取五大措施防止毁林和森林退化，增加森林资源。一是开展植树造林和退耕还林，二是严格保护天然林，三是加强森林防火，四是加强森林经营，五是坚持合理采伐利用。目前，中国人工林面积已达到5300多万公顷，占世界人工林总面积的三分之一，居世界首位，为推进森林可持续经营提供重要经验，为应对全球气候变化作出了重大贡献。

为充分发挥森林在减缓气候变化中的不可替代的特殊作用，中国政府制定了《应对气候变化林业行动计划》，同时中国政府也积极推动区域和全球林业合作。2007年，中国国家主席胡锦涛在APEC第15次领导人非正式会议上，提出了建立亚太森林恢复与可持续发展网络的倡议，得到APEC成员的积极响应。该网络已于2008年正式启动运行。中国还积极参与联合国环境规划署发起的“全球十亿株树运动”。在过去的一年里，中国人均植树2株以上，共植树26亿株，为实现这项活动的目标作出了重要贡献。

今后，中国政府将按照胡锦涛主席作出的承诺，继续加强植树造林，严格保护森林，减少毁林，防止森林退化，不断增加森林资源，确保到2020年森林面积比2005年增加4000万公顷，森林蓄积比2005年增加13亿立方米。

主席先生：考虑到各国导致毁林和森林退化的原因比较复杂，根据中国长期以来致力于制止毁林和减少森林退化的实践，我就减少毁林和森林退化碳排放问题提出如下主张：

一、坚持《联合国气候变化框架公约》和《京都议定书》的基本原则，严格遵守“巴厘路线图”的授权，兼顾减少毁林与森林退化碳排放和森林保护与森林可持续经营的碳吸收。

二、坚持“共同但有区别责任”和可持续发展的原则。发达国家应承诺帮助发展中国家减少毁林和森林退化，推进森林可持续经营。同时，国际社会必须考虑经济、社会与环境的协调发展，严格区分毁林和合理利用森林，尊重发展中国家利用森林资源的权利，保障发展中国家的发展权利。

三、坚持适应、减缓、技术转让和资金支持并重。在推动发展中国家减少毁林和森林退化减排的同时，发达国家应尊重发展中国家经济、社会、文化等的方面的现实，首先承诺为发展中国家提供技术转让和资金支持，并采取实际行动，帮助发展中国家减少毁林和森林退化，促进森林管理，推动森林可持续经营。

四、积极合作，共同努力，促进林业发展，应对气候变化。各国应切实尊重全球森林资源减少和退化的现实，充分认识森林资源减少和森林退化的严重后果，以及推进森林可持续经营在减缓气候变化中的积极作用。充分发挥森林资源的再生性、木材产品的环境友好性，以及木材产品替代其他能源和建筑材料的巨大潜力。

中国政府真诚地希望，世界各国加强合作，共同努力，推动哥本哈根林业议题谈判取得积极成果，推动林业发展，为减缓气候变化作出积极贡献。

谢谢主席。

国家林业局　国家发展改革委　财政部　商务部　国家税务总局
关于印发《林业产业振兴规划(2010~2012年)》的通知

林计发〔2009〕253号

各省、自治区、直辖市人民政府，新疆生产建设兵团：

为贯彻落实中央林业工作会议精神，有效应对国际金融危机对我国林业产业的影响，按照党中央、国务院保增长、扩内需、调结构的总体要求，加快林业产业战略性调整，提高林业产业竞争力，积极扩大国内城乡市场需求，巩固和开拓国际市场，加快科技创新和技术进步，淘汰落后产能，提升产业素质，进一步发挥林业地域广、领域宽、劳动密集的优势，为促进国民经济平稳较快发展，实现"保增长、保民生、保稳定"作出更大的贡献，经国务院同意，我们制定了《林业产业振兴规划(2010~2012年)》，现印发你们，请结合本地区实际，认真贯彻执行。各地区要按照《规划》确定的目标、任务和政策措施，抓紧制定具体落实方案，确保取得实效。

附件：林业产业振兴规划

国家林业局
国家发展改革委
财政部
商务部
国家税务总局
2009年10月29日

附件：林业产业振兴规划(2010~2012年)

林业产业是一个涉及国民经济第一、第二和第三产业多个门类，涵盖范围广、产业链条长、产品种类多的复合产业群体，是国民经济的重要组成部分；在维护国家生态安全，促进农民就业、带动农民增收、繁荣农村经济等方面，有着非常重要和十分特殊的作用。

为贯彻落实党中央、国务院保增长、扩内需、调结构的总体要求和党的十七届四中全会积极应对国际金融危机冲击、保持经济平稳较快发展的精神，按照中央林业工作会议要求，加快产业结构调整，推动产业升级，确保林业产业的平稳健康发展，特编制本规划，作为指导林业产业应对金融危机的行动计划方案，规划期为2010~2012年。

一、林业产业现状及面临的形势

林业产业作为重要的基础产业，除具一般产业的共同属性外，还有自身的四大特性，即资源的可再生性，产品的可降解性，三大效益的统一性，一二三产业的同体性。

林业产业不仅为国家建设和人民生活提供了包括木材、竹材、人造板、木浆、林化产品、木本粮油、食用菌、花卉、桑蚕、药材、森林旅游服务等在内的大量物质产品和非物质服务，而且在促进农村产业结构调整，解决山区农民脱贫致富，提供社会就业机会等方面有着极为重要的作用。目前，直接从事林业产业生产的人员遍及城市和乡村，总量达4500万人。

我国是世界林产品生产、加工、消费和进出口大国，2008年林业产业总产值达1.44万亿元，其中第一产业产值6358.82亿元，第二产业产值6838.25亿元，第三产业产值1209.34亿元。全国木材产量达到8108.34万立方米，人造板产量达到9409.95万立方米。松香、竹材、竹制品、人造板、家具等产品产量均居世界首位。2008年林产品进出口贸易总额占同类产品世界贸易总额的18%，贸易金额719亿美元，仅次于美国居世界第二；出口的人造板、木地板和家具等为主的木材加工产品，几乎占美国市场的半壁江山。以木材为主的林产品不仅为生产提供了重要的原材料，而且在很大程度上丰富和满足了生活消费。同时，林业产业有力支撑和促进了相关产业发展，创造了大量城乡就业机会，为满足国民经济建设，带动生态建设，提高人们生活质量方面做出了重要贡献。

多年来，林业产业发展迅速，但积淀的问题也十分突出。一是林业产业的森林资源支撑较弱，原料林基地建设缓慢，质量不高，效益较差，人造板原料林基地的保障程度不到30%；二是林业产业的整体素质不高，经济增长方式粗放，2008 年林业的科技贡献率只有 39.1%；三是林产品科技含量低、品牌意识薄弱，我国林产品国际知名品牌寥寥无几；四是林业机械制造业水平总体落后，高端林产品的加工机械主要依赖进口；五是林产品低端化、落后产能庞大的问题长期存在，尤其是人造板质量参差不齐，总体质量不高。

全球金融危机虽有回暖迹象，但林业产业发展的形势仍较为严峻。一是我国林产品出口市场萎缩，出口增长大幅回落，2009 年上半年全国林产品出口持续下滑，全国主要林产品进出口贸易总额260.45 亿美元，同比下降 16.0%，其中，出口总额为 149.22 亿美元，同比下降 11.66%。进口总额为 111.22 亿美元，同比下降 21.21%。二是原材料与产品价格陡降，人造板生产用的木材原料价格下降了 15%～25%，导致森林资源培育者的积极性严重受挫，对集体林权制度改革产生一定影响，森林资源发展和生态建设阻滞，人造板、林果等产品价格受供求关系变化的影响大幅下降，已经导致浙江、山东、江苏、河北等人造板生产大省和林果及加工业大省的林产品大量积压。据统计，全国人造板、复合地板产品的积压数量虽有所下降，但仍达 600 万立方米以上，相关企业经营陷入困境，关门、停产的企业达 50%。三是国内木材销售受到剧烈冲击，产品积压严重。东北、内蒙古四大国有林区木材产销率为 38%，每立方米木材售价降低幅度为 100～150 元左右；福建、广西、贵州商品木材大量压库，仅福建即达 91 万立方米。四是林业企业大量停车限产、关门倒闭，导致生产人员大量失业，仅浙江、山东、江苏、河北 4 省的6 个林业产业比较发达的县就减少就业人数 300 万左右，加剧了农民工返乡潮和城乡就业压力。

林业已经成为国际社会关注的焦点，成为经济社会可持续发展的关键，成为国家发展战略的重点。面对金融危机，既要看到林业产业发展面临的前所未有的重大不利影响，也要正视其为淘汰落后产能，优化产业结构，塑造龙头企业，创造品牌产品，开辟市场领域，提升产业素质，提高竞争能力带来的机遇，因此要通过科学规划，为实现林业产业的全面调整与振兴奠定基础。

二、指导思想、原则和目标

(一)指导思想

全面贯彻党的十七大精神，以邓小平理论和“三个代表”重要思想为指导，深入贯彻落实科学发展观，按照保增长、扩内需、调结构的总体要求，以中央林业工作会议精神和发展现代林业、建设生态文明、推动科学发展为统领，以林业产业战略性调整、提高林业产业竞争力和有效增加林产品市场占有为主线，以集体林权制度改革为契机，扩大国内城乡市场需求，以体制创新、政策创新和科技创新为动力，推动技术进步，加快自主品牌建设，淘汰落后产能，提升产业素质，完善标准体系，提高产品质量，开辟林业产业新的发展领域，稳定林业产业发展的总体规模，进一步发挥林业产业吸纳城乡劳动力就业、服务“三农”、促进国民经济健康发展的作用，巩固和提升林业产业在国民经济中的地位。

(二)基本原则

1. 扩展内需市场，稳定国际市场

加强市场需求研究，鼓励国内区域性林产品市场建设，加大消费政策引导，开辟林产品的利用领域，挖掘林产品城乡市场消费潜力；稳定传统出口市场，开拓新兴国际市场；建立多元、稳定、安全的林产品市场体系。

2. 加快技术进步，淘汰落后产能

提高企业自主创新能力，因势利导地引进、消化、吸收国外先进技术与设备，加快林业产业科技进步；通过鼓励企业技术改造和产业政策引导，淘汰高耗能、重污染、低效率的落后工艺和产能，转变林业产业的经济增长方式。

3. 提升产品质量，强化品牌建设

利用先进的工艺技术和管理经验，提升产品质量，进一步树立品牌意识，鼓励企业制订和实施品牌战略，努力打造自主品牌，形成以名牌产品带动的产业发展机制，增强林业产业的竞争力。建立完善的林产品质量安全监督检测体系，确保产品质量和安全。

4. 做大产业龙头，扶持中小企业

鼓励产业规模化、集群化发展,凸显区域林业产业的引领作用;支持优势企业兼并重组、做大做强龙头企业;扶持非公经济,支持具有良好业绩和发展潜质的中小企业,增强林业产业整体的抗风险能力。

5. 拓展产业领域，培育新增长点

加大各类工业原料林基地建设力度，积极发展生物质能源、木本粮油、森林生态旅游等新兴林业产业，积极配合维护国家能源安全、粮食安全,增加城乡劳动力就业领域,促进“三农”问题解决,推动城乡统筹发展,为国民经济的全面振兴奠定基础。

6. 坚持林权改革，处理好兴林富民

集体林权改革是为了兴林，兴林是为了富民。始终不渝地坚持兴林富民这一林业改革与发展宗旨和目的。通过全面推进集体林权改革，调动千百万林农的积极性，加快传统林业向现代林业转变，开发林业的多种功能、多种效益，推动林业产业发展以开辟广大林农致富之路。

(三)规划目标

2010~2012 年，林业产业调整和振兴的总体发展目标是：林业产业持续健康发展，产业结构得到优化，产业面不断扩大，产品质量显著提高，应用领域不断拓宽，进出口贸易稳定发展，为拉动内需、促进增长、增加就业、满足国计民生对林产品需求发挥更大的作用。

1. 确保林业产业生产总量平稳增长

林业产业总产值由 2008 年的 1.44 万亿元增加到 2012 年 2.26 万亿元，保持 12% 左右的速度增长；其中人造板产量稳定在 1 亿立方米左右。

2. 林产品出口市场得到稳定

2012 年我国林产品国际贸易总量达到 900 亿美元以上，其中出口增长基本恢复到 2007 年水平，出口总额达到或超过 500 亿美元。人造板、木地板、家具、木门等优势产品继续保持世界出口第一国地位。

3. 林业产业结构进一步优化

2012 年林业第二产业和以生态旅游为龙头的林业第三产业占林业总产值的比重分别增加到 50% 以上和 18% 以上；人造板为主的木材加工企业得到全面整顿；相关国家标准和行业标准得到修订(制订)，落后产品及装备基本淘汰；名优林产品的形象得到树立，龙头企业带动作用突显，林产品质量基本满足社会需求。林区的各项社会事业得到较大发展，生态文化建设成就显著。

4. 林业产业在增加农村劳动力就业方面作用明显发挥

2012 年林业产业就业人数由 2008 年的 4500 万人增长到 5700 万人，其中第一产业实现就业 3000 万人，第二产业实现就业 1100 万人，第三产业实现就业 1600 万人。

5. 木质林产品后备资源基地得到扩大，境外资源进口基本稳定

2012 年各类工业原料林基地面积迅速扩大，国内木材及林产品供给能力得到提高；木材及制品(含纸类)进口渠道得到稳定，年均进口境外木材资源稳定在 1.6 亿立方米以上。

三、主要任务

结合国家对重点产业调整和振兴的总体要求，根据规划确定的目标，本次林业调整振兴的方向和重点为受金融危机冲击最严重的人造板等木材工业及其相关产业，确定的任务主要有以下七项：

(一)挖掘国内市场潜力，拉动国内消费需求

千方百计扩大国内林产品消费市场，丰富产品规格，扩大产品应用领域，加强销售、信息、服务等网络建设，稳定城市消费市场，结合新农村建设、山区综合开发、棚户区改造工作，积极扩大农村消费市场，促进林产品销售市场向农村转移。

充分发挥现有木材加工企业，特别是人造板企业的生产能力，在严把质量关和设立市场准入制度的基础上，结合新农村建设、灾后重建、棚户区改造等工程，进一步拓宽林产品的国内市场。还要采取有效措施，稳定国内木材以及林产品生产和销售。对林业生产经营单位库存木材采取扶持措施，使其安度难关。

进一步加快人造板等可替代天然林木及大径级原木使用的林产品发展，拓展人造板在建筑、包装、船舶、建材等领域的应用，发挥人造板特有的

优势，结合人造板应用行业对产品防腐、阻燃的特殊要求加以改进。

建立健全林产品销售三级市场，为企业和消费者搭建交易平台。在继续完善牡丹江木博会、菏泽林交会、三明海峡两岸林博会、义乌林博会等国家级交易会的基础上，在中西部地区适当布局1~2个跨区域市场，支持、鼓励各省建立和完善省级林产品交易市场，规范省级以下林产品交易市场。

(二)促进增长，稳定国际市场

在符合WTO规则的前提下，加大国家对林产品开拓国际市场的扶持，调整林产品税则税号，特别要鼓励人工林资源利用、带动广大农民就业的人造板和地板产品出口。充分利用经济高层对话和国际合作平台，为林产品对外贸易创造良好的国际环境。实施多元化出口战略，在巩固美、欧、日等传统国际市场基础上，开拓中东、俄罗斯、非洲、西亚、南美等新兴市场。同时，借助国际市场的压力，促进国内林业产业结构尽快调整，产品档次和水平尽快提高，产品附加值不断增加，并在优化升级的基础上，实现稳定林产品增长的目标。

加大对国产木材加工机械及人造板机械成套设备出口的支持力度。在巩固非洲、东南亚及俄罗斯等国家和地区人造板机械成套设备出口市场的同时，鼓励和支持国内木材加工及人造板机械成套设备生产、经销企业开拓新的国际市场。

(三)推进林业品牌建设和市场准入，全面提升行业形象和产品质量

重塑人造板等木材加工产品在消费者中的形象。建立和完善木材经营加工许可证制度，对资源消耗高、产品质量不达标、环境污染严重的加工企业予以取缔，严禁游离甲醛含量超标的产品流入市场。

用两年时间，对已颁布的70种人造板国家标准和行业标准进行全面清理，对不适应国内外市场需要的要限期修订；要拟定新产品的行业标准，以满足发展需要。

大力推进森林认证和林产品产销监管链认证，强化林产工业企业环境认证和质量认证的监督检查工作，使行业素质和产品质量得到普遍提高。

抓紧开展中国名牌林产品的认定工作，树立行业形象和品牌意识，着力打造能在国内外立足的自主品牌。

(四)加大企业技术进步，促进林业产业升级

要借国际市场疲软、进口设备价格低、贸易壁垒松懈的机遇，引进人造板生产等领域的高端技术与设备；通过出台鼓励政策和设立行业准入台阶，加快人造板生产线技术改造，提高人造板机械单机和生产线的自动化、数控化水平；鼓励和推广热能中心供热、污水处理、低游离甲醛胶黏剂和连续平压等人造板节能环保高效生产技术应用。

扶持龙头企业发展及扩大规模。三年内要重点扶持100家国家级林业重点龙头企业和10大特色产业集群，逐步形成森林资源培育、人造板、家具、木浆造纸、竹产品、林化产品、木本粮油产品、生物制药、林业机械制造和生物质能源等支柱产业。

通过国家颁布科技进步和新产品研发指南以及配套的政策支持，加大对木材加工、植树造林、林业有害生物防治、森林消防等关键设备机械制造的研制，加快对一些技术难度大，投资风险高，市场发育慢，但产业发展必需设备的研发；加大现有先进、成熟技术的组装配套、示范应用；大力推广木材及人造板改性、防腐、阻燃等；鼓励和支持竹材加工设备的开发和升级，促进竹材的有效利用；拟定和颁布具体行业政策与措施，积极鼓励和扶持企业，加大对废家具和木竹类林区采伐、造材、加工剩余物的综合利用；对首先使用我国自行研发的新技术、新设备，特别是人造板新板种、国产商品木浆或具有创新技术的设备的企业，给予一定的风险补偿和税收优惠，从而加速我国林业及木材加工机械升级换代。

淘汰技术落后、产品有害身体、生产环境不能满足劳动安全及职业卫生要求、严重污染环境的木材加工及人造板生产企业；严禁劣质人造板板材进入流通领域。

(五)加强国际投资合作，有效利用境内外森林资源

进一步加大利用两种资源、两个市场的力度，促进林业产业持续发展。加快推进对俄罗斯森林资源开发，妥善处理国际木材非法采伐问题，稳定和积极拓展我国木材的境外资源供应渠道。结合全球森林资源分布和开发条件，以及国内产业结构调整和转型，支持引导有条件的企业“走出去”，实行跨国并购、跨国经营，引导企业按照《中国企业境外森林

可持续经营利用指南》可持续开发境外森林资源。

按照《外商投资产业指导目录》和《中西部地区外商投资优势产业目录》，引导外商投资于能发挥我国自然资源优势和促进林业产业升级的林产品深加工项目。发挥黑龙江、内蒙古等省区的地缘优势，在具备条件的边境经济合作区内利用俄罗斯森林资源开发产品，进行人造板、家具、木浆造纸和林化产品生产，延续境外森林资源的生产链条，提高产品附加值。

(六)加快各类工业原料林基地建设，增加国内林产品后备资源储备

积极落实国家扩大内需，加强基础设施建设战略，进一步加快各类工业原料林基地建设，保障我国木材安全、粮油安全和能源安全。在湖南、江西、四川、云南等省区建立油茶、油橄榄、核桃等高产油料林基地；在西南、西北等省区建立一批生物质能源林基地；在条件适宜地区积极发展桑柞林；启动全国珍贵树种培育建设工程，其中通过补植、中龄林抚育等方式在东北内蒙古林区、西南林区、华东林区和粤桂琼闽有条件地区先行实施；继续推进速生丰产用材林基地建设，特别要向林工一体化、林纸一体化、林油一体化企业的基地建设倾斜，力争到2012年基地建设总规模超过1亿亩。

(七)大力发展生态旅游等第三产业，提升效益，促进就业

积极把握社会公众日益增长的户外游憩需求，加大对森林公园、自然保护区旅游小区、湿地公园等森林旅游景区的基础设施建设投资，重点扶持300处森林旅游景区的基础设施建设；鼓励发展相关的服务业、商业、交通等社会事业，增强旅游服务接待能力，提高旅游创收水平。配合集体林权制度改革，在全国范围内逐步推行福建省“森林旅游人家”和浙江省“林业观光园”建设的成功经验，引导林农利用森林景观开展生态旅游，拓展林农创收渠道和生态旅游市场的深度与广度。深入挖掘森林生态文化内涵，加强以国家级森林公园为主的生态文化示范基地建设，加大特色生态旅游产品的策划和推介，树立优秀生态旅游品牌，全面提升生态旅游的行业形象和综合效益。

四、政策条件

将林业产业调整与振兴纳入国家产业结构调整和振兴总体战略中统筹考虑。国家出台的相关政策、措施继续对林业产业发展给予支持。

(一)加大国家对林业产业振兴资金扶持力度

中央财政对造林所需优质种苗给予补贴，并逐步扩大试点范围；继续加大对油茶林基地建设的扶持。

中央财政对林业龙头企业的种植业、养殖业以及林产品加工业贷款项目，各类经济实体营造的工业原料林、木本油料经济林以及种植业贷款项目，国有和集体林场(苗圃)和国有森工企业的多种经营贷款项目，自然保护区和森林公园的森林生态旅游项目，农户和林业职工的营造林、林业资源开发和林产品加工贷款项目按照有关规定给予贴息。

根据《财政部 商务部关于印发(对外经济合作专项资金管理办法)的通知》(财企〔2005〕255号)，中央财政对我国企业从事境外投资，境外林业合作等对外经济技术合作业务予以支持。

进一步减轻林木生产、经营者负担，从2009年7月1日起，将育林基金征收标准由林木产品销售收入的20%降至10%以下。

地方财政应根据实际情况，加大林业产业振兴资金扶持力度。

(二)扩大林业信贷扶持政策

按照《中国人民银行、财政部、中国银行业监督管理委员会、中国保险监督管理委员会、国家林业局关于做好集体林权制度改革与林业发展金融服务工作的意见》(银发〔2009〕170号)，结合林业产业结构调整与振兴目标和主要任务，全面增强金融对林业发展的服务能力。银行业金融机构要积极开办林权抵押贷款、林农及中小企业小额信用贷款和林农联保贷款等业务；应合理确定林业贷款的期限，最长可为10年；对于符合贷款条件的林权抵押贷款，其利率一般应低于信用贷款利率；对小额信用贷款、农户联保贷款等小额林农贷款业务，借款人实际承担的利率负担原则上不超过中国人民银行规定的同期限贷款基准利率的1.3倍。各银行业金融机构对重点林区、林业重点县及其重点林业企业所在的分支机构要扩大林业信贷管理权限，优化审贷程序，简化审批手续，推广金融“一站式”服务。

鼓励符合条件的林业产业龙头企业通过债券市场发行各类债券类金融工具，募集生产经营所需资

金。鼓励林区从事林业种植、林产品加工且经营业绩好、资信优良、符合条件的中小企业按市场原则，发行中小企业集合债券。

鼓励林区外的各类经济组织以多种形式投资基础性林业项目。凡是符合贷款条件的企业与个人，按法律和政策规定程序受让集体林权，从事规模化林业种植与加工的，资金不足时，均可申请银行信贷支持。鼓励和支持各类投资基金投资林业种植等产业。支持组建林业产业投资基金。

鼓励各类担保机构开办林业融资担保业务，大力推行以专业合作组织为主体，由林业企业和林农自愿入会或出资组建的互助性担保体系。银行业金融机构应结合担保机构的资信实力、第三方外部评级结果和业务合作信用记录，科学确定担保机构的担保放大倍数，对以林权抵押为主要反担保措施的担保公司,担保倍数可放大到10倍。鼓励各类担保机构通过再担保、联合担保以及担保与保险相结合等多种方式,积极提供林业生产发展的融资担保服务。

(三)积极探索建立森林保险体系

各地要把森林保险纳入农业保险统筹安排，通过保费补贴等必要的政策手段引导保险公司、林业企业、林业专业合作组织、林农积极参与森林保险，扩大森林投保面积。各地可设立森林保险补偿基金，建立统一的基本森林保险制度。

保险公司要遵循政府引导、政策支持、市场运作、协同推进的原则，积极开展森林保险业务。在推进森林保险业务过程中，要结合不同地区不同林种的不同需求，不断完善森林保险险种和服务创新。在产品开发中，要综合考虑当地林业生产中面临的主要风险，有针对性地推出基本险种和可供选择的其他险种；在保险费率厘定中要充分考虑到林业灾害发生的机率和强度的差异性，设置不同的保险费率；在承保中要坚持“保障适度、林农承担保费低廉、广覆盖”的原则；在保险理赔服务中，要按照“公开、及时、透明、到户”的原则规范理赔服务，提升森林保险的服务质量。

鼓励和引导散户林农、小型林业经营者主动参与森林保险；创新投保方式，支持林业专业合作组织集体投保，支持以一定行政单位组织形式进行统一投保，提高林农参保率和森林保险覆盖率。探索建立森林保险风险分散机制，各参与森林保险的经办机构，要对森林保险实行一定比例的超赔再保，建立超赔保障机制，提高森林保险抗风险能力。

(四)建立和完善扶持林业产业发展的服务体系

加大科技推广示范支持。林业科技推广示范资金重点扶持符合国家林业生产建设和林业科技发展战略、规划和政策，有利于林业生态体系、产业体系，有利于提升林业建设的科技水平和生产水平，有利于增加林业生产经营者收入的项目。

建立健全集体林权流转制度。在不改变林地集体所有性质和用途、不损害农民林地承包权益的前提下，林农可依法自愿有偿流转林地承包经营权和林木所有权，可以转包、出租、转让，可以互换、入股、抵押，可以作为出资、合作条件。

建立健全林业社会化服务体系。大力发展农民专业合作社、家庭合作林场、股份制林场等林业合作组织。国家支持农民林业专业合作社承担林业和山区经济发展建设项目。鼓励发展各类林业专业协会，引导和规范各类林业中介组织健康发展。

五、保障措施

(一)进一步加强各级林业部门产业管理机构建设

林业产业是资源约束型产业，要切实加强宏观引导和调控，进一步加强各级林业部门产业管理机构建设。通过完善林业立法，形成林业法律、行政法规、部门规章以及地方性法规相辅相成的法律体系使林业产业管理有法可依、有章可循，为依法行政提供依据。强化产业管理职能，切实履行“调控、监督、引导、服务”职责，为林业产业健康发展提供统筹规划、政策制订、科学指导和全面服务。

(二)加强科学技术研究，促进科技成果转化

加强林业产业开发的科技支撑和自主创新，增加林业公益性行业科研专项投入；支持以企业为主体，产学研结合，以行业发展共性技术和关键技术需求为导向，以提升产业技术创新能力为目标，以具有法律约束力的契约为保障，实行优势互补、联合开发、利益共享、风险共担的林业产业技术创新战略联盟；扶持新兴产业发展需要的科学研究、技术开发、成果转化和中试、推广,大力推广实用技术和科技成果；进一步加大林业工程技术中心等科技创新平台建设,增强自主创新能力和产业带动能力；支

持林业高新技术发展,扩展其扶持领域,鼓励以生物产业为主的高新技术产业的发展,促进企业科技创新、林业产业升级和林业产业经济增长方式转变。

(三)促进林业产业区域统筹协调发展

统筹国内与国际、全国与区域、城市与农村林业产业协调发展，做好地区之间、行业之间林业产业建设与发展的协调和衔接，走市场化、专业化、社会化的发展道路。合理布局重大项目，按照林业区划，实行分类经营，形成以优势产业和名牌产品为主体的产业带和产业集群，加强上下游产业的紧密联系，按照循环经济的模式，形成资源共享和废物循环利用的生态产业链，有效地利用资源和保护环境，走新型工业化道路。各地区要从本地区经济发展的实际出发，因地制宜，统筹规划，科学引导林业产业的发展，防止盲目攀比和重复建设。

(四)充分发挥行业协会的作用，促进林业产业调整与振兴

充分发挥林业产业协会在林业产业发展、技术进步、标准制订、贸易促进、行业准入和公共服务等方面的桥梁纽带作用。抓紧开展森林经营认证、林产品进出口和国内产销监管链认证，鼓励和促进林业企业通过 ISO 9000 质量体系和 ISO 14000 环境质量等认证；配合政府，对林产品进口进行非政府行为的行业协调，受政府委托对国内应淘汰产品，通过组织制订和实施行标和实施监管进行清理整顿；在政府指导下，组织应对反倾销、反补贴等国际贸易摩擦，及时反映行业情况和问题以及企业诉求，引导企业落实产业政策，加强行业自律，促进林业产业调整与振兴。

六、规划实施

国务院各部门要按照《规划》的工作分工，加强沟通协商，密切配合，尽快制订和完善各项配套政策措施，确保实现林业产业调整和振兴三年目标。要建立部门联合发布信息制度，适当向社会发布产业调整和振兴的有关信息。有关部门要适时开展《规划》的后评价工作，及时提出评价意见。

各地区要按照《规划》确定的目标、任务和政策措施，结合当地实际抓紧制订具体落实方案，确保取得实效。各省(区、市)要将具体工作方案和实施过程中新情况、新问题及时报送国家林业局。

财政部　国家林业局关于印发《林业贷款中央财政贴息资金管理办法》的通知

财农〔2009〕291 号

各省、自治区、直辖市、计划单列市财政厅(局)、林业厅(局)，新疆生产建设兵团财务局、林业局：

为了充分发挥林业贷款中央财政贴息资金在推进集体林权制度改革、拓宽林业融资渠道等方面的重要作用，建立健全林业投入的引导激励机制，规范林业贷款中央财政贴息资金的管理和使用，财政部、国家林业局联合制定了《林业贷款中央财政贴息资金管理办法》，现印发给你们，请遵照执行。

各地和有关单位 2009 年度新增林业贷款项目以及 2008 年以前(含 2008 年)年度林业贷款余额项目申报中央财政贴息资金，一律按照《林业贷款中央财政贴息资金管理办法》执行。

附件：林业贷款中央财政贴息资金管理办法

财政部

国家林业局

2009 年 9 月 25 日

附件：林业贷款中央财政贴息资金管理办法

第一章　总则

第一条　为切实加强林业贷款中央财政贴息资金(以下简称贴息资金)管理，提高资金使用效益，促进林业产业发展，根据《中华人民共和国预算法》等法律、法规，制定本办法。

第二条　本办法所指林业贷款是指各类银行(含农村信用社和小额贷款公司，下同)发放的符合本办法贴息条件的贷款。

第三条　本办法所指贴息资金是中央财政预算安排的，对林业贷款给予一定期限和比例的利息补贴。

第二章　贴息对象与贴息范围

第四条　中央财政对符合以下条件之一的林业贷款予以贴息：

(一)林业龙头企业以公司带基地、基地连农户的经营形式，立足于当地林业资源开发、带动林区、沙区经济发展的种植业、养殖业以及林产品加工业贷款项目。

(二)各类经济实体营造的工业原料林、木本油料经济林以及有利于改善沙区、石漠化地区生态环境的种植业贷款项目。

(三)国有林场(苗圃)、集体林场(苗圃)、国有森工企业为保护森林资源，缓解经济压力开展的多种经营贷款项目，以及自然保护区和森林公园开展的森林生态旅游项目。

(四)农户和林业职工个人从事的营造林、林业资源开发和林产品加工贷款项目。

第三章　贴息率与贴息期限

第五条　对各省(含自治区、直辖市、计划单列市，下同)符合本办法规定条件的林业贷款，中央财政年贴息率为3%；对大兴安岭林业集团公司和中国林业集团公司符合本办法规定条件的林业贷款，中央财政年贴息率为5%。

第六条　林业贷款期限3年以上(含)的，贴息期限为3年；林业贷款期限不足3年的，按实际贷款期限贴息。

对农户和林业职工个人营造林小额贷款，适当延长贴息期限。贷款期限5年以上(含)的，贴息期限为5年；贷款期限不足5年的，按实际贷款期限贴息。

农户和林业职工个人营造林小额贷款是指在贴息年度内(上年10月1日至当年9月30日，下同)累计额小于30万元(含)的营造林贷款。

第七条　贴息资金采取分年据实贴息的办法。对贴息年度内贷款期限1年以上(含)的林业贷款，按全年计算贴息；对贴息年度内贷款期限不足1年的林业贷款，按贷款实际月数计算贴息。

第四章　贴息项目计划的申报与管理

第八条　林业龙头企业、国有林场(苗圃)、集体林场(苗圃)、国有森工企业、自然保护区和森林公园等的贴息贷款项目，由项目单位向当地林业主管部门提出申请。林业部门商同级财政部门同意后，逐级审核申报，由省级林业部门会同财政部门负责审核汇总。

第九条　农户和林业职工个人小额贷款项目，由县级林业部门(国有森工企业)统一汇总，并以县级林业部门(国有森工企业)作为申报单位，商同级财政部门同意后，逐级审核申报，由省级林业部门会同财政部门负责审核汇总。

第十条　省级林业部门会同省级财政部门负责本省林业贴息贷款项目计划的申请。经同级财政部门同意后，省级林业部门于每年12月31日之前，向国家林业局报送下年度林业贴息贷款计划申请报告和《林业贴息贷款项目计划备案表》(附表1)。

第十一条　国家林业局根据各省上报的林业贴息贷款计划申请报告和备案项目、上一贴息年度林业贴息贷款计划落实和贷款项目管理等情况，提出本贴息年度各地林业贴息贷款计划方案，经财政部同意后予以下达。

第五章　贴息资金的审核与拨付

第十二条　省级财政部门会同同级林业部门具体负责对申报贴息资金项目的贷款落实及其实施情况等进行审核，确定本省应向中央财政申请的贴息资金额，并于每年10月31日之前，向财政部报送本贴息年度贴息资金申请报告和《林业贷款中央财政贴息项目备案表》(附表2)，并抄送国家林业局。

国家林业局负责对大兴安岭林业集团公司和中国林业集团公司申报贴息资金项目的贷款落实及其实施情况等进行审核，确定应向中央财政申请的贴息资金额，并于每年10月31日之前，向财政部报送本贴息年度贴息资金申请报告和《林业贷款中央财政贴息项目备案表》。

第十三条　新疆生产建设兵团贷款项目比照第四条第(三)项执行；贴息率比照中央单位执行；贷款计划和贴息资金的申请按照第十条和第十二条相关规定执行。

第十四条　财政部根据省级财政部门、新疆生产建设兵团、国家林业局的贴息资金申请报告和林业贷款项目落实情况，国家林业局下达的林业贴息贷款建议计划和贴息建议，审核确定贴息资金，及时下达预算文件，并按照财政国库管理制度有关规定支付资金。

第六章　贴息资金的监督管理

第十五条　地方财政和林业部门要切实加强对贴息资金的监督管理，层层负责，严格审查，确保贴息资金安全有效运行，并对林业贴息贷款项目实行公告、公示制度。

第十六条　省级财政和林业部门于每年3月31日之前向财政部和国家林业局报告上年度林业贷款贴息项目的效益情况和贴息资金的使用管理情况，填报《林业贴息贷款项目效益情况表》(附表3)。

第十七条　贴息资金必须专款专用，对违反贴息资金使用规定，滞留、截留、挪用贴息资金，以及采用虚报、冒领等手段骗取贴息资金的单位和直接负责主管人员、其他直接责任人员，依据《财政违法行为处罚处分条例》(国务院令第427号)有关规定处理。

第七章　附则

第十八条　省级财政和林业部门要根据本办法联合制定本省实施细则，明确林业贷款贴息项目申报条件、申报程序、检查核实、效益评价和审核标准等，落实贷款项目监管主体和贴息资金申报材料审核与档案管理部门和管理责任等，并上报财政部和国家林业局备案。留存的档案资料包括：贷款经办行签章的借款合同、借款凭证复印件以及项目实施总体情况报告等。林业小额贷款需要留存林农和林业职工的身份证复印件、有效的贷款证明材料及付息凭证。留存材料一般保留不少于5年。

第十九条　地方财政可比照本办法制定相应的财政贴息政策和管理规定，所需贴息资金由当地财政预算安排。

第二十条　本办法由财政部会同国家林业局负责解释。

第二十一条　本办法自2009年10月1日起执行。财政部、国家林业局联合发布的《林业贷款中央财政贴息资金管理规定》(财农〔2005〕45号)同时废止。

附表：1. ____年度林业贴息贷款项目计划备案表(略)

2. ____年度林业贷款中央财政贴息项目备案表(略)

3. ____年度林业贴息贷款项目效益情况表(基金总站)(略)

国家质量监督检验检疫总局关于对出口木制品及木制家具实施检验监管工作的通知

国质检检函〔2007〕1011号

各直属检验检疫局：

为确保我国出口木制品及木制家具产品质量安全，维护对外贸易正常发展，根据《国务院关于加强食品等产品安全监督管理的特别规定》等要求，现就出口木制品及木制家具检验监管工作通知如下：

一、从本通知下发之日起，对《实施出口木制品及木制家具检验监管的目录》(附件1)所列的出口木制品及木制家具产品，除实施检疫监管外，还同时实施检验监管。

二、出口木制品及木制家具必须符合输入国(地区)技术法规和标准的要求，输入国(地区)没有要求的，必须符合中国国家强制性标准的要求。有关国家和地区木制品、家具产品甲醛、重金属、阻燃等项目的技术法规和标准见附件2。

三、对出口木制品和木制家具生产企业实施出口质量许可准入制度。各局要积极扶植和促进出口木制品及木制家具生产企业建立从原料、生产环节到最后成品的质量安全控制体系。对已建立健全的质量安全控制体系并运行有效的出口企业，实施分类管理；对质量安全控制体系不健全的出口企业，限期进行整改，整改期间暂停接受其报检；经整改达到要求的，接受其报检并加大对企业体系运行的监管力度。

四、各局应要求企业对涉及安全、卫生、环保要求的油漆、胶黏剂、人造板材、布料、皮革等原辅材料开展重金属、甲醛、阻燃性等相关项目的检测，检测不合格的不得使用；检测报告必须来自CNAS认可的实验室。企业应对原辅材料建立台账，如实记录原辅料的供应商、品名、规格、数重量、使用情况等。检验检疫机构应对企业原辅材料进行符合性抽测验证。

输入国(地区)技术法规和标准对木制家具机械安全项目有要求的，出口木制家具生产企业必须提供相关检测报告。

五、企业报检时，除提供按照《出入境检验检疫报检规定》所需单证外，还应提供其产品符合输入国家或地区的技术法规、标准或国家强制性标准质量的符合性声明。

六、各局应统筹考虑，将出口木制品及木制家具生产企业的检验监管和检疫监管工作有机结合起来，按照《出口工业产品分类管理办法》和《出境竹木草制品检疫管理办法》的规定，对出口木制品及木制家具企业实施一次考核、一次分类管理。

各局应根据辖区实际情况制订出口木制品及木制家具检验监管工作实施细则，综合企业类别及产品风险确定检验监管频率和抽检比例。抽检项目及标准按附件2要求进行。

七、出口木制品及木制家具坚持产地检验、口岸查验的原则，不接受异地报检。口岸局查验发现问题，应及时与产地局沟通并协调处理。

八、各局应对辖区内出口木制品及木制家具生产企业建立企业档案，档案内容应包括：企业的资格证明、质量管理体系情况、生产能力和检测能力、企业分类及日常监管情况、原辅材料供应商名录及相关检测报告、成品抽查检测报告、产品召回、通报、退运等情况。

各局应对企业档案实施动态管理，将日常动态监管项目、常态监管项目和质量安全监控重点情况及时更新、补充，保持可追溯性。

九、加强对进口木制品和木制家具的抽查检测工作。参照总局《关于对进出口人造板及其制品增加有害物质检测的通知》(国质检检函〔2003〕987号)和《关于对进出口木制品有毒有害物质实施检测的补充通知》(国质检检函〔2004〕635号)要求执行。

十、本文附件1所列商品实施检验监管后，暂不调整《出入境检验检疫机构实施检验检疫的进出境商品目录》。检验检疫机构对本文附件1所列商品实施检验监管不收取任何费用。

各局要站在讲政治的高度，充分认识当前做好出口木制品及木制家具检验监管工作的必要性和紧迫性。要加强组织领导，有效地组织调配力量，在人力、物力等方面予以充分的保证，加强木制家具检测实验室的能力建设和国外技术法规和标准收集工作，加强与当地政府、海关等部门的沟通和联系，坚决打击违法行为，确保我国出口木制品及木制家具的质量安全。

各局在进出口木制品及木制家具检验监管过程中出现的重要情况和重大案例及时报告总局检验监管司。

附件：1. 实施出口木制品及木制家具检验监管的目录

2. 有关国家和地区木制品、家具产品甲醛、重金属、阻燃等项目的技术法规和标准

国家质量监督检验检疫总局

2007年12月14日

附件 1：实施出口木制品及木制家具检验监管的目录

商品编号	商　品　名　称	商品编号	商　品　名　称
4413000000	强化木(成块，板，条或异型的)	4420109090	其他木制小雕像及其他装饰品
4414000010	拉敏木制画框，相框，镜框及类似品	4420901010	拉敏木制的镶嵌木
4414000020	濒危木制画框，相框，镜框及类似品	4420901020	濒危木制的镶嵌木
4414000090	木制的画框，相框，镜框及类似品	4420901090	镶嵌木
4418100010	拉敏木制木窗，落地窗及其框架	4420909010	拉敏木盒及类似品，非落地木家具
4418100020	濒危木制木窗，落地窗及其框架	4420909020	濒危木盒及类似品，非落地木家具
4418100090	木窗，落地窗及其框架	4420909090	木盒子及类似品；非落地式木家具
4418200010	拉敏木制的木门及其框架和门槛	4421100010	拉敏木制木衣架
4418200020	濒危木制的木门及其框架和门槛	4421100020	濒危木制木衣架
4418200090	木门及其框架和门槛	4421100090	木衣架
4418500000	木瓦及盖屋板	4421909010	拉敏木制的未列名的木制品
4418600010	濒危木制柱和梁	4421909020	濒危木制的未列名的木制品
4418600090	其他木制柱和梁	4421909090	未列名的木制品
4418710010	已装拼的拉敏木制马赛克地板	9401611000	皮革或再生皮革面的装软垫的木框架的其他坐具
4418710020	已装拼的其他濒危木制马赛克地板	9401619000	其他装软垫的木框架的坐具
4418710090	已装拼的其他木制马赛克地板	9401690000	其他木框架的坐具(不包括编号 94011000 – 94015000 的坐具)
4418720010	已装拼的拉敏木制多层地板		
4418720020	已装拼的其他濒危木制多层地板	9403300010	濒危木制办公室用木家具
4418720090	已装拼的其他木制多层地板	9403300090	其他办公室用木家具
4418790010	已装拼的拉敏木制其他地板	9403400010	濒危木制厨房用木家具
4418790020	已装拼的其他濒危木制地板	9403400090	其他厨房用木家具
4418790090	已装拼的木制其他地板	9403501010	卧室用濒危红木制家具
4420101010	拉敏木制的木刻	9403501090	其他卧室用红木制家具
4420101020	濒危木制的木刻	9403509100	卧室用漆木家具
4420101090	木刻及竹刻	9403509910	卧室用其他濒危木家具
4420102010	拉敏木制的木扇	9403509990	卧室用其他木家具
4420102020	濒危木制的木扇	9403601010	濒危红木制家具(非卧室用)
4420102090	木扇	9403601090	其他红木制家具(非卧室用)
4420109010	拉敏木制其他小雕像及其他装饰品	9403609100	其他漆木家具(非卧室用)
4420109020	濒危木制其他小雕像及其他装饰品	9403609910	濒危木家具(非卧室用)

附件 2：有关国家和地区木制品、家具产品甲醛、重金属、阻燃等项目的技术法规和标准

产品名称	检测项目与限量要求	输入国和地区	法规/要求	检　测　方　法
木制品	甲醛:E1 级、E2 级	欧盟	89/106/EEC 2003/02/EC	BS 13986
	五氯苯酚≤5ppm			CEN/TR 14823 或 BS 5666. 6
	砷(砒霜):禁用≤5ppm			BS 5666. 3
软体家具	英国防火阻燃	英国	英国防火法规	BS 5852/ EN 1021
木制品、家具	木制品甲醛≤0. 2ppm 或≤0. 3ppm,家具甲醛≤0. 3ppm	美国	40CFR P63、EPA 、CPSC	ASTM D 5582
	油漆涂层中:总铅≤600ppm		16CFR1303	ASTM F 963
软体家具	防火阻燃		CAL117	CAL 117
木制品和家具	甲醛:E1 级、E2 级	澳大利亚	参照 89/106/EEC	参照 BS 13986
木制品、家具	木制品:甲醛(AV /MAX F☆☆☆☆0. 3/0. 4,F☆☆☆0. 5/0. 7,F☆☆1. 5/2. 1, F☆5. 0/7. 0)mg/L 家具:F☆☆☆以上	日本	建筑基准法 BSL	JIS 1460 干燥器法
木制品	甲醛(AV /MAX F1:0. 3/ 0. 4,F2:0. 5/0. 7,F3:1. 5/2. 1)mg/L	台湾省	CNS 11818	CNS 11818
木制品	甲醛 E1、E2	中国	GB18580	GB 18580
家具	甲醛 E1		GB18584	GB 18584
	重金属			

财政部 国家税务总局 关于提高部分商品出口退税率的通知

财税〔2008〕138 号

各省、自治区、直辖市、计划单列市财政厅(局)、国家税务局,新疆生产建设兵团财务局:

经国务院批准,提高部分商品的出口退税率。现就有关事项通知如下:

一、将部分纺织品、服装、玩具出口退税率提高到14%。

二、将日用及艺术陶瓷出口退税率提高到11%。

三、将部分塑料制品出口退税率提高到9%。

四、将部分家具出口退税率提高到11%、13%。

五、将艾滋病药物、基因重组人胰岛素冻干粉、黄胶原、钢化安全玻璃、电容器用钽丝、船用锚链、缝纫机、风扇、数控机床硬质合金刀、部分书籍、笔记本等商品的出口退税率分别提高到9%、11%、13%。

上述提高出口退税率的具体商品名称及税号见附件。

六、执行时间

以上调整自2008年11月1日起执行。具体执行时间,以"出口货物报关单(出口退税专用)"海关注明的出口日期为准。

特此通知。

附件:提高出口退税率的商品清单

财政部

国家税务总局

2008年10月21日

附件:提高出口退税率的商品清单(部分)

商品代码	商品名称	提高到%
9403300090	其他办公室用木家具	11
9403400090	其他厨房用木家具	11
9403501090-9403509100	其他卧室用红木制家具、卧室用漆木家具	11
9403509990	卧室用其他木家具	11
9403601090-9403609100	其他红木制家具、其他漆木家具〔非卧室用〕	11
9403609990-9403891000	其他家具	11
9403892000	石制的家具	13
9403899000-9403900090	其他家具、零件等	11

财政部 国家税务总局关于提高劳动密集型产品等商品增值税出口退税率的通知

财税〔2008〕144 号

各省、自治区、直辖市、计划单列市财政厅(局)、国家税务局,新疆生产建设兵团财务局:

经国务院批准,决定提高部分商品的增值税出口退税率(以下简称退税率)。现就有关事项通知如下:

一、提高退税率的商品范围

(一)将部分橡胶制品、林产品的退税率由5%提高到9%。

(二)将部分模具、玻璃器皿的退税率由5%提高到11%。

(三)将部分水产品的退税率由5%提高到13%。

(四)将箱包、鞋、帽、伞、家具、寝具、灯具、钟表等商品的退税率由11%提高到13%。

（五）将部分化工产品、石材、有色金属加工材等商品的退税率分别由5%、9%提高到11%、13%。

（六）将部分机电产品的退税率分别由9%提高到11%，11%提高到13%，13%提高到14%。

上述提高退税率的具体商品名称、税号及退税率见附件。

二、执行时间

本通知规定的退税率的调整自2008年12月1日起执行。具体执行时间，以"出口货物报关单（出口退税专用）"海关注明的出口日期为准。

特此通知。

附件：提高增值税出口退税率的商品清单（略）

财政部

国家税务总局

2008年11月17日

商务部　海关总署公告

（2008年第97号）

按照国务院部署，为保持外贸稳定增长，现调整加工贸易限制类政策，有关事项公告如下：

一、暂停《商务部 海关总署2007年第44号公告》（下称44号公告）限制出口类目录1853个海关编码商品，以及限制进口类目录轻纺类272个海关编码商品保证金台账"实转"政策。A类和B类企业暂停银行保证金台账"实转"，实行"空转"管理；C类企业仍实行100%"实转"管理。

二、对44号公告所列限制进口类目录中的122个海关编码商品（见附件1）开展加工贸易业务，A类企业暂停银行保证金台账"实转"，实行"空转"管理；B类企业实行50%"实转"；C类企业实行100%"实转"管理。

三、中西部地区A类和B类企业仍按44号公告规定实行"空转"管理。

四、将家具（见附件2）从加工贸易限制类目录中剔除。

五、对2008年12月1日之前已经商务主管部门批准并向海关申请备案的限制类商品加工贸易业务，仍按44号公告有关规定执行。企业在规定期限内加工成品出口并办理核销结案手续后，保证金及利息予以退还。

六、限制类商品管理措施不适用于出口加工区、保税区等海关特殊监管区域。

七、在相关信息化系统调整前，海关按照手工操作予以办理。

八、本公告自2008年12月1日起执行，44号公告关于新增企业及业务变更的有关规定暂停执行。本公告附件所列商品，在实施过程中以海关商品编码为准。

附件1：实行保证金台账"实转"的商品清单（略）

附件2：家具类商品清单

商务部

海关总署

2008年11月21日

附件2：家具类商品清单

9403100000	办公室用金属家具	9403509990	卧室用其他木家具	9403891000	柳条及类似材料制的家具
9403200000	其他金属家具	9403601090	其他红木制家具	9403892000	石制的家具
9403300090	其他办公室用木家具	9403609100	其他漆木家具	9403899000	其他材料制的家具
9403400090	其他厨房用木家具	9403609990	其他木家具	9403900010	飞机内厨房家具零件
9403501090	其他卧室用红木制家具	9403700000	塑料家具	9403900090	其他编号9403所列物品的零件
9403509100	卧室用漆木家具	9403810000	竹制或藤制的家具		

2008~2009年中国林业企业企稳回升

自金融危机以来，我国林业企业正逐步走向复苏，企业景气指数从2008年一季度到2009年四季度走出了一条由高到低，由低到高V字形曲线，林业企业整体表现出企稳回升的良好状态。

2009年一季度林业企业景气指数下降到最低点80.9，同比下降36%，而四季度回升到118.2，同比提高22%。但是，林业企业景气指数远低于全国企业平均水平。2009年一季度全国林业企业景气指数比同期全国企业景气指数低30.5个百分点，2009年四季度林业企业景气指数比同期全国企业景气指数低10个百分点。可见，这次危机对林业企业的影响大于全国企业平均水平，尤其对家具制造业的影响最大，家具企业景气指数在2009年一季度降至75.6，低于其他林业企业。但家具企业恢复较快，2009年四季度企业景气指数超过2008年一季度水平，这主要是与我国房地产市场持续升温密切相关。对木材加工及木、竹、藤、棕、草企业及造纸、纸制品业的影响至今还没有完全消除，其景气指数仍然比2008年一季度分别低5个百分点和15个百分点。

我国2009年林产品进出口走势与企业经营走势基本一致。进出口总额一季度降至最低点，而在三季度已基本恢复到2008年同期水平，第四季度大幅度超过2008年同期19%。

2009年，我国主要林产品进出口包括原木、锯材、胶合板、家具、木浆等5类产品，进出口总额284.46亿美元，比2008年下降6%。出口总额150.67亿美元，进口总额133.80亿美元，分别比2008年下降5%、7%。贸易顺差16.94亿美元，比2008年上升9%。

2009年一季度进出口总额58.25亿美元，同比下降20%，到三季度同比基本持平，四季度同比上升19%。

2009年一季度出口总额31.11亿美元，同比下降14%，进口总额27.15亿美元，同比下降26%，贸易顺差3.96亿美元；二季度出口总额35.12亿美元，同比下降16%，进口总额34.16亿美元，同比下降12%，贸易顺差0.96亿美元；三季度出口总额38.56亿美元，同比下降6%，进口总额35.64亿美元，同比下降6%，贸易顺差2.92亿美元；四季度出口总额45.95亿美元，同比上升16%，进口总额36.86亿美元，同比上升23%，贸易顺差9.09亿美元，与2008年四季度持平。

木制家具出口恢复很快，2009年8月份出口额就已恢复到2008年同期水平，第四季度大幅度提高，同比提高16%，但全年出口总额与2008年基本一致，达120亿美元。

（国家林业局经研中心奉国强根据海关和国家统计资料整理）

中国林业产业综述

Overview of China's Forest Industry

中国林业产业概述

为有效应对国际金融危机对我国林业产业的影响，2009年国家林业局、国家发改委、财政部、商务部、国家税务总局联合印发了《林业产业振兴规划(2010~2012年)》，各级政府出台了一系列促进林业产业发展的政策措施，林业工业企业生产情况逐月好转，林业产业发展基本面保持稳定。

林业产业总产值 2009年林业产业总产值达到1.75万亿元(按现价计算)，比2008年增加3087亿元，增长21.43%。自2001年以来林业产业总产值的平均增速为19.92%(图1)。

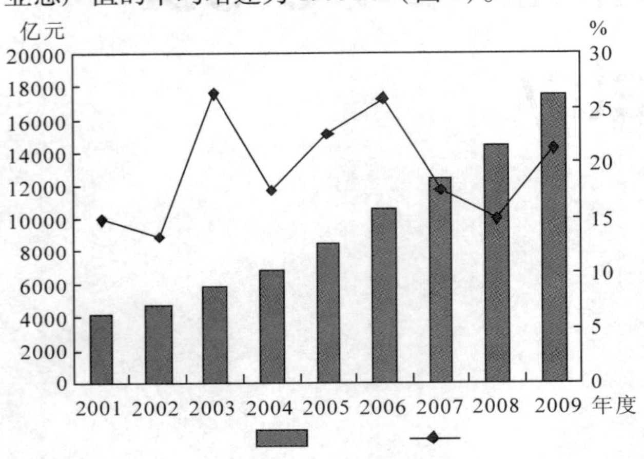

图1 2001~2009年全国林业产业总产值及其增长速度

分产业看，第一产业产值7225.26亿元，占全部林业产业总产值的41.30%，同比增长13.63%；第二产业产值8717.92亿元，占全部林业产业总产值的49.83%，同比增长27.49%；第三产业产值1550.56亿元，占全部林业产业总产值的8.86%，同比增长28.21%。近年来，林业三次产业的产值结构逐步调整，不断优化，已由2001年的66:30:4，调整为41:50:9，二产与三产所占比重显著提高。

第一产业中，包括干鲜果品、茶、中药材以及森林食品等在内的经济林产品种植与采集业产值为3903.20亿元，所占比重最大，为54.02%；第二产业中，包括锯材、人造板等在内的木材加工及木竹制品制造业产值为3929.28亿元，所占比重最大，为45.07%；第三产业中，林业旅游与休闲服务业产值为965.23亿元，所占比重最大，为62.25%。增长速度最快的有木竹浆造纸、木竹家具制造和林业旅游与休闲服务，增长速度分别为41.06%、40.02%和39.96%。

分地区看*，东部地区林业产业总产值为8214.99亿元，占全部林业产业总产值的46.96%；中部地区林业产业总产值为3713.23亿元；西部地区林业产业总产值为3582.09亿元；东北地区林业产业总产值为1983.42亿元。中部省份增长较快，比2008年增长22.96%。林业产业总产值超过800亿元的省份共有9个，广东、福建、浙江省仍然名列前茅(图2)。

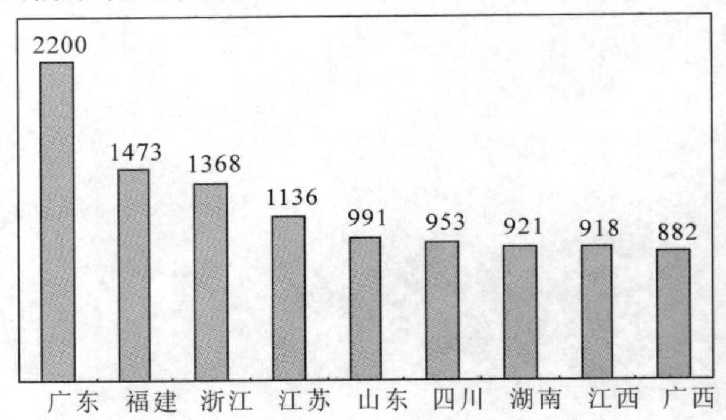

图2 林业产业总产值超800亿元省(区)示意

营造林总体状况 2009年全国共完成荒山荒地造林面积626.23万公顷(9393万亩)，比2008年增长16.97%，完成计划任务的114.28%。其中人工造林415.63万公顷，飞播造林22.63万公顷，无林地和疏林地新封山育林187.97万公顷。西部

* 本分析报告采用国家四大区域的分类方法，即将全国划分为东部、中部、西部和东北四大区域。东部地区包括：北京、天津、河北、上海、江苏、浙江、福建、山东、广东、海南10个省(市)；中部地区包括：山西、安徽、江西、河南、湖北、湖南6个省；西部地区包括：内蒙古、广西、重庆、四川、贵州、云南、西藏、陕西、甘肃、青海、宁夏、新疆12个省(区、市)；东北地区包括：辽宁、吉林、黑龙江3个省和大兴安岭地区。

地区(含新疆生产建设兵团)共完成造林面积384.03万公顷，占全部造林面积的61.32%(图3)。

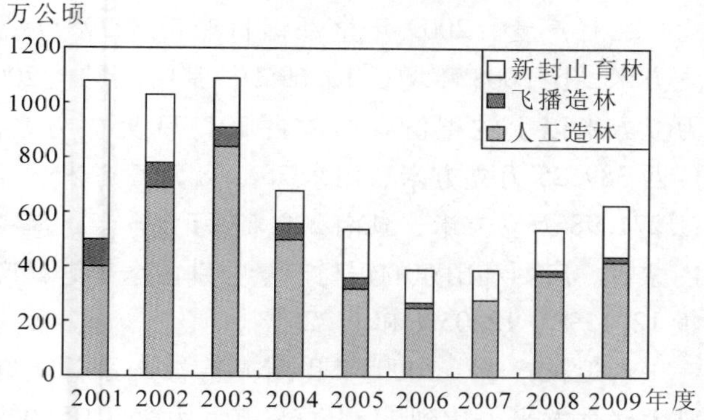

图3 2001～2009年全国造林面积结构示意

2009年造林面积大幅度增长的主要原因是随着集体林权制度改革的深入推进，林农拥有自主的山林产权，从事造林生产的积极性得到激发；另外，2008年四季度以来中央扩大内需政策得到落实，新增天然林资源保护、三北、长江、沿海等防护林工程项目任务254.67万公顷，这些造林大部分是在2009年完成检查验收并上报的。以上因素使得全国造林面积自2006年起连续4年保持增长。

2009年生态建设主要特点：① 生态公益林造林所占比重超过70%。从林种结构看，在全部造林面积中，防护林440.77万公顷、经济林100.25万公顷、用材林80.13万公顷、薪炭林2.37万公顷、特种用途林2.71万公顷，分别占全部造林面积的比重为70.38%、16.01%、12.80%、0.38%和0.43%。生态公益林(防护林和特种用途林)占全部造林面积的比重为70.81%，保持较高比重。

② 国家造林投资补助标准提高一倍，国有经济造林面积大幅增长。为全面落实中央林业工作会议和中央领导同志重要批示精神，确保完成2020年比2005年新增森林面积4000万公顷的目标，国家大幅度提高营造林投资补助标准，人工造林由每亩100元提高到每亩200元。2009年，国有经济造林面积比2008年增长30.77%。全部造林面积按经济成分分，国有经济造林182.09万公顷，所占比重比2008年提高3.07个百分点，集体经济造林176.22万公顷，非公有经济造林267.92万公顷。

③ 中央财政首次将森林经营纳入年度预算，实现历史性突破。2009年森林经营首次列入中央财政预算，这是新中国成立以来从未有过的，森林经营力度进一步加大，全年中央财政共安排5亿元在内蒙古、吉林、黑龙江等11个省(区)实施了中幼龄林抚育补贴试点。中幼龄林抚育、低产低效林改造为主要内容的森林经营工作有了资金支撑，全年完成幼林抚育实际面积955.60万公顷，比2008年增长2.95%；成林抚育面积1060.80万公顷，比2008年增长1.59%，其中中幼龄林抚育面积636.26万公顷，占成林抚育总面积的59.98%。低产低效林改造54.34万公顷。

尽管近年来中幼龄林抚育力度不断加大，但是抚育面积仅占中幼龄林总面积(第七次森林资源清查结果为10463万公顷)的6.08%，亟须进一步加强。

④ 油茶等经济林造林、育苗成为重要组成部分。2009年10月，国务院批准实施《全国油茶产业发展规划(2009～2020年)》，并由国家林业局、国家发改委、财政部三部委联合印发，明确了全国油茶产业发展目标和任务，油茶产业已上升为国家战略性产业。2009年，新造和改造油茶林面积26.95万公顷；狠抓良种生产，最大程度提高油茶良种壮苗生产供应能力。

⑤ 林木种苗产量明显增加。近年来，随着造林面积的持续增长，林木种苗产业得到较快发展。2009年全国苗木产量和育苗面积分别为334.38亿株和66.18万公顷，分别比2008年增长5.71%和11.97%，林木种子采集量为6.13万吨。

经济林、竹、油茶、花卉产业 2009年，各类经济林产品总量达到1.27亿吨。水果种植面积为1177万公顷，水果产量为11182万吨，水果产量比2008年增长13.94%；干果产量为673万吨，比2008年增长26.11%；林产饮料产品的产量为143万吨，比2008年增长7.51%；林产调料产品的产量为47万吨，比2008年增长8.70%；林产工业原料产量156万吨，比2008年增长16.83%；木本油料产量为122万吨；竹笋干、食用菌等森林食品产量为263万吨；木本药材的产量为153万吨。

2009年竹材产量为13.56亿根，比2008年增长7.47%，其中毛竹8.76亿根，篙竹4.80亿根。村及村以下各级组织和农民生产竹材11.27亿根，占全部竹材产量的83.10%。竹产业产值达709亿元。

2009年，新造和改造油茶林面积26.95万公顷；油茶籽产量为117万吨，比2008年增长18.13%。油茶产业产值达82亿元。

2009年花卉种植面积63.26万公顷；切花切叶124亿支；盆栽植物近20亿盆；观赏苗木50亿株；草坪2.32亿平方米。具有一定规模的花卉市场4300多个，花卉企业3.45万家，其中大中型花卉企业6700多家；花卉从业人员387万人，花农110万户；控温温室面积和日光温室面积分别为2709万平方米和11463万平方米。

木材生产及林产工业

木材产量 由于受雨雪冰冻灾害和地震灾害影响，清理受损林木和灾后重建，2008年木材产量大幅增加，2009年木材产量正常回落，达到7068.29万立方米，比2008年减少12.83%。其中产量在500万立方米以上的省份有广西963.62万立方米、黑龙江745.17万立方米、福建635.27万立方米、湖南546.12万立方米、广东524.78万立方米，其中广西和黑龙江的木材产量分别占全国木材产量13.6%和10.5%（图4）。

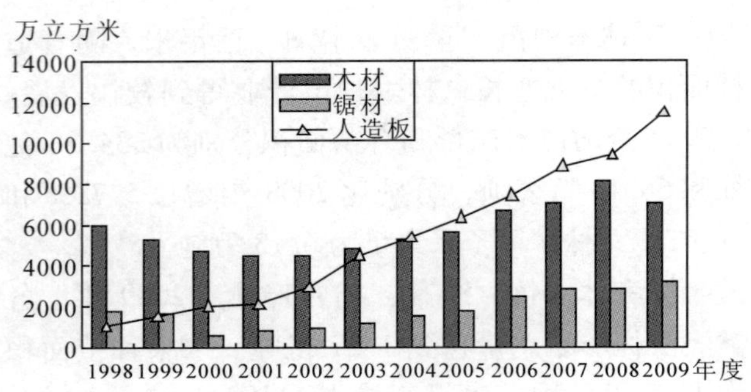

图4 1998～2009年全国木材及主要林产工业产品产量示意

在全部木材产量中，原木产量6476.27万立方米，比2008年减少11.98%；薪材产量592.02万立方米，比2008年减少21.17%。木材产量按生产单位分，林业系统内国有企业单位生产的木材为1310.18万立方米；系统内国有林场、事业单位生产木材1294.60万立方米；系统外企、事业单位采伐自营林地的木材222.98万立方米；乡镇集体企业及单位生产木材产量368.31万立方米；村及村以下各级组织和农民个人生产的木材3872.22万立方米。2009年农民自用材采伐量930.05万立方米，农民烧材采伐量2103.09万立方米。

锯材产量 2009年全部锯材产量3229.77万立方米，比2008年增长13.69%，其中产量在200万立方米以上的省份有内蒙古391.73万立方米、广西389.25万立方米、山东364.68万立方米、浙江271.98万立方米、湖南229.67万立方米，其中内蒙古、广西和山东的锯材产量分别占全部锯材产量12.13%、12.05%和11.29%。

人造板产量 2009年我国人造板产量首次突破1亿立方米，达到11546.65万立方米，比2008年增长22.71%。在全部人造板产量中，胶合板4451.24万立方米，比2008年增长25.71%，占全部人造板产量的38.55%；纤维板3488.56万立方米，比2008年增长20.02%，占全部人造板产量的30.21%，其中中密度纤维板产量为3131.64万立方米；刨花板产量1431.00万立方米，比2008年增长25.28%，占全部人造板产量的12.39%；其他人造板2175.85万立方米（细木工板占67.96%），比2008年增长19.53%，占全部人造板产量的18.84%。另外，2009年人造板表面装饰板产量为2.53亿平方米，单板产量为2714万立方米（图5）。

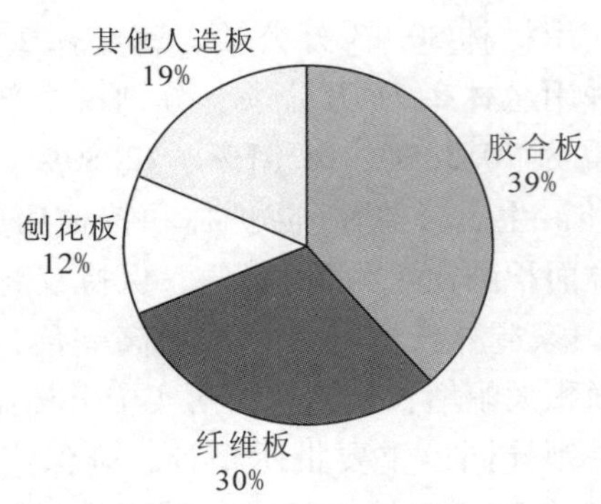

图5 2009年全国人造板产量结构示意

从分省情况看，人造板生产依然主要集中在东部地区，江苏、河南、山东、河北、广西、福建、安徽、广东8省（区）产量均超过500万立方米，8省（区）人造板产量共计8694.49万立方米，占全国人造板总产量的75.30%，其中江苏、河南、山东和河北4省的人造板产量均已突破1000万立方米（图6）。

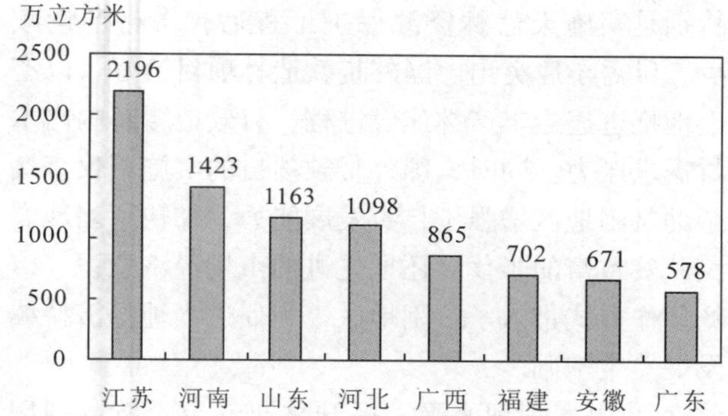

图6 2009年人造板产量前8名的省份产量示意

木地板产量 2009年木地板产量达到3.78亿平方米，比2008年增长0.17%。在木地板产量中，实木地板8139万平方米，占全部木地板产量的21.56%；实木复合地板11771万平方米，占全部木地板的31.18%；强化木地板12716万平方米，占全部木地板产量的33.68%；竹木复合地板2011万平方米，占全部木地板产量的5.33%。木地板产量最大的省份是浙江省，产量达到7224万平方米。

林产化工产品产量 2009年，全国松香类产品产量111.70万吨，比2008年增长4.66%，其中松香产量为100.16万吨，松香深加工产品产量为11.54万吨。松节油类产品产量15.75万吨，樟脑产量9700吨，冰片986吨，栲胶13924吨，紫胶类产品产量2755吨。

主要林业工业产品销售价格 2009年全国主要林业工业产品销售价格涨跌互现，木材综合平均价格为每立方米564元，比2008年下降15.44%；竹材综合平均价格为每根7元；锯材综合平均价格为每立方米1017元，比2008年下降6.18%；木片综合平均价格为每实积立方米661元，比2008年提高3.28%；木地板综合平均价格为每平方米121元，比2008年提高1.68%；胶合板综合平均价格为每立方米1774元，比2008年下降3.27%；硬质纤维板综合平均价格为每立方米1503元，比2008年提高23.30%；中密度纤维板综合平均价格为每立方米1439元，比2008年提高2.13%；刨花板综合平均价格为每立方米1151元，比2008年提高4.83%；松香综合平均价格为每吨6724元，与2008年基本持平；栲胶综合平均价格为每吨7408元，比2008年提高22.35%；紫胶综合平均价格为每吨18203元，比2008年下降19.24%。

林业旅游及休闲产业 2009年，林业旅游人次为7.66亿人次，占全部国内旅游总人次数的40.27%；林业旅游收入达到965.23亿元，林业旅游的人均花费为126元，直接带动的其他产业产值达到2507亿元。

林业旅游收入较大的省份有四川、浙江、江西、湖南4省，旅游收入都超过了100亿元。

林业利用外资 我国林业利用国外贷款始于20世纪80年代初期。林业利用国外贷款不论从贷款来源和贷款规模，还是从贷款使用成效上看，均取得了可喜成绩。目前，我国林业已利用世界银行、亚洲开发银行、日本政府、德国政府等国际金融组织和外国政府贷款24.3亿美元，极大地促进了林业发展。其中，世行贷款先后实施了林业发展项目、大兴安岭森林火灾恢复项目、国家造林项目、森林资源发展和保护项目、贫困地区林业发展项目和林业持续发展项目6个林业项目，涵盖了速生丰产用材林基地建设、贫困地区发展、自然保护区建设、天然林资源保护、森林火灾后恢复建设等领域，贷款主要投向是营造人工林和生态公益林；已完成营造林面积为377万公顷，项目覆盖山西、河北、内蒙古等23个省(区)。

2009年，我国林业利用外资项目个数为580个，比2008年增加35个，实际利用外资规模达到11.70亿美元，比2008年增长16.03%，其中国外借款7.33亿美元，外商直接投资4.18亿美元，无偿援助0.19亿美元，分别占林业实际利用外资总规模的62.67%、35.69%和1.64%。林业实际利用外商直接投资金额占全国实际利用外商直接投资的1.30%。

从利用外资方式上看，由2008年的以外商直接投资方式为主，向国外借款转变；从利用外资的项目类型上看，以商品林造林项目为主，项目个数为315个，实际利用外资金额为1.78亿美元；从林业利用外资的区域上看，东部地区省份利用外资水平较高，占全部林业利用外资额的78.97%(图7)。

① 加快林业生态体系建设。资金短缺是制约林业发展的瓶颈，而利用国外贷款则可直接利用大量流入资本缓解林业资金投入不足的问题。利用国

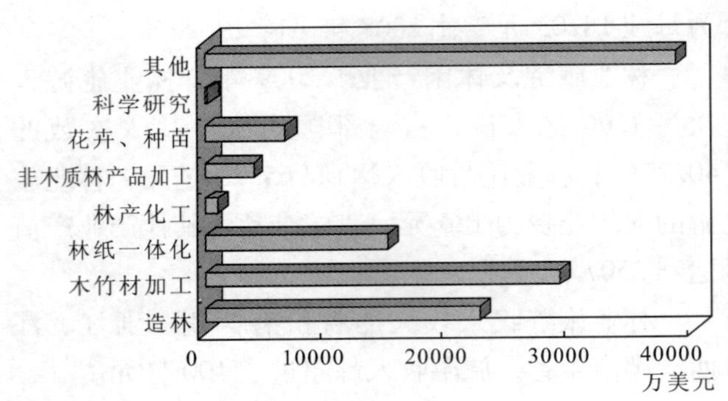

图7　2009年林业利用外资领域示意

外贷款发展林业项目不但有效地增加了项目区森林资源，而且明显地改善了项目区的生态环境。国外贷款项目的实施加强了天然林的经营和管理，进一步保护了物种的多样性和遗传资源的多样性，使森林资源得以可持续发展。国外贷款项目的实施也提高了我国林业主管部门对自然保护区管理的能力，通过引进参与式的规划方式，我国生态环境建设探索出了许多宝贵的管理经验，也加快了科技兴林步伐，对促进传统林业向现代林业转变产生了积极的影响。

② 推动林业产业快速发展，促进兴林富民。我国森林资源不仅总量不足，而且生产力水平低，特别是实施天然林资源保护工程后，木材产量减少、供需矛盾突出。国外贷款造林项目恰好可以有力地推进速生丰产林建设进程，有效地缓解国内木材需求压力。同时，国外贷款项目的实施不仅直接帮助贫困地区增强了自身发展能力，加快了当地农民脱贫致富的步伐，还把先进的市场经济意识、市场运作方式带入了贫困地区，为促进当地经济持续发展奠定基础。

③ 提高管理水平，提升林业形象。林业利用国外贷款实施造林项目有效地提高了各级政府对植树造林、生态环境建设的重视程度，也促进了相关改革和相关政策的实施进程。同时，国外贷款项目引进的先进林业经营管理方式以及科学管理项目的新方法，加快了我国林业摆脱传统经营管理方式、进入国际化先进行列的步伐，极大地提高了我国林业整体经营管理水平；加强了林业在良种繁育、造林技术、管理措施、水土保持、木材加工、制度建设等方面的交流，培养了一大批既懂林业又熟悉外资管理工作的新型林业人才；密切了我国与外国政府、国际金融组织的关系，对中国林业走向世界、提升中国林业对外开放水平和层次有着重大的现实意义。　(国家林业局发展规划与资金管理司)

中国用材林资源

【用材林资源】 全国用材林面积6416.16万公顷，占全国林分面积的35.38%；蓄积量422704.82万立方米，占全国森林蓄积量的31.63%。用材林平均每公顷蓄积量65.88立方米。其中：天然用材林面积3893.3万公顷，占用材林面积的60.68%，天然用材林蓄积295666.4万立方米，占用材林蓄积的69.94%；人工用材林面积2522.86万公顷，占用材林面积的39.32%，人工用材林蓄积127049.4万立方米，占用材林蓄积的30.06%。见表1、表2。

表1 天然林主要分布省(区)面积和蓄积

省(区)	天然林面积		天然林蓄积	
	万公顷	占全国比例(%)	万立方米	占全国比例(%)
全　国	**11969.25**		**1140207.18**	
黑龙江	1691.29	14.13	138585.30	12.15
内蒙古	1397.13	11.67	110146.56	9.66
云　南	1321.56	11.04	148120.22	12.99
四　川	897.77	7.50	146211.28	12.82
西　藏	838.38	7.00	224440.17	19.68
江　西	681.76	5.70	28794.82	2.53
吉　林	586.79	4.90	74817.39	6.56
广　西	517.88	4.33	29747.20	2.61
陕　西	503.38	4.21	31789.41	2.79
湖　南	483.49	4.04	18888.34	1.66
湖　北	411.49	3.44	16734.70	1.47
福　建	407.47	3.40	28834.73	2.53
广　东	346.84	2.90	18662.94	1.64
浙　江	316.98	2.65	11214.86	0.98
贵　州	259.39	2.17	15289.58	1.34
辽　宁	200.55	1.68	12927.51	1.13

表2 人工林主要分布省(区)面积和蓄积

省(区)	天然林面积		天然林蓄积	
	万公顷	占全国比例(%)	万立方米	占全国比例(%)
全　国	**6168.84**		**196052.28**	
广　西	515.52	8.36	17127.98	8.74
广　东	503.18	8.16	11520.43	5.88
湖　南	464.04	7.52	16018.33	8.17
四　川	415.65	6.74	13361.09	6.82
福　建	359.18	5.82	19601.55	10.00
云　南	326.77	5.30	7259.87	3.70
内蒙古	303.91	4.93	7573.95	3.86
江　西	291.87	4.73	10734.82	5.48
辽　宁	283.03	4.59	7299.34	3.72
浙　江	267.44	4.34	6008.28	3.06
山　东	244.38	3.96	6202.10	3.16
黑龙江	235.68	3.82	13519.66	6.90
河　南	217.39	3.52	7480.12	3.82
河　北	212.27	3.44	4238.60	2.16
安　徽	209.87	3.40	7023.22	3.58
贵　州	199.86	3.24	8718.38	4.45
陕　西	183.27	2.97	2031.13	1.04
湖　北	167.01	2.71	4207.79	2.15

（国家林业局经济发展研究中心产业室根据中国第七次森林资源清查数据整理）

中国速生丰产林资源

【世行贷款林业持续发展项目建设】 世界银行贷款林业持续发展项目作为林业行业贯彻可持续发展战略的重要举措之一，于2003年1月正式启动实施。经过项目造林实体、广大林农6年多的共同努力，林业持续发展项目人工林营造部分超额完成了建设任务，于2009年9月顺利通过世界银行项目竣工检查组的竣工验收。

项目建设成效 林业持续发展项目自2003年在河北、山西、辽宁、安徽、山东、河南、湖北、湖南、四川、甘肃等10个省109个县实施以来，项目实际完成投资1.9603亿美元(折合人民币15.3015亿元)，是项目投资概算1.8773亿美元的104.42%。其中：使用世界银行贷款9321万美元(折合人民币7.2754亿元)，占实际投资总额的47.55%；国内配套资金实际投入8.0262亿元，占实际完成投资总额的52.45%。高标准完成了330174公顷，是《项目评估文件》确定的计划任务234356公顷的140.9%。其中：人工林造林243946公顷，幼龄抚育86228公顷。人工林包括：新造人工用材林163789公顷、竹林37911公顷、经济林42246公顷。通过2008年的项目幼林质量摸底调查和2009年竣工验收，项目造林一级苗使用率为97.9%，造林面积核实率为99.4%，造林成活率达到94.8%，平均生长量达标率为97.2%，环境保护措施合格率为99.1%，项目造林质量良好。

按照林业持续发展项目人工林造林技术模型设计的不同树种的经营期测算，到主伐利用时(杉木、马尾松、湿地松、火炬松、落叶松等主要树种按20年测算，欧美杨按10年测算，刺槐按15年测算，泡桐、枫香等阔叶树种按10年测算)，项目营造的163789公顷人工用材林林分总蓄积量将达2984.78万立方米，可产规格材1957.88万立方米、非规格材92.45万立方米；37911公顷竹林(按20年一个经营期测算)可产竹材和竹笋39.43亿千克；42246公顷经济林(按本项目贷款期16年进行测算)可生产(干、鲜)果品和药材27.98亿千克。高质量实施的人工中幼龄林抚育间伐(按20年测算)86228公顷，通过有项目、无项目对比分析，可增加林木蓄积量319.66万立方米，木材增产196.22万立方米。

林业持续发展项目人工林营造部分在取得显著经济效益的同时，还实现了良好的社会效益和生态效益。①增加了项目区森林覆盖率。林业持续发展项目人工林营造部分是大规模的人工林营造工程，共在河北、山西、辽宁、安徽、山东、河南、湖北、湖南、四川、甘肃等10个省的109个县新造人工林243946公顷。由于项目造林工程的实施，各项目省、县的森林覆盖率均得到了提高。109个项目县的森林覆盖率平均提高了1.41%。其中，河南省温县森林覆盖率增加了8.14%，提高幅度最大。随着项目幼林郁闭成林，将在改善项目区树种结构、农民生产生活环境和森林生态系统稳定性方面发挥积极作用，促进项目区经济社会可持续发展。②增加了项目区森林碳汇。林业持续发展项目人工林营造部分实施期间营造的用材林的碳汇，随蓄积量的增长而增加。经济林的碳汇，在造林后的5年逐年明显增加。竹林在新造或垦复改造后的6年产生的碳汇，随毛竹立株数增加和新发竹径级增大而增加较快。经中国林科院专家初步测算，项目营造的243946公顷人工林，在整个生长期内形成的年平均碳汇量非常可观。到2013年，项目形成的碳汇量达到最大值，可固碳920万吨，相当于1261.6万吨标准煤燃烧后排放的碳量，将为维护我国生态安全、积极应对气候变化发挥重要作用。③促进了项目区林农群众增收和就业。据统计，在项目建设期内，有77万户农民参加了项目实施活动。在项目总投入中，仅农民参加项目活动的劳务费用支出就达98932.14万元，为项目区农民提供6595万个人日的就业机会。项目初期营造的竹林和经济林有相当一部分已开始出现产出，且经济收入逐年增加。根据典型材料分析，截至 2009 年，甘肃省项目区营造的 3128.21 公顷经济林，累计生产果品 46695 吨，其中梨 119.7 吨、杏 2644.6 吨、桃 24751.3 吨、花椒 422.5 吨、苹果 12906.9 吨，葡萄 5850 吨，累计收入达 7238.65 万元，项目农户每户平均建设果园 0.23 公顷，收入 5859 元，按当地户均人口数每户 4.8 人计算，人均收入增加 1224 元。

项目特色与经验 林业持续发展项目人工林营造部分继承和发展了 20 多年来世行贷款林业项目的成功经验以及多年来被实践证明行之有效的管理办法与技术规程，形成了一整套世行项目科学管理体系。项目管理办法、环境保护规程、种植材料开发计划、财务管理办法、造林检查验收办法、参与式社区林业评估、技术推广与培训计划、主要造林树种技术模型等的推广应用，为高标准高质量实施林业持续发展项目打下了坚实基础。林业持续发展项目的特点主要体现在以下几个方面。

①把“可持续发展”理念始终贯穿项目的准备、设计和实施等各个阶段。在项目的准备过程中，通过参与式社区林业评估，根据群众意愿、自然条件和市场发展前景，认真落实适地适树适种源的要求，科学选择造林地块，科学设计造林树种；在项目实施期间，鼓励农民营造多林种、多树种人工林，采取多种经营模式，加强对人工造林活动的科学管理，积极探索和实践林业可持续发展策略，为当地社会、经济和环境的可持续发展提供有力的支持。

②在项目活动内容的设计上有了新的拓展。与过去实施的林业发展项目、国家造林项目、森林资源发展与保护项目、贫困地区林业发展项目等几个项目比较，在继续扩大培育人工林资源的基础上，该项目增加了新(扩)建苗圃和人工中幼龄林抚育间伐活动。通过 50 个新(扩)建苗圃工程的建设，育苗总面积达 1303.1 公顷，累计培育各种苗木 28158.46 万株，其中裸根苗产量达 22349.96 万株，容器育苗 5808.5 万株，在为项目造林提供大量优质苗木的同时，也为周边社区群众科学育苗提供了很好的技术支撑。项目实施以来，安徽、湖南、山西 3 省共完成人工中幼龄林抚育间伐面积 86228 公顷，完成面积是《项目评估文件》确定的人工中幼龄林抚育间伐计划总面积 61333 公顷的 140.59%。通过实施项目人工中幼龄林抚育间伐，林分质量和林木生长量都有了显著的提高。与对照样地比较，杉木间伐 6 年后，林分蓄积生长量提高 33.72%，林分健康状况得到了改善。同时，项目人工中幼龄林抚育间伐成功的实施，也为当地农民深入开展森林经营工作、提升人工林经营水平提供了科学管理依据，起到了良好的示范作用。

③高度重视技术推广和培训，进一步提升农民发展林业的技术水平。项目实施的 6 年间，10 个项目省共推广应用了 87 项林业实用技术和科研成果，营建了 25 个树种的示范林 5821.6 公顷，这些成果已成为项目区广大林业技术人员、农户参观学习和培训的重要基地，并且发挥着展示科技、学习科技和传播科技的重要作用；中央、省、县各级共举办技术培训班 8248 期，累计培训项目技术、管理人员和农民 1616280 人次，其中培训农民达 1489770 人次。项目农民通过参加造林技术、育苗技术、病虫害防治技术、经济林整形、果品采收与保鲜贮藏、环境保护等各种技术培训班，学会和掌握了项目造林和管理技术，了解了人工林抚育间伐技术要求和病虫害防治知识，懂得了环境保护的重要性，提高了经营人工林的知识水平和实际操作技能，为林业可持续发展打下了坚实基础。

(国家林业局世行中心　姜喜山)

【速生丰产用材林基地建设】 起步于 20 世纪 70 年代初，到了 80 年代中期发展加快。1988 年国家计委批准了林业部制定的《关于抓紧一亿亩速生丰产用材林基地建设报告》，1989 年国务院批准实施《1989 ~2000 年全国造林绿化规划纲要》，将速生丰产用材林基地建设推向一个新的高潮。截至 1997 年，我国速生丰产用材林基地建设累计保存面积约 533.3 万公顷，其中 1989 ~ 1997 年间共建速生丰产用材林 416.7 万公顷。浙江、安徽、福建、江西、湖北、广东、广西、四川、贵州、湖南等 10 省(区)造林面积较大，占总面积的 70% 以上。近年来，随着我国速生丰产用材林基地建设布局的调整和扩大，河北、内蒙古、山东、黑龙江、辽宁、河南、云南、山西、甘肃、宁夏、新疆等省(区)的速生丰产用材林造林面积也在迅速增加。就地域来看，速生丰产用材林基地集中分布于 20

大片和5小片的基地群内。

速生丰产用材林基地建设初期，在造林树种的选用上，以杉木为主，树种比较单一。随着我国速生丰产用材林经营目标的多样化，目前的造林树种也逐渐丰富起来，主要包括杉、松、杨、泡桐和桉树等树种，这些树种占速生丰产用材林造林总面积的70%~80%左右。近年来，速生丰产用材林经营技术和管理水平不断提高，从后期林分生长状况看，速生丰产用材林一般都好于其他类型人工林。我国利用世行贷款营造的速生丰产用材林，造林质量都达到或超过部颁标准，受到世行专家的好评。早期营造的速生丰产用材林已逐步进入成熟期，正在形成可观的木材供给储备，经济效益也日益明显。因此，适时开发利用速生丰产用材林，将对缓解目前我国木材供需矛盾具有重要作用。

2002年8月，国家启动实施了速生丰产用材林基地建设工程。速丰林工程启动以来，各地积极实施政策推动和规划引导，不断深化林业产权制度改革，极大地调动了社会力量营造速丰林的积极性，工程建设取得了明显成效。

发展成就 ①造林规模大质量高。据对工程省(区)的统计，截至2009年底，累计完成速丰林基地建设730.89万公顷。初步形成了以粤桂琼闽地区为代表的南方原料用材林产业带，以长江中下游地区与黄河中下游地区为代表的中东部工业原料用材林产业带，以东北、内蒙古地区为代表的工业原料用材林产业带。2009年全国营造林实绩核查结果显示，速丰林工程2008年度人工造林(更新)核实率96.5%，合格率99.0%；2005年度人工造林(更新)保存率99.3%，工程的合格率和保存率位于当年核查重点工程的前列。

②促进农民就业增收成效显著。随着集体林权制度改革的推进，有力地推动了全社会投资造林的积极性。2005年以来，全国社会造林每年以超过20%的幅度增长，对全国营造林规模增长的贡献超过60%。在商品林造林面积中，个体造林高达71.9%。一批起点高、规模大、带动能力强的龙头企业迅速发展壮大，引导和调动社会资本，并吸纳大量农民就业务林，在带动区域经济发展、加快农村产业结构调整、拓宽就业渠道、促进农民增收致富方面发挥了重要作用。据专家测算，人造板加工业每生产1万立方米胶合板、中密度纤维板和刨花板，分别可实现133人、61人和66人就业。以广西为例，按全区2009年人造板生产量计算，全区可直接实现就业近10万人。按年均营造速丰林13.33万公顷、生产木材1850万立方米计算，全区可提供近9000万个劳动日，实现近30万农民就业，产生近30亿元的劳动收入，实现6.48亿元运输费用。

③科学经营水平较高。通过选育新品种，运用无性系造林、伐根嫁接等技术，实行集约经营和定向化培育，缩短了林木培育周期，提高了营造林质量，初步实现了科学经营。南方一些省(区)通过培育速生优质良种，积极调整林分结构，实施科学的经营措施，其营造的速丰林每亩年生长量平均可达1.5立方米以上。

④促进了林业产业大发展。通过大力发展速丰林，建立了一大批短周期工业原料林基地，促进了以木材利用为主的林业产业发展。如湖北省有各类木材加工企业3200多家，其中产值过亿元的龙头企业达17家，人造板年产量达150多万立方米。在集体林改深入开展地区，通过采取多种有效形式，将明晰产权与规模经营一并推进，确保农民不失地、不失利。

⑤改善生态环境效益明显。速丰林的快速发展，不但有效推动了林业产业的快速发展，而且产生了良好的生态效益。在生态环境十分脆弱的黄河故道沙区、黄河与淮河两岸滩区营造杨树速丰林基地后，固沙保水、减少风沙危害，对改善当地生态环境起到了重要保障作用。如山东省菏泽市通过发展速丰林，使昔日的沙荒地变成了良田，全市的粮食产量由1978年的17亿千克增加到2009年的55亿千克，成为山东省最大的粮仓，“平原有森林、林中有粮仓”成为菏泽林业的真实写照。

实践经验 ①政府扶持，优化营造速丰林发展环境。为加快速丰林发展，国家和工程省(区)相继制定和出台了一系列扶持速丰林发展政策，国家林业局先后出台了《关于加快速生丰产用材林基地工程建设的若干意见》，会同国家发改委、财政部等7部门联合出台了《林业产业政策要点》，并投入专项资金用于大径材培育项目试点和速生、优质种苗繁育；为进一步放宽速生丰产用材林的采伐限制，国家林业局先后发布了《关于调整人工用材林采伐管理政策的通知》、《关于完善人工商品林采伐管理的意见》；与国家开发银行签订《开发性金融合作协议》，对速丰林和工业原料林基地建设给予融资贷款支持；中央财政也加大对林业龙头企业的工业原料林建设、林产品加工业贷款项目的贴息力度；为减轻林业生产经营者的负担，2009 年财政部、国家林业局印发了《育林基金征收使用管理办法》，将育林基金征收标准由林木产品销售收入的 20% 降至 10% 以下。各工程省(区)在认真贯彻执行国家有关政策的基地上，也先后出台了本省(区)扶持速丰林发展政策。这些政策，极大地调动了社会各界发展林业的积极性，促进了速丰林基地建设的快速健康发展。

②科学管理，扎实推进速丰林工程建设。速丰林工程启动后，国家有关部门在工程规划、宏观指导、政策扶持、科技支撑等方面做了大量有成效的工作。广西、山东、福建、江西、河南等重点工程省(区)相应成立了速丰林工程建设领导小组，设立了工程管理办公室，强化了工程的组织领导。河北、浙江、安徽、辽宁、湖南等省编制了本省《速生丰产用材林基地建设工程规划》，明确了目标任务，制定了相关措施，有力地推动了速丰林工程的持续健康发展。

③创新机制，增强速丰林发展活力。调动社会各方面造林积极性，鼓励适应市场经济的工程发展模式，是促进速丰林工程发展的重要基础。为适应市场经济要求的经营机制，龙头企业、股份制公司和“公司 + 基地 + 农户”等多元化造林已经成为速丰林建设的主体，造林面积已经占到 80% 以上。福建、湖南、江苏、山东等省通过大力培育龙头企业，形成了市场牵龙头、龙头带基地、基地联农户的产业化经营模式，不仅较好地解决了工程建设中普遍存在的资金短缺和发展用地匮乏问题，而且提高了抵御市场风险的能力，实现了投入与产出、栽植与管护、管理与经营的有机结合，实现了社会得绿、政府得税、农民得益、企业得利，使工程建设质量和效益显著提高。

④依靠科技，提高速丰林经营水平。通过建立一批科技示范基地，应用先进的林业科技成果，提高了速丰林工程建设的科技含量和集约经营水平，确保了工程建设质量和效益。近年来，针对速丰林一线生产需要，各省(区)地方林业部门与科研院所和高等院校合作，建立了多种速生树种的良种繁育基地，有效地提高了林木的遗传增益，缩短了速丰林经营周期。　　(国家林业局速丰办　陈道东)

【全国杨树生产资源】　我国杨树无论在种质资源分布上，还是在杨树品种的数量以及人工林的面积上都处于世界领先地位。据统计，我国现有杨树人工林面积约 757.23 万公顷，超过了其他国家杨树人工林的总和，居世界第一。杨树无论在国土绿化、农田防护林建设，还是在工业用材林建设方面都占据着越来越重要的地位。

全国人工林总面积 6168.84 万公顷，蓄积量 19.61 亿立方米，其中杨树人工林占全国人工林总面积 12.28%。杨树的木材产量占全国木材总量的 30% 左右，全国杨树人工用材林面积 309 万公顷，年产木材约 4600 万立方米。

在我国除广东省外都有分布杨树资源，但集中栽培区为长江中下游、黄河流域各省，以及东北三省和内蒙古。其中长江中下游主栽品种为美洲黑杨；淮河流域和黄河流域各省主栽各种欧美杨及当地原产的毛白杨；东北和内蒙古、甘肃及新疆，以小叶杨 × 欧洲黑杨的杂种为主，同时栽种少量北方型欧美杨。我国从 20 世纪 50 年代至今已推出了数代更新换代杨树品种，各生态区杨树栽培已实现了品种化，但品种产量却没有重大突破。在 20 世纪 50 ~ 60 年代(第一代)，选育出的杨树品种材积生长量较小，如在河北省平泉县北京杨 5 年生单株材积仅有 0.1141 立方米(树高：11.41 米，胸径：15.86 厘米)。60 ~ 70 年代(第二代)由于外来黑杨品种的引进，杨树品种在产量上比上一代有了明显提高，如在山东省菏泽地区 I - 69 杨 5 年生材积生长量可达 0.1257 立方米(树高：14.7 米；胸径：16.1 厘米)。70 ~ 80 年代(第三代)，利用引进的黑杨资源进一步杂交选育出的杨树品种产量又有较大增加，如山东菏泽中林 46 杨 5 年生材积生长量 0.1638 立方米(树高：15.7 米；胸径：17.8 厘米)，超过 I - 69 杨 30.3%。80 ~ 90 年代(第四代)由于又引进了新的黑杨优良品种，引种选择出的 107 杨 5 年生材积生长量 0.1690 立方米(树高：

16.1米；胸径：17.2厘米），超过中林46杨3.17%。但总体来看，与第一代相比，第四代杨树品种平均材积生长量仅提高20%~30%左右，产量增幅远远落后于农作物。截至2008年12月已通过国家林业局杨树良种审定和认定的品种有47个，获得新品种保护权的杨树新品种有58个。

【杨树林资源分布】

北　京　全市杨树人工林6.0万公顷，蓄积量约318.0万立方米。

河　北　全省杨林44.5万公顷，蓄积量1521.5万立方米。其中人工林44.3万公顷，蓄积量1518.7万立方米。3米×6米行株距下，6年生树高18.0米，胸径22.0厘米，单株材积0.25立方米，每公顷年均22.9立方米。2米×3米的纸浆林5年时优良品种有114立方米/公顷蓄积的记录。一般平均年生长量13~20立方米/公顷。

山　西　全省杨树人工林17.2万公顷，蓄积量496.2万立方米。

内蒙古　全区杨树人工林193.9万公顷，蓄积量4339.34立方米。

辽　宁　全省杨树人工林35.0万公顷，蓄积量1458.6万立方米。纸浆林6~7年采伐，2米×3米行株距时每公顷年均28.9立方米/公顷，树高16.0米，胸径15.0厘米左右。5米×5米行株距下，7年生有每公顷每年生长量25.0立方米的记录。一般平均年生长量13.0~18.0立方米/公顷。

吉　林　全省杨林人工林39.6万公顷，蓄积量2562.2万立方米。吉林省西部地区8年生时因品种不同每公顷蓄积10.0~31.0立方米，22年生时变动在112.0~138.0立方米。东部地区欧美杨7年生时树高10.0~13.0米，胸径11.0~14.0厘米，每公顷蓄积32.0~66.0立方米。一般平均年生长量9.0~13.0立方米/公顷。

黑龙江　全省杨树人工林约63.7万公顷，蓄积量约4036.1万立方米。银中杨6年生时3米×4米行株距，每公顷年均9.0立方米，2米×4米行株距时每公顷达69.0立方米。一般年平均生长量8.0~11.0立方米/公顷。

江　苏　全省杨树人工林面积53.2万公顷，蓄积量2656.1万立方米。苏北主栽区有片林6.6万公顷，农田林网34.0万公顷，四旁植树1亿株，立木蓄积660.0万立方米。9年生树高达18.0米，胸径22.0厘米，年生长量每公顷达14.0立方米，22年生72杨有蓄积1239.0立方米/公顷的记录，7年生有90.0立方米/公顷的记录。一般平均年生长量25.0~30.0立方米/公顷。

浙　江　全省杨树人工林0.5万公顷，蓄积量4.4万立方米。

安　徽　全省杨树人工林面积34.4万公顷，蓄积量1122.8立方米，每公顷年生长量22.5立方米，最高可达27.0立方米，8年生每公顷蓄积最高165.0立方米，年树高生长可达3.4米，胸径5.0厘米。淮北地区有5亿株。一般平均年生长量15.0~18.0立方米/公顷。

江　西　全省杨林20.9万公顷，蓄积量180.1万立方米。每公顷年均生长量11.0立方米，6年生时树高14.0~16.0米，胸径18.0~19.0厘米，单株材积达0.13~0.18立方米。一般平均年生长量12.0~18.0立方米/公顷。

山　东　全省有杨树人工林89.3万公顷，蓄积量约4549.4万立方米。欧美杨5年生时树高10.0~18.0米，胸径17.0~19.0厘米，单株材积可达0.15~0.22立方米，在3米×3米行株距下，6年生时有每公顷年均27.0立方米的记录。而3年生毛白杨蓄积达173.0立方米/公顷。一般平均年生长量15.0~20.0立方米/公顷。

河　南　全省杨树人工林92.1万公顷，蓄积量5273.1万立方米。9年生时树高21.0米，胸径27.0厘米，单株材积0.5立方米，有每公顷年均22.0立方米的记录。一般平均年生长量15~20立方米/公顷。

湖　北　全省杨树人工林20.5万公顷，蓄积量178.8万立方米。由于雨量充沛，冲积土面积广，该省正成为我国南方杨树主栽区。在6米×6米行株距下8年生美洲黑杨树高27.0~30.0米，胸径36.0~37.0厘米，单株材积1.0~1.5立方米，年均生长量18.0立方米/公顷，而大面积粗放管理年生长量只8.0立方米/公顷。

湖　南　全省杨树人工林23.3万公顷，蓄积量310.9万立方米。6年生时树高可达18.0米，胸径26.0厘米，活立木蓄积102.0立方米/公顷，

8 年生时树高 23.0 米，胸径 32.0 厘米。有 11 年生美洲黑杨立木蓄积 230.0 立方米/公顷的记录，立木蓄积 165 立方米/公顷。一般平均年生长量 15.0～18.0 立方米/公顷。

四　川　全省杨树人工林 3.4 万公顷，蓄积量 101.6 万立方米。

贵　州　全省杨树人工林 5.8 万公顷，蓄积量 56.2 万立方米。

西　藏　全区杨树人工林 1.5 万公顷，蓄积量 90.8 万立方米。

陕　西　全省杨树人工林 6.4 万公顷，蓄积量 235.7 万立方米。

甘　肃　全省杨树人工林 14.6 万公顷，蓄积量 914.3 万立方米。

青　海　全省杨树人工林 3.0 万公顷，蓄积量 284.1 万立方米。

宁　夏　全区杨树人工林 2.0 万公顷，蓄积量 90.5 万立方米。

新　疆　全区杨树人工林 21.1 万公顷，蓄积量 3512.1 万立方米。

【杨树加工业】　国家实施的天然林资源保护工程，为速生丰产用材林的大发展提供了一个极好的市场机遇。杨树是一种速生丰产的树种和重要的用材树种，其速生丰产和良好的加工特性，使得杨树产业在近年来获得迅速发展。

河　北　2009 年，全省人造板加工能力超 1000 万立方米，人造板生产企业达 3000 多家，人造板产业规模居全国前列。河北省现有各类板材、木制品专业批发市场 80 多个，造纸企业 550 余家。

承德市隆化县：自 2006 年至 2009 年，全县已累计打造万株以上沟谷、缓坡和山地杨树精品示范工程 44 处，新增杨树种植面积 1.3 万公顷，仅 2009 年春季就新栽植杨树 400 万株，杨树产业已成为全县农民脱贫致富的朝阳产业。

霸州市：全市现有杨树速丰林达 1 万公顷，750 余万株。在王庄子乡和文安左各庄镇已有上规模的木材加工企业 400 多家，主要以生产胶合板为主，每年利税上亿元，已成为全国有名的胶合板基地。霸州市的杨树产业已经成为了农村经济的重要组成部分，对全市的社会经济产生了至关重要的影响。

秦皇岛市青龙县：有杨树人工林 2 万公顷，蓄积量 85.8 万立方米，发展杨树为主加工业，2007 年林业产业总产值达 4.3 亿元。

江　苏　全省杨树产业年产值从 2002 年的 272 亿元上升为 2009 年的 1136 亿元，7 年增长 4 倍以上，在全国的位次从第九位上升至第四位。作为平原省份，以占全国 0.7% 的林地创造了占全国 7.0% 的林业产值。全省形成了如江苏大亚、丹阳人造板、洪泽东盾及徐州盛阳等一批骨干龙头企业，人造板加工业已成为江苏省林产工业的支柱。以邳州市为例，木材加工业收入已占全市财政收入的 60%，提供就业岗位 20 多万个，成为地方经济的支柱产业。江苏省共有各类木材加工企业 6000 余家，其中大中型人造板企业 40 多家，多以国家非禁伐的人工林杨树为原料，年加工木板材 200 万立方米，产量跃居全国前列，销售范围覆盖全国近 100 个大中城市及日、韩、美、泰等多个国家。

宿迁市：杨树产业在 2007 年成为产值超百亿元的产业。全市杨树成片林面积 15.8 万公顷，活立木蓄积量 1000 万立方米，年采伐量 100 万立方米左右，森林覆盖率 23.2%。全市木材加工企业 2587 家，实现产值 105 亿元。其中规模以上木材加工企业 326 家，规模以上企业实现产值 86.2 亿元，同比增长 39.7%。木材加工企业年生产板材 400 多万立方米，实现产值 80 亿元。其中，中、高档密度板年设计生产能力 80 万立方米，实际生产 60 万立方米。宿迁市木材加工业集中分布在泗阳县的众兴镇、临河镇木材加工业连片区，沭阳县桑墟镇、贤官镇木材加工业连片区和宿城区的西陈集镇等几个区域。全市木材产品产量从 2000 年的 78 万立方米增长到 2007 年的 504 万立方米，增长 5.4 倍；规模企业总产值从 14.94 亿元增长到 89.19 亿元，增长 4.97 倍；同时，95% 的规模木材企业分布在乡村，涉及全市 50 个乡镇，占乡镇总数的 48.1%，产业中的规模以下企业还有 2000 余家。另外，木质家具也开始崭露头角，实现产值 3 亿元，工业增加值达 8399 万元。

宿迁市泗阳县：杨林活立木蓄积 1000 万立方米，年采伐 100 万立方米，全县有 600 余家杨木加工企业。2008 年，泗阳县全县农民木材收入 12 亿元；加工企业从业人员3.5万，全年工资总额6亿元，规模以上木业企业实现产值40多元亿元，工业增加值超过10亿元，木材加工业的发展，还带动了社区木材加工机械及配件制造、销售、维修，木材加工业的下脚料、辅助材料的运输、销售等。仅众兴镇大兴社区从事杨木及下脚料运输、销售的人员就有1000多人。

连云港市东海县：发展杨树4万多公顷，蓄积量达160余万立方米，杨木及加工年总产值可达5亿多元。全县共有木材加工企业38家，年木材加工能力达50万立方米，产值7.1亿元，利税5000万元。

邳州市：截至2009年底，杨树成片林面积1.7万公顷，四旁栽植杨树4500万株，杨树活立木蓄积量290万立方米，杨木加工企业和个体工商户3000家，板材深加工企业210家，成为该市的支柱产业。2008年全市杨树板材产业总产值近140亿元，居全省第一。

安　徽　安徽宿城区现有杨林1.4万公顷，四旁树540万株，林木总株数1560万株，林木蓄积180万立方米。全区现有木材加工企业260余家，年消耗木材40万立方米，其中年消耗木材4000立方米以上的加工企业近50余家，培育了一批公司加基地的龙头企业。林业年产值达5亿元。

山　东　山东省历史上并不是林业省份，山东木材加工业异军突起，得益于平原地区杨木等资源的迅猛发展。

菏泽地区：2008年有杨树林地面积32多万公顷，活立木1969万公顷，林木覆盖率21.4%；蓄积量1320万立方米，约占全省总量的六分之一。林业产值达180亿元，从业人员达60万，木材收入占农民收入的31%。市财政收入的24%来自林业。菏泽市已发展成为我国平原地区最大的林产品生产、加工、贸易基地之一。年加工木材600多万立方米、年产值60亿元、出口交货值达到1.4亿元。全市林产品加工发展较快，培植了林盾木业公司等十五大龙头企业和曹县庄寨桐木拼板加工、军尽城黄安胶合板加工等十大加工群体，有独立核算的森工企业2984家，有各类加工点12000个，从业人员50多万人，年加工木材500多万立方米，年产值58亿元，实现利税6亿元，主要产品有家具、胶合板、纤维板、刨花板、工艺品、装饰材料、木浆等5000多个品种。初步形成了市场牵龙头，龙头带基地，基地联农户，种植、加工、销售一条龙的林业产业化新格局。2009年，全市年加工杨木320万立方米，销售收入达到90亿元。

临沂市：是国内最大的人造板产品集散地之一，有以杨木为主要原材料的木材加工企业3000多家，主要加工生产刨花板、密度板、木工板、多层板、三合板、贴面板等产品，从业人员11.89万人，年产量493万立方米，产业产值66亿元，上缴税金达1.96亿元。其中罗庄区的江泉木业公司规模最大，具有20多条先进生产线，月产胶合板1.5万立方米以上。至2004年，济宁市杨树丰产林面积已达5.93万公顷，植树5214.9万株。济宁市拥有杨树木材加工企业1254家，生产线(或生产机械)1894台(套)，年产加工成品材55.42万立方米，产值7.98亿元，利税9196.6万元，从业人员1.9万人。

河　南　“十五”期间，以杨树为主的木材加工业达1.3万家，年加工能力达400万立方米，从业人员已达50万多人，年产值60多亿元。特别是近几年，结合杨树资源培育，规划了6个杨树木浆造纸林纸一体化项目，规划木浆生产能力135万吨。濮阳、焦作、新乡3个林纸一体化项目已建成投产，年新增木浆生产能力36万吨。

邓州市：到2009年共种植杨树3.1万公顷，占全市林地的67%，森林覆盖率由7.5%增至16.6%；发展木材加工生产企业160家，年产值10亿元，成为中原地区最大的木材加工集散中心，初步形成了具有邓州特色的、生态经济互动双赢的杨树产业体系。该市现有个体木材加工业1500多户，从业人员1.2万人。其中，年销售收入500万元以上的工业企业12家，全市年加工各类木制品达42万立方米。上千人的木材营销队伍，把生意做到广东、上海、武汉等10多个省、市，实木地板、实木复合地板、人造胶合板等优质板材还出口到美国、日本、俄罗斯等国家。邓州市杨树产业的兴起，也吸引了一批木材加工行业的外商来邓投资，12家年销售收入500万元以上的木材加工企业中，有6家为外商投资，总投资额上亿元。

濮阳市：培育了以龙丰纸业有限公司为代表的

一批龙头企业和以杨木为主要原料的林木加工群体，拉长了产业链条，形成了小产品、大市场，小资本、大聚集的特色板块经济。2009 年全市从事林纸、林板加工业的企业及加工个体户 1244 家，从业人员达 1.5 万人，年消耗木材 200.0 万立方米，年产值近 10.0 亿元，年利润 9000 多万元。与此同时，拓宽了农民就业渠道，仅范县张庄木业园区就吸纳农村富余劳动力 6300 人，有效拓宽了农民的就业门路。

洛阳市洛宁县：2007 年 27 家木制品加工企业年总产值达 1 亿元，2008 年洛宁木制品加工企业总产值达到 2 亿元。

湖　北　2009 年湖北省以杨树为主要原料的森工企业有 20 余家，杨树产业年产值超过 10 亿元。如吉象公司，仅年产 10 万立方米的中密度纤维板生产线每年就要消耗 24 万立方米的木材，能带动 3000 公顷左右的杨树工业原料林的发展，不仅年创产值 4 亿多元，税收 6000 万元，利润 8000 万元，而且其良好的经济效益也辐射到周边县、市，极大地推动了林业产业化结构的升级，促进了区域经济的发展。

石首市：位于江汉平原与洞庭湖平原的结合部，2009 年全市以杨树为主的森林面积达到 3.2 万公顷，森林覆盖率 22.5%，活立木总蓄积量 160 万立方米。2009 年石首市杨树加工创造产值达 7.5 亿元，上缴税金 5500 万元，带动 40 万农民增收 1.2 亿元。杨树产业的飞速发展又吸引了江苏福瑞、上海伟佳、湖北凯迪等有实力的企业，到石首创办了万顺木业、吉丽木业、吉丽装饰等木材深加工企业，催生了出口覆膜板、细木工板、多层板、免漆装饰门窗、出口地板基材、生物质发电等中下游产品。由此把全市杨树中小径材、杨树大径材、杂木、中密度纤维板、边角余料的综合加工利用推向了一个新的高度，实现了林产品加工企业的集群发展，林产品加工的扎堆效益日益显现。2009 年湖北杨树科技产业园又落户到石首。在杨树基地、主体加工企业不断发展壮大的同时，石首市不断延伸林业产业链条，努力推进花卉绿化苗木生产、木材运输、采伐、专业病虫防治等领域的开发建设。湖北吉象等森工企业的原材料收购半径，已经辐射到石首周边的 10 多个县、市，通过延伸产业链条发展产业集群，石首市成为华中地区最大的木材集散地、板材加工基地和全省最大的中密度纤维板、胶合板生产基地。

襄樊市南漳县：截至 2009 年已建设杨树基地 4 万公顷。2007 年，总投资 4 亿元年产 22 万立方米中(高)密度纤维板的湖北威利邦木业有限公司落户南漳，并计划投入 4000 万元种苗资金，分 6 年时间在该县建设 2 万公顷速生杨基地，现已造林 1 万公顷。

汉川市：以龙头企业 + 农户模式促进了杨树产业发展。有湖北康欣木制品有限公司、湖北三泰皮草有限公司、湖北山虎人造板有限公司等 3 家省级林业龙头企业。全市涌现出造林大户 435 户，其中万亩以上大户 4 户，千亩以上 5 户，百亩以上 37 户，50 亩以上 200 余户，速生杨树基地面积达 1.7 万公顷。

湖　南　洞庭湖区涵盖岳阳、益阳、常德 3 市的 24 个县(区)，总面积约 300.0 万公顷。洞庭湖区现有杨树面积(含“大四旁”：堤、渠、路、沟和“小四旁”面积)23.3 万公顷，占区域国土面积的 7.8%，占林业用地的 30.0%，占森林面积的 35.3%；杨树林分蓄积 310.9 万立方米，占森林蓄积的 51.7%. 洞庭湖区及周边地区有年耗材 1.0 万立方米以上的造纸企业、林产品加工企业近 20 家(其中大型企业有泰格林纸集团、湖南长元人造板股份有限公司等；中、小型企业有岳阳长江木业有限公司、湘阴福湘木业有限公司、常德西洞庭造纸厂、新浪潮集团公司、金光集团常德金太阳公司等)，这些企业年耗木材约 160.0 万立方米. 此外，区内还分布着大大小小初级产品加工点 6965 个，年加工各类木材 93.0 万多立方米，其 90% 以上的原材料都是杨树。据不完全统计，2007 年各类森工企业年产商品纸 36.0 万吨，中密度纤维板、刨花板、胶合板 21.5 万立方米，细木工板 2.9 万立方米，高级建筑装饰材料 1.2 万立方米。全区杨树林产工业年产值(不包括周边森工企业产值)约 858.0 亿元，占区域林业工业产值的 85.0%，占区域工业总产值的 2.0%。杨树木材产值 1.3 亿元，占区域林业产值的 13.5%，农业产值 0.4%。

沅江市：2009 年杨树面积 10 万公顷，共计 3200 万株。仅杨树一项，可增加产值 82 亿元。采伐杨木近60.0万立方米，提供南方型杨树优质种苗近5000万株，加工杨木原料木制品60.0万立方米，直接经济效益6.0亿元。全市13万农户“小四旁”造林已达1000万株。

【杨树新资源品种】 自杨属在2000年被国家列入第二批植物新品种保护名录后，截至2008年12月全国已有53个杨树新品种被授予植物新品种保护权。

桑巨杨 由焦作林科所和中国林科院林研所培育。是从植于新西兰的美洲黑杨优树上采下的天然杂交种选育而来。该品种为雄株，速生，特别是中、后期速生性显著。要求水肥条件良好的立地条件，在干旱地区种植应具备灌溉条件。

健杨94 由上海森海林业科技有限公司、中国林科院林研所和河南省濮阳林科所培育。健杨94为转Bt基因植株，它属于杨属欧美杨中的品种之一。健杨94可以在－35℃低温下生长良好，如黑龙江省兴凯湖地区。健杨94要求水肥条件良好的立地条件，在干旱地区种植应具备灌溉条件。

中怀1号、2号 由中国林科院林研所培育。要求水肥条件良好的立地条件，在干旱地区种植应具备灌溉条件。无性繁殖后代稳定性强。

森海1号、2号 由上海森海林业科技有限公司和中国林科院林研所培育。要求水肥条件良好的立地条件，在干旱地区种植应具备灌溉条件。无性繁殖后代稳定性强。

中红杨 由河南省林科院和程相军培育。中红杨(*Populus* × *euramerica* ‘Zhonghuahongye’)是2025杨树芽变品种。中红杨雄性，无飞絮，为高大乔木，树干通直、挺拔，生长迅速、树冠丰满，发芽早，落叶晚；中红杨叶色变化明显。中红杨为强阳性树种，可耐－33℃的极端低温，适生区为年平均温度10℃以上的地区。

京6杨 由中国林科院林研所和秦皇岛市林业局培育。以山海关杨为母本，以Ⅰ－63杨为父本，通过人工控制授粉所获得。该品种与对照山海关杨、中林系列相比表现出明显的速生性、抗病虫害特性。温度－20℃以上地区没有冻害，能安全生长。

京2杨 由中国林科院林研所和秦皇岛市林业局培育。以山海关杨×Ⅰ－63杨为母本，以Ⅰ－72杨×山海关杨为父本的杂交种，通过人工控制授粉，综合了我国南北方栽培的美洲黑杨特性，属复合杂种。该品种与对照山海关杨、中林系列相比表现出明显的速生性、抗病虫害特性。温度－20℃以上地区没有冻害，能安全生长。

桑迪杨 由焦作林科所和中国林科院林研所培育。是从植于新西兰的美洲黑杨优树上采下的天然杂交种选育而来。该品种为雌株，速生，特别是早期速生性显著。要求水肥条件良好的立地条件，特别对水的要求较高，在干旱地区种植应具备灌溉条件。

中天杨 由山东农业大学培育。该品种是以八里庄杨(太青杨、忠和杨)为试材，经转mtl－D基因所培育的抗盐新品种。适宜种植在干旱瘠薄，含盐量不超过0.4%的盐渍化土壤上，但在肥沃湿润的土壤上生长更好。

南　杨 由中国林科院林研所培育。属于南方型美洲黑杨，以美洲黑杨50号杨为母本，美洲黑杨36号杨为父本，通过人工控制授粉所获得。该品种为雄性。桑天牛感虫率为17%，而Ⅰ－69杨感虫率为81%。在桑天牛危害地区，可作为工业用材林和城市绿化树种。

丹红杨 由中国林科院林研所培育。属于南方型美洲黑杨，以美洲黑杨50号杨为母本，美洲黑杨36号杨为父本，通过人工控制授粉所获得。该品种为雌性。与对照Ⅰ－69杨相比表现出明显的耐桑天牛特性、速生性和强生根能力。适于在桑树种植地区即桑天牛危害区种植。

冀林741杨 由河北农业大学和中国科学院微生物研究所培育。是以转基因741杨为受体，通过农杆菌介导法转入BtCry1Ac和慈姑蛋白酶抑制剂(API)基因培育而来。该品种为一基本不飞絮的败育雌株，可作为防护林树种、工业用材林树种和园林绿化树种。

库安托 由张绮纹引种选育。此品种是意大利罗马农林研究中心选育出的欧美杨天然杂种。抗逆性强，较耐低温，能在内蒙古包头等地区安全越冬，有较广的适应性，适宜于我国华北地区及其以北部分地区。土壤以沙壤土最好，pH值7～8.5为宜，对水肥条件有一定要求。

贝洛托 由张绮纹引种选育。该品种是欧美杨无性系，是由意大利罗马农林研究中心利用人工控制授粉，通过有性杂交所获得的杂种无性系。该品种适宜种植地区为华北各省（区）和辽宁南部、淮河流域各省（区）以及西南地区和湖北，适宜在平原地区种植。土壤以沙土壤为最好，pH 值以 7～8.5 为宜。对水肥条件有一定要求。

埃瑞达诺 由张绮纹引种选育。该品种为1955 年由意大利杨树研究所利用人工控制授粉所获杂种，其母本为美洲黑杨，父本为采自日本东京青杨派马氏杨花粉。该品种为雄性，速生性强，除用于工业用材林之外，也适用于城市绿化，适宜种植在华北各省（区）。土壤以沙土壤为最好，pH 值以 7～8.5 为宜。对水肥条件有一定的要求。

米　奇 由张绮纹引种选育。该品种是意大利杨树研究所利用人工控制授粉所获得的杂种无性系，其母本为采自美国伊利诺伊州的美洲黑杨，父本是为选自意大利 Carapelle 的银白杨的花粉。该品种为雄性无性系，除用于工业用材林外，也适用于城市绿化，适宜种植区为华北各省区。土壤以沙壤土为最好，pH 值以 7～8.5 为宜。对水肥条件有一定要求。

尼　娃 由张绮纹引种选育。此品种是欧美杨无性系，1973 年由意大利杨树研究所经人工控制授粉杂交选育而来，其母本来自美国伊利诺伊州美洲黑杨，其父本来自意大利中部的欧洲黑杨，速生性强，主要适宜于我国华北地区，栽培种植区应为平原，土壤以沙土壤为最适宜，盐碱地不适。pH 值应为 7～8.5，对水肥条件有一定要求。

天演 99 杨 由新疆天演生物技术有限责任公司培育。天演 99 杨是在引进欧美杨、新疆健杨扩繁中，驯化、选育的优良杨树新品种。该品种适宜在东北、西北、华北及长江以北地区露地栽培。pH 值为 7～8.5，沙土、沙壤土、黏土地上均可种植。可溶性盐含量低于 1.1% 可正常生长，坡度小于 30°的荒地上也可以种植，平均温度 25～30℃生长最好。

天演 98 杨 由新疆天演生物技术有限责任公司培育。该品种是在引进欧美（中林美荷）杨、新疆健杨扩繁中，驯化、选育的优良杨树新品种。适宜生长在东北、西北、华北及长江以北地区露地栽培。pH 值为 7～8.5，沙土、沙壤土、黏土地上均可种植。

碧玉杨 由包头林源生物技术有限公司培育。该品种的种植环境主要为平原川地，栽植技术以硬枝扦插为主，可采用覆地膜技术。

新世纪杨 1 号（创新 1 号） 由中国林科院林研所培育。该品种母本为南抗杨，花枝采自陕西省城固县，父本帝国杨（*P. del.* cv. Imperial），引自加拿大，花枝采自辽宁省建平县。要求水肥条件良好，在干旱地区栽种应具备灌溉条件。

抗虫杨 12 号 由中国林科院林研所培育。用带有 35S－Ω－Bt－NOS 嵌合基因的双元载体的农杆菌 LBA4404 转化欧洲黑杨的叶片外植林，获得再生植株。特异性：抗食叶害虫，抗虫率为80%～100%；抗害，能耐－30℃的低温。该品种适宜在三北地区种植，要求水肥条件良好，在干旱地区栽种应具备灌溉条件。

黑防 3 号杨 由黑龙江省防护林研究所培育。该品种能够在最低气温－37.2℃，最短无霜期 127 天，年降水量 400 毫米左右，有机质含量 1.0%，pH 值 8.3 的自然条件下，正常生长。

山新杨由黑龙江省防护林研究所培育。该品种生长速度较快，6 年生平均树高 7.26 米，平均胸径 7.3 厘米，喜生长于土壤肥沃、水分充足的砂质土壤。山新杨生根能力较差，常规扦插成活率低，一般现采用嫁接方法繁殖。

三毛杨 1、2 号 由北京林业大学培育。属于白杨派毛白杨的杂种三倍体新品种。主要适用于在华北平原地区栽植，对水肥条件有一定的要求，不适宜于盐碱严重地区使用。

三毛杨 3～5 号 由北京林业大学培育。属于白杨派毛白杨杂种三倍体新品种。雌性。抗叶锈病、褐斑病和煤污病较强。主要适用于在华北平原地区栽植，喜肥沃湿润的土壤或沙壤土，不适宜于盐碱严重地区使用。

三毛杨 7～11 号 由北京林业大学培育。雌株。在不同地点的不同繁殖周期中，未发现染色体倍性变化；其适应性、丰产性、形态特征、繁殖习性、抗病性等方面均无较大变异。

北林 1～11 号 由北京林业大学培育。雌株，染色体数目为 2n＝3x＝57。在不同地点的不同繁殖周期中，未发现染色体倍性变化；其适应性、丰产性、形态特征、繁殖习性、抗病性等方面均无较大变异。

凌丰1号 由中国林科院林研所培育。该品种具有典型的欧美杨形态特征。树干通直，窄冠，树皮灰褐色。在年平均气温10℃，平均降雨500毫米，无霜期190天左右的辽西地区生长良好，造林成活率高，年最低温-25℃下没见冻害。速生，抗病虫能力强。适合作为各种工业原料，包括纸浆、胶合板等。

凌丰2、3号 由中国林科院林研所培育。具有欧美杨形态特征，近美洲黑杨，树冠长椭圆形，冠幅中等。在年平均气温10℃，平均降雨500毫米，无霜期190天左右的辽西地区生长良好，造林成活率高，年最低温-25℃下没见冻害。具有速生特性和抗病虫能力。适合作为各种工业原料，包括纸浆、胶合板等。

凌丰4、5号 由中国林科院林研所培育。具有典型的欧美杨形态特征，树干通直，窄冠。在年平均气温10℃，平均降雨500毫米，无霜期190天左右的辽西地区生长良好，造林成活率高，年最低温-25℃下没见冻害。具有速生特性和抗病虫能力。适合作为各种工业原料，包括纸浆、胶合板等。

鲁林1号杨 由山东省林科院培育。天然杂种'鲁林1号杨'速生，6年生平均单株材积比欧美杨'I-107'大14.5%。'鲁林1号杨'喜水肥，有条件可多次浇水施肥；苗期要预防天牛、白杨透翅蛾等蛀干害虫；幼树期要预防杨树溃疡病等。

鲁林2号杨 由山东省林科院培育。雌性，美洲黑杨杂种。'鲁林2号杨'速生，8年生平均单株材积比美洲黑杨品种'中菏1号'大25.5%，比欧美杨品种'I-107'大14.7%。'鲁林2号'杨喜水肥，有条件可多次浇水施肥；苗期要预防天牛、白杨透翅蛾等蛀干害虫；幼树期要预防杨树溃疡病等。

鲁林3号杨 由山东省林科院培育。雄性，美洲黑杨杂种。'鲁林3号杨'速生，8年生平均单株材积比山东省目前主栽的美洲黑杨品种'中菏1号'大21.9%，比我国目前广泛栽植的欧美杨品种'I-107'大11.4%。'鲁林3号杨'喜水肥，有条件可多次浇水施肥；苗期要预防天牛、白杨透翅蛾等蛀干害虫；幼树期要预防杨树溃疡病等。

（中国林科院林研所　苏晓华）

中国木材工业

【木材产量】 2009年我国木材产量为7068.29万立方米，比2008年减少12.83%，我国主要木材产区集中在东北、华东和华南地区，其中东北以天然林为主，产量还将逐年调减，人工林以南方为主，江西、湖南和广西发展最快。见表1。

表1 2009年各省(区、市)木材产量

单位：万立方米

省(区、市)	2009年	2008年	比2008年增减(%)
合 计	**7068.29**	**8108.34**	**-12.83**
北 京	7.51	7.11	5.63
天 津	5.01	4.68	7.05
河 北	58.06	55.15	5.28
山 西	5.74	7.35	-21.90
内蒙古	311.81	342.39	-8.93
辽 宁	187.08	181	3.36
吉 林	395.06	421.24	-6.21
黑龙江	530.57	549.22	-3.40
江 苏	99.44	112.59	-11.68
浙 江	196.56	302.44	-35.01
安 徽	373.76	405.91	-7.92
福 建	635.27	757.46	-16.13
江 西	339.79	610.23	-44.32
山 东	221.18	180.74	22.37
河 南	110.34	58.72	87.91
湖 北	219.07	221.13	-0.93
湖 南	546.12	875.44	-37.62
广 东	524.78	509.48	3.00
广 西	963.62	1114.85	-13.57
海 南	153.3	101	51.78
重 庆	24.46	20.58	18.85
四 川	192.23	284.92	-32.53
贵 州	130.48	213.32	-38.83
云 南	476.37	427.52	11.43
西 藏	67.35	15	349.00
陕 西	36.54	31.27	16.85
甘 肃	4.3	8.77	-50.97
青 海	0.18	0.92	-80.43
宁 夏	0.38	0.61	-37.70
新 疆	37.33	35.79	4.30

【原 木】

产量与分布 2009年，原木产量为6476.27万立方米，比2008年7357.32万立方米减少11.98%。其中直接用原木2246.43万立方米，比2008年2580.22万立方米减少12.94%。

原木产量超过400万立方米有：广西、福建、湖南、黑龙江、广东、云南，6省(区)总量占总产量的52.41%。

原木产量20万立方米以上的县级单位有25个，新林林业局(大兴安岭)、高峰林场(桂)、江华瑶族自治县(湘)、十八站林业局(大兴安岭)、资兴市(湘)、松岭林业局(大兴安岭)、尤溪县(闽)、七坡林场(桂)、横县(桂)、韩家园林业局(大兴安岭)、武鸣县(桂)、西林吉林业局(大兴安岭)、延平区(闽)、融水苗族自治县(桂)、三江侗族自治县(桂)、建阳市(闽)、塔河林业局(大兴安岭)、兴隆林业局(龙江森工)、顺昌县(闽)、桂平市(桂)、通道侗族自治县(湘)、红石林业局(吉林森工)、吉林森工集团股份公司(吉林森工)、东方红林业局(龙江森工)、龙泉市(浙)，共629.34万立方米，占全国原木总产量10%。

原木产量15万~20万立方米的县级单位有29个，上思县(桂)、八步区(桂)、扶绥县(桂)、开化县(浙)、环江毛南族自治县(桂)、呼中林业局(大兴安岭)、安福县(赣)、融安县(桂)、沾河林业局(龙江森工)、汤旺河林业局(龙江森工)、东京城林业局(龙江森工)、祁门县(皖)、图强林业局(大兴安岭)、友好林业局(龙江森工)、新青林业局(龙江森工)、新宾满族自治县(辽)、光泽县(闽)、鹤北林业局(龙江森工)、清原满族自治县(辽)、绥宁县(湘)、靖州苗族侗族自治县(湘)、建宁县(闽)、西林县(桂)、高要市(粤)、罗城仫佬族自治县(桂)、大海林林业局(龙江森工)、亚布力林业局(龙江森工)、朗乡林业局(龙江森工)、洞口县(湘)，共495.04万立方米，占全国原木总产量8%。

原木产量10万~15万立方米的县级单位有74个，共905.94万立方米，占全国原木总产量14%；

原木产量5万~10万立方米的县级单位有182个，共1307.14万立方米，占全国原木总产量20%。

市场贸易　作为我国大宗进口原料性林产品，2009年进口原木2805.93万立方米，进口额40.87亿美元，同比分别下降5.11%和21.16%(表2)。进口原木以俄罗斯材为主，共进口俄罗斯材1481.17万立方米，占我国原木进口总量的52.79%，但在我国进口原木中所占比例呈逐年走低趋势(2008年占63.1%)。除俄罗斯外，新西兰(441.35万立方米，占15.73%)、巴布亚新几内亚(165.94万立方米，占5.91%)、所罗门群岛(112.44万立方米，占4.01%)、加蓬(110.30万立方米，占3.93%)、美国(75.95万立方米，占2.71%)，上述6国进口原木占全年进口原木总量的85.08%(表3)。

表2　2000~2009年中国原木进出口贸易量

年度	国内产量(万立方米)	进口数量(万立方米)	进口金额(千美元)	出口数量(万立方米)	出口金额(千美元)
2000	4723.97	1361.1746	1655641	2.6711	7937
2001	4552.03	1686.3751	1693977	1.7739	5553
2002	4436.07	2433.3043	2138260	1.0957	3174
2003	4758.87	2545.5467	2447149	0.9397	2887
2004	5197.33	2630.8522	2804318	0.6137	1959
2005	5560.31	2936.7986	3243540	0.6927	2040
2006	6611.78	3215.2934	3929266	0.4282	1368
2007	6492.05	3713.2605	5355834	0.3721	1211
2008	7357.32	2956.9634	5183259	0.2825	986
2009	6476.27	2805.9261	4086518	1.2736	4580

表3　2009年我国原木进口前10位国家

2009年			2008年			增减(%)
排名	国别	进口数量(万立方米)	排名	国别	进口数量(万立方米)	
1	俄罗斯	1481.17	1	俄罗斯	1866.51	-20.64
2	新西兰	441.35	2	巴布亚新几内亚	222.97	97.94
3	巴布亚新几内亚	165.94	3	新西兰	190.86	-13.06
4	所罗门群岛	112.44	4	所罗门群岛	115.89	-2.98
5	加蓬	110.3	5	加蓬	107.68	2.43
6	美国	75.95	6	马来西亚	81.67	-7.00
7	澳大利亚	73.21	7	缅甸	49.03	49.32
8	马来西亚	72.17	8	澳大利亚	42.95	68.03
9	刚果(布)	43.63	9	美国	39.75	9.76
10	加拿大	37.2	10	刚果(布)	39.48	-5.78

从进口原木国别看，进口俄罗斯、巴布亚新几内亚、所罗门群岛和马来西亚的原木同比下降，进口新西兰原木增长131.2%增幅居各国之首，绝对数量居第二位。加蓬已经严格执行原木出口配额制度，一些小公司被取消了原有的配额，并且加蓬政府要求在当地加工锯材，原木和锯材必须按比例搭配出口。此外，为保护热带雨林，许多国家都限制和减少了原木出口,今后原木出口将逐步减少,锯材出口将逐步增加。

主要进口树种为红松、樟子松、辐射松、白松、落叶松、奥克曼木、红木、栎木(橡木)，以上树种占原木进口总量的72.83%。

2009年我国原木进口量出现下降，主要原因是：①木制品的市场需求比较低迷。虽然近期国内建筑行业持续回暖，但是家具、地板等相关产业复苏仍然相对滞后，加之欧美等主要经济体消费仍未走出低谷；②国际贸易环境趋于严峻。我国木制品出口遭遇绿色壁垒，从而影响了我国原木的进口。据海关统计，2009年我国原木平均进口价格145美元/立方米，较2008年下跌16.97%。

原木进口的主要省市(口岸)　2009年内蒙古、黑龙江进口原木减少397万立方米，主要是进口俄罗斯原木减少，山东、上海和福建进口原木增加了237万立方米，主要是辐射松原木。从内蒙古、黑龙江、江苏、上海和山东进口的原木占总进口量的将近90%(表4)。

表4　2009年各主要省市(口岸)原木进口数量

单位：万立方米

省(市)	2009年	2008年	增减(%)
内蒙古	775.6	896.97	-13.50
江　苏	720.96	724.6	-0.50
黑龙江	456.7	732.11	-37.60
山　东	266	129.6	105.20
上　海	231.78	178.09	30.10
广　东	110.91	124.92	-11.20
福　建	93.31	46.55	100.50
其　他	150.67	124.16	21.40
总　计	**2805.93**	**2957**	**-5.10%**

【锯　材】

产量分布　锯材产量大幅增长。2009年，全部锯材产量3229.77万立方米，比2005年增长

13.69%。其中热带锯材产量147.44万立方米，占全部锯材产量的4.57%，比2008年增长15.63%。

锯材产量超过150万立方米有：内蒙古、广西、山东、浙江、湖南、河北、辽宁，7省(区)总量占总产量的61%。

锯材产量20万立方米以上的县级单位有6个，临漳县(冀)、二连浩特市(内蒙古)、南和县(冀)、邵东县(湘)、资兴市(湘)、江南区(桂)，共250.02万立方米。锯材产量10万~20万立方米的县级单位有29个，共373.11万立方米。锯材产量5万~10万立方米的县级单位有69个，共463.12万立方米。

市场贸易 2009年进口锯材(含枕木)993.52万立方米，进口额23.27亿美元，同比分别增长38.3%和14.1%(表5)。进口锯材，名列前5位的国家分别为：俄罗斯(316.80万立方米，占31.89%)、加拿大(243.83万立方米，占24.54%)、泰国(102.44万立方米，占10.31%)、美国(92.91万立方米，占9.35%)和新西兰(41.80万立方米，占4.21%)(表6)。

表5 2000~2009年锯材进出口贸易量

年度	国内产量(万立方米)	进口数量(万立方米)	进口金额(千美元)	出口数量(万立方米)	出口金额(千美元)
2000	634.44	361.3693	982031	41.4336	179143
2001	763.83	403.412	988518	44.9748	196860
2002	851.61	548.3706	1167462	44.8337	192332
2003	1126.87	559.8051	1198789	54.3013	236790
2004	1532.54	605.167	1387144	48.9331	219843
2005	1790.29	605.4178	1516885	68.2072	281431
2006	2486.46	615.3148	1697715	82.999	356490
2007	2829.1	655.7793	1774871	73.3544	392669
2008	2840.95	718.1828	2039427	71.7475	412265
2009	3229.77	993.5167	2327863	56.1106	346344

表6 2009年我国锯材进口前10位国家

2009年			2008年			增减(%)
排名	国别	进口数量(万立方米)	排名	国别	进口数量(万立方米)	
1	俄罗斯	312.05	1	俄罗斯	196.82	58.55
2	加拿大	243.7	2	加拿大	113.36	114.98
3	泰国	102.44	3	美国	104.25	-1.74
4	美国	92.9	4	泰国	79.07	17.49
5	新西兰	41.78	5	马来西亚	25.28	65.27

(续)

2009年			2008年			增减(%)
排名	国别	进口数量(万立方米)	排名	国别	进口数量(万立方米)	
6	菲律宾	29.38	6	新西兰	23.91	22.88
7	印尼	21.16	7	印尼	22.46	-5.79
8	马来西亚	20.47	8	菲律宾	18.11	13.03
9	智利	19.9	9	巴西	16.15	23.22
10	缅甸	11.16	10	智利	16.04	-30.42

主要进口树种为红松、白松(云杉、冷杉)、栎木(橡木)、辐射松，占锯材进口总量的52.89%。

2009年我国锯材进出口总量为1049.67万立方米，贸易总额约为26.74亿美元，分别比2008年增长32.88%和9.06%。平均进口价格为234美元/立方米，比2008年下跌17.51%

锯材进口的主要省市(口岸) 2009年进口锯材主要口岸上海(240.37万立方米)、内蒙古(233.43万立方米)、广东(208.72万立方米)、天津(66.2万立方米)、黑龙江(59.2万立方米)和山东(50.9万立方米)，进口量占总进口的87%(表7)。

表7 2009年各主要省市(口岸)锯材进口数量

单位：万立方米

省(市)	2009年	2008年	增减(%)
上 海	240.37	173.79	38.30
内蒙古	233.43	165.02	41.50
广 东	208.72	193.12	8.10
天 津	66.2	37.97	74.30
黑龙江	59.2	26.07	127.10
山 东	50.9	20.76	145.20
江 苏	37.15	12.59	195.10
辽 宁	28.28	23.24	21.70
浙 江	25.27	19.45	29.90
福 建	13.9	17.52	-20.70
其 他	22.92	15.77	45.30
总 计	**986.34**	**705.3**	**39.80**

【木 片】

产量与分布 2009年，木片(实积立方米)1285.81万立方米。比2008年增加28.48%。其中热带材木片产量175.63万立方米，比2008年增加32.98%。

木片产量超过60万立方米的有：山东、广西、广东、河南、江苏、福建、海南，7省(区)总量占全国总产量的60%。

木片产量10万立方米以上的县级单位有15个，沂南县(鲁)、泗洪县(苏)、金城江区(桂)、桓台县(鲁)、丰县(苏)、东港市(辽)、南康市(赣)、南和县(冀)、东阳市(浙)、西乡塘区(桂)、临清市(鲁)、月湖区(赣)、桐乡市(浙)、江南区(桂)、柳北区(桂)共372.43万立方米，占全国木片总产量的29%。木片产量1万～10万立方米的县级单位有193个，共515.81万立方米，占全国木片总产量的40%。

市场贸易 2009年木片进口量达到276.6万吨，进口额3.54亿美元，同比增幅分别高达161.84%和93.87%，主要进口国家是越南、澳大利亚、泰国，占全年进口木片的82.65%，是进口增幅最大的林产品(表8)。

表8 2000～2009年木片进出口贸易量

年度	国内产量(万立方米)	进口数量(吨)	进口金额(千美元)	出口数量(吨)	出口金额(千美元)
2000	298.46	1202	1466	1854972	120365
2001	356.68	3596	3873	1771351	105358
2002	417.83	52271	6184	1559915	90730
2003	1774.84	279741	31878	1137770	95223
2004	2400.82	302680	39929	1094162	102486
2005	1217.68	871274	122141	880655	92893
2006	840.81	895437	119140	596242	64321
2007	974.36	1139607	158338	214540	25249
2008	1000.78	1056387	182490	73014	9034
2009	1285.81	2766012	353802	7247	887

【主要木材集散地】

上海福人林产品批发市场 中国(国际)家具、装饰、地板木材交易集散地，年100万立方米交易量，近300家进驻企业。

①福人家具装饰木材配送中心。位于沪太路黄金宝地，占地12万平方米，营业面积7万平方米，进驻企业170多家，以进口板材、木皮、名贵原木名闻遐迩，年木材交易量60万立方米。

②福人森立地板材料配送中心。地处上海宝山区蕴川路，营业面积7万平方米，已有来自国内外的80多家大型地板坯料供应企业进驻。每月地板坯料吞吐量5000多柜，占上海港地板坯料进口总量的1/3强。

③华东地区首家港口型木材深加工工业园区——太仓港福人林产品工业园区。

上海东华环球木业建材交易城 市场占地18.67公顷，总营业面积26万平方米，总投资近2亿元，年度销售额达到12.5亿元。

广东鱼珠国际木材市场 位于广州黄埔鱼珠，市场占地面积60万平方米，已投资建设了6万平方米木材交易中心、原木装卸码头、12万平方米原木堆场，分木制品、家具、原木三个交易区和一个展示中心，200多家客商进场经营。年木材吞吐量30万立方米，木制品销售超过200万立方米，销售额超过100亿元。是华南地区功能最齐全，物流量最大的木材专业市场。

广东东莞兴业木材夹板市场 占地面积达40万平方米。深加工的木材产品销往世界40多个国家。获得的荣誉有全国木材明星市场、中国木材流通协会副会长单位、广东省林业产业协会常务理事单位、东莞市商贸龙头企业、东莞市文明市场等等。

广东东莞市吉龙木材市场 位于东莞市家具年出口总量占中国1/3强的大岭山镇，占地总面积为16万平方米，设有标准商铺1200余间，经营面积9万平方米，仓库5万平方米。是华南地区最具规模的大型专业木材交易市场。拥有400余家家具制造企业，其中以台资为主的就有300余家。

先后被授予东莞市文明诚信市场、知名家具配套企业、东莞市50强民营企业等荣誉称号，开业至今已先后接待了美国、加拿大、比利时等国内外的考察参观人员近千人。

广州富林木材城交易市场 富林国际集团，是亚洲地区生产经营实木、实木复合及强化地板最具规模的企业之一。市场内设立木材质量检测中心，负责监控木材城内商家的木材商品质量，木材城内所有商家出售的木材商品，均经过该中心的专家检测鉴定，以确保在木材城内出售的木材商品，均为百分之一百的真品，杜绝赝品的出现，保证商家的信誉和顾客的权益。

河北正定恒山板材市场 市场占地40公顷，营业面积30万平方米，投资2.3亿元，按商品分类设11大专区，2000家商户主要经营胶合板、装饰板及与之配套的油漆、涂料、胶类、五金、家具配件等。在全省同行业率先通过1S09001：2000质量管理体系认证。

北京东坝名贵木材大卖场 位于北京市朝阳区东坝乡，市场主体依托于实力雄厚的东方盛泽集团，由四惠桥建材发展公司斥资1.2亿元倾力打造。市场总占地面积38万平方米，营业面积26万平方米。其中进口木材区的经营面积达6万平方米，聚集了国内外200余家木业知名厂商。经营来自欧洲、美洲、非洲、东南亚等地区的100余种的原木和锯材；国产木材区经营面积3万平方米，主要经营松木、水曲柳、杉木、香樟木、楸木、榆木、户外防腐木等各类国产木材。人造板大世界营面积3万平方米。红木街经营面积1.5万平方米。

福州上渡建材市场 总占地面积33公顷，建筑面积10.8万平方米。其中营业商铺2000多间，店面、仓库面积9万多平方米，办公、生活综合服务建筑面积3万多平方米。市场承租户已达500多家，市场年交易总额超过15亿元。

石家庄市木材中心交易市场 市场占地12万余平方米，总资产1.2亿元。其中原木市场经营面积7万平方米，内设1312米铁路专用线一条，备有大型龙门吊2台，零担专用站台一个，木材深加工车间一座，制式仓库1万平方米，租赁市场9300平方米。年木材吞吐量35万立方米。

2007年被中国木材流通协会评为五星级全国木材明星市场。

中国科技木业城 位于江苏省邳州市，占地53.33公顷，建筑面积65万平方米，总投资6.9亿元。该市场汇集各类胶合板、刨花板、纤维板、木地板、木门、木线条、人造板设备、机电化工产品，开展国内国际贸易、现代物流和网上交易。

浙江南浔建材市场 位于浙江省湖州市南浔镇内。市场占地面积突破40万平方米，营业用房3000余间，经营户2000余户，从业人员逾万人，拥有胶合板、地板、家具、五金、建陶、灯具八个交易区，经营户与全国1230余家生产企业建立了长期稳固的产销关系。

杭州木材交易市场 位于杭州市秋涛路190号杭州木材有限公司内，占地面积8万平方米，其中营业房出租面积4万平方米，市场共有经营户250余家，其中38家为一定规模的有限公司。从业人员约2000人，年交易量为35万立方米，成交额为15亿元，市场营业房出租率达到99.9%。

四川大西南建材城 该城占地25.3公顷，位于成都市金牛区洞子口乡政府对岸，拥有与全国铁路网相通的铁路专用线4.37千米，5条支线分布于市场内，公路铁路交通十分便利，口岸区位优势非常突出，建有营业房、库房5万平方米，露天堆场5万平方米，经营户400多家。

甘肃省木材总公司 市场占地面积20万平方米，其中，市场有露天货场10万平方米，商铺3万平方米，库棚2万平方米；库区内设有铁路专用线一条，与铁路部门联营，可同时装卸30节车皮；有龙门吊18台，形成能同时吊装510吨以上货物的装卸网络；机械30余辆，电子衡两台，拥有与专业相适应的年加工8万立方米的自动化制材生产线。市场自身优势突出，地处兰州物资流通集散地黄金地段，交通便利，是通往西北各省的咽喉要地，硬件设施和经营环境一流。驻市场客户870户，市场从业人数8000多人，年物资吞吐量达200万吨，市场交易额达80亿元。

陇西宇臻物流配送有限责任公司 位于陇西县文峰镇。市场总占地面积8.87公顷，客商300余家，从业人员2000余人。中心的日常木材存放量为30万立方米。年交易量达50万立方米，交易额6亿元，实现社会效益5000万元。2007年4月在福建中国木材流通协会年会上评为五星级中国明星木材市场。

德州山东木材交易市场 市场占地20万平方米，拥有1417米的铁路专用线，具有电吊、龙门吊.装载机等现代化吊装机械，机械化作业率达90%。有200多家进驻企业和商户。

年货物吞吐量达百万立方米以上，年市场交易额达10亿元以上。2007年再次被中国木材流通协会评为五星级全国明星木材交易市场。

黑龙江宾西中俄木材加工批发大市场 位于哈尔滨市宾西经济开发区，由黑龙江宾西国际贸易加工有限公司斥资4亿元投资兴建。市场规划面积为60万平方米，容纳规模生产企业300家，商户总数2500家。营业额达24亿元，其中加工企业可实现产值15亿元。商户可实现销售收入9亿元。

陕西木材交易市场 市场地处西安东郊十里铺，是通往华东各地多条高速公路的起点，市场总占地面积20余万平方米，内铁路专用线1.2千米，龙门吊、固定吊、液压吊、拖拉机30余台，运输车辆60余辆，拥有专业的装卸队，形成了一条龙的优质服务体系。进驻商户120多家，年木材吞吐量60万立方米，钢材30万吨。

江苏丰县木业商城 从业人员达15万人。其中：原木交易市场规模为14.7公顷。年交易进口木材约25万立方米，交易额6.5亿元。板材年交易量达15万立方米，交易额6亿元。商城占地80余公顷，引进110余家木材加工企业，年产值约4亿元。

徐州木材市场 市场占地20万平方米，具有木材、建筑模板交易大厅1万平方米，铁路专用线两条，年吞吐量60万立方米/吨木材及各类物资。

（中国木材流通协会　朱光前　国家林业局经济发展研究中心产业室　崔　平　毛炎新　王佳男）

中国造纸工业

【概　况】 2009 年初，造纸行业遇到了市场需求萎缩、产品价格下滑、库存增加、流动资金紧张等困难，自 5 月份以后，造纸生产企业又经受了纤维原料、水、煤、电、油、运价格上涨，尤其是国际木浆及废纸价格持续攀升，生产经营成本持续上升的考验，加上实施新的制浆造纸废水污染物排放标准，使企业增加了环保投资及运行费用，进一步降低了利润空间。

面对金融危机带来的严重影响，全行业认真贯彻落实了国家出台的一系列应对金融危机的政策和措施，克服了重重困难，有效地遏制了经济增长明显下滑的趋势。随着国内经济形势总体回升向好，造纸企业也逐步走出困境，全行业经济运行总体较为平稳，呈现出企稳回升、产销率提高、产成品库存下降、效益提升的向好态势。整个行业基本实现了恢复性增长。

发展规模　据国家统计局统计，2009 年全国纸及纸板生产企业约有 3700 家，工业总产值(当年价)4660 亿元，较 2008 年 4571 亿元增长 1.95%；产销率 98.20%，较 2008 年 97.09% 增长 1.11 个百分点；工业销售产值(当年价)4578 亿元，较 2008 年 4439 亿元增长 3.13%。

根据上述相关资料分析，2009 年造纸生产企业主营业务收入约 4500 亿元，比 2008 年增长 4% 左右；利税总额约 382 亿元，比 2008 年下降 2% 左右；其中，利润总额约 220 亿元，比 2008 年增长 5% 左右，但吨产品利润较 2008 年降低约 3.3%。综观全年主要生产经济指标完成情况比较理想，总体经济效益较好。

纸及纸板产量与消费水平　2000～2009 年，纸及纸板生产量年均增长 12.27%，消费量年均增长 10.20%，见表 1。

表 1　2000～2009 年全国纸及纸板的生产和消费情况

年份	生产量(万吨)	消费量(万吨)
2000	3050	3575
2001	3200	3683
2002	3780	4332
2003	4300	4806
2004	4950	5439
2005	5600	5930
2006	6500	6600
2007	7350	7290
2008	7980	7935
2009	8640	8569

2009 年全国纸及纸板生产量 8640 万吨，较 2008 年 7980 万吨增长 8.27%。消费量 8569 万吨，较 2008 年 7935 万吨增长 7.99%，人均年消费量为 64 千克(13.35 亿人)，比 2008 年增长 4 千克。2009 年比 2000 年生产量增长 183.28%，消费量增长 139.69%，见表 2。

新闻纸　2009 年新闻纸生产量 480 万吨，较 2008 年增长 4.35%，增幅增加 2.13 个百分点；消费量 461 万吨，较 2008 年增长 8.22%，增幅回落 0.18 个百分点。2000～2009 年生产量年均增长率 14.23%，消费量年均增长率 12.09%。

未涂布印刷书写纸　2009 年未涂布印刷书写纸生产量 1510 万吨，较 2008 年增长 7.86%，增幅增加 3.38 个百分点；消费量 1497 万吨，较 2008 年增长 8.09%，增幅增加 4.11 个百分点。2000～2009 年生产量年均增长率 9.63%，消费量年均增长率 9.71%。

涂布印刷纸　2009 年涂布印刷纸生产量 590 万吨，较 2008 年增长 7.27%，增幅回落 0.57 个百分点；消费量 463 万吨，较 2008 年下降 0.86%，增幅回落 10.48 个百分点。2000～2009 年生产量年均增长率 20.52%，消费量年均增长率 9.30%。

其中：铜版纸 2009 年铜版纸生产量 500 万吨，较 2008 年增长 8.70%，增幅回落 0.82 个百分点；消费量 399 万吨，较 2008 年下降 0.50%，增幅回落 9.76 个百分点。2000～2009 年生产量年均增长率21.29%，消费量年均增长率8.85%。

生活用纸　2009年生活用纸生产量580万吨，较2008年增长5.45%，增幅回落0.32个百分点；消费量529万吨，较2008年增长5.17%，增幅回落0.50个百分点。2000～2009年生产量年均增长率9.80%，消费量年均增长率8.98%。

包装用纸　2009年包装用纸生产量575万吨，较2008年增长2.68%，增幅回落2.98个百分点；消费量587万吨，较2008年增长3.16%，增幅回落2.80个百分点。2000～2009年生产量年均增长率4.11%，消费量年均增长率2.48%。

白纸板　2009年白纸板生产量1150万吨，较2008年增长2.68%，增幅回落3.99个百分点；消费量1160万吨，较2008年增长2.56%，增幅回落3.94个百分点。2000～2009年生产量年均增长率17.00%，消费量年均增长率13.07%。

其中：2009年涂布白纸板生产量1100万吨，较2008年增长2.80%，增幅回落4.20个百分点；消费量1110万吨，较2008年增长2.68%，增幅回落4.14个百分点。2000～2009年生产量年均增长率20.85%，消费量年均增长率16.26%。

箱纸板　2009年箱纸板生产量1730万吨，较2008年增长13.07%，增幅增加0.57个百分点；消费量1809万吨，较2008年增长12.71%，增幅增加1.10个百分点。2000～2009年生产量年均增长率17.67%，消费量年均增长率15.08%。

瓦楞原纸　2009年瓦楞原纸生产量1715万吨，较2008年增长12.83%，增幅回落0.60个百分点；消费量1758万吨，较2008年增长13.27%，增幅回落1.35个百分点。2000～2009年生产量年均增长率13.02%，消费量年均增长率11.33%。

特种纸及纸板　2009年特种纸及纸板生产量150万吨，较2008年增长7.14%，增幅回落9.53个百分点；消费量144万吨，与2008年持平，增幅回落5.88个百分点。2000～2009年生产量年均增长率10.72%，消费量年均增长率6.75%。

从2009年的生产和消费形势分析来看，全年生产和消费均呈平稳增长态势，增速分别比2008年回落0.30个百分点和0.86个百分点。生产量增幅10%以上的品种有箱纸板和瓦楞原纸。消费量增幅10%以上的品种有瓦楞原纸、箱纸板。

纸浆产量与消耗量　据中国造纸协会调查资料，2009年全国纸浆生产总量6674万吨，较2008年6415万吨增长4.03%，增幅较2008年减少4.06个百分点。

表2　全国造纸工业主要产品生产及消费情况

品　种	生产量(万吨)			消费量(万吨)		
	2008年	2009年	增减(%)	2008年	2009年	增减(%)
总　量	**7980**	**8640**	**8.27**	**7935**	**8569**	**7.99**
1. 新闻纸	460	480	4.35	426	461	8.22
2. 未涂布印刷书写纸	1400	1510	7.86	1385	1497	8.09
3. 涂布印刷纸	550	590	7.27	467	463	-0.86
其中：铜版纸	460	500	8.7	401	399	-0.5
4. 生活用纸	550	580	5.45	503	529	5.17
5. 包装用纸	560	575	2.68	569	587	3.16
6. 白纸板	1120	1150	2.68	1131	1160	2.56
其中：涂布白纸板	1070	1100	2.8	1081	1110	2.68
7. 箱纸板	1530	1730	13.07	1605	1809	12.71
8. 瓦楞原纸	1520	1715	12.83	1552	1758	13.27
9. 特种纸及纸板	140	150	7.14	144	144	
10. 其他纸及纸板	150	160	6.67	153	161	5.23

2009年全国纸浆消耗总量7980万吨，较2008年7360万吨增长8.42%，其中木浆1866万吨，较2008年增长14.90%，比例占23%，较2008年增加1个百分点；非木浆1175万吨，较2008年下降9.41%，比例占15%，较2008年下降3个百分点；废纸浆4939万吨，较2008年增长11.26%，比例占62%，较2008年增加2个百分点。木浆中，进口木浆比例上升3个百分点；废纸浆中，进口废纸浆比例上升2个百分点，国产废纸浆比例与2008年持平；非木浆中，稻麦草浆比例比2008年下降2.5个百分点，下降幅度较大，竹浆、苇(荻)浆、蔗渣浆比例与2008年基本持平，竹浆和蔗渣浆消耗量均比2008年有所增加。2009年纸浆总消耗量比2000年增长186%，其中国产纸浆消耗量2009年比2000年增长171%。见表3。

表3　全国造纸工业纸浆消耗情况

单位：万吨

品　种	2008年	占比例(%)	2009年	占比例(%)	同比(%)
总　量	**7360**		**7980**		**8.42**
木浆	1624	22	1866	23	14.9
其中：进口木浆	952	13	1315*	16	38.13
废纸浆	4439	60	4939	62	11.26
其中：进口废纸浆	1936	26	2200	28	13.64
非木浆	1297	18	1175	15	-9.41

说明：废纸浆=废纸量×0.8。
*2009年进口木浆1367万吨，其中实际消费量1315万吨。

以上数字表明，全国纸浆消费总量随着纸及纸板的增长呈增加趋势。纸浆结构中，非木浆比例继续呈明显下降趋势，废纸浆增幅加大，支撑着纸浆结构的调整。由于进口木浆和进口废纸浆分别增长38%和14%，进口纤维原料量(包括废纸)占纸浆总消耗量为44%，比2008年增长5个百分点，表明我国造纸原料对国外依存度加大。

进出口贸易　2009年纸及纸板进口334万吨，比2008年358万吨降低6.70%，出口405万吨，比2008年403万吨增长0.50%，出口量较2008年略有增加，但仍未达到2007年461万吨历史最高出口量。出口量比进口量多71万吨；纸浆进口1367万吨，比2008年952万吨增长43.59%，出口8.70万吨，比2008年7.23万吨增长20.33%；废纸进口2750万吨，比2008年2421万吨增长13.59%，出口0.003万吨，比2008年0.002万吨增长50.00%；纸制品进口16万吨，比2008年18万吨降低11.11%，出口195万吨比2008年211万吨降低7.58%。

2009年进口纸及纸板、纸浆、废纸、纸制品合计4467万吨，较2008年3749万吨增长19.15%，用汇145.17亿美元，较2008年166.27亿美元降低12.69%。2009年进口纸及纸板平均价格为965.25美元/吨，比2008年1018.35美元/吨平均下降5.21%；进口纸浆平均价格为500.20美元/吨，比2008年704.25美元/吨平均下降28.97%；进口废纸平均价格为137.99美元/吨，比2008年229.60美元/吨平均下降39.90%。

2009年出口纸及纸板、纸浆、废纸、纸制品合计608.70万吨，较2008年621.23万吨降低2.02%，创汇77亿美元，较2008年78亿美元降低1.28%。2009年出口纸及纸板平均价格为962.06美元/吨，比2008年991.87美元/吨平均下降3.00%；出口纸浆平均价格为1045.48美元/吨，比2008年1359.91美元/吨平均下降23.12%；出口废纸平均价格为218.78美元/吨，比2008年203.03美元/吨平均上涨7.76%。

2009年纸及纸板进出口总量中，进口量较大的品种有箱纸板、涂布白纸板、瓦楞原纸和未涂布印刷书写纸，合计进口量241万吨，约占纸及纸板总进口量的72%。进口幅度同比普遍降低，降幅较大的品种有涂布印刷纸(33.33%)、特种纸及纸板(28.95%)、其他纸及纸板(27.27%)。出口量较大的品种有涂布印刷纸、涂布白纸板、生活用纸、未涂布印刷书写纸、特种纸及纸板，合计364万吨，约占纸及纸板总出口量的90%。出口保持增幅的品种有铜版纸(36.08%)、涂布白纸板(15.09%)、生活用纸(7.69%)等。

2009年我国纸浆、废纸、纸及纸板进出口贸易总体特点是作为造纸原料的纸浆和废纸进口量均呈增加趋势，其中纸浆增幅较大，进口量较2008年增长43.59%，废纸进口量较2008年增长13.59%，而纸及纸板进口量继续下降，出口量较2008年略有增加且大于进口量，见表4。

表4　全国纸浆、废纸、纸及纸板、纸制品进出口情况　　单位：万吨

品　种	2008年进口量	2009年进口量	增减(%)	2008年出口量	2009年出口量	增减(%)
一、纸浆	952	1367	43.59	7.23	8.7	20.33
二、废纸	2421	2750	13.59	0.002	0.003	50
三、纸及纸板	358	334	-6.7	403	405	0.5
1. 新闻纸	2	2		36	21	-41.67
2. 未涂布印刷书写纸	39	38	-2.56	54	51	-5.56
3. 涂布印刷纸	54	36	-33.33	137	163	18.98
其中：铜版纸	38	31	-18.42	97	132	36.08
4. 包装用纸	12	15	25	3	3	
5. 箱纸板	88	86	-2.27	13	7	-46.15
6. 白纸板	64	71	10.94	53	61	15.09
其中：涂布白纸板	64	71	10.94	53	61	15.09
7. 生活用纸	5	5		52	56	7.69
8. 瓦楞原纸	45	46	2.22	13	3	-76.92
9. 特种纸及纸板	38	27	-28.95	34	33	-2.94
10. 其他纸及纸板	11	8	-27.27	8	7	-12.5
四、纸制品	18	16	-11.11	211	195	-7.58
总　计	**3749**	**4467**	**19.15**	**621.23**	**608.7**	**-2.02**

2009年纸及纸板进口量大于出口量的主要品种有：包装用纸、箱纸板、白纸板、瓦楞原纸、其他纸及纸板；出口量大于进口量的主要品种有：新闻纸、未涂布印刷书写纸、涂布印刷纸、生活用纸、特种纸及纸板。

①新闻纸：2009年出口量大于进口量，净出口量19万吨。

②未涂布印刷书写纸：2009年出口量大于进口量，净出口量13万吨。

③涂布印刷纸：2009年出口量大于进口量，净出口量127万吨。其中：铜版纸2009年出口量大于进口量，净出口量101万吨。

④生活用纸：2009年出口量大于进口量，净出口量51万吨。

⑤包装用纸：2009年进口量大于出口量，净进口量12万吨。

⑥白纸板：2009年进口量大于出口量，净进口量10万吨。其中：涂布白纸板2009年进口量大于出口量，净进口量10万吨。

⑦箱纸板：2009年进口量大于出口量，净进口量79万吨。

⑧瓦楞原纸：2009年进口量大于出口量，净进口量43万吨。

⑨特种纸及纸板：2009年出口量大于进口量，净出口量6万吨。

造纸区域分布与生产　根据中国造纸协会调查资料分析，2009年纸及纸板生产量有所下降的省(区、市)有河北、广西、上海、辽宁、吉林、山西、甘肃7个，其余省份都有不同程度增长，其中广东省纸及纸板产量增加超过100万吨，增产162万吨。

2009年我国东部地区12个省(区、市)，纸及纸板产量占全国纸及纸板产量比例为71.3%，比2008年降低0.7个百分点；中部地区9个省(区)比例占21.4%，比2008年降低0.2个百分点；西部地区10个省(区、市)比例占7.3%，比2008年提高0.9个百分点，见表5。

表5　全国造纸区域布局变化

项　目	2008年		2009年	
	产量(万吨)	比例%	产量(万吨)	比例%
纸及纸板产量	**7980**	**100**	**8640**	**100**
其中：东部地区	5744	72	6160	71.3
中部地区	1724	21.6	1845	21.4
西部地区	512	6.4	635	7.3

百万吨造纸企业 2009年纸及纸板产量超过100万吨的省份有山东、浙江、广东、江苏、河南、河北、福建、湖南、四川、安徽、重庆、湖北、广西和江西14个省(区、市),产量合计已达8010万吨,占全国纸及纸板总产量的92.71%,比2008年增长0.57个百分点;比2008年增产657万吨。见表6。

表6 2009年纸及纸板产量100万吨以上的省(区、市) 单位:万吨

省份	2008年	2009年	增减(%)
山东	1350	1430	5.93
浙江	1283	1372	6.94
广东	1154	1316	14.04
江苏	930	1026	10.32
河南	806	864	7.20
河北	379	367	-3.17
福建	297	313	5.39
湖南	280	300	7.14
四川	211	227	7.58
安徽	185	205	10.81
重庆	82	174	112.20
湖北	132	157	18.94
广西	150	139	-7.33
江西	114	120	5.26
合计	**7353**	**8010**	**8.94**

2009年纸及纸板年产量超过100万吨的造纸生产企业有:玖龙纸业(控股)有限公司年产652万吨,理文造纸有限公司年产355万吨,山东晨鸣纸业集团股份有限公司年产299万吨,金东纸业(江苏)有限公司年产228万吨,山东太阳纸业股份有限公司年产220万吨,华泰集团有限公司年产155万吨,宁波中华纸业有限公司(含宁波亚洲浆纸业有限公司)年产148万吨,中冶纸业集团有限公司年产101万吨。

以上8家造纸生产企业2009年比2008年增产326万吨,约占全国纸及纸板增产量的49%。

纸浆年产量超过100万吨的企业:海南金海浆纸业有限公司年产112万吨。

上述相关数据表明,2009年全国造纸生产布局略有变化,东部地区仍然是我国造纸工业的主要生产区域,重点省(区、市)和重点造纸企业生产集中度有所提高。

经济类型结构 根据国家统计局相关数据分析,2009年国有及国有控股企业有80家,占2.17%,较2008年2.89%减少0.72个百分点;"三资"企业有418家,占11.34%,较2008年11.71%减少0.37个百分点;集体及其他企业有3188家占86.49%,较2008年85.40%增加1.09个百分点。在造纸企业主营业务收入总额中,国有及国有控股企业占12.43%,较2008年17.34%减少4.91个百分点;"三资"企业占29.38%,较2008年32.97%减少3.59个百分点;集体及其他企业占58.19%,较2008年49.69%增加8.50个百分点。见表7。

表7 2009年全国造纸生产企业经济类型结构与规模结构

项 目	企业数量(%)	企业主营业务收入(%)
国有及国有控股企业	2.17	12.43
"三资"企业	11.34	29.38
集体及其他企业	86.49	58.19

2009年国内造纸生产企业经济类型结构仍在调整变化,与2008年相比规模以上造纸生产企业数量由3494家上升至3686家,增加了192家,其中,集体及其他企业增加204家,而国有及国有控股企业数量却减少21家,"三资"企业增加9家。2009年亏损企业数714家,其中:国有及国有控股企业占3.92%,"三资"企业占15.69%,集体及其他企业占80.39%。

企业规模结构 按照我国大、中、小型企业划分标准,2009年在3686家规模以上造纸生产企业中,大中型造纸企业425家占11.53%,小型企业3261家占88.47%;在纸及纸板产品主营业务收入中,大中型企业占60.30%,小型企业占39.70%;在利税总额中,大中型企业占64.22%,小型企业占35.78%;在利润总额中,大中型企业占65.81%,小型企业占34.19%。

2009年主要产品新增产量中,重点骨干企业增量占总增量的72%。目前已有一批优秀企业率先由传统造纸业向现代造纸业转变,对产业结构调整和产业优化升级起着重要支撑和推动作用。见表8。

表8　全国重点造纸企业产量前30名　　单位：万吨

序号	企业名称	2008年	2009年	增减(%)
1	玖龙纸业(控股)有限公司	442.89	652	47.21
2	理文造纸有限公司	298.96	355	18.74
3	山东晨鸣纸业集团股份有限公司	307.26	299.34	-2.58
4	金东纸业(江苏)有限公司	230.49	228.92	-0.68
5	山东太阳纸业股份有限公司	164.54	220	33.71
6	华泰集团有限公司	154.3	155.02	0.47
7	宁波中华纸业有限公司(含宁波亚洲浆纸业有限公司)	144.72	147.81	2.14
8	海南金海浆纸业有限公司(纸浆)	123.19	112.07	-9.03
9	中冶纸业集团有限公司	89.36	100.6	12.58
10	湖南泰格林纸集团	87.4	93.8	7.32
11	安徽山鹰纸业股份有限公司	62.91	82.52	31.17
12	山东博汇纸业股份有限公司	74.16	80.51	8.56
13	芬欧汇川(常熟)纸业有限公司	74.8	80.06	7.03
14	中国纸业投资总公司	41	75.4	83.9
15	浙江景兴纸业股份有限公司	66.56	74.96	12.62
16	森叶(清新)纸业有限公司	42.67	74.63	74.9
17	河南银鸽实业投资集团	65.26	72.82	11.58
18	广州造纸集团有限公司	78.01	72.1	-7.58
19	吉安纸容器有限公司	51.87	66.49	28.19
20	东莞建晖纸业有限公司	65.6	64.23	-2.09
21	山东泉林纸业有限责任公司	56.13	64.09	14.18
22	金华盛纸业(苏州工业园区)有限公司	60.19	59.14	-1.74
23	中国阳光纸业控股有限公司	41.75	54.88	31.45
24	新乡新亚纸业集团股份有限公司	55	51.3	-6.73
25	山东华金集团有限公司	46.95	47.54	1.26
26	山东贵和纸业集团有限公司	39.81	46.16	15.95
27	福建优兰发集团实业有限公司	27.5	42.6	54.91
28	河南省龙源纸业有限公司	35	42.46	21.31
29	金红叶纸业(苏州)有限公司	31.25	42.33	35.46
30	上海中隆纸业有限公司	39	40.66	4.26

企业利税份额　在利税总额中，国有及国有控股企业占9.55%，较2008年减少9.24个百分点；“三资”企业占29.64%，较2008年减少1.14个百分点；集体及其他企业占60.81%，较2008年增加10.38个百分点。其中：利润总额中，国有及国有控股企业占5.17%，较2008年减少13.27个百分点；“三资”企业占31.97%，较2008年减少2.06个百分点，集体及其他企业占62.86%，较2008年增加15.33个百分点。

环境保护　根据环境保护部统计，2008年制浆造纸及纸制品产业(统计企业5759家，比2007年减少59家)用水总量为108.96亿吨，其中新鲜水量为48.84亿吨，占工业总耗新鲜水量549.63亿吨的8.89%。重复用水量为60.12亿吨，水重复利用率为55.18%，比2007年提高3.78个百分点。万元工业产值(现价)新鲜水用量为94.0吨，比2007年减少30.1吨，降低24.3%。造纸工业2008年废水排放量为40.77亿吨，占全国工业废水总排放量17.38亿吨的18.76%，比2007年降低0.49个百分点。造纸工业废水排放达标量为37.51亿吨，占造纸工业废水排放总量的92.00%，比2007年提高2个百分点。排放废水中化学需氧量(COD)为128.8万吨，比2007年减少28.6万吨，占全国工业COD总排放量404.8万吨的31.82%，比2007年减少2.92个百分点。万元工业产值(现价)化学需氧量(COD)排放强度为25千克，比2007年降低37.50%。造纸工业废水处理设施年运行费用为46.2亿元，比2007年增加2.8亿元，增长6.45%。

(中国造纸协会)

中国人造板工业

【人造板】 我国已有人造板企业6000多家，年生产能力超过8000万立方米，已成为世界人造板生产和消费第一大国。

2009年人造板产量达11546.65万立方米，同比增长22.7%，产量和出口量均居世界第一位，各种类人造板产量增幅均在两位数以上。见表1。

表1 2009年全国人造板产量

单位：万立方米

项 目	2008年	2009年	比2008年增减(%)
合 计	**9409.95**	**11546.65**	**22.71**
胶合板	3540.86	4451.24	25.71
纤维板	2906.56	3488.56	20.02
其中：中密度板	2740.52	3131.64	14.27
刨花板	1142.23	1431	25.28
其他人造板	1820.29	2175.85	19.53
其中：细木工板	1304.55	1478.71	13.35

人造板生产主要集中在华东、华南地区，中西部和东北地区的需求，要长途调运。人造板年产量500万立方米以上的省份有江苏2195.9万立方米、河南1422.59万立方米、山东1163万立方米、河北1097.84万立方米、广西864.88万立方米，其中江苏、河南和山东的人造板产量分别占总产量的19.0%、12.3%和10.1%。

2009年人造板产值达到2049.6亿元，比2008年1672.95亿元增长22.51%。比2007年1538.76亿元增长33.2%。

【胶合板】

产量分布 2009年我国胶合板产量为4451.24万立方米，比2008年增长25.71%，其中产量在200万立方米以上的分别是江苏903.14万立方米、河南598.46万立方米、山东516.24万立方米、广西380.45万立方米、河北347.01万立方米、安徽344.02万立方米、福建268.98万立方米、湖南241.58万立方米等8省(区)，其中江苏、河南和山东的胶合板产量分别占总产量20.29%、13.44%和11.60%。

胶合板产量20万立方米以上的县级单位27个，邳州市(苏)、文安县(冀)、沭阳县(苏)、广德县(皖)、兰山区(鲁)、砀山县(皖)、铜山县(苏)、灌南县(苏)、彰武县(辽)、滑县(豫)、扶余县(吉)、泾县(皖)、义乌市(浙)、牡丹区(鲁)、元宝山区(内蒙古)、南海区(粤)、武鸣县(桂)、桃江县(湘)、沂水县(鲁)、邢台市高新技术开发区(冀)、覃塘区(桂)、三水区(粤)、柳北区(桂)、嘉祥县(鲁)、融安县(桂)、德清县(浙)、珠晖区(湘)，共1806.05万立方米，占全国胶合板总产量的41%。

胶合板产量10万~20万立方米的县级单位23个，共303.47万立方米，占全国胶合板总产量的7%。胶合板产量1万~10万立方米的县级单位339个，共1056.14万立方米，占全国胶合板总产量的24%。

市场贸易 2009年进口胶合板17.92万立方米，进口额0.89亿美元，同比分别下降38.92%和46.83%。主要进口国家是美国、日本、韩国。

2009年出口胶合板563.48万立方米，出口额252.39亿美元，同比分别下降21.58%和25.78%见表2。主要出口美国(108.01万立方米)、日本(42.75万立方米)、阿拉伯联合酋长国(35.12万立方米)、英国(34.20万立方米)。

表2 2000~2009年胶合板进出口贸易量

年度	国内产量(万立方米)	进口数量(万立方米)	进口金额(千美元)	出口数量(万立方米)	出口金额(千美元)
2000	992.54	100.18	436784	68.70	188958
2001	904.51	65.09	254445	96.54	242272
2002	1135.21	63.61	258957	179.24	427048
2003	2102.35	79.78	355124	204.05	495433
2004	2098.62	79.93	384280	430.55	1249941

（续）

年度	国内产量(万立方米)	进口数量(万立方米)	进口金额(千美元)	出口数量(万立方米)	出口金额(千美元)
2005	2514.97	58.91	276681	558.40	1879039
2006	2728.78	41.34	197174	830.37	2910501
2007	3561.56	30.41	170383	871.59	3577941
2008	3540.86	29.34	167469	718.51	3400530
2009	4451.24	17.92	89042	563.48	2523949

【纤维板】

产量分布 2009年我国纤维板产量为3488.56万立方米，比2008年增长20.02%，其中产量在200万立方米以上的分别是江苏506.72万立方米、山东400.14万立方米、河南345.58万立方米、广东322.21万立方米、广西317.5万立方米、河北278.76万立方米、四川222.79万立方米等7省，其中江苏和山东的纤维板产量分别占总产量14.53%和11.47%。

纤维板产量20万立方米以上的县级单位30个，丹阳市(苏)、文安县(冀)、邳州市(苏)、禹城市(鲁)、沭阳县(苏)、常熟市(苏)、高峰林场(桂)、蝶山区(桂)、高陵县(陕)、长葛市(豫)、茂南区(粤)、南康市(赣)、济宁市市中区(鲁)、广饶县(鲁)、太和县(皖)、淇县(豫)、茌平县(鲁)、阳东县(粤)、石首市(鄂)、开平市(粤)、临川区(赣)、右江区(桂)、易县(冀)、双流县(川)、东营市市辖区(鲁)、东宝区(鄂)、咸安区(鄂)、德庆县(粤)、藁城市(冀)、桓台县(鲁)，共1208.21万立方米，占全国纤维板总产量的35%。

纤维板产量15万～20万立方米的县级单位22个，共365.23万立方米，占全国纤维板总产量的10%。纤维板产量1万～15万立方米的县级单位230个，共1344.58万立方米，占全国纤维板总产量的39%。

市场贸易 2009年我国进口纤维板为45.2979万立方米，进口额1.1957亿美元，同比分别下降10.21%和14.85%，主要进口国家是澳大利亚、日本、加拿大。

2009年我国出口纤维板为203.1141万立方米，出口额8.84401亿美元，同比分别下降14.75%和19.20%。见表3。

表3 2000～2009年纤维板进出口贸易量

年度	国内产量(万立方米)	进口数量(万立方米)	进口金额(千美元)	出口数量(万立方米)	出口金额(千美元)
2000	514.43	101.4513	282882	3.5308	10213
2001	570.11	107.0243	279101	2.6815	9280
2002	767.42	125.1646	302642	8.0338	20536
2003	1128.33	139.4223	320892	6.3556	20662
2004	1560.46	137.7045	272725	50.9945	125121
2005	2060.56	113.7113	229268	137.6697	396067
2006	2466.6	92.4481	195714	196.8316	635782
2007	2729.85	70.2512	168916	305.6768	1085801
2008	2906.56	50.4505	140415	238.2562	1094538
2009	3488.56	45.2979	119570	203.1141	884401

【刨花板】

产量分布 2009年我国刨花板产量为1431万立方米，比2008年增长25.28%，其中产量在100万立方米以上的分别是江苏345.8万立方米、河南263.95万立方米、河北198.28万立方米、福建129.97万立方米等4省，其中江苏、河南和河北的刨花板产量分别占总产量24.16%、18.45%和13.86%。

刨花板产量10万立方米以上的县级单位15个，文安县(冀)、丹阳市(苏)、吉林森工集团股份公司(吉林森工)、兰山区(鲁)、南康市(赣)、辽阳县(辽)、沭阳县(苏)、舞阳县(豫)、常熟市(苏)、长葛市(豫)、临漳县(冀)、武邑县(冀)、丰县(苏)、洪江市(湘)、正定县(冀)，共431.51万立方米，占全国刨花板总产量的30%。

刨花板产量1万～10万立方米的县级单位106个，共366.06万立方米，占全国刨花板总产量的26%。

市场贸易 2009年进口刨花板为44.65万立方米，进口额0.89亿美元，同比分别增加19.35%和下降3.21%，主要进口国家是泰国、马来西亚，延续了2009年第二季度以来量增价减的趋势。刨花板的出口量继续大幅减少，仅12.49万立方米，出口额0.32亿美元，同比分别下降35.32%和28.69%。见表4。

表4　2000～2009年刨花板进出口贸易量

年度	国内产量（万立方米）	进口数量（万立方米）	进口金额（千美元）	出口数量（万立方米）	出口金额（千美元）
2000	286.77	34.3773	65595	2.6273	8879
2001	344.53	44.7559	83714	2.4958	6063
2002	369.31	58.9686	104455	5.1183	21940
2003	547.41	62.3999	113224	6.7463	20022
2004	642.92	65.2594	123197	13.0751	21394
2005	576.08	63.3972	115461	9.5035	18396
2006	843.26	54.1102	101730	14.1658	25183
2007	829.07	52.4918	106352	17.9824	34758
2008	1142.23	37.4137	91859	19.3171	45873
2009	1431.00	44.6543	88913	12.4944	32712

【其他人造板】

2009年我国其他人造板产量为175.85万立方米，比2008年增长19.53%，其中产量在200万立方米以上的分别是江苏440.24万立方米、河北273.79万立方米、河南214.6万立方米、浙江210.13万立方米等4省，其中江苏和河北的其他人造板产量分别占总产量20.23%和12.58%。

细木工板产量10万立方米以上的县级单位17个，邳州市（苏）、沭阳县（苏）、文安县（冀）、邢台县（冀）、江山市（浙）、埇桥区（皖）、新乐市（冀）、宿城区（苏）、桃江县（湘）、德清县（浙）、新郑市（豫）、监利县（鄂）、南和县（冀）、正定县（冀）、兰山区（鲁）、湘阴县（湘）、洪雅县（川），共663.81万立方米，占全国细木工板总产量的45%。细木工板产量1万～10万立方米的县级单位148个，共408.63万立方米，占全国细木工板总产量的28%。

（国家林业局经济发展研究中心产业室）

【胶黏剂】　我国已成为世界人造板生产和消费第一大国，而人造板中使用的木材胶黏剂年用量已达500多万吨，也是名副其实的胶黏剂使用大国。在我国，脲醛胶（UF）、酚醛胶（PF）与三聚氰胺——甲醛胶（MF）并称为人造板工业的三大胶黏剂，此外，聚乙酸乙烯酯（PVAC）、无机物胶结材料，如水泥、石膏在人造板工业中也得到了广泛的应用。近几年来，人造板胶黏剂的发展状况可以大致概括为：产量大增，成本下降，毒性减低，性能改进，品种增加。

【人造板产业发展趋势】　2007年以来，美国次贷危机所引发的全球性金融危机在2008年愈演愈烈。在金融海啸的不断冲击下，以美国为代表的欧美等发达国家的市场购买力大大下降，加上美元和欧元等的不断贬值和国内产品成本的上升等因素，已对我国林产品出口造成很大困难。且市场对房地产行业泡沫的挤压必将对家具业、建筑业、地板业和包装业的企业产生极大的影响，而人造板行业作为家具、地板等行业的上游产业，势必牵连极重，在未来一段时间内，我国人造板产业将因市场需求减少，购买力不足发生更加剧烈而深刻的调整。预计在未来1～3年的时间内发展趋势如下：

胶合板发展趋势　胶合板企业倒闭增多，行业整合速度加快；胶合板主要下游产品（如集装箱底板、建筑用模板）市场萎缩，导致2008年胶合板产量和出口量下滑；国际市场对我国胶合板展开反倾销及相应的调查，依旧会继续；胶合板原材料由现有的杨木、松木扩充新树种，如：广西、广东的桉树等；胶合板企业多元化发展，产业链延长。传统下游市场格局发生变化，下游产品将呈多元化。

纤维板发展趋势　产能过剩加快行业洗牌，迫使部分中型企业退出市场竞争或被并购；薄板产能过剩。预计受金融危机影响，从以后的2年内，以工艺品/礼品包装、室内装修、鞋配件为主要下游产品的薄板市场将受到较大冲击；纤维板企业自建原材料林基地，或者与林农联合建立原材料林基地渐成趋势；纤维板企业加大对胶黏剂的投入，致力于胶黏剂性能改进，更加环保、降低毒性、降低成本，增加品种等；环境标准的提高，迫使纤维板未来的产品向低醛、无醛纤维板方向发展。同时，湿法纤维板恢复生产并提高产量。

刨花板发展趋势　刨花板仍将是人造板中产量增长最快的板种；刨花板企业将逐步增加在生产线上的投资，提高刨花板表面加工工艺、质量，更多发展刨花板新品种，以替代进口产品；扩大刨花板原材料利用范围，更多地利用城市废料、农作物秸秆以及竹材等。

人造板呈现多元化发展 横向发展：人造板产品品种增加；环保型产品将越来越受到关注，如外观、比重可与原木媲美的重组木、重组竹等；纵向发展：企业产业链延长，触及上下游产品，从单一的板业向林板一体化转变；股东、资金多元化：通过并购、重组、风投资本介入等方式，逐步产生具有国际竞争力的企业，并引领行业发展；人造板市场多元化：人造板建筑行业、家具、室内装饰、包装上将有越来越广泛的使用；造板原材料多元化：原材料的现有树种得到扩充，三剩物和次小薪材、城市废料、农作物秸秆、竹材得到更加充分的利用；

【人造板产业存在问题】

人造板用材受到森林资源制约 ①木材缺口大。我国每年木材消耗量大约为3.8亿～4亿立方米。森林蓄积供给量约为3.65亿立方米(折合木材约2亿立方米)，进口各种林产品折合林木蓄积量近2.5亿立方米(折合木材约1.7亿立方米)，仍有0.2亿～0.4亿立方米的木材缺口。预计到2010年，我国对木材的需求量将达到4.3亿～4.4亿立方米，届时国内供应缺口将达到2.7亿～2.8亿立方米。

从人均消费水平看，世界人均年木材消耗量为0.58立方米，发达国家达1立方米左右。而我国人均年木材消耗量仅为0.28立方米，不到世界人均水平的50%，如要达到世界平均水平，对木材的需求量还将再翻一番，缺口将更大。

②短期内木材缺口无法补上。我国目前森林资源中，成、中、幼龄林面积的比重为68%，这一结构说明目前我国森林提供木材的能力还比较弱。

③我国树种结构不合理。适合人造板生产的原料树种较少。东北地区的落叶松、华东中原大部分地区的杨树、华南西南大部分地区的马尾松、杉木及近些年种植的桉树，占据了全国木材生产量的70%以上，并且这种趋势在相当长时间内还会加剧。其后果无疑是对供需结构造成冲击，致使本来就不合理的供需结构更加不平衡。

④从国外获取人造板用材原料难度愈来愈大。随着木材主要出口国的政策变化以及国际木材市场的价格上涨，我国进口木材付出的经济代价越来越高。另一方面，越来越多的发达国家在享受了我国廉价人造板产品好处的同时攻击我国掠夺了国际木材资源，使我国名声和道义上蒙受巨大损失。我国单板型人造板消耗的木材仍以大径级木材为主，其原料主要来源只能从国内或国外天然林中获取。根据目前森林资源存量，这种状况也不可能维持太长的时间。

⑤与制浆造纸业争夺原料。由于国内纸业的飞速发展，人造板企业与制浆造纸业争夺木材原材料。

出口受阻 ①国际市场反倾销调查、人民币升值等压力将持续存在。由于我国一些胶合板企业一味降低价格销售的策略等原因，致使一些企业恶性价格竞争，我国的胶合板产品对外贸易摩擦不断甚至造成反倾销。自2004年始，欧盟即对从我国进口的奥克榄胶合板采取正式的反倾销措施，征收反倾销税率最高达66.7%。继而2006年4月，代表欧盟胶合板生产企业利益的欧洲胶合板工业联合会向欧盟委员会提出临时复审请求，试图将一些新型胶合板也纳入反倾销措施范围之内。

②绿色壁垒。美国新修订的《雷斯法案》从2008年12月15日开始实施。值得注意的是，欧洲各国也陆续通过类似《雷斯法案》的法案(如欧盟FLEGT进程)，这已成为一种趋势，我国企业需了解、适应它。据我国海关统计数据表明，2007年美国进口我国林产品总量为我国全部林产品出口量的31%，折合原木材积达1570万立方米，价值850亿美元。美国成为我国林产品出口总量增长最快的国家，也是我国最大的人造板出口国。因此，美国实施《雷斯法案》对我国的人造板出口影响巨大。

③技术壁垒。国际环境标准对家具产品等林产品的限制越来越严格，如美国加利福尼亚州空气管理署(CARB)发布ATCM法规，加州是美国50个州中进口我国木制品最多的一个州，因此该项法规的实施对我国向美国的木制品出口关系重大。而且考虑到美国其他各州的"跟进"效应，甚至不排除欧洲的效仿。所以，我国木制品业应该高度重视该项法规，采取相应的应对措施。

人造板行业管理不到位 由于人造板行业管理不到位，存在盲目投资及投资过热的现象，导致个别产品产能过大。我国人造板企业规模的扩大带有相当的盲目性，且人造板产品结构不尽合理。以优质大径级木材为原料的胶合板比例太高，占人造板总产量的46%，而世界总比例仅为30%，以采伐和加工剩余物、城市废料为原料的刨花板比例偏低，不到总量的10%，而世界总比例为42%；OSB、高性能复合板、无胶人造板、非木质资源和农作物秸秆板等产品比例很低；特种用途板、特种规格板、后成型板和环保型板材产量很少。

人造板产业政策不配套 人造板市场准入制度缺项及人造板标准修订工作滞后；我国人造板工业作为资源限制型产业，对政策扶持存在相当的依赖性，定期延续现行的税费政策和加大执行力度，不仅十分必要，而且非常迫切。“三剩物”和次小薪材为原料生产加工的综合利用产品增值税即征即退政策的延续问题、企业生产初级林业产品的所得税减免问题以及提高人造板产品出口退税问题等。人造板在国内流通过程中需取得三证(采伐证、运输证、检疫证)，这对人造板的快速流通非常不利。

【人造板产业政策建议】

进一步调整我国人造板产业政策，促进人造板发展 ①稳定和延续现有国家对人造板工业的扶持政策；要全力争取对以“三剩物和次小薪材”为原料生产加工的产品增值税即征即退政策的延续，并提高退税力度；在贯彻新颁布《中华人民共和国所得税法实施条例》中追踪落实对企业生产初级林业产品的所得税减免问题；进一步提高人造板产品的出口退税率。

②建议取消人造板国内贸易及流通环节上的三证手续。人造板在国内贸易流通过程中需取得三证(采伐证、运输证、检疫证)，这对人造板的快速流通非常不利。建议取消，以降低流通成本和手续环节。

③抓紧对2007年由国家林业局、国家发改委、财政部、商务部、国家税务总局、银监委、证监委等七部委共同颁布的《林业产业政策要点》进行追踪落实，其中特别要在争取林业产业发展基金问题上取得突破；

④增大林业贴息贷款数额和贴息比例。通过这种形式来支持企业扩大规模、开扩新产品，促进其健康快速发展；

加快市场培育，进一步规范市场行为 ①抓紧研究和会同工商管理部门共同颁布人造板产品市场准入相关暂行办法。必要时恢复生产许可证制度，以鼓励企业规模经营、促进上档次。

②抓紧人造板各类标准的修订或补充拟定工作。通过标准的修订和贯彻执行，强化企业按标准生产，提高质量，与国际接轨。

③加强人造板产品生产环境和产品质量检验检测，推进森林经营认证和产销监管链认证工作。强化林产品质量安全管理制度与保障体系建设，启动林产品质量安全检验检测体系建设规划，健全应急管理的组织体系、运行机制和保障制度。

稳定人造板原料基地，通过不同形式，建立“公司+农户+基地”的林板一体化联盟 ①政府制定人造板原料林基地规划：对国有林区，采取承包、租赁甚至一段期间内使用权转让的方式交给企业或个人经营，特别是现有人造板企业，促进紧密型林工一体化基地的形成。

②鼓励人造板企业购买、承包集体林或宜林荒山荒地，特别要支持大规模原料林基地建设，各级政府要创造条件去组织、协调和促进，必要时还要给予经济支持，以使区域性大规模人造板企业与相配套的大规模原料林基地做到有机结合。

③支持和鼓励人造板企业与农民采取合作、期货式或入股式等形式建立稳定的林工结合联盟，实现资源共享、经济双赢。

打造龙头企业、名牌产品和产业集群，不断提高林业产业市场竞争力 ①按照“大、优、强”的原则，精选一批技术装备水平高、具有较强市场开拓能力和辐射带动作用的人造板龙头企业，抓紧协调出台《扶持国家林业重点龙头企业的意见》，建立发展扶持机制，在资金、技术、人才、采伐指标等方面给予一系列优惠，形成市场牵龙头、龙头带基地、基地连林农，林工贸一体化、产加销一条龙的经营格局。

②抓紧出台《我国名牌林产品认定办法》，加快实施创立人造板名牌的发展战略，及时进行商标注册。加大对外宣传力度，打造一批在国内、外有影响力的人造板名牌产品、名牌企业。

（中国林产工业公司　王达非）

中国家具工业

【概　况】 2009年全国家具工业仍以百分比两位数快速增长。

工业总产值　2009年，全国规模以上家具企业工业总产值3409.11亿元，比2008年增长13.47%；完成产量60814.36万件，比2008年增长4.85%；完成工业销售产值3338.84亿元，比2008年增长13.35%，产销率达97.94%。

2009年，广东、山东、浙江、辽宁、上海、河南、福建、四川、江苏、湖南等地区规模以上家具企业完成的工业总产值较高，合计为2914.97亿元，占家具行业工业总产值(下同)的85.51%。其中：广东居首位，完成841.80亿元(比2008年增长4.80%)，占24.69%；山东次之，完成488.05亿元(比2008年增长21.10%)，占14.32%；浙江第三，完成462.55亿元(比2008年增长2.51%)，占13.57%(表1)。

表1　家具工业重点省(市)总产值

省(市)	2009年家具工业总产值(亿元)	2008年家具工业总产值(亿元)	增减(%)
广　东	841.8	803.28	4.8
山　东	488.05	403.02	21.1
浙　江	462.55	451.23	2.51
辽　宁	257.87	210.16	22.7
上　海	187.6	192.45	－2.52
河　南	183.85	139.15	32.12
福　建	175.63	150.82	16.45
四　川	163.89	110.24	48.67
江　苏	153.73	144.08	6.7
湖　南	85.58	68.13	25.62

家具行业包括木质家具制造，竹、藤家具制造，金属家具制造，塑料家具制造及其他家具制造5个子行业。2009年，规模以上家具企业完成的工业总产值主要由木质家具制造和金属家具制造2个子行业创造。其中：木质家具制造业累计完成2005.53亿元(同比增长17.51%)，占家具行业工业总产值(下同)的58.83%；金属家具制造业累计完成793.09亿元(同比增长4.32%)，占23.26%(表2)。

表2　家具工业各子行业工业总产值情况

名　　称	2009年家具工业总产值(亿元)	2008年家具工业总产值(亿元)	增减(%)
家具行业	3409.11	3004.28	13.47
其中：木质家具制造业	2005.53	1706.74	17.51
竹、藤家具制造业	41.74	32.92	26.8
金属家具制造业	793.09	760.23	4.32
塑料家具制造业	48.02	43.95	9.25
其他家具制造业	520.73	460.45	13.09

分类生产与分布

木质家具 工业总产值分主要集中在广东、山东、辽宁、浙江、四川等地区。2009年，广东规模以上木质家具制造企业完成工业总产值(下同)460.46亿元，比2008年增长8.31%，占全国规模以上木质家具制造企业累积工业总产值(下同)的22.96%；山东完成406.51亿元(比2008年增长22.33%)，占20.27%；辽宁完成228.33亿元(比2008年增长20.88%)，占11.38%。上述3个地区合计完成1095.30亿元，占54.61%(图1)。

按产量分，浙江、广东、福建、山东、上海、

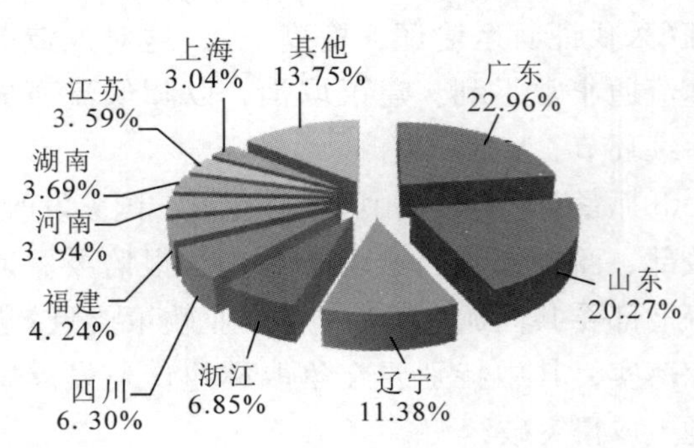

图1　木制家具制造业工业总产值地区分布

河南、江苏、辽宁、四川和北京居全国家具产量前10位。2009年，广东的家具产量为15696.89万件(比2008年下降19.55%)，占家具行业总产量(下同)的25.81%，是十大产地中降幅最大的地区，排名也由首位降至第二位；浙江的家具产量首次跃居全国第一，生产家具17106.45万件(比2008年增长18.23%)，占28.13%；江苏的家具产量尽管只占3.46%，却是十大产地中增速最快的地区，同比增长了44.86%(表3)。

表3 主要地区木质家具生产情况

省(市)	2009年产量(万件)	2008年产量(万件)	增减(%)
浙江	17106.45	14468.29	18.23
广东	15696.89	19512.01	-19.55
福建	8318.16	8371.88	-0.64
山东	5457.83	3974.42	37.32
上海	2738.57	2136.52	28.18
河南	2179.31	1749.6	24.56
江苏	2107.02	1454.52	44.86
辽宁	1923.7	1735.84	10.82
四川	834.1	692.59	20.43
北京	719.42	699.09	2.91

木质家具按产量主要分布在广东、山东、浙江、辽宁等地区。2009年，广东和山东的木质家具产量合计占全国木质家具总产量(下同)的55.04%。其中：广东生产木质家具(下同)6327.06万件(比2008年下降15.43%)，占30.86%；山东生产4956.45万件(比2008年增长48.43%)，占24.18%(图2)。

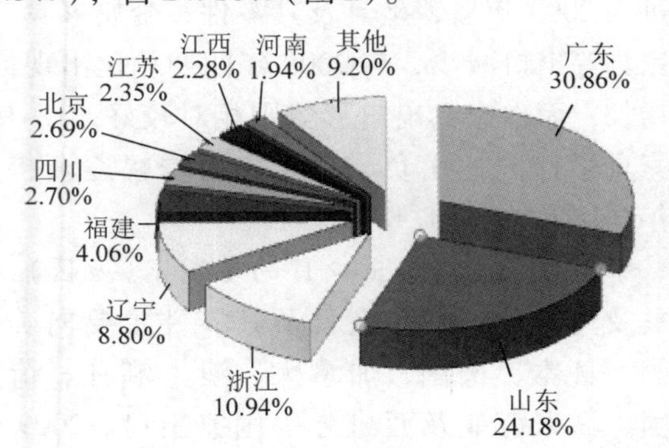

图2 木质家具产地分布

竹、藤家具　2009年，竹、藤家具制造业工业总产值主要由广东、浙江、四川地区创造。其中：广东居第一位，其规模以上竹、藤家具制造企业完成工业总产值(下同)18.42亿元(比2008增长12.31%)，占全国规模以上竹、藤家具制造企业累计工业总产值的44.13%，约为浙江的3.4倍，四川的4.5倍(图3)。

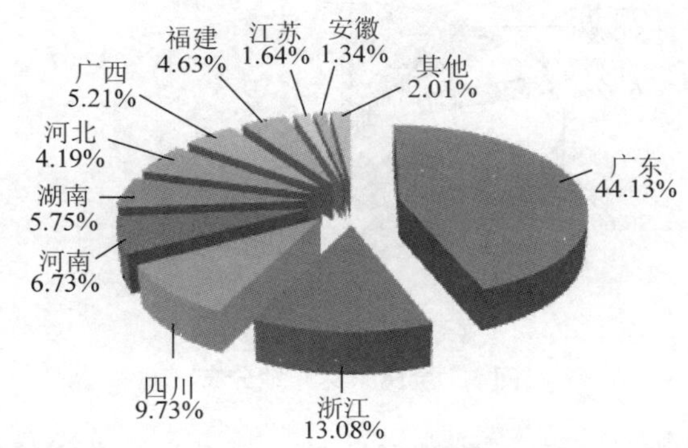

图3 竹、藤家具制造业工业总产值地区分布

金属家具　金属家具制造业的工业总产值主要分布在广东、浙江、河南、上海、福建等地区。2009年，广东与浙江规模以上金属家具制造企业完成的工业总产值比重(下同)都接近25%，河南与上海约占12%，福建占8.40%，上述5个地区的比重合计为81.51%(图4)。其中：广东规模以上金属家具制造企业完成工业总产值(下同)196.15亿元，比2008年增长1.54%；浙江完成195.53亿元，比2008年下降3.99%。

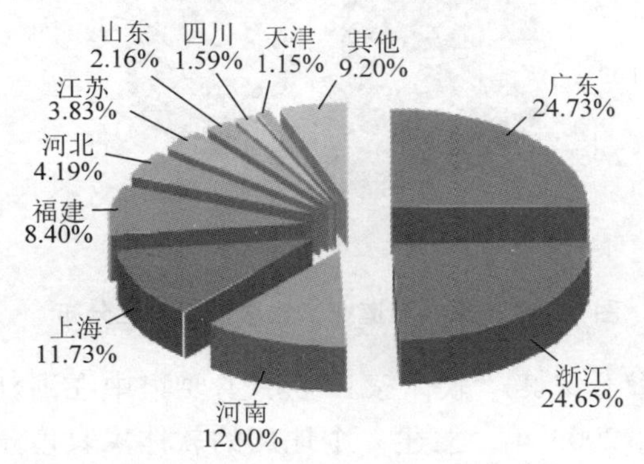

图4 金属家具制造业工业总产值地区分布

金属家具产地分布浙江、福建、广东等主要地区。2009年，上述3个地区的金属家具产量合计占全国金属家具总产量(下同)的八成。其中：浙江的金属家具产量(下同)最多，生产了

12368.39 万件(比 2008 年增长 26.54%)，占 37.07%；福建和广东的产量居第二位和第三位，分别占 22.34% 和 20.60%，但产量均出现负增长，福建比 2008 年下降 0.08%，广东比 2008 年下降 26.70%(图 5)。

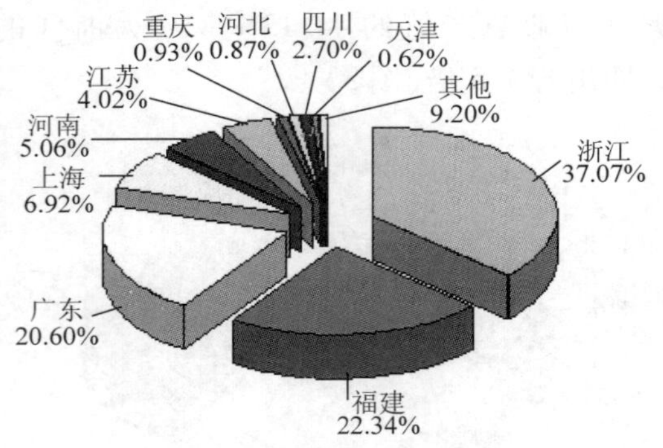

图 5　金属家具产地分布

塑料家具　塑料家具制造业工业总产值的地区集中度较高。2009 年，广东规模以上塑料家具制造企业完成工业总产值(下同)20.22 亿元(比 2008 年增长 6.17%)，占全国规模以上塑料家具制造企业累积工业总产值的比重(下同)最大，为 42.11%；浙江居其次，完成 13.02 亿元(比 2008 年增长 6.25%)，占 27.11%；上述 2 个地区合计完成 33.23 亿元，占 69.22%(图 6)。

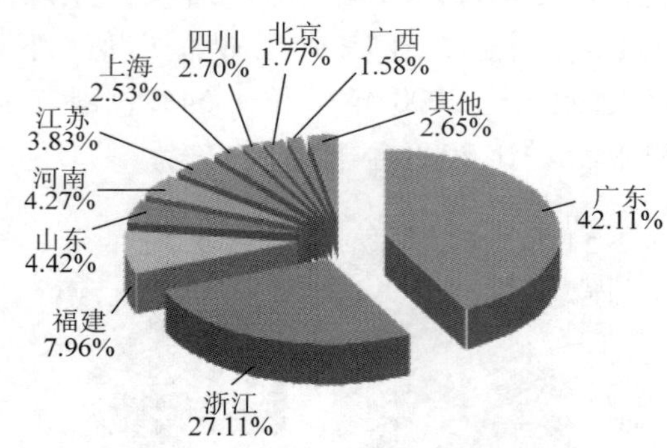

图 6　塑料家具制造业工业总产值地区分布

软体家具　软体家具生产主要集中在浙江和广东。2009 年，上述 2 个地区的软体家具产量合计占全国软体家具总产量(下同)的 71.78%。其中：浙江的软体家具产量(下同)为 1518.78 万件(比 2008 年增长 19.83%)，占 41.23%；广东的产量为 1125.19 万件(比 2008 年下降 7.04%)，占 30.55%。

【家具进出口】

家具出口　家具行业主要出口木家具，金属家具，塑料家具，竹、藤、柳条及类似材料制家具，其他材料质家具及家具零件，坐具及其零件，牙科、理发椅及其零件、医用家具和床垫 9 类商品，其中坐具及其零件、木家具、金属家具 3 类商品的出口比重较大。

根据海关统计数据显示，2009 年，坐具及其零件出口值为 1167471.98 万美元，占家具行业出口总值(下同)的 44.98%；木家具出口值为 758844.92 万美元，占 29.23%；金属家具出口值为 313072.40 万美元，占 12.06%(表 4)。

表 4　主要家具商品出口情况

商品名称	2009 年出口值(万美元)	2008 年出口值(万美元)	增减(%)
家　具	**2595804.2**	**2761444.8**	**-6**
其中：木家具	758844.92	682535.97	11.18
金属家具	313072.4	402945.71	-22.3
塑料家具	33961.56	34012.42	-0.15
竹、藤、柳条及类似材料制家具	3841.31	2384.81	61.07
其他材料制家具及家具零件	266951.9	264794.42	0.81
坐具及其零件	1167471.98	1320455.05	-11.59
牙科、理发椅及其零件	4466.58	6292.42	-29.02
医用家具	23544.6	23155.59	1.68
床垫	23648.95	24868.42	-4.9

2008 年坐具及其零件、金属家具、塑料家具等出口保持两位数快速增长，木家具增速较慢。但进入 2009 年后，坐具及其零件、金属家具、塑料家具等出口减少，与 2008 年同期相比出现持续负增长，而木家具出口形势则相对较好，1～9 月木家具累计同比由负转正，之后增幅逐渐扩大，全年同比增长为 11.18%。

家具按分类商品出口目的地国家(地区)　①坐具及其零件出口。坐具及其零件主要向美国、英国、日本、德国、加拿大、澳大利亚、荷兰、法国、马来西亚及西班牙等国家出口。2009 年，上述主要出口目的地国家中，美国、英国、日本、加拿大、西班牙 5 个国家的出口值增速均为负，其中：向美国出口403654.52万美元，占坐具及其零件出口总值（下同）的34.58%；向英国出口81081.77万美元，占6.95%；向日本出口72939.60万美元，占6.25%（表5）。

表5　坐具及其零件主要出口目的地国家

出口目的地国家	2009年出口值（万美元）	上年出口值（万美元）	增减（%）
美　国	403654.52	460841.52	-12.41
英　国	81081.77	85716.03	-5.41
日　本	72939.60	88618.07	-17.69
德　国	56605.83	54778.51	3.34
加拿大	53644.51	62673.84	-14.41
澳大利亚	46944.63	45643.48	2.85
荷　兰	37000.43	36295.61	1.94
法　国	32330.93	29000.90	11.48
马来西亚	26331.25	14631.90	79.96
西班牙	22734.12	26077.93	-12.82

②木质家具出口。2009年，木质家具主要出口至美国、新加坡、日本、马来西亚、英国、澳大利亚、沙特阿拉伯、加拿大、阿联酋及德国等国家，对美国、日本、澳大利亚等国际传统市场的出口增速仍为负；对新加坡、马来西亚等东盟国家的出口激增，对沙特阿拉伯、阿联酋等中东国家的出口有所扩大。其中：向美国出口263863.45万美元，占木家具出口总值（下同）的34.77%；向新加坡出口57099.66万美元，占7.52%；向日本出口56358.07万美元，占7.43%（表6）。

表6　木质家具主要出口目的地国家

出口目的地国家	2009年出口值（万美元）	2008年出口值（万美元）	增减（%）
美　国	263863.45	289306.03	-8.79
新加坡	57099.66	3998.65	1327.97
日　本	56358.07	56498.29	-0.25
马来西亚	38227.05	9305.7	310.79
英　国	34258.32	32264.44	6.18
澳大利亚	27522.47	29020.62	-5.16
沙特阿拉伯	26132.78	20346.02	28.44
加拿大	23299.82	20739.86	12.34
阿联酋	22209.35	16764.57	32.48
德　国	19888.11	14270.23	39.37

③金属家具出口。金属家具以面向美国、日本、英国、加拿大、德国、澳大利亚、法国、荷兰、西班牙及意大利等国家出口为主。2009年，金属家具出口至上述各国均出现了负增长，其中：向美国出口114296.84万美元，占金属家具出口总值（下同）的36.51%；向日本出口24851.10万美元，占7.94%；向英国出口17277.00万美元，占5.52%（表7）。

表7　金属家具主要出口目的地国家

出口目的地国家	2009年出口值（万美元）	2008年出口值（万美元）	增减（%）
美　国	114296.84	150463.97	-24.04
日　本	24851.1	25150.72	-1.19
英　国	17277	20798.67	-16.93
加拿大	12879.07	18184.39	-29.18
德　国	12636.29	14715.1	-14.13
澳大利亚	12538.75	15878.05	-21.03
法　国	9614.86	10251.51	-6.21
荷　兰	7492.67	10820.82	-30.76
西班牙	6480.77	9553.49	-32.16
意大利	6369.63	7394.94	-13.87

家具出口主要目的地国家（地区）　2009年，中国家具出口至222个国家（地区），出口值居前10位的贸易对象是：美国、日本、英国、德国、加拿大、澳大利亚、新加坡、马来西亚、法国及香港（图7）。

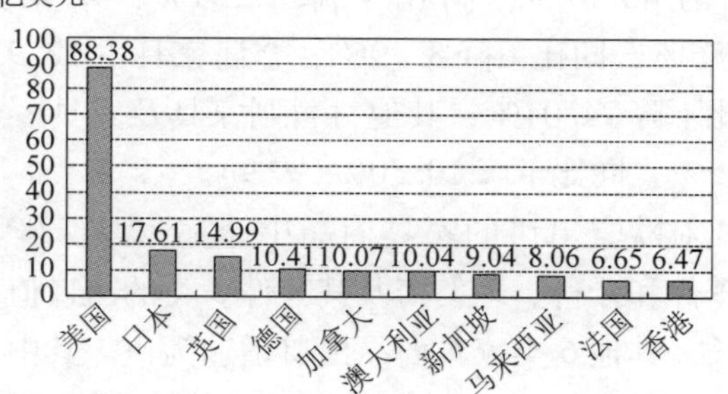

图7　家具行业前10位出口目的地国家（地区）

美国、欧盟及日本仍为主要的家具出口目的地，其中：向美国出口88.38亿美元，占家具行业出口总值（下同）的34.05%；向欧盟出口60.48亿美元，占23.30%；向日本出口17.61亿美元，占

6.79%。然而，我国对上述三大国际传统市场的家具出口均有所下降，对美国的出口值降幅(下同)最大，下降了12.75%；其次是日本，下降了7.42%；欧盟居降幅第三位，下降了4.55%。

我国出口至欧盟的家具主要分布在英国、德国、法国、荷兰、西班牙、意大利及比利时7个国家，合计占对欧盟出口家具总值的82.23%。联盟27个成员国中，除对德国、法国、荷兰、葡萄牙、奥地利、马耳他6个国家的出口值增速为正外，其他21国均出现不同程度的负增长(表8)。

表8　家具出口欧盟各国情况

出口目的地国家	2009年出口值(万美元)	2008年出口值(万美元)	增减(%)	出口目的地国家	2009年出口值(万美元)	2008年出口值(万美元)	增减(%)
比利时	32258.2	33074.95	-2.47	芬　兰	5683.79	7232.6	-21.41
丹　麦	21507.17	25270.24	-14.89	匈牙利	1303.45	1650.28	-21.02
英　国	149892.75	156475.6	-4.21	马耳他	2221.18	819.26	171.12
德　国	104124.24	97620.45	6.66	波　兰	14397.26	18495.81	-22.16
法　国	66461.91	60794.87	9.32	罗马尼亚	4423.4	6845.71	-35.38
爱尔兰	5530.27	7053.39	-21.59	瑞　典	21447.8	24956.08	-14.06
意大利	38067.51	42100.24	-9.58	爱沙尼亚	1292.98	1730.58	-25.29
卢森堡	191.23	284.81	-32.86	拉脱维亚	1429.39	2723.88	-47.52
荷　兰	63187.69	62965.72	0.35	立陶宛	1354.01	1695.01	-20.12
希　腊	10119.87	13829.63	-26.82	斯洛文尼亚	1628.91	1942.48	-16.14
葡萄牙	5532.9	4201.22	31.7	捷　克	1775.81	2064.24	-13.97
西班牙	43309.47	50382.29	-14.04	斯洛伐克	1108.46	1843.02	-39.86
奥地利	2806.65	2420.43	15.96	塞浦路斯	2168.75	2529.46	-14.26
保加利亚	1565.63	2645.84	-40.83	欧盟合计	604790.67	633648.1	-4.55

对美国出口的家具商品中仅有塑料家具的出口值保持正增长(比2008年增长3.30%)，其他类别的家具商品出现了2.13~37.86%的下降幅度。其中，坐具及其零件占对美国出口家具总值(下同)的45.67%，同比下降12.41%；木家具占29.86%，同比下降8.79%；金属家具占12.93%，同比下降24.04%；其他材料制家具及家具零件占8.52%，同比下降10.50%(表9)。

对欧盟出口的家具商品中金属家具、坐具及其零件和牙科、理发椅及其零件3类的出口值为负增长，其他6类家具商品出口增速为正。其中，坐具及其零件占对欧盟出口家具总值(下同)的一半以上，为53.26%，比2008年下降5.07%；木家具占20.09%，比2008年略增1.94%；金属家具占12.71%，比2008年下降最多，达到20.65%；其他材料制家具及家具零件占11.39%，比2008年增长7.14%(表10)。

表9　主要家具商品出口美国情况

商品名称	2009年出口值(万美元)	2008年出口值(万美元)	增减(%)
木家具	263863.45	289306.03	-8.79
金属家具	114296.84	150463.97	-24.04
塑料家具	14843.3	14369.17	3.3
竹、藤、柳条及类似材料制家具	1203.53	1251.72	-3.85
其他材料制家具及家具零件	75315.7	84151.4	-10.5
坐具及其零件	403654.52	460841.52	-12.41
牙科、理发椅及其零件	1300.05	1459.64	-10.93
医用家具	6635.99	6780.69	-2.13
床垫	2661.34	4283.02	-37.86
合　计	**883774.73**	**1012907.15**	**-12.75**

表 10 主要家具商品出口欧盟情况

商品名称	2009 年出口值（万美元）	2008 年出口值（万美元）	增减(%)
木家具	121489.44	119176.53	1.94
金属家具	76851.52	96853.02	-20.65
塑料家具	5015.11	4322.25	16.03
竹、藤、柳条及类似材料制家具	869.92	671.36	29.58
其他材料制家具及家具零件	68876.3	64286.32	7.14
坐具及其零件	322125.39	339328.76	-5.07
牙科、理发椅及其零件	1089.98	1274.43	-14.47
医用家具	6742.36	6027.42	11.86
床垫	1730.65	1708.02	1.33
合　计	**604790.67**	**633648.1**	**-4.55**

国内家具出口最具竞争力地区　2009 年，我国家具出口最具竞争力地区主要聚集在东部沿海区域，家具出口值(下同)居前 10 位的是：广东、浙江、上海、江苏、福建、山东、河南、辽宁、江西和天津，合计占家具行业出口总值(下同)的 94.41%。其中：广东达到 1038155.43 万美元，占 39.99%；浙江为 522366.55 万美元，占 20.12%(表 11)。

上述十大家具出口地中，广东、浙江、上海、江苏、辽宁和天津 6 个地区的出口值增速均为负，除浙江外，其他 5 个地区都出现了两位数负增长；河南、江西虽然列全国第七位和第九位，但出口值增长很快，增幅分别达到 143.56% 和 204.43%。

表 11 全国各省(区、市)家具出口情况

省(区、市)	2009 年出口值（万美元）	2008 年出口值（万美元）	增减(%)	省(区、市)	2009 年出口值（万美元）	2008 年出口值（万美元）	增减(%)
广　东	1038155.4	1155027.7	-10.12	吉　林	5318.08	5942.61	-10.51
浙　江	522366.55	560586.53	-6.82	湖　北	5316.76	6127.85	-13.24
上　海	213918.42	266012.83	-19.58	广　西	3108.05	1827.1	70.11
江　苏	202606.08	227905.8	-11.1	四　川	2056.38	1868.49	10.06
福　建	178346.33	165737.95	7.61	海　南	1779.89	3196.6	-44.32
山　东	121423.28	120438.93	0.82	云　南	1231	195.84	528.57
河　南	45485.12	18674.92	143.56	陕　西	1225.96	1123.25	9.14
辽　宁	43748.12	50482.64	-13.34	内蒙古	1005.64	1214.87	-17.22
江　西	42760.82	14046	204.43	甘　肃	412.33	0.19	213541.19
天　津	41964.63	48869.98	-14.13	重　庆	402.49	484.37	-16.9
安　徽	32983.38	11327.01	191.19	山　西	208.64	169.4	23.16
河　北	29278.47	30276.71	-3.3	西　藏	125.84	287.46	-56.22
北　京	18938.91	24603.96	-23.02	贵　州	74.26	3.86	1824.6
湖　南	16453.81	984.32	1571.6	青　海	34.81	13.08	166.08
新　疆	12572.87	23290.21	-46.02	宁　夏	22.77	4	469.7
黑龙江	12479.08	20720.3	-39.77				

家具进口　根据海关统计数据显示，2009 年，家具进口值为 12.9679.49 万美元，比 2008 年增长了 6.22%。坐具及其零件进口值为 81035.73 万美元，占家具行业进口总值的 62.49%；木家具进口值为 23141.15 万美元，占 17.84%；其他材料制家具及家具零件进口值为 13954.72 万美元，占 10.76%(表 12)。全国各地区家具进口前三名的地区是上海、广东、北京(表 13)。

【家具行业工作动态】

① 家具行业进行结构调整。2009 年在出口下降，国内市场竞争激烈的情况下，家具行业进行

结构调整。多数家具企业在管理创新上下工夫，进行技术改造，开发、生产适合市场需求的新产品。企业利用出口下降的机会，进行生产线的调整改造，开展员工培训，加强企业内部管理。中西部家具企业在销售较好的情况下，针对农村对家具的需求，开发适合农村市场的新产品，以补贴农民方式销售。出口企业在订单减少情况下，努力开发适合国内市场的产品，转向内销以减少企业的生产经营损失。家具行业在国际金融危机冲击下，已经结束长达近20年的高速增长期，进入稳定增长阶段，促进了家具行业的产业结构调整。

② 利用时机扩大国外市场。在世界经济危机的出口订单减少情况下，国内具有一定实力的家具企业走向国际收购国外企业、产品品牌和家具销售渠道，为扩大国外家具市场做准备。2009 年新疆美克家具公司收购了成立于 1952 年的美国斯纳迪家具公司，为美克家具在美国销售打下基础。北京集美家具公司收购了法国的一处商业地产，准备建设家具批发城，已经组织企业进入法国市场。北京标志家具公司在德国建立了销售公司。黑龙江双叶家具公司收购了德国家具企业的整条生产线和家具品牌。大连华夏家具有限公司收购俄罗斯利吉尔家具有限公司。2009 年还有很多国内家具企业与外方签订了技术转让协议。家具企业在企业实力不断增长的时候，积极进入国际家具市场，拓宽销售渠道，充利用当前的有利时机为扩大家具出口做准备。

③ 家具展览会。2009 年在国际经济危机的影

表 12　主要家具进口情况

商品名称	2009 年进口值（万美元）	2008 年进口值（万美元）	增减（%）
家具	129679.49	122091.44	6.22
其中：木家具	23141.15	24005.46	-3.6
金属家具	2955.14	3693.41	-19.99
塑料家具	1136.09	596.57	90.43
竹、藤、柳条及类似材料制家具	27.59	29.43	-6.12
其他材料制家具及家具零件	13954.72	11589.42	20.41
坐具及其零件	81035.73	75115.8	7.88
牙科、理发椅及其零件	407.65	378.53	7.69
医用家具	6390.38	6150.02	3.91
床垫	631.04	532.8	18.43

表 13　全国各省(区、市)家具进口情况

省(区、市)	2009 年进口值（万美元）	2008 年进口值（万美元）	增减(%)	省(区、市)	2009 年进口值（万美元）	2008 年进口值（万美元）	增减(%)
上　海	37346.94	38789.82	-3.72	湖　南	638.65	695.2	-8.13
广　东	24159.1	21997.21	9.83	江　西	206.98	162.25	27.56
北　京	13625.06	13621.82	0.02	安　徽	188.03	239.8	-21.59
吉　林	10198.22	8738.06	16.71	云　南	185.94	66.4	180.04
江　苏	9910.91	6974.57	42.1	陕　西	150.29	82.17	82.89
辽　宁	7027.28	5605.52	25.36	黑龙江	76.2	361.16	-78.9
天　津	6068.4	4629.11	31.09	山　西	75.55	11.05	583.84
福　建	5093.14	6270.69	-18.78	海　南	74.56	125.05	-40.38
湖　北	3477.01	2641.46	31.63	河　南	41.45	67.41	-38.51
浙　江	3189.97	3633.35	-12.2	新　疆	38.03	571.17	-93.34
广　西	2385.62	1156.36	106.3	内蒙古	21.6	42.94	-49.71
山　东	1911.43	2087.45	-8.43	贵　州	20.41	13.45	51.68
四　川	1558.14	1900.18	-18	甘　肃	10.32	1.48	597.58
重　庆	1345.22	987.8	36.18	西　藏	1.46	1.52	-3.94
河　北	653.55	616.92	5.94	青　海	0.05	0.06	-23.68

响下，外商订单下降，国内家具销售短时间下滑，但是家具展览会依然火爆。3月份广东地区的3个家具展览会，参展商比2008年有所增加，参观订货的中外客商也有很大增加。9月份，上海国际家具展览会，参展展位紧张，外商来华参展企业增加，来华参观订货的外商比2008年增加。国内参展企业和参观订货企业数量增加。展览会体现出我国家具行业在正常发展。

④ 家具标准委员会成立。经过全行业的努力，经国家标准化管理委员会批准，组建成立全国家具标准化技术委员会。在中国轻工业联合会和中国家具协会的指导下，以上海标准化检验研究院、广东省家具质检中心为主，经过广泛征求意见，完成了全国家具标准化技术委员会组建工作，由企业、院校、科研机构和协会等56家单位组成家具标委会。中国家具协会为全国家具标准化技术委员会的主任单位。

全国家具标准化委员会成立以后，积极组织有关人员出访英国和瑞典，拜访了英国标准化检测院和瑞典国家标准院，与设在瑞典国家标准院的国际家具标准化委员会(ISO/TC136)秘书处进行了交流，建立了联系，开拓了家具标准国际交流的新平台。

家具标委会成立以后，组织国家标准、行业标准的制定修订工作，先后完成28项国家和行业标准的制定修订工作。协会通过网站、杂志等及时公布标准信息，并先后在北京、成都、常州、宁津、深圳等地行业会议上宣贯新颁布的国家标准，组织企业学习新标准。

⑤“特色区域”建设。培育特色区域的产业集群建设，建立完善家具产业链，有利于促进家具行业发展。2009年，各地的家具特色区域和产业集群积极开展产品创新和产业进步的工作，企业生产技术水平有很大提高，产业聚集形成产业链的效应逐渐显现出来。在此基础上还开展了新的特色区域共建工作。6月份，江苏省家具协会、南京林业大学等10余家单位在江苏蠡口共建中国东部家具商贸之都。12月中国家具协会与云南省工业和信息化委员会、云南省家具协会、剑川县政府等8单位一起在剑川共建中国民族木雕家具产业基地。

为了促进各特色区域的发展，各地区根据不同的发展情况，开展了相关的活动，广东中山三乡镇举办首届中国(三乡)古典家具文化节，浙江玉环县召开行业发展研讨会，广东中山大涌镇召开第二届中国红木家具发展研讨会。中国家具协会实木家具专业委员会联合中国涂料工业协会在广东东莞大岭山镇召开第三届中国水性木器涂料发展研讨会。各项活动的举办，对各家具生产基地加深信息交流，促进技术进步起到了很好的作用。

⑥ 推动设计创新。不断推动家具设计创新，是促进行业进步的重要环节。各种家具设计的活动，吸引了家具企业、设计机构的专业设计师以及各高校在校学生的积极参与，培养了设计人才，推动了设计创新工作。中国家具协会努力推动设计创新活动，9月份在上海举办圣奥杯中国家具协会金斧家具设计大奖赛，5月份开始启动的首届“八益杯”中国乡村家具设计大奖赛。12月举办了厨房家具“斯凯杯”设计大赛评比颁奖活动。

以科技创新带动行业进步，不断推广新科技、新材料的应用，家具企业积极申报中国轻工业联合会科学技术进步奖。3月份，中国轻工业联合会对165项科技成果进行了表彰，广东联邦、浙江圣奥、南方汇通等4家家具企业分别荣获中国轻工业联合会科学技术进步奖的一、二、三等奖及优秀奖。6月，名辉家具(珠海)有限公司举办了纳米银抗菌技术在家具上的应用科技成果鉴定会，获得初步认可。

⑦ 加强职业技能培训。职业技能培训是国家提高劳动者素质的一项重要战略工程。中国家具协会在深入了解行业需求的前提下，会同中国轻工业联合会向国家劳动人事部提出了《新职业建议书》，对原来不适应行业发展现状的职业设定做了调整。与此同时，又在河北、四川、黑龙江省等地设立了5个培训基地，与2008年已设立的基地和培训站共同形成了11个培训基地、23个培训站的组织格局，为大范围推开职业技能培训奠定了良好基础。

(中国轻工业年鉴社供稿)

中国木地板工业

【概　况】

产量与分布　2007年我国木地板产量达到34343.25万平方米，比2006年增长46.77%。其中：实木地板7784.28万平方米，比2006年增长5.83%；实木复合地板11348.44万平方米，比2006年增长1.19倍；强化木地板9486.34万平方米，比2006年增长11.99%；竹木复合地板2047.63万平方米，比2006年增长2.34倍。

2008年我国木地板生产总量为37689.43万平方米，比2007年增长9.74%。其中：强化木地板为11575.06万平方米，实木地板为12322.13万平方米，实木复合地板为7903.12万平方米，竹木复合地板为1368.27万平方米。

2009我国木地板生产总量为37753.20万平方米，与2008年持平。其中：强化木地板为12715.67万平方米，比2008年增长9.85%；实木地板为8138.97万平方米，比2008年下降33.95%；实木复合地板为11770.74万平方米，比2008年增长48.94%；竹木复合地板为2011.29万平方米，比2008年增长47%，其他木地板4520.85万平方米。见表1。

表1　我国木地板产量　单位：万平方米

产品名称	2007年	2008年	2009年
木地板	34343.25	37689.43	37753.20
其中：热带材木地板	2152.37	3003.35	2210.96
实木地板	7784.28	12322.13	8138.97
实木复合地板	11348.44	7903.12	11770.74
强化木地板	9486.34	11575.06	12715.67
竹木复合地板	2047.63	1368.27	2011.29

我国木地板产量超1000万平方米的有浙江、江苏、辽宁、上海、安徽、湖北、吉林、广东、四川、山东、湖南、江西、福建等省(市)。我国木地板各主要产区情况。见表2。

表2　我国各省(区、市)木地板产量　单位：万平方米

省(区、市)	2007年	2008年	2009年
合　计	**34343.25**	**37689.43**	**37753.20**
北　京	992.09	677.10	328.44
河　北	150.42	110.14	51.54
内蒙古	1.67	1.47	0.70
辽　宁	1278.51	2011.65	3082.91
吉　林	1431.26	2402.01	2515.76
黑龙江	77.45	373.93	232.56
上　海	4491.2	5936.01	2890.08
江　苏	5192.96	5190.78	6106.94
浙　江	6332.5	6639.24	7223.62
安　徽	1807.37	1435.57	2726.65
福　建	1430.84	712.31	1247.66
江　西	1755.71	1817.19	1172.91
山　东	2014.13	2382.45	1681.88
河　南	253.98	337.17	278.04
湖　北	1928.61	2077.25	2604.84
湖　南	1502.88	1442.39	1183.00
广　东	1400.84	1919.67	2220.40
广　西	16.86	15.99	89.20
海　南	1.50		
重　庆	0.05	0.01	1.00
四　川	1383.95	1431.92	1699.00
贵　州	505.98	311.19	59.91
云　南	392.22	448.56	356.17

企业分布　2007年，实木地板生产企业及其相关企业约有2000多家，其中大中型企业不足100家，年销售额超过1亿元的企业有20多家，其中取得生产许可证的企业近490家。主要分布于广东、浙江、辽宁、黑龙江、云南、江苏、上海等省(市)、

强化木地板生产企业约有600多家，其中大中型企业约有100多家，年产销量超过200万平方米的企业有40多家，其中取得生产许可证的企业560多家，企业主要分布于江苏、湖南、辽宁、上海、广东、四川、湖北、山东、福建等省(市)。

实木复合地板生产企业约有300多家，其中大中型企业约有20多家，年销售额超过1亿元的企业约有10家，其中取得生产许可证的企业250多家。主要分布于吉林、黑龙江、广东、河北、天津、江苏、浙江、云南等省(市)。

竹地板生产企业约有2000多家，取得生产许可证的企业近100家。其中大中型企业约有10余家，主要分布于安徽、福建、湖南、浙江、四川、江西等省。

软木地板主要以进口为主，中国生产该类产品的企业，仅有几家。

调查显示，年产值在3000万~6000万元的企业，一般经销商数为200家左右；年产值6000万~1亿元的企业，经销商数为400家左右；超过1.5亿元产值的企业，经销商数在700家以上。

截至2007年，已有13家地板企业取得中国名牌称号，7家取得中国驰名商标称号，139家取得国家免检产品称号。

据统计，截至2007年12月，中国木地板生产获工业产品生产许可证的企业有1400多家，获证产品1700个。其中强化木地板占40%，实木地板占35%，实木复合地板占18%，竹地板占7%。

销售价格 在国内市场，地板行业竞争日益激烈，为了赢得消费群体，在国内市场方面，企业不断调整其销售模式和营销手段，在以建材市场为主的同时，逐步开始与工程、超市和装饰装修公司合作，向商务楼、写字楼、宾馆、体育场馆扩展；在努力挖掘大中型城市为主的同时，向县级城镇延伸。近年来，受基材涨价、专利纠纷、出口退税率降低以及人民币汇率升高等影响，强化木地板生产成本增加；受市场竞争等影响，强化木地板的售价上涨困难，企业利润空间趋窄，最终导致强化木地板总体增长速度减缓，这种现象是整个强化木地板产业走向成熟的表现。多层实木复合地板凭借其独特的产品结构，符合国家的产业和环保政策，不仅有与实木地板相同的装饰效果，而且具有更好的尺寸稳定性和价格优势，近年来一直保持着较快的增长速度。

实木地板的90%采用进口优质阔叶树材，在原材料供应紧缺和征收5%消费税的政策影响下，产品售价上涨，逐渐成为高端消费品，销量趋于稳定。加大高附加值产品的开发力度，才能确保企业的生命力，例如：拼花地板在国外非常有市场，在国内、国外都属于中高端产品。国内价格最高端的拼花地板达到每平方米5000~10000元，国外像美国，价格都是在80美元一平方英尺，相当于每平方米10000元人民币。普通的产品在国内也要卖到1000元上下，国外最普通也要卖到3000~5000元/平方米。

实木复合地板在产品开发上还不够丰富，品种单一，缺少新意。在技术水平上，因为中国木地板业技术含量不高，入门门槛低，产品水准参差不齐。中国企业拥有的专利也不多，在自主知识产权研发上下的工夫不够，大多数地板厂家只看到眼前利益，不愿意投入人力和财力推出新产品。推陈出新慢，发展比较迟滞。

竹地板是中国的特色产业，由于竹地板企业规模小、知名品牌少，竞争不理性，造成价格下降、利润空间小，目前尚值起步发展期。

此外，随着技术和生产设备的改进以及国外先进技术的引进，软木地板、体育场馆用木质地板、计算机房用木质地板、地采暖木质地板、室外地板等特种地板亦逐步形成一定规模，其年总销量约300万平方米。

木地板进出口贸易 中国强化木地板的出口国家，主要有美国、欧盟、日本。中国强化木地板的进口国家主要有日本、德国、马来西亚。中国实木地板的出口量约占总产量的40%，进口量很少，因此实木地板的消费基本为国产地板；中国实木地板出口主要以非针叶木地板为主，中国实木地板的出口国家主要有美国、日本、英国和加拿大，而进口主要集中在美国。中国实木复合地板主要出口到美国，荷兰，比利时和丹麦等国家。

木地板出口状况 2009年我国木地板①出口数量为39.26万吨，出口额6.08亿元，进口数量为0.91万吨，进口额为0.19亿元。

【影响木地板质量的因素】 我国木地板产品，现

① 本文木地板的海关编码包括：44091010、44091090、44092110、44092190、44092910、44092990、44186000、44187100、44187290。

有国家标准或行业标准覆盖了市场上常见的地板类型和不常见的地板类型。强化地板、实木地板、实木复合地板、竹地板有相应的消费白皮书，随着消费者要求的逐年提高，生产企业加工工艺和管理水平也在提高，地板质量正稳步提升。影响地板质量的主要因素有：

①加工设备对地板质量的影响。加工设备方面的因素，主要有设备的构造与原理，设备的调试与操作，设备的磨损与保养等方面。在地板生产过程中，很多环境需要生产设备有很高的精准度。如：强化地板在企业生产过程中，如果使用刀具和加工机械精度不一，就会造成企口拼缝松动、自锁力差，拼接离缝和拼接高度差过大，从而影响产品的质量；实木和实木复合地板在淋漆后，紫外光固化时间不能正确与UV漆固件时间匹配，就会造成漆膜附着力不够，从而影响其浸渍剥离和表面耐划痕性能。因此，在生产过程中，很多重视质量的企业都会定期保养调试设备，以保证良好的加工精度。

地板加工设备采用是根据企业的生产规模和产品的要求精度高低确定的。一般来说，投资少、规模小的生产企业多采用国产通用设备加工，质量要求一般；中等规模生产企业加工设备多为中外制造，组成半机械化生产线，质量要求较高；大规模生产企业多采用国际先进的自动化生产线。

通过20多年的发展，中国地板生产设备在品种和产量方面基本能满足地板生产的需要，通过国外设备与技术的引进、消化吸收，中国地板加工设备已接近国外先进水平。但国产设备与国外先进设备相比还存在一定的差距：一是生产能力达不到设计要求，主要原因是在设备使用过程中，性能不稳定，需要经常调整，调整用去了生产线加工的有效时间，降低了机械的生产能力。二是生产线的设备配套性差，设备之间不衔接，造成能源的浪费；三是单机设备制造精度低。单机几何精度差，装配质量欠缺，影响地板的加工精度。四是刀具的耐磨和抗疲劳性能低，需要经常磨刀、换刀。

②原材料质量对地板质量的影响。材料是影响产品质量的重要因素之一。

强化地板在生产中，压贴时间过长、压力过大而造成基材的力学性能下降，因此，原材料在很大程度上影响着强化地板的质量。表面耐磨层中如果三氧化二铝含量过低，就会造成地板表面耐磨性能下降，基材的理化性能不合格，在后续加工中也无法改变，地板的理化性能就很难合格。

实木地板、实木复合地板除了固有的热胀冷缩特性外，还有湿涨干缩的特点。因此，木质地板生产过程中的干燥处理是一个极其重要的工艺，处理的好、坏对地板质量影响很大。木质地板含水率一般要求控制在12%以下，8%～12%为佳。北方地区含水率可在12%以下，南方气候湿润，有时含水率可在14%以下。

③管理水平对质量的影响。管理水平对质量的影响主要表面在两个方面。一是生产工艺，良好的加工工艺，包含了各个工艺流程的合理配置，工艺参数的设定，直接影响到了产品质量。二是管理理念，很多工厂，虽有实验室，但形同虚设，只是把它当做申请生产许可证时的标准配置，根本没有发挥实验室的作用，产品检验时只是凭经验，而没有用到科学的试验方法，甚至对自己企业的产品质量都不清楚。

【质量标准】 中国木地板产品现有国家标准或行业标准(表3)：

表3 木地板标准

标准名称	
GB/T 7910.1—1987	木质活动地板定义和术语
GB 18580—2001	室内装饰装修材料人造板及其制品中甲醛释放限量
GB/T 15036.1—2001	实木地板技术条件
GB/T 18103—2000	实木复合地板
GB/T 15036.2—2001	实木地板检验和试验方法
GB/T 20239—2006	体育馆用木质地板
GB/T 20240—2006	竹地板
GB/T 20238—2006	木质地板铺装、验收和使用规范
LY/T 1330—1999	抗静电木质活动地板
WB/T 1016—2002	木地板铺设面层验收规范
LY/T 1614—2004	实木集成地板
CECS 191—2005	木质地板铺装工程技术规程
DB 33/393—2003	实木地板用材名称标识规范
DB 34/223—2001	实木地板块包装标识

（续）

标准名称	
GB/T 7910.4—1987	木质活动地板系统电阻的测定
WB/T 1030—2006	木地板铺设技术与质量检测
LY/T 1573—2000	竹地板
WB/T 1017—2006	木地板保修期内面层检验规范
GB/T 7910.2—1987	木质活动地板技术要求和检验规则
GB/T 7910.3—1987	木质活动地板集中载荷的测定
GB/T 18102—2007	浸渍纸层压木质地板
LY/T 1700—2007	地采暖用木质地板

国家抽检质量结果：

实木地板　2007 年，国家质检总局抽查了广东、浙江、上海等 3 个省(市)40 家企业生产的 40 种产品，产品抽样合格率为 97.5%(表 4)。

表 4　历次实木地板质量国家监督抽查结果

产品名称	年份	抽查品牌(个)	合格率(%)
实木地板	2003	46	76.1
	2007	40	97.5

存在问题：漆板表面耐磨不合格。该项指标不合格，说明地板的油漆质量较差，将影响地板的使用寿命。国家标准规定一等品实木地板漆板表面耐磨指标≤0.10 克/100 转；合格品≤0.15 克/100 转。在本次抽查中共有 8 种产品此项不合格，项目不合格率为 17.4%。其中某公司 2003 年 7 月 23 日生产的规格为 900 毫米×98 毫米×18 毫米实木地板，漆板表面耐磨检测值为 0.17 克/100 转，不仅达不到其标称的一等品指标，甚至达不到标准中的合格品指标。

漆膜附着力不合格。该项指标不合格也说明地板的油漆质量较差，在使用中可能造成油漆开裂甚至剥落，同样影响地板的使用寿命。国家标准规定一等品实木地板漆膜附着力指标≤2 级；合格品≤3 级。抽查中共有 4 种产品此项不合格，项目不合格率为 8.7%。某地板厂产品漆膜附着力检测值为 4 级，不仅达不到其标称的一等品指标，甚至达不到标准中的合格品指标。

含水率不合格。该项指标不合格将造成在使用中地板变形、翘曲、起拱或离缝等现象，影响美观和使用性能。国家标准规定实木地板的含水率指标为 7% 至销售地点的平衡含水率。2003 年抽查的产品中只有 1 种产品此项不合格，项目不合格率为 2.2%。

实木复合地板　2007 年共抽查了北京、河北、吉林、辽宁、黑龙江、上海、浙江、江苏、河南、山东、广东、四川等 12 个省(市)71 家企业生产的 74 种产品，产品抽样合格率为 95.9%，比 2005 年有所提高。见表 5。

表 5　历次实木复合地板质量国家监督抽查结果

产品名称	年份	抽查品牌(个)	合格率(%)
实木复合地板	2005	40	95.5
	2007	74	95.9

主要质量问题：浸渍剥离项目不合格。浸渍剥离性能反映板材胶层的剥离、分层能力的大小，胶层抵抗温水浸泡的能力大小。浸渍剥离项目不合格的产品，在使用过程中容易发生分层缺陷，失去使用功能。

强化木地板　到 2009 年止，共抽查 5 次。2003 年国家质检总局共抽查了北京、辽宁、黑龙江、上海、江苏、浙江、福建、江西、河南、湖南、广东、四川、云南等 13 个省(市)52 家企业生产的 52 种产品，合格 41 种，产品抽样合格率为 78.8%。抽查结果表明，大、中型企业生产的产品全部合格。抽查了 18 家大、中型企业的产品，占抽查企业总数的 34.6%。这些企业由于具有较为完善的质量管理体系，对原材料及成品的进出厂严格检验，产品质量比较稳定。而小型企业产品质量较差。共抽查了 34 种小型企业的产品，合格 23 种，产品抽样合格率为 67.6%。2004 年国家质检总局共抽查了江西、福建、安徽、北京、广东、湖北、湖南、辽宁、上海、江苏、浙江等 11 个省(市)79 家企业生产的 82 种产品，合格 69 种，产品抽样合格率为 84.1%。2005 年共抽检 90 个品牌，合格率 94.6%。2006 年国家质检总局共抽查了浙江、江苏、湖北、湖南、江西等 5 个省 40 家企业生产的 40 种产品，产品抽样合格率为 97.5%。2007 年国家质检总局共抽查了北京、四川、辽宁、江西、江苏、湖南、湖北、浙江等 8 个省(市)58 家企业生产的 58 种产品，产品抽样合格率为 98.3%(表 6)。

表6 历次强化木地板质量国家监督抽查结果

产品名称	年份	抽查品牌(个)	合格率(%)
强化木地板	2003	52	78.8
	2004	82	84.1
	2005	90	94.6
	2006	40	97.5
	2007	58	98.3

存在的主要质量问题：一是甲醛释放量不合格。人造板生产中普遍使用的胶黏剂是以甲醛为原料生产的，这种胶黏剂中总会残留反应不完全的游离甲醛，这就是人造板产品中甲醛释放的主要来源。甲醛对人体黏膜，特别是呼吸系统具有强刺激性，影响人体健康，GB18580—2001《室内装饰装修材料人造板及其制品中甲醛释放限量》对人造板及其制品的甲醛释放规定了强制性国家标准。抽查中有产品甲醛释放量未达到强制性国家标准，即E1级≤1.5毫克/升的规定，严重者达到了2.5毫克/升，超出标准1.67倍。甲醛释放量超标主要是因为产品中使用的胶黏剂配方不科学，制胶工艺落后等。二是表面耐磨指标不合格。抽查中产品表面耐磨低于标准规定值，国家标准GB/T18102~2000《浸渍纸层压木质地板》规定家庭用的表面耐磨≥6000转、公共场所用的表面耐磨≥9000转。其中有的产品表面耐磨仅为400转，只有家庭用的表面耐磨要求的1/15。使用这样的木地板，直接影响到地板的使用寿命，严重地损害了消费者的经济利益。三是静曲强度不符合标准要求。静曲强度反映了强化木地板承载受力的能力，有的产品静曲强度不合格。这项指标不合格，说明产品的力学强度较差，在使用中容易出现断裂等问题。造成不合格的原因，主要是原材料力学性能不合格和热压工艺不合理或使用胶黏剂不当。

造成产品质量不合格的主要原因：一是使用不合格的原材料。由于强化木地板表面耐磨层成本较高，一些企业为了压低产品价位促进销售，人为的使用质次价廉的不合格耐磨纸；二是缺少检测手段。抽查不合格的企业均无检测设备，无法对产品质量进行控制。

在抽查中发现，行业中存在一些“贴牌”加工现象，有的小型企业每家生产多个“贴牌”产品，由于这些委托方、加工方缺乏必要的检测手段，对产品质量无法控制。

竹地板 2007年，国家质检总局对竹地板产品质量进行了监督抽查，共抽查了浙江、福建、湖南、安徽、江西等5个省50家企业生产的50种产品，产品抽样合格率为94%。

检验的理化指标甲醛释放量、静曲强度、硬度、表面漆膜耐污染性、表面漆膜附着力项目全部符合标准的规定。

主要质量问题是，个别产品浸渍剥离项目达不到标准规定的要求。浸渍剥离试验是产品经浸水、烘干后来考核产品的胶合性能，若浸渍剥离试验达不到标准规定的要求，竹地板易产生脱胶现象，从而影响竹地板的质量。

2002、2003、2005、2006、2007年，先后有7、17、48、93、139个品牌被列入了国家免检产品目录，这从侧面也说明，中国地板产品整体质量在逐步提高。

【木地板产业发展环境与沿革】

国际环境 一是全球绿色浪潮蓬勃兴起，可持续发展成为世界各国的共识，森林问题成为可持续发展的关键和各国普遍关注的焦点；二是世界经济一体化进程加快，对中国经济包括林业与木业的发展产生深刻的影响；三是加入WTO使中国林业与木业既迎来难得的发展机遇又面临严峻的挑战。

经过长期不懈的努力和多次双边谈判中的让步，中国才得以加入世贸组织(WTO)。世贸组织各国严格遵守WTO规则，认真消除关税壁垒和配额限制，使中国加入WTO后，既获得了扩大出口贸易的机遇，受益匪浅，也承担了相应的义务，包袱也不小。各国都在世界经济贸易活动的激烈竞争中，不断挖掘潜力并发展壮大，但随着世界经济一体化进一步加快和深化，贸易摩擦不可避免，非关税壁垒顺势而生，特别是以环境保护为名的形形色色的技术性贸易壁垒的出现更为突出。现阶段中国尚未走出加入世贸组织的“后过渡时期”，国外的贸易保护、技术壁垒会进一步加强，各种贸易摩擦会继续增加。与此同时，中国人造板企业还面临着原材料涨价、运输成本提高、出口退税率频繁调整，成本居高不下，售价难以提高等困难。这给中国木地板的出口贸易带来严重挑战，若不引起高度重视，采取有效措施，必将影响中国的经济形势。

在国际贸易活动中出现的贸易壁垒早已司空见惯，它旨在限制从别国进口产品，实行单边贸易保护主义，从而保护本国的民族工业以达到其经济利益，贸易壁垒又分为关税壁垒和非关税壁垒，技术性的非关税贸易壁垒叫技术壁垒，有关借以环保为名的技术壁垒又被称为绿色技术壁垒。技术贸易壁垒是在WTO规则允许范围内滋生的产物，已成为非关税贸易壁垒的重要组成部分。

近些年来，技术壁垒发展较快，种类繁多。例如绿色关税和市场准入、绿色技术标准制度、绿色环境标志、绿色包装制度、绿色检疫和绿色反补贴等。其中，绿色关税又称环境进口附加税，是指进口国以对一些影响生态环境的进口产品除征收一般关税外，还另征收绿色关税，企图对产品进入严加限制或禁止。凡是不能突破包括技术壁垒在内的技术性贸易壁垒的国家的产品都不准进入国际市场。此外还有各种认证如：FSC/PEFC森林认证、CARB认证、CE认证、JAS认证、UL认证、反恐认证、REACH法案、CPSIA法规等市场准入性质的产品认证都属于技术壁垒范畴。SA8000社会责任管理体系标准认证将会给中国劳动密集型产业如木地板行业带来众多负面影响。

各国的技术壁垒的要求与标准不尽相同，宽松不一，差距较大。科学技术和经济发达的国家技术壁垒要求和标准比较接近，可以互相认可，在世界经济贸易中实施技术壁垒使发达国家优势更为突出，发展中国家更为被动。发展中国家与发达国家在世界贸易活动的差距将继续扩大，不平衡状态愈来愈严重。

国内环境　以下五点对林业与木业的影响最大：一是日益恶化的生态状况和国家建设、人民生活对木材等林产品需求的日益扩大使中国林木业面临空前繁重的“双重压力”，在“生态优先”原则指导下，全面建设森林生态体系和林业产业体系成为中国林业与木业发展的必然选择；二是党的十六大提出全面建设小康社会的奋斗目标，国家实施西部大开发战略和扩大内需的宏观经济政策以及增加农民收入、调整农村产业结构的战略性措施，对林业与木业发展提出了新的要求，也创造了难得的外部环境和发展空间；三是社会主义市场经济体制初步建立，中共中央进一步作出《关于完善社会主义市场经济体制若干问题的决定》，以市场为取向的经济体制改革逐步向纵深层次推进；四是中国政府对林业空前重视，全社会对林业地位和作用的认识空前提高，对林业的投入空前增加，为林木业发展提供了良好的社会环境和经济支撑；五是木地板行业门槛低，进入木地板行业非常容易。如今国内已经形成近3000家木地板企业，百万人直接就业，产值约700亿元的中国木地板产业。

木地板发展沿革　从古人学会居巢穴处的时代起，最原始的家具就出现了，人类就学会了使用木材。旧石器时代中国就有了家具，此时的家具不需要复杂的加工。当人类掌握了编织技术和制陶技术之后，中国的家具得到了一定程度的发展。据考古学家考证，在浙江余姚河姆渡时代就发现多处木结构的结合方式采用比较先进的燕尾榫、带销钉孔的榫、端榫和嵌槽的企口榫，其中发现企口榫已经被用作木地板。

到了夏、商、周时期，中国古代家具步入了成熟阶段，此时的榫卯结构上除了更多地使用明榫(穿榫、半肩明榫)、交角榫(闭口透直榫、开口透直榫、对角扣接)、燕尾榫和企口拼接外，还出现了多种扣榫(对开十字扣榫、夹头榫、子母榫、搭边榫)、槽榫(浅槽纳接、深槽纳接、通槽纳接)、暗榫(直角暗纳接、半肩暗纳接、双肩暗纳接)、圆榫等。

纵观目前掌握的有关中国古代建筑榫卯结合形式，发现“螳螂头口”和“勾头搭掌”的榫卯形式已经接近地板“锁扣”形式。其中以“普柏枋间缝的勾头搭掌”最为接近目前复合地板“锁扣”的连接方式。

木结构之所以在中国建筑上长期居于主要地位，在于它的取材、运输、加工都比较容易，工期也比较短。建于北魏时期的山西悬空寺，悬空走廊皆为木板铺装，距今已有1500多年。另据《吴越备史》载，梁贞明二年(公元916年)，钱镠迎鄮县(今鄞县)阿育王寺释迦舍利塔到杭州，建城南塔(梵天寺木塔)珍藏。建筑过程中，"盖钉板上下弥束，六幕相联如胠箧，人履其板，六幕相持，自不能动"。上面提及的木板铺地，也许就是木地板的雏形了。

伴随着科技的发展，加工工具的更新，地板也从原来单一的实木块地板发展到了现在的实木地板、实木复合地板、强化地板、竹木复合地板等几大类，花色之多，规格繁杂，令人数不胜数。

中国复合木地板行业起源于20世纪80年代初。随着中国经济的蓬勃发展和居民生活水平的日益提高，木地板以其脚感舒适、自然温馨、冬暖夏凉、高贵典雅等突出的优点，成为人们地面装饰的首选材料，其市场需求呈直线上升趋势。1999年，中国复合木地板消费量达7000多万平方米，年销售额80亿元以上，年增长量在15%~20%之间。2007年消费突破量3.61亿平方米，年销售额500亿元以上。中国复合木地板行业虽起步较晚，但发展速度很快，在短短20多年的时间里已形成了多种类、多规格，从生产到销售、铺设、售后服务配套，具备一定规模的产业体系。

木地板的分类

实木地板　20世纪80年代以来，中国实木地板产业进入了快速发展时期。中国实木地板形成产业虽然较晚，但发展速度却很快，在短短20多年的时间里，形成了多种类、多规格，多档次的格局，并且形成从生产到销售、铺设、售后服务等较为完整的产业体系。

中国从事实木地板生产的企业曾有4000多家，年设计生产能力可达2亿多平方米，主要产区分布在珠江三角洲、长三角，环渤海及东北林区。从全国及地区市场上看，北京、上海、江苏、浙江、黑龙江、辽宁、吉林、广东等地和重点发达城市的品牌特色明显，品牌在全国市场或地区所在周边市场的结构调整效果已经显现出来。

浙江南浔是实木地板生产最大的集群区域，拥有数十个品牌和百余家实木地板生产企业，产销量列全国之首，该集群被中国林产工业协会授予中国实木地板之都的荣誉称号，其示范作用和带动作用明显。

实木复合地板　实木复合地板是新兴的地面装饰材料，分三层实木复合地板和多层实木复合地板两大类。针对实木地板消耗森林资源过多和变形，不稳定等缺陷，1930年瑞典康树集团研发出第一块三层实木复合地板，经过近50年的发展与完善在北欧首先普及，在西欧迅速发展，上世纪80年代三层实木复合地板已成为欧洲复合木地板市场的主流产品，90年代初期开始进入全球市场，在东欧、东亚和东南亚迅速发展。多层实木复合地板起源于亚洲的日本，在日式榻榻米基础上逐步发展起来。在中国，由于市场环境的因素，起步较晚，进入21世纪初，实木复合地板才进入了快速发展的时期，尤其从2003年开始，实木复合地板以超过40%以上的速度快速增长，成为中国木地板产业的主导产品之一。同时，由于实木复合地板优雅温馨而又性能稳定，还适用于地热采暖，并能够实现大规模机械化生产，具有优化木材利用等优势，也成为国内外木地板市场消费的主流。

强化木地板　强化地板又名浸渍纸层压木质地板，到现在为止，其历史并不长，它最早出现于20世纪北欧的瑞典，在高压三聚氢胺贴面板的基础上，由台板、计算机房地板等逐步发展演变。于1977年由奥地利生产刨花板的埃尔公司与瑞典生产防火板的珀利公司合作开发而成，随后在欧美国家迅猛发展，但当时在表面耐磨及吸水膨胀等方面还未得到很好解决。80年代末，美国的米特尔公司突破了技术难关，在强化木地板表面添加三氧化二铝，而成为强化木地板发展的里程碑。

1995年初，国外强化木地板厂商开始直接进入中国市场，至今已有10多年时间。这期间正值中国经济和社会飞速发展，大规模的基础设施建设、蓬勃发展的房地产市场以及人们不断增长的消费需求造就了巨大的地面装饰材料的市场机会。10年间，强化木地板产业经历了从无到有，从纯进口到国内加工，直至产销及上游产业一体化发展的过程。市场规模由最初的每年几十万平方米发展到2008年的1.16亿平方米。

江苏常州是强化木地板生产的最大集群，拥有近百个品牌和数百家强化木地板生产企业，产销量列全国之首。该集群被中国林产工业协会授予中国强化木地板之都的荣誉称号，其示范作用和带动作用明显。

竹地板　竹地板起源于中国台湾。从20世纪90年代起竹地板制造技术日趋成熟，当时产量只有30万平方米，到2008年，全国竹地板产量达到2400万平方米。竹子再生能力强，生长速度比木材快，竹地板作为一种十分有特色的地板种类，外销价格高，效益良好，所以自诞生之日起，西方国家就认为是环保地板，中国上规模的竹地板企业几乎都把目光放在了国外。作为高档地板的代表，全国竹地板产量的60%～70%都出口，这也造成了竹地板"国内开花国外红"的局面，在中国本土反而认知度不如西方国家高。

软木地板　软木，也称栓皮，属于树皮的一部分，主要是由阔叶树栓皮栎(*Quercus variabilis*)或栓皮槠(*Q. surber*)上采割而获得，是一种稀有资源。在中国常见的栓皮树种是栓皮栎。

木材作为一种天然可再生的多孔生物质材料，其在声学方面的应用历史悠久，而且也非常广泛，尤其是在乐器方面的应用更是非常普遍。最早出现的具有静音功能的地板是由葡萄牙人于1900年开发出来的纯软木地板。软木地板不但保持了软木的天然本色，独特高雅的自然花纹，而且还具有优异的防滑性能、耐磨性能和吸音、减震效果，且弹性适宜，脚感舒适，是一种非常珍贵、高档的地板。纯软木地板在中国的使用可以追溯到1932年由荷兰人铺设的，那时仅有1厘米厚的简易软木地板被用在北京古籍图书馆，至今已使用了70多年，仅磨损掉0.5毫米，足见其良好的耐磨性。中国软木复合地板首先由西安万林集团公司研制生产，并于1994年初投放市场，同年获得了国家专利权。从2007年开始，软木地板的销售情况呈逐渐上升的趋势，市场份额达到80万平方米。

（中国林产工业协会）

中国经济林产业

【概　况】 全国现有经济林面积0.28亿公顷，比改革开放前增加了1.8倍。各类经济林产品产量达1.09亿吨，比改革开放前增加了近10倍。2007年，包括干鲜果、饮料、调料、中药材以及森林食品等在内的种植与采集业的直接产品的产值为3069.05亿元。2008年，经济林产品的种植与采集的产值为3456.34亿元；2009年其产值为3903.20亿元，比2008年增长12.93%。据分析，经济林产品(包括加工初制和备制产品)产值在1万亿元以上，有利于促进丘陵山区8000万农民致富。经济林产业在经济社会发展中显露出巨大的作用。

我国经济林发展历史沿革　远在太古时代，木本粮油食物就以其自然产品，多种果实哺育人类。随着人类定居生活的开始，为了稳定的得到食物来源，木本粮油树种首先受保护，这是早于农业的人类对经济林原始经营利用。在距今7000余年的河姆渡原始社会遗址中，就有成堆出土的橡子、酸枣。1995年3月发掘的宁波柴桥镇沙溪村新石器遗址中有几百颗橡子。半坡村遗址有残存的核桃。见之于文字记载的《诗经》有“树之榛栗”、“八月剥枣”。庄周所著《庄子·盗跖》中说：“古者禽兽多而人少，于是民皆巢居以避之。昼拾橡栗，暮栖木上，故命之曰有巢氏之民。”《战国策》中记有苏秦游说到燕国时，对燕文候说：“北有枣栗之利，民虽不田作，枣栗之实足食于民矣，此所谓天府也。”我国古代著名著作《山海经》记有“员木(油茶)、南方油实也”。《礼记》记载：“子事父母，妇事舅姑，枣栗饴蜜以甘之。”晋代有用野生橡栗作为军饷的记载，誉为“河东饭”。由此可见，木本粮油树种早有栽培及引种，并在人民生活经济占有重要地位。

我国经济林引种历史也悠久。唐代(公元8世纪)陈藏器所著《本草拾遗》记有“阿月浑子(现商品名“开心果”)，生西国诸番”。稍后段成式(唐代，公元8世纪)所著《酉阳杂俎》一书中记有“胡榛子阿月，生西国，番人言与胡榛子同树，一年榛子，二年阿月”。由于阿月浑子是雌雄异株，可能在古代误认为两种树。这里所指的“一年榛子，二年阿月”，其实指的是同一种树阿月。该书另记有“扁桃，出波斯国，波斯呼为婆淡树。其肉苦涩不口敢，核中仁甘甜，西域诸国诊之”。《西阳杂爻且》还记有：“齐墩果(油橄榄)，出波斯国，亦出指林国。子似阳桃，五月熟，西域人压为油以煮饼果，如中国之用巨胜也。”阿月浑子和扁桃(巴旦杏)从唐传入后，至今在我国新疆、内蒙古、甘肃等地仍作油脂干果种栽培。新中国成立后，经济林引种工作取得巨大成功，橡胶、咖啡、杧果、腰果、胡椒、美国山核桃等均是新中国成立后扩大引种栽培而获成功的。

新中国成立后经济林建设沿革　我国经济林的快速发展，主要得益于各级政府的高度重视。早在1956年，国务院发布《关于新辟和移植桑园、茶园、果园和其他经济林木减免农业税的规定》，为经济林生产发展注入了活力。在此期间，全国营造经济林310万公顷，占同期人工造林总面积的22.1%。

1961年，国家发布了《关于收购重要经济作物实行粮食奖励的指示》，对收购油茶籽、核桃等主要经济林产品奖励粮食标准作出了规定，随后又提高了标准，并采取奖售化肥、奖给布票、经济扶持等优惠政策和措施，鼓励发展经济林，繁荣山区经济。

1964年1月国家计委、林业部等部委在北京联合召开了第一次全国油桐专业会议。1978年4月林业部在北京召开了第二次全国油桐会议，在这次会议上国务院副总理李先念作了重要讲话。

为鼓励国有、集体和个人发展经济林，1981年，中共中央、国务院颁发了《关于保护森林发展林业若干问题的决议》，倡导要稳定山权林权，因地制宜地大力发展经济林。各级地方政府部门也先后制定了一系列优惠政策，为经济林的发展创造了一个比较宽松的外部环境。

1988年，林业部下发了《1988～2000年全国经济林名特优商品生产基地建设规划》，明确了今后全国经济林建设的指导思想、原则和建设重点。1992年林业部根据全国经济林发展、市场需求和发展潜力等因素，又对《规定》进行了适当调整。同年在长沙成立中国林学会经济林分会(挂靠中南林业科技大学)，促进了经济林学术繁荣。

1990年12月，林业部在贯彻《国务院关于当前产业政策要点的决定》的实施办法中明确提出"充分利用山地资源，因地制宜建设一批名特优经济林基地，满足市场对木本油料、工业用原料、调料、香料、药材以及优质干鲜果品的需求，改善山区、农村产业结构，促进农村经济的发展。"发展经济林生产成为繁荣我国农村经济的一项战略措施。

1994年，林业部在河北省唐山市召开全国山区林业综合开发和经济林建设现场会议，授予100个县(市)全国经济林建设先进县称号，提出把经济林建设与山区开发结合起来的新思路，得到国务院领导的高度重视。

1995年针对全国经济的发展形势和特点，为切实加强对经济林的行业管理和行业指导，林业部下发了《关于"九五"期间经济林开发建设有关问题的通知》，提出要立足资源优势，突出名特优品质，以市场为导向，以效益为中心，以科技为保证，综合开发，规模经营，走高产、优质和高效发展道路，稳步推进全国经济林建设沿着持续、稳定和健康方向发展。同年在北京成立了中国经济林协会，促进了经济林产业的发展。

"十五"期间，在国家农业综合开发资金中，专门设立了发展经济林、花卉产业的专项建设资金。5年中央累计投入资金3.38亿元，在全国30个省(区、市)建立了6万公顷各具特色的经济林、花卉产业基地。

"十五"期间，以经济林为主的非公有制林业迅速崛起，每年造经济林面积超过66.7万公顷。5年累计贷款105.7亿元，中央财政累计贴息6.2亿元。经济林属商品林中央财政不直接补贴，贷款贴息实际上是补助性质。

国家林业局为经济林生产"十一五"期间作出发展区域的规划安排。年均造林400万公顷，其中经济林应占133.3万～160万公顷。

2008年9月，国家林业局在长沙召开了全国油茶产业发展现场会。国务院副总理回良玉良作了重要讲话。在此次会议之前，胡锦涛总书记，温家宝总理就油茶生产先后作了批示。

主要经济林生产 我国丘陵山地幅员广阔，占国土总面积70%，自然条件多样优越。在热量带上包括温带、亚热带、热带，在水分上可划分湿润、半湿润、半干旱、干旱。在不同的热量带、干湿区均有自己适生的经济林木，并且种类繁多，资源丰富，目前经营有200多个树种，包括干鲜果、饮料、调料、中药材以及森林食品等经济林直接产品500余个。

木本食用油料 我国木本食用油科种类多，其中含油量在50%～60%的有50多种，作为食用油料栽培的有10多种。如油茶，油橄榄、椰子油、文冠果，山核桃(湖南)、蝴蝶果、山杏、橡胶籽油、竹柏等，以及局部地区的黄连木油、五角枫油等。棕榈、椰子、油橄榄和油茶为世界四大木本油料树种，产量约占食用植物油总产量5200万～5500万吨的30%。

多年来我国每年要大量进口食用植物油，1998年进口283.6万吨，2005年上升至1081.9万吨，已威胁着我国食用植物油供应安全。应逐步减少食用植物油的进口量，力争至2020年不进口或少进口。近年来，国家越来越重视油料产业的发展，国务院办公厅发布了《关于促进油料生产发展的意见》(国办发〔2007〕59号)。"食油木本化"是维护粮油安全有效可靠途径，利用丘陵山地大力发展木本食用植物油，成为今后我国植物油料生产的重大战略举措，其中首选是油茶，其次是油橄榄、椰子、文冠果以及元宝枫等。

油　茶　参见【油茶】条目。

油橄榄　原产地中海沿岸，栽培历史数千年，是地中海沿岸国家人民喜爱的优质营养保健食用植物油。现世界五大洲40多个国家有引种栽培。现全球有油橄榄栽培面积约880万公顷，8.5亿多株，常年产橄榄油260万吨。在周恩来总理直接关怀下，我国自1964年起从阿尔巴尼亚大规模引种栽培油橄榄。经过林学家们40余年不断努力，从世界各地用于栽培的500多个油橄榄品种中引进150多个，并从中选育出一批适生我国各地的优良品种。高峰时全国油橄榄树发展至2500万株，产油估计约20万千克。20世纪70年代以后生产下降，保留量不足200万株。

我国油橄榄专家经过近30年的油橄榄适种试验证明，我国已在4个主要地区获得成效：金沙江干热河谷区，以西昌、宾川、永胜为代表点。白龙江低山河谷区，以甘肃武都为代表点。秦岭南坡大巴山、北坡嘉陵江及汉水上游，以安康、广元为代表点。长江三峡低山河谷区，以巫山、万县、开江为代表点。据2006年不完全统计，四川、云南、甘肃3省有油橄榄面积2.67万公顷(4000万株)，其中：四川约2万公顷，甘肃、云南两省0.67万公顷。甘肃省陇南市武都区已成为全国面积最大的油橄榄种植基地。武都油橄榄种植面积达6000公顷，共184万余株。

椰子油　是世界性优质食用植物油，原产马来群岛，现在主要分布在南北纬20°之间热带滨海的15个国家。全世界有椰子林约70万公顷，年产椰子4000万吨，椰油350万吨，约占世界食用植物油总产量的8%。另年产椰干150万吨。

椰子是热带经济林木，在我国广东雷州南部和海南省有栽培分布，最适主产区是海南。海南现有栽培面积约1.2万公顷，年产椰子3000多万个。海南计划大力发展椰子林。

橡　胶　主要分布在海南，云南、广西南部也有栽培，全国合计面积58万公顷，其中海南37.3万公顷。橡胶籽油是新的食用油资源，不饱和脂肪酸含量很高，与现今认为是质量很好的深海鱼油相近。按每公顷产油75千克计，全国总产油可达4350万千克。目前橡胶种子深加工的开发利用尚处于空白阶段，海南省每年掉落的橡胶果约有20万吨，未加以利用。橡胶种子深加工利用前景非常广阔。

木本工业用油　在经济林中木本工业用油树种资源丰富，凡种子含油率在35%以上的都有开发利用前景。现有大面积人工栽培的主要有油桐、千年桐和乌桕。

油　桐　原产中国，是重要的工业油料树种，主要分布在中亚热带，是其代表树种。我国川东南，鄂西南，湘西北和黔东北4省交界毗邻的地方，约50多个县为油桐中心栽培区。全国桐林面积在20世纪80年代初达186.7万公顷，常年产桐油1.1亿~1.4亿千克。至1993年下降至66.7万公顷，产量也大幅度下降。至2006年只有重庆、贵州年产桐油1000万千克。

桐油为优良的干性油，是著名的国际商品。我国桐油从1876年(清光绪二年)开始进入国际市场，成为传统的大宗出口物质，常年出口量5000万~7000万千克，享誉国际市场。1949~1993年累计桐油出口量22亿千克。由于桐油替代产品的出现，20世纪90年代以后，桐油国际市场价格不断下滑，每吨从3000美元下降至现在1250美元左右，特别是1993年以后，我国油桐生产严重滑坡。

目前，世界上引种我国油桐成功，并仍保持一定出口桐油量的国家只有阿根廷和巴拉圭。阿根廷年出口量1000万~1400万千克，巴拉圭年出口量900万~1000万千克。我国栽培经营油桐具有天时地利人和的有利条件。2007年以后，原油桐主产区又开始筹划恢复油桐生产，全国油桐面积恢复至166.7万公顷是完全可能的。

千年桐　也与油桐有同样用途。千年桐性忌寒冷，在我国分布较南，适宜丘陵平原栽培，不能在中高山栽培，在广西、广东、福建及浙江、江西南部有较大面积栽培，至2006年底基本衰退，构不成产量。

乌　桕　为中国特产的木本油料树种，传统上主要作为工业用油。乌桕种籽外皮蜡层，可提制桕脂(皮油)，种籽可榨油称为梓油(青油)。中国有乌桕林面积20万公顷，常年产桕籽6.5万吨，折算年可产桕脂1.6万吨，梓油2.4万吨。乌桕在中国南方15个省(区)都有分布，其中湖北占总产量的42%。20世纪90年代后，面积产量大幅度下降，现只有湖北、四川、贵州等省保有少量产量。

干果类　干果是经济林主要产品。干果栽培分布多在丘陵山区，是无公害生产，是天然绿色食品，因而深受世界人民喜爱。干果因其所含营养成分的不同，可分为淀粉类干果和油脂类干果。

淀粉类干果　也可称木本粮食，“栗、枣、柿”因其保收可靠，又可作粮食救荒，故有“铁杆庄稼”之美誉。

板　栗　原产中国，是南北方广为栽培的古老树种，板栗在黄河流域人工栽培历史愈3000年。板栗分北方和南方两个栽培区。北方栽培区主要是黄河流域，燕山山脉，南方栽培区主要是长江流域。板栗全国现有栽培面积233.3万公顷，年产量突破200万吨，常年出口量5万吨，出口日本占出口总量的80%。

河北迁西县被誉为“板栗王国”，全县板栗栽培面积4万公顷，年产量18万吨，其中外销11万吨。和迁西县紧密毗邻遵化市现有板栗面积达2万公顷，全市板栗产量3万吨，被国家林业局命名为中国板栗之乡。我国板栗现主要出口外销的著名品牌为京东板栗。

锥　栗　为我国特有树种。主要分布区在福建建瓯市、建阳市为中心的闽北海拔500~1000米丘陵低山区，面积约4万公顷，年产量约7万吨。

橡　子　通称除板栗属外壳斗科植物所结的坚果，皆含丰富的淀粉，一般可食用。橡子植物在我国分布的有7属300多种，从南到北、从海拔200米的河谷到3000米的云贵、青藏高原均有分布，估计纯林或形成各类混交林面积有1200万公顷，其中辽宁有146.7万公顷，年产橡子400万千克。60年代初，国家经济生活困难时，刘少奇就亲自至东北林区采集过橡子，提倡加工食用橡子代粮。我国各类野生木本淀粉，只要注意保护资源，稍加工管理，合理采收，打通收购渠道，年收200亿~250亿千克是完全可能的。

枣　原产中国，主要产区是河北、山东、陕北、山西、河南5省。近年来，新疆、宁夏枣产业发展迅速。据中国枣产业发展蓝皮书《中国枣产业发展报告(1949~2007)》，全国枣树栽培面积已达150万公顷，枣果年产量300多万吨，枣产业年总产值近200亿元。干枣、蜜枣是有悠久历史的民族保健食品。古云：“日食三枣，长生不老”。目前，全世界近99%的枣树种植面积、产量和全球近100%的枣产品国际贸易均集中在我国。韩国有2万吨产量。

沾化冬枣是原产山东沾化县的名优鲜食精品，市场价格每千克10~15元，是一般鲜枣的5~7倍。沾化县现有冬枣面积50万亩，2006年冬枣丰收，总产量达2.5亿千克，产值15亿元，枣农人均收入3000多元，真是富民产业。2006年通过国家绿色食品A级认证，被授予中国名牌产品称号。现在全国南北均有引种栽培。

柿　树　原产中国，栽培历史愈3000年。现栽培的柿子均是涩柿。主产区主要在陕西、山西、河北、河南、山东5省，全国栽培面积约16万公顷，年产鲜柿约1.5万吨。

甜　柿　成熟采收后不用脱涩处理，即可直接食用。20世纪80年代中我国掀起引种日本甜柿热，现在陕西、浙江、湖北局部地区保留面积约200公顷，未形成大批量生产。

银　杏　是古老的孑遗植物，素有“活化石”之称，惟中国独有现存最古老的树有2000年。银杏适应性强，分布广，气候带上从暖温带至南亚热带20多个省(区、市)有零星或连片栽培分布，全国栽培面积约20万公顷，其中有13.3万公顷是零星分散或小片银杏。主要集中产区有江苏泰兴、泰州、邳州、吴县、姜堰，山东郯城、海阳、文登，广西兴安、灵州、全州，湖北安陆、随州、大悟，浙江临安、长兴，安徽金寨等地，占全国总产量的70%。银杏主产区相对集中，有利形成产业化经营。

油脂类干果　既是美味食品，又是富含油脂的营养保健佳品。其中核桃、巴旦木、阿月浑子、榛子合称“世界四大油脂类干果”。油脂类干果耐贮性好，运输简易方便，商品保存性好；国内外市场均很广阔，是创汇食品；在生产上可以大面积栽培，也可小面积栽，适宜个体农户生产经营，值得大力发展。

核　桃　是世界性第一油脂类干果，产量居第一，2008年世界年产量估测约180万吨。我国是世界核桃主产国之一，分布遍及全国20多个省(区、市)，主产区为云南、山西、陕西、新疆，占全国总产量55%；其次河北、四川、甘肃核桃产量，占全国总产的20%。2008年底全国有核桃约160万公顷，年产量55万吨，面积和产量分别占世界30%、31%，稳居第一。目前国内加工主要限于核桃仁初级物理加工，加工能力约15万吨，年产值约5.5亿元。2008年，云南核桃产业种植面积超过66.7万公顷，产量超过30万吨，综合产值超过60多亿元，面积、产量产值均居全国第一。

核桃产业在保证市场供应、致富农民、拉动内需方面起着重要作用。1958年，毛主席批示肯定陕西商洛专区每户种一升核桃的经验。2008年，商洛核桃栽植面积已超9.67万公顷，年产量达到20319吨，农民来自核桃的收入户均500元，核桃已真正成为商洛农村经济的支柱产业。

山核桃　现又名浙江山核桃、昌化山核桃，原产我国浙江临安市昌化区。现全国有山核桃栽培面积80万公顷，年产量1200吨左右。山核桃壳薄，食用方便，种仁质脆，味微甜，具特别香气，可炒食或制成糖果点心。市场价格30~40元/千克，经济效益高，是产区支柱产业。

美国山核桃　又名薄壳山核桃，原产美国。是世界著名的营养丰富的油脂类干果，早在1900年开始，在南京、南昌等地有少量引种栽培。1996年中南林业科技大学在"948"计划资助下，从美国引入36个美国山核桃品种，在湖南永州、浙江富阳、云南漾濞、江西南昌及周边县引种栽培3333.3公顷，已经大量结果，果品开始上市。

香　榧　原产中国，是重要油脂类干果，现主产浙江、安徽，全国有香榧林面积1.67万公顷，年产量1600吨左右，每年有数百吨出口。浙江枫桥香榧誉满国际市场。浙江诸暨市、嵊州是最著名的产区，均为中国香榧之乡。

木本中药材　中医中药是祖国之瑰宝。中国应用中药防病治病，保护人民健康的历史源远流长。在我国常用的500多味中药材中木本的占60%，其中有数十种是人工栽培的，如杜仲、厚朴、黄柏、枸杞、辛夷、山茱萸、金银花、五味子、槟榔，等等。

杜　仲　原产中国，自古以来就是名贵药材。杜仲在我国的分布有23个省市260个县。主要栽培地区有黔东北、黔北、鄂北、鄂西北、湘西北、豫西南、陕南及川东北。全国杜仲现有栽培面积约7.3万公顷。杜仲剥皮传统方法是砍树剥皮。20世纪80年代以后，采用立木再生剥皮，不砍树，可多次剥用。

厚　朴　是我国特有珍稀药用树种。现全国有栽培面积约1万公顷。主要分布在我国长江流域，其中浙江的产量最大，占全国的40%~60%，湖北、四川各占全国的10%~20%。

黄柏　全国年收购130万千克左右，主产四川、贵州、湖南。另有黄檗，与黄柏同属，主要药用成分也相同，主要分布在华北、东北。

山茱萸　是传统珍贵木本药材。目前全国年产山茱萸干皮5万~7万千克，除内销外，还有出口，是经济效益较高的树种之一。在我国栽培面积较集中。河南西峡、内乡、南召3县占全国50%以上；浙江淳安、临安2县占全国30%~40%。

水果类　参见【水果产业】。

经济林产业发展特点　①发展速度快，总面积和总产量居世界第一。我国是世界经济林的分布和栽培中心。10余年来，我国每年新增经济林面积保持约133.3万公顷的高速发展态势，而且发展的势头持续不减。从2004年起，我国经济林总面积和总产量均跃居全球第一，分别为2800万公顷、7978万吨，占全国森林面积的16.4%，占国土面积的2.9%；年总产值1388亿元，占国民总产值的0.84%，其中，水果类、木本油料类产量均居世界第一。较大宗的树种有油茶、柑橘、苹果、梨、板栗、大枣、柿子、核桃、油桐、乌桕、漆树等。

根据国家林业局规划《全国经济林发展规划》，2006~2010年发展经济林面积1666.7万公顷，其中新造1000万公顷，低产林改造666.7万公顷；到2010年，全国经济林面积将稳步发展到3760万公顷，经济林总产量达到1.8亿吨以上，总产值超过3500亿元。这意味着，5年内，经济林面积增长约1/3，总产量和总产值翻一番以上。

②经济林品种资源丰富，名特优品种繁多。国际上公认中国为全世界八大植物起源中心之一，并且是最丰富的中心，其中起源于中国的经济林木(现广泛栽培的)有油茶、核桃、山核桃、香榧、榛子、油桐、千年桐、乌桕、山苍子、银杏、栗、枣、柿、山楂、余甘子、杜仲、厚朴、棕榈、漆树等。目前经营有200多个树种，名特优经济林产品种类多，各地均有自己的特色产品、拳头产品，其中不少成为当地的支柱产业，如河北鸭梨、平谷大桃、浙江山核桃、京东板栗、沾化冬枣、新疆香梨、河南油桃、宁夏枸杞、云南漾濞核桃、广西八角、贵州白蜡、湖南油茶等。经济林直接

产品500余个，连同加工制品已达2000余个，加工企业2万余家，预计间接产品将达1万余种，直接关系着食品、医疗、油脂、化妆等几十个行业。例如，原产云南漾濞县的漾濞核桃以大泡核桃为代表，以果大、壳薄、仁白、味香著称。2000年，漾濞被国家林业局授予中国名特优经济林核桃之乡称号。2001年，漾濞获全国经济林建设先进县称号。2004年，国家质检总局授予漾濞大泡核桃原产地证书。2005年，漾濞获得中国核桃产业龙头县称号。2006年，获得核桃有机食品转换证，2007年正式进入有机生产。该县通过招商引资创办了漾濞团山发展有限公司、伊斯兰侨盛食品有限公司、漾濞风味食品厂等一批核桃产品深加工企业，建成了年产核桃乳2000吨生产线、年产1000吨核桃精炼油生产线、年产1000吨脱脂桃核蛋白质生产线，以及核桃粉、核桃油、核桃胶囊、核桃活性炭、核桃工艺品等8类产品。该县已形成核桃种植、加工基地，规模生产，是全省最大的核桃产品贸易集散地和交易中心。

③经营机制不断创新，经济效益不断提高。在经济林产业建设实践中，成功探索出以"基地+公司+农户"为主体的产业化经营模式，充分利用资源优势和区域特色，建立经济林产业基地；扶持龙头企业的发展，增强对产业的带动力；引导发动农户建立各种类型的专业合作组织，增加农民组织化程度，从而切实解决了经济林产业发展中"小生产与大市场"的对接，实现了经济林生产由产量效益型向质量效益型和品牌效益型的转变，经济效益大大提升。例如，浙江省东阳市虎鹿镇西坦村短短几年，就从一个贫困山区发展成为东阳市最富裕的山区小康村，得益于找对了香榧产业发展的新路子。2006年，西坦村人均年收入超过1.3万元，其中香榧占到了67.78%。西坦村被浙江省委宣传部、省农办和省林业厅联合命名为浙江省首批兴林富民示范村。他们总结出的经验就是创品牌，从资源优势到品牌优势，壮大龙头企业，引发集群崛起效应，全面提升产业发展水平。西坦村建有300公顷香榧基地，1995年前，香榧鲜果产量始终在2万千克上下徘徊，促使该村探索香榧产业发展的新路子。为此，该村建立了玉山香榧合作社，实行了技术统一辅导，生产统一标准，销售统一合作。开发注册了西垣、西湾、东白山等香榧品牌，其中西垣香榧荣获浙江省优质农产品称号和获金华市优质农产品金奖。推广了人工授粉和保花保果技术后，香榧产量逐年增加，2000年增至10万千克左右，2004年达到21万千克，2006年上升至23万千克。合作社的建立，架起了榧农与市场的桥梁。与此同时，香榧食品加工业的兴起，又带动了经营户的涌现，西垣村香榧已形成生产、加工、销售一体化格局的现代产业。西湾牌香榧远销美国、日本、新加坡、俄罗斯、韩国等地，产品供不应求，销售价格一直稳定在180元/千克上下。

经济林产业存在的主要问题 我国经济林生产还存在科技含量不高、商品化程度低、优质名牌产品少、加工产品少等问题。以水果为例，我国优质果品率仅30%左右，达到出口标准的不到5%，而世界各国水果产量的10%参与国际贸易，出口价只有国际平均售价的50%左右；我国水果采后商品化处理的仅1%，而发达国家几乎达100%；我国水果贮藏比例不足20%，水果腐损率约占总产量的20%～25%，加工比例不到10%，而发达国家贮藏比例接近100%，加工比例在50%～60%。

【经济林产业化发展决策】

发展区域布局 一是热带与亚热带水果经济林产业带；二是以晋、陕、冀、鲁、豫、新、甘、宁等省(区)为重点的干鲜果品经济林产业带；三是长江中上游干果类、药用植物等经济林产业带；四是以赣、湘等省为重点的油茶等木本食用油料经济林产业带。

经济林产业的一个重要特点是，一个经济树种可建成一个乡、一个县、甚至一个省的支柱产业。国家林业局于2007年1月正式启动在全国建设100个经济林产业示范县。示范县建设即是现代经济林名特优基地建设。要依据自身资源和条件，提出明确的产业化发展目标和措施，并力求做到突出特色，科学发展，切实提高经济林规模化经营、科学化管理、社会化服务各方面的水平。要立足于发挥本地各有关部门和广大群众的积极性，加速现代经济林产业化建设，不断丰富示范内容，巩固建设成果，提高产业竞争力和综合效益。

经济林名特优商品基地建设 基地是经济林产业的载体，是现代经济林产业化的中心环节，是龙头企业生产原料的保证，也是优质产品的保证。只有建立商品基地，形成规模生产，才能实施经济林产品生产经营统一技术标准，才能有效推广应用良种，使用先进生产技术，进行标准化的精细集约经营管理。基地面积应在100～200公顷，才能形成规模生产经营，可以由经营大户直接经营。

改革开放建立起以家庭承包经营为基础，统分结合的农村双层经营体制，必须坚持。全面推行集体林权制度改革，是农村生产力的第二次解放。推行林地经营权流转承包，必须坚持农民自主、自由、有计划，按合法程序地进行。林地不得改变用途性质，要坚决守住2.87亿公顷林地红线。

基地建设一定要有规划、按程序进行：林业部门的调查规划—提出设计方案，并经专业论证通过—上级林业至主管部门批准方案，并另签订执行方案合同—承担单位组织施工—组织检查验收—验收合格，完成任务。严格实行没有基地设计方案的一律不批准、不拨款，在规定期间未施工的取消拨款，不合设计要求的不验收。

创名牌，保护产品地理标志 我国有许多传统名特优经济林产品，享誉中外市场，要严加保护。名特优良种要进行品牌注册，才能受到国家法律保护。品牌注册获得专用商标，可以防止市场上的品牌假冒，有力地保护商业利益。一个栽培名特优品种，就是一个品牌，可以做成一个强大加工产业，就可以富一方人。

在现代市场经济条件下，经济林商品要参与国内外市场竞争，唯一的手段和办法，是用"品牌"应战，才能立于不败之地。"品牌"是产品质量的保证，是市场的信誉度，是资源。要开拓经济林产品市场必须要创经济林产品品牌，实施品牌战略。

我国经济林品牌注册较晚，有许多传统名特优经济林产品原来只有"土名"，没有进行商标注册，得不到国内外法律保护，经不起市场冲击。20世纪80年代以来，由于品牌注册大幅提高经济效益，近几年名牌产品数量快速增加。

经济林产品地理标志，即该产品原产地域的自然地理生态环境特点的标识。地理标志(原产地域)产品保护制度在国际上亦称原产地命名制度或地理标志，它作为WTO成员间通行的规则，是针对具有鲜明地域特色的名优特产品所采取的一项特殊的产品质量监控制度和知识产权保护制度。

经济林名特优产品(地方良种)是在特定的自然生态条件下，经长期选育与繁育和栽培形成的。因此，它能够反映其原产地域的自然地理特征及栽培技术或产品加工工艺方法的特殊性。原产地域即该产品(树种、品种)的原始发祥地。原产地域保护包括：产品、自然生态环境、繁殖方法和栽培技术、传统特定的产品加工工艺方法。保护原产地域产品(树种、品种)即保护该产品的地道正宗品牌，并注明地理标志，是严防假冒伪劣产品混淆市场，保护其市场信誉不受侵害，保护消费者利益，提高产品品牌知名度，最终达到提高其商业经济效益的目的。

经济林名特优原产地域产品的保护，是得到《专利法》、《商标法》、《原产地域产品保护规定》、《原产地域产品通用要求》等法律、法规等保护的。国家质量技术监督局于1999年8月17日颁发第6号令，发布施行《原产地域产品保护规定》。为配合这个规定，2003年3月1日实施了国家标准《原产地域产品通用要求》(GB17924－1999)。

国家林业局和中国经济林协会在2000年、2003年、2004年分3批，共授予293了个县中国名优特优经济林之乡的称号，包括55个树种。这无疑是有利于树立品牌形象，提高产品知名度，促进产品积极参与市场竞争的。但这仅仅是行业行为，不完全具备原产地域产品作为知识产权保护的法律效用。因此，目前要积极加速促成原产地域产品申报法律保护，让名特优品牌在国内外市场真正树立起来。

经济林生产与产业建设标准化 标准是国家重要的技术经济政策。标准是判定工农业生产工艺过程正确与否，产品质量优劣的准则和依据。技术标准体系的建立，是一个国家创新能力，经济实力和科技水平的体现。

新中国成立后在技术标准方面做了大量的工

作，在各个行业中基本上建立了自己的标准体系，也推行部分国际标准。在林业行业中从种子、苗木到造林，主要造林树种如杨、松、杉木、油桐、油茶、核桃、板栗、枣等30多个树种都有各自的丰产林技术标准。

我国制定的经济林方面的技术标准主要是栽培丰产林标准，缺乏产品质量标准，这样的标准就不能起到技术标准的绿色壁垒作用，显然是落后于人，受制于人的。基于目前我国经济林发展现状，建立并完善经济林标准化体系是当前工作的重中之重。目前应着重从以下几个方面着手于经济林标准化体系的建立：①品种标准化：要采用名特优良种，突出地方特色。②栽培技术规程标准化：宜林地要进行规划设计。要选择远离污染的宜林地。整地栽培严禁水土流失。经营严禁使用国家禁用的农药、除草剂，使用有机肥料，科学使用化肥。③经济林产品质量标准化：进行无公害生产，保证绿色食品。④经济林产品加工标准化：洁净加工，保证终端产品，是合格的绿色商品。⑤经济林产品包装标准化：由于经济林产品易腐败变质会丧失原有的营养价值，所以必须进行适当包装才能安全储存。⑥经济林产品检测方法标准化：经济林产品检测要按照统一的方法进行，否则检测结果差异很大。

建立健全全方位社会化服务体系 建立和健全社会化服务体系是推广先进技术的保证，是产业化体系建设不可缺少的组成部分。建立以乡镇林业技术推广站为核心的技术推广体系，开办各类技术、病虫害的预测和防治培训班。应建立良种繁育体系，保证经济林生产的良种化。必须由国家按县统一建立良种繁育基地，实现经济林生产优良无性系化(个别少数树种例外)。要建立产品销售市场和信息网络。为适应我国市场经济体制，必须建立一个多层次多渠道的农村商品市场，形成全国上下的商品信息网络。科技、良种、信息均为商品，因而上述所设立的服务体系均可进行有偿服务。只有增加各类服务自身活力，良性运行，才能长期坚持服务。

建立政策和资金保障体系 经济林产业建设不仅是一项富民工程，同时也是促进生态环境保护、加快新农村建设、破解“三农”问题和改善群众生活质量的绿色事业，带有强烈的公益性质。必须要有从中央到地方各级政府的在政策上的倾斜和资金上的扶持，如用地、设备购置、税收、交通、投资、林业良种补贴启动、贴息贷款等，拉动多渠道投资。如林农购买经济林专用机械设备的应用，同样要纳入国家农机补贴范畴。大量事实证明，经济林是林业“三大效益”兼顾得最好的林种，不仅能发挥很好的经济效益，同时发挥巨大的社会效益和生态效益。据测算，经济林生态效益相当于防护林的70%。因此，建立经济林生态补偿机制很有必要，以保护发展经济林的积极性，促进经济林生态经营。

建立科学研究和人才培养体系 要实现经济林丰产优质高效，必须采用良种良法，提高科技含量。然而，目前我国经济林产业的科技支撑体系还很薄弱，从“八五”以后就没有国家重大项目，科学研究进展缓慢。必须加强经济林科学研究工作，为经济林产业体系建设提供强有力的科技支撑。与此同时，经济林专门人才严重不足。20世纪90年代以前，我国许多林业高校设有经济林专业，1998年教育部新的本科专业目录将经济林专业并入林学专业，大大削弱了经济林专业教育的地位。目前全国经济林产值占林业总产值的一半以上，对经济林专业人才的社会需要非常强烈，应恢复原来经济林专业专门人才教育体系，解决人才支撑问题。

(中南林业科技大学 张日清 李建安
陈建华 王承南 何 方)

中国油茶产业

【概　况】　油茶是我国南方特有的木本油料树种，具有悠久的栽培利用历史和显著的经济价值。中国先秦古籍《山海经》中记载“员木，南方油食也”，员木即油茶。油茶的果实榨取的茶油，为世界四大主要食用植物油料之一。因其风味佳、油质好、营养价值高，而深受市场的欢迎和群众的喜爱，被誉为“东方橄榄油”、“软黄金”等。据统计，全球茶油产量的95%以上来自中国。

种植总面积　我国油茶主产区集中分布在湖南、江西、广西、浙江、福建、广东、湖北、贵州、安徽、云南、重庆、河南、四川和陕西14个省(区、市)的642个县(市、区)。目前全国14个油茶主产省(区、市)共有油茶林面积302.09万公顷，其中：产前期面积12.01万公顷，初产期面积15.98万公顷，盛产期面积131.85万公顷，衰产期面积142.24万公顷，分别占总面积的3.98%、5.29%、43.65%和47.09%。受气候、地貌等自然条件的影响，油茶种植面积以湖南、江西、广西3省(区)最大，分别为118.53万公顷、74.67万公顷和36.83万公顷，3省(区)面积占全国现有油茶林总面积的76.2%。油茶种植情况见表1。

表1　全国油茶主产区油茶种植现状　　单位：万公顷

序号	省(区、市)	油茶种植情况						2008年现有油茶林茶籽年产量(万吨)
		按龄组分布					其中现有高产油茶林面积	
		小　计	产前期	初产期	盛产期	衰产期		
1	湖南	118.53	2.00	2.00	47.87	66.67	11.20	40.13
2	江西	74.67	2.80	1.67	29.20	41.00	4.00	19.14
3	广西	36.83	3.74	1.63	24.17	7.29	4.33	12.72
4	浙江	15.99	0.41	0.87	7.99	6.71	1.33	4.96
5	福建	13.07	0.67	1.00	5.60	5.80	0.58	7.65
6	广东	10.00	0.33	0.33	6.67	2.67	0.03	3.04
7	湖北	9.69	0.68	3.95	1.35	3.71	2.00	3.62
8	贵州	6.85	0.23	1.31	1.42	3.89	0.60	1.24
9	安徽	5.67	0.33	1.73	2.80	0.80	1.47	3.41
10	云南	3.51	0.08	0.07	2.84	0.52		0.59
11	重庆	3.20	0.47	0.65	0.35	1.73	0.04	0.35
12	河南	1.60	0.24	0.71	0.62	0.03	0.01	1.79
13	四川	1.35	0.00	0.00	0.40	0.95	0.11	0.34
14	陕西	1.13	0.03	0.06	0.57	0.47	0.09	0.02
	合　计	**302.09**	**12.01**	**15.98**	**131.85**	**142.24**	**25.79**	**99.00**

数据来源：全国油茶产业发展规划(2009~2020年)。

油茶产量　分省及重点县产量(籽、油)产值2008年全国生产油茶籽99万吨，生产茶油26.25万吨，平均亩产茶油5.79千克。其中湖南、江西、广西3省(区)油茶籽产量均在10万吨以上，分别达到40.13万吨、19.14万吨和12.72万吨，见表1。油茶籽产量在1万吨以上、10万吨以下的有7

个省，分别为福建、湖北、安徽、浙江、广东、贵州和河南。

油茶主产区油茶加工企业现状　全国14个油茶主产省(区、市)现有油茶加工企业659家，油茶籽设计加工能力可达到424.83万吨，年可加工茶油110.79万吨，加工能力在500吨以上的企业有178家，具有精炼能力的企业达到200多家，油茶加工业已形成一定规模，具备一定基础。油茶副产品综合开发利用技术进一步成熟，目前可年产茶粕68.39万吨，茶皂素1.86万吨，油茶籽利用程度接近100%，资源利用水平较高。油茶加工企业现状见表2。

表2　全国油茶主产区油茶加工企业现状

序号	省(区、市)	加工企业(家)	设计生产能力		实际生产情况				
			油茶籽年消耗量(万吨)	年产油量(万吨)	油茶籽年消耗量(万吨)	年产油量(万吨)	年产茶粕(万吨)	年产皂素量(万吨)	年产值(亿元)
	合　计	**659**	**424.83**	**110.79**	**106.55**	**26.25**	**68.39**	**1.86**	**111.18**
1	湖南	111	160.00	40.00	40.00	10.00	35.00	1.00	50.00
2	江西	35	64.00	16.00	16.00	4.00	13.00	0.40	12.86
3	广西	112	56.00	17.27	14.00	3.50	11.33	0.10	15.57
4	浙江	232	16.96	4.24	4.24	1.06	2.45	0.26	6.10
5	福建	21	25.09	6.27	6.27	1.57	4.70		8.45
6	广东	3	12.00	2.40	3.00	0.60	0.20	0.10	1.00
7	湖北	4	23.94	5.98	5.98	1.50			2.24
8	贵州	88	4.24	4.16	1.40	0.40	0.58		2.72
9	安徽	29	56.00	12.80	14.00	3.20			9.60
10	云南	2	1.04	0.26	0.26	0.07	0.21		1.09
11	重庆	6	0.51	0.13	0.13	0.03	0.05		0.09
12	河南	11	3.94	0.98	0.98	0.25	0.75		1.23
13	四川	3	0.96	0.24	0.24	0.06	0.12		0.23
14	陕西	2	0.16	0.04	0.04	0.01			

数据来源：全国油茶产业发展规划(2009~2020年)。

良种选育　我国第一代油茶良种选育工作从20世纪50年代开始，由中国林科院组织油茶生产和科技工作者集中力量进行全国范围的种质资源清查与收集工作，初步查清了普通油茶、小果油茶、攸县油茶等可供食用的30多个主要品种，整理了普通油茶地方品种160多个。相对来说，第一代良种虽然数量庞大，但大多选育的优良农家品种丰产性并不高，亩产油量仅20~30千克。第二代良种以中国林科院组织的“六五”、“七五”国家攻关计划油茶良种选育和原林业部油茶无性系选育与配套栽培技术项目研究期间选育的良种为主。此期间选育的良种均为无性系，品种纯化，增产潜力高，是目前应用最广的油茶良种。由于20世纪80~90年代我国油茶新造林发展缓慢，使这些高产无性系良种育成后没有得到有效应用，以致这些良种未能发挥出应有的生产潜力。

经过两次大规模的良种选育工作，到2009年为止，油茶主产区14个省(区、市)中，湖南、江西、广西、浙江、安徽、湖北、福建、云南和重庆9省(区、市)通过国家或省级审(认)定的油茶良种有174个，其中通过国家级审(认)定的良种54个，省级审(认)定的良种120个。在国家育种计划支持下，已选育出的油茶优良品种(系)包括油茶优良农家品种、杂交组合、优良家系和无性系100多个，像湖南省林科院的“湘林”系列、江西省林科院的“赣无”系列、赣州市林科所的“赣油”系列、中国林科院亚林所的“亚林”、“长林”系列，这5个油茶高产无性系系列计94个油茶高产无性系(品种)，其中亩产茶油50千克的油茶高产无性系82个，而其中有些优良品种(系)亩产茶油可以达到70多千克。这些新品种在江西省推广当中也取得了较好的效果：新余市渝水区采用的油茶“长林”系列，2001年造林150亩，第三年亩产油3千克，2007年亩产油65千克(未采穗)；丰城市采用油茶“赣无”系列新品种，2001年造林500亩，7年生亩产油达到75.5千克；樟树市采用“长林”系列油茶新品种，2001年造林5000亩，7年生亩产油52千克。

先进技术推广 ①良种苗木培育技术的推广为油茶新造林分早实、丰产稳产奠定了种苗基础。在扩繁技术方面，以中国林科院亚热带林业研究所研发的油茶芽苗砧育苗技术推动了油茶整个培育方式的变革，解决了油茶长期以来无法实现的难题，使油茶品种规模化扩繁和优质苗木快速培育成为可能。以此技术为基础，形成了国内一批油茶良种苗木生产基地。见表3。

表3 油茶良种种苗繁育基地建设规划

产区	序号	省(区、市)	良种采穗圃		苗圃基地建设		良种采穗圃		苗圃基地建设		
			改扩建(个)	新建(个)	改扩建苗圃(个)	新建苗圃(个)	改扩建(亩)	新建(亩)	苗圃面积(亩)	育苗塑料大棚(万平方米)	炼苗阴棚(万平方米)
合计			**28**	**49**	**57**	**104**	**6220**	**6410**	**16450**	**37.6**	**56.3**
核心发展区	计		14	14	31	41	3420	930	7400	16.7	25.0
	1	湖南	8	2	13	15	600	200	2650	6.0	9.0
	2	江西	3	6	8	16	2740	300	2400	6.0	9.0
	3	广西	3	6	10	10	80	430	2350	4.7	7.0
积极发展区	计		14	23	22	37	2800	3600	6190	13.9	20.9
	4	浙江	3	5	4		300	500	400	0.8	1.2
	5	福建	2	5	4	4	200	1000	800	1.6	2.4
	6	广东		6		25		900	2740	6.8	10.2
	7	湖北	5	4	10	2	1500	900	1250	2.5	3.8
	8	贵州	2	1	4	1	400	200	500	1.0	1.5
	9	安徽	2	2		5	400	100	500	1.2	1.8
一般发展区	计			12	4	26		1880	2860	7.0	10.4
	10	云南		5	4	12		570	1690	4.5	6.7
	11	重庆		1		6		250	600	1.2	1.8
	12	河南		2		2		300	120	0.4	0.6
	13	四川		2		4		480	300	0.6	0.9
	14	陕西		2		2		280	150	0.3	0.4

数据来源：全国油茶产业发展规划(2009～2020年)。

近年来，全国95%以上的苗圃和5000万株以上的良种苗木均采用此技术进行生产。油茶芽苗砧育苗技术的应用基本解决了我国对油茶良种苗木的生产需求，为油茶产量的稳速提高打下了坚实基础。湖南、江西、广西、浙江、福建、湖北、贵州、安徽8个省(区)共建有油茶良种基地33个(30个采穗圃和3个种子园)，总面积294.27公顷，油茶良种苗木现有生产能力约1.36亿株，良种穗条现有生产能力约7500万条。我国油茶主产区现有油茶良种种苗生产情况见表4。

②低产林改造模式与技术日趋成熟，提高了当前低产林分产量水平。在“六五”、“七五”期间，油茶栽培技术协作组组织编制了《油茶丰产林》国家标准和行业标准，并在油茶低产林的改造中逐渐形成了因地制宜、分类指导、多模式低改的共识，使低产林改造模式和油茶标准化栽培技术在生产中逐步完善和成熟，在油茶主产地得到大面积推广应用。湖南省近年来新造的10万

公顷良种油茶林，改造700万亩低产林；江西省2008年新造油茶林面积17.4多万亩，低产油茶林改造40万亩。我国油茶产业发展规划营造林任务见表5。

表4　全国油茶主产区现有油茶良种种苗生产情况

序号	种苗情况 省份	现有良种采穗圃(个)	面积(亩)	现有良种基地穗条生产能力(不包括2009年准备建设的采穗圃)(万条)	现有基地、苗圃良种苗木生产能力(不包括2009年准备建设的采穗圃)(万株)
	合　计	33	4414.00	7515.00	13610.00
1	湖南	8(1个种子园)	433.00	2500.00	5000.00
2	江西	5	1260.00	1725.00	3900.00
3	广西	3(2个种子园)	350.00	40.00	种子40000千克，可育苗400万株，穗条40万可嫁接100万，合计500万
4	浙江	4	110.00	90.00	300.00
5	福建	2	320.00	500.00	350.00
6	湖北	6	961.00	1210.00	1560.00
7	贵州	3	380.00	650.00	1200.00
8	安徽	2	600.00	800.00	800.00

数据来源：全国油茶产业发展规划(2009~2020年)。

表5　全国油茶产业发展营造林规划　　单位：万亩

产区	序号	单位	2011~2015年						2016~2020年					
			合计	宜林地新造油茶林	现有油茶低产林改造				合计	宜林地新造油茶林	现有油茶低产林改造			
					小计	更新	嫁接	抚育			小计	更新	嫁接	抚育
合计			**3250.23**	**834.5**	**2415.73**	**1829.9**	**24.05**	**561.78**	**2452.12**	**1539.5**	**912.62**	**783.3**	**2.1**	**127.22**
核心发展区	计		1927.1	300.5	1626.6	1326	13	287.6	1124.3	488.5	635.8	563.9		71.9
	1	湖南	924.5	71.5	853	672	5	176	447.5	125.5	322	278		44
	2	江西	777.2	140	637.2	571	3	63.2	495.4	232	263.4	247.6		15.8
	3	广西	225.4	89	136.4	83	5	48.4	181.4	131	50.4	38.3		12.1
积极发展区	计		1016.83	308	708.83	475.4	11.05	222.38	943.02	712	231.02	175.7		55.32
	4	浙江	273	29	244	164		80	141	68.6	72.4	52.4		20
	5	福建	164.4	58	106.4	72		34.4	183.6	132	51.6	43		8.6
	6	广东	240.05	93	147.05	100	5.75	41.3	223.6	190.4	33.2	23		10.2
	7	湖北	96.28	45	51.28	32	4	15.28	168.42	136	32.42	28.6		3.82
	8	贵州	132	44	88	59.4	0.8	27.8	123.8	102	21.8	15		6.8
	9	安徽	86.1	29	57.1	39	0.5	17.6	80.4	67	13.4	9		4.4
	10	广西	25	10	15	9		6	22.2	16	6.2	4.7		1.5
一般发展区	计		306.3	226	80.3	28.5		51.8	384.8	339	45.8	43.7	2.1	
	11	云南	117.94	80	37.94	18.94		19	140.4	120	20.4	19.8	0.6	
	12	重庆	99.36	80	19.36	3.96		15.4	130.4	120	10.4	9.9	0.5	
	13	河南	19.36	10	9.36	2.56		6.8	21.8	15	6.8	6.4	0.4	
	14	四川	42.6	36	6.6	1.6		5	58.3	54	4.3	4	0.3	
	15	陕西	27.04	20	7.04	1.44		5.6	33.9	30	3.9	3.6	0.3	

数据来源：全国油茶产业发展规划(2009~2020年)。

发展规划 国家林业局2009年制定了《全国油茶产业发展规划(2009～2020)》，通过规划的实施，力争使我国油茶种植总规模达到7000万亩，稳产后，通过抚育改造的油茶林年亩产茶油达25千克，更新、嫁接和新造油茶林年亩产茶油达到40千克以上，全国茶油产量达到250万吨。同时，形成相对完备的油茶产、供、销产业链条，逐步形成资源相对充足、利用水平高、产出效益显著的油茶产业发展格局。

按油茶物种地理分布和自然条件，以"全国油茶林区划"划分的"三带、九区"为基础，根据我国油茶产业发展现状和发展潜力，确定全国油茶产业发展规划范围为"三带、九区"中适宜油茶产业发展的浙江、安徽、福建、江西、河南、湖北、湖南、广东、广西、重庆、四川、贵州、云南、陕西等14个省(区、市)中的642个县(市、区)。

根据现有林种植规模、良种选育基础和近期良种种苗保障供给能力，以及宜林地资源优劣、可供程度等条件，将油茶产业发展规划建设布局确定为核心发展区、积极发展区和一般发展区三个建设发展区(详见附表2)。核心发展区：涉及湖南、江西、广西3省(区)的271个县(市、区)。其中最适宜栽培县211个，适宜栽培县60个。积极发展区：涉及浙江、福建、广东、湖北、贵州、安徽、广西(部分)7省(区)的248个县(市、区)。其中最适宜栽培县81个，适宜栽培县81个，较适宜栽培县86个。一般发展区：涉及云南、重庆、河南、四川、陕西5省(市)的123个县(市、区)。其中适宜栽培县26个，较适宜栽培县97个。

【国家出台支持油茶产业政策】

国家林业局关于发展油茶产业的意见 2006年12月27日，国家林业局出台了《关于发展油茶产业的意见》(林造发〔2006〕274号)，要求油茶产区各级林业主管部门加大政策扶持，优化产业布局，强化科技支撑，科学引导油茶产业发展，使油茶发展成为南方丘陵山区的特色产业、优势产业。《意见》指出，加快油茶产业发展，对促进南方丘陵山区区域经济发展，带动山区农民兴林增收致富，推进新农村建设，满足社会和公众对良好生态产品、天然绿色产品的需求意义重大。

国务院办公厅关于促进油料生产发展的意见 2007年9月22日，国务院办公厅下发了《关于促进油料生产发展的意见》(国办发〔2007〕59号)。《意见》要求各地区、各有关部门采取综合有效的政策措施，充分调动农民的生产积极性，促进油料生产迅速恢复发展。《意见》共分六个部分，分别是：进一步明确油料生产发展的基本原则、目标和任务；加大油料生产扶持力度；加强科技支撑能力建设；完善大豆和食用植物油市场调控；科学引导社会消费；切实强化组织领导。

国务院关于促进食用植物油产业健康发展保障供给安全的意见 按照2008年《国务院关于促进食用植物油产业健康发展保障供给安全的意见》，我国将逐步增加省级食用植物油储备计划，制定食用植物油轮换办法，建立企业商业周转储备制度，增强政府对油脂市场的调控能力。探索小包装成品粮油储备方式。

国家林业局关于加快油茶种苗发展和强化种苗质量管理的通知 2008年10月21日，国家林业局发布了《关于加快油茶种苗发展和强化种苗质量的通知》(林场发〔2008〕213号)，要求油茶适生区加快油茶种苗发展、强化种苗质量管理，对油茶种苗的培育、流通、种植实施全过程管理，以保障油茶产业又好又快发展。

《通知》要求，发展油茶的省(区)要切实强化良种意识，加强质量管理，把推广油茶优良品种放在首要位置，在采穗圃等良种基地建设和油茶林培育中必须使用国家或省级审(认)定的油茶良种。要进一步提高良种壮苗的生产能力，在加强现有油茶良种基地的集约化管理同时，根据本地区油茶产业发展的需要，尽快扩建和新建一批良种采穗圃，并充分利用近几年来国家投资建设的一批先进育苗设施，培育良种苗木，大幅度提高油茶良种的生产能力。

《通知》要求，各级林业主管部门要进一步贯彻落实《种子法》，依法加强对种苗市场的监管力度，严格执行油茶种苗生产和经营的市场准入、种苗标签和档案制度，加强对油茶种苗质量的监督管理。大力推行"四定"，做到"三清楚"，即实行定点采穗、定点育苗、定单生产、定向供应；做到品种清楚、种源清楚、苗木销售去向清楚。

国家林业局关于印发《油茶种苗质量管理规定》的通知 2008年12月15日，国家林业局印发了《油茶种苗质量管理规定》(林场发〔2008〕253号)，目的是加强油茶种苗质量管理，确保油茶产业发展建设质量。《规定》对油茶种苗生产原则；建圃使用的材料；油茶采穗圃、良种嫁接苗生产点应具备的基本条件；确定油茶采穗圃、油茶良种嫁接苗生产点的程序；种苗监督管理及查处等进行了规范。

国家林业局关于切实抓好油茶良种种苗生产的紧急通知 2009年4月27日，国家林业局下发了《国家林业局关于切实抓好油茶良种种苗生产的紧急通知》(林场发〔2009〕103号)。要求各级林业主管部门进一步提高对油茶良种重要性的认识；充分挖掘油茶良种生产潜力，科学培育良种壮苗；切实加强对油茶良种采穗圃及穗条的监督管理；努力加强油茶种苗生产技术培训；加强宣传，积极引导油茶良种种苗生产科学发展；切实加强省际间油茶良种选育及推广的交流与协作。

【地方出台支持油茶产业政策】 为贯彻落实《国务院办公厅关于促进油料生产发展的意见》(国办发〔2007〕59号)文件精神，把油茶产业打造成具有区域特色的优势产业和富民的支柱产业，油茶主产区纷纷制定政策，促进油茶产业的发展。

湖南省出台加快油茶产业发展的意见 2008年9月3日，湖南省政府出台《关于加快油茶产业发展的意见》(湘政发〔2008〕22号)。《意见》指出：加快油茶产业发展是改善人民群众食用油结构，维护国家油料安全的战略举措，是调整农村产业结构，增加林农收入的重要途径。以油茶种植业为基础，以茶油精深加工企业为龙头，开发系列产品，延伸油茶产业链，集聚相关产业，既能为林农提供最直接、最可靠的就业机会，有效实现林农持续稳定增收，又能优化产业结构，推动新型工业化发展。油茶是常绿阔叶树种，营造油茶林，不仅可以加快造林绿化，提高森林覆盖率，而且具有保持水土、涵养水源、调节气候等功能，能显著改善农村生态面貌和居住环境。发展油茶产业对于促进社会主义新农村建设，构建资源节约型和环境友好型社会，建设生态文明，都具有十分重要意义。

贵州省林业厅出台加快油茶产业发展的意见 2009年5月19日，贵州省林业厅印发《关于加快油茶产业发展的意见》的通知(黔林营通〔2009〕120号)。《通知》要求：充分认识发展油茶产业的重要意义；明确油茶产业发展思路及目标任务；科学引导油茶产业发展；加强政策扶持，努力营造油茶产业发展的良好环境。

浙江省出台油茶产业发展意见 2009年5月27日，浙江省政府办公厅出台《关于加快发展油茶产业的若干意见》(浙政办发〔2009〕68号)。《意见》指出：抓紧制定油茶产业发展规划和实施方案，加快推广油茶良种和优质高产油茶基地建设，强化油茶产业科技支撑，加快推进油茶产业化经营，加大政策扶持力度，切实加强组织领导。

广西壮族自治区出台油茶产业发展意见 2009年10月30日，广西壮族自治区政府办公厅出台《关于加快油茶产业发展的意见》(桂政办发〔2009〕196号)。《意见》指出加快油茶产业发展是维护国家粮油安全的战略举措；加快油茶产业发展是调整农村产业结构，增加农民收入的重要途径；加快油茶产业发展是改善食用油结构，提高人们生活质量的现实需要；加快油茶产业发展是改善生态环境，推进现代林业建设的重要内容。

安徽省出台油茶产业发展意见 2009年11月6日，安徽省政府办公厅出台了《关于加快油茶产业发展的意见》(皖政办〔2009〕125号)。《意见》指出大力发展油茶产业，有利于充分发挥油茶的生态、经济和社会效益，改善人民群众食用油结构，维护国家油料安全；有利于有效增加森林资源，构建资源节约型和环境友好型社会；有利于促进油茶适生区经济发展，带动农民增收致富。

江西省出台油茶产业发展意见 2010年3月25日，江西省政府下发了《关于加快油茶产业发展的意见》(赣府发〔2010〕11号)。《意见》指出把油茶产业建设成为江西省推进农业产业化和促进农民增收致富的一个新兴支柱产业，充分认识加快油茶产业发展的重要意义，牢牢把握油茶产业发展的基本原则和目标，大力实施油茶产业发展科技创新，不断探索油茶产业发展新模式，加大油茶产业发展的扶持力度，加强对油茶产业发展的组织领导。

【发展油茶生产模式】

① 科研+企业+农户。前期全部由企业投入，包括整地、种苗、肥料、种植，每亩投入800～1000元；种好后由农户根据科研单位提供的技术方案统一要求管理，主要包括除草、施肥、修剪、采收。收获物按比例分成，有五五分、四六分、三七分，具体由企业与农户商谈而定。

② 科研+企业+合作社。前期种苗由企业提供，其他费用由农户组成的合作社自己承担，技术根据科研单位提供技术方案统一实施，收获物由企业按市场价回收。

③科研+企业。由有资金的企业投入为主，依托科研单位的技术指导有规模的发展。

大力推广"龙头企业+合作社+基地+农户"的生产经营模式，着力扶持培育一批茶油加工量千吨以上的农业龙头企业，支持其与农户共建油茶生产基地，并通过科技创新和技术改造，提高精深加工水平，创立品牌，增强市场竞争力。

鼓励企业按"企业+基地+农户"的经营模式建立油茶林基地，使企业与农户成为利益共享、风险共担的经济利益共同体。支持企业科技创新，延伸产业链，培育知名品牌，提高市场竞争力。

【油茶进出口贸易】

油茶深加工产品 早期的油茶果主要用于榨取食用油，生产的茶油质量差且产品利用单一，茶粕主要用于农药和作肥料，产值利润都比较低。随着科学技术的进步与发展，对油茶果有效成分的研究不断深化和完善，油茶果加工和综合利用技术也逐步成熟。

①茶油。茶油是一种深受人们喜爱的优质上等食用油，精制的茶油热稳定性好，不易氧化变质，安全无毒无副作用。同时，茶油也是制造化妆品、生产生物柴油的原料，并且可开发其他生物和医药制剂。由于茶油中含有一定量的皂素和多种维生素，具有杀菌解毒的作用，因此用茶油制备的护发品，不仅具有滋润养发的功效，而且还有杀菌止痒的作用。茶油与皮肤的亲和性好，有较好的渗透性，易于皮肤吸收，有滑爽而不油腻的肤感。用于护肤品，可促使皮肤柔嫩而富有弹性，并可防治疥疮等。此外，茶油还可用于香皂、浴油等产品，它是制取甘油、高级脂肪酸、脂肪醇的原料之一，脂肪酸、脂肪醇又可用来生产多种表面活性剂等，这些均是化妆品生产的理想原料。随着大量的科技成果被成功转化，目前已开发出的茶油系列产品有精炼茶油、茶油美白护肤油、茶油婴儿护肤油、茶油胶囊等。

②茶粕。茶又称茶籽饼，别名茶麸、茶枯，茶籽饼。茶粕中含有非常丰富的蛋白质、多糖、皂素和油脂等成分，可提取残油、制取茶皂素、开发洗发香波、制作抛光粉、制取生物农药、生产饲料等。压榨后的茶粕一般尚有残油6%～7%，可用溶剂萃取、每50千克茶粕可得茶油2.5～3千克。茶粕中皂素含量高达12.8%～13.8%，经萃取后的茶粕可进一步提取皂素。提皂素后的残渣可作饲料或肥料。茶皂素具有良好的乳化、分散、润湿、去污、发泡、稳泡、胶黏等多种活性作用，是一种性能优良的天然非离子型表面活性剂。用油茶皂素作石蜡乳化剂比用油酸铵、油酸钠、混合脂肪酸，肥皂粉等作石蜡乳化剂都好。茶皂素溶液能不同程度地破坏红血球，有溶血作用；茶皂素还具有消炎、镇痛、健胃、抗渗透、祛痰等多种药理作用。因此茶皂素广泛应用于农药、医药、日用化工、毛纺、针织等生产行业上。茶粕富含磷、钾、氮、钙、镁等多种营养成分，是一种肥分全面、速缓相济的有机复合肥，在柑橘、西瓜等农作物优质栽培中作为首选肥料而大显身手；加工后是具有较高营养价值的饲料，可用于鱼类养殖；脱去其皂素(因味苦辛，适口性差)后更是牧畜重要的精饲料。

③茶壳。茶壳中含有大量多缩戊糖、蛋白质、木质素、色素等化学成分，可开发糠醛、木糖醇、栲胶、棕色素、活性炭，还可作为生产香菇等食用菌的培养基。茶壳中多缩戊糖的含量达30%左右，每7～8吨油茶壳可生产得1吨木糖醇；茶壳理论上含糠醛18.16%～19.37%，是制造糠醛的极好原料。用茶壳生产糠醛或木糖醇过程中所余的残渣，经二次加压水解得到葡萄糖，葡萄糖经发酵后可制得乙醇。油茶果壳中含有9.23%的鞣质，可以提取制造栲胶。将提取栲胶后或制造糠

醛后的茶壳残渣用作肥料，或直接将茶壳粉碎后沤制一段时间用作肥料，或将茶壳粉碎后制成5406菌肥，对作物和油茶树株都有增产作用。油茶果壳含有碳酸钾成分约2% ~2.5%，是提取碳酸钾的较好原料。茶壳还是制活性炭的良好原料。

油茶进出口贸易 20世纪初以前，我国每年都把茶油作为一宗出口创汇的产品。1921~1937年，我国共出口茶油33500吨，平均年出口2480多吨，1937年更是出口6451.9吨。20世纪80年代以来，茶油取消了统购统销，出口量不大，日本和韩国从中国进口茶油用于加工高级护肤化妆品；泰国、马来西亚等东南亚国家从中国进口茶籽和茶枯，进行加工，提取皂素，生产生物农药和机床的抛光粉等。

随着贸易全球化以及国际市场对我国特有茶油优质特性的认识，越来越多国外企业从中国进口油茶，生产加工茶油产品，国内企业也逐步将开发出来的茶油产品远销海外。在国际市场上，茶油十分热销，国产茶油在日本等地的价格达每吨3万元以上，国内顶级茶油的售价达到每吨10多万元。目前我国共有659家茶油生产企业，其中油茶产品出口量较大的有：湖北黄袍山绿色产品有限公司生产的本草天香油茶籽油、浙江金勺食品有限公司生产的金勺茶油、湖南金浩茶油股份有限公司生产的金浩茶油等。

（国家林业局经济发展研究中心产业室　崔　平）

中国松香产业

【概　况】 2009年全国松香类产品总产量111.703万吨，比2008年106.73万吨增长4.66%。其中松香产量100.16万吨，比2008年94.56万吨增长5.92%；松节油类产量15.75万吨，比2008年12.8万吨增长23%。松香类产量较大的省(区)是：广西64.9万吨，云南12.55万吨，广东10.89万吨，江西8.46万吨，福建7.69万吨，湖南2.67万吨。松节油类产量较大的省(区)是：广西4.35万吨，江西3.2万吨，云南2.61万吨。

【松香市场】 由于在2008年第四季度爆发全球金融危机，对世界经济发展造成了巨大影响，国际贸易大幅减少。在国际松香贸易市场上占有60%以上市场份额的中国松香，也受国际贸易萎缩的影响，出口大幅减少，工厂产品销售不畅，松香价格下跌，在2008年底最低跌至5400元/吨。金融危机对国际松香市场的影响一直持续到了2009年上半年，使我国松香在2009年上半年出口量剧减，价格在6000元/吨以下低位徘徊。

然而，在世界各国的共同努力下，金融危机的影响逐步弱化。西方大多数国家经济在下半年也开始出现回升，特别是中国经济在2009年第二季度就出现了止跌回升。经济的回升使市场逐步增加了对松香的需求，松香出口量在下半年也逐步恢复到正常水平，月出口量达到2万吨以上。在需求的拉动下，国内松香市场价格在9月份开始涨升，从6000元/吨起一路上涨，7000、8000、9000元的整数关都一冲而过，到年底时涨到了10000元/吨。

可以说，从9月份以后的松香涨价潮，涨幅之大、速度之快是大家始料不及的，主要原因是因为近3年松香市道低迷打击了大家的信心。然而，金融危机后世界经济恢复之快超出了大多数人的预期，特别是中国经济恢复一马当先，速度更快。加上松香的连续3年减产，终于引发了这一轮大涨价行情。

松节油的市场表现更为强悍。由于近几年国内松节油深加工产品发展较快，对松节油形成一种刚性需求。而松节油产量受制于松香产量，2007、2008、2009年松香产量连续3年减产，松节油产量也随之减产，使市场供不应求，价格连创新高。即使是在2008年第四季度，尽管金融危机的冲击巨大，但对松节油市场的冲击甚微。刚进入2009年，松节油市场价格涨势又起，从13000元/吨左右，涨到了15000元/吨。到了9月份，随着松香价格的大幅上涨，松节油价格又开始一轮涨升，到年底时涨到了17000元/吨，全年时间松节油始终处于供不应求状态。

当前，金融危机已逐步消退，其影响正逐趋弱化。但是，金融危机对世界经济的影响还没有完全消失，经济复苏的基础尚不牢固。因此，虽然金融危机的影响在逐步消退，但包括中国在内的大多数国家经济刺激政策尚没有退出，这将保证全球经济的进一步复苏，国际贸易将继续恢复增长，对松香的需求也会增加。

(广西林业产业协会　黄永平　梁守强)

【松香资源与松脂生产】

松香资源 我国已采脂树种主要有：马尾松、云南松、思茅松、南亚松、油松、华山松、红松、落叶松等。国外引种采脂树种主要有：湿地松、加勒比松、火炬松、长叶松等。松脂产量潜力在180万吨以上。采脂树种分布见表1。

马尾松　我国的主要采脂树种，产脂量较高。分布于淮河流域和汉水流域以南，广东、广西、福建、江西、湖南等省(区)的大部分山区，西至四川省西部，贵州省中部和云南省东南部。

表1 中国采脂树种分布

树 种	省(区、市)
马尾松	广西、广东、贵州、湖南、湖北、四川、重庆、江西
湿地松	江西、广东、广西、湖北
思茅松	云南
云南松	云南、广西西北部
南亚松	海南
加勒比松	海南、广东

湿地松　是引种的国外采脂树种，全国大部分地区都有引种。引种的面积和目前采脂面积最大的是：江西、湖南两省。广东、广西、福建、浙江、江苏、安徽、湖北、河南、贵州、四川等省(区)也有一定量的采脂。

思茅松、云南松　思茅松集中在云南思茅地区，云南松在云南，贵州西部和广西西北部，四川也有分布。

南亚松、加勒比松　南亚松为典型的热带松类，分布于海南岛，并有南亚松天然林。加勒比松分布在文昌等地。

松脂生产

松脂产量　按树种主要是马尾松、湿地松、云南松。见表2。

表2 2008年和2009年我国各松树树种松脂开采量　单位：万吨

采脂树种	2008年	2009年
马尾松	51.9	37.9
湿地松	8	9
云南松	6	8
思茅松	10	12
加勒比松	0.5	0.5
南亚松	0.6	0.6
总　计	**77**	**68**

按采区分主要为广西、广东、云南，见表3。

采脂模式　中国松脂开采目前主要有三种模式。①农户在自有松林开采。占全部开采量的20%。②承包开采。这种模式是目前中国主要的松脂供应模式，所供应的松脂占全部供应量的65%以上。③松林经营者开采。

表3 2007~2009年各省区松脂开采量

单位：万吨

省(区、市)	2007年	2008年	2009年
广西	37.0	27.7	21.0
广东	21.0	13.0	10.0
云南	12.0	15.0	18.0
江西	13.0	5.2	5.6
福建	7.0	5.0	4.0
湖南	3.9	2.6	1.3
贵州	3.9	1.3	0.9
湖北	2.0	3.2	4.0
海南	0.6	0.6	0.6
四川、重庆	1.5	1.3	0.6
河南	0.6	0.6	0.5
其他	2.5	1.5	1.5
总计	**105**	**77**	**68**

随着中国林权改革的进一步发展，林地经营权交易流通逐渐地兴旺，已有不少投资商看中松脂开采的持续稳健的回报，开始投入资金购买具有长期经营权的林地以用于松脂开采，在持续每年收获松脂的同时，若干年后另外有数额不菲的木材销售收入，同时资源性的资产增值前景广大，是目前林业投资热门之一；特别是一些在松脂深加工上有实力的企业，相当看好这方面的投资。在长期经营权稳定的鼓励之下，这些松林经营者永续利用意识良好，主动积极合理开采松林，并且更新扩大松林意愿强大，以扩大经营规模，因此其松脂供应稳定且增长性良好。

但由于林权改革在中国刚兴起不久，目前只在林权改革时间较早的试点省份如江西、湖北、湖南较为流行，所供应的松脂量占中国全部供应量的15%左右，但其后续增长前景广大，在一些主产区，也有部分企业开始着手进行采脂松林的长期投资。

松脂生产存在的问题　①主产区广东与广西。一是松林资源减少。两广是中国传统的松脂采割大省，松树面积大，气候温暖，历史上很早就开始了松脂开采。由于目前速生丰产林产业发展迅速，已有不少地方将松林采伐取而代之，已种上速生丰产林，造成这两个省(区)的松林资源日益减少，对松脂的开采产生严重的影响，由于速生丰产林产业具有投资大、产值大等特点，受到各级政府的大力支持，因此速生丰产林产业的快速发展将持续较长时间，未来仍然会对松林资源造成严重的影响，致使广东与广西的采脂松林资源面临收缩的趋势。另外由于广东社会经济发展较快，而松脂采割是劳动密集、产出较低的产业，在当地经济发展中的地位不断下降，也促成了其松脂产量不断下降。

二是采脂松树老化。广东与广西是传统的松脂生产大省，经过长年的开采，越来越多的采脂松林已出现老化，出脂量下降，采脂难度增大，由于后续资源无法及时跟上，因此总体的松脂产量，有逐年下降的趋势。

总之，两广松脂开采，未来几年将稳中有降，但仍然占据十分重要的地位。

②主产区云南。云南地处亚热带地区，气候温暖，同时云南拥有丰富的松林资源，对松脂开采十分有利。近年来云南松脂产量逆势上扬，在其他省份产量不断下降的情况下，目前已取代广东，成为中国第二大松脂产区。由于云南目前尚有大量可采松林资源，并且松脂产业规模日益壮大，因此其松脂发展潜力巨大。不过由于云南地形复杂，松脂开采条件较为艰苦，其产量难以在短期内快速增长。云南松脂产量趋势有望逐年增长，预计数年后将与广西争夺龙头地位。

③江西拥有丰富的湿地松松林资源，2007 年以前，其松脂开采产业发展迅速，松脂最高产量曾达到 12 万吨以上，2008 年由于历史罕见的严重冰雪灾害，对江西的松林资源造成巨大的破坏，大量松林被冰雪压断，其损失难以在短期内恢复，江西树脂产量直线下降至 5 万吨左右。预计在将来的数年内，江西松脂开采难以恢复到灾害之前水平，但若无其他重大灾害继续发生，其产量基本维持在灾后水平。

④福建拥有中国质量总体相对较好的松脂资源，但其松脂开采已较为成熟，发展后劲不足。近年来由于气候、资源等原因，福建松脂产量也在下降，预计其产量增加的可能性不大，未来几年大体维持在目前的水平左右。

⑤其他小产区。湖南、贵州、湖北、安徽、四川、重庆这些省(市)也有松脂开采，由于资源、气候等原因，这些省(市)的产量都不大。同时这些省(市)的松脂开采已日趋成熟，其产量在未来几年内变化不大，难以对整个市场产生较大的影响。

从中国近 3 年的脂松香生产概况来看，从 2006、2007 年的历史最高产量之后，中国脂松香产量正进行波浪式的调整，当松香增产时，市场供大于求，价格下降，于是来年松脂可能价格下调，农民采脂积极性下降，松香减产。而当减产的年份过去后，市场供不应求，价格上升，农民采脂积极性上升，松香又会再次增产。预计未来数年内，中国松香产量还会按照这样的大致规律进行波浪式的调整，而未来 5 年的年平均产量预计在 60 万~65 万吨左右。从各产区近 3 年产量变化趋势来看，两广仍然是最主要产区，但产量在逐年减少，云南正经历异军突起，逐渐抢占全国松香市场份额的过程，预计在数年内，云南产量将稳步超越广东，稳定在每年 15 万吨左右的水平上。

【国内行业松香需求量】

胶黏剂行业用量 胶黏剂行业中应用松香主要集中在热熔胶及胶两大类产品中。中国轻工业，特别是包装，装潢工业迅猛发展，近几年我国胶黏剂消费量保持 12% 以上增速，2008 年胶黏剂产量在 346 万吨，松香使用量在 12 万~13 万吨左右。近年石油树脂性价比降低，同时由于环保安全要求，如人造板材料及楼宇室内装修工程中已出现用松香胶替代或部分替代脲醛胶，使松香树脂在胶黏剂的使用量呈增加趋势，环保型、节能型胶黏剂将在未来 5 年重点发展。据权威机构预测，2010 年我国胶黏剂产量有望达到 420 万吨，预计在该行业中松香用量有望达到 14 万~15 万吨。

油墨工业用量 松香树脂是油墨工业中重要的基础原料，而油墨工业发展有赖于印刷工业的发展，中国包装、印刷工业以每年 10% 以上增长，使中国油墨工业成为全球油墨行业中的几个亮点之一。松香油墨树脂的使用集中于浆状油墨以及胶印油墨。并且此两大类油墨树脂是石油树脂难以替代的。2006 年、2007 年、2008 年、2009 年我国油墨产量分别为 30、35、45、50 万吨，近年我国油墨年总产量已达到 40 万吨，增长率达到 18% 以上，据此综合测算，松香近年在国内油墨中的使用量为5万~6.5万吨之间。见表4。

表4 2006~2009油墨对松香的需求

年份	油墨产量(万吨)	松香需求量(万吨)
2006	30	3.4
2007	35	3.9
2008	45	5.1
2009	50	5.6

合成橡胶工业用量 丁苯橡胶是目前世界上产量最高、消费量最大的一种通用合成橡胶，丁苯橡胶中与松香有关的是乳聚丁苯橡胶，歧化松香酸钾皂是生产乳聚丁苯橡胶的原料之一。由于经济快速增长，促使我国石化企业产能迅速扩大，使得丁苯橡胶的需求量不断增加。截至2009年，我国共有8套乳聚装置，70万吨的产量，加上140万吨ABS树脂的产量，对歧化松香的需求量在4.5万吨。

造纸行业用量 松香在造纸行业中主要用作造纸施胶剂。上世纪90年代前我国造纸行业普遍使用强化松香胶，每吨纸消耗松香7~8千克。进入90年代后，受到大量从国外引进先进的纸机和造纸技术，并建成一批具世界先进水平造纸厂的影响，也带动相关造纸专用化学品工业科技进步。2005年后，由于松香价格大幅上涨，松香施胶剂的生产成本核算增加，大部分工厂已通过调整工艺来减少或停用松香施胶剂，而选用成本有优势的中性施胶剂，以松香为原料生产的施胶剂虽然还占有一定的比例，但幅度却在下降，综合推算这一行业的近年松香用量不超过3万吨。

油漆涂料行业用量 我国涂料工业中使用松香树脂的几大类油漆产量约70万~85万吨，按前几年有关方面的分析，松香树脂在涂料中使用量维持在2万吨左右，但近年来，受石油树脂涨价影响，氢化松香、聚合松香、丙烯酸涂料添加松香改性、低黏高耐候热熔型松香改性路标漆等方面应用增长十分明显。近年松香树脂在油漆涂料行业中实际用量估计4万吨左右。

蜡染行业用量 蜡染行业是近年松香需求较大的行业。中国已成为全球纺织品生产与出口大国。蜡染布出口市场主要是中东、非洲及拉丁美洲。生产基地主要集中于山东，河南、河北、浙江、四川也有蜡染厂家。

2000年之前，真蜡印花面料市场一直被荷兰、英国、尼日利亚等国的十几家制造商控制，且蜡染产品的产量极低，技术封锁甚严。为彻底打破这种被动局面，国内企业努力在技术、工艺和设计上进行创新，与此同时，积极实施品牌推进战略。2006年后，非洲的大部分中端和小部分高端真蜡和仿蜡印花面料市场已经被中国企业占领，凤凰、如意等品牌享誉非洲市场。

近年来国内蜡染行业产能快速增长，但国内蜡染产品的主要外销地非洲大陆在2008年金融危机中受到了一定的冲击，使得2009年产量受到影响。

由于行业节能减排的利用，行业对松香的使用量较为稳定。据有关市场调查估算近年全国蜡染行业使用松香量保持在2万~2.5万吨。

食品行业用量 我国生产食用级松香甘油脂的生产厂家有6家。从应用情况来看，国内用作口香糖及泡泡糖产品基料等食品级松香甘油脂产量约1.8万~2万吨，因此食品行业中需用松香大约1.5万~1.7万吨。

其他行业用量 松香在其他如医药、电子工业、日用、轻工业品等行业均有应用。随着国内经济增长及环保要求，松香深加工产品在上述行业需求也呈增长。估计近年松香总用量在1.3万吨左右。

【松香进出口贸易】

松香出口市场 中国脂松香出口大部分出口到欧美、日本、韩国及东南亚等国家和地区。其中日本是我国脂松香最大的消费国，近年来从我国进口松香在5万吨左右。见表5、6。

表5 2006~2009年我国松香产量、出口量

单位：万吨

年份	产量	出口量	比重(%)
2006	84.6	36.7	46
2007	106.1	32.9	40
2008	94.56	27.7	47
2009	100.16	19.35	37

松香出口贸易方式，见表7。

松香出口地区，见表8。

各海关出口情况，见表9。

出口价格，见表10。

表6 2007~2009 松香出口月度变化

月份	2007年		均价	2008年		均价	2009年		均价
	数量/吨	贸易额/美元		数量	贸易额/美元		数量/吨	贸易额/美元	
1月	38193.52	33020328	864.55	29516.67	25642420	868.74	4804.73	4555756	948.18
2月	29436.34	24486821	831.86	15488.33	13400840	865.22	8859.86	7357227	830.40
3月	29133.24	24135458	828.45	24750.21	21566990	871.39	8247.28	6831637	828.35
4月	27843.66	23120005	830.35	21538.68	19813384	919.90	9220.55	7740372	839.47
5月	22982.31	18544171	806.89	20056.83	18867532	940.70	12332.81	10386731	842.20
6月	42648.08	33427902	783.81	25028.95	24607556	983.16	14919.98	12633079	846.72
7月	15526.89	12078462	777.91	17823.55	18028959	1011.52	14558.10	12836998	881.78
8月	18722.93	14662179	783.11	25998.82	27305482	1050.26	23426.64	20899955	892.14
9月	22124.15	17588863	795.01	21140.47	22664855	1072.11	25731.79	23396211	909.23
10月	25717.82	21579845	839.10	21166.03	22960544	1084.78	20155.37	18755923	930.57
11月	24524.61	22689160	925.16	24265.05	26262836	1082.33	20921.619	20955133	1001.60
12月	32344.53	28920416	894.14	29743.68	30827590	1036.44	30319.97	35660335	1176.13
合计	**329198.05**	**274253610**		**276517.23**	**271948988**		**193498.68**	**182009357**	

表7 2007~2009 年松香出口贸易方式及其量值

贸易方式	2007年		2008年		2009年	
	数量(吨)	金额(美元)	数量(吨)	金额(美元)	数量(吨)	金额(美元)
一般贸易	329070.823	274155424	276396.73	271844003	193436.778	181946684
边境小额贸易	88.875	60533	110.475	94052	57.075	54598
保税区仓储转口货物	38.25	36653	9	8551	4	4040
保税仓库进出境货物	100	1000	1	2300	0.82	4022
国家间、国际组织无偿援助和赠送的物资			0.021	60		
对外承包工程出口货物			0.003	22	0.006	13

表8 2007~2009 年松香出口目的地

地区	2007年		2008年		2009年	
	数量(吨)	金额(美元)	数量(吨)	金额(美元)	数量(吨)	金额(美元)
亚洲	117547.75	98205183	113427.17	113064012	89645.58	81813414
美洲	23080.57	19264368	11781.75	11507378	9502.94	8571271
非洲	6101.50	4949253	5131.82	5035818	3398.06	3029308
欧洲	177971.12	147721128	143316.64	139403273	87637.52	75663267
大洋洲	4497.11	3800995	2859.86	2938515	3314.58	2932097

表9　2007～2009年松香主要出口海关出口量变化

海关	2007年		2008年		2009年	
	数量(吨)	贸易额(美元)	数量	贸易额(美元)	数量(吨)	贸易额(美元)
黄埔海关	310446.87	257933355	266631.17	262335729	182555.61	171478208
南宁海关	5066.55	4149835	3372.89	3349961	3534.05	3494192
广州海关	4057.00	4046340	971.10	936111	1387.63	1341928
江门海关	3694.04	2925724	2594.93	2474478	2134.80	1887744
厦门海关	3317.93	2862585	523.36	507087	987.33	1002363
福州海关	2047.75	1875146	1957.36	1907330	2760.54	2616985
昆明海关	250.88	186233	110.48	94052	46.00	33717
上海海关	124.00	96310	228.93	204554	46.98	71839
乌鲁木齐海关	68.85	60773	117.00	128700	10.08	20150
北京海关	54.00	48600			0.03	421
九龙海关	53.69	41610	9.00	8551	1.80	3672
九江海关	16.00	16890				
天津海关	500.00	10201			8.33	10976
沈阳海关	5.00	8				
大连海关			1.00	2300	7.43	26356
武汉海关			20.00	57		
拱北海关			5.00	61	0.03	50
青岛海关			1.00	3	12.23	14824
成都海关			1.00	14		7
南京海关					5.85	5925

表10　2007～2009年出口均价对比

单位：美元/吨

月份	2007年	2008年	2009年
1月	864.55	868.74	948.18
2月	831.86	865.22	830.4
3月	828.45	871.39	828.35
4月	830.35	919.9	839.47
5月	806.89	940.7	842.2
6月	783.81	983.16	846.72
7月	777.91	1011.52	881.78
8月	783.11	1050.26	892.14
9月	795.01	1072.11	909.23
10月	839.1	1084.78	930.57
11月	925.16	1082.33	1001.6
12月	894.14	1036.44	1176.13

贸易壁垒

①保护主义型贸易壁垒。由于受先入为主的观念影响及各国贸易保护主义的制约，我国出口产品在国际市场屡屡遇到保护主义型贸易壁垒。据WTO统计，我国已连续14年成为遭遇反倾销调查最多的成员，连续3年成为遭遇反补贴调查最多的成员，我国已成为国际贸易争端中最大的受害国。历年来，我国多注重通过单一外交谈判来解决贸易争端，忽略相关法律制定的重要性，谈判结果往往不尽如人意。因此，要解决贸易摩擦，还需加强对国际经贸规则的研究，善于运用法律规则来解决贸易摩擦，维护国家和企业的权益。

松香所处的农产品——林产化工品是国际市场上对中国反倾销的重点之一，1992年欧共体曾对中国出口松香进行反倾销调查，但因我国松香行业应诉及时，最终惩罚未果。而松香及其深加工产品下游的造纸、油漆、橡胶等行业则也是屡屡陷入反倾销调查或反倾销惩罚的麻烦，因此，应该说我国松香及松香深加工行业在未来存在一定的保护主义贸易壁垒风险。

②技术型贸易壁垒。技术型贸易壁垒以欧盟的 REACH 法规为代表。REACH 制度是欧盟以保护人类健康和环境、保持和提高欧盟化学工业的竞争力、增加化学品信息的透明度为目的设置的化学品准入制度。REACH 将对包括纺织、机电、玩具、家具等所有的生产化工下游产品的企业产生影响，所涉及的产品有100 多万种。

松香是重要的化工原料，被广泛应用于各工业部门，目前我国的大部分松香是直接用于造纸、油漆、肥皂和油墨等生产上，由于松香有易氧化、软化点低等缺点，因此油漆行业常利用树脂酸的羧基反应制成树脂酸酯和树脂酸盐，再加以利用；而合成橡胶及油墨行业等则利用树脂酸的双键反应制成歧化松香、聚合松香、氢化松香等再行利用。在 REACH 框架下，很多松香类产品的获得过程并不符合 REACH 法规定义下的自然存在物质，其应用的工业产品也都属于 REACH 下"物质"或"配制品"的范畴，涉及 REACH 法规的(预)注册义务、供应链上信息传递、授权以及限制义务。

松香行业产品绝大多数属于分阶段物质，需要在2008 年6 月1 日到12 月1 日前进行预注册。预注册成功后可以根据吨位享受2～10 年的注册缓冲期。

从初步的表象看，REACH 法规首先对松香行业的影响是将会造成企业出口成本大大增加：据欧盟估算，每一种化学物质的基本检测费用约需8.5 万欧元，每一种新物质的检测费用约需57 万欧元。

③关税壁垒。关税壁垒体现在欧美国家对我国松香初级产品和松香深加工产品的明显区别对待上。欧盟等国家对我国松香初级产品征收零进口关税，以保证初级原材料的取得；对我国松香深加工产品征收高关税，以保护本国松香产业制造商的利益不受中国松香深加工产品冲击。

【行业生产骨干企业】 松香行业的生产骨干企业基本为松香深加工企业，或部分涉足松香深加工。其地区分布见表11。松香深加工产品生产企业仍然较少，见表12。

表11 我国松香深加工产品产区、产量、分布

地区	工厂数量(家)	产量(万吨)	产能(万吨)
广东	35	17	25
广西	20	9	15
云南	4	1.5	4
福建	16	2.5	6
江西	8	2.2	3
江苏	6	2	4
浙江	3	1	3
其他	8	1	4
合计	**100**	**36.2**	**60**

表12 我国松香主要深加工生产企业

单位：万吨

区域	企　业	产能	常规产量
广东	科茂林产化工股份有限公司	4	3.6
	阿莱斯(高要)化工有限公司	3	2.5
	德庆基信合成树脂有限公司	3	2.2
	德庆 DIC 合成树脂有限公司	1.5	1.2
	德庆银龙实业有限公司	3	1.5
	怀集东邦化学有限公司	2	1.5
	华林化工有限公司	1	0.5
	封开瀚森化工有限公司	1.8	1.5
广西	梧州日成林产化工有限公司	4	2
	南宁利通树脂有限公司	2	1.5
	南宁哈利玛化工有限公司	1	0.5
	广西荒川化学有限公司	1	0.8
	梧州荒川化学有限公司	1.5	1
云南	呈贡红邦工贸有限公司	0.5	0.3
	景谷林化有限公司	0.5	0.3
江苏	无锡信达胶脂材料有限公司	1.5	1
	江苏张家港阳光化工有限公司	1	0.6

我国松香行业中影响力的生产企业为：

广东科茂林产化工股份有限公司 源于1994 年创立的肇庆科茂树脂有限公司，于2008 年股份制改造成立。专门从事天然树脂研发、生产和贸易，现拥有四家万吨级工厂、一个研发中心、一个销售公司共400 多员工。下属广州科茂化工有限公司、江西金安林产实业有限公司、湖南科茂林化有限公司、吉安科茂树脂有限公司等四家全资或控股子公司。

该公司主要产品有：松香及松节油等 11 个系列、60 余种产品，其内部与行业编号为 KA、KF 和 KS 系列增黏树脂、KZ 系列涂料树脂以及 KX 系列油墨树脂等松香树脂。

该公司产品市场定位为中高档技术市场，主导产品为松香树脂，其增黏树脂产品在市场上认知度较高，品牌较硬。技术含量在行业中排名前茅，附加值高。一些尖端型号增黏树脂深加工产品在国际市场上也有一定影响力。该公司产品发展方向为新技术高附加值产品如水白树脂、水溶树脂等。

该公司优势产品为黏合剂用高档增黏树脂，优势销售领域为下游的黏合剂行业。

该公司 2008 年主营业务收入为 125225000 元，占全年营业收入 127476000 元的 98.2%。主营业务部分在公司销售结构中较为突出。

广东省华林化工有限公司　组建于 1985 年，专业从事松脂产品的开发和应用。现已发展成为广东省内最大的综合性林化产品生产企业之一。

主要产品包括松香、松节油的提纯工艺以及以此为原料所涉及深加工领域的拓展开发。华林树脂系列产品包括有：松香、松香甘油树脂系列、松香季戊四醇树脂系列、浅色松香甘油树脂系列、浅色松香季戊四醇树脂、浅色改性松香树脂系列、液体萜烯树脂、普通萜烯树脂、萜烯苯乙烯树脂、超浅色萜烯树脂、超浅色蒎烯树脂。

该公司产品市场定位为涵盖高、中、低档技术市场，其中中高档产品为公司主要方向，名气较大，市场竞争力较强。

该公司优势产品为质量稳定的松香初级产品及少数型号的低档松香甘油脂,，由于立足原料基地，该公司优势销售领域为其他需要松香原料的深加工厂。

该公司 2008 年主营业务收入为 548430000 元，占全年营业收入 549667000 元的 99.8%。主营业务部分在公司销售结构中较为突出。

广西梧州日成林产化工有限公司　该公司是一家中外合资企业，于 1997 年 12 月由苍梧县松脂厂改制而成，专业生产松香、松节油及松香深加工产品，企业生产总能力超过 7 万吨。产品广泛应用于胶黏剂、涂料、油墨、焊锡料等行业，大部分产品自营出口到日本、美国、欧洲、东南亚等海外市场。龙舟牌脂松香、氢化松香为广西区名牌产品，松节油为广西区优质产品，松香深加工能力超过 52000 吨/年。

该公司主要产品有：脂松香 40000 吨、松节油 5200 吨、食品级树脂 6000 吨，氢化松香 10000 吨及各类松香树脂、改性松香 32000 吨等，年总产能超过 80000 吨。

该公司于 2007 年 8 月投资 2800 万元建立广西梧州市日成太平林产化工有限公司，年产能 32000 多吨，其中松香 20000 吨，松节油 2500 吨，松香树脂 10000 吨。

该公司产品市场定位为涵盖高、中、低档技术市场，主导产品以出口为主，2008 年出口交货值达到 175884000 元，其中高档产品为公司未来发展方向，其氢化松香产品在市场上认知度较高，某些末端深加工产品技术先进，附加值相当高，能达到 30% 利润率。

该公司优势产品为氢化松香，优势销售领域为需要氢化松香制造丁苯橡胶等合成橡胶的轮胎业。

该公司 2008 年主营业务收入为 266358000 元，占全年营业收入 267038000 元的 99.7%。主营业务部分在公司销售结构中较为突出。

德庆县银龙实业有限公司　该公司是一家民营企业，位于广东省德庆县工业创业园内，始建于 2003 年。同时拥有佛山市银龙进出口有限公司(独资)、佛山市中南银龙贸易有限公司(控股)、德庆县银龙实业有限公司(独资)三家企业，德庆县银龙实业有限公司投资近 4000 万元。

该公司主要生产松香树脂和冰片，兼营松香、松节油、蒎烯等林化产品。生产树脂能力达 15000 吨，年生产冰片能力 300 吨，产品注册商标为银龙牌和 YINLONG。

该公司产品市场定位为高端产品市场，试图适应所有下游树脂需求市场，包括主要应用于胶黏剂行业的 RT 松香酯系列和 RD 歧化松香酯系列；主要应用于涂料行业的 RC 马林酸改性松香酯；主要应用于交通标志行业的 RR 热熔型道路标线涂料专用树脂；主要应用于卫生和食品行业的 RE 精制松香酯系列和 RH 氢化松香酯系列；主要应用于印刷油墨行业的醇溶性马林酸树脂系列。

其主导产品为松香树脂与冰片，该公司未来发展方向为做大做全下游需求产业所需要的树脂产品，其树脂产品在下游需求企业技术适应性较高，追求产品的创新及多领域应用。

该公司优势产品为道路漆用松香树脂，优势销售领域为涂料业中的道路漆行业。

该公司 2008 年主营业务收入为 187505000 元，占全年营业收入 188194000 元的 99.6%。主营业务部分在公司销售结构中较为突出。

德庆迪爱生合成树脂有限公司 于 1998 年 4 月 15 日成立，现由迪爱生投资有限公司、大日本油墨化学工业株式会社(DIC)、大日本油墨化工厂(香港)有限公司三方共同投资。该公司引进日本 DIC 较先进的生产工艺及生产设备，专业生产松香改性系列树脂，生产能力为年产 18000 吨，是目前国内最大的松香改性树脂生产企业之一。

该公司主要产品有：松香改性酚醛树脂、松香改性马来酸树脂、松香金属盐、松香酯共几十个品种。主应用于高档油墨、平版油墨、纸张凹版油墨、胶印轮转油墨、硝基漆(木器漆)、路标漆、热熔胶、鞋用胶、万能胶、造纸施胶剂等方面。

该公司产品市场定位为涵盖中高档技术市场，三成出口，主导产品为松香改性树脂，其油墨树脂有一定技术优势，产品在印刷油墨尤其是快速印刷油墨需求市场上认知度较高，其中高档松香改性树脂产品为公司未来发展方向。

该公司优势产品为油墨树脂，优势销售领域为油墨行业。

该公司 2008 年主营业务收入为 119453000 元，占全年营业收入 119658000 元的 99.8%。主营业务部分在公司销售结构中较为突出。

德庆基信合成树脂有限公司 集生产、贸易于一体，拥有年生产 3 万吨松香、2 万吨精制天然松香及 3 万吨松香改性树脂生产线，其产品广泛应用于国内外的涂料、油墨及黏合剂行业，远销东南亚及欧美等国家。

该公司主要产品有脂松香、精制天然松香、松香改性马林酸树脂、松香改性马林酸树脂、道路标线涂料专用树脂、松香变性热塑性树脂、松香甘油树脂、松香变性超黏树脂、松香季戊四醇脂、松香变性增黏树脂、松香改性酚醛树脂等。

该公司主要产品有：松香改性酚醛树脂、松香改性马来酸树脂、松香金属盐、松香酯共几十个品种。主应用于高档油墨、平版油墨、纸张凹版油墨、胶印轮转油墨、硝基漆(木器漆)、路标漆、热熔胶、鞋用胶、万能胶、造纸施胶剂等方面。

该公司产品市场定位为涵盖中高档技术市场，三成出口，主导产品为松香改性树脂，其油墨树脂有一定技术优势，产品在印刷油墨尤其是快速印刷油墨需求市场上认知度较高，其中高档松香改性树脂产品为公司未来发展方向。

该公司优势产品为油墨树脂，优势销售领域为油墨行业。

该公司 2008 年主营业务收入为 119453000 元，占全年营业收入 119658000 元的 99.8%。主营业务部分在公司销售结构中较为突出。

【产品生产与贸易政策】

①国家及各地松脂资源管理政策。在计划经济时代，国家对松脂开采实行较为严格的计划，由国有公司统一经营，各地按照经营计划，每年定量定向开采松脂，由国营公司收购，不得跨域流通。改革开放以后，松脂开采逐步放开，松脂开始自由流通，私人资本逐步进入松脂开采领域，特别是林权改革后，在遵守林业法规的前提下，松脂开采与流通全面放开，极大地推动了中国松脂开采业的发展。

1983 年林业部出台了《松脂采集规程》。对各地松树采脂进行监督规范，以防止过度开采造成树木损害，达到长续利用的目的。由于各地经济社会条件不一，因此《松脂采脂规程》监督执行力度有所不同。

②2002 年，外经贸部取消松香出口许可证招标制。2002 年，外经贸部取消松香出口许可证招标制后，从事松香进出口的企业急剧增加到 80 多家，比取消许可证以前的 36 家翻了一番还多，大量拥有进出口权的私营松香生产企业进入国际市场，使得我国松香行业出口进入“战国时代”。此

政策出台后，由于市场竞争激烈，导致松香出口价格在其后一段时间内一路下滑。在抢占了世界脂松香市场大量市场份额的同时，也使松香行业外贸出口市场出现了量增价减、无序竞争严重的现象，松香是相对依赖出口的货物，受外贸影响，自此之后，中国松香价格更加起伏不定。

③2005 年农业特产税淡出、国家颁布免征农业税的政策。农业免税等政策使中国农民增收明显，也使农业劳动力成本大幅提高，这是松香行业原料松脂价格不断攀升的根本原因之一。从 2005 年后，松脂收购价格突破 4 元/千克，松香成本突破 5500 元/吨。至此，松香产品开始进入高价位市场区间，另一方面，脂松香行业也开始直面浮油松香与石油树脂的替代威胁。

④2005 年云南市场开放，"一县一厂"政策废除。2005 年之前，云南树脂并不流通，而云南的松香产业也有其固有缺陷，在全国地位并不突出。但 2005 年后，云南废除一个县只能设一个松香厂的政策，市场在高价位刺激下开始快速、无序地发展，云南脂农真正尝到了松香行业给他们带来的甜头，从此，云南松香逐渐发展成为全国松香市场上不可忽视的新一极，云南的崛起对我国松香原料市场影响深远。

⑤2006 年前后各地森林保护办法及采脂规定颁布。经历 2005、2006 年的松香松脂高价位刺激后，各地乱采滥割松树现象严重，此时各地陆续出台地方性法规政策限制采脂，较为极端的例子有：湖北随州市颁布《关于禁止采割松脂的命令》，并关闭近 20 家松脂厂。而其他大多地区则以加强监督为主，通过发布《松香生产采集规程》等规定，严控采脂行为及采脂资格，采脂证又重新回到行业视线。这个阶段的一系列政策对松香行业发展的影响既有消极部分，也有积极因素：政策提高了松脂采集的准入门槛，客观上使松香原料价格进一步上升，但逐步规范化的松脂政策也换回了松香行业一个稳定、有序的可持续发展环境。

⑥2007、2008 年两次调整松香出口退税。作为较为依赖出口的商品，松香出口退税率近年来数次向下调整。2007 年 4 月 1 日起，财政部、国家税务总局取消了铬盐和松节油及其粗制品的出口退税政策。2007 年 7 月 1 日起，《财政部国家税务总局关于调低部分商品出口退税率的通知》，调整部分商品的出口退税政策。在这次出口退税调整中，松香及松香深加工产品的出口退税税率全部下调，从原来的 13% 下调到 5%。2008 年 8 月 1 日起，提高部分竹制品出口退税率，取消了松香、红松籽等资源性产品出口退税。

从国内市场来看，部分外需转入国内市场消化，增加了国内市场供应量，从而使国内采购松香的深加工使用企业在生产原料的供应上受益。从国外市场反馈来看，几次退税的调整，导致松香相关产品的出口数量下降，价格回落。松香出口退税率取消后对松香出口有一定的挫伤，但也将国外部分的刚性需求凸显出来，现阶段的出口贸易量还是非常稳定的，如出口退税再次恢复，则未来松香行业整体出口应有较大提升空间。除客观影响外，松香出口退税的取消更大的意义在于表明了国家的产业调整政策布局意图：即限制资源性的初级产品出口，鼓励初级产品进入国内深加工市场消化，鼓励松香行业产业链向深加工方向发展。

【世界松香产业】

松香生产 世界松香的年产量基本保持在 120 万吨左右，松香生产国分布在亚洲、欧洲、美洲各国家和地区，在全球松香总量中脂松香、浮油松香和木松香各占其总量的 64%、35% 和 1%（表 13）。其中近年中国产的脂松香占世界脂松香产量的 75%，主要集中在广西、广东、云南等省（区）。巴西和印度尼西亚的脂松香产量在 21 世纪初得到快速发展后目前产量较为平稳，巴西脂松香 6 万 ~ 7 万吨，约占 8%，印度尼西亚脂松香产量为 5 万 ~ 6 万吨，约占 7% 左右；浮油松香和木松香主要生产国为美国，中国也有少量的浮油松香生产，

表 13 1993 ~ 2009 年世界松香产量变化

年份	脂松香	浮油松香	木松香	合计
1993	66.7	41.5	3.5	111.7
1997	76.6	43.7	3.1	123.4
2005	87.9	40.7	1.5	130.1
2007	104.7	42.4	1.2	148.3
2008	78.8	43.1	1.2	123.1
2009	74.3	37.6	1.2	113.1

随着市场的需求和化工工艺的成熟，浮油松香的产量也在逐年增加，但是由于浮油松香结晶严重、色泽较低，很大程度上影响其使用价值，限制了生产能力的进一步发挥(表14)。

表14　世界各国松香深加工产量(2009年)

国家	产量(万吨)	主要品种	代表性企业
亚　洲			
中国	42.7	胶黏剂用松香树脂，歧化松香、油墨用松香树脂、涂料用松香树脂、氢化松香等	广东科茂、高要阿莱斯、广西荒川、东邦化学、德庆银龙等
日本	5.0	歧化松香、聚合松香、胶黏剂用松香树脂、油墨用松香树脂、造纸施胶剂等	东邦化学、哈利玛、荒川化学
韩国	2.0	歧化松香、松香改性酚醛树脂	韩国利通、SK化学、Kolon化学
小计	49.7		
美　洲			
美国	24.0	胶黏剂用松香树脂，歧化松香、油墨用松香树脂、涂料用松香树脂、氢化松香等	瀚森特种化学公司、亚利桑那化学公司、美德实维克公司、乔治亚太平洋公司
巴西	6.0	胶黏剂用松香树脂、油墨用松香树脂、涂料用松香树脂、	Resina Yser，Socer Brazil，Resinas Sinteticas
小计	30.0		
欧　洲			
比利时	4.0	胶黏剂用松香树脂、油墨用松香树脂、食用松香树脂	伊斯曼化学公司比利时工厂，Eubase公司
葡萄牙	3.0	胶黏剂用松香树脂，油墨用松香树脂、歧化松香	Euro - Yser
德国	2.0	歧化松香、胶黏剂用松香树脂，油墨用松香树脂	Abitia，RüTGERS Chemicals GmbH
法国	2.0	胶黏剂用松香树脂、涂料用松香树脂	DRT，Cray Valley
西班牙	2.0	胶黏剂用松香树脂，油墨用松香树脂	La Union Resinera Espanola S. A.
瑞典	2.5	胶黏剂用松香树脂，油墨用松香树脂	美国亚利桑那化学公司在其设有浮油松香深加工厂
芬兰	2.0	胶黏剂用松香树脂，油墨用松香树脂	美国亚利桑那化学公司在其设有浮油松香深加工厂
荷兰	1.5	胶黏剂用松香树脂，油墨用松香树脂	伊斯曼化学公司在其设有松香深加工厂
希腊	1.5	胶黏剂用松香树脂，油墨用松香树脂	Megara Rsesina
英国	1.0	胶黏剂用松香树脂，油墨用松香树脂	美国亚利桑那化学公司在其设有浮油松香深加工厂
土耳其	1.0	松香造纸施胶剂	Dipper Chemical
其他国家	4.0		
小计	26.5		
总计	**106.2**		

世界松香消费　世界脂松香的消费市场主要集中在美国、欧盟、中国、日本和非洲等地。世界脂松香的贸易量约为40万~45万吨。俄罗斯是脂松香纯进口国，只是出口其浮油松香每年约7000~8000吨，葡萄牙也是纯进口国。2009年全球脂松香产量为74.3万吨，其中我国2009年脂松香产量为52万吨。

美　国　作为主要的松香消费地区，美国每年要进口约5万吨脂松香，自产自销约25万吨浮油松香，合计每年消费量在30万吨左右。

欧　盟　欧盟市场各种松香的每年的消费量在35万吨左右，其中25万吨是进口脂松香，10万吨为浮油松香。

中　国　中国国内每年松香的消费量在30万吨以上，自产自销。

日　本　日本每年松香的消费量在10万吨左右，其中进口脂松香7万~8万吨，其余为浮油松香。

(中国林产工业协会)

中国果品产业

【2008 年果品产业】 2008 年，对我国果品产业来说是极不寻常的一年。从年初的冰雪灾害，到汶川地震、柑橘大实蝇事件和国际金融危机，都不同程度对水果产业造成影响和冲击。但是，在中央一系列助农惠农政策推动下，我国水果生产继续保持发展的态势，种植面积和产量都创历史新高，质量有所提高，进出口保持顺差，国内市场比较平稳，年度水果的总体价格小幅上涨，果品产业作为地方经济发展的亮点和农民致富的支柱产业作用得到加强。

果品生产 2008 年我国水果种植面积、产量再创历史新高。其中：

①水果(含瓜果)总面积增加 11% 总产量增加 6%。水果总面积(含瓜果)达到 1411.9 万公顷，比 2007 年增加 139.7 万公顷，增幅 11%。排名前 10 位的水果种植省(区)依次是：河北、广东、陕西、广西、山东、河南、新疆、湖南、福建和四川，其中河北种植面积居首位，121.5 万公顷；广东第二位，111.3 万公顷；陕西第三位，103.8 万公顷。

水果总产量(含瓜果)达到 1.92 亿吨，比 2007 年增加 1084 万吨，增幅 6%。水果产量排名前 10 位的省(区)依次是：山东、河南、河北、陕西、广东、广西、新疆、浙江、安徽和湖北。其中山东水果产量为 2613 万吨居首位；河南第二位，2130 万吨；河北第三位，1533 万吨。

②园林水果种植面积增加 2.5%，产量增加 7.8%。园林水果种植面积 1073.4 万公顷，占水果总面积的 76.03%，比 2007 年增加 26.3 万公顷，增幅为 2.5%。主要品种中增幅突出的是柑橘、猕猴桃、香蕉和葡萄，分别增加 4.6%、4.1%、3.7% 和 2.9%。见表 1。

主要品种面积占总面积比例，苹果 18.5%；柑橘 18.9%；梨 10%；桃 6.4%；荔枝 5.2%；葡萄 4.2%；香蕉 3%；猕猴桃 1%；菠萝 0.4%。园林水果产量达到 1.1 亿吨，比 2007 年增加 818 万吨，

表 1　2008 年全国园林水果面积

指　标	单　位	2007 年	2008 年	2008 年比 2007 年增加	
				绝对数	%
年末果园面积	**千公顷**	**10471.1**	**10734.3**	**263.1**	**2.5**
其中：香蕉园	千公顷	306.6	317.8	11.2	3.7
苹果园	千公顷	1961.8	1992.3	30.4	1.6
柑橘园	千公顷	1941.4	2030.8	89.4	4.6
梨园	千公顷	1071.3	1074.5	3.2	0.3
葡萄园	千公顷	438.4	451.2	12.8	2.9
桃园	千公顷	696.7	695.1	-1.6	-0.2
猕猴桃园	千公顷	71.9	74.9	3.0	4.1
菠萝园	千公顷	54.5	53.5	-1.0	-1.8
荔枝园	千公顷	558.5	563.2	4.7	0.8

增幅为 7.8%。这已是连续 8 年产量增长，并且是增幅较大的一年。我国水果产量占世界总产量的 16%，从 1993 年开始一直位居世界第一，是名副其实的水果生产大国。2008 年主要水果品种苹果、柑橘、梨、香蕉、葡萄、桃、猕猴桃、菠萝、龙眼、红枣和柿子的产量全面增长，尤其突出的是柑橘增产 13.3%，猕猴桃增产 16.5%，红枣增产 19.9%。以上品种水果产量占我国水果总产量的 89.9%，是我国主要的水果品种。见表 2。

表 2　全国园林水果产量

指　标	单位	2007 年	2008 年	2008 年比 2007 年增减	
				绝对数	%
园林水果产量	吨	105203232	113389247	8186015	7.8
其中：香蕉	吨	7796656	7834672	38017	0.5
苹果	吨	27859935	29846609	1986675	7.1
柑橘	吨	20582708	23312584	2729876	13.3
梨	吨	12895005	13538142	643137	5.0
葡萄	吨	6696814	7151484	454670	6.8
桃	吨	9051774	9534351	482577	5.3

（续）

指　标	单位	2007 年	2008 年	2008 年比 2007 年增减	
				绝对数	%
猕猴桃	吨	578469	673977	95508	16.5
菠萝	吨	905090	933633	28542	3.2
荔枝	吨	1707697	1507266	-200431	-12
龙眼	吨	1169740	1270585	100845	8.6
红枣	吨	3030623	3634071	603448	19.9
柿子	吨	2574143	2710998	136855	5.3
其他	吨		11440875		

园林水果各品种的结构比例变化不大，苹果、柑橘和梨的产量仍然居前3位。三大品种产量达到6670万吨，占总产量的59%，其中苹果占26.3%；柑橘占20.6%；梨占11.9%。我国苹果、柑橘和梨的产量均居世界首位，分别占世界产量的42%，28%和65%。我国水果主要品种产量占总产量百分比见图1。

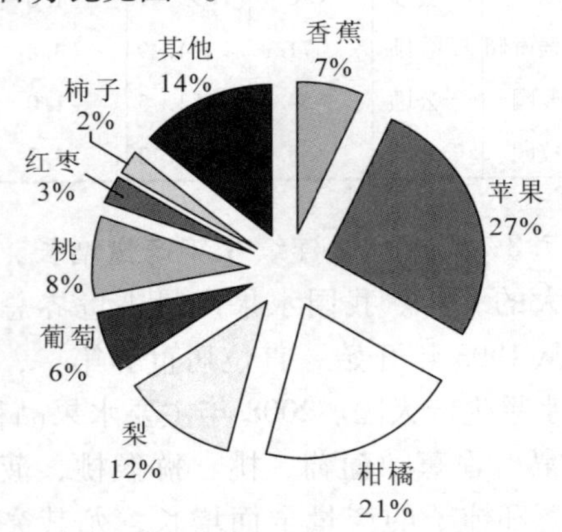

图1　水果主要品种产量占总产量百分比

果品进出口贸易　水果出口大于进口，贸易顺差131.83万吨，8.67亿美元。

2008年全国鲜干果出口量306.49万吨，金额21.04亿美元，水果进口量174.66万吨，金额12.38亿美元，出口大于进口，贸易顺差131.83万吨，8.67亿美元。此外，还出口包括苹果浓缩汁69.3万吨、橘瓣罐头35.3万吨等加工制品，总的出口量484.1万吨，出口额42.3亿美元，分别比2007年增加1.4%和12.8%。出口市场由2002年的120个国家和地区增加到2008年的148个。从出口结构看，鲜果比例有所上升，达到60%，加工制品比例下降占40%，出口水果的主要品种是鲜苹果、苹果汁、柑橘。分地区看，山东、陕西、浙江、福建、广东是我国水果出口的主要省份。东南亚、日本、美国、俄罗斯、德国是我国水果出口的主要贸易伙伴。

进口水果174.66万吨，12.38亿美元，主要是香蕉、柑橘、葡萄、猕猴桃、鲜苹果和橙汁。进口水果主要来自泰国、美国、菲律宾、智利、巴西、越南和新西兰。

我国出口到东盟的水果超过100万吨，占出口量的23%，从东盟进口水果90多万吨，占进口量的73%。我国与东盟的水果贸易以品种互补为主，进口的是龙眼、榴莲、荔枝、香蕉、莲雾等，出口的是苹果、梨、柑橘、枣等。

果品价格　水果价格先扬后抑 全年上涨1.4%。

2008年，水果生产价格指数比2007年小幅上涨1.4%，分季度看，一季度上涨9.7%、二季度上涨15%、三季度上涨8.6%、四季度下降3%。全年看是先扬后抑，二季度开始价格逐季回落，特别是到2008年四季度价格下降明显，对下年初的市场形成压力，市场起伏和波动是比较明显的，直接影响到农民增收和果品产业的持续发展。造成这种情况的原因主要是当年水果产量的大幅增长；年初雪冻灾害和秋季发生柑橘大实蝇事件对水果消费和市场价格所带来的影响；金融危机造成国际市场对我国水果的需求减少，出口下降。

果品产业发展特点　①区域布局和品种结构不断优化。主要表现在：水果种植向优势产区集中，区域布局更趋合理。苹果、柑橘、梨、葡萄等优势产业带已基本形成，优势集中度明显提升。苹果、柑橘优势区域面积达到51%和54%；苹果、梨、柑橘三大水果面积比重下降2个百分点，桃、香蕉、葡萄、冬枣、杨梅、枇杷等名优特新水果发展迅速；苹果产区形成了环渤海湾和黄土高原两个主要的优势产业带，柑橘产区形成长江中游和东南沿海两个优势产业带，葡萄产区形成北纬40°～44°九大产区；树种结构、品种结构、熟期结构进一步优化，如宽皮柑橘和橙类的比例由85:15调整为80:20 。

②品质、质量进一步提高。区域化、标准化、专业化、规模化的生产逐步扩大，发展"一村一品"，"一乡一企"，形成商品基地和产业规模；通

过无公害农产品论证、绿色食品、有机食品认证的水果比重增加较快，生产者、消费者的食品安全意识和品牌意识增强；申请地理标志保护产品专用标识和商标注册的水果品种和单位在增加；有果品无商标的状况有所改变；进出口企业在开展果园注册、包装厂注册和GAP认证。

③经营主体多元化的格局更加明显，市场竞争更趋激烈，经营方式和经营业态正在发生新的变化，现代流通方式快速兴起。现阶段，国有商业已基本退出水果经营领域，供销合作社果品公司、批发市场在水果经营中仍占有相对优势，民营企业、个体经营户、农民经纪人在水果经营中占有相当大的比重。实行贸工农、产加销一体化经营的龙头企业，在水果经营中的作用、对水果市场的影响力进一步显现。特别是连锁、配送、拍卖等现代流通方式成为水果经营中新的亮点，水果进入超市销售的比重大幅度提高，大中城市达到30%以上。涌现出一批有规模有影响效益也不错的水果经销企业，如百果园、上果、京果、金土一站式果品超市、泰纳连锁超市等企业都进入了发展快行道。

此外，网上交易、网上购物开始兴起。中国苹果电子交易网、上果网、易果网等显露头角。资本运作、兼并重组、低成本扩张已经开始，将形成大的集团企业。

④果品产业化取得初步成果。生产、加工、储藏、销售等环节的联结更加紧密，龙头企业或为了控制产品质量向产业上游渗透，或为了追求更高的附加值向产业下游渗透，形成完整的产业链和供应链，专业化经营更加明显，龙头企业不断壮大。同时，更多的民间资本、其他行业的资本进入农业领域，发展现代果业，在许多地区和环节上都很明显。例如，以分选、清洗、包装为主的自动化生产线等现代装备，以冷库和冷链运输为主的物流设施，建设步伐明显加快。

龙头企业、专业合作组织、批发市场快速发展，品牌建设不断推进，传统果业正向现代果业稳步迈进。据不完全统计，目前苹果优势区域内贮藏加工企业2200多家，年处理量占苹果总产量的15%，苹果浓缩汁年加工能力达115万吨以上。

⑤水果价格有升有降，受供求关系影响部分果品价格波动较大。进入2008年秋季，苹果、柑橘、梨等大宗水果的价格全面下降，柑橘下降幅度最大，据全国农产品批发市场信息网监测，第四季度全国柑橘类水果平均价格3.76元/千克，同比下降3.3%，环比下降34%。江西脐橙的收购价每千克在1.20～1.40元，比2007年价格低50%以上，湖南蜜橘每千克在0.50元左右，低于种植成本。全球金融危机、低温冰冻、地震、大实蝇事件等都造成水果价格下降，造成销售困难和果农及经营者的损失。一些品种由于产量增长过快，导致价格下降，如柑橘种植扩大产量猛增，造成供求不平衡，致使价格下降。

⑥水果出口保持快速增长势头。2005年出口水果及加工制品364.57万吨，同比增长16.63%，出口金额达20.33亿美元；进口114.54万吨，同比增长7.86%，进出口贸易顺差达13.73亿美元，同比增长26.2%。2006年出口水果及加工制品370.17万吨，增长1.53%，出口金额24.75亿美元，增长幅度1.73%；进口水果125.87万吨，增长9.9%，进口金额7.61亿美元，增长15.27%，贸易顺差17.14亿美元，增长24.83%。2007年，水果及加工制品出口477.3万吨，同比增长28.9%，出口额37.5亿美元，同比增长51.4%；水果进口134.7万吨，同比增长7.0%，进口额9.6亿美元，同比增长25.6%。贸易顺差27.9亿美元，增长62.7%。2008年全国果品出口484.1万吨，增长1.4%，出口额42.3亿美元，增长12.8%。从以上数据看出，近年来，水果出口始终保持了增长势头。其原因，在于我国水果生产迅猛发展，在数量增加的同时，质量不断提高，在国际水果贸易中具有较高的竞争优势。

水果产业进一步发展思路 我国水果产业经过改革开放30年的迅猛发展，产量从1993年起已连续15年位居世界首位，产值超过2800亿元，占农业产值11%以上，出口连年增长保持贸易顺差，国内水果市场繁荣，质量提高，品种增多，名优新特水果不断涌现，已经成为继粮食、蔬菜之后的第三大农业种植产业，是国内外市场前景广阔具有较强国际竞争力的优势产业，也是许多地方经济发展的亮点和农民致富的支柱产业之一。

在肯定成绩的同时，要正视存在的问题，特

别是要考虑在国际金融危机和果品市场销售遇阻、波动过大的情况下如何应对。从科学发展观出发，目前需要调整水果产业结构和布局，转变发展方式，由数量增长型更多地向效益提高收入增长型转变，提升水果产业素质和市场竞争力。在今后一段时间内，目标任务一是稳面积，以优势区域规划为指导，发展最适宜区和适宜区水果生产，压缩非适宜区的水果生产。二是调结构，优化树种结构、熟期结构和产品结构，大力发展特色水果，适当压缩大宗品种，苹果、柑橘、梨的比例由现在的60%随整体发展调整为50%左右，增加特色果、小杂果和名优新果的比例。采后商品化处理比例和加工比例分别由现在的较低水平提高到60%和20%以上，调优早、中、晚熟比例，逐步实现均衡周年上市，避免集中上市造成的卖难。三是提质量，大力推进优良品种和优质高产高效栽培技术以及产后商品化处理技术，建立健全果品质量全程控制体系，全面提高果品品质和安全水平，力争优质果率在60%以上，果品农残检测合格率在97%以上。四是保增收，转变发展方式，走集约发展道路，努力节本增效、提高单产及附加值。

为此，要落实好七项措施：一是大力实施优势区域发展规划，优化调整区域布局；二是加强产销衔接，积极开拓市场；三是开展标准果园创建活动，推进水果标准化生产；四是发展水果专业合作组织，推进产业化经营；五是加强病虫害防治，严防有害生物扩散蔓延；六是加强良种繁育体系建设，提高优质种苗覆盖率；七是充分发挥产业体系和专家指导组的作用，提高水果产业科技水平。

【2009年果品产业】

果品生产 2009年我国水果总产量2.04亿吨(含果用瓜)，比2008年增加1240万吨，增幅6.1%。这是自2000年以来连续第九年产量增长，首次突破2亿吨的整数关口，创历史新高。其中园林水果产量1.22亿吨，占总产量的59.8%；果用瓜8200万吨，占41.2%，果用瓜中80%是西瓜，15%是甜瓜。

我国园林水果面积1114万公顷，比2008年增加40.5万公顷，增长3.8%，已连续11年增长，再创历史新高。其中，香蕉园33.88万公顷，比2008年增加2.09万公顷，增幅6.6%，占水果总面积的3.04%；苹果园204.91万公顷，增加5.69万公顷，增幅2.9%，占总面积18.4%；柑橘园216.03万公顷，增加12.94万公顷，增幅6.4%，占总面积19.4%；梨园107.43万公顷，减少200公顷，增幅0.0%，占总面积9.6%；葡萄园49.34万公顷，增加4.22万公顷，增幅9.4%，占总面积4.4%。以上5种水果面积占到总面积的54.9%。

我国园林水果产量1.22亿吨，比2008年增加908万吨，增幅8.0%，连续9年增产，创历史新高。其中香蕉产量883.4万吨，增加99.9万吨，增幅12.8%，占总产量的7.2%；苹果3168.1万吨，增加183.4万吨，增幅6.1%，占总产量25.9%；柑橘2521.1万吨，增加189.8万吨，增幅8.1%，占总产量20.6%；梨1426.3万吨，增加72.5万吨，增幅5.4%，占总产量11.6%；葡萄794.1万吨，增加79.0万吨，增幅11.0%，占总产量6.5%；菠萝104.3万吨，增加10.9万吨，增幅11.7%，占总产量0.85%；红枣424.8万吨，增加61.4万吨，增幅16.9%，占总产量3.5%；柿子283.4万吨，增加12.3万吨，增幅4.5%，占总产量2.3%。

水果总产值超过3100亿元，约占农林牧渔总产值的6%，占农业产值的11%。人均水果产量153.2千克(含瓜果)。

苹果、柑橘和梨年产量都在千万吨以上，三大水果产量占到园林水果产量的58%。年产量超过500万吨的还有桃、香蕉和葡萄等水果。以上六种水果产量占到园林水果总产量的80%，是我国水果产业中的大宗品种。

我国水果栽种面积和产量已经分别占到世界水果总量的20.1%和18.8%，苹果、柑橘、梨、桃、李、柿子、核桃等产量居世界第一位。园林水果生产情况，见表3。

果品市场 果品市场的供给充足。近几年来，在种植面积基本稳定的情况下，由于不少新果园投产并进入丰产期，园林水果总产量每年仍有较大幅度提高，在2007年总产量实现1亿吨的跨越

表3 全国园林水果生产情况

单位：千公顷、万吨

指 标	2008年	2009年	2009年比2008年增加	
			绝对数	%
园林水果面积	10734	11140	406	3.8
其中：香蕉园	318	338	20	6.6
苹果园	1992	2049	57	2.9
柑橘园	2031	2160	129	6.4
梨园	1075	1074	-1	
葡萄园	451	493	42	9.4
园林水果产量	11339	12246	907	8
其中：香蕉	783	883	100	12.8
苹果	2985	3168	183	6.1
柑橘	2331	2521	190	8.1
梨	1354	1426	72	5.4
葡萄	715	794	79	11
菠萝	93	104	11	11.7
红枣	364	425	61	16.9
柿子	271	283	12	4.5

后，每年新增产量接近1000万吨。与此同时，随着人民生活水平的提高和对饮食结构的重视，作为健康食品的水果消费量稳步增加，市场的潜力不断显现出来。2009年我国人均水果产量153.2千克，人均占有量约70千克，达到世界平均水平。整体看，果品市场的供给与需求基本平衡，全年水果生产价格指数与2008年基本持平。但是水果的市场价格波动幅度大，在不同时期不同品种上表现明显。2009年一季度水果价格下跌19.16%，二季度上涨14.4%，三季度上涨6.42%，四季度上涨9.3%。上半年下跌9.44%，下半年上涨幅度接近10%，全年基本持平。价格波动的主要原因，一是国际金融危机的发生，对我国水果及加工品的出口产生不利影响，二是个别突发事件的影响，特别是柑橘大实蝇的发生，经手机网络和媒体的传播、放大，引发消费者恐慌，造成销售受阻。柑橘成交量较正常情况下降70%～80%，价格大幅下跌，橘农受损严重，也带动水果价格整体走低。三是2008年秋季水果丰产，增产幅度大，苹果、柑橘和梨的增幅分别达到7.1%、13.2%和5%。这几种大宗水果隔年集中销售，也是造成2009年初价格走低的最重要原因。水果市场从二季度开始回暖，价格逐步恢复正常。2009年水果生产价格走势，见表4。

表4 2009年水果生产价格趋势

项 目	2009年			
	一季度	二季度	三季度	四季度
农产品生产价格总指数	94.14	93.39	97.33	103.20
种植业产品	95.66	100.97	104.12	108.37
其中：水果	80.84	114.40	106.42	109.30

果品进出口 2009年我国累计出口水果(含加工品)541.3万吨、43.5亿美元。其中，出口各种鲜、干水果及坚果349.7万吨、23.8亿美元，分别比2008年增长14.1%和13.1%。出口目的地国家和地区达到148个，出口数量在万吨以上的国家有32个，前10位的国家和地区有：越南78.1万吨、印尼39.6万吨、俄国39.5万吨、马来西亚23.5万吨、泰国20万吨、菲律宾18.8万吨、香港15.4万吨、哈萨克斯坦12.1万吨、荷兰11.6万吨、孟加拉国10.7万吨。同年出口各种水果加工品191.6万吨和19.7亿美元，分别比2008年增长-1.7%、-27.3%。从出口产品结构看，各种鲜、干水果占水果总出口的64.6%，加工品占35.4%。

2009年我国累计进口水果(含加工品)256.8万吨、19.8亿美元。其中，进口各种鲜、干水果及坚果237.6万吨、17.2亿美元，分别比2008年增长36.1%和39.2%。进口水果来源在10万吨以上的国家有越南65.8万吨、泰国59.5万吨、菲律宾36.8万吨、缅甸30.0万吨、美国18.6万吨、智利11.3万吨；在万吨以上的国家有新西兰2.2万吨、印尼1.9万吨。同年进口各种水果加工品19.2万吨、2.6亿美元，分别比2008年增加29.7%、18.2%。

2009年虽然经历国际金融危机的影响，我国出口增长幅度有所下降，而进口增长幅度有所上升，但全年仍然维持出口大于进口，实现贸易顺差23.7亿美元(含加工品)。2009年部分果品品种进出口情况：

苹 果 出口鲜苹果117.4万吨、7.1亿美元，比2008年增长1.8%、2.2%。出口量最大的10个目的地国家依次是：俄罗斯、越南、印尼、泰国、孟加拉国、哈萨克斯坦、菲律宾、马来西亚、阿联酋、印度。

进口苹果5.4万吨、5410万美元，比2008年分别增长27.6%、19.7%。进口鲜苹果来源国主要是智利、美国、日本和法国。

柑　橘　出口柑橘111.3万吨、5.9亿美元，分别比2008年增长29.1%和35.5%。出口量最大的10个目的地国家和地区是：越南、印尼、马来西亚、俄罗斯、菲律宾、荷兰、香港、加拿大、哈萨克斯坦、伊朗。

进口柑橘9.2万吨、7422万美元，分别比2008年增长14.6%和10.3%。进口量最大的10个来源国家和地区有：美国、南非、泰国、台湾省、阿根廷、以色列、澳大利亚、埃及、乌拉圭、新西兰。

梨　出口量4.8万吨、2410万美元，分别比2008年增长10.8%和14.8%。出口量最大的10个目的地国家和地区是：越南、印尼、泰国、马来西亚、俄罗斯、香港、伊朗、新加坡、加拿大、荷兰。

进口量很少，只有12.7吨、2.2万美元，分别比2008年增长37.8%和－15.9%。进口来源国家和地区主要有：日本、台湾省。

葡　萄　出口葡萄14.2万吨、1.5亿美元，比2008年分别增长50.7%和59.8%。出口量最大的10个目的地国家和地区是：俄罗斯、日本、澳大利亚、马来西亚、英国、香港、比利时、希腊、越南、沙特阿拉伯。

进口葡萄10.2万吨、1.9亿美元，比2008年分别增长58.2%和66.0%。进口量最大的10个来源国家和地区有：智利、美国、秘鲁、墨西哥、土耳其、吉尔吉斯斯坦、日本、南非、澳大利亚、台湾省。

香　蕉　出口量1.3万吨、666.5万美元，比2008年分别下降12.6%和2.6%。出口量最大的10个目的地国家和地区依次是：俄罗斯、蒙古、日本、澳门、哈萨克斯坦、伊朗、朝鲜、美国、沙特阿拉伯、阿富汗。

进口量49.1万吨、1.8亿美元，比2008年分别增长35.6%和29.4%。进口量最大的10个来源国家和地区有：菲律宾、缅甸、越南、泰国、厄瓜多尔、老挝、台湾省、哥斯达黎加、印尼、德国。

苹果汁　出口79.5万吨、6.5亿美元，比2008年分别增长16.3%和－42.3%。出口量最大的10个目的地国家依次是：美国、德国、俄罗斯、荷兰、日本、加拿大、澳大利亚、南非、乌克兰、英国。

进口量109.8吨、31.6万美元。主要进口来源国有：吉尔吉斯斯坦、美国、奥地利、西班牙、土耳其、澳大利亚、以色列、斯洛文尼亚、日本、德国。

桔瓣罐头　出口量32.0万吨、2.6亿美元，比2008年分别下降9.3和7.9%。出口量最大的10个目的地国家依次是：美国、日本、德国、泰国、荷兰、加拿大、阿联酋、沙特阿拉伯、英国、伊朗。

进口量只有188.5吨、25.8万美元，比2008年分别下降44%和25.1%。进口来自韩国、泰国、美国等国家。

附表1　2009年全国各省(区、市)果园面积　　单位：千公顷

地区	年末果园面积	比2008年增减(%)	年末果园面积								
			苹果	梨	柑橘类	香蕉	菠萝	荔枝	桃	猕猴桃	葡萄
全　国	**11139.5**	**3.78**	**2049.1**	**1074.3**	**2160.3**	**338.8**	**53.9**	**557.2**	**703.3**	**89.5**	**493.4**
北　京	66.7	－7.54	8.2	9.8					21.7		2.7
天　津	33	－2.28	5.3	3.6					3.9		5.2
河　北	1035.6	－2.44	235.5	194.1					89	0.1	63.4
山　西	281.2	1.43	145.2	31.1					13.5		10.3
内蒙古	52.2	－0.55	22.6	7.9							6
辽　宁	349.7	8.06	121.9	97.9					26.7		26.8
吉　林	57.9	－8.79	13.4	15.4					0.4		11.2
黑龙江	35.3	－13.72	12	4.2							2.5
上　海	24.7	－5		1.9	9.9				6.7	0.1	4.2
江　苏	192.7	7.84	34.8	37.3	4.6				33.1	0.6	18.1

（续）

地区	年末果园面积	比2008年增减(%)	年末果园面积								
			苹果	梨	柑橘类	香蕉	菠萝	荔枝	桃	猕猴桃	葡萄
浙　江	318	0.29		25.4	116.7				26.3	2.9	17
安　徽	104.5	-3.86	16.1	38.5	2.7				23.1	0.4	6.8
福　建	538	0.41		22.4	175.2	29.1	4.1	34.9	26.8	0.5	5.6
江　西	374.6	3.64		26.2	296.4				10.8	1.9	2.4
山　东	591.6	-1.27	270.4	45.2					95.2	0.6	37.9
河　南	449	2.48	175.7	47.1	10.7				70.3	8.9	29.6
湖　北	367.6	5.8	2.2	38.2	225.6				46.9	3	6.2
湖　南	510.9	8.88		30.8	376.2				25.9	9.3	15.2
广　东	1081.3	2.75		7.4	276	127.4	27	275.5	6.6		
广　西	917.7	3.33		18.9	189.2	70.5	3.9	209.9	18.4	0.4	12.9
海　南	170.6	-0.31			4.4	50.2	14.6	25.7			
重　庆	230.9	6.54	2	35.4	126.3	0.1		4.9	10.8	2.5	3.9
四　川	537.1	5.41	28.6	84	244.5	1.2		2.9	43.8	13.8	16.2
贵　州	140.8	5.66	6.9	43.6	38.6	1.7		0.3	19.5	5.8	7.6
云　南	309.4	7.05	30.5	48.3	34.1	58.5	4.3	3	24.6	0.4	9.6
西　藏	1.5	1.99	0.1								
陕　西	1011.4	6.38	564.9	51.6	28.9				31.4	38.3	23.9
甘　肃	411.6	-0.07	261.6	35.6	0.3				12.9		13.4
青　海	4.5	9.2	2.5	0.9							
宁　夏	100.3	20.94	33.5	2.3					2.4		20.2
新　疆	839.3	17.22	55.3	69.5					12.8		114.7

附表2　2009年全国各省(区、市)水果产量(一)　　单位：万吨

地区	园林水果总产量	比2008年增减(%)	苹果			梨			柑橘类				
			合计	红富士	国光	合计	雪花梨	鸭梨	合计	柑	橘	橙	柚
全　国	122463930	8.00	31680788	21799659	1659619	14262979	2314715	2367180	25211024	8029360	9594527	4633407	2677017
北　京	855022	0.48	119676	95356	11727	155889	26401	34685					
天　津	317991	7.91	63405	38245	2357	33131	9512	6128					
河　北	11040692	4.74	2767973	1745563	255269	3640682	823811	1711401					
山　西	3825564	12.57	2384755	1778436	38478	479790	106118	30928					
内蒙古	294503	6.73	78576	4736	14222	78399	767	1545					
辽　宁	4772144	12.95	1948100	800055	670318	1103509	52594	55273					
吉　林	640620	-3.35	145764	874	15702	142198	5726	7485					
黑龙江	493241	-16.90	140670			41164							
上　海	451590	-2.07	139			32733			235776		235776		
江　苏	2354138	0.37	572333	375224	1211	662410	29199	18909	59765	29135	30630		
浙　江	3854784	-6.58				382379	229427	19120	1975382	859537	870565	22952	202182
安　徽	2157169	24.96	368978	68601	8840	867949	38843	10718	23264	782	22114	26	
福　建	5640848	1.94	300			183967			2668299	539923	956645	212914	927310
江　西	3270764	18.78				117653	21643	8251	2993721	293674	1414180	1248721	37146
山　东	14190856	1.66	7710497	6120294	195507	1166317	119257	291357					
河　南	7559013	5.86	3886253	2588029	297198	922590	315589	59362	40068		40086		
湖　北	40008568	6.14	11445		2317	468461			2747010	813087	1613117	284491	36315
湖　南	3998119	12.59				128561			3384746	1341165	1565355	383901	94325
广　东	10618918	7.97				55116			3220505	647708	1802428	231056	539313
广　西	7746463	17.36				193990			2892339	1747633		720245	424461
海　南	2679486	8.10							44461	3362	3201	36002	1896

（续）

地区	园林水果总产量	比2008年增减(%)	苹果			梨			柑橘类				
			合计	红富士	国光	合计	雪花梨	鸭梨	合计	柑	橘	橙	柚
重　庆	1807067	11.22	6887	1113	1105	259982	73879	9373	1263348	357343	240016	534792	117144
四　川	5683280	9.92	408938	118268	14670	845236	284260	62468	2773464	946780	470817	885745	275528
贵　州	642161	4.11	16177	4099	957	167719	9767	6798	194240	85118	65142	26638	11482
云　南	3038481	14.15	269289	142214	10197	278681	55066	12930	383120	142826	175352	45431	9300
西　藏	8747	3.22	4427	4421	6	1420	1420		365		365		
陕　西	11504464	7.75	8051728	6379007	30590	629939	33042	10538	308028	221287	85632	493	616
甘　肃	2775594	11.86	1856204	1113722	1016	320461	102	86	3124		3124		
青　海	14575	10.07	5729	2207	841	4835							
宁　夏	567573	14.47	327487	163076	38855	22831	871	1074					
新　疆	5651495	25.35	535058	256120	48236	874988	77421	8751					

附表2　2009年全国各省(区、市)水果产量(二)

单位：万吨

地区	园林水果总产量	比2008年增减(%)	热带亚热带水果					其他园林水果				
			合计	香蕉	菠萝	荔枝	龙眼	合计	桃	猕猴桃	葡萄	红枣
全　国	122463930	8.00	14459168	8833904	1042563	1695586	1259799	34915345	10040200	875125	7940612	4247773
北　京	855022	0.48						579457	408517	123	40618	11333
天　津	317991	7.91						221455	61544		401560	31134
河　北	11040692	4.74						4632037	1444854	89	1050802	1077928
山　西	3825564	12.57						961019	260852	177	129413	395660
内蒙古	294503	6.73						137528			46983	
辽　宁	4772144	12.95						1720535	506750	250	642124	115873
吉　林	640620	-3.35						341067	720		144685	
黑龙江	493241	-16.90						311407			42206	
上　海	451590	-2.07						182942	95098	352	77123	1721
江　苏	2354138	0.37						1059630	437898	2937	278506	13868
浙　江	3854784	-6.58						1497023	365679	12491	390359	
安　徽	2157169	24.96						896978	380300	1400	214046	18537
福　建	5640848	1.94						1048170	229173	3692	98817	18
江　西	3270764	18.78	1740112	906006	41031	127126	234378	159390	45745	10484	24564	
山　东	14190856	1.66						5314042	2442602	2786	935686	1077117
河　南	7559013	5.86						2710102	938641	211085	461083	387830
湖　北	40008568	6.14						781652	566623	10906	123644	27499
湖　南	3998119	12.59						484812	112055	39530	83892	24093
广　东	10618918	7.97						1420040	78011			
广　西	7746463	17.36	5923257	3578810	636154	945561	571279	1813737	155297	2198	180790	19978
海　南	2679486	8.10	2846397	1556342	32330	492894	388926	140855				
重　庆	1807067	11.22	2494170	1595792	296554	110822	34387	271854	78000	3876	31124	3580
四　川	5683280	9.92	4996	1620		307	1905	1553875	410342	59560	206370	11768
贵　州	642161	4.11	101767	31499		9045	17378	254895	84796	11783	41734	1370
云　南	3038481	14.15	9130	7916		250	430	768053	179082	992	167090	8651
西　藏	8747	3.22	1339339	1155919	36494	9581	11116	2535	1250		1286	
陕　西	11504464	7.75						2514769	485471	500286	258829	594350
甘　肃	2775594	11.86						595806	161822	128	116185	94108
青　海	14575	10.07						4011	533		109	
宁　夏	567573	14.47						217255	18239		115827	41407
新　疆	5651495	25.35						2318413	96306		1932157	289950

注：附表1、表2由中国农业年鉴编辑部提供。

（中国果品流通协会　沙立勋）

中国林木种子与苗木产业

【林木种苗生产与建设】

林木种子采收

种子采收　据全国30个省(区、市)，内蒙古、吉林、龙江、大兴安岭森工(林业)集团公司，新疆生产建设兵团种苗管理部门上报的年报统计，2009年全国共采收林木种子24187吨，比2008年增加了1570吨，增加原因主要是2009年安徽、云南、新疆等部分省区经济林造林面积增加，砧木用种量较大，这些树种的种子是多是大粒种子，如油茶、核桃等，因此采收量较2008年有所增加。

2009年采收前种子库存量为3466吨，2009年实际用种量为19445吨。见表1。

表1　2009年全国林木种子采收情况　　单位：吨

地　区	种子采购量	采收前种子库存	本年实际用种
合　计	**24187.01**	**3466.18**	**19444.63**
北　京	35.48	0.07	23.45
河　北	136.50	21.30	86.00
山　西	736.50	83.50	383.00
内蒙古	2228.58	1346.67	2451.87
辽　宁	1203.84	58.09	504.54
吉　林	249.74	13.56	153.56
黑龙江	244.67	39.03	95.70
江　苏	1860.00	0.80	10.00
浙　江	30.70	1.50	13.30
安　徽	120.50	0.50	102.80
福　建	53.98	5.95	81.55
江　西	153.96	0.00	102.24
山　东	1387.94	27.80	758.67
河　南	1658.00	33.30	1249.54
湖　北	1212.27	38.70	773.92
湖　南	435.90	0.50	437.69
广　东	15.67	1.86	16.61
广　西	177.89	0.56	147.54
海　南	8.25	1.58	2.48
重　庆	155.52	0.00	424.12
四　川	387.78	20.47	35.00
贵　州	512.79	0.00	561.83
云　南	6799.42	366.52	7929.53
陕　西	2538.10	187.59	1264.03
甘　肃	173.76	348.94	248.89

(续)

地　区	种子采购量	采收前种子库存	本年实际用种
青　海	168.00	32.50	142.60
宁　夏	286.49	297.84	185.00
新　疆	1069.58	296.66	1001.77
龙江森工	38.50	192.45	156.02
大兴安岭林业	0.10	17.25	7.65
内蒙古森工	0.00	4.00	1.50
吉林森工	61.46	25.33	48.26
新疆兵团	45.16	1.37	43.99

采种量千吨以上大省(区)有9家，其中云南6799.42吨、陕西2538.10吨、内蒙古2228.58吨。

良种生产　据统计，2009年全国良种基地共生产种子2570吨(种子园产种量790吨，母树林产种量1780吨)，比2008年减少700吨，原因是吉林省种子园和母树林种子产量共减少幅度较大。2009年全国良种基地生产穗条13.2亿条(根)，其中采穗圃生产穗条7.7亿条(根)、无性系繁殖圃生产穗条5.5亿条(根)(附表4)，比2008年增加3.3亿条(根)，湖北、湖南增加1亿条以上，涉及主要树种是油茶。

采种基地　2009年全国采种基地共采收种子591万千克，占全国林木种子采收量的24.4%，比2008年减少371万千克，由于气候变化等原因，内蒙古、辽宁、吉林、山东、甘肃、宁夏等省(区)采种基地的种子采收量都比2008年有大幅度减少。

苗木生产及苗圃　2009年全国共完成育苗面积65.9万公顷，其中新育苗面积22.4万公顷，占育苗总面积的34.05%。国有、乡村集体和农户育苗面积分别占育苗总面积的14.73%、5.45%和79.82%，与2008年相比，国有育苗面积比重减少4.65个百分点，乡村集体育苗面积比重减少0.05个百分点，农户育苗面积比重增加4.7个百分点(附表1)

育苗面积达1万公顷大省有15家。其中江苏

10万公顷，浙江9.6万公顷，江西9.4万公顷，山东6.8万公顷。

2009年育苗总量为415亿株，除留圃苗木外，实际用于造林绿化的苗木量为178亿株，其中生态公益林苗木97亿株，经济林苗木23亿株，其他林种苗木58亿株。2009年实际用苗量中32%来自国有单位，7%来自乡村集体，还有61%来自农户。

2009年容器育苗产量为40亿株，良种苗产量125亿株，与2008年相比基本持平(附表2)。

到2009年底，全国共有苗圃29.5万个，国有、乡村集体和农户所占比例分别为3%、3%和94%。在国有苗圃单位中，林业系统内部的苗圃有6610个。

全国林木种苗工程

投资完成情况　2009年全国林木种苗工程项目投资总计65614万元，其中国家投资30325万元，地方配套投资35289万元。主要用于省级种苗示范基地、良种基地、采种基地、苗圃和基础设施建设，投资范围涉及全国29个省(区、市)，内蒙古、吉林、龙江、大兴安岭森工(林业)集团公司，新疆生产建设兵团。

主要建设成效　①全国林木良种基地建设面积44.34万公顷，其中：种子园2.73万公顷、母树林15.51万公顷、采穗圃1.37万公顷、良种繁殖圃0.77万公顷、子代测定林0.71万公顷、区域试验林0.25万公顷、良种示范林22.27万公顷、其他0.73公顷。

②2009年全国采种基地可采种面积68万公顷。

【国有林场改革与发展】　2009年是国有林场改革与发展极其重要的一年。一年来，通过各方面的共同努力，国有林场工作取得了重大进展。

一是国有林场改革取得较大进展。在2008年工作的基础上，国家林业局对国有林场改革思路和政策做了进一步的调整和完善，并再次征求了中央编办、国家发展改革委、民政部、财政部、人力资源社会保障部和住房城乡建设部的意见。各部委就改革文件的主要内容已基本达成一致，改革的保障措施更加完善，更加符合林业实际，含金量更高。

在国家尚未出台国有林场改革文件的情况下，一些省(区、市)充分结合本地实际，积极探索国有林场改革的路径和模式，积累了宝贵的经验。山东省人民政府办公厅出台了《关于加快国有林场苗圃改革与发展的意见》，进一步完善了国有林场分类经营政策，并明确提出将国有林场基础设施建设列入本地经济和社会发展总体规划，加强国有林场森林资源培育，深化国有林场内部改革等。山西省国有林场核定了事业编制，省财政将省直林区转制补贴增加到每年1.2亿元，并启动一年8000多万元的森林生态效益补偿，大大激活了国有林场经营机制，促进了国有林场健康发展。

二是国有林场基础设施建设政策的争取取得重要进展。国家林业局、国家发展改革委和住房城乡建设部三部门联合下发了《关于做好国有林场危旧房改造工作的通知》(林计发〔2009〕135号)，将国有林场危旧房改造纳入国家扩大内需投资计划，实行中央补助1万元/户，省级配套1万元/户，并且在建设用地、税费政策方面享受一系列优惠。国有林场林区公路和饮水安全工程建设的政策争取也取得重大进展。2009年8月份，水利部和卫生部联合下发了《关于〈2010~2013年农村饮水安全工程规划〉规划人口调查复核工作的通知》(办农水〔2009〕347号)，决定组织开展全国农村饮水安全工程规划人口调查复核工作，并就国有林场的复核工作一并提出了要求。交通运输部下发了《关于开展全国农村公路基础数据和电子地图补充调查的通知》(厅规划字〔2009〕165号)，将国有林场纳入调查范围，为将国有林场道路建设纳入国家集中解决农村公路建设规划奠定了基础。黑龙江、湖南等省国有林场公路建设工作已经起步。

三是国有林场财政扶贫工作取得新进展。首先是国有林场扶贫资金总量有了一定增加。通过积极争取，2009年国有林场财政扶贫资金总量增加到2.5亿元，较2008年增加了3000万元，有效地促进了国有林场扶贫工作的开展。为了使扶贫资金的分配更加公平公正和透明，按照财政部要求首次采取因素法对扶贫资金进行了分配。同时，开展了大量的调查研究。组织开展了16个省(区、市)国有林场扶贫工作调研，对各地国有林场扶贫工作进展情况及扶贫资金使用成效有了一定的了解，取得了较好的效果。

四是国有林场森林经营工作开始起步。在2009年国家下达的林业基本建设投资计划中，安排国有林场中幼林抚育资金1.1亿元，占整个林业中幼林抚育资金总量的72%，较2008年有大幅度增加，极大地支持了国有林场森林经营工作的开展。同时，为了探索国有林场森林经营模式，进一步推动国有林场森林经营工作的开展，国家林业局选定104个国有林场作为首批森林经营示范林场，以充分发挥国有林场在森林经营工作中的骨干示范作用。同时，国有林场数据库建设、税费改革等工作也在有条不紊地进行中，取得了阶段性成效。

附表1：2009年全国育苗面积汇总

单位：公顷

地区	完成情况			国有育苗								乡村集体育苗		个体育苗	
						林业系统					非林业系统				
							营林部门			森工部门					
	面积	其中新育	%	面积	%	小计	林场苗圃	县以上苗圃	其他			面积	%	面积	%
合计	659092	224418	34.05	97115.32	14.73	79727.15	39593.21	30514.24	5283.3	2886.9	17388.17	35937.7	5.45	526038.59	79.82
北京	9833	552	5.61	1449.55	14.74	1449.55						1605.1	16.32	6778.62	68.94
天津	5517	1347	24.42	486	8.81	431.5		415.6	15.9		54.5	151.4	2.74	4879.7	88.45
河北	32100	16660	51.9	3600	11.21	2500	900	1600			1100	1500	4.67	27000	84.12
山西	31773	15395	48.45	6345.13	19.97	5323.33	2867.91	2083.22	257.9	114.3	1021.8	4809.9	15.14	20618	64.89
内蒙古	8766	5277	60.2	3997	45.6	3727	2278	1336	86	27	270	183	2.09	4586	52.31
辽宁	16330	6054	37.07	3435.6	21.04	3125.8	2018.2	912.1	195.5		309.8	1857.11	11.37	11037.62	67.59
吉林	6370	1912	30.02	1695.1	26.61	1695.1	1163.63	288.07	110	133.4		55.3	0.87	4619.28	72.52
黑龙江	10293	4545	44.15	4247.17	41.26	2000.31	1375.72	624.59			2246.86	676.14	6.57	5369.78	52.17
上海	12712	293	2.3	341.27	2.68	327.27	18.13	215.57	93.57		14	1586.67	12.48	10784.5	84.84
江苏	100728	25565	25.38	4180.14	4.15	2479	1224.25	758.4	496.35		1701.14	4469.42	4.44	92078.3	91.41
浙江	96371	9751	10.12	2239	2.32	1960	1012	851	97		279	1939	2.01	92193	95.67
安徽	3090	1230	39.81	1580	51.13	1350	250	850	150	100	230	260	8.41	1250	40.46
福建	1493	1172	78.5	510	34.16	420	75	310		35	90	398	26.66	585	39.18
江西	94484	22172	23.47	6216.39	6.58	5913.39	3189.35	2635.2	46	42.84	303	20	0.02	88247.2	93.4
山东	67531	23239	34.41	5602.46	8.3	3230.16	1506.92	1722.24	1		2372.3	3058.67	4.53	58869.5	87.17
河南	27800	20814	74.87	2402.93	8.64	2083.3	636.7	1446.6			319.63	2294.29	8.25	23102.78	83.11
湖北	24226	12625	52.11	10705	44.19	9026	4734	3005	977	310	1679	2204	9.1	11317	46.71
湖南	1543	1543	100	796	51.59	651	235	416			145	265	17.17	482	31.24
广东	4376	2700	61.7	710.1	16.23	696.3	79.2	560.7	43.4	13	13.8	602	13.76	3064	70.01
广西	4871	552	11.32	807.19	16.57	657.19	346.19	265.99	45.01		150	16.9	0.35	4046.7	83.08
海南	434	160	36.94	188.39	43.41	166.99	125.03	34.56	7.4		21.4	2	0.46	243.9	56.13
重庆	10306	2936	28.49	896	8.69	647	330	300	17		249	66	0.64	9344	90.67
四川	11786	9202	78.08	3353.57	28.45	3110.76	1493.73	1218.7	238.8	159.53	242.81	343.1	2.91	8089.5	68.64
贵州	1677	1146	68.32	413.63	24.66	368.76	175.59	140.11	21.75	31.31	44.87	3.71	0.22	1259.79	75.12
云南	5267	3467	65.82	1043.73	19.82	1012.27	131.13	608.6	218.67	53.87	31.46	488	9.27	3735.7	70.91
陕西	16161	9657	59.75	4042.4	25.01	3548.6	1563.17	1843.6		141.83	493.8	4648.3	28.76	7470.57	46.23
甘肃	26854	13014	48.46	14974.4	55.76	11806.2	8867.7	2131.5	807		3168.2	1451.4	5.4	10428.3	38.84
青海	2349	897	38.19	1042.91	44.4	1042.91	523.76	519.15				256.67	10.93	1049.52	44.67
宁夏	6254	2871	45.9	1830.8	29.27	1830.8	1578.5	252.3						4422.7	70.73
新疆	9186	4599	50.06	2191.1	23.85	1654.3	394.4	1249.8	8	2.1	536.8	726.6	7.91	6268.4	68.24
龙江森工	410	76	18.56	410.1	100.02	410.1				410.1					
大兴安岭林业	76	21	28.09	58.69	77.22	58.69		19.64		39.05				17.23	22.78
内蒙古森工	1139	371	32.57	1139	100	1139				1139					
吉林森工	135	36	26.96	134.57	99.68	134.57				134.57					
新疆兵团	6850	2566	37.46	4050	59.12	3750	500	1900	1350		300			2800	40.88

附表2:2009年全国苗木产量汇总

单位:万株

地区	总产苗量	其中						本年造林实际用苗量				本年造林实际用苗量						容器育苗	良种苗
		国有	%	乡村集体	%	个体	%	合计	生态公益林	经济林	其他林种	国有	%	乡村集体	%	个体	%		
合计	**4153694**	**1000306**	**24.08**	**221476**	**5.33**	**2931911**	**70.59**	**1779680**	**972423**	**225042**	**582215**	**574410**	**32.28**	**127261**	**7.15**	**1078009**	**60.57**	**401839**	**1247938**
北京	24329	3555	14.61	3056	12.56	17718	72.83	3345	2971	189	185	671	20.05	361	10.8	2313	69.15	1151	2677
天津	22941	1127	4.91	448	1.95	21367	93.14	2081	1285	54	741	303	14.58	58	2.79	1719	82.63	298	2781
河北	176500	61500	34.84	13000	7.37	102000	57.79	104290	80700	3790	19800	34890	33.45	11900	11.41	57500	55.14	6000	83300
山西	216754	47967	22.13	25753	11.88	143034	65.99	74345	54789	11028	8528	21653	29.12	10148	13.65	42544	57.23	27784	60114
内蒙古	194400	97332	50.07	2492	1.28	94576	48.65	90542	74459	2691	13392	47767	52.76	2245	2.48	40530	44.76	14468	25819
辽宁	244607	52149	21.32	22946	9.38	169513	69.3	105035	62711	11529	30795	26906	25.62	16105	15.33	62024	59.05	18796	152129
吉林	388650	59721	15.37	12289	3.16	316640	81.47	68817	39613	14556	14648	16123	23.43	7451	10.83	45243	65.74	2950	13218
黑龙江	150058	80474	53.63	7961	5.31	61624	41.06	62386	17750	1419	43217	34427	55.18	2956	4.74	25003	40.08	3215	72145
上海	11925	266	2.23	1552	13.01	10107	84.76	1024	493	162	369	44	4.25	391	38.17	590	57.58	56	142
江苏	239546	5491	2.29	3797	1.59	230258	96.12	14920	4279	2689	7952	1625	10.89	1045	7	12250	82.11	1058	31344
浙江	267767	4967	1.85	1227	0.46	261573	97.69	9779	4577	817	4385	1330	13.6	38	0.39	8411	86.01	35940	29449
安徽	31000	13300	42.9	2700	8.71	15000	48.39	25250	8100	3900	13250	11500	45.54	1200	4.75	12550	49.71	4600	9650
福建	49018	20598	42.02	13890	28.34	14530	29.64	45532	12578	686	32268	18791	41.27	12801	28.11	13940	30.62	17743	21650
江西	94355	10421	11.04	406	0.43	83528	88.53	42031	12045	4562	25424	6092	14.49	1040	2.47	34899	83.04	1737	45154
山东	392988	20364	5.18	13317	3.39	359307	91.43	92383	36619	10728	45036	7400	8.01	5791	6.27	79191	85.72	24881	212654
河南	193156	20152	10.43	12778	6.62	160226	82.95	144286	77883	18406	47998	19544	13.55	10970	7.6	113772	78.85	22118	125757
湖北	96095	25300	26.33	12166	12.66	58629	61.01	87116	43736	19360	24020	22883	26.27	11263	12.93	52970	60.8	3331	38741
湖南	82441	47870	58.07	11860	14.39	22711	27.54	46560	44895	1211	455	22712	48.78	10068	21.62	13780	29.6	5100	42384
广东	79960	10316	12.9	3225	4.03	66419	83.07	56285	17232	6716	32337	9837	17.48	2453	4.36	43995	78.16	36478	26357
广西	63145	17851	28.27	310	0.49	44984	71.24	36235	2214	1853	32168	10607	29.27	120	0.33	25508	70.4	38568	27092
海南	10153	2783	27.41	30	0.3	7340	72.29	9243	4049	717	4478	2501	27.06	30	0.32	6712	72.62	6873	3187
重庆	122349	10074	8.23	1256	1.03	111019	90.74	40685	29295	4788	6602	7524	18.49	1015	2.49	32146	79.02	7149	30622
四川	129797	38229	29.45	6906	5.32	84662	65.23	62525	38065	7042	17418	17971	28.74	1605	2.57	42949	68.69	12418	24000
贵州	67952	19216	28.28	144	0.21	48592	71.51	54437	47079	7358		14295	26.26	127	0.23	40015	73.51	19788	10954
云南	153346	66281	43.22	1495	0.98	85569	55.8	65270	17236	33517	14518	22061	33.8	1243	1.9	41966	64.3	28191	29607
陕西	178801	68713	38.43	36958	20.67	73130	40.9	78356	41124	20538	16694	28100	35.86	9314	11.89	40941	52.25	41455	21287
甘肃	182307	62461	34.26	1057	0.58	118789	65.16	248886	135580	8300	105006	130035	52.25	1944	0.78	116907	46.97	9136	33089
青海	50308	14438	28.7	2883	5.73	32987	65.57	18832	16923	426	1483	4786	25.41	1181	6.27	12865	68.32	147	2950
宁夏	72623	20742	28.56			51881	71.44	24258	17150	5272	1836	8083	33.32			16175	66.68	3832	18640
新疆	77468	12011	15.5	5575	7.2	59881	77.3	45898	19897	16869	9132	8100	17.65	2398	5.22	35400	77.13	802	22892
龙江森工	52011	52011	100					5033	991	3	4039	5033	100					16	26006
大兴安岭林业	7338	5021	68.43			2317	31.57											2040	
内蒙古森工	9368	9368	100					2374	1641	61	672	2374	100					804	4
吉林森工	10169	10169	100					3506	1105		2401	3506	100					1	1099
新疆兵团	10068	8068	80.14			2000	19.86	8137	3360	3807	970	4937	60.67			3200	39.33	2917	1047

(国家林业局国有林场和林木种苗工作总站)

中国竹产业

【概　述】 全世界约有竹类植物70多属1200余种，我国有竹类植物41属500多种。我国竹类资源有适于热带生长的合轴型丛生竹种、亚热带生长的单轴型散生竹种和高海拔高纬度地区生长的耐寒性强的复轴型混生竹种。这些竹类植物中，既有大直径的竹种，如巨龙竹，直径最大可达30厘米左右，也有小直径的竹种，如铺地竹，直径仅1～2毫米；论用途既有材用竹，还有笋用竹和观赏竹。

我国竹类种质资源、竹林面积、竹业产值等多项指标居世界首位，在全球占绝对主导地位。此外，我国在竹林培育和竹材（笋）加工技术以及开发竹区旅游等领域均处于世界领先，是名副其实的"竹子强国"。

竹林在生长过程中吸收二氧化碳的能力强，据研究，一公顷毛竹的年固碳为5.09吨，是杉木的1.46倍、热带雨林的1.33倍。我国越来越丰富的竹类资源可以争取到更多的温室气体排放配额，同时为降低全球温室效应作出更大的贡献。

全球竹林面积有2200万公顷左右。我国竹林面积居世界首位，约占世界竹林总面积的1/4，竹材产量居全球之首。所以，我国素有"竹子王国"之称。亚太竹产区其他国家如印度、泰国和日本，其竹林面积分别约为298万公顷、51万公顷和12.3万公顷。

据第七次全国森林资源清查结果表明：我国的竹林面积为538.10万公顷，其中：毛竹林386.83万公顷，杂竹林151.27万公顷；竹林株数829.00亿株，其中毛竹91.57亿株，杂竹737.43亿株。竹林面积30万公顷以上的有福建、江西、浙江、湖南、四川、广东、安徽、广西等8省（区），占全国竹林面积的88.64%。

2009年我国竹产业产值是7094789万元，比2008年增长了18.73%。

竹产量和重点产区分布　2009年我国竹材产量为135650万根，其中产量在10000万立方米以上的省份有福建38520万根、广西24202万根、浙江15661万根、广东12646万根、云南12008万根，其中福建、广西和浙江的竹材产量分别占全国竹材产量28.40%、17.84%和11.55%。

2009年，竹产量1000万根以上的县级单位有14个：衢江区（浙）、镇宁布依族苗族自治县（黔）、桃江县（湘）、安吉县（浙）、兴安县（桂）、会理县（川）、政和县（闽）、灵山县（桂）、庆元县（浙）、宜丰县（赣）、汨罗市（湘）、绍兴县（浙）、延平区（闽）、岑巩县（黔），共27343.57万根，占全国竹总产量的31%；竹产量500万～1000万根以上的县级单位有23个，占全国竹总产量的19%；竹产量100万～500万根以上的县级单位有95个，占全国竹总产量的23%。

进出口贸易　2006年，竹进口数量3989.03吨，进口总额527.1万美元。竹出口数量10.18万吨，出口总额2703万美元。主要进口国家和地区：缅甸、韩国、台湾省占进口总量的98%。竹主要出口国家和地区：香港、日本、美国、荷兰、西班牙、意大利、英国、德国、法国、比利时、澳大利亚、台湾省、澳门，占出口总量的92%。

竹产业在生态文明建设中的作用　发展竹产业不仅可以解决我国木材资源短缺的瓶颈问题，而且可以更好地保护自然环境，促进生态建设。事实证明，竹林在保护生态环境中有着显著的作用。其作用一是防止水土流失。据统计，全世界目前水土流失面积达25亿公顷，占全球耕地、林地和草地面积总和的29%。竹子四季常绿，鞭根发达，纵横交错形成网状，一棵竹子可固土6立方米，固土能力是松树的1.6倍，是杉木的1.2倍。如建一个10万公顷竹林基地，每年可减少泥沙流失量300万吨。二是增加降雨量和蓄水。竹林的竹冠庞大，枝叶繁茂，可以促进水分循环和影响大气环流，增加降雨量。据测算：1公顷竹林叶子面积达6000平方米，能有效截留降水，缓和雨势，减少对地表面的直接侵蚀和冲刷，增加渗入的有效性。对毛竹的研究表明，一棵毛竹可蓄水5000克，1公顷竹林饱和蓄水量达3750~4200吨。三是增加土壤肥力，防止地力衰退。据统计，全球地力衰退和养分亏缺的土地面积为29.9亿公顷，占陆地面积的23%，竹林在一定程度上能缓和及防止土地退化，有较强的自肥能力，还能防止水蚀、风蚀及温差剧变。据专家测算：1片0.67万公顷(10万亩)的竹林，每年平均保肥：氮100吨、磷5.4吨、钾2.5吨。四是改善空气质量，减少噪声。据研究资料显示，1公顷竹林一昼夜能分泌30千克杀菌素，能吸收1005千克二氧化碳，呼出720千克氧气。竹叶吸附灰尘的能力平均为4.0~8.0克/平方米，随风扬起的尘土通过竹林带后，其空气中的尘土量可减少一半左右。1公顷竹林一年可吸附900吨灰尘，吸收2.25吨有毒的二氧化硫气体。竹林、竹丛和其他植物一样，通过对声波的漫反射、吸收、阻碍等作用，噪声经竹叶各方不规则反射而使声波快速衰减，同时器械声波所引起的竹叶微振动也可消耗声能，大大减弱噪音，为人类提供宁静舒适的生活环境。

【竹材培育】 我国在竹林培育、竹材加工及综合利用研发取得重大进展，目前我国已有国家级和省部级竹类研究成果50多项，在竹林培育、竹笋加工、竹材综合利用方面申请国家发明专利近200项。经过多年努力，竹林经营水平不断提高，开发出一批高科技含量的竹材新产品。

①竹林面积不断增加。1950年竹林面积168.1万公顷，1975年270.47万公顷，1995年483.48万公顷，2009年竹林面积为538.10万公顷。竹林面积是解放初期的3.2倍，是改革开放前的2.0倍。

②竹林质量逐步提高。毛竹Ⅰ、Ⅱ类竹林的面积由上世纪80年代的15%增加到现在的40%。毛竹的林分得到提高，立竹度由20世纪70年代末的每公顷1350株提高到现在的每公顷2070株。小径级竹培育取得很大突破，解决了提早出笋的技术，笋材产量有了大幅度提高。

③栽培品种多样化有所提高。20世纪60~70年代仅对刚竹(*P. sulphurea* cv. *Viridis*)、毛竹(*P. pubescens*)、淡竹(*P. glawuca*)、桂竹(*P. bambusoides*)、茶秆竹(*Pseudosasa amabilis*)、青皮竹(*B. textilis*)、撑蒿竹(*B. pervariabilis*)等少数竹种进行培育。80年代培育的竹种不到20个。现在，培育的竹种已有50余种。同时从国外引进竹种30余个。

④分类经营定向培育已初步实施。竹种的多样性和竹林的多样性使其具备防护林、用材林、经济林、薪炭林、特种用途林5种类型森林的功能。根据竹林主导功能、主导利用目标不同和竹林产品是否具有商品属性，通常将竹林划分为商品竹林和公益竹林2个类型。现在，各竹区已逐步实施竹林的分类经营。如毛竹材用林、笋材两用林、笋用林，麻竹、绿竹笋用林，撑绿竹纸浆林，早竹笋用林，刚竹、淡竹、桂竹、苦竹笋材两用林等。

⑤科研成果及其推广。从20世纪80年代到现在已取得竹类科技成果50余项，其中，竹林培育的占50%以上。毛竹竹林丰产结构理论、雷竹丰产培育及提早出笋技术、丛生竹育苗技术、丛生竹杂交新品种培育技术及《毛竹林丰产培育技术标准》等培育技术的应用推广，对我国竹业的发展起到了重大的推动作用。

【竹材加工产业】

竹材加工在竹产业发展中的地位与作用 我国现有的竹产业大致可分为竹林培育、竹产品、竹区生态休闲旅游等几个方面。竹产品大致有竹材、竹笋和竹材加工产品三大类，竹材加工产品又根据加工方法和用途的不同，大致可分为竹材人造板、竹笋、竹制旅游工艺品、竹制品、竹炭、竹浆造纸、竹子提取物等七大类2000多个品种。

竹子主要分布在山区和丘陵山区，竹产区多数都是我国经济发展比较落后的老、少、边、穷地区，竹林多数都是山区农民的私有林，因此竹子素有穷人的木材之称。千百年来由于竹材没有木材那样广泛的用途，因而竹材长期滞销、积压、价格低廉。竹子的经营管理水平也都比较低，多数都是低产林，每亩竹林的立竹数不足100根。上世纪80年代以来，随着竹材加工技术的发展，竹材加工业逐步形成一个新兴产业，对竹材的需求量日益增加，竹材的价格也不断提高。从80年代初每百千克毛竹7.20元提高到2006年每百千克64～76元，20多年来竹材的价格提高了近10倍，仅此一项每年为竹区农民和乡、镇财政增加收入数十亿元。

竹材资源的另一个特点是竹材体积大、重量轻，不宜长距离运输；由于结构的特点，长期保存易开裂、易腐朽变质，因此竹材适宜就地加工，所以竹材加工企业都建在乡镇和县城，这有利于消化农村的富余劳动力，为农民就地务工增加了一条新出路。竹材从原竹到加工成产品，通常可以增加附加值5～8倍，个别产品可增加10倍以上。以浙江省安吉县为例，2006年竹产业产值达70.16亿元，全县农民人均收入8031元，其中来自竹业的收入4884.7元，占60.8%。使竹材加工业成为全县的支柱产业。

由于竹材加工业的发展使竹材需求量大幅度上升，竹材的价格也随之提高和稳定，消除了竹农竹材销路不畅的后顾之忧，提高了竹农种竹、养竹、护竹的积极性，各地大力开展了竹林低产林改造，提高了竹林的经营管理水平。同时各地林业主管部门还把营造新竹林列入当地的造林任务，在南方山区退耕还林的工程中竹子也成为恢复植被的一个重要树种，由于上述的种种原因，20多年来我国的竹类资源有了快速的发展，不仅面积逐年扩大，砍伐量也逐年增加，我国的毛竹砍伐量从20世纪80年代的每年约3亿根到2004年的7.34亿根，20年间毛竹砍伐量增加了约1.5倍，我国竹材资源的开发利用为竹产区的生态建设、经济发展和农民增收发挥了重要作用，竹材加工业的发展是带动竹产业发展的强大动力。

进入20世纪90年代以来，随着我国社会主义市场经济体制的确立和完善，竹产业也逐步迈入了产业化发展的新阶段。特别是实行天然林保护政策以后，竹资源和竹产业在生态和产业两大体系建设中的地位日渐凸显。为此，国家林业局组织编制了《2003～2010年全国竹林基地建设规划》，浙江、福建、云南、贵州、湖北等主要产竹省(区)也编制了竹林基地建设和产业发展规划，明确了发展目标，制定和实行了一系列优惠和扶持政策，大大推动了竹产业的发展。全国竹林资源面积、产品种类和数量迅速增加，产业规模迅速扩大，竹子经营加工及综合利用取得重大进展，竹产业化进程明显加快，初步形成了一个由资源培育、加工利用到出口贸易的充满潜力和活力的新兴产业。2004年全国竹产业年产值就已达55亿美元，竹产品远销30多个国家和地区，出口创汇超过8亿美元。竹产业的发展为改善生态环境、繁荣山区经济、增加农民收入、扩大出口创汇作出了重要贡献。

竹材加工业的产品主要有两大类：一类是竹制品，一类是竹材人造板产品。用途主要是生活用品和工业用品。生活用品符合人们崇尚自然的生活理念，只要能不断适应人们消费观念的转变，产品不断推陈出新，就会有一定的市场份额。但竹制品总的情况是品种多，批量小，消耗竹材的总量不多。而竹材人造板作为工业用产品，实行工业化生产，批量大，原材料耗用量多，是竹材加工业的主导产品。

竹材人造板 ①生产和应用现状。20世纪80年代初，由于改革开放带来经济快速发展，木材供应紧缺，竹材和木材价格反差很大，这一机遇使我国的竹材加工业从无到有、从小到大地发展起来，先后成功开发出竹材胶合板、竹篾积成材、竹席、竹帘胶合板、竹材集成地板、竹木复合层积材、竹木复合胶合板、竹材重组材、竹旋切/刨切单板等系列竹材人造板。竹材人造板中的车厢底板、水泥模板及竹地板三大系列产品，是竹材作为结构用和装饰用人造板的非常成功的产品，它开辟了我国竹材工业化利用的先河。

部分开拓型企业由于重视科技创新、增强科技创新能力，与高等林业院校和科研机构开发了具有自主知识产权的高附加值产品，如南京林业大学开发的铁路平车地板用竹木复合层积材、竹木复合集装箱底板、旋切竹单板；浙江林学院和大庄地板有限公司共同开发的竹材薄切微薄竹系列产品。

值得一提的是近年发展较快的竹材重组材，具有生产工艺简单、竹材利用率较高、产品用途广等特点，是现代竹材加工业的发展方向。竹材重组材除了目前主要用于制作深受国际市场欢迎的竹材重组材地板之外，还越来越多地用于制造家具和竹质结构房屋的承重构件。2008年"5·12"汶川大地震之后，抗震能力强的竹质结构建筑引起了竹材加工领域和建筑领域科技人员的高度重视，2009年在南京林业大学校园内建成的竹质结构抗震安居示范房经江苏省电视台和报纸报道后，参观者络绎不绝，为竹材应用开辟了潜力无限的新领域。

大多数竹材人造板具有自主知识产权，被广泛应用于车辆和集装箱运输、建筑施工、室内外装潢等领域，年产各类竹材人造板200多万立方米，形成一个具有相当规模的新兴加工业。

②存在问题。我国竹材加工业虽然居世界领先地位，但近10年来，由于缺乏科技创新意识，各竹产区在低水平的基础上重复建厂，全国形成了年产3000多万平方米生产能力的竹地板企业和众多的小型竹胶模板生产企业，产品雷同，同质化趋势严重，形成了千军万马过独木桥，互相压价倾销的恶性竞争局面，危及了竹材加工产业的生存和发展。例如竹地板，由于互相低价倾销，在国际市场上的销售价格一直下滑，从几年前的每平方米25美元下降到2008年的每平方米14美元，极大地压缩了企业的利润空间。另一方面，国外经销商怀疑如此低的价格，产品质量能否保证。

③应对策略。一是开发新产品，推进应用途径。在现有产品的基础上，各竹材人造板生产企业要独辟蹊径，开发有独特构思，有销售市场的产品，要大力开发具有特色的竹产品。一方面开发家具用、竹制品用、装修用等多种用途的竹材集成材及下游产品的系列产品，另一方面大力推进和扩大竹材重组材的应用领域，如借鉴实木家具的设计理念，开发竹材重组材仿红木家具；利用竹材重组材和竹材层积材强度高、承重能力强、抗震性能好的特点，设计和推广以竹结构材为承重构件的竹木混合抗震建筑，在我国多震地区建造竹木结构抗震房屋，开拓竹材新的利用途径。

二是扩大对竹材人造板产品的政策支持力度。我国竹材人造板行业管理薄弱，缺乏强有力的宏观指导。产业发展机制不活，政策措施跟不上，目前，经济危机日愈波及全球，越来越多的竹材人造板生产企业陷入经营困境，中央和各级政府应从政策层面上给予优惠和扶持，如减低竹材生产环节的税费、增加竹产品出口退税等举措，以保持我国竹材人造板的持续、健康发展。

三是增强知识产权意识，维持市场公平、有序竞争。知识产权在保护创新意识、开发国内外市场、增强企业竞争力方面起着十分重要的作用，在全球经济一体化进程加快的今天，谁拥有自主知识产权，谁就在市场竞争中赢得优势和主动权。但是，国内许多企业知识产权意识薄弱，产品侵犯知识产权的事件时有发生。因此，拥有知识产权的企业可采取成立知识产权联盟的方式，将多项专利捆绑在一起，对联盟内相互进行专利实施许可，共同对付联盟外的侵权行为，是一项可靠的保护知识产权的行动。

竹制工艺品 近年来，随着竹林生态旅游的发展，竹制工艺品迅速增长。它包括竹编制品、竹雕工艺品、竹乐器等一系列商品。竹制工艺品在材料、涉及的领域、竹文化方面有其自身的特色，反映了竹产地居民以不同形式的文化特征所构成的以竹为载体的文化复合体。

①产品种类。国内企业生产的竹制工艺品范围主要围绕竹编工艺品、竹雕、竹生活用具、竹炭、竹乐器、其他等六大类进行开发与设计，共计有280个品种。竹编工艺品和竹生活用具占所有竹制工艺品的66%，竹雕占有比例为10%，而竹炭和竹乐器两类仅占5%。因此，竹制工艺品的发展应进一步在竹雕、竹炭和竹乐器三大类商品上加大开发力度。其中竹雕和竹乐器是竹文化景观的重要载体，在设计的形式和内容上要充分反映民族与传统竹文化的内涵。

②生产企业数量及分布。通过市场调查与网上查询相关资料，国内生产竹制商品的企业共有429家，其中生产竹制工艺品的企业占有248家，占57.8%。按照企业所在省(区)划分，企业数量排前十位的依次是浙江、广东、福建、四川、山东、广西、江苏、安徽、湖南和江西。竹制工艺品生产企业主要集中在竹类资源丰富且竹产业发达地区，少数分布在不产竹或资源很少的省份，主要靠从外省收购竹材进行生产加工，如长江以北的省份。竹制工艺品生产企业主要是在20世纪

90年代中后期发展起来。近年来随着竹林生态旅游业的迅速发展及旅游商品多样化程度的提高，竹制工艺品生产企业的数量急剧增加。

③生产现状及存在的问题。我国的产竹大省主要集中于浙江、福建、广东等东南沿海地区，这些省份利用竹林资源开展竹林生态旅游业，发展竹木制品工业，竹制工艺品的生产企业也较多，形成了主要生产企业相对集中于东南沿海地区的分布格局。

竹制工艺品有竹编工艺品、竹雕、竹活用具、竹炭、竹乐器、其他等六大类，每一具体种类的开发和设计的样式在每个生产企业都雷同，只是比例尺寸的变化，缺乏多样化，缺少独特性，给顾客千篇一律的感觉，很难激发顾客的购买欲望。

由于最初竹子用作生产生活用具的原因，直到现在市场上看到的大部分竹制工艺品都是外观做工粗糙。很多竹制工艺品缺乏防裂处理，不易长久保存，导致在景区、景点内所见到的此类商品有开裂或损坏，致使游客对其他竹制商品的质量产生怀疑。

市场上现有的竹制工艺品中，大多数缺乏竹文化景观和竹文化符号，不能反映出其内在的文化底蕴和地方的特色。竹制工艺品的生产企业规模小而分散，市场流通乏力，形不成品牌优势。另外，竹制工艺品的销售网点过于零散，缺乏沟通，没有形成规模效应，销售体制有待完善。

④竹制工艺品市场前景分析。据世界旅游组织统计，每年全世界旅游总收入中，旅游商品创汇达40%～50%，其中有些发达国家达到50%以上，而我国旅游商品收入在旅游业总收入中的比重却徘徊在20%左右。在现今旅游业、竹林生态旅游业蓬勃发展和竹产业加工由粗放型向集约型转变的大环境下，必须加大加快竹制工艺品的种类开发和进行深加工，勇于竞争，迎接旅游商品市场的挑战。

竹浆造纸 ①竹材制浆造纸的意义。在我国木材资源紧缺的情况下，开发利用非木材纤维原料，大力培育竹林资源，利用竹子生长快、周期短、可再生和一次造林、8年受益等特点，加快竹浆产业发展，大力发展竹浆造纸，从而为我国纸业的发展带来良好的契机。

在适宜的生长条件下，竹林的单位面积纤维收获量可能超过任何其他植物。竹子纤维介于针叶木和阔叶木之间，优于阔叶木，仅次于针叶木，比麦草、蔗渣、芦苇等草类纤维优越得多，属中长纤维范畴。据资料分析，竹子纤维素含量高，一般为40%～50%，纤维平均长1.3～2.7毫米，长宽比123～200，细胞壁厚，胞腔小，吸收性能好，表面均整，抄纸质量好，属上好的纤维原料。事实上，经国内许多纸厂使用证明，竹浆是一种优良的中长纤维纸浆，完全能替代进口阔树木浆及部分针叶木浆生产各类中高档纸张。另一方面竹子制浆造纸加工容易、生产成本较低、发展竹浆造纸，既解决造纸工业中长纤维短缺的难题，又为调整造纸原料结构、落实国家退耕还林政策提供有力保障。

②丛生竹更适宜制浆造纸。竹类可分为丛生竹和散生竹两大类型，由于两者组织结构的不同，其竹材纤维含量、制浆得率及性能等也不同，竹材单位面积产量也不一样。通常情况下，丛生竹产量更高，更适宜制浆造纸。因此在能够发展丛生竹的地方，应尽量选用丛生竹。

近些年一些竹浆纸厂在新建原料基地时，更多地选用一些高产杂交竹种，如撑绿竹、撑麻青等，其竹笋可食，在中等以上立地，每667平方米年产竹材可达2吨以上，竹材制浆造纸性能也比较优良，适应性较广，值得在适宜地区大力推广种植。

用竹材进行工业造纸生产，技术上已不存在什么问题，用竹浆或是竹木混合浆已能生产出造纸行业各种大宗商品。随着我国改革开放，经济体制逐步由计划经济转入社会主义市场经济，这为发展竹材制浆造纸提供了机遇。上世纪90年代初期，一批国家新建竹浆纸厂项目上马，如四川雅安竹浆纸厂(5.5万吨)、福建邵武竹浆厂(5万吨)、江西宜春竹浆厂(3万吨)、广东广宁竹浆厂(5万吨)、四川乐山竹浆厂(3万～5万吨)等。

发展竹材制浆造纸要建设好原料基地 发展竹材制浆造纸，一定要把原料基地建设放在首位，把原料基地建设作为竹浆纸厂的第一车间，比竹浆纸厂的建设先行一步。印度曾是世界上第一个竹浆造纸工业国，上世纪70到80年代，竹浆产量占到印度纸浆总产量的70%以上，为印度造纸工业做出了卓越贡献。但由于长期以来对原料基地建设重视不够，竹材原料供应日益短缺，最终导致近些年来印度竹材制浆造纸业的迅速衰退，不得不每年耗费巨资从国外进口80%以上的纸浆原料。我国在建国初期竹材制浆造纸曾经历由兴而衰，也是由于竹材原料的供应紧张和枯竭所致。

鉴于我国广大农村逐步实行了林权改革，农民是土地的主人，建设竹浆纸厂原料基地，离不开农民的参与。要让竹农为竹浆纸厂提供充足的优质原料，就要调动和保护好农民发展制浆造纸竹材生产的积极性，保证他们能从出售竹材原料中尽量得到更大的实惠，竹浆纸厂和竹农两者的利益谁都不可偏废。

原料基地建设要立足于本地区。新建原料基地，规划设计原则首先要适地适竹，选用高产优质纸浆竹种造林，既保证纸厂原料的优质和充足，以取得最大经济效益，也保证使竹农得到丰裕的收入。竹浆纸厂原料基地的建设要实行“两条腿走路”，可转包经营一定面积的土地，建设自主经营和具有一定规模的原料基地，这将有利于竹浆纸厂稳定的原料供应，有利于竹浆纸厂的可持续发展。 （中国竹产业协会　张齐生　蒋身学）

中国花卉产业

【概　况】 2009年全国花卉种植面积、销售额、出口额比2008年都有不同程度的上升，我国传统的花卉种植区域仍然强势发展，花卉业继续呈现出良好的发展势头。

2009年我国花卉生产总面积83.4万公顷，比2008年的77.6万公顷增加了7.6%；销售总额719.8亿元，比2008年的667.0亿元增加了7.9%；出口额4.1亿美元，仅比2008年的近4.0亿美元增加1.8%。见表1。花卉出口增长缓慢，与2009年全球性经济危机的影响不无关系。总体上看，与2008年度相比，2009年我国花卉种植面积、销售额和出口额均有不同程度上升，花卉产销继续保持一定的增长势头，但增长幅度明显趋缓。

江苏、河南、浙江、四川等苗木生产大省仍是我国花卉生产面积大户，其中江苏花卉种植面积仍居全国之首，达10.8万公顷。继江苏之后，2009年河南花卉种植面积新增7817.6公顷，也跨进了10万公顷以上省的行列，达10.2万公顷。广东花卉销售额最高，达98.5亿元。从各地的统计数据可以看出，北京、天津、上海、福建、广东等主销地和花卉出口强省(市)的亩销售额均超过1万元，其中上海最高，达1.7万元。云南仍是我国花卉出口大户，达1.2亿美元，占全国花卉出口额的近三分之一，比2008年的1.0亿美元增加了19.0%。与2008年一样，云南、广东、辽宁、浙江、福建仍是我国的花卉出口大省，这5个省的花卉出口额共为3.4亿美元，占全国花卉出口额的83.6%。

表1　全国花卉产销情况

	种植面积(公顷)		销售量			销售额(万元)		出口额(万美元)	
	2009年	2008年	单位	2009年	2008年	2009年	2008年	2009年	2008年
合　计	**834138.8**	**775488.9**				**7197580.7**	**6669594.8**	**40617.2**	**39896.1**
一、鲜切花	44603.4	44079.3	万支	1834897.5	1304452	876976.6	781106.8	22959.9	20274.7
其中：鲜切花	33375.4	34667.7	万支	1539366.6	1017048.6	773657.5	649468.1	18679	15830.2
鲜切叶	6037.4	5362.2	万支	174166.1	223268.1	47642.8	78694.2	3399.4	3234.5
鲜切支	5189.6	3797.7	万支	109384.7	62789	55703.8	50116.8	881.5	1188
二、盆栽植物类	81710.6	73823.4	万盆	548131.1	451353.6	1808213.1	1951043.6	7490.3	8462.3
其中：盆栽植物	47630.7	42378.7	万盆	330979.9	201889	1177599.4	1414810.8	4013.5	5595.4
盆　景	14387.5	14987	万盆	31139.3	20080	345247.4	302970	1837.4	1714
花坛植物	19692.5	16374.6	万盆	186012	228835.3	285366.3	225216.2	1248.2	1152.9
三、观赏苗木	452741.2	424924.5	万株	1003784.7	971544.6	3431000.1	3047494.8	2428.7	2228.8
四、食用与药用花卉	128224.9	106610.1	千克	71600038.1	106550197.1	424015.5	294162.9	264.4	645.1
五、工业及其他用途	63383.7	69259.5	吨	7833023.8	1206233.8	162420.8	168504	2248.2	2507.7
六、草坪	37379.5	39346.8	万平方米	96646.7	57688.3	166792.3	164489.3	8	
七、种子用花卉	6169.8	6360.7	千克	817076.3	874199.4	30416.4	29922.7	597	778.7
八、种苗用花卉	10947.2	12073.8	万株	319199.5	226240	148520	123501.5	2584.2	3005.1
九、种球用花卉	4131.9	4680	万粒	74794.2	64753.1	77335.5	77593.9	478	596.9
十、干燥花	32.3	24.3	万支	331	394.6	11072	9073.2	1435	1281.5

说明：①所有数据保留一位小数；②食用与药用花卉计算干重；③工业及其他用途花卉计算鲜重。

【花卉经营】

鲜切花 ①切花主产区分布总体布局不变。2009年全国鲜切花(含切花、切叶、切支)种植面积44603.4公顷,与2008年的44079.3公顷基本持平,仅增加了1.2%。其中切花种植面积33375.4公顷,比2008年降低1292.3公顷;切叶和切支分别为6037.4公顷、5189.6公顷,分别比2008年增加675.2公顷和1391.9公顷。切花产品各生产面积的此消彼长说明我国花卉产品向更加多元化方面发展。总体说来,云南、广东、辽宁、四川、浙江等省仍是我国的鲜切花生产大省。鲜切花(含切花、切叶、切支)种植面积排在前5位的依次为云南、广东、辽宁、四川和江苏。其中切花种植面积排在前5位的依次为云南、辽宁、广东、四川、江苏,切叶种植面积最大的为广东、江苏、浙江、四川和海南,切支种植面积排在前5位的为广东、四川、重庆、陕西和辽宁。这些数据再次印证了云南是我国的切花(不包括切支、切叶)生产大省,销售量占全国切花总销量的38.2%。广东既有气候优势,又有产业基础,因此切花、切叶、切支均衡发展,尤其是切叶和切支种植面积一跃而居全国首位。

②销售总额增长,但销售单价下降。2009年全国鲜切花(含切花、切叶、切支)销售额876976.6万元,比2008年的781106.8万元增加了12.3%,远高于面积增长率。平均销售价格近0.5元/支,比2008年的0.6元/支降低16.7%。其中切花销售额773657.5万元,切叶销售额47642.8万元,切支销售额55703.8万元,平均销售价格为切花0.5元/支、切叶近0.3元/支、切支0.5元/支,与2008年对应的0.6元/支、0.3元/支、0.8元/支均有不同程度下降,尤其是切支下降明显。

③鲜切花出口额占总出口额一半以上。2009年,全国鲜切花(含切花、切叶、切支)出口总额22959.9万美元,比2008年的20274.7万美元增长了13.2%,增幅明显。其中切花出口18679.0万美元、切叶出口3399.4万美元、切支出口881.5万美元,切花、切叶出口额比2008年分别增长18.0%和5.1%,切支出口额则大幅下降25.6%。鲜切花(含切花、切叶、切支)出口额排在前5位的是云南、辽宁、广东、浙江、江苏,5省出口总额为22133.3万美元,占整个鲜切花出口额的96.4%。同2008年一样,仍有13个省(市)出口切花,出口额排在前5位的是云南、辽宁、广东、浙江、江苏,5省出口总和为17936.8万美元,占全国切花出口额的96.0%,比2008年的89.7%高出近7个百分点。值得一提的是,云南的切花出口额占全国切花出口额的半壁江山,达52.8%,也比2008年的48.1%增加了4个百分点。这说明,全国切花出口越来越集中在少数的几个省份,尤其是云南。只有5个省(市)出口切叶,分别是浙江、广东、海南、福建、上海。浙江是切叶出口大省,出口额2432.0万美元,比2008年增长了6.0%,占总出口额的71.5%。广东次之,为910.0万美元。有5个省(区)出口切支,分别为广东、浙江、海南、新疆、江苏,广东出口额最大,达719.0万美元。

④主要切花均价上升。2009年,几大主要切花中,除康乃馨、菊花的种植面积有所下降外,月季、百合、唐菖蒲、非洲菊的种植面积均不同程度上升,尤其是非洲菊,其种植面积上涨幅度最大,达65.1%。继2008年下降以后,月季的种植面积2009年大幅反弹,增长22.1%。2009年,月季、康乃馨、百合、唐菖蒲、菊花、非洲菊的平均售价分别为0.40元/支、0.29元/支、2.16元/支、0.38元/支、0.21元/支、0.36元/支,与2008年的0.38元/支、0.21元/支、2.06元/支、0.53元/支、0.48元/支、0.25元/支相比,除唐菖蒲、菊花单价下降外,其他单价均有所上升。

盆栽植物 ①种植面积回升。2009年,全国盆栽花卉(含盆栽植物、盆景和花坛植物)种植面积81710.6公顷,比2008年的73823.4公顷增加了10.7%,其增长幅度之高在近几年中是极少见的。广东、四川、江苏、福建、河南仍是盆栽花卉生产大省,这5个省的盆栽花卉种植面积分列前5位,占全部总面积的56.1%。盆栽植物种植面积相对较分散,排在前5位的广东、江苏、四川、云南、河南5省种植面积总和为28419.7公顷,占全部总面积的59.7%。盆景生产面积排在前5位的是福建、广东、四川、陕西、湖南,5省面积为10487.2公顷,占全部总面积的72.9%。花坛植物种植面积排前5位的依次是四川、广东、山东、河南、陕西，5 省面积为 10869.9 公顷，占全部总面积的 55.2%。

②销售额不增反降。2009 年全国盆栽花卉(含盆栽植物、盆景和花坛植物)销售额 180.8 亿元，比 2008 年的 195.1 亿元降低了 7.3%。其中盆栽植物在种植面积增长 12.4% 的情况下，销售额却降低了 16.8%，仅为 117.8 亿元，说明我国盆栽植物单位面积产值已越来越低。盆景产品的附加值提升，在种植面积变化不大的情况下销售额却增长了 14.0%，达 34.5 亿元。花坛植物销售额 28.5 亿元，比 2008 年提高了 26.7%，高于其 20.6% 的面积增长率。这也说明，城市绿化对花坛植物的需求越来越大，城市绿化水平越来越高。

③广东、福建仍是出口大省。2009 年全国盆栽花卉(含盆栽植物、盆景和花坛植物)出口额 7490.26 万美元，比 2008 年降低 11.5%。盆栽花卉出口额的降低主要是由盆栽植物出口额降低引起，它的出口额比 2008 年降低了 28.3%，仅有 4013.5 万美元。盆景和花坛植物的出口额比 2008 年稍有增加，分别为 1837.4 万美元和 1248.2 万美元。广东、福建仍是盆栽花卉出口大省，出口额分别为 3634.5 万美元、2953.5 万美元，两省的出口额占整个出口总额的 88.0%。广东的 3634.5 万美元出口额中，盆栽植物为 1782.0 万美元，盆景为 739.3 万美元；福建的 2953.5 万美元出口额中，盆栽植物为 1907.4 万美元，盆景为 1046.1 万美元。除福建、广东两省外，云南、浙江、海南的盆栽花卉出口额依次为：391.2 万美元、227.0 万美元和 171.0 万美元。广东仍是我国花坛植物出口大省，除浙江出口的 135.0 万美元外，其余的 1113.2 万美元均为广东出口。

④主要盆栽植物销售单价同比上升。2009 年，凤梨、兰花、红掌、观叶芋四大类盆花种植面积都有较大提高，尤其是凤梨和兰花，上升幅度分别达 43.6% 和 56.1%。在面积增长的情况下，它们的销售额也都有较大幅度的增长。根据对比分析，虽然这四大类盆花的销售单价仍然较低，但较 2008 年出现大幅回升。

观赏苗木 2009 年全国观赏苗木种植面积 452741.2 公顷，比 2008 年的 424924.5 公顷增长 6.6%。销售额 343.1 亿元，比 2008 年的 304.8 亿元增长 12.6%，增长幅度超过面积增长幅度，这与 2009 年全国较好的苗木销售形势吻合。

观赏苗木种植区域非常广泛，全国各地均有栽培。其中种植面积上万公顷的就有 11 个省(区、市)，分别是江苏、河南、浙江、山东、安徽、四川、广东、江西、湖南、重庆和河北，它们的苗木种植面积总和为 391744.7 公顷，占全国总种植面积的 86.5%。

2009 年全国观赏苗木出口额 2428.7 万美元，比 2008 年的 2228.8 万美元增长近 9.0%。广东仍是我国的苗木出口大省，出口额为 1921.0 万美元，比 2008 年的 1577.8 万美元增长了 21.8%，占苗木出口总额的 79.1%。继广东之后，浙江、山东的苗木出口额分别为 228.0 万美元、223.0 万美元，与 2008 年基本持平。

食用与药用花卉 2009 年全国食用与药用花卉种植面积为 128224.9 公顷，比 2008 年的 106610.1 公顷增加了 20.3%。四川、河南、山东和广西仍是我国食用与药用花卉生产大省，其中山东还有 240.0 万美元的出口，占全部出口额的 90.8%。

工业及其他用途花卉 黑龙江和云南的工业及其他用途花卉生产齐头并进，尤其是出口额均有上千万美元，联合为花卉出口贡献了 2247.2 万美元。

草坪、种子用花卉、种球用花卉 草坪、种子用花卉、种球用花卉生产，与 2008 年基本持平。在 597 万美元的种子用花卉出口额中，北京、浙江、甘肃、新疆各自贡献了 240.0 万美元、157.0 万美元、150.0 万美元、50.0 万美元。辽宁是我国种球用花卉生产大省，其生产面积为 1911.1 公顷，占 2009 年全国种球种植面积的 46.3%，销售额也占全国总销售额的 62.8%。云南和上海是种球出口大户，在 478.0 万美元的出口额中，它们分别提供了 301.0 万美元和 150.0 万美元。辽宁、云南继续保持着种球生产优势。

上海、福建、云南在种苗出口上各有其优势品种，其中上海为凤梨、蝴蝶兰种苗，福建是蝴蝶兰、多肉植物，而云南则是菊花、非洲菊、康乃馨等品种。在 2584.2 万美元的种苗用花卉出口额中，上海、福建、云南分别贡献了 952.2 万美元、947.0 万美元和 225.0 万美元(表 2)。

表2　全国主要花卉产销情况

项目品种	种植面积(公顷)		销售量(万支)		销售额(万元)	
	2009年	2008年	2009年	2008年	2009年	2008年
一、主要鲜切花						
现代月季	9020.7	7387.6	406575.1	341429.8	162121	128401.8
香石竹	2396.3	2657.6	213375.4	180061.9	62596.2	37533.2
百合	5826.6	5372.6	130673.2	97456.2	282559.4	200996.6
唐菖蒲	2447.1	2386.4	52863.6	48420.2	19916.1	25661.2
菊花	4122.0	4499.6	244339.9	122139.5	50743.0	59122.2
非洲菊	4563.1	2764.3	300622.7	180825.9	107375.8	44741.5
二、主要盆栽植物						
凤梨类	3935.5	2741.4	13227.7	9505.3	124989.5	64053.8
兰花类	10051.6	6439.5	55895.6	63236.5	342912.9	272442.0
花烛属类	2509.9	1971.4	8898.4	8403.9	66014.1	41776.1
观叶芋类	3301.5	2810.2	9796.3	9617.7	79164.3	64805.3

【花卉市场和花卉企业】　2009年全国花卉市场3005个，比2008年上升2.36%。广东既是产地，也是花卉产品主销地，花卉市场最多，达343个，在2008年基础上增加29个；河北次之，为298个。花卉企业54695家，比2008年的55192家略有降低，但花卉企业中的大中型企业增加了不少，达9338个，增长了11.5%，主要分布在江苏、广东、浙江等花卉主产区。花农1360193户，从业人员4383651人，专业技术人员149588人，均比2008年有所增长。见表3。

广东的花卉市场、大中型花卉企业以及专业技术人员在全国所有省(区、市)中名列榜首，其在全国花卉业中所处的重要地位可见一斑。

表3　全国花卉生产经营实体情况

项　目	花卉市场(个)	花卉企业(家)	其中：大中型企业(家)	花农(户)	从业人员(人)	其中：专业技术人员(人)
2008年	2928	55192	8378	1302240	3834441	146450
2009年	3005	54695	9338	1360193	4383651	149588
比2008年增减(%)	2.63	－0.90	11.46	4.45	14.32	2.14

说明：①花卉大中型企业是指种植面积在3公顷以上或年营业额在500万元以上的企业；②本表数据可采取多种调查方法，资料来源可多渠道。

【花卉栽培设施面积】　2009年我国花卉保护地栽培面积81767.5万平方米，比2008年的64042.4万平方米增加了27.68%。其中温室面积21490.5万平方米，比2008年15140.8万平方米增加了41.94%。温室中的节能日光温室面积10965.3万平方米，也比2008年的7964.2万平方米增加了37.68%。大(中、小)棚的面积为31930.2万平方米，比2008年的27769.8万平方米增加14.98%，遮阴棚的面积为27843.6万平方米，比2008年的20351.6万平方米增加了36.8%。见表4。北京、河北、江苏、广东、甘肃等省(市)的温室面积增长尤为明显。温室面积的明显增长，一方面得益于各地政府对设施建设实行的一系列补贴政策，一方面也基于花卉企业对设施的要求越来越高，表明行业对产品品质的重视程度进一步加强。

表4　全国花卉实施栽培面积情况

单位：万平方米

项　目	合　计	温　室	其中：节能日光温室	大(中、小)棚	遮阴棚
2008年	64042.4	15140.8	7964.2	27769.8	20351
2009年	81767.5	21490.5	10965.3	31930.2	27843.6
比2008年增减(%)	27.68	41.94	37.68	14.98	36.82

广东省是花卉栽培设施面积最大的省，2009年为18194.1公顷，占全国的22.3%，比2008年的12939.9公顷增加了40.6%。该省的栽培设施主要为大(中、小)棚和遮阴棚，面积达15355.5公顷，占本省栽培设施面积的84.4%。辽宁的节能日光温室面积最大，达4969.3公顷，占全国节能日光温室面积的45.3%。

(中国花卉协会、农业部　梁书升)

中国中药材产业

【森林药用动植物资源】 我国地域辽阔，是世界上生物物种多样性最丰富的国家之一。全国现有森林面积1.73亿公顷。在森林庇护下，有着十分繁茂的药用植物资源和异常可贵的药用野生动物资源。据不完全统计，我国药用野生植物11000余种，药用野生动物1500余种。

森林药用动植物资源分布 其分布具有“三度性”：即动植物物种分布随着地理经度和纬度的变化而变化所构成的植被及动物分布水平地带性；因海拔高度不同而不同则构成植被及动物分布的垂直地带性。

地球表面的各个地区，生长着各种植物，它们形成各种不同的植物群落，如森林、草原、荒漠、草甸、沼泽、冻原等。这些群落的总体，构成了全球植被。而就某一地区来讲，该地区植物群落总和即是该地区的植被。每一地区的植被均有一定的分布规律性，森林药用动植物资源作为森林群落的组成成分，其分布规律必然也遵循所在地区的植被分布规律，因此药用动植物资源的分布规律与植被的分布规律密切相关。

生物与环境是统一体，这是它们长期协同演化的结果。地球表面水热条件的变化是有规律的，即热量随所在纬度的位置而变化；水分随沿海向内陆经度不同而变化；同时，由于同一地区海拔高度不同水热条件亦有规律变化，相应的，植被及动物的分布也随着经纬度及海拔而呈有规律的变化。

我国位于欧亚大陆东南部，东南濒临太平洋，南与南亚次大陆相接壤，西连内陆，东经71°55′~135°03′，北纬3°59′~53°33′，地域辽阔，明显反映着植被的纬度地带性，即从北到南有寒温带、温带、暖温带、亚热带和热带。经度的地带性也很明显，这是由于我国所处的地理位置，使来自太平洋的东南季风和来自印度洋的西南季风成为降水的主要来源，而使东南半壁湿润，西北半壁干旱，植被类型则从森林、草原过渡到荒漠。此外，尚有许多高大山体，又表现出明显的垂直地带性规律。

纬向地带性分布规律 我国东南半部由北向南，随纬度降低热量递增，依热量带不同依次为：寒温带针叶林区域—温带针阔叶混交林区域—暖温带落叶阔叶林区域—亚热带常绿阔叶林区域—热带季雨林、雨林区域，亦相应形成不同的森林药用动植物资源区域。

①寒温带针叶林区域。我国寒温带针叶林区域包括东经127°20′(黑龙江黑河附近)以西，北纬49°20′(内蒙古牙克石附近)以北的大兴安岭北部及其支脉伊勒呼里山的山地，这是我国最北部的森林区域，也是横贯欧亚大陆北部的欧亚针叶林的最南端，代表性森林为寒温带针叶林，属东西伯利亚温带针叶林(即泰加林)向南延伸的部分。

由于气候条件的制约，本区域的植物种类不多，代表类型为以兴安落叶松为优势种的明亮针叶林，属于典型的东西伯利亚明亮针叶林，群落结构比较简单。本区西北部乔木层除兴安落叶松外，还常混有樟子松，下层木以兴安杜鹃为主，其次为杜香、越橘等，草本植物稀少。

落叶松林皆伐或火烧迹地，多形成各类次生阔叶林，如蒙古栎林、山杨林、白桦林等。

在此区域海拔较低的地段(本区的东南部)，兴安落叶松为优势的林内常混生一些阔叶树种，以较耐旱的蒙古栎、黑桦为主，还有少量的紫椴、水曲柳、山杨等。林下灌木及草本主要有榛子、胡枝子、苍术等。

本区域植被特点：一是植物种类较少，野生维管束植物800~1000种；二是植物区系成分较单纯，以东西伯利亚植物区系成分为主，占51%；三是林相整齐，并以兴安落叶松林占绝对优势，达70%左右，其分布几乎纵贯全区域，且于山地垂直带广泛分布成林，但生产力不高，每公顷立木蓄积一般为80～120立方米。

本区域药用植物主要有兴安杜鹃、西伯利亚小檗、杜香、芍药、升麻、北苍术、兴安薄荷、黄芪、红花鹿蹄草、防风、大叶龙胆、三花龙胆、野罂粟、黄芩、党参、越橘、笃斯越橘、蓝靛果忍冬、偃茶藨子、黑果茶藨子、东方草莓、稠李、狗枣猕猴桃、山丁子、黄花菜、猴腿蹄盖蕨等。药用动物主要有驼鹿、马鹿、麝、狍、野猪、棕熊、紫貂、狼獾、松鸡、榛鸡、花背蟾蜍、蟾蜍、黑龙江林蛙、无斑雨蛙等等，我国地道药材所谓"关药"多产于本区域。

②温带针阔叶混交林区域。我国温带针阔叶混交林区域包括东北平原以北、以东的广阔山地，丹东至沈阳一线为其南界，北部延至黑龙江以南的小兴安岭山地，位于北纬40°15′～50°20′，东经126°～135°31′之间，全区域呈新月形。与毗邻的俄罗斯远东地区的阿穆尔州和沿海地区以及朝鲜半岛北部地区同属一个森林区，而我国温带针阔叶混交林区域是中心部分。

本区域的地带性植被为以红松为主构成的温带针阔混交林，其种类成分丰富。由于南北纬度跨度较大，其东北部混生有寒温带针叶林树种如：红皮云杉、鱼鳞云杉、臭松等，南部地区混有少量的沙松、紫杉以及朝鲜崖柏。阔叶树种比较丰富，以水曲柳、核桃楸、黄檗、紫椴、千金榆、春榆等阔叶树最多，灌木和藤本主要有毛榛子、刺五加、暴马丁香、软枣猕猴桃、狗枣猕猴桃、葛枣猕猴桃、五味子、南蛇藤、木通马兜铃等。草本植物更为丰富，有许多为本区特产资源植物，其中最有代表性的是人参，此外，还有山荷叶、平贝母以及寄生种类草苁蓉等。

本区域植被类型除地带性温带针阔混交林外，随海拔高度的垂直分布亦比较明显，在极个别高峰，如长白山1800米以上，小兴安岭1100米以上分布有岳桦林，有的还常有偃松混生，而形成岳桦(偃松)矮曲林。小兴安岭、张广才岭、长白山等山地分别在海拔700～1100米、900～1500米、1100～1800米广泛分布着以云、冷杉为主的山地寒温性针叶林带，在此带以下，为红松－云杉林带，再往下即是本区水平地带的典型代表植被类型——红松针阔混交林。

区域植被特点：一是植物种类较多，约有维管束植物2000余种；二是植物区系成分较复杂，除长白山植物区系成分以外，尚有少量的南鄂霍次克植物区系成分以及极地植物区系成分；三是植物组成较复杂，既有北方植物代表云、冷杉大量侵入，又有一些南方植物代表如黄檗、核桃楸、水曲柳以及一些藤本植物。

本区域药用植物主要有：人参、五味子、刺五加、细辛、平贝母、苍术、桔梗、细叶小檗，大麻、木通马兜铃、大力子、黄檗(黄柏)、郁李、元胡、赤芍、满山红(兴安杜鹃)、仙鹤草、草苁蓉、铃兰、红景天、山梗菜、睡菜、蔷薇科的蔷薇属、梨属、樱属、悬钩子属、草莓、东北茶藨子、矮茶藨子、山葡萄、蓝靛果忍冬、猕猴桃属、薇菜、荚果蕨、猴腿蹄盖蕨、蕨菜、黄花菜等等。药用动物主要有狍、马鹿、梅花鹿、青羊、野猪、东北虎、豹、黑熊、棕熊、蝮蛇、中国林蛙、青蛙、蟾蜍等等。

③暖温带落叶阔叶林区域。暖温带落叶阔叶林区域位于北纬32°30′～42°30′，东经103°30′～124°10′的范围内，包括辽宁省南部、北京市、天津市、河北省除坝上以外的全部、山西省恒山至兴县一线以南，山东省、陕西省黄土高原南部和渭河平原及秦岭北坡、甘肃省的成微盆地、河南省伏牛山、淮河以北、安徽省和江苏省的淮北平原。

本区域大体上属于华北范围，是在燕山山地与秦岭两大山体之间。全区域西高东低，明显地可分为山地、丘陵和平原三部。

本区域的地带性植被为落叶阔叶林，通常以栎属植物为建群种，南部栎林的主要建群种为麻栎、栓皮栎，而北部则以蒙古栎、辽东栎为主。除栎林外，本区域各地还有桦木科、杨柳科、榆科、槭树科树种组成的各种落叶阔叶林，次生林还有以油松、侧柏为主的林分。

本区域植被特点：一是植物种类丰富，仅维管束植物就有3500余种；二是天然林所剩无几，经济林发展较好，如栓皮栎林、柿树林、白蜡树林、板栗林、核桃林、乌桕林、桑树林、枣树林、山杏林等；三是为北方水果主产地区，盛产苹果、梨、桃、葡萄、樱桃等。

本地区绝大部分天然林地区已被垦为农田，天然林仅小面积残存。在个别地域或被严重破坏后，形成次生灌丛和草灌丛。因此森林动物也很贫乏。在东北森林中常见的种类如马鹿、梅花鹿、黑熊等本区已极为稀少或已经绝迹。

本区林中还有金丝猴、大熊猫、羚羊等珍稀动物。

本区域药用植物主要有太白贝母、党参、当归、天麻、山茱萸、葛根、黄芩、桔梗、杏仁、远志、北柴胡、防风、半夏、赤芍、栝楼、地黄、槐、香附、金银花、怀牛膝、连翘、淫羊藿、玉竹、铁棒锤、大叶龙胆、百里香、核桃、榛子、文冠果、山葡萄、猕猴桃、沙棘、杜梨、酸枣以及人工栽培的各种水果等等。本区主要药用动物主要有麝、狍、野猪、蝮蛇、蟾蜍、青蛙等等。

④亚热带常绿阔叶林区域。本区域的北界在淮河—秦岭一线，大致相当于北纬34°上下，南界在北回归线附近，东界为东南海岸和台湾岛以及所属的沿海诸岛屿，西界沿西藏高原的东坡向南延至云南的西疆国界线上。在行政区域上包括浙江、福建、江西、湖南、贵州等省全境，江苏、安徽、湖北、四川等省的大部分地区，河南、陕西、甘肃等省的南部和云南、广西、广东、台湾等省区的北部，以及西藏的东部，共涉及17个省区。

本区域总面积为250万平方千米，约占全国土地总面积的1/4左右，是我国面积最大的一个森林区域，也是世界上一片面积最大、类型最复杂的亚热带森林区域。区域有林地0.6亿多公顷，森林覆盖率为25%左右。森林中动、植物资源非常丰富。

本区域代表性的森林类型为常绿阔叶林。其中以壳斗科、樟科、山茶科、木兰科及金缕梅科为主要上层树种，以青冈属、栲属、石栎属、桢楠属、楠木属最常见。灌木有冬青属及杜鹃花属等常绿种。草本中有蕨类如狗脊、瘤足蕨、金毛狗脊和苔草等。林内藤本和附生植物较多。

一般情况下，常绿阔叶林破坏后，常为针叶林代替，东部主要为马尾松，在西南则为云南松和思茅松，此外，在本区低中山还广泛分布着杉木、黄杉、油杉、柳杉、柏木、福建柏、竹柏、水杉、水松、华山松、铁杉，亚高山有以云、冷杉、落叶松组成的天然纯林或混交林而成为重要的木材供应基地。在植被的垂直分布上，由于地区广大，海拔高度变化很大，所以，植被的垂直分布差异也很大。本区域由于区系成分丰富，地形复杂，因此，植被类型也很丰富，从平地到高山以至高原，从海滨到内陆，从北亚热带到南亚热带，都有各种不同的植被类型，区系成分亦各不相同。

除此之外，竹林是本区域特殊的群落类型，竹类是亚热带森林植被的重要类型之一，南亚热带以丛生竹类为主，如莿竹、慈竹等属，而中、亚热带主要以比较耐旱的刚竹属、苦竹属、箭竹属、箬竹属为主。其中以刚竹属的毛竹、苦竹经济价值比较高。

本区域植被特点：一是植物种类多，种子植物种属数占全国的56.9%，约有14600种。二是植物区系起源古老、孑遗植物多，其中莲座蕨科、松叶蕨科、石松科等为古生代就出现的种类，而紫萁科、里白科为中生代三叠纪就已出现，桫椤科、蚌壳科、瘤足蕨科等在侏罗纪及中生代末期已经出现，新生代就已出现的有紫杉科、罗汉松科、樟科、壳斗科、木兰科等。孑遗植物有世界闻名的银杏、水松、水杉、金钱松、银杉、鹅掌楸、珙桐、喜树等，多为经济树种。三是特有单种属及特有属多：特有单种属77属，如银杏属、金钱松属、银杉属、自豆杉属、水松属、杜仲属、香果树属、青檀属等等，特有属有148属，占全国特有属的74.7%。四是经济林种类多：如茶林、桑林、肉桂林、厚朴林、盐肤木林、竹林、核桃林等等。

本区域森林动物群普遍受到人类经济活动的影响，典型林栖动物只保存于少数面积不大的森林中，如云南西北部、四川、贵州和安徽南部等少数山地林区，猕猴、短尾猴、金丝猴等处于残留状态，目前已受到国家保护。

在亚热带茂密的竹林中，栖息着专以竹笋和竹根为食的灰竹鼠。代表性的地栖兽类有鳞甲目的穿山甲和大型的啮齿类豪猪等。食肉兽有华南虎、印度豹、云豹、豹猫、貉、果子狸等。爬行类动物分布广泛常见的有乌游蛇、眼镜蛇、北方草蜥、中国石龙子等。两栖类有青蛙、大蟾蜍、日本林蛙、棘胸蛙、斑腿树蛙等。

本区药用植物主要有杜仲、天麻、厚朴、五叶木通、茯苓、五味子、乌药、华东菝葜、吴茱萸、贴梗海棠、钩藤、乌饭树、大血藤、前胡、桔梗、麦冬、泽泻、喜树、当归、黄精、地榆、冬青、狗脊以及橘、甜橙、枇杷、柚、桃、李、杨梅等。药用动物主要有华南虎、华南兔、穿山甲、小麂、乌游蛇、蝮蛇、野猪等。

⑤热带季雨林、雨林区域。热带季雨林、雨林区域位于我国最南部，北接亚热带常绿阔叶林区域南界，最南端处于北纬4°附近的南沙群岛，包括台湾、广东、广西、云南和西藏5省区的南部和海南省全部。地带性森林为热带季雨林。此外，还分布有热带山地雨林、季风常绿阔叶林、红树林、热带珊瑚岛常绿林。我国热带植被区域属东南亚热带森林的北缘，因此，本区域的森林具有一定的过渡性质。

热带森林在我国森林中虽占很小的比重，但森林中动植物资源丰富，有其独特的生态功能和经济价值。

本区域典型的地带性植被为热带半常绿季雨林，其植被类型各种各样，植物种类非常丰富，主要层的植物中，较重要的科属有大戟科的重阳木、肥牛树、黄桐，椴树科的蚬木、海南椴，无患子科的细子龙，榆科的朴、自颜树，桑科的榕，漆树科的酸枣、南酸枣、岭南酸枣，樟科的厚壳桂、琼楠，苏木科的油楠等。下层木主要为柿树科、芸香科、茜草科、苏木科、番荔枝科、樟科、桃金娘科、大戟科等。落叶树种主要有木棉科的木棉，含羞草科的合欢、金合欢，楝科的山楝、麻楝，漆树科的厚皮树、槟榔，紫葳科的猫尾木、千张纸、菜豆树等。

热带雨林仅见于台湾南部、海南岛东南部，云南南部和西藏东南部，分布面积不大，是我国所有类型中植被最丰富的一种植被类型，植物种类大多为热带区系成分，主要有桑科、大戟科、樟科、梧桐科、桃金娘科、棕榈科、无患子科、茜草科、楝科、豆科、番荔枝科、肉豆蔻科、橄榄科等，其上层乔木树种的突出代表是龙脑香科。

本区域植被特点：一是植物种属极为丰富，约两万余种。二是藤本与附生植物多，有板根及茎干开花现象。三是森林无明显优势种，形成复层异龄林。四是经济林、果树林多，如橡胶林、香蕉林、荔枝林、咖啡林、茶林、胡椒林、槟榔林、肉豆蔻林、龙眼、杧果、凤梨、海棠等等。

本区药用植物主要有：金鸡纳、萝芙木、砂仁、美登木、肉桂、益智、肉豆蔻、千年健、槟榔、儿茶、广防己、巴戟天、广豆根、何首乌、高良姜、阳春砂、鸦胆子、海南龙血树、广藿香、鸡血藤(密花豆)、八角茴香、胡椒、云南马钱、白花安息香、山茶、龙脑香、相思子、草果、白木香、大雪莲、红景天以及咖啡、可可、香蕉、菠萝蜜、凤梨、杧果、荔枝、龙胆等。本区药用动物主要有小麂、穿山甲、野猪、小灵猫、环颈雉、蟒蛇、云豹、豺等。

经向地带性分布规律　我国位于欧亚大陆东南部，东南濒临太平洋，来自太平洋的东南季风和来自印度洋的西南季风是降水的主要来源，因此，我国自东南向西北降水逐渐减少，而呈现东南部湿润，西北干旱，从而导致植被分布从东南到西北呈明显的经度地带性分布规律，依次为森林(落叶阔叶林或针阔混交林)—草原(草甸草原、典型草原、荒漠草原)—荒漠(草原化荒漠、典型荒漠)。

①温带草原区域。本区域连续分布在松辽平原、内蒙古高原、黄土高原以及新疆北部的阿尔泰山区，为欧亚草原区的重要组成部分，其面积十分辽阔，区内地势东北低而西南高，地貌上除西部阿尔泰地区为山地外，大部分以开阔平缓的平原和高原为主体。

本区域地带性植被类型为草原，以禾本科、莎草科为主，其中针茅属植物为建群种，此外，尚有羊茅属、苔草属、落草属及早熟禾属等，菊科、藜科、百合科、豆科植物也占重要地位，也有少量的木本植物，如榆、桑、砂柳、欧李、山杏、蒙古柳、梭梭、骆驼刺、麻黄等。

本区域大多是群聚性动物，组成较单纯。啮齿动物以黄鼠(包括欧黄鼠、斑黄鼠、达乌尔黄鼠)、鼠兔、鼢鼠、草原旱獭和草原田鼠等为主要成分。有蹄类的黄羊为典型代表，在历史上有过数以千计的集群，现在在草原上难遇到大的集群。

肉食动物以黄鼬、沙狐、红狐、狼、艾鼬、兔狲、虎鼬和香鼬等较为常见，鸟类主要有蒙古百灵、角百灵、凤头百灵、云雀、穗即鸟和沙即鸟以及猛禽鸢、金雕、雀鹰、苍鹰、大鵟等比较常见。爬行动物以丽斑麻蜥、榆林沙蜥、白条锦蛇、蝮蛇等广泛分布，两栖动物极贫乏，较常见的种类有花背蟾蜍、大蟾蜍、青蛙等。

本区域药用植物主要有：防风、甘草、远志、柴胡、黄芩、麻黄、苦参、桔梗、沙参、白头翁、酸枣、知母、赤芍、兴安升麻、银柴胡、蒙古扁桃、祁州漏芦等。本区域药用动物主要有黄羊、黄鼬、狼、香鼬、丽斑麻蜥、白条锦蛇、蝮蛇、花背蟾蜍、青蛙等。

②温带荒漠区域。本区域地处我国西北部，包括新疆的准噶尔盆地和塔里木盆地，青海的柴达木盆地，甘肃与宁夏北部的阿拉善高原，以及内蒙古鄂尔多斯盆地的两端，约占我国面积的1/5以上。

本区域由于有一系列巨大的山系，如天山、昆仑山、祁连山、阿尔金山等，而使植被垂直分布亦呈有规律的地带性，使荒漠植被的植物区系组成及植被类型得到了极大的丰富。山地植被垂直分布大致分为以下几个带：山地荒漠带—山地草原带—森林草原带—亚高山灌丛草甸带—高山草甸与垫状植被—高寒荒漠带—高山亚冰雪稀疏植被带。

荒漠植被中以一些极旱生的植物种类所组成，其中以藜科植物常见，还有菊科蒿属、杨柳科以及禾本科、莎草科的耐旱种类，如梭梭、盐爪爪、猪毛菜、碱蓬、泡泡刺、沙蒿、柽柳、麻黄、苔草、针茅、沙拐枣、木霸王等。

本区域植被特点：一是植物种属极少，约2900种；二是植被以旱生、超旱生型植物组成；三是植物群落结构简单。

荒漠生态环境的动物以啮齿类繁盛为特征，以跳鼠和沙鼠为主，跳鼠主要栖息于戈壁(砾质荒漠)，而沙鼠主要栖息于沙质荒漠，其中子午沙鼠、长爪沙鼠和大沙鼠等，大多为群聚性种类。有蹄类中分布最普遍的是鹅喉羚，常三五成群，活动于砾质戈壁与沙质戈壁，与野驴常混在一起活动觅食。食肉兽中常见的是沙狐、虎鼬和狼。鸟类非常稀少，常见的鸟类有沙鵰、漠鹏、白顶即鸟、凤头百灵、角百灵等等，爬行动物以多种沙蜥和麻蜥为优势，蛇类的沙蟒、红脖游蛇、花条蛇和蝮蛇等最常见。两栖动物极为贫乏，仅有花背蟾蜍。本区域野生珍贵动物中最引人注目的是现今世界仅存的野马和野生双峰驼；现已趋于濒危。

本区域药用植物主要有麻黄、枸杞、甘草、草苁蓉、阿魏、锁阳、葫芦巴、伊贝母、长喙牻牛儿苗、准噶尔山楂等。药用动物主要有鹅喉羚、野驴、沙狐、狼、绿头鸭、赤麻鸭、沙蟒、花条蛇、蝮蛇、花背蟾蜍等等。

③青藏高原高寒区域。本区域位于我国西南部，在北纬28°~37°，东经75°~103°之间，约跨9个纬度，28个经度，面积十分辽阔。平均海拔高度在4000米以上，是世界上最高大的高原。

本区域地带性植被从东南向西北亦呈有规律变化，依次为常绿阔叶林—寒温针叶林—高寒灌丛—高寒草甸—高寒草原—高寒荒漠。由于地貌类型复杂，不但有深峡谷，尚有寒冷、干旱的高山，故植被的垂直分布亦具独特分布特征，如藏东南，植被垂直分布依次为亚热带常绿阔叶混交林—温带针阔混交林—寒温带针叶林—高寒灌丛—高寒草甸。

本区域植被特点：一是植物种类比较丰富，约有维管束植物4385种以上。二是植物区系成分复杂，即有热带种类，又有温带乃至高寒植物种类。

本区域有蹄类动物主要有白唇鹿、马鹿、麝及狍等。啮齿类有高原兔、喜马拉雅旱獭、中华鼢鼠、长尾仓鼠等。肉食动物有狼、狐、猞猁、石貂、棕熊、艾鼬、香鼬和豹猫等。鸟类有藏马鸡、蓝马鸡、高原山鹑、雪鹑、雉鹑、褐背地鸦、棕颈雪雀、棕背雪雀等，水禽有斑头雁、棕头鸥、赤麻鸭等。爬行类比较常见的有高原蝮蛇、温泉蛇。两栖类有倭蛙、高山蛙、西藏蟾蜍、齿突蟾和山溪鲵。

本区域药用植物主要有：木通、天麻、五味子、贝母、羌活、秦艽、雪莲花、掌叶大黄、土茯苓、独一味、独活、长花党参、梭果黄芪、仙人掌、冬虫夏草、金铁锁、珠子参、大花龙胆、麻花艽、绵参、七叶一枝花、西藏狼牙刺、白草、西藏木瓜、新疆紫草、多种红景天等。药用动物主要有马鹿、麝、狍、高原兔、狼、狐、猞猁、藏马鸡、蓝马鸡、褐背地鸦、西藏蟾蜍等等。

垂直地带性分布规律 植被在山地的垂直分布，随着海拔高度的上升，更替着不同的植被带，且有一定的规律。山地植被垂直带系列与该山地所在水平地带到北极的水平植被地带系列有相似之处，但却不相同，无论群落外貌、种类组成、区系性质及结构特征和历史发生等差异都很大。这主要是由于历史发生和现代生态条件的不同造成的。我国从北到南各个气候—植被区域都有不同高度的山体存在，山体的垂直分布规律随所在的水平植被带及山体本身的高度而不同，植被带的植被类型、区系组成以及植物资源组成和数量各有区别，从南到北植被垂直带谱逐渐增多，从东到西逐渐由森林植被类型占优势，过渡到以旱生草原或荒漠植被为主，而药用动植物资源分布的垂直地带性也循此规律。

寒温带大兴安岭白蛤喇山垂直带谱为：山地寒温性针叶林带—山地寒温性针叶疏林带—亚高山矮曲林带。

温带长白山(白云峰，海拔2691米)垂直带谱为：山地针阔叶混交林带—山地针叶林带—亚高山矮曲林带—高山冻原带。

暖温带小五台山(海拔2800米)垂直带谱为：落叶阔叶混交林带—针阔混交林带—亚高山落叶、常绿针叶林带—亚高山灌丛带—亚高山草甸带。

北亚热带的秦岭南坡(海拔4200米)垂直带谱为：落叶、常绿阔叶混交林带—落叶阔叶混交林带—针阔叶混交林带—亚高山针叶林带—高山灌丛带—高山草甸带。

南亚热带以哀牢山、无量山和镇康大雪山为主要山脉(均为海拔3000米以上)，垂直带谱为季风常绿阔叶林带—常绿阔叶林带—山地针、阔叶混交林带—山顶苔藓矮林带。

热带高黎贡山(海拔5500米)垂直带谱为：季雨林与雨林带—常绿阔叶混交林带—落叶、常绿阔叶混交林带—针阔叶混交林带—山地针叶林带—亚高山暗针叶林带—高山灌丛、草甸带—高山稀疏植物、冰雪带。

陆生动植物分布除了具有“三度性”规律外，还具有群落性和地域性两个特点。

群落性 森林药用动植物资源的分布还具有另一个特性，即群落性。植被是某一地区植物群落的总和，而植物群落是由一些动、植物在一定的生境条件下构成的一个总体，药用的动植物资源作为其组成成分，必然存在于一定的植物群落之中，即具有群落性。同时，它又是以种群形式存在于群落之中的，正如一个植物群落不是一些植物及个体简单的总和一样，种群也不是同种的许多个体的简单组合，二者均具有自己独特的性质、结构以及个体与环境的关系等特性，即森林药用动植物资源的发生、发展和衰亡过程是受所在群落的制约的。因此，认识森林药用动植物资源的群落性，研究群落的性质、结构、生态、动态及分类，是进一步研究森林药用动植物资源，充分发挥人的主观能动性，合理利用、改造和创造优良植物群落，保护、改造自然环境，维护生态平衡和提高药用动植物资源生产力的基础。

森林动物是分布在植物群落中，是随着植物群落种类组成、结构、生境及动态的变化而变化。

区域性 自然界中动、植物的分布规律不仅体现在地带性和群落性方面，还体现在区域性上。森林药用动植物资源的分布也具有区域性特性。这种区域性是由于环境对动植物个体生活的深刻影响而决定的，而所说的环境不仅包括现代自然环境，还包括古代地理条件及特殊的遗传进化基础。多种动、植物往往只分布在一定区域上，如红松只分布在我国东北东部山地一带，油松则分布在我国冀、鲁、陕、宁、辽、甘肃中南部、青海东北部、川北、内蒙古中南部。

通常，动、植物种分布的区域性规律表现在两方面：广布性和特有性，森林药用动植物资源亦如此。

①广布性。是指某种动、植物分布区广阔，能够广泛分布于世界各大洲，这样的动、植物种称为世界种或广布种。自然界中，具有广布性的动、植物种类不多，通常多半是水生动、植物，这是由于无论哪个地区，水体中的条件都比较均一，动、植物迁移比较容易。如禾本科的芦苇，眼子菜科的细叶眼子菜、浮叶眼子菜，睡莲科的

睡莲等都是广域分布种，此外，许多伴生动、植物如石竹科的繁缕，车前科的车前，茄科的龙葵等也是广域分布种。还有盐渍土的碱蓬，盐角草等也几乎分布世界各地，但实际上，这些种只限于特定的生境，真正占有的空间很有限。

②特有性。与广域分布种相反，大多数动、植物的分布都是局限在某个局部地区，即动、植物种分布的特有性(狭域分布)，这些动、植物称为该地区的特有动、植物(狭域种)。据估计，自然界中，动、植物种总数的90%以上为特有种，如五加科的人参主要分布在我国东北长白山地区；黑加仑则分布在黑龙江及内蒙古大兴安岭；八角只分布在我国南方广西、广东、云南等省区。

对于狭域分布的动、植物种，研究其分布区的形成因素及分布区的中心是很重要的。尤其对于药用动植物资源，只有充分掌握其分布区生境及中心分布区，才能预见某一药用动、植物资源的蕴藏量及开发价值，制定统一的开发利用规划。

通常，某些种的分布区是受其生活环境的诸因子影响的，如：有些植物的现代分布严格地受某种气候条件的限制，如偃松分布于我国东北山地，其分布通常是在气候严寒而干燥的寒温带、温带高山的顶部。又如赤松，生长在海洋性气候的我国辽东半岛和山东半岛，而内陆则没有该种树木的分布。

土壤类型或土壤的某些特殊理化性质也是某些植物分布的决定因素。如芒萁骨只分布于强酸性土壤上，白刺属只分布在盐渍土上等。它们的分布主要由土壤性质决定。

海洋、山脉等自然屏障往往成为分布区的天然界限。自然屏障的作用，使该区气候改变，致使动植物中断侵移或迁移，例如：我国秦岭，就是一部分北方温带植物区系成分和(南、北坡)一部分南方亚热带植物区系成分的天然分界。

对于某些寄生植物，生物因素尤为明显，如寄生在东北赤杨根上的药用植物草苁蓉，其分布区域决定于寄主植物东北赤杨的分布。另外，有些植物的传播依赖于某种动物，如西伯利亚松和偃松的分布与以其种子为食的星鸦的活动密切相关。还有一种情况，即某些植物群落可以成为一些植物传播的障碍。如森林群落的生境条件不利于草原种类的生存，且阻碍这些种的传播，而使草原种类不能分布在森林中。

有些动、植物的分布区是地质时期古地理、古气候变化的反映，不能用现代的生态条件来解释。如沙冬青属的两个种矮沙冬青和蒙古沙冬青分别分布于我国西北部荒漠地区的新疆喀什和阿拉善、鄂尔多斯等地，是亚洲中部仅有的阔叶常绿灌木，它就是起源于古地中海区系喜热的祖先。

人类活动对于动、植物分布的影响颇大，不仅可以使某种的分布区域扩大，还能使其缩小以至消灭。如森林砍伐导致不少森林动、植物被消灭。

森林药用动植物资源开发利用现状与前景

人类生存、生活发展依赖于森林，我国自古以来就有“靠山吃山”的习惯。由于历史文化与科学进步，人类把森林中野生植物变栽培，野生动物变家养，逐渐地把靠采猎森林中野生动植物为食的生活转向间歇的、零散的、补充性的，少数从事专业性的生产。采猎野生动植物成为部分人的业余爱好、游乐、食物的补充或专用性的活动。但由于工业革命而发展起来的石油、农业造成环境污染，食物质量下降及合成药物的副作用，人们开始意识到回归自然，发掘森林野生动植物食用或药用。我国利用森林野生动植物入药有丰富、成熟的经验，有些药用动植物至今尚未有文字记载，只有民间经验。我国森林中野生动植物入药，并已形成传统产业。

野生药用植物　我国药用植物有11000余种，常用的有400~500种，中药已有采收、种植、加工、制药的全套技术方法。因此，素有“世界药用植物宝库”之称。传统中药及中华人民共和国药典记载的不再论述。随着科学技术的进步，近年来从森林中新发现的有萝芙木，提取总碱制成“特效降压灵”药用；从20多种薯蓣中提取薯蓣皂甙制成激素及治心血管病药；丹参经发掘改造成为一种新型治疗冠心病药物；葛根中提取总异黄酮化合物制成愈风宁心片等新药、特效药；柔毛月见草中提取的γ-亚麻油酸，制成月见草油丸，防治心血管病有特效。这些药对治疗世界上属死亡率最高的心血管疾病，做出了重要贡献。从喜树中提取喜树碱、紫杉中提取紫杉醇；云南美登木等

美登木属的果实中分析得美登素等是抗癌症的较好特效药；地不容和千金藤等多种植物中分析得左旋四氢马亭，制成颅通定，作为镇痛良药。从青蒿植物中分析得一个新结构类型化合物青蒿素是一个速效、低毒的抗疟新药，对各种类型疟疾均有效。从黄芪、刺五加等植物分析得纯多糖制成五加片等，上市走俏；再有银杏、沙棘、猕猴桃等已形成种植、加工、销售一体化，使一些贫困山区走上致富路。森林是一个丰富的药用植物宝库，随着我国各地全民性森林保护、恢复与造林，不久的将来必定成为森林大国，森林会向人们提供不可估量的药用植物资源。

药用野生动物　森林中有种类繁多的可药动物约有1500多种。但由于我国历史悠久、人口众多，森林面积大幅度减少，现在加上近年恢复与营造的森林，覆盖率仅为13.92%，且分布零散破碎、功能下降，破坏了森林中主要"居民"——各类野生动物栖息及采食的生态环境，使种类及数量骤减。禁猎、禁食、依法保护野生动物已成为全民的义务。但只强调保护而不利用，在我国资源贫乏、经济不发达的情况下也行不通。目前，我国规定超过保护种群数量可进行有计划地猎取。再采用野生变家养、圈养的措施，为人们提供药用动物。如东北马鹿、梅花鹿、新疆马鹿等有饲养的较大种群，获取鹿茸等药物，取得较大经济效益。按国家规定还圈养了黑熊进行活熊取胆作为药物，还有饲养林蛙、野鸡、花尾榛鸡等均形成较大饲养种群，为人们提供了一定药用产品，取得较好的经济效益。随着人们保护意识的增强，猎杀野生动物作为药用视为不文明的行为，在目前我国各种森林中野生动物种群衰退的情况下，还是不宜猎取为好。

我国森林中的药用动植物十分丰富，各类资源应有尽有，本身构成了资源优势和开发利用潜力。但还须系统地对野生药用植物资源进行调查，摸清种类、分布和蕴藏量。另外，更应研究和寻找新的药用植物种类。开发、利用药用动植物资源一定要适度，以保护其天然更新的再生能力，永续利用，维护生态平衡，造福子孙后代。

药用动植物保护对策

①建议由国家林业局主持，发挥林业系统的优势，组织有关部门及专家，尽快摸清我国中药材资源中各个物种的分布及其种群数量、生存环境状况，为国家决策提供基本依据。

②依法保护森林动植物资源。森林药用动植物存在于森林中，完好茂密的森林，药用动植物资源丰富，能在生态系统中按其食物链的繁衍生息，达到取之不尽，用之不竭。但是随着经济建设的发展，人类向森林过度索取木材砍伐森林，以及滥采(挖)乱捕药用、食用动植物，造成森林面积逐渐缩小，森林功能降低，动植物种类减少，甚至有的种类濒危、灭绝。例如人参，首先在太行山发现，现已灭绝，东北红松阔叶林中也几乎灭绝。为此，国家制定了《森林法》、《草原法》及保护各种珍贵动植物的多项法则及制度、政策，保护长期和人类共存互惠的动植物。如何处理好森林及其药用动植物开发、利用、经营与保护，是今后重要任务，我们绝不能杀鸡取卵，竭泽而渔，也不能只强调生态，不考虑群众切身利益，脱离实际是行不通的，会事倍功半。

③利用与保护相结合。现代人们趋于把森林划为经济林、生态林、多功能林，便于有效利用与保护森林药用动植物。我国已制定出保护的Ⅰ、Ⅱ、Ⅲ级动植物，分别有保护与利用对策。在当今绿色浪潮中，人们喜用天然药用动植物产品，尤其药用动物，但属于保护名单中的绝对不能作为药用和食用，否则会受到舆论的谴责和法律的制裁。有些保护动物虽然我国自古有药用的习惯，但必须更新观念，改变陋习，解放思想，跳出传统，绝对保护。在法律允许范围内，有的栽培、饲养药用动植物可以利用(见附录)。

必须贯彻执行"加强保护，积极驯养繁殖，合理开发利用"的方针。在这方面，我国已取得显著效果，并积累了一些经验，建立了药用动植物的人工驯养、栽培、繁殖基地，用人工产品代替野生产品来满足绿色食品、保健品、中药材等方面的需要。

④提高开发利用价值，促进保护。药用动植物价值可观，美国野生动物产值约24亿美元，相当于淡水渔业产值。世界各国都重视这方面开发利用。但节约利用，有效增值利用，是我国自古

以来利用天然资源的原则。我国药用动植物的开发利用已向产业化、良种化、基地化、集约化、花园化发展，形成规模。如银杏、沙棘、红豆杉、山野菜、林蛙、马鹿、梅花鹿、东北虎、黑熊等，在保护种质资源的基础上，已具有科学管理、集约规模经营，形成产品市场，具有明显特色。山野菜、刺五加、银杏、鹿茸等产品早已打入国际市场，取得显著经济效益。

⑤以给政策和提供资金扶持为主要措施，大力支持龙头企业引领中药材产业，实行企业＋农户等方式，带动广大农户人工种养，发展中药材资源。

⑥建立人工培育与驯养中药材生产示范基地，把发展中药材与农民致富结合起来。

⑦加强科技指导，克服技术难题，提高中药材生产质量；并建立中药材初级产品全国统一质量标准体系。

附录Ⅰ　国家重点保护野生药材物种名录

（国家医药管理局1987年10月30日颁布并实行）

中文名	保护级别			药材名称
	Ⅰ级	Ⅱ级	Ⅲ级	
猫科动物虎	Ⅰ			虎骨
猫科动物豹	Ⅰ			豹骨
牛科动物赛加羚羊	Ⅰ			羚羊角
鹿科动物梅花鹿	Ⅰ			鹿茸
鹿科动物马鹿		Ⅱ		鹿茸
鹿科动物林麝		Ⅱ		麝香
鹿科动物马麝		Ⅱ		麝香
鹿科动物原麝		Ⅱ		麝香
熊科动物黑熊		Ⅱ		熊胆
熊科动物棕熊		Ⅱ		熊胆
鲮鲤科动物穿山甲		Ⅱ		穿山甲
蟾科动物中华大蟾蜍		Ⅱ		蟾酥
蟾蜍科动物黑眶蟾蜍		Ⅱ		蟾酥
蛙科动物中国林蛙		Ⅱ		哈士蟆油
眼镜蛇科动物银环蛇		Ⅱ		金钱白花蛇
游蛇科动物乌梢蛇		Ⅱ		乌梢蛇
蝰科动物五步蛇		Ⅱ		蕲蛇
壁虎科动物蛤蚧		Ⅱ		蛤蚧
豆科植物甘草		Ⅱ		甘草
豆科植物胀果甘草		Ⅱ		甘草
豆科植物光果甘草		Ⅱ		甘草
毛茛科植物黄连		Ⅱ		黄连
毛茛科植物三角叶黄连		Ⅱ		黄连
毛茛科植物云连		Ⅱ		黄连
五加科植物人参		Ⅱ		人参

（续）

中文名	保护级别			药材名称
	Ⅰ级	Ⅱ级	Ⅲ级	
杜仲科植物杜仲		Ⅱ		杜仲
木兰科植物厚朴		Ⅱ		厚朴
木兰科植物凹叶厚朴		Ⅱ		厚朴
芸香科植物黄皮树		Ⅱ		黄柏
芸香科植物黄檗		Ⅱ		黄柏
百合科植物剑叶龙血树		Ⅱ		血竭
百合科植物川贝母			Ⅲ	川贝母
百合科植物暗紫贝母			Ⅲ	川贝母
百合科植物甘肃贝母			Ⅲ	川贝母
百合科植物梭砂贝母			Ⅲ	川贝母
百合科植物新疆贝母			Ⅲ	伊贝母
百合科植物伊犁贝母			Ⅲ	伊贝母
五加科植物刺五加			Ⅲ	刺五加
唇形科植物黄芩			Ⅲ	黄芩
百合科植物天门冬			Ⅲ	天冬
多孔菌科真菌猪苓			Ⅲ	猪苓
龙胆科植物条叶龙胆			Ⅲ	龙胆
龙胆科植物龙胆			Ⅲ	龙胆
龙胆科植物三花龙胆			Ⅲ	龙胆
龙胆科植物坚龙胆			Ⅲ	龙胆
伞形科植物防风			Ⅲ	防风
远志科植物远志			Ⅲ	远志
远志科植物卵叶远志			Ⅲ	远志
玄参科植物胡黄连			Ⅲ	胡黄连
列当科植物肉苁蓉			Ⅲ	肉苁蓉
龙胆科植物秦艽			Ⅲ	秦艽
龙胆科植物麻花秦艽			Ⅲ	秦艽
龙胆科植物粗茎秦艽			Ⅲ	秦艽
龙胆科植物小秦艽			Ⅲ	秦艽
马兜铃科植物北细辛				细辛
马兜铃科植物汉城细辛			Ⅲ	细辛
马兜铃科植物细辛			Ⅲ	细辛
紫草科植物新疆紫草			Ⅲ	紫草
紫草科植物紫草			Ⅲ	紫草
木兰科植物五味子			Ⅲ	五味子
木兰科植物华中五味子			Ⅲ	五味子
马鞭草科植物单叶蔓荆			Ⅲ	蔓荆子
马鞭草科植物蔓荆			Ⅲ	蔓荆子
使君子科植物诃子			Ⅲ	诃子
使君子科植物绒毛诃子			Ⅲ	诃子
山茱萸科植物山茱萸			Ⅲ	山茱萸
兰科植物环草石斛			Ⅲ	石斛
兰科植物马鞭石斛			Ⅲ	石斛
兰科植物黄草石斛			Ⅲ	石斛
兰科植物铁皮石斛			Ⅲ	石斛
兰科植物金钗石斛			Ⅲ	石斛
伞形科植物新疆阿魏			Ⅲ	阿魏
伞形科植物阜康阿魏			Ⅲ	阿魏
木犀科植物连翘			Ⅲ	连翘
伞形科植物羌活			Ⅲ	羌活
伞形科植物宽叶羌活			Ⅲ	羌活

附录Ⅱ 濒危和需要关注的药用野生动物名录

类别	检索名	中文名	别名	公约附录	国家保护级别
无脊椎类	珊瑚	红珊瑚属所有种	红珊瑚		Ⅰ
	宝贝	虎斑宝贝			Ⅱ
	珠母贝	大珠母贝			
脊索动物类	文昌鱼	厦门文昌鱼	白氏文昌鱼		Ⅱ
鱼类	鲟(鱼)	达氏鲟	长江鲟		Ⅰ
		施氏鲟	黑龙江鲟		
		中华鲟			Ⅰ
		长江白鲟	象鼻鱼、剑鱼		Ⅰ
	鳇(鱼)	达氏鳇			
	鳗鲡	花鳗鲡			Ⅱ
	裂腹鱼	大理裂腹鱼			Ⅱ
	鲍(鱼)	金线			Ⅱ
	黄唇鱼	黄唇鱼			Ⅱ
	海马	可氏海马鱼			Ⅱ
	松江鲈鱼	松江鲈鱼			Ⅱ
两栖类	娃娃鱼、鲵	大鲵			Ⅱ
	疣螈	疣螈属所有种	蝾螈		Ⅱ
	虎纹蛙	虎纹蛙			Ⅱ
爬行类	龟	龟科所有种			
		陆龟科所有种			
		泥龟			
	海龟	海龟科所有种			
		龟			Ⅱ
		绿海龟			
		棱皮龟			Ⅱ
	玳瑁	玳瑁			Ⅱ
	鼋	鼋			Ⅰ
	鳖	山瑞鳖			Ⅱ
	蛤蚧	大壁虎			
	鳄蜥	鳄蜥			Ⅰ
	巨蜥	巨蜥			Ⅰ
	蟒(蛇)	蟒科所有种			Ⅰ
	蛇	滑鼠蛇			
		眼镜蛇			
		眼镜王蛇			
		其他蛇类			
	鳄	鳄目所有种	鳄鱼		
		扬子鳄	鼍		Ⅰ

(续)

类别	检索名	中文名	别名	公约附录	国家保护级别
鸟类	鹏鹏	鹏鹏属所有种			Ⅱ
	鹈鹕	鹈鹕属所有种			Ⅱ
	鹭	白鹭属所有种			Ⅱ
	鹳	鹳科所有种			Ⅰ/Ⅱ
	鹮	鹮科所有种			Ⅰ/Ⅱ
	雁	白额雁			Ⅱ
	鸳鸯	鸳鸯			Ⅱ
	秋沙鸭	中华秋沙鸭			Ⅰ
	天鹅	天鹅属所有种			
	鹰、鹞、鹫	隼形目所有种	隼、雕		
	松鸡	松鸡科所有种			
	雉	雉科所有种			
	鹤	鹤科所有种			
	鸨	鸨科所有种			
	鹦鹉	鹦形目所有种			
	猫头鹰、鸮	鸮形目所有种			
哺乳类/兽类	懒猴、蜂猴	懒猴科所有种			
	猴	猴科所有种			
	长臂猿	长臂猿科所有种			
	(穿山)甲	穿山甲属所有种	穿山甲、鲮鲤		
	兔	雪兔			
	河狸	河狸			
	海豹、海狗	鳍足目所有种	海象、海狮		
哺乳类/兽类	儒艮	儒艮	美人鱼		
	鲸	鲸形目所有种	海豚、江豚		
	熊	熊科所有种	狗熊、老熊		
	水獭	水獭亚科所有种			
	灵猫	灵猫科所有种	香狸、林狸		
	猫	猫属所有种(家猫除外)			
	猞猁	猞猁			
	虎	虎	老虎		
	豹	豹	金钱豹		
		云豹	艾叶豹		
		雪豹	荷叶豹		
	马	野马	普氏野马		
	象	亚洲象	大象		
		非洲象	大象		
	驴	蒙古野驴	野驴		
		西藏野驴	野驴		
	犀(牛)	犀科所有种	犀牛		

（续）

类别	检索名	中文名	别名	公约附录	国家保护级别
哺乳类/兽类	驼	野骆驼	双峰驼		
	麝、獐	麝属所有种	香獐		
	牛	牛属所有种(家牛除外)	野牛、野牦牛		
		鹿科所有种	鹿		
	鹿	黄羊			
	羊或羚	普氏原羚	原羚、小羚羊		
		藏原羚	原羚、小羚羊		
		鹅喉羚	长尾黄羊		
		藏羚	西藏羚羊		
		高鼻羚羊	赛加羚羊		
		斑羚	青羊		
		赤斑羚	红斑羚		
		鬣羚	明鬣羊		
		盘羊	大角羊		
		北山羊	羚羊		
		岩羊			

附录Ⅲ　濒危和需要特别关注的药用野生植物名录

音序	检索名	中文名	别名	公约附录级别	国家保护级别	珍贵树种级别
B	白及	白及（所有种类）		Ⅱ		
	北沙参	北沙参	珊瑚菜		Ⅱ	
C	沉香	土沉香	白木香		Ⅱ	
		沉香		Ⅱ		
	虫草	虫草	冬虫夏草		Ⅱ	
	苁蓉	草苁蓉	苁蓉			
		肉苁蓉	大芸	Ⅱ		
		肉苁蓉（国产种类）	大芸			
	春福寿草	春福寿草		Ⅱ		
D	大戟	大戟（肉质种类）		Ⅱ		
	呆白菜	呆白菜	崖白菜		Ⅱ	
	地枫皮	地枫皮			Ⅱ	
	杜仲	杜仲				Ⅱ
F	榧	榧树（国产种类）	香榧		Ⅱ	
	非洲李	非洲李		Ⅱ		
G	甘松	匙叶甘松	香松	Ⅱ		
	狗脊	金毛狗脊	金毛狗	Ⅱ	Ⅱ	
	桂树	银叶桂	桂皮			Ⅰ

（续）

音序	检索名	中文名	别名	公约附录级别	国家保护级别	珍贵树种级别
H	蒿	红花绿绒蒿				
		尼泊尔绿绒蒿				
	红豆杉	红豆杉（国产种类）	紫杉			
		喜马拉雅红豆杉	云南红豆杉 西南红豆杉			
	厚朴	凹叶厚朴				
		长喙厚朴				
H	厚朴	厚朴			Ⅱ	
	黄柏	黄檗	黄菠椤		Ⅱ	
		川黄檗	黄皮树		Ⅱ	
	胡黄连	胡黄连			Ⅱ	
		库洛胡黄连		Ⅱ		
J	降香	降香	降香檀		Ⅱ	
	见血封喉	见血封喉	箭毒木			Ⅱ
	姜	长果姜			Ⅱ	
	金荞麦	金荞麦			Ⅱ	
	金铁索	金铁索			Ⅱ	
	蕨	苏铁蕨			Ⅱ	
		七指蕨			Ⅱ	
		水蕨（国产种类）			Ⅱ	
		扇蕨			Ⅱ	
L	莲	莲	荷花		Ⅱ	
	芦荟	芦荟（所有种类）		Ⅰ或Ⅱ		
M	买麻藤	买麻藤		Ⅲ		
	毛茛	白毛茛		Ⅱ		
	木	芳香蓟花木		Ⅱ		
		蛇根木	萝芙木	Ⅱ	Ⅱ	
		神圣愈疮木	愈疮木	Ⅱ		
		药用愈疮木	愈疮木	Ⅱ		
	木香	云木香	广木香	Ⅰ		
N	拟豆蔻	拟豆蔻			Ⅱ	
R	肉豆蔻	云南肉豆蔻			Ⅱ	
S	三尖杉	贡山三尖杉			Ⅱ	
		篦子三尖杉			Ⅱ	Ⅱ
	砂仁	茴香砂仁			Ⅱ	
	山慈姑	独蒜兰	冰球子	Ⅱ		
		云南独蒜兰	冰球子	Ⅱ		
		杜鹃兰	毛慈姑	Ⅱ		

(续)

音序	检索名	中文名	别名	公约附录级别	国家保护级别	珍贵树种级别
S	山莨菪	山莨菪	樟柳		Ⅱ	
	石斛	石斛(所有种类)	黄草枫斗	Ⅰ或Ⅱ		
	手参	佛手参		Ⅱ		
	薯蓣	三角薯蓣		Ⅱ		
T	桃儿七	桃儿七	鬼臼草	Ⅱ		
	天麻	天麻	赤箭	Ⅱ		
X	西洋参	西洋参	花旗参 洋参 西参	Ⅱ		
	仙人掌	仙人掌(所有种类)	仙人球 仙人指 仙人柱	Ⅰ或Ⅱ		
	雪莲	雪莲(国产种类)	雪兔子 雪莲花			
Y	银杏	银杏	白果树		Ⅰ	Ⅰ
	芋兰	芋兰(所有种类)	青天葵	Ⅱ		
Z	猪笼草	猪笼草(所有种类)		Ⅰ或Ⅱ		
	紫檀	檀香紫檀		Ⅱ		

(聂绍荃　穆丽蔷　刘士贵)

【中药材市场】　中药材，以植物、动物机体组织器官、体液部分及其提取物(少部分还有矿物，如朱砂、石膏等)除去非药用部位的用以加工治病、防病药品原料商品。主要用来加工是生产中药饮片和中成药。与中药饮片、中成药共为中药的三大支柱。我国是世界中药资源最丰富的国家，而中药材产业是我国最具特色的传统优势产业之一，也是最具有市场潜力的朝阳产业。

交易市场及经营　全国经国家批准保留有17家中药材专业市场，分别为：安徽省亳州、河北省安国、河南省禹州、江西省樟树、重庆市解放路、山东省鄄城县舜王城、广州清平、甘肃省陇西、广西壮族自治区玉林、湖北省蕲州、湖南省岳阳花板桥、哈尔滨三棵树、广东省普宁、昆明市菊花园、成都市荷花池、西安市万寿路、兰州市黄河中药材专业市场等。

17家中药材专业市场中常年经营的只有5—6家，其中除亳州、安国为品种齐全的全国性、综合性中药材专业市场外，其他多数处于封闭式或半封闭式经营状态。成交额最大的是亳州，其次是安国。出口量最大的是玉林市场。

以区位优势而言，全国最主要的药材产区大致分为东北、西北、西南三大区域，其中大宗药材多集中于东北、西北产区。而这些地区的历史文化传承、中医药文化底蕴、地理位置、自然条件、基础建设、投资环境、相关政策、人力资源等各具地域优势与特点。

全国中药材市场的主管部门大致分为两类，一类是由政府下设的药业管理局(委员会)管理，一类是委托公司管理。其管理模式又分为公司化管理、经营户自主经营和药业管理局(委员会)与政府相关职能部门组成市场综合管理办公室管理。在建章建制方面，多呈或无相应规章制度，或有章不遵、有制不循的状态。有些市场的格局属于区域性的中药材集散贸易市场，经营户都不具备法人经营资格，造成市场外向流通的合法性受到制约，严重影响了市场发展，导致经营管理秩序混乱。

中药材专业市场的从业人员身份多为本地区与跨省、市地区人员混合型，人员数量与市场经营规模、产品结构，地理位置，行情价格密不可分。自17家中药材专业市场形成以来，各专业市场管理者对从业人员的专业素质、法律、法规意识的重视程度在逐步提高，相继建立了不同形式、标准、内容的培训制度与标准各异的市场准入制度。由于各市场的培训力度与频率均由市场管理者自行确定，与政府职能部门综合管理办公室所制定的培训、准入制度内容标准有一定差距，缺乏行业规范统一的标准制度。

河南省禹州中药材专业市场　2000年投资2亿元建成。市场占地20多公顷，市场已有固定商户650多家，从业人员20000人以上，带动10万人致富，上市品种2000余种。

市场平均每天通过物流公司向全国各地发货40多吨，价值30万元。市场上市品种2000多种，主要以当归、枳实、小茴香、山药、党参、五味子、干姜、牛膝、黄芪、川芎、荜拨、生地、冬花、白芍、良姜、熟地、甘草、丹皮、大青叶、柴胡、丹参、茯苓、贝母、黄连、枝子、菟丝子、肉桂、黄柏、连翘、枣仁、元肉、陈皮、山楂、防风、板蓝根、知母、远志、白术、苍术、山茱萸、元胡、二花、龙骨、玄参、菊花、牡蛎、杞果、泽泻、红花、石膏、地骨皮、枳壳、大茴香、鱼腥草、香附子、杏仁、车前子、佛手、五倍子、首乌、白豆、北沙参、天麻、三七、王不留、没药、芡实、白桑皮、桑寄生、川木瓜、地龙、内金、全虫、威灵仙、京子、土元、独活、海金沙、益母草、水蛭、大黄、仙合单、半夏、砂仁、伸筋草、僵虫、升麻、猫爪草、麦芽、紫苑、射干、怀牛膝、白茅根、番泻叶、肉苁蓉、桃仁、木通、白芷、下甲等药材为主。

近5年间，主要大宗药材的价格明显上涨：市场交易额也逐年上升，2009年的交易额达到15亿元，较2005年增长3倍多。

河北省安国中药材专业市场　安国的东方药城占地1.5平方千米。建筑面积60万平方米。中药材经营企业484家。药材经营品种2800多个。日客流量3万余人，日吞吐中药材1000多吨，中药材交易额超过90亿元。中心交易大厅共有固定摊位2000多个，经营品种达1500多种。地产药材市场经营户70余家，经营品种以地产初加工为主，年交易额180万元左右。红参小区经营户450户，年销额7000万元。

2009年，安国市通过国家GSP认证企业61户，GMP认证企业25户；药材经营户中一般纳税人187户，个体工商户1546户。全市来自药业的税收总额达1.135亿元，与2008年同比增长385%。

江西省樟树中药材市场　始建于2001年，2003年5月投入使用。市场经营区占地15.67公顷，2009年底，市政府投资150万元对市场进行了全面绿化美化。市场总建筑面积20万平方米，可同时容纳1000户以上药商入市经营。

市场的交易额相对稳定，2005年为9.6亿元，2009年为10.5亿元。

重庆市解放路中药材专业市场　成立于1994年，占地面积2500平方米，经营面积10000平方米，现有经营户200户，从业人员300人，年销额5亿元左右。

昆明市菊花园中药材专业市场　始建于1991年，1996年跻身进入17家被保留的中药材专业市场之列。2004年5月由云南宏灿商贸有限公司投资6000万元改扩，现占地约4公顷，场内经营户近400户，经营中药材品种4000多种，该市场交易的药材占全省药材供应量的80%以上，现年交易额已达10亿元。

成都市中药材专业市场(国际商贸城)　2009年8月6日成都荷花池中药材专业市场从成都市大丰镇古柏村整体搬迁至国际商贸城，是成都国际商贸城的首期项目。市场占地面积9.47公顷，建筑面积20万平方米(含地下)，市场内设4700多个商位。市场1层商位2316个，目前入驻商家超过2200户。目前管理人员110人(含市场管理员，秩序维护员，工程维护员)。

市场内设有配套服务中心，中心有多家物流公司，实现了点对点的货运传输模式，方便市场经营者货物运输。

市场的主要买家以西南片区制药厂的原药采购商、药品经营公司和滋补养生类用品的普通用户为主。

主打药材以甘肃(当归、党参、黄芪、大黄)，云南(三七、云木香、云当归、云黄连、天麻、云茯苓等地道药材)，四川(川芎、川牛膝、川麦冬、川白芷、黄柏、川黄连、川贝母、川大黄以及西南产茯苓、厚朴、天麻、川续断及矿物药等)等产地药材为主，同时也是全国最大的冬虫夏草集散交易批发市场。

成都荷花池中药材专业分市场由伊厦成都国际商贸城股份有限公司主管，并与成都市工商、要加?部门建立了主场工作办公室。市场采用制度化管理模式，商家进入市场时，与管理公司签订《成都国际商贸城商位有期有偿使用协议》及系列补充协议，以规范经营者在市场内的经营行为，为市场提档升级打下基础。市场结合中药材的特点制定了相应的货品入场、巡场、监管、责令退场等管理制度，并建立巡场监督制度。

市场内现有商家2000余户，从业人员超过6000人。新市场从开市以来，除建立准入制度等规章制度外，开展了多项专业培训工作，邀请中医药专家、市场监督局领导多次进行药材知识的专业培训；联系物价部门，进行物价知识的培训。并将在近期进行药品质量监督管理体系方面的培训。

地方政府市场政策 为发展中药材专业市场，确保市场的健康发展，各地党和政府分别就规范、扶持中药材市场等下发了相关政策性文件。

河南省禹州市委、市政府先后出台了《禹州市人民政府印发关于规范中药材专业市场管理会议纪要的通知》(禹政办〔2005〕30号)、《关于印发中药材专业市场及药交会有关问题会议纪要的通知》(禹办〔2003〕50号)等文件。

樟树市人民政府发布了《关于加快医药产业发展的若干政策意见(试行)》(樟发〔2009〕25号)。

重庆市委、市政府很重视中药材专业市场待定发展，多次专题研究要把中药材专业市场做大做强，做出特色。目前影响重庆中药材专业市场发展的最大因素之一，就是经营场地小，不能满足现有实际经营规模、规范管理的需要，新的经营户更是进不来。为此，政府拟借旧城改造之机，扩大中药材专业市场的经营面积。在税收方面，目前实行零售按销售定额纳税，批发按实际销售上增值税。在旧城改造、市场拆迁后，政府也将采取适当的优惠政策，其基本原则是，让中药材经营户进得来，留得住，能发展。

成都市中药材专业市场作为成都国际商贸城一期项目迁址到金牛区后，市场经营商和企业享受区委、区政府给予国际商贸城内经营户和企业三年的市场培育期税务扶持政策，工商行政管理、年检等费用全免；可采用互保、联保、代保保险的方式进行担保，搭建融资平台，保证经营户合法利益：办理流动资金贷款条件放宽；可按政策在区域内办理养老、医疗、事业等保险，享受本市居民同等待遇等。

中药材市场质量监测监督 重庆中药材专业市场药材质量的标准检测、日常管理，主要由公司质量管理中心质管人员根据《药典》、部颁标准、《重庆市药材饮片炮制规范及标准》等对进入市场的药材进行外观、性状鉴别检测。通过几年摸索，从2009年下半年起，开始试行对中药材编号管理，严把入场验收关；同时实行不定期巡查抽检；并通过药监局针对性地进行靶向抽样，送重庆市药检所检验。对于药材原产地的监督检测，则实行品种批号管理，主要采取查验生产厂家的资质材料、进货票据和质量检验报告等方法，并通过入库验收巡查抽检和药监抽检来进行质量监督管理。

药材产地来源监督检测的基本情况：樟树中药材专业市场内的药材监督、检测由樟树市药监局、药检所严格按照国家标准进行监管。严厉打击中药材专业市场内制售假劣中药材、中药饮片、中西成药等违法违规行为；禁止经营户销售毒性中药材、濒危动植物中药材以及销售中药饮片；加强对经营户经营设施和规章制度等硬软件的监管，规范经营户的经营行为；加强对从业人员的专业知识、法律法规的培训，提高经营者素质，确保人民群众用药安全有效。成都、禹州中药材专业市场的药材监测工作均由市药监部门负责。

存在问题 ①市场管理主体须进一步明确；②管理人员以及从业人员的素质亟待提高；③市场所在地的政府扶植政策有待落实到实处，以解决制约市场规模发展的实际问题；④市场药材来源复杂，标签管理不规范，品质难以保证，严重影响药材市场的声誉，呼吁中药材原产地地理标志的认证和出台；⑤中药材市场难以适应药业整体产业结构的调整，市场缺乏示范效应；⑥市场结算、仓储制度混乱落后，与农贸市场相当，无法统一管理和监制；⑦市场间缺乏沟通交流，市场的信息化程度亟待提高；⑧市场的局限性和传统落后的经营力式严重制约了国际化的发展进程；⑨市场缺乏健全有效的中药材质量检验检测设备及手段，没有全国统一的质量标准；⑩市场缺乏统一的形象包装等。（中国中药材协会　周　雷）

中国林业机械制造业

【概　况】 林业机械制造装备涵盖林木种子采集、种子处理、育苗、造林、病虫害防治、森林防火、采伐、运输、制材、木材加工(家具、建材、地板等),以及人造板(含二次加工)、园林绿化和林木种植、加工整个生产链所涉及的一系列机械设备。

林业机械制造发展　在新中国成立之前,中国的林业技术装备业发展缓慢,从1927年到1949年这23年间,企业数量只增加到5家。20世纪50年代以后,林业部在上海、江苏、河南、天津、黑龙江、广西、云南、陕西等省(区、市)陆续建立了一批林业机械企业。这批企业主要包括原上海人造板机器厂、苏州林业机械厂、常州林业机械厂、镇江林业机械厂、泰州林业机械厂、天津林业工具厂、哈尔滨林业机械厂、齐齐哈尔林业机械厂、牡丹江木工机械厂、牡丹江林业机械厂、信阳木工机械厂、鄢陵林业机械厂、桂林林业机械厂、云南林业机械厂、昆明人造板机器厂、西北林业机械厂、西北人造板机器厂等。这些企业对中国林业技术装备业的发展作出了贡献,其中部分企业经过改制、调整迅速壮大了规模,至今仍是中国林业技术装备业的骨干企业,如:江苏林海动力机械集团公司、常林股份有限公司、苏福马股份有限公司、上海人造板机器厂有限公司等。

改革开放以来,特别是20世纪90年代以来,一大批民营企业迅速崛起,其中比较有代表性的企业有顺德的富豪、同安、威德力、马氏,东莞的南兴,青岛的千川、华顺昌,威海的百圣源、工友,上海的跃通,江苏的江佳、华翔,四川的青城,沈阳的利得,哈尔滨的凌志等,这些民营企业的崛起推动了中国林业技术装备业的发展。

中国林业技术装备业企业已多达1200多家,其中具有一定规模的企业有200余家。这些企业采用先进的制造技术、良好的生产工艺,为中国木材生产、木材加工提供各类机械设备,其中木工机床品种13类、400多个产品,人造板机械成套和单机设备48类、近900个产品,初步形成了比较完整的工业体系,年工业总产值200多亿元。

林业机械制造业企业绝大部分集中在长三角、珠三角以及京津冀等经济发展较快的地区。其产品也主要集中在木材加工利用方面,除人造板加工机械设备水平相对较高外,林产工业等其他方面的机械设备水平还很低,木材综合利用率不足60%,林业现代装备高技术及其产品在许多领域还是空白。

在中国现有的林业机械产品中,部分中高档和中高档以下的林业机械产品,在几何精度、外观、功能、安全、噪声指标等方面,与发达国家同类产品相比差距不大,但价格要比国外同类机械设备低得很多。

【林业机械分类】

种苗技术装备　种苗技术装备主要包括:种子采集、处理和苗木培育所使用的机械设备。

①种子采集、处理机械设备。针对植物成熟后种子脱落状况、种子大小等不同因素,在具体生产作业中,分别采取不同的种子采集、处理机械设备。在种子成熟后立即脱落的小粒种子,易被风吹散,落地后收集比较困难,所以一般进行脱落之前采种。使用的机械设备主要是各种树木振动机和摇树机,其作业原理就是将一个可产生振动或摇动的装置夹持在被采种树木的树干上,产生振动并将振动传遍树干,种子随树干的振动或摇动而脱落。对于在种子成熟后脱落期较长、或种子生长在球果内而球果又不易脱落的种子,一般采用升降设备将采种者举升到种子生长处进行采种作业。升降设备有各种可折叠式的液压升降臂和升降梯,移动是靠其自行或挂接在卡车或拖拉机上。这种作业主要适用于地形较平坦,大型车辆出入较方便的种子园。对于种子收集,主要采取两种作业方式,分别使用不同的机械设备。一种方式是在使用振动设备前,将一个具有较大

面积、织造或塑料的薄膜围绕在被采种树木的周围，将振动脱落的种子收集起来；另一种方式是使用气吸式球果收集机、真空种子拣拾机等，将落在地面上的种子吸入到一个容器内。种子处理的机械设备，一般是根据不同的种子、采取不同的处理方式、选择不同的机械设备。对于球果类种子的处理主要是脱粒，即将种子从球果中脱离出来。一般先使用干燥设备进行干燥，然后再脱粒。比较常见的设备有滚筒式球果烘干机和连续式球果烘干机。对于翅果类种子，还要使用各种去翅机进行去翅处理，以便于机器播种。种子清选使用的机械设备，主要是种子清选机。依靠种子重量原理进行清选的，主要有比重清选机、气力清选机、风筛综合清选机、窝眼滚筒式清选机、多工序种子清选机等。依靠种子所带生物电原理进行清选的，主要有静电种子清选机、介电种子清选机等。培育优良的种子，是发展现代林业的一项基础性工作，必须建设好种子园，提高种子生产作业技术装备的水平。中国在种子园建设方面起步较晚，目前大部分造林育苗的种子来自于天然林和人工林，很多又是从民间收购。在育苗中存在种源质量差、出苗率低的突出问题。现有的种子园技术装备水平也很低，主要使用一些登高梯、攀登架、高枝剪等简单的采集工具。在种子处理方面，也是以自然干燥为主，有些地方也使用与木材干燥相类似的烘干设备进行种子干燥处理。在种子清选方面，一般采用重力清选法和水选法。

②育苗机械设备。育苗主要分为苗圃育苗、温室育苗两大类。

苗圃育苗的作业工序，主要有整地、作床(垅)、播种(扦插)、幼苗抚育、成苗出圃等。温室育苗也称工厂化育苗，具有受季节、气候变化影响小，育苗效率高的特点。由于苗木种类多，种子体积差别大，育苗期长短不一等因素，用于育苗的机械设备主要有筑床机、播种机、切根机、起苗机、移栽机、喷灌机、覆土机、苗木覆沙机、除草松土机、平地筑埂机、人工降雨机、自动升降式降雨机、振动式切根起苗两用机、苗木分选和包装装置，林业育苗田间管理作业机、工厂化容器育苗生产线、温室大棚育苗系统等。

造林技术装备　造林技术装备主要包括林地清理、植树造林、抚育管理等生产作业的机械设备。

①林地清理机械设备。用于伐根清除的机械设备，主要有拔根机、伐根铣削机、伐根破碎机等。拔根机作业方式有两种，一种是挂接在拖拉机后部的钳式拔根机，另一种安装在拖拉机前部的推齿式拔根机。伐根铣削机是安装在拖拉机后部或前部的一个铣刀盘将伐根铣削成木片。伐根破碎机是用一把或数把刀片或刀齿从伐根的顶部将伐根破碎。用于除灌的机械设备种类比较多。一般常用的小型除灌机械设备有背负式、侧挂式和手扶式割灌机等，通过小型发动机将动力传递到割灌机头上的锯片或刀片，由一人操作，旋转的锯片或刀片将灌木切断。也有使用大型的滚刀式除灌机，即在一个鼓形的滚筒上安装有“人”字形或螺旋排列刀片，挂接在拖拉机的后部或前部。作业时，拖拉机牵引或推动滚刀在地面上滚动将灌木切碎，也可将较小的伐根切碎。还有一种铲刀式除灌机，即在拖拉机的前部挂接一个V形推板，中间有刀齿，作业时将灌木向两边分开，V形推板的肩部有带有锯齿的刀片，用来切断灌木。

②整地机械设备。整地的目的是为了改善造林地的卫生状况，为造林后幼苗的生长创造必要的条件。针对林区特殊的立地条件，用于整地的机械设备，主要有弹齿整地机、反坡梯田机、山地穴状整地机等。

③造林机械设备。造林的方法主要有播种造林、植苗造林两种。植苗造林又有裸根苗造林和容器苗造林等。用于造林的机械设备，包括了从自动化程度较低的挖坑机到自动化程度较高的选择式植树机等多种的机械设备。用于挖坑的机械设备，除螺旋式钻头的钻孔挖坑机以外，还有一种仅用于挖坑的植树挖坑盘。这种植树挖坑盘是由数个挖坑铲安装在一个大圆盘上，大圆盘由其他动力设备牵引或悬挂，并可自由转动。栽植机械设备，主要有连续开沟式植树机、选择式植树机等。连续开沟式植树机是应用最广泛的植树机，投苗的方式有人工投苗、半自动投苗和全自动机械投苗等，机器由拖拉机牵引或悬挂在拖拉机上。人工投苗的作业过程是先开一条用于栽植裸根苗

的深沟，待乘坐于植树机上的人将裸根苗或容器苗植于沟内后覆土，再由两个镇压轮镇压。半自动投苗的作业是由两个人分别将幼苗(裸根苗)交替地放置于一个滚动夹苗盘的苗夹上。夹苗盘为投苗装置，当其运动到地面时夹苗器打开将苗投入到犁沟内，随后覆土装置、镇压轮进行覆土和镇压。

全自动植树机有一套自动的投苗装置，多由夹苗带和分带投苗器组成。在造林作业前，需要用专用设备将被栽植的幼苗(一般为裸根苗)夹在夹苗带上并缠绕起来。植树机作业时，将带有幼苗的夹苗带安装在机器上，夹带的一端在经过分带投苗器后缠绕在另两个夹苗带回收卷筒上。随着机器的前进，夹有幼苗的夹苗带不断被分开并将幼苗投入开沟器开出的犁沟中，经覆土、镇压栽植到造林地上。

选择式植树机不同于连续开沟式植树机，其只对植树点周围进行整地作业，节省能量并能自动将幼苗栽植到植苗点。大多数选择式植树机的植树装置都有一个空心管用于植树点的整地和栽植幼苗。有些选择式植树机的整地是用犁刀开一条短沟，然后将幼苗栽入犁沟中。选择式植树机的技术关键是植苗工作头，在某一地点植苗时，要完成挖穴整地、植苗、镇压等几道工序。对于如采伐后的林地、多树桩、多石块和灌木丛地等立地条件比较复杂的造林作业多使用选择式植树机。

中国是荒漠化比较严重的国家之一，针对困难立地条件下的干旱沙地深栽造林，目前使用的机械设备，一种是以一台发电机带动6~10台以电动机为动力的人力手抬式钻孔挖坑机组，这种机械设备受地形的限制较小，钻孔造林作业效率可达每小时植苗720~1200棵，但每台钻孔挖坑机需要3人完成植苗作业。另一种是开深沟设备，开沟的深度为80厘米，用于插干造林。

④抚育机械设备。抚育主要包括：幼苗期的中耕除草、整枝、间伐、病虫害防治、森林防火等各项作业。用于中耕除草的机械设备，主要是各种中耕除草机和喷洒化学药剂的喷洒机械。中耕除草机主要是靠小型手扶或大型拖拉机牵引、悬挂的旋转耕作机来完成作业。近年来，随着使用化学除草剂消除杂草的方式越来越普遍，一些喷洒机械也被用来喷洒化学除草剂。用于整枝的机械设备，主要有高枝剪、高枝锯和自动立木整枝机等。高枝剪和高枝锯有手工工具和以小型动力驱动的两种。自动立木整枝机是一种机械化程度较高的设备，作业时将机器夹持在树干上，并沿树干螺旋式上升，遇到需要修剪的枝丫时，锯切装置将枝丫切断，修剪到一定高度后，通过遥控装置返回到地面。用于抚育间伐的机械设备，主要是油锯、小型多功能集材拖拉机等。

森林保护技术装备 森林保护技术装备，主要包括用于防治、灭杀森林病虫害，以及预防、预报、扑救森林火灾的机械设备等。

①森林病虫害防治机械设备。杀虫灯是根据害虫对光刺激的反应，利用灯光来诱杀害虫，达到防治森林病虫害目的的工具。作为一种物理治虫方法，不会污染环境，不增强害虫抗性，又可减少农药使用量，不污染环境，适合于果园、古树、名木的病虫害防治。杀虫灯的主要元件是频振灯管和高压电网，频振灯管能产生特定频率的光波，引诱害虫靠近；高压电网缠绕在灯管周围，能将飞来的害虫杀死或击昏，以达到防治害虫的目的。近距离用光，远距离用波，一盏频振式杀虫灯就能有效控制2公顷地内的害虫，由于大多数的害虫都对光波有较强的趋向性，因而频振杀虫灯杀灭的害虫种类非常多。

背负式机动喷雾喷粉机是由汽油发动机带动离心式风机形成离心力，产生高压气流，把药液(粉)喷向目标，可作弥雾、超低容量喷雾，有的还能喷粉。功效高、喷幅宽，比常量喷洒省药、省水、省劳力，对树木作侧向喷洒时，其气流向前推进并不断地翻动叶片，使叶正面、背面皆能较好地受药，适用于大面积快速杀灭森林病虫害。

烟雾机是采用一种以脉冲式喷气发动机为动力施放烟雾的药械。它通过烟雾发生器，使油溶液农药受热气化为呈烟雾状的气溶胶，发挥毒杀作用。其特点是烟雾粒径小，烟雾能长久地悬浮在空中，可随气流扩散、弥漫，到达一般雾滴和粉剂不能到达的空隙处，通过触杀和熏蒸作用消灭病虫害，具有较好的穿透性和附着性。

担架式喷雾机是一种直喷撞击式的高容量喷雾机，机体小，可由两人担起进行转移，也可装在小车上运行。担架式喷雾机一般由汽油机或柴油机带动一个三缸活塞泵及喷枪进行作业。这种喷雾机目前有几种型号，垂直喷雾高度一般14~15米，最高可达25米，较适用于果树、防护林、行道树、四旁绿化树等高大树木的病虫害防治。担架式喷雾机的通行能力基本不受地形和林地条件的限制。

车载喷药器械是安装在汽车上的杀虫装置，具有较高射程和喷洒覆盖面。有两种类型：一类是固定在专用车上的杀虫车；另一类为单一喷雾机，使用时可利用130汽车或四轮、三轮小型拖拉机等作为行走部分，装配较大功率的喷药泵和药箱，不用时取下。从喷雾类型看，车载杀虫装置有超低容量喷雾和常量喷雾或弥雾。北京、武汉等地生产的用于园林作业的车载喷洒设备，既可以喷雾，又可以浇灌。还有一种是将背负机大型化，射程较高，如辽宁省新民市林机厂生产的3WQ-200型高射程喷雾机。车载杀虫装置有以下优点：机动性好，作业效率高。安全性好，劳动强度小。车载超低容量喷雾适合于快速大面积杀灭飞翔害虫，尤其适合于森林病虫害发生时的紧急处理。

对病虫害发生严重、喷药困难的高大树体，也可使用打孔注药机。它是通过外力向树干内注入一定量的药剂防治病虫害，矫治缺素病，调节植物及果实生长发育的一种新的化学施药技术。这种技术可以有效避免喷雾等方式使用化学农药带来的副作用，具有施药准确、药液利用率高、对环境安全、不杀伤天敌、成本低、持效期长等优点，尤为适用缺水地区和风景林、古树。对蛀干害虫、枝梢害虫、果实害虫等较难防治的害虫比较有效。

飞机施药在中国森林病虫害防治中也得到了广泛的应用，不但能够及时、准确、高质量地完成植保作业任务，而且与地面森林病虫害防治机械相比，飞机喷洒装置有使防治对象受药均匀，工作效率高，能及时控制疫情，防治效果好的特点。可以大幅度地提高劳动生产率，降低生产成本，适合大面积作业，大大减少有害生物带来的损失。

中国常用运五型飞机喷洒装置进行森林病虫害的防治，就是将中国自行设计的75型转笼式超低容量喷雾装置安装在运五飞机上，具有功效高、效果好、费用低和不用水等优点，适合于快速有效防治大面积爆发的森林病虫害。

②森林防火机械设备。目前，中国常用的单兵灭火装备主要有：二号工具、灭火水枪、风力灭火机等。这些设备结构简单、便于携带，可有效地扑灭低强度的地表火，是地面扑火人员的主要工具。

二号工具形状类似扫把，携带方便、成本低、经济适用，常用于扑打灭火。

灭火水枪多为背负式，一次可装20千克左右的水，多用于扑灭初发的森林火灾、弱度地表火或者用于清理火场和水浇防火线。

风力灭火机多以小型二冲程汽油机为动力。有的风力灭火机还可接上水带或干粉盒以提高灭火效果。

地面森林灭火车辆大都以军用车、工程车或通用车辆为基础改装而成。这些灭火车都具有良好的越野性能和防护性能，在提高灭火人员机动性的同时也给他们提供了安全保障。为了满足不同的需要，灭火车上可以安装不同的设备。

以喷洒水系灭火剂为主的灭火车装有大容量容器和喷洒系统，容器内的灭火剂以水为主，有时会在水里添加一些化学灭火剂，以提高灭火效率。如"531"森林灭火车，就是以"531"装甲车为主体，载水量2吨，保持了原有装甲车的性能，最大喷水距离可达25~30米。

以喷洒化学灭火剂为主的灭火车的原理是通过抛射系统将化学灭火剂抛撒到火场，它融合了机动性好、精确度高、可远距离灭火等优点，是比较理想的灭火装备。

辅助灭火车包括森林灭火救援车、工程车等车辆。森林救援车可以有效地保护消防员的生命安全，还可以在大火中执行救援任务。

森林航空灭火装备(灭火专用飞机)主要包括固定翼飞机和直升机。固定翼飞机载重量大、低飞性能好，有的可以自吸加水，灭火效率高。直升机对火场、机场和水源环境的要求低，既可以搭载灭火人员，又可以利用吊桶直接灭火，还可以为地面机动泵、人力水枪等加水，是森林灭火的多面手。现阶段中国应用于航空护林灭火的飞机主要是运-五和米-18，主要以喷洒掺有化学灭火剂的水为主。

随着计算机、地理信息系统、材料科学等技术的发展，也出现了一大批灭火新技术。主要包括林火扑救新技术、林火监测及辅助决策技术，以及人员和装备的保障、安全和通信等灭火辅助设备。

森林采运技术装备　森林采运技术装备，主要包括伐木、集运、打枝、造材、采伐剩余物收集和加工、装卸、归楞等机械设备。

①采运机械设备：如油锯、轻便动力打枝机、林业采集运联合机、集材索道、索道绞盘机、索道跑车、集材拖拉机、装车绞盘机、运材汽车、原条汽车挂车、集运机、森铁运材机车、森铁车辆、森铁台车、木材水运编扎机、装排机、出河机、过坝机等。

②贮木场机械设备：如装卸桥、龙门起重机、塔式起重机、缆索起重机、造材用手持电动链锯、链式输送机、索式输送机、纵向输送机、抛木机、叉车、抓具、装车绞盘机、液压起重臂、木材装载机等。

③采伐剩余物收集和加工机械设备：如伐区剩余物收集机、枝丫收集机、打捆机、枝丫运输半挂车、小径木剥皮机、移动式削片机、筛选机、木片打包机、木片运输车等。

木材综合利用及加工技术装备　木材综合利用及加工技术装备，主要包括制材、干燥、削片、木制品及家具加工等机械设备。

①制材机械设备：如原木剥皮机、原木调头机、原木检测设备、原木跑车带锯机、卧式原木带锯机、立式原木带锯机、台式剖分带锯机、卧式剖分带锯机、细木工带锯机、小巧型带锯机、仿形带锯机、摆臂式锯机、裁边圆锯机、横截圆锯机、双轴双圆锯、双刀具锯切机、卧式框锯机、立式框锯机、削片制材机、液压气动式锯切机、自动化锯切机、激光切削机、木材指接机等。

②木材干燥机械设备：如常规蒸汽木材干燥窑、炉气体间接加热木材设备、金属壳体木材干燥室、除湿干燥机、红外及远红外辐射干燥机、超紫外线冷光干燥处理机、真空干燥机、微波干燥机、太阳能干燥机、活动干燥柜、供热调湿设备、气流循环设备、仪表控制系统、计算机控制系统等。

③木工机械设备：如木工平压刨床、板材下料锯床、四面刨床、单轴立式成型铣床、双轴立式成型铣床、木工镂铣机、雕刻机、木工车床、开槽开榫机、多排钻床、圆棒成型机、木工线锯机、砂磨抛光机(砂光机)、小型多用木工机床、木工联合作业机、家具工作夹紧成角接合机、加工橱柜门的自动压机、数控式机加工中心、实心木材压缩机、高频弯曲木液压机、实心木料胶合机、镶贴薄板胶合机、辊筒式涂漆机、帘幕式涂漆机、水洗式喷漆台、无空气喷涂设备、自动摆动式喷涂机、自动化喷涂机器人、家具涂漆精整设备、UV 真空涂漆作业线、悬吊空中双轨传送装置的涂漆作业线、地板淋漆生产线等。

④人造板机械设备：人造板及二次加工机械设备是指利用单板、刨花、纤维等制造人造板以及对人造板进行二次深加工的机械设备。主要包括胶合板生产设备、刨花板生产设备、纤维板生产设备、细木工板生产设备、秸秆板生产设备及人造板二次加工设备。

胶合板生产设备：如原木截断锯机、蒸煮设备、剥皮机、旋切机、单板剪切机、干燥机、涂胶机、拼板机、预压机、热压机、裁边机、砂光机等。

刨花板生产设备：如刨片机、削片机、刨花筛选机、刨花再碎机、刨花干燥机、连续拌胶机、气流铺装机、板坯预压初入热压机、裁边机、砂光机以及石膏刨花板生产线、水泥刨花板生产线、定向刨花板生产线等。

纤维板生产设备：如削片机、木片筛选和再碎设备、热磨机、浆料施胶处理设备、板坯成型设备、气流铺装设备、板坯干燥设备、热压机、热处理和加湿设备、裁边机、砂光机以及中密度纤维板生产线、高密度纤维板生产线等。

人造板二次加工设备：如薄木刨切机、宽带砂光机、宽砂带定厚磨砂机、数控式双端铣削砂磨机、覆塑机、镂铣机、封边修边机、剪板机、后成型包边机、覆面压机以及浸渍纸饰面生产线、短周期饰面生产线、薄木贴面生产线、门窗型板加工生产线、板式家具生产线、贴面家具生产线、实木复合地板生产线等。

生物质能源技术装备　现有林木生物质能源的转化利用方法大致可分为三类：一是燃烧技术，通过直接燃烧或者将生物质压制成成型燃料(即加工成便于运输和贮存的块型、棒型燃料，以便提高其燃烧效率)然后燃烧，其主要目的是为了获取热量；二是生物化学转化法，通过对不同原料(木材、农作物秸秆等)先酸解或水解，然后微生物发酵，制取液体燃料或气体燃料；三是热化学转化法，可获得木炭、生物油和可燃气体等高品位能源产品。

已开发完成的林木生物质致密成型设备，主要有：棒状燃料成型机和颗粒状燃料成型机两大类。棒状燃料成型机主要是利用加热使林木生物质中的木质素软化产生黏接作用的热压成型工艺，在生物质致密成型中占主要地位。已研制成功的棒状成型设备，主要有螺旋挤压式成型机和活塞冲压式成型机。

①螺旋挤压式成型机是最早研制生产的林木生物质热压成型设备。这类成型机以其运行平稳、生产连续、所产成型棒易燃(由于其空心结构以及表面的炭化层)等特性，在成型机市场中一直占据着主导地位。

②活塞冲压式成型机改变了成型部件与原料的作用方式，在大幅度提高成型部件使用寿命的同时，也显著地降低了单位产品能耗。

颗粒状成型燃料生产设备，主要是压辊式成型机，根据压模形状的不同，可分为环模成型机和平模成型机。

林木生物质燃烧设备，按规模不同，可分为小型炉、大型锅炉和热电联产锅炉；按用途与燃料品种可分为木材炉、壁炉、颗粒燃料炉、薪柴锅炉、木片锅炉、颗粒燃料锅炉、秸秆锅炉、其他燃料锅炉；按燃烧形式可分为片烧炉、捆烧炉、颗粒层燃炉等。

中国林业装备技术起步较晚，设备的开发及生产能力薄弱，发展很不平衡。例如苗圃生产机械化程度平均仅为44.6%；造林大都由人工来完成，实现机械化造林不足10%，且设备故障率高，功能单一，配套性差，利用率不高；机械产品的制造质量不高，而且价格偏高。林产品加工业虽然机械化程度较高，但其自动化程度、智能化程度等还都落后于国外林业发达国家。经济林、竹藤花卉、林业浆果，以及其他林副产品加工机械装备还处于空白状态，有待开发填补和创新提高。

中国林业技术装备业近年发展迅速，与国际先进水平的差距在急剧缩小，并且国产林业装备结构简单、性能可靠、操作维修方便、耐用性好，价格比国际同类产品便宜。但是，中国林业技术装备业企业的技术、标准和管理都比较落后，产品从设计、制造到报废、回收、再利用，缺乏统一规划，废旧或闲置设备的再利用尚未得到充分重视。由于世界先进林业装备质量好，标准化、自动化、信息化、智能化和规模化程度高，在国际林业装备产品市场竞争中国产林业装备处于劣势。同时，普遍存在对国际知识产权相关法规、条约，深入学习和掌握了解不够的状况。

【中国林业机械制造工业的技术发展方向】

种子采集、调制、存储技术装备 种子的好坏决定育苗的质量和林业的后续发展，事关重大。加快种子园建设，可以提高林业苗木品质、提高林业的贡献率。应开发研制智能化的采种、种子调制、质量识别及存储技术装备，以提高良种的品质及利用率。

现代种苗培育工艺全程机械化技术装备 以现代化的高新技术装备繁育优质苗木，提高技术含量，提高苗木质量。重点研究开发苗圃通用底盘、集约化苗木移栽设备、联合作业机械等。应加强工厂化育苗技术及相关设备的研究，尤其是温室内林业苗木及花卉生长的营养液配制、环境因子智能控制等技术装备的研究开发。

不同地形条件系列营造林机械技术装备 在林业重点工程建设中，造林任务十分艰巨(因立地条件千差万别)。目前，需要重点解决林业机械品种单一，配套性差等问题。重点研究适应新的造林工艺的现代智能化的装备，加快设备更新换代步伐及系统配套研究，研发新型专用动力机具和适用于坡地造林的专用装备。

速生原料林生产全程机械化技术装备 随着中国人造板产业、造纸工业的发展和对原料林生产建设的需要，传统的造林及采伐机具已经不适应原料林生产，目前应重点开发研制速生原料林生产专用装备，实现从扦插、抚育、割条(皆伐)、剥皮到削片生产全过程的机械化，有助于解决木材原料短缺问题。

森林灾害的预警及控制技术装备　进一步加强森林灾害防治工作，重点研发对灾害的预警及控制技术装备，有效减少和控制森林病虫害、森林火灾的危害和损失。利用“3G”技术、生物技术及现代电子技术，研究开发能够实现智能定位监测与控制、林场管理信息系统与移动作业机械间的无线通信与机群调度、过程的精确操作，及时获取过程信息，使林业机械操作能精确执行过程控制指令的现代装备技术。

林木资源精深加工利用技术装备　研究开发木材综合高效利用新技术的配套装备，实现林产品的精深加工，提升林木资源利用率。重点研发人工林木材高效加工与综合利用技术装备、速生材高得浆率制浆技术装备、制浆高效节能浓缩蒸发装置、木材改性技术设备、小径材综合利用技术装备、新型环保人造板材生产技术装备，以及非木质资源的利用技术装备、林农废弃物综合利用工程技术、木材加工中心技术装备，实现木材加工技术的整体提升。

经济林开发利用技术装备　竹藤及林副产品加工业是增加林业收入，实现林业立体开发的新产业，其技术装备应适合当前的市场需求，加快研究开发竹藤花卉、林业浆果、中药材、食用菌及其他林副产品的深加工机械装备。

研究开发竹材(木)重组、竹纤维、竹微薄片等高品质竹质材料制造技术与装备，可提高竹产业的技术进步，有效节省林木资源。

林业生物质能源技术装备　开展对能源林生物质材料高效利用技术的研究，开发林业剩余物收储运成套技术设备、能源转化技术装备、颗粒燃料制备技术装备、林业剩余物发电供热技术装备。

森林是未来生物质能源发展所需资源的主要提供者。发展林业生物能源的特点是资源丰富、价格低廉、不消耗粮油，同时具有原料质量的一致性和供应的可靠性。重点推广林业生物质的气化、液化、成型固化及气热电联产技术；开发生产生物基酒精、生物基柴油、生物基液化油，以及生物基化工产品；建立起中国特色的林业生物质能源利用体系。

木本粮油生产技术装备　解决木本粮油生产经营全过程技术装备的严重缺乏问题，规划到2015年，初步形成木本粮油生产工艺配套技术装备体系，主要生产工艺实现机械化生产，整体提升木本粮油生产机械化水平。

围绕木本粮油生产工艺，重点研发优质种苗嫁接工艺技术装备、林地机械化整地、中耕抚育设备、果实采收、脱皮机械化技术装备、病虫害防治技术装备、木本粮油精深加工技术与装备。改变木本粮油生产过程中生产效率低、劳动强度大、经济效益差的现状，加快实现木本粮油生产的机械化、现代化。

林业节水技术装备　尽快改变中国林业育苗灌溉的传统方式，实施定量给水施养、智能化灌溉和其他微滴灌节水新技术。重点研发新型节水装备、树木的径流检测、养料及水分利用检测等关键技术。减少水资源浪费，推动林业节水技术的创新发展。（国家林业局哈尔滨林业机械研究所　杜鹏东　贯莉华　刘明刚）

【“十一五”林业机械制造工业发展成就】　按照国家统计局2010年《统计用产品分类目录》，林业机械应包括原来分类中的园林机械、营林机械和木竹采伐机械。主要有园艺草坪专用机械(包括无土栽培机械和设施、草坪及运动场滚压机、草坪机动割草机、起草皮机、其他园艺、草坪专用机械)、营林机械有林地清理机械(包括林地清理机械、割灌机、除灌机、挖坑机、其他林地清理机械)、造林机械(植树机、植树器、容器苗栽植机、飞机播种装置、树木挖坑机、树木移植机、树木削枝机、其他造林机械)、采种及种子加工机械(林木种子加工机械、采种机、树木种子处理及脱粒机)、风力灭火机具(风力灭火机、风力灭火器)、竹木采集机械(伐木机、伐木集材机、树桩挖除机、竹木材出河机、摇树机、其他竹木采集机械)、木材运输机械(运材挂车、其他木材运输机械)、木生产专用工具(原木装车机、抓具、木材出河机、木材装载机、编轧机、装排机)等。

林业机械生产企业　按国家统计局要求，每年只统计规模企业情况(销售额500万元以上的企业)，2006年生产林业机械的规模企业有15家，2007年12家，2008年10家，2009年11家，2010年1～4月12家。

2006年规模企业中，国有及国有控股企业6家，民营企业8家，三资企业1家；2007年国有及国有控股企业3家，民营企业7家，三资企业2家；2008年国有及国有控股企业2家，民营企业7家，三资企业1家；2009年国有及国有控股企业3家，民营企业7家，三资企业1家；2010年1～4月国有及国有控股企业2家，民营企业10家。规模企业资产见表1、2。

主要经济指标完成 工业生产与销售指标，见表3、4。

规模企业区域分布、性质与经营 根据2009年国家统计局统计(主要是营林及竹木采伐机械)，当年林业机械制造业规模企业主要分布在内蒙古(1家)、上海市(1家)、江苏省(2家)、山东省(3家)、广东省(2家)、广西壮族自治区(2家)、陕西省(1家)。这些规模企业中，国有企业2家，民营企业10家，其中国有企业亏损1家，民营企业亏损3家。国有企业共完成工业总产值2200万元，工业销售产值2300万元，主营业务收入2300万元，利润总额亏损100万元。民营企业共完成工业总产值37800万元，其中新产品产值200万元，工业销售产值38200万元，其中出口交货值200万元，主营业务收入38400万元，利润总额3100万元，利税总额4500万元。国有企业从业人员557人，民营企业从业人员845人。见表5、6、7。

表1 规模企业资产、资本变化情况

单位：亿元

项目	2006年	2007年	2008年	2009年
规模企业数	15	12	10	12
资产总计	5.26	8.03	7.79	5.34
流动资产合计	3.16	5.29	4.77	2.97
固定资产合计	1.19	1.13	2.23	1.56
固定资产净值平均余额	1.13	1.88	2.11	1.01
所有者权益	1.19	3.05	3.20	2.17
实收资本合计	1.55	3.05	2.17	1.63
其中：国家资本	0.56	2.56	0.42	0.47
集体资本	0.01	0.44		
法人资本	0.64	0.76	0.40	0.12
个人资本	0.23	0.30	0.40	1.03
港澳台商资本			0.95	
外商资本	0.11	1.05		

表2 劳动工资、福利待遇变化情况

单位：亿元

项目	2006年	2007年	2008年	2009年
规模企业数	15	12	10	12
全部从业人员平均数(万人)	0.23	0.22	0.17	0.14
工资总额	0.30	0.44	0.43	0.25
本年应付福利费总额	0.03	0.03	0.04	0.01

表3 规模企业生产指标完成情况

单位：亿元

项目	2006年	2007年	2008年	2009年
规模企业数	15	12	10	12
其中亏损企业数	2	2	3	4
工业总产值	4.68	9.49	11.81	4.00
同比增加(%)	16	103	24	-66
其中新产品产值	1.02	1.01	0	0.02
工业销售额	4.32	8.79	11.28	4.05
同比增加(%)	13.68	103	28.33	64.10
出口额	1.12	3.43	5.33	0.02
同比增加(%)	55.55	206.25	55.39	-99.62

表4 规模生产企业收入及效益情况

单位：亿元

项目	2006年	2007年	2008年	2009年
主营业务收入	4.15	8.77	10.93	4.07
其他业务收入	0.15	0.25	0.10	0.07
营业利润	0.21	0.72	0.75	0.30
利润总额	0.01	0.92	0.84	0.30
亏损总额	0.23	0.13	0.01	0.04
利税总额	0.12	1.22	0.97	0.45
本年应交所得税	0.03	0.08	0.10	0.06
本年应交增值税	0.09	0.13	0.10	0.11
企业亏损面	13.33	16.67	30.00	33.33
主营业务利润率	0.33	8.23	7.69	7.39
工业成本费用利润率	0.35	9.00	8.26	7.92

林业机械分类进出口 在《中华人民共和国进出口税则》中，有税号的林业机械很少，目前只有园艺机械中，草坪割草机、运动场滚压机及其配件有税号，另外，手持工具中，斧子、钩刀及类似

表5 "十一五"期间营林及竹木采伐机械规模企业分布情况

省(区、市)	2006 年	2007 年	2008 年	2009 年
内蒙古		1	1	1
黑龙江		1		
上　海		1	1	1
江　苏		2	2	2
福　建		1		
山　东		2	2	3
广　东		1	1	2
广　西		2	2	2
陕　西		1	1	1
合　计		**12**	**10**	**12**

的砍伐工具、修枝剪及类似的单手操作剪刀(包括家畜剪)、树篱剪、双手修枝剪及类似双手操作剪刀等有税号。具体见表8。

表6 "十一五"期间营林及竹木采伐机械各种性质规模企业变化情况

企业性质	2006 年	2007 年	2008 年	2009 年
国有及国有控股企业	6	3	2	2
民营企业	8	7	7	10
三资企业	1	2	1	

表7 "十一五"期间营林及竹木采伐机械制造行业分企业性质经济指标完成情况

单位：个、百万元

经济指标	2006 年			2007 年			2008 年			2009 年		
	国有企业	民营企业	三资企业	国有企业	民营企业	三资企业	国有企业	民营企业	三资企业	国有企业	民营企业	三资企业
企业数量							2	7	1	2	10	
工业总产值	143	167	159	170	267	512	200	257	723	22	378	
工业销售产值	112	163	153	139	255	485	163	241	723	23	382	
出口交货值	12	17	83	11	26	305	14	3	517		2	
资产合计	325	123	78	240	134	429	224	132	423	79	455	
流动资产平均余额	180	93	46	152	102	223	125	57	248	15	142	
固定资产平均余额	63	29	21	34	29	124	25	85	101	15	86	
主营业务收入	103	163	148	139	251	487	127	243	723	23	384	
利润总额	-23	10	14	19	17	36	2	9	73	-1	31	
本年应交增值税	4	5		2	7		1	7	2			
全年从业平均人数	1342	863	126	981	813	373	895	510	311	557	845	

表8 2005～2009年林业机械进出口数量及金额　　单位：万美元、把、台

产品	名称	斧子、钩刀及类似砍伐工具	修枝剪及类似的单手操作工具(包括家禽剪)	树篱剪、双手修枝剪及类似双手操作剪刀	草坪及运动场地滚压机	机动的切割装置在同一水平面上旋转的草坪、公园或运动场地割草机	其他公园或运动场地用的割草机
海关	税号	82014000	82015000	82016000	84328010	84331100	84331900
2005 年	出口数量	47314522	8973444	8973444	150204	5738766	5437558
	出口金额	6190.76	2514.18	2514.18	1179.34	22357.22	13946.2
	进口数量	169998	54824	54824	25520	30410	6004
	进口金额	38.46	94.72	94.72	1066.74	2200.12	322.46
2006 年	出口数量	25420794	5264490	11943405	1026	2205398	3019146
	出口金额	3468.19	1675.66	2487.58	9.06	12361.94	9086.07
	进口数量	93224	60408	95994	63	17247	13218
	进口金额	20.46	51.15	35.71	92.9	1184.36	303.1

(续)

产品	名称	斧子、钩刀及类似砍伐工具	修枝剪及类似的单手操作工具(包括家禽剪)	树篱剪、双手修枝剪及类似双手操作剪刀	草坪及运动场地滚压机	机动的切割装置在同一水平面上旋转的草坪、公园或运动场地割草机	其他公园或运动场地用的割草机
2007 年	出口数量	28603163	7464858	15477034	3401	4123794	3844820
	出口金额	4173.96	2730.62	3901.88	24.25	22791.8	13503.88
	进口数量	37463	104825	206867	59	30134	2359
	进口金额	13.7	74.1	39.96	93.99	1643.16	184.39
2008 年	出口数量	26481631	7698336	16745232	9252	8619810	8604453
	出口金额	5004	2933.11	4388.2	26.5	46707.8	30072.7
	进口数量	62661	102410	102791	75	19643	1364
	进口金额	22.58	110.24	34.95	102.9	11041	612.9
2009 年	出口数量	26130272	7698336	16089738	6550	8619502	8597901
	出口金额	4951.05	2933.11	4310.86	25.82	46707.42	30037.75
	进口数量	62611	102410	102791	74	19643	1363
	进口金额	22.58	110.24	34.95	75.59	1104.09	612.84

(中国农业机械工业协会　李金生)

【国际林业技术装备业发展现状】 国际林业发达国家目前在林业生产主要环节已全面实现了机械化。营造林机械正处于由单工序机械化向以多工序联合机械化发展，并已从利用农业机械为主转变为利用与开发营林专用机械并重的时期。人工林生产机械化发展已呈集约化生产经营模式；木材生产及木材加工设备已广泛应用现代卫星定位、数据传输、电子技术、控制技术、新材料应用、纳米技术等。森林资源高效利用技术装备发展较快，应用广泛，如高效粉碎设备、生物质燃料加工运输设备、生物质发电成套技术和设备。林业灾害防御技术已实现了遥感、卫星监测、计算机智能控制等现代高新技术，但营林机械化水平相对来说，仍属发展的薄弱环节。

种苗技术装备　在种苗技术装备中首先是采种设备，国外母树林和种子园采种已有多种机械应用，包括液压升降台式采种车，振动式采种机等。天然林采种仍是用各种爬树工具和采摘工具。种子的加工调制已全部实现机械化，部分实现了自动化，如种子烘干、脱粒、精选、分级等。有些国家从种子入库到处理、消毒和包装已实行工厂化管理，自控低温存贮可保证种子10年不变质。

苗圃作业已实现全盘机械化，包括苗圃整地翻转犁、筑床机、移栽机、GPS定位精量播种机、大苗专用除草机、施肥机、联合起苗机、苗木分级计数打捆机等。环境因子自动控制技术已广泛应用在工厂化育苗中。容器育苗应用广泛，其中容器育苗自动装播生产线、自动控制喷灌系统等技术先进，科技含量较高。

清林整地机械　国外林业发达国家根据本国林地条件，采用不同的整地方法和机械，例如美国东南沿海平原的高垅整地机，北欧的深层整地缺口圆盘耙、浅层整地锥形滚齿耙、鹤嘴锄式松土整地机，苏格兰山地带状加穴整地机，还有各种挖根机等。近年来，生物质能源高效利用的清林整地方法和机械有了很大发展，如美国、瑞典、芬兰等国针对枝丫清理和利用，开发了许多先进设备，主要有采伐迹地枝丫收集、高效运输、现场粉碎利用、灌木及伐根清理粉碎设备等，为林木资源高效利用提供了先进装备。

植树造林机械　植树造林当前多数仍是采用植苗造林，在一些国家植苗造林约占造林面积的50%~85%不等。在植苗造林中，常用机械主要还是连续开沟植树机和选择式植树机、容器苗栽植机，链轨式插条机，挖坑机、便携式挖坑机等。除平缓林地外，目前开发有坡地可调平衡作业动力底盘，但由于技术尚未成熟，并没有得到广泛的应用。由于林地条件差别较大，对复杂林地条件还是有部分需要以人工和辅助机械完成造林生产作业。近年来，造林生产作业机械发展缓慢，主要受制于林地条件和作业成本限制。

幼林抚育机械 国外在幼林抚育机械方面相对发展缓慢，目前在幼林郁闭前主要还是采用除草松土机进行中耕抚育作业，机载式和便携式割灌机械应用也较多。主要机械包括行间除草松土机和株行间除草松土机，多数采用悬挂式旋耕或圆盘方式。化学除草，主要采用各种喷雾机，并采取综合措施合理使用除草剂，以求不影响工人健康，不超过环境保护可要求的标准及不影响土壤肥力。近年来也有一些机械与化学手段兼用抚育设备的研究，如带有盐水或化学除草剂施用装置的剪式或盘式割灌机。

林地施肥机械方面，国外对不同立地条件、不同树种在施肥时间、用量、配比、次数、方法等方面均有一定研究和实践，配套研发的机械主要是开沟式施肥车，应用于平缓林地。

在幼林抚育采伐机械方面，近年来研发的联合抚育伐木机技术性能先进，作业效率高，可一次性完成伐木、打枝、造材、归堆等作业工序。林地条件复杂时，还以油锯人工采伐为主要方式。

20世纪90年代，瑞典、芬兰研制的小型集材绞盘机，为抚育间伐提供了必要的装备，因为它具有投资小、车体窄、便于林内穿行、对保留木和地表损害不大等优点，使抚育间伐机械化有了长足的进步。

日本开发的立木修枝机，以油锯为动力，可实现人工遥控，对立木修枝作业，打枝机自动沿立木向上旋转爬行打枝，应用效果良好。

病虫害防治机械 森林病虫害防治，目前仍以化学防治手段控制毁灭性森林病虫害。森林病虫害化学防治应用的机械包括有喷雾机、喷粉机、弥雾机、烟雾机等，主要在喷雾性能如雾化和射程等关键技术指标的实现技术方面，开展了深入研究并取得了一定进展。近20年生物防治发展较快，目前虽是辅助手段，但却是发展方向。病虫害防治化学药剂向高效、低毒、内吸农药和微生物农药发展。病害的生物防治，因受各种环境因子影响较大，目前研究较少。对大面积病虫害以飞机施药技术为主。

森林防火装备 航空技术已被广泛应用于应对森林火灾，航空巡逻护林已有取代地面瞭望台护林之势，巡逻飞机除小型固定翼飞机、直升机外，已发展了专用林火监视飞机以及小型软式飞艇；在航空灭火方面，一些国家已用直升机取代小型固定翼飞机，直升机外悬挂水箱灭火得到广泛应用；有的国家在发展大型专用灭火飞机，例如加拿大的改进型专用机，其航速和有效载量均有提高，喷洒系统由计算机控制，还增设有泡沫液配置设备；近年来，用于航空扑灭森林火灾的泡沫灭火剂受到重视，它比纯水灭火可提高效率，且对林木、人类和野生动物无害，对土壤、水源无污染。

现代技术应用于防火装备，先进国家已由局部现代化进入综合现代化阶段，建立起卫星遥感、飞机监测、大型计算机处理信息及航空灭火相结合的综合系统，大大提高了森林火灾的预测、预报及灭火能力。发达国家利用卫星遥感技术监测林火已有20年历史，林火预测系统包括了地面卫星信号接收器、太阳能遥控自动气象站、雷电自动传感探测器及电子计算机等现代技术部分，不仅可确定大范围内林火发生的位置、计算燃烧面积和火灾蔓延速度以掌握发展动向，还能高效率地预测预报和预防雷击火的发生。

生物质能源技术装备 生物质能源技术装备，主要包括灌木和林地采伐剩余物利用的设备。在灌木利用方面，国外对割灌机的开发研究较早，美国、德国、日本等发达国家在该领域处于领先地位。割灌机可以用于幼林的抚育伐、灌木的采伐和割草等。国外的灌木收割机械是专门用于收割灌木能源林的，具有很高的生产率，而且可以直接粉碎、削片或打捆等联合收割。除灌机械的刀具使用较好的材料，坚固耐用，不需要经常更换。林地剩余物利用，主要采用专用收集设备和大功率粉碎和专用运输设备。

（国家林业局哈尔滨林业机械研究所
杜鹏东　贾莉华　刘明刚）

中国林业产业上市公司

按照国家统计局的《国民经济行业分类》，林业产业相关上市公司包括木材加工及木、竹、藤、棕、草制品业、家具制造业、造纸和纸制品业等行业的上市公司，它们的共同点是都是以林木资源为主要原材料进行生产经营。截至2009年底，我国深沪股票市场中有从事林业的上市公司4家，家具制造业上市公司3家和木材加工业上市公司5家，造纸和纸制品业上市公司24家，计36家。

2009年随着我国宏观经济逐渐走出低谷开始复苏，上市公司的经营业绩也有好转，沪综指最大累计涨幅超过80%，大盘月K线收出罕见的7连阳。其中，林业相关行业上市公司也有不错的表现，受到诸多利好政策的影响，与低碳经济密切相关的林业上市公司股价连续走强，具有林业资产的上市公司投资机会凸显(图1)。2009年我国纸和纸板产量达到9389万吨，也较2008年增长12%，造纸行业总体增长态势已经确立。代表中国造纸工业景气度的中国纸业指数(Chinese Paper Industry Index，数据样本包括内地香港两地27家纸业上市公司)也随着国内造纸业的回暖而一路上扬，由2009年1月5日的100点上涨至12月31日的253.91点(图2)。

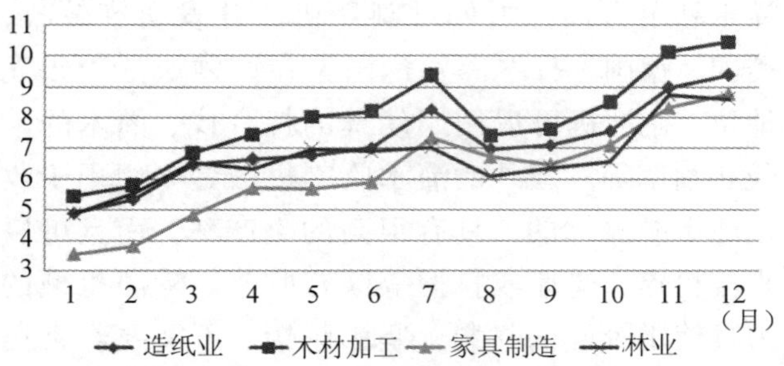

图1　林业相关行业上市公司2009年月度收盘价(总股本加权平均)

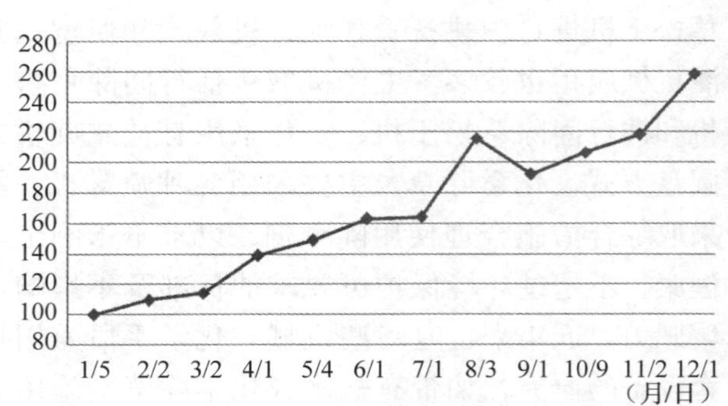

图2　2009年中国纸业指数CPII走势

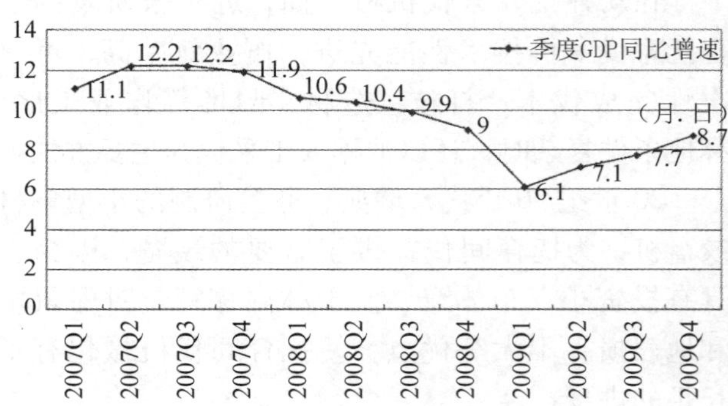

图3　中国2007～2009年季度GDP同比增速

林产工业上市公司宏观经营环境分析

①宏观经济总体发展趋势向好。2009年，中国经济遭遇到了亚洲金融危机以来最严峻的考验，从2008年4季度开始经济迅速下滑，2009年1季度进入谷底，通过政府的一系列刺激经济发展政策和4万亿元投资刺激，4季度中国经济增长恢复到10%以上，整个经济有向好的趋势，但还未恢复到2007年的增长速度(图3)。

固定资产投资保持较高增长速度。2009年全年全社会固定资产投资224846亿元，比2008年增长30.1%，增速比2008年加快4.6个百分点。货币供应量增幅较大，贷款增加较多，2009年12月末，广义货币(M2)余额60.6万亿元，比2008年末增长27.7%，增幅同比加快9.9个百分点；市场销售较快增长，全年社会消费品零售总额125343亿元，比2008年增长15.5%，扣除价格因素，实际增长16.9%，实际增速比2008年同期加快2.1个百分点。

②中央政府出台了一系列政策措施促进林业产业的发展。2008年4季度以来，为有效应对全球金融危机对我国经济的冲击，中央政府采取了

一系列扩大内需促进经济平稳较快增长的重大举措。在林业领域也出台了很多刺激政策。首先是扩大林业投资规模，在中央扩大内需新增投资中，中央政府先后分三批安排林业投资，投资总额达到148.2亿元，主要用于天然林资源保护、重点防护林建设和国有林区棚户区改造、退耕还林等林业重点工程和林业基础设施建设。其次，先后两次提高63种林产品出口退税率，促进林产品出口。

2009年10月，国家林业局、国家发改委等五部委联合下发《林业产业振兴规划(2010～2012)》，明确了本次林业产业调整振兴的方向和重点为受金融危机冲击最严重的人造板等木材工业及其相关产业，确定了拉动国内消费需求、稳定开拓国际市场、全面提升行业形象和产品质量、促进林业产业升级、有效利用境内外森林资源、增加国内林产品后备资源储备、大力发展生态旅游等第三产业等7项主要任务，明确了4大类扶持政策。

③进出口贸易有回暖迹象。2009年，全球经济增长放缓导致其他发达国家消费停滞，对中国出口商品需求下降。2009年我国进出口总额22072.7亿美元，比2008年下降13.9%。我国林产品进出口也面临同样困难。根据海关数据，受国际金融危机影响，2009年我国主要林产品进出口同比下降，主要林产品进出口总额为596.6亿美元，同比下降了5.6%。其中进口额为250.7亿美元，同比下降7.9%，出口额为345.9亿美元，同比下降3.7%。

虽然全年主要林产品出口与2008年同期相比下降，但是从单月来看，累计同比下降幅度逐渐缩小，各月出口金额环比上涨。总体来看，我国林产品进出口整体形势已显示出总体向好的趋势(图4～图7)。

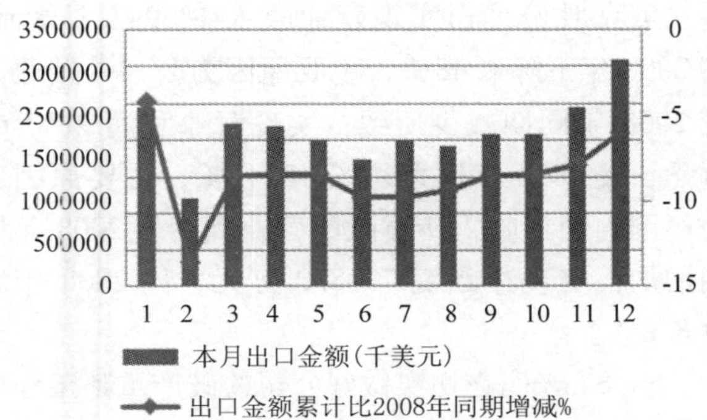

图4　2009年家具和零件出口变化情况

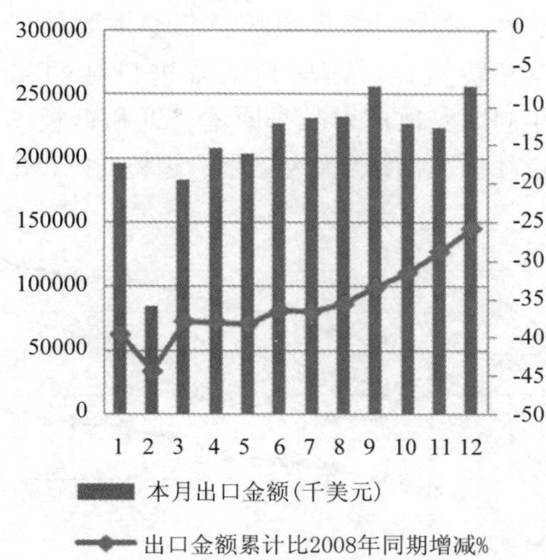

图5　2009年胶合板出口变化情况

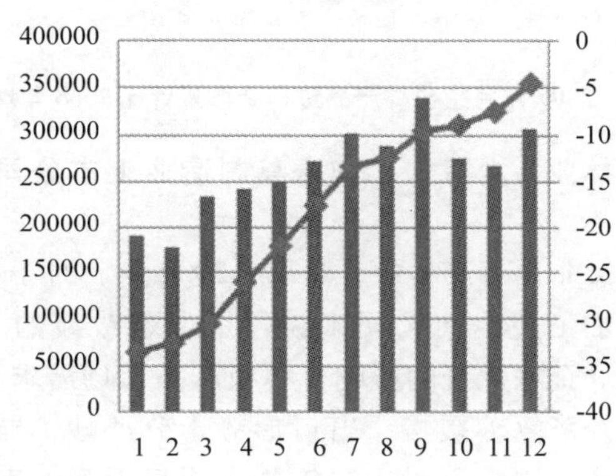

图6　2009年纸及纸板出口变化情况

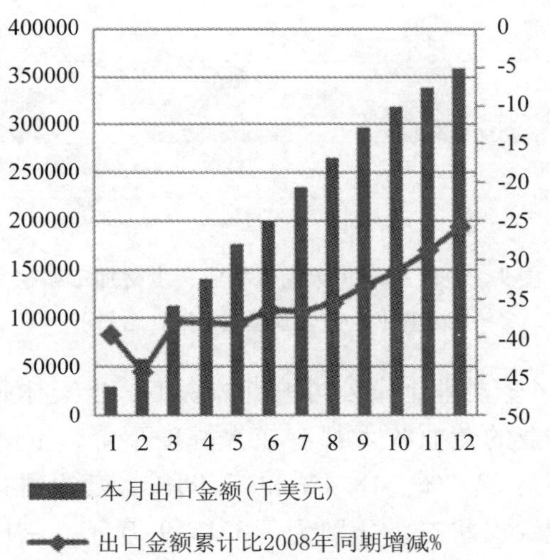

图7　2009年新闻纸出口变化情况

原木、锯材、纸浆和纸制品等主要林产品进口形势好转明显。锯材和纸浆进口金额累计比2008年同期实现正增长，原木、纸和纸板的进口累计金额下降幅度也大为缩小，趋势向好(图8)。

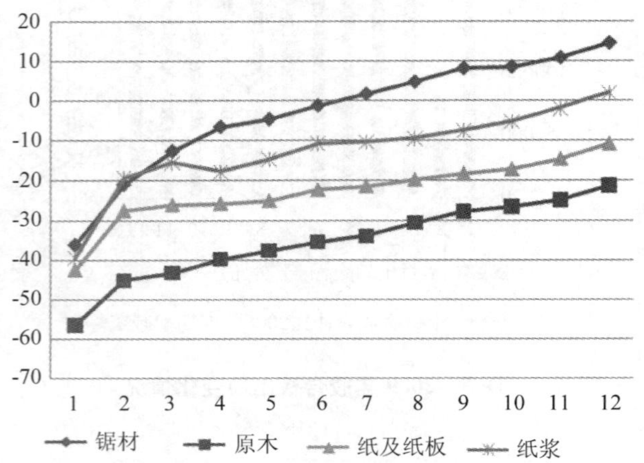

图8 2009年月主要林产品进口金额累计比2008年增减%

林业、木材加工和家具制造业上市公司年报分析

上市公司总体经营状况 2009年，对于林业、木材加工业上市公司来说，是艰难跋涉的一年。受全球金融危机的影响，林板产品市场需求减少，全球经济复苏缓慢，出口形势十分严峻，导致企业生产和销售下滑，销售收入明显下降，库存积压增加，上市公司普遍不同程度地出现主营业务收入下降、利润总额减少，甚至出现亏损(图9)。

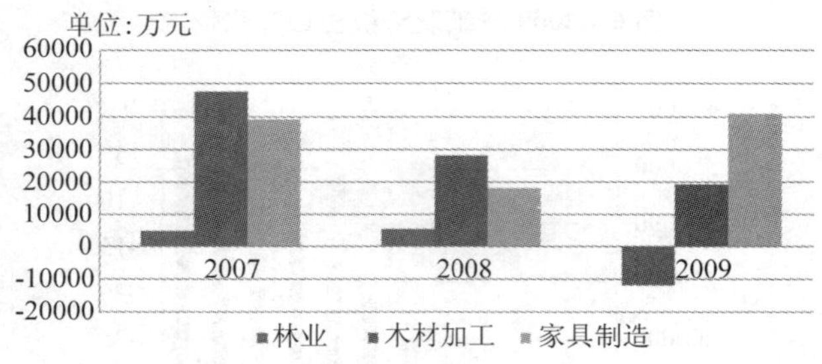

图9 2007~2009年我国林业、木材加工和家具制造业上市公司营业利润(合计)

4家林业上市公司中吉林森工、永安林业、景谷林业的营业收入都有较大幅度下降，下降幅度分别是22.7%、18.4%和22.98%，营业利润也都呈现亏损状态，分别为-3315.9万元、-1182.9万元和-11078.68万元。只有中福实业经过2008年的重大资产重组，2009年公司各项经营生产活动逐渐步入正轨，实现恢复上市，公司实现营业收入32294.70万元，比2008年度增长13.90%；但由于营业成本、各项费用以及资产减值损失增加，导致公司实现营业利润和净利润分别为3742.2万元和7401.5万元(公司营业外收入较多)，比2008年分别减少31.4%和9.9%。

5家木材加工业上市公司的主营业务是人造板、木地板的生产加工，经营情况总体比林业公司稍好，5家公司中有4家保持盈利。大亚科技、升达林业和威华股份的营业收入比2008年上涨，上涨幅度分别为12.5%、2.92%和19.38%，科冕木业和兔宝宝的营业收入比2008年下降17.29%和6.62%。从盈利情况来看，虽然有4家公司实现盈利，但净利润都比2008年同期出现明显下降。威华股份更是从盈利转为亏损，净利润为-4994.79万元。

总体来说，家具制造业公司的经营情况要好于林木种植采运和加工业。在政府扩大内需、刺激消费政策的带动下，国内家具市场继续保持稳健增长态势，家具制造业产值增长较快，2009年国内市场家具销售同比增长35.50%。2009年我国家具出口253.3亿美元，下降6%，虽然出口仍然下降，但降幅缩小。

宜华木业2009年由于增发项目完工投产，产能增加，公司实现营业收入214871.25万元，比2008年增长19.3%；由于产能增加，银行借款利率下调，公司利息支出相应减少，人民币对美元汇率相对稳定，汇兑损失大幅减少以及鼓励出口、提高退税率，母公司所得税率调低，公司主营业务利润36246.3万元，比2008年同期增加了43.8%；实现净利润29565.45万元，比2008年增长59.9%，实现出口3.0245亿美元。

美克股份公司实现营业收入186947.8万元，较2008年下降4.48%，主要原因为公司外销收入较2008年同期减少所致；实现营业利润9130.62万元，较2008年同期增长10.41%，主要原因为公司国内销售收入所贡献的营业利润较2008年同期增加；实现净利润7208.9万元，比2008年减少8.8%。

S*ST光明在切实做好公司的破产重整工作的同时，努力改善经营管理，实现主营业务收入

9915.4 万元，较 2008 年减少 9.9%；营业利润为 -4480.1 万元，比 2008 年减少亏损 10834.4 万元。

上市公司财务状况分析

①公司的长期偿债能力与 2008 年相比没有明显变化，短期偿债能力有一定改善。

资产负债率体现企业的资本结构，是反映企业长期偿债能力的主要指标。2009 年，大部分林业、木材加工和家具制造业上市公司的资产负债率都维持在 2008 年的水平上，没有发生大幅度的变化，只有景谷林业资产负债率上升了 13 个百分点。其中，S＊ST 光明资产负债率为 176.6%，大亚科技、升达股份、永安林业资产负债率超过了 60%，其他公司的负债比例大都在 40% 左右，比较合理，长期偿债能力较强。

流动比率和速动比率是反映企业短期偿债能力的主要指标。2009 年，12 家林业、木材加工业和家具制造业上市公司中的 7 家公司的流动比率和速动比率与 2008 年相比都有不同程度的提高，说明其短期偿还流动负债能力有所增强（表 1）。其中，6 家企业流动比率在 1.5 以上，7 家企业的速动比率在 0.6 以上。12 家企业的现金流情况有较大改善，2008 年 12 家企业中有 10 家企业经营活动产生的现金净流量比 2007 年减少，而 2009 年只有两家企业克冕木业和永安林业是比 2008 年下降，其他企业都有较大幅度提高。

②林业和木材加工业成本上升，公司盈利能力下降，家具制造业盈利能力提高。

林业和木材加工业盈利能力下降，净资产收益率分别从 2008 年的 4.91%、8.78% 下降到 -1.09%、4.62%，原因是原材料成本上升，营业成本在销售收入中的比例提高，导致销售毛利率有小幅下降，分别从 2008 年的 21.97%、22.47% 下降到 19.49%、22.22%。家具制造业盈利能力好转，平均净资产收益率从 2.03% 大幅度上升到 9.08%，销售毛利率从 2008 年的 29.87% 上升到 33.34%（图 10）。

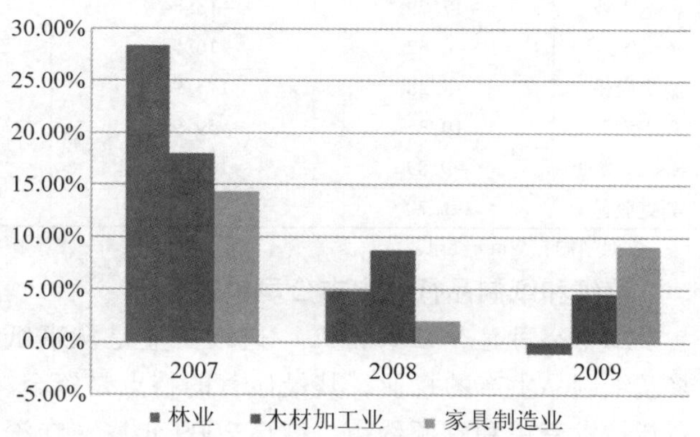

图 10　2007～2009 年我国林业、木材加工和家具制造业上市公司净资产收益率（整体法平均）

在期间费用方面，各行业上市公司财务费用率均下降，管理费用率上升，营业费用率有升有降，期间费用率总体保持平稳。由于银行贷款利率下调，导致上市公司财务费用都有较大幅度降低，林业、木材加工业和家具制造业上市公司财务费用总合分别比 2008 年减少了 4316 万元、4286 万元和 8006 万元，财务费用在营业收入中的比重也从 4.49%、4.81% 和 5.55% 下降到 3.47%、3.93% 和 3.27%。

③资产周转率反映企业资产运用的效率，资产周转率越高，说明资产周转速度越快，给企业带来的效益也就越大。2009 年度，木材加工和家具制造业存货周转率、应收账款周转率和总资产周转率都基本保持在 2008 年的水平上，变化不大，而林业上市公司资产周转速度有所下降，总资产周转率从上年的 0.55 下降到 0.43。

表 1　林业、木材加工和家具制造业上市公司 2009 年主要财务指标　单位：元

	营业收入同比增长率（%）	归属母公司股东的净利润（同比增长率）（%）	销售毛利率（%）	净资产收益率（%）	资产负债率（%）	流动比率	总资产周转率（次）
吉林森工	-22.71	-73.05	20.96	0.90	33.78	0.88	0.60
景谷林业	-22.98	-1154.59	0.06	-27.64	56.54	1.37	0.30
中福实业	13.90	12.31	25.91	16.64	42.97	2.48	0.32
永安林业	-18.37	-408.70	19.40	-1.88	64.53	2.05	0.29

(续)

	营业收入同比增长率(%)	归属母公司股东的净利润(同比增长率)(%)	销售毛利率(%)	净资产收益率(%)	资产负债率(%)	流动比率	总资产周转率(次)
大亚科技	12.50	2.57	24.20	10.24	67.87	0.73	0.78
升达林业	2.92	-35.63	28.76	2.90	66.54	1.66	0.38
科冕木业	-17.29	-13.84	23.69	18.89	45.37	1.29	0.78
兔宝宝	-6.62	-16.54	13.35	5.42	49.17	1.18	0.95
威华股份	19.38	-173.98	12.33	-2.95	47.06	1.50	0.29
宜华木业	19.35	59.93	28.10	10.74	37.22	3.74	0.51
S＊ST 光明	-9.89	105.85	24.73		176.64	0.33	0.30
美克股份	291.70	-27.78	39.82	3.30	41.15	1.82	0.69

数据来源：Wind 资讯。

造纸和纸制品行业上市公司年报分析

上市公司总体经营情况　造纸工业是从事纸浆及纸制品生产的行业，其最显著的特点是资金、高新技术密集和资源约束。截至2009年底，在深沪两市上市公司中有24家公司以造纸或纸制品为主要业务，其中营业收入超过20亿元人民币的有晨鸣纸业、华泰股份、太阳纸业、博汇纸业、岳阳纸业、山鹰纸业、银鸽投资和粤华包B等8家。

2008年由于金融危机的影响，造纸行业面临市场需求下降，开工率降低，产品库存增加、出口减少等困难，各企业采用了限产、减产和去库存化行动等措施。2009年上半年国内外需求萎缩情况持续，库存积压不见减少，而且大部分品种的纸产品价格低位徘徊，还要消化前期购入的高价原材料存货。但随着国家刺激经济政策的有效实施，经济开始复苏，造纸包装行业市场需求有所恢复，企业生产基本恢复正常。部分纸品价格在年中到谷底后下半年逐渐上涨，在内需增长、投资增加和出口逐渐恢复的拉动下，使全行业逐渐走出了低谷，收入和盈利水平有所改善，但由于下半年企业主要原材料废纸、木浆、煤炭等价格出现逐月上涨，也挤占了一部分企业的盈利空间。

2009年全年，24家纸和纸制品行业上市公司实现了各项生产经营指标预期目标或好于预期，只有4家ST公司和青山纸业、福建南纸处于亏损状态，其他企业都实现盈利。24家企业营业收入合计542.36亿元，营业利润合计达18.58亿元，净利润合计达25.47亿元，净利润比2008年增长14.9%(图11)。从2009年各季度情况看，24家纸业上市公司总体经营情况逐级好转，营业收入和净利润的总和都呈现逐季上升趋势(图12)。

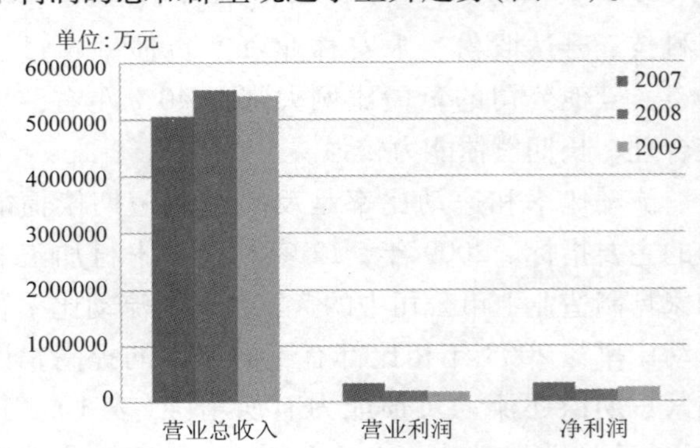

图11　2007～2009年纸业上市公司经营情况

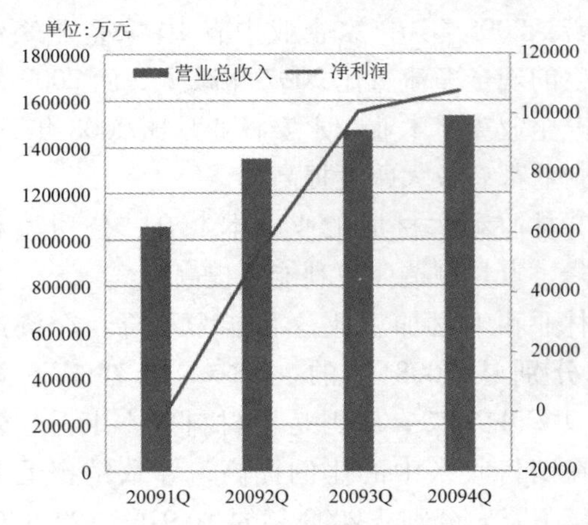

图12　2009年纸业上市公司季度经营情况

上市公司财务状况分析

①部分上市公司抓住机遇进行产品线改造和升级，调整产品结构，降低能耗，新建项目陆续投产，固定资产规模和生产能力逐渐上升(图13)。晨鸣纸业在经济危机期间，根据商品木浆价格较低的实际情况，对多条自制浆生产线进行了关停，并在关停期间，对其进行了升级改造；青山纸业完成了4号碱回收炉技术改造项目，并替代了设备

过于老化的1、2号炉，从运行效果看，产汽量、产碱量、碱自给率明显提升，牛皮箱板纸机伸性装置改造的基础上完成了打浆系统改造，改造后打浆工艺与质量稳定；粤华包收购珠海红塔仁恒，重组后公司造纸产能从原有的45万吨增加到73万吨，产品线从单一品种拓展到涂布牛卡纸、灰底白板纸、高档白卡纸、液体包原纸等多系列产品；华泰公司50万吨离子膜烧碱项目一期工程投产运行，扩大了在化工行业的生产规模，同时收购了诺斯克(河北)纸业有限公司100%的股权，进一步增加了公司新闻纸产能，提高公司新闻纸的市场占有率，提高公司的市场竞争力。

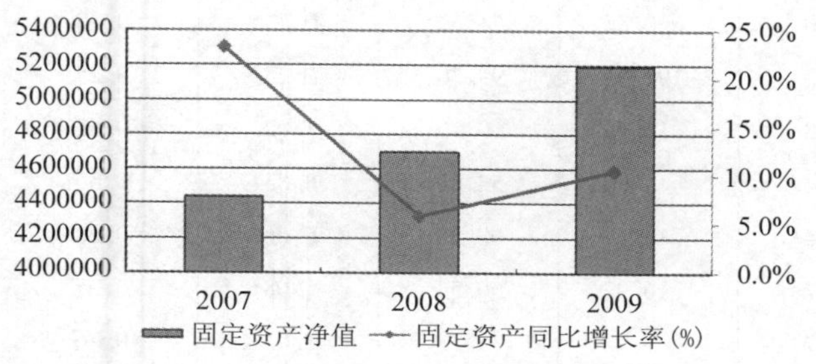

图13　24家纸业上市公司固定资产增长情况

②行业盈利能力逐渐恢复。行业盈利能力在2009年上半年继续下降，第2季度达到谷底后开始逐渐回升。从全年来看，基本保持了2008年的水平。扣除处于特殊处理状态的＊ST金城、＊ST天宏、＊ST石砚和ST宜纸后，其余20家公司2009年营业毛利率和净资产收益率按营业收入加权平均为17.43%和6.14%，分别比2008年平均上升0.19和0.16个百分点(图14)。20家上市公司中营业毛利率上升与下降的各占半数，净资产收益率上升的有9家，下降的有11家。凯恩股份的营业毛利率是33.78%，处于行业上市公司的第一位。华泰公司净资产收益率最高，达到22.40%。

盈利能力恢复的原因主要是由于2009年下半年市场需求恢复，企业产销能力上升，部分纸制品市场价格上涨，进口木浆、废纸等原材料价格在上半年维持较低水平，企业对管理费用、销售费用、财务费用等期间费用控制较好。2009年进口纸浆平均价格为500.20美元/吨，比2008年704.25美元/吨平均下降28.97%；进口废纸平均价格为137.99美元/吨，比2008年229.60美元/吨平均下降39.90%[①]。2009年20家公司期间费用率除福建南纸有较大幅度上升外，其他公司都通过提高管理水平而保持费用稳定甚至下降。其中，三项费用控制最好的是太阳纸业、美盈森和博汇纸业，3家公司期间费用率都控制在10%以内。在三项费用构成上，财务费用有小幅下降，管理费用和销售费用上升。由于银行调低贷款利率，有13家公司财务费用率都有小幅下降，管理费用率上升公司有16家，销售费用率上升的有12家。

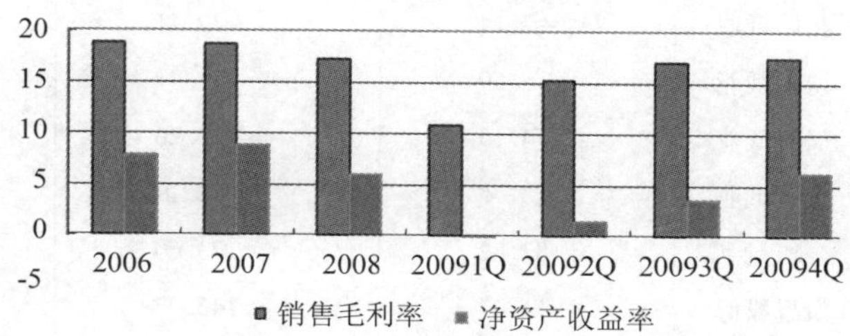

图14　纸业上市公司盈利能力

③纸业上市公司资本结构基本保持稳定，但长期偿债压力较大，对短期负债的偿债能力有一定提高。24家纸业上市公司行业平均资产负债率达到54.8%，与2008年基本持平，非流动负债占负债总额的31.6%，资产负债率和非流动负债比率与其他制造业企业相比都处于较高水平，偿债压力较大。其中，凯恩股份、太阳纸业、合兴包装、山鹰纸业和岳阳纸业均高于60%，美利纸业和ST天宏超过了70%，另外3家ST公司已经接近或处于资不抵债在状态。反映企业短期偿债能力的流动比率和速动比率平均为1.2和0.9，由于下半年市场需求恢复，销量增加，导致企业库存产成品减少，速动比率有一定提高(见图15)。

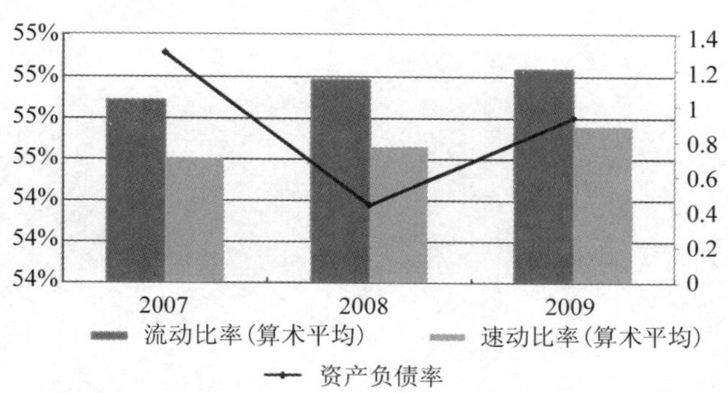

图15　24家纸业上市公司平均长短期偿债能力

① 中国造纸工业2009年度报告,《中华纸业》,2010年第11期。

表2 我国造纸业上市公司主要财务指标

单位：元

指标名称	营业收入同比增长率(%)	归属母公司股东的净利润(同比增长率)(%)	销售毛利率(%)	净资产收益率(%)	资产负债率(%)	流动比率	总资产周转率(次)
青山纸业	-21.75	-3476.92	12.61	-11.12	34.62	1.74	0.47
福建南纸	-14.16	-12658.63	-3.41	-22.17	57.94	0.97	0.30
民丰特纸	-2.19	802.68	28.42	11.80	52.19	0.86	0.57
华泰股份	-2.98	202.76	14.78	22.40	50.66	0.67	0.51
恒丰纸业	4.04	67.21	28.94	9.49	29.03	1.81	0.72
ST宜纸	-16.42	-1414.77	1.76	-187.71	99.43	0.31	0.72
岳阳纸业	-7.14	-29.41	18.84	3.16	69.87	0.86	0.35
博汇纸业	-5.69	-21.41	17.49	7.46	47.26	1.24	0.61
晨鸣纸业	-4.15	-22.26	18.99	6.62	47.77	1.49	0.55
美利纸业	-18.75	-88.19	14.70	0.85	71.60	0.79	0.30
*ST金城	82.82	23.60	21.88	-191.96	99.70	0.25	0.25
凯恩股份	11.44	146.22	33.78	16.75	60.19	1.02	0.63
景兴纸业	-5.75	115.32	13.24	1.88	52.89	0.83	0.50
太阳纸业	2.78	109.02	18.64	17.11	60.36	0.66	0.68
合兴包装	38.96	31.60	20.17	16.22	60.54	1.08	0.97
安妮股份	34.49	29.03	22.07	9.92	38.38	2.04	0.76
粤华包B	67.95	-32.21	12.90	2.25	54.23	0.80	0.52
ST天宏	-22.65	-344.58	6.69	-18.65	72.24	0.58	0.69
冠豪高新	-4.65	144.66	19.36	1.91	33.76	1.77	0.65
*ST石岘	-37.39	-91.08	-41.47	-358.90	105.37	0.16	0.30
山鹰纸业	-5.77	1371.24	15.92	4.08	67.13	0.70	0.57
贵糖股份	-22.04	-53.55	16.38	4.00	42.55	0.99	0.78
银鸽投资	11.90	49.03	12.23	2.96	54.12	1.02	0.58
美盈森	10.74	30.07	32.01	14.86	15.99	6.22	0.62

(中国人民大学财政金融学院　洪　玫)

中国林业产业大事记

Forestry Industry Memorabilia

中国林业产业大事记

2007 年

1 月

1 日 《林木种子质量管理办法》开始施行。

6 日 在北京人民大会堂举行的第六届中国改革人物颁奖大会上，全国绿化委员会副主任、国家林业局局长贾治邦荣膺2006中国改革年度人物大奖，中国吉林森林工业集团有限责任公司董事长、党委书记柏广新，黑龙江省伊春林业管理局局长、伊春市市长许兆君同时荣获第六届中国改革十大杰出人物称号。

11 日 国家林业局、中国石油天然气股份有限公司在北京举行联席会议暨框架协议签字仪式，就发展林业生物质能源开展全方位合作。国家林业局局长贾治邦，中国石油天然气集团公司总经理、中国石油天然气股份有限公司总裁蒋洁敏出席签字仪式并讲话。副局长李育材主持签字仪式，局林木生物质能源领导小组组长、副局长祝列克在协议上签字。局党组成员、中央纪委驻局纪检组组长杨继平，副局长张建龙出席签字仪式。

19 日 中共中央政治局委员、国务院副总理回良玉在听取国家林业局党组汇报林业工作时指出，要充分认识新时期林业巨大的生态功能，努力加强生态建设和保护，切实担负起促进人与自然和谐发展的神圣使命；要充分认识林业巨大的经济功能，努力保障木材供给和发展林产业，切实担负起促进农民增收、新农村建设和国民经济又好又快发展的光荣任务；要充分认识林业巨大的社会功能，努力增加就业和建设生态文明，切实担负起促进社会和谐、推动社会进步的重要职责。

28 日 中国林业产业协会、中国消费者协会、中国竹产业协会和中国林产工业协会在北京联合举办《中国竹地板消费白皮书》新闻发布会。国家林业局副局长雷加富出席会议并讲话。《中国竹地板消费白皮书》为消费者了解竹地板的生产、消费、市场培育提供科学指导。同时全面记录了中国竹地板质量现状和发展趋势，为业内人士提供指导性的文献。《白皮书》首次公布了竹地板的合理价格构成。国内市场合格竹地板合理价格每平方米应不低于130~150元，出口产品最低离岸价不低于16美元。《白皮书》特别强调，因虚假广告造成消费者权益受损，广告经营者也要承担赔偿义务。《白皮书》还推出23家优秀竹地板企业。《竹地板国家标准》(GB/T20240－2006)已于2006年10月15日起实施。

3 月

12 日 全国人大代表、国家林业局局长贾治邦做客人民网强国论坛，围绕“加快改革步伐，推进现代林业建设”主题，就义务植树、2006年的林业工作、林业在应对气候变暖以及林业生物质能源开发利用等方面在线与网友进行了互动交流。

21 日 国家林业局人才开发交流中心与中国林业产业协会、中国林产工业协会、中国林业教育学会共同举办的首届林业产业发展与人才开发论坛暨2007年全国林业院校毕业生供需洽谈会在湖南长沙中南林业科技大学召开。

来自全国各地的人造板、地板、家具、大型场圃、园林花卉、林化等企业的总经理和人力资源总监以及林业院校主管毕业生就业的院校领导、负责毕业生就业工作的处长和院校人事处处长等共130余人参加了此次论坛。

26~27 日 全国防沙治沙大会在北京举行。中共中央政治局常委、国务院总理温家宝会见与会代表并讲话。中共中央政治局委员、国务院副总理回良玉出席会议并讲话。国务院副秘书长张勇主持会议。全国绿化委员会副主任、中国防治荒漠化协调小组组长、国家林业局局长贾治邦宣读《关于授予王有德全国防沙治沙英雄的决定》。会议结束时，贾治邦作总结发言。局领导李育材、杨继平、雷加富、祝列克、张建龙出席会议。

4 月

6 日 国务院办公厅印发《国务院办公厅关于发布河北塞罕坝等 19 处新建国家级自然保护区名单的通知》(国办发〔2007〕20 号)，林业部门新增国家级自然保护区 15 处，从而使林业部门管理的国家级自然保护区达到 213 处，占全国国家级自然保护区数量的 75%。

同日 国家林业局与中国粮油食品(集团)有限公司在北京举行合作框架协议签字仪式，共同发展林业生物质能源。国家林业局局长贾治邦、中国粮油食品(集团)有限公司董事长宁高宁出席签字仪式并讲话。

5 月

11 日 国家林业局局长贾治邦为中国林业产业协会题词"加快产业发展，促进生态建设，繁荣森林文化"，同时为《中国林业产业》杂志题写刊名。

25 日 经国务院批准，国家发改委和国家林业局等 8 部(委、局)共同下发《国家文化和自然遗产地保护"十一五"规划纲要》(发改社会〔2007〕1139 号)，国家级森林公园作为国家文化和自然遗产地列入其中，山西管涔山、广西大瑶山等 25 处国家级森林公园被列入"十一五"期间国家拟重点支持的遗产地保护名单。

7 月

27 日 国务院在北京召开退耕还林补助政策座谈会，听取有关地方对完善退耕还林补助政策的意见，部署巩固退耕还林成果、解决退耕农户长远生计工作。国务院副总理曾培炎出席会议并作讲话。副局长祝列克参加会议并作发言。

8 月

9 日 国务院印发《关于完善退耕还林政策的通知》(国发〔2007〕25 号)。

14 日 国家林业局、国家发改委、财政部、商务部、国家税务总局、中国银监会、中国证监会七部门联合印发《林业产业政策要点》(林计发〔2007〕173 号)。

16 日 由国家林业局和黑龙江省政府共同主办的第三届中国(牡丹江)木业博览会在牡丹江开幕。国家林业局副局长雷加富、黑龙江省副省长刘学良出席开幕式并讲话。本届木博会为期 5 天，共签订引资项目合同 28 个，合同金额 43.9 亿元，其中外资项目 7 个，合同金额 1.5 亿美元，签订产品销售合同 3.8 亿元人民币和 284 万美元，现场交易金额 875 万元。

20 日 经国务院同意、民政部批准，中国林业产业协会在杭州市召开成立大会。

中共中央政治局委员、国务院副总理回良玉为大会发来贺信。全国政协副主席、中国林业产业协会名誉会长王忠禹出席大会并作讲话，国家林业局局长、中国林业产业协会会长贾治邦主持会议并作了《坚持兴林富民加快发展步伐努力构建我国发达的林业产业体系》的主题报告；浙江省省长吕祖善向大会致辞；国家林业局副局长李育材传达了回良玉副总理的贺信。国家林业局副局长、中国林业产业协会常务副会长雷加富出席会议并讲话，原林业部部长、中国林业产业协会名誉顾问高德占、徐有芳，国家林业局原局长、中国林业产业协会顾问王志宝，中国林业产业协会名誉顾问江泽慧、马福，国家林业局副局长祝列克、张建龙出席会议。

25～26 日 以"沙漠·生态·新能源"为主题的 2007 库布其国际沙漠论坛在内蒙古鄂尔多斯市举办。全国人大常委会副委员长乌云其木格，全国政协副主席、中央统战部部长、中国光彩事业促进会会长刘延东出席论坛并讲话。全国政协副主席、中国工程院院长徐匡迪主持论坛开幕式并致辞。国家林业局副局长李育材在开幕式上发言。

9 月

8 日 国家主席胡锦涛在澳大利亚悉尼召开的

亚太经合组织第十五次领导人非正式会议上提议，建立亚太森林恢复与可持续管理网络，提议受到各成员领导人普遍支持，并被纳入悉尼宣言行动计划，这是中国政府首次在国际会议中就应对气候变化提出具体、务实的合作建议。

同日 国家林业局贾治邦局长签署国家林业局令第22号，发布《林木种质资源管理办法》，该办法自2007年11月1日起施行。

13日 由国家林业局主办、中国野生动物保护协会承办的全国野生动植物保护成果展在北京开幕。国家林业局副局长李育材出席开幕式并讲话，副局长张建龙主持开幕式。

17～18日 全国林业推进新农村建设现场会在湖北武汉召开。国家林业局局长贾治邦、湖北省省长罗清泉出席会议并讲话。局领导李育材、杨继平、祝列克及湖北省领导杨松、苗圩、刘友凡、李宪生出席会议。会上，中宣部、中央文明办、全国绿化委员会、国家林业局联合表彰了首批全国"绿色小康县"、"绿色小康村"、"绿色小康户"。

10月

1日 中共中央政治局常委、国务院总理温家宝到甘肃省民勤县考察，深入到腾格里沙漠和巴丹吉林沙漠交会处，察看防沙治沙情况，进入村庄走访农户，与干部群众座谈，研究民勤生态保护、沙漠治理的根本大计。国家林业局局长贾治邦等陪同考察。

30日 首届中国—东盟林业合作论坛在广西南宁召开，论坛主题为"中国—东盟林业合作与可持续发展"，论坛讨论通过了《中国—东盟林业合作论坛南宁倡议》。

11月

2日 国际竹藤组织和国家林业局在北京举办国际竹藤组织成立10周年纪念活动和竹藤可持续发展论坛。中共中央政治局常委、全国政协主席、中国绿化基金会名誉主席贾庆林出席开幕式并致辞。国际竹藤组织理事会主席、全国绿化委员会副主任、国家林业局局长贾治邦主持会议，副局长李育材、祝列克出席会议。

7日 全国防沙治沙现场会在宁夏回族自治区召开。会议的主要任务是，认真总结宣传推广宁夏防沙治沙成功经验，努力实现"沙逼人退"到"人逼沙退"的转变。全国绿化委员会副主任、国家林业局局长贾治邦在会上发表讲话并为宁夏"全国防沙治沙综合示范区"授牌。局党组成员、中央纪委驻局纪检组组长杨继平宣读国家林业局关于授予宁夏"全国防沙治沙综合示范区"的决定。

中旬 国家林业局先后在福建省三明市、重庆市和宁夏回族自治区银川市召开了全国林业产业区域座谈会。

20日 中国林业产业协会林纸分会成立大会在厦门召开

12月

20日 2007中国国际林业博览会在北京开幕。中共中央政治局委员、国务院副总理回良玉出席开幕式并宣布博览会开幕。全国政协副主席、中国林业产业协会名誉会长王忠禹出席开幕式并致辞。国家林业局局长贾治邦主持开幕式。局领导李育材、杨继平、雷加富、祝列克、张建龙、印红出席。本次博览会展期4天，展品超过1.5万件，超过10万人参观，签订合作意向730多项金额140多亿元，签订合同40多项金额54亿元。一批参展单位和参展产品分别获得林博会组织奖、设计奖和产品奖。

2008年

1月

6日 全国林业利用国际金融组织贷款项目管理暨速丰林工程建设工作会议在北京召开。国家林业局副局长张建龙出席会议并讲话。

10日 中国防治荒漠化协调小组会议在北京

召开。会议总结了全国防沙治沙大会精神贯彻落实情况，研究部署了当前和今后一个时期的防沙治沙工作。国家林业局局长贾治邦出席会议并讲话，李育材副局长出席，祝列克副局长主持会议。

14 日 国家林业局发布 2008 年第 1 号公告，决定将金森女贞等 21 个林木品种和陈山林场红心杉母树林种子等 13 个林木品种确定为林木良种使用。

22～24 日 防治荒漠化国际会议在北京举行。中共中央政治局委员、国务院副总理回良玉出席开幕式并致辞。联合国秘书长潘基文为大会发来贺信，联合国主管经济与社会事务副秘书长沙祖康、联合国可持续发展委员会主席弗朗西斯·涅马、联合国防治荒漠化公约执行秘书吕克·尼亚卡贾致辞。国家林业局局长贾治邦主持开幕式，副局长祝列克主持部长级高官会议。与会代表围绕“防治荒漠化，促进可持续发展”主题，进行了广泛交流和深入讨论，形成了 5 点共识，并原则通过了《北京声明》。本次会议由联合国经济和社会事务部、中国国家林业局共同主办。来自 50 多个国家和地区、40 多个国际机构和国际组织的代表共 240 余人参加会议。

2 月

25 日至 3 月 1 日 国家林业局副局长李育材应美国林务局副局长林斯科特邀请赴美国访问。对美国西部林区灾后重建、林业发展在应对气候变化中的作用、林产工业发展等进行考察和交流。并与美国惠好公司签署合作备忘录，促进双方在中国南方省区发展林纸一体化产业合作。

4 月

8 日 祝列克副局长在北京会见澳大利亚农渔林业部长贝克。双方就中澳林业合作、亚太森林恢复与可持续管理网络、森林认证、禁止非法采伐等事宜交换了意见。

9 日 温家宝总理主持召开国务院常务会议，研究部署集体林权制度改革工作，审议并原则通过《中共中央国务院关于全面推进集体林权制度改革的意见》。

同日 中德技术合作“中国森林可持续经营政策与模式”项目在北京启动。项目实施旨在通过提供能力建设、技术资源和手段，促进中国森林政策目标与国际森林可持续经营原则和标准接轨。国家林业局副局长雷加富出席启动仪式并致辞。

17 日 中共中央总书记胡锦涛主持召开中央政治局常委会，研究部署全面推进集体林权制度改革工作。

19～20 日 中国林业产业协会会同广东省林业产业协会和中国木业国际网在广东省清远市共同主办了 2008 中国人造板投资贸易年会。

28 日 中共中央总书记胡锦涛主持中央政治局会议，研究部署推进集体林权制度改革。会议认为，集体林地是国家重要的土地资源，是林业重要的生产要素，是农民重要的生活保障。实行集体林权制度改革，在坚持集体林地所有权不变的前提下，依法将林地承包经营权和林木所有权承包和落实到本集体经济组织的农户，确立农民作为林地承包经营权人的主体地位，对于充分调动广大农民发展林业生产经营的积极性，促进农民脱贫致富，推进社会主义新农村建设，建设生态文明，推动经济社会可持续发展，具有重大意义。会议指出，集体林权制度改革，是农村生产关系的一次变革，事关全局，影响深远。必须坚持农村基本经营制度，确保农民平等享有集体林地承包经营权；坚持统筹兼顾各方利益，确保农民得实惠、生态受保护；坚持尊重农民意愿，确保农民的知情权、参与权、决策权；坚持依法办事，确保改革规范有序；坚持分类指导，确保改革符合实际。各地区各部门要切实加强组织领导，在认真总结试点经验的基础上，依法明晰产权、放活经营、规范流转、减轻税费，全面推进集体林权制度改革，逐步形成集体林业的良性发展机制，实现资源增长、农民增收、生态良好、林区和谐的目标。

5 月

3～15 日 国家林业局副局长祝列克率中国林业代表团，出席在联合国总部举行的联合国可持续发展委员会第 16 次会议并发言。5 月 9 日，祝列克应美方邀请，赴华盛顿分别访问美国财政部和国务院。祝列克会见了美国财政部部长鲍尔森，双方就中美高层经济战略对话10年框架下有关内容的合作交换了意见。与美国国务院助理国务卿麦克默瑞签署了《中华人民共和国政府和美利坚合众国政府关于打击非法采伐和相关贸易的谅解备忘录》，并就下一步工作交换了意见。

6月

1日 国家林业局、商务部联合制定的《中国企业境外可持续森林培育指南》中英文版正式出版发行。

25日 国家林业局发布2008年第11号公告，决定对国务院有关部门所属在京单位从国外引进林木种子、苗木检疫审批中申请人需提交的材料等内容进行修改。

同日 李育材副局长代表国家林业局与25个省(自治区、直辖市)人民政府和新疆生产建设兵团在北京签订2008年度退耕还林工程责任书。

26日 中国林业产业协会林纸分会主办的绿色承诺——中国纸业可持续发展论坛在海南省海口市举行。

7月

10日 国务院办公厅以国办发〔2008〕93号印发《国务院办公厅关于印发国家林业局主要职责内设机构和人员编制规定的通知》。规定：国家林业局设11个内设机构(副司局级)，包括办公室、政策法规司、造林绿化管理司(全国绿化委员会办公室)、森林资源管理司(木材行业管理办公室)、野生动植物保护与自然保护区管理司、农村林业改革发展司、森林公安局(国家森林防火指挥部办公室)、发展规划与资金管理司、科学技术司、国际合作司(港澳台办公室)和人事司。机关行政编制292名。国家林业局增设国家森林防火指挥部专职副总指挥1名，总工程师1名。

14~15日 全国集体林权制度改革厅局长培训班在昆明举办。国家林业局局长贾治邦作首场辅导报告，副局长张建龙主持开班式。云南省副省长孔垂柱受省委书记白恩培、省长秦光荣的委托，介绍了云南省集体林权制度改革的基本情况。

8月

22日 国家林业局发布2008年第12号公告，决定将岑软2号等29个油茶品种和认定通过的湘林51等3个油茶品种确定为林木良种使用。

9月

11~12日 全国油茶产业发展现场会在湖南长沙召开。

19~22日 国家林业局和山东省人民政府主办的第五届中国林产品交易会在山东省菏泽市中国林展馆举行，上千家国内外生产商及采购商参展。国家林业局副局长张建龙、山东省副省长贾万志出席开幕式并致辞。

21日 首届中国枣业大会暨第一届国际枣属植物研讨会在河北省保定市举行。来自印度、伊朗、匈牙利、捷克、美国、巴西等主要产枣国和中国主要产枣省份的科技、企业、政府等方面的代表共300多人参加了会议。国家林业局副局长李育材，河北省委常委、统战部部长刘永瑞出席会议并分别致辞。

10月

10日 国家林业局副局长祝列克在北京会见美国财政部执行秘书长泰亚·史密斯女士一行。双方就中美战略经济对话第5次会议的全球森林可持续经营、打击非法采伐和相关贸易等问题交换了意见。

16日 国家林业局林产工业规划设计院建院50周年庆祝大会在北京举行。国家林业局局长贾治邦，副局长李育材、祝列克，局党组成员孙扎根到会表示祝贺。

21日 中国林业产业协会和美国沃尔玛百货有限公司在北京签订《环境可持续发展合作谅解备忘录》。

28日 国家林业局发布2008年第15号公告，公布临床使用天然麝香、熊胆、赛加羚羊角、穿山甲片、稀有蛇类各类原材料的定点医院名单。名单所列定点医院需要购买上述原材料临床使用的，按国家和地方有关行政许可的规定申报；各级林业主管部门不得批准向非定点医院销售相应的野生动物原材料。

31日至11月2日 2008中国义乌(国际)森林产品博览会召开。

11 月

6 日 “中国改革开放30周年成就巡礼暨改革之星”颁奖典礼在北京人民大会堂举行。国家林业局局长贾治邦、中国吉林森工集团董事长柏广新获得本次活动的最高奖“改革之星——影响中国改革30年·30人”荣誉称号

6～9 日 国家林业局和福建省人民政府共同举办的第四届海峡两岸林业博览会在福建省三明市举行。全国政协副主席、台盟中央主席林文漪，福建省委书记、省人大常委会主任卢展工，国家林业局副局长张建龙，福建省常务副省长张昌平，海协会副会长王富卿等出席开幕式；张建龙、张昌平分别致辞。

11 日 国家林业局在陕西省西安市召开西北地区集体林权制度改革工作座谈会。贾治邦局长出席会议并讲话，指出：西北地区是我国生态最脆弱的地区，集体林权制度改革必须坚持有利于生态建设，有利于农民致富。张建龙副局长主持会议。

12 日 国务院第35次常务会议听取并原则同意雨雪冰冻和地震灾后林业生态恢复重建政策措施等有关问题的汇报，确定组织编制《雨雪冰冻灾后林业生态恢复重建规划》，按程序报国务院审批，明确了灾后林业生态恢复重建的各项政策。

22 日 国家主席胡锦涛在秘鲁首都利马召开的亚太经济合作组织第十六次领导人非正式会议上发表题为《坚持开放合作，寻求互利共赢》的重要讲话。在谈到应对全球气候变化时，胡锦涛指出：“各方应该根据《联合国气候变化框架公约》及其《京都议定书》的要求，遵循共同但有区别的责任原则，积极落实“巴厘路线图”谈判，并结合自身情况采取有效的政策措施减缓气候变化。森林保护是应对气候变化合作的重要内容。去年，我提出了建立亚太森林恢复与可持续管理网络的倡议。在各方共同努力下，这一网络已在北京正式启动。中国政府将在未来几年内为该网络运行提供一定的专项资金，希望各方积极支持和参与。”

29 日至 12 月 5 日 应印度尼西亚林业部和马来西亚自然资源和环境部邀请，国家林业局局长贾治邦率团对两国进行工作访问。期间，贾治邦分别会见印度尼西亚林业部部长卡班、农业部常务副部长姆杨托和马来西亚种植与原产业部部长拿督陈华贵，就加强林业合作，特别是木本油料植物的种植、科研、加工、贸易等情况交换了意见。代表团还考察了两国的油棕林、科研机构、棕榈油加工厂等。

29 日 由中国林业产业协会等单位共同主办的中国林化产业可持续发展暨松香、矿产业品牌发展研讨会在广东省怀集县召开。

12 月

1 日 新修订的《森林防火条例》以国务院令第541号公布，自2009年1月1日起施行。

2～3 日 中国林业产业协会会同国家林业局发展计划与资金管理司主办的全国板材企业出口退税政策调整问题座谈会在山东省临沂市召开。

22 日 全球金融风暴对中国林业产业的影响与对策研讨会在北京召开。国家林业局副局长张建龙出席会议并致辞。

24 日 中国林业产业协会等六家社团组织联合发出关于共同维护市场秩序合理确定出口人造板售价的联合倡议书。

2009 年

2 月

20 日 国家林业局发布2009年第2号公告，公布将火炬松家系L－7等12个品种和认定通过的湿地松家系2－46等8个品种作为林木良种。

3 月

24～25 日 首次全国林业信息化工作会议在北京召开。国家林业局局长贾治邦作主报告，全体局领导出席会议，各地林业主管部门、各司局、各直属单位主要负责人出席。会议全程网络、视

频发布，开创林业会议之先河。会议确定了全国林业信息化工作的总体思路："加快林业信息化，带动林业现代化"，宣布启用林业信息化标识——"飞翔的林业"，举办了首届林业信息化高峰论坛和全国林业信息化成就展。

4月

14日 国家林业局局长贾治邦在北京会见澳大利亚农业、渔业和林业部部长托尼·伯克一行。双方探讨了在森林认证、林产品贸易、打击非法采伐等方面的深入合作，并就亚太森林恢复与可持续管理网络的运作和发展交换了意见。

同日 野生动物保护管理与经营利用、森林资源、营造林、林业信息数据、森林工程、林业生物质材料、能源基础与管理标准化技术委员会林业能源管理分技术委员会，以及森林公园、森林可持续经营与森林认证、防沙治沙、花卉标准化技术委员会鲜切花分技术委员会、木材标准化技术委员会结构用木材分技术委员会和湿地保护等13个全国林业专业标准化技术委员会在京成立。

15日 国家林业局决定成立油茶产业发展办公室。

24～25日 全国巩固退耕还林成果现场会在湖南省隆回县召开。国家发展改革委员会副主任杜鹰、国家林业局副局长李育材、农业部总经济师张玉香出席会议并分别讲话。

27日 经中央机构编制委员会办公室批准同意，国家林业局亚太森林网络管理中心成立。

28～29日 全国森林采伐管理改革试点启动会在福建省召开。国家林业局副局长张建龙出席会议并讲话。

5月

12日 联合国防治荒漠化公约秘书处授予国家林业局局长贾治邦"防治荒漠化杰出贡献奖"。

26日 中国人民银行、财政部、银监会、保监会和国家林业局联合发布《关于做好集体林权制度改革和林业发展金融服务工作的指导意见》。

6月

11日 国家林业局召开扩大内需林业投资计划部署会议，贯彻落实中央关于扩大内需促进经济增长一系列重大举措，部署落实2009年新增中央林业投资计划和2010年林业投资计划编报工作。副局长祝列克出席会议并讲话。

17日 国家林业局、国家发展改革委、监察部、国土资源部、环境保护部、水利部、农业部联合召开防沙治沙目标责任考核工作启动电视电话会议，安排部署防沙治沙目标责任考核工作。国家林业局局长贾治邦主持会议并讲话，副局长祝列克对考核工作进行部署，局总工程师卓榕生出席会议。

同日 中国林科院荒漠化研究所成立。全国政协副主席、民进中央常务副主席罗富和，国家林业局副局长祝列克出席成立仪式并揭牌。

18日 国家林业局发布2009年第4号公告，发布《林地分类》等58项林业行业标准。

22～23日 中央林业工作会议在北京举行。中共中央政治局常委、国务院总理温家宝会见出席会议的全体代表并发表重要讲话。中共中央政治局委员、国务院副总理回良玉出席会议并讲话。温家宝总理在讲话中明确指出，林业在贯彻可持续发展战略中具有重要地位，在生态建设中具有首要地位，在西部大开发中具有基础地位，在应对气候变化中具有特殊地位。国家林业局领导贾治邦、李育材、祝列克、张建龙、印红、孙扎根、陈述贤、卓榕生、姚昌恬出席会议。

7月

16日 国家林业局印发《关于改革和完善集体林采伐管理的意见》。

8月

18日 国家林业局以林改发〔2009〕190号文印发《关于促进农民林业专业合作社发展的指导意见》。

同日 国家林业局副局长印红在北京会见澳大利亚农渔林业部副部长格莱德。双方就打击木材非法采伐、大熊猫合作研究、澳大利亚在华销售袋鼠肉、亚太森林恢复与可持续管理网络等一系列中澳林业合作议题进行了交流，并就扩大两国林业领域的全面合作达成共识。

同日 国家林业局颁发《关于追授鹿文刚同志“森林卫士”荣誉称号的决定》。鹿文刚同志生前系吉林省敦化森林公安局森保大队大队长，在办案过程中被犯罪分子连刺5刀，经抢救无效壮烈牺牲，年仅38岁。

同日 国家林业局、黑龙江省人民政府、俄罗斯滨海边疆区政府联合主办的中国(牡丹江)—俄罗斯(远东)国际木业合作发展论坛在黑龙江省牡丹江市举行。国家林业局副局长张建龙出席开幕式并讲话。

21日 国家林业局局长贾治邦与日本农林水产省林野厅长官岛田泰助率领的日本林业代表团举行第五次高层定期会晤。双方就中日林业政策、打击木材非法采伐和相关贸易、中日林业合作与交流、气候变化、生物多样性等议题进行了会晤并达成共识。

26日 全国绿化委员会、国家林业局在山西省长治市召开全国造林绿化现场会，专题研究部署造林绿化工作。全国绿化委员会、国家林业局授予山西省“全国生态建设突出贡献奖”，全国政协副主席罗富和出席会议并颁奖。全国绿化委员会副主任、国家林业局局长贾治邦出席会议并讲话，山西省委书记张宝顺等出席会议，国家林业局副局长李育材主持会议。

9月

8日 退耕还林展览馆在陕西省吴起县建成并举行开馆仪式。这是我国目前惟一一个以退耕还林工程建设为主题的展览馆。国家林业局局长贾治邦为展览馆题写馆名并作序。国家林业局副局长李育材、陕西省副省长姚引良为展览馆揭牌，国家林业局副局长祝列克出席开馆仪式并致辞。

19日 国家林业局和山东省人民政府共同主办的第六届中国林产品交易会在山东省菏泽市中国林展馆开幕。国家林业局副局长李育材、山东省副省长贾万志出席开幕式。

26日 第七届中国花卉博览会开幕式在北京展区和山东展区同时举行。国务院副总理回良玉和北京市市委书记刘淇共同启动“绿港花雨”装置。全国政协副主席罗富和，全国人大常委会原副委员长何鲁丽，全国政协人资环委副主任、中国花卉协会会长江泽慧，国家林业局副局长张建龙，北京市市长郭金龙等出席北京展区开幕式。全国人大常委会副委员长桑国卫、国家林业局副局长李育材、山东省委书记姜异康、山东省省长姜大明等出席山东展区开幕式。

28日 国家林业局发布2009年第5号公告，公布象牙制品实行中国野生动物经营利用管理专用标识制度。

10月

17日 国务院总理温家宝在甘肃定西市考察退耕还林情况时指出，各级政府必须把退耕还林、植树造林、林权改革、畜牧养殖等结合起来，发挥综合效益。

18日 国家林业局局长贾治邦出席在阿根廷首都布宜诺斯艾利斯举行的第十三届世界林业大会开幕式，并发表题为《切实发挥林业制衡作用，促进经济社会协调发展》的演讲。10月19日，参观了世界林业展览。

29日 国家林业局、国家发改委、财政部、商务部、国家税务总局联合印发《林业产业振兴规划(2010~2012年)》(林计发〔2009〕253号)。

11月

3日 第二届全国林业产业大会在江苏省邳州市召开。全国政协原副主席、中国林业产业协会名誉会长王忠禹发来贺信。国家林业局局长、中国林业产业协会会长贾治邦出席会议并讲话，祝列克副局长主持会议。

6日 国家林业局发布《应对气候变化林业行动计划》。

8~9日 国家林业局、广西壮族自治区人民政府、中国林学会主办的第二届中国林业学术大会在南宁召开。国家林业局副局长李育材，局党组成员、中央纪委驻局纪检组组长陈述贤，全国政协人环资委副主任、中国林学会理事长江泽慧，中国科协副主席、书记处书记齐让，广西壮族自治区党委副书记陈际瓦、自治区副主席陈章良等出席。来自全国各地林业科技工作者2100余人参加会议。

9日 全国油茶产业发展现场会在江西召开。

国家林业局局长贾治邦出席会议并讲话，指出：要真正把油茶产业培育成为兴林富民的支柱产业。副局长祝列克主持会议，局总工程师姚昌恬出席会议。

同日 国家发展改革委、财政部、国家林业局联合发布《全国油茶产业发展规划(2009～2020年)》。

10日 经国家认监委批准书，国家林业局委托中国林业产业协会筹建的中林天合森林认证中心正式成立。

17日 国务院新闻办公室举行新闻发布会，国家林业局局长贾治邦公布第七次全国森林资源清查结果。这次清查结果显示：全国森林面积1.95亿公顷，森林覆盖率20.36%，人工林面积保持世界首位。

23日 中国林业产权交易所在北京揭牌运营。国家林业局局长贾治邦、北京市市长郭金龙共同为交易所揭牌，国家林业局副局长张建龙、北京市常务副市长吉林致辞。

同日 国家林业局副局长印红在北京会见德国食品、农业和消费保护部林业，林产工业和狩猎管理局局长理查德·拉莫尔博士。双方探讨了在生物质能源、狩猎和野生动物保护、林业产业等领域的合作。

25日 国务院总理温家宝主持召开国务院常务会议，研究部署应对气候变化工作。会议决定，通过植树造林和加强森林管理，到2020年森林面积比2005年增加4000万公顷，森林蓄积量增加13亿立方米。

12月

8日 国家林业局生物资源利用科学研究院举行挂牌仪式。国家林业局局长贾治邦、中国科学院副院长李家洋为研究院揭牌，国家林业局副局长李育材主持揭牌仪式，局领导张建龙、孙扎根、陈述贤、卓榕生、姚昌恬出席。

15日 国家林业局局长贾治邦对林业信息化作出重要批示，指出：林业信息化是最重要的基础工作和技术手段，把这项工作搞好了，林业改革发展、现代林业建设、同国际林业水平接轨就有了条件和基础。

（国家林业局办公室　中国林业产业协会）

各省(区、市)林业产业

Provincial Forest Industry

北京市林业产业

【概　述】 2009年首都林地面积101.46万公顷，森林面积52.05万公顷，森林蓄积1038.58万立方米，森林覆盖率为31.72%。全市完成造林绿化面积8733公顷，城市绿地建设724.84公顷，栽植各类苗木2400多万株，人均绿地达到49.5平方米，城市绿化覆盖率达到44.4%，人均公园绿地达到14.5平方米。

【果树产业】 2009年全市果品产量为962556吨，比2008年增长6.83%，是2003年以来增长幅度最高的一年，其中：水果产量增长4.79%，干果产量增长22.27%，增量和增幅均创历史新高。

2009年鲜果产量达到833596吨，比2008年增长4.79%；其中桃为411588吨，比2008年增长6.72%；梨为163474吨，比2008年增长2.24%；葡萄48810吨，比2008年下降5.82%；杏26351吨，比2008年增长13.43%；苹果129762吨，比2008年增长5.65%。

干果产量达到128960吨，比2008年增长22.27%；其中核桃15808吨，比2008年增长19.49%；板栗为31494吨，比2008年增长15.94%；枣(干重)9840吨，比2008年增长118.76%；柿子(干重)63180吨，比2008年增长22.81%；仁用杏8466吨，比2008年增长16.13%。杏、板栗、仁用杏、核桃、柿子(干重)、枣(干重)的产量增长均超过10%

2009年全市已完成干鲜果品及加工品出口1680万千克，收入3638万元。其中，桃、梨等鲜果390万千克、收入1050万元；板栗、仁用杏等干果280万千克、收入560万元；果品加工品出口1010万千克，收入2028万元。

果园观光采摘 2009年果园共接待游客741.9万人次，采摘果品总量达4000万千克，采摘直接收入达3.3亿元。开放果园已由2008年的837个增加到926个，面积达到3.27万公顷，比2008年增长8.0%。通过观光采摘促销果品8121.75万千克，比2008年增长122%，促销收入2.8亿元，比2008年增长48%。号称“春果第一枝”的樱桃有1333.33公顷结果，总产量409.92万千克，总收入1.5亿元，其中樱桃采摘收入8557.1万元，约有91.6万人次的市民来到樱桃园，樱桃采摘量加上团购量超过总产量的80%，采摘收入占到了总收入的57%。平谷北寨红杏成熟时，北寨村就接待4万余人次，175万千克红杏有50万千克被采摘，综合采摘收入达到550万元。大兴安定镇千亩古桑园接待观光采摘8万人次，采摘26万千克桑葚，收入120万元。

2009年举办了“第六次全国草莓大会暨第四届中国(北京·昌平)草莓文化节”、“北京鲜绿安果品合作社王府井果吧开业仪式”、“2009北京百万市民观光果园采摘游启动仪式——中国北京樱桃擂台赛”、“2009年中华名梨(早中熟品种)评选暨大兴区第七届梨王擂台赛”、“2009北京大兴春华秋实系列活动启动暨中华名梨(早中熟品种)评选暨大兴区第七届梨王擂台赛颁奖”、“第二届中国·昌平苹果擂台赛及第六届昌平苹果文化节”等大型系列旅游文化活动，取得了较好的社会效益和显著的经济效益。

特别是9月6日在在景山公园举办的“2009北京大兴春华秋实系列活动启动仪式”及大兴精品梨展销活动受到广大市民青睐。有来自青岛、河北、辽宁及大兴的26个展卖单位向市民展示、销售了丰水、黄金、圆黄、京白梨、早红考密斯、阿巴特等共42个中早熟梨，让市民充分品尝到了不同风味的梨。尽管售价远高于市场，像丰水、黄金等大果型10元/个，早红考密斯等小果型5元/个，但由于大兴的梨品质高、口感好，果农准备的梨很快被市民一抢而空。据统计，当天仅大兴梨农就销售精品梨6345千克，收入139590元，平均每千克售价22元，实现了优质优价。特别是随后的周末(9

月12～13日)，有1200多市民通过景山公园的活动索取的26家梨园名片或宣传册，驱车前往大兴采摘、旅玩，采摘各种精品梨3万千克，收入30万元。

果树新发展 2009年春季完成果树发展5333.33公顷、413.9万株。其中，扩大面积新发展果树2800公顷、249.1万株，山区县占到2666.67公顷，其中鲜果1933.33公顷，干果866.67公顷，干果58.7万株；完成老杂劣等低效果园的更新改造1600公顷、果树105.0万株，分别比2008年增加9.3%、5.5%。继续积极利用野生酸枣、山杏资源。春季全市完成243.5万株的野生果树资源的嫁接利用，其中嫁接酸枣223.2万株，嫁接山杏20.3万株。

果树温室大棚 2009年果树温室大棚设施保护地果品总收入达到1.59亿元，同比增长22%，平均公顷收入达到31.5万元。全市共有设施保护地果树栽培面积933.33公顷，其中结果面积502.47公顷。2009年全市设施保护地果品总产量达到808.3万千克，比2008年增长14.7%；总收入达到1.59亿元。2009年全市又投资7301万元新建果树设施保护地88.67公顷、1065个棚室。其中，砖钢结构的温室74.2公顷，钢架大棚7.27公顷。涉及农户154户。总投资中农民自筹6573万元，市县乡补助728万元，二者比例为9:1。设施果树的高效益促使全市果农积极主动的发展设施果品生产。

果树有机化栽培 全市围绕有机化栽培进行各类培训338场次，培训果园园主及相关人员2.1万人次，组织700余人外出参观学习。全市共有503个、2.18万公顷果园启动了推广有机化栽培综合配套技术；其中建有机肥发酵场111个，年生产有机肥26万吨。

进入转换期阶段的果园有62个，共计1866.67公顷，平均每公顷施入有机肥3吨，果园生草栽培800公顷，种植驱避植物1466.67公顷。从2003年全市启动果树有机化栽培以来，已有170个、1600公顷果园进入有机栽培生产阶段，平均每公顷施有机肥57.75吨，果园生草1600公顷，种植驱避植物312.73公顷。驱避植物都是靠其芳香味对害虫实现驱避作用的，这些芳香植物大多可食用，有些可药用，很多都可提炼精油。大兴区不少梨园2009年种植芳香植物每公顷增收3万元以上，高的实现增收6万元/公顷。

为确保坐果、提高果实品质，果园花期人工授粉0.92万公顷、放蜂1.39万公顷(比2008增长25.2%)、疏花疏果4.8万公顷。另外，昌平、延庆、门头沟还进行了花期喷硼或营养液、追肥等其他管理措施，合计4200公顷。在此基础上，完成果实套袋26亿个，比2008年略有增加。其中桃20.4亿个、苹果3.4亿个(比2008年增长9.6%)、梨1.9亿个、葡萄3183万个，另外其他果品套袋22万个。为进一步提高果品外观品质，苹果铺反光膜2000公顷。

果园节水灌溉 针对北京市水资源匮乏的现状，节水灌溉果园面积总计达4.81万公顷，比2008年增长7.3%，全市果园管灌达到3.77万公顷，同比增长10.3%；滴灌1933.33公顷、喷灌1466.67公顷，与2008年基本持平。另外，还有其他形式的节水灌溉0.7万公顷。在平谷、延庆等区县实施了山地果园集雨工程建设示范项目，推广山地集雨栽培技术33.33公顷(涉及北寨红杏、板栗、核桃等树种)。在通州、大兴、丰台、顺义、昌平、平谷等区县平原果园推广起垄覆膜农艺节水栽培技术超过1300多公顷。

果树品种结构调整 2009年春季起，北京市从日本引进了苹果、柿子及桃的优良品种共计27种：苹果以早熟的津轻系列、中熟的新乔纳金、弘前富士等为主；柿子打破北京只生产涩柿的传统，引进了适合北京地区种植的甜柿品种，如前川早生次郎、西村早生等；为了丰富大桃品种，引进了水蜜桃系的清水白桃、川中岛白桃等。共订购了17个苹果品种、5个甜柿品种、5个水蜜桃品种的5465棵优质一年生苗木。

引进南方品种群水蜜桃30个品种、4965根接穗。水蜜桃是对软溶质果肉类型桃的总称。这类桃成熟后果肉软、汁多、味香、纤维少，深受消费者喜爱。

科技培训 从2009年开始，大力提倡“良种＋良法”的生产模式。良法中除了有机化栽培的主要内容外，还大力宣传推广果树的不同架式栽培(包括篱臂架、扇形、网架等等)、避雨栽培、山坡地集雨栽培、搭建防鸟防雹网等一系列实用配套技术。要让这些技术被大部分果农接受，首先要转变果农传统生产观念，使他们认识到这些技术的便节、高效的作用，并主动掌握推广这些实用技术，提高果农的综合素质，真正实现提质增效。为此，一年来，由市园林绿化局、区县及乡镇业务主管部门组织各类培训办、现场会2742次(场)，培训果农26万人次，组织9336人次果农外出参观学习。

农超对接 北京市果树产业协会，2009年初与全球第三大零售商、英国的TESCO(乐购)建立紧密合作伙伴关系，随后英国TESCO本部委派专业采购人员对北京市果树产业协会会员的果品基地和协会下属果品配送中心——北京百果神农果品配送有限公司进行了严格的实地考察和评估，结果符合TESCO的国际质量安全标准。因此，TESCO与由协会会员组成的农民专业合作组织"北京百果惠民果品产销合作社"签订了TESCO直采北京地产优质果品的合同，实现其在北京果品"农超对接"的第一单。2009年7月21日上午，在TESCO北京大成东店举办了TESCO直采北京地区地产优质果品暨TESCO与北京百果惠民果品产销合作采购3000吨平谷大桃签约新闻发布会，会上来自英国的TESCO与北京百果惠民果品产销合作签订了TESCO直采北京地产优质果品的合同，首批采购果品为3000吨大桃，直接进入TESCO在华东、华北和东北共58家大卖场及6家试运营的便捷店。

果树保险 果树风险互助工作开展3年来，受到了广大果农欢迎和有关领导部门的认可。2009年的果树互助保险依然对苹果、梨、葡萄、樱桃、桃等10个树种进行承保，2009年承保范围：全年参保乡镇31个，行政村110个，参保农户874户，互助面积1423.33公顷，收取互助保险金从2008年的446万元增长到了505万元，比2008年增长13.22%，保障金额从9000万元增加到1亿多元。并为全市2008年未出灾果农优惠4万余元保费。

由于2009年风雹灾害较重，以日期计算共发生风雹灾害27次，其中雹灾4次、剩余全部为风灾。共涉及20个乡镇，46个村，623户果农，确定赔付果树灾害保险金400余万元。

【花卉产业】 2009年花卉产值12.25亿元，比2008年增加33.73%，实有花卉种植面积4470公顷，比2008年增长16.95%。切花切叶产量5088万支，比2008年增长3.73%；盆栽植物产量15112万盆，比2008年增长20.07%；花卉市场38个，比2008年增长2.70%；花卉企业306家，比2008年增长14.61%，其中大中型企业84家，比2008年增长3.70%；花农0.11万户，比2008年减少26.67%；花卉从业人员1.36万人，比2008年增长11.48%，其中专业技术人员0.18万人，比2008年增长5.88%；观赏苗木产量1818万株，比2008年增长43.38%；草坪产量903万平方米，比2008年减少4.04%；花卉生产控温室面积114万平方米，比2008年增长21.28%；日光温室面积496万平方米。比2008年增长43.77%。花卉消费额达到70亿元，花卉年需求量仍以每年10%的速度增长。以筹办花博会为契机，全市花卉产业再上新台阶。

第七届中国花卉博览会 实现了"高水平，有特点"的目标，先后接待党和国家领导人9位，部级领导300余位，国际国内贵宾4500余位，各省(区、市)观摩团10500人。中共中央政治局委员、国务院副总理回良玉，中共中央政治局委员、市委书记刘淇，市长郭金龙同志参加了开幕式。展会期间先后有180多万人次参观了北京展区。

本届花博会吸引了全国31个省、自治区、直辖市，深圳市，港澳台地区以及美国、日本、荷兰等28个国家的104家国际著名花卉企业参展。参展单位共3398家，展出展品37.4万件。

北京市11个区县参加花博会，各区县展馆特色鲜明、主题突出、布展精美、形式多样，区县花卉产业交流平台、集中展示了首都花卉产业发展成果。北京市以团体总分第一的成绩，荣获本届花博会团体特等奖。七博会组委会授予北京市园林绿化局、北京花卉协会、北京市顺义区人民政府特别贡献奖，授予北京花卉协会组织奖金奖。北京市以高水平、有特色的室内外展区设计布置，一举包揽北京展区、山东展区室内外展设计布置4项金奖。北京市总积分1321分，在31个省(区、市)中排名第一。展品共获奖项497项，占全国等级奖项的15.5%。北京市获科技成果和出版物奖共计55项，占全部等级奖项的47%。

花卉文化宣传 2009年市园林绿化局组织了多项活动。一是在北京植物园成功举办了2009北京月季文化节，集中展示了1300个品种，15万株月季优良品种，并开展国内外优秀月季品种展、月季文化科普展、插花表演及作品展示、月季发展高峰论坛等系列主题活动。二是在北京国际鲜花港举办2009北京菊花文化节，展出200多个品种6000余盆的独本菊精品，以及137.2万株地被小菊，结合时令花卉，营造出大地花海的宏伟景观效果。两个文化节先后有近50万游客现场参观。三是启动实施百万市民走进京郊百花园活动。选择具有代表性的花卉企业，组织广大市民到京郊赏花、观光采摘、休闲旅游，首批推出了北京国际鲜花港、北京花乡花木集团有限公司、市大东流苗圃、延庆县四海镇等17家定点花卉生产基地、花卉示范园区，向社会开放，让市民零距离观赏各种精品花卉。四是举办首次花卉产业营销论坛。9月27日，与中国花卉报社、北京花协、日本花普及中心联合主办第七届中国花卉博览会花卉产业营销发展论坛。本次论坛以花卉营销为题，多家中国和日本花卉企业以及花卉专家就花卉产业发展现状及前景、花卉营销面临的挑战、如何拓展营销渠道、花卉营销新业态的构建等问题展开深入讨论，在业内引起了广泛的关注。五是组织“五个一”插花主题系列活动。“一展”是中国插花花艺专题展；“一演”是邀请境外有影响、有代表性的插花花艺大师进行了6场插花花艺表演；“一坛”是首次举办插花花艺论坛；“一赛”是2009中国插花花艺师大赛；“一车”是为烘托花博会节日气氛，展示花卉文化和插花艺术，策划设计制作7辆主题花车。此外，北京花卉协会、北京市公园管理中心代表北京分别参加香港花展室内、室外展，以高水平的作品荣获了组委会金奖、大奖。

新技术研究与推广 重点开展百合、菊花、月季、彩色马蹄莲、火鹤、兰花等七大类花卉的育种研发；引进金正日花大花系列优良品种15个，其中：重色系列10种、单色镶边的5种。另外，还引进文心兰、卡特兰等热带兰新品种，彩色马蹄莲、百合新品种，蕨类植物等优良品种50多个，并进行繁育示范。

组织实施各级各类花卉项目20多个，主要包括花卉生产优势品种育种研发、国内外花卉新品种新技术引进推广、农林废弃物资源再利用生产苗木栽培基质技术研究与示范、蕨类植物品种引进与繁育技术示范等项目，并取得了阶段性成果。

名优花卉示范基地 分别在通州区建立蕨类植物等名优花卉生产基地10公顷；在顺义区建立观赏海棠优良品种示范园66.67公顷，在延庆县四海镇建立茶菊生产基地近70公顷、玫瑰基地173.33公顷。投资4900多万元的市花(菊花)种质资源保存和新品种新技术研发基地建设项目申请市发改委立项，该基地建成后将成为北京市首个菊花产业示范园，将引进菊花品种3500份，建设菊花种质资源圃和品种培育园20公顷，菊花新品种、新技术、新产品和菊花文化展示园10公顷。

花卉新型市场 2009年5月北京市首家花卉超市在丰台区花乡的北京世纪奥桥花卉园艺中心正式营业，它借鉴和采纳了国际先进的经营模式和管理理念——“Garden Centre”，是创新建立的中国第一家集约化超级市场的新兴营销模式，以景观和自助的形式展销各类花卉苗木、庭院和园艺用具、资材等，为花卉和园艺爱好者提供全方位服务。9月16日全市第二家花卉园艺中心在顺义区绿大地花卉公司开业。推进花卉产业融合，开发花卉生产基地休闲旅游观光采摘功能，推出了十大观光采摘基地。

花卉产业管理 组织开展了北京花卉市场2008年需求调查、花卉流通现状调查与分析、北京市花卉市场和零售企业调查等专题调研，为今后花卉营销体系建设提供技术支持。开展全市花卉生产企业、市场、销售网点以及花卉进出口情况的调查工作，并建立了企业和市场的电子档案。组织制定了《百合切花设施生产技术规程》、《彩色马蹄莲种球繁育技术规程》、《切花芍药种根贮藏技术规程》等3个地方标准，并通过市质量技术监督局组织的专家审查。

【种苗产业】 截至2009年底，全市共有苗圃1103个，比2008年减少96个，实际育苗面积0.98万公顷，全市年总产苗量2.43亿株，可供造林绿化苗木1.2亿株，实现产值25.7亿元，比2008年增长1亿元，增幅4%。造林苗木自给率达到90%。

造林良种使用率达到47%。优质特色种苗和乡土植物大量繁育，通过审定的良种数量达到93个，重点工程苗木良种使用率达到97%；全市苗圃达到1103个，总产苗量2.43亿株，实现产值25.7亿元。

2009年，全市国有林场26个，国有苗圃16个。育苗面积12441公顷，其中新增育苗面积797公顷。实有母树林面积7公顷，种子园面积323公顷。林木种子采集量148吨，苗木产量8605万株。

种苗质量监督 2009年首次在全市范围内开展了针对林木种子生产和经营的行政许可案卷和林木种苗行政处罚模拟案卷内部评查工作。全市14个区县的种苗管理机构共上报案卷135份，经评查大部分案卷符合规定，达到预期目的。在案卷评查工作的推动下，各项执法工作更加规范，全年共审批生产许可证70份，经营许可证90份，新发证面积约516.13公顷，注销林木种子经营许可证57个，注销林木种子生产许可证49个。全市在册林木种苗经营单位744家，生产单位722家，有证生产面积0.91万公顷，占全市实际育苗面积的90%以上。全年出具种用证明774票，审核进口草种、林木种子、花卉种子达9846吨，进口林木种苗、花卉种苗229.3万株。

加强种苗质量监督检查力度，确保绿化用苗质量。2009年国家林业局抽查了昌平、延庆、通州、大兴4个区县的造林工程苗木质量、档案管理、"四证一签"制度执行情况等。涉及危害区综合治理、京津风沙源治理、绿色通道3项重点造林工程，毛白杨、银杏等10多个树种，共计23个苗批。根据国家林业局公布的检查结果，各项指标均符合要求。未被国家抽查到的10个区县开展了全面自查，经检查：苗批合格率为97%，许可证执行率为98%，标签执行率为97%，自检率为100%。另外，一支具有专业水平的种苗质检队伍也在逐渐壮大，全市持证的林木种苗检验员超过2000人，"林木种苗质量检验人员持证上岗制度"在全市得到有效落实。

林木品种审定 2009年北京市林木品种审定委员会共受理北京市农林科学院、北京中医药大学、北京农学院等6家单位24个品种，包括观赏植物品种7个，经济林品种17个。24个品种全部通过审定。为更好地促进北京市良种的推广，针对2008年北京市品种审定委员会审(认)定通过的12个林木良种，编制了《2008年北京市林木良种指南》，并向全市及外省林业系统免费发放了3000余本。

种苗工程建设 截至2009年底，全市由国家林业局批复的林木种苗工程项目共24个，包括林木良种基地项目13个、林木采种基地项目11个，总投资1.35亿元，总建设面积985公顷。其中国家级林木种苗示范基地1个，省级种苗基础设施建设项目1个，地、县级种苗基地设施建设项目1个。2009年北京黄垡国家彩叶树种良种基地改扩建项目和北京市大兴区黄栌良种基地建设项目两个新项目上报并获批复，批复总资金613万元。通过种苗工程建设，基地可年产种子27万多千克，穗条700多万根，良种苗木800多万株。种子储藏能力达到20万千克，确保了全市及周边地区造林绿化和社会其他用苗需求。

种苗科技基础研究 依托中国农业科学院、中国林业科学研究院、北京林业大学等科研院所技术力量，开展种苗基础研究项目。开展的项目共9个，主要涉及种质资源收集保存与评价利用、林木种质资源平台标准研制与试点建设、优良新品种选育及综合利用配套技术研究等。2009年完成欧李优新品种引选与关键技术试验示范、北京地区优良阔叶树种繁育技术试验示范的项目验收；"十一五"国家科技攻关项目林木种质资源保护与创新利用研究中期总结和国家自然科技资源平台项目课题年度总结；开展了国槐等树种的种质资源收集保存工作以及平台的数据维护工作。

植物种质资源调查 为摸清全市林木种质资源状况，建立林木种质资源信息管理库，同时更好地保护北京市特有、濒危林木种质资源，全市林木种质资源调查工作已历时近3年。2009年外业调查共计120余天，累计参与600余人次，涉及全市各区县及4个自然保护区和林场。外业调查计划已全部完成，正着手进行内业整理及宣传片的制作。

【旅游行业管理】 截至2009年底，全市已建成森林公园24处。其中，国家级森林公园15处，面积68441公顷；市级森林公园8处，面积8920公顷。

有13个国有林场被批准建立森林公园，占全市国有林场总数的41%。森林公园开发建设已从园林绿化系统内的国有林场拓展到郊区乡镇，以乡镇政府为主所创办的森林公园有10处，占总数40%。2009年全市森林公园共接待游客331万人次，总收入超过1.4亿元，实现利润1500万元。

坚持规划先行，走可持续发展之路 各森林公园按照"严格保护、积极发展、科学经营、持续利用"的原则，立足实际搞好各自森林公园详细规划，并严格按照规划去建设和管理。霞云岭国家森林公园依据生态旅游资源优势、文化与民俗风情优势，将森林公园总体发展战略定位为：以独特的峰丛地貌、高山草甸和乡村景观为特色，集秀峰、云海、松林、溶洞、山花、草甸等景观为一园，融生态保护、红色旅游、科普科研、观光游览、休闲度假、民俗风情、历史遗迹为一体的大都市郊野型山林休闲度假览胜类国家级森林公园。将10个景区串联整合成"珍珠项链式规划结构"。在规划思路上使森林公园建设与霞云岭乡域总体规划发展相衔接，建设霞云岭绕乡绿色生态旅游圈，实现当地环境改善和经济发展同生态环境建设同步。同时结合当地产业与生态旅游的需要，在公园内建设五大旅游基地和八大特色庄园，以"十大景区、五大基地、八大庄园"，融合自然青山绿水、溶洞奇观、文物古迹，建成以行、游、住、食、购、娱设施配套完善的和谐公园，成为人们"探索自然变迁、欣赏秀峰奇苑、浏览历史画卷、目欲天山花园"的旅游胜地。

坚持生态优先，强化森林资源培育 培育和保护有限的森林资源是园林绿化事业的第一要务。通过开展义务植树、中幼林抚育、残次林改造、森林健康经营、森林碳汇项目建设等工作；通过森林防火的宣传、制度的建立、设施的配备，加大病虫害防治力度和禁止乱砍滥伐行为的发生，使森林资源培育和管护水平不断提高。

2009年八达岭森林公园组织了全国政协主席植树与公益植树活动。同时把森林管理委员会(FSC)森林健康经营模式在公园推行，公园自2006年由FSC体系认证，成为华北地区惟一一个森林健康示范项目，公园以该认证为标准，完善生态环境，提高森林经营水平，促进林业在整个北京绿化发挥的重要作用。

妙峰山森林公园在涧沟村至阳山东大坨8千米的涧阳公路共投资25万元进行绿化美化，栽植油松300株、玫瑰花4万株。霞云岭森林公园投资3025万元，造林366.67公顷，栽植经济林13.33公顷，完成退耕还林补植补栽650.53公顷；投资999.7万元，完成彩叶工程100公顷，栽植侧柏、火炬、元宝枫等共3.5万株；为发展林下经济，种植优质蘑菇5.33公顷，黄芩6.67公顷，栽种樱桃树2000株，枣树2000株，红宵梨6000余株，已经产生收益。

为使霞云岭森林公园林区达到不发生火灾的目标，除常年有一支600人的护林员队伍外，并在节假日期间，另行安排临时护林防火200人。在防火设备上配备风力灭火机15台、发放防火桶200个、制作防火条幅150条。通过全园共同努力，使公园防火工作取得了"一无火情；二无火警；三无火灾"的好成绩。

为了加强对园内动植物的保护力度，严禁偷盗、乱砍滥伐、捕杀国家保护动物，上方山管理处将全山分为4片，安排职工24小时进行巡视管护，从上至下层层签订了管护和防火责任书，实行网格化管理，制定了防火方案和扑火预案。在全山重要地点安排4套广播系统，反复向广大游客宣传动植物保护的相关知识，提高游客对动植物保护的意识。

坚持硬件建设，改善基础设施 2009年森林公园都投入了大量的人力、物力和财力进行基础设施的改善。

西山国家森林公园，年初对公园门区建设项目投资约1300万元，共堆砌假山石约1.1万吨，开辟水面6600平方米，铺设广场4500平方米，建设管理用房130平方米，砌筑300立方米蓄水池1座，铺设灌溉管道1500米。另外，还进行了西山旅游区生物措施治理水土流失试点项目80公顷。对玉兰园、紫薇园进行景区扩充和植物补植，在功臣碑西南部适时开辟"梅园"植物观赏景区。梅园建成后与玉兰园、紫薇园共同形成规模完整的特色植物观赏景区。

八达岭森林公园进一步完善了指路系统、科普牌示系统、景点解说系统、观景平台、游客服务中心、商铺、凉亭、道路系统等。

松山管理处投资6万元对游客中心、电子触摸屏、软件更新升级改造，可供游客随时查阅景区及周边景区、饭店信息，修建垃圾箱30余个，安装建设救援灯8个，危险地段围栏200米。

天门山森林公园在景区内修建防洪墙700米、1500立方米，修建人行步道(石板路)750米，修建干砌墙5000余立方米。

妙峰山森林公园投资100万元，修田间路1000米、步道2000米、护栏1500米。

霞云岭森林公园修建停车场5处，硬化、铺装8300平方米，修建停车港湾13处，硬化4300平方米，建设公共厕所27个，候车厅23组，共计投资880万元。投资4460万元新建鲲鹏大峡谷东侧沟口至西侧景区山顶道路工程全长12.89千米，建设规模77340平方米。投资470万元新建了占地820平方米、建筑面积593平方米的上石堡第一个党支部纪念馆。

坚持软件建设，提高服务接待能力 各森林公园在抓硬件建设的同时，狠抓了软件建设。

八达岭森林公园2009年重点加强了宣传力度，在红叶节活动期间共举办了5轮新闻发布会，北京电视台新闻及专题报道达10多次、中央电视台报道2次、北京人民广播电台专题栏目报道12次，《北京晚报》、《北京日报》、《法制晚报》、《北京青年报》等报道新闻和专题共计达到20余次，网络宣传主要以公园网站为主，公园网站点击量累计达到368713万多次，最高日访问量达到了8766人次。另外，公园还开通了百度与谷歌搜索引擎竞价排名，便于游客查询公园红叶相关信息。在丁香节期间共举办2轮新闻发布会，各媒体报道15次，达到历年丁香节宣传峰值。

龙山森林公园针对开发建设和经营过程中存在的问题，完善了《安全管理制度》、《车辆管理制度》、《公物管理制度》、《卫生管理制度》、《森林防火制度》、《职工纪律要求和行为规范》等。为切实履行好管理职责，努力提高建设管理水平，建立了每月的森林公园管理学习制度，学习先进的管理方式、经营理念，组织相关管理人员外出参观学习。

上方山森林公园开展了"三优一满意"劳动竞赛活动，成立了劳动竞赛活动领导小组。各景点依照评比细则，全面深入细致地开展了自查自纠工作，对发现的问题及时进行整改提高。为营造节日气氛，悬挂了与之相适应的宣传条幅、国旗、彩旗，设立了游客服务台。先后邀请北方省市20家电视台、新闻媒体进行采访报道。北京电视台的"北京新闻"、"四海漫游"及"特别关注"等栏目也先后针对上方山的特色活动进行了宣传报道。通过价格杠杆来充分调动北京、天津、河北、山西等地旅行社的积极性，客源市场已从原有的京津地区逐步向石家庄、廊坊、保定、涿州、徐水、秦皇岛、唐山、大同等地拓展。一年来，累计发放各种宣传材料27500余份，与北京周边及华北地区旅行社签订旅游协议600余份，通过促销活动的开展，不断扩大上方山旅游资源的知名度和影响力。通过治理，使景区环境更加安全、整洁，旅游秩序得到了大大改观，年底上方山管理处被北京市旅游局评为第十三届"紫金杯"先进集体。

霞云岭森林公园为进一步提高旅游服务业人员的整体素质，达到从业人员持证上岗，2009年共举办了3期旅游从业人员培训班，参加培训学员共646人，培训内容主要有乡村民俗旅游接待礼仪与技巧、果品采摘园从业人员接待管理技能和旅游景区讲解员及宾馆服务人员服务礼仪等知识。

松山管理处邀请北京电视台、《北京晨报》等新闻媒体对松山进行形象宣传。7～9月投资8万元在北京电视台多频道"请您欣赏"栏目中播出松山风光片；会同延庆县旅游局参加了周边五城市旅游推介促销联谊会；在北京鸟巢针对市民搞景区促销，活动中共发放各种宣传材料2000份，签订旅游意向优惠协议书120余份；通过搜狐和乐途多家旅游网站进行松山景区宣传介绍，在网上可以随时查到松山各种旅游信息；与张山营镇、古崖居、湿地公园、玉都山合作共同推出一日、二日精品旅游线路，和游松山免费吃农家饭促销宣传活动；会同县旅游局与崇文区旅游局合作向市民免费发放景区优惠门票手册。

坚持生态文化建设，营造森林旅游品牌 八达岭森林公园与中国绿化基金会合作，由中国绿化基金会主办，公园承办植树活动在公园的"奥运公园纪念林"举行，此次活动主要是组织企业参与首都环境建设，植树造林，并以此号召全社会"保护环境，与大自然为友"，倡导绿色北京的理念，并形成每年一次的公园植树生态文化。公园根据自身资源特点，全年设置了六大生态文化节，即：杏花节、梨花节、丁香节、避暑节、红叶节和冰雪节，深度挖掘出了长城文化、丁香文化、红叶文化等相关文化，并策划出了望龙系列景点，提出了"欲识长城真面目，须到苍龙身侧峰"的概念，引导游客从各个不同的角度去观赏长城，从而改变人们习惯登临长城的境况，将把在公园山峰不同角度观赏长城蜿蜒雄伟的奇观与登临长城结合的模式(观长城—登长城模式)推向全国乃至全世界。

上方山举办了"春季登山踏青节"，"走进森林氧吧，体验健康旅游"，"我的小长征登山迎国庆"以及"重阳登高节"等活动。其中，"我的小长征登山迎国庆"活动一次就吸引北京冲浪汽车俱乐部120台车辆，游客400余人。重阳登高节期间与北京春秋国旅合作，吸引游客950余人，进一步扩大了上方山国家森林公园的影响力。

另外，云蒙山森林公园春季举办了映山红观赏节、夏季深山探险活动和金秋采摘节；大兴古桑森林公园举办了御桑园采摘节；霞云岭森林公园举办了白草畔猜花游等活动，受到了广大市民的好评。

坚持安全第一，确保安全无事故　一年来各森林公园牢固树立"安全第一、预防为主"观念，进一步落实安全工作责任制，特别以甲流感预防、生产安全、交通安全、游人接待安全以及食品安全等为重点，进行隐患排查，不留死角。

松山管理处为确保游客人身及财产安全，先后修改制定了松山突发事件紧急救援预案，"五一"安保和"十一"黄金周安保接待方案，在旅游接待前召开由县旅游局、张山营镇、大庄科村、松山各旅游接待单位领导参加的松山地区旅游接待联席会议，就旅游接待、食品卫生、餐饮住宿、环境秩序等问题进行统一规范协调，并与各接待单位分别签订全年安全接待责任书和重点节日责任书。

上方山森林公园针对公园山高坡陡游程长的特点，重点对险路、安全防护栏、安全警示标志等安全设施进行了修饰，新增道路标识牌、安全提示牌各40块。

【蜂产业】

政策措施　2009年，出台了《2009年全市养蜂业发展扶持办法及实施细则》，出资300万元扶持全市蜂产业发展，年内新发展蜜蜂3万群，每群补贴100元。各区县出台扶持奖励政策，其中，密云县连续5年出台养蜂扶持政策，大力扶持养蜂，截至2009年底，养蜂数量已达到8万群，成为全市养蜂第一大县；门头沟区、平谷区、延庆县、昌平区等将蜂产业列入2009年新农村建设重点工作任务，加大产业扶持力度。

为积极应对2009年1~7月干旱天气给全市养蜂生产带来的巨大损失，组织10万蜂群到北京周边省市进行秋季生产40余次，进行蜜蜂授粉25次，举办秋季蜂群饲养管理培训班13次，2009年，北京市主打蜂产品——蜂蜜产量为527万千克，比2008年减少了30%，但由于救助及时，高附加值蜂产品——蜂王浆、蜂花粉、蜂胶产量均比2008年有所增长，大部分区县挽回损失80%。

基地建设　2009年，全市现有各类产业基地54个，千群基地5个，百群基地240个，带动5000户蜂农，基地数量、规模和带动范围均位列全国之首。

技术体系建设　北京参与了第二批现代农业产业技术体系建设项目——全国蜂产业技术体系建设，在北京地区选定8个实验蜂场，试验蜂群500群，推广规模化生产和抗螨饲养技术，举办全国蜂产业技术体系培训班10期，培训蜂农1200人次，完成蜂农信息采集与传输100~150条，蜂场信息采集与传输100多份。市综合试验站工作稳步推进，8个实验蜂场综合考核指标均超过预期，蜂农反映良好。

有机蜂产品生产　2009年全市蜜蜂饲养量达23.6万群，比2008年增加18%；蜂蜜产量527万千克，蜂王浆产量7.23万千克，蜂花粉产量4.38万千克，蜂胶产量2.06万千克，蜂蜡产量3.11万千克；全市共有蜂业专业合作组织52个，有蜂业产业基地54个，有养蜂户1万户，养蜂万元户超过2500户，售蜂收入3320万元，蜂授粉收入151.4万元，养蜂总产值1.5亿元，蜂产品加工产值8亿元，出口创汇超过900万美元。在密云县、延庆县和昌平区建成有机蜂产品生产基地6个，有

1个基地得到了绿色食品认证，有机蜂产品加工基地2个。基地农户300多户，2009年，生产有机蜂蜜59万千克，有机蜂王浆0.1万千克，有机蜂蜜、蜂王浆产量均超过历史最高纪录，其中有4万千克有机蜂蜜走出国门，蜂农直接增收480多万元。

良种蜂王引进 2009年，北京市从吉林省蜜蜂育种场引进良种蜂王1000只，包括蜜胶1号种蜂王、松丹1号种蜂王、黑环种蜂王、白山6号种蜂王等4个种蜂王品种，从法国引进9只优质抗螨种蜂王，推广蜂群5万群。优良蜂种的推广，使蜂群得蜂蜜、王浆及蜂胶产量增加30%以上。良种蜂王的引进和推广，有效提高了北京市蜂产品生产水平和蜜蜂抗病虫害能力，北京市重点养蜂场种蜂王优质率达55%以上。

产业基地建设 一是强化基地规模化建设，实现集约化管理和生产。其中，平谷区以北部山区和东部为发展重点，推进大规模新型蜂业养殖产业带建设，养殖产业带内饲养蜂群5000群；门头沟区在清水镇建成千群蜜蜂集约化养殖基地，有效解决了矿山恢复剩余劳动力就业难题，实现300人养蜂就业。二是推进养蜂专业村和专业户建设，2009年新发展养蜂专业村4个，养蜂专业户300户。三是推进老户带动新户的蜂产业发展模式，努力形成户、村、乡镇、区县整体推进的产业规模化发展格局。

蜜蜂果园授粉 近年来，随着首都农业惠民政策的不断推广，都市型农业发展迅速，尤其是有机果品、高科技园大棚应用蜜蜂授粉逐渐成为时尚和趋势，给蜜蜂授粉带来了广阔的发展空间。

中华蜜蜂授粉基地 中蜂具有良好的授粉特性，对山区的生态保护具有重要意义，年内，在房山区蒲洼乡和密云县石城镇建立2个中华蜜蜂授粉基地，研究示范中华蜜蜂为设施农业作物授粉。基地已基本建成，示范授粉中华蜜蜂300群，年内实现中华蜜蜂授粉130余公顷，收入400多万元。

蜜蜂授粉专业队工作 2009年，全市9支蜜蜂授粉专业队完成了全市大田农作物、有机果品和设施农业大棚等作物和果树的授粉工作，并与瓜农、果农和菜农形成了长期的授粉合作关系，授粉专业队队伍逐渐壮大。4月，门头沟区组织50多群蜜蜂为海淀百亩樱桃园授粉，有效提高了樱桃的品质，每亩增产20%左右；5月，在顺义区举办了蜜蜂授粉西瓜现场观摩洽商会，150万千克的蜂授粉西瓜走进北京市场，直接经济效益600万元。年内，共推广蜜蜂授粉面积达4000公顷，6000个大棚，授粉蜂群6000群，实现经济效益2.5亿元。

科技创新 2009年，承担了农业部、市农委、市科委的全国蜂产业技术体系建设、北京地区蜜蜂授粉综合配套技术的示范与推广及北京地区蜜蜂大蜂螨防控技术研究与示范等6项科技项目，新增了4个科研推广课题，完成3个科技项目。其中，国家级安全蜂产品生产标准化示范区建设及技术推广项目被市农村工作委员会、市人事局联合评为北京市农业技术推广二等奖。北京地区蜜蜂健康养殖技术研究与试验示范项目和HYR和JYR蜂种的试验示范及蜂产品新功能开发技术研究项目已总结验收。两个项目的实施，有效改良了全市蜜蜂品种，增强抗病虫害能力，从源头提高蜂产品的产量与质量，实现可持续的绿色饲养。

蜜蜂病虫害控制 利用蜜蜂病虫害综合防控技术体系，在全市开展蜜蜂孢子虫病、蜜蜂大蜂螨、白垩病等蜜蜂病虫害综合防治技术的研究与中试工作，在8个试验蜂场和10个蜂业专业合作社，开展对蜂病的预测、预报及预防技术的系统研究，并对新研发的两种蜂药进行试验示范。大力推广蜜蜂病虫害综合防治技术，加强资金、药品、技术和实物补贴。全市蜂群的孢子虫发病率已控制在0.3%以下，病虫害治愈率超过了98%。

新型蜂农培养 2009年，新型蜂农培养工作以提高蜂农综合素质、实现蜂农持续增收为核心，国家蜂产业技术体系培训1200人次，其中蜂产品溯源100人次，技术骨干培训300人次，专业技术针对性培训800人次；农村剩余劳动力养蜂就业培训1200人次(新农村建设)；蜂业科学养殖技术培训3000人次，培养300户养蜂专业示范户；蜂业科技协调员和蜂业管理人员培训200人次，其他培训100人次。全年共组织各类培训班25期，培训人员5700人次，全面提高了蜂业从业人员的综合素养，全市新型蜂农培养工作取得实效。

蜂产业社会化服务 2009年，全市9个养蜂重点山区县成立了12家蜂业合作组织，其中，区县级蜂业专业合作社1家，乡镇级8家，村级3家。区县级蜂产业合作组织——密云奥金达蜂产品专业合作社年收购蜂蜜63万千克，有机蜂王浆0.1万千克，实现经济效益1000万元。该社被中国蜂产品协会授予中国蜂业专业合作社示范社荣誉称号。

北京组团参加了第七届中国国际农产品交易会(长春)、2009年全国蜂产品市场信息交流会暨中国(福州)蜂业博览会等活动，同时，继续保持和发展同巴西、日本、墨西哥等国的蜂产品出口贸易业务。一系列国际交流活动的开展，促进了全市蜂产业发展。

全市蚕蜂站主编、出版了《科学养蜂实用技术指南》一书，并向蜂业从业人员发放该书1000册，同中国农科院蜜蜂所专家陈世壁研究员等合作编写了《程序化养蜂法》一书，编发《北京蜂业动态》16期，出版报纸《北京蜂业》2期，就蜂产业和蜂产品知识在北京广播电台、北京电视台和《北京晚报》、《北京青年报》、《京郊日报》等多次宣传报道。

(北京市园林绿化局)

天津市林业产业

【概　述】 天津市地处华北平原东北部，土地总面积11919.7平方千米，下辖18个区县。天津市地势从西北逐步向东南倾斜，依次为山地、丘陵、平原和海岸带。平原区约占全市陆地面积的94%。2009年，全市林地面积14.22万公顷，森林面积9.32万公顷，森林覆盖率为8.24%，其中：人工林面积8.88万公顷，经济林3.86万公顷。活立木蓄积量277.01万立方米，森林蓄积量198.89万立方米。

2008年，全市林业产业总产值达213885万元，比2007年的168658万元增长了26.82%，其中第一产业产值180550万元，比2007年的141797万元增长了27.33%；第二产业产值15638万元，比2007年的9544万元增长了63.85%；第三产业产值17697万元，比2007年的17317万元增长了2.19%。产业结构由2007年的84.07∶5.66∶10.27调整为2008年的84.41∶7.31∶8.27。

2008年，第一产业产值中，涉林产业产值达到180550万元，比2007年的141797万元增长了27.33%。第一产业涉林产业中，林木培育和种植产值达16548万元，比2007年的10057万元增长了64.54%；木材和竹材的采运产值3671万元，比2007年的2042万元增长了79.77%；经济林产品的种植与采集产值67151万元，比2007年的60703万元增长了10.62%；花卉的种植产值92640万元，比2007年的71375万元增长了29.79%；陆生野生动物繁育与利用产值220万元，比2007年的200万元增长了10.00%。第二产业中，涉林产业产值15638万元，比2007年的9544万元增长了63.85%。其中木材加工及木、竹、藤、棕、苇制品制造产值15638万元，比2007年的9544万元增长了63.85%。

2009年，全市林业产业总产值191138万元，比2008年减少了10.64%，其中第一产业产值159250万元，比2008年减少了11.80%；第二产业产值24138万元，比2008年增长了54.35%；第三产业产值7750万元，比2008年减少了56.21%。产业结构调整为83.32∶12.63∶4.05。

2009年，第一产业产值中，涉林产业产值159350万元，比2008年减少了11.74%。第一产业涉林产业中，林木培育和种植产值34018万元，比2008年增长了105.57%；木材和竹材的采运产值7220万元，比2008年增长了96.68%；经济林产品的种植与采集产值64209万元，比2008年减少了4.38%；花卉的种植产值53463万元，比2008年减少了42.29%；陆生野生动物繁育与利用产值340万元，比2008年增长了54.55%。第二产业中，涉林产业产值24138万元，比2008年增长了54.35%。其中木材加工及木、竹、藤、棕、苇制品制造产值24138万元。

2008年，全市林业固定资产投资完成24809万元，比2007年的35561万元减少了30.24%。其中营林固定资产投资24809万元，在营林固定资产投资中基建投资24809万元，比2007年的35561万元减少了30.24%。2009年，全市林业固定资产投资完成30572万元，比2008年增长了23.23%。其中营林固定资产投资30572万元，在营林固定资产投资中基建投资30572万元，比2008年增长了23.23%。

【木材产品】 2008年，全市木材总产量4.68万立方米，比2007年的5万立方米减少了6.40%。其中，直接用原木2.95万立方米，其他原木1.73万立方米。森林工业产品中，人造板产量6.03万立方米，比2007年的11.93万立方米减少了49.46%。其中，胶合板产量1.13万立方米，比2007年的1.15万立方米减少了1.74%；刨花板产量3万立方米，比2007年的10.72万立方米减少了72.01%。

2009年，全市木材总产量5.01万立方米，比

2008年增长了7.05%。其中，原木产量5.01万立方米。森林工业产品中，人造板产量5.63万立方米，比2008年减少了6.63%。其中，胶合板产量2.83万立方米，比2008年增长了150.44%；刨花板产量2.80万立方米，比2008年减少了6.67%。

【果　品】 2008年，生产干鲜果品285600吨。其中：苹果产量55372吨，梨产量29150吨，葡萄产量98115吨，桃产量49761吨，杏产量1909吨，其他水果产量32237吨。核桃产量546吨，板栗产量577吨，枣产量17932吨。

2009年，产干鲜果品558274吨，产值64209万元。其中：苹果产量110873吨，梨产量56372吨，葡萄产量192876吨，桃产量104336吨，杏产量3530吨，其他水果产量52824吨。核桃产量654吨，板栗产量615吨，枣产量36194吨。

【种　苗】 2009年全市有市、县级国有苗圃9个，从业人员199人，其中专业技术人员130名，个体育苗3164户，育苗面积4000公顷，年产苗木1.1亿株。

【花　卉】 2009年，天津市花卉种植面积459公顷。其中：切花切叶2398万支，盆栽植物378万盆，观赏苗木265万株，草坪315万平方米。全市有花卉市场19个，花卉企业90家，大中型企业11家。拥有现代化温室12万平方米，日光温室37万平方米。花农0.07万户，从业人员0.14万人，专业技术人员0.02万人，年销售额53463万元。基本形成了盆花，草花，宿根、球根花卉观叶花卉，绿化苗木，种苗生产等多种类、多品种的花卉种植结构，花卉流通体系的规模和功能进一步得到完善。

【森林旅游】 2009年天津市林业旅游与休闲产业接待中外游客达到18万人次，实现旅游综合收入7750万元，其中门票收入492万元，其他收入238万元，森林公园、生态风景区已初具规模。

（宗晶莹　张　洁）

河北省林业产业

【概　述】 河北省东与天津市毗连并紧傍渤海，东南部、南部衔山东、河南两省，西倚太行山与山西省为邻，西北部、北部与内蒙古自治区交界，东北部与辽宁接壤。现辖11个地级市、36个市辖区、22个县级市、108个县、6个自治县。全省总面积18.7万平方千米，总人口7032万人。

森林资源与消耗　截至2009年，全省林地面积已达到705.37万公顷。其中，森林面积418.33万公顷，森林覆盖率22.29%。人工林面积212.27万公顷，活立木蓄积10183.91万立方米。

2008年，全省共完成造林345782公顷(2007年235222公顷)。在加快森林资源培育的同时，加大了资源保护力度，严格实行木材限额采伐管理制度，2008年全省下达的计划内林木采伐指标237.5万立方米(2007年为237.5万立方米)，实际采伐66.67万立方米(2007年为75.63万立方米)，其中原木59.3万立方米(2007年为67.3万立方米)，商品材年消耗总量59.3万立方米(2007年为67.3万立方米)，农民自用材和薪材消耗量7.37万立方米(2007年为8.33万立方米)，林木采伐总量控制在指标限额以内。2009年，全省共完成造林306373公顷，全省下达计划内林木采伐指标237.5万立方米，实际采伐80.0万立方米，其中原木71.2万立方米，商品材年消耗总量71.2万立方米，农民自用材和薪材消耗量8.8万立方米。

动植物资源　河北省有陆生脊椎动物530多种，其中以鸟类居多，约420余种；兽类次之，89种；两栖爬行类30多种。国家和省重点保护的陆生野生动物216种，其中国家一级保护动物17种(兽类1种，鸟类16种)，二级保护动物73种(兽类9种，鸟类64种)，省重点保护动物126种。河北省不仅拥有褐马鸡、金钱豹、黑嘴鸥等珍稀濒危野生动物的重要繁殖栖息地，而且还包含国际上重要的东亚候鸟迁徙通道，仅迁徙鸟类就有300多种，每年有数千万只候鸟途经河北省。全省有高等植物204科、940属，2800多种。特有的植物有河北核桃、河北梨、雾灵山凤毛菊、小五台铁线莲、蚤缀等。

产业发展　2008年，全省林业产业总产值达5623163万元，比2007年的5161938万元增长了8.94%，其中第一产业产值3099328万元，比2007年的2695381万元增长了14.99%；第二产业产值2315607万元，比2007年的2275243万元增长了1.77%；第三产业产值208228万元，比2007年的191314万元增长了8.84%。产业结构由2007年的52.2∶44.1∶3.7调整为2008年的55.12∶41.18∶3.70。

2008年，第一产业产值中，涉林产业产值达到3083574万元，比2007年的2687552万元增长了14.74%；林业系统非林产业产值达15754万元，比2007年的7829万元增长了101.23%。第一产业涉林产业中，林木培育和种植产值达392527万元，比2007年的360295万元增加了8.21%；木材和竹材采运产值55728万元，比2007年的56402万元减少了1.19%；经济林产品种植与采集产值2400646万元，比2007年的2027516万元增长了18.40%；花卉种植产值206470万元，比2007年的219698万元减少了6.02%；陆生野生动物繁育与利用产值23620万元，比2007年的18315万元增长了28.97%。第二产业中，涉林产业产值2265871万元，比2007年的2231824万元增长了1.52%。其中木材加工及木、竹、藤、棕、苇制品制造产值1374089万元，比2007年的1390844万元减少了1.20%。

2009年，全省林业产业总产值6150643万元，比2008年增长了8.6%，其中第一产业产值3333543万元，比2008年增长了7.0%；第二产业产值2590228万元，比2008年增长了10.6%；第三产业产值226872万元，比2008年增长了8.2%。产业结构调整为54.2∶42.1∶3.7。

2009年，第一产业产值中，涉林产业产值3313828万元，比2008年增长了6.9%；林业系统非林产业产值19715万元，比2008年增长了20.1%。第一产业涉林产业中，林木培育和种植产值408578万元，比2008年增长了3.9%；木材和竹材的采运产值64572万元，比2008年增长了13.7%；经济林产品的种植与采集产值2610615万元，比2008年增长了8.0%；花卉的种植产值217529万元，比2008年增长了5.1%；陆生野生动物繁育与利用产值5805万元，比2008年减少了306.9%。第二产业中，涉林产业产值2535123万元，比2008年增长了10.6%。其中木材加工及木、竹、藤、棕、苇制品制造产值1569199万元，比2008年增长了12.4%。

国际合作 近两年来，河北省以林业科学研究院为基点，相继与捷克、加拿大、巴基斯坦开展了高山杜鹃新品种培育及快繁技术研究开发合作、污泥加工处理技术及在林业上的开发应用、人工林地力评判计算机管理系统诊断、人工林地力衰退的原因和机理及耐盐碱树种引进与应用等项目合作研究。中日21世纪中国首都圈环境保护示范基地建设项目——丰宁21世纪中国首都圈环境绿化交流中心成功揭幕，日方投资75亿元人民币，完成人工造林120公顷。省内相关企业及科研机构与美国合作，新上了储藏果品臭氧去感染技术引进“948”项目。

科技教育 制定了《贯彻国家林业局“科技服务林改行动方案”实施意见》，把2008~2010年定为全省“科技服务林改”行动方案的实施期。实施“一县一业一园现代农业科技示范工程建设”，全面推进林业标准化工作，全省17个林果标准化示范县新建标准化示范园50个，示范面积1.33万公顷。争取省级林业地方标准制定11项，其中涉及林业产业标准2项。审定了2007年的省级林业地方标准11项，其中涉及林业产业标准3项。狠抓了标准推广和示范区建设。新上用材林大径材培育、飞播造林种子包衣技术、大中型城市空气负氧离子分布及变化规律等10个科研项目，其中国家项目2个，使全省在研项目达55个，其中林果产业化项目10项。组织专家对我省承担国家林业局的3个“948”项目和1个重点科研项目进行了现场查定和验收，有机果品的植物保护制剂生产技术引进已经形成成果。对局重点科技专项枣病虫害防治和无公害栽培技术等一批科技项目进行了检查。全年取得成果14项，其中涉及产业化方面的成果4项。

教育方面，2008年省林业局先后组织了“653”工程培训、专业技术人员创新能力培训、公共管理与依法行政培训、学历教育等多形式、多类型、多层次、多内容的培训活动，全年共培训各类林业管理人员1800多人次、专业技术人员2600多人次。2009年培训工作进一步突出以人为本的理念，注重实用，开拓创新，以公务员培训、专业技术人员继续教育、林业关键岗位培训为重点，省林业局共培训各级、各类林业管理人员2000多人次，培训专业技术人员2850人次。

（李华西 吴庆辉 田建辉 马建波 王秀辉 张卫强）

【木材生产】

用材林基地建设 2008年全省新发展用材林23221公顷(2007年17486公顷)，其中速生丰产用材林6396公顷(2007年1098公顷)，2009年新发展用材林29449公顷，其中速生丰产用材林2817公顷。在黄河故道、冀中平原、黑龙港流域、廊坊永定河两岸、滦河流域及滨海地区培育了一批万亩以上集中连片的速生丰产林集约化基地。曲周、文安、唐县、滦县、昌黎、高阳等县涌现出了一批以速生丰产用材林建设为主的家庭林场和专业村。华林、银港、金秋、赛博、宏泰、亚林、森和、金光等一大批木材加工企业，利用“订单林业”、“股份合作”、“企业独资”等方式发展工业原料林110000公顷，初步形成了龙头带基地、基地联农户的产业化经营格局。

木材市场 2008年全年共生产原木47.4万立方米、锯材145.77万立方米，木片22.79万立方米。2009年全年共生产原木53.83万立方米、锯材168.98立方米，木片39.30万立方米。全省木材需求缺口主要由俄罗斯、乌克兰、南美、非洲等地进口和从外省购入。（李华西 张卫强）

【人造板】 全省通过大力实施林板一体化方略，龙头企业基地化配置，人造板大省地位进一步加强。2008年全省人造板产量876.03万立方米(2007年124.99万立方米),2009年达1097.84万立方米。人造板及其林业关联产业产值约180亿元。

【制浆造纸】 2008年全省纸及纸制品年总产量300多万吨,2009年与2008年基本持平。主要产品有胶印书刊纸、胶版印刷纸、薄页纸、涂布白纸板、箱纸板、瓦楞原纸、生活用纸、特种纸等。在原料结构方面,草类原料占45%,废纸占40%,木浆及其他浆约15%,所用木浆以进口为主。截至2008年底,全省约发展造纸林40000万公顷,迁安华丰、抚宁丰源、深泽深玉等林纸一体化项目正在运作中。其中,深泽深玉木浆造纸项目已进入试生产阶段。

【木制品】 河北省现有家具企业2400多家,2008年生产各类家具728.7万件(套)(2007年600万件(套)),产值17.84亿元,2009年家具类产值19.32亿元。主要家具企业有石家庄蓝鸟家具、东明家具、平安家具,廊坊华日家具,邯郸双李家具等。其中廊坊的香河县是全国四大家具生产基地之一,有"南有顺德,北有香河"之称。全省2008年木地板产量约110.14万平方米,产值1.0亿元(2007年51万平方米,产值1.1亿),2009年分别达51.54万平方米和1.15亿元。主要生产企业有深州长城木业、邯郸全球木业等。

【竹藤生产加工】 河北省自产少量藤、苇,竹、棕、藤和苇主要靠从南方购入。全省2008年加工竹棕藤苇产品约550万件,经营加工产值约0.34亿元,2009年约570万件,产值1.07亿元。近年来,河北省加大了对滨海地区和白洋淀芦苇湿地资源的保护力度,使有限资源得到了有效保护,为长期科学开发利用打下了基础。

(李华西)

【木本粮油与水果生产】 全省共有30个县(市)被国家命名为中国名特优经济林之乡,36个县(市)被有关单位命名为全国经济林建设产业示范县,数量位居全国之首。全省已制定和实施果品标准80多项,果品质量标准体系框架基本建成,标准化推广面积1200000公顷。全省共有果品龙头企业和组织3000多家,其中,国家级10家,省级60多家,市(厅)级100多家。有果品出口龙头企业300多家,其中,通过国家出口卫生注册或登记的200多家,通过HACCP、GAP等国际认证的20多家。有协会和合作组织1300多个,经纪人队伍10万多人。已创出国家和省级名牌果品100多个,绿色、有机果品达200多种,培育了承德露露、怀来长城、昌黎华夏、高阳天丰、泊头东方、内邱富岗等一批知名企业和品牌。果品产业化经营率已达50%以上。果品业存在的主要问题是加工能力不足,产业链短。

2008年,全省果树总面积1543068公顷(2007年1522524公顷),果品产量10790490吨(2007年10392079吨),果品业产值达到300亿元(2007年280亿元)。在全部果树中,干果产量249197吨(2007年234029吨)。其中:核桃产量61590吨(2007年52253吨);板栗产量166115吨(2007年168874吨);杏产量17801吨(2007年10688吨)。鲜果产量10541293吨(2007年10158050吨)。在水果中,苹果242839公顷(2007年250065公顷),产量2615982吨(2007年2478845吨);梨197647公顷(2007年200920公顷),产量3539679吨(2007年3459772吨);葡萄60958公顷(2007年57920公顷),产量988071吨(2007年946886吨);红枣290104公顷(2007年295813公顷),产量929978吨(2007年910315吨);柿子50264公顷(2007年53747公顷),产量410365吨(2007年394325吨);桃93863公顷(2007年94550公顷),产量1430416吨(2007年1370654吨);红果23999公顷(2007年25379公顷),产量262525吨(2007年252014吨)。2009年,全省果树总面积1530199公顷,果品产量11354209吨,果品业产值达到320亿元。在全部果树中,干果面积494626公顷,干果产量314814吨。在干果中,核桃100124公顷,产量70518吨;板栗217721公顷,产量211619吨;杏扁159381公顷,产量17848吨。鲜果面积1035575公顷,产量11040692吨。在水果中,苹果235453公顷,产量2767973吨;梨194096公顷,产量3640682吨;葡萄63425公顷,产量1050802吨;红枣283159公顷,产量1077928

吨；柿子51800公顷，产量418102吨；桃88977公顷，产量1444854吨；红果25141公顷，产量295594吨。（赵少波）

【林木种苗】 2008年，全省育苗总面积4.37万公顷(2007年4.80万公顷)，年产各类苗木19.70亿株(2007年近21.12亿株)，生产各类林木种子约2987吨，总产值近12.43亿元。2009年，全省育苗总面积4.31万公顷，年产各类苗木22.00亿株，生产各类林木种子约3030吨，总产值13.85亿元。全省基本形成了以国有苗圃为骨干，集体和个体苗圃为主的多层次、多种所有制的种苗生产供应体系，育苗面积和苗木产量较为稳定，苗木生产结构逐步优化，苗木市场供应充足。在基地建设方面，近年来，河北省加大林木良种基地建设力度，初步建立起较为合理的林木良种体系。截至2009年底，全省共建林木良种繁育中心1处，林木良种基地55个，年产良种种子5500千克以上，良种穗条2000多万根、良种苗木2500多万株。1998年以来，通过国家和省林木品种审定委员会审(认)定的林木良种达22个树种、124个品种，林木良种的推广，丰富了林木良种资源，加快了林木良种进程。（李庆国）

【森林蔬菜、饮料、饲料】 河北省野生森林蔬菜资源丰富，主要分布在承德、张家口、保定、唐山、秦皇岛等山区县。主要品种有蕨菜、黄花、野生菌类、山杏仁、山葱、山韭、山菠菜、升麻等。主要企业有承德格林食品有限公司、承德荞源食品有限公司、围场山林食品有限公司、涿鹿杏仁食品有限公司等。2008年全省野生蔬菜采集、加工与销售总量约5万吨，总产值约1.2亿元(2007年约5.5万吨，产值1.4亿元)，2009年全省野生蔬菜采集、加工与销售总量5.3万吨，总产值1.3亿元。

河北省森林产品饮料加工起步较晚，但发展速度很快。在葡萄酒、大宗水果、山杏仁、板栗、核桃、酸枣等果酒和软饮料方面的加工都有较大发展。培育了一批规模较大的企业，如承德露露、河北汇源果汁、长城干红、华夏葡萄酒、唐山栗源、迁西板栗集团、遵化蓝猫酸枣饮料等。2008年，全省年加工总量约25万吨(2007年26万吨)，2009年，全省年加工总量26万吨。

全省木本饲料加工较少，近年来刺槐、桑树等木本饲料有少量发展。（宋振州）

【花　卉】 近年来，河北省花卉产业发展较快，2008年花卉种植面积已达到18314公顷，产值20.64亿元(2007年花卉种植面积25231公顷，产值21.97亿元)，2009年花卉种植面积达到26633公顷，产值21.75亿元。培育出了仙客来、红掌、八仙花、大丽花、高山杜鹃等一批特色花卉。形成了环京津、环省会、冀东、冀南和张承“五大花卉产区”。其中石家庄市西三教花卉市场、高邑县北方花卉交易市场、冀南花卉批发市场被国家林业局和中国花卉协会命名为全国重点花卉市场。培育了保定市金萨工艺品有限公司、石家庄市西三教花木基地、三河市燕赵园林绿化有限公司、定州市绿农花卉公司等一批龙头企业，形成了一套以生产企业和产地批发市场为龙头、专业花卉市场为中间、零售花店和花卉摊点为销售末梢的三级花卉生产销售体系。河北省在1997年第四届中国花卉博览获“上海市长白玉兰杯”，进入全国前十名行列；1999年昆明世界园艺博览会室内综合评比中，获奖牌总数居全国第四名；2001年第五届中国花卉博览会上获奖牌总数位居全国第五，较第四届前移了5个位次；2005年在成都举办的第六届中国花卉博览会上，共获单项奖83项，综合奖2项。近几年，河北省通过举办迎春花卉展销交易会、仙客来产销交易会和插花花艺大赛等一系列花事活动，提高了河北省花卉业的知名度和影响力。

（张永信）

【野生动植物驯养与培育】 河北省既是野生动植物养殖、种植大省，又是野生动植物经营利用大省。2008年，全省野生动植物繁育单位发展到1万多家，野生动物存栏数超过250万头(只)，2009年野生动物存栏数超过400万头(只)。养殖的主要品种有梅花鹿、马鹿、狐狸、狍子、貂、野猪、雉鸡、貉子、水貂等。建立了全国著名的蠡县留史、肃宁尚村、枣强大营皮毛市场和安国祁州药市。这些专业市场是全国重要野生动植物产品集散地。全省野生动植物产业的快速发展，有效地缓解了野生资源保护压力，促进了农村产业结构调整和地方经济发展。

肃宁县是河北省最大的毛皮动物养殖县，其中主要集中在尚村镇、付佐乡和邵庄乡，年出栏100只以上的养殖专业大户2000多家，年出栏500只以上的皮毛养殖场152家，万只以上养殖场54家，专业养殖村45个，全县年出栏毛皮动物200多万只。尚村毛皮市场年交易额达到70亿元，成为全国最大的裘皮原料交易市场之一。2005年肃宁县被中国轻工业联合会、中国皮革协会正式命名为中国裘皮之都。

安国，古称祁州，素有“药都”之称。一座古老的药王庙，记述了安国药业历史的渊源。被誉为“华夏珍药荟萃之区，举步走遍九州之地”的东方药城，是全国最大的中药材专业市场之一。市场面积60万平方米，上市品种2000多种，年成交额38.8亿元，药材吞吐量10万吨。传统的中药材加工技艺精湛，曾以“祁州四绝”名扬天下，赢得了“草到安国方成药，药到祁州始生香”的美誉。

（王秀辉）

【森林旅游】 河北省是全国惟一兼有海滨、平原、湖泊、丘陵、山地、高原的省份。全省有山岳地貌407处，湖泊岛屿2068公顷，海滨海岛74千米，漂流河段45千米，瀑布温泉72处，湿地草原14467公顷，洞穴166处，人文历史440处，天象45处，民族风情20处(种)，另有冰雪、沙滩等多种可开发利用资源。河北省的森林公园大多是在国有林场基础上批建的。截至2008年底，全省森林公园总数达71处(2007年67处)，经营总面积48.84万公顷(2007年43.8万公顷)，其中国家级森林公园26处(2007年24处)，经营面积27.89万公顷(25.08万公顷)。全省累计投入森林公园建设资金3.40亿元(2007年4.07亿元)，通过加大基础设施建设和景区景点开发力度，森林公园吃、住、行、游、购、娱六大服务要素日臻完善。2008年全省森林公园共接待游客665万人次(2007年887.8万人次)，其中海外游客15万人次(2007年21.1万人次)，实现旅游收入3.01亿元(2007年3.31亿元)。2009年全省森林公园总数达83处，经营总面积50.33万公顷，其中国家级森林公园28处，经营面积29.18万公顷。全省累计投入森林公园建设资金2.18亿元。全省森林公园共接待游客732万人次，其中海外游客17万人次，实现旅游收入3.15亿元。

（张从哲）

【森林狩猎】 自1988年林业部批准建立承德木兰狩猎场以来，至2009年全省已批建的狩猎场共15家，全省禁猎区3个，禁猎面积0.43万公顷。正式营业的狩猎场7家。狩猎场都采取固定封闭式狩猎，将一定面积的地域围起来供游客狩猎娱乐。狩猎动物主要有人工驯养的野兔、野鸡、狐狸、狍子、家兔、家鸽等。

（王秀辉）

【林业产业大事记】

2008年

2月26~27日 由M.N.本纳里率领的世界银行林业综合发展项目认定组，到河北省就世行贷款林业综合发展项目河北分项目展开认定工作。

6月16日 省政府公布了2008~2010年度全省农业产业化经营重点龙头企业名单。泊头东方果品有限公司等61家果品及加工、林板、葡萄酿酒、园艺及花卉、市场类林业企业名列其中，享受省级重点龙头企业政策。

7月21日 省林业局组织开展了第二次林业产业重点龙头企业认定工作，共认定林果产业化重点龙头企业167家。

9月1日 德国食品、农业和消费者保护部派遣黑森州林业局的Volker Nagel和Matthias Scholte两位专家来到木兰林管局进行野生动物保护等方面的技术交流。

9月22日 首届中国枣业大会暨第一届国际枣属植物研讨会在河北农业大学开幕。来自印度、伊朗、匈牙利、捷克、美国、巴西等五大洲主要产枣国和中国主要产枣省林业厅(局)以及科研院校、红枣生产加工企业等方面代表300多人参加大会。

9月26日 河北蝎子沟国家森林公园揭牌开园仪式在邢台市临城县双石铺举行。

（河北省林业局）

山西省林业产业

【概　述】 2009年，山西省林地面积754.58万公顷，占全省国土面积的48.57%；森林面积为221.11万公顷，其中：人工林面积为102.74万公顷；森林覆盖率为14.12%，活立木蓄积量8847万立方米。

2008年，全省林业产业总产值达1060774万元，比2007年增长了10.63%，其中：第一产业产值918265万元，比2007年增长了4.34%；第二产业产值105013万元，比2007年增长了122.87%；第三产业产值37496万元，比2007年增长了18.31%。产业结构由2007年的91.78:4.91:3.31调整为2008年的86.57:9.90:3.53。

2008年，第一产业产值中，涉林产业产值达到914074万元，比2007年增长了4.27%；林业系统非林产业产值达4191万元，比2007年增长了21.23%；第一产业涉林产业中，林木培育和种植产值达396927万元，比2007年减少了10.06%；木材和竹材的采运产值4287万元，比2007年减少了5.30%；经济林产品的种植与采集产值494185万元，比2007年增长了2.93%；花卉的种植产值12389万元，比2007年减少了62.85%；陆生野生动物繁育与利用产值268万元，比2007年减少了78.73%。第二产业中，涉林产业产值105013万元，比2007年增长了122.87%，其中：木材加工及木、竹、藤、棕、苇制品制造产值5435万元，比2007年减少了16.96%。

2009年，林业产业总产值1172872万元，比2008年增长了10.6%，其中：第一产业产值1013189万元，比2008年增长了10.3%；第二产业产值104365万元，比2008年减少了0.6%；第三产业产值55318万元，比2008年增长了47.5%。产业结构进一步调整为86.39:9.00:4.61。

2009年，第一产业产值中，涉林产业产值1010039万元，比2008年增长了10.5%；林业系统非林产业产值3150万元，比2008年减少了24.8%。第一产业涉林产业中，林木培育和种植产值44481万元，比2008年增长了12.1%；木材和竹材的采运产值2845万元，比2008年减少了33.6%；经济林产品的种植与采集产值533851万元，比2008年增长了8.0%；花卉的种植产值19725万元，比2008年增长了59.2%；陆生野生动物繁育与利用产值252万元，比2008年减少了6.0%。第二产业中，涉林产业产值104365万元，比2008年减少了0.6%。其中木材加工及木、竹、藤、棕、苇制品制造产值5767万元，比2008年增长了6.1%。

山西省林业产业一产比重大，二、三产业发展滞后。根据林业发达国家的经验，当二产比重高于60%时，产业结构才趋于合理。广东、江苏、福建、吉林、浙江等林业产业发达省份，二产比重平均达到65%，山西省与之相比，存在差距。

2009年，山西省林地面积占全省国土面积的48.57%。但林业产业总产值仅占全省社会总产值的1.51%，占全国的份额不足1%，人均产值排全国倒数第五，为农民提供人均纯收入不足10%。

【木材生产】 2008年，全省木材总产量7.35万立方米，比2007年减少了17.42%。其中：原木产量7.08万立方米，比2007年减少了19.27%；薪材产量0.27万立方米，比2007年增长了107.69%。2009年，全省建成大径级用材林356公顷，木材总产量5.74万立方米，比2008年减少了21.91%。

存在问题：森林资源总量少，全省森林覆盖率低于全国。森林资源分布不均，总体质量较差。林分单位面积蓄积量38.63立方米/公顷，不到全国平均水平的一半。森林灾害形势严峻，森林保护工作亟待加强。天保工程区天然林经营措施滞后，不利于森林多种功能和效益的发挥。

【木材加工】 2008年，森林工业产品中，锯材产量0.38万立方米，比2007年减少了74.67%。人造板产量0.44万立方米，比2007年增长了

46.67%，其中：胶合板产量0.22万立方米，比2007年减少了4.35%；刨花板产量0.22万立方米，比2007年增长了340.00%。2009年，森林工业产品中，锯材产量0.10万立方米，比2008年减少了73.68%；人造板产量55.45万立方米。

山西省木材加工业在上世纪八九十年代有较大的发展，国家天然林保护工程实施以来，由于实行严格的停采保护政策，以消耗天然林资源为主要原料的国有胶合板、纤维板、刨花板厂纷纷倒闭。现有木材加工及其家具生产企业219家，其中木材加工企业有192家，年加工木材30多万立方米。木材加工企业绝大部分属于原始的家庭作坊，以加工板材、龙骨、家具和切片为主，较大的企业有3家，即运城鑫源木材加工公司、榆次市孟氏公司、鸿森公司。运城鑫源木材加工公司主要利用运城市每年更新的老果树和修剪的枝丫材加工高密度板，年加工能力10万立方米左右。榆次市孟氏公司、鸿森公司是胶合板门窗加工企业，使用的高密度板材料全部从外省调运，年消耗量在2万立方米以上。

存在问题：一是山西省森林资源短缺，木业产业发展受资源约束的影响非常明显。二是木业加工企业规模小，质量和效益较差，初级产品多，精深加工产品少，核心竞争力弱，不同技术层次并存。三是产品结构单一。山西省木材加工企业主要生产板材、板材、龙骨、家具和切片等几个已存在几十年的老产品，企业创新能力差。

【果品和调料】 山西省发展林果业有得天独厚的自然地理条件，已成为我国北方地区公认的林果优质高产区。山西历史上就有许多名特优干鲜果品种，素有"汾阳核桃甲天下，稷山板枣誉中华，平顺花椒人人夸，万荣柿子风味佳"的美称。山西省有14个县(市)被国家林业局评为全国名优经济林之乡，其中临县、稷山、永和、太谷、汾阳、古县、左权、平顺、芮城、万荣等县，分别被国家林业局命名为名优特经济林红枣、核桃、花椒、柿子之乡。汾州核桃，稷山板枣，交城骏枣，太谷壶瓶枣、梨枣，万荣橘蜜柿，平顺大红袍花椒等在国内外市场享有盛誉。

面积和产量 山西省经济林总面积45.38万公顷，2008年，山西省干果产量34.15万吨。其中红枣产量21.79万吨，核桃产量6.14万吨，花椒产量0.62万吨，柿子产量4.31万吨，仁用杏产量0.27万吨。

2009年，山西省干果产量67.79万吨。其中红枣产量47.18万吨，核桃产量7.04万吨，花椒产量0.81万吨，柿子产量6.5万吨，仁用杏产量0.61万吨。

发展优势 山西省地处黄土高原，日照充足、四季分明、降雨集中、雨热同期、昼夜温差大、小气候多等自然因素为经济林树种栽培创造了得天独厚的条件。特别是由于日照充足，昼夜温差大，有利于有机营养积累，因此同一品种果实在黄土高原栽培色泽艳丽、含糖高、品质优良。

全省经济林栽培历史悠久，红枣等树种的栽培历史已有3000年左右，尚有部分树龄达数百年的枣树、核桃、柿树至今仍枝叶茂盛、硕果累累。悠久的栽培历史使山西省许多地方的群众都有栽培经济林的传统习惯，并掌握了一定的栽培管理技术，形成了一支庞大的经济林基层管理队伍。

经过长期的栽培驯化和积极引种，山西省经济林种质资源十分丰富。据不完全统计，山西省现有栽培品种超过1000个。有些树种仅为山西省保存和栽培，例如保德海红等。丰富的品种资源为山西省经济林产业发展，提供了丰富的种质基础。

全省有许多名优干果品种和产品，在国内外市场上都享有较高的信誉，在国内外市场上均占有一席之位。核桃、红枣、花椒、仁用杏等经济林产品是山西省在国内流通领域的主要商品，也是贮藏、加工业的主要对象和原料，是贮藏、加工、流通业正常运转和扩大规模的基础。

基地建设 全省已经建成一批经济林基地。以太行山、吕梁山、太岳山低山丘陵区为主的核桃基地，涉及汾阳、左权、古县等40个县(市)，核桃基地面积占全省核桃面积的62%。基地县年产量在1000吨以上的县(市)有32个，年产量在5000吨以上的有汾阳、孝义、左权、古县、黎城5县(市)。以黄河沿岸、汾河中下游沿岸、滹沱河沿岸的红枣基地涉及临县、太谷、稷山等44个县(市)，红枣基地的面积占全省红枣面积的66%，基地县中，年产量在2000吨的县(市)有30个，年产量在2万吨以上的县有临县、柳林、稷山、兴县、石楼、永和、太谷、榆次、永济、临猗等10

县(市)。2008年临县红枣产量达到23万吨，总收入2.5亿元，农民人均红枣收入450元，占农民人均纯收入的30%。太谷县发展2万公顷壶瓶枣基地，0.53万公顷苗木花卉基地，农民人均收入1480元，占人均纯收入的35.2%。此外，仁用杏基地、柿子基地、花椒基地也初具规模。

生产能力 参照国家和地方丰产林标准，根据全省的实际情况，山西省主要干果经济林树种按照产量划分为丰产林、中产林和低产林三类。红枣高产林占13.5%，中产林占39.3%，低产林占47.2%；核桃高产林占13.5%，中产林占38%，低产林占48.5%；柿子高产林占22.4%，中产林占38.8%，低产林占38.8%；花椒高产林占11.7%，中产林占38.7%，低产林占49.6%；仁用杏高产林占7%，中产林占23.7%，低产林占69.3%。

产品加工 随着栽植面积的扩大、产量的提高也带动了加工业、包装业、运输业、销售商业的发展。目前，全省各类林产品加工企业逐步发展，其中，干果经济林加工企业1300多家，年加工能力29万吨，年销售收入100万元以上的企业110家，全省范围内干果加工企业优势群体已初步形成，如以吕梁、晋中为主的山西中部红枣加工群，代表企业有交城天骄枣业、临县天渊枣业、太谷天山斗枣业等。加工产品主要有蜜枣、酒枣、玉枣、枣泥、枣脯、枣汁、枣酱、枣酸、枣饴糖、枣酒、枣香精、红枣冻干食品等。以吕梁、阳泉、长治、晋中、临汾为主的山西中部核桃、花椒加工企业群，代表企业有全国经济林加工龙头企业汾阳土畜产加工贸易公司、盂县大寨核桃露、左权顺康天然农产品、平顺厦普赛尔纪兰核桃露、黎城三泰科技、古县古岳核桃。加工产品主要有核桃仁、琥珀核桃仁、核桃露、核桃乳、花椒粉、花椒油及核桃包装等。以运城临汾、晋城为主的红枣、柿子、山楂加工企业群，加工企业主要是稷山县胃乐、蜜林，后稷和稷园红，永和黄河天然食品，晋城华莫保健食品。加工产品主要有枣加工品、山楂酒、山楂奶、果脯等。目前，山西省干果经济林加工企业加工能力在400吨以下的占80%以上，400~2000吨的企业占10%左右，年产能在2000吨以上的仅占5%左右，真正的龙头企业为数不多，全省干果加工能力亟待提高。

【种苗花卉】 山西省充分依托省实验苗圃、省杨树局苗圃等五大省级示范苗圃和20个市(地)苗圃、30个采种及良种繁育基地，大力培育具有山西省特色的林木种苗和花卉产业，扩大种植面积，提高经济效益。全省育苗面积近几年稳定在2.73万公顷左右，可提供各类合格苗木21亿株，种苗生产基本保证了全省造林绿化需求。

花卉产业 2008年，生产面积483公顷，较2007年增长83.65%，花卉种植产值1.24亿元；全省花卉生产企业和农户1619家，从业人员7177人。2009年，生产面积557公顷，较2008年增长15.3%，花卉种植产值1.97亿元；全省花卉生产企业和农户1939家，从业人员7027人。

区域布局 大同、晋城的百合栽培正在进行；太原、临汾等地的蝴蝶兰、君子兰、一品红生产稳步推进；太原、长治、大同的大花惠兰引种试验成功，且已有成品花上市。忻州市野生花卉引种驯化工作取得了阶段性成果，迎红杜鹃、翠雀的引种驯化工作取得成功。太原、晋中、长治的草花生产也初具规模，经济效益、生态效益日益显著。

产品结构 山西省花卉生产以观赏苗木为主。2008年，鲜切花产量874万支，较2007年增长2.70%；盆栽植物产量631.53万盆，同比下降0.32%；观赏苗木产量1209.2万株，同比增长2.43%；草坪产量85.94万平方米，同比下降51.65%。2009年,鲜切花产量127.89万支,较2008年减少85.47%;盆栽植物产量711.6万盆,同比增长12.7%;观赏苗木产量1359.99万株,同比增长12.5%;草坪产量52.44万平方米,同比下降39.0%。

经营主体 2008年，花卉市场数量142个，较2007年增长25.66%，花卉企业234家，农户1385家，其中种植面积3公顷以上或营业额500万元以上的大中型花卉企业17家。2009年，花卉市场数量229个，较2008年增长61.3%，花卉企业239家，农户1727家，其中种植面积3公顷以上或营业额500万元以上的大中型花卉企业18家。

【森林旅游】 2009年，全省森林公园111处，其中国家级18处，省级37处。年接待游客549万人次，门票收入5180多万元。

(李 捷)

内蒙古自治区林业产业

【概　述】“十一五”以来，全区的林业产业始终保持持续，快速发展。产业结构日趋合理，产业规模逐步扩大，林业产业在促进生态建设、农牧民增收致富和地方经济发展方面的作用日益突出。

森林资源与消耗　据第七次森林资源连续清查结果显示，全区森林面积2366.40万公顷，居全国一位；森林覆盖率20.00%。提前两年实现了自治区“十一五”奋斗目标。活立木蓄积量13.61亿立方米，居全国第五位，人工林面积303.91万公顷。

政策措施　自治区人民政府于2007年9月出台《内蒙古自治区林业产业化重点龙头企业认定管理暂行办法》。

2008年11月，自治区政府按照该办法，本着“公开、公平、公正”的原则，组织开展了首批自治区级林业产业化重点龙头企业的申报、初审及联席会议评审工作。经评审，确定内蒙古森发林业开发(集团)有限公司等28家企业为首批自治区级林业产业化重点龙头企业。

2008年12月，内蒙古林产业协会成立。协会按照法律法规和协会章程的要求，规范、高效开展工作,并将成为行为规范、运作有序、代表性强、公信力高、应现代林业产业发展要求的新型行业协会。

发展成就　全区把发展林业产业与农牧民增收紧密结合起来，把生态建设和林业产业的发展紧密结合，初步建立起“企业加基地，基地加农户，利益均沾，风险共担”的产业化经营模式。林业产业化龙头企业不断发展壮大，对原材料的需求不断增加，带动了基地建设，拉动生态建设能力明显增强。

2009年，全区林业产业总产值179.58亿元。第一产业实现产值103.04亿元，较2008年减少6.60亿元；第二产业实现产值54.27亿元，较2008年减少12.21亿元；第三产业实现产值22.27亿元,较2008年减少9.86亿元。2009年度由于内蒙古森工集团部分职能的剥离,部分企业数据没有纳入统计,2009年度产值较2008年整体有所下降。

2009年，全区林业产业企业1032家，总资产400342万元，实现销售收入304672万元，实现利润28063万元，其中，销售收入100万元以上企业289家，规模以上企业71家，销售收入3000万元以上企业20家，销售收入5000万元以上企业15家，销售收入1亿元以上企业3家。林业产业的发展，促进了农村牧区产业结构的调整，增加了农牧民收入。2009年，农牧民人均林业收入达到340元。

进出口贸易　自治区的进出口贸易主要以木材进口为主，并重点集中在二连浩特和满洲里两个口岸城市。由于西方国家认为在俄罗斯投资或与俄罗斯公司做贸易具有很大的风险性和不稳定性，所以他们采用由中国公司进口俄罗斯木材，中国低成本劳动力和相对先进的生产技术来生产加工，再出口国际市场的方式。由于西方国际金融危机严重，导致两地木材加工产品内外销减弱，市场疲软，2008年木材落地加工量较2007年下降了17%。二连浩特、满洲里及时出台了扶持工业企业发展的一系列政策措施，政府组织人员，积极帮助企业开拓市场，促进产销衔接，减少产品库存积压，提高资金周转率，取得明显成效。成立了金融办、中小企业贷款担保中心，引进非银行金融机构，协调金融机构加大对工业企业的资金扶持力度，有效缓解了企业资金压力。2009年满洲里市木材落地加工量实现300万立方米，完成工业产值40亿元。

【主要品牌】　全区共有自治区级著名商标8个，地方级著名商标14个。汉森、河套、宇航人、准立、天骄、圣鹿源、安澜、秀林8个品牌被评为自治区级著名商标。

天　骄　鄂尔多斯市天骄资源发展有限责任公司是一家创建于1996年、以沙棘开发利用为主的企业。2005年企业引进具有300多年历史的中华老字号北京王致和集团合资开发利用沙棘。公司的沙棘综合开发利用项目被列为国家级星火计划和国家级科技推广项目。公司下设沙棘食品研究所和中日沙棘协会，负责沙棘种植及沙棘产品的研发。公司还与北京酿造食品研究所、中国调味品协会研发中心建立长期协作关系，以作为公司的技术后盾并保证公司现有技术推广使用及新技术的不断研发和产品及时更新换代。公司拥有三项专利技术，并通过了ISO9001：2000国际质量管理体系认证，产品被国家绿色食品中心认定为绿色食品和有机食品。公司现有龙门沙棘醋、金狮沙棘酱油、天骄沙棘醋、沙棘酱油、沙棘叶茶、沙棘饮料、沙棘果蜜腐乳以及沙棘饲料等几十个品种。其中天骄获自治区著名商标称号。公司的沙棘综合开发项目以沙棘加工企业为龙头,实行“公司+基地+农牧户”连接营销市场的经营模式。近两年企业累计支付给农牧民收购沙棘资金1600万元,带动6400户农牧民增收。

圣鹿源 圣鹿源是内蒙古大圣生物技术有限责任公司生产的鹿系列深加工产品的商标。2006年9月，圣鹿源商标被评为自治区著名商标。内蒙古大圣生物技术有限责任公司是一家集野生动物驯养、生物技术研究与应用为一体的综合型公司。公司与国内十几所科研院(所)紧密联合，走“产、学、研”一体化道路，上游向种鹿繁育、饲草料种植业扩展；下游向生物制药、保健食品、化妆品、鹿皮革制品扩展，按产业化模式组合产业链条，培育鹿产品消费市场，全面推进鹿产业的发展。公司采取“公司+农户”的紧密型模式，带动周边8个市县农民投入养殖业，养殖户2800多户，鹿存栏量16300多头，农民实现增收3.9亿元。公司在全国20多个省市的大中城市建立了457家加盟连锁店，解决社会就业980人。公司自主创新的低温超声裂解提取优质鹿茸素项目，实行规模化圈舍养殖，促进了退耕还林还草，保护生态环境。2005年9月，圣鹿源鹿系列深加工产品被自治区品牌协会评为内蒙古重点保护品牌。2006年6月，公司通过了ISO9001国际质量管理体系认证；2006年9月，公司通过了食品质量安全QS认证；2006年9月，圣鹿源商标被评为自治区著名商标。2007年3月，公司低温超声裂解技术项目被列为2007年度国家光彩事业扶贫项目；2007年8月，公司生产的包克图牌鹿茸素系列产品被评为内蒙古名牌产品。

安　澜 是阿里河层压板厂生产的层压木的注册商标。阿里河层压板厂主产品电工层压木，年生产能力5000吨，其中：全拼板和成型件1000吨。2005年，安澜牌电工层压木被内蒙古自治区质量协会评为用户放心使用产品。安澜牌电工层压木商标被评为自治区著名商标。2007年公司生产的X型组法圆环获得国家专利，同年12月林区林产工业“十一五”规划重点项目电工木扩建工程竣工，总投资1800万元，扩建后年产电工木5000吨。安澜牌系列产品在全国同行业电工木销售量位居第一位，企业与日本东芝公司、ABB公司、德国西门子公司、法国阿海法公司及国内60多家大中型变压器厂建立了稳定的供货关系，是国内惟一提供给国外独资及合资公司电工木的生产企业。

秀　林 玖龙兴安浆纸(内蒙古)有限公司是内蒙古森林工业集团与东莞玖龙纸业有限公司(外方)合资组建的中外合资企业，是中国第一家林纸结合、合资经营、资源综合利用的现代化制浆造纸企业。公司的商品本色针叶木浆产量位居内蒙古自治区第一，全国第二。公司主营产品长纤维本色(微漂)木浆及系列产品产销率达到100%，产品市场份额占全国本色木浆用量的10%，占国产木浆的30%以上。玖龙兴安浆纸(内蒙古)有限公司为资源综合利用的热电联产企业，以大兴安岭薪炭材及林产“三剩物”为原料，能源自给率(蒸煮黑液、树皮及木屑)达到63%，年折标煤约15万吨，实现了循环经济发展模式。公司被自治区消费者协会授予2007~2008年度诚信单位称号，产品商标秀林被自治区工商局认定为内蒙古自治区著名商标。

【木材加工】 木材加工利用是全区林产品加工业的主导产业，2008年由于国际金融危机的爆发，全区木材及人造板加工业受影响较大。突出问题是销售不畅。导致企业不得不采取减产甚至停产、裁员等方式减轻企业的损失，部分具有一定实力的大企业还能基本按照之前的订单安排生产，一些中小企业市场竞争力差，抵御市场风险能力弱，稳定的客户订单较少，市场的低迷使得这些企业不堪负重，生产利润减少，导致很多企业被迫停产。面对金融危机的冲击，一些大型企业通过技术改造，设备更新，提高人员素质等手段提高企业的市场竞争力，增强企业抵御风险，应对危机的能力。截至

2009年，全区共有木材及人造板加工企业1000多家，其中销售收入100万元以上企业246家。2009年，全区木材产量311.81万立方米，较2007年下降104.85万立方米，产值179802万元，较2007年下降6956万元；人造板产量69.32万立方米，较2007年减少2.50万立方米，产值110671万元，较2007年下降12671万元。

【灌木林基地建设】 灌木林建设不仅在生态防护体系中发挥重要作用，同时为沙产业发展提供大量原材料。仅以鄂尔多斯为例，2009年，全市建成沙柳原料林基地2.7万公顷，柠条原料林基地4.6万公顷，杨柴原料林基地1.9万公顷。产品主要为柳条、沙柳切片、人造板、柠条和杨柴颗粒饲料。乌海市大力发展梭梭种植，2009年梭梭种植面积已达2000多公顷。

【经济林】 2009年，全区经济林种植与采集产值185774万元，较2008年增加12529万元。其中水果及干果的种植与采集产值82131万元，较2008年增加48万元。中药材的种植与采集产值54904万元，较2008年减少5162万元，森林食品的种植与采集产值16570万元，较2008年增加2077万元。沙棘、山杏仍为全区经济林产业发展的主要抓手。赤峰市敖汉旗建成7.53万公顷仁用杏基地，年产山杏核0.48万吨，沙棘果4万公顷，年产沙棘果1.80万吨，0.53万公顷桑蚕基地；鄂尔多斯市建成沙棘原料林3.33万公顷，山杏原料林0.93万公顷。拥有天骄资源、高原圣果、水域山、高原杏仁露等7家规模以上沙棘、山杏产品加工企业，产品涉及三大类(饮品、调味品、保健品)10多个品种(沙棘饮料、沙棘酱油、沙棘醋、沙棘茶、沙棘黄酮、沙棘叶黄酮、杏仁露、炒杏仁等)。年产杏仁露2万吨，沙棘饮料11.1万吨，沙棘酱油醋2万吨，沙棘黄酮胶囊1300万粒。乌海市大力发展以葡萄为主的经济林，全市的葡萄种植面积近0.13万公顷，品种30多个，葡萄产量0.75万吨，年平均产值2000多万元。

【野生动物驯养】 2009年，全区野生动物驯养及产品加工产值13221万元，较2008年减少11204万元。主要原因是受国际金融危机影响，驯养野生动物产品价格持续走低。通过开展自治区级林业产业化龙头企业评选，内蒙古健元鹿业有限责任公司、内蒙古森工集团金河森林工业有限责任公司(北极狐养殖基地)、内蒙古大圣生物技术有限责任公司被评为自治区野生动物驯养及产品加工龙头企业。内蒙古森工集团金河森林工业有限责任公司(北极狐养殖基地)投资550万元，建成了占地16万平方米、容纳100家规模较大养殖户的北极狐良种繁育基地，可集中饲养北极狐7万只，基地种群规模达到6000只，从业人员200余人。公司的金寒牌北极狐皮张已远销河北、山东、黑龙江、吉林、江苏、宁夏等地，并获得2007年中国国际林业博览会金奖。

【森林旅游】 2009年，全区森林旅游产值95295万元。以鄂尔多斯市为例，截至2009年，全市生态旅游项目区总投资132636万元，接待游客124万多人，总收入11777万元，实现利润628万元，上缴税金377万元。生态旅游业的发展带动周边农牧户1346户，人均增收2497元。

【赤峰市敖汉旗林业产业】 敖汉旗全旗林地面积40万公顷，其中有林地面积37.4万公顷，森林覆盖率42.22%，森林蓄积量596万立方米。

2009年敖汉旗林业产值3.1亿元，实现利税近1000万元，年人均来自林业的收入约700元。

敖汉旗建成六大林业产业基地。即：12.67万公顷杨树防护兼用材林基地，活立木蓄积量470万立方米，年采伐木材10万立方米；7.53万公顷仁用杏基地，年产山杏核0.48万吨；4万公顷沙棘果基地，年产沙棘果1.80万吨；0.53万公顷桑蚕基地；4.93万公顷饲料及能源林转化灌木林基地；520公顷种苗基地。

围绕已建成的六大基地，敖汉旗打造了五大林业产业。一是木材加工业。目前敖汉旗共有各类木材加工厂65家，其中细木工板厂4家，中密度板厂1家，单板加工厂3家。每年加工各种板材、锯材6.2万立方米以上，利用林业“三剩物”6万吨，实现产值6900万元以上，利税400万元以上。二是果品加工业。敖汉旗现有以内蒙古蒙鑫农林产业科技有限公司、内蒙古敖汉沙漠之花饮料有限责任公司为代表的果品加工厂7家，年加工生产能力5万吨以上。三是林下经济产业。敖汉旗年采收林内食用菌0.20万吨，价值1000万元。通过发展复合型林业，年提供牲畜饲料12万吨，价值1671万元；林间间种粮豆产量1.96万吨，价值3624万元。黄柳、条桑、柠条等成为编制品用条，年利用编织条4.88万吨，价值597万元。四是种苗产业。现敖汉旗年均育苗面积133.3公顷以上，林木良种基地面积0.27万公顷，2008年，出圃各类优质苗木4000余万株、采收林木种子0.15万吨，价值1846万元，占林业总产值的10%。除满足本旗生产外，还外销苗木1000余万株、种子0.05万吨，价值500多万元。五是桑蚕产业。敖汉旗1999年开始发展桑蚕产业,现已发展桑蚕基地0.53万公顷。

【内蒙古毛乌素生物质热电有限公司】 是一家旨在通过充分科学地利用沙生灌木特殊生物习性和广袤沙地资源，结合成熟的生物质能直燃发电技术和装备，开展生物质能发电的专业化公司。公司于2006年11月在内蒙古自治区乌审旗登记注册，注册资金6000万元。公司的生物质热电项目采用当地沙生灌木原料进行直燃式发电。1号机组已于2008年11月16日正式并网发电。

毛乌素沙地地下水资源丰富、可开发利用价值巨大，有利于沙生灌木和植物的生长发育。乌审旗及其周边旗县的干部群众，几十年坚持不懈种草植树，形成了相当保有量的沙生灌木资源，为此项目提供了资源基础。

为了保障生物质燃料的稳定性，同时控制燃料成本，实现集约化经营，公司在乌审旗政府支持下，与当地林业部门和农牧户通过自愿、有偿、依法的方式长期(20年)租赁集体林地6666.67公顷，农牧民林地和宜林地3.33万公顷，建设自有能源林基地。此计划已经展开实施，预计2010年完成。仅2007年，就营造沙柳、红柳、旱柳、杨柴等沙生植物1.07万公顷之多，创造了当地单季单个企业造林治沙的历史纪录。另外，建立生物质原料收购点72家，收购沙生灌木原料15万多吨，累计投入近1.8亿元。2008年公司继续大规模造林1万公顷并通过林业部门验收，现累计造林面积已达到2.67万公顷。通过该项目的实施，有力地带动了包括乌审召镇毗邻地区等近2000多农牧户，每年可为当地农牧民增收约5000万元。

【内蒙古汉森葡萄酒业有限公司】 公司位于乌海市，是一个多元化发展的产业集群。葡萄酒产业是集团公司的主导产业，葡萄酒业公司创建于2001年3月，注册资金2.3亿元，总资产约5.3亿元。以顶级葡萄酒生产为核心，逐步形成酿酒葡萄苗木培育和种植、葡萄酒文化推广、葡萄酒文化交流、葡萄酒主题休闲旅游、高效设施农业等复合型产业。经过8年的发展，公司确立了良好的品牌形象，建立了质量保障体系。同时，公司在发展沙地阳光产业和稳定葡萄优势产业、转移安置农村劳动力就业和带动农民增收方面发挥了作用。2008年汉森牌商标被评为内蒙古自治区著名商标。公司被认定为自治区林业产业化重点龙头企业。公司采用全套意大利葡萄酒加工设备和流水灌装线，年生产能力2万吨，酿酒技术、工艺水平已达到国际标准。公司现有汉森普通干红、四星解百纳等十几个品种的产品，2008年红酒实现销售收入9549万元。2006年，汉森解百纳干红葡萄酒荣获第二届亚洲葡萄酒质量大赛金奖，2007年汉森四星解百纳荣获中国国际林业产业博览会金奖。葡萄和葡萄酒于2007年获得国家绿色AA和有机认证。2008年被中国农业发展银行评为AA级信用企业。2009年通过了HACCP、ISO90001、ISO14000认证。

【林业产业大事记】

2008年

8~10月 组织开展自治区级林业产业化重点龙头企业申报工作。

11月 召开自治区林业产业化第一次联席会议和重点龙头企业评审会。

12月21~22日 召开内蒙古林业产业协会成立大会暨全区林业产业工作会议。

2009年

11月 自治区政府正式批准成立内蒙古自治区林业厅林业产业处。 （韩　英）

辽宁省林业产业

【概 述】

产业发展 2008年辽宁省林业产值543.1亿元，比2007年增长37.5%。其中第一产业实现344.8亿元，第二产业166.1亿元，第三产业32.2亿元。林业产业已成为农村产业结构调整、促进地区经济发展、带动农民就业、增加农民收入的主要内容。

2008年全省造林81532公顷，其中用材林完成面积6153公顷，其中速生丰产林1805公顷，更新造林8828公顷，林冠下造林10072公顷，低产林改造面积7706公顷。退耕还林面积58159公顷，其中用材林造林6019公顷，经济林3431公顷，防护林48709公顷。木材总产量181万立方米，其中针叶原木53.4万立方米。全省林木采运总产值19.1亿元，其中商品材采运产值14.4亿元。

产业政策 辽宁省十分重视林业产业政策工作，特别是2008年相继出台了一系列林业产业扶持政策。在省委省政府的支持下，林业厅又下发了《辽宁省2008~2010年林业产业倍增发展规划》(辽林办字〔2008〕97号)。对以林地经济开发为主的第一产业、林产品加工业、森林旅游业的发展目标和保障措施提出了明确意见。

2008年，辽宁省林业厅和财政厅联合制定下发了《辽宁省2008~2010年林业产业倍增发展项目及财政扶持资金管理办法(试行)》(辽林字〔2008〕29号)文件。主要内容是：对林地经济项目的发展，省财政采取以奖代补的方式对各县(市、区)给予扶持(不含大连市)，并依据省林业厅对各县(市、区)上年度林地经济增加值的增量、重点扶持项目的新增规模及项目资金管理情况等核查验收结果，分别按70%、20%和10%的权重将扶持资金"切块"分配到各县(市、区)。扶持对象包括发展林地经济的各种所有制企业、单位和个人。其中：对林地经济项目典型示范大户、具有显著牵动作用的龙头企业和有关组织将给予重点扶持。省财政扶持资金主要用于林地经济项目建设所需种苗购置和配水配电等基础设施建设补贴，可采用补助和贴息相结合的方式。采用贴息方式的，贴息率为当期金融机构贷款利率，贴息期限为1年。各县(市、区)凡当年新增固定资产(含新建和改扩建，下同)投资额超过5000万元(含5000万元)以上的林产品加工企业，省财政将按新增固定资产投资额的3%~5%给予一次性奖励，对每个企业奖励最高不超过1000万元。其中：新增固定资产投资额超过5000万元(含5000万元)低于1亿元的，按新增固定资产投资额的3%给予奖励；新增固定资产投资额超过1亿元(含1亿元)低于2亿元的，按新增固定资产投资额的4%给予奖励；新增固定资产投资额超过2亿元(含2亿元)的，按新增固定资产投资额2亿元的5%给予奖励。对大连市所属县(市、区)符合奖励条件的林产品加工企业，省财政分别按上述奖励标准的50%给予一次性奖励。省财政对彰武、黑山县当年新增固定资产投资额不足5000万元(不含5000万元)，且银行贷款不低于300万元的林产品加工企业，依据《辽宁省支持县域经济发展产业项目贴息资金使用管理办法》，优先给予贷款贴息扶持。

省财政对当年获得名牌林产品的企业将给予一次性奖励，获得"中国名牌"林产品的企业，将奖励100万元；获得"地理标志"和"森林认证"林产品的企业，将奖励50万元；获得"辽宁名牌"林产品的企业，将奖励20万元。同一产品获两种以上名牌的，以最高品牌奖励为准，不兼得多项名牌奖励。同时，并以省政府名义起草了《关于加快推进林业经济发展的意见》(辽政办发〔2008〕64号)下发至各市政府和省政府各厅委、各直属机构。这个文件不仅涵盖了以前了林地经济奖励政策，还对放活商品林经营政策作了进一步明确。

【果 品】 2008年辽宁省大力推进"四个百万亩"

经济林基地建设，榛子、板栗、红松、杏、枣为主的林地经济项目建设面积4.9万公顷，累计达到56万公顷。辽宁省经济林总面积122.24万公顷，其中结实面积87万余公顷。水果产量362.42万吨，干果产量29.06万吨，水果及干果的种植与采集总产值113.21亿元，比2007年增加13.3%。其中干果品种有榛子(2.7万吨)、板栗(7.4万吨)、大枣(9万吨)、山杏仁(4万吨)、核桃(4.2万吨)等。

省财政的专项扶持资金和项目建设县(区)实现了双增加。全省林地经济发展扶持资金由2006年的1500万元增加到2007年的2000万元，项目实施县(区)由15个增加到34个。省政府高度重视，部分市县级政府出台了扶持政策。其中：鞍山市政府2007年从财政出资500万元专门扶持林地经济发展。2007年省、市、县三级财政累计投入林地经济发展专项资金4000多万元。

2008年省财政安排林地经济专项资金5000万元，重点支持以板栗、榛子、大枣、大扁杏、山杏、核桃、林下中药材等重点林地经济示范基地项目。重点项目建设区域涵盖13个市56个县(市、区)，示范基地建设规模2.9万公顷，其中“四个百万亩”工程落实2.7万公顷，惠及全省林区农民及企业近万户。省财政厅对全省林地基金项目实施情况开展了专项资金绩效评估工作，总体评估结果达到“优秀”。

丹东是辽宁栗子的主产区。板栗良种面积4万公顷，产量4万吨。建成标准板栗园1000个。全市板栗栽培基本遍及每个乡镇，面积超万亩的乡镇38个，板栗承包户约13000个。

枣、杏栽培区重点在辽宁西部地区。总面积近3.3万公顷，年产鲜枣8万吨以上，被当地农民称为“铁杆庄稼”。主要栽培和改造的枣品种有大平顶枣、根德大枣、赞皇大枣，大扁杏品种有一窝蜂、白玉扁、丰仁等。出版了《中国枣产业发展报告》(蓝皮书)和《中国核桃产业发展报告》(蓝皮书)辽宁专版。

【花　卉】 2009年，全省花卉种植面积1.6万公顷，年产切花切叶16.9亿支，盆栽植物1.02亿盆，观赏苗木产量1.61亿株，草坪0.25亿平方米。花卉种植总产值44.68亿元，比2008年增长了38.46%。花卉市场62个，花卉企业431家，大中型花卉企业107家，花农2.08万户，花卉从业人员7.34万人，温室面积275万平方米。

【森林蔬菜】 2008年辽宁省开发、种植以蕨菜、龙芽楤木(刺嫩芽、刺龙芽)、大叶芹、刺五加等山野菜及食用菌等森林食品面积3.3万公顷，产量16万吨。种植与采集业总产值185.77亿元，比2007年增长了25.72%。

【野生动物驯养】 2008年辽宁省野生动物种源繁育基地5个，珍稀野生植物培育基地1个，野生动植物保护管理站47个，野生动物园5个，狩猎场1个，野生动物繁育与利用总产值51.12亿元，比2007年增长了46.35%。

辽阳市是辽宁野生动物驯养重点地区之一，全市以北极狐(蓝狐)、银黑狐(银狐)为主的养殖园区4个，鹿类资源产业化示范园区1个。全市以狐皮加工为主的企业9家，年加工狐皮80万张，产值2.8亿元。裘皮制衣企业46家，年产值2亿元。有2000余户农民从事皮毛加工、运输、销售产业。

【林产工业】 2008年辽宁省木材加工及木制品总产值163.6亿元，其中锯材及木片加工27.6亿元，人造板制造29亿元，木制品37亿元等，木、竹、藤家具制造40.9亿元，非木质林产品加工制造15.4亿元，木质工艺品制造2.4亿元，林产化学产品制造0.28亿元。林产品加工166亿元，比2007年增长了41.9%。

【森林旅游】 2008年辽宁省林业旅游与休闲服务产值23.5亿元，比2007年增长了207.6%。第三产业产值32.2亿元，比2007年增长了191.9%，同时直接带动其他非林产业产值2.2亿元。

【会展招商及对外联络】 2007年11月，中国国际林业博览会在北京农业展览馆召开，辽宁省林业厅组织全省14个市参加了此次会展工作。有十五大类200多种产品参加展出，有16种产品获得博览会优秀产品奖，其中，获得产品金奖3个，银奖

13个。辽宁省林业厅获得大会优秀组织奖、优秀展台设计奖。制作了《辽宁省林业画册》及《辽宁林业》宣传影像光碟，同时在展会期间还进行了项目推介和招商工作。

2007年辽宁省林业厅产业办组织各市完成了200余个重点产业项目库的储备，编印了《辽宁省林业产业招商项目推介》(中英文)，并在网上进行了公开发布。在此基础上，省林业厅与省政协环境资源委员会、省工商业联合会于6月21日在沈阳辽宁大厦召开了首届林业产业项目推介招商大会。招商会得到与会各方面的积极响应，参加会议有关方面的代表和民营企业家达300余人，布置了14个展区(含厅直单位)展示各地区、各部门产业发展概况，会上有8个涉林项目进行了现场签约，协议金额3.9亿元。

2007年利用中俄经贸活动"中国年"的契机，与俄罗斯托木斯克州建立联络渠道，就"俄罗斯—中国年"招商引资引智等进行协商联络。6月份与俄罗斯伊尔库茨克州政府驻北京代表处进行了业务联络。辽宁省林业厅产业办和辽宁省实验林场派员代表省厅参加了省政府赴俄罗斯友好代表团，参加了中俄友好"中国年"辽宁活动月的有关活动。2008年接待俄罗斯伊尔库茨克州青少年林业工作者代表团一行6人访问辽宁。俄方代表团先后考察了辽宁省林业职业技术学院、省森林防火指挥中心、省实验林场、省内部分森林公园和城市园林绿化等林业生产建设情况。

2008年，辽宁省委、政府计划在彰武、黑山建设两处林产品加工基地，省长陈政高亲自4次参加彰武—中国北方家具制造基地招商会。10月7日，辽宁省林业厅和阜新市政府在沈阳辽宁大厦举办了中国·辽宁彰武林产品加工园区推介座谈会，有260多家林产品企业代表及境内外24家新闻媒体记者到会。会议期间共有17家林产品加工企业与彰武县签订投资协议，签约额超过13亿元。11月3日，在浙江宁波市举行了中国·辽宁彰武林产品加工产业园区推介座谈会，浙江、江苏、上海等省市地板协会会长和来自长三角及周边地区200多位企业界人士参加会议，期间共有12家企业与彰武县签订投资协议，签约额达7.5亿元。12月3日，在广州白云会议中心举行了中国·辽宁彰武林产品加工产业园区推介会，到会企业70家，有6家企业和客商与彰武县政府签订了投资协议，总金额4.05亿元。几次招商会累计签约项目35个，签约总金额24.55亿元，在彰武林产品加工园区落户企业20家，开工建设企业11家，有5家企业已经完成设备安装，并于2009年4月正式投产。

【主要品牌】 2007年初，铁岭、凤城、凌源、绥中4个县(市)被国家林业局命名为全国经济林示范县。

2007年国家质检总局授予大连鹏鸿木业有限公司生产的细木工板中国名牌产品称号。通过抚顺哈什蟆(地理标志2007第167号)、清原马鹿(地理标志2007第183号)、丹东板栗(地理标志2007第186号)为3个地理标志认证。

2007年辽宁省名牌战略推进委员会、省质量技术监督局授予14家企业的林产品为辽宁名牌产品，具体为：辽宁宏基装饰材料有限公司(浸渍纸层压木质地板08－109)、丹东宝钢人造板有限公司(高密度纤维板08－110)、辽宁桓仁人造板有限公司(中密度纤维板08－111)、抚顺市天和地板厂(浸渍纸层压木质地板08－113)、抚顺市明珠木业有限公司(实木地板08－114)、大连千森木业有限公司(体育和文艺专用实木复合地板08－115)、沈阳邦迪木业有限公司(实木地板08－116)、沈阳市名格家具制造有限公司(实木家具08－131)、沈阳惠好家私有限公司(实木家具08－132)、本溪龙宝(集团)参茸有限公司(龙宝参08－180)、辽宁三达药材有限公司(哈士蟆油系列产品08－196)、辽宁田园实业有限公司(褐蘑菇08－200)、宽甸北方山奇菌业有限公司(食用菌系列08－201)、桓仁巨户沟森涛山参基地(山参系列产品08－202)。

2007年朝阳市国有黑水林场兴河木业有限公司通过森林认证(SGS－FM/COC－004017)。

2008年国家质检总局通过抚顺辽五味(2008年第146号)、桓仁山参(2008年第65号)、桓仁蛤蟆油(2008年第65号)质量认证。2008年辽宁省名牌战略推进委员会、省质量技术监督局授予14家企业的林产品为辽宁名牌产品，具体为：沈阳凯奥装饰材料有限公司(浸渍纸层压木质地板09－107)、沈阳德克斯顿木业有限公司(浸渍纸层压木质地板09－108)、沈阳北美木业有限公司(浸渍纸层压木质地板09－109)、沈阳市永森竹木业有限公司(强化复合地板09－113)、沈阳隆亿木业有限公司(强化复合地板09－114)、沈阳百世木业有限公司(强化地板09－123)、沈阳巴菲克实业有限公司(强化地板09－124)、沈阳盛唐木业有限公司(实木复合门09－134)、大连科冕木业股份有限公司(实木复合地板09－117)、大连雨生家具有限公司(家具09－131)、大连汇欣橱柜制造有限公司(橱柜09－143)、鞍山万兴隆岩田木业有限公司(实木家具09－129)、辽宁五女山米兰酒业有限公司(五女山葡萄酒09－181)、丹东市安民木业有限公司(厨房家具09－130)。

【宽甸满族自治县——中国板栗之乡】 宽甸满族自治县位于辽宁省东部、鸭绿江中下游西岸。地处长白山山脉过渡带，境内地形复杂，地貌多变，山多平地少。森林资源丰富，是一具有明显地域特点的山区县、边境县。全县共辖2乡20镇，178个行政村。总人口44.6万人，其中农业人口33.5万人。雨量充沛、温度适宜、秋季温差大(气温日变化10～16℃)、日照充足，是栗树栽培适宜的区域。板栗是宽甸县的一大特产，经过几代人的努力，现已形成较大的产业规模。从20世纪60年代宽甸县板栗试验站成立就开始进行品种引进和良种选育。1980～1985年省政府审定命名了4个品种：辽丹61号、辽丹58号、辽丹24号、辽丹15号，开始在生产上推广良种嫁接。90年代以来又选育出“9113”、“9912”、“9602”、杂49、杂59等一批新的优良品种。同时引进了日本的大丰、丹泽、出云、国见、利平、有磨合朝鲜的兔9、兔60、兔13等多个优良新品种，在生产上大量扩繁、试栽和推广。从80年代末开始全面推行幼树全部良种嫁接和低产劣质实生大树高接换头。全县板栗良种面积2.7万公顷，占总面积的47%和结果面积的80%。2008年全县板栗总面积5.6万公顷，3560万株。其中新植466.67公顷，35万株。结果面积3万公顷，进入盛果期面积1.9万公顷。板栗经营农户3.4万户。

【凤城县——中国板栗之乡】 凤城市是辽宁省板栗重点产区，板栗栽培具有悠久的历史，特别是近年来，随着林业发展规划，世行贷款造林工程、退耕还林工程等重点工程项目的实施以及农村产业结构的调整，板栗生产规模迅速扩大，管理逐步集约，品种趋向合理，效益明显提高。2008年，凤城县板4.6万公顷(2008年新植面积800公顷)，3200万株。结果树面积2.4万公顷，其中实生大树面积0.3万公顷；良种嫁接改造面积2.1万公顷。实生幼龄栗树面积2.2万公顷。全市板栗产量1.8万吨，总产值3亿元，占全市林业总产值的29%、占全市农业总产值的13.8%。此项产业带动农户2.2万户，7万人，对全市农民收入贡献率达10%。全市依靠经营板栗收入5万元以上的有1000多户，收入万元以上的有14000多户，收入5000元以上的有5000多户。全市板栗加工企业规模较大的有7家，年加工能力达到1万吨。产品主要有速冻板栗米，速冻板栗肉，甘露煮等。其中4家食品公司产品已获准使用国家地理标志产品专用标志。产业链条已经形成。

【北票市——中国仁用杏之乡】 2008年北票市新植仁用杏面积705.33公顷，其中山杏面积300公顷，主栽品种辽杏；大扁杏面积338.67公顷，主栽品种为优一、龙王帽；仁果两用杏66.67公顷，主栽品种串枝红。至2008年末，北票市共有仁用杏面积0.47万公顷，其中山杏和以山杏为主的混交林面积4.3万公顷，大扁杏2000公顷，仁果两用杏2000公顷。达到盛果期的仁用杏面积3.5万公顷，占栽植总面积的74.3%。仁用杏年产量560万千克，年收入2000万元。2008年北票市仁用杏加工龙头企业为兴红果品有限公司，年生产能力5000吨，主要产品兴红牌杏仁乳，销售收入2650万元。公司采用公司加农户的联结机制，原料来源农户占100%，直接带动基地面积2666.67公顷，间接带动基地面积3.3万公顷，直接带动农户2000户，增加农户收入每户5000元，并可安排300人就业。

【铁岭县——中国榛子之乡】 铁岭市是平榛主产区。被国家质检总局评为中国平榛原产地，获得地理标志认证；被国家林业局评为中国榛子之乡、中国经济林产业示范县。2008 年,国家林业局将铁岭县确定为全国林业科技推广示范县,铁岭县选育的铁平一号平榛被省林业厅种苗站确认为地方良种。

榛子育苗基地初具规模。为了缓解榛子苗木紧缺的问题，分别在熊官屯林场、红峰林场建 3.33 公顷、5.33 公顷良种榛子繁育圃，以满足全县榛农发展榛子的用苗需求。为加快产业发展，全县树立了 4 个典型。李千户乡大会村新建一处 9 公顷的高标准移栽示范园；横道乡东三岔子村建一处 12.67 公顷的高标准移栽示范园；腰堡镇徐千户村村民龚占臣和横道乡西三岔子村王玉胜的榛林每公顷产量均超过 750 千克。

2007 年，铁岭市政府从财政出资 100 万元专门用于扶持和奖励榛子产业的发展。2008 年，辽宁省财政厅下拨的 380 万元项目款已足额下拨到榛子户手中，并通过省、市林业部门的验收。

2007 年，榛子年产量 7000 吨，年收入约 3 亿元。2008 年，榛子产量 5000 吨，年产值 2.5 亿元。

（阎中林　张浩洋）

吉林省林业产业

【概　述】 吉林省位于中国东北地区中部，总面积18.7万平方千米，占全国总面积的2%。南邻辽宁省，西接内蒙古自治区，北与黑龙江省为邻。吉林省地处北温带，东部为山区，中部为平原，西部为沙丘草地。

森林资源 吉林省是国家重点林业省份之一，依托长白山，有着得天独厚的森林资源。2009年，吉林省林地面积848.73万公顷，活立木蓄积88244.21万立方米，森林覆盖率38.39%。森林面积736.57万公顷，蓄积84412.29万立方米；其中人工林面积148.94万公顷，蓄积9594.90万立方米。

新中国成立以来，全省生产商品材2亿多立方米，为支援国家建设作出了巨大贡献。

产业发展 2008年，全省林业行业总产值5389850万元，比2007年增长了76.97%，其中第一产业产值1426194万元，比2007年增长了47.58%；第二产业产值3208011万元，比2007年增长了95.90%；第三产业产值755645万元，比2007年增长了71.12%。产业结构由2007年的31.73∶53.77∶14.50调整为2008年的26.46∶59.52∶14.02。从产业发展结构来看，第一、二产业发展速度较快，第三产业比重依然相对滞后。

2008年，第一产业产值中，涉林产业产值1336341万元，比2007年增长了56.23%；林业系统非林产业产值89853万元，比2007年减少了19.10%。第一产业涉林产业中，林木培育和种植产值124623万元，比2007年增长了3.27%；木材和竹材的采运产值377068万元，比2007年增长了3.29%；经济林产品的种植与采集产值510482万元，比2007年增长了141.92%；花卉的种植产值65418万元，比2007年增长了27.53%；陆生野生动物繁育与利用产值239098万元，比2007年增长了100.27%。第二产业中，涉林产业产值3112325万元，比2007年增长了96.26%。其中：木材加工及木、竹、藤、棕、苇制品制造产值1312222万元，比2007年增长了62.97%；非木质林产品加工制造业产值117.4亿元。

2009年，全省林业产业总产值6431830万元，比2008年增长了19.3%，其中第一产业产值1671566万元，比2008年增长了17.2%；第二产业产值3986773万元，比2008年增长了24.2%；第三产业产值773491万元，比2008年增长了2.3%。产业结构调整为26∶62∶12，第三产业的发展明显滞后。

2009年，第一产业产值中，涉林产业产值1560604万元，比2008年增长了16.7%；林业系统非林产业产值110962万元，比2008年增长了23.4%。第一产业涉林产业中，林木培育和种植产值157618万元，比2008年增长了26.4%；木材和竹材的采运产值349777万元，比2008年减少了7.2%；经济林产品的种植与采集产值618019万元，比2008年增长了21.0%；花卉种植产值72718万元，比2008年增长了11.1%；陆生野生动物繁育与利用产值332637万元，比2008年增长了39.12%。第二产业中，涉林产业产值3557092万元，比2008年增长了14.3%。其中：木材加工及木、竹、藤、棕、苇制品制造产值1567084万元，比2008年增长了19.4%；非木质林产品加工制造业产值127.4亿元，比2008年增长了8.52%。

【木材生产】 2008年，全省木材总产量421.24万立方米，比2007年增长了0.47%。其中，原木产量417.6万立方米，比2007年增长了0.48%；薪材产量3.64万立方米，比2007年减少了1.09%。2009年，全省木材总产量395.06万立方米，比2008年减少了6.2%。其中，原木产量392.37万立方米，比2008年减少了6%；薪材产量2.70万立方米，比2008年减少了26%。

【林产工业】 **锯材、木片** 2008年，森林工业产品中，锯材产量174.04万立方米，比2007年增长了47.08%；木片25.52万立方米，比2007年增长了88.48%。2009年，森林工业产品中，锯材96.54万立方米，比2008年减少了44.5%；木片24.19万立方米，比2008年减少了5.2%。

人造板 2008年全省人造板产量154.04万立方米，比2007年减少了9.99%。其中，胶合板43.29万立方米，比2007年增长了24.43%；纤维板28.27万立方米，比2007年减少了5.74%；刨花板57.01万立方米，比2007年减少了9.05%；细木工板24.04万立方米，比2007年减少35.11%。2009年，人造板产量192.88万立方米，比2008年增长25.2%。其中，胶合板73.64万立方米，比2008年增长70.1%；纤维板35.79万立方米，比2008年增长26.5%；刨花板54.89万立方米，比2008年减少了3.7%。2009年人造板产值50.04亿元,比2008年增加了7.01%。已经成为木材加工业的支柱型产业,并拥有露水河刨花板等一批国内、省内知名品牌。但全省人造板的总体质量仍然不容乐观,当前大多数生产企业设施简陋,投资、生产规模小,工作环境差,小型个体企业占相当数量,人造板产品质量和技术水平不高,市场无序竞争激烈,企业利润空间减少,升级发展乏力。

木地板 2008年全省木地板产量2402.01万平方米，比2007年增长了67.82%。其中实木地板362万平方米，比2007年减少396万平方米；实木复合地板1911万平方米，比2007年增加1337万平方米。2009年，木地板产量2515.76万平方米，比2008年增长了4.73%。全国实木复合地板产量在1826.62万平方米左右，吉林省实木复合地板产量占全国总产量的15.51%，其中约90%产品出口，10%左右内销。拥有金桥、奇美、新元、三城等一系列国内外名牌产品，其中吉林森工集团对旗下地板企业进行大手笔重新整合，组建金桥地板集团，成为亚洲较具规模的实木复合地板生产集团。

木浆造纸 2009年，全省造纸业产值42.7亿元，比2008年增长9.46%。为洁污减排，按照省政府要求，万吨以下生产线全部关闭，进一步规范整顿了造纸企业。由于浆用木材供应量的长期紧缺，不合理的原料结构，主要是非木浆使用比例过高(草浆、废纸浆为主)，直接影响了纸类产品的质量，制约了全省造纸工业的发展。

其他森工产品 2008年，全省单板产量28万立方米，比2007年减少4万立方米。人造板表面装饰板1155万平方米，比2007年增加189万平方米。木制家具总产量195万件(套)，木门12.3万扇，卫生筷子53.6万标准箱，浸渍纸2585万平方米，胶黏剂7.5万吨。2009年，全省单板产量27.05万立方米，比2008年减少0.95万立方米。木制家具总产量388.78万件(套)，木门56.9万扇，卫生筷子55.36万标准箱，浸渍纸2295.44万平方米，胶黏剂6.16万吨。

【木材市场】 2008年，吉林省东部林区木材销售平均价格1054元/立方米，比2007年提高了50元/立方米；锯材销售平均价格1628元/立方米，比2007年增加233元/立方米；木地板销售平均价格148元/平方米，比2007年提高了19元/平方米；胶合板销售平均价格3026元/立方米，比2007年降低了421元/立方米；中密度纤维板销售平均价格1397元/立方米，比2007年降低了64元/立方米；刨花板销售平均价格1248元/立方米，比2007年降低了85元/立方米。2009年，吉林省东部林区木材销售平均价格1008元/立方米，比2008年降低了46元/立方米；锯材销售平均价格1600元/立方米，比2008年降低了28元/立方米；木地板销售平均价格139元/平方米，比2008年降低了9元/平方米；胶合板销售平均价格3010元/立方米，比2008年降低了16元/立方米；中密度纤维板销售平均价格1260元/立方米，比2008年降低了137元/立方米；刨花板销售平均价格1115元/立方米，比2008年降低了133元/立方米。

【森林旅游】 2008年全省林业旅游接待人数1032万人次，旅游与休闲服务产值27.6亿元，比2007年增加15亿元。2009年全省林业旅游接待人数1105万人次，旅游与休闲服务产值39.9亿元，比2008年增加12.3亿元。森林生态旅游业出现了非常喜人的发展态势。

【花　卉】 2008年，全省花卉产值6.5亿元，比

2007 年增长近 1.4 亿元。已建成育苗日光温室 32 万平方米，鲜切花切叶产量 6238 万支，盆栽植物 1042 万盆，观赏苗木 5449 万株。经营销售花卉市场 94 个，花卉企业 86 家，其中大中型企业 5 家。2009 年，全省花卉产值 7.27 亿元。已建成育苗日光温室 29 万平方米，鲜切花切叶产量 6963 万支，盆栽植物 855 万盆，观赏苗木 2130 万株。经营销售花卉市场 70 个，花卉企业 118 家，其中大中型企业 5 家。吉林省的花卉业走上了稳步发展之路，流通环节发达，市场体系健全。其中有代表性的君子兰已远销到长江以南的大部分地区，并有少部分出口。

【野生动物驯养】 2008 年，全省野生动物驯养产值 23.91 亿元，比 2007 年增长 11.97 亿元。2009 年，全省野生动物驯养产值 33.26 亿元，比 2008 年增长 9.35 亿元。人工驯养繁殖野生动物品种 50 多个，其中驯养梅花鹿 27.8 万头。封沟养蛙 6900 条沟系，年出栏林蛙 10 亿只。全省共兴办各类野生动物养殖场超过 7000 户。

【延边林业集团林业产业】 2008 年，延边林业集团实现林业产业总产值 485883 万元，比 2007 年增长 5.4%。其中，其中，第一产业产值 185336 万元，比 2007 年增加 9486 万元，增幅 5.4%；第二产业产值 133298 万元，比 2007 年增加 14037 万元，增幅 11.8%；第三产业产值 167249 万元，比 2007 年增加 1569 万元，增幅 0.9%。

2009 年，延边林业集团实现林业产业总产值 551873 万元，比 2008 年增长 13.2%。其中，其中，第一产业产值 191216 万元，比 2008 年增加 5880 万元，增幅 3.2%；第二产业产值 215850 万元，比 2008 年增加 82552 万元，增幅 59.8%；第三产业产值 144807 万元，比 2008 年减少 22442 万元，减幅 13.4%。

林产品进出口贸易 2008 年，完成出口交货值 47946 万元，比 2007 年减少 6.2%；进出口贸易额完成 6899 万美元，比 2007 年减少 2.8%。

2009 年，完成出口交货值 38877 万元，比 2008 年减少 18.9%；进出口贸易额完成 5903 万美元，比 2008 年减少 14.3%。

森林资源培育 2008 年，累计完成荒山荒地造林面积 27 公顷，比 2007 年减少 79.9%；完成更新造林面积 33921 公顷，比 2007 年增长 273.3%；完成幼林抚育面积 116324 公顷，比 2007 年增长 174.9%；完成成林抚育面积 58938 公顷，比 2007 年增长 12%；完成育苗面积 93 公顷，比 2007 年增长 2.2%。

2009 年，累计完成荒山荒地造林面积 123 公顷，比 2008 年增长 355.6%；完成更新造林面积 28885 公顷，比 2008 年减少 14.8%；完成幼林抚育面积 167256 公顷，比 2008 年增长 43.8%；完成成林抚育面积 48812 公顷，比 2008 年减少 17.2%；完成育苗面积 109 公顷，比 2008 年增长 17.2%。

木材生产经营 集团公司研究制定了《木材经营目标管理考核办法》、《标准化贮木场建设实施方案》，为整合管理资源、形成主业经营合力，打造衔接紧密的效益链条奠定了坚实基础。同时，认真总结推广了大兴沟林业局“木材生产一个令、场存一个点、销售一个口”的经验。各森工企业抓住机遇，积极克服伐区作业环境差、季节线多、生产设备老化等不利因素的影响，推进质效挂钩、利益捆绑、强化培训、封闭管理等措施的落实，为主业经营效益的提高起到了积极的作用。2008 年，集团所属森工企业共完成木材产量 1171780 立方米，比 2007 年增加 49568 立方米，增幅为 4.4%。等内品率为 88.9%，优质材率为 63.1%，比 2007 年分别提高 1.5 和 6.9 个百分点。共销售木材 1077357 立方米，比 2007 年增加 31277 立方米，增幅 3%。其中，采用竞价形式销售木材 398488.7 立方米，比 2007 年增加 90218.7 立方米，竞价量占木材销售总量的 37%。木材单位售价 1083.19 元/立方米，比 2007 年提高 48.59 元，提幅 4.7%。实现木材销售利润 64755.8 万元，比 2007 年增加 4664.6 万元，增幅 7.76%。

2009 年，集团所属森工企业共完成木材产量 1074388 立方米，比 2008 年减少产量 97392 立方米，减幅为 8.3%。等内品率为 89.29%，比 2008 年提高 0.39 个百分点，优质材率为 60.94%，比 2008 年下降 2.2 个百分点。共销售木材 1134892 立方米，比 2008 年增加 57535 立方米，增幅 5.3%。其中，采用竞价形式销售木材 128200 立方米，比2008年减少270288.7立方米，竞价量占木材销售总量的11.3%。木材单位售价984.68元/立方米，比2008年减少98.51元/立方米，减幅9.1%。实现木材销售利润59371.3万元，比2008年减少5384.5万元，减幅8.3%。

伐区剩余物管理 2008年，剩余物生产275825吨，集团计划配置82255吨，完成计划的104.1%。

2009年，剩余物生产239535吨，集团计划配置81000吨，完成计划的103.6%。

主要林产品 2008年，生产锯材31810立方米，比2007年减少10029立方米，减幅23.97%；生产复合地板2559932平方米，比2007年增加818936平方米，增幅47%；生产实木地板195602平方米，比2007年减少1270108平方米，减幅86.7%；生产高密度板60607立方米，比2007年增加6943立方米，增幅12.9%；生产中密度板40283立方米，比2007年减少3478立方米，减幅10.16%；生产家具79406件(套)，比2007年减少16096件(套)，减幅16.85%。

2009年，生产锯材36465立方米，比2008年增加4655立方米，增幅14.6%；生产复合地板1597209平方米，比2008年减少962723平方米，减幅37.6%；生产实木地板146922平方米，比2008年减少48680平方米，减幅24.9%；生产高密度板70586立方米，比2008年增加9979立方米，增幅16.46%；生产中密度板95400立方米，比2008年增加55117立方米，增幅136.8%；生产家具67886件(套)，比2008年减少11520件(套)，减幅14.5%。

财务管理 集团公司及所属企业，普遍加强了财务预算管理，严格控制非经营性项目，大力压缩非生产性支出，积极开展增收节支活动，加大应收账款的回收力度，加速资金周转，提高了企业经济效益。2008年，实现营业收入200366.6万元，比2007年增收3799.4万元，增幅1.93%。实现利润7115.3万元，比2007年增加2479.9万元，增幅53.5%。完成各项上缴款8987.3万元，比2007年增加1938.4万元，增幅27.5%。银行存款由2007年同期的98426.7万元增加到107012.1万元，比2007年增加8585.4万元，增幅8.72%。

2009年，实现营业收入197943.8万元，比2008年减收2422.8万元，减幅1.2%。实现利润7486.9万元，比2008年增加371.6万元，增幅5.2%。完成各项上缴款9277万元，为年度计划的106.8%。银行存款比2008年增加10347.2万元，增幅9.67%。

项目建设 按照“跳出林业看全局、把握全局找重点”的要求，构建了靠体制机制创新上项目、靠林矿合作上项目、靠资源优势上项目、靠产学研销一体化上项目、靠招商引资上项目、靠科学管理上项目的项目建设常态化机制。2008年，完成林业建设投资总额139464万元，比2007年增长146.5%。其中：国家投资114441万元，比2007年增长200%；企业投资25023万元，比2007年增长35.8%。

2009年，完成林业建设投资总额188317万元，按可比口径是2008年的3.5倍，其中，形成固定资产105566万元，是2008年的3.7倍。全年累计争取国家投资10亿元，是2008年的5倍。形成了森林培育、基础设施、林产工业、能源矿产、基地建设、民生工程六大板块，续建、新开、重点推进、储备四个层次，217个项目组合的项目库，总投资358亿元，其中，产业项目147个，总投资287亿元。年内安排投资项目77个，完成投资7.6亿元，其中，产业项目29个，完成投资5.4亿元。以森林旅游为代表的新兴产业项目，以生物质能源为代表的循环经济产业项目，以循环流化床锅炉为代表的节能减排项目，以难燃板为代表的科技含量型项目和以强化地板、百叶窗片等为代表的传统林产工业项目相继投入运营，林矿合作项目取得新的进展。

棚户区改造 在全国重点国有林区率先打响棚户区改造攻坚战。确立了“以棚户区为切入点，以改善民生为出发点，以调整林场布局、变革生产方式、为林业深层次改革创造条件，拉动林产工业和建材工业发展为着力点，牵一发、动全局”的思路。2008年，争取各方面棚改资金9201万元，落实拆迁面积81289平方米，总建筑面积230400平方米，回迁面积162280平方米，有3276户在棚户区居住了几十年的职工喜迁新居。

2009年，开工122.74万平方米、24784户。

其中，新建93.78万平方米、17721户，已完工15764户，在建1957户；旧房改造28.96万平方米、7063户。全年完成棚改投资8.7亿元，其中，国家投资32776万元，省投资16428万元，职工集资23391万元，企业配套14465万元，拆迁4051户，回迁率100%。

招商引资 2009年，引进资金40588万元，新上项目15个。和龙、汪清等林业局通过与黑龙江商联集团、长春新利维木业等伙伴的合作，在招商引资的同时实现了体制机制创新，引进了技术、人才和市场，延伸了产业链条，落实了积极就业政策，培育了新的经济效益增长点。

全民创业 完善了政策支持体系，把全民创业推向了以培育林区民营经济为核心的新阶段。2008年，完成全民创业产值108976万元，比2007年增长27.3%。

2009年，围绕红松果材林、食用菌、中草药、野生浆果、山珍人工培植、养殖业六大基地，完成50个全民创业园区暨标准化基地规划和布局，为1374户创业户办理创业贷款2567.5万元，为564户创业户办理贴息709万元，创业户数已达26195户，占总户数80171户的32.6%，创业人数已达32889人，占4.9万在册职工67%，全民创业产值已达128048万元，比2008年增长17.5%。纯收入达5.03亿元，户均收入达1.92万元，人均收入达1.53万元。食用菌2000万袋以上的企业已有4家，全集团达到1.3亿袋。

科技推广 2008年，集团与东北林业大学共同筛选的16个林地经济产业项目拓宽了科技成果推广领域。白河林业局与华东师范大学生命科学院共同研发的蓝莓系列产品，使小浆果走向大市场。大兴沟林业局1500公顷生态示范园区被省农委、省质量技术监督局确定为省级中草药材示范园区，20多个科研项目在园区落户，为全民创业注入了科技含量，有38项科技成果在全州林业得到推广和应用。

2009年，推进了由基础研究向以应用研究和实用技术引进、消化、吸收、推广为主的科技工作定位转身，投入科研经费212.2万元，实施科研项目40项，投入推广经费252.6万元，引进、推广实用技术42项，与中国林科院、东北林业大学、吉林农业大学、州科技局签订了科技合作协议，难燃板已进入省重大科技成果转化项目的申报程序，使林业科技步入了与森林培育、项目建设、产业发展、全民创业四大领域紧密融合、支撑发展、引领未来的轨道。

资源保护 2008年，森林公安机关共查破各类森林案件3846起，打掉团伙17个，收缴木材1117立方米，挽回经济损失300多万元。实现了连续28年无重大森林火灾。

2009年，组织开展了“冬剑一号”、“绿盾三号”以及野生动物保护执法检查等专项行动。森林公安机关共查破各类森林案件4671起，收缴木材3157立方米，挽回经济损失431多万元。实现了连续29年无重大森林火灾。

安全生产 2008年，先后查出危险化学品企业一般隐患6项，立即整改6项，整改率100%；其他企业一般隐患26项，整改24项，整改率92.3%。5个森工企业贮木场的22台大型起重机械通过了州技术监督局的检验注册，并取得使用许可。利用广播、电视、报刊、互联网等宣传媒介，开展了以“治理隐患，防范事故”为主题的安全生产教育培训活动。“安全生产月”和“安全生产百日督查专项行动”的深入开展，进一步增强了广大干部、职工做好安全生产工作的主动性和自觉性。以人为本、关爱生命的安全生产理念和“安全第一，预防为主，综合治理”的方针成为越来越多人的自觉行动。2008年，集团所属企业共发生安全生产事故14起，与2007年同期相比下降30%；经济损失3.31万元，下降31.7%；死亡事故和重伤事故为零。大石头林业局创造了全年零事故的纪录。

2009年，共查出并整改事故隐患208项，确保了全林区安全生产形势的持续稳定。林业企业共发生轻伤事故13起，同比下降7.1%。

职工人数 2008年，期末在册职工人数为50531人，比2007年减少19591人。在册在岗职工人数为32431人，比2007年减少6069人。

2009年，期末在册职工人数为49114人，比2008年减少1417人。在册在岗职工人数为30457人，比2008年减少1974人。

职工工资 2008年，在册职工年均工资达到9472元，比2007年增加3589元，增幅61%。

2009年，在册职工年均工资达到10676元，比2008年增加1204元，增幅12.7%。

（李洪亮　田丽新）

【大石头林业局】　该局1952年建局，位于吉林省延边朝鲜族自治州西部，跨越安图、敦化两县市，总经营面积257527.7公顷，林区总人口29121人，在册职工4688人。建局50多年来，累计为国家提供商品材1706万立方米，上缴利税3.5亿元。由于林区可采资源逐年匮乏，木材产量逐年调减，加之历史上的种种原因，该局一度陷入“两危”局面，在2000年企业经济落入谷底，拖欠职工工资33个月7580万元，贷款金额最高时达20132万元。

2006年以来，大石头林业局领导班子以解放思想为动力，认真谋划发展思路，转变发展方式、畅通发展渠道、优化发展环境，企业经济实力明显增强，职工工资大幅度增加。2006~2009年，偿还银行贷款和其他历史遗留债务4000多万元，兑现了拖欠职工工资2250万元，处理不良资产和投资损失8860万元，企业实现了扭亏为盈，结束了连续9年亏损局面。2009年实现林业产业总产值48500万元，实现营业收入14009万元，实现利润500万元，企业资金积累已达2亿元。

强化森林培育　突出森林培育的生态功能，实现了有林地面积和森林蓄积双增长。将4个试点单位330.4公顷的冠下人工红松果材林承包给职工个人培育经营，共有28个林班，38个小班，330.4公顷的冠下人工红松果材林承包到户，有36名职工取得了50年的承包经营权，中标额为213.54万元。

抓好主业经营　坚持用市场化机制管理木材生产经营，按照市场需求合理量造材，实现了上段生产同市场的有效对接。对贮木场出入库和检验实行了微机管理，堵塞了木材销售过程中的效益流失。坚持公开、公平、公正的竞价原则，推出“期货”式竞价销售和比价销售，木材售价逐年攀升。2006~2009年，木材单位售价分别为1073.30元/立方米、1104.94元/立方米、1146.30元/立方米和982.73元/立方米，4年累计增收11179万元。

进军能源矿产业开发　坚持“林矿合作共赢、促进就业安置”的原则，依托丰富的地下矿产资源，依靠林地、林政、公路、电力等方面的管理资源，积极探索林业涉足能源矿产开发的有效途径。通过创新合作方式，已经把和平钼矿采矿权以10%的股份注入延边新华龙矿业有限公司，进行合作开发经营。同时，与安图华祥、安图鑫海、吉林明峰、延边昱丰、吉林大洋遥感地质技术开发有限公司5家企业签订了协议，无偿得到5%的管理股。

加快林区全民创业步伐　通过抓机制强化领导责任，抓主导壮大龙头产业，抓示范激发创业热情，抓扶持提高普及率，推动了全民创业活动的健康发展。全局已形成种植、培植、养殖、采集、加工、矿产、运输、餐饮服务、个体工商、森林旅游业等十大产业。2009年全局创业户已经达到了3283户，创业人数8978人，全民创业实现产值13165万元，比2008年增长35.3%。全民创业纯收入6075万元，户均收入达到了1.85万元。特别是龙头产业食用菌培植发展迅猛，2009年完成食用菌培植2000万袋，实现产值4000万元，比2006年增长了270%，户均收入可达2万元。

创造条件改善民生　2006年以来，先后为全局职工晋升了19级工资，职工年平均工资从4080元增加到11700元，增长了187%。为职工办理了医疗保险和住房公积金。完成了总投资3000万元的给水改造工程，彻底解决了大石头地区饮用水铁、锰含量严重超标的问题，使5万职工群众吃上了健康水。加强了林区环境建设，实施了棚户区改造工程，改善了林区的人居环境。仅4个春节，就投入资金380万元，用于离退休职工的福利，并筹集资金400万元，为困难职工发放困难补助。企业还投资245万元，为职工医院添置CT、X光机等仪器，改善了职工的就医条件。

（孙喜庆　李洪亮　田丽新）

【集安市林业产业】　集安市地处吉林省东南部、长白山南麓，长白山系老岭山脉自东向西横贯全境，形成了“八山一水半分田，半分道路和庄园”的地理地貌。全市幅员面积3217平方千米，其中林地面积28.53万公顷，活立木总蓄积2022万立方米，森林覆盖率83.12%。

几年来，集安林业产业结构已基本形成了以葡萄、五味子、红松果林为代表的林果产业；以林下参为代表的林下种植业；以林蛙养殖为代表的野生动物养殖业；以古马岭金矿、东升铁矿为代表的林下矿藏业；以立泰木业、生森木业为代表的木材加工业；以人参、中小药材、山野菜为代表的林特产品加工产业；以清河镇森源菌业为代表的食用菌培植业以及以五女峰公园为代表的森林旅游业等八大产业体系。

经济林 依靠当地气候和地理优势，坚持生态林、经济林、用材林并重的原则，狠抓栽植建基地，科学管理保质量，大力发展以红松果林、山葡萄、五味子、板栗、核桃为主的经济林产业。全市各类经济林面积1.68万公顷。2008年，全市红松果林盛果期面积2066.67公顷，实现产值4500万元；山葡萄1400公顷，实现产值4200万元；五味子1333.33公顷，实现产值5000万元；板栗2000公顷，实现产值1200万元。

产业多样性 2004年确定了"稳定园参面积、适度发展西洋参、大力发展林下参"的发展思路。集安市林下参发展到7333.33公顷，西洋参11.8万帘，园参47.8万帘。2008年，全市水参总产量3876吨，总收入2.3亿元。

按照适地适类的原则，加大生态沟的开发力度，实行立体开发，重点建设以林蛙养殖为主的生态经济沟189条、经营面积8000公顷。2008年，实现产值11720万元。

依托丰富的蜜源植物，发展蜂群4.2万箱，年产蜂蜜1170吨。

利用林木采伐剩余物，积极发展食用菌。2008年，生产菌棒1000万棒，实现产值5600万元。

同时，利用山区优势，大力发展中小药材和山野菜，中小药材发展到333.33公顷，山野菜基地1333.33公顷。

林产品加工 丰富的林木资源，促进了木材加工业蓬勃发展。形成以立泰木业和生森木业为龙头的木材加工企业56家，总资产达2.4亿元，年加工原木6万立方米，主要进行地板加工、木旋、集成材生产等。产品不仅畅销国内，而且出口欧美和日本、韩国等国家和港澳台地区，年创汇5000万元以上。

同时，充分利用丰富的林特产品资源，大力发展林特产品加工业。2008年，全市规模以上参药企业发展到4家，实现产值6亿元。全市人参加工企业发展到150余家，其中规模以上12家，实现产值25668万元；葡萄加工企业13家，实现产值12000万元；五味子深加工企业2家，实现产值4000万元；蜂产品加工企业5家，实现产值3000万元。

森林旅游 森林生态旅游是集安市旅游业的重要品牌。2006年以来，五女峰国家森林公园累计投资5000余万元，大力建设旅游项目。已开发十四大景区、56个景点，年观光游客5万人次以上。

主要做法

加大政策扶持力度 市委、市政府高度重视林业产业的发展，成立了由分管副市长为组长，林业局和各乡镇(街)负责人为副组长，各基层林业站、国有林场、苗圃负责人为成员的林业产业发展领导小组。各乡镇(街)林业相关单位相应成立了基层组织机构，形成了主要领导亲自抓，相关部门具体实施，层层抓落实的良好工作氛围。市政府在深入实际调研的基础上，陆续出台了《关于加快林业发展的决定》、《关于参业发展的意见》、《关于加快标准化生态经济沟建设的意见》等指导性文件，编制了《集安市林业产业发展规划》，为全市林业产业的发展指明了方向。市委、市政府领导多次深入实际对林业产业项目进行调查，及时研究解决各种困难和问题。市人大、市政协积极组织人大代表、政协委员对林业产业发展情况，特别是对林下参、参后还林、五女峰森林公园二期工程等工作进行视察指导，形成了全社会高度重视林业产业发展的氛围，为林业产业大发展奠定了坚实的基础。

积极开展林业改革 2003年，全市开展了国有森林资源经营管理体制改革。全市6个林场(圃)全部实施了森林资源管护承包经营，共划分经营责任区176个；管护经营总面积3.83万亩，占有林地的68.8%。为鼓励广大林业职工积极发展适宜的产业项目，开展了红松果林、苗圃地、林蛙养殖、生态经济沟等一系列依附于林地的经营活动。2006~2008年，集安市按照上级要求，坚持先点后面的原则，全面完成了126个行政村4.13万户、14.37万人的集体林林权制度改革。参改林地22.13公顷，其中公益林8.2公顷、商品林13.93公顷。林改后，林农植树造林的积极性空前高涨，2009年春，全市造林总面积2000公顷，同比增

长20%。其中，个人造林753.33公顷，占37.6%。

为鼓励林权有序流转，促进林业产业向规模化、集约化方向发展，全市放宽林业投融资政策，实行长期限、低利息的林业信贷扶持政策，并允许人参经营户用人参做抵押申请银行贷款，推动了一批重点产业基地、生态经济沟、森林旅游项目的发展。几年来，全市累计发放林业贷款3亿元。其中，扶持生态经济沟建设8000万元、五女峰国家森林公园扩建5000万元、红松果林基地和林下参基地建设2000万元。

同时，为搭建林权流转和林产品交易平台，给林农提供政策咨询、林权变更登记、信息发布和资产评估等服务，建立了林业要素流通市场。

示范带动产业发展 集安市按照典型带动全局的思路，通过树立林业产业发展方面示范和带头作用的典型，辅之以政策、资金上的扶持，建立了以林下参种植为主的秋皮村、以鲜果产业发展为主的果树村、以食用菌培植为主的清河村、以山野菜栽种为主的东岔村等一批林业产业典型村。其中，秋皮村结合实际提出了“立体开发，综合经营”的林业产业发展思路，实施了“山上种树、林下播参、种植药材、封沟养蛙、拦江养鱼、林间养蜂”的长、中、短相结合的林业产业发展战略。全村林下参486.67公顷，中小药材66.67公顷，葡萄16公顷，板栗41.33公顷，蜂600箱，拦江养鱼600万尾，建设生态沟11条、特种养殖场(野猪、狍子、野鸡养殖)3个。2008年，全村总收入1200万元，人均收入突破6300元，其中林业收入5400元，占人均收入的86%。被通化市林业局命名为“通化市林业产业第一村”。

培育龙头企业 多年来，集安市大力建设林业产业基地，扶持培育龙头企业，带动林业产业增值、林区农民增收。

已有益盛药业、新开河人参有限公司两家企业获得了林业产业龙头企业称号，清河食用菌基地获得林业产业基地称号。青石五味子繁育基地总面积发展到225公顷，年产量312万千克、产值600万元,带动农户600余户,年人均收入达到5000余元。

依托基地优势，培育了太阳升饮品有限公司，主要生产各种保健酒、饮料等。公司已与农户签订标准化、规模化、专业化绿色有机五味子、山葡萄、分岔蓼原料订单面积1333.33公顷，带动农户3113户，农民增收1180万元。

清河食用菌种植基地按照“基地+公司+农户”的产业化运作模式，利用次小薪材和采伐、造材、加工“三剩物”积极发展食用菌产业。全市食用菌生产基地达到7个，覆盖5个乡镇，辐射带动周边26个村、1000多户农民。

完善社会服务 发展林业产业经济涉及各行各业，覆盖千家万户，需要众多部门精诚合作。林业、农业、水利、科技等部门牵头，成立专业技术服务队，开展送科技下乡活动，定期组织开展各种林业知识讲座，深入实地为农民开展技术服务，解决生产过程中的技术难题，不断提高农民技术骨干和示范户的专业技能水平。同时，建立健全林业产业行业协会等中介组织，为林业产业发展提供服务。全市共有人参、五味子、蜂业等林业产业协会6个，参会成员2000多人(户)，其中林农成员1760人。

开展“科技推动林业产业腾飞竞赛”活动，加大对林业产业研发投入力度，延长产业链。积极与吉林省林业科学院、吉林省果树研究所、通化花卉研究所、吉林农业大学等10家科研所、大专院校建立长期合作关系。加大新成果、新技术引进力度，强化推广和应用，先后引进推广ABT生根粉、保水剂、韩国农田栽参等国内外科技成果10项，水晶梨、双优葡萄、寒富苹果、北京八号板栗等优良品种23个，优种果树1000公顷。

为降低生产成本，促进产业集群的形成，全市立足资源优势和产业特色，建立了以人参等林特产品加工为主的人参产业园区。园区一期工程已征用土地32.33公顷，完成固定资产投资2.5亿元，实现“六通一平”，入驻企业6家。2008年，园区企业实现产值2.9亿元、税金1286万元。

【磐石市林业产业】 磐石市位于吉林省东南部，地处松辽平原向长白山过渡地带，是松花江流域两大支流，辉发河和饮马河的流经地和发源地。全市总经营面积387053公顷，林地面积182494公顷，其中有林地面积174443公顷，全市活立木蓄积1125.9万立方米。森林覆盖率44.3%。

几年来，磐石市努力推进县域经济的快速发展。全市从事林业产业生产经营单位及专业户126

户，其中国有14户，个体112户，从业人数2370人。年产值超过千万元以上企业3家，现有企业资产71124万元。2008年，全市林业产业总产值13669万元，比2007年增长9.6%，利税5832万元，比2007年增长10%。

全市已初步形成了后备森林资源培育、红松果林及经济林、林地经济和林木种苗及生态经济沟、林产品加工、特色养殖加工、森林生态旅游等六大林业产业。

森林资源培育 全市总计完成退耕还林5412.13公顷，其中退耕地造林2948.8公顷，宜林地配套造林2463.33公顷，封山育林1333.33公顷；完成三北四期工程造林8000公顷；完成小型公益林改造266.67公顷。在江南、呼兰、富太、驿马、致富、明城等5个国有林场建设速生丰产林，现已完成造林1269.26公顷，平均成活率90.38%。营造的树种有落叶松、杨树、水曲柳。

红松果及经济林 磐石市现有红松果林3800公顷，其中新建红松果林2421公顷，疏改建设379公顷。江南林场有红松果林近1000公顷，其中已结实面积200公顷，居全市之首，并以纳入国家投资建设项目。磐石市于2004年被国家林业局批准中国红松籽之乡。仅江南林场红松籽年利润可达50万元。磐石市果树经济林，主要集中在宝山、烟筒山、黑石、呼兰等4个乡镇，其中宝山乡以果品业作为农民致富的主导产业，全镇有果树专业户596户，成立了果品有限公司，开辟了果品批发市场。北锅盔村已成为果树专业村，果树面积475公顷，年产量5000吨，收入500万元。金红"123"苹果在吉林省农博会上被评为名牌产品。

林下经济 磐石市利用林地资源优势，大力种植中草药材、食用菌、山野菜等，现有人参种植282.3公顷，五味子335公顷，桑果100公顷，山葡萄172.9公顷，山野菜20公顷，野生天麻4000延长米、3000个树根。

林木种苗 全市现有国有林场办证苗圃3个，江南林场苗圃、呼兰林场苗圃和宝山林场苗圃。全市育苗面积共25.1公顷，产苗量1549.5万株，年可实现产值近600万元。

木材加工 全市现有木材加工厂68家，其中锯材加工厂58家，年加工能力22878立方米，人造板加工厂4家，年产量150立方米；木制板加工厂6家，年产量3670套(件)。总产值842.07万元，实现利税318.43万元。

特色养殖 江南林场于2005年10月，创建天庆元肉鸽养殖场，现有种鸽6万只，已成为我国东北地区最大的肉鸽养殖基地，全国林业产业最大的肉鸽养殖场。2009年新建长白山特种野猪饲养场。占用林地面积500公顷，第一期工程投资150多万元，建现代化猪舍2栋，占地面积2公顷；建林内猪舍40栋，建筑面积2000平方米。已引进长白山特种野猪280头。磐石市养殖梅花鹿较为普遍，全市现有养鹿专业户(场)1291户，养殖17523头。其中500头以上2户，100头以上4户。已全部申请省林业厅办理了国家重点保护野生动物驯养繁殖许可证。毛皮动物现存栏16368只。实现总产值2293.97万元，实现利税1150.16万元。

林蛙养殖 磐石市依附森林资源人工养殖林蛙，主要分布在江南、取柴河、驿马、官马等重点林区和森林资源状况较好的区域。全市现有生态经济沟218条，面积21289公顷，总户数213户，100万只以上大户58户。年产值400万元,利润189万元。

森林旅游 吉林官马莲花山国家森林公园坐落在磐石市境内，公园总面积5146公顷，由3个旅游风景区组成。即：莲花山原始森林风景区、官马溶洞风景区、黄河水库风景区。经过近几年的开发建设，旅游资源得到充分开发，景区内交通、通讯便利，餐饮服务种类齐全，有床位610张，餐位750个。

主要做法 磐石市把发展林业产业化建设放在突出位置，按照"三年打基础，五年见成效"的思路，大打"强林富场"攻坚战，计划到2010年基本实现场场有项目，人人有活干，致富有保障的目标。

狠抓责任落实 磐石市把林业产业发展和生态建设放到同等重要位置。为努力实现生态建设产业化、产业发展生态化的双赢目标，市林业局将产业发展工作纳入年度目标管理责任制，与各林场签订责任状，严格考核，兑现奖惩。各林场领导班子成员人人带头发展产业项目，起到示范引导作用。各林场普遍成立了产业发展领导小组，下设办公室，为林业产业发展提供了组织保证。

出台优惠政策 市林业局制定并出台了扶持产

业发展的优惠政策。即：职工发展产业需要外出考察，由所在林场支付差旅费；创业资金投入有困难的职工，所在林场给予小额借款或担保贷款；创业项目需要场地，所在林场有条件的无偿提供；创业职工利用国有林地从事冠下开发项目免收有偿使用费；创业职工承包低质低产林、疏林地造林，免收林地承包费；对投资少、见效快、市场前景看好的项目，林场可以先期投资示范，成功后由职工承包经营。市林业局确定在江南林场集中建设职工创业园区，由林业局出资一部分，林场出资一部分。林业职工可以到该区养殖肉食鸽，第一年不收取租金，第二年视效益状况适当收取租金，以此扶持职工创业。

抓典型引导推动　市林业局在局长顾永生局长亲自率领下，组织各林场场长2次以拉练式检查形式，互相学习发展林业产业项目建设情况，促进产业发展，严格考核，兑现奖惩。各林场领导班子成员带头集资入股，参与创业项目，起到示范引导作用。

抓招商引资　林场利用闲置的旧厂房、场地、设备和林地、林木资源优势，招商引资。官马林场从长春引进利用伐区采伐剩余物，加工机制炭项目，当年引进、当年投产，当年见效。呼兰林场利用林地资源，引进西洋参种植项目，运行良好。

抓机制创新　对国有林场先期投资兴建的林业产业项目，转换经营机制，调动全体职工的积极性，进一步理顺和明晰产权，规范管理，保护生产者和经营者的合法权益，促进林业产业健康发展。

打造品牌培植龙头企业　江南、官马等林场，先后注册了3个品牌，即：雾凇牌松籽、信天翼牌肉食鸽、泰翔牌藤艺品。有计划地培植龙头企业，充分发挥示范、辐射、带动作用。打破行业、所有制、区域界线，积极鼓励支持社会上有能力的各类企业兴办龙头企业，不断提高产业规模。

附表　吉林省林业龙头企业一览

序号	单位名称	主营产品	业绩情况
1	吉林森工集团金桥林业有限公司	实木复合地板	中国名牌，国家质检总局免检产品
2	吉林森工集团泉阳泉饮品有限公司	矿泉水	中国名牌，中国驰名商标，国家质检总局免检产品，最具市场竞争力品牌
3	吉林延边林业集团珲春森林山木业有限公司	木制地板	省名牌，国家免检产品
4	吉林新元木业股份有限公司	地板、家具	国家名牌、省名牌、国家免检产品
5	吉林中兴食品股份有限公司	红松果仁	省农业产业化龙头企业
6	集安市新开河有限责任公司	人参	省名牌
7	吉林省泰信达长白山生物科技开发有限公司	林蛙油	省名牌，省农业产业化龙头企业
8	吉林省北佳中药材科技开发有限公司	五味子	省科技企业，省农业产业化龙头企业
9	抚松县金隆木业集团有限公司	多层板地板	省名牌，地王牌为省著名商标，外商投资先进技术企业
10	抚松县日升木业有限责任公司	木材加工产品、刨光材	省农业产业化龙头企业，国内免检产品
11	吉林省宏原实木制品有限公司	实木制品	
12	吉林腾飞木业有限公司	密度板	市级龙头企业
13	抚松县泉阳雅格林木业有限公司	实木铝扣地板、减震防潮垫地板	新产品证书和专利证书5个
14	吉林省华琦葡萄酒酿造有限公司	葡萄酒	白山农业龙头企业、有机产品、环保产品证明、不欠养老保险及地税证明
15	长白森林经营局宝泉电厂	发电	部级先进企业，省标兵单位
16	抚松县鑫鼎林产工业(集团)有限责任公司	细木工板	省科技厅高新技术企业、科技企业认定证书，省经委资源综合利用认定证书，吉林省最具成长性小型企业50强，通过质量管理ISO9001：2000、环境管理ISO14001：2004体系认证
17	吉林森林工业股份有限公司	刨花板、	中国名牌，中国林产工业协会产销量名列全国前茅证明，国家质检总局免检产品

(续)

序号	单位名称	主营产品	业绩情况
18	和龙人造板有限公司	轻质难燃密度板	质量管理 ISO9001：2000、环境管理 ISO14001：2004 体系认证，中国产品质量协会 AAA 级认定，省名牌产品
19	吉林省宇平工艺品制造有限公司	民族人形、树叶家居饰品、柳编、生物饲料	宇平牌为省著名商标，ISO9001：2000 认证，长春市农业产业化龙头企业，长春市民营企业 50 强，吉林省民营企业 100 强
20	农安县福增木业	细木工，多层板	县先进企业
21	长春市双阳区太平林场	种猪	市先进单位
22	长春市宏达园林苗木绿化工程有限责任公司	苗木、花卉、彩色树种	省、市绿化精品工程
23	梅河口飞龙食品有限公司	松籽仁、食用菌	OCIA、JAS、USDA 国际有机食品认证
24	柳河县大北岔林场	生猪、植物油	省、市、县先进企业、先进集体
25	柳河三仙夹生态科技园区有限公司	五味子、林下参	通过 ISO9001：2000 认证，省发改委批建的绿色人参、北五味子基地，绿色农业特产发展项目
26	通化向阳红生态科技发展有限公司	五味子、蔬菜、木耳	农业部农产品质量安全中心无公害农产品
27	集安益盛药业股份有限公司	振源胶囊，生脉注射液	全国中药排行 47 位，国家农业产业化重点龙头企业、国家火炬计划重点高新企业，无公害农产品，益胜省著名商标
28	梨树县永成木业有限公司	胶合板加工、胶粘剂加工	县先进企业
29	通化圣雪山葡萄酒有限责任公司	葡萄酒	中国绿色食品 A 级标准，通化市政府重合同守信用单位，水利创业先锋奖
30	长春净月潭旅游发展集团有限公司	森林生态旅游	中国国家越野滑雪训练基地
31	吉林鑫龙宜门窗有限责任公司	实木门窗	环保项目
32	吉林省宝艺木业有限公司	木质透气窗、百叶窗、集成材	磐石经济开发区招商项目
33	吉林松宝生物技术产业有限责任公司	松籽油、松籽酒、胶囊等	4 项专利，省科技企业，省高新技术企业，红松宝松籽油、红松宝胶囊为省名牌产品，国家绿色食品中心指定产品

(吴联友)

黑龙江省林业产业

【概　述】 黑龙江省幅员辽阔，地形复杂多样，五山一水一草三分田的基本地貌特征。有大兴安岭山地，小兴安岭山地，东南部山地、松嫩平原和三江平原。2009 年，全省林地面积 2184. 16 万公顷(不含加格达奇地区和松岭)，有林地面积 1926. 97 万公顷，森林覆盖率 42. 39%。活立木总蓄积量 16. 5 亿立方米，森林蓄积量 15. 2 亿立方米。

黑龙江省坚持不懈抓林业产业建设工作，把发展林业产业作为兴林致富和解决职工就业的大事来抓。充分依托各地的资源优势，积极发展林业产业。2008 年，全省林业产业总产值 4992378 万元，比 2007 年增长了 12. 99%，其中第一产业产值 2004547 万元，比 2007 年增长了 12. 11%；第二产业产值 2267480 万元，比 2007 年增长了 11. 54%；第三产业产值 720351 万元，比 2007 年的 597437 万元增长了 20. 57%。产业结构由 2007 年的40. 47: 46. 01: 13. 52 调整为 2008 年的 40. 15: 45. 42: 14. 43。

2008 年，第一产业产值中，涉林产业产值 1129277 万元，比 2007 年增长了 12. 59%；林业系统非林产业产值 875270 万元，比 2007 年增长了 11. 49%。第一产业涉林产业中，林木培育和种植产值 146988 万元，比 2007 年减少了 13. 62%；木材和竹材的采运产值 466445 万元，比 2007 年增长了 3. 30%；经济林产品的种植与采集产值 373168 万元，比 2007 年增长了 22. 00%；花卉的种植产值 46075 万元，比 2007 年增长了 34. 90%；陆生野生动物繁育与利用产值 56352 万元，比 2007 年减少了 16. 79%。第二产业中，涉林产业产值 1921509 万元，比 2007 年增长了 12. 43%。其中木材加工及木、竹、藤、棕、苇制品制造产值 1238829 万元，比 2007 年增长了 5. 81%。

2009 年，全省林业产业总产值 5803188 万元，比 2008 年增长了 16. 24%，其中第一产业产值 2176103 万元，比 2008 年增长了 8. 56%；第二产业产值 2715939 万元，比 2008 年增长了 19. 78%；第三产业产值 911146 万元，比 2008 年增长了 26. 49%。产业结构调整为 37. 5: 46. 8: 15. 7。

2009 年，第一产业产值中，涉林产业产值 1217249 万元，比 2008 年增长了 7. 79%；林业系统非林产业产值 958854 万元，比 2008 年增长了 9. 55%。第一产业涉林产业中，林木培育和种植产值 201970 万元，比 2008 年增长了 37. 41%；木材和竹材的采运产值 421734 万元，比 2008 年减少了 9. 59%；经济林产品的种植与采集产值 474713 万元，比 2008 年增长了 27. 21%；花卉的种植产值 20805 万元，比 2008 年减少了 54. 85%；陆生野生动物繁育与利用产值 65536 万元，比 2008 年增长了 16. 30%。第二产业中，涉林产业产值 2063741 万元，比 2008 年增长了 7. 40%。其中木材加工及木、竹、藤、棕、苇制品制造产值 1369423 万元，比 2008 年增长了 10. 54%。

2008 年，黑龙江省初步形成了以哈尔滨、牡丹江为龙头的林业产业发展布局，这两个市的林业产业产值约占全省 13 个市(地)全部产值的 60%。

2008 年，全省木材总产量 549. 22 万立方米，比 2007 年减少了 0. 25%。其中，原木产量 534. 49 万立方米，比 2007 年增长了 0. 44%；薪材产量 14. 73 万立方米，比 2007 年减少了 20. 25%。锯材产量 114. 34 万立方米，比 2007 年增长了 21. 25%；木片产量 65. 08 万立方米，比 2007 年增长了 56. 40%；人造板产量 96. 33 万立方米，比 2007 年减少了 27. 27%。其中，胶合板产量 13. 48 万立方米，比 2007 年增长了 34. 26%；纤维板产量 31. 2 万立方米，比 2007 年增长了 24. 15%；刨花板产量 31. 3 万立方米，比 2007 年减少了 24. 78%。胶合木产量 3. 44 万立方米，比 2007 年增长了 37. 05%；木地板产量 373. 93 万平方米，比 2007 年增长了 382. 80%。

2009 年，全省木材总产量 530. 57 万立方米，比 2008 年减少了 3. 40%。其中，原木产量 516. 63

万立方米，比2008年减少了3.34%；薪材产量13.93万立方米，比2008年减少了5.43%。锯材产量126.45万立方米，比2008年增长了10.59%；木片47.42万立方米，比2008年减少了27.14%；人造板98.34万立方米，比2008年增长了2.09%。胶合板13.47万立方米，比2008年减少了0.07%；纤维板30.77万立方米，比2008年减少了1.38%；刨花板29.62万立方米，比2008年减少了5.37%；胶合木3.65万立方米，比2008年增长了6.10%；木地板217.59万平方米，比2008年减少了41.81%。

截至2008年末，黑龙江省已先后确定省级龙头企业26家；认定省级特色林业产业基地22个。这些龙头企业和特色林业产业基地的确定，为加快林业产业建设步伐，起到了积极的推进作用。

【木材加工】 **木材加工园区建设** 近几年，按照省委、省政府实施哈牡绥东对俄贸易加工区战略的总体部署。以牡丹江市为中心，以滨绥铁路和绥满公路为轴线，西连哈尔滨市，东经绥芬河、东宁两个国家一级口岸延伸到海参崴。把木业作为产业带发展的切入点、支撑点和增长点。现已形成以绥芬河、东宁口岸为主的木业交易和加工平台。牡丹江市开发区、东宁工业园、穆棱下城子工业园、海林国际木业城等7个园区14个木材加工基地。俄罗斯乌苏里斯克康吉经济合作区、华宇工业园区、绥芬河远东工业园区3个境外工业园区。形成了木材加工、造纸及纸制品、木工机械及林纸服务业等产业集群。经济带全长700千米，其中牡丹江境内225千米，规划总面积80.9平方千米，已启动面积29.2平方千米，计划总投资367.3亿元，实际完成投资79.5亿元。随着哈牡绥东经济带建设，按照"一带七区"的空间布局，已形成木材精深加工、造纸纸浆、配套服务产业体系，生产基地、龙头企业产业化体系，木材集散、高档地板、家具和人造板加工产品体系，正在向企业集群化、产品品牌化、管理营销国际化方向发展。7个木业园区，共有各类木材加工企业1600多家。按产品种类分，地板企业66家，家具企业18家，锯材加工企业748家，刨切材、旋切材、集成材企业217家，各种木制品企业64家，胶合板企业66家，纤维板企业4家，其他420家。按经营性质分，加工型企业1180家，贸易型企业240家，综合型企业180家，其中出口型企业800多家。按投资来源分，中外合资企业260家，国内合资企业800家，外资独资企业65家，内资独资企业370多家。已形成实木地板、实木家具及配件、集成材、指接板、刨花板、胶合板、中高密度板、造纸等系列加工产品，主要销售到欧美、东南亚、日本、韩国等国家和台湾地区及国内各大中城市。现已有大亚集团、大自然地板、中山百诺、瑞典宜家、好家木业、香港嘉汉集团、台湾信美、大连科冕、台湾信富、东莞家具城等国内外知名企业入驻园区。

2008年，牡丹江市林产品进出口总额34.1亿美元，其中木材(锯材)进口31亿美元，出口3亿美元；木业总产值80亿元，进口木材687万立方米，落地加工木材520万立方米。

在金融危机中求发展 黑龙江省林业产业受金融危机影响最大的是以木材为原料加工的木质产品，以及出口欧美的产品。内销产品及林业其他方面的产品影响较小。2009年前三季度黑龙江省进口原木433.4万立方米，同比下降31.8%，占同期全国原木进口量的20.7%；进口平均价格为每立方米119.2美元，下降14.7%。一些小厂、生产初级产品的工厂基本停产或倒闭，仅有1/3企业正常开工生产。在金融危机形势下，各企业都积极采取调整产品结构、缩减人员、开发国内市场等措施，把损失减少到最低程度，收到了一定成效。欣成木业生产的透气窗供不应求，好家木业装饰板在国内市场占有重要份额，盛行集团中密度纤维板销售量不降反增。从某种意义来说，金融危机的出现，加快了产业重组步伐，提高了企业素质，达到了优胜劣汰的目的。

国际木业合作发展论坛 由国家林业局、黑龙江省政府、俄罗斯滨海边疆区政府主办，全国木材行业管理办公室、中国林业产业协会、俄罗斯滨海边疆区木业协会、黑龙江省林业厅、黑龙江省森工总局、牡丹江市政府承办的中国(牡丹江)—俄罗斯(远东)国际木业合作发展论坛于2009年8月18~19日在黑龙江省镜泊湖举行。

【果　品】 黑龙江省经济林果主要有寒地浆果和

干果两大类。2008 年，全省地方经济林面积 112799 公顷，其中林业厅系统 109016 公顷，各行各业 3783 公顷。2009 年全省新植经济林 8366 公顷。

寒地浆果以寒地苹果、梨、葡萄、李子、杏、沙棘和黑豆果、草莓、树莓等为主；干果则以红松仁果、榛子等为主。寒地浆果在黑龙江省各地均有分布，集中产区是哈尔滨、牡丹江和绥化等市县。沙棘主要分布在孙吴、北安和桦川等县(市)。沙棘品种以俄罗斯大果沙棘为主，该品种的特点是，果实大、营养丰富、口味好。2008 年，黑河市林业局全市沙棘种植面积达到 8800 公顷，建立了面积 60 公顷的中俄林业科技合作成果繁育基地，俄罗斯大果沙棘种植面积仅孙吴县已达 5600 公顷。

干果(红松果实)主要产区是鹤岗市直属林场、萝北、汤原、依兰、通河、尚志、五常等县(市)。榛子，也称毛榛子主要分布在小兴安岭、完达山、张广才岭和老爷岭等山脉。近几年，产量有所下降。鹤岗市富森林产品公司已开发出六大类 126 种山产品，其中有 5 种产品获得国家绿标认证。

2008 年水果产量 208160 吨，其中寒地浆果类苹果 109391 吨、梨 44655 吨、葡萄 11046 吨、杏 2306 吨，其他水果 40760 吨。干果类 9159 吨，其中核桃 148 吨、榛子 650 吨、红松仁果等 7741 吨。2009 年水果产量 337731 吨，其中寒地浆果类苹果 170319 吨、梨 86466 吨、葡萄 9031 吨、杏 2232 吨，其他水果 69001 吨。干果类 4159 吨，其中核桃 350 吨、榛子 608 吨、红松仁果等 706 吨。

【生物质能源】 黑龙江省生物质能源尚属起步阶段。2008 年全省营造文冠果 666.7 公顷，其中哈尔滨市辖区五常市栽植 200 公顷，阿城区栽植 133.3 公顷。双鸭山市直属林场栽植 11.3 公顷。鸡西市林业局近几年试种文冠果获得了成功，已规划了万亩种植基地。

【花　卉】 最近几年，黑龙江花卉产业发展很快，栽培品种由少到多，产量逐年提高。花卉生产经历了由分散零星到集中规模发展的过程。2008 年全省花卉面积 2151 平方米。切花切叶产量 10 万支，盆栽植物 479 万盆，观赏苗木 11660 万株，草坪 151 万平方米。全省现有花卉市场 10 个，花卉企业 51 家，花农 3.07 万户，花卉从业人员 10.62 万人，其中专业技术人员 0.20 万人。花卉生产控温室面积 4 万平方米，日光温室面积 28 万平方米。2008 年花卉产业总产值 46075 万元。2009 年全省花卉面积 886 公顷。切花切叶产量 24 万支，盆栽植物 637 万盆。花卉市场 14 个，花卉企业 80 家，花农 0.38 万户，花卉从业人员 7.43 万人，其中专业技术人员 0.18 万人。观赏苗木 10609 万株，草坪 126 万平方米。花卉生产控温室面积 3 万平方米，日光温室面积 13 万平方米，花卉种植总产值 20805 万元。

【森林蔬菜】 按类型划分有山野菜和食用菌两大类。山野菜主要品种有蕨菜、薇菜、黄花菜、刺嫩芽、山芹菜等；食用菌主要有黑木耳和各种蘑菇等。2008 年黑龙江省山野菜产量 14459 吨，这些山野菜完全是野生野长，是地道采集而来的山产品，属于绿色食品范畴；食用菌产量 101489 吨，大部分为人工栽培产品。2009 年黑龙江省山野菜产量 19069 吨，食用菌 118952 吨。黑河市北药种植面积 220 公顷，年采集山野菜 834 万千克。

【林木种苗】 2008 年，黑龙江省地方林业的种苗生产、良种繁育基地遍布全省山区、半山区和平原，形成了比较健全的种苗生产基地网络体系。

种苗基地建设

苗木生产　全省(地方林业)共有苗圃 7728 个，其中国有苗圃 69 个。全省育苗面积 11975 公顷。

林木种子园　全省已建立林木种子园 24 个，经营总面积 1664 公顷。其中种子园 927.7 公顷，子代林 262.7 公顷，优树收集区 191.6 公顷，良种示范林 282 公顷。选择主要造林树种优树 7000 株。

天然母树林　全省现有天然母树林林场 12 个，经营总面积 67000 公顷，母树林面积 34856 公顷，其中红松、红皮云杉 9955 公顷，长白落叶松 4002 公顷，兴安落叶松 12966 公顷，赤松 1600 公顷，三大硬阔 6333 公顷。

人工母树林　全省已建人工母树林 49 个县(市)，总面积 7980 公顷，其中红松 1140 公顷，樟子松3937公顷，长白落叶松1138公顷，兴安落叶松1662公顷，日本落叶松23公顷，红皮云杉80公顷。选择优良林分4029公顷。

种苗标准化体系 1997年经省八届人大第二十九次会议审议通过，颁布实施了《黑龙江省林木种子管理条例》。省技术监督局先后颁布实施了包括林木种苗生产、良种繁育、审定、母树林营建、验收、种苗质量检验、分级等15项地方标准。

种苗基础设施建设 全省建设种子贮存库9座，其中机械制冷库2座。重点建设了一批种子晾晒场、道路、水电设备等，部分单位配备了种子运输、采集、调制、检验仪器及通讯设备。

种苗生产 2008年育苗面积9707公顷，其中新育3134公顷。苗木总产量13.86亿株，可供春季用苗6.2亿株，容器育苗0.3亿株，良种壮苗6.37亿株。2008年，全省实有种子园面积3847公顷，年均产种量1000千克，生产穗(条)15000万条。天然母树林选择优良林分7839.8公顷，常年产种量25万千克。人工母树林常年产种量5万千克。2009年育苗面积11957公顷，其中新育4260公顷。苗木总产量11.94亿株，可供春季用苗数7.47亿株，容器育苗0.31亿株，良种壮苗7.21亿株。2009年，全省实有种子园面积6643公顷，年均产种量1000千克，生产穗(条)15000万条。天然母树林选择优良林分7839.8公顷，常年产种量25万千克。人工母树林常年产种量5万千克。

存在问题 一是林木种子储备资金短缺，影响林木种子采收和贮备，同时由于种苗生产设施和采种机械设备陈旧落后，使种苗生产供应与造林绿化的衔接出现问题，无法满足当前造林绿化对种苗的需求。二是种苗信息化建设进展缓慢，致使一些种苗管理工作和数据信息传递速度慢，影响工作效率。三是种苗质量检验检测设施设备落后，达不到国家标准化种苗站的建设要求，影响对全省种苗质量的监督和管理。

【野生动物驯养】 黑龙江省在野生动物饲养繁殖和经营利用上起步较早，成效也比较突出。主要是在东北虎、丹顶鹤、白鹳、黑熊、梅花鹿、马鹿、林蛙、野猪、狍等动物的饲养繁殖、饲料开发、疾病防治、产品加工等方面取得突破性进展。特别是在东北虎、丹顶鹤、白鹳和黑熊的饲养繁殖上处于国内领先地位。中国横道河子猫科动物繁育中心，在人工饲养条件下已繁殖的东北虎840多只；扎龙国家级自然保护区丹顶鹤半散放不迁徙种群数量已达126只；洪河自然保护区通过搭建白鹳巢人工招引的方法，使白鹳数量由2000年的20只增加到2008年的90多只；黑宝药业集团黑熊种群已达3000多只。

2008年，黑龙江省国家重点野生动物饲养场(点)500多个，其中鹿场400多个。驯养梅花鹿和马鹿8万余头，年产鹿茸20余吨，年产值8000万元以上。全省驯养各类毛皮动物300万只，年生产毛皮230万张，产值7.8亿元。全省有中国林蛙养殖户6000户，养殖承包林地面积达200万公顷，解决林区就业2万余人。

在经营和利用野生动物产品及深加工方面，黑龙江省有经营利用国家重点保护野生动物及其产品的单位(个人)120多家。利用野生动物产品加工企业27家，涉及20余种野生动物。比较知名的大型制药企业有黑宝药业股份有限公司、哈药集团世一堂等13家。黑宝药业股份有限公司年产熊胆粉1500千克，通过制药对熊胆粉进行深加工，生产熊胆滴眼剂、熊胆救心丹等产品，年产值1.3亿元。

【森林旅游】 黑龙江省地处祖国东北边陲，人口相对少、山林多，生态环境保持的比较好。有莽莽的大森林，有广袤的湿地和草原，特别是冬季林海中的皑皑白雪，格外壮观。既有较好的观赏价值，又是高山滑雪的场地。所有这些，都为黑龙江森林旅游提供了得天独厚的条件。

2009年，黑龙江省地方林业现有森林公园100处，其中国家森林公园55处，省级森林公园43处，县级森林公园2处。森林公园总面积190.95万公顷。全省旅游人次654万人次，其中森林公园旅游接待525万人次，比2008年的486万人次增长了8.02%；全省旅游收入26.38亿元，其中森林公园旅游收入4.91亿元，比2008年的39644万元增长了23.93%；直接带动的其他产业产值40.96亿元。

阿城横头山国家级森林公园已建成六大景区、

七大看点。2008年和2009年“十一”长假分别接待游客5万人次和8万人次，截至2009年10月末，旅游观光30万人次，两年门票收入500万元。

【林业科技】

实施林业科技公关项目 推进国家林业局科技攻关项目俄罗斯杨树优良品种选择与区域化试验和省级攻关项目中短轮伐期杨树纤维用材林良种区域化试验与示范、城市景观树种选育及生态园林构建技术研究、半干旱风沙区防护林体系功能优化及可持续发展技术研究、俄罗斯抗寒杨树细胞工程技术研究等5个项目的实施。

科技成果推广 中国蜜环菌生物种的研究项目获黑龙江省科学技术一等奖，黑龙江省林业生态建设与治理模式和城市园林绿化树种引选及繁育技术的研究两个项目获黑龙江省科学技术二等奖，退化地生态环境修复与植被建设技术研究等4个项目获黑龙江省科学技术三等奖。

课题鉴定 组织了优良用材树种真桦引进、美洲黑杨无性系中绥12新品种区试、青山杨良种区域化试验与示范、沙地云杉引种的技术研究、黑龙江省引进和乡土树种模式育苗技术和绒毛白蜡引种及杂交育种技术研究等6项课题进行鉴定和验收。

建设新技术、新品种科技示范基地 一是建设甘南桑蚕示范园区，该园区于2006年开始建设，到2008年已栽植桑园40多公顷。二是建设克山县北联林场杨树优良品种区域化实验基地。该基地面积12公顷，已培育杨树新品种40多个。这个试验基地科研与生产相结合，是黑龙江省惟一杨树基因库。

制定和修订林业地方标准 主要完成了《DB23/T1247—2008落叶松早落病预测预报技术规程》、《DB23/T1248—2008林业有害生物喷雾防治技术规程》、《DB23/T1249—2008森林资源资产评估实物量调查技术规程》、《DB23/T1250—2008森林资源规划设计调查技术规程》、《DB23/T1251—2008银中杨人工速生丰产用材林栽培技术》、《DB23/T1253—2008红树霉种植技术规程》、《DB23/T012—2008主要针叶用材林树种种子园营建技术》、《DB23/T1246—2008森林植物检疫技术规程》和《DB23/T1252—2008林木种子储藏》等9项省林业地方标准。以上标准已经省质量技术监督局批准发布在全省实施。同时还组织生产企业制定修订了《木家具》、《木制门》和《木制防火门》等3项企业标准，已经当地质量技术监督局部门备案，并在企业中实施。

科技服务 组织有关专家、教授、学者深入基层生产单位帮助解决一些技术问题。编印了北五味子栽培技术、寒地桑蚕生产技术、红松果林丰产技术规程、银中杨栽培技术的宣传手册，林区主要病虫害防治图片10000份、北方香菇优质高产栽培技术规程、黑木耳菌种厂建造及黑木耳菌种生产技术规程(黑龙江地方标准)下发基层。

【哈尔滨林业产业】 哈尔滨市位于我国乃至东北亚绿色生态屏障重要地带，是我国的重点林区。全市林业经营总面积140.2万公顷，其中有林地面积99.1万公顷，活立木总蓄积8414万立方米，森林覆盖率44.6%。2008年全部林业产业总产值739066万元。绿化种苗基地1333.33公顷，职工人均收入7050元，涉林人均收入340元。

木　材 2008年原木产量31万立方米、锯材12万平方米、薪材6万立方米、烧柴3万吨。产值29479万元。

人造板 胶合板产量202万立方米、纤维板3.5万立方米、细木工板207万立方米。

木制品制造 木地板产量71万平方米、木制家具11万件，产值9798万元。

林产化工和制浆 有机炭、活性炭生产5000吨，木浆纸产量5万吨等。

森林食品 主要有野生浆果、野生干果、山野菜、人参、鹿产品、林蛙、矿泉水、蜂产品、森林猪、森林鸡、食用菌等。食用菌栽植数量已达到6亿多袋。2008年山野菜、木耳、蘑菇等，年产量2854吨。

森林旅游 全市现有森林公园15处，其中国家级森林公园7处，省级森林公园6处，市级森林公园2处，森林公园总面积8.5万公顷。2008年全市森林公园共接待游人145万人次，实现旅游总收入2321万元，其中门票收入620万元。2008年投入森林公园建设资金计6886万元。

森林药材 人工种植的药材主要品种有林下

参、五味子、串地龙、黄芪等。其中五味子基地已进入盛产期，年可产鲜货132吨、干货58吨。北药种植2000多公顷。

经济果林　全市现有果材兼用林面积4281公顷，主要品种有松子、榛子、核桃、树莓、黄太平、大楸果等。年产鲜果945吨、干果254吨。红松果材兼用林1.93万公顷。

【牡丹江林业产业】　牡丹江市地方林业森林经营总面积76.8万公顷，森林覆盖率62.31%，是黑龙江著名的三大林区之一。2008年全部林业产业产值767669万元。其中第一产业64919万元，第二产业688959万元，第三产业13791万元。全部林业产业产值中涉林产业762353万元；林业系统非林产业产值5316万元。

木　材　2008年全市原木产量113822立方米，实现销售收入70673862元；锯材、木片加工的产值276247万元。

木材加工　2008年人造板产值115162万元，其中穆棱市85441万元，占全部人造板产值的74.19%。穆棱市木材加工企业300余家，年加工原木能力200万立方米。主要生产各类旋、刨、锯切单板，指接板，细木工板，结构材，刨花板，OSB板、卫生签棒，实木地板，家具，木制工艺品等产品。

木浆、造纸　主要是大宇制纸和恒丰纸业，这两家企业规模较大，在全市木浆和造纸行业中占据重要位置。2008年木浆和造纸产值218751万元，比2007年增加208509万元。

森林食品　主要是食用菌种植和山野菜采集两大类。地栽黑木耳、蘑菇是全市重要的森林食品，产量大、质量好，远近闻名。2008年森林食品产值18670万元。

森林旅游　以小北湖和牡丹峰国家森林公园为重点森林旅游业，2008年创产值1300万元，比2007年增长117.76%。全年接待327000人次，旅游收入1300万元。

野生动物驯养　黑龙江黑宝药业股份有限公司熊场产值4837万元，占全市驯养野生动物的99.53%。黑龙江黑宝药业股份有限公司资产总额17921万元，年营业收入5137万元。对市区域经济的发展起到了一定的拉动作用。

【绥芬河市三峡经贸有限责任公司】　该公司始建于2002年，法人代表郭士明。占地面积4万平方米，资产总额6567万元。其中固定资产1367万元。2005年产值1.2亿元，创利税850万元，创汇360美元，有职工400余人，公司在俄罗斯有6个木材采购办事处，2家木材加工厂。在国内有锯材加工厂、干燥车间、集成材加工厂和贸易公司等分支机构。主要产品有KD材，家具材，刨光材等。KD材全部销售到美国、加拿大、日本等国家和中国台湾地区。2005年公司被评为木材加工行业20强企业。是黑龙江省林业龙头企业。

【黑龙江好家木业有限责任公司】　该公司成立于2004年8月，法人代表毕书江。占地面积16万平方米，其中：建筑面积4万平方米，固定资产8000万元，年产各种人造板30200立方米，产值7000万元，利税700万元，2005年有职工400余人，其中科技人员48人。

公司主要生产刨花板和细木工板。并以此为基础，生产各种颜色的装饰贴面板，被海尔、澳柯玛、双叶等知名企业列为免检产品。2004年通过了ISO9001：2000国际质量管理体系认证和中国环境标志产品(十环标志)认证。产品远销俄罗斯和东南亚等国家，国内主要销往北京、上海、青岛、沈阳、哈尔滨等市，是黑龙江省林业龙头企业。

【绥芬河市兴佳经贸有限公司】　该公司成立于2001年，是经国家商务部批准具有一般贸易和边境贸易经营权的企业，现有职工360人，固定资产1120万元。在绥芬河和大连建立了两座大型木材加工基地，年生产地板110万平方米，进口原木18万立方米。产值4亿元。产品主要销往美国、日本、爱尔兰等国家。是黑龙江省林业龙头企业。

【黑龙江省长乐山大果沙棘开发有限公司】　该公司成立于2008年，现有职工348人，注册资本5600元，固定资产8400万元，年生产能力5000吨，年销售额近7000万元。沙棘产业是孙吴县的立县产业，“企业+基地+农户”的市场经营模式，实现了经济、生态和社会效益的统一，该公司通过了 ISO9001：2000 质量管理体系、HACCP 食品安全管理体系和 GB/T19630 有机产品管理体系认证。被中国绿色食品中心认定为 A 级绿色食品，被中国经济林协会授予中国大果沙棘之乡称号。是黑龙江省林业龙头企业。

【黑河市中昌经济贸易有限责任公司】 该公司创立于 2002 年，主要引进种植俄罗斯花楸苗木，经营面积达到 233.33 公顷，再生花楸苗木 350 万株，已带动 1700 农户，总投资 1300 多万元，年销售额 3320 万元。是规模大、品种全、技术先进的发展花楸产业的企业。

该公司被黑龙江省科技厅认定为民营科技型企业；被科技部列入国家级星火计划项目。是黑龙江省林业龙头企业。

【黑龙江省富鹏木业有限公司】 该公司创立于 2007 年 4 月，是一家以进口俄罗斯木材深加工为主的企业，现有员工 230 人，法定代表人黄瑞富。注册资金 4500 万元，资产总额 10519 万元。公司有包括刨光地板、刨片表板、集成材在内的 8 条生产线、锯材生产线 30 条、全自动电脑控制干燥窑 24 座，购买德国等国家和台湾地区先进木制品生产设备 110 台(套)，主要产品有地板坯料、集成材、原木、锯材、刨片表板等，年生产能力 15 万立方米，2009 年实现销售收入 9623 万元，实现利润 943 万元，上缴税金 770 万元，拥有独立的进出经营权，是黑龙江省林业龙头企业。

(黑龙江省林业厅)

上海市林业产业

【概　述】 上海是我国改革开放的前沿，是我国经济、金融、贸易和航运中心。上海地处长江入海口，是长江三角洲冲积平原的一部分，境内除西南部有少数孤立低丘外，均为坦荡低平的平原，平均海拔4米左右。上海属温和湿润的亚热带季风气候，充沛的温光资源和丰富的水资源，是林业发展得天独厚的自然条件。上海历史上基本没有林业。上海林业主要经历了三个发展阶段：第一阶段是20世纪60年代末至70年代的快速发展阶段。随着水杉的大面积推广，郊区结合改土治水、兴修水利等农田基本建设，林业建设掀起了以营造农田林网为主体的植树造林高潮，涌现了一批农田林网建设先进典型。第二阶段是80年代至90年代的综合提高阶段。围绕2000年平原绿化达标目标和农业结构调整，郊区大力推进以农田林网、骨干道路河道绿化、镇区村庄绿化为主要内容的平原绿化达标竞赛活动，大陆海岸线基干防护林带基本合拢，主要河道两侧护堤护岸林、水源涵养林基本建成，郊区农田林网控制率显著提高。经济果林、花卉等得到长足发展，全市经济果林面积发展到了1.33万公顷，并形成了一批林果优势产业。第三阶段是进入新世纪以后的跨越式发展阶段。为迎接2010年上海世博会，加快“四个中心”和现代化国际大都市建设，有效改善城市生态环境，上海林业抓住经济社会快速发展、农业结构调整、城市基础设施建设大规模推进和社会主义新农村建设等历史性机遇，重点推进生态公益林、经济果林发展，林业实现跨越式发展。上海的林业产业主要包括第一产业的经济果林、第二产业的木材加工业和第三产业的林业旅游业。

【产业发展】 2008年，全市林业产业总产值749431万元，比2007年的434880万元增长了72.33%，其中第一产业产值264887万元，比2007年的305955万元减少了13.42%；第二产业产值443231万元，比2007年的99434万元增长了345.75%；第三产业产值41313万元，比2007年的29491万元增长了40.09%。产业结构由2007年的70:23:7调整为2008年的35.35:59.14:5.51。

2008年，第一产业中，涉林产业产值264549万元，比2007年的305901万元减少了13.52%；林业系统非林产业产值338万元，比2007年的54万元增长了525.93%。涉林第一产业中，林木培育和种植产值70861万元，比2007年的140708万元减少了49.64%；木材和竹木采运产值1718万元，比2007年的2087万元减少了17.68%；经济林产品种植与采集产值147736万元，比2007年的147242万元增长了0.34%；花卉种植产值43819万元，比2007年的61332万元减少了28.55%；陆生野生动物繁育与利用产值415万元，比2007年的310万元增长了33.87%。第二产业中，涉林产业产值443231万元，比2007年的99434万元增长了345.75%。其中木材加工及木、竹、藤、棕、苇制品制造产值439596万元，比2007年的95087万元增长了362.31%。

2009年，全市林业产业总产值610464万元，比2008年减少了18.54%，其中第一产业产值249502万元，比2008年减少了5.8%；第二产业产值296992万元，比2008年减少了33%；第三产业产值63970万元，比2008年增长了54.84%。产业结构调整为40.87:48.65:10.48。

2009年，第一产业中，涉林产业产值249502万元，比2008年减少了5.69%。涉林第一产业产值中，林木培育和种植产值42787万元，比2008年减少了39.62%；木材和竹木采运产值1809万元，比2008年增长了5.3%；经济林产品种植与采集产值160727万元，比2008年增长了8.8%；花卉种植产值43761万元，比2008年减少了0.13%；陆生野生动物繁育与利用产值418万元，比2008年增长了0.72%。第二产业中，涉林产业产值296992万元，比2008年减少了32.86%。其中木材加工及木、竹、藤、棕、苇制品制造产值291660万元，比2008年减少了33.65%。

【森林资源】 截至2009年，上海市林地面积7.46万公顷，占全市土地总面积的11.77%。森林面积5.97万公顷，其中人工林5.97万公顷，森林覆盖率9.41%。活立木蓄积量275.2万立方米，森林蓄积量100.95万立方米。

【科技教育】 2008年，全市林业部门共组织实施33个科技项目，内容涉及资源培育、病虫害防治、果树和花卉等多个领域，聚焦地带性植物的恢复、培育和群落营建、有害生物监测与防治、经济果林标准化生产等重点领域组织科研攻关，获得奖项5个，其中市科技进步奖一等奖1项、二等奖2项。造林新品种东方杉不仅取得了美国植物专利，而且东方杉基地被批准为上海惟一一个国家重点良种基地。东方杉的扦插成苗率提高到了60%以上，扩繁种苗230万株。配合迎世博和上海辰山植物园建设，加强林木种质资源收集工作，建成上海市森林植被种质基地，收集引进新优林木品种600多个，从中筛选出20多个优良林木品种在全市造林绿化中推广。积极参与上海辰山植物园科研引种工作，承担了450种华东区系植物引种工作。切实抓好各类林业技术培训，举办果树专业技术培训32期，培训人员4250人次，编发《果树农事与信息》19期3300份，出版内部刊物《上海果树》4期，发行1600份。

2009年，全市林业部门共组织实施35个科技项目，植物新品种"培忠杉"(东方杉)的研究与开发应用、城市特殊环境绿化的植物资源选育及应用技术等3个项目分别获得了市科技进步一等奖、二等奖和三等奖。依托上海市林业总站，组织实施林业送科技下乡活动，启动了"建绿色家园林业示范点"、"水源涵养林监测与抚育管理示范点"、"新农村建设示范点"和"柑橘产业功能提升示范点"等4个科技示范点建设，重点示范推广经济果林标准化栽培技术、村庄绿化美化技术、林地病虫害监测技术、林地抚育及林相改造技术、橘小实蝇监测和防控技术等。以"迎世博600天行动"为契机，大力推广近年来引种成功的新优品种，重点以世博期间为主要观赏期的200种观花观叶观果观杆植物，在各区县绿化林业景观优化改造项目中建立示范点。积极开展观赏色叶植物栽植与养护、花坛花境布置、盆景园艺、有害生物防治、古树名木养护、节约型绿化林业技术、花灌木及花卉植物配置、林地复合经营等绿化林业实用技术培训，共培训686人次。为提升行业贯彻应用技术标准水平，开展迎世博19项行业技术标准贯标培训贯标培训，共培训1827人次。为提升绿化林业职工岗位技能素质，通过分级管理，条块协作，开展乡镇林业站长、林木种子检验员、植物检疫报检员、森林资源调查员、林业养护人员的岗位培训和迎世博16项行业岗位实用技能培训，共培训25438人次。

【人造板】 上海的木材加工业具有一定优势，以木材加工为主的林业第二产业发展依然保持强劲发展势头，木材加工科技创新能力不断提高，产品质量和档次逐步提高，品牌纷呈，竞争力不断增强，经济效益不断增加，在木材资源缺乏的条件下，充分利用科技创新，在全国木材加工行业赢得了独特的地位，很多产品出口世界各国，并且进入了欧美高端市场。

2008年上海人造板产量8.63万立方米，产值3.77亿元，分别比2007年下降42%和下降51%；销售量6.81万立方米，主营业务收入3.2亿元，分别比2007年下降35%和下降54%。

2009年上海人造板产量15.83万立方米，产值3.55亿元，分别比2008年增加83.43%和下降5.83%；销售量16.22万立方米，主营业务收入21.73亿元，分别比2008年下降25.1%和下降10.1%。

【木竹藤制品】 2008年，林业第二产业受金融危机影响初步显现，全市木材加工及木、竹、藤、棕、草制品生产企业218家，从业人员2.11万人，主营业务收入84.2亿元，比2007年增加6.3%，利润总额1.41亿元，比2007年减少55%，主营业务成本上升2%；家具制造业生产企业345家，从业人员5.49万人，主营业务收入196.7亿元，比2007年增加13%，利润总额9.19亿元，比2007年减少27%，主营业务成本上升1%。

2009年，全市木材加工及木、竹、藤、棕、草制品生产企业190家，比2008年减少12.8%；从业人员2.06万人，比2008年减少2.4%；主营业务收入74.96亿元，比2008年下降11%，利润总额3.41亿元，比2008年增长141.8%；主营业务成本下降12%；家具制造业生产企业330家，比2008年减少4.3%；从业人员5.01万人，比2008年减少8.7%；主营业务收入191.93亿元，比2008年下降2.4%，利润总额13.82亿元，比2008年增长50.4%，主营业务成本下降5.5%。

【水　果】　上海的林业产业主要以经济果林为主，经济果林是上海林业资源和农业结构的重要组成部分，也是近年来兴起的乡村旅游的主要载体，具有显著的生态效益、经济效益和社会效益。经济果林的发展，对改善城市生态环境、促进农业经济发展、提高农民收入、保持农村和谐稳定发挥了重要作用。"十五"期间，上海林果产业资源总量快速扩张，品种结构趋向合理，特色布局基本形成，设施设备不断完善，组织化程度明显提高，标准化生产有序推进，品牌化经营效应凸显，产品质量显著提高，产业化格局初具雏形。

面　积　2008年全市经济林面积2.28万公顷，经济林总产量43万吨，出口量3445吨；干鲜果种植与采集产值14.53亿元，森林食品产值2454万元。上海市的果树生产以桃、梨、柑橘、葡萄四大树种为主，种植面积占经济林总面积的93.4%；枇杷、枣子、柿子、银杏、猕猴桃及果桑等小水果占总面积的6.6%。2009年，上海市的果树生产仍以桃、梨、柑橘、葡萄四大树种为主，种植面积占经济林总面积的93.9%，比2008年提高0.5个百分点；枇杷、枣子、柿子、银杏、猕猴桃及果桑等小水果占总面积的6.1%，比2008年降低0.5%。

产　量　2008年，上海市的经济林产品总产量43.6万吨，其中出口量3445吨。果树产量最多的是柑橘23.99万吨，桃其次，9.02万吨，葡萄总产6.25万吨，梨3.1万吨。从平均单产分析，柑橘、桃、葡萄比2007年均有不同程度的降低，平均降幅1050～1500千克/公顷，只有梨的单产比2007年略增。2009年，上海市的水果总产量45.16万吨，比2008年增加3.54%，其中出口量1024吨，比2008年减少70.28%。果品产量最多的是柑橘，为23.2万吨，比2008年增加2.2%；桃其次，为9.5万吨，比2008年增加3.26%；葡萄总产7.6万吨，比2008年增加22.58%；梨总产3.6万吨，比2008年增加2.88%。

产　值　2008年，上海市果品产值以桃最高，为6.3亿元，其次为葡萄3.9亿元，柑橘和梨相近，分别为1.5亿元和1.3亿元。年单位面积产值除柑橘外，桃、梨、葡萄都比2007年有所提高，葡萄是最高的，平均每公顷产值已超过13.5万元。2009年，上海市果品总产值15.86亿元，比2008年增加9.15%。果品产值以桃最高，为6.1亿元，比2008年减少3.17%；其次为葡萄4.6亿元，比2008年增加17.95%；柑橘产值2.4亿元，比2008年增加60%；梨产值1.5亿元，比2008年增加15.38%。

【花　卉】　上海的花卉业生产已基本形成了大生产、大市场、大流通格局。2008年，花卉年种植面积1903公顷，比2007年增长了12%；鲜切花年销售量4亿多支，盆栽花卉年销售量3000万盆，花卉种苗7000万枝。建立花卉交易市场34个、花店3000多家。上海花卉业发展地域优势较为明显，上海鲜花港以其40公顷智能温室和28公顷新品种展示区，借助科研院校的产学研联盟优势，搭建引进、展示、消化、吸收国内外花卉先进技术平台，带动上海花卉产业的发展。松江区的盆栽花卉生产区，面积达6667公顷；奉贤区和金山区的非洲菊种苗和切花生产区，生产面积1067公顷，年产2亿多支非洲菊切花；崇明县的水仙、唐菖蒲、鸢尾等球根花卉，面积200多公顷，占了上海球根花卉的部分市场。上海依托先进的设施设备、科技、人才、国内交通便捷等优势，已成为全国花卉种苗生产和供应基地。其中年生产供应香石竹种苗约5000万株，菊花种苗4600万株，蝴蝶兰种苗3000万株，非洲菊种苗500万株，F1代草花种苗8000万株。其中约70%销往全国各地，部分出口国外。上海的花卉出口品种呈多样化发展，菊花、康乃馨、百合、红掌、一品红、蜡梅、非洲菊、蝴蝶兰等鲜切花，分别出口到日本、美国、韩国、马来西亚、以色列、荷兰、肯尼亚等国家和香港地区。

【野生动植物资源】 全市经营利用野生动物及其产品种类75种，主要用于野生动物繁殖、引种、展览、表演以及中医药、新药实验和医学研究。由于"非典"、"禽流感"等原因，全市野生动物驯养繁殖业基本处于低谷状态，驯养繁殖和经营利用的野生动物种类单一、效益较差，54种驯养繁殖技术成熟野生动物仅有梅花鹿、鸵鸟、林蛙、蓝孔雀等几种。中医药行业急需的麝香、羚羊角、穿山甲和珍稀蛇类资源稀少，无法满足需求，已影响全市中成药企业一些重点产品生产。民族乐器所需的蟒蛇皮等野生动物产品主要依靠从东南亚进口。培植的兰花类植物主要向英国、美国、日本等25个国家出口。到2008年底，全市野生动物驯养繁殖场101个，年经营产值2.53亿元。兰科植物培植场15个，出口8254万株，贸易额1.2亿元。野生动物经营利用管理专用标识企业30多家，年标识产品经营利用金额5.35亿元。野生动植物进出口单位140家。

【森林旅游】 近年来，上海市的森林生态旅游逐步兴起。到2008年，全市共建立国家森林公园4处、自然保护区1处，以森林资源为基础的"林家乐"乡村旅游点数十家，以观花采果为主题的森林节庆4个，初步形成了以国家森林公园为龙头、"林家乐"为骨干、森林节庆活动为补充的森林旅游框架体系。2008年，林业旅游直接收入超过3561万元。2009年，林业旅游直接收入超过5394亿元。崇明东平国家森林公园、佘山国家森林公园、南汇桃花节、马陆葡萄节等已经成为上海市民的知名旅游景点。

【崇明柑橘产业】 崇明县是我国的第三大岛屿。崇明柑橘已有30多年种植历史，全县柑橘种植面积8600公顷，投产面积4667公顷，总产量约17万吨，是长三角地区最大的柑橘生产基地，也是华东地区柑橘生产的示范和科研基地，上海最大的"绿色商品"生产基地。该县的柑橘主要分布在绿华镇、长兴乡、横沙乡、三星镇等乡镇。崇明柑橘生产已有30多年历史，崇明柑橘具有皮薄光滑、色泽橙黄、味甜无核、细嫩爽口等特点，早已行销全国各地。绿华镇的生态橘更是富含黄酮、单萜、香豆素、类胡萝卜素、类丙醇、吖啶酮、甘油糖脂等微量物质，具有良好的保健作用，已出口到加拿大，该镇的飞岛牌柑橘已经获得上海名牌产品称号。崇明柑橘一般在每年的10月中旬开始采收。为弘扬宣传崇明柑橘文化，提升崇明柑橘的品牌知名度，培育崇明生态农业旅游、柑橘旅游市场，促进崇明柑橘产业发展和橘农增收，崇明县积极依靠科技进步，不断提高生产水平，加大产品宣传营销力度。一是举办崇明柑橘节。作为崇明森林旅游节的一个重要组成部分，历时25天，市民可以通过绿岛橘乡观光、休闲水果采摘游、橘树认养等各式各样的活动来崇明一边品尝美味的柑橘，一边领略生态宝岛的美景。二是开展"橘乡探幽"大型车友会活动。组织长江三角洲地区的车友会自驾巡游，专程来崇参加柑橘节活动；鼓励广大游客和市民积极认养果树，加强环境与生态意识；以及组织游客进行柑橘园观光采摘活动等。三是实现产品直销。组织名牌柑橘生产单位在上海中心城区的人民公园、和平公园、中山公园、闵行体育公园等进行设摊销售，市民随时可以就近购买到新鲜的崇明柑橘。四是依靠科技提高生产水平。实施减少化肥、高毒高残留农药使用量，增加有机肥、低毒低残留农药使用量的"双增双减"技术，保障了柑橘的优质安全。随着上海长江隧桥的建成通车，崇明柑橘将有进一步发展。

【上海福人林产品批发市场】 上海福人林产品批发市场建于1999年9月，位于上海市沪太路，营业面积7万平方米，进驻企业170多家，下设名贵原木区、进口板材区、进口木皮精品区、户外防腐材料区，汇集世界100多种名贵地板材料，实木、实木复合、强化、竹地板料应有尽有，是全国家具制造业、装饰业、地板、木门木线条、木工艺品等工厂的购货主渠道。以进口板材、木皮、名贵原木名闻遐迩，月地板坯料吞吐量5000多柜，约占中国地板料进口总量的1/2，年木材交易量60万立方米。上海福人(国际)木皮交易中心，是华东地区最具规模最具发展潜力的木皮市场，规划经营面积3万平方米，进驻企业100家以上，形成融地板、木皮交易，商务服务于一体的木材交易集群。地处太仓港的福人林产品工业园区由太仓港港口开发区管委会、上海福人林产品批发市场等联合兴办，一期工程规划用地100公顷，木材加工能力可达100万立方米，生产总值超30亿元，形成产业结构优良、产品多元化、集生产经营销售一体的林产品产业链，成为国际、国内市场木制品加工制造配送基地。

【上海东华环球木业建材交易城】 是上海首家超大型木业建材交易市场，坐落于上海市嘉定区的曹安路，于2004年8月28日开业。该市场占地18.7公顷，营业面积26万平方米，总投资近2亿元，主营商品包括木材、人造板、木皮、名贵木材、林木业机械、家具五金、石材等建材原料。东华环球建材交易城已发展成为一家集木材、人造板、木皮、名贵木材、林木业机械、家具五金、石材等建材原料批发、展示，仓储、转运等于一体的多功能、综合性现代化交易城，2007年3月获得全国五星级木材市场称号。优越的木材销售环境、健全的企业管理制度、一流的商品质量监督体系、快捷方便的货物配送服务、专业的金融信息传递体系，为广大消费者与建材销售商之间创建一个理想的交易平台，消费者对东华环球建材城的认知度迅速提高，市场声誉不断扩大，在消费者心中形成了“买木材，到东华”的良好口碑，为市场的进一步扩大、发展奠定了坚实的基础。

【上海花卉交易中心】 创办于1992年4月，地处上海市普陀区的曹安路。该市场由上海市普陀区政府兴建，建有3个营业大厅，200多间标准营业房，营业建筑面积近5000平方米。市场主要交易鲜切花、盆花、盆景、观叶植物和鸟鱼虫及其配套产品，其中年鲜切花成交量1.6亿支，盆花、盆景、观叶植物成交量110万盆。1994年，时任全国人大常委会副委员长、中国花协名誉会长陈慕华亲笔为市场题名上海花卉交易中心。市场自1993年以来，每年被评为上海市文明市场，2000年被国家林业局、中国花卉协会评为全国重点花卉市场。上海花卉交易中心在全国享有一定盛誉。

【上海交大农业科技有限公司】 该公司是一家由上海交大产业投资管理(集团)有限公司和上海交大创业投资有限公司等共同投资组建的农业高科技企业。公司主营农产品及相关产品的研发、生产加工和进出口贸易。产业涉足花卉苗木、速冻保鲜蔬菜、果蔬物流中心、生物有机肥菌种、食用菌种、环保水处理微生物菌种、非动物来源有效生物活性成分提取、保健食品、现代农业温室工程等。公司紧密依托上海交大的科技、人才、信息、品牌优势，拥有可持续增加的农业技术含量和充沛的人力资源；拥有科技成果产业化的途径，可以迅速将实验室研究的成果转化为产业优势，已经形成成熟的市场销售网络和现代物流体系，同时还具备出口贸易的平台。

【上海市花卉良种试验场】 是于1986年开始建设的产供销一条龙的花卉良种繁育基地，已成为我国获得国外香石竹种苗专业公司授权专利扩繁的场圃之一。该场现有铝合金温室5000平方米、钢管塑料大棚3万平方米，冷藏库，组织培养室等。主要产品为康乃馨、百合种苗繁育和菊花、常春藤切花生产，产品主要出口日本，并销往国内市场。近年来，该场以香石竹种苗繁育推广为重点，通过引进国外优质原种母本苗，采取严格的科学管理体系和“三圃”育苗技术，扩繁优质生产用花卉种苗，香石竹种苗数量和质量始终位居全国前列。2008年繁育推广优质香石竹种苗1100万株左右，主营业务收入1635万元，同比分别增长20%和52%。

【上海虹华园艺有限公司】 该公司建立于1991年，专业从事鲜切花生产，主打产品为菊花苗，是目前国内最大菊花苗生产和出口企业，产品主要出口日本、荷兰、美国、以色列等国。目前，该公司拥有菊花品种达1000多种，用于种苗繁育的品种50多种。近几年菊苗的出口量以每年40%的速度增长，成为日本从中国进口菊花种苗数量最大的企业，在日本乃至欧洲市场都具有很高的知名度。昆明虹之华园艺有限公司，是上海虹华园艺有公司在云南的分公司及种苗生产基地，拥有16.7公顷生产面积，生产的菊花种苗95%以上出口日本。

（茅国梁　陈佩君）

江苏省林业产业

【概 述】 江苏省林业产业发展，呈逐年加快趋势。据初步统计，全省林业产业总产值由2001年的不足百亿元，以每年增加100亿元的速度一路攀升。

2008年，全省林业产业总产值9374102万元，比2007年增长了15.09%，其中第一产业产值2948554万元，比2007年增长了15.51%；第二产业产值5741074万元，比2007年增长了15.53%；第三产业产值684474万元，比2007年增长了9.80%。产业结构由2007年的31.34∶61.01∶7.65调整为2008年的31.5∶61.2∶7.3。

2008年，第一产业产值中，涉林产业产值2928347万元，比2007年增长了15.82%，其中，林木培育和种植产值1025222万元，比2007年减少了13.69%；木材和竹材的采运产值364498万元，比2007年增长了49.81%；经济林产品的种植与采集产值898055万元，比2007年增长了18.56%；花卉的种植产值606821万元，比2007年增长了15.71%；陆生野生动物繁育与利用产值19856万元，比2007年增长了24.40%。林业系统非林产业产值20207万元，比2007年减少了16.55%。第二产业中，涉林产业产值5722090万元，比2007年增长了15.43%。其中木材加工及木、竹、藤、棕、苇制品制造产值4196996万元，比2007年增长了4.95%。

2009年，全省林业产业总产值11364664万元，比2008年增长了21.23%，其中第一产业产值3507260万元，比2008年增长了18.96%；第二产业产值7046839万元，比2008年增长了22.73%；第三产业产值810565万元，比2008年增长了18.42%。产业结构调整为2009年的30.86∶62.01∶7.13。

2009年，第一产业产值中，涉林产业产值3480593万元，比2008年增长了18.86%，其中，林木培育和种植产值1212581万元，比2008年增长了18.28%；木材和竹材的采运产值196282万元，比2008年减少了46.15%；经济林产品的种植与采集产值770898万元，比2008年减少了14.16%；花卉的种植产值1243295万元，比2008年增长了104.87%；陆生野生动物繁育与利用产值23725万元，比2008年增长了19.49%。林业系统非林产业产值26667万元，比2008年增长了31.97%。第二产业中，涉林产业产值6867471万元，比2008年增长了20.02%。其中木材加工及木、竹、藤、棕、苇制品制造产值5718482万元，比2008年增长了36.25%。

产业发展特点

林业产业结构进一步优化　以木材加工为主的第二产业和以森林旅游为代表的第三产业产值的比重增大，一产的比重下降。全省林业二、三产业的比重由2002年的56%提高到2008年的68.5%，2009年进一步达到69.1%。全省40家林业企业年产值总和超过240亿元，其中：销售收入10亿元以上的有5家，最大的企业年销售收入超过50亿元；销售收入1亿元以上的有40家。全省林业产业已初步形成了以林木资源培育为基础，以意杨等木材加工业为主体，一、二、三产业协调发展的新格局。

主导产业优势进一步显现　杨树、银杏和林木种苗三个林业主导产业年产值占全省林业总产值的88%。此外，全省野生动植物加工利用业也迅猛发展，涌现出隆力奇、山禾药业、朗力福、金陵药业等多家大型企业，总产值达75亿元。

林产化学加工业异军突起　林产化工产业是林业产业的重要组成部分，也是林业经济发展中最具活力和发展潜力的朝阳产业。全省现有林产化学加工企业约280家，其中，制浆造纸企业160多家，林产初级化学品及深加工产品生产企业20多家，活性炭及炭材料生产企业20家，植物提取物及其衍生物生产企业约30家，香料生产企业约50家，主要产品有纸张、酒精、松香、糠醛、活性炭、生物制品、植物单宁、植物精油、香料、天然色素、植物油脂、淀粉以及天然药物等。

增收作用日趋显著　邳州市作为一个县级市，2008 年仅杨树产业产值就达到 140 亿元，林木种苗产业和森林旅游产业 20 亿元，合计 160 亿元。纳税 6 亿元，占全市财政收入的 60% 以上，全行业转移劳动力 25 万人；大亚集团丹阳工厂年产中高密度纤维板 33 万立方米，每年消耗“三剩物”和次小薪材近 60 万吨，木材采购金额达到 3.5 亿元，直接惠农 5 万户，每户增加收入 7000 元。

措施与做法　全省林业产业的发展壮大，很大一部分得益于林业投入和分配机制的创新。首先是林权制度改革。其次是调整林木采伐管理政策。再次是努力降低育林基金的征收标准。按江苏省规定，育林基金征收标准为木材及林产品销售价的 12%，但全省大部分地方征收标准仅为 2% ~3%，最多不超过 5%。

通过上述机制创新，使投入林业产业的主体得到了实惠和利益，从而吸引越来越多的公司、集体和个人参与林业投资，参与林业建设。可以说，机制灵活是激发林业产业发展后劲的根本动力。

【木材生产和加工】　2008 年，全省木材总产量为 112.59 万立方米，比 2007 年增长了 41.89%。其中，原木产量为 105.82 万立方米，比 2007 年增长了 44.33%；薪材产量为 6.77 万立方米，比 2007 年增长了 12.27%；竹材产量为 201.09 万根，比 2007 年减少了 49.85%。

2008 年，森林工业产品中，锯材产量为 64.63 万立方米，比 2007 年增长了 59.62%；木片产量为 20.51 万实积立方米，比 2007 年减少了 21.12%；人造板产量为 1994.15 万立方米，比 2007 年增长了 2.12%。其中，胶合板产量为 904.5 万立方米，比 2007 年减少了 10.31%；纤维板产量为 420.28 万立方米，比 2007 年减少了 11.08%；刨花板产量为 315.7 万立方米，比 2007 年增长了 202.74%。胶合木产量为 2.89 万立方米，比 2007 年增长了 26.20%；木地板产量为 5190.78 万平方米，比 2007 年减少了 0.04%。

2009 年，全省木材总产量为 99.44 万立方米，比 2008 年减少了 11.68%。其中竹材产量为 420.65 万根，比 2008 年增长了 109.36%。

2009 年，森林工业产品中，锯材产量为 56.90 万立方米，比 2008 年减少了 11.96%；木片产量为 67.93 万实积立方米，比 2008 年增长 231%；人造板产量为 2195.90 万立方米，比 2008 年增长了 10.12%。其中，胶合板产量为 903.14 万立方米，比 2008 年减少了 0.15%；纤维板产量为 506.72 万立方米，比 2008 年增长了 20.57%；刨花板产量为 345.80 万立方米，比 2008 年增长了 9.53%。木地板产量为 6106.94 万平方米，比 2008 年增长了 17.65%。

【杨树产业】　杨树资源稳步增加，年提供杨树木材资源达 530 万立方米。促进了木材加工业的发展，木材加工规模的扩大反过来促进资源培育，两者相互促进、相辅相成。据统计，全省以杨树为主要加工原料从简单初加工户到大型现代企业共达 6000 多家，木材加工业总产值达到 560 亿元。

【银杏产业】　全省银杏成片林总面积近 5.33 万公顷，白果年产量 2.94 万吨，干青叶 1.2 万吨。银杏产品综合加工利用能力增强，出口创汇渠道拓宽。

【林木种苗】　2008 年，全省实际育苗面积的 5.84 万公顷，2009 年达到 6.42 万公顷；2008 年苗木总产量 25.32 亿株，2009 年达到 28.96 亿株；全省林木种苗产业产值 2008 年为 20.68 亿元，2009 年为 42.81 亿元。

（雷礼纲）

浙江省林业产业

【概 述】 浙江省地处中国东南沿海长江三角洲南翼，是我国高产综合性农业区，茶叶、蚕丝、柑橘、竹制品等产品在全国均占有重要地位。全省林地面积667.97万公顷，活立木蓄积19382.93万立方米。森林面积584.42万公顷，蓄积17223.14万立方米，森林覆盖率为57.41%。

2008年，全省林业行业总产值12609970万元，比2007年增长了5.61%，其中第一产业产值4127577万元，比2007年增长了5.58%；第二产业产值7430326万元，比2007年增长了4.59%；第三产业产值1052067万元，比2007年增长了13.54%。产业结构由2007年的28.5∶51.7∶19.8调整为28.3∶51.0∶20.7。

2008年，第一产业产值中，涉林产业产值达到4127097万元，比2007年增长了5.60%，其中，林木培育和种植产值达682861万元，比2007年增加了71.6%；木材和竹材的采运产值406333万元，比2007年增长了28.91%；经济林产品的种植与采集产值2583658万元，比2007年增长了5.38%；花卉的种植产值336586万元，比2007年减少了44.32%；陆生野生动物繁育与利用产值78168万元，比2007年减少了25.17%。林业系统非林产业产值达480万元，比2007年减少了51.12%。第二产业中，涉林产业产值7425980万元，比2007年增长了4.59%。其中木材加工及木、竹、藤、棕、苇制品制造产值3960021万元，比2007年增长了2.92%。

2009年，全省林业产业总产值13678175万元，比2008年增长了8.47%，其中第一产业产值4532848万元，比2008年增长了9.8%；第二产业产值7741296万元，比2008年增长了4.2%；第三产业产值1404031万元，比2008年增长了33.45%。产业结构调整为28.8∶49.1∶22.1，产业结构进一步优化。

2009年，第一产业产值中，涉林产业产值4532608万元，比2008年增长了9.8%，其中，林木培育和种植产值953100万元，比2008年增长了39.6%；木材和竹材的采运产值387529万元，比2008年减少了4.6%；经济林产品的种植与采集产值2860462万元，比2008年增长了10.7%；花卉的种植产值214608万元，比2008年减少了36.2%；陆生野生动物繁育与利用产值79248万元，比2008年增长了1.4%。林业系统非林产业产值240万元，比2008年减少了50.0%。第二产业中，涉林产业产值7735565万元，比2008年增长了4.2%。其中木材加工及木、竹、藤、棕、苇制品制造产值4110049万元，比2008年增长了3.8%。

全面实施百乡千村兴林富民示范工程，共命名了113个示范乡镇和674个兴林富民示范村，示范村林农人均林业收入4767元，占人均收入的61.7%。

加快改造提升竹产业，全省累计投资4亿多元，新建竹林主干道和辅助道4415千米，完成竹林改造提升2.93万公顷。

大力发展竹木加工业，形成了人造板、地板、玩具工艺品、木制家具等一批具有区域特色的产业带，年产值达600多亿元。

率先在全国开展森林食品认定，共认定了49个森林食品、500个森林食品基地。组织实施"千万珍贵树木发展行动"，加快珍贵树种苗木培育。

成功举办了2008中国义乌国际森林产品博览会、首届浙江省森林旅游节和长三角花卉产业发展国际论坛等活动，义乌森博会参展企业达450家、展位730个，接待了来自63个国家8.2万人次的观众，其中专业观众1.1万人次，展会总成交额10.95亿元，其中现场成交额3.75亿元，协议投资贸易额7.2亿元，达到了加强宣传、扩大影响、拓展市场、促进发展的目的。

全省涌现了一批林产工业年产值50亿元大县。见表1。

表1 2008年林业产业年产值50亿元以上的县市

县市	产值(亿元)	林业骨干产业	林业就业人数(万人)
嘉善县	90.00	胶合板及家具	6.00
诸暨市	61.02	香榧、竹木加工及花卉苗木	29.30
安吉县	115.00	竹产业	3.50
南浔区	62.00	木地板、胶合板、木门	3.20
德清县	59.80	竹产业及胶合板	8.70

【林产品生产】 2008年，全省木材总产量302.44万立方米，比2007年增长了58.94%。其中，原木产量294.9万立方米，比2007年增长了57.68%；薪材产量7.54万立方米，比2007年增长了132.00%；竹材产量16179.14万根，比2007年增长了23.57%。

2008年，森林工业产品中，锯材产量为267.55万立方米，比2007年减少了4.19%；木片产量66.18实积万立方米，比2007年增长了131.48%；人造板产量525.81万立方米，比2007年增长了2.05%。其中，胶合板产量188.68万立方米，比2007年减少了11.10%；纤维板产量134.87万立方米，比2007年增长了27.08%；刨花板产量22.01万立方米，比2007年增长了446.15%。胶合木产量30.19万立方米，比2007年增长了0.70%；木地板产量6639.24万平方米，比2007年增长了4.84%。

2008年，松香类产品产量12286吨，比2007年增长了127.27%；松节油类产品产量5457吨，比2007年增长了19.99%。

2009年，全省木材总产量196.56万立方米，比2008年减少了35.0%。其中，原木产量190.68万立方米，比2008年减少了35.3%；薪材产量5.88万立方米，比2008年减少了22.0%；竹材产量15660.68万根，比2008年减少了3.2%。

2009年，森林工业产品中，锯材产量271.98万立方米，比2008年增长1.7%；木片产量58.91实积万立方米，比2008年减少了11.0%；人造板产量487.12万立方米，比2008年减少了7.4%。其中，胶合板产量143.85万立方米，比2008年减少了23.8%；纤维板产量119.46万立方米，比2008年减少了11.4%；刨花板产量13.68万立方米，比2008年减少了37.9%。胶合木产量49.50万立方米，比2008年增长63.9%；木地板产量7223.62万平方米，比2008年增长8.8%。

2009年，松香类产品产量13550吨，比2008年增长了10.3%；松节油类产品产量6570吨，比2008年增长20.4%。

【木材加工区域分布】 全省有木业企业2万多家，年加工木材1000多万立方米。加工的产品主要为锯材、人造板(胶合板、中密度纤维板和细木工板)、人造板表面装饰板、木制家具、地板为主，品种门类齐全。全省木业加工业在上世纪90年代得到了快速发展，以嘉善区域的胶合板生产为起点，以后在木业的各个领域迅速展开，近年来，木制家具的生产得到快速发展。

全省木材加工业具有明显的区域特色，区域特色产业带基本形成，现已形成以嘉善为中心的胶合板生产基地，年生产能力350万立方米，占全国的11.45%。丽水是高中密度纤维板生产中心，年产50多万立方米。温州、玉环、绍兴等以成为木制家具的生产中心，产值30多亿元。以湖州南浔为中心的地板为生产基地，年产实木地板3000多万平方米，约占全国的实木地板产量的1/5。以云和为中心的木制玩具生产基地，加工企业195多家，85%以上产品出口。龙泉是全省最大的木制太阳伞生产基地，年产150万把，产值1.5亿元。还有德清为中心的薄木装饰板生产基地，以江山为中心的细木工板生产基地，以杭州、萧山为中心的办公家具生产基地，以安吉为中心的转椅生产基地，东阳的木线生产基地。年产值10亿元大型企业，见表2。

表2 浙江省2008年林业产业年产值在10亿元以上的企业

企业名称	企业所在地	主要产品品种	年总产值(亿元)	年利税(亿元)	主要产品出口量(亿美元)	直接、间接安置劳动力人数
浙江绿源木业股份有限公司	浙江省遂昌县金岸工业区	中密度纤维板	14.87	1.25	—	1540
浙江丽人木业集团公司	丽水市莲都区上水南路2号	中密度纤维板	11.40	0.35	—	1200
德华集团控股股份有限公司	浙江省德清县洛舍镇杨树湾工业区	胶合板、贴面板、细木工板、复合地板、集成材	26.76	1.80	0.35	3400
浙江世友木业有限公司	南浔镇吴越路	实木、强化、实木复合地板，屋外碳化木	10.00	1.00	0.10	5200

【竹生产加工】 全省竹林面积78.3万公顷，占全国竹林总面积的14.55%，其中毛竹林60多万公顷，雷竹等食用笋竹8多万公顷，其他小杂竹约6.67万公顷。毛竹蓄积量16.61亿株。竹产业已成为全省农业农村经济的支柱产业。

组建了竹产业知识产权联盟，来维护联盟成员企业的利益，保护知识产权，共享知识产权。为充分发挥全省林业产业科研队伍的科技创新能力，组建了竹业和木材加工两个省级科技创新服务平台。2009年，经国家科技部批准，总投资2000万元的国家木质资源综合利用工程技术中心落户浙江林学院，标志着全省的竹木业研发水平走在全国前列。

【森林旅游】 全省积极发展森林生态休闲旅游业，森林旅游资源优势进一步发挥，森林旅游产业规模不断扩大，综合实力不断增强。

一是充分利用丰富的森林景观资源和发挥区位优势，加大宣传、营销力度，提高知名度，通过举办森林旅游节、森林观光节，大力发展森林旅游业。成功举办了2009中国(温州)森林旅游节，成效十分显著；二是政策扶持。绍兴市政府出台了加快发展森林休闲旅游业的优惠政策，决定从2009开始到2012年，市财政每年安排500万元专项资金，扶持森林旅游业发展。三是加强森林公园的基础设施建设、完善旅游配套设施，提高品位，吸引社会各方力量参与森林旅游开发。2009年，全省已建有森林公园150处，总面为38.02万公顷，其中国家森林公园35处，面积为21.56万公顷；省级以上森林公园68处，面积达13.62万公顷。林业旅游收入达到119.67亿元，其中森林公园收入为73.46亿元占61.39%；林业年接待旅客7251多万人次，其中森林公园旅游人数为2759万人。在大力发展森林旅游的同时，还充分利用丰富的森林景观资源和林业特色基地，发展林业休闲观光业。成立了休闲观光旅游协会，发展省级林业观光园区133家。省里鼓励机关、企事业单位到休闲观光区和农家乐度假、观光。还举办各种节庆活动推动观光业的发展。森林旅游业的发展，促进林业增收、林农致富和农村产业结构调整。如：临安市太湖源白沙村，依靠生态旅游从贫困山村变为了生态富裕村，全村947人，经历了从"砍树"到"看树"再到"赏树"，从"卖山头"到"卖山货"再到"卖生态"的发展历程。全村农民人均纯收入从1997年的3800元到现在的超过1万元，其中45%以上来自森林旅游。

【科技教育】 坚持科技兴林，大力推进林业科技进步。组织开展了第八届科技兴林奖评选工作，成功举办了第五届林业科技周活动，省政府与中国林科院续签了新一轮省院林业科技合作协议，成立了浙江省林业标准化技术委员会，组织编印了兴林富民实用技术丛书。组织实施了21个标准化推广示范项目，建立示范基地1.05万公顷，辐射推广2.78万公顷，带动农户5.2万户，新增产值2.5亿元。全面推行责任林技员制度，成立了省农技推广中心林业分中心，65个县(市、区)实施了责任林技推广制度，聘用首席林技推广专家219名，林技指导员1018名，责任林技员2190名，实施首批责任农技推广林业项目195项。

【林权制度改革】 2009年，全省完成集体林权制度主体改革，林权证换发率达96.8%，责任山承包合同签订率达97.5%，在此基础上，积极推进林权流转和林权抵押贷款，全省已有62个县(市、区)挂牌成立了林权管理中心，流转面积已达72.92万公顷，有效引导林业资源要素向现代林业经营主体集聚。全省共有27个县(市、区)开展了林权抵押贷款业务，贷款余额超过8亿元，受益农户2万多户，为林业发展注入了活力。

【丽水林业产业】

森林资源 2008年，全市森林资源调查统计，林业用地面积146.24万公顷，占土地总面积的84.35%，比"十五"期末增加2.82万公顷；活立木蓄积量创历史新高，总蓄积量5899.78万立方米，比"十五"期末增长33.33%；森林覆盖率首次突破80%，达80.79%，林木绿化率81.62%，分别比"十五"期末增加3.19%和1.62%，实现了林业用地面积、活立木总蓄积量、森林覆盖率"三增长"。全市有竹林面积14.17万公顷，其中，毛竹林13.95万公顷、杂竹林0.22万公顷，毛竹立竹量31867.9万株。从森林结构看，全市森林仍然以纯林为主，面积79.74万公顷，占66.4%；混交林面积40.28万公顷，占33.6%。纯林与混交林的比例从“十五”期间的89.8:10.2调整为目前的66.4:33.6，森林结构已经日趋合理。野生动植物资源丰富，全市已知维管束植物3546种、野生动物2618种、林内大型真菌800种以上。

限额采伐 2008年，省政府额定全市年森林采伐限额306.23万立方米，其中省林业厅追加灾害林木清理专项采伐限额107.8万立方米，其中商品材245.04万立方米，非商品材61.19立方米。全年发放林木采伐证52417份，采伐林木蓄积230.13万立方米，其中商品材216.26万立方米，非商品材13.87万立方米。商品材出运84.64万立方米。发放毛竹采伐证7198份，采伐毛竹2927万支。

林业产业 2008年，在遭遇雨雪冰冻灾害、宏观调控和全球性金融危机等三大因素制约下，全市林业产业工作继续按照“壮一产、强二产、快三产”的要求，积极主动应对，突出灾后重建，强化基础设施建设，木业、竹业、油茶、森林食品、森林旅游、中药材、种苗花卉等林业七大产业持续快速增长。全年实现林业产业总产值158.47亿元，比2007年增加了17.43亿元，增长12.36%，增幅超过全省平均数6.4个百分点，居全省各地市第二。林业产业总产值占全省林业产业总产值10.89%，居全省第三位，比2007年上升一位。林业产业总量提升和结构调整取得新突破，林业行业第一、第二产业总产值121.76亿元，占全市工农业总产值的12.09%，其中竹木加工业实现产值69.29亿元，占全市工业总产值的7.51%。林业行业地区生产总值(GDP)75.72亿元，增长18.24%，对全市地区生产总值(GDP)的贡献率为14.97%。全市9个县(市、区)林业行业总产值全部达到11亿元以上。其中，龙泉市、云和县超过20亿元，庆元县、遂昌县、莲都区、松阳县超过15亿元。

全市竹木林产工业企业2988家，从业人员6.43万人。其中，规模以上企业211家，省、市级林业龙头企业81家；木材加工企业2440家，从业人员5.14万人；竹材加工企业533家，从业人员1.17万人。9个林产品商标获中国驰名商标，8个林产品商标获浙江省著名商标，23个林产品商标获丽水市著名商标；13个林产品被评为浙江名牌产品，5个林产品被评为浙江省名牌林产品，31个林产品被评为丽水名牌产品；10个林产品获中国义乌国际森林产品博览会金奖，11个林产品获优质奖。

在产业结构上，坚持以分类经营为基础，加大资源投入力度，提高林地生产效率，壮大提升林业第一产业，林业第一产业产值50.61亿元，比2007年增长11.18%；坚持以市场为导向，立足特色产品，做大做强龙头企业和区块产业，提高森林资源综合利用率，增加产品附加值，调整提升林业第二产业，林业第二产业产值71.15亿元，同比增长10.91%；坚持以生态优势为依托，大力促进森林旅游业和现代服务业，加快发展林业第三产业，林业第三产业产值36.71亿元，同比增长17.04%。林业一、二、三产业比重调整优化为32:45:23。

在重点产业布局上，继续坚持不懈地抓好木业、竹业、森林食品、油茶、森林旅游、中药材、种苗花卉等七大产业。

木　业 木业具有“五个一”产业优势，即：一块纤维板、一扇木门、一支铅笔、一副玩具、一把太阳伞。实现产值48.30亿元，增长23.5%，成为丽水工业的主导产业之一。

竹　业 竹产业呈现一、二、三产齐头并进的良好局面。实现产值28.17亿元，增长9.8%。庆元、遂昌、龙泉竹产业产值分别占全县(市)林业行业总产值的46.9%、34.2%、32.6%。

森林旅游 围绕“生态、休闲、养生”的主题，有序开发森林和湿地自然景观资源，成功打造了中国第一森林浴场的品牌，森林旅游业快速兴起。实现产值27.41亿元，增长20.9%。

油　茶 丽水栽培油茶历史悠久，素有“浙南油库”之称。全市现有油茶面积5.44万公顷，主要分布在青田、莲都、云和、松阳、遂昌、龙泉、景宁等地。年产油茶籽1.8万吨，实现产值0.90亿元。拥有精制茶油加工企业10家，粗制作坊近100家。

森林蔬菜 全市累计建成森林食品基地核心区7600公顷，辐射面积3.34万公顷。实现产值33.34亿元，增长4.9%。

林业建设资金 2008年，全市林业建设资金投入63127万元，比2007年增长98.82%。其中：全市到位中央、省级林业建设资金26836万元，比2007年增长145.50%(中央资金4204万元，省级资金22632万元)；争取到国家林业贴息贷款10000万元，比2007年增长33.33%；市县地方投入26291万元。林业建设资金主要用于生态公益林建设、森林消防、自然保护区建设和野生动植物保护、林业产业化发展、林业技术推广、林业有害生物防治、阔叶林发展工程等。

示范工程 2008年，"兴林富民示范工程"继续被市政府列为全市十件大事之一。全市新建市级以上兴林富民示范乡镇13个、示范村40个，其中获省级兴林富民示范乡镇4个、示范村28个；建设高效林业基地1.28万公顷、林区公路295千米。3年累计建设市级以上兴林富民示范乡镇36个、示范村113个，其中获省级兴林富民示范乡镇11个、示范村79个。示范村人均收入大幅超过所在县(市、区)平均水平，其中林业收入均超过50%，充分发挥了龙头工程的示范带动和致富增收作用。

产业富民 2008年，全市农村林业收入47.61亿元，占农业收入62.62%，比2007年增长8.62%。对林业富民贡献较大的是：花卉、苗木收入1.67亿元，同比增长7.44%；采伐竹、木收入10.61亿元，同比增长28.52%；茶、桑、果收入14.25亿元，同比增长12.37%；林产品收入19.92亿元，同比增长1.23%。全市农村居民人均林业总收入3003元，比2007年增加218元，增长7.83%。人均林业纯收入1907元，比2007年增加111元，增长6.18%，人均林业纯收入占农村居民人均纯收入的37.76%。龙泉、庆元、景宁、遂昌、松阳5个林业重点县(市)农村居民人均纯收入2497元，占林业重点县(市)农村居民人均纯收入的51.51%。 (张海华)

【江山市林业产业】 木业加工产业起步于上世纪50年代，2009年止，全市木业经营加工企业已经达到1170多家，其中深加工企业239家，行业从业人员近3万人。2008年实现产值54.17亿元，固定资产投入达8.1亿元，完成自营出口和出口交货总额近8000万美元。江山已成为浙江省主要木业加工生产基地之一，华东地区最大的国产原木交易集散中心，中国木门之都和国内最大的机制炭生产基地，国产速生材综合利用率最高的地区之一，浙江贺村木业市场跻身全国同行业三强。

【浙江能福旅游用品有限公司】 坐落在浙江省龙泉市太阳伞工业园区，是一家专业生产木竹制太阳伞、帐篷、铝铁伞、户外家具及各种旅游用品，集生产、研发、销售、服务于一体的外向型企业。公司创立于1998年，现拥有1个总部和5个专业化生产加工基地，占地面积4.2万平方米，员工1050余人，年产太阳伞110万把，产品远销北美、欧洲、大洋洲、东南亚等四十几个国家和地区。2008年实现销售产值1.27亿元，上交国家税金835多万元，继续保持着积极良好的发展势头。

【林业产业大事记】

2008年

1月10日 浙江省委宣传部、省人大农业委、省政协人资环委、省绿委、省林业厅、省广电局、浙江日报社在杭州召开浙江省关注森林活动动员大会。

4月27日 浙江省关注森林执行委员会正式启动浙江省省树省花评选活动。

6月26日 由浙江省林业厅、中国林科院、仙居县政府主办的以"建设山上浙江 促进林兴民富"为主题的浙江省第五届林业科技周开幕式在仙居举行。

9月3日 浙江省委书记赵洪祝听取省林业厅厅长楼国华关于贯彻中央10号文件、加快全省林业改革和发展有关情况的汇报，对全省林业工作提出了明确的要求。

10月18日 浙江省林业科学研究院举行建院50周年庆典活动。

10月31日 浙江省林业厅在义乌举行中国义乌(国际)森林产品博览会。 (浙江省林业厅)

安徽省林业产业

【概　述】 安徽省森林植被具有明显的从北到南的过渡特征，淮河以北属于暖温带落叶阔叶林地带，多杨、槐、桐；淮河以南属于北亚热带长绿、落叶阔叶混交林地带和中亚热带常绿阔叶林地带，多松、杉、竹。根据森林资源年报统计数据，2009年，全省林地面积439.40万公顷，森林面积360.07万公顷，森林覆盖率26.06%。活立木蓄积16258.35万立方米，森林蓄积13755.41万立方米。全省有21个山区县(市、区)，全部分布在皖南和皖西两大山区，森林覆盖率较高，平均在50%以上；有65个平原县(市、区)，主要分布在淮北、沿淮、沿江地区，已全部跨入全国平原绿化先进地区行列，平均森林覆盖率在15%以上；其余的为丘陵、岗地，多分布在江淮之间地区，平均森林覆盖率在12%左右。全省林副产品丰富，盛产酥梨、石榴等水果，板栗、山核桃、银杏等干果，木瓜、杜仲等木本药材以及香菇、木耳等，其中：砀山酥梨、太和香椿、金寨板栗、宁国山核桃、宣州木瓜、水东蜜枣、泾县青檀等特色林产品及林副产品闻名遐迩。

产业发展　2008年，全省林业产业总产值4215178万元，比2007年增长了21.52%，其中第一产业产值1864099万元，比2007年增长了7.33%；第二产业产值2060683万元，比2007年增长了29.70%；第三产业产值290396万元，比2007年增长了102.88%。产业结构由2007年的50.07∶45.80∶4.13调整为2008年的44.22∶48.89∶6.89。

2008年，第一产业产值中，涉林产业产值1851100万元，比2007年增长了7.45%；林业系统非林产业产值12999万元，比2007年减少了8.00%。第一产业涉林产业中，林木培育和种植产值404326万元，比2007年减少了21.86%；木材和竹材的采运产值422031万元，比2007年增长了1.60%；经济林产品的种植与采集产值890392万元，比2007年增长了7.95%；花卉种植产值109252万元，比2007年增长了15.97%；陆生野生动物繁育与利用产值11183万元，比2007年增长了91.56%。第二产业中，涉林产业产值2039403万元，比2007年增长了29.55%。其中木材加工及木、竹、藤、棕、苇制品制造产值1627086万元，比2007年增长了28.48%。

2009年，全省林业产业总产值5135559万元，比2008年增长了22%，其中第一产业产值2131643万元，比2008年增长了14.4%；第二产业产值2617299万元，比2008年增长了27%；第三产业产值386617万元，比2008年增长了33%。产业结构调整为42∶50∶8。

2009年，第一产业产值中，涉林产业产值2120675万元，比2008年增长了14.6%；林业系统非林产业产值10968万元，比2008年减少了15.6%。第一产业涉林产业中，林木培育和种植产值439297万元，比2008年增长了8%；木材和竹材的采运产值466635万元，比2008年增长了11%；经济林产品种植与采集产值1032353万元，比2008年增长了16%；花卉的种植产值145025万元，比2008年增长了33%；陆生野生动物繁育与利用产值25885万元，比2008年增长了131%。第二产业中，涉林产业产值2593115万元，比2008年增长了27%。其中木材加工及木、竹、藤、棕、苇制品制造产值2083363万元，比2008年增长了28%。

林业资源和林产品加工快速发展，加工制造业不断升级，工业增值率节节攀高，涉林产业产值与木竹采运的产值相比，2007年为3.78∶1，2008年升至4.83∶1，2009年升至5.56∶1。年均增幅明显高于全国平均增长率。这组统计分析数据表明，传统的木竹产业“产原料、卖原料”的格局已经得到根本性转变，全省范围内的木竹等木质资源就地加工转化率在逐年提高，加工制造的产业链条也在不断延长，以木质为原料的加工制造业呈现出技术装备水平和制成品市场竞争力持续稳步提升的良好态势。

林业企业 全省有1787家林业企业进行了登记调查。依照企业2007年产值的大小分类统计情况如下：

年产值100万元以上的企业924家，总产值1656770万元；其中：木竹加工企业533家，总产值958542万元。

年产值500万元以上的企业442家，总产值1548612万元；其中：木竹加工企业266家，总产值899882万元。

年产值1000万元以上的企业268家，总产值1432016万元；其中：木竹加工企业158家，总产值826429万元。

年产值5000万元以上的企业75家，总产值1035767万元；其中：木竹加工企业45家，总产值588090万元。

年产值亿元以上的企业35家，总产值771578万元；其中：木竹加工企业22家，总产值430103万元。

品质结合 积极实施名牌战略，依托市场，创立和培植商业品牌，增强产品竞争力，成效显著。2008年，经省名牌产品推进委员会审核通过，有11个林产品被命名为安徽名牌产品。而2007年以前全省236个安徽名牌产品中，林产品仅有3个。

全省组织实施"1115"森林质量提升行动，将油茶、毛竹、杨树作为发展特色林业基地首选的三大树种，整合资金与技术，实行首席专家制度，全力推进。同时，根据自然资源优势，选择若干见效快、收益稳定、前景好的经济林品种、速生丰产树种，组织引导农民发展基地，规模化经营，在林业基地建设上实现重点突破。 （李树林　黄先青）

【森林资源消耗】 国务院国发〔2005〕41号文件批准安徽省"十一五"期间年森林采伐限额为823.10万立方米，其中商品材采伐限额526.80万立方米，出材量337.20万立方米。《国家林业局关于安徽省"十一五"期间预留采伐限额和毛竹限额的批复》(林资发〔2006〕49号)同意安徽省在"十一五"期间年预留采伐限额79.70万立方米，占全省总限额的9.7%；预留商品材限额48.25万立方米，占全省商品材限额的9.2%。毛竹采伐限额9887.1万根。

2008年，安徽省认真贯彻森林采伐限额管理的各项规定，严格执行限额采伐制度，切实加强森林资源保护管理工作。省政府下达各编限单位年森林采伐限额743.40万立方米，其中商品材采伐限额为478.5464万立方米，出材量304.3962万立方米。省政府授权省林业厅批复同意28个单位(项目)申请临时增加的年森林采伐限额和年度木材生产限额计划共计21.0133万立方米(出材量13.5348万立方米)。临时增加的年森林采伐限额和年度木材生产限额计划主要用于雨雪冰冻灾害受害林木清理采伐和松材线虫病除治性采伐等。2008年全省纳入限额管理的森林资源消耗量(含临时增加)为764.4133万立方米，生产木材限额计划为317.931万立方米。 （徐成奎）

【木材生产】 2008年，全省木材加工业产值206.07亿元，占全省林业总产值的49%，比2007年增长29.7%。2009年，全省木材加工业产值261.73亿元，占全省林业总产值的52%，比2008年增长29.9%。涌现出宁国、广德、砀山、霍邱、阜南、琅琊、叶集等产值超过10亿元的加工业大县(区)。2008年，全年共生产木材405.91万立方米，其中：原木340.35万立方米、薪材65.56万立方米；竹材6869.69万根，小杂竹20.87万吨；锯材103.2万立方米；木地板1435.6万平方米。2009年，全年共生产木材373.76万立方米；竹材8363.72万根，小杂竹24.65万吨；锯材124.23万立方米；木地板2726.65万平方米。

【人造板】 2008年，全省人造板年产量580.31万立方米，其中：胶合板258.08万立方米，纤维板200.11万立方米，刨花板49.18万立方米，其他人造板72.94万立方米。2009年，全省人造板年产量670.62万立方米，其中：胶合板344.02万立方米，纤维板197.16万立方米，刨花板39.25万立方米，其他人造板90.20万立方米。

（李树林）

【制浆造纸】 安庆林纸一体化项目，是安徽省"十一五”重点项目，也是安徽省政府直接调度的20个省“861”行动计划重点项目之一。2006年4月30日经国家发改委核准，是国家发改委批复的长江中下游地区惟一一个大规模针叶林浆纸一体化项目，列入全国林纸一体化工程建设“十五”及2010年专项规划。规划建设总规模为70万吨浆、100万吨纸，规划建设总投资137亿元，分四期建设。一期工程新建一条年产30万吨漂白商品木浆生产线，配套建设16万公顷原料林基地及相关的配套设施，投资37.4亿元。

安庆林纸一体化项目的法人主体是安徽华泰林纸有限公司(2007年介入林纸项目)，是山东华泰集团在安庆注册成立的全资子公司，注册资本金13亿元。目前，安徽华泰林纸有限公司15万吨高档文化纸设备已运抵安庆，预计2011年第一季度15万吨高档文化纸项目投产。 (王桂琴)

【竹藤加工】 2008年，木、竹、藤等木质原料加工制造业的产值177.3亿元，比2007年增长26.1%，在全省林业产值总量的比重高达42.1%；其中竹业产值超过39亿元，比2007年增长了33.7%。2009年，木、竹、藤等木质原料加工制造业的产值235.6亿元，比2008年增长了32.9%，在全省林业产值总量的比重高达45.9%；其中竹业产值超过44.9亿元，比2008年增长了15.1%。

2008年，全省竹林面积34万公顷，竹业产值39.07亿元，比2007年增长了33.7%。2009年，竹业产值45亿元，比2008年增长了15.4%。其中广德县、宁国市、黄山区、霍山县竹林面积都达2万公顷以上，竹业产值都在3亿元以上，都获得中国竹子之乡称号。 (李树林 肖 斌)

【木本粮食与油料】 全省现有经济林面积56.85万公顷，其中干果类约19万公顷，油茶约7万公顷，水果类约30万公顷，及木本药材、茶、桑等。2008年，全省干鲜果产量165万吨，产值40.97亿元。2009年，全省干鲜果产量209.02万吨，产值46.75亿元。经济林已成为地方经济的重要支柱，如金寨县每年板栗收入超万元的农户就有2000多户，砀山县酥梨产量5亿多千克，宁国、歙县、砀山、萧县、东至、金寨等经济林年产值都达2亿元以上。2008年完成林油一体化原料林示范基地油茶等造林0.29万公顷和竹林造林0.94万公顷。 (肖 斌)

【林木种苗】

种苗生产基地

国有苗圃 全省共有67个国有苗圃，其中有38个苗圃实施了林木种苗工程建设项目，面积664.7公顷。通过建设，国有苗圃现有总面积2835.2公顷，其中育苗面积1466.8公顷，占51.74%，年育苗面积1100多公顷，年苗木生产能力由过去的4000万株提高到8000万至1亿株。2008年，全省国有苗圃经营收入6.84亿元，2009年5592万元，二、三产业和自营经济收入5.95亿元，占整个经营收入的87%左右，80%以上的国有苗圃基本上实现了经济自给或自给有余。

林木采种基地 通过疏伐、砍灌、施肥等抚育管理措施，续建林木采种基地6754公顷，树种包括马尾松、杉木、枫香、麻栎、小叶栎、栓皮栎、黄山松、银杏、白玉兰、青檀、琅琊榆、醉翁榆、侧柏、山核桃、板栗、檫木、宣木瓜、杜仲、榉树、马褂木、苦槠、南酸枣、青钱柳、山茱萸、柳杉、金钱松、木荷、香榧和黄山栾树等。2008年采种50000千克，2009年采种12.05万千克，满足了全省造林需要。

林木良种基地 2008年共新续建林木种苗工程良种基地1530公顷，其中种子园426公顷、采穗圃167公顷、繁育圃188公顷、试验示范林218公顷。良种生产和供应能力不断提高。利用安徽省林木良种培育推广专项资金330万元，建立油茶良种采穗圃13.3公顷以及杨树良种采穗圃和繁育圃共66.7公顷。全省主要造林树种良种使用率在65%以上。

林木良种繁育和推广 2008年省林木品种审定委员会审(认)定通过了油茶、石榴、猕猴桃等9个优良品种。审定通过的品种分别是黄山1号油茶品种和青皮甜石榴品种；认定通过的品种分别是黄山2~5号4个油茶品种，徽香猕猴桃品种，皖楸1号楸树品种，皖黑1号、塔仙红、大红软3个石榴品种，丰富了安徽省林木良种资源。

省林业厅和财政厅联合制定印发了《安徽省优

质林木良种培育推广专项资金管理暂行办法》，制定了《安徽省优良杨树品种繁育推广实施方案》和《安徽省优良杨树品种繁育技术要点》，采取以会代训的方式，对油茶、杨树良种繁育重点市、县林业局和承担繁育任务单位的负责人、技术人员进行了技术培训，提高了各地生产一线广大职工的技术水平。

种苗质量监督 为了保证灾后林木种苗供应质量，根据国家林业局的统一部署，全省开展了主要造林树种种苗质量检查活动。各市开展种苗质量自查，省林业厅组成检查组深入造林现场，对六安、宣城、铜陵、安庆等市共8个县(区)的新造林地苗木质量进行了抽查，有力地促进了全省种苗质量的提高。

组织全省规范林木种子生产许可证、林木种子经营许可证的发放，开展了"两证"监督检查，特别对省林业厅核发的"两证"进行了重点督查与清理，实地察看安徽六安绿宇果树花卉研究中心、桐城市嬉子湖生态园林有限公司、安徽生态经济发展有限公司等多家单位，对督查中发现的问题，提出了限期整改意见，规范了林木种苗生产、经营秩序。

苗木市场 2008年，完成了安徽三岗国家级苗木花卉市场建设，主要包括1.8公顷的主体工程和占地1.33公顷的两个精品园区。继续创建中国合肥苗木花卉交易大会会展品牌，举办了2008中国·合肥苗交会。来自全国20多个省份的近1100家企业、约2.5万业内人士云集合肥，前来参展、参观、交流、交易、寻找合作伙伴；有615家苗木花卉生产经营企业进场参展；有3万多人次的本地苗农、花农以及市民到展区、展台观展、游览、咨询、交流、采购。大会期间，总交易额5.03亿元，其中现场交易额4870万元，意向交易额1.99亿元，签订苗木花卉产业合作协议达2.56亿元，苗木花卉产业呈现积极发展势头。 (席启俊)

【林产化工】 2008～2009年，安徽省林产化工产业平稳增长。

2008年全省松香产品产量4337吨，2009年5008吨。2008年松节油产品产量568吨，2009年1061吨。2008年合成冰片产品产量19吨。2008年全省木炭产品产量17296吨，活性炭4845吨；2009年分别达到28443吨、6545吨。 (余建安)

【花　卉】 安徽省现有肥西县、滁州市、芜湖市三大苗木花卉产业基地；有以铜陵县、宁国市为中心的南方牡丹产业集群；亳州市的芍药基地；黄山市、滁州市、亳州市的三大药菊基地；歙县卖花渔村的徽派盆景基地；霍山县的兰科花卉—霍山石斛基地；还有临泉荷花基地、颍上香草基地、合肥兰花基地、合肥温室花卉基地。蚌埠切花菊基地等。

主要产品：凤丹牌丹皮，华佗牌亳勺、亳菊、贡菊、滁菊、徽派盆景、神韵兰花、兰君兰花，三岗苗木花卉，霍山米斛，科苑地被花卉，兰斯室凯花坛花卉，龙大盆栽花卉等。

全省花卉种植面积已达1.89万公顷；经营花卉的商户(含花卉生产)20万余户，花店、花屋近6000余家，年销售盆栽花卉2000余万盆(不包括花坛花卉及节日庆典盆花)，年产鲜切花(包括切叶、切枝)2.5亿株。全省专业花卉市场已达51个，大中型花卉企业近500家。安徽花卉业发展速度较快，但技术力量薄弱，技术水平较低，产品质量急需提高。 (许召胜)

【野生动物驯养】

养殖、加工类养殖 安徽省野生动物养殖及产品加工业起步于90年代，截至2008年全省有从事野生动物驯养繁殖、加工利用的单位共140余家，养殖动物有近40种，年贸易额3亿元左右，其中梅花鹿、虎纹蛙等养殖数量较大，加工量较大的有鹿茸(血)、穿山甲片、蛇干(盘)等。深加工规模较大的企业有北京同仁堂亳州药店、亳州沪谯中药饮片厂等，养殖兼深加工规模较大的企业有宁国五星养殖有限公司、铜陵皖陵珍稀动物养殖有限公司等，另有标本加工厂2家。

驯兽表演类养殖 驯兽团在安徽省是一项传统产业，截至2008年底有80多家，主要集中在宿州市，驯养品种多为国家一、二级保护动物，如虎、狮、猕猴等20余种。驯兽团所饲养的国家重点保护动物达1500多头(只、条)，年收入约4000万元。

动物园展览类养殖 2008年，安徽省登记的各类动物园17个，养殖动物120余种，动物总数8000多只(条、头)，年门票收入3000多万元，其中规模较大的有合肥野生动物园、芜湖赭山公园动物园、蚌埠市动物园等。

动物救护及科研类养殖 主要有皖南国家野生动物救护中心、省扬子鳄繁殖研究中心，均为部省联建的国有公益性事业单位。前者位于皖南休宁县境内，承担野生动物救护收容、科研宣教等职责，现收容、饲养的动物有30多种，并已接待游客10万余人次，成为安徽省重要野生动物保护、宣教基地。后者现有扬子鳄近万条，是全球最大的扬子鳄养殖场。同时扬子鳄中心还投资建设了猕猴养殖区和梅花鹿养殖区、鳄展演区，年接待国内外专家、游客近10万人。

扬子鳄产品开发 扬子鳄具有食用、药用、皮用及观赏价值，自1995年安徽省扬子鳄繁殖研究中心开展鳄开发研究活动以来，现研发出鳄油冻裂灵、鳄肉干、鳄皮制件等产品。 (黄传兵)

【森林旅游】 截至2008年底，全省共批建森林公园51处(其中国家森林公园29处，省级森林公园22处)，规划总面积13.8万公顷，占省国土面积0.98%。已建自然保护区95处，规划总面积49.3万公顷，占省国土面积3.52%。一些森林公园和自然保护区试验区已发展成为具有很高知名度的旅游目的地。

全省现有39处森林公园建成开园，已有14处自然保护区试验区开展了旅游活动，森林旅游从业人员达4000多人。自1997年开始统计以来，全省森林旅游年接待游客量及年创旅游收入平均增长率分别达到15%和20%。2008年全省森林公园共接待游客457万人次，创直接旅游收入2.5亿元，创社会旅游收入约10亿元，带动社会就业近2.06万人。2009年全省森林公园共接待游客517万人次，创直接旅游收入2.6亿元，创社会旅游收入20亿元，带动社会就业2.07万人。

琅琊山国家森林公园 1985年12月经林业部批准建立的安徽第一处森林公园，面积0.49万公顷。境内森林资源十分丰富，动植物种类繁多，环境优美，景色宜人，同时，琅琊山还具有深厚的文化底蕴。森林公园自建立以来，多渠道筹集5000多万元，用于基础设施建设、景区景点开发和环境的综合治理。1997年，琅琊山国家森林公园被林业部授予全国森林公园标兵单位称号。2008年，森林公园接待游客44万人次，实现森林旅游收入2610万元，创造社会旅游收入上亿元。

天柱山国家森林公园 1992年经林业部批准建立，位于安徽省潜山县西北部，面积2000多公顷，是一处以森林景观、峰石洞景、人文史迹为主，兼有流泉飞瀑、天象景观的山岳型森林公园，2001年被评为首批全国文明森林公园。近年来，天柱山国家森林公园不断完善旅游基础实施，开发景区景点，基本建成了集行、游、住、食、购、娱乐为一体的森林旅游服务体系，走上了一条“以旅兴林”的成功之路，已发展成为皖西南地区旅游业的龙头和安徽省第二条黄金旅游线。2008年，森林公园共接待中外游客102万人次，实现森林旅游总收入5100万元，创造社会旅游收入约3亿元，各项经济指标较2007年均有大幅增长。

(张 舜)

【森林狩猎】 安徽境内山地、丘陵、平原、河流、湖泊兼有，气候温润，自然生态环境优越，野生动物资源较为丰富，可供狩猎的野生动物种类和数量较多，兽类有野猪、野兔、猪獾、狗獾、黄鼬、鼬獾、黄麂、松鼠；鸟类有雉鸡、八哥、松鸦、黑尾蜡嘴雀、文鸟、麻雀、鹭鸟；两栖爬行类有黑斑蛙、金线蛙、蟾蜍、王锦蛇、黑眉锦蛇、蝮蛇等；其中野猪、野兔、黄麂、黄鼬、雉鸡等资源储量较大。

安徽现有4个固定狩猎场，分别位于太湖、宁国、滁州、贵池等市(县)境内，均为近两年批建，由于处于初建阶段，还未产生经济效益，固定狩猎场的狩猎物种为人工驯养繁殖的省二级重点保护以下的野生动物物种。野外狩猎仍是全省狩猎产业的传统方式，初步估计，该项产业直接的经济效益每年可达2000万元。 (吴月龙)

【国际合作】 2008年，安徽省林业国际交流活动频繁，共接待了中德财政合作项目官员和专家学者、日本高知森林部林业官员和小渊基金项目专家、韩国林业部部长代表团、越南林业部考察学习团、中瑞SKF集团CDM造林项目、中日友好造林项目日方志愿者、贵池生物质发电项目投资商及专家等120多人次，在安徽省进行友好访问和从事国际合作项目咨询、信息交流、友好植树或开展林业技术培训。外资项目水平得到积极提升。

成功举办森林可持续经营国际会议，参加会议的官员、专家、学者盛赞中德财政合作林业项目成效，并积极推动中德两国发展友谊与合作，特别是针对中国南方可持续森林经营给予继续支持和整体协作。

潜山、宁国两个小渊基金项目进展十分顺利，新造示范林140公顷，项目成效及示范作用十分明显。通过中日双方的共同努力，小渊基金项目实施，以植树造林增加碳汇，进一步推进生态建设、环境保护；进一步强化林业对外宣传、管理机制与科技示范。

指导正在实施的国际合作项目成效明显，实际利用外资230万美元。中德财政合作安徽生态造林扶贫项目(二期项目)、世行林业项目、中德合作森林可持续经营推广项目、中日合作JICA松材线虫抗性育种项目、宁国市中日友好造林项目等项目成效明显。

积极引进外资项目进展顺利，协议引进外资2150万欧元。中德财政合作安徽森林可持续经营项目(三期项目)、中德合作池州325电厂生物质发电CDM项目等已经国家发改委、财政部批准；在成功实施潜山、宁国两个小渊基金项目的基础上，2009年上半年又争取了一个新的小渊基金项目——安徽省黄山区生态修复造林示范项目。

(黄先青)

【林业投资】 2008年，全省林业固定资产投资完成103532万元，比2007年增长了18.75%。其中营林固定资产投资97469万元，比2007年增长了11.81%，在营林固定资产投资中基建投资96101万元，比2007年增长了10.29%，更新改造投资1368万元，比2007年增长了3320.00%；森工固定资产投资6063万元，比2007年增长了606.3倍。2009年，全省林业固定资产投资130358万元，比2008年增长了25.9%。其中营林固定资产投资130358万元，比2008年增长了33.7%，在营林固定资产投资中基建投资128975万元，比2008年增长了34.2%，更新改造投资1383万元，比2008年增长了1%。

(余建安)

【林业科技】 2008年共实施林业科技项目50多项，争取资金400多万元，其中国家投资150多万元，直接用于林业科技推广和基础设施建设。其中实施国家林业科技成果推广项目3个，有3个县被评为全国林业科技示范县。同时，组织实施了省级林业科技示范县建设工程、林业科技推广"2111"工程、10项急需实用林业技术推广项目、杨树间伐与修枝技术推广示范工程、森林生态网络体系示范点建设工程等。2008年，全省通过鉴定并经省级登记的林业科研成果5项，其中获省级科技进步三等奖2项。

开展林业科技救灾 针对2008年初安徽省发生的严重雨雪冰冻灾害，安徽省林业厅于2月21日发出紧急通知，提出了林业救灾工作技术要点；春节后又组织开展了以"五个一"工作为主要内容的林业科技救灾减灾工作。一是编发了10000册林业冰雪灾害救灾减灾技术手册。二是派遣了1000支林业技术专家指导队。三是继续加强10000户科技兴林致富示范户建设。四是开展了一批与冰雪灾害相关的林业科技研究。五是开展了一批与冰雪灾害相关的林业标准研制工作。

编制实施省森林质量提升计划 在开展学习实践科学发展观活动中，安徽省林业厅决定在继续推进造林绿化和进一步提高森林覆盖率的同时，大力提升森林质量。组织相关专家编制完成了《安徽省森林质量提升行动计划》。通过组织实施全省森林质量"1115"提升行动，即：选择油茶、竹子、杨树、重点生态公益林、杉木、松树、珍贵阔叶树、板栗、特色经济林、绿色长廊建设为主要对象，实施"10个专项提升行动计划"，提升1000万亩森林的质量，提升1000千米绿色长廊的建设质量。使林分年生长量、单位面积蓄积量、经济林地产出率、林农收入、森林生态效益五个方面得到大幅度提升。

实行林业科技首席专家制 为提高安徽省森林质量提升行动计划的技术水平和建设成效，安徽省林业厅决定先行对杨树、油茶、竹类等3个重点提升计划进行首席专家制度试点，每个类别选拔了3名首席专家。省林业厅向各位首席专家颁发了聘书，聘期一年，还与各位首席专家签订了《安徽省林业厅聘请首席专家指导实施安徽省森林质量提升行动计划协议书》，明确了双方的责任和权利。要求各位首席专家认真履行专家职责，并对相关类型森林质量提升行动计划提出了建设性的意见与建议。（黄存忠）

【林业教育】 完成了国家林业局和省委组织部、省直工委、省人事厅、省行政学院下达的各类培训任务，落实率达到100%。按照《安徽省林业专业技术人才知识更新工程实施办法》规定，深入开展林业专业技术人员以知识更新为重点的继续教育工作，举办各类专业技术人员培训班10余次，500余人参加了培训。组织专家送科技下乡，为林农进行面对面培训，据不完全统计，全年共培训林农3000余人次。安徽林业职业技术学院建设再上新台阶。拓宽专业设置，扩大招生规模，2008年共招收9个专业学生575人。

分别于2008年3月20、22、24日在歙县、金寨县、南谯区(乌衣镇)各举办1期科技兴林致富示范户技术培训班，共培训530多名示范户与基层林业科技人员，邀请相关专家进行技术专题讲座和现场操作示范，为示范户发放了技术培训教材和营林工具，深受示范户们的欢迎。（周　乐）

【林业产业大事记】

2008年

3月8～11日 国家生物柴油原料林示范基地建设可行性研究报告调研组对安徽省进行实地考察，认为安徽省黄连木的资源丰富、发展的潜力大，适宜大力发展生物柴油原料林。

5月12～14日 国家林业局、中国石油天然气股份有限公司联合调研组来安徽省就林油一体化生物柴油原料林示范基地造林项目实施情况进行实地调研。

5月26～30日 韩柏泉厅长率安徽省林业产业考察团专程赴山东省菏泽、济宁、临沂3市考察了有关木材加工企业、木材市场、速生丰产林基地、种苗花卉基地、森林旅游发展等林业产业发展经验。

7月20～26日 德国InWEnt继续教育培训机构高级项目经理Dr. Erich Mies来安徽省考察基层林业教育培训工作，并签订备忘录，正式启动中德合作基层林业工作者能力建设培训项目(TP)。

7月22日 安徽扬子鳄国家级自然保护区工作人员在郎溪县高井庙扬子鳄野外放归点巡护中，发现野外放归的扬子鳄产下一窝卵计19枚(其中受精卵14枚)，这是安徽省实施人工繁育扬子鳄野外放归以来的首次发现，也表明我国扬子鳄野外放归取得阶段性重要突破。

8月30日 中国林业科学研究院王涛院士一行来安徽省对黄连木能源林高效培育技术研究、绿色植物生长调节剂及其配套技术在燃料油植物黄连木育苗造林中的推广应用等科技项目进行现场查定和中期评估。

9月18～20日 由安徽省政府、国家林业局和德国复兴银行集团主办、安徽省林业厅承办、黄山市和歙县政府协办的森林可持续经营国际会议(中国·安徽)在黄山市召开。

11月8日 由国家林业局和安徽省政府共同主办，国家林业局国有林场和林木种苗工作总站、安徽省林业厅、合肥市政府承办的第六届中国·合肥苗木花卉交易大会在安徽国际会展中心开幕。

12月27日 首届安徽推进集体林权制度改革发展高峰论坛在合肥市举办。（王小明）

福建省林业产业

【概　述】　近几年来，福建省林产品加工业布局日趋合理，木竹加工、人造板制造、制浆造纸及纸制品、林产化工、经济林产品加工等林产加工业体系初具规模，涌现出一批技术过硬、实力较强的林产品加工企业，林业产业总体实力逐步壮大。

2009年，全省林业产业总产值14727221万元，比2008年增长了11.25%。2008年，全省林业产业总产值13237632万元，比2007年增长了12.11%。其中，第一产业产值3803027万元，比2007年增长了9.80%；第二产业产值9179582万元，比2007年增长了12.67%；第三产业产值255023万元，比2007年增长了29.72%。产业结构2008年为28.73∶69.34∶1.93，2009年进一步调整为27.17∶70.65∶3.18。

2008年全省有规模以上的林业工业企业2377家，比2005年增加908家，其中大中型工业企业103家，省级林业产业化龙头企业65家，品牌农业重点龙头企业5家，林业上市企业5家。福人木业有限公司、永安林业(集团)股份有限公司、青山纸业股份有限公司、南纸股份有限公司、厦门涌泉实业有限公司等是福建省技术和实力较强的大中型骨干企业，拥有福人、永林蓝豹、饶山、青山、武夷、涌泉、平川等十几个全国或省级知名品牌。林产加工主要产品有160余种，其中人造板、纸浆、新闻纸、松香等产量在全国占有重要地位。林业企业经济实力不断增强。国际竞争力也在逐年增强，2008年全省累计完成出口交货值140.75亿元，比2007年增长7%。

林业发展成为广大山区农民增加收入的来源之一。据福建省调查总队统计,2003年以来全省农民人均林业收入每年增长30%以上,南平、三明等主要林区县农户,林业生产收入占家庭收入一半左右。

【政策措施】

政策导向　在国家七部委联合编制《林业产业政策要点》之前，福建省就已于2006年出台《福建省林产加工业发展导则(试行)》，鼓励发展节约、高效、循环利用资源的项目和产品，淘汰高消耗、低效益或高污染的初级加工产品，加快林业经济增长方式的转变。另外，福建省相继实施"以二促一带三""项目，品牌、龙头、服务四大带动"战略，通过"走出去请进来"、"创建特色品牌"、"扶持龙头企业发展"等政策措施，推动林业产业发展。

试点示范　2005年6月国家林业局批准设立海峡两岸(三明)现代林业合作实验区。2008年7月又批复同意与福建省政府共同作为林博会的主办单位，将三明林博会升格为全国性展会。2006年1月26日批复同意依托当时我国惟一的海港进口木材检疫除害处理区建立国家级木材贸易加工示范区。2006年12月，经国务院批准由国家林业局、商务部、海关总署联合发文，同意在莆田市、漳州市开展进口原木加工锯材出口试点工作。这为福建林业经济发展提供了前所未有的机遇。

政府服务　近年来，福建省通过搭建"政企、银企、科企、校企、农企和市企"六个对接平台，帮助企业解决具体问题和困难，提高服务质量。通过中国(莆田)木业投资贸易洽谈会、"6·18"福建项目成果交易会、"9·8"中国国际投资贸易洽谈会、"11·6"海峡两岸(三明)林业博览会、"11·18"海峡两岸(福建漳州)花卉博览会等展会平台，积极宣传企业，促进经贸交流合作。通过"五小"企业清理整顿，打击破坏森林资源违法行为，促进林产品生产原料依法自由流通等措施，为林业企业提供一个良好的发展环境。

体制改革　福建省2003年在全国率先推行集体林权制度改革，林权抵押贷款、森林保险、采伐管理制度改革、国有森工企业改革不断深化，非公有制林业经济得到迅猛发展。

布局规范　五大产业集群是：以莆田秀屿国家级木材贸易加工示范区为载体，建设闽中外向型林产工业集群；以漳州人造板加工集中区、百里花卉走廊为载体，建设闽南木制家具、花卉产业集群；以三明林博园、海西家具工业园、生物医药产业园为载体，建设闽西北林产工业和生物产业集群；以建阳海西林产工贸城、建瓯(中国)笋竹城为载体，建设闽北林产、笋竹加工产业集群；以龙岩、宁德生态旅游和旅游产品开发为载体，建设闽西北和闽东北森林旅游集群。

"两区两城"是：海峡两岸(福建三明)林业合作试验区、莆田秀屿国家级木材贸易加工示范区，建瓯(中国)笋竹城、建阳海西林产工贸城。五大产业集群和"两区两城"的初步形成，使福建省林业产业发展迅速。

【木材生产和销售】 2008年，全省木材产量757.5万立方米，比2007年增长7.84%，占全国木材产量8108.34万立方米的9.34%。进口原木77.58万立方米。2009年，全省木材产量635.27万立方米，比2008年减少了16.13%，占全国木材产量7068.29万立方米的8.99%。福建省商品木材持续增长，从2003年的518.3万立方米，增加到2008年的757.5万立方米，年均增长8%。2008年全省木材销量676.6万立方米，比2007年下降2.7%，2009年为581.87万立方米。

2008年下半年以来，受金融危机影响，木材市场出现疲软，价格行情呈下跌趋势，松木每立方米跌200元左右，杉木每立方米跌幅在80～120元之间，同时市场出现供过于求，致使商品木材滞销严重，造成大量积压，至年底全省库存量达101万立方米，比2007年增加74.6%。从全年看，虽然木竹材产量保持增长，但由于福建省主要的可利用森林资源是以杉木、马尾松、桉树及毛竹为主，雨雪冰冻灾害对福建省的森林资源造成了不同程度的破坏(马尾松和毛竹受灾尤为严重)，在今后的5～10年间，福建省将出现间歇性资源供给紧张。

【木材加工】 2008年，木材加工业中，人造板产量631万立方米，比2007年增长21.6%。其中胶合板产量214万立方米，纤维板产量159万立方米，刨花板产量130万立方米，其他人造板产量127万立方米，分别比2007年增长8.1%、14.4%、64.6%、23.3%。胶合木产量77.28万立方米，比2007年增长23.9%，其中集成材产量达26.01万立方米，比2007年增长63.57%，增幅较大。木地板产量712.31万平方米，比2007年减少50.22%，其中实木地板、强化木地板和竹木复合地板受市场需求影响较大，产量均有大幅下降，降幅分别达为87.54%、71.36%和60.73%。2008年木竹材加工产品受宏观经济和市场环境影响较大，各产品品种产量有升有降，产品结构趋于合理。2009年，全省人造板产量702.12万立方米，比2008年增长11.31%，其中胶合板产量268.98万立方米，纤维板产量170.26万立方米，刨花板产量129.97万立方米，其他人造板产量132.91万立方米。分别比2008年增长了25.7%、6.9%、-0.1%、4.3%。从2003年至2008年人造板结构图形看，胶合板：纤维板：刨花板：其他人造板的比重从2003年的34.2∶35.7∶5.7∶24.4；调整到2008年的34∶25∶21∶20，2009年进一步调整为38∶24∶19∶19。

【制浆造纸】 2008年，全省机制纸及纸板产量296.87万吨，制浆造纸企业152家，主要集中在以自制浆和废纸为原料的闽西北林纸一体化产业集群和以废纸为主要原料的闽南沿海产业集群。但木材原材料严重缺乏，废纸和煤电大幅度涨价，而纸和纸板价格上涨不大。要突出解决的问题就是加大企业原料林建设，特别是加大速生丰产林基地的培育。

【竹生产与加工】 2008年全省毛竹材产量2.2亿根，比2007年增长4.8%，竹笋干产量9.48万吨。竹产业总产值达182.59亿元。2009年全省毛竹产量2.4亿根，比2008年增加9.09%，竹笋干产量78418万吨。竹产业总产值达204.88亿元，比2008年提高10.8%。受雨雪冰冻灾害影响，南平、三明等地毛竹大量下山，一度出现滞销。经政府协调和市场调节，以邵武中竹为代表的毛竹加工企业敞开收购毛竹，加上下半年市场逐步回暖，全省竹产业稳步发展。但是，福建毛竹整体加工水平不高，高附加值产品少，市场竞争力有待加强。

【木本粮食与油料】 全省有21家具有一定加工能力的茶油加工企业，年产茶油1万吨，其中年加工茶油500吨以上企业有8家。三明市尤溪县成立了沈郎食用油有限公司，从油茶中高效提取油酸，采取复合抗氧化增效等多因素综合处理，使油酸提取率比传统工艺提高6%~8%；宁德市福安森子园艺有限公司建成年产精深茶油300吨加工企业。

福建是锥栗的主产地，2008年产量7.24万吨。福建建瓯市、建阳市、政和县是国家林业局命名的中国锥栗之乡，建瓯锥栗获国家原产地标志保护。建瓯市锥栗林面积42万公顷，盛产面积2万公顷，年产量2.55万吨，产值达1.616亿元。锥栗冷藏、加工企业有16家。其中：即食4家，带壳即食1家、脱壳2家、糖炒3家、冷藏6家。有锥栗保鲜库66家，年保鲜量6453吨。加工总量达到3450吨，加工总产值5520万元。市、乡(镇)、村、锥栗流通协会、合作社等30多个。

【水　果】 2008年全省水果产量334万吨，比2007年减少了7.7%。其中柑橘产量179.04万吨，梨17.5万吨，桃21.88万吨，荔枝23.6万吨，龙眼24.2万吨，其他水果58.6万吨。2009年全省水果产量391.2万吨，比2008年增长17.13%。其中柑橘产量178.49万吨，梨18.2万吨，桃22.7万吨，荔枝12.9万吨，龙眼24.4万吨，其他水果127.76万吨。

【种苗花卉】 2008年全省花卉种植总面积1.3万公顷，花卉保护地面积3608.6万平方米，控温温室面积183万平方米，日光温室181万平方米，大棚1617.1万平方米，遮阳棚1632.2万平方米。花卉产值30.5亿元，出口总额3912.7万美元，进口总额535.3万美元。其中，2008年全省切花切叶种植总面积1265.1公顷，销售量5.2亿支，销售额3.5亿元，出口额50.5万美元，进口额24.0万美元，分别比2007年增长了15.2%、19.0%、5.2%和-10.6%；盆栽植物种植面积6466.9公顷，销售额27.3亿元，出口额3673.8万美元，进口额144.0万美元，分别比2007年增长了3.7%、11.2%、8.1%、19.6%和-5.0%；观赏苗木种植面积8707.4公顷，销售量11720.9万株，销售额9.7亿元，比2007年分别增长了7.8%、24.2%和10.2%。全省花卉市场共186个，比2007年增加12个；2008年全省花卉企业1090家，比2007年增加了77家，其中大中型花卉企业247家，花店2656家，比2007年分别增加了31家和379家；2008年全省共有花卉从业人员102027人，其中花卉专业技术人员6041人。

2009年全省花卉种植总面积1.62万公顷。2009年全省切花切叶产量40258万支；盆栽植物产量8529.58万盆；观赏苗木产量21094.96万株。全省花卉市场共173个，比2008年减少13个；2009年全省花卉企业1337家，比2008年增加247家，其中大中型花卉企业274家，比2008年增加了27家；2007年全省共有花卉从业人员124748人，比2008年增加22.3%，其中花卉专业技术人员6991人。福建每年一次举办海峡两岸(福建漳州)花卉博览会，以花为媒，有效地促进了国内外花卉与农业技术、经贸的交流与合作，提升产业水平。

【林产化工】 福建省林产化学加工主要有松香、松节油、樟脑、活性炭等加工，2008年产量分别达到5.02万吨、0.7万吨、0.7万吨、7.7万吨。全省有木质活性炭生产企业60多家，活性炭科研机构两家(省林科院、省农林大学)，从事活性炭、科研、生产、经营人员达6000多人。以南平元力、泰宁金湖、建瓯芝星、邵武鑫森炭业、邵武兴长、三明青杉、三明润德、顺昌诺得、建阳炭素、福州泰京等为代表的活性炭企业，是中国木质粉状活性炭的主力军，也是福建省林产化工工业出口创汇的重要来源。

【茶叶加工】 2008年，福建省毛茶总产量达21.69万吨，2009年，毛茶总产量达28.4万吨，继续位居全国第一。茶叶出口创汇5734万美元，同比增长8.6%。福建素有“茶树品种宝库”之称，是茶叶生产最适宜地区之一。其中武夷岩茶、铁观音、坦洋功夫茶、福鼎白茶、永春佛手茶、福建茉莉花茶誉满海内外，尤其乌龙茶和白茶更是福建特有的优势茶类。近年来，福建省在15个县(市)重点茶区实施生态茶园建设，建立茶树病虫害科学防治体系，加大无公害茶叶生产技术的推广，重点扶持了一批龙头企业和茶叶品牌。目前福建省已有大小茶叶初、精制加工厂8000多家，拥有国家龙头企业2家，省部级龙头企业26家，中国名牌产品或名牌农产品6个，9项产品获中国驰名商标称号。在国外市场，福建茶叶年出口量稳定在2.3万吨左右，形成了鲜明的目标市场。

【森林旅游】 2008年，福建省拥有各级森林公园99处，森林旅游业共接待游客866万人次，实现经营总收入2.1亿元。以休闲健康游为主要经营理念的福建"森林人家"已从2007年创办之初的20家发展到现在的358家，2008年接待旅游人数167万人次，创社会产值8700多万元，成为福建省森林旅游的新亮点。2009年福建省森林旅游业共接待游客1097万人次，实现经营总收入2.1亿元。主要得益于福建省免费开放森林公园的惠民政策，仅福州国家森林公园就增加游客200万人次。

【南平林业产业】 2008年，南平林业经济继续保持良好发展态势。全市实现林业总产值202.7亿元，比2007年增长了19.1%，在商品材产量同比下降5.7%的情况下，林业总产值首次突破200亿元。其中，第一产业产值55.1亿元，比2007年增长了10.6%；第二产业产值146.6亿元，比2007年增长了22.8%；第三产业产值1.0亿元，比2007年增长了6.5%。竹业产值74.3亿元，占林业总产值的36%，增长7.5%；其中笋竹加工产值46.6亿元，增长6.1%。商品材产量244.5万立方米，商品竹产量9922万根，鲜笋产量45.7万吨。

林产工业 实现林业工业产值146.6亿元，增长22.8%，其中规模以上工业产值137.3亿元，增长26.1%。人造板产量179.8万立方米，比2007年增长16.0%。其中，纤维板产量84.4万立方米，增长29.3%；刨花板产量13.2万立方米，增长1.3%；细木工板产量24.0万立方米，增长7.5%。

2008年9家企业获福建省著名商标，13家企业获福建省名牌产品称号。并涌现出邵武杜氏木业的橱式家具，王斌的画框系列，青松木业的木制玩具，建瓯篁城的竹刨切板，万木林儿童游乐木制品，建瓯、松溪的竹炭系列开发与竹醋液系列产品，顺昌诺得的活性炭胶囊系列，武夷山的竹生活用品与竹餐具系列，建阳的精细樟脑系列，延平天窗的天然香料以及人造板中菱型高密板等一大批新型产品。同时，已有多家木竹企业参与国家和地方行业标准制定，如中竹浆纸公司牵头制定《竹浆原料林》省地方标准。

【三明林业产业】 2009年，三明全市完成林业产业总产值252.2亿元，比2008年增长23.78%。其中，第一产业89.04亿元，比2008年增长18.15%；第二产业154.79亿元，比2008年增长25.2%，其中规模以上林产工业产值139.05亿元，比2008年增长27.6%；生物医药产值15.02亿元，比2008年增长32%；第三产业8.37亿元，比2008年增长76.2%。全市完成商品材319.13万立方米，占全省木材产量的42%。

产业集群 林产工业快速增长。2008年全市生产木材319.13万立方米，比2007年增长32.06%；人造板269.87万立方米，比2007年增长46.47%；纸浆46.5万吨，比2007年增长105.39%；纸及纸制品56.8万吨，比2007年增长7.47%。

主要林产品产量指标完成情况

单位：万立方米、万吨

	2008年	2007年	增减%
商品材产量	319.13	241.66	32.06
锯材产量	59.31	67.23	-11.78
人造板	269.87	184.25	46.47
其中：胶合板	86.59	64.46	34.33
纤维板	18.72	22.85	-18.07
刨花板	94.82	55.83	69.84
细木工板	62.5	38.76	61.25
松香产量	4.15	6.17	-32.74
纸及纸板	56.8	52.85	7.47

项目状况 在建和续建项目363项，完成投资26.5亿元、比2007年增长30.2%；新签约的林业项目102个，总投资93.3亿元，其中合同项目74项，总投资51.2亿元，利用区外资金47.2亿元。

生物医药 新种植药用植物2613.33公顷，累计建成基地1.23万公顷。新签在建或续建项目27项，完成投资3.72亿元。南方生物、尤溪金门春、建宁文鑫莲业等3家企业被评为福建省创新型试点企业，大田南生科技工具酶系列产品获福建省优秀新产品二等奖，三明博峰和泰宁金湖炭素等2家企业被认定为高新技术企业。

知名品牌 大亚木业、三和食品等8家企业新创福建名牌产品，大田华闽纸业开心一百等2个商标被认定为福建省著名商标，永林股份获得FSC森林可持续经营认证。全市累计获得中国名牌1个、中国驰名商标2枚、出口免检1个、国家免检4个、福建省名牌30个、福建省著名商标17枚，FSC森林认证1家。

对台林业交流与合作 台企引进有新突破。新引进泰宁天宇等18家台资企业，总投资6829万美元，合同利用台资5574万美元，其中涉林台资企业7家，总投资1425万美元，合同利用台资1320万美元，并成立了1家台湾农民个体工商户。合作交流取得新进展。先后有金门商业同业公会、台湾原住民族产业发展协会、台湾嘉农农业发展基金会等台商协会、企业和投资商41批、744人次，来明观光考察、开展项目洽谈对接。新引进台湾爱玉子、甜柿、香米、葡萄、萝卜和生物肥料等新品种、新技术、新产品10余个。第四届林博会成功举办。2008年11月6~9日，由国家林业局和省政府联合主办，国台办、商务部作为支持单位的第四届林博会取得圆满成功，参会参展来宾和客商有35个国家、全国23个省(区、市)2430多人，展馆总面积2.1万平方米，有境内外478家企业参展，共签约项目168项，总投资125.12亿元，利用区外资金118.71亿元。三明市签约162项，项目总投资122.9亿元，利用区外资金116.51亿元。

【龙岩林业产业】 2008年全市林业产业总产值68.77亿元，比2007年增长12.36%。其中，第一产业产值28.18亿元，比2007年增长2.42%；第二产业产值36.77亿元，比2007年增长18.53%。实现林产品出口交货值5903.6万美元，比2007年增长32.5%，占全市出口总额的12.7%。

木材生产 2008年全市商品材生产94.05万立方米，比2007年下降2.79%，商品材销售完成90.15万立方米，比2007年下降10.61%。全年木材生产的总体趋势是前扬后抑，价格行情呈下跌趋势，松木每立方米跌160元左右，杉木每立方米跌幅也在100元以上，木材生产单位和林农采伐积极性受挫，普遍持观望态度，7个县(市、区)中除长汀、武平、上杭因年初遭受严重雨雪冰冻灾害大量采伐受灾林木，导致木材产量大幅增加，其余4个县(市、区)木材产量均有较大幅度下降，新罗区下降47.10%，永定下降40.64%，漳平市下降23.02%，连城下降23.34%。

木材加工 2008年全市实现林产工业产值36.8亿元，比2007年增长18.5%。锯材生产完成16.41万立方米，同比下降7.80%；人造板生产50.83万立方米，比2007年增长0.94%。其中，纤维板产量27.04万立方米，比2007年增长0.10%；胶合板产量13.27万立方米，比2007年降1.27%；刨花板产量2.9万立方米，比2007年增长7.61%，产业结构进一步优化。全市林产工业在严重雨雪冰冻灾害影响下仍保持良好发展势头，精深加工产值大幅增长。

竹　业 竹业已列入全市农业农村经济八大主导产业。全市200个“一村一品”产业发展示范村中，竹业有100个，花卉有4个。2007年启动实施为期四年的百村竹业工程，市县两级政府每年筹集1000万元以上资金用于扶持、示范竹业发展。全市已连续两年实施市级毛竹高产高效示范片8片、示范户49户、竹业建设重点村100个，重点抓技术培训宣传、高产高效示范、集约经营措施推广、竹政体制改革、笋竹加工业发展五项工作，有效调动竹农科学培育竹林的积极性。百村竹业工程实施以来，全市培训竹农1.92万人次，发放科学育竹小册子、竹林农事活动表等宣传材料20多万份。全市丰产毛竹林面积达到6.47万公顷，比2006增加30%。累计发放竹业小额信贷7550万元。完成了市县两级竹业协会改革，新组建竹业专业合作社36家。新增规模以上笋竹加工企业11家，全市笋竹加工企业达210家，其中规模以上企业42家，有效带动了竹材价格的提高。2008年实现竹业产值19.4亿元，比2007年增长21.7%，竹材产量5923万根，比2007年增长2.55%。其中，毛竹产量3517万根，比2007年增长10.12%；篙竹产量2050万根。

花　卉　初步形成了杜鹃花、兰花和野生花卉3条各具特色的花卉产业带，2008年种植花卉2066.67公顷，比2007年增长10.7%，全年实现产值4.5亿元，比2007年增长15.4%。

品牌建设　2008年新创3个省著名商标，现有省著名商标5个；新创市知名商标12个，现有市知名商标20个；现有福建名牌产品4个。

林业项目　2008年签约林业项目18项，总投资6.59亿元。坚持将项目带动作为促进产业结构调整、优化产品结构的重要载体，继续扎实开展重点项目和重点成长型企业的挂钩联系活动。

【漳州林业产业】　2008年，全市完成林业产业总产值140亿元，比2007年增长5%。其中，第一产业产值93.6亿元，比2007年增长4.5%；第二产业产值44.1亿元，比2007年增长1.4%；第三产业产值2.3亿元，比2007年增长77%。

花　卉　全市花卉种植面积达5866.67公顷，销售额14.9亿元，出口额2062万美元，同比分别增长2%、10%、20.6%。呈现三个亮点：一是漳荷花卉合作取得突破。创办首家漳荷合资花卉企业，成立漳州市花卉产业办驻荷兰代表处，组团参加荷兰国际花卉园艺展。闽荷花卉合作交流中心项目建设进展顺利，完成投资6000万元。二是品牌建设和标准化建设取得突破。漳州水仙花商标获中国驰名商标称号，实现福建省花卉驰名商标零的突破。南靖兰花商标正式通过国家工商总局核准注册。启动蝴蝶兰、虎尾兰省级生产质量规程标准起草。推行水仙花、人参榕等标准化生产。建设出口花卉标准培植场，与漳州检验检疫局联手举办2期花卉出口检验检疫辅导班。三是花卉对外交流合作取得突破。与40多个国家建立花卉贸易往来，比2007年增加10多个。漳台花卉合作进一步密切，赴台成功举办漳州水仙花雕刻艺术展，正式启动海峡两岸(福建漳州)花卉集散中心规划与项目申报工作，成功举办第十届花博会。

外资利用　全市新增林业利用外资项目28个，总投资5906万美元，合同利用外资3526万美元，实际到资2407万美元，实际到资额占省林业厅下达任务的240%。

森林旅游　积极推进南靖半山、虎伯寮，龙海龙佳等"森林人家"示范建设，完成龙文云洞岩，南靖聚长青，龙海九龙岭、林下，芗城天宝，南靖永丰，长泰亭下等一批"森林人家"项目的总体规划。全市仅森林公园接待游客34.54万人次，比2007年减少3.3万人次；营业收入2117.81万元，比2007年增长10.7%。

【厦门林业产业】　2008年，按照"两头在厦、中间在外"的发展思路，加快林业结构调整优化，重点发展科技含量高、产业化程度高、辐射能力强的林业种苗和林产品加工骨干企业。

厦门涌泉集团开发的马尾松功能化制品、天然苯系香料，可降解环保防护手套等产品，改变我国长期以来松节油等原材料直接出口的状况，有力推动了绿色林产工业的发展；厦门中坤化学有限公司以松节油为原料的香精香料的研究开发、产业化生产及销售推广，做大做强了厦门市林产化工业；厦门牡丹香化实业有限公司创新开发的粉状香精分子微胶囊等香精、香味剂产品畅销国内外，在用户中享有良好的信誉。对台林业交流合作深入开展，闽台(厦门)花卉高科技园汇聚了福建省知名花卉企业和部分台湾花卉生产商，厦门国际航空港花卉科技有限公司成为海峡西岸最大的蝴蝶兰成品花供应商。生态休闲旅游业快速发展，天竺山森林公园建成国家级4A景区，莲花、大帽山森林公园建设有序推进，大帽山三角梅园建成并成功举办三角梅旅游节，万石山、仙岳山、金榜山、狐尾山、东坪山等山地公园成为市民休闲的好去处。《关于加快"森林人家"生态休闲旅游业发展的指导意见》通过市委、市政府审议。

【福州林业产业】　2009年全市林业产业总产值完成87.16亿元，比2008增长11.68%。其中：第一产业完成28.39亿元，第二产业完成55.11亿元，第三产业完成3.66亿元。

一是项目带动工作不断加强。2009年以来，福州市认真实施项目带资金制度，集中有限的专项资金，扶持沿海防护林、绿色通道、油茶新品种推广等方面的重点示范项目建设，有效带动了各项林业工程实施和任务完成。全市速丰林造林6000公顷，种植改造油茶经济林面积518.33公顷。

二是林业招商引资取得成效。2009年完成林业招商项目2项，总投资7173万美元，合同外资121万美元。通过"6·18"中国福建项目成果交易会完成对接项目1项，技术需求4项。福清灵石山国家森林公园招商项目在第四届海峡两岸旅游博览会上签约，总投资7000万美元。新项目、新技术的引进有力推动全市林业产业的发展和优化。

三是花卉产业继续发展。全市花卉种植面积达2846.67公顷，新增花卉种植面积233.33公顷，实现产值6.9亿元，分别比2008年增长15%和17%。

四是森林旅游开发继续推进。旗山国家森林公园五峰里招商项目开工建设，平潭海岛国家森林公园、永泰青云山、闽清黄楮林旅游项目开发不断推进。全市已经建设授牌29家"森林人家"。

五是国有林场经济平稳发展。全市国有林场积极克服宏观经济波动的不利因素，加强木材产销工作，抓进度促销售，抓市场保价格，取得了预期的经济效益。全市国有林场完成木材生产48709立方米，销售50317立方米，实现木材销售收入4264万元。

【宁德林业产业】 2009年，全市商品材产量21.8万立方米，比2008年减少了5.2%。商品材销售量18.1万立方米，比2008年减少了23.6%。人造板产量14.7万立方米，比2008年减少了2.6%；锯材产量3.3万立方米，比2008年减少了19.5%；木片产量1.9万立方米，比2008年减少了17.4%。毛竹产量1817万根，比2008年增长了8.0%；篙竹527万根，比2008年增长了22%；小竹材1.24万吨，比2008年减少了5.8%。

随着油茶恢复工程的实施，油茶籽产量由2008年的1179吨增产至2009年的3343吨，增幅达184%。花卉种植面积从2007年的50公顷增加到2008年的165公顷，花卉产值由5752万元增长到9084万元，增幅达58%。中幼龄林抚育面积大幅增加，特别是竹林抚育热火朝天，抚育面积由去年的1.36万公顷增加到2009年的2.53万公顷，林木的抚育和管理产值增加1154万元，比2008年增长90.2%。

【福建青山纸业股份有限公司】 始建于1958年，1993年4月改制为股份制企业，1997年7月在上海证券交易所上市。经过60多年的发展，已成为集制浆、造纸、发电供热、碱回收、医药、光电子、原料林基地开发于一体的国有大型上市企业。公司拥有省级企业技术中心，各类工程专业技术人员300多人，技术力量雄厚。公司主体设备由福伊特、维美德、奥斯龙、美卓等国际先进造纸设备制造商制造，拥有年产10万吨纸袋纸、20万吨高强牛皮箱板纸、20万吨高强瓦楞纸、年产15万吨本色商品木浆等四条国际先进水平制浆造纸生产线。2000年以来，已拥有面积为10.66万公顷的速生丰产造纸原料林基地，其中马尾松8万公顷、杉木1.33万公顷、桉木1.33万公顷，总投资6.6亿元，向国家开发银行申请贷款和自筹资金。2008年造纸产量33.74万吨，比2007年增长10.62%。

【福建省南纸股份有限公司】 国家"一五"计划期间的重点工程，全国造纸大型骨干企业，于1958年建成投产，1998年6月经改制成为上市公司，现有员工2800多人。公司是以废纸和马尾松为主要原料，以生产新闻纸为主的大型制浆造纸企业，生产能力为年产30万吨新闻纸和6万吨商品浆等，是520家国家重点企业之一，主导产品星光牌胶印新闻纸供应全国200多家报社和新闻出版单位，部分出口东南亚国家和地区。福建南纸受到金融危机的影响，2008年企业新闻纸生产线开工率在95%，化碱系统浆板生产线开工率50%左右，年生产新闻纸270522吨，同比减少14576吨，减幅5.11%。销售新闻纸246958吨，同比减少34641吨，减幅12.30%。年末新闻纸库存量31514吨，与年初相比2007年增长加23514吨，增加393.93%。2008年生产本色浆板9013吨，同比减少34161吨，减幅79.12%。销售本色浆板10717吨，同比减少24146吨，减幅69.26%。年末本色浆板库存量6143吨，与年初相比2007年增长加2579吨，增加29.57%。

【永安林业(集团)股份有限公司】 创立于1994年1月，1996年12月6日在深交所挂牌上市(股票代码000663)，是全国首家以森林资源为主要经营对象的上市公司。公司总资产10亿元。主要产品有木材、纤维板、强化木地板、胶合板、甲醛、胶黏剂、松油系列产品和天然香兰素等。公司拥有永林蓝豹、永林、企鹅、蓝豹等注册商标。公司凭借出色的技术创新能力与雄厚的技术水平，获得了五项国家专利技术及参与制定了7项国家标准。几年来，公司坚持"以森林培育为基础、以人造板加工为龙头，走可持续发展"的发展战略和"品牌化经营、规范化管理、市场化运作"的经营理念，形成了集"森林培育—木材采伐—中纤板—木地板"为一体的林业行业循环经济示范企业。公司116217公顷森林，获得FSC森林管理委员会的森林可持续经营认证，成为中国南方林区首家经营面积超过10万公顷获得FSC认证的企业，为在南方集体林区推广森林可持续经营和森林认证起到了重要的示范作用。

【泰宁南方林业发展有限公司】 主要从事林地资源经营、原木销售和木材加工销售等业务。于2006年7月在泰宁县注册成立，建立起了林地资源规模化、原木(竹)、胶合板、细木工板、竹地板、竹木复合门等生产销售各个环节紧密结合的完整的林板一体化产业链，同时进入高科技的高岭土新型材料深加工行业，形成了木(竹)生产、销售以及高科技产业相结合的多种经营模式。2008年10月7日通过其母公司中国林业控股有限公司在纽约—泛欧交易所成功上市，成功融资3200万欧元，成为我国首个在欧洲上市的林业企业。

【福建元力活性炭股份有限公司】 创建于1999年，注册资本2100万元，年生产能力达20000吨活性炭。10年来，从年产500吨的小厂迅速发展成为国内活性炭行业的佼佼者，产品市场占有率达15%。

【福建省宁化县利丰化工有限公司】 成立于1998年，占地4万多平方米，拥有固定资产3000万元。公司位于中国福建省闽西地区风景秀丽的客家祖地——宁化县。已形成年产6000吨脂松香，1000吨脂松节油生产线和年产10000吨松香改性树脂系列及5000吨松节油系列产品深加工生产能力。公司主要产品有脂松香、脂松节油、食用松香、路标树脂、松香酯、松香改性马来酸树脂、松香改性酚醛树脂等系列产品。松香改性树脂产品共分三大系列(松香改性酚醛树脂、松香改性马来酸树脂、松香酯)十几个品种，广泛应用于胶黏剂、油漆、油墨、香精香料、合成樟脑、橡胶工业、食品胶基、电子助焊剂、造纸施胶剂等方面，是天然环保树脂的首选材料。公司还开发生产了适用于2-氯丁二烯粘接着剂的高反应性烷基酚树脂；适应于橡胶、油漆、万能胶等粘合剂方面的2402对叔丁酚-甲醛树脂；适用于氯丁烯硅胶及溶剂型感压接着剂的萜烯酚树脂；以及采用独特分散技术开发生产的环境友好型水性树脂乳液增黏剂，其产品广泛应用于各种水性黏合剂和水性涂料领域。

(伍清亮)

江西省林业产业

【概 述】 江西省林地面积1054.92万公顷，森林面积973.63万公顷，其中人工林面积291.87万公顷，森林覆盖率58.32%。活立木蓄积45045.51万立方米，森林蓄积39529.64万立方米。

产业发展 近两年来，全省林业产业发展取得了喜人的成绩。2008年，全省林业行业总产值7602225万元，比2007年增长了24.56%，其中第一产业产值3532148万元，比2007年增长了26.32%；第二产业产值2677858万元，比2007年增长了19.88%；第三产业产值1392219万元，比2007年增长了29.69%。产业结构由2007年的45.81:36.60:17.59调整为2008年的46.46:35.23:18.31。

2008年，第一产业产值中，涉林产业产值3302760万元，比2007年增长了27.59%；林业系统非林产业产值229388万元，比2007年增长了10.55%。第一产业涉林产业中，林木培育和种植产值716628万元，比2007年增长了29.81%；木材和竹材采运产值643173万元，比2007年增长了56.89%；经济林产品种植与采集产值1480040万元，比2007年增长了9.55%；花卉种植产值342364万元，比2007年增长了7.08%；陆生野生动物繁育与利用产值11143万元，比2007年减少了22.66%。

第二产业中，涉林产业产值2615040万元，比2007年元增长了21.11%。其中木材加工及木、竹、藤、棕、苇制品制造产值1477653万元，比2007年增长了24.40%。

2009年，全省林业产业总产值9184321万元，比2008年增长了20.81%，其中第一产业产值4097649万元，比2008年增长了16.01%；第二产业产值3213495万元，比2008年增长了20.00%；第三产业产值1873177万元，比2008年增长了34.55%。产业结构调整为44.61:34.99:20.40。

2009年，第一产业中，涉林产业产值3813602万元，比2008年增长了15.48%；林业系统非林产业产值284047万元，比2008年增长了23.83%。第一产业涉林产值中，林木培育和种植产值994963万元，比2008年增长了38.84%；木材和竹材的采运产值469794万元，比2008年减少了26.96%；经济林产品种植与采集产值1768436万元，比2008年增长了19.49%；花卉种植产值468897万元，比2008年增长了36.96%；陆生野生动物繁育与利用产值20033万元，比2008年增长了79.78%。第二产业中，涉林产业产值3122684万元，比2008年增长了19.41%。其中木材加工及木、竹、藤、棕、苇制品制造产值1776111万元，比2008年增长了20.20%。

同时，林业经济呈现出良好的发展态势。全省农民人均收入来自林业的由2006年的490元左右增加到2008年的720元，2009年进一步增加到820元。林业产业已成为林业增效、农民增收的重要途径。

主要产品：中密度纤维板、细木工板、锯材、胶合板、木竹纤维板、木竹刨花板、松香、木竹片地板块、卫生筷、活性炭、家具。

产业投资 近年来，中央和江西省委、省政府进一步加大投资力度支持林业产业发展。

2008年，全省林业固定资产投资165130万元，比2007年增长了83.37%。其中营林固定资产投资165033万元，比2007年增长了84.41%，在营林固定资产投资中基建投资163276万元，比2007年增长了82.61%，更新改造投资1757万元，比2007年增长了2096.25%；森工固定资产投资投资97万元，比2007年减少了82.77%；森工固定资产投资中，基建投资5万元，比2007年减少了98.13%，更新改造投资92万元，比2007年减少了61.18%。

2009年，全省林业固定资产投资232054万元，比2008年增长了40.53%。其中营林固定资产投资231554万元，比2008年增长了40.31%，在营林固定资产投资中基建投资229554万元，比2008年增长了40.59%，更新改造投资2000万元，比2008年增长了13.83%；森工固定资产投资500万元，比2008年增长了415.46%。

2008年中央和省级林业项目投资26.65亿元，比2007年增长88%。其中，中央投资16.47亿元，比2007年增长了47.5%；省级投资10.18亿元，比2007年增长了2.4倍。2009年中央和省级林业项目投资33.98亿元，比2008年增长了27.50%。其中，中央投资16.16亿元，比2008年减少了1.88%；省级投资17.82亿元，比2008年增长了75.05%。

为继续深化林业产权制度改革，促进林业产业快速发展，省政府决定从2007年起至2010年，每年安排5000万元，其中省财政3000万元，省林业厅2000万元，建立省级林业发展专项资金。

一是组建省级林业担保公司，安排资金1000万元。按照“政府扶持、市场运作”的原则，省财政分期投入注册资本金，吸纳龙头骨干企业、林业大户参股组建省级林业股份制担保公司，为林业企业和林农融资提供担保。担保公司实行市场化运作，自主经营、自负盈亏、自担风险。

二是林权抵押贷款贴息资金1000万元。重点支持省级林业龙头企业实施“十百千工程”，建设工业原料林基地、科技研发、树立品牌，提升林业产业建设水平，及各类林业经济组织、林农个人、林场职工办理林权抵押贷款进行财政贴息。

三是林业特色产业发展扶持资金1000万元。重点用于高产油茶示范基地建设和毛竹低产林改造及经营道路维修。

四是林木良种基地建设及繁育推广资金1000万元。主要用于优良林木种质资源的收集保存、珍稀树种培育，林木良种基地建设及优质种苗繁育技术研究与培训推广，提高基地供种率和良种使用率，加快林木良种化进程。

五是低产低效林改造资金1000万元。重点用于公路、铁路等重点区域林相改造和针叶纯林补阔，大力发展经济林、生态林、观赏林，树立江西青山绿水的品牌。

林权制度改革 2008年，江西省继续推进以“明晰产权、减轻税费、放活经营、规范流转”为主要内容的林业产权制度改革及其配套改革，取得显著成绩。截至2008年7月底，全省18个风景名胜区、经济技术开发区通过了林权制度主体改革检查验收，标志着全省林权制度主体改革全面完成。全省集体林地分山到户率82.5%，其中自留山163.36万公顷，家庭承包556.09万公顷，国乡联营12.68万公顷，集体统一经营124.43万公顷，其他方式流转15.67万公顷；全省共有1009.73万公顷林地进行了确权输机，产权明晰率98.5%，完成林地使用权发证613.41万本，涉及宗地1174.39万宗，面积985.8万公顷，发证面积97.6%；全省共排查山林纠纷63886起，涉及纠纷面积41.50万公顷，已调处62068起，涉及面积38.82万公顷，调处纠纷起数和纠纷面积调处率分别为97.2%和93.6%；林改后的林木林地经济总价值由1367.48亿元升至2232.56亿元，增幅达63%；农民人均年林业纯收入720元，比2007年增长21%。

2009年，全省建成林业产权交易中心(要素市场)53个，交易山林3.99万宗、面积25.14万公顷、交易金额32.87亿元，并在南昌成立了全国第一个区域性省级林权交易所——南方林业产权交易所；86个县(市、区)开展了林权抵押贷款业务，林权抵押面积21.38万公顷，贷款金额33亿元；省级林业担保公司注册资本达5000万元，成功为47家企业和林农提供贷款担保，提供担保贷款1.6亿元；森林保费补贴纳入中央财政补贴试点省份，全省生态公益林火灾保险实行统保，商品林林木火灾保险和综合保险积极推进，已纳入保险的林地总面积384.91万公顷，保险保障金额近300亿元；组建各类林业专业合作组织14012个，其中民营林场1244个、林业专业合作社952个、民营造林公司305个、木竹加工协会507个、林业“三防”协会11004个。12个县纳入全国森林采伐管理改革试点县，全面推行两类林分类管理、林木采伐指标按林龄排序和小片皆伐，启动森林经营方案编制。农民人均年林业纯收入820元，同比增长13.9%。

产业布局 全省共建立了七大各具特色的林产工业中心区。①以赣州市为中心的赣南人造板、木竹浆造纸产业区。②以吉安市为中心的赣中人造板精深加工和林产化工以及茶油加工产业区。③以宜春市为中心的赣西竹材加工系列产品、人造板精深加工、茶油加工产业区。④以抚州市为中心的赣东竹木加工产业区。⑤以九江市为中心的赣北杨树造纸产业区。⑥赣东北活性炭系列和人造板产品加工区。⑦以南昌市为中心的木浆造纸、家具、装饰型材、森林药材加工区。

林业产业发展的重点与领域：鼓励扶持促进林业产业结构升级的关键技术、装备和产品，以及需要重点发展的林业产业。

限制类规定：限制以优质林木为原料的一次性木制品与木制包装的生产和使用以及木竹加工综合利用率偏低的木竹加工项目；限制新建单线规模在5万立方米/年以下的高中密度纤维板项目、单线规模在3万立方米/年以下的木质刨花板项目，以及1000吨/年以下的脂松香生产项目。

淘汰类规定：根据国家产业结构调整指导目录和有关政策、法规，淘汰林业生产能力中落后的工艺、技术、装备及产品等。加快淘汰并禁止新建未达到国家环保标准的小型人造板企业、直火法等土法生产松香的小企业、湿法生产纤维板及未达到国家质量标准的林产品。

【林木培育】 2008年全省完成造林面积26.7万公顷，比2007年增长69.63%。其中人工造林23.46万公顷，四旁植树1.38亿株，生物质能源林培育(含更新、改造面积)1.17万公顷。2009年全省完成造林面积22.86万公顷，比2008年减少了14.38%。其中人工造林20.90公顷，四旁植树1.54亿株，生物质能源林培育(含更新、改造面积)1.21万公顷。

【森工产品】 2008年，全省木材总产量610.23万立方米，比2007年的491.56万立方米增长了24.14%。其中，原木产量578.02万立方米，比2007年的434.22万立方米增长了33.12%；薪材产量32.21万立方米，比2007年的57.34万立方米减少了43.83%；竹材产量10755.45万根，比2007年的11406.81万根减少了5.71%。

2008年，锯材产量103.73万立方米，比2007年的91.2万立方米增长了13.74%；木片27.11万立方米，比2007年的12.09万立方米增长了124.23%；人造板300.51万立方米，比2007年的194.19万立方米增长了54.75%。其中，胶合板69.78万立方米，比2007年的60.33万立方米增长了15.66%；纤维板95.65万立方米，比2007年的63.44万立方米增长了50.77%；刨花板18.7万立方米，比2007年的8.09万立方米增长了131.15%。胶合木86.45万立方米，比2007年的35.48万立方米增长了143.66%；木地板1817.19万平方米，比2007年的1755.71万平方米增长了3.50%。

2008年，松香类产品产量81006吨，比2007年的107623吨减少了24.73%；松节油类产品产量43372吨，比2007年的38922吨增长了11.43%；樟脑348吨，比2007年的6278吨减少了94.46%。

2009年，全省木材总产量339.79万立方米，比2008年减少了44.32%。其中，原木314.81万立方米，比2008年减少了45.54%；薪材24.98万立方米，比2008年减少了22.45%；竹材7423.01万根，比2008年减少了30.98%。

2009年，锯材产量126.43万立方米，比2008年增长了21.88%；木片32.05万立方米，比2008年增长了18.22%；人造板320.72万立方米，比2008年增长了6.73%。其中，胶合板116.08万立方米，比2008年增长了66.35%；纤维板85.25万立方米，比2008年减少了10.87%；刨花板34.80万立方米，比2008年增长了86.10%。胶合木22.20万立方米，比2008年减少了74.32%；木地板1172.91万平方米，比2008年减少了35.45%。

2009年，松香类产品产量84556吨，比2008年增长了4.38%；松节油类产品32209吨，比2008年减少了25.74%；樟脑586吨，比2008年增长了68.39%。

【经济林】 2008年全省生产油茶籽19.14万吨、核桃511吨、板栗2.83万吨、银杏(白果)120吨、杜仲2861吨、桂皮357吨、竹笋干7536吨、食用菌3.53万吨、乌桕籽372吨、五倍子221吨、棕片6014吨、松脂4.82万吨。2009年全省生产油茶籽26.90万吨、核桃501吨、板栗2.56万吨、银杏(白果)103吨、杜仲2466吨、桂皮299吨、竹笋干9979吨、食用菌4.08万吨、乌桕籽285吨、五倍子161吨、棕片3450吨、松脂5.73万吨。

【森林旅游】 2008年，全省森林旅游共接待2547.81万人次，森林旅游收入96.8亿元，直接带动其他产业产值111.3亿元。2009年，全省森林旅游共接待4341.31万人次，森林旅游收入114.59亿元，直接带动其他产业产值1059.65亿元。

【林业产业协会】 2005年以来，新成立了江西省油茶产业协会、江西省松香协会、江西省活性炭协会、江西省细木工板协会、江西省森林公园和森林旅游协会、江西省纤维板协会，江西省速生丰产林协会，加上原有的江西省林产工业协会、江西省竹产业协会、江西省林木种苗协会、江西省国营林场协会等，共组建了11个省级林业产业专业协会。积极筹备成立江西省木模板协会和江西省木竹工艺(园艺)品协会，这些林业产业专业协会的成立，基本上覆盖了全省林业产业主要生产领域和产品，使全省绝大部分林业产业企业都有自己的专业协会。同时，一些设区市和县(市)根据各自林业产业发育程度和发展需要，也相继成立了林业产业专业协会和专业合作组织。如：赣州市2008年成立了油茶协会，吉安市2003年成立了吉安市林产工业协会，上饶市2004年成立了上饶市林木种苗协会，上饶县2004~2006年分别成立了上饶县竹栽培协会、林木种苗协会、油茶产业协会等，遂川县2006年成立了遂川县林产工业协会，宜春、鹰潭、景德镇等地也在抓紧筹建市级林业产业协会。

【省级林业龙头企业】 经省林业龙头企业扶持工作领导小组审核认定，2010年5月18日授予157家企业江西省省级林业龙头企业称号，有效期为两年。江西省省级林业龙头企业名单(排名不分先后)：

南昌市(14家)
江西晨鸣纸业有限责任公司
江西九木堂实业有限公司
江西省新井泰实业有限公司
江西艺竹实业有限公司
江西林源进出口有限公司
江西中林实业发展有限公司
江西省高氏林牧发展有限公司
进贤县栖霞农林开发有限公司
江西金乔园林有限公司
江西卓茵园林景观工程有限公司
江西省磊鑫花木有限公司
江西满园春园林景观有限公司
江西飞尚林产有限公司
江西绿源油脂实业有限公司
九江市(6家)
江西立信园艺制品有限公司
江西省久木木业有限公司
江西艺邦木业有限公司
江西仙客来生物科技有限公司
九江市中堂生态园林有限公司
九江金太阳科技林业有限公司
景德镇市(4家)
江西一见喜家具有限公司
浮梁华美园林工程有限公司
浮梁县鑫叶林场
景德镇市青原农林开发有限公司
萍乡市(9家)
江西福义实业有限公司
江西万通竹木业有限责任公司
江西惠众林业开发有限公司
萍乡市新国贸易有限公司
萍乡市博昌实业有限公司
江西多盛农林综合开发有限公司
莲花县华翔农林生态科技有限公司
莲花县森美农林开发有限公司
萍乡市源盛祥林业有限责任公司
新余市(8家)
分宜县深苑精品家具装饰材料有限公司
江西省绿邦科技开发有限公司
新余市泓鹏农村开发有限公司
新余市欣源农业开发有限公司
江西珊娜果业有限公司
新余市天欣源工贸有限公司

新余市信安新型建材有限公司
新余仙女湖景笙农业综合开发有限公司
鹰潭市(2家)
江西朝兴园林绿化有限公司
江西天天化工有限公司
赣州市(25家)
赣州华劲纸业有限公司
江西华亿木业有限公司
信丰县绿源人造板有限公司
赣州泰普化学有限公司
江西省贵竹发展有限公司
江西省崇义华森竹业有限公司
瑞金市鸿福木业有限公司
江西高峰生态农林开发有限公司
赣州金太阳科技林业有限公司
江西兴民再生能源开发有限公司
江西恒泰林业开发有限公司
江西省绿宏实业有限公司
于都县鑫民生态发展有限公司
会昌县远方林牧有限责任公司
瑞金市绿野轩林业有限责任公司
瑞金市柏联实业有限公司
大余县林盛木业有限责任公司
江西省崇义县宝林竹根艺有限公司
崇义县永乐林源有限公司
江西齐云山食品有限公司
江西友尼宝农业科技开发有限公司
江西山村油脂食品有限公司
江西仰山园油茶开发有限公司
江西金色油茶产业发展有限公司
崇义县林业投资有限责任公司
宜春市(28家)
江西宏丰人造板有限公司
江西奋发竹木业有限公司
江西雪岭木业有限公司
江西福丰木业有限公司
江西康替龙竹业有限公司
江西铜鼓江桥竹木业有限责任公司
江西铜鼓华辉实业有限公司
江西铜鼓县山珠人造板有限责任公司
江西金仁实业有限公司
江西腾达竹木业有限公司
江西绿海木业有限公司
青龙高科技股份有限公司
江西晶粹油茶林基地种植有限公司
江西丰顶山农林生态科技有限公司
罗宾有限公司
江西省好口福油脂有限公司
江西樟树天齐堂中药饮片有限公司
江西亿利板材有限公司
江西康达竹制品集团有限公司
江西飞宇竹业集团有限公司
江西华昌竹业集团有限公司
江西松涛竹业有限公司
江西华强竹业有限公司
江西省远南竹材集团有限公司
江西邓氏园林(集团)有限公司
江西三高绿健农业有限公司
江西泰豪竹业有限公司
上高县林业经济合作社
上饶市(25家)
德兴市荣兴苗木有限责任公司
江西省绿野木业有限公司
德兴市源森红花茶油有限公司
江西绿野山茶油有限公司
德兴市畲民油脂化工有限责任公司
上饶县丰顺林业有限公司
江西恩泉油脂有限公司
上饶府山实业有限公司
江西远泉实业集团有限公司
广丰县绿丰营造林有限公司
广丰县岭底竹业有限公司
江西吴记园食品有限公司
铅山县天鑫绿化有限公司
铅山县强龙木竹制品有限公司
江西三清山绿色食品有限公司
江西春源绿色食品有限公司
玉山县三山茶业有限公司
江西省喜果绿化有限公司
江西云河实业有限公司
江西广联农业有限公司
江西翰林林业开发有限公司

江西桐源林业科技有限公司
上饶市广信园林绿化工程有限公司
江西省百源木业有限公司
江西大自然人造板有限公司
吉安市(18 家)
江西绿洲人造板有限公司
江西省金星木业有限公司
新干县恒荣制板厂
新干县林瑞木业有限公司
江西安富竹业有限责任公司
江西扬宏建材有限公司
江西金安林产实业有限公司
泰和县松泰林化发展有限公司
峡江县玉松林化有限公司
江西省吉水县兴华天然香料有限公司
遂川县茂森林场有限公司
遂川县绿川林场
安福县福源毛竹实验林场
永丰县林业局鹿冈林场
万安县井冈野猪豪猪养殖专业合作社
江西省青苹园林艺术有限公司
吉安市景天实业发展有限公司
江西绿海油脂有限公司
抚州市(18 家)
大亚木业(江西)有限公司
抚州市恒绿云林有限公司
江西省宏绿实业有限公司
江西东伟实业有限公司
江西省资溪青云地板集团有限公司
资溪县华森林场普通合伙
资溪曼图林业有限公司
江西省资溪县鑫桥林业有限责任公司
资溪新云峰木业有限公司
江西南方林场有限公司
南丰县永兴木竹制品厂
江西南丰振宇实业集团有限公司
江西真诚校具实业有限公司
江西坚华林业有限公司
宜黄县诚华实业有限责任公司
广昌县广龙雪松制板有限责任公司
江西芸林木业有限公司
东乡县兴林果业有限公司

【林业产业大事记】

2008 年

1 月 2 日 省林业厅批准新建两处省级森林公园，分别是莲花县的江西省寒山森林公园、婺源县的江西省理田源森林公园。

1 月 3 日 省林业厅联合国家林业局全国鸟类环志中心组织鄱阳湖区 3 市 15 县(市、区)和鄱阳湖国家级自然保护区管理局对鄱阳湖周边 68 个子湖泊的越冬候鸟进行同步观察统计。观察统计到各种鸟类 87 种 45.2 万多只，其中水鸟 64 种。调查发现，国家级重点保护鸟类白鹤、白额雁等 11 种水鸟在鄱阳湖区的越冬数量占全球迁徙候鸟总数的 30% 以上。

1 月 7 日 国家林业局批准设立横峰县岑山国家森林公园(经营面积 955 公顷)，上饶县五府山国家级森林公园(经营面积 1715 公顷)，南丰县军丰山国家级森林公园(经营面积 1217.15 公顷)。

1 月 11 日 江西林业产权交易联网信息发布系统正式启用，全省已建立 57 个省内价格采集点，负责 194 个林产品的价格采集。

4 月 14 日 全省从即日起木材材积重量折算比例按 1.0～1.3 吨松杂片折算 1 立方米材积。

6 月 20 日 省林业厅印发《关于进一步加强林木种子流通管理的通知》(赣林造字〔2008〕210 号)。

6 月 23 日 国家林业局科学技术发展中心、中国林产工业协会主办，江西省林产工业协会、罗宾有限公司协办的 2008 年纤维板行业科技发展论坛在宜春市召开。

7 月 17 日 全国首个速生丰产林协会——江西省速生丰产林协会成立，第一届理事会理事单位 45 个。

9 月 10 日 省林业厅公告《江西省林木良种名录》(赣林厅发［2008］12 号)，新增 42 个林木良种。

9 月 18 日 省林业厅、省财政厅确定丰城、上饶、渝水、袁州、永丰、石城、武宁、进贤等 8 个县(市、区)为全省 2008 年油茶产业示范点。国家财政安排江西油茶产业项目资金 2400 万元。

9月25日 德安县林业局举办"九江水梨"专题知识讲座，特邀德国专家卡尔·赫因博士主讲。德安县栽植"九江水梨"0.19万公顷，成为林农致富的特色林果产业。

10月20日 省林业厅印发《关于调整竹卫生筷耗材折算比的通知》(赣林资字[2008]376号)，规定全省竹卫生筷耗材折算标准调整为一根一尺毛竹生产450双规格为210毫米的带节竹卫生筷。

11月4日 省财政厅、省发改委印发《关于制定重点保护野生植物资源保护费收费办法及标准的通知》，从2008年12月1日起执行，此为全国惟一出台的野生植物收费办法和标准。《办法》规定，对采集国家二级，省一、二、三级重点保护植物的，分别按成交金额的20%、15%、10%、5%收取野生植物资源保护管理费。

12月11日 遂川县江西五百里井冈特产有限公司生产的野生初榨茶油获得欧盟市场"入场券"。此为江西省率先进入欧盟市场的茶油品牌。

12月25日 省发改委对欧洲投资银行贷款生物质能源林示范基地建设项目可行性研究报告作出批复，同意瑞金、修水等19个县(市、区、林场)建立生物质能源林示范基地，建设期5年，建示范基地2.94万公顷，项目总投资37857.16万元，申请欧洲银行贷款26500.00万元，占项目总投资的70%，地方配套资金11357.15万元，占项目总投资的30%。

12月26日 省委书记苏荣视察莲花县曼地亚红豆杉基地建设，指出要抓紧做好曼地亚红豆杉产业，使其成为全省乃至全国都有影响的产业基地，要加强政府引导，加快基地林权流转和产品推介，要积极安排返乡农民工就业，最大限度发挥基地的社会效益。

12月30日 湖南金拓天油茶科技开发有限公司与德安县签订10万吨茶籽油项目签约仪式。两期工程建成后，预计实现年销售收入20亿元，税收8000万元以上。

12月31日 江西省森林公园增加至103处，经营面积43.99万公顷，其中国家级森林公园41处，经营面积34.09万公顷；省级森林公园62处，经营面积9.9万公顷。国家级森林公园数量居全国第一位。

(何航伟　王连茂　严　辉　万发令)

山东省林业产业

【概　述】 2009年，全省林地面积342.12万公顷，森林面积254.46万公顷，其中人工林面积244.38万公顷，森林覆盖率16.72%。活立木蓄积8627.99万立方米，森林蓄积6338.53万立方米。

全省有各类林产品生产、加工、运销企业5万余家，带动林产品基地140多万公顷，连接农户500多万户，专业村4000多个，初步形成了木材生产加工、果品加工储藏保鲜、林木种苗、花卉、药材生产加工、野生动植物驯养、森林旅游等六大林业主导产业，培育了一批具有较高知名度的名优林产品、龙头企业和加工园区。

2008年，全省林业行业总产值9000811万元，比2007年的8610318万元增长了4.45%，其中第一产业产值4817590万元，比2007年的4349168万元增长了10.77%；第二产业产值3960128万元，比2007年的4095218万元减少了3.30%；第三产业产值223093万元，比2007年的165932万元增长了34.45%。产业结构由2007年的50.51∶47.56∶1.93调整为2008年的53.52∶44.00∶2.48，产业结构有所优化。

2008年，第一产业中，涉林产业产值4792620万元，比2007年的4319577万元增长了10.95%；林业系统非林产业产值24970万元，比2007年的29591万元减少了15.62%。第一产业涉林产业中，林木培育和种植产值830817万元，比2007年的935870万元减少了11.23%；木材和竹材采运产值268166万元，比2007年的226086万元增长了18.61%；经济林产品种植与采集产值3383949万元，比2007年的3165679万元增长了6.89%；花卉种植产值241748万元，比2007年的228596万元增长了5.75%；陆生野生动物繁育与利用产值31535万元，比2007年的15034万元增长了109.76%。第二产业中，涉林产业产值3948475万元，比2007年的4086780万元减少了3.38%。其中木材加工及木、竹、藤、棕、苇制品制造产值2605182万元，比2007年的2834543万元减少了8.09%。

2009年，全省林业产业总产值9906004万元，比2008年增长了10.06%，其中第一产业产值5173333万元，比2008年增长了7.4%；第二产业产值4504069万元，比2008年增长了13.7%；第三产业产值228602万元，比2008年增长了2.5%。产业结构调整为52.23∶45.47∶2.50。产业结构进一步优化。

2009年，第一产业产值中，涉林产业产值5139347万元，比2008年增长了7.2%；林业系统非林产业产值33986万元，比2008年增长了36.1%。第一产业涉林产业中，林木培育和种植产值959466万元，比2008年增长了25.48%；木材和竹材采运产值232253万元，比2008年减少了13.39%；经济林产品种植与采集产值3611783万元，比2008年增长了6.7%；花卉种植产值279249万元，比2008年增长了15.51%；陆生野生动物繁育与利用产值30841万元，比2008年减少了2.2%。第二产业中，涉林产业产值4491604万元，比2008年增长了13.76%。其中木材加工及木、竹、藤、棕、苇制品制造产值3109740万元，比2008年增长了19.37%。

2008年，全省木材总产量180.74万立方米，比2007年的175.85万立方米增长了2.78%。其中，原木产量157.54万立方米，比2007年的151.78万立方米增长了3.79%；薪材23.2万立方米，比2007年的24.08万立方米减少了3.65%。2009年，全省木材总产量221.18万立方米，比2008年增长了22.37%。其中，原木200.96万立方米，比2008年增长了27.56%；薪材20.22万立方米，比2008年减少了12.84%。

【木材加工】 2008年全省各类用材林基地45万公顷。有各类木材加工企业3万多家，加工木材

1900万立方米；生产人造板1064.02万立方米，比2007年的1132.2万立方米减少了6.02%。其中，胶合板产量445.91万立方米，比2007年的425.14万立方米增长了4.89%；纤维板349.87万立方米，比2007年的420.73万立方米减少了16.84%；刨花板126.43万立方米，比2007年的125万立方米增长了1.14%。胶合木27.59万立方米，比2007年的41.69万立方米减少了33.82%。木地板2382.45万平方米，比2007年的2014.13万平方米增长了18.29%。

2009年全省各类用材林基地50万公顷。各类木材加工企业加工木材2000万立方米；生产人造板1163万立方米，比2008年增加了9.3%。其中，胶合板516.24万立方米，比2008年增长了15.77%；纤维板400.14万立方米，比2008年增加了14.37%；刨花板82.71万立方米，比2008年减少了34.58%。胶合木50.93万立方米，比2008年增加了84.6%。木地板1681.88万平方米，比2008年减少了29.41%。

山东省是全国人造板的重点产区。产品主要有胶合板、刨花板、中密度纤维板、桐木拼板、木地板、家具、木浆造纸、条柳编、木塑复合材料等10余类1000多个品种。茌平、高唐、禹城、齐河人造板工业园区，集中了20多家企业的30多条中密度板生产线，生产能力达200多万立方米；2008年国家林业局正式批准在日照市岚山区建立国家级木材贸易加工示范区，当年该示范区木材加工贸易量100余万立方米，实现产值12亿元，已经形成了区域性的木材集散地；菏泽市的人造板加工群体实现了原材料生产的专业化分工；临沂市作为山东省木材加工业重点市，有人造板企业2600余家，深加工生产线600余条，从业人员16.3万人，产品销往国内20多个省(区、市)，并出口欧、美、日、韩等20多个国家和地区。

拥有全国一流的大型人造板专业批发交易市场——华东板材市场；淄博、济南市的家具专业批发市场闻名省内外；岚山区、费县、郓成县、胶州市、昌邑县、成武县等县域胶合板加工群，曹县、鄄城县的桐木专业加工园区，以及临沭和曹县普连集的条柳编加工园区等吸引了众多的国内外客商前来投资创业和开展经贸往来。

禹城山东贺友集团有限公司的贺友牌密度板被评为全国驰名商标，作为中国纤维板行业排头兵、山东省林业产业龙头企业，贺友集团有员工2000余人，2008年完成产值12.5亿元，实现利税1.1亿元，同比分别增长28%和31%；宁津县被命名为中国桌椅之乡；中茂圣源1亿千克木浆生产项目已经投产运营，实现了山东省利用当地木材资源生产木浆零的突破。

【木本粮油】 山东省木本粮食与木本油料原有树种较多，有油桐、文冠果、油橄榄、板栗、枣、柿、核桃、花椒等。90年代前临沂和青岛市有少量油桐分布，随着市场经济的发展，油桐已被其他树种取代。70年代在原有少量文冠果栽培的基础上，各地先后引种过，但未获成功，近几年莱芜等市又有引种并已成功，但栽培较少。70年代末80年代初临沂市曾引种过油橄榄，但未获成功。近几年山东省部分市先后又引进了仁用杏和扁桃，在山区有少量栽培尚未形成规模。所以目前全省木本粮食和木本油料形成规模栽培并有较大产量的主要有板栗、枣、柿、核桃、花椒等。至2008年底，全省木本粮食与木本油料面积45.07万公顷，较2007年减少了2.15%，2008年产量69.37万吨。其中板栗16.11万公顷，比2007年减少了4.7%，产量24.06万吨；枣17.36万公顷，比2007年减少了3.1%，产量26.94万吨；柿3.5万公顷，比2007年减少了2.9%，产量11.29万吨；核桃3.84万公顷，比2007年增加了22.4%，产量3.97万吨；花椒4.26万公顷，比2007年减少了4.3%，产量3.11万吨。

至2009年底全省木本粮食与木本油料面积45.80万公顷，比2008年增加了1.62%，2009年产量68.73万吨，较2008年减少了0.92%。其中板栗16.01万公顷，比2008年减少了0.62%，产量24.79万吨，比2008年增加了3.03%；枣17.04万公顷，比2008年减少了1.84%，产量23.66万吨，比2008年减少了12.18%；柿3.46万公顷，比2008年减少了1.14%，产量12.5万吨，比2008年增加了10.72%；核桃4.90万公顷，比2008年增加了27.6%，产量4.82万吨，比2008年增加了21.41%；花椒4.38万公顷，比

2008年增加了2.82%，产量2.96万吨，比2008年减少了4.82%。

主要加工企业 济南华鲁食品有限公司、泰山板栗加工厂、临朐县隆泰食品有限公司、鑫宇农产品加工厂、雁来红冬枣开发有限公司、万德酒业有限公司、沾化金丝食品有限公司、山东绿润食品有限公司、莒南县鸿润食品有限公司、山东绿色乐园食品有限公司、山东鼎立枣业食品有限公司、乐鑫食品有限公司、佳和日本栗加工厂、三和日本栗加工厂。

主要产品与品牌 华鲁牌系列核桃加工品，柳埠绿甘栗仁，海山，冶河牌核桃，卧龙峪牌板栗，金康冬枣，徐庄牌花椒、板栗，冬映红牌冬枣，春平，春腾牌花椒，青风牌无核柿，雁来红冬枣，枣城阿胶蜜枣，开元红牌系列枣加工品，鼎立金丝枣汁，新营超甜金丝枣，绿润板栗、芍药、山核桃，沂蒙六姐妹枣，昌城板栗，葶子柿饼，东岳板栗，泰山极顶核桃，龙廷柿子，神童山大枣系列产品。

市场状况 山东核桃主要以销售核桃果实为主，加工数量不多，市场以山东本省为主。板栗本省销售一部分，外省市销售一部分，河北收购山东板栗以天津干栗名义出口。板栗加工主要加工栗仁，出口日本、韩国、美国、东南亚及欧洲等国家和地区。柿子部分销鲜，部分加工柿饼出口。枣除冬枣销鲜外，一部分制干一部分加工蜜枣、水晶枣和枣酒，产品本省消化一部分，大部分销往外省或出口国外。花椒主要销往外省市。山东省的木本粮食和油料由于品质优良很受市场欢迎，产地基本没有积压。

【果　品】 山东省的水果主要有：苹果、梨、山楂、杏、李子、樱桃、葡萄、猕猴桃、石榴、无花果、草莓、果桑等。2008年水果产量1478.55万吨，比2007年减少了0.07%。其中：苹果793.11万吨，比2007年增加了7.16%。苹果是山东省栽培最多、面积最大的经济林树种，全省各市山区、丘陵、河滩、平原均有栽培，但主要栽培区域在胶东半岛和鲁南山区。梨140.19万吨，比2007年减少了45.74%。全省各地均有栽培，但主要分布在胶东半岛和鲁西鲁北地区的河滩和平原。桃269.24万吨，比2007年增加了10.89%。全省各地均有栽培，主要分布在鲁中南和胶东半岛。葡萄111.85万吨，比2007年增加了11.26%。全省各市均有栽培，但主要分布在胶东半岛和临沂市。樱桃27.3万吨，比2007年增加了23%。全省樱桃主要集中在胶东半岛和泰沂山区。石榴8万吨，比2007年增加了0.1%。全省石榴主要集中在枣庄市。山楂27.6万吨，比2007年增加了17%。全省各市都有栽植。杏23.9万吨，比2007年增加了16.2%。全省各市均有一定规模栽植。李子3.5万吨，比2007年减少了9.6%。无花果1.6万吨，比2007年增加了3.3%。草莓23.8万吨，比2007年增加了19.5%。

2009年，全省水果1506.04万吨，比2008年增加了1.86%。其中：苹果784.68万吨，比2008年减少了1.06%；梨49.2万吨，比2008年增加了6.43%；桃278.75万吨，比2008年增加了3.53%；葡萄116.36万吨，比2008年增加了4.03%；樱桃27.7万吨，比2008年增加了1.47%；石榴8.6万吨，比2008年增加了7.5%；山楂27.1万吨，比2008年减少了1.81%；杏25.8万吨，比2008年减少了15.13%；李子3.3万吨，比2008年减少了15.13%；无花果1.9万吨，比2008年增加了18.75%；草莓31.1万吨，比2008年增加了30.67%。

主要加工企业 汇源食品饮料有限公司、青岛海什果业有限公司、淄博民悦食品有限公司、烟台张裕葡萄酒股份有限公司、烟台威龙葡萄酒股份有限公司、烟台北方安德利果汁股份有限公司、方圆食品有限公司、森盛食品有限公司、仰天食品有限公司、大金星航天饮料有限公司、嘉祥县圣亚无花果制品有限公司、山东省肥桃开发公司、山东省华龙食品果汁有限公司、佛桃源酿酒有限公司、汇源集团(肥城)有限公司、国投中鲁果汁股份有限公司、滨州安利果汁饮料有限公司、阳信鑫悦醋饮公司、山东奥伦八喜公司、拉我酒业、山东中雪果汁有限公司、华佳特饮品有限公司、山东百果庄园食品有限公司、山东香源果业有限公司、临沂金果有限公司、山东佳美食品有限公司、曹县华茂食品有限公司、菏泽裕鲁食品有限公司。

主要产品与品牌 旭升牌中华寿桃，卧虎山牌红荷包杏，山川牌系列果品，锦绣川牌苹果，锦绣川牌梨，锦绣源牌综合系列果品，马山雪牌雪桃，张夏牌玉杏，云翠牌玫瑰红苹果，玫冠牌玫瑰红，永和葡萄，大泽山葡萄，汇源牌系列果汁，沂蒙山牌红富士苹果，沂蒙山牌红提葡萄，沂蒙山牌中华寿桃，沂蒙山牌巨峰葡萄，沂蒙山牌大樱桃，穆柯塞牌、玉恬牌桃，榴园牌、千寿牌石榴，金鲜牌大樱桃，招元、鲁冠、富冠、国冠、誉冠、天誉、银源、绿霞、皇家红富士等苹果，红冠蜜桃，长沟葡萄，香绿浓黄金梨，石门山葡萄、黄金梨，富东桃和草莓，孔孟梨，七贤宝大樱桃，露香桃酒，佛桃源果酒、岱玉牌苹果，岱宗牌、岱夏红牌大樱桃，泰岱姜庄金帅苹果，硕宝牌草莓，圣佛牌苹果，泰山极顶牌肥桃，花峪牌苹果，杞都牌红桃和油杏，龙廷牌桃、苹果、杏梅，年家峪牌樱桃，汶南牌蜜桃，泰冠牌苹果，商乐牌无花果，华良牌苹果，华顺牌石榴，中鲁牌浓缩果汁、罐头，里口山蟠桃，蓝鲸、雪花、桥头、花果、垛山、新一苹果，可口梨，五吉黄金梨，新育黎葡萄，五好草莓，汶源牌蟠桃，贤女牌寒露蜜桃，惠红牌苹果，惠蜜牌蜜桃，于祖山牌水杏，魏桥牌华葆桃、董府牌桃，奥伦干红葡萄酒，中雪葡萄汁，拉我干红葡萄酒，华佳特干白葡萄酒，甜翠牌苹果、梨、葡萄、樱桃，康苑牌苹果、梨、桃、杏、裕珠梨，黄河浪牌、沃土牌梨，冠林牌苹果，蒙阴桃，唐王山苹果，汇泉、营里红葡萄，圣母山、彩蒙、黑山大樱桃，唐王山杏，暖阳牌李子，孔明牌草莓，华永牌仙蜜桃，麒麟牌苹果。

市场状况　山东经济林产品历来在国内外市场享有盛名，曾占有国内市场的一半份额，主要销往东北三省、上海、湖南、湖北、福建、浙江等省市，其余在省内销售。但随着市场经济的逐步建立和世界经济发展趋向一体化，运输条件的改善，山东省的果品销售不可避免地受到冲击，局部地区相对造成了果品的滞销。山东省向外省销售果品约为75亿千克(含木本粮食和油料)，出口15亿千克(含木本粮食和油料)，主要销往东南亚、中东、欧洲及香港，加工14亿千克，比2007年增长1.88%，其余均都在本省消化。

【种苗花卉】　山东省立足于自然、地域、资源和技术等优势，重点发展苗木产业，在较短的时间内，将山东推向了“买全国，卖全国”的苗木集散中心、价格形成中心、信息交流中心和技术推广中心，成为北方全国重要的苗木生产基地。到2008年，山东省注册苗木商标11个，创建苗木品牌12个。育苗面积达到80640公顷，比2007年89165公顷减少了9.56%；在圃苗木19.47亿株，比2007年18.55亿株增加了4.96%；林木的培育和种植年产值达到83.08亿元，比2007年的66.59亿元增加了24.76%。

山东省花卉不断调整生产结构和布局，基本形成了苗木、盆花、盆景、观叶植物、鲜切花、种球(种苗)草坪协调发展的格局。截至2008年底，山东省花卉生产面积1.97万公顷，产值24.17亿元，年产鲜切花1.74亿支，盆栽植物1.86亿盆。截至2009年底，山东省花卉生产面积3.55万公顷，产值27.92亿元，年产鲜切花13亿支，盆栽植物2.7亿盆。全省花卉从业人员19.45万人，花卉市场343家，花卉出口额2000万美元，出口20多个国家和地区，成为全国花卉生产大省。

【中药材】　山东省药材树种主要有银杏、枸杞和金银花，其他如杜仲、山茱萸等树种虽有分布但很少没有规模栽培和产量。2008年银杏面积1.61万公顷，比2007年减少10.2%，产量1.5万吨，比2007年减少61.8%。金银花面积2.33万公顷，产量0.4万吨。枸杞产量350吨，比2007年增长3081%。2009年银杏面积1.61万公顷，比2008年减少1.86%，产量1.3万吨，比2008年减少13.33%。

主要企业　银杏：山东省仁和制药有限公司，临沂华康食品有限公司，临沂金果有限公司，郯城县汇丰食品有限公司，郯城绿源银杏有限公司。金银花：山东创伟金银花有限公司、平邑金凯金银花鲜花饮品有限公司、山东大地金银花有限公司。

主要产品与品牌　银杏：鲁杆牌、老神树牌和新盛牌等速冻银杏仁、银杏罐头、银杏口服液、银杏口服片剂、银杏酒、银杏保健茶、银杏糖果、银杏八宝粥、银杏开心果、银杏保健枕头、黄酮甙提取等系列产品。金银花产品：双冠、蒙阳、鲁安、九间棚、金益等金银花茶、银花露、银花酒等系列产品。

市场状况 银杏果和一系列加工产品除在本省销售外，还远销北京、上海等10多个省市，并常年供应日本、韩国等国家。金银花及其制品在国内外市场声誉很高，除销往南方诸省外，还远销东南亚各国。枸杞主要是药用和保健，基本无积压。

【野生动植物培植驯养】 2009年，全省野生动物饲养场、户发展到1600多家，以梅花鹿、狐狸、水貂、鸵鸟、孔雀、鹦鹉、玉鸟、环颈雉等为主的动物养殖存栏总数130万只；野生植物培植基地发展到1300个，野生动植物驯养繁育产业产值3.08亿元。主要企业有潍坊大正实业公司、潍坊水貂良种场、潍坊百源特种动物有限公司、潍坊远东养殖公司、威海蚧口集团、威海大鱼岛集团、威海靖海渔业公司、微山县两城金鹏养殖场、微山县西单理恩养殖场、蓬莱市朱景田貂场、烟台张裕集团有限公司、烟台双鹿野生动物科研所、山东景芝酒业股份有限公司、威海友昌皮具有限公司、威海锦南皮件制品有限公司、青岛金大皮革制品有限公司等。

驯养繁殖毛皮动物主要有：貂、狐、貉等。烟台双鹿野生动物科研所驯养繁殖的梅花鹿、马鹿；烟台张裕集团有限公司生产的张裕三鞭酒、中亚牌至宝三鞭丸；山东景芝酒业股份有限公司生产的阳春牌滋补酒；威海友昌皮具有限公司、威海锦南皮件制品有限公司、青岛金大皮革制品有限公司生产加工的蛇皮革、鳄鱼皮革手提包、钱包等。

【森林旅游】 山东省从1992年第一批森林公园被批建以来，截至2009年底，全省已批建森林公园194处，森林公园总面积37.8万公顷。其中国家森林公园36处，省级森林公园62处，市级森林公园96处。2008年森林公园总数比2007年的171处增加12处，其中，省级森林公园增加3处，市级森林公园增加8处。2009年森林公园总数比2008年的183处增加11处，其中，省级森林公园增加5处，市级森林公园增加6处。由于山东具有得天独厚的自然景观和森林风景资源，森林公园已经成为山东省各地最佳旅游景点。2008年，山东省森林公园共接待中外游客1850万人次，森林旅游直接收入8.94亿元。接待游客数量比2007年的1780万人次增加3.93%，森林旅游直接收入比2007年的8.31亿元增加7.58%。2009年，山东省森林公园共接待中外游客2065万人次，森林旅游直接收入10.03亿元。接待游客数量比2008年增加3.93%，森林旅游直接收入比2008年的8.94亿元增加11.62%。同时，森林公园的发展拉动相关产业产值近百亿元，直接为当地农民增加收入30多亿元。

据统计，全省森林公园建设和森林旅游发展已辐射带动222个乡镇，2032个村庄，森林公园直接吸纳农业人口6万人就业，带动相关行业，间接转移农村劳动力近20万人，实现年社会旅游综合收入100多亿元，森林旅游社会经济效益显著。

（李景春）

河南省林业产业

【概　述】　河南省现有18个省辖市，159个县(市、区)，总人口10363万人，土地总面积16.7万平方千米。有太行山、伏牛山、桐柏山、大别山四大山系，黄河、长江、淮河、海河四大水系。全省山地丘陵和平原分别占国土面积的44.3%和55.7%。河南省现有林地面积502.02万公顷，全省森林面积336.59万公顷，森林覆盖率20.16%。

全省"十一五"期间年森林采伐限额520万立方米，全省林木蓄积年均净生长量大于年均净消耗量，全省活立木总蓄积呈增长趋势。

2008年，全省林业产业总产值5280669万元，比2007年的4300688万元增长了22.79%，其中第一产业产值3295141万元，比2007年的2674702万元增长了23.20%；第二产业产值1637892万元，比2007年的1400370万元增长了16.96%；第三产业产值347636万元，比2007年的225616万元增长了54.08%。产业结构由2007年的62.19∶32.56∶5.25调整为2008年的62.40∶31.02∶6.58。

2008年，第一产业中，涉林产业产值3259873万元，比2007年的2642562万元增长了23.36%；林业系统非林产业产值35268万元，比2007年的32140万元增长了9.74%。第一产业涉林产业中，林木培育和种植产值708375万元，比2007年的672056万元增长了5.40%；木材和竹材采运产值235468万元，比2007年的246268万元减少了4.39%；经济林产品种植与采集产值1680724万元，比2007年的1435749万元增长了17.06%；花卉种植产值516457万元，比2007年的443392万元增长了16.48%；陆生野生动物繁育与利用产值60547万元，比2007年的21354万元增长了183.54%。第二产业中，涉林产业产值1606396万元，比2007年的1361560万元增长了17.98%。其中木材加工及木、竹、藤、棕、苇制品制造产值918482万元，比2007年的880795万元增长了4.28%。

2009年，全省林业产业总产值6464626万元，比2008年增长了22.42%，其中第一产业产值3752919万元，比2008年增长了13.89%；第二产业产值2254667万元，比2008年增长了37.66%；第三产业产值457040万元，比2008年增长了31.47%。产业结构调整为58.05∶34.88∶7.07。

2009年，第一产业中，涉林产业产值3732039万元，比2008年增长了14.48%；林业系统非林产业产值20880万元，比2008年减少了40.8%。第一产业涉林产业中，林木培育和种植产值809194万元，比2008年增长了14.23%；木材和竹材的采运产值259066万元，比2008年增长了10.02%；经济林产品种植与采集产值1829465万元，比2008年增加了8.85%；花卉种植产值650517万元，比2008年增长了25.96%；陆生野生动物繁育与利用产值102337万元，比2008年增长了69.02%。第二产业中，涉林产业产值2248872万元，比2008年增长了39.99%。其中木材加工及木、竹、藤、棕、苇制品制造产值1240990万元，比2008年增长了35.11%。

2008年，全省来自林业一、二、三产业的收益461亿元，每个农民来自林业的收入平均达到762元，提供就业岗位274.37万个。2009年，全省来自林业一、二、三产业的收益为525亿元，每个农民来自林业的收入平均达到869元，提供就业岗位312.78万个。

【商品材培育和利用】　全省速生丰产林面积51.4万公顷，主要树种为杨树、刺槐、泡桐、火炬松，以中幼林为主，蓄积量3410万立方米。全省现有人造板、木制品等加工企业1.4万多家，编织加工企业200余家，年加工木材400万立方米，木浆加工能力24万吨，年加工木浆16万吨。

濮阳、焦作、新乡3市结合林纸一体化工程建设，发展以杨树为主的速生丰产林12万公顷(含四旁树折合)，其中企业自有工业原料林8万公顷。濮阳龙丰纸业有限公司是全省林浆纸加工业的龙头企业，一期工程年产10.8万吨杨木化机浆、25万吨轻量涂布纸已建成投产；焦作瑞丰纸业有限公司一期工程年产15万吨杨木化机浆、5万吨浆板已竣工投产；新乡新亚纸业集团现有高档办公用纸2640、3520、3150生产线4条和低定量高强瓦楞纸3200生产线2条，建设了年产12万吨APMP杨木化机浆25万吨涂布白卡纸生产线，企业产品几乎涵盖所有纸种。

南阳市近10年来，每年发展杨树面积都在1.33万公顷以上(含四旁树折合)，全市杨树面积18.2万公顷。邓州市委市政府大力发展“杨树经济”，全县10年来种植杨树3.8万公顷，有人造板加工企业130余家，产值超千万元的8家，其中北园木业有限公司经过扩建后，可以同时加工胶合板、木地板、高密度纤维板，年加工能力达到10万立方米。

许昌市形成了以长葛石固、坡胡、石象、南席，鄢陵马栏、马坊，禹州张得、花石，许昌县桂村、小召等乡镇为主的木材加工小区20个，现有生产纤维板、刨花板、细木工板的企业500多家，其中：大阳木业、新艺制板、翔宇制板、维林木业、诚德木业等龙头企业30余家。

开封兰考现有木制品加工企业500多家，规模以上企业62家。木制品加工专业村28个，个体加工户5000余户，从业人员4万多人。龙头企业兰考三环华兰实业集团公司年产值1.7亿元，年利税800余万元，年出口额超过1000万美元，直接和间接安排劳动力3000余人。

固始县处于淮河沿岸，杞柳资源丰富，当地政府和林业部门引导能人大力发展柳编加工业，其产品有二十个大系列，5万多个品种，年生产柳编系列产品2000万套(件)，产值2.2亿元，畅销世界86个国家和地区，创汇2000多万美元，带动了3万多农户摆脱贫困。

【木材产品】 2008年，全省木材总产量58.72万立方米，比2007年的151.62万立方米减少了61.27%。其中，原木产量52.16万立方米，比2007年的142.04万立方米减少了63.28%；薪材产量6.57万立方米，比2007年的9.58万立方米减少了31.42%；竹材产量182.57万根，比2007年的55.02万根增长了231.82%。

2008年，森林工业产品中，锯材产量69.41万立方米，比2007年的163.58万立方米减少了57.57%；木片35.24万立方米，比2007年的71.96万立方米减少了51.03%；人造板397.98万立方米，比2007年的285.67万立方米增长了39.31%。其中，胶合板163.47万立方米，比2007年的99.8万立方米增长了63.80%；纤维板111.208万立方米，比2007年的79.67万立方米增长了39.63%；刨花板38.7万立方米，比2007年的37.95万立方米增长了1.98%。胶合木5.3万立方米，比2007年的5.11万立方米增长了3.72%。木地板337.17万平方米，比2007年的253.98万平方米增长了32.75%。2008年，松香类产品3330吨，比2007年的3340吨减少了0.30%；松节油类产品15吨，与2007年持平。

2009年，全省木材总产量110.34万立方米，比2008年增长了87.91%。其中，原木103.35万立方米，比2008年增长了98.14%；薪材6.99万立方米，比2008年增长了6.39%；竹材181.17万根，比2008年减少了0.77%。

2009年，森林工业产品中，锯材115.56万立方米，比2008年增长了66.49%；木片85.11万立方米，比2008年增长了141.51%；人造板1422.59万立方米，比2008年增长了257.45%。其中，胶合板598.46万立方米，比2008年增长了266.09%；纤维板345.58万立方米，比2008年增长了210.66%；刨花板263.95万立方米，比2008年增长了582.04%。胶合木5.42万立方米，比2008年增长了2.26%。木地板278.04万平方米，比2008年减少了17.54%。2009年，松香类产品2500吨，比2008年减少了24.93%。

【果品和茶】 全省经济林51.13万公顷，树种包括苹果、核桃、石榴、板栗、柿子、枣、梨、葡萄、杏、桃、油茶等，产量714万吨，极大地丰富了城乡人民生活。全省先后有15个县(市、区)被命名为中国板栗、大枣、苹果、梨、葡萄、核桃、花椒、茶叶、杜仲、银杏、金银花、猕猴桃之乡，内黄大枣、新郑大枣、信阳茶叶、荥阳河阴石榴等获得了国家地理产品标志。

南阳西峡培育了以猕猴桃为主的林果业、山茱萸为主的中药材、以香菇为主的食用菌三大特色林业产业。猕猴桃人工栽培面积7000公顷，产量4万吨，并通过国家以及美国、日本、欧盟有机食品认证，是国家林业局命名的中国名特优经济林猕猴桃之乡、全国猕猴桃标准化示范区；西峡1.33万公顷山茱萸全部通过国家GAP认证，被国家林业局授予中国名特优经济林山茱萸之乡。

南召辛夷种植面积8700公顷，年产量3800吨，产值3840万元，总产量占全国的40%；被国家林业局首批命名为中国名特优经济林辛夷之乡。

近年来，桐柏县结合当地实际和栽培经验，利用世行贷款等资金发展木瓜产业，截至2008年，全县已发展木瓜5700公顷，其中结果面积4000公顷，年产量4.2万吨，产值9000万元，全县木瓜面积、产量、效益均居全国之首。被国家林业局确定为全国木瓜标准化建设示范县、中国木瓜之乡。

荥阳河阴石榴素有宫廷贡品、历史名产、中州名果之美誉，已有2140年的栽培历史。近年来，荥阳市委、市政府为使河阴石榴这一特产发扬光大，采取集约经营，科学管理，突出河阴石榴的特殊品质，经济效益日益显著，成为荥阳的特色品牌之一。全市河阴石榴栽培面积2900公顷，年产量2万吨，年创效益1.6亿元，形成了北部邙岭15千米的河阴石榴产业带。荥阳也是河南省柿子主要产区，种植面积760公顷，年产鲜柿0.76万吨，年创经济效益7000多万元。

三门峡市渑池县是河南省柿子主要产区，境内生产的仰韶牛心柿在清代曾进贡朝廷，被赐为“贡饼”。全县现有柿子种植面积4200公顷，年产柿子1万吨，初步形成了以仰韶贡饼为主打品牌，产、供、销一条龙的市场产业链条，产品远销国内外，年出口量超过0.13万吨，年创收2000余万元。

洛阳市已发展千亩以上的林果示范基地12个，百亩以上的示范基地230个，通过开展集约化管理、品牌化经营，产品质量和效益实现双赢。

郑州二七区侯寨乡樱桃沟村樱桃种植历史达200多年，现种植面积270公顷，带动了旅游、餐饮业的发展，农民收入大幅度增加，群众生活条件、村容村貌明显改善。新乡辉县上八里镇西坡村种植杏树等果树50余公顷，回龙村栽植核桃、大枣、桃树等果树100公顷、11万余株，杨和寺村栽植桃树等果树240公顷，随着管理水平的提高，每公顷年收入均在9万元以上。

西峡县孙沟村是2001年省定的扶贫村，2002年以来，全村发展2000公顷良种杏李，聘请技术人员实地指导，科学管理，2008年孙沟村实现效益500万元，果农人均收入达到7200元，比2001年的350元翻了20番，群众依靠林果业走上了致富的道路。

平顶山市鲁山县林丰庄园创办于1999年8月，面积343公顷。经过10年的发展，引种栽植丰雪桃、巨桃、日本斤柿、美国无核提子、凯特杏、欧洲李、金太阳杏、美国纯种8号油桃等优质果树及绿化树28万多株，与河南农大、中国农大合作推行无公害栽培管理，产品远销香港、深圳等地，2008年净产值100余万元。庄园大力发展观光农业，几年来，共接待游客9万余人次，前来观摩学习的社会各界人士达5万余人次。

河南信阳五云茶叶(集团)有限公司以生产信阳毛尖茶叶为主，总资产2.66亿元，年产值4000万元，其产品在2007年世界绿茶大会(日本)上被评为金奖，2008年被中国茶叶流通协会评为中国茶叶行业百强企业。

全省现有经济林产品加工企业140余家，果品加工生产线30余条，年加工经济林产品52万吨，年贮藏能力62万吨；涌现了湖滨果汁、好想你枣片等品牌产品。

河南省新郑奥星实业有限公司集红枣系列产品加工、科技示范种植、冷藏保鲜、出口贸易为一体，其产品有十大系列，160多个品种，已通过ISO9001：2000国际质量体系认证，产品畅销国内外。公司2008年总产值1.5亿元，吸纳劳动力3500余人。

河南歌歌食品饮料有限公司(信阳)以大别山区丰富的板栗资源为依托，总投资5000余万元，开展板栗深加工，年产系列食品饮料3万吨，帮助农民缓解了板栗卖难问题。

全省以黄连木、油桐等为主的生物质能源林面积25.87万公顷，产量13.4万吨。

【林木种苗和花卉】 2009年，全省林业育苗面积5.95万公顷，年出圃合格苗木18.5亿株；全省花卉企业1841家，花卉种植8.7万公顷，年产鲜切花1.6亿支、盆花6406万盆、观赏苗木6.02亿株。鄢陵、潢川县被命名为中国花木之乡，洛阳市邙山镇、开封市南郊乡、南阳市石桥镇分别被命名为中国牡丹之乡、中国菊花之乡和中国月季之乡。

洛阳牡丹栽植品种700余个，2300万株，有大型牡丹观赏园11个，种植面积2000多公顷。在科技进步推动下，洛阳牡丹已实现四季开花，花期不断延长，牡丹已成为洛阳市的名片，牡丹经济已成为洛阳经济发展的一个亮点。

许昌市鄢陵县为全省2008年惟一一个林业产值超20亿元的县，年产值27.64亿元。发展花木种植3.3万公顷，年产花木13亿株(盆)，已成为全国最大的花卉苗木生产和销售集散地，先后被国家林业局、中国花卉协会命名为全国花卉生产示范基地、全国重点花卉市场、中国花卉苗木之乡和中国腊梅文化之乡。

南阳市卧龙区石桥镇是目前中国最大的月季种苗繁育基地，被授予中国月季之乡称号。南阳卧龙区石桥月季合作社依托各级政府的支持，把石桥镇的多家月季种植专业大户及分散小农户组织起来，形成专业月季合作社。将农户的土地、资金、人力等资源进行整合，引导月季种植户走规模化、产业化的发展之路，合作社拥有会员60户，社员200人，月季专家和专业技术管理人员30名，月季种植面积130余公顷，可供应八大系列700多种国内外名优月季品种，年产各类月季成品苗1500万株以上，年销售收入3000万元。

【中药材】 2009年，全省中药材种植12.1万公顷，年加工中药材2万吨；产值12.06亿元。森林食品产量12.16万吨，产值34.54亿元。

封丘县是河南省金银花主产区，政府扶持龙头企业注册了豫封、豫绿牌等金银花商标，取得了国家原产地标记注册证，通过了农业部无公害农产品认证。近年来，该县重点开发金银花中间提取物、保健品、口服液、针剂、饮片、饮料等系列产品，拉长加工产业链条，主要加工产品有金银花茶、金银花啤酒、金银花饮料，热销国内外市场。濮阳市林药种植面积100公顷，产量3.08万吨。

【森林蔬菜】 各地充分利用充足的劳动力资源和迅速增加的有林地面积，因地制宜地积极发展林下经济，探索林菌、林禽、林畜、林菜、林药、林草、林蝉等复合经营模式，形成了近期有利、长期得林、远近结合、林农牧协调发展的良好格局。全省林下经济17.5万公顷，年产值103亿元。

2008年，濮阳市发展林下立体种养533.33公顷，年产值超过5亿元，辐射带动农户2万余人。年产蔬菜200万吨，食用菌161.2万吨。

平顶山郏县立国林菜发展有限公司、漯河舞阳县保和乡振乾生态示范园区、许昌鄢陵县林禽一体化科技示范园区、河南省恒立农业有限公司等一批龙头企业，成为发展林下复合经营的重要力量。这些公司与农户签订订单合同，提供良种、技术、防疫和产品回收服务，形成了“公司+基地+农户”、“协会+基地+农户”等发展模式。

西峡被评为全国食用菌标准化示范区、全国食用菌十大基地县，建立了全国最大的香菇交易专业市场——西峡双龙香菇市场，独创了春栽、棚架、中袋、适度规模的西峡春栽模式，年产量1.7万吨，菌业总产值11.6亿元，占全县财政收入的1/3。

【森林旅游】 2009年，全省共有国家级森林公园28处、省级森林公园68处、森林公园合计114处，经营总面积27.27万公顷。接待森林旅游人数2237万人次，森林旅游及服务产值4.5亿元。

焦作云台山国家森林公园是集全球首批世界地质公园和国家级风景名胜区、全国文明风景旅游区、国家首批5A级旅游景区、国家级猕猴自然保护区、国家水利风景区、国家自然遗产于一身的风景名胜区。景区面积190平方千米，2008年旅游收入总额5330万元，接待游客49万人次。

洛阳嵩县白云山国家森林公园位于伏牛山腹地原始林区，总面积168平方千米，有动物204种，植物1991种，森林覆盖率达95%以上，被专家学者誉为“自然博物馆”。森林景观有万亩原始林、唐代银杏林、野生牡丹园、高山杜鹃园、红桦林、白桦林、箭竹林等，现为中原地区集观光旅游、度假避暑、科研实习、寻古探幽为一体的复合型旅游区，具有万人日接待能力，2008年旅游收入总额2400万元，接待游客40万人次。

濮阳市在城区西部黄河故道沙区靠治沙造林起步，建成了占地近400公顷的中原绿色庄园、濮上园，开创了全国治沙造林的典范，现已成为国家AAAA级生态旅游景区。两园2008年共接待游客95万人次，直接经济收入700多万元。并且带动了交通、旅馆、餐饮业的大发展。

新乡辉县关山、八里沟、南坪、郭亮等极具北方特色的景致，吸引了国内外、省内外大批游客；封丘县依托豫北黄河湿地保护区、陈桥驿站、黄河险工，开辟了陈桥石榴、曹岗小杂果观光旅游，带动了果品销售，增加了农民收入。

许昌市形成了东以鄢陵花木博览园为主线，西以禹州市森林植物园、大鸿寨、逍遥观，南以襄城县紫云山为主线的森林生态旅游线。开辟了万亩花卉游览区、生态农业观光区、花木博览园、花都温泉度假区、阳光生态旅游等20多个景区景点，并推出了花乡农家乐、中原花木交易博览会暨鄢陵生态旅游节、花都樱桃观光采摘游、花都枣莲观光采摘游、南坞休闲生态游等一系列具有浓郁花乡风情的旅游项目。

【龙头企业和产业集聚区】 全省年产值1000万元以上的林业企业188家，其年产值约占全省2008年林业产值的28.27%，直接间接安置劳动力10万人以上。年产值1亿元以上的林业企业27家，其中4亿元以上的5家，分别为周口辅仁药业集团有限公司、新乡新亚纸业集团、南阳宛西制药股份有限公司、焦作江河纸业公司和瑞丰纸业有限公司。周口的辅仁药业集团有限公司为全省年产值最高的林业企业，2008年年产值43亿元，直接间接安置劳动力人数12000多人。

全省各地形成各具特色的产业集聚区。郑州新郑、三门峡湖滨、灵宝、济源、安阳内黄、南阳西峡、三门峡渑池等现已发展成果品加工集聚区；信阳罗山、南阳邓州、南阳内乡、许昌长葛、开封尉氏、安阳内黄、鹤壁淇县、新乡原阳、濮阳台前、漯河临颍、商丘夏邑、驻马店正阳等现已发展成林板加工集聚区；洛阳嵩县、洛阳栾川、南阳西峡、焦作修武等现已发展成森林旅游集聚区；焦作武陟、濮阳高新区、濮阳台前、周口太康、新乡县等现已发展成林纸加工集聚区；信阳浉河、新县、罗山、商城、固始等现已发展成茶叶加工集聚区；周口鹿邑、南阳西峡、南阳淅川等现已发展成为森林药材加工集聚区。

2008年全省林产品市场880个，初步形成全省林产品流通网络。

【科技培训】 全省林业科技成果转化率51%，林业科技贡献率43%。有省级林业重点实验室1个，省级工程技术中心1个，国家级野外生态定位站4个。研究制定或修订林业国家、地方和行业标准70多个，组建成立了国家林业局林产品质量检验(郑州)中心。

建立科教兴林示范市、示范县、示范乡、示范村、示范点7000多处，总面积百万亩。省、市、县每年组织林业专家和工程技术人员，开展送科技下乡2000多人次，受培训林农和林业职工30万人次，受教育总人数140多万人次。

【国际合作】 河南省与世界银行、亚洲开发银行、德国复兴开发银行、日本国际协力银行、日本小渊绿化基金会等多个国际组织建立了交流和合作渠道，启动实施了世行贷款国家造林项目、森林资源发展和保护项目、中德财政合作小农户造林项目、日元贷款河南省造林项目、小渊基金造林项目等9个外资、外援项目，引进资金折合人民币约13亿元，营造高标准集约经营人工林和经济林36万公顷。改革开放以来，有60多个国家派人来豫参观、考察、学习林业建设成就及经验，与7个国家建立了长期的技术合作关系，引进先进技术、优良树种30余项。2008年外资项目营造林6.2万公顷，完成总投资2.7亿元。

(卓卫华　杨　玲)

湖北省林业产业

【概　述】 2008年，全省林地面积766万公顷，森林面积497.55万公顷，其中人工林145.9万公顷，森林覆盖率26.77%。活立木蓄积量17518.13万立方米，森林蓄积量15406.64万立方米。

产业发展 2008年，全省林业产业总产值4951680万元，比2007年的4402317万元增长了12.48%。其中第一产业产值2420670万元，比2007年的2200771万元增长了9.99%；第二产业产值2083343万元，比2007年的1859110万元增长了12.06%；第三产业产值447667万元，比2007年的342436万元增长了30.73%。产业结构由2007年的49.99:42.23:7.78调整为2008年的48.89:42.07:9.04。

2008年，第一产业产值中，涉林产业产值2293015万元，比2007年的2087172万元增长了9.86%；林业系统非林产业产值127655万元，比2007年的113599万元增长了12.37%。第一产业涉林产业中，林木培育和种植产值323251万元，比2007年的365540万元减少了11.57%；木材和竹材采运产值280212万元，比2007年的249773万元增长了12.19%；经济林产品种植与采集产值1373655万元，比2007年的1297636万元增长了5.86%；花卉种植产值192712万元，比2007年的137509万元增长了40.15%；陆生野生动物繁育与利用产值35045万元，比2007年的34457万元增长了1.71%。第二产业中，涉林产业产值1994050万元，比2007年的1804829万元增长了10.48%。其中木材加工及木、竹、藤、棕、苇制品制造产值1039337万元，比2007年的953505万元增长了9.00%。

2009年，全省林业产业总产值5963486万元，比2008年增长了20.4%，其中第一产业产值2830093万元，比2008年增长了16.9%；第二产业产值2546975万元，比2008年增长了22.11%；第三产业产值586418万元，比2008年增长了30.9%。产业结构调整为47.5:42.7:9.8。

2009年，第一产业中，涉林产业产值2674372万元，比2008年增长了16.6%；林业系统非林产业产值155721万元，比2008年增长了22.2%。第一产业涉林产业中，林木培育和种植产值373444万元，比2008年增长了15.5%；木材和竹材采运产值296722万元，比2008年增长了5.9%；经济林产品种植与采集产值1582529万元，比2008年增长了15.2%；花卉种植产值267500万元，比2008年增长38.8%；陆生野生动物繁育与利用产值50722万元，比2008年增长了44.7%。第二产业中，涉林产业产值2451080万元，比2008年增长了22.9%。其中木材加工及木、竹、藤、棕、苇制品制造产值1167310万元，比2008年增长了12.3%。

【林产品】 2008年，全省木材总产量221.13万立方米，比2007年的195.11万立方米增长了13.34%。其中，原木190.77万立方米，比2007年的170.31万立方米增长了12.01%；薪材30.36万立方米，比2007年的24.79万立方米增长了22.47%；竹材2791.55万根，比2007年的4496.77万根减少了37.92%。

2008年，森林工业产品中，锯材27.21万立方米，比2007年的19.51万立方米增长了39.47%；木片23.33万立方米，比2007年的23.91万立方米减少了2.43%；人造板208.88万立方米，比2007年的208.55万立方米增长了0.16%。其中，胶合板20.66万立方米，比2007年的14.63万立方米增长了41.22%；纤维板126.41万立方米，比2007年的122.07万立方米增长了3.56%；刨花板13.26万立方米，比2007年的14.91万立方米减少了11.07%。胶合木1.44万立方米，比2007年的0.1万立方米增长了1340.00%。木地板2077.25万平方米，比2007年的1928.61万平方米增长了7.71%。2008年，松香类产品12562吨，比2007年的12228吨增长了2.73%；松节油类产品2892吨，比2007年的2705吨增长了6.91%。

2009年，全省木材总产量为219.1万立方米，比2008年减少了0.9%。其中，原木177.6万立方米，比2008年减少了6.9%；薪材41.5万立方米，比2008年增长了36.7%；竹材2480万根，比2008年减少了3.3%。

2009年，森林工业产品中，锯材27.65万立方米，比2008年增长了1.6%；木片24.1万立方米，比2008年增长3.3%；人造板248.7万立方米，比2008年增长了19%。其中，胶合板37.51万立方米，比2008年增长了81.56%；纤维板149.05万立方米，比2008年增长了17.9%；刨花板8.37万立方米，比2008年减少了36.88%；细木工板53.15万立方米，比2008年增长了12.53%。胶合木1.73万立方米，比2008年增长了20.14%。木地板2604.84万平方米，比2008年增长了25.4%。

2009年，松香类产品产量为13516吨，比2008年增长了7.59%；松节油类产品3020吨，比2008年增长了4.43%。

发展特点　一是产业结构调整步伐加快，开始从传统的大宗木竹加工向森林食品、林产化工、林副、林特方面转变，形成了一批经济林加工企业，拓宽了林业产业发展领域。在全省166家林业产业化龙头企业中，非木竹加工企业占到2/3，2009年申报的53家龙头企业，非木加工企业就有51家，并出现了营业额过亿元的森林食品和森林药材加工企业。

二是木竹加工企业原材料供应开始从完全市场依赖型向自主培育资源和市场调节相结合方面转变。据初步统计，全省木竹加工企业近年来营造工业原料林基地1.73万公顷。

三是林业产业开始从自我积累渐变式发展开始向承接东部沿海等发达地区资本快速发展转变，目前，投入湖北省的外部资本达22.3亿元，极大地推动了湖北省林业产业的发展。

四是金融危机在湖北省林业产业行业逐渐显现。时间上反映在四季度，产品主要表现在复合地板，销售下滑，价格回落。据地板协会统计，全省库存地板近500万平方米，价格平均回落12%。此外，木芯板价格也有下降。以福汉为例，每张木芯板价格下降5元左右。木材原料价格较上半年有较大幅度的下降。以纤维材为例，上半年每吨材到厂价平均为400~450元，高时达到480元以上，目前只有400元以下，平均下降80元左右。

（湖北省林业局产业处）

湖南省林业产业

【概　述】 2008 年，全省林地面积 1171.42 万公顷，森林面积 860.79 万公顷，森林覆盖率 40.63%。森林蓄积量 26534.46 万立方米，立竹总数 16.16 亿株。2009 年，全省林地 1234.21 万公顷，森林面积 948.17 万公顷，森林覆盖率 44.76%，较 2008 年增长 4.13%；森林蓄积量 34906.67 万立方米，立竹总数 17.13 亿株，较 2008 年增长 6%。

2008 年，全省完成人工造林 6.4 万公顷，参加义务植树 3118 万人次，完成义务植树 1.2 亿株；新建植树基地 489 个，面积 1.16 万公顷。2009 年，全省完成人工造林 9.9 万公顷，较 2008 年增长了 54.7%。补植补造 18.71 万公顷，中幼林抚育 26.8 万公顷。主要树种良种使用率达 86% 以上。参加义务植树 2428 万人次，务植树 1.2 亿株。营造林质量不断提高，在国家林业局组织的全国营造林质量综合核查中，湖南省取得第一名的好成绩。退耕还林工程新增计划 3.5 万公顷，到位资金 17.79 亿元。油茶资源培育发展强劲，全省投入油茶发展资金 7.78 亿元，完成新造油茶 8527 公顷，低改抚育 6.88 万公顷。建设油茶定点采穗圃 23 个，育苗基地 65 个，共育油茶嫁接良种苗 1.2 亿株。

产业发展 2008 年，全省林业产业总产值 7087067 万元，比 2007 年的 6301362 万元增长了 12.47%。其中，第一产业产值 2738370 万元，比 2007 年的 2442092 万元增长了 12.13%；第二产业产值 3197560 万元，比 2007 年的 2828067 万元增长了 13.07%；第三产业产值 1151137 万元，比 2007 年的 1031203 万元增长了 11.63%。产业结构由 2007 年的 39∶45∶16 调整为 2008 年的 38.64∶45.12∶16.24。

2008 年，第一产业中，涉林产业产值 2607280 万元，比 2007 年的 2291366 万元增长了 13.79%；林业系统非林产业产值 131090 万元，比 2007 年的 150726 万元减少了 13.03%。第一产业涉林产业中，林木培育和种植产值 625361 万元，比 2007 年的 658861 万元减少了 5.08%；木材和竹材采运产值 602683 万元，比 2007 年的 539235 万元增长了 11.77%；经济林产品种植与采集产值 994998 万元，比 2007 年的 893214 万元增长了 11.40%；花卉种植产值 253377 万元，比 2007 年的 261509 万元减少了 3.11%；陆生野生动物繁育与利用产值 54843 万元，比 2007 年的 48578 万元增长了 12.90%。第二产业中，涉林产业产值 3055039 万元，比 2007 年的 2668841 万元增长了 14.47%。其中木材加工及木、竹、藤、棕、苇制品制造产值 1759039 万元，比 2007 年的 1483124 万元增长了 18.60%。岳阳、益阳、邵阳、怀化、永州、郴州 6 市的林产工业产值排在全省前 6 位，占全省林产工业总产值的 69.78%。

2009 年，全省林业产业总产值 9211497 万元，比 2008 年增长了 29.97%，其中第一产业产值 3283653 万元，比 2008 年增长了 19.91%；第二产业产值 4184928 万元，比 2008 年增长了 30.88%；第三产业产值 1742916 万元，比 2008 年增长了 51.41%。产业结构调整为 35.65∶45.43∶18.92。

2009 年，第一产业中，涉林产业产值 3107434 万元，比 2008 年增长了 19.18%；林业系统非林产业产值 176219 万元，比 2008 年增长了 34.43%。第一产业涉林产业中，林木培育和种植产值 761853 万元，比 2008 年增长了 21.83%；木材和竹材采运产值 577277 万元，比 2008 年减少了 4.22%；经济林产品种植与采集产值 1131184 万元，比 2008 年增长了 13.69%；花卉种植产值 281225 万元，比 2008 年增长了 10.99%；陆生野生动物繁育与利用产值 65847 万元，比 2008 年增长了 20.06%。第二产业中，涉林产业产值 4007797 万元，比 2008 年增长了 31.19%。其中木材加工及木、竹、藤、棕、苇制品制造产值

1975298万元，比2008年增长了12.29%。

【林产品产量】 2008年，全省木材总产量875.44万立方米，比2007年的664.33万立方米增长了31.78%。其中，原木815.59万立方米，比2007年的634.2万立方米增长了28.60%；薪材59.85万立方米，比2007年的30.13万立方米增长了98.64%；竹材6637.54万根，比2007年的15497.62万根减少了57.17%。

2008年，森林工业产品中，锯材产量244.34万立方米，比2007年的305.29万立方米减少了19.96%；木片34.33万立方米，比2007年的54.04万立方米减少了36.47%；人造板429.30万立方米，比2007年的412.83万立方米增长了3.99%。其中，胶合板226.94万立方米，比2007年的215.57万立方米增长了5.27%；纤维板50.37万立方米，比2007年的48.92万立方米增长了2.96%；刨花板13.76万立方米，比2007年的19.07万立方米减少了27.84%。胶合木12.67万立方米，比2007年的10.77万立方米增长了17.64%。木地板1442.39万平方米，比2007年的1502.88万平方米减少了4.02%。

2008年，松香类产品产量28472吨，比2007年的28197吨增长了0.98%；松节油类产品3619吨，比2007年的4281吨减少了15.46%；樟脑22吨，比2007年的7吨增长了214.29%；栲胶类产品8吨，比2007年的5吨增长了60.00%。

2009年，全省木材总产量546.12万立方米，比2008年减少了37.62%。其中，原木525.04万立方米，比2008年减少了35.62%；薪材21.08万立方米，比2008年减少了64.78%；竹材7343.33万根，比2008年增长了10.63%。

2009年，森林工业产品中，锯材产量229.67万立方米，比2008年减少了6%；木片22.98万立方米，比2008年减少了33.06%；人造板430.80万立方米，比2008年增长了0.35%。其中，胶合板241.58万立方米，比2008年增长了6.45%；纤维板55.50万立方米，比2008年增长了10.18%；刨花板17.96万立方米，比2008年增长了30.52%。胶合木20.92万立方米，比2008年增长了65.11%。木地板1183.00万平方米，比2008年减少了17.98%。

2009年，松香类产品产量26689吨，比2008年减少了6.26%；松节油类产品3140吨，比2008年减少了13.24%；樟脑24吨，比2008年增长9.09%；栲胶类产品10吨，比2008年增长25%。

【政策措施】

推进集体林权制度改革 2008年省委、省政府在怀化市召开了全省全面推进集体林权制度改革工作会议，省长周强到会作重要讲话，林改在全省全面铺开。全省共完成林地林权现场核实面积653.3万公顷，占应核实面积的50.78%；发放林权证350万本，面积280万公顷。

2009年，全省林权制度改革取得重大进展。全省已完成林权勘界现场核实面积996.22万公顷，林权发证578.87万公顷，调处山林权属纠纷25.71万公顷，分别占总任务的82.3%、48.6%和76%，超额完成了省委省政府部署的年度目标任务。

解决"两站"人员经费问题 2009年城步、道县、双牌等26个县(市、区)林业部门的行政事业经费纳入财政预算，全省纳入财政预算的县(市、区)达到42个；益阳全市85个乡镇林业站工作人员经费全部纳入财政预算，人、财、物、事"四权"基本上收林业局。

推进林木指标入村到户工程 2009年，林木采伐指标入村到户工程成效显著。对采伐指标实行"阳光分配"，把890万立方米商品材采伐指标及时分配到35.4万林业经营者手中。许多县(市)还上门办理采伐证，并提供设计、运输"一站式"服务，基本上解决了采伐难问题，被省政府列为为民所办实事之一。商品材采伐指标入村到户率实现100%，惠及千万林农，林农造林护林的积极性空前迸发，促进了森林资源的科学管理，提升了林业主管部门的地位和形象。让林农对采伐有了稳定的预期。

林业产业的快速发展和林业经营效益的不断提高，林业已成为山区林区农民致富的主要途径和希望，湘潭县白石镇尹家冲村人均林业收入近2000元，占农民纯收入的1/4。林业产业还吸纳了大量农民工返乡务林，据调查，2009年春节前后全省有280万农民工返乡，其中务林就业人数120.5万，占返乡农民工总数的43%。

加大税改和金融支持力度 改革育林基金征收使用管理制度，把育林基金征收标准由原来按销售价的20%统一调减到10%，每年减轻农民负担3.16亿元。林业金融政策明显改善。争取成为全国3个政策性森林保险试点省之一，全省16个试点县(市、区)实际投保森林235.74万公顷，参保农户100.5万户，保险金额达141.4亿元。联合中国人民银行长沙中心支行、省财政厅等5家单位印发了《关于做好集体林权制度改革与林业发展金融服务工作的实施意见》，提出了金融支持林业的具体措施和要求。全年引导信贷资金投入20.12亿元，争取贴息资金5720万元。

积极争取投入，加快国有林场建设，将国有林场危旧房改造、国有林区公路建设、安全饮水等项目纳入了国家的建设计划，规划危旧房改造30165户，修建林区公路1万千米，安全饮水改造惠及17万人。

提升森林经营工作水平 以湖南省林业基础地理数据库为平台，从全省470万个林地小班采集因子数据5000多万个，综合运用“3S”、计算机、网络、数据库及林木科学栽培技术，率先在全国基本建成了测土配方信息服务系统。全部建好后，林农只要点击湖南林业电子政务网上的电子地图，就能迅速查到自家的山头地块适宜种什么树、怎么种，这将极大地提高林农科学种树的能力和林业部门的服务水平。组织制定了《湖南省无节良材培育技术指南(试行)》和《湖南省优材更替检查验收办法》，培育无节良材2.73万公顷，完成优材更替0.8万公顷，均超过年初计划。

省人大常委会通过《湖南省林产品质量安全条例》，成为全国第一部林产品质量安全方面的地方性法规。

林业信息化建设取得新进展，省林业厅被评为全国林业信息化工作先进单位，湖南林业信息网被评为全国林业系统十大优秀网站，湖南成为全国林业信息化建设4个示范省之一。

【林业科技】

林业科技救灾 面对2008年初雨雪冰冻灾害的严峻形势，湖南省组织林业科技人员开展了抗冰救灾工作。多次召开林业科技专家座谈会，制定了《湖南林业生产救灾补损科技工作方案》，下发了在救灾减灾及灾后重建工作中切实加强科技支撑工作的文件。全省共组织送科技下灾区活动580多场次，科技人员下灾区服务16588人次，建立科技救灾示范点340个，编印分发科技救灾资料74万份，举办科技救灾培训班347期次，邀请专家参加坐堂救灾知识门诊206次，恢复损毁科技项目146项次，编制科技救灾项目194项，争取科技救灾资金1803万元。

林业科技创新能力建设 2008年，全省共实施各级各类在研科技项目210项，建立试验示范基地45处，试验示范面积3.13万公顷，获得新品种、新技术30项，实施推广项目100多项，推广新品种、新技术100多项，推广面积13.33万公顷。国家林业局油茶研究开发中心落户湖南。

全省实施各级各类在研科技项目210项，建立试验示范基地45个、面积3.13万公顷，获得新品种、新技术30多项，实施推广项目100多项，推广新品种、新技术100多项，推广面积13.3万公顷。科研成果获2008年度省科技进步奖一等奖1项，二等奖2项，三等奖2项。重点推广了耐寒桉树、台湾桤木、杨树和油茶新品种。各级科技推广机构共举办各类培训班406期，培训人员13.5万多人次；开展送科技下乡活动290次，现场咨询30.1万人次，解决技术难题546个，印发技术资料39.5万份。省林工产品质量监督检验站和省林木种苗质量监督检验站被授权升格为国家林业局林产品质量检验检测中心(长沙)和国家林业局林木种苗质量检验检测中心(长沙)。国家油茶研究开发中心正式在湖南挂牌，首批3个全国油茶产业示范基地建设进展顺利。招商引资工作取得新成绩，林业系统新签约项目54个，其中外资项目5个，合同(协议)引进资金108.4亿元，实际到位资金11.96亿元，其中外资5328.5万美元。林产品出口贸易9000万美元。此外，德援一、二期，小渊基金项目、世行项目和GEF项目运行情况良好。

一是加强科技创新平台、机构建设。2009年，新建了7个国家、省研究站(重点实验室、监测点、中心、基地)；成立了3个科研单位分支机构，分别是省林科院分院、森林植物园分园和林之神公司。二是积极争取科技投入。全年组织申报各级各类科技项目200多项，立项82项，落实科技经费4000多万元。据初步统计，全省各级林业部门及企业投入科技经费共7000万元。全省2009年共组织实施各级各类在研科技项目200多项，建立试验示范基地100多处，试验示范面积2万多公顷，获得新品种、新技术30多项，实施推广项目100多项，推广新品种、新技术100多项，为林业生产建设提供了有力地科技支撑。三是围绕林业建设重点、热点、难点问题开展科技攻关，取得了一批成果。全年共完成了16项科技成果的鉴定(验收)；组织申报2009年度省科技进步奖12项，获奖6项，其中省林科院油茶雄性不育杂交新品种选育及高效栽培技术和示范成果获省科技进步一等奖、国家二等奖。四是共组织申报国家、省地方标准制定(修订)、标准化示范项目27项，获准立项20项，完成7项，余下的正在执行。其中获国家标准化管理委员批准建立了首个国家油茶标准化示范区。省政府批准设立了湖南省林产品质量检验检测中心。省十一届人大常委会第十一次会议通过了《湖南省林产品质量安全条例》。国家林业局林产品质量检验检测中心(长沙)建设加强，全年共完成了60台套检测仪器的计量检定和320批次产品检测，申报专利1项。五是召开了全省科技为林改服务电视电话会议。开展了"五下乡"活动，全年全省共组织各类送科技下乡活动200多场次；各类学术交流活动10余次；出版会刊5000多册；围绕科技活动周等节日，开展了丰富多彩的科普宣传活动。发放科普宣传资料26000多份，直接受众3万多人次，被评为先进。成立了第三届林业科技咨询委员会，开展了技术咨询和调研。深化了省院合作。中国林科院在湖南环境生物职业技术学院设立的硕士专业学位研究生湖南教学点招收首批学生，正式开班。

科技自主创新体系建设得到加强，林业科技贡献率、科技成果转化率明显上升。实施各级各类在研科技项目200多项，7项科技成果获奖，其中省林科院油茶雄性不育杂交新品种选育及高效栽培技术和示范项目获国家科技进步二等奖。省林业科技园完成规划设计前期工作，科技示范县建设扎实推进。积极推广桉树、油茶、楠竹、乡土树种的优良品种和丰产栽培技术，实施推广项目100多项，推广新品种、新技术100多项13.33万公顷。尤其是将林业科技进村入户工程作为服务林农的重要举措，为农民提供一对一的技术咨询和指导，并在20个示范县确定了80个村700个示范户。

【制浆造纸】 2008年生产木竹浆纸116万吨，较2007年增长了22%。主要企业有湖南泰格林纸集团有限责任公司，集团是集制浆造纸、林业开发、板材生产、轻机制造、港口贸易、房地产开发、小化工等于一体的国有大型一类企业，是湖南省加快推进工业化进程而实施十大标志性工程的龙头企业，是全国国有造纸企业的旗舰之一。截至2008年上半年，公司拥有总资产146亿元，净资产59亿元，年生产纸及商品浆能力超过180万吨。2008年公司实现主营业务收入57.6亿元，实现利税5.66亿元。泰格林纸集团高举"林纸一体化"大旗，拥有自营纸材林基地13.33万公顷，加上订单、合作造林、收购青山等营林模式，公司可控林业资源超过33.33万公顷。以林促纸，以纸养林，成功打造出一条泰格模式的造纸循环经济链。公司总部位于长沙经济技术开发区，拥有岳阳、益阳、永州、怀化和常德五大原料基地和生产基地。

2009年，全年生产木竹浆纸141.52万吨，较2008年增长了22%。其中泰格林纸怀化骏泰浆纸公司投产后生产正常，集团各种纸品产销两旺。泰格林纸集团纸及浆板总产量123.83万吨，消耗造纸材460万立方米(不含回收废纸与芦苇制浆)。

【木竹制品】 2008年木竹地板(含强化地板)1442.39万平方米，竹贴板3731万件，家具及各类木制品5844万件。2009年木竹地板(含强化地板)1183万平方米，竹贴板3288万件，家具及各类木制品9000万件。主要企业：湖南康派木业有限公司、湖南地宝龙装饰材料有限公司(强化地板)；郴州海华竹木制品有限公司、湖南建铃竹业有限公司、益阳桃花江实业有限公司(竹地板)；湘潭恒盾集团、益阳市远益竹青砧板有限公司(竹砧板)；浏阳市康明木业有限公司、浏阳市顺捷木艺有限公司(实木楼梯)；湖南开福家具有限公司、祁东县宏蔚家具实业有限公司、湖南现代家具装饰有限公司、湖南省伟特家具有限公司、湖南森艺家具有限公司(家具);益阳市壹艺竹木制品有限公司(竹工艺用品)、桃江县刘春秋竹艺厂(竹凉席);益阳等。

【森林食品】 2008年森林食品加工30万吨,较2007年增长了1.7%。2009年,森林食品加工33.46万吨,较2008年增长了11.53%。主要生产企业:湖南金浩茶油股份有限公司、郴州邦尔泰苏仙油脂有限公司、湖南金拓天油茶科技开发有限公司、衡阳南天山茶油业有限公司、湖南山润油茶科技发展有限公司、湖南银光粮油有限公司、株洲市好恰绿色油业发展有限责任公司(茶油),湖南熙可食品有限公司、湖南省娄底市万宝食品饮料有限公司、湖南老爹农业科技开发股份有限公司(水果精深加工),永州市异蛇科技实业有限公司(蛇酒),南恒盾集团恒源食品有限公司(竹汁饮料),湘乡市萌菌苑科技发展有限公司、郴州天湖绿色食品有限公司、炎陵县山王食品有限公司(山野菜、笋制品)等。

【中药材】 2008年生产林药加工产品3.94万吨,较2007年增长了6.5%。2009年生产林药加工产品5.22万吨,较2008年增长了32.49%。湖南药材资源十分丰富,存储总量1200多万吨,中药材品种有2384种,其中杜仲、厚朴、黄柏、茯苓等药材为全国主产区,永州道县的厚朴,张家界的杜仲、黄柏、葛根、黄连,邵阳的金银花、红豆杉,靖州的茯苓等都已建立起规模化的药材生产基地。主要生产企业:湖南湘泉制药有限公司、湖南补天药业有限公司、永州市献华中药材种植开发有限公司、永州市异蛇科技实业有限公司、湖南毅鹏金银花保健品有限公司等。

【林木种苗与花卉】 2008年,国家下达湖南种苗工程建设项目5个,分别是常宁湿地松二代种子园、江永马尾松采种基地、中国杜鹃属植物种质资源异地保存库、祁东县林业局小水果良种基地和保靖县马尾松二代良种基地,中央预算内投资620万元,比2007年增加16%。其中:中央预算内专项资金467万元,比2007年增加23%;地方配套153万元,与2007年持平。

2008年底,全省实有花卉种植面积2.26万公顷;切花切叶1273万支,盆栽植物类1467万盆,观赏类苗木8108万株,各类草坪817万平方米。花卉种植总产值25.34亿元。到2008年底,全省有花卉市场251个,花卉企业976家,其中大中型企业108家,花农6.51万户,花卉从业人员267765人,控温温室21万平方米,日光温室32万平方米。

2009年底,全省实有花卉种植面积2.59万公顷;切花切叶2022万支,盆栽植物类1814万盆,观赏类苗木7781万株,各类草坪453万平方米。花卉种植总产值28.12亿元。到2009年底,全省有花卉市场252个,花卉企业1098家,其中大中型企业189家,花农7.04万户,花卉从业人员27.87万人,控温温室22万平方米,日光温室35万平方米。

【野生动植物保护】 2008年,新建湖南借母溪、八面山2处国家级自然保护区,全省林业系统共建立不同级别和类型的自然保护区116处,总面积131.15万公顷,占全省土地总面积的6.19%。其中:国家级13处,面积46.3万公顷;省级27处,面积44.9万公顷;市县级76处,面积41.67万公顷。

壶瓶山和东洞庭湖分别作为森林和湿地生态系统类型的示范自然保护区被列入全国首批51处示范自然保护区之列。

组织开展了打击非法经营野生动植物活动。全省共查处各类行政案件685起,收缴野生动物62778只(头),价值76万元,查获珍贵植物7549立方米,价值26万元。组织编制野生动植物保护繁育工程项目可行性研究报告15个,并上报国家林业局。组织开展了第二十七届爱鸟周、世界湿地日、野生动植物保护月等活动,提高公众的保护意识,扩大了野生动植物保护工作的社会影响。

2009年,新建了3处国家级自然保护区,共有国家级自然保护区16处,数量居全国第三。为进一步规范野生动植物保护管理。根据省政府第235号令《关于公布取消、调查的行政审批事项和行政许可项目目录的决定》，制定和完善了19项野生动植物行政许可项目的实施程序和流程图，制定了相关管理办法和配套管理制度。2009年共受理各项行政审批事项116起609项。规范和推动野生动物繁育利用产业发展。出台了《湖南省重点保护野生动物驯养繁殖许可证管理办法》，成立了湖南省驯养繁殖专家评审委员会，为驯养繁殖户提供专业技术咨询指导，推动全省养殖业的健康快速发展。全省有野生动物驯养场260家，其中豪猪、野猪、雉类及龟类养殖都已经形成一定的产业规模，有效地补充了野生动物资源，促进了地方经济发展。组织开展了打击非法经营野生动植物非法活动，特别是与森林公安联合开展了"雷霆一号"行动，有效遏制了破坏野生动植物资源的非法行为，为保护野生动植物资源特别是珍稀资源起到了积极作用。全省共查处各类行政案件3720起，收缴野生动物35410只(头)，价值106万元；查获珍贵植物4025株，野生植物产品627件，价值60万元。组织开展了声势浩大的爱鸟周宣传活动，举办了岳阳国际观鸟节。成功举办了第十三届海峡两岸自然保护区业务交流研讨会。

【龙头企业与品牌】 2008年，出台了《湖南省林业产业龙头企业认定及运行监测管理办法》，对114家龙头企业的产品进行了质量安全监督抽检。深入落实新型工业化重点产业联系制度和省级林业产业龙头企业联系指导制度，做好协调、指导、服务，切实解决全省林业产业龙头企业在救灾补损、灾后恢复生产、贷款贴息、抵御国际金融危机冲击等方面的实际问题。泰格林纸集团怀化骏泰浆纸项目于2008年9月竣工投产；金浩茶油又在郴州市投资兴建了郴州金浩油脂有限公司进行茶油精深加工；山香油脂新上了年产2万吨生物柴油项目，以山苍子、光皮树、黄连木为原料生产生物柴油；衡阳南天山茶油有限公司投资5500万元，建设油茶基地666.7公顷；天运集团新建年产10万立方米中(高)密度纤维板生产线投入运行；永顺天泽生物能源公司年产5万吨生物柴油生产线建成投产。全省林业产业龙头企业年产值133亿元，较2007年增长了16.4%；年产值上1亿元的企业有22家，其中：泰格林纸集团年产值60亿元、金浩茶油年产值8.2亿元。到2008年，全省林业产业有金浩茶油、湘泉制药、老爹科技、山香油脂4家全国经济林产业化龙头企业，有泰格林纸集团、湖南熙可食品等4家农业产业化国家重点龙头企业。

2008年，全省林业产业又新增和重新认定了泰格林纸(岳阳纸业、湘江纸业、沅江纸业)、天天见梳篦、福湘木业、山香油脂、创兴人造板、兴鑫木业、松本林化、湘林人造板、靖州东和等11家公司的15种产品为湖南省名牌产品；新增了苏仙茶油、现代美家具、波士家具、桂星竹胶板、福湘板材、岑芳板材、中冠地板、桃花江竹地板、金典强化地板、茅岩河绿色食品、果王素猕猴桃产品、密印寺茶叶、君山银针等28个湖南省著名商标；康派木业的圣保罗强化地板、地宝龙公司的地宝龙地板获得了中国驰名商标称号。

2009年，组织评审认定了87家省级林业产业龙头企业；对2007年认定的114家省级林产工业龙头企业开展了运行监测，重新认定了105家，全省省级林业产业龙头企业总数达192家。林业企业品牌建设初见成效。编制了《湖南省林业产业品牌建设规划》，实施品牌带动战略，引导全省林工企业争创名牌。2009年，金浩茶油荣获中国驰名商标称号，使湖南省林业中国驰名商标数量上升到4个。有30家林业企业的产品获得湖南名牌产品称号，使湖南省林业湖南名牌产品总数达到61个。

创兴公司郴州资兴年产10万立方米新中(高)密度纤维板生产线、金浩茶油郴州公司日处理100吨茶饼浸出生产线已经投产；益阳瑞亚高科进行科技创新，加强产学研的紧密结合，正在进行的新型竹麻纺织品生产线技改工程重点项目建设，建成后产值将达10亿元以上；永州市新增油茶加工生产线3条，即湖南银光粮油有限公司年产1万吨精炼茶油生产线，宁远九嶷山植物油厂年产5000吨浸提法茶油生产线和永大高科年产3000吨纯茶油生产线，均已投产运营，为全市油茶精深加工注入新的活力。永州祁阳、零陵、东安等地的油茶籽收购价达到每千克7.5元左右，毛油收购价每千克50元，比2008年增长50%，社会各界营造高产油茶林的热潮已经形成，适宜营造油茶林的林地租金不断创出新高，使林农受益。科茂林化第二期工程年产1万吨高档树脂生产线土建工程已经竣工，正在进行设备安装，年内可以试产。与此同时，松香松节油、山苍子油和柠檬醛价格大幅攀升，松香松节油价格一度涨至每吨 1 万元以上，比年初翻了一番。柠檬醛价格也回升至比较正常的水平，比年初上扬 60%。

【森林旅游】 2008 年，全省林业旅游与休闲产业共接待游客 2777.14 万人次，较 2007 年下降了 5.72%；实现旅游收入 61.42 亿元，较 2007 年下降了 20.9%；直接带动其他产业产值 356.37 亿元，较 2007 年降低了 19.19%。其中：林业旅游共接待游客 2413.57 万人次，较 2007 年增长了 21.54%；实现旅游收入 52.28 亿元，较 2007 年下降了 4.58%；直接带动其他产业产值 310.60 亿元，较 2007 年下降了 26.2%；林业疗养与休闲共接待游客 363.57 万人次，实现旅游收入 9.14 亿元，直接带动其他产业产值 45.77 亿元，均较 2007 年有所下降。

2009 年，全省林业旅游与休闲产业共接待游客 3342.38 万人次，实现旅游收入 115.64 亿元，直接带动其他产业产值 669.13 亿元，分别比 2008 年增长了 20.35%、88.27% 和 87.76%。其中：林业旅游共接待游客 2682.74 万人次，实现旅游收入 102.12 亿元，直接带动其他产业产值 578.88 亿元；林业疗养与休闲共接待游客 659.64 万人次，实现旅游收入 13.52 亿元，直接带动其他产业产值 90.25 亿元。

2008 年，举行了湖南张家界国际森林保护节暨张家界国家森林公园建园 25 周年庆典活动、全国首届森林公园科学发展论坛、全国森林公园工作座谈会。2008 中国湖南张家界国际森林保护节有上万名中外来宾参加。进一步扩大森林和湿地公园阵地，完成了桑植县贺龙、蓝山县蓝山、道县月岩、新邵龙山 4 处国家级和湘潭县齐白石、冷水江市紫云峰、双牌县打鼓坪、湘阴县鹅形山、涟源市包围山等 5 处省级森林公园及长沙市望城千龙湖、株洲市攸县酒埠江两处国家湿地公园的申报工作。全省森林公园总数达到 87 处，其中国家级森林公园 35 处，省级森林公园 44 处；国家湿地公园 4 处，数量和质量进一步提升。

2009 年，全省森林公园建设发展再上新台阶。新建国家级森林公园 4 处，省级森林公园 7 处，顺利完成了省政府对省林业厅绩效评估中生态文化建设任务。森林公园数量增加到 99 处，经营总面积扩大到 37.13 万公顷。制定了《湖南森林旅游品牌创新整合营销方案》，推出了全国第一家森林公园品牌“湘约天下”，会员已达 12.5 万人。成功举办了张家界国际森林保护节、洞庭湖国际观鸟节、生态文化节、植树节、爱鸟周、世界湿地日、野生动植物保护月、白鹭节、樱花节、杜鹃花节、竹文化节等生态文化节庆活动，依托节会整合营销，节日期间，游客数量和门票收入同比增加 12%。省森林植物园和张家界森林公园被授予国家生态文明教育基地，岳阳县张谷英村入选国家首批生态文化村。

（何　宏）

广东省林业产业

【概　述】 2009年，广东省林地面积1073.07万公顷，活立木蓄积32160.74万立方米，森林覆盖率49.44%。森林面积873.98万公顷，蓄积30183.37万立方米；其中人工林面积503.18万公顷，蓄积11520.43万立方米；天然林面积346.84万公顷，蓄积18662.94万立方米。

产业发展 2008年，全省林业产业总产值14041757万元，比2007年增长了2.08%。其中，第一产业产值3341936万元，比2007年增长了10.35%，第二产业产值10428620万元，比2007年减少了0.85%，第三产业产值271201万元，比2007年增长了30.00%。产业结构由2007年的22.0:76.5:1.5调整为2008年的23.80:74.27:1.93。

2008年，第一产业中，涉林产业产值3335817万元，比2007年增长了10.43%；林业系统非林产业产值6119万元，比2007年减少了21.45%。第一产业涉林产业中，林木培育和种植产值167147万元，比2007年增加了12.50%；木材和竹材采运产值470362万元，比2007年减少了8.10%；经济林产品种植与采集产值2079795万元，比2007年增长了17.02%；花卉种植产值595866万元，比2007年减少了1.51%；陆生野生动繁育与利用产值12613万元，比2007年增长了206.07%。第二产业中，涉林产业产值10415545万元，比2007年减少了0.87%。其中木材加工及木、竹、藤、棕、苇制品制造产值2292063万元，比2007年增加了8.20%。

2009年，全省林业产业总产值22001160万元，比2008年增长了56.69%。其中，第一产业产值3448906万元，比2008年增长了3.2%；第二产业产值18168121万元，比2008年增长了74.21%；第三产业产值384133万元，比2008年增长了41.64%。产业结构调整为15.68:82.57:1.75。

2009年，第一产业中，涉林产业产值3443412万元，比2008年增长了3.23%；林业系统非林产业产值5494万元，比2008年减少了10.21%。第一产业涉林产业中，林木培育和种植产值183526万元，比2008年增长了9.79%；木材和竹材采运产值400000万元，比2008年减少了14.96%；经济林产品种植与采集产值2182338万元，比2008年增长了4.93%；花卉种植产值607433万元，比2008年增长了1.94%；陆生野生动物繁育与利用产值62875万元，比2008年增长了398.49%。第二产业中，涉林产业产值18155001万元，比2008年增长了74.30%。其中木材加工及木、竹、藤、棕、苇制品制造产值3543841万元，比2008年增长了54.61%。

林产品进出口 2009年进出口总额138.26亿美元，与2008相比下降了22.08%，其中出口108.12亿美元，进口48.14亿美元。第三季度后。出口增长明显，林业产业基本复苏，产值大幅度回升。

【木竹材产品】 2008年，全省木材总量509.48万立方米，比2007年增长了12.13%。其中，原木471.71万立方米，比2007年增长了13.48%；薪材37.77万立方米；竹材9792.84万根，比2007年减少了2.20%。

2009年，全省木材总产量524.78万立方米，比2008年增长了3%。其中，原木463.34万立方米，比2008年降低了1.77%；薪材61.45万立方米，比2008年增长了62.7%；竹材12645.9万根，比2008年的增长了29.13%。

2008年，森林工业产品中，锯材产量97.86万立方米，比2007年增长了45.11%；木片50.58万实积立方米，比2007年减少了10.43%。人造板527.04万立方米，比2007年增长了10.43%。其中，胶合板118.89万立方米，比2007年增长了16.21%；纤维板343万立方米，比2007年增长了12.44%；刨花板59.42万立方米，比2007年减少了11.09%。木地板1919.67万平方米，比2007年增长了37.04%。2008年，松香类产品82797吨，比2007年减少了47.71%；松节油类产品9536吨，比2007年减少了48.09%；樟脑3164吨，比2007年增长了4234.25%。

2009年，森林工业产品中，锯材产量76.35万立方米，比2008年下降了21.98%；木片97.61万实积立方米，比2008年增长92.98%；人造板577.54万立方米，比2008年增长了9.58%。其中，胶合板132.64万立方米，比2008年增长了11.57%；纤维板322.21万立方米，比2008年下降了6%；刨花板75.23万立方米，比2008年增长了26.60%。木地板2220.40万平方米，比2008年增长了15.67%。2009年，松香类产品108918吨，比2008年增长了31.55%；松节油类产品10739吨，比2008年增长12.62%；樟脑2309吨，比2008年下降了27.02%。

【商品林资源】 商品林中，乔木林面积613.35万公顷，占商品林总面积的83.4%；竹林面积24.03万公顷，占商品林总面积的3.3%。乔木林按树种组构成分，杉木林面积64.40万公顷，松类面积176.65万公顷，桉树面积90.16万公顷，藜蒴面积7.97万公顷，阔叶林面积95.68万公顷，混交林面积114.0万公顷，木本果面积43.55万公顷，其他经济林面积20.85万公顷。

乔木林按优势树种分，马尾松面积最大，达140.46万公顷，所占面积比例为22.9%；桉树面积次之，为90.16万公顷，占14.7%；杉木面积第三，为64.4万公顷，占10.5%。各优势树种面积商品林中，乔木林活立木总蓄积量24556.32万立方米，按树种组划分，杉类4174.41万立方米，松类7497.9万立方米，桉树3213.3万立方米，藜蒴319.7万立方米，阔叶林4052.4万立方米，混交林5136.5万立方米，木本果162.2万立方米。以优势树种分，马尾松、杉木和桉树蓄积量位列前3，所占蓄积分别为23.6%、17.0%和13.1%。

乔木林公顷蓄积量为40.04立方米，其中杉木、速生相思、湿地松3树种具有最大值，数值分别为64.82立方米、50.41立方米和48.98立方米。乔木林公顷生物量为44.25吨，速生相思、木麻黄和其他硬阔类等树种具有较大值，数值分别为75.27吨、74.73吨和74.15吨。

区域分布 全省21个地市可划分为4种类内木材资源较为接近的类型。即粤北山区韶关、清远两地市为第一类，商品林地面积在90万公顷以上，商品林活立木蓄积量在4000万立方米以上，是广东省森林资源主要优势区；梅州、河源、肇庆3地市作为第二类，商品林面积80万公顷左右(80.0万~81.2万公顷)，活立木蓄积量在2000万立方米左右(1898.38万~2579.84万立方米)，是广东省森林资源的主产区；惠州、茂名、云浮、阳江、江门、湛江6地市作为第三类，商品林面积在20万~50万公顷间，活立木蓄积量在1000万立方米左右，是广东省森林资源的普通区；揭阳、广州、潮州、汕尾、佛山、东莞、汕头、深圳、珠海、中山等10市作为第四类，商品林面积均在20万公顷以内，活立木蓄积量在300万立方米以内，是广东省沿海地区，也是广东省商品林资源较少地区。

基地建设 全省商品林基地面积227.35万公顷。2009年，广东省速生丰产林和经济林发展迅速，基地建设初具规模，以桉树、相思、藜蒴、南洋楹为主的速生丰产林67.33万公顷，以松树为主的工业原料林72万公顷，竹林44.67万公顷。全省商品林基地主要树种有马尾松、杉木和桉树、相思、南洋楹、藜蒴等(在翁源建立了省内最大的黎蒴生产基地)，此外，杂交松、杨树也在少数地方得到了引种。

近年来，种植珍贵树种成为长线投资的新亮点。目前全省种植的降香黄檀、檀香、沉香、紫檀、柚木等珍贵树种超过0.73万公顷。珍贵树种基地建设主要分布在肇庆、惠州、阳江、茂名、揭阳、韶关、清远、梅州等市及国营林场(局)。计划到2020年发展到8万公顷。

根据速生丰产林和短周期工业原料林资源情况，全省可划分为4类区域。第一类为速生林优势区，集中在肇庆、湛江、惠州3市，为广东桉树生产的主要区域，其速生丰产林和短周期工业原料林面积在12万公顷以上；第二类区域为韶关、茂名、梅州、清远、江门、河源6市，其速生丰产林和短周期工业原料林面积在5.0万~12.0万公顷，为广东速生林种植面积发展较快地区，该区拥有较多的林地资源，发展速生林具有巨大的潜力；第三类区域为佛山、汕尾、阳江、广州、云浮5市，其速生丰产林和短周期工业原料林面积在1.0万~5.0万公顷，该区林业用地面积较小，发展速生丰产林和短周期工业原料林的潜力不大；第四类区域为东莞、汕头、深圳、中山、珠海、潮州、揭阳7市，速生丰产林和短周期工业原料林面积在1万公顷以内，主要为珠三角平原区和粤东沿海少山区，林地资源有限。

各级林业行政主管部门非常重视示范基地和标准化示范区的建设。全省市、县林业部门独资或合资兴办的各类示范基地620多个，总面积15.3万公顷，其中，速生丰产林基地420多个，面积9.3万公顷。通过示范基地和示范区的建设，树立样板，以点带面，辐射推动了速生丰产林的发展。

在基地建设中，全省非公有制造林投入资金已经达到23亿元，广东威华、广东顺龙、大亚木业、鼎丰纸业17家大型林业企业实施“公司+基地+农户”等经营模式，带动林农造林致富，推动了林业产业的快速发展。

此外，全省积极推进林业行业的相关标准化工作，促进现代化林业建设。在基地建设过程中，参照《全国森林培育技术标准汇编(用材林卷)》标准，广东省先后制定了《尾叶桉速生丰产林》、《南洋楹速生丰产林》、《火炬松工业用材林》、《毛竹低产林改造技术》、《马尾松商品林》等多项关于用材林建设的地方标准。

【经济林】 2009年广东省林业局编制印发了《广东省油茶产业发展规划》，规划把广东省建设成为全国油茶重点生产基地。其他经济林培育基地建设主要分布在39个重点县。

经济林生产 全省经济林总面积112.13万公顷，约占全省陆地面积的7.3%。按使用土地地类分，属林业用地面积95.33万公顷，占经济林面积的85%；属园地面积16.8万公顷，占经济林面积的15%。全省经济林产量441.63万吨，产值111.87亿元。见下表。

广东省经济林产业生产现状统计表 单位：万公顷、吨、万元、万美元

类别	面积	%	产量	%	产值	%	出口值
合计	**112.13**	**100**	**4416376.5**	**100**	**1118714.3**	**100**	**3245.3**
1. 木本果品类	73.15	65.2	3640093	82.5	913409	81.6	1457.3
2. 木本粮油类	9.09	8.1	31377	0.7	23044.9	2.1	
3. 工业原料类	3.34	3.0	3821	0.1	1968.8	0.2	
4. 木本药材调料类	15.88	14.2	45124	1.0	46923.1	4.2	1210
5. 森林食品类	5.26	4.7	663352.5	15.0	62318.5	5.6	578.0
6. 饮料类	5.41	4.8	32609	0.7	71050	6.3	

产品加工、贮藏保鲜和市场流通 ①加工企业现状。全省现有各类经济林产品加工企业(厂)2469家，年加工能力45.5万吨。普遍存在规模小、设备简陋，靠传统工艺、技术操作，效率低下，产品质量不稳定等情况。主要加工产品为凉果类的话梅、橄榄以及干果类的龙眼、荔枝等，含部分果汁及油料。

②贮藏保鲜情况。全省现有贮藏保鲜企业83家，年贮藏保鲜能力34.8万吨。除较大型水果批发市场有专用冷库外，其他均为果蔬结合的贮藏保鲜企业或干货贮藏仓库。总体情况是保鲜能力低下，难以充分发挥调节市场供应的作用。

③市场流通情况。全省现有经济林产品流通市场481个，以产品批发为主。市场流通较多的是通过各地的农贸市场流通，以小本经营为主，能起到带动作用的流通龙头企业较少。

经济林基地建设 引导珍贵林木、油茶等经济林业产业成规模化产业化发展，走“公司+基地+农户”集约化发展模式。全省油茶面积10.67万公顷，年产油茶籽3.5万吨，油茶加工企业18家，设计年生产能力达6万吨茶油，产能5000吨以上的企业有7家。梅州兴宁市、韶关仁化县已建成年产超过1万吨茶油的生产线，成为全国最大油茶生产企业。

【种苗花卉】 全省花卉苗木产业进一步发展，现有花卉及绿化苗木品种4000多种(其中木本花卉2300多种)，种植面积近4.7万公顷，苗圃总面积

1.24万公顷，产绿化苗木69.71亿株。3.3公顷以上的场圃3803个，从业人员20万多人。鲜切花销售切花切叶26.6亿支，销售盆景44981.33万盆，木本花卉苗5.672亿株。苗木4.65亿株(盆)，据不完全统计，销售总额达34.3亿元(出口创汇8580万美元)，连续多年出口额居全国第一。广州的芳村、花都，顺德的陈村镇、中山的小榄镇被命名为中国花木之乡。翁源县以“公司+基地+农户”的发展模式引导农民发展兰花产业，全县建成兰花基地10个，新增兰花培育棚面积40公顷，花卉产业总产值1.6亿元。顺德地区是广东省乃至全国兰花培植规模最大、产量最多、品种最全的地区，仅陈村镇和北窖镇就培植兰花8000多万株，约占全省培植数量的80%。湛江市徐闻县的神州木兰园以高科技建园，2009年培育出优质木兰科植物5万株，收入十分可观。

另外,为保证花卉产业的健康发展,省、市、县各级政府共筹集了24280万元资金为交通不便的花卉基地修建简易道路178千米,修建排水渠道38千米,架设电线55千米,确保了花卉企业的正常运作。特别是芳村区、陈村镇政府每年均拨出20万元的启动资金,扶持花卉企业和科技示范户建设温室、荫棚和配套设施等。在各级政府的大力支持下,不少花农尝到了经营花卉的甜头,纷纷扩大生产基地或到自然条件较好的山区创建新的生产基地。政府的正确引导有力地推动了全省花卉产业快速发展。先后有广州市芳村区、中山市小榄镇、顺德市陈村镇和花都市等4个县(区)被评为中国花木之乡。

【企业状况】 至2009年5月5日止，全省拥有纤维板企业68家，共78条生产线，年设计能力446.8万立方米；刨花板企业64家，年设计能力197.24万立方米；胶合板企业81家，年设计能力416.21万立方米；木地板企业113家，年设计能力15293万平方米，其中：实木地板2483万平方米，实木复合地板5405万平方米，强化地板7210万平方米，竹地板197万平方米；木制家具企业包括台升、美时、光润、皇朝、联邦家私等等大型和超大型的木制家具企业449家；规模以上造纸企业238家、制浆企业30家、纸及制品企业836家，大型和超大型造纸企业12家和木材市场5家。广东省的造纸工业非常发达，2008年纸和纸板的产量约1153.97万吨，比2007年增长128%，纸浆产量171.63万立方米，总产值约1229.69亿元。

【肇庆广宁县林业产业】 广宁县地处广东省中西部、北江支流绥江中游，雨量充沛，土壤肥沃，极宜竹类植物生长。林业用地面积20多万公顷，占全县总面积87%。其中竹林面积7.2万公顷，占林地36%。主要盛产青皮竹、茶杆竹、松、杉、沙糖橘等，是全国青皮竹中心产区，素有“竹子之乡”、珠江三角洲“后花园”的美誉，是全国先进文化县、中国竹子之乡，广东省首批林业生态县、全国绿化模范县。

广宁县把竹业作为竹、纸、果、药四大特色产业之一来突出抓紧抓好。近5年来广宁县竹林培育和经营保护的资金逐年增加，从2000年的700万元，增加到2005年1300万元，增长85%，竹林面积从2000年6.93万公顷增加到现在的7.2万公顷，改造低产竹林0.53万公顷，竹材年产量达25万吨以上，取得了良好的生态、经济、社会效益。

广宁人栽培和利用青皮竹的历史近2000多年。广宁县竹子资源丰富，在省内有“广宁竹怀集木”之说。竹子种类有14属55种，占中国现有竹种42属400多种的33%和13.7%，为广东省现有竹种21属132种的66%和41%。目前，全县竹林面积居全国竹子大县(市)第二位。竹子种类多，主要有青皮竹、茶杆竹、麻竹、撑篙竹、文笋竹等。尤其文笋是广宁20多种食用竹笋的佼佼者，文笋具有白嫩、肉厚、味鲜、肉脆以及不用浸泡就可煮食的特点，“广宁文笋”远近驰名，是笋中之上乘，每逢出笋季节吸引不少游人前来品尝。

把竹业加工作为推动县域经济增加农民收入的致富工程来抓 到2009年，全县竹子加工企业400多家，加工原竹40万吨以上(包括外进竹材)，产品有纸浆、香骨、土纸、家具、工艺品、竹炭、竹地板、竹签、竹编织、竹笋等10类300多个品种，竹材加工率达95%，年竹业加工总产值超10亿元，创税3000多万元，出口创汇500万美元，竹业收入占林农纯收入的34%，全县42%的农户特别是9个竹业大镇的大部分农户从竹业发展中直接受益，为全县农村、城镇创造就业岗位36000

个，广宁已成为竹业加工的集散基地。其中100万元以上的企业170家，占竹加工企业数的57%，1000万元以上的企业5家，1亿元以上的企业1家，仅古水镇竹业产值100万元以上的竹加工企业便达105家，是全县加工竹业大镇。鼎丰公司、江南公司、长荣公司、万众公司等成为我县加工竹子的龙头企业，长荣、万众生产的工艺品多次荣获中国竹业博览会金奖，并获国家多项专利。为促进竹的精深加工，提高其科技含量和经济价值，广宁县引进资金和技术，开展纳米改性竹炭、竹沥、膳食竹纤维、纺织竹纤维的研究开发和利用。

发挥优势，加快竹乡旅游业发展　全县近4.86万公顷生态公益林中竹生态林占2万公顷，为发展竹子第三产业打下了基础。近年来引种国内外竹种100多个建立了碧翠湖竹种园、竹博物馆，引进外资建设竹海大观旅游景区，建起广东惟一以竹为主题的广宁竹海国家森林公园,利用茫茫竹海，发展森林旅游业,为竹产业的发展增加了新的色彩。广宁县2004年和2006年分别被省政府和全国绿委授予全省首批林业生态县和全国绿化模范县称号。

重视竹业科技发展　广宁是目前是全国十大竹乡中惟一以青皮竹(丛生竹)为主的竹子之乡。2008年广宁县与国家竹材研发中心建立了竹子试验示范基地、繁育培训基地和加工利用基地，开展长期技术合作，寻求发展机遇。全县从事竹业研发人员7人，各镇均配有竹子技术员，占竹业从业人员万分之二。近几年来推广应用新技术、新成果6项，应用竹子培育加工面积占竹林总面积80%以上。此外，还在青皮竹的精深加工利用上做了大量的研发工作，如对纳米改性竹炭和青皮竹纺织用竹纤维的研发取得了新的进展，纳米改性竹炭项目投入试产，纺织用竹纤维、青皮竹的药用饮用利用方面也正在研究之中。

【佛山顺德区花卉业】　顺德花卉产业的发展，经历了由分散经营向集约经营、由传统经营向现代经营、由低值生产向高附加值生产的三大转变，实现了产销并举的花卉产业化格局。2008年，全区花卉种植面积2733.33公顷，其中盆橘1133.33公顷，绿化苗木866.67公顷，盆栽花卉520公顷，鲜切花153.33公顷。全区花卉企业(场)7700家。花卉从业人员2万多人。高标准花卉大棚(设施)面积46.67公顷。2008年，全区花卉产值10.4亿元，出口创汇3290万美元。

顺德区以培植花卉龙头企业为纽带,带动花卉产业发展,已成为全区各级政府及有关部门的共识。

陈村花卉世界　为推动和发展顺德花卉产业优势，促进花卉产业化发展，1998年3月，陈村镇人民政府按照市场导向、政府引导、企业参与的原则，实行"政府搭台，花商唱戏"，由政府投入资金，进行基础设施建设，在陈村镇佛陈公路潭村路段，建设了陈村花卉世界。花卉世界规划开发土地666.67公顷，现已开发大都、庄头、潭洲三个村的333.33公顷，形成了三大功能区：第一功能区是种植区。种植区以原陈村花卉种植基地为依托，形成规范种植、协调发展的种植基地。第二功能区是花卉贸易区。将设施完善的展位租给海内外花商自主经营，使每一展位形成了各具特色的景点。第三功能区是综合区。配置完善的花卉园艺博览中心、拍卖中心、科技信息中心、运输中心及配套齐备的宾馆酒店和各种娱乐设施。

为进一步提高花卉世界的辐射带动和科技创新能力，投资近2亿元的兰花生物科技园和花卉研究中心正在建设中。到目前为止，建成高标准温室近10万平方米，正在建设温室近3万平方米，修建排灌渠道4200米，道路4200米以及水电设施。今日生物科技、台湾世华、皇达兰业、中鼎生物科技等18家兰花生产企业进园投产。2008年销售各种规格蝴蝶兰苗2200万株，销售总额8840万元，公顷产值近900万元，创造税利近3000万元。

花卉世界通过建设、完善、提高，引来国内外著名花卉企业的进驻，美国维生园艺科技有限公司、新加坡明之星生物科技有限公司、韩国京畿花卉农协(顺德)有限公司、七巧园艺、高新(教授)园艺有限公司等300多家知名花卉企业落户花卉世界。在同行业中处于领先地位，得到了各级政府及花卉业界的充分肯定，被确定为农业产业化国家重点龙头企业、国家级星火计划项目、全国重点花卉市场、国际盆景赏石园艺文化交流中心、中国花卉之乡、广东省佛山海峡两岸农业合作试验区、广东省农业现代化示范区、广东省重点龙头企业、广东省农业科技园区、广东省农业科技创新中心、国家职业技能鉴定所、全国农业旅游示范点等。

花卉世界的建成，产生了显著的经济效益和社会效益，带动了全区8615家花卉企业生产,年交易额达18亿元,出口创汇2500万美元,形成了市场拉动农户的农业产业化模式,促进了花农增加收入。

顺德花卉博览园 规划面积400公顷，首期开发166.67公顷，2008年已开始投入生产，成为继花卉世界后全区又一大型花卉生产、流通基地。顺德花卉博览园主要分六大区域，一是花卉交易中心，二是景观植物园，三是盆景园，四是观赏鱼类养殖园，五是国际景树大观园，六是香草文化园。其中占地40公顷的国佳花卉交易中心是花博园的重点项目，该中心以鲜切花交易为主，配套物流货运、园艺资材、服务与生活等相关设备设施。

北滘农民创业园 该园以花卉产业为主体，“产、学、研”相结合，通过政府的扶持和帮助，以企业为载体，引导农民进园区学习和创业，以推动农业技术创新，加速科技成果的转化应用，指导农民兴家创业。2008年，通过北滘兴隆花木有限公司建设平台，创造性地创建北滘农民创业园。在省、市、区、镇各级政府及有关领导的重视和支持下，占地66.67公顷的北滘农民创业园于2009年10月30日举行了揭幕仪式投入使用。2008年引进、生产一品红近50万棵，2010年，创业园目标更大，培育一品红种苗200万苗，其中计划100万苗外销，100万苗园区种植；生产红掌20万棵、白掌40万棵、金边铁20万棵，龙血铁20万棵以及散尾葵20万棵。

【湛江吴川市林地养鸡业】 吴川市地处广东省的西南部，属滨海平原，地势比较平坦，三面陆地，一面环海，全市土地总面积848.5平方千米，林业用地2.03万公顷，森林覆盖率25.4%。近几年吴川市充分发挥沿海防护林带优势，大力发展林地养鸡业，创出了在粤西小有名气的优质肉鸡品牌“林中凤”。目前，吴川市利用林地养鸡专业户4800多户，产值6000多万元。全市林地养鸡业发展有如下的特点：自90年代初之前，群众已自发在林地养鸡，但都是零星少量的。湛江市、吴川市召开调整农业布局会议后，通过广泛宣传，采取政策鼓励、资金扶持，调动了群众养鸡积极性，使林地养鸡业蓬勃发展。为了促使林带养鸡业健康发展，各镇农业办、畜牧兽医部门定时、定期为养殖专业户搞好免疫工作，农口部门积极引导养殖户养殖优良品种，还提供市场供求信息和价格信息，同时督促安排兽医部门的技术人员上门提供技术服务，解决养殖户的后顾之忧。

科学养殖 吴川市林地内干湿适宜，空气清新，地势平坦，适宜养殖肉鸡。尤其是吴阳镇的沿海防护林带南北长达17千米，东西平均宽约800米，面积约1400公顷，属沙丘平原地带，平均气温27.4℃，林带木麻黄针叶既遮阴，又透气，沙滩由清洁的粗细沙构成，因而具备了养鸡所需的阳光、遮阴、风以及辅助消化的粗沙粒、适当的活动场所以及清洁的地下水，是天然的养鸡场所。

立体种养 吴川市林地养鸡业规模从小到大，饲养方式从传统化走向科学管理化，形成“三大两优一高”的特点，“三大”即饲养量大，专业户大，出栏量和利润大；“两优”即品种优、设施优；“一高”即技术含量高。养鸡业的发展，带动其他产业发展，如鸡粪便经过处理后，用作肥料、养鱼等，促进种植、养殖业及第三产业的发展。塘镇屋地山村委会冷水村，该村有林地400多公顷，有养鸡场40多个，开发鱼塘26.67公顷，村内有饲料供应点8个。群众通过承包林地种植，在林地内养鸡，然后收集鸡粪养鱼，促进水产养殖，每年多余的鸡粪还供应给本地的林地承包户、香蕉种植户用作有机肥，初步形成了一条生产、销售、再生产、再销售的链条，形成了立体农业种养的格局，促进了农村经济的发展。

【广东威华股份有限公司】 创立于1997年，总部位于广东省梅州市西阳镇，是一家主要从事人造板制造、销售及速生丰产林种植为主的大型集团企业。经过12年的发展，已形成“林木种植、木材加工经营”于一体的“林板一体化”发展模式。现有员工2600多人，总资产30多亿元。已建成中高密度纤维板生产线8条，年产能达128万立方米，另外，1条中高密度纤维板生产线正在建设中。已建成速生丰产林4.33公顷，是广东省林业龙头企业和国家农业产业化国家重点龙头企业。

（吴灿军）

广西壮族自治区林业产业

【概　述】 广西土地总面积2400万公顷。其中，林地面积1496.45万公顷，占62.35%；非林地面积503.56万公顷，占33.65%。森林面积1252.5万公顷(包括国家特别规定的灌木林)，占林地面积的83.7%，森林覆盖率52.71%，其中岩溶地区灌木林覆盖率占9.18%。活立木总蓄积量51056.78万立方米，其中森林蓄积量46875.18万立方米，占91.8%。

【森林资源蓄积消耗结构】 2008年，全区商品木材总产量1114.84万立方米，比2007年增长42.99%，商品木材总产量中杉树、桉树、松树、其他树种木材产量分别为321万立方米、285.52万立方米、204.24万立方米、304.08万立方米，占商品木材总产量的比重分别为28.79%、25.62%、18.32%、27.27%。全区竹材产量22544.58万根，比2007年增长6.54%，其中毛竹产量7611.68万根，比2007年增长17.9%；篙竹产量14932.9万根，比2007年增长1.55%；小杂竹产量38.46万吨，比2007年增长1.77%。

2009年，全区森林资源蓄积消耗量约为1843.6万立方米，其中商品材蓄积消耗量约为1463.1万立方米，非商品材蓄积消耗量约为380.5万立方米。

【产业发展】 2008年全区实现林业产业总产值670.07亿元，比2007年增长了27.24%。其中，第一产业357.74亿元，增长了19.65%；第二产业294.63亿元，增长了19.65%；第三产业17.70亿元，增长了47.62%。在工业总产值中：木材加工业产值181亿元，人造板制造业产值109.06亿元，比2007年增长36.22%，占林业第二产业产值比重的37.02%；锯材、木片加工业产值40.2亿元，比2007年增长了13.56%，占林业第二产业产值比重的13.64%；木制品制造业产值11.08亿元，比2007年增长了5.72%，占林业第二产业产值比重的3.76%。到2008年底，全区人造板规模以上企业700多家，人造板生产能力1000万立方米。

2008年，全区木材总产量1114.85万立方米，比2007年的779.65万立方米增长了42.99%。其中，原木909.34万立方米，比2007年的774.16万立方米增长了17.46%；薪材205.51万立方米，比2007年的5.49万立方米增长了3643.35%；竹材22544.58万根，比2007年的21160.32万根增长了6.54%。2009年，全区木材总产量963.62万立方米，比2008年的1114.85万立方米减少了13.57%；竹材24202.26万根，比2008年的22544.58万根增长了7.35%。

2008年，森林工业产品中，锯材产量274.54万立方米，比2007年的220.97万立方米增长了24.24%；木片160.44万立方米，比2007年的87.93万立方米增长了82.46%；人造板800.57万立方米，比2007年的659.17万立方米增长了21.45%。其中，胶合板399.97万立方米，比2007年的306.39万立方米增长了30.54%；纤维板281.67万立方米，比2007年的263.54万立方米增长了6.88%；刨花板11.21万立方米，比2007年的11.01万立方米增长了1.82%。胶合木3.36万立方米，比2007年的4.66万立方米减少了27.90%。木地板15.99万平方米，比2007年的16.86万立方米减少了5.16%。

2009年，锯材产量389.25万立方米，比2008年增长了41.78%；人造板864.88万立方米，比2008年增长了8.03%。其中，胶合板380.45万立方米，比2008年减少了4.88%；纤维板317.50万立方米，比2008年增长了12.72%；刨花板19.93万立方米，比2008年增长了77.79%。木地板89.2万平方米，比2008年增长了457.8%。

2008年广西营造用材林11.28万公顷，比

2007年减少了1.53%。其中营造速生丰产用材林9.3万公顷，占当年营造用材林总面积的82.45%，比2007年减少了5.87%。2008年全区营造经济林2244公顷，其中油茶、油桐、八角、玉桂、果树、其他树种占营造经济林总面积比重分别为10.5%、13.98%、10.53%、0.48%、34.85%、29.66%；全年经济林产品产量662.06万吨，比2007年增长了3.2%，其中水果类557.77万吨、干果类9.3万吨、饮料3.07万吨、调料11.08万吨、森林食品12.26万吨、木本药材6.02万吨、木本油料13.08万吨，林产工业原料49.47万吨。水果类产量中柑橘、其他水果占比重分别为41.6%、37.5%。干果类产量中板栗、柿饼占比重分别为61.3%、27.4%。林产饮料产品中毛茶占91.5%。林产调料类产品中八角、玉桂占比重分别为78.3%、21.6%。森林食品产量中竹笋干、食用菌分别占16.9%、54.9%。木本油料类产量中油茶籽占97%。林产工业原料类产量中油桐籽、松脂占比重分别为13.9%、85.4%。

2009年全区实现林业产业总产值881.8亿元，比2008年增长了31.6%。其中，第一产业390.5亿元，增长了32.9%；第二产业460.0亿元，增长了6.1%；第三产业31.4亿元，增长了7.4%。在工业总产值中：木材加工业产值233.0亿元，比2008年增长了9.44%；木、竹、藤等家具制造业产值27.7亿元，比2008年增长了109.85%。林业产业结构进一步优化。产业结构由2008年的53:44:3，调整为2009年的44:52:4。其中：第一产业产值占林业产业总产值比重下降了9%，第二产业比重上升8%，第三产业比重提高约1%。2009年，林业第一、二、三产业分别拉动林业产业总产值增长4.9%、24.7%、2%。全区人造板规模以上企业700多家，人造板生产能力1100万立方米。

【进出口贸易】 2008年广西林产品进出口贸易总额8.13亿美元，比2007年增长了23.27%，贸易顺差2.38亿美元。其中初级林产品进出口贸易额3.16亿美元，占进出口贸易总额的38.97%，比2007年增长了121.68%，贸易顺差0.89亿美元；林产工业产品进出口贸易额4.96亿美元，占进出口贸易总额的61.03%，比2007年减少了3.95%，贸易顺差1.49亿美元。在初级林产品进出口贸易额中，野生动物、花卉、经济林产品、森林饮料、林下药材、竹藤棕草加工制品所占份额分别为3:0:73:4:19:1，其中经济林产品进出口贸易中柑橘、橙等鲜果出口份额高达60%以上。在林产工业产品进出口贸易额中，木本油料加工制品、林产化学工业产品、木材加工产品、机制木浆、机制纸及纸板产品所占份额分别为14:24:42:11:9，其中木材加工制品中的人造板出口份额达70%以上；林产化学工业产品中的松香及松香深加工产品出口份额达98%。在广西林产品进出口贸易中，初级林产品进出口贸易额所占份额比2007年提高了17.3%，其中出口贸易额所占份额比2007年提高了15.83%，进口贸易额所占份额比2007年提高了19.77%。

【产业政策】 2008年12月17日，自治区党委、人民政府出台了广西《关于全面推进集体林权制度改革的意见》，成立了自治区深化集体林权制度改革工作领导小组。自治区林业局设立集体林权制度改革推进办公室，起草完善了《广西壮族自治区集体林权制度改革实施办法》、《广西壮族自治区集体林权制度改革确权发证操作细则》、《广西壮族自治区集体林权制度改革宣传方案》、《广西壮族自治区集体林权制度改革培训方案》、《广西壮族自治区集体林权制度改革检查验收办法》，加快推进全区集体林权制度改革试点，对武鸣县、钦北区两个试点县分别投入120万元、100万元的林改专项经费，试点县进行林改政策、技术指导；年底已完成勘界确权9.47万公顷。

2009年，广西集体林权制度改革进行扩大试点，北海、防城港和钦州沿海3个市全面推开，其他11个市各选择1~2个县(市、区)，全区共27个试点县(市、区)进行扩大试点、整体推进，其他84个非扩大试点县(市、区)选择1~2个乡镇，全区共选择133个乡镇进行重点推进。目标任务是完成外业勘界280万公顷，占总体任务的20%；完成核发林权证200万公顷。至年底，全区完成林改外业勘界467.77万公顷，占年度勘界任务的167.1%，总体均山到户率达83%；核发林权证247.17万公顷，占年度发证任务的123.6%。

2008年8月1日自治区第十一届人大常委会第三次会议正式表决通过《广西壮族自治区林木种苗管理条例》，并于2008年12月1日起实施。

2008年，《广西野生植物保护办法》获自治区政府审议通过。

为转变林业产业发展模式，实现自治区党委、自治区政府提出的建设林业强区目标，根据《中共广西壮族自治区委员会、广西壮族自治区人民政府关于做大做强做优我区工业的决定》(桂发〔2009〕35号)精神，自治区政府制定了《广西壮族自治区造纸与木材加工业调整和振兴规划》(桂政发〔2009〕108号)。

【原料林基地建设】 2009年广西营造速生丰产林17.72万公顷，其中荒山荒地造林13.9万公顷，更新造林7.4万公顷，低产林改造造林1.02万公顷。按树种分，桉树、相思树等工业原料林13.89万公顷，良种松、杉等大径级用材林3.48万公顷，任豆树、红椎、西南桦等珍贵用材林0.35万公顷；按投资主体分，林场造林5.33万公顷，龙头企业造林3.27万公顷，农户造林6.06万公顷，其他主体造林3.06万公顷。

先后实施了珠防林工程、海防林工程、石漠化治理和封山育林等项目。其中珠防林工程项目，年内共有28个县(区、市、区直林场)实施，计划人工造林14667.2公顷。据年报统计，共完成人工造林14604公顷，全部为荒山造林。按林种分，防护林4799公顷、用材林9357公顷、经济林448公顷。完成封山育林1000公顷，全部为无林地和疏林地封育。海防林工程项目，年内共有18个县(区、区直林场)实施，计划人工造林30266.7公顷。据年报统计，完成人工造林24245公顷，其中低效林改造2216公顷。按林种分，防护林8436公顷、用材林15781公顷、经济林28公顷。

【木材市场】 世界经济发展而森林资源不足，以及人们环保意识增强，木材供需矛盾日益突出，近年来木材价格不断上涨。但受国际金融危机影响，木材价格在连续几年上涨后，于2008年下半年开始下跌，广西主要木材品种——松木，20厘米径级的市场价格从800元/立方米左右，跌到了680元/立方米左右；桉木(8~14厘米 径级)价格从670元/立方米左右，跌到了500元/立方米左右；杉木、杂木等木材价格也出现了20%左右的跌幅。进入2009年后，各种木材价格止跌回稳，并随着国内外经济的逐步复苏，木材价格也逐步回升，到年底时松木价格已回升到760元/立方米，桉木价格也回升到了560元/立方米，杉木由于资源不足，市场需求较强，价格回升幅度更大，年底时已基本恢复到了金融危机前的水平。

【人造板】

原料来源 人造板木材原料来源主要来自广西境内。商品材产量可满足胶合板对木材的需求，采伐剩余物及次小薪材，再加上锯材、胶合板及木制品产生的加工剩余物可满足纤维板和刨花板以及其他人造板对木材的需求。广西胶合板(含异型胶合板、混凝土模板)主要原料80%来自速丰桉林。中密度纤维板、刨花板原料主要来源为速丰桉伐区次小薪材、胶合板旋切单板加工剩余物。

全广西人造板企业700多家，生产能力1100万立方米。至2009年末，全区被授予农业产业化国家重点龙头企业的企业有广西丰林木业集团股份有限公司，被授予自治区农业产业化重点龙头企业的企业有广西国营高峰林场、广西三威林产工业有限公司。全区胶合板企业经评审考核，有南宁周德六木业有限公司、贵港鸿盛隆木业公司、南宁铭森木业有限公司等10家合格，成为广西人造板销售联盟成员。

主要产品与品牌 人造板产品中主要有中(高)密度纤维板、混凝土模板用胶合板、胶合异型板、细木工板、刨花板等。高峰林场生产的高林牌中(高)密度纤维板、广西三威林产工业有限公司生产的三威牌中(高)密度纤维板和广西丰林林业开发有限公司生产的丰林牌中密度纤维板被评为广西名牌产品，获得国家免检产品称号。

胶合板企业均以中小企业为多，较大型的企业主要有广西丰林华夏木业、贵港鸿盛隆木业、南宁德森木业、玉林泰林木业、嘉汉板业(鹿寨县)等。质量较好的有宾阳广西震铄木业、广西澳中木业、容县林阳板业、广西吉安木业等。主要生产混凝土胶合板(红板)，规模较大的有梧州市东林木业、崇左市万达木业和扶绥县南方木业。其产量较高的有天等县胶合制品厂和万达木业。

广西细木工板近两年来发展迅速，2008 年有企业 130 多家，年生产能力 100 万立方米，2009 年产量 50.77 万立方米，比 2008 年减少了 7.12%。上规模的企业有广西华海木业、柳州市粤森木业、融安三友木业、南宁恒明源木业、梧州旺林木业、广西凤山宏宇木业等，年产量在 2 万立方米以上，著名品牌有桥牌、白露牌、千年舟等品牌。柳州市融安县是广西的细木工板生产基地，年产量 20 万立方米以上。

市场状况 2009 年，人造板行业受全球金融风暴影响，1000 多家旋切单板、70 多家异型胶合板、500 多家胶合板、100 多家细木工板企业春节过后有 70% 停产，10 多万农民失业，中密度纤维板、刨花板价格下跌，市场滞销，库存压力大，企业亏损、形势十分严峻。在党中央国务院“扩内需、保增长”的方针指引下，自治区人民政府及时下发了《广西壮族自治区政府关于支持工业应对当前国际金融危机的若干意见》及《自治区党委，自治区人民政府关于开展服务企业年活动的意见》。在全行业员工积极努力下，随着国际金融风暴影响减弱，从 2009 年下半年开始，首先中密度纤维板、刨花板很快就恢复到了金融风暴前的水平，全面恢复了生产。接着速丰桉的旋切单板、胶合板、混凝土胶合板随之恢复。据 2009 年年末统计，全区人造板产量达 864.88 万立方米，比 2008 年略有增长，居全国第五位，林业第二产业产值 459.96 亿元，比 2008 年增长 19.2%，特别是中密度纤维板产量达 315.03 万立方米，创历史新高，排全国第二位，32 家中密度纤维板厂，家家盈利。

新建人造板项目 2008 年自治区林业局核准新建人造板项目 62 项，生产能力 183 万立方米。其中胶合板 58 项，生产能力 140 万立方米；纤维板 4 项，生产能力 43 万立方米；新建人造板项目生产规模扩大，品种增加档次提高。特别是新建的胶合板项目中生产规模扩大明显，年产 3 万立方米以上 32 项，生产能力 109 万立方米，占胶合板新建生产能力的 83%。2009 年自治区林业局核准新建人造板项目 38 项，生产能力 124 万立方米。其中胶合板 36 项，皆为年产 3 万立方米以上的项目，生产能力 118 万立方米；刨花板 2 项，生产能力 6 万立方米。

2008 年，年产 5 万立方米及以上中(高)密度纤维板项目开工建设的有 4 个项目：广西来宾凯立木业有限公司年产 10 万立方米中(高)密度纤维板生产线在来宾市开工建设；贺州新凯骅木业有限责任公司年产 8 万立方米中(高)密度纤维板及深加工(包括年产 2000 万个硬质包装盒和 5 万立方米装饰贴面板)项目生产线在钟山县开工建设；广西旺勃木业有限公司年产 10 万立方米薄型高密度纤维板生产线在隆安县开工建设；贺州东辉木业有限责任公司年产 15 万立方米高密度纤维板生产线在东叶分场蝴蝶站开工建设。

2008 年，年产 3 万立方米及以上胶合板项目开工建设的有 9 个项目：贺州市大桂山林场年产 10 万立方米胶合板生产线在贺州市八步区开工建设；玉林市陆川县飞龙木板厂年产 3 万立方米胶合板生产线在陆川县开工建设；南宁市英博人造板厂年产 3 万立方米胶合板生产线在南宁市开工建设；百色市乐业县恒森木业有限公司年产 4 万立方米胶合板生产线在乐业县开工建设；百色市平果恒茂发展有限责任公司年产 3 万立方米胶合板生产线和百色市平果北融林木业发展有限公司年产 5 万立方米胶合板生产线在平果县开工建设；来宾市象州县和兴林业发展有限责任公司年产 3 万立方米胶合板生产线在象州县开工建设；百色市田东县畅宇木业发展有限公司年产 3 万立方米胶合板生产线在平马镇开工建设；百色市那坡县兰田木器厂年产 3 万立方米胶合板生产线在那坡县开工建设。

2009 年，年产 4 万立方米及以上胶合板项目开工建设的有 5 个项目：南宁市森汇木业有限责任公司年产 5 万立方米胶合板生产线在吴圩镇开工建设；南宁市兴东木业有限公司年产 5 万立方米胶合板生产线在金陵镇开工建设；南宁市帝旺村木业有限公司年产 6 万立方米胶合板生产线在石埠镇开工建设；柳州市柳江县华昌木制品厂年产 5 万立方米胶合板生产线在成团镇开工建设；广西绿宝石置业有限公司浦北分公司年产 4 万立方米胶合板生产线在浦北县开工建设。

人造板工业园区建设 2008 年 10 月 12 日，贺州市八桂木材加工集散中心暨广西国营大桂山林场年产50万立方米人造板项目在大桂山林场东叶分场蝴蝶站开工建设。项目总投资达9.8亿元，建设总面积近200公顷，分两期建设。第一期开发建设年产50万立方米人造板项目，包括年产10万立方米胶合板生产线一条，年产15万立方米中(高)密度纤维板生产线一条，年产20万立方米刨花板生产线一条，年产5万立方米细木工板生产线一条。项目被自治区发改委列为2008年度自治区统筹推进新开工重大项目。截至2009年底，年产15万立方米中(高)密度纤维板项目、年产10万立方米胶合板项目已竣工投产，计划在2011年全面完成50万立方米人造板生产线建设。作为东辉木业配套项目贺州东辉精细化工有限公司项目，建设年产3万吨甲醛生产线，项目占地1.67公顷，总投资2300万元，于2009年9月26日竣工投产，2009年生产甲醛2000吨。总投资2.5亿元，年产刨花板20万立方米项目，于2010年3月份开工奠基，计划2011年底建成投产。第二期开发建设主要用于承接东部产业转移，将用于建设八桂建材工业基地(陶瓷生产基地)项目。整个项目全部建成投产后年可创税近1亿元，直接为地方提供5000个劳动力就业机会。

【制浆造纸】

原料来源 全区木竹制浆造纸原料主要来自广西境内。木竹材产量可满足80万吨以上木竹浆生产以及其他林产工业对木竹材的需求。

规模以上木竹制浆造纸企业有15家，生产规模80多万吨。其中7万吨以上的有6家，3万~7万吨的有4家，3万吨以下的有5家。

主要产品与品牌 纸产品主要以书写纸、胶印书刊纸、新闻纸、胶版印刷纸、有光纸为主的文化印刷用纸，以牛皮卡纸、瓦楞原纸、箱板纸、牛皮纸为主的包装纸及纸板以及木浆薄页纸、卫生纸等为主，在木浆比例逐步提高的推动下，彩印新闻纸、白卡纸、高级文化用纸、静电复印纸等一批高中档纸品也开始投放市场。南宁凤凰纸业金凤牌木浆采用马尾松、桉树生产，具有高白度、高强度、纤维长、透气度好、吸收性好及成纸均度、平滑度高的特点、适用于高品质纸张的生产。玉凤牌生活用纸具有白度高、柔韧性好、吸水性好、均度高、无元素氯等高级环保生活用纸的特点受到市场好评。柳州两面针纸业有限公司(即原柳江造纸厂)生产的银鸥牌漂白化学竹木浆板质量优良，可用于配抄任何中高档纸张，质量一直名列国内同类产品前茅。银欧牌彩色胶印新闻纸、白卡纸、文化用纸享誉全国。

市场状况 2008年，全区纸和纸板产量174.44万吨，比2007年增长6.73%；商品浆产量83.88万吨，比2007年增长19.91%；销售收入95.24亿元，比2007年增长21.78%；实现利润0.66亿元，比2007年减少了52.99%。2009年，纸和纸板产量238.72万吨，比2008年增长了36.85%；商品浆产量84.53万吨，比2008年增长了0.78%；销售收入85.3亿元，比2008年减少了10.44%。

2008年上半年，造纸业仍维持2007年高景气，纸品市场价格看好，产销两旺，7月木浆价格最高5400元/吨。但2008年下半年生产与销售增速明显回落，特别是第四季度，在全球性金融危机的冲击下，遭受了销售不畅、价格下跌、利润下滑等多重危机，木浆价格最低达3000元/吨，纸品售价也下降1500元/吨以上。随着国家刺激经济发展诸多政策的出台和实施，2009年上半年开始走出低谷，缓慢回升，下半年出现较为明显的好转。

【木制品制造】

木质家具 2009年广西木质家具产量约320136件。全区家具企业约300多家，具有一定规模的家具企业有广西金鼎家具集团有限公司、广西志光家具有限公司、广西华泰家具有限公司和南宁银杉实业有限责任公司等。荔浦县已发展成为全国最大的木衣架生产基地，年木衣架产品产量8亿多只，品种1000多个。桂林裕祥家居用品有限公司和桂林俏天下家居用品有限公司等2家企业实现产值超亿元。

地　板 广西实木地板产业由于受到原料限制，20世纪90年代发展起来的实木地板最高年产量达到200多万平方米，大大小小的厂家约100多家。2009年全区的实木地板产量11.53万平方米，比2008年减少了9%，由于广西速生桉材原料充足，近年来有10家胶合板企业专门生产多层实木复合地板基材，专供地板生产企业生产地板。

广西雅丽木业有限公司是一家以生产新型多层实木地板、高级强化地板为主，集科技开发、生产加工、市场服务于一体的大型现代化民营企业。公司厂区位于南宁市黎塘工业园区，占地面积4万多平方米，总投资6800万元，年设计生产能力500万平方米，拥有德国和台湾最先进的木地板生产线，是广西最具规模化、专业化、现代化水准的木地板生产企业。该公司作为一家植根广西本土，拥有以“公司+基地+农户”模式发展的可利用速丰桉(柳桉)数万公顷，以及一座木地板基材生产企业，发展林产品具有得天独厚的资源优势，其生产的木地板基材品质在行业中享有较高的美誉度，已远销全国各地。

卫生筷子 广西卫生筷子主要是竹筷子，原采用松木生产的木质筷子已基本不生产，竹筷子主要集中在桂林市临桂、阳朔、兴安，柳州市融安、融水和三江等县。2009年产量11165件(标准箱)，同比增长123.06%。生产的筷子有中高档的竹筷子，但以一次性的卫生筷为主。

【竹、藤生产与加工】

主要产品与品牌 广西竹藤芒编发展历史悠久，从传统的箩、篮、筐、篓、椅、席、箱、笼的农村日常生产、生活用品，发展到现代的家庭、办公、宾馆、旅游、礼品；从过去分散发展到现在的产业集群；从过去竹藤单一利用发展到现在的竹、藤、芒、草、麻、枝、茎、叶以及农作物的秆皮、水葫芦、玉米衣、芭蕉树皮等综合利用；从过去的农民自产自销，发展到现在走向世界市场的创汇产业。经过多年的发展，广西竹藤芒草编产业已闻名于世。博白、宾阳、浦北、兴安、岑溪、灵山、都安等县都已发展成为县域经济的支柱产业，是农民受益最广的一种产业。博白县于2006年被中国工艺美术协会授予中国编织工艺品之都称号，兴安县于2006年被国家林业局授予中国竹子之乡荣誉称号。

市场状况 竹、藤、芒编产品主要是一种传统出口的日用品、工艺品，2009年受国际金融风暴的影响，产品出口一度受阻，订单锐减、价格下滑、效益不佳、形势严峻。各企业采取积极应对措施，随着全国大形势、大环境的好转，特别是广州“秋交会”后开始出现转机，出口市场逐渐恢复，又看到了竹、藤、芒、草编加工的曙光。年末统计，克服了金融风暴的影响，度过了难关。据玉林市轻工工艺品商会2009年12月28日统计，博白县竹、藤、芒、草编工艺品行业产值达82806万元，与2008年比，减少了9.6%，销售收入80651万元，下降了9.89%。

【木本粮食与油料生产】 广西木本粮食与油料生产的经济林产品品种主要有食用油料类、工业原料类、香料类。

食用油料类 主要品种为油茶，广西是我国油茶的主要产区之一，种植面积列全国第三位。全区油茶林面积36万公顷，其中，已挂果(投产)面积32万公顷，年产油茶籽约14万吨。全区油茶种植面积超过0.67万公顷的县有19个，包括三江、融水、融安、鹿寨、龙胜、平乐、恭城、巴马、凤山、右江、凌云、田林、隆林、田阳、那坡、八步、昭平、富川、平桂等县(市、区)，三江县油茶面积4.93万公顷，被国家林业局命名为中国油茶之乡，三江县、巴马县被国家林业局确定为国家经济林(油茶)产业建设示范县。

三江侗族自治县历来是我国油茶面积最大、油茶籽产量最多的县份之一，现有油茶林面积4.93万公顷，经营面积位居广西第一、全国第二，人均有油茶林面积0.15公顷。常年茶籽产量在7500～10000吨，产油在1500～2000吨，总产值6000万元左右，具有“广西油海”之称。2001年被国家林业局授予中国油茶之乡的称号，2007年又被国家林业局确定为全国100个经济林(油茶)产业示范县之一，油茶是三江侗族自治县群众主要经济来源之一。

工业原料类 广西是我国油桐的主要产区之一，种植面积列全国第三位。油桐是重要的天然优质工业原料树种，全区油桐林面积15.8万公顷，其中，已挂果(投产)面积14.5万公顷，油桐籽年产量约10万吨。广西油桐主要产区包括：田林、隆林、西林、右江、天峨、南丹、东兰、凤山、巴马、融水等县(区)及自治区直属的雅长林场。天峨县被国家林业局命名为中国油桐之乡。

2007年天峨县向国家科技部申报油桐低改项目，经国家科技部和财政部审查，批准天峨实施油桐产业化开发与示范项目，并拨给专项资金225万元。项目依托广西林科院的技术，建立了低改中心示范区66.67公顷，低改项目区1333.33公顷，面上低改1.2万公顷，并配套建立优质高产油桐品种的引进与繁育示范、油桐加工技术开发与示范，油桐产业服务体系建设与服务能力提升，即建立油桐协会，建立油桐科技专家大院、建立科技信息网络平台、开展油桐科技培训等。

天峨县通过招商引资创办加工企业，促进油桐产业发展，先后建立了盛源桐油厂、穿洞桐油厂、下老立业桐油厂、向阳供销社桐油厂等10多家桐油加工厂。2007年，成功引进桐油龙头加工企业——天泉桐油股份有限公司，该公司是中国目前最大的桐油深加工企业之一，年加工设计能力6万吨，这些企业为该县的桐籽市场、加工提供了保障。天峨桐果主要销往内地一些桐油加工企业，优质桐油销往山东、上海、福建等沿海省份，并出口俄罗斯、日本、美国和东南亚国家，有效提高了品牌知名度。仅2007年，天峨桐籽产量达9.2万吨，同比增长15%；油桐产业实现生产总值22080万元，同比增长15%；利润3650万元，同比增长13%；加工产值9120万元，同比增长19%；税收365万元，同比增长22%。天峨县油桐生产优势突出，特别是三堡乡的桐油果出油率及品质可称世界之最。

香料类 主要香料树种有八角、肉桂、茉莉花(香料用)、柠檬桉、山苍子、樟树等，八角、肉桂、茉莉花(香料用)，保有面积54.55万公顷。天然香料及其系列精深加工产品的主要品种有40多个，年总产量20多万吨，产值20多亿元，出口创汇约1亿美元。

八　角　广西是我国八角的主要产区，现有八角林面积36.5万公顷，其中，果用林面积33.7万公顷(已挂果面积约22万公顷)、油用林面积2.8万公顷，年产八角干果约9万吨，年加工茴油0.2万吨。八角作为广西天然特色香料产业的主要品种，列入自治区新的农业优势产业扶持发展。防城、苍梧、宁明、德保、那坡、金秀、藤县等7县(区)被国家林业局命名为中国八角之乡。广西所生产八角80%主要以八角果作为食品添加剂供应东北、华北、西北、南方批发市场和供出口，20%用来提取茴香油进行深加工和药用。八角类主要产品有八角、茴香油、茴香脑、莽草酸。广西茴香油生产主要以个体户为主，设备生产能力约3000~4000吨。广西主要茴香脑的生产企业主要有：广西万山香料有限公司、广西林科院、南宁市益鑫植物香料厂、武鸣正信香料有限公司、柳州鑫业香料有限公司、柳州西科雅香料有限公司、广西容县瑞丰香料厂、广西德保县香料厂等10多条生产线。设备设计能力约为6500吨/年。莽草酸生产企业有：桂林莱茵生物有限公司、广西万山香料有限公司、广西林科院，设计生产能力400吨/年。2009年广西生产八角干果9.4万吨，茴香油2000吨，莽草酸300吨。

肉　桂　广西是我国肉桂的主要产区，现有肉桂林面积13.5万公顷，其中，已投产面积约10万公顷，桂皮年产量2.5万吨，桂油产量约0.15万吨。肉桂作为广西天然特色香料产业的主要品种，列入自治区新的农业优势产业扶持发展。广西肉桂主要产区包括：防城、上思、东兴、藤县、苍梧、岑溪、容县、平南、桂平、那坡等县(市、区)及自治区直属的高峰林场。防城、岑溪、藤县被国家林业局命名为中国肉桂之乡。肉桂皮类加工主要是为了方便出口和使用，对桂皮、桂通(桂筒)进行外观修整、刮去表皮、成形(如筒状)、包装等。广西主要的桂皮类加工厂有：东兴市马路桂皮厂、苍梧县广平桂皮桂类加工厂、岑溪市波塘肉桂加工厂、平南县六陈桂油厂、广西桂平悦达香料有限公司。这些工厂配有简单机械设备，主要是人工操作，加工的产量根据市场需求而定。

柠檬桉　广西是柠檬桉资源较为丰富的产区之一，现有柠檬桉保有面积620公顷，主要分布南宁、崇左、钦州、玉林、来宾6市的青秀、江南、良兴、武鸣、横县、江州、扶绥、钦南、浦北、陆川、博白、兴宾、武宣等13个县(区)。2009年生产桉叶油1000多吨。

【林木种苗生产】

基地建设 2008年1月的雨雪冰冻灾害，给广西林木种苗生产带来严重损失，据统计，林木种苗受害面积940公顷，受灾苗木5.6亿株。经过全区上下共同努力，采取一系列措施，开展林木种苗抗灾救灾和恢复重建，做好灾情调查、统计、分析、上报和种苗余缺调剂等工作，组织生产单位开展生产自救，清理受损苗木、修复基础设施，编写印发《林木种苗恢复重建技术要点》，编制全区林木种苗灾后重建规划，开展补播补育工作，恢复种苗生产，启动了种子储备制度，无偿下拨马尾松、杉木储备种子5000多千克用于灾后育苗，一些受灾市、县积极采购优良林木种子育苗，免费供应造林。据统计，2008年全区共采收林木种子127吨，主要是马尾松、湿地松、杉木、桉树、油茶、荷木、大叶栎、红锥、火力楠、南酸枣、毛竹等树种，与2007年相比，种子采收量减少了14.77%。育苗面积2113公顷，产苗总量107005万株。加强种苗质量监管和质量检验制度，在大灾之年不降低标准使用种苗。突出抓好油茶良种生产供应管理，确保油茶造林的品种和品质，为广西油茶产业发展打下基础。

种苗工程建设 2008年广西获中央投资种苗工程建设的有钦州市防护林良种繁育基地、藤县大芒界马尾松种子园、广西环江珍稀优良乡土阔叶树种林木良种繁育基地和广西贺州市优良珍贵用材树种良种繁育基地共4处。总投资412万元，其中中央投资309万元，地方配套103万元，建设规模210.4公顷。2008年国家林业局批复建设的项目有广西油茶林木良种基地建设项目，建设规模88.9公顷，总投资350万元，其中中央投资280万元，地方配套70万元。同时，广西继续抓好工程项目建设监管，协调各方关系，督促指导工程建设，解决存在问题，加快建设进度，对已完成建设任务的项目，组织开展验收。2008年全区有自治区林业局种子站、国有高峰林场、广西林科院和临桂县4个种苗工程项目通过自治区林业局组织的竣工验收。

林木良种建设 开展油茶良种建设工作，全面调查油茶良种种苗基地建设情况和生产供应能力，提出广西油茶良种种苗建设规划，研究落实油茶良种基地、重点苗圃的建设内容、规模、地点的方案，组织编制项目可行性研究报告。组织开展全区林木良种补贴政策调研，从部门预算中安排100万元用于11个重点良种基地恢复灾后生产。组织开展林木种质资源收集保存状况的调查摸底工作。组织申报国家级林木良种审定，2008年广西有4个油茶优良无性系(岑软2、3号和桂无1、4号)通过国家林业局林木品种审定委员会的审定。

主要企业 广西国营东门林场国家级桉树良种基地2005年获国家林业局授予全国特色种苗基地称号。基地现保存有树种园7公顷，保存桉树树种53个；基因库10公顷，收集927个家系、无性系；种子园87.95公顷；苗圃13.5公顷，其中高架沙床采穗圃3000平方米、组培厂519平方米、轻基质生产车间1232平方米、温室1167平方米、荫棚24012平方米、炼苗场31926平方米，2009年育苗达2000万株。

广西以融水优良种源的优树为主建立的融安县西山林场杉木良种基地244.23公顷、全州县咸水林场杉木良种基地109.33公顷。种子园所产良种遗传增益高，改良代种子园树高增益为20.6%~29.9%，1.5代种子园树高增益为19.2%~31.7%。2009年全区杉木良种育苗2709万株。

广西以优良种源优树为主建立的南宁市林科所马尾松良种基地、贵港市覃塘林场马尾松种子园、国营派阳山林场马尾松种子园、藤县大芒界马尾松种子园良种遗传增益为10%~30%。2009年全区马尾松良种育苗1774万株。

市场状况 全区现有在建林木良种基地总面积3967.89公顷，树种有马尾松、杉木、湿地松、桉树、油茶、任豆、马占相思、加勒比松、红海榄、西南桦、八角等。其中种子园11处，面积696.98公顷，种子产量19108千克；母树林面积25383公顷，产种25383千克；采穗圃45.23公顷，产穗条1193.12万条；良种繁殖圃面积20.47公顷，产苗2745万株。2009年良种产量比2008年减少76.5%，减产原因主要是受2008年雨雪冰冻灾害影响，马尾松、杉木良种基地减产较大。主要良种基地有东门林场桉树良种基地，融安县西山林场，全州县咸水林场杉木良种基地，南宁市林科所，藤县大芒界马尾松良种基地等5个国家级良种基地和岑溪市软枝油茶，派阳山林场马尾松、八角良种基地，北海市防护林，钦州市林科所红树林良种基地，昭平县林科所杉木良种基地等。全区现有林木采种基地22处，主要树种包括：马尾松、杉木、八角、西南桦、大叶栎、任豆、荷木、油茶等，可采种面积7260.49公顷，全年采种量41680千克。2009年审(认)定通过林木良种共17个。

2009年全区国有苗圃511家。育苗面积1912公顷，其中本年新育苗面积1277公顷，培育苗木63145万株，其中容器育苗38567万株。

【林产化学加工】

资源状况 全区拥有松林资源246.6万公顷，总蓄积量17291万立方米。广西林产化学工业蓬勃发展，已经形成了以脂松香、松节油及其深加工产品、香料香精等林产化工产品为主的比较完善的工业体系。

原料基地建设 由于近几年广西大力发展种植速生丰产林，使松林面积出现一定减少。根据第七次森林资源连续清查情况，2009年广西松林面积246.6万公顷，蓄积量17291万立方米，比2003年调查的面积减少27%，蓄积量减少43%。

为保证松脂原料来源，一些民营松香厂开始积极建设松林基地，如北流市兆周松脂厂采取“公司+基地+农户”的形式，已建立采脂松林733.33公顷；广西日增工贸有限公司近几年已造松林333.33公顷。

主要加工企业 广西有松香生产企业约100家，年生产能力64.9万吨。栲胶生产企业2家，年生产能力1万吨。香料香精生产企业50多家，年总产量20多万吨。

市场情况 受金融危机影响，松香市场波动较大。2009年上半年前松香市场供过于求，价格较低。随着金融危机的过去，国内外经济逐步复苏，松香市场在2009年9月份开始由供过于求转为供不应求，价格迅速回升，从2008年的6000元/吨左右涨到了2009年末的10000元/吨。松节油产量较少，而其深加工产品得到大力发展，近几年供不应求，价格连创新高，即使金融危机爆发，对松节油市场影响也极小。随着金融危机的过去，松节油价格逐步上升，到2009年底，松节油价格涨到了17000元/吨。由于治疗甲流最有效的药物——罗氏达菲，其初期原料就是来自八角，2009年年初，全球爆发甲型流感，加上当年八角减产，致使八角供不应求，年初每千克才4～6元，4月中旬开始涨价，6月份价格突破10元/千克，12月份升至每千克22～28元，也无货供应。

主要产品与品牌 松香和松节油及其深加工产品(歧化松香、氢化松香、马来松香、聚合松香、松香胺、松油醇、合成樟脑、合成芳樟醇、α蒎烯、β蒎烯、冰片)、茴香脑、桂油、栲胶。梧州松脂股份有限公司生产的华松牌脂松香、歧化松香和梧州日成林产化工有限公司生产的龙舟牌脂松香、氢化松香是广西名牌产品。

松香生产 松香是广西林产品最具影响的产品，广西松香产品70%出口外销。2008年由于受金融风暴的影响，国家又取消了松香退税，因此，可说是松香行业遇到困难最大的一年。2008年春初，一场冰雪灾害降临，从而使松香价格从2007年年底每吨5600元升到4、5月每吨6500元，由于全国松香减产，市场需求回升，到了7月下旬，每吨松香价飙升到7500元。正值此时，国家从7月1日起，取消了松香出口退税，松香价格又一路走低，国际金融风暴影响深入，到9月中旬松香价格由每吨7500元下跌到10月底的每吨5600元。松脂价格也从每吨6400元，下降到4600元。可是一贯松节油价格比松脂价格低，但在2008年松香走低时，松节油价格一路高歌，每吨松节油价格由1月份每吨7500元，飙升到9月份的每吨13800元。松香深加工产品合成樟脑、合成香料、萜烯树脂、松节油3.2万吨。

2009年是松香工业由低谷走向顶峰的一年，由于2008年全国松香减产30%，广西产量也减到25万吨，国外经营、使用单位库存减少，加上灾害性气候影响，国内松香库存不多，使用单位继续进货。马尾松一级松香价格从最低的5500元/吨涨到了11000元/吨。松香价格上扬，松脂价格随之飙升到每吨6000多元。

栲胶生产 2008年，栲胶类产品产量4027吨，比2007年减少54.55%。8月，广西林科院与武鸣栲胶厂签订化学法倍花制取工业单宁酸生产合作项目，对广西特有的林副产品倍花资源进行产业化开发利用。2009年，栲胶类产品产量为7161吨，比2008年增长77.82%；销售收入6992万元。8月，武鸣栲胶厂与南京林业大学签订马占相思栲胶改性产品开发合作项目，并开始实施。

香料生产 天然香料及其系列精深加工产品的主要品种有40多个，年总产量20多万吨，产值20多亿元，出口创汇约1亿美元。现有八角林面积34.9万公顷，其中，果用林面积32.1万公顷(已挂果面积约19.9万公顷)、油用林面积2.8万公顷。肉桂林面积18.78万公顷，其中，已投产面积约10万公顷。2008年桂皮产量2.4万吨，桂油产量约1100吨。2009桂皮产量约2.5万吨，桂油产量约1200吨。

【花 卉】

主要企业 2008年广西花卉种植面积12804公顷，比2007年增长61.7%。花卉总产值14.35亿元，比2007年增长76.9%。花卉产品中，鲜切花产量5750万支，盆栽植物1482万盆，观赏苗木2164万株，绿化草坪979万平方米。到2008年底全区有花卉企业218家，花卉市场41个，花农9.5万户，花卉从业人员28万人，控温温室面积4.45万平方米，日光温室面积10万平方米。2009年，全区花卉种植面积8774公顷，实现花卉总产值14.11亿元，规模以上的花卉种植企业、花卉大户2000多家，花卉从业人员26.86万人，广西花卉事业正呈现前所未有的发展势头。以龙头企业为核心，建立花卉生产基地、规模化经营，采取“订单花卉业”、“公司+基地+农户”的经营模式，外接国际市场，内联种养基地和农户，既帮助当地农户改革了传统的经营方式，又促进了花卉企业的快速发展。

广西国营七坡林场 该林场于2009年8月开始承建广西花卉产业示范基地项目，现已完成国兰生产大棚20000平方米，兰花展示交易厅3000平方米，建成生态停车场1000平方米。并完成19.2公顷土地“三通一平”及围墙建设工作。该项目以名贵花卉优质种苗组培繁育及生产推广为重点，以鲜切花(叶)、兰花类、珍稀木本花卉等高附加值的名贵花卉生产为特色。在2009年11月23日的桂台花卉合作项目签约仪式上，与6家台资花卉龙头公司签约花卉建设项目，签约用地面积31.33公顷，总投资5.2亿元。

柳州赛特生物科技研发中心 该研发中心是集科研、生产、教学、技术推广为一体的现代化生物技术综合开发应用机构。生物技术中心设备先进，技术力量雄厚，拥有组培苗生产厂房和生物技术中心实验室近1500多平方米，花圃13.33公顷，示范林基地150公顷。教授2人，研究生2人，高、中级专业技术人员23人。按现有的设备和技术力量，年产优质花卉等各种组培苗可达到600万株，成品花100万盆以上。此外，该中心是自治区重大项目——柳州青茅花卉基地支撑单位。该项目为自治区发改委重点建设项目，是广西“十一五”重点花卉建设项目，规划面积866.7公顷，总投资2.21亿元，一期工程面积191.2公顷。项目建成后将成为桂中地区功能最齐全、最大、最先进的花卉生产示范园区。

广西花鸟交易市场 该市场由广西高峰林场与广西润峰市场开发有限责任公司共同投资1.2亿多元兴建而成。占地约5.67公顷，总建筑面积达4.5万平方米，设置充足仓库配套，239个标准泊车位及大量可拓展停车位。2009年1月15日，自治区林业局和南宁市政府联合举办的广西南宁第八届春节花卉交易会在南宁广西花鸟交易市场举行了开幕式。自治区副主席陈章良宣布开幕，并为开幕式剪彩。本届花市规格和规模都要高于往年，以名、优、新、特花卉产品及年橘、盆景、奇石、饰物展销为主，花卉以蝴蝶兰、满堂红、仙客来、大花蕙兰、一品红等为主打品种，整个交易会的规格和规模都为历届之最。

主要产品与品牌 广西花卉产品中形成了以岭南特色盆景、横县茉莉花、防城金花茶以及国兰为代表的花卉品牌。此外，从广西丰富的植物资源中驯化选育出的特有品种罗汉松科植物、杜鹃花、鸟巢蕨、桫椤、单性木兰、苏铁等也是广西特色花卉拳头产品。

金花茶山茶花是中国特产的传统名花，也是世界性的名贵观赏植物，约有200多种。在众多的山茶花中，只有金花茶具有金黄色花瓣。1933年，在防城大菉阿泄隘首次发现，1948年命名为光亮山茶，1965年首次命名为金花茶。金花茶的发现，在世界上引起了轰动，国内誉其为“植物界的大熊猫”，国外称为“梦幻中的黄色山茶花”。金花茶花色美，花期长，人们封之为“茶族皇后”。主要分布在防城、东兴、隆安、邕宁、扶绥、龙州、南宁等地，是广西特有花卉，因此广西被称为“金花茶的故乡”。1984年，在防城建立了世界上惟一的金花茶自然保护区。

市场状况 参加第七届中国花卉博览会是2009年广西花卉产业发展的一大亮点。9月26日，七博会在北京和山东同时举行，广西展团圆满完成参展参评工作，并取得优异成绩。在本届花博会上，广西展团获得2金3银5个团体大奖。其中山东展区获得室内设计布置金奖1个和室外设计布置银奖1个，北京展区共获室内外展区设计布置银奖2个。特别是广西展团获得的团体组织奖金奖，更是众多大奖中含金最高的一项(本届博览会设团体组织奖金奖10名、银奖10名、铜奖12名)。此外，广西展团还获得其他各类单项奖108个。参评的花卉类展品获得金奖9个，银奖27个，铜奖43个，优秀奖29个，获奖比例高达54%，获奖展品涉及兰花、盆栽植物、盆景、奇石等四大类优势花卉产品。

【驯化野生动物及其产品加工】

驯养基地建设 野生动物驯养繁育及其产品加工产业是广西林业八大产业之一。广西现有野生动物人工驯养繁殖单位195家，相关从业人员2万余人，2007年产值约6亿元。人工繁育的物种主要有食蟹猴、猕猴、虎纹蛙、梅花鹿、果子狸、七彩山鸡、黑熊、虎、狮、竹鼠、部分蛇种、蛤蚧等。其中灵长类实验动物人工养殖场11家，年产值约2亿元，以实验用猴、药品、保健品和石斛等原料为主的野生动植物进出口总额达10多亿元，是广西野生动物产业的支柱产业；有虎纹蛙人工养殖场45家，年产量约500吨，年产值约500万元；梅花鹿人工养殖场7家，年产量约70吨，年产值约250万元；蛇类、蛤蚧人工养殖场83家，尚属试点阶段，蛇类年产约80~90吨，年产值约1500万元；蛤蚧年产约3万只，年产值约80万元。

主要企业

广西玮美生物科技有限公司 该公司位于广西南宁市中国东盟经济开发区，成立于2005年8月，主要从事非人灵长类实验动物食蟹猴的饲养、繁殖和研究服务工作。是我国首家获国际实验动物组织AAALAC完全认证的非人灵长类实验动物养殖企业。

广西玮美东盟实验动物中心 于2006年开始投资建设，2007年1月正式投入使用。中心占地面积32公顷，动物设施严格按照国家实验动物标准及国际标准要求进行设计施工，建有实验区、饲养区、检疫区及相关配套附属设施。食蟹猴计划发展规模为15000只，繁殖种猴4800只，每年可以提供高品质实验猴3000只。

广西桂东灵长类开发实验有限公司 是贺州市一家从事实灵长类实验动物驯养繁殖、销售的龙头企业，主要驯养繁殖、销售实验用食蟹猴、猕猴。公司经过多年的运营已形成一定的规模，积累和掌握了灵长类实验动物的驯养繁殖经验和技术。有食蟹猴、猕猴存栏9422只，其中商品猴6022只。年可提供实验用商品猴1500~2000只，繁殖群3400只，年可产仔猴2000多只，产值890万元。公司养殖的灵长类实验动物产品主要供给国内外科研单位做科学实验，并远销日本、美国、加拿大、法国等国家，产品质量均得到客户的好评及认可。

桂林雄森熊虎山庄 为全球最大的集虎、熊、狮等珍稀动物观赏、野化、科研和繁殖于一体的多元化野生动物基地。山庄坐落在桂林50多万平方米的两江国际机场路沙塘大圆盘处，集世界濒临灭绝仅有的4个虎种。现有东北虎、华南虎、孟加拉虎、白老虎共1000多头，黑熊400多头，狮子200多头及豹、蛇、猴、鸟等世界一级保护动物，为世界最大的黑熊、老虎科研、繁殖、野化、观赏、游乐基地，也是东北林业大学野生动物资源学院教学科研基地和广西珍稀濒危野生动物救护研究中心、猫科动物繁育基地，年产值450万元。

市场状况 广西有野生动物经营利用单位296家(含养殖企业)。野生动物人工利用主要是制酒业和制药业，年产值千万元以上的企业6家。野生动植物保健酒企业18家，年产值约1亿元；野生动物经营利用酒楼、饭店131家，年产值约1.2亿元；观赏类动物园6家，年产值约3000万元。

【森林旅游】

旅游资源 截至2008年底，全区共有森林公园47处，其中国家级森林公园20处、自治区级森林公园21处、市(县)级森林公园6处，森林公园总面积257420公顷。年度投入资金5061.4万元，其中国家投资1260万元，自筹2965万元，引资836.4万元；环境保护投入457.8万元，植树造林347.8公顷，改造林相267.8公顷；社会旅游从业人员2971人。

2008年，新建两处森林公园，一是龙滩大峡谷国家森林公园；二是爱山自治区级森林公园。此外，指导良凤江、阳朔和桂林3处国家级森林公园、九龙沟和爱山两处自治区级森林公园编制总体规划，组织召开良凤江、阳朔和九龙沟3处森林公园总体规划评审，批复了良凤江国家森林公园总体规划。指导大桂山、资源八角寨国家森林公园开展总体规划修编工作。组织指导大瑶山国家森林公园做好国家文化和自然遗产地保护中央预算投资项目的有关前期工作。姑婆山国家森林公园已被国家林业局确定为全国生态文化教育基地之一，并被批准实施森林景观与生态文化资源保护项目。

截至2009年底，广西共建设有森林公园48处，其中国家级森林公园20处、自治区级森林公园22处、市(县)级森林公园6处，森林公园总面积257920公顷。年度投入资金24824.33万元，同比增长近4倍，其中国家投资3781.43万元，自筹15997.9万元，引资5045.0万元；环境保护投入4395.6万元，植树造林1423.85公顷，改造林相188.52公顷；社会旅游从业人员3827人。

2009年，自治区林业局组织评审的总体规划有《桂林国家森林公园总体规划(2009～2020年)》、《红茶沟国家森林公园总体规划(2009～2020年)》、《三门江国家森林公园总体规划(修编)》以及《广西爱山自治区级森林公园总体规划》。

全区基本形成了以资源八角寨、龙胜温泉、贺州姑婆山、金秀大瑶山、上思十万大山、南宁良凤江等森林公园和龙虎山、大明山、猫儿山等自然保护区为依托，以旅行社为载体，融食、住、行、游、娱、购配套发展的森林旅游业网络。

主要森林公园　有十万大山国家森林公园、龙胜温泉国家森林公园、姑婆山国家森林公园、大瑶山国家森林公园、黄猄洞天坑国家森林公园、平天山国家森林公园。

主要收入　据不完全统计，2008年，全区主要森林旅游景区景点共接待游客量为611.35万人次，旅游收入达73992万元。其中，森林公园共接待游客量为353.74万人次，基本与2007年持平；森林旅游收入29660万元，同比增长9.42%。

2009年，全区各级森林公园共接待游客量为340.9万人次，其中海外游客12.91万人次。全年森林公园旅游收入40584.33万元，同比2008年增长36.84%。

2009年，全区国家级森林公园接待游人194.79万人次，其中海外游客12.55万人次，分别占全区森林旅游总人数的57.1%和97.2%。国家级森林公园旅游收入33337.43万元，占全区森林公园旅游收入的82.14%。

各地、各森林公园根据自身的资源优势及特点，放宽思路，多形式地进行宣传促销。如姑婆山国家森林公园利用各种节庆推出适合不同人群的优惠政策，如暑期的学生优惠、市民会员卡、景区联票等；通过旅游交易会、展览会、旅游大篷车等到马来西亚等地宣传推介，取得了良好的效果，2009年，海外游客1.74万人次，其中60%以上的为马来西亚团。十万大山国家森林公园继续与上思县委、县政府联合举办"森林小姐"大赛，起到了良好的宣传促销作用。平天山、三门江、良凤江等国家森林公园充分利用国庆60周年、中国—东盟博览会等的有利时机，开展登山节、美食节、杂耍节等活动，均取得了不错的效果。除此之外，各地还采取景区联盟、专访旅行社、加入全区的旅游景区(点)套票等形式来宣传促销，吸引游客。

【国际合作】　广西与国外双边与多边林业项目合作与交流不断扩大，充分发挥区位优势和资源优势，坚持"请进来"与"走出去"相结合，开展内容丰富、形式多样、各具特色的对外交流和开发活动，合作交流日益加强，成效显著，林业对外开放和交流不断深化，一个全方位、多层次、宽领域的林业对外开放格局基本形成。

2009年，先后与全球环境基金(GEF)、联合国开发计划署(UNEP)、美国大自然保护协会(TNC)、世界银行、牛津大学野生动物保护研究所、国际野生生物保护学会(WCS)、野生动植物保护国际(FFI)以及泰国、越南等国家、地区和国际组织开展了项目合作与交流。日方出资、中日技术合作中国西部地区林业人才培养项目确定落户广西林业干部学校。2009年，累计引进项目42个，其中技术合作类1个，生态保护类1个，生态造林类3个，生态扶贫类32个。获得无偿援助217万美元，贷款5423万美元。项目数量比2008年增加3个。项目区范围涉及全区12个市的21个县(市、区)。累计开展人员交流600多人次，培训项目技术人员近1000多人。在中外双方的共同努力下，合作项目取得了明显的成效，促进了项目实施地区生态环境的改善，提高了当地农民脱贫致富和参与生态建设的积极性，加深了广西与许多合作国家的友谊，拓展了广西林业对外合作与交流的渠道。

国内交流与合作取得实质性成果。成功承办了第二届中国林业学术大会、广西国际兰花学术研讨会、桂台花卉合作座谈会和桂台经贸合作研讨会等多个大型活动，进一步扩大了广西林业的对外影响，提升了广西林业的知名度。始终把项目引进作为推动经济转型和结构调整的主抓手，不断改进招商方式、完善招商机制、优化投资环境、举办项目推介会，积极牵线搭桥，主动为投资商提供全方位服务，促成了一批招商引资项目，一批实力雄厚的国内外涉林大企业相续落户广西或是前来洽谈合作事宜。花卉项目和林板一体化项目成为投资热点。广西国营七坡林场与6家台资大型花卉企业签订了5亿元的花卉合作项目，填补了广西缺乏规模化种植和生产高档花卉的空白；广西林业集团与江苏阳光集团签订了投资近50亿元的林板一体化合作框架协议。广西林业与国内外500强企业的合作进一步加强。

【生物能源】

管理推广机构 2008年，广西有农村能源行政管理推广机构692个，工作人员2069人。其中，省级机构1个，工作人员29人；地市级机构14个，工作人员74人；县级机构107个，工作人员763人；乡级机构571个，工作人员1203人。

2009年，广西有农村能源行政管理推广机构723个，工作人员2241人。其中，省级机构1个，工作人员35人；地市级机构14个，工作人员77人；县级机构105个，工作人员724人；乡级机构603个，工作人员1405人。

经费投入 2008年全年投入农村能源建设资金30893.76万元，其中中央财政拨款14438.7万元，省级财政拨款14322.18万元，地级财政拨款941.54万元，县级财政拨款1020.657万元，乡级财政拨款170.685万元，农户自筹27391.95万元，投劳折资12275.35万元，县级贷款20万元。

2009年全年投入农村能源建设资金57188.57万元，其中中央财政拨款40791.61万元，省级财政拨款13574.245万元，地级财政拨款1114.4万元，县级财政拨款1658.12万元，乡级财政拨款50.2万元，农户自筹42819.124万元，投劳折资16741.1325万元，其他投入708.6775万元。

农村沼气及其服务体系建设 2009年新增县级服务站29个，新增从业人员141人，年末累计有县级服务站31个，从业人员143人；新增乡村沼气服务网点4343个，新增从业人员9707人，年末累计有乡村服务网点4748个，从业人员10853人，可为163.606户沼气户提供服务。

户用沼气池，2008年新增建池户218598户，年末累计321.5951万户，沼气池年产气量13.4452亿立方米，建池户年均产气量429.2951立方米。2009年新增建池户215497户，年末累计341.3398万户，沼气池年产气量11.9326亿立方米，建池户年均产气量382.722立方米。

大中型沼气工程，2008年新增大中型沼气工程711处，年末累计建成大中型沼气工程1399处。其中年末累计处理工业废弃物工程44处，总池容0.92万立方米，年产气量146.28万立方米；年末累计处理农业废弃物工程1355处，总池容8.6261万立方米，年产气量878.1874万立米。年末累计处理农业废弃物工程中，大型沼气工程27处，总池容0.554万立方米，年产气量48.435万立方米；中型沼气工程421处，总池容4.822万立方米，年产气量493.0796万立方米；小型沼气工程907处，总池容3.2501万立方米，年产气量336.6728万立方米。

2009年新增大中型沼气工程896处，年末累计建成大中型沼气工程2289处。其中年末累计处理工业废弃物工程47处，总池容5.01万立方米，年产气量1332.2万立方米，供气户数31.155万户，沼气发电装机容量1501.5千瓦，年发电量720.52万千瓦时；年末累计处理农业废弃物工程2236处，总池容14.975万立方米，年产气量1717.025万立米。年末累计处理农业废弃物工程中，大型沼气工程63处，总池容2.435万立方米，年产气量402.841万立方米；中型沼气工程550处，总池容6.761万立方米，年产气量695.47万立方米；小型沼气工程1623处，总池容5.779万立方米，年产气量618.714万立方米。

生活污水净化沼气池 2008年建成生活污水净化沼气池630处，总池容7.9907万立方米。其中村级处理系统56处，总池容4.2348万立方米；医院生活污水净化沼气池9处，总池容0.0551万立方米；居民楼污水净化沼气池145处，总池容0.11万立方米；学校生活污水净化沼气池370处，总池容3.4268万立方米；其他公共场所生活污水净化沼气池50处，总池容0.164万立方米。

2009年建成生活污水净化沼气池622处，总池容3.9417万立方米。其中村级处理系统42处，总池容0.1248万立方米；学校生活污水净化沼气池358处，总池容3.4368万立方米。

微型水力开发 2008年新增微型水力发电机493台，装机556.8千瓦。年末全区有微型水力发电机23397台，装机总容量36058.8千瓦。2009年新增微型水力发电机3台，装机210千瓦。年末全区有微型水力发电机17759台，装机总容量26046.81千瓦。

风能利用 2008年新增小型风力发电机10台，装机容量1.5千瓦。年末全区有小型风力发电机1205台，装机总容量431.6千瓦。2009年新增小型风力发电机3台，装机容量0.6千瓦。年末全自治区有小型风力发电机1161台，装机总容量232千瓦。

太阳能利用 2008年新增太阳能热水器6.579万平方米，年末累计30.0686万平方米。2009年新增太阳能热水器22831台，共6.2034万平方米，年末累计146452台，35.8478万平方米。

地热利用 2009年末全区有地热利用点5处，利用地热种植作物0.73公顷，养殖0.31公顷。

秸秆能源化利用 2009年末全区有农作物秸秆气化站1处，供气户数104户；秸秆沼气集中供气3处，供气户数352户。

省柴节煤炉灶推广 2008年新增省柴节煤灶8.7118万户，年末全区省柴节煤灶用户729.6858万户。当年新增节能炉0.8879万户，年末累计有节能炉1.5708万户。2009年新增省柴节煤灶30.6063万户，年末全区省柴节煤灶用户744.5735万户。当年新增节能炉0.8323万台，年末累计有节能炉2.3878万台。

农村地区能源消费 2008年合计消费2046万吨标煤，其中生活用能消费1086万吨标煤，生产用能960万吨标煤。

2009年合计消费2913万吨标煤，其中生活用能消费2011万吨标煤，生产用能902万吨标煤。

各项农村生活用能见表1、2。

表1 广西农村生活用能情况(2008年)

项目	用户数（万户）	用量	折标准煤（万吨）
秸秆		649.8278万吨	305.4191
薪柴		803.8852万吨	409.9815
煤炭		151.1955万吨	107.9989
电力		328035.85万千瓦时	40.3156
成品油		37.8882万吨	54.1271
沼气	296.5272	114299.36万立方米	84.9554
液化石油气	333.17	46.2014万吨	79.2031
煤气	3.6	32万立方米	0.0197
太阳能	17.0067	30.6933万平方米	3.6832

表2 广西农村生活用能情况(2009年)

项目	用户数（万户）	用量	折标准煤（万吨）
秸秆		580.6068万吨	272.8851
薪柴		702.6022万吨	358.3271
煤炭		943.294万吨	673.7949
电力		336208.58万千瓦时	41.3202
成品油		53.4826万吨	76.4053
沼气	341.3398	201999.96万立方米	159.58
液化石油气	297.333	239.895万吨	411.2517
太阳能	14.6452	35.0698万平方米	17.5349

【广西国有林场建设】 2008年广西有国有林场154个，其中，中国林科院管理的1个，自治区管

理的14个，地级市管理的14个，县(市、区)管理的122个。年末在册职工30423人，离退休人员20597人。经营面积119.36万公顷，林业用地面积111.96万公顷，有林地面积94.01万公顷；活立木蓄积6141万立方米。2008年末固定资产原值20.93亿元，净值12.6亿元。全年实现总产值28.4亿元，比2007年增长6.7%，其中第一产业产值19.4亿元，第二产业产值6.2亿元，第三产业产值2.5亿元。全年经营总收入19.6亿元，比2007年增长0%，其中种植业收入9.8亿元，加工业收入8.5亿元，其他收入1.3亿元。上缴税金5207万元，比2007年下降31%；上交育林基金5121万元，比2007年增长31.5%。

2008年生产木材243.8万立方米，比2007年增长11.6%；销售231.5万立方米，库存23.4万立方米。年产人造板24.7万立方米，木片8.6万立方米，年产松脂14069吨，松香20347吨，八角2992吨，玉桂746吨。

2008年末实有林区公路10524千米，林道22989千米，通信线路2310千米，房屋建筑面积261.9万平方米，其中职工住宅157.6万平方米，拥有汽车927辆，发电机组125台、58735千瓦。2007年完成固定资产投资71481万元，其中国家投资7873万元。

经自治区人民政府批准，广西高峰林场等13个国有林场用14.13万公顷商品林林地组建广西林业集团有限责任公司。公司成立后，区直林场事业单位性质不变、单位编制不变、拨款渠道不变；职工社会保障按“老人老办法、中人老办法、新人新办法”纳入社保，差额部分由自治区财补足；林场办社会问题移交地方政府管理，自治区安排3年过度经费；自治区编办安排1400个全额拨款事业编制用于区直林场生态公益林护。

2008年末参加社会基本养老保险的国有林场有63个，比2007年增加17个，参保人数达18546人。

广西高峰林场 是自治区林业厅直属的大一型国有林场。位于南宁市北郊，创建于1953年，林场下设14个营林分场，4个工业原料林基地，5个工业单位以及医院等31个基层单位。员工3760人，其中：在编人员1512人，离退休1400人，公司聘用848人。到2009年底，林场经营林地总面积5.93万公顷，其中场内3.2万公顷，域跨武鸣、宾阳、上林三县以及南宁市兴宁、青秀、西乡塘三城区；场外扩张造林2.73万公顷，分布在全区37个市(县、区)，森林蓄积量265万立方米。

2008年，林场经营林地总面积8.13万公顷，其中场内3.73万公顷，场外扩张造林4.4万公顷，分布在全区35个市(县、区)，森林蓄积量330万立方米。总资产160946万元，经济总收入81993.15万元，实现利润4429万元。其中固定资产79606万元，林木资产66098万元，净资产94238万元。林场第一、二、三产业产值分别为29770.9万元、65869.1万元和1127.8万元。

2008年，高峰林场共营造速丰林0.63万公顷，平均成活率95.2%。其中：场内造林4794.6公顷，场外造林1456.6公顷。灾后重建造林3198.33公顷，迹地更新造林5835.6公顷，萌生林2203公顷。

2008年，高峰林场共生产木材27.23万立方米，销售收入11488.66万元。八角、桂皮销售收入867万元，同比增长342%。其中：八角总产量92.75万千克，销售收入216万元；干桂皮销售104万千克，收入650万元。全年共生产苗木928.7万株，同比增长23%。

2009年，高峰林场总产值112005万元，经济总收入85909万元，净利润7540万元，林场总资产176936万元。造林6359公顷，场内1860.13公顷，场外4498.87公顷。人造板生产44.63万立方米，销售46.19万立方米，销售收入58000万元，完成投资回收7563.47万元，实现利润3556.23万元。木材生产34.70万立方米，销售收入15574万元。生产苗木704.7万株。八角总产量111.5万千克，桂皮销售总量61万千克，收入620万元。

广西七坡林场 是自治区林业厅直属的大一型国有林场，总场址位于南宁市江南区，下辖12个职能科室，下设4个场内营林分场、3个场外营林分场，建有木材综合加工厂、松香厂、胶合板厂、中密度纤维板厂、复合肥厂等林产工业企业。2009年底，全场经营面积3.47万公顷(场内经营面积1.87万公顷、场外经营面积1.6万公顷)，有林面积达到2.56万公顷，森林蓄积总量145.5万立方米。全场职工总数1546人，拥有专业技术人员219人。

2008年共完成造林5399.93公顷，其中场内造林3446公顷，比2007年增加89.7%；场外造林1953.93公顷，比2007年下降14.3%。

2008年生产木材21.77万立方米，其中场内生产木材14万立方米，比2007年22万立方米减少1%，场外生产木材7万立方米。全年销售木材22.8万立方米，实现销售收入8462万元。

2008年生产木片10591绝干吨，销售10260绝干吨；生产旋切板8015立方米，销售3161立方米；生产胶合板7936立方米，销售7389立方米。木材加工共计实现除税收入2205万元，同2007年相比，收入减少1270万元，减少36.5%，亏损54.6万元。

2008年收购松脂4166.8吨，生产松香3159吨，生产松节油501吨。松香生产实现销售收入2945万元，同2007年相比，收入减少23%。

2008年实现经济总产值23356万元，比2007年下降19%。第一、二产业产值分别为17377万元、5979万元，结构比例为7.4∶2.6。2008年实现国有经济收入13688.2万元，比2007年下降33%；实现利润920万元，比2007年下降48%。

2008年职工自营经济收入13906万元，纯收入765.8万元，年人均纯收入5590元。

2009年，全年总经营收入14273万元，比2008年同期增长20.7%。实现总产值25471万元，比2008年同期增长15.07%。实现净利润2743万元，比2008年同期增长187.78%。引资实际到位资金18173万元，比2008年同期增长322%。固定资产投资10158万元，比2008年同期增长240.42%。上交税费1076万元，比2008年同期增长138.13%。国有资产保值增值率110.5%。资产负债率47%，控制在指标范围。

2009年，职工自营经济全年实现产值4441.7万元，实现利润2088.1万元。在自营经济中，职工最主要的收入来源是采伐桉树林。

2009年生产木材25.84万立方米，比2008年增长18.7%，其中场内生产木材9.3万立方米，场外生产木材16.5万立方米。全年销售木材14.2立方米，实现销售收入5776万元。

全年收购松脂4784吨，生产松香4077吨，生产松节油647吨。松脂生产实现销售收入3666万元，同2008年相比，收入增长24.48%。

博白林场　系自治区林业厅直属林场。2008年，全场经营面积达4.55万公顷，森林资源蓄积量达190万立方米；全场总资产达4.94亿元，比2007年增长500万元，净资产达2.82亿元，比2007年增长2900万元。实现经济总收入8597万元，比2007年6313万元增长2284万元，增长了36.18%；实现利润1792万元，比2007年892万元增长900万元，增长了100.90%。

2008年，全场完成木材生产16万立方米，销售14万立方米，销售收入6661万元，比2007年增长了7.71%。

2008年完成中密度纤维板生产9.87万立方米，比2007年增长了61.80%；销售10.08万立方米，比2007年增长了106.98%；销售收入1.01亿元，比2007年增长了106.12%。

2009年，博白林场管护总面积4.79万公顷(含合作、股份等)，森林资源蓄积量达200万立方米；实现总产值24578.11万元，比2008年同期增加了19.1%。其中：工业总产值14235.75万元；人造板产量10.54万立方米。实现经济总收入16956.75万元，比2008年增长了92.22%；实现利润1844.85万元，国有资产保值增值率达115.43%。

2009年，全场完成木材生产15.16万立方米，销售14.27万立方米，销售收入5038万元，比2008年降低24.37%，其中林场自有木材销售73100立方米，销售收入33078100元。

广西维都林场　系自治区林业厅直属林场，建场于1959年5月，总场机关设有13个职能部门，下设8个营林分场，还有1个年产8.8万吨水泥厂、1个水厂和职工医院。2008年底全场职工955人，其中在职职工545人，离退休职工410人。全场经营面积1.84万公顷(含对外辐射造林0.43万公顷)，活立木蓄积量40万立方米。对外造林分布在来宾市兴宾区、合山等县市，场内林地全部位于来宾市兴宾区境内，呈狭长带状分布在湘桂铁路、柳南高速公路两侧。总场设在来宾市中心，占地面积20多公顷。

2008年生产木材56952立方米，销售木材63614立方米(含2007年库存9629立方米)；总收入5729.40万元，支出7465.23万元，实现利润761万元。

2009年，全场职工958人，其中在职职工532人，离退休职工426人。全场经营面积1.93万公顷(含对外辐射造林0.24万公顷)，活立木蓄积量54万立方米。生产木材69367立方米，销售木材55637立方米；场外木材生产23929立方米。

良凤江国家森林公园 良凤江国家森林公园前身为南宁树木园，是自治区林业厅直属管理的差额拨款事业单位。现有经营林地面积约1.19万公顷，活立木蓄积量72万立方米，森林覆盖率82.7%；职工763人，其中在职职工360人；树木标本园有植物1782种，其中木本植物1300多种，金花茶20多种，是华南地区最大的珍稀树木标本园和全国最大的金花茶种质资源基因库。良凤江国家森林公园先后获得国家3A旅游景区、全国文明森林公园、全国科普教育基地、全国绿化模范单位、广西林业产业化龙头企业、南宁市十佳旅游景区等荣誉称号。公园主要以林业生产经营和发展森林旅游业为主；同时开展经济果木种植，珍稀动物梅花鹿养殖、珍贵树种引种驯化及土地开发利用等经营工作。

2008年园内完成木材生产14735立方米，完成木材销售12225立方米，木材销售资金回笼率100%。园外绿宝公司完成出材2000立方米，销售2000立方米。

2008年完成财务收支7137.81万元，比2007年同期增长12%，实现了公园经济持续发展的目标。

公园重视对职工自营经济的发展和管理，积极引导职工改良种养模式。全园职工自营经济年产值达450万元，纯收入65万元，人均纯收入1605元，比2007年1280元增长了25.3%。

2009年完成木材生产53186立方米。

大桂山林场 是广西区直国有林场。总部设在贺州市。

2008年林场完成造林3983公顷，木材生产72226立方米；林场总收入为5516万元，比2007年增长7.1%；营业利润104万元，净利润为78万元，比2007年同期增加利润12万元。

2009年林场完成造林3519公顷，木材生产58500立方米；林场总收入为7324.84万元，比2008年增长33%；净利润为2120.98万元。上交税费645万元。人均经营收入达到13.13万元，人均可支配收入为2.17万元。

大桂山八桂木材加工集散中心，于2008年10月开工，被列为自治区层面统筹推进重大项目。该项目占地总面积近200公顷，分两期开发，第一期开发66.67公顷，建设年产50万立方米人造板生产基地。第二期开发133.33公顷，建成承接东部产业移基地。截至2009年底，已投资3亿元，已经完成首期“四通一平”工作，消防、排水、排污等附属工程也投入使用。现入园企业有4家，用地总计48.73公顷。其中：东辉木业年产15万立方米中高密度纤维板生产线于2008年10月开工建设，2009年6月建成投产，至2009年底生产中密度纤维板28500立方米；配套项目年产3万吨甲醛于2009年3月开工建设，2009年9月建成投产，至2009年底生产甲醛2000吨；年产10万立方米胶合板项目于2009年6月开始筹建，完成厂房基础、钢结构及围墙工程，生产设备已开始安装；与贺州市林业局合作建设的单板加工区项目完成“三通一平”工作。第二期的土地平整于2009年6月开工，已完成工程量的80%。

钦廉林场 是广西区直大型国有林场，创建于1963年。总部设在北海市合浦县乌家镇，距北海、钦州两市均为50千米，距首府南宁165千米。2008年在岗职工1180人，2009年在岗职工945人。全场经营面积5.98万公顷，有林面积3.67万公顷，活立木蓄积148万立方米。林地跨北海、钦州两市的合浦县、灵山县、浦北县、钦南区4个县(区)，下设9个营林分场、1个中心苗圃、1家年产10万立方米的纤维板厂，1个与外商合作建设年产20万立方米中密度纤维板厂。1993年林场被授予全国国营林场500强、全国国营林场100佳单位称号。

2008年度，实现林业总产值11574万元，比2007年增长20.14%。其中，第一产业实现总产值6998万元，第二产业4464万元，第三产业112万元。完成经营总收入10291万元。2008年引资到位资金3560万元，完成固定资产投资3123万元，实现净利润1962万元，经营利润602万元，上缴利税604万元。截至2008年末，全场拥有资产总额39759万元，总资产增长率11.2%。

2009年度，实现林业总产值19491万元，比2008年增长64%。其中，第一产业实现总产值10829万元，第二产业6388万元，第三产业2274万元。完成经营总收入14392万元，比增39.9%；2009年引资到位资金11429万元，完成固定资产投资11087万元，比增152.7%。实现净利润4370万元，经营利润866万元，上缴利税1344万元。截至2009年末，全场拥有资产总额54660万元，总资产增长率37.47%。

2008年，完成采伐面积2170万公顷；完成木材生产9.87万立方米，采伐剩余物3.61万吨。实现林木产品销售总收入3603万元(木材和剩余物销售总和)。

2009年度,完成林木采伐面积3600多公顷,完成木材产量完成木材产量11.0219万立方米,完成采伐剩余物3.7479万吨。林木产品销售总收入5604.12万元(木材、采伐剩余物、松脂等销售总和)

钦廉林场纤维板厂建于1983年，1985年投产，产能设计为8万立方米。2008年，生产硬质纤维板2.96万立方米，实现工业产值4645万元，实现销售收入3451万元，利润130万元。

2009年人造板生产4.56万立方米。为调整板种结构，林场投资3200万元，建成并投产年产5万立方米的连续辊压薄型硬质板生产线，使其产能达到了10万立方米。2009年纤维板厂营业收入5090万元，上缴利税267万元。

派阳山林场 是自治区林业厅直属国有林场，地处宁明县境内，1955年建场。全场经营面积2.68万公顷，有林面积1.83万公顷，活立木蓄积129万立方米，森林覆盖率67.3%，全场现有职工1089人。

2008年，年经济总收入7246万元，比2007年增长12.8%。利润790万元，比2007年增长6.1%。共完成造林4300多公顷。出圃桉树苗300万株。共生产木材11.38万立方米，销售木材10.5万立方米(含2007年存材2.74万立方米)。生产木片7074绝干吨、建筑胶合板3542立方米、单板1413立方米、松香792吨、八角干果173吨。林产工业年产值1004万元。另外，与越南禄平林业公司签署了200公顷桉树试验示范林协议书，新扩建3万立方米胶合板厂主体工程已完工。

2009年，年经济总收入8870万元，比2008年增长48%。利润2290万元，比2008年增长174.3%。共完成造林3700多公顷。出圃桉树苗150万株。共生产木材12.1万立方米，销售木材12.5万立方米(含2008年存材0.6万立方米)。生产木片1.6万绝干吨、建筑胶合板3063立方米、单板1万立方米、松脂781吨、八角干果302吨。林产工业年产值1743万元。新扩建3万立方米胶合板厂主体工程已于2009年6月份正式投产。20万立方米刨花板项目已完成土地平整工作。8万只八角香鸡养殖项目进入筹备阶段。

【企业发展】 近年来，广西的林业企业建设步伐不断加快，林业产业经济实力明显增强，到2008年止，全区共有林业企业13000多家，人造板企业700多家，生产能力1000多万立方米；木浆造纸生产能力60万吨；松香生产能力60万吨。

广西林业集团有限公司，于2008年10月10日由自治区人民政府批准设立，性质为国有独资公司，具有独立法人地位，是自主经营、独立核算的经济实体，建制及领导班子参照现有自治区直属大型企业的管理方式进行管理。由自治区林业厅代表自治区人民政府履行出资人职责。广西林业集团注册资本为8.5亿元，其中自治区人民政府注入2亿元货币资本金。资产划入范围一是广西高峰林浆纸业(集团)有限责任公司资产，二是高峰、七坡、东门等13家区直国有林场的1.41万公顷国有林地资产。广西林业集团的主要职能是推进沿海两大林浆纸项目建设，做大做强林业产业，加快林业产业化进程，促进将造纸与木材加工业打造成千亿元产业。2009年，广西林业集团共完成营林抚育1.09万公顷，木材产量6.96万立方米，人造板产量15万立方米，经营收入1.95亿元，扭亏为盈实现净利润2000万元。

【人造板主要企业】

广西高峰林场人造板集团 是自治区农业产业

化重点龙头企业，分别在南宁市、陆川县和容县设立三家人造板公司：高峰人造板有限公司、高峰九州人造板有限公司和高峰容洲人造板有限公司，具有年产45万立方米人造板生产能力，可生产2.5~32毫米各种规格、满足不同用途要求的中、高密度纤维板。2008年生产43.9万立方米，销售42.33万立方米，销售收入60873万元；2009年生产44.63万立方米，销售46.19万立方米，销售收入58000万元。三家公司30种规格产品通过了CARB认证，获得进入美国市场的通行证；进入欧盟市场的FSC/COC认证工作也已全部完成；继成功开发E_0、E_1板后，阻燃板、防潮板先后试产成功，并投入批量生产。

广西三威林产工业有限公司 公司位于梧州市，占地面积16万多平方米，是自治区农业产业化重点龙头企业，分别在梧州市和岑溪市设立人造板公司，共具有年产60万立方米人造板的生产能力，其中刨花板5万立方米、中(高)密度纤维板55万立方米、500万平方米强化地板生产线，可生产2.5~32毫米各种规格、满足不同用途要求的中(高)密度纤维板和刨花板。该公司拥有人造板及其深加工、化工材料、装饰材料等四大系列产品和5333.33公顷的原料林基地。2008年公司总资产8.7亿元，主营业务收入5.48亿元，负债5.45亿元，利税总额6638万元。纤维板产量30.7万立方米，产值4.24亿元。2009年，公司实现销售收入4.9亿元，产品出口创汇119万美元，全年上缴税费2100万元，实现利润1700万元。公司未来发展方向：一是坚持林板一体化，继续做大做强人造板主业；二是公司股份化，拓宽融资渠道，加快发展步伐。在此基础上，打造成为国内林板一体化重要生产基地、亚洲较大的人造板生产制造中心。

广西丰林木业集团股份有限公司 该公司于1992年成立，集团的注册地在南宁市良庆区，是农业产业化国家重点龙头企业。集团主营人造板生产和速丰林建设，下辖南宁市良庆区、百色市右江区、河池市环江县、防城港市上思县4个人造板生产工厂和一个林业公司。公司人造板生产能力年产65万立方米；13个营林站，在南宁市周边地区及百色、环江、上思等地建设有速生丰产林1.33万公顷；苗木生产能力200万株组培苗、1000万株扦插苗。公司从2004年起，在国内同行中率先实现了ISO9001、ISO14001、OH－SAS18000、IS010012国际质量、环境、职业健康和安全、测量管理体系以及环境标志、FSC/COC、CARB七大管理体系一体化管理。2009年，集团公司总资产为101649万元，固定资产净值44495.14万元，销售收入74601万元。

北海冠华人造板有限公司 该公司是2003年4月注册成立的外商独资企业，是自治区林业产业化龙头企业。工厂位于广西合浦县乌家镇境内，具有年产25万立方米人造板生产能力。一期中密度纤维板项目于2004年4月7日投产，二期薄板车间于2007年10月13日投产。公司主要生产E_0、E_1、E_2级中(高)密度纤维板，产品规格为1220毫米×2440毫米×(2.0~30)毫米，根据客户的特殊要求还可生产特殊规格的产品，以适应市场的需求。

广西全通投资集团有限公司 该集团公司是集林、工、贸、商于一体的种植、生产、加工、批发、连锁零售、装饰服务“长链”企业，旗下有2家公司：广西全通建材有限责任公司(南宁市)、广西澳中木业有限责任公司(南宁市)。集团拥有员工800多人，原材料基地1000多公顷，生产基地13.87公顷，卖场6000多平方米，带动农户390户，年销售总额10607万元，利润总额591万元，纳税总额114万元，总资产9416万元，其中固定资产3662万元，长期资产1235万元。该公司被认定为自治区林业产业化龙头企业。

融安华海木业有限公司 是由杭州华海木业(集团)有限公司在融安县投资成立的一个子公司，是自治区林业产业化龙头企业。融安华海木业有限公司占地6.67公顷，至2008年底已累计完成固定资产投资5000多万元、流动资产投资900多万元，已基本具备年生产加工木制品10万立方米的能力。公司主要经营以柳州杉木为主的细木工板，目前拥有员工475人，是广西最大的细木工板加工企业。公司主要产品千年舟、千喜鸟系列细木工装饰板，销往成都、重庆、上海、芜湖、山东、广州、杭州等地，市场前景较好，产品供不应求。公司在完成固定资产投资及技术改造后，将致力于公司的销售拓展，并制定第一个五年发展规划。2008年，公司实现销售6105万元。

贺州新凯骅木业有限责任公司 是自治区林业产业化龙头企业，位于贺州市钟山县工业区内，占地面积13.33公顷，总投资2.5亿元，拥有20多年丰富的板材生产经验，生产设备先进，核心设备均从德国进口。该公司是一家利用林区“三剩物”及次小薪材为原料进行深加工的资源综合利用型企业，专业生产E_0、E_1、E_2级中（高）密度纤维板及装饰贴面板，产品有1.8～20毫米各种厚度规格。产品广泛应用于家具制造、房屋内装饰、高档硬质包装等领域。年产25万立方米中（高）密度纤维板和装饰贴面板，年销售收入达4亿多元，创利税5500多万元。

东正木业集团 位于南宁市民族大道，由原东正、东林、速丰、凯立、宜州等5家中密度纤维板生产企业组建的中密度纤维板企业集团，总生产能力达65万立方米，注册资本1080万元，是一家集中密度纤维板生产、运输和销售为一体的私营股份制企业。公司占地面积1.53公顷，于2003年1月20日动工兴建，一期工程项目为两条年生产能力达到10万立方米中密度纤维板生产线，项目投资为7500万元，已于2003年9月中旬正式投产。自组建以来，公司以科技为先导，以人才为载体，依靠科技、尊重人才政策始终贯穿于企业的经营方针中。目前，该集团确定在辛冲工业园区投资2.5亿元，建设年加工木材15万立方米的高密度纤维板生产线已竣工投产，充分合理地利用杂柴和木材加工剩余物等原料生产人造板材，提高森林资源利用率。每年可实现销售收入2亿元，并带动林业产业发展，年综合效益可达10亿元。

【制浆造纸主要企业】

广西金桂浆纸业有限公司 广西金桂林浆纸一体化项目是由金光纸业（中国）投资有限公司与钦州市华晖林业有限公司合资筹建的项目。广西金桂浆纸业有限公司于2003年注册成立。公司目前有549名员工。项目分两期进行，一期工程于2005年11月7日获得国家发改委的核准，于2006年10月17日正式开工。产品及规模为年产60万吨食品级白卡纸，30万吨化机浆，总投资为79.26亿元。截至2009年12月底，投入资金已超过40.87亿元（包括营林23.42亿元及浆厂17.45亿元）。一期工程配套建设的林业基地规模为7万公顷。APP在广西的5家林业公司从1996年开始营林，累计营造林12万公顷。

广西南宁凤凰纸业有限公司 该公司是国内大规模漂白硫酸盐商品化学浆的现代化专业生产企业之一，注册资金10亿元。拥有先进的生产工艺和技术装备，全部制浆工艺设备和检验设备均从国外引进，生产能力为年产15万吨金凤系列高强度无元素氯漂白硫酸盐（ECF）木浆及4.5万吨玉凤系列生活用纸。已通过了ISO9001质量管理体系、ISO14001环境管理体系以及GB/T28001职业健康安全管理体系论证，并成为全国首家获得国家职业卫生示范企业称号的制浆造纸企业。2008年，浆、纸产量12.56万吨，产值6.3亿元，销售收入5.75亿元，从业人数1059人。2009年，由于受全球金融危机影响，经济效益下滑，浆、纸产量11.218万吨，产值4.85亿元，销售收入5.208亿元，从业人数1200人。年产浆纸15万吨，年耗木材60万立方米。发展规划为年产30万吨浆、10吨生活用纸。2008年，生产纸浆12.56万吨，完成产值6.3亿元，销售收入5.7459亿元，税金4883万元，利润537万元，从业人数1059人。

广西华劲集团股份有限公司 创建于1993年，是以竹浆纸一体化为主业，以实现绿色、环保、循环经济为经营宗旨的跨省企业集团。主要生产经营高档文化用纸、高级生活用纸以及白砂糖。集团总资产28亿元，旗下有6家子（分）公司，员工3500人，年造纸、制糖21万吨，拥有原料林基地3.33万公顷，是全国最大的以竹子为原料的文化用纸生产企业，是农业产业化国家重点龙头企业、中国优秀诚信企业、全国就业与社会保障先进民营企业、全国纳税百强民营企业、广西50强企业、广西优秀企业、广西最佳诚信企业、广西林业产业化重点龙头企业、银行AAA信用企业；华劲商标被认定为广西著名商标，华劲牌文化用纸是江西名牌产品。

公司2008年产品产量20.2万吨，销售收入8.34亿元，利税2.21亿元，累计拥有林地总面积2.67万公顷。2009年，产品产量17.24万吨，销售收入8.46亿元，利税2.19亿元，累计拥有林地合同面积3.33万公顷。

柳州两面针纸业有限公司 该公司前身为广西柳江造纸厂，总资产为9.38亿元，其竹子制浆造纸核心技术在国内独树一帜。2008年9月，柳州两面针股份有限公司开始租赁广西柳江造纸厂，年租金为360万元。2009年6月，该公司又以增资扩股方式兼并广西柳江造纸厂，设立柳州两面针纸业有限公司。制浆造纸生产能力17万吨，现有职工960人。主要产品有竹浆板、书刊纸、新闻纸、生活用纸、纸杯等。浆纸月产量5000～5400吨。公司力争通过实施节能工程和产品多元化技术改造，配套建设速生丰产竹林基地项目等“三步走”计划打造国内最大竹浆造纸基地。

田东县金荣纸业有限公司 该公司创建于1978年3月，坐落在广西田东县思林工业集中区，主要利用农林产品加工造纸。公司占地总面积30公顷，总资产约1.3亿元，从业人员900多人(其中安排农村富余劳动力810人)，产品销售收入达4.5亿元，上缴税金3000多万元。公司有6条生产线，以竹子、废纸等为主要生产原料，年浆纸总量15万吨(其中抄纸能力10万吨/年，在建硫酸盐法制浆能力15万吨/年)，造纸机最大幅宽3500毫米，最小幅宽1500毫米。该公司的达力牌高强瓦楞原纸产量居广西同行同类产品之首，产品畅销全国，出口到东南亚国家和地区。

【林产化工主要企业】

广西梧州日成林产化工有限公司 该公司是中国六大松香生产企业之一，为中国林产化工排头兵企业，企业主要产品氢化松香和浅色松香树脂产量在国内排行均为第一位。企业拥有的新技术氢化松香制造方法获国家发明专利。2004年3月被认定为广西高新技术企业。2009年被认定为国家级高新技术企业。氢化松香、无色松香、浅色松香树脂3种产品被认定为广西高新技术产品。此外，还被授予2004年广西高新技术出口创汇示范企业称号、全国双优外商投资企业、2005年梧州市优秀科技型企业、2002～2007年多次评为广西优秀企业、2006年评为广西百强企业，并评为梧州市“八五”、“九五”、“十五”科技先进企业。

几年来，企业不断开展技术进步和产品创新工作，共投入10015万元，建立10条松香深加工产品生产线，开发以氢化技术和浅色技术为依托的一系列高科技产品，并取得了较好的经济效益，2008年销售收入3亿元，出口创汇1800多万美元。

广西梧州松脂股份有限公司 该公司主要从事以松脂为原料的林产化工产品的生产与销售，主要产品分为两类：脂松香及其深加工系列产品和脂松节油及其深加工系列产品，主要包括脂松香、脂松节油、歧化松香、歧化松香钾皂、歧化松香钠皂、合成芳樟醇、二氢月桂烯醇，长叶烯等20多种林产化工和精细化工产品，为造纸、油墨、涂料、合成橡胶、ABS工程塑料、食品、香精香料、医药等行业提供了优质的原料。经过50多年来的发展，公司已成为国内脂松香和脂松节油深加工能力最强的综合性林产化工企业，是农业产业化国家重点龙头企业。公司具有自营进出口权，近3年来每年的出口额均超过1500万美元，产品远销60多个国家，在国内国际上享有很高声誉，并获得广大用户的信赖。

北流市兆周松脂厂 创建于1996年，1998年注册成立，是一家集采脂松选育、种植、松脂深加工、科研、贸易、服务于一体的林(农)业产业化重点龙头企业。公司位于北流市大伦工业园区内，占地近7公顷。公司在广西、广东、福建等区内、外设有子机构5处，公司拥有固定员工190多人。现拥有“公司+基地+农户”松脂农20000多户，脂农遍及广西、广东、云南、福建省(区)100多个市(县)的10000多个村屯。松脂农户年人均增收4500多元。公司总资产4408多万元，固定资产3750多万元。现拥有采脂松经济林0.73万公顷。有国内先进的松香树脂生产线5套，年产松香树脂8500多吨，松香10000多吨。2008年实现销售收入3648万元，上缴利税130多万元。兆周牌松香系列产品85%为出口，是广西最大的松香系列产品出口基地之一。

广西万山香料有限责任公司 于2004年12月成立，位处北部湾经济区腹地的灵山县工业园。该公司是钦州市农业产业化龙头企业、广西林业产业化龙头企业，占地3公顷，注册资金1425万元，总资产2300万元，资产负债率30%，拥有员工53名，其中大专以上人员占到员工总数的70%以上，拥有厂房和办公楼建筑面积共5000平方米。公司主营八角系列深加工产品(茴油、茴脑、天然茴香醛、莽草酸等),其中年产1000吨茴脑项目第一期年产550吨规模已投产,国际市场占有率达到20%以上;公司现有天然茴香醛生产规模年产100吨,国际市场占有率达到50%以上;公司年产100吨莽草酸项目第一期年产40吨规模已正式投产。公司为广西万山八角有限责任公司全资子公司。广西万山八角有限责任公司2000年8月成立,注册资金5048万元,总资产1.2亿,资产负债率5%,拥有员工113名,拥有50年林权以上的八角林1200公顷,其中大部分树龄已9年并开始进入挂果期,已通过了农业部的GAP(良好农业规范)认证,为今后公司需求高标准原料提供保证。2008年总产量320吨,产值2300万元,销售收入2100万元。2009年总产量450吨,产值3100万元,销售收入2800万元。

南宁利通树脂有限公司 是韩国利通株式会社在南宁投资的外商独资企业,2003年落户南宁经济技术开发区,占地面积1.33公顷,总投资约389万美元,以优质松香为原料生产改性松香——歧化松香,年生产能力1.5万吨。2008年生产歧化松香1.5万吨,年产值1.6923亿元,年销售收入1.0282亿元,年税金334万元,利润225万元。

广西武鸣栲胶厂 是自治区林业厅直属国有企业,始建于1969年9月,位于武鸣县;工厂占地7.76公顷,其中工业用地5.67公顷,生活用地2.09公顷;2009年12月底,拥有资产1548万元,固定资产净值214.3万元,无银行贷款和长期负债;现有在职职工95人,离退休人员91人;设置有栲胶生产车间和精细化工车间;具有年产栲胶产品4000吨和精细化工产品500吨产品产值达6000万元的生产能力。

2009年收购树皮等原料9373吨,比2008年同期6408吨增加2965吨,增长46%,2009年收购量基本满足正常生产需要,而2008年仅是正常生产需要量的45%。两年共收购树皮等原料15781吨。

2009年生产栲胶产品2924吨,比2008年同期2420吨增加504吨,增产21%;精细化工产品工业单宁酸生产15.5吨。两年共生产产品5359.5吨。

2009年工业总产值2048万元,比2008年同期1589万元增加459万元,增加29%。两年工业总产值为3637万元。

2009年营业收入2172万元,比2008年同期1629万元增加543万元,增长33%。两年营业收入为3801万元。

广西京桂香料有限公司 是一个专业从事肉桂、八角加工销售的香料企业,公司组建于2002年9月,2006年11月变更为广西京桂香料有限公司,注册资金为200万元。公司被认定为梧州市农业产业化重点龙头企业、广西林业产业化重点龙头企业,是广西肉桂综合加工惟一的龙头企业,也是广西香料香精行业协会副理事长单位。公司主要产品有肉桂皮、肉桂油、八角、茴油等,下设4家肉桂油粗加工厂,年产肉桂油100多吨、肉桂皮1000吨、茴油50多吨,其中肉桂油、茴油在国内有较高的市场占用率,国内知名企业已长期订购。2008年,公司总资产3500多万元,固定资产3000万元,资产负债率14.2%,销售收入1000多万元,利税55多万元。

【木衣架主要企业】

桂林裕祥家居用品有限公司 该公司始建于1995年10月,位于荔浦县青山龙斗桥工业区,距离县城中心仅两千米,国道323线从公司门前经过,交通十分方便。公司下设木器一厂、木器二厂、五金电镀厂,木制品厂区占地面积4000平方米,五金厂占地面积6000平方米。公司现有固定资产2000多万元,总资产5100多万元。公司有干部职工1500余人,其中专业技术和管理人员140多人。木器厂现拥有木衣架及裙夹生产线18条,静电喷涂线4条,烘干窑12个(月可干燥木材2000立方米)以及平磨机、四面刨、激光机等一批先进的机械设备。日生产能力为系列产品25万个。五金电镀厂拥有电镀线13条,其中镀锌线9条,从台湾引进的衣架夹片自动成型机一套,衣架衣钩自动成型机6套,铁衣架自动成型机一套,铁衣架半自动生产线6条,塑料成型机3台。金属衣架、金属浸塑衣架、塑料衣架和铝制衣架的日生产能力为10万个以及提供各款衣架配件20万个。

公司2008年主营业务收入7300万元，出口额6000万元，创汇近900万美元，利润410万元，上缴税金450多万元，成为荔浦县竹木制品行业规模最大的生产厂家和纳税大户之一。资产总计5116万元，负债合计3015万元，所有者权益2101万元。

新增宜家专用木衣架系列产品生产线专用木衣架系列产品3000万支。项目总投资2513万元，其中固定资产投资1768万元，流动资金745万元。

2009年公司主营业务收入10600万元，创汇9417万美元，利润380万元。

【家具主要企业】

广西志光家具有限公司 广西志光办公家具有限公司是集研发、生产、销售、服务为一体的现代办公家具(教学家具、商业家具)企业。公司成立于2002年5月21日，注册资金1003万元，年销售额4000万元，利润100多万元。经过多年的稳健发展，志光现已成为国内家具行业较有影响的知名品牌，产品有近一半远销美国，公司被认定为自治区林业产业化龙头企业。

公司生产基地位于柳州阳和工业新区，厂房占地30000平方米，引进德国、意大利等先进的生产设备及制造工艺。产品包括实木班台系列、会议台系列、职员桌系列、屏风系列、真皮沙发、办公座椅、公众及影剧院座椅系列。

【油茶加工主要企业】

柳州中皓油脂工业有限公司 是收购原柳州市油脂厂生产经营性资产后，设立的中外合资企业(中方控股)。

柳州市油脂厂成立于1954年，原有职工395人，年生产能力22500吨(以设计能力计算)，是广西最早取得国家生产许可证的三家食用油企业之一。2005年，柳州中皓油脂工业有限公司出资1780万元收购柳州市油脂厂改制后的生产经营性资产。

广西金茶王油脂有限公司(原广西农乐油脂有限公司) 是自治区农业产业化重点龙头企业和自治区农产品加工重点龙头企业，也是国家粮食局和国家农发行总行认定的重点信贷支持的粮油产业化龙头企业。公司于2002年8月19日注册成立，现有员工48人，大专以上员工占65%，注册资金为1107.26万元。公司是集基地种植，油脂油料精深加工、科研开发，国内外粮油贸易和自营进出口及储存自治区级储备和应急储备油等业务于一体的综合型企业。

2008年公司资产总额5860万元，主营业务销售额1.99亿元，实现利润322万元，上缴税金125万元。在金融海啸中实现了逆市赢利。公司银行信用等级AA级。

【森林旅游主要企业】

良凤江国家森林公园 2008年良凤江国家森林公园根据旅游市场动态调整经营思路，结合科普教育及森林旅游特点，积极举办各种主题旅游活动，“五一”节期间举办了第九届森林旅游节暨大型宠物交流会主题活动；端午节举办了“吉祥长寿之旅”主题活动；中秋、国庆节举办了第九届金秋欢乐节暨相聚南宁电视台电视周主题活动。据统计，全年公园接待游客量达18万人次，旅游收入221万元。

八角寨国家森林公园 位于资源县境内，距文化旅游名城桂林市98千米，为大桂林旅游圈的一个重要组成部分，属亚热带季风性湿润气候区，但由于境内地势较高，地形复杂，因而具有明显的山地气候特征，是广西光照较少、气温最低、霜、雪、冰期最早最长的区域之一。总面积约840平方千米，外围保护地带面积约1000平方千米。

2002年资源县被评为首批广西优秀旅游县。2005年五排河漂流被国家体育总局水上运动中心评为国家水上运动训练基地，同时被评为中国最佳漂流胜地。2005年资江—八角寨被国家地理杂志评为中国最美的七大丹霞地貌之一。

大瑶山国家森林公园 位于广西中部偏东，距南宁400千米，柳州150千米，桂林180千米，梧州230千米。1997年经国家林业局批准建立大瑶山国家森林公园，现森林旅游已初具规模，已开发的景区有莲花山景区、圣堂山景区、老山景区等。2007年大瑶山国家森林公园获国家发改委下达广西大瑶山国家森林公园自然遗产地保护项目建设计划，总投资为1250万元，此项目正在实施中，项目完成后，大瑶山国家森林公园的基础设施将得到进一步完善。

【林业产业发展先进市、县】 2009 年 9 月 8 日，自治区林业局分别授予南宁市、桂林市和柳州市 2008 年林业产业发展先进市荣誉称号，授予宁明县、武鸣县、横县、鹿寨县、江南区、昭平县、柳北区、荔浦县、右江区、融安县等 10 个县(区) 2008 年林业产业发展先进县荣誉称号。

南宁市 南宁市是广西的林业大市，林地面积 96 万公顷，占国土面积 221.13 万公顷的 43%；有林面积 93.2 万公顷，其中商品林 63.2 万公顷(以速生桉为主的短轮伐期速丰林占 20.67 万公顷)，生态公益林 30 万公顷，森林蓄积量 225 万立方米。全市经济林 9.27 万公顷，竹林 1.9 万公顷。全市共有 6 处森林自然保护区，总面积 5.13 万公顷，有 4 处森林公园，总面积达 0.67 万公顷；花卉种植面积有 0.17 万公顷。全市已基本建立起木竹加工、木浆造纸、林板纸一体化、林产工业、花卉产业、森林旅游为主的较发达的林业产业体系。

2008 年全市林业产业产值 86.05 亿元。造纸业产值 9.7 亿元，人造板产量 91 万立方米，松香产量 5.678 万吨，速丰林面积 20.67 万公顷，均居全区第一位；木材产量、木材加工业产值等指标均居全区前列。

2009 年末全市林业总产值 104.96 亿元。其中第一产业产值 28.29 亿元；第二产业产值 76.37 亿元(加工业产值 32.2 亿元，造纸业产值 22.1 亿元，其他产值 22.07 亿元)；第三产业产值 0.3 亿元。南宁市获得 2008 年全区林业产业发展先进市称号。

全市木材经营加工单位(个人)及其他林业企业累计有 2983 家(木材销售企业 780 家，加工企业 2203 家)。其中人造板加工企业 167 家；锯材、木片、旋切单板加工企业 1447 家；木、竹家具企业 404 家；其他木、竹制品制造 209 家；林化产品加工企业 23 家(其中松香厂 22 家，栲胶厂 1 家)；制浆造纸业 3 家。

全市年产值超亿元企业有 5 家，分别为南宁凤凰纸业有限公司、广西丰林林业开发有限公司，广西高峰人造板有限公司、广西华劲纸业集团企业、南宁利通树脂有限公司。

全市广西林业产业化龙头企业有 7 家，分别为广西华劲纸业集团有限公司、广西国营高峰林场、广西丰林木业集团股份有限公司、广西天利恒种业有限公司 、广西全通投资集团有限公司、广西高峰林浆纸业(集团)有限责任公司、广西世银农林资源开发有限责任公司。丰林牌，高林牌人造板等获得广西名牌称号。

柳州市 柳州是广西的重点林业大市，全市的森林面积 114.5 万公顷，森林蓄积量达到 2837 万立方米，森林覆盖率为 60.9%。

2008 年全市共完成人工造林 19805 公顷(其中荒山造林 12791 公顷，迹地更新 6852 公顷，低改 162 公顷)，营造速丰林 12592 公顷，(其中速丰桉 10587 公顷)；完成重点工程项目珠防林工程 131 公顷，退耕还林工程配套荒山造林 2420 公顷。完成生态圈工程 610 公顷；年内新增郁闭度 0.2 以上林地 1.51 万公顷，森林覆盖率提高了 0.82 个百分点，全民义务植树共计 330 万株。完成林业产业总产值 83 亿元，同比增长 37%，其中木材加工业产值 49 亿元；人造板产量完成 127 万立方米；造纸业产值 8 亿元；完成林业固定资产投资 8 亿元。柳州市以“创绿色家园 建富裕新村”为重点，开展社会主义新农村建设，在 150 个重点村屯的种植小叶香樟等优良珍贵树种任务。2008 年柳州市林业局先后在自治区成立 50 周年花卉园艺展暨中国—东盟插花花艺邀请展中获得了室内综合展金奖和室外花坛展银奖，以及单项奖 11 个金奖的好成绩。在自治区首次林业产业发展先进市县评比活动中，获得了自治区 2007 年林业产业发展先进地级市、2007 年全区林业产业先进单位荣誉称号。

2009 年，全市完成人工造林 1.76 万公顷、绿色工程 873.33 万公顷、全民义务植树 470 万株；在 337 个村屯种植小叶香樟等优良珍贵树种 3490 多株，进行绿化美化工作；全年完成木材生产蓄积量 118.31 万立方米，出材量 83.94 万立方米，林业总产值完成 117.5 亿元，一跃成为全区的林业大市之一。在自治区林业产业发展先进市县评比活动中，获得自治区 2008 年林业产业发展先进市、2008 年全区林业产业先进单位荣誉称号。

贺州市 贺州优越的自然条件，孕育了丰富的森林资源。该市土地总面积 115.03 万公顷(不包括大桂山林场)，其中林业用地84.44万公顷，占73.41%；非林地面积30.59万公顷，占26.59%；广西4个森林活立木蓄积量超1000万立方米的林业大县(区)中贺州市就占两个，是广西重点林区之一，目前全市林业面积比重、森林覆盖率、人均森林面积和人均蓄积量等指标均排在广西前列。

2008年，贺州市有林业用地面积84.44万公顷，占全市总面积的73.4%，有林地面积为61.55万公顷，森林活立木总蓄积量为3388.9万立方米，森林覆盖率达65.7%。2008年自治区林业局下达贺州市商品木材生产计划蓄积量为122.9628万立方米，出材量77.8701万立方米，2008年全市共完成木材生产蓄积量116.5万立方米，出材量69.58万立方米。

2009年，贺州市有林面积70.55万公顷，全市活立木总蓄积量3426.3万立方米。自然保护区4处，总面积达4.71万公顷，其中国家级1处、省级3处。森林覆盖率由2008年的65.7%提高到2009年的70.5%(含灌木林)。2009年自治区林业局下达贺州市商品木材生产计划蓄积量为155.14万立方米，出材量88.62万立方米。2009年全市共完成采伐量82.26万立方米，出材量49.03万立方米。

近年来，贺州市把现代林业建设融入市委、市政府实施"四大突破"发展战略和建设"森林之城，田园都市"的目标定位，围绕自治区林业局和市委市政府的战略部署，紧紧抓住"营林、保护、利用"三个环节，坚持以资源培育为基础，以林产加工为重点，以规范管理为保障，加速推进林业产业发展，实现了森林资源大增长、林产加工大突破和林业产值大提升，初步扭转贺州市资源优势与林业产出不相称的局面。全市林业及相关行业年总产值由2008年的43.7亿元增长到2009年的54.20亿元，增长了24.03%，第一产业产值为22.52亿元，第二产业产值为28.7亿元，第三产业产值为2.98亿元。年产值超过15亿元的县(区)首次出现了两个，其中八步区林业及相关行业总产值18.29亿元，占全市林业总产值33.75%；昭平县林业及相关行业总产值16.50亿元，占全市林业总产值30.44%。林业总产值10亿元以下的有钟山县、富川县、平桂区，占全市林业总产值35.81%。由于国际金融危机的影响，商品材产量由2008年的69.58万立方米下降到43.9万立方米，但人造板产量由30.38万立方米提高到41.9万立方米。

宁明县 宁明是广西的一个边境林业大县，是全国速生丰产林优良树种桐棉松的源产地。目前全县林业用地总面积20.1万公顷，其中有林地面积14.6万公顷，占72.6%，森林覆盖率达55.5%。全县马尾松林面积11.8万公顷，八角林面积2.18万公顷，速丰桉面积1.33万公顷。全县活立木蓄积量905万立方米，其中一般用材林蓄积量564万立方米，占59.2%。工业原料林蓄积量218万立方米，占22.9%，防护林蓄积量17.3万立方米，特种用途林15.9万立方米，低产(效)林蓄积量33.6万立方，其他林蓄积量56.2万立方米。"十一五"期间，年采伐商品材限额蓄积量26万立方米，出材量16万立方米。2007、2008年采伐量在7万立方米左右，2009年采伐量达15万立方米。随着宁明县速生丰产林步入采伐期，年采伐量逐年递增。全县完成新造林2620公顷，其中荒山造林1888.67公顷，迹地更新728公顷。实施并完成速丰林高产示范两个点，面积38.6公顷。完成人造板产量21万立方米，其中胶合板16万立方米、纤维板58万立方米。松香产量11万吨。全县完成林业总产值19.85亿元，其中，第一产业产值5.74亿元，第二产业产值14.10亿元，第三产业产值0.01亿元。年内新建沼气池2500座，完成26个沼气服务网站建设。

荔浦县 位于桂林市南部，与阳朔、平乐、蒙山等7县相邻。全县总人口37.73万人，土地总面积17.33万公顷，其中林业用地面积5.08万公顷，森林总蓄积量358万立方米，森林覆盖率66%。以木衣架为龙头的林产工业已成为该县经济的特色产业之一，是全国最大的木衣架生产基地，先后荣获中国衣架生产基地、广西壮族自治区2007年林业产业发展先进县、2008年全区林业产业先进单位等荣誉称号。到2008年，全县林产企业达到268家，其中木衣架企业80家，家具加工业60家。木衣架产品产量为8亿多只，品种1000多个。2008年实现林产工业总产值10.27亿元。

2008年全县有纸业1家、五金电镀企业11家、刨花板企业2家、蚊香企业7家、机制炭企业

8家、拼板企业11家、油漆企业2家，年产纸浆63250吨、刨花板1万立方米、蚊香70万盒、木炭8000吨、拼板20万张。这样荔浦县木衣架企业所产生的木材剩余物均有项目承接，这些企业都有充足的原材料来源，木衣架企业的木材综合利用率高达99%。这些企业的引入还进一步带动了农民工就业，增加了农民的收入。

【林业产业大事记】

2008年

5月22～25日 广西国际兰花研讨会在乐业县举行，国家林业局卓榕生总工、自治区陈章良副主席、百色市谢泽宇市长、自治区林业局罗永魁副局长等领导到会；来自国内外兰花专家、学者及相关单位代表等200多人参加了学术研讨会；国际、国内18位知名兰花专家作了专题报告。

11月8～9日 由国家林业局、自治区人民政府主办，中国林学会、自治区林业局承办的第二届中国林业学术大会在南宁召开，自治区党委书记郭声琨、自治区主席马飚会见中国林学会理事长江泽慧一行；陈际瓦副书记和陈章良副主席分别在大会上致辞和作主题报告；国家林业局李育材副局长、中国林学会江泽慧理事长出席会议并致辞或作主题报告；王涛、李文华等6位院士为大会学术顾问，李家洋、李文华、马建章3位院士出席大会；大会设有集体林权制度改革与科技支撑等15个分会；参加学术大会的代表2000多人。

11月25日 广西林业集团有限公司揭牌仪式在南宁举行。自治区党委书记、人大常委会主任郭声琨，自治区主席马飚为广西林业集团有限公司揭牌并授牌，广西林业集团董事长、党委书记王昆芳，副总经理、党委副书记蒋勇与自治区主要领导共同揭牌并受牌。

2009年

1月15日 自治区林业局和南宁市人民政府联合举办的广西南宁第八届春节花卉交易会在南宁广西花鸟交易市场举行，自治区副主席陈章良出席开幕式并剪彩。

2月24日、3月5日 人造板集团容洲公司生产的9毫米中密度纤维板和高峰公司生产的18毫米中密度纤维板通过世界上环保标准最为严格的CARB认证，获得进入美国加州市场的通行证。

9月28日至10月5日 第七届中国花卉博览会在北京和山东同时举行，广西由自治区副主席陈章良，自治区人民政府副秘书长曾东分别组团带队前往北京、山东参展参会。

11月11～15日 自治区林业局和桂林市政府联合主办中国·桂林生态文化博览会。此次博览会以博览和交易为核心，打造林业生态文化企业产品展示、交易、信息交流平台。全面展示林业生态文化的深厚底蕴、创新理念、创新科技和优秀产品，展示新中国成立以来桂林市林业建设的丰硕成果，促进区内、省际林业生态文化产品的交流。

12月25日 自治区政府印发《广西壮族自治区造纸与木材加工业调整和振兴规划的通知》。

12月30日 中国—东盟(南宁)林业产业物流项目暨高峰五洲中(高)密度纤维板项目开工奠基仪式在南宁举行，自治区党委副书记陈际瓦，自治区副主席陈章良，自治区党委副秘书长张宣东，自治区人民政府副秘书长曾东，自治区林业厅厅长陈秋华，广西林业集团董事长王昆芳，南宁市副市长温守荣等领导出席开工仪式。

(广西壮族自治区林业厅产业处　广西林业产业行业协会)

海南省林业产业

【概　述】　2009年，全省林地面积208.73万公顷，占全省土地总面积的61.4%。森林面积176.26万公顷，其中人工林125.29万公顷；森林覆盖率51.98%。活立木蓄积量1230.39万立方米，森林蓄积量7274.23万立方米。2008年，全省森林面积166.66万公顷，其中人工林面积109.10万公顷；森林覆盖率48.87%。活立木蓄积量7863.61万立方米，森林蓄积量7195.16万立方米。森林面积中，橡胶、椰子、槟榔、杧果、荔枝、龙眼、菠萝蜜、腰果、咖啡、杨桃、柑橘、油棕等经济林果58.73万公顷。全国种类最多的红树林0.4万公顷，青皮林933公顷。

经国家林业局、省政府批准，确定海南省"十一五"期间年森林采伐限额515.7万立方米(省政府琼府〔2006〕72号文)。2008年全省森林资源蓄积消耗总量113.07万立方米，其中：商品材年消耗量93万立方米。海南省的木材加工企业主要是利用丰富的橡胶木、桉木、相思木、松木、苦楝木、木麻黄等人工林资源，其中：橡胶木年消耗量23.93万立方米。2009年全省森林资源蓄积消耗总量153.3万立方米，其中：商品材年消耗量117万立方米，其中：橡胶木年消耗量25万立方米。

【产业发展】　2008年，全省林业产业总产值2197631万元，比2007年的2077118万元增长了5.80%。其中，第一产业产值1285142万元，比2007年的1173897万元增长了9.48%；第二产业产值846375万元，比2007年的852055万元减少了0.67%；第三产业产值66114万元，比2007年的51166万元增长了29.21%。产业结构由2007年的56.52∶41.02∶2.46调整为2008年的58.48∶38.51∶3.01。

2008年，第一产业中，涉林产业产值1283558万元，比2007年的1172426万元增长了9.48%；林业系统非林产业产值1584万元，比2007年的1471万元增长了7.68%。第一产业涉林产业中，林木培育和种植产值114477万元，比2007年的126285万元减少了9.35%；木材和竹材采运产值73284万元，比2007年的56381万元增长了29.98%；经济林产品种植与采集产值991677万元，比2007年的920777万元增长了7.70%；花卉种植产值62343万元，比2007年的55171万元增长了13.00%；陆生野生动物繁育与利用产值32478万元，比2007年的30156万元增长了7.70%。第二产业中，涉林产业产值839129万元，比2007年的845283万元减少了0.73%。其中木材加工及木、竹、藤、棕、苇制品制造产值69500万元，比2007年的218044万元减少了68.13%。

2009年，全省林业产业总产值2359956万元，比2008年增长了7.39%，其中，第一产业产值1327695万元，比2008年增长了3.31%；第二产业产值963687万元，比2008年增长了13.86%；第三产业产值68574万元，比2008年增长了3.72%。

2009年，第一产业中，涉林产业产值1327695万元，比2008年增长了3.31%；林业系统非林产业产值1663万元，比2008年增长了4.99%。第一产业涉林产业中，林木培育和种植产值114579万元，比2008年增长了0.09%；木材和竹材采运产值63768万元，比2008年减少了12.99%；经济林产品种植与采集产值1041414万元，比2008年增长5.02%；花卉种植产值62399万元，比2008年增长了0.09%；陆生野生动物繁育与利用产值34107万元，比2008年增长了5.01%。第二产业中，涉林产业产值956028万元，比2008年增长了13.93%。其中木材加工及木、竹、藤、棕、苇制品制造产值246612万元，比2008年增长了26.47%。

【林业投资】　2008年，全省林业固定资产投资30422万元，比2007年的30840万元减少了

1.36%。其中营林固定资产投资30422万元，比2007年的30840万元减少了1.36%。在营林固定资产投资中，基建投资30422万元，比2007年的30840万元减少了1.36%。

2009年，全省林业固定资产投资完成27994万元，比2008年减少7.98%。其中营林固定资产投资27994万元，比2008年减少了7.98%。在营林固定资产投资中，基建投资27994万元，比2008年减少了7.98%。

【林产品】 2008年，全省木材总产量101万立方米，比2007年的73万立方米增长了38.36%。其中，原木87.87万立方米，比2007年的63.51万立方米增长了38.36%；薪材13.13万立方米，比2007年的9.49万立方米增长了38.36%；竹材348.79万根，比2007年的291.93万根增长了19.48%。

2008年，森林工业产品中，锯材产量25万立方米，比2007年的40万立方米减少了37.50%；木片21万立方米，比2007年的91万立方米减少了76.92%；人造板22.8万立方米，比2007年的39.5万立方米减少了42.28%。其中，胶合板9.2万立方米，比2007年的20.5万立方米减少了55.12%；纤维板10.5万立方米，比2007年的13万立方米减少了19.23%；刨花板1万立方米，比2007年的5万立方米减少了80.00%。胶合木0.2万立方米，比2007年的1.5万立方米减少了86.67%。2008年，松香类产品2879吨，比2007年的6518吨减少了55.83%；松节油类产品107吨，比2007年的269吨减少了60.22%。

2009年，全省木材总产量153.3万立方米，比2008年增长了51.78%。其中，原木117万立方米，比2008年增长了33.15%；薪材36.3万立方米，比2008年增长了176.5%；竹材348.2万根，比2008年增长了0.15%。

2009年，森林工业产品中，锯材产量31万立方米，比2008年增长了24%；木片60万立方米，比2008年增长了185.7%；人造板42.5万立方米，比2008年增长了86.4%。其中，胶合板22万立方米，比2008年增长了139.13%；纤维板15.5万立方米，比2008年增长了47.62%；刨花板3万立方米，比2008年增长了200%。2009年，松香类产品2993吨，比2008年减少了3.96%。

【橡胶木】 橡胶木是海南省的特色材种，是当今市场广受欢迎的家具用材。由于近年来天然橡胶价格的提升，橡胶林更新数量减少，木材价格大幅度提高，以生产加工橡胶木为主的企业面临困境。从2007年7月起，国家调整木制品出口退税政策，严格了木制品出口管理，降低出口退税率，海南省以生产木制品出口的企业成本增加、利润降低，木制品出口额减少，2008年上半年木制品出口额不足1500万美元，仅是2007年同期的50%。不少企业处于停产状态，许多企业在着手准备转型、转产。2009年木制品出口额3500万美元。

（张其光）

重庆市林业产业

【概　述】

森林资源　2009年，全市林地面积400.18万公顷，森林面积为286.92万公顷，其中人工林面积为76.20万公顷，森林覆盖率为34.85%。活立木蓄积量1.38亿立方米，森林蓄积量11331.85万立方米；实现林业产值211.7亿元。

产业发展　2009年，已初步形成了森林旅游、森林食品、木竹加工、花卉苗木、木本油料、森林药材六大产业为主体的林业产业体系。林业产业总产值达2117564万元，比2008年增长了21.48%，其中第一产业产值为1304557万元，比2008年增长了22.21%；第二产业产值为526916万元，比2008年增长了22.2%；第三产业产值为286091万元，比2008年增长了17.11%。产业结构由2008年的61.24∶24.74∶14.02调整为61.61∶24.88∶13.1。

2009年，第一产业产值中，涉林产业产值达到1301835万元，比2008年增长了22.24%；林业系统非林产业产值达2722万元，比2008年增长了9.27%。第一产业涉林产业中，林木培育和种植产值达451800万元，比2008年增长了32.52%；木材和竹材的采运产值为57019万元，比2008年增长了12.06%；经济林产品的种植与采集产值为630876万元，比2008年增长了17.1%；花卉的种植产值为139977万元，比2008年增长了24.99%；陆生野生动物繁育与利用产值为7644万元，比2008年增长了0.79%。第二产业中，涉林产业产值为523838万元，比2008年增长了22.09%。其中木材加工及木、竹、藤、棕、苇制品制造产值为203172万元，比2008年增长了14.36%。

截至2009年底，全市建成林业特色乡镇60个；森林公园73处；全市建成工业原料林基地40万公顷，优质笋竹基地14.2万公顷。笋竹加工企业发展到30多家，加工竹木制品500万套。柑橘基地6.33万公顷，香料基地(花椒为主)6.67万公顷，蚕桑基地4万公顷，中药材基地10万公顷，以干果为主的森林食品基地4.67万公顷。花卉苗木基地1.46万公顷。全市建成1个市(省)级林木种苗示范基地，15个中心苗圃，6个现代化苗圃。培育了皇田、荣达等10多家种苗花卉龙头企业，建成花卉交易市场3个。全市从事林板、林纸加工的企业16家，制浆30万吨，人造板15万立方米，木门500万扇。全市已基本建成了以林浆纸为主导，家具工业为支撑，人造板、竹木制品、森林食品为辅助的林产加工业发展格局。

2009年全市建成森林食品生产基地40多个，有一定规模的加工企业100多家，年产值超过10亿元。一是确定森林药材，蔬菜、菌类，林果，食用昆虫等四大类30多个品种建立重点基地。二是全市20个区县已被国家确定为现代化中药材科技示范区县，认定黄连、党参、木瓜、佛手、玄参、金银花等20多个品种作为森林中药材发展重点。三是加强标准化体系建设，注重纯天然森林食品开发，实施国际质量体系认证。四是加强了优势中药材的申报和认证工作。五是推进森林食品安全工作，开展森林食品特殊品种保护。

主要品牌产品　2009年全市主要产品品牌有：星星牌套装门、美心牌防盗门、沪江牌人造板、长宏牌曲木板、骄王牌花椒系列产品、神农牌黄连、长源牌银杏、山神牌漆器、包黑子牌香脆竹、金佛山牌方竹笋、山王坪牌银杏叶茶、永川秀芽、森阳牌竹筷、奉节牌脐橙、长寿牌沙田柚、红友牌红心柚、派生百牌冷饮橙汁、秀山牌金银花等。

进出口贸易　2009年全市林产品出口企业有17家，当年产品出口额为4.5亿元。产品主要出口日本、韩国、美国、东南亚等10多个国家，以及香港、澳门。出口产品主要有：九叶青花椒、长宏曲木板、神农黄连、福吉利莼菜、山神漆具、卖炭郎竹炭、金佛山方竹笋、山王坪银杏叶茶、永川秀芽、星星套装门、美心防盗门、红友红心柚、彭水小米桐油等。

企业发展状况 随着林权制度的落实，全市积极探索林业产业发展新机制，大胆实施承包、租赁、联营等经营方式，不少私营企业、工商业主、个体户等积极投入林业产业建设，2009 年主要林业企业达到 160 家，其中龙头企业 68 家。企业从业人数 5 万人，资产总额 130 亿元。营业收入 21.27 亿元，当年利税 1.23 亿元。

法规政策 至 2008 年市政府出台了 10 项地方性法规和政策措施：《重庆市人民政府关于推进林权制度改革的意见》；《重庆市人工商品林管理试行办法》；《重庆市森林工程建设领导小组关于速丰林工程的实施意见》；《重庆森林工程管理办法》；《重庆市公路通道森林工程管理办法》；《重庆市退耕还林工程质量效益评估试行办法》；《重庆市退耕还林易地造林管理办法》；《重庆市退耕还林政策补助资金管理办法》；《重庆市巩固退耕还林成果专项资金使用实施办法》；《重庆市森林资源流转管理办法》。

这些地方性法规和政策措施的制定及落实，有力地推进了全市林业发展体制、机制、政策的创新，为重庆林业持续稳定发展奠定了坚实的法制基础。

【商品材】

木材生产 2009 年，全市木材总产量为 24.46 万立方米，比 2008 年增长 18.85%。竹材产量为 105.11 万根，比 2008 年减少了 32.11%。重庆是西南地区重要的木材集散地，但重庆自产的木材只能满足极少部分的需求。预计今后 15 年内重庆的商品木材年需求量将保持在 500 万~600 万立方米。

人造板生产 2009 年，人造板产量为 38.99 万立方米，比 2008 年增长 102.44%。其中，胶合板产量为 30.06 万立方米，比 2008 年增长 281.47%；纤维板产量为 5.71 万立方米，比 2008 年减少 26.04%；刨花板产量为 1.73 万立方米，比 2008 年减少 25.75%。

原料来源 本地的商品林资源，部分通过市场从附近的四川、湖北、湖南、贵州等省购进。

主要企业 重庆万州沪江人造板制造有限责任公司、重庆长宏木业有限公司、重庆绵丰胶合板股份有限公司、重庆市云阳鑫发木业有限公司、重庆森百利木材加工有限公司等。

主要产品与品牌 产品有曲木板、层板、木工板、建筑模板、胶合板、刨花板、纤维板等。品牌有长宏牌曲木板，沪江牌人造板等。

木制品制造 主要包括：胶合木、木地板、木质家具、单板、筷子、软木等。2009 年，胶合木产量 0.19 万立方米，木地板产量 1 万立方米，卫生筷子 200 标准箱。

原料来源 本地区的商品林及四旁树木、农户房前屋后的杂木、旧房木料、少量外调木材等。

主要加工制造企业 重庆星星套装门有限责任公司、重庆美心·麦森门业有限公司、重庆森护木材综合加工有限公司、重庆山神漆器有限公司等。

主要产品与品牌 主要产品有卧房家具、办公家具、客厅家具、厨卫家具、木筷等。主要品牌有星星牌套装门、美心牌防盗门、山神牌漆木器、森护木制品等。

制浆造纸

原料来源 原料主要来源于本地，以竹、木、草、废纸为主。

主要加工企业 重庆市龙璋实业有限公司、重庆金桥纸业有限公司、重庆龙璟纸业有限公司、重庆理文科技有限公司、重庆市美亚纸业有限责任公司、北碚区宏达纸业公司等。

主要产品与品牌 主要产品有高中档文化用纸、新闻出版纸、包装纸等。主要品牌有宏达纸业、龙璋纸业、龙璟纸业、美亚纸业等。

市场状况 2009 年木浆产量 4 万吨，竹浆产量 7.2 万吨，竹浆纸产量 2.5 万吨。

【竹、藤资源及利用】

资源状况 2009 年全市竹林资源总面积已达到 16 万公顷。

主要加工企业 重庆森阳竹木加工厂、重庆原始芗农产品有限公司、重庆市锦竹车厢板有限责任公司等。

主要产品与品牌 主要产品有竹地板、竹编胶合板、竹筷、竹帘、竹篮、竹椅等。主要品牌有森阳牌竹筷、卖炭郎牌竹炭、锦竹牌车厢板等。

市场状况 2009年全市毛竹产量84.04万根，篙竹产量为21.07万根，小杂竹33.65万吨；藤类产量0.1万吨。2009年市场销售较好的为竹模板、竹地板等，据预测，全市这类产品的需求量每年不低于3万立方米，并以10%~15%速度递增。竹材加工业有巨大的潜力和广阔的发展前景。

【木本粮油资源及利用】

资源状况 重庆市干果类植物100多种；已广泛栽培的有30多种，如核桃、板栗、枣子、柿子、油茶、油橄榄、油桐、花椒、胡椒、八角、桂皮等。

主要加工企业 重庆四面山花椒开发有限责任公司、重庆市传名花椒开发有限公司、万盛区原上草有限责任公司、重庆市宝顶酿造有限公司、武隆县远达枣业发展有限公司等。

主要产品与品牌 江津九叶青牌花椒，骄王牌花椒系列产品，绿宝牌袋装鲜花椒、干花椒，长源牌银杏，城口乌米核桃，奉节磨盘柿，武隆猪腰枣等。

市场状况 2009年木本食用油料生产籽产量达40748.2吨，油产量达1054.3吨。

【水果资源及利用】

资源状况 重庆市果品资源丰富，而且种类齐全，主要品种有猕猴桃、枇杷、脐橙、桃子、柚子、樱桃、葡萄、柠檬、柑橘、苹果、杏子、草莓、樱桃、龙眼、荔枝等。

主要加工企业 重庆三峡建设集团派森百果汁加工厂、重庆市红友王红心柚有限公司等。

主要产品与品牌 梁平柚、长寿沙田柚、奉节脐橙、北碚脆香桃、丰都红友王牌红心柚、黔江小南海牌红心猕猴桃等。

市场状况 2009年，全市鲜果产量达2022852吨、干果产量27311吨。除梨子、柑橘、脐橙、柚子远销全国外，其余品种均在本地销售。2009年，柑橘品种形成了较大规模的生产及加工体系，市场供需状况良好。

【林木种苗资源及利用】

市场状况 2009年，育苗面积11008公顷，其中新增育苗面积4326公顷；实有母树林面积11591公顷，种子园面积2122公顷。苗木产量87868万株，观赏苗木产量3002万株，林木种子采集量为478吨。

主要企业 重庆皇田森华种苗有限公司、重庆荣达农业发展有限公司、重庆市北碚区国有静观苗圃、重庆渝西园林工程有限责任公司等。

【林化资源及利用】

资源状况 重庆市主要林化产品有：松香、活性炭、五倍子、单宁酸、生漆、香料、栲胶、紫胶、樟脑、冰片等，资源面积达14252公顷。

主要加工企业 重庆福永林木有限公司、重庆瑞通生物化工有限公司、重庆卖炭郎竹炭制品有限公司、重庆市丰都县新城康乐化工有限公司、武隆县森福松香厂等。

主要产品与品牌 松香、松节油、卖炭郎牌竹炭、工业单宁酸、染料单宁酸、医用单宁酸、食用单宁酸等系列产品。

市场状况 2009年全市主要林化产品生产量3128吨。

【森林蔬菜、饮料、饲料资源及利用】

资源状况 2009年，森林蔬菜资源面积125134公顷，森林饮料资源面积为10301公顷，森林饲料资源面积为3766公顷。

主要加工企业 重庆市包黑子食品有限公司、重庆市鱼泉产业(集团)有限公司、城口县天宇山野菜开发有限公司、重庆市涪陵德丰食品有限公司、重庆市华银山野菜开发公司、南川区森源野生食品有限责任公司、大足县恒绿茶叶有限公司、重庆市三业茶叶有限公司、彭水县永鸿蚕业有限公司等。

主要产品与品牌 金佛山牌方竹笋，包黑子香脆竹，渝缘牌袋装和罐装保鲜竹笋、绿源牌脱毒食用菌，天缘牌保鲜、腌渍山野菜，福吉利牌莼菜，武陵山珍食用菌，林野牌香菇，荆森牌蕨根粉等。茶叶品牌主要有：妙泉峰金银花、永川秀芽、渝州毛峰、竹海竹针、金凤银针、大足青山绿水等。

市场状况 全市建成森林食品生产基地30多个，有一定规模的加工企业100多家。2009年全市森林蔬菜年产量达165561吨，森林饮料产量6400吨，森林饲料产量2800吨。

【花卉资源及利用】

主要企业 重庆人和园林有限公司、重庆光陵良种苗木科技发展有限公司、越野花木有限公司、同力花木园艺有限公司、重庆合景物业发展有限公司、北碚区兰惠园花木公司、重庆渝西兰花种植有限公司、玉峰山苗木公司等。

主要产品与品牌 南川桂花、南天竹，荣昌县国兰精品“隆昌素”，北碚“素心蜡梅”，玉峰山千年红，巴南红继木、新含笑、红山茶(杜鹃)等。

市场状况 2009年，重庆市切花切叶生产量9402万支、盆栽植物产量为3689万盆，草坪生产量546万平方米，控温温室面积18万平方米，日光温室面积30万平方米。

【野生动物驯养】

驯养基地建设 2009年野生动物驯养厂房建设面积16420万平方米。

主要企业 2009年，全市从事驯养野生动物的公司、个体和厂家有56家。主要有：江津区四面山天然棘腹蛙养殖场、石柱县渝东南野生动物养殖场、巫溪县红池坝特种养殖公司、渝北区原野珍稀动物养殖场、重庆宏光野生动物珍禽养殖场、重庆市武陵山养殖场等。

主要产品 野猪、蛇、野兔、岩蛙、林蛙、梅花鹿、七彩山鸡等。

市场状况 2009年全市驯化野生动物110176(只、头、个、条)。随着生活水平的提高，以野鸡、野猪、野兔等为主的森林肉食深受消费者青睐，市场需求量逐年增大。

【中药材资源及利用】

资源现状 2009年重庆药材资源面积150780公顷，常年生产收购的地产药材35余种，在全国中药材生产中占有重要地位。

主要产品与品牌 国家重点发展品种有：黄连、青蒿、丹皮、白术、云木香、枳壳、款冬花、党参、小茴香、天麻、半夏。市级重点发展品种有：红豆杉、金银花、银杏、黄柏、佛手、辛夷等。

主要加工企业 重庆太极集团有限公司、重庆通和制药材有限公司、东田药业有限公司、三峡牧业集团公司、重庆西部制药有限公司、垫江华夏丹种植开发公司、重庆中药总厂、重庆天地药业有限责任公司、重庆希尔安药业有限公司、重庆国泰康宁药业、重庆葛恩生物科技开发有限公司等。

市场状况 2009年全市鲜药材产量达68634.6吨，干药材产量30314吨。重庆中药材挤占市场空间大，市内所需的药材大部分从外地调入。

【森林旅游】

旅游资源 主要有：长江三峡，巫山小三峡，乌江画廊，江津四面山，大足石刻，万盛石林、黑山谷，武隆仙女山、芙蓉洞，奉节天坑地缝，巫溪红池坝，南川金佛山，丰都鬼城等旅游名胜景区。2009年森林旅游资源面积达8721.42万公顷。

主要企业 2009年全市有森林公园(农家森林公园)及自然保护区117处。主要企业有：江津四面山旅游发展有限公司、大足县旅游开发实业有限公司、重庆仙女山国家森林公园开发有限公司、重庆红池生态农业产业有限公司等。

市场状况 全市建成市级以上森林公园73处，其中国家级24处。2009年接待游客2434万人次，旅游总收入10.05亿元。

【生物质能源】

资源状况 重庆市主要生物能源资源树种有油桐、油茶、乌柏、生漆等。2009年资源面积达25526.3公顷。

主要加工企业 秀山油茶加工厂。

主要产品与品牌 彭水小米油桐、红叶乌桕等产品。

市场状况 2009年全市木本工业用油料原料产量达28079.2吨，油产量达144.3吨。

【狩猎资源及利用】

狩猎资源及利用现状 重庆市狩猎资源主要有野猪、野鸡、野兔等。2009年全市可狩猎面积达2.01万公顷，动物资源数量5084(头、只、个)，狩猎动物的销售收入93.5万元。

经营方式 以个体捕获、人工驯养为主。

【蜂产品生产】 重庆蜜源植物资源丰富，主要有刺槐、松花粉、丁香花、黄花槐、栾树、构树等植物蜜源以及油菜花等菜花资源。2009年，全市养蜂户数达到28900户，蜂产品加工企业19家，蜂业协会及合作组织41个，蜜蜂饲养585460群，蜂蜜原料产量1299吨，成品产量149吨，蜂王浆原料产量26吨，成品产量64吨，蜂胶原料产量80吨，成品产量27吨，蜂花粉原料产量55吨，成品产量15吨。

【重庆市龙璋纸业有限公司】 始建于1994年，当时注册资金仅40万元，年销售收入仅5000万元。经过不断地艰苦奋斗和发展，企业注册资金已达1.3亿元，现已拥有评估净资产已近5亿元。目前企业年产各类机制纸和漂白竹浆9万吨。现有人工种植的撑绿竹基地1.37万公顷，主要生产高中档文化用纸，产品畅销全国各地，年产量6万吨，产值3.5亿元，利税4200万元。并获得2006年全国林业产业突出贡献奖——先进企业。

【重庆理文造纸有限公司】 成立于2006年3月份，占地面积100万平方米。建成年产145万吨的多条造纸生产线及年产9.5万吨的制浆生产线。2009年竹木浆产量为8.2万吨，产值4.1亿元，创利税7000万元。

【重庆星星套装门有限责任公司】 位于刘伯承元帅的故乡——开县。公司占地面积37.2公顷。主要产品是星星套装门，年生产能力280万套。产品畅销国内外，并出口到爱尔兰、罗马尼亚、阿联酋、墨西哥、哈萨克斯坦、俄罗斯等10多个国家和地区。2006年公司被中国木门专业委员会确认为全国最大的室内装饰套装门生产企业。

(重庆市林业局)

四川省林业产业

【概　述】 四川省地处长江上游，面积48.5万平方千米。全省辖18个市、3个民族自治州，181个县(市、区)。地貌东西差异大，地形复杂多样。可分为川西高原和四川盆地两大部分，山地和高原占80%以上；四川盆地以浅丘和平原为主，平原占2.97%，其余为丘陵。境内河流1300多条，主要为长江及其支流岷江、沱江、嘉陵江、大渡河、雅砻江，年径流总量近3200亿立方米，约占长江入海口水量的1/3。四川气候受地形影响，季风明显，雨热同季，气候垂直变化大，东西部差异明显，全年降水量为800～1200毫米，平均气温在16～17℃。

森林资源 2008年，全省林地面积2266.02万公顷，森林面积1464.34万公顷(其中人工林面积343.29万公顷)，森林覆盖率30.27%。活立木蓄积量158216.7万立方米，森林蓄积量149543.4万立方米。四川是我国乃至世界极其珍贵的生物基因库。全省有高等植物1万余种，分属230余科、1600余属，其中被子植物8450余种，裸子植物88种，蕨类植物730余种。木本植物3924余种，有乔木1476余种，其中460余种为四川省特有。松、桉、杨、桤、柳、竹等工业原料林、用材林树种及核桃、油橄榄、麻疯树、花椒、木本药材等经济林树种在四川省广有分布。被列为全国重点保护的野生植物101种。有脊椎动物1247种，占全国总数的45%以上。其中兽类217种，鸟类625种，爬行类84种，两栖类90种。被列为全国重点保护的野生动物139种，其中大熊猫数量和栖息地面积都居全国首位。

发展历程 改革开放30年以来，四川林业产业发展经历了以下几个阶段：

一是西部森工大开发时期(1978～1990年)：这一时期四川省在对西部原始林区进行大规模采伐的同时，开始培育东部人工用材林。一方面西部林区以木材生产为主的林业产业得到较大发展，22个森工局年产木材260万～300万立方米；另一方面，东部盆地利用世行贷款相继建立了46.67万公顷人工用材林基地。资源利用率低(不足40%)、加工业落后是这一时期的主要特征。

二是产业萎缩时期(1991～1997年)：这一时期四川省西部森工企业“两危”(资源危机、经济危困)愈演愈烈，东部地区可采人工林接续不上，使木材生产和加工日渐萎缩。资源枯竭、加工业低迷是这一时期的主要特征。

三是产业转型期(1998～2004年)：自1998年四川省在全国率先启动实施天然林资源保护工程、全面停止天然林商品性采伐后，全省林业产业开始步入以人工培育木竹原料、特色经济林果、苗木花卉，大力发展生态旅游为主的新阶段，确立了“生态建设产业化、产业发展生态化”的可持续新型林产业发展思路。结合生态工程培育森林资源、再造新型林业产业是这一时期的主要任务与特征。这一时期是四川省森林资源的休养生息期，同时也是产业发展的能量积累期。

四是产业快速发展时期(2005～2007年)：由于国民经济发展和新农村建设的需要，加快推进林业资源大省向林业经济强省跨越，实现行业发展、农民增收成为全省人民的共识。为加快林业产业发展，省政府先后出台了《四川省人民政府关于印发〈四川省林业产业发展纲要〉(2004～2010年)》(川府发〔2005〕11号)、《四川省人民政府关于加快林业产业发展的意见》(川府发〔2007〕48号)、《四川省人民政府关于加快集体林权制度改革的意见》(川府发〔2007〕25号)等重要文件，首次以省政府名义召开了全省林业产业大会，在省林业厅恢复成立了产业处。四川省林业产业步入了以资源培育为基础、以资源综合利用为重点、一二三次产业协调发展的快车道。抓住机遇、加快发展是这一时期主要特征。

五是科学发展期(2008年至今)：新一届林业

厅党组提出了“推进生态建设，加快产业发展、深化改革开放，维护安全稳定”的总体工作取向，确立了“在坚持生态优先的前提下，加快发展林业产业”的科学思路。形成了《四川林业产业发展研究报告》上报省委、省政府，并作为指导性文件下发各市州和县区林业局；着力调整产业和产品结构，优化基地建设和加工布局，出台了《四川省林业产业发展实施规划》。按照党的十七届三中全会提出的“发展林业产业，繁荣山区经济”的方针，将促进山区经济发展和助农增收确定为林业产业发展的核心目标。紧密结合“三农”，突出优势，加快构建现代林业产业体系是这一时期的主要特征。

进入新的发展时期，妥善处理好保护与发展、生态与产业的矛盾，坚持生态优先发展林业产业，是科学发展观的内在要求，也是应该新时期林业产业发展的主体特征。

产业发展 “十五”以来林业总产值连续7年保持20%以上的增速，2008年，全省林业产业总产值7609668万元，比2007年的6908932万元增长了10.14%，其中第一产业产值3122772万元，比2007年的2748094万元增长了13.63%；第二产业产值2759859万元，比2007年的2457066万元增长了12.32%；第三产业产值1727037万元，比2007年的1703772万元增长了1.37%。产业结构由2007年的39.78∶35.56∶24.66调整为2008年的41.0∶36.3∶22.7。

2008年，第一产业中，涉林产业产值3081395万元，比2007年的2713450万元增长了13.56%；林业系统非林产业产值41377万元，比2007年的34644万元增长了19.43%。第一产业涉林产业中，林木培育和种植产值543756万元，比2007年的567079万元减少了4.11%；木材和竹材采运产值446597万元，比2007年的349254万元增长了27.87%；经济林产品种植与采集产值1712656万元，比2007年的1488266万元增长了15.08%；花卉种植产值290671万元，比2007年的250502万元增长了16.04%；陆生野生动物繁育与利用产值32152万元，比2007年的13615万元增长了136.15%。第二产业中，涉林产业产值2717391万元，比2007年的2409415万元增长了12.78%。其中木材加工及木、竹、藤、棕、苇制品制造产值886420万元，比2007年的1307907万元减少了32.23%。

2009年，全省林业产业总产值9533984万元，比2008年增长了25.3%，其中第一产业产值3701272万元，比2008年增长了18.5%；第二产业产值3600236万元，比2008年增长了30.4%；第三产业产值2232476万元，比2008年增长了29.3%。产业结构调整为38.82∶37.76∶23.42。

2009年，第一产业产值中，涉林产业产值3631176万元，比2008年增长了17.84%；林业系统非林产业产值70096万元，比2008年增长了69.49%。第一产业涉林产业中，林木培育和种植产值654325万元，比2008年增长了20.3%；木材和竹材采运产值464124万元，比2008年增长了3.9%；经济林产品种植与采集产值2019066万元，比2008年增长了17.9%；花卉种植产值339195万元，比2008年增长了10.7%；陆生野生动物繁育与利用产值61718万元，比2008年增长了47.9%。第二产业中，涉林产业产值3517981万元，比2008年增长了29.5%。其中木材加工及木、竹、藤、棕、苇制品制造产值1139851万元，比2008年增长了28.6%。

2008年农民从林业上获得的人均纯收入462元，比2007年增加56元，增幅14%。2009年农民从林业上获得的人均纯收入521元，比2008年增加59元，增幅12.8%。2007年和2008年两年来全省共培育林竹基地53.33万公顷。到2008年底，全省林竹基地面积433.67万公顷，其中工业原料林298.73万公顷、特色经济林127.53万公顷。2009年，全省林竹基地面积503万公顷，其中工业原料林327.07万公顷、特色经济林150万公顷、生物能源林6.33万公顷。全省竹浆生产能力168万吨/年，木竹人造板产能620万立方米/年，木竹地板产能2700万平方米/年，木竹家具产能3000万件(套)/年。全省新增林产加工亿元企业10家，总量达到50家。全省已建立木竹、花卉和特色林产品种植、加工、销售与服务的协会、农民专业合作社370家，参加协会或农民专业合作社的农民达62.5万户、企业731家、事业单位153个、社团53个，有效地提高了林业产业的组织化程度，增强了市场竞争力，维护了整体利益。

【木材加工】 1998年以来，四川从森林分类经营出发，在提高森林生态功能的前提下，本着速生丰产、定向培育、产业化经营的原则培育木质原料林。各地通过政府引导、工程推动、业主自建，实现了木质原料林面积、蓄积双增长。到2008年底，四川共建木质商品林489.8万公顷，其中用材林面积470.4万公顷。初步形成了乐山、眉山、雅安、成都以巨桉、杨树、柳杉为优势树种的盆地西部原料林基地，攀枝花、凉山以直杆蓝桉、云南松为优势树种的西南山地原料林基地，宜宾、泸州以杉、松为优势树种的盆地南部原料林基地。2008年，全省采伐林木蓄积672.8万立方米，其中商品材329万立方米。全省木质人造板(含中密度纤维板、胶合板和刨花板)生产企业338家，2008年产量351万立方米，比2007年增长了26%。木地板生产企业50家，2008年产量1432万平方米，比2007年增长了3%。2008年木、竹、藤家具制造产值110亿元，比2007年增长了139%。2009年，全省采伐林木蓄积192万立方米，全省木质人造板(含中密度纤维板、胶合板和刨花板)产量419万立方米，比2008年增长了19.4%。木地板产量1700万平方米，比2008年增长了18.7%。2009年木、竹、藤家具制造产值133亿元，比2008年增长了20.9%。2008年木地板生产企业升达集团成功上市，成为四川省第四家本省林业上市企业。

【竹材加工】 四川是我国竹类主要分布区之一，在20世纪90年代初期，四川对竹子的开发利用主要集中在“四旁”的慈竹及毛竹等少量竹种上，其产品主要为野生竹笋和民用竹材。90年代以后，特别是1998年以后，由于四川天然林保护、退耕还林工程的相继启动，竹子的经济、生态等多种功能逐渐为人们所认识。为指导全省竹产业发展，2003年9月，四川省林业厅、中共四川省委农办、中共四川省委政策研究室联合出台了《关于加快竹产业发展的意见》；2004年4月，四川省林业厅印发的《四川省竹产业发展规划》；2005年3月，四川省政府印发的《四川省林业产业发展纲要(2004~2010年)》也对竹资源的培育提出了具体目标和要求，四川竹资源的培育和利用进入了一个相对较快的时期。雅安、乐山、宜宾、泸州、自贡、眉山、成都等市在大力发展慈竹、楠竹等乡土竹种的同时，还积极引进麻竹、撑绿竹等竹种，扩大竹林面积。多数竹资源县采取综合措施开展低产低效竹林改造，提高竹林单位产量。2002年底，全省有竹林45.95万公顷(不包括中高山区的箭竹、大箭竹等，下同)，居全国第五位；2008年底，全省竹林面积增至73.33万公顷。2009年，全省竹林面积进一步增至86.67万公顷。四川竹林广布于19个市(州)的131个县(市、区)，其中成都、雅安、乐山、宜宾、泸州5市共有竹林面积41.31万公顷，占61.4%。在四川盆地南部和东部海拔1200米以下的低山、丘陵地带是四川竹林集中成片分布区。2007年产竹材8621万根、杂竹338万吨；2008年竹材产量3732万根、杂竹350万吨；2009年竹材产量3998万根、杂竹518万吨。2008年全省已有各类竹产品加工企业1000家，其中竹胶合板生产企业130家，年产竹胶合板65万立方米；竹地板生产企业10家，生产能力100万平方米/年，产量40万平方米。传统竹工艺品产业快速发展。青神竹编、江安竹簧、分水岭竹伞等竹文化产业均被列入了非物质文化遗产，随着非物质文化遗产的传承和发扬，竹工艺品价值凸显，2008年，竹工艺品产值5亿元。

【竹木纸浆造纸】 四川省是竹浆造纸第一省，沐川县永丰纸业通过技改成为全国第一家利用竹资源进行造纸的企业，随后全省竹浆造纸企业迅猛崛起。涌现出宜宾纸业、永丰纸业、巨森纸业、美利峡山纸业、金安纸业等大型纸浆造纸企业。2008年全省木竹纸浆生产能力158万吨/年，年造浆106万吨。2009年全省木竹纸浆生产能力进一步提高到168万吨/年，年造浆110万吨。

【干　果】

核　桃　主要分布在四川盆地北部、西部边缘山地海拔1500米以下和川西南山地海拔3000米以下区域，在甘孜藏族自治州东南部与阿坝藏族羌族自治州东南部海拔2500米以下，以及四川盆地丘陵低山区海拔1000米以下的地方亦有分布。近年来，初步形成了以巴中市南江县和广元市旺苍县、朝天区为主的川东北产区，以甘孜州巴塘县、得荣县为主的甘南产区。主栽品种有川核1～11号、夏早、沙河、硕星等。2005年，南江县米仓山牌核桃仁和米仓山牌山核桃获得国家AA级绿色食品和有机食品认证。2008年，全省核桃种植面积16万公顷，产量9万吨，比2007年增长了28.6%。2009年，全省核桃种植面积26.67万公顷，比2008年增长了66.7%，产量12万吨。

花　椒　是四川主要木本调料树种。主要品种有大红袍、金阳青花椒。金阳青花椒荣获2004年度上海林博会名特优产品金奖，2004年中国·四川农博会产品金奖及首届中国国际林业产业博览会名特优新奖和绿色环保奖。2008年，全省花椒种植面积13.47万公顷，产量2.9万吨，比2007年增长了26.1%。2009年，全省花椒种植面积15.13万公顷，比2008年增长了12.3%，产量3.2万吨。

板　栗　主要分布在四川盆周山区和川西南山区的海拔2000米以下的区域，以沿河边、沟边、山麓、山腰居多。大巴山、米仓山的旺苍、南江、通江、万源等县为四川的中心产区。2008年，全省板栗种植面积3.93万公顷，产量1.7万吨；2009年，种植面积4.6万公顷，产量2.2万吨。

银　杏　在四川主要分布在盆周边缘山地，以米仓山、大巴山、龙门山及邛崃山脉东部较为集中，垂直分布海拔500～1200米，优良品种有川银1～5号、宕江梅核、巴山圆籽、通江大马铃等。2008年，全省银杏种植面积1.6万公顷，产白果1924吨；2009年，种植面积2.4万公顷，产白果2506吨。

枣　川北低山丘陵和川东平行岭谷区是四川枣树最适宜区，德阳、绵阳、广元、巴中、南充等地均有分布。四川枣树多呈不连续块状和零星分布，近年德阳市的罗江县和南充市的南部、西充等县枣树有所发展。主要品种有调元枣、崭山米枣等。2008年，全省枣子种植面积2200公顷，产量1.1万吨；2009年，种植面积增加到4000公顷，产量2.7万吨。

【木本油料】

油橄榄　是世界上著名的木本油料树种。1964年，在周恩来总理的亲自关怀和倡导下，四川开始引进试种油橄榄，20世纪60～80年代曾一度大规模发展。到20世纪90年代末，由于种种原因，油橄榄种植面积和产量急剧下降，年产量由1986年的150吨下降到2001年的26吨。进入21世纪，随着人民生活水平的提高，橄榄油在市场巨大需求和经济效益高回报的牵动下，四川油橄榄又进入了恢复发展阶段，广元、达州、绵阳、凉山等地，结合退耕还林工程培育油橄榄基地。到2008年底，四川共种植油橄榄1.67万公顷，产量609吨。主要品种为米德扎、佛奥、莱星、科拉蒂等。2009年底，全省油橄榄面积达到1.8万公顷，产量1833吨。

油　茶　是亚热带常绿木本油料作物，在四川盆地丘陵和低山区，以及川西南山区均有分布。在盆地区，以海拔300～800米为主，在川西南山区主要分布在海拔2000米以下的河谷地带，主产县有宜宾、叙永、蒲江、邛崃及德昌、会理等。一般盆地内部海拔800米以下丘陵阳坡地上生长的油茶结实早、出油率高。到2008年，全省约有油茶面积0.93万公顷，以散生为主，当年产油茶籽3358吨。主要品种为紫红油茶、大红油茶和白油茶等，2009年，全省新建油茶面积24公顷，产油茶籽3358吨。

油　桐　是一种工业用的木本油料树种。油桐林主要分布在四川盆地海拔800米以下的丘陵地区和川西南山地1800米以下的河谷地区。2008年全省产油桐籽2.8万吨，2009年产油桐籽2.4万吨。

【木本药材】　川杜仲、川黄柏、川厚朴是四川的道地药材，广泛分布于四川盆周山地和丘陵地区，以人工栽培为主。自20世纪90年代以来，杜仲、黄柏和厚朴在川内的区域分布特性日渐明显，杜仲集中于四川盆地东北部，主产区有旺苍、通江、南江、北川、安县等；黄柏在荥经、芦山、营山、安县、通江、南江、彭州、大邑种植较多，以荥经县产量最大；厚朴以都江堰市、宝兴县、芦山县、平武县、北川县较多，以都江堰品质为佳。旺苍县1996年被列为四川省天然药材杜仲产业化示范工程，2000年被国家林业局授予中国名特优经济杜仲之乡，现有杜仲面积0.67万公顷，年产杜仲皮2000吨、杜仲叶1000吨，杜仲干皮贮量达到36630吨，成为全国最大的杜仲商品基地。荥经县是国家中药现代化科技产业(四川)基地川黄柏种植示范区，现有黄柏0.65万公顷，其经营方式主要有两种，一是由龙头企业租赁荒地建立示范基地，二是采取“公司+农户”的方式，与农户签订合同，实行保护价收购；其加工产品——黄连素已通过国家GMP认证。此外，南江县的金银花、北川县的辛夷在近年也得到一定发展，1999年，南江县的金银花被列入四川省中药规范化种植示范基地，全县年产金银花干花540万千克。随着四川中药产业的发展，各地结合天然林保护和退耕还林工程，通过农民自种、专业大户和企业规模培育，木本药材面积不断扩展。到2008年，全省主要木本中药材种植面积8万公顷，其中，杜仲1.4万公顷，黄柏0.67万公顷、厚朴2万公顷；全省林业中药材产量6.7万吨。2009年，全省主要木本中药材种植面积12万公顷，其中，杜仲3.73万公顷，黄柏1.53万公顷、厚朴4.2万公顷；全省林业中药材产量7万多吨。

【苗木花卉】 改革开放以来，随着城乡绿化、美化步伐的加快和人们生活水平的提高，社会对林木种苗和花卉的需求与日俱增，四川花卉逐步实现了由自发分散向产业化发展的转变。1998年花卉种植面积0.94万公顷、产值9.1亿元，从业人员14万人，初步形成成都园林苗木盆景和草坪生产基地、西昌种球种苗和鲜切花生产基地、川南(乐山、宜宾、自贡等)以茉莉花为主的工业用花生产基地和达州的食用花生产基地。天然林保护工程和退耕还林工程相继在四川全面启动实施后，到2007年底，全省共有种苗花卉基地3.6万公顷，生产切花8亿支，盆栽植物1.3亿盆，苗木1.3亿株，草坪813万平方米。建成花卉市场392个，花卉企业3198家，花卉从业人员21万人，控温温室37万平方米，日光温室面积764万平方米。2008年，全省共有种苗花卉基地2.6万公顷，生产切花3.5亿支，盆栽植物1亿盆，苗木1.1亿株，草坪856万平方米，建成花卉市场394个，花卉企业3203家，花卉从业人员21万人，控温温室54万平方米，日光温室面积760万平方米，实现产值29亿元。2009年，全省共有种苗花卉基地3.4万公顷，生产切花3.3亿支，盆栽植物1亿盆，苗木1.2亿株，草坪873万平方米，建成花卉市场402个，花卉企业3305家，花卉从业人员21万人，实现产值34亿元。

【生物质能源】 四川拥有麻疯树、黄连木、乌桕、油桐等丰富的生物能源树种资源，其中麻疯树为主。四川凉山州和攀枝花市是麻疯树分布的中心区域，主要集中在雅砻江、金沙江、安宁河流域海拔700~1600米的河谷地带(另外，赤水河流域也有少量分布)。

自20世纪80年代，四川省林科院、四川大学等单位就开始了麻疯树造林技术及生物柴油开发应用研究。一是开展麻疯树生物生态学特性的调查研究。1987~1990年，四川省林科院对麻疯树的生物特性、生物性状、半野生状态的麻疯树种子产量进行了调查研究，对不同地区的麻疯树种子主要成分进行了测定；提出了麻疯树的适生条件(气候、土壤、海拔、地形)和适生区域。二是开展麻疯树种质资源优选研究。1987~1988年，四川省林科院分析了攀西地区小桐子16个种源的含油量；近年又收集全国小桐子65种源和356个家系，进行种子表型测定、统计分析和含油量分析，初选出结实量大、含油量高的种源8~10个，并建立优良种质资源收集圃。四川大学在开展麻疯树优良种源的研究筛选工作中，成功选出麻疯树高毒1号和高油1号两个优良品种，并于2005年通过省级认定。三是进行麻疯树等生物柴油树种的栽培技术试验研究。自80年代末四川省林科院等单位在攀西地区选择不同的海拔、土壤、整地和造林方式，营造试验示范林，提出了麻疯树栽培密度、繁殖方式、造林时间和幼林管理等栽培技术，并于2007年编写了《四川省麻疯树丰产栽培技术要点》。四是开展麻疯树生物柴油行车试验研究。四川省林科院、四川大学等单位于20世纪80年代末进行了麻疯树生物柴油混合燃料的试验、柴油机燃用野生麻疯树油试验、混合生物柴油(B15)的柴油机车行车试验。2005年，四川大学与长江造林局合作采用微乳化复合添加剂合成B20型麻疯树生物柴油，在成都公共交通公司的柴油公交汽车上试运行成功，并申请麻疯树生物燃料混合物专利。在国家能源政策和科技的支撑下，四川麻疯树能源林建设稳步推进。

从90年代末期开始，攀枝花市、凉山州和长江造林局依托天然林资源保护和退耕还林等林业重点工程，将麻疯树作为荒山造林树种成片栽植，同时，引进美国贝宁公司合作营造麻疯树能源林。到2008年，全省有麻疯树能源林6.47万公顷，其中凉山州4.07万公顷、攀枝花市2.4万公顷。

【森林旅游】 四川拥有丰富的森林和天然湿地生态景观资源，2008年全省已建立森林和野生动植物、湿地等各种类型的自然保护区123处，保护管理面积763.08万公顷，占全省辖区面积的15.73%，其中国家级自然保护区16处、省级自然保护区48处，占国土面积的比例增加了14.45%；全省森林公园共103处，经营面积73万多公顷，其中：国家级森林公园31处，省级森林公园47处。以九寨国家森林公园、海螺沟国家森林公园、瓦屋山国家森林公园为代表的一批具有较高知名度和较好基础设施的精品森林旅游景区正在形成，为人们提供了众多观光旅游、休闲度假、科普教育的好去处，有力地促进了全省旅游业的大发展。同时，四川省还拥有得天独厚的大熊猫品牌，卧龙—四姑娘山—夹金山大熊猫栖息地共9245平方千米被列入世界自然遗产，2006年世界自然基金会向省政府颁发了献给地球的礼物奖。

2007年，全省接待森林生态旅游游客9800万人次，实现直接旅游收入139亿元，分别比2006年增长67.7%、95%。受"5·12"汶川特大地震和金融危机影响，2008年，四川省森林旅游7500万人次，实现直接收入126亿元，均较2007年明显减少，但同2006年相比仍保持良好发展势头，分别增长28.3%和76.7%。2009年，四川省森林旅游13121万人次，直接收入181亿元。

【成都市林业产业】 成都市注重发挥区位优势和资源优势，坚持抓生态建设，大力培育森林资源，加强森林资源保护，巩固发展造林绿化成果，城乡绿化水平不断提高。全市林地面积43.3万公顷，森林覆盖率36.8%，林业产业结构不断调整优化，各类林业产业基地建设面积19.2万公顷。2008年全市实现林业产业产值2138184万元，同比增长了28.1%，第一产业493183万元、第二产业1156603万元、第三产业488398万元。全社会花卉和茶、桑、果产值248677万元，林业和林业服务业产值274549万元，森林旅游业产值132086万元。农民从林业获得总收入575485万元，人均收入1015元。林业产业在调整农业结构、增加农民收入和发展农村经济中发挥着越来越重要的作用，在全市经济社会发展中的地位和作用更加突出。

工业原料林基地建设快速发展 2005年以来，成都市依托现有17.33公顷现代化苗木生产基地，运用无性系快速繁殖优质苗木种苗技术，大力推进工业原料林基地建设。2008年底，全市已建立以巨桉、杨树为主的工业原料林基地3.13万公顷。

木材加工产业向规模化发展 截至2008年底，全市共有木材经营加工单位3764家，约占全省木材经营加工单位的1/4，其中，规模企业74家，全市纤维板加工能力100多万立方米。全市现有四川名牌以上的家具企业22家，涌现出了全友家具、明珠家具、升达林产、鸿基木业、双虎家具、天子沙发等一大批享誉海内外的知名企业。其中，全友家具在全国家具企业中名列前茅，并创造了中国家具的行业标准。崇州市实现家具产值20多亿元，新都区木产业发展成为全区六大经济支柱产业之一，全区木制品加工企业639家，从业人员5万多人，家具产值30多亿元。

竹产业初具规模 成都市竹产业围绕竹材开发和竹笋开发两条主线，从种植基地和加工龙头企业两个环节入手，逐步扩大规模，延长产业链，已发展成为具有一定规模的产业体系。2008年，全市竹产业销售收入1.9亿元，竹材生产基地3.18万公顷，竹笋生产基地1万公顷，涉足该产业的龙头企业达13家。其中，广乐公司精加工产品生产能力10万吨以上，嵘山纸业竹材加工能力30万吨。

中药材步入产业化发展轨道 成都市是全国中药材生产、加工重要基地和全国中药材三大流通市场之一。2008年，全市中药材产值2.5亿元，发展三木药材、乌梅、黄连等中药材生产基地2.3251万公顷，涉林的中药材种植和加工龙头企业14家，带动农户9万户，其中，彭州协力、亚宝光泰2家企业年产值5000万元以上。

生态旅游方兴未艾 山区生态旅游发展迅猛，8个森林公园年收入7000万元以上；全市生态农家乐年收入1.5亿元，5个山区市、县生态农家乐5000多家，从业人员3万人。

【泸州市林业产业】 泸州地处四川盆地南缘，毗邻云南、贵州、重庆。全市辖4县3区，辖区面积12242.9平方千米，人口493万人。全市林地面积52.8万公顷，占辖区面积的43.1%，有林地59.5万公顷，其中竹林面积14.33万公顷，森林覆盖率48.6%，活立木总蓄积2200万立方米，楠竹蓄积6250万根，杂竹蓄积706万吨。泸州市的气候条件、地理位置、产业发展结构等都呈现出十分有利于竹产业的发展的势头，经过大量的调查研究和论证，市委、市政府出台了《关于加快竹产业发展的意见》，编制了全市竹产业发展规划，提出了竹产业发展的目标、任务、重点和工作措施，把发展竹产业作为全市林业发展的重点和突破口。经过近两年的努力，泸州市竹产业发展取得了可喜的成绩，主要表现在以下四个方面。

基地建设迅速推进 “十一五”以来，泸州市通过天保工程、退耕还林工程、社会力量、企业自主、农民自发等形式新造竹林5万多公顷，改造低产竹林4万公顷。2008年，全市新造竹林1.67万公顷。全市竹林总面积14.3万公顷，其中楠竹面积1.5万公顷，年可采伐量400万根；杂竹面积12.8万公顷，年可采伐量100万吨。

龙头企业不断壮大 泸州市拥有竹加工企业200余家，年产值7亿元。年产值上1亿元的企业1家，1000万元以上的企业11家，500万元以上的企业16家。有竹浆纸类生产企业2家，竹浆年生产能力10万吨，纸产量8万吨；有竹胶合板生产企业23家，年产量7万立方米；有竹地板生产企业3家，年产量20万平方米；竹笋加工企业16家，年产量1万吨，出口创汇700万美元；竹筷生产企业40家，年产量24万担，产品辐射国内外；竹炭、竹生活制品等其他加工企业100多家。通过招商引资，引进了河南银鸽集团、江西百林竹业等一大批企业入驻泸州，为培育龙头企业奠定了坚实的基础。同时，市内原有的一批竹类企业正在抓紧技改。

旅游发展潜力巨大 泸州是中国优秀旅游城市，全市有国家级森林公园1处，省级森林公园4处，市县级森林旅游区7处。古蔺黄荆景区被评为全国十大新美景之一。在这些森林景观中，竹林是一道独特的风景线，竹文化旅游开发潜力大。福宝、黄荆、天仙洞、凤凰湖等地竹文化旅游已进入规模开发阶段，基础设施日臻完善。2008年，森林旅游接待量超过100万人次，产值逾3.5亿元。

助农增收效果明显 竹业的发展，促进了林业经济的快速增长。2008年全市林业社会总产值36.16亿元，其中竹业经济产值15.15亿元，占全市林业社会总产值41.9%，农民人均竹业收入220元，重点竹区300元以上。在竹业发达的乡镇，竹产业已成为典型的新型生态经济产业，成为农民增收的重要途径和农村经济发展的重要支柱。全市已形成叙永水尾竹笋、向林、江门竹材，纳溪大渡、打古、护国竹压板，合面竹编，江阳分水岭、合江凤鸣竹筷，合江福宝、榕山竹地板等各具特色的林竹产业乡镇近20个。如江阳区分水岭乡2008年实现竹业产值6900万元，就地转移农村富余劳动力6500名，农民年从事竹业的收入达2200万元，实现全乡人均收入626元。叙永县水尾镇青杠村仅合江方竹笋、毛竹笋材收入就达1250万元，人均竹业收入高达6596元，户收入在10万~20万元的农户76户，20万元以上的12户，最高的超过30万元。

【沐川县林业产业】 沐川县地处四川盆地西南边缘，辖区面积1408平方千米，辖19个乡镇，总人口25.9万。截至2008年底，全县林地面积10.08万公顷，其中竹林4.75万公顷，森林覆盖率68.12%。先后被评为全国绿化模范县、中国竹子之乡。

2008年，全县实现林业综合产值9亿元，林业提供财政收入0.68亿元，农民人均从林业上获得收入1080元，分别占全县工农业总产值、财政收入和农民收入的1/3，收到了产业发展、财政增收、林农致富、行业发展“四赢”的效果。

林浆纸产业强劲发展。形成了以永丰纸业为龙头的高档文化用纸和以健全竹海纸业为主的机制草纸“一高一低”的纸产品格局，永丰纸业是西南地区以全竹浆制浆造纸的最大生产企业，所生产的高档生活用纸和文化用纸畅销国内，其永丰薄商标荣获中国驰名商标。全县年制浆能力25万吨，造纸能力10万吨，年产值4.5亿元。到2012年，全县制浆造纸生产能力将达到70万吨。木竹板材加工业稳步发展。按照产业向基地集中，企业向园区集中的原则，将34家小型木材加工厂整合为16家，全部进入二个木材加工集中工区，引导沐鑫竹业、山水木业、国林木业、吉源木业等规模以上企业进入生态工业园区，提升木竹材精深加工能力，实现年加工木材10万立方米，年产值2亿元。林副产品加工异军突起。全县拥有茶叶加工厂110家，2008年加工茶叶3000吨，实现销售收入18000万元。现年产竹笋0.8万吨，有竹笋加工企业20家，年加工能力2000吨以上。林业第三产业日渐繁荣。森林资源的开发利用和林业产业的发展，带动了交通运输、生态旅游、金融保险等服务业的快速发展。在交通运输方面，涉林年运输量在100万吨(立方米)以上，经营户年运输收入5000多万元；农民从林竹、茶叶生产、加工方面获得的劳务收入12000万元。随着生态环境的改善，生态旅游优势逐渐凸现，正引来八方游客。

(童　伟　姜贵腾)

附件：

四川省人民政府关于加快林业产业发展的意见

川府发〔2007〕48号

各市(州)、县(市、区)人民政府，省直各部门：

为满足社会日益增长的林产品需求，促进经济发展和农民增收，现就加快四川省林业产业发展提出如下意见。

一、提高对加快林业产业发展的认识

林业产业是涉及国民经济一、二、三产业的复合型产业体，具有基础性、多样性、生态性、战略性的特点。大力发展林产业对于满足经济社会发展对天然绿色林产品的广泛需求，促进广大农民增收致富和区域经济发展，巩固生态建设成果和推进社会主义新农村建设具有十分重要的意义。四川省是林业资源大省，全省林业用地面积和活立木蓄积分别居全国第3位和第2位，具有做大做强林业产业的优势和潜力。由于林业产业化程度低、技术水平落后、政策不完善、体制不顺、机制不活等原因，全省林业产业发展总体滞后，实力不强。2006年全省实现林业产业总产值507亿元，不到全国总量的5%，与森林资源大省地位不相适应。各级人民政府、各有关部门要站在助农增收、促进社会主义新农村建设、实现富民强省全面小康目标的高度进一步提高加快林业产业发展的认识，切实增强责任感和紧迫感，推进四川省林业产业又好又快发展。

二、林业产业发展的总体要求、基本原则和主要目标

四川省林业产业发展的总体要求是：全面落实科学发展观，在确保生态安全的前提下，以助农增收为核心目标，以森林资源培育为基础，以加工利用为龙头，以现代科学技术为支撑，积极推动林业产业化经营，鼓励引进境内外资金、技术和管理经验，加快发展特色优势林业产业，最大限度地满足经济社会发展对林产品和生态服务的多样化需求，推进林业资源大省向林业经济强省跨越。

四川省林业产业发展要遵循三项基本原则：一是把林业产业放在维护生态安全和建设长江上游生态屏障的大局中来实现。二是把林业产业放在社会主义市场经济体制中来运筹。三是把转变林业产业发展方式作为关键问题来解决。

四川省林业产业发展的主要目标是：林业总产值1200亿元，农民从林业上获得的人均纯收入达到600元。

三、林业产业发展的重点领域

依据国家林业产业政策，立足四川省实际，本着发挥优势、突出特色、可持续发展的原则，四川省林业产业鼓励和扶持发展的重点领域是：

(一)林竹培育业。大力培育具有规模、集中连片、效益良好的短周期工业原料林、速生丰产用材林、竹林、大径级优质珍贵树种用材林、经济林果及种苗花卉。

(二)林下种养业。积极发展林草、林药、林茶、林菌等林下种植业和林畜、林禽等林下养殖业。

(三)林果加工业。加快发展特色优势干果、水果、木本药材、木本油料、调香料等经济林产品的贮运、保鲜和精深加工。

(四)木竹加工业。积极发展人造板、竹木复合材料和家具制造业，推动木竹精深加工。鼓励次小薪材和采伐、造材、加工“三剩物”及废旧木质材料的综合利用。

(五)竹木制浆造纸业。鼓励投资竹木制浆造纸产业，推进林(竹)浆纸一体化建设。

(六)林业生物质能源产业。大力培育开发以麻疯树为重点的优良乡土能源树种，建设高产、高油、高热值的能源林基地，发展生物柴油、燃料乙醇等生物质能源产业。

(七)野生动植物驯养繁育利用业。在严格保护的基础上，鼓励野生动植物基因资源保护、种源繁育和基地建设，引导扶持野生动植物利用产业。

(八)生态旅游业。在不破坏生态功能的前提下，推进以森林公园、湿地公园和自然保护区、狩猎场为主的生态旅游产业发展。加强风景林营造和更新改造，提升景观质量，丰富生态文化内涵，打造以自然生态景观为主体、其他景观为辅助的特色生态旅游品牌。积极发展“农家乐”等乡村旅游。

限制以优质林木为原料的一次性木制品、木制包装品的生产；限制新建单线规模在5万立方米/年以下的高中密度纤维板项目、单线规模在3万立方米/年以下的木质刨花板项目以及1000吨/年以下的脂松香生产项目。加快淘汰规模小、资源利用率低、生产能力落后的工艺、技术及装备；加快淘汰并禁止新建未达到国家环保标准的小型人造板企业、直火法等土法生产松香的小企业、湿法生产纤维板及未达到国家质量标准的林产品加工企业；加快淘汰并禁止新建3.4万吨/年以下的非木浆造纸厂和5万吨/年以下的木浆造纸厂。禁止超过生态承载能力的旅游活动和药材、森林食品等林产品采集活动；禁止砍伐天然林营造工业原料林基地。

四、完善林木采伐利用政策

按照市场经济体制和分类经营的要求进一步完善林木采伐利用政策，促进竹木依法采伐利用，增加竹木产品产量，切实满足木竹加工业的原料需求。

(一)工业原料林采伐限额和木材生产计划有结余的，经省级林业主管部门认定后可结转到限额执行期内的以后各年度使用；一般人工用材林采伐限额和木材生产计划有结余的，经省级林业主管部门认定后可以结转下年度使用。对个人及其他经营主体经营的工业原料林，在不突破采伐限额的前提下，要足额满足采伐指标，采伐年龄和采伐方式由其自主确定；对抚育间伐指标不足的可以占用主伐限额指标，仍不足的可以逐级上报增加指标。

(二)对利用林地新建工业原料林和速丰林基地达到200公顷以上的，单独作为编限单位，按采伐限额优先安排年度木材生产计划。

(三)对符合技术规程要求的人工用材林进行抚育间伐，凡采伐林木胸径小于10厘米(含10厘米)的，不纳入木材生产计划管理。

(四)对于竹林(包括天然竹林)的采伐，不再下达年度生产计划，依法按国务院批准的毛竹采伐限额控制执行。

(五)对自建基地满足用材30%以上的加工企业予以优先审批；对新建年产10万立方米以上的高中密度纤维板、刨花板项目，优先办理经营许可；对以林木的果、花、汁、叶、皮为原料的企业，优先办理经营加工许可。

(六)对在房前屋后、自留山、自留地中生产的木材不纳入木材生产计划管理，允许凭村、组证明办理木材运输证，依法上市流通。对龙头企业、农户等造林主体利用非林业用地培育的工业原料林不受采伐限额和木材生产计划的限制，允许其凭《土地证》、《承包合同》或其他土地利用有效证件办理采伐许可证，采伐不受时间和林木年龄的限制；允许凭采伐许可证和木材运输证在省内流通。

五、推进林业产业化经营

(一)壮大龙头企业。各地要把培育壮大龙头企业作为林业产业化工作的重中之重，对龙头企业在技术改造、兼并重组、扩大规模和上市等方面予以支持，着力培育一批以竹(木)浆纸一体化、林板一体化、家具制造、生态旅游、森林食品和生物质能源为重点的大企业、大集团和产业集群。积极开展竹木产品、次小薪材与“三剩物”综合利用和精深加工，不断延长产业链，努力提高附加值和综合效益。定期发布林业龙头企业名录，鼓励林业龙头企业争创省级和国家级农业产业化重点龙头企业。

(二)发展专合组织。大力支持林业科技人员、专业大户、龙头企业和农村林业技术能手领办林产品生产、加工、流通领域专合组织。逐步建立省、市(州)和县级林业产业专业协会。鼓励和引导林农以多种形式参加行业协会和专合组织。充分发挥专合组织和行业协会的桥梁纽带作用，完善利益联结机制，不断提高林农组织化程度和林业产业化经营水平。

(三)强化基地建设。各地要从实际出发搞好规划，着力引导优势特色林业产业基地向重点产业区集中，促进基地建设区域化、规模化。要在巩固、提高原有基地建设成果的基础上，结合林业生态工程建设培育商品林基地；鼓励社会主体运用新技术、新品种、新方法，开展商品林定向培育、标准化生产和集约经营；鼓励龙头企业与行业协会、专合组织、林农密切合作，建立稳固的、规模化的原料生产基地。加快现有人工中幼林抚育间伐和低产低效林改造，提高基地建设的质量和效益。

(四)培育名优品牌。鼓励、支持有一定规模的龙头企业加快新产品的研发，努力提升产品质量，争创中国驰名商标、中国名牌、中国出口名牌、四川名牌、四川著名商标等名优品牌。加大对品牌的宣传和扶持力度，培育一批具有四川特色、在国内外市场有较高知名度的竹浆、干鲜果、调香料、人造板、森林食品、木本药材、竹木家具和生态旅游等品牌产品。

(五)完善市场体系。加快建立统一开放、竞争有序的林产品市场体系。推进木竹、林副产品集散市场的改造升级，构建全省林产品营销市场网络。加快培育林业要素市场，搭建林权交易平台，逐步实现森林资源资产评估、林权变更登记、林权抵押贷款、政策咨询和信息披露等一条龙服务。加快林产品“绿色通道”建设，促进林产品流通。

六、强化林业产业科技支撑

各地各部门要按照产业化、集群化、国际化的发展方向加快建立以企业为主体、市场为导向、产学研相结合的技术创新体系。大力实施标准战略和知识产权战略，加快丰产栽培技术规程与林产品标准的制修(订)步伐。以林业科研队伍为主体，集中优势力量开展良种选育、优良乡土树(竹)种开发、林产品精深加工、森林资源综合利用等关键和综合技术攻关。加强短周期工业原料林、竹林、经果林等丰产高效栽培技术与经营管理模式的集成和推广应用。建立健全林产品质量监督检验体系，加大对人造板、竹木制品、种苗花卉、森林食品等涉及人们身体健康和生命安全的林产品的监测检验力度。加快构建新型林业科技服务体系，扎实抓好林业产业行政管理人才、专业技术人才、经营管理人才队伍建设，加强对林业产业从业人员和林农的实用技能培训，积极推进技能资格证书制度，提高林业产业经营者的整体素质。

七、深化林业体制机制改革

深入实施森林分类经营改革，科学确定公益林和商品林的比例，认真做好商品林、公益林的区划界定工作。依法放开放活商品林采伐、运输等相关政策，充分保障农民和业主等经营者的经营自主权和林木处置权，实现自主决策、自主生产、自主经营、自我发展。严格公益林的管理，充分挖掘其在森林景观、林副产品等方面的潜力，大力发展生态旅游、林下种养等林业产业。加快推进集体林权制度改革及综合配套改革，积极完善产权处置和收益保障机制，进一步激发林农发展林业产业的积极性。深化国有林区和国有林场、苗圃管理体制改革，管好用活国有森林资源，释放国有林业产业发展潜能。加快发展非公有制林业，鼓励跨所有制、跨行业、跨地区发展林业产业。提高四川省林业利用外资水平，鼓励省外境外资金到四川省投资造林和发展林业产业。

八、加大财税金融扶持力度

(一)加大财政资金投入。对工业原料林、特色优势经果林、竹业、生物质能源林、珍贵树种用材林基地建设及林木良种选育推广等，各级财政要加大投入力度。积极用好用活中央财政林业贷款项目财政贴息政策和四川省农业产业化龙头企业贷款财政贴息政策。对林业龙头企业的种植业、养殖业、林产品加工业贷款项目以及各类经济实体营造的工业原料林贷款项目、山区综合开发项目等，按照有关规定给予贴息。对基本建设贷款中总投资5000万元以上的速生丰产用材基地建设和总投资3000万元以上的天然林资源保护工程转产项目，省财政给予适当的贴息支持。

(二)加强金融信贷支持。政策性银行应在业务范围内积极提供符合林业特点的金融服务，适当延长林业贷款期限和宽限期，对林业项目给予积极支持。商业银行要积极支持林业企业发展，制定符合林业产业特点的信贷品种。农村信用社等金融机构要加大林农和林业职工个人的小额信贷支持力度，适当放宽贷款条件，简化贷款手续。积极开展以林木所有权和林地使用权抵押贷款等多种信贷模式融资业务。鼓励林业企业利用国际金融机构和外国政府贷款。各市(州)、县(市、区)要积极开展政策性林业贷款担保业务，探索建立多种形式的林业担保机制。鼓励有条件的市(州)、县(市、区)开展对林业种植业和林下养殖业保险实行保费补贴试点，增强林业产业项目抗风险能力。

(三)落实林业税费减免政策。全面落实对以“三剩物”和次小薪材为原料生产加工的综合利用产品实行增值税即征即退、对农业生产者销售的自产初级农产品免征增值税、对企事业单位种植林木、林木种子和苗木作物以及从事林木产品初加工所得暂免征收企业所得税等政策；落实对符合条件的从事养殖业企业，经税务机关批准可享受西部大开发企业所得税优惠政策。对新(改、扩)建的各类林产品专业市场、集贸市场3年内按低限标准征收市场管理费。在2010年12月31日前对国有林区天然林资源保护工程实施企业和单位用于天然林保护工程的房产、土地分别免征房产税和城镇土地使用税。对属于国家产业结构调整指导目录鼓励类投资项目的进口自用设备，除《国务院关于调整进口设备税收政策的通知》(国发〔1997〕37号)文件《国内投资项目不予免税的进口商品目录》和《外商投资项目不予免税的进口商品目录》所列商品外，免征进口关税和进口环节增值税。逐步降低育林基金征收标准，改革育林基金征收、管理和使用办法，征收的育林基金要逐步全部返还给林业生产经营者，基层林业管理单位因此出现的经费缺口纳入财政预算。

九、切实加强对林业产业发展的领导

各级人民政府要把加快林业产业发展列入重要议事日程，纳入经济社会发展全局统筹安排，认真做好林业产业发展规划，明确发展的目标、原则和重点。加强工作部署，精心组织实施，强化监督检查，做到思想认识到位、组织领导到位、规划部署到位、政策落实到位、资金扶持到位、工作责任到位。各有关部门要加强协作、搞好配合。林业部门要认真履行林业产业发展主管部门的牵头协调作用，积极做好规划编制、协调服务、督促检查等工作；农办要加强对林业产业化经营的指导，加大对林业龙头企业和专合组织的扶持力度；发展改革委要把林业产业纳入区域经济发展总体规划，统筹进行部署，积极支持林业产业基地建设；经委要加强对林业相关产业的指导工作，督促落实相关产业政策，大力支持林业龙头企业进行技术改造和设备、技术升级；财政部门要加大财政资金支持力度，支持林业产业发展的资金要逐步有所增加；金融单位要为林业产业发展积极提供信贷服务。科技、商务、质监、工商、税务、旅游、中小企业等有关部门要进一步增强大局意识和服务意识，各司其职、各负其责、积极支持，共同推进林业产业发展。

贵州省林业产业

【概　述】 2009年，集体林权制度改革取得重大进展，全省共完成勘界确权面积853.33万公顷，占林改总面积的97%；发放林权证204万本，占总数的82.1%。为贯彻落实中央林业工作会议精神，省委、省政府召开了全省林业工作会议，对新形式下的林业工作进行了全面部署。同时，出台了《关于进一步加快林业改革发展的意见》，明确加快林业改革发展及集体林权制度配套改革的一系列政策措施，在林权抵押贷款、林地林木流转等方面取得重大突破，进一步理顺了全省林业的体制机制，优化了林业发展的政策环境。为了贯彻落实《意见》，省林业厅制定了《关于加快林业产业发展的指导意见》和《关于加快油茶产业发展的意见》以及《贵州省省级植被恢复费商品林建设项目造林补助办法》。

森林资源　全省林地面积841.23万公顷，森林面积556.92万公顷，森林覆盖率31.61%；活立木总蓄积2.79亿立方米。

产业规模　现有商品林344.24万公顷，经济林35.26万公顷，竹笋两用林基地6.6万公顷。初步形成人造板设计总规模约140万立方米，生产能力60万立方米；2008年底全省木材生产和生产经营企业7659家；林化产品中：油脂(含松香、桐油、茶油)设计总规模7.2万吨，生产规模4.5万吨；五倍子产品和以木屑为原料的活性炭生产发展良好。20万吨竹浆厂已经投产；竹类食品1.54万吨，其他食品0.24万吨；自然保护区99个、森林公园65个、直接经营面积25.2万公顷。2008年林业总产值228.11亿元。

名牌产品

贵州银燕木业有限公司银燕牌复合木地板；

贵州合众家具有限公司合众牌木制家具；

赤水市新宇竹业有限公司竹皇牌全竹地板；

赤水市新宇竹业有限公司亚笛牌立竹菜板；

赤水市新锦竹木制品有限公司竹王牌全竹地板；

玉屏侗族自治县箫笛厂玉屏箫笛牌箫笛。

政策法规　贵州省省委、政府颁布《关于进一步加快林业改革发展的意见》(黔党发〔2009〕16号)指出：认真做好林业产业发展规划，结合资源优势，确定重点发展的特色优势产业和主导产品，引导林业产业健康发展，努力形成区域特色。从2009年起，省财政建立省级林业产业发展专项资金，今后视财力情况逐步增加，以贷款贴息和补助的方式，加大林业产业化经营龙头企业的扶持力度，促进林业产业规模化发展。

贵州省林业厅颁发了《关于加快林业产业发展的指导意见》，在加快林业产业发展的指导思想、基本原则和发展目标；林业产业发展的布局和重点领域；加强宏观调控和政策引导；统筹林业产业的发展；推进林业产业化经营；强化林业产业科技支撑；大力发展非公有制林业；加大财税金融扶持力度；切实加强对林业产业发展的领导等方面提出指导性意见。

【森林资源蓄积消耗结构】 2009年森林采伐量共计130.5万立方米，其中商品材128.1万立方米，非商品材2.4万立方米，乡村林场及农民生产22.14万立方米；竹产量1233.1万根，其中乡村林场及农民生产竹材397.8万根,；杂竹产量22.7万吨。农民自用材采伐量42.14万立方米，农民烧材采伐量107.7万立方米。

(宗　炜)

【木材生产】 2009年，绝大部分木材在产地加工，分别提供板材、装饰材、木工板材以及造纸材、坑木等，共计130.48万立方米，此外生产木片2.97万吨，木材生产产值共20.8亿元。

【人造板】 绝大多数企业集中在木材主产区的黔东南州、黔南州、遵义市和黔西南州4个州(市)，设计规模约140万立方米，2009年实现生产50.0万立方米，其中：胶合板(含建筑模板、单板)28.56万立方米，刨花板0.86万立方米，纤维板7.75万立方米，细木工板7.72万立方米。年产值17.46亿元。

【制浆造纸】 2009年贵州赤天化纸业股份有限公司建成投产20万吨竹浆厂，实现生产5.8万吨，销售收入2.5亿元。

【木制品】 2009年，木制品制造以家具、木制文教体育用品生产居多，年产值3.7亿元；木地板59.91万平方米，其中强化木地板14万平方米；木卫生筷子22万标准箱。

【竹、藤生产加工】 2009年竹材产量1233.13万根，杂竹22.7万吨，竹笋干产量约10283吨。竹地板产量9.8万平方米，其中出口2.1万平方米；竹菜板实现销售42万块，竹胶合板生产0.15万立方米，竹家具及工艺品产值6.4亿元。

【木本粮食与油料生产】

油　桐 贵州是我国油桐最重要的产区之一，现有资源面积13.61万公顷。年产桐籽5.47万吨。贵州大部分地区有分布，主要集中在黔西南州。现有规模仅为鼎盛时期的35%~40%，产量也只有当时的45%左右，但黔西南州的望谟、册亨以及黔南州的罗甸等县油桐产销情况对国际市场桐油价格有一定影响。

核　桃 现有资源面积0.7万公顷，年产核桃1.4万吨。主要分布在西部和西北部的毕节地区和六盘水市，黔西南、黔南州部分县亦有一定分布。品种有早熟核桃、串核桃、泡核桃、晚熟核桃等。以毕节地区赫章县资源最丰富，基地建设进度最快，年总产量较高，加工及市场销售工作做得较好。主要产品有核桃乳、核桃油、核桃粉和核桃糖等。

板　栗 现有资源面积1.6万公顷，年产量约1.8万吨。主产区有黔西南州、铜仁地区、毕节地区、黔东南州及黔南州。著名板栗有：玉屏大板栗，兴义红油板栗，毕节顶红板栗，此外，省内产区引进九家种等省外良种，亦取得较好效果，受到农民群众欢迎。近年来，贵州省南部种植规模扩大，生产水平逐渐提高。

花　椒 贵州是我国重要产区之一，境内9个市(州、地)80余个县(区)均有人工栽培或野生分布。现有面积1.23万公顷，产量0.4万吨。著名品种有：贞丰县顶坛花椒和关岭县板贵花椒，以鲜红光艳、花香浓郁、醇麻爽口，深受省内及重庆、四川、云南等西南地区广大群众喜爱。加工产品有花椒油、花椒粉(面)等调味品和真空包装的鲜花椒，年加工能力约为0.15万~0.2万吨。

油　茶 贵州是我国主要产区之一，有资源面积约7.5万公顷(其中成片油茶林3.74万公顷)，集中分布在黔东南州，黔西南州和铜仁地区，年产茶籽2.83万吨。其中铜仁地区的玉屏县因资源面积大、品质好，于1958年获得周恩来总理提名"茶油之乡"。历史上，天柱、黎平、锦屏等清水江流域出产的茶油因品质上乘、油色清亮而有"清油"之称，资源面积0.67万公顷。省内规模较大、产品质量较为稳定的加工厂5家，年加工能力5000吨以上。

（谭方友　杨晓鸣）

【果　品】

柑　橘 全省大部分地区有分布，但以黔东南最集中，现有柑橘资源面积5.85万公顷，年产18.6万吨，储藏保鲜2万吨。其中从江椪柑、榕江脐橙属于贵州省品质最优果品。2008年早春雪凝灾害，导致全省柑橘生产遭受重大损失，2009年产量呈恢复性增长。

梨 全省分布较广，现有资源面积4.8万公顷，年产量约18.5万吨。品种以金秋梨、黄梨、砂梨居多。主产区为黔东南州、黔南州、安顺市、贵阳市、毕节地区等。其中：黔东南州台江县的苗疆牌金秋梨曾荣获全国星火科技精品金奖、贵州省名优果品称号，并获准使用A级绿色食品标识证书。现有梨子加工企业10多家，大型储藏企业3家，年储藏量达万吨以上。

刺　梨 刺梨是贵州特有的绿色资源，全省大部分地区均有分布，但以黔中、黔南以及黔北地区分布最多。刺梨属蔷薇科蔷薇属植物，富含维生素和其他营养成分，特别是维生素C含量最高，素有“维C王”、“圣果”等称誉。现有资源1.25万公顷，其中人工栽植0.45万公顷，野生0.8万公顷。年产鲜果1万多吨，加工果酒、果脯、果酱和刺梨干等多种食品和饮料等，年产值约2亿元。

（谭方友　杨晓鸣）

【林木种苗】 种苗工程项目累计完成投资1645万元，其中：国家投资1268万元，地方配套372万元，自筹5万元。完成播种面积1000公顷，完成主要树种一、二级苗出圃4.5亿株，为目标数的112.5%；抽查了7.6万千克造林用种，为目标数的126.7%。完成了2个采种基地、1个苗圃、1个基础设施项目的竣工验收，2009年实现产值16.52亿元。（高　鹤）

【林产化工】 2009年全省油桐籽产量5.47万吨，产桐油1.3万吨；油茶籽产量2.8万吨，产茶油0.46万吨；松脂7067吨。除此，还有生漆1983吨，乌桕籽1816吨，五倍籽1354吨，棕片3129吨，紫胶59吨。

【竹　笋】 贵州是全国重要竹笋产地之一，现有竹笋(笋用竹)面积7.8万公顷，以楠竹、方竹、麻竹、水竹居多，年产鲜笋4.08万吨。其中最为著名的竹笋是被我国已故知名林学家陈嵘教授誉为“笋中之冠”的金佛山方竹笋，主产于贵州省的遵义市的桐梓、正安、绥阳等县。此外，贵州省还生产非常优质的毛竹(楠竹)、麻竹、水竹、苦竹、篌竹等竹笋，各类竹笋加工企业10余家，年加工能力8000吨以上。

【茶　叶】 由于独特的地理位置和适宜的海拔高度以及气候与土壤条件，使贵州成为我国优质绿茶的集中产区，全省现有茶园面积8.7万公顷，全省90%的县(市、区)均出产茶叶，总产量(毛茶)约4.5万吨，加工企业100余家。长期以来，贵州优质绿茶畅销杭州、广州、上海、北京、长沙及港澳台并出口日本。

（谭方友　杨晓鸣）

【花　卉】 2009年全省花卉种植面积3010公顷，花卉生产企业259多家，其中大中型企业33个；种植花卉的农户达0.23万户，从业人员0.92万人；专业花市48个，年产切花切叶1.91亿支，盆栽植物719余万盆，观赏苗木产量2519万株，草坪产量32万平方米。实现产值4.4亿元（宗　炜）

【野生动物驯养及其产品加工】 桐梓县芭蕉水林场狩猎场规划区林权确权工作基本完成，狩猎场总体规划正在编制中。已完成入场公路长9千米，宽6米路的毛路开设。购置越野车4辆，挖掘机、装载机各一台。野生动物养殖(含委托养殖)及放养豪猪30只、果子狸6只、野鸡150只、竹鸡100只、野猪30只、斑鸠200只。累计投资530万元，其中公路投资300万元，设备投入200万元，养殖投入20万元，其他投入10万元。（陈　燕）

【药材生产】

杜　仲　贵州是全国杜仲主产区之一。现有面积约3.9万公顷，产量0.3万吨。主要分布在遵义市、六盘水市、毕节地区，以遵义杜仲皮大，质量好而享有盛誉。产品销往全国各地，并出口日本、韩国、新加坡等国家和地区。杜仲主要用于药用，相关的制药企业10余家，年消耗杜仲量上千吨。

金银花　贵州省大部地区都有零星野生分布，近几年在退耕还林工程实施当中，部分地区种植不仅治理了水土流失和石漠化，也对增加农民收入，起到积极作用。全省资源面积1.55万公顷，年产干品0.45万吨。

厚朴、黄柏　是贵州传统性的重要木本药材之一，主要分布在遵义市、毕节地区及贵阳市附近地区．厚朴资源面积0.75万公顷，厚朴(干皮)产量46吨；黄柏现有资源约0.46万公顷，产量(干皮)519吨。作为原料使用的制药企业10余家。

（谭方友　杨晓鸣）

【森林旅游】 2009年接待旅游、休闲1930万人次，收入31.03亿元。森林公园66处，年接待游客802万人次，收入近3亿元。梵净山国家级自然保护区和茂兰国家级自然保护区是重要的旅游目的地。《贵州省森林旅游发展规划》的编制已完成并通过审批；《贵州省森林公园发展规划》完成编制修改，进入审批阶段。各级森林公园通过多种渠道筹集建设资金3.2亿元，极大地改善了公园的基础设施和旅游环境。

（罗明忠）

【国际合作】 2009年，中德财政合作贵州省森林可持续经营项目主要任务是成立项目机构，建章立制、开展技术研讨和培训。成立了由禄智明副省长为组长的省级项目领导小组，省林业厅分别成立了省项目办和项目专家及协调小组，金小麒厅长任专家及协调小组组长，甘如一副厅长任项目办主任。各级项目办也落实了办公地点，配备了项目人员和办公设备，启用了项目办公章。根据省财政厅、林业厅《关于抓紧落实中德财政合作贵州省森林可持续经营项目配套资金的通知》的要求，制定了项目执行计划、费用投资计划、参与式规划指南、营林指南、项目实施监测指南、固定样地监测指南、农村社会经济监测指南、项目管理办法、资金管理办法、会计核算管理办法、物资设备采购和使用管细则等。2009年项目配套资金551.29万元全部进入省项目办的专用账户。

省项目办与德国GFA公司在贵阳举办GFA与贵州森林可持续经营技术研讨会。德国GFA亚洲区的负责人保罗先生等9名外国专家，中国林科院陆元昌博士等7名国内专家，对存在的问题进行现场会诊，提出了意见和建议，对引进德国近自然林业的理念和技术上达成了共识，为全省德援项目今后的实施奠定了良好的基础，并对项目《执行计划》、《费用与投资计划》进一步商讨，使两个计划趋于成熟。项目正式启动，启动仪式由贵州省林业厅金小麒厅长主持，副省长禄智明、德国驻成都领事馆总领事孟多夫、德国复兴银行项目经理麦尔、国家林业局章红燕副司长到会作讲话，并为项目纪念碑揭幕。年内，举办了8期项目培训班，培训内容涉及参与式林业方法，森林经营技术、森林经营方案编制、数据库运用和财务培训等，参训人员230余人次。项目按照参与式林业的方法，通过发放资料和组织座谈、访谈、村民大会等形式，广泛宣传，发动村民参加项目，在6个项目县组建了9个森林经营委员会，并由村民民主选举产生了各个森林经营委员会的负责人。在森林经营委员会的参与和协助下，县林业部门为这9个森林经营委员会分别编制了森林经营方案。咨询专家和大量的项目办人员高强度地参与了试验阶段参与式规划工作，各项目办和乡镇林业站技术人员得到了培训和锻炼。 （李　宏）

【科技成果】

生物质能源树种评价与筛选（省林科院） 项目综合应用了植物学、分析化学、林木育种学和森林培育学等学科原理开展调查研究。首次系统地调查研究了贵州木本生物质能资源，查清了主要木本能源植物种类，提出了名录，划分了类型；构建了生物柴油树种筛选评价指标体系，评选出5个可在贵州优先发展的优质生物柴油树种；针对5个优先发展树种的生物生态学特性以及贵州省自然条件分异规律，筛选出适宜发展区，区划布局了原料林基地和种苗基地。同时，明确了麻疯树优良单株选择技术和解决了红皮树育苗技术。成果为生物柴油产业化发展提供技术支撑，促进和推动了油料能源林基地和种苗工程建设，成果可在贵州相邻省区推广应用。摸清了贵州主要生物质能源树种种类和可利用林地资源，揭示了贵州生物质能资源的发展潜力，为能源林基地建设规划设计提供基础数据。对木本生物质能资源进行了系统研究，编著了《贵州木本生物质能资源》，对木本生物质能资源开发利用具有指导意义，为贵州生物质能资源发展规划提供了科学依据。该成果获贵州省人民政府2009年科技进步三等奖。

木本观赏植物主要病虫害研究（省林科院） 首次对贵州木本观赏植物主要病虫害进行了系统调查，鉴定到属或种700种，编制了病虫名录，确定了重要病虫害种类340种，其中省内新记录80种(病害新记录29种，虫害新记录51种)，国内新记录害虫6种。首次采用植物源引诱剂对重要园林新害虫——黑色枝小蠹进行了林间诱捕试验并取得了较好效果，对危险性害虫——樟雪盾蚧的防治试验研究也取得了很大成功并在实践中得到了广泛的应用。针对苏铁白盾蚧、女贞粗腿象、黑色枝小蠹、悬铃木网蝽、蔷薇剪枝象等几种园林新害虫进行了生物学特性研究。最后，依托研究成果，创建了专业的园林植保网站，首次编制了《贵阳地区木本观赏植物主要病虫害防治月历》。该成果已在贵州木本观赏植物病虫害防治工作中得到了广泛应用，取得了较好的经济和社会效益。该成果获贵州省人民政府2009年科技进步三等奖。 （汪　杰）

【册亨县林业产业】 册亨县位于贵州西南部，地处珠江水系红水河上游的南北盘江夹角地带，总人口22.67万人。国土面积25.98万公顷，林业用地面积20.67万公顷，占总面积的79.6%，其中：有林地12.43万公顷、灌木林地2.2万公顷、疏林地0.17万公顷、未成林造林地1.27万公顷、宜林地3.8万公顷；活立木蓄积量为328.1万立方米，森林覆盖率为54.39%；国家重点公益林区划界定面积3.8万公顷，占林地面积的18.3%；现有油桐林5.5万公顷，油茶林0.67万公顷，杉木林2.14万公顷，桉树0.6万公顷，其他林木4.25万公顷。“十一五”期间商品林年采伐限额11.5万立方米，商品材出材量8.1万立方米。

册亨县县委、县政府制定了“创建生态文明县、打造册亨绿色品牌”的可持续发展战略方针，将林业定位为基础产业和支柱产业来建设，在抓好退耕还林工程、珠江流域防护林体系建设工程等重点林业生态工程建设的同时，致力于资源开发利用和林业产业的发展，林业总产值和林业职工的收入增速均高于全县GDP的增长速度。2009年林业总产值2.7亿元，在林业总产值中，第一产业1.6亿元，第二产业1.1亿元。

全县速生丰产林发展较快，有速生丰产杉木林2.14万公顷，活立木蓄积93.2万立方米。杉木在册亨县规模种植成功仅有30余年，但生长表现良好，林农十分喜爱并造林积极性高涨，2006年，贵州省规划了百万亩以桉树为主的短周期工业原料用材林基地建设工程，把册亨县列为贵州省最重要的桉树基地县之一，规划面积2.1万公顷，2009年种植0.6万公顷，并建成贵州省最大的桉树优质苗木基地占地4.2公顷。年产桉树优良无性系苗木450万株，同时与国家林业局桉树中心、黔西南州林业局达成协议，在册亨县建立贵州省惟一的桉树苗木组培基地。通过4年的实践，对桉树品种选择、育苗技术、栽植技术、病虫害防治等方面积累了较为丰富的经验，为今后桉树在册亨县更大规模种植奠定了坚实的基础。

2009年全县木材加工企业34家，其中招商引资建成的威建细木工板厂和达秧指接板厂规模较大，年生产能力均在1万立方米以上，成为木材加工的龙头企业，其余企业年生产能力均在5000立方米以下。

全县经济林主要以油桐、油茶、板栗等为主。现有油桐林5.5万公顷、油茶0.67万公顷。油桐籽具有出油率高，产出的桐油品质优、质量好的特点，所生产的桐油属我国出口免检产品，也是出口创汇的优质农产品。目前县境内成规模的桐油加工企业共有6家，年产桐油4500吨，产值0.8亿元。近年来茶油商品加工业发展较快，特别是册亨县保健植物油厂生产的马岭河牌精制茶油年产量130吨，已远销省内外，产值500万元，仍有巨大的市场潜力。

为了保证册亨林业产业的快速、健康发展，在县委、县政府领导下组织编制了《册亨县林业产业发展规划》及速生丰产林、油茶、油桐、经济林等6个林业重点产业科研规划，并通过省级专家组的评审，成为全省编制县级林业产业发展规划的第一县。

【赤水——中国竹子之乡】 2009年，赤水市林业局积极推进市委、市政府“生态立市、旅游兴市、竹业强市”发展战略，林业生态建设，产业化建设取得可喜成绩。竹资源培育实施跨越发展，新造竹林0.23万公顷，竹加工能力跃上新台阶，加工利用率达95%以上；竹产品向多元化发展，形成建材、造纸、工艺品、生活用品五大系列250多个品种；生态旅游迅速崛起，接待游客60.6万人次；竹基地交通网络建设实施新的突破，已形成林区网络公路1400多千米，为发展生态旅游建造了绿色长廊，为农民致富创建了绿色银行。全市现有林地面积13.7万公顷，森林覆盖率76.16%。其中竹林面积8.2万公顷(楠竹3.3万公顷，杂竹4.9万公顷)，与1996年林业部命名赤水中国竹子之乡时相比，竹林面积翻了一番多，竹林面积占国土面积44.44%，人均竹林面积0.27公顷。楠竹蓄积量7000万株，年采伐量450万~500万株；杂竹蓄积量220万吨，年采伐量70万吨。完美的生态和丰富的竹资源，为赤水经济社会可持续发展奠定了坚实基础。2009年，全市林业总产值12.31亿元，占全市国内生产总值的41.44%；竹业综合收入10.80亿元；农民人均收入中60%以上来自竹业。随着20万吨竹浆项目投产，赤水已进入“以竹产纸、以纸养工、以工辅农、以农护林”的循环经济轨道。

【从江——中国椪柑之乡】 2009年，从江县新建椪柑基地107.3公顷，使全县总规模达到4007.3公顷。其中基地挂果面积1280公顷，总产量1040万千克，总销售收入1456万元。多年来以个体工商户营销为主的零散经营形式，使从江椪柑假冒品泛滥，2009年从江县完成了从江椪柑注册商标申报工作，并取得了该商标的使用权。

长期以来，省、州、县各级领导非常重视从江椪柑产业发展，先后提出"夯实一个基础，扶持两大产业，培植三大支柱，突出四个重点，落实五条措施"，"做精、做大、做强柑橘产业"等产业发展思路，完成了《从江县"十二五"柑橘发展规划基本思路》的编制，有力地推动了从江椪柑产业的发展。近年来，县委、县政府每年从财政下拨43万元专款用于椪柑产业发展，并出台相关鼓励奖励政策发展壮大椪柑产业。2009年，县政府分别下发《关于下达2009年农业产业发展专项资金的通知》、《关于印发2009年柑橘果品促销工作方案的通知》等政策文件，进一步加强椪柑产业建设，推动产业发展。

【玉屏——中国油茶之乡】 近年来，县政府出台了《关于加快油茶产业产业发展的意见》、《关于加快特色产业发展涉农部门资金整合方案》等发展扶持政策，对现有油茶林实行全面保护，设立基本油茶保护区，实行重点保护；加快油茶产业化发展经营管理改革步伐，确定具体补助标准，坚持"谁投资、谁造林、谁经营、谁受益"的原则，鼓励广大农户林地的转包、租赁、出让及股份合作经营组织等方式的创新，进一步规范油茶林分资源的有偿开发。按照国家、省、地的要求，结合玉屏县的实际状况，编制了《玉屏侗族自治县2008～2020年20万亩油茶产业化发展规划》，体现规模化、产业化、标准化、社会化的产业布局理念。加强良种繁育体系建设，组织专业技术人员及聘请油茶试验站专业技术人员，在全县范围内精心选育本县优良油茶乡土品种，另一方面加快油茶良种采穗圃及苗圃基地建设，2009年积极申报油茶良种采穗圃建设项目，经国家林业局批复同意立项，总投资219万元，建设规模43.3公顷，整个项目2012年建成；还在油茶试验站获得省油茶种苗定点生产单位，育苗面积1.8公顷，年产油茶苗木175万余株；建立油茶优良品系对比区域性试验基地，对2005年分别从湘、赣、桂、黔等4省(区)引种建设的13.3公顷的对比试验基地，以从湖南林科院、广西林科院调集的25个品系苗木采取随机重复配置，2009年12月经省林业厅、省林科院等领导、专家对基地建设的对比试验近4年的成效进行了现场对比验收，其苗木的优良性状得到肯定，部分品系在县内可以进行推广大面积栽培。加强对农民强化培训，培训采取现场、室内培训方式，聘请了省内外相关林业专家分别作了油茶高产栽培技术，油茶高枝换冠，芽砧苗嫁接技术的理论知识培训，还到采穗圃进行油茶高枝换冠、芽砧苗嫁接技术现场培训，讲解油茶林分的科学化经营管理，截至2009年底全县共有油茶林0.85万公顷，其中新造543公顷，低改373公顷。

【桐梓——中国方竹笋之乡】 2009年，桐梓县竹林总面积2.87万公顷，其中原生面积1.33万公顷，人工营造1.54万公顷。全县方竹笋产量达1.4万吨，产值8000万元，方竹产区20万群众人均收入400元。方竹笋独具四大特色(体态方正，色泽靓丽；营养丰富，鲜嫩味美；中秋出笋，季节反差；品质纯净，源于天然)而供不应求。桐梓县按照"以改造现有方竹低产林为主，改造和新造同时并举"的战略目标，"以方竹为主，多竹种相结合"的发展方向，建成"山山有竹，四季产笋"的笋用竹基地县的指导思想，通过抓宣传，把方竹推向市场。抓住方竹生长于海拔1300米以上的高山地区，不施肥，不打药是真正的天然有机食品，并向竹农宣传发展方竹产业的目的和意义，让竹农积极投入产业建设中。在加快改造方竹低产林以提高林分质量和产笋量的同时，加大新造竹力度以壮大资源总量，每年实施改造0.2万公顷，3年时间改造完全县低产林，实施新造0.2万公顷。到2015年，使竹林面积达到3.33万公顷以上，方竹笋产量达到2万吨以上，为实现上述目标年实施育苗20公顷，保证造竹用种源。抓龙头加工企业建设。政府为企业营造投资环境，采取集中扶持龙头加工企业的办法，目前有3家龙头加工企业，年加工量在4000吨以上。加大对产业的投入，确保产业建设资金。在利用国家退耕还林、天保工程等项目资金的同时，县财政补贴集中打造方竹产业，多年来，累计投入产业资金在2000万元以上。为实现方竹产业建设目标，县成立产业建设领导小组，在县林业局增设竹业管理产站，做好产业建设规划，并指导产业发展。

【望谟——中国油桐之乡】 现有油桐林面积3.41万公顷，是鼎盛时期的49.6%，10年间年均减少347公顷。其原因是长期以来油桐林经营管理粗放，更新改进展滞后，导致油桐林过早老化干枯死亡；外来有害生物紫荆泽兰的大量侵入争夺水分养分，本身管理粗放，抵御侵蚀和病虫害能力弱，导致油桐根腐病漫延发生，整片油桐林染病干枯死亡；油桐籽价格波动比较大，加工技术始终在初级水平，抗拒市场变化的能力薄弱，导致部分林农把自家的油桐林砍伐掉，改种其他树种。

【贞丰——中国花椒之乡】 贞丰县顶坛花椒颗粒均匀、油多味麻是贵州的优质农产品，有“中国花椒之乡”的美誉。在县内顶坛片区广泛栽培的花椒是一种适应低热河谷的地方品种，为竹叶椒一新变种，属青椒系列，常生于石灰岩山地，为喜钙植物，由于长期适应特殊生物气候条件，该花椒无论在形态上，还是在生态特性上，都表现出了一定的特殊性。目前有大青椒、小青椒、团椒3个品种。顶坛花椒根系发达，具有生命力强、耐旱、易管理的特性，能有效固持水土，对治理石漠化和防护水土流失有着不可低估的作用。

贞丰县是一个少数民族聚居的山区农业县，石漠化面积5.33万公顷。北盘江花江大峡谷沿岸是典型的石漠化发育区，95%的岩石、5%的零星土地、水土流失模数达3000多吨每年每平方千米，15%的庄稼收成率。就是在这样极其恶劣的曾被许多中外专家认定为“不具备人类生存条件的地方”自然条件下，当地干部群众却创造出在石缝间种植花椒、积少成多战胜荒漠的“顶坛模式”。这一模式产生了著名的“顶坛花椒”。为了尽快改变顶坛片区的贫困面貌，县政府提出“因时因地制宜、改善生态环境，依靠种粮稳农，种植花椒致富”的政策。长期以来，全县依托国家退耕还林、珠江防护林体系建设等工程，从政策、资金、技术、信息、流通服务以及贴息贷款等方面全方位扶持，花椒种植面积迅速扩大。

现有种植面积0.47万公顷，规模还在不断扩大，2009年新增面积约为130多公顷。仅有顶坛椒业有限公司一个加工厂，工人约200余人，年产300吨，农民年平均收入3800元。吸引了四川、重庆、湖南、湖北、广东等地的大量商家慕名而来，每年都供不应求，成为农民致富的主要产业。

【贵阳市乌当区——中国花木之乡】 2009年新栽种各种切花863个大棚，扶持花卉企业与农户建设大棚补光系统3.45万米、喷灌滴灌系统近1万平方米，完成花卉种苗种植和品种更新322.18万株，其中：康乃馨50万株、非洲菊50万株，出口菊花220万株、其他花卉2.18万株。引进花卉新品种有洋桔梗、金鱼草、勿忘我等6个品种(类)。完成13.3公顷种苗基地建设，年产金花石蒜种球1000万株，通过种植示范，推广农户种植20公顷，产花1200万支，还筛选出2个优良品种进行繁殖研究。全年共销售花卉2793.7万支，切花销售收入1491.5万元。按照《中华人民共和国农民专业合作经济组织法》，将原花卉协会改组为乌当区云志花卉专业合作社，并挂牌运转。

【林业产业大事记】

2008年

1月 黎平县东风林场国际杉木良种基地、黄平县林场国家马尾松良种基地、都匀市马鞍山林场国家马尾松良种基地、威宁县国家华山松良种基地和平坝县国家华山松良种基地被国家林业局确定为第一批国家重点良种基地。

龙里、独山、天柱和从江四个县国有林场被列入国家林业局首批森林经营示范林场。

4月 省林业厅确定了第一批油茶良种苗木定点生产单位12家、定点良种采穗圃生产单位1家。

全省油茶种苗质量管理及技术培训会在天柱县召开。

5月 国家环保部副部长吴晓青一行考察黔东

南州林浆纸一体化建设项目。

梵净山国家级自然保护区旅游索道正式投入运营。

省林业厅出台《贵州省林业厅关于加快油茶产业发展的意见》。

6月 省农行和省林业厅联合出台《关于开展森林资源资产抵押贷款的意见》。

7月 金沙、都匀和锦屏3个县(市)被国家林业局列为全国森林经营试点单位。

9月 省委、省政府召开全省林业工作会议，贯彻落实中央林业工作会议精神，国家林业局副局长张建龙出席会议并讲话。

省委副书记王富玉到息烽县小寨坝花卉基地、乌当区东风镇贵阳国家农业科技园区专题调研花卉产业发展情况。

省委、省政府出台《中共贵州省委贵州省人民政府关于进一步加快林业改革发展的意见》。

10月 省长林树森率省直有关部门负责人到天柱县考察油茶产业发展情况。

省林业厅在独山县紫林山国家森林公园举办全省森林公园主任培训班。

11月 中国人民银行贵阳中心支行、贵州省财政厅、中国银行业监督管理委员会贵州监管局、中国保险监督管理委员会贵州监管局和贵州省林业厅等5家单位联合出台《贵州省林权抵押贷款实施意见》。

12月 全省油茶产业发展现场会在天柱县召开。

贵州省第一批自主选育的油茶良种白市4号：黔R－SC－CO－001—2009；翁洞8号：黔R－SC－CO－002－2009；翁洞24号：黔R－SC－CO－003—2009通过认证，填补了自主研发油茶良种的空白。

省林业厅出台《关于加快林业产业发展的指导意见》。

贵州《工艺实木门及实木门》地方标准通过省质量技术监督局专家委员会审定。

(贵州省林业厅)

云南省林业产业

【概　述】 2009年，云南省林地面积2476.11万公顷，林业用地面积列全国第二位。森林面积1817.73万公顷，列全国第三位，其中：天然林1321.56万公顷，人工林326.77万公顷，森林覆盖率47.50%。活立木蓄积量171216.68万立方米，森林蓄积量155380.09万立方米，列全国第三位。近年来云南省还在重点地区规模化营造了大面积速生丰产用材林，为全省商品林蓄积持续增长打下基础。丰富的林木蓄积，是云南省林纸、木材加工及人造板产业发展可靠的资源保障。经济林面积166.51万公顷。云南竹林以大型丛生竹为主，在全国范围独具特色和优势。云南天然分布有棕榈藤植物39种(变种)，占中国种类的57.35%。

产业发展　2008年，全省林业产业总产值4012051万元，比2007年增长了13.86%。其中，第一产业产值2972438万元，比2007年增长了12.48%；第二产业产值886976万元，比2007年增长了17.50%；第三产业产值152637万元，比2007年增长了21.00%。产业结构由2007年的75.00∶21.42∶3.58调整为2008年的74.09∶22.11∶3.80。

2008年，第一产业中，涉林产业产值2839101万元，比2007年增长了12.71%；林业系统非林产业产值133337万元，比2007年增长了7.86%。第一产业涉林产业中，林木培育和种植产值361686万元，比2007年增长了31.24%；木材和竹材采运产值422272万元，比2007年增长了12.52%；经济林产品种植与采集产值1780324万元，比2007年增长了7.22%；花卉种植产值218844万元，比2007年减少了15.00%；陆生野生动物繁育与利用产值5828万元，比2007年增长了23.76%。第二产业中，涉林产业产值786494万元，比2007年增长了11.21%。其中木材加工及木、竹、藤、棕、苇制品制造产值387812万元，比2007年增长了20.50%。

2009年，全省林业产业总产值4598691万元，比2008年增长了14.62%。其中，第一产业产值3524784万元，比2008年增长了18.58%；第二产业产值905360万元，比2008年增长了2.07%；第三产业产值168547万元，比2008年增长了10.42%。产业结构调整为76.6∶19.7∶3.7。

2009年，第一产业中，涉林产业产值3215724万元，比2008年增长了13.26%；林业系统非林产业产值309060万元，比2008年增长了131.79%。第一产业涉林产业中，林木培育和种植产值406713万元，比2008年增长了12.45%；木材和竹材的采运产值401045万元，比2008年减少了5%；经济林产品种植与采集产值2161477万元，比2008年增长了21.41%；花卉种植产值165190万元，比2008年减少了25.52%；陆生野生动物繁育与利用产值31548万元，比2008年增长了441.31%。第二产业中，涉林产业产值803808万元，比2008年增长了2.2%。其中木材加工及木、竹、藤、棕、苇制品制造产值378179万元，比2008年减少了2.48%。

2008年省委召开了林业工作会议，部署了进一步推进集体林权制度改革及配套改革工作。2009年省委、省政府出台了《关于加快林业发展建设森林云南的决定》，提出建设发达的森林产业体系，大力发展木本油料，努力提升林浆纸产业，科学发展林化工产业，加快发展竹藤产业，适度发展野生动物驯养繁殖产业，积极发展森林生态旅游产业，高效发展木材加工及人造板产业，统筹发展非木材产业，加快培育观赏苗木产业。

【木材生产及加工】 2008年，全省木材总产量427.52万立方米，比2007年增长了10.21%。其中，原木381.11万立方米，比2007年增长了6.86%；薪材46.41万立方米，比2007年增长了48.32%；竹材10583.89万根，比2007年减少了

25.86%。

2008年，锯材产量83.84万立方米，比2007年增长了19.98%；木片23.09万立方米，比2007年增长了52.11%；人造板104.33万立方米，比2007年增长了11.51%。其中，胶合板18.7万立方米，比2007年增长了27.91%；纤维板64.37万立方米，比2007年增长了2.68%；刨花板9.2万立方米，比2007年增长了20.73%。胶合木2.75万立方米，比2007年增长了90.97%。木地板448.56万平方米，比2007年增长了14.36%。

2009年，全省木材总产量476.37万立方米，比2008年增长11.43%。其中，原木421.23万立方米，比2008年增长10.53%；薪材55.14万立方米，比2008年增长18.81%。竹材12007.79万根，比2008年增长13.45%。

2009年，锯材产量125.96万立方米，比2008年增长50.24%；木片产量33.04万立方米，比2008年增长43.09%；人造板112.87万立方米，比2008年增长8.19%。其中，胶合板22.60万立方米，比2008年增长20.86%；纤维板71.19万立方米，比2008年增长10.59%；刨花板8.26万立方米，比2008年减少了10.22%。胶合木3.72万立方米，比2008年增长35.27%。木地板356.16万平方米，比2008年减少了20.59%。

全省已建立起具有一定规模、门类较为齐全的木材工业体系，形成了制材、人造板、人造板深加工、木质家具制造、木质建筑装饰材料等专业化生产群体，木材加工及人造板的生产技术、产品质量和经济指标已接近全国平均水平。全省有木材加工及人造板企业4626家。

【木本油料】 2009年全省以核桃、油茶、澳洲坚果、油橄榄、膏桐等为主的木本油料面积190.67万公顷，其中：核桃160万公顷、油茶5.33万公顷、膏桐9.27万公顷。总产量超过30万吨，总产值82亿元，其中核桃产量19.1万吨。在滇西漾濞、永平、下关一带已形成的核桃集散地，每年交易量在2000万千克以上，年交易税近千万元。80%以上的核桃干果用手工加工取仁，严格分级，统一包装，产品销往上海、天津、北京、长沙、广州、重庆等城市。每年还有约50万千克核桃仁直接从漾濞出口到亚欧国家。漾濞县先后荣获国家有关部门授予的中国核桃之乡、中国名特优经济林核桃之乡、中国核桃产业龙头县等殊荣。

八　角　云南八角种植历史悠久，适生区面积广阔，全省八角种植面积4万多公顷，年产量7000吨左右。八角在省内的主产区是文山州，近年来，红河、玉溪、保山、德宏等地也开始成片种植。八角除了作为香料，从其干果、叶中提取的八角油（茴油），是我国传统出口的大宗土特产品，云南省八角油年产量300吨左右。文山州的富宁县是云南八角种植销售的重要集散地，种植面积和产量占全省的70%以上，被评为中国八角之乡。

草　果　草果是云南特产的调味品，草果适生于热带、亚热带湿热荫蔽的阔叶林中。在国内主要分布于云南的东南部，文山州的麻栗坡、马关、富宁、西畴，红河州的金平、元阳、绿春、屏边为主产地。云南年产草果约1500吨。草果是配制五香粉，咖喱粉等的香料，是食品、香料、制药工业的原料。

花　椒　花椒在云南主产区为昭通市的永善、巧家、鲁甸、昭阳、彝良5县（区）的金沙江、牛栏江、洛泽河1200米以下河谷地区，主要品种有青椒、大红袍等，尤其是青椒以颗粒大、色泽青翠、麻香味纯正和含油量高著称，品质最好。全省花椒种植面积在5.33万公顷左右，年产量1.6万吨，产值6亿元。

膏　桐　利用云南丰富的膏桐种质和土地资源优势，打造全国最大的膏桐生物质能源原料基地。中石油、英国阳光科技集团、云南神宇新能源有限公司等大企业、集团积极合作和参与。至2009年全省膏桐面积10万多公顷，种子产量1000吨左右。元谋县还被中石油列为林油一体化膏桐能源林示范基地县。

【水　果】 云南具有独特的地理和气候优势，从热带到温带的水果均能批量生产，经过多年发展，在国内已赢得一定的市场份额。主要有香蕉、梨、柑橘、苹果、桃等品种。2009年全省共有果园面积30.94万公顷，产量458.09万吨。

香　蕉　云南香蕉具有不受霜害和台风影响的优势，已逐渐形成有市场影响力的“山地香蕉”、

“高原香蕉”品牌。2009 年，全省香蕉种植面积 6 万公顷，产量 100 万吨，产值 20 亿元。香蕉在全省 16 个州(市)59 个县有种植，主要产区集中在以红河流域中游传统香蕉优势种植区域和西双版纳州及以临沧市耿马县为中心的两大新兴优势生产区的 14 个主产县，其面积和产量分别占了全省总面积和总产量的 90% 和 98%。

苹　果　全省苹果种植面积 3.33 万公顷，年产量 25.6 万吨。主要有昭鲁优质晚熟苹果产区、丽江冷凉山区特色产区、马龙早熟苹果产区等三大区域。其中，昭通产区 1.67 万公顷，挂果面积 1.4 万公顷，产值 4.3 亿元。丽江冷凉苹果产区种植面积 0.74 万公顷，产值 6767 万元。曲靖马龙早熟苹果产区 0.19 万公顷，产值 1282 万元。

果梅(梅子)　生产和加工由于起步较早，已初具规模，产业基地主要集中在丽江市、大理州和保山市等地区，共拥有 20 余家果梅加工厂家，个体梅胚加工户达千余户，产品多达数十种。

有云南大理洱宝实业有限公司、丽江得一食品有限责任公司、云南茅粮酒业集团有限公司、云南云澳坚果开发有限公司、云南红瑞柠檬开发有限公司等一批果品加工省级林产业龙头企业。

【林(竹)浆纸】　2009 年全省共完成 23.36 万公顷林(竹)浆纸原料林基地建设，其中，桉树基地 9.57 万公顷，思茅松基地 3.99 万公顷，竹浆纸基地 9.81 万公顷。其中，金光集团完成桉树原料林 5.73 万公顷，云景林纸完成思茅松、桉树原料林 6.45 万公顷，陆良银河纸业完成桉树原料林 1.37 万公顷，昌宁建新纸业完成竹基地建设 2.13 万公顷，西双版纳勐象竹业完成竹基地建设 0.91 万公顷，昭通市建有竹材基地 6.33 万公顷。全省有较大规模的林浆纸企业 22 家，浆产量 14.26 万吨，纸产量 15.38 万吨，企业总产值 19.91 亿元。

【林产化工】　2008 年，松香类产品产量 97921 吨，比 2007 年减少了 3.74%；松节油类产品 19748 吨，比 2007 年减少了 3.79%；樟脑 33 吨，比 2007 年增长了 230.00%；栲胶类产品 1046 吨，比 2007 年减少了 49.10%。全省共有林化生产企业 75 家，经销企业 400 多家，主要产品有脂松香、松节油、桉叶油、紫胶、山苍子油、单宁酸、栲胶、活性炭、黄樟油、桐油、紫杉醇等，其中脂松香、松节油、桉叶油和紫胶为大宗出口创汇产品。

松脂生产加工业　云南是一个松脂资源大省，松香、松节油产业在云南具有巨大的发展潜力，全省共有 58 个采脂县，主要产脂树种有云南松和思茅松。松脂主产区是普洱市，占有绝对主导地位，其次是玉溪市、临沧市、楚雄州、大理州，普洱市的松脂产量占全省的 60% 左右，其他州(市)的产量约占 40%。2009 年全国松香类产品产量 111.7 万吨，全省产量 12.6 万吨，占全国产量的 11.28%。楚雄州 2009 年的松香产量为 5.2 万吨，居全省第一位，普洱市产量 4 万吨，居全省第二位。全省松香加工企业有 46 家，其中获得省级林业产业龙头企业的有 9 家，设计生产能力达到万吨以上的企业有 13 家，大都建在松脂主产区。2009 年松香产量超过 1 万吨的有 4 家。

紫　胶　紫胶是云南省又一传统特色产品，有生产企业 12 家，年生产能力 3000 吨。20 世纪 80 年代以来，由于家具行业使用的紫胶涂料被合成树脂涂料代替，而紫胶新用途、新产品开发滞后，使得紫胶原胶产量由 3500 吨下降到 1200 吨。2008 年产量 2771 吨，2009 年紫胶类产品产量 1485 吨。

【森林蔬菜】　云南省森林蔬菜种类丰富，大约有 600 种，主要有：臭菜(羽叶金合欢)、刺五加、甜菜、香椿、树头菜、金雀花、苦刺花、攀枝花、棠梨花、大白杜鹃花、松杉尖、青刺尖等。2009 年，全省食用菌总产量 3.4 万吨，山野菜产量 1.2 万吨。

存在问题：一是开发与保护不协调，资源破坏严重。开发利用基本上处于“自然生长、自由采摘、自发交易”的状态。由于掠夺式采集，有的地区出现了资源量减少，产品质量下降，甚至菌类赖以生存、生长的生态环境也遭到了严重破坏的状况，影响到野生食用菌的可持续发展利用。二是人工栽培食用菌的发展严重滞后，全省人工栽培食用菌的产量不到 9 万吨。三是缺乏有效的科技支撑体系。食用菌相关技术的基础研究也相对滞后，野生食用菌促繁、驯化、遗传育种和模拟栽培等许多科学技术问题未受到重视。国内已成熟的食用菌规范化栽培技术未得到有效推广运用。食用菌加工技术落后，保鲜技术跟不上，技术含量高、附加值高的产品不多。

建议：加强立法工作，在条件成熟时制定保护野生食用菌资源的地方性法规和规章，结合林权所有制改革，明确野生食用菌管理保护及采摘的权利和义务，切实保护资源，促进野生食用菌产业的可持续发展。逐步建立野生菌种质资源基因库。大力发展食用菌栽培、培育食用菌产业基地。实施品牌战略，创造名牌产品。

【花　卉】 云南是世界公认的全球最适宜种植鲜切花的三大区域之一，是中国最大的鲜切花生产基地。2009 年，全省花卉种植面积 1.8 万公顷，产值 16.5 亿元。花卉产品 90% 以上销往全国 70 多个大、中城市。全年花卉出口 1.2 亿美元，分别出口意大利、英国、德国、法国、荷兰、俄罗斯、美国、澳大利亚、印度、印度尼西亚、日本、科威特、马来西亚、菲律宾、沙特阿拉伯、新加坡、韩国、泰国、越南等 26 个国家和香港地区，是云南省农产品出口的最大宗商品，出口额占全省重点农业产品出口的 12.4%，出口增长量稳居云南省农产品出口之首。

花卉资源全省有 2500 余种。2008 年全省花卉种植 1.6 万公顷，产值 21.9 亿元。切花切叶产量 47.1 亿支，盆栽植物 1379 万盆，观赏苗木 2897 万株。2009 年全省花卉种植面积 1.8 万公顷，产值 16.5 亿元，花卉产品 90% 以上销往全国 70 多个大中城市。切花切叶产量 35 亿支，已成为亚洲最大的鲜切花出口基地。绿化观赏苗木产量 3445 万株。

【药　材】 云南是我国著名的生物资源富集区，素有“药材之乡”的美誉，已查明的天然药物资源 6559 种，居全国首位，在国际上也占有重要地位。野生植物药材蕴藏量 90 万吨，其中千吨以上的有 96 种，100~1000 吨的有 191 种；动物药材蕴藏量 440 吨；家种植物药材有 145 种；全省有名录的民族、民间药达 1200 多种。中药工业总产值占全省医药工业总产值的比重为 70% 以上。云南白药系列、三七和血塞通系列、灯盏花系列、康王系列、蒿甲醚、排毒养颜胶囊等产品享誉国内外，成为云南省最具代表性的优势品牌。2009 年，中药材种植面积 11.2 万公顷，产量 12 万吨，农业产值 38 亿元，医药工业产值 121 亿元、销售额 109 亿元、出口额 3539 万美元，主要出口东盟等多个国家和地区。

【林木种苗】 全省苗圃经营面积 5868 公顷。全省已核发林木种苗经营许可证 2000 多套。2008 年全省共采收各类林木种子 4998 吨，苗木产量 103377 万株，涉及树种 100 余种。2009 年全省共采收各类林木种子 7058 吨，苗木产量 98954 万株。绿化观赏苗木产量 3445 万株，同比 2008 年增加了 18.9%。目前，云南省已有丽都、明珠、臧健、英茂 4 个省级品牌。

【竹藤种植及加工】 竹浆生产是云南省竹资源加工利用量较大的一项，年产量 1.65 万吨，造纸 1.67 万吨，消耗竹材约 10 万吨。其次是竹板材，年消耗竹材约 1.1 万吨左右。全省 2008 年生产竹材约 1.06 亿根，小杂竹 281.54 万吨。2009 年全省生产竹材 1.2 亿根，小杂竹 106.37 万吨。云南竹笋品种多，产量大，分布广，一年四季均有竹笋产出，且多为云南特有的优质笋，但也未形成规模开发，2008 年产笋 10 多万吨，2009 年产笋 9 万多吨。

云南省竹藤产业发展呈现持续增长的势头。全省产藤区均有小型藤制品加工厂，但产品设计和加工技术不高，经济收益低。近年来，随着棕榈藤生栖繁殖的环境遭到严重破坏，大量优良棕榈藤资源已难觅到，有些良种如麻鸡藤和小省藤等都难以采到种子进行新的繁殖，种质资源已面临濒危状况。大量的原藤主要采购于缅甸(据估计每天 100 吨)，再运到广东等省加工，优良原藤价格年年上涨。2008 年藤编产值 2931.9 万元，竹编产值 5753.42 万元,2009 年竹、藤、棕、苇制品产值 1964 万元。

【野生动物驯养】 野生动物驯养繁殖产业是省委省政府《关于加速林业林业发展的决定》中明确的林业八大产业之一。截至 2008 年底，云南省共有野生动物养殖企业 558 家，养殖野生动物 90 多种，

16个州(市)均有分布。企业就业人数5631人，总资产78643.15万元，年产值约10亿元。列为省级林业龙头企业11家，总资产在1000万元以上的企业有25家，在500万元以上的企业有42家。云南省野生动物驯养繁殖主要提供科学试验、医药及观赏所需要的野生动物，并大力发展养殖技术成熟和国家允许商业性经营利用的野生动物驯养繁殖及产品深加工利用业。

【森林旅游】 2009年，全省自然保护区总数153处，面积301.49万公顷，由林业部门管理的自然保护区124处(占81.05%)，总面积281.25万公顷。其中国家级自然保护区16处，省级自然保护区44处。国家级森林公园28处，省级森林公园12处，国家湿地公园2处。2009年，依托国家级、省级保护区、开展试点建设的国家公园，在资源得到有效保护的基础上，共接待游客约400余万人次，门票收入总计达7亿元。云南省最精华的景观资源绝大多数保存在这些区域，森林资源与民族文化资源完美地结合在一起，为生态旅游增添了无穷魅力。保留下来的大量古老濒危和特有的野生动植物类群，为打造全国性乃至世界性的景点及旅游品牌奠定了基础。2007年以来，森林公园及国有林场加大了筹建新的景区景点的力度，有12个州(市)建立了森林生态旅游接待单位，开展了以大众观光、观鸟、生物多样性考察、探险等为主的森林生态旅游项目。据不完全统计，2009年，依托国家级、省级保护区、开展试点建设的国家公园，在资源得到有效保护的基础上，共接待游客约400余万人次，门票收入总计达5362万元。其中西双版纳国家级自然保护区、普达措国家公园(碧塔海省级自然保护区)和玉龙雪山省级自然保护区等为主要旅游地。同时，西双版纳、高黎贡山、哀牢山、大山包、白马雪山、玉龙雪山、泸沽湖等自然保护区，以及亚洲象、滇金丝猴、黑颈鹤、长臂猿等物种资源已成为国内外知名的旅游品牌。

【林业企业】 云南省林业厅为了推进林业产业发展，2004年制定了《云南省林业产业省级龙头企业认定和监测管理(试行)办法》，下发了《云南省林业厅关于开展林业产业省级龙头企业认定工作的通知》，开始了龙头企业的评定工作。2007年6月，以林业龙头企业为主的云南省林业产业协会正式成立，随后相继成立了林浆纸、竹藤、花卉、生态旅游等分会，在政府、科研机构、企业和社会之间搭建了相互沟通、相互交流的平台，为加快云南林产业发展打开了更广阔的空间。

2010年云南省林业厅出台了《云南省林业产业省级龙头企业认定和管理办法》(云林法策〔2010〕2号)，目前分5批认定、复评了154家林业产业省级龙头企业。

全省有林业产业企业超过8000家，而154家林业产业省级龙头企业总资产超过150亿元，其中外资或合资企业11家，资产超过亿元的有82家。全省16个州(市)均分布有省级林业产业龙头企业，其中：昆明市27家(最多)，大理州22家，普洱市15家，楚雄州、保山市各12家，玉溪市10家，曲靖市8家，红河州、丽江市、迪庆州和临沧市各7家，德宏州6家，怒江州5家，文山州、版纳州各4家，昭通市1家。154家龙头企业覆盖了林业九大产业，特色经济林种植及加工产业46家、木材加工及人造板产业35家，林下非木材资源产业34家、林产化工及生物质能源产业17家，野生动物驯养繁殖产业11家、林(竹)浆纸一体化产业6家、竹藤产业4家、观赏苗木培育9家、森林旅游1家，投资公司1家。林业龙头企业还完成原料林基地建设共14.41万公顷，为企业可持续发展奠定了良好的基础。企业从业人数约为81万人，带动农户数约为285万户。

(李伟平　张俊波)

西藏自治区林业产业

【概　述】 2009年，全区林地面积1746.63万公顷，森林面积1462.65万公顷，其中人工林面积为3.6万公顷，森林覆盖率11.91%。活立木蓄积量22.73万立方米，森林蓄积量22.46万立方米。

2008年，全区商品木材产量8.2万立方米，比2007年增长了2.1%。2009年，全区商品木材产量8.3万立方米，与2008年基本持平。

产业发展 2008年，全区林业产业总值89351万元，与2007年持平。其中第一产业产值79655万元，第二产业值3576万元，第三产业产值6120万元，均与2007年持平。产业结构为89.15∶4.00∶6.85。

2008年，第一产业产值中，涉林产业79655万元，与2007年持平。第一产业涉林产业中，林木培育和种植产业12215万元，比2007年减少了13.33%；木材和竹材采运产值6926万元，与2007年持平；经济林产品种植与采集产值60514万元，与2007年持平。

2008年，全区木材总产量15万立方米，与2007年持平。其中原木5.65万立方米，与2007年持平；薪材9.35万立方米。

2009年，全区林业产业产值128789万元，比2008年增长了44.13%，其中第一产业产值115464万元，比2008年增长了44.95%；第二产业产值13334万元，比2008年增长了272.87%。产业结构调整为的89.65∶10.35∶0。

2009年，第一产业中，涉林产业产值115454万元，比2008年增长了44.95%。第一产业涉林产业中，林木培育和种植产业37417万元，比2008年增加了206.32%；木材和竹材采运产值23400万元，比2008年增加了237.85%；经济林产品种植产值54647万元，比2008年减少了9.69%。第二产业中涉林产业产值13334万元，比2008年增长了272.87%，其中木材加工及木、竹、藤、棕、苇制品制造产值12616万元，比2008年增加了350.41%。

2009年，全区木材产量67.35万立方米，比2008年增长了349%。其中原木37.35万立方米，比2008年增长了561%；薪材30万立方米，比2008年增长了221%。

【科技教育】 西藏林业科技队伍不断壮大、科研机构不断完善、科技事业快速发展、并取得了丰硕的成果。先后获得国家和自治区科技成果表彰及科技进步奖励共32项，其中获得国家科技进步二等奖2项、三等奖1项，国家林业局优秀成果奖2项，自治区科技进步一等奖5项、二等奖6项、三等奖2项，其他奖项及表彰14项。

西藏在加强林业科学研究和技术人才队伍建设的同时，着力加强了科技成果的推广应用，提高了科技含量，促进了西藏林业由传统向现代林业的转变。主要推广的科技成果有：杨树优良品种的推广应用，雅江防护林营造林技术，防沙治沙技术的引进与推广，秋季、雨季造林技术的推广，西藏优良乡土树种的繁育与推广，容器苗的繁育与推广，果园模式化栽培管理，核桃优良品种的繁育与推广等。这些项目已经产生或正在发挥作用。

【种　苗】 进一步改善全区国有苗圃的生产条件，国家投资3000多万元，实施了良种采种基地建设工程。已建自治区林木种苗科技示范基地1个、地区中心苗圃7个、县级苗圃45个、农牧民个体苗圃200多个，2009年，全区育苗面积700公顷，实有种子园面积50公顷，当年苗木产量840万株，缓解了造林种苗严重短缺的问题。

【国有林场】 全区共有国有林场5个，分别为昌都地区林场、林芝地区东久林场、林工商联合公司、更岗森工联合总场和日喀则地区亚东林场。除亚东林场受生产经营条件限制，基本上停止木材生产经营，其余4个国有林场均开展木材生产经营。

（罗　洋）

陕西省林业产业

【概　述】 2009年，陕西省林地面积1227.56万公顷，森林面积767.56万公顷，其中人工林面积249.15万公顷，森林覆盖率37.26%，活立木蓄积量36144.16万立方米，其中森林蓄积量33820.54万立方米。

产业发展 陕西省在坚持实施以生态建设为主体的林业发展战略中，紧紧依托林业重点工程，贯彻落实《陕西省林业产业发展规划纲要》，林业产业出现了前所未有的良好发展势头。

2008年，全省林业产业总产值1737556万元，比2007年的1675694万元增长了3.69%，其中第一产业产值1575833万元，比2007年的1528378万元增长了3.10%；第二产业产值114357万元，比2007年的106640万元增长了7.24%；第三产业产值47366万元，比2007年的40676万元增长了16.45%。产业结构由2007年的91.21∶6.36∶2.43调整为2008年的90.69∶6.58∶2.73。

2008年，第一产业产值中，涉林产业产值1565659万元，比2007年的1524756万元增长了2.68%；林业系统非林产业产值10174万元，比2007年的3622万元增长了180.89%。第一产业涉林产业中，林木培育和种植产值212588万元，比2007年的252800万元减少了15.91%；木材和竹材采运产值42185万元，比2007年的30474万元增长了38.43%；经济林产品种植与采集产值1279655万元，比2007年的1264605万元增长了1.19%；花卉种植产值24175万元，比2007年的21756万元增长了11.12%；陆生野生动物繁育与利用产值1881万元，比2007年的2112万元减少了10.94%。第二产业中，涉林产业产值110818万元，比2007年的102655万元增长了7.95%。其中木材加工及木、竹、藤、棕、苇制品制造产值87525万元，比2007年的83073万元增长了5.36%。

2009年，全省林业产业总产值1977672万元，比2008年增长13.82%，其中第一产业产值1711147万元，比2008年增长了8.59%；第二产业产值152064万元，比2008年增长了32.97%；第三产业产值114461万元，比2008年增长了141.65%。产业结构调整为86.52%∶7.69%∶5.79%。

2009年，第一产业产值中，涉林产业产值1696790万元，比2008年增长了8.38%；林业系统非林产业产值14357万元，比2008年增长了41.11%。第一产业涉林产业中，林木培育和种植产值299588万元，比2008年增长了40.92%；木材和竹材采运产值35390万元，比2008年减少了16.11%；经济林产品种植与采集产值1325377万元，比2008年增长了3.57%；花卉种植产值28744万元，比2008年增长了18.9%；陆生野生动物繁育与利用产值2823万元，比2008年增长了50.08%。第二产业中，涉林产业产值146031万元，比2008年增长了31.78%。其中木材加工及木、竹、藤、棕、苇制品制造产值122016万元，比2008年增长了39.41%。

政策措施 2009年陕西省政府出台了《陕西省人民政府关于实施七大工程促进农民增收规划纲要》，其中包括了《干杂果经济林发展规划》。全国林业产业大会召开后，陕西省积极贯彻落实会议精神，与省发改委等七部门联合转发了国家林业局等七部委印发的《林业产业政策要点》。省林业厅联合永安保险公司开展了红枣灾害保险试点调研，会同省财政、金融、保险等相关部门联合下发了《陕西省政策性大枣保险试点实施方案》。

为贯彻落实《中共中央国务院关于全面推进集体林权制度改革的意见》，陕西省成立了全省集体林权制度改革领导小组，下发了《关于推进集体林权制度改革的意见》和试点实施方案，召开了全省集体林权改革试点工作会议，对改革试点工作进行动员和全面部署。截至2009年底，共有49个县完成了主体改革任务，其余55个县也在积极推进，全省累计完成勘界面积637.13万公顷，签订合同面积511.07万公顷，分别占集体林总面积的73%和58%。与此同时，林权配套改革在10个试点县稳步推进。省林业厅和陕西信用联社签订了林权抵押贷款业务合作协议，联合下发了关于全面开展集体林权抵押贷款的指导意见，林农可凭林权证抵押贷款。2009年省信用联社发放林权抵押贷款2800多万元。通过深化林业体制机制改革，积极引导民间资本投入林业，大力发展林业产业。

陕西省按照规划布局和区位资源优势，把全省划分为5个不同类型的产业建设重点：即秦巴山区、关中平原区、渭北旱原区、黄土丘陵沟壑区、长城沿线风沙区，实行分类指导。突出发展名特优经济林、速生丰产林、森林生态旅游、绿化苗木花卉等四大林业产业，重点建设红枣、核桃、板栗、花椒、柿子、茶叶、蚕桑、木本中药材等八大经济林基地。

在林业重点工程的树种设计中，以市场前景看好、群众乐于接受的核桃、板栗、红枣、柿子、花椒、桑、茶、木本药材为主，充分调动了群众参与产业建设的积极性，保证了后续产业的发展。陕西省充分利用国家对种苗基地建设投资力度不断加大的契机，大力兴建苗木花卉市场，苗木花卉产业初具规模。

省林业厅制定了《陕西省林业产业化经营重点龙头企业认定标准》，规范了审批认定程序，加强了对龙头企业的监管力度。同时，积极落实对龙头企业的有关扶持政策，推动陕西省林业企业专业化生产、规模化经营，提高综合生产能力。截至2009年已审查批建了陕西中兴林产有限责任公司、陕西绿迪投资控股集团有限公司等11家企业为全省林业产业化经营重点龙头企业，龙头企业在带动当地区域经济发展方面作用正在显现。在2007年首届全国林业产业大会上，中国林业产业协会授予陕西省韩城市林业局、延安市劳山林业局先进单位称号，授予陕西中兴林产有限责任公司、陕西清润宏祥有限责任公司先进企业称号，黄凯道等4人先进个人称号，劳山林业局在大会上作了经验交流发言。同时省林业厅积极组织全省林业系统、龙头企业参加国家林业局举办的林产品交易博览会，市、县政府也纷纷举办红枣节、核桃节、柿子节、旅游文化节、精品苗木花卉产销推介会等活动。陕西省在2007中国国际林业博览会上获得最高奖项——优秀设计奖和优秀组织奖，中兴林产品公司纤维板、旬邑县苹果荣获博览会产品银奖，宜君县有机核桃被评为2008北京奥运推荐果品干果类一等奖。在首届中国枣业大会上，延川骏枣荣获大会金奖。在2008首届中国核桃大会上，黄龙县选送的香玲核桃被评为金奖。2008年和2009年陕西省成功举办了商洛核桃高端论坛和第二届中国核桃大会。通过这些形式多样的宣传展览活动，推动了陕西省林业产业的发展。

【木竹材产品】

木　材　2008年，木材产量312724立方米，比2007年341513立方米减少8%，其中原木199163立方米，比2007年145542立方米增加37%；薪材113561立方米，比2007年的195971立方米减少42%。锯材3700立方米，比2007年的2500立方米增加48%；木片7796立方米，比2007年1200立方米增加550%。2009年，木材产量365357立方米，比2008年增加17%，其中原木177246立方米，比2008年减少了11%；薪材188111立方米，比2008年增加了66%。锯材15518立方米，比2008年增加319%；木片1300立方米，比2008年减少83%。

人造板　2008年，人造板产量231687立方米，比2007年287765立方米减少19%。其中胶合板25360立方米，纤维板204327立方米，细木工板2000立方米。2009年，人造板339725立方米，比2008年增加了47%。其中胶合板15377立方米，纤维板317978立方米，刨花板4370立方米，细木工板2000立方米。

竹　材　2008年竹材产量985万根，比2007年的467.87万根增加110%，其中毛竹713万根，比2007年的440.87万根增加62%；篙竹272万根，比2007年的26万根增加946%。2008年，小杂竹21911吨，比2007年22667吨减少3%。2009年，竹材产量656万根，比2008年减少33%，其中毛竹432万根，比2008年减少39%；篙竹224万根，比2008年减少18%。小杂竹20281吨，比

2008 年减少 7%。

2008 年，木材和竹材采运、木竹藤制造加工产值 13.88 亿元，比 2007 年 12.46 亿元增加 11%。2009 年，木材和竹材采运、木竹藤制造加工产值 16.78 亿元，比 2008 年增加 21%。全省林产加工企业发展到 300 多家，陕西中兴林产有限公司是西北地区规模最大、生产线最先进的人造板企业，年人造板产量 20 多万立方米，产值达 4 亿元；渭南市有木材经营加工企业 270 家，已初步形成以大荔县为中心的木材经营加工企业集中地带，年加工木材 6 万立方米，年加工成品板 8000 立方米，纤维板 14000 立方米，杨树单板 5000 立方米，桐树毛板 15000 立方米，年产值 3200 万元，安置农村劳动力 3000 余人，带动了当地农村经济的发展。

【干果和调料】 2008 年以核桃、红枣、花椒、板栗、柿子为主的干杂果经济林面积 96.13 万公顷，产量 53.7 万吨，年产值超过 45 亿元，基地建设初具规模，市场份额逐年扩大。全省核桃面积 28.2 万公顷，产量 7.3 万吨，产值 19.2 亿元；红枣面积 17.27 万公顷，产量 28 万吨，产值 8.6 亿元；花椒面积 16.47 万公顷，产量 4.5 万吨，产值 13.2 亿元；板栗面积 28.47 万公顷，产量 4.4 万吨，产值 2.5 亿元；柿子面积 5.73 万公顷，产量 9.5 万吨，产值 1.9 亿元。果农从干杂果经济林中取得的收益达到 340 元，干杂果经济林已成为县域经济的支柱，GDP 的主要贡献者，农民增收的主要来源。

2009 年以核桃、红枣、花椒、板栗、柿子为主的干杂果经济林面积 100.47 万公顷，产量达到 60 万吨，年产值超过 50 亿元，基地建设快速发展，产业效益显著提高。全省核桃面积 30.87 万公顷，产量 9.3 万吨，产值 23.2 亿元；红枣面积 17.87 万公顷，产量 32 万吨，产值 10 亿元；花椒面积 17 万公顷，产量 5 万吨，产值 13.2 亿元；板栗面积 29 万公顷，产量 4.5 万吨，产值 2.2 亿元；柿子面积 5.73 万公顷,产量 9.55 万吨,产值 1.95 亿元。

核　桃　是陕西省发展干果经济林产业的重点，商洛市是全国优质核桃的主产地之一，市委、市政府把核桃产业作为促进区域经济发展支柱产业，2009 年核桃面积 10.33 万公顷，年产量 3.2 万吨，全市农民年人均增收 146 元，户均增收 500 多元。核桃重点产区农民人均核桃收入 525 元、户均 1940 元。商洛市洛南县是陕西省核桃主产县，全县总人口 43.8 万，其中农业人口 40.5 万，该县核桃总株数 420 万株，常年核桃产量 300 万千克，最高年产 420 万千克，产值 4200 万元，全县农业人口户均 420 元，人均核桃收入 100 元，占人均纯收入的 8.3%。铜川市宜君县核桃种植面积 2.13 万公顷，挂果面积 0.47 万公顷，年产量 4000 吨，产值 5600 万元，农民人均核桃收入 600 多元，其中该县棋盘镇人均核桃收入 3000 元，成为该县有名的核桃镇。2009 年延安市黄龙县核桃面积 1.21 万公顷，其中良种核桃面积 0.8 万公顷，核桃产量 4000 吨以上，年产值突破亿元大关，全县农民人均核桃面积 0.37 公顷，人均产量 121 千克，人均收入 3000 元。

红　枣　2008 年全省红枣面积 17.27 万公顷，产量 28 万吨，产值 8.6 亿元；2009 年全省红枣面积 17.87 万公顷，产量 32 万吨，产值 10 亿元。陕北是陕西省红枣的主产区，清涧县委、县政府从 2007 年提出“以枣兴县、以枣富民”的战略目标，制定了《关于加快红枣产业化发展的决定》、《关于推进红枣基地建设的实施办法》等政策文件，并从组织上、资金上、政策上给予充分保障。全县红枣栽植面积 2.87 万公顷，占全县总耕地面积的 52%，其中盛果林面积 2 万公顷，年产量 10.8 万吨；年红枣产值 2.46 亿元，红枣收入占到农民纯收入的 48%，占农业总产值的 50%，对 GDP 的贡献率 33%。佳县发展红枣 3.33 万公顷，年产红枣 1 亿千克，产值 2 亿元，农民人均红枣收入 808 元，占农民人均纯收入的 48%。

花　椒　花椒是陕西省干果经济林的优势产业，2008 年全省花椒面积 16.47 万公顷，产量 4.5 万吨，产值 13.2 亿元；2009 年全省花椒面积 17 万公顷，产量 5 万吨，产值 13.2 亿元。宝鸡市的凤县和渭南市的韩城，是闻名遐迩的中国花椒之乡。凤县建成 6 个花椒重点乡镇(双石铺、红花铺、唐藏、河口、平木、凤州)、75 个专业村和 10 个县级花椒示范园，2 个市级科技示范园，标准化示范园面积 0.93 万公顷。引进了陕西大红袍有限责任公司，投资 600 万元建成年处理花椒 1000 吨的花椒树脂油生产线一期项目；引进陕西雨润椒业科技开发有限公司，投资500万元建成以花椒新鲜芽菜、芽菜辣酱、芽菜料包、花椒茶等系列产品的集“生产、加工、销售和产业化经营”为一体的民营科技型公司，注册了凤耳知名品牌，提升了凤椒的知名度。韩城市加大招商引资力度，先后创办了丰翔花椒有限公司、万里花椒系列有限公司等8家花椒精包装企业及宏达花椒香料有限公司等9家花椒产业深加工企业，年消耗花椒300多吨，花椒籽1万多吨，其中投资在1000万元以上的深加工企业有4家。

【油　茶】 2008年全省油茶种植面积2958公顷，年产油茶籽179吨；2009年全省油茶种植面积6586公顷，其中新造油茶林783公顷，年产油茶籽4184吨、油茶果8850吨，年生产茶油30吨。油茶林主要分布在汉中、安康、商洛3市的南郑、汉滨、商南等20余个县(区)，平均海拔900米以下，年均降雨量900毫米，年均气温13～15℃的巴山北坡和秦岭南坡浅山丘陵地带，主要品种有普通油茶(如红桃、小红桃等)、攸县油茶、湘林1号、湘林17号。为了贯彻落实湖南长沙全国油茶产业发展现场会会议精神，推动陕西省油茶产业发展，根据陕西省油茶的生物学特性和油茶适生的水、土、气、肥和海拔等条件，在深入调研的基础上编制了《陕西省油茶引种及丰产栽培试点实施方案》，在南郑、汉滨和商南3县(区)的最佳适生区开展了引种栽培试验，引进良种壮苗，建立了油茶良种繁育苗圃和示范园，取得了初步成效，为油茶在陕南的全面推广打下良好基础。

【水　果】 2008年，全省水果种植面积546534公顷，挂果面积330030公顷，年产量725万吨，比2007年614万吨增加18%。其中：苹果611万吨，比2007年417万吨增加46.5%；梨37万吨，柑橘23万吨，桃12万吨，葡萄10万吨，桃12万吨，杏2万吨，猕猴桃19万吨，荔枝0.01万吨，其他水果11万吨。

2009年，全省水果种植面积533133公顷，挂果面积334269公顷，年产量794万吨，比2008年产量725万吨增加10%。其中：苹果591万吨，比2008年611万吨减少3%；梨57万吨，柑橘35万吨，桃24万吨，葡萄38万吨，杏10万吨，猕猴桃10万吨，其他水果30万吨。

黄陵县委、县政府在省委、省政府《关于加快以苹果为主的果业产业化建设的决定》的引导下，确定了“果业富民”的发展战略，全县苹果面积1.2万公顷，其中挂果面积0.93万公顷，比“十五”末增加2000公顷，总产量18.3万吨，实现销售收入3.4亿元，比“十五”末增长200%，农民人均果业收入3950元，果区人均果业收入5400元，分别比“十五”末增加了1200元和1500元。全县累计建成绿色苹果基地0.67万公顷，省级优质苹果示范园16个，示范性建设果园防雹网66.67余公顷，省级生态果园示范村4个。全县有远大公司、华辕公司等竞争力较强的龙头企业17家。引进1个外资企业建立了5000吨气调库，果农自建各类果品贮藏设施500余座、贮藏能力3.5万吨，果品冷藏库15座、冷藏2.5万吨，2座5000吨气调库贮藏能力1万吨，年加工包装鲜果能力1.2万吨。年组织经销果用物资3万多吨，通过华圣公司，延果集团年出口果品万余吨。

陕西省东南部的白河县，素有木瓜之乡的美称。2008年11月白河木瓜被农业部认定为农产品地理标志。县委、县政府将木瓜产业确定为“一县一业”，出台了《加快发展木瓜产业的决定》，全县木瓜产业基地已超过0.67万公顷，挂果园产量2000多吨，工农业产值超过700万元，初步显现出了良好的经济效益。县委、县政府利用西洽会、龙舟节、常博会等招商平台，高起点引进10000吨木瓜酒、2000吨木瓜醋以及木瓜化妆品、医药原料开发等生产项目，大力发展高档次、高附加值产品开发，延伸加工链条，提高市场占有率。全县建立白河逸酒酒厂、百益木瓜饮料厂和天裕集团木瓜深加工厂等木瓜加工企业，通过加强对龙头加工企业的扶持力度，以木瓜系列深加工为突破口，力争把木瓜产业做大做强。

【种苗花卉】 2008年新增育苗面积7698公顷，育苗总面积达到14481公顷，采集种子2440吨，产苗木14亿株；全省花卉种植面积2251公顷，年产值24175万元，年产切花切叶2708万支、盆栽植物436万盆、观赏苗木3652万株、草坪31万平方米，全省花卉生产企业195家、花农2790户，花卉从业人员10689人，花卉市场175个。

2009年新增育苗8503公顷，育苗总面积达到18314公顷，采集种子7618吨，产苗木15亿株；全省花卉种植面积2841公顷，年产值28744万元，年产切花切叶360万支、盆栽植物540万盆、观赏苗木2300万株、草坪28万平方米，全省花卉生产企业155家、花农1918户，花卉从业人员8801人，花卉市场175个。

【森林蔬菜和饮料】 2008年森林食品产量35314吨，产值5.9亿元。其中食用菌16840吨、竹笋干1080吨、山野菜3018吨、其他14376吨。2009年森林食品产量26467吨，产值5.6亿元。其中食用菌18951吨、竹笋干2185吨、山野菜4225吨、其他1106吨。

2008年全省茶叶面积51476公顷，年产茶叶1.5万吨，产值4.6亿元；全省桑园面积66133公顷，年产茧4万吨，产值5亿元。2009年全省茶叶面积63200公顷，年产茶叶1.8万吨，产值5.9亿元；全省桑园面积68000公顷，年产茧3万吨，产值3亿元。

【野生动物驯养】 全省建立野生动物养殖场200多家，野生动物狩猎场16家，野生动物养殖种类30多种，主要品种有林麝、野猪、鸵鸟、孔雀、七彩山鸡、麝、梅花鹿等，养殖数量4万多头(只、条)。

2008年人工繁育大熊猫2只，繁育朱鹮46只、林麝434只。朱鹮异地野化放飞取得重大突破，野外自然繁殖幼鸟170余只。2009年人工繁育大熊猫3只，繁育朱鹮41只、林麝627只，野外自然繁殖朱鹮幼鸟203只。

【中药材】 2008年木本药材种植面积78925公顷，产量194167吨，年产值76133亿元。其中杜仲131929吨，黄柏30吨，厚朴4306吨，山茱萸4089吨，枸杞1吨，其他53812吨。

2009年木本药材种植面积84306公顷，产量215323吨，年产值70144亿元。其中杜仲142154吨，黄柏83吨，厚朴9029吨，山茱萸4647吨，枸杞76吨，其他59334吨。

【林产工业原料】 2008年林产工业原料产量23432吨，比2007年20235吨增长了15.8%。其中生漆1893吨，油桐籽13884吨，乌桕籽327吨，五倍子2662吨，棕片3332吨，松脂1334吨。

2009年林产工业原料产量26886吨，比2008年23432吨增长了14.74%。其中生漆3151吨，油桐籽16567吨，乌桕籽217吨，五倍子3067吨，棕片3026吨，松脂858吨。

【森林旅游】 2008年全省共建森林公园73处，其中国家级27处，省级46处，总经营面积29万公顷。2008年全省森林公园完成投资3.8亿元，拥有旅游道路1878千米，接待床位11125张，餐位15798个，营运车船344辆(只)。森林公园旅游从业人员3365人，其中导游382人，2008年接待游客767.37万人次，直接收入2.97亿元，比2007年分别增长9%和10%，全省社会森林旅游从业人员3万多人，实现综合收入70多亿元。2009年接待游客844万人次，直接收入3.26亿元，比2008年分别增长10%，实现综合收入120亿元。

【科技教育】 2008年推广林木良种15个、丰产栽培技术10余项，完成推广面积8.28万公顷，建立林业科技示范县11个、示范点348个、示范户1150个，完成林农适用技术和技术培训30多万人次，培训基层林业技术骨干6900多人次。全省有9个项目获得国家和省政府科技进步奖，其中：国家科技进步二等奖1项，省政府科技进步一等奖1项、二等奖1项、三等奖2项。审定通过了彬州晋枣等5个省级林木良种。《陕西省封山禁牧条例》、《秦岭生态保护条例》经省人大常委会审议通过，从2008年3月1日开始实施。开展林业普法活动，组织培训林业行政执法骨干580余人。2009年省林业厅和西北农林科技大学签订了战略合作协议，推动林业科技和生产的紧密结合。2009年省林业厅组织林业技术人员5000人次深入基层推广高接换头、丰产栽培等实用技术，培训林农30万人次，完成示范推广面积9万公顷。省政府批准了修订后的《陕西省地方重点保护野生植物名录》，审定通过了《陕西省古树名木保护条例(草案)》。

(庞　燕)

甘肃省林业产业

【概　述】 2009年，全省林业产业总产值1178477万元，比2008年的950360万元增长了24%，其中第一产业产值1006415万元，比2008年的811435万元增长了24.03%；第二产业产值54388万元，比2008年的46085万元增长了18.02%；第三产业产值117674万元，比2008年的92840万元增长了26.75%。

2009年，第一产业中，涉林产业产值997363万元，比2008年的802913万元增长了24.22%；林业系统非林产业产值9052万元，比2008年的8522万元增长了6.22%。第一产业涉林产业中，林木培育和种植产值223750万元，比2008年的208075万元增长了7.53%；木材和竹材采运产值4911万元，比2008年的6269万元减少了27.65%；经济林产品种植与采集产值715110万元，比2008年的553146万元增长了29.28%；花卉种植产值16282万元，比2008年的15304万元增长了6.39%；陆生野生动物繁育与利用产值5584万元，比2008年的5558万元增长了0.47%。第二产业中，涉林产业产值34219万元，比2008年的33262万元增长了2.88%。其中木材加工及木、竹、藤、棕、苇制品制造产值7645万元，比2008年的11129万元减少了45.57%。

2008年，全省木材总产量8.77万立方米，比2007年的4.85万立方米增长了80.82%。其中，原木7.64万立方米，比2007年的4.85万立方米增长了57.53%。2008年，森林工业产品中，人造板产量0.22万立方米，比2007年的0.64万立方米减少了65.63%。其中，纤维板0.22万立方米，比2007年的0.64万立方米减少了65.63%。

2009年，全省木材总产量4.30万立方米，比2008年减少了50.97%。其中，原木3.61万立方米，比2008年减少了52.75%；薪材0.68万立方米，比2008年减少了39.82%。人造板2.44万立方米，比2008年增长了1108.09%。其中，纤维板0.81万立方米，比2008年增长了268.2%。

【科技教育】 近年来，甘肃省先后编制了《甘肃省重点经济林、花卉、用材林、薪炭林产业基地建设指导纲要》、《甘肃省经济林“十一五”发展规划》、《甘肃省花卉“十一五”发展规划》、《甘肃省森林公园“十一五”发展规划》、《甘肃省林木种苗“十一五”发展规划》等九大产业规划。同时，督促和指导各市(州)林业主管部门，按照省的产业政策及林业产业发展规划，立足本地资源优势，编制了适宜本地林业产业发展的建设规划。这些发展规划的编制，明确了当前及今后一段时期甘肃省重点林业产业的发展思路，增强了林业产业建设的连续性和科学性。

甘肃省突出抓新技术、新成果的推广应用，大力倡导优质、安全和维护生态，积极实施无公害生产技术。在果园生产和管理上良种壮苗、高接换优、整新修剪、疏花疏果、配方施肥、节水灌溉、摘叶转果、无毒苗栽培、矮化密植、树盘覆膜、果实套袋等先进适用技术普及面逐年扩大，同时，对一些生产能力低、果品品种老化的老旧果园通过改良土壤结构，增施有机肥料，利用高接换头等技术积极进行改造和引进新品种，达到丰产增收的目的。

为提高当地群众科技意识和技术管理水平，各经济林建设县开展了集中与分散相结合，理论与实践相结合，现场培训与示范指导相结合等多种形式的技术培训工作。形成了以县直技术部门为骨干，乡镇服务组织为依托，村级科普协会为基础，农民专业户、示范户为补充的多级服务网络。

【品　牌】 为打造林业知名品牌，提高林业产品市场竞争力，甘肃省狠抓全省林产品生产标准体系、林产品质量标准认证体系和特色林产品商标注册、产地认证等工作。甘肃省分别于1998年和

2007年召开的2届果品博览会，成为全省果品品牌化进程的2次飞跃。目前花牛苹果、武都大红袍等一批名优经济林产品品牌，在国内外市场具知名度和影响力。秦安蜜桃、巨峰葡萄、敦煌李广杏、先秦贡果等25个果品获国家地理标志产品保护。甘肃省著名商标花牛，进入了省产品质量检验合格防伪系统，获准使用甘肃省产品质量监督检验中心专用产地质量合格防伪标志。在历次中国国际农产品交易会、国内国际大型果品展会上，甘肃省优质果品都是展会的一个亮点，并以其独特优势赢得了国内外客商的青睐，荣获一系列金奖和“奥运推荐果品”、“中华名果”等称号，市场知名度不断提升，竞争力明显增强。

【果　品】 经济林果业是甘肃省促进农民增收致富的重要支柱性产业，是林业生态和产业两大体系的最佳结合点。截至2008年底，甘肃省经济林种植总面积25.71万公顷，干鲜果年总产量273.72万吨，总产值55.31亿元。截至2009年底，甘肃省经济林种植总面积约26万公顷，干鲜果年总产量335.95万吨，总产值71.51亿元。

按照《甘肃省重点经济林、花卉、用材林、薪炭林产业基地建设指导纲要》，在林果业的发展上，甘肃省立足省情，面向国内和国际两个市场，以发展为主体，在优化生产布局，调整树种、品种结构及产业结构中，按照坚持适地适树，产业化经营及以市场为导向，以销促产，提高经济效益的原则。大力发展市场竞争力强，出口创汇潜力大的名优特新树种和品种；坚持新建与低产林改造相结合的原则，经济林发展进入了结构调整的新阶段。

目前已经形成一个符合甘肃自然地理生态条件的经济林良种区域化格局。以东部泾、渭河流域和中部黄河沿岸地区为主，重点建立了优质苹果生产基地，主要包括庆阳、平凉、天水和兰州等市；以中、西部地区为主，重点建立了优质梨生产基地，主要包括定西、白银、兰州、武威、张掖、酒泉、嘉峪关、临夏等市(州)；以河西走廊沙漠沿线地区为主，建立了优质酿造葡萄生产基地，主要包括武威、张掖、酒泉等市；建立了以优质干果类和花椒等为主的经济林生产基地，主要包括陇南、天水市。阶段内，林果产品的营销、贮运、加工等第二、三产业在市场竞争中得到整合、重组、提升，基本适应了产业化发展的需求。

近年来，甘肃省充分利用丰富的森林资源，积极发展林副产品加工业，创立了一批名、优、特、新林副产品品牌，保持了良好的发展势头。2009年销售额6.58亿元，利润8517.2万元。特别是大型企业甘肃省祁连葡萄酒业有限责任公司，已累计投入资金1.3亿元，建成优质酿酒葡萄基地533.33公顷，鲜食葡萄基地30.2公顷，啤酒花生产基地100公顷，生产的祁连干红冰红、冰白、雪白等葡萄酒三大系列7个品种质量上乘，受到中外消费者的青睐。

【花　卉】 2008年，全省各类花卉栽培总面积3579公顷，年产切花切叶8581万支，培育盆景盆花1295万盆，生产观赏苗木1011万株，草坪产量49万平方米，年总产值1.53亿元。花卉企业166家，专业花卉市场88个，从业人员14215人。2009年，全省各类花卉栽培总面积1145公顷，年产鲜切花4967万支，培育盆景盆花1898万盆，生产观赏苗木3643万株，年总产值1.63亿元。花卉企业107家，专业花卉市场87个，从业人员1.87万人。

今后一个时期，甘肃省将着重加强优质鲜切花基地、球根花卉商品种球国产化繁育高科技产业化基地、野生优良花卉植物选育及引种驯化基地、制种及干花生产基地和花卉物流和市场营销网络建设，实现全省花卉产业发展的科技化、信息化、科学化、产品品牌化。

(甘肃省林业厅造林处)

青海省林业产业

【概　述】 青海省位于中国西部腹地，青藏高原东北部，全省国土面积7174.81万公顷。全境东西长1200千米，南北宽800千米。位于地球"第三极"的青海高原，境内地形复杂多样，北部和西北部主要以山岭谷地为主，南部为青南高原，东部为河湟谷地，西部为柴达木盆地。由于受海拔、地形、大气环流等自然因素的影响，青海形成了独具特色的高原大陆性气候特征。冬季较长而寒冷，夏季短促而凉爽，年均气温-4～8℃。降水量主要集中在生长季5～9月，年平均降雨50～450毫米，降水量变化从东南向西北递减。省内海拔1800～6000多米，平均海拔在3000米以上地区占84.7%，海拔变化由东向西递增。复杂多样的高原生态环境，孕育了青海丰富独特的野生动和植物资源。

森林资源 青海省森林资源分布极不平衡，主要集中于东经96°～103°的省境东半部。山地森林多分布于祁连山、西倾山、阿尼玛卿山、巴颜喀拉山和唐古拉山等山系，以云杉为主，次为圆柏和桦、山杨等。荒漠灌丛则主要分布于柴达木盆地、青海湖盆地和海南台地的半干旱沙地上，以柽柳、梭梭、沙拐枣、麻黄等为主。人工林多见于东部农业区和柴达木盆地新垦区。

2009年，全省林地面积634.0万公顷，森林面积为329.56万公顷，其中人工林面积为4.44万公顷，森林覆盖率为4.57%。活立木蓄积量4413.80万立方米，森林蓄积量3915.64万立方米。

青海省植物物种大部分是青藏高原隆起后遗留物种。全省乔灌木有53科128属504种(包括变种、亚种和变形61个)；其中天然分布的有371种44变种9变形；以蔷薇科种数最多，有15属82种6变种2变形；其次是杨柳科，有2属53种8变种5变形和3个人工杂交种。以柳属种类最多，达42种4变种3变形，其中青海特有的5种；其次是杜鹃属有23种3亚种；再次是忍冬属，有19种1变形。藻类1科、1属、2种；真菌类32科、77属、162种。

资源量最大的是松科、柏科、桦科、杨科、杜鹃科、菊科等；其次是蔷薇科、伞形科、川续断科、唇形科、云香科等；优势树种有云杉、冷杉、油松、祁连圆柏等和灌木木姜子、蔷薇、杜鹃、香薷等。果实和籽种含油量较高的植物有36科、61种。含油量在30%以上的有华山松、文冠果、红瑞木等20余种。种子和根茎含淀粉较多的植物有禾本科、蔷薇科、锁阳科、百合科、蓼科等14科、26种，主要分布在海西、海东、海北及青南地区海北2600～4300米的湖边、河滩、沼泽、沟谷、沙地和草地等。其中蕨麻、锁阳、芦苇、蕨菜等多为集中连片生长。珍贵的藻类野菜有发菜和地皮菜。食用真菌有26科、122种，主要分布于海东、海北和青南；观赏植物有杜鹃、蔷薇、百合、绿绒蒿、龙胆、小檗等。经济价值大可利用开发的有沙棘、枸杞、黑果枸杞、华山松、文冠果、山楂、小檗等。

野生动物资源 青海省野生动物资源，因受高原地貌、气候、立地条件和植被分布的影响，动物物种以青藏区和蒙新区的种类为主，高原特有种类丰富，且资源量大，分布纬向与全国分布的带谱不同，具高原地带性。青海省是全国野生动物重点分布区，野生动物资源丰富，共有兽类野生动物107种，占全国兽类种类的1/4；鸟类292种，占全国鸟类种类的1/5。其中有青海省特有的珍禽黑颈鹤、野牦牛、藏羚、雪豹等。有国家重点保护动物74种(类)，其中一级保护动物21种，二级保护动物53种；有36种省级保护动物。具有较高的药用和经济价值，在科学研究、国际文化交流中具有重要作用。

森林资源消耗

非商品材采伐　青海省"十一五"期间年森林

采伐限额为3.6万立方米，全部为非商品材。2008年全省人工非商品材采伐蓄积量1.98万立方米，比2007年增长9.39%。其中更新采伐0.36万立方米，抚育采伐1.63万立方米，分别占2008年全省采伐限额的9.90%和45.21%。2009年全省人工非商品材采伐蓄积量1.58万立方米，比2008年下降20.2%。其中更新采伐0.21万立方米，抚育采伐1.37万立方米，分别占2009年全省采伐限额的13.29%和86.71%。

商品材采伐　2008年全省商品材采伐蓄积量9153.93立方米，出材量4991.69立方米，分别比2007年减少44.43%和52.19%。其中工程建设采伐蓄积量1946.33立方米，出材量1095.37立方米；病虫害木清理采伐蓄积量7207.60立方米，出材量3896.32立方米。2009年全省商品材采伐蓄积量1837.04立方米，出材量500.24立方米，分别比2008年减少79.93%和89.98%。其中工程建设采伐蓄积量837.19立方米，出材量458.31立方米；病虫害木清理采伐蓄积量999.84立方米，出材量41.93立方米。

产业发展　2008年，全省林业行业总产值达23999万元，比2007年增长了5.65%。其中，第一产业产值23284万元，比2007年增长了8.96%；第三产业产值715万元，比2007年减少了46.88%。产业结构由2007年的94.07:0:5.93调整为2008年的97.02:0:2.98。

2008年，第一产业产值中，涉林产业产值达到23284万元，比2007年增长了9.00%，其中，林木培育和种植产值达18848万元，比2007年减少了14.17%；木材和竹材的采运产值1233万元，比2007年增长了17.09%；经济林产品的种植与采集产值1578万元，比2007年减少了33.25%；花卉的种植产值1416万元，比2007年增长了19.59%。其中：林木的培养和种植18848万元，林木采运(农民自用材)1233万元。

2009年，全省林业产业总产值59043万元，比2008年增长了146.0%，其中第一产业产值56493万元，比2008年增长了142.6%；第三产业产值2550万元，比2008年增长了2.5倍多。产业结构调整为95.68:0:4.32。

2009年，第一产业产值中，涉林产业产值到56493万元，比2008年增长了1.4倍，其中，林木培育和种植产值32950万元，比2008年增长了74.8%；木材和竹材的采运产值1290万元，比2008年增长了4.6%；经济林产品的种植与采集产值20521万元，比2008年增长了12倍；花卉的种植产值1530万元，比2008年增长了8.0%。

(明瑞玺　李　东　刘德铭)

【果品和调料】　青海省的经济林大多分布在河谷地带，面积较小、种类较少、经济效益较低，没能形成产业。2008年，全省经济林面积17.9万公顷。截至2009年，全省经济林面积达19.3万公顷。见下表。

2007～2009年青海省经济林主要树种统计表

类别	树种	面积(公顷)			产量(吨)		
		2007年	2008年	2009年	2007年	2008年	2009年
干果	核桃	1107	1273	1746	198	208	263.14
水果	苹果	2658	2518	2183	5804	5823	3812
	梨	1049	848	845	4894	4680	3077
	杏	220	220	220	421	396	400.9
	桃	38.5	38.5	100	598	577	172
调料类	花椒	569	571	595	120.4	106	93
药类	枸杞	3980	9933.3	11538	2280	4130	9214
	红景天	10000	10000	10000	25000	25000	20540
其他	沙棘	153333	153333	165800	50000	50000	48900

柴达木枸杞 主要产于柴达木盆地的都兰、诺木洪、德令哈、格尔木、乌兰等县(市、农场),2007年起,青海省枸杞基地建设以每年造林1333.3公顷的速度递增,枸杞产业发展具有很强的优势。柴达木枸杞产品,已销往国内几十个大中城市。2008年已种植无公害枸杞面积9933.3公顷,可采果面积6061公顷,年产枸杞鲜果16520吨,干果5782吨,年收入1.45亿元。2009年种植面积达11538公顷,可采果面积7303.7公顷,年产枸杞鲜果32249吨,干果9214吨,年收入达2.76亿元。

其中青海省诺木洪农场退耕还林工程种植枸杞面积2008年达1733.3公顷,采果面积达1066.7公顷,产量达1600吨,产值4800万元。2009年枸杞种植面积达2866.7公顷,可采果面积2000公顷,产枸杞鲜果21000吨,干果4200吨,产值达2.1亿元。

沙　棘 青海是沙棘的主要种植区,2008年全省现有野生沙棘和种植沙棘面积153333.3公顷,并以每年3866.7公顷的速度递增,每年采收鲜果5万吨左右,为农民增加采摘收入近5000万元。沙棘产业发展有着很大潜力。

核　桃 主要产于民和、循化、尖扎、贵德、乐都等县,种植面积1273公顷,结果面积为249公顷,年产208.8吨,总收入585万元,在巩固退耕还林成果项目中,每年种植核桃面积666.7公顷。2009年种植面积已达1746公顷,结果面积546公顷,年产核桃263.14吨,总收入789.42万元。目前尚未产业化。但循化县和贵德县的核桃以果大小适中、皮薄、仁饱、味香、出仁率高的特点,畅销青海各地。

花　椒 主要产于民和、乐都、循化、化隆、贵德、尖扎等县,青海花椒以穗大粒多、色泽鲜艳、皮厚肉丰、香味浓郁、麻味适中,而享誉省内外,特别是循化花椒,色泽红艳、颗粒大、特别香麻,是菜肴烹调的极佳调料,在青海本地花椒的市场价高于外来花椒的市场价,为广大群众所喜爱的产品。种植面积572公顷,平均产量157千克/公顷,年产量106.3吨,收入336万元。2009年种植面积达595公顷,年产92吨,收入331.2万元。

苹　果 主要产于青海东部的民和、乐都、循化、化隆、贵德、尖扎等县,主要为红元帅、黄元帅、新红星、金矮生、红富士等品种,种植面积2518公顷,2008年年产5823吨,收入6320万元。由于青海独特的气候条件,日照长,日温差大,苹果糖分积累多,外观鲜艳美观,果肉质细腻,清脆爽口,酸甜适度,浓郁芳香,耐储存,远销上海、广州等多个城市。新红星、黄元帅和金矮生苹果分别获全国“七五”星火计划成果博览会银奖、全国优质农产品展销会金奖。

梨 主要产于青海东部黄河、湟水流域的民和、乐都、循化、化隆、尖扎、贵德、同仁等县,全省有地方梨品种38个,主要有贵德长把梨、软梨、酥枚梨、苹果梨、香蕉梨、冬果梨、巴梨、同仁县黄果梨等,种植面积达848公顷,2008年年产各种梨4680吨,收入3730万元。青海特有的软梨、黄果梨和平顶软梨果肉雪白、多汁、酸甜适度、风味浓郁,可鲜食也可制成饮料,清爽可口,亦有润肺、止咳化痰的作用,备受广大消费者关爱,是发展水果饮料产业的重要资源。同仁县已建立黄果梨汁加工厂。

桃 主要产于循化、尖扎、贵德、民和等县,民和称为桃县,位于青海省东部,是全省海拔最低,光热条件好,降水量和气温匹配适宜,水资源相对丰富,河水利用率较高,自然条件较好,是全省闻名的瓜果之县,尤以桃树生产基础较好,下川口的桃在省内外和西宁市场久负盛名。老产区大都是古老品种,如大红袍、二转子、六月黄、五月鲜等。近年来,桃树种植有了较大的发展,开展了桃树品种引选及栽培技术研究项目,引进推广桃新品种数十个,如雨花露、早香玉、上海早生水蜜桃、庆丰、大久保、油桃等优良品种。在该项目带动下使全县桃树栽培面积增加到38.47公顷,产量达到577吨,而且点多面广,遍及全县。县委、县政府加大开发桃树资源力度,并大做桃树产业化文章,开展田园旅游、观光、品尝鲜桃等旅游项目,开展集旅游、销售为一体的美食文化,吸引了更多的省内外游客观光。同时深度开发桃树资源,扩大桃树种植面积100公顷,产量达2100吨,收入超过168万元。同时在桃花盛开的季节,举办桃花会,吸引省内外游客。与此同时,进行招商引资活动,洽谈开发项目。桃树已成为该县支柱性产业,增加了民和县财政和农民收入，桃树已成为民和县新兴的产业。2009年桃树种植面积达100公顷，年产量172吨，收入21万元。

【林木种苗生产及良种基地】

林木种苗 2008年全省育苗面积2341公顷，其中新育苗921公顷，年产各类苗木39361.8万株，林木种苗采集量为163吨，育苗产值2290万元。主要生产云杉(青海云杉、川西云杉)、祁连圆柏、油松、青杨、桦树、柳树、丁香、榆叶梅、乌柳、水蜡、海棠等；灌木有沙棘、枸杞、柽柳、沙地柏、小檗、蔷薇、金露梅等。祁连圆柏、桦树、油松、华北落叶松、梭梭、白刺、小檗、金露梅等树种有少量采集，基本满足生产自用。全省沙棘、青海云杉、柠条等种资源非常丰富，可组织林区群众大量采集、销售，增加收入。2009年全省育苗面积达2436公顷，其中新育苗面积1067公顷，年产各类苗木38978.9万株，林木种苗采集量为168吨，育苗产值3490万元。

城镇绿化苗木 2008年县、市城镇绿化年生产乔木大苗120万株，主要有青杨、加杨、柏树、油松、国槐、大岩桐、水蜡等；年生产观赏花苗木518万株，主要有丁香、榆叶梅、连翘、探春、水蜡、紫叶李、金叶莸、珍珠梅、牡丹、芍药、蔷薇等花灌木及色叶木、彩叶小檗、各种杜鹃等100多个品种。2009年城镇绿化用各种乔木苗210万株，各类观赏灌木587万株。

林木良种基地 全省良种基地18处，良种基地面积643.4公顷，其中青海云杉、祁连圆柏母树林4处，面积244公顷；青海云杉、油松、华北落叶松、沙棘、柠条、梭梭、白刺等种子园9处，面积383.1公顷；青杨、沙地柏、红柳等采穗圃5处，面积16公顷。

玛可河林业局局属林区有4个苗圃和1个工厂化育苗基地，面积19.05公顷，2008年出圃苗木242.09万株，其中育苗基地出圃184.74万株，花卉及花灌木36.62万盆(株)。主要苗木有云杉63.31万株、沙棘136.96万株、油松36.27万株、柠条1.7万株、柏树3.84万株、丁香4.43万株、金露梅7.33万株、乌柳1.45万株、水蜡5万株、枸杞5.24万株，还有少量海棠、榆叶梅等。2009年新育苗7.86公顷，年产各类苗木1005.76万株，其中工厂化育苗基地产苗427.23万株。在各类苗木中：云杉苗608.43万株，圆柏8.81万株，油松10.40万株，沙棘容器苗51.37万株，柠条容器苗252.66万株，枸杞容器苗37.02万株；花灌木36.19万株，其中丁香24.59万株；花卉30.8万盆，主要是红掌、凤梨、蝴蝶兰、杜鹃等。2009年苗木产量比2008年苗木产量增加4倍多，特别是青海主要造林树种云杉、柠条、沙棘、枸杞的育苗量增长幅度较大，除满足自己造林用苗外，为青海各地造林绿化提供了大量的优质苗木。

【花 卉】2008年花卉种植面积100公顷。切花切叶产量780万支，盆栽植物产量41万盆，观赏苗木产量20万株。控温温室面积1万平方米，日光温室面积9万平方米。2009年花卉种植面积102公顷，比2008年增长了2%。切花切叶产量779万支，盆栽植物产量131万盆，观赏苗木产量15万株。控温温室面积1万平方米，日光温室面积9万平方米。主要生产三色堇、万寿菊、雏菊、矮牵牛、一串红、满天星、红掌、蝴蝶兰、仙客来、凤梨、茱萸、一品红、百合、唐菖蒲、郁金香等花卉，用于美化城市。

花卉生产主要在西宁市和周边县，有花农167户，种植面积100公顷，两个工厂化育苗基地。西宁市有各种花店146个，从业人员412人。批发、销售鲜花店120个，批发花店销售鲜切花收入5万~8万元，零售花店年鲜切花收入在2万元以上，花店年销售鲜切花350万元。花卉基地销售额约300万元。西宁市、平安县花木市场年销售总额约700万元。2009年有花农154户，种植面积102公顷，两个工厂化育苗基地。批发鲜花店135个，销售花卉店178个，从业人员458人，销售收入达1256万元。

青海省高原冷凉型花卉有郁金香、唐菖蒲、百合花、仙客来、倒挂金钟等，以其品种繁多、色彩丰富艳丽而享誉全国，西宁与郁金香、百合、唐菖蒲等球根花卉原产地温度最为接近，是诸多球根花卉最适宜的繁殖生产地区。1989年，西宁市从荷兰等地引进20多个郁金香品种获得成功，引种的郁金香花大、色艳、茎长、种球繁殖率高、球大饱满，为郁金香投入生产奠定了基础。郁金香成了青海西宁的一个品牌，以郁金香为主的球根花卉成了青海省花卉产业中发展最快的种类。生产的郁金香、百合、唐菖蒲商品种球全部销往北京、上海、广州、西安、成都等地，一个以球根花卉繁育为中心的青海花卉种源生产体系正在逐步形成。青海唐菖蒲以其花穗长、颜色品种多的优势畅销全国各地，2008 年为北京奥运会捐赠 1 万支唐菖蒲花。

【森林旅游】 青海省森林公园、自然保护区旅游资源丰富，类型多样，自然风光壮美，具有青藏高原特色。全省已建立国家级森林公园 7 处，省级森林公园 10 处，森林公园面积为 46.23 万公顷；自然保护区 10 处，其中：国家级自然保护区 5 处，保护区面积 2168.74 万公顷。2008 年森林公园接待游人 66 万人次，总收入 3615 万元，其中门票收入 276 万元。2009 年森林公园接待游人 118 万人次，总收入 5759 万元，其中门票收入 412 万元。

青海湖国家级自然保护区 位于青藏高原东北部，面积 49.52 万公顷，其范围包括青海湖整个水域及鸟类繁殖、栖息的岛屿、滩涂和湖岸湿地，地跨二州三县，是青海省五大国家级自然保护区之一，也是闻名海内外的旅游风景区。保护区始建于 1975 年，1976 年建立管理站，1984 年晋升为管理处，1992 年被列入《关于特别是作为水禽栖息地的国际重要湿地公约(拉姆萨公约)》国际重要湿地名录。1997 年 12 月经国务院批准，晋升为国家级自然保护区。青海湖国家级自然保护区管理局负责东自环湖东路、北自青藏铁路、西自环湖西路、南自 109 国道四至以内自然资源和环境的管理，重点保护鸟岛、泉湾、沙岛、三块石、海心山和布哈河等各入湖口流域湿地和鸟类资源。是中国最大的内陆咸水湖，夏天天海碧蓝一色，加之青海湖两岸的油菜花海洋，是游客游览观光的最佳地。每年有约 10 万只斑头雁、棕头鸥、大雁、鸬鹚等从中国南方、东南亚及印度半岛飞来这里繁衍，其集群繁殖密度之大，极为罕见，甚为壮观。2008 年接待国内外游人 31.9 万人次，总收入 3913 万元，门票收入 2842 万元。2009 年接待游客 59 万人次，比 2008 年多 27.1 万人次，总收入 5661 万元，比 2008 年多 1748 万元，门票收入 4821 万元，比 2008 年多收入 1979 万元。分别增长 84.9%、44.7%、69.6%。旅游收入稳步上升。

孟达国家级自然保护区 在青海省循化撒拉族自治县境内，地处巴颜喀拉山支脉西倾山的当蕊—五台山区，西宁东南方 110 多千米。总面积 1.73 万公顷，平均海拔 2500 米以上，主峰高 4178 米。山峰之巅的天然湖泊——孟达天池面积约 20 公顷，平均水深 10 米，蓄水量 200 万～300 万立方米。天池东部有一条南北走向的“天然大坝”，长 200 多米，高出水面 50～70 米，坝体为冰川退缩后形成的终碛堤，天池东南部有 10 米多高，7～8 米宽的扇形瀑布，夏日水量充沛，冬季则成冰瀑。

2000 年 4 月批准为国家级自然保护区。被誉为“青海高原上的西双版纳”，是科研、避暑、疗养、休闲、度假的旅游胜地。2008 年吸引了众多的国内外游客，接待游人 2.3 万人次，总收入 120 多万元，其中门票 108 万元。2009 年接待游人 3.0 万人次，收入 210 万元，其中门票 210 万元。同比增长 30.4%、75%、94.4%。

三江源国家级自然保护区 是在三江源区范围内由相对完整的 6 个区域组成的自然保护区网络。保护区总面积为 15.23 万公顷，占青海省总面积的 21%，占三江源地区总面积的 42%，涉及果洛藏族自治州玛多、玛沁、甘德、久治、班玛、达日 6 县，玉树藏族自治州称多、杂多、治多、曲麻莱、囊谦、玉树 6 县，海南藏族自治州的兴海、同德 2 县，黄南藏族自治州的泽库和河南 2 县，格尔木市管辖的唐古拉山乡共 16 县 1 乡，行政区划上共由 69 个不完整的乡镇组成。

三江源自然保护区面积达 15.23 万公顷，占青海省总面积的 21%。有较大支流 180 余条，大小湖泊 16500 余个。冰川总面积 2400 平方千米以上，年消融量 10 余亿立方米。区内许多湿地为世界和中国所知名，仅列入中国重要湿地名录的湿地就有扎陵湖、鄂陵湖、玛多湖，以及著名的约古宗列沼泽、星星海沼泽，祖尔肯乌拉山的岗钦等沼泽雪山。长江总水量的 25%，黄河总水量的 49% 和澜沧江总水量的 15% 都来自这一核心地区。这里便是中国面积最大、海拔最高、生物多样性最集中、生态系统最脆弱的三江源自然保护区。

可可西里国家级自然保护区 位于青海省西南部的玉树藏族自治州境内，东经89.25°~94.05°，北纬34.19°~36.16°。其范围为昆仑山脉以南，乌兰乌拉山以北，东起青藏公路，西迄省界。它是横跨青海、新疆、西藏三省区之间的一块高山台地。保护区西与西藏相接，南同格尔木唐古拉乡毗邻，北和新疆相连，东至青藏公路，总面积4.5万平方千米。

可可西里地处青藏高原腹地，平均海拔在4600米以上，最高峰为北缘昆仑山布喀达板峰(亦称新青峰或莫诺马哈峰)，海拔6860米；最低点在豹子峡(昆仑山南鹿红水河横穿博卡雷克拐弯处)，海拔4200米。区内地势南北高，中部低，西部高而东部低。可可西里山和冬布勒山横贯本区中部，山地间有两个宽谷湖盆带，地势较平坦。海拔5500~6000米以上的山地，有现代冰川发育。如6860米的布喀达坂峰，6813米的马兰山，少数超过5600米的山峰也有小规模冰川分布，如5882米的东岗扎日，冰川总面积达1700多平方千米。

保护区是羌塘高原内流湖区和长江北源水系交汇地区。东部为楚玛河为主的长江北源水系，主要为雨水、地下水补给，水量较小，河流往往是季节性河流。西部和北部是以湖泊为中心的内流水系，外于羌塘高原内流湖区的东北部，湖泊众多。据统计，面积大于1平方千米的湖泊有107个，总面积3825平方千米，其中面积200平方千米以上的湖泊有7个。最大的为乌兰乌拉湖，湖水面积为544.5平方千米。

保护区生物系种类少，但青藏高原特有种比例大，且种群数量大。据多年调查，哺乳动物有29种，其中11种为青藏高原特有，鸟类53种，爬行类1种，鱼类6种。高等植物有102属，202种，其中青藏高原特有的84种，占全区种类的41.56%。本区的特有生物种类不但是我国的珍稀动植物，而且为世界上所瞩目，在学术上和自然保护上均十分重要。

隆宝国家级自然保护区 建在青海省玉树藏族自治州玉树县隆宝镇境内，海拔高度4100~4200米，东西长25千米，南北宽约4千米，面积10000公顷，距玉树州州府结古镇约75千米。

隆宝国家级自然保护区内陆湿地和水域生态系统，主要的保护对象是黑颈鹤等水禽及栖息地。保护区内主要植被类型为草甸和淡水沼泽，为水禽候鸟提供了充足的食物和良好的生态环境，成为黑颈鹤栖息繁殖的集中地区，每年有150多只黑颈鹤在保护区内筑巢繁殖。每年4月，黑颈鹤从南方到达这里，待到10月上旬，它们携儿带女飞往南方越冬。

保护区位于世界屋脊青藏高原东部通天河畔，以隆宝湖为中心包括周围的沼泽地、水洼地、小河流，面积10000公顷。地势呈南北走向的峡谷形状，滩地长30千米，宽1.5~4千米，源水面积为5000公顷，四周被高山环抱呈“凹”形，海拔4050~4200米，是世界上海拔最高的保护区之一。有河流、湖泊、雪山、冰川等多种湿地类型。通天河支流益曲在此穿过，形成5个大小不等、水深在0.2~0.4米的湖泊，还有众多的泉水喷涌而出，水量稳定，水质洁净。纵横迂回的溪流，星罗棋布的湖泊沼地把草滩切割成无数大上不等的“沙洲”和“小岛”。是避暑、度假、观光旅游的高原旅游胜地。

互助北山国家森林公园 公园地处黄土高原向青藏高原过渡地带，地势由西北向东南倾斜，距青海省互助土族自治县85千米，海拔在2100~4308米，最高点为南山饿座岭为4308米。一般山峰相对高差在1000米左右，公园总面积112794.7公顷，森林面积38000公顷，灌木林面积32000公顷。森林覆盖率为62.6%，森林总蓄积量为420万立方米，是青海省境内保存最完好的天然森林资源之一。

由于气候、海拔和地理位置的差异，天然林区具有明显的垂直分布景观带，带谱清晰，针叶林、阔叶林与高山灌丛、高山草甸等共同构建森林景观的多样性，是青海境内自然生态体系最完好的区域之一，被誉为青海高原上的“植物王国”和“天然动物园”。山体成为干旱区的绿岛、湿岛、凉岛和水岛。构成森林浴、日光浴、生态健身、生态保健的度假、疗养、旅游、避暑的生态旅游胜地。2008年接待游人12万人次，总收入2518.4万元(含3星级宾馆食宿收入)，门票收入108万元。2009年接待游人15万人次，总收入150万元(不含宾馆食宿收入)，其中门票收入131.1万元。

坎布拉国家森林公园 位于青海省黄南藏族自治州尖扎县境内，距西宁市131千米，距尖扎县城50千米。景区面积15199公顷，海拔2300~3100米。

公园以奇特丹霞地貌、茂密的森林植被、古老的宗教文化、雄伟的电站大坝、绮丽的峡谷库区之水及独特的藏族风情所构成，集自然景观和人文景观于一身，是开展旅游、朝拜、观光、度假、野营和科学考察、生态旅游的理想旅游胜地。2008年吸引了国内外游人38.8万人次，总收入5170.2万元，门票收入326.8万元。2009年接待游客6.15万人次，总收入1144万元，其中门票收入198万元。

群加国家森林公园 公园为原始森林，地处拉脊山北麓。距塔尔寺80千米，距省会西宁市90千米，林区面积9333.3公顷，平均海拔2700米，最高海拔4488米，属高原大陆性气候。

原始森林纵深处，有帐房宾馆供游人住宿，有多个少数民族风情表演队的美少女和俊少男为你旅游助兴，让你融入到这世外仙境之中。2008年接待游客2万多人次，旅游收入20万元，其中门票收入2万元。2009年游客人数0.6万人次，旅游收入5万元。

大通国家森林公园 大通回族土族自治县地处青海省东部农业区北部，属西宁市辖县，海拔2280~4622米，境内河流密布，山地、河谷相互交错，蜿蜒起伏，森林资源丰富，在这浩瀚的林海中镶嵌有鹞子沟，察汗河两个著名风景区。

两个景区2008年接待国内外游客2.5万人次，总收入12.3万元，其中门票收入7.5万元。2009年比2008年游客增长4.6万人次，总收入22万元，其中门票22万元。

哈里哈图国家级森林公园 位于柴达木盆地东部边缘的乌兰县铜普乡境内，是镶嵌在柴达木沙漠中的一颗绿色明珠，总面积5170.5公顷。是一片保存完整的原始森林生态群落，主要由祁连圆柏、青海云杉等树种组成，树龄300~500年，有些甚至超过800年。茂密的森林和开阔的草原，为野生动物和家畜的繁衍栖息提供了良好的条件。

仙米国家级森林公园 位于海北藏族自治州门源回族自治县东端，距县城浩门镇30千米，距西宁市108千米。纵贯全县东川、仙米、珠固三个乡镇。南北宽55千米，东西长95千米，总面积14.8万公顷。其中公园内森林总面积达6.73万公顷。受祁连山脉影响，仙米森林公园地表水和地下水资源丰富，是南部多条黄河水系和北部多条内陆水系河流的发源地，储水量26.8亿立方米。园区内植物种类繁多。有植物100余科900余种，林草覆盖率达95%以上。

麦秀国家级森林公园 位于青海省东南部的黄南州泽库县境内，地处麦秀林场经营范围内。距西宁市220千米，距黄南州府所在地隆务镇32千米，距泽库县城80千米。东西长约28千米，南北宽约24千米，总面积34660公顷，其中有林地7580公顷。森林覆盖率为52.5%。突出的森林生态景观，显示自然朴实的民族风情特色，为人们回归自然、融入自然、避暑休闲、探索自然奥秘，为国内外广大旅游者和学者提供了观光、旅游、考察、研究及避暑的理想胜地。

贵德黄河省级森林公园 距贵德县城河阴镇1.5千米，地处黄河上游龙羊峡水电站—拉西瓦水电站—李家峡水电站之间，总面积3289公顷，以清澈黄河多姿多彩水文景观，绿荫盈野的人工林秀美景色，阡陌纵横的田园风光，博大精深的人文景观等，每年4月的梨花节，黄河之恋音乐节，吸引了国内外众多的旅游观光游客。

2008年接待国内外游人46.67万人次，总收入3338.9万元，门票收入98.49万元。2009年游人数48.9万人次，收入802.2万元，其中旅游门票收入25.28万元。

湟水省级森林公园 位于西宁城西区，前身是西宁市湟水林场，建于1951年，原是一片荒山，经过几代林业人的艰苦努力，已建成有油松、青海云杉、青杨、华北落叶松等40余种乔灌木和花卉的人工森林公园，森林覆盖率达93%，是全省干旱浅山造林效果最好、最成功的人工林。于2007年4月30日开园。公园建设集传统中国园林风格与现代设计理念于一体，集中展现了湟水流域文化底蕴和时代精神。

2008年接待国内外游客6万人多次，收入20万元，其中门票收入13万元。2009年游客人数10万人次，收入27万元，门票收入20万元。

互助松多省级森林公园　位于互助县东南部，南北长约27千米，东西宽约23千米，总面积22349.3公顷，森林公园面积10490.9公顷。复杂的地质构造，独特的地理位置，特殊的气候条件，赋予了松多森林公园特有的森林资源景观，垂直明显的带谱，资源种类独特，错落有致、层次分明，绿荫盈野的森林，植被繁茂，山色葱绿，森林覆盖率为54.7%。森林景观主要有祁连圆柏纯林，片状分布的青海云杉、桦树、小叶杨，大面积的高山灌木。

湟中南朔山省级森林公园　位于湟中县境内，距湟中县城12千米，距国家4A级旅游景区塔尔寺13千米，总面积8506公顷，森林公园面积310公顷，园内森林资源主要为人工林，森林覆盖率为76.4%。

克鲁克湖—托素湖自然保护区　位于德令哈市境内，距德令哈市50千米。面积11.5万公顷，其中湿地面积3.98万公顷，克鲁克湖湖水面积0.58万公顷，托素湖湖水面积1.68万公顷。保护区是海西州德令哈市的生态屏障，柴达木盆地东部荒漠化、半荒漠化地带的气候调节器，保护区湿地生境类型多样，是青海省珍奇水禽的主要聚集区，具有不可替代的生态区位价值。2008年保护区生态旅游景区通过国家3A级旅游景区评审。当年接待国内外游人5万余人次，总收入26万元，水产品收入20万元。2009年旅游人数达3万人次，收入280万元，水产品收入160万元。

【森林狩猎】　青海省有都兰、玛多两个国际狩猎场。由于独特的高原气候条件，猎场内栖息着大量的青藏高原特有的野生动物，是狩猎、科研、生态旅游的良好场所。每年接待美国、瑞士、墨西哥、意大利、西班牙、俄罗斯、澳大利亚等13个国家的猎人600多人，由国家林业局办理猎物狩猎审批手续，2006年国家暂停了国际狩猎活动。

都兰国际狩猎场　设在海西州都兰县境内，地处青藏高原北部的高原山地向高原主体过渡地段上的柴达木盆地东南一隅，海拔2800～4900米，猎场面积4400公顷，这里山峦重叠、林草茂盛、是野生动物栖息的场所，主要有白唇鹿、马鹿、棕熊、藏狐等野生动物，还有猞猁、高原兔、盘羊等野生动物；西部、西北部高原寒漠动物有藏原羚、野牦牛、岩羊、雪豹等野生动物分布。

玛多黄河源国际狩猎场　设在果洛州玛多县境内，地处青藏高原腹地，巴彦克拉山北麓，海拔4000～4800米，猎场面积3700公顷，境内湖泊湿地丰富，有扎陵湖、鄂陵湖、星星湖、星宿湖和东给措纳湖等，为著名的黄河源头。是高原野生动物的栖息地，主要有白唇鹿、马鹿、棕熊、藏狐、野牦牛、藏野驴、藏原羚、喜马拉雅旱獭、雪豹、狼等动物。

【药材产业】　青海优势中藏药材，有闻名中外的冬虫夏草，有大黄、麻黄、秦九、红景天、水母雪莲花、锁阳、柴达木枸杞、沙棘等，为青海特有的中藏药药材资源。

【青海省柴达木高科技药业有限公司】　是省内中藏药生产厂家之一，注册资本400万元，有总股本2660万元，固定资产1160万元，公司占地面积2万平方米，厂房2186平方米，有职工90人，其中高级职称6人，聘请中藏医药专家9人。建有中藏药种植基地306.7公顷，种植枸杞、藏木香、亚大黄等40余种中藏药，带动格尔木市近400户农牧民从事中藏药种植，平均每户增加收入近2000元。2008年公司生产中藏药20多吨，收入1322万元。生产枸杞500吨，产值1800万元。2009年生产中藏药40多吨，收入2322万元。

【青海三普药业股份有限公司】　是青海中藏药生产企业之一，拥有心血管系统、消化系统、呼吸系统和保健品四大类9个剂型124个品种中藏药的生产能力，被列为青海省30家重点企业。

【青海晶珠藏药高新技术产业股份有限公司】　是青海省最大的现代藏药生产企业，国家级中藏药高新技术示范工程企业，有厂房2万多平方米，有员工1000多人，其中具有大中专学历的管理人员有近500人，2000年晶珠藏药的市场销售总额在全国排名第十七位，是青海藏药生产企业的龙头企业。年总产值超过1亿元。

【青海省花宝蜂业股份合作公司】 位于西宁市，总资产1200万元，生产用房1.3万平方米，职工40余人，中级职称8人。公司运用高新技术改造传统产业，推进企业科技进步，产品质量不断提高，深受消费者信赖。主要生产蜂蜜、蜂王浆、蜂花粉、蜂胶四大类20多种蜂产品，年收入近亿元。

花宝牌商标被全国供销合作社和青海省政府授予名牌产品，为青海省消费者协会推介绿色消费名牌产品，公司已通过ISO质量体系认证。产品销往上海、广州、大连、兰州等地。1999年取得自营进出口权，公司与英国、德国、日本、美国、西班牙等国建立了营销关系。

【青海清华博众生物技术有限公司】 由清华大学科技园和青海生物科技产业园于2005年9月共同投资成立，注册资金3000万元，是清华大学与青海省第一个产业投资合作项目。

清华博众公司充分利用和培育青海省的优质沙棘资源，主要从事沙棘资源研究开发和深加工，产品包括青海青品牌高原沙棘酒、沙棘冰酒、沙棘复合提取物、沙棘果醋、沙棘油及软胶囊、沙棘口服液等八大系列。2006年公司产值5300万元，2007年产值1.1亿元，2008年产值超过1.2亿元，出口额达到950万美元。2009年公司收购沙棘鲜果0.8万吨，年生产沙棘复合物2450千克，沙棘酒(冰酒)20520瓶。沙棘果醋20450瓶，收入1.25亿元，产值1.36亿元，出口额1030万美元，分别增长24%、25%、7%。借助技术创新和市场营销能力，已经在国内外市场打造出青海青知名品牌，成为国内沙棘产业的领导企业并在国际上产生了广泛影响。

目前青海青沙棘系列产品不但销往北京、广东、福建等国内市场，而且已远销日本、韩国、欧盟、北美等海外市场，公司产品出口额居青海省各类农畜产品前列，公司沙棘产品出口额占全国沙棘产品出口总额的63%，成为我国生态高科技产品出口的典范。公司已经完成0.39万公顷沙棘原料基地建设任务，带动青海全省建设沙棘资源基地超过1.33万公顷，为沙棘产业发展奠定了资源基础。公司已申报和获得12项中国和欧美国际专利，沙棘维生素P研究技术荣获青海省2008年科技进步二等奖。通过了ISO9001、HACCP等质量管理体系认证，获得中国欧盟及日本有机食品认证和美国FDA注册认证，是国际沙棘产业界公认的技术领先企业。

青海清华博众生物技术有限公司被认定为国家扶贫龙头企业，青海省农牧业产业化重点龙头企业，青海省高新技术企业，2007年8月公司被国家林业局和中国林业产业协会授予林业产业突出贡献奖，公司总经理鲁长征在2007年被评为青海省十大杰出青年。

(周 斌)

【林业产业大事记】

2007年

8月 中国林业产业协会颁发全国林业产业突出贡献奖：

青海省西宁市林业局为全国林业产业突出贡献先进单位；

青海省清华博众生物技术有限公司、青海省柴达木高科技药业有限公司为全国林业产业突出贡献奖先进企业；

青海省民和县林业技术推广中心杨东福，青海省林业物资储备管理站林强，青海省柴达木高科技药业有限公司季雪明，青海省清华博众生物技术有限公司鲁长征为全国林业产业突出贡献奖先进个人。

12月 宋秀岩省长专题听取了省林业局《关于落实沙棘基地建设工作的情况汇报》，宋秀岩省长指示：青海林业要研究适合林业产业发展的树种，把沙棘和枸杞基地建设作为明年造林工作的重点。

邓本太副省长在青海清华博众生物技术有限公司《关于沙棘资源开发情况的汇报和建议》上批示：清华博众的产品优势及发展势头，显现出我省沙棘资源的开发前景，应结合退耕还林及其后续产业大力种植沙棘，将企业基地建设、退耕还林项目结合起来综合实施，请林业局研究一个沙棘种植及产业发展规划。

2008年

1月 为认真落实省政府领导指示精神，省林业局召开了处以上领导干部会议，认真传达学习了宋秀岩省长和邓本太副省长指示精神，研究部署，并开展调查研究，积极落实资金、地块和种苗。

2008年完成沙棘、枸杞基地建设任务，完成沙棘造林0.39万公顷，枸杞造林0.09万公顷。

3月 省林业局编制了《青海省巩固退耕还林成果规划》；5月，国家发改委中咨公司对规划进行了评估；7月国家发改委批复了规划。规划投资15.2亿元，其中：基本口粮田2.48亿元，农村能源2.26亿元，退耕还林后续产业5.03亿元，补植补造0.68亿元，直补资金4.78亿元。在后续产业投资中：沙棘基地建设56737公顷，投资1.66亿元；枸杞基地建设4484公顷，投资0.5亿多元。2008年开始实施，沙棘基地建设5333公顷，投资1440万元；枸杞基地建设886公顷，投资997万元。

7月 为加强全省沙棘基地建设工作，进一步发挥各级政府、沙棘加工企业、沙棘资源所有者和相关部门在沙棘基地建设中的作用，青海省人民政府办公厅以《关于沙棘基地建设工作职责分工的通知》(青政办〔2008〕115号)，对州(地、市)政府、县政府、乡镇政府、村委会，省级林业主管部门、州(地、市)林业局、县林业局及省发改委、财政厅、农牧厅、科技厅、水利厅，沙棘加工企业等部门的职责作了具体的规定。

由省林业局与省林科所共同完成的《青海省沙棘生态经济林基地建设技术规程》、《中国沙棘优株选育技术规程》、《中国沙棘无性繁殖扦插技术规程》、《柴达木地区枸杞生态经济林基地建设技术规程》、《柴达木地区枸杞无性繁殖技术规程》、《柴达木地区黑果枸杞播种育苗技术规程》6个技术规程开始实施，使青海沙棘、枸杞的栽培步入规范化、标准化。经过一年的实施，不断进行充实，修改，2009年9月省质量技术监督局召集有关专家进行审定，2009年10月19日青海省质量技术监督局发布了这6个地方标准。

2009年

9月2日 省委书记、省人大常委会主任强卫来到西宁市专题调研林业工作，并实地考察了湟中县、湟源县人工造林和乡村育苗情况。

11月25日 省政协主席白玛一行赴大通县朔北乡视察退耕还林后续产业沙棘基地建设情况和沙棘采摘收购现场。 (朱 珠)

宁夏回族自治区林业产业

【概　述】 2009年，全区林地面积179.03万公顷，森林面积51.10万公顷，其中人工林面积10.38万公顷，森林覆盖率9.84%。活立木蓄积量625.93万立方米，森林蓄积量492.14万立方米。

2008年，全区林业行业总产值达542396万元，比2007年的272232万元增长了99.24%。其中，第一产业产值307015万元，比2007年的247606万元增长了23.99%；第二产业产值167513万元，比2007年的21101万元增长了693.86%；第三产业产值67868万元，比2007年的3525万元增长了1825.33%。产业结构由2007年的91∶8∶1调整为2008年的56.6∶30.9∶12.5。

2008年，第一产业产值中，涉林产业产值306330万元，比2007年的247196万元增长了23.92%。其中，林木培育和种植产值68782万元，比2007年的68726万元增长了0.08%；木材和竹材的采运产值454万元，比2007年的127万元增长了257.48%；经济林产品的种植与采集产值225024万元，比2007年的180808万元增长了24.45%；花卉的种植产值11902万元，比2007年的4356万元增长了173.23%；陆生野生动物繁育与利用产值111万元，比2007年的576万元减少了80.73%。林业系统非林产业产值685万元，比2007年的410万元增长了67.07%。第二产业中，涉林产业产值167513万元，比2007年的21101万元增长了693.86%。

2009年，全区林业行业总产值达610314万元，比2008年增长12.52%。其中第一产业产值314629万元，比2008年增长了2.48%；第二产业产值210243万元，比2008年增长了25.51%；第三产业产值85442万元，比2008年增长了25.89%。产业结构调整为51.55∶34.45∶14。

木材生产　2008年，全区木材总产量0.61万立方米，比2007年的0.41万立方米增长了48.78%。其中，原木产量0.48万立方米，比2007年的0.41万立方米增长了17.07%。

林产品加工　2008年，全区林产品加工业工业总产值16.75亿元。2009年，全区林产品加工业工业总产值21.02亿元，同比增长19.53%。

分行业看，2008年，木竹苇浆造纸产值7.24亿元，枸杞酒制造业5.11亿元，葡萄酒制造业1.04亿元，果汁及果汁饮料制造业3.01亿元，水果加工及蜜饯制造业0.23亿元，家具及木制品制造业0.4亿元。2009年，木竹苇浆造纸产值4.6亿元，枸杞酒制造业6.87亿元，葡萄酒制造业1.91亿元，果汁及果汁饮料制造业3.60亿元，水果加工及蜜饯制造业0.51亿元，家具及木制品制造业0.52亿元。

【主要品牌】 宁夏共有各类林产品品牌27个，其中国际组织认证品牌5个，国家级认证品牌17个，省级品牌2个，县级品牌8个。按林产品种类分：枸杞系列产品品牌11个，葡萄及葡萄酒品牌5个，苹果及系列加工产品品牌4个，红枣系列产品品牌1个，其他林产品品牌7个。主要知名林产品品牌有：西夏王葡萄酒、贺兰山葡萄酒、御马葡萄酒、宁夏红枸杞果酒、杞浓枸杞果酒、茂源果汁、灵丹牌灵武长枣等。

【进出口贸易】 、杞及其产品在国际市场上实现由华人群体消费向全人类消费转化，出口由东南亚和日本等东方文化市场为主向全球五大洲拓展。2007年枸杞干果出口量超过7000吨，枸杞汁出口超过2000吨，出口量约占全国的90%以上。加工的3.2万吨苹果浓缩汁全部出口欧洲、美国、日本等国际市场，蒙古乌兰巴托市场60%的苹果来自宁夏生产，2008年受全球金融危机影响，枸杞和浓缩果汁受到影响，出口数量和价格不同程度下降。灵武长枣出口到东南亚及香港市场。广夏葡萄酒打入美国市场，鲜食红提葡萄进入欧洲和东南亚市场。这些特色林产品成为宁夏走向国际市场的主要农产品。

【企业发展】 全区现有从事林业产业化经营加工(流通)的企业共有200余家，企业收入在500万元以下的企业有41家，占林业产业经营加工企业的20.5%，在500万~1000万元之间的企业有29家，占林业产业经营加工企业的14.5%，在1000万元以上(含1000万元)的企业有31家，占15.5%。其中从事枸杞加工、流通的企业有150余家，葡萄加工企业20家，苹果加工企业5家，中药材加工企业4家，果品贮藏企业2家，林纸一体化企业1家，柠条加工企业1家，其他类(包括山杏、沙棘、种苗花卉、饲料加工等)企业9家。

【政策法规】 2008年自治区林业局编制了《宁夏枸杞产业调研报告》、《宁夏葡萄产业调研报告》、《宁夏红枣产业调研报告》、《宁夏苹果产业调研报告》，并上报自治区人民政府；出台了《自治区人民政府关于加快葡萄产业发展的意见》；制定了2008 ~2012年《宁夏枸杞产业发展规划》、《宁夏葡萄产业发展规划》、《宁夏红枣产业发展规划》、《宁夏苹果产业发展规划》，并在规划的基础上制定了《宁夏枸杞产业技术支撑体系建设方案》、《宁夏葡萄产业技术支撑体系建设方案》、《宁夏红枣产业技术支撑体系建设方案》、《宁夏苹果产业技术支撑体系建设方案》；编写了《巴格斯酒庄有机酿酒葡萄种植生态园及冰葡萄酒酒堡建设项目建议书》，并上报国家林业局；完善了《宁夏中部干旱带百万亩红枣经济带建设总体规划》、《宁夏灌区百万亩特色经济林产业带建设总体规划》及《关于扶持林业产业化经营龙头企业的若干意见》等。这些规划和方案的制定，为加快全区特色经济林跨越式发展明确了方向，聚集成有力的抓手。

2009年，财政补助优先发展特色经果林。围绕《宁夏农业特色优势产业发展规划(2008 ~2012年)》，自治区继续把枸杞、葡萄、红枣、高酸苹果等特色经果林纳入国家重点造林工程，除享受国家重点造林工程造林补助外，自治区财政进行定额补助，鼓励规模发展。自治区继续采取林业贷款中央财政贴息政策，着力扶持林业龙头企业，推进林业产业化经营，采取公司带基地、基地连农户的经营形式，通过林业龙头企业带动，积极发展林业产业，引导社会资金和力量参与林业产业发展，集中力量推进特色林业优势产业集聚升级。

【科技教育】 2008年争取国家林业局科技司、自治区科技厅等部门的研究、推广、标准化、成果转化项目达10多个，总资金超过600万元，有力地支持了林业生态建设。项目实施以来，累计治理沙化土地40余万公顷，农民人均收入由283元提高到2623元；累计新增产值20.17万元。开发了5个新兴产业；3个柠条系列饲料产品，解决了30余万只羊的饲草料不足问题；特色沙生植物规范化种植及产品，催生了独特的宁夏沙生产业；沙地鲜食葡萄、沙地设施园艺、沙地纸浆用材林等产业带动了宁夏部干旱带草畜业及中药产业基地的发展。项目获得4项国家专利，制定国家、地方标准5项。

2009年共进行了12项林业地方标准的编制。组织实施了全国灵武长枣林业标准化示范区和全国柠条开发利用林业标准化示范区建设。

组织百名科技人员深入全区各市、县(区)开展送科技下乡活动，开展技术讲座28场次，发放书籍1200多册、技术资料6800多份，培训基层技术人员、果农5500多人次；与自治区人事厅联合组织全区50多名林果大户与技术骨干赴陕西考察学习，为吴忠市、西吉县等基层工作林业科技推广中心站配送了价值100多万元的电脑、投影机等。

(赵世华 李 国)

【优势特色经济林】 2008年，特色经济林种植面积21.5万公顷，比2007年增长27.1%；产量80万吨，增长16.9%，各市、县(区)完成枸杞、葡萄、红枣、苹果基地建设总任务4.1万公顷。2008年全区新增枸杞面积0.53万公顷，枸杞种植面积达到3.3万公顷，比2007年增长17.1%，枸杞产量7.16万吨，增长2.5%；新增葡萄面积0.4万公顷，葡萄种植面积达到1.8万公顷，比2007年增长28.6%，葡萄产量9.7万吨；新增苹果面积1.53万公顷，苹果种植面积达到4.2万公顷，比2007年增长57.5%，苹果产量50万吨；新增红枣面积0.48万公顷，红枣种植面积达到4.2万公顷，比2007年增长16.7%，红枣产量3.8万吨。2009年末，全区园林水果面积10万公顷，比2008年增长20.94%；全年水果产量达到56.76万吨，比2008年增长14.47%。各市、县(区)完成枸杞、葡萄、红枣、苹果基地建设4万公顷，特色经济林产业基地规模快速增加。

【花　卉】 2008年，全区花卉苗木总面积达370公顷，总产值达1.19亿元。其中，盆栽植物年产量达934万盆，切花切叶产量2274万支，分别比2007年减少了62.26%和增加了311.21%；观赏苗木产量7185万株。全区花卉市场11个，花卉企业22家，其中：大中型企业10家，花农266户，花卉从业人员2099人。2009年，花卉苗木总面积达635公顷，总产值达1.65亿元，比2008年增长了38.65%。因自治区五十年大庆产量猛增，盆栽植物年产量达2027万盆，切花切叶产量1004万支，观赏苗木产量10890万株。花卉市场与企业较2008年分别增加了5个和减少了1家，花农增加到700户，花卉从业人员达0.21万人。

【林木种苗】 2008年，全区当年苗木产量29829万株，比2007年增长47.5%。2009年全区新增育苗面积3713公顷，当年苗木产量48737万株，比2008年增长63.39%；林木种子采集量1.19万吨，比2008年增长27.64%。

为了加快全区林木种苗基地建设，为"六个一百万亩"林业工程和宁夏防沙治沙示范区建设提供更多的良种壮苗，针对2008年生态苗木有余、经济林的苹果和红枣苗木短缺、城市园林绿化大苗价格偏高以及苗木遭受冰雪冻害的现状，自治区林业局及时下发了《关于加快育苗工作的通知》，并采取召开全区苗木生产现场观摩会、全区经济林产业苗木生产现场会，加大了苗木生产的工作力度。青铜峡、灵武市等林业局采取反租倒包的形式，鼓励技术干部积极育苗；同心等县出台资金补助优惠政策，鼓励社会各界育苗；泾源县采取土地信用社和苗木协会做法加大育苗力度，全区掀起了林木育苗的高潮。苗木生产面积达1.29万公顷，新增育苗面积0.47万公顷，苗木总生产能力达到2.98亿株，为"六个一百万亩"林业建设打下了坚实基础。

【药材生产】 宁夏药用植物资源和品种繁多，而且蕴藏量大，已开发利用的有63种。黄芪、党参、大黄、柴胡、甘草等品种从20世纪50年代在全区就有种植，且品种优良，有效成分含量高；羌活、贝母、秦九、柴胡、党参、大黄、铁棒锤、款冬花、红景天等道地中药材品质优良，有着传统的销售市场，林麝、桃儿七、黄氏等被列为国家重点保护的药用品种。

全区中药材近年来发展呈现如下特点：一是种植范围不断扩大，由少数乡镇种植已向全区范围逐渐扩展；二是种植品种日益增多，由种植黄芪、党参、大黄等个别品种发展到现在的20多个品种；三是种植面积稳步增加，已经建立起千亩以上中药材种植基地4个，百亩以上中药材种植基地8个，建立规范化种子、种苗基地20公顷，中药材封育保护面积达2.6万公顷，中药材种质资源保护区0.67万公顷，中药材种植面积1.23万公顷，退耕还林林药间作面积0.41万公顷；四是产量、产值逐年提高，2008年全区中药材总产量达6.02万吨，产值达15.03亿元。

【森林旅游】 2008年，全区涉林旅游景点共接待游客455.93万人次。其中门票直接旅游收入1.21亿元。涉林旅游业推动了地方经济的发展。据测算，2008年，全区涉林旅游业不仅为社会提供了大量的就业岗位，同时也推动交通、住宿、商业等相关产业实现收入12.50亿元。

2009年，全区涉林旅游景点26个，共接待游客476万人次，涉林旅游收入8.54亿元(扣除交通、住宿、购物后的旅游收入)。2009年全区涉林旅游业带动相关产业实现收入15.62亿元。

苏峪口国家森林公园 位于宁夏贺兰山国家级自然保护区的中部，距离银川市25千米。公园以森林景观为主体，融合其他自然景观和人文景观，山势险峻，森林茂密，怪石众多，具有完整的荒漠区山地森林生态系统和丰富的野生动植物资源，人文景观独特，在我国西北地区具有很强的典型性和代表性，主要有松涛山庄、青松岭、樱桃谷、灵光塔等40余处景区。有植物种类530种、动物179种。其中有苏裕口马鹿、岩羊、大鸨、黑鹳和四合木、沙冬青等数十种国家重点保护动植物。公园于

2000年正式成立，总经营面积9587公顷，森林面积838公顷，森林覆盖率24%，2008年森林旅游年收入1297.1万元，有职工175人，职工年平均收入12000元，社会旅游从业人员150人。

六盘山国家森林公园 位于宁夏最南端，以天然次生林、人工林景观为主体，泉流溪水众多，野生动植物资源丰富，气候湿润凉爽，历史文化遗迹丰厚，回乡风情浓郁等为一体的多功能综合性山岳型森林公园。主要有六盘山、白云山、凉殿峡、二龙河、野河谷、老龙潭等60余处景区。有植物种类788种、动物213种，其中有国家一级保护动物金钱豹等；昆虫资源905种，其中有珍贵稀有的金蝠蛾、丝粉蝶、黑凤蝶、波纹水蜡蛾等。公园于2000年成立，总经营面积7900公顷，森林面积5530公顷，森林覆盖率70%。2008年森林旅游收入1024万元，社会旅游从业人员1000人。

花马寺国家森林公园 位于盐池县城南，公园内有人工林、疏林草原、沙生植物园、流动沙区、花马湖景区和花马寺遗址。主要有城南、哈巴湖、骆驼井等10余处景区。景区内有植物种类315种、动物184种。其中有国家一级保护动物白尾海雕、大鸨、小鸨、黑鹳等，有国家二保护动物荒漠猫、兔狲、鹅喉羚、大天鹅、白琵鹭、蓑羽鹤等18种，自治区保护动物28种，有濒危野生动植物种国际贸易公约规定保护动物28种，有国家重点保护植物中麻黄、草麻黄、甘草、沙冬青、沙棘、沙芦草等6种。公园于2002年成立，总经营面积5000公顷，森林面积3750公顷，森林覆盖率75%。2008年森林旅游年收入146万元，有职工53人，职工年平均收入1万元，社会旅游从业人员22人。

火石寨国家地质森林公园 位于西吉县城北15千米，属六盘山西部余脉，海拔1960~2450米。景区内生有天然次生林2000公顷、人工林2667公顷。丹霞地貌，规模宏大，发育典型，景观独特，丹崖、丹峰、怪石林立，有很高的研究价值和观赏价值。景区内还有丰富的人文景观，浓郁的回乡风情。开凿于北魏、隋唐时期的石窟群如星罗棋布，散布于山间，蕴含着悠久的历史、独特的文化。主要有云台山、石寺山、黑窑拱北、大石城等10余处景区，有高等植物215种、陆栖脊椎动物56种。其中有国家重点保护动物鹿、豹、猎隼、红腹锦鸡等，有国家重点保护植物黄芪和蕨菜。火石寨国家森林公园、国家地质公园分别于2003年11月和2004年年初成立。总经营面积9795公顷，森林面积6100公顷，森林覆盖率63%。2008年森林旅游年收入30万元，有职工25人，职工年平均收入3200元。

沙湖旅游区 沙湖位于平罗县西大滩镇南3千米，距银川市57千米。沙湖原名前进湖，1989年开发为旅游区，因湖的南边有300余公顷沙丘，故命名为沙湖。沙湖湖水洁净，林草葱茏，湖光沙色，绿波荡漾，一丛丛芦苇千姿百态，错落有致，芦花摇曳，景色宜人。高大沙丘横亘湖南，碧水黄沙，既有江南水乡景色，又有塞外大漠风光。自辟为旅游胜地后，每到夏秋季节，游客络绎不绝，共接待数百万区内外游客。

沙波头自然保护区 位于中卫县城西南15千米黄河左岸，腾格里沙漠东南边缘，包兰(包头—兰州)铁路和黄河通过自然保护区内。1983年批准为自治区级自然保护区。

阅海湿地公园 占地800多公顷，水域广阔，风景秀美，生物种类丰富，是银川市面积最大、地貌保持最完整的一块生态湿地。公园内有各种植物114种、鸟类107种，其中有国家重点保护野生动物20余种，是我国西部地区鸟类迁徙的中转站之一。同时，阅海湿地承载了古老的黄河灌区文化，具有独特而丰富的湿地旅游资源。

【驯化野生动物及其产品加工】 宁夏野生动物的养殖加工业基本都是自己养殖自己加工，而且都是初级加工，没有一个真正的深加工和精细加工企业。加工的主要产品有蛇胆、鹿茸、狐皮和其他动物活体产品，其中初具规模的加工产品为狐皮初级产品。

宁夏已建野生动物饲养场(户)共203家，其中饲养场有29个，驯养户174户，主要是个体养殖户，权属归个人。饲养野生动物总数为94735只(头，条)。其中，狐(银狐、蓝狐、赤狐)48726只. 占饲养总数的51.4%；蛇40700条，占饲养总数的43%；鹿(马鹿、梅花鹿)1030头；鸵鸟(含鸸鹋)474只；孔雀70只；环颈雉3735只。

【林业产业发展示范县——中宁县】 中宁县是全国经济林建设先进县，是久负盛名的"中国枸杞之乡"。枸杞、红枣、苹果"三红产业"已构成全县林业产业发展的独具优势。

截至2007年，中宁县共有经果林面积1.81万公顷，其中：枸杞面积0.87万公顷，占全区面积的26%；枸杞产量2.45万吨，占全区产量的37%。红枣面积0.62万公顷，占全区面积的21.6%；红枣产量1300万千克，占全区产量的43.3%；红枣产值2600万元，占全区产值的26%。苹果0.32万公顷，占全区面积的11.4%；产量6400万千克，占全区产量的21.3%。中宁林业产业已成为宁夏林业优势特色产业发展的主力军。

林产业基地已具规模，全县已建成无公害标准化生产基地1万公顷，绿色食品原料枸杞标准化生产基地0.69万公顷，有机枸杞标准化生产基地1466.67公顷。建成了2个万亩、6个千亩以上的红枣科技示范基地，完成了红枣、苹果双认面积0.87万公顷。2009年共新植枸杞1866.67公顷，新植苹果3866.67公顷，新植红枣1373.33公顷，全县经济林面积达到2.47万公顷。各类烘干设施总数达到1766座，推广统防统治0.69万公顷，测土配方施肥0.87万公顷，引进机械色选设备22台(套)，林业生产基地建设档次和水平明显提高。一个集生态、观光、经济效益为一体的中宁林业产业基地正在迅速崛起。

林产业市场体系日趋完善，县内建有全国最大的枸杞专业批发市场、区内最大的红枣专业批发市场。在全国40多个大中城市建中宁枸杞专卖店181家，在全国136个大中城市建立了稳固的枸杞销售渠道和网点，枸杞干果及其加工产品远销30余个国家和地区，已形成了1万余人的枸杞、红枣、苹果营销队伍和以市场为依托、营销大户为龙头、小户为补充、外销网点及专卖店建设为重点的林产品营销体系。

加工体系基本形成，目前已形成了宁夏红、恒兴果汁、早康、杞乡、杞芽等枸杞、苹果深加工企业12家，其中：恒兴果汁、宁夏红已发展成为全国农产品重点龙头企业，早康、杞芽等公司是宁夏农产品重点龙头企业。2007年，全县经济林实现产值7.28亿元，其中枸杞产值6亿元，果品产值1.28亿元。全县人均来自枸杞、红枣、苹果产业收入占农民人均纯收入的50%以上。以枸杞、苹果、红枣为主的优势林产业不但每年可吸纳转化本县及周边地区农村剩余劳动力13万人、解决6000多名企业下岗职工再就业问题，而且增加了全县森林覆盖率4.5个百分点，真正成为全县农民增收的"支柱"、经济发展的"重点"和生态建设的"亮点"。

【中国灵武长枣之乡——灵武市】 灵武果树栽培历史悠久，素有"塞上江南"、"水果之乡"之美誉，经多年自然筛选，选育出了许多优良的地方特色水果，尤其是灵武长枣已有1300多年栽培历史，从唐朝开始就被历代列为皇室贡品，被誉为"果中珍品"。2006年，灵武市被国家林业局评为中国灵武长枣之乡，灵武长枣被国家质量监督检验检疫总局批准为地理标志保护产品。2007年，灵武市当选为中国枣主产区协作组首届轮值主席单位。灵武长枣产业已经成为区域化优势产业、特色品牌，具有较强的市场竞争优势和产业发展优势。如今灵武长枣产业已是支撑灵武经济、社会发展的四大产业之一。

倍数效益加速灵武长枣产业进程。灵武长枣栽植8年进入初盛果期，亩产鲜灵武长枣1250千克(6元/千克)。通过近几年的生产情况和市场调查分析，达到盛果期的灵武长枣平均亩收益稳定在8000～10000元，与不同作物比较，经济效益非常可观。全市已建成灵武长枣标准化生产基地0.73万公顷，挂果面积2333.33公顷，年产量620万千克，年实现产值7000余万元。

【中国仁用杏之乡——彭阳县】 杏子是彭阳的优势林果资源，发展潜力巨大。从上世纪90年代开始，彭阳县就把杏子产业作为强县富民的一项主导产业进行培育。近年来，在县委、政府的高度重视下，通过山区"两杏一果"扶贫开发工程和退耕还林工程等项目的实施带动，杏子资源面积大幅度提升，已成为宁夏乃至西北杏子资源大县。全县杏子资源面积已达到3.01万公顷；挂果面积1.33万公顷(其中盛果期杏树0.53万公顷)，正常年份可产鲜杏4.5万吨，实现杏子产值2330万元，人均100元。全县建成周沟、高建堡、长城、友联等优质杏示范园28处，面积0.21万公顷。杏子产业发展初具规模，呈现出明显的资源优势，发展潜力巨大。自2000年以来，被中国经济林协会命名为全国名特优经济林仁用杏之乡，被国家林业局评为全国经济林建设示范县、全国经济林建设先进县。

【同心县红枣产业】 近年来，同心县充分发挥当地同心圆枣和苦水枸杞产业区域资源优势，始终把推进林业特色优势产业作为农业增效、农民增收、农村稳定的突破口和着力点来抓，加快红枣、枸杞特色产业建设步伐。截至2007年底，全县经果林面积达0.73万公顷，产值达7348万元，其中：红枣面积0.31万公顷，产值达600万元；枸杞面积0.22万公顷，产值达6240万元；以苹果为主的庭院果树面积达0.19万公顷，产值达508万元。2008年，完成以同心圆枣、枸杞为主的生态经果林造林1108.67公顷，植树258.34万株。

【青铜峡市葡萄产业】 青铜峡市自1998年引进广夏和御马葡萄酒公司以来，加快了葡萄基地建设步伐，截至2008年，全市建成葡萄基地0.53万公顷，其中：酿酒葡萄0.4万公顷，鲜食葡萄0.13万公顷，占全区葡萄总面积的38%；年产量达到2万吨，占全区葡萄总产量的33%。市内已有年储藏能力4000吨的果蔬气调库2座和年生产能力3.5万吨的葡萄酒厂2座，这些企业已经成为全市葡萄产业发展的龙头企业，带动了青铜峡市葡萄产业健康快速发展。

【泾源县特色林木种苗产业】 泾源县位于宁夏最南端，地处六盘山东麓，是黄河二级支流——泾河的发源地。县境内降雨充沛，气候湿润，生态环境良好，被誉为黄土高原上的“湿岛”和“绿色明珠”。全县国土总面积1131平方千米，辖4乡3镇110个行政村，总人口12.3万人。

近年来，泾源县以“山绿民富”为目标，以培育六盘山特色“珍、稀、缺”良种壮苗为重点，按照“川台地、沿公路、靠城镇、连景区”的布局思路，采取“政府主导、市场拉动、协会组织、土地合作社带动、群众广泛参与”的运作方式，强力推进特色种苗产业发展。截至2008年上半年，全县育苗面积累计达0.90万公顷，其中：培育地埂大苗0.59万公顷，移植幼苗0.31万公顷。全县苗木总产值达到8100万元，农民人均苗木收入660元，占同期农民人均纯收入的31.9%。在种苗产业发展中，泾源县十分重视示范带动效应，综合考虑交通、地理等因素，先后在香水镇大庄至八一林场、泾河源镇冶家至龙门、黄花乡胜利至羊槽三大区域建立了3个5000亩以上育苗示范园区。在六盘山镇和尚铺村、大湾乡瓦亭村等五个流域建立了5个千亩以上的特色种苗基地。在育苗示范园区和基地的带动下，全县干部群众参与发展苗木的积极性空前高涨，仅2008年春季，全县1400余名机关单位干部职工自发育苗面积就达446.67公顷，人均育苗达0.3公顷。

为了延长苗木生长期，缩短出圃期，提升产业发展水平，增加农民收入，2008年，泾源县多方筹措资金650多万元建成了泾源特色林木工厂化育苗中心，该中心占地3.33公顷，修建PC智能温室1座2500平方米、连栋温室2栋6000平方米，二代节能日光温室6栋2700平方米，每年可向群众无偿或低价提供所需的优质特色林木种苗500万株，实现了泾源特色种苗的乡土化、标准化和工厂化。同时，为了有效缩短种苗生长周期、提高生长量，泾源县还在黄花胜利流域、香水镇大庄流域搭建育苗小拱棚1.87万座，实现了泾源设施林业建设零的突破。泾源特色种苗产业正在逐步向科技化、现代化方向发展。

【中卫市沙坡头区经济林产业】 中卫市沙坡头区地处腾格里沙漠东南边缘，有着得天独厚的经济林产业发展自然优势。该区域经济林栽培由来已久，截至2008年，沙坡头区经济林种植面积累计达1.32万公顷，其中：苹果0.68万公顷，红枣0.45万公顷，枸杞0.13万公顷，葡萄600公顷，总产值达16053万元，实现经济收入11237万元。

【兴庆区花卉产业】 兴庆区委、政府充分发挥兴庆区的区位优势，统筹规划，坚持政策引导和资金扶持相结合，采取公司龙头做示范，企业大户办园区，广大农民建基地的发展思路，以农业增效、农民增收、农村繁荣为目标，有计划、有步骤地推进兴庆区的花卉产业发展。2008年兴庆区完成花卉种植268.03公顷，其中：鲜切花生产22.55公顷，盆花、草花、绿化苗木生产245.48公顷，鲜切花以玫瑰、康乃馨、非洲菊、百合、菊花、唐菖蒲为主，引进新品种20余种。

【重点实验室及工程中心】

宁夏枸杞工程技术研究中心 隶属于宁夏农林科学院，成立于2005年，是全国惟一从事枸杞专业研究的省级工程技术研究中心。中心现有职工24人，其中研究员4人，入选自治区"313"人才工程1人，已经培养锻炼出了一支学术水平较高、梯队合理、研究方向明确的创新团队，是自治区党委组织部、科技厅、人事厅首批确认的科技创新团队之一，为枸杞产业又好又快发展提供了强有力的队伍保障和智力支撑。先后承担国家、自治区各类科研项目近60项，累计申请研究经费3800万元；发表研究论文80余篇，出版专著5部，编制标准8项；获国家科技进步二等奖1项，自治区二等奖2项，三等奖1项；连续两年获院先进单位称号，先后研究培育出宁杞1号、宁杞5号、大果鲜食枸杞、抗蚜虫枸杞、抗肝炎枸杞等7个具有自主知识产权的新品种(系)；开发出枸杞芽菜、枸杞鲜汁饮料、枸杞颗粒饲料等多项枸杞深加工产品。

葡萄与葡萄酒教育部工程研究中心 宁夏贺兰山东麓地区被国内外专家确认为世界酿酒葡萄生长最佳生态区之一。为充分发挥宁夏葡萄资源优势，宁夏大学、法国蒙彼利埃国际高等农业大学葡萄与葡萄酒高等研究所、广夏(银川)贺兰山葡萄酿酒有限公司和宁夏御马葡萄酒有限公司等科研教学生产单位于2006年成立葡萄与葡萄酒教育部工程研究中心，现有专兼职人员41名，其中教授、研究员14人，国家百千万人才工程人选3人，享受国务院特殊津贴者2人。到目前为止，该中心在各类学术期刊上发表研究论文345篇，申请专利2项，形成标准成熟葡萄优质生产技术2套，地方标准1个，开发出4款具宁夏特色葡萄酒新品种，成果鉴定3个，培训技术人员6210人次，培养研究生32人，本科生215人。

种苗生物工程国家重点实验室 2007年，国家科技部正式批准由宁夏林业研究所组建种苗生物工程国家重点实验室。组建了5个研究室，分别是引种驯化与新品种培育研究室、组织培养与脱毒技术研究室、植物发育学与抗逆性研究室、现代农业栽培技术研究室和种苗贮藏研究室，分别开展植物种质资源的引进收集、驯化筛选、栽培培育和应用技术研究；植物组织培养、脱毒及病毒检测技术研究；植物优新品种发育学与抗逆性生理机理研究；经济林现代农业栽培技术研究；种苗贮藏技术研究等。现有研究人员55人，其中固定人员39人，客座研发人员16人。包括中国工程院院士1人，教授、研究员25人，高级工程师3人，博士15人，硕士13人，其中有6人享受国务院特贴，4人享受自治区政府特贴；入选国家百千万人才工程1人；入选自治区"313"人才工程3人。2008年该研发团队荣获自治区科学技术贡献(创新团队)奖。实验室建设期间共承担各级各类科研项目20余项，其中国家级项目7项，1个新品种通过国家级审定，2个新品种通过北京市审定，获得国家科技进步二等奖1项，宁夏科技进步一等奖2项。

【枸杞产业优秀企业】

宁夏红枸杞产业集团有限公司 是国家级农业产业化重点龙头企业，国家级扶贫龙头企业，自治区重点扶持的优势骨干企业。2007年宁夏红获得中国名牌产品称号，宁夏红通过GMP认证。2008年宁夏红荣获中国驰名商标称号，宁夏红枸杞酒生产方法荣获中国发明专利金奖，填补了自治区在这一领域的空白，宁夏红已成为一个从宁夏走出去的中国名牌产品，成为以枸杞深加工为主营业务的知名企业，主导中国的枸杞产业发展方向的枸杞龙头企业。2007年产量5292吨、产值2.63亿元。2008年产量6162吨、产值2.74亿元。

银川泰丰生物科技有限公司 隶属于银川泰丰实业有限公司，公司成立于2003年，注册资金1500万元。位于宁夏国家级经济技术开发区银川德胜工业园区，占地面积4.8万平方米，建筑面积1.2万平方米。公司依托宁夏枸杞资源优势，是一家专业从事枸杞研发、生产、销售于一体的高科技民营企业。公司具有独立的自营进出口权，高科技的生产研发队伍，一流的研发、生产、办公条件。引进国际先进的超临界CO_2萃取设备、中药提取设备、膜分离多糖提取设备、全自动枸杞鲜汁生产线，并与国际国内先进科研机构合作，利用枸杞资源优势进行综合开发。已投放市场的百瑞源系列产品有：枸杞系列养生饮品，枸杞系列保健品，枸杞系列化妆品，枸杞籽油，常温保鲜枸杞原汁，枸杞多糖，枸杞冻干全粉等，产品远销东南亚和欧美等国家。公司通过ISO9001、HACCP、GMP、ISO14000认证和有机枸杞基地认证，被自治区人民政府和银川市人民政府分别授予农业产业化经营重点龙头企业称号，被自治区工商局评为守合同、重信用先进企业，百瑞源枸杞油胶丸荣获宁夏名牌产品称号。

宁夏沃福百瑞生物食品工程有限公司　成立于2000年，注册资金1680万元，是以生物工程、食品工程设计、研究、开发、生产、销售为一体的高科技民营企业。公司充分发挥技术优势和地方资源优势，采用高新技术生产的枸杞籽油、常温枸杞鲜汁、枸杞多糖、冻干枸杞全粉、羊胎精华素口服胶囊等产品，已销往美国等国家和台湾地区，在国际、国内市场上享有良好的声誉。枸杞籽油、枸杞多糖、冻干枸杞全粉2000年荣获第九届中国专利新技术新产品博览会金奖，公司承担的国家开发研究项目枸杞中高效提取枸杞多糖和枸杞籽油2002年获得国家重点新产品证书。目前沃福百瑞公司是国内惟一能生产常温保鲜枸杞汁的大规模企业，是枸杞深加工生产技术水平最高、出口量最大的企业。2007年产量750吨、产值0.47亿元。2008年产量1100吨、产值0.57亿元。

【葡萄产业优秀企业】

西夏王葡萄酒业(集团)　成立于1984年，厂区建筑面积13800平方米，是宁夏最早的一家集科研、生产、营销于一体的花园式、专业化葡萄酒生产企业，年生产能力8000吨，通过整合玉泉地区大小酿酒厂5家，现年加工能力1.5万吨。凭借得天独厚、品质卓越的原料，世界一流的生产设备、先进的生产管理、科学的工艺及过硬的产品质量，使公司研制开发的西夏王牌系列葡萄酒酒色纯正、口感圆润、风格独特、具有原产地的典型性，并多次在国际国内获得大奖。西夏王牌干红葡萄酒在1991年荣获首批绿色食品称号；1998年率先在中国西北同行业中通过了ISO9002国际质量体系认证；2000年荣获法国巴黎名酒博览会金奖；2002年被国家评定为免检产品；蝉联四届国际农业博览会名牌产品；西夏王枸杞利口酒1997年荣获国家食品协会颁发的科技进步奖。2007年产量3700吨、产值0.5亿元。2008年产量4000吨、产值0.501亿元。

宁夏德龙酒业有限公司　为2007年经宁夏回族自治区政府引进的外商独资企业，现和宁夏德福葡萄酒有限公司合作，经永宁县人民政府批准在永宁县黄羊滩地区有偿划拨0.67万公顷国有荒地，投资20亿元人民币，开发建设集葡萄和枸杞种植、酿酒、销售、观光旅游为一体的生态产业园。宁夏德龙葡萄枸杞生态产业园建设分三期7年(2008～2016年)完成，一期(2008～2009年)，在完成土地征用的前提下先进行水、电、道路、防护林等基础设施建设，然后进行观光休闲区、葡萄优良品种繁育区、研发与管理中心、国际展览中心与酒店会所的建设。

【红枣产业优秀企业】

灵武市果业开发有限责任公司　公司占地6640平方米，总资产2039万元，负债率47%，年出口销售灵武长枣及灵武特色果品16300吨，实现销售收入4930万元。于2005年通过ISO9001：2000国际质量管理体系认证，公司注册的灵丹牌灵武长枣是全区惟一通过绿色食品认证的鲜食果品商标,并被国家质监总局批准为地理标志保护产品。灵丹牌灵武长枣先后荣获宁夏名牌产品和中国名牌农产品称号。2007年产量1.61万吨,产值0.17亿元。2008年产量1.53万吨,产值0.13亿元。

宁夏天予枣业有限责任公司　2007年8月在同心县工商局注册成立，注册资本150万元，出资人以固定资产形式投资612.5万元。企业现有管理人员11人，季节性用工70多人。企业主要以同心圆枣的育苗、种植、加工销售为主营发展业务，是一家具有独立法人资格的农产品种植、生产、加工型企业。2007年建成红枣专业化自动清洗、烘干加工生产线一条，日处理鲜、干枣达5吨，实现销售收入1072.4万元，实现利润54.9万元。

【苹果产业优秀企业——宁夏通达果汁有限公司】 该公司是甘肃通达果汁有限公司投资5000万元，在中卫市建立的一座现代化浓缩果汁加工企业。公司于2005年4月份动工建设，当年9月份投产，属中卫市2005年重点招商引资项目。公司位于中卫市东园工业园区，占地面积7.4公顷，注册资本3000万元，固定资产投资4000万元，法人代表王志刚。公司下设渠口分公司。公司引进具有国际先进水平的果汁加工和检测设备，目前的加工能力为每小时处理苹果60吨，即设计年加工苹果24万吨，年产浓缩果汁3万吨。产品全部出口，主要销往美国、欧洲、澳大利亚等20多个国家和地区。2007年产量9102吨，产值0.61亿元。2008年产量5063吨，产值1.12亿元。

【种苗花卉果树企业】

宁夏宁苗园林绿化有限公司 成立于2003年3月，拥有城市园林绿化施工贰级资质，风景园林设计乙级资质，通过ISO9001：2008质量管理体系认证，是一家集景观规划设计，景观工程施工，绿化工程养护，绿化苗木及花卉的生产、科研、销售，国家级花卉市场的经营管理等为一体的专业园林景观企业。公司注册资本人民币500万元，总资产近8000万元。拥有现代化日光温室10000平方米及近8000平方米的国家级重点花卉交易市场，带动银川市周边农民及下岗职工就业人口600多人；有苗木花卉生产基地66.67公顷，有当地农民200多人参与苗木花卉的生产和种植；以工程施工为主的工程事业部承建的绿化工程辐射宁夏全区及内蒙古地区，带动当地农民工就业100多人；公司现有固定职工总数达80多人，其中专业人才占员工总人数的80%以上，承担着区内及周边省市综合性大型绿化工程。

公司经营的宁苗花卉市场是国家林业局、中国花卉协会命名的全国第41家重点花卉市场;被宁夏花卉协会授予花卉产业龙头企业称号;公司先后被评为科学管理、持续发展优秀企业,消费者信得过单位,守合同重信用企业,银行AA+级信用企业。2007年产值0.5亿元。2008年产值0.55亿元。

宁夏建成农林开发有限公司 公司固定资产1.61亿元，特色经济林及设施园艺投资8700万元，形成五大功能区、一个育苗基地，一所设施果树技术创新中心。已建成了设施园艺、特色经济林及苗木繁育基地500公顷的产业规模，其中设施栽培133.33公顷，经果林种植233.33公顷，果品已通过了农业部的无公害认证，并建设一座4000立方米智能化控温冷库。苗木基地133.33公顷，收集各种果树品种资源157份，各类名、特、优、新品种147份，建立果树名优良种圃13.33公顷，种植培育各种苗木1000多万株。园区的建立解决了周边农村剩余劳动力1500多人,被宁夏林业局授予宁夏现代林业示范场称号。2007年产量313吨,产值0.05亿元。2008年产量957吨,产值0.15亿元。

【林业产业大事记】

2008年

8月25日 自治区政府召开第12次常务会议通过了《宁夏六个百万亩生态经济林建设规划》,宁夏将用5年时间(2008~2012年)在5个生态区内，由北向南依次构建4条生态屏障，建设6个百万亩生态防护体系项目，完成造林40.88万公顷，可使全区森林覆盖率提高到17.44%。通过林业产业化工程的实施，到2012年全区可实现林业总产值70亿元。

7~9月 自治区陆续举办了中国枸杞节、中国沙产业高峰论坛、中国灵武长枣节，极大地宣传推动了宁夏特色经济产业的发展。至2008年底，宁夏共建成特色经济林基地21.87万公顷，经济林总产量达到70万吨，实现总产值56亿元。

由自治区林业局与宁夏农林科学院等单位组织的宁夏沙漠化土地综合治理及沙产业开发技术研究获国家科技进步二等奖。“十五”以来，自治区共取得林业科技成果106项，科技对林业发展的贡献率由33%提高到45%以上。

2009年

8月5日 宁夏经济林协会在银川正式成立。这是宁夏为推进经济林优势特色产业发展搭建的一个经验交流、信息沟通、成果转换的平台。

9月15日 治沙英雄王有德当选新中国成立以来感动中国人物。

(赵世华 李国 刘玲莉)

新疆维吾尔自治区林业产业

【概　述】 2009年，全区国土面积166.49万平方千米。绿洲面积8.3万平方千米，荒漠化土地面积107.1万平方千米，沙化土地面积74.67万平方千米(占全国沙化土地总面积的43%)，分别占全区国土总面积的5%、64.33%和44.85%。

全区森林资源主要由山区天然林、绿洲人工林和荒漠河谷天然林三大部分组成。2009年，全区林地面积1066.57万公顷，森林面积661.65万公顷，活立木总蓄积量为3.4亿立方米。

全区基本实现农田林网化，45个县(市)达到国家平原绿化标准，93%的农田得到了林网保护。新疆是全国野生动植物种类较多、分布范围较广的省区之一，目前已发现的脊椎动物有644种，其中列为国家重点保护的103种，自治区地方重点保护的44种。已查明野生植物近4000种，药用植物有1160种。

产业发展　2008年，全区林业产业总产值达1628922万元，比2007年的1310795万元增长了24.27%，其中第一产业产值1481596万元，比2007年的1194976万元增长了23.99%；第二产业产值49700万元，比2007年的43682万元增长了13.78%；第三产业产值97626万元，比2007年的72137万元增长了35.33%。产业结构由2007年的91.2:3.3:5.5调整为2008年的90.96:3.05:5.99。

2008年，第一产业产值中，涉林产业产值达到1470724万元，比2007年的1182752万元增长了24.35%；林业系统非林产业产值达10872万元，比2007年的12224万元减少了11.06%。第一产业涉林产业中，林木培育和种植产值达307687万元，比2007年的292540万元增长了5.18%；木材和竹材的采运产值23337万元，比2007年的27161万元减少了14.08%；经济林产品的种植与采集产值1125471万元，比2007年的869696万元增长了29.41%；花卉的种植产值2338万元，比2007年的2482万元减少了5.80%；陆生野生动物繁育与利用产值1310万元，比2007年的1410万元减少了7.09%。第二产业中，涉林产业产值49490万元，比2007年的43682万元增长了13.30%。其中木材加工及木、苇制品制造产值26282万元，比2007年的28409万元减少了7.49%。

2009年，全区林业产业总产值2526910万元，比2008年增长了55.13%，其中第一产业产值2172133万元，比2008年增长了8.26%；第二产业产值80215万元，比2008年增长了61.4%；第三产业产值274562万元，比2008年增长了26.99%。产业结构调整为2009年85.96:3.17:10.87。

2009年，第一产业产值中，涉林产业产值到2144398万元，比2008年增长了45.81%；林业系统非林产业产值27735万元，比2008年增长了155.1%。第一产业涉林产业中，林木培育和种植产值359608万元，比2008年增长了16.87%；林木的采运产值20869万元，比2008年减少了10.58%；经济林产品的种植与采集产值1743082万元，比2008年增长了54.88%；花卉的种植产值5120万元，比2008年增长了119%；陆生野生动物繁育与利用产值1727万元，比2008年增长了31.83%。第二产业中，涉林产业产值78382万元，比2008年增长了58.38%。其中木材加工及木、苇制品制造产值28546万元，比2008年增长了8.61%。

木材生产及加工　2008年，全自治区木材总产量35.79万立方米，比2007年的41.45万立方米减少了13.66%。其中，原木产量32.28万立方米，比2007年的37.93万立方米减少了14.90%；薪材产量3.51万立方米，比2007年的3.52万立方米减少了0.28%。

2008年，森林工业产品中，锯材产量1.6万立方米，比2007年的0.92万立方米增长了

73.91%；木片产量0.71万立方米，比2007年的0.4万立方米增长了77.50%；人造板产量2.94万立方米，比2007年的46.28万立方米减少了93.65%。其中，胶合板产量0.24万立方米，比2007年的0.09万立方米增长了166.67%；纤维板产量2.7万立方米，比2007年的47.23万立方米减少了94.28%。

2009年，全区木材总产量37.33万立方米，比2008年增加了4.3%。其中，原木产量33.89万立方米，比2008年增长了4.99%；薪材产量3.44万立方米，比2008年减少了2%。

2009年，森林工业产品中，锯材产量1.12万立方米，比2008年减少了30%；木片产量0.13万立方米，比2008年减少了81.7%；人造板产量0.2万立方米，比2008年增长减少了93.20%。其中，胶合板产量0.20万立方米，比2008年减少了16.67%。

特色林果 2009年，全区特色林果总面积超过106.67公顷。南疆环塔里木盆地林果面积已超过86.68公顷。2009年果品总产量557万吨，总产值170亿元，全区农民人均林果纯收入超过600元。主产区的林果收入占农民人均纯收入的30%以上。连续举办4届特色林果产品博览会，签约金额140多亿元。果品贮藏保鲜与加工企业168家，年贮藏保鲜与加工处理能力181万吨。库尔勒香梨、吐鲁番葡萄、哈密大枣、阿克苏苹果等11种主要果品获得国家地理标志保护产品称号。出口注册登记果园878个，面积近7万公顷，年果品出口量超过20万吨，产品销往50多个国家和港澳台地区。

(帕尔哈提·吾吐克)

【天山西部国有林管理局林业产业】

森林资源 2009年，天山西部国有林管理局林业用地面积80.1万公顷，森林面积为49.9万公顷(其中人工林面积为0.8万公顷)，森林覆盖率为26.40%。活立木蓄积量6781.0万立方米，森林蓄积量6634.1万立方米。

产业发展 2008年，天山西部国有林管理局林业产业总产值达6447万元，比2007年的6034万元增长了6.8%，其中第一产业产值4637万元，比2007年的4409万元增长了5.17%；第三产业产值1810万元，比2007年的1625万元增长了11.38%。产业结构由2007年的73:0:27调整为2008年的72:0:28。

2008年，第一产业中林业系统非林产业产值达1420万元，比2007年的933万元增长了52.2%。经济林产品的种植与采集产值45万元，比2007年的31万元增加了45.16%。

2009年，天山西部国有林管理局林业产业总产值14554万元，比2008年增长了125.7%，其中第一产业产值5968万元，比2008年增长了28.7%；第三产业产值8586万元，比2008年增长了374.4%。产业结构调整为2009年的41:0:59。

2009年，第一产业中林业系统非林产业产值1550万元，比2008年增长了9.15%。经济林产品的种植与采集产值68万元，比2008年增长了51.11%。

(翟 琦)

【阿尔泰山国有林管理局林业产业】

森林资源 2009年全局林地面积76.69万公顷，森林面积47.44万公顷，森林覆盖率25.67%。活立木蓄积10765.69万立方米，比2008年的10661.88万立方米增加了1%；森林蓄积10430.75万立方米，比2008年的10330.67万立方米增加了1%。

产业发展 2008年林业产业总产值2289万元，比2007年增长了110.97%，其中第一产业产值1362万元，比2007年增加了39.69%；第三产业产值927万元，比2007年增长了742.73%。

2009年林业总产值1793万元，比2008年减少了21.67%，其中第一产业产值1571万元，比2008年增加了15.35%；第三产业产值222万元，比2008年减少了76.05%。

(王艳云)

【天山东部国有林管理局林业产业】

森林资源 2009年，天山东部国有林管理局林业用地面积38.6万公顷，森林面积为24万公顷(其中人工林面积为0.43万公顷)，森林覆盖率为23.43%。活立木蓄积量5000万立方米。

产业发展 2008年，天山东部国有林管理局林业产业总产值达8127万元，比2007年的9165万元减少了11.33%，其中第一产业产值7571万元，比2007年的8659万元减少了12.56%；第三产业产值556万元，比2007年的506万元增长了9.88%。产业结构由2007年的94∶0∶6调整为2008年的93∶0∶7。

2008年，第一产业产值中，涉林产业产值达到4216万元，比2007年的5162万元减少了18.33%；林业系统非林产业产值达3355万元，比2007年的3497万元减少了4.06%。第一产业涉林产业中，林木培育和种植产值达1595万元，比2007年的3316万元减少了51.9%；林木的采运产值224万元，比2007年的111万元增长了101.8%。陆生野生动物繁育与利用产值150万元，比2007年的200万元减少了33.33%。

2009年，天山东部国有林管理局林业产业总产值5690万元，比2008年减少了29.99%，其中第一产业产值5155万元，比2008年减少了31.91%；第三产业产值535万元，比2008年减少了3.78%。产业结构调整为2009年的91∶0∶9。

2009年，第一产业产值中，涉林产业产值到4893万元，比2008年增长了16.06%；林业系统非林产业产值262万元，比2008年减少了92.19%。第一产业涉林产业中，林木培育和种植产值4628万元，比2008年增长了190.2%；木材和竹材的采运产值87万元，比2008年减少了61.16%。陆生野生动物繁育与利用产值154万元，比2008年的150万元增长了2.59%。

【巴音郭楞蒙古自治州林业产业】

森林资源 2009年，全州林业用地面积142.08万公顷，森林面积为90.81万公顷，其中人工林面积为17.21万公顷，比2008年的16.46万公顷增加了4.6%，森林覆盖率为1.92%。活立木蓄积量2731.61万立方米，森林蓄积量2731.61万立方米。

产业发展 2008年，全州林业产业总产值达111005万元，比2007年的110903万元增长了0.09%，其中第一产业产值104049万元，比2007年的109541万元减少了5%；第二产业产值1579万元，比2007年的40万元增长了3847.5%；第三产业产值5377万元，比2007年的1322万元增长了306.7%。产业结构由2007年的91.16∶3.33∶5.50调整为2008年的90.96∶3.05∶5.99。

2008年，第一产业产值中，涉林产业产值达到104049万元，比2007年的109541万元减少了5%。第一产业涉林产业中，林木培育和种植产值达15694万元，比2007年的18370万元减少了14.57%；林木的采运产值1741万元，比2007年的3190万元减少了45.4%；经济林产品的种植与采集产值86591万元，比2007年的83910万元增长了3.2%；花卉的种植产值23万元，比2007年的36万元减少了36.1%。第二产业中，涉林产业产值1560万元，比2007年的40万元增长了38倍。其中木材加工及木、苇等制品制造产值1560万元，比2007年的40万元增长了38倍。

2009年，全州林业产业总产值298862万元，比2008年增长了169.2%，其中第一产业产值288202万元，比2008年增长了177%；第二产业产值2926万元，比2008的1579万元增长了85.3%；第三产业产值7734万元，比2008年增长了43.8%。

2009年，第一产业产值中，涉林产业产值288161万元，比2008年增长了177%；林业系统非林产业产值41万元。第一产业涉林产业中，林木培育和种植产值16613万元，比2008年增长了5.9%；木材的采运产值1842万元，比2008年增长了5.8%。经济林产品的种植与采集产值269676万元，比2008年增长了211.4%。花卉的种植产值30万元，比2008年增长了30.4%。第二产业中，涉林产业产值2962万元，比2008年增长了89.9%。其中木材加工及木、苇等制品制造产值1240万元，比2008年减少了20.5%。

木材生产 2008年，全州木材总产量2.95万立方米，比2007年的4.4万立方米减少了33.1%。其中，原木产量2.95万立方米，比2007年的4.4万立方米减少了33.1%。

2009年，全州木材总产量3.5万立方米，比2008年的2.95万立方米增长20.1%。其中，原木产量3.5万立方米，比2008年的2.95万立方米增长20.1%。（魏江平）

【昌吉回族自治州林业产业】

森林资源 2008年，森林面积为81万公顷

(其中人工面积为16万公顷)。活立木蓄积高量2140万立方米。2009年，森林面积为82.1万公顷(其中人工林面积为17万公顷)。森林覆盖率为11.01%。活立木蓄积高量2266万立方米。

产业政策

收费优惠政策 2005年4月，乌昌党委下发了《乌昌党委关于鼓励国内外企业来乌昌地区投资发展的意见》，《意见》中除了国家和自治区的优惠政策外，对来乌昌地区投资发展所涉及各项行政事业性收费，除上交部分外，按优惠政策办理。

鼓励县市之间联办园区 项目投产后，产值统计、新增流转税和所得税地方所得分成由联办各方协商确定。鼓励区域优势不明显的县市到铁路、高速公路沿线创办园区或所在县市园区中设立园中园。园区征地、拆迁、基础设施建设等前期工作由园区所在地的县市帮助协调解决。园区内企业隶属关系、产值统计、财税收入等归创办方。

产业发展 2008年，昌吉州林业产业总产值39810万元，比2007年36077万元增长10.3%，其中第一产业产值36803万元，比2007年的34887万元增长了5.5%，第二产业产值595万元，比2007年的594万元增长了0.2%；第三产业产值2412万元。

2008年，第一产业产值中，涉林产业产值达到36803万元，比2007年的35259万元增长了4.4%；第一产业涉林产业中，林木培育和种植产业值达13215万元，比2007年的17613万元减少了25%；林木的采运产量1385万元，比2007年的1652万元减少了16.2%；经济林产品的种植与采集产值21774万元，比2007年的15482万元增长了40.6%；花卉的种植产值389万元，比2007年的457万元减少了15%；陆生野生动物繁殖与利用产值40万元，比2007年55万元减少27%。第二产业中，涉林产业产值595万元。

2009年，昌吉州林业产业总产值52481万元，比2008年的39810万元增长了31.8%，其中第一产业产值50560万元，比2008年的36803万元增长了37.4%；第二产业产值594万元，比2008年的595万元减少了0.2%；第三产业产值1327万元，比2008年2412万元减少了45%。

2009年，第一产业产值中，涉林产业产值50560万元，比2008年的36803万元增长了37.4%，第一产业涉林产业中，林木培育和种植产值21312万元，比2008年的1385万元增长68.7%；经济林产品的种植与采集产值26661万元，比2008年的21774万元增长了22.4%；花卉的种植产值200万元，比2008年的389万元减少了49%；陆生野生动物繁育与利用产值50万元，比2008年40万元增长了25%；第二产业中，涉林产业产值中594万元，比2008年595万元减少了0.2%；其中木材加工及木、苇等制品制造产值493万元，比2008年的504万元减少了2.2%。

木材生产 2008年，昌吉州木材总产量3.18万立方米，比2007年的2.83万立方米增长了12.3%。其中，原木产量2.82万立方米，比2007年的2.83万立方米减少了0.4%；薪材产量0.35万立方米。

2009年，昌吉州木材总产量4.45万立方米，比2008年的3.18万立方米增长了40%。其中，原木产量4.2万立方米，比2008年的2.82万立方米增加了49%；薪材产量0.22万立方米，比2008年的0.35万立方米减少了37%。

种苗建设 昌吉州有可育苗面积5231.93公顷，实际完成育苗面积3497.43公顷，生产种苗36402.3万株。2010年下达各县市育苗计划541.33公顷，已完成育苗面积1475.2公顷，产苗量16348.9万株。可供当年秋季出圃面积1389.36公顷，用苗量14620.8万株，其中：常规苗木5920.51万株、绿化苗木5256.36万株、经济林苗木1795.19万株、其他苗木1447.83万株。容器苗619万株，良种育苗1760万株。花卉面积86.47公顷，产量673.2万株。

全州现有0.33公顷以上苗木生产经营者366户。县级以上苗圃和生产10公顷以上的苗圃有55户，生产面积1168.27公顷。全州办理生产经营许可证的农户有林木种苗经营者169户，林木种苗生产者216户。形成规模和有影响力的苗圃有呼图壁二十里店苗圃，新疆博林科技发展有限公司，新疆华兴沃尔曼苗木公司，昌吉州北林苗木中心和七县市苗圃。

林业科技 昌吉州形成了以州林业技术推广中心为主，各县(市)林业技术推广站(林业站)为依托的州、县(市)两级科技推广机构，机构健全。州、县(市)两级科技推广人数达到144人，其中高级职称15人，占10.4%，中级职称(含中级)58人，占40.2%。全州通过州级评审并获奖的林业(含园林)科技成果10项，其中有新品种引进成果奖3项；昌吉州共引进推广薄壳1号杏、火焰无核葡萄、北美杨、金叶榆、中华红叶杨等优良种源、无性系40余个。推广应用全光照喷雾育苗技术、ABT生根粉等10项新技术，提高了全州林业建设的科技含量，取得了显著的经济、社会和生态效益。全州人工辅助接种肉苁蓉面积达0.94万公顷，实现了全州林业生态效益、经济效益的有机结合，葡萄、杏等果品生产及其加工业，已发展成为昌吉州特色林果业的重要产业。

特色林果　截至2009年底，林果总面积3.24万公顷。其中酿酒葡萄0.88万公顷，鲜食葡萄0.42万公顷，鲜食杏0.22万公顷，仁用杏0.18万公顷，黑加仑0.05万公顷，沙棘0.19万公顷，枸杞0.44万公顷，文冠果0.21万公顷，苹果0.21万公顷，海棠果0.13万公顷，桃0.09万公顷，李0.05万公顷，红枣80公顷，玫瑰0.01万公顷，钙果73公顷，其他0.13万公顷。“十一五”期间新增特色林果面积1.61万公顷。以中信国安酒业、净源堡酒业、欧博达酒业、春光酒业、三台酒业、庄子实业为龙头以酿酒葡萄为主的林果产品加工企业已初具规模，总加工能力约20万吨；鲜食葡萄以新疆麦立得保鲜技术开发有限责任公司、呼图壁县惠农农产品保鲜合作社、昌吉市昌润蔬菜盐业有限责任公司等外销网络为平台，外销量占总产量的30%，林果业已经成为调整农业农村经济结构，增加农民收入的重要产业。　（昌吉州林业局）

【哈密地区林业产业】

森林资源　2008年，哈密地区林地面积26.15万公顷，森林面积为26.15万公顷(其中人工林面积为2.762万公顷)，森林覆盖率为12.2%。

2009年，全地区林地面积27.32万公顷，森林面积为27.32万公顷(其中人工林面积为3.932万公顷)，森林覆盖率为1.27%。森林蓄积量848.7万立方米。

产业发展　2008年，哈密地区林业产业总产值达49857万元，比2007年的34215万元增长了45.7%，其中第一产业产值48518万元，比2007年的32790万元增长了48%；第二产业产值320万元，比2007年的280万元增长了14%；第三产业产值1019万元，比2007年的1145万元减少了11%。

2008年，第一产业产值中，涉林产业产值达到48518万元，比2007年的32790万元增长48%。第一产业涉林产业中，林木培育和种植产值达21274万元，比2007年的13600万元增长了56.4%；林木的采运产值为126万元，比2007年的113万元增长了11.5%；经济林产品的种植与采集产值为26341万元，比2007年的18169万元增长了45%。第二产业中，涉林产业产值为320万元，比2007年的280万元增长了14%。其中木材加工及木、苇等制品制造产值为320万元，比2007年的280万元增长了14%。

2009年，哈密地区林业产业总产值为45894万元，比2008年的49857万元减少了7.9%，其中第一产业产值为38472万元，比2008年的48518万元减少了20.7%；第二产业产值为6029万元，比2008年的320万元增长了1784%；第三产业产值为1393万元，比2008年的1019万元增长了36.7%。

2009年，第一产业产值中，涉林产业产值为到38472万元，比2008年的48518万元减少了20.7%。第一产业涉林产业中，林木培育和种植产值为7842万元，比2008年的21274万元减少了63%；木材和竹材的采运产值为97万元，比2008年的126万元减少了23%；经济林产品的种植与采集产值为29275万元，比2008年的26341万元增长了11.13%；陆生野生动物繁育与利用产值为68万元。第二产业中，涉林产业产值为6029万元，比2008年的320万元增长了1784%。其中木材加工及木、苇等制品制造产值为96万元，比2008年的320万元减少了70%。

木材生产　2008年，哈密地区木材总产量0.1367万立方米，比2007年的0.13万立方米增加了5.2%。其中，原木产量0.1367万立方米，比2007年的0.13万立方米增加了5.2%。

2009年，哈密地区木材总产量0.0846万立方米，比2008年的0.1367万立方米减少了38%。其中，原木产量0.0846万立方米，比2008年的0.1367万立方米减少了38%。

林果种植 哈密地区重视发展特色林果业，将哈密大枣放在发展林果业首位，主要通过产业结构调整解决土地、运用植苗建园、直播酸枣种子建园和定植营养袋苗等方式加快发展。2008年共完成红枣建园5391.67公顷，其中直播建园完成1275.47公顷。经核查统计计算，植苗建园苗木平均成活率76%；直播建园因种植和管理经验欠缺，苗木成活率不高。对近3年来建园达不到标准的全部进行补植，共补植586.07公顷，补植枣苗57.21万株。2009年林果业建设目标任务的重点是推进地区大枣产业基地建设，由过去分散基地建设向集中产业带建设转变，将哈密市西戈壁开发区、远郊乡镇确定为大枣建设重点。2009年地区林果业建设生产以红枣建园为主，经地区造林核查验收，完成林果业造林面积4473公顷。

林业科技 哈密地区林业系统加强林业科技服务。一是积极做好春季造林绿化的各项准备工作。提前编制规划方案和作业设计，做好工程整地、地块落实、资金调拨、苗木调剂等工作。开春后，地区林业局组成3个春季造林工作组分赴各县市督促各项林业生产计划的落实，进行工程现场指导、技术服务。二是加大对大枣建园的科技服务力度。年初，组织林果技术专家讨论制定大枣种植的统一模式、标准，制定印发《大枣技术规程》。从林业系统抽调146名科技人员组建11个技术服务队，分赴哈密市种植红枣的平原乡镇、开发区，开展为期一年的全程技术跟踪指导和服务。举办现场培训班1200场，参加2万多人次，印发技术资料2万多份。三是抓好科技示范、典型引路工作。在哈密市陶家宫乡上庄孜村建立两处40公顷的大枣丰产示范工程项目。地区林果中心、地区林管站分别在哈密市大泉湾乡疙瘩井村、花园乡四村建立6.67公顷和26.67公顷的示范园。抽派林业技术人员与哈密市科技局合作在哈密市天山乡、西山乡、沁城乡对现有老、低产果园进行果树嫁接改造，全年完成改造野山杏53.33公顷。

林果业重点项目

哈密大枣科技成果转化示范基地建设项目 2008年2月，由自治区科技厅审批在哈密启动哈密大枣科技成果转化示范基地建设项目。林果业中心确定以哈密市大泉湾乡为中心的666.67公顷哈密大枣标准化丰产栽培示范基地，在红星一场建成200公顷的核心示范基地；确定以平原乡新种植枣园为主的666.67公顷哈密大枣矮化密植示范基地；以哈密市五堡乡为中心的666.67公顷老枣园改造示范基地以及以中心苗圃为主的33.33公顷优质哈密大枣苗木繁育基地。在建设期内，按照自治区科技成果转化专项资金项目合同书中的主要内容和技术经济指标进行实施与管理。

哈密大枣防冻技术示范推广项目 2008年，在哈密市大泉湾乡选择新建集中连片枣园13.33公顷，在陶家宫乡选择集中连片成龄枣园20公顷。以所选新建枣园和成龄枣园为研究对象，通过对比试验、分析研究，找出造成成龄枣园和新建枣园枣树冻害的原因。提出哈密大枣树的防冻技术措施，并选出最佳方案，提高枣树防冻抗冻能力，使哈密大枣在遇到低温零下25℃、持续时间一周左右的灾害性天气时，免受或只遭受轻微冻害；在遇到极端最低气温零下28℃左右的灾害性天气时，确保哈密大枣根系及主干免受冻害。通过该项目的实施，制定出哈密地区哈密大枣防冻技术规程及标准。

哈密地区葡萄标准化生产技术集成示范 项目区在地区马场园艺十四队，建设示范基地13.33公顷，品种为无核白鸡心，每公顷产量平均达到37500千克，含糖量20度以上，商品率达到90%以上，每公顷销售收入112500元以上。

哈密特色林果采穗圃及穗条储藏库(苗窖)建设 该项目已列入自治区林果业发展专项资金项目。2008年，培育各种优质林果苗木20公顷200多万株，并建成大枣和其他林果采穗圃6.67公顷，可利用的林木种条接穗资源充足，可采集大枣和其他特色林果树种优质接穗500万枚。

种苗建设 2008年，地区林业局依托广东援疆苗圃建设项目资金，加强地区骨干苗圃建设，80公顷骨干苗圃体系基本建成。地区林果业技术推广中心苗圃在做好传统大枣、葡萄育苗的基础上，大幅度调整育苗品种结构，引进市场经济效益较好的国槐、黄金树、白蜡等20多个城市绿化树种。哈密市完成20公顷骨干苗圃的重新选址和道路、水利等基础设施建设，完成育苗12.13公顷，营造防护林2.33公顷。巴里坤县加强基地建设和苗木培育工作，县苗圃、大河私营苗圃、花园苗圃以改良土壤为主，改善提高圃地生产条件。伊吾县新建生态景观苗圃13.33公顷，培植丁香、水腊等观赏树种苗木16.1万株。2008年，全地区育苗面积151.6公顷(含当年新育76.33公顷)，完成计划任务的142%。其中哈密市69.67公顷(新育40.2公顷)，巴里坤县33.33公顷(新育13.33公顷)，伊吾县30.67公顷(新育17.33公顷)，地区林果中心16.67公顷(新育5.33公顷)。

2008年，地区林果业中心进一步提升中心苗圃的综合功能和效益。投入近50万元改善中心苗圃基础设施条件，完成滴灌、管道灌、微喷等高新节水技术灌溉改造、低压线路改造、环圃道路建设、废旧建筑拆除、土地清理归并平整，建成1个近500立方米的苗木种条、接穗低温储藏库。积极调整优化苗圃苗木品种结构，大量引进培育适销对路的苗木优良新品种，进一步优化苗木品种结构，节水效果显著，用水量比以前减少30%。中心苗圃逐步形成以大枣苗木生产为主，其他林果苗木生产为辅，集生产、科研、观光、旅游为一体的花园式苗木生产基地。

哈密市古道酒业有限公司　成立于1999年，注册资金338万元，资产总额3163万元，其中固定资产1100万元。厂区占地面积18000平方米，建筑面积7000多平方米，职工48人，其中工程技术人员9人。主要生产销售各类高中低档葡萄酒、白酒以及各种水果罐头，分别获得国家食品安全生产许可证。企业通过ISO9001质量管理体系认证。古道牌系列葡萄酒获第六届中国国际食品博览会金奖，被中国轻工产品质量保证中心授予中国知名品牌，中国管理科学研究院名牌与市场战略专家委员会评为中国优质葡萄酒，中国食品工业协会授予全国食品行业诚信企业、放心食品称号。

新疆王液酿造有限责任公司　成立于2000年1月，公司地处哈密市解放东路。企业总资产1500万元，其中固定资产800万元。企业职工人数88人，其中管理人员6人，工程技术人员15人，吸纳下岗失业人员50余人，占地面积5000平方米。

公司生产了东疆牌新疆王液系列白酒，伊州牌系列酱醋，王液之家牌哈密大枣汁三大系列、几十个品种。年设计产量：白酒500吨，酱醋1000吨，大枣汁8000吨。产品主要销往河西走廊、北京、广州、西安、乌鲁木齐、石河子、库尔勒及河北省等地。

哈密天山娇果业有限责任公司　属兵团农十三师直属国有企业，是兵团“6221”工程培育的龙头企业。公司位于哈密市益寿路，总占地面积37327.5平方米，厂房规模10131平方米。公司现有三大系列32个品种，拥有年加工能力3000吨大枣加工生产线一条、加工能力为1000吨果蔬饮料生产线一条，年可消化使用红枣5000吨。原料占企业全部原料的85%，可带动当地园林种植业的快速发展。主要产品有：哈密大枣干果系列、哈密大枣汁系列、枣茶系列、枣片系列、枣花蜜系列、红枣粉系列、绿色葡萄干系列、绿色葡萄汁系列、哈密瓜脯系列、哈密瓜汁、杏皮茶等。

（哈密地区林业处）

【伊犁州林业局林业产业】

森林资源　2009年，全伊犁州林业用地面积18.9万公顷，森林面积68.1万公顷(其中人工林面积为12.3万公顷)，森林覆盖率15.6%，活立木蓄积量954.3万立方米。

林业投资　2008年，全伊犁州林业固定资产投资完成10668万元，比2007年的7791万增长了36.93%。其中营林固定资产投资为10663万元，比2007年的7791万元增长了36.86%。2009年，全伊犁州林业固定资产投资完成14808万元，比2008年的10668万元增长了38.81%，其中营林固定资产投资为14707万元，比2008年的10663万元增长了37.93%，在营林固定资产中基建投资为14707万元，比2008年的10663万元增长了37.93%。

产业发展　2008年，全伊犁州林业产业总值达106900万元，比2007年的121000万元减少了11.65%，其中第一产业产值为54800万元，比2007年的56600万元减少了3.18%；第二产业产值为18800万元，比2007年的23600万元减少了20.34%；第三产业产值为33300万元，比2007的40500万元减少了17.78%。三次产业结构由2007

年的46.89:19.55:33.55调整为2008年的51.26:17.59:31.15。

2008年，第一产业产值中，涉林产业产值达54661万元，比2007年的56636万元减少了3.5%。林业系统非林产业产值达115万元，比2007年的25万元增长了360%，第一产业涉林产业中林木培育和种植产值达27009万元，比2007年的18814万元增长了43.56%；林木的采运产值为5853万元，比2007年的3693万元增长了58.5%；经济林产品的种植产值为20398万元，比2007年的28375万元减少了28.1%；花卉的种植产值为1643万元，比2007年的1623万元增长了1.2%。陆生野生动物繁育与利用产值为720万元，比2007年的1031万元减少了30.17%。第二产业中，涉林业产值为18614万元，比2007年的24820万元减少了25.0%。其中木材加工及木、苇等制品产值为18442万元，比2007年22904万元减少了19.5%。

2009年，全伊犁州林业产业总值达111461万元，比2008年的106900万元增长了4.3%，其中第一产业产值为82127万元，比2008年的54800万元增长了49.9%；第二产业产值为22285万元，比2008年的11880万元增长了87.58%；第三产业产值为7039万元，比2008年的33300万元减少了78.87%。三次产业结构由2008年的51.26:17.59:31.15调整为2009年的73.69:20.00:6.32。

2009年，第一产业产值中，涉林产业产值达81896万元，比2008年54661万元增长了49.83%。林业系统非林产业产值达241万元，比2008年的115万元增长了109.6%，第一产业涉林产业中林木培育和种植产值达24959万元，比2008年的27009万元减少了7.6%；林木的采运产值为2327万元，比2008年的5853万元减少了60.2%；经济林产品的种植与采集产值为50318万元，比2008年的20398万元增长了146.7%；花卉的种植产值为1396万元，比2008年的1643万元减少了15.0%；陆生野生动物繁育与利用产值为865万元，比2008年的720万元增长了20.1%。第二产业中，涉林业产值为22285万元，比2008年的18614万元增长了19.7%。其中木材加工及木、苇等制品产值为21776万元，比2008年的18442万元增长了18.1%.

2008年，全伊犁州木材总产量5.4万立方米，比2007年的6.9万立方米减少了21.7%，其中，原木产量4.9万立方米，比2007年的5.9万立方米减少了16.9%。

2008年，森林工业产品中，锯材产量0.3万立方米，比2007年的0.42万立方米减少了28.6%；木片产量0.35万立方米，比2007年的0.42万立方米减少了16.7%；人造板产量0.79万立方米，比2007年0.75万立方米减少了5.3%。其中，胶合板产量0.07万立方米，比2007年的0.09万立方米减少了22.2%。

2009年，全伊犁州木材总产量4.3万立方米，比2008年5.4万立方米减少了20.4%，其中，原木产量2.3万立方米，比2007年的4.9万立方米减少了53.1%。

2009年，森林工业产品中，锯材产量0.27万立方米，比2008年的0.3万立方米减少了10%；木片产量0.3万立方米，比2008年的0.35万立方米减少了14.3%；人造板产量0.6万立方米，比2008年0.79万立方米减少了14%。其中，胶合板产量0.06万立方米，比2008年的0.07万立方米减少了14%。

（伊犁州林业局）

中国内蒙古森林工业集团有限责任公司林业产业

【概　述】

森林资源　2008 年全林区森林蓄积 6.97 亿立方米，比 2007 年 6.82 亿立方米增长 2.1%。2009 年全林区森林蓄积 7.097 亿立方米，比 2008 年 6.97 亿立方米增长 1.8%。

2008 年消耗森林蓄积量 648.42 万立方米，比 2007 年 664.32 万立方米，降低 2.39%。其中 2008 年林业生产经营采伐消耗 346.89 万立方米，烧材消耗 44.98 万立方米，清理灾害木消耗 28.94 万立方米，自然枯损消耗森林蓄积 227.59 万立方米。2009 年林业生产经营采伐消耗 324.78 万立方米，烧材消耗 45.56 万立方米，清理灾害木消耗 72.17 万立方米，自然枯损消耗森林蓄积 221.78 万立方米。

产业发展　2008 年，全集团林业行业总产值达 865681 万元，比 2007 年的 724746 万元增长了 19.45%，其中第一产业产值 324456 万元，比 2007 年的 296576 万元增长了 9.40%；第二产业产值 338673 万元，比 2007 年的 275310 万元增长了 23.02%；第三产业产值 202552 万元，比 2007 年的 152860 万元增长了 32.51%。产业结构由 2007 年的 40.92∶37.99∶21.09 调整为 2008 年的 37.48∶39.12∶23.40。

2008 年，第一产业产值中，涉林产业产值达到 242039 万元，比 2007 年的 237919 万元增长了 1.73%，其中，林木培育和种植产值达 42732 万元，比 2007 年的 44517 万元减少了 4.01%；木材和竹材的采运产值 185055 万元，比 2007 年的 182711 万元增长了 1.28%；经济林产品的种植与采集产值 155 万元，比 2007 年的 35 万元增长了 342.86%；陆生野生动物繁育与利用产值 11406 万元，比 2007 年的 13281 万元减少了 14.12%。林业系统非林产业产值达 82417 万元，比 2007 年的 58657 万元增长了 40.51%。第二产业中，涉林产业产值 175585 万元，比 2007 年的 165979 万元增长了 5.79%。其中木材加工及木、竹、藤、棕、苇制品制造产值 109139 万元，比 2007 年的 105794 万元增长了 3.16%。

2009 年，全集团林业产业总产值 342050 万元，比 2008 年林业产业总产值(扣除剥离、改制单位后)多完成 68112 万元，同比增长 24.86%，第一产业产值完成 209693 万元，比 2008 年第一产业产值少完成 25591 万元，同比减少 10.88%，其主要原因是受木材售价降低影响；第二产业产值完成 59281 万元，比 2008 年第二产业产值多完成 52471 万元，同比增 770%，主要是棚户区改造建设投资完成建筑业产值 46477 万元；第三产业产值完成 73076 万元，比 2008 年第三产业产值多完成 41232 万元，同比增长 129.48%。产业结构调整为 2009 年的 61.3∶17.3∶21.4。

2009 年，第一产业产值中，涉林产业产值 204194 万元，比 2008 年减少了 15.64%，其中，林木培育和种植产值 41222 万元，比 2008 年减少了 3.5%；木材和竹材的采运产值 159098 万元，比 2008 年减少了 14.0%；经济林产品的种植与采集产值 50 万元，比 2008 年减少了 67.7%；陆生野生动物繁育与利用产值 716 万元，比 2008 年减少了 93.7%。林业系统非林产业产值 5499 万元，比 2008 年减少了 93.3%。第二产业中，涉林产业产值 1463 万元，比 2008 年减少了 99.2%。

【林业改革】　2007 年底，自治区党委、政府站作出了分离森工集团办社会职能改革的重大决策。在属地各级党委、政府的积极协助下，2008 年 6 月，首批教育、卫生、电视系统 138 个机构、单位的 13088 名在职人员和 5.3 亿元资产全部移交属地政府。2008年底，自治区按照核定的公务费用和工资全额拨付各盟市和旗县，所有在职人员和委托森工集团管理的9635名退休人员、1014名遗属全部按属地同类人员完成了工资套改，补发了增长的工资和退休金。第二批移交已与属地政府达成协议，企业办新闻报纸、计划生育、养老保险统筹管理、森林公安后勤保障、企业人武、林业基础科研、林区内无线电管理等机构及3599名人员仍留在森工集团继续履行相关职能。同时，森林公安纳入公务员管理改革基本完成。

2008年8月，开始对林区全部辅业企业进行彻底改制。全部通过合资、合作、出售等方式，实现投资主体和产权多元化，实现国有资产、职工国有身份"双退出"。截至2008年底，累计批复实施改制的企业200家，其中196家企业完成了资产处置和工商登记注册，并按《公司法》组建了新的法人治理结构，挂牌运营。改制涉及三类资产账面总值25.6亿元，涉及全民职工11788人。有11名处级干部和386名科级干部参与改制进行了身份置换。同时，林管局自筹资金对2142名自愿申请用现金置换身份的全民职工，按天保工程标准进行了身份转换。对全林区混岗大集体职工按国家政策标准解除身份补偿。所有涉及身份置换的相关手续都依法进行了公证。在实施辅业改制中，切实保证参加改制职工权益，积极寻求政策依据，让利于职工，补齐了改制企业拖欠职工的工资、药费和社保计提基金，出台了保障原料供应的优惠承诺、预留三年养老金等优惠政策。改制后林产、多种企业和森工主业增强了抗击金融危机共度难关的能力，减少了潜亏，为长远健康发展赢得了先机。

全集团制定实施了经营合同、煤炭采购、建设项目、机构编制、商业保险、占用林地、效能监察等十几个规范企业经营的管理办法和规定，推进了决策程序化，管理标准化、制度化进程。深入开展"企业管理年"活动，切实加强基础管理。加强财务资金管理，在聚财、理财上下工夫，仅改变商业投保方式就节约资金600多万元，赔付率提高57.68%。将节能降耗纳入责任目标，重新标定木材生产成本和能耗指标。全年实现增收节支2000万元，万元GDP能耗下降率6.7%。强化效能监察、内审监督，堵塞管理漏洞。重点加强了对木材销售、贮木管理、煤炭等大宗物资采购的效能监察。有效防止了物资采购、固定资产投资建设项目招投标过程中的暗箱操作、权钱交易等腐败现象发生。通过效能监察，增加经济效益和节约资金4200多万元。

【2008年内蒙古自治区优秀企业】

乌尔旗汉森林工业有限公司 该公司隶属于中国内蒙古大兴安岭森工集团。施业区总面积593617公顷，森林面积469840公顷，其中人工林面积41806公顷，占有林地面积8.9%，活立木蓄积量45091605立方米，森林覆盖率79.15%。

1958年7月成立乌尔旗汉林业局，现下设32个基层单位，职能科室25个，现有全民职工5347人，离退休职工3455人，截至2007年末，累计实现工业总产值348643亿元，累计上缴利税1.34亿元。

近年来，该公司强化管理，以人为本，党建和精神文明建设不断加强，职工生活条件不断改善，公司两个园区的建设，加快了工业化强企、产业化富民的进程。

林产工业园区将家具厂、单板厂、木材加工厂作为一个有机整体，对各种规格材进行深加工和有效利用，生产适销对路、高附加值产品。多种经营园区按照基地示范、辐射林户、规模化发展、市场化运作的思路，以产权多元化和公司+单位+林户的模式，引导职工从事獭兔养殖、食用菌培植等重点项目，在政策引导、利益协调、资金扶持、技能培训、技术服务、市场开发等方面为从业人员提供全方位服务，形成良性循环的发展局面。

2008年在林产、多经两个园区建设上寻求新突破。家具厂已正式注册为内蒙古森诚木业有限责任公司，实行股份制经营，以出口实木家具、板式家具为主，已承接德、法等国学习桌、电脑桌床等家具订单2200万元。为满足产品出口的需要，2009年家具厂在现有基础上进行生产线改造。正式投产后可安排150人就业，全年力争完成2000万元产值，实利利润300万～400万元；旋切单板厂扩大生产规模，计划完成单板生产10000立方米，完成产值2300万元以上。

多经产业通过龙头带动、辐射单位、林户，采取公司扶持，个体经营方式，以分流人员、富裕职工为最终目标。多经产业园区和职工个体经营户培植黑木耳100万袋(段)。獭兔养殖总存(出)栏达到50000只规模。乳牛达2000只，绒山羊、肉羊达到12000只规模。

以“企业管理年”和“资源节约活动”为契机，强化创新管理，树立全新管理理念。自2006年以来，林区全面开展了“企业管理年”和“资源节约”活动，结合实际，成立了以公司党政主要领导为组长、各分管领导为副组长、相关部门一把手组成的活动领导小组，研究制定了“企业管理年”活动实施方案和“资源节约”实施方案及实施细则，明确了目标和责任。认真检查管理中存在的问题，制定了相应措施，提高了管理水平。确定重点能耗单位，强化对重点能耗单位的监管，建立日消耗记录制度。对伐区段、运材段、贮木段的能耗重新进行了标定，建立资源节约工作情况通报制度，广泛开展了以节能降耗、提高效益为主题的QC小组活动。通过各项措施的推进和落实，公司资源节约活动不断深入，节约意识增强、节约成效逐渐显现。2007年实现林业总产值42353万元，完成目标值的138%；林产工业产值5079.4万元，完成目标值的119%；实现主营业收入23108万元，完成目标值的175%；实现利润8651万元，完成目标值的201%；净资产收益率实际完成1.72%，比目标值高出0.3百分点；地区生产(GDP)能耗下降率完成4.7%，比目标值提高了0.2个百分点。

【木材生产】

基地建设　2008年营造用材林面积200公顷，比2007年1158公顷减少了82.7%；营造经济林面积351公顷，比2007年410公顷减少了14.39%。2009年营造用材林面积101公顷，比2008年增加了49.5%；营造经济林面积227公顷，比2008年减少了35.3%。

林木种苗　2008年母树林经营总面积12867公顷，种子园经营总面积100公顷，与2007年经营规模持平。2009年母树林经营总面积12305公顷，种子园经营总面积100公顷，种子产量105吨。

2008年苗圃经营面积686公顷，与2007年持平；苗木产量11700万株，比2007年14156万株减少17.35%。2009年苗圃经营面积420公顷，比2008年686公顷减少38.4%；苗木产量5464万株，比2008年减少了53.3%。

木材生产　2008年森林主伐和抚育间伐面积162523公顷，比2007年168181公顷减少3.4%；采伐蓄积361万立方米，比2007年405万立方米减少10.9%。2008年原木产量227.54万立方米，比2007年255.58万立方米减少了10.97%。2009年森林主伐和抚育间伐面积151709公顷，比2008年162523公顷减少6.65%；采伐蓄积387万立方米，比2008年361万立方米增加7.2%。2009年原木产量221.35万立方米，比2008年减少了2.7%。在木材销售上基本做到产销平衡，2008年受金融危机的影响，木材市场受到影响。

【人造板】　内蒙古森工的人造板工业起步于1958年，初具规模在20世纪90年代末期。截至2008年，人造板总产量完成29.77万立方米，比2007年28.41万立方米增加4.79%；其中：2008年胶合板完成0.18万立方米，比2007年0.17万立方米增加5.9%；2008年纤维板完成9.85万立方米，比2007年9.47万立方米增加4.0%；2008年刨花板完成17.7万立方米，比2007年16.96万立方米增加4.4%。

原料来源主要为内蒙古大兴安岭林区和俄罗斯，主要企业就是根河板业公司。设备设计生产能力为23.5万立方米/年，其中：刨花板设备设计生产能力为15.5万立方米/年，纤维板设备设计生产能力为8万立方米/年，2007年和2008年的人造板产品基本上达到产销平衡，产品的主要品牌为根河牌人造板。

市场状况：内蒙古森工2008年胶合板销量为0.14万立方米，比2007年胶合板销量0.15万立方米降低6.67%；纤维板销量为10.12万立方米，比2007年纤维板销量9.29万立方米增加8.93%；刨花板销量为17.26万立方米，比2007年刨花板销量17.56万立方米降低1.71%，从以上数据可以反映出内蒙古森工的人造板在2007年和2008年的生产和销售中，基本上达到产销平衡。因为人造板厂在生产中是按照产品订单来下达生产任务，这样就按照客户在订单中所要求的产品质量、产品规格和用途来生产，既减少了盲目生产的库存量，又保证了产品生产的连续性。

【林产化工】 内蒙古森工的主要产品是落叶松栲胶。原料来源内蒙古大兴安岭林区，2008年产量1756.42吨，比2007年1794.05吨降低2.09%。原料进厂1.27万吨，比2007年原料进厂1.37万吨降低7.29%。主要品牌为大兴安岭牌落叶松栲胶。2007年市场较好，2008年市场疲软。

【制浆造纸】 原料来源主要是内蒙古大兴安岭林区、黑龙江大兴安岭林区和满洲里等地。主要加工企业是玖龙兴安浆纸（内蒙古）有限公司（合资企业）。

主要产品：精制木浆、本色木浆、纸袋纸、原纸、高强模板纸。产品品牌：秀林牌。

市场状况：2007年是国内本色木浆、本色纸市场，无论从售价、销量及下游企业产品结构及需求，都是变化巨大的一年，也是该公司合资以来取得效益最好的一年。全年实现浆纸总销量11.84万吨，实现销售额55771万元，回款总额58900万元，产销率96.8%。

2008年受国际市场金融危机的影响，国内本色木浆、本色纸市场无论从售价、销量及下游企业产品的需求，都是下滑最大的一年，具体影响因素：一是下游箱板纸受成本压力，用废纸代替木浆挂面，从而减少木浆用量；二是下游箱板纸市场严重供大于求，40%的箱板纸厂停产、限产，因而木浆用量大幅减少；三是进口木浆仍低价大量供应中国市场，最低报价低到350～360美元/吨到中国主港，折合人民币不到2900元/吨。且以180天信用证结算，半年付款。造成该公司2008年全年实现浆纸销售量9.40万吨，实现销售额36002万元，回款38640万元，产销率仅77.12%。

【森林旅游】 内蒙古森工把森林公园建设和发展森林生态旅游作为调整产业结构，增强经济活力的重要措施。

现已完成《内蒙古大兴安岭旅游发展总体规划》、《内蒙古大兴安岭森林公园发展总体规划》、《阿尔山—柴河旅游开发规划》，各森林公园都编制了自己的《森林公园发展总体规划》，并纳入到林区"十一五"发展规划，在实施中。

林区发展森林生态旅游是从1999年建立莫尔道嘎国家森林公园起，现已建立8处国家级森林公园（莫尔道嘎、阿尔山、达尔滨湖、伊克萨玛、乌尔旗汉、阿里河、克一河、绰源），2处旅游区（根河、图里河），1处国家地质公园（阿尔山），总面积40多万公顷，开发和待开发旅游景点130多个。开展了森林观光、休闲度假、科普考察、漂流探险、温泉冰雪等森林生态旅游产品，10年来投入资金近4亿元，基础设施不断完善，接待能力和服务水平大幅度提高，接待了国内外观光旅游者100多万人次，经济效益逐年提高，2008年接待旅游者25.87万人次，综合收入1.52亿元。通过发展森林旅游带来了人流、物流、信息流、产业流，拉动了相关产业的发展，部分企业职工得到了就业，企业增加了经济效益，个人增加了收入。

【林业产业国际合作】 中国内蒙古森林工业集团有限责任公司有产品出口创汇的企业12家，出口的主要产品有抽屉板、餐台、木家具、雪糕棒、卫生筷子、咖啡桌、食品棒、诺顿托架、地板块、木旋、电工层压木、集成材、山野菜等。出口国家分别为美国、丹麦、韩国、日本、瑞典、德国、英国、加拿大、法国、奥地利等国家。

2007年度出口创汇再创新业绩。林区"三资"企业、进出口企业、具有自营进出口权的企业产品出口额度再创新业绩。累计出口创汇1504.61万美元。

2008年创汇工作受到国际金融危机的严重影响，出口创汇额有所下滑。林区"三资"企业、进出口企业、具有自营进出口权的企业产品出口额度累计创汇1188.59万美元。

对俄经济合作项目执行情况：2007年对俄执行森林采伐合作项目6个、单板旋切加工的境外投资项目1个。累计采伐木材13.6万立方米，加工桦木单板0.46万立方米，加工板材0.3万立方米；过货木材9万立方米，其中原木8.24万立方米，桦木单板0.46万立方米，板材0.3万立方米；实现营业额1464.7万美元，实现劳务输出600人。

2008年对俄执行森林采伐合作项目4个、单板旋切加工的境外投资项目1个。累计采伐木材11.26万立方米，加工桦木单板0.2万立方米，加工板材1.11万立方米；过货木材9.33万立方米，其中：原木8万立方米，桦木单板0.23万立方米，板材1.1万立方米；实现营业额1813.75万美元，实现劳务输出610人。

2009年对俄执行森林采伐合作项目2个、单板旋切加工的境外投资项目1个。累计采伐木材9.01万立方米，加工板材0.236万立方米；过货木材7.311万立方米，其中：原木7.2万立方米，板材0.111万立方米；实现营业额953.3万美元，实现劳务输出304人。

2008年新签约项目的进展情况：一是乌尔旗汉森工公司与俄罗斯阿穆尔州洁雅·别勒瓦兹公司进行了两次商谈，并达成了年采伐加工木材6万立方米木材的合作意向。二是乌尔旗汉森工公司与其合作伙伴东建公司共同出资(出资额各占50%)收购俄罗斯阳光公司。年采伐限额为3万立方米，并拥有莫斯科批准的120名劳务指标，贮木场和大铁专用线，伐区的租赁2017年到期。

【林业产业大事记】

2007年

3月24日 林管局局长孙扎根、森工集团公司总经理一行4人赴俄罗斯参加“莫斯科中国年”开幕式，并与赤塔州州长签订了木材加工和采伐合同。

8月18~20日 内蒙古自治区国资委来林区考察调研，并通报森工集团2006年经营业绩考核情况。内蒙古森工集团公司连续3年被内蒙古自治区评为A级企业。

8月20日 中国林业产业协会授予内蒙古森工集团公司“全国林业产业突出贡献奖先进企业”荣誉称号。

10月8日 金河森工公司金寒北极狐皮荣获2007年内蒙古自治区名牌产品称号。

12月20日 安国通任内蒙古大兴安岭林管局局长、内蒙古森工集团公司总经理、林管局(森工集团公司)党委副书记，孙扎根调任国家林业局任职。

12月20~23日 在北京举办的中国国际林业博览会上，内蒙古森工集团公司荣获优秀组织奖和优秀设计奖；根河人造板、阿里河电工层压木、阿龙山水貂、金河北极狐4项产品被评为金奖；绰尔木珠、栲胶公司单宁胶、根河水泥模板、图里河金莲花、克一河食用菌、莫尔道嘎地板、乌尔旗汉儿童套房和库都尔的大果沙棘、蓝莓饮料、集成材白桦餐台10项产品被评为银奖。

2008年

1月28日 内蒙古自治区政府召开专题会议，研究森工集团剥离办社会事宜，下发了《研究内蒙古森工集团剥离办社会会议纪要》(〔2008〕5号)。

6月3日 内蒙古森工集团公司分别与呼伦贝尔市、兴安盟就剥离企业办社会有关协议举行签字仪式，标志着林区企业办社会首批教育、卫生、广电系统移交工作正式进入具体操作阶段。

7月1日 林区基本医疗和生育保险全部纳入地方属地管理。

8月18日 森工集团召开林区企业改制工作电视会议，对林区企业改制工作进行全面安排和部署。

12月1日 呼伦贝尔市与林管局(森工集团公司)在牙克石召开地企双方座谈会。会后呼伦贝尔市委、政府与森工集团公司联合下发会议纪要(呼党发〔2008〕9号)，全面推进区域经济发展一体化。

(中国内蒙古森林工业集团有限责任公司)

中国吉林森林工业集团有限责任公司林业产业

【概　述】　中国吉林森工集团，是我国四大森工集团之一，总经营性资产69亿元，规模子公司15个，是从事森林经营、林业产业和生态建设的省属国有控股企业。集团现有员工5.6万人，辖区总人口10万人。

2007~2009年，吉林森工产业规模不断壮大。产业总产值由2006年的29.9亿元，增加到2009年的81.9亿元，增长了174%，比2008年增长16%。其中一、二、三产业产值分别达到30.3亿元、28.3亿元和23.3亿元。一、二、三产业比例由38：53：9调整为37：35：28，产业结构更趋合理。

集团已形成了人造板60万立方米、地板1000万平方米、矿泉水50万吨、实木复合门5万樘、家具30万件(套)、矿产品50万吨的生产能力。

销售收入显著提高。由2006年的25亿元，增加到2009年的40亿元，增长了60%，比2008年增长15.4%。企业利润稳步增长。2009年实现净利润9744万元，比2006年增加1744万元，增长了22%。三年累计实现利润总额4.16亿元，净利润3.47亿元。

职工生活明显改善。2009年企业支付的职工平均收入达22091元，是2006年10927元的2倍。三年来，在职工住房改造、福利待遇和扶贫解困等方面共投入资金8.96亿元。

森林培育经营成效明显。三年累计投入森林培育、管护、经营费用4.05亿元，有林地面积增加到121万公顷，森林覆盖率达到90.4%，年林木净增长量达到450万立方米，森林平均公顷蓄积达到138立方米。

新增就业人数大量增加。随着集团经济的快速发展，产业规模的不断壮大，创造了大量的就业岗位。据不完全统计，三年来共新增就业1.8万人。

全力推进林业棚户区改造工程。2009年投资6.7亿元，完成棚户区改造工程72.4万平方米，林区职工居住条件得到了明显改善。

为地方经济发展做出贡献。据不完全统计，三年共投入资金10亿多元，建设重组各类较大项目10多个。参与公益性建设投入资金5.6亿元。为地方项目开发、基础设施建设等提供林地2873公顷。三年累计为国家和社会贡献22.3亿元。其中：上缴税金7亿元，提取育林基金7.3亿元，支付棚改资金1.5亿元，承担政社性支出1.5亿元，支付离退休职工统筹外费用3.5亿元，上缴省国资委利润1亿元、上缴省林业厅育林基金0.6亿元，赈灾、援藏及公益事业捐赠0.5亿元。集团被省政府授予“吉林慈善奖”。先后被评为全国企业文化建设先进单位和全国企业文化建设50强，连续被评为全国精神文明建设工作先进单位，荣获全国“五一”劳动奖状，以及全省思想政治工作标兵企业和全省先进基层党组织称号。

【产业政策措施】　完善了董事会组织机构，设立规划投资、预决算、薪酬、人事考核和审计监察评价等5个专业委员会，成立6个产业投资项目论证专业委员会。组织制定了《董事会议事规则》等一系列决策制度，规范决策程序，确保董事会审议决策的质量与效能。三年共召开董事会会议22次，研究议题158项，审议通过152项，否决(缓议)6项，凡通过事项均形成决议，严格履行董事会决议董事签字程序。三年共完成重点项目投资10.4亿元，都取得了较好的收益并健康稳步发展，集团经济实力明显增强。

以《集团公司章程》为依据，明确了股东会、董事会、监事会和经理层各自的权利和责任，形成各司其职、各负其责、协调统一的机制，发挥公司法人治理结构内在的相互制衡和互相协作作用，实现了集团科学、规范、高效运行。

制定了《集团出资企业资产监督管理办法》，建立健全了监事会体系，在股份制出资企业全部设立监事会，在全资子公司开展委派资产监督专员试点工作。出台了集团公司基础制度、管理制度和内部控制制度共计43项，形成了比较完善的集团内控制度体系和风险防范体系。

注重发挥各专业委员会的作用，对公司重大决策，在决策前，坚持由各专业委员会对项目相关情况进行实地考察调研，并履行评估程序，提交有价值的意见与建议。在决策中，广泛听取各专业委员会的意见和建议，始终坚持科学论证，严格按决策程序运作，加强风险控制，提高了决策的科学性。

经省国资委专家组论证通过，正式确立了集团“三六九八”发展战略。

推进三个优化。即：生态产业优化，经营管理优化，体制机制优化。

发展六大产业。即：一是以经营、培育森林资源和种、养、培为主的森林资源经营产业；二是以人造板、地板、家具为主导产品的林木精深加工产业；三是以开发林区矿产、水电资源为主的森林矿产水电产业；四是以矿泉水、中药材及各种林特产品加工为主的森林食品医药产业；五是以建设森林公园、建立森林旅游体系为重点的森林生态旅游产业；六是以资本运作、金融证券、建筑地产为主的现代服务业。

培育九大龙头板块。即：一是以八个林业局为龙头的森林经营板块；二是以股份公司为龙头的人造板、建材、家具产业板块；三是以金桥地板集团为龙头的地板产业板块；四是以吉森丰华为龙头的森林矿产板块；五是以泉阳泉饮品公司为龙头的森林食品医药板块；六是以吉林森工旅游集团和国家森林公园为龙头的森林旅游板块；七是以森工物资公司、进出口公司为龙头的商业贸易板块；八是以森工建筑公司为龙头的建筑地产板块；九是以财务公司、投资公司为龙头的金融证券板块。

【体制改革】 稳步推进城市加工厂和直属专业公司的改革。在完成集团整体改制后，不断深化改革，对关停多年的吉林制材厂、林业进出口公司、林业物资公司和森工宾馆实行股份制改造。长春胶合板厂、辽源胶合板厂和通化林化厂成功实施破产。通化胶黏剂厂实行租赁托管。洮南林机厂实施转制民营。安置职工4804人，支付经济补偿金1.05亿元。林业局所属医院成为农村合作医疗定点医院，纳入地方行业统一管理。

实施机关机构改革。集团公司机关内设机构由原来的22个调减为18个，精简了机构，提高了运行效率。

整合重组吉林森工金桥地板集团、吉森丰华矿业、吉林森工修养堂等18家企业。投资4.5亿元，实际控制资产11.9亿元，实现销售收入7.9亿元，利税1.2亿元，拓宽发展领域，提高了集团资本控制力和经济实力。

着力推进重点项目建设。三年累计投资10.4亿元，北京门业分公司扩建、泉阳泉饮品公司二期改造和松江河、红石、露水河国家森林公园建设等一批重点骨干项目相继竣工投产。金桥地板集团投资3.2亿元的兰家工业园区项目建成投产。

【科技教育】 几年来，集团共取得各类科技成果30余项，其中国家重点新产品2项，省级重点新产品6项，国家林业推广攻关项目9项，获省级科技成果奖7项，形成了实木复合地板、刨花板、种苗繁育等具有吉林森工自主知识产权的主导产品和核心技术。

集团自主研发的经济运行系统和森林防火监控系统达到了国际先进水平，得到国家林业局的肯定。以木材生产营销管理系统为主的经营运行系统，利用信息化手段，进行木材生产、存储、销售等关键环节管理，实行木材最低限价和效益损失补偿及奖罚制度，依靠科技实现了资源效益的最大化。

与科研院校合作，完成了林木市场成熟理论研究、长白山林区人工促进天然林生长技术研究、人工幼龄林透光抚育技术研究、木基功能复合材料关键技术研究与产业开发等科研课题，为科学经营森林资源提供了理论和科学依据。

结合企业发展战略，制定了《吉林森工集团2010~2015年人才发展规划》，提出人才队伍建设的目标和素质提升的措施。分别在清华大学、北京

大学、北京林干院、东北林业大学、省委党校等高等院校建立了五个培训基地。近几年先后选送4300余名经营管理者和专业技术人员，参加脱产班及短期班学习培训。每年子公司还组织经营管理人员到发达地区和知名企业参观学习，开阔眼界，接受新思想新事物，转变思维方式和行为方式。组织开展岗位职业技能竞赛，近二年组织24个工种、1000多人参加的岗位职业技能大比武，800多人晋升为高级技师、技师和高级工。竞赛活动不仅调动了员工学习钻研业务技术的积极性，一批技术骨干脱颖而出，缓解企业技术人才短缺状况，而且激发了员工科技研发、技改创新的热情。

推进企业文化建设。提炼了以“为国效力、为民造福”集团价值观、“忠诚做人、和谐创业、奉献绿色、造福人间”企业精神、“生态优先、产业优化、产品优良”经营方针以及“森林永续、企强人富”企业目标为核心的吉林森工文化，实施了《集团企业文化建设五年规划纲要》，编印了《集团文化手册》，落实了《集团企业文化建设工程实施方案》，企业文化建设成果显著。

【品　牌】　在培育“吉林森工”总品牌的基础上，以露水河牌刨花板、金桥牌实木复合地板和泉阳泉牌矿泉水三大中国名牌为核心，进一步整合集团产品品牌，做到统一生产工艺，统一质量标准，统一品牌商标，统一营销网络，实现了集团内部品牌资源共享。加大广告投入，集中在中央电视台1套、2套、7套和吉林电视台、长春电视台黄金时段，以及《中国绿色时报》、《视听导报》等媒体进行品牌宣传。同时，集团冠名东北亚博览会开幕式晚会、冠名吉林东北虎篮球队、冠名吉林省交响乐团、举办“森工之光”中秋专场文艺晚会等。2010年人民大会堂内部改造，在众多的投标中，金桥牌地板以工艺精湛，产品优质，夺得进入资格，铺进人民大会堂，更进一步确认集团名牌的地位和影响力。在人民大会堂改造工程结束验收中，专家组和人民大会堂领导对金桥地板给予高度评价。

（王　玖）

中国龙江森林工业(集团)总公司林业产业

【概　述】 中国龙江森林工业(集团)总公司暨黑龙江省森林工业总局，系两块牌子，一套机构，主要承担国有森林资源管理、林区社会管理和企业运营管理职能。经过几十年的发展，龙江森工现已形成营林抚育、木材生产、林产工业、多种经营、森林旅游五大产业。林产工业逐步壮大。全系统拥有木材加工企业1259家，木材自用率达70%，“三剩物”工业利用率达到75.7%。以发展食用菌业、养殖业和新北药业为重点，发展建设了工业园区11个，同时改建、扩建和新建了一批龙头企业，努力扩大产业规模。2008年仅木耳栽培就达到14.2亿袋，同比增加3.9亿袋，职工收入比2007年大幅增加。形成了以森林、冰雪、湿地、山川为主的生态游、冰雪游、风光游、探险游等共同发展的格局。

扎实推进新林区建设，加大基础设施建设和棚户区改造力度。新林区建设投入资金10.8亿元，3个试点局、38个试点林场的水、电、路、房等基础设施建设大为改观，完成通场公路建设1130千米，总投资5.6亿元。扩大就业再就业，新增就业3.86万人，下岗再就业3.47万人。进一步健全完善养老、失业、医疗、工伤、生育保险等社会保障体系，大力发展家庭自营经济，户均收入1.4万元，人均收入超万元林场(所)达到187个，占林场总数的29.7%。为在职职工人均增加工资200元，职工收入不断提高，全系统偿还拖欠工资9.25亿元，结束了长达20年拖欠职工工资的历史。

【森林资源】 黑龙江省森工林区是全国最大的重点国有林区和森林工业基地。2008年，经营总面积1009.8万公顷，有林地面积798.05万公顷，森林覆盖率79.38%，活立木总蓄积6.96亿立方米。其中：禁伐区蓄积2.5亿立方米、限伐区蓄积2.9亿立方米、商品林区蓄积1.8亿立方米、其他蓄积0.1亿立方米。森林主要分布在松嫩平原以东、三江平原以南的山地和黑龙江、松花江、乌苏里江、绥芬河四大流域。山脉包括小兴安岭、张广才岭、老爷岭、完达山等山系。主要树种有：红松、云杉、冷杉、落叶松、樟子松、赤松、白桦、枫桦、黑桦、水曲柳、柞木、杨木、色木、胡桃楸、榆木、椴木、黄波罗等。林龄结构：幼、中龄林蓄积3.96亿立方米，近熟林1.53亿立方米，成、过熟林蓄积0.74亿立方米；天然林蓄积5.99亿立方米，人工林蓄积0.97亿立方米。

2008年森林蓄积消耗528.8万立方米，比2007年556.49万立方米少消耗4.98%，其中天然林消耗484.7万立方米、人工林消耗44.1万立方米；按采伐结构分：主伐消耗147.5万立方米、抚育伐消耗276.5万立方米、林分改造消耗10.1万立方米、更新采伐消耗66.0万立方米、散生木采伐消耗27.3万立方米、其他消耗1.4万立方米。2009年森林蓄积消耗533.8万立方米，比2008年多消耗0.9%，其中天然林消耗487.1万立方米、人工林消耗46.7万立方米；按采伐结构分：主伐消耗132.0万立方米、抚育伐消耗289.5万立方米、林分改造消耗2.5万立方米、更新采伐消耗64.8万立方米、散生木采伐消耗27.2万立方米、其他消耗17.8万立方米。

【产业发展】 2008年，全集团林业行业总产值2450449万元，比2007年的2160680万元增长13.41%，其中第一产业产值1092801万元，比2007年的968968万元增长12.78%；第二产业产值843945万元，比2007年的767707万元增长9.93%；第三产业产值513703万元，比2007年的

424005 万元增长 21.15%。产业结构由 2007 年的 44.85∶35.53∶19.62 调整为 2008 年的 44.60∶34.44∶20.96。

2008 年，第一产业中，涉林产业产值 491426 万元，比 2007 年的 455708 万元增长 7.84%；林业系统非林产业产值 601375 万元，比 2007 年的 513260 万元增长 17.17%。第一产业涉林产业中，林木培育和种植产值 23234 万元，比 2007 年的 26204 万元减少 11.33%；木材和竹材采运产值 367528 万元，比 2007 年的 347540 万元增长 5.75%；经济林产品种植与采集产值 91130 万元，比 2007 年的 81221 万元增长 12.20%；花卉种植产值 16 万元，比 2007 年的 97 万元减少 83.51%；陆生野生动物繁育与利用产值 6244 万元，比 2007 年的 2084 万元增长 199.62%。第二产业中，涉林产业产值 537290 万元，比 2007 年的 502718 万元增长 6.88%。其中木材加工及木、竹、藤、棕、苇制品制造产值 429320 万元，比 2007 年的 411368 万元增长 4.36%。

2009 年，全集团林业产业总产值 2968920 万元，比 2008 年增长 21.16%，其中第一产业产值 1142250 万元，比 2008 年增长 4.52%；第二产业产值 1232747 万元，比 2008 年增长 46.07%；第三产业产值 593923 万元，比 2008 年增长 15.62%。产业结构调整为 2009 年的 38.48∶41.52∶20.00。

2009 年，第一产业中，涉林产业产值 494662 万元，比 2008 年增长 0.66%；林业系统非林产业产值 647588 万元，比 2008 年增长 7.68%。第一产业涉林产业中，林木培育和种植产值 25127 万元，比 2008 年增长 8.15%；木材和竹材采运产值 338693 万元，比 2008 年减少 7.85%；经济林产品种植与采集产值 120399 万元，比 2008 年增长 32.12%；陆生野生动物繁育与利用产值 7301 万元，比 2008 年增长 16.93%。第二产业中，涉林产业产值 626517 万元，比 2008 年增长 16.61%。其中木材加工及木、竹、藤、棕、苇制品制造产值 479361 万元，比 2008 年增长 11.66%。

【产业政策措施】 稳步推进林权制度改革试点，在伊春的 5 个林业局、15 个林场、8 万公顷的商品林地进行了林权制度改革，取得了阶段性成果。积极探索管理体制改革新方式，在 8 个林业局进行内部政企分开改革试点，组建了林区管委会、国有林管理局和企业公司，在职能、机构、人员、资产、费用、核算等方面实现了政企分开、政事分开。

龙江森工在对外开放上不断扩大对俄森林采伐加工，林木采伐同比增长 14.8%，木材加工同比增长 56.6%。局县共建工作不断深入，并由单一的产业共建扩展到生态、城镇化、公共事业等方面的共建。

进一步加强林木生产销售管理。在林木采伐过程中，冬运前就把市场信息及时反馈给资源部门，并按市场需求进行森调设计。销售过程采取竞价方式进行，促进了售价的逐年提高。

探索出与地方政府共同招商，享受地方政府招商引资优惠政策，实行财税分成，稳定企业收益的合作共建经验。目前已有三分之一的林业局与当地政府开展了合作共建，实行了税费分成。其中绥阳林业局积极转变发展思路，以市场为纽带，以项目为载体，与“两市一县”合作共建、互利双赢，使绥阳林业局木材加工园区项目、水电风电能源项目、农副产品加工项目、生态旅游设施建设等项目，均享受政府规定的各种招商引资优惠政策，包括“免征 3 年企业所得税”，同时还将企业上缴县级财政增值税、营业税、消费税地方留成部分的 60% 返还给绥阳林业局。绥棱林业局在享受绥棱县招商引资优惠政策的同时，企业上缴所得税费地方留成部分，林业局与绥棱县实行五五分成，实现了局、县和投资企业三方共赢。

实行财税分成经验后，2008 年引资 23.4 亿元，落实项目 24 个，超亿元项目 8 个。其中清河林业局引进外资 1.1 亿元，上了本省最大的窗饰及零部件生产线，产品全部外销，2008 年全局林产工业产值 3.2 亿元，利润 5760 万元，林产工业再次成为林区经济新的支柱产业。绥棱林业局 2007 年引资组建了森工三合人造板有限责任公司，项目一期工程投资 6000 万元，建设了年生产能力 8 万立方米的中(高)密度纤维板厂，2008 年销售收入达到 1 亿元，实现利润 1080 万元，此外该局还先后组建了宏盛、德志、家利三个木材精深加工企业，实现了产品由粗加工向深加工的延伸，把林产工业产业发展向前推进了一大步。亚布力林业局在大冬会(世界大学生冬季运动会)期间，积极开展招商工作，引资1.7亿元，投资建设了亚旺斯国际滑雪中心和新豪酒店，成为大冬会主要接待中心。

全系统逐步改建、扩建和新建了一批龙头企业。其中绥棱林业局2007年以股份制形式新建的中密度纤维板项目，实现了当年建厂、当年生产，不仅有效利用了自身资源，同时以龙头企业为牵引，带动了周边相关产业的发展，并且创造了更多的就业机会。友好林业局努力做大做强龙头企业，拉动产业结构调整和经济转型。该局木材精深加工龙头企业晟宇集团与瑞典宜家公司、英国卓艺公司等国外大企业建立长期合作关系，成为伊春市出口创汇大户，10年累计创汇5200万美元。东方红林业局的龙头企业神顶峰黑蜂产品有限公司带动职工养殖黑蜂2万多群，年产、加、销各种优质蜂蜜系列产品1000余吨，产值1600万元，蜂蜜等系列产品已获得省和国家级无公害食品认证。

发展建设加工园区，加快促进产业聚集。木业园区的建设是为企业发展建立平台，吸引产业集聚，实现原木就地加工。全系统已发展建设了工业园区11个，总投资122.3亿元，入园企业371家，年木材加工能力达150万立方米。这些木材加工园区的建立，使得产业集聚真正发挥出经济效益，不仅提高了森工木材利用率和产品的科技含量，而且还提高了林业局木材售价，增加了职工就业，拉动了森工林区经济的发展。绥棱林业局经过几年的产业发展，加工园区木材需求量不断加大，增强了企业木材经销抗御市场风险的能力。清河林业局本着优势资源性优势产业集中，优势产业向园区集中的思路，规划建设的工业园区，将一批木材精深加工、食用菌加工、矿产加工、有机肥生产、塑料制品加工、生物质能热电的高新科技企业引进来，为产业发展打造集群平台。绥阳林业局通过局县共建，加工小区规模逐步扩大，已有13家企业落户园区，增大了木材销售市场，2008年加工园区仅次小薪材就消化了3万多立方米。

【木材生产】 2008年，全集团木材总产量403.81万立方米，比2007年的399.52万立方米增长1.07%。其中，原木394.80万立方米，比2007年的387.65万立方米增长1.84%；薪材9.01万立方米，比2007年的11.87万立方米减少24.09%。

2008年，森林工业产品中，锯材产量45.34万立方米，比2007年的45.13万立方米增长0.47%；木片32.2万立方米，比2007年的40.97万立方米减少21.41%。

2009年，全集团木材总产量396.63万立方米，比2008年减少1.78%。其中，原木388.61万立方米，比2008年减少1.57%；薪材8.02万立方米，比2008年减少11%。

2009年，森林工业产品中，锯材48.14万立方米，比2008年增长6.18%；木片31.8万立方米，比2008年减少1.25%。

2008年木材生产设备保有量：采伐油锯6000台，J－50集材拖拉机1500台，运材汽车3000多辆，装载机500辆，绞盘机1000台，森铁内燃机车20多台，森铁车辆500辆，公路养护机械800多台(套)。直接从事木材生产人员8万人。拥有林区公路26187千米，其中白色路面2748千米。

林区边境线长达200多千米，有3个林业局与俄罗斯相邻，还有5个林业局靠近俄边界，这些林业局有边境公路377千米。经过多年的建设与开发，木材生产具有雄厚的实力、技术力量和管理经验，可承担大量的国外森林采伐工作。

生产方式到本期末基本取消原条生产，全部实现原木生产。没有长年生产作业条件伐区全部集中在冬季生产；集材方式，除保留一定数量的J－50集材拖拉机外，大力推行小型拖拉机和畜力集材，实行人、机、畜相结合的集材方式。

存在问题：随着国家天保工程的实施，龙江森工木材产量定产为419.0万立方米，导致出现采运设备过剩，从事木材生产富余人员多，加之目前伐区作业条件的变化，由原条变为原木生产，木材材质下降，伐区分散，集材距离远，公路路况差，生产成本高，凸显生产布局和生产工艺不尽合理，给木材生产组织增加了难度，影响了企业的经济效益，也遏制了以采伐及剩余物为主要原料的林产工业的发展。林区专用公路养护资金严重不足，弃养路段增多，路况严重下降，国家和省政府给森工减免养路费的政策还没有完全落实。

【木材销售】 2008年龙江森工木材市场受全球性

金融危机影响，全年木材销售一改近年来购销两旺、量价齐升的局面，呈现先扬后抑、量价走弱、交易萎缩、虽价格稳中有升，但增幅呈下滑的态势。具体表现在：木材销量下降，木材售价上升，木材库存增加。

2008年共销售木材370.95万立方米，比2007年减少26.25万立方米，同比下降6.6%；木材平均售价916.66元/立方米，比2007年每立方米提高7.06元，同比增长5.4%，但比2007年增幅回落13.5个百分点。木材期末库存110.60万立方米，比2007年增加32.54万立方米，同比增加41.7%。

2009年上半年木材市场继续承接2008年下半年的弱势，价格下滑，销售不畅；下半年在全球经济逐步回暖的带动下，木材需求开始触底回升，但木材价格依然在低位徘徊。全年木材总体呈现为销量增加，价格下降，库存减少。

2009年共销售木材409.32万立方米，比2008年多销售38.37万立方米，同比增长12.5%；木材平均售价827元/立方米，比2008年每立方米降低90元，同比下降9.8%；木材期末库存92.66万立方米，比2008年减少17.94万立方米，同比减少16.2%。

从木材销售树种看，针叶材销售好于阔叶材；从木材销售品种看，餐具材装饰装修用材销售好于建筑用材，建筑用材好于家具用材。受全国煤矿综合治理整顿的影响，销往矿区的坑木小径材滞销严重。

当前木材销售主要是在林业局，以竞价方式销售为主。

【人造板】 2008年龙江森工人造板产量80.08万立方米，比2007年的74.19万立方米增长7.94%。其中，胶合板5.28万立方米，比2007年的7.48万立方米减少29.41%；纤维板26.71万立方米，比2007年的19.88万立方米增长34.36%；刨花板31.19万立方米，比2007年的30.46万立方米增长2.40%。大幅增产的原因是绥棱林业局新上的高(中)密度纤维板生产线投产。人造板生产原料的主要来源是该局自产的原木及利用"三剩物"生产的木片。

2009年，人造板产量80.10万立方米，比2008年略有增长。其中，胶合板7.28万立方米，比2008年增长37.88%；纤维板27.17万立方米，比2008年增长1.72%；刨花板29.61万立方米，比2008年减少5.1%。胶合木3万立方米，比2008年增长50.75%；木地板58.58万平方米，比2008年减少62.21%。

胶合板生产主要企业：友好林业局、清河林业局、铁力林业局、苇河林业局、方正林业局、亚布力林业局、柴河林业局、汤旺河林业局、双丰林业局、桃山林业局、乌伊岭林业局、林口林业局、鹤立林业局、桦南林业局、东方红林业局。

刨花板生产主要企业：朗乡林业局(龙乡牌，生产能力8万立方米)、万成木业公司(万成牌，能力10万立方米)、牡丹江木材厂(丹江牌，生产能力5万立方米)、万力木业公司(万力牌，生产能力5万立方米)、绥化复合板厂(三峰牌，生产能力3万立方米)、汤旺河林业局(三合牌，生产能力5万立方米)、乌马河林业局、金山屯林业局、穆陵林业局定向刨花板厂(OSB板，生产能力2万立方米)和普通刨花板厂。

中密度纤维板生产主要企业：南岔木材水解厂(龙牌，生产能力5万立方米)、兴隆中密度公司(圣维牌，薄型，生产能力5万立方米)、朗乡林业局(龙乡牌，生产能力8万立方米)、绥棱林业局(生产能力8万立方米)、乌马河林业局。

细木工板生产主要企业：汤旺河林业局、新青林业局、美溪林业局、红星林业局、双丰林业局、上甘岭林业局、柴河林业局、鹤北林业局、带岭林业局、兴隆林业局。

【制浆造纸】 2008年纸浆产量0.9万吨，比2007年0.4万吨增加25%；机制纸产量0.4吨。主要生产企业：带岭林业局造纸厂、金山屯林业局纸厂、柴河纸板厂。原料主要是利用林业局的"三剩物"削片供应企业生产。

【木制品】

家　具　2008年家具产量281.3万件，比2007年157.5万件增加78.6%，产值6.63亿元，比2007年5.13亿元增加29.23%。家具生产主要企业：万力木业公司(万力牌)、友好林业局、新青林业局、双丰林业局、铁力林业局、翠峦林业局、金山屯林业局、南岔林业局、美溪林业局、海林林业局、山河屯林业局、沾河林业局。原料以该局采伐原木为主，部分企业为宜家公司生产出口家具。

地　板　2008 年，木地板产量 155.02 万平方米，比 2007 年的 51.10 万平方米增长了 203.37%。其中，实木地板 132.61 万平方米，比 2007 年 22.7 万平方米增加 484.19%；强化复合地板 22.41 万平方米，比 2007 年 28.4 万平方米减少 21.1%。2009 年，木地板 62.16 万平方米，比 2008 年减少 59.9%。其中，实木地板 42.56 万平方米，比 2008 年减少 67.9%；强化复合地板 19.6 万平方米，比 2008 年减少 12.5%。主要生产企业：东京城林业局、穆棱林业局、绥阳林业局、林口林业局、清河林业局、山河屯林业局。强化复合地板仅有松江胶合板厂一家企业，注册商标为双象牌，年设计生产能力 520 万平方米。虽然能力较大，但由于知名度不高、资金短缺，目前产量仅为生产能力 4.3%。

卫生筷子　2008 年卫生筷子产量 180.3 万标箱，比 2007 年 159.7 万标箱增加 12.9%。2009 年卫生筷子产量 197.9 万标箱，比 2008 年增长 9.76%。产品种类有小判、元禄、天削、立久等。森工系统有近百家筷子企业，虽然单户企业规模不大，但由于厂家多，生产总量却占全国的 40%。原料来源主要是林业局内生产的小径桦木、杨木和少量白松。

由于多数企业没有直接客户和出口权，所以主要提供给外贸公司出口，基本没有自主品牌。优等品以出口为主，等外品销往全国各地。国家征税提高，部分企业经营困难。未来将会逐渐减少总量，不断提高价格，稳定企业效益。

【藤制品】　在绥棱林业局有 1 家柳编工艺品厂——鑫泽工艺品有限公司。该企业是生产自然材质的手工艺品厂家，使用的主要原料有松塔、红毛柳、河柳、玉米叶、稻草、作物根茎、三楞草、靰鞡草和桦树皮等，均取自当地林场，来源广泛。

鑫泽工艺品有限公司占地面积 6000 余平方米，建筑面积 2500 平方米。共有 6 个分厂。公司拥有员工 500 余人，年创造产值 560 余万元。公司现阶段委托沈阳的代理公司进行出口贸易。产品主要销往美国，欧洲和日本等地。

龙江森工木制工艺品生产还有：木雕、根雕、木雕画、木贴画、核桃壳粘接花瓶等。由于手工制作，产量较少。主要生产企业有：友好林业局、翠峦林业局、苇河林业局、大海林林业局。

【林木种苗】　龙江森工国有林区现有母树林总面积 96822.6 公顷，其中：天然母树林 79978.1 公顷，人工母树林 16844.5 公顷。阔叶母树林 11282.4 公顷，占总面积的 11.65%。

龙江森工林区现有苗圃 360 个，总面积 3290.3 公顷。其中国有苗圃 86 个，经营总面积 1327.7 公顷，建有办公、防护林及排灌水体系，其中防护林占地面积 91.9 公顷，办公室、库房等房屋建筑面积 83444 平方米，供水管长 28.8 万米，排水沟渠 23.1 万米。

苗木生产以国有苗圃育苗为主，2008 年国营育苗面积 481.1 公顷，新播 111.5 公顷，其中红松新播 25.8 公顷，占新播总面积的 23.1%；总产苗量 57858.0 万株，产成苗 12746.2 万株。其中容器

龙江森工国有林区母树林各树种面积

单位：公顷

树种名称	总面积	人工林	天然林
合　计	**96822.6**	**16844.5**	**79978.1**
红松	54375.5	5671.7	48703.8
长白落叶松	13074.0	2814.0	10260.0
兴安落叶松	12966.2	6243.4	6722.8
红皮云杉	3047.5	705.5	2342.0
樟子松	934.1	934.1	0.0
赤松	884.3	10.0	874.3
紫杉	4.4	4.4	0.0
沙松	121.6	7.3	114.3
杨树	524.9	54.5	470.4
柞树	762.7	4.2	758.5
白桦	2573.4	0.0	2573.4
水曲柳	4588.6	298.6	4290.0
核桃楸	2262.5	48.4	2214.1
黄波罗	46.4	0.6	45.8
椴树	523.9	13.2	510.7
其他	132.6	34.6	98.0

成苗62.5万株，还培育了绿化苗木746.0万株。培育树种有红松、红皮云杉、青海云杉、落叶松、樟子松、沙松、偃松、杨树、白桦、水曲柳、山槐、黄波罗、胡桃楸、沙棘、山杏、五味子、白扦、榆树、水蜡等，还培育了丁香、糖槭、杜鹃等部分绿化苗，针叶树苗木比例大，红松等针叶树苗木占76.9%。

2008年山上苗木供应充足有余。红皮云杉多1033万株，落叶松多528万株。

龙江森工在20世纪70年代后期，先后建立了林口、苇河、铁力、桦南、绥棱5个大型种子园726.53公顷，11个小型种子园486.77公顷，总面积1213.3公顷，其中红松321.3公顷，长白落叶松274.2公顷，兴安落叶松249.0公顷，红皮云杉144.2公顷，樟子松113.3公顷，紫杉4.4公顷，水曲柳39.0公顷，核桃楸8.3公顷，沙松7.3公顷，椴树13.2公顷，柞树4.2公顷，黄波罗0.6公顷，其他34.6公顷，5个国投大型林木种子园面积占总面积的59.88%。各园大部分树种已开始结实。

通过国家级审定的品种1个(兴安落叶松乌伊岭种源种子、面积2348公顷)；认定品种4个，其中：带岭兴安落叶松种子园种子2公顷、水曲柳5.2公顷、红皮云杉4.4公顷、红松11.5公顷。通过省级审定的品种40个，认定品种11个。

2008年造林抚育，林木种子采集501吨，比2007年3790吨减少86.8%。母树林总面积114016公顷，比2007年86515公顷增加31.8%。2009年造林抚育，林木种子采集38吨，比2008年501吨减少92.42%。母树林总面积99074公顷，比2008年114016公顷减少13.11%。

【主要果品】 2008年采集核桃2830吨，比2007年2729吨增加3.7%；榛子1110吨，比2007年1390吨减少20.1%；松籽6315吨，比2007年6572吨减少3.9%；山野果3927吨。2009年采集核桃3119吨，比2008年2830吨增加10.2%；榛子807吨，比2008年1110吨减少27.3%；松籽3720吨，比2008年6315吨减少41%；山野果4088吨，比2008年3927吨增加4%。以上产品均为采集野生资源，数量有限。

【森林蔬菜、饮料】

山野菜 原料来源主要是野生资源，有少量是人工栽培的。2008年共采集山野菜28319吨，比2007年27066吨增加4.6%。山野菜加工厂74个，2008年加工量16147吨，比2007年6313吨增加155.8%。2009年共采集山野菜30119吨，比2008年28319吨增加6.4%。山野菜加工厂70个，2009年加工量11206吨，比2008年16147吨减少30.6%。

食用菌 龙江森工是全国最大的黑木耳生产基地，现有食用菌生产基地240个，其中有机食品生产基地1个，绿色食品生产基地4个。食用菌主要以人工栽培为主，尤其是黑木耳。2008年木耳产量48704吨，比2007年35377吨增加37.7%，栽培数量140629万袋，比2007年6572吨增加35.3%；各类蘑菇18308吨，比2007年11791吨增加55.3%。拥有食用菌加工厂650个，加工量45206吨，比2007年35199吨增加28.4%。2008年采集野生木耳5325吨，比2007年4780吨增加11.4%；蘑菇2239吨，比2007年2772吨减少19.2%；松茸29吨，与2007年持平。

2009年木耳产量52897吨，比2008年48704吨增加8.6%，栽培数量155089万袋，比2008年140629袋增加10.3%；各类蘑菇15875吨，比2008年18308吨减少13.3%。拥有食用菌加工厂682个，加工量49158吨，比2008年45206吨增加8.7%。2009年采集野生木耳841吨，比2008年525吨增加60%；蘑菇2380吨，比2008年2239吨增加6.3%；松茸158吨，比2008年29吨增加144%。

饮　料 现有饮料厂72个，2008年产量20985吨，比2007年25466吨减少17.6%；矿泉水厂5个，2008年产量7828吨，比2007年9285吨减少15.7%。2009年饮料产量26108吨，比2008年20985吨增加24.4%；矿泉水厂5个，2009年产量7230吨，比2008年7828吨减少7.6%。

【野生动物驯养及其产品加工】 龙江森工林区有野生动物408种，其中国家重点保护的71种，国家一级保护的13种，二级保护的58种。

2008年养鹿24511只，比2007年32895只减少25.5%，产茸量53630千克，比2007年15808千克增加2.4倍；养野猪18728头，比2007年

12623 头增加 48.4%；养蜂 143179 箱，比 2007 年 149099 箱减少 4%，产蜜量 5762 吨，比 2007 年 105220 吨减少 94.5%；养貂 23567 只，比 2007 年 23916 只减少 1.5%，产皮量 7245 张，比 2007 年 11330 张减少 36.1%；养狐 46339 只，比 2007 年 80172 只减少 42.2%，产皮量 21306 张，比 2007 年 43238 张减少 50.7%；养貉 30038 只，比 2007 年 55372 只减少 45.8%，产皮量 15735 张，比 2007 年 36638 张减少 57.1%；养林蛙 90179 万只，比 2007 年 66197 万只增加 36.2%，成蛙产量 1731 吨，比 2007 年 1519 吨增加 14%，蛙油产量 7533 千克，比 2007 年 16013 千克减少 53%。

2009 年养鹿 23136 只，比 2008 年 24511 只减少 5.6%，产茸量 52078 千克，比 2008 年 53630 千克减少 3%；养野猪 25086 头，比 2008 年 18728 头增加 33.9%；养蜂 140660 箱，比 2008 年 143179 箱减少 1.7%，产蜜量 5700 吨，比 2008 年 5762 吨减少 1%；养狐 45285 只，比 2008 年 46339 只减少 2.3%，产皮量 28997 张，比 2008 年 21306 只增加 36%。

【中药材】 龙江森工林区有各种寒温带野生植物 2000 多种，包括药用植物 105 种，其中人参、黄芪、刺五加、五味子等均系名贵中药材。近年来，在开发利用野生药材资源的同时，注重开展人工药材的栽培工作，使以五味子、"两参"、平贝为代表的优势药材品种规模进一步加大。2008 年森工林区人工药材种植面积为 1.33 万公顷，占总播种面积的 4.8%。其中：人参播种面积 1303.6 公顷 (年公顷产效益 41325 元)；黄芪面积 91.93 公顷 (年公顷产效益 6900 元)；"两参"面积达 337 万平方米；平贝 2400 公顷；五味子 5666.67 公顷。

2008 年山药材采集量：五味子 2110 吨，比 2007 年 10087 吨减少 79.1%；刺五加杆 4627 吨，比 2007 年 2071 吨增加 123.4%；刺五加叶 717 吨，比 2007 年 4478 吨减少 83.9%。

2009 年山药材采集量：五味子 2550.5 吨，比 2008 年 2110 吨增加 20.9%；刺五加杆 4181 吨，比 2008 年 4627 吨减少 9.6%；刺五加叶 660 吨，比 2008 年 717 吨减少 7.9 %。

2008 年药材产量 368062 吨，比 2007 年 173048 吨增加 112.7%。其中人参加工厂 9 个，2008 年产量 1154 吨，比 2007 年 53 吨增加 21 倍。2009 年药材产量 23601 吨，比 2008 年 368062 吨减少 35.8%。其中人参加工厂 3 个，2008 年产量 104 吨，比 2008 年 1154 吨减少 91%。

现有药材厂 18 个，其中大型的药厂有两家：隶属于山河屯林业局的哈尔滨三木制药厂和清河林业局的久久药业清河制药厂。

在野生药材生产上，目前林下药材生产大部分还是自然自发的经济形态，药材的培育密度不够，产量低，药材的种植散户比较多，种类多，总量少，能够成规模的产品比较小，缺乏总量优势，发展不平衡。

【森林旅游】 龙江森工截至 2008 年底先后开发、建设了雪乡、凤凰山、亚布力、威虎山、桃山、兴隆、八里湾、五营、汤旺河等 24 处国家级森林公园、17 处省级森林公园；2 处国家地质公园、2 处省级地质公园；国家公园 1 处，国家级风景名胜区 5 处。到 2008 年底，森工林区拥有国家 4A 级景区 7 处；3A 级景区 18 处；开发建设了平山、日月峡等 12 处 S 级以上旅游滑雪场；开发完善了海浪河、大丰河、依吉密、响水河等 16 个林区漂流景区旅游项目，开发建设了桃山国际狩猎场、大沾河冷水垂钓等特色旅游项目；推出了伊春小兴安岭、中国雪乡、凤凰山、威虎山、亚布力、平山、珍宝岛、两湖避暑(镜泊湖、莲花湖)、响水河漂流、兴隆森林小火车生态民俗旅游等 20 多条精品森林生态旅游线；开发建设了大海林中国雪乡、平山旅游区、凤凰山旅游风景区、亚布力度假区、五营原始森林、珍宝岛湿地、汤旺河石林等 32 个旅游景区，形成了森林小火车观赏、森林观光、民俗生态、避暑度假、冰雪运动、冰雪游乐、狩猎探险、冷水漂流等独具特色的森林生态旅游项目。

2008 年接待旅游人次 235 万人次，比 2007 年 150 万人次增加 56.7%，实现产值及收入 8 亿元，比 2007 年 5 亿元增加 60%，2009 年接待旅游人次 350 万人次，比 2008 年增加 48.9%，实现产值及收入 11.7 亿元，比 2008 年增加 46.3%。从业人员达到 8700 人，间接从业人员接近 4 万人，培训旅游从业人员 300 多人次，组织从业人员参加国家和省级培训150多人次。拥有三星级宾馆6家，75户家庭旅馆。

林区景区基础设施十分简陋。交通不便，信息不畅，多处深山老林之中，道路、电力和通讯等建设都十分简陋，甚至是盲区，基础设施陈旧落后，如著名的中国雪乡尚处于电网的末端，凤凰山进山道路等级不够，威虎山小九寨至今没有通上国电，知名景区尚且如此，其他景区这些情况更为突出。

资源保护与旅游开发的不协调，在林区内招商引资来的客商，都想要拥有土地使用权，接待设施，修道路都需要占用林地。

人才短缺、服务水平不能适应发展的需要。由于多年形成的经营机制，林区一直以木材经营为主，以服务业为主的经营理念还未深入人心；经营者眼界不够开阔，对景区开发建设的水平要求不高，经营手段相对保守，经营管理粗放，竞争意识不强；林区受过专业培训的人才极少，基本没有专业旅游人才，这些都直接影响了景区的服务质量和开发建设水平。

缺少大型战略投资者，缺少大手笔、高水平规划和深度开发，森工产业文化和北疆历史文化挖掘不够。景区、景点缺少营销战略，开发的森林生态旅游产品多处于低层次状态，文化品位不高，多为大众化休闲、运动、观光旅游产品，特色不鲜明。

【森林狩猎】 龙江森工林区野生动物种类丰富，适于狩猎的种类主要有马鹿、野猪、狍、东北兔、草兔、花尾榛鸡、环颈雉、雁鸭类等。这些狩猎种类在森工林区分布的数量也较多。狩猎场的经营方式主要是结合旅游开展狩猎。

目前拥有狩猎场5个。其中具备一定规模的大型狩猎场3个，分别是桃山狩猎场、金山屯狩猎场和平山狩猎场。2008年上述狩猎场因没有狩猎客源，所以没有狩猎收入。

【林业科技】 龙江森工科技工作深入实施科技创新战略，大力推进优势传统产业升级，打造科技合作交流平台，加大科普宣传和科技培训的力度，科技管理工作取得了可喜成绩。

2008年落实国家、国家林业局、省科技厅和省财政厅科技计划项目57项，经费880.5万元。已建成并得到确认的8个省级重点学科为森林培育学、森林经理学、森林保护学、林副产品加工、野生动植物保护与利用、木材科学与技术、经济林、林业经济管理，5个省部级重点实验室。2008年度用于省级重点学科和重点实验室建设的投入达到300万元。6项“948”项目、3项国家林业局重点项目、2项国家林业局科技推广项目通过国家林业局组织的验收，8项科研成果通过省级鉴定。有17项科技成果获总局科技进步奖，7项获省政府科技进步奖，1项获国家科技进步奖。发表论文81篇，获得专利10项。

【林业教育】 龙江森工教育工作坚定不移地以科学发展观统领教育发展的方向，坚持以人为本，转变教育发展观念，创新教育发展模式，提高教育发展质量，不断改善办学条件，统筹兼顾、务实创新，教育事业有了长足进步和快速提升。

基础教育规模 现有中小学校228所，其中中学80所、小学148所。在校学生131847人，其中高中25887人、初中41042人、小学64918人。中小学在职教职工总数为16984人，其中中学7968人、小学9016人。森工职业、成人教育现有高等职业技术学院2所，普通中等专业学校2所，电视大学3所，党干校2所，林业局职工学校40所。

教育行政管理体制 近30年来，黑龙江省教育厅一直将森工集团教育局作为地市级教育行政部门管理，并赋予总局绝大部分教育行政管理职能。森工内部教育管理体制为总局、管理局、林业局(厂)三级管理，但是总局和管理局对林区基础教育行政管理只是业务指导，具体人、财、物的管理权在企业。

办学经费 森工基础教育经费1998年以前，全部由企业承担，1998年国家实施天保工程，给予部分教育专项补贴。2008年，全系统中小学办学经费由天保专项补贴、省政府财政补助、总局自筹三部分组成。2007年实行中小学人事制度改革后，2008年在职教师月平均工资由383元调至1916元。

集中办学 以山上林场(所)学校到林业局址集中办学为重点的学校布局调整工作，在各级企业领导的高度重视下，在集团计划、财务等部门的支持配合下，山上林场所小学集中办学工作取得了新的进展。

招生考试 组织了普通高校、初中升学考试的报名及考务、巡视，完成各级各类招考工作。2008年全林区参加高考学生5977人，共录取本科考生2305人，比2007年提高13.65%。

【林业机械制造】 黑龙江省森工系统现有绥化、柴河、佳木斯3个林机厂。主要产品：

绥化林机厂：JZD2－3、JZ2－3双筒电动、柴油绞盘机(省优质产品)、削片机、集材拖拉机配件、1GN－75林农两用灭茬机等林机设备。

柴河林机厂：B级取暖锅炉(省优质产品)及矿山热风炉等通用机械产品。

佳木斯林机厂：家具五金件。

存在的主要问题是木材产量减少后，林机市场也随之萎缩，加剧了林机企业的经济下滑速度。

【林业产业大事记】

2008年

1月4～8日 省森工总局与国际野生生物保护协会在东方红、迎春、绥阳林业局开展大规模保护野生动物清套巡护行动，共清理猎套30多个。

6月28～30日 黑龙江旅游局、省森工总局、省林业厅、伊春市政府、伊春林管局共同主办第八届中国黑龙江(伊春)森林生态旅游节和庆祝伊春建市50周年活动。

10月29日 雨林联盟国际森林认证机构在牡丹江市向黑龙江省穆棱林业局颁发了FSC国际森林认证证书，穆棱林业局在森林可持续经营上得到了国际市场的认可，木材产品获得进入国际主流市场的准入证。

2009年

2月16日 省森工总局召开全省森工工作会议，副省长吕维峰，省政府副秘书长金济滨出席会议。

2月28日至3月1日 国家棚户区改造调研组赴通北林业局调研。

4月7日 中国农林水利工会赴清河林业局调研改革发展情况。

(黑龙江省森林工业总局)

大兴安岭林业集团公司林业产业

【概　述】　2008年，林业经济总量继续保持平稳增长的态势，全年林业产业总产值532003万元，比2007年增长20.67%，其中：涉林产值339641万元，比2007年增长13.11%。按产业划分：第一产业267102万元，比2007年增长了14.83%。其中：营林产值7856万元，比2007年减少了6.48%，木材采运产值152989万元，比2007年增长了8.1%。第二产业204439万元，比2007年增长了43.74%，其中：木材加工产值121822万元，比2007年增长了31.27%。第三产业60462万元，比2007年减少了8.41%。

2009年，林业集团公司实现林业产业总产值611729万元，同比增长14.99%，其中：第一产业276897万元，同比增长3.67%；第二产业260858万元，同比增长27.6%；第三产业73974万元，同比增长22.3%。截至年末，林区六大产业完成经济总额28.74亿元，占集团公司经济总量的46.9%，各产业经济总量占集团公司经济总量的具体情况：生态旅游占3.2%，绿色食品占6.4%，北药开发占0.11%，特色养殖占1.8%，林产工业占25.8%，矿产资源开发占9.6%。

2009年，固定资产计划投资223770万元，实际完成158467万元，完成年计划的70.82%。其中：国债投资完成13986万元；森工固定资产投资完成83187万元；更新改造投资完成11323万元；其他投资3209万元。林业从业人员61427人，比2008年减少237人，在岗职工61423人，实现工资总额92681万元，比2008年同期增长7.34%。在岗职工月平均工资1257.42元，同比增长7.75%。在10个林业局中，新林、塔河、呼中、西林吉、十八站、韩家园6个林业局月平均工资超过千元。

【林业体制改革】

2007年改革

国有小企业改革　对已转制的320家国有小企业进行了清查，摸清了底数，查明了改制企业在资产处置、债务剥离、贷款担保、人员安置等方面存在的问题，提出了建议和应对措施，解决了多年形成的难题，形成了《关于全区国有小企业改革复查情况的汇报》和《复查基本情况统计表》。大兴安岭在册的353家国有小企业中，已经有320家完成了产权改革工作(通过复查有2家改革不到位)，在剩余的33家中，除10家受政策限制暂缓改制外，尚有23家需进一步深化产权制度改革，2007年计划完成16家，共有15家企业取得实质性进展，其中撤销6家，兼并1家，股份制改造2家，破产1家，转为立区立局支柱产业5家，盘活资产2580万元，引进资金4300万元，剩余1家企业在地区兴林公司采取拍卖形式面向社会整体出售。

林场改革　塔河林业局沿江林场、图强林业局卧龙河林场、十八站林业局永庆林场等3个林场撤并(转型)工作全面完成。图强林业局卧龙河林场撤并工作已经基本结束，林场并入育英林场管理，161户413名职工分别搬入图强镇和育英镇，施业区划归育英林场，原林场成立资源管护队，从事森林资源管护、森林防火、森林病虫害防治等工作。塔河林业局沿江林场、十八站林业局永庆林场在前期调研论证工作的基础上，撤并工作全面展开，根据施业区面积、资源分布及防火需要，全面停止主伐生产，在施业区内分别设置7～8个管护防火外站，整体转型为沿江和永庆森林资源生态管护区。2007年撤并贮木场2个。十八站永庆贮木场整体并入十八站贮木场，资产已经封存，存货全部出售。阿木尔林业局长缨贮木场并入阿木尔贮木场。

对2006年实施撤并的西林吉、呼中和图强林业局撤并林场造成的资产损失和费用支出情况进行了核查，形成了《关于对2006年撤并林场给予扶持资金核查工作情况的报告》，该项资金列进新林区建设资金。解决了林业中小企业改制后转换职工身份问题，拿出1.5亿元资金，一次性全部解决改制企业中5607名职工身份未转换问题。

直属企业改革　电力总公司在完成厂网分开工作基础上，制订了《电力总公司企业用工制度改革方案》、《电力总公司岗位编制定员标准》和《电力总公司富余人员分流安置办法》等一系列改革配套措施，实施企业用人制度改革，对有418名符合条件的职工已进行了一次性安置，全年可减少费用支出100万元。工程公司改制收尾工作已经完成，新公司正式运营，改制方案规定的为领办企业者配送股权已全部到位，留守处以资产还债992万元，为3297名一次性安置职工办理了下岗优惠证和就业补贴相关手续。

林业局改革　继续推进加格达奇林业局改革，有447名富余职工经地区劳动局审核批复后进行了一次性安置。韩家园林业局把多年积压的库存物资进行了销售，盘活资产共计668万元，分流人员17人，每年为林业局节约费用近20万元。呼中林业局整体出售招待所、百货商店。十八站林业局对商贸公司、物资公司实行先合后改衔接推进的捆绑式改革，房产管理处与环卫队实现了重组，成立了物业管理有限责任公司。撤销了林业局房产管理处，管理职能划归基建房产部。

2008年改革

巩固扩大国有小企业改制成果　采取一次性安置方式，解决了改制后国有中小企业中3788名职工身份转换问题。将地区水产公司以40万元的价格出售给个体经营者，退出全部国有资本，转换企业经营机制，实行市场化经营。

不断深化林场改革　阿木尔林业局青松林场、长山林场，新林林业局宏图贮木场、林海经营所，塔河林业局盘中经营所撤并(转型)任务已按计划全面完成，共搬迁居民824户2566人，搬迁补助资金289万元已足额发放到位。

继续推进直属企业改革　按照精干主业，放开搞活辅业改革思路，对绿洋绿色食品有限公司的国有资本全部进行了转让，职工得到了妥善安置，实现了国有资本全部退出；对绿洋宾馆实施了租赁经营。北奇神集团所属丽雪公司与金马集团签订了租赁协议，年租金200万元，租赁期限5年。

稳步实施林业局改革　十八站林业局根据地区编办核定的编制数，制定了《竞争上岗方案》，开展了竞争上岗的笔试工作；同时进行了职工队伍清查，对自愿进行身份转换的职工进行了统计摸底。完成了60%的精简任务。

2009年改革

林业局改革　十八站林业局模拟“三分开”的第一阶段改革任务，剥离林业局木材生产和资产经营等职能，各林业局成立了林业经营公司、资产经营公司、营造林公司、境外采伐公司等专业公司；模拟政企分开管理，组建了社会事务部；林业局机关科室由原来的21个精简到13个，人员由原来的346人精简到152人。初步实现了职能调整到位、机关精简到位、公司组建到位、竞争上岗到位、全员合同到位、身份置换到位、分配制度到位。完成了十八站部分政府职能和整体社会事务移交工作，教育系统、粮食系统分别初步完成了移交工作；卫生疾控、医院、社区、人口计生等系统签订了移交协议。

在总结借鉴十八站林业局综合改革试点成功经验的基础上，启动了其他八个林业局体制改革，制定出台了《深化全区林业局体制改革第一阶段的指导意见》、《林业局机关富余人员分流方案》等改革办法和配套政策，专题研究改革后林业局定岗定员问题，核定了新的管理机构和人员编制数额。按照因局施策、整体推进的方式，全面推开改革。机关机构缩减114个，人员精简到1074人。其中：进入专业公司400人，进入社会事务部164人，管护一线242人，内退234人，一次性安置9人，自谋职业25人。清理劳动关系15260人，组建专业公司29个。

林场转型工作　以新林林业局宏图林场为改革试点单位，推进了宏图林场的主体改革工作任务，在其他林场进行了推广。改变了原来镇场合一的管理体制，将林场承担的政府职能、社会职能统一划归镇政府管理。镇政府主要承担公共服务、社会管理、维护稳定等职能，设置党群办公室、社会事务办公室两个机构。将林场转为生态公益林场，成为森林产权的代表者和资源管理的责任人，撤销了该场资源监督站，实行事业单位企业化管理。以强化国有森林资源管理、建设生态林区为首要职责，承担森林资源管护、森林防火、森林病虫害防治及林场施业区内生产经营活动的监督、检查、指导、验收工作。林场管理机构按森林分类经营要求重新进行设置，设立生态管理兼防火、产业发展、综合三个办公室。资源生态管理办公室兼防火办公室主要负责森林资源管理和保护，含天保管护、林政管理、营林管理、野生动植物保护、病虫害防治以及森林防火、防汛等工作。林场实施森林分类经营、管护人员聘用制、管护承包责任制，构建起了"远封近包，管、育、用一体化"的管护机制。

剥离林场生产经营职能，组建了林业生产作业队，实现森林资源管理权与经营权的分离。林业生产作业队为生产经营单位，市场化运作，自主经营，独立核算，自负盈亏。其主要任务是从事木材生产和营林生产，生产任务由林业局统一调配，林业局与林业生产作业队形成委托与被委托的契约关系，管理上是监督与被监督的关系，林业生产作业队按照森林调查队的调查设计要求，自行组织生产和运输。管理人员的工资与效益挂钩。

各镇(场)管理人员精简总比例达到50%以上。镇政府行政人员按照大兴安岭机构编制委员会文件规定编制数165人的58.2%配备了96人，镇政府事业人员按照原编制数111人的39.6%配备了44人。各林场管理人员按照文件规定，核定编制10人。

【木材生产】 2009年，林业集团公司共完成木材产量214.6万立方米，完成年度计划219.08万立方米的97.9%。其中：活立木采伐144.84万立方米，完成年度计划148.59万立方米的97.5%；烧死木采伐69.72万立方米，完成年度计划70.49万立方米的98.9%。火烧区清理完成清理面积71656公顷，占年计划的100%。剩余物下山26.46万立方米。伐区作业质量合格率达到了85%以上；采取了生产费用倾斜措施促使原条生产比重又有新的提高，达到了82.6%，比2008年同期提高了2.6%。

2007～2009年原木产量对比

单位：立方米

项　目	2009年计划	实际完成	%	比2008年(%)	2008年计划	实际完成	%	比2007年(%)
原木产量	**2190800**	**2146009**	**98.0**	**-12.5**	**2547900**	**2515256**	**98.7**	**15.5**
其中火烧木	704900	679208	98.9	-38.3	1132000	1130902	99.9	61.9
松岭	309200	292512	94.6	-21.2	381000	371033	97.4	73.7
新林	348000	348000	100.	-5.9	370000	370000	100	1.4
塔河	222000	222000	100	0.0	222000	222000	100	0.1
呼中	195000	190846	97.9	-0.5	195000	191808	98.4	-0.6
阿木尔	113000	108735	96.2	-1.7	113000	110615	97.9	-1.8
图强	178000	171768	96.5	-2.2	178000	175645	98.7	-0.6
西林吉	245000	244967	100	0.3	245000	244224	99.7	0.1
十八站	316700	316639	100	-36.6	500000	499461	99.9	33.4
韩家园	250000	249994	100	-24.2	330000	329959	100	19.1
加格达奇	13900	548	3.9	7.2	13900	511	3.7	-38.7

【境外采伐】 大兴安岭紧紧抓住黑龙江省对俄经贸科技合作战略升级和中国俄罗斯年的战略机遇，境外采伐规模逐步扩大，由2000年的3个林业局过境采伐扩大到现在的9个林业局。生产队伍逐年增多，由2000年的3支队伍增加到现在的23支队伍，安置剩余劳力2000人，盘活闲置设备960台(套)。设备投入由2000年的100台(套)增加到2008年917台(套)。生产布局分布在俄罗斯的克拉斯诺亚尔斯克边疆区、后贝加尔边疆区、阿穆尔州、犹太自治州、哈巴罗夫斯克边疆区5个州区，点多、面广、线长，作业战线长达5000多千米。

产量逐年增加，由2000年3.9万立方米增加到现在的50万立方米。2008年，生产商品材50.02万立方米，完成年度计划的100.05%，比

2007年多生产5万立方米，增长11.1%。截至2008年末，累计生产商品材239.4万立方米，输出劳务9769人次，取得了较好的经济效益和社会效益。2009年，重点推进对俄森林资源开发，在俄新租赁林地15.36万公顷，取得595万立方米森林资源开采权。生产商品材50.02万立方米，加工板材3.03万立方米，分别完成年度计划的100.03%和100.89%。

俄罗斯联邦外贝加尔边疆区西部区森林资源综合开发合作项目已到位资金2200万元人民币。新林林业局投资1000万元人民币，收购了俄西伯利亚特朗斯木材贸易有限公司100%股权，获得86人的劳务指标。2009年2月份，国家发改委对集团公司参股的兴邦公司在俄投资的林浆一体化项目予以核准批复，兴邦公司和俄联邦外贝加尔边疆区签署了备忘录，分别与俄西伯利亚远东设计院和德国林克公司就阿玛扎尔林浆一体化项目生产线的工艺流程、各工序所需设备进行磋商，达成了共识。阿玛扎尔森林工业联合体工程项目向国家开发银行申请的1亿元人民币专项贷款，已得到国家开发银行的批准并下拨使用，纸浆厂生活区30公顷土地、木材加工厂及中转货场24公顷土地获莫戈恰区政府批准，纸浆厂主厂区用地和部分辅助厂区用地共计300余公顷，已上报俄罗斯国防部、农林部和联邦政府。引进德国林克公司年加工10万立方米木材生产设备及项目急需的180吨建筑用钢材全部到位，加工厂前期场地平整工作基本完成。

【木材销售】 2009年，为了应对国际金融危机对木材市场的冲击，林业集团公司制定了《局内销售木材审批制度》，细化最低限价档次，局内销材和造材剩余物实行竞价销售，提高木材售价。对外销的造纸材实行统一价格、统一销售，坚持效益最大化原则，发挥集团优势，促进造纸材价格稳中有升。

2008年，销售林木产品275.8万立方米，其中：销售经济材108.6万立方米；经济材平均载量54.67立方米/车，比2007年提高1.40立方米/车，为企业节约运输成本540万元；小材小料销售22.2万立方米，小材小料平均载量56.83立方米/车，较2007年提高载量0.88立方米/车。2009年，销售林木产品254.35万立方米，其中：销售经济材119.26万立方米；经济材平均载量54.55立方米/车，比2008年减少0.12立方米/车；小材小料销售12.9万立方米，小材小料平均载量57.49立方米/车。

2008年销售造纸材203万立方米，平均售价226.57元/立方米，比统管前的130元/立方米提高了96.57元/立方米，增收19603万元。2009年，销售造纸材17.08万立方米，平均售价实现211.65元/立方米，比统管前130元/立方米提高了81.65元/立方米，增收1394.3万元。

2008年，经济材平均售价862.08元/立方米，比2007年提高85.85元/立方米；火烧木售价384.18元/立方米，比2007年降低164.45元/立方米；松木杆平均售价437.09元/立方米；比2007年降低104.36元/立方米；小材小料平均售价855.96元/立方米，比2007年提高123.59元/立方米。2009年经济材平均售价742.45元/立方米，比2008年降低119.56元/立方米；火烧木售价297.26元/立方米，比2008年降低86.42元/立方米；松木杆平均售价362.70元/立方米；比2008年降低74.43元/立方米；小材小料平均售价798.59元/立方米，比2008年降低57.14元/立方米。

【林产工业】 2008年，林产工业完成产值128734.1万元，完成年计划的103.2%，比上年增长34.1%；精深加工产值完成88722.4万元，比2007年增长48.5%，占总产值的比重为68.9%；增加值完成50610.9万元，完成年计划的104.3%，比2007年增长44.4%；实现利润10021.1万元，完成年计划的103.1%，比2007年增长25.9%；上缴税金4588.1万元，比2007年增长22.7%。2009年，林产工业完成产值157961.4万元，同比增长22.7%；增加值完成58881.6万元，完成年计划的100.9%，同比增长16.3%；实现利润11452.1万元，完成年计划的102.1%，同比增长14.3%；上缴税金4319.6万元。精深加工产值完成125483.9万元，占总产值的比重为79.4%，同比增长41.4%。可加工原木调拨770444立方米，完成全年可加工原木调拨计划的

115.4%。累计加工可加工原木750031立方米，其中活立木492058立方米，烧死木257973立方米，完成年计划的112.3%。13家林木产品精深加工企业共实现产值4.72亿元，对总产值增长的贡献率达到70.86%。

2008年，新建或改扩建的13个林产工业项目中，计划总投资5.67亿元，已完成投资4.26亿元，完成总投资的75.8%，新建和改扩建厂房及附属设施13.1万平方米。

2008年，大兴安岭林业集团公司林产工业共有加工厂点232个，形成固定资产原值10.8亿元，净值9.2亿元，产值在1000万元以上的企业39家，产值在500万~1000万元的企业17家，产值在500万元以下的企业176家。主要产品有锯材、人造板、木制品、家具、集成材、林化产品等六大类。所需原木83.8万立方米，需剩余物147.9万立方米，消耗原木64.5万立方米，消耗剩余物56.2万立方米。

2009年，制定出台了《大兴安岭可加工原木不出区实施方案》；安排主导产品及重点企业原料保障及产值指标；严格执行以林业局和重点企业为基本单位的可加工原木调拨、产品加工量和产值实现序时进度表。各林业局分别制定了实施方案。实施品牌战略，强化质量意识，加强品牌建设。充分发挥林木产品质量检测中心的作用，采取抽检、定期检验、送检等形式，为企业产品质量把好关，切实提高产品档次。坚持自主创新，突出主导品牌。已初步形成以13家规模型加工企业的林木精深加工产品为主导，一局一品的产业格局和产品体系。利用品牌产品抢占市场意识逐步增强。各林业局积极推动优势产品质量认证、注册商标提档升级等项工作，主动利用品牌产品抢占市场。西林吉林业局吉宜家木业申办了ISO9001质量管理体系认证，新增木结构建筑、木梁、地板、墙壁板、胶合结构建筑材等产品认证。呼中林业局与北京洽谈的铝包覆实木门窗已经确定了2万平方米生产合同。十八站林业局与山东临沂依江经贸有限公司合作，开发防火橱柜板、顺向多层板等多种产品。松岭林业局大森林木业公司在哈尔滨、北京、上海地板直销店开始运营。新林林业局大力推广神采集成材和龙脉人造板两大品牌。图强林业局以板式木屋为主导产品，确定了以北京为中心，辐射全国的品牌带动市场开拓思路。阿木尔林业局板业公司在哈尔滨、大连、青岛、南京、秦皇岛等地建立地板直销网络。由大兴安岭林业集团公司、南林富来森科技发展有限公司、浙江富来森集团公司共同参股成立的大兴安岭兴森能源高科技有限责任公司，于2009年3月5日在加格达奇注册成立，塔河一期工程3月初完成工艺流程设计和设备选型，并开工建设。

2009年，大兴安岭林产工业精深加工企业有51家，固定资产总值91590万元，净值83409.9万元。各类加工设备5441台(套)，安置就业人数2万余人。主要加工产品有人造板、集成材、家具、木制别墅、地板、定制锯材、小木制品及林化产品共计八大类67个品种500余样产品。已达到了年生产集成材系列产品6.35万立方米，中、高密度纤维板18.5万立方米，刨花板9万立方米，胶合板6.5万立方米(建筑模板3.5万立方米)，细木工板6.45万立方米，家具22.0万件，地板82.8万平方米、活性炭1200吨、机制炭7050吨的能力。塔河生物质发电厂年发电量7200万千瓦时，生产木炭2.2万吨、木醋液1.3万吨和木焦油0.38万吨。

主要以原木为原料的企业35家，预计需消耗原木72.3万立方米；主要以剩余物为原料的企业15家，预计需消耗剩余物105.8万立方米。

松岭林业局胶合板生产线1条，年生产能力0.4万立方米；细木工板生产线1条，年生产能力0.2万立方米；地板生产线1条，年生产能力50万平方米。锯材生产线3条，年生产能力1.5万立方米。该局龙头企业大森林木业及荣华木材加工厂等。

新林林业局中高密度纤维板生产线1条，年生产能力10万立方米；胶合板生产线1条，年生产能力1万立方米；刨花板生产线1条，年生产能力2万立方米；集成材生产线1条，年生产能力1.3万立方米；地板生产线1条，年生产能力2.6万平方米；家具生产线1条，年生产能力2万件；卫生筷子生产线2条，年生产能力11万箱；牙签生产线1条，年生产能力0.1万吨；雪糕柄生产线1条，年生产能力0.15万吨。该局龙头企业绿洲盛兴木业及兴盛木业等。

塔河林业局细木工板生产线2条，年生产能力

12.5万立方米；胶合板(建筑模板)生产线1条，年生产能力1万立方米；集成材生产线2条，年生产能力3.5万立方米；纤维板生产线1条，年生产能力5万立方米；机制炭生产线1条，年生产能力5000吨；活性炭生产线1条，年生产能力900吨；锯材生产线1条，年生产能力1万立方米；卫生筷子生产线1条，年生产能力2.5万箱。该局龙头企业塔河凯达木业及塔河宏翔木业等。

十八站林业局细木工板生产线1条，年生产能力30万立方米；胶合板生产线1条，年生产能力0.5万立方米；锯材生产线1条，年生产能力1万立方米；卫生筷子生产线1条，年生产能力10万箱。该局龙头企业华驿人造板厂。

韩家园林业局胶合板(建筑模板)生产线1条，年生产能力1.6万立方米；细木工板生产线1条，年生产能力0.2万立方米；锯材生产线2条，年生产能力2万立方米米；雪糕柄生产线1条，年生产能力500吨；玩具生产线2条，年生产能力30万件。该局龙头企业库伦斯木业和库伦斯木艺等。

呼中林业局集成材生产线2条，年生产能力1.6万立方米；细木工板生产线3条，年生产能力1.6万立方米；刨花板生产线1条，年生产能力1.5万立方米；纤维板生产线1条，年生产能力3.5万立方米；家具生产线1条，年生产能力20万件；机制炭生产线1条，年生产能力500吨；雪糕柄生产线1条，年生产能力1000吨。该局龙头企业兴安木业及卡玛兰木业等。

阿木尔林业局地板生产线1条，年生产能力30万平方米；集成材生产线2条，年生产能力0.8万立方米；细木工板生产线1条，年生产能力0.1万立方米；机制炭生产线1条，年生产能力1000吨。该局龙头企业阿木尔板业及吉盛木业等。

图强林业局刨花板生产线1条，年生产能力6万立方米；细木工板生产线1条，年生产能力0.1万立方米；集成材生产线1条，年生产能力1万立方米；机制炭生产线1条，年生产能力500吨；活性炭生产线1条，年生产能力300吨；实木门窗生产线1条，年生产能力1万平方米。该局龙头企业诚誉木业及北极松人造板厂等。

西林吉林业局集成材生产线2条，年生产能力1.3万立方米；胶合板生产线2条(其中建筑模板1条)，年生产能力2万立方米；地板生产线1条，年生产能力0.2万平方米；机制炭生产线1条，年生产能力5000吨；锯材生产线2条，年生产能力1万立方米；雪糕柄生产线2条，年生产能力3000吨。该局龙头企业宜家木业、北极木业及华诚木业等。

【生物质能源】 2009年，与南京林业大学共同开发了利用生物质材料热解气化同时制取固、气、液三种产品的技术，在塔河林业局建设以林业“三剩物”为原料，装机容量10兆瓦的发电及生物质深加工的“兴森能源”示范项目，年发电量7200万千瓦时，产生木炭21525吨，浓缩木醋液12915吨，木焦油3800吨。

【林木种苗】

林木良种基地建设

林木种子园　截至2008年底，已建成种子园基地3处，总面积1425公顷，分布在营林技术推广站、林科所实验基地、加格达奇林业局翠峰林木种子园。规模与2007年没有变化。2008年，种子园采收种子0.055吨，销售收入3.3万元，分别比2007年减少0.143吨和2.1万元。

2009年，已建成林木良种基地5处，总面积2410公顷，其中：针叶树林木良种基地2325公顷，阔叶树林木良种基地85公顷。针叶树林木良种基地中含林木种子园915公顷，其中：营林技术推广站757公顷，林科所实验基地58公顷，加格达奇林业局翠峰林木种子园100公顷。总投资106.6万元。

母树林基地　截至2008年底，母树林基地总面积14687.42公顷，其中：兴安落叶松8336.33公顷，樟子松4961.29公顷，云杉220.80公顷，白桦905.40公顷，偃松153.00公顷，云杉落叶松混交林110.60公顷。总投资300多万元。规模、投资情况与2007年相同。

苗圃建设　2008年，大兴安岭有苗圃共计20处，其中国有苗圃14处，个人苗圃6处。在国有苗圃中，以科研性质为主的苗圃有2处，其余的12处苗圃是以生产为主。苗圃固定资产总额为5832万元，苗圃经营总面积505.5公顷，育苗用地面积341.0公顷。固定职工625人，其中工程技术人员73人。年最大产苗量可达2.2亿株。2008年，共计生产主要造林树种出圃苗木2799万株，实现销售2516万株，当年收入674.06万元。分别较2007年增加297万株、266万株和64.1万元。

2009年，大兴安岭有苗圃25处，其中国有苗圃12处，个人苗圃13处。在国有苗圃中，以科研性质为主的苗圃有2处，其余的10处苗圃是以生产为主。苗圃固定资产总额为5832万元，苗圃经营总面积558.4公顷，其中生产用地面积为363.4公顷，辅助生产用地面积195公顷。年最大产苗量可达2.5亿株。常规造林苗木主要以兴安落叶松、樟子松、红皮云杉为主，绿化树种主要以甜杨、榆树、丁香等为主。

【森林蔬菜、饮料】 森林蔬菜主要以菌类和山野菜为主。菌类和山野菜在全区均有分布，菌类以呼中区和新林区居多。2007年，大兴安岭森林蔬菜产量为6586吨，产值达29810万元，销售量5850吨，销售收入26120万元。2008年，大兴安岭森林蔬菜产量8198.2吨，产值达28208.5万元，销售量6773.5吨，销售收入23100万元。2009年，食用菌(含种植)8781吨，其中：黑木耳7935吨，蘑菇、猴头菇等846吨，产值近4.2亿元；山野菜2144吨，产值近0.2亿元。

饮料主要以矿泉水和蓝莓饮料为主。蓝莓主产区为漠河、阿木尔、图强、塔河、呼中等；大兴安岭现有矿泉水点47处。2007年，大兴安岭饮料产量11000吨，产值1000万元，销售量10400吨，销售收入800万元。2008年，大兴安岭饮料产量10500吨，产值1050万元，销售量10500吨，销售收入670万元。

菌　类

原料来源　主要是桦树锯末和枝丫为主，属于木材加工的废弃物。

主要加工企业　2009年，食用菌及山特产品加工企业42家，规模以上的加工企业为大兴安岭永富山珍科技产品开发有限公司、大兴安岭兴安有机食品有限公司、大兴安岭远桦山特产品开发公司等，其他均为规模以下加加工企业工企业。

主要产品与品牌　主要产品为黑木耳、猴头菇、榛蘑等压缩系列产品；黑木耳、猴头菇、榛蘑等小包装系列产品；散货产品和黑木耳、榛蘑提取物制品。品牌为：北奇神(中国驰名商标)、永富(黑龙江省著名商标)、福存、兴红、樟子松等。

市场状况　主要以内销为主，大兴安岭只有新林绿色产业有限公司有食用菌出口业务，市场分布主要以长江以北为主，重点是北京、黑龙江、辽宁、河北、河南等地。经销形式：散货主要以贸易商为主；加工类产品以代理商、经销商为主。精深加工产品比例较低，产品附加值较小，市场前景广阔。

山野菜

原料来源　野生采集，采集时间为每年的5～6月份。

主要加工企业　大兴安岭现有从事山野菜加工企业2家，其中蕨菜多数以干货出口韩国和日本。

主要产品与品牌　主要产品为腌渍品、干品两种，腌渍品为桶装。品牌为：北奇神(中国驰名商标)、龙源等。

市场状况　蕨菜主要以出口为主，其他类加工产品以国内代理商、经销商为主；精深加工产品比例较低，产品附加值较小，原料较为受限。

饮　料

原料来源　主要采集野生浆果。

主要加工企业　加工蓝莓饮料企业主要有大兴安岭超越野生浆果加工有限责任公司、北奇神生物工程公司、大兴安岭百盛蓝莓科技开发有限公司、大兴安岭华野生物工程有限公司等。

主要产品与品牌　矿泉水品牌主要有布勒山、木石神泉、兴安奇泉、北国神泉等。蓝莓饮料品牌主要有北奇神、野果王、蓝百蓓、神州北极、丑小鸭、漠兴等。

市场状况　饮料产品销售渠道主要是区内、省内，部分产品销售到全国各大城市。

【旅游业】 2007年，大兴安岭年接待各类旅游者29.52万人次，旅游综合收入2.46亿元，比2006年分别增长24.98%和46.40%，旅游收入占全区GDP的5.9%，旅游产业呈现出良好的发展态势。2008年，接待旅游者67.5万人次，实现旅游收入4.9亿元，同比分别增长128.6%和95%。2009

年，接待各类旅游者146.9万人次，实现旅游收入12.49亿元，同比分别增长117.7%和157%。

2009年，大兴安岭把旅游产业作为六大产业之一，出台了《大兴安岭地区关于加快旅游产业发展的决定》，制定了《旅游专业人才引进方案》，并把旅游产业发展纳入县(区)局、地林直部门目标考核和党政主要领导业绩考核当中，实行跟踪问效。

全长135.2千米的加—卧公路和89.2千米的漠—洛口岸公路已于2009年通车，使全区高等级公路里程达到1531.4千米。全长490千米的加—漠公路改造工程，全长78千米的漠—北公路，全长28千米的加—白公路，正在施工建设中。大连—海拉尔—漠河、哈尔滨—齐齐哈尔—漠河两条新航线于2009年7月开通。加格达奇民用机场建设正式启动，土地征用和民房动迁工作已完成。加区投入资金3600多万元，进行城市基础和配套服务设施改造。同时，漠河县投资1000多万元，对北极村景区水、电、路等基础设施进行改造。

自2006年以来，共有43个旅游景区得到了不同程度的开发，投入资金5.5亿元。成功举办了中国·漠河北极光节、黑龙江源头国际冰雪汽车越野拉力赛、中国·黑龙江国际滑雪节初冬热身滑雪月开滑式暨加格达奇国际冬泳邀请赛、全国首届自由式滑雪雪上技巧比赛、中国“四极”旅游发展论坛、中国·漠河生态文明建设高层论坛、大兴安岭首届国际蓝莓节暨全国山特产品交易会等节庆赛事活动，共吸引新华社、人民日报社、中央电视台等200多家强势媒体，全程报道活动实况。大兴安岭先后获得“中国最佳生态旅游目的地”、“中国最美十大森林”、“中国最值得外国人去的50个地方”、“中国野生蓝莓之乡”等美誉。

【野生动物养殖】 大兴安岭野生动物养殖从单一品种发展到现在以狐、貂等为主的毛皮动物，以梅花鹿、马鹿等为主的药用动物，以野猪等为主的食用动物的多品种养殖。

2008年，存栏：鹿0.79万头、狐貂貉4.38万只、獭兔16.76万只。总产值实现4.58亿元，比2007年增长9.8%。

2009年，存栏：鹿0.7万头、狐貂貉5.52万只、獭兔15.5万只、野猪2744头、野鸡1350只、雪兔270只。总产值实现5.36亿元，比2008年增长17.7%。野生动物养殖有限责任公司4家，养殖基地7个，养殖场14个，野生动植物园1处。毛皮动物养殖综合成本降低了5.1%。鹿、狐貂养殖场面积已分别发展到1800万平方米、300万平方米。养殖场(户)标准化率由2008年的65%提升到80%以上。

2009年，对劣质个体进行严格淘汰，良种率全面提高，推广鹿人工授精700多头，鹿群质量有了明显提高，鹿茸最高单产达到了21千克。通过抽样考察，鹿良种率83.5%。狐貂良种率92.5%，狐貂一等皮张达到91%。从国外引进1000多只芬兰原种公狐，推广狐人工授精30000多只，人工授精面达98%。獭兔良种率88%，一等皮张达到92%。

【中药材】 2008年，北药产业实现产值3.3亿元，完成年计划3亿元的110%；比2007年增长9.6%。其中：加工业1.40亿元，比2007年增长64.7%；种植业0.2亿元，比2007年增长33.3%；养殖业8776.6万元，比2007年减少12.23%；采集业0.5亿元，比2007年增长19.12%。药材种植面积2668.43公顷，完成年计划2666.67公顷的100%，比2007年增长5.7%。蜂养殖3.5万箱，完成年计划3.5万箱的100%，同比增长16.7%。

2009年，北药产业实现总产值3.31亿元。

原料来源 主要来源于野生中药材采集和人工种植、养殖。

主要企业 大兴安岭北奇神药业有限公司、大兴安岭韩家园松涛鹿苑野生动物养殖有限公司、大兴安岭自彬鹿业有限公司、大兴安岭九色鹿有限公司、大兴安岭林格贝有机食品有限责任公司、大兴安岭兴安鹿业有限公司、大兴安岭北天原科技开发有限公司、大兴安岭神农北药有限公司。

主要产品与品牌 国药准字号药品3种，保健品百余种，医药中间体10余种。主要品牌：北奇神、林格贝、北天原。

市场状况 产品主要销往黑龙江、吉林、辽宁，在北京、上海等城市设有代理商和销售点，各企业产品总加工产值过亿元。其中林格贝公司的植物提取物和天然色素已出口到美国、日本、澳大利亚等8个国家。

【**招商引资**】 大兴安岭的招商引资最重要优势就是自然资源。随着利用资源项目的落户，部分资源相对饱和已成为突出问题。同时，由于大兴安岭是国家重点林区，肩负生态安全重任，建设项目受林地制约。

2008年，签约招商引资项目75个，签约额45.25亿元，累计到位资金21.3亿元，完成计划的107.58%，比2007年增长51%，提前一个月完成任务，引资额首次突破20亿元，超出黑龙江省定指标10.98个百分点。

2009年，引进的89个项目中，林木产品精深加工项目7个，占项目总数的7.87%，引资额2.14亿元，到位资金1.85亿元。从引资额度上看，木材精深加工项目的引进位居六大接续产业第三位。

【**林业科技**】 2008年，全年共实施各类计划项目48项，有15个科技成果获得大兴安岭地区科技进步奖，共投入科研经费1141万元，其中争取省科技项目经费541万元，地本级投入600万元，开发新产品12种，推广先进适用技术5项，重点科技创新项目预计实现产值1.5亿元，利税2600余万元。

通过大兴安岭研发中心，搭建了研发合作平台，与40多家大学和科研院所建立了科技合作关系，在绿色有机食品和北药开发、林木产品精深工和特色养殖良种繁育技术应用与示范等方面进行了广泛的合作。通过技术引进和跟高校院所合作，研发新产品12个，新增产值近3000万元，其中蜂王浆五味子软胶囊已经通过省级新产品和科技成果鉴定，妇康坐浴袋正申报国家专利，蓝莓软胶囊、鹿茸含片、多层实木仿古复合地板、桦树皮工艺精品及国画、黑尔康源黑木耳高钙片、蓝莓果干、蓝莓粉已投放市场，其他产品已完成工艺设计，生产出样品。

2008年得到国家及省立项支持项目有8项，争取项目资金541万元，比往年有大幅度的提高。

2009年，共实施各类计划项目38项，其中重点项目7项，投入科研经费1280万元，其中争取省和国家林业局科技项目经费680万元，地本级投入600万元，开发新产品27种，申报国家发明专利8项，推广适用技术10项。实施了一批重大科技专项，用于技术研究与开发，带动企业自筹4000万元，企业创产值1亿元。黑龙江省和国家林业局立项支持的项目19项。生态建设与节能环保方面，推进实施了生产淀粉废弃物薯渣生物处理技术与资源化处理项目，通过与哈工大联合攻关，开发出了薯渣蛋白饲料，解决了马铃薯淀粉生产过程中所造成的环境污染问题；重点推进了林格贝公司林下植物生物提取项目，研制开发出青蒿素等系列林下植物医药中间体产品，出口创汇1000万美元；重点推进实施了大兴安岭低质林结构优化与功能调控技术，火烧迹地植被恢复技术，柞树、樟子松病虫害综合防治技术等研究与示范项目，建立了低质林林分结构改良优化模式6个，不同类型试验示范区100公顷，病虫害防治试验1000公顷。绿色食品开发方面，推进超越公司、北极冰酒业和百盛蓝莓公司实施蓝莓产品精深加工项目，开发出蓝莓五味酸枣仁软胶囊、蓝莓原汁全营养口服液及蓝莓冰酒系列产品，初步实现产业化；实施食用菌及山野菜种植技术产品开发项目，开发出食用菌多糖冲剂、黑木耳复合营养醋等食用菌系列产品，培育出优良菌种3个。

开发并推广落叶松实木门窗5个系列20个新产品，实现产值1993万元，实现利润73.2万元，税金29万元。建立了森林鸭标准化养殖示范区、发酵床养猪示范基地和翘嘴红鲌鱼人工养殖示范基地；建立了年产90万袋的二级液体菌种工厂化示范基地1个，培育优良菌种3个。

全年高新技术企业实现总产值3.25亿元，实现工业增加值1.14亿元，利税0.8亿元，分别增长35%、37%和70%。民营科技企业技工贸总收入完成3.5亿元，利税0.7亿元，分别增长40%和20%。3家企业通过了国家级高新技术企业认定，经认定的高新技术产品达12种。新发展民营科技企业4家。

【**北奇神药业公司**】 是黑龙江省高新技术企业，成立于1985年，总资产5872.3万元。有员工230

人，具有职称人员 98 人，占员工总数的 43%。占地总面积 54000 平方米，厂房及附属设施建筑面积 16635 平方米。法人代表：孙乃居。

【大兴安岭漠河北极神泉天然饮品有限公司】 成立于 2000 年，是一家集工、贸、旅游、餐饮一体化发展的高绩效科技型股份制企业，法人代表张忠孝。公司拥有员工 104 人，固定资产 2000 万元。生产车间 1670 平方米，两条全自动灌装生产线，年生产能力可达 5 万吨。除矿泉水专业生产线基地外，公司还拥有野生动物特色养殖场、矿泉湖冷水鱼养殖场、野生浆果加工厂、水上生态园、宾馆、别墅、野生动物园等，现产值 2000 万元，年利税 150 万元。

目前，木石神泉矿泉水在大兴安岭产品占有率已达 85% 以上，从哈尔滨至漠河铁路沿线等 10 个城市均有木石神泉矿泉水的销售网络，内蒙古、北京、河北、辽宁也有北极泉公司的销售网络，年销售量可达 4. 8 万吨。

【大兴安岭绿洲盛兴人造板有限公司】 是黑龙江盛兴集团股份有限公司在新林投建的 10 万立方米中(高)密度板生产线项目。法人代表杨孝义。公司一期工程投资 2. 1 亿元，注册资金 1 亿元，建成 3 条生产线：即年产 10 万立方米中(高)密度板生产线，年产 2 万立方米刨花板生产线，年产 1 万立方米胶合板生产线。公司占地面积 40. 08 万平方米，建筑面积 4. 42 万平方米。于 2007 年 7 月 25 日正式开始生产。公司主要生产原料是林区“三剩物”，每立方米人造板可替代 3 ~5 立方米商品木材。

2008 年，实现产值 8908 万元，销售收入 4906 万元，上缴税金 500 万元，实现利润 315 万元。

【大兴安岭新林兴盛木业有限公司】 成立于 2007 年 8 月 24 日，是大兴安岭新林林业局重点招商企业。法人代表雷文军。厂区占地面积 10. 50 公顷，总投资 7089. 79 万元。拥有国内最先进集成材生产设备和专业技术人员，设计年生产集成材窗口料 1. 1 万立方米、年产集成材家具板 2000 立方米。

【韩家园松涛鹿苑公司】 成立于 2002 年 10 月，公司注册资本 1321 万元，是大兴安岭民营科技企业，法人代表陈铁。设有养殖基地、酒业公司及深加工生产车间。建有酒业、口服液两条现代化生产线。车间全部按照 GMP 标准建造，设计净化等级为 30 万级。养殖梅花鹿、马鹿、驯鹿 196 只。主要生产设备 52 台(套)。年可生产鹿补酒 95 万千克，鹿补口服液 1100 万毫升，胶囊 320 万粒。企业人员总数为 33 人。目前，公司在全国拥有专卖店 19 家，直营店 1 家。2008 年销售收入 139. 1 万元，缴税 804 万元，企业总资产 2388. 6 万元。

【库伦斯木业公司】 由韩家园林业局与廊坊贵德木业于 2007 年 8 月合资创办。法人代表王贵德。公司主要以生产建筑模板和多层板为主。公司现有主产品：建筑模板、高档清水模板、细木工板、多层板、锯材、小料、木旋芯、单板等。目前公司年产建筑模板数量可达 25 万张、细木工板数量 20 万张。产品技术及产品质量已通过黑龙江省技术监督部门检测。

公司累计生产建筑模板、多层板、细木工板 35 万张，产值 2275 万元，销售收入 1651 万元、实现利润 119 万元、税金 473 万元。安排就业人数 280 人。

【库伦斯木艺玩具有限公司】 位于加格达奇，是韩家园林业局投资建设，以木材剩余物为主要原料，集生产、设计、开发、销售为一体的现代化木制玩具制造企业。法人代表陈铁。公司占地 15289 平方米，总投资 1600 万元，其中土建投资 1100 万元，建有标准化钢结构厂房 2700 平方米，办公楼 585 平方米，仓库 450 平方米；设备投资 200 万元，拥有各类木材加工设备 50 余台(套)，主体设备木材加工中心、四面刨铣机直接由意大利进口，处于世界领先地位。公司现有员工 70 名。

【大兴安岭兴安木业有限公司】 位于呼中镇内，是由大兴安岭金马实业投资有限责任公司、大兴安岭林业集团公司、呼中林业局共同出资兴建的一家集林木产品精深加工、销售，山特产品收购、销售，商品及技术进出口，矿产开发，房地产开发，矿泉水生产，度假村、酒店等于一体的综合性民营控股龙头企业。公司法人辛兴瑞。

公司正式注册成立于2008年1月31日，注册资金6196万元，占地面积27.7万平方米。拥有各类生产设备523台(套)，员工900余人。企业实力雄厚，年设计生产能力：绿色环保细木工板11000立方米、中密度纤维板15000立方米、落叶松集成材1.2万立方米，并依托企业自身资源、产品结构优势，采用北木门窗专利技术，建设年产6万平方米集成材实木复合门窗加工生产线。公司目前主要产品已有细木工板、纤维板、刨花板、集成材、实木复合门窗等几大类数十个品种。

【大兴安岭卡玛兰木业有限责任公司】 成立于1996年。法人代表吴寿林。公司是以"三剩材"等为主要原料的综合性加工企业。公司占地面积3.9万平方米，建筑面积1万平方米，员工280人，固定资产800万元，年产值700万元，利税75万元，有一条年产8000立方米细木工板生产线，产品以卡玛兰牌绿色环保细木工板为主。

【大兴安岭华驿人造板有限责任公司】 由十八站林业局独立投资建设完成，企业性质为国有独资。2007年5月施工建设，10月建设完毕，12月正式投入生产，实现了"当年立项、当年建成、当年生产"的工作目标，主要产品为细木工板。累计实现产值3912.5万元，实现销售总收入1984万元，实现净利润175.8万元，上缴税金51万元。企业管理逐步完善，于2008年8月通过了ISO9001：2000质量管理体系认证；产品质量稳步提高，先后通过了黑龙江省和国家质量监督检测部门的检验；产品品质实现了快速提升，于2009年3月通过了中国环境标志产品认证；生产能力得到了不断增强，从年产30万张细木工板提高到50万张。

【漠河宜家木业公司】 始建于1987年，占地面积12万平方米，公司位于漠河县对俄开发工业园区，企业注册资金1100万元，固定资产6590万元，生产设备350台(套)，拥有德国麦克·威力、台湾森科、意大利等世界领先的自动化木材加工设备，有员工460人。公司集研发、生产、销售为一体，拥有自主知识产权和进出口经营权，具有较强的自主创新能力，通过了国际ISO9001：2000质量管理体系认证。

公司建有木屋加工中心、木梁、异型木梁、墙体，实木门窗料，地板、墙板，实木门和欧式窗，集成材6条生产线。生产干燥材2.75万立方米、建筑结构梁6000立方米、实木门20000套、欧式窗20000平方米、欧式窗料2000立方米、集成材板材2000立方米、地板2000平方米、墙壁板500立方米、木屋10000平方米，年可加工原木5万立方米，年创产值1.25亿元，利税2000万元。

【塔河宏翔木业有限公司】 成立于2008年3月23日，是塔河县招商引资企业，法人代表洪斌。公司位于大兴安岭塔河工业园区内，建有热磨车间、热压车间，制胶车间和锅炉房等，占地面积9公顷，总投资6000万元。设备选用国内最先进的连续辊压中密度板生产线，年生产能力为60000立方米中密度板。可生产厚度为2~6毫米，幅面为1220毫米×2440毫米的中密度板。项目建成达产以后年创产值1.2亿元，实现利税2000万元。

【大兴安岭丽雪精淀粉公司】 建于1997年5月，是以加工马铃薯精淀粉为主的绿色食品生产企业，是省级农业产业化龙头企业。法人代表梅建华。公司注册资金6200万元，现有资产15400万元。公司拥有两条从荷兰引进具有国际先进水平全自动、全封闭、微机控制的马铃薯精淀粉生产线，年产马铃薯精淀粉能力2万吨，马铃薯精粉皮1000吨，精粉丝1000吨，其生产规模居全国前列，广泛用于食品、医药、造纸、纺织、石油等行业。

(康文学)

新疆生产建设兵团林业产业

【概　述】2008年，全兵团林业产业总产值达278626万元，比2007年增长了23.21%，其中第一产业产值278065万元，比2007年增长了23.96%；第二产业产值162万元，比2007年增长了224.00%；第三产业产值399万元，比2007年减少了77.53%。产业结构由2007年的99.19:0.02:0.79调整为2008年的99.80:0.06:0.14。

2008年，第一产业产值中，涉林产业产值达278065万元，比2007年增长了23.96%。其中，林木培育和种植产值达22981万元，比2007年减少了11.87%；木材和竹材的采运产值3396万元，比2007年增长了87.31%；经济林产品的种植与采集产值251558万元，比2007年增长了25.84%。第二产业中，涉林产业产值162万元，比2007年增长了224%。其中木材加工及木、竹、藤、棕、苇制品制造产值162万元，比2007年增长了260%。

2009年，全兵团林业产业总产值436115万元，比2008年增长了56.02%，其中第一产业产值428932万元，比2008年增长了54.25%；第二产业产值1801万元，比2008年增长了1011.73%；第三产业产值5382万元，比2008年增长了1248.87%。产业结构调整为98.35:0.41:1.23。

2009年，第一产业产值中，涉林产业产值409587万元，比2008年增长了47.29%，其中，林木培育和种植产值50562万元，比2008年增长了120.12%；木材和竹材采运产值1901万元，比2008年减少了44.02%；经济林产品的种植与采集产值356891万元，比2008年增长了41.87%；陆生野生动物繁育与利用产值119万元。林业系统非林产业产值19345万元。第二产业中，涉林产业产值381万元，比2008年增长了135.18%。其中木材加工及木、竹、藤、棕、苇制品制造产值381万元，比2008年增长了135.19%。

2008年，全兵团木材总产量4.16万立方米，比2007年减少了4.81%。其中，原木产量4.16万立方米，比2007年减少了4.81%。2009年，全兵团木材总产量5.75万立方米，比2008年增长了38.13%。其中，原木产量5.75万立方米，比2008年增长了38.13%。

【果　品】2009年，兵团果品总产量89.08万吨，比2008年增长36.04%，其中水果产量80.09万吨，比2008年增长30.52%；干果产量8.99万吨，比2008年增长118%，水果及干果的种植与采伐产值达到35.59亿元，比2008年增长41.68%。

2009年，兵团各种果品生产情况：苹果产量19.12万吨，比2008年增长39.77%；梨(以香梨为主)29.35万吨，比2008年增长19.5%；葡萄27.68万吨，比2008年增长31.06%；桃1.94万吨，比2008年增长118%；杏1.92万吨，比2008年增长76.15%；核桃0.15万吨，比2008年增长148%；枣(干重)8.8万吨，比2008年增长126%；其他果品0.12万吨，比2008年下降40%。

葡　萄　新疆地处世界北半球葡萄栽培带中，地理位置与环境条件十分优越。新疆葡萄栽培历史悠久，品种资源丰富，约有品种50多个，是我国第一大葡萄产区，并以其优异的品质而享誉世界。主要鲜食品种有红地球、黑大粒、瑞比尔、木纳格、喀什哈尔、马奶子；鲜食制干兼用品种有无核白、汤姆逊无核、美丽无核、无核白鸡心；酿酒加工品种有赤露珠、霞多丽、雷司令。

哈密瓜　新疆厚皮甜瓜的统称，古称甘瓜、玉瓜。种植历史约1600年，现有品种180多个。兵团哈密瓜年播种面积为1.33万公顷左右，总产约20万~30万吨，产品大量远销全国20多个省市，并出口港澳地区。

杏　全疆栽培的杏品种(系)有近百个左右，大体可分成胡安娜、佳娜丽、白杏、油杏及毛杏等5个系列的品种群。截至2003年栽培面积为0.2

万公顷，总产0.45万吨，是兵团特色干果基地中最具有发展前景果树之一，产区主要分布在农一、二、三、十四师等各团场，主要栽培品种有赛买提、黑叮杏、白油杏、胡安娜、克孜朗、小白杏、库买提等。

苹　果　20世纪50年代初至70年代末为兵团主要果品，主要品种有夏立蒙、秋立蒙、阿波尔特、国光、青香蕉、红元帅等，多集中在农一、二、三、四、五、七师。80年代后引进优良品种红富士，开始大面积高接换种，面积基本维持在0.66万公顷左右，总产约7万吨。当前主要栽培品种有岩富10、长富6、秋富1、黄元帅等，产品主要表现为色泽鲜艳，肉质密脆，酸甜适度，耐贮藏运输。

核　桃　是兵团主要的特色果品之一，主要品种有纸皮核桃、薄壳核桃、露仁核桃、穗状核桃、早熟核桃等，普遍具有壳薄、果大、含油量高等特点。现有栽培面积0.15万公顷，总产5吨。主要分布在农一、三、十四师。

巴旦杏　新疆众多地方名果中最富特色的果品之一。新疆巴旦杏有40多个品种，以纸皮、软壳、薄壳等巴旦品质最为优良。由于产量较其他果树低，发展面积十分有限。兵团现有巴旦杏栽培面积0.072万公顷，总产23吨。

枸　杞　目前全兵团枸杞种植面积0.25万公顷，年可产干果0.61万吨。农五师83团枸杞素有“红玛瑙”之称，以果实鲜红、粒大饱满、皮薄肉厚、含糖丰富和药用价值高而颇受国内外客商的青睐，农五师83团2002年被中国经济林协会评为中国枸杞之乡。

【中药材和香料】　2009年香料、中草药、色素菊及其他经济林种植面积约2000公顷，总产量2万吨，产值1亿元。2009年，兵团人工红柳栽培大芸面积1600公顷。

2008年，兵团人工红柳栽培大芸生产面积2600公顷。兵团拥有各种红柳生产面积53万多公顷。药用枸杞等面积6600多公顷，市场价格好时作为药材采收，市场价格不好时作为一般的生态林进行管护。油用文冠果在农十师有1300多公顷生产面积。

【产业分布】

香　梨　目前已经初步形成了以农二师、一师为主要产区的香梨产业带。内含农一师的阿拉尔垦区、沙井子垦区的所有团场；农二师塔里木垦区、库尔勒垦区的所有团场。已经建成香梨面积1.3万公顷，产量18万吨；目前香梨产品内销主要销往北京、上海、广州等地，出口市场以港澳为主，在东南亚国家的国际果品市场一直保持良好的销售势头，成为国际市场时兴的珍稀水果。近几年向日本、韩国等国家的出口量增长速度较快。自2006年开始兵团香梨与自治区香梨一起经过13年的艰苦谈判，已经打开欧美市场。每年兵团出口香梨量占全疆总出口量的1/3以上。

鲜食葡萄　以农十三师和天山北坡各师为主要产区的鲜食葡萄产业带。目前已经形成了鲜食葡萄产业带，主要分布在农三、五、六、八、十二、十三师等地。主栽品种为无核白和从国外引进的大粒鲜食品种：红提、克端森、弗蕾等，目前该产业带所产大粒鲜食葡萄在市场上供不应求，国内市场主要供应新疆市场和长三角、珠三角及津京地区等市场，其中农八师鲜食葡萄生产面积已经达到8000公顷，2007年已经初步打开欧美等国际市场。

干杂果　以农十四、三、一、十三师为主要产区的干杂果产业带，重点发展杏、石榴、红枣、巴旦杏、核桃等干杂果。2007年干果面积2万公顷，占果树总面积近23%，其中：红枣面积1万多公顷，杏面积3600多公顷，其他近5000公顷。

葡萄加工　酿造葡萄是“九五”、“十五”期间兵团葡萄生产发展的重点，主要分布在农四、六、八师及二师焉耆垦区和十二师(天山北坡及伊犁河谷、焉耆盆地)，龙头企业新天国际葡萄酒业公司已形成15万吨的生产规模，与各产区实行订单式生产，具备占领国内市场和冲击国际市场的潜力。

制干葡萄产区分布在农十三师和农十二师221团，是疆内主要的出口葡萄干基地，现有面积近6600公顷，产量5万吨。

香　料　兵团香料生产开始于上世纪60年代的农四师，在稳定原有规模的基础上，近些年来在农九、十、五师也在探索试验。

哈密瓜　主要产区有农三、六、八.十三师，并以其规模化经营、标准化生产、市场化运作、产业化发展的生产模式和上乘的品质，享誉疆内外，1999 年 103 团被农业部授予中国哈密瓜之乡称号。

【品　牌】

伊力王红富士苹果　农四师 78 团产品。色泽鲜艳，含水量大，糖酸比合适，口感好，可溶性固形物含量在 14% 以上，去皮硬度每平方米超过 9 磅，硝酸盐含量仅为国家规定的 1/10。年产 6000 吨，年出口量 3000 吨。产品畅销省内外，并销往独联体国家。1995 年在兵团首届红富士鉴评会上获得第一名，1997 年获中国绿色食品发展中心颁发的绿色食品证书。

库尔勒香梨　新疆 58 个当地品种梨中最负盛名的一种特色果品，栽培历史已有 1500 年之久，因起源于库尔勒一带，故又称“库尔勒香梨”。其果实大小适中，形如纺锤，果皮黄绿，阳面有红晕。果味浓芬、肉酥脆爽口，清甜多汁(含糖量为 10%，含水量为 86% 以上)，单果重 90 ~ 176 克，含有丰富的维生素 C，品质极优。2002 年兵团香梨种植面积 0.96 万公顷，结果面积 0.36 万公顷。总产 5.85 万吨，出口约 1.5 万吨。改革开放以来其种植区域已由库尔勒绿洲中心扩展到塔里木河下游和阿拉尔垦区，产区主要分布在农二师 28、29、30、31、32、33、34、35、36 团和农一师 3、8、9、10、12、13 团等，产品覆盖全国各大城市，并远销中亚、东南亚及东欧国家和港澳，多次在全国果品评优会上获奖，被誉为“梨中佳品”。2000 年农二师被中国经济林协会授予中国香梨之乡称号。

炮台红甜瓜　又名冬甜瓜、红心脆，新疆地方农家厚皮甜瓜的一个变种，20 世纪 60 年代初由农八师 121 团技术员李元生发现并由 121 团西甜瓜试验站经多年选育提纯试种而成。该品种个大、肉厚、瓤红、酥脆、晚熟(生育期 150 天，10 月初上市)、有网纹、极耐贮运。产品一度远销香港地区及东南亚等国家，并连续 3 年在香港市场出现热销，名声大震。1979 年被自治区科委定名为“炮台红”。

贡宝牌贡梨(砀山梨)　1966 年农三师 48 团由安徽砀山引进砀山酥梨，在垦区独特的自然条件和 20 多年栽培驯化下，产生了质的变异，与原产地比较，果品主要表现出个大核小、酥脆可口、含糖量高，果点小、无果锈、表面光洁、果肉细腻、耐贮藏、品质极佳等优点。1995 年经自治区农作物品种审定委员会审定，定名为新梨 5 号，因具有贡品品质，又称之为贡梨。在 1992 年全国首届和第二届农业博览会上，该品种以其优良品质，被评为酥梨类银质奖和金质奖；1995 年被中国绿色食品发展中心认证为绿色食品；1999 年在中国国际农业博览会上评为名牌产品。现新疆南疆各地种植，面积达 0.6 万公顷，产品销至全国各城市及港澳地区，并远销新加坡和加拿大。

木卡姆无核白葡萄　农十三师黄田农场 1999 年注册的兵团知名品牌，又名绿葡萄。果实翠绿晶莹，甜而不腻，色、形、味俱美，素有“水晶葡萄”、“绿珍珠”之美称。2000 年该产品获中国绿色食品畅销产品奖，1999 年木卡姆无核白葡萄干获国际农业博览会名优产品称号。2000 年农十三师被中国经济林协会授予中国无核白葡萄之乡称号。

哈密大枣　为农十三师特有的枣树品种，具有独特的品质和较高的药用价值，面积 0.12 万公顷，总产 880 吨，产值 300 多万元。在哈密地区已有两千年的栽培历史，为鲜食和制干兼用品种。以其个大、皮薄、核小、肉厚、色泽鲜亮、含糖量高、无病虫害、干而不皱、耐储运等优点。

【经济林龙头企业】

新疆冠农果蔬食品有限责任公司　由上市公司——新疆冠农果茸股份有限公司出资组建的大型果蔬食品深加工企业。公司于 2004 年 1 月 12 日正式成立，注册资金 1 亿元。

公司总部位于“华夏第一州”的新疆巴音郭楞蒙古自治州州府库尔勒市，公司从成立之日起就以构筑新疆南疆特色果蔬食品加工业航母和龙头的战略格局为最终目标，于 2004 年分别在新疆库尔勒市、喀什莎车县、英吉沙县兴建了 3 个现代化果蔬食品工业园，占地总面积为 94.3 万平方米，初步完成了公司在新疆南疆地区的战略布局。公司的果蔬产品加工一期工程建设总投资为 9 亿元。

公司依托当地资源优势，大力开发各类特色果蔬食品，工业园下辖 5 个果蔬食品加工厂，生产设备全部从意大利知名企业 SIG 和贝尔杜奇公司引进，自动化程度达到国际先进水平；生产工艺先进，管理水平达到ISO9001：2000和HACCP认证条件。公司生产的产品主要有：果汁饮料；冷冻果蔬食品；浓缩果浆、果酱；FD(真空冷冻干燥)等系列产品，产品主要销往欧美及东南亚国家和地区。项目完全达产后将实现年产销各类浓缩果蔬汁浆2.2万吨、各类果蔬汁饮料1.2万吨，各类冻干果蔬制品6000吨，年销售收入达6亿元，其中出口创汇1500万美元。

伊犁葡萄酒厂 为农四师70团的葡萄酒厂，主要生产伊珠牌干红、干白葡萄酒和冰葡萄酒，年产各种葡萄酒3000吨。主营葡萄酒，还可生产苹果醋等产品。生产和销售比较稳定。目前研制的拳头产品为伊珠冰葡萄酒，该葡萄酒是采用推迟采收的受冻结冰葡萄为原料，经过特殊工艺加工酿造而成。其浓缩了葡萄里的精华部分，具有独特的天然水果香味，营养丰富，口味甜蜜，产量稀少，风味独特，是葡萄酒中的极品。

新疆北疆红提葡萄产业发展有限责任公司 组建于2001年，是集科研、生产、深加工和销售为一体的外向型高科技企业，自已独特的销售市场和分销网络正在构筑，并初见成效。公司通过多种形式，与科研机构建立了紧密的技术合作关系，为促进和保证红提葡萄产业持续高效发展，专门成立了红提葡萄研究所。公司依托科研技术力量，紧紧围绕鲜食红提葡萄保鲜、贮运技术为主题，重点研发北疆牌鲜食水果，营养保健果汁及其他农产品的深加工系列。

公司现拥有红提葡萄建园面积4000公顷，年产优质果品10万~15万吨。拥有保鲜库200~500吨级14座，1000吨级5座，2000吨级1座，国际标准化预冷保鲜包装生产线1条。同时，公司已通过ISO9001：2000国际标准质量体系认证、ISO14001：1996环境体系认证和OHSAS18001职业健康安全管理体系认证，北疆牌红提葡萄已通过无公害、绿色、有机食品认证。2004年公司被认定为省部级农业产业化重点龙头企业和国家科技部龙头企业科技创新中心、2005年被国家农业部认定为无公害农产品质量追溯试点企业、2006年被评为成长型优秀龙头企业，其产品北疆牌红提葡萄作为全国96个农产品之一入选国家名牌农产品，被农业部向全社会重点推荐。

新疆西部绿珠果蔬有限公司 成立于2004年8月18日，是由天融投资、大型团场和科研单位共同出资组建的国有集团公司，注册资金1200万元，是兵团农业产业化龙头企业。

主要经营业务：1.33万公顷新优特无核葡萄生产、贮藏、保鲜、运输和销售；葡萄干、葡萄汁、葡萄醋等加工生产；530多公顷绿色无公害蔬菜生产与销售，年生产销售各类葡萄苗2000万株以上。还下属一个北疆最大的果蔬批发市场——石河子蔬菜瓜果批发市场。公司目前有葡萄基地8000公顷，可年生产销售特色鲜食葡萄30万吨。主要品种有：紫香无核、克瑞森、无核白鸡心、汤姆逊、弗雷、无核紫等。2006年有800公顷葡萄获得国家有机食品(葡萄)认证。

石河子蔬菜瓜果批发市场始建于1996年7月，经过10年的建设发展运行，已形成以蔬菜、瓜果、土产、水产批发为主，集农资、种子、粮油、餐饮为一体的综合性农副产品批发市场。2003年被评为兵团贸易系统先进企业；2004年被确定为农业部定点市场。2005年获得全国蔬菜批发五十强市场称号，并通过国家绿色市场认证，成为兵团惟一一家绿色市场。2006年又被评为中国四星级商品交易市场。据统计，市场2006年果菜交易量为40万吨，交易额达4.5亿元。是石河子市菜篮子工程的龙头产业。

石河子开发区神内食品有限公司 为石河子大学所属的企业。公司创建于1996年3月20日，位于石河子大学科技开发园区，是依托石河子大学科研优势，实行产、学、研相结合的集食品研究开发、技术推广、生产经营于一体的综合性经营实体，拥有雄厚的技术力量，国内先进的生产设备和现代化的管理体制。

公司现有员工120余人，其中科研技术人员为38人，占32%。有一支善于经营管理、研究开发的专业队伍。公司现拥有先进的食品检测、实验、分析仪器，公司研发方向以市场为导向，研究领域涉及食品加工、果蔬储藏保鲜、食品加工机械、发酵食品、食品安全及分析检验、过程控制等方面，在新疆特色果蔬资源的开发、利用上已达到国内先进水平。目前公司以纯天然果蔬饮料研发、制造、销售为主，主要产品有果肉型胡萝卜汁、蟠桃汁、植物派、黑加仑汁、番茄汁、苹果汁、葡萄汁、鲜杏汁和香梨汁等系列果蔬汁产品。其中胡萝卜汁产品于1998年被农八师、石河子市评为消费者信得过产品和农八师首批名牌扶植项目，1999年取得了农业部A级绿色食品认证，成为新疆首家获得绿色食品认证的饮料企业之一。蟠桃汁产品获2002年乌洽会名优产品奖。

和田昆仑山枣业有限责任公司 农十四师旗下的由国有资产经营公司、新疆亚鑫国际商贸有限公司等10家股东组建而成的国有控股企业，主要从事红枣、葡萄等种植、加工、销售。公司下设冷藏、制干、包装、加工、运输、销售六大中心，总资产6亿元。公司已与西北农林科技大学等多家高校、科研院所建立了长期友好战略合作伙伴关系，共同成立了西北果业研发中心。该公司通过了ISO9001：2000认证，并拥有独立的进出口权。

公司基地位于昆仑山北麓、塔克拉玛干大沙漠南缘——新疆和田，是“十五”期间国家重点工程项目，总投资额21.47亿元。现有绿色果品种植基地2万公顷，其中有机果品种植基地300公顷，红枣基地1.3万公顷，核桃、葡萄和杏基地6000公顷。是国内目前最大的采用以色列先进节水灌溉技术的集中连片基地。

其他经济林及果品加工企业 农四师伊力特野生果投资开发有限公司、新疆御马投资酒业有限公司、华堡葡萄酒业有限公司、农十三师的天山娇红枣加工厂等。

（新疆生产建设兵团林业局经济林处　肖明源）

2008 年全国林业产业产值50亿元以上的县(市、区)名单

县(市、区)	产值(亿元)	县(市、区)	产值(亿元)
江苏省邳州市	160.0	浙江省湖州市南浔区	62.0
山东省临沂市兰山区	121.0	浙江省诸暨市	61.0
浙江省安吉县	115.0	浙江省德清县	59.8
山东省菏泽市曹县	106.0	广东省佛山市顺德区	55.0
江苏省沭阳县	100.0	山东省临沂市莒南县	52.6
浙江省嘉善县	90.0	浙江省杭州市余杭区	50.9
山东省临沂市费县	85.8	山东省临沂市郯城县	50.5
江苏省常州市武进区	85.0	浙江省江山市	50.1
河北省廊坊市文安县	70.0		

2008 年全国林业产业产值10亿元以上企业

序号	企业	产值(亿元)	序号	企业	产值(亿元)
1	龙江森工集团总公司	244.8	24	新疆生产建设兵团	17.0
2	金东纸业(江苏)有限公司	200.0	25	吉林省晨鸣纸业有限责任公司	16.0
3	山东省太阳纸业股份有限公司	123.0	26	江苏省胜阳实业股份有限公司	15.8
4	江苏省大亚科技集团有限公司	106.3	27	吉林森林工业股份有限公司	15.5
5	海南省金华林业有限公司	71.3	28	福建省南纸股份有限公司	15.0
6	大兴安岭林业集团公司	69.7	29	山东省贺友集团有限公司	15.0
7	山东省泉林纸业有限责任公司	68.9	30	浙江省绿源木业股份有限公司	14.9
8	江苏省隆力奇集团有限公司	60.8	31	四川省升达林业产业股份有限公司	14.2
9	湖南省泰格林纸集团有限责任公司	60.0	32	山东绿润食品有限公司	13.0
10	吉林森林工业集团有限责任公司	57.4	33	山东省新港企业集团有限公司	13.0
11	吉林延边林业集团有限公司	48.6	34	重庆市四面山花椒开发有限责任公司	12.2
12	中国林业集团公司	41.9	35	福建省青山股份有限公司	12.0
13	山东省华泰纸业股份有限公司	41.0	36	黑龙江省友好林业局	12.0
14	重庆市铠恩国际家居名都有限公司	41.0	37	黑龙江省清河林业局	11.8
15	河南省辅仁药业集团有限公司	40.2	38	江苏省东盾木业集团有限公司	11.6
16	中国福马机械集团公司	34.9	39	浙江省丽人木业集团公司	11.4
17	内蒙古森工集团	30.9	40	中国长城葡萄酒有限公司	11.0
18	江苏省常州市武进夏溪花木市场发展有限公司	30.0	41	海南省椰树集团有限公司	10.9
			42	湖北省东森实业集团	10.5
19	江苏省如皋花木大世界	27.0	43	山东省临沂鲁南花卉市场	10.2
20	浙江省德华集团控股股份有限公司	26.8	44	广东省威华股份有限公司	10.1
21	山东省亚太森博浆纸有限公司	21.0	45	广东省东莞富尔玛木业科技公司	10.0
22	广东省宜华木业有限公司	20.0	46	浙江省世友木业有限公司	10.0
23	河南省新乡新亚纸业集团股份有限公司	19.3	47	宁夏红枸杞产业集团有限公司	10.0

(中国林业产业协会提供)

林产品主产县（旗、市、区、局、场）

Principal Production Counties for Forest Products

林产品主产县(旗、市、区、局、场)

表1－1　2009年原木主产县(旗、市、区、局、场)

序号	县(旗、市、区、局、场)	原木产量(万立方米)
1	顺义区(京)	2.85
2	大兴区(京)	1.75
3	蓟　县(津)	1.49
4	宝坻区(津)	0.86
5	宁河县(津)	0.25
6	木栏围场国营林场管理局(冀)	5.40
7	丰宁满族自治县(冀)	3.68
8	隆化县(冀)	3.45
9	平泉县(冀)	2.93
10	塞罕坝机械化林场(冀)	1.90
11	赤城县(冀)	0.98
12	昌黎县(冀)	0.95
13	霸州市(冀)	0.89
14	文安县(冀)	0.85
15	玉田县(冀)	0.75
16	兴隆县(冀)	0.70
17	滦南县(冀)	0.69
18	定州市(冀)	0.60
19	遵化市(冀)	0.59
20	小五台国家级自然保护区管理局(冀)	0.51
21	青龙满族自治县(冀)	0.50
22	涿州市(冀)	0.50
23	涉　县(冀)	0.47
24	崇礼县(冀)	0.46
25	迁安市(冀)	0.45
26	清河县(冀)	0.41
27	唐海县(冀)	0.40
28	雄　县(冀)	0.40
29	武邑县(冀)	0.38
30	献　县(冀)	0.38
31	丰南区(冀)	0.36
32	滦　县(冀)	0.36
33	临西县(冀)	0.36
34	卢龙县(冀)	0.35
35	万全县(冀)	0.35
36	涿鹿县(冀)	0.35
37	香河县(冀)	0.35
38	景　县(冀)	0.35
39	乐亭县(冀)	0.32
40	永清县(冀)	0.32
41	栾城县(冀)	0.30
42	魏　县(冀)	0.30
43	大城县(冀)	0.29
44	灵寿县(冀)	0.26
45	迁西县(冀)	0.26
46	北戴河区(冀)	0.26
47	肃宁县(冀)	0.26
48	任丘市(冀)	0.26
49	邱　县(冀)	0.25
50	平山县(冀)	0.24
51	丰润区(冀)	0.23
52	易　县(冀)	0.23
53	河间市(冀)	0.22
54	南皮县(冀)	0.21
55	鹿泉市(冀)	0.20
56	抚宁县(冀)	0.20
57	沧　县(冀)	0.20
58	馆陶县(冀)	0.18
59	双桥区(冀)	0.18
60	临漳县(冀)	0.17
61	固安县(冀)	0.17
62	武强县(冀)	0.17
63	深泽县(冀)	0.16
64	大名县(冀)	0.16
65	宁晋县(冀)	0.16
66	唐　县(冀)	0.16
67	泊头市(冀)	0.16
68	大厂回族自治县(冀)	0.16
69	怀来县(冀)	0.15
70	阜城县(冀)	0.15
71	饶阳县(冀)	0.14

序号	县(旗、市、区、局、场)	原木产量(万立方米)
72	辛集市(冀)	0.13
73	海港区(冀)	0.13
74	滦平县(冀)	0.13
75	清苑县(冀)	0.12
76	新乐市(冀)	0.11
77	吴桥县(冀)	0.11
78	涞水县(冀)	0.10
79	安新县(冀)	0.10
80	深州市(冀)	0.10
81	科尔沁区(内蒙古)	7.00
82	奈曼旗(内蒙古)	6.47
83	红花尔基林业局(内蒙古)	4.92
84	开鲁县(内蒙古)	4.38
85	额尔古纳市(内蒙古)	4.25
86	科尔沁左翼后旗(内蒙古)	3.98
87	扎鲁特旗(内蒙古)	3.00
88	柴河林业局(内蒙古)	2.80
89	克什克腾旗(内蒙古)	2.59
90	免渡河林业局(内蒙古)	2.47
91	喀喇沁旗(内蒙古)	2.29
92	五岔沟林业局(内蒙古)	1.99
93	松山区(内蒙古)	1.96
94	敖汉旗(内蒙古)	1.58
95	库伦旗(内蒙古)	1.50
96	扎兰屯市(内蒙古)	1.49
97	牙克石市(内蒙古)	1.38
98	翁牛特旗(内蒙古)	1.22
99	宁城县(内蒙古)	1.15
100	红山区(内蒙古)	1.00
101	巴林左旗(内蒙古)	0.98
102	乌拉特前旗(内蒙古)	0.91
103	杭锦后旗(内蒙古)	0.88
104	临河区(内蒙古)	0.87
105	元宝山区(内蒙古)	0.86
106	阿鲁科尔沁旗(内蒙古)	0.86
107	巴林右旗(内蒙古)	0.82
108	五原县(内蒙古)	0.77
109	林西县(内蒙古)	0.65
110	白狼林业局(内蒙古)	0.50
111	科尔沁右翼前旗(内蒙古)	0.50
112	乌拉特中旗(内蒙古)	0.45
113	巴彦淖尔市市辖区(内蒙古)	0.42
114	达拉特旗(内蒙古)	0.27
115	东乌珠穆沁旗(内蒙古)	0.21
116	多伦县(内蒙古)	0.20
117	准格尔旗(内蒙古)	0.19
118	西乌珠穆沁旗(内蒙古)	0.16
119	磴口县(内蒙古)	0.12
120	固阳县(内蒙古)	0.10
121	新宾满族自治县(辽)	16.80
122	清原满族自治县(辽)	16.20
123	本溪满族自治县(辽)	9.60
124	桓仁满族自治县(辽)	9.10
125	宽甸满族自治县(辽)	8.39
126	凤城市(辽)	8.08
127	抚顺县(辽)	7.80
128	新民市(辽)	6.90
129	彰武县(辽)	6.50
130	阜新蒙古族自治县(辽)	6.00
131	法库县(辽)	4.50
132	黑山县(辽)	4.50
133	凌海市(辽)	4.00
134	北票市(辽)	3.50
135	昌图县(辽)	3.20
136	西丰县(辽)	3.12
137	凌源市(辽)	3.00
138	康平县(辽)	2.90
139	辽中县(辽)	2.70
140	建昌县(辽)	2.57
141	省实验林场(辽)	1.98
142	辽阳县(辽)	1.62
143	开原市(辽)	1.50
144	喀喇沁左翼蒙古族自治县(辽)	1.20
145	明山区(辽)	1.10
146	兴城市(辽)	0.98
147	铁岭县(辽)	0.83
148	朝阳县(辽)	0.74
149	南芬区(辽)	0.70
150	北镇市(辽)	0.70
151	灯塔市(辽)	0.70
152	盘山县(辽)	0.61
153	岫岩满族自治县(辽)	0.50
154	建平县(辽)	0.50
155	连山区(辽)	0.50

序号	县(旗、市、区、局、场)	原木产量(万立方米)
156	海城市(辽)	0.43
157	振安区(辽)	0.41
158	东港市(辽)	0.40
159	盖州市(辽)	0.35
160	台安县(辽)	0.30
161	义　县(辽)	0.30
162	于洪区(辽)	0.28
163	双塔区(辽)	0.27
164	省生态实验林场(辽)	0.25
165	苏家屯区(辽)	0.20
166	清河门区(辽)	0.20
167	大洼县(辽)	0.20
168	清河区(辽)	0.25
169	省经济林研究所(辽)	0.20
170	顺城区(辽)	0.17
171	龙城区(辽)	0.15
172	沈北新区(辽)	0.13
173	调兵山市(辽)	0.13
174	庄河市(辽)	0.12
175	绥中县(辽)	0.12
176	金州区(辽)	0.10
177	新邱区(辽)	0.10
178	银州区(辽)	0.10
179	敦化林业局(吉)	14.68
180	白河林业局(吉)	14.68
181	和龙林业局(吉)	13.53
182	敦化市(吉)	11.70
183	汪清林业局(吉)	11.13
184	黄泥河林业局(吉)	10.60
185	大石头林业局(吉)	9.80
186	通化县(吉)	9.75
187	蛟河市(吉)	9.33
188	八家子林业局(吉)	8.08
189	农安县(吉)	8.00
190	长白朝鲜族自治县(吉)	7.96
191	天桥岭林业局(吉)	7.73
192	通榆县(吉)	7.40
193	珲春林业局(吉)	6.90
194	上营森林经营局(吉)	6.87
195	白山市市辖区(吉)	6.20
196	安图森林经营局(吉)	5.91
197	东丰县(吉)	5.75
198	柳河县(吉)	5.50
199	长白森林经营局(吉)	5.28
200	榆树市(吉)	4.89
201	舒兰市(吉)	4.87
202	集安市(吉)	4.87
203	前郭尔罗斯蒙古族自治县(吉)	4.60
204	德惠市(吉)	4.50
205	大兴沟林业局(吉)	4.38
206	永吉县(吉)	4.18
207	桦甸市(吉)	4.10
208	磐石市(吉)	4.10
209	和龙市(吉)	4.09
210	抚松县(吉)	4.00
211	公主岭市(吉)	3.59
212	梅河口市(吉)	3.40
213	九台市(吉)	3.20
214	大安市(吉)	3.10
215	辉南森林经营局(吉)	2.80
216	东辽县(吉)	2.70
217	扶余县(吉)	2.70
218	辉南县(吉)	2.60
219	镇赉县(吉)	2.60
220	临江市(吉)	2.40
221	伊通满族自治县(吉)	2.15
222	双辽市(吉)	1.97
223	梨树县(吉)	1.96
224	丰满区(吉)	1.80
225	洮南市(吉)	1.56
226	珲春市(吉)	1.45
227	龙井市(吉)	1.45
228	乾安县(吉)	1.40
229	龙潭区(吉)	1.30
230	宁江区(吉)	1.27
231	汪清县(吉)	0.98
232	双阳区(吉)	0.87
233	图们市(吉)	0.84
234	船营区(吉)	0.83
235	延吉市(吉)	0.78
236	江源区(吉)	0.70
237	东昌区(吉)	0.60
238	长岭县(吉)	0.60
239	洮北区(吉)	0.60

序号	县(旗、市、区、局、场)	原木产量(万立方米)
240	绿园区(吉)	0.53
241	朝阳区(吉)	0.50
242	靖宇县(吉)	0.50
243	铁西区(吉)	0.26
244	二道江区(吉)	0.16
245	宽城区(吉)	0.10
246	庆安国有林场管理局(黑)	7.75
247	五常市(黑)	5.51
248	鹤岗市市辖区(黑)	5.10
249	依兰县(黑)	4.30
250	宾　县(黑)	3.75
251	勃利县(黑)	3.55
252	宁安市(黑)	3.49
253	延寿县(黑)	3.40
254	鸡东县(黑)	3.10
255	绥棱县(黑)	3.00
256	方正县(黑)	2.90
257	萝北县(黑)	2.82
258	阿城区(黑)	2.76
259	桦南县(黑)	2.60
260	林口县(黑)	2.40
261	汤原县(黑)	2.39
262	巴彦县(黑)	2.35
263	孟家岗林场(黑)	2.30
264	尚志国有林场管理局(黑)	2.13
265	讷河市(黑)	2.00
266	木兰县(黑)	1.90
267	通河县(黑)	1.80
268	嘉荫县(黑)	1.60
269	肇东市(黑)	1.60
270	东宁县(黑)	1.52
271	丹清河实验林场(黑)	1.42
272	七台河市市辖区(黑)	1.41
273	爱辉区(黑)	1.30
274	山河实验林场(黑)	1.26
275	海伦市(黑)	1.24
276	转山实验林场(黑)	1.19
277	龙江县(黑)	1.18
278	牡丹江市市本级(黑)	1.15
279	克山县(黑)	1.10
280	拜泉县(黑)	0.97
281	明水县(黑)	0.90
282	泰来县(黑)	0.82
283	呼兰区(黑)	0.80
284	肇源县(黑)	0.80
285	茄子河区(黑)	0.80
286	海林市(黑)	0.74
287	望奎县(黑)	0.70
288	饶河县(黑)	0.69
289	双城市(黑)	0.68
290	塔河县(黑)	0.67
291	佳木斯市郊区(黑)	0.64
292	北林区(黑)	0.64
293	大同区(黑)	0.62
294	依安县(黑)	0.60
295	虎林市(黑)	0.60
296	五大连池市(黑)	0.60
297	友谊县(黑)	0.50
298	青冈县(黑)	0.50
299	富锦市(黑)	0.48
300	肇州县(黑)	0.42
301	穆棱市(黑)	0.41
302	兰西县(黑)	0.40
303	铁力市(黑)	0.35
304	克东县(黑)	0.34
305	绥芬河市(黑)	0.29
306	让胡路区(黑)	0.25
307	甘南县(黑)	0.24
308	安达市(黑)	0.23
309	同江市(黑)	0.20
310	绥滨县(黑)	0.18
311	逊克县(黑)	0.15
312	漠河县(黑)	0.15
313	松北区(黑)	0.11
314	道里区(黑)	0.10
315	密山市(黑)	0.10
316	集贤县(黑)	0.10
317	孙吴县(黑)	0.10
318	六合区(苏)	3.00
319	宜兴市(苏)	2.53
320	句容市(苏)	0.98
321	沛　县(苏)	0.92
322	浦口区(苏)	0.44
323	溧阳市(苏)	0.42

序号	县(旗、市、区、局、场)	原木产量(万立方米)
324	栖霞区(苏)	0.39
325	丹徒区(苏)	0.36
326	扬中市(苏)	0.30
327	溧水县(苏)	0.24
328	金坛市(苏)	0.22
329	连云区(苏)	0.16
330	泰兴市(苏)	0.12
331	贾汪区(苏)	0.11
332	龙泉市(浙)	20.29
333	开化县(浙)	19.20
334	庆元县(浙)	12.65
335	松阳县(浙)	9.75
336	淳安县(浙)	9.27
337	遂昌县(浙)	8.90
338	江山市(浙)	8.69
339	临安市(浙)	8.09
340	建德市(浙)	7.53
341	仙居县(浙)	6.83
342	景宁畲族自治县(浙)	6.03
343	天台县(浙)	5.80
344	临海市(浙)	5.44
345	云和县(浙)	4.20
346	桐庐县(浙)	3.97
347	衢江区(浙)	3.80
348	武义县(浙)	3.58
349	缙云县(浙)	3.39
350	安吉县(浙)	2.70
351	永嘉县(浙)	2.50
352	莲都区(浙)	2.46
353	青田县(浙)	2.00
354	常山县(浙)	1.90
355	浦江县(浙)	1.86
356	磐安县(浙)	1.80
357	东阳市(浙)	1.34
358	三门县(浙)	1.30
359	兰溪市(浙)	1.20
360	富阳市(浙)	1.14
361	长兴县(浙)	1.10
362	黄岩区(浙)	1.10
363	鄞州区(浙)	1.08
364	诸暨市(浙)	1.00
365	龙游县(浙)	1.00
366	余杭区(浙)	0.83
367	吴兴区(浙)	0.69
368	丽水市市辖区(浙)	0.68
369	永康市(浙)	0.50
370	上虞市(浙)	0.46
371	义乌市(浙)	0.41
372	萧山区(浙)	0.40
373	金东区(浙)	0.40
374	柯城区(浙)	0.34
375	德清县(浙)	0.30
376	绍兴县(浙)	0.21
377	瓯海区(浙)	0.20
378	乐清市(浙)	0.19
379	余姚市(浙)	0.16
380	嵊州市(浙)	0.10
381	祁门县(皖)	17.40
382	贵池区(皖)	13.97
383	泾　县(皖)	13.50
384	宣州区(皖)	9.80
385	涡阳县(皖)	9.50
386	埇桥区(皖)	9.10
387	金寨县(皖)	8.70
388	青阳县(皖)	8.22
389	东至县(皖)	7.36
390	灵璧县(皖)	7.00
391	广德县(皖)	6.72
392	泗　县(皖)	6.52
393	五河县(皖)	6.00
394	太湖县(皖)	5.87
395	宁国市(皖)	5.83
396	固镇县(皖)	5.00
397	石台县(皖)	5.00
398	舒城县(皖)	4.80
399	霍山县(皖)	4.00
400	砀山县(皖)	3.60
401	歙　县(皖)	3.48
402	黟　县(皖)	3.36
403	怀远县(皖)	3.30
404	岳西县(皖)	3.10
405	绩溪县(皖)	3.00
406	界首市(皖)	2.61
407	寿　县(皖)	2.60

序号	县(旗、市、区、局、场)	原木产量(万立方米)
408	太和县(皖)	2.46
409	和　县(皖)	2.40
410	利辛县(皖)	2.36
411	定远县(皖)	2.20
412	居巢区(皖)	2.10
413	潜山县(皖)	2.01
414	肥东县(皖)	2.00
415	南陵县(皖)	2.00
416	蒙城县(皖)	20.00
417	濉溪县(皖)	1.86
418	谯城区(皖)	1.80
419	霍邱县(皖)	1.70
420	怀宁县(皖)	1.60
421	庐江县(皖)	1.45
422	南谯区(皖)	1.40
423	临泉县(皖)	1.38
424	徽州区(皖)	1.20
425	宿松县(皖)	1.00
426	凤台县(皖)	0.80
427	凤阳县(皖)	0.69
428	肥西县(皖)	0.60
429	无为县(皖)	0.60
430	淮上区(皖)	0.39
431	天长市(皖)	0.36
432	望江县(皖)	0.36
433	杜集区(皖)	0.34
434	九华山风景区(皖)	0.24
435	桐城市(皖)	0.22
436	龙子湖区(皖)	0.20
437	蚌山区(皖)	0.17
438	屯溪区(皖)	0.16
439	繁昌县(皖)	0.10
440	尤溪县(闽)	26.54
441	延平区(闽)	23.81
442	建阳市(闽)	23.00
443	顺昌县(闽)	21.51
444	光泽县(闽)	16.60
445	建宁县(闽)	15.82
446	浦城县(闽)	13.70
447	松溪县(闽)	8.06
448	政和县(闽)	7.03
449	永春县(闽)	5.00
450	邵武市(闽)	4.94
451	梅列区(闽)	4.27
452	寿宁县(闽)	3.24
453	安溪县(闽)	2.30
454	连江县(闽)	1.83
455	涵江区(闽)	1.49
456	闽侯县(闽)	1.42
457	晋安区(闽)	1.02
458	永定县(闽)	0.80
459	长乐市(闽)	0.55
460	洛江区(闽)	0.43
461	泉港区(闽)	0.34
462	福清市(闽)	0.30
463	惠安县(闽)	0.27
464	安福县(赣)	18.16
465	铜鼓县(赣)	14.06
466	崇义县(赣)	13.17
467	宜黄县(赣)	8.82
468	吉水县(赣)	8.37
469	永新县(赣)	7.90
470	资溪县(赣)	7.71
471	新干县(赣)	7.68
472	婺源县(赣)	7.60
473	泰和县(赣)	6.74
474	宁都县(赣)	6.52
475	德兴市(赣)	6.38
476	奉新县(赣)	6.37
477	上犹县(赣)	5.86
478	宜丰县(赣)	5.80
479	信丰县(赣)	5.14
480	石城县(赣)	5.00
481	万安县(赣)	4.90
482	安远县(赣)	4.88
483	修水县(赣)	4.73
484	弋阳县(赣)	4.62
485	井冈山市(赣)	4.40
486	乐安县(赣)	4.30
487	大余县(赣)	4.16
488	高安市(赣)	4.04
489	万载县(赣)	3.83
490	丰城市(赣)	3.80
491	分宜县(赣)	3.75

序号	县(旗、市、区、局、场)	原木产量(万立方米)
492	贵溪市(赣)	3.73
493	临川区(赣)	3.66
494	武宁县(赣)	3.65
495	靖安县(赣)	3.48
496	上饶县(赣)	3.00
497	南丰县(赣)	2.90
498	上高县(赣)	2.88
499	龙南县(赣)	2.73
500	全南县(赣)	2.54
501	黎川县(赣)	2.37
502	广昌县(赣)	2.30
503	会昌县(赣)	2.26
504	金溪县(赣)	2.20
505	南城县(赣)	2.17
506	赣　县(赣)	2.10
507	袁州区(赣)	2.10
508	玉山县(赣)	2.02
509	九江县(赣)	1.84
510	于都县(赣)	1.70
511	兴国县(赣)	1.65
512	定南县(赣)	1.62
513	崇仁县(赣)	1.60
514	瑞金市(赣)	1.32
515	永修县(赣)	1.26
516	彭泽县(赣)	1.20
517	万年县(赣)	0.99
518	鄱阳县(赣)	0.98
519	铅山县(赣)	0.95
520	芦溪县(赣)	0.88
521	章贡区(赣)	0.81
522	瑞昌市(赣)	0.79
523	樟树市(赣)	0.78
524	余江县(赣)	0.76
525	德安县(赣)	0.72
526	东乡县(赣)	0.51
527	南昌县(赣)	0.50
528	明月山温泉风景名胜区(赣)	0.47
529	莲花县(赣)	0.45
530	横峰县(赣)	0.45
531	广丰县(赣)	0.38
532	都昌县(赣)	0.36
533	南康市(赣)	0.32
534	余干县(赣)	0.30
535	新建县(赣)	0.27
536	吉州区(赣)	0.27
537	庐山区(赣)	0.15
538	南昌市市辖区(赣)	0.14
539	信州区(赣)	0.14
540	湖口县(赣)	0.13
541	湾里区(赣)	0.10
542	牡丹区(鲁)	6.58
543	沂南县(鲁)	6.34
544	惠民县(鲁)	5.00
545	诸城市(鲁)	4.49
546	蒙阴县(鲁)	4.20
547	宁津县(鲁)	4.00
548	河口区(鲁)	3.61
549	成武县(鲁)	3.58
550	嘉祥县(鲁)	3.20
551	章丘市(鲁)	3.00
552	宁阳县(鲁)	2.88
553	胶南市(鲁)	2.66
554	沂水县(鲁)	2.21
555	禹城市(鲁)	2.12
556	平原县(鲁)	2.11
557	阳谷县(鲁)	2.01
558	桓台县(鲁)	2.00
559	定陶县(鲁)	1.84
560	东昌府区(鲁)	1.79
561	平阴县(鲁)	1.72
562	济阳县(鲁)	1.66
563	高青县(鲁)	1.58
564	兖州市(鲁)	1.57
565	长清区(鲁)	1.47
566	利津县(鲁)	1.30
567	东平县(鲁)	1.30
568	沂源县(鲁)	1.23
569	泗水县(鲁)	1.05
570	肥城市(鲁)	1.01
571	梁山县(鲁)	1.00
572	冠　县(鲁)	1.00
573	新泰市(鲁)	0.93
574	夏津县(鲁)	0.89
575	邹平县(鲁)	0.87

序号	县(旗、市、区、局、场)	原木产量(万立方米)
576	武城县(鲁)	0.83
577	邹城市(鲁)	0.81
578	德州市市辖区(鲁)	0.80
579	高唐县(鲁)	0.75
580	淄川区(鲁)	0.72
581	东阿县(鲁)	0.71
582	岱岳区(鲁)	0.70
583	莘　县(鲁)	0.70
584	滕州市(鲁)	0.69
585	台儿庄区(鲁)	0.62
586	任城区(鲁)	0.61
587	茌平县(鲁)	0.60
588	临清市(鲁)	0.60
589	坊子区(鲁)	0.53
590	文登市(鲁)	0.50
591	莱城区(鲁)	0.50
592	薛城区(鲁)	0.48
593	临朐县(鲁)	0.39
594	东港区(鲁)	0.38
595	山亭区(鲁)	0.36
596	乳山市(鲁)	0.35
597	钢城区(鲁)	0.35
598	东营区(鲁)	0.34
599	广饶县(鲁)	0.33
600	张店区(鲁)	0.32
601	博兴县(鲁)	0.23
602	周村区(鲁)	0.22
603	阳信县(鲁)	0.18
604	枣庄市市中区(鲁)	0.17
605	垦利县(鲁)	0.12
606	济宁市市中区(鲁)	0.12
607	滨城区(鲁)	0.12
608	沾化县(鲁)	0.12
609	蓬莱市(鲁)	0.11
610	淮阳县(豫)	2.04
611	孟津县(豫)	1.00
612	睢　县(豫)	4.70
613	西华县(豫)	4.30
614	泌阳县(豫)	4.18
615	民权县(豫)	3.80
616	淮滨县(豫)	3.65
617	南乐县(豫)	3.60

序号	县(旗、市、区、局、场)	原木产量(万立方米)
618	鄢陵县(豫)	3.60
619	沈丘县(豫)	3.60
620	杞　县(豫)	3.47
621	商水县(豫)	2.90
622	内黄县(豫)	2.77
623	新郑市(豫)	2.50
624	兰考县(豫)	2.50
625	太康县(豫)	2.50
626	桐柏县(豫)	2.40
627	辉县市(豫)	2.27
628	濮阳县(豫)	2.10
629	上蔡县(豫)	1.93
630	确山县(豫)	1.89
631	中牟县(豫)	1.76
632	遂平县(豫)	1.70
633	长葛市(豫)	1.62
634	洛宁县(豫)	1.60
635	开封县(豫)	1.30
636	固始县(豫)	1.24
637	正阳县(豫)	1.22
638	嵩　县(豫)	1.20
639	清丰县(豫)	1.20
640	台前县(豫)	1.20
641	新蔡县(豫)	1.15
642	许昌县(豫)	1.11
643	获嘉县(豫)	1.10
644	延津县(豫)	1.09
645	汝南县(豫)	1.00
646	沁阳市(豫)	0.96
647	济源市(豫)	0.84
648	宝丰县(豫)	0.80
649	安阳县(豫)	0.80
650	临颍县(豫)	0.72
651	滑　县(豫)	0.69
652	封丘县(豫)	0.66
653	汝阳县(豫)	0.62
654	修武县(豫)	0.62
655	陕　县(豫)	0.61
656	新安县(豫)	0.60
657	偃师市(豫)	0.60
658	鲁山县(豫)	0.60
659	孟州市(豫)	0.59

序号	县(旗、市、区、局、场)	原木产量(万立方米)
660	唐河县(豫)	0.58
661	邓州市(豫)	0.58
662	光山县(豫)	0.58
663	汤阴县(豫)	0.56
664	禹州市(豫)	0.56
665	原阳县(豫)	0.49
666	叶　县(豫)	0.45
667	舞钢市(豫)	0.45
668	卫辉市(豫)	0.41
669	荥阳市(豫)	0.40
670	襄城县(豫)	0.40
671	新野县(豫)	0.33
672	宜阳县(豫)	0.31
673	新乡县(豫)	0.30
674	平舆县(豫)	0.30
675	新密市(豫)	0.29
676	郏　县(豫)	0.29
677	内乡县(豫)	0.29
678	社旗县(豫)	0.28
679	南召县(豫)	0.27
680	林州市(豫)	0.26
681	卢氏县(豫)	0.24
682	伊川县(豫)	0.22
683	渑池县(豫)	0.22
684	方城县(豫)	0.22
685	镇平县(豫)	0.21
686	汝州市(豫)	0.20
687	浚　县(豫)	0.12
688	淅川县(豫)	0.12
689	栾川县(豫)	0.11
690	淇　县(豫)	0.10
691	石首市(鄂)	8.00
692	钟祥市(鄂)	6.60
693	监利县(鄂)	6.60
694	罗田县(鄂)	5.00
695	崇阳县(鄂)	4.50
696	通山县(鄂)	3.52
697	蕲春县(鄂)	2.55
698	咸安区(鄂)	2.35
699	公安县(鄂)	1.86
700	沙洋县(鄂)	1.80
701	阳新县(鄂)	1.79
702	江陵县(鄂)	1.50
703	东宝区(鄂)	1.20
704	黄州区(鄂)	2.36
705	樊城区(鄂)	0.92
706	保康县(鄂)	0.79
707	沙市区(鄂)	0.79
708	嘉鱼县(鄂)	0.74
709	荆州区(鄂)	0.58
710	掇刀区(鄂)	0.55
711	大冶市(鄂)	0.15
712	荆门市市辖区(鄂)	0.14
713	江华瑶族自治县(湘)	33.70
714	资兴市(湘)	30.00
715	通道侗族自治县(湘)	21.00
716	绥宁县(湘)	16.00
717	靖州苗族侗族自治县(湘)	16.00
718	洞口县(湘)	15.00
719	浏阳市(湘)	14.76
720	平江县(湘)	14.46
721	会同县(湘)	14.28
722	沅陵县(湘)	11.45
723	汝城县(湘)	10.77
724	新晃侗族自治县(湘)	10.05
725	桃江县(湘)	10.00
726	隆回县(湘)	8.80
727	双牌县(湘)	8.66
728	蓝山县(湘)	8.61
729	攸　县(湘)	7.79
730	桂东县(湘)	7.50
731	江永县(湘)	7.37
732	湘潭县(湘)	6.70
733	南　县(湘)	6.40
734	永兴县(湘)	6.08
735	茶陵县(湘)	6.00
736	武冈市(湘)	6.00
737	赫山区(湘)	6.00
738	东安县(湘)	5.72
739	新化县(湘)	5.50
740	慈利县(湘)	4.90
741	溆浦县(湘)	4.80
742	安仁县(湘)	4.63
743	道　县(湘)	4.54

序号	县(旗、市、区、局、场)	原木产量(万立方米)
744	炎陵县(湘)	4.50
745	衡东县(湘)	4.30
746	永定区(湘)	4.30
747	中方县(湘)	4.29
748	宁远县(湘)	4.11
749	岳阳县(湘)	4.00
750	汨罗市(湘)	3.80
751	桃源县(湘)	3.80
752	汉寿县(湘)	3.40
753	桑植县(湘)	3.20
754	君山区(湘)	2.85
755	醴陵市(湘)	2.80
756	宁乡县(湘)	2.80
757	麻阳苗族自治县(湘)	2.76
758	苏仙区(湘)	2.65
759	零陵区(湘)	2.49
760	双峰县(湘)	2.42
761	澧　县(湘)	2.40
762	鹤城区(湘)	2.40
763	古丈县(湘)	2.40
764	望城县(湘)	2.29
765	石门县(湘)	2.20
766	临武县(湘)	2.16
767	华容县(湘)	2.05
768	安乡县(湘)	2.02
769	衡南县(湘)	2.00
770	耒阳市(湘)	2.00
771	临湘市(湘)	2.00
772	辰溪县(湘)	1.84
773	新田县(湘)	1.82
774	株洲县(湘)	1.80
775	桂阳县(湘)	1.79
776	湘乡市(湘)	1.71
777	涟源市(湘)	1.71
778	永顺县(湘)	1.65
779	新邵县(湘)	1.62
780	宜章县(湘)	1.62
781	常宁市(湘)	1.57
782	龙山县(湘)	1.55
783	祁阳县(湘)	14.32
784	嘉禾县(湘)	1.40
785	衡阳县(湘)	1.25
786	衡山县(湘)	1.21
787	鼎城区(湘)	1.20
788	湘阴县(湘)	1.10
789	北湖区(湘)	0.95
790	娄星区(湘)	0.95
791	洪江市(湘)	0.90
792	洪江区(湘)	0.87
793	邵东县(湘)	0.65
794	津市市(湘)	0.50
795	凤凰县(湘)	0.50
796	韶山市(湘)	0.40
797	娄底市市辖区(湘)	0.40
798	保靖县(湘)	0.37
799	祁东县(湘)	0.33
800	泸溪县(湘)	0.32
801	冷水滩区(湘)	0.29
802	云溪区(湘)	0.28
803	临澧县(湘)	0.23
804	开福区(湘)	0.20
805	邵阳县(湘)	0.20
806	冷水江市(湘)	0.20
807	武陵源区(湘)	0.19
808	芷江侗族自治县(湘)	0.16
809	荷塘区(湘)	0.10
810	雁峰区(湘)	0.10
811	石峰区(湘)	0.10
812	高要市(粤)	15.71
813	化州市(粤)	13.66
814	西江林业局(粤)	13.59
815	雷州市(粤)	12.70
816	乐昌市(粤)	11.27
817	博罗县(粤)	11.16
818	仁化县(粤)	11.06
819	台山市(粤)	11.00
820	开平市(粤)	10.60
821	佛冈县(粤)	10.33
822	连山壮族瑶族自治县(粤)	10.29
823	鹤山市(粤)	8.92
824	始兴县(粤)	8.90
825	封开县(粤)	8.79
826	阳春市(粤)	8.57
827	清远市属总林场(粤)	8.44

序号	县(旗、市、区、局、场)	原木产量(万立方米)
828	增城市(粤)	8.29
829	英德市(粤)	7.56
830	紫金县(粤)	7.50
831	遂溪县(粤)	7.10
832	连州市(粤)	7.00
833	高明区(粤)	6.90
834	新会区(粤)	6.13
835	廉江市(粤)	6.00
836	怀集县(粤)	5.68
837	翁源县(粤)	5.61
838	江门市属总林场(粤)	35.00
839	吴川市(粤)	5.10
840	恩平市(粤)	5.00
841	韶关市属总林场(粤)	4.89
842	惠东县(粤)	4.89
843	南雄市(粤)	4.71
844	连南瑶族自治县(粤)	4.67
845	武江区(粤)	4.60
846	清新县(粤)	4.33
847	乳源瑶族自治县(粤)	4.31
848	新兴县(粤)	4.10
849	阳东县(粤)	4.01
850	清城区(粤)	4.01
851	肇庆市林业总场(粤)	3.90
852	湞江区(粤)	3.83
853	梅　县(粤)	3.74
854	云城区(粤)	3.70
855	从化市(粤)	3.68
856	德庆县(粤)	3.68
857	湛江市农垦局(粤)	3.50
858	阳西县(粤)	3.45
859	新丰县(粤)	3.38
860	龙川县(粤)	3.30
861	东源县(粤)	3.30
862	高州市(粤)	2.96
863	罗定市(粤)	2.78
864	徐闻县(粤)	2.60
865	茂名市属总林场(粤)	2.46
866	丰顺县(粤)	2.40
867	乳阳林业局(粤)	2.20
868	曲江区(粤)	2.17
869	阳山县(粤)	2.10

序号	县(旗、市、区、局、场)	原木产量(万立方米)
870	惠州市属总林场(粤)	2.05
871	平远县(粤)	2.00
872	饶平县(粤)	2.00
873	连平县(粤)	1.95
874	龙门县(粤)	1.80
875	樟木头林场(粤)	1.73
876	坡头区(粤)	1.67
877	天井山林场(粤)	1.48
878	云安县(粤)	1.20
879	花都区(粤)	1.14
880	云浮市属总林场(粤)	1.09
881	五华县(粤)	1.00
882	宝安区(粤)	0.99
883	蓬江区(粤)	0.95
884	电白县(粤)	0.95
885	惠城区(粤)	0.85
886	乐昌林场(粤)	0.85
887	和平县(粤)	0.82
888	佛山市属总林场(粤)	0.81
889	信宜市(粤)	0.80
890	江城区(粤)	0.80
891	兴宁市(粤)	0.76
892	海丰县(粤)	0.73
893	广宁县(粤)	0.70
894	麻章区(粤)	0.65
895	东江林场(粤)	0.60
896	三水区(粤)	0.59
897	广州市属总林场(粤)	0.51
898	湛江市属总林场(粤)	0.49
899	连山林场(粤)	0.47
900	赤坎区(粤)	0.40
901	潮州市属总林场(粤)	0.34
902	普宁市(粤)	0.34
903	萝岗区(粤)	0.34
904	郁南县(粤)	0.31
905	鼎湖区(粤)	0.30
906	中山市属总林场(粤)	0.29
907	茂港区(粤)	0.26
908	深圳市光明新区(粤)	0.25
909	茂南区(粤)	0.22
910	河源市属总林场(粤)	0.22
911	惠阳区(粤)	0.21

序号	县(旗、市、区、局、场)	原木产量(万立方米)
912	新丰江林管局(粤)	0.21
913	龙眼洞林场(粤)	0.20
914	揭东县(粤)	0.19
915	陆河县(粤)	0.18
916	海陵区(粤)	0.18
917	湛江市东海岛区(粤)	0.18
918	斗门区(粤)	0.15
919	中山市(粤)	0.15
920	汕尾市属总林场(粤)	0.14
921	揭西县(粤)	0.13
922	南海区(粤)	0.12
923	潮安县(粤)	0.10
924	高峰林场(桂)	34.70
925	七坡林场(桂)	25.84
926	横　县(桂)	25.63
927	武鸣县(桂)	24.53
928	融水苗族自治县(桂)	23.47
929	三江侗族自治县(桂)	23.21
930	桂平市(桂)	21.04
931	上思县(桂)	19.92
932	八步区(桂)	19.84
933	扶绥县(桂)	19.27
934	环江毛南族自治县(桂)	19.12
935	融安县(桂)	18.00
936	西林县(桂)	15.76
937	罗城仫佬族自治县(桂)	15.45
938	宁明县(桂)	14.69
939	博白林场(桂)	14.33
940	象州县(桂)	14.18
941	天峨县(桂)	14.16
942	钦南区(桂)	14.00
943	昭平县(桂)	13.66
944	良庆区(桂)	12.99
945	鹿寨县(桂)	12.51
946	北流市(桂)	12.50
947	灵山县(桂)	12.39
948	派阳山林场(桂)	12.10
949	兴宾区(桂)	11.79
950	南丹县(桂)	11.66
951	黄冕林场(桂)	11.66
952	岑溪市(桂)	11.56
953	凤山县(桂)	11.09

序号	县(旗、市、区、局、场)	原木产量(万立方米)
954	六万林场(桂)	11.00
955	陆川县(桂)	10.71
956	钦廉林场(桂)	10.27
957	田林县(桂)	10.22
958	百色市市辖区(桂)	10.13
959	右江区(桂)	9.89
960	合浦县(桂)	9.87
961	兴宁区(桂)	9.85
962	覃塘区(桂)	9.85
963	东门林场(桂)	9.40
964	龙胜各族自治县(桂)	9.12
965	宜州市(桂)	9.04
966	钦北区(桂)	8.96
967	兴业县(桂)	8.70
968	隆林各族自治县(桂)	8.67
969	浦北县(桂)	8.54
970	巴马瑶族自治县(桂)	8.47
971	平南县(桂)	8.12
972	全州县(桂)	7.00
973	广西林业集团有限公司(桂)	6.96
974	维都林场(桂)	6.94
975	江南区(桂)	6.78
976	柳江县(桂)	6.41
977	乐业县(桂)	6.36
978	三门江林场(桂)	6.20
979	马山县(桂)	6.00
980	平果县(桂)	5.97
981	资源县(桂)	5.88
982	大桂山林场(桂)	5.85
983	平乐县(桂)	5.78
984	灵川县(桂)	5.76
985	隆安县(桂)	5.47
986	良凤江国家森林公园(桂)	5.32
987	灌阳县(桂)	5.29
988	中国林科院热林中心(桂)	5.06
989	防城区(桂)	4.81
990	金秀瑶族自治县(桂)	4.79
991	武宣县(桂)	4.66
992	上林县(桂)	4.58
993	兴安县(桂)	4.55
994	宾阳县(桂)	4.38
995	永福县(桂)	4.38

序号	县(旗、市、区、局、场)	原木产量(万立方米)
996	合山市(桂)	4.24
997	福绵区(桂)	4.20
998	邕宁区(桂)	4.11
999	港南区(桂)	4.11
1000	钟山县(桂)	4.10
1001	田东县(桂)	4.07
1002	青秀区(桂)	4.02
1003	那坡县(桂)	4.00
1004	港北区(桂)	3.92
1005	柳城县(桂)	3.90
1006	金城江区(桂)	3.86
1007	贺州市平桂管理区(桂)	3.08
1008	富川瑶族自治县(桂)	3.05
1009	东兰县(桂)	2.90
1010	忻城县(桂)	2.89
1011	凌云县(桂)	2.82
1012	临桂县(桂)	2.60
1013	德保县(桂)	2.19
1014	西乡塘区(桂)	2.17
1015	田阳县(桂)	1.98
1016	银海区(桂)	1.87
1017	大化瑶族自治县(桂)	1.68
1018	江州区(桂)	1.46
1019	阳朔县(桂)	1.30
1020	龙州县(桂)	1.22
1021	柳北区(桂)	1.20
1022	大新县(桂)	1.07
1023	雅长林场(桂)	1.07
1024	天等县(桂)	1.04
1025	钦州市直属单位(桂)	0.78
1026	凭祥市(桂)	0.78
1027	靖西县(桂)	0.70
1028	都安瑶族自治县(桂)	0.70
1029	柳南区(桂)	0.59
1030	南宁市东盟经济园区(桂)	0.57
1031	贵港市平天山林场(桂)	0.55
1032	沙塘林场(桂)	0.55
1033	港口区(桂)	0.53
1034	雁山区(桂)	0.49
1035	玉州区(桂)	0.49
1036	博白县(桂)	0.35
1037	铁山港区(桂)	0.34

序号	县(旗、市、区、局、场)	原木产量(万立方米)
1038	东兴市(桂)	0.31
1039	蝶山区(桂)	0.19
1040	五指山市(琼)	1.30
1041	万宁市(琼)	0.57
1042	定安县(琼)	0.57
1043	南川区(渝)	2.81
1044	酉阳土家族苗族自治县(渝)	2.70
1045	丰都县(渝)	2.43
1046	石柱土家族自治县(渝)	2.09
1047	开　县(渝)	2.00
1048	江津区(渝)	1.16
1049	涪陵区(渝)	1.07
1050	永川区(渝)	1.06
1051	綦江县(渝)	0.94
1052	梁平县(渝)	0.91
1053	秀山土家族苗族自治县(渝)	0.90
1054	黔江区(渝)	0.74
1055	武隆县(渝)	0.70
1056	巫山县(渝)	0.56
1057	万州区(渝)	0.50
1058	巫溪县(渝)	0.38
1059	长寿区(渝)	0.34
1060	忠　县(渝)	0.30
1061	万盛区(渝)	0.26
1062	城口县(渝)	0.25
1063	荣昌县(渝)	0.19
1064	璧山县(渝)	0.17
1065	奉节县(渝)	0.16
1066	沙坪坝区(渝)	0.13
1067	洪雅县(川)	9.20
1068	珙　县(川)	8.83
1069	雨城区(川)	8.00
1070	合江县(川)	6.82
1071	古蔺县(川)	6.80
1072	屏山县(川)	5.64
1073	沐川县(川)	5.00
1074	兴文县(川)	4.74
1075	夹江县(川)	4.60
1076	通川区(川)	3.90
1077	名山县(川)	3.55
1078	筠连县(川)	3.47
1079	彭州市(川)	3.22

序号	县(旗、市、区、局、场)	原木产量(万立方米)
1080	宣汉县(川)	2.97
1081	天全县(川)	2.31
1082	高　县(川)	2.30
1083	万源市(川)	2.22
1084	宜宾县(川)	2.15
1085	芦山县(川)	2.08
1086	翠屏区(川)	2.04
1087	宝兴县(川)	2.00
1088	叙永县(川)	1.81
1089	绵竹市(川)	1.75
1090	西昌市(川)	1.72
1091	什邡市(川)	1.69
1092	巴州区(川)	1.63
1093	彭山县(川)	1.60
1094	盐源县(川)	1.57
1095	泸　县(川)	1.50
1096	南江县(川)	1.50
1097	江安县(川)	1.47
1098	威远县(川)	1.41
1099	崇州市(川)	1.39
1100	峨眉山市(川)	1.39
1101	射洪县(川)	1.37
1102	沙湾区(川)	1.37
1103	东坡区(川)	1.32
1104	达　县(川)	1.30
1105	船山区(川)	1.20
1106	大英县(川)	1.20
1107	盐边县(川)	1.07
1108	中江县(川)	1.06
1109	荥经县(川)	1.04
1110	纳溪区(川)	1.00
1111	南溪县(川)	1.00
1112	布拖县(川)	1.00
1113	青川县(川)	1.00
1114	苍溪县(川)	1.00
1115	阆中市(川)	0.95
1116	雷波县(川)	0.94
1117	井研县(川)	0.90
1118	元坝区(川)	0.87
1119	大竹县(川)	0.85
1120	利州区(川)	0.80
1121	蓬溪县(川)	0.80
1122	简阳市(川)	0.77
1123	资中县(川)	0.75
1124	平昌县(川)	0.74
1125	富顺县(川)	0.72
1126	会东县(川)	0.65
1127	乐山市市中区(川)	0.61
1128	大邑县(川)	0.58
1129	南部县(川)	0.58
1130	蓬安县(川)	0.56
1131	隆昌县(川)	0.55
1132	剑阁县(川)	0.51
1133	都江堰市(川)	0.50
1134	广安区(川)	0.50
1135	喜德县(川)	0.50
1136	德昌县(川)	0.49
1137	开江县(川)	0.48
1138	犍为县(川)	0.44
1139	朝天区(川)	0.43
1140	东兴区(川)	0.42
1141	营山县(川)	0.42
1142	五通桥区(川)	0.40
1143	邻水县(川)	0.39
1144	雁江区(川)	0.39
1145	西充县(川)	0.38
1146	华蓥市(川)	0.37
1147	旺苍县(川)	0.36
1148	冕宁县(川)	0.32
1149	普格县(川)	0.31
1150	长宁县(川)	0.30
1151	宁南县(川)	0.30
1152	乐至县(川)	0.27
1153	金口河区(川)	0.25
1154	仪陇县(川)	0.23
1155	渠　县(川)	0.22
1156	双流县(川)	0.21
1157	内江市市中区(川)	0.20
1158	理塘县(川)	0.20
1159	安居区(川)	0.16
1160	贡井区(川)	0.14
1161	石棉县(川)	0.14
1162	安岳县(川)	0.13
1163	嘉陵区(川)	0.11

序号	县(旗、市、区、局、场)	原木产量(万立方米)
1164	美姑县(川)	0.10
1165	黎平县(黔)	11.88
1166	榕江县(黔)	9.90
1167	锦屏县(黔)	7.83
1168	从江县(黔)	6.35
1169	天柱县(黔)	6.10
1170	剑河县(黔)	4.82
1171	丹寨县(黔)	4.14
1172	麻江县(黔)	3.77
1173	湄潭县(黔)	3.53
1174	独山县(黔)	3.18
1175	江口县(黔)	3.17
1176	台江县(黔)	2.96
1177	都匀市(黔)	2.67
1178	赤水市(黔)	2.62
1179	三穗县(黔)	2.62
1180	黄平县(黔)	2.20
1181	岑巩县(黔)	1.89
1182	施秉县(黔)	1.78
1183	镇远县(黔)	1.62
1184	毕节市(黔)	1.39
1185	六枝特区(黔)	1.22
1186	开阳县(黔)	1.16
1187	平坝县(黔)	1.00
1188	西秀区(黔)	0.88
1189	瓮安县(黔)	0.82
1190	花溪区(黔)	0.80
1191	盘　县(黔)	0.79
1192	长顺县(黔)	0.74
1193	紫云苗族布依族自治县(黔)	0.57
1194	凯里市(黔)	0.57
1195	镇宁布依族苗族自治县(黔)	0.36
1196	清镇市(黔)	0.35
1197	罗甸县(黔)	0.31
1198	息烽县(黔)	0.23
1199	德江县(黔)	0.22
1200	修文县(黔)	0.20
1201	雷山县(黔)	0.17
1202	万山特区(黔)	0.10
1203	察隅县(藏)	13.50
1204	米林县(藏)	8.19
1205	朗　县(藏)	7.80

序号	县(旗、市、区、局、场)	原木产量(万立方米)
1206	工布江达县(藏)	5.00
1207	江达县(藏)	4.59
1208	芒康县(藏)	4.36
1209	昌都县(藏)	3.80
1210	察雅县(藏)	3.50
1211	贡觉县(藏)	2.82
1212	左贡县(藏)	2.77
1213	边坝县(藏)	2.48
1214	洛隆县(藏)	1.95
1215	八宿县(藏)	1.81
1216	丁青县(藏)	1.53
1217	类乌齐县(藏)	1.39
1218	亚东县(藏)	1.30
1219	墨脱县(藏)	0.51
1220	陇　县(陕)	2.20
1221	西乡县(陕)	1.66
1222	耀州区(陕)	0.87
1223	汉滨区(陕)	0.73
1224	平利县(陕)	0.70
1225	南郑县(陕)	0.67
1226	黄龙山林业局(陕)	0.65
1227	石泉县(陕)	0.64
1228	彬　县(陕)	0.60
1229	宜君县(陕)	0.57
1230	镇坪县(陕)	0.57
1231	洛南县(陕)	0.56
1232	镇巴县(陕)	0.50
1233	紫阳县(陕)	0.50
1234	麟游县(陕)	0.40
1235	靖边县(陕)	0.40
1236	商南县(陕)	0.40
1237	岐山县(陕)	0.38
1238	乾　县(陕)	0.37
1239	潼关县(陕)	0.28
1240	千阳县(陕)	0.26
1241	户　县(陕)	0.25
1242	定边县(陕)	0.22
1243	商州区(陕)	0.19
1244	临渭区(陕)	0.16
1245	陈仓区(陕)	0.15
1246	榆阳区(陕)	0.15
1247	华　县(陕)	0.14

序号	县(旗、市、区、局、场)	原木产量（万立方米）
1248	泾阳县(陕)	0.14
1249	勉　县(陕)	0.12
1250	临潼区(陕)	0.10
1251	辛家山林业局(陕)	0.10
1252	横山县(陕)	0.10
1253	丹凤县(陕)	0.10
1254	康乐县(甘)	1.10
1255	甘州区(甘)	0.37
1256	临泽县(甘)	0.33
1257	临夏县(甘)	0.15
1258	凉州区(甘)	0.12
1259	莎车县(新)	7.07
1260	于田县(新)	1.95
1261	疏勒县(新)	1.50
1262	阿克苏市(新)	1.23
1263	泽普县(新)	1.16
1264	焉耆回族自治县(新)	1.09
1265	和田市(新)	1.01
1266	和静县(新)	1.00
1267	和田县(新)	0.96
1268	奇台县(新)	0.92
1269	沙湾县(新)	0.92
1270	喀什市(新)	0.79
1271	察布查尔锡伯自治县(新)	0.72
1272	博湖县(新)	0.71
1273	洛浦县(新)	0.68
1274	塔城市(新)	0.60
1275	麦盖提县(新)	0.56
1276	岳普湖县(新)	0.49
1277	皮山县(新)	0.49
1278	民丰县(新)	0.49
1279	疏附县(新)	0.47
1280	策勒县(新)	0.46
1281	乌什县(新)	0.45
1282	且末县(新)	0.44
1283	温宿县(新)	0.40
1284	新和县(新)	0.38
1285	库车县(新)	0.36
1286	阿图什市(新)	0.35
1287	墨玉县(新)	0.33
1288	阜康市(新)	0.27
1289	叶城县(新)	0.26

序号	县(旗、市、区、局、场)	原木产量（万立方米）
1290	额敏县(新)	0.26
1291	阿勒泰市(新)	0.25
1292	巩留县(新)	0.20
1293	吐鲁番市(新)	0.19
1294	霍城县(新)	0.12
1295	乌苏市(新)	0.12
1296	米东区(新)	0.10
1297	红石林业局(吉林森工)	20.60
1298	吉林森工集团股份公司(吉林森工)	20.60
1299	松江河林业局(吉林森工)	13.40
1300	露水河林业局(吉林森工)	11.00
1301	临江林业局(吉林森工)	10.17
1302	白石山林业局(吉林森工)	9.49
1303	湾沟林业局(吉林森工)	2.85
1304	兴隆林业局(龙江森工)	22.02
1305	东方红林业局(龙江森工)	20.45
1306	沾河林业局(龙江森工)	17.68
1307	汤旺河林业局(龙江森工)	17.60
1308	东京城林业局(龙江森工)	17.52
1309	友好林业局(龙江森工)	16.92
1310	新青林业局(龙江森工)	16.81
1311	鹤北林业局(龙江森工)	16.35
1312	大海林林业局(龙江森工)	15.41
1313	亚布力林业局(龙江森工)	15.23
1314	朗乡林业局(龙江森工)	15.01
1315	柴河林业局(龙江森工)	13.71
1316	穆棱林业局(龙江森工)	12.11
1317	乌伊岭林业局(龙江森工)	11.19
1318	方正林业局(龙江森工)	11.17
1319	绥阳林业局(龙江森工)	11.05
1320	绥棱林业局(龙江森工)	10.57
1321	清河林业局(龙江森工)	9.95
1322	山河屯林业局(龙江森工)	9.80
1323	带岭实验局(龙江森工)	9.71
1324	苇河林业局(龙江森工)	9.24
1325	红星林业局(龙江森工)	8.93
1326	美溪林业局(龙江森工)	6.96
1327	迎春林业局(龙江森工)	6.76
1328	金山屯林业局(龙江森工)	6.64
1329	翠峦林业局(龙江森工)	6.46
1330	铁力林业局(龙江森工)	6.25
1331	海林林业局(龙江森工)	5.47

序号	县(旗、市、区、局、场)	原木产量(万立方米)
1332	乌马河林业局(龙江森工)	5.02
1333	五营林业局(龙江森工)	4.47
1334	桦南林业局(龙江森工)	4.06
1335	双丰林业局(龙江森工)	4.06
1336	南岔林业局(龙江森工)	3.80
1337	通北林业局(龙江森工)	3.48
1338	林口林业局(龙江森工)	3.09
1339	八面通林业局(龙江森工)	2.81
1340	双鸭山林业局(龙江森工)	2.54
1341	鹤立林业局(龙江森工)	2.38
1342	桃山林业局(龙江森工)	2.02
1343	上甘岭林业局(龙江森工)	1.92
1344	新林林业局(大兴安岭)	34.80
1345	十八站林业局(大兴安岭)	31.66
1346	松岭林业局(大兴安岭)	29.25
1347	韩家园林业局(大兴安岭)	24.99
1348	西林吉林业局(大兴安岭)	24.50
1349	塔河林业局(大兴安岭)	22.20
1350	呼中林业局(大兴安岭)	19.08
1351	图强林业局(大兴安岭)	17.18
1352	阿木尔林业局(大兴安岭)	10.87

表1-2 2009年锯材主产县(旗、市、区、局、场)

序号	县(旗、市、区、局、场)	锯材产量(万立方米)
1	临漳县(冀)	112.50
2	南和县(冀)	30.00
3	景 县(冀)	5.99
4	香河县(冀)	2.34
5	广宗县(冀)	2.06
6	遵化市(冀)	1.86
7	沙河市(冀)	1.28
8	冀州市(冀)	0.87
9	魏 县(冀)	0.65
10	定州市(冀)	0.52
11	玉田县(冀)	0.50
12	孟村回族自治县(冀)	0.50
13	容城县(冀)	0.46
14	卢龙县(冀)	0.33
15	鸡泽县(冀)	0.30
16	井陉县(冀)	0.24
17	邯郸县(冀)	0.24
18	大名县(冀)	0.24
19	行唐县(冀)	0.21
20	井陉矿区(冀)	0.20
21	栾城县(冀)	0.20
22	馆陶县(冀)	0.20
23	清苑县(冀)	0.20
24	武强县(冀)	0.17
25	迁西县(冀)	0.15
26	抚宁县(冀)	0.15
27	饶阳县(冀)	0.14
28	成安县(冀)	0.11
29	平泉县(冀)	0.10
30	二连浩特市(内蒙古)	43.27
31	丰镇市(内蒙古)	12.00
32	根河市(内蒙古)	11.35
33	科尔沁区(内蒙古)	8.00
34	红山区(内蒙古)	4.50
35	科尔沁左翼后旗(内蒙古)	4.10
36	翁牛特旗(内蒙古)	2.30
37	开鲁县(内蒙古)	2.19
38	松山区(内蒙古)	2.10
39	奈曼旗(内蒙古)	1.35
40	扎鲁特旗(内蒙古)	1.20
41	敖汉旗(内蒙古)	1.02
42	乌拉特前旗(内蒙古)	1.00
43	察哈尔右翼后旗(内蒙古)	1.00
44	临河区(内蒙古)	0.72
45	克什克腾旗(内蒙古)	0.40
46	宁城县(内蒙古)	0.30
47	林西县(内蒙古)	0.25
48	磴口县(内蒙古)	0.20
49	白狼林业局(内蒙古)	0.11
50	西乌珠穆沁旗(内蒙古)	0.10
51	科尔沁右翼前旗(内蒙古)	0.10
52	红花尔基林业局(内蒙古)	0.10
53	新宾满族自治县(辽)	13.40
54	清原满族自治县(辽)	10.00
55	新民市(辽)	6.70
56	彰武县(辽)	6.50
57	阜新蒙古族自治县(辽)	6.00
58	朝阳县(辽)	6.00
59	本溪满族自治县(辽)	5.10

序号	县(旗、市、区、局、场)	锯材产量(万立方米)
60	桓仁满族自治县(辽)	4.44
61	东陵区(辽)	4.00
62	元宝区(辽)	4.00
63	西丰县(辽)	3.90
64	调兵山市(辽)	2.70
65	抚顺县(辽)	2.60
66	凌源市(辽)	2.40
67	岫岩满族自治县(辽)	2.28
68	辽阳县(辽)	2.20
69	顺城区(辽)	2.00
70	凌海市(辽)	2.00
71	喀喇沁左翼蒙古族自治县(辽)	1.90
72	明山区(辽)	1.60
73	铁岭县(辽)	1.48
74	北票市(辽)	1.20
75	宽甸满族自治县(辽)	1.00
76	东港市(辽)	1.00
77	黑山县(辽)	1.00
78	铁岭市经济开发区(辽)	0.80
79	清河区(辽)	0.40
80	兴城市(辽)	0.40
81	苏家屯区(辽)	0.37
82	振安区(辽)	0.31
83	义　县(辽)	0.30
84	灯塔市(辽)	0.30
85	建昌县(辽)	0.26
86	建平县(辽)	0.24
87	本溪市经济开发区(辽)	0.12
88	敦化市(吉)	10.60
89	二道区(吉)	9.00
90	抚松县(吉)	5.90
91	蛟河市(吉)	4.36
92	宁江区(吉)	3.00
93	集安市(吉)	2.77
94	大安市(吉)	2.10
95	桦甸市(吉)	2.00
96	临江市(吉)	2.00
97	通化县(吉)	1.95
98	长白朝鲜族自治县(吉)	1.90
99	船营区(吉)	1.80
100	上营森林经营局(吉)	1.75
101	永吉县(吉)	1.58

序号	县(旗、市、区、局、场)	锯材产量(万立方米)
102	白河林业局(吉)	1.26
103	德惠市(吉)	1.20
104	镇赉县(吉)	1.10
105	梅河口市(吉)	1.06
106	铁东区(吉)	1.00
107	乾安县(吉)	0.90
108	汪清县(吉)	0.88
109	榆树市(吉)	0.85
110	农安县(吉)	0.80
111	和龙市(吉)	0.79
112	龙潭区(吉)	0.75
113	磐石市(吉)	0.70
114	辉南县(吉)	0.70
115	洮南市(吉)	0.69
116	敦化林业局(吉)	0.68
117	和龙林业局(吉)	0.65
118	双阳区(吉)	0.61
119	东昌区(吉)	0.60
120	梨树县(吉)	0.52
121	舒兰市(吉)	0.50
122	朝阳区(吉)	0.50
123	西安区(吉)	0.48
124	安图森林经营局(吉)	0.45
125	江源区(吉)	0.44
126	公主岭市(吉)	0.43
127	东丰县(吉)	0.40
128	天桥岭林业局(吉)	0.32
129	洮北区(吉)	0.30
130	昌邑区(吉)	0.16
131	延吉市(吉)	0.13
132	铁西区(吉)	0.10
133	东辽县(吉)	0.10
134	靖宇县(吉)	0.10
135	汪清林业局(吉)	0.10
136	大兴沟林业局(吉)	0.10
137	同江市(黑)	15.90
138	五常市(黑)	12.29
139	铁力市(黑)	5.10
140	嘉荫县(黑)	3.50
141	巴彦县(黑)	3.00
142	依兰县(黑)	2.60
143	勃利县(黑)	2.10

序号	县(旗、市、区、局、场)	锯材产量（万立方米）
144	南岗区(黑)	2.00
145	方正县(黑)	2.00
146	宝清县(黑)	1.75
147	宾　县(黑)	1.50
148	友谊县(黑)	1.50
149	尚志国有林场管理局(黑)	1.48
150	双城市(黑)	1.18
151	鸡东县(黑)	1.04
152	木兰县(黑)	1.00
153	延寿县(黑)	1.00
154	爱辉区(黑)	0.97
155	虎林市(黑)	0.80
156	肇源县(黑)	0.78
157	孟家岗林场(黑)	0.78
158	新兴区(黑)	0.74
159	茄子河区(黑)	0.74
160	桃山区(黑)	0.63
161	肇州县(黑)	0.50
162	汤原县(黑)	0.44
163	让胡路区(黑)	0.40
164	明水县(黑)	0.30
165	肇东市(黑)	0.30
166	依安县(黑)	0.20
167	密山市(黑)	0.20
168	青冈县(黑)	0.20
169	胜利林场(黑)	0.18
170	丹清河实验林场(黑)	0.10
171	如东县(苏)	8.95
172	沭阳县(苏)	5.85
173	大丰市(苏)	5.40
174	泗阳县(苏)	5.05
175	泗洪县(苏)	4.96
176	阜宁县(苏)	4.54
177	邗江区(苏)	4.30
178	南通市通州区(苏)	2.20
179	涟水县(苏)	2.00
180	滨海县(苏)	1.94
181	太仓市(苏)	1.79
182	灌云县(苏)	1.50
183	丰　县(苏)	1.23
184	建湖县(苏)	1.01
185	射阳县(苏)	0.77
186	东台市(苏)	0.76
187	楚州区(苏)	0.70
188	淮阴区(苏)	0.70
189	盐都区(苏)	0.65
190	高邮市(苏)	0.50
191	宿城区(苏)	0.40
192	兴化市(苏)	0.40
193	姜堰市(苏)	0.31
194	盱眙县(苏)	0.30
195	东海县(苏)	0.22
196	亭湖区(苏)	0.15
197	金湖县(苏)	0.10
198	安吉县(浙)	14.26
199	义乌市(浙)	11.68
200	桐乡市(浙)	10.00
201	莲都区(浙)	8.69
202	诸暨市(浙)	8.00
203	龙泉市(浙)	6.73
204	遂昌县(浙)	6.60
205	东阳市(浙)	6.50
206	临安市(浙)	4.70
207	青田县(浙)	4.00
208	余杭区(浙)	3.95
209	天台县(浙)	3.80
210	缙云县(浙)	3.77
211	龙游县(浙)	3.50
212	建德市(浙)	3.19
213	云和县(浙)	3.00
214	淳安县(浙)	2.96
215	长兴县(浙)	2.95
216	海宁市(浙)	2.79
217	松阳县(浙)	2.64
218	苍南县(浙)	2.60
219	桐庐县(浙)	2.58
220	临海市(浙)	2.55
221	上虞市(浙)	2.00
222	永康市(浙)	2.00
223	永嘉县(浙)	1.57
224	定海区(浙)	1.42
225	柯城区(浙)	1.14
226	庆元县(浙)	1.09
227	兰溪市(浙)	1.00

序号	县(旗、市、区、局、场)	锯材产量(万立方米)
228	仙居县(浙)	1.00
229	常山县(浙)	0.90
230	德清县(浙)	0.80
231	瑞安市(浙)	0.70
232	景宁畲族自治县(浙)	0.67
233	秀洲区(浙)	0.63
234	丽水市市辖区(浙)	0.59
235	瓯海区(浙)	0.50
236	平阳县(浙)	0.50
237	嵊州市(浙)	0.48
238	衢江区(浙)	0.45
239	三门县(浙)	0.37
240	镇海区(浙)	0.36
241	磐安县(浙)	0.32
242	鸠江区(皖)	16.56
243	太和县(皖)	10.00
244	祁门县(皖)	9.80
245	东至县(皖)	9.38
246	贵池区(皖)	5.01
247	南陵县(皖)	4.00
248	宣州区(皖)	2.85
249	青阳县(皖)	2.36
250	岳西县(皖)	2.30
251	舒城县(皖)	2.30
252	繁昌县(皖)	2.20
253	太湖县(皖)	2.13
254	黟　县(皖)	1.73
255	怀宁县(皖)	1.50
256	临泉县(皖)	1.50
257	界首市(皖)	1.36
258	定远县(皖)	1.20
259	泗　县(皖)	1.20
260	霍山县(皖)	1.15
261	桐城市(皖)	0.86
262	绩溪县(皖)	0.85
263	潜山县(皖)	0.72
264	无为县(皖)	0.68
265	居巢区(皖)	0.64
266	歙　县(皖)	0.60
267	南谯区(皖)	0.60
268	埇桥区(皖)	0.60
269	天长市(皖)	0.55

序号	县(旗、市、区、局、场)	锯材产量(万立方米)
270	庐江县(皖)	0.55
271	泾　县(皖)	0.50
272	石台县(皖)	0.48
273	和　县(皖)	0.47
274	望江县(皖)	0.37
275	霍邱县(皖)	0.30
276	濉溪县(皖)	0.14
277	寿　县(皖)	0.13
278	延平区(闽)	16.91
279	邵武市(闽)	10.59
280	惠安县(闽)	10.00
281	尤溪县(闽)	9.47
282	顺昌县(闽)	4.43
283	政和县(闽)	2.28
284	梅列区(闽)	1.81
285	永春县(闽)	1.80
286	建宁县(闽)	1.56
287	安溪县(闽)	1.00
288	寿宁县(闽)	0.64
289	光泽县(闽)	0.60
290	浦城县(闽)	0.32
291	闽侯县(闽)	0.27
292	福清市(闽)	0.26
293	松溪县(闽)	0.18
294	安福县(赣)	7.20
295	章贡区(赣)	5.23
296	永新县(赣)	4.20
297	婺源县(赣)	4.00
298	月湖区(赣)	3.90
299	南康市(赣)	3.20
300	武宁县(赣)	3.17
301	新干县(赣)	2.80
302	铜鼓县(赣)	2.42
303	修水县(赣)	2.13
304	南昌县(赣)	2.00
305	余江县(赣)	1.91
306	安远县(赣)	1.70
307	万安县(赣)	1.60
308	上犹县(赣)	1.54
309	临川区(赣)	1.50
310	崇义县(赣)	1.33
311	泰和县(赣)	1.22

序号	县(旗、市、区、局、场)	锯材产量(万立方米)
312	吉水县(赣)	1.20
313	上高县(赣)	1.10
314	兴国县(赣)	1.00
315	石城县(赣)	1.00
316	丰城市(赣)	1.00
317	信丰县(赣)	0.93
318	高安市(赣)	0.88
319	宜黄县(赣)	0.86
320	永修县(赣)	0.85
321	彭泽县(赣)	0.84
322	瑞金市(赣)	0.84
323	万载县(赣)	0.80
324	南城县(赣)	0.80
325	全南县(赣)	0.76
326	分宜县(赣)	0.70
327	瑞昌市(赣)	0.69
328	九江县(赣)	0.65
329	万年县(赣)	0.62
330	新建县(赣)	0.60
331	金溪县(赣)	0.60
332	庐山区(赣)	0.56
333	靖安县(赣)	0.56
334	樟树市(赣)	0.41
335	于都县(赣)	0.40
336	奉新县(赣)	0.40
337	都昌县(赣)	0.35
338	龙南县(赣)	0.35
339	会昌县(赣)	0.35
340	大余县(赣)	0.32
341	东乡县(赣)	0.32
342	湾里区(赣)	0.30
343	吉州区(赣)	0.30
344	井冈山市(赣)	0.30
345	黎川县(赣)	0.21
346	广丰县(赣)	0.20
347	玉山县(赣)	0.20
348	贵溪市(赣)	0.15
349	南昌市市辖区(赣)	0.14
350	信州区(赣)	0.14
351	湖口县(赣)	0.12
352	崇仁县(赣)	0.12
353	鄱阳县(赣)	0.12

序号	县(旗、市、区、局、场)	锯材产量(万立方米)
354	广昌县(赣)	0.10
355	余干县(赣)	0.10
356	平原县(鲁)	10.70
357	惠民县(鲁)	5.60
358	莘　县(鲁)	4.60
359	胶南市(鲁)	3.70
360	邹城市(鲁)	3.35
361	成武县(鲁)	2.60
362	蒙阴县(鲁)	2.52
363	牡丹区(鲁)	2.15
364	济阳县(鲁)	1.89
365	台儿庄区(鲁)	1.63
366	宁阳县(鲁)	1.44
367	东昌府区(鲁)	1.44
368	东平县(鲁)	1.34
369	沂南县(鲁)	1.31
370	章丘市(鲁)	1.30
371	坊子区(鲁)	1.00
372	梁山县(鲁)	1.00
373	邹平县(鲁)	0.80
374	临朐县(鲁)	0.71
375	诸城市(鲁)	0.70
376	肥城市(鲁)	0.68
377	高青县(鲁)	0.60
378	武城县(鲁)	0.58
379	新泰市(鲁)	0.52
380	沂水县(鲁)	0.40
381	夏津县(鲁)	0.40
382	莱城区(鲁)	0.33
383	平阴县(鲁)	0.31
384	东营区(鲁)	0.30
385	宁津县(鲁)	0.30
386	薛城区(鲁)	0.27
387	滕州市(鲁)	0.27
388	长清区(鲁)	0.26
389	博兴县(鲁)	0.23
390	东阿县(鲁)	0.21
391	德州市市辖区(鲁)	0.13
392	阳谷县(鲁)	0.13
393	文登市(鲁)	0.10
394	钢城区(鲁)	0.10
395	茌平县(鲁)	0.10

序号	县(旗、市、区、局、场)	锯材产量(万立方米)
396	太康县(豫)	8.00
397	滑　县(豫)	6.71
398	孟津县(豫)	5.00
399	睢阳区(豫)	4.32
400	偃师市(豫)	3.60
401	民权县(豫)	3.24
402	正阳县(豫)	2.40
403	郾城区(豫)	2.35
404	新安县(豫)	2.31
405	淮阳县(豫)	2.00
406	梁园区(豫)	1.80
407	舞阳县(豫)	1.73
408	兰考县(豫)	1.70
409	睢　县(豫)	1.59
410	浉河区(豫)	1.50
411	新密市(豫)	1.40
412	中牟县(豫)	1.20
413	内黄县(豫)	1.20
414	鹿邑县(豫)	1.20
415	管城回族区(豫)	1.10
416	确山县(豫)	1.05
417	杞　县(豫)	1.00
418	辉县市(豫)	1.00
419	夏邑县(豫)	1.00
420	西华县(豫)	1.00
421	商水县(豫)	1.00
422	许昌县(豫)	0.95
423	济源市(豫)	0.90
424	临颍县(豫)	0.83
425	宁陵县(豫)	0.83
426	栾川县(豫)	0.80
427	郸城县(豫)	0.80
428	长葛市(豫)	0.79
429	淮滨县(豫)	0.73
430	获嘉县(豫)	0.70
431	灵宝市(豫)	0.70
432	邓州市(豫)	0.70
433	川汇区(豫)	0.70
434	柘城县(豫)	0.66
435	源汇区(豫)	0.64
436	通许县(豫)	0.60
437	鄢陵县(豫)	0.60
438	虞城县(豫)	0.60
439	沈丘县(豫)	0.60
440	安阳县(豫)	0.56
441	许昌市经济技术开发区(豫)	0.50
442	禹州市(豫)	0.50
443	方城县(豫)	0.50
444	汝州市(豫)	0.48
445	陕　县(豫)	0.47
446	西平县(豫)	0.46
447	封丘县(豫)	0.45
448	新野县(豫)	0.43
449	沁阳市(豫)	0.42
450	社旗县(豫)	0.42
451	鲁山县(豫)	0.40
452	召陵区(豫)	0.38
453	延津县(豫)	0.36
454	固始县(豫)	0.36
455	汝阳县(豫)	0.35
456	洛宁县(豫)	0.30
457	宝丰县(豫)	0.30
458	卫辉市(豫)	0.30
459	台前县(豫)	0.26
460	修武县(豫)	0.23
461	博爱县(豫)	0.20
462	洛龙区(豫)	0.20
463	卧龙区(豫)	0.16
464	上蔡县(豫)	0.15
465	平舆县(豫)	0.13
466	林州市(豫)	0.12
467	荥阳市(豫)	0.10
468	石首市(鄂)	8.00
469	监利县(鄂)	5.00
470	罗田县(鄂)	1.50
471	崇阳县(鄂)	1.00
472	通山县(鄂)	0.58
473	沙市区(鄂)	0.32
474	嘉鱼县(鄂)	0.30
475	阳新县(鄂)	0.20
476	樊城区(鄂)	0.10
477	邵东县(湘)	21.00
478	资兴市(湘)	20.00
479	醴陵市(湘)	12.00

序号	县(旗、市、区、局、场)	锯材产量(万立方米)
480	永定区(湘)	10.00
481	通道侗族自治县(湘)	10.00
482	平江县(湘)	8.10
483	绥宁县(湘)	8.00
484	靖州苗族侗族自治县(湘)	7.80
485	攸 县(湘)	6.12
486	蓝山县(湘)	5.89
487	新晃侗族自治县(湘)	5.80
488	芷江侗族自治县(湘)	5.40
489	永兴县(湘)	5.27
490	衡东县(湘)	5.10
491	会同县(湘)	4.80
492	安仁县(湘)	4.13
493	桃江县(湘)	4.00
494	鹤城区(湘)	4.00
495	宁远县(湘)	3.65
496	茶陵县(湘)	3.60
497	桂东县(湘)	3.30
498	武冈市(湘)	3.00
499	赫山区(湘)	3.00
500	冷水江市(湘)	2.86
501	雨湖区(湘)	2.60
502	桃源县(湘)	2.50
503	汝城县(湘)	2.50
504	隆回县(湘)	2.36
505	洪江市(湘)	2.10
506	临湘市(湘)	2.00
507	慈利县(湘)	2.00
508	冷水滩区(湘)	1.97
509	望城县(湘)	1.96
510	东安县(湘)	1.84
511	苏仙区(湘)	1.82
512	武陵区(湘)	1.80
513	桂阳县(湘)	1.78
514	安乡县(湘)	1.68
515	江华瑶族自治县(湘)	1.61
516	麻阳苗族自治县(湘)	1.60
517	桑植县(湘)	1.40
518	宜章县(湘)	1.32
519	炎陵县(湘)	1.30
520	新化县(湘)	1.20
521	南 县(湘)	1.10

序号	县(旗、市、区、局、场)	锯材产量(万立方米)
522	涟源市(湘)	1.09
523	祁东县(湘)	1.06
524	邵阳县(湘)	1.00
525	临武县(湘)	0.98
526	溆浦县(湘)	0.96
527	汉寿县(湘)	0.94
528	蒸湘区(湘)	0.93
529	祁阳县(湘)	0.90
530	湘乡市(湘)	0.85
531	娄星区(湘)	0.85
532	汨罗市(湘)	0.83
533	宁乡县(湘)	0.80
534	常宁市(湘)	0.80
535	道 县(湘)	0.80
536	江永县(湘)	0.77
537	衡阳县(湘)	0.70
538	北湖区(湘)	0.70
539	零陵区(湘)	0.70
540	辰溪县(湘)	0.70
541	洪江区(湘)	0.66
542	衡山县(湘)	0.63
543	中方县(湘)	0.62
544	沅陵县(湘)	0.60
545	新田县(湘)	0.53
546	耒阳市(湘)	0.50
547	石门县(湘)	0.50
548	北塔区(湘)	0.41
549	株洲县(湘)	0.40
550	衡南县(湘)	0.40
551	嘉禾县(湘)	0.35
552	石鼓区(湘)	0.30
553	新邵县(湘)	0.30
554	湘阴县(湘)	0.30
555	澧 县(湘)	0.30
556	娄底市市辖区(湘)	0.30
557	双峰县(湘)	0.22
558	石峰区(湘)	0.21
559	津市市(湘)	0.20
560	洞口县(湘)	0.18
561	岳阳楼区(湘)	0.12
562	新会区(粤)	9.21
563	鹤山市(粤)	8.92

序号	县(旗、市、区、局、场)	锯材产量(万立方米)
564	雷州市(粤)	7.60
565	阳西县(粤)	7.60
566	博罗县(粤)	7.23
567	浈江区(粤)	7.20
568	高要市(粤)	5.87
569	连山壮族瑶族自治县(粤)	5.86
570	阳春市(粤)	5.40
571	清新县(粤)	4.95
572	台山市(粤)	4.59
573	惠东县(粤)	3.90
574	云城区(粤)	3.70
575	清城区(粤)	3.69
576	廉江市(粤)	3.60
577	信宜市(粤)	3.60
578	乐昌市(粤)	3.53
579	遂溪县(粤)	3.50
580	仁化县(粤)	3.21
581	湛江市农垦局(粤)	3.20
582	番禺区(粤)	3.00
583	潮州市枫溪区(粤)	3.00
584	电白县(粤)	2.80
585	新兴县(粤)	2.50
586	吴川市(粤)	2.30
587	东源县(粤)	2.30
588	连南瑶族自治县(粤)	2.21
589	平远县(粤)	2.10
590	恩平市(粤)	2.00
591	惠城区(粤)	2.00
592	高州市(粤)	1.80
593	阳东县(粤)	1.80
594	龙门县(粤)	1.79
595	徐闻县(粤)	1.70
596	怀集县(粤)	1.65
597	兴宁市(粤)	1.50
598	惠阳区(粤)	1.40
599	始兴县(粤)	1.30
600	云安县(粤)	1.20
601	罗定市(粤)	1.20
602	连州市(粤)	1.15
603	茂港区(粤)	1.07
604	郁南县(粤)	1.01
605	武江区(粤)	1.00

序号	县(旗、市、区、局、场)	锯材产量(万立方米)
606	坡头区(粤)	1.00
607	湛江市属总林场(粤)	1.00
608	鼎湖区(粤)	1.00
609	紫金县(粤)	0.94
610	三水区(粤)	0.92
611	宝安区(粤)	0.90
612	茂南区(粤)	0.80
613	五华县(粤)	0.80
614	高明区(粤)	0.67
615	曲江区(粤)	0.66
616	萝岗区(粤)	0.60
617	广宁县(粤)	0.60
618	饶平县(粤)	0.60
619	化州市(粤)	0.43
620	麻章区(粤)	0.40
621	梅江区(粤)	0.37
622	荔湾区(粤)	0.35
623	连平县(粤)	0.34
624	德庆县(粤)	0.33
625	潮安县(粤)	0.30
626	南雄市(粤)	0.28
627	湛江市东海岛区(粤)	0.26
628	新丰县(粤)	0.22
629	韶关市属总林场(粤)	0.20
630	赤坎区(粤)	0.20
631	端州区(粤)	0.20
632	阳山县(粤)	0.20
633	普宁市(粤)	0.20
634	陆河县(粤)	0.15
635	乳源瑶族自治县(粤)	0.13
636	深圳市光明新区(粤)	0.13
637	翁源县(粤)	0.10
638	揭西县(粤)	0.10
639	江南区(桂)	23.25
640	融水苗族自治县(桂)	18.75
641	柳南区(桂)	15.00
642	百色市市辖区(桂)	12.72
643	八步区(桂)	11.00
644	环江毛南族自治县(桂)	10.22
645	罗城仫佬族自治县(桂)	9.38
646	柳北区(桂)	9.00
647	南丹县(桂)	8.04

序号	县(旗、市、区、局、场)	锯材产量(万立方米)
648	阳朔县(桂)	7.87
649	钦北区(桂)	7.60
650	兴安县(桂)	7.00
651	融安县(桂)	6.90
652	三江侗族自治县(桂)	6.59
653	灵山县(桂)	6.54
654	隆林各族自治县(桂)	6.50
655	永福县(桂)	6.40
656	西林县(桂)	6.40
657	鹿寨县(桂)	6.20
658	天峨县(桂)	5.81
659	龙胜各族自治县(桂)	5.39
660	临桂县(桂)	5.20
661	北流市(桂)	5.13
662	全州县(桂)	5.00
663	西乡塘区(桂)	4.51
664	象山区(桂)	4.50
665	灌阳县(桂)	4.48
666	横　县(桂)	4.43
667	田东县(桂)	4.19
668	合浦县(桂)	4.00
669	乐业县(桂)	3.87
670	灵川县(桂)	3.61
671	良庆区(桂)	3.57
672	兴宁区(桂)	3.50
673	南宁市东盟经济园区(桂)	3.50
674	恭城瑶族自治县(桂)	3.50
675	防城区(桂)	3.50
676	博白县(桂)	3.50
677	港南区(桂)	3.47
678	资源县(桂)	3.40
679	平乐县(桂)	3.33
680	鱼峰区(桂)	3.15
681	宾阳县(桂)	3.07
682	那坡县(桂)	2.80
683	中国林科院热林中心(桂)	2.79
684	海城区(桂)	2.78
685	平南县(桂)	2.71
686	港北区(桂)	2.59
687	柳城县(桂)	2.43
688	金秀瑶族自治县(桂)	2.22
689	右江区(桂)	2.00
690	田林县(桂)	1.85
691	柳江县(桂)	1.69
692	宁明县(桂)	1.65
693	陆川县(桂)	1.64
694	叠彩区(桂)	1.60
695	钦南区(桂)	1.60
696	凌云县(桂)	1.49
697	巴马瑶族自治县(桂)	1.49
698	邕宁区(桂)	1.44
699	钦州市直属单位(桂)	1.43
700	宜州市(桂)	1.30
701	象州县(桂)	1.20
702	福绵区(桂)	0.97
703	昭平县(桂)	0.92
704	钟山县(桂)	0.90
705	东兰县(桂)	0.86
706	大新县(桂)	0.86
707	平果县(桂)	0.84
708	兴宾区(桂)	0.81
709	秀峰区(桂)	0.80
710	浦北县(桂)	0.80
711	黄冕林场(桂)	0.79
712	武鸣县(桂)	0.75
713	富川瑶族自治县(桂)	0.75
714	七星区(桂)	0.70
715	兴业县(桂)	0.70
716	凭祥市(桂)	0.70
717	武宣县(桂)	0.69
718	忻城县(桂)	0.64
719	藤　县(桂)	0.53
720	苍梧县(桂)	0.50
721	大化瑶族自治县(桂)	0.50
722	桂平市(桂)	0.45
723	江州区(桂)	0.39
724	覃塘区(桂)	0.38
725	港口区(桂)	0.33
726	凤山县(桂)	0.33
727	东兴市(桂)	0.30
728	合山市(桂)	0.29
729	靖西县(桂)	0.28
730	德保县(桂)	0.27
731	龙州县(桂)	0.27

序号	县(旗、市、区、局、场)	锯材产量(万立方米)
732	扶绥县(桂)	0.22
733	都安瑶族自治县(桂)	0.21
734	青秀区(桂)	0.19
735	田阳县(桂)	0.19
736	雁山区(桂)	0.17
737	上林县(桂)	0.16
738	金城江区(桂)	0.16
739	贺州市平桂管理区(桂)	0.13
740	马山县(桂)	0.12
741	上思县(桂)	0.11
742	万宁市(琼)	0.57
743	定安县(琼)	0.12
744	酉阳土家族苗族自治县(渝)	0.95
745	秀山土家族苗族自治县(渝)	0.85
746	石柱土家族自治县(渝)	0.85
747	南川区(渝)	0.60
748	璧山县(渝)	0.62
749	黔江区(渝)	0.45
750	武隆县(渝)	0.35
751	万州区(渝)	0.41
752	梁平县(渝)	0.10
753	忠　县(渝)	0.10
754	乐山市市中区(川)	5.63
755	通江县(川)	2.31
756	马边彝族自治县(川)	1.90
757	沐川县(川)	1.50
758	夹江县(川)	1.00
759	犍为县(川)	0.99
760	沙湾区(川)	0.70
761	巴州区(川)	0.53
762	五通桥区(川)	0.46
763	南江县(川)	0.45
764	金口河区(川)	0.12
765	从江县(黔)	5.81
766	榕江县(黔)	4.54
767	黎平县(黔)	3.43
768	南明区(黔)	3.11
769	清镇市(黔)	1.98
770	锦屏县(黔)	1.85
771	天柱县(黔)	1.83
772	凯里市(黔)	14.00
773	织金县(黔)	1.00
774	剑河县(黔)	0.96
775	西秀区(黔)	0.59
776	仁怀市(黔)	0.56
777	六枝特区(黔)	0.42
778	毕节市(黔)	0.41
779	三穗县(黔)	0.40
780	独山县(黔)	0.37
781	都匀市(黔)	0.27
782	台江县(黔)	0.25
783	开阳县(黔)	0.21
784	罗甸县(黔)	0.19
785	云岩区(黔)	0.14
786	丹寨县(黔)	0.13
787	白云区(黔)	0.10
788	紫云苗族布依族自治县(黔)	0.10
789	米林县(藏)	4.91
790	察隅县(藏)	2.00
791	墨脱县(藏)	0.17
792	乾　县(陕)	0.20
793	靖边县(陕)	0.20
794	临渭区(陕)	0.18
795	南郑县(陕)	0.15
796	商南县(陕)	0.11
797	策勒县(新)	0.22
798	民丰县(新)	0.19
799	奇台县(新)	0.15
800	洛浦县(新)	0.15
801	哈密市(新)	0.14
802	皮山县(新)	0.12
803	吐鲁番市(新)	0.10
804	红石林业局(吉林森工)	1.10
805	带岭实验局(龙江森工)	6.12
806	大海林林业局(龙江森工)	4.20
807	沾河林业局(龙江森工)	3.88
808	新青林业局(龙江森工)	3.65
809	东方红林业局(龙江森工)	3.20
810	双丰林业局(龙江森工)	3.20
811	穆棱林业局(龙江森工)	2.50
812	清河林业局(龙江森工)	2.10
813	乌伊岭林业局(龙江森工)	2.10
814	鹤北林业局(龙江森工)	2.00
815	柴河林业局(龙江森工)	1.70

序号	县(旗、市、区、局、场)	锯材产量(万立方米)
816	五营林业局(龙江森工)	1.30
817	方正林业局(龙江森工)	1.30
818	绥阳林业局(龙江森工)	1.17
819	兴隆林业局(龙江森工)	1.16
820	铁力林业局(龙江森工)	1.01
821	桦南林业局(龙江森工)	0.90
822	佳木斯木材加工厂(龙江森工)	0.90
823	双鸭山林业局(龙江森工)	0.80
824	鹤立林业局(龙江森工)	0.80
825	美溪林业局(龙江森工)	0.80
826	东京城林业局(龙江森工)	0.60
827	苇河林业局(龙江森工)	0.60
828	通北林业局(龙江森工)	0.60
829	林口林业局(龙江森工)	0.59
830	绥棱林业局(龙江森工)	0.40
831	亚布力林业局(龙江森工)	0.34
832	迎春林业局(龙江森工)	0.12
833	十八站林业局(大兴安岭)	4.71
834	韩家园林业局(大兴安岭)	4.61
835	西林吉林业局(大兴安岭)	3.15
836	松岭林业局(大兴安岭)	2.70
837	新林林业局(大兴安岭)	1.90
838	塔河林业局(大兴安岭)	1.55
839	呼中林业局(大兴安岭)	0.70
840	阿木尔林业局(大兴安岭)	0.57
841	图强林业局(大兴安岭)	0.55

表1-3 2009年木片主产县(旗、市、区、局、场)

序号	县(旗、市、区、局、场)	木片产量(实积万立方米)
1	南和县(冀)	18.00
2	涿州市(冀)	5.00
3	景　县(冀)	4.51
4	临漳县(冀)	3.10
5	沙河市(冀)	1.57
6	玉田县(冀)	1.50
7	青龙满族自治县(冀)	1.20
8	任　县(冀)	1.10
9	武邑县(冀)	0.90
10	香河县(冀)	0.86
11	遵化市(冀)	0.39
12	徐水县(冀)	0.29
13	清苑县(冀)	0.20
14	成安县(冀)	0.19
15	魏　县(冀)	0.17
16	邱　县(冀)	0.16
17	行唐县(冀)	0.15
18	科尔沁区(内蒙古)	3.00
19	林西县(内蒙古)	1.50
20	根河市(内蒙古)	0.45
21	克什克腾旗(内蒙古)	0.32
22	扎鲁特旗(内蒙古)	0.30
23	磴口县(内蒙古)	0.30
24	临河区(内蒙古)	0.21
25	敖汉旗(内蒙古)	0.20
26	白狼林业局(内蒙古)	0.10
27	东港市(辽)	19.20
28	东陵区(辽)	9.20
29	抚顺县(辽)	7.40
30	清原满族自治县(辽)	4.70
31	本溪满族自治县(辽)	4.30
32	新宾满族自治县(辽)	3.30
33	彰武县(辽)	2.60
34	黑山县(辽)	2.39
35	建平县(辽)	1.80
36	铁岭市经济开发区(辽)	0.50
37	灯塔市(辽)	0.50
38	细河区(辽)	0.30
39	振安区(辽)	0.10
40	船营区(吉)	1.50
41	桦甸市(吉)	1.50
42	安图森林经营局(吉)	1.30
43	通榆县(吉)	1.20
44	二道区(吉)	1.00
45	抚松县(吉)	1.00
46	德惠市(吉)	0.80
47	宁江区(吉)	0.70
48	龙潭区(吉)	0.59
49	乾安县(吉)	0.55
50	敦化市(吉)	0.31
51	梅河口市(吉)	0.30
52	长白朝鲜族自治县(吉)	0.30
53	东丰县(吉)	0.25
54	汪清林业局(吉)	0.23

序号	县(旗、市、区、局、场)	木片产量(实积万立方米)
55	昌邑区(吉)	0.12
56	农安县(吉)	0.10
57	辉南县(吉)	0.10
58	洮北区(吉)	0.10
59	安达市(黑)	2.30
60	巴彦县(黑)	1.00
61	孟家岗林场(黑)	0.85
62	五常市(黑)	0.80
63	依兰县(黑)	0.70
64	望奎县(黑)	0.70
65	密山市(黑)	0.50
66	友谊县(黑)	0.50
67	丹清河实验林场(黑)	0.33
68	依安县(黑)	0.30
69	明水县(黑)	0.20
70	茄子河区(黑)	0.11
71	方正县(黑)	0.10
72	山河实验林场(黑)	0.10
73	绥滨县(黑)	0.10
74	青冈县(黑)	0.10
75	泗洪县(苏)	34.77
76	丰　县(苏)	20.01
77	楚州区(苏)	3.00
78	响水县(苏)	2.37
79	阜宁县(苏)	1.42
80	金湖县(苏)	1.20
81	涟水县(苏)	1.00
82	滨海县(苏)	0.68
83	太仓市(苏)	0.65
84	盐都区(苏)	0.65
85	赣榆县(苏)	0.54
86	东海县(苏)	0.35
87	宿城区(苏)	0.35
88	高邮市(苏)	0.25
89	仪征市(苏)	0.23
90	盱眙县(苏)	0.22
91	东阳市(浙)	15.80
92	桐乡市(浙)	10.60
93	诸暨市(浙)	4.00
94	临海市(浙)	3.00
95	长兴县(浙)	1.37
96	龙游县(浙)	1.10
97	仙居县(浙)	0.50
98	柯城区(浙)	0.47
99	安吉县(浙)	0.30
100	嵊州市(浙)	0.23
101	上虞市(浙)	0.20
102	浦江县(浙)	0.10
103	埇桥区(皖)	3.60
104	临泉县(皖)	3.45
105	太湖县(皖)	2.65
106	宣州区(皖)	2.01
107	南陵县(皖)	2.00
108	固镇县(皖)	2.00
109	贵池区(皖)	1.72
110	定远县(皖)	1.50
111	怀远县(皖)	1.40
112	东至县(皖)	1.34
113	潜山县(皖)	1.20
114	涡阳县(皖)	1.20
115	青阳县(皖)	1.01
116	太和县(皖)	0.80
117	泾　县(皖)	0.80
118	无为县(皖)	0.73
119	南谯区(皖)	0.70
120	界首市(皖)	0.60
121	霍山县(皖)	0.40
122	舒城县(皖)	0.35
123	霍邱县(皖)	0.34
124	濉溪县(皖)	0.33
125	庐江县(皖)	0.29
126	岳西县(皖)	0.23
127	寿　县(皖)	0.22
128	望江县(皖)	0.10
129	延平区(闽)	2.90
130	尤溪县(闽)	2.80
131	松溪县(闽)	1.75
132	惠安县(闽)	1.50
133	建宁县(闽)	1.19
134	梅列区(闽)	0.42
135	政和县(闽)	0.26
136	福清市(闽)	0.12
137	南康市(赣)	20.00
138	月湖区(赣)	11.10

序号	县(旗、市、区、局、场)	木片产量(实积万立方米)	序号	县(旗、市、区、局、场)	木片产量(实积万立方米)
139	乐安县(赣)	4.00	181	临朐县(鲁)	0.82
140	万安县(赣)	2.00	182	牡丹区(鲁)	0.72
141	宁都县(赣)	1.76	183	宁津县(鲁)	0.60
142	上高县(赣)	1.38	184	薛城区(鲁)	0.56
143	新干县(赣)	1.30	185	台儿庄区(鲁)	0.53
144	石城县(赣)	1.00	186	新泰市(鲁)	0.45
145	安福县(赣)	1.00	187	滕州市(鲁)	0.43
146	吉水县(赣)	0.85	188	利津县(鲁)	0.40
147	安远县(赣)	0.80	189	坊子区(鲁)	0.40
148	永新县(赣)	0.60	190	高唐县(鲁)	0.38
149	信丰县(赣)	0.56	191	茌平县(鲁)	0.30
150	余江县(赣)	0.50	192	东昌府区(鲁)	0.23
151	会昌县(赣)	0.50	193	博兴县(鲁)	0.23
152	泰和县(赣)	0.50	194	章丘市(鲁)	0.20
153	临川区(赣)	0.40	195	平阴县(鲁)	0.19
154	于都县(赣)	0.30	196	东营市市辖区(鲁)	0.15
155	黎川县(赣)	0.30	197	夏津县(鲁)	0.15
156	永修县(赣)	0.20	198	武城县(鲁)	0.13
157	全南县(赣)	0.18	199	许昌县(豫)	8.40
158	贵溪市(赣)	0.17	200	孟津县(豫)	6.00
159	横峰县(赣)	0.13	201	虞城县(豫)	5.00
160	万年县(赣)	0.12	202	尉氏县(豫)	4.80
161	东乡县(赣)	0.11	203	新安县(豫)	3.70
162	沂南县(鲁)	109.50	204	汤阴县(豫)	3.37
163	桓台县(鲁)	30.00	205	淮阳县(豫)	3.00
164	临清市(鲁)	15.00	206	禹州市(豫)	2.50
165	东阿县(鲁)	6.37	207	宝丰县(豫)	2.20
166	东平县(鲁)	6.30	208	太康县(豫)	2.00
167	肥城市(鲁)	3.15	209	内黄县(豫)	2.00
168	宁阳县(鲁)	2.73	210	社旗县(豫)	1.95
169	平原县(鲁)	2.30	211	郾城区(豫)	1.90
170	惠民县(鲁)	2.00	212	柘城县(豫)	1.77
171	莘　县(鲁)	1.90	213	沁阳市(豫)	1.13
172	蒙阴县(鲁)	1.80	214	中牟县(豫)	1.12
173	邹城市(鲁)	1.56	215	睢　县(豫)	1.05
174	成武县(鲁)	1.56	216	商水县(豫)	1.00
175	沂水县(鲁)	1.50	217	西华县(豫)	1.00
176	梁山县(鲁)	1.30	218	梁园区(豫)	1.00
177	济阳县(鲁)	1.29	219	川汇区(豫)	0.92
178	高青县(鲁)	1.00	220	杞　县(豫)	0.90
179	冠　县(鲁)	1.00	221	民权县(豫)	0.86
180	诸城市(鲁)	0.90	222	延津县(豫)	0.86

序号	县(旗、市、区、局、场)	木片产量(实积万立方米)
223	南乐县(豫)	0.80
224	辉县市(豫)	0.80
225	召陵区(豫)	0.79
226	管城回族区(豫)	0.79
227	确山县(豫)	0.70
228	卧龙区(豫)	0.70
229	许昌市经济技术开发区(豫)	0.70
230	清丰县(豫)	0.70
231	西平县(豫)	0.64
232	兰考县(豫)	0.60
233	襄城县(豫)	0.58
234	平舆县(豫)	0.53
235	陕　县(豫)	0.53
236	鄢陵县(豫)	0.50
237	宁陵县(豫)	0.49
238	济源市(豫)	0.40
239	郸城县(豫)	0.40
240	灵宝市(豫)	0.40
241	博爱县(豫)	0.40
242	获嘉县(豫)	0.40
243	栾川县(豫)	0.40
244	临颍县(豫)	0.35
245	源汇区(豫)	0.33
246	汝阳县(豫)	0.32
247	正阳县(豫)	0.30
248	鹿邑县(豫)	0.30
249	通许县(豫)	0.30
250	新蔡县(豫)	0.29
251	封丘县(豫)	0.25
252	修武县(豫)	0.22
253	魏都区(豫)	0.20
254	卫辉市(豫)	0.20
255	伊川县(豫)	0.20
256	方城县(豫)	0.16
257	许昌市东城区(豫)	0.15
258	荥阳市(豫)	0.13
259	平桥区(豫)	0.12
260	新乡县(豫)	0.12
261	汝州市(豫)	0.12
262	沙洋县(鄂)	6.00
263	监利县(鄂)	1.90
264	石首市(鄂)	0.60

序号	县(旗、市、区、局、场)	木片产量(实积万立方米)
265	通山县(鄂)	0.39
266	罗田县(鄂)	0.30
267	沙市区(鄂)	0.10
268	沅陵县(湘)	2.33
269	冷水滩区(湘)	2.05
270	炎陵县(湘)	1.87
271	双清区(湘)	1.65
272	靖州苗族侗族自治县(湘)	1.64
273	江华瑶族自治县(湘)	1.52
274	临湘市(湘)	1.10
275	桃江县(湘)	1.05
276	通道侗族自治县(湘)	1.03
277	赫山区(湘)	0.85
278	新化县(湘)	0.77
279	东安县(湘)	0.76
280	江永县(湘)	0.62
281	祁东县(湘)	0.57
282	涟源市(湘)	0.54
283	武陵区(湘)	0.50
284	祁阳县(湘)	0.48
285	津市市(湘)	0.43
286	南　县(湘)	0.43
287	麻阳苗族自治县(湘)	0.35
288	苏仙区(湘)	0.30
289	蓝山县(湘)	0.29
290	新田县(湘)	0.23
291	娄星区(湘)	0.19
292	岳阳楼区(湘)	0.18
293	石鼓区(湘)	0.16
294	衡阳县(湘)	0.16
295	冷水江市(湘)	0.14
296	湘潭县(湘)	0.11
297	宁远县(湘)	0.10
298	新会区(粤)	8.53
299	雷州市(粤)	5.10
300	龙门县(粤)	5.10
301	高要市(粤)	4.80
302	惠城区(粤)	4.50
303	化州市(粤)	3.78
304	博罗县(粤)	3.20
305	茂港区(粤)	3.12
306	潮州市枫溪区(粤)	3.00

序号	县(旗、市、区、局、场)	木片产量(实积万立方米)
307	遂溪县(粤)	2.60
308	廉江市(粤)	2.40
309	吴川市(粤)	2.00
310	怀集县(粤)	1.51
311	番禺区(粤)	1.50
312	阳西县(粤)	1.36
313	翁源县(粤)	1.23
314	始兴县(粤)	1.20
315	高州市(粤)	1.20
316	徐闻县(粤)	0.90
317	恩平市(粤)	0.80
318	湛江市属总林场(粤)	0.80
319	仁化县(粤)	0.70
320	坡头区(粤)	0.67
321	德庆县(粤)	0.67
322	江城区(粤)	0.60
323	三水区(粤)	0.53
324	阳东县(粤)	0.50
325	宝安区(粤)	0.42
326	信宜市(粤)	0.40
327	湛江市农垦局(粤)	0.30
328	阳春市(粤)	0.30
329	饶平县(粤)	0.25
330	赤坎区(粤)	0.20
331	麻章区(粤)	0.20
332	潮安县(粤)	0.20
333	湛江市东海岛区(粤)	0.18
334	江南区(桂)	10.22
335	良庆区(桂)	9.33
336	陆川县(桂)	7.92
337	博白县(桂)	7.50
338	全州县(桂)	5.38
339	合浦县(桂)	4.50
340	鹿寨县(桂)	4.30
341	灵川县(桂)	4.23
342	柳南区(桂)	4.00
343	灌阳县(桂)	3.81
344	武鸣县(桂)	3.72
345	岑溪市(桂)	3.57
346	兴安县(桂)	3.40
347	鱼峰区(桂)	3.24
348	田东县(桂)	3.16
349	扶绥县(桂)	3.03
350	资源县(桂)	2.80
351	桂平市(桂)	2.80
352	上思县(桂)	2.69
353	灵山县(桂)	2.56
354	港南区(桂)	2.50
355	博白林场(桂)	2.44
356	兴业县(桂)	1.80
357	铁山港区(桂)	1.78
358	临桂县(桂)	1.74
359	派阳山林场(桂)	1.63
360	融安县(桂)	1.60
361	象山区(桂)	1.60
362	宜州市(桂)	1.55
363	横　县(桂)	1.50
364	钦北区(桂)	1.50
365	八步区(桂)	1.50
366	平天山林场(桂)	1.38
367	宁明县(桂)	1.29
368	右江区(桂)	1.20
369	青秀区(桂)	1.15
370	巴马瑶族自治县(桂)	1.12
371	平果县(桂)	0.94
372	南宁市东盟经济园区(桂)	0.93
373	龙胜各族自治县(桂)	0.93
374	银海区(桂)	0.91
375	钦南区(桂)	0.90
376	港北区(桂)	0.84
377	兴宁区(桂)	0.80
378	兴宾区(桂)	0.78
379	平南县(桂)	0.76
380	海城区(桂)	0.75
381	防城区(桂)	0.70
382	阳朔县(桂)	0.68
383	大新县(桂)	0.67
384	浦北县(桂)	0.65
385	昭平县(桂)	0.58
386	邕宁区(桂)	0.53
387	港口区(桂)	0.53
388	宾阳县(桂)	0.46
389	隆安县(桂)	0.45
390	雁山区(桂)	0.45

序号	县(旗、市、区、局、场)	木片产量(实积万立方米)
391	大化瑶族自治县(桂)	0.45
392	柳江县(桂)	0.40
393	田阳县(桂)	0.40
394	马山县(桂)	0.35
395	富川瑶族自治县(桂)	0.35
396	象州县(桂)	0.30
397	七坡林场(桂)	0.30
398	柳城县(桂)	0.29
399	北流市(桂)	0.28
400	上林县(桂)	0.22
401	忻城县(桂)	0.21
402	三江侗族自治县(桂)	0.20
403	平乐县(桂)	0.18
404	钟山县(桂)	0.18
405	大桂山林场(桂)	0.18
406	贺州市平桂管理区(桂)	0.16
407	恭城瑶族自治县(桂)	0.11
408	福绵区(桂)	0.10
409	酉阳土家族苗族自治县(渝)	2.00
410	璧山县(渝)	0.36
411	南川区(渝)	0.20
412	梁平县(渝)	0.10
413	武隆县(渝)	0.10
414	五通桥区(川)	1.00
415	巴州区(川)	0.53
416	南江县(川)	0.20
417	清镇市(黔)	1.32
418	独山县(黔)	0.38
419	白云区(黔)	0.34
420	都匀市(黔)	0.20
421	毕节市(黔)	0.18
422	瓮安县(黔)	0.12
423	紫云苗族布依族自治县(黔)	0.10
424	凯里市(黔)	0.10
425	临渭区(陕)	0.13
426	和田市(新)	0.12
427	朗乡林业局(龙江森工)	6.00
428	兴隆林业局(龙江森工)	3.38
429	东方红林业局(龙江森工)	3.10
430	汤旺河林业局(龙江森工)	3.00
431	亚布力林业局(龙江森工)	2.10
432	大海林林业局(龙江森工)	2.00
433	沾河林业局(龙江森工)	1.73
434	鹤北林业局(龙江森工)	1.70
435	方正林业局(龙江森工)	1.67
436	穆棱林业局(龙江森工)	1.30
437	绥棱林业局(龙江森工)	1.00
438	苇河林业局(龙江森工)	0.90
439	翠峦林业局(龙江森工)	0.70
440	山河屯林业局(龙江森工)	0.67
441	迎春林业局(龙江森工)	0.67
442	通北林业局(龙江森工)	0.55
443	桦南林业局(龙江森工)	0.40
444	海林林业局(龙江森工)	0.37
445	南岔林业局(龙江森工)	0.30
446	鹤立林业局(龙江森工)	0.20
447	十八站林业局(大兴安岭)	4.02
448	图强林业局(大兴安岭)	3.22
449	西林吉林业局(大兴安岭)	3.22
450	呼中林业局(大兴安岭)	2.77
451	韩家园林业局(大兴安岭)	0.83

表1-4 2009年烧材主产县(市、区、局、场)

序号	县(市、区、局、场)	烧材产量(万吨)
1	牙克石市(内蒙古)	0.10
2	南芬区(辽)	9.80
3	新宾满族自治县(辽)	4.50
4	凤城市(辽)	2.64
5	桓仁满族自治县(辽)	1.73
6	凌源市(辽)	1.50
7	清原满族自治县(辽)	1.20
8	建平县(辽)	1.20
9	喀喇沁左翼蒙古族自治县(辽)	0.10
10	集安市(吉)	15.00
11	船营区(吉)	5.00
12	大石头林业局(吉)	2.70
13	桦甸市(吉)	2.00
14	柳河县(吉)	2.00
15	宜兴市(苏)	0.20
16	龙泉市(浙)	12.81
17	临安市(浙)	12.50
18	青田县(浙)	8.00
19	建德市(浙)	5.04

序号	县(市、区、局、场)	烧材产量(万吨)
20	绍兴县(浙)	5.00
21	桐庐县(浙)	3.30
22	富阳市(浙)	1.40
23	诸暨市(浙)	1.00
24	浦江县(浙)	0.26
25	霍山县(皖)	12.60
26	石台县(皖)	8.93
27	贵池区(皖)	5.00
28	金寨县(皖)	4.90
29	青阳县(皖)	3.93
30	南陵县(皖)	3.00
31	埇桥区(皖)	3.00
32	泾　县(皖)	2.50
33	东至县(皖)	2.28
34	黟　县(皖)	2.20
35	绩溪县(皖)	2.00
36	定远县(皖)	1.50
37	徽州区(皖)	1.19
38	尤溪县(闽)	62.33
39	寿宁县(闽)	29.64
40	延平区(闽)	24.21
41	浦城县(闽)	9.00
42	政和县(闽)	3.60
43	松溪县(闽)	3.38
44	永定县(闽)	3.00
45	婺源县(赣)	8.00
46	都昌县(赣)	6.00
47	武宁县(赣)	5.00
48	宜黄县(赣)	4.90
49	金溪县(赣)	4.30
50	瑞金市(赣)	3.98
51	靖安县(赣)	3.96
52	永新县(赣)	3.50
53	新干县(赣)	2.20
54	安福县(赣)	2.16
55	南康市(赣)	2.00
56	吉水县(赣)	1.98
57	宜丰县(赣)	1.80
58	广丰县(赣)	1.52
59	铜鼓县(赣)	1.31
60	弋阳县(赣)	1.23
61	万年县(赣)	1.10
62	石城县(赣)	1.00
63	湾里区(赣)	0.95
64	章贡区(赣)	0.81
65	井冈山市(赣)	0.18
66	肥城市(鲁)	1.85
67	浉河区(豫)	13.00
68	民权县(豫)	12.00
69	光山县(豫)	7.50
70	睢　县(豫)	6.00
71	夏邑县(豫)	3.00
72	商城县(豫)	2.50
73	桐柏县(豫)	2.20
74	固始县(豫)	2.20
75	卧龙区(豫)	1.70
76	新　县(豫)	1.25
77	卢氏县(豫)	1.20
78	保康县(鄂)	9.20
79	罗田县(鄂)	5.00
80	崇阳县(鄂)	1.50
81	绥宁县(湘)	12.00
82	茶陵县(湘)	10.00
83	衡东县(湘)	8.90
84	桃源县(湘)	8.00
85	石门县(湘)	6.00
86	洪江市(湘)	6.00
87	临武县(湘)	5.00
88	靖州苗族侗族自治县(湘)	4.00
89	鼎城区(湘)	3.10
90	通道侗族自治县(湘)	2.95
91	炎陵县(湘)	2.41
92	中方县(湘)	2.00
93	隆回县(湘)	1.65
94	桃江县(湘)	1.00
95	翁源县(粤)	2.27
96	南雄市(粤)	1.71
97	乳源瑶族自治县(粤)	1.68
98	高要市(粤)	1.50
99	五华县(粤)	1.30
100	开平市(粤)	1.20
101	惠城区(粤)	1.00
102	惠州市属总林场(粤)	0.31
103	灌阳县(桂)	6.25

序号	县(市、区、局、场)	烧材产量(万吨)
104	宁明县(桂)	6.22
105	昭平县(桂)	6.06
106	八步区(桂)	4.22
107	田林县(桂)	3.96
108	隆林各族自治县(桂)	3.50
109	那坡县(桂)	3.20
110	西林县(桂)	3.20
111	桂平市(桂)	1.80
112	右江区(桂)	1.80
113	田阳县(桂)	1.35
114	全州县(桂)	1.20
115	城口县(渝)	10.00
116	酉阳土家族苗族自治县(渝)	2.00
117	黔江区(渝)	1.00
118	涪陵区(渝)	0.76
119	潼南县(渝)	0.56
120	丰都县(渝)	0.50
121	荣昌县(渝)	0.30
122	巫山县(渝)	0.30
123	秀山土家族苗族自治县(渝)	0.24
124	江北区(渝)	0.20
125	北碚区(渝)	0.13
126	武隆县(渝)	0.10
127	忠　县(渝)	0.10
128	昭觉县(川)	16.50
129	通江县(川)	6.53
130	冕宁县(川)	5.68
131	雷波县(川)	4.18
132	巴州区(川)	3.57
133	五通桥区(川)	3.50
134	井研县(川)	3.50
135	犍为县(川)	1.50
136	马边彝族自治县(川)	1.33
137	南江县(川)	1.30
138	平昌县(川)	1.17
139	夹江县(川)	1.00
140	布拖县(川)	0.75
141	黎平县(黔)	26.23
142	榕江县(黔)	15.00
143	剑河县(黔)	8.90
144	从江县(黔)	7.94
145	岑巩县(黔)	7.24
146	锦屏县(黔)	5.55
147	黄平县(黔)	4.16
148	丹寨县(黔)	2.99
149	湄潭县(黔)	2.50
150	毕节市(黔)	2.21
151	凯里市(黔)	2.00
152	麻江县(黔)	2.00
153	施秉县(黔)	1.50
154	台江县(黔)	1.20
155	察隅县(藏)	2.71
156	紫阳县(陕)	6.00
157	商南县(陕)	5.80
158	汉滨区(陕)	4.45
159	佛坪县(陕)	2.15
160	子洲县(陕)	1.65
161	汉阴县(陕)	1.60
162	户　县(陕)	1.00
163	泽普县(新)	0.38
164	于田县(新)	0.32
165	疏勒县(新)	0.20
166	阿勒泰市(新)	0.10

表 2－1　2009 年胶合板主产县(旗、市、区、局、场)

序号	县(旗、市、区、局、场)	胶合板产量(万立方米)
1	文安县(冀)	260.00
2	邢台市高新技术开发区(冀)	26.59
3	霸州市(冀)	14.13
4	邢台县(冀)	13.00
5	青龙满族自治县(冀)	4.50
6	香河县(冀)	1.56
7	南和县(冀)	1.50
8	望都县(冀)	1.45
9	吴桥县(冀)	1.20
10	盐山县(冀)	0.80
11	永清县(冀)	0.60
12	灵寿县(冀)	0.56
13	丰宁满族自治县(冀)	0.51
14	昌黎县(冀)	0.50
15	高碑店市(冀)	0.27
16	景　县(冀)	0.26
17	元氏县(冀)	0.20

序号	县(旗、市、区、局、场)	胶合板产量(万立方米)
18	馆陶县(冀)	0.10
19	元宝山区(内蒙古)	21.50
20	扎鲁特旗(内蒙古)	5.45
21	科尔沁区(内蒙古)	0.50
22	松山区(内蒙古)	0.45
23	彰武县(辽)	38.71
24	黑山县(辽)	8.70
25	新民市(辽)	5.07
26	新邱区(辽)	4.80
27	昌图县(辽)	2.20
28	振兴区(辽)	2.20
29	溪湖区(辽)	2.07
30	开原市(辽)	1.36
31	西丰县(辽)	1.35
32	海城市(辽)	0.30
33	清河区(辽)	0.16
34	绥中县(辽)	0.12
35	太平区(辽)	0.10
36	扶余县(吉)	36.00
37	敦化市(吉)	9.20
38	珲春市(吉)	6.20
39	龙山区(吉)	2.84
40	宁江区(吉)	2.50
41	农安县(吉)	2.00
42	公主岭市(吉)	1.70
43	东辽县(吉)	1.40
44	抚松县(吉)	1.18
45	宽城区(吉)	1.00
46	大安市(吉)	1.00
47	德惠市(吉)	0.80
48	长岭县(吉)	0.50
49	图们市(吉)	0.45
50	安图县(吉)	0.32
51	船营区(吉)	0.30
52	蛟河市(吉)	0.30
53	伊通满族自治县(吉)	0.28
54	延吉市(吉)	0.24
55	集安市(吉)	0.15
56	白河林业局(吉)	0.13
57	汪清县(吉)	0.12
58	辉南县(吉)	0.10
59	靖宇县(吉)	0.10

序号	县(旗、市、区、局、场)	胶合板产量(万立方米)
60	江源区(吉)	0.10
61	通榆县(吉)	0.10
62	安图森林经营局(吉)	0.10
63	方正县(黑)	2.00
64	铁力市(黑)	0.52
65	甘南县(黑)	0.50
66	抚远县(黑)	0.30
67	依兰县(黑)	0.20
68	尚志市(黑)	0.20
69	尚志国有林场管理局(黑)	0.15
70	饶河县(黑)	0.14
71	延寿县(黑)	0.10
72	五常市(黑)	0.10
73	呼玛县(黑)	0.10
74	奉贤区(沪)	1.36
75	南汇区(沪)	0.60
76	邳州市(苏)	573.00
77	沭阳县(苏)	115.00
78	铜山县(苏)	43.00
79	灌南县(苏)	42.80
80	淮安市(苏)	24.53
81	丰　县(苏)	15.00
82	泗阳县(苏)	11.20
83	东海县(苏)	9.50
84	赣榆县(苏)	8.30
85	睢宁县(苏)	8.00
86	沛　县(苏)	7.50
87	泗洪县(苏)	6.85
88	洪泽县(苏)	4.55
89	启东市(苏)	3.50
90	南通市通州区(苏)	3.50
91	宿豫区(苏)	3.13
92	高港区(苏)	3.00
93	盱眙县(苏)	2.92
94	楚州区(苏)	2.37
95	东台市(苏)	2.36
96	江都市(苏)	2.10
97	虎丘区(苏)	2.00
98	涟水县(苏)	1.80
99	如东县(苏)	1.25
100	宿城区(苏)	1.15
101	建湖县(苏)	1.10

序号	县(旗、市、区、局、场)	胶合板产量(万立方米)
102	灌云县(苏)	1.00
103	吴中区(苏)	0.85
104	高邮市(苏)	0.80
105	金湖县(苏)	0.80
106	响水县(苏)	0.78
107	贾汪区(苏)	0.75
108	阜宁县(苏)	0.60
109	常熟市(苏)	0.50
110	张家港市(苏)	0.50
111	相城区(苏)	0.46
112	高淳县(苏)	0.40
113	新沂市(苏)	0.38
114	姜堰市(苏)	0.35
115	兴化市(苏)	0.35
116	太仓市(苏)	0.34
117	射阳县(苏)	0.33
118	靖江市(苏)	0.25
119	江宁区(苏)	0.24
120	淮阴区(苏)	0.10
121	义乌市(浙)	34.00
122	德清县(浙)	21.00
123	安吉县(浙)	17.60
124	江山市(浙)	14.01
125	建德市(浙)	10.69
126	龙泉市(浙)	8.27
127	龙游县(浙)	6.10
128	诸暨市(浙)	5.00
129	衢江区(浙)	4.22
130	庆元县(浙)	4.04
131	长兴县(浙)	3.74
132	桐庐县(浙)	1.78
133	吴兴区(浙)	1.44
134	遂昌县(浙)	1.38
135	柯城区(浙)	1.26
136	开化县(浙)	1.10
137	常山县(浙)	1.00
138	苍南县(浙)	0.93
139	缙云县(浙)	0.76
140	富阳市(浙)	0.71
141	余杭区(浙)	0.60
142	鄞州区(浙)	0.55
143	桐乡市(浙)	0.50
144	三门县(浙)	0.48
145	松阳县(浙)	0.47
146	永康市(浙)	0.46
147	兰溪市(浙)	0.40
148	镇海区(浙)	0.32
149	淳安县(浙)	0.30
150	海宁市(浙)	0.18
151	萧山区(浙)	0.15
152	临安市(浙)	0.14
153	嵊州市(浙)	0.14
154	广德县(皖)	87.00
155	砀山县(皖)	62.20
156	泾　县(皖)	35.00
157	蒙城县(皖)	17.00
158	埇桥区(皖)	14.00
159	太和县(皖)	10.00
160	舒城县(皖)	9.00
161	五河县(皖)	8.00
162	弋江区(皖)	7.73
163	灵璧县(皖)	7.20
164	含山县(皖)	6.50
165	天长市(皖)	5.70
166	霍山县(皖)	4.89
167	东至县(皖)	3.97
168	涡阳县(皖)	3.00
169	泗　县(皖)	2.35
170	临泉县(皖)	2.30
171	固镇县(皖)	2.00
172	青阳县(皖)	2.00
173	潜山县(皖)	1.75
174	宁国市(皖)	1.75
175	怀宁县(皖)	1.50
176	无为县(皖)	1.47
177	界首市(皖)	1.26
178	南谯区(皖)	1.20
179	绩溪县(皖)	1.20
180	宣州区(皖)	1.11
181	利辛县(皖)	1.10
182	定远县(皖)	1.00
183	淮上区(皖)	0.90
184	金寨县(皖)	0.90
185	寿　县(皖)	0.80

序号	县(旗、市、区、局、场)	胶合板产量(万立方米)
186	相山区(皖)	0.76
187	宿松县(皖)	0.65
188	和　县(皖)	0.60
189	黟　县(皖)	0.54
190	石台县(皖)	0.53
191	望江县(皖)	0.49
192	居巢区(皖)	0.46
193	太湖县(皖)	0.40
194	南陵县(皖)	0.36
195	霍邱县(皖)	0.35
196	祁门县(皖)	0.30
197	肥东县(皖)	0.28
198	徽州区(皖)	0.20
199	邵武市(闽)	10.32
200	尤溪县(闽)	8.04
201	延平区(闽)	7.48
202	顺昌县(闽)	4.17
203	建阳市(闽)	4.00
204	光泽县(闽)	3.48
205	建宁县(闽)	3.18
206	梅列区(闽)	2.79
207	浦城县(闽)	2.22
208	长乐市(闽)	1.37
209	连江县(闽)	1.26
210	永春县(闽)	1.19
211	闽侯县(闽)	0.91
212	政和县(闽)	0.86
213	惠安县(闽)	0.62
214	松溪县(闽)	0.13
215	南康市(赣)	10.00
216	万载县(赣)	4.75
217	铜鼓县(赣)	4.74
218	章贡区(赣)	4.25
219	新干县(赣)	3.10
220	乐安县(赣)	3.00
221	德兴市(赣)	3.00
222	宁都县(赣)	2.86
223	宜丰县(赣)	2.56
224	袁州区(赣)	2.16
225	武宁县(赣)	2.00
226	安福县(赣)	1.95
227	崇义县(赣)	1.92
228	临川区(赣)	1.60
229	泰和县(赣)	1.55
230	上高县(赣)	1.50
231	分宜县(赣)	1.30
232	南丰县(赣)	1.30
233	资溪县(赣)	1.20
234	奉新县(赣)	1.13
235	上犹县(赣)	1.04
236	石城县(赣)	1.00
237	新建县(赣)	0.90
238	宜黄县(赣)	0.86
239	九江县(赣)	0.80
240	永修县(赣)	0.80
241	铅山县(赣)	0.80
242	万安县(赣)	0.70
243	广丰县(赣)	0.70
244	南城县(赣)	0.65
245	靖安县(赣)	0.63
246	贵溪市(赣)	0.60
247	吉水县(赣)	0.59
248	瑞昌市(赣)	0.52
249	瑞金市(赣)	0.48
250	广昌县(赣)	0.48
251	芦溪县(赣)	0.45
252	于都县(赣)	0.40
253	月湖区(赣)	0.38
254	湖口县(赣)	0.35
255	会昌县(赣)	0.35
256	丰城市(赣)	0.35
257	全南县(赣)	0.33
258	修水县(赣)	0.30
259	大余县(赣)	0.30
260	黎川县(赣)	0.30
261	崇仁县(赣)	0.26
262	南昌市市辖区(赣)	0.20
263	吉州区(赣)	0.20
264	井冈山市(赣)	0.20
265	都昌县(赣)	0.15
266	余江县(赣)	0.15
267	兴国县(赣)	0.12
268	东乡县(赣)	0.12
269	高安市(赣)	0.10

序号	县(旗、市、区、局、场)	胶合板产量(万立方米)
270	弋阳县(赣)	0.10
271	兰山区(鲁)	81.00
272	牡丹区(鲁)	32.50
273	沂水县(鲁)	26.80
274	嘉祥县(鲁)	22.80
275	宁阳县(鲁)	10.78
276	罗庄区(鲁)	8.00
277	东平县(鲁)	6.38
278	肥城市(鲁)	6.30
279	兖州市(鲁)	4.81
280	阳谷县(鲁)	4.25
281	沂源县(鲁)	3.99
282	台儿庄区(鲁)	3.20
283	梁山县(鲁)	3.00
284	高唐县(鲁)	3.00
285	惠民县(鲁)	2.50
286	平原县(鲁)	2.18
287	成武县(鲁)	1.35
288	泗水县(鲁)	1.30
289	冠　县(鲁)	1.30
290	邹平县(鲁)	1.22
291	薛城区(鲁)	1.12
292	桓台县(鲁)	1.00
293	高青县(鲁)	1.00
294	沂南县(鲁)	0.72
295	诸城市(鲁)	0.61
296	滕州市(鲁)	0.53
297	新泰市(鲁)	0.48
298	平阴县(鲁)	0.45
299	莘　县(鲁)	0.45
300	泰山区(鲁)	0.35
301	邹城市(鲁)	0.34
302	山亭区(鲁)	0.26
303	定陶县(鲁)	0.22
304	武城县(鲁)	0.20
305	长清区(鲁)	0.16
306	德州市市辖区(鲁)	0.11
307	宁津县(鲁)	0.10
308	茌平县(鲁)	0.10
309	滑　县(豫)	37.50
310	邓州市(豫)	11.25
311	鄢陵县(豫)	6.30
312	内乡县(豫)	6.10
313	梁园区(豫)	5.10
314	原阳县(豫)	4.80
315	睢阳区(豫)	4.19
316	柘城县(豫)	3.83
317	延津县(豫)	3.64
318	尉氏县(豫)	3.50
319	夏邑县(豫)	3.00
320	许昌县(豫)	2.90
321	社旗县(豫)	2.90
322	永城市(豫)	2.90
323	新安县(豫)	2.50
324	镇平县(豫)	2.49
325	郾城区(豫)	2.45
326	平舆县(豫)	2.30
327	商水县(豫)	2.00
328	太康县(豫)	2.00
329	方城县(豫)	1.96
330	息　县(豫)	1.73
331	杞　县(豫)	1.50
332	宛城区(豫)	1.50
333	孟津县(豫)	1.40
334	民权县(豫)	1.40
335	固始县(豫)	1.40
336	罗山县(豫)	1.37
337	禹州市(豫)	1.35
338	牧野区(豫)	1.30
339	内黄县(豫)	1.20
340	中牟县(豫)	1.10
341	西华县(豫)	1.00
342	洛宁县(豫)	0.90
343	长垣县(豫)	0.83
344	宁陵县(豫)	0.73
345	确山县(豫)	0.73
346	鲁山县(豫)	0.70
347	卧龙区(豫)	0.70
348	嵩　县(豫)	0.65
349	临颍县(豫)	0.62
350	宝丰县(豫)	0.60
351	清丰县(豫)	0.50
352	许昌市经济技术开发区(豫)	0.50
353	新野县(豫)	0.47

序号	县(旗、市、区、局、场)	胶合板产量(万立方米)
354	博爱县(豫)	0.40
355	兰考县(豫)	0.40
356	川汇区(豫)	0.40
357	汝阳县(豫)	0.32
358	封丘县(豫)	0.32
359	西平县(豫)	0.32
360	新郑市(豫)	0.30
361	获嘉县(豫)	0.30
362	驿城区(豫)	0.30
363	汝南县(豫)	0.30
364	沁阳市(豫)	0.24
365	正阳县(豫)	0.24
366	台前县(豫)	0.23
367	西峡县(豫)	0.22
368	新蔡县(豫)	0.21
369	伊川县(豫)	0.20
370	卫辉市(豫)	0.20
371	辉县市(豫)	0.20
372	郏　县(豫)	0.17
373	卫滨区(豫)	0.15
374	潢川县(豫)	0.15
375	淅川县(豫)	0.13
376	新乡县(豫)	0.12
377	叶　县(豫)	0.10
378	黄州区(鄂)	3.50
379	石首市(鄂)	2.60
380	监利县(鄂)	2.50
381	蕲春县(鄂)	2.18
382	东宝区(鄂)	2.10
383	嘉鱼县(鄂)	1.90
384	罗田县(鄂)	0.80
385	沙洋县(鄂)	0.60
386	崇阳县(鄂)	0.60
387	樊城区(鄂)	0.50
388	京山县(鄂)	0.50
389	阳新县(鄂)	0.30
390	掇刀区(鄂)	0.30
391	通山县(鄂)	0.13
392	西塞山区(鄂)	0.10
393	桃江县(湘)	28.00
394	珠晖区(湘)	20.00
395	浏阳市(湘)	5.97

序号	县(旗、市、区、局、场)	胶合板产量(万立方米)
396	新化县(湘)	5.60
397	炎陵县(湘)	5.00
398	大祥区(湘)	4.80
399	湘乡市(湘)	4.71
400	攸　县(湘)	3.80
401	祁东县(湘)	3.60
402	湘潭县(湘)	3.50
403	会同县(湘)	3.20
404	洞口县(湘)	3.20
405	衡东县(湘)	3.00
406	冷水滩区(湘)	2.88
407	鹤城区(湘)	2.70
408	株洲县(湘)	2.60
409	资兴市(湘)	2.27
410	汝城县(湘)	2.10
411	平江县(湘)	2.07
412	沅陵县(湘)	2.00
413	赫山区(湘)	2.00
414	汨罗市(湘)	1.84
415	武冈市(湘)	1.80
416	江华瑶族自治县(湘)	1.62
417	双峰县(湘)	1.60
418	绥宁县(湘)	1.60
419	零陵区(湘)	1.55
420	宁远县(湘)	1.52
421	岳阳县(湘)	1.50
422	宜章县(湘)	1.39
423	洪江区(湘)	1.33
424	邵阳县(湘)	1.30
425	新邵县(湘)	1.20
426	汉寿县(湘)	1.15
427	靖州苗族侗族自治县(湘)	1.13
428	通道侗族自治县(湘)	1.00
429	茶陵县(湘)	1.00
430	江永县(湘)	0.95
431	桃源县(湘)	0.80
432	鼎城区(湘)	0.80
433	宁乡县(湘)	0.80
434	开福区(湘)	0.80
435	麻阳苗族自治县(湘)	0.76
436	溆浦县(湘)	0.70
437	湘阴县(湘)	0.70

序号	县(旗、市、区、局、场)	胶合板产量(万立方米)
438	桂阳县(湘)	0.68
439	君山区(湘)	0.68
440	安仁县(湘)	0.67
441	衡阳县(湘)	0.67
442	娄星区(湘)	0.60
443	新晃侗族自治县(湘)	0.60
444	常宁市(湘)	0.57
445	涟源市(湘)	0.56
446	中方县(湘)	0.56
447	东安县(湘)	0.55
448	隆回县(湘)	0.54
449	蓝山县(湘)	0.51
450	衡南县(湘)	0.51
451	永定区(湘)	0.50
452	双清区(湘)	0.50
453	芦淞区(湘)	0.50
454	永兴县(湘)	0.46
455	苏仙区(湘)	0.45
456	衡山县(湘)	0.45
457	芷江侗族自治县(湘)	0.40
458	慈利县(湘)	0.40
459	吉首市(湘)	0.35
460	道　县(湘)	0.30
461	桑植县(湘)	0.30
462	武陵区(湘)	0.30
463	华容县(湘)	0.30
464	北塔区(湘)	0.30
465	桂东县(湘)	0.16
466	耒阳市(湘)	0.16
467	澧　县(湘)	0.15
468	南海区(粤)	30.00
469	三水区(粤)	23.30
470	蕉岭县(粤)	9.50
471	平远县(粤)	6.80
472	麻章区(粤)	6.50
473	东莞市(粤)	3.70
474	番禺区(粤)	3.57
475	台山市(粤)	3.50
476	徐闻县(粤)	2.77
477	丰顺县(粤)	2.50
478	演江区(粤)	2.00
479	雷州市(粤)	1.80

序号	县(旗、市、区、局、场)	胶合板产量(万立方米)
480	东源县(粤)	1.50
481	源城区(粤)	1.30
482	宝安区(粤)	1.25
483	阳西县(粤)	1.20
484	始兴县(粤)	1.15
485	德庆县(粤)	1.08
486	花都区(粤)	1.00
487	蓬江区(粤)	1.00
488	江城区(粤)	1.00
489	梅江区(粤)	0.93
490	高州市(粤)	0.85
491	博罗县(粤)	0.77
492	湛江市农垦局(粤)	0.75
493	高要市(粤)	0.66
494	化州市(粤)	0.61
495	坡头区(粤)	0.60
496	封开县(粤)	0.59
497	乳源瑶族自治县(粤)	0.55
498	惠城区(粤)	0.50
499	兴宁市(粤)	0.50
500	阳东县(粤)	0.50
501	仁化县(粤)	0.47
502	阳春市(粤)	0.45
503	从化市(粤)	0.44
504	新丰县(粤)	0.30
505	郁南县(粤)	0.30
506	连平县(粤)	0.28
507	南雄市(粤)	0.23
508	惠阳区(粤)	0.20
509	揭西县(粤)	0.18
510	乐昌市(粤)	0.15
511	揭东县(粤)	0.11
512	信宜市(粤)	0.10
513	阳江市高新区(粤)	0.10
514	新兴县(粤)	0.10
515	覃塘区(桂)	23.71
516	柳北区(桂)	23.00
517	融安县(桂)	22.00
518	沙塘林场(桂)	2.00
519	柳州市城中区(桂)	19.16
520	宁明县(桂)	18.21
521	港南区(桂)	15.00

序号	县(旗、市、区、局、场)	胶合板产量(万立方米)
522	上思县(桂)	12.29
523	港北区(桂)	12.23
524	柳江县(桂)	10.10
525	江南区(桂)	9.89
526	灵川县(桂)	8.62
527	博白县(桂)	7.49
528	鹿寨县(桂)	7.18
529	合浦县(桂)	7.18
530	宾阳县(桂)	3.230
531	藤　县(桂)	6.50
532	岑溪市(桂)	6.46
533	兴宾区(桂)	6.28
534	八步区(桂)	5.80
535	田林县(桂)	5.50
536	浦北县(桂)	5.45
537	象州县(桂)	5.30
538	融水苗族自治县(桂)	5.17
539	横　县(桂)	5.10
540	长洲区(桂)	5.00
541	全州县(桂)	4.89
542	平南县(桂)	4.60
543	西林县(桂)	4.57
544	恭城瑶族自治县(桂)	4.34
545	凭祥市(桂)	4.30
546	柳南区(桂)	4.05
547	雁山区(桂)	4.00
548	北流市(桂)	4.00
549	西乡塘区(桂)	3.96
550	昭平县(桂)	3.82
551	临桂县(桂)	3.50
552	兴业县(桂)	3.50
553	玉州区(桂)	3.48
554	宜州市(桂)	3.39
555	大化瑶族自治县(桂)	3.35
556	钦南区(桂)	3.10
557	永福县(桂)	3.08
558	灵山县(桂)	2.83
559	扶绥县(桂)	2.54
560	兴安县(桂)	2.50
561	桂平市(桂)	2.50
562	中国林科院热林中心(桂)	2.48
563	平乐县(桂)	2.47
564	南丹县(桂)	2.46
565	金秀瑶族自治县(桂)	2.20
566	万秀区(桂)	2.00
567	银海区(桂)	2.00
568	柳城县(桂)	1.92
569	鱼峰区(桂)	1.70
570	黄冕林场(桂)	1.62
571	象山区(桂)	1.60
572	蒙山县(桂)	1.40
573	防城区(桂)	1.30
574	钦北区(桂)	1.20
575	右江区(桂)	1.20
576	金城江区(桂)	1.20
577	隆安县(桂)	1.16
578	忻城县(桂)	1.10
579	平果县(桂)	0.88
580	陆川县(桂)	0.80
581	资源县(桂)	0.77
582	巴马瑶族自治县(桂)	0.75
583	环江毛南族自治县(桂)	0.70
584	七坡林场(桂)	0.68
585	福绵区(桂)	0.65
586	港口区(桂)	0.58
587	江州区(桂)	0.55
588	大新县(桂)	0.54
589	东兰县(桂)	0.45
590	龙胜各族自治县(桂)	0.43
591	叠彩区(桂)	0.40
592	隆林各族自治县(桂)	0.39
593	苍梧县(桂)	0.38
594	那坡县(桂)	0.35
595	罗城仫佬族自治县(桂)	0.35
596	阳朔县(桂)	0.33
597	田阳县(桂)	0.33
598	三江侗族自治县(桂)	0.31
599	派阳山林场(桂)	0.31
600	兴宁区(桂)	0.31
601	富川瑶族自治县(桂)	0.30
602	天等县(桂)	0.30
603	海城区(桂)	0.28
604	灌阳县(桂)	0.26
605	武宣县(桂)	0.25

序号	县(旗、市、区、局、场)	胶合板产量(万立方米)
606	七星区(桂)	0.20
607	贺州市平桂管理区(桂)	0.19
608	东兴市(桂)	0.15
609	龙州县(桂)	0.10
610	开　县(渝)	5.6
611	合川区(渝)	2.00
612	南川区(渝)	2.00
613	丰都县(渝)	1.78
614	梁平县(渝)	0.80
615	武隆县(渝)	0.60
616	黔江区(渝)	0.54
617	江津区(渝)	0.49
618	忠　县(渝)	0.40
619	石柱土家族自治县(渝)	0.40
620	万州区(渝)	0.39
621	秀山土家族苗族自治县(渝)	0.38
622	荣昌县(渝)	0.36
623	万盛区(渝)	0.26
624	巫溪县(渝)	0.21
625	綦江县(渝)	0.20
626	璧山县(渝)	0.14
627	长宁县(川)	5.05
628	新都区(川)	5.00
629	井研县(川)	5.00
630	高　县(川)	4.20
631	西昌市(川)	3.70
632	宣汉县(川)	2.81
633	高坪区(川)	2.80
634	洪雅县(川)	2.40
635	江油市(川)	2.30
636	丹棱县(川)	2.30
637	新津县(川)	2.10
638	达　县(川)	2.00
639	合江县(川)	1.50
640	朝天区(川)	1.50
641	沿滩区(川)	1.40
642	万源市(川)	1.30
643	贡井区(川)	1.20
644	富顺县(川)	1.20
645	剑阁县(川)	1.20
646	通川区(川)	1.20
647	巴州区(川)	1.20

序号	县(旗、市、区、局、场)	胶合板产量(万立方米)
648	乐山市市中区(川)	0.92
649	东坡区(川)	0.90
650	大邑县(川)	0.83
651	南江县(川)	0.52
652	自流井区(川)	0.50
653	渠　县(川)	0.40
654	蒲江县(川)	0.37
655	会东县(川)	0.30
656	犍为县(川)	0.29
657	金堂县(川)	0.21
658	翠屏区(川)	0.20
659	营山县(川)	0.14
660	青川县(川)	0.12
661	大英县(川)	0.10
662	彭山县(川)	0.10
663	德江县(黔)	5.00
664	丹寨县(黔)	2.89
665	榕江县(黔)	2.50
666	独山县(黔)	1.56
667	黄平县(黔)	1.54
668	凯里市(黔)	1.28
669	都匀市(黔)	0.90
670	清镇市(黔)	0.80
671	三穗县(黔)	0.70
672	台江县(黔)	0.64
673	剑河县(黔)	0.52
674	黎平县(黔)	0.44
675	镇远县(黔)	0.34
676	施秉县(黔)	0.30
677	白云区(黔)	0.22
678	岑巩县(黔)	0.15
679	雷山县(黔)	0.11
680	平利县(陕)	0.70
681	勉　县(陕)	0.69
682	南郑县(陕)	0.15
683	临泽县(甘)	0.26
684	甘州区(甘)	0.15
685	巩留县(新)	0.19
686	乌马河林业局(龙江森工)	2.00
687	友好林业局(龙江森工)	1.42
688	柴河林业局(龙江森工)	0.50
689	鹤立林业局(龙江森工)	0.50

序号	县(旗、市、区、局、场)	胶合板产量(万立方米)
690	南岔林业局(龙江森工)	0.50
691	苇河林业局(龙江森工)	0.45
692	铁力林业局(龙江森工)	0.42
693	美溪林业局(龙江森工)	0.30
694	双丰林业局(龙江森工)	0.30
695	亚布力林业局(龙江森工)	0.20
696	桦南林业局(龙江森工)	0.19
697	清河林业局(龙江森工)	0.16
698	方正林业局(龙江森工)	0.15
699	东方红林业局(龙江森工)	0.11
700	塔河林业局(大兴安岭)	0.26
701	松岭林业局(大兴安岭)	0.18
702	十八站林业局(大兴安岭)	0.18
703	西林吉林业局(大兴安岭)	0.16
704	韩家园林业局(大兴安岭)	0.10

表2-2　2009年纤维板主产县(旗、市、区、局、场)

序号	县(旗、市、区、局、场)	纤维板产量(万立方米)
1	文安县(冀)	149.00
2	易　县(冀)	24.00
3	藁城市(冀)	20.60
4	邢台市高新技术开发区(冀)	14.43
5	正定县(冀)	10.00
6	唐　县(冀)	10.00
7	冀州市(冀)	10.00
8	邱　县(冀)	8.80
9	安平县(冀)	6.70
10	辛集市(冀)	5.61
11	深州市(冀)	5.00
12	无极县(冀)	2.40
13	霸州市(冀)	1.49
14	孟村回族自治县(冀)	0.50
15	伊金霍洛旗(内蒙古)	3.75
16	杭锦后旗(内蒙古)	3.20
17	库伦旗(内蒙古)	3.00
18	开鲁县(内蒙古)	0.50
19	鞍山市开发区(辽)	7.00
20	桓仁满族自治县(辽)	6.33
21	阜新蒙古族自治县(辽)	5.00
22	宽甸满族自治县(辽)	4.49
23	清原满族自治县(辽)	4.00
24	昌图县(辽)	2.60
25	法库县(辽)	1.50
26	本溪满族自治县(辽)	0.90
27	海城市(辽)	0.10
28	和龙人造板公司(吉)	6.37
29	敦化市(吉)	5.20
30	汪清林业局(吉)	4.16
31	通化县(吉)	3.00
32	抚松县(吉)	2.00
33	方正县(黑)	2.00
34	香坊区(黑)	1.00
35	饶河县(黑)	0.13
36	奉贤区(沪)	0.59
37	丹阳市(苏)	154.20
38	邳州市(苏)	82.00
39	沭阳县(苏)	65.00
40	常熟市(苏)	50.00
41	洪泽县(苏)	12.13
42	阜宁县(苏)	10.20
43	宝应县(苏)	10.00
44	灌云县(苏)	10.00
45	新沂市(苏)	9.70
46	盱眙县(苏)	8.60
47	金湖县(苏)	8.50
48	沛　县(苏)	8.50
49	宿豫区(苏)	8.48
50	泗洪县(苏)	8.24
51	高邮市(苏)	8.00
52	淮阴区(苏)	8.00
53	东海县(苏)	6.72
54	大丰市(苏)	6.20
55	灌南县(苏)	5.40
56	泗阳县(苏)	3.00
57	相城区(苏)	1.20
58	睢宁县(苏)	1.00
59	涟水县(苏)	0.50
60	宿城区(苏)	0.17
61	遂昌县(浙)	18.77
62	丽水市市辖区(浙)	16.36
63	桐乡市(浙)	9.80
64	余杭区(浙)	9.00
65	衢州市市辖区(浙)	7.91

序号	县(旗、市、区、局、场)	纤维板产量(万立方米)
66	江山市(浙)	7.53
67	柯城区(浙)	7.17
68	龙泉市(浙)	6.70
69	长兴县(浙)	5.54
70	富阳市(浙)	4.79
71	安吉县(浙)	4.73
72	仙居县(浙)	3.78
73	天台县(浙)	3.55
74	鹿城区(浙)	3.06
75	常山县(浙)	0.50
76	瓯海区(浙)	0.28
77	太和县(皖)	26.00
78	贵池区(皖)	17.50
79	怀宁县(皖)	15.00
80	宁国市(皖)	12.00
81	祁门县(皖)	10.60
82	埇桥区(皖)	10.00
83	凤阳县(皖)	9.93
84	宣州区(皖)	7.70
85	桐城市(皖)	7.16
86	太湖县(皖)	5.50
87	含山县(皖)	5.00
88	蒙城县(皖)	5.00
89	东至县(皖)	5.00
90	濉溪县(皖)	3.82
91	庐江县(皖)	2.47
92	繁昌县(皖)	1.50
93	舒城县(皖)	1.00
94	泗　县(皖)	0.32
95	肥东县(皖)	0.12
96	光泽县(闽)	17.20
97	建阳市(闽)	17.00
98	惠安县(闽)	11.47
99	浦城县(闽)	8.69
100	邵武市(闽)	7.01
101	永春县(闽)	4.50
102	永定县(闽)	0.50
103	南康市(赣)	28.00
104	临川区(赣)	24.45
105	信丰县(赣)	9.54
106	崇义县(赣)	2.70
107	铜鼓县(赣)	2.57
108	新干县(赣)	2.50
109	资溪县(赣)	1.60
110	袁州区(赣)	1.10
111	余江县(赣)	0.50
112	安福县(赣)	0.50
113	广丰县(赣)	0.45
114	丰城市(赣)	0.30
115	南昌市市辖区(赣)	0.25
116	新建县(赣)	0.20
117	永修县(赣)	0.20
118	禹城市(鲁)	80.00
119	济宁市市中区(鲁)	28.00
120	广饶县(鲁)	26.69
121	茌平县(鲁)	25.00
122	东营市市辖区(鲁)	23.50
123	桓台县(鲁)	20.00
124	阳谷县(鲁)	18.25
125	肥城市(鲁)	16.80
126	临清市(鲁)	15.00
127	牡丹区(鲁)	13.20
128	任城区(鲁)	12.00
129	高唐县(鲁)	10.00
130	嘉祥县(鲁)	7.60
131	东阿县(鲁)	6.32
132	兖州市(鲁)	5.63
133	邹城市(鲁)	5.16
134	高青县(鲁)	5.00
135	博兴县(鲁)	4.44
136	东营区(鲁)	3.80
137	成武县(鲁)	2.65
138	沂水县(鲁)	2.30
139	宁阳县(鲁)	2.15
140	罗庄区(鲁)	2.00
141	宁津县(鲁)	2.00
142	薛城区(鲁)	0.48
143	周村区(鲁)	0.33
144	山亭区(鲁)	0.15
145	长葛市(豫)	29.60
146	淇　县(豫)	25.50
147	临颍县(豫)	18.07
148	湖滨区(豫)	17.56
149	襄城县(豫)	15.00

序号	县(旗、市、区、局、场)	纤维板产量(万立方米)
150	孟州市(豫)	11.25
151	川汇区(豫)	10.20
152	范　县(豫)	10.00
153	罗山县(豫)	4.68
154	濮阳县(豫)	4.40
155	尉氏县(豫)	3.30
156	开封县(豫)	3.00
157	沈丘县(豫)	3.00
158	睢阳区(豫)	2.33
159	偃师市(豫)	2.00
160	扶沟县(豫)	2.00
161	灵宝市(豫)	1.98
162	西华县(豫)	1.90
163	新乡县(豫)	1.60
164	镇平县(豫)	1.09
165	西峡县(豫)	0.91
166	解放区(豫)	0.75
167	兰考县(豫)	0.70
168	夏邑县(豫)	0.70
169	确山县(豫)	0.51
170	博爱县(豫)	0.20
171	新安县(豫)	0.19
172	石首市(鄂)	24.50
173	东宝区(鄂)	23.10
174	咸安区(鄂)	21.00
175	沙市区(鄂)	10.70
176	沙洋县(鄂)	6.00
177	崇阳县(鄂)	3.50
178	京山县(鄂)	1.50
179	樊城区(鄂)	0.20
180	资兴市(湘)	9.15
181	攸　县(湘)	7.80
182	靖州苗族侗族自治县(湘)	6.81
183	新邵县(湘)	6.00
184	鹤城区(湘)	3.99
185	浏阳市(湘)	3.80
186	湘阴县(湘)	3.50
187	冷水滩区(湘)	3.46
188	平江县(湘)	3.10
189	华容县(湘)	2.30
190	赫山区(湘)	2.00
191	汉寿县(湘)	1.14
192	桃江县(湘)	1.00
193	祁东县(湘)	0.45
194	洪江市(湘)	0.40
195	南　县(湘)	0.20
196	茂南区(粤)	28.70
197	阳东县(粤)	25.00
198	开平市(粤)	24.50
199	德庆县(粤)	20.64
200	东源县(粤)	15.50
201	博罗县(粤)	13.80
202	清城区(粤)	13.40
203	鹤山市(粤)	10.00
204	廉江市(粤)	10.00
205	台山市(粤)	9.50
206	高要市(粤)	9.39
207	霞山区(粤)	9.24
208	顺德区(粤)	7.39
209	英德市(粤)	7.24
210	陆河县(粤)	6.90
211	增城市(粤)	6.84
212	怀集县(粤)	4.91
213	曲江区(粤)	4.50
214	紫金县(粤)	4.30
215	封开县(粤)	4.28
216	东莞市(粤)	4.16
217	阳山县(粤)	3.70
218	阳西县(粤)	2.60
219	遂溪县(粤)	2.50
220	平远县(粤)	2.10
221	番禺区(粤)	1.50
222	阳春市(粤)	1.50
223	花都区(粤)	1.00
224	恩平市(粤)	0.80
225	乐昌市(粤)	0.76
226	赤坎区(粤)	0.60
227	宝安区(粤)	0.58
228	化州市(粤)	0.53
229	中山市(粤)	0.47
230	江城区(粤)	0.40
231	南雄市(粤)	0.21

序号	县(旗、市、区、局、场)	纤维板产量(万立方米)
232	惠阳区(粤)	0.10
233	高峰林场(桂)	44.55
234	上思县(桂)	16.80
235	七坡林场(桂)	15.00
236	广西林业集团有限公司(桂)	15.00
237	横　县(桂)	13.96
238	良庆区(桂)	13.42
239	陆川县(桂)	13.29
240	鹿寨县(桂)	13.12
241	永福县(桂)	12.43
242	八步区(桂)	11.58
243	扶绥县(桂)	10.73
244	博白县(桂)	10.54
245	钟山县(桂)	10.50
246	博白林场(桂)	10.50
247	岑溪市(桂)	9.61
248	宾阳县(桂)	9.00
249	南宁市东盟经济园区(桂)	9.00
250	宁明县(桂)	8.59
251	桂平市(桂)	8.50
252	凭祥市(桂)	7.52
253	柳北区(桂)	7.00
254	昭平县(桂)	6.70
255	兴业县(桂)	6.00
256	环江毛南族自治县(桂)	5.87
257	象州县(桂)	5.50
258	钦廉林场(桂)	4.56
259	中国林科院热林中心(桂)	4.50
260	全州县(桂)	4.23
261	大桂山林场(桂)	2.85
262	隆安县(桂)	2.65
263	黄冕林场(桂)	2.52
264	灵川县(桂)	1.05
265	宜州市(桂)	0.10
266	开　县(渝)	3.60
267	合川区(渝)	1.00
268	丰都县(渝)	0.33
269	巫溪县(渝)	0.28
270	双流县(川)	24.00
271	温江区(川)	15.00

序号	县(旗、市、区、局、场)	纤维板产量(万立方米)
272	夹江县(川)	15.00
273	乐山市市辖区(川)	11.20
274	邛崃市(川)	10.00
275	西昌市(川)	9.40
276	大邑县(川)	8.00
277	南充市市辖区(川)	8.00
278	阆中市(川)	8.00
279	名山县(川)	8.00
280	彭州市(川)	7.20
281	纳溪区(川)	7.00
282	苍溪县(川)	7.00
283	蓬安县(川)	6.00
284	乐至县(川)	6.00
285	简阳市(川)	6.00
286	丹棱县(川)	5.20
287	梓潼县(川)	5.00
288	剑阁县(川)	5.00
289	雁江区(川)	5.00
290	仁寿县(川)	4.00
291	宣汉县(川)	3.85
292	洪雅县(川)	3.50
293	江油市(川)	3.00
294	资中县(川)	3.00
295	青川县(川)	2.00
296	郫　县(川)	1.44
297	三台县(川)	1.39
298	荣　县(川)	1.30
299	芦山县(川)	0.34
300	高陵县(陕)	30.10
301	蒲城县(陕)	0.50
302	大荔县(陕)	0.45
303	临渭区(陕)	0.20
304	三原县(陕)	0.12
305	红石林业局(吉林森工)	6.10
306	白石山林业局(吉林森工)	4.60
307	朗乡林业局(龙江森工)	7.00
308	绥棱林业局(龙江森工)	6.60
309	乌马河林业局(龙江森工)	4.50
310	友好林业局(龙江森工)	3.17
311	红星林业局(龙江森工)	2.44

序号	县(旗、市、区、局、场)	纤维板产量(万立方米)
312	南岔木材水解厂(龙江森工)	1.60
313	苇河林业局(龙江森工)	0.41
314	新林林业局(大兴安岭)	9.18
315	塔河林业局(大兴安岭)	2.00
316	呼中林业局(大兴安岭)	1.31

表2-3 2009年刨花板主产县(旗、市、区、局、场)

序号	县(旗、市、区、局、场)	刨花板产量(万立方米)
1	文安县(冀)	104.00
2	临漳县(冀)	15.20
3	武邑县(冀)	13.00
4	正定县(冀)	10.00
5	望都县(冀)	8.58
6	邢台市高新技术开发区(冀)	7.49
7	迁西县(冀)	7.30
8	曲周县(冀)	5.85
9	藁城市(冀)	4.50
10	昌黎县(冀)	3.70
11	南和县(冀)	3.50
12	霸州市(冀)	2.99
13	香河县(冀)	2.51
14	曲阳县(冀)	1.85
15	无极县(冀)	1.68
16	永年县(冀)	1.43
17	高碑店市(冀)	0.27
18	景　县(冀)	0.25
19	栾城县(冀)	0.20
20	东胜区(内蒙古)	7.00
21	杭锦后旗(内蒙古)	0.50
22	科尔沁区(内蒙古)	0.30
23	辽阳县(辽)	24.34
24	法库县(辽)	3.50
25	铁岭县(辽)	0.61
26	大石桥市(辽)	0.20
27	海城市(辽)	0.10
28	连山区(辽)	0.10
29	宁江区(吉)	3.50
30	敦化市(吉)	3.10
31	江源区(吉)	0.30
32	梅河口市(吉)	0.11
33	辉南县(吉)	0.10
34	丹阳市(苏)	46.00
35	沭阳县(苏)	22.00
36	常熟市(苏)	20.00
37	丰　县(苏)	12.00
38	洪泽县(苏)	7.88
39	盱眙县(苏)	7.30
40	滨海县(苏)	4.02
41	铜山县(苏)	4.00
42	阜宁县(苏)	2.01
43	赣榆县(苏)	1.20
44	响水县(苏)	0.83
45	沛　县(苏)	0.70
46	建湖县(苏)	0.68
47	相城区(苏)	0.60
48	新沂市(苏)	0.60
49	淮阴区(苏)	0.50
50	太仓市(苏)	0.35
51	高邮市(苏)	0.25
52	涟水县(苏)	0.21
53	吴兴区(浙)	5.78
54	鄞州区(浙)	2.11
55	武义县(浙)	1.80
56	江山市(浙)	1.29
57	庆元县(浙)	0.79
58	安吉县(浙)	0.66
59	衢江区(浙)	0.53
60	永康市(浙)	0.35
61	泾　县(皖)	8.90
62	凤阳县(皖)	3.20
63	南谯区(皖)	2.60
64	石台县(皖)	2.15
65	东至县(皖)	1.63
66	泗　县(皖)	1.58
67	定远县(皖)	1.10
68	无为县(皖)	0.98
69	太和县(皖)	0.80
70	舒城县(皖)	0.70
71	怀宁县(皖)	0.50

序号	县(旗、市、区、局、场)	刨花板产量(万立方米)
72	界首市(皖)	0.47
73	南陵县(皖)	0.30
74	岳西县(皖)	0.28
75	邵武市(闽)	9.00
76	顺昌县(闽)	1.34
77	尤溪县(闽)	0.38
78	南康市(赣)	20.60
79	九江县(赣)	3.70
80	宜丰县(赣)	2.92
81	新干县(赣)	2.10
82	信丰县(赣)	2.05
83	上高县(赣)	1.13
84	余江县(赣)	0.50
85	大余县(赣)	0.32
86	南昌市市辖区(赣)	0.30
87	永修县(赣)	0.30
88	宜黄县(赣)	0.30
89	广丰县(赣)	0.20
90	泰和县(赣)	0.12
91	都昌县(赣)	0.10
92	兰山区(鲁)	43.00
93	牡丹区(鲁)	8.26
94	定陶县(鲁)	4.72
95	兖州市(鲁)	3.95
96	阳谷县(鲁)	2.43
97	周村区(鲁)	0.78
98	临朐县(鲁)	0.76
99	肥城市(鲁)	0.63
100	济宁市市中区(鲁)	0.45
101	邹平县(鲁)	0.44
102	长清区(鲁)	0.15
103	东昌府区(鲁)	0.15
104	东平县(鲁)	0.12
105	舞阳县(豫)	21.27
106	长葛市(豫)	17.60
107	驿城区(豫)	9.00
108	虞城县(豫)	7.50
109	洛宁县(豫)	4.80
110	沁阳市(豫)	3.60
111	睢阳区(豫)	3.23
112	杞　县(豫)	3.10
113	郸城县(豫)	2.60
114	许昌县(豫)	2.30
115	沈丘县(豫)	2.00
116	民权县(豫)	1.90
117	西华县(豫)	1.90
118	川汇区(豫)	1.80
119	金水区(豫)	1.64
120	睢　县(豫)	1.00
121	兰考县(豫)	0.80
122	平舆县(豫)	0.71
123	汝南县(豫)	0.70
124	确山县(豫)	0.45
125	长垣县(豫)	0.40
126	鹿邑县(豫)	0.40
127	禹州市(豫)	0.35
128	新蔡县(豫)	0.21
129	罗山县(豫)	0.20
130	新安县(豫)	0.13
131	博爱县(豫)	0.10
132	叶　县(豫)	0.10
133	沙市区(鄂)	1.85
134	京山县(鄂)	0.50
135	樊城区(鄂)	0.10
136	汨罗市(湘)	2.91
137	攸　县(湘)	1.90
138	资兴市(湘)	1.51
139	衡东县(湘)	1.50
140	湘阴县(湘)	1.20
141	澧　县(湘)	1.02
142	衡阳县(湘)	1.00
143	双牌县(湘)	0.78
144	炎陵县(湘)	0.70
145	江华瑶族自治县(湘)	0.69
146	祁阳县(湘)	0.68
147	双峰县(湘)	0.65
148	汝城县(湘)	0.56
149	芦淞区(湘)	0.50
150	洪江区(湘)	0.45
151	绥宁县(湘)	0.40

序号	县(旗、市、区、局、场)	刨花板产量(万立方米)
152	鹤城区(湘)	0.40
153	永兴县(湘)	0.34
154	祁东县(湘)	0.30
155	娄底市市辖区(湘)	0.20
156	耒阳市(湘)	0.15
157	娄星区(湘)	0.11
158	高明区(粤)	5.70
159	仁化县(粤)	5.12
160	平远县(粤)	4.80
161	番禺区(粤)	4.27
162	高要市(粤)	4.11
163	连州市(粤)	3.57
164	台山市(粤)	3.50
165	遂溪县(粤)	3.20
166	惠城区(粤)	3.00
167	蓬江区(粤)	2.72
168	蕉岭县(粤)	2.00
169	始兴县(粤)	1.80
170	化州市(粤)	1.60
171	宝安区(粤)	1.52
172	顺德区(粤)	1.45
173	花都区(粤)	1.00
174	吴川市(粤)	1.00
175	源城区(粤)	0.70
176	阳西县(粤)	0.56
177	中山市(粤)	0.54
178	坡头区(粤)	0.50
179	湛江市属总林场(粤)	0.50
180	霞山区(粤)	0.40
181	饶平县(粤)	0.40
182	江城区(粤)	0.30
183	阳东县(粤)	0.30
184	紫金县(粤)	0.25
185	雷州市(粤)	0.20
186	阳春市(粤)	0.17
187	乳源瑶族自治县(粤)	0.15
188	麻章区(粤)	0.10
189	覃塘区(桂)	5.44
190	港南区(桂)	3.00
191	城中区(桂)	2.76
192	横　县(桂)	1.31
193	桂平市(桂)	0.91
194	昭平县(桂)	0.85
195	平乐县(桂)	0.84
196	融水苗族自治县(桂)	0.70
197	三门江林场(桂)	0.62
198	东兴市(桂)	0.25
199	武隆县(渝)	0.61
200	巫溪县(渝)	0.26
201	开　县(渝)	0.23
202	璧山县(渝)	0.20
203	秀山土家族苗族自治县(渝)	0.12
204	双流县(川)	8.00
205	利州区(川)	5.00
206	新都区(川)	3.00
207	邛崃市(川)	3.00
208	雁江区(川)	3.00
209	荣　县(川)	1.10
210	剑阁县(川)	1.00
211	新津县(川)	0.80
212	崇州市(川)	0.63
213	安居区(川)	0.10
214	都匀市(黔)	0.70
215	华阴市(陕)	0.23
216	三原县(陕)	0.21
217	吉林森工集团股份公司(吉林森工)	45.10
218	朗乡林业局(龙江森工)	8.00
219	汤旺河林业局(龙江森工)	6.20
220	绥化复合板厂(龙江森工)	3.52
221	穆棱林业局(龙江森工)	3.50
222	牡丹江木材综合加工厂(龙江森工)	3.30
223	乌马河林业局(龙江森工)	2.50
224	新青林业局(龙江森工)	1.18
225	鹤立林业局(龙江森工)	0.50
226	金山屯林业局(龙江森工)	0.50
227	五营林业局(龙江森工)	0.40
228	图强林业局(大兴安岭)	0.64
229	新林林业局(大兴安岭)	0.30

表2-4 2009年细木工板主产县(旗、市、区、局、场)

序号	县(旗、市、区、局)	细木工板(大芯板)产量(万立方米)
1	文安县(冀)	98.24
2	邢台县(冀)	37.65
3	新乐市(冀)	25.00
4	南和县(冀)	15.00
5	正定县(冀)	14.50
6	藁城市(冀)	9.00
7	行唐县(冀)	6.54
8	霸州市(冀)	4.50
9	昌黎县(冀)	4.31
10	元氏县(冀)	1.08
11	唐　县(冀)	1.00
12	青龙满族自治县(冀)	0.80
13	三河市(冀)	0.78
14	临漳县(冀)	0.66
15	徐水县(冀)	0.30
16	杭锦后旗(内蒙古)	0.54
17	敖汉旗(内蒙古)	0.47
18	五原县(内蒙古)	0.30
19	临河区(内蒙古)	0.27
20	巴林右旗(内蒙古)	0.12
21	红山区(内蒙古)	0.10
22	彰武县(辽)	15.00
23	东港市(辽)	5.00
24	黑山县(辽)	5.00
25	沈北新区(辽)	3.00
26	新邱区(辽)	1.00
27	阜新蒙古族自治县(辽)	0.70
28	凌源市(辽)	0.60
29	龙城区(辽)	0.30
30	海城市(辽)	0.16
31	扶余县(吉)	6.50
32	双辽市(吉)	5.60
33	抚松县(吉)	4.00
34	公主岭市(吉)	2.46
35	敦化市(吉)	1.80
36	白河林业局(吉)	0.47
37	洮北区(吉)	0.30
38	镇赉县(吉)	0.30
39	辉南县(吉)	0.20
40	洮南市(吉)	0.19
41	汪清林业局(吉)	0.18
42	东丰县(吉)	0.15
43	通榆县(吉)	0.10
44	宾　县(黑)	0.50
45	依安县(黑)	0.30
46	五常市(黑)	0.20
47	克山县(黑)	0.20
48	邳州市(苏)	155.00
49	沭阳县(苏)	120.00
50	宿城区(苏)	24.38
51	宿豫区(苏)	6.13
52	睢宁县(苏)	4.00
53	铜山县(苏)	3.00
54	吴江市(苏)	2.11
55	沛　县(苏)	0.70
56	南通市通州区(苏)	0.65
57	建湖县(苏)	0.45
58	阜宁县(苏)	0.35
59	响水县(苏)	0.33
60	楚州区(苏)	0.20
61	淮安市(苏)	0.20
62	高邮市(苏)	0.15
63	江都市(苏)	0.11
64	江山市(浙)	32.54
65	德清县(浙)	20.00
66	龙泉市(浙)	3.94
67	桐庐县(浙)	3.57
68	天台县(浙)	3.39
69	瓯海区(浙)	2.63
70	开化县(浙)	2.50
71	遂昌县(浙)	2.43
72	松阳县(浙)	2.30
73	兰溪市(浙)	1.21
74	衢江区(浙)	1.20
75	苍南县(浙)	1.02
76	诸暨市(浙)	1.00

序号	县(旗、市、区、局)	细木工板(大芯板)产量(万立方米)
77	义乌市(浙)	0.91
78	常山县(浙)	0.80
79	上虞市(浙)	0.60
80	萧山区(浙)	0.58
81	景宁畲族自治县(浙)	0.57
82	桐乡市(浙)	0.30
83	金东区(浙)	0.20
84	柯城区(浙)	0.19
85	埇桥区(皖)	26.00
86	祁门县(皖)	3.40
87	砀山县(皖)	2.60
88	谯城区(皖)	2.20
89	东至县(皖)	1.20
90	天长市(皖)	1.10
91	霍邱县(皖)	0.95
92	徽州区(皖)	0.50
93	舒城县(皖)	0.50
94	青阳县(皖)	0.50
95	贵池区(皖)	0.40
96	黟　县(皖)	0.25
97	太湖县(皖)	0.24
98	临泉县(皖)	0.21
99	石台县(皖)	0.21
100	界首市(皖)	0.18
101	广德县(皖)	0.12
102	闽侯县(闽)	6.71
103	邵武市(闽)	5.87
104	尤溪县(闽)	4.19
105	梅列区(闽)	3.77
106	浦城县(闽)	3.19
107	延平区(闽)	2.34
108	建宁县(闽)	2.28
109	建阳市(闽)	2.00
110	松溪县(闽)	1.30
111	政和县(闽)	1.28
112	永定县(闽)	0.26
113	南康市(赣)	6.80
114	铜鼓县(赣)	5.24
115	德兴市(赣)	5.00

序号	县(旗、市、区、局)	细木工板(大芯板)产量(万立方米)
116	上高县(赣)	4.30
117	分宜县(赣)	3.50
118	崇义县(赣)	3.03
119	修水县(赣)	3.00
120	婺源县(赣)	3.00
121	龙南县(赣)	2.50
122	宜黄县(赣)	2.10
123	金溪县(赣)	2.10
124	万载县(赣)	1.82
125	庐山区(赣)	1.50
126	乐安县(赣)	1.40
127	武宁县(赣)	1.30
128	瑞金市(赣)	1.20
129	上犹县(赣)	1.16
130	广昌县(赣)	1.06
131	安福县(赣)	1.00
132	上饶县(赣)	1.00
133	全南县(赣)	0.89
134	吉水县(赣)	0.88
135	宜丰县(赣)	0.87
136	新干县(赣)	0.80
137	月湖区(赣)	0.70
138	袁州区(赣)	0.70
139	南丰县(赣)	0.70
140	永新县(赣)	0.66
141	信丰县(赣)	0.49
142	高安市(赣)	0.40
143	吉州区(赣)	0.30
144	泰和县(赣)	0.27
145	临川区(赣)	0.24
146	南昌市市辖区(赣)	0.20
147	余江县(赣)	0.20
148	安远县(赣)	0.20
149	黎川县(赣)	0.20
150	玉山县(赣)	0.20
151	进贤县(赣)	0.18
152	奉新县(赣)	0.18
153	大余县(赣)	0.16
154	贵溪市(赣)	0.15

序号	县(旗、市、区、局)	细木工板(大芯板)产量(万立方米)
155	广丰县(赣)	0.15
156	芦溪县(赣)	0.12
157	井冈山市(赣)	0.10
158	兰山区(鲁)	13.00
159	济阳县(鲁)	5.10
160	周村区(鲁)	3.75
161	牡丹区(鲁)	3.65
162	平阴县(鲁)	3.20
163	任城区(鲁)	2.89
164	梁山县(鲁)	2.00
165	罗庄区(鲁)	2.00
166	宁阳县(鲁)	1.32
167	济宁市市中区(鲁)	1.30
168	沂水县(鲁)	1.20
169	桓台县(鲁)	1.00
170	岱岳区(鲁)	1.00
171	肥城市(鲁)	0.53
172	成武县(鲁)	0.50
173	长清区(鲁)	0.30
174	莘　县(鲁)	0.18
175	东昌府区(鲁)	0.17
176	新郑市(豫)	20.00
177	湖滨区(豫)	9.00
178	南乐县(豫)	5.50
179	临颍县(豫)	2.79
180	川汇区(豫)	2.10
181	孟津县(豫)	1.60
182	睢阳区(豫)	1.49
183	兰考县(豫)	1.10
184	许昌县(豫)	1.00
185	义马市(豫)	0.90
186	柘城县(豫)	0.27
187	宁陵县(豫)	0.23
188	确山县(豫)	0.15
189	监利县(鄂)	17.60
190	钟祥市(鄂)	5.50
191	嘉鱼县(鄂)	1.00
192	石首市(鄂)	0.80
193	京山县(鄂)	0.50
194	阳新县(鄂)	0.10
195	桃江县(湘)	24.00
196	湘潭县(湘)	9.00
197	新化县(湘)	5.80
198	双牌县(湘)	5.66
199	石鼓区(湘)	5.00
200	桑植县(湘)	5.00
201	江永县(湘)	5.00
202	汝城县(湘)	3.01
203	湘乡市(湘)	2.79
204	永兴县(湘)	2.60
205	资兴市(湘)	2.21
206	溆浦县(湘)	2.10
207	冷水江市(湘)	2.10
208	衡山县(湘)	2.01
209	绥宁县(湘)	2.00
210	永定区(湘)	2.00
211	通道侗族自治县(湘)	2.00
212	北塔区(湘)	1.83
213	洞口县(湘)	1.60
214	鼎城区(湘)	1.60
215	靖州苗族侗族自治县(湘)	1.58
216	炎陵县(湘)	1.20
217	会同县(湘)	1.12
218	慈利县(湘)	1.00
219	茶陵县(湘)	0.80
220	鹤城区(湘)	0.80
221	祁东县(湘)	0.75
222	雁峰区(湘)	0.70
223	冷水滩区(湘)	0.70
224	中方县(湘)	0.70
225	零陵区(湘)	0.68
226	新田县(湘)	0.60
227	隆回县(湘)	0.60
228	岳阳县(湘)	0.60
229	双峰县(湘)	0.58
230	衡阳县(湘)	0.50
231	衡东县(湘)	0.50
232	沅陵县(湘)	0.41

序号	县(旗、市、区、局)	细木工板(大芯板)产量(万立方米)
233	宁乡县(湘)	0.40
234	江华瑶族自治县(湘)	0.35
235	安仁县(湘)	0.31
236	新邵县(湘)	0.30
237	汉寿县(湘)	0.24
238	蓝山县(湘)	0.24
239	耒阳市(湘)	0.20
240	衡南县(湘)	0.18
241	洪江市(湘)	0.16
242	常宁市(湘)	0.15
243	临武县(湘)	0.14
244	娄星区(湘)	0.12
245	紫金县(粤)	0.10
246	融安县(桂)	24.00
247	罗城仫佬族自治县(桂)	5.82
248	桂平市(桂)	4.50
249	柳北区(桂)	2.50
250	江南区(桂)	2.45
251	鱼峰区(桂)	2.30
252	柳江县(桂)	2.14
253	临桂县(桂)	1.70
254	田阳县(桂)	1.40
255	八步区(桂)	0.80
256	凤山县(桂)	0.78
257	天峨县(桂)	0.76
258	港南区(桂)	0.50
259	南丹县(桂)	0.50
260	昭平县(桂)	0.43
261	金城江区(桂)	0.40
262	玉州区(桂)	0.35
263	环江毛南族自治县(桂)	0.30
264	那坡县(桂)	0.25
265	巴马瑶族自治县(桂)	0.20
266	资源县(桂)	0.14
267	北流市(桂)	0.13
268	酉阳土家族苗族自治县(渝)	0.25
269	洪雅县(川)	10.10
270	叙永县(川)	2.50
271	雁江区(川)	2.00
272	利州区(川)	1.20
273	新津县(川)	1.10
274	雨城区(川)	1.00
275	大英县(川)	0.97
276	都江堰市(川)	0.70
277	宣汉县(川)	0.66
278	东　区(川)	0.60
279	荥经县(川)	0.60
280	万源市(川)	0.50
281	罗江县(川)	0.40
282	沙湾区(川)	0.40
283	通川区(川)	0.40
284	彭州市(川)	0.32
285	沐川县(川)	0.30
286	绵阳市市辖区(川)	0.24
287	三台县(川)	0.24
288	安居区(川)	0.20
289	平昌县(川)	0.20
290	青神县(川)	0.10
291	名山县(川)	0.10
292	三穗县(黔)	2.63
293	锦屏县(黔)	1.63
294	榕江县(黔)	1.07
295	黎平县(黔)	1.05
296	从江县(黔)	0.48
297	天柱县(黔)	0.30
298	商南县(陕)	0.15
299	汤旺河林业局(龙江森工)	6.00
300	新青林业局(龙江森工)	5.03
301	柴河林业局(龙江森工)	0.90
302	乌伊岭林业局(龙江森工)	0.82
303	红星林业局(龙江森工)	0.75
304	带岭实验局(龙江森工)	0.64
305	双丰林业局(龙江森工)	0.60
306	鹤北林业局(龙江森工)	0.12
307	沾河林业局(龙江森工)	0.10
308	松岭林业局(大兴安岭)	0.21
309	塔河林业局(大兴安岭)	0.60
310	呼中林业局(大兴安岭)	1.37

序号	县(旗、市、区、局)	细木工板(大芯板)产量(万立方米)
311	图强林业局(大兴安岭)	0.15
312	十八站林业局(大兴安岭)	1.46
313	韩家园林业局(大兴安岭)	1.10

表3-1 2009年胶合木主产县(市、区、局)

序号	县(市、区、局)	胶合木产量(万立方米)
1	霸州市(冀)	0.42
2	山海关区(冀)	0.12
3	红山区(内蒙古)	1.00
4	科尔沁区(内蒙古)	0.20
5	新宾满族自治县(辽)	10.90
6	清原满族自治县(辽)	3.00
7	振兴区(辽)	2.40
8	黑山县(辽)	1.00
9	元宝区(辽)	0.80
10	阜新蒙古族自治县(辽)	0.50
11	灯塔市(辽)	0.30
12	本溪市经济开发区(辽)	0.20
13	太子河区(辽)	0.20
14	清河区(辽)	0.16
15	敦化市(吉)	2.90
16	和龙市(吉)	2.20
17	集安市(吉)	2.00
18	桦甸市(吉)	1.20
19	通化县(吉)	0.66
20	蛟河市(吉)	0.60
21	船营区(吉)	0.50
22	辉南县(吉)	0.35
23	长白朝鲜族自治县(吉)	0.30
24	安图县(吉)	0.30
25	和龙林业局(吉)	0.23
26	白河林业局(吉)	0.20
27	东丰县(吉)	0.10
28	通榆县(吉)	0.10
29	尚志市(黑)	0.20
30	尚志国有林场管理局(黑)	0.16
31	茄子河区(黑)	0.11
32	延寿县(黑)	0.10
33	江山市(浙)	34.76
34	定海区(浙)	1.74
35	缙云县(浙)	0.76
36	淳安县(浙)	0.11
37	兰溪市(浙)	0.10
38	泾县(皖)	2.00
39	固镇县(皖)	1.00
40	望江县(皖)	0.49
41	南陵县(皖)	0.45
42	潜山县(皖)	0.15
43	宿松县(皖)	0.12
44	顺昌县(闽)	16.95
45	尤溪县(闽)	15.50
46	延平区(闽)	8.83
47	闽侯县(闽)	5.70
48	建阳市(闽)	4.00
49	梅列区(闽)	3.54
50	邵武市(闽)	2.20
51	浦城县(闽)	1.95
52	政和县(闽)	1.20
53	永定县(闽)	0.40
54	松溪县(闽)	0.18
55	德兴市(赣)	7.00
56	吉水县(赣)	2.58
57	南康市(赣)	2.00
58	宜黄县(赣)	1.82
59	上高县(赣)	1.80
60	乐安县(赣)	1.21
61	分宜县(赣)	0.80
62	永修县(赣)	0.60
63	信丰县(赣)	0.60
64	莲花县(赣)	0.50
65	袁州区(赣)	0.50
66	万安县(赣)	0.40
67	瑞昌市(赣)	0.36
68	章贡区(赣)	0.31
69	进贤县(赣)	0.30
70	会昌县(赣)	0.30
71	吉州区(赣)	0.30
72	东乡县(赣)	0.26
73	南昌市市辖区(赣)	0.20

序号	县(市、区、局)	胶合木产量(万立方米)
74	兴国县(赣)	0.20
75	高安市(赣)	0.10
76	台儿庄区(鲁)	6.00
77	兖州市(鲁)	4.81
78	宁阳县(鲁)	2.80
79	肥城市(鲁)	1.05
80	滕州市(鲁)	0.48
81	山亭区(鲁)	0.26
82	宁津县(鲁)	0.20
83	德州市市辖区(鲁)	0.10
84	茌平县(鲁)	0.10
85	睢　县(豫)	2.00
86	确山县(豫)	0.73
87	沁阳市(豫)	0.24
88	正阳县(豫)	0.24
89	鲁山县(豫)	0.20
90	禹州市(豫)	0.15
91	嵩　县(豫)	0.10
92	樊城区(鄂)	0.10
93	隆回县(湘)	2.14
94	祁东县(湘)	2.08
95	桃江县(湘)	2.00
96	茶陵县(湘)	1.88
97	衡山县(湘)	1.50
98	绥宁县(湘)	1.00
99	汉寿县(湘)	0.89
100	攸　县(湘)	0.80
101	新化县(湘)	0.80
102	新晃侗族自治县(湘)	0.76
103	洪江区(湘)	0.68
104	龙山县(湘)	0.68
105	靖州苗族侗族自治县(湘)	0.61
106	宁乡县(湘)	0.60
107	衡南县(湘)	0.48
108	零陵区(湘)	0.48
109	永兴县(湘)	0.46
110	桂东县(湘)	0.42
111	湘阴县(湘)	0.40
112	慈利县(湘)	0.40
113	洞口县(湘)	0.35
114	武陵区(湘)	0.30
115	双清区(湘)	0.20

序号	县(市、区、局)	胶合木产量(万立方米)
116	澧　县(湘)	0.15
117	鼎城区(湘)	0.11
118	衡阳县(湘)	0.10
119	娄星区(湘)	0.10
120	金城江区(桂)	1.50
121	桂平市(桂)	1.10
122	资源县(桂)	0.90
123	灌阳县(桂)	0.69
124	三江侗族自治县(桂)	0.56
125	罗城仫佬族自治县(桂)	0.33
126	那坡县(桂)	0.27
127	灵川县(桂)	0.20
128	南丹县(桂)	0.20
129	田东县(桂)	0.11
130	环江毛南族自治县(桂)	0.10
131	巴马瑶族自治县(桂)	0.10
132	璧山县(渝)	1.10
133	夹江县(川)	5.00
134	西昌市(川)	2.00
135	沐川县(川)	0.84
136	通江县(川)	0.40
137	乐山市市中区(川)	0.25
138	德江县(黔)	0.50
139	都匀市(黔)	0.10
140	绥棱林业局(龙江森工)	1.57
141	翠峦林业局(龙江森工)	0.33
142	带岭实验局(龙江森工)	0.33
143	穆棱林业局(龙江森工)	0.21
144	柴河林业局(龙江森工)	0.20
145	鹤北林业局(龙江森工)	0.15
146	沾河林业局(龙江森工)	0.10
147	呼中林业局(大兴安岭)	0.96
148	图强林业局(大兴安岭)	0.40
149	新林林业局(大兴安岭)	0.31
150	塔河林业局(大兴安岭)	0.20

表3－2　2009年木地板主产县(市、区、局)

序号	县(市、区、局)	木地板产量(万平方米)
1	冀州市(冀)	150.00
2	广平县(冀)	40.00
3	青龙满族自治县(冀)	9.60

序号	县(市、区、局)	木地板产量(万平方米)
4	定州市(冀)	4.50
5	邯郸县(冀)	0.14
6	抚顺县(辽)	386.00
7	新民市(辽)	236.36
8	金州区(辽)	182.00
9	于洪区(辽)	167.00
10	庄河市(辽)	160.00
11	普兰店市(辽)	50.00
12	辽阳县(辽)	41.30
13	东陵区(辽)	40.00
14	顺城区(辽)	32.10
15	清原满族自治县(辽)	20.00
16	辽中县(辽)	15.00
17	东洲区(辽)	11.00
18	沈北新区(辽)	10.00
19	新宾满族自治县(辽)	6.10
20	省森林经营研究所(辽)	3.00
21	溪湖区(辽)	1.58
22	彰武县(辽)	1.50
23	兴城市(辽)	0.90
24	东港市(辽)	0.40
25	敦化市(吉)	969.30
26	珲春市(吉)	845.00
27	抚松县(吉)	226.00
28	双阳区(吉)	29.00
29	绿园区(吉)	18.00
30	白河林业局(吉)	14.46
31	梅河口市(吉)	13.00
32	天桥岭林业局(吉)	11.00
33	舒兰市(吉)	10.00
34	船营区(吉)	6.00
35	宽城区(吉)	2.00
36	通化县(吉)	1.83
37	东丰县(吉)	1.50
38	长白朝鲜族自治县(吉)	1.30
39	临江市(吉)	1.10
40	二道区(吉)	1.00
41	公主岭市(吉)	1.00
42	江源区(吉)	0.60
43	龙潭区(吉)	0.54

序号	县(市、区、局)	木地板产量(万平方米)
44	永吉县(吉)	0.18
45	道里区(黑)	64.00
46	绥芬河市(黑)	55.00
47	新兴区(黑)	10.50
48	嘉荫县(黑)	12.00
49	尚志市(黑)	1.50
50	桦南县(黑)	0.80
51	勃利县(黑)	0.63
52	呼兰区(黑)	0.60
53	密山市(黑)	0.50
54	延寿县(黑)	0.45
55	巴彦县(黑)	0.35
56	铁力市(黑)	0.20
57	方正县(黑)	0.10
58	嘉定区(沪)	812.00
59	松江区(沪)	230.00
60	闵行区(沪)	187.90
61	奉贤区(沪)	39.91
62	丹阳市(苏)	3126.00
63	吴江市(苏)	240.00
64	沭阳县(苏)	150.00
65	邳州市(苏)	128.00
66	泗阳县(苏)	120.00
67	启东市(苏)	88.09
68	东台市(苏)	88.00
69	常熟市(苏)	82.00
70	铜山县(苏)	75.00
71	虎丘区(苏)	16.70
72	相城区(苏)	16.50
73	江宁区(苏)	12.16
74	姜堰市(苏)	7.00
75	丰　县(苏)	4.89
76	睢宁县(苏)	2.00
77	高邮市(苏)	1.00
78	海安县(苏)	0.60
79	太仓市(苏)	0.55
80	赣榆县(苏)	0.45
81	嘉善县(浙)	1765.00
82	余杭区(浙)	292.80
83	桐庐县(浙)	160.26

序号	县(市、区、局)	木地板产量(万平方米)
84	萧山区(浙)	141.20
85	诸暨市(浙)	135.00
86	定海区(浙)	118.86
87	安吉县(浙)	104.82
88	吴兴区(浙)	95.40
89	龙泉市(浙)	58.00
90	富阳市(浙)	29.65
91	海盐县(浙)	22.39
92	建德市(浙)	17.73
93	江山市(浙)	13.32
94	乐清市(浙)	12.85
95	绍兴县(浙)	10.31
96	衢江区(浙)	9.00
97	常山县(浙)	8.50
98	鄞州区(浙)	7.00
99	镇海区(浙)	6.69
100	温岭市(浙)	6.23
101	松阳县(浙)	4.01
102	庆元县(浙)	3.81
103	瓯海区(浙)	2.70
104	嵊州市(浙)	2.60
105	临安市(浙)	2.55
106	淳安县(浙)	2.25
107	长兴县(浙)	2.23
108	桐乡市(浙)	1.63
109	莲都区(浙)	0.72
110	柯城区(浙)	0.69
111	遂昌县(浙)	0.57
112	永康市(浙)	0.13
113	义乌市(浙)	0.11
114	广德县(皖)	60.00
115	怀宁县(皖)	55.00
116	繁昌县(皖)	50.00
117	宣州区(皖)	26.80
118	黟　县(皖)	16.80
119	天长市(皖)	15.00
120	东至县(皖)	8.28
121	埇桥区(皖)	5.00
122	屯溪区(皖)	3.10
123	霍山县(皖)	2.30
124	太湖县(皖)	2.25
125	泾　县(皖)	1.50
126	石台县(皖)	1.20
127	舒城县(皖)	1.00
128	祁门县(皖)	0.98
129	贵池区(皖)	0.40
130	青阳县(皖)	0.35
131	岳西县(皖)	0.10
132	松溪县(闽)	31.80
133	尤溪县(闽)	28.00
134	政和县(闽)	15.00
135	延平区(闽)	0.28
136	奉新县(赣)	134.52
137	永新县(赣)	98.60
138	新干县(赣)	72.30
139	宁都县(赣)	65.00
140	靖安县(赣)	52.12
141	临川区(赣)	51.10
142	月湖区(赣)	18.70
143	铜鼓县(赣)	10.84
144	修水县(赣)	10.00
145	万载县(赣)	9.00
146	井冈山市(赣)	6.50
147	广昌县(赣)	6.45
148	万安县(赣)	6.00
149	安福县(赣)	4.50
150	武宁县(赣)	4.35
151	芦溪县(赣)	3.90
152	资溪县(赣)	2.92
153	袁州区(赣)	2.80
154	瑞金市(赣)	2.76
155	南昌市市辖区(赣)	2.50
156	湾里区(赣)	2.50
157	龙南县(赣)	2.50
158	德兴市(赣)	2.00
159	安远县(赣)	2.00
160	崇仁县(赣)	1.80
161	分宜县(赣)	1.50
162	婺源县(赣)	1.00
163	湖口县(赣)	1.00

序号	县(市、区、局)	木地板产量(万平方米)
164	南康市(赣)	1.00
165	定南县(赣)	0.80
166	乐安县(赣)	0.60
167	南城县(赣)	0.50
168	横峰县(赣)	0.40
169	泰和县(赣)	0.35
170	星子县(赣)	0.20
171	贵溪市(赣)	0.18
172	高安市(赣)	0.14
173	济宁市市中区(鲁)	610.00
174	高唐县(鲁)	370.00
175	阳谷县(鲁)	150.00
176	肥城市(鲁)	96.00
177	茌平县(鲁)	40.00
178	东营市市辖区(鲁)	20.00
179	邹平县(鲁)	5.49
180	桓台县(鲁)	5.00
181	莱城区(鲁)	4.30
182	枣庄市市中区(鲁)	4.11
183	梁山县(鲁)	4.00
184	周村区(鲁)	3.40
185	牡丹区(鲁)	1.00
186	长清区(鲁)	0.59
187	邹城市(鲁)	0.17
188	邓州市(豫)	8.50
189	新郑市(豫)	3.50
190	台前县(豫)	3.30
191	睢阳区(豫)	1.05
192	临颍县(豫)	0.91
193	兰考县(豫)	0.90
194	宁陵县(豫)	0.16
195	咸安区(鄂)	800.00
196	嘉鱼县(鄂)	280.00
197	沙市区(鄂)	200.00
198	石首市(鄂)	100.00
199	大冶市(鄂)	50.00
200	东宝区(鄂)	31.00
201	崇阳县(鄂)	2.60
202	阳新县(鄂)	0.40
203	望城县(湘)	135.00

序号	县(市、区、局)	木地板产量(万平方米)
204	武冈市(湘)	80.00
205	浏阳市(湘)	78.80
206	攸　县(湘)	60.00
207	珠晖区(湘)	60.00
208	辰溪县(湘)	28.00
209	炎陵县(湘)	27.00
210	洪江市(湘)	19.00
211	绥宁县(湘)	11.00
212	娄星区(湘)	10.80
213	永定区(湘)	10.00
214	慈利县(湘)	10.00
215	桃江县(湘)	8.00
216	双牌县(湘)	5.48
217	赫山区(湘)	5.00
218	龙山县(湘)	2.25
219	湘乡市(湘)	2.20
220	石峰区(湘)	2.00
221	鹤城区(湘)	2.00
222	资兴市(湘)	1.91
223	溆浦县(湘)	1.50
224	会同县(湘)	1.40
225	衡阳县(湘)	1.30
226	靖州苗族侗族自治县(湘)	1.00
227	新化县(湘)	1.00
228	麻阳苗族自治县(湘)	0.66
229	隆回县(湘)	0.60
230	通道侗族自治县(湘)	0.60
231	汝城县(湘)	0.48
232	零陵区(湘)	0.48
233	株洲县(湘)	0.40
234	中方县(湘)	0.40
235	芷江侗族自治县(湘)	0.40
236	新晃侗族自治县(湘)	0.33
237	衡东县(湘)	0.20
238	双清区(湘)	0.20
239	顺德区(粤)	369.50
240	澄海区(粤)	91.00
241	宝安区(粤)	60.00
242	番禺区(粤)	44.00
243	东莞市(粤)	30.44

序号	县(市、区、局)	木地板产量(万平方米)
244	高要市(粤)	10.62
245	龙岗区(粤)	7.00
246	禅城区(粤)	5.86
247	鹤山市(粤)	4.17
248	阳西县(粤)	4.00
249	化州市(粤)	3.27
250	中山市(粤)	0.87
251	东源县(粤)	0.40
252	仁化县(粤)	0.15
253	临桂县(桂)	11.00
254	柳南区(桂)	10.56
255	三江侗族自治县(桂)	9.00
256	融水苗族自治县(桂)	5.88
257	全州县(桂)	5.64
258	灵川县(桂)	4.23
259	灌阳县(桂)	1.12
260	港南区(桂)	0.80
261	叠彩区(桂)	0.20
262	天峨县(桂)	0.20
263	璧山县(渝)	0.30
264	梁平县(渝)	0.30
265	乐山市市辖区(川)	349.00
266	乐至县(川)	200.00
267	南充市市辖区(川)	132.00
268	仪陇县(川)	132.00
269	洪雅县(川)	40.00
270	南江县(川)	15.20
271	剑阁县(川)	15.00
272	新都区(川)	12.00
273	雨城区(川)	7.20
274	广安区(川)	7.00
275	江油市(川)	1.50
276	乐山市市中区(川)	0.72
277	长宁县(川)	0.55
278	郫　县(川)	0.26
279	南明区(黔)	12.80
280	岑巩县(黔)	0.72
281	三穗县(黔)	0.34
282	都匀市(黔)	0.30
283	丹寨县(黔)	0.29
284	清河林业局(龙江森工)	17.60
285	松江胶合板厂(龙江森工)	15.40
286	山河屯林业局(龙江森工)	10.00
287	东京城林业局(龙江森工)	7.70
288	穆棱林业局(龙江森工)	3.95
289	林口林业局(龙江森工)	2.56
290	新青林业局(龙江森工)	0.60
291	美溪林业局(龙江森工)	0.42
292	铁力林业局(龙江森工)	0.32
293	松岭林业局(大兴安岭)	12.50

表3-3　2009年单板主产县(市、区、局、场)

序号	县(市、区、局、场)	单板产量(万立方米)
1	霸州市(冀)	31.05
2	望都县(冀)	16.70
3	定州市(冀)	0.80
4	临漳县(冀)	0.45
5	北票市(辽)	1.50
6	细河区(辽)	0.30
7	盖州市(辽)	0.10
8	大石桥市(辽)	0.10
9	公主岭市(吉)	4.33
10	前郭尔罗斯蒙古族自治县(吉)	3.00
11	乾安县(吉)	2.50
12	宁江区(吉)	2.30
13	农安县(吉)	2.00
14	东丰县(吉)	2.00
15	长岭县(吉)	2.00
16	敦化市(吉)	1.90
17	图们市(吉)	1.66
18	抚松县(吉)	1.20
19	德惠市(吉)	1.10
20	舒兰市(吉)	1.00
21	梅河口市(吉)	0.40
22	镇赉县(吉)	0.30
23	龙井市(吉)	0.30
24	靖宇县(吉)	0.20
25	长白朝鲜族自治县(吉)	0.20
26	江源区(吉)	0.13

序号	县(市、区、局、场)	单板产量(万立方米)
27	辉南县(吉)	0.10
28	洮北区(吉)	0.10
29	通榆县(吉)	0.10
30	洮南市(吉)	0.10
31	南岗区(黑)	1.00
32	呼兰区(黑)	0.77
33	尚志市(黑)	0.50
34	依安县(黑)	0.30
35	虎林市(黑)	0.30
36	勃利县(黑)	0.21
37	巴彦县(黑)	0.80
38	五常市(黑)	1.00
39	茄子河区(黑)	0.11
40	松北区(黑)	0.60
41	邳州市(苏)	560.00
42	宿豫区(苏)	330.26
43	泗阳县(苏)	60.00
44	丰　县(苏)	50.00
45	沭阳县(苏)	35.00
46	泗洪县(苏)	31.35
47	涟水县(苏)	7.00
48	楚州区(苏)	6.22
49	铜山县(苏)	5.00
50	响水县(苏)	4.64
51	沛　县(苏)	4.60
52	洪泽县(苏)	3.77
53	盱眙县(苏)	2.85
54	滨海县(苏)	2.21
55	金湖县(苏)	1.50
56	张家港市(苏)	1.00
57	建湖县(苏)	0.85
58	阜宁县(苏)	0.52
59	射阳县(苏)	0.22
60	宝应县(苏)	0.10
61	平湖市(浙)	1.25
62	吴兴区(浙)	0.74
63	建德市(浙)	0.30
64	开化县(浙)	0.28
65	太和县(皖)	15.00
66	灵璧县(皖)	7.20
67	怀宁县(皖)	5.00
68	涡阳县(皖)	4.80
69	埇桥区(皖)	3.60
70	临泉县(皖)	2.33
71	固镇县(皖)	2.00
72	定远县(皖)	2.00
73	天长市(皖)	1.97
74	太湖县(皖)	1.82
75	泾　县(皖)	1.80
76	繁昌县(皖)	1.50
77	含山县(皖)	1.40
78	泗　县(皖)	1.28
79	舒城县(皖)	0.70
80	濉溪县(皖)	0.33
81	望江县(皖)	0.30
82	寿　县(皖)	0.30
83	界首市(皖)	0.26
84	赣　县(赣)	0.60
85	资溪县(赣)	0.56
86	高安市(赣)	0.54
87	永修县(赣)	0.50
88	进贤县(赣)	0.40
89	德兴市(赣)	0.40
90	章贡区(赣)	0.33
91	于都县(赣)	0.30
92	南丰县(赣)	0.30
93	泰和县(赣)	0.28
94	东乡县(赣)	0.21
95	宁都县(赣)	0.19
96	吉水县(赣)	0.19
97	井冈山市(赣)	0.10
98	肥城市(鲁)	126.00
99	邹城市(鲁)	125.17
100	沂水县(鲁)	92.50
101	牡丹区(鲁)	44.10
102	梁山县(鲁)	30.00
103	兰山区(鲁)	9.80
104	诸城市(鲁)	6.24
105	成武县(鲁)	5.20
106	惠民县(鲁)	5.00

序号	县(市、区、局、场)	单板产量(万立方米)
107	泗水县(鲁)	4.80
108	兖州市(鲁)	3.95
109	宁阳县(鲁)	2.30
110	宁津县(鲁)	2.00
111	滕州市(鲁)	1.40
112	定陶县(鲁)	1.33
113	薛城区(鲁)	1.16
114	莘　县(鲁)	1.05
115	济阳县(鲁)	1.00
116	高唐县(鲁)	0.77
117	沂源县(鲁)	0.36
118	济宁市市中区(鲁)	0.30
119	东昌府区(鲁)	0.25
120	沁阳市(豫)	96.00
121	范　县(豫)	50.00
122	夏邑县(豫)	12.00
123	西华县(豫)	11.80
124	平舆县(豫)	9.10
125	内乡县(豫)	6.10
126	尉氏县(豫)	3.30
127	邓州市(豫)	2.80
128	商水县(豫)	2.59
129	鄢陵县(豫)	2.33
130	淮滨县(豫)	2.22
131	宛城区(豫)	1.70
132	台前县(豫)	1.30
133	临颍县(豫)	1.20
134	唐河县(豫)	1.00
135	确山县(豫)	0.96
136	永城市(豫)	0.85
137	潢川县(豫)	0.70
138	沈丘县(豫)	0.60
139	许昌县(豫)	0.56
140	洛宁县(豫)	0.50
141	虞城县(豫)	0.50
142	汝南县(豫)	0.50
143	光山县(豫)	0.45
144	镇平县(豫)	0.43
145	新蔡县(豫)	0.36
146	叶　县(豫)	0.25
147	项城市(豫)	0.23
148	栾川县(豫)	0.20
149	鲁山县(豫)	0.20
150	桐柏县(豫)	0.10
151	石首市(鄂)	4.00
152	嘉鱼县(鄂)	3.00
153	罗田县(鄂)	0.60
154	京山县(鄂)	0.50
155	阳新县(鄂)	0.20
156	樊城区(鄂)	0.10
157	双清区(湘)	4.50
158	桃江县(湘)	2.00
159	北塔区(湘)	1.80
160	绥宁县(湘)	1.60
161	攸　县(湘)	1.20
162	新化县(湘)	1.20
163	祁东县(湘)	0.75
164	浏阳市(湘)	0.69
165	隆回县(湘)	0.45
166	宁乡县(湘)	0.40
167	澧　县(湘)	0.40
168	永定区(湘)	0.40
169	慈利县(湘)	0.40
170	东安县(湘)	0.32
171	南　县(湘)	0.30
172	鼎城区(湘)	0.25
173	湘阴县(湘)	0.20
174	桑植县(湘)	0.20
175	娄底市市辖区(湘)	0.20
176	武陵区(湘)	0.15
177	汉寿县(湘)	0.13
178	临澧县(湘)	0.12
179	邵阳县(湘)	0.10
180	娄星区(湘)	0.10
181	麻章区(粤)	2.50
182	惠阳区(粤)	2.20
183	恩平市(粤)	2.00
184	坡头区(粤)	1.60
185	吴川市(粤)	1.00
186	高州市(粤)	0.84

序号	县(市、区、局、场)	单板产量(万立方米)	序号	县(市、区、局、场)	单板产量(万立方米)
187	阳东县(粤)	0.80	227	沙塘林场(桂)	3.00
188	博罗县(粤)	0.78	228	武宣县(桂)	2.81
189	惠城区(粤)	0.60	229	合山市(桂)	2.69
190	番禺区(粤)	0.58	230	临桂县(桂)	2.62
191	湛江市属总林场(粤)	0.50	231	宜州市(桂)	2.36
192	高要市(粤)	0.50	232	柳江县(桂)	2.27
193	阳春市(粤)	0.44	233	南宁市东盟经济园区(桂)	1.80
194	清城区(粤)	0.40	234	金秀瑶族自治县(桂)	1.80
195	紫金县(粤)	0.25	235	三门江林场(桂)	1.80
196	乐昌市(粤)	0.20	236	防城区(桂)	1.40
197	饶平县(粤)	0.20	237	宁明县(桂)	1.38
198	始兴县(粤)	0.15	238	平乐县(桂)	1.36
199	仁化县(粤)	0.12	239	贺州市平桂管理区(桂)	1.36
200	电白县(粤)	0.10	240	忻城县(桂)	1.35
201	柳北区(桂)	37.00	241	罗城仫佬族自治县(桂)	1.20
202	港南区(桂)	32.00	242	环江毛南族自治县(桂)	1.20
203	鹿寨县(桂)	11.30	243	雁山区(桂)	1.06
204	钦南区(桂)	10.00	244	派阳山林场(桂)	1.04
205	江南区(桂)	8.68	245	柳南区(桂)	1.00
206	北流市(桂)	8.60	246	兴安县(桂)	1.00
207	兴业县(桂)	8.00	247	扶绥县(桂)	0.93
208	博白县(桂)	7.50	248	宾阳县(桂)	0.92
209	象州县(桂)	6.90	249	叠彩区(桂)	0.90
210	八步区(桂)	6.75	250	阳朔县(桂)	0.89
211	灵山县(桂)	6.58	251	大桂山林场(桂)	0.85
212	平南县(桂)	6.30	252	灌阳县(桂)	0.80
213	桂平市(桂)	6.00	253	昭平县(桂)	0.78
214	兴宾区(桂)	5.84	254	资源县(桂)	0.77
215	钦北区(桂)	5.30	255	七坡林场(桂)	0.75
216	陆川县(桂)	4.86	256	南丹县(桂)	0.70
217	浦北县(桂)	4.52	257	青秀区(桂)	0.66
218	港北区(桂)	4.47	258	秀峰区(桂)	0.60
219	玉州区(桂)	4.38	259	东门林场(桂)	0.60
220	灵川县(桂)	3.94	260	港口区(桂)	0.58
221	全州县(桂)	3.87	261	柳城县(桂)	0.51
222	象山区(桂)	3.70	262	融水苗族自治县(桂)	0.51
223	良庆区(桂)	3.37	263	横　县(桂)	0.50
224	玉林市福绵区(桂)	3.20	264	蒙山县(桂)	0.50
225	永福县(桂)	3.08	265	苍梧县(桂)	0.49
226	上思县(桂)	3.04	266	隆安县(桂)	0.45

序号	县(市、区、局、场)	单板产量(万立方米)
267	龙胜各族自治县(桂)	0.43
268	凭祥市(桂)	0.42
269	邕宁区(桂)	0.36
270	藤　县(桂)	0.33
271	金城江区(桂)	0.30
272	隆林各族自治县(桂)	0.20
273	上林县(桂)	0.15
274	田东县(桂)	0.11
275	天峨县(桂)	0.10
276	东兰县(桂)	0.10
277	巴马瑶族自治县(桂)	0.10
278	定安县(琼)	0.18
279	会东县(川)	1.30
280	巴州区(川)	1.20
281	通江县(川)	0.50
282	独山县(黔)	0.35
283	紫云苗族布依族自治县(黔)	0.10
284	沾益县(滇)	0.15
285	友好林业局(龙江森工)	1.23
286	桃山林业局(龙江森工)	0.60
287	乌伊岭林业局(龙江森工)	0.36
288	新青林业局(龙江森工)	0.27
289	通北林业局(龙江森工)	0.25
290	柴河林业局(龙江森工)	0.24
291	兴隆林业局(龙江森工)	0.11
292	东方红林业局(龙江森工)	0.10
293	新林林业局(大兴安岭)	0.52
294	十八站林业局(大兴安岭)	0.33
295	松岭林业局(大兴安岭)	0.21
296	图强林业局(大兴安岭)	0.20
297	塔河林业局(大兴安岭)	0.10

表3－4　2009年家具主产县(旗、市、区、局、场)

序号	县(旗、市、区、局、场)	家具产量(万件)
1	宝坻区(津)	59.50
2	香河县(冀)	116.30
3	定州市(冀)	78.50
4	武邑县(冀)	72.00
5	正定县(冀)	70.00
6	临漳县(冀)	17.50
7	遵化市(冀)	15.00
8	玉田县(冀)	10.00
9	广平县(冀)	10.00
10	运河区(冀)	10.00
11	冀州市(冀)	8.00
12	南宫市(冀)	6.98
13	宁晋县(冀)	5.50
14	峰峰矿区(冀)	3.50
15	邯郸县(冀)	3.50
16	鹿泉市(冀)	3.00
17	高碑店市(冀)	3.00
18	丰宁满族自治县(冀)	3.00
19	河间市(冀)	3.00
20	晋州市(冀)	2.70
21	平山县(冀)	2.56
22	任丘市(冀)	2.50
23	赞皇县(冀)	2.40
24	永年县(冀)	2.10
25	卢龙县(冀)	2.00
26	磁　县(冀)	2.00
27	清苑县(冀)	2.00
28	阜城县(冀)	1.85
29	宣化县(冀)	1.80
30	故城县(冀)	1.80
31	肥乡县(冀)	1.70
32	唐　县(冀)	1.70
33	武安市(冀)	1.60
34	武强县(冀)	1.51
35	长安区(冀)	1.50
36	南和县(冀)	1.40
37	广宗县(冀)	1.32
38	高邑县(冀)	1.30
39	栾城县(冀)	1.20
40	馆陶县(冀)	1.20
41	井陉县(冀)	1.10
42	顺平县(冀)	1.10
43	平泉县(冀)	1.00
44	元氏县(冀)	0.80
45	桃城区(冀)	0.80
46	成安县(冀)	0.55

序号	县(旗、市、区、局、场)	家具产量(万件)
47	魏　县(冀)	0.52
48	柏乡县(冀)	0.50
49	任　县(冀)	0.50
50	涞水县(冀)	0.50
51	大厂回族自治县(冀)	0.36
52	蔚　县(冀)	0.24
53	大名县(冀)	0.20
54	曲周县(冀)	0.20
55	滦平县(冀)	0.20
56	北戴河区(冀)	0.16
57	免渡河林业局(内蒙古)	2.67
58	科尔沁区(内蒙古)	2.40
59	宁城县(内蒙古)	1.00
60	伊金霍洛旗(内蒙古)	1.00
61	东乌珠穆沁旗(内蒙古)	0.80
62	鄂托克旗(内蒙古)	0.50
63	乌达区(内蒙古)	0.30
64	乌拉特前旗(内蒙古)	0.20
65	林西县(内蒙古)	0.15
66	白狼林业局(内蒙古)	0.10
67	庄河市(辽)	620.00
68	清原满族自治县(辽)	350.00
69	于洪区(辽)	200.00
70	本溪满族自治县(辽)	48.00
71	岫岩满族自治县(辽)	28.80
72	甘井子区(辽)	25.00
73	盖州市(辽)	25.00
74	开原市(辽)	18.00
75	南芬区(辽)	12.40
76	顺城区(辽)	10.90
77	普兰店市(辽)	10.00
78	沈北新区(辽)	8.00
79	金州区(辽)	8.00
80	鞍山市开发区(辽)	7.50
81	东港市(辽)	6.60
82	新宾满族自治县(辽)	6.28
83	双塔区(辽)	5.00
84	抚顺县(辽)	4.80
85	黑山县(辽)	3.00
86	连山区(辽)	3.00
87	桓仁满族自治县(辽)	2.62
88	彰武县(辽)	2.10
89	振兴区(辽)	2.00
90	大石桥市(辽)	2.00
91	龙城区(辽)	2.00
92	铁岭县(辽)	1.61
93	东陵区(辽)	1.50
94	海城市(辽)	0.60
95	凌海市(辽)	0.50
96	鲅鱼圈区(辽)	0.50
97	铁岭市经济开发区(辽)	0.50
98	兴城市(辽)	0.30
99	溪湖区(辽)	0.20
100	抚松县(吉)	21.70
101	丰满区(吉)	20.00
102	蛟河市(吉)	13.64
103	敦化市(吉)	13.50
104	舒兰市(吉)	12.00
105	辉南县(吉)	11.50
106	朝阳区(吉)	10.00
107	昌邑区(吉)	10.00
108	乾安县(吉)	10.00
109	长白朝鲜族自治县(吉)	5.60
110	双阳区(吉)	3.74
111	梅河口市(吉)	3.65
112	二道区(吉)	3.30
113	龙山区(吉)	2.02
114	长岭县(吉)	2.00
115	延吉市(吉)	1.45
116	南关区(吉)	1.20
117	前郭尔罗斯蒙古族自治县(吉)	1.20
118	集安市(吉)	1.00
119	东丰县(吉)	0.80
120	德惠市(吉)	0.70
121	伊通满族自治县(吉)	0.60
122	二道江区(吉)	0.56
123	敦化林业局(吉)	0.52
124	榆树市(吉)	0.50
125	宁江区(吉)	0.35
126	洮南市(吉)	0.31

序号	县(旗、市、区、局、场)	家具产量(万件)
127	安图县(吉)	0.24
128	农安县(吉)	0.20
129	铁西区(吉)	0.20
130	九台市(吉)	0.10
131	新兴区(黑)	64.58
132	南岗区(黑)	5.20
133	阿城区(黑)	2.17
134	红岗区(黑)	2.00
135	尚志国有林场管理局(黑)	1.77
136	虎林市(黑)	1.40
137	勃利县(黑)	1.26
138	宾　县(黑)	1.20
139	龙凤区(黑)	1.20
140	尚志市(黑)	0.60
141	依安县(黑)	0.50
142	铁力市(黑)	0.50
143	延寿县(黑)	0.30
144	松北区(黑)	0.19
145	桦南县(黑)	0.15
146	依兰县(黑)	0.10
147	嘉定区(沪)	599.00
148	松江区(沪)	87.52
149	闵行区(沪)	5.33
150	奉贤区(沪)	5.10
151	浦东新区(沪)	2.00
152	玉环县(浙)	1043.72
153	诸暨市(浙)	634.00
154	嘉善县(浙)	500.00
155	安吉县(浙)	480.00
156	莲都区(浙)	283.90
157	青田县(浙)	181.00
158	浦江县(浙)	124.27
159	桐庐县(浙)	98.70
160	云和县(浙)	83.00
161	椒江区(浙)	77.25
162	鹿城区(浙)	73.53
163	江山市(浙)	72.77
164	平阳县(浙)	63.35
165	东阳市(浙)	50.00
166	义乌市(浙)	49.62

序号	县(旗、市、区、局、场)	家具产量(万件)
167	龙泉市(浙)	47.15
168	衢江区(浙)	43.00
169	长兴县(浙)	37.60
170	三门县(浙)	35.89
171	海盐县(浙)	33.80
172	温岭市(浙)	33.75
173	德清县(浙)	31.00
174	开化县(浙)	28.30
175	柯城区(浙)	26.78
176	遂昌县(浙)	24.27
177	北仑区(浙)	20.00
178	海宁市(浙)	17.65
179	上虞市(浙)	13.68
180	乐清市(浙)	10.50
181	吴兴区(浙)	10.09
182	余杭区(浙)	9.78
183	苍南县(浙)	9.00
184	瑞安市(浙)	9.00
185	嵊州市(浙)	8.10
186	桐乡市(浙)	6.79
187	定海区(浙)	7.68
188	富阳市(浙)	6.42
189	建德市(浙)	6.20
190	景宁畲族自治县(浙)	5.86
191	路桥区(浙)	5.85
192	镇海区(浙)	5.35
193	绍兴县(浙)	5.02
194	磐安县(浙)	5.00
195	鄞州区(浙)	4.52
196	松阳县(浙)	4.07
197	临海市(浙)	4.00
198	丽水市市辖区(浙)	3.14
199	龙游县(浙)	3.00
200	秀洲区(浙)	2.90
201	永康市(浙)	0.88
202	永嘉县(浙)	0.72
203	南湖区(浙)	0.72
204	缙云县(浙)	0.56
205	瓯海区(浙)	0.50
206	兰溪市(浙)	0.50

序号	县(旗、市、区、局、场)	家具产量(万件)
207	淳安县(浙)	0.33
208	庆元县(浙)	0.16
209	平湖市(浙)	0.15
210	谯城区(皖)	15.00
211	临泉县(皖)	13.00
212	定远县(皖)	10.00
213	涡阳县(皖)	10.00
214	绩溪县(皖)	7.05
215	徽州区(皖)	7.00
216	桐城市(皖)	5.04
218	石台县(皖)	5.00
218	东至县(皖)	4.67
219	天长市(皖)	4.50
220	舒城县(皖)	4.50
221	界首市(皖)	4.00
222	肥西县(皖)	4.00
223	祁门县(皖)	4.00
224	砀山县(皖)	4.00
225	屯溪区(皖)	3.70
226	固镇县(皖)	3.00
227	杜集区(皖)	2.30
228	五河县(皖)	2.00
229	霍山县(皖)	1.72
230	南谯区(皖)	1.40
231	太湖县(皖)	1.35
232	含山县(皖)	1.30
233	太和县(皖)	1.20
234	金寨县(皖)	1.20
235	怀宁县(皖)	1.00
236	岳西县(皖)	1.00
237	蒙城县(皖)	0.86
238	寿　县(皖)	0.75
239	望江县(皖)	0.50
240	和　县(皖)	0.50
241	泾　县(皖)	0.50
242	濉溪县(皖)	0.46
243	寿宁县(闽)	87.00
244	永定县(闽)	71.00
245	浦城县(闽)	25.20
246	邵武市(闽)	5.00

序号	县(旗、市、区、局、场)	家具产量(万件)
247	连江县(闽)	3.23
248	政和县(闽)	2.00
249	南康市(赣)	180.00
250	宜黄县(赣)	28.70
251	南昌市市辖区(赣)	21.00
252	吉水县(赣)	14.20
253	龙南县(赣)	11.00
254	永新县(赣)	9.80
255	崇仁县(赣)	9.10
256	瑞金市(赣)	7.44
257	铜鼓县(赣)	5.20
258	临川区(赣)	4.25
259	定南县(赣)	4.20
260	湖口县(赣)	4.00
261	万载县(赣)	4.00
262	乐安县(赣)	3.20
263	寻乌县(赣)	3.10
264	修水县(赣)	3.00
265	余干县(赣)	3.00
266	万年县(赣)	3.00
267	月湖区(赣)	2.80
268	赣　县(赣)	2.50
269	于都县(赣)	2.50
270	南城县(赣)	2.05
271	兴国县(赣)	2.00
272	井冈山市(赣)	1.90
273	章贡区(赣)	1.88
274	宜丰县(赣)	1.80
275	瑞昌市(赣)	1.64
276	高安市(赣)	1.51
277	横峰县(赣)	1.50
278	余江县(赣)	1.45
279	泰和县(赣)	1.32
280	靖安县(赣)	1.26
281	芦溪县(赣)	1.25
282	奉新县(赣)	1.24
283	玉山县(赣)	1.20
284	进贤县(赣)	1.00
285	德兴市(赣)	1.00
286	婺源县(赣)	0.90

序号	县(旗、市、区、局、场)	家具产量(万件)
287	永修县(赣)	0.80
288	万安县(赣)	0.80
289	丰城市(赣)	0.80
290	大余县(赣)	0.60
291	金溪县(赣)	0.60
292	新建县(赣)	0.58
293	上高县(赣)	0.57
294	安福县(赣)	0.52
295	鄱阳县(赣)	0.39
296	都昌县(赣)	0.30
297	分宜县(赣)	0.20
298	吉州区(赣)	0.10
399	牡丹区(鲁)	423.60
300	成武县(鲁)	350.00
301	宁津县(鲁)	300.00
302	肥城市(鲁)	105.00
303	诸城市(鲁)	83.27
304	河口区(鲁)	80.00
305	莱城区(鲁)	65.00
306	济阳县(鲁)	58.30
307	东营市市辖区(鲁)	41.60
308	武城县(鲁)	27.00
309	博山区(鲁)	24.00
310	峄城区(鲁)	20.00
311	定陶县(鲁)	15.00
312	桓台县(鲁)	10.00
313	滕州市(鲁)	10.00
314	任城区(鲁)	10.00
315	梁山县(鲁)	7.00
316	东阿县(鲁)	5.66
317	平原县(鲁)	5.10
318	高青县(鲁)	4.98
319	宁阳县(鲁)	4.95
320	博兴县(鲁)	4.60
321	长清区(鲁)	3.50
322	济宁市市中区(鲁)	3.50
323	邹平县(鲁)	3.00
324	平阴县(鲁)	2.86
325	禹城市(鲁)	2.60
326	德州市市辖区(鲁)	2.40
327	章丘市(鲁)	2.00
328	山亭区(鲁)	2.00
329	岱岳区(鲁)	2.00
330	蒙阴县(鲁)	2.00
331	阳谷县(鲁)	1.25
332	沂水县(鲁)	1.20
333	东平县(鲁)	1.10
334	天桥区(鲁)	1.03
335	莱芜市市辖区(鲁)	1.00
336	夏津县(鲁)	0.55
337	利津县(鲁)	0.50
338	新泰市(鲁)	0.36
339	坊子区(鲁)	0.34
340	广饶县(鲁)	0.10
341	西平县(豫)	4.48
342	汝南县(豫)	0.21
343	民权县(豫)	67.60
344	正阳县(豫)	55.20
345	华龙区(豫)	50.00
346	宁陵县(豫)	47.20
347	内黄县(豫)	45.00
348	西华县(豫)	45.00
359	洛宁县(豫)	42.00
350	项城市(豫)	40.98
351	邓州市(豫)	33.00
352	嵩　县(豫)	30.00
353	渑池县(豫)	25.00
354	淮阳县(豫)	22.00
355	清丰县(豫)	21.00
356	虞城县(豫)	20.00
357	淮滨县(豫)	20.00
358	驿城区(豫)	20.00
359	新安县(豫)	18.20
360	范　县(豫)	17.00
361	兰考县(豫)	15.00
362	光山县(豫)	15.00
363	新乡县(豫)	14.00
364	泌阳县(豫)	14.00
365	杞　县(豫)	13.10
366	社旗县(豫)	12.50

序号	县(旗、市、区、局、场)	家具产量（万件）
367	延津县(豫)	12.00
368	舞阳县(豫)	12.00
369	偃师市(豫)	11.00
370	长垣县(豫)	11.00
371	镇平县(豫)	10.20
372	平舆县(豫)	9.10
373	新　县(豫)	8.60
374	湖滨区(豫)	8.00
375	汤阴县(豫)	7.76
376	西峡县(豫)	6.56
377	魏都区(豫)	5.90
378	卧龙区(豫)	5.70
379	辉县市(豫)	5.00
380	太康县(豫)	5.00
381	鹿邑县(豫)	5.00
382	确山县(豫)	4.75
383	林州市(豫)	4.50
384	方城县(豫)	4.50
385	汝阳县(豫)	4.20
386	鄢陵县(豫)	3.92
387	上蔡县(豫)	3.80
388	中牟县(豫)	3.60
389	台前县(豫)	3.50
390	新蔡县(豫)	3.50
391	濮阳县(豫)	3.20
392	文峰区(豫)	2.90
393	孟津县(豫)	2.80
394	长葛市(豫)	2.62
395	伊川县(豫)	2.50
396	南乐县(豫)	2.50
397	沈丘县(豫)	2.20
398	荥阳市(豫)	2.00
399	新郑市(豫)	2.00
400	开封县(豫)	2.00
401	获嘉县(豫)	2.00
402	博爱县(豫)	2.00
403	郾城区(豫)	2.00
404	商水县(豫)	1.90
405	睢　县(豫)	1.80
406	临颍县(豫)	1.73
407	栾川县(豫)	[illegible]
408	桐柏县(豫)	1.50
409	柘城县(豫)	1.50
410	平桥区(豫)	1.50
411	安阳县(豫)	1.40
412	宝丰县(豫)	1.36
413	郏　县(豫)	1.30
414	固始县(豫)	1.30
415	陕　县(豫)	1.24
416	通许县(豫)	1.20
417	牧野区(豫)	1.20
418	浉河区(豫)	1.20
419	济源市(豫)	1.20
420	潢川县(豫)	1.11
421	管城回族区(豫)	1.00
422	洛龙区(豫)	1.00
423	卫辉市(豫)	1.00
424	灵宝市(豫)	0.98
425	睢阳区(豫)	0.98
426	商城县(豫)	0.98
427	川汇区(豫)	0.90
428	上街区(豫)	0.80
429	汝州市(豫)	0.80
430	沁阳市(豫)	0.80
431	许昌市经济技术开发区(豫)	0.63
432	永城市(豫)	0.60
433	殷都区(豫)	0.56
434	鲁山县(豫)	0.50
435	淅川县(豫)	0.50
436	开封市市辖区(豫)	0.30
437	顺河回族区(豫)	0.25
438	卫滨区(豫)	0.20
439	信阳市市辖区(豫)	0.20
440	凤泉区(豫)	0.17
441	修武县(豫)	0.15
442	京山县(鄂)	10.00
443	荆州区(鄂)	10.00
444	崇阳县(鄂)	10.00
445	铁山区(鄂)	4.00
446	沙市区(鄂)	3.50

序号	县(旗、市、区、局、场)	家具产量（万件）
447	石首市(鄂)	3.00
448	掇刀区(鄂)	2.50
449	沙洋县(鄂)	2.30
450	樊城区(鄂)	2.00
451	钟祥市(鄂)	2.00
452	罗田县(鄂)	2.00
453	大冶市(鄂)	1.00
454	保康县(鄂)	0.80
455	荆门市市辖区(鄂)	0.50
456	石门县(湘)	40.00
457	衡阳县(湘)	30.00
458	会同县(湘)	18.00
459	新化县(湘)	18.00
460	湘乡市(湘)	15.40
461	新晃侗族自治县(湘)	14.00
462	中方县(湘)	12.00
463	永兴县(湘)	10.20
464	永定区(湘)	10.00
465	慈利县(湘)	10.00
466	临武县(湘)	9.80
467	宜章县(湘)	9.00
468	望城县(湘)	8.30
469	雨湖区(湘)	8.00
470	桑植县(湘)	8.00
471	安仁县(湘)	8.00
472	石峰区(湘)	7.80
473	桂东县(湘)	6.50
474	苏仙区(湘)	6.20
475	新邵县(湘)	5.00
476	耒阳市(湘)	5.00
477	鼎城区(湘)	4.50
478	安乡县(湘)	4.20
479	资兴市(湘)	4.20
480	武陵源区(湘)	4.00
481	攸　县(湘)	3.80
482	北湖区(湘)	3.36
483	浏阳市(湘)	3.24
484	平江县(湘)	3.21
485	宁乡县(湘)	3.00
486	鹤城区(湘)	2.80
487	芷江侗族自治县(湘)	2.40
488	桃江县(湘)	2.00
489	辰溪县(湘)	2.00
490	通道侗族自治县(湘)	2.00
491	株洲县(湘)	1.90
492	华容县(湘)	1.80
493	武陵区(湘)	1.80
494	衡南县(湘)	1.70
495	临湘市(湘)	1.60
496	澧　县(湘)	1.60
497	衡山县(湘)	1.56
498	邵阳县(湘)	1.50
499	南　县(湘)	1.41
500	武冈市(湘)	1.30
501	湘阴县(湘)	1.30
502	隆回县(湘)	1.29
503	溆浦县(湘)	1.28
504	绥宁县(湘)	1.20
505	石鼓区(湘)	1.00
506	靖州苗族侗族自治县(湘)	1.00
507	娄星区(湘)	0.95
508	洪江市(湘)	0.90
509	冷水江市(湘)	0.73
510	北塔区(湘)	0.70
511	麻阳苗族自治县(湘)	0.68
512	岳阳楼区(湘)	0.56
513	道　县(湘)	0.50
514	汝城县(湘)	0.47
515	茶陵县(湘)	0.40
516	汉寿县(湘)	0.33
517	常宁市(湘)	0.30
518	珠晖区(湘)	0.23
519	新田县(湘)	0.20
520	娄底市市辖区(湘)	0.10
521	兴宁市(粤)	4500.00
522	龙岗区(粤)	616.10
523	东莞市(粤)	580.00
524	罗定市(粤)	478.00
525	乐昌市(粤)	400.00
526	顺德区(粤)	335.86

序号	县(旗、市、区、局、场)	家具产量(万件)
527	湛江市农垦局(粤)	180.00
528	花都区(粤)	120.56
529	平远县(粤)	108.10
530	蓬江区(粤)	53.00
531	潮安县(粤)	50.00
532	南海区(粤)	48.19
533	信宜市(粤)	42.00
534	珠海市高新区(粤)	32.00
535	翁源县(粤)	27.68
536	高州市(粤)	25.80
537	霞山区(粤)	24.08
538	台山市(粤)	21.60
539	宝安区(粤)	20.97
540	高要市(粤)	18.63
541	深圳市光明新区(粤)	16.00
542	阳春市(粤)	15.62
543	开平市(粤)	15.20
544	番禺区(粤)	12.89
545	新会区(粤)	12.46
546	德庆县(粤)	12.30
547	连州市(粤)	11.50
548	广宁县(粤)	10.00
549	郁南县(粤)	10.00
550	揭东县(粤)	7.51
551	阳西县(粤)	7.20
552	惠阳区(粤)	6.00
553	高明区(粤)	5.50
554	遂溪县(粤)	5.00
555	云城区(粤)	4.50
556	始兴县(粤)	3.80
557	麻章区(粤)	3.50
558	化州市(粤)	3.26
559	廉江市(粤)	2.90
560	茂南区(粤)	2.50
561	电白县(粤)	2.50
562	封开县(粤)	2.00
563	中山市(粤)	2.00
564	紫金县(粤)	1.50
565	普宁市(粤)	1.50
566	曲江区(粤)	1.46
567	阳东县(粤)	1.20
568	五华县(粤)	1.00
569	乳源瑶族自治县(粤)	0.90
570	雷州市(粤)	0.80
571	源城区(粤)	0.80
572	潮州市枫溪区(粤)	0.80
573	湛江市东海岛区(粤)	0.72
574	茂港区(粤)	0.70
575	江城区(粤)	0.70
576	禅城区(粤)	0.54
577	吴川市(粤)	0.50
578	饶平县(粤)	0.40
579	徐闻县(粤)	0.18
580	武江区(粤)	0.10
581	坡头区(粤)	0.10
582	连平县(粤)	0.10
583	柳南区(桂)	6.00
584	覃塘区(桂)	5.50
585	凤山县(桂)	5.00
586	那坡县(桂)	4.10
587	玉州区(桂)	3.85
588	兴宁区(桂)	3.54
589	临桂县(桂)	3.50
590	宾阳县(桂)	3.00
591	八步区(桂)	3.00
592	叠彩区(桂)	2.80
593	港南区(桂)	2.80
594	昭平县(桂)	2.80
595	秀峰区(桂)	2.70
596	港北区(桂)	2.53
597	柳城县(桂)	2.50
598	灵川县(桂)	2.50
599	兴宾区(桂)	2.40
600	恭城瑶族自治县(桂)	2.30
601	资源县(桂)	2.00
602	鹿寨县(桂)	1.92
603	忻城县(桂)	1.52
604	永福县(桂)	1.47
605	灌阳县(桂)	1.40
606	浦北县(桂)	1.20

序号	县(旗、市、区、局、场)	家具产量（万件）
607	兴业县(桂)	1.20
608	象州县(桂)	1.03
609	隆林各族自治县(桂)	1.00
610	金城江区(桂)	1.00
611	乐业县(桂)	0.90
612	宜州市(桂)	0.80
613	隆安县(桂)	0.70
614	桂平市(桂)	0.65
615	陆川县(桂)	0.65
616	阳朔县(桂)	0.64
617	江州区(桂)	0.55
618	合山市(桂)	0.37
619	鱼峰区(桂)	0.32
620	靖西县(桂)	0.30
621	都安瑶族自治县(桂)	0.25
622	武宣县(桂)	0.24
623	天峨县(桂)	0.20
624	百色市市辖区(桂)	0.17
625	德保县(桂)	0.12
626	罗城仫佬族自治县(桂)	0.12
627	玉林市福绵区(桂)	0.10
628	南丹县(桂)	0.10
629	东兰县(桂)	0.10
630	环江毛南族自治县(桂)	0.10
631	江津区(渝)	132.00
632	南川区(渝)	100.00
633	奉节县(渝)	25.00
634	沙坪坝区(渝)	23.00
635	璧山县(渝)	22.10
636	南岸区(渝)	20.00
637	巴南区(渝)	15.00
638	万州区(渝)	12.60
639	开　县(渝)	12.30
640	荣昌县(渝)	11.00
641	大渡口区(渝)	5.00
642	大足县(渝)	5.00
643	丰都县(渝)	4.50
644	酉阳土家族苗族自治县(渝)	3.00
645	梁平县(渝)	3.00
646	忠　县(渝)	2.60

序号	县(旗、市、区、局、场)	家具产量（万件）
647	石柱土家族自治县(渝)	0.42
648	綦江县(渝)	0.40
649	巫溪县(渝)	0.20
650	秀山土家族苗族自治县(渝)	0.17
651	武隆县(渝)	0.10
652	南充市市辖区(川)	62.50
653	新都区(川)	60.00
654	巴州区(川)	56.00
655	仪陇县(川)	54.00
656	长宁县(川)	50.00
657	通川区(川)	50.00
658	蓬溪县(川)	40.00
659	乐山市市中区(川)	35.20
660	富顺县(川)	14.00
661	达　县(川)	12.50
662	峨眉山市(川)	12.00
663	泸　县(川)	10.00
664	广安区(川)	10.00
665	平昌县(川)	10.00
666	贡井区(川)	9.00
667	南部县(川)	8.50
668	叙永县(川)	6.00
669	青神县(川)	6.00
670	宣汉县(川)	6.00
671	资阳市市辖区(川)	6.00
672	简阳市(川)	6.00
673	东　区(川)	5.60
674	广汉市(川)	5.50
675	珙　县(川)	5.20
676	隆昌县(川)	5.00
677	射洪县(川)	4.80
678	利州区(川)	4.50
679	蒲江县(川)	4.29
680	昭觉县(川)	3.80
681	甘洛县(川)	3.25
682	仁和区(川)	3.20
683	大安区(川)	2.50
684	宜宾县(川)	2.50
685	南溪县(川)	2.20
686	南江县(川)	2.20

序号	县(旗、市、区、局、场)	家具产量(万件)
687	古蔺县(川)	2.10
688	大邑县(川)	2.00
689	绵竹市(川)	2.00
690	彭山县(川)	1.90
691	万源市(川)	1.60
692	郫　县(川)	1.50
693	罗江县(川)	1.50
694	荥经县(川)	1.50
695	荣　县(川)	1.40
696	丹巴县(川)	1.40
697	中江县(川)	1.20
698	安岳县(川)	1.20
699	纳溪区(川)	1.00
700	剑阁县(川)	1.00
701	盐源县(川)	0.85
702	绵阳市市辖区(川)	0.81
703	通江县(川)	0.80
704	沐川县(川)	0.70
705	龙泉驿区(川)	0.60
706	苍溪县(川)	0.60
707	温江区(川)	0.50
708	元坝区(川)	0.50
709	东坡区(川)	0.50
710	渠　县(川)	0.50
711	道孚县(川)	0.50
712	德昌县(川)	0.50
713	新津县(川)	0.40
714	安居区(川)	0.40
715	丹棱县(川)	0.40
716	金口河区(川)	0.32
717	兴文县(川)	0.30
718	朝天区(川)	0.25
719	旺苍县(川)	0.25
720	康定县(川)	0.25
721	犍为县(川)	0.15
722	三台县(川)	0.15
723	游仙区(川)	0.11
724	江油市(川)	0.11
725	涪城区(川)	0.10
726	西秀区(黔)	6.50

序号	县(旗、市、区、局、场)	家具产量(万件)
727	凯里市(黔)	3.37
728	丹寨县(黔)	3.27
729	云岩区(黔)	1.96
730	湄潭县(黔)	1.50
731	德江县(黔)	1.00
732	独山县(黔)	0.80
733	锦屏县(黔)	0.50
734	麻江县(黔)	0.48
735	三穗县(黔)	0.32
736	镇远县(黔)	0.30
737	清镇市(黔)	0.25
738	罗甸县(黔)	0.15
739	紫云苗族布依族自治县(黔)	0.10
740	万山特区(黔)	0.10
741	乾　县(陕)	26.00
742	临潼区(陕)	3.50
743	临渭区(陕)	3.00
744	绥德县(陕)	1.50
745	南郑县(陕)	1.33
746	秦都区(陕)	1.30
747	米脂县(陕)	1.20
748	子洲县(陕)	1.05
749	靖边县(陕)	1.00
750	泾阳县(陕)	0.38
751	蒲城县(陕)	0.30
752	石泉县(陕)	0.28
753	正宁县(甘)	1.20
754	永靖县(甘)	1.00
755	临泽县(甘)	0.47
756	华池县(甘)	0.40
757	临夏市(甘)	0.12
758	青铜峡市(宁)	1.00
759	莎车县(新)	4.20
760	阿勒泰市(新)	4.00
761	焉耆回族自治县(新)	0.30
762	博湖县(新)	0.20
763	红石林业局(吉林森工)	0.30
764	双丰林业局(龙江森工)	121.29
765	友好林业局(龙江森工)	58.88
766	南岔林业局(龙江森工)	53.64

序号	县(旗、市、区、局、场)	家具产量(万件)
767	金山屯林业局(龙江森工)	52.34
768	新青林业局(龙江森工)	46.38
769	五营林业局(龙江森工)	34.41
770	海林林业局(龙江森工)	22.52
771	乌马河林业局(龙江森工)	13.93
772	美溪林业局(龙江森工)	13.31
773	红星林业局(龙江森工)	7.63
774	翠峦林业局(龙江森工)	5.89
775	铁力林业局(龙江森工)	3.42
776	朗乡林业局(龙江森工)	2.99
777	山河屯林业局(龙江森工)	2.62
778	带岭实验局(龙江森工)	2.23
779	清河林业局(龙江森工)	2.05
780	沾河林业局(龙江森工)	2.01
781	绥阳林业局(龙江森工)	0.99
782	兴隆林业局(龙江森工)	0.79
783	加格达奇林业局(大兴安岭)	8.00
784	韩家园林业局(大兴安岭)	0.97
785	呼中林业局(大兴安岭)	0.28
786	松岭林业局(大兴安岭)	0.14

表3-5 2009年卫生筷子主产县(市、区、局)

序号	县(市、区、局)	卫生筷子产量(标准箱)
1	定州市(冀)	1.50
2	根河市(内蒙古)	1.54
3	敦化市(吉)	156420.00
4	汪清林业局(吉)	26993.00
5	舒兰市(吉)	20000.00
6	长白森林经营局(吉)	14500.00
7	长白朝鲜族自治县(吉)	8000.00
8	上营森林经营局(吉)	2000.00
9	黄泥河林业局(吉)	1200.00
10	延寿县(黑)	70000.00
11	尚志国有林场管理局(黑)	55000.00
12	阿城区(黑)	50000.00
13	尚志市(黑)	20000.00
14	嘉荫县(黑)	8000.00
15	饶河县(黑)	1180.00
16	绥芬河市(黑)	50.00
17	呼玛县(黑)	10.00
18	安吉县(浙)	76600.00
19	诸暨市(浙)	12144.00
20	绍兴县(浙)	8050.00
21	平阳县(浙)	7650.00
22	淳安县(浙)	5390.00
23	景宁畲族自治县(浙)	4000.00
24	余杭区(浙)	3648.00
25	临安市(浙)	3600.00
26	龙游县(浙)	1850.00
27	遂昌县(浙)	902.00
28	义乌市(浙)	400.00
29	龙泉市(浙)	5.40
30	三门县(浙)	0.84
31	岳西县(皖)	50000.00
32	石台县(皖)	10000.00
33	霍山县(皖)	9000.00
34	青阳县(皖)	5800.00
35	绩溪县(皖)	5100.00
36	潜山县(皖)	4500.00
37	宿松县(皖)	4500.00
38	界首市(皖)	1000.00
39	九华山风景区(皖)	1000.00
40	贵池区(皖)	14.00
41	东至县(皖)	2.26
42	邵武市(闽)	280000.00
43	建阳市(闽)	192807.00
44	浦城县(闽)	60000.00
45	松溪县(闽)	52650.00
46	延平区(闽)	48022.00
47	尤溪县(闽)	13900.00
48	寿宁县(闽)	2000.00
49	政和县(闽)	10.00
50	资溪县(赣)	220000.00
51	宜黄县(赣)	204593.00
52	信丰县(赣)	89820.00
53	上饶县(赣)	62500.00
54	高安市(赣)	58700.00
55	铜鼓县(赣)	52500.00
56	定南县(赣)	27700.00
57	崇仁县(赣)	24600.00

序号	县(市、区、局)	卫生筷子产量(标准箱)
58	于都县(赣)	20000.00
59	弋阳县(赣)	18000.00
60	月湖区(赣)	12000.00
61	靖安县(赣)	10580.00
62	万载县(赣)	10000.00
63	安远县(赣)	9750.00
64	井冈山市(赣)	9320.00
65	袁州区(赣)	9000.00
66	龙南县(赣)	7500.00
67	南城县(赣)	6500.00
68	泰和县(赣)	5032.00
69	武宁县(赣)	4800.00
70	大余县(赣)	4800.00
71	全南县(赣)	3400.00
72	奉新县(赣)	2578.00
73	永修县(赣)	2500.00
74	瑞金市(赣)	1600.00
75	寻乌县(赣)	1228.00
76	九江县(赣)	1200.00
77	都昌县(赣)	1200.00
78	宜丰县(赣)	1200.00
79	鄱阳县(赣)	1200.00
80	万安县(赣)	600.00
81	安福县(赣)	500.00
82	东乡县(赣)	320.00
83	贵溪市(赣)	200.00
84	上犹县(赣)	110.00
85	金溪县(赣)	76.00
86	会昌县(赣)	30.00
87	南昌市市辖区(赣)	5.60
88	南康市(赣)	4.90
89	芦溪县(赣)	3.00
90	吉水县(赣)	0.58
91	临川区(赣)	0.20
92	铅山县(赣)	0.12
93	峄城区(鲁)	10.00
94	伊川县(豫)	10000.00
95	崇阳县(鄂)	1200.00
96	阳新县(鄂)	600.00
97	大冶市(鄂)	200.00

序号	县(市、区、局)	卫生筷子产量(标准箱)
98	罗田县(鄂)	100.00
99	黄州区(鄂)	26.00
100	炎陵县(湘)	210000.00
101	新化县(湘)	130000.00
102	衡南县(湘)	53000.00
103	桂阳县(湘)	37000.00
104	隆回县(湘)	35000.00
105	洞口县(湘)	30000.00
106	绥宁县(湘)	25000.00
107	桃源县(湘)	20000.00
108	资兴市(湘)	19400.00
109	鼎城区(湘)	16000.00
110	东安县(湘)	14000.00
111	涟源市(湘)	13800.00
112	大祥区(湘)	13706.00
113	衡山县(湘)	12000.00
114	蓝山县(湘)	11845.00
115	祁东县(湘)	11000.00
116	赫山区(湘)	10000.00
117	新田县(湘)	5468.00
118	衡阳县(湘)	5000.00
119	桃江县(湘)	5000.00
120	通道侗族自治县(湘)	5000.00
121	溆浦县(湘)	4500.00
122	茶陵县(湘)	4000.00
123	安仁县(湘)	4000.00
124	靖州苗族侗族自治县(湘)	4000.00
125	洪江市(湘)	3300.00
126	娄星区(湘)	3000.00
127	衡东县(湘)	2600.00
128	临武县(湘)	1250.00
129	株洲县(湘)	800.00
130	邵阳县(湘)	800.00
131	桂东县(湘)	380.00
132	冷水滩区(湘)	190.00
133	汝城县(湘)	180.00
134	武冈市(湘)	100.00
135	浏阳市(湘)	2.04
136	岳阳县(湘)	1.50
137	新邵县(湘)	1.00

序号	县(市、区、局)	卫生筷子产量(标准箱)
138	始兴县(粤)	13000.00
139	东源县(粤)	10000.00
140	南雄市(粤)	9300.00
141	浈江区(粤)	190.00
142	仁化县(粤)	17.00
143	台山市(粤)	7.20
144	临桂县(桂)	6000.00
145	三江侗族自治县(桂)	13081.00
146	融安县(桂)	4300.00
147	龙胜各族自治县(桂)	3.00
148	融水苗族自治县(桂)	1.08
149	酉阳土家族苗族自治县(渝)	220.00
150	长宁县(川)	3700.00
151	合江县(川)	200.00
152	三穗县(黔)	2.20
153	绥阳林业局(龙江森工)	350000.00
154	八面通林业局(龙江森工)	293098.00
155	鹤北林业局(龙江森工)	224000.00
156	穆棱林业局(龙江森工)	173010.00
157	沾河林业局(龙江森工)	120000.00
158	大海林林业局(龙江森工)	117346.00
159	东京城林业局(龙江森工)	100000.00
160	带岭实验局(龙江森工)	95100.00
161	东方红林业局(龙江森工)	80005.00
162	林口林业局(龙江森工)	79598.00
163	汤旺河林业局(龙江森工)	68000.00
164	亚布力林业局(龙江森工)	65000.00
165	美溪林业局(龙江森工)	39148.00
166	朗乡林业局(龙江森工)	35000.00
167	迎春林业局(龙江森工)	30000.00
168	方正林业局(龙江森工)	25100.00
169	双鸭山林业局(龙江森工)	20000.00
170	柴河林业局(龙江森工)	18360.00
171	铁力林业局(龙江森工)	17100.00
172	乌伊岭林业局(龙江森工)	16000.00
173	桦南林业局(龙江森工)	13500.00
174	新林林业局(大兴安岭)	535600.00
175	韩家园林业局(大兴安岭)	233802.00
176	十八站林业局(大兴安岭)	213175.00
177	塔河林业局(大兴安岭)	101600.00
178	西林吉林业局(大兴安岭)	90000.00
179	阿木尔林业局(大兴安岭)	78400.00
180	图强林业局(大兴安岭)	55711.00
181	呼中林业局(大兴安岭)	34971.00

表4-1 2009年木浆主产县(市、区)

序号	县(市、区)	木浆产量(万吨)
1	迁安市(冀)	14.10
2	林西县(内蒙古)	1.00
3	图们市(吉)	9.24
4	龙井市(吉)	2.70
5	方正县(黑)	5.00
6	萨尔图区(黑)	4.50
7	宾　县(黑)	1.00
8	桐乡市(浙)	2.70
9	龙游县(浙)	1.80
10	镇海区(浙)	1.50
11	余杭区(浙)	0.58
12	政和县(闽)	0.10
13	弋阳县(赣)	1.13
14	南康市(赣)	0.50
15	临川区(赣)	0.40
16	全南县(赣)	0.22
17	定南县(赣)	0.10
18	桓台县(鲁)	50.00
19	夏津县(鲁)	42.00
20	宁阳县(鲁)	30.00
21	高唐县(鲁)	30.00
22	平原县(鲁)	17.00
23	东营市市辖区(鲁)	11.30
24	广饶县(鲁)	7.30
25	东平县(鲁)	2.00
26	新乡县(豫)	6.00
27	濮阳市高新区(豫)	4.30
28	确山县(豫)	0.32
29	汝南县(豫)	0.30
30	监利县(鄂)	0.72
31	洞口县(湘)	30.00
32	绥宁县(湘)	6.00

序号	县(市、区)	木浆产量(万吨)
33	新邵县(湘)	2.00
34	岳阳县(湘)	2.00
35	汉寿县(湘)	1.21
36	苏仙区(湘)	0.90
37	衡南县(湘)	0.46
38	祁东县(湘)	0.36
39	双峰县(湘)	0.36
40	衡阳县(湘)	0.30
41	广宁县(粤)	11.72
42	阳东县(粤)	0.30
43	始兴县(粤)	0.29
44	茂南区(粤)	0.20
45	江南区(桂)	8.66
46	港北区(桂)	8.20
47	田东县(桂)	8.00
48	八步区(桂)	4.40
49	鹿寨县(桂)	3.60
50	邕宁区(桂)	1.42
51	防城区(桂)	1.21
52	永川区(渝)	4.00
53	南溪县(川)	10.00
54	沙湾区(川)	6.80
55	夹江县(川)	5.00
56	高　县(川)	3.00
57	青铜峡市(宁)	5.00
58	阿勒泰市(新)	0.35

表 4－2　2009 年木浆纸主产县(市、区、局)

序号	县(市、区、局)	木浆纸产量(万吨)
1	满城县(冀)	1.20
2	顺平县(冀)	0.70
3	平山区(辽)	0.11
4	昌邑区(吉)	24.00
5	龙井市(吉)	2.20
6	萨尔图区(黑)	2.00
7	红岗区(黑)	0.70
8	新兴区(黑)	0.02
9	鄞州区(浙)	23.25
10	南湖区(浙)	13.00
11	北仑区(浙)	12.29
12	龙游县(浙)	12.00
13	镇海区(浙)	0.52
14	政和县(闽)	0.10
15	章贡区(赣)	4.96
16	临川区(赣)	4.09
17	弋阳县(赣)	2.90
18	井冈山市(赣)	0.20
19	广饶县(鲁)	40.88
20	东营市市辖区(鲁)	36.41
21	桓台县(鲁)	30.00
22	夏津县(鲁)	28.00
23	宁阳县(鲁)	22.00
24	莱城区(鲁)	16.10
25	坊子区(鲁)	15.00
26	平原县(鲁)	15.00
27	新泰市(鲁)	6.30
28	东平县(鲁)	1.80
29	肥城市(鲁)	0.53
30	汝南县(豫)	30.00
31	濮阳市高新区(豫)	10.65
32	新乡县(豫)	6.50
33	范　县(豫)	2.80
34	召陵区(豫)	1.22
35	台前县(豫)	0.60
36	荆州区(鄂)	9.30
37	大冶市(鄂)	2.00
38	冷水滩区(湘)	21.70
39	绥宁县(湘)	5.00
40	港洪江区(湘)	4.70
41	新邵县(湘)	3.00
42	江华瑶族自治县(湘)	2.92
43	通道侗族自治县(湘)	1.50
44	会同县(湘)	1.20
45	汉寿县(湘)	0.99
46	苏仙区(湘)	0.89
47	津市市(湘)	0.50
48	双峰县(湘)	0.36

序号	县(市、区、局)	木浆纸产量(万吨)
49	衡南县(湘)	0.31
50	茶陵县(湘)	0.30
51	新会区(粤)	60.00
52	广宁县(粤)	16.36
53	蓬江区(粤)	3.00
54	高要市(粤)	0.12
55	茂南区(粤)	0.10
56	鹿寨县(桂)	7.65
57	柳北区(桂)	6.00
58	昭平县(桂)	0.55
59	青秀区(桂)	0.50
60	江南区(桂)	0.31
61	隆林各族自治县(桂)	0.10
62	夹江县(川)	5.00
63	乐山市市中区(川)	1.23
64	青铜峡市(宁)	1.00
65	柴河林业造纸厂(龙江森工)	3.10
66	金山屯林业局(龙江森工)	2.20
67	五营林业局(龙江森工)	0.82

表4-3 2009年竹浆主产县(市、区)

序号	县(市、区)	竹浆产量(万吨)
1	瓯海区(浙)	10.00
2	邵武市(闽)	3.20
3	尤溪县(闽)	0.09
4	宜丰县(赣)	8.50
5	婺源县(赣)	3.00
6	临川区(赣)	1.50
7	于都县(赣)	0.60
8	南康市(赣)	0.60
9	乐安县(赣)	0.20
10	定南县(赣)	0.10
11	新邵县(湘)	5.00
12	绥宁县(湘)	1.50
13	隆回县(湘)	0.80
14	桃江县(湘)	0.50
15	衡阳县(湘)	0.40
16	双峰县(湘)	0.28
17	祁东县(湘)	0.23
18	衡南县(湘)	0.12
19	封开县(粤)	0.50
20	始兴县(粤)	0.40
21	阳春市(粤)	0.26
22	化州市(粤)	0.20
23	田阳县(桂)	10.00
24	兴安县(桂)	6.30
25	北流市(桂)	2.80
26	田东县(桂)	2.40
27	鹿寨县(桂)	0.90
28	永福县(桂)	0.26
29	陆川县(桂)	0.20
30	阳朔县(桂)	0.16
31	永川区(渝)	4.20
32	梁平县(渝)	3.00
33	翠屏区(川)	13.00
34	沐川县(川)	12.20
35	雨城区(川)	8.00
36	东坡区(川)	7.90
37	长宁县(川)	7.60
38	犍为县(川)	6.80
39	纳溪区(川)	5.60
40	夹江县(川)	5.00
41	邛崃市(川)	4.90
42	安 县(川)	4.50
43	彭山县(川)	3.60
44	青神县(川)	3.50
45	彭州市(川)	3.00
46	宜宾县(川)	1.50
47	船山区(川)	1.20
48	大邑县(川)	0.80
49	梓潼县(川)	0.50
50	屏山县(川)	0.50
51	南江县(川)	0.50
52	兴文县(川)	0.20
53	南充市市辖区(川)	0.13
54	蒲江县(川)	0.11

表4-4 2009年竹浆纸主产县(市、区)

序号	县(市、区)	竹浆纸产量(万吨)
1	遂昌县(浙)	0.29
2	邵武市(闽)	1.43

序号	县(市、区)	竹浆纸产量(万吨)
3	婺源县(赣)	2.00
4	临川区(赣)	0.60
5	于都县(赣)	0.50
6	乐安县(赣)	0.10
7	新邵县(湘)	5.00
8	新化县(湘)	4.20
9	衡南县(湘)	1.23
10	绥宁县(湘)	1.00
11	会同县(湘)	1.00
12	茶陵县(湘)	0.60
13	桃江县(湘)	0.40
14	隆回县(湘)	0.30
15	华容县(湘)	0.30
16	双峰县(湘)	0.28
17	南雄市(粤)	1.84
18	高州市(粤)	0.24
19	郁南县(粤)	0.11
20	化州市(粤)	0.10
21	阳春市(粤)	0.10
22	良庆区(桂)	5.48
23	兴安县(桂)	2.10
24	鹿寨县(桂)	1.91
25	永福县(桂)	0.26
26	梁平县(渝)	2.50
27	沐川县(川)	6.50
28	夹江县(川)	5.00
29	乐山市市中区(川)	3.91
30	长宁县(川)	3.30
31	南江县(川)	0.18
32	营山县(川)	0.13

表 4－5　2009 年其他浆主产县(市、区、场)

序号	县(市、区、场)	其他浆产量(万吨)
1	蠡　县(冀)	2.60
2	杜尔伯特蒙古族自治县(黑)	1.00
3	惠安县(闽)	2.51
4	瑞金市(赣)	2.00
5	上高县(赣)	0.10
6	东营市市辖区(鲁)	10.94
7	平原县(鲁)	10.00
8	广饶县(鲁)	5.74
9	监利县(鄂)	2.88
10	新化县(湘)	3.30
11	津市市(湘)	0.80
12	衡南县(湘)	0.70
13	祁东县(湘)	0.16
14	耒阳市(湘)	0.10
15	紫金县(粤)	0.20
16	仁化县(粤)	0.10
17	田东县(桂)	17.70
18	马山县(桂)	4.94
19	防城区(桂)	1.66
20	全州县(桂)	0.40
21	六万林场(桂)	0.20
22	梁平县(渝)	2.50
23	德昌县(川)	0.10
24	青铜峡市(宁)	1.00
25	惠农区(宁)	0.02
26	裕民县(新)	0.60
27	新和县(新)	0.38

表 4－6　2009 年其他纸主产县(市、区)

序号	县(市、区)	其他纸产量(万吨)
1	蠡　县(冀)	2.00
2	庄河市(辽)	20.00
3	延吉市(吉)	29.49
4	公主岭市(吉)	18.20
5	杜尔伯特蒙古族自治县(黑)	2.00
6	林甸县(黑)	1.53
7	龙凤区(黑)	0.16
8	依安县(黑)	0.10
9	嘉定区(沪)	18.00
10	浦东新区(沪)	2.00
11	海宁市(浙)	4.00
12	霍山县(皖)	17.20
13	泾　县(皖)	4.40
14	和　县(皖)	3.00
15	岳西县(皖)	0.50

序号	县(市、区)	其他纸产量(万吨)
16	建宁县(闽)	6.22
17	尤溪县(闽)	6.18
18	建阳市(闽)	1.05
19	延平区(闽)	0.64
20	永定县(闽)	0.54
21	顺昌县(闽)	0.16
22	瑞金市(赣)	3.00
23	铜鼓县(赣)	0.55
24	安福县(赣)	0.50
25	奉新县(赣)	0.30
26	新干县(赣)	0.21
27	吉水县(赣)	0.10
28	平原县(鲁)	15.00
29	莱城区(鲁)	12.00
30	定陶县(鲁)	10.00
31	宁津县(鲁)	8.00
32	宁阳县(鲁)	5.00
33	薛城区(鲁)	0.50
34	太康县(豫)	16.00
35	淮阳县(豫)	1.38
36	济源市(豫)	0.50
37	唐河县(豫)	0.30
38	卧龙区(豫)	0.10
39	西峡县(豫)	0.10
40	内乡县(豫)	0.10
41	监利县(鄂)	3.60
42	津市市(湘)	6.50
43	湘阴县(湘)	5.80
44	麻阳苗族自治县(湘)	5.00
45	会同县(湘)	0.78
46	衡南县(湘)	0.60
47	赫山区(湘)	0.50
48	鼎城区(湘)	0.20
49	雨湖区(湘)	0.14
50	耒阳市(湘)	0.10
51	南　县(湘)	0.10
52	花都区(粤)	7.56
53	乐昌市(粤)	0.20
54	武鸣县(桂)	11.79
55	田林县(桂)	11.43
56	鹿寨县(桂)	3.42
57	横　县(桂)	2.27
58	柳城县(桂)	1.68
59	贺州市平桂管理区(桂)	1.24
60	柳南区(桂)	0.80
61	博白县(桂)	0.70
62	象州县(桂)	0.40
63	全州县(桂)	0.39
64	合浦县(桂)	0.35
65	八步区(桂)	0.20
66	海城区(桂)	0.15
67	梁平县(渝)	2.00
68	沐川县(川)	1.00
69	宜宾县(川)	0.60
70	德昌县(川)	0.10
71	青铜峡市(宁)	1.00
72	裕民县(新)	0.30

表5-1　2009年毛竹主产县(市、区、局、场)

序号	县(市、区、局、场)	毛竹产量(万根)
1	奉贤区(沪)	22.35
2	宜兴市(苏)	271.11
3	溧阳市(苏)	18.00
4	扬中市(苏)	12.00
5	六合区(苏)	4.00
6	溧水县(苏)	3.42
7	丹徒区(苏)	3.00
8	京口区(苏)	2.00
9	润州区(苏)	0.36
10	浦口区(苏)	0.23
11	安吉县(浙)	1841.00
12	庆元县(浙)	1089.48
13	绍兴县(浙)	1006.00
14	龙泉市(浙)	996.67
15	龙游县(浙)	813.00
16	余杭区(浙)	715.00
17	遂昌县(浙)	698.81
18	衢江区(浙)	679.64
19	吴兴区(浙)	647.15

序号	县(市、区、局、场)	毛竹产量(万根)
20	诸暨市(浙)	630.00
21	德清县(浙)	569.00
22	鄞州区(浙)	460.00
23	临安市(浙)	450.00
24	长兴县(浙)	311.00
25	柯城区(浙)	250.00
26	富阳市(浙)	227.30
27	建德市(浙)	208.00
28	余姚市(浙)	200.50
29	淳安县(浙)	183.49
30	松阳县(浙)	172.00
31	武义县(浙)	140.00
32	景宁畲族自治县(浙)	138.20
33	萧山区(浙)	137.00
34	桐庐县(浙)	117.00
35	江山市(浙)	111.95
36	缙云县(浙)	76.67
37	仙居县(浙)	63.62
38	临海市(浙)	61.70
39	天台县(浙)	59.00
40	常山县(浙)	51.00
41	开化县(浙)	50.00
42	永嘉县(浙)	47.18
43	莲都区(浙)	40.32
44	磐安县(浙)	37.00
45	瓯海区(浙)	30.00
46	永康市(浙)	29.00
47	嵊州市(浙)	18.20
48	云和县(浙)	15.00
49	黄岩区(浙)	12.00
50	浦江县(浙)	10.50
51	北仑区(浙)	5.00
52	三门县(浙)	4.09
53	平阳县(浙)	2.98
54	镇海区(浙)	2.67
55	丽水市市辖区(浙)	1.63
56	义乌市(浙)	1.12
57	兰溪市(浙)	1.01
58	乐清市(浙)	0.58
59	上虞市(浙)	0.50

序号	县(市、区、局、场)	毛竹产量(万根)
60	宁国市(皖)	806.00
61	泾　县(皖)	594.00
62	贵池区(皖)	300.00
63	金寨县(皖)	285.00
64	东至县(皖)	251.00
65	宣州区(皖)	143.10
66	石台县(皖)	140.00
67	繁昌县(皖)	130.00
68	黟　县(皖)	125.00
69	潜山县(皖)	121.00
70	宿松县(皖)	120.00
71	岳西县(皖)	119.00
72	青阳县(皖)	81.39
73	舒城县(皖)	67.00
74	南陵县(皖)	57.07
75	祁门县(皖)	50.00
76	无为县(皖)	50.00
77	绩溪县(皖)	48.94
78	居巢区(皖)	38.00
79	庐江县(皖)	34.68
80	太湖县(皖)	32.97
81	徽州区(皖)	32.00
82	九华山风景区(皖)	20.00
83	歙　县(皖)	14.00
84	桐城市(皖)	2.80
85	南谯区(皖)	2.30
86	屯溪区(皖)	1.50
87	含山县(皖)	1.20
88	鸠江区(皖)	1.00
89	怀宁县(皖)	1.00
90	和　县(皖)	1.00
91	定远县(皖)	0.50
92	广德县(皖)	0.24
93	芜湖县(皖)	0.20
94	霍山县(皖)	0.10
95	政和县(闽)	1200.00
96	延平区(闽)	1001.00
97	邵武市(闽)	913.00
98	梅列区(闽)	841.00
99	浦城县(闽)	840.00

序号	县(市、区、局、场)	毛竹产量(万根)
100	尤溪县(闽)	807.00
101	建阳市(闽)	747.00
102	光泽县(闽)	490.00
103	永定县(闽)	471.00
104	寿宁县(闽)	310.00
105	松溪县(闽)	231.00
106	安溪县(闽)	169.00
107	涵江区(闽)	136.00
108	建宁县(闽)	109.00
109	闽侯县(闽)	92.00
110	晋安区(闽)	91.00
111	永春县(闽)	30.00
112	崇义县(赣)	866.40
113	南丰县(赣)	600.90
114	奉新县(赣)	560.00
115	资溪县(赣)	530.00
116	宜丰县(赣)	348.00
117	铜鼓县(赣)	251.70
118	靖安县(赣)	236.15
119	万载县(赣)	230.00
120	丰城市(赣)	208.00
121	新干县(赣)	190.20
122	大余县(赣)	159.87
123	上饶县(赣)	138.00
124	芦溪县(赣)	130.00
125	武宁县(赣)	130.00
126	安福县(赣)	109.92
127	婺源县(赣)	103.50
128	上犹县(赣)	101.40
129	明月山温泉风景名胜区(赣)	88.50
130	宜黄县(赣)	86.60
131	贵溪市(赣)	83.67
132	临川区(赣)	80.00
133	分宜县(赣)	68.10
134	万安县(赣)	65.00
135	泰和县(赣)	63.13
136	瑞金市(赣)	62.05
137	樟树市(赣)	57.00
138	于都县(赣)	51.00
139	袁州区(赣)	50.19
140	井冈山市(赣)	48.80
141	金溪县(赣)	42.50
142	南城县(赣)	40.00
143	彭泽县(赣)	38.81
144	铅山县(赣)	38.45
145	吉水县(赣)	38.20
146	宁都县(赣)	38.00
147	高安市(赣)	36.00
148	湾里区(赣)	35.50
149	广丰县(赣)	32.83
150	安远县(赣)	28.50
151	广昌县(赣)	28.02
152	永修县(赣)	28.00
153	上高县(赣)	23.80
154	定南县(赣)	20.44
155	横峰县(赣)	20.00
156	章贡区(赣)	19.80
157	乐安县(赣)	19.80
158	崇仁县(赣)	19.70
159	都昌县(赣)	19.00
160	赣　县(赣)	19.00
161	信丰县(赣)	17.58
162	石城县(赣)	17.00
163	会昌县(赣)	16.50
164	寻乌县(赣)	15.51
165	龙南县(赣)	14.73
166	修水县(赣)	14.56
167	全南县(赣)	14.00
168	兴国县(赣)	13.16
169	莲花县(赣)	10.00
170	九江县(赣)	8.60
171	南康市(赣)	8.00
172	玉山县(赣)	7.11
173	鄱阳县(赣)	7.00
174	黎川县(赣)	6.93
175	德安县(赣)	6.49
176	瑞昌市(赣)	6.10
177	永新县(赣)	6.00
178	万年县(赣)	5.00
179	新建县(赣)	4.80

序号	县(市、区、局、场)	毛竹产量(万根)
180	弋阳县(赣)	4.60
181	余江县(赣)	2.00
182	庐山区(赣)	0.80
183	星子县(赣)	0.40
184	东乡县(赣)	0.40
185	余干县(赣)	0.30
186	淅川县(豫)	56.00
187	新　县(豫)	32.80
188	罗山县(豫)	19.00
189	固始县(豫)	12.00
190	确山县(豫)	8.00
191	淮滨县(豫)	6.00
192	唐河县(豫)	5.00
193	信阳市市辖区(豫)	4.43
194	禹州市(豫)	1.00
195	内乡县(豫)	1.00
196	新郑市(豫)	0.60
197	浉河区(豫)	0.50
198	舞钢市(豫)	0.30
199	卧龙区(豫)	0.10
200	通山县(鄂)	278.33
201	崇阳县(鄂)	260.00
202	咸安区(鄂)	256.80
203	阳新县(鄂)	90.87
204	保康县(鄂)	35.00
205	罗田县(鄂)	28.00
206	石首市(鄂)	5.80
207	嘉鱼县(鄂)	3.60
208	大冶市(鄂)	1.30
209	监利县(鄂)	1.00
210	公安县(鄂)	0.35
211	汨罗市(湘)	1045.31
212	临湘市(湘)	600.00
213	攸　县(湘)	400.00
214	赫山区(湘)	400.00
215	桃源县(湘)	370.00
216	浏阳市(湘)	262.16
217	衡阳县(湘)	240.00
218	绥宁县(湘)	220.00
219	慈利县(湘)	210.00

序号	县(市、区、局、场)	毛竹产量(万根)
220	新化县(湘)	180.00
221	汉寿县(湘)	176.00
222	资兴市(湘)	172.42
223	炎陵县(湘)	167.00
224	祁东县(湘)	162.50
225	株洲县(湘)	140.00
226	永定区(湘)	129.00
227	洪江区(湘)	123.60
228	耒阳市(湘)	120.00
229	洞口县(湘)	120.00
230	桑植县(湘)	119.00
231	鼎城区(湘)	114.60
232	湘潭县(湘)	105.00
233	岳阳县(湘)	101.40
234	衡山县(湘)	91.20
235	平江县(湘)	79.44
236	衡东县(湘)	70.00
237	靖州苗族侗族自治县(湘)	60.00
238	北湖区(湘)	59.00
239	洪江市(湘)	53.00
240	汝城县(湘)	47.77
241	湘乡市(湘)	43.00
242	衡南县(湘)	41.00
243	宁乡县(湘)	40.00
244	南岳区(湘)	40.00
245	武冈市(湘)	40.00
246	永兴县(湘)	39.00
247	桂东县(湘)	38.00
248	华容县(湘)	36.10
249	涟源市(湘)	35.62
250	苏仙区(湘)	35.30
251	双牌县(湘)	35.10
252	湘阴县(湘)	30.00
253	会同县(湘)	29.53
254	东安县(湘)	26.92
255	常宁市(湘)	23.00
256	武陵源区(湘)	16.00
257	双峰县(湘)	16.00
258	珠晖区(湘)	15.00
259	祁阳县(湘)	12.57

序号	县(市、区、局、场)	毛竹产量(万根)
260	新邵县(湘)	11.75
261	零陵区(湘)	11.00
262	临武县(湘)	10.87
263	蓝山县(湘)	10.00
264	鹤城区(湘)	10.00
265	中方县(湘)	10.00
266	新田县(湘)	9.23
267	蒸湘区(湘)	9.00
268	石门县(湘)	8.00
269	宜章县(湘)	8.00
270	沅陵县(湘)	7.70
271	桂阳县(湘)	7.50
272	安仁县(湘)	7.50
273	通道侗族自治县(湘)	7.00
274	溆浦县(湘)	6.60
275	辰溪县(湘)	4.20
276	北塔区(湘)	3.00
277	娄星区(湘)	3.00
278	冷水滩区(湘)	2.76
279	麻阳苗族自治县(湘)	2.00
280	冷水江市(湘)	1.80
281	澧　县(湘)	1.50
282	芷江侗族自治县(湘)	1.50
283	江永县(湘)	1.36
284	荷塘区(湘)	1.00
285	道　县(湘)	1.00
286	新晃侗族自治县(湘)	1.00
287	江华瑶族自治县(湘)	0.82
288	韶山市(湘)	0.60
289	邵阳县(湘)	0.60
290	桃江县(湘)	0.25
291	宁远县(湘)	0.24
292	娄底市市辖区(湘)	0.20
293	望城县(湘)	0.12
294	陆河县(粤)	800.00
295	罗定市(粤)	644.00
296	博罗县(粤)	205.00
297	南雄市(粤)	203.11
298	仁化县(粤)	162.67
299	封开县(粤)	122.00

序号	县(市、区、局、场)	毛竹产量(万根)
300	清新县(粤)	116.80
301	龙门县(粤)	80.00
302	信宜市(粤)	76.40
303	英德市(粤)	70.00
304	佛冈县(粤)	59.85
305	连州市(粤)	58.31
306	从化市(粤)	57.26
307	乐昌市(粤)	52.00
308	始兴县(粤)	49.80
309	龙川县(粤)	33.00
310	连山壮族瑶族自治县(粤)	27.87
311	云城区(粤)	23.50
312	广州市属总林场(粤)	19.60
313	郁南县(粤)	19.00
314	惠东县(粤)	17.48
315	普宁市(粤)	17.00
316	连南瑶族自治县(粤)	16.58
317	曲江区(粤)	15.68
318	阳山县(粤)	15.00
319	清远市属总林场(粤)	14.30
320	翁源县(粤)	13.79
321	兴宁市(粤)	13.40
322	紫金县(粤)	13.01
323	枫溪区(粤)	12.00
324	清城区(粤)	11.57
325	揭东县(粤)	10.60
326	浈江区(粤)	7.05
327	新丰县(粤)	6.40
328	武江区(粤)	5.80
329	高州市(粤)	5.00
330	梅　县(粤)	3.80
331	萝岗区(粤)	3.40
332	湘桥区(粤)	2.80
333	和平县(粤)	2.19
334	阳东县(粤)	1.80
335	连平县(粤)	1.18
336	惠州市属总林场(粤)	0.94
337	江城区(粤)	0.80
338	平远县(粤)	0.67
339	韶关市属总林场(粤)	0.49

序号	县(市、区、局、场)	毛竹产量(万根)
340	丰顺县(粤)	0.48
341	兴安县(桂)	1347.91
342	灵山县(桂)	1200.00
343	灌阳县(桂)	557.00
344	融水苗族自治县(桂)	494.00
345	柳江县(桂)	484.38
346	灵川县(桂)	443.44
347	都安瑶族自治县(桂)	357.00
348	南丹县(桂)	295.00
349	资源县(桂)	237.00
350	昭平县(桂)	200.00
351	龙胜各族自治县(桂)	197.02
352	钦南区(桂)	190.00
353	融安县(桂)	130.00
354	三江侗族自治县(桂)	130.00
355	田东县(桂)	130.00
356	环江毛南族自治县(桂)	119.00
357	八步区(桂)	102.81
358	兴宾区(桂)	95.86
359	宜州市(桂)	94.00
360	全州县(桂)	60.00
361	罗城仫佬族自治县(桂)	59.00
362	凌云县(桂)	48.00
363	临桂县(桂)	46.76
364	上林县(桂)	45.00
365	贺州市平桂管理区(桂)	44.00
366	巴马瑶族自治县(桂)	39.00
367	永福县(桂)	28.00
368	鹿寨县(桂)	27.85
369	金秀瑶族自治县(桂)	21.55
370	天峨县(桂)	19.00
371	乐业县(桂)	16.00
372	象州县(桂)	16.00
373	东兰县(桂)	10.00
374	西林县(桂)	8.91
375	凤山县(桂)	8.20
376	靖西县(桂)	7.50
377	恭城瑶族自治县(桂)	5.00
378	东兴市(桂)	2.80
379	富川瑶族自治县(桂)	2.40

序号	县(市、区、局、场)	毛竹产量(万根)
380	柳城县(桂)	2.00
381	金城江区(桂)	1.20
382	黄冕林场(桂)	1.15
383	苍梧县(桂)	0.51
384	万宁市(琼)	9.60
385	五指山市(琼)	6.00
386	酉阳土家族苗族自治县(渝)	12.00
387	开　县(渝)	11.00
388	秀山土家族苗族自治县(渝)	8.59
389	永川区(渝)	6.44
390	万州区(渝)	6.20
391	南川区(渝)	6.00
392	铜梁县(渝)	4.50
393	江津区(渝)	4.00
394	梁平县(渝)	3.00
395	奉节县(渝)	1.00
396	綦江县(渝)	0.90
397	石柱土家族自治县(渝)	0.80
398	涪陵区(渝)	0.46
399	大足县(渝)	0.30
400	璧山县(渝)	0.23
401	荣昌县(渝)	0.20
4021	会理县(川)	1230.00
403	长宁县(川)	103.00
404	平昌县(川)	60.00
405	沐川县(川)	45.00
406	夹江县(川)	20.00
407	宜宾县(川)	7.70
408	五通桥区(川)	4.80
409	沙湾区(川)	1.50
410	犍为县(川)	0.97
411	乐山市市中区(川)	0.12
412	赤水市(黔)	197.76
413	天柱县(黔)	25.00
414	锦屏县(黔)	14.00
415	平坝县(黔)	12.00
416	台江县(黔)	6.60
417	六枝特区(黔)	3.79
418	丹寨县(黔)	3.64
419	榕江县(黔)	3.45

序号	县(市、区、局、场)	毛竹产量(万根)
420	从江县(黔)	3.22
421	黎平县(黔)	3.11
422	乌当区(黔)	3.00
423	清镇市(黔)	1.73
424	水城县(黔)	1.21
425	镇远县(黔)	0.76
426	梵净山国家级自然保护区管理局(黔)	0.59
427	湄潭县(黔)	0.50
428	镇宁布依族苗族自治县(黔)	0.50
429	雷山县(黔)	0.30
430	紫云苗族布依族自治县(黔)	0.10
431	万山特区(黔)	0.10
432	岑巩县(黔)	0.10
433	凯里市(黔)	0.10
434	定结县(藏)	4.50
435	亚东县(藏)	4.00
436	聂拉木县(藏)	2.80
437	吉隆县(藏)	2.35
438	定日县(藏)	1.35
439	汉阴县(陕)	400.00
440	南郑县(陕)	330.00
441	平利县(陕)	200.00
442	白河县(陕)	88.60
443	华　县(陕)	55.00
444	太白林业局(陕)	30.02
445	临潼区(陕)	27.00
446	岚皋县(陕)	13.00
447	石泉县(陕)	10.69
448	临渭区(陕)	5.00
449	楼观台林场(陕)	0.23

表5-2　2009年其他竹主产县(市、区、局、场)

序号	县(市、区、局、场)	其他竹类产量(万吨)
1	萧山区(浙)	400.00
2	临安市(浙)	13.50
3	建德市(浙)	10.00
4	余杭区(浙)	7.06
5	安吉县(浙)	3.80
6	镇海区(浙)	2.15
7	龙游县(浙)	2.00
8	吴兴区(浙)	1.40
9	诸暨市(浙)	1.00
10	平阳县(浙)	0.99
11	衢江区(浙)	0.97
12	长兴县(浙)	0.91
13	淳安县(浙)	0.90
14	德清县(浙)	0.90
15	绍兴县(浙)	0.82
16	常山县(浙)	0.60
17	东阳市(浙)	0.20
18	霍山县(皖)	25.10
19	舒城县(皖)	12.00
20	宁国市(皖)	8.15
21	广德县(皖)	6.00
22	太和县(皖)	2.00
23	绩溪县(皖)	1.10
24	繁昌县(皖)	1.00
25	怀宁县(皖)	1.00
26	贵池区(皖)	1.00
27	南谯区(皖)	0.90
28	潜山县(皖)	0.66
29	桐城市(皖)	0.52
30	霍邱县(皖)	0.50
31	石台县(皖)	0.40
32	泾　县(皖)	0.40
33	东至县(皖)	0.35
34	青阳县(皖)	0.31
35	定远县(皖)	0.30
36	太湖县(皖)	0.28
37	金寨县(皖)	0.27
38	黟　县(皖)	0.20
39	天长市(皖)	0.17
40	临泉县(皖)	0.10
41	松溪县(闽)	382.00
42	涵江区(闽)	318.00
43	建宁县(闽)	102.00
44	晋安区(闽)	87.00
45	闽侯县(闽)	36.00
46	光泽县(闽)	20.00

序号	县(市、区、局、场)	其他竹类产量(万吨)
47	邵武市(闽)	8.05
48	延平区(闽)	2.88
49	永春县(闽)	1.60
50	尤溪县(闽)	1.43
51	永定县(闽)	1.22
52	建阳市(闽)	1.11
53	政和县(闽)	1.00
54	南城县(赣)	361.00
55	婺源县(赣)	13.00
56	黎川县(赣)	9.92
57	湾里区(赣)	7.70
58	南康市(赣)	5.00
59	分宜县(赣)	4.80
60	安远县(赣)	4.00
61	丰城市(赣)	2.00
62	靖安县(赣)	1.04
63	彭泽县(赣)	1.00
64	贵溪市(赣)	1.00
65	九江县(赣)	0.90
66	崇义县(赣)	0.80
67	瑞昌市(赣)	0.75
68	铜鼓县(赣)	0.60
69	奉新县(赣)	0.50
70	龙南县(赣)	0.48
71	万年县(赣)	0.40
72	乐安县(赣)	0.30
73	余干县(赣)	0.30
74	上饶县(赣)	0.23
75	新干县(赣)	0.22
76	瑞金市(赣)	0.15
77	吉水县(赣)	0.12
78	金溪县(赣)	0.10
79	信阳市市辖区(豫)	22.40
80	桐柏县(豫)	1.60
81	博爱县(豫)	1.00
82	洛宁县(豫)	0.51
83	新蔡县(豫)	0.51
84	伊川县(豫)	0.50
85	新　县(豫)	0.28
86	固始县(豫)	0.24
87	光山县(豫)	0.15
88	潢川县(豫)	0.15
89	浉河区(豫)	0.14
90	商城县(豫)	0.12
91	栾川县(豫)	0.10
92	嵩　县(豫)	0.10
93	内乡县(豫)	0.10
94	通山县(鄂)	60.00
95	咸安区(鄂)	8.41
96	阳新县(鄂)	4.00
97	罗田县(鄂)	3.50
98	东宝区(鄂)	0.92
99	京山县(鄂)	0.50
100	崇阳县(鄂)	0.25
101	桑植县(湘)	79.00
102	永定区(湘)	78.00
103	洞口县(湘)	70.00
104	桃源县(湘)	45.00
105	武陵源区(湘)	30.00
106	绥宁县(湘)	8.00
107	汝城县(湘)	7.83
108	衡阳县(湘)	7.00
109	桂阳县(湘)	3.50
110	炎陵县(湘)	2.38
111	湘乡市(湘)	2.00
112	桃江县(湘)	2.00
113	双清区(湘)	1.50
114	湘潭县(湘)	1.00
115	沅陵县(湘)	0.58
116	祁东县(湘)	0.48
117	南　县(湘)	0.40
118	衡南县(湘)	0.31
119	鼎城区(湘)	0.30
120	澧　县(湘)	0.20
121	双峰县(湘)	0.20
122	麻阳苗族自治县(湘)	0.12
123	通道侗族自治县(湘)	0.12
124	望城县(湘)	0.10
125	湘阴县(湘)	0.10
126	博罗县(粤)	75.50

序号	县(市、区、局、场)	其他竹类产量(万吨)
127	阳西县(粤)	62.00
128	封开县(粤)	19.30
129	翁源县(粤)	16.00
130	始兴县(粤)	12.00
131	怀集县(粤)	10.00
132	龙川县(粤)	10.00
133	连南瑶族自治县(粤)	8.91
134	英德市(粤)	7.50
135	乐昌市(粤)	6.00
136	南雄市(粤)	5.92
137	三水区(粤)	5.03
138	信宜市(粤)	5.00
139	浈江区(粤)	4.02
140	德庆县(粤)	3.45
141	和平县(粤)	2.92
142	高要市(粤)	1.73
143	云城区(粤)	1.60
144	惠东县(粤)	1.35
145	清城区(粤)	1.25
146	佛冈县(粤)	1.22
147	遂溪县(粤)	1.20
148	台山市(粤)	1.00
149	茂南区(粤)	0.96
150	开平市(粤)	0.88
151	郁南县(粤)	0.80
152	清新县(粤)	0.53
153	阳山县(粤)	0.50
154	普宁市(粤)	0.42
155	阳春市(粤)	0.26
156	新兴县(粤)	0.23
157	化州市(粤)	0.20
158	肇庆市林业总场(粤)	0.20
159	连山壮族瑶族自治县(粤)	0.17
160	徐闻县(粤)	0.15
161	梅　县(粤)	0.13
162	乳源瑶族自治县(粤)	0.12
163	吴川市(粤)	0.10
164	连平县(粤)	0.10
165	田阳县(桂)	1500.00
166	龙胜各族自治县(桂)	604.00

序号	县(市、区、局、场)	其他竹类产量(万吨)
167	城中区(桂)	450.00
168	玉林市福绵区(桂)	118.00
169	龙州县(桂)	107.00
170	融安县(桂)	72.00
171	灵山县(桂)	60.00
172	柳南区(桂)	50.00
173	罗城仫佬族自治县(桂)	41.00
174	柳城县(桂)	21.48
175	浦北县(桂)	13.10
176	平南县(桂)	13.00
177	隆林各族自治县(桂)	12.00
178	钦北区(桂)	9.20
179	岑溪市(桂)	8.12
180	靖西县(桂)	8.00
181	北流市(桂)	7.00
182	横　县(桂)	5.78
183	宜州市(桂)	5.51
184	桂平市(桂)	4.20
185	田东县(桂)	3.37
186	百色市市辖区(桂)	3.20
187	昭平县(桂)	2.74
188	马山县(桂)	2.10
189	苍梧县(桂)	1.64
190	临桂县(桂)	1.50
191	陆川县(桂)	1.50
192	贺州市平桂管理区(桂)	1.33
193	南丹县(桂)	1.20
194	柳北区(桂)	1.00
195	良庆区(桂)	0.90
196	东兰县(桂)	0.80
197	巴马瑶族自治县(桂)	0.80
198	兴安县(桂)	0.72
199	鹿寨县(桂)	0.64
200	融水苗族自治县(桂)	0.62
201	八步区(桂)	0.60
202	三江侗族自治县(桂)	0.55
203	平果县(桂)	0.50
204	金秀瑶族自治县(桂)	0.47
205	上林县(桂)	0.30
206	富川瑶族自治县(桂)	0.25

序号	县(市、区、局、场)	其他竹类产量（万吨）
207	武鸣县(桂)	0.23
208	江南区(桂)	0.22
209	全州县(桂)	0.20
210	右江区(桂)	0.16
211	环江毛南族自治县(桂)	0.16
212	港南区(桂)	0.15
213	资源县(桂)	0.14
214	象州县(桂)	0.14
215	都安瑶族自治县(桂)	0.12
216	万宁市(琼)	0.93
217	定安县(琼)	0.10
218	梁平县(渝)	14.00
219	开　县(渝)	10.00
220	合川区(渝)	8.00
221	永川区(渝)	5.15
222	大足县(渝)	4.20
223	潼南县(渝)	3.00
224	涪陵区(渝)	2.56
225	铜梁县(渝)	2.50
226	万州区(渝)	1.50
227	忠　县(渝)	1.20
228	南川区(渝)	1.20
229	荣昌县(渝)	1.20
230	酉阳土家族苗族自治县(渝)	1.10
231	江津区(渝)	0.92
232	璧山县(渝)	0.89
233	石柱土家族自治县(渝)	0.60
234	巫溪县(渝)	0.32
235	万盛区(渝)	0.23
236	綦江县(渝)	0.20
237	秀山土家族苗族自治县(渝)	0.12
238	元坝区(川)	90.00
239	沐川县(川)	30.00
240	犍为县(川)	19.33
241	长宁县(川)	16.00
242	南江县(川)	14.50
243	宜宾县(川)	6.30
244	沙湾区(川)	5.00
245	五通桥区(川)	2.00
246	井研县(川)	2.00
247	峨眉山市(川)	1.20
248	乐山市市中区(川)	0.80
249	冕宁县(川)	0.74
250	巴州区(川)	0.61
251	马边彝族自治县(川)	0.60
252	平昌县(川)	0.40
253	德昌县(川)	0.36
254	西秀区(黔)	30.00
255	麻江县(黔)	3.00
256	水城县(黔)	0.23
257	万山特区(黔)	0.20
258	紫云苗族布依族自治县(黔)	0.10
259	凯里市(黔)	0.10
260	沾益县(滇)	0.11
261	南郑县(陕)	1.20
262	镇巴县(陕)	0.83
263	太白林业局(陕)	0.23
264	镇安县(陕)	0.12
265	宁西林业局(陕)	0.12
266	宁陕县(陕)	0.10
267	康　县(甘)	0.18

表 5－3　2009 年藤主产县(旗、市、区)

序号	县(旗、市、区)	藤类产量（万吨）
1	东乌珠穆沁旗(内蒙古)	0.10
2	诸暨市(浙)	0.10
3	利辛县(皖)	0.25
4	永定县(闽)	0.50
5	政和县(闽)	0.10
6	南康市(赣)	0.50
7	铜鼓县(赣)	0.30
8	夏津县(鲁)	0.50
9	宁陵县(豫)	1.30
10	民权县(豫)	0.80
11	西峡县(豫)	0.11
12	渑池县(豫)	0.10
13	内乡县(豫)	0.10
14	沅陵县(湘)	2.05
15	桃源县(湘)	2.00

序号	县(旗、市、区)	藤类产量(万吨)
16	衡南县(湘)	0.91
17	通道侗族自治县(湘)	0.30
18	衡阳县(湘)	0.18
19	双峰县(湘)	0.10
20	兴宁市(粤)	0.64
21	普宁市(粤)	0.23
22	隆林各族自治县(桂)	5.00
23	桂平市(桂)	0.18
24	罗城仫佬族自治县(桂)	0.10
25	酉阳土家族苗族自治县(渝)	0.10
26	沿滩区(川)	3.10
27	达　县(川)	1.80
28	安居区(川)	1.00
29	夹江县(川)	0.50
30	凯里市(黔)	0.10
31	岚皋县(陕)	3.00
32	南郑县(陕)	0.45
33	康　县(甘)	0.71
34	惠农区(宁)	1.00
35	青铜峡市(宁)	0.10

表6-1　2009年木本粮食与食用油料(油茶籽)主产县(市、区)

序号	县(市、区)	油茶籽产量(吨)
1	莲都区(浙)	7733.00
2	淳安县(浙)	6881.00
3	江山市(浙)	3872.00
4	缙云县(浙)	2808.00
5	遂昌县(浙)	2731.00
6	开化县(浙)	2670.00
7	天台县(浙)	2500.00
8	松阳县(浙)	2237.00
9	青田县(浙)	2092.00
10	桐庐县(浙)	1382.00
11	武义县(浙)	1217.00
12	衢江区(浙)	1200.00
13	苍南县(浙)	1100.00
14	建德市(浙)	885.00
15	龙泉市(浙)	805.00
16	云和县(浙)	702.00
17	柯城区(浙)	420.00
18	仙居县(浙)	150.00
19	龙游县(浙)	134.00
20	丽水市市辖区(浙)	120.00
21	嵊州市(浙)	102.00
22	霍山县(皖)	9000.00
23	太湖县(皖)	5100.00
24	潜山县(皖)	5050.00
25	舒城县(皖)	3482.00
26	歙　县(皖)	2156.00
27	岳西县(皖)	800.00
28	桐城市(皖)	800.00
29	金寨县(皖)	775.00
30	祁门县(皖)	578.00
31	宿松县(皖)	500.00
32	徽州区(皖)	300.00
33	庐江县(皖)	168.00
34	绩溪县(皖)	152.00
35	居巢区(皖)	148.00
36	黟　县(皖)	130.00
37	尤溪县(闽)	14049.36
38	延平区(闽)	5921.00
39	建宁县(闽)	2677.00
40	浦城县(闽)	2358.00
41	政和县(闽)	1000.00
42	寿宁县(闽)	551.00
43	邵武市(闽)	200.00
44	长乐市(闽)	186.00
45	福清市(闽)	152.00
46	建阳市(闽)	140.00
47	丰城市(赣)	22400.00
48	高安市(赣)	15500.00
49	芦溪县(赣)	15000.00
50	修水县(赣)	15000.00
51	南康市(赣)	14049.00
52	上饶县(赣)	10790.00
53	吉水县(赣)	7800.00
54	贵溪市(赣)	7500.00
55	莲花县(赣)	6000.00

序号	县(市、区)	油茶籽产量(吨)
56	兴国县(赣)	6000.00
57	袁州区(赣)	6000.00
58	玉山县(赣)	5400.00
59	万载县(赣)	5300.00
60	泰和县(赣)	5000.00
61	赣　县(赣)	4600.00
62	井冈山市(赣)	4538.00
63	武宁县(赣)	4183.50
64	广丰县(赣)	4000.00
65	崇仁县(赣)	3980.00
66	崇义县(赣)	3960.00
67	分宜县(赣)	3795.00
68	瑞金市(赣)	3500.00
69	横峰县(赣)	3000.00
70	于都县(赣)	2950.00
71	石城县(赣)	2866.00
72	临川区(赣)	2750.00
73	铅山县(赣)	2200.00
74	新建县(赣)	2120.00
75	新干县(赣)	2012.00
76	德兴市(赣)	1600.00
77	樟树市(赣)	1580.00
78	东乡县(赣)	1400.00
79	奉新县(赣)	1300.00
80	万安县(赣)	1120.00
81	龙南县(赣)	1000.00
82	寻乌县(赣)	1000.00
83	铜鼓县(赣)	1000.00
84	明月山温泉风景名胜区管委会(赣)	950.00
85	永新县(赣)	919.00
86	安福县(赣)	800.00
87	余干县(赣)	746.00
88	会昌县(赣)	719.00
89	靖安县(赣)	600.00
90	宜丰县(赣)	584.00
91	信丰县(赣)	577.00
92	万年县(赣)	500.00
93	广昌县(赣)	446.00
94	信州区(赣)	395.00
95	定南县(赣)	392.00
96	大余县(赣)	368.00
97	余江县(赣)	340.00
98	安远县(赣)	316.00
99	湾里区(赣)	302.00
100	南城县(赣)	301.00
101	章贡区(赣)	252.00
102	都昌县(赣)	200.00
103	金溪县(赣)	160.00
104	黎川县(赣)	150.00
105	商城县(豫)	10000.00
106	新　县(豫)	8895.00
107	固始县(豫)	350.00
108	长阳土家族自治县(鄂)	13000.00
109	嘉鱼县(鄂)	3000.00
110	阳新县(鄂)	2450.00
111	通山县(鄂)	1940.00
112	京山县(鄂)	1000.00
113	大冶市(鄂)	500.00
114	罗田县(鄂)	250.00
115	邵阳县(湘)	27300.00
116	衡山县(湘)	24200.00
117	浏阳市(湘)	24000.00
118	常宁市(湘)	22000.00
119	桃源县(湘)	21000.00
120	耒阳市(湘)	20000.00
121	会同县(湘)	17190.00
122	炎陵县(湘)	14820.00
123	祁阳县(湘)	12690.00
124	衡东县(湘)	12000.00
125	鼎城区(湘)	11000.00
126	新化县(湘)	11000.00
127	汉寿县(湘)	10000.00
128	桂阳县(湘)	10000.00
129	茶陵县(湘)	9600.00
130	江华瑶族自治县(湘)	9325.00
131	苏仙区(湘)	9000.00
132	平江县(湘)	8000.00
133	衡南县(湘)	7896.50
134	临澧县(湘)	7660.00
135	祁东县(湘)	7145.71

序号	县(市、区)	油茶籽产量(吨)
136	蓝山县(湘)	6658.00
137	宁远县(湘)	6325.00
138	零陵区(湘)	5850.00
139	株洲县(湘)	5800.00
140	中方县(湘)	5200.00
141	双峰县(湘)	5200.00
142	道　县(湘)	4250.00
143	东安县(湘)	4229.00
144	永顺县(湘)	4035.00
145	涟源市(湘)	3700.00
146	嘉禾县(湘)	3660.00
147	津市市(湘)	3500.00
148	北湖区(湘)	3500.00
149	安仁县(湘)	3150.00
150	冷水滩区(湘)	3000.00
151	新田县(湘)	2795.00
152	湘潭县(湘)	2700.00
153	溆浦县(湘)	2676.00
154	资兴市(湘)	2503.00
155	衡阳县(湘)	2300.00
156	石峰区(湘)	1780.00
157	荷塘区(湘)	1768.00
158	辰溪县(湘)	1600.00
159	桂东县(湘)	1500.00
160	娄星区(湘)	1500.00
161	通道侗族自治县(湘)	1400.00
162	临武县(湘)	1200.00
163	澧　县(湘)	1000.00
164	湘乡市(湘)	950.00
165	石门县(湘)	900.00
166	桃江县(湘)	900.00
167	慈利县(湘)	885.00
168	冷水江市(湘)	840.00
169	汝城县(湘)	825.00
170	天元区(湘)	820.00
171	沅陵县(湘)	771.00
172	宁乡县(湘)	700.00
173	永定区(湘)	663.00
174	桑植县(湘)	442.00
175	江永县(湘)	415.00

序号	县(市、区)	油茶籽产量(吨)
176	望城县(湘)	410.00
177	岳塘区(湘)	368.70
178	岳阳县(湘)	360.00
179	韶山市(湘)	300.00
180	凤凰县(湘)	256.00
181	古丈县(湘)	256.00
182	大祥区(湘)	250.00
183	珠晖区(湘)	220.00
184	宜章县(湘)	180.00
185	芷江侗族自治县(湘)	180.00
186	洪江区(湘)	172.00
187	双清区(湘)	150.00
188	湘阴县(湘)	140.00
189	鹤城区(湘)	130.00
190	保靖县(湘)	103.00
191	醴陵市(湘)	100.00
192	兴宁市(粤)	27000.00
193	五华县(粤)	5000.00
194	和平县(粤)	3500.00
195	阳山县(粤)	2400.00
196	罗定市(粤)	2068.00
197	广宁县(粤)	1778.00
198	高州市(粤)	1521.00
199	连州市(粤)	1332.00
200	南雄市(粤)	1212.00
201	连山壮族瑶族自治县(粤)	1151.00
202	连平县(粤)	1050.00
203	化州市(粤)	1000.00
204	东源县(粤)	810.00
205	始兴县(粤)	443.00
206	连南瑶族自治县(粤)	285.00
207	丰顺县(粤)	185.00
208	潮南区(粤)	160.00
209	仁化县(粤)	150.00
210	德庆县(粤)	129.00
211	清新县(粤)	120.00
212	阳东县(粤)	110.00
213	凤山县(桂)	12600.00
214	巴马瑶族自治县(桂)	12207.00
215	三江侗族自治县(桂)	9882.00

序号	县(市、区)	油茶籽产量(吨)
216	右江区(桂)	7180.00
217	龙胜各族自治县(桂)	6932.00
218	昭平县(桂)	6146.00
219	钟山县(桂)	5515.00
220	田林县(桂)	5380.00
221	田阳县(桂)	4091.00
222	凌云县(桂)	3782.00
223	贺州市平桂管理区(桂)	3511.00
224	田东县(桂)	3500.00
225	八步区(桂)	3285.00
226	融安县(桂)	3231.00
227	东兰县(桂)	3050.00
228	象州县(桂)	2873.00
229	阳朔县(桂)	2685.00
230	永福县(桂)	2042.00
231	西林县(桂)	1740.00
232	鹿寨县(桂)	1666.00
233	藤　县(桂)	1620.00
234	金秀瑶族自治县(桂)	1577.00
235	富川瑶族自治县(桂)	1568.00
236	全州县(桂)	1544.00
237	浦北县(桂)	1450.00
238	那坡县(桂)	1440.00
239	天峨县(桂)	1375.00
240	环江毛南族自治县(桂)	1169.00
241	灌阳县(桂)	1000.00
242	苍梧县(桂)	820.00
243	乐业县(桂)	633.00
244	金城江区(桂)	332.00
245	岑溪市(桂)	312.00
246	平南县(桂)	282.00
247	兴安县(桂)	268.00
248	德保县(桂)	196.00
249	桂平市(桂)	150.00
250	都安瑶族自治县(桂)	126.00
251	宜州市(桂)	102.00
252	荣　县(川)	1500.00
253	富顺县(川)	180.00
254	宜宾县(川)	128.00
255	天柱县(黔)	3600.00
256	黎平县(黔)	2678.00
257	从江县(黔)	682.00
258	锦屏县(黔)	642.00
259	盘　县(黔)	186.00
260	印江土家族苗族自治县(黔)	110.00
261	镇远县(黔)	110.00
262	汉滨区(陕)	2500.00
263	南郑县(陕)	2000.00
264	汉阴县(陕)	1200.00
265	商南县(陕)	600.00

表6－2　2009年木本粮食与食用油料(仁用杏)主产县(市、区)

序号	县(市、区)	仁用杏产量(吨)
1	延庆县(京)	4441.40
2	怀柔区(京)	1841.60
3	蔚　县(冀)	5500.00
4	涿鹿县(冀)	3010.00
5	怀来县(冀)	910.00
6	唐　县(冀)	760.00
7	涞源县(冀)	663.00
8	涞水县(冀)	597.00
9	灵寿县(冀)	310.00
10	井陉县(冀)	250.00
11	张家口市高新技术管理区(冀)	249.00
12	滦平县(冀)	240.00
13	丰宁满族自治县(冀)	200.00
14	邢台县(冀)	138.00
15	阳原县(冀)	138.00
16	建昌县(辽)	11320.00
17	阜新蒙古族自治县(辽)	6000.00
18	彰武县(辽)	480.00
19	连山区(辽)	307.30
20	新邱区(辽)	150.00
21	凌源市(辽)	100.00
22	嵩　县(豫)	170.00
23	榆阳区(陕)	750.00
24	子洲县(陕)	512.00
25	子长县(陕)	250.00

序号	县(市、区)	仁用杏产量(吨)
26	安塞县(陕)	150.00
27	广河县(甘)	120.00

表6-3 2009年木本粮食与食用油料(山杏)主产县(旗、市、区、场)

序号	县(旗、市、区、场)	山杏产量(吨)
1	丰宁满族自治县(冀)	2000.00
2	赤城县(冀)	1450.00
3	灵寿县(冀)	1100.00
4	隆化县(冀)	960.00
5	平泉县(冀)	798.00
6	武安市(冀)	197.00
7	林西县(内蒙古)	4100.00
8	敖汉旗(内蒙古)	3000.00
9	扎鲁特旗(内蒙古)	2000.00
10	阿鲁科尔沁旗(内蒙古)	1500.00
11	宁城县(内蒙古)	1500.00
12	翁牛特旗(内蒙古)	1003.20
13	准格尔旗(内蒙古)	970.00
14	巴林右旗(内蒙古)	527.00
15	松山区(内蒙古)	472.00
16	元宝山区(内蒙古)	150.00
17	喀喇沁旗(内蒙古)	150.00
18	龙城区(辽)	6000.00
19	北票市(辽)	5000.00
20	喀喇沁左翼蒙古族自治县(辽)	2500.00
21	新邱区(辽)	1000.00
22	凌源市(辽)	400.00
23	嵩　县(豫)	985.00
24	子洲县(陕)	3280.00
25	吴起县(陕)	1800.00
26	安塞县(陕)	1500.00
27	子长县(陕)	360.00
28	麟游县(陕)	185.00
29	合水林业总场(甘)	100.00
30	彭阳县(宁)	7250.00
31	阿瓦提县(新)	5882.00

表6-4 2009年木本粮食与食用油料(香榧)主产县(市)

序号	县(市)	香榧产量(吨)
1	嵊州市(浙)	450.00
2	绍兴县(浙)	299.00
3	磐安县(浙)	32.00
4	松阳县(浙)	28.00
5	建德市(浙)	20.00
6	桐庐县(浙)	18.00
7	临安市(浙)	4.00
8	安吉县(浙)	3.00
9	庆元县(浙)	3.00
10	武义县(浙)	2.00
11	缙云县(浙)	2.00

表6-5 2009年木本粮食与食用油料(花椒籽)主产县(市、区)

序号	县(市、区)	花椒籽产量(吨)
1	房山区(京)	133.00
2	涉　县(冀)	5706.00
3	平山县(冀)	3403.00
4	武安市(冀)	1800.00
5	磁　县(冀)	272.00
6	阜平县(冀)	260.00
7	井陉县(冀)	175.00
8	满城县(冀)	162.00
9	灵寿县(冀)	135.00
10	峰峰矿区(冀)	130.00
11	玉田县(冀)	42.00
12	抚宁县(冀)	42.00
13	顺平县(冀)	42.00
14	唐　县(冀)	40.00
15	赞皇县(冀)	20.00
16	临城县(冀)	18.00
17	定兴县(冀)	14.00
18	邢台县(冀)	11.00
19	霍山县(皖)	10.00
20	铜鼓县(赣)	70.00
21	山亭区(鲁)	4853.00

序号	县(市、区)	花椒籽产量(吨)
22	沂源县(鲁)	4058.00
23	莱城区(鲁)	3590.00
24	博山区(鲁)	1400.00
25	章丘市(鲁)	1256.00
26	莱芜市市辖区(鲁)	1200.00
27	蒙阴县(鲁)	1000.00
28	沂水县(鲁)	960.00
29	宁阳县(鲁)	800.00
30	淄川区(鲁)	750.00
31	钢城区(鲁)	700.00
32	肥城市(鲁)	680.00
33	平阴县(鲁)	357.00
34	新泰市(鲁)	150.00
35	岱岳区(鲁)	125.00
36	东平县(鲁)	94.00
37	长清区(鲁)	70.00
38	邹平县(鲁)	36.00
39	内乡县(豫)	10000.00
40	嵩　县(豫)	5796.00
41	淅川县(豫)	2860.00
42	林州市(豫)	1800.00
43	辉县市(豫)	1000.00
44	卫辉市(豫)	750.00
45	宝丰县(豫)	490.00
46	叶　县(豫)	435.00
47	郏　县(豫)	350.00
48	卢氏县(豫)	300.00
49	宜阳县(豫)	160.00
50	荥阳市(豫)	145.74
51	镇平县(豫)	144.00
52	方城县(豫)	139.00
53	淇滨区(豫)	110.00
54	沁阳市(豫)	61.00
55	洛宁县(豫)	50.00
56	博爱县(豫)	30.00
57	伊川县(豫)	20.00
58	通许县(豫)	10.00
59	栾川县(豫)	10.00
60	中站区(豫)	10.00
61	保靖县(湘)	150.00
62	龙山县(湘)	100.00
63	涟源市(湘)	19.00
64	盐源县(川)	2577.00
65	沿滩区(川)	2333.00
66	冕宁县(川)	2304.20
67	金阳县(川)	2250.00
68	简阳市(川)	1620.00
69	美姑县(川)	953.84
70	木里藏族自治县(川)	850.00
71	乐至县(川)	750.00
72	喜德县(川)	708.00
73	德昌县(川)	604.00
74	越西县(川)	549.00
75	盐边县(川)	533.60
76	会东县(川)	478.00
77	大英县(川)	420.00
78	米易县(川)	413.00
79	自流井区(川)	382.00
80	康定县(川)	330.00
81	会理县(川)	284.00
82	九龙县(川)	280.00
83	丹巴县(川)	260.00
84	南充市市辖区(川)	232.00
85	西昌市(川)	178.90
86	荣　县(川)	150.00
87	大安区(川)	120.00
88	蓬溪县(川)	100.00
89	泸　县(川)	50.00
90	宜宾县(川)	50.00
91	兴文县(川)	50.00
92	洪雅县(川)	48.40
93	营山县(川)	46.00
94	龙马潭区(川)	45.00
95	富顺县(川)	44.00
96	南部县(川)	40.00
97	峨边彝族自治县(川)	35.00
98	达　县(川)	25.00
99	合江县(川)	24.00
100	安岳县(川)	20.00
101	资中县(川)	17.00

序号	县(市、区)	花椒籽产量(吨)
102	珙　县(川)	16.00
103	绵竹市(川)	15.00
104	船山区(川)	15.00
105	东兴区(川)	13.00
106	嘉陵区(川)	12.00
107	蓬安县(川)	11.00
108	贡井区(川)	10.00
109	通江县(川)	10.00
110	布拖县(川)	10.00
111	盘　县(黔)	169.00
112	仁怀市(黔)	120.00
113	水城县(黔)	101.00
114	独山县(黔)	81.00
115	镇远县(黔)	76.00
116	六枝特区(黔)	67.00
117	清镇市(黔)	21.00
118	修文县(黔)	20.00
119	各隆县(藏)	30.60
120	左贡县(藏)	13.49
121	耀州区(陕)	3200.00
122	陈仓区(陕)	1701.00
123	蓝田县(陕)	1445.00
124	澄城县(陕)	1000.00
125	华阴市(陕)	900.00
126	宜川县(陕)	630.00
127	合阳县(陕)	620.00
128	旬阳县(陕)	532.00
129	临潼区(陕)	347.00
130	延长县(陕)	340.00
131	印台区(陕)	285.00
132	南郑县(陕)	220.00
133	丹凤县(陕)	182.00
134	汉滨区(陕)	172.00
135	黄龙县(陕)	160.00
136	汉阴县(陕)	118.00
137	洛南县(陕)	108.00
138	商南县(陕)	100.10
139	临渭区(陕)	90.00
140	千阳县(陕)	88.00
141	岐山县(陕)	75.00
142	周至县(陕)	65.00
143	王益区(陕)	48.00
144	西乡县(陕)	43.00
145	户　县(陕)	35.00
146	平利县(陕)	28.00
147	镇巴县(陕)	26.00
148	白河县(陕)	26.00
149	紫阳县(陕)	25.00
150	镇安县(陕)	23.00
151	凤翔县(陕)	21.00
152	柞水县(陕)	20.00
153	宁陕县(陕)	12.00
154	灞桥区(陕)	11.50
155	石泉县(陕)	11.50
156	宜君县(陕)	10.00
157	临夏县(甘)	1000.00
158	永靖县(甘)	307.00
159	广河县(甘)	162.00
160	灵台县(甘)	105.00
161	安定区(甘)	79.00
162	庆城县(甘)	15.00
163	民和回族土族自治县(青)	15.00

表6-6　木本粮食与食用油料(核桃含山核桃)主产县(市、区、局)

序号	县(市、区、局)	核桃含山核桃产量(吨)
1	怀柔区(京)	4225.10
2	密云县(京)	3669.90
3	平谷区(京)	2426.40
4	房山区(京)	2154.00
5	延庆县(京)	1253.90
6	昌平区(京)	587.00
7	蓟　县(津)	654.00
8	涉　县(冀)	13205.00
9	兴隆县(冀)	9329.00
10	平山县(冀)	8000.00
11	灵寿县(冀)	6000.00
12	赞皇县(冀)	4800.00
13	武安市(冀)	3587.00

序号	县(市、区、局)	核桃含山核桃产量(吨)
14	遵化市(冀)	3412.00
15	阜平县(冀)	3010.00
16	迁西县(冀)	2204.00
17	迁安市(冀)	2058.00
18	涞源县(冀)	1877.00
19	唐　县(冀)	1700.00
20	抚宁县(冀)	1465.00
21	邢台县(冀)	1174.00
22	涞水县(冀)	1143.00
23	井陉县(冀)	980.00
24	卢龙县(冀)	893.00
25	鹿泉市(冀)	856.00
26	丰润区(冀)	788.00
27	青龙满族自治县(冀)	700.00
28	内丘县(冀)	559.00
29	涿鹿县(冀)	536.00
30	元氏县(冀)	520.00
31	滦　县(冀)	204.00
32	定州市(冀)	200.00
33	宽城满族自治县(冀)	180.00
34	玉田县(冀)	173.00
35	沙河市(冀)	167.00
36	怀来县(冀)	115.00
37	复兴区(冀)	102.00
38	行唐县(冀)	100.00
39	本溪满族自治县(辽)	10000.00
40	盖州市(辽)	3500.00
41	抚顺县(辽)	3120.00
42	岫岩满族自治县(辽)	3000.00
43	凤城市(辽)	2800.00
44	南芬区(辽)	2150.00
45	振安区(辽)	254.00
46	明山区(辽)	225.00
47	铁岭县(辽)	158.00
48	辽阳县(辽)	103.00
49	舒兰市(吉)	2500.00
50	辉南县(吉)	2100.00
51	靖宇县(吉)	1646.00
52	黄泥河林业局(吉)	300.00
53	大兴沟林业局(吉)	260.00

序号	县(市、区、局)	核桃含山核桃产量(吨)
54	二道江区(吉)	180.00
55	敦化市(吉)	166.00
56	安图森林经营局(吉)	140.00
57	集安市(吉)	120.00
58	饶河县(黑)	3560.00
59	宾　县(黑)	487.00
60	五常市(黑)	285.00
61	临安市(浙)	13820.00
62	桐庐县(浙)	1001.00
63	安吉县(浙)	377.00
64	宁国市(皖)	10111.00
65	绩溪县(皖)	3100.00
66	歙　县(皖)	1120.00
67	谯城区(皖)	172.60
68	金寨县(皖)	124.00
69	东平县(鲁)	5842.00
70	泗水县(鲁)	5310.00
71	长清区(鲁)	4225.00
72	肥城市(鲁)	3918.00
73	邹城市(鲁)	1580.00
74	章丘市(鲁)	1516.00
75	泰山区(鲁)	1500.00
76	平阴县(鲁)	1418.00
77	新泰市(鲁)	1100.00
78	岱岳区(鲁)	1074.00
79	乳山市(鲁)	600.00
80	临朐县(鲁)	500.00
81	宁阳县(鲁)	415.00
82	莱城区(鲁)	316.00
83	滕州市(鲁)	237.00
84	沂源县(鲁)	186.00
85	蓬莱市(鲁)	160.00
86	卢氏县(豫)	9200.00
87	新密市(豫)	5379.00
88	陕　县(豫)	3600.00
89	栾川县(豫)	2350.00
90	林州市(豫)	2100.00
91	舞钢市(豫)	2050.00
92	渑池县(豫)	1860.00
93	内乡县(豫)	1750.00

序号	县(市、区、局)	核桃含山核桃产量(吨)
94	桐柏县(豫)	1600.00
95	嵩　县(豫)	1315.00
96	南召县(豫)	1302.00
97	石龙区(豫)	1260.00
98	济源市(豫)	1100.00
99	安阳县(豫)	850.00
100	淅川县(豫)	825.00
101	汝阳县(豫)	720.00
102	博爱县(豫)	650.00
103	辉县市(豫)	628.00
104	罗山县(豫)	570.00
105	鲁山县(豫)	510.00
106	修武县(豫)	477.00
107	禹州市(豫)	460.00
108	镇平县(豫)	445.00
109	卫辉市(豫)	320.00
110	叶　县(豫)	307.00
111	新安县(豫)	300.00
112	洛宁县(豫)	300.00
113	荥阳市(豫)	251.00
114	方城县(豫)	235.00
115	西峡县(豫)	225.00
116	宜阳县(豫)	220.00
117	沁阳市(豫)	159.00
118	卧龙区(豫)	155.00
119	汝州市(豫)	150.00
120	吉利区(豫)	124.00
121	淇滨区(豫)	115.00
122	二七区(豫)	111.00
123	新郑市(豫)	100.00
124	邓州市(豫)	100.00
125	京山县(鄂)	1743.80
126	秭归县(鄂)	686.00
127	东宝区(鄂)	200.00
128	保康县(鄂)	131.70
129	长阳土家族自治县(鄂)	100.00
130	石门县(湘)	750.00
131	洪江市(湘)	738.00
132	中方县(湘)	320.00
133	保靖县(湘)	302.00
134	靖州苗族侗族自治县(湘)	216.00
135	龙山县(湘)	180.00
136	会同县(湘)	156.00
137	苏仙区(湘)	110.00
138	双牌县(湘)	101.00
139	乐业县(桂)	111.00
140	朝天区(川)	8088.00
141	青川县(川)	6500.00
142	雷波县(川)	6380.00
143	南江县(川)	5800.00
144	旺苍县(川)	5000.00
145	甘洛县(川)	4620.00
146	盐源县(川)	4023.00
147	利州区(川)	4000.00
148	盐边县(川)	3600.00
149	仪陇县(川)	3582.00
150	盐亭县(川)	3400.00
151	德昌县(川)	3000.00
152	米易县(川)	2593.00
153	南部县(川)	2580.00
154	木里藏族自治县(川)	2177.00
155	冕宁县(川)	1944.30
156	越西县(川)	1858.00
157	简阳市(川)	1653.00
158	江油市(川)	1590.00
159	剑阁县(川)	1500.00
160	屏山县(川)	1411.00
161	平武县(川)	1409.00
162	美姑县(川)	1386.15
163	资中县(川)	1380.00
164	昭觉县(川)	1103.00
165	汉源县(川)	1050.00
166	会理县(川)	958.00
167	通江县(川)	900.00
168	金阳县(川)	869.00
169	喜德县(川)	816.00
170	三台县(川)	816.00
171	元坝区(川)	800.00
172	兴文县(川)	800.00
173	得荣县(川)	650.00

序号	县(市、区、局)	核桃含山核桃产量(吨)
174	大英县(川)	608.00
175	苍溪县(川)	600.00
176	会东县(川)	500.00
177	宁南县(川)	450.00
178	北川羌族自治县(川)	440.00
179	东兴区(川)	440.00
180	蓬安县(川)	420.00
181	巴州区(川)	400.00
182	古蔺县(川)	400.00
183	嘉陵区(川)	378.00
184	丹巴县(川)	370.00
185	康定县(川)	335.00
186	泸定县(川)	335.00
187	乡城县(川)	320.00
188	金口河区(川)	312.00
189	万源市(川)	302.00
190	都江堰市(川)	300.00
191	开江县(川)	300.00
192	营山县(川)	280.00
193	石棉县(川)	270.00
194	九龙县(川)	205.00
195	安　县(川)	200.00
196	蓬溪县(川)	200.00
197	乐至县(川)	200.00
198	巴塘县(川)	200.00
199	稻城县(川)	200.00
200	仁和区(川)	186.50
201	宣汉县(川)	175.00
202	布拖县(川)	160.00
203	威远县(川)	155.00
204	峨边彝族自治县(川)	150.00
205	绵竹市(川)	150.00
206	射洪县(川)	140.00
207	金堂县(川)	120.00
208	游仙区(川)	120.00
209	船山区(川)	108.00
210	梓潼县(川)	100.00
211	沐川县(川)	100.00
212	盘　县(黔)	1611.00
213	黎平县(黔)	1256.00

序号	县(市、区、局)	核桃含山核桃产量(吨)
214	水城县(黔)	624.00
215	开阳县(黔)	382.00
216	长顺县(黔)	380.00
217	榕江县(黔)	304.00
218	毕节市(黔)	300.00
219	仁怀市(黔)	175.00
220	六枝特区(黔)	157.00
221	锦屏县(黔)	109.00
222	赤水市(黔)	108.00
223	平坝县(黔)	100.00
224	芒康县(藏)	552.00
225	左贡县(藏)	479.59
226	加查县(藏)	307.00
227	扎囊县(藏)	290.00
228	宁陕县(陕)	7000.00
229	宜君县(陕)	7000.00
230	蓝田县(陕)	6900.00
231	洛南县(陕)	6326.00
232	商南县(陕)	4680.00
233	镇安县(陕)	4600.00
234	山阳县(陕)	4546.00
235	华　县(陕)	4500.00
236	丹凤县(陕)	4226.00
237	黄龙县(陕)	4000.00
238	商州区(陕)	3643.00
239	麟游县(陕)	3600.00
240	临渭区(陕)	3360.00
241	汉阴县(陕)	2860.00
242	耀州区(陕)	2800.00
243	柞水县(陕)	2213.00
244	旬阳县(陕)	2201.00
245	临潼区(陕)	2167.00
246	陈仓区(陕)	2089.00
247	镇巴县(陕)	1676.00
248	千阳县(陕)	1537.00
249	乾　县(陕)	1326.00
250	临渭区(陕)	1200.00
251	淳化县(陕)	1000.00
252	韩城市(陕)	1000.00
253	南郑县(陕)	900.00

序号	县(市、区、局)	核桃含山核桃产量(吨)
254	勉 县(陕)	789.00
255	彬 县(陕)	700.00
256	西乡县(陕)	551.00
257	镇坪县(陕)	521.00
258	汉滨区(陕)	486.00
259	周至县(陕)	435.00
260	澄城县(陕)	420.00
261	宜川县(陕)	410.00
262	留坝县(陕)	364.00
263	印台区(陕)	350.00
264	三原县(陕)	350.00
265	凤翔县(陕)	324.00
266	蒲城县(陕)	320.00
267	紫阳县(陕)	275.00
268	平利县(陕)	261.00
269	旬邑县(陕)	250.00
270	眉 县(陕)	192.00
271	石泉县(陕)	155.00
272	岚皋县(陕)	106.00
273	合阳县(陕)	100.00
274	成 县(甘)	6100.00
275	康 县(甘)	5640.00
276	张家川回族自治县(甘)	819.30
277	西峰区(甘)	596.00
278	正宁县(甘)	285.00
279	庆城县(甘)	240.00
280	灵台县(甘)	210.00
281	临夏县(甘)	170.00
282	华池县(甘)	130.00
283	循化撒拉族自治县(青)	140.00
284	阿瓦提县(新)	936.00
285	疏勒县(新)	509.00
286	白石山林业局(吉林森工)	400.00
287	露水河林业局(吉林森工)	300.00

表6-7 2009年木本粮食与食用油料(板栗)主产县(市、区)

序号	县(市、区)	板栗产量(吨)
1	密云县(京)	14371.60
2	怀柔区(京)	13434.00
3	昌平区(京)	1300.00
4	平谷区(京)	1276.10
5	延庆县(京)	967.20
6	房山区(京)	143.00
7	蓟 县(津)	615.00
8	兴隆县(冀)	84120.00
9	迁西县(冀)	34296.00
10	遵化市(冀)	19061.00
11	邢台县(冀)	16161.00
12	宽城满族自治县(冀)	13000.00
13	青龙满族自治县(冀)	10000.00
14	抚宁县(冀)	8393.00
15	内丘县(冀)	4962.00
16	迁安市(冀)	4066.00
17	灵寿县(冀)	3600.00
18	沙河市(冀)	2190.00
19	平山县(冀)	1710.00
20	平泉县(冀)	1100.00
21	赞皇县(冀)	1000.00
22	武安市(冀)	718.00
23	临城县(冀)	559.00
24	滦平县(冀)	550.00
25	卢龙县(冀)	372.00
26	阜平县(冀)	304.00
27	滦 县(冀)	141.00
28	东港市(辽)	19647.00
29	宽甸满族自治县(辽)	19500.00
30	凤城市(辽)	18000.00
31	庄河市(辽)	9000.00
32	振安区(辽)	6100.00
33	岫岩满族自治县(辽)	5000.00
34	桓仁满族自治县(辽)	4844.00
35	抚顺县(辽)	750.00
36	大石桥市(辽)	553.00
37	元宝区(辽)	300.00
38	新宾满族自治县(辽)	120.00
39	凌源市(辽)	100.00
40	赣榆县(苏)	8478.00
41	浦口区(苏)	1126.00
42	邳州市(苏)	985.00

序号	县(市、区)	板栗产量(吨)	序号	县(市、区)	板栗产量(吨)
43	六合区(苏)	600.00	83	浦江县(浙)	180.00
44	东海县(苏)	592.00	84	德清县(浙)	164.00
45	句容市(苏)	540.00	85	兰溪市(浙)	125.00
46	江宁区(苏)	405.00	86	三门县(浙)	100.00
47	溧水县(苏)	290.00	87	舒城县(皖)	38359.00
48	丹徒区(苏)	275.00	88	金寨县(皖)	23500.00
49	连云区(苏)	164.00	89	潜山县(皖)	15000.00
50	遂昌县(浙)	5208.00	90	太湖县(皖)	9400.00
51	上虞市(浙)	4428.00	91	广德县(皖)	8400.00
52	松阳县(浙)	2951.00	92	宁国市(皖)	4105.00
53	安吉县(浙)	2778.00	93	岳西县(皖)	3200.00
54	缙云县(浙)	2727.00	94	桐城市(皖)	950.00
55	诸暨市(浙)	2665.00	95	石台县(皖)	820.00
56	桐庐县(浙)	2605.00	96	泾　县(皖)	650.00
57	庆元县(浙)	2600.00	97	庐江县(皖)	565.00
58	建德市(浙)	2283.00	98	东至县(皖)	554.00
59	衢江区(浙)	2097.00	99	歙　县(皖)	488.00
60	龙游县(浙)	2018.00	100	贵池区(皖)	460.00
61	永嘉县(浙)	1955.00	101	南陵县(皖)	458.00
62	开化县(浙)	1770.00	102	祁门县(皖)	294.00
63	武义县(浙)	1685.00	103	青阳县(皖)	292.00
64	富阳市(浙)	1644.00	104	南谯区(皖)	260.00
65	临安市(浙)	1549.00	105	芜湖县(皖)	185.00
66	云和县(浙)	1397.00	106	宿松县(皖)	180.00
67	景宁畲族自治县(浙)	1392.00	107	繁昌县(皖)	180.00
68	长兴县(浙)	1254.00	108	怀宁县(皖)	150.00
69	仙居县(浙)	900.00	109	霍邱县(皖)	135.00
70	乐清市(浙)	770.00	110	无为县(皖)	130.00
71	磐安县(浙)	745.00	111	政和县(闽)	6000.00
72	萧山区(浙)	610.00	112	松溪县(闽)	3622.00
73	绍兴县(浙)	600.00	113	建阳市(闽)	3000.00
74	青田县(浙)	554.00	114	顺昌县(闽)	1132.00
75	余姚市(浙)	550.00	115	寿宁县(闽)	1097.00
76	义乌市(浙)	500.00	116	涵江区(闽)	666.00
77	常山县(浙)	456.00	117	延平区(闽)	621.00
78	嵊州市(浙)	336.00	118	建宁县(闽)	289.00
79	天台县(浙)	320.00	119	黎川县(赣)	4148.00
80	龙泉市(浙)	303.00	120	靖安县(赣)	2000.00
81	临海市(浙)	285.00	121	高安市(赣)	1800.00
82	东阳市(浙)	280.00	122	德安县(赣)	1725.00

序号	县(市、区)	板栗产量(吨)
123	南康市(赣)	1500.00
124	乐安县(赣)	960.00
125	吉水县(赣)	920.00
126	崇仁县(赣)	670.00
127	铜鼓县(赣)	600.00
128	龙南县(赣)	580.00
129	万载县(赣)	520.00
130	玉山县(赣)	500.00
131	修水县(赣)	500.00
132	瑞金市(赣)	482.00
133	安福县(赣)	450.00
134	东乡县(赣)	400.00
135	宜黄县(赣)	385.00
136	上饶县(赣)	383.00
137	新建县(赣)	380.00
138	奉新县(赣)	363.00
139	上高县(赣)	360.00
140	瑞昌市(赣)	296.00
141	兴国县(赣)	285.00
142	进贤县(赣)	271.40
143	广昌县(赣)	271.00
144	永新县(赣)	250.00
145	南城县(赣)	249.00
146	莲花县(赣)	240.00
147	万年县(赣)	225.00
148	金溪县(赣)	224.00
149	分宜县(赣)	200.00
150	崇义县(赣)	160.00
151	铅山县(赣)	158.00
152	泰和县(赣)	150.00
153	南康市(赣)	150.00
154	会昌县(赣)	149.00
155	安远县(赣)	130.00
156	赣　县(赣)	112.00
157	婺源县(赣)	100.00
158	武宁县(赣)	100.00
159	沂水县(鲁)	31500.00
160	岱岳区(鲁)	29510.00
161	蒙阴县(鲁)	22100.00
162	乳山市(鲁)	18800.00
163	泗水县(鲁)	13910.00
164	诸城市(鲁)	12060.00
165	临朐县(鲁)	8000.00
166	沂源县(鲁)	6523.00
167	新泰市(鲁)	6500.00
168	沂南县(鲁)	6089.00
169	山亭区(鲁)	5526.00
170	莱城区(鲁)	3942.00
171	泰山区(鲁)	3700.00
172	邹城市(鲁)	3170.00
173	东港区(鲁)	1723.00
174	长清区(鲁)	1677.00
175	博山区(鲁)	1000.00
176	蓬莱市(鲁)	975.00
177	肥城市(鲁)	864.00
178	宁阳县(鲁)	610.00
179	滕州市(鲁)	300.00
180	章丘市(鲁)	285.00
181	莱芜市市辖区(鲁)	242.00
182	钢城区(鲁)	150.00
183	新　县(豫)	47540.00
184	罗山县(豫)	35000.00
185	桐柏县(豫)	24785.00
186	浉河区(豫)	22500.00
187	泌阳县(豫)	5500.00
188	确山县(豫)	4800.00
189	栾川县(豫)	4150.00
190	商城县(豫)	3500.00
191	南召县(豫)	2976.00
192	内乡县(豫)	2500.00
193	固始县(豫)	2500.00
194	光山县(豫)	2100.00
195	鲁山县(豫)	2000.00
196	卢氏县(豫)	2000.00
197	西峡县(豫)	1456.00
198	舞钢市(豫)	1050.00
199	潢川县(豫)	700.00
200	叶　县(豫)	460.00
201	淅川县(豫)	450.00
202	驿城区(豫)	422.00

序号	县(市、区)	板栗产量(吨)	序号	县(市、区)	板栗产量(吨)
203	信阳市市辖区(豫)	400.00	243	桑植县(湘)	732.00
204	方城县(豫)	298.00	244	泸溪县(湘)	680.00
205	正阳县(豫)	240.00	245	中方县(湘)	665.00
206	镇平县(豫)	145.00	246	邵阳县(湘)	650.00
207	遂平县(豫)	120.00	247	凤凰县(湘)	650.00
208	林州市(豫)	120.00	248	通道侗族自治县(湘)	630.00
209	罗田县(鄂)	45000.00	249	江华瑶族自治县(湘)	621.00
210	京山县(鄂)	40000.00	250	北湖区(湘)	506.00
211	秭归县(鄂)	3213.00	251	临湘市(湘)	500.00
212	东宝区(鄂)	1185.00	252	会同县(湘)	452.00
213	保康县(鄂)	1014.00	253	洪江市(湘)	429.00
214	阳新县(鄂)	698.00	254	株洲县(湘)	420.00
215	沙洋县(鄂)	385.00	255	永兴县(湘)	380.00
216	崇阳县(鄂)	350.00	256	嘉禾县(湘)	380.00
217	通山县(鄂)	195.00	257	吉首市(湘)	350.00
218	大冶市(鄂)	152.00	258	北塔区(湘)	300.00
219	临澧县(湘)	7330.00	259	道　县(湘)	245.00
220	祁东县(湘)	6502.50	260	鼎城区(湘)	210.00
221	洞口县(湘)	5000.00	261	衡阳县(湘)	200.00
222	新邵县(湘)	4800.00	262	新晃侗族自治县(湘)	192.00
223	新化县(湘)	4800.00	263	临武县(湘)	190.00
224	石门县(湘)	4000.00	264	靖州苗族侗族自治县(湘)	188.00
225	双牌县(湘)	3432.00	265	双峰县(湘)	178.00
226	耒阳市(湘)	3000.00	266	古丈县(湘)	142.00
227	冷水江市(湘)	2765.00	267	汝城县(湘)	138.00
228	新田县(湘)	2572.00	268	宜章县(湘)	120.00
229	浏阳市(湘)	1990.00	269	娄星区(湘)	100.50
230	沅陵县(湘)	1687.00	270	和平县(粤)	4000.00
231	永顺县(湘)	1500.00	271	阳山县(粤)	3000.00
232	龙山县(湘)	1200.00	272	连州市(粤)	1722.00
233	祁阳县(湘)	1188.00	273	翁源县(粤)	800.00
234	保靖县(湘)	1150.00	274	英德市(粤)	418.00
235	慈利县(湘)	1100.00	275	五华县(粤)	320.00
236	平江县(湘)	1038.00	276	广宁县(粤)	283.00
237	云溪区(湘)	1000.00	277	乐昌市(粤)	190.00
238	资兴市(湘)	986.00	278	隆安县(桂)	14155.00
239	安仁县(湘)	901.00	279	东兰县(桂)	5277.00
240	永定区(湘)	860.00	280	南丹县(桂)	4001.00
241	苏仙区(湘)	800.00	281	天峨县(桂)	2920.00
242	零陵区(湘)	769.00	282	右江区(桂)	2680.00

序号	县(市、区)	板栗产量(吨)
283	阳朔县(桂)	2084.00
284	永福县(桂)	2054.00
285	田林县(桂)	1727.00
286	巴马瑶族自治县(桂)	1680.00
287	八步区(桂)	1239.00
288	隆林各族自治县(桂)	1237.00
289	金城江区(桂)	1229.00
290	乐业县(桂)	1033.00
291	环江毛南族自治县(桂)	899.00
292	灌阳县(桂)	806.00
293	全州县(桂)	587.00
294	凤山县(桂)	540.00
295	西林县(桂)	515.00
296	武鸣县(桂)	499.00
297	鹿寨县(桂)	457.00
298	兴安县(桂)	372.00
299	金秀瑶族自治县(桂)	349.00
300	灵山县(桂)	341.00
301	武宣县(桂)	259.00
302	龙胜各族自治县(桂)	255.00
303	德保县(桂)	205.00
304	西乡塘区(桂)	201.00
305	象州县(桂)	131.00
306	宜州市(桂)	130.00
307	钟山县(桂)	126.00
308	岑溪市(桂)	115.00
309	昭平县(桂)	107.00
310	忻城县(桂)	104.00
311	德昌县(川)	4800.00
312	仁和区(川)	2280.40
313	绵阳市市辖区(川)	1139.67
314	南充市市辖区(川)	1079.00
315	仪陇县(川)	1067.00
316	通江县(川)	1000.00
317	南江县(川)	1000.00
318	甘洛县(川)	825.00
319	兴文县(川)	700.00
320	石棉县(川)	660.00
321	冕宁县(川)	648.50
322	江油市(川)	600.00

序号	县(市、区)	板栗产量(吨)
323	米易县(川)	430.00
324	利州区(川)	400.00
325	万源市(川)	360.00
326	北川羌族自治县(川)	350.00
327	宁南县(川)	333.00
328	古蔺县(川)	300.00
329	都江堰市(川)	300.00
330	荣　县(川)	280.00
331	开江县(川)	250.00
332	雷波县(川)	236.00
333	屏山县(川)	220.00
334	汉源县(川)	200.00
335	会理县(川)	191.00
336	宣汉县(川)	185.00
337	旺苍县(川)	180.00
338	盐源县(川)	150.00
339	平武县(川)	145.00
340	崇州市(川)	140.00
341	洪雅县(川)	121.00
342	越西县(川)	113.00
343	珙　县(川)	104.00
344	绵竹市(川)	100.00
345	罗甸县(黔)	973.00
346	榕江县(黔)	472.00
347	盘　县(黔)	396.00
348	毕节市(黔)	210.00
349	仁怀市(黔)	190.00
350	独山县(黔)	150.00
351	织金县(黔)	144.00
352	水城县(黔)	144.00
353	长顺县(黔)	133.00
354	黎平县(黔)	104.00
355	镇安县(陕)	8890.00
356	汉阴县(陕)	8720.00
357	商南县(陕)	4375.13
358	宁陕县(陕)	3000.00
369	蓝田县(陕)	2520.00
360	柞水县(陕)	2454.00
361	山阳县(陕)	1942.00
362	镇坪县(陕)	1895.00

序号	县(市、区)	板栗产量(吨)
363	汉滨区(陕)	1782.00
364	镇巴县(陕)	1742.00
365	丹凤县(陕)	1398.00
366	西乡县(陕)	1358.00
367	陈仓区(陕)	1184.00
368	商州区(陕)	908.00
369	南郑县(陕)	740.00
370	紫阳县(陕)	684.00
371	石泉县(陕)	640.00
372	留坝县(陕)	580.00
373	洛南县(陕)	380.00
374	岚皋县(陕)	380.00
375	周至县(陕)	342.00
376	临潼区(陕)	340.00
377	白河县(陕)	300.00
378	勉　县(陕)	299.00
379	黄龙县(陕)	200.00

表6－8　2009年木本粮食与食用油料(八角)主产县(市、区、场)

序号	县(市、区、场)	八角产量(吨)
1	信宜市(粤)	5000.00
2	茂名市属总林场(粤)	160.00
3	封开县(粤)	56.00
4	广宁县(粤)	23.00
5	藤　县(桂)	9176.00
6	六万林场(桂)	9000.00
7	苍梧县(桂)	6725.00
8	金秀瑶族自治县(桂)	5762.00
9	防城区(桂)	4764.00
10	那坡县(桂)	2500.00
11	凌云县(桂)	2432.00
12	田林县(桂)	2373.00
13	德保县(桂)	2262.00
14	大新县(桂)	1886.00
15	乐业县(桂)	1452.00
16	巴马瑶族自治县(桂)	1441.00
17	武鸣县(桂)	1350.00
18	岑溪市(桂)	1165.00
19	平南县(桂)	1047.00
20	昭平县(桂)	1018.00
21	蝶山区(桂)	800.00
22	蒙山县(桂)	746.00
23	玉林市福绵区(桂)	708.00
24	东兰县(桂)	590.00
25	田阳县(桂)	415.00
26	高峰林场(桂)	269.00
27	贺州市平桂管理区(桂)	241.00
28	灵山县(桂)	217.00
29	马山县(桂)	210.00
30	长洲区(桂)	210.00
31	天峨县(桂)	202.00
32	东兴市(桂)	190.00
33	中国林科院热林中心(桂)	156.00
34	隆安县(桂)	110.00
35	万秀区(桂)	94.00
36	覃塘区(桂)	70.00
37	西林县(桂)	62.00
38	横　县(桂)	51.00
39	南丹县(桂)	50.00
40	罗城仫佬族自治县(桂)	45.00
41	阳朔县(桂)	36.00
42	雅长林场(桂)	34.00
43	平果县(桂)	24.00
44	平天山林场(桂)	22.44
45	鹿寨县(桂)	22.00
46	陆川县(桂)	18.00
47	扶绥县(桂)	18.00

表6－9　2009年木本粮食与食用油料(红松籽)主产县(市、区、局、场)

序号	县(市、区、局、场)	红松籽产量(吨)
1	清原满族自治县(辽)	13733.00
2	桓仁满族自治县(辽)	8435.00
3	新宾满族自治县(辽)	6460.00
4	本溪满族自治县(辽)	5000.00
5	南芬区(辽)	680.00
6	凤城市(辽)	300.00

序号	县(市、区、局、场)	红松籽产量(吨)
7	岫岩满族自治县(辽)	100.00
8	敦化市(吉)	1560.00
9	靖宇县(吉)	543.00
10	龙井市(吉)	63.00
11	和龙林业局(吉)	44.00
12	大兴沟林业局(吉)	25.00
13	黄泥河林业局(吉)	10.00
14	尚志市(黑)	30.00
15	山河实验林场(黑)	10.00
16	山河屯林业局(龙江森工)	175.00

表6-10　2009年木本粮食与食用油料(榛子)主产县(市、区)

序号	县(市、区)	榛子产量(吨)
1	宁城县(内蒙古)	200.00
2	松山区(内蒙古)	31.00
3	岫岩满族自治县(辽)	10000.00
4	西丰县(辽)	4000.00
5	开原市(辽)	2750.00
6	南芬区(辽)	1862.00
7	桓仁满族自治县(辽)	1722.00
8	抚顺县(辽)	905.00
9	东洲区(辽)	900.00
10	清原满族自治县(辽)	660.00
11	新宾满族自治县(辽)	600.85
12	凤城市(辽)	530.00
13	辽阳县(辽)	530.00
14	海城市(辽)	506.00
15	本溪满族自治县(辽)	400.00
16	建昌县(辽)	210.00
17	顺城区(辽)	210.00
18	铁岭市经济开发区(辽)	97.00
19	庄河市(辽)	75.00
20	新邱区(辽)	42.00
21	本溪市经济开发区(辽)	16.00
22	舒兰市(吉)	180.00
23	东丰县(吉)	83.00
24	靖宇县(吉)	72.00
25	敦化市(吉)	22.00
26	龙江县(黑)	200.00
27	尚志市(黑)	90.00
28	集贤县(黑)	32.00

表6-11　2009年木本粮食与食用油料(干枣)主产县(市、区)

序号	县(市、区)	干枣产量(吨)
1	沧　县(冀)	104496.00
2	泊头市(冀)	28914.00
3	黄骅市(冀)	16932.00
4	怀来县(冀)	8020.00
5	河间市(冀)	5805.00
6	南皮县(冀)	5707.00
7	唐　县(冀)	5120.00
8	海兴县(冀)	4080.00
9	临城县(冀)	1650.00
10	景　县(冀)	680.00
11	滦平县(冀)	260.00
12	吴桥县(冀)	182.00
13	肃宁县(冀)	138.00
14	抚宁县(冀)	136.00
15	卢龙县(冀)	136.00
16	高碑店市(冀)	113.00
17	运河区(冀)	90.00
18	涞源县(冀)	82.00
19	定兴县(冀)	40.00
20	松山区(内蒙古)	24.00
21	阜新蒙古族自治县(辽)	6000.00
22	凌源市(辽)	2000.00
23	喀喇沁左翼蒙古族自治县(辽)	850.00
24	长兴县(浙)	120.00
25	东阳市(浙)	79.00
26	德清县(浙)	30.00
27	青阳县(皖)	60.00
28	南谯区(皖)	40.00
29	贵池区(皖)	25.00
30	怀宁县(皖)	12.00

序号	县(市、区)	干枣产量(吨)
31	南康市(赣)	100.00
32	瑞金市(赣)	60.00
33	赣　县(赣)	16.00
34	宁阳县(鲁)	27818.00
35	山亭区(鲁)	3480.00
36	新泰市(鲁)	1280.00
37	邹平县(鲁)	460.00
38	临朐县(鲁)	300.00
39	泗水县(鲁)	200.00
40	钢城区(鲁)	200.00
41	诸城市(鲁)	148.00
42	长清区(鲁)	78.00
43	沂源县(鲁)	74.00
44	肥城市(鲁)	52.00
45	泰山区(鲁)	40.00
46	沂水县(鲁)	10.00
47	莘　县(鲁)	10.00
48	内黄县(豫)	60000.00
49	方城县(豫)	1221.00
50	郏　县(豫)	900.00
51	伊川县(豫)	600.00
52	镇平县(豫)	490.00
53	叶　县(豫)	300.00
54	汝州市(豫)	50.00
55	通许县(豫)	40.00
56	新野县(豫)	30.00
57	阳新县(鄂)	224.00
58	通山县(鄂)	189.00
59	大冶市(鄂)	85.00
60	祁东县(湘)	1500.00
61	祁阳县(湘)	1060.00
62	耒阳市(湘)	1000.00
63	江华瑶族自治县(湘)	962.00
64	宁远县(湘)	490.00
65	道　县(湘)	336.00
66	嘉禾县(湘)	320.00
67	冷水滩区(湘)	112.00
68	永顺县(湘)	94.00
69	北湖区(湘)	79.00
70	江永县(湘)	67.00

序号	县(市、区)	干枣产量(吨)
71	会同县(湘)	62.00
72	涟源市(湘)	60.00
73	珠晖区(湘)	60.00
74	临澧县(湘)	56.00
75	双牌县(湘)	40.00
76	邵阳县(湘)	25.00
77	零陵区(湘)	11.00
78	龙山县(湘)	10.00
79	横　县(桂)	181.00
80	鹿寨县(桂)	50.00
81	通江县(川)	40.00
82	印江土家族苗族自治县(黔)	46.00
83	岑巩县(黔)	28.00
84	汉阴县(陕)	825.00
85	商南县(陕)	714.00
86	子洲县(陕)	340.00
87	西乡县(陕)	204.00
88	临渭区(陕)	120.00
89	洛南县(陕)	11.00
90	商州区(陕)	11.00
91	甘州区(甘)	40692.00
92	环　县(甘)	120.00
93	凉州区(甘)	20.00
94	海原县(宁)	254.00
95	青铜峡市(宁)	200.00
96	惠农区(宁)	160.30

表6-12　2009年木本粮食与食用油料(肉桂)主产县(市、区、场)

序号	县(市、区、场)	肉桂产量(吨)
1	江华瑶族自治县(湘)	165.00
2	防城区(桂)	6168.00
3	藤　县(桂)	3876.00
4	苍梧县(桂)	2507.00
5	东兴市(桂)	1050.00
6	高峰林场(桂)	845.00
7	昭平县(桂)	814.00
8	蒙山县(桂)	139.00
9	蝶山区(桂)	100.00

序号	县(市、区、场)	肉桂产量(吨)
10	长洲区(桂)	74.00
11	巴马瑶族自治县(桂)	45.00
12	万秀区(桂)	37.00
13	大新县(桂)	25.00
14	横　县(桂)	10.00

表6－13　2009年其他木本粮食与食用油料主产县(旗、市、区、局)

序号	县(旗、市、区、局)	品种	产量(吨)
1	翁牛特旗(内蒙古)	元宝枫	37.50
2	南充市市辖区(川)	油橄榄	158.00
3	蓬安县(川)	油橄榄	158.00
4	西昌市(川)	油橄榄	52.30
5	方正林业局(龙江森工)	松果	178.00
6	安图森林经营局(吉)	松果	163.00
7	沅陵县(湘)	松果	120.00
8	东丰县(吉)	松果	110.00
9	南郑县(陕)	松果	20.00
10	集贤县(黑)	松果	15.00
11	沂源县(鲁)	柿饼	26939.00
12	唐　县(冀)	柿饼	4417.00
13	横　县(桂)	柿饼	2001.00
14	西乡县(陕)	柿饼	603.00
15	肃宁县(冀)	柿饼	61.00
16	岑巩县(黔)	柿饼	51.00
17	瑞金市(赣)	柿饼	41.00
18	阿拉善左旗(内蒙古)	沙枣	3760.00
19	青铜峡市(宁)	沙枣	150.00
20	贺兰县(宁)	沙枣	57.50
21	罗山县(豫)	沙枣	20.00
22	保靖县(湘)	沙枣	20.00
23	涉　县(冀)	梅类	10073.00
24	铜鼓县(赣)	梅类	1000.00
25	乐安县(赣)	梅类	980.00
26	台山市(粤)	梅类	600.00
27	常山县(浙)	梅类	70.00
28	新宾满族自治县(辽)	核桃楸	26600.00
29	桓仁满族自治县(辽)	核桃楸	14260.00
30	清原满族自治县(辽)	核桃楸	6750.00
31	红石林业局(吉林森工)	核桃楸	3616.00
32	山河屯林业局(龙江森工)	核桃楸	2200.00
33	集贤县(黑)	核桃楸	215.00

表6－14　2009年主要木本工业用油料生产(油桐籽)主产县(市、区)

序号	县(市、区)	油桐籽产量(吨)
1	金寨县(皖)	497.00
2	桐城市(皖)	330.00
3	太湖县(皖)	320.00
4	石台县(皖)	120.00
5	霍山县(皖)	70.00
6	泾　县(皖)	60.00
7	松溪县(闽)	1481.00
8	延平区(闽)	975.00
9	建宁县(闽)	974.00
10	政和县(闽)	600.00
11	顺昌县(闽)	315.00
12	寿宁县(闽)	65.00
13	分宜县(赣)	4000.00
14	万载县(赣)	1550.00
15	于都县(赣)	450.00
16	安福县(赣)	450.00
17	龙南县(赣)	420.00
18	瑞金市(赣)	402.00
19	修水县(赣)	334.00
20	铜鼓县(赣)	300.00
21	崇义县(赣)	275.00
22	信丰县(赣)	230.00
23	南康市(赣)	200.00
24	袁州区(赣)	200.00
25	靖安县(赣)	160.00
26	全南县(赣)	117.00
27	广丰县(赣)	85.00
28	永新县(赣)	80.00
29	奉新县(赣)	72.00
30	宜丰县(赣)	56.00
31	武宁县(赣)	50.00
32	安远县(赣)	50.00

序号	县(市、区)	油桐籽产量(吨)
33	横峰县(赣)	50.00
34	鲁山县(豫)	16000.00
35	商城县(豫)	7200.00
36	固始县(豫)	6400.00
37	汝阳县(豫)	6000.00
38	确山县(豫)	5941.00
39	南召县(豫)	5040.00
40	淅川县(豫)	4550.00
41	驿城区(豫)	4000.00
42	遂平县(豫)	3000.00
43	内乡县(豫)	2500.00
44	新　县(豫)	690.00
45	叶　县(豫)	680.00
46	唐河县(豫)	610.00
47	方城县(豫)	460.00
48	西平县(豫)	200.00
49	罗田县(鄂)	4000.00
50	大冶市(鄂)	200.00
51	阳新县(鄂)	192.00
52	通山县(鄂)	126.00
53	保康县(鄂)	58.00
54	炎陵县(湘)	5600.00
55	永顺县(湘)	2730.00
56	桃源县(湘)	2650.00
57	中方县(湘)	2530.00
58	新化县(湘)	1450.00
59	新晃侗族自治县(湘)	1200.00
60	祁东县(湘)	988.50
61	祁阳县(湘)	559.00
62	平江县(湘)	532.00
63	石门县(湘)	500.00
64	泸溪县(湘)	484.00
65	沅陵县(湘)	449.00
66	邵阳县(湘)	400.00
67	溆浦县(湘)	350.00
68	资兴市(湘)	307.00
69	慈利县(湘)	289.00
70	双牌县(湘)	274.00
71	永定区(湘)	258.00
72	双峰县(湘)	245.00

序号	县(市、区)	油桐籽产量(吨)
73	桑植县(湘)	233.00
74	靖州苗族侗族自治县(湘)	194.00
75	冷水滩区(湘)	190.00
76	保靖县(湘)	161.00
77	凤凰县(湘)	160.00
78	衡阳县(湘)	150.00
79	临武县(湘)	100.00
80	鹤城区(湘)	84.00
81	古丈县(湘)	80.00
82	零陵区(湘)	65.00
83	临澧县(湘)	60.00
84	吉首市(湘)	52.00
85	和平县(粤)	750.00
86	连山壮族瑶族自治县(粤)	637.00
87	东源县(粤)	200.00
88	始兴县(粤)	146.00
89	封开县(粤)	109.00
90	连南瑶族自治县(粤)	61.00
91	天峨县(桂)	15140.00
92	田林县(桂)	12058.00
93	西林县(桂)	7440.00
94	南丹县(桂)	7057.00
95	隆林各族自治县(桂)	3850.00
96	右江区(桂)	2830.00
97	乐业县(桂)	2280.00
98	龙胜各族自治县(桂)	1501.00
99	凌云县(桂)	1154.00
100	全州县(桂)	989.00
101	巴马瑶族自治县(桂)	681.00
102	阳朔县(桂)	662.00
103	凤山县(桂)	520.00
104	环江毛南族自治县(桂)	493.00
105	恭城瑶族自治县(桂)	369.00
106	那坡县(桂)	307.00
107	罗城仫佬族自治县(桂)	261.00
108	钟山县(桂)	183.00
109	宁明县(桂)	181.00
110	金城江区(桂)	168.00
111	资源县(桂)	144.00
112	八步区(桂)	135.00

序号	县(市、区)	油桐籽产量(吨)
113	昭平县(桂)	104.00
114	隆安县(桂)	81.00
115	钦南区(桂)	80.00
116	岑溪市(桂)	76.00
117	横　县(桂)	72.00
118	鹿寨县(桂)	71.00
119	富川瑶族自治县(桂)	71.00
120	藤　县(桂)	60.00
121	雷波县(川)	2363.00
122	南江县(川)	1850.00
123	美姑县(川)	682.70
124	宁南县(川)	550.00
125	盐源县(川)	300.00
126	会东县(川)	300.00
127	会理县(川)	143.00
128	平昌县(川)	85.00
129	普格县(川)	62.00
130	罗甸县(黔)	6283.00
131	榕江县(黔)	2065.00
132	剑河县(黔)	1136.00
133	从江县(黔)	1001.00
134	仁怀市(黔)	982.00
135	三穗县(黔)	840.00
136	独山县(黔)	780.00
137	黎平县(黔)	572.00
138	印江土家族苗族自治县(黔)	480.00
139	镇远县(黔)	456.00
140	天柱县(黔)	230.00
141	锦屏县(黔)	146.00
142	清镇市(黔)	115.00
143	万山特区(黔)	106.00
144	旬阳县(陕)	8100.00
145	商南县(陕)	2635.43
146	汉滨区(陕)	1534.00
147	山阳县(陕)	1081.00
148	白河县(陕)	550.00
149	勉　县(陕)	339.00
150	镇巴县(陕)	281.00
151	南郑县(陕)	135.00
152	镇安县(陕)	96.00
153	石泉县(陕)	52.00

表 6－15　2009 年主要木本工业用油料(乌桕籽)主产县(市、区)

序号	县(市、区)	乌桕籽产量(吨)
1	怀宁县(皖)	10.00
2	松溪县(闽)	130.00
3	铜鼓县(赣)	60.00
4	高安市(赣)	28.00
5	信丰县(赣)	25.00
6	赣　县(赣)	19.60
7	瑞金市(赣)	16.00
8	广丰县(赣)	16.00
9	叶　县(豫)	48.00
10	罗田县(鄂)	2470.00
11	阳新县(鄂)	15.00
12	祁东县(湘)	449.80
13	双牌县(湘)	222.00
14	邵阳县(湘)	180.00
15	临澧县(湘)	56.00
16	临武县(湘)	40.00
17	冷水滩区(湘)	20.00
18	祁阳县(湘)	11.00
19	保靖县(湘)	11.00
20	永顺县(湘)	11.00
21	恭城瑶族自治县(桂)	85.00
22	龙胜各族自治县(桂)	6.00
23	印江土家族苗族自治县(黔)	275.00
24	仁怀市(黔)	274.00
25	锦屏县(黔)	30.00
26	商南县(陕)	270.00
27	旬阳县(陕)	39.00
28	汉滨区(陕)	38.00

表 6－16　2009 年其他主要木本工业用油料主产县(市、区、局)

序号	县(市、区、局)	品种	产量(吨)
1	松溪县(闽)	棕榈籽	350.00
2	青阳县(皖)	棕榈籽	260.00
3	阳新县(鄂)	棕榈籽	124.00
4	分宜县(赣)	棕榈籽	90.00
5	阳朔县(桂)	棕榈籽	85.00
6	溆浦县(湘)	棕榈籽	73.00

序号	县(市、区、局)	品种	产量(吨)
7	六枝特区(黔)	棕榈籽	67.00
8	仁怀市(黔)	棕榈籽	60.00
9	岑巩县(黔)	棕榈籽	26.00
10	水城县(黔)	棕榈籽	19.00
11	清镇市(黔)	棕榈籽	17.00
12	涟源市(湘)	棕榈籽	15.00
13	芜湖县(皖)	樟树籽	200.00
14	铜鼓县(赣)	樟树籽	50.00
15	津市市(湘)	樟树籽	35.00
16	会东县(川)	油料麻疯树	150.00
17	丰顺县(粤)	油料麻疯树	21.00
18	东兴市(桂)	橡胶	210.00
19	江永县(湘)	山苍子	11000.00
20	株洲县(湘)	山苍子	2800.00
21	江华瑶族自治县(湘)	山苍子	1500.00
22	资兴市(湘)	山苍子	948.00
23	耒阳市(湘)	山苍子	500.00
24	永新县(赣)	山苍子	480.00
25	铜鼓县(赣)	山苍子	200.00
26	宁远县(湘)	山苍子	200.00
27	瑞金市(赣)	山苍子	193.50
28	政和县(闽)	山苍子	180.00
29	封开县(粤)	山苍子	175.00
30	桂东县(湘)	山苍子	160.00
31	毕节市(黔)	山苍子	103.00
32	芷江侗族自治县(湘)	山苍子	80.00
33	赣　县(赣)	山苍子	58.10
34	始兴县(粤)	山苍子	49.00
35	连南瑶族自治县(粤)	山苍子	47.00
36	祁东县(湘)	山苍子	42.50
37	定南县(赣)	山苍子	30.00
38	中方县(湘)	山苍子	29.00
39	会同县(湘)	山苍子	16.00
40	全南县(赣)	山苍子	10.50
41	岚皋县(陕)	漆树	3300.00
42	铜鼓县(赣)	漆树	500.00
43	汉滨区(陕)	漆树	352.00
44	雷山县(黔)	漆树	168.00
45	镇坪县(陕)	漆树	100.00
46	旬阳县(陕)	漆树	87.00
47	商州区(陕)	漆树	77.00
48	丰顺县(粤)	漆树	65.00
49	仁怀市(黔)	漆树	55.00
50	南召县(豫)	漆树	49.60
51	六枝特区(黔)	漆树	48.00
52	栾川县(豫)	漆树	35.00
53	紫阳县(陕)	漆树	30.00
54	资源县(桂)	漆树	20.00
55	镇安县(陕)	漆树	14.00
56	石泉县(陕)	漆树	12.00
57	雷波县(川)	漆树	11.00
58	邵阳县(湘)	漆树	10.00
59	平阴县(鲁)	玫瑰	3000.00
60	南康市(赣)	马尾松籽	3000.00
61	临湘市(湘)	马尾松籽	750.00
62	石泉县(陕)	马尾松籽	260.00
63	阳新县(鄂)	马尾松籽	138.00
64	涟源市(湘)	马尾松籽	18.00
65	清镇市(黔)	马尾松籽	12.00
66	济源市(豫)	黄连木籽	1800.00
67	白河县(陕)	黄连木籽	1500.00
68	涉　县(冀)	黄连木籽	715.00
69	林州市(豫)	黄连木籽	650.00
70	嵩　县(豫)	黄连木籽	250.00
71	武安市(冀)	黄连木籽	50.00
72	岚皋县(陕)	黄连木籽	47.00
73	全州县(桂)	黄柏	3000.00
74	溆浦县(湘)	黄柏	225.00
75	沅陵县(湘)	黄柏	19.00
76	会理县(川)	华山松籽	3000.00
77	德昌县(川)	华山松籽	1500.00
78	会东县(川)	华山松籽	750.00
79	木里藏族自治县(川)	华山松籽	300.00
80	镇安县(陕)	华山松籽	268.00
81	盐源县(川)	华山松籽	88.00

表7-1　2009年果品(柑橘)主产县(市、区、局、场)

序号	县(市、区、局、场)	柑橘产量(吨)
1	临西县(冀)	2458.00
2	崇明县(沪)	175252.00

序号	县(市、区、局、场)	柑橘产量(吨)
3	奉贤区(沪)	5569.00
4	南汇区(沪)	31735.00
5	金山区(沪)	4125.00
6	浦东新区(沪)	620.00
7	嘉定区(沪)	766.00
8	闵行区(沪)	3113.00
9	滨湖区(苏)	2900.00
10	丹徒区(苏)	1815.00
11	海门市(苏)	1719.00
12	启东市(苏)	1640.00
13	靖江市(苏)	500.00
14	常熟市(苏)	223.00
15	丹阳市(苏)	200.00
16	江阴市(苏)	100.00
17	瓯海区(浙)	397000.00
18	柯城区(浙)	219091.00
19	衢江区(浙)	206521.00
20	临海市(浙)	203796.00
21	建德市(浙)	108000.00
22	莲都区(浙)	96435.00
23	龙游县(浙)	66000.00
24	黄岩区(浙)	58289.00
25	淳安县(浙)	47812.00
26	青田县(浙)	43581.00
27	三门县(浙)	41360.00
28	江山市(浙)	31972.00
29	乐清市(浙)	30500.00
30	兰溪市(浙)	28604.00
31	玉环县(浙)	26633.00
32	松阳县(浙)	25769.00
33	天台县(浙)	23100.00
34	仙居县(浙)	19094.00
35	椒江区(浙)	17769.00
36	温岭市(浙)	17660.00
37	北仑区(浙)	17300.00
38	东阳市(浙)	14254.00
39	鄞州区(浙)	14000.00
40	海盐县(浙)	13853.00
41	海宁市(浙)	13000.00
42	义乌市(浙)	12272.00
43	开化县(浙)	10540.00
44	嘉善县(浙)	9669.00
45	苍南县(浙)	8285.00
46	定海区(浙)	8217.00
47	庆元县(浙)	8160.00
48	龙湾区(浙)	7812.00
49	武义县(浙)	7307.00
50	永嘉县(浙)	6720.00
51	嵊州市(浙)	5000.00
52	镇海区(浙)	4393.00
53	瑞安市(浙)	4230.00
54	龙泉市(浙)	4000.00
55	缙云县(浙)	3954.00
56	路桥区(浙)	3912.00
57	浦江县(浙)	3870.00
58	富阳市(浙)	3857.00
59	桐庐县(浙)	3699.00
60	鹿城区(浙)	3219.00
61	岱山县(浙)	3200.00
62	诸暨市(浙)	3100.00
63	临安市(浙)	2300.00
64	遂昌县(浙)	2274.00
65	平阳县(浙)	1829.00
66	云和县(浙)	1399.00
67	景宁畲族自治县(浙)	1118.00
68	萧山区(浙)	980.00
69	平湖市(浙)	678.00
70	余杭区(浙)	528.00
71	歙　县(皖)	12410.00
72	宿松县(皖)	2000.00
73	太湖县(皖)	1200.00
74	东至县(皖)	926.00
75	怀宁县(皖)	900.00
76	潜山县(皖)	500.00
77	永春县(闽)	222089.00
78	顺昌县(闽)	89714.00
79	延平区(闽)	79429.00
80	建阳市(闽)	44818.00
81	松溪县(闽)	23171.00
82	梅列区(闽)	19189.00

序号	县(市、区、局、场)	柑橘产量(吨)
83	连江县(闽)	16601.00
84	福清市(闽)	16514.00
85	永定县(闽)	10063.00
86	安溪县(闽)	6990.00
87	晋安区(闽)	4299.00
88	政和县(闽)	2600.00
89	南丰县(赣)	802372.00
90	寻乌县(赣)	498897.00
91	安远县(赣)	266904.00
92	鄱阳县(赣)	185000.00
93	信丰县(赣)	155556.00
94	靖安县(赣)	90000.00
95	新干县(赣)	80000.00
96	南康市(赣)	66000.00
97	会昌县(赣)	65743.00
98	永修县(赣)	63146.00
99	南城县(赣)	54356.00
100	黎川县(赣)	53560.00
101	崇义县(赣)	45615.00
102	临川区(赣)	41912.00
103	金溪县(赣)	34356.00
104	大余县(赣)	23883.00
105	全南县(赣)	14620.00
106	广昌县(赣)	13387.00
107	于都县(赣)	9177.00
108	定南县(赣)	8864.00
109	宁都县(赣)	8370.00
110	安福县(赣)	7000.00
111	余江县(赣)	6000.00
112	樟树市(赣)	5568.00
113	崇仁县(赣)	5320.00
114	湖口县(赣)	3345.00
115	都昌县(赣)	3000.00
116	分宜县(赣)	2880.00
117	瑞金市(赣)	2871.00
118	章贡区(赣)	2584.00
119	铜鼓县(赣)	2500.00
120	余干县(赣)	2500.00
121	上饶县(赣)	2250.00
122	莲花县(赣)	2030.00
123	万载县(赣)	1700.00
124	井冈山市(赣)	1638.00
125	上高县(赣)	1473.00
126	庐山区(赣)	1389.00
127	永新县(赣)	1333.00
128	南昌县(赣)	1300.00
129	吉州区(赣)	1267.00
130	铅山县(赣)	938.00
131	乐安县(赣)	899.00
132	新建县(赣)	842.00
133	宜黄县(赣)	659.00
134	宜丰县(赣)	510.50
135	内乡县(豫)	6500.00
136	邓州市(豫)	923.00
137	秭归县(鄂)	174459.00
138	东宝区(鄂)	52807.00
139	荆州区(鄂)	40000.00
140	阳新县(鄂)	27493.00
141	掇刀区(鄂)	3525.00
142	崇阳县(鄂)	2263.00
143	大冶市(鄂)	2151.00
144	京山县(鄂)	2000.00
145	通山县(鄂)	1980.00
146	荆门市市辖区(鄂)	1952.00
147	石门县(湘)	365000.00
148	麻阳苗族自治县(湘)	330000.00
149	衡南县(湘)	91250.00
150	永顺县(湘)	85968.00
151	洪江市(湘)	81499.00
152	江永县(湘)	74357.00
153	龙山县(湘)	70000.00
154	凤凰县(湘)	61051.00
155	吉首市(湘)	60000.00
156	溆浦县(湘)	59847.00
157	祁阳县(湘)	58412.00
158	道　县(湘)	54167.00
159	资兴市(湘)	53480.00
160	会同县(湘)	47348.00
161	临湘市(湘)	45000.00
162	临澧县(湘)	43493.00

序号	县(市、区、局、场)	柑橘产量(吨)
163	炎陵县(湘)	39696.00
164	宁远县(湘)	39160.00
165	东安县(湘)	33595.00
166	鼎城区(湘)	30000.00
167	邵阳县(湘)	28000.00
168	澧　县(湘)	27400.00
169	零陵区(湘)	26750.00
170	汉寿县(湘)	24939.00
171	桃源县(湘)	24200.00
172	岳阳县(湘)	20000.00
173	新化县(湘)	18645.00
174	靖州苗族侗族自治县(湘)	18560.00
175	古丈县(湘)	17371.00
176	涟源市(湘)	17250.00
177	中方县(湘)	15474.00
178	绥宁县(湘)	15000.00
179	汝城县(湘)	14195.00
180	花垣县(湘)	13579.00
181	宁乡县(湘)	13000.00
182	湘乡市(湘)	12825.00
183	蓝山县(湘)	11480.00
184	沅陵县(湘)	10995.00
185	临武县(湘)	9180.00
186	望城县(湘)	8580.00
187	武陵区(湘)	8200.00
188	泸溪县(湘)	7800.00
189	衡山县(湘)	7393.00
190	北湖区(湘)	7029.00
191	鹤城区(湘)	6500.00
192	珠晖区(湘)	6000.00
193	新邵县(湘)	6000.00
194	桂阳县(湘)	5680.00
195	耒阳市(湘)	5450.00
196	江华瑶族自治县(湘)	5200.00
197	北塔区(湘)	5000.00
198	常宁市(湘)	4400.00
199	冷水江市(湘)	4300.00
200	双牌县(湘)	4283.00
201	双峰县(湘)	4228.00
202	衡阳县(湘)	4000.00

序号	县(市、区、局、场)	柑橘产量(吨)
203	华容县(湘)	3800.00
204	嘉禾县(湘)	3656.00
205	洪江区(湘)	2494.00
206	新晃侗族自治县(湘)	2200.00
207	娄星区(湘)	2200.00
208	荷塘区(湘)	2000.00
209	平江县(湘)	1923.00
210	岳阳楼区(湘)	1120.00
211	石峰区(湘)	920.00
212	大祥区(湘)	900.00
213	宜章县(湘)	675.00
214	衡东县(湘)	500.00
215	龙门县(粤)	268264.00
216	广宁县(粤)	240000.00
217	封开县(粤)	143784.00
218	德庆县(粤)	118050.00
219	英德市(粤)	92957.00
220	清新县(粤)	89468.00
221	清城区(粤)	75599.00
222	佛冈县(粤)	55825.00
223	乐昌市(粤)	42886.00
224	始兴县(粤)	27072.00
225	云城区(粤)	25648.00
226	仁化县(粤)	24030.00
227	博罗县(粤)	18100.00
228	翁源县(粤)	17673.00
229	台山市(粤)	13206.00
230	兴宁市(粤)	13054.00
231	潮安县(粤)	11758.00
232	南雄市(粤)	9835.00
233	连州市(粤)	9311.00
234	揭西县(粤)	7500.00
235	高要市(粤)	6537.40
236	郁南县(粤)	5347.00
237	东源县(粤)	4800.00
238	连山壮族瑶族自治县(粤)	4598.41
239	饶平县(粤)	4567.00
240	开平市(粤)	3783.00
241	丰顺县(粤)	2750.00
242	阳东县(粤)	2100.00

序号	县(市、区、局、场)	柑橘产量(吨)	序号	县(市、区、局、场)	柑橘产量(吨)
243	遂溪县(粤)	1831.00	283	巴马瑶族自治县(桂)	3343.00
244	新丰县(粤)	1800.00	284	钦北区(桂)	3064.00
245	西江林业局(粤)	1675.00	285	田林县(桂)	3050.00
246	廉江市(粤)	1000.00	286	长洲区(桂)	2936.00
247	连南瑶族自治县(粤)	750.00	287	乐业县(桂)	2660.00
248	恭城瑶族自治县(桂)	37096.18	288	象州县(桂)	2412.00
249	阳朔县(桂)	170704.00	289	罗城仫佬族自治县(桂)	2146.00
250	富川瑶族自治县(桂)	153648.00	290	龙州县(桂)	1970.00
251	苍梧县(桂)	122881.00	291	那坡县(桂)	1855.00
252	柳城县(桂)	106381.00	292	武宣县(桂)	1395.00
253	全州县(桂)	101744.00	293	东门林场(桂)	1350.00
254	兴安县(桂)	85721.00	294	马山县(桂)	1200.00
255	灌阳县(桂)	62783.00	295	鱼峰区(桂)	1107.00
256	岑溪市(桂)	60870.00	296	横　县(桂)	925.00
257	武鸣县(桂)	54212.00	297	青秀区(桂)	753.00
258	浦北县(桂)	52150.00	298	天峨县(桂)	516.00
259	兴宾区(桂)	49201.00	299	覃塘区(桂)	511.00
260	藤　县(桂)	48898.00	300	巴州区(川)	67930.00
261	龙胜各族自治县(桂)	36364.00	301	长宁县(川)	29002.00
262	隆安县(桂)	32163.00	302	五通桥区(川)	18721.00
263	鹿寨县(桂)	31910.00	303	井研县(川)	16500.00
264	雁山区(桂)	29116.00	304	宁南县(川)	11906.00
265	右江区(桂)	28870.00	305	乐山市市中区(川)	3885.00
266	钟山县(桂)	25010.00	306	西　区(川)	3000.00
267	防城区(桂)	15015.00	307	南江县(川)	3000.00
268	南丹县(桂)	12440.00	308	峨眉山市(川)	2800.00
269	金秀瑶族自治县(桂)	12169.00	309	平昌县(川)	2100.00
270	宜州市(桂)	12099.00	310	金口河区(川)	828.00
271	金城江区(桂)	10156.00	311	通江县(川)	700.00
272	合浦县(桂)	9285.00	312	会理县(川)	690.00
273	平南县(桂)	8417.00	313	马边彝族自治县(川)	620.00
274	环江毛南族自治县(桂)	7937.00	314	从江县(黔)	20451.00
275	昭平县(桂)	7807.00	315	榕江县(黔)	13623.00
276	贺州市平桂管理区(桂)	6804.00	316	天柱县(黔)	9873.00
277	八步区(桂)	5926.00	317	仁怀市(黔)	7311.00
278	蝶山区(桂)	4875.00	318	罗甸县(黔)	5647.00
279	东兰县(桂)	4862.00	319	锦屏县(黔)	4862.00
280	东兴市(桂)	4101.00	320	毕节市(黔)	4800.00
281	忻城县(桂)	3703.00	321	黄平县(黔)	4538.00
282	西林县(桂)	3370.00	322	黎平县(黔)	3599.00

序号	县(市、区、局、场)	柑橘产量(吨)
323	独山县(黔)	3395.00
324	镇远县(黔)	3340.00
325	长顺县(黔)	1300.00
326	息烽县(黔)	1159.00
327	修文县(黔)	946.00
328	盘　县(黔)	946.00
329	剑河县(黔)	916.00
330	水城县(黔)	816.00
331	岑巩县(黔)	723.00
332	凯里市(黔)	689.00
333	开阳县(黔)	625.00
334	花溪区(黔)	589.00
335	汉滨区(陕)	16724.00
336	旬阳县(陕)	16713.00
337	汉台区(陕)	9000.00
338	汉阴县(陕)	6920.00
339	平利县(陕)	6307.00
340	白河县(陕)	4000.00
341	紫阳县(陕)	2801.00
342	山阳县(陕)	1935.00
343	南郑县(陕)	1330.00
344	西乡县(陕)	648.00
345	石泉县(陕)	535.00

表7-2　2009年果品(苹果)主产县(旗、市、区)

序号	县(旗、市、区)	苹果产量(吨)
1	顺义区(京)	24756.00
2	昌平区(京)	23756.00
3	延庆县(京)	19101.80
4	密云县(京)	18384.60
5	平谷区(京)	15170.30
6	怀柔区(京)	6862.00
7	房山区(京)	5921.00
8	大兴区(京)	3976.00
9	宝坻区(津)	11303.00
10	蓟　县(津)	9226.00
11	辛集市(冀)	194015.00
12	乐亭县(冀)	168267.71
13	青龙满族自治县(冀)	120000.00
14	深州市(冀)	96686.00
15	抚宁县(冀)	86549.00
16	迁安市(冀)	83315.00
17	平泉县(冀)	80680.00
18	遵化市(冀)	77438.00
19	昌黎县(冀)	65798.00
20	邢台县(冀)	56898.00
21	枣强县(冀)	56128.00
22	深泽县(冀)	55343.00
23	故城县(冀)	45165.00
24	滦　县(冀)	43341.00
25	定州市(冀)	43000.00
26	兴隆县(冀)	42604.00
27	顺平县(冀)	40740.00
28	冀州市(冀)	39678.00
29	玉田县(冀)	39260.00
30	武邑县(冀)	38280.00
31	宽城满族自治县(冀)	35000.00
32	井陉县(冀)	34824.00
33	滦南县(冀)	32094.00
34	献　县(冀)	28998.00
35	丰润区(冀)	28869.00
36	临漳县(冀)	28331.00
37	藁城市(冀)	27416.00
38	卢龙县(冀)	22489.00
39	饶阳县(冀)	21872.00
40	肃宁县(冀)	21723.00
41	桃城区(冀)	20077.00
42	泊头市(冀)	19207.00
43	宁晋县(冀)	18909.00
44	安国市(冀)	18900.00
45	景　县(冀)	18690.00
46	平山县(冀)	18190.00
47	怀来县(冀)	17500.00
48	魏　县(冀)	17344.00
49	新河县(冀)	16740.00
50	霸州市(冀)	16470.00
51	隆尧县(冀)	16069.00
52	无极县(冀)	16000.00
53	永清县(冀)	15672.00
54	文安县(冀)	15660.00

序号	县(旗、市、区)	苹果产量(吨)
55	武安市(冀)	15244.00
56	肥乡县(冀)	15070.00
57	满城县(冀)	14896.00
58	馆陶县(冀)	14113.00
59	南宫市(冀)	13889.00
60	晋州市(冀)	13180.00
61	盐山县(冀)	13006.00
62	成安县(冀)	12800.00
63	邱　县(冀)	12730.00
64	磁　县(冀)	12594.00
65	博野县(冀)	12000.00
66	阜城县(冀)	11790.00
67	蠡　县(冀)	11100.00
68	香河县(冀)	10300.00
69	吴桥县(冀)	10174.00
70	南皮县(冀)	9608.00
71	望都县(冀)	9355.00
72	安平县(冀)	9190.00
73	雄　县(冀)	9000.00
74	曲阳县(冀)	8760.00
75	广平县(冀)	8700.00
76	大名县(冀)	8635.00
77	清苑县(冀)	8512.00
78	正定县(冀)	8301.00
79	威　县(冀)	8000.00
80	固安县(冀)	7500.00
81	元氏县(冀)	7100.00
82	大城县(冀)	6992.00
83	永年县(冀)	6770.00
84	邯郸县(冀)	6691.00
85	巨鹿县(冀)	6512.00
86	曲周县(冀)	6495.00
87	唐海县(冀)	6435.00
88	任丘市(冀)	6257.00
89	灵寿县(冀)	6250.00
90	黄骅市(冀)	6231.00
91	广阳区(冀)	6227.00
92	涉　县(冀)	6142.00
93	行唐县(冀)	6000.00
94	安次区(冀)	5785.00

序号	县(旗、市、区)	苹果产量(吨)
95	内丘县(冀)	5579.00
96	孟村回族自治县(冀)	5535.00
97	迁西县(冀)	5255.00
98	丰南区(冀)	5004.00
99	高阳县(冀)	4900.00
100	古冶区(冀)	4877.00
101	隆化县(冀)	4760.00
102	河间市(冀)	4702.00
103	武强县(冀)	4604.00
104	易　县(冀)	4500.00
105	赞皇县(冀)	4300.00
106	井陉矿区(冀)	4250.00
107	涞水县(冀)	4100.00
108	赤城县(冀)	4008.00
109	丰宁满族自治县(冀)	4000.00
110	沙河市(冀)	3970.00
111	徐水县(冀)	3800.00
112	宣化县(冀)	3757.00
113	唐　县(冀)	3575.00
114	柏乡县(冀)	3365.00
115	大厂回族自治县(冀)	3125.00
116	涞源县(冀)	3053.00
117	新乐市(冀)	3030.00
118	平乡县(冀)	2490.00
119	临西县(冀)	2458.00
120	峰峰矿区(冀)	2350.00
121	安新县(冀)	2210.00
122	怀安县(冀)	2108.00
123	任　县(冀)	1995.00
124	阳原县(冀)	1578.00
125	容城县(冀)	1540.00
126	南和县(冀)	1521.00
127	海兴县(冀)	1500.00
128	新市区(冀)	1470.00
129	临城县(冀)	1156.00
130	运河区(冀)	1133.00
131	邢台市桥西区(冀)	1030.00
132	蔚　县(冀)	1006.00
133	鸡泽县(冀)	1000.00
134	凉城县(内蒙古)	10000.00

序号	县(旗、市、区)	苹果产量(吨)
135	林西县(内蒙古)	9000.00
136	宁城县(内蒙古)	6500.00
137	土默特右旗(内蒙古)	6177.00
138	巴林左旗(内蒙古)	4800.00
139	松山区(内蒙古)	3906.00
140	开鲁县(内蒙古)	2356.00
141	四子王旗(内蒙古)	1462.00
142	元宝山区(内蒙古)	1086.00
143	兴和县(内蒙古)	1060.00
144	阿鲁科尔沁旗(内蒙古)	1000.00
145	瓦房店市(辽)	520000.00
146	普兰店市(辽)	360000.00
147	绥中县(辽)	200000.00
148	大石桥市(辽)	180000.00
149	海城市(辽)	38500.00
150	金州区(辽)	27509.00
151	旅顺口区(辽)	20000.00
152	新民市(辽)	16830.00
153	台安县(辽)	14000.00
154	昌图县(辽)	14000.00
155	北票市(辽)	12000.00
156	于洪区(辽)	10000.00
157	辽阳县(辽)	10000.00
158	灯塔市(辽)	10000.00
159	凌海市(辽)	9652.00
160	建昌县(辽)	9500.00
161	西丰县(辽)	9010.00
162	义　县(辽)	8800.00
163	朝阳县(辽)	8000.00
164	岫岩满族自治县(辽)	7700.00
165	东陵区(辽)	7000.00
166	沈北新区(辽)	6075.00
167	辽中县(辽)	6000.00
168	抚顺县(辽)	5200.00
169	法库县(辽)	5000.00
170	康平县(辽)	4500.00
171	甘井子区(辽)	3650.00
172	凤城市(辽)	3045.00
173	清原满族自治县(辽)	3000.00
174	顺城区(辽)	2243.40
175	开原市(辽)	2200.00
176	北镇市(辽)	1500.00
177	清河区(辽)	1360.00
178	调兵山市(辽)	1260.00
179	千山区(辽)	1188.00
180	大洼县(辽)	1100.00
181	东丰县(吉)	11784.00
182	磐石市(吉)	9585.00
183	辉南县(吉)	6100.00
184	桦甸市(吉)	3750.00
185	敦化市(吉)	2384.00
186	集安市(吉)	1456.00
187	珲春市(吉)	1124.00
188	龙井市(吉)	1010.00
189	东宁县(黑)	30860.00
190	肇源县(黑)	27775.00
191	穆棱市(黑)	27431.00
192	宁安市(黑)	26021.00
193	麻山区(黑)	11000.00
194	鸡冠区(黑)	5004.00
195	肇州县(黑)	2500.00
196	延寿县(黑)	1500.00
197	甘南县(黑)	1108.00
198	丰　县(苏)	380600
199	沛　县(苏)	71620
200	邳州市(苏)	19240
201	滨海县(苏)	14025
202	涟水县(苏)	9200
203	赣榆县(苏)	8588
204	阜宁县(苏)	2658
205	九里区(苏)	2390
206	淮阴区(苏)	1771
207	砀山县(皖)	252108.00
208	杜集区(皖)	5575.00
209	埇桥区(皖)	4111.00
210	灵璧县(皖)	2587.00
211	沂源县(鲁)	396773.00
212	蓬莱市(鲁)	336779.00
213	乳山市(鲁)	280000.00
214	文登市(鲁)	212350.00

序号	县(旗、市、区)	苹果产量(吨)
215	蒙阴县(鲁)	211300.00
216	胶南市(鲁)	150896.00
217	沂水县(鲁)	138000.00
218	冠　县(鲁)	119000.00
219	岱岳区(鲁)	106370.00
220	临朐县(鲁)	90000.00
221	平阴县(鲁)	84852.00
222	宁津县(鲁)	75692.00
223	惠民县(鲁)	69800.00
224	东营市市辖区(鲁)	55809.00
225	高青县(鲁)	50250.00
226	夏津县(鲁)	50000.00
227	新泰市(鲁)	48000.00
228	环翠区(鲁)	47390.00
229	东港区(鲁)	41358.00
230	滕州市(鲁)	39150.00
231	邹平县(鲁)	36800.00
232	诸城市(鲁)	35747.00
233	莘　县(鲁)	32576.00
234	牡丹区(鲁)	31994.00
235	山亭区(鲁)	31860.00
236	沂南县(鲁)	30182.00
237	博山区(鲁)	28600.00
238	德州市市辖区(鲁)	27750.00
239	章丘市(鲁)	26158.00
240	东昌府区(鲁)	25991.00
241	临清市(鲁)	24300.00
242	滨城区(鲁)	22545.00
243	邹城市(鲁)	20450.00
244	泗水县(鲁)	17360.00
245	利津县(鲁)	17357.00
246	肥城市(鲁)	17085.00
247	嘉祥县(鲁)	15990.00
248	梁山县(鲁)	15200.00
249	济阳县(鲁)	15000.00
250	阳谷县(鲁)	14500.00
251	莱城区(鲁)	13849.00
252	成武县(鲁)	13592.00
253	沾化县(鲁)	13500.00
254	阳信县(鲁)	10900.00

序号	县(旗、市、区)	苹果产量(吨)
255	广饶县(鲁)	9950.00
256	定陶县(鲁)	9110.00
257	平原县(鲁)	7960.00
258	河口区(鲁)	7797.00
259	钢城区(鲁)	7500.00
260	泰山区(鲁)	7400.00
261	宁阳县(鲁)	7060.00
262	东平县(鲁)	6230.00
263	垦利县(鲁)	4800.00
264	武城县(鲁)	4374.00
265	高唐县(鲁)	3867.00
266	东阿县(鲁)	3500.00
267	长清区(鲁)	3349.00
268	临淄区(鲁)	2781.00
269	张店区(鲁)	2148.00
270	禹城市(鲁)	2000.00
271	莱芜市市辖区(鲁)	1300.00
272	灵宝市(豫)	812916.40
273	陕　县(豫)	294366.00
274	虞城县(豫)	263000.00
275	洛宁县(豫)	170000.00
276	孟州市(豫)	155000.00
277	夏邑县(豫)	120000.00
278	永城市(豫)	99634.00
279	梁园区(豫)	73000.00
280	南乐县(豫)	68199.00
281	民权县(豫)	68000.00
282	内黄县(豫)	57000.00
283	卢氏县(豫)	55000.00
284	兰考县(豫)	44000.00
285	安阳县(豫)	34483.00
286	林州市(豫)	24709.00
287	扶沟县(豫)	21000.00
288	通许县(豫)	20638.00
289	汤阴县(豫)	19840.00
290	睢　县(豫)	18000.00
291	睢阳区(豫)	17000.00
292	济源市(豫)	15000.00
293	中牟县(豫)	14112.00
294	延津县(豫)	12460.00

序号	县(旗、市、区)	苹果产量(吨)
295	滑　县(豫)	11444.00
296	范　县(豫)	10500.00
297	杞　县(豫)	10000.00
298	罗山县(豫)	9800.00
299	濮阳市高新区(豫)	9300.00
300	卫辉市(豫)	9000.00
301	清丰县(豫)	7762.00
302	汝州市(豫)	7600.00
303	项城市(豫)	6500.00
304	荥阳市(豫)	6143.00
305	浚　县(豫)	6005.00
306	封丘县(豫)	5100.00
307	获嘉县(豫)	4978.00
308	伊川县(豫)	4500.00
309	开封县(豫)	4200.00
310	郏　县(豫)	3300.00
311	渑池县(豫)	3200.00
312	红旗区(豫)	3000.00
313	淇滨区(豫)	2800.00
314	新野县(豫)	2800.00
315	殷都区(豫)	2700.00
316	濮阳县(豫)	2462.00
3171	唐河县(豫)	2450.00
318	宜阳县(豫)	2280.00
319	长垣县(豫)	2200.00
320	宝丰县(豫)	2190.00
321	新乡县(豫)	2064.00
322	台前县(豫)	2000.00
323	辉县市(豫)	1962.00
324	湖滨区(豫)	1500.00
325	原阳县(豫)	1325.00
326	太康县(豫)	1225.00
327	新安县(豫)	1200.00
328	淇　县(豫)	1185.00
329	凤泉区(豫)	1050.00
330	内乡县(豫)	1000.00
331	盐源县(川)	260433.00
332	会理县(川)	1115.00
333	礼泉县(陕)	750000.00
334	洛川县(陕)	685000.00

序号	县(旗、市、区)	苹果产量(吨)
335	淳化县(陕)	587000.00
336	乾　县(陕)	326606.00
337	永寿县(陕)	320030.00
338	蒲城县(陕)	300000.00
339	宜川县(陕)	280000.00
340	合阳县(陕)	251689.00
341	澄城县(陕)	250000.00
342	长武县(陕)	220000.00
343	富　县(陕)	215100.00
344	黄陵县(陕)	200000.00
345	印台区(陕)	165946.00
346	延长县(陕)	114000.00
347	宜君县(陕)	112135.00
348	临渭区(陕)	100000.00
349	兴平市(陕)	97980.00
350	韩城市(陕)	90000.00
351	凤翔县(陕)	71648.00
352	秦都区(陕)	65000.00
353	黄龙县(陕)	27900.00
354	眉　县(陕)	20000.00
355	渭城区(陕)	18200.00
356	千阳县(陕)	11626.00
357	子洲县(陕)	10268.00
358	米脂县(陕)	8109.00
359	定边县(陕)	4500.00
360	镇安县(陕)	3821.00
361	靖边县(陕)	2000.00
362	旬阳县(陕)	1896.00
363	丹凤县(陕)	1896.00
364	洛南县(陕)	1504.00
365	柞水县(陕)	1300.00
366	西峰区(甘)	112000.00
367	庆城县(甘)	100050.00
368	宁　县(甘)	70350.00
369	甘州区(甘)	36253.00
370	张家川回族自治县(甘)	33963.00
371	正宁县(甘)	30000.00
372	凉州区(甘)	26514.00
373	白银区(甘)	22400.00
374	七里河区(甘)	17400.00

序号	县(旗、市、区)	苹果产量(吨)
375	靖远县(甘)	16620.00
376	灵台县(甘)	14894.00
377	皋兰县(甘)	9500.00
378	环　县(甘)	9000.00
379	华池县(甘)	8000.00
380	永靖县(甘)	6965.00
381	临泽县(甘)	3805.00
382	永登县(甘)	3500.00
383	榆中县(甘)	3256.00
384	成　县(甘)	2798.00
385	平川区(甘)	2250.00
386	民勤县(甘)	2100.00
387	玉门市(甘)	1211.00
388	金川区(甘)	1120.00
389	中卫市市辖区(宁)	91616.00
390	灵武市(宁)	80258.00
391	中宁县(宁)	68000.00
392	自治区直属单位(宁)	50000.00
393	永宁县(宁)	47000.00
394	青铜峡市(宁)	46400.00
395	贺兰县(宁)	26300.00
396	惠农区(宁)	7340.00
397	大武口区(宁)	6634.00
398	同心县(宁)	6000.00
399	海原县(宁)	3954.00
400	兴庆区(宁)	3430.00
401	利通区(宁)	3173.00
402	西夏区(宁)	1050.00
403	阿克苏市(新)	56671.00
404	温宿县(新)	49100.00
405	泽普县(新)	39021.20
406	巴楚县(新)	33679.00
407	阜康市(新)	9126.00
408	疏勒县(新)	5702.00
409	阿瓦提县(新)	3590.00
410	乌什县(新)	2500.00
411	博湖县(新)	2183.00
412	库车县(新)	2183.00
413	疏附县(新)	2112.00
414	奇台县(新)	1596.00
415	和静县(新)	1516.00

表7-3　2009年果品(梨)主产县(旗、市、区、局)

序号	县(旗、市、区、局)	梨产量(吨)
1	大兴区(京)	67877.00
2	密云县(京)	21869.60
3	顺义区(京)	20348.00
4	房山区(京)	19265.00
5	平谷区(京)	14623.50
6	怀柔区(京)	7915.10
7	延庆县(京)	1465.10
8	昌平区(京)	1330.00
9	蓟　县(津)	7703.00
10	宝坻区(津)	6776.00
11	西青区(津)	3162.50
12	赵　县(冀)	523000.00
13	辛集市(冀)	490293.00
14	泊头市(冀)	436830.00
15	晋州市(冀)	336340.00
16	宁晋县(冀)	304993.00
17	藁城市(冀)	142123.00
18	深州市(冀)	134043.00
19	魏　县(冀)	123952.00
20	阜城县(冀)	107100.00
21	定州市(冀)	44490.00
22	固安县(冀)	42250.00
23	兴隆县(冀)	41535.00
24	遵化市(冀)	40437.00
25	青龙满族自治县(冀)	38000.00
26	冀州市(冀)	36080.00
27	肃宁县(冀)	35963.00
28	永清县(冀)	35903.00
29	饶阳县(冀)	25920.00
30	滦南县(冀)	22884.00
31	滦　县(冀)	22078.00
32	新河县(冀)	21018.00
33	无极县(冀)	20000.00
34	南皮县(冀)	19830.00
35	平泉县(冀)	19080.00
36	抚宁县(冀)	17236.00

序号	县(旗、市、区、局)	梨产量(吨)
37	迁安市(冀)	16646.00
38	广阳区(冀)	16257.00
39	临漳县(冀)	15633.00
40	雄　县(冀)	15610.00
41	安次区(冀)	15559.00
42	安国市(冀)	15185.00
43	孟村回族自治县(冀)	15060.00
44	霸州市(冀)	14040.00
45	广平县(冀)	13990.00
46	深泽县(冀)	13657.00
47	博野县(冀)	13500.00
48	怀来县(冀)	13200.00
49	涿州市(冀)	13000.00
50	任丘市(冀)	12965.00
51	丰润区(冀)	12751.00
52	隆尧县(冀)	12114.00
53	大名县(冀)	11916.00
54	故城县(冀)	11843.00
55	成安县(冀)	11700.00
56	河间市(冀)	10712.00
57	文安县(冀)	10480.00
58	蠡　县(冀)	9971.00
59	大城县(冀)	9840.00
60	献　县(冀)	9801.00
61	南宫市(冀)	9649.00
62	迁西县(冀)	9509.00
63	滦平县(冀)	9400.00
64	高碑店市(冀)	8682.00
65	柏乡县(冀)	7759.00
66	桃城区(冀)	7520.00
67	景　县(冀)	7500.00
68	正定县(冀)	6740.00
69	盐山县(冀)	6706.00
70	丰南区(冀)	6519.00
71	灵寿县(冀)	6500.00
72	昌黎县(冀)	6296.00
73	曲阳县(冀)	6120.00
74	清苑县(冀)	6100.00
75	东光县(冀)	6000.00
76	枣强县(冀)	5401.00

序号	县(旗、市、区、局)	梨产量(吨)
77	元氏县(冀)	5300.00
78	隆化县(冀)	5200.00
79	永年县(冀)	5080.00
80	玉田县(冀)	4740.00
81	肥乡县(冀)	4730.00
82	安平县(冀)	4350.00
83	平山县(冀)	4120.00
84	巨鹿县(冀)	4014.00
85	古冶区(冀)	4001.00
86	威　县(冀)	4000.00
87	丰宁满族自治县(冀)	3800.00
88	武邑县(冀)	3750.00
89	黄骅市(冀)	3605.00
90	宽城满族自治县(冀)	3500.00
91	乐亭县(冀)	3261.42
92	临西县(冀)	3260.00
93	海港区(冀)	3092.00
94	平乡县(冀)	3015.00
95	望都县(冀)	3000.00
96	广宗县(冀)	2973.00
97	石家庄市桥东区(冀)	2905.00
98	卢龙县(冀)	2634.00
99	行唐县(冀)	2490.00
100	吴桥县(冀)	2458.00
101	新乐市(冀)	2300.00
102	邢台县(冀)	2207.00
103	邯郸县(冀)	1964.00
104	赞皇县(冀)	1800.00
105	南和县(冀)	1695.00
106	新华区(冀)	1686.00
107	武强县(冀)	1671.00
108	鹿泉市(冀)	1618.00
109	馆陶县(冀)	1545.00
110	安新县(冀)	1186.00
111	磁　县(冀)	1077.00
112	高阳县(冀)	1030.00
113	容城县(冀)	1010.00
114	临河区(内蒙古)	18886.00
115	巴彦淖尔市市辖区(内蒙古)	2300.00
116	喀喇沁旗(内蒙古)	1342.00

序号	县(旗、市、区、局)	梨产量(吨)
117	乌拉特后旗(内蒙古)	1065.00
118	海城市(辽)	160000.00
119	绥中县(辽)	130000.00
120	大石桥市(辽)	90000.00
121	北镇市(辽)	65000.00
122	义　县(辽)	51000.00
123	辽阳县(辽)	48000.00
124	阜新蒙古族自治县(辽)	42000.00
125	灯塔市(辽)	29000.00
126	千山区(辽)	22958.00
127	北票市(辽)	20000.00
128	顺城区(辽)	17411.00
129	开原市(辽)	13800.00
130	沈北新区(辽)	12900.00
131	旅顺口区(辽)	10000.00
132	抚顺县(辽)	9500.00
133	桓仁满族自治县(辽)	8848.60
134	凌海市(辽)	8514.00
135	岫岩满族自治县(辽)	8000.00
136	清河区(辽)	6600.00
137	西丰县(辽)	6050.00
138	东陵区(辽)	6000.00
139	法库县(辽)	5000.00
140	双塔区(辽)	5000.00
141	朝阳县(辽)	5000.00
142	铁岭县(辽)	4550.00
143	建昌县(辽)	4500.00
144	辽中县(辽)	4000.00
145	凤城市(辽)	3551.00
146	大洼县(辽)	2500.00
147	甘井子区(辽)	2350.00
148	瓦房店市(辽)	2000.00
149	金州区(辽)	1777.00
150	新邱区(辽)	1700.00
151	康平县(辽)	1600.00
152	龙井市(吉)	26340.00
153	延吉市(吉)	18527.00
154	前郭尔罗斯蒙古族自治县(吉)	9000.00
155	伊通满族自治县(吉)	8971.00
156	公主岭市(吉)	5670.00

序号	县(旗、市、区、局)	梨产量(吨)
157	图们市(吉)	4253.00
158	敦化市(吉)	3461.00
159	珲春林业局(吉)	3400.00
160	辉南县(吉)	3100.00
161	通化市市辖区(吉)	2000.00
162	东宁县(黑)	4610.00
163	龙江县(黑)	4500.00
164	鸡冠区(黑)	3663.00
165	延寿县(黑)	1000.00
166	奉贤区(沪)	8787.00
167	南汇区(沪)	6151.00
168	松江区(沪)	5016.30
169	金山区(沪)	4181.00
170	青浦区(沪)	3267.00
171	宝山区(沪)	1914.00
172	崇明县(沪)	1706.00
173	浦东新区(沪)	1650.00
174	丰　县(苏)	117520.00
175	大丰市(苏)	31217.00
176	阜宁县(苏)	25052.00
177	滨海县(苏)	20701.00
178	涟水县(苏)	20000.00
179	沛　县(苏)	15180.00
180	启东市(苏)	13000.00
181	建湖县(苏)	12915.00
182	灌南县(苏)	11250.00
183	灌云县(苏)	10200.00
184	海安县(苏)	8600.00
185	赣榆县(苏)	5889.00
186	江阴市(苏)	5421.00
187	东台市(苏)	5299.00
188	高邮市(苏)	5000.00
189	海门市(苏)	3726.00
190	东海县(苏)	3648.00
191	宝应县(苏)	2500.00
192	邳州市(苏)	2460.00
193	海州区(苏)	2230.00
194	虎丘区(苏)	2000.00
195	楚州区(苏)	1942.00
196	句容市(苏)	1830.00

序号	县(旗、市、区、局)	梨产量(吨)
197	高淳县(苏)	1631.00
198	浦口区(苏)	1606.00
199	淮阴区(苏)	1364.00
200	靖江市(苏)	1300.00
201	余姚市(浙)	31000.00
202	义乌市(浙)	29200.00
203	浦江县(浙)	27900.00
204	桐庐县(浙)	22930.00
205	龙游县(浙)	20158.00
206	天台县(浙)	17000.00
207	秀洲区(浙)	16550.00
208	海宁市(浙)	16000.00
209	嘉善县(浙)	13355.00
210	富阳市(浙)	12659.00
211	温岭市(浙)	12318.00
212	临安市(浙)	12200.00
213	武义县(浙)	12176.00
214	建德市(浙)	10500.00
215	松阳县(浙)	10448.00
216	仙居县(浙)	9500.00
217	余杭区(浙)	9062.00
218	嵊州市(浙)	9000.00
219	安吉县(浙)	8540.00
220	鄞州区(浙)	8500.00
221	德清县(浙)	8500.00
222	桐乡市(浙)	6750.00
223	海盐县(浙)	6234.00
224	诸暨市(浙)	4550.00
225	东阳市(浙)	4413.00
226	吴兴区(浙)	3752.00
227	淳安县(浙)	3645.00
228	莲都区(浙)	3509.00
229	北仑区(浙)	3500.00
230	萧山区(浙)	3300.00
231	云和县(浙)	3267.00
232	缙云县(浙)	3045.00
233	兰溪市(浙)	3027.00
234	南湖区(浙)	3004.00
235	定海区(浙)	2996.00
236	镇海区(浙)	1869.00

序号	县(旗、市、区、局)	梨产量(吨)
237	青田县(浙)	1570.00
238	乐清市(浙)	1440.00
239	长兴县(浙)	1400.00
240	景宁畲族自治县(浙)	1364.00
241	平湖市(浙)	1145.00
242	砀山县(皖)	626854.00
243	灵璧县(皖)	28520.00
244	五河县(皖)	19364.00
245	固镇县(皖)	11300.00
246	杜集区(皖)	7318.00
247	埇桥区(皖)	5195.00
248	临泉县(皖)	4200.00
249	凤阳县(皖)	2048.00
250	肥西县(皖)	1500.00
251	霍邱县(皖)	1300.00
252	广德县(皖)	1022.00
253	蒙城县(皖)	1000.00
254	建宁县(闽)	73782.00
255	建阳市(闽)	3168.00
256	延平区(闽)	2116.00
257	南城县(赣)	32800.00
258	金溪县(赣)	30028.00
259	瑞昌市(赣)	20950.00
260	赣　县(赣)	8056.00
261	永修县(赣)	5100.00
262	南丰县(赣)	4134.00
263	丰城市(赣)	4000.00
264	九江县(赣)	3928.00
265	德安县(赣)	2285.00
266	临川区(赣)	2187.00
267	靖安县(赣)	2086.00
268	新干县(赣)	2000.00
269	安福县(赣)	2000.00
270	广丰县(赣)	2000.00
271	大余县(赣)	1457.00
272	广昌县(赣)	1428.00
273	黎川县(赣)	1310.00
274	上饶县(赣)	1296.00
275	定南县(赣)	1233.00
276	于都县(赣)	1195.00

序号	县(旗、市、区、局)	梨产量(吨)
277	井冈山市(赣)	1062.00
278	南康市(赣)	1035.00
279	阳信县(鲁)	170000.00
280	冠　县(鲁)	119000.00
281	临清市(鲁)	57750.00
282	夏津县(鲁)	30554.00
283	蓬莱市(鲁)	29138.00
284	东阿县(鲁)	22408.00
285	滕州市(鲁)	18200.00
286	胶南市(鲁)	15743.00
287	岱岳区(鲁)	15210.00
288	东营市市辖区(鲁)	14135.00
289	牡丹区(鲁)	12130.00
290	环翠区(鲁)	9410.00
291	宁阳县(鲁)	8465.00
292	乳山市(鲁)	8400.00
293	文登市(鲁)	7000.00
294	宁津县(鲁)	6390.00
295	嘉祥县(鲁)	5965.00
296	诸城市(鲁)	5891.00
297	邹城市(鲁)	5800.00
298	沂源县(鲁)	5470.00
299	章丘市(鲁)	5416.00
300	临朐县(鲁)	5000.00
301	滨城区(鲁)	4895.00
302	利津县(鲁)	4385.00
303	长清区(鲁)	3756.00
304	济阳县(鲁)	3600.00
305	莘　县(鲁)	3580.00
306	沂水县(鲁)	3500.00
307	莱城区(鲁)	3390.00
308	定陶县(鲁)	3290.00
309	邹平县(鲁)	3100.00
310	高唐县(鲁)	3048.00
311	兖州市(鲁)	3010.00
3121	泗水县(鲁)	2970.00
313	坊子区(鲁)	2800.00
314	山亭区(鲁)	2100.00
315	新泰市(鲁)	2000.00
316	东港区(鲁)	1829.00
317	德州市市辖区(鲁)	1775.00
318	沂南县(鲁)	1734.00
319	禹城市(鲁)	1720.00
320	平阴县(鲁)	1600.00
321	东昌府区(鲁)	1558.00
322	天桥区(鲁)	1546.00
323	任城区(鲁)	1500.00
324	武城县(鲁)	1164.00
325	梁山县(鲁)	1000.00
326	阳谷县(鲁)	1000.00
327	宁陵县(豫)	250000.00
328	永城市(豫)	172720.00
329	夏邑县(豫)	60000.00
330	虞城县(豫)	44000.00
331	孟津县(豫)	29000.00
332	泌阳县(豫)	28500.00
333	扶沟县(豫)	20000.00
334	淮滨县(豫)	18900.00
335	唐河县(豫)	17000.00
336	项城市(豫)	15000.00
337	中牟县(豫)	13680.00
338	宛城区(豫)	12000.00
339	民权县(豫)	12000.00
340	睢阳区(豫)	11000.00
341	鄢陵县(豫)	9630.00
342	内黄县(豫)	9600.00
343	汝州市(豫)	8500.00
344	卫辉市(豫)	7050.00
345	长垣县(豫)	7000.00
346	灵宝市(豫)	6581.60
347	济源市(豫)	6000.00
348	兰考县(豫)	5400.00
349	新蔡县(豫)	4400.00
350	舞钢市(豫)	4300.00
351	方城县(豫)	4098.00
352	罗山县(豫)	4000.00
353	沈丘县(豫)	4000.00
354	孟州市(豫)	3862.00
355	新乡县(豫)	3600.00
356	渑池县(豫)	3500.00

序号	县(旗、市、区、局)	梨产量(吨)
357	息　县(豫)	3400.00
358	修武县(豫)	3062.00
359	洛宁县(豫)	3000.00
360	潢川县(豫)	3000.00
361	清丰县(豫)	2936.00
362	荥阳市(豫)	2872.00
363	濮阳县(豫)	2850.00
364	源汇区(豫)	2821.00
365	正阳县(豫)	2200.00
366	襄城县(豫)	2070.00
367	许昌县(豫)	2000.00
368	桐柏县(豫)	2000.00
369	遂平县(豫)	2000.00
370	二七区(豫)	1981.00
371	新野县(豫)	1980.00
372	濮阳市高新区(豫)	1950.00
373	陕　县(豫)	1736.00
374	通许县(豫)	1650.00
375	安阳县(豫)	1625.00
376	林州市(豫)	1600.00
377	太康县(豫)	1538.00
378	汝南县(豫)	1227.00
379	开封市市辖区(豫)	1200.00
380	获嘉县(豫)	1200.00
381	范　县(豫)	1125.00
382	淇滨区(豫)	1100.00
383	西平县(豫)	1100.00
384	滑　县(豫)	1092.30
385	南召县(豫)	1090.00
386	鹿邑县(豫)	1068.00
387	内乡县(豫)	1000.00
388	京山县(鄂)	10000.00
389	通山县(鄂)	9750.00
390	东宝区(鄂)	3739.00
391	崇阳县(鄂)	2916.00
392	荆门市市辖区(鄂)	1795.00
393	涟源市(湘)	50600.00
394	冷水滩区(湘)	25000.00
395	邵阳县(湘)	18000.00
396	麻阳苗族自治县(湘)	17343.70
397	蓝山县(湘)	9008.00
398	龙山县(湘)	6500.00
399	吉首市(湘)	5600.00
400	祁东县(湘)	5202.00
401	嘉禾县(湘)	4813.00
402	资兴市(湘)	4759.00
403	永顺县(湘)	4203.00
404	花垣县(湘)	3755.00
405	靖州苗族侗族自治县(湘)	3200.00
406	鹤城区(湘)	3000.00
407	汝城县(湘)	2717.00
408	浏阳市(湘)	2400.00
409	临武县(湘)	2360.00
410	中方县(湘)	1840.00
411	祁阳县(湘)	1825.00
412	桃源县(湘)	1800.00
413	平江县(湘)	1654.00
414	北塔区(湘)	1530.00
415	溆浦县(湘)	1285.00
416	北湖区(湘)	1202.00
417	大祥区(湘)	1200.00
418	衡东县(湘)	1000.00
419	连州市(粤)	13543.00
420	封开县(粤)	7077.00
421	乐昌市(粤)	3563.00
422	灌阳县(桂)	36450.00
423	全州县(桂)	22458.00
424	钦北区(桂)	10700.00
425	兴安县(桂)	7448.00
426	富川瑶族自治县(桂)	5465.00
427	雁山区(桂)	5304.00
428	恭城瑶族自治县(桂)	4675.00
429	武鸣县(桂)	4049.00
430	宜州市(桂)	2733.00
431	阳朔县(桂)	2529.00
432	南丹县(桂)	2413.00
433	田林县(桂)	2365.00
434	龙胜各族自治县(桂)	2271.00
435	横　县(桂)	1944.00
436	右江区(桂)	1820.00

序号	县(旗、市、区、局)	梨产量(吨)
437	金城江区(桂)	1628.00
438	钟山县(桂)	1600.00
439	那坡县(桂)	1559.00
440	象州县(桂)	1395.00
441	环江毛南族自治县(桂)	1333.00
442	贺州市平桂管理区(桂)	1245.00
443	昭平县(桂)	1029.00
444	会理县(川)	11921.00
445	长宁县(川)	10120.00
446	宜宾县(川)	7000.00
447	通江县(川)	2420.00
448	巴州区(川)	2407.00
449	峨眉山市(川)	1950.00
450	马边彝族自治县(川)	1614.00
451	雷波县(川)	1568.00
452	南江县(川)	1000.00
453	乌当区(黔)	25657.00
454	毕节市(黔)	10500.00
455	三穗县(黔)	8300.00
456	开阳县(黔)	5250.00
457	盘　县(黔)	3276.00
458	水城县(黔)	2742.00
459	雷山县(黔)	2700.00
460	独山县(黔)	2612.00
461	黎平县(黔)	2214.00
462	天柱县(黔)	2205.00
463	锦屏县(黔)	1952.00
464	榕江县(黔)	1917.00
465	黄平县(黔)	1848.00
466	花溪区(黔)	1555.00
467	剑河县(黔)	1348.00
468	仁怀市(黔)	1120.00
469	六枝特区(黔)	1113.00
470	礼泉县(陕)	220000.00
471	秦都区(陕)	51000.00
472	蒲城县(陕)	33000.00
473	乾　县(陕)	20700.00
474	临渭区(陕)	18400.00
475	合阳县(陕)	8248.00
476	宜川县(陕)	8000.00
477	渭城区(陕)	7420.00
478	兴平市(陕)	6440.00
479	延长县(陕)	6000.00
480	雁塔区(陕)	3300.00
481	淳化县(陕)	2750.00
482	定边县(陕)	2660.00
483	子洲县(陕)	2642.00
484	米脂县(陕)	1904.00
485	宜君县(陕)	1602.00
486	汉滨区(陕)	1332.00
487	旬阳县(陕)	1148.00
488	凤翔县(陕)	1135.00
489	镇巴县(陕)	1035.00
490	甘州区(甘)	32521.00
491	和政县(甘)	11000.00
492	康乐县(甘)	8400.00
493	灵台县(甘)	8235.00
494	皋兰县(甘)	8000.00
495	凉州区(甘)	6300.00
496	永登县(甘)	6000.00
497	临夏县(甘)	5340.00
498	广河县(甘)	5200.00
499	靖远县(甘)	5178.00
500	渭源县(甘)	5000.00
501	七里河区(甘)	4700.00
502	东乡族自治县(甘)	4640.00
503	安定区(甘)	4450.00
504	张家川回族自治县(甘)	4184.00
505	永靖县(甘)	3134.00
506	山丹县(甘)	3100.00
507	白银区(甘)	2970.00
508	榆中县(甘)	2797.00
509	玉门市(甘)	1621.00
510	金川区(甘)	1463.00
511	临泽县(甘)	1438.00
512	永昌县(甘)	1200.00
513	西峰区(甘)	1036.00
514	贵德县(青)	1305.00
515	灵武市(宁)	5837.00
516	青铜峡市(宁)	1130.00

序号	县(旗、市、区、局)	梨产量(吨)
517	原州区(宁)	1000.00
518	阿克苏市(新)	98939.00
519	库车县(新)	28735.00
520	阿瓦提县(新)	24958.00
521	温宿县(新)	8739.00
522	巴楚县(新)	6219.00
523	乌什县(新)	4000.00
524	疏勒县(新)	1327.00

表7-4　2009年果品(草莓)主产县(市、区、局)

序号	县(市、区、局)	草莓产量(吨)
1	平谷区(京)	362.40
2	岫岩满族自治县(辽)	1900.00
3	桓仁满族自治县(辽)	1285.00
4	辉南县(吉)	720.00
5	集安市(吉)	250.00
6	磐石市(吉)	145.00
7	延寿县(黑)	350.00
8	崇明县(沪)	413.00
9	建德市(浙)	9760.00
10	定海区(浙)	1200.00
11	居巢区(皖)	4450.00
12	霍山县(皖)	780.00
13	固镇县(皖)	600.00
14	连江县(闽)	550.00
15	瑞金市(赣)	300.00
16	南康市(赣)	300.00
17	芦溪县(赣)	150.00
18	万载县(赣)	100.00
19	横峰县(赣)	100.00
20	乳山市(鲁)	6000.00
21	薛城区(鲁)	2660.00
22	莱城区(鲁)	2400.00
23	新泰市(鲁)	700.00
24	黄岛区(鲁)	350.00
25	叶　县(豫)	6000.00
26	管城回族区(豫)	4400.00
27	新郑市(豫)	1000.00
28	魏都区(豫)	270.00
29	卫滨区(豫)	112.50
30	新邵县(湘)	1260.00
31	新晃侗族自治县(湘)	375.00
32	双峰县(湘)	218.00
33	沅陵县(湘)	150.00
34	汤旺河林业局(龙江森工)	127.50

表7-5　2009年果品(荔枝)主产县(市、区、场)

序号	县(市、区、场)	荔枝产量(吨)
1	永春县(闽)	1258.00
2	安溪县(闽)	927.00
3	福清市(闽)	821.00
4	高州市(粤)	139288.00
5	电白县(粤)	116050.00
6	廉江市(粤)	52000.00
7	信宜市(粤)	30000.00
8	博罗县(粤)	25050.00
9	饶平县(粤)	15750.00
10	增城市(粤)	12817.00
11	郁南县(粤)	11273.00
12	茂南区(粤)	9800.00
13	揭西县(粤)	7345.00
14	台山市(粤)	7170.00
15	坡头区(粤)	7000.00
16	化州市(粤)	7000.00
17	罗定市(粤)	6494.00
18	遂溪县(粤)	6445.00
19	茂港区(粤)	5792.00
20	揭东县(粤)	5250.00
21	兴宁市(粤)	5000.00
22	丰顺县(粤)	4950.00
23	潮安县(粤)	4878.00
24	惠阳区(粤)	4600.00
25	佛冈县(粤)	4518.00
26	惠城区(粤)	3556.00
27	新会区(粤)	3486.00
28	萝岗区(粤)	3015.00
29	云城区(粤)	2984.00
30	清城区(粤)	2891.00

序号	县(市、区、场)	荔枝产量(吨)
31	龙门县(粤)	2570.00
32	阳东县(粤)	2500.00
33	茂名市属总林场(粤)	2000.00
34	潮南区(粤)	1583.00
35	开平市(粤)	1206.00
36	鹤山市(粤)	1149.00
37	封开县(粤)	1114.00
38	高要市(粤)	909.20
39	香洲区(粤)	824.00
40	珠海市高新区(粤)	750.00
41	麻章区(粤)	600.00
42	黄埔区(粤)	562.00
43	吴川市(粤)	500.00
44	博白县(桂)	155843.00
45	灵山县(桂)	103000.00
46	钦北区(桂)	98063.00
47	北流市(桂)	64010.00
48	武鸣县(桂)	9930.00
49	平南县(桂)	8491.00
50	横　县(桂)	7258.00
51	玉林市福绵区(桂)	5593.00
52	岑溪市(桂)	5340.00
53	藤　县(桂)	4772.00
54	右江区(桂)	4350.00
55	陆川县(桂)	3425.00
56	苍梧县(桂)	3205.00
57	东兴市(桂)	2177.00
58	隆安县(桂)	2159.00
59	防城区(桂)	1744.00
60	青秀区(桂)	1488.00
61	覃塘区(桂)	1205.00
62	上思县(桂)	767.00
63	铁山港区(桂)	764.00
64	都安瑶族自治县(桂)	718.00
65	平果县(桂)	613.00
66	武宣县(桂)	587.00
67	银海区(桂)	569.00
68	龙州县(桂)	552.00
69	万宁市(琼)	5295.00
70	五指山市(琼)	531.00

表 7-6　2009 年果品(龙眼)主产县(市、区)

序号	县(市、区)	龙眼产量(吨)
1	福清市(闽)	8773.00
2	永春县(闽)	5670.00
3	惠安县(闽)	5206.00
4	安溪县(闽)	3672.00
5	泉港区(闽)	1043.00
6	高州市(粤)	78897.00
7	信宜市(粤)	50000.00
8	廉江市(粤)	26000.00
9	电白县(粤)	19748.00
10	饶平县(粤)	13500.00
11	台山市(粤)	13250.00
12	博罗县(粤)	12750.00
13	澄海区(粤)	7780.00
14	茂南区(粤)	7000.00
15	罗定市(粤)	6817.00
16	化州市(粤)	6000.00
17	丰顺县(粤)	5990.00
18	揭西县(粤)	5500.00
19	郁南县(粤)	4347.00
20	遂溪县(粤)	4280.00
21	茂港区(粤)	3875.00
22	龙门县(粤)	3695.00
23	潮安县(粤)	3658.00
24	惠阳区(粤)	3000.00
25	封开县(粤)	2357.00
26	佛冈县(粤)	2197.00
27	清城区(粤)	2076.00
28	云城区(粤)	2039.00
29	吴川市(粤)	2000.00
30	惠城区(粤)	2000.00
31	新会区(粤)	1874.00
32	鹤山市(粤)	1759.00
33	英德市(粤)	1350.00
34	高要市(粤)	1245.10
35	萝岗区(粤)	1219.00
36	兴宁市(粤)	1200.00
37	徐闻县(粤)	741.00
38	开平市(粤)	721.00
39	阳东县(粤)	700.00

序号	县(市、区)	龙眼产量(吨)
40	麻章区(粤)	600.00
41	黄埔区(粤)	566.00
42	武鸣县(桂)	50768.00
43	平南县(桂)	29559.00
44	灵山县(桂)	19500.00
45	北流市(桂)	19020.00
46	大新县(桂)	18870.00
47	武宣县(桂)	17637.00
48	钦北区(桂)	13222.00
49	藤　县(桂)	9219.00
50	合浦县(桂)	9175.00
51	横　县(桂)	8618.00
52	岑溪市(桂)	7860.00
53	隆安县(桂)	7506.00
54	龙州县(桂)	6150.00
55	浦北县(桂)	5300.00
56	象州县(桂)	5035.00
57	右江区(桂)	4110.00
58	青秀区(桂)	3396.00
59	鹿寨县(桂)	3310.00
60	陆川县(桂)	3100.00
61	防城区(桂)	2890.00
62	都安瑶族自治县(桂)	2880.00
63	东兴市(桂)	2719.00
64	田阳县(桂)	2349.00
65	银海区(桂)	2048.00
66	八步区(桂)	2010.00
67	平果县(桂)	1939.00
68	上思县(桂)	1691.00
69	马山县(桂)	1600.00
70	覃塘区(桂)	1165.00
71	金秀瑶族自治县(桂)	1028.00
72	铁山港区(桂)	1016.00
73	苍梧县(桂)	829.00
74	蝶山区(桂)	800.00
75	巴马瑶族自治县(桂)	670.00
76	德保县(桂)	635.00
77	合山市(桂)	598.00
78	柳南区(桂)	500.00
79	万宁市(琼)	1270.00
80	五指山市(琼)	570.00

表7－7　2009年果品(葡萄)主产县(旗、市、区、局、场)

序号	县(旗、市、区、局、场)	葡萄产量(吨)
1	顺义区(京)	11075.00
2	大兴区(京)	8916.00
3	延庆县(京)	4545.10
4	房山区(京)	3595.00
5	密云县(京)	3405.00
6	昌平区(京)	1609.00
7	平谷区(京)	1427.40
8	怀柔区(京)	1028.20
9	蓟　县(津)	7150.00
10	宝坻区(津)	1058.40
11	宁河县(津)	1000.00
12	卢龙县(冀)	132978.00
13	乐亭县(冀)	129458.15
14	怀来县(冀)	105000.00
15	昌黎县(冀)	70437.00
16	晋州市(冀)	62994.00
17	柏乡县(冀)	35846.00
18	永年县(冀)	27690.00
19	威　县(冀)	25023.00
20	滦南县(冀)	23250.00
21	永清县(冀)	18851.00
22	辛集市(冀)	14563.00
23	清苑县(冀)	11650.00
24	滦　县(冀)	10669.00
25	广阳区(冀)	10580.00
26	鹿泉市(冀)	9396.00
27	深泽县(冀)	8763.00
28	玉田县(冀)	8645.00
29	成安县(冀)	8400.00
30	肥乡县(冀)	8350.00
31	丰润区(冀)	8149.00

序号	县(旗、市、区、局、场)	葡萄产量(吨)
32	献　县(冀)	6493.00
33	遵化市(冀)	5929.90
34	香河县(冀)	5835.00
35	藁城市(冀)	4923.00
36	古冶区(冀)	4240.00
37	临漳县(冀)	4195.00
38	抚宁县(冀)	3939.00
39	大城县(冀)	3853.00
40	高阳县(冀)	3800.00
41	安次区(冀)	3703.00
42	徐水县(冀)	3650.00
43	宣化区(冀)	3636.00
44	丰南区(冀)	3586.00
45	定州市(冀)	3500.00
46	鸡泽县(冀)	3100.00
47	开平区(冀)	2869.00
48	饶阳县(冀)	2804.00
49	深州市(冀)	2700.00
50	馆陶县(冀)	2510.00
51	霸州市(冀)	2415.00
52	新河县(冀)	2415.00
53	阳原县(冀)	2378.00
54	文安县(冀)	2223.00
55	故城县(冀)	2146.00
56	泊头市(冀)	2135.00
57	滦平县(冀)	2100.00
58	迁西县(冀)	1974.00
59	蠡　县(冀)	1900.00
60	磁　县(冀)	1858.00
61	迁安市(冀)	1758.00
62	宣化县(冀)	1496.00
63	唐山市汉沽管理区(冀)	1395.00
64	涿州市(冀)	1310.00
65	黄骅市(冀)	1263.00
66	平泉县(冀)	950.00
67	肃宁县(冀)	925.00
68	唐　县(冀)	907.00
69	雄　县(冀)	900.00
70	任　县(冀)	839.00
71	曲阳县(冀)	790.00

序号	县(旗、市、区、局、场)	葡萄产量(吨)
72	曲周县(冀)	781.00
73	盐山县(冀)	744.00
74	定兴县(冀)	731.00
75	任丘市(冀)	726.00
76	魏　县(冀)	692.00
77	景　县(冀)	680.00
78	路北区(冀)	665.00
79	固安县(冀)	630.00
80	东光县(冀)	600.00
81	枣强县(冀)	597.00
82	沙河市(冀)	513.00
83	邱　县(冀)	500.00
84	海勃湾区(内蒙古)	8888.00
85	开鲁县(内蒙古)	3002.00
86	松山区(内蒙古)	2552.00
87	乌达区(内蒙古)	1487.60
88	土默特右旗(内蒙古)	1240.00
89	喀喇沁旗(内蒙古)	731.00
90	北镇市(辽)	220000.00
91	灯塔市(辽)	45000.00
92	辽阳县(辽)	36000.00
93	海城市(辽)	26800.00
94	阜新蒙古族自治县(辽)	22500.00
95	法库县(辽)	20000.00
96	昌图县(辽)	16000.00
97	于洪区(辽)	10000.00
98	岫岩满族自治县(辽)	8000.00
99	义　县(辽)	8000.00
100	抚顺县(辽)	7520.00
101	桓仁满族自治县(辽)	6641.70
102	龙城区(辽)	6500.00
103	清河区(辽)	5050.00
104	顺城区(辽)	5001.00
105	东陵区(辽)	5000.00
106	新民市(辽)	4700.00
107	金州区(辽)	4219.00
108	辽中县(辽)	4000.00
109	大洼县(辽)	3800.00
110	甘井子区(辽)	2940.00
111	朝阳县(辽)	2000.00

序号	县(旗、市、区、局、场)	葡萄产量(吨)
112	大石桥市(辽)	2000.00
113	沈北新区(辽)	1575.00
114	千山区(辽)	1481.00
115	清原满族自治县(辽)	1000.00
116	西丰县(辽)	1000.00
117	盘山县(辽)	750.00
118	北票市(辽)	500.00
119	旅顺口区(辽)	500.00
120	集安市(吉)	19905.00
121	绿园区(吉)	8500.00
122	梅河口市(吉)	3125.00
123	乾安县(吉)	3000.00
124	德惠市(吉)	2700.00
125	公主岭市(吉)	1836.00
126	柳河县(吉)	1500.00
127	抚松县(吉)	837.00
128	磐石市(吉)	829.00
129	靖宇县(吉)	655.00
130	宝清县(黑)	1150.00
131	杜尔伯特蒙古族自治县(黑)	1125.00
132	东宁县(黑)	1000.00
133	红岗区(黑)	638.00
134	嘉定区(沪)	19673.00
135	奉贤区(沪)	18244.00
136	金山区(沪)	13187.00
137	青浦区(沪)	8410.00
138	崇明县(沪)	7469.00
139	松江区(沪)	2980.80
140	宝山区(沪)	2828.00
141	南汇区(沪)	2746.00
142	江阴市(苏)	25687.00
143	沛　县(苏)	19600.00
144	句容市(苏)	14150.00
145	东海县(苏)	13450.00
146	昆山市(苏)	10111.00
147	常熟市(苏)	9179.00
148	滨湖区(苏)	7650.00
149	丰　县(苏)	6320.00
150	海门市(苏)	5840.00
151	江宁区(苏)	5556.00
152	浦口区(苏)	4706.00
153	建湖县(苏)	4375.00
154	靖江市(苏)	3590.00
155	高邮市(苏)	3500.00
156	惠山区(苏)	3383.00
157	海州区(苏)	2960.00
158	高港区(苏)	2500.00
159	六合区(苏)	2348.00
160	贾汪区(苏)	2100.00
161	邗江区(苏)	1850.00
162	海安县(苏)	1800.00
163	海陵区(苏)	1267.00
164	丹徒区(苏)	1216.00
165	港闸区(苏)	1130.00
166	涟水县(苏)	1090.00
167	南湖区(浙)	35746.00
168	温岭市(浙)	33750.00
169	长兴县(浙)	20000.00
170	路桥区(浙)	19886.00
171	海盐县(浙)	17185.00
172	秀洲区(浙)	13113.00
173	余姚市(浙)	12000.00
174	浦江县(浙)	11002.00
175	诸暨市(浙)	9980.00
176	玉环县(浙)	9594.00
177	嵊州市(浙)	9000.00
178	海宁市(浙)	8200.00
179	桐乡市(浙)	8008.00
180	义乌市(浙)	8000.00
181	鄞州区(浙)	7300.00
182	北仑区(浙)	6000.00
183	富阳市(浙)	5177.00
184	临海市(浙)	3980.00
185	平湖市(浙)	3927.00
186	嘉善县(浙)	3416.00
187	镇海区(浙)	2940.00
188	椒江区(浙)	2700.00
189	兰溪市(浙)	2627.00
190	吴兴区(浙)	2606.00
191	黄岩区(浙)	2574.00

序号	县(旗、市、区、局、场)	葡萄产量(吨)
192	定海区(浙)	2488.00
193	莲都区(浙)	2090.00
194	岱山县(浙)	1750.00
195	临安市(浙)	1600.00
196	德清县(浙)	1468.00
197	桐庐县(浙)	1312.00
198	乐清市(浙)	1084.00
199	萧山区(浙)	1080.00
200	西湖区(浙)	987.00
201	东阳市(浙)	900.00
202	天台县(浙)	800.00
203	仙居县(浙)	700.00
204	缙云县(浙)	650.00
205	永嘉县(浙)	638.00
206	余杭区(浙)	595.00
207	遂昌县(浙)	587.00
208	淳安县(浙)	555.00
209	杜集区(皖)	14235.00
210	居巢区(皖)	10300.00
211	庐江县(皖)	8350.00
212	歙　县(皖)	8003.00
213	肥西县(皖)	4000.00
214	无为县(皖)	1560.00
215	霍邱县(皖)	1450.00
216	定远县(皖)	1000.00
217	怀远县(皖)	928.00
218	蒙城县(皖)	900.00
219	埇桥区(皖)	756.00
220	芜湖县(皖)	675.00
221	建阳市(闽)	10582.00
222	连江县(闽)	4052.00
223	松溪县(闽)	2692.00
224	顺昌县(闽)	1866.00
225	福清市(闽)	1132.00
226	南城县(赣)	4280.00
227	金溪县(赣)	3808.00
228	新干县(赣)	2000.00
229	安福县(赣)	1500.00
230	德安县(赣)	1036.00
231	分宜县(赣)	750.00

序号	县(旗、市、区、局、场)	葡萄产量(吨)
232	宁都县(赣)	658.00
233	南康市(赣)	600.00
234	蓬莱市(鲁)	226945.00
235	沂源县(鲁)	95150.00
236	任城区(鲁)	31620.00
237	临朐县(鲁)	26000.00
238	蒙阴县(鲁)	22000.00
239	乳山市(鲁)	15760.00
240	岱岳区(鲁)	8147.00
241	东营市市辖区(鲁)	7350.00
242	泗水县(鲁)	6720.00
243	新泰市(鲁)	6500.00
244	平阴县(鲁)	6014.00
245	嘉祥县(鲁)	6000.00
246	阳谷县(鲁)	6000.00
247	定陶县(鲁)	5800.00
248	临清市(鲁)	4650.00
249	东昌府区(鲁)	4539.00
250	夏津县(鲁)	4220.00
251	章丘市(鲁)	3269.00
252	梁山县(鲁)	3250.00
253	平原县(鲁)	3250.00
254	利津县(鲁)	3185.00
255	诸城市(鲁)	3007.00
256	垦利县(鲁)	2500.00
257	枣庄市市中区(鲁)	2458.00
258	冠　县(鲁)	2420.00
259	邹平县(鲁)	2400.00
260	宁津县(鲁)	2100.00
261	沂水县(鲁)	2100.00
262	滕州市(鲁)	2060.00
263	沾化县(鲁)	2000.00
264	莱城区(鲁)	1511.00
265	台儿庄区(鲁)	1488.00
266	沂南县(鲁)	1428.00
267	广饶县(鲁)	1250.00
268	张店区(鲁)	1200.00
269	邹城市(鲁)	1200.00
270	文登市(鲁)	1000.00
271	东营区(鲁)	950.00

序号	县(旗、市、区、局、场)	葡萄产量(吨)
272	牡丹区(鲁)	878.00
273	成武县(鲁)	734.00
274	济阳县(鲁)	700.00
275	肥城市(鲁)	549.00
276	德州市市辖区(鲁)	540.00
277	钢城区(鲁)	500.00
278	社旗县(豫)	82500.00
279	长垣县(豫)	22500.00
280	许昌县(豫)	14000.00
281	内黄县(豫)	11250.00
282	陕　县(豫)	9429.00
283	二七区(豫)	7746.00
284	博爱县(豫)	7500.00
285	清丰县(豫)	6750.00
286	杞　县(豫)	5925.00
287	永城市(豫)	5706.00
288	孟州市(豫)	5260.00
289	睢阳区(豫)	5000.00
290	渑池县(豫)	4500.00
291	濮阳县(豫)	4463.00
292	中牟县(豫)	4340.00
293	新密市(豫)	3453.00
294	平桥区(豫)	3300.00
295	淮阳县(豫)	3200.00
296	荥阳市(豫)	3170.00
297	固始县(豫)	3000.00
298	嵩　县(豫)	3000.00
299	息　县(豫)	3000.00
300	项城市(豫)	2500.00
301	襄城县(豫)	2262.00
302	洛龙区(豫)	2230.00
303	获嘉县(豫)	2066.00
304	开封县(豫)	2000.00
305	新郑市(豫)	2000.00
306	鄢陵县(豫)	1670.00
307	新乡县(豫)	1631.00
308	范　县(豫)	1500.00
309	罗山县(豫)	1500.00
310	淮滨县(豫)	1200.00
311	桐柏县(豫)	1200.00
312	舞钢市(豫)	1200.00
313	郾城区(豫)	1125.00
314	修武县(豫)	1102.00
315	潢川县(豫)	1060.00
316	顺河回族区(豫)	1029.00
317	新野县(豫)	1010.00
318	新蔡县(豫)	1000.00
319	偃师市(豫)	1000.00
320	临颍县(豫)	960.60
321	宝丰县(豫)	960.00
322	辉县市(豫)	956.00
323	邓州市(豫)	923.00
324	通许县(豫)	910.00
325	惠济区(豫)	848.00
326	唐河县(豫)	800.00
327	中原区(豫)	800.00
328	淅川县(豫)	785.00
329	汝州市(豫)	750.00
330	滑　县(豫)	749.50
331	源汇区(豫)	637.00
332	汝南县(豫)	636.00
333	封丘县(豫)	600.00
334	伊川县(豫)	600.00
335	殷都区(豫)	585.00
336	卫辉市(豫)	581.00
337	太康县(豫)	562.00
338	浚　县(豫)	552.00
339	金明区(豫)	540.00
340	内乡县(豫)	500.00
341	麻阳苗族自治县(湘)	21000.00
342	中方县(湘)	4150.00
343	涟源市(湘)	3500.00
344	珠晖区(湘)	3000.00
345	桃源县(湘)	2400.00
346	东安县(湘)	1885.00
347	临澧县(湘)	1859.00
348	临湘市(湘)	1600.00
349	宁乡县(湘)	1500.00
350	祁阳县(湘)	1458.00
351	大祥区(湘)	1440.00

序号	县(旗、市、区、局、场)	葡萄产量(吨)	序号	县(旗、市、区、局、场)	葡萄产量(吨)
352	北湖区(湘)	1428.00	392	清镇市(黔)	813.00
353	鹤城区(湘)	980.00	393	乌当区(黔)	694.00
354	祁东县(湘)	975.00	394	雷山县(黔)	576.00
355	道　县(湘)	875.00	395	临渭区(陕)	50000.00
356	双牌县(湘)	850.00	396	蒲城县(陕)	30000.00
357	龙山县(湘)	800.00	397	眉　县(陕)	15000.00
358	邵阳县(湘)	800.00	398	合阳县(陕)	9945.00
359	望城县(湘)	800.00	399	渭城区(陕)	5920.00
360	蒸湘区(湘)	780.00	400	淳化县(陕)	5000.00
361	北塔区(湘)	765.00	401	韩城市(陕)	3600.00
362	武陵区(湘)	750.00	402	凤翔县(陕)	2197.00
363	会同县(湘)	726.00	403	雁塔区(陕)	1650.00
364	双清区(湘)	666.00	404	延长县(陕)	1050.00
365	宜章县(湘)	530.00	405	兴平市(陕)	795.00
366	靖州苗族侗族自治县(湘)	514.00	406	汉滨区(陕)	626.00
367	绥宁县(湘)	500.00	407	民勤县(甘)	24700.00
368	兴安县(桂)	76999.00	408	凉州区(甘)	9600.00
369	全州县(桂)	13847.00	409	甘州区(甘)	3214.00
370	宜州市(桂)	7146.00	410	河西综合开发局(甘)	2612.00
371	罗城仫佬族自治县(桂)	5181.00	411	石羊河林业总场(甘)	2300.00
372	柳城县(桂)	2369.00	412	古浪县(甘)	2050.00
373	平果县(桂)	2121.00	413	临泽县(甘)	1461.00
374	象州县(桂)	2091.00	414	庆城县(甘)	1210.00
375	都安瑶族自治县(桂)	1835.00	415	金川区(甘)	952.00
376	武宣县(桂)	1710.00	416	西峰区(甘)	876.00
377	灌阳县(桂)	1527.00	417	永靖县(甘)	795.00
378	南丹县(桂)	1452.00	418	天祝藏族自治县(甘)	750.00
379	鹿寨县(桂)	1340.00	419	永登县(甘)	600.00
380	阳朔县(桂)	1097.00	420	永宁县(宁)	61000.00
381	横　县(桂)	879.00	421	青铜峡市(宁)	27800.00
382	鱼峰区(桂)	693.00	422	吴忠市红寺堡开发区(宁)	8000.00
383	五通桥区(川)	8855.00	423	金凤区(宁)	4525.00
384	峨眉山市(川)	3300.00	424	利通区(宁)	2702.00
385	南江县(川)	2000.00	425	灵武市(宁)	2430.00
386	巴州区(川)	1348.00	426	兴庆区(宁)	1332.00
387	通江县(川)	650.00	427	西夏区(宁)	948.00
388	独山县(黔)	1818.00	428	大武口区(宁)	597.00
389	凯里市(黔)	1549.00	429	墨玉县(新)	69360.00
390	息烽县(黔)	1168.00	430	库车县(新)	32927.00
391	修文县(黔)	927.00	431	喀什市(新)	29000.00

序号	县(旗、市、区、局、场)	葡萄产量(吨)
432	阿瓦提县(新)	16639.00
433	和静县(新)	9924.00
434	疏勒县(新)	9609.00
435	温宿县(新)	7731.00
436	阜康市(新)	5231.00
437	乌什县(新)	4500.00
438	巴里坤哈萨克自治县(新)	3510.00
439	焉耆回族自治县(新)	2800.00
440	疏附县(新)	1367.00
441	巴楚县(新)	1013.00
442	岳普湖县(新)	634.00
443	且末县(新)	580.00
444	伊吾县(新)	500.00

表7-8 2009年果品(脐橙)主产县(市、区、场)

序号	县(市、区、场)	脐橙产量(吨)
1	寿宁县(闽)	3773.00
2	永定县(闽)	937.00
3	宁都县(赣)	73334.00
4	瑞金市(赣)	59449.00
5	于都县(赣)	51163.00
6	赣　县(赣)	48145.00
7	全南县(赣)	15600.00
8	安仁县(湘)	53200.00
9	石门县(湘)	9000.00
10	宜章县(湘)	7200.00
11	临武县(湘)	5817.00
12	郁南县(粤)	5877.00
13	全州县(桂)	8000.00
14	德保县(桂)	2621.00
15	宜州市(桂)	1641.00
16	东门林场(桂)	750.00
17	雷波县(川)	3500.00

表7-9 2009年果品(枇杷)主产县(市、区)

序号	县(市、区)	枇杷产量(吨)
1	青浦区(沪)	558.00
2	黄岩区(浙)	11353.00
3	建德市(浙)	9500.00
4	余杭区(浙)	7618.00
5	仙居县(浙)	4500.00
6	淳安县(浙)	4320.00
7	临海市(浙)	4180.00
8	兰溪市(浙)	2961.00
9	路桥区(浙)	2863.00
10	衢江区(浙)	2200.00
11	玉环县(浙)	982.00
12	三门县(浙)	700.00
13	连江县(闽)	980.00
14	永定县(闽)	614.00
15	始兴县(粤)	31500.00
16	鹿寨县(桂)	3934.00
17	忻城县(桂)	550.00
18	开阳县(黔)	4500.00

表7-10 2009年果品(山楂)主产县(市、区)

序号	县(市、区)	山楂产量(吨)
1	密云县(京)	5524.00
2	延庆县(京)	5047.80
3	怀柔区(京)	3157.60
4	平谷区(京)	1538.40
5	蓟　县(津)	3087.00
6	宝坻区(津)	546.00
7	兴隆县(冀)	174945.00
8	遵化市(冀)	16440.00
9	宽城满族自治县(冀)	9000.00
10	青龙满族自治县(冀)	5000.00
11	抚宁县(冀)	1956.00
12	迁安市(冀)	1391.00
13	平泉县(冀)	820.00
14	丰润区(冀)	527.00
15	桃城区(冀)	500.00
16	大石桥市(辽)	1200.00
17	义　县(辽)	1050.00
18	岫岩满族自治县(辽)	1000.00
19	桓仁满族自治县(辽)	810.00
20	辉南县(吉)	1360.00
21	岱岳区(鲁)	13577.00
22	莱城区(鲁)	9818.00

序号	县(市、区)	山楂产量(吨)
23	新泰市(鲁)	5900.00
24	章丘市(鲁)	1710.00
25	临清市(鲁)	900.00
26	辉县市(豫)	3889.00
27	林州市(豫)	2700.00
28	嵩　县(豫)	1200.00
29	信宜市(粤)	3000.00
30	鹿寨县(桂)	7870.00

表 7－11　2009 年果品(李)主产县(市、区)

序号	县(市、区)	李产量(吨)
1	房山区(京)	2092.00
2	顺义区(京)	3088.00
3	昌平区(京)	1966.00
4	怀柔区(京)	1129.60
5	大兴区(京)	514.00
6	平谷区(京)	543.40
7	密云县(京)	4472.50
8	香河县(冀)	1301.00
9	桓仁满族自治县(辽)	662.70
10	义　县(辽)	2000.00
11	大石桥市(辽)	2400.00
12	调兵山市(辽)	980.00
13	开原市(辽)	1390.00
14	九台市(吉)	1800.00
15	磐石市(吉)	3207.00
16	前郭尔罗斯蒙古族自治县(吉)	11000.00
17	长岭县(吉)	2150.00
18	平房区(黑)	840.00
19	延寿县(黑)	600.00
20	碾子山区(黑)	2793.00
21	依安县(黑)	1000.00
22	诸暨市(浙)	500.00
23	浦江县(浙)	12090.00
24	定海区(浙)	538.00
25	仙居县(浙)	750.00
26	临海市(浙)	938.00
27	蜀山区(皖)	684.00
28	芜湖县(皖)	937.00
29	徽州区(皖)	4100.00
30	永定县(闽)	6546.00
31	赣　县(赣)	1620.00
32	瑞金市(赣)	4500.00
33	安福县(赣)	5000.00
34	南康市(赣)	800.00
35	岱岳区(鲁)	1530.00
36	定陶县(鲁)	720.00
37	伊川县(豫)	2800.00
38	镇平县(豫)	3003.00
39	虞城县(豫)	21000.00
40	淮阳县(豫)	1000.00
41	项城市(豫)	3000.00
42	新蔡县(豫)	2800.00
43	京山县(鄂)	1000.00
44	崇阳县(鄂)	631.00
45	衡山县(湘)	2640.00
46	祁东县(湘)	27875.25
47	北塔区(湘)	510.00
48	邵阳县(湘)	2200.00
49	临湘市(湘)	27000.00
50	临武县(湘)	608.00
51	中方县(湘)	1400.00
52	麻阳苗族自治县(湘)	10125.00
53	娄星区(湘)	650.00
54	增城市(粤)	947.00
55	从化市(粤)	1810.00
56	始兴县(粤)	6551.00
57	翁源县(粤)	11250.00
58	封开县(粤)	8938.00
59	惠城区(粤)	2105.00
60	惠阳区(粤)	3400.00
61	清新县(粤)	709.00
62	郁南县(粤)	3082.00
63	罗定市(粤)	1989.00
64	鹿寨县(桂)	23606.00
65	全州县(桂)	3000.00
66	兴安县(桂)	3074.00
67	灌阳县(桂)	49239.00
68	德保县(桂)	3718.00
69	西林县(桂)	1179.00

序号	县(市、区)	李产量(吨)
70	八步区(桂)	31018.00
71	宜州市(桂)	671.00
72	通江县(川)	3000.00
73	会东县(川)	750.00
74	清镇市(黔)	8039.00
75	镇宁布依族苗族自治县(黔)	600.00
76	毕节市(黔)	1200.00
77	临渭区(陕)	800.00
78	南郑县(陕)	1600.00
79	灵台县(甘)	4403.00

表7－12　2009年果品(梅)主产县(市、区)

序号	县(市、区)	梅产量(吨)
1	莲都区(浙)	6731.00
2	诸暨市(浙)	5132.00
3	平阳县(浙)	4658.00
4	长兴县(浙)	3800.00
5	建德市(浙)	3500.00
6	苍南县(浙)	2930.00
7	嵊州市(浙)	2500.00
8	松阳县(浙)	1344.00
9	萧山区(浙)	1300.00
10	余杭区(浙)	1147.00
11	淳安县(浙)	850.00
12	镇海区(浙)	843.00
13	顺昌县(闽)	1249.00
14	永定县(闽)	1194.00
15	余江县(赣)	3000.00
16	铜鼓县(赣)	1000.00
17	安福县(赣)	500.00
18	新化县(湘)	14100.00
19	娄星区(湘)	9500.00
20	北塔区(湘)	3015.00
21	中方县(湘)	2550.00
22	靖州苗族侗族自治县(湘)	1960.00
23	始兴县(粤)	35445.00
24	潮南区(粤)	637.00
25	从化市(粤)	500.00
26	鹿寨县(桂)	3935.00

表7－13　2009年果品(猕猴桃)主产县(市、区)

序号	县(市、区)	猕猴桃产量(吨)
1	江山市(浙)	3963.00
2	鹿城区(浙)	3355.00
3	建德市(浙)	890.00
4	诸暨市(浙)	750.00
5	义乌市(浙)	600.00
6	建宁县(闽)	2610.00
7	奉新县(赣)	6437.00
8	博山区(鲁)	600.00
9	西峡县(豫)	10602.00
10	南召县(豫)	6495.00
11	桐柏县(豫)	4000.00
12	罗山县(豫)	1000.00
13	通山县(鄂)	670.00
14	永顺县(湘)	21053.00
15	凤凰县(湘)	6455.00
16	浏阳市(湘)	3000.00
17	龙山县(湘)	2000.00
18	吉首市(湘)	1526.00
19	双牌县(湘)	1305.00
20	临湘市(湘)	1050.00
21	花垣县(湘)	884.00
22	兴安县(桂)	1102.00
23	巴州区(川)	1973.00
24	沐川县(川)	1000.00
25	修文县(黔)	6229.00
26	眉　县(陕)	185500.00
27	临渭区(陕)	14400.00
28	宁陕县(陕)	1000.00
29	南郑县(陕)	600.00
30	平利县(陕)	541.00

表7－14　2009年果品(石榴)主产县(市、区)

序号	县(市、区)	石榴产量(吨)
1	怀远县(皖)	12000.00
2	薛城区(鲁)	3940.00
3	峄城区(鲁)	35000.00
4	宁阳县(鲁)	910.00
5	新泰市(鲁)	1400.00

序号	县(市、区)	石榴产量（吨）
6	金水区(豫)	1202.00
7	荥阳市(豫)	20023.29
8	卫东区(豫)	800.00
9	卫辉市(豫)	550.00
10	卧龙区(豫)	2360.00
11	项城市(豫)	6000.00
12	新蔡县(豫)	2350.00
13	济源市(豫)	5000.00
14	封开县(粤)	2912.00
15	清新县(粤)	1088.00
16	罗定市(粤)	1382.00
17	会理县(川)	136117.00
18	会东县(川)	1750.00
19	临潼区(陕)	48000.00
20	礼泉县(陕)	20000.00
21	喀什市(新)	7000.00
22	疏附县(新)	8358.00
23	疏勒县(新)	1589.00

表7-15 2009年果品(桃)主产县(市、区)

序号	县(市、区)	桃产量（吨）
1	平谷区(京)	288594.20
2	大兴区(京)	58909.00
3	房山区(京)	14413.00
4	顺义区(京)	10986.00
5	昌平区(京)	8718.00
6	怀柔区(京)	7449.00
7	密云县(京)	4317.00
8	延庆县(京)	1477.40
9	宝坻区(津)	9217.20
10	蓟　县(津)	8776.00
11	塘沽区(津)	1293.00
12	乐亭县(冀)	278164.48
13	辛集市(冀)	119393.00
14	深州市(冀)	91137.00
15	顺平县(冀)	89750.00
16	昌黎县(冀)	64028.00
17	临漳县(冀)	60707.00
18	抚宁县(冀)	52205.00
19	滦南县(冀)	51044.00
20	遵化市(冀)	38655.00
21	满城县(冀)	38190.00
22	定兴县(冀)	32205.00
23	迁安市(冀)	32052.00
24	邯郸县(冀)	30793.00
25	定州市(冀)	27000.00
26	安次区(冀)	23419.00
27	丰润区(冀)	21475.00
28	魏　县(冀)	20885.00
29	饶阳县(冀)	20443.00
30	滦　县(冀)	19035.00
31	固安县(冀)	18950.00
32	邢台县(冀)	15292.00
33	涿州市(冀)	14500.00
34	卢龙县(冀)	13871.00
35	唐　县(冀)	12090.00
36	古冶区(冀)	10649.00
37	威　县(冀)	10400.00
38	香河县(冀)	9840.00
39	怀来县(冀)	9100.00
40	广阳区(冀)	8671.00
41	博野县(冀)	8420.00
42	路北区(冀)	7933.00
43	成安县(冀)	7600.00
44	永清县(冀)	7561.00
45	山海关区(冀)	6936.00
46	兴隆县(冀)	5854.00
47	平山县(冀)	5582.00
48	霸州市(冀)	5373.00
49	邱　县(冀)	5170.00
50	宁晋县(冀)	5091.00
51	藁城市(冀)	5084.00
52	易　县(冀)	5000.00
53	孟村回族自治县(冀)	4950.00
54	献　县(冀)	4873.00
55	玉田县(冀)	4866.00
56	高阳县(冀)	4760.00
57	泊头市(冀)	4686.00
58	丰南区(冀)	4454.00
59	涞水县(冀)	4200.00

序号	县(市、区)	桃产量(吨)
60	安平县(冀)	4130.00
61	大城县(冀)	4112.00
62	内丘县(冀)	3964.00
63	大名县(冀)	3750.00
64	雄　县(冀)	3700.00
65	北戴河区(冀)	3450.00
66	晋州市(冀)	3302.00
67	肃宁县(冀)	3245.00
68	新乐市(冀)	3200.00
69	文安县(冀)	3004.00
70	景　县(冀)	3000.00
71	冀州市(冀)	2900.00
72	任丘市(冀)	2892.00
73	肥乡县(冀)	2800.00
74	馆陶县(冀)	2800.00
75	巨鹿县(冀)	2700.00
76	长安区(冀)	2680.00
77	吴桥县(冀)	2625.00
78	蠡　县(冀)	2497.00
79	广宗县(冀)	2236.00
80	河间市(冀)	2125.00
81	清苑县(冀)	2110.00
82	永年县(冀)	2100.00
83	青龙满族自治县(冀)	2000.00
84	任　县(冀)	1880.00
85	高碑店市(冀)	1874.00
86	深泽县(冀)	1786.00
87	望都县(冀)	1710.00
88	无极县(冀)	1500.00
89	容城县(冀)	1500.00
90	武强县(冀)	1430.00
91	徐水县(冀)	1400.00
92	海港区(冀)	1393.00
93	迁西县(冀)	1222.00
94	故城县(冀)	1195.00
95	黄骅市(冀)	1185.00
96	正定县(冀)	1153.00
97	新河县(冀)	1100.00
98	新市区(冀)	1091.00
99	唐海县(冀)	1063.00

序号	县(市、区)	桃产量(吨)
100	金州区(辽)	52574.00
101	宽甸满族自治县(辽)	48000.00
102	瓦房店市(辽)	8000.00
103	振安区(辽)	6350.00
104	海城市(辽)	4000.00
105	岫岩满族自治县(辽)	3000.00
106	义　县(辽)	3000.00
107	阜新蒙古族自治县(辽)	3000.00
108	甘井子区(辽)	2210.00
109	辽中县(辽)	2200.00
110	辽阳县(辽)	1810.00
111	桓仁满族自治县(辽)	1277.00
112	凤城市(辽)	1119.00
113	北镇市(辽)	1100.00
114	南汇区(沪)	39325.00
115	奉贤区(沪)	24562.00
116	金山区(沪)	13737.00
117	松江区(沪)	4802.60
118	崇明县(沪)	4675.00
119	青浦区(沪)	2782.00
120	浦东新区(沪)	2650.00
121	嘉定区(沪)	1709.00
122	贾汪区(苏)	51080.00
123	邳州市(苏)	47305.00
124	惠山区(苏)	41914.00
125	沛　县(苏)	20300.00
126	灌云县(苏)	7900.00
127	滨湖区(苏)	7860.00
128	东海县(苏)	7650.00
129	丰　县(苏)	7050.00
130	浦口区(苏)	6625.00
131	赣榆县(苏)	6245.00
132	涟水县(苏)	6080.00
133	句容市(苏)	5870.00
134	滨海县(苏)	5230.00
135	阜宁县(苏)	3852.00
136	江阴市(苏)	3600.00
137	海州区(苏)	3321.00
138	建湖县(苏)	3287.00
139	大丰市(苏)	3031.00

序号	县(市、区)	桃产量(吨)
140	靖江市(苏)	2950.00
141	丹阳市(苏)	2560.00
142	溧水县(苏)	2319.00
143	海门市(苏)	2230.00
144	东台市(苏)	2055.00
145	江宁区(苏)	1860.00
146	姜堰市(苏)	1764.00
147	六合区(苏)	1601.00
148	高淳县(苏)	1334.00
149	港闸区(苏)	1329.00
150	淮阴区(苏)	1328.00
151	江都市(苏)	1200.00
152	启东市(苏)	1120.00
153	富阳市(浙)	50615.00
154	莲都区(浙)	33166.00
155	嵊州市(浙)	30000.00
156	长兴县(浙)	17400.00
157	缙云县(浙)	17236.00
158	临安市(浙)	12100.00
159	临海市(浙)	11994.00
160	嘉善县(浙)	11577.00
161	南湖区(浙)	10859.00
162	义乌市(浙)	9800.00
163	建德市(浙)	9500.00
164	余杭区(浙)	6610.00
165	天台县(浙)	5500.00
166	兰溪市(浙)	5459.00
167	德清县(浙)	5100.00
168	淳安县(浙)	4847.00
169	鄞州区(浙)	4350.00
170	仙居县(浙)	4350.00
171	吴兴区(浙)	3215.00
172	温岭市(浙)	3120.00
173	秀洲区(浙)	3096.00
174	海盐县(浙)	3071.00
175	萧山区(浙)	3000.00
176	诸暨市(浙)	2850.00
177	海宁市(浙)	2800.00
178	东阳市(浙)	2766.00
179	松阳县(浙)	2507.00

序号	县(市、区)	桃产量(吨)
180	黄岩区(浙)	2471.00
181	定海区(浙)	1794.00
182	北仑区(浙)	1700.00
183	乐清市(浙)	1525.00
184	武义县(浙)	1403.00
185	桐乡市(浙)	1400.00
186	平湖市(浙)	1387.00
187	玉环县(浙)	1117.00
188	岱山县(浙)	1030.00
189	砀山县(皖)	177568.00
190	居巢区(皖)	9000.00
191	临泉县(皖)	6200.00
192	歙　县(皖)	4611.00
193	芜湖县(皖)	4500.00
194	庐江县(皖)	4360.00
195	舒城县(皖)	4239.00
196	蒙城县(皖)	4000.00
197	无为县(皖)	3202.00
198	杜集区(皖)	3018.00
199	怀宁县(皖)	2800.00
200	埇桥区(皖)	2654.00
201	霍邱县(皖)	2300.00
202	怀远县(皖)	2049.00
203	南谯区(皖)	2000.00
204	五河县(皖)	1796.00
205	黟　县(皖)	1515.00
206	定远县(皖)	1200.00
207	潜山县(皖)	1000.00
208	建宁县(闽)	8000.00
209	延平区(闽)	2931.00
210	建阳市(闽)	2454.00
211	顺昌县(闽)	2153.00
212	连江县(闽)	1597.00
213	永定县(闽)	1194.00
214	松溪县(闽)	1098.00
215	于都县(赣)	7735.00
216	永修县(赣)	4553.00
217	九江县(赣)	4169.00
218	南城县(赣)	4084.00
219	金溪县(赣)	3844.00

序号	县(市、区)	桃产量(吨)
220	瑞金市(赣)	2509.00
221	都昌县(赣)	2500.00
222	赣　县(赣)	1870.00
223	会昌县(赣)	1862.00
224	宁都县(赣)	1120.00
225	南康市(赣)	1000.00
226	蒙阴县(鲁)	650900.00
227	沂源县(鲁)	208056.00
228	沂水县(鲁)	132000.00
229	岱岳区(鲁)	69647.00
230	诸城市(鲁)	62153.00
231	临朐县(鲁)	40000.00
232	新泰市(鲁)	39600.00
233	邹城市(鲁)	36000.00
234	山亭区(鲁)	33701.00
235	沂南县(鲁)	32679.00
236	泗水县(鲁)	31680.00
237	博山区(鲁)	30000.00
238	东港区(鲁)	28882.00
239	冠　县(鲁)	26560.00
240	钢城区(鲁)	25000.00
241	夏津县(鲁)	22120.00
242	滕州市(鲁)	21200.00
243	莱城区(鲁)	21130.00
244	台儿庄区(鲁)	20801.00
245	高青县(鲁)	20250.00
246	薛城区(鲁)	16650.00
247	枣庄市市中区(鲁)	13848.00
248	邹平县(鲁)	13710.00
249	蓬莱市(鲁)	10519.00
250	东营市市辖区(鲁)	10210.00
251	东平县(鲁)	7809.00
252	济阳县(鲁)	7700.00
253	兖州市(鲁)	7460.00
254	乳山市(鲁)	6000.00
255	章丘市(鲁)	5866.00
256	阳谷县(鲁)	5250.00
257	垦利县(鲁)	5200.00
258	长清区(鲁)	5123.00
259	宁阳县(鲁)	5060.00
260	任城区(鲁)	5000.00
261	平阴县(鲁)	4818.00
262	临清市(鲁)	4150.00
263	德州市市辖区(鲁)	4095.00
264	肥城市(鲁)	3949.00
265	平原县(鲁)	3600.00
266	嘉祥县(鲁)	3522.00
267	环翠区(鲁)	3274.00
268	沾化县(鲁)	3000.00
269	峄城区(鲁)	2750.00
270	坊子区(鲁)	2700.00
271	梁山县(鲁)	2500.00
272	牡丹区(鲁)	2406.00
273	利津县(鲁)	2372.00
274	泰山区(鲁)	2133.00
275	成武县(鲁)	1963.00
276	东昌府区(鲁)	1550.00
277	临淄区(鲁)	1030.00
278	陕　县(豫)	57536.00
279	扶沟县(豫)	41000.00
280	内乡县(豫)	35000.00
281	唐河县(豫)	35000.00
282	泌阳县(豫)	27670.00
283	内黄县(豫)	27000.00
284	商水县(豫)	25000.00
285	灵宝市(豫)	22299.40
286	虞城县(豫)	22000.00
287	卫辉市(豫)	20900.00
288	许昌县(豫)	20000.00
289	原阳县(豫)	16675.00
290	方城县(豫)	15163.00
291	驿城区(豫)	14590.00
292	鄢陵县(豫)	12550.00
293	中牟县(豫)	12125.00
294	博爱县(豫)	12000.00
295	浚　县(豫)	10845.00
296	汝州市(豫)	9700.00
297	永城市(豫)	9173.00
298	南召县(豫)	8870.00
299	管城回族区(豫)	8500.00

序号	县(市、区)	桃产量(吨)
300	滑　县(豫)	7926.30
301	郾城区(豫)	7476.00
302	孟州市(豫)	7200.00
303	濮阳市高新区(豫)	7200.00
304	睢阳区(豫)	7000.00
305	项城市(豫)	6750.00
306	荥阳市(豫)	5897.50
307	舞钢市(豫)	5800.00
308	卧龙区(豫)	5487.00
309	辉县市(豫)	5310.00
310	桐柏县(豫)	5200.00
311	西峡县(豫)	5040.00
312	嵩　县(豫)	4560.00
313	宛城区(豫)	4500.00
314	光山县(豫)	4200.00
315	新乡县(豫)	4090.00
316	洛宁县(豫)	4000.00
317	伊川县(豫)	4000.00
318	汤阴县(豫)	3920.00
319	鹿邑县(豫)	3828.00
320	淮滨县(豫)	3500.00
321	红旗区(豫)	3375.00
322	新蔡县(豫)	3230.00
323	邓州市(豫)	3150.00
324	二七区(豫)	3111.00
325	淮阳县(豫)	3000.00
326	宝丰县(豫)	2850.00
327	获嘉县(豫)	2804.00
328	洛龙区(豫)	2800.00
329	源汇区(豫)	2730.00
330	范　县(豫)	2625.00
331	襄城县(豫)	2620.00
332	新安县(豫)	2500.00
333	长垣县(豫)	2500.00
334	清丰县(豫)	2250.00
335	兰考县(豫)	2200.00
336	罗山县(豫)	2200.00
337	太康县(豫)	2179.00
338	中原区(豫)	2100.00
339	社旗县(豫)	2072.00

序号	县(市、区)	桃产量(吨)
340	叶　县(豫)	2000.00
341	封丘县(豫)	2000.00
342	济源市(豫)	2000.00
343	安阳县(豫)	1886.00
344	通许县(豫)	1820.00
345	潢川县(豫)	1800.00
346	新野县(豫)	1760.00
347	修武县(豫)	1742.00
348	林州市(豫)	1625.00
349	渑池县(豫)	1600.00
350	遂平县(豫)	1600.00
351	商城县(豫)	1500.00
352	淅川县(豫)	1200.00
353	金水区(豫)	1118.00
354	郏　县(豫)	1100.00
355	鲁山县(豫)	1000.00
356	正阳县(豫)	1000.00
357	荆门市市辖区(鄂)	7878.00
358	东宝区(鄂)	5055.00
359	京山县(鄂)	5000.00
360	崇阳县(鄂)	1198.00
361	麻阳苗族自治县(湘)	20370.00
362	新化县(湘)	17500.00
363	临湘市(湘)	15000.00
364	祁阳县(湘)	8012.00
365	石门县(湘)	2700.00
366	浏阳市(湘)	2040.00
367	汝城县(湘)	2001.00
368	吉首市(湘)	2000.00
369	临武县(湘)	1946.00
370	新田县(湘)	1608.00
371	道　县(湘)	1570.00
372	临澧县(湘)	1520.00
373	宁远县(湘)	1478.00
374	东安县(湘)	1382.00
375	永顺县(湘)	1333.00
376	鹤城区(湘)	1300.00
377	祁东县(湘)	1147.50
378	连平县(粤)	45000.00
379	翁源县(粤)	6617.00

序号	县(市、区)	桃产量(吨)
380	南雄市(粤)	1503.00
381	连州市(粤)	1033.00
382	恭城瑶族自治县(桂)	20954.30
383	象州县(桂)	12275.00
384	忻城县(桂)	6054.00
385	阳朔县(桂)	5391.00
386	全州县(桂)	3952.00
387	鹿寨县(桂)	3560.00
388	兴安县(桂)	3298.00
389	柳城县(桂)	3058.00
390	钟山县(桂)	2950.00
391	灌阳县(桂)	2878.00
392	田林县(桂)	2700.00
393	罗城仫佬族自治县(桂)	2677.00
394	富川瑶族自治县(桂)	2493.00
395	八步区(桂)	2319.00
396	金秀瑶族自治县(桂)	2068.00
397	南丹县(桂)	1557.00
398	乐业县(桂)	1253.00
399	雁山区(桂)	1180.00
400	都安瑶族自治县(桂)	1158.00
401	峨眉山市(川)	4000.00
402	巴州区(川)	3442.00
403	南江县(川)	3000.00
404	五通桥区(川)	2500.00
405	宜宾县(川)	1000.00
406	镇远县(黔)	10862.00
407	南明区(黔)	7469.00
408	水城县(黔)	3115.00
409	盘　县(黔)	2810.00
410	修文县(黔)	2131.00
411	白云区(黔)	2000.00
412	毕节市(黔)	2000.00
413	乌当区(黔)	1832.00
414	六枝特区(黔)	1827.00
415	清镇市(黔)	1800.00
416	长顺县(黔)	1800.00
417	榕江县(黔)	1384.00
418	眉　县(陕)	22000.00
419	临渭区(陕)	18000.00
420	渭城区(陕)	17900.00
421	秦都区(陕)	17500.00
422	未央区(陕)	15700.00
423	礼泉县(陕)	12500.00
424	兴平市(陕)	9850.00
425	汉滨区(陕)	7151.00
426	淳化县(陕)	6800.00
427	韩城市(陕)	5800.00
428	旬阳县(陕)	3098.00
429	临潼区(陕)	2800.00
430	凤翔县(陕)	2007.00
431	合阳县(陕)	1650.00
432	汉台区(陕)	1350.00
433	镇安县(陕)	1131.00
434	皋兰县(甘)	8947.00
435	七里河区(甘)	7500.00
436	安宁区(甘)	3118.00
437	靖远县(甘)	3000.00
438	庆城县(甘)	1064.00
439	疏附县(新)	6771.00
440	泽普县(新)	4644.00
441	阜康市(新)	2651.00
442	疏勒县(新)	2549.00

表7－16　2009年果品(柚)主产县(市、区)

序号	县(市、区)	柚产量(吨)
1	衢江区(浙)	15000.00
2	定海区(浙)	3492.00
3	永定县(闽)	9504.00
4	顺昌县(闽)	2197.00
5	南康市(赣)	56000.00
6	余江县(赣)	3800.00
7	鄱阳县(赣)	3717.00
8	临武县(湘)	3375.00
9	新邵县(湘)	1680.00
10	鼎城区(湘)	1400.00
11	娄星区(湘)	900.00
12	沅陵县(湘)	767.00
13	曲江区(粤)	10205.00

序号	县(市、区)	柚产量(吨)
14	封开县(粤)	5720.00
15	清新县(粤)	2806.00
16	仁化县(粤)	2000.00
17	罗定市(粤)	1841.00
18	恭城瑶族自治县(桂)	99117.00
19	宜州市(桂)	11995.00
20	八步区(桂)	6066.00
21	金城江区(桂)	5170.00
22	岑溪市(桂)	1490.00
23	兴安县(桂)	1305.00
24	德保县(桂)	520.00
25	岑巩县(黔)	538.00

表7－17　2009年果品(鲜枣)主产县(市、区)

序号	县(市、区)	鲜枣产量(吨)
1	平谷区(京)	2852.50
2	昌平区(京)	1827.00
3	怀柔区(京)	1536.80
4	延庆县果品服务中心(京)	1180.70
5	房山区(京)	859.00
6	宁河县(津)	1249.00
7	蓟　县(津)	603.00
8	阜平县(冀)	74000.00
9	赞皇县(冀)	62450.00
10	行唐县(冀)	60000.00
11	新河县(冀)	52527.00
12	献　县(冀)	44183.00
13	大城县(冀)	38649.00
14	曲阳县(冀)	23255.00
15	盐山县(冀)	21167.00
16	河间市(冀)	14513.00
17	南皮县(冀)	14268.00
18	海兴县(冀)	10200.00
19	平山县(冀)	6350.00
20	威　县(冀)	6006.00
21	武邑县(冀)	5698.00
22	曲周县(冀)	4351.00
23	临城县(冀)	4124.00
24	遵化市(冀)	3802.00
25	井陉县(冀)	2342.00
26	鹿泉市(冀)	2200.00
27	鹿泉市(冀)	2200.00
28	黄骅市(冀)	1980.00
29	大名县(冀)	1864.00
30	玉田县(冀)	1809.00
31	枣强县(冀)	1808.00
32	魏　县(冀)	1677.00
33	武安市(冀)	1500.00
34	阜城县(冀)	1380.00
35	丰润区(冀)	1343.00
36	任　县(冀)	1290.00
37	广宗县(冀)	1001.00
38	广阳区(冀)	987.00
39	馆陶县(冀)	920.00
40	滦　县(冀)	913.00
41	孟村回族自治县(冀)	910.00
42	桃城区(冀)	898.00
43	邢台县(冀)	845.00
44	元氏县(冀)	800.00
45	武强县(冀)	770.00
46	成安县(冀)	750.00
47	平泉县(冀)	640.00
48	安次区(冀)	604.00
49	迁西县(冀)	569.00
50	饶阳县(冀)	510.00
51	广平县(冀)	277.00
52	朝阳县(辽)	55000.00
53	南票区(辽)	12500.00
54	北票市(辽)	8300.00
55	双塔区(辽)	2500.00
56	连山区(辽)	2100.00
57	新邱区(辽)	2000.00
58	大石桥市(辽)	1127.00
59	凌海市(辽)	935.00
60	建昌县(辽)	500.00
61	龙城区(辽)	500.00
62	霍邱县(皖)	1350.00
63	宿松县(皖)	700.00
64	繁昌县(皖)	620.00

序号	县(市、区)	鲜枣产量(吨)
65	南康市(赣)	750.00
66	邹城市(鲁)	15950.00
67	沾化县(鲁)	14000.00
68	滕州市(鲁)	6170.00
69	济阳县(鲁)	4000.00
70	山亭区(鲁)	3480.00
71	滨城区(鲁)	2805.00
72	峄城区(鲁)	2053.00
73	阳谷县(鲁)	1800.00
74	枣庄市市中区(鲁)	1632.00
75	岱岳区(鲁)	1335.00
76	阳信县(鲁)	1293.00
77	夏津县(鲁)	1210.00
78	宁津县(鲁)	1200.00
79	冠　县(鲁)	950.00
80	德州市市辖区(鲁)	900.00
81	博兴县(鲁)	900.00
82	台儿庄区(鲁)	670.00
83	嘉祥县(鲁)	615.00
84	新郑市(豫)	10000.00
85	陕　县(豫)	7929.00
86	滑　县(豫)	7369.50
87	浚　县(豫)	6633.00
88	博爱县(豫)	3500.00
89	中牟县(豫)	3360.00
90	伊川县(豫)	3000.00
91	安阳县(豫)	2637.00
92	项城市(豫)	2500.00
93	鄢陵县(豫)	2400.00
94	永城市(豫)	2235.00
95	洛龙区(豫)	1709.00
96	石龙区(豫)	1549.00
97	许昌县(豫)	1500.00
98	龙安区(豫)	1370.00
99	卫辉市(豫)	1300.00
100	孟州市(豫)	1277.00
101	商城县(豫)	1144.00
102	宜阳县(豫)	1140.00
103	桐柏县(豫)	1000.00
104	辉县市(豫)	944.00
105	修武县(豫)	783.00
106	管城回族区(豫)	650.00
107	林州市(豫)	650.00
108	京山县(鄂)	912.00
109	溆浦县(湘)	8920.00
110	衡东县(湘)	2100.00
111	新邵县(湘)	1800.00
112	临武县(湘)	900.00
113	茶陵县(湘)	860.00
114	麻阳苗族自治县(湘)	680.00
115	新晃侗族自治县(湘)	674.00
116	安仁县(湘)	630.00
117	连州市(粤)	1734.00
118	灌阳县(桂)	1451.00
119	兴安县(桂)	735.00
120	田阳县(桂)	100.00
121	延川县(陕)	45000.00
122	神木县(陕)	40000.00
123	清涧县(陕)	15500.00
124	佳　县(陕)	11690.00
125	米脂县(陕)	4950.00
126	米脂县(陕)	2610.00
127	蒲城县(陕)	1800.00
128	榆阳区(陕)	1700.00
129	彬　县(陕)	1500.00
130	大荔县(陕)	1205.00
131	乾　县(陕)	800.00
132	长武县(陕)	750.00
133	民勤县(甘)	9600.00
134	临泽县(甘)	7728.00
135	庆城县(甘)	4488.00
136	永靖县(甘)	2960.00
137	平川区(甘)	2200.00
138	靖远县(甘)	1164.00
139	白银区(甘)	1100.00
140	正宁县(甘)	900.00
141	金川区(甘)	567.00
142	灵武市(宁)	6190.00
143	同心县(宁)	3750.00
144	贺兰县(宁)	3200.00

序号	县(市、区)	鲜枣产量（吨）
145	中宁县(宁)	3000.00
146	青铜峡市(宁)	1420.00
147	西夏区(宁)	785.00
148	若羌县(新)	24000.00
149	温宿县(新)	19090.00
150	泽普县(新)	17120.30
151	阿克苏市(新)	10867.00
152	库车县(新)	9267.00
153	阿瓦提县(新)	5771.00
154	且末县(新)	5000.00
155	疏勒县(新)	3576.00
156	巴楚县(新)	3498.00
157	喀什市(新)	1751.00
158	岳普湖县(新)	790.00
159	墨玉县(新)	540.00

表7－18　2009年果品(鲜柿子)主产县(市、区)

序号	县(市、区)	鲜柿子产量（吨）
1	平谷区(京)	23067.70
2	房山区(京)	16810.00
3	昌平区(京)	5662.00
4	怀柔区(京)	3269.90
5	满城县(冀)	41002.00
6	涞水县(冀)	18551.00
7	邢台县(冀)	16266.00
8	平山县(冀)	13679.00
9	徐水县(冀)	11350.00
10	易　县(冀)	11000.00
11	临城县(冀)	4607.00
12	顺平县(冀)	4546.00
13	内丘县(冀)	3609.00
14	武安市(冀)	3380.00
15	元氏县(冀)	1000.00
16	沙河市(冀)	813.00
17	涞源县(冀)	584.00
18	博野县(冀)	250.00
19	卢龙县(冀)	246.00
20	沧　县(冀)	188.00
21	抚宁县(冀)	167.00
22	兰溪市(浙)	5945.00
23	永康市(浙)	3500.00
24	富阳市(浙)	1268.00
25	绍兴县(浙)	409.00
26	松阳县(浙)	291.00
27	灵璧县(皖)	3900.00
28	潜山县(皖)	2000.00
29	怀宁县(皖)	800.00
30	繁昌县(皖)	650.00
31	贵池区(皖)	410.00
32	东至县(皖)	334.00
33	屯溪区(皖)	264.00
34	居巢区(皖)	152.00
35	石台县(皖)	102.00
36	政和县(闽)	600.00
37	全南县(赣)	988.00
38	高安市(赣)	900.00
39	湖口县(赣)	750.00
40	铜鼓县(赣)	300.00
41	万年县(赣)	226.00
42	赣　县(赣)	218.00
43	铅山县(赣)	191.00
44	莱城区(鲁)	17335.00
45	沂水县(鲁)	10000.00
46	淄川区(鲁)	9000.00
47	博山区(鲁)	7750.00
48	岱岳区(鲁)	3944.00
49	薛城区(鲁)	3510.00
50	临朐县(鲁)	3300.00
51	山亭区(鲁)	3152.00
52	平阴县(鲁)	3030.00
53	东平县(鲁)	1530.00
54	乳山市(鲁)	1500.00
55	邹平县(鲁)	1364.00
56	章丘市(鲁)	1312.00
57	宁阳县(鲁)	915.00
58	钢城区(鲁)	500.00
59	泰山区(鲁)	430.00
60	诸城市(鲁)	217.00
61	肥城市(鲁)	116.00

序号	县(市、区)	鲜柿子产量(吨)
62	林州市(豫)	25076.00
63	项城市(豫)	20000.00
64	灵宝市(豫)	16261.80
65	淮阳县(豫)	9600.00
66	杞　县(豫)	9450.00
67	渑池县(豫)	8400.00
68	南召县(豫)	7494.00
69	博爱县(豫)	6250.00
70	伊川县(豫)	5200.00
71	嵩　县(豫)	3562.00
72	陕　县(豫)	3535.00
73	汝州市(豫)	3500.00
74	卫辉市(豫)	3500.00
75	修武县(豫)	3180.00
76	滑　县(豫)	3111.30
77	睢阳区(豫)	3000.00
78	卧龙区(豫)	2550.00
79	方城县(豫)	2512.00
80	安阳县(豫)	2163.00
81	永城市(豫)	2151.00
82	鄢陵县(豫)	2150.00
83	鹿邑县(豫)	2100.00
84	通许县(豫)	1998.00
85	宜阳县(豫)	1700.00
86	淇　县(豫)	1550.00
87	固始县(豫)	1500.00
88	镇平县(豫)	1120.00
89	鲁山县(豫)	1120.00
90	宝丰县(豫)	560.00
91	潢川县(豫)	550.00
92	郏　县(豫)	500.00
93	光山县(豫)	500.00
94	栾川县(豫)	400.00
95	叶　县(豫)	200.00
96	新野县(豫)	110.00
97	罗田县(鄂)	5000.00
98	阳新县(鄂)	721.00
99	通山县(鄂)	675.00
100	京山县(鄂)	100.00
101	宁远县(湘)	1195.00

序号	县(市、区)	鲜柿子产量(吨)
102	浏阳市(湘)	1080.00
103	道　县(湘)	458.00
104	通道侗族自治县(湘)	420.00
105	江华瑶族自治县(湘)	335.00
106	新邵县(湘)	280.00
107	会同县(湘)	213.00
108	祁阳县(湘)	210.00
109	临澧县(湘)	128.00
110	永顺县(湘)	103.00
111	封开县(粤)	7634.00
112	信宜市(粤)	4000.00
113	连州市(粤)	1320.00
114	连南瑶族自治县(粤)	189.00
115	恭城瑶族自治县(桂)	158102.90
116	灌阳县(桂)	22484.00
117	横　县(桂)	4729.00
118	宜州市(桂)	4315.00
119	昭平县(桂)	3944.00
120	鹿寨县(桂)	3809.00
121	八步区(桂)	2740.00
122	东兰县(桂)	2250.00
123	兴安县(桂)	1425.00
124	南丹县(桂)	1254.00
125	巴马瑶族自治县(桂)	607.00
126	蒙山县(桂)	500.00
127	金城江区(桂)	494.00
128	马山县(桂)	300.00
129	宁南县(川)	3344.00
130	会理县(川)	1208.00
131	修文县(黔)	198.00
132	印江土家族苗族自治县(黔)	193.00
133	六枝特区(黔)	110.00
134	富平县(陕)	40000.00
135	乾　县(陕)	24000.00
136	彬　县(陕)	5800.00
137	山阳县(陕)	5664.00
138	洛南县(陕)	4999.00
139	淳化县(陕)	3800.00
140	商州区(陕)	3249.00
141	临潼区(陕)	3240.00

序号	县(市、区)	鲜柿子产量(吨)
142	澄城县(陕)	3100.00
143	眉　县(陕)	3000.00
144	合阳县(陕)	2021.00
145	耀州区(陕)	2000.00
146	镇巴县(陕)	1703.00
147	汉阴县(陕)	946.00
148	商南县(陕)	789.00
149	镇安县(陕)	780.00
150	华阴市(陕)	200.00
151	麟游县(陕)	167.00

表 7－19　2009 年果品(樱桃)主产县(市、区)

序号	县(市、区)	樱桃产量(吨)
1	顺义区(京)	561.00
2	昌平区(京)	519.00
3	密云县(京)	256.10
4	房山区(京)	169.00
5	山海关区(冀)	7250.00
6	望都县(冀)	370.00
7	北戴河区(冀)	320.00
8	金州区(辽)	25736.00
9	旅顺口区(辽)	23000.00
10	诸暨市(浙)	200.00
11	太和县(皖)	100.00
12	新泰市(鲁)	22000.00
13	岱岳区(鲁)	12480.00
14	沂源县(鲁)	10000.00
15	嘉祥县(鲁)	7530.00
16	临朐县(鲁)	6000.00
17	泰山区(鲁)	1763.00
18	沂水县(鲁)	1500.00
19	乳山市(鲁)	1200.00
20	冠　县(鲁)	1050.00
21	肥城市(鲁)	1008.00
22	钢城区(鲁)	1000.00
23	莱城区(鲁)	855.00
24	蒙阴县(鲁)	300.00
25	环翠区(鲁)	115.00
26	薛城区(鲁)	110.00
27	章丘市(鲁)	108.00
28	临清市(鲁)	100.00
29	西峡县(豫)	6720.00
30	鄢陵县(豫)	2030.00
31	镇平县(豫)	2000.00
32	新安县(豫)	2000.00
23	二七区(豫)	1312.00
34	新郑市(豫)	800.00
35	新密市(豫)	309.00
36	洛龙区(豫)	180.00
37	越西县(川)	10550.00
38	会东县(川)	100.00
39	清镇市(黔)	640.32
40	宁陕县(陕)	1350.00
41	镇安县(陕)	1324.00
42	澄城县(陕)	1050.00
43	旬阳县(陕)	316.00

表 7－20　2009 年果品(肉用杏)主产县(旗、市、区、局)

序号	县(旗、市、区、局)	肉用杏产量(吨)
1	延庆县(京)	4279.80
2	密云县(京)	3972.00
3	平谷区(京)	3588.50
4	怀柔区(京)	3263.60
5	顺义区(京)	2824.00
6	房山区(京)	2209.00
7	昌平区(京)	2017.00
8	大兴区(京)	1182.00
9	蓟　县(津)	845.00
10	巨鹿县(冀)	57757.00
11	易　县(冀)	15500.00
12	遵化市(冀)	13078.00
13	满城县(冀)	7567.00
14	辛集市(冀)	7225.00
15	涞水县(冀)	7000.00
16	怀安县(冀)	5220.00
17	顺平县(冀)	4150.00
18	永清县(冀)	4030.00

序号	县(旗、市、区、局)	肉用杏产量(吨)
19	阳原县(冀)	3344.00
20	鹿泉市(冀)	3268.00
21	新河县(冀)	3200.00
22	唐　县(冀)	2975.00
23	宣化县(冀)	2753.00
24	大名县(冀)	2528.00
25	博野县(冀)	2500.00
26	抚宁县(冀)	2214.00
27	魏　县(冀)	2147.00
28	清苑县(冀)	1800.00
29	威　县(冀)	1650.00
30	青龙满族自治县(冀)	1500.00
31	广阳区(冀)	1283.00
32	迁安市(冀)	1154.00
33	临漳县(冀)	1014.00
34	任　县(冀)	996.00
35	万全县(冀)	948.00
36	平山县(冀)	878.00
37	冀州市(冀)	752.00
38	沙河市(冀)	745.00
39	赤城县(冀)	720.00
40	玉田县(冀)	704.00
41	滦平县(冀)	700.00
42	安次区(冀)	669.00
43	成安县(冀)	650.00
44	安国市(冀)	650.00
45	固安县(冀)	650.00
46	怀来县(冀)	620.00
47	迁西县(冀)	604.00
48	容城县(冀)	590.00
49	涿州市(冀)	570.00
50	饶阳县(冀)	530.00
51	土默特右旗(内蒙古)	1927.00
52	元宝山区(内蒙古)	1090.00
53	北票市(辽)	11000.00
54	义　县(辽)	7000.00
55	大石桥市(辽)	6972.00
56	北镇市(辽)	5000.00
57	阜新蒙古族自治县(辽)	2750.00
58	新民市(辽)	1620.00

序号	县(旗、市、区、局)	肉用杏产量(吨)
59	辽阳县(辽)	1290.00
60	东陵区(辽)	1000.00
61	东宁县(黑)	1860.00
62	延寿县(黑)	600.00
63	贾汪区(苏)	3150.00
64	蒙城县(皖)	3000.00
65	杜集区(皖)	683.00
66	广德县(皖)	561.00
67	邹平县(鲁)	20800.00
68	东平县(鲁)	15127.00
69	岱岳区(鲁)	14207.00
70	邹城市(鲁)	9500.00
71	长清区(鲁)	9165.00
72	临清市(鲁)	7300.00
73	肥城市(鲁)	4678.00
74	嘉祥县(鲁)	4380.00
75	冠　县(鲁)	4350.00
76	泗水县(鲁)	4010.00
77	莱城区(鲁)	3626.00
78	滕州市(鲁)	3560.00
79	阳谷县(鲁)	3500.00
80	章丘市(鲁)	3387.00
81	夏津县(鲁)	2200.00
82	宁阳县(鲁)	1850.00
83	济阳县(鲁)	1500.00
84	梁山县(鲁)	1200.00
85	兖州市(鲁)	1200.00
86	临朐县(鲁)	1100.00
87	德州市市辖区(鲁)	1092.00
88	沂水县(鲁)	1000.00
89	牡丹区(鲁)	860.00
90	泰山区(鲁)	850.00
91	武城县(鲁)	750.00
92	诸城市(鲁)	740.00
93	定陶县(鲁)	670.00
94	东营市市辖区(鲁)	599.00
95	沂源县(鲁)	580.00
96	河口区(鲁)	539.00
97	蓬莱市(鲁)	509.00
98	任城区(鲁)	500.00

序号	县(旗、市、区、局)	肉用杏产量(吨)
99	蒙阴县(鲁)	500.00
100	许昌县(豫)	20000.00
101	商水县(豫)	18000.00
102	陕　县(豫)	10393.00
103	滑　县(豫)	7184.20
104	渑池县(豫)	7000.00
105	内黄县(豫)	6900.00
106	方城县(豫)	6497.00
107	舞钢市(豫)	5400.00
108	西峡县(豫)	5085.00
109	中牟县(豫)	4080.00
110	新密市(豫)	3970.00
111	舞阳县(豫)	3750.00
112	林州市(豫)	3100.00
113	新安县(豫)	3000.00
114	洛宁县(豫)	2800.00
115	南乐县(豫)	2640.00
116	宜阳县(豫)	2537.00
117	汝州市(豫)	2500.00
118	二七区(豫)	2476.00
119	封丘县(豫)	2300.00
120	镇平县(豫)	2289.00
121	源汇区(豫)	2275.00
122	睢阳区(豫)	2000.00
123	项城市(豫)	2000.00
124	济源市(豫)	2000.00
125	卫辉市(豫)	1800.00
126	鄢陵县(豫)	1780.00
127	荥阳市(豫)	1702.50
128	新蔡县(豫)	1700.00
129	宛城区(豫)	1400.00
130	桐柏县(豫)	1200.00
131	辉县市(豫)	1155.00
132	石龙区(豫)	1100.00
133	博爱县(豫)	1000.00
134	清丰县(豫)	960.00
135	郏　县(豫)	900.00
136	金明区(豫)	700.00
137	汝阳县(豫)	620.00
138	鲁山县(豫)	500.00

序号	县(旗、市、区、局)	肉用杏产量(吨)
139	临澧县(湘)	649.00
140	新丰县(粤)	1350.00
141	泾阳县(陕)	48500.00
142	淳化县(陕)	8600.00
143	临渭区(陕)	6000.00
144	米脂县(陕)	1823.00
145	吴起县(陕)	1800.00
146	韩城市(陕)	1500.00
147	汉滨区(陕)	987.00
148	旬阳县(陕)	810.00
149	合阳县(陕)	713.00
150	临潼区(陕)	700.00
151	靖边县(陕)	700.00
152	长武县(陕)	620.00
153	洛南县(陕)	598.00
154	南郑县(陕)	500.00
155	灵台县(甘)	17768.00
156	渭源县(甘)	13125.00
157	庆城县(甘)	11438.00
158	环　县(甘)	6400.00
159	华池县(甘)	5680.00
160	宁　县(甘)	3000.00
161	永登县(甘)	2800.00
162	西峰区(甘)	2666.00
163	正宁县(甘)	2500.00
164	安定区(甘)	1950.00
165	山丹县(甘)	1550.00
166	东乡族自治县(甘)	1540.00
167	张家川回族自治县(甘)	1419.00
168	榆中县(甘)	845.00
169	永靖县(甘)	568.00
170	平川区(甘)	530.00
171	玉门市(甘)	505.00
172	永宁县(宁)	4400.00
173	原州区(宁)	2000.00
174	灵武市(宁)	759.00
175	西吉县(宁)	625.00
176	库车县(新)	211602.00
177	墨玉县(新)	114080.00
178	疏勒县(新)	80247.00

序号	县(旗、市、区、局)	肉用杏产量(吨)
179	乌什县(新)	54880.00
180	巴楚县(新)	24839.00
181	泽普县(新)	21938.90
182	岳普湖县(新)	21349.00
183	温宿县(新)	7560.00
184	奇台县(新)	1496.00
185	阜康市(新)	526.00
186	喀什市(新)	500.00
187	穆棱林业局(龙江森工)	605.00

表7－21　2009年其他果品主产县(市、区、局)

序号	县(市、区、局)	品种	产量(吨)
1	喀什市(新)	巴旦姆	11086
2	疏勒县(新)	巴旦姆	5000
3	雷州市(粤)	菠萝	546
4	电白县(粤)	菠萝	500
5	封开县(粤)	菠萝	450
6	阳东县(粤)	菠萝	400
7	揭东县(粤)	菠萝	312
8	郁南县(粤)	菠萝	233
9	青秀区(桂)	菠萝	200
10	横　县(桂)	菠萝	180
11	沾化县(鲁)	冬枣	365000
12	黄骅市(冀)	冬枣	40351
13	大荔县(陕)	冬枣	30000
14	滨城区(鲁)	冬枣	19173
15	河口区(鲁)	冬枣	17412
16	临渭区(陕)	冬枣	6600
17	东营市市辖区(鲁)	冬枣	4170
18	利津县(鲁)	冬枣	3912
19	西青区(津)	冬枣	3869
20	藁城市(冀)	冬枣	1503
21	祁东县(湘)	冬枣	1230
22	任丘市(冀)	冬枣	987
23	喀什市(新)	番木瓜	6835
24	淅川县(豫)	番木瓜	1176
25	吴川市(粤)	番木瓜	520
26	分宜县(赣)	枸杞	5040
27	贺兰县(宁)	枸杞	4995
28	铜鼓县(赣)	枸杞	3535
29	盐池县(宁)	枸杞	681
30	辛集市(冀)	枸杞	496
31	同心县(宁)	枸杞	450
32	红寺堡开发区(宁)	枸杞	356
33	安图森林经营局(吉)	核桃楸	4853
34	铁力林业局(龙江森工)	核桃楸	4000
35	汤原县(黑)	核桃楸	2583
36	京山县(鄂)	核桃楸	950
37	宾　县(黑)	核桃楸	600
38	宽甸满族自治县(辽)	核桃楸	500
39	昌邑区(吉)	红松坚果	7000
40	通河县(黑)	红松坚果	5650
41	临江林业局(吉林森工)	红松坚果	3190
42	露水河林业局(吉林森工)	红松坚果	2500
43	红石林业局(吉林森工)	红松坚果	2300
44	延吉市(吉)	红松坚果	2159
45	东京城林业局(龙江森工)	红松坚果	2126
46	珲春森林经营局(吉)	红松坚果	1400
47	海林林业局(龙江森工)	红松坚果	950
48	林口林业局(龙江森工)	红松坚果	481
49	桦南林业局(龙江森工)	红松坚果	180
50	北仑区(浙)	金柑	22500
51	青阳县(皖)	金柑	7629
52	泾　县(皖)	金柑	7312
53	芦溪县(赣)	金柑	5625
54	分宜县(赣)	金柑	5020
55	赣　县(赣)	金柑	4800
56	祁东县(湘)	金柑	832
57	云溪区(湘)	金柑	800
58	桂东县(湘)	金柑	750
59	曲江区(粤)	金柑	618
60	新会区(粤)	金柑	570
61	惠阳区(粤)	金柑	430
62	红海湾区(粤)	金柑	414
63	郁南县(粤)	金柑	230
64	罗定市(粤)	金柑	200
65	城中区(桂)	金柑	165
66	喀什市(新)	开心果	7000
67	疏附县(新)	开心果	5286

序号	县(市、区、局)	品种	产量(吨)
68	嫩江县(黑)	蓝莓	73889
69	黑河市直属林场(黑)	蓝莓	57140
70	漠河县(黑)	蓝莓	51650
71	金山区(沪)	蓝莓	36000
72	怀宁县(皖)	蓝莓	9007
73	胶南市(鲁)	蓝莓	3135
74	抚松县(吉)	蓝莓	480
75	辉南县(吉)	蓝莓	300
76	连江县(闽)	杧果	6780
77	黄埔区(粤)	杧果	650
78	台山市(粤)	杧果	560
79	徐闻县(粤)	杧果	549
80	雷州市(粤)	杧果	521
81	吴川市(粤)	杧果	510
82	电白县(粤)	杧果	500
83	信宜市(粤)	杧果	500
84	封开县(粤)	杧果	478
85	揭东县(粤)	杧果	300
86	郁南县(粤)	杧果	238
87	罗定市(粤)	杧果	210
88	青秀区(桂)	杧果	200
89	横　县(桂)	杧果	180
90	防城区(桂)	杧果	130
91	玉林市福绵区(桂)	杧果	102
92	陆川县(桂)	杧果	100
93	田阳县(桂)	杧果	100
94	连平县(粤)	柠檬	400
95	连南瑶族自治县(粤)	柠檬	359
96	新干县(赣)	山竹	3995
97	京山县(鄂)	山竹	920
98	东陵区(辽)	树莓	11357
99	靖安县(赣)	树莓	3600
100	喀什市(新)	酸梅	11691
101	泾　县(皖)	酸梅	7284
102	永新县(赣)	酸梅	3931
103	潮州市属总林场(粤)	酸梅	312
104	海宁市(浙)	甜瓜	18790
105	分宜县(赣)	甜瓜	5232
106	阿勒泰市(新)	甜瓜	4555
107	弋阳县(赣)	甜瓜	3180

序号	县(市、区、局)	品种	产量(吨)
108	伊川县(豫)	甜瓜	1665
109	罗山县(豫)	甜瓜	1151
110	鼎城区(湘)	甜瓜	800
111	友谊县(黑)	甜瓜	201
112	永登县(甘)	文冠果	7500
113	淳化县(陕)	文冠果	5200
114	富　县(陕)	文冠果	800
115	黄龙县(陕)	文冠果	760
116	松山区(内蒙古)	文冠果	446
117	合水林业总场(甘)	文冠果	389
118	安定区(甘)	文冠果	158
119	喀什市(新)	无花果	8670
120	疏附县(新)	无花果	6194
121	岳普湖县(新)	无花果	4847
122	环翠区(鲁)	无花果	2252
123	乳山市(鲁)	无花果	2245
124	伊川县(豫)	无花果	1649
125	乐昌市(粤)	无花果	605
126	连江县(闽)	香蕉	7006
127	永定县(闽)	香蕉	6020
128	黄埔区(粤)	香蕉	641
129	香洲区(粤)	香蕉	592
130	潮南区(粤)	香蕉	580
131	台山市(粤)	香蕉	550
132	雷州市(粤)	香蕉	532
133	电白县(粤)	香蕉	500
134	信宜市(粤)	香蕉	500
135	封开县(粤)	香蕉	475
136	惠城区(粤)	香蕉	445
137	惠阳区(粤)	香蕉	434
138	阳东县(粤)	香蕉	400
139	清新县(粤)	香蕉	344
140	揭东县(粤)	香蕉	273
141	郁南县(粤)	香蕉	252.1
142	罗定市(粤)	香蕉	200
143	青秀区(桂)	香蕉	200
144	横　县(桂)	香蕉	175
145	岑溪市(桂)	香蕉	150
146	玉林市福绵区(桂)	香蕉	104
147	田阳县(桂)	香蕉	100

序号	县(市、区、局)	品种	产量(吨)
148	东营市市辖区(鲁)	香梨	2807
149	富蕴县(新)	小浆果	3455

表8 2009年母树林种子主产县(旗、市、区、局、场)

序号	县(旗、市、区、局、场)	种子树种	种子产量(千克)
1	大石桥市(辽)	紫椴	500.00
2	松江河林业局(吉林森工)	紫椴	250.00
3	汪清林业局(吉)	紫椴	200.00
4	五常市(黑)	紫椴	25.00
5	岚皋县(陕)	珍稀乡土	10000.00
6	中国林科院热林中心(桂)	珍稀乡土	2620.00
7	庆元县(浙)	珍稀乡土	128.50
8	岳西县(皖)	针叶其他	15000.00
9	潜山县(皖)	针叶其他	8400.00
10	凌海市(辽)	针叶其他	1760.00
11	丹清河实验林场(黑)	针叶其他	400.00
12	汪清林业局(吉)	针叶其他	200.00
13	五岔沟林业局(内蒙古)	针叶其他	110.00
14	五常市(黑)	针叶其他	110.00
15	诸暨市(浙)	针叶其他	20.00
16	彰武县(辽)	樟子松	10000.00
17	克东县(黑)	樟子松	5600.00
18	康保县(冀)	樟子松	3000.00
19	省固沙造林研究所(辽)	樟子松	1500.00
20	嫩江县(黑)	樟子松	650.00
21	木栏围场国营林场管理局(冀)	樟子松	500.00
22	讷河市(黑)	樟子松	500.00
23	黑河市直属林场(黑)	樟子松	500.00
24	拜泉县(黑)	樟子松	450.00
25	北票市(辽)	樟子松	400.00
26	富锦市(黑)	樟子松	110.00
27	泰来县(黑)	樟子松	100.00
28	克山县(黑)	樟子松	30.00
29	桦南林业局(龙江森工)	樟子松	15.00
30	湟中县(青)	云杉	12560.00
31	天祝藏族自治县(甘)	云杉	4500.00
32	玛沁县(青)	云杉	2400.00
33	木栏围场国营林场管理局(冀)	云杉	1000.00
34	汪清林业局(吉)	云杉	900.00
35	大通回族土族自治县(青)	云杉	500.00
36	绥棱林业局(龙江森工)	云杉	250.00
37	嫩江县(黑)	云杉	200.00
38	群加森林公园(青)	云杉	126.00
39	五岔沟林业局(内蒙古)	云杉	50.00
40	玛纳斯南山林场(新)	云杉	40.00
41	辛家山林业局(陕)	云杉	20.00
42	米泉林场(新)	云杉	15.00
43	会东县(川)	云南松	15000.00
44	孟州市(豫)	榆	800.00
45	西峡县(豫)	油松	5625000.00
46	阜新蒙古族自治县(辽)	油松	225000.00
47	凌源市(辽)	油松	100000.00
48	蓝田县(陕)	油松	100000.00
49	准格尔旗(内蒙古)	油松	70000.00
50	商南县(陕)	油松	48000.00
51	平山县(冀)	油松	10000.00
52	连山区(辽)	油松	10000.00
53	华池县(甘)	油松	6000.00
54	宁城县(内蒙古)	油松	5400.00
55	抚宁县(冀)	油松	5000.00
56	陈仓区(陕)	油松	3700.00
57	南郑县(陕)	油松	3600.00
58	正宁林业总场(甘)	油松	2910.00
59	平泉县(冀)	油松	2500.00
60	滦平县(冀)	油松	1500.00
61	木栏围场国营林场管理局(冀)	油松	1000.00
62	辉县市(豫)	油松	1000.00
63	陇　县(陕)	油松	1000.00
64	桥山林业局(陕)	油松	600.00
65	洛南县(陕)	油松	200.00
66	兴城市(辽)	油松	160.00
67	省干旱地区造林研究所(辽)	油松	85.00
68	都江堰市(川)	银杏	500.00
69	什邡市(川)	银杏	207.00
70	安　县(川)	银杏	200.00
71	北川羌族自治县(川)	银杏	170.00
72	洪雅县(川)	银杏	108.00
73	绵竹市(川)	银杏	100.00

序号	县(旗、市、区、局、场)	种子树种	种子产量（千克）
74	大邑县(川)	银杏	72.00
75	大安区(川)	银杏	24.00
76	临湘市(湘)	杨树	60550.00
77	滦平县(冀)	杏	513300.00
78	怀来县(冀)	杏	22500.00
79	华池县(甘)	杏	15000.00
80	新干县(赣)	香樟	12000.00
81	南康市(赣)	香樟	1000.00
82	九江县(赣)	香樟	500.00
83	岳西县(皖)	香椿	50.00
84	鼎城区(湘)	水杉	700.00
85	南　县(湘)	水杉	300.00
86	松江河林业局(吉林森工)	水曲柳	2000.00
87	东方红林业局(龙江森工)	水曲柳	507.00
88	五常市(黑)	水曲柳	400.00
89	方正林业局(龙江森工)	水曲柳	300.00
90	山河屯林业局(龙江森工)	水曲柳	250.00
91	桦南林业局(龙江森工)	水曲柳	125.00
92	绥棱林业局(龙江森工)	水曲柳	100.00
93	山河实验林场(黑)	水曲柳	50.00
94	台山市(粤)	湿地松	2000.00
95	新干县(赣)	湿地松	180.00
96	樟树市(赣)	湿地松	92.00
97	南门峡森林公园(青)	杉木	21000.00
98	和平县(粤)	杉木	15000.00
99	商南县(陕)	杉木	7500.00
100	安福县(赣)	杉木	6000.00
101	靖州苗族侗族自治县(湘)	杉木	6000.00
102	会同县(湘)	杉木	4000.00
103	资兴市(湘)	杉木	3000.00
104	祁东县(湘)	杉木	2250.00
105	会东县(川)	杉木	1500.00
106	龙游县(浙)	杉木	1350.00
107	南康市(赣)	杉木	600.00
108	全州县(桂)	杉木	600.00
109	仁化县(粤)	杉木	520.00
110	乐安县(赣)	杉木	500.00
111	商城县(豫)	杉木	500.00
112	融安县(桂)	杉木	302.00
113	安远县(赣)	杉木	280.00
114	政和县(闽)	杉木	150.00
115	昭平县(桂)	杉木	150.00
116	绩溪县(皖)	杉木	145.00
117	瑞金市(赣)	杉木	75.00
118	永新县(赣)	杉木	20.00
119	樟树市(赣)	杉木	14.80
120	青铜峡市(宁)	沙枣	10000.00
121	惠农区(宁)	沙枣	1200.00
122	平昌县(川)	桤木	31500.00
123	青铜峡市(宁)	葡萄	10000.00
124	青铜峡市(宁)	苹果	5000.00
125	南康市(赣)	泡桐	3000.00
126	盐池县(宁)	柠条	257000.00
127	米脂县(陕)	柠条	120000.00
128	神木县(陕)	柠条	50000.00
129	乌兰县(青)	柠条	3800.00
130	临洮县(甘)	柠条	3700.00
131	正镶白旗(内蒙古)	柠条	3000.00
132	永靖县(甘)	柠条	650.00
133	衡南县(湘)	楠	10000.00
134	建德市(浙)	楠	3000.00
135	白河县(陕)	木瓜	3500.00
136	罗田县(鄂)	马尾松	375000.00
137	临湘市(湘)	马尾松	360000.00
138	石泉县(陕)	马尾松	78000.00
139	桐柏县(豫)	马尾松	50250.00
140	祁东县(湘)	马尾松	22500.00
141	南康市(赣)	马尾松	21000.00
142	凯里市(黔)	马尾松	10000.00
143	通江县(川)	马尾松	5000.00
144	巴州区(川)	马尾松	4500.00
145	樟树市(赣)	马尾松	2970.00
146	汝城县(湘)	马尾松	2500.00
147	江永县(湘)	马尾松	2000.00
148	武鸣县(桂)	马尾松	400.00
149	全州县(桂)	马尾松	400.00
150	岑溪市(桂)	马尾松	340.00
151	忻城县(桂)	马尾松	280.00
152	九江县(赣)	马尾松	250.00
153	永定县(闽)	马尾松	50.00

序号	县(旗、市、区、局、场)	种子树种	种子产量(千克)
154	派阳山林场(桂)	马尾松	30.00
155	大冶市(鄂)	马尾松	20.00
156	紫云苗族布依族自治县(黔)	马尾松	12.00
157	奉新县(赣)	马尾松	10.00
158	东至县(皖)	马褂木	550.00
159	鼎城区(湘)	落羽杉	500.00
160	牡丹江市市本级(黑)	落叶松	46000.00
161	岫岩满族自治县(辽)	落叶松	25000.00
162	庄河市(辽)	落叶松	21000.00
163	白河林业局(吉)	落叶松	20000.00
164	逊克县(黑)	落叶松	15000.00
165	汪　清(吉)	落叶松	8000.00
166	沽源县(冀)	落叶松	5500.00
167	省森林经营研究所(辽)	落叶松	5000.00
168	开原市(辽)	落叶松	3500.00
169	克东县(黑)	落叶松	2500.00
170	清原满族自治县(辽)	落叶松	2300.00
171	抚顺县(辽)	落叶松	1610.00
172	东京城林业局(龙江森工)	落叶松	1500.00
173	绥阳林业局(龙江森工)	落叶松	1000.00
174	五常市(黑)	落叶松	880.00
175	白狼林业局(内蒙古)	落叶松	820.00
176	木栏围场国营林场管理局(冀)	落叶松	800.00
177	五岔沟林业局(内蒙古)	落叶松	686.00
178	海伦市(黑)	落叶松	560.00
179	尚义县(冀)	落叶松	200.00
180	嫩江县(黑)	落叶松	200.00
181	富锦市(黑)	落叶松	190.00
182	柳河县(吉)	落叶松	160.00
183	双鸭山林业局(龙江森工)	落叶松	70.00
184	山河屯林业局(龙江森工)	落叶松	60.00
185	沾河林业局(龙江森工)	落叶松	60.00
186	克山县(黑)	落叶松	50.00
187	桦南林业局(龙江森工)	落叶松	50.00
188	林口林业局(龙江森工)	落叶松	45.00
189	亚布力林业局(龙江森工)	落叶松	33.00
190	佳木斯市郊区(黑)	落叶松	25.00
191	振安区(辽)	落叶松	20.00
192	山河实验林场(黑)	落叶松	10.00
193	沐川县(川)	柳杉	1000.00

序号	县(旗、市、区、局、场)	种子树种	种子产量(千克)
194	商南县(陕)	栎类	75000.00
195	平桥区(豫)	栎类	40000.00
196	舞钢市(豫)	栎类	27000.00
197	林州市(豫)	栎类	17550.00
198	霍山县(皖)	栎类	10000.00
199	固始县(豫)	栎类	10000.00
200	南江县(川)	栎类	2500.00
201	平昌县(川)	阔叶其他	50025.00
202	化隆回族自治县(青)	阔叶其他	10000.00
203	遂昌县(浙)	阔叶其他	5175.00
204	靖西县(桂)	阔叶其他	3500.00
205	东至县(皖)	阔叶其他	2600.00
206	镇坪县(陕)	阔叶其他	2000.00
207	松江河林业局(吉林森工)	阔叶其他	2000.00
208	资兴市(湘)	阔叶其他	1500.00
209	崇阳县(鄂)	阔叶其他	500.00
210	修水县(赣)	阔叶其他	200.00
211	贵溪市(赣)	栲树	29700.00
212	山河实验林场(黑)	桦树	10.00
213	西峡县(豫)	华山松	163800.00
214	华阴市(陕)	华山松	100000.00
215	通江县(川)	华山松	15000.00
216	甘洛县(川)	华山松	10000.00
217	宁西林业局(陕)	华山松	2500.00
218	会东县(川)	华山松	1000.00
219	汉西林业局(陕)	华山松	300.00
220	乌拉特前旗(内蒙古)	胡杨	600.00
221	东方红林业局(龙江森工)	胡桃楸	7500.00
222	五常市(黑)	胡桃楸	6000.00
223	松江河林业局(吉林森工)	胡桃楸	3500.00
224	山河实验林场(黑)	胡桃楸	1000.00
225	大兴沟林业局(吉)	胡桃楸	115.00
226	南郑县(陕)	厚朴	10500.00
227	桂东县(湘)	厚朴	9500.00
228	浦北县(桂)	红锥	18500.00
229	陆河县(粤)	红锥	4000.00
230	中国林科院热林中心(桂)	红锥	900.00
231	青铜峡市(宁)	红枣	15000.00
232	孟州市(豫)	红叶臭椿	400.00
233	林口县(黑)	红松	218000.00

序号	县(旗、市、区、局、场)	种子树种	种子产量(千克)
234	敦化市(吉)	红松	110000.00
235	磐石市(吉)	红松	97000.00
236	明山区(辽)	红松	68805.00
237	辉南县(吉)	红松	60000.00
238	松江河林业局(吉林森工)	红松	60000.00
239	白河林业局(吉)	红松	50000.00
240	萝北县(黑)	红松	50000.00
241	宾　县(黑)	红松	44685.00
242	凤城市(辽)	红松	35000.00
243	舒兰市(吉)	红松	34680.00
244	梅河口市(吉)	红松	33000.00
245	省森林经营研究所(辽)	红松	30000.00
246	虎林市(黑)	红松	26000.00
247	东港市(辽)	红松	20000.00
248	鸡东县(黑)	红松	20000.00
249	珲春市(吉)	红松	18000.00
250	密山市(黑)	红松	15000.00
251	临江市(吉)	红松	12000.00
252	岫岩满族自治县(辽)	红松	10000.00
253	灯塔市(辽)	红松	10000.00
254	昌邑区(吉)	红松	10000.00
255	汪清林业局(吉)	红松	10000.00
256	木兰县(黑)	红松	10000.00
257	延寿县(黑)	红松	10000.00
258	东辽县(吉)	红松	8600.00
259	鹤北林业局(龙江森工)	红松	6186.00
260	桦川县(黑)	红松	5043.50
261	本溪满族自治县(辽)	红松	5000.00
262	黄泥河林业局(吉)	红松	5000.00
263	东丰县(吉)	红松	4500.00
264	通河县(黑)	红松	3000.00
265	方正林业局(龙江森工)	红松	3000.00
266	苇河林业局(龙江森工)	红松	2900.00
267	桦南林业局(龙江森工)	红松	2750.00
268	江源区(吉)	红松	2500.00
269	东方红林业局(龙江森工)	红松	2005.00
270	佳木斯市郊区(黑)	红松	2000.00
271	沾河林业局(龙江森工)	红松	1500.00
272	湾沟林业局(吉林森工)	红松	1000.00
273	绥棱林业局(龙江森工)	红松	1000.00

序号	县(旗、市、区、局、场)	种子树种	种子产量(千克)
274	通化市市辖区(吉)	红松	753.00
275	亚布力林业局(龙江森工)	红松	630.00
276	绥棱县(黑)	红松	500.00
277	大兴沟林业局(吉)	红松	84.00
278	长白朝鲜族自治县(吉)	红松	52.75
279	丰满区(吉)	红松	50.00
280	山河实验林场(黑)	红松	50.00
281	商南县(陕)	核桃	12500.00
282	南江县(川)	核桃	10000.00
283	新和县(新)	核桃	1000.00
284	陇　县(陕)	核桃	300.00
285	湛江市属总林场(粤)	国外松	100.00
286	祁东县(湘)	枫香	1950.00
287	东至县(皖)	枫香	220.00
288	潜山县(皖)	枫香	150.00
289	黎平县(黔)	鹅掌楸	820.00
290	济源市(豫)	刺槐	150000.00
291	青铜峡市(宁)	刺槐	50000.00
292	庄河市(辽)	刺槐	27000.00
293	耀州区(陕)	刺槐	16500.00
294	商南县(陕)	刺槐	11200.00
295	连山区(辽)	刺槐	4000.00
296	临洮县(甘)	刺槐	3500.00
297	灵寿县(冀)	刺槐	3000.00
298	滦平县(冀)	刺槐	1050.00
299	孟州市(豫)	刺槐	900.00
300	蒙阴县(鲁)	刺槐	500.00
301	天长市(皖)	池杉	1100.00
302	鼎城区(湘)	池杉	700.00
303	安吉县(浙)	池杉	50.00
304	怀来县(冀)	柏	15000.00
305	互助土族自治县(青)	柏	13700.00
306	北山森林公园(青)	柏	10000.00
307	长清区(鲁)	柏	9100.00
308	连山区(辽)	柏	8000.00
309	东平县(鲁)	柏	7500.00
310	天祝藏族自治县(甘)	柏	5100.00
311	凯里市(黔)	柏	5000.00
312	通江县(川)	柏	2000.00
313	龙游县(浙)	柏	1600.00

序号	县(旗、市、区、局、场)	种子树种	种子产量(千克)
314	滦平县(冀)	柏	1150.00
315	蒙阴县(鲁)	柏	1000.00
316	郏　县(豫)	柏	510.00
317	蓝田县(陕)	白皮松	3000.00

表9　2009年种子园种子主产县(旗、市、区、局、场)

序号	县(旗、市、区、局、场)	种子树种	产量(千克)
1	富锦市(黑)	樟子松	260.00
2	汪清林业局(吉)	樟子松	200.00
3	喀喇沁旗(内蒙古)	樟子松	150.00
4	泰来县(黑)	樟子松	150.00
5	红山区(内蒙古)	樟子松	100.00
6	省固沙造林研究所(辽)	樟子松	50.00
7	克山县(黑)	樟子松	30.00
8	北山森林公园(青)	云杉	45000.00
9	大通回族土族自治县(青)	云杉	30.00
10	内乡县(豫)	榆	15000.00
11	商南县(陕)	油松	54000.00
12	阜新蒙古族自治县(辽)	油松	15000.00
13	抚宁县(冀)	油松	11000.00
14	太白县(陕)	油松	10000.00
15	韩城市(陕)	油松	10000.00
16	华池县(甘)	油松	6000.00
17	合水林业总场(甘)	油松	5000.00
18	凌海市(辽)	油松	2500.00
19	陇　县(陕)	油松	2400.00
20	正宁林业总场(甘)	油松	1830.00
21	北票市(辽)	油松	500.00
22	兴城市(辽)	油松	500.00
23	宁城县(内蒙古)	油松	450.00
24	洛南县(陕)	油松	400.00
25	平泉县(冀)	油松	300.00
26	桥山林业局(陕)	油松	200.00
27	连山区(辽)	油松	100.00
28	青龙满族自治县(冀)	油松	35.00
29	洮南市(吉)	杏	20000.00
30	苇河林业局(龙江森工)	水曲柳	100.00
31	台山市(粤)	湿地松	2008.00
32	新干县(赣)	湿地松	350.00
33	泾　县(皖)	湿地松	300.00
34	瑞金市(赣)	湿地松	100.00
35	商南县(陕)	杉木	11500.00
36	临湘市(湘)	杉木	10000.00
37	衡南县(湘)	杉木	7600.00
38	崇义县(赣)	杉木	3000.00
39	休宁县(皖)	杉木	2000.00
40	资兴市(湘)	杉木	2000.00
41	黎平县(黔)	杉木	1800.00
42	会同县(湘)	杉木	1500.00
43	光泽县(闽)	杉木	1370.00
44	靖州苗族侗族自治县(湘)	杉木	1000.00
45	乐昌市(粤)	杉木	1000.00
46	尤溪县(闽)	杉木	701.00
47	泾　县(皖)	杉木	500.00
48	乐安县(赣)	杉木	500.00
49	沐川县(川)	杉木	500.00
50	东至县(皖)	杉木	480.00
51	九江县(赣)	杉木	450.00
52	仁化县(粤)	杉木	430.00
53	庆元县(浙)	杉木	400.00
54	安远县(赣)	杉木	400.00
55	融安县(桂)	杉木	302.00
56	崇阳县(鄂)	杉木	300.00
57	商城县(豫)	杉木	200.00
58	遂昌县(浙)	杉木	150.00
59	大冶市(鄂)	杉木	150.00
60	昭平县(桂)	杉木	150.00
61	韶关市属总林场(粤)	杉木	50.00
62	龙游县(浙)	杉木	23.00
63	全州县(桂)	杉木	20.00
64	贺兰县(宁)	沙枣	25620.00
65	青铜峡市(宁)	沙枣	10000.00
66	石羊河林业总场(甘)	沙枣	5000.00
67	敦化市(吉)	葡萄	93000.00
68	青铜峡市(宁)	葡萄	10000.00
69	青铜峡市(宁)	苹果	5000.00
70	内乡县(豫)	泡桐	15000.00
71	盐池县(宁)	柠条	257000.00

序号	县(旗、市、区、局、场)	种子树种	产量(千克)
72	大通回族土族自治县(青)	柠条	30000.00
73	乌拉特中旗(内蒙古)	柠条	15000.00
74	乐都县(青)	柠条	10027.00
75	石羊河林业总场(甘)	柠条	5000.00
76	永靖县(甘)	柠条	650.00
77	惠农区(宁)	柠条	200.00
78	都兰县(青)	柠条	133.30
79	建德市(浙)	楠	3000.00
80	桐柏县(豫)	马尾松	41250.00
81	霍山县(皖)	马尾松	15000.00
82	平桥区(豫)	马尾松	15000.00
83	潜山县(皖)	马尾松	7700.00
84	娄星区(湘)	马尾松	3000.00
85	南江县(川)	马尾松	3000.00
86	江永县(湘)	马尾松	2000.00
87	天台县(浙)	马尾松	1500.00
88	东至县(皖)	马尾松	800.00
89	岑溪市(桂)	马尾松	340.00
90	黄平县(黔)	马尾松	335.00
91	泾　县(皖)	马尾松	200.00
92	桂阳县(湘)	马尾松	200.00
93	派阳山林场(桂)	马尾松	75.00
94	永定县(闽)	马尾松	25.00
95	覃塘林场(桂)	马尾松	23.00
96	新干县(赣)	马尾松	15.00
97	凯里市(黔)	马尾松	10.00
98	鼎城区(湘)	落羽杉	530.00
99	牡丹江市市本级(黑)	落叶松	66000.00
100	清原满族自治县(辽)	落叶松	7250.00
101	开原市(辽)	落叶松	3500.00
102	庄河市(辽)	落叶松	2460.00
103	岫岩满族自治县(辽)	落叶松	1500.00
104	铁岭县(辽)	落叶松	1500.00
105	木栏围场国营林场管理局(冀)	落叶松	700.00
106	省森林经营研究所(辽)	落叶松	600.00
107	上五庄森林公园(青)	落叶松	600.00
108	海伦市(黑)	落叶松	550.00
109	五常市(黑)	落叶松	500.00
110	抚顺县(辽)	落叶松	490.00
111	富锦市(黑)	落叶松	460.00
112	宁城县(内蒙古)	落叶松	380.00
113	大通回族土族自治县(青)	落叶松	300.00
114	克什克腾旗(内蒙古)	落叶松	200.00
115	柳河县(吉)	落叶松	180.00
116	汪清林业局(吉)	落叶松	150.00
117	喀喇沁旗(内蒙古)	落叶松	100.00
118	克山县(黑)	落叶松	60.00
119	林口林业局(龙江森工)	落叶松	50.00
120	商南县(陕)	栎类	85000.00
121	舞钢市(豫)	栎类	72000.00
122	固始县(豫)	栎类	20000.00
123	通江县(川)	栎类	20000.00
124	内乡县(豫)	栎类	15000.00
125	东至县(皖)	栎类	7200.00
126	婺源县(赣)	榜树	15000.00
127	永新县(赣)	榜树	100.00
128	荆州区(鄂)	火柜松	1500.00
129	泾　县(皖)	火柜松	120.00
130	英德市(粤)	火柜松	50.00
131	铁岭县(辽)	槐树	9000.00
132	宁东林业局(陕)	华山松	22000.00
133	镇安县(陕)	华山松	2680.00
134	龙草坪林业局(陕)	华山松	2000.00
135	会东县(川)	华山松	1000.00
136	平坝县(黔)	华山松	150.00
137	内乡县(豫)	胡桃楸	6000.00
138	平远县(粤)	红锥	500.00
139	青铜峡市(宁)	红枣	15000.00
140	通化县(吉)	红松	260000.00
141	舒兰市(吉)	红松	34680.00
142	宾县(黑)	红松	28500.00
143	孟家岗林场(黑)	红松	6000.00
144	黄泥河林业局(吉)	红松	5000.00
145	省森林经营研究所(辽)	红松	4500.00
146	爱辉区(黑)	红松	2000.00
147	林口林业局(龙江森工)	红松	1200.00
148	龙井市(吉)	红松	1000.00
149	汪清林业局(吉)	红松	1000.00
150	林口县(黑)	红松	900.00
151	露水河林业局(吉林森工)	红松	700.00

序号	县(旗、市、区、局、场)	种子树种	产量(千克)
152	本溪满族自治县(辽)	红松	400.00
153	抚顺县(辽)	红松	250.00
154	庄河市(辽)	黑松	1650.00
155	内乡县(豫)	核桃	1950000.00
156	敦化市(吉)	核桃	166000.00
157	东平县(鲁)	核桃	150000.00
158	商南县(陕)	核桃	23800.00
159	南郑县(陕)	核桃	7500.00
160	新和县(新)	核桃	1000.00
161	临湘市(湘)	国外松	35000.00
162	湛江市属总林场(粤)	国外松	100.00
163	内乡县(豫)	刺槐	75000.00
164	青铜峡市(宁)	刺槐	50000.00
165	商南县(陕)	刺槐	30000.00
166	蒙阴县(鲁)	刺槐	5000.00
167	庄河市(辽)	刺槐	4200.00
168	贺兰县(宁)	刺槐	1500.00
169	南郑县(陕)	刺槐	100.00
170	沂水县(鲁)	刺槐	52.00
171	庄河市(辽)	赤松	4700.00
172	汪清林业局(吉)	赤松	50.00
173	东至县(皖)	檫	200.00
174	内乡县(豫)	柏	75000.00
175	蒙阴县(鲁)	柏	6000.00
176	郏 县(豫)	柏	5100.00
177	韩城市(陕)	柏	3300.00
178	长清区(鲁)	柏	2200.00
179	惠农区(宁)	柏	40.00
180	龙游县(浙)	柏	36.00
181	韩城市(陕)	白皮松	9500.00
182	平罗县(宁)	白蜡	3200.00
183	惠农区(宁)	白蜡	2800.00
184	茂南区(粤)	桉树	110.00
185	遂溪县(粤)	桉树	20.00

表10－1 2009年苗圃苗木(桉树)主产县(市、区、局、场)

序号	县(市、区、局、场)	桉树苗株数(万株)
1	南康市(赣)	150.00
2	仁化县(粤)	14000.00
3	麻章区(粤)	10000.00
4	雷州市(粤)	8500.00
5	揭东县(粤)	3596.00
6	遂溪县(粤)	3578.00
7	廉江市(粤)	2080.00
8	开平市(粤)	1030.00
9	西江林业局(粤)	1023.00
10	高要市(粤)	902.80
11	新会区(粤)	708.91
12	徐闻县(粤)	700.00
13	台山市(粤)	600.00
14	茂南区(粤)	600.00
15	广宁县(粤)	480.00
16	惠城区(粤)	400.00
17	肇庆市林业总场(粤)	300.00
18	高州市(粤)	250.00
19	阳春市(粤)	224.00
20	信宜市(粤)	200.00
21	阳东县(粤)	200.00
22	茂港区(粤)	141.60
23	电白县(粤)	128.00
24	清远市属总林场(粤)	105.00
25	恩平市(粤)	100.00
26	吴川市(粤)	100.00
27	湛江市属总林场(粤)	100.00
28	惠来县(粤)	100.00
29	钦南区(桂)	8100.00
30	桂平市(桂)	6000.00
31	钦北区(桂)	4100.00
32	扶绥县(桂)	2462.00
33	东门林场(桂)	2165.60
34	宁明县(桂)	1773.00
35	钦州市直属单位(桂)	1500.00
36	合浦县(桂)	1200.00
37	鹿寨县(桂)	1167.00
38	武鸣县(桂)	1158.00
39	右江区(桂)	1100.00
40	西林县(桂)	932.00
41	博白林场(桂)	876.00

序号	县(市、区、局、场)	桉树苗株数(万株)
42	西乡塘区(桂)	800.00
43	高峰林场(桂)	778.50
44	横　县(桂)	750.00
45	兴宾区(桂)	610.00
46	上思县(桂)	600.00
47	黄冕林场(桂)	579.00
48	浦北县(桂)	456.00
49	七坡林场(桂)	450.00
50	八步区(桂)	420.00
51	大桂山林场(桂)	410.60
52	灵山县(桂)	400.00
53	陆川县(桂)	400.00
54	那坡县(桂)	368.00
55	三门江林场(桂)	365.00
56	象州县(桂)	308.00
57	派阳山林场(桂)	300.00
58	环江毛南族自治县(桂)	270.00
59	防城区(桂)	260.00
60	昭平县(桂)	225.00
61	柳江县(桂)	200.00
62	钦廉林场(桂)	175.00
63	宜州市(桂)	174.70
64	德保县(桂)	156.00
65	维都林场(桂)	156.00
66	江南区(桂)	150.00
67	港北区(桂)	150.00
68	田东县(桂)	150.00
69	田林县(桂)	150.00
70	江州区(桂)	150.00
71	田阳县(桂)	140.00
72	合山市(桂)	138.00
73	全州县(桂)	120.00
74	钟山县(桂)	120.00
75	上林县(桂)	100.00
76	罗城仫佬族自治县(桂)	100.00
77	定安县(琼)	3312.00
78	犍为县(川)	180.00
79	美姑县(川)	120.00

表 10－2　2009 年苗圃苗木(柏)主产县(市、区、局、场)

序号	县(市、区、局、场)	柏苗株数(万株)
1	房山区(京)	375.34
2	延庆县(京)	361.70
3	遵化市(冀)	2400.00
4	定州市(冀)	780.00
5	怀来县(冀)	580.80
6	井陉县(冀)	442.00
7	满城县(冀)	400.00
8	滦平县(冀)	390.00
9	武安市(冀)	350.00
10	望都县(冀)	225.00
11	双桥区(冀)	200.00
12	内丘县(冀)	150.00
13	顺平县(冀)	145.00
14	临城县(冀)	100.00
15	兴隆县(冀)	100.00
16	连山区(辽)	1000.00
17	南票区(辽)	650.00
18	金州区(辽)	472.00
19	凌海市(辽)	300.00
20	阜新蒙古族自治县(辽)	270.00
21	凌源市(辽)	150.00
22	居巢区(皖)	125.00
23	肥西县(皖)	100.00
24	沂源县(鲁)	3000.00
25	长清区(鲁)	1835.00
26	沂水县(鲁)	1620.00
27	莱芜市市辖区(鲁)	1200.00
28	沂南县(鲁)	1200.00
29	东平县(鲁)	750.00
30	蒙阴县(鲁)	700.00
31	宁阳县(鲁)	600.00
32	新泰市(鲁)	500.00
33	淄川区(鲁)	450.00
34	平阴县(鲁)	287.80
35	台儿庄区(鲁)	240.00
36	蓬莱市(鲁)	150.00
37	莱城区(鲁)	150.00
38	章丘市(鲁)	138.00

序号	县(市、区、局、场)	柏苗株数(万株)
39	嘉祥县(鲁)	130.00
40	肥城市(鲁)	105.00
41	胶南市(鲁)	100.96
42	西峡县(豫)	5250.00
43	济源市(豫)	3600.00
44	汝阳县(豫)	3100.00
45	新密市(豫)	2250.00
46	嵩　县(豫)	2000.00
47	安阳县(豫)	1500.00
48	卫辉市(豫)	772.00
49	淅川县(豫)	675.00
50	博爱县(豫)	456.00
51	辉县市(豫)	450.00
52	偃师市(豫)	400.00
53	陕　县(豫)	331.80
54	林州市(豫)	280.00
55	内乡县(豫)	225.00
56	修武县(豫)	220.00
57	洛宁县(豫)	218.30
58	汝州市(豫)	185.00
59	义马市(豫)	150.00
60	文峰区(豫)	109.10
61	新晃侗族自治县(湘)	420.00
62	新邵县(湘)	210.00
63	隆回县(湘)	100.00
64	揭东县(粤)	824.00
65	美姑县(川)	150.00
66	黔西县(黔)	708.00
67	施秉县(黔)	296.30
68	黄平县(黔)	200.00
69	西秀区(黔)	150.00
70	镇远县(黔)	150.00
71	万山特区(黔)	120.00
72	仁怀市(黔)	110.00
73	开阳县(黔)	107.30
74	洛川县(陕)	2120.00
75	绥德县(陕)	2014.88
76	淳化县(陕)	1800.00
77	宝塔区(陕)	945.80
78	千阳县(陕)	861.50
79	宜川县(陕)	829.50
80	延长县(陕)	800.00
81	陇　县(陕)	540.00
82	石泉县(陕)	500.00
83	麟游县(陕)	422.00
84	礼泉县(陕)	380.00
85	眉　县(陕)	300.00
86	延川县(陕)	300.00
87	商州区(陕)	300.00
88	白河县(陕)	290.00
89	横山县(陕)	279.00
90	三原县(陕)	240.00
91	耀州区(陕)	200.00
92	劳山林业局(陕)	196.60
93	潼关县(陕)	180.00
94	洛南县(陕)	180.00
95	紫阳县(陕)	170.00
96	清涧县(陕)	160.00
97	桥北林业局(陕)	158.20
98	澄城县(陕)	150.00
99	子长县(陕)	120.00
100	富　县(陕)	104.00
101	湘乐林业总场(甘)	211.10
102	安定区(甘)	205.00
103	榆中县(甘)	150.00
104	康　县(甘)	120.00
105	互助土族自治县(青)	597.40
106	北山森林公园(青)	102.40

表10-3　2009年苗圃苗木(刺槐)主产县(市、区、场)

序号	县(市、区、场)	刺槐苗株数(万株)
1	延庆县(京)	121.30
2	平泉县(冀)	788.00
3	阜平县(冀)	696.00
4	唐　县(冀)	390.00
5	涞源县(冀)	300.00
6	兴隆县(冀)	200.00
7	丰宁满族自治县(冀)	150.00

序号	县(市、区、场)	刺槐苗株数(万株)
8	双桥区(冀)	100.00
9	义　县(辽)	3375.00
10	连山区(辽)	2000.00
11	清原满族自治县(辽)	1450.00
12	灯塔市(辽)	750.00
13	喀喇沁左翼蒙古族自治县(辽)	600.00
14	凌源市(辽)	600.00
15	兴城市(辽)	585.00
16	南票区(辽)	550.00
17	建昌县(辽)	450.00
18	金州区(辽)	404.00
19	瓦房店市(辽)	300.00
20	凌海市(辽)	300.00
21	绥中县(辽)	300.00
22	大石桥市(辽)	250.00
23	双塔区(辽)	225.00
24	法库县(辽)	200.00
25	海城市(辽)	200.00
26	黑山县(辽)	150.00
27	铁岭县(辽)	130.00
28	庄河市(辽)	120.00
29	辽阳县(辽)	115.00
30	弓长岭区(辽)	100.00
31	沂源县(鲁)	300.00
32	汝阳县(豫)	1800.00
33	陕　县(豫)	1177.67
34	桐柏县(豫)	892.50
35	洛宁县(豫)	832.70
36	汝州市(豫)	568.00
37	宜阳县(豫)	348.00
38	嵩　县(豫)	300.00
39	伊川县(豫)	300.00
40	卢氏县(豫)	240.00
41	鄢陵县(豫)	225.00
42	偃师市(豫)	200.00
43	崇阳县(鄂)	1206.00
44	临澧县(湘)	150.00
45	通江县(川)	600.00
46	南江县(川)	200.00
47	美姑县(川)	180.00
48	永寿县(陕)	1200.00
49	子长县(陕)	1100.00
50	横山县(陕)	900.00
51	延长县(陕)	720.00
52	淳化县(陕)	700.00
53	合阳县(陕)	600.00
54	绥德县(陕)	562.50
55	旬邑县(陕)	500.00
56	延川县(陕)	500.00
57	韩城市(陕)	468.00
58	千阳县(陕)	383.70
59	山阳县(陕)	345.00
60	麟游县(陕)	337.00
61	安塞县(陕)	280.00
62	神木县(陕)	270.00
63	陇　县(陕)	195.00
64	柞水县(陕)	180.00
65	子洲县(陕)	162.00
66	耀州区(陕)	160.00
67	宜川县(陕)	156.50
68	洛川县(陕)	153.00
69	吴起县(陕)	150.00
70	商南县(陕)	150.00
71	蒲城县(陕)	134.00
72	眉　县(陕)	130.00
73	乾　县(陕)	120.00
74	宜君县(陕)	115.50
75	庆城县(甘)	870.00
76	华池县(甘)	700.00
77	环　县(甘)	650.00
78	湘乐林业总场(甘)	472.90
79	临洮县(甘)	465.00
80	西峰区(甘)	450.00
81	正宁县(甘)	225.00
82	靖远县(甘)	162.28
83	泾源县(宁)	3000.00
84	彭阳县(宁)	600.00
85	青铜峡市(宁)	200.00

表10－4　2009年苗圃苗木(杜英)主产县(市、区)

序号	县(市、区)	杜英苗株数(万株)
1	南汇区(沪)	264.00
2	金山区(沪)	32.00
3	奉贤区(沪)	27.58
4	崇明县(沪)	15.00
5	嘉定区(沪)	14.70
6	浦东新区(沪)	14.00
7	北仑区(浙)	151.20
8	鄞州区(浙)	126.00
9	南湖区(浙)	116.00
10	嵊州市(浙)	60.00
11	定海区(浙)	54.45
12	诸暨市(浙)	45.00
13	秀洲区(浙)	26.00
14	平湖市(浙)	24.84
15	滨江区(浙)	20.00
16	义乌市(浙)	20.00
17	建德市(浙)	15.00
18	海盐县(浙)	15.00
19	武义县(浙)	14.50
20	三门县(浙)	13.00
21	磐安县(浙)	12.00
22	金东区(浙)	10.00
23	奉新县(赣)	210.00
24	南昌县(赣)	100.20
25	瑞金市(赣)	57.50
26	新建县(赣)	52.00
27	德兴市(赣)	45.00
28	靖安县(赣)	31.50
29	九江县(赣)	25.00
30	上饶县(赣)	19.00
31	上犹县(赣)	11.50
32	余江县(赣)	11.00
33	汉寿县(湘)	27.50
34	北塔区(湘)	12.00
35	乳源瑶族自治县(粤)	36.00
36	清新县(粤)	30.00
37	萝岗区(粤)	15.00

表10－5　2009年苗圃苗木(国外松)主产县(市、区、场)

序号	县(市、区、场)	国外松苗株数(万株)
1	含山县(皖)	1200.00
2	望江县(皖)	200.00
3	南谯区(皖)	200.00
4	桐城市(皖)	100.00
5	和　县(皖)	100.00
6	泾　县(皖)	90.00
7	居巢区(皖)	60.00
8	沙洋县(鄂)	163.00
9	大冶市(鄂)	120.00
10	茶陵县(湘)	1366.00
11	邵阳县(湘)	769.50
12	攸　县(湘)	550.00
13	岳阳县(湘)	500.00
14	耒阳市(湘)	480.00
15	临湘市(湘)	400.00
16	湘乡市(湘)	292.00
17	望城县(湘)	260.00
18	北塔区(湘)	225.00
19	隆回县(湘)	200.00
20	双峰县(湘)	187.00
21	洪江市(湘)	172.50
22	鼎城区(湘)	150.00
23	新邵县(湘)	140.00
24	桂阳县(湘)	119.00
25	醴陵市(湘)	100.00
26	云城区(粤)	670.00
27	台山市(粤)	300.00
28	阳东县(粤)	120.00
29	云安县(粤)	103.00
30	惠来县(粤)	80.00
31	电白县(粤)	75.00
32	茂名市属总林场(粤)	50.00
33	钦北区(桂)	2065.00

表 10-6　2009 年苗圃苗木(核桃)主产县(市、区、局)

序号	县(市、区、局)	核桃苗株数(万株)
1	赞皇县(冀)	2250.00
2	临城县(冀)	800.00
3	平山县(冀)	480.00
4	定州市(冀)	450.00
5	栾城县(冀)	420.00
6	遵化市(冀)	360.00
7	迁西县(冀)	340.00
8	灵寿县(冀)	260.00
9	唐　县(冀)	168.00
10	邢台县(冀)	109.00
11	卢龙县(冀)	100.87
12	绩溪县(皖)	150.00
13	新泰市(鲁)	300.00
14	东平县(鲁)	225.00
15	济源市(豫)	800.00
16	汝阳县(豫)	300.00
17	新密市(豫)	237.00
18	内乡县(豫)	198.00
19	汝州市(豫)	155.00
20	嵩　县(豫)	100.00
21	保康县(鄂)	285.00
22	南江县(川)	200.00
23	毕节市(黔)	216.00
24	百里杜鹃管委会林业局(黔)	150.00
25	蓝田县(陕)	420.00
26	蒲城县(陕)	391.20
27	宁陕县(陕)	390.00
28	耀州区(陕)	350.00
29	潼关县(陕)	270.00
30	洛南县(陕)	263.00
31	陇　县(陕)	240.00
32	山阳县(陕)	225.00
33	千阳县(陕)	134.55
34	商州区(陕)	130.00
35	眉　县(陕)	110.00
36	紫阳县(陕)	110.00
37	户　县(陕)	105.00
38	临潼区(陕)	105.00
39	康　县(甘)	646.00
40	成　县(甘)	370.00
41	墨玉县(新)	455.00

表 10-7　2009 年苗圃苗木(红松)主产县(市、区、局)

序号	县(市、区、局)	红松苗株数(万株)
1	桓仁满族自治县(辽)	4155.00
2	凤城市(辽)	2150.00
3	宽甸满族自治县(辽)	1410.00
4	本溪满族自治县(辽)	1200.00
5	岫岩满族自治县(辽)	450.00
6	省森林经营研究所(辽)	180.00
7	桦甸市(吉)	12000.00
8	柳河县(吉)	7500.00
9	集安市(吉)	4571.15
10	和龙林业局(吉)	1761.00
11	通化县(吉)	1200.00
12	江源区(吉)	1200.00
13	汪清林业局(吉)	1143.00
14	敦化市(吉)	1048.00
15	抚松县(吉)	950.00
16	图们市(吉)	570.00
17	珲春林业局(吉)	527.50
18	东辽县(吉)	480.00
19	东丰县(吉)	400.00
20	敦化林业局(吉)	400.00
21	天桥岭林业局(吉)	397.00
22	辉南县(吉)	330.00
23	永吉县(吉)	300.00
24	上营森林经营局(吉)	300.00
25	长白森林经营局(吉)	248.00
26	梅河口市(吉)	245.00
27	蛟河市(吉)	200.00
28	龙潭区(吉)	160.00
29	临江市(吉)	120.00
30	舒兰市(吉)	100.00
31	庆安国有林场管理局(黑)	726.60
32	汤原县(黑)	594.00

序号	县(市、区、局)	红松苗株数(万株)
33	尚志市(黑)	300.00
34	孟家岗林场(黑)	160.00
35	密山市(黑)	128.00
36	依兰县(黑)	100.00
37	松江河林业局(吉林森工)	1008.20
38	红石林业局(吉林森工)	320.00
39	露水河林业局(吉林森工)	220.00
40	兴隆林业局(龙江森工)	293.00
41	东京城林业局(龙江森工)	236.20
42	大海林林业局(龙江森工)	205.60
43	方正林业局(龙江森工)	153.50
44	鹤北林业局(龙江森工)	147.30
45	山河屯林业局(龙江森工)	132.10
46	东方红林业局(龙江森工)	112.90

表10-8　2009年苗圃苗木(落叶松)主产县(旗、市、区、局、场)

序号	县(旗、市、区、局、场)	落叶松苗株数(万株)
1	丰宁满族自治县(冀)	11000.00
2	沽源县(冀)	2340.00
3	赤城县(冀)	850.00
4	木栏围场国营林场管理局(冀)	640.00
5	尚义县(冀)	570.00
6	平泉县(冀)	375.00
7	张北县(冀)	300.00
8	怀安县(冀)	210.00
9	阜平县(冀)	100.00
10	克什克腾旗(内蒙古)	5850.00
11	松山区(内蒙古)	3200.00
12	五岔沟林业局(内蒙古)	3000.00
13	喀喇沁旗(内蒙古)	700.00
14	翁牛特旗(内蒙古)	645.00
15	宁城县(内蒙古)	540.00
16	白狼林业局(内蒙古)	150.00
17	扎兰屯市(内蒙古)	130.00
18	霍林郭勒市(内蒙古)	100.00
19	桓仁满族自治县(辽)	14300.00
20	凤城市(辽)	8000.00
21	本溪满族自治县(辽)	4000.00
22	抚顺县(辽)	3880.00
23	宽甸满族自治县(辽)	3200.00
24	庄河市(辽)	2430.00
25	清原满族自治县(辽)	2000.00
26	盖州市(辽)	1800.00
27	铁岭县(辽)	900.00
28	开原市(辽)	500.00
29	岫岩满族自治县(辽)	450.00
30	大石桥市(辽)	160.00
31	清河区(辽)	120.00
32	柳河县(吉)	13089.00
33	集安市(吉)	1981.80
34	通化县(吉)	1000.00
35	敦化市(吉)	738.50
36	永吉县(吉)	650.00
37	东辽县(吉)	520.00
38	东丰县(吉)	500.00
39	珲春林业局(吉)	435.80
40	辉南县(吉)	310.00
41	和龙市(吉)	250.00
42	天桥岭林业局(吉)	220.00
43	黄泥河林业局(吉)	163.10
44	敦化林业局(吉)	160.00
45	临江市(吉)	150.00
46	抚松县(吉)	140.00
47	延寿县(黑)	4000.00
48	林口县(黑)	2300.00
49	饶河县(黑)	1670.00
50	宾　县(黑)	1575.00
51	孙吴县(黑)	1448.00
52	鸡东县(黑)	1225.00
53	勃利县(黑)	1200.00
54	尚志市(黑)	1040.00
55	五大连池市(黑)	908.36
56	宁安市(黑)	789.00
57	爱辉区(黑)	744.00
58	庆安国有林场管理局(黑)	718.60
59	汤原县(黑)	700.00
60	密山市(黑)	664.00
61	绥棱县(黑)	578.00

序号	县(旗、市、区、局、场)	落叶松苗株数(万株)
62	黑河市直属林场(黑)	475.00
63	富锦市(黑)	410.00
64	虎林市(黑)	400.00
65	依兰县(黑)	330.00
66	孟家岗林场(黑)	330.00
67	海林市(黑)	320.00
68	东宁县(黑)	300.00
69	呼兰区(黑)	250.00
70	木兰县(黑)	250.00
71	同江市(黑)	230.00
72	方正县(黑)	200.00
73	桦南县(黑)	170.00
74	佳木斯市郊区(黑)	150.00
75	七台河市市辖区(黑)	150.00
76	克山县(黑)	130.00
77	嫩江县(黑)	130.00
78	克东县(黑)	125.00
79	抚远县(黑)	120.00
80	海伦市(黑)	105.00
81	集贤县(黑)	100.00
82	美姑县(川)	300.00
83	岷　县(甘)	2250.00
84	白水江林业局(甘)	494.10
85	康　县(甘)	420.00
86	渭源县(甘)	400.00
87	张家川回族自治县(甘)	150.00
88	隆德县(宁)	1500.00
89	林口林业局(龙江森工)	237.00
90	朗乡林业局(龙江森工)	235.20
91	迎春林业局(龙江森工)	202.50
92	东京城林业局(龙江森工)	154.10
93	清河林业局(龙江森工)	147.30
94	鹤北林业局(龙江森工)	135.80
95	乌马河林业局(龙江森工)	132.80
96	绥阳林业局(龙江森工)	132.00
97	兴隆林业局(龙江森工)	126.00
98	沾河林业局(龙江森工)	122.00
99	鹤立林业局(龙江森工)	120.00
100	绥棱林业局(龙江森工)	113.30
101	八面通林业局(龙江森工)	112.00
102	东方红林业局(龙江森工)	112.00
103	大海林林业局(龙江森工)	110.40
104	苇河林业局(龙江森工)	109.30
105	红星林业局(龙江森工)	107.00
106	十八站林业局(大兴安岭)	1644.00
107	加格达奇区林业局(大兴安岭)	966.22
108	韩家园林业局(大兴安岭)	842.25
109	西林吉林业局(大兴安岭)	813.54
110	塔河林业局(大兴安岭)	432.00
111	松岭林业局(大兴安岭)	400.00
112	新林林业局(大兴安岭)	378.00
113	图强林业局(大兴安岭)	233.00
114	阿木尔林业局(大兴安岭)	210.00

表10－9　2009年苗圃苗木(马尾松)主产县(市、区、场)

序号	县(市、区、场)	马尾松苗株数(万株)
1	松阳县(浙)	145.00
2	霍山县(皖)	900.00
3	延平区(闽)	649.30
4	政和县(闽)	150.00
5	永定县(闽)	130.00
6	寿宁县(闽)	128.00
7	邵武市(闽)	120.00
8	会昌县(赣)	180.00
9	南康市(赣)	135.00
10	桐柏县(豫)	900.00
11	通道侗族自治县(湘)	3200.00
12	衡南县(湘)	1280.00
13	娄星区(湘)	700.00
14	靖州苗族侗族自治县(湘)	607.00
15	新晃侗族自治县(湘)	450.00
16	沅陵县(湘)	434.19
17	衡阳县(湘)	400.00
18	隆回县(湘)	300.00
19	石门县(湘)	300.00
20	麻阳苗族自治县(湘)	300.00

序号	县(市、区、场)	马尾松苗株数(万株)
21	桂阳县(湘)	282.00
22	安仁县(湘)	265.00
23	涟源市(湘)	255.00
24	祁东县(湘)	240.00
25	临武县(湘)	240.00
26	洪江市(湘)	224.10
27	汝城县(湘)	220.00
28	嘉禾县(湘)	195.00
29	湘乡市(湘)	180.00
30	中方县(湘)	180.00
31	新化县(湘)	165.00
32	桃源县(湘)	160.00
33	绥宁县(湘)	150.00
34	资兴市(湘)	120.00
35	仁化县(粤)	9000.00
36	信宜市(粤)	600.00
37	乐昌市(粤)	250.00
38	连南瑶族自治县(粤)	126.55
39	德庆县(粤)	100.00
40	郁南县(粤)	100.00
41	右江区(桂)	1100.00
42	田林县(桂)	700.00
43	西林县(桂)	464.00
44	南丹县(桂)	421.80
45	柳北区(桂)	360.00
46	雅长林场(桂)	353.00
47	昭平县(桂)	340.00
48	田东县(桂)	320.00
49	上思县(桂)	200.00
50	环江毛南族自治县(桂)	180.00
51	德保县(桂)	114.00
52	田阳县(桂)	112.00
53	覃塘林场(桂)	100.00
54	东兰县(桂)	100.00
55	天柱县(黔)	847.81
56	凯里市(黔)	420.00
57	施秉县(黔)	323.40
58	黄平县(黔)	300.00
59	长顺县(黔)	300.00
60	三穗县(黔)	284.00
61	黔西县(黔)	280.00
62	罗甸县(黔)	172.38
63	锦屏县(黔)	150.00

表10-10 2009年苗圃苗木(女贞)主产县(市、区)

序号	县(市、区)	女贞苗株数(万株)
1	顺义区(京)	400.00
2	抚宁县(冀)	90.00
3	香河县(冀)	60.00
4	甘井子区(辽)	100.00
5	九台市(吉)	120.00
6	崇明县(沪)	156.40
7	南汇区(沪)	104.00
8	缙云县(浙)	1354.00
9	滨江区(浙)	265.00
10	金东区(浙)	90.00
11	诸暨市(浙)	60.00
12	肥西县(皖)	1200.00
13	绩溪县(皖)	100.00
14	兖州市(鲁)	283.90
15	沂水县(鲁)	52.00
16	鄢陵县(豫)	810.00
17	许昌县(豫)	798.00
18	镇平县(豫)	713.50
19	潢川县(豫)	703.80
20	光山县(豫)	315.00
21	淅川县(豫)	180.00
22	山城区(豫)	87.70
23	惠济区(豫)	80.46
24	汝州市(豫)	75.00
25	修武县(豫)	61.52
26	洛龙区(豫)	60.00
27	卧龙区(豫)	56.90
28	西塞山区(鄂)	200.00
29	鹤城区(湘)	190.00
30	那坡县(桂)	90.00
31	织金县(黔)	225.00
32	乌当区(黔)	71.80

序号	县(市、区)	女贞苗株数(万株)
33	潼关县(陕)	150.00
34	高陵县(陕)	100.00

表 10－11　2009 年苗圃苗木(泡桐)主产县(市、区)

序号	县(市、区)	泡桐苗株数(万株)
1	肥乡县(冀)	25.00
2	栾城县(冀)	18.00
3	邯郸县(冀)	15.00
4	磐安县(浙)	15.00
5	东至县(皖)	50.00
6	太和县(皖)	45.00
7	太湖县(皖)	25.00
8	宿松县(皖)	17.60
9	金寨县(皖)	12.00
10	石台县(皖)	12.00
11	万年县(赣)	989.50
12	进贤县(赣)	283.00
13	上饶县(赣)	270.00
14	上高县(赣)	178.00
15	永修县(赣)	160.00
16	彭泽县(赣)	154.00
17	莲花县(赣)	90.00
18	丰城市(赣)	46.00
19	新干县(赣)	40.00
20	余干县(赣)	30.00
21	瑞昌市(赣)	27.30
22	庐山区(赣)	20.00
23	成武县(鲁)	20.00
24	沂源县(鲁)	10.00
25	汝州市(豫)	580.00
26	禹州市(豫)	345.00
27	偃师市(豫)	200.00
28	虞城县(豫)	200.00
29	鄢陵县(豫)	140.00
30	兰考县(豫)	49.00
31	梁园区(豫)	47.30
32	荥阳市(豫)	43.90
33	睢阳区(豫)	42.00
34	柘城县(豫)	37.60
35	郏　县(豫)	36.00
36	杞　县(豫)	23.40
37	淮阳县(豫)	15.80
38	新郑市(豫)	15.00
39	宜阳县(豫)	15.00
40	新密市(豫)	13.50
41	林州市(豫)	12.00
42	许昌县(豫)	12.00
43	吉利区(豫)	11.00
44	鹿邑县(豫)	11.00
45	宁陵县(豫)	10.40
46	孟州市(豫)	10.20
47	孟津县(豫)	10.00
48	沈丘县(豫)	10.00
49	崇阳县(鄂)	240.00
50	通山县(鄂)	75.00
51	荆门市市辖区(鄂)	10.00
52	渭城区(陕)	30.00
53	蒲城县(陕)	25.45

表 10－12　2009 年苗圃苗木(杉木)主产县(市、区、场)

序号	县(市、区、场)	杉木苗株数(万株)
1	缙云县(浙)	100.00
2	东至县(皖)	1260.00
3	霍山县(皖)	500.00
4	金寨县(皖)	450.00
5	青阳县(皖)	300.00
6	泾　县(皖)	150.00
7	延平区(闽)	1818.00
8	尤溪县(闽)	1200.00
9	建宁县(闽)	1122.00
10	邵武市(闽)	1050.00
11	建阳市(闽)	495.00
12	政和县(闽)	150.00
13	永春县(闽)	132.00
14	永定县(闽)	110.00
15	奉新县(赣)	4500.00

序号	县(市、区、场)	杉木苗株数(万株)
16	安福县(赣)	3920.00
17	莲花县(赣)	3600.00
18	德兴市(赣)	2217.00
19	新干县(赣)	2012.00
20	定南县(赣)	1852.00
21	崇义县(赣)	1080.00
22	分宜县(赣)	1050.00
23	乐安县(赣)	1000.00
24	大余县(赣)	960.00
25	宜黄县(赣)	837.20
26	吉水县(赣)	720.00
27	龙南县(赣)	700.00
28	铜鼓县(赣)	600.00
29	万载县(赣)	550.00
30	全南县(赣)	500.00
31	赣　县(赣)	480.00
32	婺源县(赣)	420.00
33	广昌县(赣)	410.00
34	靖安县(赣)	389.00
35	黎川县(赣)	360.00
36	井冈山市(赣)	320.00
37	金溪县(赣)	270.00
38	万安县(赣)	250.00
39	石城县(赣)	230.00
40	上犹县(赣)	212.00
41	高安市(赣)	208.00
42	贵溪市(赣)	200.00
43	临川区(赣)	198.00
44	新建县(赣)	180.00
45	南康市(赣)	180.00
46	永新县(赣)	180.00
47	瑞金市(赣)	147.50
48	余江县(赣)	128.00
49	武宁县(赣)	120.00
50	泰和县(赣)	115.00
51	瑞昌市(赣)	107.80
52	修水县(赣)	100.00
53	安远县(赣)	100.00
54	上高县(赣)	100.00
55	新　县(豫)	200.00

序号	县(市、区、场)	杉木苗株数(万株)
56	通山县(鄂)	1080.00
57	保康县(鄂)	485.00
58	湘潭县(湘)	40000.00
59	资兴市(湘)	4000.00
60	绥宁县(湘)	1100.00
61	茶陵县(湘)	980.00
62	会同县(湘)	855.00
63	苏仙区(湘)	800.00
64	通道侗族自治县(湘)	800.00
65	永兴县(湘)	700.00
66	衡阳县(湘)	650.00
67	宁乡县(湘)	600.00
68	石门县(湘)	600.00
69	汝城县(湘)	560.00
70	鼎城区(湘)	550.00
71	桂阳县(湘)	527.00
72	攸　县(湘)	500.00
73	娄星区(湘)	500.00
74	炎陵县(湘)	468.00
75	隆回县(湘)	400.00
76	株洲县(湘)	375.00
77	临湘市(湘)	360.00
78	桂东县(湘)	345.80
79	耒阳市(湘)	329.00
80	临武县(湘)	325.00
81	桃源县(湘)	320.00
82	新晃侗族自治县(湘)	300.00
83	靖州苗族侗族自治县(湘)	281.00
84	新邵县(湘)	280.00
85	沅陵县(湘)	240.06
86	中方县(湘)	220.00
87	安仁县(湘)	211.00
88	新化县(湘)	210.00
89	涟源市(湘)	209.00
90	常宁市(湘)	206.00
91	岳阳县(湘)	200.00
92	麻阳苗族自治县(湘)	150.00
93	祁东县(湘)	120.00
94	仁化县(粤)	10000.00
95	连南瑶族自治县(粤)	1030.69

序号	县(市、区、场)	杉木苗株数(万株)
96	南雄市(粤)	900.00
97	揭东县(粤)	840.00
98	始兴县(粤)	720.00
99	乐昌市(粤)	600.00
100	信宜市(粤)	250.00
101	翁源县(粤)	200.00
102	乳源瑶族自治县(粤)	120.00
103	韶关市属总林场(粤)	106.50
104	连山林场(粤)	100.00
105	融安县(桂)	2696.89
106	灌阳县(桂)	1260.60
107	融水苗族自治县(桂)	823.90
108	罗城仫佬族自治县(桂)	810.00
109	金城江区(桂)	800.00
110	乐业县(桂)	650.00
111	那坡县(桂)	617.00
112	八步区(桂)	574.00
113	龙胜各族自治县(桂)	463.32
114	兴安县(桂)	400.00
115	西林县(桂)	376.00
116	钟山县(桂)	300.00
117	南丹县(桂)	283.40
118	金秀瑶族自治县(桂)	256.00
119	全州县(桂)	200.00
120	田东县(桂)	180.00
121	田林县(桂)	150.00
122	浦北县(桂)	117.00
123	东兰县(桂)	100.00
124	沐川县(川)	450.00
125	榕江县(黔)	1116.00
126	织金县(黔)	520.00
127	三穗县(黔)	426.00
128	天柱县(黔)	301.86
129	黎平县(黔)	203.00
130	雷山县(黔)	202.00
131	锦屏县(黔)	190.00
132	西秀区(黔)	150.00
133	丹寨县(黔)	125.50
134	万山特区(黔)	120.00
135	平利县(陕)	150.00
136	石泉县(陕)	100.00

表 10-13 2009 年苗圃苗木(湿地松)主产县(市、区)

序号	县(市、区)	湿地松苗株数(万株)
1	三门县(浙)	175.00
2	怀宁县(皖)	200.00
3	连江县(闽)	100.00
4	奉新县(赣)	7200.00
5	新干县(赣)	1540.00
6	德兴市(赣)	1251.00
7	莲花县(赣)	900.00
8	泰和县(赣)	750.00
9	临川区(赣)	660.00
10	丰城市(赣)	647.00
11	吉水县(赣)	500.00
12	乐安县(赣)	500.00
13	东乡县(赣)	500.00
14	分宜县(赣)	426.00
15	玉山县(赣)	400.00
16	余干县(赣)	400.00
17	于都县(赣)	300.00
18	万载县(赣)	300.00
19	高安市(赣)	286.00
20	安福县(赣)	230.00
21	靖安县(赣)	210.00
22	瑞金市(赣)	204.00
23	余江县(赣)	200.00
24	赣　县(赣)	180.00
25	永新县(赣)	180.00
26	永修县(赣)	160.00
27	崇仁县(赣)	157.00
28	修水县(赣)	150.00
29	会昌县(赣)	135.00
30	万安县(赣)	120.00
31	上高县(赣)	100.00
32	桐柏县(豫)	1687.50
33	潢川县(豫)	252.00
34	钟祥市(鄂)	500.00

序号	县(市、区)	湿地松苗株数(万株)
35	罗田县(鄂)	150.00
36	祁东县(湘)	1820.00
37	衡山县(湘)	420.00
38	麻阳苗族自治县(湘)	335.00
39	永兴县(湘)	240.00
40	株洲县(湘)	180.00
41	宜章县(湘)	130.00
42	临武县(湘)	128.00
43	仁化县(粤)	2500.00
44	台山市(粤)	210.00
45	云安县(粤)	155.00
46	揭西县(粤)	150.00
47	曲江区(粤)	100.00
48	清新县(粤)	100.00
49	防城区(桂)	200.00
50	全州县(桂)	160.00
51	兴安县(桂)	160.00
52	灵山县(桂)	160.00

表10－14 2009年苗圃苗木(樟子松)主产县(旗、市、区、局、场)

序号	县(旗、市、区、局、场)	樟子松苗株数(万株)
1	沽源县(冀)	2025.00
2	丰宁满族自治县(冀)	1200.00
3	崇礼县(冀)	1100.00
4	尚义县(冀)	352.00
5	康保县(冀)	300.00
6	张北县(冀)	200.00
7	塞罕坝机械化林场(冀)	132.00
8	木栏围场国营林场管理局(冀)	64.00
9	克什克腾旗(内蒙古)	1135.00
10	伊金霍洛旗(内蒙古)	993.00
11	扎兰屯市(内蒙古)	432.50
12	宁城县(内蒙古)	200.00
13	东胜区(内蒙古)	200.00
14	松山区(内蒙古)	182.00
15	喀喇沁旗(内蒙古)	120.00
16	敖汉旗(内蒙古)	117.00
17	霍林郭勒市(内蒙古)	100.00
18	五岔沟林业局(内蒙古)	85.00
19	科尔沁左翼中旗(内蒙古)	80.00
20	锡林浩特市(内蒙古)	75.00
21	鄂托克前旗(内蒙古)	55.40
22	清原满族自治县(辽)	900.00
23	桓仁满族自治县(辽)	710.00
24	省固沙造林研究所(辽)	265.00
25	柳河县(吉)	4000.60
26	九台市(吉)	1000.00
27	伊通满族自治县(吉)	260.00
28	东丰县(吉)	130.00
29	宾　县(黑)	900.00
30	汤原县(黑)	519.00
31	北安市(黑)	500.00
32	嫩江县(黑)	352.00
33	依兰县(黑)	330.00
34	逊克县(黑)	300.00
35	呼兰区(黑)	250.00
36	孙吴县(黑)	216.00
37	泰来县(黑)	200.00
38	鸡东县(黑)	175.00
39	甘南县(黑)	150.00
40	孟家岗林场(黑)	150.00
41	杜尔伯特蒙古族自治县(黑)	142.00
42	木兰县(黑)	130.00
43	克东县(黑)	120.00
44	克山县(黑)	110.00
45	密山市(黑)	98.00
46	龙江县(黑)	97.00
47	桦南县(黑)	70.00
48	岭东区(黑)	55.00
49	榆阳区(陕)	10250.00
50	横山县(陕)	7000.00
51	神木县(陕)	900.00
52	靖边县(陕)	850.00
53	佳　县(陕)	100.00
54	定边县(陕)	83.00
55	泾源县(宁)	250.00
56	隆德县(宁)	55.00
57	韩家园林业局(大兴安岭)	450.00

序号	县(旗、市、区、局、场)	樟子松苗株数(万株)
58	加格达奇区林业局(大兴安岭)	260.18
59	塔河林业局(大兴安岭)	191.00
60	呼中林业局(大兴安岭)	72.00

表10-15 2009年苗圃苗木(云杉)主产县(旗、市、区、局、场)

序号	县(旗、市、区、局、场)	云杉苗株数(万株)
1	崇礼县(冀)	920.00
2	塞罕坝机械化林场(冀)	180.00
3	克什克腾旗(内蒙古)	2184.00
4	五岔沟林业局(内蒙古)	265.00
5	翁牛特旗(内蒙古)	204.00
6	白狼林业局(内蒙古)	150.00
7	宁城县(内蒙古)	100.00
8	清原满族自治县(辽)	1308.00
9	桓仁满族自治县(辽)	560.00
10	新宾满族自治县(辽)	540.00
11	岫岩满族自治县(辽)	200.00
12	桦甸市(吉)	4000.00
13	柳河县(吉)	2000.00
14	珲春林业局(吉)	422.20
15	天桥岭林业局(吉)	420.00
16	舒兰市(吉)	200.00
17	敦化林业局(吉)	200.00
18	辉南森林经营局(吉)	171.00
19	辉南县(吉)	160.00
20	汪清林业局(吉)	94.00
21	集安市(吉)	92.65
22	抚松县(吉)	90.00
23	双阳区(吉)	75.00
24	敦化市(吉)	65.50
25	永吉县(吉)	50.00
26	庆安国有林场管理局(黑)	596.90
27	孙吴县(黑)	338.00
28	北安市(黑)	300.00
29	嫩江县(黑)	296.00
30	五大连池市(黑)	255.79
31	爱辉区(黑)	225.00
32	木兰县(黑)	200.00
33	孟家岗林场(黑)	186.00
34	依兰县(黑)	100.00
35	汤原县(黑)	80.00
36	饶河县(黑)	72.00
37	克山县(黑)	70.00
38	康乐县(甘)	8788.00
39	迭部林业局(甘)	8624.61
40	岷　县(甘)	3600.00
41	洮河林业局(甘)	1339.69
42	天祝藏族自治县(甘)	1329.60
43	白水江林业局(甘)	1055.80
44	和政县(甘)	804.00
45	临洮县(甘)	640.00
46	舟曲林业局(甘)	460.00
47	广河县(甘)	150.00
48	华池林业总场(甘)	100.00
49	安定区(甘)	81.20
50	山丹县(甘)	80.00
51	永昌县(甘)	50.00
52	互助土族自治县(青)	7860.80
53	湟中县(青)	2910.00
54	大通回族土族自治县(青)	2400.00
55	尖扎县(青)	1950.00
56	北山森林公园(青)	877.40
57	玛珂河林业局(青)	608.43
58	平安县(青)	567.00
59	门源回族自治县(青)	439.70
60	乐都县(青)	360.00
61	湟源县(青)	350.00
62	坎布拉森林公园(青)	250.00
63	贵德县(青)	160.00
64	循化撒拉族自治县(青)	90.00
65	民和回族土族自治县(青)	64.00
66	同仁县(青)	60.00
67	泾源县(宁)	45000.00
68	隆德县(宁)	1100.00
69	原州区(宁)	120.00
70	海原县(宁)	110.20
71	呼图壁林场(新)	50.00
72	露水河林业局(吉林森工)	210.00

序号	县(旗、市、区、局、场)	云杉苗株数(万株)
73	松江河林业局(吉林森工)	197.00
74	红石林业局(吉林森工)	180.00
75	湾沟林业局(吉林森工)	80.00
76	绥阳林业局(龙江森工)	328.00
77	双鸭山林业局(龙江森工)	317.50
78	汤旺河林业局(龙江森工)	229.00
79	海林林业局(龙江森工)	215.00
80	沾河林业局(龙江森工)	155.00
81	清河林业局(龙江森工)	151.00
82	迎春林业局(龙江森工)	135.70
83	穆棱林业局(龙江森工)	133.00
84	绥棱林业局(龙江森工)	119.20
85	铁力林业局(龙江森工)	117.50
86	友好林业局(龙江森工)	115.00
87	五营林业局(龙江森工)	113.40
88	乌马河林业局(龙江森工)	110.40
89	大海林林业局(龙江森工)	110.10
90	东方红林业局(龙江森工)	108.90
91	美溪林业局(龙江森工)	100.00
92	东京城林业局(龙江森工)	88.80
93	红星林业局(龙江森工)	70.20
94	朗乡林业局(龙江森工)	67.60
95	带岭实验局(龙江森工)	67.60
96	苇河林业局(龙江森工)	63.00
97	金山屯林业局(龙江森工)	58.10
98	山河屯林业局(龙江森工)	56.70
99	方正林业局(龙江森工)	55.00
100	鹤立林业局(龙江森工)	54.00
101	桦南林业局(龙江森工)	53.60
102	翠峦林业局(龙江森工)	51.90
103	八面通林业局(龙江森工)	51.00
104	加格达奇区林业局(大兴安岭)	357.00
105	西林吉林业局(大兴安岭)	59.40

表10－16　2009年苗圃苗木(油松)主产县(旗、市、区、局、场)

序号	县(旗、市、区、局、场)	油松苗株数(万株)
1	延庆县(京)	285.00
2	丰宁满族自治县(冀)	5800.00
3	滦平县(冀)	3650.00
4	平泉县(冀)	2250.00
5	赤城县(冀)	1879.00
6	怀安县(冀)	992.50
7	万全县(冀)	600.00
8	尚义县(冀)	448.00
9	抚宁县(冀)	300.00
10	双桥区(冀)	210.00
11	灵寿县(冀)	200.00
12	阜平县(冀)	200.00
13	怀来县(冀)	172.00
14	兴隆县(冀)	125.00
15	木栏围场国营林场管理局(冀)	86.00
16	滦平林场管理局(冀)	77.79
17	伊金霍洛旗(内蒙古)	993.00
18	翁牛特旗(内蒙古)	585.00
19	喀喇沁旗(内蒙古)	560.00
20	克什克腾旗(内蒙古)	495.00
21	东胜区(内蒙古)	250.00
22	敖汉旗(内蒙古)	82.00
23	巴林右旗(内蒙古)	79.00
24	凌海市(辽)	300.00
25	阜新蒙古族自治县(辽)	290.00
26	凌源市(辽)	225.00
27	沂源县(鲁)	50.00
28	榆阳区(陕)	2100.00
29	太白国家级自然保护区管理局(陕)	2000.00
30	黄龙山林业局(陕)	1791.65
31	洛川县(陕)	1240.00
32	桥北林业局(陕)	1133.85
33	桥山林业局(陕)	724.00
34	千阳县(陕)	699.00
35	洛南县(陕)	670.00
36	神木县(陕)	540.00
37	陇　县(陕)	480.00
38	劳山林业局(陕)	423.30
39	山阳县(陕)	400.00
40	麟游县(陕)	388.00
41	耀州区(陕)	270.00
42	宜君县(陕)	270.00

序号	县(旗、市、区、局、场)	油松苗株数(万株)
43	宝塔区(陕)	267.02
44	富　县(陕)	230.00
45	柞水县(陕)	225.00
46	商州区(陕)	220.00
47	西乡县(陕)	200.00
48	太白县(陕)	140.00
49	子长县(陕)	120.00
50	佳　县(陕)	120.00
51	延长县(陕)	90.00
52	旬邑县(陕)	85.00
53	吴起县(陕)	60.00
54	南郑县(陕)	60.00
55	宁西林业局(陕)	60.00
56	宜川县(陕)	50.00
57	合水林业总场(甘)	4000.00
58	正宁林业总场(甘)	3036.10
59	华池林业总场(甘)	1800.00
60	康　县(甘)	910.00
61	渭源县(甘)	900.00
62	湘乐林业总场(甘)	851.75
63	张家川回族自治县(甘)	225.00
64	迭部林业局(甘)	222.33
65	大通回族土族自治县(青)	530.00
66	互助土族自治县(青)	131.90
67	西宁市市辖区(青)	73.00
68	泾源县(宁)	22500.00
69	隆德县(宁)	54.00
70	穆棱林业局(龙江森工)	1000.00

表 10－17　2009 年苗圃苗木(香樟)主产县(市、区)

序号	县(市、区)	香樟苗株数(万株)
1	南汇区(沪)	678.00
2	金山区(沪)	264.00
3	嘉定区(沪)	197.80
4	奉贤区(沪)	163.22
5	松江区(沪)	116.00
6	浦东新区(沪)	90.00
7	闵行区(沪)	75.60
8	崇明县(沪)	65.90
9	宝山区(沪)	39.48
10	龙湾区(浙)	322.00
11	南湖区(浙)	285.00
12	余杭区(浙)	260.00
13	北仑区(浙)	240.80
14	诸暨市(浙)	200.00
15	平湖市(浙)	182.92
16	嘉善县(浙)	170.00
17	定海区(浙)	134.68
18	鄞州区(浙)	126.50
19	金东区(浙)	120.00
20	绍兴县(浙)	100.00
21	秀洲区(浙)	86.00
22	义乌市(浙)	66.00
23	瑞安市(浙)	50.00
24	温岭市(浙)	50.00
25	永康市(浙)	48.49
26	武义县(浙)	42.00
27	建德市(浙)	40.00
28	海盐县(浙)	35.00
29	滨江区(浙)	27.00
30	淳安县(浙)	25.10
31	龙游县(浙)	24.90
32	平阳县(浙)	22.30
33	衢江区(浙)	22.20
34	三门县(浙)	21.00
35	嵊州市(浙)	20.00
36	浦江县(浙)	16.50
37	鸠江区(皖)	4000.00
38	居巢区(皖)	900.00
39	肥西县(皖)	600.00
40	无为县(皖)	150.00
41	和　县(皖)	150.00
42	芜湖县(皖)	60.00
43	天长市(皖)	60.00
44	青阳县(皖)	40.00
45	霍山县(皖)	30.00
46	绩溪县(皖)	30.00
47	弋江区(皖)	25.00

序号	县(市、区)	香樟苗株数(万株)
48	望江县(皖)	23.00
49	蜀山区(皖)	15.00
50	东至县(皖)	15.00
51	南谯区(皖)	10.00
52	永定县(闽)	20.00
53	永春县(闽)	11.00
54	奉新县(赣)	525.00
55	南昌县(赣)	170.00
56	樟树市(赣)	103.20
57	新建县(赣)	96.00
58	余江县(赣)	70.00
59	分宜县(赣)	60.00
60	靖安县(赣)	26.40
61	修水县(赣)	25.00
62	湾里区(赣)	21.00
63	吉水县(赣)	19.80
64	上饶县(赣)	12.00
65	瑞昌市(赣)	11.50
66	九江县(赣)	10.00
67	安福县(赣)	10.00
68	潢川县(豫)	360.00
69	光山县(豫)	120.00
70	镇平县(豫)	48.00
71	卧龙区(豫)	20.10
72	新野县(豫)	15.00
73	沙洋县(鄂)	690.00
74	荆州区(鄂)	400.00
75	东宝区(鄂)	16.20
76	荆门市市辖区(鄂)	10.00
77	新晃侗族自治县(湘)	300.00
78	望城县(湘)	180.00
79	赫山区(湘)	180.00
80	宁乡县(湘)	100.00
81	娄星区(湘)	63.50
82	临澧县(湘)	60.00
83	华容县(湘)	30.00
84	桂阳县(湘)	29.00
85	中方县(湘)	23.00
86	桃源县(湘)	18.00
87	汉寿县(湘)	15.40
88	双峰县(湘)	14.40
89	株洲县(湘)	10.00
90	惠阳区(粤)	110.00
91	乐昌市(粤)	100.00
92	翁源县(粤)	80.00
93	罗定市(粤)	55.00
94	乳源瑶族自治县(粤)	45.00
95	丰顺县(粤)	14.00
96	曲江区(粤)	10.00
97	连平县(粤)	10.00
98	巴州区(川)	20.00
99	织金县(黔)	105.00
100	湄潭县(黔)	60.00
101	乌当区(黔)	13.95
102	开阳县(黔)	13.69

表10-18　2009年苗圃苗木(杨树)主产县(旗、市、区、局、场)

序号	县(旗、市、区、局、场)	杨树苗株数(万株)
1	顺义区(京)	600.00
2	延庆县(京)	201.60
3	宝坻区(津)	451.65
4	宁河县(津)	215.00
5	涿州市(冀)	6000.00
6	昌黎县(冀)	2700.00
7	遵化市(冀)	2250.00
8	香河县(冀)	1380.00
9	崇礼县(冀)	1076.00
10	滦　县(冀)	850.00
11	霸州市(冀)	790.00
12	安次区(冀)	716.10
13	临西县(冀)	648.80
14	蠡　县(冀)	625.00
15	临漳县(冀)	525.00
16	高碑店市(冀)	501.00
17	康保县(冀)	500.00
18	涿鹿县(冀)	440.00
19	满城县(冀)	420.00
20	永年县(冀)	406.00

序号	县(旗、市、区、局、场)	杨树苗株数(万株)
21	玉田县(冀)	400.00
22	平泉县(冀)	360.00
23	磁　县(冀)	348.00
24	井陉县(冀)	330.00
25	滦平县(冀)	310.00
26	魏　县(冀)	307.00
27	徐水县(冀)	300.00
28	河间市(冀)	288.00
29	广阳区(冀)	281.00
30	南和县(冀)	280.00
31	任　县(冀)	272.00
32	正定县(冀)	270.00
33	曲阳县(冀)	270.00
34	邢台县(冀)	268.50
35	景　县(冀)	261.00
36	丰润区(冀)	252.20
37	新乐市(冀)	250.00
38	新河县(冀)	250.00
39	文安县(冀)	247.60
40	成安县(冀)	240.00
41	容城县(冀)	225.00
42	唐　县(冀)	202.00
43	广平县(冀)	200.00
44	丰宁满族自治县(冀)	200.00
45	宁晋县(冀)	197.00
46	高阳县(冀)	195.00
47	尚义县(冀)	188.50
48	邢台市桥西区(冀)	180.00
49	内丘县(冀)	180.00
50	南宫市(冀)	180.00
51	博野县(冀)	180.00
52	蔚　县(冀)	180.00
53	深州市(冀)	180.00
54	南皮县(冀)	178.20
55	灵寿县(冀)	178.00
56	赤城县(冀)	171.00
57	吴桥县(冀)	160.00
58	肃宁县(冀)	153.00
59	行唐县(冀)	150.00
60	清苑县(冀)	150.00

序号	县(旗、市、区、局、场)	杨树苗株数(万株)
61	定兴县(冀)	150.00
62	涞源县(冀)	150.00
63	巨鹿县(冀)	148.88
64	抚宁县(冀)	135.00
65	雄　县(冀)	130.00
66	武邑县(冀)	120.00
67	任丘市(冀)	107.00
68	冀州市(冀)	100.00
69	乌审旗(内蒙古)	7199.00
70	扎鲁特旗(内蒙古)	5000.00
71	翁牛特旗(内蒙古)	2267.40
72	开鲁县(内蒙古)	2000.00
73	科尔沁左翼后旗(内蒙古)	1861.00
74	科尔沁左翼中旗(内蒙古)	1800.00
75	敖汉旗(内蒙古)	1325.00
76	巴林右旗(内蒙古)	1312.20
77	阿鲁科尔沁旗(内蒙古)	1041.00
78	库伦旗(内蒙古)	1000.00
79	奈曼旗(内蒙古)	850.00
80	五岔沟林业局(内蒙古)	850.00
81	乌拉特前旗(内蒙古)	616.00
82	松山区(内蒙古)	573.00
83	巴林左旗(内蒙古)	482.00
84	土默特右旗(内蒙古)	300.00
85	喀喇沁旗(内蒙古)	248.00
86	宁城县(内蒙古)	240.00
87	科尔沁右翼中旗(内蒙古)	240.00
88	临河区(内蒙古)	236.00
89	红山区(内蒙古)	234.00
90	克什克腾旗(内蒙古)	215.00
91	林西县(内蒙古)	200.00
92	五原县(内蒙古)	112.50
93	义　县(辽)	6525.00
94	昌图县(辽)	3182.00
95	康平县(辽)	2500.00
96	沈北新区(辽)	1700.00
97	台安县(辽)	1000.00
98	新民市(辽)	810.00
99	法库县(辽)	800.00
100	瓦房店市(辽)	525.00

序号	县(旗、市、区、局、场)	杨树苗株数(万株)
101	凌源市(辽)	450.00
102	黑山县(辽)	375.00
103	凌海市(辽)	300.00
104	喀喇沁左翼蒙古族自治县(辽)	300.00
105	省杨树研究所(辽)	225.00
106	盘山县(辽)	178.00
107	绥中县(辽)	175.00
108	桓仁满族自治县(辽)	160.00
109	金州区(辽)	159.00
110	大石桥市(辽)	150.00
111	阜新蒙古族自治县(辽)	130.00
112	铁岭县(辽)	105.00
113	通榆县(吉)	2240.00
114	双辽市(吉)	1344.00
115	公主岭市(吉)	1300.00
116	长岭县(吉)	1300.00
117	镇赉县(吉)	1200.00
118	梨树县(吉)	650.00
119	前郭尔罗斯蒙古族自治县(吉)	560.00
120	洮北区(吉)	500.00
121	农安县(吉)	400.00
122	永吉县(吉)	320.00
123	乾安县(吉)	300.00
124	洮南市(吉)	260.00
125	舒兰市(吉)	220.00
126	宁江区(吉)	200.00
127	梅河口市(吉)	147.00
128	辉南县(吉)	140.00
129	德惠市(吉)	110.00
130	呼兰区(黑)	31000.00
131	林甸县(黑)	2820.00
132	青冈县(黑)	2700.00
133	甘南县(黑)	1214.00
134	海伦市(黑)	1005.00
135	延寿县(黑)	700.00
136	龙江县(黑)	645.00
137	富锦市(黑)	575.00
138	杜尔伯特蒙古族自治县(黑)	520.00
139	齐齐哈尔市市辖区(黑)	500.00
140	肇源县(黑)	493.00
141	克东县(黑)	420.00
142	肇州县(黑)	420.00
143	泰来县(黑)	350.00
144	让胡路区(黑)	300.00
145	北林区(黑)	300.00
146	安达市(黑)	300.00
147	阿城区(黑)	260.00
148	梅里斯达斡尔族区(黑)	260.00
149	依安县(黑)	250.00
150	道外区(黑)	240.00
151	汤原县(黑)	239.80
152	宾　县(黑)	225.00
153	通河县(黑)	200.00
154	五大连池市(黑)	185.66
155	依兰县(黑)	178.00
156	尚志市(黑)	178.00
157	北安市(黑)	160.00
158	密山市(黑)	126.00
159	克山县(黑)	120.00
160	同江市(黑)	120.00
161	双城市(黑)	101.00
162	南汇区(沪)	330.00
163	蒙城县(皖)	900.00
164	灵璧县(皖)	780.00
165	寿　县(皖)	630.00
166	涡阳县(皖)	600.00
167	怀远县(皖)	510.00
168	凤阳县(皖)	510.00
169	界首市(皖)	450.00
170	砀山县(皖)	407.00
171	五河县(皖)	330.00
172	利辛县(皖)	316.59
173	濉溪县(皖)	248.00
174	泗　县(皖)	171.00
175	肥西县(皖)	150.00
176	固镇县(皖)	150.00
177	埇桥区(皖)	146.00
178	霍邱县(皖)	140.00
179	居巢区(皖)	125.00
180	天长市(皖)	120.00

序号	县(旗、市、区、局、场)	杨树苗株数(万株)	序号	县(旗、市、区、局、场)	杨树苗株数(万株)
181	临泉县(皖)	112.00	221	淄川区(鲁)	180.00
182	万年县(赣)	1096.00	222	茌平县(鲁)	180.00
183	上高县(赣)	266.00	223	平原县(鲁)	158.00
184	南昌县(赣)	145.00	224	德州市市辖区(鲁)	150.00
185	莲花县(赣)	135.00	225	东昌府区(鲁)	139.80
186	瑞昌市(赣)	130.00	226	垦利县(鲁)	126.00
187	余干县(赣)	120.00	227	新泰市(鲁)	120.00
188	修水县(赣)	100.00	228	兰山区(鲁)	120.00
189	湖口县(赣)	100.00	229	兖州市(鲁)	105.00
190	肥城市(鲁)	3308.00	230	平阴县(鲁)	102.30
191	诸城市(鲁)	3000.00	231	汝阳县(豫)	6000.00
192	冠　县(鲁)	1700.00	232	鄢陵县(豫)	5346.00
193	梁山县(鲁)	1500.00	233	中牟县(豫)	3451.00
194	宁津县(鲁)	1320.00	234	民权县(豫)	1652.00
195	沾化县(鲁)	1200.00	235	许昌县(豫)	1559.00
196	东营市市辖区(鲁)	1087.00	236	扶沟县(豫)	1350.00
197	嘉祥县(鲁)	995.00	237	宛城区(豫)	1296.00
198	东营区(鲁)	810.00	238	永城市(豫)	1209.00
199	宁阳县(鲁)	800.00	239	禹州市(豫)	1125.00
200	博兴县(鲁)	786.00	240	延津县(豫)	1065.75
201	沂水县(鲁)	710.00	241	洛宁县(豫)	1022.00
202	桓台县(鲁)	600.00	242	襄城县(豫)	999.00
203	禹城市(鲁)	552.00	243	睢　县(豫)	982.00
204	东平县(鲁)	540.00	244	陕　县(豫)	868.80
205	长清区(鲁)	536.00	245	滑　县(豫)	800.00
206	罗庄区(鲁)	500.00	246	沈丘县(豫)	800.00
207	沂南县(鲁)	500.00	247	内乡县(豫)	750.00
208	阳信县(鲁)	475.00	248	太康县(豫)	716.00
209	台儿庄区(鲁)	460.00	249	淮滨县(豫)	680.00
210	东阿县(鲁)	418.00	250	夏邑县(豫)	665.00
211	广饶县(鲁)	399.90	251	尉氏县(豫)	662.00
212	武城县(鲁)	350.00	252	宝丰县(豫)	660.00
213	章丘市(鲁)	320.00	253	邓州市(豫)	630.00
214	成武县(鲁)	310.00	254	内黄县(豫)	625.07
215	蒙阴县(鲁)	300.00	255	新蔡县(豫)	620.00
216	临清市(鲁)	300.00	256	西峡县(豫)	610.00
217	莱城区(鲁)	280.00	257	伊川县(豫)	600.00
218	夏津县(鲁)	240.00	258	范　县(豫)	600.00
219	坊子区(鲁)	232.00	259	安阳县(豫)	599.85
220	沂源县(鲁)	200.00	260	遂平县(豫)	591.00

序号	县(旗、市、区、局、场)	杨树苗株数(万株)
261	汝南县(豫)	585.00
262	鹿邑县(豫)	583.00
263	正阳县(豫)	580.00
264	镇平县(豫)	535.00
265	桐柏县(豫)	533.25
266	濮阳县(豫)	518.70
267	宁陵县(豫)	514.10
268	偃师市(豫)	500.00
269	郏　县(豫)	500.00
270	通许县(豫)	499.89
271	平舆县(豫)	486.50
272	光山县(豫)	480.00
273	台前县(豫)	478.80
274	辉县市(豫)	473.30
275	杞　县(豫)	472.50
276	南召县(豫)	470.00
277	卧龙区(豫)	469.00
278	获嘉县(豫)	450.00
279	临颍县(豫)	433.10
280	封丘县(豫)	420.00
281	驿城区(豫)	420.00
282	清丰县(豫)	410.00
283	淮阳县(豫)	405.00
284	原阳县(豫)	402.00
285	卢氏县(豫)	400.00
286	虞城县(豫)	400.00
287	宜阳县(豫)	388.00
288	唐河县(豫)	363.90
289	汤阴县(豫)	356.40
290	长葛市(豫)	344.90
291	上蔡县(豫)	340.50
292	卫辉市(豫)	328.00
293	淇　县(豫)	300.00
294	新野县(豫)	300.00
295	新　县(豫)	300.00
296	潢川县(豫)	279.00
297	项城市(豫)	270.00
298	兰考县(豫)	267.80
299	叶　县(豫)	260.00
300	博爱县(豫)	260.00
301	源汇区(豫)	258.00
302	长垣县(豫)	210.00
303	泌阳县(豫)	200.00
304	川汇区(豫)	196.00
305	汝州市(豫)	193.00
306	睢阳区(豫)	190.00
307	林州市(豫)	168.00
308	孟州市(豫)	154.50
309	山城区(豫)	152.00
310	淅川县(豫)	150.00
311	新华区(豫)	120.00
312	南乐县(豫)	120.00
313	召陵区(豫)	120.00
314	湖滨区(豫)	107.90
315	梁园区(豫)	107.70
316	卫东区(豫)	100.00
317	樊城区(鄂)	2000.00
318	嘉鱼县(鄂)	2000.00
319	钟祥市(鄂)	600.00
320	石首市(鄂)	420.00
321	监利县(鄂)	360.00
322	东宝区(鄂)	270.00
323	罗田县(鄂)	200.00
324	沙洋县(鄂)	165.00
325	保康县(鄂)	116.00
326	沙市区(鄂)	105.00
327	赫山区(湘)	1200.00
328	安乡县(湘)	303.60
329	临湘市(湘)	120.00
330	桃源县(湘)	120.00
331	湘阴县(湘)	110.00
332	岳阳县(湘)	100.00
333	布拖县(川)	187.00
334	太白国家级自然保护区管理局(陕)	8000.00
335	吴起县(陕)	1050.00
336	大荔县(陕)	440.00
337	靖边县(陕)	260.00
338	华　县(陕)	105.00
339	临泽县(甘)	230.40
340	高台县(甘)	191.20

序号	县(旗、市、区、局、场)	杨树苗株数(万株)
341	靖远县(甘)	167.52
342	玉门市(甘)	165.00
343	永昌县(甘)	150.00
344	环　县(甘)	140.00
345	互助土族自治县(青)	323.30
346	青铜峡市(宁)	900.00
347	西吉县(宁)	375.70
348	泾源县(宁)	270.00
349	中宁县(宁)	195.20
350	原州区(宁)	100.00
351	墨玉县(新)	1147.00
352	焉耆回族自治县(新)	985.00
353	和静县(新)	517.50
354	阜康市(新)	192.50
355	巴里坤哈萨克自治县(新)	162.00
356	阿克苏市(新)	156.00
357	乌苏市(新)	138.64
358	新和县(新)	120.00
359	朗乡林业局(龙江森工)	218.70

表10-19　2009年其他苗圃苗木主产县(旗、市、区、局、场)

序号	县(旗、市、区、局、场)	品种	苗木株数(万株)
1	集安市(吉)	紫椴	70.00
2	饶河县(黑)	紫椴	35.00
3	松江河林业局(吉林森工)	紫椴	30.00
4	岚皋县(陕)	珍稀乡土	80.00
5	定海区(浙)	珍稀乡土	57.01
6	中国林科院热林中心(桂)	珍稀乡土	44.00
7	浦江县(浙)	珍稀乡土	30.00
8	建阳市(闽)	珍稀乡土	20.00
9	平湖市(浙)	珍稀乡土	13.27
10	卢氏县(豫)	针叶其他	5800.00
11	准格尔旗(内蒙古)	针叶其他	3501.30
12	涉　县(冀)	针叶其他	3275.00
13	东港区(鲁)	针叶其他	3000.00
14	祁阳县(湘)	针叶其他	2631.00
15	宁远县(湘)	针叶其他	2062.00
16	道　县(湘)	针叶其他	1636.00
17	嘉荫县(黑)	针叶其他	1600.00
18	长清区(鲁)	针叶其他	1515.00
19	桃江县(湘)	针叶其他	1500.00
20	清原满族自治县(辽)	针叶其他	1500.00
21	涿州市(冀)	针叶其他	1342.00
22	江华瑶族自治县(湘)	针叶其他	924.00
23	本溪满族自治县(辽)	针叶其他	800.00
24	双牌县(湘)	针叶其他	711.00
25	二道江区(吉)	针叶其他	600.00
26	金州区(辽)	针叶其他	580.00
27	淅川县(豫)	针叶其他	534.00
28	诸暨市(浙)	针叶其他	500.00
29	岳西县(皖)	针叶其他	450.00
30	新田县(湘)	针叶其他	427.00
31	蓝山县(湘)	针叶其他	356.00
32	东安县(湘)	针叶其他	341.30
33	延川县(陕)	针叶其他	320.00
34	莲花县(赣)	针叶其他	300.00
35	江永县(湘)	针叶其他	284.00
36	石拐区(内蒙古)	针叶其他	264.00
37	广丰县(赣)	针叶其他	200.00
38	岫岩满族自治县(辽)	针叶其他	200.00
39	丹清河实验林场(黑)	针叶其他	144.00
40	德兴市(赣)	针叶其他	130.00
41	辉南县(吉)	针叶其他	130.00
42	牡丹江市市本级(黑)	针叶其他	126.77
43	佳　县(陕)	针叶其他	120.00
44	神木县(陕)	针叶其他	100.00
45	肥西县(皖)	针叶其他	100.00
46	旅顺口区(辽)	针叶其他	100.00
47	康保县(冀)	榆	4000.00
48	巴林右旗(内蒙古)	榆	1463.00
49	西吉县(宁)	榆	1148.00
50	翁牛特旗(内蒙古)	榆	930.00
51	尚义县(冀)	榆	744.00
52	北林区(黑)	榆	440.00
53	松山区(内蒙古)	榆	390.00
54	友谊县(黑)	榆	350.00
55	乌拉特前旗(内蒙古)	榆	316.00

序号	县(旗、市、区、局、场)	品种	苗木株数（万株）
56	乐都县(青)	榆	294.00
57	安定区(甘)	榆	230.00
58	察哈尔右翼前旗(内蒙古)	榆	180.00
59	固阳县(内蒙古)	榆	141.00
60	克什克腾旗(内蒙古)	榆	140.00
61	共和县(青)	榆	132.00
62	四子王旗(内蒙古)	榆	116.00
63	正蓝旗(内蒙古)	榆	105.00
64	依安县(黑)	榆	100.00
65	阿鲁科尔沁旗(内蒙古)	榆	80.00
66	察哈尔右翼后旗(内蒙古)	榆	70.00
67	锡林浩特市(内蒙古)	榆	65.40
68	凉州区(甘)	榆	64.00
69	阿拉善左旗(内蒙古)	榆	56.00
70	山丹县(甘)	榆	53.93
71	金州区(辽)	银杏	252.00
72	省苗木繁育中心(陕)	银杏	100.00
73	抚宁县(冀)	银杏	75.00
74	凤城市(辽)	银杏	63.00
75	嵊州市(浙)	银杏	60.00
76	涿州市(冀)	银杏	60.00
77	浦东新区(沪)	银杏	48.00
78	湄潭县(黔)	银杏	45.00
79	灵璧县(皖)	银杏	45.00
80	沂源县(鲁)	银杏	40.00
81	顺义区(京)	银杏	40.00
82	南汇区(沪)	雪松	170.00
83	潢川县(豫)	雪松	148.00
84	鄢陵县(豫)	雪松	93.00
85	娄星区(湘)	雪松	90.00
86	湖滨区(豫)	雪松	64.60
87	镇平县(豫)	雪松	60.30
88	惠济区(豫)	雪松	48.92
89	宁阳县(鲁)	雪松	27.00
90	诸暨市(浙)	雪松	25.00
91	嵩　县(豫)	雪松	24.00
92	南湖区(浙)	雪松	22.30
93	肥城市(鲁)	雪松	21.00
94	莱城区(鲁)	雪松	20.00
95	诸城市(鲁)	雪松	20.00
96	新野县(豫)	雪松	18.00
97	光山县(豫)	雪松	15.00
98	陕　县(豫)	雪松	14.60
99	新泰市(鲁)	雪松	12.00
100	金山区(沪)	雪松	12.00
101	山城区(豫)	雪松	10.80
102	宝山区(沪)	雪松	10.25
103	沂源县(鲁)	雪松	10.00
104	崇礼县(冀)	杏	1800.00
105	洮南市(吉)	杏	1020.00
106	阜新蒙古族自治县(辽)	杏	900.00
107	丰宁满族自治县(冀)	杏	900.00
108	环　县(甘)	杏	815.00
109	建平县(辽)	杏	800.00
110	沂水县(鲁)	杏	680.00
111	阳原县(冀)	杏	600.00
112	翁牛特旗(内蒙古)	杏	572.00
113	尚义县(冀)	杏	375.00
114	尖扎县(青)	杏	324.00
115	克什克腾旗(内蒙古)	杏	298.00
116	怀安县(冀)	杏	274.00
117	巴林右旗(内蒙古)	杏	231.00
118	涿州市(冀)	杏	225.70
119	双塔区(辽)	杏	225.00
120	广河县(甘)	杏	220.00
121	绥德县(陕)	杏	210.00
122	喀喇沁旗(内蒙古)	杏	200.00
123	安定区(甘)	杏	189.00
124	彭阳县(宁)	杏	188.00
125	渭源县(甘)	杏	180.00
126	隆德县(宁)	杏	160.00
127	察哈尔右翼后旗(内蒙古)	杏	150.00
128	敖汉旗(内蒙古)	杏	144.00
129	南汇区(沪)	杏	123.00
130	建昌县(辽)	杏	120.00
131	阿鲁科尔沁旗(内蒙古)	杏	120.00
132	双桥区(冀)	杏	110.00
133	滦平县(冀)	杏	100.00
134	修水县(赣)	香梨	30.00
135	涿州市(冀)	香椿	150.00

序号	县(旗、市、区、局、场)	品种	苗木株数（万株）
136	新晃侗族自治县(湘)	香椿	120.00
137	祁东县(湘)	香椿	120.00
138	邵阳县(湘)	香椿	47.40
139	沂水县(鲁)	香椿	45.00
140	抚宁县(冀)	香椿	38.00
141	沂源县(鲁)	香椿	30.00
142	双峰县(湘)	香椿	16.20
143	东兰县(桂)	香椿	15.00
144	霍山县(皖)	香椿	15.00
145	香河县(冀)	香椿	15.00
146	宝坻区(津)	香椿	14.55
147	施秉县(黔)	香椿	12.30
148	涟源市(湘)	香椿	12.00
149	华阴市(陕)	香椿	10.00
150	平坝县(黔)	香椿	10.00
151	麻章区(粤)	桃花心木	12000.00
152	榕城区(粤)	桃花心木	16.00
153	南　县(湘)	水杉	150.00
154	庐江县(皖)	水杉	110.00
155	肥西县(皖)	水杉	100.00
156	居巢区(皖)	水杉	80.00
157	金山区(沪)	水杉	75.00
158	紫阳县(陕)	水杉	60.00
159	余杭区(浙)	水杉	54.00
160	平昌县(川)	水杉	45.00
161	崇明县(沪)	水杉	40.20
162	安吉县(浙)	水杉	40.00
163	鹿泉市(冀)	水杉	31.00
164	南湖区(浙)	水杉	22.00
165	凤阳县(皖)	水杉	20.00
166	金东区(浙)	水杉	15.00
167	松江河林业局(吉林森工)	水曲柳	510.50
168	东京城林业局(龙江森工)	水曲柳	158.40
169	抚松县(吉)	水曲柳	90.00
170	大海林林业局(龙江森工)	水曲柳	80.20
171	方正林业局(龙江森工)	水曲柳	63.70
172	鹤立林业局(龙江森工)	水曲柳	62.80
173	亚布力林业局(龙江森工)	水曲柳	35.30
174	露水河林业局(吉林森工)	水曲柳	24.00
175	清河林业局(龙江森工)	水曲柳	23.50
176	天桥岭林业局(吉)	水曲柳	20.00
177	饶河县(黑)	水曲柳	19.00
178	穆棱林业局(龙江森工)	水曲柳	18.00
179	带岭实验局(龙江森工)	水曲柳	16.60
180	海林林业局(龙江森工)	水曲柳	14.00
181	苇河林业局(龙江森工)	水曲柳	12.60
182	南岔林业局(龙江森工)	水曲柳	12.40
183	东方红林业局(龙江森工)	水曲柳	12.00
184	金山屯林业局(龙江森工)	水曲柳	11.00
185	桦南林业局(龙江森工)	水曲柳	10.00
186	孟家岗林场(黑)	水曲柳	10.00
187	荥阳市(豫)	石榴	337.87
188	临潼区(陕)	石榴	120.00
189	怀远县(皖)	石榴	60.00
190	元氏县(冀)	石榴	36.00
191	许昌县(豫)	石榴	35.00
192	杜集区(皖)	石榴	15.00
193	墨玉县(新)	沙枣	713.00
194	永昌县(甘)	沙枣	400.00
195	翁牛特旗(内蒙古)	沙枣	371.00
196	高台县(甘)	沙枣	318.00
197	青铜峡市(宁)	沙枣	300.00
198	民勤县(甘)	沙枣	187.00
199	凉州区(甘)	沙枣	150.00
200	贺兰县(宁)	沙枣	93.20
201	杭锦后旗(内蒙古)	沙枣	90.00
202	石羊河林业总场(甘)	沙枣	75.30
203	长葛市(豫)	楸叶桐	40.00
204	惠济区(豫)	楸叶桐	30.50
205	定州市(冀)	千头椿	180.00
206	奉新县(赣)	桤木	3000.00
207	巴州区(川)	桤木	1500.00
208	平昌县(川)	桤木	1000.00
209	沾益县(滇)	桤木	334.00
210	新晃侗族自治县(湘)	桤木	180.00
211	织金县(黔)	桤木	110.00
212	沅陵县(湘)	桤木	66.21
213	丹寨县(黔)	桤木	61.40
214	金口河区(川)	桤木	60.00
215	临川区(赣)	桤木	48.00

序号	县(旗、市、区、局、场)	品种	苗木株数(万株)
216	永兴县(湘)	桤木	40.00
217	靖安县(赣)	桤木	36.00
218	万载县(赣)	桤木	35.00
219	娄星区(湘)	桤木	23.50
220	汨罗市(湘)	桤木	23.40
221	平湖市(浙)	桤木	13.19
222	上犹县(赣)	桤木	11.50
223	自治区直属单位(宁)	葡萄	3000.00
224	金东区(浙)	葡萄	900.00
225	青铜峡市(宁)	葡萄	600.00
226	沂水县(鲁)	葡萄	300.00
227	诸暨市(浙)	葡萄	150.00
228	涿鹿县(冀)	葡萄	140.00
229	永年县(冀)	葡萄	74.00
230	民勤县(甘)	葡萄	55.00
231	合阳县(陕)	苹果	720.00
232	遵化市(冀)	苹果	600.00
233	灵武市(宁)	苹果	560.00
234	湘乐林业总场(甘)	苹果	240.00
235	庆城县(甘)	苹果	240.00
236	阿克苏市(新)	苹果	215.00
237	淳化县(陕)	苹果	200.00
238	利通区(宁)	苹果	150.00
239	冀州市(冀)	苹果	150.00
240	东陵区(辽)	苹果	135.00
241	陕　县(豫)	苹果	124.70
242	于洪区(辽)	苹果	120.00
243	宝塔区(陕)	苹果	113.00
244	大荔县(陕)	苹果	111.00
245	沂水县(鲁)	苹果	105.00
246	绥德县(陕)	苹果	82.50
247	内丘县(冀)	苹果	82.00
248	石家庄市桥东区(冀)	苹果	80.69
249	中宁县(宁)	苹果	67.00
250	南皮县(冀)	苹果	54.00
251	王益区(陕)	苹果	50.00
252	缙云县(浙)	女贞	1354.00
253	肥西县(皖)	女贞	1200.00
254	鄢陵县(豫)	女贞	810.00
255	许昌县(豫)	女贞	798.00
256	镇平县(豫)	女贞	713.50
257	潢川县(豫)	女贞	703.80
258	顺义区(京)	女贞	400.00
259	光山县(豫)	女贞	315.00
260	兖州市(鲁)	女贞	283.90
261	滨江区(浙)	女贞	265.00
262	织金县(黔)	女贞	225.00
263	西塞山区(鄂)	女贞	200.00
264	鹤城区(湘)	女贞	190.00
265	淅川县(豫)	女贞	180.00
266	崇明县(沪)	女贞	156.40
267	潼关县(陕)	女贞	150.00
268	九台市(吉)	女贞	120.00
269	南汇区(沪)	女贞	104.00
270	高陵县(陕)	女贞	100.00
271	绩溪县(皖)	女贞	100.00
272	甘井子区(辽)	女贞	100.00
273	那坡县(桂)	女贞	90.00
274	金东区(浙)	女贞	90.00
275	抚宁县(冀)	女贞	90.00
276	山城区(豫)	女贞	87.70
277	惠济区(豫)	女贞	80.46
278	汝州市(豫)	女贞	75.00
279	乌当区(黔)	女贞	71.80
280	修武县(豫)	女贞	61.52
281	洛龙区(豫)	女贞	60.00
282	诸暨市(浙)	女贞	60.00
283	香河县(冀)	女贞	60.00
284	卧龙区(豫)	女贞	56.90
285	沂水县(鲁)	女贞	52.00
286	四子王旗(内蒙古)	柠条	5980.00
287	鄂托克前旗(内蒙古)	柠条	4319.00
288	翁牛特旗(内蒙古)	柠条	4070.00
289	渭源县(甘)	柠条	2250.00
290	东胜区(内蒙古)	柠条	1500.00
291	巴林右旗(内蒙古)	柠条	1421.00
292	靖远县(甘)	柠条	1066.90
293	建平县(辽)	柠条	750.00
294	正镶白旗(内蒙古)	柠条	540.00
295	松山区(内蒙古)	柠条	495.00

序号	县(旗、市、区、局、场)	品种	苗木株数(万株)
296	阿鲁科尔沁旗(内蒙古)	柠条	480.00
297	西吉县(宁)	柠条	402.50
298	达拉特旗(内蒙古)	柠条	320.00
299	海原县(宁)	柠条	307.00
300	康保县(冀)	柠条	300.00
301	固阳县(内蒙古)	柠条	287.00
302	玛珂河林业局(青)	柠条	252.68
303	凉州区(甘)	柠条	210.00
304	张北县(冀)	柠条	200.00
305	苏尼特左旗(内蒙古)	柠条	160.00
306	盐池县(宁)	柠条	152.00
307	东乌珠穆沁旗(内蒙古)	柠条	150.00
308	安定区(甘)	柠条	147.00
309	镶黄旗(内蒙古)	柠条	130.00
310	察哈尔右翼前旗(内蒙古)	柠条	120.00
311	苏尼特右旗(内蒙古)	柠条	115.00
312	正蓝旗(内蒙古)	柠条	112.00
313	科尔沁左翼后旗(内蒙古)	柠条	110.00
314	兰溪市(浙)	楠	302.38
315	安福县(赣)	楠	300.00
316	泰和县(赣)	楠	300.00
317	浦江县(浙)	楠	225.00
318	南昌县(赣)	楠	100.30
319	桃源县(湘)	楠	60.00
320	永新县(赣)	楠	60.00
321	黎平县(黔)	楠	50.00
322	白河县(陕)	木瓜	800.00
323	安定区(甘)	木瓜	260.00
324	桐柏县(豫)	木瓜	234.00
325	靖远县(甘)	木瓜	51.90
326	巴州区(川)	木瓜	40.00
327	富　县(陕)	木瓜	33.00
328	霍山县(皖)	木瓜	20.00
329	湘乐林业总场(甘)	木瓜	16.60
330	商南县(陕)	木瓜	15.00
331	浉河区(豫)	木瓜	13.80
332	诸暨市(浙)	马褂木	100.00
333	霍山县(皖)	马褂木	20.00
334	松江区(沪)	落羽杉	80.00
335	斗门区(粤)	落羽杉	50.00

序号	县(旗、市、区、局、场)	品种	苗木株数(万株)
336	浦东新区(沪)	落羽杉	20.00
337	嘉定区(沪)	落羽杉	17.90
338	番禺区(粤)	落羽杉	10.00
339	临颍县(豫)	栾树	161.70
340	崇明县(沪)	栾树	60.80
341	嘉定区(沪)	栾树	37.70
342	肥西县(皖)	栾树	30.00
343	顺义区(京)	栾树	17.00
344	临澧县(湘)	栾树	10.00
345	太白国家级自然保护区管理局(陕)	柳树	5000.00
346	揭东县(粤)	柳树	1696.00
347	西乌珠穆沁旗(内蒙古)	柳树	1500.00
348	泾源县(宁)	柳树	900.00
349	台安县(辽)	柳树	800.00
350	瓦房店市(辽)	柳树	525.00
351	广河县(甘)	柳树	500.00
352	遵化市(冀)	柳树	450.00
353	长清区(鲁)	柳树	420.00
354	临洮县(甘)	柳树	380.00
355	肥城市(鲁)	柳树	367.50
356	鄢陵县(豫)	柳树	304.00
357	中宁县(宁)	柳树	253.90
358	青铜峡市(宁)	柳树	240.00
359	义　县(辽)	柳树	230.00
360	土默特右旗(内蒙古)	柳树	200.00
361	同心县(宁)	柳树	180.00
362	贵南县(青)	柳树	180.00
363	淅川县(豫)	柳树	180.00
364	垦利县(鲁)	柳树	180.00
365	依兰县(黑)	柳树	178.00
366	金州区(辽)	柳树	153.00
367	原州区(宁)	柳树	150.00
368	镇赉县(吉)	柳树	150.00
369	定州市(冀)	柳树	150.00
370	巴里坤哈萨克自治县(新)	柳树	133.00
371	定远县(皖)	柳树	130.00
372	湘乐林业总场(甘)	柳树	126.38
373	海原县(宁)	柳树	117.00
374	兖州市(鲁)	柳树	105.00
375	农安县(吉)	柳树	100.00

序号	县(旗、市、区、局、场)	品种	苗木株数(万株)
376	桓仁满族自治县(辽)	柳树	100.00
377	雷波县(川)	柳杉	2280.00
378	峨眉山市(川)	柳杉	600.00
379	织金县(黔)	柳杉	500.00
380	毕节市(黔)	柳杉	342.00
381	峨边彝族自治县(川)	柳杉	150.00
382	瓮安县(黔)	柳杉	105.00
383	金口河区(川)	柳杉	60.00
384	西秀区(黔)	柳杉	50.00
385	松江区(沪)	柳杉	39.00
386	崇明县(沪)	柳杉	26.10
387	平坝县(黔)	柳杉	18.90
388	紫阳县(陕)	柳杉	16.00
389	华池林业总场(甘)	柳杉	10.00
390	大东流苗圃(京)	栎类	1170.41
391	张家川回族自治县(甘)	栎类	125.00
392	德昌县(川)	栎类	60.00
393	霍山县(皖)	栎类	50.00
394	黄平县(黔)	栎类	40.00
395	定远县(皖)	栎类	38.00
396	娄星区(湘)	栎类	30.00
397	嵩　县(豫)	栎类	24.00
398	黎平县(黔)	栎类	13.00
399	南谯区(皖)	栎类	10.00
400	翁源县(粤)	栲树	120.00
401	桐柏县(豫)	火柜松	1755.00
402	瓦房店市(辽)	火柜松	500.00
403	凤阳县(皖)	火柜松	240.00
404	临安市(浙)	火柜松	32.00
405	泌阳县(豫)	火柜松	20.00
406	桓仁满族自治县(辽)	火柜松	20.00
407	娄星区(湘)	火柜松	15.80
408	双桥区(冀)	黄栌	60.00
409	沂源县(鲁)	黄栌	50.00
410	房山区(京)	黄栌	30.00
411	顺义区(京)	黄栌	20.00
412	珲春林业局(吉)	黄波罗	41.80
413	抚松县(吉)	黄波罗	30.00
414	横山县(陕)	槐树	7000.00
415	太白国家级自然保护区管理局(陕)	槐树	2000.00
416	安国市(冀)	槐树	800.00
417	肥城市(鲁)	槐树	630.00
418	宝塔区(陕)	槐树	501.10
419	博野县(冀)	槐树	420.00
420	毕节市(黔)	槐树	247.50
421	龙安区(豫)	槐树	225.00
422	涿州市(冀)	槐树	90.00
423	沂源县(鲁)	槐树	80.00
424	霸州市(冀)	槐树	65.00
425	丰宁满族自治县(冀)	桦树	2000.00
426	克什克腾旗(内蒙古)	桦树	243.00
427	大通回族土族自治县(青)	桦树	101.00
428	延庆县(京)	桦树	67.90
429	汤原县(黑)	桦树	30.00
430	田林县(桂)	桦树	25.00
431	西林县(桂)	桦树	20.00
432	建德市(浙)	桦树	20.00
433	越西县(川)	华山松	900.00
434	洛南县(陕)	华山松	300.00
435	织金县(黔)	华山松	180.00
436	庄河市(辽)	华山松	130.00
437	白水江林业局(甘)	华山松	121.60
438	南郑县(陕)	华山松	75.00
439	德昌县(川)	华山松	75.00
440	桓仁满族自治县(辽)	华山松	52.00
441	黔西县(黔)	华山松	40.00
442	延庆县(京)	华山松	13.40
443	且末县(新)	胡杨	16.65
444	松江河林业局(吉林森工)	胡桃楸	15.00
445	紫阳县(陕)	厚朴	300.00
446	桂东县(湘)	厚朴	45.00
447	龙眼洞林场(粤)	红锥	380.00
448	兴宁市(粤)	红锥	27.30
449	英德市(粤)	红锥	15.00
450	中国林科院热林中心(桂)	红锥	12.00
451	同心县(宁)	红枣	672.30
452	墨玉县(新)	红枣	570.00
453	疏勒县(新)	红枣	540.00
454	大荔县(陕)	红枣	458.00
455	灵武市(宁)	红枣	426.10

序号	县(旗、市、区、局、场)	品种	苗木株数(万株)
456	赞皇县(冀)	红枣	150.00
457	海原县(宁)	红枣	131.00
458	沂水县(鲁)	红枣	120.00
459	垦利县(鲁)	红叶臭椿	45.00
460	崇明县(沪)	红叶臭椿	12.80
461	番禺区(粤)	红树林	200.00
462	雷州市(粤)	红树林	60.00
463	沂水县(鲁)	黑松	840.00
464	瓦房店市(辽)	黑松	700.00
465	环翠区(鲁)	黑松	240.00
466	黄岛区(鲁)	黑松	235.00
467	庄河市(辽)	黑松	216.00
468	旅顺口区(辽)	黑松	200.00
469	蓬莱市(鲁)	黑松	150.00
470	胶南市(鲁)	黑松	106.12
471	莱城区(鲁)	黑松	100.00
472	大连市长兴岛临港工业区(辽)	黑松	100.00
473	清新县(粤)	合欢	60.00
474	垦利县(鲁)	合欢	18.00
475	北仑区(浙)	桂花	304.00
476	青阳县(皖)	桂花	300.00
477	东至县(皖)	桂花	300.00
478	诸暨市(浙)	桂花	300.00
479	义乌市(浙)	桂花	276.00
480	肥西县(皖)	桂花	270.00
481	潢川县(豫)	桂花	260.00
482	阳朔县(桂)	桂花	247.32
483	南汇区(沪)	桂花	235.00
484	光山县(豫)	桂花	220.00
485	咸安区(鄂)	桂花	200.00
486	绍兴县(浙)	桂花	200.00
487	永康市(浙)	桂花	181.00
488	滨江区(浙)	桂花	170.00
489	余杭区(浙)	桂花	169.00
490	武义县(浙)	桂花	150.00
491	鄞州区(浙)	桂花	142.20
492	分宜县(赣)	桂花	132.00
493	徽州区(皖)	桂花	105.00
494	休宁县(皖)	桂花	100.00
495	建德市(浙)	桂花	100.00
496	南昌县(赣)	桂花	98.80
497	镇平县(豫)	桂花	95.00
498	崇明县(沪)	桂花	90.30
499	嘉定区(沪)	桂花	77.50
500	金东区(浙)	桂花	72.00
501	清新县(粤)	桂花	60.00
502	绩溪县(皖)	桂花	60.00
503	金山区(沪)	桂花	59.00
504	潢川县(豫)	广玉兰	1668.00
505	鲁山县(豫)	广玉兰	600.00
506	肥西县(皖)	广玉兰	500.00
507	沙洋县(鄂)	广玉兰	330.00
508	镇平县(豫)	广玉兰	298.50
509	南汇区(沪)	广玉兰	215.00
510	鄢陵县(豫)	广玉兰	183.00
511	光山县(豫)	广玉兰	130.00
512	嘉定区(沪)	广玉兰	117.80
513	无为县(皖)	广玉兰	100.00
514	宝丰县(豫)	广玉兰	90.00
515	卧龙区(豫)	广玉兰	80.30
516	中宁县(宁)	枸杞	1023.00
517	康保县(冀)	枸杞	1000.00
518	西夏区(宁)	枸杞	576.00
519	商都县(内蒙古)	枸杞	150.00
520	乾安县(吉)	枸杞	80.00
521	海原县(宁)	枸杞	42.00
522	玛珂河林业局(青)	枸杞	37.02
523	贺兰县(宁)	枸杞	31.20
524	公安县(鄂)	柑橘	60000.00
525	金东区(浙)	柑橘	2700.00
526	仁化县(粤)	柑橘	1000.00
527	新干县(赣)	柑橘	870.00
528	紫阳县(陕)	柑橘	320.00
529	德庆县(粤)	柑橘	200.00
530	永兴县(湘)	柑橘	180.00
531	广宁县(粤)	柑橘	160.00
532	新建县(赣)	柑橘	140.00
533	津市市(湘)	柑橘	60.00
534	南康市(赣)	柑橘	60.00
535	霍山县(皖)	枫香	300.00

序号	县(旗、市、区、局、场)	品种	苗木株数(万株)
536	临川区(赣)	枫香	158.00
537	玉山县(赣)	枫香	150.00
538	靖安县(赣)	枫香	129.00
539	新晃侗族自治县(湘)	枫香	126.00
540	新邵县(湘)	枫香	120.00
541	罗定市(粤)	枫香	105.00
542	南雄市(粤)	枫香	100.00
543	瑞安市(浙)	枫香	100.00
544	德兴市(赣)	枫香	95.40
545	东至县(皖)	枫香	91.00
546	崇阳县(鄂)	枫香	81.00
547	平远县(粤)	枫香	80.00
548	铜鼓县(赣)	枫香	75.00
549	上犹县(赣)	枫香	64.50
550	桂阳县(湘)	枫香	60.00
551	惠阳区(粤)	枫香	55.00
552	清新县(粤)	枫香	50.00
553	瑞金市(赣)	枫香	50.00
554	黎平县(黔)	鹅掌楸	78.00
555	崇明县(沪)	鹅掌楸	35.00
556	嵊州市(浙)	鹅掌楸	30.00
557	和　县(皖)	鹅掌楸	25.00
558	松阳县(浙)	鹅掌楸	15.00
559	蔚　县(冀)	杜松	140.00
560	汤阴县(豫)	刺楸	24.00
561	临川区(赣)	池杉	96.00
562	崇明县(沪)	池杉	61.30
563	松江区(沪)	池杉	15.00
564	东至县(皖)	檫	12.00
565	华容县(湘)	檫	10.00
566	太白国家级自然保护区管理局(陕)	白皮松	5000.00
567	洛南县(陕)	白皮松	450.00
568	蓝田县(陕)	白皮松	124.00
569	顺义区(京)	白皮松	40.00
570	兴平市(陕)	白皮松	25.00
571	长清区(鲁)	白皮松	24.00
572	诸城市(鲁)	白皮松	15.00
573	大东流苗圃(京)	白皮松	12.41
574	秦都区(陕)	白皮松	10.50
575	延庆县(京)	白皮松	10.50
576	宁阳县(鲁)	白皮松	10.00
577	东营区(鲁)	白蜡	3152.40
578	东营市市辖区(鲁)	白蜡	1045.60
579	清原满族自治县(辽)	白蜡	1000.00
580	临洮县(甘)	白蜡	338.00
581	博野县(冀)	白蜡	320.00
582	济阳县(鲁)	白蜡	200.00
583	河口区(鲁)	白蜡	165.00
584	湖滨区(豫)	白蜡	153.08
585	沾化县(鲁)	白蜡	150.00
586	兖州市(鲁)	白蜡	138.00
587	临颍县(豫)	白蜡	97.50
588	阳信县(鲁)	白蜡	90.00
589	广饶县(鲁)	白蜡	90.00
590	垦利县(鲁)	白蜡	90.00
591	阜康市(新)	白蜡	68.64
592	延庆县(京)	白蜡	60.40
593	桓台县(鲁)	白蜡	60.00
594	广阳区(冀)	白蜡	56.00
595	塘沽区(津)	白蜡	54.50
596	长葛市(豫)	白蜡	54.00
597	疏勒县(新)	巴旦木	36.00

表11-1　2009年林化产品(松脂)主产县(市、区、场)

序号	县(市、区、场)	松脂产量(吨)
1	淳安县(浙)	814.00
2	霍邱县(皖)	2500.00
3	贵池区(皖)	1500.00
4	青阳县(皖)	1062.00
5	东至县(皖)	346.00
6	祁门县(皖)	230.00
7	金寨县(皖)	206.00
8	泾　县(皖)	200.00
9	潜山县(皖)	100.00
10	望江县(皖)	80.00
11	太湖县(皖)	60.00
12	南陵县(皖)	50.00
13	屯溪区(皖)	40.00

序号	县(市、区、场)	松脂产量（吨）
14	怀宁县(皖)	20.00
15	尤溪县(闽)	9085.40
16	延平区(闽)	971.00
17	松溪县(闽)	785.00
18	宁都县(赣)	9356.00
19	吉水县(赣)	5000.00
20	瑞金市(赣)	3156.00
21	金溪县(赣)	1260.00
22	于都县(赣)	720.00
23	定南县(赣)	650.00
24	永修县(赣)	600.00
25	宜黄县(赣)	359.00
26	全南县(赣)	330.00
27	万载县(赣)	300.00
28	上高县(赣)	300.00
29	都昌县(赣)	280.00
30	德兴市(赣)	215.00
31	南康市(赣)	200.00
32	临川区(赣)	200.00
33	大余县(赣)	180.00
34	赣　县(赣)	164.50
35	吉州区(赣)	160.00
36	高安市(赣)	120.00
37	东乡县(赣)	100.00
38	铜鼓县(赣)	50.00
39	崇仁县(赣)	28.00
40	栾川县(豫)	1200.00
41	京山县(鄂)	1000.00
42	东宝区(鄂)	993.00
43	大冶市(鄂)	10.00
44	江华瑶族自治县(湘)	6943.00
45	茶陵县(湘)	1800.00
46	江永县(湘)	1640.00
47	双牌县(湘)	1214.00
48	临湘市(湘)	680.00
49	武冈市(湘)	500.00
50	零陵区(湘)	390.00
51	靖州苗族侗族自治县(湘)	300.00
52	汝城县(湘)	295.00
53	会同县(湘)	192.00

序号	县(市、区、场)	松脂产量（吨）
54	冷水滩区(湘)	180.00
55	祁阳县(湘)	175.00
56	冷水江市(湘)	136.00
57	蓝山县(湘)	129.00
58	娄星区(湘)	125.80
59	新田县(湘)	104.00
60	衡东县(湘)	100.00
61	鼎城区(湘)	100.00
62	祁东县(湘)	90.00
63	隆回县(湘)	40.00
64	常宁市(湘)	35.00
65	宁远县(湘)	15.00
66	娄底市市辖区(湘)	10.00
67	德庆县(粤)	27015.00
68	佛冈县(粤)	6847.00
69	高要市(粤)	6580.00
70	怀集县(粤)	6000.00
71	信宜市(粤)	5000.00
72	廉江市(粤)	1080.00
73	台山市(粤)	612.00
74	肇庆市林业总场(粤)	300.00
75	乐昌市(粤)	200.00
76	连南瑶族自治县(粤)	183.00
77	乳源瑶族自治县(粤)	180.00
78	东源县(粤)	180.00
79	和平县(粤)	150.00
80	东江林场(粤)	150.00
81	茂名市属总林场(粤)	101.00
82	清远市属总林场(粤)	83.00
83	博罗县(粤)	12.00
84	灵山县(桂)	38000.00
85	苍梧县(桂)	30292.00
86	藤　县(桂)	21554.00
87	岑溪市(桂)	15415.00
88	防城区(桂)	9550.00
89	武鸣县(桂)	8223.00
90	昭平县(桂)	7907.00
91	覃塘区(桂)	7380.00
92	钟山县(桂)	7200.00
93	象州县(桂)	7094.00

序号	县(市、区、场)	松脂产量(吨)
94	平南县(桂)	6710.00
95	全州县(桂)	5600.00
96	青秀区(桂)	5000.00
97	蝶山区(桂)	4900.00
98	七坡林场(桂)	4784.00
99	八步区(桂)	4300.00
100	万秀区(桂)	3997.00
101	蒙山县(桂)	3716.00
102	右江区(桂)	3640.00
103	鹿寨县(桂)	3576.00
104	永福县(桂)	3165.00
105	北流市(桂)	2900.00
106	横　县(桂)	2866.00
107	资源县(桂)	2847.00
108	兴安县(桂)	2839.00
109	武宣县(桂)	2546.00
110	灌阳县(桂)	2535.00
111	马山县(桂)	2500.00
112	长洲区(桂)	2352.00
113	高峰林场(桂)	1237.00
114	金秀瑶族自治县(桂)	1209.00
115	陆川县(桂)	1180.00
116	平天山林场(桂)	1030.91
117	港口区(桂)	1009.00
118	东兴市(桂)	890.00
119	派阳山林场(桂)	781.00
120	贺州市平桂管理区(桂)	742.00
121	阳朔县(桂)	732.00
122	柳城县(桂)	724.00
123	大新县(桂)	647.00
124	城中区(桂)	643.00
125	三门江林场(桂)	628.00
126	富川瑶族自治县(桂)	387.00
127	金城江区(桂)	364.00
128	环江毛南族自治县(桂)	320.00
129	忻城县(桂)	320.00
130	江南区(桂)	212.00
131	合山市(桂)	205.00
132	港南区(桂)	200.00
133	田阳县(桂)	183.00
134	田林县(桂)	61.00
135	南宁市东盟经济园区(桂)	50.00
136	凌云县(桂)	36.00
137	黄冕林场(桂)	25.00
138	西林县(桂)	24.00
139	会理县(川)	86.00
140	黎平县(黔)	2395.00
141	台江县(黔)	1045.00
142	剑河县(黔)	847.00
143	凯里市(黔)	371.00
144	锦屏县(黔)	187.00
145	麻江县(黔)	181.00
146	丹寨县(黔)	123.00
147	雷山县(黔)	121.00
148	紫云苗族布依族自治县(黔)	100.00
149	德江县(黔)	25.00
150	天柱县(黔)	15.00
151	黄龙山林业局(陕)	433.00
152	南郑县(陕)	30.00

表11－2　2009林化产品(松香)主产县(市、区、场)

序号	县(市、区、场)	松香产量(吨)
1	开原市(辽)	300.00
2	岳西县(皖)	800.00
3	祁门县(皖)	303.00
4	泾　县(皖)	135.00
5	桐城市(皖)	120.00
6	徽州区(皖)	35.00
7	尤溪县(闽)	9397.00
8	邵武市(闽)	6256.00
9	梅列区(闽)	1250.00
10	永定县(闽)	880.00
11	政和县(闽)	200.00
12	永春县(闽)	120.00
13	吉水县(赣)	4000.00
14	金溪县(赣)	2160.00
15	瑞金市(赣)	2104.00
16	安福县(赣)	2000.00

序号	县(市、区、场)	松香产量(吨)
17	奉新县(赣)	1230.00
18	鄱阳县(赣)	800.00
19	吉州区(赣)	600.00
20	分宜县(赣)	505.00
21	宁都县(赣)	500.00
22	德兴市(赣)	310.00
23	乐安县(赣)	300.00
24	上高县(赣)	285.00
25	信丰县(赣)	277.00
26	会昌县(赣)	252.00
27	余江县(赣)	240.00
28	赣　县(赣)	117.48
29	南丰县(赣)	100.00
30	婺源县(赣)	97.00
31	井冈山市(赣)	92.85
32	东乡县(赣)	80.00
33	铅山县(赣)	80.00
34	余干县(赣)	50.00
35	修水县(赣)	21.00
36	桐柏县(豫)	2500.00
37	罗田县(鄂)	850.00
38	京山县(鄂)	800.00
39	保康县(鄂)	150.00
40	阳新县(鄂)	60.00
41	荆州区(鄂)	40.00
42	沙洋县(鄂)	16.50
43	石峰区(湘)	5600.00
44	茶陵县(湘)	1600.00
45	炎陵县(湘)	1421.00
46	绥宁县(湘)	1100.00
47	新晃侗族自治县(湘)	650.00
48	沅陵县(湘)	500.00
49	浏阳市(湘)	400.00
50	武冈市(湘)	300.00
51	通道侗族自治县(湘)	260.00
52	东安县(湘)	160.00
53	邵阳县(湘)	150.00
54	衡山县(湘)	85.00
55	麻阳苗族自治县(湘)	85.00
56	鹤城区(湘)	42.00
57	衡南县(湘)	40.00
58	涟源市(湘)	32.00
59	株洲县(湘)	20.00
60	桃源县(湘)	15.00
61	罗定市(粤)	28349.00
62	封开县(粤)	13165.00
63	郁南县(粤)	10635.00
64	高要市(粤)	8978.00
65	南雄市(粤)	7314.00
66	德庆县(粤)	6250.00
67	翁源县(粤)	4100.00
68	连山壮族瑶族自治县(粤)	3680.00
69	仁化县(粤)	3500.00
70	云安县(粤)	3500.00
71	新兴县(粤)	3366.00
72	信宜市(粤)	3000.00
73	始兴县(粤)	2585.00
74	云城区(粤)	2531.00
75	连州市(粤)	838.00
76	兴宁市(粤)	720.00
77	韶关市属总林场(粤)	673.00
78	广宁县(粤)	3650.00
79	陆河县(粤)	300.00
80	曲江区(粤)	237.00
81	连南瑶族自治县(粤)	200.00
82	阳东县(粤)	200.00
83	乐昌市(粤)	140.00
84	宁明县(桂)	125675.00
85	临桂县(桂)	65000.00
86	苍梧县(桂)	34698.00
87	防城区(桂)	23626.00
88	上思县(桂)	21910.00
89	岑溪市(桂)	18818.00
90	八步区(桂)	18751.00
91	灵山县(桂)	15000.00
92	北流市(桂)	15000.00
93	兴安县(桂)	12000.00
94	昭平县(桂)	12000.00
95	藤　县(桂)	11910.00
96	象州县(桂)	8760.00

序号	县(市、区、场)	松香产量(吨)
97	隆安县(桂)	8607.00
98	钦北区(桂)	7794.00
99	上林县(桂)	7000.00
100	钟山县(桂)	5160.00
101	金秀瑶族自治县(桂)	4918.00
102	江州区(桂)	4547.00
103	七坡林场(桂)	4077.00
104	全州县(桂)	4000.00
105	恭城瑶族自治县(桂)	4000.00
106	宜州市(桂)	3986.00
107	武宣县(桂)	3500.00
108	右江区(桂)	3303.00
109	柳城县(桂)	3259.00
110	资源县(桂)	2500.00
111	青秀区(桂)	2092.00
112	中国林科院热林中心(桂)	1831.00
113	横　县(桂)	1672.00
114	扶绥县(桂)	1667.00
115	鹿寨县(桂)	1376.00
116	融水苗族自治县(桂)	1020.00
117	平天山林场(桂)	794.25
118	合山市(桂)	350.00
119	钦南区(桂)	325.00
120	桂平市(桂)	100.00
121	靖西县(桂)	90.00
122	忻城县(桂)	88.00
123	盐源县(川)	733.00
124	木里藏族自治县(川)	400.00
125	普格县(川)	230.00
126	会理县(川)	120.00
127	南江县(川)	60.00
128	三穗县(黔)	490.00
129	麻江县(黔)	426.00
130	剑河县(黔)	400.00
131	镇远县(黔)	300.00
132	施秉县(黔)	75.00
133	德江县(黔)	20.00

表11-3　2009林化产品(松节油)主产县(市、区、局、场)

序号	县(市、区、局、场)	松节油产量(吨)
1	开化县(浙)	6570.00
2	祁门县(皖)	60.00
3	泾　县(皖)	45.00
4	东至县(皖)	26.00
5	尤溪县(闽)	1047.00
6	梅列区(闽)	850.00
7	永定县(闽)	140.00
8	泰和县(赣)	570.00
9	资溪县(赣)	230.00
10	金溪县(赣)	1800.00
11	湖口县(赣)	1450.00
12	吉水县(赣)	1000.00
13	瑞金市(赣)	400.00
14	鄱阳县(赣)	270.00
15	万安县(赣)	260.00
16	宁都县(赣)	200.00
17	余江县(赣)	160.00
18	吉州区(赣)	120.00
19	乐安县(赣)	100.00
20	兴国县(赣)	70.00
21	上高县(赣)	51.00
22	信丰县(赣)	46.00
23	东乡县(赣)	30.00
24	赣　县(赣)	23.50
25	南丰县(赣)	20.00
26	铅山县(赣)	20.00
27	井冈山市(赣)	18.57
28	芦溪县(赣)	15.00
29	分宜县(赣)	12.00
30	信州区(赣)	12.00
31	余干县(赣)	12.00
32	京山县(鄂)	200.00
33	沙洋县(鄂)	44.00
34	阳新县(鄂)	30.00
35	武冈市(湘)	300.00
36	茶陵县(湘)	180.00
37	石峰区(湘)	160.00
38	浏阳市(湘)	100.00

序号	县(市、区、局、场)	松节油产量(吨)
39	通道侗族自治县(湘)	90.00
40	麻阳苗族自治县(湘)	42.00
41	东安县(湘)	30.00
42	衡山县(湘)	12.00
43	罗定市(粤)	23037.00
44	高要市(粤)	1942.00
45	封开县(粤)	1881.00
46	新兴县(粤)	1684.00
47	信宜市(粤)	1300.00
48	德庆县(粤)	950.00
49	连州市(粤)	159.00
50	乐昌市(粤)	40.00
51	灵山县(桂)	18000.00
52	博白县(桂)	5963.00
53	北流市(桂)	3300.00
54	钦北区(桂)	2375.00
55	上思县(桂)	2190.00
56	苍梧县(桂)	1840.00
57	武鸣县(桂)	1362.00
58	全州县(桂)	1200.00
59	宜州市(桂)	1100.00
60	融水苗族自治县(桂)	1084.00
61	象州县(桂)	1000.00
62	上林县(桂)	981.00
63	隆安县(桂)	818.00
64	金秀瑶族自治县(桂)	754.00
65	七坡林场(桂)	647.00
66	钟山县(桂)	569.00
67	江州区(桂)	460.00
68	港北区(桂)	303.00
69	中国林科院热林中心(桂)	193.00
70	平天山林场(桂)	100.85
71	忻城县(桂)	90.00
72	武宣县(桂)	65.00
73	资源县(桂)	32.50
74	柳北区(桂)	20.00
75	三穗县(黔)	60.00
76	麻江县(黔)	35.00

表 11－4　2009 林化产品(木炭)主产县(市、区、局)

序号	县(市、区、局)	木炭产量(吨)
1	新宾满族自治县(辽)	80.00
2	敦化市(吉)	800.00
3	靖宇县(吉)	200.00
4	江山市(浙)	19856.00
5	浦江县(浙)	20.00
6	南谯区(皖)	8000.00
7	东至县(皖)	6267.00
8	太湖县(皖)	1500.00
9	石台县(皖)	1325.00
10	泾　县(皖)	480.00
11	霍山县(皖)	300.00
12	和　县(皖)	200.00
13	金寨县(皖)	25.00
14	政和县(闽)	100.00
15	铜鼓县(赣)	11050.00
16	永新县(赣)	8000.00
17	南康市(赣)	6000.00
18	全南县(赣)	1420.00
19	吉水县(赣)	600.00
20	都昌县(赣)	450.00
21	瑞金市(赣)	423.00
22	靖安县(赣)	224.00
23	新干县(赣)	1540.00
24	广昌县(赣)	140.00
25	定南县(赣)	110.00
26	宜黄县(赣)	15.00
27	平原县(鲁)	51000.00
28	牡丹区(鲁)	35.00
29	滑　县(豫)	230.00
30	光山县(豫)	50.00
31	临湘市(湘)	3500.00
32	靖州苗族侗族自治县(湘)	3400.00
33	双峰县(湘)	3100.00
34	资兴市(湘)	1576.00
35	临武县(湘)	820.00
36	桃源县(湘)	800.00
37	桂东县(湘)	430.00
38	新晃侗族自治县(湘)	150.00

序号	县(市、区、局)	木炭产量(吨)
39	邵阳县(湘)	120.00
40	祁东县(湘)	118.30
41	汉寿县(湘)	20.60
42	娄星区(湘)	14.60
43	徐闻县(粤)	2306.00
44	阳东县(粤)	120.00
45	吴川市(粤)	30.00
46	台山市(粤)	12.00
47	全州县(桂)	2000.00
48	那坡县(桂)	51.00
49	沐川县(川)	1000.00
50	榕江县(黔)	6200.00
51	天柱县(黔)	1403.00
52	三穗县(黔)	290.00
53	锦屏县(黔)	78.00
54	剑河县(黔)	50.00
55	西林吉林业局(大兴安岭)	18860.00

表11-5　2009林化产品(活性炭)主产县(市、区、局)

序号	县(市、区、局)	活性炭产量(吨)
1	清河区(辽)	130.00
2	衢江区(浙)	6000.00
3	龙游县(浙)	3170.00
4	遂昌县(浙)	247.00
5	东至县(皖)	560.00
6	邵武市(闽)	14996.00
7	顺昌县(闽)	12294.00
8	浦城县(闽)	3086.00
9	建阳市(闽)	1699.00
10	铜鼓县(赣)	11860.00
11	余江县(赣)	3350.00
12	全南县(赣)	2193.00
13	宜丰县(赣)	2000.00
14	金溪县(赣)	1100.00
15	靖安县(赣)	200.00
16	宜黄县(赣)	200.00
17	瑞金市(赣)	158.00
18	定南县(赣)	150.00
19	资兴市(湘)	6200.00
20	洞口县(湘)	5000.00
21	桃源县(湘)	1000.00
22	祁阳县(湘)	600.00
23	中方县(湘)	125.00
24	融水苗族自治县(桂)	876.00
25	图强林业局(大兴安岭)	1517.00
26	塔河林业局(大兴安岭)	900.00

表11-6　2009年其他林化产品主产县(市、区)

序号	县(市、区)	品种	产量(吨)
1	江华瑶族自治县(湘)	紫胶	856.00
2	犍为县(川)	紫胶	20.00
3	兴宁市(粤)	紫胶	18.00
4	新干县(赣)	脂松香	9000.00
5	平乐县(桂)	脂松香	2449.00
6	万安县(赣)	脂松香	1200.00
7	港北区(桂)	脂松香	933.00
8	柳北区(桂)	脂松香	500.00
9	京山县(鄂)	脂松香	400.00
10	霍山县(皖)	脂松香	200.00
11	化州市(粤)	橡胶及其制品	4100.00
12	徐闻县(粤)	橡胶及其制品	1188.00
13	东兴市(桂)	橡胶及其制品	210.00
14	雷州市(粤)	橡胶及其制品	200.00
15	吴川市(粤)	橡胶及其制品	10.00
16	汝阳县(豫)	松针粉	220.00
17	安福县(赣)	松油醇	1000.00
18	尤溪县(闽)	松油醇	618.00
19	霍山县(皖)	栓皮	1000.00
20	岳西县(皖)	栓皮	800.00
21	留坝县(陕)	栓皮	500.00
22	济源市(豫)	栓皮	110.00
23	嵩　县(豫)	栓皮	60.00
24	南郑县(陕)	栓皮	35.00
25	汉滨区(陕)	生漆及其制品	352.00
26	麻江县(黔)	生漆及其制品	209.00
27	泾　县(皖)	生漆及其制品	100.00
28	镇巴县(陕)	生漆及其制品	59.00

序号	县(市、区)	品种	产量(吨)
29	卢氏县(豫)	生漆及其制品	50.00
30	会理县(川)	生漆及其制品	29.00
31	凯里市(黔)	生漆及其制品	27.00
32	舒城县(皖)	生漆及其制品	24.00
33	金寨县(皖)	生漆及其制品	24.00
34	武冈市(湘)	生漆及其制品	16.00
35	瑞金市(赣)	木焦油	2615.00
36	右江区(桂)	栲胶	4244.00
37	武鸣县(桂)	栲胶	2917.00
38	青龙满族自治县(冀)	栲胶	1500.00
39	栾川县(豫)	栲胶	800.00
40	北流市(桂)	聚酯树脂	12000.00
41	道　县(湘)	聚酯树脂	9667.00
42	港北区(桂)	聚酯树脂	705.00
43	浦北县(桂)	茴油	13500.00
44	那坡县(桂)	茴油	981.00
45	岑溪市(桂)	茴油	721.00
46	靖西县(桂)	茴油	221.61
47	北流市(桂)	茴油	140.50
48	右江区(桂)	茴油	11.00
49	建阳市(闽)	合成樟脑	6690.00
50	德庆县(粤)	合成樟脑	745.00
51	金溪县(赣)	合成樟脑	420.00
52	桃源县(湘)	合成樟脑	15.00
53	高要市(粤)	桂油	820.00
54	岑溪市(桂)	桂油	238.00
55	德庆县(粤)	桂油	60.00
56	平南县(桂)	桂油	41.00
57	东兴市(桂)	桂油	38.00
58	北流市(桂)	桂油	10.50
59	敦化市(吉)	酚醛树脂胶	1500.00
60	乐山市市辖区(川)	单宁	300.00

表 12－1　2009 年森林蔬菜(食用菌类)主产县(市、区、局)

序号	县(市、区、局)	食用菌类产量(吨)
1	大兴区(京)	160.00
2	蔚　县(冀)	2100.00
3	永年县(冀)	850.00
4	涞源县(冀)	270.00
5	隆化县(冀)	200.00
6	丰宁满族自治县(冀)	200.00
7	迁西县(冀)	180.00
8	滦平县(冀)	116.00
9	松山区(内蒙古)	906.00
10	宁城县(内蒙古)	600.00
11	扎兰屯市(内蒙古)	50.00
12	岫岩满族自治县(辽)	65000.00
13	宽甸满族自治县(辽)	30000.00
14	连山区(辽)	19700.00
15	清原满族自治县(辽)	9200.00
16	金州区(辽)	8000.00
17	大洼县(辽)	7032.00
18	庄河市(辽)	5360.00
19	桓仁满族自治县(辽)	3604.00
20	海城市(辽)	3120.00
21	本溪市经济开发区(辽)	2760.00
22	盘山县(辽)	1099.00
23	西丰县(辽)	1000.00
24	铁岭市经济开发区(辽)	140.00
25	振安区(辽)	60.00
26	盖州市(辽)	60.00
27	清河区(辽)	60.00
28	海州区(辽)	55.00
29	敦化市(吉)	10263.00
30	汪清县(吉)	9349.00
31	辉南县(吉)	6300.00
32	大兴沟林业局(吉)	822.00
33	白河林业局(吉)	600.00
34	和龙林业局(吉)	476.00
35	靖宇县(吉)	427.00
36	磐石市(吉)	338.00
37	桦甸市(吉)	300.00
38	东丰县(吉)	255.00
39	临江市(吉)	201.00
40	江源区(吉)	200.00
41	龙山区(吉)	180.00
42	珲春森林经营局(吉)	151.00
43	抚松县(吉)	85.00

序号	县(市、区、局)	食用菌类产量(吨)
44	延吉市(吉)	69.00
45	二道江区(吉)	60.00
46	东宁县(黑)	29600.00
47	萨尔图区(黑)	1500.00
48	牡丹江市市本级(黑)	1055.00
49	五常市(黑)	743.00
50	宾　县(黑)	420.00
51	嘉荫县(黑)	320.00
52	孙吴县(黑)	250.00
53	克东县(黑)	230.00
54	汤原县(黑)	181.00
55	爱辉区(黑)	160.00
56	七台河市市辖区(黑)	105.00
57	尚志国有林场管理局(黑)	88.00
58	五大连池市(黑)	84.00
59	宝清县(黑)	80.00
60	阿城区(黑)	65.62
61	桦南县(黑)	65.00
62	让胡路区(黑)	53.00
63	丹阳市(苏)	9940.00
64	江阴市(苏)	5524.00
65	溧水县(苏)	2460.00
66	姜堰市(苏)	995.00
67	建湖县(苏)	408.00
68	惠山区(苏)	303.00
69	高港区(苏)	98.00
70	滨湖区(苏)	88.00
71	阜宁县(苏)	85.00
72	龙泉市(浙)	11621.00
73	莲都区(浙)	7732.00
74	云和县(浙)	5887.00
75	庆元县(浙)	5625.00
76	松阳县(浙)	4612.00
77	磐安县(浙)	4170.00
78	苍南县(浙)	3395.00
79	江山市(浙)	2860.00
80	景宁畲族自治县(浙)	2827.00
81	缙云县(浙)	2772.00
82	淳安县(浙)	2394.00
83	遂昌县(浙)	2331.00

序号	县(市、区、局)	食用菌类产量(吨)
84	武义县(浙)	1111.00
85	平阳县(浙)	450.00
86	青田县(浙)	328.00
87	三门县(浙)	275.00
88	天台县(浙)	275.00
89	龙游县(浙)	267.00
90	衢江区(浙)	220.00
91	桐庐县(浙)	196.00
92	椒江区(浙)	161.00
93	德清县(浙)	120.00
94	海盐县(浙)	93.00
95	余杭区(浙)	83.00
96	舒城县(皖)	4152.00
97	潜山县(皖)	2500.00
98	桐城市(皖)	2000.00
99	贵池区(皖)	2000.00
100	绩溪县(皖)	2000.00
101	东至县(皖)	1710.00
102	居巢区(皖)	1520.00
103	蒙城县(皖)	1200.00
104	祁门县(皖)	761.00
105	泾　县(皖)	605.00
106	石台县(皖)	333.00
107	太湖县(皖)	330.00
108	南谯区(皖)	263.00
109	霍山县(皖)	210.00
110	怀宁县(皖)	100.00
111	永春县(闽)	37107.00
112	连江县(闽)	8796.00
113	寿宁县(闽)	8347.00
114	建宁县(闽)	3120.00
115	顺昌县(闽)	2500.00
116	安溪县(闽)	2001.00
117	延平区(闽)	1593.00
118	福清市(闽)	1068.00
119	政和县(闽)	200.00
120	晋安区(闽)	116.00
121	宁都县(赣)	3460.00
122	铜鼓县(赣)	2000.00
123	乐安县(赣)	1343.10

序号	县(市、区、局)	食用菌类产量(吨)
124	广昌县(赣)	1335.60
125	金溪县(赣)	1003.00
126	安远县(赣)	837.00
127	奉新县(赣)	830.00
128	万载县(赣)	830.00
129	新干县(赣)	450.00
130	修水县(赣)	400.00
131	永新县(赣)	390.00
132	吉水县(赣)	263.00
133	分宜县(赣)	250.00
134	定南县(赣)	229.00
135	赣　县(赣)	179.50
136	南丰县(赣)	161.00
137	瑞金市(赣)	125.40
138	湖口县(赣)	100.00
139	九江县(赣)	68.00
140	寻乌县(赣)	62.00
141	大余县(赣)	60.00
142	芦溪县(赣)	50.80
143	台儿庄区(鲁)	3000.00
144	胶南市(鲁)	667.00
145	梁山县(鲁)	520.00
146	沂水县(鲁)	450.00
147	沂源县(鲁)	430.00
148	宁阳县(鲁)	280.00
149	泌阳县(豫)	16230.00
150	灵宝市(豫)	12600.00
151	桐柏县(豫)	5300.00
152	淅川县(豫)	5150.00
153	西华县(豫)	5000.00
154	原阳县(豫)	4800.00
155	鹿邑县(豫)	2800.00
156	方城县(豫)	2401.00
157	汝阳县(豫)	1700.00
158	叶　县(豫)	1500.00
159	辉县市(豫)	1500.00
160	内乡县(豫)	1470.00
161	卢氏县(豫)	1200.00
162	栾川县(豫)	1150.00
163	西平县(豫)	950.00
164	舞钢市(豫)	800.00
165	淇滨区(豫)	660.00
166	伊川县(豫)	500.00
167	确山县(豫)	500.00
168	项城市(豫)	430.00
169	清丰县(豫)	400.00
170	郏　县(豫)	300.00
171	新野县(豫)	250.00
172	南召县(豫)	200.00
173	商城县(豫)	200.00
174	洛宁县(豫)	135.00
175	宝丰县(豫)	126.00
176	孟津县(豫)	120.00
177	浉河区(豫)	112.00
178	汝州市(豫)	100.00
179	新安县(豫)	80.00
180	陕　县(豫)	63.00
181	东宝区(鄂)	5169.00
182	阳新县(鄂)	92.00
183	安仁县(湘)	28000.00
184	衡南县(湘)	8100.00
185	沅陵县(湘)	2970.00
186	衡山县(湘)	1400.00
187	祁阳县(湘)	1340.00
188	会同县(湘)	986.00
189	石门县(湘)	600.00
190	桂阳县(湘)	600.00
191	道　县(湘)	539.00
192	绥宁县(湘)	500.00
193	永定区(湘)	495.00
194	桃源县(湘)	460.00
195	零陵区(湘)	430.00
196	汝城县(湘)	390.00
197	靖州苗族侗族自治县(湘)	389.00
198	临澧县(湘)	387.00
199	江华瑶族自治县(湘)	385.00
200	常宁市(湘)	380.00
201	慈利县(湘)	372.00
202	桑植县(湘)	309.00
203	武陵源区(湘)	185.00

序号	县(市、区、局)	食用菌类产量(吨)
204	宁远县(湘)	180.00
205	资兴市(湘)	133.00
206	洪江市(湘)	131.00
207	蓝山县(湘)	121.00
208	津市市(湘)	75.00
209	苏仙区(湘)	72.00
210	桂东县(湘)	70.00
211	鼎城区(湘)	60.00
212	封开县(粤)	956.00
213	始兴县(粤)	704.00
214	清新县(粤)	400.00
215	仁化县(粤)	154.00
216	德庆县(粤)	142.00
217	连州市(粤)	129.00
218	南雄市(粤)	81.00
219	柳城县(桂)	12022.00
220	环江毛南族自治县(桂)	1979.00
221	八步区(桂)	1260.00
222	金城江区(桂)	1027.00
223	武鸣县(桂)	966.00
224	灌阳县(桂)	850.00
225	博白县(桂)	358.00
226	罗城仫佬族自治县(桂)	332.00
227	金秀瑶族自治县(桂)	275.00
228	象州县(桂)	149.00
229	乐业县(桂)	148.00
230	全州县(桂)	80.00
231	西林县(桂)	67.00
232	木里藏族自治县(川)	2500.00
233	宜宾县(川)	2330.00
234	越西县(川)	1500.00
235	青川县(川)	1200.00
236	通江县(川)	1200.00
237	喜德县(川)	1200.00
238	长宁县(川)	805.00
239	冕宁县(川)	718.00
240	盐源县(川)	455.00
241	德昌县(川)	430.00
242	会理县(川)	273.00
243	会东县(川)	200.00
244	南江县(川)	180.00
245	五通桥区(川)	150.00
246	宁南县(川)	130.00
247	金阳县(川)	110.00
248	西昌市(川)	106.00
249	甘洛县(川)	100.00
250	平昌县(川)	83.00
251	巴州区(川)	70.00
252	普格县(川)	70.00
253	昭觉县(川)	68.00
254	黎平县(黔)	248.00
255	独山县(黔)	245.00
256	仁怀市(黔)	162.00
257	湄潭县(黔)	104.00
258	锦屏县(黔)	90.00
259	镇远县(黔)	50.00
260	贡觉县(藏)	50.00
261	陈仓区(陕)	4762.00
262	镇巴县(陕)	3411.00
263	宁陕县(陕)	1300.00
264	西乡县(陕)	1140.00
265	丹凤县(陕)	1015.00
266	商州区(陕)	507.00
267	山阳县(陕)	360.00
268	紫阳县(陕)	345.00
269	洛南县(陕)	309.00
270	柞水县(陕)	300.00
271	镇安县(陕)	286.00
272	南郑县(陕)	169.00
273	岚皋县(陕)	164.00
274	惠农区(宁)	7500.00
275	青铜峡市(宁)	3600.00
276	露水河林业局(吉林森工)	350.00
277	朗乡林业局(龙江森工)	10880.00
278	汤旺河林业局(龙江森工)	5354.00
279	绥阳林业局(龙江森工)	5069.00
280	苇河林业局(龙江森工)	4403.00
281	东京城林业局(龙江森工)	4250.00
282	清河林业局(龙江森工)	4000.00
283	穆棱林业局(龙江森工)	2650.00

序号	县(市、区、局)	食用菌类产量(吨)
284	美溪林业局(龙江森工)	2590.00
285	五营林业局(龙江森工)	2084.00
286	大海林林业局(龙江森工)	2000.00
287	新青林业局(龙江森工)	2000.00
288	南岔林业局(龙江森工)	1755.00
289	乌伊岭林业局(龙江森工)	1650.00
290	友好林业局(龙江森工)	1520.00
291	林口林业局(龙江森工)	1425.00
292	兴隆林业局(龙江森工)	1374.00
293	方正林业局(龙江森工)	633.00
294	翠峦林业局(龙江森工)	630.00
295	东方红林业局(龙江森工)	606.00
296	桦南林业局(龙江森工)	500.00
297	八面通林业局(龙江森工)	380.00
298	双鸭山林业局(龙江森工)	380.00
299	海林林业局(龙江森工)	345.00
300	乌马河林业局(龙江森工)	333.00
301	鹤立林业局(龙江森工)	324.00
302	红星林业局(龙江森工)	270.00
303	沾河林业局(龙江森工)	264.00
304	双丰林业局(龙江森工)	241.00
305	带岭实验局(龙江森工)	200.00
306	桃山林业局(龙江森工)	198.00
307	金山屯林业局(龙江森工)	150.00
308	鹤北林业局(龙江森工)	100.00
309	迎春林业局(龙江森工)	90.00
310	铁力林业局(龙江森工)	56.00
311	绥棱林业局(龙江森工)	50.00
312	加格达奇林业局(大兴安岭)	1400.00

表 12-2 2009 年森林蔬菜(香椿)主产县(市、区)

序号	县(市、区)	香椿产量(吨)
1	井陉矿区(冀)	150.00
2	浦江县(浙)	10.00
3	太和县(皖)	1200.00
4	濉溪县(皖)	205.00
5	繁昌县(皖)	180.00
6	东至县(皖)	33.00
7	潜山县(皖)	25.00
8	绩溪县(皖)	15.00
9	肥西县(皖)	10.00
10	瑞昌市(赣)	400.00
11	分宜县(赣)	20.00
12	铜鼓县(赣)	20.00
13	蒙阴县(鲁)	6000.00
14	博山区(鲁)	525.00
15	新泰市(鲁)	513.00
16	沂水县(鲁)	400.00
17	平阴县(鲁)	300.00
18	宁阳县(鲁)	180.00
19	嘉祥县(鲁)	88.00
20	宁津县(鲁)	45.00
21	肥城市(鲁)	15.80
22	梁山县(鲁)	10.00
23	解放区(豫)	500.00
24	辉县市(豫)	350.00
25	中牟县(豫)	150.00
26	伊川县(豫)	150.00
27	确山县(豫)	100.00
28	林州市(豫)	68.00
29	孟津县(豫)	20.00
30	栾川县(豫)	10.00
31	沅陵县(湘)	277.00
32	临武县(湘)	20.00
33	桃源县(湘)	10.00
34	通江县(川)	20.00
35	湄潭县(黔)	145.00
36	万山特区(黔)	10.00
37	华阴市(陕)	660.00
38	镇安县(陕)	622.00
39	华 县(陕)	67.50
40	洛南县(陕)	50.00
41	康 县(甘)	120.00

表 12－3　2009 年森林蔬菜(野菜)主产县(旗、市、区、局)

序号	县(旗、市、区、局)	野菜产量(吨)
1	隆化县(冀)	2000.00
2	滦平县(冀)	257.00
3	涞源县(冀)	45.00
4	宁城县(内蒙古)	200.00
5	阿拉善左旗(内蒙古)	30.00
6	本溪满族自治县(辽)	100000.00
7	岫岩满族自治县(辽)	60000.00
8	宽甸满族自治县(辽)	20000.00
9	桓仁满族自治县(辽)	5083.00
10	抚顺县(辽)	5000.00
11	凤城市(辽)	5000.00
12	新宾满族自治县(辽)	4480.00
13	南芬区(辽)	1544.00
14	清河区(辽)	1200.00
15	西丰县(辽)	1000.00
16	铁岭县(辽)	646.00
17	普兰店市(辽)	500.00
18	大石桥市(辽)	400.00
19	海城市(辽)	135.00
20	元宝区(辽)	98.00
21	振安区(辽)	70.00
22	庄河市(辽)	68.00
23	盖州市(辽)	50.00
24	望花区(辽)	15.00
25	集安市(吉)	40000.00
26	辉南县(吉)	15000.00
27	延吉市(吉)	3563.00
28	八道江区(吉)	1300.00
29	敦化市(吉)	1248.00
30	桦甸市(吉)	1000.00
31	永吉县(吉)	618.00
32	龙潭区(吉)	518.00
33	磐石市(吉)	481.00
34	东丰县(吉)	405.00
35	和龙林业局(吉)	392.00
36	汪清县(吉)	377.00
37	舒兰市(吉)	370.00
38	靖宇县(吉)	248.00
39	临江市(吉)	156.00
40	柳河县(吉)	150.00
41	抚松县(吉)	150.00
42	黄泥河林业局(吉)	150.00
43	大兴沟林业局(吉)	140.00
44	珲春森林经营局(吉)	119.00
45	东昌区(吉)	60.00
46	二道江区(吉)	40.00
47	安图森林经营局(吉)	29.00
48	公主岭市(吉)	20.00
49	伊通满族自治县(吉)	16.00
50	爱辉区(黑)	2000.00
51	讷河市(黑)	1000.00
52	逊克县(黑)	550.00
53	延寿县(黑)	500.00
54	尚志市(黑)	500.00
55	宝清县(黑)	400.00
56	五常市(黑)	292.00
57	嘉荫县(黑)	220.00
58	鸡东县(黑)	200.00
59	嫩江县(黑)	180.00
60	五大连池市(黑)	146.00
61	阿城区(黑)	71.35
62	巴彦县(黑)	60.00
63	虎林市(黑)	60.00
64	集贤县(黑)	55.00
65	孟家岗林场(黑)	50.00
66	绥棱县(黑)	40.00
67	天台县(浙)	250.00
68	衢江区(浙)	63.00
69	永嘉县(浙)	27.00
70	安吉县(浙)	20.00
71	永康市(浙)	20.00
72	淳安县(浙)	15.00
73	磐安县(浙)	10.00
74	霍山县(皖)	2500.00
75	舒城县(皖)	1500.00
76	太湖县(皖)	140.00
77	岳西县(皖)	120.00
78	怀宁县(皖)	100.00

序号	县(旗、市、区、局)	野菜产量(吨)
79	青阳县(皖)	84.00
80	繁昌县(皖)	80.00
81	贵池区(皖)	80.00
82	肥西县(皖)	50.00
83	潜山县(皖)	30.00
84	和　县(皖)	25.00
85	石台县(皖)	20.00
86	屯溪区(皖)	10.00
87	寿宁县(闽)	2841.00
88	建宁县(闽)	311.00
89	延平区(闽)	200.00
90	顺昌县(闽)	150.00
91	崇仁县(赣)	851.00
92	南康市(赣)	800.00
93	铜鼓县(赣)	250.00
94	分宜县(赣)	230.00
95	靖安县(赣)	76.00
96	瑞金市(赣)	72.00
97	龙南县(赣)	65.00
98	梁山县(鲁)	30.00
99	宁阳县(鲁)	30.00
100	桐柏县(豫)	10000.00
101	舞钢市(豫)	700.00
102	新　县(豫)	600.00
103	鲁山县(豫)	320.00
104	新安县(豫)	300.00
105	确山县(豫)	300.00
106	济源市(豫)	300.00
107	叶　县(豫)	190.00
108	浉河区(豫)	168.00
109	辉县市(豫)	160.00
110	嵩　县(豫)	120.00
111	项城市(豫)	100.00
112	栾川县(豫)	40.00
113	汝阳县(豫)	25.00
114	泌阳县(豫)	24.00
115	宝丰县(豫)	14.00
116	阳新县(鄂)	112.00
117	沅陵县(湘)	4126.00
118	新化县(湘)	1500.00

序号	县(旗、市、区、局)	野菜产量(吨)
119	涟源市(湘)	1100.00
120	江华瑶族自治县(湘)	356.00
121	汝城县(湘)	350.00
122	零陵区(湘)	292.00
123	桃源县(湘)	270.00
124	临湘市(湘)	260.00
125	衡阳县(湘)	200.00
126	宁远县(湘)	145.00
127	石门县(湘)	130.00
128	新邵县(湘)	120.00
129	常宁市(湘)	112.00
130	麻阳苗族自治县(湘)	110.00
131	临武县(湘)	85.00
132	靖州苗族侗族自治县(湘)	75.00
133	溆浦县(湘)	42.00
134	冷水滩区(湘)	40.00
135	蓝山县(湘)	36.00
136	双牌县(湘)	29.00
137	会同县(湘)	20.00
138	桂东县(湘)	18.00
139	双峰县(湘)	18.00
140	武冈市(湘)	10.00
141	乐昌市(粤)	25.00
142	金秀瑶族自治县(桂)	267.00
143	兴宾区(桂)	257.00
144	冕宁县(川)	1197.00
145	雷波县(川)	852.00
146	金口河区(川)	460.00
147	通江县(川)	400.00
148	南江县(川)	130.00
149	会东县(川)	100.00
150	平昌县(川)	90.00
151	沐川县(川)	71.00
152	西昌市(川)	50.00
153	会理县(川)	30.00
154	巴州区(川)	20.00
155	雷山县(黔)	246.00
156	锦屏县(黔)	185.00
157	独山县(黔)	150.00
158	从江县(黔)	50.00

序号	县(旗、市、区、局)	野菜产量(吨)
159	丹寨县(黔)	40.00
160	剑河县(黔)	15.00
161	麻江县(黔)	10.00
162	勉　县(陕)	2300.00
163	南郑县(陕)	300.00
164	宁陕县(陕)	125.00
165	永靖县(甘)	50.00
166	和静县(新)	2992.00
167	湾沟林业局(吉林森工)	450.00
168	露水河林业局(吉林森工)	300.00
169	乌伊岭林业局(龙江森工)	5000.00
170	五营林业局(龙江森工)	2156.00
171	友好林业局(龙江森工)	2000.00
172	朗乡林业局(龙江森工)	1353.00
173	上甘岭林业局(龙江森工)	1285.00
174	南岔林业局(龙江森工)	1010.00
175	东方红林业局(龙江森工)	1000.00
176	苇河林业局(龙江森工)	948.00
177	双丰林业局(龙江森工)	900.00
178	美溪林业局(龙江森工)	750.00
179	汤旺河林业局(龙江森工)	740.00
180	铁力林业局(龙江森工)	735.00
181	红星林业局(龙江森工)	640.00
182	方正林业局(龙江森工)	620.00
183	海林林业局(龙江森工)	610.00
184	清河林业局(龙江森工)	610.00
185	大海林林业局(龙江森工)	600.00
186	兴隆林业局(龙江森工)	504.00
187	桦南林业局(龙江森工)	500.00
188	桃山林业局(龙江森工)	500.00
189	带岭实验局(龙江森工)	500.00
190	翠峦林业局(龙江森工)	475.00
191	乌马河林业局(龙江森工)	470.00
192	亚布力林业局(龙江森工)	420.00
193	东京城林业局(龙江森工)	404.00
194	穆棱林业局(龙江森工)	350.00
195	绥阳林业局(龙江森工)	320.00
196	林口林业局(龙江森工)	300.00
197	通北林业局(龙江森工)	254.00
198	双鸭山林业局(龙江森工)	220.00
199	迎春林业局(龙江森工)	200.00
200	鹤立林业局(龙江森工)	190.00

表12－4　2009年森林蔬菜(竹笋)主产县(市、区)

序号	县(市、区)	竹笋产量(吨)
1	金山区(沪)	4715.00
2	奉贤区(沪)	260.00
3	嵊州市(浙)	44800.00
4	遂昌县(浙)	43600.00
5	龙泉市(浙)	41000.00
6	龙游县(浙)	35000.00
7	松阳县(浙)	31610.00
8	平阳县(浙)	28639.00
9	庆元县(浙)	11410.00
10	景宁畲族自治县(浙)	10890.00
11	富阳市(浙)	10795.00
12	德清县(浙)	8226.00
13	天台县(浙)	7500.00
14	上虞市(浙)	7185.00
15	余杭区(浙)	6190.00
16	建德市(浙)	5850.00
17	柯城区(浙)	5350.00
18	安吉县(浙)	5260.00
19	衢江区(浙)	4000.00
20	仙居县(浙)	4000.00
21	三门县(浙)	3890.00
22	淳安县(浙)	3575.00
23	黄岩区(浙)	3300.00
24	永康市(浙)	2900.00
25	海宁市(浙)	2846.00
26	缙云县(浙)	2772.00
27	北仑区(浙)	2215.00
28	云和县(浙)	1780.00
29	莲都区(浙)	1724.00
30	青田县(浙)	1700.00
31	镇海区(浙)	1600.00
32	萧山区(浙)	1560.00
33	临海市(浙)	1480.00

序号	县(市、区)	竹笋产量(吨)
34	浦江县(浙)	1400.00
35	秀洲区(浙)	1150.00
36	苍南县(浙)	1075.00
37	瓯海区(浙)	900.00
38	义乌市(浙)	900.00
39	瑞安市(浙)	510.00
40	兰溪市(浙)	500.00
41	永嘉县(浙)	292.00
42	桐庐县(浙)	265.00
43	平湖市(浙)	250.00
44	磐安县(浙)	200.00
45	武义县(浙)	185.00
46	繁昌县(皖)	18000.00
47	绩溪县(皖)	13000.00
48	广德县(皖)	6200.00
49	南陵县(皖)	900.00
50	泾　县(皖)	800.00
51	贵池区(皖)	505.00
52	芜湖县(皖)	348.00
53	青阳县(皖)	325.00
54	祁门县(皖)	316.00
55	东至县(皖)	308.00
56	潜山县(皖)	260.00
57	黟　县(皖)	236.00
58	歙　县(皖)	173.00
59	石台县(皖)	150.00
60	霍山县(皖)	120.00
61	怀宁县(皖)	100.00
62	尤溪县(闽)	74725.00
63	邵武市(闽)	37400.00
64	建宁县(闽)	24200.00
65	建阳市(闽)	21686.00
66	永定县(闽)	19500.00
67	梅列区(闽)	13910.00
68	永春县(闽)	5360.00
69	延平区(闽)	1944.00
70	政和县(闽)	1800.00
71	顺昌县(闽)	1750.00
72	连江县(闽)	126.00
73	莲花县(赣)	7500.00

序号	县(市、区)	竹笋产量(吨)
74	上高县(赣)	2210.00
75	上饶县(赣)	1600.00
76	永新县(赣)	1583.00
77	铜鼓县(赣)	1500.00
78	婺源县(赣)	1000.00
79	乐安县(赣)	860.00
80	崇义县(赣)	550.00
81	新干县(赣)	500.00
82	分宜县(赣)	415.00
83	宁都县(赣)	250.00
84	玉山县(赣)	225.00
85	瑞昌市(赣)	198.00
86	瑞金市(赣)	154.00
87	余江县(赣)	120.00
88	于都县(赣)	110.00
89	修水县(赣)	100.00
90	崇阳县(鄂)	19800.00
91	阳新县(鄂)	195.00
92	绥宁县(湘)	15000.00
93	新化县(湘)	5000.00
94	沅陵县(湘)	4955.00
95	临湘市(湘)	4050.00
96	桃源县(湘)	4000.00
97	株洲县(湘)	2400.00
98	耒阳市(湘)	2300.00
99	零陵区(湘)	1491.00
100	浏阳市(湘)	1300.00
101	江华瑶族自治县(湘)	1220.00
102	鼎城区(湘)	1120.00
103	涟源市(湘)	1100.00
104	常宁市(湘)	1000.00
105	汉寿县(湘)	801.00
106	资兴市(湘)	650.00
107	炎陵县(湘)	588.00
108	洪江区(湘)	570.00
109	祁阳县(湘)	562.00
110	会同县(湘)	542.00
111	衡山县(湘)	500.00
112	新邵县(湘)	500.00
113	衡阳县(湘)	450.00

序号	县(市、区)	竹笋产量(吨)
114	汝城县(湘)	450.00
115	宁远县(湘)	335.00
116	洪江市(湘)	332.00
117	南岳区(湘)	300.00
118	苏仙区(湘)	300.00
119	平江县(湘)	245.00
120	安仁县(湘)	230.00
121	双牌县(湘)	224.00
122	双峰县(湘)	218.00
123	冷水江市(湘)	210.00
124	临武县(湘)	200.00
125	中方县(湘)	140.00
126	湘乡市(湘)	120.00
127	麻阳苗族自治县(湘)	120.00
128	道　县(湘)	113.00
129	蓝山县(湘)	108.00
130	石门县(湘)	102.00
131	揭东县(粤)	210262.50
132	广宁县(粤)	15800.00
133	仁化县(粤)	11250.00
134	英德市(粤)	10309.00
135	郁南县(粤)	8500.00
136	清新县(粤)	6000.00
137	开平市(粤)	1000.00
138	封开县(粤)	890.00
139	南雄市(粤)	552.00
140	连南瑶族自治县(粤)	350.00
141	高要市(粤)	260.00
142	连山壮族瑶族自治县(粤)	193.86
143	台山市(粤)	170.00
144	廉江市(粤)	140.00
145	始兴县(粤)	121.00
146	连州市(粤)	109.00
147	田林县(桂)	2300.00
148	田阳县(桂)	1875.00
149	融水苗族自治县(桂)	1190.00
150	武鸣县(桂)	1130.00
151	永福县(桂)	1075.00
152	柳南区(桂)	1000.00
153	八步区(桂)	861.00
154	兴安县(桂)	835.00
155	全州县(桂)	828.00
156	横　县(桂)	786.00
157	桂平市(桂)	783.00
158	金秀瑶族自治县(桂)	635.00
159	宜州市(桂)	600.00
160	青秀区(桂)	550.00
161	浦北县(桂)	490.00
162	平南县(桂)	367.00
163	藤　县(桂)	311.00
164	昭平县(桂)	300.00
165	岑溪市(桂)	239.00
166	资源县(桂)	229.00
167	恭城瑶族自治县(桂)	217.00
168	龙胜各族自治县(桂)	216.00
169	鹿寨县(桂)	210.00
170	东兰县(桂)	205.00
171	合浦县(桂)	185.00
172	阳朔县(桂)	183.00
173	北流市(桂)	150.00
174	蝶山区(桂)	145.00
175	钟山县(桂)	124.00
176	环江毛南族自治县(桂)	114.00
177	大新县(桂)	106.00
178	陆川县(桂)	100.00
179	高　县(川)	142000.00
180	叙永县(川)	80000.00
181	富顺县(川)	60012.00
182	兴文县(川)	34000.00
183	江安县(川)	20000.00
184	威远县(川)	15125.00
185	资中县(川)	13670.00
186	仁寿县(川)	10000.00
187	宣汉县(川)	10000.00
188	东兴区(川)	9500.00
189	南充市市辖区(川)	8691.00
190	隆昌县(川)	8340.00
191	雷波县(川)	8000.00
192	西充县(川)	5000.00
193	荣　县(川)	3855.00

序号	县(市、区)	竹笋产量（吨）
194	雨城区(川)	3500.00
195	珙　县(川)	3400.00
196	峨边彝族自治县(川)	3000.00
197	天全县(川)	3000.00
198	东坡区(川)	2800.00
199	南溪县(川)	2465.00
200	纳溪区(川)	2000.00
201	合江县(川)	2000.00
202	彭山县(川)	2000.00
203	乐山市市中区(川)	1943.00
204	洪雅县(川)	1760.00
205	绵阳市市辖区(川)	1532.50
206	平武县(川)	1532.50
207	安居区(川)	1500.00
208	开江县(川)	1500.00
209	岳池县(川)	1300.00
210	高坪区(川)	1200.00
211	仪陇县(川)	1200.00
212	屏山县(川)	1200.00
213	南江县(川)	1200.00
214	都江堰市(川)	1000.00
215	内江市市中区(川)	990.00
216	筠连县(川)	890.00
217	江油市(川)	850.00
218	沿滩区(川)	793.00
219	长宁县(川)	720.00
220	顺庆区(川)	680.00
221	金口河区(川)	667.00
222	南部县(川)	600.00
223	五通桥区(川)	598.00
224	三台县(川)	562.50
225	马边彝族自治县(川)	520.00
226	荥经县(川)	500.00
227	宝兴县(川)	252.00
228	古蔺县(川)	245.00
229	大安区(川)	200.00
230	通江县(川)	200.00
231	德昌县(川)	200.00
232	蒲江县(川)	199.75
233	朝天区(川)	150.00
234	旺苍县(川)	150.00
235	北川羌族自治县(川)	120.00
236	罗甸县(黔)	700.00
237	毕节市(黔)	300.00
238	镇远县(黔)	168.00
239	从江县(黔)	152.00
240	镇坪县(陕)	865.00
241	南郑县(陕)	400.00

表 12－5　2009 年森林蔬菜(龙芽木)主产县(市、区、局)

序号	县(市、区、局)	龙芽木产量（吨）
1	本溪满族自治县(辽)	20000.00
2	本溪市经济开发区(辽)	350.00
3	明山区(辽)	37.50
4	庄河市(辽)	16.00
5	辉南县(吉)	260.00
6	大兴沟林业局(吉)	15.00
7	密山市(黑)	3.00
8	汤原县(黑)	1.00
9	新青林业局(龙江森工)	210.00
10	南岔林业局(龙江森工)	193.00
11	金山屯林业局(龙江森工)	180.00
12	汤旺河林业局(龙江森工)	140.00
13	大海林林业局(龙江森工)	45.00
14	铁力林业局(龙江森工)	5.00

表 12－6　2009 年森林蔬菜(蕨菜)主产县(旗、市、区、局)

序号	县(旗、市、区、局)	蕨菜产量（吨）
1	丰宁满族自治县(冀)	100.00
2	围场满族蒙古族自治县(冀)	100.00
3	克什克腾旗(内蒙古)	200000.00
4	扎兰屯市(内蒙古)	300.00
5	阿鲁科尔沁旗(内蒙古)	200.00
6	喀喇沁旗(内蒙古)	70.00
7	柴河林业局(内蒙古)	69.00
8	巴林左旗(内蒙古)	60.00
9	清原满族自治县(辽)	8700.00

序号	县(旗、市、区、局)	蕨菜产量(吨)
10	海城市(辽)	360.00
11	大石桥市(辽)	300.00
12	永吉县(吉)	780.00
13	辉南县(吉)	650.00
14	磐石市(吉)	367.00
15	勃利县(黑)	1500.00
16	逊克县(黑)	800.00
17	林口县(黑)	600.00
18	密山市(黑)	420.00
19	嘉荫县(黑)	400.00
20	嫩江县(黑)	120.00
21	讷河市(黑)	100.00
22	孙吴县(黑)	75.00
23	桦南县(黑)	55.00
24	富阳市(浙)	199.00
25	三门县(浙)	80.00
26	祁门县(皖)	718.00
27	舒城县(皖)	600.00
28	霍山县(皖)	300.00
29	居巢区(皖)	95.00
30	泾　县(皖)	60.00
31	崇仁县(赣)	9200.00
32	新干县(赣)	800.00
33	万载县(赣)	500.00
34	铜鼓县(赣)	300.00
35	南康市(赣)	200.00
36	莲花县(赣)	50.00
37	株洲县(湘)	14000.00
38	沅陵县(湘)	2841.00
39	洪江市(湘)	270.00
40	湘乡市(湘)	220.00
41	临湘市(湘)	180.00
42	临武县(湘)	180.00
43	高要市(粤)	100.00
44	南雄市(粤)	50.00
45	喜德县(川)	350.00
46	布拖县(川)	300.00
47	峨边彝族自治县(川)	50.00
48	通江县(川)	50.00
49	毕节市(黔)	400.00
50	万山特区(黔)	100.00
51	南郑县(陕)	150.00
52	洛南县(陕)	50.00
53	渭源县(甘)	4800.00
54	沾河林业局(龙江森工)	5243.00
55	鹤北林业局(龙江森工)	1302.00
56	柴河林业局(龙江森工)	1050.00
57	金山屯林业局(龙江森工)	693.00
58	南岔林业局(龙江森工)	454.00
59	汤旺河林业局(龙江森工)	435.00
60	山河屯林业局(龙江森工)	360.00
61	新青林业局(龙江森工)	240.00
62	绥棱林业局(龙江森工)	155.00
63	八面通林业局(龙江森工)	126.00
64	翠峦林业局(龙江森工)	85.00
65	大海林林业局(龙江森工)	80.00
66	上甘岭林业局(龙江森工)	60.00
67	铁力林业局(龙江森工)	50.00

表12-7　2009年森林蔬菜(黄花)主产县(旗、市、区)

序号	县(旗、市、区)	黄花产量(吨)
1	丰宁满族自治县(冀)	10.00
2	克什克腾旗(内蒙古)	300.00
3	阿鲁科尔沁旗(内蒙古)	100.00
4	桦南县(黑)	12.00
5	霍山县(皖)	60.00
6	修水县(赣)	10.00
7	分宜县(赣)	10.00
8	铜鼓县(赣)	10.00
9	新泰市(鲁)	20000.00
10	宁阳县(鲁)	120.00
11	淮阳县(豫)	52.00
12	罗田县(鄂)	13.20
13	沅陵县(湘)	218.00
14	祁东县(湘)	161.20
15	临武县(湘)	12.00
16	通江县(川)	20.00

序号	县(旗、市、区)	黄花产量(吨)
17	南郑县(陕)	14.00
18	华池县(甘)	200.00

表 12-8 2009 年森林蔬菜(百合)主产县(市)

序号	县(市)	百合产量(吨)
1	霍山县(皖)	30.80
2	潜山县(皖)	20.00
3	分宜县(赣)	25.00
4	铜鼓县(赣)	20.00
5	修水县(赣)	10.00
6	南康市(赣)	10.00
7	沅陵县(湘)	86.00
8	隆回县(湘)	20.00
9	双峰县(湘)	12.60
10	永靖县(甘)	45.00

表 12-9 2009 年森林饮料(茶叶)主产县(市、区)

序号	县(市、区)	茶叶产量(吨)
1	溧水县(苏)	617.00
2	江宁区(苏)	573.00
3	句容市(苏)	432.00
4	丹阳市(苏)	418.00
5	丹徒区(苏)	282.00
6	赣榆县(苏)	230.00
7	滨湖区(苏)	206.00
8	邗江区(苏)	69.00
9	常熟市(苏)	51.00
10	嵊州市(浙)	22270.00
11	余杭区(浙)	9847.00
12	开化县(浙)	9823.00
13	绍兴县(浙)	9505.00
14	松阳县(浙)	8725.00
15	武义县(浙)	7523.00
16	余姚市(浙)	6452.00
17	遂昌县(浙)	6448.00
18	安吉县(浙)	4885.00
19	富阳市(浙)	4102.90
20	淳安县(浙)	3525.00
21	建德市(浙)	3506.00
22	鄞州区(浙)	3114.00
23	东阳市(浙)	2270.00
24	缙云县(浙)	2134.00
25	磐安县(浙)	2026.00
26	天台县(浙)	1683.00
27	桐庐县(浙)	1519.00
28	德清县(浙)	1512.00
29	莲都区(浙)	1411.00
30	景宁畲族自治县(浙)	1380.00
31	兰溪市(浙)	1354.00
32	龙游县(浙)	1336.00
33	临海市(浙)	1300.00
34	龙泉市(浙)	1162.00
35	北仑区(浙)	1160.00
36	浦江县(浙)	1155.00
37	苍南县(浙)	1120.00
38	长兴县(浙)	1120.00
39	江山市(浙)	896.00
40	云和县(浙)	712.00
41	萧山区(浙)	660.00
42	西湖区(浙)	564.00
43	仙居县(浙)	550.00
44	永嘉县(浙)	540.00
45	庆元县(浙)	465.00
46	乐清市(浙)	319.00
47	三门县(浙)	311.00
48	吴兴区(浙)	260.00
49	青田县(浙)	150.00
50	海盐县(浙)	147.00
51	瑞安市(浙)	60.00
52	温岭市(浙)	58.00
53	黄岩区(浙)	55.00
54	岳西县(皖)	15000.00
55	歙　县(皖)	7600.00
56	金寨县(皖)	6619.00
57	霍山县(皖)	3700.00
58	祁门县(皖)	3450.00
59	东至县(皖)	2204.00

序号	县(市、区)	茶叶产量(吨)
60	石台县(皖)	2051.00
61	潜山县(皖)	1800.00
62	泾　县(皖)	1800.00
63	舒城县(皖)	1315.00
64	绩溪县(皖)	1291.00
65	黟　县(皖)	1286.00
66	徽州区(皖)	1221.00
67	太湖县(皖)	1120.00
68	广德县(皖)	949.00
69	贵池区(皖)	850.00
70	庐江县(皖)	675.00
71	南谯区(皖)	575.00
72	南陵县(皖)	520.00
73	屯溪区(皖)	453.00
74	青阳县(皖)	254.00
75	居巢区(皖)	240.00
76	无为县(皖)	180.00
77	含山县(皖)	95.00
78	芜湖县(皖)	76.00
79	九华山风景区(皖)	72.00
80	安溪县(闽)	39092.00
81	寿宁县(闽)	11847.00
82	永春县(闽)	8654.00
83	松溪县(闽)	4510.00
84	连江县(闽)	4355.00
85	政和县(闽)	2600.00
86	建阳市(闽)	2546.00
87	延平区(闽)	1392.00
88	晋安区(闽)	1370.00
89	永定县(闽)	1238.00
90	建宁县(闽)	830.00
91	顺昌县(闽)	130.00
92	福清市(闽)	86.00
93	婺源县(赣)	4500.00
94	金溪县(赣)	1240.00
95	南昌县(赣)	600.00
96	上饶县(赣)	575.00
97	铜鼓县(赣)	500.00
98	高安市(赣)	355.00
99	崇义县(赣)	330.00
100	于都县(赣)	280.00
101	余江县(赣)	270.00
102	崇仁县(赣)	266.00
103	武宁县(赣)	260.00
104	丰城市(赣)	250.00
105	上高县(赣)	200.00
106	九江县(赣)	183.00
107	全南县(赣)	180.00
108	德安县(赣)	170.00
109	定南县(赣)	139.00
110	井冈山市(赣)	113.00
111	广丰县(赣)	100.00
112	万年县(赣)	95.00
113	宁都县(赣)	90.00
114	万载县(赣)	90.00
115	信丰县(赣)	81.00
116	铅山县(赣)	76.00
117	宜丰县(赣)	66.50
118	湖口县(赣)	65.00
119	莲花县(赣)	60.00
120	永修县(赣)	60.00
121	新干县(赣)	60.00
122	赣　县(赣)	54.00
123	樟树市(赣)	51.00
124	奉新县(赣)	50.00
125	东港区(鲁)	1571.00
126	诸城市(鲁)	260.00
127	沂水县(鲁)	200.00
128	泰山区(鲁)	160.00
129	黄岛区(鲁)	52.00
130	博山区(鲁)	50.00
131	浉河区(豫)	16000.00
132	济源市(豫)	4000.00
133	商城县(豫)	3100.00
134	新　县(豫)	2882.00
135	桐柏县(豫)	2500.00
136	光山县(豫)	960.00
137	固始县(豫)	500.00
138	信阳市市辖区(豫)	353.00
139	内乡县(豫)	150.00

序号	县(市、区)	茶叶产量(吨)
140	西峡县(豫)	85.00
141	汝阳县(豫)	65.00
142	秭归县(鄂)	1682.00
143	罗田县(鄂)	1090.00
144	通山县(鄂)	687.00
145	阳新县(鄂)	262.00
146	东宝区(鄂)	55.00
147	大冶市(鄂)	51.00
148	宁乡县(湘)	4500.00
149	桃源县(湘)	4200.00
150	新化县(湘)	3300.00
151	临湘市(湘)	3050.00
152	湘乡市(湘)	2990.00
153	平江县(湘)	2500.00
154	涟源市(湘)	2415.00
155	双峰县(湘)	2178.00
156	吉首市(湘)	1410.00
157	古丈县(湘)	1410.00
158	溆浦县(湘)	848.00
159	资兴市(湘)	771.00
160	石门县(湘)	750.00
161	浏阳市(湘)	700.00
162	武冈市(湘)	580.00
163	江华瑶族自治县(湘)	377.00
164	桂阳县(湘)	360.00
165	华容县(湘)	350.00
166	保靖县(湘)	300.00
167	祁阳县(湘)	195.00
168	桂东县(湘)	194.00
169	鼎城区(湘)	190.00
170	宁远县(湘)	185.00
171	望城县(湘)	180.00
172	临澧县(湘)	174.00
173	苏仙区(湘)	147.00
174	娄星区(湘)	145.80
175	北湖区(湘)	141.00
176	永顺县(湘)	122.00
177	汉寿县(湘)	110.00
178	炎陵县(湘)	92.40
179	汝城县(湘)	90.00
180	龙山县(湘)	90.00
181	蓝山县(湘)	88.00
182	江永县(湘)	85.00
183	衡东县(湘)	80.00
184	韶山市(湘)	72.00
185	株洲县(湘)	66.00
186	常宁市(湘)	61.00
187	岳塘区(湘)	52.00
188	衡阳县(湘)	50.00
189	揭东县(粤)	4082.50
190	揭西县(粤)	3000.00
191	饶平县(粤)	2143.00
192	兴宁市(粤)	2001.00
193	潮安县(粤)	1891.00
194	东源县(粤)	1800.00
195	英德市(粤)	1100.00
196	徐闻县(粤)	1006.00
197	化州市(粤)	1000.00
198	丰顺县(粤)	900.00
199	广宁县(粤)	760.50
200	封开县(粤)	700.00
201	清新县(粤)	659.00
202	仁化县(粤)	513.00
203	曲江区(粤)	350.00
204	江门市属总林场(粤)	286.00
205	乐昌市(粤)	265.00
206	始兴县(粤)	238.00
207	信宜市(粤)	200.00
208	德庆县(粤)	154.00
209	开平市(粤)	150.00
210	鹤山市(粤)	77.00
211	台山市(粤)	76.00
212	高要市(粤)	51.45
213	西林县(桂)	5499.00
214	凌云县(桂)	2987.00
215	金秀瑶族自治县(桂)	2890.00
216	昭平县(桂)	2301.00
217	横　县(桂)	1721.00
218	平南县(桂)	1585.00
219	大新县(桂)	1443.00

序号	县(市、区)	茶叶产量(吨)
220	全州县(桂)	1089.00
221	乐业县(桂)	650.00
222	恭城瑶族自治县(桂)	637.00
223	八步区(桂)	569.00
224	武鸣县(桂)	513.00
225	岑溪市(桂)	500.00
226	天等县(桂)	497.00
227	柳城县(桂)	445.00
228	龙胜各族自治县(桂)	424.00
229	那坡县(桂)	382.00
230	藤　县(桂)	378.00
231	防城区(桂)	340.00
232	上林县(桂)	320.00
233	融水苗族自治县(桂)	319.00
234	武宣县(桂)	304.00
235	象州县(桂)	275.00
236	灌阳县(桂)	268.00
237	兴安县(桂)	245.00
238	金秀瑶族自治县(桂)	185.00
239	靖西县(桂)	74.00
240	钟山县(桂)	61.00
241	黄冕林场(桂)	55.00
242	右江区(桂)	52.00
243	名山县(川)	38940.00
244	万源市(川)	2500.00
245	宣汉县(川)	2018.00
246	绵阳市市辖区(川)	14630.00
247	合江县(川)	13000.00
248	平武县(川)	12470.00
249	洪雅县(川)	102865.00
250	珙　县(川)	9899.00
251	大竹县(川)	5000.00
252	蒲江县(川)	4664.00
253	乐山市市中区(川)	4170.00
254	沐川县(川)	3736.00
255	宜宾县(川)	3280.00
256	屏山县(川)	3207.00
257	马边彝族自治县(川)	3164.00
258	邛崃市(川)	2600.00
259	古蔺县(川)	2560.00

序号	县(市、区)	茶叶产量(吨)
260	威远县(川)	1600.00
261	宝兴县(川)	1444.00
262	北川羌族自治县(川)	1300.00
263	丹棱县(川)	1300.00
264	荣　县(川)	1250.00
265	旺苍县(川)	1232.00
266	纳溪区(川)	1200.00
267	南江县(川)	1200.00
268	天全县(川)	1000.00
269	邻水县(川)	938.00
270	贡井区(川)	900.00
271	青川县(川)	800.00
272	安　县(川)	640.00
273	江安县(川)	630.00
274	五通桥区(川)	610.00
275	叙永县(川)	562.90
276	夹江县(川)	557.00
277	井研县(川)	550.00
278	开江县(川)	550.00
279	芦山县(川)	433.00
280	大邑县(川)	404.00
281	蓬溪县(川)	400.00
282	崇州市(川)	344.00
283	沙湾区(川)	300.00
284	金口河区(川)	300.00
285	绵竹市(川)	260.00
286	江油市(川)	220.00
287	青神县(川)	189.00
288	盐边县(川)	180.00
289	犍为县(川)	160.00
290	渠　县(川)	150.00
291	资中县(川)	140.00
292	平昌县(川)	140.00
293	广安区(川)	90.00
294	什邡市(川)	80.00
295	南溪县(川)	80.00
296	兴文县(川)	79.00
297	湄潭县(黔)	10300.00
298	黎平县(黔)	1860.00
299	赤水市(黔)	1387.00

序号	县(市、区)	茶叶产量(吨)
300	丹寨县(黔)	680.00
301	罗甸县(黔)	460.00
302	仁怀市(黔)	407.00
303	黄平县(黔)	320.00
304	独山县(黔)	310.00
305	平坝县(黔)	282.00
306	雷山县(黔)	210.00
307	乌当区(黔)	174.00
308	水城县(黔)	166.00
309	六枝特区(黔)	137.00
310	镇远县(黔)	104.00
311	岑巩县(黔)	81.00
312	修文县(黔)	54.00
313	西乡县(陕)	4960.00
314	商南县(陕)	3500.10
315	平利县(陕)	2918.00
316	紫阳县(陕)	2492.00
317	南郑县(陕)	2302.00
318	勉　县(陕)	1236.00
319	镇巴县(陕)	946.00
320	汉滨区(陕)	850.00
321	岚皋县(陕)	403.00
322	汉阴县(陕)	320.00
323	白河县(陕)	250.00
324	镇安县(陕)	121.00
325	石泉县(陕)	115.00
326	康　县(甘)	426.00

表12-10　2009年森林饮料(矿泉水)主产县(旗、市、区、局)

序号	县(旗、市、区、局)	矿泉水产量(吨)
1	鄂托克旗(内蒙古)	2500.00
2	长白朝鲜族自治县(吉)	350000.00
3	延吉市(吉)	71786.00
4	龙井市(吉)	8000.00
5	二道江区(吉)	5900.00
6	梨树县(吉)	5000.00
7	敦化市(吉)	3500.00
8	舒兰市(吉)	3200.00
9	庆安国有林场管理局(黑)	2000.00
10	嫩江县(黑)	1500.00
11	霍山县(皖)	230000.00
12	瑞金市(赣)	60000.00
13	新干县(赣)	30000.00
14	南康市(赣)	3000.00
15	九江县(赣)	1000.00
16	沂水县(鲁)	2100.00
17	岱岳区(鲁)	2000.00
18	伊川县(豫)	250000.00
19	南召县(豫)	1000.00
20	禹州市(豫)	300.00
21	绥宁县(湘)	1000000.00
22	桃源县(湘)	1000000.00
23	娄星区(湘)	1000000.00
24	新晃侗族自治县(湘)	18000.00
25	双峰县(湘)	15000.00
26	隆回县(湘)	10000.00
27	中方县(湘)	10000.00
28	湘乡市(湘)	6500.00
29	资兴市(湘)	4200.00
30	靖州苗族侗族自治县(湘)	2600.00
31	沅陵县(湘)	1850.00
32	雷州市(粤)	2300.00
33	阳东县(粤)	280.00
34	中国林科院热林中心(桂)	9450.00
35	罗城仫佬族自治县(桂)	7300.00
36	灌阳县(桂)	3000.00
37	全州县(桂)	1600.00
38	冕宁县(川)	1000.00
39	青铜峡市(宁)	6000.00
40	汤旺河林业局(龙江森工)	24288.00
41	双鸭山林业局(龙江森工)	4510.00
42	大海林林业局(龙江森工)	3000.00
43	柴河林业局(龙江森工)	2000.00
44	金山屯林业局(龙江森工)	1600.00
45	鹤北林业局(龙江森工)	1000.00
46	上甘岭林业局(龙江森工)	1000.00
47	鹤立林业局(龙江森工)	820.00
48	桦南林业局(龙江森工)	500.00

序号	县(旗、市、区、局)	矿泉水产量(吨)
49	东方红林业局(龙江森工)	400.00
50	加格达奇林业局(大兴安岭)	2000.00

表 12-11　2009 年其他森林饮料主产县(旗、市、区、局)

序号	县(旗、市、区、局)	饮料名称	产量(吨)
1	衡南县(湘)	余甘子	4882.00
2	伊金霍洛旗(内蒙古)	沙棘	100000.00
3	康乐县(甘)	沙棘	65000.00
4	敖汉旗(内蒙古)	沙棘	20000.00
5	东胜区(内蒙古)	沙棘	11000.00
6	北票市(辽)	沙棘	5750.00
7	隆德县(宁)	沙棘	3100.00
8	华池县(甘)	沙棘	3000.00
9	孙吴县(黑)	沙棘	1260.00
10	漳　县(甘)	沙棘	485.00
11	和政县(甘)	沙棘	17.00
12	平桥区(豫)	栗子奶	600.00
13	济源市(豫)	蓝靛果酒	500000.00
14	民权县(豫)	蓝靛果酒	41000.00
15	虞城县(豫)	蓝靛果酒	15000.00
16	尚志市(黑)	蓝靛果酒	3500.00
17	勃利县(黑)	蓝靛果酒	50.00
18	五营林业局(龙江森工)	蓝靛果酒	50.00
19	万宁市(琼)	咖啡	52.00
20	兴宾区(桂)	咖啡	48.00
21	带岭实验局(龙江森工)	桦树液	200.00
22	惠农区(宁)	枸杞芽	1.00
23	潜山县(皖)	葛根	200.00
24	沅陵县(湘)	葛根	127.00
25	铜鼓县(赣)	葛根	80.00
26	霍山县(皖)	葛根	70.00
27	慈利县(湘)	葛根	41.50
28	桓仁满族自治县(辽)	葛根	31.00
29	桑植县(湘)	葛根	21.80
30	南康市(赣)	葛根	10.00
31	上饶县(赣)	葛根	6.00
32	沾益县(滇)	葛根	5.00
33	东至县(皖)	葛根	3.00
34	从江县(黔)	葛根	3.00
35	新晃侗族自治县(湘)	葛根	2.70
36	太湖县(皖)	葛根	2.00
37	本溪满族自治县(辽)	刺五加	60000.00
38	新宾满族自治县(辽)	刺五加	200.00
39	桓仁满族自治县(辽)	刺五加	60.00
40	绥棱林业局(龙江森工)	刺五加	10.00
41	南郑县(陕)	刺梨	35.00

表 12-12　2009 年森林饲料主产县(旗、市、区、局、场)

序号	县(旗、市、区、局、场)	饲料名称	产量(吨)
1	横山县(陕)	紫穗槐	450000.00
2	米脂县(陕)	紫穗槐	75000.00
3	府谷县(陕)	紫穗槐	70000.00
4	惠农区(宁)	紫穗槐	6000.00
5	贺兰县(宁)	紫穗槐	289.60
6	肥城市(鲁)	紫穗槐	73.50
7	嵩　县(豫)	紫穗槐	35.00
8	伊川县(豫)	紫穗槐	30.00
9	宜州市(桂)	桑叶	707437.00
10	柳城县(桂)	桑叶	360000.00
11	横　县(桂)	桑叶	339120.00
12	白河县(陕)	桑叶	179250.00
13	环江毛南族自治县(桂)	桑叶	126088.00
14	西充县(川)	桑叶	123456.00
15	汉滨区(陕)	桑叶	80000.00
16	东港区(鲁)	桑叶	54000.00
17	岱岳区(鲁)	桑叶	50000.00
18	罗田县(鄂)	桑叶	39000.00
19	徐闻县(粤)	桑叶	37836.00
20	利津县(鲁)	桑叶	31800.00
21	紫阳县(陕)	桑叶	25000.00
22	石泉县(陕)	桑叶	24600.00
23	平利县(陕)	桑叶	13800.00
24	东营市市辖区(鲁)	桑叶	13750.00
25	东营区(鲁)	桑叶	13750.00
26	宁阳县(鲁)	桑叶	13000.00
27	鹿寨县(桂)	桑叶	12992.00

序号	县(旗、市、区、局、场)	饲料名称	产量(吨)
28	兰溪市(浙)	桑叶	12102.00
29	建德市(浙)	桑叶	12000.00
30	那坡县(桂)	桑叶	9075.00
31	双峰县(湘)	桑叶	9000.00
32	宁陕县(陕)	桑叶	9000.00
33	东兰县(桂)	桑叶	7800.00
34	南丹县(桂)	桑叶	6500.00
35	旬阳县(陕)	桑叶	5500.00
36	雷州市(粤)	桑叶	5000.00
37	岚皋县(陕)	桑叶	5000.00
38	黟　县(皖)	桑叶	4730.00
39	绩溪县(皖)	桑叶	3245.00
40	潜山县(皖)	桑叶	3200.00
41	新泰市(鲁)	桑叶	3200.00
42	封开县(粤)	桑叶	2952.00
43	资兴市(湘)	桑叶	2100.00
44	南宫市(冀)	桑叶	2000.00
45	固始县(豫)	桑叶	1600.00
46	肥西县(皖)	桑叶	1500.00
47	祁东县(湘)	桑叶	1500.00
48	乐昌市(粤)	桑叶	1500.00
49	霍山县(皖)	桑叶	1200.00
50	坊子区(鲁)	桑叶	1150.00
51	松阳县(浙)	桑叶	1125.00
52	连州市(粤)	桑叶	1038.00
53	井研县(川)	桑叶	880.00
54	子长县(陕)	桑叶	720.00
55	沂南县(鲁)	桑叶	699.00
56	沅陵县(湘)	桑叶	610.00
57	全州县(桂)	桑叶	600.00
58	芜湖县(皖)	桑叶	500.00
59	乐安县(赣)	桑叶	500.00
60	鼎城区(湘)	桑叶	500.00
61	镇安县(陕)	桑叶	500.00
62	罗城仫佬族自治县(桂)	桑叶	300.00
63	铜鼓县(赣)	桑叶	250.00
64	天峨县(桂)	桑叶	180.00
65	伊川县(豫)	桑叶	170.00
66	仁化县(粤)	桑叶	160.00
67	瑞金市(赣)	桑叶	100.00
68	津市市(湘)	桑叶	85.00
69	东至县(皖)	桑叶	82.00
70	平原县(鲁)	桑叶	63.00
71	嵩　县(豫)	桑叶	50.00
72	华容县(湘)	桑叶	50.00
73	桃源县(湘)	桑叶	40.00
74	麻阳苗族自治县(湘)	桑叶	32.00
75	新干县(赣)	桑叶	25.00
76	宁城县(内蒙古)	桑叶	14.00
77	娄星区(湘)	桑叶	12.90
78	政和县(闽)	桑叶	10.00
79	南康市(赣)	桑叶	10.00
80	华池县(甘)	桑叶	10.00
81	山河屯林业局(龙江森工)	嫩树枝叶	100000.00
82	敖汉旗(内蒙古)	嫩树枝叶	95812.00
83	新宾满族自治县(辽)	嫩树枝叶	75000.00
84	霍山县(皖)	嫩树枝叶	30000.00
85	小五台国家级自然保护区管理局(冀)	嫩树枝叶	5526.00
86	察哈尔右翼后旗(内蒙古)	嫩树枝叶	5000.00
87	炎陵县(湘)	嫩树枝叶	3842.00
88	罗田县(鄂)	嫩树枝叶	2500.00
89	中方县(湘)	嫩树枝叶	1800.00
90	永靖县(甘)	嫩树枝叶	1250.00
91	青铜峡市(宁)	嫩树枝叶	1000.00
92	靖安县(赣)	嫩树枝叶	429.00
93	阳东县(粤)	嫩树枝叶	360.00
94	清河区(辽)	嫩树枝叶	340.00
95	南康市(赣)	嫩树枝叶	300.00
96	大海林林业局(龙江森工)	嫩树枝叶	150.00
97	东丰县(吉)	嫩树枝叶	120.00
98	新干县(赣)	嫩树枝叶	100.00
99	泾　县(皖)	嫩树枝叶	50.00
100	济源市(豫)	阔叶维生素粉	30000.00
101	鄂托克旗(内蒙古)	阔叶维生素粉	3000.00
102	汝阳县(豫)	阔叶维生素粉	200.00
103	大海林林业局(龙江森工)	阔叶维生素粉	85.00

表13-1 2009年花卉主产县(旗、市、区、局、场)

序号	县(旗、市、区、局、场)	花卉类别	花卉品种	生产量
1	枣庄市市中区(鲁)	鲜切花(万支)	醉蝶花	35.43
2	卫东区(豫)	鲜切花(万支)	醉蝶花	30.00
3	南郑县(陕)	花卉用种苗(千苗)	紫竹	3000.00
4	宁阳县(鲁)	观赏苗木(万株)	紫叶桃	10.00
5	肥西县(皖)	观赏苗木(万株)	紫叶李	1000.00
6	潢川县(豫)	观赏苗木(万株)	紫叶李	375.00
7	罗山县(豫)	盆景(万盆)	紫叶李	200.00
8	临洮县(甘)	观赏苗木(万株)	紫叶李	120.00
9	博野县(冀)	观赏苗木(万株)	紫叶李	80.00
10	肥城市(鲁)	观赏苗木(万株)	紫叶李	63.00
11	诸城市(鲁)	观赏苗木(万株)	紫叶李	25.00
12	桃城区(冀)	观赏苗木(万株)	紫叶李	20.00
13	宁阳县(鲁)	观赏苗木(万株)	紫叶李	15.00
14	涿州市(冀)	观赏苗木(万株)	紫叶李	15.00
15	开原市(辽)	观赏苗木(万株)	紫叶李	10.00
16	南皮县(冀)	观赏苗木(万株)	紫叶李	10.00
17	广阳区(冀)	观赏苗木(万株)	紫叶李	10.00
18	霍山县(皖)	观赏苗木(万株)	紫叶李	10.00
19	广阳区(冀)	观赏苗木(万株)	紫叶矮樱	15.00
20	潢川县(豫)	观赏苗木(万株)	紫薇类	650.00
21	巴州区(川)	观赏苗木(万株)	紫薇类	400.00
22	环翠区(鲁)	观赏苗木(万株)	紫薇类	240.00
23	肥城市(鲁)	观赏苗木(万株)	紫薇类	126.00
24	梁山县(鲁)	观赏苗木(万株)	紫薇类	12.00
25	新泰市(鲁)	观赏苗木(万株)	紫薇类	12.00
26	兴安县(桂)	观赏苗木(万株)	紫薇类	11.00
27	卫东区(豫)	鲜切花(万支)	紫茉莉	30.00
28	泊头市(冀)	盆花(万盆)	紫罗兰	81000.00
29	湘潭县(湘)	盆景(万盆)	紫罗兰	8000.00
30	海兴县(冀)	盆景(万盆)	紫罗兰	6000.00
31	沁阳市(豫)	鲜切花(万支)	紫罗兰	315.00
32	勉　县(陕)	观赏苗木(万株)	紫罗兰	53.00
33	肥乡县(冀)	盆花(万盆)	紫罗兰	15.00
34	赣　县(赣)	观赏苗木(万株)	紫罗兰	11.00
35	桃源县(湘)	观赏苗木(万株)	紫罗兰	11.00
36	修水县(赣)	盆花(万盆)	紫罗兰	10.00
37	临川区(赣)	盆花(万盆)	紫罗兰	10.00
38	讷河市(黑)	观赏苗木(万株)	紫罗兰	10.00
39	潢川县(豫)	观赏苗木(万株)	紫荆	120.00
40	罗定市(粤)	盆花(万盆)	紫荆	15.00
41	顺义区(京)	盆花(万盆)	紫萼玉簪	64.20
42	北戴河区(冀)	观赏苗木(万株)	紫萼玉簪	15.50
43	铜鼓县(赣)	鲜切花(万支)	栀子花	80.00
44	犍为县(川)	鲜切花(万支)	栀子花	50.49
45	潢川县(豫)	观赏苗木(万株)	栀子花	40.00
46	肥西县(皖)	观赏苗木(万株)	栀子花	15.00
47	临武县(湘)	观赏苗木(万株)	栀子花	12.50
48	固始县(豫)	盆景(万盆)	栀子花	10.00
49	寿　县(皖)	观赏苗木(万株)	栀子花	10.00
50	阜新蒙古族自治县(辽)	盆景(万盆)	皂角	10.00
51	临洮县(甘)	观赏苗木(万株)	云杉	300.00
52	隆化县(冀)	观赏苗木(万株)	云杉	100.00
53	阜新蒙古族自治县(辽)	鲜切叶(万支)	云杉	30.00
54	开原市(辽)	观赏苗木(万株)	云杉	10.00
55	卧龙区(豫)	鲜切花(万支)	月季类	4260.00
56	宛城区(豫)	观赏苗木(万株)	月季类	3904.00
57	潢川县(豫)	观赏苗木(万株)	月季类	960.00
58	新密市(豫)	盆花(万盆)	月季类	600.00
59	邓州市(豫)	花卉用种苗(千苗)	月季类	500.00
60	卧龙区(豫)	观赏苗木(万株)	月季类	425.00
61	新化县(湘)	观赏苗木(万株)	月季类	320.00
62	千山区(辽)	鲜切花(万支)	月季类	261.00
63	环翠区(鲁)	观赏苗木(万株)	月季类	260.00
64	喀喇沁左翼蒙古族自治县(辽)	鲜切花(万支)	月季类	120.00
65	临洮县(甘)	观赏苗木(万株)	月季类	120.00
66	寿　县(皖)	观赏苗木(万株)	月季类	120.00
67	兖州市(鲁)	鲜切花(万支)	月季类	110.00
68	枣庄市市中区(鲁)	鲜切花(万支)	月季类	95.78
69	连山区(辽)	花卉用种球(千粒)	月季类	100.00
70	固始县(豫)	盆花(万盆)	月季类	100.00
71	永登县(甘)	鲜切花(万支)	月季类	82.70
72	双桥区(冀)	观赏苗木(万株)	月季类	82.00
73	阜新蒙古族自治县(辽)	鲜切花(万支)	月季类	80.00
74	永清县(冀)	观赏苗木(万株)	月季类	80.00
75	榆中县(甘)	鲜切花(万支)	月季类	68.00
76	铜鼓县(赣)	鲜切花(万支)	月季类	50.00

序号	县(旗、市、区、局、场)	花卉类别	花卉品种	生产量
77	秀城区(浙)	鲜切花(万支)	月季类	45.00
78	怀柔区(京)	鲜切花(万支)	月季类	44.50
79	双桥区(冀)	鲜切花(万支)	月季类	44.00
80	武城县(鲁)	鲜切花(万支)	月季类	40.00
81	晋州市(冀)	观赏苗木(万株)	月季类	40.00
82	吴桥县(冀)	盆花(万盆)	月季类	40.00
83	龙泉市(浙)	鲜切花(万支)	月季类	36.96
84	桂阳县(湘)	盆花(万盆)	月季类	33.00
85	廉江市(粤)	鲜切花(万支)	月季类	32.00
86	章丘市(鲁)	盆花(万盆)	月季类	30.00
87	运河区(冀)	观赏苗木(万株)	月季类	30.00
88	天长市(皖)	鲜切花(万支)	月季类	30.00
89	三门县(浙)	鲜切花(万支)	月季类	25.00
90	石门县(湘)	盆花(万盆)	月季类	25.00
91	白银区(甘)	鲜切花(万支)	月季类	25.00
92	长清区(鲁)	盆花(万盆)	月季类	20.00
93	新邵县(湘)	盆花(万盆)	月季类	20.00
94	房山区(京)	观赏苗木(万株)	月季类	20.00
95	龙泉市(浙)	鲜切叶(万支)	月季类	198.00
96	赵　县(冀)	观赏苗木(万株)	月季类	17.00
97	汝州市(豫)	盆花(万盆)	月季类	16.00
98	新野县(豫)	鲜切花(万支)	月季类	15.00
99	永新县(赣)	盆花(万盆)	月季类	15.00
100	会宁县(甘)	盆花(万盆)	月季类	15.00
101	潢川县(豫)	盆花(万盆)	月季类	14.00
102	北戴河区(冀)	盆花(万盆)	月季类	14.00
103	山丹县(甘)	观赏苗木(万株)	月季类	14.00
104	南皮县(冀)	观赏苗木(万株)	月季类	13.00
105	平阴县(鲁)	盆花(万盆)	月季类	12.50
106	宁城县(内蒙古)	盆花(万盆)	月季类	12.00
107	台儿庄区(鲁)	鲜切花(万支)	月季类	10.00
108	武义县(浙)	鲜切花(万支)	月季类	10.00
109	华阴市(陕)	观赏苗木(万株)	月季类	10.00
110	岫岩满族自治县(辽)	鲜切花(万支)	月季类	10.00
111	双台子区(辽)	盆花(万盆)	月季类	10.00
112	修水县(赣)	盆花(万盆)	月季类	10.00
113	衡阳县(湘)	观赏苗木(万株)	月季类	10.00
114	汝城县(湘)	盆花(万盆)	月季类	10.00
115	嵩　县(豫)	观赏苗木(万株)	月季类	10.00
116	南召县(豫)	观赏苗木(万株)	月季类	10.00
117	淮滨县(豫)	鲜切花(万支)	月季类	10.00
118	大名县(冀)	盆花(万盆)	月季类	10.00
119	香河县(冀)	观赏苗木(万株)	月季类	10.00
120	翁牛特旗(内蒙古)	观赏苗木(万株)	元宝枫	285.00
121	嵩　县(豫)	观赏苗木(万株)	元宝枫	20.00
122	广阳区(冀)	观赏苗木(万株)	元宝枫	20.00
123	青铜峡市(宁)	盆花(万盆)	鸢尾类	500.00
124	房山区(京)	盆花(万盆)	鸢尾类	85.00
125	顺义区(京)	盆花(万盆)	鸢尾类	42.50
126	北戴河区(冀)	观赏苗木(万株)	鸢尾类	16.40
127	西宁市市辖区(青)	花卉用种球(千粒)	郁金香	1550.00
128	海宁市(浙)	花卉用种球(千粒)	郁金香	1160.00
129	大东流苗圃(京)	花卉用种球(千粒)	郁金香	621.85
130	临洮县(甘)	观赏苗木(万株)	郁金香	130.00
131	临洮县(甘)	鲜切花(万支)	郁金香	50.00
132	望城县(湘)	鲜切花(万支)	郁金香	40.00
133	石门县(湘)	盆花(万盆)	郁金香	10.00
134	隆化县(冀)	鲜切花(万支)	郁金香	10.00
135	南召县(豫)	观赏苗木(万株)	玉兰类	3100.00
136	许昌县(豫)	观赏苗木(万株)	玉兰类	2660.00
137	潢川县(豫)	观赏苗木(万株)	玉兰类	1580.00
138	巴州区(川)	观赏苗木(万株)	玉兰类	150.00
139	唐河县(豫)	观赏苗木(万株)	玉兰类	141.00
140	南郑县(陕)	花卉用种球(千粒)	玉兰类	120.00
141	濮阳县(豫)	观赏苗木(万株)	玉兰类	70.00
142	铜鼓县(赣)	鲜切花(万支)	玉兰类	50.00
143	芜湖县(皖)	观赏苗木(万株)	玉兰类	40.00
144	肥西县(皖)	观赏苗木(万株)	玉兰类	28.00
145	方城县(豫)	观赏苗木(万株)	玉兰类	27.00
146	宁阳县(鲁)	观赏苗木(万株)	玉兰类	25.00
147	金州区(辽)	观赏苗木(万株)	玉兰类	25.00
148	许昌市经济技术开发区(豫)	盆花(万盆)	玉兰类	10.00
149	和　县(皖)	观赏苗木(万株)	玉兰类	10.00
150	贺兰县(宁)	盆花(万盆)	羽叶甘蓝	115.00
151	临洮县(甘)	盆花(万盆)	羽扁豆	20.00
152	金州区(辽)	观赏苗木(万株)	榆叶梅	167.00
153	潢川县(豫)	观赏苗木(万株)	榆叶梅	90.00
154	海城市(辽)	观赏苗木(万株)	榆叶梅	15.00

序号	县(旗、市、区、局、场)	花卉类别	花卉品种	生产量
155	兰西县(黑)	观赏苗木(万株)	榆叶梅	15.00
156	青铜峡市(宁)	观赏苗木(万株)	榆叶梅	12.00
157	嵩　县(豫)	观赏苗木(万株)	榆叶梅	10.00
158	廉江市(粤)	观赏苗木(万株)	鱼尾葵	30.00
159	娄星区(湘)	花卉用种苗(千苗)	迎春	22.00
160	南郑县(陕)	花卉用种苗(千苗)	樱桃	20.00
161	潢川县(豫)	观赏苗木(万株)	樱花	94.00
162	诸城市(鲁)	观赏苗木(万株)	樱花	40.00
163	肥城市(鲁)	观赏苗木(万株)	樱花	32.00
164	宁阳县(鲁)	观赏苗木(万株)	樱花	15.00
165	山亭区(鲁)	盆花(万盆)	一品红	7000.00
166	鄂托克旗(内蒙古)	盆景(万盆)	一品红	400.00
167	南汇区(沪)	盆花(万盆)	一品红	377.54
168	甘井子区(辽)	观赏苗木(万株)	一品红	150.00
169	临洮县(甘)	观赏苗木(万株)	一品红	125.00
170	临洮县(甘)	盆花(万盆)	一品红	85.00
171	高邑县(冀)	盆花(万盆)	一品红	40.00
172	罗定市(粤)	盆花(万盆)	一品红	23.00
173	天竺苗圃(京)	盆花(万盆)	一品红	20.00
174	桃城区(冀)	盆花(万盆)	一品红	10.00
175	塔城市(新)	盆花(万盆)	一串红	5000.00
176	顺义区(京)	盆花(万盆)	一串红	682.50
177	禹城市(鲁)	盆花(万盆)	一串红	600.00
178	娄星区(湘)	花卉用种苗(千苗)	一串红	500.00
179	旅顺口区(辽)	盆花(万盆)	一串红	410.00
180	千山区(辽)	鲜切花(万支)	一串红	375.00
181	甘井子区(辽)	盆花(万盆)	一串红	350.00
182	平罗县(宁)	盆花(万盆)	一串红	300.00
183	贺兰县(宁)	盆花(万盆)	一串红	230.00
184	大武口区(宁)	花卉用种苗(千苗)	一串红	227.00
185	延庆县(京)	盆花(万盆)	一串红	203.20
186	巴州区(川)	盆花(万盆)	一串红	200.00
187	本溪满族自治县(辽)	鲜切花(万支)	一串红	200.00
188	临洮县(甘)	观赏苗木(万株)	一串红	135.00
189	双桥区(冀)	盆花(万盆)	一串红	130.00
190	居巢区(皖)	观叶植物(万盆)	一串红	120.00
191	瓦房店市(辽)	盆花(万盆)	一串红	108.00
192	东胜区(内蒙古)	盆花(万盆)	一串红	100.00
193	阿城区(黑)	观赏苗木(万株)	一串红	90.00

序号	县(旗、市、区、局、场)	花卉类别	花卉品种	生产量
194	涿州市(冀)	盆花(万盆)	一串红	80.00
195	钟祥市(鄂)	观赏苗木(万株)	一串红	62.40
196	南　县(湘)	观赏苗木(万株)	一串红	55.00
197	长清区(鲁)	盆花(万盆)	一串红	50.00
198	察哈尔右翼后旗(内蒙古)	观叶植物(万盆)	一串红	50.00
199	东平县(鲁)	观赏苗木(万株)	一串红	47.00
200	中方县(湘)	观赏苗木(万株)	一串红	40.00
201	平泉县(冀)	盆花(万盆)	一串红	40.00
202	临洮县(甘)	盆花(万盆)	一串红	40.00
203	金凤区(宁)	盆花(万盆)	一串红	35.00
204	临海市(浙)	盆花(万盆)	一串红	33.00
205	北戴河区(冀)	盆花(万盆)	一串红	32.00
206	张北县(冀)	盆花(万盆)	一串红	26.00
207	察哈尔右翼前旗(内蒙古)	盆花(万盆)	一串红	25.00
208	诸城市(鲁)	盆花(万盆)	一串红	22.00
209	兖州市(鲁)	盆花(万盆)	一串红	21.00
210	铜鼓县(赣)	鲜切花(万支)	一串红	20.00
211	南岗区(黑)	盆花(万盆)	一串红	20.00
212	运河区(冀)	盆花(万盆)	一串红	20.00
213	平乡县(冀)	观叶植物(万盆)	一串红	18.00
214	房山区(京)	盆花(万盆)	一串红	18.00
215	玉环县(浙)	盆花(万盆)	一串红	16.00
216	巴林左旗(内蒙古)	观赏苗木(万株)	一串红	15.00
217	龙安区(豫)	盆花(万盆)	一串红	15.00
218	广阳区(冀)	盆花(万盆)	一串红	15.00
219	银州区(辽)	盆景(万盆)	一串红	14.00
220	翁牛特旗(内蒙古)	盆花(万盆)	一串红	12.00
221	西宁市市辖区(青)	花卉用种苗(千苗)	一串红	10.00
222	彭阳县(宁)	盆花(万盆)	一串红	10.00
223	林西县(内蒙古)	盆花(万盆)	一串红	10.00
224	洛龙区(豫)	盆花(万盆)	一串红	10.00
225	柘城县(豫)	鲜切花(万支)	一串红	10.00
226	固始县(豫)	盆花(万盆)	一串红	10.00
227	确山县(豫)	盆花(万盆)	一串红	10.00
228	肥乡县(冀)	盆花(万盆)	一串红	10.00
229	凯里市(黔)	鲜切叶(万支)	叶子花	30.00
230	南汇区(沪)	鲜切叶(万支)	萱草	188.77
231	大东流苗圃(京)	观赏苗木(万株)	萱草	138.39

序号	县(旗、市、区、局、场)	花卉类别	花卉品种	生产量
232	涿州市(冀)	观赏苗木(万株)	萱草	129.00
233	临洮县(甘)	观赏苗木(万株)	萱草	105.00
234	房山区(京)	盆花(万盆)	萱草	100.00
235	顺义区(京)	盆花(万盆)	萱草	77.20
236	金凤区(宁)	盆花(万盆)	萱草	60.00
237	大武口区(宁)	花卉用种苗(千苗)	萱草	50.00
238	琅山苗圃(京)	观赏苗木(万株)	萱草	19.06
239	北戴河区(冀)	观赏苗木(万株)	萱草	17.80
240	青铜峡市(宁)	盆花(万盆)	萱草	15.00
241	休宁县(皖)	观赏苗木(万株)	萱草	12.00
242	贺兰县(宁)	观赏苗木(万株)	杏	32.10
243	贺兰县(宁)	盆花(万盆)	小丽花	265.00
244	延庆县(京)	盆花(万盆)	小丽花	14.30
245	源汇区(豫)	盆花(万盆)	香雪球	5000.00
246	金州区(辽)	鲜切叶(万支)	现代月季	1877.00
247	兴庆区(宁)	鲜切花(万支)	现代月季	368.00
248	顺义区(京)	鲜切花(万支)	现代月季	205.00
249	嵊州市(浙)	鲜切花(万支)	现代月季	200.00
250	松江区(沪)	鲜切花(万支)	现代月季	112.71
251	鲅鱼圈区(辽)	鲜切花(万支)	现代月季	100.00
252	中方县(湘)	观赏苗木(万株)	现代月季	50.00
253	昌平区(京)	鲜切花(万支)	现代月季	41.57
254	西湖区(浙)	鲜切花(万支)	现代月季	31.00
255	惠济区(豫)	观赏苗木(万株)	现代月季	30.00
256	新宾满族自治县(辽)	鲜切花(万支)	现代月季	21.50
257	黄埔区(粤)	鲜切花(万支)	现代月季	18.20
258	港北区(桂)	鲜切花(万支)	现代月季	18.00
259	衡南县(湘)	观赏苗木(万株)	现代月季	16.00
260	元氏县(冀)	盆花(万盆)	现代月季	15.00
261	磁　县(冀)	观叶植物(万盆)	现代月季	15.00
262	涿州市(冀)	盆花(万盆)	现代月季	15.00
263	庆元县(浙)	鲜切花(万支)	现代月季	14.50
264	元氏县(冀)	观赏苗木(万株)	现代月季	14.00
265	卫辉市(豫)	盆花(万盆)	现代月季	10.00
266	虞城县(豫)	观赏苗木(万株)	西府海棠	320.00
267	罗庄区(鲁)	观赏苗木(万株)	西府海棠	20.00
268	东营区(鲁)	盆花(万盆)	西府海棠	15.00
269	全南县(赣)	鲜切花(万支)	勿忘草	200.00
270	港北区(桂)	鲜切花(万支)	勿忘草	33.00
271	凤城市(辽)	鲜切叶(万支)	勿忘草	20.00
272	揭东县(粤)	盆花(万盆)	勿忘草	10.60
273	双台子区(辽)	食用及药用花卉(千克)	五味子类	1000.00
274	嵩　县(豫)	花卉用种子(千克)	五味子类	1000.00
275	翁牛特旗(内蒙古)	观赏苗木(万株)	文冠果	200.00
276	罗庄区(鲁)	盆花(万盆)	文冠果	60.00
277	洛龙区(豫)	观赏苗木(万株)	卫矛类	10.00
278	龙安区(豫)	观赏苗木(万株)	卫矛类	10.00
279	东港市(辽)	盆花(万盆)	万寿菊	500.00
280	赤城县(冀)	食用及药用花卉(千克)	万寿菊	350.00
281	勃利县(黑)	食用及药用花卉(千克)	万寿菊	84.00
282	瓦房店市(辽)	观赏苗木(万株)	万寿菊	4343.00
283	大武口区(宁)	花卉用种苗(千苗)	万寿菊	858.00
284	梁园区(豫)	盆花(万盆)	万寿菊	570.00
285	建平县(辽)	观赏苗木(万株)	万寿菊	400.00
286	贺兰县(宁)	盆花(万盆)	万寿菊	215.00
287	平罗县(宁)	盆花(万盆)	万寿菊	200.00
288	本溪满族自治县(辽)	花卉用种苗(千苗)	万寿菊	200.00
289	红山区(内蒙古)	鲜切叶(万支)	万寿菊	141.00
290	临洮县(甘)	盆花(万盆)	万寿菊	120.00
291	濮阳县(豫)	盆花(万盆)	万寿菊	110.00
292	椒江区(浙)	盆花(万盆)	万寿菊	105.00
293	九原区(内蒙古)	鲜切花(万支)	万寿菊	100.00
294	肇州县(黑)	观赏苗木(万株)	万寿菊	100.00
295	房山区(京)	盆花(万盆)	万寿菊	100.00
296	顺义区(京)	盆花(万盆)	万寿菊	94.10
297	利通区(宁)	盆花(万盆)	万寿菊	80.00
298	西宁市市辖区(青)	花卉用种苗(千苗)	万寿菊	70.00
299	延庆县(京)	盆花(万盆)	万寿菊	61.00
300	察哈尔右翼前旗(内蒙古)	盆花(万盆)	万寿菊	60.00
301	黄岩区(浙)	鲜切花(万支)	万寿菊	54.00
302	长清区(鲁)	盆花(万盆)	万寿菊	50.00
303	察哈尔右翼后旗(内蒙古)	观叶植物(万盆)	万寿菊	50.00
304	固始县(豫)	盆花(万盆)	万寿菊	40.00
305	广阳区(冀)	盆花(万盆)	万寿菊	40.00
306	北戴河区(冀)	盆花(万盆)	万寿菊	35.00

序号	县(旗、市、区、局、场)	花卉类别	花卉品种	生产量
307	元宝山区(内蒙古)	盆花(万盆)	万寿菊	32.00
308	青铜峡市(宁)	盆花(万盆)	万寿菊	30.00
309	龙凤区(黑)	观赏苗木(万株)	万寿菊	30.00
310	肥乡县(冀)	盆花(万盆)	万寿菊	30.00
311	湖滨区(豫)	盆景(万盆)	万寿菊	22.50
312	运河区(冀)	盆花(万盆)	万寿菊	20.00
313	霍山县(皖)	观叶植物(万盆)	万寿菊	20.00
314	金凤区(宁)	盆花(万盆)	万寿菊	19.20
315	辉南县(吉)	盆花(万盆)	万寿菊	16.00
316	龙安区(豫)	盆花(万盆)	万寿菊	13.00
317	南岗区(黑)	盆花(万盆)	万寿菊	12.00
318	钟祥市(鄂)	盆花(万盆)	万寿菊	11.00
319	南和县(冀)	盆花(万盆)	万寿菊	11.00
320	兖州市(鲁)	盆花(万盆)	万寿菊	10.00
321	彭阳县(宁)	盆花(万盆)	万寿菊	10.00
322	望花区(辽)	鲜切花(万支)	万寿菊	10.00
323	银州区(辽)	盆花(万盆)	万寿菊	10.00
324	永吉县(吉)	盆花(万盆)	万寿菊	10.00
325	淮滨县(豫)	鲜切花(万支)	万寿菊	10.00
326	平泉县(冀)	盆花(万盆)	万寿菊	10.00
327	宁阳县(鲁)	观赏苗木(万株)	贴梗海棠	10.00
328	平泉县(冀)	观赏苗木(万株)	贴梗海棠	10.00
329	顺义区(京)	盆花(万盆)	天人菊	34.00
330	北戴河区(冀)	盆花(万盆)	天人菊	11.10
331	白银区(甘)	鲜切花(万支)	唐菖蒲	130.00
332	金州区(辽)	鲜切花(万支)	唐菖蒲	2560.00
333	临洮县(甘)	观赏苗木(万株)	唐菖蒲	175.00
334	崇明县(沪)	鲜切花(万支)	唐菖蒲	150.30
335	顺义区(京)	鲜切花(万支)	唐菖蒲	120.00
336	黄埔区(粤)	鲜切花(万支)	唐菖蒲	13.80
337	兴庆区(宁)	鲜切花(万支)	唐菖蒲	13.00
338	桂阳县(湘)	盆花(万盆)	唐菖蒲	13.00
339	青浦区(沪)	鲜切花(万支)	唐菖蒲	10.00
340	铜鼓县(赣)	鲜切花(万支)	昙花	30.00
341	顺义区(京)	盆花(万盆)	松果菊	301.00
342	嵩　县(豫)	观赏苗木(万株)	丝兰	10.00
343	金凤区(宁)	盆花(万盆)	水仙	20.00
344	铜鼓县(赣)	鲜切花(万支)	水仙	20.00
345	夏津县(鲁)	盆花(万盆)	水仙	10.00
346	信阳市市辖区(豫)	观赏苗木(万株)	矢车菊	50000.00
347	白银区(甘)	盆花(万盆)	矢车菊	10000.00
348	山亭区(鲁)	盆花(万盆)	矢车菊	5000.00
349	港北区(桂)	鲜切叶(万支)	矢车菊	203.00
350	枣庄市市中区(鲁)	鲜切叶(万支)	石竹	322250.00
351	台儿庄区(鲁)	盆景(万盆)	石竹	30000.00
352	龙泉市(浙)	鲜切花(万支)	石竹	23100.00
353	松江区(沪)	鲜切花(万支)	石竹	3224.00
354	兴庆区(宁)	鲜切花(万支)	石竹	408.00
355	顺义区(京)	盆花(万盆)	石竹	52.00
356	柳江县(桂)	鲜切花(万支)	石竹	50.05
357	奉贤区(沪)	鲜切花(万支)	石竹	50.00
358	黄岩区(浙)	鲜切叶(万支)	石竹	31.00
359	勉　县(陕)	鲜切花(万支)	石竹	29.00
360	金凤区(宁)	盆花(万盆)	石竹	25.00
361	藁城市(冀)	鲜切花(万支)	石竹	15.00
362	廉江市(粤)	盆花(万盆)	石竹	15.00
363	毕节市(黔)	盆花(万盆)	石竹	13.00
364	源汇区(豫)	盆花(万盆)	石蒜	20000.00
365	顺义区(京)	盆花(万盆)	石蒜	16.00
366	枣庄市市中区(鲁)	鲜切花(万支)	石榴	94060.00
367	潢川县(豫)	观赏苗木(万株)	石榴	65.00
368	宁津县(鲁)	观赏苗木(万株)	石榴	20.00
369	修水县(赣)	盆花(万盆)	石榴	10.00
370	港北区(桂)	鲜切花(万支)	麝香百合类	85.00
371	兴庆区(宁)	鲜切花(万支)	麝香百合类	19.00
372	顺义区(京)	盆花(万盆)	蛇莓	12.00
373	顺义区(京)	盆花(万盆)	蛇鞭菊	12.00
374	芜湖县(皖)	观赏苗木(万株)	芍药	20.00
375	潢川县(豫)	盆花(万盆)	芍药	17.00
376	贺兰县(宁)	观赏苗木(万株)	山桃	31.20
377	巴州区(川)	盆花(万盆)	山茶花	100.00
378	铜鼓县(赣)	鲜切花(万支)	山茶花	100.00
379	西湖区(浙)	观赏苗木(万株)	山茶花	51.00
380	揭东县(粤)	观赏苗木(万株)	山茶花	23.00
381	廉江市(粤)	观赏苗木(万株)	散尾葵	21.00
382	坡头区(粤)	观叶植物(万盆)	散尾葵	20.00
383	新安县(豫)	盆花(万盆)	三色堇	500.00

序号	县(旗、市、区、局、场)	花卉类别	花卉品种	生产量
384	椒江区(浙)	观赏苗木(万株)	三色堇	205.00
385	自治区直属单位(宁)	鲜切花(万支)	三色堇	137.00
386	贺兰县(宁)	盆花(万盆)	三色堇	116.00
387	顺义区(京)	盆花(万盆)	三色堇	70.10
388	临洮县(甘)	盆花(万盆)	三色堇	20.00
389	延庆县(京)	盆花(万盆)	三色堇	13.00
390	清河区(辽)	观赏苗木(万株)	三色堇	12.00
391	长清区(鲁)	盆花(万盆)	三色堇	10.00
392	小五台国家级自然保护区管理局(冀)	观赏苗木(万株)	扂曲花	1400.00
393	黄岩区(浙)	鲜切花(万支)	秋牡丹	71.00
394	孟津县(豫)	盆花(万盆)	秋牡丹	15.00
395	许昌县(豫)	观赏苗木(万株)	千日红	660.00
396	东胜区(内蒙古)	盆花(万盆)	千日红	100.00
397	房山区(京)	盆花(万盆)	千日红	60.00
398	肥乡县(冀)	盆花(万盆)	千日红	25.00
399	潢川县(豫)	观赏苗木(万株)	七叶树	17.00
400	平桥区(豫)	观叶植物(万盆)	葡萄	10.90
401	顺义区(京)	盆花(万盆)	婆婆纳	55.00
402	潢川县(豫)	观赏苗木(万株)	南天竹	450.00
403	黟　县(皖)	观赏苗木(万株)	南天竹	54.00
404	小五台国家级自然保护区管理局(冀)	观赏苗木(万株)	木犀草	1200.00
405	潢川县(豫)	观赏苗木(万株)	木槿	260.00
406	涿州市(冀)	观赏苗木(万株)	木槿	36.00
407	嵩　县(豫)	观赏苗木(万株)	木槿	10.00
408	柘城县(豫)	观赏苗木(万株)	木槿	10.00
409	榆中县(甘)	观赏苗木(万株)	牡丹	960.00
410	永登县(甘)	鲜切花(万支)	牡丹	757.00
411	临洮县(甘)	鲜切花(万支)	牡丹	220.00
412	牡丹区(鲁)	鲜切花(万支)	牡丹	94.60
413	临川区(赣)	盆景(万盆)	牡丹	85.00
414	洛龙区(豫)	观赏苗木(万株)	牡丹	20.00
415	瑞金市(赣)	鲜切花(万支)	牡丹	15.60
416	德州市市辖区(鲁)	观赏苗木(万株)	牡丹	10.00
417	横　县(桂)	工业及其他用途花卉(千克)	茉莉花	5262.17
418	运河区(冀)	盆花(万盆)	茉莉花	20.00
419	政和县(闽)	食用及药用花卉(千克)	茉莉花	16.00
420	揭东县(粤)	观赏苗木(万株)	米兰	41.00
421	广阳区(冀)	观赏苗木(万株)	美国红栌	50.00
422	潢川县(豫)	观赏苗木(万株)	美国红栌	33.00
423	龙泉市(浙)	盆景(万盆)	梅花	43.50
424	罗山县(豫)	盆景(万盆)	梅花	300.00
425	潢川县(豫)	观赏苗木(万株)	梅花	75.00
426	巴州区(川)	观赏苗木(万株)	梅花	50.00
427	管城回族区(豫)	鲜切花(万支)	玫瑰	215.00
428	白银区(甘)	鲜切花(万支)	玫瑰	45.00
429	喀喇沁左翼蒙古族自治县(辽)	鲜切花(万支)	玫瑰	12.00
430	朝阳县(辽)	鲜切花(万支)	玫瑰	6400.00
431	海兴县(冀)	鲜切叶(万支)	玫瑰	5000.00
432	白云区(黔)	鲜切花(万支)	玫瑰	5000.00
433	清原满族自治县(辽)	工业及其他用途花卉(千克)	玫瑰	3100.00
434	海宁市(浙)	鲜切花(万支)	玫瑰	1450.00
435	凌源市(辽)	鲜切花(万支)	玫瑰	1300.00
436	旅顺口区(辽)	鲜切花(万支)	玫瑰	700.00
437	金州区(辽)	鲜切花(万支)	玫瑰	550.00
438	梁山县(鲁)	鲜切花(万支)	玫瑰	520.00
439	港北区(桂)	鲜切花(万支)	玫瑰	326.00
440	兴宾区(桂)	鲜切花(万支)	玫瑰	266.00
441	寿宁县(闽)	鲜切花(万支)	玫瑰	263.00
442	岑溪市(桂)	观赏苗木(万株)	玫瑰	250.00
443	清丰县(豫)	鲜切花(万支)	玫瑰	230.00
444	榆中县(甘)	鲜切花(万支)	玫瑰	200.00
445	遵化市(冀)	鲜切花(万支)	玫瑰	180.00
446	宝山区(沪)	鲜切花(万支)	玫瑰	165.00
447	全南县(赣)	鲜切花(万支)	玫瑰	110.00
448	兴安县(桂)	鲜切花(万支)	玫瑰	107.00
449	桃源县(湘)	鲜切花(万支)	玫瑰	100.00
450	宝山区(沪)	鲜切花(万支)	玫瑰	95.00
451	怀柔区(京)	鲜切花(万支)	玫瑰	88.10
452	辉南县(吉)	鲜切花(万支)	玫瑰	85.00
453	金山区(沪)	鲜切花(万支)	玫瑰	80.00
454	鄢陵县(豫)	鲜切花(万支)	玫瑰	80.00
455	大东流苗圃(京)	观赏苗木(万株)	玫瑰	70.33
456	宁都县(赣)	鲜切花(万支)	玫瑰	70.00
457	郾城区(豫)	鲜切花(万支)	玫瑰	60.00
458	环翠区(鲁)	鲜切花(万支)	玫瑰	50.00

序号	县(旗、市、区、局、场)	花卉类别	花卉品种	生产量
459	千山区(辽)	鲜切花(万支)	玫瑰	48.00
460	鹿泉市(冀)	鲜切花(万支)	玫瑰	48.00
461	固始县(豫)	盆花(万盆)	玫瑰	40.00
462	馆陶县(冀)	鲜切花(万支)	玫瑰	37.50
463	平阴县(鲁)	盆花(万盆)	玫瑰	32.00
464	凤城市(辽)	鲜切花(万支)	玫瑰	30.00
465	庄河市(辽)	鲜切花(万支)	玫瑰	25.00
466	台山市(粤)	鲜切花(万支)	玫瑰	25.00
467	金东区(浙)	鲜切花(万支)	玫瑰	20.00
468	红旗区(豫)	鲜切花(万支)	玫瑰	20.00
469	瑞金市(赣)	鲜切花(万支)	玫瑰	18.72
470	宝坻区(津)	鲜切花(万支)	玫瑰	16.38
471	祁东县(湘)	鲜切花(万支)	玫瑰	15.00
472	连州市(粤)	鲜切花(万支)	玫瑰	15.00
473	抚宁县(冀)	鲜切花(万支)	玫瑰	11.00
474	靖西县(桂)	鲜切花(万支)	玫瑰	11.00
475	三门县(浙)	鲜切花(万支)	玫瑰	10.00
476	辽中县(辽)	鲜切花(万支)	玫瑰	10.00
477	岫岩满族自治县(辽)	鲜切花(万支)	玫瑰	10.00
478	海城市(辽)	鲜切花(万支)	玫瑰	10.00
479	永修县(赣)	观赏苗木(万株)	玫瑰	10.00
480	临川区(赣)	盆景(万盆)	玫瑰	10.00
481	兰西县(黑)	观赏苗木(万株)	玫瑰	10.00
482	柘城县(豫)	鲜切花(万支)	玫瑰	10.00
483	桃城区(冀)	观赏苗木(万株)	玫瑰	10.00
484	海兴县(冀)	鲜切花(万支)	毛茉莉	5000.00
485	喀喇沁左翼蒙古族自治县(辽)	鲜切花(万支)	满天星	365.00
486	繁昌县(皖)	鲜切叶(万支)	满天星	50.00
487	台儿庄区(鲁)	观赏苗木(万株)	满天星	25.00
488	喀什市(新)	鲜切花(万支)	满天星	11.00
489	鲅鱼圈区(辽)	鲜切叶(万支)	满天星	1000.00
490	临川区(赣)	鲜切花(万支)	满天星	586.00
491	梁山县(鲁)	鲜切花(万支)	满天星	243.00
492	全南县(赣)	鲜切花(万支)	满天星	116.00
493	金凤区(宁)	盆花(万盆)	满天星	60.00
494	无为县(皖)	盆花(万盆)	满天星	60.00
495	港北区(桂)	鲜切叶(万支)	满天星	54.00
496	赣　县(赣)	观赏苗木(万株)	满天星	53.00
497	东胜区(内蒙古)	盆花(万盆)	满天星	50.00
498	汝城县(湘)	盆花(万盆)	满天星	20.00
499	肥乡县(冀)	盆花(万盆)	满天星	20.00
500	桂阳县(湘)	盆花(万盆)	满天星	12.00
501	瑞金市(赣)	鲜切花(万支)	满天星	10.23
502	修水县(赣)	鲜切花(万支)	满天星	10.00
503	平桥区(豫)	盆花(万盆)	满天星	10.00
504	淮滨县(豫)	鲜切花(万支)	满天星	10.00
505	大武口区(宁)	花卉用种苗(千苗)	马蔺	100.00
506	开原市(辽)	观赏苗木(万株)	麻叶绣线菊类	50.00
507	石门县(湘)	盆花(万盆)	落地生根	25.00
508	港北区(桂)	观赏苗木(万株)	罗汉竹	20.00
509	顺义区(京)	盆花(万盆)	耧斗菜	21.00
510	许昌县(豫)	观赏苗木(万株)	龙柏	1310.00
511	罗山县(豫)	盆景(万盆)	龙柏	250.00
512	潢川县(豫)	观赏苗木(万株)	龙柏	189.00
513	娄星区(湘)	花卉用种苗(千苗)	龙柏	100.00
514	新泰市(鲁)	观赏苗木(万株)	龙柏	43.00
515	永清县(冀)	观赏苗木(万株)	龙柏	40.00
516	石门县(湘)	盆花(万盆)	龙柏	32.00
517	潢川县(豫)	盆景(万盆)	龙柏	28.00
518	梁山县(鲁)	观赏苗木(万株)	龙柏	23.00
519	阜新蒙古族自治县(辽)	鲜切花(万支)	龙柏	20.00
520	龙安区(豫)	观赏苗木(万株)	龙柏	20.00
521	夏津县(鲁)	盆花(万盆)	龙柏	15.00
522	淳安县(浙)	盆景(万盆)	龙柏	13.40
523	青铜峡市(宁)	盆花(万盆)	龙柏	10.00
524	修水县(赣)	盆景(万盆)	龙柏	10.00
525	肥西县(皖)	观赏苗木(万株)	龙柏	10.00
526	芜湖县(皖)	观赏苗木(万株)	龙柏	10.00
527	海兴县(冀)	盆景(万盆)	铃兰	5000.00
528	平桥区(豫)	食用及药用花卉(千克)	连翘	20.00
529	潢川县(豫)	观赏苗木(万株)	连翘	240.00
530	海城市(辽)	观赏苗木(万株)	连翘	21.00
531	贺兰县(宁)	观赏苗木(万株)	连翘	16.00
532	开原市(辽)	观赏苗木(万株)	连翘	15.00
533	房山区(京)	观赏苗木(万株)	连翘	12.65
534	定安县(琼)	盆花(万盆)	兰草	538.00

序号	县(旗、市、区、局、场)	花卉类别	花卉品种	生产量
535	翁源县(粤)	盆花(万盆)	兰草	85.00
536	常宁市(湘)	盆花(万盆)	兰草	22.00
537	潢川县(豫)	盆花(万盆)	兰草	21.00
538	凤山县(桂)	观赏苗木(万株)	兰草	20.00
539	潢川县(豫)	观赏苗木(万株)	蜡梅	45.00
540	罗庄区(鲁)	盆景(万盆)	蜡梅	10.00
541	盖州市(辽)	鲜切花(万支)	康乃馨	400.00
542	白银区(甘)	鲜切花(万支)	康乃馨	75.00
543	枣庄市市中区(鲁)	鲜切花(万支)	康乃馨	16.39.00
544	青浦区(沪)	鲜切花(万支)	康乃馨	2293.00
545	寿宁县(闽)	鲜切花(万支)	康乃馨	951.00
546	全南县(赣)	鲜切花(万支)	康乃馨	490.00
547	榆中县(甘)	鲜切花(万支)	康乃馨	376.00
548	金山区(沪)	鲜切花(万支)	康乃馨	367.00
549	港北区(桂)	鲜切花(万支)	康乃馨	257.00
550	凌源市(辽)	鲜切花(万支)	康乃馨	250.00
551	利通区(宁)	鲜切花(万支)	康乃馨	160.00
552	平桥区(豫)	鲜切花(万支)	康乃馨	150.00
553	临川区(赣)	鲜切花(万支)	康乃馨	120.00
554	闵行区(沪)	鲜切花(万支)	康乃馨	33.00
555	阜新蒙古族自治县(辽)	鲜切花(万支)	康乃馨	30.00
556	梁山县(鲁)	鲜切花(万支)	康乃馨	20.00
557	瑞金市(赣)	鲜切花(万支)	康乃馨	10.14
558	隆化县(冀)	鲜切叶(万支)	康乃馨	10.00
559	台儿庄区(鲁)	观赏苗木(万株)	君子兰	20.00
560	沈北新区(辽)	盆花(万盆)	君子兰	550.00
561	金凤区(宁)	盆花(万盆)	君子兰	30.00
562	辉南县(吉)	盆花(万盆)	君子兰	12.00
563	铜鼓县(赣)	鲜切花(万支)	君子兰	10.00
564	喀喇沁左翼蒙古族自治县(辽)	鲜切花(万支)	菊花	150.00
565	安国市(冀)	食用及药用花卉(千克)	菊花	150.00
566	白银区(甘)	鲜切花(万支)	菊花	42.00
567	繁昌县(皖)	鲜切花(万支)	菊花	30.00
568	上街区(豫)	鲜切花(万支)	菊花	21.00
569	明山区(辽)	盆花(万盆)	菊花	13.00
570	萝岗区(粤)	鲜切花(万支)	菊花	3350.00
571	铜鼓县(赣)	工业及其他用途花卉(千克)	菊花	3000.00
572	敦化市(吉)	鲜切花(万支)	菊花	1800.00

序号	县(旗、市、区、局、场)	花卉类别	花卉品种	生产量
573	新宾满族自治县(辽)	盆花(万盆)	菊花	1665.00
574	铜鼓县(赣)	食用及药用花卉(千克)	菊花	1600.00
575	松江区(沪)	鲜切花(万支)	菊花	1548.29
576	南汇区(沪)	鲜切花(万支)	菊花	1321.39
577	崇明县(沪)	鲜切花(万支)	菊花	900.00
578	云城区(粤)	鲜切花(万支)	菊花	835.00
579	金州区(辽)	鲜切花(万支)	菊花	800.00
580	商水县(豫)	盆花(万盆)	菊花	800.00
581	顺义区(京)	盆花(万盆)	菊花	762.30
582	禹城市(鲁)	盆花(万盆)	菊花	600.00
583	黄岛区(鲁)	鲜切花(万支)	菊花	500.00
584	铜鼓县(赣)	花卉用种子(千克)	菊花	500.00
585	许昌县(豫)	鲜切花(万支)	菊花	427.00
586	南芬区(辽)	鲜切花(万支)	菊花	400.00
587	定兴县(冀)	鲜切花(万支)	菊花	400.00
588	奉贤区(沪)	鲜切花(万支)	菊花	366.00
589	定安县(琼)	鲜切花(万支)	菊花	361.60
590	居巢区(皖)	盆花(万盆)	菊花	330.00
591	凌云县(桂)	鲜切花(万支)	菊花	305.00
592	铜鼓县(赣)	花卉用种苗(千苗)	菊花	300.00
593	延庆县(京)	鲜切叶(万支)	菊花	285.00
594	寿宁县(闽)	鲜切花(万支)	菊花	254.00
595	嘉定区(沪)	鲜切花(万支)	菊花	252.10
596	巴州区(川)	盆花(万盆)	菊花	240.00
597	卫滨区(豫)	鲜切花(万支)	菊花	240.00
598	香河县(冀)	鲜切花(万支)	菊花	200.00
599	兴安县(桂)	鲜切花(万支)	菊花	200.00
600	高要市(粤)	鲜切花(万支)	菊花	200.00
601	鼎城区(湘)	盆花(万盆)	菊花	190.00
602	五指山市(琼)	鲜切花(万支)	菊花	183.00
603	寿　县(皖)	盆花(万盆)	菊花	180.00
604	闵行区(沪)	鲜切花(万支)	菊花	173.70
605	临川区(赣)	盆景(万盆)	菊花	172.00
606	隆尧县(冀)	盆花(万盆)	菊花	152.00
607	环翠区(鲁)	鲜切花(万支)	菊花	150.00
608	禹王台区(豫)	盆花(万盆)	菊花	150.00
609	临洮县(甘)	鲜切花(万支)	菊花	150.00
610	千山区(辽)	鲜切花(万支)	菊花	148.00
611	临川区(赣)	观赏苗木(万株)	菊花	142.00

序号	县(旗、市、区、局、场)	花卉类别	花卉品种	生产量
612	阜新蒙古族自治县(辽)	鲜切花(万支)	菊花	120.00
613	娄星区(湘)	花卉用种苗(千苗)	菊花	120.00
614	山城区(豫)	观赏苗木(万株)	菊花	120.00
615	西宁市市辖区(青)	花卉用种苗(千苗)	菊花	110.00
616	禹州市(豫)	观赏苗木(万株)	菊花	110.00
617	罗定市(粤)	盆花(万盆)	菊花	108.00
618	甘井子区(辽)	观赏苗木(万株)	菊花	100.00
619	旅顺口区(辽)	鲜切花(万支)	菊花	100.00
620	铜鼓县(赣)	鲜切花(万支)	菊花	100.00
621	龙亭区(豫)	盆花(万盆)	菊花	100.00
622	广阳区(冀)	鲜切花(万支)	菊花	98.50
623	港北区(桂)	鲜切花(万支)	菊花	95.00
624	睢阳区(豫)	盆花(万盆)	菊花	83.00
625	宁津县(鲁)	盆花(万盆)	菊花	80.00
626	无为县(皖)	盆花(万盆)	菊花	80.00
627	固始县(豫)	盆花(万盆)	菊花	60.00
628	黄埔区(粤)	鲜切花(万支)	菊花	58.00
629	东平县(鲁)	观赏苗木(万株)	菊花	53.00
630	三门县(浙)	鲜切花(万支)	菊花	50.00
631	东胜区(内蒙古)	盆花(万盆)	菊花	50.00
632	玉环县(浙)	鲜切花(万支)	菊花	42.40
633	桂阳县(湘)	盆花(万盆)	菊花	41.00
634	章丘市(鲁)	鲜切花(万支)	菊花	40.00
635	岫岩满族自治县(辽)	盆花(万盆)	菊花	40.00
636	长白林业局(吉)	观赏苗木(万株)	菊花	40.00
637	望城县(湘)	鲜切花(万支)	菊花	40.00
638	吴桥县(冀)	盆花(万盆)	菊花	40.00
639	南和县(冀)	盆花(万盆)	菊花	38.00
640	赵　县(冀)	盆花(万盆)	菊花	32.00
641	揭东县(粤)	观赏苗木(万株)	菊花	32.00
642	大冶市(鄂)	盆花(万盆)	菊花	30.00
643	淮上区(皖)	鲜切花(万支)	菊花	30.00
644	钦南区(桂)	鲜切花(万支)	菊花	28.00
645	廉江市(粤)	盆花(万盆)	菊花	27.00
646	武城县(鲁)	鲜切花(万支)	菊花	25.00
647	石门县(湘)	盆花(万盆)	菊花	25.00
648	永登县(甘)	鲜切花(万支)	菊花	21.70
649	平湖市(浙)	盆花(万盆)	菊花	21.00
650	桃源县(湘)	观赏苗木(万株)	菊花	21.00
651	夏津县(鲁)	盆花(万盆)	菊花	20.00
652	巴林左旗(内蒙古)	观赏苗木(万株)	菊花	20.00
653	修水县(赣)	鲜切花(万支)	菊花	20.00
654	临川区(赣)	盆花(万盆)	菊花	20.00
655	汝城县(湘)	盆花(万盆)	菊花	20.00
656	中方县(湘)	观赏苗木(万株)	菊花	20.00
657	柘城县(豫)	观叶植物(万盆)	菊花	20.00
658	淮滨县(豫)	鲜切花(万支)	菊花	20.00
659	确山县(豫)	盆花(万盆)	菊花	20.00
660	大名县(冀)	盆花(万盆)	菊花	20.00
661	涿州市(冀)	盆花(万盆)	菊花	20.00
662	仁化县(粤)	观赏苗木(万株)	菊花	20.00
663	界首市(皖)	盆花(万盆)	菊花	20.00
664	潢川县(豫)	盆花(万盆)	菊花	18.00
665	元氏县(冀)	盆花(万盆)	菊花	18.00
666	元氏县(冀)	观赏苗木(万株)	菊花	16.80
667	武义县(浙)	鲜切花(万支)	菊花	15.00
668	顺河回族区(豫)	鲜切花(万支)	菊花	15.00
669	玉州区(桂)	盆花(万盆)	菊花	15.00
670	唐　县(冀)	盆花(万盆)	菊花	13.30
671	海城市(辽)	鲜切花(万支)	菊花	12.00
672	北票市(辽)	鲜切花(万支)	菊花	12.00
673	永修县(赣)	观赏苗木(万株)	菊花	12.00
674	衡阳县(湘)	观赏苗木(万株)	菊花	12.00
675	台山市(粤)	鲜切花(万支)	菊花	12.00
676	云城区(粤)	盆花(万盆)	菊花	12.00
677	肥城市(鲁)	盆花(万盆)	菊花	11.00
678	邯郸县(冀)	盆花(万盆)	菊花	11.00
679	宝坻区(津)	鲜切花(万支)	菊花	10.96
680	临海市(浙)	鲜切花(万支)	菊花	10.00
681	长清区(鲁)	盆花(万盆)	菊花	10.00
682	诸城市(鲁)	盆花(万盆)	菊花	10.00
683	修水县(赣)	盆花(万盆)	菊花	10.00
684	永新县(赣)	盆花(万盆)	菊花	10.00
685	二道江区(吉)	观赏苗木(万株)	菊花	10.00
686	洪江市(湘)	观赏苗木(万株)	菊花	10.00
687	卫辉市(豫)	盆花(万盆)	菊花	10.00
688	社旗县(豫)	盆花(万盆)	菊花	10.00

序号	县(旗、市、区、局、场)	花卉类别	花卉品种	生产量
689	泌阳县(豫)	观叶植物(万盆)	菊花	10.00
690	桃城区(冀)	盆花(万盆)	菊花	10.00
691	嵩　县(豫)	花卉用种子(千克)	桔梗	2000.00
692	巴林左旗(内蒙古)	观赏苗木(万株)	景天	300.00
693	大武口区(宁)	花卉用种苗(千苗)	景天	200.00
694	房山区(京)	盆花(万盆)	景天	100.00
695	青铜峡市(宁)	盆花(万盆)	景天	50.00
696	顺义区(京)	盆花(万盆)	景天	48.00
697	西宁市市辖区(青)	花卉用种苗(千苗)	景天	40.00
698	金凤区(宁)	盆花(万盆)	景天	25.00
699	平房区(黑)	鲜切花(万支)	景天	10.00
700	大东流苗圃(京)	观赏苗木(万株)	荆芥	80.00
701	凤城市(辽)	观赏苗木(万株)	锦熟黄杨	200.00
702	五大连池市(黑)	观赏苗木(万株)	锦带花	20.00
703	顺义区(京)	盆花(万盆)	金鸡菊	107.00
704	顺义区(京)	盆花(万盆)	金光菊	90.00
705	房山区(京)	盆花(万盆)	金光菊	80.00
706	玛珂河林业局(青)	盆花(万盆)	金光菊	11.00
707	萝岗区(粤)	鲜切花(万支)	剑兰	300.00
708	红旗区(豫)	鲜切花(万支)	剑兰	15.00
709	顺义区(京)	盆花(万盆)	假龙头	16.20
710	凤城市(辽)	观赏苗木(万株)	夹竹桃类	800.00
711	铜鼓县(赣)	鲜切花(万支)	夹竹桃类	20.00
712	大武口区(宁)	花卉用种苗(千苗)	鸡冠花	575.70
713	贺兰县(宁)	盆花(万盆)	鸡冠花	115.00
714	房山区(京)	盆花(万盆)	鸡冠花	100.00
715	顺义区(京)	盆花(万盆)	鸡冠花	81.20
716	香河县(冀)	花卉用种子(千克)	鸡冠花	60.00
717	金凤区(宁)	盆花(万盆)	鸡冠花	56.00
718	石门县(湘)	盆花(万盆)	鸡冠花	45.00
719	望城县(湘)	鲜切花(万支)	鸡冠花	40.00
720	延庆县(京)	盆花(万盆)	鸡冠花	38.00
721	潢川县(豫)	盆花(万盆)	鸡冠花	26.00
722	铜鼓县(赣)	鲜切花(万支)	鸡冠花	20.00
723	广阳区(冀)	盆花(万盆)	鸡冠花	20.00
724	长清区(鲁)	盆花(万盆)	鸡冠花	10.00
725	彭阳县(宁)	盆花(万盆)	鸡冠花	10.00
726	柘城县(豫)	盆花(万盆)	鸡冠花	10.00
727	玉州区(桂)	盆花(万盆)	鸡冠花	10.00
728	潢川县(豫)	观赏苗木(万株)	火棘	485.00
729	芜湖县(皖)	观赏苗木(万株)	火棘	10.00
730	西夏区(宁)	盆景(万盆)	惠兰	20.00
731	华池林业总场(甘)	观赏苗木(万株)	桧柏	10.00
732	潢川县(豫)	观赏苗木(万株)	黄杨类	2160.00
733	顺平县(冀)	观赏苗木(万株)	黄杨类	480.00
734	梁山县(鲁)	观赏苗木(万株)	黄杨类	118.00
735	龙安区(豫)	观赏苗木(万株)	黄杨类	100.00
736	肥西县(皖)	观赏苗木(万株)	黄杨类	50.00
737	永年县(冀)	观赏苗木(万株)	黄杨类	40.00
738	运河区(冀)	观赏苗木(万株)	黄杨类	30.00
739	涿州市(冀)	观赏苗木(万株)	黄杨类	21.00
740	嵩　县(豫)	观赏苗木(万株)	黄杨类	20.00
741	偃师市(豫)	观赏苗木(万株)	黄杨类	20.00
742	省苗木繁育中心(陕)	观赏苗木(万株)	黄杨类	10.00
743	夏邑县(豫)	观赏苗木(万株)	黄杨类	10.00
744	阜新蒙古族自治县(辽)	鲜切花(万支)	黄刺玫	60.00
745	丰宁满族自治县(冀)	盆花(万盆)	蝴蝶兰	25.00
746	金州区(辽)	盆花(万盆)	蝴蝶兰	443.00
747	冀州市(冀)	观叶植物(万盆)	蝴蝶兰	200.00
748	松江区(沪)	盆花(万盆)	蝴蝶兰	195.56
749	临洮县(甘)	盆花(万盆)	蝴蝶兰	115.00
750	长清区(鲁)	盆花(万盆)	蝴蝶兰	100.00
751	临洮县(甘)	观赏苗木(万株)	蝴蝶兰	90.00
752	顺义区(京)	盆花(万盆)	蝴蝶兰	89.00
753	金凤区(宁)	盆花(万盆)	蝴蝶兰	61.80
754	张家口市高新技术管理区(冀)	盆花(万盆)	蝴蝶兰	59.00
755	阜新蒙古族自治县(辽)	鲜切花(万支)	蝴蝶兰	50.00
756	惠济区(豫)	观叶植物(万盆)	蝴蝶兰	40.00
757	涿州市(冀)	盆花(万盆)	蝴蝶兰	31.00
758	大东流苗圃(京)	盆花(万盆)	蝴蝶兰	29.07
759	千山区(辽)	鲜切花(万支)	蝴蝶兰	26.00
760	永定县(闽)	盆花(万盆)	蝴蝶兰	17.20
761	省苗木繁育中心(陕)	盆花(万盆)	蝴蝶兰	15.00
762	君山区(湘)	盆花(万盆)	蝴蝶兰	10.00

序号	县(旗、市、区、局、场)	花卉类别	花卉品种	生产量
763	桃城区(冀)	盆花(万盆)	蝴蝶兰	10.00
764	白云区(黔)	盆花(万盆)	蝴蝶兰	10.00
765	巴州区(川)	观赏苗木(万株)	厚朴	10.00
766	金州区(辽)	鲜切花(万支)	红掌	630.00
767	甘井子区(辽)	鲜切花(万支)	红掌	300.00
768	金凤区(宁)	盆花(万盆)	红掌	102.00
769	五指山市(琼)	鲜切花(万支)	红掌	97.50
770	新华区(冀)	盆花(万盆)	红掌	40.00
771	房山区(京)	盆花(万盆)	红掌	40.00
772	省苗木繁育中心(陕)	盆花(万盆)	红掌	30.00
773	大东流苗圃(京)	盆花(万盆)	红掌	27.89
774	钦州市市直属单位(桂)	观赏苗木(万株)	红掌	20.00
775	房山区(京)	鲜切花(万支)	红掌	20.00
776	玛珂河林业局(青)	观叶植物(万盆)	红掌	10.80
777	义乌市(浙)	盆花(万盆)	红掌	10.00
778	鲅鱼圈区(辽)	观赏苗木(万株)	红叶小檗球	100.00
779	肥西县(皖)	观赏苗木(万株)	红叶小檗球	50.00
780	潢川县(豫)	观赏苗木(万株)	红叶小檗	2600.00
781	临洮县(甘)	观赏苗木(万株)	红叶小檗	135.00
782	涿州市(冀)	观赏苗木(万株)	红叶小檗	50.00
783	龙安区(豫)	观赏苗木(万株)	红叶小檗	30.00
784	房山区(京)	观赏苗木(万株)	红叶小檗	30.00
785	贺兰县(宁)	观赏苗木(万株)	红叶小檗	13.40
786	泌阳县(豫)	观叶植物(万盆)	红叶小檗	10.00
787	潢川县(豫)	观赏苗木(万株)	红瑞木	150.00
788	开原市(辽)	观赏苗木(万株)	红瑞木	15.00
789	安福县(赣)		红继木	5000.00
790	北仑区(浙)	观赏苗木(万株)	红继木	1824.00
791	潢川县(豫)	观赏苗木(万株)	红继木	158.00
792	石门县(湘)	盆花(万盆)	红继木	55.00
793	娄星区(湘)	花卉用种苗(千苗)	红继木	50.00
794	铜鼓县(赣)	鲜切花(万支)	红继木	40.00
795	汨罗市(湘)		红继木	23.40
796	常宁市(湘)	观赏苗木(万株)	红继木	12.00
797	沅陵县(湘)	花卉用种苗(千苗)	红继木	12.00
798	三门县(浙)	观赏苗木(万株)	红继木	10.00
799	修水县(赣)	盆景(万盆)	红继木	10.00

序号	县(旗、市、区、局、场)	花卉类别	花卉品种	生产量
800	株洲县(湘)	观赏苗木(万株)	红继木	10.00
801	津市市(湘)	观赏苗木(万株)	红继木	10.00
802	中方县(湘)	观赏苗木(万株)	红继木	10.00
803	东胜区(内蒙古)	盆花(万盆)	红花	100.00
804	潢川县(豫)	观赏苗木(万株)	红碧桃	189.00
805	肥城市(鲁)	观赏苗木(万株)	红碧桃	47.00
806	宁阳县(鲁)	观叶植物(万盆)	红碧桃	15.00
807	海兴县(冀)	鲜切叶(万支)	黑心菊	3000.00
808	顺义区(京)	盆花(万盆)	黑心菊	12.00
809	西宁市市辖区(青)	花卉用种苗(千苗)	荷兰菊	340.00
810	黄岩区(浙)	鲜切花(万支)	荷兰菊	54.00
811	大武口区(宁)	花卉用种苗(千苗)	荷兰菊	45.70
812	顺义区(京)	盆花(万盆)	荷兰菊	30.00
813	源汇区(豫)	盆花(万盆)	含羞草	6000.00
814	凤城市(辽)	鲜切叶(万支)	含羞草	24.00
815	安福县(赣)		含笑	8000.00
816	商水县(豫)	观赏苗木(万株)	含笑	1000.00
817	铜鼓县(赣)	鲜切花(万支)	含笑	100.00
818	潢川县(豫)	观赏苗木(万株)	含笑	28.00
819	桃江县(湘)	盆花(万盆)	含笑	15.00
820	潢川县(豫)	观赏苗木(万株)	海桐	1100.00
821	桂阳县(湘)	盆花(万盆)	海桐	23.00
822	兴安县(桂)	观赏苗木(万株)	海桐	15.00
823	台儿庄区(鲁)	观赏苗木(万株)	海棠花	20.00
824	顺义区(京)	盆花(万盆)	海棠花	431.00
825	延庆县(京)	盆花(万盆)	海棠花	210.00
826	铜鼓县(赣)	鲜切花(万支)	海棠花	10.00
827	源汇区(豫)	盆花(万盆)	桂竹香	3500.00
828	临湘市(湘)	盆花(万盆)	桂圆菊	60.00
829	鄢陵县(豫)	观赏苗木(万株)	桂花	6320.00
830	潢川县(豫)	观赏苗木(万株)	桂花	705.00
831	桂东县(湘)	观赏苗木(万株)	桂花	180.00
832	巴州区(川)	观赏苗木(万株)	桂花	150.00
833	铜鼓县(赣)	鲜切花(万支)	桂花	100.00
834	西湖区(浙)	观赏苗木(万株)	桂花	73.90
835	兴安县(桂)	观赏苗木(万株)	桂花	62.00
836	南汇区(沪)	观赏苗木(万株)	桂花	41.80
837	通道侗族自治县(湘)	观赏苗木(万株)	桂花	36.00
838	紫金县(粤)	观赏苗木(万株)	桂花	35.30

序号	县(旗、市、区、局、场)	花卉类别	花卉品种	生产量
839	临武县(湘)	观赏苗木(万株)	桂花	24.60
840	炎陵县(湘)	观赏苗木(万株)	桂花	21.00
841	芜湖县(皖)	鲜切叶(万支)	桂花	20.00
842	新邵县(湘)	观赏苗木(万株)	桂花	18.00
843	中方县(湘)	观赏苗木(万株)	桂花	15.00
844	双峰县(湘)	观赏苗木(万株)	桂花	15.00
845	全州县(桂)	观赏苗木(万株)	桂花	15.00
846	三门县(浙)	观赏苗木(万株)	桂花	13.00
847	桂阳县(湘)	盆花(万盆)	桂花	13.00
848	淳安县(浙)	盆景(万盆)	桂花	12.00
849	汝城县(湘)	盆花(万盆)	桂花	11.00
850	桐城市(皖)	观赏苗木(万株)	桂花	10.00
851	兴安县(桂)	鲜切叶(万支)	龟背竹	71.00
852	沅陵县(湘)	花卉用种苗(千苗)	葛藤	65.00
853	台山市(粤)	鲜切叶(万支)	富贵竹	1333.00
854	遂溪县(粤)	鲜切叶(万支)	富贵竹	820.00
855	廉江市(粤)	观赏苗木(万株)	富贵竹	108.00
856	旅顺口区(辽)	观赏苗木(万株)	福禄考	100.00
857	本溪满族自治县(辽)	花卉用种苗(千苗)	福禄考	100.00
858	顺义区(京)	盆花(万盆)	福禄考	47.00
859	涿州市(冀)	观赏苗木(万株)	福禄考	35.00
860	临洮县(甘)	盆花(万盆)	福禄考	30.00
861	临洮县(甘)	观赏苗木(万株)	福禄考	25.00
862	开原市(辽)	观赏苗木(万株)	福禄考	20.00
863	闵行区(沪)	鲜切花(万支)	扶郎花	56.70
864	嘉定区(沪)	鲜切花(万支)	扶郎花	39.60
865	宝山区(沪)	鲜切花(万支)	扶郎花	15.00
866	源汇区(豫)	盆花(万盆)	凤仙花	5500.00
867	顺义区(京)	盆花(万盆)	凤仙花	416.00
868	金州区(辽)	鲜切花(万支)	凤仙花	300.00
869	房山区(京)	盆花(万盆)	凤仙花	300.00
870	新安县(豫)	盆花(万盆)	凤仙花	200.00
871	延庆县(京)	盆花(万盆)	凤仙花	200.00
872	黄岩区(浙)	鲜切叶(万支)	凤仙花	23.00
873	香河县(冀)	花卉用种子(千克)	凤仙花	20.00
874	临洮县(甘)	盆花(万盆)	凤仙花	13.00
875	汝城县(湘)	盆花(万盆)	凤仙花	10.00
876	高邑县(冀)	盆花(万盆)	凤仙花	10.00
877	梁山县(鲁)	鲜切叶(万支)	凤尾竹	482.00
878	松江区(沪)	盆花(万盆)	凤梨类	136.02
879	旅顺口区(辽)	观赏苗木(万株)	凤梨类	100.00
880	浦东新区(沪)	盆花(万盆)	凤梨类	20.00
881	义乌市(浙)	盆花(万盆)	凤梨类	12.00
882	嘉善县(浙)	盆花(万盆)	凤梨类	10.00
883	济宁市市中区(鲁)	盆花(万盆)	凤梨类	10.00
884	宜州市(桂)	观赏苗木(万株)	凤梨类	10.00
885	解放区(豫)	盆花(万盆)	凤凰竹	4300.00
886	喀喇沁左翼蒙古族自治县(辽)	鲜切花(万支)	非洲菊	430.00
887	盖州市(辽)	鲜切花(万支)	非洲菊	90.00
888	古冶区(冀)	鲜切花(万支)	非洲菊	4678.00
889	松江区(沪)	鲜切花(万支)	非洲菊	3818.41
890	海盐县(浙)	鲜切花(万支)	非洲菊	2260.00
891	金山区(沪)	鲜切花(万支)	非洲菊	1230.00
892	台安县(辽)	鲜切花(万支)	非洲菊	1200.00
893	旅顺口区(辽)	鲜切花(万支)	非洲菊	400.00
894	凌源市(辽)	鲜切花(万支)	非洲菊	400.00
895	连山区(辽)	鲜切花(万支)	非洲菊	357.00
896	白云区(黔)	鲜切花(万支)	非洲菊	300.00
897	红旗区(豫)	鲜切花(万支)	非洲菊	200.00
898	青浦区(沪)	鲜切花(万支)	非洲菊	145.00
899	兴庆区(宁)	鲜切花(万支)	非洲菊	118.00
900	顺义区(京)	鲜切花(万支)	非洲菊	80.00
901	嵊州市(浙)	鲜切花(万支)	非洲菊	49.00
902	平湖市(浙)	鲜切花(万支)	非洲菊	32.00
903	蒙阴县(鲁)	鲜切花(万支)	非洲菊	30.00
904	永定县(闽)	鲜切花(万支)	非洲菊	30.00
905	五指山市(琼)	鲜切花(万支)	非洲菊	29.90
906	黄埔区(粤)	鲜切花(万支)	非洲菊	25.00
907	浦东新区(沪)	鲜切花(万支)	非洲菊	15.00
908	梁山县(鲁)	鲜切花(万支)	非洲菊	12.00
909	南湖区(浙)	鲜切花(万支)	非洲菊	10.00
910	北票市(辽)	鲜切花(万支)	非洲菊	10.00
911	临洮县(甘)	盆花(万盆)	飞燕草	20.00
912	潢川县(豫)	观赏苗木(万株)	法桐	310.00
913	嵩　县(豫)	观赏苗木(万株)	法桐	10.00
914	潢川县(豫)	观赏苗木(万株)	多花蔷薇	152.00
915	罗山县(豫)	观叶植物(万盆)	多花蔷薇	150.00
916	北戴河区(冀)	观赏苗木(万株)	多花蔷薇	12.20

序号	县(旗、市、区、局、场)	花卉类别	花卉品种	生产量
917	嵩　县(豫)	观赏苗木(万株)	杜仲	30.00
918	振兴区(辽)	鲜切花(万支)	杜鹃花	30.00
919	北仑区(浙)	观赏苗木(万株)	杜鹃花	21947.00
920	振安区(辽)	盆花(万盆)	杜鹃花	900.00
921	鄂托克旗(内蒙古)	盆花(万盆)	杜鹃花	200.00
922	潢川县(豫)	观赏苗木(万株)	杜鹃花	158.00
923	巴州区(川)	盆花(万盆)	杜鹃花	150.00
924	从江县(黔)	鲜切花(万支)	杜鹃花	148.00
925	北仑区(浙)	盆花(万盆)	杜鹃花	60.00
926	铜鼓县(赣)	鲜切花(万支)	杜鹃花	40.00
927	白云区(黔)	盆花(万盆)	杜鹃花	10.00
928	振兴区(辽)	盆花(万盆)	杜鹃花	200.00
929	振兴区(辽)	观赏苗木(万株)	杜鹃花	180.00
930	洪江市(湘)	观赏苗木(万株)	杜鹃花	400.00
931	港北区(桂)	鲜切叶(万支)	杜鹃花	201.00
932	汝城县(湘)	盆花(万盆)	杜鹃花	30.00
933	中方县(湘)	观赏苗木(万株)	杜鹃花	30.00
934	霍山县(皖)	观赏苗木(万株)	杜鹃花	30.00
935	永新县(赣)	盆花(万盆)	杜鹃花	20.00
936	三门县(浙)	观赏苗木(万株)	杜鹃花	16.00
937	樟树市(赣)	工业及其他用途花卉(千克)	杜鹃花	14.80
938	临武县(湘)	观赏苗木(万株)	杜鹃花	10.50
939	吴桥县(冀)	盆花(万盆)	杜鹃花	10.00
940	齐齐哈尔市市辖区(黑)	花卉用种苗(千苗)	丁香类	260.00
941	凤城市(辽)	观赏苗木(万株)	丁香类	200.00
942	泰来县(黑)	花卉用种苗(千苗)	丁香类	100.00
943	贺兰县(宁)	观赏苗木(万株)	丁香类	81.30
944	潢川县(豫)	观赏苗木(万株)	丁香类	71.00
945	五大连池市(黑)	观赏苗木(万株)	丁香类	50.00
946	涿州市(冀)	观赏苗木(万株)	丁香类	42.00
947	玛珂河林业局(青)	观赏苗木(万株)	丁香类	25.49
948	房山区(京)	观赏苗木(万株)	丁香类	23.39
949	开原市(辽)	观赏苗木(万株)	丁香类	20.00
950	兰西县(黑)	观赏苗木(万株)	丁香类	20.00
951	翁牛特旗(内蒙古)	观赏苗木(万株)	丁香类	10.00
952	桃源县(湘)	观叶植物(万盆)	吊兰	42.00
953	潢川县(豫)	盆花(万盆)	吊兰	19.00
954	东营区(鲁)	盆景(万盆)	吊兰	17.00
955	顺义区(京)	盆花(万盆)	吊兰	17.00
956	铜鼓县(赣)	鲜切花(万支)	吊兰	10.00
957	潢川县(豫)	盆景(万盆)	吊金钱	21.00
958	开原市(辽)	观赏苗木(万株)	地锦	30.00
959	房山区(京)	观赏苗木(万株)	地锦	15.00
960	金凤区(宁)	盆花(万盆)	地肤	48.00
961	平桥区(豫)	观叶植物(万盆)	地肤	11.00
962	临洮县(甘)	鲜切花(万支)	大丽花	130.00
963	大武口区(宁)	花卉用种球(千粒)	大丽花	127.50
964	临洮县(甘)	盆花(万盆)	大丽花	32.00
965	罗定市(粤)	盆花(万盆)	大丽花	22.00
966	潢川县(豫)	盆花(万盆)	大丽花	20.00
967	长清区(鲁)	盆花(万盆)	大丽花	10.00
968	固始县(豫)	盆花(万盆)	大丽花	10.00
969	新化县(湘)	观叶植物(万盆)	葱兰	30.00
970	肥城市(鲁)	观赏苗木(万株)	垂枝桃	44.00
971	罗庄区(鲁)	观赏苗木(万株)	垂丝海棠	50.00
972	新野县(豫)	鲜切叶(万支)	雏菊	21.00
973	嘉峪关市市辖区(甘)	盆花(万盆)	雏菊	10.00
974	许昌县(豫)	鲜切花(万支)	雏菊	172.00
975	莲都区(浙)	鲜切花(万支)	雏菊	80.00
976	藁城市(冀)	盆花(万盆)	雏菊	36.00
977	顺义区(京)	盆花(万盆)	雏菊	26.70
978	新泰市(鲁)	盆花(万盆)	雏菊	26.00
979	旅顺口区(辽)	观赏苗木(万株)	雏菊	20.00
980	凤城市(辽)	鲜切花(万支)	雏菊	20.00
981	固始县(豫)	盆景(万盆)	雏菊	20.00
982	确山县(豫)	盆花(万盆)	雏菊	20.00
983	肥城市(鲁)	盆花(万盆)	雏菊	13.00
984	珠晖区(湘)	观叶植物(万盆)	雏菊	10.00
985	泊头市(冀)	盆花(万盆)	雏菊	10.00
986	高邑县(冀)	盆花(万盆)	常春藤类	10.00
987	顺义区(京)	盆花(万盆)	长寿花	10.00
988	鼎城区(湘)	盆花(万盆)	长春花	20.00
989	阜新蒙古族自治县(辽)	鲜切花(万支)	草花	570.00
990	白云区(黔)	盆花(万盆)	草花	30.00
991	海兴县(冀)	鲜切花(万支)	草芙蓉	3000.00
992	肥乡县(冀)	盆花(万盆)	草芙蓉	50.00
993	永吉县(吉)	盆花(万盆)	草芙蓉	20.00

序号	县(旗、市、区、局、场)	花卉类别	花卉品种	生产量
994	广昌县(赣)	盆花(万盆)	波斯菊	180.00
995	西宁市市辖区(青)	花卉用种苗(千苗)	波斯菊	30.00
996	顺义区(京)	盆花(万盆)	波斯菊	25.00
997	肥乡县(冀)	盆花(万盆)	波斯菊	20.00
998	珠晖区(湘)	观叶植物(万盆)	波斯菊	10.00
999	广阳区(冀)	盆花(万盆)	波斯菊	10.00
1000	南汇区(沪)	盆景(万盆)	薜荔	440.04
1001	潢川县(豫)	观赏苗木(万株)	碧桃	228.00
1002	博野县(冀)	观赏苗木(万株)	碧桃	60.00
1003	涿州市(冀)	观赏苗木(万株)	碧桃	15.00
1004	安国市(冀)	观赏苗木(万株)	碧桃	15.00
1005	桃城区(冀)	观赏苗木(万株)	碧桃	10.00
1006	修水县(赣)	盆景(万盆)	百子莲	10.00
1007	贺兰县(宁)	鲜切叶(万支)	百日草	213.00
1008	房山区(京)	盆花(万盆)	百日草	100.00
1009	延庆县(京)	盆花(万盆)	百日草	89.50
1010	顺义区(京)	盆花(万盆)	百日草	20.60
1011	北戴河区(冀)	盆花(万盆)	百日草	20.00
1012	盖州市(辽)	鲜切花(万支)	百合	8000.00
1013	灯塔市(辽)	鲜切花(万支)	百合	5900.00
1014	太子河区(辽)	鲜切花(万支)	百合	4500.00
1015	金州区(辽)	鲜切叶(万支)	百合	3220.00
1016	海宁市(浙)	花卉用种球(千粒)	百合	3200.00
1017	海宁市(浙)	鲜切花(万支)	百合	2059.00
1018	平泉县(冀)	鲜切花(万支)	百合	1500.00
1019	延庆县(京)	花卉用种球(千粒)	百合	1200.00
1020	临洮县(甘)	鲜切花(万支)	百合	550.00
1021	嘉善县(浙)	鲜切花(万支)	百合	424.00
1022	临川区(赣)	鲜切花(万支)	百合	406.00
1023	顺义区(京)	鲜切花(万支)	百合	307.00
1024	振安区(辽)	鲜切花(万支)	百合	300.00
1025	清新县(粤)	鲜切花(万支)	百合	300.00
1026	青浦区(沪)	鲜切花(万支)	百合	280.00
1027	昌平区(京)	鲜切花(万支)	百合	276.77
1028	西乡塘区(桂)	鲜切花(万支)	百合	259.00
1029	兴城市(辽)	鲜切花(万支)	百合	240.00
1030	梁山县(鲁)	鲜切花(万支)	百合	238.00
1031	港北区(桂)	鲜切叶(万支)	百合	213.00
1032	南郑县(陕)	花卉用种球(千粒)	百合	200.00
1033	桐乡市(浙)	鲜切花(万支)	百合	150.00
1034	金山区(沪)	鲜切花(万支)	百合	139.00
1035	绍兴县(浙)	花卉用种球(千粒)	百合	100.00
1036	义乌市(浙)	鲜切花(万支)	百合	100.00
1037	寿宁县(闽)	鲜切花(万支)	百合	99.00
1038	连山区(辽)	花卉用种球(千粒)	百合	92.00
1039	铜鼓县(赣)	鲜切花(万支)	百合	80.00
1040	西湖区(浙)	鲜切花(万支)	百合	70.80
1041	房山区(京)	鲜切花(万支)	百合	55.00
1042	高要市(粤)	鲜切花(万支)	百合	50.00
1043	八达岭林场(京)	花卉用种球(千粒)	百合	50.00
1044	松江区(沪)	鲜切花(万支)	百合	36.93
1045	怀柔区(京)	鲜切花(万支)	百合	33.00
1046	细河区(辽)	鲜切花(万支)	百合	30.00
1047	大东流苗圃(京)	鲜切花(万支)	百合	24.66
1048	岫岩满族自治县(辽)	鲜切花(万支)	百合	20.00
1049	瑞金市(赣)	鲜切花(万支)	百合	18.63
1050	宁城县(内蒙古)	鲜切花(万支)	百合	18.00
1051	五指山市(琼)	鲜切花(万支)	百合	16.00
1052	三门县(浙)	鲜切花(万支)	百合	15.00
1053	闵行区(沪)	鲜切花(万支)	百合	11.60
1054	海城市(辽)	花卉用种球(千粒)	百合	10.50
1055	赣　县(赣)	观赏苗木(万株)	百合	10.50
1056	永靖县(甘)	观叶植物(万盆)	百合	10.00
1057	枣庄市市中区(鲁)	鲜切叶(万支)	矮雪轮	20.38
1058	大武口区(宁)	花卉用种苗(千苗)	矮牵牛	1089.70
1059	顺义区(京)	盆花(万盆)	矮牵牛	783.60
1060	青铜峡市(宁)	花卉用种子(千克)	矮牵牛	600.00
1061	西宁市市辖区(青)	花卉用种苗(千苗)	矮牵牛	400.00
1062	平罗县(宁)	盆花(万盆)	矮牵牛	300.00
1063	房山区(京)	盆花(万盆)	矮牵牛	200.00
1064	贺兰县(宁)	盆花(万盆)	矮牵牛	165.00
1065	延庆县(京)	盆花(万盆)	矮牵牛	101.00
1066	长清区(鲁)	盆花(万盆)	矮牵牛	100.00
1067	金凤区(宁)	盆花(万盆)	矮牵牛	100.00
1068	天台县(浙)	盆花(万盆)	矮牵牛	90.00
1069	临洮县(甘)	观赏苗木(万株)	矮牵牛	85.00
1070	大庆市开发区(黑)	盆花(万盆)	矮牵牛	80.00
1071	肥乡县(冀)	盆花(万盆)	矮牵牛	20.00

序号	县(旗、市、区、局、场)	花卉类别	花卉品种	生产量
1072	北戴河区(冀)	盆花(万盆)	矮牵牛	18.00
1073	广阳区(冀)	盆花(万盆)	矮牵牛	15.00
1074	惠农区(宁)	盆花(万盆)	矮牵牛	10.00
1075	安宁区(甘)	观赏苗木(万株)	矮牵牛	10.00

表 13－2　2009 年草坪主产县(市、区)

序号	县(市、区)	草坪生产量(万平方米)
1	昌平区(京)	205.21
2	顺义区(京)	53.50
3	房山区(京)	24.00
4	大兴区(京)	22.17
5	武清区(津)	100.00
6	宝坻区(津)	80.26
7	路北区(冀)	194.00
8	抚宁县(冀)	133.00
9	栾城县(冀)	108.00
10	北戴河区(冀)	28.35
11	定州市(冀)	19.50
12	邯郸县(冀)	13.34
13	铁岭县(辽)	1500.00
14	灯塔市(辽)	180.00
15	金州区(辽)	136.00
16	岫岩满族自治县(辽)	35.00
17	铁西区(吉)	136.00
18	龙井市(吉)	60.00
19	敦化市(吉)	26.00
20	呼兰区(黑)	310.00
21	松北区(黑)	26.68
22	奉贤区(沪)	347.60
23	金山区(沪)	340.30
24	松江区(沪)	300.00
25	崇明县(沪)	105.20
26	嘉定区(沪)	27.00
27	南汇区(沪)	20.90
28	浦东新区(沪)	12.00
29	常山县(浙)	738.00
30	绍兴县(浙)	200.00
31	余杭区(浙)	182.00
32	武义县(浙)	90.00
33	平阳县(浙)	37.00
34	金东区(浙)	36.00
35	诸暨市(浙)	26.00
36	瓯海区(浙)	20.00
37	温岭市(浙)	20.00
38	莲都区(浙)	20.00
39	龙游县(浙)	18.00
40	路桥区(浙)	13.30
41	定海区(浙)	11.95
42	富阳市(浙)	10.00
43	柯城区(浙)	10.00
44	江山市(浙)	10.00
45	无为县(皖)	18.00
46	南谯区(皖)	650.00
47	肥西县(皖)	200.00
48	芜湖县(皖)	67.00
49	霍山县(皖)	32.00
50	望江县(皖)	10.00
51	梅列区(闽)	30.05
52	新建县(赣)	380.00
53	丰城市(赣)	200.00
54	永新县(赣)	110.00
55	上饶县(赣)	45.00
56	玉山县(赣)	30.00
57	赣　县(赣)	23.00
58	新干县(赣)	20.50
59	临川区(赣)	12.00
60	婺源县(赣)	11.00
61	邹城市(鲁)	41.94
62	宁阳县(鲁)	30.00
63	东营市市辖区(鲁)	16.00
64	长清区(鲁)	12.00
65	夏津县(鲁)	10.00
66	鄢陵县(豫)	62.00
67	确山县(豫)	50.00
68	潢川县(豫)	45.00
69	永城市(豫)	20.00
70	辉县市(豫)	11.00
71	东宝区(鄂)	295.00
72	京山县(鄂)	33.00

序号	县(市、区)	草坪生产量（万平方米）
73	阳新县(鄂)	16.85
74	沙洋县(鄂)	12.00
75	大冶市(鄂)	10.00
76	安仁县(湘)	4600.00
77	鼎城区(湘)	1400.00
78	常宁市(湘)	80.00
79	岳塘区(湘)	68.40
80	娄星区(湘)	55.05
81	洞口县(湘)	50.00
82	武冈市(湘)	50.00
83	苏仙区(湘)	33.35
84	零陵区(湘)	17.00
85	中方县(湘)	15.00
86	衡阳县(湘)	14.00
87	永定区(湘)	12.00
88	新化县(湘)	11.00
89	石峰区(湘)	10.00
90	南海区(粤)	960.00
91	鼎湖区(粤)	115.00
92	兴宁市(粤)	100.00
93	斗门区(粤)	99.00
94	南沙区(粤)	40.07
95	博罗县(粤)	36.70
96	清城区(粤)	31.66
97	惠城区(粤)	23.50
98	中山市(粤)	13.08
99	岑溪市(桂)	400.00
100	西乡塘区(桂)	295.00
101	江南区(桂)	101.29
102	雁山区(桂)	90.50
103	宜州市(桂)	60.00
104	全州县(桂)	50.00
105	玉州区(桂)	46.00
106	兴宁区(桂)	36.72
107	隆安县(桂)	33.98
108	银海区(桂)	29.30
109	合浦县(桂)	21.00
110	苍梧县(桂)	20.81
111	海城区(桂)	13.68
112	兴安县(桂)	13.00
113	右江区(桂)	12.21
114	五通桥区(川)	110.00
115	巴州区(川)	21.00
122	永靖县(甘)	10.00

表14　2009木、竹、藤工艺品主产县(旗、市、区、场)

序号	县(旗、市、区、场)	工艺品名称	产值（万元）
1	诸暨市(浙)	棕编	5000.00
2	岑溪市(桂)	棕编	4200.00
3	新安县(豫)	棕编	3800.00
4	永定县(闽)	棕编	1000.00
5	南康市(赣)	棕编	600.00
6	资兴市(湘)	棕编	380.00
7	吴川市(粤)	棕编	350.00
8	铜鼓县(赣)	棕编	212.00
9	政和县(闽)	棕编	200.00
10	桃源县(湘)	棕编	200.00
11	新化县(湘)	棕编	160.00
12	赣　县(赣)	棕编	152.00
13	衡阳县(湘)	棕编	150.00
14	镇坪县(陕)	棕编	150.00
15	瑞昌市(赣)	棕编	120.00
16	麻阳苗族自治县(湘)	棕编	100.00
17	桃江县(湘)	竹雕	5000.00
18	徽州区(皖)	竹雕	3050.00
19	赫山区(湘)	竹雕	2800.00
20	尤溪县(闽)	竹雕	2794.50
21	霍山县(皖)	竹雕	1500.00
22	长宁县(川)	竹雕	1100.00
23	临湘市(湘)	竹雕	850.00
24	黟　县(皖)	竹雕	600.00
25	资兴市(湘)	竹雕	540.00
26	炎陵县(湘)	竹雕	525.00
27	桃源县(湘)	竹雕	510.00

序号	县(旗、市、区、场)	工艺品名称	产值(万元)
28	栾川县(豫)	竹雕	500.00
29	桐柏县(豫)	竹雕	425.00
30	新化县(湘)	竹雕	250.00
31	政和县(闽)	竹雕	200.00
32	祁门县(皖)	竹雕	160.00
33	诸暨市(浙)	竹雕	150.00
34	新干县(赣)	竹雕	150.00
35	绩溪县(皖)	竹雕	120.00
36	确山县(豫)	竹雕	100.00
37	余杭区(浙)	竹编	191031.00
38	中山市(粤)	竹编	45323.68
39	信宜市(粤)	竹编	27600.00
40	井研县(川)	竹编	20000.00
41	桃江县(湘)	竹编	18000.00
42	博罗县(粤)	竹编	15231.00
43	平南县(桂)	竹编	10278.00
44	舒城县(皖)	竹编	9000.00
45	诸暨市(浙)	竹编	5500.00
46	仙居县(浙)	竹编	5400.00
47	资兴市(湘)	竹编	5100.00
48	衡山县(湘)	竹编	5020.00
49	岑溪市(桂)	竹编	3800.00
50	阳朔县(桂)	竹编	3649.00
51	临湘市(湘)	竹编	3500.00
52	黄岩区(浙)	竹编	3050.00
53	英德市(粤)	竹编	2732.00
54	铜鼓县(赣)	竹编	2715.00
55	浦北县(桂)	竹编	2700.00
56	赫山区(湘)	竹编	2500.00
57	桐城市(皖)	竹编	2300.00
58	桂平市(桂)	竹编	2200.80
59	高要市(粤)	竹编	1950.00
60	万载县(赣)	竹编	1550.00
61	松阳县(浙)	竹编	1546.00
62	霍山县(皖)	竹编	1500.00
63	坊子区(鲁)	竹编	1340.00
64	桐庐县(浙)	竹编	1006.00
65	永定县(闽)	竹编	1000.00
66	东平县(鲁)	竹编	900.00
67	博爱县(豫)	竹编	880.00
68	平昌县(川)	竹编	800.00
69	居巢区(皖)	竹编	680.00
70	洛宁县(豫)	竹编	600.00
71	衡阳县(湘)	竹编	600.00
72	兰溪市(浙)	竹编	550.00
73	长宁县(川)	竹编	550.00
74	龙游县(浙)	竹编	542.00
75	衡南县(湘)	竹编	510.00
76	光山县(豫)	竹编	500.00
77	灵山县(桂)	竹编	500.00
78	平桥区(豫)	竹编	380.00
79	青阳县(皖)	竹编	375.00
80	临泉县(皖)	竹编	300.00
81	政和县(闽)	竹编	300.00
82	北流市(桂)	竹编	300.00
83	沐川县(川)	竹编	300.00
84	通江县(川)	竹编	300.00
85	桃源县(湘)	竹编	290.00
86	安远县(赣)	竹编	275.00
87	庐江县(皖)	竹编	234.00
88	望城县(湘)	竹编	232.00
89	瑞昌市(赣)	竹编	220.00
90	新化县(湘)	竹编	220.00
91	潜山县(皖)	竹编	200.00
92	九华山风景区(皖)	竹编	200.00
93	南康市(赣)	竹编	200.00
94	横峰县(赣)	竹编	200.00
95	确山县(豫)	竹编	200.00
96	陆川县(桂)	竹编	200.00
97	三穗县(黔)	竹编	196.00
98	中方县(湘)	竹编	188.00
99	大名县(冀)	竹编	180.00
100	阳东县(粤)	竹编	180.00
101	宜丰县(赣)	竹编	120.00

序号	县(旗、市、区、场)	工艺品名称	产值(万元)
102	双峰县(湘)	竹编	120.00
103	新晃侗族自治县(湘)	竹编	110.00
104	徐闻县(粤)	竹编	110.00
105	紫金县(粤)	竹编	100.00
106	霍邱县(皖)	藤编	127600.00
107	博白县(桂)	藤编	55000.00
108	惠安县(闽)	藤编	45245.00
109	中山市(粤)	藤编	42268.20
110	太子河区(辽)	藤编	33032.00
111	博罗县(粤)	藤编	15300.00
112	岑溪市(桂)	藤编	4000.00
113	浦北县(桂)	藤编	3700.00
114	诸暨市(浙)	藤编	2000.00
115	信宜市(粤)	藤编	1888.00
116	广德县(皖)	藤编	1500.00
117	铜鼓县(赣)	藤编	1291.00
118	江山市(浙)	藤编	1000.00
119	永定县(闽)	藤编	1000.00
120	衡山县(湘)	藤编	560.00
121	英德市(粤)	藤编	546.00
122	延津县(豫)	藤编	505.00
123	霍山县(皖)	藤编	500.00
124	确山县(豫)	藤编	500.00
125	通江县(川)	藤编	500.00
126	成武县(鲁)	藤编	460.00
127	章贡区(赣)	藤编	456.00
128	淮滨县(豫)	藤编	400.00
129	新干县(赣)	藤编	300.00
130	余干县(赣)	藤编	300.00
131	临湘市(湘)	藤编	205.00
132	政和县(闽)	藤编	200.00
133	南康市(赣)	藤编	200.00
134	麻阳苗族自治县(湘)	藤编	200.00
135	陆川县(桂)	藤编	200.00
136	鼎城区(湘)	藤编	180.00
137	永靖县(甘)	藤编	150.00
138	仁化县(粤)	藤编	130.00

序号	县(旗、市、区、场)	工艺品名称	产值(万元)
139	宁阳县(鲁)	藤编	120.00
140	桃源县(湘)	藤编	120.00
141	三穗县(黔)	藤编	106.00
142	赣　县(赣)	藤编	105.00
143	京山县(鄂)	藤编	100.00
144	衡阳县(湘)	藤编	100.00
145	隆回县(湘)	藤编	100.00
146	紫金县(粤)	藤编	100.00
147	灵山县(桂)	藤编	100.00
148	灵璧县(皖)	木雕	54000.00
149	中山市(粤)	木雕	46066.66
150	惠安县(闽)	木雕	42324.00
151	余江县(赣)	木雕	26000.00
152	黎平县(黔)	木雕	20889.00
153	博罗县(粤)	木雕	15300.00
154	诸暨市(浙)	木雕	15000.00
155	新宾满族自治县(辽)	木雕	8000.00
156	冷水滩区(湘)	木雕	6144.00
157	三门县(浙)	木雕	5700.00
158	英德市(粤)	木雕	5464.00
159	肥城市(鲁)	木雕	5250.00
160	乐清市(浙)	木雕	4442.00
161	尤溪县(闽)	木雕	3644.30
162	徽州区(皖)	木雕	3050.00
163	临川区(赣)	木雕	2000.00
164	绩溪县(皖)	木雕	1800.00
165	大余县(赣)	木雕	1680.00
166	霍山县(皖)	木雕	1200.00
167	成武县(鲁)	木雕	1200.00
168	湘乡市(湘)	木雕	1200.00
169	桃源县(湘)	木雕	1200.00
170	栾川县(豫)	木雕	1000.00
171	资兴市(湘)	木雕	980.00
172	集安市(吉)	木雕	960.00
173	全州县(桂)	木雕	950.00
174	高要市(粤)	木雕	904.00
175	会同县(湘)	木雕	897.00

序号	县(旗、市、区、场)	工艺品名称	产值(万元)
176	舒城县(皖)	木雕	870.00
177	宁津县(鲁)	木雕	670.00
178	化州市(粤)	木雕	600.00
179	木里藏族自治县(川)	木雕	550.00
180	洪江市(湘)	木雕	500.00
181	岳西县(皖)	木雕	450.00
182	番禺区(粤)	木雕	431.00
183	娄星区(湘)	木雕	420.50
184	新化县(湘)	木雕	380.00
185	辉南县(吉)	木雕	360.00
186	上饶县(赣)	木雕	360.00
187	阿拉善左旗(内蒙古)	木雕	350.00
188	九华山风景区(皖)	木雕	300.00
189	南康市(赣)	木雕	300.00
190	玉山县(赣)	木雕	300.00
191	顺平县(冀)	木雕	210.00
192	政和县(闽)	木雕	200.00
193	商城县(豫)	木雕	200.00
194	确山县(豫)	木雕	200.00
195	青阳县(皖)	木雕	180.00
196	天峨县(桂)	木雕	180.00
197	西秀区(黔)	木雕	160.00
198	雷山县(黔)	木雕	151.00
199	嵩　县(豫)	木雕	150.00
200	云城区(粤)	木雕	130.00
201	武宣县(桂)	木雕	125.00
202	太湖县(皖)	木雕	120.00
203	靖州苗族侗族自治县(湘)	木雕	120.00
204	阳东县(粤)	木雕	105.00
205	麻阳苗族自治县(湘)	木雕	100.00
206	陆川县(桂)	木雕	100.00
207	宜州市(桂)	木雕	100.00
208	宁明县(桂)	木雕	100.00
209	长宁县(川)	木雕	100.00
210	宁陕县(陕)	木雕	100.00

表15-1　2009年中药材(栀子)主产县(市、区)

序号	县(市、区)	栀子产量(吨)
1	平阳县(浙)	7225.00
2	淳安县(浙)	276.00
3	樟树市(赣)	2858.00
4	临川区(赣)	2051.00
5	万载县(赣)	1500.00
6	修水县(赣)	400.00
7	都昌县(赣)	350.00
8	余干县(赣)	100.00
9	瑞金市(赣)	35.10
10	赣　县(赣)	18.00
11	泰和县(赣)	16.00
12	上高县(赣)	5.00
13	吉水县(赣)	4.95
14	婺源县(赣)	4.00
15	桐柏县(豫)	4325.00
16	唐河县(豫)	4000.00
17	卧龙区(豫)	35.00
18	耒阳市(湘)	380.00
19	临澧县(湘)	50.00
20	湘乡市(湘)	4.20
21	临武县(湘)	2.60
22	鹿寨县(桂)	7454.00
23	西乡县(陕)	5.00

表15-2　2009年中药材(五味子)主产县(市、区、局、场)

序号	县(市、区、局、场)	五味子产量(吨)
1	丰宁满族自治县(冀)	36.00
2	宁城县(内蒙古)	2.60
3	岫岩满族自治县(辽)	7000.00
4	东港市(辽)	2160.00
5	海城市(辽)	1980.00
6	桓仁满族自治县(辽)	780.00
7	庄河市(辽)	373.00
8	抚顺县(辽)	300.00
9	清原满族自治县(辽)	249.00

序号	县(市、区、局、场)	五味子产量(吨)
10	新宾满族自治县(辽)	182.00
11	大石桥市(辽)	150.00
12	盖州市(辽)	60.00
13	清河区(辽)	56.00
14	东洲区(辽)	36.00
15	元宝区(辽)	30.00
16	顺城区(辽)	12.00
17	集安市(吉)	25269.00
18	抚松县(吉)	12850.00
19	东辽县(吉)	260.00
20	梅河口市(吉)	210.00
21	汪清县(吉)	186.00
22	长白朝鲜族自治县(吉)	165.00
23	珲春林业局(吉)	150.00
24	黄泥河林业局(吉)	104.00
25	安图森林经营局(吉)	61.00
26	大兴沟林业局(吉)	60.00
27	和龙市(吉)	51.00
28	敦化市(吉)	44.00
29	临江市(吉)	36.00
30	白河林业局(吉)	36.00
31	通化县(吉)	28.00
32	洮南市(吉)	20.00
33	图们市(吉)	18.00
34	磐石市(吉)	15.60
35	敦化林业局(吉)	15.00
36	龙井市(吉)	14.50
37	二道江区(吉)	12.00
38	柳河县(吉)	8.00
39	船营区(吉)	6.50
40	西安区(吉)	2.00
41	东丰县(吉)	1.00
42	虎林市(黑)	5000.00
43	逊克县(黑)	360.00
44	北安市(黑)	325.00
45	嘉荫县(黑)	200.00
46	延寿县(黑)	120.00
47	宾　县(黑)	62.00
48	阿城区(黑)	52.50
49	尚志区(黑)	38.00

序号	县(市、区、局、场)	五味子产量(吨)
50	黑河市直属林场(黑)	29.00
51	桦南县(黑)	21.00
52	木兰县(黑)	18.00
53	鸡东县(黑)	15.00
54	岭东区(黑)	10.00
55	密山市(黑)	6.00
56	嫩江县(黑)	5.00
57	同江市(黑)	3.00
58	勃利县(黑)	2.63
59	桦川县(黑)	2.50
60	丹清河实验林场(黑)	2.20
61	方正县(黑)	2.00
62	全南县(赣)	1.80
63	栾川县(豫)	70.00
64	嵩　县(豫)	20.00
65	镇安县(陕)	2034.00
66	宁陕县(陕)	800.00
67	华　县(陕)	500.00
68	留坝县(陕)	80.00
69	康　县(甘)	17.00
70	友好林业局(龙江森工)	900.00
71	清河林业局(龙江森工)	750.00
72	铁力林业局(龙江森工)	728.00
73	八面通林业局(龙江森工)	500.00
74	南岔林业局(龙江森工)	450.00
75	方正林业局(龙江森工)	400.00
76	东方红林业局(龙江森工)	150.00
77	绥棱林业局(龙江森工)	140.00
78	桃山林业局(龙江森工)	120.00
79	美溪林业局(龙江森工)	110.00
80	双丰林业局(龙江森工)	50.00
81	新青林业局(龙江森工)	46.20
82	乌伊岭林业局(龙江森工)	40.00
83	带岭实验局(龙江森工)	40.00
84	兴隆林业局(龙江森工)	32.00
85	大海林林业局(龙江森工)	26.00
86	朗乡林业局(龙江森工)	22.00
87	汤旺河林业局(龙江森工)	20.00
88	山河屯林业局(龙江森工)	20.00
89	上甘岭林业局(龙江森工)	18.00

序号	县(市、区、局、场)	五味子产量(吨)
90	海林林业局(龙江森工)	10.00
91	穆棱林业局(龙江森工)	8.00
92	双鸭山林业局(龙江森工)	5.00
93	林口林业局(龙江森工)	5.00
94	金山屯林业局(龙江森工)	3.00
95	东京城林业局(龙江森工)	2.00
96	柴河林业局(龙江森工)	1.00

表15-3 2009年中药材(五倍子)主产县(市、区)

序号	县(市、区)	五倍子产量(吨)
1	石台县(皖)	26.00
2	永春县(闽)	25.00
3	分宜县(赣)	4.00
4	洛宁县(豫)	20.00
5	衡阳县(湘)	180.00
6	沅陵县(湘)	41.00
7	永顺县(湘)	17.00
8	吉首市(湘)	15.00
9	保靖县(湘)	15.00
10	桃源县(湘)	11.50
11	鹤城区(湘)	4.70
12	泸溪县(湘)	2.00
13	古丈县(湘)	2.00
14	新晃侗族自治县(湘)	1.00
15	通江县(川)	50.00
16	会理县(川)	35.00
17	马边彝族自治县(川)	20.00
18	黎平县(黔)	60.00
19	独山县(黔)	55.00
20	岑巩县(黔)	26.00
21	剑河县(黔)	22.00
22	仁怀市(黔)	14.00
23	万山特区(黔)	6.00
24	西乡县(陕)	211.00
25	丹凤县(陕)	82.00
26	镇巴县(陕)	74.00
27	柞水县(陕)	59.00
28	商南县(陕)	40.00

表15-4 2009年中药材(天麻)主产县(市)

序号	县(市)	天麻产量(吨)
1	辉南县(吉)	530.00
2	鸡东县(黑)	3.00
3	岳西县(皖)	2200.00
4	金寨县(皖)	782.00
5	卢氏县(豫)	17.00
6	商城县(豫)	6.50
7	罗田县(鄂)	400.00
8	保康县(鄂)	22.30
9	靖州苗族侗族自治县(湘)	1200.00
10	湘乡市(湘)	1140.00
11	石门县(湘)	73.00
12	鹤城区(湘)	12.00
13	涟源市(湘)	4.00
14	新晃侗族自治县(湘)	1.00
15	黎平县(黔)	140.00
16	镇巴县(陕)	208.00
17	山阳县(陕)	168.00
18	商南县(陕)	108.50
19	千阳县(陕)	8.00

表15-5 2009年中药材(生姜)主产县(市)

序号	县(市)	生姜产量(吨)
1	仙居县(浙)	18.00
2	临泉县(皖)	2650.00
3	潜山县(皖)	504.00
4	界首市(皖)	50.00
5	南康市(赣)	750.00
6	赣　县(赣)	230.00
7	瑞金市(赣)	200.00
8	九江县(赣)	150.00
9	修水县(赣)	50.00
10	上高县(赣)	30.00
11	奉新县(赣)	12.00
12	嵩　县(豫)	80.00
13	伊川县(豫)	5.00
14	汝州市(豫)	5.00
15	桃源县(湘)	100.00
16	涟源市(湘)	40.00

序号	县(市)	生姜产量(吨)
17	新晃侗族自治县(湘)	8.00
18	信宜市(粤)	10000.00
19	高州市(粤)	2000.00
20	雷州市(粤)	15.00
21	英德市(粤)	7.00
22	连州市(粤)	6.00
23	靖西县(桂)	150.00
24	田阳县(桂)	25.00

表 15－6　2009 年中药材(山楂)主产县(市)

序号	县(市)	山楂产量(吨)
1	大石桥市(辽)	1200.00
2	岫岩满族自治县(辽)	1000.00
3	东丰县(吉)	2.00
4	霍山县(皖)	10.00
5	修水县(赣)	15.00
6	东平县(鲁)	444.00
7	嵩　县(豫)	1200.00
8	辉县市(豫)	550.00
9	南召县(豫)	101.00
10	宜阳县(豫)	74.00
11	伊川县(豫)	25.00
12	汝州市(豫)	13.00
13	舞钢市(豫)	12.60
14	栾川县(豫)	10.00
15	宝丰县(豫)	10.00
16	信宜市(粤)	2000.00
17	连州市(粤)	1.00
18	靖西县(桂)	12.00
19	麟游县(陕)	22.00

表 15－7　2009 年中药材(山萸肉)主产县(市、区、局)

序号	县(市、区、局)	山萸肉产量(吨)
1	淳安县(浙)	1773.00
2	临安市(浙)	193.00
3	桐庐县(浙)	60.00
4	石台县(皖)	80.00
5	霍山县(皖)	20.00
6	嵩　县(豫)	14175.00
7	汝阳县(豫)	4100.00
8	鲁山县(豫)	3300.00
9	西峡县(豫)	2300.00
10	南召县(豫)	1396.00
11	济源市(豫)	1120.00
12	内乡县(豫)	430.00
13	栾川县(豫)	260.00
14	方城县(豫)	253.00
15	卢氏县(豫)	170.00
16	宜阳县(豫)	154.00
17	南阳市市辖区(豫)	91.00
18	吉利区(豫)	36.00
19	洛宁县(豫)	35.00
20	桐柏县(豫)	20.00
21	卧龙区(豫)	4.00
22	辉县市(豫)	2.00
23	零陵区(湘)	27.00
24	双峰县(湘)	5.20
25	丹凤县(陕)	865.70
26	周至县(陕)	340.00
27	太白县(陕)	320.00
28	宁陕县(陕)	50.00
29	商南县(陕)	42.00
30	龙草坪林业局(陕)	11.25
31	柞水县(陕)	9.00
32	岚皋县(陕)	6.00

表 15－8　2009 年中药材(人参)主产县(市、区、局、场)

序号	县(市、区、局、场)	人参产量(吨)
1	凤城市(辽)	1300.00
2	振安区(辽)	654.00
3	抚顺县(辽)	650.00
4	桓仁满族自治县(辽)	624.00
5	岫岩满族自治县(辽)	3.00
6	本溪满族自治县(辽)	1.43
7	新宾满族自治县(辽)	1.23
8	抚松县(吉)	28574.00

序号	县(市、区、局、场)	人参产量(吨)
9	通化县(吉)	5000.00
10	集安市(吉)	4971.00
11	长白朝鲜族自治县(吉)	3608.30
12	临江市(吉)	209.00
13	柳河县(吉)	120.00
14	和龙林业局(吉)	105.00
15	大兴沟林业局(吉)	80.00
16	辉南县(吉)	75.00
17	黄泥河林业局(吉)	12.00
18	二道江区(吉)	5.00
19	珲春林业局(吉)	2.00
20	梅河口市(吉)	1.80
21	磐石市(吉)	1.14
22	东丰县(吉)	1.00
23	逊克县(黑)	320.00
24	北安市(黑)	295.00
25	黑河市直属林场(黑)	200.00
26	绥棱县(黑)	120.00
27	尚志市(黑)	70.00
28	虎林市(黑)	60.00
29	鸡东县(黑)	55.00
30	延寿县(黑)	20.00
31	露水河林业局(吉林森工)	1040.00
32	白石山林业局(吉林森工)	301.00
33	穆棱林业局(龙江森工)	493.00
34	方正林业局(龙江森工)	260.00
35	铁力林业局(龙江森工)	49.00
36	美溪林业局(龙江森工)	38.00
37	清河林业局(龙江森工)	33.00
38	朗乡林业局(龙江森工)	10.00
39	山河屯林业局(龙江森工)	1.00

表15-9 2009年中药材(金银花)主产县(市、区)

序号	县(市、区)	金银花产量(吨)
1	巨鹿县(冀)	9238.00
2	广宗县(冀)	750.00
3	元宝区(辽)	20.00
4	诸暨市(浙)	110.00
5	祁门县(皖)	30.00
6	霍山县(皖)	10.00
7	桐城市(皖)	2.30
8	政和县(闽)	66.00
9	寿宁县(闽)	37.00
10	临川区(赣)	5040.00
11	铅山县(赣)	4600.00
12	赣　县(赣)	48.70
13	瑞金市(赣)	31.20
14	修水县(赣)	30.00
15	永新县(赣)	28.00
16	铜鼓县(赣)	25.00
17	芦溪县(赣)	18.00
18	宜丰县(赣)	12.00
19	横峰县(赣)	10.00
20	靖安县(赣)	7.00
21	上饶县(赣)	6.00
22	会昌县(赣)	5.20
23	吉水县(赣)	4.70
24	泰和县(赣)	4.00
25	大余县(赣)	3.00
26	全南县(赣)	2.50
27	分宜县(赣)	1.20
28	封丘县(豫)	4600.00
29	延津县(豫)	4500.00
30	新安县(豫)	718.00
31	襄城县(豫)	227.00
32	睢　县(豫)	160.00
33	嵩　县(豫)	60.00
34	伊川县(豫)	35.00
35	孟津县(豫)	6.00
36	栾川县(豫)	5.00
37	东宝区(鄂)	1800.00
38	隆回县(湘)	7000.00
39	耒阳市(湘)	330.00
40	凤凰县(湘)	300.00
41	桂阳县(湘)	220.00
42	吉首市(湘)	200.00
43	中方县(湘)	60.00
44	绥宁县(湘)	25.00
45	鼎城区(湘)	25.00

序号	县(市、区)	金银花产量(吨)
46	桃源县(湘)	19.50
47	鹤城区(湘)	15.50
48	涟源市(湘)	12.00
49	临澧县(湘)	8.00
50	娄底市市辖区(湘)	4.00
51	新晃侗族自治县(湘)	2.80
52	湘乡市(湘)	2.00
53	兴宁市(粤)	26.25
54	和平县(粤)	18.00
55	电白县(粤)	5.30
56	仁化县(粤)	2.30
57	雷州市(粤)	2.20
58	忻城县(桂)	370.00
59	灌阳县(桂)	186.00
60	八步区(桂)	74.00
61	昭平县(桂)	26.00
62	南江县(川)	3200.00
63	苍溪县(川)	500.00
64	梓潼县(川)	139.00
65	沐川县(川)	107.00
66	绵阳市市辖区(川)	78.00
67	平昌县(川)	60.00
68	通江县(川)	50.00
69	南溪县(川)	30.00
70	巴州区(川)	25.00
71	元坝区(川)	20.00
72	蒲江县(川)	19.63
73	江油市(川)	6.00
74	朝天区(川)	6.00
75	旺苍县(川)	5.00
76	古蔺县(川)	2.00
77	荣　县(川)	1.50
78	南充市市辖区(川)	1.20
79	营山县(川)	1.20
80	丹寨县(黔)	105.00
81	凯里市(黔)	6.00
82	宁陕县(陕)	300.00
83	旬阳县(陕)	198.00
84	山阳县(陕)	194.00
85	镇巴县(陕)	78.00
86	洛南县(陕)	25.00
87	千阳县(陕)	3.00
88	贺兰县(宁)	343.20
89	永宁县(宁)	50.00

表 15－10　2009 年中药材(黄芩)主产县(旗、市、局)

序号	县(旗、市、局)	黄芩产量(吨)
1	赤城县(冀)	4000.00
2	蔚　县(冀)	1500.00
3	滦平县(冀)	1264.00
4	丰宁满族自治县(冀)	72.00
5	平泉县(冀)	40.00
6	喀喇沁旗(内蒙古)	53.00
7	翁牛特旗(内蒙古)	17.00
8	宁城县(内蒙古)	3.00
9	庄河市(辽)	81.00
10	嫩江县(黑)	30.00
11	龙江县(黑)	9.00
12	沂水县(鲁)	1700.00
13	陕　县(豫)	37.10
14	宜阳县(豫)	8.00
15	汝州市(豫)	1.00
16	英德市(粤)	1.00
17	子洲县(陕)	216.00
18	隆德县(宁)	1000.00
19	湾沟林业局(吉林森工)	10.00
20	大海林林业局(龙江森工)	12.00

表 15－11　2009 年中药材(黄芪)主产县(旗、市、局)

序号	县(旗、市、局)	黄芪产量(吨)
1	临漳县(冀)	150.00
2	喀喇沁旗(内蒙古)	330.00
3	五岔沟林业局(内蒙古)	300.00
4	敖汉旗(内蒙古)	155.00
5	根河市(内蒙古)	5.28
6	达尔罕茂明安联合旗(内蒙古)	2.00
7	本溪满族自治县(辽)	6.00

序号	县(旗、市、局)	黄芪产量(吨)
8	嫩江县(黑)	30.00
9	霍山县(皖)	2.00
10	子洲县(陕)	18600.00
11	山阳县(陕)	158.00
12	千阳县(陕)	80.00
13	镇巴县(陕)	9.00
14	渭源县(甘)	25000.00
15	隆德县(宁)	2000.00
16	彭阳县(宁)	12.00
17	南岔林业局(龙江森工)	850.00
18	金山屯林业局(龙江森工)	250.00
19	清河林业局(龙江森工)	11.00
20	绥阳林业局(龙江森工)	1.00

表15－12　2009年中药材(黄柏)主产县(市、区)

序号	县(市、区)	黄柏产量(吨)
1	本溪满族自治县(辽)	18.50
2	永嘉县(浙)	3.00
3	分宜县(赣)	3.00
4	洛宁县(豫)	50.00
5	通山县(鄂)	46.00
6	双牌县(湘)	289.00
7	溆浦县(湘)	273.00
8	泸溪县(湘)	100.00
9	冷水江市(湘)	86.00
10	桂东县(湘)	58.00
11	东安县(湘)	38.00
12	沅陵县(湘)	19.00
13	蓝山县(湘)	18.00
14	武冈市(湘)	15.00
15	宁远县(湘)	10.00
16	江华瑶族自治县(湘)	10.00
17	中方县(湘)	10.00
18	资兴市(湘)	9.00
19	会同县(湘)	9.00
20	衡东县(湘)	8.00
21	祁阳县(湘)	8.00
22	古丈县(湘)	6.60
23	常宁市(湘)	5.10
24	道　县(湘)	4.00
25	保靖县(湘)	2.31
26	江永县(湘)	2.00
27	新田县(湘)	2.00
28	新晃侗族自治县(湘)	1.50
29	汝城县(湘)	1.00
30	龙胜各族自治县(桂)	41.00
31	灌阳县(桂)	1.00
32	绵阳市市辖区(川)	805.00
33	邻水县(川)	707.00
34	宝兴县(川)	493.40
35	美姑县(川)	478.79
36	北川羌族自治县(川)	435.00
37	大邑县(川)	323.00
38	安　县(川)	300.00
39	彭州市(川)	200.00
40	仪陇县(川)	165.00
41	万源市(川)	164.00
42	宜宾县(川)	150.00
43	崇州市(川)	126.00
44	江油市(川)	70.00
45	沐川县(川)	64.00
46	屏山县(川)	55.00
47	通江县(川)	55.00
48	邛崃市(川)	50.00
49	叙永县(川)	50.00
50	南江县(川)	50.00
51	宣汉县(川)	47.00
52	古蔺县(川)	45.00
53	射洪县(川)	45.00
54	平昌县(川)	40.00
55	苍溪县(川)	30.00
56	旺苍县(川)	26.00
57	沙湾区(川)	25.00
58	珙　县(川)	22.00
59	什邡市(川)	21.00
60	仁和区(川)	20.00
61	绵竹市(川)	20.00
62	中江县(川)	15.00
63	蓬安县(川)	13.00

序号	县(市、区)	黄柏产量(吨)
64	洪雅县(川)	13.00
65	朝天区(川)	12.00
66	青川县(川)	10.00
67	荥经县(川)	7.00
68	芦山县(川)	6.00
69	会东县(川)	5.00
70	乐山市市中区(川)	3.00
71	马边彝族自治县(川)	2.00
72	筠连县(川)	2.00
73	织金县(黔)	4.00
74	岚皋县(陕)	3.00
75	康　县(甘)	14.90

表 15－13　2009 年中药材(厚朴)主产县(市、区)

序号	县(市、区)	厚朴产量(吨)
1	景宁畲族自治县(浙)	404.00
2	常山县(浙)	356.00
3	磐安县(浙)	7.00
4	安吉县(浙)	1.00
5	绩溪县(皖)	16.00
6	松溪县(闽)	97.00
7	建宁县(闽)	43.00
8	寿宁县(闽)	15.00
9	芦溪县(赣)	900.00
10	上饶县(赣)	270.00
11	武宁县(赣)	100.00
12	铜鼓县(赣)	50.00
13	修水县(赣)	35.00
14	安福县(赣)	25.00
15	莲花县(赣)	14.00
16	乐安县(赣)	9.80
17	永新县(赣)	8.00
18	分宜县(赣)	5.00
19	寻乌县(赣)	2.00
20	洛宁县(豫)	10.00
21	阳新县(鄂)	2.00
22	道　县(湘)	3578.00
23	新化县(湘)	2360.00
24	江华瑶族自治县(湘)	263.00
25	桂东县(湘)	233.00
26	炎陵县(湘)	210.00
27	桃源县(湘)	120.00
28	石门县(湘)	110.00
29	宁远县(湘)	58.00
30	麻阳苗族自治县(湘)	50.00
31	武冈市(湘)	5.00
32	冷水滩区(湘)	5.00
33	常宁市(湘)	4.20
34	浏阳市(湘)	1.00
35	新晃侗族自治县(湘)	1.00
36	连山壮族瑶族自治县(粤)	775.00
37	龙胜各族自治县(桂)	460.00
38	阳朔县(桂)	392.00
39	灌阳县(桂)	264.00
41	绵阳市市辖区(川)	1907.00
42	宝兴县(川)	1700.00
43	北川羌族自治县(川)	1040.00
44	彭州市(川)	1000.00
45	平武县(川)	717.00
46	大邑县(川)	251.00
47	宜宾县(川)	140.00
48	安　县(川)	100.00
49	崇州市(川)	92.00
50	江油市(川)	50.00
51	通江县(川)	50.00
52	邛崃市(川)	40.00
53	南江县(川)	30.00
54	万源市(川)	26.00
55	朝天区(川)	22.00
56	古蔺县(川)	21.00
57	平昌县(川)	20.00
58	中江县(川)	15.00
59	青川县(川)	13.00
60	绵竹市(川)	10.00
61	宣汉县(川)	10.00
62	什邡市(川)	7.00
63	芦山县(川)	3.00
40	都江堰市(川)	3.00
64	洪雅县(川)	2.10

序号	县(市、区)	厚朴产量(吨)
65	马边彝族自治县(川)	2.00
66	剑河县(黔)	3.00
67	紫阳县(陕)	3125.00
68	南郑县(陕)	300.00
69	岚皋县(陕)	23.00
70	西乡县(陕)	15.00
71	平利县(陕)	13.00
72	镇巴县(陕)	12.00
73	康　县(甘)	27.50

表 15-14　2009 年中药材(枸杞子)主产县(旗、市、区、局)

序号	县(旗、市、区、局)	枸杞子产量(吨)
1	巨鹿县(冀)	11202.00
2	辛集市(冀)	1318.00
3	安国市(冀)	130.00
4	小五台国家级自然保护区管理局(冀)	2.70
5	乌拉特前旗(内蒙古)	5158.50
6	杭锦后旗(内蒙古)	2500.00
7	五原县(内蒙古)	3640.00
8	巴彦淖尔市市辖区(内蒙古)	300.00
9	杭锦旗(内蒙古)	80.00
10	土默特右旗(内蒙古)	71.00
11	磴口县(内蒙古)	50.00
12	阿拉善左旗(内蒙古)	20.00
13	敖汉旗(内蒙古)	16.00
14	达拉特旗(内蒙古)	10.00
15	建昌县(辽)	50.00
16	霍山县(皖)	2.00
17	武宁县(赣)	13.50
18	铜鼓县(赣)	10.00
19	横峰县(赣)	10.00
20	分宜县(赣)	4.00
21	修水县(赣)	3.00
22	靖安县(赣)	2.00
23	永新县(赣)	1.80
24	梁山县(鲁)	81.00
25	洛宁县(豫)	30.00
26	大冶市(鄂)	4.00
27	零陵区(湘)	310.00
28	蓝山县(湘)	95.00
29	双牌县(湘)	5.00
30	浏阳市(湘)	1.00
31	贺州市平桂管理区(桂)	699.00
32	修文县(黔)	1.00
33	镇巴县(陕)	39.00
34	洛南县(陕)	5.00
35	靖远县(甘)	7439.40
36	中宁县(宁)	17266.80
37	中卫市市辖区(宁)	4514.20
38	惠农区(宁)	4176.00
39	贺兰县(宁)	1005.00
40	原州区(宁)	6666.70
41	平罗县(宁)	4200.00
42	青铜峡市(宁)	1200.00
43	西夏区(宁)	372.00
44	金凤区(宁)	158.00
45	盐池县(宁)	14.50
46	奇台县(新)	81.00
47	托里县(新)	17.00

表 15-15　2009 年中药材(杜仲)主产县(市、区)

序号	县(市、区)	杜仲产量(吨)
1	临安市(浙)	26.00
2	永嘉县(浙)	20.00
3	磐安县(浙)	19.00
4	浦江县(浙)	2.80
5	安吉县(浙)	2.00
6	岳西县(皖)	400.00
7	南谯区(皖)	300.00
8	怀宁县(皖)	160.00
9	祁门县(皖)	124.00
10	舒城县(皖)	98.00
11	青阳县(皖)	76.00
12	潜山县(皖)	65.00
13	霍山县(皖)	20.00
14	芜湖县(皖)	12.00
15	贵池区(皖)	12.00

序号	县(市、区)	杜仲产量(吨)
16	歙　县(皖)	6.00
17	绩溪县(皖)	3.00
18	东至县(皖)	1.50
19	泾　县(皖)	1.50
20	芦溪县(赣)	660.00
21	袁州区(赣)	550.00
22	修水县(赣)	200.00
23	武宁县(赣)	117.00
24	铜鼓县(赣)	100.00
25	婺源县(赣)	90.00
26	上饶县(赣)	61.00
27	井冈山市(赣)	40.00
28	莲花县(赣)	35.00
29	靖安县(赣)	24.00
30	乐安县(赣)	9.90
31	永新县(赣)	6.80
32	寻乌县(赣)	5.00
33	广昌县(赣)	5.00
34	分宜县(赣)	4.00
35	全南县(赣)	1.20
36	崇义县(赣)	1.00
37	汝阳县(豫)	3860.00
38	灵宝市(豫)	1230.00
39	南召县(豫)	750.00
40	内乡县(豫)	450.00
41	梁园区(豫)	130.00
42	项城市(豫)	50.00
43	洛宁县(豫)	30.00
44	卢氏县(豫)	27.00
45	方城县(豫)	25.00
46	宜阳县(豫)	17.00
47	桐柏县(豫)	14.00
48	嵩　县(豫)	13.00
49	商城县(豫)	7.00
50	新　县(豫)	4.00
51	卧龙区(豫)	2.50
52	镇平县(豫)	1.15
53	通山县(鄂)	73.00
54	京山县(鄂)	11.00
55	秭归县(鄂)	10.20

序号	县(市、区)	杜仲产量(吨)
56	阳新县(鄂)	2.00
57	安仁县(湘)	8724.40
58	新化县(湘)	1300.00
59	慈利县(湘)	302.40
60	衡阳县(湘)	170.00
61	石门县(湘)	156.00
62	江华瑶族自治县(湘)	155.00
63	双牌县(湘)	152.00
64	隆回县(湘)	140.00
65	桃源县(湘)	100.00
66	泸溪县(湘)	100.00
67	麻阳苗族自治县(湘)	50.00
68	东安县(湘)	40.00
69	珠晖区(湘)	30.00
70	桂东县(湘)	29.00
71	汝城县(湘)	24.00
72	武冈市(湘)	20.00
73	道　县(湘)	20.00
74	新晃侗族自治县(湘)	18.00
75	苏仙区(湘)	16.00
76	中方县(湘)	16.00
77	资兴市(湘)	14.00
78	娄星区(湘)	13.70
79	岳阳县(湘)	13.00
80	沅陵县(湘)	13.00
81	会同县(湘)	13.00
82	耒阳市(湘)	12.00
83	祁阳县(湘)	12.00
84	宁远县(湘)	12.00
85	蓝山县(湘)	11.00
86	邵阳县(湘)	10.00
87	衡东县(湘)	8.00
88	古丈县(湘)	6.60
89	祁东县(湘)	3.25
90	常宁市(湘)	3.10
91	零陵区(湘)	3.00
92	江永县(湘)	3.00
93	新田县(湘)	3.00
94	保靖县(湘)	2.31
95	双峰县(湘)	2.00

序号	县(市、区)	杜仲产量(吨)
96	浏阳市(湘)	1.00
97	洪江市(湘)	1.00
98	阳朔县(桂)	1279.00
99	龙胜各族自治县(桂)	361.00
100	天峨县(桂)	65.00
101	灌阳县(桂)	51.00
102	全州县(桂)	12.00
103	靖西县(桂)	8.00
104	乐业县(桂)	4.00
105	绵阳市市辖区(川)	1051.00
106	南充市市辖区(川)	986.00
107	仪陇县(川)	875.00
108	北川羌族自治县(川)	566.00
109	安　县(川)	400.00
110	甘洛县(川)	333.00
111	万源市(川)	295.00
112	彭州市(川)	230.00
113	旺苍县(川)	202.00
114	米易县(川)	194.00
115	木里藏族自治县(川)	179.00
116	大邑县(川)	157.00
117	崇州市(川)	143.00
118	宜宾县(川)	125.00
119	喜德县(川)	110.00
120	越西县(川)	100.00
121	南部县(川)	90.00
122	宣汉县(川)	86.00
123	江油市(川)	75.00
124	通江县(川)	62.00
125	邻水县(川)	55.00
126	平昌县(川)	55.00
127	朝天区(川)	50.00
128	青川县(川)	50.00
129	苍溪县(川)	50.00
130	南江县(川)	50.00
131	叙永县(川)	49.00
132	巴州区(川)	40.00
133	兴文县(川)	25.00
134	沐川县(川)	21.00
135	蓬安县(川)	21.00
136	仁和区(川)	20.00
137	中江县(川)	20.00
138	射洪县(川)	20.00
139	沙湾区(川)	20.00
140	开江县(川)	20.00
141	绵竹市(川)	15.00
142	古蔺县(川)	10.00
143	游仙区(川)	10.00
144	元坝区(川)	10.00
145	安居区(川)	5.00
146	芦山县(川)	5.00
147	什邡市(川)	4.00
148	珙　县(川)	4.00
149	马边彝族自治县(川)	3.00
150	筠连县(川)	2.00
151	荣　县(川)	1.00
152	蓬溪县(川)	1.00
153	息烽县(黔)	180.00
154	仁怀市(黔)	95.00
155	湄潭县(黔)	80.00
156	黎平县(黔)	58.00
157	锦屏县(黔)	20.00
158	盘　县(黔)	15.00
159	织金县(黔)	10.00
160	修文县(黔)	9.00
161	罗甸县(黔)	5.00
162	独山县(黔)	4.00
163	剑河县(黔)	2.00
164	镇安县(陕)	1685.00
165	紫阳县(陕)	1354.00
166	镇巴县(陕)	905.00
167	平利县(陕)	737.00
168	西乡县(陕)	703.00
169	宁陕县(陕)	500.00
170	白河县(陕)	400.00
171	镇坪县(陕)	374.00
172	商南县(陕)	260.00
173	岚皋县(陕)	130.00
174	山阳县(陕)	109.00
175	南郑县(陕)	95.00

序号	县(市、区)	杜仲产量(吨)
176	旬阳县(陕)	90.00
177	洛南县(陕)	80.00
178	千阳县(陕)	56.00
179	丹凤县(陕)	28.00
180	周至县(陕)	17.00
181	柞水县(陕)	9.00
182	永靖县(甘)	6.60

表 15-16 2009 年中药材(银杏)主产县(市、区)

序号	县(市、区)	银杏产量(吨)
1	元宝区(辽)	110.00
2	诸暨市(浙)	272.00
3	绩溪县(皖)	200.00
4	金寨县(皖)	193.00
5	潜山县(皖)	16.50
6	繁昌县(皖)	8.00
7	霍山县(皖)	3.00
8	居巢区(皖)	2.00
9	婺源县(赣)	10.00
10	嵩 县(豫)	200.00
11	新野县(豫)	80.00
12	南召县(豫)	33.50
13	项城市(豫)	20.00
14	宜阳县(豫)	10.00
15	光山县(豫)	3.00
16	江华瑶族自治县(湘)	90.00
17	东安县(湘)	54.00
18	中方县(湘)	34.00
19	桃源县(湘)	28.00
20	沅陵县(湘)	21.00
21	冷水滩区(湘)	20.00
22	邵阳县(湘)	15.00
23	零陵区(湘)	3.00
24	道 县(湘)	2.00
25	靖州苗族侗族自治县(湘)	1.50
26	新晃侗族自治县(湘)	1.00
27	普宁市(粤)	41.00
28	灌阳县(桂)	43.00
29	平昌县(川)	6.00
30	黎平县(黔)	100.00
31	岑巩县(黔)	3.00
32	剑河县(黔)	2.00
33	白河县(陕)	550.00
34	留坝县(陕)	50.00
35	宁陕县(陕)	50.00
36	西乡县(陕)	13.00

表 15-17 2009 年其他中药材主产县(旗、市、区、局、场)

序号	县(旗、市、区、局、场)	品种	产量(吨)
1	嫩江县(黑)	自蘖皮	50.00
2	密山市(黑)	自蘖皮	11.00
3	鸡东县(黑)	自蘖皮	3.00
4	铜鼓县(赣)	紫苏	20.00
5	临澧县(湘)	紫苏	2.00
6	玉田县(冀)	紫花地丁	1210.00
7	霍邱县(皖)	紫花地丁	10.00
8	喀喇沁旗(内蒙古)	紫草	320.00
9	英德市(粤)	竹叶	3.00
10	宁陕县(陕)	猪苓	350.00
11	万年县(赣)	枳实	3800.00
12	镇巴县(陕)	枳实	225.00
13	蔚 县(冀)	知母	1800.00
14	广昌县(赣)	泽泻	3107.00
15	嵩 县(豫)	皂角	50.00
16	嵩 县(豫)	皂刺	80.00
17	霍山县(皖)	月季	1.00
18	平泉县(冀)	远志	10.00
19	宁城县(内蒙古)	远志	2.10
20	莱芜市市辖区(鲁)	远志	2.00
21	莱城区(鲁)	远志	2.00
22	南岔林业局(龙江森工)	玉竹	660.00
23	双峰县(湘)	玉竹	450.00
24	耒阳市(湘)	玉竹	350.00
25	涟源市(湘)	玉竹	65.00
26	密山市(黑)	玉竹	22.00
27	洮南市(吉)	玉竹	15.00
28	嫩江县(黑)	玉竹	10.00

序号	县(旗、市、区、局、场)	品种	产量(吨)
29	会理县(川)	玉竹	1.00
30	盖州市(辽)	玉竹	1.00
31	嵩　县(豫)	茵陈	50.00
32	高州市(粤)	益智仁	450.00
33	阳东县(粤)	益智仁	36.00
34	电白县(粤)	益智仁	2.20
35	惠安县(闽)	益母草	3.00
36	白河县(陕)	盐肤木	180.00
37	芜湖县(皖)	延胡索	1080.00
38	修水县(赣)	玄参	400.00
39	嵩　县(豫)	玄参	100.00
40	泸溪县(湘)	玄参	100.00
41	古丈县(湘)	玄参	6.60
42	保靖县(湘)	玄参	2.31
43	宁城县(内蒙古)	杏仁	898.00
44	西吉县(宁)	杏仁	350.00
45	涞源县(冀)	杏仁	200.00
46	嵩　县(豫)	杏仁	20.00
47	永靖县(甘)	杏仁	16.50
48	汝州市(豫)	杏仁	5.00
49	梁山县(鲁)	杏仁	5.00
50	东丰县(吉)	杏仁	1.00
51	桐柏县(豫)	辛夷	100.00
52	新野县(豫)	辛夷	14.00
53	嵩　县(豫)	仙茅	8.00
54	平远县(粤)	仙鹤草	6450.00
55	确山县(豫)	夏枯草	235000.00
56	耒阳市(湘)	夏枯草	450.00
57	南康市(赣)	夏枯草	120.00
58	霍邱县(皖)	夏枯草	80.00
59	铜鼓县(赣)	夏枯草	50.00
60	霍山县(皖)	夏枯草	20.00
61	瑞金市(赣)	夏枯草	12.00
62	连州市(粤)	夏枯草	6.00
63	临武县(湘)	夏枯草	4.00
64	英德市(粤)	夏枯草	3.00
65	新宾满族自治县(辽)	细辛	1720.00
66	桓仁满族自治县(辽)	细辛	960.00
67	凤城市(辽)	细辛	700.00
68	岫岩满族自治县(辽)	细辛	250.00
69	抚顺县(辽)	细辛	200.00
70	抚松县(吉)	细辛	125.00
71	清原满族自治县(辽)	细辛	48.00
72	辉南县(吉)	细辛	40.00
73	元宝区(辽)	细辛	20.00
74	本溪满族自治县(辽)	细辛	18.00
75	大海林林业局(龙江森工)	细辛	15.00
76	湾沟林业局(吉林森工)	细辛	10.00
77	集安市(吉)	细辛	5.00
78	嵩　县(豫)	五加皮	15.00
79	鸡东县(黑)	五加皮	3.00
80	虎林市(黑)	五加	17000.00
81	京山县(鄂)	蜈蚣	6.00
82	樟树市(赣)	吴茱萸	2505.00
83	平阳县(浙)	吴茱萸	600.00
84	万载县(赣)	吴茱萸	200.00
85	湘乡市(湘)	吴茱萸	100.00
86	绩溪县(皖)	吴茱萸	50.00
87	汨罗市(湘)	吴茱萸	20.00
88	娄星区(湘)	吴茱萸	11.00
89	新晃侗族自治县(湘)	吴茱萸	1.00
90	天台县(浙)	乌药	1253.00
91	临武县(湘)	乌梅	3.00
92	平罗县(宁)	菟丝子	5000.00
93	青铜峡市(宁)	菟丝子	250.00
94	耒阳市(湘)	土茯苓	550.00
95	潜山县(皖)	土茯苓	95.00
96	鼎城区(湘)	土茯苓	21.00
97	台山市(粤)	土茯苓	8.00
98	英德市(粤)	土茯苓	5.00
99	霍山县(皖)	土大黄	10.00
100	清苑县(冀)	天南星	3.00
101	宁陕县(陕)	桃仁	1000.00
102	辉县市(豫)	桃仁	2.00
103	寿宁县(闽)	太子参	161.00
104	芜湖县(皖)	太子参	56.00
105	阿拉善左旗(内蒙古)	锁阳	350.00
106	乌拉特后旗(内蒙古)	锁阳	230.00
107	林州市(豫)	酸枣仁	1550.00
108	平泉县(冀)	酸枣仁	40.00

序号	县(旗、市、区、局、场)	品种	产量(吨)
109	辉县市(豫)	酸枣仁	1.00
110	辉南县(吉)	苏子	56.00
111	田阳县(桂)	苏木	30.00
112	沅陵县(湘)	松香	300.00
113	普宁市(粤)	松香	56.00
114	辉县市(豫)	丝瓜络	20.00
115	新干县(赣)	熟地	398.00
116	象州县(桂)	熟地	258.00
117	卢氏县(豫)	熟地	110.00
118	辉南县(吉)	熟地	67.00
119	贺州市平桂管理区(桂)	熟地	6.00
120	汝州市(豫)	熟地	1.50
121	辉县市(豫)	柿蒂	2.00
122	伊川县(豫)	石榴皮	1.00
123	宜阳县(豫)	石榴	6.20
124	天台县(浙)	石斛	5250.00
125	诸暨市(浙)	石斛	110.00
126	绍兴县(浙)	石斛	13.00
127	霍山县(皖)	石斛	1.50
128	武义县(浙)	石斛	1.00
129	千阳县(陕)	生地	75.00
130	彭阳县(宁)	生地	5.00
131	辉县市(豫)	生地	2.00
132	南岔林业局(龙江森工)	升麻	600.00
133	嫩江县(黑)	升麻	100.00
134	大海林林业局(龙江森工)	升麻	6.00
135	双峰县(湘)	射干	280.00
136	高州市(粤)	山药	10000.00
137	淅川县(豫)	山药	1170.00
138	鸡泽县(冀)	山药	100.00
139	横　县(桂)	山药	42.00
140	黎平县(黔)	山药	20.00
141	辉县市(豫)	山药	20.00
142	泾　县(皖)	山药	1.50
143	东丰县(吉)	山药	1.00
144	电白县(粤)	山鸡椒	2.30
145	五指山市(琼)	砂仁	8.00
146	电白县(粤)	砂仁	5.40
147	岑溪市(桂)	砂仁	4.00
148	喀喇沁旗(内蒙古)	沙参	5200.00
149	安国市(冀)	沙参	3750.00
150	桓仁满族自治县(辽)	沙参	660.00
151	辉南县(吉)	沙参	53.00
152	元宝区(辽)	沙参	30.00
153	小五台国家级自然保护区管理局(冀)	沙参	5.20
154	会理县(川)	沙参	2.00
155	桐乡市(浙)	桑叶	182000.00
156	双峰县(湘)	桑叶	160.00
157	修水县(赣)	桑叶	100.00
158	英德市(粤)	桑叶	10.00
159	霍山县(皖)	桑叶	3.00
160	连州市(粤)	桑叶	1.00
161	雷州市(粤)	桑葚	207.00
162	宁陕县(陕)	桑葚	12.00
163	铜鼓县(赣)	桑葚	10.00
164	辉县市(豫)	桑葚	2.00
165	伊川县(豫)	桑葚	1.00
166	铁力林业局(龙江森工)	桑寄生	15.00
167	罗定市(粤)	肉桂	28000.00
168	高要市(粤)	肉桂	10490.00
169	云城区(粤)	肉桂	430.00
170	岑溪市(桂)	肉桂	312.00
171	普宁市(粤)	肉桂	38.90
172	八步区(桂)	肉桂	27.00
173	浦北县(桂)	肉桂	8.00
174	铜鼓县(赣)	肉桂	5.20
175	吉水县(赣)	肉桂	4.90
176	沅陵县(湘)	肉桂	3.00
177	信宜市(粤)	肉桂	1.00
178	阿拉善右旗(内蒙古)	肉苁蓉	1972.00
179	磴口县(内蒙古)	肉苁蓉	1500.00
180	乌拉特后旗(内蒙古)	肉苁蓉	104.00
181	阿拉善左旗(内蒙古)	肉苁蓉	48.00
182	临泽县(甘)	肉苁蓉	5.80
183	辉南县(吉)	忍冬	480.00
184	彭阳县(宁)	青蒿	25.00
185	霍山县(皖)	青蒿	3.00
186	隆德县(宁)	秦艽	120.00

序号	县(旗、市、区、局、场)	品种	产量(吨)
187	东平县(鲁)	芡实	280.00
188	霍邱县(皖)	芡实	150.00
189	南岔林业局(龙江森工)	蒲公英	270.00
190	铁力林业局(龙江森工)	蒲公英	30.00
191	铜鼓县(赣)	蒲公英	20.00
192	大海林林业局(龙江森工)	蒲公英	13.00
193	密山市(黑)	蒲公英	8.00
194	彭阳县(宁)	蒲公英	6.00
195	东丰县(吉)	蒲公英	2.50
196	霍山县(皖)	蒲公英	2.00
197	铜鼓县(赣)	枇杷叶	10.00
198	英德市(粤)	枇杷叶	3.00
199	耒阳市(湘)	女贞子	520.00
200	芜湖县(皖)	女贞子	110.00
201	新干县(赣)	女贞子	60.00
202	南康市(赣)	女贞子	60.00
203	砀山县(皖)	女贞子	43.20
204	淮阳县(豫)	女贞子	40.00
205	那坡县(桂)	女贞子	25.00
206	孟津县(豫)	女贞子	13.00
207	嵩　县(豫)	女贞子	12.00
208	辉县市(豫)	女贞子	2.00
209	霍山县(皖)	女贞子	1.00
210	金口河区(川)	牛膝	2000.00
211	新干县(赣)	牛膝	346.00
212	喀喇沁旗(内蒙古)	牛膝	210.00
213	千阳县(陕)	牛膝	39.00
214	确山县(豫)	牛蒡子	23000.00
215	隆德县(宁)	牛蒡子	600.00
216	通江县(川)	牛蒡子	30.00
217	霍山县(皖)	南天竹	2.00
218	普宁市(粤)	木棉	41.00
219	商南县(陕)	木瓜	7000.00
220	方城县(豫)	木瓜	5679.00
221	巴州区(川)	木瓜	2432.00
222	桐柏县(豫)	木瓜	2000.00
223	卧龙区(豫)	木瓜	500.00
224	宝丰县(豫)	木瓜	32.00
225	雷州市(粤)	木瓜	21.00
226	舞钢市(豫)	木瓜	15.60
227	霍山县(皖)	木瓜	5.00
228	田阳县(桂)	木瓜	3.00
229	英德市(粤)	木瓜	2.00
230	东平县(鲁)	玫瑰	34.00
231	南岔林业局(龙江森工)	满山红	55.00
232	大海林林业局(龙江森工)	满山红	25.00
233	南岔林业局(龙江森工)	马齿苋	130.00
234	铜鼓县(赣)	马齿苋	20.00
235	英德市(粤)	马齿苋	2.00
236	林西县(内蒙古)	麻黄根	6.00
237	阿鲁科尔沁旗(内蒙古)	麻黄	8000.00
238	达拉特旗(内蒙古)	麻黄	7500.00
239	巴林左旗(内蒙古)	麻黄	4000.00
240	鄂托克前旗(内蒙古)	麻黄	3960.00
241	库伦旗(内蒙古)	麻黄	100.00
242	敖汉旗(内蒙古)	麻黄	46.00
243	乌伊岭林业局(龙江森工)	鹿茸	190.00
244	临江市(吉)	鹿茸	6.20
245	东丰县(吉)	鹿茸	4.90
246	辉南县(吉)	鹿茸	2.40
247	扎兰屯市(内蒙古)	鹿茸	1.50
248	逊克县(黑)	鹿茸	1.40
249	朗乡林业局(龙江森工)	鹿茸	1.15
250	京山县(鄂)	鹿茸	1.00
251	高州市(粤)	龙眼肉	3000.00
252	新会区(粤)	龙眼肉	2436.20
253	兴宁市(粤)	龙眼肉	200.00
254	化州市(粤)	龙眼肉	150.00
255	陆川县(桂)	龙眼肉	54.60
256	普宁市(粤)	龙眼肉	41.00
257	台山市(粤)	龙眼肉	3.80
258	岫岩满族自治县(辽)	龙骨	62.00
259	八面通林业局(龙江森工)	龙胆草	150.00
260	抚松县(吉)	龙胆草	13.50

序号	县(旗、市、区、局、场)	品种	产量(吨)
261	大海林林业局(龙江森工)	龙胆草	10.00
262	金山屯林业局(龙江森工)	龙胆草	7.00
263	密山市(黑)	龙胆草	2.00
264	船营区(吉)	龙胆草	1.30
265	龙泉市(浙)	灵芝	24600.00
266	金寨县(皖)	灵芝	221.00
267	嵩　县(豫)	灵芝	15.00
268	大海林林业局(龙江森工)	灵芝	13.00
269	仁化县(粤)	灵芝	6.50
270	铜鼓县(赣)	灵芝	5.00
271	金东区(浙)	灵芝	2.60
272	永定县(闽)	灵芝	2.00
273	珲春林业局(吉)	灵芝	1.50
274	嵩　县(豫)	连翘	300.00
275	栾川县(豫)	连翘	230.00
276	卢氏县(豫)	连翘	210.00
277	辉县市(豫)	连翘	80.00
278	宜阳县(豫)	连翘	73.00
279	林州市(豫)	连翘	55.00
280	峰峰矿区(冀)	连翘	10.00
281	霍山县(皖)	阔叶十大功劳	1.00
282	蔚　县(冀)	款冬花	4200.00
283	建昌县(辽)	苦参	10.40
284	洛南县(陕)	苦参	3.00
285	宁城县(内蒙古)	苦参	2.40
286	泌阳县(豫)	决明子	78.00
287	霍邱县(皖)	决明子	40.00
288	文安县(冀)	决明子	35.00
289	辉县市(豫)	决明子	30.00
290	伊川县(豫)	决明子	20.00
291	宜阳县(豫)	决明子	13.00
292	铅山县(赣)	菊花	2000.00
293	淳安县(浙)	菊花	730.00
294	修水县(赣)	菊花	600.00
295	农安县(吉)	菊花	500.00
296	铜鼓县(赣)	菊花	100.00
297	祁门县(皖)	菊花	82.00
298	宜阳县(豫)	菊花	63.00
299	桃源县(湘)	菊花	37.50
300	永新县(赣)	菊花	11.00
301	临武县(湘)	菊花	8.00
302	黎平县(黔)	菊花	8.00
303	会昌县(赣)	菊花	6.20
304	连州市(粤)	菊花	6.00
305	英德市(粤)	菊花	5.00
306	新野县(豫)	菊花	4.00
307	靖安县(赣)	菊花	4.00
308	喀喇沁旗(内蒙古)	桔梗	10500.00
309	巴林左旗(内蒙古)	桔梗	800.00
310	岫岩满族自治县(辽)	桔梗	600.00
311	南岔林业局(龙江森工)	桔梗	500.00
312	沈丘县(豫)	桔梗	400.00
313	山阳县(陕)	桔梗	339.50
314	安图森林经营局(吉)	桔梗	245.00
315	京山县(鄂)	桔梗	230.00
316	嵩　县(豫)	桔梗	110.00
317	靖安县(赣)	桔梗	56.00
318	平桥区(豫)	桔梗	49.50
319	丰宁满族自治县(冀)	桔梗	36.00
320	奉新县(赣)	桔梗	30.00
321	黎平县(黔)	桔梗	23.00
322	平泉县(冀)	桔梗	10.00
323	横峰县(赣)	桔梗	10.00
324	敦化市(吉)	桔梗	10.00
325	大海林林业局(龙江森工)	桔梗	8.00
326	龙江县(黑)	桔梗	6.00
327	船营区(吉)	桔梗	5.00
328	达尔罕茂明安联合旗(内蒙古)	桔梗	4.00
329	桐城市(皖)	桔梗	3.75
330	东丰县(吉)	桔梗	2.50
331	东京城林业局(龙江森工)	桔梗	2.00
332	镇巴县(陕)	桔梗	1.00
333	湾里区(赣)	桔梗	1.00
334	平罗县(宁)	韭菜子	3000.00

序号	县(旗、市、区、局、场)	品种	产量(吨)
335	铜鼓县(赣)	韭菜子	20.00
336	玉田县(冀)	荆芥	595.00
337	临漳县(冀)	荆芥	100.00
338	耒阳市(湘)	金樱子	800.00
339	临澧县(湘)	金樱子	53.00
340	鼎城区(湘)	金樱子	30.00
341	永定县(闽)	金樱子	10.00
342	修水县(赣)	金樱子	10.00
343	英德市(粤)	金樱子	3.00
344	遂溪县(粤)	金钱草	13000.00
345	龙游县(浙)	金钱草	61.00
346	英德市(粤)	金钱草	2.00
347	石门县(湘)	姜黄	375.00
348	英德市(粤)	鸡血藤	2.00
349	遂溪县(粤)	藿香	10200.00
350	高州市(粤)	藿香	5.00
351	电白县(粤)	藿香	1.80
352	金口河区(川)	黄连	900.00
353	峨边彝族自治县(川)	黄连	23.00
354	盐边县(川)	黄连	15.00
355	宜阳县(豫)	黄连	9.80
356	镇巴县(陕)	黄连	3.00
357	山阳县(陕)	黄姜	64991.00
358	镇巴县(陕)	黄姜	3750.00
359	千阳县(陕)	黄姜	913.00
360	西乡县(陕)	黄姜	152.00
361	洛南县(陕)	黄姜	80.00
362	隆德县(宁)	红花	200.00
363	梁山县(鲁)	红花	5.00
364	淮阳县(豫)	黑芝麻	1880.00
365	临泉县(皖)	黑芝麻	560.00
366	修水县(赣)	黑芝麻	10.00
367	雷州市(粤)	黑芝麻	6.60
368	霍山县(皖)	黑芝麻	5.00
369	英德市(粤)	黑芝麻	4.00
370	泾　县(皖)	黑芝麻	2.00
371	孟津县(豫)	荷叶	7.00
372	英德市(粤)	荷叶	5.00
373	耒阳市(湘)	何首乌	260.00
374	凯里市(黔)	何首乌	240.00
375	德庆县(粤)	何首乌	70.00
376	伊川县(豫)	何首乌	5.00
377	嵩　县(豫)	何首乌	5.00
378	南康市(赣)	旱莲草	102.00
379	罗定市(粤)	桂枝	8671.00
380	靖安县(赣)	桂枝	30.00
381	京山县(鄂)	龟板	11.00
382	新干县(赣)	龟板	1.50
383	大海林林业局(龙江森工)	贯众	35.00
384	密山市(黑)	贯众	4.00
385	岳西县(皖)	瓜蒌	580.00
386	耒阳市(湘)	瓜蒌	120.00
387	辉县市(豫)	瓜蒌	2.00
388	修水县(赣)	葛根	600.00
389	桃源县(湘)	葛根	200.00
390	耒阳市(湘)	葛根	150.00
391	宜阳县(豫)	葛根	38.00
392	宁陕县(陕)	葛根	10.00
393	英德市(粤)	葛根	5.00
394	平罗县(宁)	甘草	6500.00
395	鄂托克前旗(内蒙古)	甘草	2473.00
396	巴彦淖尔市市辖区(内蒙古)	甘草	1400.00
397	杭锦旗(内蒙古)	甘草	650.00
398	子洲县(陕)	甘草	613.00
399	临泽县(甘)	甘草	380.00
400	裕民县(新)	甘草	300.00
401	磴口县(内蒙古)	甘草	150.00
402	敖汉旗(内蒙古)	甘草	92.00
403	靖安县(赣)	甘草	38.00
404	永靖县(甘)	甘草	25.00
405	修水县(赣)	甘草	20.00
406	环　县(甘)	甘草	10.00
407	横峰县(赣)	甘草	10.00
408	伊川县(豫)	甘草	8.00

序号	县(旗、市、区、局、场)	品种	产量(吨)
409	达尔罕茂明安联合旗(内蒙古)	甘草	4.00
410	达拉特旗(内蒙古)	甘草	2.00
411	铜鼓县(赣)	干姜	500.00
412	西乡县(陕)	干姜	86.00
413	靖安县(赣)	干姜	50.00
414	东乡县(赣)	干姜	20.00
415	平昌县(川)	干姜	10.00
416	分宜县(赣)	干姜	5.00
417	南郑县(陕)	附子	80.00
418	镇巴县(陕)	附子	3.00
419	靖州苗族侗族自治县(湘)	茯苓	40000.00
420	岳西县(皖)	茯苓	32000.00
421	罗田县(鄂)	茯苓	2880.00
422	绥宁县(湘)	茯苓	2700.00
423	湘乡市(湘)	茯苓	1010.00
424	黎平县(黔)	茯苓	662.00
425	金寨县(皖)	茯苓	565.00
426	岑溪市(桂)	茯苓	162.00
427	修水县(赣)	茯苓	100.00
428	盐边县(川)	茯苓	20.00
429	铜鼓县(赣)	茯苓	20.00
430	兴宁市(粤)	佛手	87.15
431	乌伊岭林业局(龙江森工)	蜂蜜	60.00
432	麟游县(陕)	蜂蜜	911.00
433	芜湖县(皖)	蜂蜜	480.00
434	方正林业局(龙江森工)	蜂蜜	280.00
435	青铜峡市(宁)	蜂蜜	270.00
436	密山市(黑)	蜂蜜	210.00
437	大海林林业局(龙江森工)	蜂蜜	192.00
438	汤旺河林业局(龙江森工)	蜂蜜	171.60
439	桦南县(黑)	蜂蜜	169.00
440	带岭实验局(龙江森工)	蜂蜜	160.00
441	留坝县(陕)	蜂蜜	150.00
442	东丰县(吉)	蜂蜜	140.00
443	中方县(湘)	蜂蜜	116.00
444	南岔林业局(龙江森工)	蜂蜜	100.00
445	上甘岭林业局(龙江森工)	蜂蜜	80.00

序号	县(旗、市、区、局、场)	品种	产量(吨)
446	沅陵县(湘)	蜂蜜	40.00
447	桃源县(湘)	蜂蜜	35.00
448	梁山县(鲁)	蜂蜜	20.00
449	鸡东县(黑)	蜂蜜	20.00
450	居巢区(皖)	蜂蜜	16.00
451	南郑县(陕)	蜂蜜	12.00
452	沂南县(鲁)	蜂蜜	10.00
453	济源市(豫)	蜂蜜	10.00
454	长白朝鲜族自治县(吉)	蜂蜜	9.00
455	陆川县(桂)	蜂蜜	8.28
456	赣　县(赣)	蜂蜜	6.00
457	英德市(粤)	蜂蜜	3.00
458	邵阳县(湘)	蜂蜜	2.50
459	田阳县(桂)	蜂蜜	2.00
460	泾　县(皖)	蜂蜜	2.00
461	台山市(粤)	蜂蜜	1.20
462	诸暨市(浙)	榧子	5550.00
463	萨尔图区(黑)	防风	500.00
464	喀喇沁旗(内蒙古)	防风	350.00
465	宜阳县(豫)	防风	273.00
466	尚志市(黑)	防风	50.00
467	洮南市(吉)	防风	25.00
468	五岔沟林业局(内蒙古)	防风	15.00
469	大海林林业局(龙江森工)	防风	14.00
470	让胡路区(黑)	防风	5.00
471	瑞安市(浙)	莪术	6000.00
472	大通回族土族自治县(青)	独活	2.50
473	霍邱县(皖)	冬葵子	40.00
474	龙江县(黑)	丁香	8.00
475	耒阳市(湘)	地榆	500.00
476	渭源县(甘)	党参	16000.00
477	南岔林业局(龙江森工)	党参	400.00
478	郏　县(豫)	党参	300.00
479	镇巴县(陕)	党参	187.00
480	带岭实验局(龙江森工)	党参	30.00
481	铜鼓县(赣)	党参	20.00
482	彭阳县(宁)	党参	20.00

序号	县(旗、市、区、局、场)	品种	产量(吨)
483	大海林林业局(龙江森工)	党参	15.00
484	汝州市(豫)	党参	1.00
485	渭源县(甘)	当归	18000.00
486	新干县(赣)	当归	136.00
487	隆德县(宁)	当归	100.00
488	辉南县(吉)	当归	100.00
489	千阳县(陕)	当归	99.00
490	通江县(川)	当归	20.00
491	靖安县(赣)	当归	8.00
492	镇巴县(陕)	当归	7.00
493	小五台国家级自然保护区管理局(冀)	当归	5.30
494	洛南县(陕)	当归	1.00
495	会理县(川)	当归	1.00
496	辉县市(豫)	当归	1.00
497	孟津县(豫)	丹皮	1100.00
498	南陵县(皖)	丹皮	1000.00
499	双峰县(湘)	丹皮	100.00
500	舞钢市(豫)	丹皮	5.70
501	黎平县(黔)	丹皮	2.00
502	泾阳县(陕)	丹参	3960.00
503	沂水县(鲁)	丹参	800.00
504	滦平县(冀)	丹参	632.00
505	方城县(豫)	丹参	525.00
506	山阳县(陕)	丹参	379.00
507	洛阳市高新区(豫)	丹参	375.00
508	永城市(豫)	丹参	20.00
509	莱芜市市辖区(鲁)	丹参	12.00
510	莱城区(鲁)	丹参	12.00
511	辉县市(豫)	丹参	3.00
512	贺兰县(宁)	大枣	8243.00
513	永靖县(甘)	大枣	660.00
514	临泉县(皖)	大青叶	680.00
515	靖西县(桂)	大青叶	150.00
516	西乡县(陕)	大黄	50.00
517	南岔林业局(龙江森工)	刺五加	5000.00
518	凤城市(辽)	刺五加	2500.00

序号	县(旗、市、区、局、场)	品种	产量(吨)
519	本溪满族自治县(辽)	刺五加	1520.00
520	辉南县(吉)	刺五加	560.00
521	朗乡林业局(龙江森工)	刺五加	300.00
522	带岭实验局(龙江森工)	刺五加	300.00
523	绥棱林业局(龙江森工)	刺五加	220.00
524	柴河林业局(龙江森工)	刺五加	217.00
525	方正林业局(龙江森工)	刺五加	200.00
526	乌伊岭林业局(龙江森工)	刺五加	140.00
527	友好林业局(龙江森工)	刺五加	115.00
528	铁力林业局(龙江森工)	刺五加	63.00
529	溪湖区(辽)	刺五加	56.70
530	庄河市(辽)	刺五加	39.00
531	珲春林业局(吉)	刺五加	32.00
532	密山市(黑)	刺五加	25.00
533	大海林林业局(龙江森工)	刺五加	16.00
534	东京城林业局(龙江森工)	刺五加	12.00
535	船营区(吉)	刺五加	5.50
536	抚松县(吉)	刺五加	5.00
537	滦平县(冀)	穿山龙	2275.20
538	南岔林业局(龙江森工)	穿山龙	850.00
539	辉南县(吉)	穿山龙	390.00
540	南芬区(辽)	穿山龙	100.00
541	带岭实验局(龙江森工)	穿山龙	20.00
542	本溪市经济开发区(辽)	穿山龙	15.00
543	密山市(黑)	穿山龙	14.00
544	铁力林业局(龙江森工)	穿山龙	10.00
545	鸡东县(黑)	穿山龙	8.00
546	太和县(皖)	臭椿	65.00
547	霍山县(皖)	臭椿	2.00
548	木里藏族自治县(川)	虫草	1.00
549	巴林左旗(内蒙古)	赤芍	450.00
550	嫩江县(黑)	赤芍	50.00
551	永靖县(甘)	柽柳	945.00
552	仙居县(浙)	陈皮	70.00
553	台山市(粤)	陈皮	3.60
554	普宁市(粤)	沉香	3.30
555	修水县(赣)	车前子	1300.00
556	青铜峡市(宁)	车前子	300.00

序号	县(旗、市、区、局、场)	品种	产量(吨)
557	耒阳市(湘)	车前子	130.00
558	铜鼓县(赣)	车前子	50.00
559	嫩江县(黑)	车前子	50.00
560	龙江县(黑)	车前子	7.00
561	大海林林业局(龙江森工)	车前子	5.00
562	湘乡市(湘)	车前子	4.00
563	惠安县(闽)	车前子	3.00
564	英德市(粤)	车前子	2.00
565	范　县(豫)	柴胡	10000.00
566	玉田县(冀)	柴胡	700.00
567	嵩　县(豫)	柴胡	230.00
568	隆化县(冀)	柴胡	220.00
569	于都县(赣)	柴胡	108.00
570	宜阳县(豫)	柴胡	92.00
57	辉县市(豫)	柴胡	60.00
5724	丰宁满族自治县(冀)	柴胡	51.00
573	陕　县(豫)	柴胡	39.40
574	洛南县(陕)	柴胡	22.00
575	平泉县(冀)	柴胡	20.00
576	桐城市(皖)	柴胡	14.00
577	莱芜市市辖区(鲁)	柴胡	6.00
578	龙江县(黑)	柴胡	6.00
579	莱城区(鲁)	柴胡	6.00
580	永靖县(甘)	柴胡	5.50
581	台山市(粤)	茶树	326.00
582	青铜峡市(宁)	侧柏叶	120.00
583	辉县市(豫)	侧柏叶	100.00
584	永靖县(甘)	侧柏	22.00
585	滦平县(冀)	苍术	758.40
586	京山县(鄂)	苍术	115.00
587	丰宁满族自治县(冀)	苍术	80.00
588	铜鼓县(赣)	苍耳子	50.00
589	铅山县(赣)	薄荷	60000.00
590	民权县(豫)	薄荷	350.00
591	仙居县(浙)	薄荷	155.00
592	铜鼓县(赣)	薄荷	50.00
593	新野县(豫)	薄荷	35.00
594	界首市(皖)	薄荷	10.00

序号	县(旗、市、区、局、场)	品种	产量(吨)
595	镇巴县(陕)	薄荷	1.00
596	青神县(川)	冰片	200.00
597	汉寿县(湘)	鳖甲	38.50
598	京山县(鄂)	鳖甲	11.00
599	山河屯林业局(龙江森工)	贝母	3150.00
600	磐安县(浙)	贝母	2128.00
601	汤旺河林业局(龙江森工)	贝母	1800.00
602	铁力林业局(龙江森工)	贝母	1560.00
603	新青林业局(龙江森工)	贝母	840.00
604	海林林业局(龙江森工)	贝母	717.00
605	定海区(浙)	贝母	460.00
606	通化县(吉)	贝母	250.00
607	朗乡林业局(龙江森工)	贝母	203.00
608	五营林业局(龙江森工)	贝母	192.00
609	迎春林业局(龙江森工)	贝母	96.00
610	桓仁满族自治县(辽)	贝母	66.00
611	敦化市(吉)	贝母	65.00
612	美溪林业局(龙江森工)	贝母	48.00
613	绥棱林业局(龙江森工)	贝母	45.00
614	黄泥河林业局(吉)	贝母	28.00
615	兴隆林业局(龙江森工)	贝母	21.00
616	边坝县(藏)	贝母	12.32
617	湾沟林业局(吉林森工)	贝母	11.00
618	通北林业局(龙江森工)	贝母	10.00
619	大海林林业局(龙江森工)	贝母	10.00
620	江达县(藏)	贝母	3.69
621	昌都县(藏)	贝母	1.95
622	芒康县(藏)	贝母	1.50
623	八宿县(藏)	贝母	1.30
624	南岔林业局(龙江森工)	暴马子	300.00
625	千阳县(陕)	半夏	101.00
626	镇巴县(陕)	半夏	3.00
627	建平县(辽)	板蓝根	5000.00
628	宜州市(桂)	板蓝根	3600.00
629	玉田县(冀)	板蓝根	1720.00
630	蔚　县(冀)	板蓝根	1300.00
631	社旗县(豫)	板蓝根	525.00
632	千阳县(陕)	板蓝根	222.00

序号	县(旗、市、区、局、场)	品种	产量(吨)
633	昭平县(桂)	板蓝根	213.00
634	伊川县(豫)	板蓝根	200.00
635	山阳县(陕)	板蓝根	168.00
636	镇巴县(陕)	板蓝根	167.00
637	让胡路区(黑)	板蓝根	150.00
638	喀喇沁旗(内蒙古)	板蓝根	120.00
639	凌云县(桂)	板蓝根	78.00
640	嵩　县(豫)	板蓝根	60.00
641	宜阳县(豫)	板蓝根	49.00
642	奉新县(赣)	板蓝根	45.00
643	八步区(桂)	板蓝根	43.00
644	文安县(冀)	板蓝根	30.00
645	孟津县(豫)	板蓝根	25.00
646	洮南市(吉)	板蓝根	20.00
647	龙南县(赣)	板蓝根	20.00
648	大海林林业局(龙江森工)	板蓝根	18.00
649	陕　县(豫)	板蓝根	11.60
650	辉县市(豫)	板蓝根	10.00
651	大同区(黑)	板蓝根	7.00
652	湾里区(赣)	板蓝根	1.00
653	靖安县(赣)	板蓝根	1.00
654	林州市(豫)	柏子仁	5150.00
655	辉县市(豫)	柏子仁	5.00
656	永靖县(甘)	百合	470.00
657	双峰县(湘)	百合	158.00
658	耒阳市(湘)	百合	140.00
669	宁陕县(陕)	百合	100.00
660	通道侗族自治县(湘)	百合	50.00
661	修水县(赣)	百合	30.00
662	沅陵县(湘)	百合	21.00
663	祁东县(湘)	百合	19.50
664	通江县(川)	百合	10.00
665	桃源县(湘)	百合	9.50
666	娄底市市辖区(湘)	百合	7.00
667	连州市(粤)	百合	6.00
668	霍山县(皖)	百合	5.00
669	讷河市(黑)	百合	1.00
670	会理县(川)	百合	1.00
671	永城市(豫)	白芷	25.00
672	范　县(豫)	白术	10000.00
673	磐安县(浙)	白术	3884.00
674	修水县(赣)	白术	2500.00
675	安国市(冀)	白术	420.00
676	缙云县(浙)	白术	256.00
677	青田县(浙)	白术	200.00
678	天台县(浙)	白术	100.00
679	峨边彝族自治县(川)	白术	60.00
680	双峰县(湘)	白术	20.00
681	涡阳县(皖)	白芍	4480.00
682	谯城区(皖)	白芍	870.00
683	鹿邑县(豫)	白芍	650.00
684	仙居县(浙)	白芍	325.00
685	界首市(皖)	白芍	205.00
686	砀山县(皖)	白芍	192.00
687	芜湖县(皖)	白芍	120.00
688	柘城县(豫)	白芍	70.00
689	舞钢市(豫)	白芍	60.00
690	镇巴县(陕)	白芍	49.00
691	敦化市(吉)	白芍	36.00
692	淮阳县(豫)	白芍	30.00
693	永城市(豫)	白芍	20.00
694	宁阳县(鲁)	白芍	20.00
695	肥城市(鲁)	白芍	19.50
696	耒阳市(湘)	白茅根	1200.00
697	英德市(粤)	白茅根	2.00
698	宜州市(桂)	白花蛇	4800.00
699	英德市(粤)	白花蛇	2.00
700	修水县(赣)	白扁豆	15.00
701	郁南县(粤)	巴戟天	18150.00
702	德庆县(粤)	巴戟天	3600.00
703	永定县(闽)	巴戟天	208.00
704	阳东县(粤)	巴戟天	20.00
705	电白县(粤)	巴戟天	3.50
706	临澧县(湘)	艾叶	20.00
707	居巢区(皖)	艾叶	12.00
708	嵩　县(豫)	艾叶	10.00

表16 2009年驯化野生动物与利用

序号	县(旗、市、区、局、场)	企业名称	动物种类	驯养数量(头、只、个、条)
1	翁牛特旗(内蒙古)	经济林场林下养殖小区	珠鸡	5000
2	新泰市(鲁)	泰山恒生中药研究所	中华大蟾蜍	110000
3	大兴区(京)	北京韩式养殖场	中国林蛙	30000
4	张北县(冀)	万通林蛙生态农业养殖场	中国林蛙	100000
5	抚顺县(辽)		中国林蛙	11000000
6	新宾满族自治县(辽)	县林蛙养殖协会	中国林蛙	580000000
7	溪湖区(辽)	个人养殖场	中国林蛙	20000
8	振安区(辽)		中国林蛙	4000000
9	宽甸满族自治县(辽)		中国林蛙	79500000
10	盖州市(辽)	腾龙林蛙养殖专业合作社	中国林蛙	7000000
11	盖州市(辽)	天野林蛙养殖有限公司	中国林蛙	8000000
12	铁岭县(辽)		中国林蛙	700000
13	西丰县(辽)		中国林蛙	240000000
14	开原市(辽)		中国林蛙	8000000
15	龙城区(辽)	淑云林蛙养殖场	中国林蛙	200000
16	龙城区(辽)	志刚养殖场	中国林蛙	300000
17	龙城区(辽)	悟农林蛙养殖场	中国林蛙	300000
18	龙城区(辽)	国文林蛙养殖场	中国林蛙	150000
19	兴城市(辽)		中国林蛙	200000
20	龙潭区(吉)		中国林蛙	25700
21	永吉县(吉)	个体养殖场	中国林蛙	83803312
22	蛟河市(吉)	市林业局所属林场	中国林蛙	120000000
23	桦甸市(吉)	个体养殖场	中国林蛙	50000000
24	舒兰市(吉)	市林业局所属林场	中国林蛙	150000000
25	磐石市(吉)	个体养殖场	中国林蛙	69920000
26	东丰县(吉)		中国林蛙	440000
27	通化市市辖区(吉)	通化市林场	中国林蛙	1000000
28	东昌区(吉)	个体养殖场	中国林蛙	80000
29	辉南县(吉)	金川林蛙养殖基地	中国林蛙	5300000
30	辉南县(吉)	样子哨林蛙养殖基地	中国林蛙	3100000
31	辉南县(吉)	赫家堡林蛙养殖基地	中国林蛙	1600000
32	辉南县(吉)	大场园林场林蛙养殖基地	中国林蛙	500000
33	辉南县(吉)	抚民林蛙养殖基地	中国林蛙	4500000
34	辉南县(吉)	石道河林蛙养殖基地	中国林蛙	2300000
35	柳河县(吉)		中国林蛙	3000000
36	梅河口市(吉)		中国林蛙	657000
37	集安市(吉)	乐凯利有限公司	中国林蛙	5293800
38	八道江区(吉)		中国林蛙	100000000

序号	县(旗、市、区、局、场)	企业名称	动物种类	驯养数量(头、只、个、条)
39	抚松县(吉)		中国林蛙	900000
40	长白朝鲜族自治县(吉)		中国林蛙	65100000
41	敦化林业局(吉)		中国林蛙	2400000
42	大石头林业局(吉)		中国林蛙	1600000
43	八家子林业局(吉)		中国林蛙	4340000
44	和龙林业局(吉)		中国林蛙	5000000
45	白河林业局(吉)		中国林蛙	3460000
46	珲春林业局(吉)		中国林蛙	1680000
47	上营森林经营局(吉)		中国林蛙	130000000
48	方正县(黑)		中国林蛙	3270000
49	尚志市(黑)		中国林蛙	7000000
50	五常市(黑)		中国林蛙	2000000
51	汤原县(黑)		中国林蛙	25000
52	嫩江县(黑)	白云岱林场	中国林蛙	280000
53	北安市(黑)	三零三林场中国林蛙繁育养殖场	中国林蛙	4200000
54	黑河市直属林场(黑)	三岔河林蛙养殖场	中国林蛙	300000
55	浦东新区(沪)	上海丰康科技有限公司	中国林蛙	27000
56	瓯海区(浙)	温州市南龙生态农业科技开发有限公司	中国林蛙	100000
57	瑞安市(浙)	新科林蛙养殖场	中国林蛙	500000
58	东平县(鲁)	东平蛙类养殖场	中国林蛙	15000
59	露水河林业局(吉林森工)		中国林蛙	2200000
60	白石山林业局(吉林森工)		中国林蛙	10000000
61	铁力林业局(龙江森工)		中国林蛙	600000
62	十八站林业局(大兴安岭)	十八站春江中国林蛙养殖场	中国林蛙	40000
63	奉贤区(沪)	青村镇元英特种养殖场	鹧鸪	2000
64	缙云县(浙)	达康利珍禽养殖场	鹧鸪	1200
65	禹州市(豫)	福源珍禽养殖基地	鹧鸪	10000
66	奉贤区(沪)	上海新兴养殖场	鸳鸯	100
67	胶南市(鲁)	青岛卧龙旅游有限公司	鸳鸯	100
68	南宫市(冀)	养狐场	银狐	1000
69	普兰店市(辽)		银狐	100000
70	庄河市(辽)	市野生动物养殖协会	银狐	10000
71	海城市(辽)	兴盛养殖场	银狐	330
72	东港市(辽)		银狐	12681
73	大石桥市(辽)	蓝狐养殖基地	银狐	1400
74	阜新蒙古族自治县(辽)	私人养殖场	银狐	200
75	彰武县(辽)	特种皮毛动物繁殖基地	银狐	1000
76	灯塔市(辽)	兴博养殖场	银狐	500
77	绥中县(辽)		银狐	10000

序号	县(旗、市、区、局、场)	企业名称	动物种类	驯养数量（头、只、个、条）
78	建昌县(辽)	玉新养狐专业合作社	银狐	170
79	兴城市(辽)		银狐	5000
80	磐石市(吉)		银狐	400
81	前郭尔罗斯蒙古族自治县(吉)		银狐	22000
82	让胡路区(黑)		银狐	5164
83	林甸县(黑)		银狐	25130
84	杜尔伯特蒙古族自治县(黑)		银狐	410031
85	平阴县(鲁)	石宝石(个体养殖场)	银狐	300
86	平阴县(鲁)	许宗福(个体养殖场)	银狐	150
87	平阴县(鲁)	丁芬亭(个体养殖场)	银狐	300
88	平阴县(鲁)	张德印(个体养殖场)	银狐	400
89	平阴县(鲁)	付延东(个体养殖场)	银狐	200
90	平阴县(鲁)	翟春旺(个体养殖场)	银狐	200
91	平阴县(鲁)	赵培岭(个体养殖场)	银狐	200
92	平阴县(鲁)	张衍强(个体养殖场)	银狐	200
93	平阴县(鲁)	陈远青(个体养殖场)	银狐	100
94	平阴县(鲁)	神承仁(个体养殖场)	银狐	200
95	东平县(鲁)	东平野生动物驯养养殖场	银狐	150
96	肥城市(鲁)	桃园镇屯头养殖场	银狐	600
97	武城县(鲁)	县供销社特种养殖社	银狐	4000
98	邹平县(鲁)	长山镇张广进养殖场	银狐	150
99	邹平县(鲁)	长山镇孙杰养殖场	银狐	300
100	邹平县(鲁)	长山镇张福军养殖场	银狐	500
101	邹平县(鲁)	黛溪办事处孙先亮养殖场	银狐	400
102	邹平县(鲁)	高新办事处邓振海养殖场	银狐	100
103	邹平县(鲁)	高新办事处张相连养殖场	银狐	240
104	邹平县(鲁)	长山镇王超养殖场	银狐	400
105	邹平县(鲁)	长山镇任贵勇养殖场	银狐	200
106	邹平县(鲁)	长山镇吴成顺养殖场	银狐	400
107	邹平县(鲁)	长山镇石志敏养殖场	银狐	100
108	邹平县(鲁)	长山镇李尊泉养殖场	银狐	200
109	获嘉县(豫)	鑫瑞特种动物养殖场	银狐	1200
110	获嘉县(豫)	后小召特种动物养殖场	银狐	800
111	修武县(豫)	大位村养殖场	银狐	500
112	范　县(豫)	个人养殖场	银狐	5000
113	西夏区(宁)	黄明田(个体养殖场)	银狐	1000
114	西夏区(宁)	王其(个体养殖场)	银狐	560
115	永宁县(宁)	李俊镇西邵养狐场	银狐	300
116	东方红林业局(龙江森工)		银狐	4000

序号	县(旗、市、区、局、场)	企业名称	动物种类	驯养数量(头、只、个、条)
117	金山屯林业局(龙江森工)		银狐	3000
118	沾河林业局(龙江森工)		银狐	4986
119	大兴区(京)	宝众达(北京)环保科技有限公司	野猪	207
120	延庆县(京)	北京青龙湾江海养殖专业合作社	野猪	263
121	平山县(冀)	魏四怀养殖场	野猪	100
122	鹿泉市(冀)	大地天然野猪生产基地	野猪	300
123	赤城县(冀)	龙门所镇龙源特种养殖场	野猪	150
124	阿鲁科尔沁旗(内蒙古)	巴日图野猪养殖基地	野猪	120
125	巴林右旗(内蒙古)	赛罕乌拉野生动物养殖专业合作社	野猪	240
126	克什克腾旗(内蒙古)	大兴安岭野生动物养殖基地	野猪	150
127	克什克腾旗(内蒙古)	联峰林场	野猪	126
128	翁牛特旗(内蒙古)	二中校办养殖场	野猪	150
129	奈曼旗(内蒙古)	蒙龙特种野猪繁育基地	野猪	300
130	扎兰屯市(内蒙古)	根多河林场	野猪	145
131	扎兰屯市(内蒙古)	伊其罕林场	野猪	135
132	扎兰屯市(内蒙古)	庙尔山林场	野猪	180
133	乌拉特前旗(内蒙古)	福源特种繁育养殖场	野猪	260
134	五岔沟林业局(内蒙古)		野猪	2000
135	白狼林业局(内蒙古)		野猪	280
136	新民市(辽)		野猪	4000
137	庄河市(辽)	市野生动物养殖协会	野猪	1600
138	海城市(辽)	鞍山金土地特种养殖有限公司	野猪	3000
139	新宾满族自治县(辽)	祺强养猪合作社	野猪	300
140	新宾满族自治县(辽)	朝阳养猪场	野猪	350
141	新宾满族自治县(辽)	县野猪养殖协会	野猪	560
142	本溪满族自治县(辽)		野猪	200
143	老边区(辽)	现代养殖专业合作社	野猪	1500
144	老边区(辽)	常财野猪特种养殖专业合作社	野猪	150
145	盖州市(辽)	郁龙野猪养殖专业合作社	野猪	1000
146	盖州市(辽)	嘉盛特种养殖场	野猪	800
147	彰武县(辽)	野山猪养殖场	野猪	1000
148	彰武县(辽)	荆家野山猪养殖场	野猪	800
149	彰武县(辽)	畜禽养殖场	野猪	700
150	灯塔市(辽)	天野养殖场	野猪	100
151	调兵山市(辽)	宏大养殖场	野猪	2000
152	连山区(辽)	力军野猪饲养合作社	野猪	150
153	绥中县(辽)		野猪	3500
154	建昌县(辽)	八家子青石岭光辉养猪专业合作社	野猪	200
155	桦甸市(吉)	个体养殖场	野猪	150

序号	县(旗、市、区、局、场)	企业名称	动物种类	驯养数量（头、只、个、条）
156	舒兰市(吉)	市林业局所属林场	野猪	560
157	磐石市(吉)	长白山特种野猪养殖加工厂	野猪	2000
158	东昌区(吉)	个体养殖场	野猪	200
159	通化县(吉)	长白上野生动物繁殖基地	野猪	450
160	辉南县(吉)	繁华野猪养殖专业合作社	野猪	850
161	柳河县(吉)		野猪	800
162	集安市(吉)	绿彦绿色生态农业开发有限公司	野猪	150
163	抚松县(吉)		野猪	3315
164	江源区(吉)		野猪	620
165	敦化林业局(吉)		野猪	2020
166	和龙林业局(吉)		野猪	220
167	安图森林经营局(吉)		野猪	500
168	长白山林业局(吉)	红松林特种猪养殖场	野猪	180
169	通河县(黑)	德方养殖场	野猪	10000
170	五常市(黑)		野猪	106
171	鸡东县(黑)		野猪	321
172	嘉荫县(黑)		野猪	100
173	五大连池市(黑)	马景才养殖场	野猪	300
174	临安市(浙)	千顷农庄	野猪	130
175	瓯海区(浙)	桐岭野猪养殖繁殖有限公司	野猪	240
176	诸暨市(浙)	综合驯养殖场	野猪	10000
177	三门县(浙)	王家花园生猪养殖场	野猪	200
178	仙居县(浙)	方圆特种养殖专业合作社	野猪	200
179	缙云县(浙)	朱老庄野生动物养殖场	野猪	126
180	缙云县(浙)	仙龙养殖场	野猪	400
181	岳西县(皖)	顺达野生动物驯养繁殖场	野猪	1000
182	徽州区(皖)	新野特种养殖场	野猪	50
183	定远县(皖)	鸿泰野猪绿色专业合作社	野猪	150
184	临泉县(皖)	鑫达盛野猪养殖场	野猪	118
185	居巢区(皖)	梅芳特种养殖场	野猪	600
186	居巢区(皖)	飞越特种养殖场	野猪	200
187	寿　县(皖)	皖渝特种野猪养殖有限公司	野猪	100
188	舒城县(皖)	大别山绿色野山猪养殖基地	野猪	100
189	东至县(皖)	洋湖野猪驯养繁殖场	野猪	200
190	泾　县(皖)	三百里农业循环经济开发有限公司	野猪	500
191	永定县(闽)	招宝农庄	野猪	200
192	莲花县(赣)	福利特种养殖场	野猪	300
193	九江县(赣)		野猪	150
194	修水县(赣)	庙岭养殖场	野猪	100

序号	县(旗、市、区、局、场)	企业名称	动物种类	驯养数量(头、只、个、条)
195	彭泽县(赣)	红岭野生动物驯养繁殖场	野猪	200
196	贵溪市(赣)	野猪养殖场	野猪	200
197	新干县(赣)		野猪	100
198	万安县(赣)	井冈野猪豪猪专业养殖合作社	野猪	180
199	黎川县(赣)	东野农庄	野猪	100
200	胶南市(鲁)	野猪养殖场	野猪	150
201	兖州市(鲁)	山原野猪养殖合作社	野猪	150
202	泰山区(鲁)	五岳野猪养殖有限公司	野猪	500
203	岱岳区(鲁)	金凤岭生态农业观光园	野猪	600
204	栾川县(豫)		野猪	500
205	伊川县(豫)	金牛岭农业开发有限公司	野猪	290
206	博爱县(豫)		野猪	350
207	禹州市(豫)	兴旺珍禽养殖场	野猪	500
208	禹州市(豫)	楮河乡建奎野猪驯养繁殖基地	野猪	5000
209	禹州市(豫)	禹西养殖有限公司	野猪	230
210	陕　县(豫)	三门峡玉辉有限公司黄河野生动物繁育场	野猪	150
211	新野县(豫)	溧河养殖场	野猪	150
212	济源市(豫)	个人养殖场	野猪	300
213	东宝区(鄂)	香龙山牧业公司	野猪	400
214	浏阳市(湘)	祥鹤养殖场	野猪	650
215	浏阳市(湘)	盛发养殖场	野猪	550
216	茶陵县(湘)		野猪	260
217	湘潭县(湘)	金星特种养殖场	野猪	400
218	湘潭县(湘)	巨鱼休闲旅游经贸公司	野猪	250
219	耒阳市(湘)	金祥牧业	野猪	300
220	汉寿县(湘)		野猪	30
221	澧　县(湘)	华中养殖场	野猪	350
222	桃源县(湘)	车湖垸红伟特种养殖场	野猪	340
223	桃源县(湘)	巨伯养殖场	野猪	230
224	桃源县(湘)	桃花源文君豪猪养殖基地	野猪	300
225	桃源县(湘)	鸿兴豪猪养殖场	野猪	560
226	桃源县(湘)	奔马豪猪良种繁育基地	野猪	350
227	桃源县(湘)	铁船堰村豪猪养殖基地	野猪	300
228	桃源县(湘)	青林乡特种养殖场	野猪	450
229	桃源县(湘)	爱华养殖场	野猪	100
230	桃源县(湘)	骑龙养殖场	野猪	950
231	桃源县(湘)	建全豪猪养殖场	野猪	400
232	桃源县(湘)	林园豪猪养殖场	野猪	600
233	桃源县(湘)	尧河豪猪养殖基地	野猪	250

序号	县(旗、市、区、局、场)	企业名称	动物种类	驯养数量（头、只、个、条）
234	桃源县(湘)	然健豪猪养殖场	野猪	500
235	桃源县(湘)	竹林豪猪养殖场	野猪	800
236	桃源县(湘)	青龙特种养殖场	野猪	800
237	桃源县(湘)	青林养殖场	野猪	510
238	桃源县(湘)	悦丰特种豪猪竹鼠养殖基地	野猪	240
239	桃源县(湘)	凤凰山豪猪繁养公司	野猪	300
240	桃源县(湘)	弘康养殖场	野猪	500
241	永定区(湘)		野猪	100
242	慈利县(湘)		野猪	100
243	桑植县(湘)		野猪	300
244	安仁县(湘)	双龙野生动物养殖场	野猪	350
245	鹤城区(湘)	旌旗牧业	野猪	300
246	沅陵县(湘)		野猪	2200
247	辰溪县(湘)	道尊蛇苑	野猪	2800
248	南雄市(粤)	优新野猪繁殖基地	野猪	160
249	斗门区(粤)	宝中园生态农业有限公司	野猪	3650
250	新会区(粤)	大泽镇盛裕畜牧场	野猪	197
251	赤坎区(粤)	古道山庄农业科技发展有限公司	野猪	100
252	高州市(粤)	云潭镇吴氏特种养殖场	野猪	500
253	龙门县(粤)	平陵镇惠州市森旺农庄野猪养殖场	野猪	140
254	龙门县(粤)	王坪邬村野猪养殖场	野猪	130
255	海丰县(粤)	金瑞丰生态农业有限公司	野猪	100
256	阳山县(粤)	野猪种苗繁育场	野猪	220
257	青秀区(桂)	伶俐苗圃特种种养场	野猪	450
258	邕宁区(桂)	评生野猪养殖场	野猪	200
259	邕宁区(桂)	云岭野猪养殖专业合作社	野猪	400
260	邕宁区(桂)	绿草原野猪养殖场	野猪	300
261	港南区(桂)	竹福星野猪驯养繁殖中心	野猪	2000
262	桂平市(桂)	江口何氏野猪养殖场	野猪	100
263	游仙区(川)	汉克斯股份公司	野猪	1500
264	游仙区(川)	力新生态农业公司	野猪	1300
265	宜宾县(川)	文春养殖场	野猪	300
266	宜宾县(川)	特种养殖场	野猪	200
267	宜宾县(川)	农业生态有限公司	野猪	150
268	巴州区(川)	源泰养殖场	野猪	1500
269	南江县(川)	特种野猪驯养繁殖区	野猪	300
270	平昌县(川)	大山养殖场	野猪	200
271	冕宁县(川)	西河村野生动物驯化基地	野猪	200
272	凯里市(黔)		野猪	500

序号	县(旗、市、区、局、场)	企业名称	动物种类	驯养数量(头、只、个、条)
273	沾益县(滇)	家佳养殖有限责任公司	野猪	300
274	长安区(陕)	天元特种养殖繁育基地	野猪	150
275	宝塔区(陕)	姚家坡林场	野猪	220
276	宝塔区(陕)	南泥湾林场	野猪	230
277	桥北林业局(陕)	桥北森林养殖繁育中心	野猪	1506
278	桥山林业局(陕)	森林猪养殖场	野猪	356
279	南郑县(陕)	大汉山特种野猪繁育基地	野猪	200
280	哈密市(新)	天山野猪养殖场	野猪	500
281	哈密市(新)	火箭农场	野猪	200
282	大海林林业局(龙江森工)		野猪	106
283	双鸭山林业局(龙江森工)	七一林场	野猪	150
284	东方红林业局(龙江森工)		野猪	2200
285	翠峦林业局(龙江森工)		野猪	801
286	金山屯林业局(龙江森工)		野猪	550
287	双丰林业局(龙江森工)		野猪	3200
288	汤旺河林业局(龙江森工)		野猪	578
289	带岭实验局(龙江森工)	寒月、北列林场	野猪	300
290	方正林业局(龙江森工)	蝴蝶岭山特产品有限公司	野猪	800
291	松岭林业局(大兴安岭)	松岭区森林猪养殖基地	野猪	2000
292	十八站林业局(大兴安岭)	双丰野猪养殖场	野猪	600
293	庄河市(辽)	市野生动物养殖协会	蝎子	1200
294	伊川县(豫)	翟沟村家庭养殖	蝎子	700000
295	潮南区(粤)	协胜养殖有限公司	暹罗鳄	9000
296	东兴市(桂)	作儒野生动物驯养繁殖场	暹罗鳄	2000
297	桂平市(桂)	巨烁大酒店	暹罗鳄	240
298	兰溪市(浙)	灵洞奔奔养殖场	蜈蚣	100000
299	兰溪市(浙)	灵华红头蜈蚣养殖专业合作社	蜈蚣	500000
300	吴兴区(浙)		湾鳄	2000
301	斗门区(粤)	白藤湖鳄鱼发展有限公司	湾鳄	425
302	分宜县(赣)	凤阳竹鼠养殖基地	豚鼠	4000
303	博罗县(粤)	柏塘黄塘村杨日平个体养殖场	豚鼠	200
304	柳城县(桂)	桂乐现代农业有限公司	豚鼠	300
305	新会区(粤)	大泽镇旺洲珏洋宝源养殖场	桃脸牡丹鹦鹉	125
306	延庆县(京)	五彩志磊水貂养殖专业合作社	水貂	3100
307	金州区(辽)	名威貂业有限公司	水貂	20000
308	金州区(辽)	名门貂业有限公司	水貂	25000
309	庄河市(辽)	市野生动物养殖协会	水貂	30000
310	新宾满族自治县(辽)	北美水貂养殖场	水貂	4500
311	新宾满族自治县(辽)	水貂养殖协会	水貂	1100

序号	县(旗、市、区、局、场)	企业名称	动物种类	驯养数量(头、只、个、条)
312	东港市(辽)		水貂	153770
313	大石桥市(辽)	建一镇铜匠村貂养殖场	水貂	1200
314	兴城市(辽)		水貂	11000
315	昌邑区(吉)	其仕养殖有限公司	水貂	400000
316	前郭尔罗斯蒙古族自治县(吉)		水貂	23000
317	崇明县(沪)	竖新向明4队袁洪敏	水貂	140
318	崇明县(沪)	竖新向明9队朱新法	水貂	280
319	崇明县(沪)	竖新向明9队施乃吕	水貂	130
320	海宁市(浙)	圆华皮毛动物示范养殖场	水貂	1000
321	平阴县(鲁)	张德印个体养殖场	水貂	200
322	范　县(豫)	个体养殖场	水貂	5000
323	东方红林业局(龙江森工)		水貂	330
324	浦东新区(沪)	上海新药安全评价研究中心	食蟹猴	121
325	从化市(粤)	华珍动物养殖场	食蟹猴	26021
326	从化市(粤)	棋杆镇悦源动物养殖场	食蟹猴	3454
327	从化市(粤)	春盛生物科技有限公司	食蟹猴	12091
328	高要市(粤)	康达实验动物科技有限公司	食蟹猴	6128
329	高要市(粤)	创药生物科技有限公司	食蟹猴	3838
330	平南县(桂)	雄森灵长类实验动物养殖开发有限公司	食蟹猴	30000
331	大兴区(京)	北臧村佳园养殖场	石鸡	300
332	平山县(冀)	李三明养殖场	石鸡	200
333	平山县(冀)	古月生态农业园	石鸡	4500
334	磁　县(冀)	前江村石鸡养殖	石鸡	1800
335	东河区(内蒙古)	荣发百鸟园	石鸡	50000
336	乌拉特后旗(内蒙古)	珍凤养殖场	石鸡	500
337	乌拉特后旗(内蒙古)	草原满达珍禽养殖场	石鸡	1500
338	建德市(浙)	莲花东林石蛙养殖场	石鸡	40000
339	建德市(浙)	莲花郑家石蛙养殖场	石鸡	12000
340	建德市(浙)	大洋镇有宋石蛙养殖场	石鸡	4000
341	建德市(浙)	新丰石蛙生态养殖有限公司	石鸡	20000
342	建德市(浙)	诸艾农业科技有限公司	石鸡	5000
343	建德市(浙)	洪村石蛙养殖场	石鸡	20000
344	建德市(浙)	新安江朱家埠石蛙养殖场	石鸡	10000
345	建德市(浙)	明俊石蛙养殖场	石鸡	15000
346	建德市(浙)	鑫泉石蛙养殖场	石鸡	40000
347	常山县(浙)	志新石蛙养殖专业合作社	石鸡	40000
348	开化县(浙)	县石蛙研究所	石鸡	150000
349	婺源县(赣)	白玉川棘胸蛙养殖场	石鸡	3000
350	铁力林业局(龙江森工)		麝鼠	300

序号	县(旗、市、区、局、场)	企业名称	动物种类	驯养数量(头、只、个、条)
351	淳安县(浙)	千岛湖神龙游乐有限公司	蛇	3050
352	鹿城区(浙)		蛇	2080
353	诸暨市(浙)	小龙养殖公司	蛇	500000
354	浦江县(浙)		蛇	2900
355	义乌市(浙)	市蛇类研究所	蛇	8000
356	永康市(浙)	舟山道坦蛇类养殖场	蛇	5800
357	开化县(浙)	华友苗木合作社特种养殖场	蛇	2000
358	定海区(浙)	白泉新泉蛇场	蛇	1500
359	桐城市(皖)	中华蛇类养殖场	蛇	10000
360	修水县(赣)	白土蛇业	蛇	5000
361	贵溪市(赣)	河潭蛙类养殖场	蛇	9000
362	贵溪市(赣)	象山蛇类养殖场	蛇	11000
363	吉水县(赣)	顺昌特种养殖场	蛇	1000
364	万年县(赣)		蛇	5000
365	大冶市(鄂)		蛇	2000
366	浏阳市(湘)	大成养殖场	蛇	12600
367	浏阳市(湘)	五福堂生物科技有限公司	蛇	15000
368	湘乡市(湘)	市老科协蛇伤救治中心	蛇	6000
369	衡南县(湘)		蛇	4600
370	北塔区(湘)	邓德胜个人养殖场	蛇	1500
371	隆回县(湘)		蛇	5000
372	汉寿县(湘)		蛇	1100
373	桃源县(湘)	共清蛇业养殖场	蛇	2470
374	桃源县(湘)	志财蛇业养殖场	蛇	1170
375	桃源县(湘)	福荣养殖场	蛇	2440
376	桃源县(湘)	六角养殖场	蛇	2450
377	桃源县(湘)	周福荣养殖场	蛇	1400
378	桃源县(湘)	李友贵养殖场	蛇	1000
379	桃源县(湘)	柳林养殖场	蛇	2100
380	桃源县(湘)	湘北蛇业养殖基地	蛇	2100
381	桃源县(湘)	老三蛇场	蛇	2350
382	桃源县(湘)	世春蛇场	蛇	2300
383	桃源县(湘)	龙腾蛇场	蛇	2700
384	桃源县(湘)	兴国蛇场	蛇	1400
385	桃源县(湘)	羊楼坪蛇场	蛇	1200
386	桃源县(湘)	王兴明养殖场	蛇	1500
387	桃源县(湘)	志军养殖场	蛇	2450
388	桃源县(湘)	龙阳坪养殖场	蛇	2740
389	桃源县(湘)	卢建军养殖场	蛇	1200

序号	县(旗、市、区、局、场)	企业名称	动物种类	驯养数量(头、只、个、条)
390	桃源县(湘)	应章养蛇场	蛇	1200
391	资兴市(湘)	个体养殖场	蛇	31000
392	零陵区(湘)	异蛇科技实业有限公司	蛇	30000
393	零陵区(湘)	异蛇产业有限公司	蛇	12000
394	娄星区(湘)	区蛇类研究所	蛇	18000
395	新会区(粤)	大东洋蛇类研究中心	蛇	90000
396	高州市(粤)	荷塘镇特种养殖场	蛇	2000
397	高要市(粤)	禄步蛇场	蛇	2000
398	郁南县(粤)	十二岭蛇场	蛇	3000
399	钦北区(桂)	平吉兴隆养殖场	蛇	4530
400	钦北区(桂)	大寺冯发养殖场	蛇	4000
401	浦北县(桂)	乐民联营养殖场	蛇	3500
402	浦北县(桂)	浦北县高开一蛇场	蛇	4500
403	浦北县(桂)	寨圩佰家林兴养殖场	蛇	1800
404	平南县(桂)	平安野生动物驯养繁殖场	蛇	5000
405	桂平市(桂)	大华养殖场	蛇	4000
406	陆川县(桂)	拾马野生动物养殖场	蛇	1000
407	陆川县(桂)	宝龙野生动物养殖场	蛇	2500
408	北流市(桂)	广信野生动物养殖场	蛇	3500
409	北流市(桂)	兴发野生动物养殖场	蛇	4100
410	北流市(桂)	安南野生动物养殖场	蛇	3700
411	北流市(桂)	梁决耀野生动物养殖场	蛇	3200
412	北流市(桂)	隆盛镇礼盛野生动物养殖场	蛇	3600
413	北流市(桂)	桂天野生动物养殖场	蛇	4000
414	那坡县(桂)	松桂养殖场	蛇	3600
415	田林县(桂)	乐里野生动物养殖场	蛇	1460
416	忻城县(桂)	亮三野生动物养殖场	蛇	8000
417	榕江县(黔)	盛奥场	蛇	2000
418	张北县(冀)	鑫兴珍禽养殖有限责任公司	七彩山鸡	10000
419	蔚　县(冀)		七彩山鸡	1000
420	林西县(内蒙古)	马莲滩养殖场	七彩山鸡	950
421	清河门区(辽)	七彩山鸡养殖场	七彩山鸡	20000
422	开原市(辽)		七彩山鸡	5000
423	舒兰市(吉)	市林业局所属林场	七彩山鸡	1000
424	齐齐哈尔市市辖区(黑)	青松狩猎场养殖场	七彩山鸡	2200
425	龙凤区(黑)	七彩山鸡养殖场	七彩山鸡	12000
426	奉贤区(沪)	青村镇方墩珍禽养殖场	七彩山鸡	3000
427	奉贤区(沪)	奉唐七彩山鸡养殖合作社	七彩山鸡	10000
428	奉贤区(沪)	鸿雁珍禽场	七彩山鸡	11000

序号	县(旗、市、区、局、场)	企业名称	动物种类	驯养数量(头、只、个、条)
429	奉贤区(沪)	奉城镇岳弟孵化场	七彩山鸡	8000
430	建德市(浙)	李家镇余林农业合作社	七彩山鸡	5000
431	瓯海区(浙)	龙谷生态农庄有限公司	七彩山鸡	15100
432	瓯海区(浙)	白云山珍稀动植物开发有限公司	七彩山鸡	3240
433	永嘉县(浙)		七彩山鸡	1500
434	义乌市(浙)	源野山庄	七彩山鸡	10000
435	天台县(浙)	三杜珍禽养殖场	七彩山鸡	2000
436	芜湖县(皖)	小凤珍禽养殖场	七彩山鸡	50000
437	岳西县(皖)	顺达野生动物驯养繁殖场	七彩山鸡	5000
438	居巢区(皖)	农庄园稀有珍禽养殖场	七彩山鸡	700
439	含山县(皖)	陶厂镇七彩山鸡养殖场	七彩山鸡	40000
440	舒城县(皖)	爱华特禽养殖场	七彩山鸡	3000
441	舒城县(皖)	丰盈珍禽有限公司	七彩山鸡	5000
442	泾　县(皖)	天顺生态有限公司	七彩山鸡	500
443	修水县(赣)	焕明养殖场	七彩山鸡	1500
444	瑞金市(赣)	瑞林山鸡养殖场	七彩山鸡	1000
445	武城县(鲁)	郝王庄镇科园特禽养殖专业合作社	七彩山鸡	80000
446	洛阳市高新区(豫)	大所山鸡繁育养殖中心	七彩山鸡	500
447	修武县(豫)	平窑盛世珍禽养殖场	七彩山鸡	1000
448	博爱县(豫)		七彩山鸡	500
449	禹州市(豫)	福源珍禽养殖基地	七彩山鸡	7500
450	新野县(豫)	新甸七彩山鸡场	七彩山鸡	500
451	通山县(鄂)	夏美丽个体养殖场	七彩山鸡	3000
452	通山县(鄂)	徐晓东	七彩山鸡	4000
453	浏阳市(湘)	舒民养殖场	七彩山鸡	52000
454	浏阳市(湘)	篱笆养殖场	七彩山鸡	32000
455	桃源县(湘)	茶林野鸡养殖场	七彩山鸡	3400
456	桃源县(湘)	让湖村清泉溶养殖场	七彩山鸡	570
457	临武县(湘)	舜峰生态野鸡养殖场	七彩山鸡	8000
458	新化县(湘)	雪峰野生养殖场	七彩山鸡	2200
459	曲江区(粤)	高必生个体养殖场	七彩山鸡	1300
460	柳城县(桂)	锐凯山鸡养殖场	七彩山鸡	1200
461	柳城县(桂)	七彩特种养殖场	七彩山鸡	1100
462	贺州市平桂管理区(桂)		七彩山鸡	2500
463	东　区(川)	银江镇金贸有限公司	七彩山鸡	1200
464	西　区(川)	长乐特种野生驯养繁殖基地	七彩山鸡	1200
465	宜宾县(川)	东阳养殖场	七彩山鸡	1850
466	清镇市(黔)	金安山鸡驯养场	七彩山鸡	650
467	沾益县(滇)	振华养殖场	七彩山鸡	30000

序号	县(旗、市、区、局、场)	企业名称	动物种类	驯养数量（头、只、个、条）
468	长安区(陕)	绿生态珍禽养殖场	七彩山鸡	500
469	汉台区(陕)	曹小君个体养殖场	七彩山鸡	500
470	安宁区(甘)	金雉特禽养殖场	七彩山鸡	500
471	华池县(甘)	桥河乡山鸡养殖场	七彩山鸡	1000
472	永宁县(宁)	宝翔特禽养殖场	七彩山鸡	2000
473	正定县(冀)	龙威猕猴饲养场	猕猴	110
474	金山区(沪)	山阳农业技术推广服务站	猕猴	98
475	祁门县(皖)	安徽省实验猕猴中心	猕猴	810
476	邵武市(闽)		猕猴	220
477	宜丰县(赣)	官山自然保护区	猕猴	100
478	新野县(豫)	鲍湾华宇养殖场	猕猴	162
479	新野县(豫)	沙堰焦店利民养殖场	猕猴	115
480	新野县(豫)	鲍湾麒麟岗养殖场	猕猴	178
481	新野县(豫)	赵湖新豫养殖场	猕猴	869
482	新野县(豫)	湍口养殖场	猕猴	103
483	花都区(粤)	春盛生物科技发展公司	猕猴	950
484	从化市(粤)	华珍动物养殖场	猕猴	726
485	从化市(粤)	棋杆镇悦源动物养殖场	猕猴	355
486	从化市(粤)	春盛生物科技有限公司	猕猴	90
487	高要市(粤)	康源实验动物科技有限公司	猕猴	844
488	防城区(桂)	江山野生动物养殖场	猕猴	8000
489	福绵区(桂)	洪锋养殖场	猕猴	7000
490	宜宾县(川)	恒生科技有限公司	猕猴	3105
491	独山县(黔)		猕猴	150
492	顺义区(京)	盛祥苑养殖场	梅花鹿	130
493	顺义区(京)	从河养殖场	梅花鹿	35
494	顺义区(京)	赵全营镇一夫养殖场	梅花鹿	90
495	顺义区(京)	顺盈养殖场	梅花鹿	65
496	顺义区(京)	旭隆种鹿养殖场	梅花鹿	140
497	大兴区(京)	丹鹿丰园养殖合作社	梅花鹿	100
498	大兴区(京)	东方园养殖场	梅花鹿	30
499	大兴区(京)	御鹿苑养殖中心	梅花鹿	70
500	大兴区(京)	御鹿苑观光农业有限公司	梅花鹿	90
501	大兴区(京)	瀛海海龙畜禽养殖场	梅花鹿	39
502	大兴区(京)	礼贤京双养殖场	梅花鹿	100
503	大兴区(京)	静逸清采摘园	梅花鹿	30
504	大兴区(京)	前高燕辉鹿场	梅花鹿	31
505	大兴区(京)	野生动物园	梅花鹿	35
506	正定县(冀)	树京鹿业基地	梅花鹿	60

序号	县(旗、市、区、局、场)	企业名称	动物种类	驯养数量（头、只、个、条）
507	辛集市(冀)	快长特种动物养殖场	梅花鹿	100
508	涿州市(冀)	龙腾特殖养殖有限公司	梅花鹿	150
509	兴隆县(冀)	半壁山镇梅花鹿养殖场	梅花鹿	150
510	兴隆县(冀)	寿王坟林场梅花鹿养殖场	梅花鹿	130
511	木栏围场国营林场管理局(冀)	木兰围场狩猎场	梅花鹿	200
512	鄂托克旗(内蒙古)	鹿苑有限责任公司	梅花鹿	300
513	乌拉特前旗(内蒙古)		梅花鹿	110
514	五岔沟林业局(内蒙古)		梅花鹿	300
515	白狼林业局(内蒙古)		梅花鹿	1400
516	多伦县(内蒙古)	三道沟林场	梅花鹿	121
517	阿拉善左旗(内蒙古)	贺兰山鹿场	梅花鹿	70
518	庄河市(辽)	市野生动物养殖协会	梅花鹿	190
519	海城市(辽)	东旭养殖专业合作社	梅花鹿	200
520	顺城区(辽)		梅花鹿	89
521	抚顺县(辽)		梅花鹿	5500
522	本溪满族自治县(辽)	兰河农牧场	梅花鹿	300
523	桓仁满族自治县(辽)	金茸鹿业	梅花鹿	100
524	桓仁满族自治县(辽)	鸡冠砬子养鹿场	梅花鹿	130
525	桓仁满族自治县(辽)	华泰养鹿场	梅花鹿	300
526	桓仁满族自治县(辽)	长白山鹿场	梅花鹿	150
527	桓仁满族自治县(辽)	高荣鹿场	梅花鹿	150
528	桓仁满族自治县(辽)	大东沟参茸场	梅花鹿	500
529	东港市(辽)		梅花鹿	1970
530	盖州市(辽)	白果茸丰鹿场	梅花鹿	130
531	盖州市(辽)	运源种鹿场	梅花鹿	150
532	盖州市(辽)	白果吉顺鹿场	梅花鹿	110
533	大石桥市(辽)	市野生动物驯养示范场	梅花鹿	135
534	大石桥市(辽)	洪祥种鹿繁殖基地	梅花鹿	450
535	盘山县(辽)	盘锦双润种养殖场	梅花鹿	1000
536	清河区(辽)	金山养鹿专业合作社	梅花鹿	260
537	铁岭县(辽)		梅花鹿	545
538	西丰县(辽)		梅花鹿	110000
539	开原市(辽)		梅花鹿	2000
540	铁岭市经济开发区(辽)		梅花鹿	5000
541	朝阳县(辽)		梅花鹿	1200
542	北票市(辽)	大黑山鹿场	梅花鹿	503
543	朝阳区(吉)	个体养殖场	梅花鹿	30000
544	榆树市(吉)	梅花鹿养殖基地	梅花鹿	200
545	德惠市(吉)		梅花鹿	2000

序号	县(旗、市、区、局、场)	企业名称	动物种类	驯养数量(头、只、个、条)
546	昌邑区(吉)	吉林宇宙统一鹿业有限公司	梅花鹿	700
547	龙潭区(吉)	区养鹿协会	梅花鹿	5290
548	船营区(吉)	春光牧工商	梅花鹿	600
549	船营区(吉)	民主林场	梅花鹿	720
550	永吉县(吉)	个体养殖场	梅花鹿	7859
551	桦甸市(吉)	个体养殖场	梅花鹿	240
552	舒兰市(吉)	市林业局所属林场	梅花鹿	395
553	磐石市(吉)		梅花鹿	9780
554	铁西区(吉)	个体养殖场	梅花鹿	300
555	铁东区(吉)		梅花鹿	1031
556	梨树县(吉)	个体养殖场	梅花鹿	5120
557	伊通满族自治县(吉)	大中鹿业有限公司	梅花鹿	500
558	伊通满族自治县(吉)	吉云鹿业发展有限公司	梅花鹿	2000
559	伊通满族自治县(吉)	农户分散养殖	梅花鹿	33500
560	公主岭市(吉)	国营公主岭市二十家子林场	梅花鹿	76
561	公主岭市(吉)		梅花鹿	6970
562	龙山区(吉)		梅花鹿	1016
563	东丰县(吉)		梅花鹿	70362
564	东昌区(吉)	个体养殖场	梅花鹿	100
565	二道江区(吉)	鹿鸣园	梅花鹿	300
566	通化县(吉)	英额布鹿场	梅花鹿	550
567	通化县(吉)	个体养殖场	梅花鹿	2300
568	辉南县(吉)	山村鹿业有限公司	梅花鹿	1200
569	辉南县(吉)	石道河鹿场	梅花鹿	180
570	辉南县(吉)	高集岗鹿场	梅花鹿	230
571	柳河县(吉)	安口镇林场	梅花鹿	2200
572	梅河口市(吉)		梅花鹿	2290
573	集安市(吉)	长白山鹿业有限公司	梅花鹿	920
574	抚松县(吉)		梅花鹿	1122
575	江源区(吉)		梅花鹿	100
576	临江市(吉)	长白山鹿业有限公司	梅花鹿	1702
577	宁江区(吉)	新城乡梅花鹿场	梅花鹿	700
578	前郭尔罗斯蒙古族自治县(吉)		梅花鹿	2000
579	长岭县(吉)		梅花鹿	640
580	图们市(吉)	大河实业有限公司	梅花鹿	2650
581	龙井市(吉)	智新鹿场	梅花鹿	74
582	龙井市(吉)	智新林场鹿场	梅花鹿	97
583	和龙市(吉)	柳洞林场	梅花鹿	300
584	敦化林业局(吉)		梅花鹿	260

序号	县(旗、市、区、局、场)	企业名称	动物种类	驯养数量(头、只、个、条)
585	和龙林业局(吉)		梅花鹿	39
586	长白山林业局(吉)	吉鹿园鹿苑开发公司	梅花鹿	1200
587	依兰县(黑)		梅花鹿	100
588	方正县(黑)	红星林场鹿场	梅花鹿	53
589	五常市(黑)		梅花鹿	102
590	拜泉县(黑)	国富林场	梅花鹿	40
591	鹤岗市市辖区(黑)	红旗鹿场	梅花鹿	220
592	让胡路区(黑)	佳明养殖有限责任公司	梅花鹿	2000
593	让胡路区(黑)		梅花鹿	1772
594	林甸县(黑)		梅花鹿	80
595	孟家岗林场(黑)	梅花鹿繁育中心	梅花鹿	100
596	桦南县(黑)	金沙养鹿场	梅花鹿	60
597	汤原县(黑)		梅花鹿	305
598	七台河市市辖区(黑)	齐红军个体养殖场	梅花鹿	42
599	新兴区(黑)	尹志民养殖场	梅花鹿	35
600	桃山区(黑)	吴全友梅花鹿养殖场	梅花鹿	38
601	爱辉区(黑)	刘丽梅花鹿养殖场	梅花鹿	500
602	逊克县(黑)	志鹏专业合作社	梅花鹿	30
603	逊克县(黑)	新鄂乡杨国臣养鹿场	梅花鹿	46
604	逊克县(黑)	干岔子乡兴隆村王景仁养鹿场	梅花鹿	45
605	逊克县(黑)	干岔子乡胜利村陆钦良养鹿场	梅花鹿	48
606	逊克县(黑)	新鄂乡盖显成养鹿场	梅花鹿	33
607	逊克县(黑)	干岔子乡柞树岗村温启新养鹿场	梅花鹿	52
608	逊克县(黑)	奇克镇程万财养鹿场	梅花鹿	44
609	逊克县(黑)	松树沟乡岳振江养鹿场	梅花鹿	41
610	黑河市直属林场(黑)		梅花鹿	243
611	闵行区(沪)	申江鹿场	梅花鹿	443
612	宝山区(沪)	宝钢发展有限公司	梅花鹿	71
613	浦东新区(沪)	来福梅花鹿场	梅花鹿	151
614	金山区(沪)	梅聪鹿业基地	梅花鹿	67
615	松江区(沪)	南江绿化环保有限公司	梅花鹿	64
616	松江区(沪)	天云鹿场	梅花鹿	318
617	青浦区(沪)	香花梅花鹿有限公司	梅花鹿	80
618	南汇区(沪)	神鼎梅花鹿业有限公司	梅花鹿	480
619	南汇区(沪)	东海特种梅花鹿养殖场	梅花鹿	62
620	奉贤区(沪)	洪庙镇养鹿场	梅花鹿	146
621	奉贤区(沪)	鹿林特种养殖场	梅花鹿	30
622	奉贤区(沪)	洪庙镇鸵鸟场	梅花鹿	85
623	崇明县(沪)	黄氏鹿业	梅花鹿	67

序号	县(旗、市、区、局、场)	企业名称	动物种类	驯养数量(头、只、个、条)
624	崇明县(沪)	县种鹿场	梅花鹿	42
625	余杭区(浙)		梅花鹿	116
626	淳安县(浙)	杭州千岛湖国鑫农业开发有限公司	梅花鹿	87
627	临安市(浙)	锦北特种动物繁育基地	梅花鹿	35
628	临安市(浙)	盛涛梅花鹿养殖场	梅花鹿	40
629	北仑区(浙)	方夏梅花鹿良种繁殖基地	梅花鹿	196
630	瓯海区(浙)	泽雅北林垟黄山养鹿场	梅花鹿	36
631	瓯海区(浙)	五美珍稀动物养殖有限公司	梅花鹿	37
632	瓯海区(浙)	山农梅花鹿养殖场	梅花鹿	85
633	瓯海区(浙)	好西好农业科技开发有限公司	梅花鹿	145
634	瓯海区(浙)	泽雅奇峰养鹿场	梅花鹿	32
635	瓯海区(浙)	潘桥金来梅花鹿养殖场	梅花鹿	40
636	瓯海区(浙)	宏湖梅花鹿养殖场	梅花鹿	130
637	瓯海区(浙)	科农梅花鹿养殖场	梅花鹿	37
638	永嘉县(浙)		梅花鹿	373
639	平阳县(浙)	士福梅花鹿养殖有限公司	梅花鹿	2074
640	瑞安市(浙)	绿山梅花鹿养殖场	梅花鹿	300
641	瑞安市(浙)	康鑫梅花鹿有限公司	梅花鹿	70
642	海宁市(浙)	西山养殖场	梅花鹿	50
643	吴兴区(浙)		梅花鹿	265
644	诸暨市(浙)	斯宅养鹿场	梅花鹿	50
645	浦江县(浙)		梅花鹿	300
646	兰溪市(浙)	蒋亚堂梅花鹿养殖场	梅花鹿	30
647	兰溪市(浙)	康宝茸鹿养老殖场	梅花鹿	30
648	兰溪市(浙)	拓康养殖场	梅花鹿	45
649	兰溪市(浙)	天生堂鹿业有限公司	梅花鹿	180
650	义乌市(浙)	仙雾农庄有限公司	梅花鹿	80
651	永康市(浙)	飞月鹿业发展有限公司等	梅花鹿	750
652	龙游县(浙)	梅花鹿养殖场	梅花鹿	210
653	定海区(浙)	双桥镇(特种动物)长岭鹿场	梅花鹿	150
654	定海区(浙)	舟山梅花鹿驯养繁殖基地	梅花鹿	40
655	天台县(浙)	天台梅花鹿繁殖驯养基地	梅花鹿	50
656	临海市(浙)	深彬鹿业繁殖场	梅花鹿	100
657	蚌山区(皖)	陶山种鹿场	梅花鹿	388
658	怀远县(皖)	禾泉绿色有限公司	梅花鹿	62
659	含山县(皖)	昭关养鹿场	梅花鹿	220
660	含山县(皖)	太湖山鹿业公司	梅花鹿	600
661	利辛县(皖)	烊宇特种养殖场	梅花鹿	70
662	贵池区(皖)	昌松养鹿场	梅花鹿	800

序号	县(旗、市、区、局、场)	企业名称	动物种类	驯养数量(头、只、个、条)
663	绩溪县(皖)	瀛洲乡百鸟经济专业合作社养殖场	梅花鹿	40
664	福清市(闽)	山宝梅花鹿养殖场	梅花鹿	35
665	贵溪市(赣)	兴达鹿场	梅花鹿	159
666	乐安县(赣)	台大农业科技园	梅花鹿	300
667	东乡县(赣)	金峰生态养殖有限公司	梅花鹿	165
668	玉山县(赣)	怀玉山梅花鹿场	梅花鹿	142
669	胶南市(鲁)	青岛亿联集团梅花养殖场	梅花鹿	800
670	泗水县(鲁)	鹿缘养殖场	梅花鹿	312
671	宁阳县(鲁)	庆丰梅花鹿养殖场	梅花鹿	120
672	莱城区(鲁)	莲花山养鹿场	梅花鹿	30
673	惠民县(鲁)	滨海梅花鹿饲养专业合作社	梅花鹿	400
674	中牟县(豫)	黄河特种动物养殖基地	梅花鹿	120
675	伊川县(豫)	老虎窑养殖场	梅花鹿	100
676	伊川县(豫)	酒后乡于天山庄	梅花鹿	300
677	内乡县(豫)	桦钰高科园	梅花鹿	1000
678	平舆县(豫)	全明繁育养殖场	梅花鹿	36
679	铁山区(鄂)	大塘梅花鹿驯养基地	梅花鹿	100
680	荆门市市辖区(鄂)	五三三晶雄鹿有限公司	梅花鹿	300
681	荆门市市辖区(鄂)	白鹿春实业股份公司	梅花鹿	870
682	荆门市市辖区(鄂)	京辉牧业有限公司	梅花鹿	284
683	荆门市市辖区(鄂)	五三天鹿牧业有限公司	梅花鹿	270
684	京山县(鄂)	石龙梅花鹿养殖场	梅花鹿	100
685	株洲县(湘)	长冲养鹿场	梅花鹿	48
686	岳塘区(湘)	仙鹿养殖场	梅花鹿	198
687	香洲区(粤)	双龙梅花鹿场	梅花鹿	30
688	斗门区(粤)	建发鹿场	梅花鹿	70
689	霞山区(粤)	金鹿养殖场	梅花鹿	200
690	惠阳区(粤)	镇隆镇高山农场	梅花鹿	123
691	大亚湾区(粤)	南雁梅花鹿养殖场	梅花鹿	50
692	博罗县(粤)	龙溪长湖村叶伟明个体养殖场	梅花鹿	30
693	清城区(粤)	中国梅花鹿发展有限公司	梅花鹿	38
694	良凤江国家森林公园(桂)	梅花鹿产业有限公司	梅花鹿	550
695	峨眉山市(川)	仙农养鹿专业合作社	梅花鹿	125
696	西昌市(川)		梅花鹿	150
697	冕宁县(川)	河村野生动物驯化基地	梅花鹿	100
698	汉台区(陕)	东江养殖场	梅花鹿	63
699	白河县(陕)	利生园梅花鹿产业有限公司	梅花鹿	300
700	湘乐林业总场(甘)	罗山府林场	梅花鹿	83
701	祁连县(青)	祁连山半野生鹿业有限公司	梅花鹿	65

序号	县(旗、市、区、局、场)	企业名称	动物种类	驯养数量(头、只、个、条)
702	兴庆区(宁)	兴发农林牧开发中心	梅花鹿	59
703	兴庆区(宁)	嘉河养殖场	梅花鹿	280
704	西夏区(宁)	昶盛养鹿场	梅花鹿	250
705	永宁县(宁)	望远花鹿养殖场	梅花鹿	70
706	白石山林业局(吉林森工)		梅花鹿	150
707	大海林林业局(龙江森工)		梅花鹿	240
708	穆棱林业局(龙江森工)		梅花鹿	120
709	绥阳林业局(龙江森工)		梅花鹿	316
710	海林林业局(龙江森工)		梅花鹿	115
711	八面通林业局(龙江森工)		梅花鹿	118
712	鹤立林业局(龙江森工)	三号沟养鹿场	梅花鹿	180
713	清河林业局(龙江森工)		梅花鹿	151
714	东方红林业局(龙江森工)		梅花鹿	135
715	上甘岭林业局(龙江森工)	贮木场鹿场	梅花鹿	300
716	乌马河林业局(龙江森工)		梅花鹿	3000
717	金山屯林业局(龙江森工)		梅花鹿	4200
718	朗乡林业局(龙江森工)		梅花鹿	814
719	桃山林业局(龙江森工)		梅花鹿	3110
720	铁力林业局(龙江森工)		梅花鹿	163
721	双丰林业局(龙江森工)		梅花鹿	140
722	汤旺河林业局(龙江森工)		梅花鹿	580
723	五营林业局(龙江森工)		梅花鹿	280
724	带岭实验局(龙江森工)	东方红、南列林场	梅花鹿	500
725	方正林业局(龙江森工)	慧林鹿业	梅花鹿	812
726	绥棱林业局(龙江森工)		梅花鹿	166
727	通北林业局(龙江森工)		梅花鹿	98
728	松岭林业局(大兴安岭)	天鹿特产实验场	梅花鹿	55
729	新林林业局(大兴安岭)	安鹿业有限公司	梅花鹿	1500
730	塔河林业局(大兴安岭)	开库康乡养殖场	梅花鹿	40
731	塔河林业局(大兴安岭)	二十二站林场养殖场	梅花鹿	140
732	阿木尔林业局(大兴安岭)	龙河林场梅花鹿养殖基地	梅花鹿	30
733	韩家园林业局(大兴安岭)	松涛鹿苑野生动物养殖有限责任公司	梅花鹿	908
734	加格达奇区林业局(大兴安岭)	大兴安岭自彬鹿业	梅花鹿	289
735	涿州市(冀)	龙腾特殖养殖有限公司	马鹿	50
736	木栏围场国营林场管理局(冀)	河北省木兰围场狩猎场	马鹿	40
737	阿鲁科尔沁旗(内蒙古)	沙日温都马鹿养殖基地	马鹿	100
738	阿鲁科尔沁旗(内蒙古)	罕山鹿场	马鹿	120
739	巴林左旗(内蒙古)	健元鹿业公司	马鹿	2000
740	巴林右旗(内蒙古)	赛罕乌拉野生动物养殖专业合作社	马鹿	50

序号	县(旗、市、区、局、场)	企业名称	动物种类	驯养数量(头、只、个、条)
741	林西县(内蒙古)	林西统布鹿场	马鹿	60
742	克什克腾旗(内蒙古)	政府牧场	马鹿	46
743	克什克腾旗(内蒙古)	白音敖包林场养鹿场	马鹿	62
744	克什克腾旗(内蒙古)	桦木沟林场养鹿场	马鹿	60
745	扎兰屯市(内蒙古)	根多河林场	马鹿	115
746	扎兰屯市(内蒙古)	哈多河林场	马鹿	40
747	扎兰屯市(内蒙古)	庙尔山林场	马鹿	50
748	扎兰屯市(内蒙古)	南木鹿场	马鹿	970
749	顺城区(辽)		马鹿	61
750	新宾满族自治县(辽)	忠旭林场	马鹿	500
751	新宾满族自治县(辽)	养鹿协会	马鹿	13830
752	清原满族自治县(辽)	马鹿繁育种源基地	马鹿	1300
753	桓仁满族自治县(辽)	大东沟参茸场	马鹿	30
754	调兵山市(辽)	繁兴鹿业责任有限公司	马鹿	1200
755	建平县(辽)	富山乔中华鹿场	马鹿	150
756	绥中县(辽)		马鹿	4000
757	洮南市(吉)		马鹿	537
758	木兰县(黑)	宋金养殖场	马鹿	40
759	阿城区(黑)	玉泉狩猎场	马鹿	360
760	阿城区(黑)	平山马鹿养殖场	马鹿	80
761	阿城区(黑)	天山狩猎场	马鹿	380
762	阿城区(黑)	玉泉天山马鹿场	马鹿	93
763	阿城区(黑)	彦文马鹿养殖场	马鹿	50
764	阿城区(黑)	玉泉子富鹿场	马鹿	96
765	转山实验林场(黑)		马鹿	40
766	虎林市(黑)	所属林场	马鹿	30
767	萨尔图区(黑)		马鹿	60
768	让胡路区(黑)	佳明养殖有限责任公司	马鹿	600
769	嘉荫县(黑)		马鹿	170
770	桦南县(黑)	金沙养鹿场	马鹿	240
771	逊克县(黑)	奇克镇高滩村	马鹿	53
772	逊克县(黑)	邢安福养鹿场	马鹿	58
773	逊克县(黑)	干岔子乡于润养鹿场	马鹿	48
774	逊克县(黑)	新鄂乡杨国臣养鹿场	马鹿	32
775	逊克县(黑)	王立柱养鹿场	马鹿	47
776	孙吴县(黑)	前进林场	马鹿	20
777	加格达奇林业局(大兴安岭)	大兴安岭自彬鹿业有限公司	马鹿	144
778	邹平县(鲁)	韩店镇夏方刚养殖场	马鹿	50
779	黄龙县(陕)	县鹿业有限公司	马鹿	120

序号	县(旗、市、区、局、场)	企业名称	动物种类	驯养数量（头、只、个、条）
780	大通回族土族自治县(青)	鹿场	马鹿	430
781	祁连县(青)	祁连山半野生鹿业有限公司	马鹿	378
782	中卫市市辖区(宁)	青山鹿场	马鹿	386
783	中卫市市辖区(宁)	兴拓鹿业公司	马鹿	300
784	中卫市市辖区(宁)	广泰猪场	马鹿	84
785	焉耆回族自治县(新)	杨富春养鹿场	马鹿	100
786	和静县(新)	农二师21团鹿场	马鹿	352
787	和静县(新)	开都河马鹿协会	马鹿	458
788	哈密林场(新)		马鹿	43
789	奇台林场(新)		马鹿	85
790	乌鲁木齐南山林场(新)		马鹿	143
791	海林林业局(龙江森工)		马鹿	30
792	林口林业局(龙江森工)		马鹿	82
793	桦南林业局(龙江森工)		马鹿	60
794	鹤北林业局(龙江森工)		马鹿	200
795	乌伊岭林业局(龙江森工)	兴安种鹿场	马鹿	1760
796	乌马河林业局(龙江森工)		马鹿	1800
797	金山屯林业局(龙江森工)		马鹿	500
798	带岭实验局(龙江森工)	东方红林场	马鹿	200
799	绥棱林业局(龙江森工)		马鹿	115
800	松岭林业局(大兴安岭)	松岭区平岚生态园种鹿场	马鹿	242
801	鲅鱼圈区(辽)	野生动物驯养繁殖基地	绿头鸭	8000
802	奉贤区(沪)	徐明龙个体养殖场	绿头鸭	10500
803	奉贤区(沪)	天和畜禽有限公司	绿头鸭	15000
804	奉贤区(沪)	胡中信个体养殖场	绿头鸭	13500
805	奉贤区(沪)	林华绿头鸭养殖场	绿头鸭	12000
806	奉贤区(沪)	奉唐七彩山鸡养殖合作社	绿头鸭	5000
807	奉贤区(沪)	李高军个体养殖场	绿头鸭	16400
808	奉贤区(沪)	赵德昌个体养殖场	绿头鸭	16000
809	海盐县(浙)	金海湾绿色农业发展责任有限公司	绿头鸭	500000
810	永康市(浙)	永金珍禽养殖场	绿头鸭	3000
811	临泉县(皖)	张启峰野鸭养殖场	绿头鸭	800
812	霍邱县(皖)	宋店乡野鸭驯养繁殖场	绿头鸭	30000
813	永修县(赣)	久怡养殖合作社	绿头鸭	5000
814	贵溪市(赣)	樟塘养殖场	绿头鸭	2000
815	于都县(赣)	盘古山镇长龙养殖场	绿头鸭	300
816	东平县(鲁)	东平野生动物驯养繁殖场	绿头鸭	500
817	东平县(鲁)	东平雁鸭驯养繁殖场	绿头鸭	1000
818	监利县(鄂)	金凯野生动物驯养有限公司	绿头鸭	100000

序号	县(旗、市、区、局、场)	企业名称	动物种类	驯养数量(头、只、个、条)
819	岳阳县(湘)		绿头鸭	20000
820	香洲区(粤)	山水寒舍酒家	绿头鸭	350
821	柳城县(桂)	桂乐现代有限公司	绿头鸭	200
822	西　区(川)	谭贵强个体养殖场	绿头鸭	1000
823	汉滨区(陕)	鑫洲特禽生态园有限公司	绿头鸭	720
824	永宁县(宁)	宝翔特禽养殖场	绿头鸭	10000
825	平罗县(宁)	国鸿野生动物驯养繁殖场	绿头鸭	30000
826	平罗县(宁)	建虎野生动物驯养繁殖场	绿头鸭	30000
827	大兴区(京)	北京野生动物园	蓝孔雀	32
828	乐亭县(冀)	平安特禽养殖场	蓝孔雀	800
829	北戴河区(冀)	金烨森林度假村有限公司	蓝孔雀	34
830	临西县(冀)	河西孔雀养殖基地	蓝孔雀	30
831	永清县(冀)	郝家场个体养殖场	蓝孔雀	180
832	东河区(内蒙古)	南海湖孔雀岛	蓝孔雀	5000
833	鲅鱼圈区(辽)	野生动物驯养繁殖基地	蓝孔雀	10000
834	灯塔市(辽)	棚昊养殖场	蓝孔雀	100
835	宝山区(沪)	宝钢发展有限公司	蓝孔雀	67
836	青浦区(沪)	大千美食林实业有限公司	蓝孔雀	150
837	奉贤区(沪)	申隆生态园	蓝孔雀	40
838	奉贤区(沪)	上海新兴养殖场	蓝孔雀	100
839	奉贤区(沪)	伟民特种禽类养殖场	蓝孔雀	50
840	淳安县(浙)	千岛湖林场	蓝孔雀	305
841	建德市(浙)	杭州新安江旅业发展有限公司	蓝孔雀	43
842	临安市(浙)	龙岗养殖公司	蓝孔雀	30
843	临安市(浙)	钱王鸵鸟养殖有限公司	蓝孔雀	170
844	瑞安市(浙)	翔燕珍禽养殖场	蓝孔雀	2000
845	义乌市(浙)	仙进养殖场	蓝孔雀	500
846	界首市(皖)	罗庄养殖场	蓝孔雀	200
847	舒城县(皖)	万佛湖燕子岛休闲度假中心	蓝孔雀	50
848	顺昌县(闽)	东胜孔雀养殖场	蓝孔雀	1500
849	贵溪市(赣)	忠发特种动物生态养殖基地	蓝孔雀	300
850	贵溪市(赣)	金盛特种动物生态养殖基地	蓝孔雀	500
851	吉州区(赣)	红卫孔雀园	蓝孔雀	150
852	铜鼓县(赣)	大段特种动物养殖场	蓝孔雀	100
853	偃师市(豫)	龙凤特种动物养殖场	蓝孔雀	180
854	霞山区(粤)	湛江市同友养殖场	蓝孔雀	500
855	良庆区(桂)	龙华孔雀养殖场	蓝孔雀	100
856	马山县(桂)	古零镇安善村上安屯明山蓝孔雀养殖场	蓝孔雀	150
857	柳城县(桂)	桂乐现代农业有限公司	蓝孔雀	45

序号	县(旗、市、区、局、场)	企业名称	动物种类	驯养数量(头、只、个、条)
858	全州县(桂)	才湾龙海孔雀养殖场	蓝孔雀	80
859	清镇市(黔)	猫场蓝孔雀驯养场	蓝孔雀	88
860	长安区(陕)	王莽红庙孔雀园	蓝孔雀	70
861	汉台区(陕)	八里桥动物园	蓝孔雀	58
862	永宁县(宁)	宝翔特禽养殖场	蓝孔雀	100
863	平山县(冀)	古月生态农业园	火鸡	200
864	林西县(内蒙古)	林西东方珍禽养殖场	火鸡	800
865	于洪区(辽)		火鸡	50
866	让胡路区(黑)		火鸡	768
867	林甸县(黑)		火鸡	1200
868	临安市(浙)	钱王鸵鸟养殖有限公司	火鸡	1000
869	界首市(皖)	星辰养殖场	火鸡	5100
870	胶南市(鲁)	青岛卧龙旅游有限公司	火鸡	15
871	胶南市(鲁)	理务关珍禽养殖场	火鸡	20
872	中卫市市辖区(宁)	虹河水上乐园	火鸡	10
873	大兴区(京)	野生动物园	环颈雉	25
874	大兴区(京)	红蜻蜓图文设计中心珍禽养殖场	环颈雉	100
875	大兴区(京)	军建利司达养殖中心	环颈雉	200
876	大兴区(京)	北臧村佳园养殖场	环颈雉	200
877	赤城县(冀)	东胜野生动物养殖有限公司	环颈雉	1000
878	赤城县(冀)	黑山野生动物养殖有限公司	环颈雉	600
879	奈曼旗(内蒙古)	大地亨通养殖繁育基地	环颈雉	500
880	五原县(内蒙古)	贺俊平养殖场	环颈雉	500
881	大石桥市(辽)	建一镇松坨村野鸡养殖场	环颈雉	500
882	崇明县(沪)	中兴镇北兴8队宋建飞	环颈雉	100
883	崇明县(沪)	建设虹桥16队刘士森	环颈雉	100
884	兰溪市(浙)	香溪桑田山鸡养殖场	环颈雉	8000
885	永康市(浙)	美德凤野鸡养殖场	环颈雉	4500
886	常山县(浙)	辉埠镇凤翔养殖场	环颈雉	7000
887	常山县(浙)	腾翔山鸡养殖场	环颈雉	10000
888	三门县(浙)	良宇禽畜专业合作社	环颈雉	6000
889	三门县(浙)	海城禽业养殖合作社	环颈雉	16000
890	三门县(浙)	彭赖禽畜专业合作社	环颈雉	13000
891	三门县(浙)	华腾生态山鸡专业合作社	环颈雉	4515
892	三门县(浙)	飞翔家禽养殖专业合作社	环颈雉	29000
893	顺昌县(闽)	大干蓝天珍禽养殖场	环颈雉	800
894	永定县(闽)	招宝农庄	环颈雉	300

序号	县(旗、市、区、局、场)	企业名称	动物种类	驯养数量(头、只、个、条)
895	贵溪市(赣)	金盛特种动物生态养殖基地	环颈雉	1000
896	贵溪市(赣)	忠发特种动物生态养殖基地	环颈雉	1000
897	于都县(赣)	贡江镇蔬菜场特种养殖场	环颈雉	200
898	安福县(赣)	武功上珍禽生态养殖场	环颈雉	4000
899	奉新县(赣)	赤田野山鸡养殖场	环颈雉	2000
900	奉新县(赣)	康盛野山鸡养殖场	环颈雉	2000
901	铜鼓县(赣)	大段特种动物养殖场	环颈雉	500
902	铜鼓县(赣)	高陂野生动物养殖场	环颈雉	500
903	胶南市(鲁)	青岛翔龙珍禽养殖场	环颈雉	50
904	胶南市(鲁)	理务关珍禽养殖场	环颈雉	280
905	南雄市(粤)	科宝特种动物养殖场	环颈雉	3000
906	南郑县(陕)	同富裕生态养殖基地	环颈雉	500
907	南郑县(陕)	南湖特种养殖场	环颈雉	2000
908	南郑县(陕)	陈继良个体养殖场	环颈雉	1000
909	留坝县(陕)	留侯镇大坝沟养殖场	环颈雉	20
910	汉滨区(陕)	立拾珍禽养殖场	环颈雉	200
911	汉滨区(陕)	全兴野生动物养殖场	环颈雉	850
912	汉滨区(陕)	能岭山鸡养殖场	环颈雉	100
913	汉滨区(陕)	微风野鸡养殖场	环颈雉	200
914	汉滨区(陕)	长兴山鸡养殖场	环颈雉	200
915	汉滨区(陕)	绿源生态养殖场	环颈雉	200
916	西夏区(宁)	豫银野禽养殖场	环颈雉	3200
917	浦东新区(沪)	卓宏特种动物养殖场	虎纹蛙	1000
918	青浦区(沪)	上海青浦现代农业园区农业科技有限公司	虎纹蛙	1800
919	鹿城区(浙)		虎纹蛙	135000
920	常山县(浙)	虎蛙驯养场	虎纹蛙	10000
921	贵溪市(赣)	志刚野生动物驯养繁殖基地	虎纹蛙	2000
922	安福县(赣)	沈家大院原生态养殖场	虎纹蛙	16000
923	浏阳市(湘)	沙市镇团农村虎纹蛙养殖场	虎纹蛙	250000
924	珠晖区(湘)		虎纹蛙	1000000
925	祁东县(湘)	石亭子高明养殖场	虎纹蛙	300000
926	娄星区(湘)	蛙场	虎纹蛙	100000
927	吴川市(粤)	个体养殖场	虎纹蛙	10000
928	阳东县(粤)	田畔养殖场	虎纹蛙	18000
929	阳东县(粤)	大八养殖场	虎纹蛙	25000
930	东兴市(桂)	作儒野生动物驯养繁殖场	虎纹蛙	90000
931	东兴市(桂)	兴盛野生动物驯养繁殖场	虎纹蛙	120000

序号	县(旗、市、区、局、场)	企业名称	动物种类	驯养数量（头、只、个、条）
932	桂平市(桂)	大华养殖场	虎纹蛙	1500
933	桂平市(桂)	下湾奕清养殖场	虎纹蛙	1400
934	桂平市(桂)	全庆陆生野生动物养殖场	虎纹蛙	1400
935	北流市(桂)	玉东野生动物养殖场	虎纹蛙	12000
936	大兴区(京)	北京野生动物园	虎皮鹦鹉	34
937	海城市(辽)	西柳老栓动物园	虎皮鹦鹉	16
938	大兴区(京)	北京野生动物园	红腹锦鸡	114
939	灯塔市(辽)	棚昊养殖场	红腹锦鸡	200
940	奉贤区(沪)	新兴养殖场	红腹锦鸡	60
941	奉贤区(沪)	五四珍禽养殖基地	红腹锦鸡	300
942	贵溪市(赣)	金盛特种动物生态养殖基地	红腹锦鸡	1200
943	资兴市(湘)	五岛一村	红腹锦鸡	440
944	青浦区(沪)	大千美食林实业有限公司	黑天鹅	150
945	奉贤区(沪)	星源实验场	黑天鹅	90
946	宜章县(湘)	灰天鹅养殖中心	黑天鹅	11600
947	扎赉特旗(内蒙古)	神山林场	黑龙江林蛙	100000
948	通化县(吉)	个体养殖场	黑龙江林蛙	15000000
949	安图森林经营局(吉)		黑龙江林蛙	3150000
950	依兰县(黑)		黑龙江林蛙	5000000
951	山河实验林场(黑)		黑龙江林蛙	250000
952	鸡东县(黑)		黑龙江林蛙	50000
953	虎林市(黑)		黑龙江林蛙	100000
954	桦南县(黑)	双龙沟有限责任公司	黑龙江林蛙	200000
955	汤原县(黑)		黑龙江林蛙	25000
956	大海林林业局(龙江森工)		黑龙江林蛙	1560000
957	海林林业局(龙江森工)		黑龙江林蛙	480000
958	双鸭山林业局(龙江森工)		黑龙江林蛙	16000000
959	鹤立林业局(龙江森工)		黑龙江林蛙	2100000
960	东方红林业局(龙江森工)		黑龙江林蛙	24000000
961	迎春林业局(龙江森工)		黑龙江林蛙	800000
962	乌伊岭林业局(龙江森工)		黑龙江林蛙	7700000
963	汤旺河林业局(龙江森工)		黑龙江林蛙	1200000
964	山河屯林业局(龙江森工)		黑龙江林蛙	30000
965	方正林业局(龙江森工)		黑龙江林蛙	332350000
966	大兴区(京)	金星拥军养殖场	貉	150
967	大兴区(京)	王光发畜禽养殖场	貉	260
968	翁牛特旗(内蒙古)	红山林场职工养貉场	貉	900

序号	县(旗、市、区、局、场)	企业名称	动物种类	驯养数量(头、只、个、条)
969	于洪区(辽)		貉	8585
970	望花区(辽)	塔峪养殖场	貉	300
971	顺城区(辽)		貉	4650
972	东港市(辽)		貉	16949
973	鲅鱼圈区(辽)	野生动物驯养繁殖基地	貉	2000
974	灯塔市(辽)	兴博养殖场	貉	600
975	喀喇沁左翼蒙古族自治县(辽)	个体养殖场	貉	2366
976	绥中县(辽)		貉	7000
977	兴城市(辽)		貉	24000
978	磐石市(吉)	个体养殖场	貉	3000
979	前郭尔罗斯蒙古族自治县(吉)		貉	15000
980	肇源县(黑)		貉	933851
981	林甸县(黑)		貉	31330
982	杜尔伯特蒙古族自治县(黑)		貉	391565
983	逊克县(黑)	奇克镇沂州村	貉	226
984	逊克县(黑)	奇克镇团结村	貉	1754
985	逊克县(黑)	奇克镇东套子村	貉	986
986	黎川县(赣)	黎贵养殖场	貉	1000
987	平阴县(鲁)	张德印个体养殖场	貉	300
988	武城县(鲁)	县供销社特种养殖社	貉	1000
989	邹平县(鲁)	高新办事处邓振海养殖场	貉	100
990	邹平县(鲁)	黛溪办事处孙先亮养殖场	貉	300
991	邹平县(鲁)	高新办事处张相连养殖场	貉	150
992	邹平县(鲁)	高新办事处邓振海养殖场	貉	100
993	邹平县(鲁)	青阳镇宋明学养殖场	貉	124
994	大海林林业局(龙江森工)		貉	450
995	穆棱林业局(龙江森工)		貉	240
996	双鸭山林业局(龙江森工)	红旗林场	貉	250
997	东方红林业局(龙江森工)		貉	2000
998	金山屯林业局(龙江森工)		貉	510
999	朗乡林业局(龙江森工)		貉	245
1000	双丰林业局(龙江森工)		貉	2660
1001	带岭实验局(龙江森工)		貉	500
1002	方正林业局(龙江森工)		貉	13000
1003	沾河林业局(龙江森工)		貉	1023
1004	三门县(浙)	灵岩野生动物养殖场	海狸鼠	340
1005	仙居县(浙)	优盛养殖专业合作社	果子狸	300

序号	县(旗、市、区、局、场)	企业名称	动物种类	驯养数量(头、只、个、条)
1006	霍山县(皖)	衡山养殖场	果子狸	200
1007	霍山县(皖)	河口养殖场	果子狸	50
1008	万安县(赣)	井冈野猪豪猪专业养殖合作社	果子狸	120
1009	铜鼓县(赣)	大段特种动物养殖场	果子狸	150
1010	东乡县(赣)	新世纪野生动物驯养场	果子狸	200
1011	桂平市(桂)	紫荆镇野生动物养殖研究会	果子狸	50
1012	宜宾县(川)	宾横竖科技有限公司	果子狸	1100
1013	延庆县(京)	北京中延鸵鸟繁育中心	非洲鸵鸟	400
1014	北戴河区(冀)	金烨森林度假村有限公司	非洲鸵鸟	23
1015	虎林市(黑)		非洲鸵鸟	100
1016	浦东新区(沪)	凌空农艺大观园	非洲鸵鸟	25
1017	临安市(浙)	钱王鸵鸟养殖有限公司	非洲鸵鸟	550
1018	临海市(浙)	台州市绿野特种动物养殖有限公司	非洲鸵鸟	2000
1019	郏　县(豫)	平顶山玉龙农副产品加工有限公司	非洲鸵鸟	30
1020	惠城区(粤)	惠州东江鸵鸟场	非洲鸵鸟	55
1021	未央区(陕)	陕西省鸵鸟良种示范场	非洲鸵鸟	2600
1022	泾阳县(陕)	诚和实业有限责任公司	非洲鸵鸟	4200
1023	华阴市(陕)	陕西农垦英考现代农业观光园	非洲鸵鸟	2000
1024	青铜峡市(宁)	红宝有限公司	非洲鸵鸟	1000
1025	大兴区(京)	北京野生动物园	鸸鹋	58
1026	柳城县(桂)	桂乐现代农业有限公司	鸸鹋	800
1027	南汇区(沪)	奥金鳄鱼养殖有限公司	鳄龟	200
1028	瑞安市(浙)	宏欣水产养殖有限公司	鳄龟	200000
1029	南湖区(浙)	渔里休闲农庄有限公司	鳄龟	50
1030	诸暨市(浙)	润丰龟鳖基地	鳄龟	1000000
1031	汝州市(豫)	蟒川镇阳沟村贾振良养殖场	鳄龟	200
1032	汝州市(豫)	大峪班庄场	鳄龟	3500
1033	汝州市(豫)	汝南办动物养殖场	鳄龟	6000
1034	高州市(粤)	茂名宏益鳄鱼开发有限公司	鳄龟	40000
1035	良庆区(桂)	贵铭养殖有限公司	鳄龟	500
1036	吉水县(赣)	顺昌特种养殖场	仓鼠	150
1037	桃源县(湘)	加刚养殖场	仓鼠	440
1038	桃源县(湘)	光辉竹鼠养殖基地	仓鼠	500
1039	桃源县(湘)	星火养殖场	仓鼠	290
1040	桃源县(湘)	扶民竹鼠养殖专业合作社	仓鼠	500
1041	贺州市平桂管理区(桂)		仓鼠	2000
1042	双桥区(冀)	承德市富昌农牧业养殖有限公司	北极狐	1000

序号	县(旗、市、区、局、场)	企业名称	动物种类	驯养数量(头、只、个、条)
1043	于洪区(辽)		北极狐	10692
1044	庄河市(辽)	市野生动物养殖协会	北极狐	16000
1045	兴城市(辽)		北极狐	500
1046	辉南县(吉)	北极狐养殖基地	北极狐	600
1047	邹平县(鲁)	西董镇董乃刚养殖场	北极狐	200
1048	金山屯林业局(龙江森工)		北极狐	1800
1049	奉贤区(沪)	五四珍禽养殖基地	斑头雁	30
1050	建德市(浙)	鸿雁养殖有限公司	斑头雁	280
1051	建德市(浙)	二牛珍禽养殖场	斑头雁	350
1052	良庆区(桂)	玉奚灰天鹅养殖专业合作社	斑头雁	1000
1053	良庆区(桂)	政凯珍禽养殖有限责任公司	斑头雁	100
1054	大兴区(京)	北京野生动物园	白鹇	38
1055	青浦区(沪)	大千美食林实业有限公司	白鹇	15
1056	奉贤区(沪)	五四珍禽养殖基地	白鹇	200
1057	奉贤区(沪)	新兴养殖场	白鹇	15
1058	奉贤区(沪)	新兴野禽养殖场	白鹇	10
1059	大兴区(京)	北京野生动物园	白冠长尾雉	165
1060	奉贤区(沪)	五四珍禽养殖基地	白冠长尾雉	30
1061	尤溪县(闽)	龙腾特种养殖场	白冠长尾雉	1500
1062	罗山县(豫)	董寨国家级自然保护区	白冠长尾雉	12
1063	青浦区(沪)	大千美食林实业有限公司	白腹锦鸡	21
1064	奉贤区(沪)	新兴养殖场	白腹锦鸡	50
1065	临安市(浙)	钱王鸵鸟养殖有限公司	白腹锦鸡	14
1066	吴兴区(浙)		巴西龟	1996
1067	庄河市(辽)	市野生动物养殖协会	鹌鹑	30000
1068	舒兰市(吉)	市林业局所属林场	鹌鹑	200000
1069	胶南市(鲁)	青岛翔龙珍禽养殖场	鹌鹑	80
1070	新安县(豫)		鹌鹑	180000
1071	汝州市(豫)	二高路鹌鹑养殖场	鹌鹑	30000
1072	舞阳县(豫)	个体养殖场	鹌鹑	10000
1073	岚皋县(陕)	新春养殖场	鹌鹑	3000
1074	带岭实验局(龙江森工)	大青川林场	鹌鹑	5000
1075	奉贤区(沪)	申隆生态园	短尾猴	10
1076	淳安县(浙)	千岛湖林场	短尾猴	210

表17　2009年主要森林旅游资源与利用

序号	县(旗、市、区、局、场)	森林公园及自然保护区	面积(万亩)	级别选项(国家、省、地、县)	实际接待人数(万人次)	旅游总收入(万元)	其中：门票收入(万元)
1	延庆县(京)	玉渡山自然保护区	14.73	县	3.00	118.00	117.00
2	延庆县(京)	莲花山自然保护区	2.21	县	0.60	0.85	0.85
3	延庆县(京)	野鸭湖自然保护区	13.50	省	5.13	141.91	134.94
4	共青林场(京)	绿色度假村	0.10	县	25.00	4600.00	
5	松山国家级自然保护区管理处(京)	松山景区	6.99	国家	4.90	198.00	198.00
6	八达岭林场(京)	北京八达岭国家森林公园	4.40	国家	4.50	65.00	65.00
7	宝坻区(津)	天津青龙湾固沙林自然保护区	0.74	省	1.08		
8	井陉县(冀)	南寺掌森林公园	1.07	省	1.40	95.00	63.00
9	井陉县(冀)	仙台森林公园	2.28	国家	2.50	80.00	56.00
10	灵寿县(冀)	五岳寨国家森林公园	3.60	国家	31.70	6560.00	343.00
11	赞皇县(冀)	嶂石岩自然保护区	32.45	省	9.10	696.00	455.00
12	平山县(冀)	沕沕水森林公园	1.80	省	6.00	1500.00	200.00
13	平山县(冀)	西柏坡森林公园	2.60	省	5.00	1000.00	100.00
14	平山县(冀)	河北驼梁自然保护区	31.90	国家	15.00	3600.00	1200.00
15	鹿泉市(冀)	西山森林公园	1.00	省	1.50	15.00	15.00
16	鹿泉市(冀)	鹿泉市文化旅游公司	0.30	国家	12.83	660.40	257.00
17	鹿泉市(冀)	封龙山休闲度假旅游有限公司	0.70	省	8.00	80.00	80.00
18	迁西县(冀)	景忠山	2.25	省	8.00	400.00	260.00
19	遵化市(冀)	鹫峰山	1.04	省	12.00	380.00	120.00
20	山海关区(冀)	山海关区森林公园	4.20	国家	22.00	780.00	780.00
21	北戴河区(冀)	秦皇岛野生动物园	1.50	国家	33.00	2268.00	2200.00
22	抚宁县(冀)	渤海林场	3.86	省	85.00	8798.00	6441.00
23	卢龙县(冀)	段家沟李子观光园	0.23	县	3.00	1000.00	100.00
24	卢龙县(冀)	桃林口观鸟园	0.50	县	4.00	1615.00	161.50
25	卢龙县(冀)	柳河北山红色游	4.00	县	4.00	1000.00	100.00
26	卢龙县(冀)	鲍子沟葡萄观光园	0.27	县	3.20	1000.00	100.00
27	峰峰矿区(冀)	峰峰矿区响堂山国家森林公园	10.00	国家	32.00	340.00	50.00
28	涉　县(冀)	涉县森林公园	7.90	省	222.00	780.00	35.00
29	磁　县(冀)	溢泉湖湿地保护区	6.00	省	15.00	9.00	9.00
30	磁　县(冀)	炉峰山森林公园	0.50	县	5.00	1.00	1.00
31	武安市(冀)	武安市国家森林公园	61.80	国家	56.47	1920.00	200.00
32	邢台县(冀)	九龙峡景区	9.60	省	3.80	119.00	94.00
33	邢台县(冀)	前南峪景区	17.70	国家	3.50	100.00	35.00
34	邢台县(冀)	云梦山景区	4.50	省	10.00	300.00	200.00
35	邢台县(冀)	紫金山景区	4.20	省	1.20	22.00	22.00
36	邢台县(冀)	天梯山景区	2.70	国家	16.00	160.00	80.00
37	邢台县(冀)	张果老景区	1.50	国家	2.00	20.00	10.00
38	邢台县(冀)	小西天景区	6.15	省	12.00	20.00	8.00
39	邢台县(冀)	天河山景区	4.50	省	7.00	300.00	150.00
40	邢台县(冀)	奇峡群景区	2.70	国家	4.80	105.00	100.00

序号	县(旗、市、区、局、场)	森林公园及自然保护区	面积(万亩)	级别选项(国家、省、地、县)	实际接待人数(万人次)	旅游总收入(万元)	其中:门票收入(万元)
41	临城县(冀)	天台山	0.38	省	3.00	135.00	30.00
42	临城县(冀)	河北蝎子沟	6.95	国家	2.60	115.00	15.00
43	内丘县(冀)	太子岩景区	0.30	国家	20.00	170.00	120.00
44	内丘县(冀)	寒山景区	0.50	县	2.00	60.00	40.00
45	柏乡县(冀)	汉牡丹园	0.03	县	5.00	120.00	80.00
46	清河县(冀)	清河县快活林	0.10	省	0.60	0.90	0.90
47	南宫市(冀)	南宫湖湿地公园	0.70	省	1.80		
48	涞水县(冀)	野三坡国家森林公园	34.30	国家	202.00	18500.00	4580.00
49	阜平县(冀)	天生桥国家森林公园	17.00	国家	5.00	2700.00	180.00
50	唐　县(冀)	古北岳国家森林公园	7.30	国家	3.00	118.00	90.00
51	涞源县(冀)	国营甸子梁林场	16.97	国家	5.80	2500.00	
52	涞源县(冀)	国营白石山林场	5.25	国家	10.00	5400.00	
53	易　县(冀)	狼牙山森林公园	3.30	国家	7.00	250.00	
54	曲阳县(冀)	虎山风景区	3.00	国家	2.10	360.00	62.00
55	蔚　县(冀)	小五台山自然保护区	32.70	国家	2.80	1120.00	17.00
56	蔚　县(冀)	飞狐峪空中草原森林公园	16.00	省	5.00	200.00	80.00
57	怀来县(冀)	黄龙山庄森林公园	1.20	省	1.25	191.40	56.50
58	涿鹿县(冀)	黄羊山国家森林公园	3.16	国家	0.50	10.00	10.00
59	赤城县(冀)	黑龙山国家森林公园	18.80	国家	1.00	18.00	2.60
60	赤城县(冀)	河北大海陀国家级自然保护区	16.84	国家	15.00		
61	兴隆县(冀)	六里坪国家森林公园	3.38	国家	2.00	60.10	35.00
62	平泉县(冀)	辽河源国家森林公园	17.80	国家	2.00	100.00	30.00
63	滦平县(冀)	白草洼国家森林公园	8.70	国家	10.00	30.00	30.00
64	隆化县(冀)	茅荆坝自然保护区	60.00	国家	1.50	200.00	45.00
65	丰宁满族自治县(冀)	云雾庄园	1.00	省	0.30	21.00	
66	丰宁满族自治县(冀)	千松坝森林公园	0.80	省	1.00	69.00	
67	御道口林场(冀)	御道口自然保护区	4.70	省	40.00	530.00	501.00
68	塞罕坝机械化林场(冀)	塞罕坝国家森林公园	41.00	国家	24.40	1852.00	1634.00
69	木栏围场国营林场管理局(冀)	木兰围场国家森林公园	80.00	国家	1.10	51.00	2.80
70	雾灵山国家级自然保护区管理局(冀)	雾灵山国家级自然保护区	21.00	国家	15.00	790.00	720.00
71	小五台国家级自然保护区管理局(冀)	小五台山国家级自然保护区	33.00	国家	0.60	39.00	
72	东河区(内蒙古)	阿善森林公园	13.50	省	0.50	15.00	5.00
73	东河区(内蒙古)	南海子湿地自然保护区	2.50	省	19.50	135.00	120.00
74	石拐区(内蒙古)	五当召国家森林公园及大青山自然保护区	55.00	国家	10.00	20.00	10.00
75	九原区(内蒙古)	梅力更国家森林公园	2.70	国家	6.80	131.00	91.00
76	海勃湾区(内蒙古)	金沙湾生态旅游区	3.30	地	9.00	760.00	140.00
77	红山区(内蒙古)	红山国家森林公园	1.50	国家	22.00	110.00	110.00
78	松山区(内蒙古)	乌梁苏森林公园	4.50	地	0.10		
79	阿鲁科尔沁旗(内蒙古)	根皮森林公园	8.06	地	0.30	30.00	
80	阿鲁科尔沁旗(内蒙古)	高格斯台罕乌拉自然保护区	159.43	国家	0.70	120.00	
81	巴林右旗(内蒙古)	大板森林公园	8.00	省	7.00		

序号	县(旗、市、区、局、场)	森林公园及自然保护区	面积(万亩)	级别选项(国家、省、地、县)	实际接待人数(万人次)	旅游总收入(万元)	其中:门票收入(万元)
82	巴林右旗(内蒙古)	赛罕乌拉国家自然保护区	150.67	国家	1.20	11.00	4.00
83	克什克腾旗(内蒙古)	托河林场平顶山森林公园	2.00	省	0.80	0.50	
84	克什克腾旗(内蒙古)	黄岗梁国家森林公园	159.00	国家	0.80	21.00	
85	克什克腾旗(内蒙古)	白音敖包国家自然保护区	20.70	国家	8.00	180.00	18.00
86	克什克腾旗(内蒙古)	桦木沟国家森林公园	60.00	国家	1.20	100.00	30.00
87	喀喇沁旗(内蒙古)	马鞍山国家森林公园	5.25	国家	1.50	40.00	15.00
88	喀喇沁旗(内蒙古)	旺业甸国家森林公园	38.10	国家	0.80	120.00	20.00
89	宁城县(内蒙古)	黑里河国家级自然保护区	41.46	国家	1.25	115.00	25.00
90	敖汉旗(内蒙古)	大黑山自然保护区	13.63	国家	5.50	55.00	33.00
91	科尔沁左翼后旗(内蒙古)	大清沟自然保护区	12.20	国家	16.00	8200.00	595.00
92	东胜区(内蒙古)	九成功生态园	0.28	县	8.15	180.00	
93	达拉特旗(内蒙古)	恩格贝森林公园	6.00	省	15.00	1400.00	
94	达拉特旗(内蒙古)	响沙湾旅游区	3.50	县	21.00	2200.00	
95	准格尔旗(内蒙古)	熙泰吉旅游度假村	0.06	县	0.70	16.00	
96	准格尔旗(内蒙古)	油松王旅游区	0.01	县	3.80	178.00	50.00
97	准格尔旗(内蒙古)	万家寨水上娱乐中心	0.01	县	4.60	20.00	
98	准格尔旗(内蒙古)	巨合滩旅游度假村	0.10	县	0.45	38.00	
99	鄂托克前旗(内蒙古)	亿利资源上海庙立体生态旅游公司	0.30	县	1.80	25.70	
100	鄂托克前旗(内蒙古)	鄂前旗大沙头旅游有限公司	0.13	县	1.10	13.20	
101	鄂托克旗(内蒙古)	碧海阳光温泉度假村	0.50	县	1.20	145.00	
102	鄂托克旗(内蒙古)	阿尔塞景区	1.70	县	0.60	80.00	
103	杭锦旗(内蒙古)	七星湖旅游区	2.00	县	2.28	95.00	
104	杭锦旗(内蒙古)	鄂尔多斯草原文化旅游区	4.50	县	1.87	86.00	
105	乌审旗(内蒙古)	萨拉乌苏旅游区	22.50	县	2.70	800.00	35.00
106	伊金霍洛旗(内蒙古)	成陵旅游区	2.00	国家	62.00	6500.00	4960.00
107	红花尔基(内蒙古)	红花尔基樟子松国家森林公园	7.83	国家	3.80	374.00	123.00
108	扎兰屯市(内蒙古)	吊桥公园	0.10	国家	50.00	40.00	30.00
109	五岔沟林业局(内蒙古)	好森沟国家森林公园	56.99	国家	0.80	180.00	85.00
110	白狼林业局(内蒙古)	洮儿河湿地公园	1.50	国家	2.00	240.00	80.00
111	东乌珠穆沁旗(内蒙古)	乌拉盖湿地自然保护区	195.00	省	0.20	10.00	
112	东乌珠穆沁旗(内蒙古)	宝格达乌拉森林公园	44.50	省	1.50	60.00	
113	西乌珠穆沁旗(内蒙古)	哈布其盖森林公园	4.90	省	0.50		
114	西乌珠穆沁旗(内蒙古)	古日格斯台自然保护区	148.30	省	0.50	5.00	
115	阿拉善左旗(内蒙古)	内蒙古贺兰山国家自然保护区	132.75	国家	26.23	1246.00	620.00
116	法库县(辽)	五龙山自然保护区	31.2	国家	10.00	1000.00	400.00
117	甘井子区(辽)	大黑石森林公园	1.30	省	60.00	2800.00	
118	甘井子区(辽)	金龙寺森林公园	3.20	国家	10.00	70.00	58.00
119	甘井子区(辽)	西郊森林公园	10.20	国家	110.00	1000.00	1000.00
120	旅顺口区(辽)	旅顺口国家森林公园	4.30	国家	10.00	220.00	220.00
121	金州区(辽)	大赫山国家森林公园	3.60	国家	55.00	300.00	200.00
122	长海县(辽)	长山群岛国家海岛森林公园	6.95	国家	15.00	9000.00	1.00

序号	县(旗、市、区、局、场)	森林公园及自然保护区	面积(万亩)	级别选项(国家、省、地、县)	实际接待人数(万人次)	旅游总收入(万元)	其中:门票收入(万元)
123	庄河市(辽)	冰峪风景区	30.00	国家	400.00	6400.00	1560.00
124	庄河市(辽)	银石滩国家森林公园	1.10	国家	65.00	2600.00	1000.00
125	庄河市(辽)	天门山旅游开发有限公司	4.65	国家	20.00	1200.00	650.00
126	岫岩满族自治县(辽)	岱王庙森林公园	2.30	省	2.00	150.00	12.00
127	岫岩满族自治县(辽)	龙潭湾森林公园	3.00	省	2.50	200.00	10.00
128	岫岩满族自治县(辽)	老虎山森林公园	1.20	省	1.00	100.00	8.00
129	海城市(辽)	白云山自然保护区	19.95	省	12.00	48.00	22.00
130	海城市(辽)	三岔河湿地	8.10	县	0.30		
131	鞍山市千山风景区(辽)	千山仙人台森林公园	3.00	国家	90.00	4000.00	1000.00
132	望花区(辽)	碧云山庄	0.10	县	1.50	200.00	10.00
133	抚顺县(辽)	三块石国家森林公园	15.60	国家	23.00	1582.00	460.00
134	新宾满族自治县(辽)	猴石森林公园	3.60	省	50.00	2500.00	2500.00
135	清原满族自治县(辽)	红河峡谷国家森林公园	13.30	省	60.00	6000.00	4000.00
136	清原满族自治县(辽)	浑河源自然保护区	28.00	省	20.00	130.00	70.00
137	溪湖区(辽)	本溪环城国家森林公园溪湖管区	0.19	国家	4.00	100.00	31.00
138	南芬区(辽)	大冰沟	1.30	国家	0.60	13.00	7.00
139	本溪满族自治县(辽)	铁刹山国家森林公园	0.90	国家	1.00	73.00	50.00
140	本溪满族自治县(辽)	关门山国家森林公园	5.30	国家	5.00	1300.00	1150.00
141	本溪满族自治县(辽)	汤沟国家森林公园	3.80	国家	2.00	300.00	200.00
142	桓仁满族自治县(辽)	桓仁国家森林公园	22.00	国家	5.00	8328.00	465.80
143	宽甸满族自治县(辽)	黄椅山森林公园	3.00	省	60.00	900.00	300.00
144	宽甸满族自治县(辽)	花脖山森林公园	1.62	省	2.00	70.00	24.00
145	宽甸满族自治县(辽)	天华山森林公园	4.05	省	20.00	500.00	180.00
146	东港市(辽)	大孤山国家森林公园	3.00	国家	76.00	9000.00	7000.00
147	凤城市(辽)	凤凰山自然保护区	3.90	国家	40.00	7500.00	2400.00
148	鲅鱼圈区(辽)	墩台山公园	0.20	县	30.00	3000.00	30.00
149	盖州市(辽)	盖州市国家森林公园	36.00	国家	3.00	300.00	3.00
150	大石桥市(辽)	老轿顶自然保护区	23.25	地	8.00	60.00	
151	新邱区(辽)	元宝山森林公园	5.25	省	2.00	50.00	
152	阜新蒙古族自治县(辽)	老鹰窝山自然保护区	9.60	省	0.70	50.00	
153	阜新蒙古族自治县(辽)	海棠山国家自然保护区	16.50	国家	20.00	790.00	110.00
154	阜新蒙古族自治县(辽)	关山自然保护区	7.30	省	0.60	45.00	6.00
155	彰武县(辽)	章古台自然保护区	15.30	省	0.50	2000.00	20.00
156	清河区(辽)	AAAA 省级旅游区	22.00	省	23.00	6100.00	860.00
157	西丰县(辽)	冰砬山国家森林公园	3.36	国家	8.00	100.00	5.00
158	调兵山市(辽)	调兵山风景区	0.60	县	15.00	3700.00	50.00
159	开原市(辽)	七鼎龙潭寺森林公园	0.20	省	4.00	250.00	60.00
160	开原市(辽)	象牙山森林公园	0.50	省	5.00	500.00	300.00
161	朝阳县(辽)	苍鹭湿地自然保护区	5.60	省	8.00	160.00	160.00
162	朝阳县(辽)	怒鲁尔虎山自然保护区	20.70	国家	17.00	340.00	340.00
163	朝阳县(辽)	清风岭自然保护区	13.60	省	10.00	200.00	200.00

序号	县(旗、市、区、局、场)	森林公园及自然保护区	面积(万亩)	级别选项(国家、省、地、县)	实际接待人数(万人次)	旅游总收入(万元)	其中:门票收入(万元)
164	喀喇沁左翼蒙古族自治县(辽)	喀左龙凤山森林公园	3.10	省	1.30	3.80	3.80
165	北票市(辽)	大黑山自然保护区	26.50	省	4.00	18.00	12.00
166	凌源市(辽)	牛河梁森林公园	10.00	省	7.00	50.00	
167	凌源市(辽)	青龙河自然保护区	100.00	省	50.00	400.00	
168	连山区(辽)	虹螺山自然保护区	13.00	省	150.00	280.00	80.00
169	龙港区(辽)	葫芦山庄	0.60	县	1.60	200.00	40.00
170	绥中县(辽)	绥中永安锥山森林公园	1.34	县	1.50	3.00	0.80
171	建昌县(辽)	白狼山自然保护区	10.00	国家	5.00		
172	兴城市(辽)	首山国家森林公园	1.01	国家	15.00		10.00
173	二道区(吉)	长春莲花山生态旅游度假区	45.50	省	100.00	4300.00	520.00
174	双阳区(吉)	吊水壶国家森林公园	7.20	国家	8.00	300.00	300.00
175	蛟河市(吉)	拉法山国家森林公园	51.3	国家	35.00	22334.00	1596.00
176	桦甸市(吉)	肇大鸡南楼山森林公园	14.00	国家	7.00	7.50	7.50
177	舒兰市(吉)	舒兰市森林公园	0.21	县	15.00	2100.00	5.00
178	磐石市(吉)	莲花山森林公园	1.93	国家	0.50	100.00	75.00
179	梨树县(吉)	二龙湖水库	13.00	地	0.50	10.00	4.00
180	东丰县(吉)	江城森林植物园	0.75	县	180.00	870.00	260.00
181	通化市市辖区(吉)	白鸡峰国家森林公园	6.08	国家	3.00	124.00	42.00
182	东昌区(吉)	千叶湖风景旅游区	0.20	国家	10.00	100.00	30.00
183	梅河口市(吉)	鸡冠山森林公园	2.30	国家	2.00	170.00	
184	梅河口市(吉)	磨盘湖湿地公园	4.10	国家	10.00	600.00	
185	集安市(吉)	五女峰国家森林公园	10.00	国家	30.00	1418.00	150.00
186	临江市(吉)	临江国家森林公园	27.00	国家	180.00	300.00	180.00
187	宁江区(吉)	宁江区森林公园	3.54	省	100.00	1150.00	1000.00
188	乾安县(吉)	大布苏狼牙坝自然保护区	16.50	国家	0.38	55.00	11.60
189	延吉市(吉)	帽儿山国家森林公园	2.28	国家	7.00		
190	敦化市(吉)	布库里山森林公园	2.29	省	1.50	40.00	
191	敦化市(吉)	雁鸣湖保护区	80.91	国家	3.00	220.00	
192	敦化市(吉)	丹江山庄森林公园	0.23	省	1.00	30.00	
193	龙井市(吉)	天佛指山国家自然保护区	116.00	国家	0.50	776.00	
194	和龙市(吉)	仙境台	0.75	国家		40.00	
195	汪清县(吉)	满天星国家森林公园	25.95	国家	1.11	460.00	
196	黄泥河林业局(吉)	黄泥河自然保护区	62.40	省	0.80	21.00	15.00
197	珲春林业局(吉)	珲春东北虎自然保护区	163.05	国家	0.46	140.00	
198	辉南森林经营局(吉)	龙湾国家自然保护区	22.60	国家	10.00	1108.00	766.00
199	呼兰区(黑)	呼兰国家森林公园	15.00	国家	0.60	40.00	
200	方正县(黑)	双子山森林公园	1.02	省	1.00	250.00	20.00
201	宾　县(黑)	香炉山森林公园	2.00	省	10.00	250.00	150.00
202	巴彦县(黑)	驿马山森林公园	0.71	国家	1.36	57.00	
203	木兰县(黑)	驼峰森林公园	4.70	省	1.00	35.00	15.00
204	通河县(黑)	铧子山森林公园	5.00	县	100.00	1000.00	100.00

序号	县(旗、市、区、局、场)	森林公园及自然保护区	面积(万亩)	级别选项(国家、省、地、县)	实际接待人数(万人次)	旅游总收入(万元)	其中:门票收入(万元)
205	阿城区(黑)	横头山国家森林公园	12.77	国家	10.00	250.00	230.00
206	五常市(黑)	龙凤国家森林公园	32.76	国家	6.00	525.00	60.00
207	山河实验林场(黑)	哈尔滨市山河实验林场	16.69	地	0.50	10.00	2.00
208	丹清河实验林场(黑)	丹清河国家森林公园	4.28	国家	1.00	82.40	1.50
209	齐齐哈尔市市辖区(黑)	齐齐哈尔国家森林公园	4.83	国家	1.00	10.00	
210	碾子山区(黑)	蛇洞山森林公园	0.45	省	21.80	3400.00	109.00
211	讷河市(黑)	尼尔基斯湖风景区	1.00	省	0.70	35.00	
212	虎林市(黑)	珍宝岛湿地国家自然保护区	66.50	国家	3.00	20.00	14.00
213	虎林市(黑)	乌苏里江国家森林公园	37.60	国家	8.00	40.00	25.00
214	密山市(黑)	铁西森林公园	14.70	省	4.00	80.00	250.00
215	密山市(黑)	兴凯湖森林公园	3.00	省	2.00	20.00	1.00
216	鹤岗市市辖区(黑)	鹤岗国家森林公园	120.00	国家	3.50	637.00	
217	尖山区(黑)	双鸭山市环城森林公园	1.50	省	50.00		
218	四方台区(黑)	野生兴安杜鹃保护区	3.00	省	15.00	15.00	
219	集贤县(黑)	七星峰森林公园	5.40	省	2.50	11.00	11.00
220	饶河县(黑)	南山森林公园	32.00	国家	1.30		
221	饶河县(黑)	东北黑蜂自然保护区	1840.00	国家	3.60		
222	萨尔图区(黑)	黑鱼泡自然保护区	9.00	省	10.00	1000.00	200.00
223	林甸县(黑)	北甸园湿地度假村	1.00	县	1.50	100.00	75.00
224	林甸县(黑)	鹤鸣湖旅游度假区	2.00	县	4.00	700.00	400.00
225	林甸县(黑)	二斌民俗风情园	1.00	县	1.50	100.00	75.00
226	杜尔伯特蒙古族自治县(黑)	连环湖水禽保护区	63.40	县	3.80	296.80	190.00
227	杜尔伯特蒙古族自治县(黑)	新店林场野生动物保护区	18.40	县	2.40	187.20	120.00
228	嘉荫县(黑)	茅兰沟国家森林公园	70.00	国家	5.00	1750.00	440.00
229	汤原县(黑)	大亮子河国家森林公园	10.70	国家	13.00	1500.00	
230	同江市(黑)	街津山国家森林公园	21.10	国家	1.60	136.00	19.20
231	富锦市(黑)	五顶山	3.07	国家	4.00	30.00	3.00
232	富锦市(黑)	荷兰村	4.82	省	20.00	5.00	
233	七台河市市辖区(黑)	石龙山国家森林公园	9.45	国家	10.50	63.00	
234	勃利县(黑)	勃利国家森林公园	45.00	国家	5.25	273.00	42.00
235	牡丹江市市本级(黑)	三道关国家级森林公园	12.00	国家	7.50	50.00	37.50
236	牡丹江市市本级(黑)	牡丹峰国家自然保护区	29.20	国家	8.00	190.00	100.00
237	绥芬河市(黑)	绥芬河国家森林公园	3.25	国家	0.50	35.00	
238	宁安市(黑)	宁安市火山口森林公园有限公司	13.40	国家	12.50	570.00	500.00
239	嫩江县(黑)	高峰森林公园	0.87	省	0.50		
240	逊克县(黑)	东山森林公园	5.40	省	1.30	11.30	
241	孙吴县(黑)	胜山要塞国家森林公园	20.74	国家	2.40	7.70	4.50
242	五大连池市(黑)	五大连池国家森林公园	19.00	国家	0.60	11.00	5.00
243	黑河市直属林场(黑)	爱辉森林公园	1.08	省	0.50	6.00	3.50
244	绥棱县(黑)	金斗湾漂流	1.59	县	1.00	27.00	3.00
245	漠河县(黑)	北极村国家森林公园	54.56	国家	14.55	3690.76	222.76

序号	县(旗、市、区、局、场)	森林公园及自然保护区	面积（万亩）	级别选项（国家、省、地、县）	实际接待人数（万人次）	旅游总收入（万元）	其中：门票收入（万元）
246	尚志国有林场管理局(黑)	一面坡森林公园	34.80	国家	1.00	5.00	4.00
247	庆安国有林场管理局(黑)	望龙山国家森林公园	3.20	国家	10.00	80.00	
248	黑龙江省森林植物园(黑)	黑龙江省森林植物园	0.20	省	70.00	230.00	230.00
249	松江区(沪)	佘山国家森林公园	0.53	国家	140.00	686.79	686.79
250	崇明县(沪)	东平森林公园	0.54	国家	32.00	2150.00	1280.00
251	淳安县(浙)	千岛湖国家森林公司	142.50	国家	300.20	286350.00	21000.00
252	建德市(浙)	富春江森林公园	12.54	国家	25.00	7500.00	1500.00
253	建德市(浙)	绿荷塘森林公园	0.68	县	1.80	450.00	81.00
254	建德市(浙)	新安江森林公园	5.34	省	20.00	8000.00	2000.00
255	富阳市(浙)	富春桃园森林公园	0.15	县	40.00	3400.00	3400.00
256	富阳市(浙)	天钟山森林公园	0.03	县	3.00	200.00	150.00
257	富阳市(浙)	永安山森林公园	0.03	县	19.70	600.00	
258	临安市(浙)	清凉峰自然保护区	16.88	国家	8.50	240.00	100.00
259	临安市(浙)	天目山自然保护区	6.43	国家	28.80	2186.00	1186.00
260	鄞州区(浙)	天童森林公园	1.00	国家	3.00	216.00	36.00
261	鹿城区(浙)	温州西郊森林公园	3.63	省	8.24	1585.00	
262	瓯海区(浙)	西雁荡森林公园	4.60	省	5.00	200.00	
263	瓯海区(浙)	茶山森林公园	6.80	省	9.00	1970.00	
264	苍南县(浙)	玉苍山国家森林公园	3.57	国家	17.00	1540.00	132.00
265	苍南县(浙)	石聚堂森林公园	0.60	省	4.00	220.00	30.00
266	瑞安市(浙)	花岩森林公园	2.00	国家	5.00	650.00	150.00
267	海盐县(浙)	南北湖风景区	4.50	国家	27.00	5922.00	864.00
268	平湖市(浙)	九龙山国家森林公园	0.63	国家	14.20	166.00	27.80
269	长兴县(浙)	尹家边扬子鳄保护区	0.17	省	3.00	50.00	50.00
270	绍兴县(浙)	兰亭国家森林公园	0.32	国家	2.00	20.00	10.00
271	诸暨市(浙)	五泄森林公园	2.00	国家	320.00	39201.00	25600.00
272	诸暨市(浙)	东白山自然保护区	10.00	省	150.00	2000.00	
273	诸暨市(浙)	杭湖山森林公园	2.00	省	25.00	1600.00	500.00
274	磐安县(浙)	大盘山国家级自然保护区	7.00	国家	11.00	134.00	123.00
275	兰溪市(浙)	六洞山森林公园	1.80	省	13.80	551.00	500.00
276	义乌市(浙)	柏峰水库	0.85	县	4.00	35.00	
277	义乌市(浙)	八都水库	1.77	县	6.00	50.00	
278	义乌市(浙)	五指山自然保护小区	0.06	县	0.50	20.00	
279	义乌市(浙)	德胜岩风景名胜区	2.85	县	1.00	20.00	
280	义乌市(浙)	凤凰山观光园区	0.07	省	1.00	20.00	
281	义乌市(浙)	华溪森林公园	2.73	省	6.00	80.00	
282	义乌市(浙)	望道森林公园	1.97	省	1.00	45.00	
283	义乌市(浙)	丹溪风景名胜区	4.14	地	3.00	50.00	
284	义乌市(浙)	双林寺风景名胜区	3.45	县	3.00	50.00	
285	衢江区(浙)	紫微山国家森林公园	83.00	国家	12.00	720.00	300.00
286	常山县(浙)	金钉子国家地质公园	2.40	国家	11.00	105.00	105.00

序号	县(旗、市、区、局、场)	森林公园及自然保护区	面积(万亩)	级别选项(国家、省、地、县)	实际接待人数(万人次)	旅游总收入(万元)	其中:门票收入(万元)
287	常山县(浙)	三衢林业观光园区	0.12	县	0.86	9.80	3.80
288	常山县(浙)	东明湖公园	0.08	地	10.00	100.00	85.00
289	常山县(浙)	三衢石林风景区	0.98	国家	13.00	140.36	100.00
290	龙游县(浙)	大竹海森林公园	4.70	国家	35.00	520.00	416.00
291	江山市(浙)	仙霞国家森林公园	230.08	国家	18.00	1873.00	859.00
292	岱山县(浙)	秀山湿地	1.80	省	2.00	50.00	
293	椒江区(浙)	大陈岛森林公园	1.79	省	1.60	404.00	
294	玉环县(浙)	大鹿岛森林公园	0.26	省	11.00	315.00	300.00
295	天台县(浙)	华顶国家森林公园	5.70	国家	8.00	550.00	150.00
296	仙居县(浙)	仙居国家森林公园	4.50	国家	2.00	120.00	
297	仙居县(浙)	括苍森林公园	2.70	省	2.00	80.00	
298	仙居县(浙)	木口湖森林公园	1.40	省	3.00	150.00	
299	仙居县(浙)	俞坑常绿阔叶林自然保护区	0.50	县	1.00	50.00	
300	温岭市(浙)	大溪森林公园	1.00	国家	30.00	2260.00	150.00
301	莲都区(浙)	大山峰森林公园	8.10	省	16.20	2080.00	
302	缙云县(浙)	仙都风景区	24.93	国家	317.75	10.66	6.40
303	遂昌县(浙)	遂昌国家森林公园	24.30	国家	24.98	10060.00	
304	松阳县(浙)	卯山国家公园	2.00	国家	2.00	50.00	5.00
305	松阳县(浙)	箬寮岘名胜风景区	2.00	县	39.00	3337.00	41.00
306	庆元县(浙)	巾子峰森林公园	7.90	省	1.57	21.06	11.76
307	庆元县(浙)	百山祖自然保护区	16.32	国家	0.60	48.00	12.00
308	龙泉市(浙)	凤阳山国家自然保护区	22.76	国家	44.60	4718.00	1415.00
309	蜀山区(皖)	大蜀山森林公园	1.00	地	25.00	1500.00	1500.00
310	肥西县(皖)	紫蓬山国家森林公园	1.50	国家	22.00	330.00	50.00
311	芜湖县(皖)	陶辛水韵自然保护区	12.27	地	20.00	500.00	100.00
312	繁昌县(皖)	马仁森林公园	1.07	国家	65.00	3900.00	2700.00
313	南陵县(皖)	小格里森林公园	0.37	省	1.00	100.00	
314	八公山区(皖)	八公山森林公园	2.76	国家	6.70	127.67	127.67
315	潜山县(皖)	板仓自然保护区	2.28	省	2.00	300.00	
316	潜山县(皖)	天柱山国家森林公园	2.37	国家	160.00	80000.00	9525.25
317	太湖县(皖)	花亭湖	15.00	国家	1.50	525.00	120.00
318	桐城市(皖)	龙眠山森林公园	5.73	省	0.50	200.00	5.00
319	屯溪区(皖)	花山谜窟	1.00	国家	40.00	1380.00	1315.00
320	祁门县(皖)	历溪	1.00	地	1.00	50.00	50.00
321	祁门县(皖)	榉溪湾	8.00	地	1.00	50.00	50.00
322	祁门县(皖)	九龙池	15.00	地	8.00	19020.00	320.00
323	祁门县(皖)	牯牛降自然保护区	5.00	国家	8.90	2670.00	712.00
324	凤阳县(皖)	韭山国家森林公园	8.30	国家	6.70	400.00	300.00
325	砀山县(皖)	古黄河森林公园	2.10	省	40.00	2800.00	
326	居巢区(皖)	东庵森林公园	0.10	省	1.60	18.00	9.00
327	庐江县(皖)	冶父山国家森林公园	1.24	国家	16.00	388.00	65.00

序号	县(旗、市、区、局、场)	森林公园及自然保护区	面积(万亩)	级别选项(国家、省、地、县)	实际接待人数(万人次)	旅游总收入(万元)	其中:门票收入(万元)
328	无为县(皖)	天井山	1.86	国家	1.00	260.00	
329	含山县(皖)	太湖山国家森林公园	2.70	国家	3.00	40.00	20.00
330	和　县(皖)	鸡笼山国家森林公园	2.50	国家	2.00	30.00	30.00
331	寿　县(皖)	八公山森林公园(寿县景区)	1.75	国家	12.60	420.00	170.50
332	霍邱县(皖)	安阳山森林公园	0.64	省	5.00		30.00
333	舒城县(皖)	万佛山	5.00	国家	3.80	80.00	30.00
334	金寨县(皖)	天马国家自然保护区	43.37	国家	21.00	5965.00	1720.00
335	霍山县(皖)	小南岳森林公园	0.06	省	60.00	10000.00	1000.00
336	霍山县(皖)	佛子岭自然保护区	10.00	省	60.00	25000.00	7000.00
337	九华山风景区管委会(皖)	九华山国家地质公园	8.00	国家	84.00	22800.00	1000.00
338	贵池区(皖)	齐山森林公园	0.15	省	10.00	300.00	100.00
339	贵池区(皖)	十八索自然保护区	5.00	省	2000.00	60.00	
340	东至县(皖)	升金湖自然保护区	25.00	国家	23.00	1600.00	
341	东至县(皖)	天台山森林公园	2.67	省	3.50	31.00	
342	东至县(皖)	马坑紫石塔自然保护区	21.00	县	6.00	70.00	
343	石台县(皖)	牯牛降自然保护区	5.03	国家	30.00	1000.00	200.00
344	石台县(皖)	目连山森林公园	2.00	省	3.00	200.00	100.00
345	石台县(皖)	杉山森林公园	5.50	省	0.50	10.00	
346	青阳县(皖)	九华山国家森林公园	22.50	国家	5.00	500.00	300.00
347	泾　县(皖)	水西国家森林公园	3.20	国家	30.00	900.00	
348	泾　县(皖)	江南第一漂景区	2.30	省	7.50	650.00	450.00
349	泾　县(皖)	月亮湾漂流风景区	1.90	县	5.00	400.00	300.00
350	晋安区(闽)	福州国家森林公园	1.28	国家	500.00		
351	梅列区(闽)	金丝湾森林公园	1.73	省	6.28	125.10	22.59
352	尤溪县(闽)	枕头山森林公园	0.60	省	0.50	4.90	1.80
353	尤溪县(闽)	九阜山自然保护区	3.46	省	0.07	0.60	
354	尤溪县(闽)	罗汉山森林公园	1.08	省	0.10	0.87	
355	洛江区(闽)	罗溪森林公园	4.70	省	0.50	90.00	
356	洛江区(闽)	陈谭山森林公园	3.70	地	5.00	240.00	
357	永春县(闽)	东溪大峡谷	0.10	县	11.30	350.00	
358	永春县(闽)	北溪森林公园	0.84	县	10.20	200.00	12.00
359	永春县(闽)	云河谷森林公园	0.16	县	7.00	150.00	
360	永春县(闽)	魁星岩森林公园	0.42	省	18.20	150.00	25.00
361	永春县(闽)	牛姆林自然保护区	0.37	省	6.60	2000.00	200.00
362	永春县(闽)	仙洞山森林公园	2.18	县	6.20		
363	永春县(闽)	岱山岩森林公园	2.75	县	4.00	80.00	
364	浦城县(闽)	匡山国家森林公园	3.26	国家	4.37	524.62	
365	光泽县(闽)	光泽九龙峰森林公园	5.00	县	25.00		
366	政和县(闽)	洞宫山自然保护区	3.00	国家	100.00	600.00	
367	邵武市(闽)	龙湖森林公园	2.03	省	1.50		
368	永定县(闽)	王寿山国家森林公园	2.33	国家	2.60	5.50	

序号	县(旗、市、区、局、场)	森林公园及自然保护区	面积(万亩)	级别选项(国家、省、地、县)	实际接待人数(万人次)	旅游总收入(万元)	其中:门票收入(万元)
369	寿宁县(闽)	山羊尖自然保护区	0.82	县	1.00		
370	寿宁县(闽)	六六溪流域自然保护区	1.61	县	5.00		
371	寿宁县(闽)	西山顶风景区自然保护区	0.60	县	5.00		
372	寿宁县(闽)	小托水库自然保护区	0.43	县	5.00		
373	寿宁县(闽)	南山顶风景区自然保护区	2.01	县	9.10		3.00
374	湾里区(赣)	梅岭国家森林公园	16.80	国家	59.60	7156.00	894.00
375	南昌县(赣)	兴农沙漠生态森林公园	0.35	省	1.60	0.80	
376	新建县(赣)	象山森林公园	25.00	省	10.00	45.00	6.00
377	莲花县(赣)	玉壶山森林公园	0.60	省	5.00	20.00	10.00
378	莲花县(赣)	寒山森林公园	1.75	省	2.00	15.00	12.00
379	莲花县(赣)	高天岩自然保护区	7.20	省	3.00	20.00	15.00
380	庐山区(赣)	马祖山森林公园	1.00	国家	0.50	20.00	20.00
381	庐山区(赣)	三叠泉国家森林公园	2.48	国家	40.70	1738.00	1630.00
382	湖口县(赣)	天山风景区	0.38	县	2.00	150.00	20.00
383	彭泽县(赣)	龙宫洞森林公园	0.65	国家	7.50	460.00	400.00
384	瑞昌市(赣)	青山森林公园	5.30	省	0.80		
385	余江县(赣)	马岗岭森林公园	0.04	省	3.00	0.32	
386	章贡区(赣)	峰山国家森林公园	14.00	国家	3.00	185.00	
387	大余县(赣)	梅关国家森林公园	3.39	国家	14.00	913.00	
388	上犹县(赣)	五指峰国家森林公园	36.80	国家	1.60	160.00	
399	崇义县(赣)	阳岭国家森林公园	10.32	国家	38.17	7633.00	960.00
390	安远县(赣)	三百山国家重点风景名胜区	10.85	国家	15.00	80.50	30.50
391	龙南县(赣)	小武当山	0.30	省	2.95	300.00	177.00
392	定南县(赣)	云台山自然保护区	15.35	县	3.60	481.00	
393	宁都县(赣)	翠微峰国家森林公园	11.79	国家	45.00	4950.00	720.00
394	于都县(赣)	屏山自然保护区	6.00	县	8.00		
395	于都县(赣)	罗田岩森林公园	4.00	省	10.00	5.00	
396	兴国县(赣)	园岭森林公园	4.10	县	3.00	20.00	
397	会昌县(赣)	岚山公园	0.12	省	7.20	178.00	
398	寻乌县(赣)	项山甑自然保护区	2.98	县	1.00		
399	寻乌县(赣)	黄畲山森林公园	0.60	省	0.50		
400	寻乌县(赣)	张天堂自然保护区	1.18	县	0.50		
401	寻乌县(赣)	阳天障自然保护区	0.95	县	0.30		
402	石城县(赣)	通天寨	3.00	省	1.00	20.00	
403	石城县(赣)	赣江源	16.00	省	1.00	60.00	8.00
404	瑞金市(赣)	赣江源自然保护区	8.01	省	0.09	2.80	
405	瑞金市(赣)	罗汉岩森林公园	0.78	省	1.60	200.00	160.00
406	南康市(赣)	南山森林公园	0.75	省	10.00	600.00	60.00
407	泰和县(赣)	天湖山自然保护区	3.40	省	0.45	64.00	2.00
408	泰和县(赣)	紫瑶山自然保护区	4.60	县	0.60	85.00	3.50
409	泰和县(赣)	泰和县国家森林公园	20.60	国家	157.00	366.00	42.00

序号	县(旗、市、区、局、场)	森林公园及自然保护区	面积(万亩)	级别选项(国家、省、地、县)	实际接待人数(万人次)	旅游总收入(万元)	其中:门票收入(万元)
410	泰和县(赣)	玉华山森林公园	1.00	省	46.00	115.00	8.00
411	万安县(赣)	万安森林公园	24.50	国家	2.00	1000.00	6.00
412	安福县(赣)	武功山国家森林公园	36.29	国家	24.50	2787.00	
413	永新县(赣)	高士山自然保护区	1.00	县	1.10	326.00	
414	永新县(赣)	三湾森林公园	10.00	国家	3.80	1010.00	
415	井冈山市(赣)	井冈山市国家自然保护区	32.00	国家	342.00	201356.00	10600.00
416	明月山温泉风景名胜区(赣)	明月山国家森林公园	12.00	国家	80.00	5600.00	1200.00
417	万载县(赣)	九龙庙森林公园	8.50	省	9.00	2500.00	
418	上高县(赣)	九峰森林公园	2.40	省	1.00		
419	靖安县(赣)	三爪仑国家森林公园	28.95	国家	101.22	40500.00	6200.00
420	铜鼓县(赣)	天柱峰国家森林公园	15.77	国家	11.32	4490.00	160.00
421	樟树市(赣)	阁皂山森林公园	10.30	国家	10.00	174.00	50.00
422	临川区(赣)	金山寺	0.80	县	120.00	3028.00	600.00
423	黎川县(赣)	岩泉国家森林公园	7.33	国家	31.00	1085.00	
424	乐安县(赣)	老虎脑自然保护区	33.00	省		430.00	
425	资溪县(赣)	大觉山景区	27.50	县	43.00	15465.00	
426	上饶县(赣)	远泉森林公园	1.92	省	0.12	9.00	
427	上饶县(赣)	灵山风景名胜区	24.00	国家	50.00	100.00	
428	上饶县(赣)	五府山森林公园	2.60	国家	0.20	12.00	
429	玉山县(赣)	怀玉山国家森林公园	5.00	国家	10.00		
430	鄱阳县(赣)	鄱阳湖国家湿地公园	61.35	国家	50.00	5977.00	1000.00
431	婺源县(赣)	文公山保护区	9.60	县	1.00	100.00	60.00
432	婺源县(赣)	鸳鸯湖保护区	1.40	省	5.00	500.00	300.00
433	婺源县(赣)	理田源森林公园	0.25	省	1.60	30.00	12.00
434	婺源县(赣)	饶河源保护区	8.60	县	0.50	50.00	40.00
435	婺源县(赣)	大鄣山保护区	7.50	省	15.00	2250.00	900.00
436	婺源县(赣)	灵岩洞森林公园	1.00	国家	11.22	246.00	230.00
437	天桥区(鲁)	黄河森林公园	0.25	县	36.00	340.00	180.00
438	长清区(鲁)	五峰山森林公园	0.25	省	10.00	6000.00	200.00
439	长清区(鲁)	凤凰岭森林公园	0.50	地	1.00	332.00	20.00
440	长清区(鲁)	大峰山森林公园	1.30	省	1.20	200.00	10.00
441	长清区(鲁)	马山森林公园	0.50	地	2.00	250.00	10.00
442	长清区(鲁)	卧龙峪森林公园	0.60	省	1.00	150.00	10.00
443	平阴县(鲁)	翠屏山	0.80	县	0.10	0.50	0.50
444	平阴县(鲁)	大寨山森林公园	1.41	省	1.00	30.00	10.00
445	章丘市(鲁)	胡山森林公园	0.20	省	5.00	62.00	
446	章丘市(鲁)	锦屏山森林公园	0.60	地	5.90	100.00	30.00
447	胶南市(鲁)	古月山庄森林公园	0.50	地	0.30	14.04	6.00
448	胶南市(鲁)	大珠山珠山秀谷森林公园	4.00	地	11.70	631.80	468.00
449	胶南市(鲁)	灵山岛森林公园	1.15	地	1.00	56.16	20.00
450	淄川区(鲁)	幽雅岭森林公园	0.40	省	15.00	700.00	

序号	县(旗、市、区、局、场)	森林公园及自然保护区	面积(万亩)	级别选项(国家、省、地、县)	实际接待人数(万人次)	旅游总收入(万元)	其中：门票收入(万元)
451	淄川区(鲁)	峨庄森林公园	13.90	省	10.00	300.00	200.00
452	博山区(鲁)	金牛山森林公园	1.36	地	10.00	200.00	100.00
453	博山区(鲁)	樵岭前森林公园	0.75	地	35.00	2810.00	350.00
454	博山区(鲁)	志公坪森林公园	0.25	地	5.00	100.00	50.00
455	博山区(鲁)	莲花山森林公园	0.58	地	70.00	3500.00	700.00
456	沂源县(鲁)	织女洞森林公园	0.52	省	20.00	90.00	70.00
457	沂源县(鲁)	凤凰山森林公园	0.55	地	2.00	30.00	7.00
458	沂源县(鲁)	鲁山森林公园	3.82	省	4.00	57.00	27.00
459	沂源县(鲁)	莲花山森林公园	0.15	地	2.00	7.00	7.00
460	枣庄市市中区(鲁)	枣庄市森林公园	4.01	省	22.00	780.00	360.00
461	枣庄市市中区(鲁)	东湖湿地公园	1.35	地	116.00	1286.00	
462	峄城区(鲁)	冠世榴园自然保护区	6.90	国家	50.00	1000.00	800.00
463	山亭区(鲁)	抱犊崮森林公园	2.00	国家	2.50	433.00	260.00
464	滕州市(鲁)	滨湖国家湿地公园	1.10	国家	100.00	3000.00	1700.00
465	滕州市(鲁)	柴胡店森林公园	1.40	省	2.00	120.00	40.00
466	东营市市辖区(鲁)	黄河三角洲国家自然保护区	72.75	国家	2.00	730.00	
467	垦利县(鲁)	黄河口国家自然保护区	231.00	国家	40.00	600.00	100.00
468	诸城市(鲁)	磊石山森林公园	1.10	县	1.50	1.60	
469	诸城市(鲁)	古板栗园森林公园	2.35	地	35.00	340.00	
470	诸城市(鲁)	马耳山森林公园	0.72	省	20.00	110.00	40.00
471	诸城市(鲁)	大山森林公园	2.64	地	0.50		
472	诸城市(鲁)	障日山森林公园	1.12	县	2.00	16.00	4.00
473	诸城市(鲁)	密州森林公园	0.30	省	2.00	70.00	
474	泗水县(鲁)	龙门山森林公园	0.30	地	5.00	8.00	3.00
475	泗水县(鲁)	安山森林公园	0.40	地	4.00	7.00	2.00
476	泗水县(鲁)	黄山森林公园	0.40	地	3.00	5.00	2.00
477	梁山县(鲁)	梁山泊森林公园	0.20	省	101.00	15000.00	780.00
478	兖州市(鲁)	兴隆湿地公园	0.79	省	25.00	2500.00	500.00
479	泰安市市辖区(鲁)	徂徕山林场	12.74	国家	11.72	223.87	71.55
480	泰安市市辖区(鲁)	泰山	63.9	国家	224.00	26130.00	25300.00
481	宁阳县(鲁)	神童山森林公园	11.40	省	140.00	720.00	20.00
482	东平县(鲁)	东平湖湿地保护区	38.97	省	2.00	200.00	
483	东平县(鲁)	腊山国家森林公园	1.10	国家	4.00	800.00	200.00
484	新泰市(鲁)	太平山自然保护区	5.60	省	3.20	26.00	6.00
485	新泰市(鲁)	朝阳洞森林公园	0.60	省	6.00	5.00	
486	新泰市(鲁)	白马寺森林公园	3.00	地	9.90	160.00	91.00
487	新泰市(鲁)	和圣园森林公园	0.13	地	6.50	147.20	85.70
488	新泰市(鲁)	新汶森林公园	1.77	省	8.65	142.00	26.70
489	新泰市(鲁)	磨石山森林公园	1.52	地	6.80	50.00	3.00
490	新泰市(鲁)	九顶凤凰山森林公园	0.35	省	3.00	60.00	50.00
491	新泰市(鲁)	青云山森林公园	0.76	地	10.50	34.50	2.00

序号	县(旗、市、区、局、场)	森林公园及自然保护区	面积(万亩)	级别选项(国家、省、地、县)	实际接待人数(万人次)	旅游总收入(万元)	其中:门票收入(万元)
492	新泰市(鲁)	莲花山森林公园	3.25	国家	30.00	448.00	380.00
493	肥城市(鲁)	牛山森林公园	1.50	国家	3.20	23.10	12.60
494	环翠区(鲁)	双岛国家森林公园	3.70	国家	8.00	60.00	15.00
495	荣成市(鲁)	槎山森林公园	4.50	国家	1.00	10.00	10.00
496	东港区(鲁)	日照海滨国家森林公园	1.18	国家	56.10	5610.00	1067.00
497	莱城区(鲁)	华山森林公园	7.13	国家	52.00	910.00	310.00
498	莱城区(鲁)	马鞍山森林公园	2.37	地	0.10		
499	莱城区(鲁)	龙山森林公园	1.36	地	40.00	600.00	400.00
500	莱城区(鲁)	吉山森林公园	3.00	地	1.50		
501	莱城区(鲁)	云台山森林公园	3.74	省	5.00	300.00	
502	钢城区(鲁)	棋山森林公园	0.50	省	3.00	60.00	
503	钢城区(鲁)	国有寄母山林场	4.90	地	5.50	100.00	
504	沂水县(鲁)	沂水雪山公园	0.50	国家	64.00	4300.00	4000.00
505	沂水县(鲁)	沂山森林公园	0.91	省	2.00	12.00	10.00
506	沂水县(鲁)	灵泉寺	0.39	地	40.00	200.00	170.00
507	蒙阴县(鲁)	蒙山森林公园	5.50	国家	30.00	3000.00	1200.00
508	蒙阴县(鲁)	中山寺森林公园	0.55	省	6.00	200.00	2.00
509	平原县(鲁)	鲁北森林公园	0.20	省	1.00		
510	夏津县(鲁)	黄河故道森林公园	12.80	省	10.00	150.00	80.00
511	武城县(鲁)	东沙河森林公园	1.00	县	0.20		
512	东昌府区(鲁)	姜堤乐园	0.05	地	58.00	1100.00	580.00
513	东昌府区(鲁)	聊城市植物园	0.05	地	30.00	600.00	300.00
514	冠　县(鲁)	马颊河林场	0.27	省	11.00	80.00	
515	惠民县(鲁)	孙子故里森林公园	0.73	地	0.30		
516	邹平县(鲁)	鹤伴山国家森林公园	0.72	国家	23.00	1000.00	120.00
517	管城回族区(豫)	潮湖生态观光园	0.13	县	6.00	300.00	300.00
518	惠济区(豫)	郑州黄河风景名胜区	16.20	国家	60.00	2095.00	1800.00
519	中牟县(豫)	雁鸣湖森林公园	4.73	省	60.00	147.00	37.00
520	荥阳市(豫)	桃花峪	2.05	地	12.00	140.00	80.00
521	荥阳市(豫)	环翠峪	4.00	省	16.00	162.00	90.00
522	新密市(豫)	神仙洞森林公园	3.50	省	22.00	500.00	400.00
523	新郑市(豫)	始祖山国家森林公园	5.00	国家	30.00	500.00	
524	开封市市辖区(豫)	国家森林公园	24.00	国家	90.00	4500.00	1500.00
525	龙亭区(豫)	万岁山森林公园	0.22	地	10.00	200.00	100.00
526	洛龙区(豫)	洛阳市神州牡丹园	0.06	县	30.00	650.00	300.00
527	洛龙区(豫)	洛阳市龙门西山森林公园	1.00	地	10.00	150.00	30.00
528	孟津县(豫)	小浪底森林公园	0.60	省	40.00	600.00	300.00
529	孟津县(豫)	黄河湿地保护区	1.50	国家	12.00	100.00	60.00
530	新安县(豫)	青要山风景区	0.40	省	20.00	1400.00	
531	新安县(豫)	郁山国家森林公园	0.10	国家	15.00	400.00	
532	新安县(豫)	荆紫山风景区	0.05	省	5.00	81.30	

序号	县(旗、市、区、局、场)	森林公园及自然保护区	面积(万亩)	级别选项(国家、省、地、县)	实际接待人数(万人次)	旅游总收入(万元)	其中：门票收入(万元)
533	新安县(豫)	龙潭峡景区	0.30	国家	50.00	4000.00	2500.00
534	栾川县(豫)	重渡沟	4.50	省	85.00	8000.00	2500.00
535	栾川县(豫)	养子沟	2.82	国家	15.00	3000.00	1000.00
536	栾川县(豫)	龙峪湾	45.00	国家	12.00	1500.00	500.00
537	嵩　县(豫)	白云山国家森林公园	25.20	国家	90.00	27000.00	5400.00
538	嵩　县(豫)	木札岭森林公园	18.80	国家	55.00	16500.00	3300.00
539	嵩　县(豫)	天池山国家森林公园	4.00	国家	38.00	11400.00	2280.00
540	汝阳县(豫)	西泰山旅游区	5.00	县	12.00	1900.00	400.00
541	宜阳县(豫)	花果山森林公园	7.22	国家	10.00	133.00	33.00
542	洛宁县(豫)	神灵寨森林公园	7.95	国家	10.00	530.00	450.00
543	伊川县(豫)	九皋山旅游开发区	0.03	县	20.00	30.00	
544	伊川县(豫)	荆山森林公园	0.50	省	50.00	200.00	
545	伊川县(豫)	范仲淹墓		县	3.00	2.00	
546	偃师市(豫)	双龙山森林公园	2.20	省	5.00	60.00	5.00
547	宝丰县(豫)	尖山坡	0.30	县	0.60	90.00	
548	鲁山县(豫)	石人山自然保护区	3.00	国家	42.00	5500.00	88.00
549	舞钢市(豫)	石漫滩国家森林公园	8.50	国家	18.00	1290.00	
550	汝州市(豫)	风穴寺国家森林公园	1.39	国家	10.00	315.00	300.00
551	殷都区(豫)	北蒙生态观光园	0.10	县	167.00	233.00	
552	龙安区(豫)	龙泉森林公园	1.20	省	62.00	100.00	65.00
553	安阳县(豫)	马鞍山市森林公园	6.00	地	2.00	60.00	60.00
554	内黄县(豫)	内黄森林公园	1.17	省	1.60	98.00	48.00
555	林州市(豫)	柏尖山森林公园	0.30	地	12.00	30.00	
556	林州市(豫)	占元森林公园	1.10	地	2.00		
557	林州市(豫)	天平山森林公园	1.96	地	7.00	100.00	100.00
558	林州市(豫)	万宝山自然保护区	13.00	省	0.50		
559	林州市(豫)	五龙洞森林公园	3.79	国家	9.00	46.00	46.00
560	林州市(豫)	白泉森林公园	0.60	省	2.00	5.00	
561	鹤山区(豫)	黄庙沟森林公园	0.50	县	0.20	7.00	1.00
562	淇滨区(豫)	天然太极图景区	0.50	县	1.00	30.00	2.00
563	淇　县(豫)	云蒙山森林公园	3.90	省	102.00	1298.00	200.00
564	延津县(豫)	黄河故道森林公园	0.50	省	32.00	870.00	200.00
565	卫辉市(豫)	跑马岭休闲生态园	1.20	省	1.00	20.00	20.00
566	辉县市(豫)	白云寺国家森林公园	3.90	国家	10.00	7.00	7.00
567	辉县市(豫)	太行山猕猴自然保护区	13.70	国家	220.00	3500.00	3500.00
568	焦作市市辖区(豫)	焦作市森林公园	2.00	省	1.20	18.00	18.00
569	修武县(豫)	云台山国家森林公园	0.57	国家	62.17	9000.00	7460.00
570	博爱县(豫)	太行猕猴国家自然保护区	4.00	国家	5.00	470.00	
571	范　县(豫)	黄河森林公园	1.90	省	4.50	660.00	150.00
572	濮阳县(豫)	张挥森林公园	0.10	省	11.00	380.00	280.00
573	濮阳市高新区(豫)	濮上生态园区	0.47	国家	120.00	480.00	100.00

序号	县(旗、市、区、局、场)	森林公园及自然保护区	面积(万亩)	级别选项(国家、省、地、县)	实际接待人数(万人次)	旅游总收入(万元)	其中:门票收入(万元)
574	鄢陵县(豫)	鄢陵县花木博览园	0.15	国家	70.00	11320.00	156.00
575	襄城县(豫)	紫云山风景区	2.40	省	5.80	0.00	87.00
576	禹州市(豫)	浅井逍遥观风景区	0.90	县	45.00	520.00	210.00
577	禹州市(豫)	周定王陵风景区	0.98	县	46.00	529.00	230.00
578	禹州市(豫)	鸠山大洪寨风景区	5.40	国家	110.00	950.00	315.00
579	禹州市(豫)	神后灵泉寺风景区	0.23	县	32.00	400.00	170.00
580	禹州市(豫)	禹州市森林植物园	0.32	省	70.00	900.00	653.00
581	禹州市(豫)	吴道子故里	0.60	县	35.00	300.00	165.00
582	长葛市(豫)	佛尔岗水库	0.30	县	2.00	20.00	
583	长葛市(豫)	葛天生态园	0.50	县	1.00	10.00	
584	郾城区(豫)	漯河市香陈湾游乐园	0.06	县	4.80	456.00	230.00
585	舞阳县(豫)	西城森林公园	0.05	县	9.50	540.00	
586	渑池县(豫)	韶山森林公园	3.60	省	10.00		
587	陕　县(豫)	甘山国家森林公园	6.50	国家	11.00	1300.00	70.00
588	卢氏县(豫)	玉皇山国家森林公园	4.47	国家	7.00	3150.00	280.00
589	卢氏县(豫)	双龙湾风景区	3.00	国家	18.00	8100.00	1080.00
590	义马市(豫)	清风山森林公园	1.00	地	0.70	131.00	7.00
591	灵宝市(豫)	燕子山国家森林公园	15.72	国家	2.00	29.00	40.00
592	灵宝市(豫)	故县镇汉山森林公园	3.29	省	4.00	220.00	80.00
593	卧龙区(豫)	独上森林公园	0.60	省	10.00	150.00	50.00
594	南召县(豫)	丹霞寺森林公园	0.10	省	20.00	40.00	25.00
595	南召县(豫)	宝天曼自然保护区	0.30	国家	30.00	50.00	30.00
596	方城县(豫)	大寺省森林公园	2.00	省	16.00	310.00	160.00
597	西峡县(豫)	寺山森林公园	1.13	国家	20.00	240.00	200.00
598	西峡县(豫)	龙潭沟风景区	0.75	县	30.00	650.00	500.00
599	西峡县(豫)	老界岭自然保护区	24.38	国家	40.00	650.00	500.00
600	镇平县(豫)	菩堤寺森林公园	0.20	省	3.80	92.00	46.00
601	内乡县(豫)	宝天曼自然保护区	81.20	国家	50.00	8586.00	3300.00
602	淅川县(豫)	上寺森林公园	0.63	省	6.00	252.00	120.00
603	唐河县(豫)	石柱山	0.90	县	3.80	380.00	380.00
604	桐柏县(豫)	淮河源森林公园	7.39	国家	12.00	144.00	60.00
605	桐柏县(豫)	太白顶自然保护区	6.55	省	20.00	240.00	100.00
606	梁园区(豫)	黄河故道森林公园	0.95	国家	200.00	348.00	18.00
607	宁陵县(豫)	万顷梨园景区	20.00	县	145.00	800.00	
608	永城市(豫)	芒砀山森林公园	3.37	地	10.00	780.00	600.00
609	信阳市市辖区(豫)	南湾森林公园	0.28	国家	21.00	2056.00	1210.00
610	信阳市市辖区(豫)	鸡公山国家自然保护区	4.37	国家	5.50	700.00	220.00
611	信阳市市辖区(豫)	波尔登森林公园	1.60	地	1.80	140.00	45.00
612	浉河区(豫)	四望山自然保护区	21.00	省	5.00	188.00	
613	罗山县(豫)	董寨国家自然保护区	70.20	国家	12.00	1051.00	600.00
614	新　县(豫)	连康山自然保护区	16.00	国家	18.00	750.00	260.00

序号	县(旗、市、区、局、场)	森林公园及自然保护区	面积(万亩)	级别选项(国家、省、地、县)	实际接待人数(万人次)	旅游总收入(万元)	其中：门票收入(万元)
615	商城县(豫)	黄柏山森林公园	8.00	国家	46.00	2500.00	100.00
616	商城县(豫)	鲇鱼山湿地保护区	9.00	省	2.00	139.00	
617	商城县(豫)	金岗台地质公园	5.00	国家	12.00	900.00	
618	固始县(豫)	安山森林公园	0.90	省	15.00	366.00	75.00
619	川汇区(豫)	周口市植物园	0.30	地	20.00	2460.00	996.00
620	淮阳县(豫)	龙湖国家湿地公园	1.60	国家	8.10		
621	驿城区(豫)	胡庙龙泉白桃基地	0.40	县	3.00	4.00	
622	西平县(豫)	棠溪源国家森林公园	5.70	国家	9.60	1717.00	480.00
623	确山县(豫)	乐山森林公园	12.00	国家	30.00	500.00	300.00
624	确山县(豫)	薄山森林公园	10.00	国家	50.00	2000.00	500.00
625	确山县(豫)	金顶山风景区	8.00	省	30.00	1500.00	600.00
626	泌阳县(豫)	铜山湖森林公园	24.00	国家	90.00	7000.00	1800.00
627	泌阳县(豫)	白云山风景名胜区	15.60	省	45.00	5000.00	900.00
628	泌阳县(豫)	盘古风景名胜区	1.20	省	55.00	3900.00	100.00
629	汝南县(豫)	宿鸭湖湿地自然保护区	25.00	省	35.00	70.00	
630	遂平县(豫)	查岈山国家森林公园	2.20	国家	81.00	5717.00	2800.00
631	济源市(豫)	小浪底风景区	5.00	国家	8.00	1000.00	300.00
632	济源市(豫)	南山森林公园	5.00	省	1.00	200.00	
633	济源市(豫)	太行山猕猴自然保护区	30.00	国家	10.00	2500.00	500.00
634	下陆区(鄂)	东方山风景区	1.90	省	460.00	2240.00	600.00
635	铁山区(鄂)	东方山森林公园	1.10	省	5.00	200.00	100.00
636	大冶市(鄂)	雷山森林公园	2.00	省	60.00	170.00	110.00
637	保康县(鄂)	五道峡自然保护区	35.72	省	8.50	21.70	8.20
638	荆门市市辖区(鄂)	白鹿春旅游度假景区	1.80	县	0.80	200.00	
639	京山县(鄂)	大洪山景区	30.00	国家	200.00	4000.00	2000.00
640	京山县(鄂)	虎爪山森林公园	5.00	国家	100.00	5000.00	1000.00
641	荆州区(鄂)	八岭山国家森林公园	1.00	国家	0.16	6.00	2.00
642	监利县(鄂)	洪湖湿地自然保护区	24.00	省	8.00	80.00	
643	石首市(鄂)	南岳山森林公园	0.25	国家	60.00	200.00	50.00
644	罗田县(鄂)	大别山国家森林公园	45.00	国家	10.00	1300.00	230.00
645	嘉鱼县(鄂)	嘉鱼牛头山森林公园	0.80	省	10.00	80.00	30.00
646	崇阳县(鄂)	金沙风景区	6.00	县	3.00	18.00	
647	崇阳县(鄂)	洪下竹海	3.00	县	3.00	40.00	
648	崇阳县(鄂)	桂花林场森林公园	17.00	县	2.00	30.00	
649	崇阳县(鄂)	大泉洞风景区	4.00	县	5.00	60.00	20.00
650	通山县(鄂)	九宫山国家自然保护区	24.91	国家	26.50	2745.00	
651	望城县(湘)	黑麋峰森林公园	2.90	省	1.00	100.00	12.00
652	望城县(湘)	百果园	0.10	县	3.00	388.00	
653	望城县(湘)	千龙湖湿地公园	0.82	国家	15.00	4500.00	
654	浏阳市(湘)	大围山森林公园及自然保护区	7.83	国家	36.46	26400.00	500.00
655	攸　县(湘)	酒埠江森林公园	9.00	省	80.00	20000.00	

序号	县(旗、市、区、局、场)	森林公园及自然保护区	面积(万亩)	级别选项(国家、省、地、县)	实际接待人数(万人次)	旅游总收入(万元)	其中:门票收入(万元)
656	茶陵县(湘)	云阳国家森林公园	13.03	国家	20.00	360.00	120.00
657	炎陵县(湘)	神农谷森林公园	32.00	国家	86.30	4420.00	420.00
658	醴陵市(湘)	仙岳山森林公园	1.57	省	12.00	200.00	5.00
659	雨湖区(湘)	杨梅洲公园	0.04	省	16.00	500.00	300.00
660	岳塘区(湘)	昭山风景区	0.06	省	30.00	644.00	80.00
661	湘潭县(湘)	晓霞山森林公园	0.80	县	56.00	900.00	
662	湘乡市(湘)	东台山森林公园	0.51	国家	7.00	10.00	6.00
663	湘乡市(湘)	水府庙国家湿地公园	2.65	国家	15.00	4000.00	1100.00
664	韶山市(湘)	滴水洞景区	3.00	县	25.50	8000.00	6000.00
665	蒸湘区(湘)	雨母山自然保护区	2.00	地	7.00	163.00	0.00
666	南岳区(湘)	南岳衡山国家级自然保护区	17.99	国家	377.14	241200.00	14800.00
667	衡阳县(湘)	岣嵝峰森林公园	3.	国家	15.00	3000.00	400.00
668	衡山县(湘)	紫金山森林公园	4.00	省	15.00	22.00	5.00
669	祁东县(湘)	四明山森林公园	6.90	省	1.50	30.00	
670	常宁市(湘)	天堂山国家森林公园	8.90	国家	6.50	160.00	
671	常宁市(湘)	大义山自然保护区	10.60	县	0.60	80.00	
672	新邵县(湘)	白云岩风景名胜区	1.00	省	15.00	160.00	90.00
673	新邵县(湘)	龙山森林公园	6.00	国家		80.00	
674	新邵县(湘)	白水洞风景名胜区	2.30	省	4.00	70.00	40.00
675	绥宁县(湘)	黄桑自然保护区	19.00	国家	3.00	158.00	
676	武冈市(湘)	云山国家森林公园	1.90	国家	47.00	5700.00	1410.00
677	岳阳县(湘)	大云山国家森林公园	12.40	国家	25.00	300.00	120.00
678	华容县(湘)	桃花山森林公园	6.00	省	2.40	50.00	
679	湘阴县(湘)	鹅形山森林公园	1.80	省	2.00	120.00	
680	常德市市辖区(湘)	太阳山森林公园	2.14	省	12.00	8.00	
681	常德市市辖区(湘)	河洑国家森林公园	0.47	国家	40.00	400.00	
682	常德市市辖区(湘)	德山森林公园	0.10	地	10.00	38.00	
683	鼎城区(湘)	花岩溪	6.17	国家	5.50	153.00	30.00
684	安乡县(湘)	黄山头国家森林公园	5.00	国家	10.00	35.00	25.00
685	汉寿县(湘)	西洞庭湖自然保护区	53.40	省	2.20	1502.00	176.00
686	澧　县(湘)	天供山森林公园	7.20	省	20.00	50.00	10.00
687	桃源县(湘)	桃花源风景名胜区	2.30	国家	50.00	3045.00	750.00
688	桃源县(湘)	乌云界国家森林公园	50.00	国家	20.00	2000.00	
689	石门县(湘)	夹山森林公园	1.10	国家	5.30	300.00	180.00
690	石门县(湘)	壶瓶山自然保护区	99.10	国家	3.00	1.00	1.00
691	永定区(湘)	天门山国家森林公园	10.20	国家	47.00	25477.00	8481.00
692	武陵源区(湘)	张家界森林公园	9.00	国家	232.00	185123.00	9537.00
693	宜章县(湘)	莽山国家森林公园	30.00	国家	12.00	15170.00	960.00
694	桂东县(湘)	八面山自然保护区	16.00	国家	18.00	1499.00	488.00
695	资兴市(湘)	天鹅山国家森林公园	10.00	国家	2.00	4.00	
696	资兴市(湘)	连坪天狮仙	4.00	县	1.00	1.00	

序号	县(旗、市、区、局、场)	森林公园及自然保护区	面积(万亩)	级别选项(国家、省、地、县)	实际接待人数(万人次)	旅游总收入(万元)	其中:门票收入(万元)
697	资兴市(湘)	烟坪顶寮自然保护区	1.00	县	2.00	2.00	
698	祁阳县(湘)	金洞国家森林公园	3.75	国家	19.20	1920.00	1920.00
699	洪江区(湘)	嵩云山森林公园	5.00	省	50.00	6800.00	
700	中方县(湘)	康龙自然保护区	8.34	省	16.00	980.00	78.00
701	中方县(湘)	黄溪风景区	1.50	县	5.00	400.00	125.00
702	沅陵县(湘)	凤凰山森林公园	1.13	省	4.20	176.00	29.00
703	沅陵县(湘)	借母溪自然保护区	19.60	国家	1.30	160.00	
704	辰溪县(湘)	燕子洞	6.00	县	0.05	11.50	10.00
705	溆浦县(湘)	圣人山	10.00	县	0.50		
706	溆浦县(湘)	米粮洞	4.00	县	1.00	80.00	
707	麻阳苗族自治县(湘)	文明山森林公园	1.00	县	13.00		
708	麻阳苗族自治县(湘)	西晃山林场	4.00	省	20.00		
709	新晃侗族自治县(湘)	黄家垄森林公园	0.77	省	50.00	2000.00	65.00
710	芷江侗族自治县(湘)	三道坑自然保护区	21.30	省	50.00	1250.00	
711	靖州苗族侗族自治县(湘)	排牙山林场森林公园	10.30	省	1.20	180.00	
712	靖州苗族侗族自治县(湘)	五龙潭森林生态保护区	4.50	县	0.80	120.00	
713	靖州苗族侗族自治县(湘)	地理冲自然保护区	0.84	县	0.60	80.00	
714	洪江市(湘)	雪峰山	52.00	国家	5.00	20.00	
715	娄底市市辖区(湘)	水府庙湿地公园	2.00	国家	0.50	50.00	
716	娄星区(湘)	洪家山森林公园	5.20	省	12.00	1308.00	10.00
717	新化县(湘)	古台山林场	5.80	省	3.50	250.00	
718	新化县(湘)	大熊山国家森林公园	12.00	国家	92.00	900.00	443.00
719	冷水江市(湘)	波月洞风景名胜区	0.06	县	4.60	280.00	
720	冷水江市(湘)	紫云峰森林公园	1.50	省	1.80	0.80	
721	冷水江市(湘)	大乘山风景区	1.40	县	1.25	42.00	8.00
722	涟源市(湘)	龙山国家森林公园	13.93	国家	21.00	3155.00	120.00
723	涟源市(湘)	包围山森林公园	0.36	省	2.00	45.00	
724	萝岗区(粤)	天鹿湖森林公园	1.20	省	19.00	94.00	28.00
725	白云区(粤)	帽峰山森林公园	6.14	省	30.00		
726	黄埔区(粤)	龙头山森林公园	0.50	地	13.00	3.00	
727	番禺区(粤)	滴水岩森林公园	0.80	县	83.00	1.50	
728	番禺区(粤)	十八罗汉森林公园	0.50	县	71.50	5.50	
729	花都区(粤)	王子山森林公园	4.61	省	2.00	275.00	180.00
730	增城市(粤)	大封门森林公园	4.80	地	3.50	660.00	260.00
731	增城市(粤)	高滩森林公园	2.50	县	13.50	2200.00	900.00
732	广州市属总林场(粤)	流溪河国家森林公园	13.80	国家	24.00	1264.00	310.00
733	广州市属总林场(粤)	石门国家森林公园	4.95	国家	15.00	475.00	446.00
734	始兴县(粤)	车八岭自然保护区	11.40	国家	2.10	16.00	1.50
735	始兴县(粤)	南山自然保护区	10.70	省	0.30		

序号	县(旗、市、区、局、场)	森林公园及自然保护区	面积(万亩)	级别选项(国家、省、地、县)	实际接待人数(万人次)	旅游总收入(万元)	其中:门票收入(万元)
736	始兴县(粤)	刘张家山森林公园	10.10	省	0.16		
737	始兴县(粤)	将军栋自然保护区	9.30	县	0.10		
738	仁化县(粤)	丹霞山世界地质公园	35.00	国家	750.00	90000.00	60000.00
739	仁化县(粤)	锦城森林公园	0.02	县	1.50		
740	仁化县(粤)	城南森林公园	0.20	县	10.00		
741	翁源县(粤)	青云山自然保护区	11.04	省	5.00	103.00	
742	翁源县(粤)	半溪自然保护区	5.45	地	3.00	85.00	
743	乳源瑶族自治县(粤)	南岭国家森林公园	41.00	国家	6.60	460.00	396.00
744	乳源瑶族自治县(粤)	大峡谷自然保护区	5.50	省	7.90	570.00	479.00
745	乳源瑶族自治县(粤)	天景山仙人桥	0.18	县	3.60	240.00	220.00
746	乳源瑶族自治县(粤)	必背瑶寨	0.00	县	1.70	120.00	107.00
747	乳源瑶族自治县(粤)	鸵鸟寨	0.04	县	5.50	70.00	55.00
748	乳源瑶族自治县(粤)	云门寺	0.36	县	44.00	270.00	221.00
749	乳源瑶族自治县(粤)	红豆杉森林公园	0.13	县	1.50	11.20	7.90
750	新丰县(粤)	云髻山自然保护区	4.06	省	40.00	6000.00	800.00
751	乐昌市(粤)	十二度水自然保护区	14.00	省	0.85	510.00	0.50
752	乐昌市(粤)	后洞生态旅游区	2.00	县	0.30	195.00	3.00
753	韶关市属总林场(粤)	韶关森林公园	6.60	国家	87.00	650.00	
754	宝安区(粤)	羊台山森林公园	4.68	地	200.00	300.00	
755	宝安区(粤)	凤凰山公园	3.00	地	400.00	1000.00	
756	香洲区(粤)	板樟山森林公园	0.70	省	82.00		
757	南澳县(粤)	南澳海岛国家森林公园	2.03	国家	1.60	10.00	8.00
758	南海区(粤)	西樵山森林公园	1.50	国家	229.70	1800.00	1148.50
759	蓬江区(粤)	环市街大西坑	1.00	地	5.00	25.00	25.00
760	蓬江区(粤)	杜阮镇叱石风景区	0.16	地	100.00	30.00	
761	台山市(粤)	上川岛猕猴自然保护区	3.29	省	6.00	5.00	2.00
762	开平市(粤)	潜龙湾森林公园	3.05	省	26.70	400.00	
763	鹤山市(粤)	大雁山森林公园	0.33	省	28.00	140.00	140.00
764	江门市属总林场(粤)	北峰山森林公园	1.70	国家	10.00	540.00	50.00
765	霞山区(粤)	特呈岛国家海洋公园	0.10	国家	20.00	200.00	
766	东海岛区(粤)	东海岛国家森林公园	1.00	国家	50.00	100.00	100.00
767	遂溪县(粤)	红树林自然保护区	0.80	国家	0.50		
768	廉江市(粤)	塘山岭森林公园	0.33	县	50.00		
769	廉江市(粤)	根竹嶂森林公园	0.54	县	20.00		
770	雷州市(粤)	九龙山湿地公园	0.30	国家	20.00	40.00	
771	吴川市(粤)	吉兆旅游区	1.00	省	2.00	4.00	2.00
772	吴川市(粤)	吴阳金海岸	1.00	县	1.00	3.00	1.00
773	湛江市属总林场(粤)	东海岛森林公园	1.00	国家	50.00	100.00	100.00
774	化州市(粤)	橘州生态公园	0.03	县	3.70		

序号	县(旗、市、区、局、场)	森林公园及自然保护区	面积(万亩)	级别选项(国家、省、地、县)	实际接待人数(万人次)	旅游总收入(万元)	其中:门票收入(万元)
775	化州市(粤)	中火嶂森林公园	0.53	县	0.60		
776	化州市(粤)	飞蛾岭自然保护区	1.20	县	0.32		
777	化州市(粤)	尖岗森林公园	0.40	县	1.20		
778	信宜市(粤)	太华堡森林公园	0.38	县	10.00	35.00	
779	信宜市(粤)	石印庙森林公园	0.18	县	5.00	15.00	
780	信宜市(粤)	玉都森林公园	1.68	县	40.00	70.00	
781	信宜市(粤)	天马山森林公园	3.56	县	30.00	150.00	50.00
782	信宜市(粤)	梅岗森林公园	0.51	县	14.00	10.00	
783	信宜市(粤)	虎跳峡森林公园	0.88	县	5.00		
784	信宜市(粤)	大仁山森林公园	0.45	县	28.00	140.00	40.00
785	茂名市属总林场(粤)	茂名森林公园	0.45	省	50.00	350.00	320.00
786	茂名市属总林场(粤)	大雾岭自然保护区	5.20	省	0.50	5.00	5.00
787	鼎湖区(粤)	九龙湖	0.60	省	11.00	4620.00	550.00
788	广宁县(粤)	竹海国家森林公园	12.75	国家	41.00	9318.00	1000.00
789	广宁县(粤)	螺壳山森林公园	1.10	省	9.00	550.00	
790	德庆县(粤)	香山(含青云山)森林公园	0.55	县	10.00		
791	高要市(粤)	金钟山森林公园	0.50	省	10.00	16.00	
792	高要市(粤)	砚坑自然保护区	0.88	县	6.00	156.00	150.00
793	惠城区(粤)	墩子自然保护区	2.20	地	1.20		
794	惠阳区(粤)	大帽山森林公园	1.92	地	4.00		
795	惠阳区(粤)	白云嶂森林公园	2.87	地	10.00	18.00	
796	惠阳区(粤)	金橘森林公园	3.33	地	8.00	100.00	
797	惠阳区(粤)	亚公顶森林公园	0.71	地	24.00		
798	惠阳区(粤)	佛祖坳森林公园	0.18	地	5.00	80.00	
799	惠阳区(粤)	叶挺森林公园	5.94	地	6.00	16.00	
800	博罗县(粤)	象头山国家自然保护区	16.04	国家	120.00	9050.60	102.00
801	龙门县(粤)	龙门温泉森林公园	0.12	地	37.40	10348.00	817.00
802	龙门县(粤)	香溪堡森林公园	2.30	地	21.10	1349.00	896.00
803	龙门县(粤)	大观园森林公园	0.09	地	36.30	10587.00	526.00
804	龙门县(粤)	南昆山森林公园	3.00	国家	49.80	10826.00	1120.00
805	五华县(粤)	七目嶂自然保护区	8.00	省	20.00	40.00	
806	平远县(粤)	南台山国家森林公园	3.10	国家	78.00		
807	兴宁市(粤)	神光山国家森林公园	1.01	国家	12.00		
808	海丰县(粤)	莲花山森林公园	4.80	省	34.00	751.00	6.80
809	源城区(粤)	河源市野趣沟风景区	3.77	县	100.00	500.00	150.00
810	连平县(粤)	黄牛石自然保护区	6.50	省	38.00	11400.00	1520.00
811	连平县(粤)	河头自然保护区	1.80	县	37.00	11100.00	
812	和平县(粤)	阳明公园	0.05	县	5.00		
813	佛冈县(粤)	观音山自然保护区	4.18	省	8.00	9.00	9.00

序号	县(旗、市、区、局、场)	森林公园及自然保护区	面积(万亩)	级别选项(国家、省、地、县)	实际接待人数(万人次)	旅游总收入(万元)	其中:门票收入(万元)
814	清新县(粤)	回兰明霞洞自然保护区	2.65	县	7.04	2500.00	700.00
815	清新县(粤)	太和森林公园	5.08	省	115.57	22300.00	6560.00
816	清新县(粤)	三坑温矿泉自然保护区	3.75	县	95.74	34500.00	8600.00
817	清新县(粤)	笔架山自然保护区	14.45	县	45.79	16500.00	4600.00
818	英德市(粤)	英德石门台自然保护区	123.30	省	0.52	148.00	20.00
819	清远市属总林场(粤)	笔架山森林公园	2.73	省	25.10	520.00	490.00
820	清远市属总林场(粤)	银盏森林公园	4.59	地	3.50	23.00	
821	东莞市(粤)	大岭山森林公园	11.10	省	419.00		
822	东莞市(粤)	旗峰森林公园	2.40	地	621.00		
823	东莞市(粤)	水濂山森林公园	3.33	地	220.00		
824	东莞市(粤)	大屏嶂森林公园	4.01	省	180.00		
825	东莞市(粤)	银瓶山森林公园	18.53	地	49.00		
826	东莞市(粤)	同沙生态公园	3.05	地	67.00		
827	大岭山林场(粤)	大岭山森林公园	11.10	省	419.00		
828	大屏嶂林场(粤)	大屏嶂森林公园	4.01	省	180.00		
829	潮安县(粤)	千果山	0.70	县	20.00	2122.00	200.00
830	云城区(粤)	亚婆髻山森林公园	6.60	县	0.50		
831	云城区(粤)	城北大金山森林公园	3.90	县	1.00		
832	新兴县(粤)	神仙谷森林公园	2.28	县	51.84	1132.60	
833	新兴县(粤)	龙山森林公园	3.30	县	207.36	4530.40	
834	郁南县(粤)	大河水库自然保护区	1.20	县	0.30	12.60	
835	郁南县(粤)	天池庵森林公园	1.00	县	0.40	12.80	
836	郁南县(粤)	同乐大山自然保护区	9.50	省	2.70	86.40	
837	郁南县(粤)	大王山国家森林公园	1.20	国家	26.60	869.00	
838	郁南县(粤)	同乐大山原生态景区	0.40	县	0.60	19.20	
839	云浮市属总林场(粤)	南山森林公园	1.10	省	108.00		
840	乳阳林业局(粤)	南岭国家森林公园	46.00	国家	7.00	209.00	209.00
841	武鸣县(桂)	大明山国家自然保护区	25.49	国家	6.50	356.00	172.80
842	隆安县(桂)	龙虎山	3.38	省	6.70	350.00	300.00
843	横　县(桂)	九龙瀑布群国家森林公园	2.46	国家	2.20	67.00	58.00
844	融安县(桂)	红茶沟国家森林公园	2.20	国家	3.00	20.00	5.00
845	象山区(桂)	桂林国家森林公园	0.88	国家	0.65	9.10	
846	阳朔县(桂)	海洋山水源林保护区	12.80	省	5.20	583.00	486.00
847	全州县(桂)	天湖	0.50	县	1.50	150.00	
848	全州县(桂)	炎井温泉	0.05	县	2.50	200.00	80.00
849	永福县(桂)	金钟山景区	0.38	县	9.70	4900.00	2400.00
850	龙胜各族自治县(桂)	温泉森林公园	0.63	国家	14.06	2466.00	
851	海城区(桂)	涠洲岛自然保护区	3.95	省	23.00	5060.00	2070.00
852	合浦县(桂)	山口红树林国家保护区	12.00	国家	10.00	80.00	80.00

序号	县(旗、市、区、局、场)	森林公园及自然保护区	面积(万亩)	级别选项(国家、省、地、县)	实际接待人数(万人次)	旅游总收入(万元)	其中:门票收入(万元)
853	上思县(桂)	十万大山国家森林公园	0.07	国家	43.50	9388.00	
854	钦北区(桂)	钦州市八寨沟旅游区	5.00	国家	40.50	8707.00	1100.00
855	浦北县(桂)	五皇山公园	0.95	县	10.00	40.00	10.00
856	钦州市直属单位(桂)	三十六曲森林公园	16.28	省	40.80	6428.00	180.00
857	桂平市(桂)	龙潭国家森林公园	10.60	省	3.20	126.30	96.00
858	平天山林场(桂)	平天山国家森林公园	2.51	国家	6.10	59.16	19.47
859	北流市(桂)	大容山自然保护区	31.2	省	3.50	300.00	203.00
860	田阳县(桂)	敢壮山旅游景区	0.50	县	42.00	2380.00	714.00
861	靖西县(桂)	古龙山自然保护区	21.00	省	29.00	1800.00	1530.00
862	凌云县(桂)	凌云森林公园	6.75	省	51.00	801.00	148.00
863	贺州市平桂管理区(桂)	姑婆山国家森林公园	9.82	国家	30.04	1789.00	901.50
864	天峨县(桂)	龙滩大峡谷国家森林公园	2.96	国家	3.00	40.00	32.00
865	凤山县(桂)	巴腊自然保护区	0.40	县	13.90	160.00	140.00
866	忻城县(桂)	翠屏山森林公园	0.03	县	12.65	19.90	16.41
867	武宣县(桂)	百崖大峡谷	2.05	省	3.20	385.00	65.00
868	南宁市(桂)	良凤江国家森林公园	6.20	国家	28.90	1049.00	171.40
869	三门江林场(桂)	三门江国家森林公园	18.71	国家	11.00	258.00	78.00
870	沙湾区(川)	美女峰国家森林公园	2.80	国家	6.90	59.00	35.00
871	五通桥区(川)	桃耳河湿地	3.70	国家	500.00		
872	峨边彝族自治县(川)	黑竹沟国家森林公园	44.46	省	6.90	521.00	
873	巴州区(川)	天马山森林公园	3.40	国家	2.70	540.00	65.00
874	南江县(川)	米仓山国家森林公园	60.00	国家	40.00	8536.00	1600.00
875	平昌县(川)	驷马自然保护区	18.24	省	5.00	200.00	
876	平昌县(川)	镇龙山森林公园	3.83	国家	62.40	2832.00	
877	普格县(川)	螺髻山风景区	24.00	国家	40.00	816.00	
878	金阳县(川)	百草坡自然保护区	38.00	省	28.00	417.00	
879	冕宁县(川)	灵山森林公园	6.00	省	17.00	4000.00	540.00
880	白云区(黔)	长坡岭国家森林公园	1.61	国家	7.50	55.23	7.50
881	息烽县(黔)	温泉森林公园	5.33	省	2.00		
882	钟山区(黔)	凉都森林公园	2.12	省	1.30	13.00	
883	六枝特区(黔)	月亮河森林公园	1.99	省	6.21	621.00	
884	水城县(黔)	玉舍国家森林公园	1.39	国家	13.40	1340.00	
885	盘　县(黔)	七指峰森林公园	1.71	省	2.80	140.00	
886	湄潭县(黔)	百面水黄杉自然保护区		地	0.50	5.00	
887	湄潭县(黔)	龙泉山森林公园	0.81	省	5.00	50.00	
888	赤水市(黔)	赤水国家自然风景名胜区	3.28	国家	139.20	55680.00	3480.00
889	仁怀市(黔)	奶子山森林公园	0.74	县	0.30	15.00	
890	西秀区(黔)	九龙山国家森林公园	18.75	国家	3.60	121.00	36.00
891	西秀区(黔)	千峰山名胜风景区	0.36	地	2.00	40.00	

序号	县(旗、市、区、局、场)	森林公园及自然保护区	面积(万亩)	级别选项(国家、省、地、县)	实际接待人数(万人次)	旅游总收入(万元)	其中:门票收入(万元)
892	镇宁布依族苗族自治县(黔)	夜郎洞	1.35	国家	3.00	750.00	650.00
893	万山特区(黔)	老山口森林公园	0.70	省	1.00	30.00	
894	毕节市(黔)	毕节国家森林公园	6.20	国家	11.50	32.40	2.10
895	凯里市(黔)	罗汉山森林公园	1.00	县	30.00	266.00	1.00
896	岑巩县(黔)	小顶山自然保护区	27.76	地		20.00	
897	锦屏县(黔)	隆里古城及春蕾森林公园		省	9.65	950.00	
898	黎平县(黔)	黎平国家森林公园	51.57	国家	6.05	910.00	
899	雷山县(黔)	雷公山国家森林公园	6.00	国家	16.00	2284.00	
900	麻江县(黔)	老蛇冲自然保护区	0.87	县	1.00	100.00	
901	丹寨县(黔)	龙泉山森林公园		省	0.80	23.00	
902	瓮安县(黔)	朱家山森林公园	7.33	国家		998.00	
903	独山县(黔)	紫林山国家森林公园	5.29	国家	41.00	510.00	
904	罗甸县(黔)	罗甸翠滩森林公园	2.61	省	8.00	98.00	
905	长顺县(黔)	斗麻自然保护区	5.00	省	0.40	30.00	
906	长顺县(黔)	白云山自然保护区	2.50	省	1.50	110.00	
907	茂兰国家自然保护区管理局(黔)	茂兰国家自然保护区	31.90	国家	2.10	300.00	60.00
908	沾益县(滇)	海峰湿地自然保护区	40.00	省	1.00		
909	沾益县(滇)	珠江源自然保护区	56.00	省	1.00	2900.00	450.00
910	临潼区(陕)	骊山森林公园	0.11	国家	40.00	2000.00	1450.00
911	长安区(陕)	祥峪森林公园	2.80	地	20.00	1000.00	300.00
912	长安区(陕)	南五台森林公园	1.60	国家	11.00	168.00	168.00
913	长安区(陕)	太兴山森林公园	9.00	地	2.50	32.00	25.00
914	蓝田县(陕)	王顺山	5.46	国家	20.00	1500.00	500.00
915	蓝田县(陕)	汤浴湖森林公园	2.40	县	100.00	10000.00	1000.00
916	周至县(陕)	黑河森林公园	11.19	省	22.00	390.00	
917	印台区(陕)	玉华宫国家森林公园	4.80	国家	26.00	3080.00	296.00
918	宜君县(陕)	太安自然保护区	38.80	省	1.00	3.00	3.00
919	岐山县(陕)	宝鸡市崛山森林公园	5.63	地	0.20	0.80	0.80
920	眉　县(陕)	太白山森林公园	4.00	国家	15.00	1462.00	859.00
921	眉　县(陕)	红河谷森林公园	5.00	省	7.00	330.00	210.00
922	陇　县(陕)	龙门洞森林公园	3.20	省	1.30	25.00	10.00
923	陇　县(陕)	关山森林公园	10.47	省	0.30	60.00	2.00
924	太白县(陕)	青峰峡森林公园	6.54	省	3.10	62.00	26.00
925	辛家山林业局(陕)	通天河国家森林公园	7.85	国家	5.30	205.50	116.00
926	马头滩林业局(陕)	天台山国家森林公园	12.00	国家	5.15	270.00	167.00
927	三原县(陕)	嵯峨	2.92	省	1.30	22.00	5.50
928	乾　县(陕)	乾陵森林公园	0.64	省	60.00	3500.00	3000.00
929	礼泉县(陕)	唐昭陵森林公园	20.00	县	16.20	1650.00	320.00
930	旬邑县(陕)	石门山森林公园	4.43	省	3.00	50.00	30.00

序号	县(旗、市、区、局、场)	森林公园及自然保护区	面积(万亩)	级别选项(国家、省、地、县)	实际接待人数(万人次)	旅游总收入(万元)	其中:门票收入(万元)
931	淳化县(陕)	仲山森林公园	4.40	省	6.00	400.00	12.00
932	临渭区(陕)	石鼓山森林公园	2.13	县	30.00	450.00	150.00
933	合阳县(陕)	洽川湿地森林公园	14.97	国家	0.60		
934	宜川县(陕)	蟒头山国家森林公园	3.20	国家	2.50		
935	劳山林业局(陕)	劳山国家森林公园	2.90	国家	3.50	68.00	8.00
936	桥北林业局(陕)	桥北森林公园	4.95	省	0.43		
937	风景林场(陕)	延安国家森林公园	12.06	国家	36.00	920.00	800.00
938	汉台区(陕)	褒河森林公园	4.68	省	2.50	25.00	
939	汉台区(陕)	汉中天台国家森林公园	5.51	国家	2.00	10.00	10.00
940	南郑县(陕)	黎坪国家森林公园	21.00	国家	7.30	2200.00	300.00
941	西乡县(陕)	米仓山自然保护区	51.30	国家	1.00	5.00	
942	宁陕县(陕)	上坝河国家森林公园	12.00	国家	120.00	250.00	16.00
943	紫阳县(陕)	擂鼓台森林公园	0.88	省	1.00	15.00	15.00
944	岚皋县(陕)	南宫山国家森林公园	4.65	国家	5.00	1000.00	200.00
945	岚皋县(陕)	神仙河森林公园	4.80	省	0.50	75.00	15.00
946	平利县(陕)	千家坪森林公园	3.23	国家	3.00	20.00	
947	镇坪县(陕)	三道门森林公园	0.75	省	2.00	205.00	
948	旬阳县(陕)	灵岩寺森林公园	0.05	省	3.00	1.00	0.50
949	商南县(陕)	金丝峡国家森林公园	20.00	国家	51.85	2593.00	1680.00
950	山阳县(陕)	苍龙山森林公园	2.33	省	6.80		
951	镇安县(陕)	镇安县柴坪塔云山	1.70	县	1.20		
952	镇安县(陕)	木王国家森林公园	16.00	国家	2.20	108.00	26.00
953	楼观台林场(陕)	楼观台国家森林公园	41.23	国家	9.18	258.70	181.70
954	太白国家自然保护区管理局(陕)	太白山国家自然保护区	81.00	国家	0.60	30.00	15.00
955	佛坪国家自然保护区管理局(陕)	佛坪国家自然保护区	52.00	国家	0.13	5.90	3.60
956	宁东林业局(陕)	宁东森林公园	4.89	省	1.20	34.00	1.20
957	七里河区(甘)	石佛沟森林公园	9.60	国家	1.20	6.00	6.00
958	靖远县(甘)	哈思山森林公园	6.27	省	0.20	2.00	
959	靖远县(甘)	法泉寺森林公园	0.59	省	5.80	63.00	42.00
960	张家川回族自治县(甘)	云凤山森林公园	8.70	省	3.00	10.00	
961	古浪县(甘)	祁连山自然保护区	29.40	国家	1.00	13.00	2.00
962	天祝藏族自治县(甘)	冰沟河森林公园	13.97	省	5.00	20.00	
963	天祝藏族自治县(甘)	天祝三峡森林公园	208.00	国家	8.60	126.00	5.60
964	山丹县(甘)	焉支山森林公园	1.00	省	10.00	40.00	8.00
965	庆城县(甘)	周祖陵森林公园	1.00	国家	15.60	358.00	18.80
966	环　县(甘)	兴隆森林公园	2.55	省	5.40	5.40	
967	华池县(甘)	双塔寺森林公园	0.20	省	5.00	400.00	
968	华池林业总场(甘)	东华池森林公园	5.00	省	1.00	3.00	
969	正宁林业总场(甘)	调令关森林公园	13.95	省	2.68	130.00	1.20

序号	县(旗、市、区、局、场)	森林公园及自然保护区	面积（万亩）	级别选项（国家、省、地、县）	实际接待人数（万人次）	旅游总收入（万元）	其中：门票收入（万元）
970	渭源县(甘)	渭河源国家森林公园	11.88	国家	10000.00	30.00	10.00
971	临洮县(甘)	岳麓山森林公园	0.02	县	50.00	10.00	10.00
972	漳　县(甘)	贵清山自然保护区	10.80	国家	38.60	3600.00	316.00
973	成　县(甘)	鸡峰山国家森林公园	6.30	国家	3.50	3.50	3.50
974	康　县(甘)	白云山森林公园	3.00	省	5.00		
975	永靖县(甘)	巴米山森林公园	12.58	省	1.00		
976	永靖县(甘)	黄河三峡湿地自然保护区	29.25	省	10.00	2650.00	1320.00
977	和政县(甘)	松鸣岩国家森林公园	2.00	国家	15.00	60.00	30.00
978	舟曲林业局(甘)	沙滩国家森林公园	26.10	国家	0.03	0.60	0.60
979	迭部林业局(甘)	腊子口国家森林公园	72.84	国家	0.40	24.00	
980	洮河林业局(甘)	冶力关森林公园	119.10	国家	5.00	660.00	350.00
981	洮河林业局(甘)	大峪森林公园	41.44	国家	1.50	49.00	30.60
982	西宁市市辖区(青)	湟水森林公园	0.14	省	10.00	20.00	20.00
983	大通回族土族自治县(青)	森林公园	7.12	国家	7.10	22.00	22.00
984	平安县(青)	峡群寺森林公园	5.40	省	0.50	5.00	5.00
985	乐都县(青)	上北山森林公园	65.50	省	1.00	1.00	1.00
986	互助土族自治县(青)	北山国家森林公园	169.00	国家	15.00	150.00	131.10
987	祁连县(青)	黑河大峡谷森林公园	35.60	省	8.00	502.00	
988	坎布拉森林公园(青)	坎布拉国家地质森林公园	22.58	国家	6.15	1144.00	198.00
989	贵德县(青)	黄河森林公园	4.93	省	48.90	802.20	25.28
990	青海湖国家自然保护区管理局(青)	青海湖自然保护区	7.43	国家	59.00	5661.00	4821.00
991	孟达自然保护区管理局(青)	孟达自然保护区	26.00	国家	3.00	210.00	210.00
992	金凤区(宁)	拉普斯森林公园	0.26	省	36.50	309.00	142.00
993	金凤区(宁)	阅海公园	0.15	省	9.60	103.00	84.00
994	灵武市(宁)	长流水生态旅游区	1.00	国家	3.80	160.00	114.00
995	大武口区(宁)	森林公园	0.45	省	30.00	5.00	5.00
996	惠农区(宁)	罗家园	0.00	地	1.30	22.00	
997	青铜峡市(宁)	库区鸟岛自然保护区	8.00	省	20.00	300.00	200.00
998	西吉县(宁)	火石寨国家地质(森林)公园	14.73	国家	8.00	30.00	30.00
999	西吉县(宁)	党家岔湿地保护区	1.00	省	0.40	0.20	
1000	西吉县(宁)	将台堡红军长征纪念园		国家	4.00		
1001	西吉县(宁)	单家集红军会师纪念园		县	4.00		
1002	中卫市市辖区(宁)	沙坡头自然保护区	4.20	地	79.97	29120.00	2815.00
1003	中宁县(宁)	长山头天湖旅游区	3.50	县	0.50	18.00	13.00
1004	海原县(宁)	南华山自然保护区	30.15	省	8.00	70.00	38.00
1005	若羌县(新)	阿尔金山国家自然保护区	30.00	国家	0.01		
1006	泽普县(新)	金湖杨国家森林公园	2.30	国家	2.02	87.00	
1007	布尔津林场(新)	贾登峪国家森林公园	58.00	国家		12.00	
1008	木垒林场(新)	大龙王森林公园	0.30	省	0.04	3.00	0.70
1009	吉木萨尔林场(新)	青松森林公园	2.25	省	0.30	3.00	3.00
1010	奇台林场(新)	奇台南山森林公园	43.96	国家	0.78	2.35	2.35

序号	县(旗、市、区、局、场)	森林公园及自然保护区	面积(万亩)	级别选项(国家、省、地、县)	实际接待人数(万人次)	旅游总收入(万元)	其中:门票收入(万元)
1011	呼图壁林场(新)	呼图壁南山森林公园	31.90	省	0.50	15.00	
1012	米泉林场(新)	天山森林公园	46.78	省	3.00	3.60	0.57
1013	板房沟林场(新)	照壁山国家森林公园	46.11	国家	12.00	20.00	
1014	乌鲁木齐南山林场(新)	庙尔沟森林公园	13.02	省	3.00	18.00	
1015	露水河林业局(吉林森工)	露水河国家森林公园	4.00	省	2.00	152.00	40.00
1016	大海林林业局(龙江森工)	雪乡国家森林公园	279.00	国家	8.00	2645.00	500.00
1017	柴河林业局(龙江森工)	威虎山国家森林公园	622.13	国家	6.55	1004.00	229.00
1018	东京城林业局(龙江森工)	镜泊湖国家森林公园	97.50	国家	8.04	1568.00	
1019	穆棱林业局(龙江森工)	六峰山国家森林公园	51.96	国家	6.62	657.00	
1020	绥阳林业局(龙江森工)	绥阳小天桥森林公园	22.50	省	2.00	355.00	
1021	海林林业局(龙江森工)	佛手山国家森林公园	25.09	国家	4.00	601.00	
1022	桦南林业局(龙江森工)	七星峰国家森林公园	22.89	国家	1.60	305.00	54.20
1023	双鸭山林业局(龙江森工)	青山国家森林公园	42.00	国家	6.12	600.00	
1024	鹤立林业局(龙江森工)	红旗森林公园	5.33	省	2.46	200.00	1.00
1025	鹤北林业局(龙江森工)	红松林国家森林公园	28.50	国家	3.12	627.00	48.70
1026	清河林业局(龙江森工)	清河森林公园	60.00	省	6.00	1000.00	45.00
1027	东方红林业局(龙江森工)	珍宝岛国家森林公园	20.14	国家	6.02	708.00	
1028	新青林业局(龙江森工)	新青森林公园	2.55	省	5.00	420.00	150.00
1029	红星林业局(龙江森工)	汤南森林公园	0.79	省	0.06	1.20	1.20
1030	红星林业局(龙江森工)	迎宾山森林公园	3.70	省	0.10	2.00	2.00
1031	上甘岭林业局(龙江森工)	溪水国家森林公园	6.87	国家	10.00	4188.00	54.50
1032	友好林业局(龙江森工)	友好森林公园	1.55	省	3.10	2100.00	
1033	乌马河林业局(龙江森工)	梅花山国家森林公园	11.72	国家	52.00	1397.00	21.00
1034	美溪林业局(龙江森工)	回龙湾国家森林公园	9.49	国家	24.00	9600.00	300.00
1035	金山屯林业局(龙江森工)	金山国家森林公园	18.42	国家	24.50	13500.00	261.00
1036	南岔林业局(龙江森工)	仙翁山国家森林公园	15.83	国家	11.20	670.00	240.00
1037	朗乡林业局(龙江森工)	朗乡森林公园	3.30	省	11.20	670.00	14.00
1038	桃山林业局(龙江森工)	桃山国家森林公园	150.00	国家	1.88	1276.00	460.00
1039	铁力林业局(龙江森工)	日月峡	44.56	国家	20.50	9980.00	32.00
1040	汤旺河林业局(龙江森工)	小兴安岭石林国家森林公园	28.51	国家	19.62	10810.00	150.00
1041	五营林业局(龙江森工)	五营国家森林公园	21.41	国家	39.50	23030.00	190.00
1042	带岭实验局(龙江森工)	碧水森林公园	9.70	省	15.20	3013.00	
1043	山河屯林业局(龙江森工)	凤凰山国家森林公园	75.00	国家	8.50	1300.00	535.00
1044	苇河林业局(龙江森工)	八里湾国家森林公园	61.50	国家	5.08	813.00	19.86
1045	亚布力林业局(龙江森工)	亚布力国家森林公园	18.07	国家	6.72	1638.00	1.60
1046	方正林业局(龙江森工)	小龙山国家森林公园	99.15	国家	7.00	1500.00	
1047	兴隆林业局(龙江森工)	兴隆国家森林公园	40.22	国家	5.00	1000.00	30.00
1048	绥棱林业局(龙江森工)	张家湾森林公园	10.20	省	2.00	308.00	
1049	沾河林业局(龙江森工)	大沾河国家森林公园	24.41	国家	2.52	511.00	60.30
1050	呼中林业局(龙江森工)	呼中自然保护区(含国家森林公园)	172.50	国家	5.00	3100.00	150.00

表 18－1　2009 年蜂产业生产

序号	县(市、区、局)	养蜂户数	蜜蜂饲养(群)	蜂蜜产量(千克)
1	蚕业蜂业管理站(京)	10000	236000	11000000
2	延庆县(京)	356	25643	20150
3	邢台县(冀)	805	20500	230000
4	鸡泽县(冀)	4	80	500
5	宁城县(内蒙古)	54	6300	25200
6	林西县(内蒙古)	10	10	2500
7	凌源市(辽)	770	48000	3000000
8	宽甸满族自治县(辽)	3200	38000	300000
9	抚顺县(辽)	45	1145	950
10	新宾满族自治县(辽)	130	300	26000
11	兴城市(辽)	55	60	6000
12	辉南县(吉)	650	13500	45000
13	和龙林业局(吉)	22	4011	100000
14	舒兰市(吉)	40	4000	160000
15	安图森林经营局(吉)	13	1010	3000
16	东丰县(吉)	8	180	70000
17	集安市(吉)		46	240000
18	饶河县(黑)	539	35000	1360000
19	林口县(黑)	420	28000	400000
20	东宁县(黑)	305	13000	180000
21	虎林市(黑)	60	3000	135000
22	集贤县(黑)	16	823	8200
23	勃利县(黑)	10	630	12600
24	七台河市市辖区(黑)	20	210	3465
25	依兰县(黑)	21	21	2000
26	克山县(黑)	3	2	140
27	南汇区(沪)	50	1800	450000
28	平湖市(浙)	127	7258	362900
29	苍南县(浙)	1052	68	810000
30	绩溪县(皖)	2450	85000	1100000
31	徽州区(皖)	1500	80000	5400000
32	桐城市(皖)	245	15400	1200000
33	芜湖县(皖)	50	6000	480000
34	临泉县(皖)	200	1100	500
35	霍山县(皖)	180	400	50000
36	潜山县(皖)	150	150	20000
37	岳西县(皖)	450	6	800
38	永定县(闽)	2160	36100	498000
39	上高县(赣)	310	465	75600
40	分宜县(赣)	250	150	6500
41	莲花县(赣)	50	100	3000
42	婺源县(赣)	9	56	289
43	永修县(赣)	30	50	5400
44	乐安县(赣)	50	50	4000
45	新干县(赣)	163	6	8000
46	坊子区(鲁)	20	1000	25000
47	武城县(鲁)	5	550	26000
48	宁阳县(鲁)	300	400	700000
49	夏津县(鲁)		200	4000
50	肥城市(鲁)	53	53	105000
51	东平县(鲁)	20	20	15000
52	杞　县(豫)	50	1510000	1510000
53	平桥区(豫)	629	76880	160508
54	内乡县(豫)	200	8000	2000000
55	邓州市(豫)	110	5500	77000
56	浉河区(豫)	94	2040	2000
57	宝丰县(豫)	30	600	5000
58	郏　县(豫)	10	50	1500
59	新　县(豫)	10	21	88
60	栾川县(豫)	50	10	12000
61	商城县(豫)	50	5	210
62	京山县(鄂)	2000	200000	13000
63	保康县(鄂)	570	6520	241000
64	崇阳县(鄂)	45	1800	4320
65	鼎城区(湘)	150	19000	900000
66	资兴市(湘)	2035	16000	9800
67	洪江市(湘)	120	5000	180000

序号	县(市、区、局)	养蜂户数	蜜蜂饲养(群)	蜂蜜产量(千克)
68	桃源县(湘)	420	2000	41000
69	安仁县(湘)	9	450	6908
70	津市市(湘)	245	390	15000
71	祁东县(湘)	47	130	50000
72	新化县(湘)	11	50	600
73	娄星区(湘)	10	26	512
74	娄底市市辖区(湘)	8	10	300
75	衡南县(湘)	11	4	1600
76	龙门县(粤)	3000	50000	130000
77	高要市(粤)	700	6300	12600
78	廉江市(粤)	500	5000	5000
79	揭西县(粤)	180	2000	7000
80	徐闻县(粤)	620	1920	10000
81	郁南县(粤)	100	1300	3100
82	雷州市(粤)	23	1150	1000
83	化州市(粤)	123	1120	7500
84	斗门区(粤)	20	500	10000
85	赤坎区(粤)	50	500	1000
86	霞山区(粤)	50	500	1000
87	坡头区(粤)	140	300	300
88	吴川市(粤)	20	200	800
89	罗定市(粤)	158	190	64700
90	云城区(粤)	18	156	12480
91	仁化县(粤)	40	100	10000
92	揭东县(粤)	86	91	2314
93	陆川县(桂)	90	1000	3680
94	凯里市(黔)	3	20	30
95	宁陕县(陕)	2000	5500	17000
96	华池县(甘)	130	500	3000
97	永靖县(甘)		10	4800
98	原州区(宁)	520	3100	11440
99	青铜峡市(宁)	10	70	700
100	贺兰县(宁)	16	3	7540
101	若羌县(新)	9	1447	40516
102	铁力林业局(龙江森工)	37	4000	79500
103	带岭实验局(龙江森工)	80	3800	80000
104	友好林业局(龙江森工)	3	3	38250
105	加格达奇林业局(大兴安岭)	260	31000	1500000

表18－2　2009年蜂产品(蜂胶)主产县(市、区、局)

序号	县(市、区、局)	蜂胶产量(千克)
1	蚕业蜂业管理站(京)	60000
2	宽甸满族自治县(辽)	110000
3	抚顺县(辽)	950
4	东丰县(吉)	15000
5	集安市(吉)	500
6	舒兰市(吉)	200
7	饶河县(黑)	2370
8	林口县(黑)	1400
9	虎林市(黑)	510
10	集贤县(黑)	105
11	南汇区(沪)	3200
12	苍南县(浙)	2300
13	绩溪县(皖)	16000
14	桐城市(皖)	10000
15	徽州区(皖)	8000
16	芜湖县(皖)	720
17	新干县(赣)	400
18	上高县(赣)	300
19	东平县(鲁)	600
20	东昌府区(鲁)	300
21	平桥区(豫)	3927
22	保康县(鄂)	3000
23	鼎城区(湘)	5000
24	张家界市市辖区(湘)	1542
25	洪江市(湘)	800
26	新化县(湘)	500

序号	县(市、区、局)	蜂胶产量(千克)
27	衡南县(湘)	410
28	化州市(粤)	190
29	赤坎区(粤)	100
30	霞山区(粤)	100
31	宁陕县(陕)	13000
32	友好林业局(龙江森工)	850
33	绥棱林业局(龙江森工)	820
34	带岭实验局(龙江森工)	200
35	加格达奇林业局(大兴安岭)	6750

表18-3　2009年蜂产品(蜂花粉)主产县(市、区、局、场)

序号	县(市、区、局、场)	蜂花粉产量(千克)
1	蚕业蜂业管理站(京)	400000
2	凌源市(辽)	96000
3	宽甸满族自治县(辽)	90000
4	抚顺县(辽)	460
5	东丰县(吉)	15000
6	舒兰市(吉)	7000
7	集安市(吉)	5000
8	辉南县(吉)	300
9	饶河县(黑)	104320
10	延寿县(黑)	500
11	孟家岗林场(黑)	385
12	虎林市(黑)	320
13	勃利县(黑)	105
14	南汇区(沪)	4750
15	苍南县(浙)	31000
16	徽州区(皖)	320000
17	桐城市(皖)	140000
18	绩溪县(皖)	125000
19	上高县(赣)	3300
20	新干县(赣)	300
21	东昌府区(鲁)	750
22	平桥区(豫)	15980
23	郏　县(豫)	120
24	保康县(鄂)	14200
25	鼎城区(湘)	4900
26	安仁县(湘)	2077
27	洪江市(湘)	260
28	龙门县(粤)	1000
29	赤坎区(粤)	100
30	霞山区(粤)	100
31	铁力林业局(龙江森工)	4000
32	带岭实验局(龙江森工)	400
33	友好林业局(龙江森工)	170
34	加格达奇林业局(大兴安岭)	540000

表18-4　2009年蜂产品(蜂王浆)主产县(市、区、局、场)

序号	县(市、区、局、场)	蜂王浆产量(千克)
1	蚕业蜂业管理站(京)	580000
2	延庆县(京)	3400
3	邢台县(冀)	150
4	宁城县(内蒙古)	2520
5	宽甸满族自治县(辽)	100000
6	凌源市(辽)	9600
7	抚顺县(辽)	460
8	东丰县(吉)	15000
9	集安市(吉)	5000
10	辉南县(吉)	4300
11	舒兰市(吉)	4000
12	林口县(黑)	420000
13	饶河县(黑)	10100
14	集贤县(黑)	850
15	延寿县(黑)	800
16	虎林市(黑)	300
17	孟家岗林场(黑)	193

序号	县(市、区、局、场)	蜂王浆产量(千克)
18	南汇区(沪)	110000
19	苍南县(浙)	62000
20	徽州区(皖)	3200000
21	绩溪县(皖)	425000
22	桐城市(皖)	130000
23	潜山县(皖)	14000
24	上高县(赣)	3300
25	新干县(赣)	800
26	永修县(赣)	630
27	莲花县(赣)	300
28	东平县(鲁)	8000
29	宁阳县(鲁)	300
30	泗水县(鲁)	124
31	坊子区(鲁)	100
32	内乡县(豫)	40000
33	平桥区(豫)	17147
34	杞　县(豫)	1800
35	睢　县(豫)	100
36	保康县(鄂)	4800
37	京山县(鄂)	120
38	鼎城区(湘)	70000
39	洪江市(湘)	9000
40	安仁县(湘)	1174
41	衡南县(湘)	170
42	龙门县(粤)	1500
43	宁陕县(陕)	200
44	带岭实验局(龙江森工)	800
45	山河屯林业局(龙江森工)	125
46	加格达奇林业局(大兴安岭)	4700

林产品进出口贸易资料

Foreign Trade Statistics of Forest Products

林产品进出口贸易资料(2009)

商品/国别（地区）	计量单位	出口数量	出口金额（美元）	进口数量	进口金额（美元）
4401 薪柴；木片或木粒等					
44011000 薪柴(圆木段、块、枝、成捆或类似形状)					
合计	千克	1280200	76466	1979745	367997
日本	千克	1241700	67636	808397	30002
加拿大	千克			607580	127564
老挝	千克			211060	126833
缅甸	千克			141140	4130
越南	千克			120840	35423
印度尼西亚	千克			31600	11093
马来西亚	千克			31033	13934
澳大利亚	千克			26773	17664
斯里兰卡	千克			1200	963
台湾省	千克			88	71
法国	千克			34	320
澳门	千克	2000	129		
新加坡	千克	36500	8701		
44012100 针叶木的木片或木粒					
合计	千克			104916146	15568640
美国	千克			39292115	6531433
澳大利亚	千克			38928430	5558005
新西兰	千克			17858290	2986210
俄罗斯	千克			8829800	443164
日本	千克			6995	47118
加拿大	千克			291	1214
台湾省	千克			150	1006
印度尼西亚	千克			75	490
44012200 非针叶木的木片或木粒					
合计	千克	7247424	886722	2660394144	338183944
越南	千克			1243589786	150972589
澳大利亚	千克			617943496	84171823
泰国	千克			401465737	51645793
印度尼西亚	千克			384087173	48748451
马来西亚	千克			9008960	1259733
柬埔寨	千克			3732410	445208
俄罗斯	千克	714	2571	341560	10588
法国	千克			138999	710041
美国	千克	10000	556	47900	170022
日本	千克	702	6502	32788	40036
台湾省	千克			5294	9429
加拿大	千克			40	160
比利时	千克			1	71
韩国	千克	7197008	864513		
芬兰	千克	39000	12580		

(续)

商品/国别（地区）	计量单位	出口数量	出口金额（美元）	进口数量	进口金额（美元）
44013000 锯末、木废料及碎片					
合计	千克	34576714	4577435	18076760	1645698
韩国	千克	26624691	3083754		
日本	千克	3010137	665883		
澳门	千克	1745540	339137		
香港	千克	1539926	161763	17995000	1625258
伊朗	千克	516290	38722		
荷兰	千克	311800	56661		
台湾省	千克	230668	52303		
新加坡	千克	145230	41452		
印度	千克	105450	56299		
意大利	千克	77760	4937	81760	20440
英国	千克	68805	11764		
丹麦	千克	36000	4768		
马来西亚	千克	35106	12999		
爱尔兰	千克	25200	4662		
菲律宾	千克	22285	2980		
沙特阿拉伯	千克	16592	6000		
挪威	千克	15680	10913		
泰国	千克	15135	8992		
以色列	千克	14808	3687		
蒙古	千克	10200	408		
比利时	千克	6000	1497		
美国	千克	1911	7225		
巴布亚新几内亚	千克	1000	341		
瑞典	千克	500	288		
4402 木炭					
44021000 竹炭					
合计	千克	11048386	5800111	1232	9802
日本	千克	3093411	1954421	112	4561
韩国	千克	1286857	484341		
沙特阿拉伯	千克	1037589	621277		
以色列	千克	667169	176332		
台湾省	千克	513267	280339	1096	5155
斯洛伐克	千克	513010	118726		
美国	千克	506111	255067		
阿联酋	千克	425541	197717		
香港	千克	342329	255077		
比利时	千克	338162	97318		
澳大利亚	千克	269492	74410		
瑞典	千克	263078	148116		
英国	千克	242616	184785		
土耳其	千克	185930	51005		

（续）

商品/国别（地区）	计量单位	出口数量	出口金额（美元）	进口数量	进口金额（美元）
伊朗	千克	170450	63291		
摩洛哥	千克	159130	27258		
马来西亚	千克	138478	28006		
约旦	千克	113226	48832		
加拿大	千克	96566	28220		
德国	千克	93179	47023		
叙利亚	千克	82082	84070		
科威特	千克	65916	44547		
丹麦	千克	55040	35776		
俄罗斯	千克	44989	216175		
南非	千克	44136	59625		
挪威	千克	41400	10416		
新西兰	千克	38512	8816		
新加坡	千克	37327	74187		
西班牙	千克	27800	17106		
法国	千克	23998	14019		
马耳他	千克	22030	5543		
荷兰	千克	18043	18862		
委内瑞拉	千克	17941	8184		
菲律宾	千克	15290	4978		
阿曼	千克	10200	2566		
图瓦卢	千克	9982	3336		
希腊	千克	9600	4060		
巴西	千克	9232	7344		
利比亚	千克	4147	11321		
波兰	千克	3180	3940		
伊拉克	千克	2996	6677		
哥伦比亚	千克	2800	300		
意大利	千克	2250	6480		
乌克兰	千克	1930	8388		
墨西哥	千克	1865	1770		
澳门	千克	100	60		
印度	千克	9	4		
中国	千克			24	86
44029000 其他木炭（包括果壳炭及果核炭，不论是否结块）					
合计	千克	43871268	20262277	156675776	17544036
缅甸	千克			94088571	7294701
印度尼西亚	千克			31176001	5090056
越南	千克	60295	22700	15995250	2085023
菲律宾	千克	170553	55813	12597998	2341147
泰国	千克	124898	173542	877300	146870
老挝	千克			669057	92670
印度	千克			443073	119251
韩国	千克	5696546	2086340	186540	40937
马来西亚	千克	179017	56691	179440	45620
蒙古	千克			170600	37420
新加坡	千克	448618	207279	115000	23646
多哥	千克			67600	10566
美国	千克	1086672	530716	62843	43761
斯里兰卡	千克			20000	36550
日本	千克	30258538	12858422	14956	58792
比利时	千克	20260	35380	3360	9196

（续）

商品/国别（地区）	计量单位	出口数量	出口金额（美元）	进口数量	进口金额（美元）
德国	千克	196753	149623	2168	14787
澳大利亚	千克	170561	92211	2000	5000
台湾省	千克	798681	329417	1500	1095
法国	千克	26178	12417	1200	30011
英国	千克	98720	65475	480	10351
加拿大	千克	5452	6376	410	4404
南非	千克	379224	599060	300	1133
中国	千克			114	271
荷兰	千克	53389	41978	12	736
约旦	千克	257116	98111	3	42
沙特阿拉伯	千克	796374	639652		
利比亚	千克	42497	53679		
阿联酋	千克	228757	192804		
卡塔尔	千克	10876	4453		
瑞典	千克	54202	11620		
巴拿马	千克	10	155		
瓦努阿图	千克	24360	22168		
巴基斯坦	千克	11558	6027		
新喀里多尼亚	千克	342	549		
科威特	千克	24281	4395		
埃及	千克	2560	3021		
塞浦路斯	千克	29948	22695		
匈牙利	千克	10	5		
斯洛文尼亚	千克	75	1465		
土耳其	千克	127231	52777		
亚洲其他国家（地区）	千克	27000	7310		
摩洛哥	千克	9308	11635		
阿尔及利亚	千克	62007	92267		
澳门	千克	159980	30726		
哥斯达黎加	千克	39	422		
新西兰	千克	143200	62443		
哥伦比亚	千克	1350	900		
斯洛伐克	千克	459940	101845		
马耳他	千克	22860	20134		
以色列	千克	391859	676177		
巴哈马	千克	14900	3780		
挪威	千克	80400	17800		
芬兰	千克	39430	26034		
意大利	千克	6475	6520		
伊朗	千克	179251	110654		
伊拉克	千克	72600	68402		
特立尼达和多巴哥	千克	36	570		
黎巴嫩	千克	62485	26547		
多米尼加	千克	44	440		
乌克兰	千克	52652	68123		
巴西	千克	144315	147664		
叙利亚	千克	81315	41526		
俄罗斯	千克	57076	23095		
西班牙	千克	52973	44450		
香港	千克	161489	47834		
希腊	千克	202099	186134		
阿曼	千克	1633	1829		

(续)

商品/国别(地区)	计量单位	出口数量	出口金额(美元)	进口数量	进口金额(美元)
4403 原木					
44031000 用油漆、着色剂、杂酚油或其他防腐剂处理的原木					
合计	立方米			5254	1717368
新西兰	立方米			2385	350033
贝宁	立方米			1982	937928
塞拉利昂	立方米			641	262848
刚果(金)	立方米			213	155676
巴拉圭	立方米			23	5288
澳大利亚	立方米			5	1585
玻利维亚	立方米			5	3755
马来西亚	立方米			0	255
44032010 红松和樟子松原木					
合计	立方米	30	42000	6995065	808956680
俄罗斯	立方米			6934620	800966559
德国	立方米			35738	4546247
比利时	立方米			8516	1068379
法国	立方米			8320	1011308
斯洛伐克	立方米			4101	482734
韩国	立方米			1195	319628
美国	立方米			956	302870
白俄罗斯	立方米			672	108221
缅甸	立方米			600	36898
新西兰	立方米			154	18420
乌克兰	立方米			117	21294
朝鲜	立方米			56	5680
尼日利亚	立方米			20	68442
马来西亚	立方米	30	42000		
44032020 白松(云杉和冷杉)原木					
合计	立方米			3552913	414676297
俄罗斯	立方米			3193396	360606615
美国	立方米			236119	39006595
加拿大	立方米			49384	6428819
朝鲜	立方米			20442	1987387
德国	立方米			19152	2554976
罗马尼亚	立方米			14127	1751362
亚洲其他国家(地区)	立方米			9773	962557
法国	立方米			4935	632629
新西兰	立方米			2025	254060
比利时	立方米			1940	252184
澳大利亚	立方米			640	75122
荷兰	立方米			314	41289
斯洛伐克	立方米			294	44915
日本	立方米			173	26989
芬兰	立方米			133	31172
克罗地亚	立方米			58	16965
瑞士	立方米			8	2661
44032030 辐射松原木					
合计	立方米			4833381	455455056
新西兰	立方米			4111625	392468751
澳大利亚	立方米			720069	62778950
法国	立方米			1604	168448

(续)

商品/国别(地区)	计量单位	出口数量	出口金额(美元)	进口数量	进口金额(美元)
加拿大	立方米			83	38907
44032040 落叶松原木					
合计	立方米	312	48762	3736031	407528298
俄罗斯	立方米			3673714	402483014
朝鲜	立方米			34849	2679099
亚洲其他国家(地区)	立方米			18779	1457165
法国	立方米			3912	355685
新西兰	立方米			2124	230961
德国	立方米			1969	240181
加拿大	立方米			246	25941
美国	立方米			229	29584
韩国	立方米			159	19145
比利时	立方米			50	7523
台湾省	立方米	312	48762		
44032090 未列名针叶木原木					
合计	立方米			1179993	145230552
美国	立方米			398941	51382276
加拿大	立方米			320686	43135829
新西兰	立方米			285511	33212608
法国	立方米			117790	12164656
缅甸	立方米			25471	1653849
俄罗斯	立方米			12605	1730068
日本	立方米			7437	964027
亚洲其他国家(地区)	立方米			4920	295200
朝鲜	立方米			3340	200400
澳大利亚	立方米			1242	129053
德国	立方米			615	60908
马来西亚	立方米			575	87874
台湾省	立方米			369	77932
老挝	立方米			242	81588
斯洛伐克	立方米			144	15551
韩国	立方米			51	6225
巴拿马	立方米			40	28335
越南	立方米			14	4173
44034100(深红色、浅红色及巴栲)红柳桉木原木					
合计	立方米			100682	19597815
马来西亚	立方米			100307	19537609
乌拉圭	立方米			334	49070
澳大利亚	立方米			27	5414
缅甸	立方米			14	3500
巴布亚新几内亚	立方米			0	2222
44034910 柚木原木					
合计	立方米			65875	44919291
缅甸	立方米			56452	39544215
巴拿马	立方米			1870	1029247
老挝	立方米			1740	885885
泰国	立方米			1720	959101
台湾省	立方米			1518	1021119
哥斯达黎加	立方米			534	212020
坦桑尼亚	立方米			509	440477
刚果(金)	立方米			471	329502
印度尼西亚	立方米			241	87128

（续）

商品/国别（地区）	计量单位	出口数量	出口金额（美元）	进口数量	进口金额（美元）
贝宁	立方米			209	97545
哥伦比亚	立方米			168	110441
多哥	立方米			107	60113
加纳	立方米			83	30526
苏里南	立方米			78	48139
尼日利亚	立方米			51	17386
危地马拉	立方米			31	6458
马来西亚	立方米			25	7613
巴布亚新几内亚	立方米			18	10030
塞拉利昂	立方米			17	9102
东帝汶	立方米			16	8931
菲律宾	立方米			13	1906
几内亚	立方米			4	2407
44034920 奥克曼木 Okoume(奥克榄)原木					
合计	立方米	252	71539	881985	242232317
加蓬	立方米			502251	133925281
刚果(布)	立方米			377973	107877558
赤道几内亚	立方米			1234	314146
多哥	立方米			493	108597
马来西亚	立方米			34	6735
台湾省	立方米	252	71539		
44034930 龙脑香木 *Dipterocarpus* spp. 克隆木原木					
合计	立方米			68341	10613982
缅甸	立方米			65856	10148206
马来西亚	立方米			2485	465776
44034940 山樟木(香木 *Dryobalanops* spp.)原木					
合计	立方米			97560	20003481
马来西亚	立方米			97189	19949750
缅甸	立方米			355	52173
印度尼西亚	立方米			16	1558
44034950 印加木 *Intsia* spp.（波罗格 Mengaris)原木					
合计	立方米			132576	50094678
巴布亚新几内亚	立方米			124432	46412233
马来西亚	立方米			5629	2642477
所罗门群岛	立方米			2149	873486
印度尼西亚	立方米			266	127037
加蓬	立方米			74	30239
尼日利亚	立方米			22	7666
泰国	立方米			4	1540
44034960 大干巴豆(门格里斯或康派斯)原木					
合计	立方米			106412	17444816
马来西亚	立方米			106403	17443376
巴布亚新几内亚	立方米			9	1440
44034970 异翅香木 *Anisopter* spp. 原木					
合计	立方米			37772	8327016
巴布亚新几内亚	立方米			36953	8106442
马来西亚	立方米			619	140919
马里	立方米			200	79655
44034990 未列名本章子目注释 1 所列热带木原木					
合计	立方米	1397	581371	433233	145477159
喀麦隆	立方米			126338	44453281

（续）

商品/国别（地区）	计量单位	出口数量	出口金额（美元）	进口数量	进口金额（美元）
加蓬	立方米			116037	38320608
马来西亚	立方米			73951	15814956
中非	立方米			27897	12110157
刚果(布)	立方米			22286	9454704
多哥	立方米			11322	4570644
刚果(金)	立方米			9568	5258160
巴布亚新几内亚	立方米			8186	1513918
赤道几内亚	立方米			7226	2110447
缅甸	立方米			7152	3725323
苏里南	立方米			5503	1490202
塞拉利昂	立方米			4053	1183078
莫桑比克	立方米			3873	1267118
几内亚	立方米			3632	1368267
贝宁	立方米			2018	827431
圭亚那	立方米			1091	344968
马达加斯加	立方米			665	476722
哥伦比亚	立方米			387	220373
哥斯达黎加	立方米			386	36335
阿根廷	立方米			365	166997
玻利维亚	立方米			187	107677
台湾省	立方米	1397	581371	121	39818
科特迪瓦	立方米			113	49157
老挝	立方米			91	70942
墨西哥	立方米			79	24033
加纳	立方米			76	31724
越南	立方米			67	17777
乌拉圭	立方米			67	8882
澳大利亚	立方米			63	34931
巴拉圭	立方米			63	32314
几内亚(比绍)	立方米			58	28224
赞比亚	立方米			57	31169
巴拿马	立方米			53	10599
尼日利亚	立方米			37	14502
尼泊尔	立方米			36	209448
菲律宾	立方米			29	9023
萨尔瓦多	立方米			27	11995
利比里亚	立方米			23	6631
柬埔寨	立方米			22	10365
危地马拉	立方米			14	3301
瓦努阿图	立方米			13	9202
厄瓜多尔	立方米			1	1756
44039100 栎木(橡木)原木					
合计	立方米			346489	100183349
俄罗斯	立方米			173608	45463598
德国	立方米			57679	13402150
美国	立方米			54174	27740148
法国	立方米			40946	9250210
比利时	立方米			11413	2586188
斯洛伐克	立方米			4219	915979
朝鲜	立方米			1229	128166
缅甸	立方米			772	101474
亚洲其他国家(地区)	立方米			609	87209

(续)

商品/国别(地区)	计量单位	出口数量	出口金额(美元)	进口数量	进口金额(美元)
荷兰	立方米			438	85953
罗马尼亚	立方米			303	70339
卢森堡	立方米			273	56447
乌克兰	立方米			252	71612
加拿大	立方米			248	138071
丹麦	立方米			129	34677
摩尔多瓦	立方米			78	23817
日本	立方米			74	16315
波兰	立方米			43	8760
智利	立方米			1	183
英国	立方米			1	2053
44039200 山毛榉木原木					
合计	立方米			286055	51140798
德国	立方米			111732	20451943
法国	立方米			71518	12191918
斯洛伐克	立方米			51908	9246048
罗马尼亚	立方米			25741	4509598
比利时	立方米			13025	2328959
丹麦	立方米			10299	2021111
荷兰	立方米			963	185618
瑞典	立方米			514	94413
卢森堡	立方米			136	23251
日本	立方米			112	52344
美国	立方米			42	21220
台湾省	立方米			23	6500
波兰	立方米			22	4920
智利	立方米			20	2955
44039910 楠木原木					
合计	立方米			108	58232
美国	立方米			108	57649
意大利	立方米			0	583
44039920 樟木原木					
合计	立方米			205	38170
澳大利亚	立方米			119	22025
缅甸	立方米			63	8690
台湾省	立方米			13	4703
苏里南	立方米			10	2752
44039930 红木原木					
合计	立方米			90983	104691904
缅甸	立方米			38500	47709623
老挝	立方米			14752	17353591
越南	立方米			9749	12999262
莫桑比克	立方米			6756	3487642
柬埔寨	立方米			5536	6021778
马达加斯加	立方米			4708	9704093
加蓬	立方米			2637	1527154
多哥	立方米			2441	1002012
刚果(金)	立方米			1353	917251
刚果(布)	立方米			1338	870728
印度尼西亚	立方米			1005	992448
马来西亚	立方米			635	730108
尼加拉瓜	立方米			485	348678

(续)

商品/国别(地区)	计量单位	出口数量	出口金额(美元)	进口数量	进口金额(美元)
贝宁	立方米			282	111086
印度	立方米			216	338481
墨西哥	立方米			181	183107
喀麦隆	立方米			154	107625
泰国	立方米			59	64748
塞拉利昂	立方米			35	33250
马里	立方米			30	12049
西班牙	立方米			29	42435
澳大利亚	立方米			26	54853
圭亚那	立方米			19	6992
巴基斯坦	立方米			19	46565
危地马拉	立方米			16	11149
智利	立方米			16	9288
台湾省	立方米			6	5908
44039950 水曲柳原木					
合计	立方米	703	251068	194906	47206808
俄罗斯	立方米			178879	42906152
法国	立方米			6346	1415945
丹麦	立方米			3626	762603
美国	立方米			2544	1219934
德国	立方米			2373	572826
比利时	立方米			692	193706
荷兰	立方米			268	64109
乌克兰	立方米			78	18820
加拿大	立方米			59	44871
立陶宛	立方米			25	6370
澳大利亚	立方米			16	1472
日本	立方米	603	209836		
台湾省	立方米	100	41232		
44039960 北美硬阔叶木(包括樱桃木、黑胡桃木、枫木)原木					
合计	立方米			65387	49058539
美国	立方米			61818	46845275
加拿大	立方米			1319	1379913
德国	立方米			544	294761
罗马尼亚	立方米			498	143942
法国	立方米			363	181930
缅甸	立方米			270	30533
比利时	立方米			233	62677
丹麦	立方米			202	49048
加蓬	立方米			64	18275
台湾省	立方米			28	21513
西班牙	立方米			22	9519
波兰	立方米			20	2756
英国	立方米			3	3779
日本	立方米			3	14618
44039980 未列名温带非针叶木原木					
合计	立方米			678983	85907352
俄罗斯	立方米			643373	81781125
比利时	立方米			9718	1079983
新西兰	立方米			7937	702012
德国	立方米			6658	819995
斯洛伐克	立方米			4233	484412

(续)

商品/国别(地区)	计量单位	出口数量	出口金额(美元)	进口数量	进口金额(美元)
朝鲜	立方米			2047	179166
美国	立方米			1531	328848
亚洲其他国家(地区)	立方米			1105	94471
荷兰	立方米			967	107369
哥斯达黎加	立方米			520	48506
法国	立方米			444	114771
多哥	立方米			198	81920
马来西亚	立方米			102	20616
丹麦	立方米			47	18076
缅甸	立方米			30	7909
罗马尼亚	立方米			28	26887
刚果(金)	立方米			27	4698
澳大利亚	立方米			18	6143
台湾省	立方米			0	445
44039990 其他非针叶木原木					
合计	立方米	10206	3611254	4169150	853361749
巴布亚新几内亚	立方米			1489829	218482561
所罗门群岛	立方米			1122263	174492777
加蓬	立方米			481978	201905738
马来西亚	立方米			333803	51213767
缅甸	立方米			175338	21188297
喀麦隆	立方米			119948	43087158
莫桑比克	立方米			110860	46377603
多哥	立方米			44215	17272996
刚果(布)	立方米			34734	14041362
老挝	立方米			27796	3469124
贝宁	立方米			27733	11015656
比利时	立方米			21431	2359444
德国	立方米			18455	2722288
圭亚那	立方米			18192	5195044
塞拉利昂	立方米			17089	6494157
赤道几内亚	立方米			14052	4677027
越南	立方米	8047	2469933	12427	931979
苏里南	立方米			11686	3050203
斯洛伐克	立方米			11335	1072746
澳大利亚	立方米			9749	1536125
乌拉圭	立方米			8197	1268538
几内亚	立方米			7159	3021434
印度尼西亚	立方米			6773	927384
刚果(金)	立方米			6453	3364666
克罗地亚	立方米			4494	1048687
几内亚(比绍)	立方米			3884	1564913
玻利维亚	立方米			3487	1816048
哥伦比亚	立方米			3334	1710641
美国	立方米			2990	1153429
中非	立方米			2483	1045796
加纳	立方米			2311	946409
新西兰	立方米			1731	193125
俄罗斯	立方米			1553	114184
菲律宾	立方米			1444	785401
阿根廷	立方米			1380	693614
台湾省	立方米	2159	1141321	1060	290093

(续)

商品/国别(地区)	计量单位	出口数量	出口金额(美元)	进口数量	进口金额(美元)
科特迪瓦	立方米			1006	420648
尼日利亚	立方米			906	222689
墨西哥	立方米			870	385190
荷兰	立方米			601	52869
赞比亚	立方米			589	213491
厄瓜多尔	立方米			576	200202
马里	立方米			395	138675
坦桑尼亚	立方米			372	238009
法国	立方米			318	108681
巴拿马	立方米			283	131474
巴拉圭	立方米			233	101931
泰国	立方米			210	41596
马达加斯加	立方米			155	201296
南非	立方米			139	19659
冈比亚	立方米			123	41536
马拉维	立方米			101	36030
加拿大	立方米			100	44580
哥斯达黎加	立方米			97	26932
西班牙	立方米			96	97066
朝鲜	立方米			94	11870
尼加拉瓜	立方米			61	36853
危地马拉	立方米			52	21233
斐济	立方米			34	10842
利比里亚	立方米			33	14398
日本	立方米			25	2936
肯尼亚	立方米			16	5120
柬埔寨	立方米			16	4399
津巴布韦	立方米			3	1129
智利	立方米			0	1

4404 箍木；木劈条；木棒

44041000 针叶木箍木、木劈条、已削尖但未纵锯的针叶木的木桩；粗加修整但未车圆、弯曲或其他方式加工的针叶木的木棒，适合制手杖、伞柄、工具把柄及类似品；针叶木的木片条及类似品

商品/国别(地区)	计量单位	出口数量	出口金额(美元)	进口数量	进口金额(美元)
合计	千克	5410950	1951121	609653	237150
安哥拉	千克	3377734	1326170		
香港	千克	1238198	132829		
台湾省	千克	446677	87315		
安提瓜和巴布达	千克	100000	60076		
澳大利亚	千克	77567	143129		
美国	千克	67391	87008	163253	129150
日本	千克	26643	16843	446400	108000
加拿大	千克	26191	30350		
印度尼西亚	千克	22886	18538		
韩国	千克	6100	10530		
印度	千克	5690	4738		
赤道几内亚	千克	4950	7464		
英国	千克	3104	5277		
荷兰	千克	2808	13398		
德国	千克	2215	3182		
比利时	千克	1109	2732		

（续）

商品/国别（地区）	计量单位	出口数量	出口金额（美元）	进口数量	进口金额（美元）
法国	千克	980	1029		
西班牙	千克	399	103		
沙特阿拉伯	千克	200	99		
奥地利	千克	108	311		
44042000 非针叶木箍木、木劈条、已削尖但未纵锯的非针叶木的木桩；粗加修整但未车圆、弯曲或其他方式加工的非针叶木的木棒，适合制手杖、伞柄、工具把柄及类似品；非针叶木的木片条及类似品					
合计	千克	3602251	1157372	763756	518917
台湾省	千克	2667312	506718	19423	19303
德国	千克	305700	260858	949	4555
香港	千克	263508	36122		
美国	千克	102255	128765	7	51
印度	千克	68980	63714	3563	6731
约旦	千克	48900	31072		
日本	千克	48580	46228	4963	99001
马拉维	千克	36000	24804		
埃塞俄比亚	千克	30091	24789		
俄罗斯	千克	9506	4791		
克罗地亚	千克	9367	10763		
英国	千克	5450	3280		
荷兰	千克	2148	5250		
安哥拉	千克	1400	1513		
丹麦	千克	1154	6987		
韩国	千克	1020	243		
比利时	千克	240	354		
多米尼加	千克	220	802		
意大利	千克	180	214		
阿联酋	千克	160	75		
新加坡	千克	80	30		
越南	千克			432000	63225
法国	千克			10	189
利比里亚	千克			16770	6113
印度尼西亚	千克			49547	37509
加拿大	千克			2540	3279
西班牙	千克			1940	12323
马来西亚	千克			232044	266638

4405 木丝；木粉

商品/国别（地区）	计量单位	出口数量	出口金额（美元）	进口数量	进口金额（美元）
44050000 木丝；木粉					
合计	千克	3992572	1555979	1513442	1578240
日本	千克	1480945	610830	46810	42043
韩国	千克	762755	181648	6550	10714
台湾省	千克	726700	447727	89734	30917
新加坡	千克	352000	100810		
印度尼西亚	千克	342000	63959	1160900	1408374
越南	千克	237400	121628	300	148
伊朗	千克	30000	3561		
以色列	千克	25000	3750		
巴拿马	千克	12000	7320		
泰国	千克	12000	6800	15400	11060
香港	千克	6000	988		

（续）

商品/国别（地区）	计量单位	出口数量	出口金额（美元）	进口数量	进口金额（美元）
挪威	千克	2555	2783		
瑞典	千克	2525	2665		
比利时	千克	560	560		
荷兰	千克	132	950	21	194
丹麦	千克			1500	5114
马来西亚	千克			300	483
美国	千克			234	632
土耳其	千克			800	1280
加拿大	千克			32723	11301
爱尔兰	千克			100	100
拉脱维亚	千克			870	1064
意大利	千克			157200	54816

4406 枕木

商品/国别（地区）	计量单位	出口数量	出口金额（美元）	进口数量	进口金额（美元）
44061000 未浸渍铁道及电车道枕木					
合计	立方米	41	13937	48930	8345702
俄罗斯	立方米			47325	8059895
加拿大	立方米			1329	240044
朝鲜	立方米			276	45763
日本	立方米	41	13937		
44069000 已浸渍铁道及电车道枕木					
合计	立方米	5286	1295080	1347	246485
日本	立方米	2572	596392		
台湾省	立方米	845	120717		
尼日尔	立方米	521	142111		
阿尔及利亚	立方米	348	95786		
乍得	立方米	200	90224		
赞比亚	立方米	146	35486		
赤道几内亚	立方米	97	20000		
喀麦隆	立方米	88	48530		
土耳其	立方米	80	2941		
约旦	立方米	58	7722		
苏丹	立方米	54	13470		
安提瓜和巴布达	立方米	46	43234		
埃塞俄比亚	立方米	43	6409		
马达加斯加	立方米	43	4192		
斯里兰卡	立方米	35	8522		
巴布亚新几内亚	立方米	30	10372		
也门	立方米	23	4438		
安哥拉	立方米	20	9834		
香港	立方米	14	3229		
哈萨克斯坦	立方米	7	2240		
马来西亚	立方米	4	2769		
土库曼斯坦	立方米	4	24385		
泰国	立方米	4	628		
吉布提	立方米	2	800		
牙买加	立方米	2	649		
南非	立方米			9	9029
亚洲其他国家(地区)	立方米			428	77257
美国	立方米			81	12901
朝鲜	立方米			829	147298

（续）

商品/国别（地区）	计量单位	出口数量	出口金额（美元）	进口数量	进口金额（美元）
4407 锯材					
44071010 经纵锯、纵切、刨切或旋切的红松和樟子松木材，厚>6 毫米					
合计	立方米	109781	62501445	2322196	440581804
俄罗斯	立方米			2247921	422156697
瑞典	立方米			23572	5603894
奥地利	立方米			10716	2000268
加拿大	立方米	180	85182	7833	1709452
芬兰	立方米			6268	2525206
爱沙尼亚	立方米			5889	1120357
德国	立方米	85	65531	5435	1438853
澳大利亚	立方米			3900	1901632
美国	立方米	283	132730	2925	593825
英国	立方米			2793	660784
拉脱维亚	立方米			1845	290893
菲律宾	立方米			982	88662
白俄罗斯	立方米			458	104422
荷兰	立方米			413	77566
日本	立方米	105253	59663333	335	90391
捷克	立方米			276	50162
瑞士	立方米			173	50013
新西兰	立方米			140	31251
斯洛伐克	立方米			102	22327
韩国	立方米	3783	2448123	60	15280
台湾省	立方米	38	16370	45	22672
比利时	立方米			45	8315
立陶宛	立方米			35	5639
马达加斯加	立方米			18	3255
亚洲其他国家(地区)	立方米			8	2844
印度尼西亚	立方米			8	2861
意大利	立方米	93	53538	1	4182
马来西亚	立方米			0	101
毛里塔尼亚	立方米	22	7578		
丹麦	立方米	5	2505		
尼日尔	立方米	8	13213		
西班牙	立方米	31	13342		
44071020 经纵锯、纵切、刨切或旋切的白松（云杉、冷杉）木材，厚>6 毫米					
合计	立方米	20667	14039498	1856901	265546171
加拿大	立方米	1	209	1422019	192954302
俄罗斯	立方米			292206	41877587
芬兰	立方米			38608	8074241
瑞典	立方米			30107	5942361
奥地利	立方米			26640	5391884
德国	立方米			13726	3258007
捷克	立方米			6357	986220
美国	立方米			4884	965479
澳大利亚	立方米	0	18	3546	728443
爱沙尼亚	立方米			2553	422909
罗马尼亚	立方米			2298	376577
拉脱维亚	立方米			2225	348413

（续）

商品/国别（地区）	计量单位	出口数量	出口金额（美元）	进口数量	进口金额（美元）
卢森堡	立方米			1892	436356
韩国	立方米	586	401564	1825	1139067
阿根廷	立方米			1650	365196
新西兰	立方米			1178	236515
瑞士	立方米			846	148227
法国	立方米			743	115097
台湾省	立方米			668	197351
智利	立方米			663	104897
挪威	立方米			654	118046
荷兰	立方米			581	106627
日本	立方米	19127	13354898	536	1078061
亚洲其他国家(地区)	立方米			194	34936
巴西	立方米			95	17128
克罗地亚	立方米			79	53294
马来西亚	立方米			45	6882
立陶宛	立方米			43	6629
意大利	立方米			20	35219
朝鲜	立方米			12	1320
印度尼西亚	立方米			8	18900
埃及	立方米	26	11316		
多哥	立方米	20	7353		
埃塞俄比亚	立方米	734	227310		
越南	立方米	43	17042		
汤加	立方米	130	19788		
44071030 经纵锯、纵切、刨切或旋切的辐射松木材，厚>6 毫米					
合计	立方米	18030	9961967	668989	144964925
新西兰	立方米			407317	94994090
智利	立方米			194856	37065267
澳大利亚	立方米	425	225604	47815	9029457
加拿大	立方米			6264	990486
巴西	立方米			4894	1048083
阿根廷	立方米			4345	835230
美国	立方米			1575	361101
台湾省	立方米	106	70489	1213	394364
德国	立方米			227	36354
韩国	立方米	9197	5866783	179	35837
奥地利	立方米			97	15092
瑞典	立方米	1	303	96	20840
荷兰	立方米			76	112688
越南	立方米			23	6484
日本	立方米	4906	2946814	12	19552
安哥拉	立方米	3173	787649		
泰国	立方米	0	194		
香港	立方米	2	6707		
埃及	立方米	200	50250		
巴基斯坦	立方米	11	4563		
沙特阿拉伯	立方米	9	2611		
44071040 经纵锯、纵切、刨切或旋切的北美黄杉松木材，厚>6 毫米					
合计	立方米	2877	1025554	96336	16424357
加拿大	立方米	521	88485	78711	13513033
美国	立方米			15889	2420128
乌拉圭	立方米			730	65628

（续）

商品/国别（地区）	计量单位	出口数量	出口金额（美元）	进口数量	进口金额（美元）
智利	立方米			441	30900
台湾省	立方米	52	39375	356	355398
日本	立方米	885	462635	105	15711
德国	立方米			95	9483
克罗地亚	立方米			7	3729
丹麦	立方米			2	10347
毛里塔尼亚	立方米	3	1043		
泰国	立方米	112	64000		
香港	立方米	404	68425		
韩国	立方米	596	202992		
纳米比亚	立方米	202	61571		
印度尼西亚	立方米	5	3907		
新加坡	立方米	2	5355		
保加利亚	立方米	95	27766		
44071090 其他经纵锯、纵切、刨切或旋切的针叶木木材，厚>6 毫米					
合计	立方米	46834	25582635	1399838	230920871
加拿大	立方米	198	89401	893457	140327288
俄罗斯	立方米			288222	39473824
美国	立方米	3311	785609	128724	32804362
阿根廷	立方米			36177	7016361
日本	立方米	34770	21155701	9833	2095258
新西兰	立方米			8585	2618679
奥地利	立方米			7308	1212067
巴西	立方米			4383	887914
澳大利亚	立方米	1212	451924	4341	970648
瑞士	立方米			3985	595559
爱沙尼亚	立方米			2818	480318
乌拉圭	立方米			2282	444916
瑞典	立方米			2072	375115
智利	立方米			1622	369784
台湾省	立方米	980	197754	1243	322344
韩国	立方米	1436	732403	921	254624
缅甸	立方米			765	68578
芬兰	立方米			751	134893
德国	立方米	1729	1175126	619	116148
意大利	立方米	257	163031	282	77858
印度尼西亚	立方米			201	46253
越南	立方米	220	62898	199	48814
丹麦	立方米			166	14634
捷克	立方米			164	29535
拉脱维亚	立方米			153	21530
巴布亚新几内亚	立方米			148	30263
中国	立方米			100	15913
荷兰	立方米	40	9246	95	19040
马来西亚	立方米			85	15354
亚洲其他国家(地区)	立方米			80	10625
老挝	立方米			22	4290
朝鲜	立方米			22	3340
泰国	立方米			10	1246
肯尼亚	立方米			2	11472
西班牙	立方米			1	2024
比利时	立方米	40	32202		

（续）

商品/国别（地区）	计量单位	出口数量	出口金额（美元）	进口数量	进口金额（美元）
安哥拉	立方米	1847	473677		
香港	立方米	1	282		
汤加	立方米	2	797		
法国	立方米	42	15341		
阿联酋	立方米	256	25600		
莫桑比克	立方米	29	2741		
利比亚	立方米	235	86245		
墨西哥	立方米	24	64800		
苏丹	立方米	178	44394		
纳米比亚	立方米	27	13463		
44072200 经纵锯、纵切、刨切或旋切的苏里南肉豆蔻木、巴西胡桃木及美洲轻木木材，厚>6 毫米					
合计	立方米			19404	15231973
厄瓜多尔	立方米			17141	13487191
巴布亚新几内亚	立方米			1216	553981
美国	立方米			914	1038175
西班牙	立方米			90	114397
澳大利亚	立方米			26	28341
波兰	立方米			17	9888
44072500 经纵锯、纵切、刨切或旋切的深红色红柳桉木、浅红色红柳桉木及巴梣红柳桉木木材，厚>6 毫米					
合计	立方米	1261	364430	17566	6077047
马来西亚	立方米			7511	2048104
印度尼西亚	立方米			4110	1471893
老挝	立方米			2532	715315
乌拉圭	立方米			1247	457286
韩国	立方米			1011	586877
澳大利亚	立方米			930	709642
加蓬	立方米			92	36934
台湾省	立方米			85	31650
巴西	立方米			28	12173
南非	立方米			17	6290
日本	立方米			3	883
香港	立方米	1261	364430		
44072600 经纵锯、纵切、刨切或旋切的白柳桉木、白色红柳桉木、白色柳桉木、黄色红柳桉木及阿兰木木材，厚>6 毫米					
合计	立方米	4971	1352416	25761	7308107
马来西亚	立方米			19836	5061970
印度尼西亚	立方米			1956	655312
台湾省	立方米			1477	322975
澳大利亚	立方米			1452	853426
美国	立方米			455	206508
巴西	立方米			206	70187
越南	立方米			123	20515
文莱	立方米			89	42146
智利	立方米			88	29357
韩国	立方米			29	15352
意大利	立方米			22	22861
厄瓜多尔	立方米			17	5467
中国	立方米			8	1342

（续）

商品/国别（地区）	计量单位	出口数量	出口金额（美元）	进口数量	进口金额（美元）
老挝	立方米			3	689
香港	立方米	4971	1352416		
44072700 经纵锯、纵切、刨切或旋切的沙比利木板材，厚度超过6毫米					
合计	立方米	97	82449	18972	10390402
喀麦隆	立方米			9286	4923161
刚果(布)	立方米			5106	2836399
中非	立方米			2538	1488098
刚果(金)	立方米			1650	1003151
印度尼西亚	立方米			266	66336
尼日利亚	立方米			98	59107
加蓬	立方米			18	7384
马达加斯加	立方米			10	6353
日本	立方米			0	413
意大利	立方米	45	53218		
荷兰	立方米	32	15800		
法国	立方米	20	13431		
44072800 经纵锯、纵切、刨切或旋切的伊罗科木板材，厚度超过6毫米					
合计	立方米			21	13555
尼日利亚	立方米			16	11234
刚果(布)	立方米			5	2321
44072910 经纵锯、纵切、刨切或旋切的柚木木材，厚>6毫米					
合计	立方米	1899	2702450	45216	39350276
缅甸	立方米			37585	35648201
印度尼西亚	立方米			3776	1356813
贝宁	立方米			1964	879016
台湾省	立方米	329	480241	302	342936
马来西亚	立方米	102	122747	296	112320
巴西	立方米			243	200934
坦桑尼亚	立方米			222	168844
老挝	立方米			204	137460
玻利维亚	立方米			118	181155
苏里南	立方米			99	58609
菲律宾	立方米			90	73898
尼日利亚	立方米			84	63189
加拿大	立方米	9	7200	73	30462
科特迪瓦	立方米			47	19294
莫桑比克	立方米			36	25295
多哥	立方米			19	14293
巴布亚新几内亚	立方米			18	9010
美国	立方米	32	42241	12	13115
巴拉圭	立方米			12	4880
哥伦比亚	立方米			10	6021
印度	立方米			3	3300
中国	立方米			2	377
泰国	立方米	475	1020587	1	360
丹麦	立方米			0	494
新加坡	立方米	193	226378		
意大利	立方米	309	572856		
以色列	立方米	14	14604		
瑞典	立方米	16	21629		

（续）

商品/国别（地区）	计量单位	出口数量	出口金额（美元）	进口数量	进口金额（美元）
香港	立方米	350	104277		
澳门	立方米	12	14950		
日本	立方米	58	74740		
44072920 经纵锯、纵切、刨切或旋切的非洲桃花心木等木材，厚>6毫米					
合计	立方米	25	7892	2486	2467728
刚果(布)	立方米			542	254569
印度尼西亚	立方米			430	521618
科特迪瓦	立方米			280	148122
多哥	立方米			264	122340
几内亚	立方米			184	77297
尼日利亚	立方米			142	65524
菲律宾	立方米			119	152381
加拿大	立方米			70	367044
加蓬	立方米			68	31317
圭亚那	立方米			63	28397
韩国	立方米			55	136653
莫桑比克	立方米			53	23752
印度	立方米			51	271823
巴西	立方米			50	58590
台湾省	立方米			28	47731
几内亚(比绍)	立方米			26	11831
加纳	立方米			17	8718
德国	立方米			15	79779
贝宁	立方米			14	5813
美国	立方米			11	52929
西班牙	立方米			4	1500
马来西亚	立方米	25	7892		
44072930 经纵锯、纵切、刨切或旋切的波罗格木木材，厚>6毫米					
合计	立方米	1	3337	42530	24438914
印度尼西亚	立方米			33732	19908154
马来西亚	立方米			7547	3827247
所罗门群岛	立方米			635	334142
巴布亚新几内亚	立方米			515	314708
台湾省	立方米			63	37241
刚果(布)	立方米			20	9862
泰国	立方米			18	7560
荷兰	立方米	1	3337		
44072990 未列名经纵锯、纵切、刨切或旋切的本章子目注释1所列的热带木木材，厚>6毫米					
合计	立方米	9233	5955481	193641	94088517
泰国	立方米	22	30205	57739	17360047
巴西	立方米			37367	30758392
马来西亚	立方米			30570	12915708
印度尼西亚	立方米			18449	8500080
加蓬	立方米			12016	4071982
柬埔寨	立方米			3405	1186712
缅甸	立方米			3244	494680
巴布亚新几内亚	立方米			3220	3953900
越南	立方米			2723	1326405
巴拉圭	立方米			2628	1534195
台湾省	立方米	108	31586	2365	1191390

(续)

商品/国别(地区)	计量单位	出口数量	出口金额(美元)	进口数量	进口金额(美元)
喀麦隆	立方米			2286	1173996
玻利维亚	立方米			1856	1137512
老挝	立方米			1783	722328
秘鲁	立方米			1730	1242894
圭亚那	立方米			1689	697490
澳大利亚	立方米	0	13	1134	526707
莫桑比克	立方米			1111	1027305
几内亚	立方米			1034	405319
加拿大	立方米			1028	439912
加纳	立方米			1028	451327
菲律宾	立方米			1009	170323
贝宁	立方米			995	402964
哥伦比亚	立方米			601	370717
意大利	立方米	18	8086	454	201628
科特迪瓦	立方米			262	108593
美国	立方米	23	13682	240	138028
苏里南	立方米			233	113124
厄瓜多尔	立方米			223	209462
巴拿马	立方米			204	122714
危地马拉	立方米			156	71239
多哥	立方米			133	70379
刚果(金)	立方米			101	51426
刚果(布)	立方米			70	59191
尼日利亚	立方米			62	48482
西班牙	立方米			58	183441
阿根廷	立方米			58	30162
马达加斯加	立方米			54	37080
韩国	立方米	394	273122	46	13020
乌拉圭	立方米			43	18178
赞比亚	立方米			42	25115
中国	立方米			39	15414
斐济	立方米			38	16505
智利	立方米			33	23072
新加坡	立方米			26	17251
乌干达	立方米			20	6326
坦桑尼亚	立方米			14	383000
日本	立方米	8328	5410384	13	36782
印度	立方米	20	12542	9	20990
墨西哥	立方米			0	464
德国	立方米			0	5166
瑞典	立方米	0	171		
芬兰	立方米	2	889		
比利时	立方米	102	58299		
法国	立方米	181	109502		
香港	立方米	35	7000		

44079100 经纵锯、纵切、刨切或旋切的栎木(橡木)木材，厚 > 6 毫米

商品/国别(地区)	计量单位	出口数量	出口金额(美元)	进口数量	进口金额(美元)
合计	立方米	20353	19819406	406448	167471908
美国	立方米	474	718953	281679	111148085
俄罗斯	立方米			97368	41355819
澳大利亚	立方米	164	198018	5242	4076871
法国	立方米	626	586652	4311	3375052

(续)

商品/国别(地区)	计量单位	出口数量	出口金额(美元)	进口数量	进口金额(美元)
加拿大	立方米	129	104000	4284	1966016
德国	立方米	1519	1444839	3741	1500626
斯洛伐克	立方米			1947	753990
日本	立方米	12256	11628501	1765	787103
克罗地亚	立方米			1290	516330
印度尼西亚	立方米	39	26400	874	131990
罗马尼亚	立方米	22	19009	578	406933
马来西亚	立方米	6	2810	421	161143
台湾省	立方米	111	62247	374	165514
奥地利	立方米			357	267696
巴拉圭	立方米			327	126808
乌克兰	立方米			297	109808
亚洲其他国家(地区)	立方米			280	94136
比利时	立方米	954	1011226	236	173051
泰国	立方米	76	30173	220	57998
朝鲜	立方米			188	53387
缅甸	立方米			135	11446
荷兰	立方米	244	225756	111	40867
以色列	立方米			103	20293
新西兰	立方米			88	24544
意大利	立方米	118	142223	80	74479
丹麦	立方米	67	68372	74	19210
土耳其	立方米			25	27460
玻利维亚	立方米			23	10463
瑞典	立方米	77	92958	17	5376
瑞士	立方米			9	2298
英国	立方米	1380	1472354	3	5758
越南	立方米	884	808132	1	443
韩国	立方米	307	242238	0	109
印度	立方米			0	806
西班牙	立方米	245	136384		
挪威	立方米	194	294567		
香港	立方米	6	2800		
葡萄牙	立方米	70	57756		
菲律宾	立方米	90	130153		
毛里求斯	立方米	46	36970		
捷克	立方米	21	30265		
摩洛哥	立方米	77	74174		
留尼汪	立方米	1	855		
爱尔兰	立方米	91	107664		
黎巴嫩	立方米	59	62957		

44079200 经纵锯、纵切、刨切或旋切的山毛榉木木材，厚 > 6 毫米

商品/国别(地区)	计量单位	出口数量	出口金额(美元)	进口数量	进口金额(美元)
合计	立方米	790	947689	137511	48495543
德国	立方米	120	129151	61393	21294596
罗马尼亚	立方米			49228	16897209
法国	立方米			7241	2748179
奥地利	立方米			3283	1302520
意大利	立方米			2396	952082
波黑	立方米			2028	850166
瑞典	立方米			1383	458865
瑞士	立方米			1339	345865

（续）

商品/国别（地区）	计量单位	出口数量	出口金额（美元）	进口数量	进口金额（美元）
印度尼西亚	立方米			1291	336000
丹麦	立方米			1284	420946
克罗地亚	立方米			1262	643345
波兰	立方米			1156	536034
比利时	立方米			667	273641
美国	立方米			541	174335
格鲁吉亚	立方米			386	134830
日本	立方米	600	765516	343	217737
斯洛文尼亚	立方米			338	141214
阿尔巴尼亚	立方米			263	104335
塞尔维亚	立方米			251	144110
泰国	立方米			237	74296
斯洛伐克	立方米			222	125875
马来西亚	立方米			220	75149
加拿大	立方米			214	52420
荷兰	立方米			179	74254
澳大利亚	立方米			165	36924
马其顿	立方米			63	28147
保加利亚	立方米			60	30396
西班牙	立方米			31	12050
俄罗斯	立方米			14	1251
台湾省	立方米			12	2687
新西兰	立方米			12	2440
老挝	立方米			9	3511
中国	立方米			0	134
英国	立方米	52	30560		
韩国	立方米	18	22462		
44079300 经纵锯、纵切、刨切或旋切的枫木厚板材，厚>6 毫米					
合计	立方米	722	685436	41692	18771884
美国	立方米			27420	10924088
加拿大	立方米			13539	7097733
罗马尼亚	立方米			484	346695
奥地利	立方米			99	135287
德国	立方米	571	521823	73	213164
斯洛伐克	立方米			28	14065
台湾省	立方米			21	9933
韩国	立方米			21	10382
日本	立方米	114	123713	6	2869
克罗地亚	立方米			1	3728
意大利	立方米			0	13046
瑞士	立方米			0	894
印度尼西亚	立方米	21	29400		
马来西亚	立方米	16	10500		
44079400 经纵锯、纵切、刨切或旋切的樱桃木厚板材，厚>6 毫米					
合计	立方米	0	60	15581	8332851
美国	立方米			13793	6960173
智利	立方米			527	240506
罗马尼亚	立方米			393	334061
加拿大	立方米			327	230181
巴西	立方米			301	258277
台湾省	立方米			150	241155
日本	立方米	0	60	65	47113
印度尼西亚	立方米			20	15966
刚果(布)	立方米			5	2744
西班牙	立方米			0	2675
44079500 经纵锯、纵切、刨切或旋切的白蜡木厚板材，厚>6 毫米					
合计	立方米	297	303059	50469	19117717
美国	立方米			47909	17870449
加拿大	立方米			1500	730565
罗马尼亚	立方米			327	204956
日本	立方米	274	287401	274	100387
俄罗斯	立方米			120	33809
德国	立方米			97	33173
澳大利亚	立方米			60	44250
爱沙尼亚	立方米			59	46718
智利	立方米			43	16998
台湾省	立方米			43	14659
奥地利	立方米			19	14468
法国	立方米			17	7010
菲律宾	立方米			1	275
韩国	立方米	10	14158		
博茨瓦那	立方米	13	1500		
44079910 经纵锯、纵切、刨切或旋切的樟木、楠木、红木木材，厚>6 毫米					
合计	立方米			19402	21721787
老挝	立方米			6908	9677736
马来西亚	立方米			4045	1463906
缅甸	立方米			2892	4228166
印度尼西亚	立方米			2078	2692999
莫桑比克	立方米			1139	606460
马达加斯加	立方米			700	1198834
越南	立方米			492	505435
台湾省	立方米			440	136089
新加坡	立方米			162	162133
泰国	立方米			157	128757
柬埔寨	立方米			103	126425
尼加拉瓜	立方米			70	61447
西班牙	立方米			53	182578
尼日利亚	立方米			36	55897
印度	立方米			33	112938
所罗门群岛	立方米			31	73513
刚果(布)	立方米			22	13884
巴西	立方米			17	240463
危地马拉	立方米			15	30801
中国	立方米			4	1470
墨西哥	立方米			4	7826
日本	立方米			1	1734
巴基斯坦	立方米			0	1212
美国	立方米			0	149
哥斯达黎加	立方米			0	590
喀麦隆	立方米			0	10345
44079920 经纵锯、纵切、刨切或旋切的泡桐木木材，厚>6 毫米					
合计	立方米	244603	134035127	1669	1724129
日本	立方米	79767	51992299	559	556097

(续)

商品/国别（地区）	计量单位	出口数量	出口金额（美元）	进口数量	进口金额（美元）
韩国	立方米	49756	19600071	3	3250
美国	立方米	46129	28935586	148	100397
越南	立方米	24308	11595194		
马来西亚	立方米	14431	6397367		
台湾省	立方米	12390	6407501		
意大利	立方米	8599	4465030		
安哥拉	立方米	1015	188042		
德国	立方米	990	545237	808	1005317
芬兰	立方米	908	513617		
加拿大	立方米	768	494151		
法国	立方米	723	343260		
斯洛文尼亚	立方米	555	288473		
荷兰	立方米	510	242031		
泰国	立方米	479	264389		
比利时	立方米	449	236886		
克罗地亚	立方米	412	181214		
西班牙	立方米	363	190569		
葡萄牙	立方米	308	182652		
阿联酋	立方米	291	122084		
澳大利亚	立方米	235	156019		
英国	立方米	167	137357		
希腊	立方米	159	67715		
马耳他	立方米	156	78742		
墨西哥	立方米	149	101116		
印度	立方米	124	57427		
留尼汪	立方米	64	28134		
斯洛伐克	立方米	62	28397		
匈牙利	立方米	44	23231		
吉布提	立方米	41	15668		
约旦	立方米	38	24629		
香港	立方米	30	17770		
波兰	立方米	27	10696		
伊朗	立方米	25	17834		
哥斯达黎加	立方米	25	13540		
以色列	立方米	25	16484		
新加坡	立方米	23	8866		
印度尼西亚	立方米	22	19036		
丹麦	立方米	22	16940		
坦桑尼亚	立方米	10	928		
科威特	立方米	4	8576		
爱尔兰	立方米	0	369		
智利	立方米			151	59068
44079930 经纵锯、纵切、刨切或旋切的北美硬阔叶材，厚＞6毫米					
合计	立方米	17884	20702422	153903	56458778
美国	立方米	48	58613	149684	53641950
加拿大	立方米	31	43019	2012	1132265
马来西亚	立方米	818	1065760	1098	954778
韩国	立方米	68	101535	231	101440
拉脱维亚	立方米			205	69687
日本	立方米	1048	1419447	131	163297
智利	立方米			78	45054

(续)

商品/国别（地区）	计量单位	出口数量	出口金额（美元）	进口数量	进口金额（美元）
台湾省	立方米	33	38601	73	33063
印度尼西亚	立方米	1123	1475190	68	55766
新西兰	立方米	19	25942	50	15443
中国	立方米			46	79550
英国	立方米	632	872648	36	27612
土耳其	立方米			35	8780
柬埔寨	立方米			34	17461
葡萄牙	立方米			32	5024
荷兰	立方米	346	474074	30	53176
瑞士	立方米			22	5566
澳大利亚	立方米			17	17294
罗马尼亚	立方米	20	25691	12	18590
奥地利	立方米			9	11834
印度	立方米			0	286
芬兰	立方米	40	56367	0	862
立陶宛	立方米	63	87984		
西班牙	立方米	19	27221		
南非	立方米	19	25019		
斯洛文尼亚	立方米	85	124852		
香港	立方米	376	607984		
阿联酋	立方米	226	307735		
德国	立方米	10092	10449547		
黎巴嫩	立方米	296	406092		
泰国	立方米	288	352545		
意大利	立方米	350	384415		
比利时	立方米	32	42223		
塞浦路斯	立方米	63	85527		
丹麦	立方米	165	277042		
爱沙尼亚	立方米	40	55876		
约旦	立方米	92	118221		
瑞典	立方米	20	28120		
波兰	立方米	608	668592		
科威特	立方米	20	27452		
越南	立方米	494	538117		
俄罗斯	立方米	103	142058		
沙特阿拉伯	立方米	207	288913		
44079980 经纵锯、纵切、刨切或旋切的其他温带非针叶木材，厚＞6毫米					
合计	立方米	15857	12670244	237334	67835587
俄罗斯	立方米			193860	54177070
美国	立方米	75	51590	34225	9826193
缅甸	立方米			3581	1339889
澳大利亚	立方米			1227	591213
加拿大	立方米			1225	362043
越南	立方米	285	150133	559	211414
日本	立方米	11680	9243919	491	148508
马来西亚	立方米	68	46704	352	154430
台湾省	立方米	95	63735	348	127240
立陶宛	立方米			318	175389
芬兰	立方米			255	125080
爱沙尼亚	立方米			227	81571
拉脱维亚	立方米			142	94960

（续）

商品/国别（地区）	计量单位	出口数量	出口金额（美元）	进口数量	进口金额（美元）
罗马尼亚	立方米			98	31635
喀麦隆	立方米			78	165522
克罗地亚	立方米			77	15102
乌克兰	立方米			60	68217
韩国	立方米	2398	2037230	46	7360
尼日利亚	立方米	1	983	41	42054
老挝	立方米			36	10183
亚洲其他国家(地区)	立方米			21	6469
柬埔寨	立方米			15	7175
意大利	立方米	80	47770	10	11608
阿根廷	立方米			10	6615
朝鲜	立方米			10	3193
印度尼西亚	立方米	229	159772	9	21060
德国	立方米	283	170924	6	2805
斯洛伐克	立方米			5	5764
西班牙	立方米			2	15390
中国	立方米			0	435
英国	立方米	20	28823		
赤道几内亚	立方米	12	5084		
荷兰	立方米	231	234948		
挪威	立方米	102	142826		
南非	立方米	0	224		
泰国	立方米	24	13545		
比利时	立方米	131	174749		
香港	立方米	133	79025		
塞浦路斯	立方米	10	18260		
44079990 其他经纵锯、纵切、刨切或旋切的非针叶木木材，厚>6毫米					
合计	立方米	40099	32544960	2111025	610967333
泰国	立方米	408	254578	965975	274321572
菲律宾	立方米			291748	27424751
美国	立方米	509	306146	217975	61683460
印度尼西亚	立方米	21	24622	145109	28495571
马来西亚	立方米			132360	36881419
秘鲁	立方米			67279	53886258
缅甸	立方米			63326	10481542
巴西	立方米			59550	36804568
莫桑比克	立方米			31477	14513886
越南	立方米	232	125029	15528	4425630
澳大利亚	立方米	1682	1724788	13818	11311625
玻利维亚	立方米			13553	11186316
加蓬	立方米			10387	4346302
哥伦比亚	立方米			9979	5919278
圭亚那	立方米			9845	3839316
老挝	立方米			9384	1209335
台湾省	立方米	939	717687	5179	2308476
喀麦隆	立方米			4760	3195147
加拿大	立方米	42	51296	4372	1692115
坦桑尼亚	立方米			3710	1491113
柬埔寨	立方米			3662	1019690
巴拉圭	立方米			3108	2403827
乌拉圭	立方米			2401	924396

（续）

商品/国别（地区）	计量单位	出口数量	出口金额（美元）	进口数量	进口金额（美元）
贝宁	立方米			1832	762510
苏里南	立方米			1787	663751
德国	立方米	6856	6162041	1732	880693
阿根廷	立方米			1716	728993
日本	立方米	20549	18203299	1691	702813
加纳	立方米	1	1894	1563	593698
巴拿马	立方米			1352	853049
巴布亚新几内亚	立方米			1318	699921
刚果(布)	立方米			1245	358053
多哥	立方米			1049	439054
俄罗斯	立方米			1012	324006
罗马尼亚	立方米			979	485457
赞比亚	立方米			831	477809
英国	立方米	169	127532	782	63874
塞拉利昂	立方米			745	338082
克罗地亚	立方米			590	187442
新西兰	立方米			586	152001
爱沙尼亚	立方米			538	230311
几内亚	立方米			528	243132
拉脱维亚	立方米			523	142570
智利	立方米			511	138254
尼日利亚	立方米			432	280074
芬兰	立方米			416	77455
意大利	立方米	895	696611	366	276412
刚果(金)	立方米			328	268682
中国	立方米			254	47491
利比里亚	立方米			241	45865
瑞典	立方米	97	81576	236	47142
厄瓜多尔	立方米			174	114316
韩国	立方米	1671	1132588	128	69165
奥地利	立方米			122	42780
阿联酋	立方米			114	30766
马拉维	立方米			110	13200
印度	立方米	1	12172	99	44978
科特迪瓦	立方米			86	59196
乌克兰	立方米			49	9623
瑞士	立方米			46	12283
马达加斯加	立方米			45	59527
波兰	立方米	44	26442	40	54372
赤道几内亚	立方米			34	14251
法国	立方米	0	174	32	22966
立陶宛	立方米			32	10469
尼加拉瓜	立方米			32	13737
所罗门群岛	立方米			28	17360
西班牙	立方米			27	21521
冈比亚	立方米			25	9622
葡萄牙	立方米			20	27860
新加坡	立方米	65	22539	19	4765
乌干达	立方米			19	5364
斐济	立方米			18	6281
几内亚(比绍)	立方米			17	12000
南非	立方米	60	14700	17	3767

(续)

商品/国别(地区)	计量单位	出口数量	出口金额(美元)	进口数量	进口金额(美元)
伯利兹	立方米			14	7372
哥斯达黎加	立方米			8	4138
危地马拉	立方米			2	1181
匈牙利	立方米			0	286
塞舌尔	立方米	16	3173		
佛得角	立方米	54	7863		
厄立特里亚	立方米	80	17486		
爱尔兰	立方米	84	63196		
特立尼达和多巴哥	立方米	90	36902		
安哥拉	立方米	1167	308943		
伊朗	立方米	62	40909		
比利时	立方米	178	165765		
纳米比亚	立方米	100	202565		
尼日尔	立方米	4	1726		
荷兰	立方米	569	606375		
丹麦	立方米	367	302147		
挪威	立方米	61	100826		
香港	立方米	2920	938771		
毛里塔尼亚	立方米	65	24879		
希腊	立方米	41	37720		

4408 饰面用薄板

商品/国别(地区)	计量单位	出口数量	出口金额(美元)	进口数量	进口金额(美元)
44081011 用胶合板等多层板制的针叶木饰面用单板，厚≤6 毫米					
合计	千克	3854557	1475174	21	684
菲律宾	千克	3555000	1225980		
澳门	千克	139147	75344		
美国	千克	73300	66920	21	684
马来西亚	千克	26388	20182		
莫桑比克	千克	23250	25029		
赤道几内亚	千克	12557	28141		
老挝	千克	12500	18750		
新加坡	千克	6000	4400		
马拉维	千克	4900	2618		
安哥拉	千克	1345	4554		
缅甸	千克	170	3256		
44081019 其他针叶木饰面用单板，厚≤6 毫米					
合计	千克	2030593	1484888	452024	2162616
菲律宾	千克	1510500	800594	65657	122216
韩国	千克	188842	238060	647	36905
墨西哥	千克	146200	64294		
安哥拉	千克	53263	195736		
马来西亚	千克	51000	38538		
美国	千克	37996	44266	64861	551728
伊朗	千克	19614	55900		
赤道几内亚	千克	11860	18084		
日本	千克	3990	10340	35076	190992
法国	千克	2500	3258		
阿尔巴尼亚	千克	2472	3874		
荷兰	千克	700	2520		
瑞典	千克	500	3760		
印度尼西亚	千克	400	3307	300	16048

(续)

商品/国别(地区)	计量单位	出口数量	出口金额(美元)	进口数量	进口金额(美元)
新加坡	千克	375	384	200	2003
乌干达	千克	200	324		
印度	千克	170	1558		
意大利	千克	8	72		
德国	千克	3	19		
加拿大	千克			19760	238325
南非	千克			1007	5501
巴西	千克			1980	6950
台湾省	千克			49686	414653
西班牙	千克			587	9255
奥地利	千克			6645	90859
瑞士	千克			4535	39937
新西兰	千克			201083	437244
44081020 针叶木制胶合板用单板，厚≤6 毫米					
合计	千克	32721	25455	264051	116159
缅甸	千克			240510	105617
俄罗斯	千克			12136	4236
新西兰	千克			7773	3437
韩国	千克	15901	10124	3632	2869
日本	千克	20	626		
智利	千克	16800	14705		
44081090 44081090 其他纵锯切、刨切或旋切的针叶木木材，厚≤6 毫米					
合计	千克	5739747	16356571	517740	872538
墨西哥	千克	3273115	8222979		
日本	千克	837735	2558744	134	707
德国	千克	682848	2598211	22930	45961
美国	千克	302971	1078884	275497	221666
菲律宾	千克	190950	591810		
韩国	千克	129554	303744		
阿根廷	千克	59931	248285		
比利时	千克	46444	202687		
泰国	千克	43872	95873		
英国	千克	43397	177644		
意大利	千克	30010	82977		
越南	千克	27070	70933		
厄立特里亚	千克	16000	4000		
加拿大	千克	15248	10701	16347	90061
土耳其	千克	10907	46248		
台湾省	千克	10673	25801	17461	15871
突尼斯	千克	9798	17578		
葡萄牙	千克	4532	14557		
尼日尔	千克	3966	1815		
以色列	千克	726	3100		
俄罗斯	千克			3678	461
澳大利亚	千克			60	328
新西兰	千克			7962	18527
奥地利	千克			13300	20823
印度尼西亚	千克			82429	361509
亚洲其他国家(地区)	千克			7000	1155
西班牙	千克			1104	10560
印度	千克			16230	29452

（续）

商品/国别（地区）	计量单位	出口数量	出口金额（美元）	进口数量	进口金额（美元）
朝鲜	千克			3500	578
格鲁吉亚	千克			49381	52520
瑞士	千克			727	2359
44083111 用胶合板等多层板制的饰面单板，深红色红柳桉木、浅红色红柳桉木及巴栲红柳桉木制，厚≤6 毫米					
合计	千克	1600	2544	70096	37601
马来西亚	千克			70096	37601
阿联酋	千克	600	976		
尼日利亚	千克	1000	1568		
44083119 其他饰面用单板，深红色红柳桉木、浅红色红柳桉木及巴栲红柳桉木制，厚≤6 毫米					
合计	千克	70796	73829	269837	269877
马来西亚	千克			236500	89787
台湾省	千克	23206	8000	15838	64628
美国	千克			10274	48226
日本	千克			4520	57238
德国	千克			2270	7823
加纳	千克			415	1935
南非	千克			20	240
土耳其	千克	1500	10600		
菲律宾	千克	45000	31500		
新加坡	千克	1090	23729		
44083120 制胶合板用单板，深红色红柳桉木、浅红色红柳桉木及巴栲红柳桉木制，厚≤6 毫米					
合计	千克	63860	25648	178785	85125
印度尼西亚	千克			116790	60887
马来西亚	千克			61925	23617
日本	千克			70	621
菲律宾	千克	63000	22582		
波多黎各	千克	360	1590		
赤道几内亚	千克	500	1476		
44083190 其他纵锯、刨切或旋切的木材，深红色红柳桉木、浅红色红柳桉木及巴栲红柳桉木制，厚≤6 毫米					
合计	千克	17200	18000	18693	13768
印度尼西亚	千克			13440	10616
台湾省	千克			5253	3152
印度	千克	17200	18000		
44083911 用胶合板等多层板制的饰面用单板，其他本章子目注释 1 所列热带木制，厚≤6 毫米					
合计	千克	25993	93741	1902	10872
白俄罗斯	千克	16993	75267		
马达加斯加	千克	9000	18474		
美国	千克			7	421
台湾省	千克			1045	8000
意大利	千克			850	2451
44083919 其他饰面用单板，其他本章子目注释 1 所列热带木制，厚≤6 毫米					
合计	千克	393924	1839572	1403807	3984034
德国	千克			604653	2186500
缅甸	千克			369199	480580
加纳	千克			173728	389114
印度尼西亚	千克			73624	198428
意大利	千克	11590	12750	33215	262967

（续）

商品/国别（地区）	计量单位	出口数量	出口金额（美元）	进口数量	进口金额（美元）
美国	千克			25947	49708
台湾省	千克	9544	21723	24853	32536
菲律宾	千克	43	41	22635	42126
法国	千克			16666	29151
日本	千克	339764	1705999	12061	72968
玻利维亚	千克			11855	68749
西班牙	千克			7067	35897
印度	千克	14000	30108	7044	19932
韩国	千克	8300	54250	5653	28992
巴西	千克			5235	18560
奥地利	千克			2767	9367
喀麦隆	千克			2269	20462
阿联酋	千克			2215	14138
斯洛文尼亚	千克			1220	2123
澳大利亚	千克			1052	8363
刚果(金)	千克			542	7767
加拿大	千克			218	124
比利时	千克			89	5482
马来西亚	千克	2000	4175		
尼日利亚	千克	7883	7349		
刚果(布)	千克	800	3177		
44083920 制胶合板用单板，其他本章子目注释 1 所列热带木制，厚≤6 毫米					
合计	千克	2262610	4441582	3371412	1375222
马来西亚	千克			2775484	940582
加蓬	千克			545240	316274
喀麦隆	千克			38410	77681
菲律宾	千克			7545	13380
意大利	千克			4580	16671
美国	千克	1040840	1993801	98	3852
英国	千克	118600	231748	55	6782
墨西哥	千克	389760	777685		
印度尼西亚	千克	92380	142678		
西班牙	千克	19440	42961		
葡萄牙	千克	19440	14023		
韩国	千克	17000	57614		
厄瓜多尔	千克	9520	19129		
南非	千克	114680	216672		
以色列	千克	336510	722560		
哥伦比亚	千克	66560	148704		
加拿大	千克	19000	45523		
越南	千克	18880	28484		
44083990 其他纵锯切、刨切或旋切的木材，其他本章子目注释 1 所列热带木制，厚≤6 毫米					
合计	千克	709928	1706068	336692	879103
印度尼西亚	千克	140090	137761	1245	12886
意大利	千克	110930	951113	16459	34191
墨西哥	千克	66000	78489		
西班牙	千克	65790	106832	11012	97807
马来西亚	千克	64300	92520	7120	17159
美国	千克	57000	66848		
韩国	千克	38128	25710		
越南	千克	25000	14594		

（续）

商品/国别（地区）	计量单位	出口数量	出口金额（美元）	进口数量	进口金额（美元）
尼日利亚	千克	21600	9936		
菲律宾	千克	21310	19988		
加拿大	千克	19880	24884	9088	38520
哥伦比亚	千克	19000	22860		
比利时	千克	19000	24658		
约旦	千克	10400	19524		
以色列	千克	10196	59179		
爱尔兰	千克	9400	17822		
印度	千克	5440	14142	7870	105396
叙利亚	千克	3710	7634		
黎巴嫩	千克	1400	3629		
英国	千克	700	5940		
泰国	千克	580	1840		
吉布提	千克	74	165		
台湾省	千克			48305	260089
巴西	千克			24120	30997
德国	千克			16	1223
喀麦隆	千克			184325	148051
厄瓜多尔	千克			5111	81381
加纳	千克			22021	51403
44089011 用胶合板等多层板制的其他非针叶木饰面单板，厚≤6毫米					
合计	千克	3467702	15558337	5707	38243
埃及	千克	735280	290682		
俄罗斯	千克	654920	3921216		
韩国	千克	481424	364349		
西班牙	千克	340000	2003800		
加拿大	千克	195059	1874768	37	624
日本	千克	141840	703471		
意大利	千克	139490	1115856	5110	33446
哥伦比亚	千克	120430	757486		
土耳其	千克	114535	524377		
奥地利	千克	84725	723590		
芬兰	千克	72140	463097		
台湾省	千克	50750	346688		
美国	千克	42615	445815		
印度	千克	37280	360789		
澳大利亚	千克	31380	267486		
希腊	千克	30955	181217		
阿根廷	千克	29134	141295		
阿联酋	千克	28020	294420		
亚洲其他国家(地区)	千克	21300	13500		
德国	千克	20770	120635	35	786
立陶宛	千克	19915	136927		
乌克兰	千克	16910	128114		
安哥拉	千克	12420	15065		
马来西亚	千克	11736	91952		
坦桑尼亚	千克	8298	5300		
波兰	千克	7590	66323		
越南	千克	6465	52705		
南非	千克	4590	53076		
新加坡	千克	2823	61874		

（续）

商品/国别（地区）	计量单位	出口数量	出口金额（美元）	进口数量	进口金额（美元）
泰国	千克	2310	17766		
马里	千克	800	3654		
印度尼西亚	千克	670	5016		
罗马尼亚	千克	340	458		
朝鲜	千克	300	360		
巴林	千克	280	3018		
沙特阿拉伯	千克	155	1584		
哥斯达黎加	千克	45	571		
乌拉圭	千克	8	37		
法国	千克			525	3387
44089012 温带非针叶木制饰面用单板，厚≤6毫米					
合计	千克	2369459	8064570	6474315	8426616
美国	千克	89658	1366953	2856607	4819336
俄罗斯	千克			2854108	664982
台湾省	千克	32233	49966	123941	587298
加拿大	千克	1720	11648	120521	397465
意大利	千克	56909	199176	88767	397975
德国	千克			83431	363534
法国	千克	6109	141691	60799	244525
捷克	千克			57240	259266
土耳其	千克	7754	28500	41810	189367
爱沙尼亚	千克			34700	67498
巴西	千克			30831	116078
澳大利亚	千克	2682	17459	27816	62173
越南	千克	38890	116529	22048	54233
玻利维亚	千克			17897	33647
加纳	千克			14980	37208
匈牙利	千克			13800	26277
瑞士	千克			9492	59991
韩国	千克	199207	803919	8906	11552
奥地利	千克			2820	4794
摩纳哥	千克			2190	4599
英国	千克	773	5526	690	11979
罗马尼亚	千克			460	8768
日本	千克	946795	2341978	261	1813
中国	千克			120	60
斯洛文尼亚	千克	10500	9188	53	1718
印度	千克	8410	40959	20	446
波兰	千克			7	34
印度尼西亚	千克	34777	65477		
泰国	千克	2754	17120		
比利时	千克	10500	9805		
菲律宾	千克	4027	19305		
马来西亚	千克	793816	2351490		
安哥拉	千克	9000	6000		
荷兰	千克	78410	370651		
埃及	千克	19111	26544		
香港	千克	6860	5756		
新加坡	千克	5612	41780		
科威特	千克	2952	17150		

（续）

商品/国别（地区）	计量单位	出口数量	出口金额（美元）	进口数量	进口金额（美元）
44089019 其他非针叶木饰面用单板，厚≤6 毫米					
合计	千克	23953244	71484463	7441680	27332897
韩国	千克	6382964	21154000	225014	739346
日本	千克	4238881	8581353	33949	251499
马来西亚	千克	1452177	2988022	19446	15047
越南	千克	1328063	1959550	55786	103091
埃及	千克	1018770	1976213		
印度尼西亚	千克	763512	1489790	69070	196177
台湾省	千克	706647	1975089	900501	3067451
美国	千克	654842	3085586	2852510	7367240
俄罗斯	千克	617782	3677915	130069	143018
芬兰	千克	579263	3189247		
泰国	千克	551952	1528665	20109	89399
伊朗	千克	524809	972456		
叙利亚	千克	481914	1155927		
波兰	千克	447749	1134938		
德国	千克	364395	1446189	688373	3803140
印度	千克	336674	1513532	7906	86144
西班牙	千克	321432	1200132	181582	911217
土耳其	千克	294358	1103625	63600	160682
意大利	千克	280679	1822955	513758	4270904
斯洛伐克	千克	260895	644227	51	153
希腊	千克	246721	1117697		
拉脱维亚	千克	200881	1202235		
墨西哥	千克	180308	545253	56989	214316
加拿大	千克	152295	479295	379898	747047
黎巴嫩	千克	142529	403545		
香港	千克	141199	373264	15454	21566
荷兰	千克	136357	921280	9710	42337
澳大利亚	千克	135069	486993	131757	352317
新加坡	千克	111537	307379	10	65
阿联酋	千克	96839	458275		
菲律宾	千克	86115	86633		
葡萄牙	千克	82610	425829	38250	30281
立陶宛	千克	57790	381619		
约旦	千克	55550	124483		
白俄罗斯	千克	53432	333426	19077	10832
以色列	千克	47781	138926		
英国	千克	41700	91623	829	10315
贝宁	千克	40000	9600		
爱尔兰	千克	35687	85769		
纳米比亚	千克	30080	2930		
孟加拉国	千克	29765	30491		
斯里兰卡	千克	24228	51973		
巴拿马	千克	22050	96058		
巴基斯坦	千克	22000	18800		
乌克兰	千克	21622	139314	139	9138
奥地利	千克	21030	45655	48402	232969
法国	千克	16940	22958	145472	684665
南非	千克	16000	8550		
沙特阿拉伯	千克	15783	117546		
保加利亚	千克	13473	99133		

（续）

商品/国别（地区）	计量单位	出口数量	出口金额（美元）	进口数量	进口金额（美元）
哥伦比亚	千克	12288	70227		
新西兰	千克	10364	63920	22573	27431
阿根廷	千克	8100	44531		
格鲁吉亚	千克	7305	29193		
委内瑞拉	千克	6780	27258		
安哥拉	千克	6520	3654		
匈牙利	千克	4425	4016	220	2969
乌兹别克斯坦	千克	2976	2115		
蒙古	千克	2000	700		
苏丹	千克	1800	13571		
哈萨克斯坦	千克	1215	5050		
缅甸	千克	1200	2188		
瑞典	千克	797	3323		
挪威	千克	710	1880		
马里	千克	500	611		
尼日利亚	千克	385	3388		
摩尔多瓦	千克	300	330		
阿塞拜疆	千克	190	247		
加纳	千克	100	1040	234165	880232
阿鲁巴岛	千克	75	614		
澳门	千克	67	258		
比利时	千克	18	406	62	4234
捷克	千克			88869	901094
巴西	千克			165226	707296
科特迪瓦	千克			50045	122253
加蓬	千克			189	751
瑞士	千克			27152	249695
厄瓜多尔	千克			952	13463
罗马尼亚	千克			65504	203255
斯洛文尼亚	千克			68650	284183
中国	千克			17358	42759
巴拉圭	千克			44835	112107
刚果(布)	千克			14427	51628
喀麦隆	千克			33742	169191
44089021 温带非针叶木制胶合板用单板，厚≤6 毫米					
合计	千克	498928	609817	6372544	2161657
俄罗斯	千克			6048310	1540629
美国	千克	16210	39989	236002	383595
意大利	千克			65533	130405
德国	千克			11288	75938
奥地利	千克			9050	27422
瑞典	千克			1360	2101
韩国	千克			961	1487
台湾省	千克	198520	146605	40	80
土耳其	千克	11000	58921		
马来西亚	千克	89318	198836		
日本	千克	183880	165466		
44089029 其他非针叶木制胶合板用单板，厚≤6 毫米					
合计	千克	22494051	17288253	20351374	8391789
韩国	千克	7779119	6172293	800	344
印度尼西亚	千克	7168520	4217575	282700	94698
马来西亚	千克	1671714	2451048	13163673	5472505

(续)

商品/国别(地区)	计量单位	出口数量	出口金额(美元)	进口数量	进口金额(美元)
菲律宾	千克	1352271	693822	229620	66925
台湾省	千克	676930	244273	854	555
越南	千克	667638	290645	2204640	164523
泰国	千克	470400	121598		
美国	千克	366475	635972	18721	17208
埃及	千克	320700	141028		
香港	千克	318090	145367		
日本	千克	264143	390683	2268	1573
以色列	千克	185780	296736	5345	5345
墨西哥	千克	184800	294346		
巴基斯坦	千克	153600	67532		
伊朗	千克	132750	342856		
安哥拉	千克	123400	102639		
印度	千克	115890	68308		
英国	千克	86960	127721		
尼日利亚	千克	73500	89334		
西班牙	千克	69140	53404	8250	78724
智利	千克	67200	54894		
南非	千克	38000	66456		
阿联酋	千克	36000	9114		
委内瑞拉	千克	35775	54000		
马达加斯加	千克	24500	10068		
澳大利亚	千克	24000	23147		
希腊	千克	20016	32538		
土耳其	千克	19500	15600		
哥伦比亚	千克	19400	44044		
阿曼	千克	17600	7277		
厄瓜多尔	千克	9520	16118		
葡萄牙	千克	540	7617		
加拿大	千克	180	200	1549	1165
斯洛文尼亚	千克			736	8761
斐济	千克			756500	427187
德国	千克			37908	90087
缅甸	千克			1082900	511835
瑞士	千克			8150	5705
科特迪瓦	千克			11010	26130
奥地利	千克			13210	9247
加纳	千克			39715	25638
赤道几内亚	千克			650152	219878
中国	千克			96077	71489
加蓬	千克			1046696	668350
捷克	千克			88	3482
文莱	千克			23000	11823
法国	千克			10	441
巴布亚新几内亚	千克			585921	351554
意大利	千克			80881	56617
44089091 温带非针叶木制经纵锯、切刨或旋切的木材,厚≤6 毫米					
合计	千克	7595864	13984993	6166740	5788668
马来西亚	千克	1007067	2786768		
印度尼西亚	千克	891200	1407289	11048	37375
日本	千克	860871	2021962		
土耳其	千克	783500	1629612		

(续)

商品/国别(地区)	计量单位	出口数量	出口金额(美元)	进口数量	进口金额(美元)
台湾省	千克	771886	508023	4302	834
越南	千克	754889	958091		
泰国	千克	692924	1350340		
韩国	千克	607706	1315535	415	3869
巴基斯坦	千克	453500	743845		
菲律宾	千克	219500	159729		
印度	千克	128660	180557		
墨西哥	千克	117026	235120		
美国	千克	109921	197935	602427	863023
意大利	千克	78950	272836	13	92
以色列	千克	43500	67014		
捷克	千克	24000	41475	9830	15259
委内瑞拉	千克	17551	43201		
英国	千克	17250	33768		
哥伦比亚	千克	11500	20462		
瑞典	千克	2740	1828		
波兰	千克	1315	2410		
加拿大	千克	360	7060		
德国	千克	48	133		
中国	千克			500	500
俄罗斯	千克			5440015	4623953
新加坡	千克			12108	20755
罗马尼亚	千克			6643	7144
香港	千克			928	1856
西班牙	千克			26186	36976
巴西	千克			52325	177032
44089099 未列名非针叶木制经纵锯、切刨或旋切的木材,厚≤6 毫米					
合计	千克	10162003	18221402	546778	1707507
印度	千克	3100730	3496228		
越南	千克	1019038	1359364		
哥伦比亚	千克	718263	1453814		
马来西亚	千克	685753	1356637	1650	467
德国	千克	677186	1641130	37263	112203
泰国	千克	674418	1112609		
美国	千克	577136	1319469	89568	377085
委内瑞拉	千克	556200	1081826		
台湾省	千克	350035	299664	35783	80810
日本	千克	328550	763399	7751	78294
菲律宾	千克	247927	593353		
巴基斯坦	千克	174965	319152		
秘鲁	千克	170582	424373		
韩国	千克	158110	326509	24401	344978
墨西哥	千克	109534	247962		
英国	千克	91905	632989	3	123
香港	千克	69470	17868		
印度尼西亚	千克	55210	116489		
巴西	千克	52080	78281	9500	6650
奥地利	千克	51960	100591	11902	85280
俄罗斯	千克	41330	188301	157225	187725
西班牙	千克	31065	151795		
荷兰	千克	24805	243394		
以色列	千克	24045	134995		

(续)

商品/国别（地区）	计量单位	出口数量	出口金额（美元）	进口数量	进口金额（美元）
捷克	千克	23143	147188		
伊朗	千克	23115	48687		
萨尔瓦多	千克	21526	40969		
土耳其	千克	16820	115895		
阿尔巴尼亚	千克	14925	74519		
法国	千克	12458	61090	475	24416
芬兰	千克	10985	47610	31	368
克罗地亚	千克	9557	44153		
希腊	千克	8305	36458		
埃及	千克	5550	30572		
尼日尔	千克	5432	4645		
厄瓜多尔	千克	4840	25232		
新加坡	千克	4100	9974		
阿曼	千克	3745	18542		
阿联酋	千克	2340	18359		
智利	千克	2060	15504		
南非	千克	1605	13328		
黎巴嫩	千克	1200	8485		
莫桑比克	千克			12451	4669
瑞士	千克			13198	9239
加拿大	千克			1743	4498
乌克兰	千克			69466	154092
喀麦隆	千克			3500	1720
意大利	千克			54989	107858
澳大利亚	千克			181	1448
中国	千克			15698	125584

4409 异形材

商品/国别（地区）	计量单位	出口数量	出口金额（美元）	进口数量	进口金额（美元）
44091010 针叶木地板条(块)，任何一边、端或面制成连续形状					
合计	千克	9851833	16930299	5649	18984
日本	千克	6760865	14739215	1810	5268
英国	千克	853398	552961		
韩国	千克	844148	601895		
美国	千克	430677	324022	1006	2350
德国	千克	347151	205694	342	450
比利时	千克	246385	154933		
斯洛文尼亚	千克	130971	69469		
加拿大	千克	91165	66614		
澳大利亚	千克	42279	47776		
塞尔维亚	千克	23000	14092		
西班牙	千克	15006	28834		
印度	千克	13600	7448		
新加坡	千克	9500	17332		
南非	千克	9000	15954		
阿塞拜疆	千克	8100	11600		
俄罗斯	千克	6706	38620		
乌克兰	千克	4890	3250		
安哥拉	千克	3824	16445		
塞浦路斯	千克	3178	4965		
香港	千克	3150	2795		
芬兰	千克	2280	1824		

(续)

商品/国别（地区）	计量单位	出口数量	出口金额（美元）	进口数量	进口金额（美元）
埃及	千克	1800	1186		
新西兰	千克	760	3375		
法国	千克			1550	10742
老挝	千克			941	174
44091090 其他任何一边、端或面制成连续形状的针叶木材					
合计	千克	11939874	11838153	1066555	523408
日本	千克	6522582	6726959		
韩国	千克	2976666	2632191		
美国	千克	1530037	1570775	97628	58266
台湾省	千克	385827	252293	194	1011
加拿大	千克	184967	328277	12208	30112
法国	千克	74125	78599		
塞舌尔	千克	64572	49683		
塞拉利昂	千克	52000	20412		
澳大利亚	千克	37557	47383	4655	27988
香港	千克	19715	21670		
丹麦	千克	19184	30416		
泰国	千克	17120	11436		
俄罗斯	千克	13218	13879	816000	214844
沙特阿拉伯	千克	10402	20585		
南非	千克	8000	2919		
留尼汪	千克	7326	9408		
安哥拉	千克	7000	7108		
科威特	千克	5688	5972		
缅甸	千克	2100	630		
哥伦比亚	千克	900	5472		
巴林	千克	500	340		
挪威	千克	238	784		
印度	千克	150	962		
芬兰	千克			21367	21272
德国	千克			63776	75848
瑞典	千克			6970	43284
印度尼西亚	千克			23245	34914
越南	千克			20512	15869
44092110 任何一边、端或面制成连续形状的竹地板条(块)					
合计	千克	132035419	227275673	54875	69383
美国	千克	60141645	107507594	14300	24855
加拿大	千克	13031535	21695219		
澳大利亚	千克	7780106	12665846		
法国	千克	4844697	7524092		
荷兰	千克	4559652	8553502		
英国	千克	3857122	5737926		
比利时	千克	2797303	4863823		
克罗地亚	千克	2339401	3657282		
德国	千克	2031968	3099452		
罗马尼亚	千克	1956510	3077301		
意大利	千克	1926829	3352480		
波兰	千克	1916815	2794714		
新加坡	千克	1863682	5903427		
日本	千克	1712358	3035444		
俄罗斯	千克	1571886	2297548		
西班牙	千克	1288244	2469372		

(续)

商品/国别(地区)	计量单位	出口数量	出口金额(美元)	进口数量	进口金额(美元)
韩国	千克	1235862	1668766		
墨西哥	千克	1159426	1771306		
南非	千克	973511	1563059		
哈萨克斯坦	千克	900877	1254065		
土耳其	千克	851234	1191454		
葡萄牙	千克	768641	1157177		
阿联酋	千克	666056	1121162		
斯洛文尼亚	千克	641667	1071884		
丹麦	千克	588341	1064677		
新西兰	千克	575607	984274		
匈牙利	千克	568933	1112576		
卢森堡	千克	557321	667987		
乌克兰	千克	533810	755555		
印度	千克	372195	579403		
马来西亚	千克	346222	1151523		
希腊	千克	326686	472286		
巴西	千克	322881	472675		
黑山	千克	295374	393929		
奥地利	千克	293254	408550		
瑞士	千克	279350	365554		
塞尔维亚	千克	265300	373590		
乌兹别克斯坦	千克	256497	371646		
保加利亚	千克	253658	364891		
台湾省	千克	248670	438994		
挪威	千克	237166	545674		
爱尔兰	千克	226895	757165		
捷克	千克	203219	281213		
肯尼亚	千克	195276	264258		
巴基斯坦	千克	188700	245289		
菲律宾	千克	182831	280716		
哥伦比亚	千克	181048	316352		
秘鲁	千克	156069	261332		
格鲁吉亚	千克	150908	229050		
瑞典	千克	144812	236699		
蒙古	千克	144142	184044		
斯洛伐克	千克	131634	173401		
香港	千克	127787	190963		
卡塔尔	千克	126118	285845		
越南	千克	117102	148968		
巴布亚新几内亚	千克	112000	43401		
泰国	千克	105879	243917		
埃及	千克	105636	152976		
以色列	千克	100534	190952		
厄瓜多尔	千克	98306	152546		
土库曼斯坦	千克	94895	139850		
阿根廷	千克	91843	118800		
摩洛哥	千克	88990	112343		
智利	千克	86793	118560		
安哥拉	千克	86792	126356		
沙特阿拉伯	千克	78315	117417		
马耳他	千克	77879	99841		
亚美尼亚	千克	72350	114520		

(续)

商品/国别(地区)	计量单位	出口数量	出口金额(美元)	进口数量	进口金额(美元)
印度尼西亚	千克	71912	89178	450	275
阿塞拜疆	千克	70000	124074		
留尼汪	千克	63611	81991		
安提瓜和巴布达	千克	57965	47418		
新喀里多尼亚	千克	57174	112008		
摩尔多瓦	千克	56626	89696		
波黑	千克	55750	70046		
伊朗	千克	55745	126914		
法属波利尼西亚	千克	52656	62538		
塞浦路斯	千克	52047	66667		
立陶宛	千克	50185	69996		
巴拿马	千克	49794	104681		
哥斯达黎加	千克	45172	62176		
塞舌尔	千克	43718	81037		
阿尔巴尼亚	千克	40416	104312		
毛里求斯	千克	39013	76590		
芬兰	千克	38335	63639		
阿曼	千克	35698	49900		
刚果(金)	千克	34500	27000		
黎巴嫩	千克	32144	41378		
约旦	千克	30934	40825		
佛得角	千克	30400	47379		
利比亚	千克	28780	9408		
拉脱维亚	千克	28110	33732		
乌拉圭	千克	27116	72622		
多米尼加	千克	22917	29907		
赤道几内亚	千克	22710	21846		
巴哈马	千克	22082	32667		
委内瑞拉	千克	20610	28527		
洪都拉斯	千克	20600	25345		
埃塞俄比亚	千克	18117	25654		
塞内加尔	千克	17656	20993		
大洋洲其他国家(地区)	千克	16500	24265		
圣卢西亚	千克	16200	22768		
马尔代夫	千克	15677	29137		
文莱	千克	14206	17678		
东帝汶	千克	12000	18576		
赞比亚	千克	9670	15532		
叙利亚	千克	9430	11508		
开曼群岛	千克	7000	9500		
朝鲜	千克	6650	8944		
圣其茨和尼维斯	千克	6356	9136		
博茨瓦那	千克	4260	6702		
马提尼克	千克	3330	5028		
特立尼达和多巴哥	千克	2898	5045		
澳门	千克	2311	3450		
斐济	千克	980	2059		
也门	千克	413	1748		
中国	千克			40125	44253
44092190 其他任何一边、端或面制成连续形状的竹材					
合计	千克	1169218	2766749	4643	6340
荷兰	千克	359602	717944		

（续）

商品/国别（地区）	计量单位	出口数量	出口金额（美元）	进口数量	进口金额（美元）
美国	千克	278236	619930		
加拿大	千克	133441	376313		
韩国	千克	70432	327313		
英国	千克	55855	103518		
丹麦	千克	54355	144245		
莫桑比克	千克	31000	6820		
比利时	千克	26900	45111		
澳大利亚	千克	26166	48809		
法国	千克	21600	35233		
拉脱维亚	千克	20160	45100		
日本	千克	19572	80283		
台湾省	千克	12464	59524		
挪威	千克	11640	24425		
西班牙	千克	11520	31864		
立陶宛	千克	10080	22411		
意大利	千克	8730	11142		
沙特阿拉伯	千克	4150	15087		
朝鲜	千克	2400	1680		
马来西亚	千克	1920	14486		
厄瓜多尔	千克	1920	4170		
捷克	千克	1800	4529		
伊朗	千克	1610	5080		
香港	千克	975	3880		
印度尼西亚	千克	920	9968	434	1329
瑞典	千克	580	1313		
德国	千克	541	5147		
马达加斯加	千克	400	296		
马耳他	千克	108	808		
新西兰	千克	72	272		
波兰	千克	69	48		
中国	千克			4209	5011
44092910 任何一边、端或面制成连续形状的其他非针叶木地板条(块)					
合计	千克	223208269	332742623	4697628	10130425
美国	千克	57596004	86296374	2308216	5130758
英国	千克	43188682	64449260	90400	272564
加拿大	千克	36233883	52721185	18674	84929
日本	千克	29153580	41104395	22746	71978
韩国	千克	11425268	14124126	5170	12561
法国	千克	8335027	15974467	35	338
比利时	千克	5819723	10089980	23000	115137
俄罗斯	千克	5179225	8725687		
澳大利亚	千克	5109130	6599722	26993	9611
爱尔兰	千克	3516749	4639074		
香港	千克	3311136	3082079		
德国	千克	2829495	5231921	8953	20538
泰国	千克	960028	1292463	74918	119776
印度	千克	792865	1258207		
新加坡	千克	780284	1215082	2373	3375
荷兰	千克	751550	1670560		
意大利	千克	740737	1264270	1330	12263
阿联酋	千克	738265	931597		

（续）

商品/国别（地区）	计量单位	出口数量	出口金额（美元）	进口数量	进口金额（美元）
西班牙	千克	721690	1307746		
乌克兰	千克	478478	922966		
卢森堡	千克	411596	1478289		
丹麦	千克	393350	554672	61594	164229
希腊	千克	381214	625524		
波兰	千克	368381	631854		
黎巴嫩	千克	351471	575707		
斯洛文尼亚	千克	303593	470382		
台湾省	千克	244116	334616	4253	7223
格鲁吉亚	千克	226519	488694		
菲律宾	千克	217740	339573		
土库曼斯坦	千克	180918	192743		
克罗地亚	千克	170882	308236		
保加利亚	千克	169740	186067		
罗马尼亚	千克	162000	336805		
澳门	千克	141353	173565		
墨西哥	千克	101700	145065		
埃及	千克	96906	182734		
阿尔巴尼亚	千克	96209	141242		
葡萄牙	千克	88504	122611		
土耳其	千克	86016	133199		
智利	千克	77900	101378		
塞尔维亚	千克	72468	99211		
科威特	千克	71550	47758		
肯尼亚	千克	66184	114235		
南非	千克	65295	101511		
巴基斯坦	千克	54922	82478		
斯洛伐克	千克	52700	60234		
哈萨克斯坦	千克	52510	208715		
马来西亚	千克	46100	93473	363480	360281
匈牙利	千克	44628	76542		
特立尼达和多巴哥	千克	44440	132918		
挪威	千克	44230	52854		
捷克	千克	42660	58928		
摩洛哥	千克	42257	101457		
瑞典	千克	41427	70507	104	684
新西兰	千克	36770	62086		
奥地利	千克	36049	49538	14626	33086
乌兹别克斯坦	千克	35612	55604		
沙特阿拉伯	千克	34560	75811		
卡塔尔	千克	34500	64735		
伊朗	千克	33000	36370		
阿根廷	千克	27035	43639		
约旦	千克	26884	81338		
安哥拉	千克	23836	63911		
新喀里多尼亚	千克	22717	40068		
巴林	千克	19500	16000		
阿塞拜疆	千克	17883	31901		
以色列	千克	17486	33821		
塞浦路斯	千克	16700	39252		
文莱	千克	16000	26183		
芬兰	千克	15700	41363		

(续)

商品/国别(地区)	计量单位	出口数量	出口金额(美元)	进口数量	进口金额(美元)
秘鲁	千克	14989	21439		
苏丹	千克	14638	40711		
冰岛	千克	13762	26589		
孟加拉国	千克	12306	30113		
尼日利亚	千克	11000	18314		
白俄罗斯	千克	8450	11908		
坦桑尼亚	千克	7936	25971		
巴拿马	千克	6362	9798		
所罗门群岛	千克	6000	16202		
牙买加	千克	5775	8539		
哥伦比亚	千克	4900	7917		
塞舌尔	千克	4828	14460		
斯里兰卡	千克	3550	13014		
立陶宛	千克	3392	7580		
拉脱维亚	千克	2870	3507		
越南	千克	1	3	185	1340
印度尼西亚	千克			36164	18610
缅甸	千克			132018	166407
亚洲其他国家(地区)	千克			4300	2044
巴拉圭	千克			109613	228015
中国	千克			166457	280781
玻利维亚	千克			1058933	2766360
爱沙尼亚	千克			170	1278
老挝	千克			150795	235277
巴布亚新几内亚	千克			12128	10982
44092990 其他任一边、端或面制成连续形状的其他非针叶木木材					
合计	千克	6660503	9990638	2135716	4845902
日本	千克	2638997	4912379	6	52
香港	千克	1901466	1735889		
美国	千克	901641	1518035	1377064	2946513
印度	千克	224993	294232	3818	41005
韩国	千克	220269	211900	29758	88783
澳大利亚	千克	151312	242718	28040	10415
阿联酋	千克	61858	67519		
澳门	千克	59356	98947		
德国	千克	56648	87326	31099	716806
加拿大	千克	42762	98483	100209	233159
比利时	千克	41395	39505		
新西兰	千克	37445	24206		
摩洛哥	千克	28176	25179		
新加坡	千克	28170	21577		
意大利	千克	27350	91037	27677	207756
特立尼达和多巴哥	千克	26218	75967		
伊拉克	千克	24776	8050		
法国	千克	23909	91409	1100	24711
波多黎各	千克	18386	40085		
芬兰	千克	16156	37539	80894	135682
爱尔兰	千克	14375	16768		
西班牙	千克	12865	14190		
台湾省	千克	12276	35058	2493	23875
匈牙利	千克	11340	22534		
马来西亚	千克	11000	10000		

(续)

商品/国别(地区)	计量单位	出口数量	出口金额(美元)	进口数量	进口金额(美元)
埃及	千克	10933	13290		
荷兰	千克	10280	27559	36142	60354
泰国	千克	7402	17040		
英国	千克	5807	16962	61	1447
莫桑比克	千克	3667	1450		
莱索托	千克	3397	9531		
科威特	千克	3029	3180		
毛里求斯	千克	2981	5900		
波兰	千克	2800	14028		
斯洛伐克	千克	2358	2458		
巴拿马	千克	1900	10944	53975	30363
希腊	千克	1900	3536		
萨尔瓦多	千克	1849	3680		
卡塔尔	千克	1608	5296		
斯洛文尼亚	千克	1601	5801		
以色列	千克	1395	10442		
巴基斯坦	千克	1020	584		
约旦	千克	1000	9459		
阿尔巴尼亚	千克	775	3784		
丹麦	千克	631	1509	98370	190741
印度尼西亚	千克	310	1127	132273	92087
塞浦路斯	千克	203	588		
安哥拉	千克	189	736		
俄罗斯	千克	177	270	90550	25845
南非	千克	110	825		
越南	千克	42	127	17180	1698
罗马尼亚	千克			49	413
玻利维亚	千克			246	2857
加蓬	千克			24712	11340

4410 刨花板

商品/国别(地区)	计量单位	出口数量	出口金额(美元)	进口数量	进口金额(美元)
44101100 木质碎料板					
合计	千克	19867156	8102255	122992502	38643342
泰国	千克			74345356	17923352
马来西亚	千克	176077	80204	13389770	3361731
罗马尼亚	千克			7070459	1656141
德国	千克	4632	1960	6941773	5588118
日本	千克	1226342	981612	6653082	4920981
意大利	千克	1529	820	5773125	1472600
印度尼西亚	千克	294041	115255	2954260	1168043
奥地利	千克			2174275	1163347
法国	千克	3400	5005	1323182	593186
英国	千克	13011	7625	1090546	366980
越南	千克	1012623	218590	960940	171794
葡萄牙	千克	25000	7737	86815	36552
美国	千克	140916	135380	72559	53661
荷兰	千克	8086	6140	62414	34919
比利时	千克			44835	20538
台湾省	千克	419291	330390	28570	42466
瑞士	千克			14097	6346
香港	千克	56598	63516	4643	46247
中国	千克			1146	12169

(续)

商品/国别(地区)	计量单位	出口数量	出口金额(美元)	进口数量	进口金额(美元)
哥伦比亚	千克	345153	126304	208	821
加拿大	千克	64228	64770	206	2151
巴西	千克			89	452
丹麦	千克			63	86
新西兰	千克	900	661	50	583
韩国	千克	2158286	619224	39	78
沙特阿拉伯	千克	900802	388209		
阿联酋	千克	1761714	917652		
新加坡	千克	122953	92172		
埃及	千克	74088	37616		
巴基斯坦	千克	19510	9463		
卡塔尔	千克	134700	47397		
斐济	千克	17300	5826		
科威特	千克	158680	67362		
利比亚	千克	22680	8476		
尼日利亚	千克	519297	183019		
阿尔巴尼亚	千克	20759	11119		
塞浦路斯	千克	53360	17451		
印度	千克	439595	165924		
土耳其	千克	142146	81047		
肯尼亚	千克	158414	42315		
约旦	千克	36000	12118		
澳门	千克	3950	2683		
哥斯达黎加	千克	182700	74208		
索马里	千克	10100	2400		
澳大利亚	千克	575055	610115		
萨尔瓦多	千克	185900	67589		
巴林	千克	22940	15744		
挪威	千克	2302	1632		
萨摩亚	千克	3000	3171		
以色列	千克	42322	14614		
蒙古	千克	2425686	404004		
莫桑比克	千克	59000	29190		
南非	千克	710141	258633		
秘鲁	千克	1119567	374070		
波兰	千克	640	572		
伊朗	千克	2500	3225		
黎巴嫩	千克	57403	24447		
叙利亚	千克	70777	25237		
菲律宾	千克	927534	190426		
苏丹	千克	128300	63279		
俄罗斯	千克	362864	136028		
乍得	千克	2446	2032		
赤道几内亚	千克	5382	14105		
洪都拉斯	千克	15264	3806		
危地马拉	千克	656230	227915		
希腊	千克	83185	79958		
缅甸	千克	1371022	488132		
波多黎各	千克	151500	61330		
斯里兰卡	千克	23780	14220		
西班牙	千克	56185	28434		
尼泊尔	千克	20370	7680		

(续)

商品/国别(地区)	计量单位	出口数量	出口金额(美元)	进口数量	进口金额(美元)
智利	千克	43140	16153		
苏里南	千克	13860	4864		
44101200 木制定向刨花板(OSB)					
合计	千克	14174497	5654965	42649105	13645715
泰国	千克	2151	14491	19492249	5320248
德国	千克			8350629	3616056
马来西亚	千克	379675	145393	5546218	1197568
加拿大	千克	175	11	4295659	1673047
罗马尼亚	千克			1463350	340304
巴西	千克			1115640	458115
美国	千克	103986	65435	890550	392953
新西兰	千克	16800	6441	450216	99047
拉脱维亚	千克			421043	152366
韩国	千克	258400	79740	220478	108179
奥地利	千克			148247	116986
英国	千克			107296	66448
意大利	千克	2700	904	92048	24831
法国	千克	5500	2646	24191	11857
瑞典	千克	7415	4449	12000	16794
日本	千克	109851	50303	10514	31615
立陶宛	千克			4398	6208
台湾省	千克	4252290	1250052	2956	4199
埃及	千克	14796	33999	1210	802
香港	千克	2350	1870	151	7678
荷兰	千克	5802	18845	62	414
萨摩亚	千克	350	504		
安哥拉	千克	151515	237494		
保加利亚	千克	32899	17853		
蒙古	千克	1988370	352133		
波兰	千克	13167	3342		
南非	千克	51800	28149		
莫桑比克	千克	15674	6848		
黎巴嫩	千克	199171	42034		
俄罗斯	千克	1403183	740997		
塔吉克斯坦	千克	1878670	759124		
赤道几内亚	千克	1603	2036		
洪都拉斯	千克	40000	13216		
克罗地亚	千克	44850	20094		
葡萄牙	千克	24580	14073		
毛里塔尼亚	千克	4000	12551		
加纳	千克	1725	3000		
斯里兰卡	千克	33900	15414		
智利	千克	357735	223245		
印度尼西亚	千克	25293	12038		
西班牙	千克	8384	10035		
巴林	千克	21355	43338		
澳大利亚	千克	122891	55440		
巴布亚新几内亚	千克	36000	14209		
肯尼亚	千克	525290	178434		
约旦	千克	224623	141643		
亚洲其他国家(地区)	千克	15120	4428		
土耳其	千克	84916	50530		

(续)

商品/国别（地区）	计量单位	出口数量	出口金额（美元）	进口数量	进口金额（美元）
印度	千克	128473	53473		
爱尔兰	千克	430	231		
哈萨克斯坦	千克	108630	49889		
乌兹别克斯坦	千克	48500	27219		
尼日利亚	千克	901659	462573		
刚果(金)	千克	200	749		
科威特	千克	3614	2073		
牙买加	千克	18900	5861		
卡塔尔	千克	35	5		
利比亚	千克	6550	7889		
新加坡	千克	36487	33432		
埃塞俄比亚	千克	201095	50925		
苏里南	千克	8900	3090		
沙特阿拉伯	千克	98534	113199		
阿联酋	千克	143535	167576		
44101900 其他木质类似板(例如，华夫板)					
合计	千克	10954114	5454980	122090151	35959187
泰国	千克	246	1428	73567550	19379829
马来西亚	千克	21768	13843	26199445	5980192
奥地利	千克	6779	14163	12108382	6988254
意大利	千克	496156	365984	2605930	591327
印度尼西亚	千克	20900	38038	2277401	1040596
罗马尼亚	千克			1726335	443016
葡萄牙	千克			1092007	223418
新西兰	千克	3209	1618	686422	206956
德国	千克	8903	5754	397430	377478
加拿大	千克	15862	6752	350800	161913
英国	千克	22784	23651	283573	71980
比利时	千克	1528	3120	235585	176013
美国	千克	288202	282854	125102	41762
澳大利亚	千克	116497	69550	109738	72500
巴西	千克			95939	43393
厄瓜多尔	千克			72832	46537
爱沙尼亚	千克			72600	37693
日本	千克	179554	414488	25747	29466
缅甸	千克			24087	12429
立陶宛	千克			15242	12986
瑞士	千克	10	10	13780	16289
台湾省	千克	301401	183658	3772	3645
新加坡	千克	6845	13833	427	1253
荷兰	千克	84873	149917	20	226
西班牙	千克	114563	94200	5	36
沙特阿拉伯	千克	403452	205361		
阿联酋	千克	197934	103986		
阿塞拜疆	千克	177	76		
科威特	千克	282	4611		
瑞典	千克	4	4		
卡塔尔	千克	77000	33253		
埃及	千克	422366	127634		
毛里求斯	千克	63691	41731		
巴拿马	千克	1800	1485		
乌兹别克斯坦	千克	901500	292518		

(续)

商品/国别（地区）	计量单位	出口数量	出口金额（美元）	进口数量	进口金额（美元）
刚果(金)	千克	1090	527		
哈萨克斯坦	千克	228790	55313		
尼日利亚	千克	133164	95328		
委内瑞拉	千克	1312	3381		
卢森堡	千克	68	1222		
爱尔兰	千克	1050	1148		
吉布提	千克	920549	277800		
印度	千克	17893	13724		
纳米比亚	千克	7124	28168		
肯尼亚	千克	83566	23958		
马耳他	千克	36	72		
约旦	千克	58670	15432		
阿尔及利亚	千克	39041	14535		
法国	千克	21050	20785		
以色列	千克	59172	43413		
芬兰	千克	5	30		
南非	千克	19477	7693		
伊朗	千克	14591	40504		
波兰	千克	26154	9184		
安哥拉	千克	41996	18868		
韩国	千克	406272	299394		
捷克	千克	601	1275		
越南	千克	30790	19864		
蒙古	千克	27400	10925		
特立尼达和多巴哥	千克	1564	3566		
伊拉克	千克	440	2760		
多米尼加	千克	10	20		
俄罗斯	千克	872165	267309		
菲律宾	千克	73804	23921		
塔吉克斯坦	千克	2693816	1090626		
喀麦隆	千克	790	165		
洪都拉斯	千克	164458	78657		
苏丹	千克	22244	12089		
赤道几内亚	千克	33000	22300		
乌克兰	千克	2721	5000		
叙利亚	千克	70940	31259		
科特迪瓦	千克	1656	3814		
希腊	千克	17924	23800		
香港	千克	1066705	377839		
苏里南	千克	7350	2000		
智利	千克	25680	9175		
贝宁	千克	700	4617		
44109000 其他木制材料碎料板、定向刨花板(OSB)及类似板(例如，华夫板)					
合计	千克	35634127	13166088	2529405	673778
俄罗斯	千克	27859670	7230836		
南非	千克	1354125	625179		
肯尼亚	千克	870864	284009		
尼日利亚	千克	754627	306888		
美国	千克	605993	1245432	196258	124675
日本	千克	567152	1100249	672	4867
西班牙	千克	496500	261739		

(续)

商品/国别(地区)	计量单位	出口数量	出口金额(美元)	进口数量	进口金额(美元)
危地马拉	千克	402169	189376		
约旦	千克	339480	132174		
奥地利	千克	332992	493999	30	418
韩国	千克	267514	146285		
马来西亚	千克	244830	72056	423340	117413
哥斯达黎加	千克	141265	56494		
埃塞俄比亚	千克	125400	88731		
安哥拉	千克	122850	38881		
德国	千克	117370	181009	26565	16122
菲律宾	千克	96950	33580		
吉布提	千克	93600	22932		
缅甸	千克	87420	27428		
法国	千克	79600	119992		
马拉维	千克	69240	31042		
苏丹	千克	64000	32946		
亚洲其他国家(地区)	千克	55000	15400		
印度	千克	50600	15269		
索马里	千克	46800	20263		
新西兰	千克	37011	24564		
澳大利亚	千克	36913	81296		
坦桑尼亚	千克	36000	13628		
乌干达	千克	32148	10286		
英国	千克	30332	118726		
朝鲜	千克	27000	7560		
黎巴嫩	千克	26000	9670		
柬埔寨	千克	25300	11766		
斐济	千克	24150	8584		
越南	千克	19375	5687	796983	137886
墨西哥	千克	19138	12765		
意大利	千克	17475	23507	75679	11808
沙特阿拉伯	千克	14520	5849		
利比亚	千克	10500	14053		
印度尼西亚	千克	7680	7408		
中非	千克	5500	3088		
新加坡	千克	4926	15178		
以色列	千克	3800	5078		
塞内加尔	千克	3300	1400		
台湾省	千克	2757	5898	40	9
罗马尼亚	千克	1545	2955		
荷兰	千克	1300	702	16	401
香港	千克	1056	3689	990	1025
加拿大	千克	300	527	2369	5137
瑞典	千克	74	10		
捷克	千克	16	25		
泰国	千克			1006463	254017

4411 纤维板

44111211 密度>0.8 克/厘米^3 且厚度≤5 毫米的中密度纤维板(MDF)(未经机械加工或盖面的)

商品/国别(地区)	计量单位	出口数量	出口金额(美元)	进口数量	进口金额(美元)
合计	千克	31624331	10539583	22179863	8886166
伊朗	千克	9108464	3095333		
叙利亚	千克	4017270	1122274		
苏丹	千克	2713882	876636		
韩国	千克	2475601	554122	2518	942
沙特阿拉伯	千克	1997786	605541		
哥伦比亚	千克	1726400	607020		
吉布提	千克	1335760	668518		
乌兹别克斯坦	千克	986800	276057		
印度尼西亚	千克	853662	245060	5046924	1715025
美国	千克	819832	384735	300	561
台湾省	千克	745218	250279	13800	4890
厄瓜多尔	千克	632500	233813		
阿联酋	千克	408130	131284		
孟加拉国	千克	383952	81865		
阿尔及利亚	千克	370000	262758		
巴基斯坦	千克	361075	98252		
科威特	千克	245523	68419		
哈萨克斯坦	千克	238602	80663		
缅甸	千克	219640	55461		
泰国	千克	216145	98388	2790621	1068035
坦桑尼亚	千克	208100	87336		
越南	千克	204106	69768		
特立尼达和多巴哥	千克	138520	70228		
菲律宾	千克	120444	33912		
以色列	千克	119056	33136		
尼日利亚	千克	114350	76094		
南非	千克	89400	33056		
约旦	千克	81743	23127		
莫桑比克	千克	81015	23339		
卡塔尔	千克	69500	30960		
蒙古	千克	64476	24005		
塔吉克斯坦	千克	58600	13925		
瑞典	千克	54065	43833		
墨西哥	千克	38000	12994		
俄罗斯	千克	38000	12879		
智利	千克	37000	12114	179332	81869
巴西	千克	36756	13169		
萨摩亚	千克	35560	10944		
西班牙	千克	30200	29782		
新加坡	千克	29858	13251		
印度	千克	29557	16726		
新西兰	千克	16340	4758	7454969	3119442
澳大利亚	千克	13500	4714	5075158	1901509
加拿大	千克	11883	8799		
日本	千克	11510	17222	558368	547965
肯尼亚	千克	10626	7710		
吉尔吉斯斯坦	千克	9916	3829		
香港	千克	8660	4050		
马来西亚	千克	2705	1390	774286	308963
津巴布韦	千克	1583	3952		
安哥拉	千克	1520	1419		
朝鲜	千克	1000	300		
博茨瓦那	千克	400	184		
希腊	千克	140	200		

(续)

商品/国别(地区)	计量单位	出口数量	出口金额(美元)	进口数量	进口金额(美元)
阿根廷	千克			118542	42409
德国	千克			65	415
波兰	千克			113600	75645
意大利	千克			51380	18496
44111219 密度>0.8克/厘米^3 且厚度≤5毫米的中密度纤维板(MDF)(经机械加工或盖面的)					
合计	千克	46570543	27512264	5646828	2804421
伊朗	千克	12432266	8531619		
阿联酋	千克	7027001	3541759		
美国	千克	6368750	4250918	227012	137205
印度	千克	2774362	1723930		
孟加拉国	千克	2557069	688679		
俄罗斯	千克	1573376	831937		
埃及	千克	1265967	749449		
沙特阿拉伯	千克	1258397	682204		
越南	千克	811485	229149		
卡塔尔	千克	786537	248970		
日本	千克	777467	1306845	421710	557596
巴基斯坦	千克	741663	402282		
苏丹	千克	654519	213031		
哥伦比亚	千克	603921	285469		
肯尼亚	千克	548640	227935		
莫桑比克	千克	517532	142447		
墨西哥	千克	431000	326105		
南非	千克	409865	146146		
尼日利亚	千克	357350	137322		
台湾省	千克	347630	122238	60344	142185
危地马拉	千克	260140	148156		
泰国	千克	257730	179049	2108488	636183
坦桑尼亚	千克	254110	70818		
香港	千克	221613	150450		
多米尼加	千克	214025	63108		
新加坡	千克	211587	209276		
印度尼西亚	千克	206878	72140	150531	39549
阿曼	千克	194420	74910		
也门	千克	174500	86181		
叙利亚	千克	161420	124362		
缅甸	千克	125004	30762		
苏里南	千克	120482	55243		
哥斯达黎加	千克	114550	51819		
毛里求斯	千克	114292	117549		
科威特	千克	90648	56240		
菲律宾	千克	82671	54642		
意大利	千克	75985	50360	149708	108911
加拿大	千克	75831	72284		
塞浦路斯	千克	74996	59133		
马来西亚	千克	70282	55459	675318	271461
委内瑞拉	千克	69767	29917		
特立尼达和多巴哥	千克	66517	34804		
约旦	千克	66100	74001		
巴西	千克	65394	71813		
澳大利亚	千克	61422	88783	570208	411762

(续)

商品/国别(地区)	计量单位	出口数量	出口金额(美元)	进口数量	进口金额(美元)
秘鲁	千克	60000	40848		
黎巴嫩	千克	58746	45747		
智利	千克	57300	27939		
巴布亚新几内亚	千克	52500	19763		
加纳	千克	51898	27640		
爱尔兰	千克	43800	66954		
巴拿马	千克	39000	24219		
贝宁	千克	37246	15928		
阿尔及利亚	千克	35840	10111		
萨尔瓦多	千克	35300	25359		
摩洛哥	千克	35000	9010		
新西兰	千克	33840	12295	91674	43464
拉脱维亚	千克	28550	43161		
伊拉克	千克	25500	38500		
海地	千克	23000	7325		
突尼斯	千克	20700	30600		
韩国	千克	20098	15387	66	523
乌兹别克斯坦	千克	19030	13995		
斐济	千克	19000	6094		
德国	千克	18908	17445	70934	96450
亚洲其他国家(地区)	千克	18300	4917		
朝鲜	千克	18200	12168		
索马里	千克	17460	6929		
荷兰	千克	17265	30479	280	1978
立陶宛	千克	17200	5655		
土耳其	千克	17004	8592		
希腊	千克	16850	27783		
塞拉利昂	千克	15900	6960		
以色列	千克	14717	20086		
瑞士	千克	12290	13711	210	4048
塔吉克斯坦	千克	5600	1960		
所罗门群岛	千克	4800	1765		
埃塞俄比亚	千克	4220	1712		
波兰	千克	255	1343		
瑞典	千克	65	191	1040	254
丹麦	千克			4834	9373
中国	千克			378	2366
阿根廷	千克			1107147	316338
西班牙	千克			10	87
芬兰	千克			5878	15325
英国	千克			1058	9363
44111221 未机械加工中密度板密度>0.8克/厘米^3，厚≤5毫米					
合计	千克	251824	121084	5003664	2161405
新西兰	千克			3462373	1448608
澳大利亚	千克			1162596	489537
泰国	千克			151835	68326
印度尼西亚	千克			115995	52384
智利	千克			85435	49726
日本	千克	9334	22560	20835	38273
瑞典	千克			4595	14551
吉布提	千克	42000	16800		
美国	千克	96490	55964		

（续）

商品/国别（地区）	计量单位	出口数量	出口金额（美元）	进口数量	进口金额（美元）
越南	千克	104000	25760		
44111229 其他中密度纤维板(MDF)厚度不超过5毫米，密度超过0.5克/厘米^3，但不超过0.8克/厘米^3					
合计	千克	25506612	12620609	36615455	11704682
泰国	千克	32000	26135	11133892	3247405
马来西亚	千克	20852	14864	9550952	2824723
新西兰	千克	2473	1808	7876831	2665379
印度尼西亚	千克			3843600	1141927
澳大利亚	千克	13000	5760	3436877	1447176
阿根廷	千克			379526	117828
加拿大	千克	5530	8350	193579	76232
智利	千克			93345	37134
巴西	千克			47508	21379
韩国	千克	43587	12533	22149	22554
日本	千克	3564	4068	20292	49088
意大利	千克			7650	4543
美国	千克	1414460	1051940	5094	47409
中国	千克			2500	700
英国	千克	17820	5839	1660	1205
冈比亚	千克	69113	40067		
土耳其	千克	14651	4899		
吉布提	千克	301845	269500		
台湾省	千克	28455	34880		
哥伦比亚	千克	13	9		
约旦	千克	262287	123714		
阿尔及利亚	千克	314896	225042		
肯尼亚	千克	5700	3528		
巴布亚新几内亚	千克	124000	40006		
法国	千克	500	66		
以色列	千克	35000	6058		
巴林	千克	15680	8520		
伊朗	千克	1824511	2139314		
坦桑尼亚	千克	650	449		
越南	千克	425209	105011		
秘鲁	千克	8203	7558		
南非	千克	115995	36697		
黎巴嫩	千克	3460	1133		
蒙古	千克	5000	500		
孟加拉国	千克	1614652	447793		
葡萄牙	千克	5160	3870		
俄罗斯	千克	57610	32981		
多米尼加	千克	114288	29629		
叙利亚	千克	892692	255303		
菲律宾	千克	53417	17128		
苏丹	千克	6822564	2555689		
荷属安地列斯群岛	千克	2065	1159		
西班牙	千克	238164	147994		
比利时	千克	462	903		
危地马拉	千克	79323	30171		
也门	千克	160000	37300		
香港	千克	8127	6973		
朝鲜	千克	6000	2350		

（续）

商品/国别（地区）	计量单位	出口数量	出口金额（美元）	进口数量	进口金额（美元）
印度	千克	2758868	1548210		
塞浦路斯	千克	15000	5208		
哈萨克斯坦	千克	40820	23326		
乌兹别克斯坦	千克	18190	17619		
尼日利亚	千克	1924055	676867		
黑山	千克	29200	11172		
毛里求斯	千克	55728	16380		
巴基斯坦	千克	25700	7750		
沙特阿拉伯	千克	1571820	600114		
埃及	千克	1824279	957191		
埃塞俄比亚	千克	157100	73200		
阿联酋	千克	590774	309162		
卡塔尔	千克	735412	265408		
丹麦	千克	186	443		
利比亚	千克	31800	17036		
科威特	千克	564702	344032		
44111291 未经机械加工或盖面的其厚度≤5毫米且密度≤0.5克/厘米^{3}的中密度纤维板					
合计	千克	1893535	601454	3143415	1146213
新西兰	千克			1576028	548710
印度尼西亚	千克			735869	238430
马来西亚	千克			479505	209584
泰国	千克			195840	67400
澳大利亚	千克			153048	80249
韩国	千克			3125	1840
莫桑比克	千克	17976	8988		
伊朗	千克	65200	21479		
美国	千克	25550	23378		
南非	千克	16500	8005		
孟加拉国	千克	38569	10877		
朝鲜	千克	14000	13300		
西班牙	千克	33600	9184		
危地马拉	千克	36000	12656		
阿尔及利亚	千克	179340	46626		
德国	千克	17500	4983		
委内瑞拉	千克	32000	10494		
尼日利亚	千克	36700	11822		
墨西哥	千克	19500	6182		
沙特阿拉伯	千克	409700	119496		
阿联酋	千克	951400	293984		
44111299 厚度≤5毫米且密度≤0.5克/厘米^{3}的中密度纤维板(MDF)(经机械加工盖面)					
合计	千克	29058785	16722634	3529440	1401221
印度	千克	7729034	2795889		
伊朗	千克	3277175	3289531		
沙特阿拉伯	千克	2993511	733641		
墨西哥	千克	2389100	652914		
美国	千克	2206836	2795851		
阿联酋	千克	1417958	781550		
孟加拉国	千克	1052575	269039		
新加坡	千克	853730	541749		
埃及	千克	733751	392990		
土耳其	千克	492931	714746		

(续)

商品/国别(地区)	计量单位	出口数量	出口金额(美元)	进口数量	进口金额(美元)
利比亚	千克	478636	158854		
香港	千克	457208	172720		
苏丹	千克	437019	162344		
科威特	千克	411580	250512		
约旦	千克	374651	158565		
尼日利亚	千克	329090	210531		
哥伦比亚	千克	218320	88497		
菲律宾	千克	213146	103266		
肯尼亚	千克	199029	221714		
立陶宛	千克	186523	259211		
古巴	千克	178956	94471		
俄罗斯	千克	172547	149443		
越南	千克	160692	71331		
黎巴嫩	千克	154200	56235		
塞尔维亚	千克	137975	195300		
委内瑞拉	千克	136280	50190		
加纳	千克	121557	147951		
洪都拉斯	千克	110000	43083		
巴基斯坦	千克	106680	153729		
埃塞俄比亚	千克	98382	103637		
卡塔尔	千克	79170	66289		
日本	千克	74191	96357	86	1258
冈比亚	千克	63977	48805		
阿尔及利亚	千克	61120	38341		
泰国	千克	60985	61168	822770	199561
坦桑尼亚	千克	58460	42131		
希腊	千克	57500	61972		
南非	千克	51500	28264		
尼加拉瓜	千克	50000	19378		
塞拉利昂	千克	49008	23253		
智利	千克	39427	14612		
特立尼达和多巴哥	千克	38650	14685		
毛里求斯	千克	38500	19478		
乌兹别克斯坦	千克	37168	27123		
哈萨克斯坦	千克	36290	17148		
保加利亚	千克	33300	29375		
吉布提	千克	33000	11760		
韩国	千克	32260	11006	34255	12228
意大利	千克	29196	41478		
伊拉克	千克	25300	10258		
德国	千克	21064	11151	145	2104
澳大利亚	千克	19200	12800	827760	340985
土库曼斯坦	千克	19000	15016		
密克罗尼西亚	千克	18850	5200		
英国	千克	18710	6529	29	30
摩洛哥	千克	18600	6000		
克罗地亚	千克	18000	22506		
巴勒斯坦	千克	17400	17715		
突尼斯	千克	17300	5940		
哥斯达黎加	千克	15000	5121		
也门	千克	13105	7883		
格鲁吉亚	千克	11980	11240		

(续)

商品/国别(地区)	计量单位	出口数量	出口金额(美元)	进口数量	进口金额(美元)
印度尼西亚	千克	10046	18000	115872	43205
塔吉克斯坦	千克	8750	8000		
澳门	千克	8700	1923		
加拿大	千克	7344	14891		
阿尔巴尼亚	千克	7225	8640		
加蓬	千克	6000	14103		
马来西亚	千克	3900	3921	44700	14284
萨尔瓦多	千克	3800	3330		
巴拿马	千克	3482	4224		
索马里	千克	2790	1364		
巴西	千克	2698	5997		
蒙古	千克	2000	200		
新西兰	千克	1875	1425	1471972	705931
台湾省	千克	1584	1830	3561	22950
比利时	千克	840	840		
葡萄牙	千克	813	1800		
西班牙	千克	415	2050		
爱尔兰	千克	240	630		
瑞士	千克			550	2360
中国	千克			4353	19274
法国	千克			56	451
波兰	千克			203331	36600
44111311 密度>0.8 克/厘米^3 且 5 毫米<厚度≤9 毫米的中密度纤维板(MDF)(未经机械加工或盖面的)					
合计	千克	6453531	2121073	1137956	514094
蒙古	千克	1612340	418227		
伊朗	千克	1461716	530087		
沙特阿拉伯	千克	800000	212410		
越南	千克	644675	245225		
俄罗斯	千克	437810	132861		
哥伦比亚	千克	422400	140112		
韩国	千克	271000	163686		
古巴	千克	195800	95034		
乌兹别克斯坦	千克	176700	54447		
香港	千克	165010	23019		
肯尼亚	千克	82650	23205		
德国	千克	48000	17729		
苏丹	千克	35400	16171		
哥斯达黎加	千克	19000	11957		
哈萨克斯坦	千克	18514	5648		
吉尔吉斯斯坦	千克	18332	6595		
印度	千克	16950	10137		
澳大利亚	千克	12500	3798	942757	386081
安哥拉	千克	6000	3665		
日本	千克	5586	5053		
加拿大	千克	3148	2007		
比利时	千克			2636	3142
泰国	千克			83137	46475
印度尼西亚	千克			45910	27689
马来西亚	千克			48154	28892
新西兰	千克			120	628
美国	千克			15242	21187

(续)

商品/国别(地区)	计量单位	出口数量	出口金额(美元)	进口数量	进口金额(美元)
44111319 密度>0.8克/厘米^{3}且5毫米<厚度≤9毫米的中密度纤维板(MDF)(经机械加工盖面)					
合计	千克	451677598	290895090	12259972	10170076
美国	千克	104534491	89423144	159544	123186
俄罗斯	千克	74606609	38157616		
韩国	千克	30684828	21143827	27794	37695
乌克兰	千克	24166606	12639173		
格鲁吉亚	千克	11365539	6017306		
伊朗	千克	10879492	5747609		
罗马尼亚	千克	10776700	5768073		
印度	千克	10704982	6726218		
南非	千克	10617256	6219247	23	30
加拿大	千克	10278072	6994033	115915	44048
马来西亚	千克	8805085	5005165	24963	5893
阿根廷	千克	8756864	4987371		
哥伦比亚	千克	8632525	5484793		
巴西	千克	8190422	4656467		
智利	千克	6588455	3846456		
澳大利亚	千克	6516229	4668113	183961	112544
墨西哥	千克	5794948	3604441	45	752
克罗地亚	千克	5692420	2962121		
西班牙	千克	5657615	3891599	54	552
泰国	千克	5339643	3182784	819300	185833
厄瓜多尔	千克	5256022	3000669		
越南	千克	5121800	2414634		
埃及	千克	4279883	2496094	100	147
菲律宾	千克	4276520	2861405		
哈萨克斯坦	千克	3888875	2330347		
乌兹别克斯坦	千克	3543651	1981834		
保加利亚	千克	3399705	1881359		
黎巴嫩	千克	3189402	1868276		
摩尔多瓦	千克	2995213	1618800		
秘鲁	千克	2729736	1680464		
阿联酋	千克	2502894	1893180		
沙特阿拉伯	千克	2438959	1574769		
台湾省	千克	2376882	1281502		
印度尼西亚	千克	2310322	1602048	8188	4760
葡萄牙	千克	2202738	1464897		
巴基斯坦	千克	2201141	1443324		
希腊	千克	2005521	1162087		
意大利	千克	1717462	1036872		
立陶宛	千克	1358487	746943		
新加坡	千克	1295920	716970		
英国	千克	1291308	730802		
委内瑞拉	千克	1165501	823839		
乌拉圭	千克	1149308	648785		
以色列	千克	1142448	653576		
波黑	千克	941450	500960		
爱尔兰	千克	932207	586200	17	247
毛里求斯	千克	881387	515887		
阿尔巴尼亚	千克	741787	410051		
巴林	千克	666192	404767		

(续)

商品/国别(地区)	计量单位	出口数量	出口金额(美元)	进口数量	进口金额(美元)
阿塞拜疆	千克	654928	378816		
塞浦路斯	千克	639892	383772		
约旦	千克	622941	339795		
蒙古	千克	585480	217513		
特立尼达和多巴哥	千克	580200	344679		
马其顿	千克	574024	378667		
肯尼亚	千克	529517	345272		
科威特	千克	447108	259613		
比利时	千克	437220	232325	2179361	2664823
荷兰	千克	432825	294077		
黑山	千克	430171	259869		
塞尔维亚	千克	401479	231776		
尼日利亚	千克	397745	238902		
爱沙尼亚	千克	379400	199110		
吉尔吉斯斯坦	千克	370953	239034		
危地马拉	千克	366000	260324		
香港	千克	360060	248729		
缅甸	千克	357245	202699		
哥斯达黎加	千克	354690	268434		
巴拿马	千克	313616	186316		
亚美尼亚	千克	310265	186914		
留尼汪	千克	309900	197442		
玻利维亚	千克	283100	187070		
新喀里多尼亚	千克	272354	211508		
卡塔尔	千克	256967	154660		
冰岛	千克	249794	159502		
新西兰	千克	238976	155282	1164265	195916
芬兰	千克	238830	168975		
日本	千克	214042	203964		
德国	千克	211054	126477	2032363	2358372
法国	千克	198142	138784		
挪威	千克	187678	113427	1460	34870
匈牙利	千克	156150	84475		
埃塞俄比亚	千克	153358	80149		
白俄罗斯	千克	149350	89835		
尼泊尔	千克	148650	89922		
土耳其	千克	117440	78282		
坦桑尼亚	千克	114140	42850		
巴布亚新几内亚	千克	112450	226299		
吉布提	千克	95190	57685		
马达加斯加	千克	89820	52839		
叙利亚	千克	86820	54046		
多米尼加	千克	81514	46790		
孟加拉国	千克	76761	54555		
利比亚	千克	74870	53502		
朝鲜	千克	73567	36142		
法属波利尼西亚	千克	70300	110940		
文莱	千克	70270	30716		
巴哈马	千克	67090	44792		
摩纳哥	千克	62200	39562		
斯里兰卡	千克	61650	36595		

(续)

商品/国别(地区)	计量单位	出口数量	出口金额(美元)	进口数量	进口金额(美元)
洪都拉斯	千克	54500	35326		
马耳他	千克	53580	30868		
安哥拉	千克	50709	37662		
摩洛哥	千克	49800	21264		
阿尔及利亚	千克	49520	24032		
马尔代夫	千克	48187	27449		
阿富汗	千克	46254	29127		
圣卢西亚	千克	42500	27861		
捷克	千克	41210	21439		
萨尔瓦多	千克	40652	24913		
加纳	千克	37350	22328		
斯洛文尼亚	千克	36994	19385		
伊拉克	千克	36500	20396		
斯洛伐克	千克	34076	20588		
牙买加	千克	34000	26403		
巴拉圭	千克	32800	21618		
拉脱维亚	千克	30748	17125		
瑞典	千克	28438	21952	50	172
澳门	千克	25740	15789		
瓜德罗普岛	千克	19600	12153		
佛得角	千克	19100	9315		
斐济	千克	19000	11335		
波兰	千克	19000	10272		
圭亚那	千克	18810	11968		
赞比亚	千克	18800	11825		
巴勒斯坦	千克	18800	8323		
苏丹	千克	18300	8033		
加蓬	千克	17400	16362		
也门	千克	17000	9799		
马提尼克	千克	13720	8452		
塞内加尔	千克	12494	7354		
塔吉克斯坦	千克	11000	9850		
苏里南	千克	9200	5011		
博茨瓦那	千克	8400	5442		
莫桑比克	千克	1853	1741		
荷属安地列斯群岛	千克	1175	800		
几内亚	千克	700	930		
中国	千克			86000	39261
瑞士	千克			3787343	2900173
奥地利	千克			1669226	1460802
44111321 辐射松的中密度纤维板(MDF),厚度超过5毫米,但不超过9毫米,密度超过0.5克/厘米^3,但不超过0.8克/厘米^3					
合计	千克	4071706	10454598	5715867	2831451
新西兰	千克			5035585	2471269
智利	千克			526007	305442
澳大利亚	千克			138144	50133
阿根廷	千克			16131	4607
印度尼西亚	千克	32896	26116		
日本	千克	3816056	10283438		
哈萨克斯坦	千克	30450	9140		
古巴	千克	192304	135904		

(续)

商品/国别(地区)	计量单位	出口数量	出口金额(美元)	进口数量	进口金额(美元)
44111329 其他中密度纤维板(MDF),厚度超过5毫米,但不超过9毫米,密度超过0.5克/厘米^3,但不超过0.8克/厘米^3					
合计	千克	20145038	7562885	17594412	5506909
越南	千克	6032846	1484808		
埃及	千克	3810920	1406880		
伊朗	千克	3522440	1255830		
沙特阿拉伯	千克	2348330	848730		
约旦	千克	739712	380448		
乌兹别克斯坦	千克	563818	157926		
秘鲁	千克	346714	182764		
美国	千克	344453	319167	15614	13727
卡塔尔	千克	316020	94238		
阿联酋	千克	271257	155891		
罗马尼亚	千克	187110	103313		
科威特	千克	180173	98409		
阿尔及利亚	千克	168793	106313		
俄罗斯	千克	118237	213612		
加拿大	千克	102069	55157	301383	92012
哈萨克斯坦	千克	98428	101491		
尼日利亚	千克	97213	47150		
也门	千克	94750	25600		
智利	千克	73520	22847	47654	26649
日本	千克	68507	187183	22693	7128
肯尼亚	千克	66915	32318		
印度	千克	65300	37245		
塔吉克斯坦	千克	55900	35250		
保加利亚	千克	53000	22493		
朝鲜	千克	51000	20613		
马来西亚	千克	48645	17026	2001546	674314
黎巴嫩	千克	48000	19691		
菲律宾	千克	41905	25601		
亚洲其他国家(地区)	千克	31900	13095		
尼加拉瓜	千克	19593	6483		
苏丹	千克	18750	8750		
哥斯达黎加	千克	18410	6267		
南非	千克	18050	6067		
埃塞俄比亚	千克	17690	8350		
留尼汪	千克	17209	5038		
孟加拉国	千克	16250	3951		
印度尼西亚	千克	15432	6001	3889120	1109527
柬埔寨	千克	14350	9345		
巴基斯坦	千克	14000	14174		
缅甸	千克	7288	2020		
马达加斯加	千克	4500	1750		
莫桑比克	千克	4500	907		
哥伦比亚	千克	3698	5763		
以色列	千克	3400	3543		
澳大利亚	千克	2916	2509	3669856	1328277
新加坡	千克	1127	878		
中国	千克			3795	11385
阿根廷	千克			991495	290633
新西兰	千克			2970677	862239

(续)

商品/国别（地区）	计量单位	出口数量	出口金额（美元）	进口数量	进口金额（美元）
台湾省	千克			22428	37012
韩国	千克			63723	21808
泰国	千克			3594428	1032198
44111391 5 毫米＜厚度≤9 毫米且密度≤0.5 克/厘米^3 的中密度纤维板(MDF)(未机械加工或盖面)					
合计	千克	238435	115199	3398156	1215425
新西兰	千克			1822800	628887
马来西亚	千克			661375	240165
印度尼西亚	千克			624407	249727
泰国	千克			149173	38952
加拿大	千克			139231	53520
瑞典	千克			720	3422
韩国	千克			450	752
越南	千克	40200	14519		
黎巴嫩	千克	16000	7111		
亚洲其他国家(地区)	千克	13515	5355		
印度	千克	35220	23009		
沙特阿拉伯	千克	78000	23310		
美国	千克	55500	41895		
44111399 其他 5 毫米＜厚度≤9 毫米且密度≤0.5 克/厘米^3 的中密度纤维板(MDF)(经机械加工盖面)					
合计	千克	7876314	3491646	2875791	1032368
埃及	千克	2609833	921701		
约旦	千克	1004153	400438		
沙特阿拉伯	千克	794205	283457		
叙利亚	千克	700000	167034		
伊朗	千克	559895	178648		
阿联酋	千克	491160	175435		
日本	千克	397187	623529		
蒙古	千克	215128	43366		
美国	千克	152321	176828	60	602
阿尔及利亚	千克	149220	102745		
新加坡	千克	136438	91446		
利比亚	千克	90427	31253		
斯里兰卡	千克	58699	23158		
菲律宾	千克	56700	18634		
南非	千克	53604	49496		
科威特	千克	51710	29733		
巴基斯坦	千克	44140	24332		
也门	千克	42900	19125		
尼日利亚	千克	41800	18395		
澳门	千克	25200	12059		
印度	千克	20800	7392		
香港	千克	18704	7313		
马来西亚	千克	18480	9639	34697	11290
索马里	千克	17700	13008		
希腊	千克	17120	4472		
俄罗斯	千克	16138	10569		
韩国	千克	15200	3731	1089227	392619
黎巴嫩	千克	12000	8158		
智利	千克	8950	3914		
苏丹	千克	8240	3316		
毛里求斯	千克	7137	2951		

(续)

商品/国别（地区）	计量单位	出口数量	出口金额（美元）	进口数量	进口金额（美元）
乌兹别克斯坦	千克	6030	1953		
墨西哥	千克	5880	6925		
坦桑尼亚	千克	5864	2992		
印度尼西亚	千克	5696	7388	775925	319099
新喀里多尼亚	千克	4125	1440		
留尼汪	千克	3800	2480		
厄瓜多尔	千克	3480	660		
肯尼亚	千克	3200	1157		
加纳	千克	2000	980		
泰国	千克	1050	396	123020	40795
德国	千克			12421	31051
波兰	千克			113090	20356
新西兰	千克			256098	80030
澳大利亚	千克			471253	136526
44111411 密度＞0.8 克/厘米^3 且厚度＞9 毫米的中密度纤维板(MDF)(未经机械加工或盖面的)					
合计	千克	1895224	782298	494893	305244
尼日利亚	千克	364322	129094		
印度尼西亚	千克	334988	132366		
蒙古	千克	294000	81600		
越南	千克	265970	88711		
科威特	千克	128600	74530		
古巴	千克	110914	48602		
阿联酋	千克	70330	42781		
印度	千克	58022	51464		
伊朗	千克	55010	19249		
哥斯达黎加	千克	43500	12335		
巴基斯坦	千克	41560	17762		
埃塞俄比亚	千克	40964	10045		
圭亚那	千克	16200	5700		
泰国	千克	15325	19796		
新加坡	千克	14500	3714		
葡萄牙	千克	11640	17689		
俄罗斯	千克	9150	2931		
丹麦	千克	7675	6288		
日本	千克	6034	7407		
阿富汗	千克	3940	9469		
苏里南	千克	1980	585		
亚洲其他国家(地区)	千克	600	180		
马来西亚	千克			120647	121267
新西兰	千克			308270	151582
韩国	千克			16926	14974
智利	千克			14151	4198
澳大利亚	千克			34899	13223
44111419 密度＞0.8 克/厘米^3 且厚＞9 毫米的其他中密度纤维板(MDF)(经机械加工盖面)					
合计	千克	233552879	173040437	5451786	5077310
美国	千克	102784259	83491169	57785	123022
加拿大	千克	58529472	41208408	167555	66110
俄罗斯	千克	10708629	6107875		
越南	千克	9869431	6337934		
澳大利亚	千克	7188207	5904010	65945	22680
罗马尼亚	千克	6078704	3445259		

(续)

商品/国别(地区)	计量单位	出口数量	出口金额(美元)	进口数量	进口金额(美元)
沙特阿拉伯	千克	3672425	1639204		
泰国	千克	2329196	1319488	1687412	341403
马来西亚	千克	2190522	1494885	152206	87709
印度	千克	1676980	1285257		
哈萨克斯坦	千克	1319811	1020471		
英国	千克	1288720	796726		
伊朗	千克	1208529	975373		
阿根廷	千克	1143396	938624	120975	30244
南非	千克	1076399	1109478		
肯尼亚	千克	1020952	402780		
黎巴嫩	千克	927754	626163		
厄瓜多尔	千克	923119	860851		
西班牙	千克	915366	749603		
韩国	千克	911374	634566	195088	129099
爱尔兰	千克	802567	420918		
格鲁吉亚	千克	796304	537133		
乌克兰	千克	732900	418441		
阿联酋	千克	732118	731958	0	21
希腊	千克	704933	516491		
蒙古	千克	623302	328109		
法国	千克	618585	513557		
摩尔多瓦	千克	575469	312242		
哥伦比亚	千克	505583	514923		
保加利亚	千克	505418	321362		
乌兹别克斯坦	千克	501788	272977		
菲律宾	千克	475117	400600		
克罗地亚	千克	473471	236405		
墨西哥	千克	471495	372832		
毛里求斯	千克	436904	286068		
台湾省	千克	408406	239809	15005	17932
埃及	千克	404153	302444		
土耳其	千克	401728	243831		
委内瑞拉	千克	376418	372239		
巴西	千克	353168	338819		
印度尼西亚	千克	325182	137379	50940	27789
智利	千克	308007	350145	120067	30017
立陶宛	千克	306670	180335		
苏丹	千克	289710	94365		
意大利	千克	273890	250946	162525	184378
葡萄牙	千克	266077	221139		
卡塔尔	千克	230761	179427		
尼日利亚	千克	221802	108680		
巴基斯坦	千克	205307	140042		
以色列	千克	200358	182960		
马其顿	千克	200353	105266		
秘鲁	千克	192001	250439		
塞浦路斯	千克	190870	141109		
约旦	千克	189230	105064		
新加坡	千克	177345	193325		
塞尔维亚	千克	160748	95169		
利比亚	千克	154339	102552		
亚美尼亚	千克	153690	86904		

(续)

商品/国别(地区)	计量单位	出口数量	出口金额(美元)	进口数量	进口金额(美元)
吉尔吉斯斯坦	千克	135989	68151		
波兰	千克	132000	73506		
乌拉圭	千克	131598	155985		
朝鲜	千克	126560	31999		
阿尔巴尼亚	千克	122653	105299		
缅甸	千克	113055	58617		
阿塞拜疆	千克	108750	70029		
特立尼达和多巴哥	千克	107150	96532		
比利时	千克	95538	66003	1478013	3070511
香港	千克	95260	66141		
新西兰	千克	89965	62932	52964	21723
叙利亚	千克	86020	58796		
荷兰	千克	83201	71273		
柬埔寨	千克	80640	59649		
黑山	千克	69393	49494		
也门	千克	68599	47823		
挪威	千克	63140	35389		
捷克	千克	59831	43770		
多米尼加	千克	55606	27226		
波黑	千克	53400	28908		
巴林	千克	53190	60616		
巴拉圭	千克	51195	26565		
亚洲其他国家(地区)	千克	45865	13358		
摩洛哥	千克	45498	37489		
安哥拉	千克	44980	34058		
巴拿马	千克	43328	41079		
赤道几内亚	千克	42971	32645		
马达加斯加	千克	39046	28555		
危地马拉	千克	36793	30372		
刚果(金)	千克	34628	28946		
斯里兰卡	千克	31760	24782		
几内亚	千克	31360	22653		
科威特	千克	31025	39198		
马耳他	千克	25686	24652		
日本	千克	24749	22902	783	2468
丹麦	千克	24400	18595	421	1254
博茨瓦那	千克	21740	6265		
白俄罗斯	千克	20800	11702		
乌干达	千克	19400	7411		
德国	千克	19156	14397	86170	101732
波多黎各	千克	18100	10655		
芬兰	千克	18035	14124		
加蓬	千克	17400	12553		
苏里南	千克	17095	15899		
圣卢西亚	千克	16500	6752		
荷属安地列斯群岛	千克	15860	7200		
玻利维亚	千克	14052	24228		
留尼汪	千克	13832	21172		
摩纳哥	千克	13800	13080		
哥斯达黎加	千克	12215	7284		
瑞士	千克	11760	12151	957671	708665
塞内加尔	千克	11423	7059		

（续）

商品/国别（地区）	计量单位	出口数量	出口金额（美元）	进口数量	进口金额（美元）
澳门	千克	10538	7934		
阿富汗	千克	9600	5599		
埃塞俄比亚	千克	8910	18395		
孟加拉国	千克	7902	11345		
新喀里多尼亚	千克	7119	15768		
加纳	千克	4854	6056		
巴哈马	千克	4320	2399		
萨尔瓦多	千克	4272	3325		
洪都拉斯	千克	4232	6058		
巴布亚新几内亚	千克	3900	6588		
伊拉克	千克	3500	3900		
圭亚那	千克	3500	3732		
尼泊尔	千克	3450	2404		
坦桑尼亚	千克	3448	4355		
文莱	千克	3122	6322		
马尔代夫	千克	2195	3615		
巴巴多斯	千克	1656	1604		
牙买加	千克	1450	1908		
巴勒斯坦	千克	1400	2952		
阿尔及利亚	千克	1200	2280		
冰岛	千克	1171	4825		
马提尼克	千克	1008	1180		
莫桑比克	千克	950	1160		
匈牙利	千克	936	1338		
突尼斯	千克	667	761		
佛得角	千克	500	880		
斯洛伐克	千克	480	1100		
法属波利尼西亚	千克	427	769		
瓜德罗普岛	千克	336	660		
斯洛文尼亚	千克	216	417		
赞比亚	千克	168	281		
津巴布韦	千克	50	80		
奥地利	千克			64004	100032
中国	千克			16257	10521
44111421 辐射松制的中密度纤维板（MDF），厚度超过9毫米，密度超过0.5克/厘米^3，但不超过0.8克/厘米^3					
合计	千克	855981	2787214	5789316	2736306
新西兰	千克			4531610	2296311
澳大利亚	千克			970882	353713
阿根廷	千克			236999	66465
智利	千克			26035	8711
马来西亚	千克			23790	11106
沙特阿拉伯	千克	36000	18371		
日本	千克	819981	2768843		
44111429 其他中密度纤维板（MDF），厚度超过9毫米，密度超过0.5克/厘米^3，但不超过0.8克/厘米^3					
合计	千克	161305818	61536068	80487386	33404873
越南	千克	29645804	6777584		
伊朗	千克	29428749	9733068		
沙特阿拉伯	千克	25924043	9305887		
埃及	千克	17072960	4993811		
阿联酋	千克	16634393	6305415		
乌兹别克斯坦	千克	6844724	2309223		

（续）

商品/国别（地区）	计量单位	出口数量	出口金额（美元）	进口数量	进口金额（美元）
苏丹	千克	5298103	1427830		
日本	千克	4414422	9054808	3486071	3017229
西班牙	千克	2716488	1678081		
卡塔尔	千克	2195288	717110		
肯尼亚	千克	1767905	607859		
约旦	千克	1361379	515353		
黎巴嫩	千克	1267186	505990		
尼日利亚	千克	1234920	440333		
蒙古	千克	1079916	265634		
哥斯达黎加	千克	902868	348572		
哈萨克斯坦	千克	873032	532794		
毛里求斯	千克	842920	417258		
菲律宾	千克	823509	218318		
印度尼西亚	千克	678740	222170	3604965	1242396
葡萄牙	千克	561841	353850		
科威特	千克	552171	245388		
马来西亚	千克	482102	344646	8623190	2851008
索马里	千克	427300	156497		
台湾省	千克	421849	162606	47535	44217
斯里兰卡	千克	357382	137732		
阿尔及利亚	千克	356247	148695		
土耳其	千克	344595	347798		
古巴	千克	343700	136974		
墨西哥	千克	329800	141891		
吉布提	千克	307768	117670		
俄罗斯	千克	287934	156066	24836	9934
南非	千克	280352	99915		
印度	千克	276195	158601		
巴基斯坦	千克	276003	140693		
缅甸	千克	274652	82166		
叙利亚	千克	267100	63010		
韩国	千克	253006	73659	583872	211200
圭亚那	千克	241743	79568		
美国	千克	213637	214127	446138	702862
巴林	千克	200000	77809		
危地马拉	千克	181963	65853		
阿尔巴尼亚	千克	174080	78916		
坦桑尼亚	千克	167293	99214		
安哥拉	千克	140000	45899		
荷属安地列斯群岛	千克	133070	58617		
澳大利亚	千克	130036	214300	13378187	4754328
朝鲜	千克	117440	31518		
马达加斯加	千克	114422	48950		
智利	千克	113080	43614	1308637	472818
保加利亚	千克	109968	90292		
加纳	千克	97720	39599		
苏里南	千克	96750	43339		
塔吉克斯坦	千克	92435	23597		
埃塞俄比亚	千克	84311	31787		
利比亚	千克	81312	23866		
也门	千克	78213	28951		

(续)

商品/国别(地区)	计量单位	出口数量	出口金额(美元)	进口数量	进口金额(美元)
巴拉圭	千克	74240	23200		
孟加拉国	千克	72382	24858		
留尼汪	千克	70291	17821		
泰国	千克	69459	35477	25933445	9069185
尼加拉瓜	千克	66343	27058		
新加坡	千克	63378	62208		
特立尼达和多巴哥	千克	57000	21855		
黑山	千克	56300	23412		
巴西	千克	55000	25983		
乌干达	千克	52000	26976		
法国	千克	52000	21681	32	561
亚洲其他国家(地区)	千克	51000	14550		
新西兰	千克	39625	15576	8314211	2544482
加拿大	千克	37258	86150	825672	282149
瓜德罗普岛	千克	36000	23607		
玻利维亚	千克	35500	13425		
挪威	千克	33195	28021		
法罗群岛	千克	32123	9579		
法属圭亚那	千克	30950	13846		
德国	千克	29830	15405	172528	328921
吉尔吉斯斯坦	千克	27405	8428		
荷兰	千克	23958	31527	680	3863
厄瓜多尔	千克	18500	5950		
罗马尼亚	千克	18000	18469		
洪都拉斯	千克	17888	5896		
希腊	千克	17680	6314		
以色列	千克	17600	22590		
意大利	千克	17000	10214	9137870	6441865
冈比亚	千克	16540	9120		
秘鲁	千克	16301	14597		
巴拿马	千克	15900	6926		
立陶宛	千克	15000	10844		
法属波利尼西亚	千克	15000	6421		
塞舌尔	千克	14400	6664		
喀麦隆	千克	14150	12548		
马拉维	千克	11280	2411		
斐济	千克	8250	3609		
香港	千克	7105	6848		
多米尼加	千克	5400	1680		
格鲁吉亚	千克	5071	5336		
英国	千克	3374	12159	13330	6668
马尔代夫	千克	3121	3863		
卢旺达	千克	3120	1199		
塞浦路斯	千克	2050	1425		
哥伦比亚	千克	1187	2655		
委内瑞拉	千克	980	1330		
丹麦	千克	865	1586		
比利时	千克			142903	232284
阿根廷	千克			4389623	1167208
中国	千克			53661	21695

(续)

商品/国别(地区)	计量单位	出口数量	出口金额(美元)	进口数量	进口金额(美元)
44111491 厚度>9 毫米且密度≤0.5 克/厘米^3 的中密度纤维板(MDF)(未经机械加工或盖面)					
合计	千克	14202823	5120392	8405420	3087857
伊朗	千克	2789400	898857		
肯尼亚	千克	1348881	497065		
尼日利亚	千克	1241861	496820		
阿联酋	千克	990477	390767		
苏丹	千克	879162	347087		
埃塞俄比亚	千克	803300	244258		
沙特阿拉伯	千克	653575	192260		
越南	千克	518255	165753		
印度	千克	500660	239578		
巴基斯坦	千克	487500	158185		
约旦	千克	410400	139248		
也门	千克	402328	165165		
坦桑尼亚	千克	315500	111527		
埃及	千克	287253	85643		
巴林	千克	280000	120499		
印度尼西亚	千克	248000	81512		
马来西亚	千克	242900	125318	2955472	1017726
黎巴嫩	千克	232500	80687		
科威特	千克	213000	68647		
摩洛哥	千克	169920	49469		
卡塔尔	千克	127500	54547		
朝鲜	千克	126668	41850		
南非	千克	126500	45584		
毛里求斯	千克	125896	44860		
多米尼加	千克	125800	52362		
阿曼	千克	107900	33279		
斯里兰卡	千克	77100	30905		
乌干达	千克	72600	29491		
菲律宾	千克	52000	19361		
圭亚那	千克	32400	12178		
苏里南	千克	32200	14588		
澳大利亚	千克	26000	8290	66	283
多哥	千克	25650	11016		
斐济	千克	24950	7366		
荷属安地列斯群岛	千克	19293	9424		
荷兰	千克	18800	10080		
比利时	千克	17500	13960	24	985
智利	千克	16000	5350		
索马里	千克	14450	4128		
希腊	千克	5844	4900		
葡萄牙	千克	5800	1966		
俄罗斯	千克	5000	3198		
牙买加	千克	1100	289		
美国	千克	1000	3075		
韩国	千克			94530	75992
新西兰	千克			1037280	412704
泰国	千克			2199297	767402
阿根廷	千克			50030	15510
德国	千克			550	1189

(续)

商品/国别(地区)	计量单位	出口数量	出口金额(美元)	进口数量	进口金额(美元)
加拿大	千克			2068171	796066
44111499 厚度>9 毫米且密度≤0.5 克/厘米^3 的中密度纤维板(MDF)(经机械加工盖面)					
合计	千克	207835156	69032504	10590294	3837813
沙特阿拉伯	千克	95521737	25031233		
阿联酋	千克	43657086	15237872		
伊朗	千克	15399661	5186852		
埃及	千克	9546989	2724536		
叙利亚	千克	6696093	1605762		
约旦	千克	4328491	1719645		
古巴	千克	4024434	2275985		
苏丹	千克	3079064	923898		
肯尼亚	千克	2125685	763396		
蒙古	千克	1896362	337597		
美国	千克	1707909	3805155	120660	188665
毛里求斯	千克	1464769	747127		
尼日利亚	千克	1295043	532923		
也门	千克	1209529	539501		
黎巴嫩	千克	1160451	346599		
斯里兰卡	千克	772116	263488		
科威特	千克	683179	252978		
新加坡	千克	634003	308541		
俄罗斯	千克	579047	480712		
澳大利亚	千克	569935	311315	1798553	1035226
菲律宾	千克	559973	214200		
墨西哥	千克	544048	212007		
希腊	千克	521240	247795		
巴林	千克	484560	182818		
比利时	千克	459062	288509		
越南	千克	438402	133656		
韩国	千克	427044	128499	11200	11619
卡塔尔	千克	393500	138126		
秘鲁	千克	381565	189785		
坦桑尼亚	千克	380502	132816		
印度尼西亚	千克	379271	152387	836526	287076
阿尔及利亚	千克	362414	182953		
阿曼	千克	315740	113760		
南非	千克	309011	172205		
西班牙	千克	283441	178543	62	902
以色列	千克	271737	75289		
香港	千克	266695	110596		
吉布提	千克	256500	119858		
加纳	千克	223252	104550		
智利	千克	217945	83557		
印度	千克	203846	112860	25	7
危地马拉	千克	194941	69159		
伊拉克	千克	191570	92150		
乌兹别克斯坦	千克	169520	46817		
留尼汪	千克	168346	95616		
巴基斯坦	千克	158782	105243		
多米尼加	千克	157900	65003		
马来西亚	千克	149754	63261	310429	108621

(续)

商品/国别(地区)	计量单位	出口数量	出口金额(美元)	进口数量	进口金额(美元)
利比亚	千克	145541	102566		
委内瑞拉	千克	119900	74717		
英国	千克	113919	123790	4256	216358
意大利	千克	110957	110162	6311	5454
日本	千克	100665	66393	352	2981
哈萨克斯坦	千克	92696	56407		
埃塞俄比亚	千克	91700	28018		
泰国	千克	88710	27275	4138027	971950
摩洛哥	千克	82856	71950		
萨尔瓦多	千克	75158	32589		
乌克兰	千克	71900	31396		
塞内加尔	千克	71240	44476		
朝鲜	千克	70855	22715		
阿尔巴尼亚	千克	69279	33427		
新西兰	千克	63663	39155	893049	338728
厄瓜多尔	千克	62840	26774		
荷属安地列斯群岛	千克	62820	43282		
加拿大	千克	62189	85712		
土耳其	千克	53616	44485		
挪威	千克	52813	45974		
巴拿马	千克	51790	39065		
索马里	千克	51300	24491		
波兰	千克	48800	38283		
塔吉克斯坦	千克	48530	14990		
马尔代夫	千克	47120	22536		
爱尔兰	千克	46385	62532		
格鲁吉亚	千克	46227	46573		
台湾省	千克	45552	39754	19454	22784
巴布亚新几内亚	千克	44980	17602		
安哥拉	千克	44100	23779		
孟加拉国	千克	41500	18033		
刚果(金)	千克	38800	16298		
圭亚那	千克	36657	13589		
特立尼达和多巴哥	千克	35810	47225		
波多黎各	千克	32587	23640		
德国	千克	30400	21496	1097	9290
新喀里多尼亚	千克	27875	7920		
苏里南	千克	25970	10238		
乌干达	千克	24400	9760		
克罗地亚	千克	23992	20806		
荷兰	千克	18162	28670	3	152
洪都拉斯	千克	17300	11121		
亚洲其他国家(地区)	千克	16510	6028		
马绍尔群岛	千克	16000	7212		
马达加斯加	千克	16000	5682		
瑞典	千克	15700	12400		
哥伦比亚	千克	15300	9700		
刚果(布)	千克	12866	5277		
赞比亚	千克	4800	1920		
柬埔寨	千克	4664	4499		
澳门	千克	4325	82484		
尼泊尔	千克	3800	6846		

(续)

商品/国别(地区)	计量单位	出口数量	出口金额(美元)	进口数量	进口金额(美元)
丹麦	千克	3680	4580		
马拉维	千克	1930	797		
巴西	千克	1773	2098		
阿塞拜疆	千克	1667	2485		
捷克	千克	1138	1794		
塞浦路斯	千克	705	1305		
法国	千克	600	600	291	189305
奥地利	千克			24	480
阿根廷	千克			48390	12965
芬兰	千克			900	765
中国	千克			12025	4226
罗马尼亚	千克			2388360	429905
瑞士	千克			300	354
44119210 密度 >0.8 克/厘米^3 的未经机械加工或盖面的其他纤维板或其他木制材料纤维板					
合计	千克	5893773	6523589	288043	137179
阿联酋	千克	2324518	2422187		
伊朗	千克	1020043	1151471		
印度	千克	695037	836738		
巴基斯坦	千克	231466	351209		
巴布亚新几内亚	千克	217676	81401		
约旦	千克	152398	187523		
埃及	千克	130984	137142		
越南	千克	116659	165525		
俄罗斯	千克	91261	140885		
土耳其	千克	90723	125101		
尼日利亚	千克	80438	125035		
沙特阿拉伯	千克	76510	48706		
马来西亚	千克	74716	99485		
巴西	千克	70296	25233		
立陶宛	千克	62260	92494		
毛里求斯	千克	54200	62700		
以色列	千克	53912	81885		
孟加拉国	千克	36108	49506		
克罗地亚	千克	32361	40988		
波兰	千克	31310	47635		
乌兹别克斯坦	千克	31200	29526		
巴拿马	千克	30000	32083		
突尼斯	千克	29244	27233		
南非	千克	28956	39353		
塞尔维亚	千克	23788	35278		
坦桑尼亚	千克	21000	28450		
泰国	千克	18290	14089	175224	52567
特立尼达和多巴哥	千克	16500	10032		
摩洛哥	千克	14775	14803		
洪都拉斯	千克	13761	10556		
哈萨克斯坦	千克	10750	1200		
朝鲜	千克	10400	3440		
格鲁吉亚	千克	990	2955		
美国	千克	470	690		
丹麦	千克	236	419		
科威特	千克	160	230		

(续)

商品/国别(地区)	计量单位	出口数量	出口金额(美元)	进口数量	进口金额(美元)
韩国	千克	139	67		
英国	千克	100	192		
德国	千克	89	80	47400	47434
阿根廷	千克	49	64	47419	16928
中国	千克			18000	20250
44119290 密度 >0.8 克/厘米^3 的其他纤维板或其他木制材料纤维板(经机械加工盖面)					
合计	千克	237475890	174926906	5171394	4850560
美国	千克	54717759	54094255	280108	379296
加拿大	千克	45266549	35869882	262	1378
俄罗斯	千克	24054150	12860785		
韩国	千克	21577977	10290230	1551	390
英国	千克	12903655	10374306		
澳大利亚	千克	8803385	7486298	1436069	700461
蒙古	千克	6128971	2696066		
越南	千克	4162769	2428460		
印度	千克	3662590	2460345		
南非	千克	2989723	2020000	174853	146463
爱尔兰	千克	2637652	1899141		
泰国	千克	2631365	1519266		
哥伦比亚	千克	2489950	1666477		
阿联酋	千克	2465049	1731118		
荷兰	千克	2464953	2659558	43195	173426
尼日利亚	千克	2373623	890799		
墨西哥	千克	2220995	1584266		
伊朗	千克	2064729	1443531		
台湾省	千克	1943431	1464790	5370	2919
罗马尼亚	千克	1660171	824343		
新加坡	千克	1567948	1003752	9469	19166
苏丹	千克	1494184	556961		
以色列	千克	1489939	1082880		
智利	千克	1444977	990347	53954	71358
乌克兰	千克	1300052	836072		
阿根廷	千克	1033720	628690	474768	175875
马来西亚	千克	1021429	585255	394101	275097
印度尼西亚	千克	1019654	700361	194940	98088
坦桑尼亚	千克	1002278	290553		
黎巴嫩	千克	986907	563110		
爱沙尼亚	千克	902265	543395		
格鲁吉亚	千克	815657	462394		
比利时	千克	807196	717625	298	1723
克罗地亚	千克	778744	420630		
意大利	千克	717916	542800		
斯里兰卡	千克	679966	168976		
乌兹别克斯坦	千克	633711	253914		
沙特阿拉伯	千克	554435	408685		
哈萨克斯坦	千克	551298	432906		
巴林	千克	504501	327072		
菲律宾	千克	495301	319436		
亚美尼亚	千克	482180	195789		
黑山	千克	446452	263319		
法国	千克	431437	385684		

（续）

商品/国别（地区）	计量单位	出口数量	出口金额（美元）	进口数量	进口金额（美元）
阿塞拜疆	千克	427435	300086		
约旦	千克	426954	248209		
日本	千克	413424	342367	95924	108046
危地马拉	千克	394895	317338		
巴基斯坦	千克	344461	207111		
新西兰	千克	315273	245648	245136	186486
莫桑比克	千克	312028	116871		
香港	千克	300440	277117		
埃及	千克	282451	174746		
委内瑞拉	千克	276021	234319		
西班牙	千克	268522	190447		
埃塞俄比亚	千克	234675	132177		
秘鲁	千克	234583	146452		
科威特	千克	228463	135989		
阿尔巴尼亚	千克	219071	113430		
希腊	千克	213480	117821		
孟加拉国	千克	213225	63232		
肯尼亚	千克	212879	142907		
巴拿马	千克	205135	151580		
卡塔尔	千克	199507	125536		
多米尼加	千克	199016	83082		
德国	千克	198813	227507	1514534	1992009
利比亚	千克	196715	108857		
摩洛哥	千克	183500	81813		
白俄罗斯	千克	181540	112361		
哥斯达黎加	千克	170345	138342		
立陶宛	千克	169000	80525		
文莱	千克	152373	140597		
安哥拉	千克	146111	126852		
巴西	千克	125700	79484		
厄瓜多尔	千克	122666	87220		
毛里求斯	千克	122082	123948		
马耳他	千克	116681	100872		
塞浦路斯	千克	112510	90161		
保加利亚	千克	107655	57760		
也门	千克	104500	44940		
贝宁	千克	88000	31992		
冈比亚	千克	80400	22463		
特立尼达和多巴哥	千克	67027	39947		
萨摩亚	千克	60960	22020		
阿尔及利亚	千克	51000	34870		
法属波利尼西亚	千克	43500	27373		
吉尔吉斯斯坦	千克	42432	29167	13750	16781
牙买加	千克	42250	16600		
马达加斯加	千克	40000	10841		
斐济	千克	39300	11313		
加纳	千克	37000	32045		
苏里南	千克	36101	20959		
马尔代夫	千克	35640	26016		
捷克	千克	29300	23032		
拉脱维亚	千克	25848	18651		
巴布亚新几内亚	千克	21719	7552		

（续）

商品/国别（地区）	计量单位	出口数量	出口金额（美元）	进口数量	进口金额（美元）
乌拉圭	千克	21550	14292		
丹麦	千克	21374	21182	26	517
突尼斯	千克	20100	13640		
新喀里多尼亚	千克	20000	11428		
多米尼加	千克	19500	7753		
津巴布韦	千克	19300	5346		
叙利亚	千克	19025	11050		
巴巴多斯	千克	18800	12103		
阿曼	千克	16900	11150		
玻利维亚	千克	15200	13065		
巴拉圭	千克	13834	8877		
利比里亚	千克	9200	2185		
赞比亚	千克	3600	2504		
纳米比亚	千克	1870	3973		
洪都拉斯	千克	800	1036		
亚洲其他国家(地区)	千克	638	255		
波兰	千克			1067	1324
中国	千克			87684	53045
瑞典	千克			144335	446712
44119310 辐射松制的木纤维板，密度超过 0.5 克/厘米^3，但不超过 0.8 克/厘米^3					
合计	千克	924	3387	6768724	1797235
马来西亚	千克			3771338	930037
泰国	千克			1964142	521623
澳大利亚	千克	924	3387	629701	197845
新西兰	千克			284268	110865
智利	千克			78022	24676
韩国	千克			23184	5983
台湾省	千克			18069	6206
44119390 其他木纤维或其他木质材料纤维板，密度超过 0.5 克/厘米^3，但不超过 0.8 克/厘米^3					
合计	千克	5873869	2717854	42850344	13443219
澳大利亚	千克	7490	8988	12408450	4310906
新西兰	千克	200	240	9539564	2492160
泰国	千克			8554631	2585950
马来西亚	千克			6418705	1998138
印度尼西亚	千克			2200984	699145
阿根廷	千克			1990405	587041
智利	千克			978868	353440
加拿大	千克	189	97	445406	144786
巴西	千克			239070	70033
德国	千克			26307	105839
美国	千克	468820	163328	19437	17303
台湾省	千克			15388	6843
瑞典	千克			8671	55371
日本	千克	112820	39424	1715	9151
比利时	千克			1652	4938
中国	千克			1016	1016
丹麦	千克			65	1041
菲律宾	千克	163700	237566	10	118
墨西哥	千克	145030	50647		
南非	千克	12200	6192		

(续)

商品/国别(地区)	计量单位	出口数量	出口金额(美元)	进口数量	进口金额(美元)
越南	千克	3964530	1418071		
巴林	千克	50468	30397		
意大利	千克	6082	2050		
阿尔及利亚	千克	13200	8372		
肯尼亚	千克	184500	98160		
塞舌尔	千克	18450	9840		
柬埔寨	千克	6450	9855		
吉布提	千克	356690	456039		
卡塔尔	千克	84000	35130		
沙特阿拉伯	千克	131350	75132		
毛里求斯	千克	48400	26326		
阿联酋	千克	99300	42000		
44119410 0.35 克/厘米^3 < 密度≤0.5 克/厘米^3 的其他纤维板或其他木制材料纤维板					
合计	千克	371071	480464	241370	97847
美国	千克	144236	197233		
澳大利亚	千克	95619	59194		
乌兹别克斯坦	千克	41400	15746		
加拿大	千克	25792	99293		
以色列	千克	25782	19576		
比利时	千克	12010	47580		
肯尼亚	千克	5250	2300		
越南	千克	4310	3366	300	526
香港	千克	3654	3133		
亚洲其他国家(地区)	千克	3500	3250		
俄罗斯	千克	2777	4190		
印度	千克	2575	9226		
安哥拉	千克	1350	2333		
危地马拉	千克	1046	5530		
黎巴嫩	千克	1000	5000		
哥斯达黎加	千克	420	2406		
巴基斯坦	千克	230	1065		
坦桑尼亚	千克	108	23		
墨西哥	千克	12	20		
荷兰	千克			6	148
丹麦	千克			179	3483
韩国	千克			36	128
德国	千克			1696	5736
新西兰	千克			239153	87826
44119421 密度≤0.35 克/厘米^3 的未经机械加工或盖面的木纤维板或其他木制材料纤维板					
合计	千克			28727	33202
美国	千克			26495	31817
德国	千克			2232	1385
44119429 密度≤0.35 克/厘米^3 的木纤维板或其他木制材料纤维板(经机械加工盖面)					
合计	千克	2370969	3615302	3176880	1260790
印度尼西亚	千克	195035	638063	1488243	582651
泰国	千克	38927	200692	1193555	372585
马来西亚	千克	23175	16872	163492	76424
美国	千克	10238	22250	99042	87067
澳大利亚	千克	36806	36107	98460	50361

(续)

商品/国别(地区)	计量单位	出口数量	出口金额(美元)	进口数量	进口金额(美元)
新西兰	千克	1488	815	50102	25051
加拿大	千克	1750	5500	48816	24408
阿根廷	千克			25642	12821
日本	千克	70380	173486	5100	11169
德国	千克	455	1375	3437	14990
立陶宛	千克			928	914
荷兰	千克			24	268
瑞典	千克			19	797
中国	千克			11	1203
意大利	千克	1032	835	9	81
南非	千克	50930	20505		
伊朗	千克	449261	245452		
越南	千克	41500	91708		
伊拉克	千克	68000	28900		
莫桑比克	千克	2800	3220		
黎巴嫩	千克	595	1870		
巴西	千克	90000	463076		
菲律宾	千克	484383	134462		
俄罗斯	千克	28214	28576		
乌克兰	千克	12600	45580		
智利	千克	5041	9060		
危地马拉	千克	2592	1865		
西班牙	千克	35644	153918		
斯里兰卡	千克	3885	11544		
突尼斯	千克	17800	8900		
香港	千克	16725	18114		
韩国	千克	35257	226392		
巴林	千克	1850	6664		
约旦	千克	35733	19240		
肯尼亚	千克	12750	7750		
巴布亚新几内亚	千克	81300	31694		
台湾省	千克	241655	718575		
土耳其	千克	57682	41070		
印度	千克	4210	14695		
塞舌尔	千克	1120	1448		
匈牙利	千克	90	28		
乌兹别克斯坦	千克	35775	28265		
沙特阿拉伯	千克	18000	11250		
阿联酋	千克	101395	57127		
丹麦	千克	4375	13000		
新加坡	千克	5644	14655		
巴基斯坦	千克	44877	60704		

4412 胶合板、单板饰面板及类似的多层板

商品/国别(地区)	计量单位	出口数量	出口金额(美元)	进口数量	进口金额(美元)
44121011 仅由薄板制竹胶合板，至少有一表层是本章子注释 1 所列热带木且每层厚≤6 毫米					
合计	立方米	2	12430	792	389607
俄罗斯	立方米			750	375113
印度尼西亚	立方米			28	9915
台湾省	立方米			9	2900
马来西亚	立方米			4	1162

（续）

商品/国别（地区）	计量单位	出口数量	出口金额（美元）	进口数量	进口金额（美元）
中国	立方米			1	427
新加坡	立方米			0	90
泰国	立方米	2	12430		
44121019 其他仅由薄板制竹胶合板，单层厚度≤6 毫米					
合计	立方米	51295	36198186	1470	647561
安哥拉	立方米	12415	7307150		
美国	立方米	10928	10781259	5	4116
利比亚	立方米	3644	2364949		
蒙古	立方米	3621	455057		
阿尔及利亚	立方米	1990	1096654		
坦桑尼亚	立方米	1715	966545		
韩国	立方米	1625	1491404	16	11506
荷兰	立方米	1412	937008		
越南	立方米	1332	811464	190	42371
加拿大	立方米	983	1077164		
加纳	立方米	701	429686		
刚果(布)	立方米	680	373311		
博茨瓦那	立方米	605	314324		
英国	立方米	512	733433	0	805
毛里求斯	立方米	511	306515		
尼日利亚	立方米	506	339656		
阿联酋	立方米	487	633860		
肯尼亚	立方米	479	306765		
南非	立方米	423	266802		
沙特阿拉伯	立方米	392	177939		
法国	立方米	340	407326		
俄罗斯	立方米	339	253773	77	22481
澳大利亚	立方米	298	334622	0	544
印度	立方米	211	238077		
牙买加	立方米	193	100029		
格鲁吉亚	立方米	168	90888		
德国	立方米	168	195362	1	1960
马达加斯加	立方米	163	54810		
卢旺达	立方米	151	103364		
厄立特里亚	立方米	145	72166		
日本	立方米	143	117147	0	2878
乌兹别克斯坦	立方米	142	157288		
刚果(金)	立方米	142	70444		
西班牙	立方米	140	128680		
约旦	立方米	128	75868		
亚洲其他国家(地区)	立方米	127	18966		
摩洛哥	立方米	123	47097		
葡萄牙	立方米	122	188521		
斯里兰卡	立方米	121	61895		
吉布提	立方米	119	98300		
朝鲜	立方米	119	53816		
泰国	立方米	114	134106		
萨尔瓦多	立方米	110	61708		
白俄罗斯	立方米	108	78204		
波兰	立方米	104	135776		
纳米比亚	立方米	94	36157		

（续）

商品/国别（地区）	计量单位	出口数量	出口金额（美元）	进口数量	进口金额（美元）
赤道几内亚	立方米	93	70706		
委内瑞拉	立方米	93	59281		
智利	立方米	92	121512		
柬埔寨	立方米	90	55232		
瑞典	立方米	90	59500		
伊拉克	立方米	86	43105		
马来西亚	立方米	83	47438	448	193042
科特迪瓦	立方米	74	41920		
毛里塔尼亚	立方米	71	36543		
安提瓜和巴布达	立方米	66	34060		
苏丹	立方米	64	37264		
台湾省	立方米	63	38077	140	61563
新加坡	立方米	59	31370		
埃塞俄比亚	立方米	59	36957		
丹麦	立方米	55	35000		
阿曼	立方米	55	29425		
墨西哥	立方米	54	76298		
莫桑比克	立方米	53	28788		
比利时	立方米	50	54273		
尼日尔	立方米	48	27734		
哥斯达黎加	立方米	48	28346		
马里	立方米	45	21115		
叙利亚	立方米	43	56287		
伊朗	立方米	42	19186		
芬兰	立方米	40	55297		
意大利	立方米	38	59579	1	22884
哈萨克斯坦	立方米	37	46539		
希腊	立方米	34	22400		
巴拿马	立方米	34	20400		
圭亚那	立方米	31	23000		
赞比亚	立方米	31	20250		
巴哈马	立方米	30	14223		
印度尼西亚	立方米	29	16934	556	245494
东帝汶	立方米	28	15900		
也门	立方米	28	11455		
斯洛文尼亚	立方米	26	36587		
乌克兰	立方米	25	20103		
加蓬	立方米	25	9430		
特立尼达和多巴哥	立方米	24	12496		
土耳其	立方米	22	54269		
匈牙利	立方米	21	10728		
克罗地亚	立方米	19	23805		
菲律宾	立方米	19	12574		
塞内加尔	立方米	14	85364		
卡塔尔	立方米	13	8276		
巴布亚新几内亚	立方米	12	7650		
秘鲁	立方米	8	5382		
老挝	立方米	8	5166		
利比里亚	立方米	7	5070		
厄瓜多尔	立方米	6	4200		
乌拉圭	立方米	4	2917		
乌干达	立方米	4	2633		

(续)

商品/国别(地区)	计量单位	出口数量	出口金额(美元)	进口数量	进口金额(美元)
新喀里多尼亚	立方米	3	2177		
斯洛伐克	立方米	2	440		
新西兰	立方米	2	6600		
香港	立方米	2	1590		
中国	立方米			36	37917
44121020 其他竹制胶合板、单板饰面板及类似的多层板，至少有一表层非针叶木					
合计	立方米	670	553328		
韩国	立方米	604	478484		
安哥拉	立方米	44	24482		
德国	立方米	22	50362		
44121091 其他竹制胶合板、单板饰面板及类似的多层板，至少有一层是本章子注释1所列热带木					
合计	立方米	78	113749		
德国	立方米	77	111332		
美国	立方米	1	2417		
44121092 其他竹制胶合板、单板饰面板及类似的多层板，至少含有一层木碎料板					
合计	立方米	246	228954		
美国	立方米	96	94170		
匈牙利	立方米	46	54968		
沙特阿拉伯	立方米	32	12000		
印度	立方米	27	7600		
韩国	立方米	22	35627		
印度尼西亚	立方米	10	10362		
乌克兰	立方米	6	1596		
澳大利亚	立方米	5	10046		
香港	立方米	2	1624		
马来西亚	立方米	0	645		
新加坡	立方米	0	316		
44121099 其他竹制胶合板、单板饰面板及类似的多层板					
合计	立方米	15212	17378689	22	34128
美国	立方米	6404	8725583		
安哥拉	立方米	2426	1564392		
利比亚	立方米	786	488770		
荷兰	立方米	444	789287		
法国	立方米	401	375498		
加拿大	立方米	323	462812		
比利时	立方米	307	255428		
土耳其	立方米	291	792097		
英国	立方米	277	453627		
南非	立方米	256	217037		
澳大利亚	立方米	210	220677		
德国	立方米	185	294170		
台湾省	立方米	175	194379		
斯里兰卡	立方米	151	38502		
印度	立方米	149	90865		
阿曼	立方米	135	56192		
丹麦	立方米	126	121099		
西班牙	立方米	126	159239		
阿联酋	立方米	121	78500		
韩国	立方米	120	267165		
阿尔及利亚	立方米	118	79238		

(续)

商品/国别(地区)	计量单位	出口数量	出口金额(美元)	进口数量	进口金额(美元)
赞比亚	立方米	114	65792		
坦桑尼亚	立方米	110	56965		
沙特阿拉伯	立方米	107	42001		
埃及	立方米	90	43071		
伊拉克	立方米	80	38036		
赤道几内亚	立方米	73	44794		
毛里求斯	立方米	72	49088		
叙利亚	立方米	64	44400		
莫桑比克	立方米	63	31550		
刚果(布)	立方米	60	15368		
尼日利亚	立方米	56	21921		
新西兰	立方米	54	43636		
卢旺达	立方米	45	25735		
菲律宾	立方米	43	45368		
科特迪瓦	立方米	38	7554		
汤加	立方米	37	24104		
日本	立方米	37	66456	0	11
苏丹	立方米	36	21960		
东帝汶	立方米	36	20745		
奥地利	立方米	34	171560		
乌干达	立方米	28	19338		
俄罗斯	立方米	28	14940		
越南	立方米	26	39920	18	32677
波兰	立方米	24	100850		
保加利亚	立方米	22	6282		
摩洛哥	立方米	22	16950		
哥伦比亚	立方米	22	30056		
厄瓜多尔	立方米	20	17550		
委内瑞拉	立方米	20	19191		
以色列	立方米	19	37054		
洪都拉斯	立方米	19	191257		
智利	立方米	19	26795		
缅甸	立方米	18	24720		
瑞典	立方米	18	25219		
巴基斯坦	立方米	16	12040		
巴西	立方米	15	23919		
意大利	立方米	14	40890		
挪威	立方米	12	12262		
巴布亚新几内亚	立方米	8	1488		
泰国	立方米	8	35187		
香港	立方米	7	16585		
芬兰	立方米	6	7770		
加纳	立方米	6	9894		
伊朗	立方米	6	3248		
捷克	立方米	6	7190		
津巴布韦	立方米	6	7380		
巴拿马	立方米	5	7069		
塞舌尔	立方米	5	1316		
新加坡	立方米	4	10874		
瑞士	立方米	2	3098		
新喀里多尼亚	立方米	1	1845		
印度尼西亚	立方米	0	1851		
中国	立方米			4	1440

(续)

商品/国别(地区)	计量单位	出口数量	出口金额(美元)	进口数量	进口金额(美元)
44123100 仅由薄板制的其他胶合板(竹制的除外)，至少一表层是本章子注释1所列热带木且每层厚≤6毫米					
合计	立方米	211027	131210467	20334	11022426
约旦	立方米	55334	33606271		
美国	立方米	27359	29911338		
韩国	立方米	22616	7148776	1182	580890
以色列	立方米	20305	6717123		
新加坡	立方米	6937	3143209		
墨西哥	立方米	6869	3347548		
泰国	立方米	6498	3927936	8	7334
日本	立方米	5872	5633637	985	1427354
阿联酋	立方米	5624	3156611		
印度	立方米	5258	4140289		
荷兰	立方米	5204	3735371	83	201195
科威特	立方米	4130	2602323		
澳门	立方米	3793	333536		
沙特阿拉伯	立方米	3644	1983227		
埃及	立方米	2944	1938098		
英国	立方米	2667	3488300		
叙利亚	立方米	2592	1758859		
比利时	立方米	1934	2401545		
卡塔尔	立方米	1690	1181005		
越南	立方米	1422	571490		
意大利	立方米	1284	844764		
澳大利亚	立方米	1253	934039		
香港	立方米	1146	500274	129	45933
巴基斯坦	立方米	1085	817033		
荷属安地列斯群岛	立方米	1081	337789		
德国	立方米	992	383560		
毛里求斯	立方米	960	481419		
埃塞俄比亚	立方米	848	411176		
尼加拉瓜	立方米	843	304507		
波兰	立方米	626	358704		
加拿大	立方米	623	685166		
加纳	立方米	593	203835		
印度尼西亚	立方米	578	274312	9819	4851106
哥斯达黎加	立方米	553	244767		
马来西亚	立方米	538	313969	7794	3622251
南非	立方米	522	305990		
伊拉克	立方米	444	232068		
新西兰	立方米	392	298573		
黎巴嫩	立方米	389	151779		
爱尔兰	立方米	329	461614		
法属波利尼西亚	立方米	292	102566		
塞舌尔	立方米	291	118641		
肯尼亚	立方米	231	75776		
大洋洲其他国家(地区)	立方米	203	64353		
坦桑尼亚	立方米	196	94540		
利比亚	立方米	163	41283		
丹麦	立方米	158	195924		
台湾省	立方米	158	82137	187	171796
尼日利亚	立方米	151	73074		

(续)

商品/国别(地区)	计量单位	出口数量	出口金额(美元)	进口数量	进口金额(美元)
所罗门群岛	立方米	141	46094		
安哥拉	立方米	124	52206		
法国	立方米	118	66086		
巴林	立方米	115	90111		
克罗地亚	立方米	109	32905		
也门	立方米	92	73338		
亚洲其他国家(地区)	立方米	91	45937		
西班牙	立方米	83	165924		
葡萄牙	立方米	62	79325		
朝鲜	立方米	54	26928		
哥伦比亚	立方米	50	24826		
希腊	立方米	48	93468		
菲律宾	立方米	46	36116	99	46355
密克罗尼西亚	立方米	40	13155		
新喀里多尼亚	立方米	40	13837		
厄立特里亚	立方米	22	13571		
马约特岛	立方米	21	12828		
智利	立方米	21	41342		
塞浦路斯	立方米	21	7050		
巴拿马	立方米	21	7185		
瑞典	立方米	20	47214		
赤道几内亚	立方米	19	56605		
乌拉圭	立方米	14	8785		
阿曼	立方米	13	7462		
摩洛哥	立方米	13	2626		
伊朗	立方米	9	13376		
开曼群岛	立方米	4	6905		
挪威	立方米	2	5138		
中国	立方米			48	68212
44123210 其他仅由薄板制的胶合板(竹制的除外)，至少一表层温带非针叶木且每层厚≤6毫米					
合计	立方米	348794	214869549	17262	12648505
美国	立方米	140386	102428251	539	425368
加拿大	立方米	15047	14228119	4	13523
日本	立方米	12973	7184015	3550	3834526
越南	立方米	10649	4061464		
马来西亚	立方米	10516	4875268	1119	476692
泰国	立方米	10483	4121078	24	20994
德国	立方米	9932	3835993	0	1
以色列	立方米	9254	2890009		
爱尔兰	立方米	8127	4755903		
英国	立方米	7959	6673175	4	24973
法国	立方米	7546	4495202		
印度尼西亚	立方米	7354	2790338	2785	1647882
韩国	立方米	5739	2264131	50	27285
新加坡	立方米	5425	1634583		
阿联酋	立方米	4848	1849031		
比利时	立方米	4446	3383574	79	94111
安哥拉	立方米	4317	1354871		
波兰	立方米	4261	2027387		
意大利	立方米	4195	7236434	45	48553
哈萨克斯坦	立方米	3659	1273942		

(续)

商品/国别(地区)	计量单位	出口数量	出口金额(美元)	进口数量	进口金额(美元)
沙特阿拉伯	立方米	3223	916872		
荷兰	立方米	2917	3418238		
土库曼斯坦	立方米	2625	956383		
吉布提	立方米	2307	1151387		
印度	立方米	2277	1606937		
香港	立方米	2069	1513741		
台湾省	立方米	2020	2138247	870	542446
巴拿马	立方米	1928	703426		
西班牙	立方米	1901	2266269		
俄罗斯	立方米	1870	539538	7435	4459287
墨西哥	立方米	1831	1733523		
利比亚	立方米	1825	542890		
尼日利亚	立方米	1798	587149		
埃塞俄比亚	立方米	1741	636432		
阿尔及利亚	立方米	1551	616241		
葡萄牙	立方米	1523	677310		
伊朗	立方米	1393	442633		
巴基斯坦	立方米	1386	397000		
埃及	立方米	1368	435227		
危地马拉	立方米	1330	424235		
菲律宾	立方米	1107	631869		
委内瑞拉	立方米	1026	412608		
斯里兰卡	立方米	1019	374451		
哥伦比亚	立方米	998	409912		
坦桑尼亚	立方米	910	214252		
瑞典	立方米	764	821023		
希腊	立方米	760	337464		
多米尼加	立方米	716	242614		
保加利亚	立方米	700	361854		
卡塔尔	立方米	629	289989		
留尼汪	立方米	624	180639		
苏丹	立方米	600	184535		
格鲁吉亚	立方米	593	181983		
哥斯达黎加	立方米	578	187340		
萨尔瓦多	立方米	573	190498		
智利	立方米	568	214013		
尼加拉瓜	立方米	565	167347		
海地	立方米	561	152963		
澳大利亚	立方米	525	375655	50	31564
摩洛哥	立方米	483	192155		
乌兹别克斯坦	立方米	460	147657		
挪威	立方米	423	132882		
法属波利尼西亚	立方米	409	131118		
阿富汗	立方米	396	102292		
肯尼亚	立方米	393	148424		
巴林	立方米	350	154512		
孟加拉国	立方米	299	118133		
叙利亚	立方米	297	155635		
波多黎各	立方米	268	72682		
罗马尼亚	立方米	263	89757		
塞浦路斯	立方米	261	82494		
马约特岛	立方米	251	91942		

(续)

商品/国别(地区)	计量单位	出口数量	出口金额(美元)	进口数量	进口金额(美元)
约旦	立方米	243	111561		
莫桑比克	立方米	241	78164		
新西兰	立方米	222	242227		
萨摩亚	立方米	222	76865		
塞舌尔	立方米	220	72403		
巴布亚新几内亚	立方米	211	59705		
圣卢西亚	立方米	170	48463		
土耳其	立方米	167	180158		
黎巴嫩	立方米	155	105064		
毛里求斯	立方米	142	48654		
科摩罗	立方米	127	40813		
苏里南	立方米	119	53083		
东帝汶	立方米	116	43200		
巴巴多斯	立方米	109	30947		
伯利兹	立方米	108	32089		
赤道几内亚	立方米	107	21495		
马其顿	立方米	107	30005		
黑山	立方米	105	28757		
阿鲁巴岛	立方米	102	40928		
阿曼	立方米	100	30000		
牙买加	立方米	90	72863		
斐济	立方米	75	29944		
丹麦	立方米	58	77477		
马耳他	立方米	57	15972		
克罗地亚	立方米	56	23081		
南非	立方米	55	47976		
汤加	立方米	55	15153		
圣文森特和格林纳丁斯	立方米	55	20038		
荷属安地列斯群岛	立方米	55	17411		
瓜德罗普岛	立方米	54	15341		
秘鲁	立方米	52	22164		
马提尼克	立方米	52	17403		
乌克兰	立方米	51	17315		
纳米比亚	立方米	51	15376		
马尔代夫	立方米	50	15045		
所罗门群岛	立方米	50	14845		
瓦利斯和浮图纳	立方米	42	13501		
捷克	立方米	41	68567		
斯洛文尼亚	立方米	37	79520		
朝鲜	立方米	35	12412		
冰岛	立方米	34	62304		
奥地利	立方米	30	25767		
匈牙利	立方米	28	42559		
加纳	立方米	25	12598		
特立尼达和多巴哥	立方米	23	10206		
瓦努阿图	立方米	21	6331		
百慕大群岛	立方米	21	42336		
古巴	立方米	20	9961		
阿根廷	立方米	19	27599		
库克群岛	立方米	19	6481		
亚洲其他国家(地区)	立方米	13	4804		
开曼群岛	立方米	7	10461		

（续）

商品/国别（地区）	计量单位	出口数量	出口金额（美元）	进口数量	进口金额（美元）
瑞士	立方米	2	5019		
芬兰	立方米			516	722760
中国	立方米			192	278540
44123290 其他仅由薄板制的胶合板（竹制的除外），至少一表层非针叶木且每层厚≤6 毫米					
合计	立方米	139294	64599676	89788	37861704
英国	立方米	29365	9659680	12	2392
美国	立方米	25030	18160112	61	253332
香港	立方米	23548	6941647		
日本	立方米	11687	5488916	1939	1184985
荷兰	立方米	6967	3364520		
越南	立方米	6928	2564941	69	49013
以色列	立方米	5935	2464040		
台湾省	立方米	5912	1842812	689	385513
墨西哥	立方米	2524	1216069		
加拿大	立方米	2438	1260712	89	28577
马来西亚	立方米	2299	757551	58686	21992807
比利时	立方米	1630	955540		
韩国	立方米	1564	590380	4	15754
泰国	立方米	993	455711		
德国	立方米	926	852248	60	84859
意大利	立方米	924	2005136	205	167044
朝鲜	立方米	902	276172		
新加坡	立方米	887	431564	122	58932
希腊	立方米	852	345322		
亚洲其他国家(地区)	立方米	811	241660		
沙特阿拉伯	立方米	738	382102		
印度尼西亚	立方米	637	282416	26622	12935315
新西兰	立方米	457	170872		
西班牙	立方米	456	615160		
土库曼斯坦	立方米	430	136660		
古巴	立方米	391	229890		
瑞士	立方米	344	827047		
波多黎各	立方米	322	131033		
阿联酋	立方米	319	117786		
摩洛哥	立方米	314	118099		
巴布亚新几内亚	立方米	267	85277		
伊朗	立方米	240	71100		
智利	立方米	217	295310		
埃塞俄比亚	立方米	208	53647		
多米尼加	立方米	192	59477		
俄罗斯	立方米	154	52603	377	211430
南非	立方米	142	212583		
坦桑尼亚	立方米	103	30670		
法国	立方米	98	57050		
澳门	立方米	96	34575		
澳大利亚	立方米	93	15427	47	53892
肯尼亚	立方米	93	37914		
约旦	立方米	85	44700		
尼日利亚	立方米	74	23076		
东帝汶	立方米	70	20611		
葡萄牙	立方米	68	74606		

（续）

商品/国别（地区）	计量单位	出口数量	出口金额（美元）	进口数量	进口金额（美元）
匈牙利	立方米	59	106315		
爱尔兰	立方米	54	79853		
印度	立方米	54	110091	2	752
委内瑞拉	立方米	46	31430		
伊拉克	立方米	44	12915		
卡塔尔	立方米	40	21365		
基里巴斯	立方米	29	7368		
斯洛文尼亚	立方米	27	33533		
密克罗尼西亚	立方米	25	7946		
斯威士兰	立方米	25	5830		
阿尔巴尼亚	立方米	24	6500		
安哥拉	立方米	22	17687		
巴林	立方米	20	10980		
巴基斯坦	立方米	19	18822		
挪威	立方米	19	29946		
苏丹	立方米	18	4074		
乍得	立方米	9	616		
菲律宾	立方米	8	3315		
叙利亚	立方米	7	20002		
开曼群岛	立方米	6	12058		
贝宁	立方米	5	3600		
科威特	立方米	3	706		
莫桑比克	立方米	1	300		
中国	立方米			749	307295
芬兰	立方米			54	116990
爱沙尼亚	立方米			0	780
瑞典	立方米			1	12042
44123900 其他仅由薄板制的胶合板（竹制的除外），每层厚≤6 毫米					
合计	立方米	4008038	1332552317	22044	10773512
美国	立方米	721150	253594687	219	236283
阿联酋	立方米	329620	103113132		
日本	立方米	313285	96380121	471	293468
英国	立方米	229165	66438510	11	48819
韩国	立方米	175735	48454123	323	71968
沙特阿拉伯	立方米	173952	48858638		
以色列	立方米	157518	54321818		
新加坡	立方米	121999	34986979	0	724
泰国	立方米	117209	44155037	1	124
比利时	立方米	114282	40000094		
台湾省	立方米	106949	29963864	1534	1193492
埃及	立方米	95348	31495541		
德国	立方米	85826	27291700	20	37427
越南	立方米	77970	29473277		
卡塔尔	立方米	71389	21790327		
香港	立方米	62995	17596759	20	4600
利比亚	立方米	62359	22258009		
阿尔及利亚	立方米	59474	20397150		
法国	立方米	52465	18184890		
约旦	立方米	50902	15722599		
印度尼西亚	立方米	40258	16600649	4850	1976635
科威特	立方米	40247	12054114		

(续)

商品/国别(地区)	计量单位	出口数量	出口金额(美元)	进口数量	进口金额(美元)
印度	立方米	39405	29605072		
爱尔兰	立方米	37979	9994617		
加拿大	立方米	34954	12716545	122	48505
墨西哥	立方米	34675	14083222		
安哥拉	立方米	31298	10335003		
马来西亚	立方米	25979	9469545	12095	5470313
波多黎各	立方米	23566	7954640		
澳大利亚	立方米	23020	9091794	5	2166
荷兰	立方米	22253	10970525		
希腊	立方米	22064	7229827		
埃塞俄比亚	立方米	20280	7474889		
西班牙	立方米	19045	6695563	0	324
巴林	立方米	17474	6093125		
波兰	立方米	16548	5029644		
巴拿马	立方米	16382	5120666		
尼日利亚	立方米	15483	5435777		
委内瑞拉	立方米	14774	5992167		
多米尼加	立方米	14029	4460961		
保加利亚	立方米	13694	3773160		
摩洛哥	立方米	13240	7911724		
菲律宾	立方米	13082	4692255	1	1200
斯里兰卡	立方米	12138	3937680		
黎巴嫩	立方米	11699	3615777		
伊朗	立方米	11380	3681041		
毛里求斯	立方米	11358	3771817		
葡萄牙	立方米	11239	4096838		
苏丹	立方米	10657	3338945		
哥伦比亚	立方米	9131	3875098		
瑞典	立方米	8998	3498241		
巴基斯坦	立方米	8560	2797330		
危地马拉	立方米	7569	2435636		
留尼汪	立方米	7504	2222622		
坦桑尼亚	立方米	7499	2522129		
挪威	立方米	7423	2943226		
俄罗斯	立方米	6754	2007388	734	360423
叙利亚	立方米	6560	2312355		
哥斯达黎加	立方米	6499	2104817		
南非	立方米	5355	1754937		
阿曼	立方米	5323	1933954		
丹麦	立方米	5220	2131923	0	3514
吉布提	立方米	5091	2048116		
智利	立方米	5046	1986545	230	94852
海地	立方米	4697	1394483		
赤道几内亚	立方米	4593	1493574		
孟加拉国	立方米	4479	1748055		
萨尔瓦多	立方米	4242	1456230		
尼加拉瓜	立方米	4222	1303517		
罗马尼亚	立方米	4201	1378769		
巴布亚新几内亚	立方米	3873	1351487		
意大利	立方米	3763	1678493	3	22958
新西兰	立方米	3747	1652862	47	15184
克罗地亚	立方米	3572	1103386		

(续)

商品/国别(地区)	计量单位	出口数量	出口金额(美元)	进口数量	进口金额(美元)
肯尼亚	立方米	2742	1079822		
新喀里多尼亚	立方米	2728	797589		
法属波利尼西亚	立方米	2706	896298		
马约特岛	立方米	2576	771510		
牙买加	立方米	2529	1019832		
土库曼斯坦	立方米	2482	761280		
洪都拉斯	立方米	2438	850173		
芬兰	立方米	2410	1135121	941	655243
塞浦路斯	立方米	2058	671070		
澳门	立方米	2010	179741		
蒙古	立方米	1713	303281		
阿尔巴尼亚	立方米	1676	599235		
马耳他	立方米	1669	506528		
土耳其	立方米	1463	542363		
苏里南	立方米	1362	467177		
塞舌尔	立方米	1345	402026		
利比里亚	立方米	1219	355894		
朝鲜	立方米	1198	451051		
萨摩亚	立方米	1151	357051		
特立尼达和多巴哥	立方米	1115	511640		
瓜德罗普岛	立方米	1018	349804		
也门	立方米	996	291052		
加纳	立方米	992	425893		
古巴	立方米	963	305299		
乌拉圭	立方米	962	316694	96	44366
阿富汗	立方米	834	200879		
斐济	立方米	823	283960		
哈萨克斯坦	立方米	798	276034		
刚果(布)	立方米	783	258627		
乌干达	立方米	770	289151		
莫桑比克	立方米	731	228502		
密克罗尼西亚	立方米	729	223259		
汤加	立方米	721	218105		
荷属安地列斯群岛	立方米	701	239411		
黑山	立方米	693	199131		
塞内加尔	立方米	659	210838		
塞拉利昂	立方米	649	173919		
冈比亚	立方米	598	154173		
马达加斯加	立方米	590	176418		
马提尼克	立方米	588	200625		
所罗门群岛	立方米	552	167981		
瓦努阿图	立方米	526	164905		
老挝	立方米	509	121495		
圣卢西亚	立方米	496	153384		
格鲁吉亚	立方米	483	183520		
贝宁	立方米	465	159167		
阿鲁巴岛	立方米	462	166298		
秘鲁	立方米	455	188235		
伯利兹	立方米	438	117527		
马尔代夫	立方米	421	142884		
爱沙尼亚	立方米	399	142218		
乌兹别克斯坦	立方米	398	129926		

(续)

商品/国别（地区）	计量单位	出口数量	出口金额（美元）	进口数量	进口金额（美元）
塞尔维亚	立方米	367	115379		
博茨瓦那	立方米	319	96668		
加蓬	立方米	317	129509		
刚果(金)	立方米	307	96981		
科摩罗	立方米	293	102972		
捷克	立方米	264	92026		
乌克兰	立方米	255	75115		
拉脱维亚	立方米	246	80681	68	94642
柬埔寨	立方米	233	74820		
格林纳达	立方米	220	66925		
圣文森特和格林纳丁斯	立方米	216	65501		
开曼群岛	立方米	215	64530		
亚洲其他国家(地区)	立方米	214	43638		
巴西	立方米	209	50889		
多米尼加	立方米	189	57695		
圭亚那	立方米	172	56261		
立陶宛	立方米	172	54012		
安提瓜和巴布达	立方米	150	39990		
马其顿	立方米	135	51540		
巴巴多斯	立方米	133	42622		
几内亚	立方米	132	39224		
尼泊尔	立方米	110	43239		
斯洛文尼亚	立方米	105	48940		
巴哈马	立方米	103	28059		
东帝汶	立方米	102	30920		
多哥	立方米	102	30960		
伊拉克	立方米	96	54800		
缅甸	立方米	89	27051		
科特迪瓦	立方米	86	32409		
卢旺达	立方米	85	31375		
阿根廷	立方米	78	40162		
吉尔吉斯斯坦	立方米	72	26889		
法属圭亚那	立方米	70	19856		
中非	立方米	68	36274		
库克群岛	立方米	66	20775		
乍得	立方米	59	30527		
厄瓜多尔	立方米	58	28300		
波黑	立方米	56	19789		
摩尔多瓦	立方米	50	21184		
文莱	立方米	48	21904		
博内尔	立方米	48	17712		
帕劳	立方米	45	12907		
纳米比亚	立方米	24	7942		
奥地利	立方米	24	10888		
马绍尔群岛	立方米	22	7335		
社会群岛	立方米	21	13598		
图瓦卢	立方米	21	5896		
基里巴斯	立方米	21	5917		
巴拉圭	立方米	21	6246		
赞比亚	立方米	14	4406		
马里	立方米	11	11073		

(续)

商品/国别（地区）	计量单位	出口数量	出口金额（美元）	进口数量	进口金额（美元）
中国	立方米			253	96282
44129410 木块芯、侧板条芯、板条芯胶合板，至少一表层是非针叶木					
合计	立方米	270599	242347807	1952	759409
美国	立方米	36201	52374328	36	57289
香港	立方米	27554	7579115		
日本	立方米	25379	11443606		
意大利	立方米	17652	26396204		
埃及	立方米	13669	5204709		
荷兰	立方米	13519	20223897		
比利时	立方米	13340	19859897		
约旦	立方米	12527	4441449		
沙特阿拉伯	立方米	10402	3416172		
英国	立方米	9771	11306320		
丹麦	立方米	9391	11390558		
挪威	立方米	8521	8885850		
德国	立方米	8308	11749014	0	368
新加坡	立方米	8170	2788934		
西班牙	立方米	6196	7074399	0	173
以色列	立方米	4606	3162112		
瑞典	立方米	3893	5337285		
墨西哥	立方米	3385	1500199		
法国	立方米	3261	4266326		
阿联酋	立方米	3182	1040044		
印度	立方米	3112	1293452		
卡塔尔	立方米	2786	993054		
葡萄牙	立方米	2551	2964732		
爱尔兰	立方米	2293	2001909		
韩国	立方米	1841	2091479	195	53111
马来西亚	立方米	1644	547018	873	297105
科威特	立方米	1491	530513		
澳大利亚	立方米	1338	1311256	0	353
加拿大	立方米	1306	2151403		
委内瑞拉	立方米	1161	525528		
利比亚	立方米	1066	500788		
越南	立方米	1014	398157		
安哥拉	立方米	875	267983		
泰国	立方米	832	362494		
黎巴嫩	立方米	686	261228		
芬兰	立方米	642	780755		
南非	立方米	580	572117		
澳门	立方米	564	755969		
希腊	立方米	531	471460		
塔吉克斯坦	立方米	415	69050		
奥地利	立方米	358	557262		
爱沙尼亚	立方米	342	400901		
波兰	立方米	341	215109		
巴林	立方米	321	126449		
冰岛	立方米	247	234271		
罗马尼亚	立方米	222	170111		
俄罗斯	立方米	221	343645		
阿尔及利亚	立方米	201	59266		

(续)

商品/国别(地区)	计量单位	出口数量	出口金额(美元)	进口数量	进口金额(美元)
纳米比亚	立方米	194	82840		
斯洛文尼亚	立方米	186	260510		
克罗地亚	立方米	170	123725		
文莱	立方米	168	40506		
阿根廷	立方米	165	185029		
乌拉圭	立方米	159	65103		
台湾省	立方米	145	58547	2	9574
乌兹别克斯坦	立方米	136	67326		
哈萨克斯坦	立方米	130	45558		
乌干达	立方米	129	32244		
新西兰	立方米	127	194641	410	144720
土耳其	立方米	100	159231		
秘鲁	立方米	94	105066		
苏丹	立方米	87	27608		
尼日利亚	立方米	87	20005		
坦桑尼亚	立方米	74	30117		
塞浦路斯	立方米	63	73898		
乌克兰	立方米	60	100058		
智利	立方米	56	87579		
吉尔吉斯斯坦	立方米	54	15446		
菲律宾	立方米	51	17623	0	4196
毛里求斯	立方米	48	15222		
立陶宛	立方米	46	25218		
马尔代夫	立方米	44	15435		
马绍尔群岛	立方米	23	8251		
伊朗	立方米	22	13519		
利比里亚	立方米	22	5815		
阿尔巴尼亚	立方米	20	37537		
捷克	立方米	17	23139		
摩洛哥	立方米	5	9742		
萨摩亚	立方米	5	2047		
塞舌尔	立方米	4	1445		
印度尼西亚	立方米			287	138823
中国	立方米			149	53697
44129491 其他木块芯、侧板条芯、板条芯胶合板，至少一层是本章子注释1所列热带木					
合计	立方米	6091	2106681	8	10835
约旦	立方米	4377	1566819		
卡塔尔	立方米	1176	369896		
新加坡	立方米	243	74390		
沙特阿拉伯	立方米	144	41396		
科威特	立方米	58	20844		
阿联酋	立方米	57	20290		
巴林	立方米	29	10746		
孟加拉国	立方米	7	2300		
印度尼西亚	立方米			7	10317
菲律宾	立方米			1	518
44129492 其他木块芯、侧板条芯、板条芯胶合板，至少一层是木碎料板					
合计	立方米	3143	1452620	341	289404
安哥拉	立方米	1037	343108		
纳米比亚	立方米	450	226020		

(续)

商品/国别(地区)	计量单位	出口数量	出口金额(美元)	进口数量	进口金额(美元)
香港	立方米	333	236492		
德国	立方米	311	117244		
台湾省	立方米	209	76333		
马来西亚	立方米	144	87494		
越南	立方米	108	69029		
缅甸	立方米	90	48766		
美国	立方米	84	39856		
印度尼西亚	立方米	81	49302	202	76517
肯尼亚	立方米	78	55808		
老挝	立方米	50	14934		
韩国	立方米	40	30491		
印度	立方米	27	15509		
也门	立方米	24	13463		
墨西哥	立方米	22	12852		
苏丹	立方米	21	3366		
乌干达	立方米	16	2964		
毛里求斯	立方米	13	6100		
利比亚	立方米	5	3489		
奥地利	立方米			129	211487
中国	立方米			10	1400
44129499 其他木块芯、侧板条芯、板条芯胶合板					
合计	立方米	29477	13741202	461	133246
台湾省	立方米	13338	3366789		
意大利	立方米	3813	1852233	1	275
荷兰	立方米	2013	2564293		
西班牙	立方米	1394	440147		
葡萄牙	立方米	1376	460647		
阿联酋	立方米	1295	760072		
比利时	立方米	1099	1600703		
德国	立方米	865	531223		
日本	立方米	796	547073		
利比亚	立方米	347	292559		
瑞士	立方米	264	101507		
莫桑比克	立方米	221	65965		
尼日利亚	立方米	216	83769		
法国	立方米	216	78396	0	7400
危地马拉	立方米	207	63473		
马耳他	立方米	186	70684		
斯洛文尼亚	立方米	185	81648		
安哥拉	立方米	178	78417		
香港	立方米	160	28934		
埃塞俄比亚	立方米	136	48259		
挪威	立方米	132	50089		
英国	立方米	129	46204		
韩国	立方米	114	53646		
马达加斯加	立方米	87	25743		
加拿大	立方米	78	92891	0	1378
巴布亚新几内亚	立方米	71	24869		
佛得角	立方米	60	18859		
阿尔巴尼亚	立方米	58	21870		
希腊	立方米	56	19449		
罗马尼亚	立方米	55	18700		

（续）

商品/国别（地区）	计量单位	出口数量	出口金额（美元）	进口数量	进口金额（美元）
马里	立方米	51	33222		
芬兰	立方米	51	18939		
新西兰	立方米	38	62368		
克罗地亚	立方米	31	10311		
亚洲其他国家(地区)	立方米	29	5820		
波兰	立方米	29	12744		
博茨瓦那	立方米	24	8800		
奥地利	立方米	20	33426		
印度	立方米	16	23135		
肯尼亚	立方米	13	3326		
缅甸	立方米	12	2614		
澳大利亚	立方米	11	16017		
南非	立方米	7	21294		
哥伦比亚	立方米	0	33		
美国	立方米	0	42		
印度尼西亚	立方米			155	32284
智利	立方米			276	83099
马来西亚	立方米			16	5000
中国	立方米			6	1590
新加坡	立方米			7	2220
44129910 其他胶合板、单板饰面板及类似的多层板，至少一表层是非针叶木					
合计	立方米	530725	456113938	19936	11114712
美国	立方米	111778	144159497	369	799878
英国	立方米	61991	38514595	0	496
日本	立方米	56607	32778065	153	239180
香港	立方米	53980	10290786		
韩国	立方米	26896	19020597	461	283231
比利时	立方米	21773	31392865	149	378119
意大利	立方米	20375	37763477	141	225526
加拿大	立方米	16657	22131283		
约旦	立方米	15259	5327441		
埃及	立方米	12768	4613668		
墨西哥	立方米	12350	4737022		
荷兰	立方米	11125	15765051	8	34787
沙特阿拉伯	立方米	9821	3614539		
台湾省	立方米	7931	2548435	75	64222
爱尔兰	立方米	6662	8034824		
法国	立方米	6581	10456778	0	6720
德国	立方米	6335	12087362	66	176527
阿联酋	立方米	5009	3667503		
安哥拉	立方米	4079	1789590		
保加利亚	立方米	3966	1126153		
西班牙	立方米	3636	4973966		
新加坡	立方米	3265	1769483		
以色列	立方米	3256	3010385	0	50
丹麦	立方米	3184	4414271	0	1858
越南	立方米	2869	1006074		
澳大利亚	立方米	2675	2182605	23	71140
印度尼西亚	立方米	2643	1108140	2273	760798
挪威	立方米	2584	2542410		
科威特	立方米	2533	834332		

（续）

商品/国别（地区）	计量单位	出口数量	出口金额（美元）	进口数量	进口金额（美元）
俄罗斯	立方米	2265	2654223	38	35649
希腊	立方米	2177	1335649		
瑞典	立方米	1982	3109201	133	392381
利比亚	立方米	1901	745587		
卡塔尔	立方米	1803	604744		
毛里求斯	立方米	1615	551085		
泰国	立方米	1433	2253189		
阿尔及利亚	立方米	1138	404557		
赤道几内亚	立方米	1120	337921		
南非	立方米	932	892943	0	252
肯尼亚	立方米	903	285177		
巴基斯坦	立方米	848	231911		
黎巴嫩	立方米	806	568695		
伊朗	立方米	784	257974		
菲律宾	立方米	670	1010527		
马来西亚	立方米	659	255578	11417	5504271
克罗地亚	立方米	598	654936		
印度	立方米	596	821159		
新喀里多尼亚	立方米	582	161224		
奥地利	立方米	572	968958	0	225
阿尔巴尼亚	立方米	544	151461		
斯洛文尼亚	立方米	509	915812		
巴拿马	立方米	435	126078		
海地	立方米	390	103315		
秘鲁	立方米	390	460955		
芬兰	立方米	368	205830	358	930744
智利	立方米	355	218614	3712	1052487
阿曼	立方米	342	125910		
葡萄牙	立方米	339	366492		
波兰	立方米	328	451362		
特立尼达和多巴哥	立方米	310	166822		
阿根廷	立方米	298	227551		
巴林	立方米	294	83967		
澳门	立方米	228	110038		
乌克兰	立方米	217	124635		
罗马尼亚	立方米	212	85112		
塞浦路斯	立方米	181	250400		
尼日利亚	立方米	176	78194		
哥伦比亚	立方米	170	164329		
斯里兰卡	立方米	157	203707		
叙利亚	立方米	155	32831		
哈萨克斯坦	立方米	146	203358		
委内瑞拉	立方米	144	65231		
新西兰	立方米	139	166402		
古巴	立方米	106	30100		
格鲁吉亚	立方米	105	136019		
危地马拉	立方米	104	28924		
蒙古	立方米	97	133157		
多米尼加	立方米	88	57588		
摩洛哥	立方米	84	82364		
坦桑尼亚	立方米	83	20529		
苏丹	立方米	82	25179		

(续)

商品/国别(地区)	计量单位	出口数量	出口金额(美元)	进口数量	进口金额(美元)
土耳其	立方米	75	64621		
莫桑比克	立方米	74	32956		
法属圭亚那	立方米	71	47594		
塔吉克斯坦	立方米	68	31412		
孟加拉国	立方米	66	23124		
哥斯达黎加	立方米	63	29625		
伊拉克	立方米	59	22707		
爱沙尼亚	立方米	55	51438		
博茨瓦那	立方米	55	16342		
匈牙利	立方米	52	16900		
塞尔维亚	立方米	51	16204		
刚果(布)	立方米	50	29121		
牙买加	立方米	50	28380		
法属波利尼西亚	立方米	49	63147		
捷克	立方米	49	31982		
留尼汪	立方米	46	13274		
立陶宛	立方米	40	50894		
冰岛	立方米	36	60620		
乍得	立方米	34	15952		
毛里塔尼亚	立方米	26	15372		
吉尔吉斯斯坦	立方米	24	8500		
巴布亚新几内亚	立方米	22	6992		
塞内加尔	立方米	21	12899		
圣文森特和格林纳丁斯	立方米	11	4431		
纳米比亚	立方米	10	24420		
瑞士	立方米	9	17204		
冈比亚	立方米	5	3128		
尼泊尔	立方米	3	2123		
塞舌尔	立方米	2	3253		
马里	立方米	1	622		
朝鲜	立方米			57	4626
中国	立方米			503	151545
44129991 其他胶合板、单板饰面板及类似的多层板，至少一层是本章子注释1所列热带木					
合计	立方米	445	212544	313	723102
台湾省	立方米	260	71730	0	800
以色列	立方米	140	88268		
美国	立方米	45	52546		
比利时	立方米			55	114008
德国	立方米			21	43314
芬兰	立方米			159	498411
印度尼西亚	立方米			23	8280
奥地利	立方米			55	58289
44129992 其他胶合板、单板饰面板及类似的多层板，至少一层是木碎料板					
合计	立方米	2429	763047	154	202386
澳门	立方米	770	43908		
安哥拉	立方米	397	141845		
美国	立方米	388	152095	0	142
俄罗斯	立方米	194	97439		
西班牙	立方米	163	45991		
哈萨克斯坦	立方米	160	124003		

(续)

商品/国别(地区)	计量单位	出口数量	出口金额(美元)	进口数量	进口金额(美元)
香港	立方米	81	46642	3	5324
巴基斯坦	立方米	80	25080		
乌兹别克斯坦	立方米	75	27640		
利比亚	立方米	50	28469		
塔吉克斯坦	立方米	41	15556		
加拿大	立方米	21	8928		
毛里塔尼亚	立方米	5	3318		
苏丹	立方米	2	1029		
乌干达	立方米	2	1101		
法国	立方米	0	3	15	51377
芬兰	立方米			20	9136
奥地利	立方米			0	957
新西兰	立方米			0	885
台湾省	立方米			116	134565
44129999 未列名胶合板、单板饰面板及类似的多层板					
合计	立方米	19590	9218517	4688	2291166
香港	立方米	7421	2127668		
德国	立方米	1219	989882	2	4313
意大利	立方米	1063	952689	128	108913
朝鲜	立方米	848	86496		
日本	立方米	699	1046860	71	27638
韩国	立方米	693	362629		
肯尼亚	立方米	678	266038		
阿尔及利亚	立方米	675	242560		
台湾省	立方米	619	224687		
莫桑比克	立方米	616	180114		
阿联酋	立方米	601	225838		
澳大利亚	立方米	463	268834	2	1211
法国	立方米	458	381966		
澳门	立方米	443	64106		
约旦	立方米	350	142669		
老挝	立方米	273	82823		
比利时	立方米	272	236785		
泰国	立方米	262	156885		
美国	立方米	218	270518	147	61613
亚洲其他国家(地区)	立方米	204	65825		
英国	立方米	193	176978		
西班牙	立方米	172	52225		
葡萄牙	立方米	170	51926		
蒙古	立方米	118	68884		
贝宁	立方米	110	22500		
墨西哥	立方米	84	81952		
厄立特里亚	立方米	83	14731		
缅甸	立方米	77	22881		
黎巴嫩	立方米	66	136590		
秘鲁	立方米	63	31179		
吉布提	立方米	56	25200		
佛得角	立方米	35	5925		
奥地利	立方米	34	46504	2	8609
安哥拉	立方米	34	12124		
俄罗斯	立方米	29	8596	45	8738
新西兰	立方米	23	19346	49	33160

（续）

商品/国别（地区）	计量单位	出口数量	出口金额（美元）	进口数量	进口金额（美元）
牙买加	立方米	20	5320		
坦桑尼亚	立方米	20	9517		
苏里南	立方米	18	5118		
瑞典	立方米	18	3202	32	22847
苏丹	立方米	16	8057		
保加利亚	立方米	15	6073		
土耳其	立方米	14	1191		
挪威	立方米	11	4095		
马达加斯加	立方米	10	5000		
科威特	立方米	8	2672		
马来西亚	立方米	8	3077	812	176582
科摩罗	立方米	5	7112		
克罗地亚	立方米	3	4028		
萨摩亚	立方米	1	548		
津巴布韦	立方米	1	72		
印度	立方米	0	22		
中国	立方米			400	38188
芬兰	立方米			225	326370
菲律宾	立方米			716	470079
拉脱维亚	立方米			508	593666
印度尼西亚	立方米			446	87032
加蓬	立方米			133	77224
智利	立方米			970	244695
新加坡	立方米			0	288

4413 强化木

44130000 44130000 强化木(成块，板，条或异型的)

商品/国别（地区）	计量单位	出口数量	出口金额（美元）	进口数量	进口金额（美元）
合计	千克	7342726	11553931	1358947	4732264
德国	千克	1533430	1454942	704113	3689938
台湾省	千克	804919	1259063	22494	45227
蒙古	千克	564520	238781		
马来西亚	千克	468673	341310	84716	70398
芬兰	千克	401877	1772135	479	10598
泰国	千克	369066	591422		
阿联酋	千克	332496	331344		
日本	千克	263876	440836	42530	106879
格鲁吉亚	千克	188710	111090		
韩国	千克	186103	263880	2750	7160
印度	千克	176823	486147		
美国	千克	175195	343167	60009	134633
安哥拉	千克	169336	162772		
俄罗斯	千克	133740	201016		
马达加斯加	千克	103200	340737		
香港	千克	101064	205232		
加纳	千克	82000	32607		
黎巴嫩	千克	81250	52668		
希腊	千克	78295	322813		
埃塞俄比亚	千克	77700	35702		
印度尼西亚	千克	73050	160795	24700	23339
阿根廷	千克	71020	334195		
南非	千克	70760	132487		
越南	千克	60264	198404		

（续）

商品/国别（地区）	计量单位	出口数量	出口金额（美元）	进口数量	进口金额（美元）
罗马尼亚	千克	56755	44431		
菲律宾	千克	56268	55739		
巴基斯坦	千克	42514	59347		
新加坡	千克	40062	93376		
荷兰	千克	38934	152777	1035	12707
尼日利亚	千克	38812	35390		
澳大利亚	千克	38233	68159	4431	11438
土耳其	千克	37181	154018		
西班牙	千克	33707	142383	304	1620
哥伦比亚	千克	32035	114334		
意大利	千克	29861	178161	1247	30797
埃及	千克	29335	65741		
叙利亚	千克	25920	113682		
缅甸	千克	25606	44952		
比利时	千克	23600	20304		
加拿大	千克	22050	22218		
以色列	千克	21175	54106		
科威特	千克	20400	4010		
莫桑比克	千克	18500	17557		
尼泊尔	千克	13200	68529		
伊朗	千克	12962	19292		
乌兹别克斯坦	千克	9940	13413		
哥斯达黎加	千克	9828	7424		
匈牙利	千克	9811	28698		
丹麦	千克	9418	13074		
阿尔巴尼亚	千克	9100	7100		
巴西	千克	8500	5437		
波兰	千克	7475	37141		
乌克兰	千克	7010	26322		
捷克	千克	6785	4662		
英国	千克	6586	13362	247	1260
博茨瓦那	千克	4458	5467		
苏丹	千克	3800	4230		
赞比亚	千克	3200	4160		
法国	千克	2720	7085	2950	106094
毛里求斯	千克	2476	5740		
斯里兰卡	千克	2440	3049		
塞浦路斯	千克	2200	2400		
亚洲其他国家(地区)	千克	2159	3843		
牙买加	千克	2121	2102		
塞舌尔	千克	2014	3732		
纳米比亚	千克	1350	2349		
墨西哥	千克	1305	2380		
朝鲜	千克	1254	1452		
挪威	千克	852	845	4384	76653
莱索托	千克	450	411		
孟加拉国	千克	400	3795		
斯洛文尼亚	千克	250	1325		
克罗地亚	千克	133	200		
津巴布韦	千克	120	72		
乌干达	千克	94	610		
新西兰	千克			368222	379104

(续)

商品/国别(地区)	计量单位	出口数量	出口金额(美元)	进口数量	进口金额(美元)
中国	千克			34126	23275
瑞典	千克			210	1144

4414 木制的画框、相框、镜框及类似品

商品/国别(地区)	计量单位	出口数量	出口金额(美元)	进口数量	进口金额(美元)
44140010 辐射松的画框、相框、镜框及类似品					
合计	千克	10670810	12424106	14197	236456
美国	千克	5548468	6220337	70	998
荷兰	千克	1466621	1422946		
比利时	千克	1186955	1518306		
日本	千克	523402	1023894		
德国	千克	485605	440173		
澳大利亚	千克	363762	326782		
英国	千克	340404	410608		
西班牙	千克	107416	213475	630	7519
香港	千克	98343	97190		
加拿大	千克	93351	189633		
法国	千克	88066	138208		
芬兰	千克	78183	30255		
俄罗斯	千克	58727	54209		
希腊	千克	57199	93588		
台湾省	千克	26366	60099		
南非	千克	21758	10219		
阿根廷	千克	17695	21234		
塞浦路斯	千克	17092	36400		
乌克兰	千克	16343	24515		
意大利	千克	15912	12368		
智利	千克	13618	16341		
墨西哥	千克	12798	4946		
以色列	千克	8667	14461		
新加坡	千克	7897	19388		
沙特阿拉伯	千克	5528	3870		
土耳其	千克	3768	4145		
马来西亚	千克	1372	3320		
挪威	千克	1340	6103		
新西兰	千克	1042	1102		
瑞典	千克	990	891		
瑞士	千克	931	1112		
丹麦	千克	690	3735		
韩国	千克	350	20		
奥地利	千克	151	233		
中国	千克			13497	227939
44140090 其他木制的画框、相框、镜框及类似品					
合计	千克	155655867	320243645	379776	1517352
美国	千克	82306064	169278031	3043	151284
英国	千克	7698617	15481052	855	3539
德国	千克	6078387	11243684	877	14761
法国	千克	5870995	12986988	460	11395
荷兰	千克	5796254	10356100	209	6788
日本	千克	5651191	15184270	925	5071
加拿大	千克	4684161	8657403	248	9568
西班牙	千克	3667911	8742550	369	11027
澳大利亚	千克	3667779	7333032	55	278

(续)

商品/国别(地区)	计量单位	出口数量	出口金额(美元)	进口数量	进口金额(美元)
比利时	千克	3313832	6584275	39	241
瑞典	千克	2543465	5445862	7	26
俄罗斯	千克	2359955	3467270		
越南	千克	2308030	4341111	166	1682
意大利	千克	2275996	5339083	14265	47442
香港	千克	1802642	3549901	475	2805
印度	千克	1540699	2224373	10530	65049
阿联酋	千克	1003620	1489533		
马来西亚	千克	922902	1668855	8280	32816
挪威	千克	848899	1653749	15	36
波兰	千克	829020	1904545	96149	314488
丹麦	千克	749526	1772221	40	557
新加坡	千克	663041	2015072	755	663
韩国	千克	601377	683395	440	1851
南非	千克	593073	1469578		
芬兰	千克	568664	1043590		
墨西哥	千克	493631	996481	2173	5319
希腊	千克	475148	1260191		
瑞士	千克	435895	786623	51	9545
台湾省	千克	415673	577425	2520	5262
阿根廷	千克	382151	876437		
智利	千克	380149	788515		
爱沙尼亚	千克	377607	563518		
以色列	千克	357895	595901		
新西兰	千克	355433	813901		
奥地利	千克	351738	593535	50	1293
沙特阿拉伯	千克	270304	552170		
爱尔兰	千克	223302	578539		
土耳其	千克	204088	509343		
乌克兰	千克	190450	411850		
巴西	千克	181858	514334		
葡萄牙	千克	165790	474905	27	1305
巴拿马	千克	163770	473089		
黎巴嫩	千克	155839	603766		
委内瑞拉	千克	143234	314686		
立陶宛	千克	125467	171664		
突尼斯	千克	96443	192560		
塞浦路斯	千克	86862	225716		
菲律宾	千克	85907	298761	1503	7958
克罗地亚	千克	70201	230130		
捷克	千克	69468	175538		
卡塔尔	千克	66469	160832		
哥斯达黎加	千克	61115	111352		
波多黎各	千克	58974	153692		
尼日利亚	千克	54332	50339		
伊朗	千克	51524	157146		
泰国	千克	50587	125227	4361	69498
秘鲁	千克	50283	104361	27	371
古巴	千克	45513	163077		
匈牙利	千克	43169	98237		
斯洛文尼亚	千克	41810	66983		
哥伦比亚	千克	34849	112830		

(续)

商品/国别(地区)	计量单位	出口数量	出口金额(美元)	进口数量	进口金额(美元)
多米尼加	千克	31495	102486		
埃及	千克	30752	44706		
危地马拉	千克	29610	81015		
厄瓜多尔	千克	27147	100970		
叙利亚	千克	24227	58979		
印度尼西亚	千克	23180	50786	28996	86870
罗马尼亚	千克	23160	55489	157143	475535
科威特	千克	22954	72060		
白俄罗斯	千克	22510	18810		
拉脱维亚	千克	21483	58932		
荷属安地列斯群岛	千克	19779	57678		
马耳他	千克	19335	68108		
萨尔瓦多	千克	17078	56932		
摩洛哥	千克	16221	56698	3	13
加纳	千克	14575	30583		
乌拉圭	千克	13435	40523		
安哥拉	千克	12487	36236		
约旦	千克	8003	33373		
斯洛伐克	千克	7781	39365		
伯利兹	千克	7231	7107		
坦桑尼亚	千克	6736	11114		
伊拉克	千克	6202	5323		
加蓬	千克	6061	17618		
留尼汪	千克	5906	21538		
洪都拉斯	千克	5269	55672		
波黑	千克	4182	11411		
保加利亚	千克	4155	11928		
塞内加尔	千克	3747	11619		
利比亚	千克	3372	10996		
巴林	千克	3311	15038		
缅甸	千克	3228	4279	180	45
澳门	千克	3154	14681		
毛里求斯	千克	2888	7578		
赤道几内亚	千克	2880	20992		
瓜德罗普岛	千克	2766	20779		
文莱	千克	2394	1420		
马提尼克	千克	2377	19733		
苏丹	千克	2368	5954		
阿鲁巴岛	千克	2341	7401		
马达加斯加	千克	2320	9750		
卢森堡	千克	2228	8119		
阿曼	千克	2143	7153		
冰岛	千克	1979	6896		
吉布提	千克	1860	8200		
巴基斯坦	千克	1732	4449		
阿尔及利亚	千克	1692	7561		
塞尔维亚	千克	1619	9096		
斯里兰卡	千克	1577	4089		
圭亚那	千克	1517	12063		
柬埔寨	千克	1343	3193		
乌干达	千克	1260	7458		
牙买加	千克	1200	2100		

(续)

商品/国别(地区)	计量单位	出口数量	出口金额(美元)	进口数量	进口金额(美元)
朝鲜	千克	800	1280		
蒙古	千克	720	720		
特立尼达和多巴哥	千克	570	3248		
喀麦隆	千克	561	875		
巴巴多斯	千克	540	160		
格鲁吉亚	千克	460	552		
塔吉克斯坦	千克	300	25		
哈萨克斯坦	千克	221	574		
新喀里多尼亚	千克	132	66		
科特迪瓦	千克	93	423		
阿尔巴尼亚	千克	80	140		
刚果(金)	千克	54	173		
贝宁	千克	41	96		
马里	千克	17	99		
尼泊尔	千克			90	833
中国	千克			44450	172138

4415 包装木箱、木盒、板条箱、圆桶

商品/国别(地区)	计量单位	出口数量	出口金额(美元)	进口数量	进口金额(美元)
44151000 木制箱、盒、板条箱、圆桶及类似的包装容器；电缆卷筒					
合计	件	3230356	18891802	125065	13794095
美国	件	705795	3011700	19230	420805
日本	件	538881	1604876	2375	75450
朝鲜	件	431266	43987		
韩国	件	363127	3468474	659	4077
亚洲其他国家(地区)	件	295940	34833		
德国	件	249142	4745719	6033	12088792
香港	件	124883	1127173	7981	141929
荷兰	件	81983	474614	67	8534
英国	件	63545	580591	452	65608
新加坡	件	57428	494700	35	9083
比利时	件	48545	469147	80	9191
法国	件	32742	407780	8469	109495
摩洛哥	件	26389	10158		
澳大利亚	件	19507	317570	8321	8455
意大利	件	16446	151938	5750	136025
沙特阿拉伯	件	16395	126914		
印度	件	15303	422538	9984	21221
芬兰	件	11564	43999	7	287
牙买加	件	11232	65146		
南非	件	10248	55159		
西班牙	件	10165	193498	15	1447
加拿大	件	10084	117616	17319	106860
丹麦	件	9915	57873	5	1120
阿联酋	件	7029	64281		
新西兰	件	6805	64872		
斯里兰卡	件	6230	44058	12	113
巴西	件	5493	40583	4200	26082
智利	件	4364	42941	104	56
瑞典	件	3365	75717	10731	105633
墨西哥	件	3282	34979		
马来西亚	件	3244	29157	25	13775

(续)

商品/国别（地区）	计量单位	出口数量	出口金额（美元）	进口数量	进口金额（美元）
台湾省	件	3083	48837	2859	44208
波兰	件	3010	14904	255	3844
多米尼加	件	2906	9988		
瑞士	件	2786	84921	214	14481
乌拉圭	件	2490	8112		
埃及	件	2095	17841		
越南	件	1954	13243		
黎巴嫩	件	1623	6558		
巴基斯坦	件	1514	11764	1	50
莫桑比克	件	1480	11840		
澳门	件	1331	10389		
巴拿马	件	1230	19432		
希腊	件	1227	23652		
印度尼西亚	件	1179	6743	6	367
挪威	件	1150	10502	31	1802
葡萄牙	件	1145	12843		
奥地利	件	1000	7630	184	52088
泰国	件	925	18600	473	8243
尼日利亚	件	900	6450		
以色列	件	897	2799	53	1972
俄罗斯	件	752	3954		
伊朗	件	744	4944		
阿曼	件	660	9141		
斯洛伐克	件	652	6402		
利比亚	件	531	10291		
克罗地亚	件	400	6000		
土耳其	件	300	3350		
卡塔尔	件	296	4074		
捷克	件	275	3155		
阿根廷	件	260	1404	6	688
安哥拉	件	255	10850		
伊拉克	件	200	3800		
爱尔兰	件	144	2671		
坦桑尼亚	件	113	5779		
加纳	件	80	3898		
罗马尼亚	件	70	2821		
菲律宾	件	66	30377	6	3398
科威特	件	60	392		
叙利亚	件	60	899		
哥伦比亚	件	45	2041		
秘鲁	件	45	4287		
留尼汪	件	36	756		
塔吉克斯坦	件	25	194		
斯洛文尼亚	件	14	589		
匈牙利	件	5	10		
瓜德罗普岛	件	3	42		
马提尼克	件	3	42		
中国	件			19036	308610
尼泊尔	件			86	256
卢森堡	件			1	50
44152010 辐射松制的木托板、箱形托盘及其他装载用木板；辐射松制的托盘护框					
合计	件	9386	88181	1433	26584

(续)

商品/国别（地区）	计量单位	出口数量	出口金额（美元）	进口数量	进口金额（美元）
澳门	件	9077	83420		
越南	件	305	4721		
新加坡	件	4	40	1252	24402
印度尼西亚	件			4	455
中国	件			177	1727
44152090 其他木托板、箱形托盘及其他装载用木板；其他木制的托盘护框					
合计	件	3352756	12778291	499604	4219468
韩国	件	1959354	3357209	72464	187355
香港	件	525904	2797757	4865	27612
日本	件	296275	2630929	41383	378553
美国	件	118124	341955	1321	18903
印度	件	85440	632950	5558	496
德国	件	82692	239802	47494	490634
比利时	件	46200	808862	10	91
新加坡	件	42097	268619	1657	13633
澳大利亚	件	31675	418542	14480	86620
加拿大	件	18230	86812	333	780
阿联酋	件	18115	123806		
台湾省	件	16657	135722	1113	7105
澳门	件	14868	152684	3	75
丹麦	件	14316	27263	86895	876721
法国	件	12660	48147	10434	155736
菲律宾	件	11729	125742		
利比亚	件	11000	146976		
安哥拉	件	7190	105334		
荷兰	件	5851	8922	5233	40205
英国	件	5490	36874	70	47056
意大利	件	3585	38481	9730	119792
芬兰	件	3100	8246	1459	11601
印度尼西亚	件	2821	19696		
毛里塔尼亚	件	2750	19660		
以色列	件	2700	25368		
刚果(金)	件	2500	48622		
马来西亚	件	2397	27111	11220	128382
越南	件	2240	27388	20	140
塞内加尔	件	1549	915		
西班牙	件	1197	10733	154	701
新西兰	件	927	11439	21849	208767
秘鲁	件	504	4200		
贝宁	件	500	7300		
沙特阿拉伯	件	472	2435		
巴拿马	件	410	1809		
斯洛伐克	件	300	18795		
约旦	件	240	1104		
孟加拉国	件	200	1290		
瑞典	件	172	980	17259	149672
挪威	件	121	5284	2108	26997
卡塔尔	件	69	742		
阿根廷	件	45	365		
巴西	件	29	854		
泰国	件	22	307	332	16146

（续）

商品/国别（地区）	计量单位	出口数量	出口金额（美元）	进口数量	进口金额（美元）
匈牙利	件	18	135	36	2036
赤道几内亚	件	10	8		
朝鲜	件	6	101		
爱尔兰	件	5	16	6	1885
中国	件			135753	1104320
波兰	件			2667	35098
南非	件			2	19
瑞士	件			1169	45500
立陶宛	件			2344	18564
奥地利	件			181	17858
柬埔寨	件			2	415

4416 木制大桶、琵琶桶、盆等木制箍桶及其零件

商品/国别（地区）	计量单位	出口数量	出口金额（美元）	进口数量	进口金额（美元）
44160010 辐射松制的大桶、琵琶桶、盘和其他箍桶及其零件，包括桶板					
合计	千克	117124	212016	150	240
英国	千克	86862	145522		
加拿大	千克	15000	33600		
瑞典	千克	7100	10040		
韩国	千克	5720	15226		
美国	千克	2214	6275		
芬兰	千克	120	240		
日本	千克	88	1103		
德国	千克	20	10		
法国	千克			150	240
44160090 其他木制的大桶、琵琶桶、盘和其他箍桶及其零件，包括桶板					
合计	千克	516922	1272982	2247649	5228420
日本	千克	40228	126336	1658812	94625
法国	千克	12981	55186	268942	3351064
美国	千克	167785	309777	255364	1329054
西班牙	千克	4681	15469	23958	240868
匈牙利	千克	94	748	15304	160762
澳大利亚	千克	24608	50274	13147	12807
智利	千克			5254	13909
新西兰	千克	139	810	2475	1925
意大利	千克	1939	10655	1071	2815
荷兰	千克	7844	24664	522	2025
中国	千克			511	497
老挝	千克			500	440
菲律宾	千克	94	748	364	700
韩国	千克	22644	53820	310	15194
印度尼西亚	千克			270	430
希腊	千克	210	620	230	36
南非	千克			158	640
台湾省	千克	4151	8643	125	250
葡萄牙	千克			100	94
印度	千克	228	900	90	150
泰国	千克	191	143	68	81
加拿大	千克	21459	52306	60	26
瑞典	千克	4400	15450	14	28
巴西	千克	329	1336		
俄罗斯	千克	5281	53661		

（续）

商品/国别（地区）	计量单位	出口数量	出口金额（美元）	进口数量	进口金额（美元）
克罗地亚	千克	162	698		
乌克兰	千克	583	4664		
丹麦	千克	4727	9950		
香港	千克	10151	17396		
比利时	千克	6281	24308		
斯里兰卡	千克	192	273		
瑞士	千克	210	1119		
阿根廷	千克	216	577		
波多黎各	千克	750	840		
叙利亚	千克	168	733		
马来西亚	千克	1813	2621		
越南	千克	28	224		
捷克	千克	732	1845		
波兰	千克	956	7644		
安哥拉	千克	728	6833		
吉尔吉斯斯坦	千克	3	32		
巴林	千克	358	1589		
芬兰	千克	2207	16039		
以色列	千克	1781	1173		
澳门	千克	80	52		
土耳其	千克	1459	5373		
德国	千克	2657	3482		
哈萨克斯坦	千克	641	4237		
英国	千克	88058	176367		
利比亚	千克	2503	11860		
埃及	千克	392	2188		
卡塔尔	千克	140	605		
阿塞拜疆	千克	1100	1650		
阿联酋	千克	2608	7580		
新加坡	千克	1231	1640		
墨西哥	千克	68	834		
沙特阿拉伯	千克	8302	16102		
牙买加	千克	56351	160908		

4417 木制工具

商品/国别（地区）	计量单位	出口数量	出口金额（美元）	进口数量	进口金额（美元）
44170010 辐射松制的工具、工具支架、扫帚及刷子的身及柄；辐射松制的鞋靴楦及楦头					
合计	千克	188541	164806	14	23
日本	千克	159960	143704		
安哥拉	千克	11300	4155		
莫桑比克	千克	7800	4063		
澳大利亚	千克	6480	7496		
以色列	千克	2200	3876		
匈牙利	千克	714	1350		
泰国	千克	87	162		
中国	千克			0	7
美国	千克			4	10
丹麦	千克			10	6
44170090 其他木制的工具、工具支架、扫帚及刷子的身及柄；辐射木制鞋靴楦及楦头					
合计	千克	17168990	15790767	361909	1494709
沙特阿拉伯	千克	2223627	817395		
埃及	千克	1989692	488372		

(续)

商品/国别(地区)	计量单位	出口数量	出口金额(美元)	进口数量	进口金额(美元)
印度尼西亚	千克	1330070	3122061	56	602
韩国	千克	1328980	655301	4203	26695
利比亚	千克	982700	334412		
约旦	千克	792204	379513		
阿尔及利亚	千克	593461	367743		
台湾省	千克	585630	456088	216882	485973
日本	千克	556892	1678274	12783	536729
美国	千克	552784	1770288	34150	117155
阿联酋	千克	489488	252455		
南非	千克	370771	161266	2	14
突尼斯	千克	333036	117563		
意大利	千克	284999	265505	609	30615
土耳其	千克	262115	168948		
德国	千克	248802	801166	4106	49751
也门	千克	224943	105438		
罗马尼亚	千克	222530	142664		
叙利亚	千克	216315	89390		
马来西亚	千克	210524	78399	1	113
英国	千克	204998	281474	118	2726
香港	千克	187783	494377	1	322
墨西哥	千克	179272	73877		
泰国	千克	172410	71655	38	1074
印度	千克	167326	147324		
波多黎各	千克	161546	59438		
尼日利亚	千克	157088	45507		
西班牙	千克	149166	181036	9	115
黎巴嫩	千克	148283	131096		
伊拉克	千克	147620	55690		
新加坡	千克	140581	30456		
菲律宾	千克	126603	149563		
希腊	千克	121047	79420		
法国	千克	108690	374850	1583	28583
科威特	千克	96449	40180		
秘鲁	千克	88239	32242		
荷兰	千克	74949	248537		
危地马拉	千克	74252	29828		
安哥拉	千克	68780	55162		
巴林	千克	61853	43552		
乌拉圭	千克	58922	29136		
萨尔瓦多	千克	58600	18340		
黑山	千克	55300	27658		
海地	千克	42591	72802		
智利	千克	42346	22167		
阿尔巴尼亚	千克	35855	17470		
澳大利亚	千克	35695	104789		
加拿大	千克	34636	113792	2	45
以色列	千克	34576	48049		
伊朗	千克	34018	30804		
巴拿马	千克	30872	13410		
比利时	千克	30355	89874	661	41430
多米尼加	千克	29000	15685		
摩洛哥	千克	27014	9247		

(续)

商品/国别(地区)	计量单位	出口数量	出口金额(美元)	进口数量	进口金额(美元)
吉布提	千克	26600	12213		
丹麦	千克	26459	50608	8	160
巴基斯坦	千克	23799	19289		
卡塔尔	千克	22796	17913		
波兰	千克	12363	55215	9	13
毛里求斯	千克	11500	5864		
芬兰	千克	7820	23839	5	34
瑞典	千克	7067	42771	1084	6907
新西兰	千克	4883	11892		
莫桑比克	千克	3780	1744		
法属波利尼西亚	千克	3606	5832		
爱尔兰	千克	3257	11633		
利比里亚	千克	2994	1317		
澳门	千克	2748	1572		
马耳他	千克	2400	2349		
坦桑尼亚	千克	2118	980		
斯洛文尼亚	千克	2113	1966	10	39
匈牙利	千克	1937	3277		
苏丹	千克	1814	2319		
爱沙尼亚	千克	1440	4716		
马尔代夫	千克	1320	3240		
瑞士	千克	1262	4327	103	17408
委内瑞拉	千克	1120	700		
塞浦路斯	千克	1103	1070		
冈比亚	千克	900	450		
加纳	千克	883	1077		
斯洛伐克	千克	791	1500		
苏里南	千克	750	947		
葡萄牙	千克	709	1962		
博茨瓦那	千克	487	297		
塞拉利昂	千克	350	140		
俄罗斯	千克	330	1740		
越南	千克	324	2067	19	1039
斯里兰卡	千克	210	900	1000	5422
保加利亚	千克	168	976		
赤道几内亚	千克	160	147		
津巴布韦	千克	80	170		
毛里塔尼亚	千克	80	40		
圭亚那	千克	72	244		
埃塞俄比亚	千克	48	500		
土库曼斯坦	千克	30	41		
奥地利	千克	26	146	15	582
汤加	千克	15	49		
中国	千克			13138	91852
亚洲其他国家(地区)	千克			23320	1866
朝鲜	千克			25000	2000
巴西	千克			22990	45360
挪威	千克			4	85

4418 建筑用木工制品

44181010 辐射松制的窗、法兰西式(落地)窗及其框架

合计	千克	141674	747438	9898	52582

(续)

商品/国别(地区)	计量单位	出口数量	出口金额(美元)	进口数量	进口金额(美元)
英国	千克	36948	161927		
南非	千克	35412	207449		
澳大利亚	千克	34700	192597		
美国	千克	20181	139686	4356	24266
日本	千克	6695	8720		
安哥拉	千克	4599	28702		
乌拉圭	千克	2076	1094		
韩国	千克	1063	7263		
中国	千克			576	155
波兰	千克			4966	28161
44181090 其他木制窗、法兰西式(落地)窗及其框架					
合计	千克	28811052	110562359	1127657	4320026
日本	千克	5958788	13311853	525	1479
美国	千克	5939170	27260632	181471	2889555
香港	千克	5641974	32289108		
德国	千克	3082765	5256727	10845	125176
意大利	千克	2436623	4469193		
澳大利亚	千克	1895071	11378579	418	821
英国	千克	1471233	5399255	4290	8872
荷兰	千克	571111	3163538		
比利时	千克	349306	2151894		
法国	千克	313836	937114	30	777
南非	千克	205466	1117571		
丹麦	千克	136495	428475	109054	158137
加拿大	千克	111404	326295	10250	624448
斯洛文尼亚	千克	86851	142584		
阿联酋	千克	82769	498980		
瑞典	千克	72954	282598		
西班牙	千克	63285	449788		
新加坡	千克	54297	116193		
台湾省	千克	50229	109671	110	1079
爱尔兰	千克	47514	319552		
韩国	千克	46266	222480	716	7605
波兰	千克	43925	153757	635000	287274
巴布亚新几内亚	千克	12643	29600		
新西兰	千克	11425	89536		
马来西亚	千克	11350	33555		
智利	千克	10637	49021		
哥伦比亚	千克	10374	93407		
芬兰	千克	8117	56587		
墨西哥	千克	8060	31319		
委内瑞拉	千克	5900	38488		
安哥拉	千克	5015	2442		
塞舌尔	千克	5002	35908		
越南	千克	4983	33730	1664	5886
罗马尼亚	千克	4937	24617		
盖比群岛	千克	4821	22499		
以色列	千克	4622	15584		
巴拿马	千克	4379	20007		
印度	千克	4100	10620	80	732
捷克	千克	3900	25699		
阿根廷	千克	3526	12636		

(续)

商品/国别(地区)	计量单位	出口数量	出口金额(美元)	进口数量	进口金额(美元)
沙特阿拉伯	千克	2563	42130		
尼日利亚	千克	2442	10267		
利比里亚	千克	2210	1054		
阿尔巴尼亚	千克	2150	12654		
哥斯达黎加	千克	2026	13169		
泰国	千克	2000	5975	10	4
坦桑尼亚	千克	1710	9901		
伊朗	千克	1347	1056		
巴林	千克	1244	6670		
土耳其	千克	1160	12076		
毛里求斯	千克	1116	8631		
澳门	千克	1000	1290		
拉丁美洲其他国家(地区)	千克	1000	8500		
克罗地亚	千克	929	5599		
埃及	千克	761	2652		
特立尼达和多巴哥	千克	693	1566		
阿富汗	千克	620	1086		
加蓬	千克	500	4980		
塞浦路斯	千克	200	807		
加纳	千克	158	480		
菲律宾	千克	85	437	5	66
俄罗斯	千克	10	18	49272	32398
蒙古	千克	5	269		
柬埔寨	千克			600	75
尼泊尔	千克			95	100
匈牙利	千克			101971	52000
奥地利	千克			10042	24366
印度尼西亚	千克			15	153
中国	千克			11194	99023
44182000 木制门及其框架和门槛					
合计	千克	253689973	457215390	622275	4933205
美国	千克	47256119	85624568	73314	2192819
香港	千克	35862155	39015396	3570	2142
日本	千克	33472662	105716334	25863	182307
罗马尼亚	千克	22325803	28716921		
加拿大	千克	11627817	17584226	28938	313722
英国	千克	11237149	18727491	1311	2849
韩国	千克	7195195	11025726	5258	32158
哈萨克斯坦	千克	5873936	8645643		
尼日利亚	千克	5777837	7766424		
澳门	千克	5681507	13450696	8690	10457
阿联酋	千克	5320422	10266748	65	325
法国	千克	5118090	12472863	645	1620
爱尔兰	千克	4028131	7663811	11	172
荷兰	千克	3558105	5248403	981	6579
比利时	千克	3208587	6910154	40	485
伊朗	千克	2651424	3685479		
新加坡	千克	2511639	5860249	1170	20678
安哥拉	千克	2490267	6236219		
保加利亚	千克	2350537	2965912		
乌克兰	千克	2085491	3533546		

(续)

商品/国别(地区)	计量单位	出口数量	出口金额(美元)	进口数量	进口金额(美元)
沙特阿拉伯	千克	2035705	3743281		
德国	千克	1951878	3255300	130329	1141048
澳大利亚	千克	1855524	2945265	1718	3799
摩尔多瓦	千克	1734663	2259030		
格鲁吉亚	千克	1463802	1977854		
利比亚	千克	1340943	1392711		
意大利	千克	1323462	2580326	18852	321761
巴拿马	千克	1110760	1818058		
蒙古	千克	1076523	1161943	36	150
菲律宾	千克	961655	1368322	817	7659
卡塔尔	千克	868783	2379565		
俄罗斯	千克	749828	986489		
阿尔及利亚	千克	719483	1119438		
土耳其	千克	635141	735487		
希腊	千克	610982	967510		
马来西亚	千克	597424	417515	23364	43428
约旦	千克	540808	882185		
科威特	千克	522306	881997		
埃及	千克	509471	861791		
印度	千克	508380	855642	1708	13016
摩洛哥	千克	491078	961465		
巴基斯坦	千克	489284	1126400	10775	28090
以色列	千克	457832	698233	260	905
立陶宛	千克	453113	581843		
委内瑞拉	千克	441051	679226		
苏丹	千克	399366	755874		
西班牙	千克	370026	647015	16362	177841
马耳他	千克	357392	688445		
克罗地亚	千克	353800	561107	298	1320
波兰	千克	339987	1112342		
加纳	千克	313489	569032		
特立尼达和多巴哥	千克	299269	680512		
黑山	千克	298509	420236		
南非	千克	291466	440714	197	656
阿尔巴尼亚	千克	286758	331026		
危地马拉	千克	279917	309418		
阿曼	千克	276014	755634		
墨西哥	千克	255417	324540		
赤道几内亚	千克	243839	611159		
伊拉克	千克	229478	300579		
捷克	千克	223744	528599		
瑞典	千克	216691	427321	746	5639
肯尼亚	千克	210180	336410		
黎巴嫩	千克	209842	438541		
巴林	千克	192294	322577		
阿塞拜疆	千克	191265	419482		
留尼汪	千克	186847	267097		
贝宁	千克	171844	264820		
挪威	千克	159414	426153		
亚美尼亚	千克	158584	212880		
越南	千克	157430	363869	80	3978
哥斯达黎加	千克	149283	135974		

(续)

商品/国别(地区)	计量单位	出口数量	出口金额(美元)	进口数量	进口金额(美元)
吉布提	千克	146536	196561		
泰国	千克	134211	187308	3362	9067
丹麦	千克	127033	259216	2974	14205
台湾省	千克	125839	339382	616	12785
塞尔维亚	千克	114230	133024		
缅甸	千克	110024	137830	16720	20248
智利	千克	102957	102520		
马达加斯加	千克	97646	184025		
莫桑比克	千克	88574	148607		
苏里南	千克	88184	100294		
毛里求斯	千克	86346	144294		
塞浦路斯	千克	86176	204533		
纳米比亚	千克	83300	80244		
牙买加	千克	76804	203057		
孟加拉国	千克	75164	86913		
土库曼斯坦	千克	67880	90778		
波多黎各	千克	66721	141641		
埃塞俄比亚	千克	66529	109547		
几内亚	千克	65481	175097		
尼泊尔	千克	63276	64696		
洪都拉斯	千克	63051	80532		
匈牙利	千克	61279	122627		
毛里塔尼亚	千克	56700	118163		
刚果(金)	千克	56560	136261		
哥伦比亚	千克	56220	75385		
塞内加尔	千克	53815	128852		
马其顿	千克	50721	70754		
斯里兰卡	千克	50097	267846		
塞舌尔	千克	49896	86511		
刚果(布)	千克	49280	166148		
巴西	千克	49028	60242		
印度尼西亚	千克	47963	49426	46216	83466
叙利亚	千克	43535	67819		
坦桑尼亚	千克	43361	57529		
厄瓜多尔	千克	43084	47024		
喀麦隆	千克	42344	78575		
冈比亚	千克	42182	63670		
马尔代夫	千克	41694	72213		
加蓬	千克	40931	98869		
新喀里多尼亚	千克	38450	35140		
也门	千克	36310	57321		
巴哈马	千克	35748	51023		
芬兰	千克	33239	61877	30	545
马里	千克	32864	73735		
多米尼加	千克	32619	128842		
乌兹别克斯坦	千克	32444	71806		
玻利维亚	千克	31563	30985		
塔吉克斯坦	千克	31373	51446		
突尼斯	千克	31000	68635		
吉尔吉斯斯坦	千克	30490	6773		
几内亚(比绍)	千克	29310	46869		
巴拉圭	千克	28369	34150		

(续)

商品/国别(地区)	计量单位	出口数量	出口金额(美元)	进口数量	进口金额(美元)
朝鲜	千克	27970	47501		
文莱	千克	27152	37671		
荷属安地列斯群岛	千克	26125	51801		
白俄罗斯	千克	25861	24800		
赞比亚	千克	25581	63925		
阿根廷	千克	24681	30967		
博茨瓦那	千克	22218	33132		
巴巴多斯	千克	21994	47560		
萨摩亚	千克	21850	19267		
新西兰	千克	20700	29815		
马提尼克	千克	20500	56019		
乌拉圭	千克	18534	34044		
巴布亚新几内亚	千克	16420	34079		
科特迪瓦	千克	16108	47568		
斯洛伐克	千克	16020	59464	29	1215
斯洛文尼亚	千克	15596	12419		
厄立特里亚	千克	14460	23991		
佛得角	千克	13560	36161		
拉脱维亚	千克	13165	12933		
利比里亚	千克	13074	38578		
萨尔瓦多	千克	12948	22576		
尼日尔	千克	12800	24250		
阿富汗	千克	10238	36326		
索马里	千克	9497	10308		
莱索托	千克	9495	28029		
卢旺达	千克	9407	26638		
亚洲其他国家(地区)	千克	9000	12000		
波黑	千克	7616	9288		
葡萄牙	千克	7475	13433		
爱沙尼亚	千克	6840	32395		
布基纳法索	千克	6800	26683		
密克罗尼西亚	千克	6800	28979		
马拉维	千克	6600	14329		
瓜德罗普岛	千克	6200	16441		
法属波利尼西亚	千克	3842	16096		
津巴布韦	千克	3480	3757		
秘鲁	千克	2630	2800		
布隆迪	千克	2480	2350		
乌干达	千克	2266	2747		
开曼群岛	千克	1930	26206		
库克群岛	千克	1800	7445		
瓦努阿图	千克	1230	3345		
多哥	千克	1200	27096		
汤加	千克	1000	2361		
科摩罗	千克	900	11265		
拉丁美洲其他国家(地区)	千克	350	3500		
安提瓜和巴布达	千克	240	1367		
瑞士	千克	12	29	4080	63675
柬埔寨	千克			20508	10960
中国	千克			172342	201436

(续)

商品/国别(地区)	计量单位	出口数量	出口金额(美元)	进口数量	进口金额(美元)
44184000 木制水泥构件的模板					
合计	千克	44788891	27869575	445837	888805
阿联酋	千克	8212829	5702039		
利比亚	千克	7485850	4754632		
香港	千克	4465990	2458973	1000	65
台湾省	千克	4100464	1809281		
莫桑比克	千克	3750606	1842091		
越南	千克	1460430	993440		
安哥拉	千克	1383058	1068663		
格林纳达	千克	1360289	713473		
埃塞俄比亚	千克	667300	516166		
哥斯达黎加	千克	621602	263174		
坦桑尼亚	千克	617456	459899		
韩国	千克	603704	508999		
尼日利亚	千克	558900	523979		
苏丹	千克	531950	368028		
比利时	千克	522699	349445		
赞比亚	千克	448000	248893		
马达加斯加	千克	437250	187997		
蒙古	千克	429955	259668		
几内亚	千克	428000	203250		
阿尔及利亚	千克	383550	240696		
赤道几内亚	千克	323377	202376		
泰国	千克	297600	170823		
南非	千克	280700	168190		
巴拿马	千克	278600	178245		
马拉维	千克	262800	114264		
乌兹别克斯坦	千克	236672	183204		
哈萨克斯坦	千克	230798	110915		
萨摩亚	千克	202800	113162		
澳门	千克	199640	28028		
塞舌尔	千克	196745	97736		
埃及	千克	191080	121744		
新加坡	千克	175933	118199		
巴基斯坦	千克	175214	109102		
菲律宾	千克	165160	106774		
博茨瓦那	千克	155600	109520		
格鲁吉亚	千克	153600	100458		
叙利亚	千克	144000	243700		
巴布亚新几内亚	千克	143450	85818		
土库曼斯坦	千克	130750	189450		
卡塔尔	千克	128420	91879		
德国	千克	121875	136875		
缅甸	千克	120823	78865		
印度	千克	120032	60139		
老挝	千克	114000	66729		
沙特阿拉伯	千克	104451	176382		
塔吉克斯坦	千克	104280	33202		
卢旺达	千克	102600	71056		
西班牙	千克	93072	80896	36550	73139
吉布提	千克	89605	114691		
肯尼亚	千克	85483	60038		

(续)

商品/国别(地区)	计量单位	出口数量	出口金额(美元)	进口数量	进口金额(美元)
阿曼	千克	82800	15294		
保加利亚	千克	82000	61600		
阿尔巴尼亚	千克	75000	46616		
日本	千克	61112	51011		
东帝汶	千克	60840	36071		
毛里求斯	千克	58500	46274		
美国	千克	57000	46012	29	301
黎巴嫩	千克	54000	52095		
津巴布韦	千克	53664	30870		
纳米比亚	千克	52800	38166		
智利	千克	51600	37386		
爱尔兰	千克	45600	27931		
乍得	千克	44828	36760		
多哥	千克	35000	14120		
佛得角	千克	35000	17778		
荷兰	千克	34130	69551		
加纳	千克	27930	51789		
特立尼达和多巴哥	千克	26000	18278		
约旦	千克	25200	17719		
塞浦路斯	千克	25000	18292		
英国	千克	24971	17259		
俄罗斯	千克	24750	17399		
伊拉克	千克	24000	15000		
几内亚(比绍)	千克	18000	9849		
贝宁	千克	18000	9000		
汤加	千克	16280	11266		
毛里塔尼亚	千克	16270	11585		
吉尔吉斯斯坦	千克	14800	11400		
秘鲁	千克	11500	6000		
阿富汗	千克	8300	5675		
伯利兹	千克	4800	4229		
伊朗	千克	4702	4174		
苏里南	千克	4500	3153		
马尔代夫	千克	3450	1521		
芬兰	千克	2250	2200	66797	106696
澳大利亚	千克	2080	5230		
斐济	千克	1400	3860		
刚果(金)	千克	1180	1406		
厄立特里亚	千克	450	417		
法国	千克	85	84		
危地马拉	千克	77	9		
加拿大	千克			57	504
奥地利	千克			341404	708100
44185000 木瓦及木制盖屋板					
合计	千克	5889684	6098140	21151	14680
美国	千克	3972273	3932239		
日本	千克	725981	894663	9456	11105
韩国	千克	674656	814435		
加拿大	千克	333000	278358		
香港	千克	143131	121375		
台湾省	千克	17395	8231		

(续)

商品/国别(地区)	计量单位	出口数量	出口金额(美元)	进口数量	进口金额(美元)
拉丁美洲其他国家(地区)	千克	9848	37681		
意大利	千克	9650	7238		
佛得角	千克	2500	1073		
西班牙	千克	1250	2847	80	393
柬埔寨	千克			11185	2495
印度尼西亚	千克			430	687
44186000 木制柱及樑					
合计	千克	5712312	6103222	253295	450573
日本	千克	1740278	1929622	117587	193427
韩国	千克	425767	383808	9997	2400
阿联酋	千克	364351	492162		
莫桑比克	千克	351900	178874		
安哥拉	千克	329794	376213		
毛里塔尼亚	千克	298466	143226		
斯里兰卡	千克	266000	27703		
美国	千克	225709	120347	40974	105055
香港	千克	204316	109316		
尼日利亚	千克	197756	267964		
荷兰	千克	170600	273050		
新加坡	千克	122805	186976		
加拿大	千克	99380	563983	42223	34648
保加利亚	千克	95509	119284		
沙特阿拉伯	千克	94350	77084		
台湾省	千克	90008	70227		
葡萄牙	千克	77205	80688		
马达加斯加	千克	70150	29451		
澳大利亚	千克	57889	56735	5600	20487
意大利	千克	45872	37423		
利比亚	千克	43000	64484		
爱尔兰	千克	41485	58810		
以色列	千克	36899	37758		
埃塞俄比亚	千克	33316	48063		
吉布提	千克	26134	128710		
阿尔及利亚	千克	24096	28324		
越南	千克	23950	9361		
南非	千克	21230	25359		
埃及	千克	20776	24021		
英国	千克	19050	20640		
玻利维亚	千克	14365	19421		
缅甸	千克	11700	5292		
俄罗斯	千克	11374	15868	26400	28742
格鲁吉亚	千克	10962	12424		
罗马尼亚	千克	9716	12497		
挪威	千克	6960	6716		
佛得角	千克	6000	12914		
马来西亚	千克	4405	4422		
印度尼西亚	千克	4300	3671		
马尔代夫	千克	3450	1560		
巴基斯坦	千克	2875	6428		
法国	千克	2800	10675		
阿富汗	千克	2108	7699		

（续）

商品/国别（地区）	计量单位	出口数量	出口金额（美元）	进口数量	进口金额（美元）
德国	千克	852	101		
哥斯达黎加	千克	700	1056		
赤道几内亚	千克	560	9882		
瑞典	千克	558	1989		
马耳他	千克	477	778		
智利	千克	41	103		
哥伦比亚	千克	37	42		
印度	千克	31	18		
柬埔寨	千克			3120	240
中国	千克			1075	328
西班牙	千克			6319	65246
44187100 马赛克地板用已装拼的木地板					
合计	千克	136990	232379	2142	34593
意大利	千克	43880	91307	466	13804
澳门	千克	36000	14646		
法国	千克	30400	57120		
德国	千克	16780	51249	1676	20789
澳大利亚	千克	8300	15271		
黎巴嫩	千克	1630	2786		
44187210 其他多层已装拼的竹制地板					
合计	千克	9144044	14642816	2991	34242
美国	千克	6557424	10585698		
俄罗斯	千克	452134	475384		
德国	千克	297158	689633		
乌克兰	千克	238350	286410		
乌兹别克斯坦	千克	226800	280822		
日本	千克	225241	455502		
加拿大	千克	203522	370529		
墨西哥	千克	167511	262103		
澳大利亚	千克	58556	78014		
斯洛文尼亚	千克	54550	76263		
克罗地亚	千克	50280	78100		
越南	千克	45734	55684		
安哥拉	千克	45227	47503		
保加利亚	千克	45000	59494		
秘鲁	千克	42398	79378		
丹麦	千克	41580	111012		
摩洛哥	千克	35867	56027		
伊朗	千克	34000	40000		
比利时	千克	28871	54330		
新西兰	千克	26328	38385		
巴哈马	千克	25530	45238		
西班牙	千克	25344	66708		
阿联酋	千克	23638	38435		
英国	千克	22671	37809		
波兰	千克	19198	27551		
巴林	千克	18497	25814		
毛里求斯	千克	15497	27273		
智利	千克	15181	32000		
特立尼达和多巴哥	千克	14500	21647		
泰国	千克	12237	17149		
塞舌尔	千克	11118	19408		

（续）

商品/国别（地区）	计量单位	出口数量	出口金额（美元）	进口数量	进口金额（美元）
新加坡	千克	9915	14634		
韩国	千克	9877	26969	726	7142
马耳他	千克	8900	10148		
挪威	千克	6544	11135		
荷兰	千克	6527	10022		
留尼汪	千克	5320	8348		
厄瓜多尔	千克	5092	8582		
意大利	千克	4517	6200		
缅甸	千克	3600	3679		
台湾省	千克	3000	2986		
亚洲其他国家(地区)	千克	810	810		
印度尼西亚	千克			2265	27100
44187290 其他多层已装拼的木地板					
合计	千克	4545942	5290611	838896	2797931
澳门	千克	2398579	1666312		
韩国	千克	741395	1048717	4305	11509
美国	千克	382354	595997	15092	10864
比利时	千克	168000	439561	14297	24723
香港	千克	132575	123763		
日本	千克	127780	404667	8516	19915
加拿大	千克	97620	84684		
澳大利亚	千克	79649	63509	26461	20433
丹麦	千克	55906	93953		
法国	千克	44120	124686		
英国	千克	31988	88719		
罗马尼亚	千克	26500	41600		
沙特阿拉伯	千克	26064	52524	74	202
西班牙	千克	25116	60263	44	538
安哥拉	千克	22572	3444		
意大利	千克	21710	108868	14507	113631
格鲁吉亚	千克	17500	9900		
塞浦路斯	千克	17000	19694		
哈萨克斯坦	千克	16098	81780		
俄罗斯	千克	15278	31836		
台湾省	千克	15069	10659	41313	47499
德国	千克	13276	34923	1833	30064
爱尔兰	千克	12012	20138		
朝鲜	千克	10186	13823		
亚洲其他国家(地区)	千克	9315	4286		
委内瑞拉	千克	8980	9641		
越南	千克	8575	9869		
阿联酋	千克	7141	12092		
以色列	千克	5848	4013		
特立尼达和多巴哥	千克	3000	9060		
乌克兰	千克	1300	8788		
奥地利	千克	1186	3182	190881	1105742
赞比亚	千克	1000	3660		
苏丹	千克	1000	1200		
波兰	千克	250	800	72615	221407
印度尼西亚	千克			418684	1032343
马来西亚	千克			20694	77894
葡萄牙	千克			4208	31676

(续)

商品/国别(地区)	计量单位	出口数量	出口金额(美元)	进口数量	进口金额(美元)
芬兰	千克			840	13930
荷兰	千克			550	2609
中国	千克			808	3264
瑞典	千克			3174	29688
44187910 其他已装拼的竹制地板					
合计	千克	2810777	5269592	14094	83020
美国	千克	2156375	4291075		
荷兰	千克	165330	315341		
台湾省	千克	107253	121821		
德国	千克	75921	159292	14094	83020
亚洲其他国家(地区)	千克	52278	20508		
越南	千克	44990	52347		
加拿大	千克	34913	63418		
朝鲜	千克	27346	8148		
蒙古	千克	24463	9785		
日本	千克	24338	63347		
英国	千克	22993	37179		
土耳其	千克	16652	21600		
澳大利亚	千克	16400	8000		
新加坡	千克	12695	40250		
挪威	千克	11348	30445		
阿根廷	千克	8692	12474		
俄罗斯	千克	3978	3867		
香港	千克	3440	9764		
法国	千克	972	372		
新西兰	千克	400	559		
44187990 其他已装拼的木地板					
合计	千克	6565195	8751631	213698	711099
美国	千克	1270857	1801645	22445	82614
香港	千克	1183322	1182089		
韩国	千克	1155919	1527702		
日本	千克	1155507	1789563	60	227
英国	千克	353923	316959	5	83
法国	千克	258110	577429	950	2220
蒙古	千克	182000	198540		
加拿大	千克	180889	223127	11588	23755
澳大利亚	千克	129320	204327	334	657
苏丹	千克	94875	64758		
西班牙	千克	67231	62526	27	246
乌兹别克斯坦	千克	63706	26135		
新加坡	千克	60745	40738		
德国	千克	55466	102936	14430	149941
朝鲜	千克	51920	152000		
土耳其	千克	31872	29215		
瑞典	千克	30862	62320	6145	47004
菲律宾	千克	27012	102868		
印度	千克	25426	17361		
澳门	千克	25000	16130		
巴林	千克	23000	10020		
马来西亚	千克	19920	15936	63844	67570
安哥拉	千克	18439	54872		
赤道几内亚	千克	18080	33689		

(续)

商品/国别(地区)	计量单位	出口数量	出口金额(美元)	进口数量	进口金额(美元)
意大利	千克	14156	22585	10673	103522
阿联酋	千克	13800	8832		
荷兰	千克	12765	10038		
罗马尼亚	千克	7470	3058		
肯尼亚	千克	7300	8760		
缅甸	千克	5500	21721	3800	9172
毛里求斯	千克	3900	23413		
台湾省	千克	2942	1653		
南非	千克	2933	8866		
苏里南	千克	2600	4059		
柬埔寨	千克	2200	5940	1360	280
卢旺达	千克	2029	1982		
新西兰	千克	1100	342		
特立尼达和多巴哥	千克	938	9938		
乍得	千克	552	3981		
俄罗斯	千克	500	1000		
莱索托	千克	430	1534		
比利时	千克	318	800	13590	21735
葡萄牙	千克	281	174	4408	6772
以色列	千克	80	70		
泰国	千克			300	222
老挝	千克			2900	1696
奥地利	千克			10367	71949
匈牙利	千克			14357	88497
中国	千克			20839	28608
波兰	千克			300	291
白俄罗斯	千克			13	530
芬兰	千克			312	844
越南	千克			10651	2664
44189000 其他建筑用木工制品					
合计	千克	90518379	161877604	514668	2036853
美国	千克	24756222	51844422	17109	46557
日本	千克	23913830	49767334	9854	51511
香港	千克	7938946	5061804		
韩国	千克	6126471	7500415	529	4378
加拿大	千克	3770807	8105015	8196	5187
澳大利亚	千克	2406515	4195270	958	2400
英国	千克	2330161	5026156	42	3504
安哥拉	千克	2288669	1350427		
德国	千克	1802813	2378646	1141	6928
法国	千克	1475515	3036219	120	720
澳门	千克	1161445	1493899		
丹麦	千克	1111457	1651894	27	140
荷兰	千克	799734	1080146	109	747
比利时	千克	792960	3073377	68702	458985
爱尔兰	千克	755476	1340775		
菲律宾	千克	681683	858769	1945	670
意大利	千克	672589	1010970	2726	9012
波兰	千克	615868	1323115	3074	14375
台湾省	千克	593291	607597	25405	17570
哥斯达黎加	千克	577500	207883		
莫桑比克	千克	539333	221001		

（续）

商品/国别（地区）	计量单位	出口数量	出口金额（美元）	进口数量	进口金额（美元）
瑞典	千克	486808	1633068	104427	235198
新加坡	千克	397585	1600248		
俄罗斯	千克	345204	500591	41000	17508
南非	千克	342792	702668		
蒙古	千克	277967	154797		
西班牙	千克	268851	433992	13506	23192
印度	千克	172279	248711		
伊朗	千克	163956	212544		
萨摩亚	千克	161700	82299		
阿联酋	千克	150779	382078		
泰国	千克	110803	173718	2771	8735
白俄罗斯	千克	103930	134484		
希腊	千克	100591	169995		
葡萄牙	千克	97556	203679		
越南	千克	95923	219054	37911	55790
埃及	千克	94788	141356		
沙特阿拉伯	千克	92304	205509		
坦桑尼亚	千克	91187	193318		
特立尼达和多巴哥	千克	84060	304394		
挪威	千克	82680	74502	2	239
苏丹	千克	80381	76901		
马来西亚	千克	74880	114888	8212	6849
新西兰	千克	68767	117223		
匈牙利	千克	62544	112309		
埃塞俄比亚	千克	60080	36747		
阿尔及利亚	千克	56860	14154		
也门	千克	56580	17753		
尼日利亚	千克	52100	55418		
叙利亚	千克	51000	39377		
卡塔尔	千克	48450	58636		
芬兰	千克	46719	247787	2424	17784
乌克兰	千克	41329	98357		
印度尼西亚	千克	41234	56533	14060	9547
马达加斯加	千克	41047	96332		
汤加	千克	39500	8498		
哈萨克斯坦	千克	39164	166776		
东帝汶	千克	38380	19030		
塞浦路斯	千克	35983	54788		
阿曼	千克	32219	79225		
吉布提	千克	32000	18663		
保加利亚	千克	31798	61987		
巴林	千克	31701	26681		
摩洛哥	千克	31600	39140		
克罗地亚	千克	31150	36654		
以色列	千克	30872	28016		
土耳其	千克	27160	145814		
黑山	千克	25600	86479		
加纳	千克	24600	21459		
秘鲁	千克	24501	31659		
科威特	千克	23701	47343		
巴布亚新几内亚	千克	23660	10921		
博茨瓦那	千克	23392	19755		

（续）

商品/国别（地区）	计量单位	出口数量	出口金额（美元）	进口数量	进口金额（美元）
多哥	千克	23000	182838		
格鲁吉亚	千克	22374	29950		
巴基斯坦	千克	20430	12920	10369	26958
巴哈马	千克	19576	85447		
缅甸	千克	18875	69185		
塞舌尔	千克	17888	34177		
赤道几内亚	千克	17828	26645		
孟加拉国	千克	15735	19600		
拉丁美洲其他国家（地区）	千克	15430	20863		
阿富汗	千克	13835	26176		
格林纳达	千克	13710	24678		
纳米比亚	千克	11700	168		
亚洲其他国家（地区）	千克	11500	13800		
危地马拉	千克	11000	11824		
法属波利尼西亚	千克	10872	52024		
利比亚	千克	10098	15300		
加蓬	千克	9715	91320		
肯尼亚	千克	8565	14577		
瑞士	千克	8343	16059		
马耳他	千克	8100	11214		
罗马尼亚	千克	6750	22613		
哥伦比亚	千克	6595	22291		
巴西	千克	5900	6905		
斯洛伐克	千克	5518	14182		
土库曼斯坦	千克	5500	16650		
尼日尔	千克	4816	16534		
荷属安地列斯群岛	千克	4650	8370		
墨西哥	千克	4303	6201		
老挝	千克	3404	5106	659	96
朝鲜	千克	2988	3586		
密克罗尼西亚	千克	2800	6147		
斯里兰卡	千克	2500	2475		
塞尔维亚	千克	1777	12280		
赞比亚	千克	1700	1022		
苏里南	千克	1660	2193		
多米尼加	千克	1535	4795		
津巴布韦	千克	1200	1939		
阿根廷	千克	846	2106		
马拉维	千克	640	780		
智利	千克	597	871		
黎巴嫩	千克	550	1499		
约旦	千克	521	3442		
捷克	千克	346	1721		
牙买加	千克	283	686		
卢旺达	千克	270	2435		
莱索托	千克	176	568		
立陶宛	千克			10593	12629
中国	千克			108669	948468
国别（地区）不详	千克			2341	2371
奥地利	千克			17609	48053
爱沙尼亚	千克			178	752

（续）

商品/国别（地区）	计量单位	出口数量	出口金额（美元）	进口数量	进口金额（美元）
4419 木制餐具及厨房用品					
44190031 木制一次性筷子					
合计	千克	79009264	95508852	14961303	5490277
日本	千克	58206066	72996457	145605	106846
韩国	千克	16732330	17495695	214	1179
美国	千克	1899953	2350697	1060	895
台湾省	千克	562933	632911		
澳大利亚	千克	229668	297716		
加拿大	千克	222248	320117		
巴西	千克	209695	240893		
德国	千克	158145	207773	12	60
印度尼西亚	千克	120758	124239		
委内瑞拉	千克	92955	69483		
法国	千克	83605	119145		
新西兰	千克	82548	114897		
瑞典	千克	71577	91370		
香港	千克	65323	121398	382	6936
墨西哥	千克	54455	49991		
新加坡	千克	53668	65643		
英国	千克	34322	48531		
泰国	千克	33995	34176	25	1553
西班牙	千克	22355	25679		
智利	千克	17420	21067		
阿联酋	千克	10100	14280		
挪威	千克	9072	11059		
荷兰	千克	9025	11976		
以色列	千克	6675	9240		
马来西亚	千克	5370	8072		
丹麦	千克	3800	7000		
芬兰	千克	3693	7945		
秘鲁	千克	2033	3745		
瑞士	千克	1512	2226		
菲律宾	千克	1317	1968	10	35
俄罗斯	千克	1000	1400	12484680	4560001
新喀里多尼亚	千克	660	840		
埃及	千克	460	552		
印度	千克	360	380		
卡塔尔	千克	125	105		
科特迪瓦	千克	26	142		
博茨瓦那	千克	15	35		
莫桑比克	千克	2	9		
蒙古	千克			575677	327555
越南	千克			121548	79242
朝鲜	千克			1077255	220274
中国	千克			20410	48377
亚洲其他国家(地区)	千克			534375	137093
斯里兰卡	千克			50	231
44190032 竹制一次性筷子					
合计	千克	56541949	79673749	94870	71073
日本	千克	22384448	38228798	4002	17802
台湾省	千克	20119369	19234717	30750	10782

（续）

商品/国别（地区）	计量单位	出口数量	出口金额（美元）	进口数量	进口金额（美元）
美国	千克	5401368	7490391		
香港	千克	2462381	3130036		
俄罗斯	千克	910082	1220114		
加拿大	千克	659149	1057053		
新加坡	千克	624770	1972925		
泰国	千克	490284	1263361		
巴西	千克	418640	644083		
马来西亚	千克	353020	1344413		
澳大利亚	千克	305309	460886		
法国	千克	270007	456440		
韩国	千克	247256	325404		
菲律宾	千克	241710	308370		
英国	千克	196888	330300		
乌克兰	千克	164770	230319		
德国	千克	131066	235698		
墨西哥	千克	121377	152908		
芬兰	千克	113672	145417		
荷兰	千克	109972	180836		
以色列	千克	98457	163733		
意大利	千克	75997	113346		
奥地利	千克	70128	106081		
比利时	千克	69815	134375		
越南	千克	48822	9552	52410	32724
阿根廷	千克	48079	60978		
西班牙	千克	46580	66487		
瑞典	千克	35045	56757		
澳门	千克	33293	30579		
印度尼西亚	千克	29980	31054		
丹麦	千克	26048	49235		
阿联酋	千克	25163	47915	12	11
哥伦比亚	千克	23380	35111		
南非	千克	19340	34209		
拉脱维亚	千克	18857	34777		
黎巴嫩	千克	18750	30975		
印度	千克	17450	61075		
波兰	千克	16817	32664		
葡萄牙	千克	15530	22050		
土耳其	千克	11038	25453		
智利	千克	8660	13414		
巴拿马	千克	7770	13706		
沙特阿拉伯	千克	6614	6892		
瑞士	千克	6519	11712		
斯洛文尼亚	千克	6453	6871		
科威特	千克	5550	8650		
新西兰	千克	3854	5656		
挪威	千克	3092	4486		
爱沙尼亚	千克	3000	3780		
卡塔尔	千克	2804	12783		
约旦	千克	2600	5150		
埃及	千克	2040	3415		
爱尔兰	千克	1536	2584		
斯里兰卡	千克	1411	2002		

（续）

商品/国别（地区）	计量单位	出口数量	出口金额（美元）	进口数量	进口金额（美元）
立陶宛	千克	1250	1812		
安哥拉	千克	1139	2000		
斯洛伐克	千克	1014	4792		
马耳他	千克	750	1600		
巴拉圭	千克	690	1544		
冰岛	千克	405	885		
巴基斯坦	千克	370	420		
莫桑比克	千克	210	334		
卢森堡	千克	68	110		
马达加斯加	千克	19	220		
利比亚	千克	19	45		
多哥	千克	5	11		
中国	千克			7696	9754
44190091 竹制其他餐具及厨房用具					
合计	千克	21863724	69057582	56746	265627
美国	千克	8300333	26685112	0	22
德国	千克	2690568	7209461	6	185
日本	千克	1411989	7016297	396	13400
荷兰	千克	1282847	3094477	841	2876
加拿大	千克	983441	2851058		
澳大利亚	千克	704153	1937484		
英国	千克	649607	2671987		
法国	千克	588266	2385987	1	22
台湾省	千克	558175	1549203	56	4790
波兰	千克	506501	1252573		
比利时	千克	502413	1391888		
俄罗斯	千克	429392	1110173		
韩国	千克	366406	1475741		
香港	千克	280700	859073	8754	17607
巴西	千克	208714	706172		
意大利	千克	206096	698454		
西班牙	千克	198905	506959		
乌克兰	千克	182868	412114		
土耳其	千克	181580	427180		
丹麦	千克	144108	557063	9	84
泰国	千克	138998	89507	467	2028
芬兰	千克	113520	510038		
墨西哥	千克	105764	264072		
阿联酋	千克	98518	151990		
新西兰	千克	88980	246168		
葡萄牙	千克	78240	310710		
爱沙尼亚	千克	75695	167606		
克罗地亚	千克	70110	192876		
新加坡	千克	69413	353265		
以色列	千克	54605	154920		
南非	千克	52984	180054		
瑞士	千克	45647	186287		
智利	千克	41850	124256		
罗马尼亚	千克	32032	70743		
挪威	千克	30458	97971		
捷克	千克	30286	112218		
奥地利	千克	27227	52313		

（续）

商品/国别（地区）	计量单位	出口数量	出口金额（美元）	进口数量	进口金额（美元）
越南	千克	26854	55283	43720	202178
秘鲁	千克	23387	66156		
保加利亚	千克	22109	42056		
巴拿马	千克	22054	51873		
瑞典	千克	20926	103832		
阿根廷	千克	18761	65275		
爱尔兰	千克	17404	68317		
厄瓜多尔	千克	16723	29144		
马来西亚	千克	14613	44747		
希腊	千克	13595	51020		
委内瑞拉	千克	11470	44708		
叙利亚	千克	11252	7828		
斯洛伐克	千克	10485	11376		
沙特阿拉伯	千克	9706	27056		
哥伦比亚	千克	9501	38704		
摩洛哥	千克	8755	13781		
塞浦路斯	千克	7607	13130		
斯里兰卡	千克	7080	33159		
印度	千克	6969	25104		
白俄罗斯	千克	6717	26973		
危地马拉	千克	6053	18380		
洪都拉斯	千克	5634	16763		
约旦	千克	4780	21702		
多米尼加	千克	4298	13720		
拉脱维亚	千克	3646	12016		
亚洲其他国家(地区)	千克	3500	1920		
波多黎各	千克	3335	10998		
澳门	千克	1899	19235		
菲律宾	千克	1837	7214		
印度尼西亚	千克	1668	5576	1	1
伊朗	千克	1640	4020		
乌拉圭	千克	1500	4217		
黎巴嫩	千克	1443	13848		
埃及	千克	1190	809		
哥斯达黎加	千克	660	2779		
留尼汪	千克	525	4791		
瓜德罗普岛	千克	516	4522		
毛里求斯	千克	500	675		
波黑	千克	441	1693		
圭亚那	千克	328	2996		
诺福克岛	千克	279	1168		
科威特	千克	256	2298		
马提尼克	千克	180	1509		
加纳	千克	156	1650		
利比亚	千克	90	79		
坦桑尼亚	千克	7	18		
巴布亚新几内亚	千克	6	14		
中国	千克			2495	22434
44190099 其他木制未列名餐具及厨房用具					
合计	千克	42019835	117555819	695678	1701949
美国	千克	8809674	21986989	12160	42986
日本	千克	7588797	32662243	3010	64094

（续）

商品/国别（地区）	计量单位	出口数量	出口金额（美元）	进口数量	进口金额（美元）
英国	千克	4002068	9570126	4	294
德国	千克	3508865	10207850	1828	15350
韩国	千克	1893131	2523164	762	465
荷兰	千克	1763038	3945847	225	465
澳大利亚	千克	1435439	3900488	3	108
西班牙	千克	1429704	3282796	497	632
意大利	千克	1300266	2819157	1190	22612
俄罗斯	千克	1102604	2572375		
加拿大	千克	870785	2093248		
法国	千克	731018	2123469	1165	20793
香港	千克	689812	1876511	77	312
比利时	千克	563928	1524865	65	950
瑞典	千克	468407	1190969	1258	22585
阿联酋	千克	398396	977181		
波兰	千克	374029	759535	12585	65566
芬兰	千克	281123	932924	84	339
捷克	千克	274855	852152	26243	263422
墨西哥	千克	252502	597383		
台湾省	千克	238085	917587	14142	51257
沙特阿拉伯	千克	226520	654172		
新加坡	千克	226324	580111	3	128
南非	千克	202936	505350		
阿尔及利亚	千克	178554	239752		
以色列	千克	165516	455879		
马来西亚	千克	153299	348878	72424	187996
土耳其	千克	152452	283785		
丹麦	千克	141273	420758		
巴西	千克	139797	413086	16	85
埃及	千克	125597	322252		
希腊	千克	123948	395989		
乌克兰	千克	117118	260439		
哥伦比亚	千克	108239	169426		
秘鲁	千克	104845	216909	69	465
斯洛伐克	千克	102764	165005	26	109
伊朗	千克	99226	261582		
奥地利	千克	98929	193069	12	194
智利	千克	94860	256619		
瑞士	千克	93373	296158	10	1132
黎巴嫩	千克	90757	272706		
突尼斯	千克	82545	118106		
巴拿马	千克	81759	169123		
委内瑞拉	千克	79828	254991		
新西兰	千克	77736	286719		
约旦	千克	72607	109727		
挪威	千克	70422	336486	3	33
厄瓜多尔	千克	61015	160629		
利比亚	千克	60652	161773		
阿根廷	千克	59310	141308	8	516
印度	千克	57833	151644	487	1543
拉脱维亚	千克	57683	149026		
爱尔兰	千克	54461	140031		
匈牙利	千克	39382	63892		

（续）

商品/国别（地区）	计量单位	出口数量	出口金额（美元）	进口数量	进口金额（美元）
波多黎各	千克	39003	71395		
乌拉圭	千克	35759	68356		
立陶宛	千克	32922	102686		
泰国	千克	22766	117267	82038	208460
多米尼加	千克	20530	44695		
叙利亚	千克	19416	67795		
澳门	千克	18238	52934		
法属波利尼西亚	千克	17508	32654		
罗马尼亚	千克	16980	26285	104084	308351
葡萄牙	千克	16893	56532	28	118
哈萨克斯坦	千克	15322	49149		
克罗地亚	千克	14933	35282		
斯洛文尼亚	千克	13498	38495	314	2837
印度尼西亚	千克	12861	78464	6396	8357
哥斯达黎加	千克	12520	16248		
马耳他	千克	11728	30134		
索马里	千克	11331	21405		
摩洛哥	千克	11249	60428		
新喀里多尼亚	千克	11094	23717		
菲律宾	千克	9072	42707	66	682
保加利亚	千克	8758	20482	1801	8593
塞浦路斯	千克	8600	28932		
危地马拉	千克	8427	15914		
爱沙尼亚	千克	5930	8278		
波黑	千克	5456	10229		
安道尔	千克	5012	19513		
尼日利亚	千克	4124	16158		
毛里求斯	千克	3923	8323		
科威特	千克	3712	15244		
特立尼达和多巴哥	千克	2680	6437		
留尼汪	千克	2319	5729		
巴基斯坦	千克	2216	7040	411	346
白俄罗斯	千克	2213	12277		
卡塔尔	千克	2187	11645		
肯尼亚	千克	2148	7960		
越南	千克	1513	16267	96408	267219
巴林	千克	1511	4112		
加纳	千克	1240	11000		
瓜德罗普岛	千克	960	2026		
塞尔维亚	千克	770	2089		
马提尼克	千克	710	1638		
斐济	千克	607	9413		
圣卢西亚	千克	600	1467		
圭亚那	千克	514	1063		
博茨瓦那	千克	444	169		
萨尔瓦多	千克	320	900		
莫桑比克	千克	225	166		
赞比亚	千克	194	261		
科特迪瓦	千克	150	432		
圣文森特和格林纳丁斯	千克	140	284		
塞内加尔	千克	122	415		

(续)

商品/国别(地区)	计量单位	出口数量	出口金额(美元)	进口数量	进口金额(美元)
苏丹	千克	115	385		
巴拉圭	千克	106	233		
马达加斯加	千克	80	46		
喀麦隆	千克	40	71		
坦桑尼亚	千克	36	122		
吉布提	千克	10	90		
缅甸	千克	6	81	207018	17273
乍得	千克	5	45		
多哥	千克	3	16		
中国	千克			48048	114144
尼泊尔	千克			40	398
老挝	千克			620	590
柬埔寨	千克			50	150

4420 木制装饰品

商品/国别(地区)	计量单位	出口数量	出口金额(美元)	进口数量	进口金额(美元)
44201011 木刻					
合计	千克	174267	1989564	22257	41422
日本	千克	98595	1839943		
台湾省	千克	46373	65995	11800	10332
俄罗斯	千克	13900	18765		
美国	千克	4490	17512	19	1266
韩国	千克	2330	4720	700	1850
法国	千克	2256	12038		
香港	千克	1565	7098		
德国	千克	1143	6822		
意大利	千克	980	5924		
马来西亚	千克	616	2820		
阿联酋	千克	600	1960		
朝鲜	千克	408	1200	808	2800
西班牙	千克	340	550		
希腊	千克	218	183		
加拿大	千克	180	210		
荷兰	千克	154	3282		
奥地利	千克	100	260		
智利	千克	10	83		
瑞典	千克	9	199		
印度尼西亚	千克			2302	7798
老挝	千克			240	310
泰国	千克			1382	2467
尼泊尔	千克			5	23
菲律宾	千克			124	2577
英国	千克			1	80
坦桑尼亚	千克			3900	9880
印度	千克			713	792
中国	千克			8	600
国别(地区)不详	千克			145	508
澳大利亚	千克			110	139
44201012 竹刻					
合计	千克	13632	39886	42	132
日本	千克	10063	11748		
俄罗斯	千克	1530	8761		
香港	千克	1044	2481		

(续)

商品/国别(地区)	计量单位	出口数量	出口金额(美元)	进口数量	进口金额(美元)
台湾省	千克	400	8384		
美国	千克	280	5320		
埃及	千克	220	2592		
加拿大	千克	95	600		
越南	千克			3	20
泰国	千克			36	33
中国	千克			3	79
44201020 木扇					
合计	千克	416579	4888182	56	2838
日本	千克	171711	2138199	14	679
西班牙	千克	167711	2133609		
美国	千克	37809	251084		
希腊	千克	6719	66842		
意大利	千克	6713	56722		
墨西哥	千克	4387	42028		
英国	千克	3490	11743	1	16
比利时	千克	3110	12504		
香港	千克	2845	47162		
古巴	千克	2193	5573		
瑞典	千克	1800	4800		
荷兰	千克	1679	13387		
德国	千克	1382	5921		
法国	千克	1259	30822		
韩国	千克	1242	17626		
乌拉圭	千克	592	10850		
澳大利亚	千克	341	4313		
黎巴嫩	千克	293	6124		
奥地利	千克	240	680		
台湾省	千克	210	3968	18	1913
委内瑞拉	千克	202	3466		
印度尼西亚	千克	180	5015		
阿根廷	千克	119	2260		
哥伦比亚	千克	108	1058		
阿联酋	千克	100	4800		
巴巴多斯	千克	58	300		
菲律宾	千克	56	6336		
新加坡	千克	30	990		
中国	千克			1	44
泰国	千克			22	186
44201090 其他木制小雕像及装饰品					
合计	千克	64841885	245288902	2156857	4121704
美国	千克	30297377	98328320	3257	41316
德国	千克	6138964	32018674	743	26007
日本	千克	3748622	25238459	36426	167926
荷兰	千克	3360445	12570129	4150	7061
台湾省	千克	2843442	2636133	50311	103913
法国	千克	2289222	9168827	1731	35567
英国	千克	2246926	9631454	306	2766
加拿大	千克	1593831	5704137	20	4490
西班牙	千克	1452402	6255664	238	2467
比利时	千克	1302343	5355973	10	50
意大利	千克	1182473	6307870	1282	102946

(续)

商品/国别（地区）	计量单位	出口数量	出口金额（美元）	进口数量	进口金额（美元）
澳大利亚	千克	1065789	4571458	171	1342
阿联酋	千克	535380	1112714		
沙特阿拉伯	千克	482909	1244679		
希腊	千克	426373	2378816	10	18582
瑞典	千克	411949	1725874	1656	12496
丹麦	千克	405584	1808857	169	1177
香港	千克	376282	1202598	1521	25570
新加坡	千克	361526	653910	1540	4648
马来西亚	千克	360638	544932	36588	55703
韩国	千克	360265	1119586	505	4602
南非	千克	265682	1054050	12162	17258
芬兰	千克	227994	1090640	231	727
俄罗斯	千克	193896	821757		
以色列	千克	172657	675936		
波兰	千克	161274	953545	9	151
挪威	千克	152096	652180	96624	950645
土耳其	千克	148979	725821		
墨西哥	千克	145415	570339		
捷克	千克	124224	1038766		
葡萄牙	千克	121794	522028	5	51
巴拿马	千克	121552	529030		
黎巴嫩	千克	120177	505710		
利比亚	千克	113707	172544		
爱尔兰	千克	100695	182473	3	254
智利	千克	94647	485880	22	260
巴西	千克	84924	369617		
瑞士	千克	81516	550700	11	899
阿根廷	千克	79548	489340		
哥伦比亚	千克	79359	160801		
泰国	千克	72872	142754	104507	321395
奥地利	千克	72120	526159		
印度	千克	70297	208446	15018	27363
新西兰	千克	62935	275718	58	207
伊朗	千克	56141	110863		
科威特	千克	49924	298271		
波多黎各	千克	46680	149810		
印度尼西亚	千克	43224	188897	181509	335342
乌克兰	千克	42760	138423		
克罗地亚	千克	41494	193035		
埃及	千克	40938	143775		
匈牙利	千克	35663	323550	8	6
多米尼加	千克	28963	108686		
也门	千克	26000	5032		
塞浦路斯	千克	22007	99475		
菲律宾	千克	21654	63163	28162	59613
危地马拉	千克	18770	89639		
爱沙尼亚	千克	16148	57522		
秘鲁	千克	15194	57580		
厄瓜多尔	千克	14358	51037		
阿尔及利亚	千克	12985	31181		
委内瑞拉	千克	12479	50787		
摩洛哥	千克	11560	59952		

(续)

商品/国别（地区）	计量单位	出口数量	出口金额（美元）	进口数量	进口金额（美元）
马耳他	千克	11193	42591		
斯洛文尼亚	千克	11127	65598		
约旦	千克	11113	65353		
叙利亚	千克	10228	18354		
巴林	千克	9446	58865		
巴基斯坦	千克	8981	33077	9565	9590
罗马尼亚	千克	8324	52410		
澳门	千克	7643	11418		
缅甸	千克	7488	13997	1199663	790325
加纳	千克	7327	42642	18	215
乌拉圭	千克	6894	36800		
哥斯达黎加	千克	6157	22568		
卡塔尔	千克	6017	29694		
喀麦隆	千克	5907	21355	235	676
塞尔维亚	千克	5522	22372		
保加利亚	千克	4968	35507		
立陶宛	千克	4011	20675		
伊拉克	千克	4000	5100		
贝宁	千克	3729	13181		
亚美尼亚	千克	3719	16971		
塞内加尔	千克	3568	16534		
马里	千克	3387	12067		
留尼汪	千克	2100	2962		
哈萨克斯坦	千克	1953	9880		
斯洛伐克	千克	1861	12803		
巴哈马	千克	1563	11625		
越南	千克	1470	2078	75005	172149
文莱	千克	1279	599		
洪都拉斯	千克	1237	3167		
玻利维亚	千克	1233	14273		
阿曼	千克	1093	4329		
多米尼加	千克	1060	16603		
拉脱维亚	千克	990	5115		
斯里兰卡	千克	745	1106	375	3122
安哥拉	千克	742	6456	13	2348
多哥	千克	608	8695	13474	14228
突尼斯	千克	549	1331		
巴拉圭	千克	532	2800		
赞比亚	千克	514	1906		
阿鲁巴岛	千克	483	3103		
萨尔瓦多	千克	398	3775		
圣马力诺	千克	341	2472		
所罗门群岛	千克	336	2700		
几内亚	千克	300	300	140	426
乌干达	千克	279	1080		
新喀里多尼亚	千克	245	2021		
纳米比亚	千克	234	135		
坦桑尼亚	千克	161	443	13650	28546
卢森堡	千克	143	1061		
孟加拉国	千克	123	332		
古巴	千克	120	670		
法属波利尼西亚	千克	114	600		

（续）

商品/国别（地区）	计量单位	出口数量	出口金额（美元）	进口数量	进口金额（美元）
毛里求斯	千克	103	2312		
科特迪瓦	千克	103	523	40	242
加蓬	千克	48	42		
肯尼亚	千克	32	500	10177	35829
莫桑比克	千克			70	176
尼泊尔	千克			86046	189845
老挝	千克			5771	7266
中国	千克			143958	483498
柬埔寨	千克			1750	9779
马拉维	千克			10500	5253
津巴布韦	千克			7444	35391
44209010 镶嵌木					
合计	千克	1483360	2056231	284	3487
美国	千克	1426172	1922377		
德国	千克	18800	19202		
英国	千克	16345	34593		
新加坡	千克	12625	24895		
日本	千克	4664	29408	99	1983
越南	千克	4183	23455		
土耳其	千克	228	720		
新西兰	千克	77	357		
智利	千克	72	432		
法国	千克	56	332		
香港	千克	49	270		
加拿大	千克	42	120		
台湾省	千克	35	28		
捷克	千克	10	31		
埃及	千克	2	11		
印度尼西亚	千克			170	1224
泰国	千克			15	280
44209090 珠宝或刀具木盒及类似品；第94章以外木家具					
合计	千克	52202926	152009497	1618939	5262198
美国	千克	14741994	39127808	728	15830
英国	千克	6041619	11970869	283	15230
日本	千克	4695944	23418515	882	20180
荷兰	千克	2885043	7630476	46	3282
德国	千克	2765562	8371733	1166	16366
法国	千克	2474193	7191004	7593	169309
加拿大	千克	1788234	5380993	1137	101304
香港	千克	1668932	4548897	4911	251542
韩国	千克	1485956	4032958	1034	1298
西班牙	千克	1314134	3566788	2677	21355
阿联酋	千克	1280848	3435417		
意大利	千克	1264675	4290504	82338	364005
比利时	千克	1044875	3506661	1	133
沙特阿拉伯	千克	969644	1688026		
澳大利亚	千克	903822	2466306	210	547
俄罗斯	千克	598999	1848548	95959	166024
台湾省	千克	567726	1086690	5623	64116
瑞士	千克	518861	2562083	1365	184309
波兰	千克	370937	1372915	500524	1554893
新加坡	千克	305255	647263	1041	2224

（续）

商品/国别（地区）	计量单位	出口数量	出口金额（美元）	进口数量	进口金额（美元）
丹麦	千克	297336	694965	310	3299
希腊	千克	274826	940681		
伊朗	千克	273640	961057		
土耳其	千克	270391	596149		
墨西哥	千克	263265	694679	300	1563
瑞典	千克	255459	801073	48887	163646
芬兰	千克	248846	861610	7	379
马来西亚	千克	246218	349180	25	1052
以色列	千克	206822	649037	2	37
葡萄牙	千克	164909	520245	195263	429577
南非	千克	140272	309725	1081	3326
乌克兰	千克	112250	509443		
巴西	千克	105597	355754		
智利	千克	105346	346557	8	16
哥伦比亚	千克	99879	198967		
印度	千克	97511	198603	15371	30080
埃及	千克	85973	187979		
科威特	千克	79822	418738		
爱尔兰	千克	72925	511183		
多米尼加	千克	69071	164239		
阿根廷	千克	58484	188845		
匈牙利	千克	50181	160127	156	78
捷克	千克	49922	240235	6963	43485
挪威	千克	48789	147337		
突尼斯	千克	48637	93484		
奥地利	千克	46526	213556	291	7173
黎巴嫩	千克	46223	210211		
新西兰	千克	43921	153131	226	1311
利比亚	千克	40839	199690		
保加利亚	千克	40554	135949	10131	16270
委内瑞拉	千克	37120	90811		
秘鲁	千克	35267	108181	97	1035
克罗地亚	千克	31711	119521		
菲律宾	千克	28813	34945	222	7103
约旦	千克	28767	60709		
爱沙尼亚	千克	27837	87880		
斯洛伐克	千克	27356	70775	12206	77857
罗马尼亚	千克	26537	81296	1000	7815
巴拿马	千克	22569	59295		
洪都拉斯	千克	22129	33194		
印度尼西亚	千克	21383	56793	24224	88756
摩洛哥	千克	17406	61148		
拉脱维亚	千克	17114	82894	466	1066
厄瓜多尔	千克	16064	58475		
越南	千克	15928	74761	35931	173781
斯洛文尼亚	千克	14522	48066		
立陶宛	千克	13752	60325	425076	549350
巴林	千克	13346	112687		
亚美尼亚	千克	12080	60600		
毛里塔尼亚	千克	11200	5985		
圭亚那	千克	10500	14112		
泰国	千克	9756	47177	50384	286979

（续）

商品/国别（地区）	计量单位	出口数量	出口金额（美元）	进口数量	进口金额（美元）
塞浦路斯	千克	9644	31525		
黑山	千克	8692	34461		
卡塔尔	千克	7968	29958		
乌拉圭	千克	6503	15896		
尼加拉瓜	千克	6448	23619		
白俄罗斯	千克	6300	13988	3677	19803
留尼汪	千克	6147	26170		
玻利维亚	千克	5809	30493		
塞尔维亚	千克	5804	30262		
叙利亚	千克	5031	16329		
马耳他	千克	4176	11030		
哥斯达黎加	千克	4120	25681		
斯里兰卡	千克	3901	5962		
喀麦隆	千克	3784	1681		
巴基斯坦	千克	3771	18471	2175	2653
哈萨克斯坦	千克	3492	7831		
伊拉克	千克	2909	2740		
波多黎各	千克	2399	46033		
斐济	千克	2050	2800		
古巴	千克	1840	2919		
尼日利亚	千克	1670	4790		
特立尼达和多巴哥	千克	1590	6735		
缅甸	千克	1389	14481		
危地马拉	千克	639	1906		
阿曼	千克	581	2590		
阿尔巴尼亚	千克	503	3000		
塞内加尔	千克	427	1553		
科特迪瓦	千克	394	1591		
牙买加	千克	343	606		
新喀里多尼亚	千克	299	2483		
法属波利尼西亚	千克	260	1804		
几内亚	千克	200	260		
也门	千克	195	231		
加纳	千克	168	545		
卢森堡	千克	150	700		
摩纳哥	千克	132	396		
坦桑尼亚	千克	125	473		
马里	千克	98	365		
澳门	千克	96	223		
贝宁	千克	20	299		
毛里求斯	千克	15	104		
阿富汗	千克			50	268
柬埔寨	千克			64	218
中国	千克			76488	391491
尼泊尔	千克			340	784

4421 其他木制品

44211000 木制衣架

商品/国别（地区）	计量单位	出口数量	出口金额（美元）	进口数量	进口金额（美元）
合计	千克	60163627	142912956	361474	1838025
美国	千克	10445490	26730135	3364	5323
西班牙	千克	7074743	15431916	369	1254
德国	千克	6881242	16982950	1143	23611

（续）

商品/国别（地区）	计量单位	出口数量	出口金额（美元）	进口数量	进口金额（美元）
英国	千克	3383252	8128707	84	348
瑞典	千克	3076428	6160096	373	6792
意大利	千克	3029980	7024882	3104	121321
日本	千克	2422821	8098314	45387	406439
荷兰	千克	2161166	4834192	11	15
比利时	千克	1896333	4037520		
加拿大	千克	1730123	3644437		
俄罗斯	千克	1696226	3383007		
波兰	千克	1508572	2864475		
法国	千克	1255361	3036947	401	22894
澳大利亚	千克	1244753	2786591		
韩国	千克	1046132	2360376	1077	5621
土耳其	千克	958219	1886983	18	110
香港	千克	942607	4284865	31065	213758
巴西	千克	884922	1472251		
墨西哥	千克	850803	1816590		
芬兰	千克	602871	1648995	12	85
希腊	千克	509915	1041663		
奥地利	千克	500333	1005383	6	155
丹麦	千克	491722	1923992		
瑞士	千克	420595	884113	60	1570
乌克兰	千克	387837	834717		
阿根廷	千克	386196	643730		
阿联酋	千克	358908	981806		
爱尔兰	千克	324843	620290		
智利	千克	251979	463056		
葡萄牙	千克	249380	638822		
新加坡	千克	241981	471615	7	38
挪威	千克	205219	470575		
爱沙尼亚	千克	197968	417285		
台湾省	千克	182848	463325	62	74
以色列	千克	180134	389910		
巴拿马	千克	175965	425517		
罗马尼亚	千克	141491	279833		
沙特阿拉伯	千克	133161	356232		
立陶宛	千克	132541	306289	131	1254
马来西亚	千克	115262	174434		
印度	千克	111615	281678	71209	348553
新西兰	千克	110643	257878		
南非	千克	105325	298716		
厄瓜多尔	千克	98243	185154		
哥伦比亚	千克	75954	145370		
拉脱维亚	千克	75103	165861		
秘鲁	千克	72908	113139		
克罗地亚	千克	69034	176557		
黎巴嫩	千克	59747	162496		
科威特	千克	58103	124874		
泰国	千克	57839	166578	4201	1150
捷克	千克	57158	117151		
塞浦路斯	千克	53239	105837		
摩洛哥	千克	44548	109826		
斯洛伐克	千克	36583	98571		

(续)

商品/国别（地区）	计量单位	出口数量	出口金额（美元）	进口数量	进口金额（美元）
埃及	千克	35985	74246		
突尼斯	千克	32393	75403		
菲律宾	千克	29943	75464		
乌拉圭	千克	29133	53892		
保加利亚	千克	28436	55423		
约旦	千克	21806	45998		
匈牙利	千克	19712	72680		
印度尼西亚	千克	19475	44996	3823	21298
哈萨克斯坦	千克	17991	47789		
委内瑞拉	千克	17905	42530		
哥斯达黎加	千克	14330	26030		
斯洛文尼亚	千克	13708	34673		
越南	千克	13698	54957	45613	70614
伊朗	千克	9815	33970		
马耳他	千克	9190	13827		
塞尔维亚	千克	9150	19160		
危地马拉	千克	9077	23277		
安哥拉	千克	8050	18713		
古巴	千克	6306	34848		
塞内加尔	千克	5486	9658		
叙利亚	千克	5351	23348		
多米尼加	千克	3922	7352		
安道尔	千克	3636	10124		
留尼汪	千克	3523	7572		
文莱	千克	3200	7680		
巴林	千克	3050	15919		
特立尼达和多巴哥	千克	2820	6960		
阿曼	千克	2773	1590		
斐济	千克	1215	4303		
毛里求斯	千克	1214	3543		
洪都拉斯	千克	1196	2344		
坦桑尼亚	千克	1190	2973		
海地	千克	1183	6869		
科特迪瓦	千克	1136	2266		
博茨瓦那	千克	1025	3750		
塔吉克斯坦	千克	1000	3826		
利比亚	千克	1000	2190		
喀麦隆	千克	868	1700		
加纳	千克	844	2041		
肯尼亚	千克	610	2673		
巴巴多斯	千克	600	1920		
贝宁	千克	599	1206		
马里	千克	428	908		
巴拉圭	千克	416	1111		
卡塔尔	千克	382	2996		
澳门	千克	312	1456		
马其顿	千克	300	3700		
圭亚那	千克	284	842		
波黑	千克	230	673		
吉布提	千克	225	335		
孟加拉国	千克	201	532		
巴基斯坦	千克	168	823		
黑山	千克	168	328		

(续)

商品/国别（地区）	计量单位	出口数量	出口金额（美元）	进口数量	进口金额（美元）
瓜德罗普岛	千克	154	532		
马提尼克	千克	118	350		
斯里兰卡	千克	110	919		
新喀里多尼亚	千克	82	960		
马尔代夫	千克	75	221		
蒙古	千克	66	85		
中国	千克			149954	585748
44219010 木制卷轴、纡子、筒管、缝纫用线轴及类似品					
合计	千克	472090	620487	156112	628416
韩国	千克	225000	117000	13472	10778
比利时	千克	70700	118950		
印度	千克	49840	34199		
澳大利亚	千克	34288	106810		
美国	千克	27843	58818	102156	459220
日本	千克	26304	92024		
香港	千克	13578	23116		
委内瑞拉	千克	9382	25274		
西班牙	千克	7160	10942		
马来西亚	千克	3059	12767		
新加坡	千克	2761	12290		
台湾省	千克	2001	7783	6696	9263
德国	千克	131	422	698	1123
巴拿马	千克	26	6		
丹麦	千克	17	86		
法国	千克			6	163
波兰	千克			1574	11111
意大利	千克			30132	128136
罗马尼亚	千克			865	5912
立陶宛	千克			513	2710
44219021 木制圆签圆棒冰果棒压舌片及类似一次性制品					
合计	千克	57231425	76648429	2622176	650792
美国	千克	10170829	14253034	421	6327
日本	千克	10161588	17842338	72260	65312
韩国	千克	3474275	4846046	41821	121650
印度	千克	2805108	2584693		
加拿大	千克	2066881	2531676	780	13934
德国	千克	1652337	2214852	170	929
俄罗斯	千克	1552555	1904019	43188	7877
墨西哥	千克	1533121	1809196		
土耳其	千克	1292240	1734595	10	27
伊朗	千克	1198683	1162124		
意大利	千克	1159738	1819683	10	2
西班牙	千克	1124656	1524315		
英国	千克	1111909	1445305	21	910
荷兰	千克	1079483	1437609		
泰国	千克	1037122	1109045	195	1976
哥伦比亚	千克	821548	747981		
法国	千克	730871	1099349		
叙利亚	千克	721901	762116		
埃及	千克	703569	673986	190	65
巴基斯坦	千克	655371	676266		
智利	千克	608708	659154		

(续)

商品/国别(地区)	计量单位	出口数量	出口金额(美元)	进口数量	进口金额(美元)
台湾省	千克	561128	599959		
印度尼西亚	千克	544785	344354	25	79
南非	千克	539237	742896		
沙特阿拉伯	千克	472998	647199		
澳大利亚	千克	448412	632519		
香港	千克	412414	588096	151	802
埃塞俄比亚	千克	370000	384550		
葡萄牙	千克	367837	583989		
希腊	千克	353971	480152		
约旦	千克	333648	386743		
阿根廷	千克	323914	381854		
阿联酋	千克	310351	414924	84	272
摩洛哥	千克	306144	325324		
马来西亚	千克	303036	316215		
乌克兰	千克	302989	460958		
尼日利亚	千克	276779	349871		
贝宁	千克	246463	284406		
比利时	千克	246351	269889		
以色列	千克	244712	225952	693	6531
也门	千克	235074	248197		
危地马拉	千克	209787	236859		
委内瑞拉	千克	205323	203962		
哥斯达黎加	千克	200522	229808		
阿尔及利亚	千克	197773	213752		
秘鲁	千克	171094	191078		
厄瓜多尔	千克	170170	196822		
新加坡	千克	169000	187526		
克罗地亚	千克	161400	237542		
巴西	千克	160694	193220		
黎巴嫩	千克	149942	176924		
菲律宾	千克	140176	167945		
瑞典	千克	134900	203107		
新西兰	千克	133163	165626		
孟加拉国	千克	132900	152073		
罗马尼亚	千克	129673	154034		
丹麦	千克	114153	155000		
古巴	千克	99255	109247		
哈萨克斯坦	千克	93458	47183		
尼加拉瓜	千克	90796	99610		
肯尼亚	千克	85955	102635		
伊拉克	千克	84630	67463		
利比亚	千克	83304	102598		
波兰	千克	76883	126864		
爱尔兰	千克	76833	86274		
突尼斯	千克	76556	98062		
多米尼加	千克	62733	82198		
斯里兰卡	千克	62615	67555		
斯洛伐克	千克	60536	70840		
芬兰	千克	60179	99134	25	27
乌兹别克斯坦	千克	47244	6729		
斯洛文尼亚	千克	47177	70194		
科威特	千克	44124	54861		

(续)

商品/国别(地区)	计量单位	出口数量	出口金额(美元)	进口数量	进口金额(美元)
乌拉圭	千克	43684	43024		
保加利亚	千克	42450	55717		
格鲁吉亚	千克	40342	51633		
巴拿马	千克	39284	44139		
喀麦隆	千克	38320	23083		
瑞士	千克	35392	51038		
立陶宛	千克	29795	32066		
匈牙利	千克	26629	49494		
奥地利	千克	23498	31779		
爱沙尼亚	千克	23163	29639		
苏丹	千克	21818	24086		
挪威	千克	19488	25136	391	1285
卡塔尔	千克	19252	29257		
毛里求斯	千克	16941	16764		
巴林	千克	16540	18999		
洪都拉斯	千克	14593	19824		
阿塞拜疆	千克	14409	18090		
加纳	千克	12870	11580		
刚果(金)	千克	12786	18020		
科特迪瓦	千克	12760	16183		
亚美尼亚	千克	11812	12301		
马达加斯加	千克	11810	15480		
塞浦路斯	千克	11011	10932		
乌干达	千克	10000	10080		
拉脱维亚	千克	8746	10162		
萨尔瓦多	千克	8735	10736		
巴拉圭	千克	8150	13881		
越南	千克	7800	11765		
圭亚那	千克	7398	14923		
土库曼斯坦	千克	7043	12150		
安哥拉	千克	5940	1200		
玻利维亚	千克	5840	7616		
莫桑比克	千克	4050	5850		
波多黎各	千克	3913	4660		
捷克	千克	3894	14899		
阿尔巴尼亚	千克	3249	3811		
尼日尔	千克	2600	3059		
巴布亚新几内亚	千克	2600	1800		
摩尔多瓦	千克	1575	2100		
牙买加	千克	1210	2253		
蒙古	千克	1078	1902		
黑山	千克	828	1182		
赞比亚	千克	550	865		
波黑	千克	520	686		
马耳他	千克	442	660		
津巴布韦	千克	260	370		
塞内加尔	千克	252	719		
柬埔寨	千克	224	230		
刚果(布)	千克	140	240		
阿曼	千克	54	195		
坦桑尼亚	千克	3	17		
朝鲜	千克			1758790	315008

（续）

商品/国别（地区）	计量单位	出口数量	出口金额（美元）	进口数量	进口金额（美元）
亚洲其他国家(地区)	千克			688200	98710
中国	千克			14751	9069
44219022 竹制圆签圆棒冰果棒压舌片及类似一次性制品					
合计	千克	26545556	46616416	29784	27983
日本	千克	6054882	13346380	165	2111
荷兰	千克	3441992	4148253		
美国	千克	2117111	3622934	36	307
台湾省	千克	1488120	1720020	29188	18128
韩国	千克	1144183	1190676	10	180
意大利	千克	1041676	1914858		
香港	千克	1034352	929447	1	27
巴西	千克	618987	642550		
德国	千克	582742	928859	5	29
英国	千克	553755	926470		
新加坡	千克	535231	2141154		
比利时	千克	521800	1409615		
越南	千克	512602	395495		
泰国	千克	495990	1502167		
加拿大	千克	460908	858214	180	5587
马来西亚	千克	455622	1450226		
阿联酋	千克	438563	1201251		
土耳其	千克	382569	514165		
澳大利亚	千克	355216	635912		
智利	千克	329032	508892		
希腊	千克	316565	384050		
沙特阿拉伯	千克	255331	433082		
法国	千克	244278	639931	9	349
哥伦比亚	千克	235228	280652		
以色列	千克	225298	399000	10	48
菲律宾	千克	220706	423988		
波兰	千克	182117	190773		
西班牙	千克	176191	612270		
黎巴嫩	千克	161364	198081		
印度	千克	148921	326613		
印度尼西亚	千克	140464	144084	27	83
南非	千克	139429	184178		
墨西哥	千克	122467	264288		
俄罗斯	千克	101151	139706		
阿曼	千克	99124	85694		
肯尼亚	千克	96057	98580		
厄瓜多尔	千克	93506	213157		
贝宁	千克	90910	69098		
加纳	千克	87060	145629		
乌克兰	千克	81568	238760	10	4
阿根廷	千克	77483	83048		
秘鲁	千克	60615	32342		
瑞典	千克	58476	92464		
文莱	千克	56133	95729		
埃及	千克	47049	81866		
新西兰	千克	45931	100871		
巴拿马	千克	41082	41334		
委内瑞拉	千克	40776	54969		

（续）

商品/国别（地区）	计量单位	出口数量	出口金额（美元）	进口数量	进口金额（美元）
摩洛哥	千克	39210	40363		
挪威	千克	34165	45793	66	282
科特迪瓦	千克	32280	60280		
尼日利亚	千克	28570	52242		
丹麦	千克	28313	67918	1	67
芬兰	千克	27374	26361		
葡萄牙	千克	15888	18333		
利比亚	千克	13730	21144		
安哥拉	千克	11100	8991		
巴基斯坦	千克	9250	30370		
毛里求斯	千克	8988	17068		
波多黎各	千克	8505	9026		
爱沙尼亚	千克	7691	7076		
伊朗	千克	6780	8084		
爱尔兰	千克	5571	16390		
阿尔及利亚	千克	5500	12218		
捷克	千克	5086	5545		
危地马拉	千克	4800	11227		
奥地利	千克	4780	32816	0	3
斯洛文尼亚	千克	4540	7359		
罗马尼亚	千克	3842	4273		
科威特	千克	3825	9802		
立陶宛	千克	2911	8794		
拉脱维亚	千克	2905	2941		
冰岛	千克	2688	8540		
佛得角	千克	2600	6400		
苏丹	千克	2320	3712		
孟加拉国	千克	2000	2950		
多米尼加	千克	1500	4695		
莫桑比克	千克	1398	2514		
克罗地亚	千克	1225	4435		
乌拉圭	千克	1155	5806		
新喀里多尼亚	千克	910	1750		
瑞士	千克	828	2610		
保加利亚	千克	810	1411		
塞浦路斯	千克	486	793		
巴林	千克	460	3150		
刚果(布)	千克	310	445		
匈牙利	千克	276	486		
卡塔尔	千克	203	388		
哈萨克斯坦	千克	170	142		
斯里兰卡	千克			50	622
中国	千克			26	156
44219090 未列名木制品					
合计	千克	392746330	882583941	7318751	21832050
美国	千克	104721831	225906079	333144	1545125
日本	千克	61816329	162611521	71098	524947
英国	千克	33242587	80659870	3311	94861
德国	千克	31760993	72935490	323191	2204723
荷兰	千克	18662279	41514300	11161	40419
法国	千克	14087381	34339213	107079	512245
香港	千克	13792593	23099075	174174	353415

（续）

商品/国别（地区）	计量单位	出口数量	出口金额（美元）	进口数量	进口金额（美元）
加拿大	千克	9539828	19794810	50788	59836
意大利	千克	9534097	21173979	151334	2107930
澳大利亚	千克	9533471	21775723	173399	1367898
韩国	千克	7859124	17252953	31216	84189
比利时	千克	7610038	17977908	875	2796
西班牙	千克	6409247	18101128	14917	175486
台湾省	千克	4863079	7597831	73817	283721
瑞典	千克	4106016	9720887	11319	126104
越南	千克	3951134	7717535	161629	379867
阿联酋	千克	3564803	4090553	4	169
南非	千克	3090630	7500629	30	289
丹麦	千克	2607325	6743691	9990	84310
印度尼西亚	千克	2466429	4451229	3079265	1412242
沙特阿拉伯	千克	2422890	3389940		
澳门	千克	1863779	2118971		
土耳其	千克	1773415	3975048	97	1481
阿根廷	千克	1661695	2281243	16	239
泰国	千克	1649255	3368525	36828	73608
爱尔兰	千克	1591679	3578104		
墨西哥	千克	1508006	3767046	127	2742
奥地利	千克	1288195	3141863	9404	56574
俄罗斯	千克	1219366	2551145	453119	298071
乌克兰	千克	1182889	1676912	187548	398837
新西兰	千克	1148671	2211504	56	3097
马来西亚	千克	1138903	2105435	54259	49499
以色列	千克	1034274	2210333	10505	53911
波兰	千克	1024662	3248244	13938	31327
摩洛哥	千克	945987	806776	593	61969
新加坡	千克	800270	1601132	376	10252
芬兰	千克	791082	1947776	2116	11946
伊朗	千克	764397	1837269	10	135
希腊	千克	737374	1981552	46	418
印度	千克	736868	1367183	11710	58632
拉脱维亚	千克	722841	855096	9	44
智利	千克	703211	1418987	65	273
挪威	千克	648009	2031191	2111	35854
埃及	千克	630186	610399		
巴基斯坦	千克	607235	1152804	87	237
波多黎各	千克	600903	1001296		
利比亚	千克	588881	657061		
斯洛伐克	千克	578568	847224		
立陶宛	千克	557311	973941	60298	142870
瑞士	千克	546836	1624990	9103	431213
突尼斯	千克	534510	222376		
尼日利亚	千克	523216	894295		
黎巴嫩	千克	469412	1248212		
阿尔及利亚	千克	371563	492691		
叙利亚	千克	362515	419214		
多米尼加	千克	326066	928878		
克罗地亚	千克	317066	761139		
葡萄牙	千克	316638	883341	35191	95344
危地马拉	千克	290600	678795		

（续）

商品/国别（地区）	计量单位	出口数量	出口金额（美元）	进口数量	进口金额（美元）
菲律宾	千克	278437	537080	3732	26227
安哥拉	千克	276682	308657		
白俄罗斯	千克	275860	292148		
巴拿马	千克	267368	1108549		
捷克	千克	242168	743756	221	5743
罗马尼亚	千克	227716	412205	50	683
委内瑞拉	千克	212917	377786		
哥伦比亚	千克	190026	720726		
巴西	千克	165985	582256	3090	11541
匈牙利	千克	156621	354503	563	23224
牙买加	千克	155873	311186		
也门	千克	154119	152302		
斯洛文尼亚	千克	152950	270950		
科威特	千克	147524	401048		
卡塔尔	千克	131098	366653		
约旦	千克	114239	256244		
博茨瓦那	千克	104556	321235		
秘鲁	千克	102258	188715	242	2554
厄瓜多尔	千克	97652	212848	98252	326653
加纳	千克	88181	142645		
伊拉克	千克	78105	45792		
塞浦路斯	千克	69789	231214		
海地	千克	63300	77144		
阿尔巴尼亚	千克	56560	141130		
乌拉圭	千克	55007	101263		
巴林	千克	51170	115174		
留尼汪	千克	36763	79907		
马耳他	千克	27527	108109	35	1204
保加利亚	千克	26439	69379		
百慕大群岛	千克	26408	125296		
特立尼达和多巴哥	千克	25872	75868		
哥斯达黎加	千克	25787	81286		
哈萨克斯坦	千克	24978	83867		
贝宁	千克	23635	16188		
毛里求斯	千克	23425	25218	530	30853
爱沙尼亚	千克	22200	45145		
蒙古	千克	20908	72689		
缅甸	千克	20522	14076	208	445
洪都拉斯	千克	20395	29574	61	717
新喀里多尼亚	千克	18630	81208		
巴巴多斯	千克	18384	116452		
利比里亚	千克	16500	159089		
格林纳达	千克	15940	48365		
柬埔寨	千克	15431	29503	473	1340
阿曼	千克	15030	34757	71	1530
尼日尔	千克	14813	35923		
肯尼亚	千克	12116	44474	1	208
伯利兹	千克	11117	28076		
津巴布韦	千克	11054	22031		
荷属安地列斯群岛	千克	10085	28423		

（续）

商品/国别（地区）	计量单位	出口数量	出口金额（美元）	进口数量	进口金额（美元）
玻利维亚	千克	9439	25875		
乌兹别克斯坦	千克	9317	18301		
圣文森特和格林纳丁斯	千克	8705	43380		
萨尔瓦多	千克	8596	18371		
莫桑比克	千克	8525	11798		
坦桑尼亚	千克	7993	8021		
圣卢西亚	千克	6240	22577		
塞尔维亚	千克	5906	12497		
法属波利尼西亚	千克	5523	35929		
圭亚那	千克	4889	7797		
喀麦隆	千克	4837	14320		
瓦努阿图	千克	4800	9200		
土库曼斯坦	千克	4757	12017		
斯里兰卡	千克	4624	4500	55	136
马达加斯加	千克	4589	1545	15	1156
孟加拉国	千克	4447	25181		
吉布提	千克	4000	34875		
巴布亚新几内亚	千克	3790	1581	265421	2585479
科特迪瓦	千克	3572	2275		
苏丹	千克	3520	4502		
阿鲁巴岛	千克	3475	12195		
巴哈马	千克	3070	12054		
苏里南	千克	2928	8549		
马提尼克	千克	2876	6591		
塞内加尔	千克	2810	13000		
马尔代夫	千克	2495	75931		
瓜德罗普岛	千克	1751	2537		
刚果(金)	千克	1516	6325		
赤道几内亚	千克	1106	3233		
冰岛	千克	971	4686		
波黑	千克	951	8474	4614	7233
文莱	千克	894	781		
古巴	千克	888	26821		
摩纳哥	千克	870	2610		
摩尔多瓦	千克	731	7765		
斐济	千克	480	8831		
亚洲其他国家(地区)	千克	400	1975	390	1
加蓬	千克	392	477		
格鲁吉亚	千克	365	3329		
巴拉圭	千克	292	862		
开曼群岛	千克	144	93		
乌干达	千克	110	1164		
萨摩亚	千克	78	166		
马里	千克	72	303		
多哥	千克	20	23		
埃塞俄比亚	千克	14	163		
刚果(布)	千克	4	14		
赞比亚	千克			143	287
尼泊尔	千克			12	60
中国	千克			1264699	5617165
老挝	千克			6520	8466

（续）

商品/国别（地区）	计量单位	出口数量	出口金额（美元）	进口数量	进口金额（美元）
4701 机械木浆					
47010000 机械木浆					
合计	千克	227328	96896	48352077	22141815
加拿大	千克			44833674	20808446
瑞典	千克			2499195	927476
德国	千克			899800	385305
美国	千克			103797	14283
荷兰	千克			15600	5772
韩国	千克	50628	20251	11	533
台湾省	千克	176700	76645		
4702 化学木浆、溶解级					
47020000 化学木浆、溶解级					
合计	千克	12386560	12418748	851688280	752899282
巴西	千克			287191426	222615147
美国	千克			138519326	193763962
加拿大	千克			122429193	106831038
瑞典	千克			97396062	68692556
南非	千克			83585409	55320320
挪威	千克			42036659	39454861
印度尼西亚	千克	9493696	9638970	40108226	37545545
西班牙	千克			18785978	13415129
俄罗斯	千克			8985604	7370002
瑞士	千克			3732217	2238175
泰国	千克			3236348	1393674
新西兰	千克			1495139	562359
日本	千克			1027426	770008
智利	千克			1010017	425480
德国	千克			981527	659161
巴基斯坦	千克			669438	496615
菲律宾	千克			320625	1143063
法国	千克			177660	202187
台湾省	千克	2629975	2598792		
立陶宛	千克	233123	156172		
印度	千克	1000	565		
朝鲜	千克	18000	12900		
英国	千克	10766	11349		
4703 碱木浆或硫酸盐木浆					
47031100 未漂白的针叶木烧碱木浆或硫酸盐木浆					
合计	千克	2522535	1114338	633230074	281263903
智利	千克			168065113	75029973
俄罗斯	千克			149744347	63642376
美国	千克			101605447	43938083
日本	千克			87455865	38737659
加拿大	千克			50070511	26733780
斯威士兰	千克			34383964	14937727
巴西	千克			14402517	6339611
南非	千克			11394909	4597022
新西兰	千克			11371048	4525110
瑞典	千克			4209650	2282348

（续）

商品/国别（地区）	计量单位	出口数量	出口金额（美元）	进口数量	进口金额（美元）
德国	千克			347296	161301
台湾省	千克			84823	60776
菲律宾	千克			67500	257175
老挝	千克			18690	7451
瑞士	千克			5269	2055
韩国	千克			3125	11456
阿尔及利亚	千克	1424	1194		
香港	千克	2419919	1059768		
印度尼西亚	千克	101192	53376		
47031900 未漂白的非针叶木烧碱木浆或硫酸盐木浆					
合计	千克			488103	219551
美国	千克			470103	202751
台湾省	千克			18000	16800
47032100 半漂白或漂白的针叶木烧碱木浆或硫酸盐木浆					
合计	千克	1037923	749580	4765428081	2510892283
加拿大	千克			1285509348	690940606
智利	千克			1083181046	561724679
美国	千克	53377	30959	895250293	501106140
俄罗斯	千克			593574336	297277085
芬兰	千克	53	27	325702494	168755054
瑞典	千克			173076967	90125457
德国	千克			120078643	60953127
新西兰	千克			88723990	44877027
阿根廷	千克			85323010	42708267
法国	千克			32589967	15957739
乌拉圭	千克			30244955	11493083
巴西	千克	53	27	25499238	11538547
挪威	千克			10044000	5187837
比利时	千克			6028914	2822238
日本	千克	26100	22029	4692380	2325881
捷克	千克			3624172	1719911
荷兰	千克			1537360	703986
英国	千克			223810	95754
台湾省	千克	102443	76102	179980	92621
西班牙	千克			109900	368165
泰国	千克	98792	106390	102559	45232
亚洲其他国家(地区)	千克	138700	90196	61586	32025
中国	千克			38000	20900
奥地利	千克			19154	11474
秘鲁	千克			9810	7380
越南	千克	120846	92629	2169	2068
吉布提	千克	40506	22918		
乌兹别克斯坦	千克	130858	87845		
菲律宾	千克	19951	19880		
叙利亚	千克	40432	22642		
苏丹	千克	22088	18434		
孟加拉国	千克	12115	7487		
摩洛哥	千克	4924	4432		
南非	千克	111727	65675		
印度	千克	10317	8662		
韩国	千克	2497	1748		
阿尔及利亚	千克	22188	17750		

（续）

商品/国别（地区）	计量单位	出口数量	出口金额（美元）	进口数量	进口金额（美元）
朝鲜	千克	79956	53748		
47032900 半漂白或漂白的非针叶木烧碱木浆或硫酸盐木浆					
合计	千克	18545722	7754064	5931296774	2630180663
巴西	千克	106	44	2432764643	1054120582
印度尼西亚	千克			1227586698	540121996
智利	千克			652999679	302565384
乌拉圭	千克			510448747	220664600
美国	千克			314846954	152919521
加拿大	千克			241588968	108668055
俄罗斯	千克			220797360	98047331
韩国	千克	7429825	3126878	80144264	41564204
泰国	千克			68810107	29266146
葡萄牙	千克			57634526	27709896
南非	千克			45874320	18614647
日本	千克	1575433	895226	15605466	7924529
芬兰	千克	355	198	13320357	5542873
西班牙	千克			10238444	4917447
新西兰	千克			9985075	4018988
台湾省	千克	3737988	1363513	7302980	4032677
比利时	千克			5030709	2300584
马来西亚	千克			3898430	1486555
德国	千克			3692725	1929804
瑞典	千克			3038000	1485725
荷兰	千克			3006788	1142679
印度	千克			2463000	1036270
意大利	千克			192706	90844
英国	千克			25828	9326
亚洲其他国家(地区)	千克	57685	32188		
朝鲜	千克	57131	37135		
波兰	千克	87000	59262		
澳大利亚	千克	5600199	2239620		

4704 亚硫酸盐木浆

商品/国别（地区）	计量单位	出口数量	出口金额（美元）	进口数量	进口金额（美元）
47041100 未漂白的针叶木亚硫酸盐木浆					
合计	千克			5272586	2374462
俄罗斯	千克			2611846	1236168
美国	千克			1974110	871214
德国	千克			631000	205690
台湾省	千克			55630	61390
47041900 未漂白的非针叶木亚硫酸盐木浆					
合计	千克			2994	6270
美国	千克			2994	6270
47042100 半漂白或漂白的针叶木亚硫酸盐木浆					
合计	千克	274329	192030	50591971	24687669
芬兰	千克			34914104	16521205
捷克	千克			8326183	4248418
俄罗斯	千克			3140490	1436370
美国	千克			1630423	812133
法国	千克			1001369	585019
加拿大	千克			735573	595752
德国	千克			450345	249690
瑞士	千克			197651	118591

(续)

商品/国别(地区)	计量单位	出口数量	出口金额(美元)	进口数量	进口金额(美元)
阿根廷	千克			155833	89091
英国	千克			40000	31400
印度尼西亚	千克	199445	139612		
尼日利亚	千克	49542	34679		
苏丹	千克	25342	17739		
47042900 半漂白或漂白的非针叶木亚硫酸盐木浆					
合计	千克	52000	25178	3523484	3113346
德国	千克			2515145	2494838
美国	千克			608281	433623
印度尼西亚	千克			381087	152892
日本	千克			18221	26498
比利时	千克			750	5495
巴基斯坦	千克	52000	25178		

4705 用机械与化学联合制浆法制得的木浆

商品/国别(地区)	计量单位	出口数量	出口金额(美元)	进口数量	进口金额(美元)
47050000 用机械与化学联合制浆法制得的木浆					
合计	千克	131	92	1288333082	563703609
加拿大	千克			1053856397	465104160
新西兰	千克			84019188	35122032
瑞典	千克			57362577	23372475
爱沙尼亚	千克			31070086	12003133
俄罗斯	千克			29439783	12896154
挪威	千克			18480189	8939341
芬兰	千克	53	22	5710067	2583416
泰国	千克			4092426	1935241
美国	千克			3705457	1502483
瑞士	千克			472512	175354
越南	千克			70493	17637
澳大利亚	千克			28800	37152
德国	千克			16429	8493
马来西亚	千克			7895	4737
台湾省	千克			783	1801
巴西	千克	53	22		
莫桑比克	千克	25	48		

4706 从回收(废碎)纸或纸板提取的纤维浆或其他纤维状纤维素浆

商品/国别(地区)	计量单位	出口数量	出口金额(美元)	进口数量	进口金额(美元)
47061000 棉短绒纸浆					
合计	千克	51168478	68025985	5219063	2413001
韩国	千克	11109656	14841867	18579	13344
荷兰	千克	8093601	10100706		
美国	千克	4445332	5235720	1214774	941131
日本	千克	4366744	5747568	1100	16264
印度尼西亚	千克	3526733	6887465		
泰国	千克	3157467	3817266		
比利时	千克	2690543	3305727		
德国	千克	2363572	3008023		
瑞典	千克	2233086	2833737		
法国	千克	1956211	2638040		
英国	千克	1700000	2913150	3982926	1438155
以色列	千克	970950	1057759		
芬兰	千克	870397	1110268		

(续)

商品/国别(地区)	计量单位	出口数量	出口金额(美元)	进口数量	进口金额(美元)
斯洛文尼亚	千克	625308	822144		
意大利	千克	617195	860624		
菲律宾	千克	500407	538795		
巴西	千克	478084	582363		
捷克	千克	314021	373720		
委内瑞拉	千克	200000	292000		
越南	千克	200000	319200		
香港	千克	149800	22058	2	4
朝鲜	千克	141844	156488		
土耳其	千克	124950	144344		
印度	千克	98520	139213		
南非	千克	90224	133094		
阿尔巴尼亚	千克	36079	23335		
巴基斯坦	千克	33956	28770		
台湾省	千克	31666	45862	1680	4099
阿根廷	千克	12594	15131		
亚洲其他国家(地区)	千克	10000	10540		
伊朗	千克	6706	7310		
立陶宛	千克	3192	2426		
也门	千克	2509	2556		
叙利亚	千克	2233	2260		
哈萨克斯坦	千克	1513	1513		
阿联酋	千克	1500	2178		
西班牙	千克	1026	1949		
瑞士	千克	689	461		
喀麦隆	千克	100	230		
马来西亚	千克	70	125		
中国	千克			2	4
47062000 从回收(废碎)纸或纸板提取的纤维浆					
合计	千克	417150	250787	20059541	9335785
美国	千克	20	40	13793085	6249853
德国	千克	119301	70984	3462824	1908693
比利时	千克			1024017	394570
加拿大	千克			730695	301737
芬兰	千克			501281	170947
日本	千克	1005	488	230638	191385
法国	千克			209703	90653
台湾省	千克			61288	18008
韩国	千克	91950	80849	32630	2512
泰国	千克			8320	6970
印度尼西亚	千克			5060	457
香港	千克	122720	17906		
沙特阿拉伯	千克	3000	3275		
菲律宾	千克	55820	27644		
马来西亚	千克	12764	43509		
坦桑尼亚	千克	400	440		
哥伦比亚	千克	200	230		
印度	千克	2470	543		
越南	千克	7500	4879		
47063000 其他纤维状纤维素竹浆					
合计	千克	298216	196923	19109450	8497602
缅甸	千克			18218200	8102612

（续）

商品/国别（地区）	计量单位	出口数量	出口金额（美元）	进口数量	进口金额（美元）
泰国	千克			890200	392550
德国	千克			1050	2440
美国	千克	19990	15580		
菲律宾	千克	9918	7213		
台湾省	千克	9918	7067		
日本	千克	24000	19400		
英国	千克	99990	57069		
法国	千克	134400	90594		
47069100 其他纤维状纤维素机械浆					
合计	千克	30879	13603	551116	814856
泰国	千克			330000	226264
菲律宾	千克			74450	247730
印度尼西亚	千克	327	576	56901	183516
马来西亚	千克			26000	7322
西班牙	千克			22167	99752
韩国	千克	1050	8820	20000	2006
突尼斯	千克			11200	22156
德国	千克			9900	24466
新加坡	千克			288	929
中国	千克			200	645
日本	千克			10	70
香港	千克	29502	4207		
47069200 其他纤维状纤维素化学浆					
合计	千克	2680	56030	50168575	24295877
泰国	千克	1080	24300	47963752	19938664
西班牙	千克			726579	2509561
比利时	千克			357620	159108
美国	千克			346156	149673
菲律宾	千克			285257	1116359
荷兰	千克			257220	119236
英国	千克			94050	41754
突尼斯	千克			44800	85760
加拿大	千克			31936	42028
朝鲜	千克			31500	9293
日本	千克			10404	75123
中国	千克			8400	19058
瑞典	千克			6930	10989
台湾省	千克			2875	16819
德国	千克	200	230	750	1884
俄罗斯	千克			346	568
香港	千克	1400	31500		
47069300 其他纤维状纤维素半化学浆					
合计	千克	40138	66630	1056148	3294987
菲律宾	千克			1051375	3278580
西班牙	千克			1955	6569
台湾省	千克			1600	7824
俄罗斯	千克			1170	1783
喀麦隆	千克			48	231
韩国	千克	36656	62307		
南非	千克	3440	4266		
美国	千克	42	57		

（续）

商品/国别（地区）	计量单位	出口数量	出口金额（美元）	进口数量	进口金额（美元）
4707 回收(废碎)纸或纸板					
47071000 回收(废碎)的未漂白牛皮纸或瓦楞纸或纸板					
合计	千克			16243783774	2239887899
美国	千克			6088399962	916742219
日本	千克			2193377142	296128057
英国	千克			1765664627	224483207
荷兰	千克			1354264062	174434520
意大利	千克			821007799	103199375
西班牙	千克			576782641	74758079
德国	千克			517080047	65946977
法国	千克			497638250	63637465
比利时	千克			490575468	62498451
香港	千克			478442426	61543212
澳大利亚	千克			328312931	44665886
加拿大	千克			297889852	45599276
韩国	千克			206528110	24793734
爱尔兰	千克			108352490	13920663
葡萄牙	千克			88533100	10926390
挪威	千克			68700575	8720486
希腊	千克			62707900	8193093
新西兰	千克			48139855	6682457
斯洛文尼亚	千克			34975280	4647451
波兰	千克			33124274	4182312
澳门	千克			21901000	2597195
台湾省	千克			21739214	3193521
墨西哥	千克			21486245	3358373
芬兰	千克			20226830	2497074
瑞典	千克			19693000	2594295
立陶宛	千克			12966632	1561919
菲律宾	千克			9874900	1073644
罗马尼亚	千克			8379943	1219463
爱沙尼亚	千克			6973708	833141
拉脱维亚	千克			6360520	858241
文莱	千克			5530246	520289
土耳其	千克			5166025	610866
俄罗斯	千克			3805880	475951
丹麦	千克			3470130	376415
阿联酋	千克			3334140	556878
沙特阿拉伯	千克			2548690	436398
以色列	千克			2120080	314281
多米尼加	千克			1041540	107298
新加坡	千克			1032160	123009
危地马拉	千克			1023586	153327
科威特	千克			830470	142215
尼日利亚	千克			796242	168154
波多黎各	千克			707701	105427
留尼汪	千克			458507	73361
匈牙利	千克			401581	51577
蒙古	千克			279196	13960
巴林	千克			258190	46474
马耳他	千克			237320	28004

（续）

商品/国别（地区）	计量单位	出口数量	出口金额（美元）	进口数量	进口金额（美元）
乌克兰	千克			147300	17676
多米尼克	千克			138550	23624
克罗地亚	千克			138267	18722
巴巴多斯	千克			110310	17703
智利	千克			60000	10231
保加利亚	千克			48880	5883
47072000 回收(废碎)的主要由漂白化学木浆制成未经本体染色的其他纸或纸板					
合计	千克			275683993	58186332
美国	千克			132318079	30293662
日本	千克			44862927	8516979
香港	千克			21566350	3563861
澳大利亚	千克			15424340	2956201
比利时	千克			9665906	2037958
荷兰	千克			9336235	1782006
法国	千克			7258219	1676092
加拿大	千克			6534024	1346488
西班牙	千克			6257820	1346278
德国	千克			6246922	1445096
台湾省	千克			5809620	1213365
土耳其	千克			3315660	796820
英国	千克			2114412	404822
芬兰	千克			1419520	241319
韩国	千克			1078620	181891
意大利	千克			930341	115238
新西兰	千克			531045	109835
葡萄牙	千克			445260	46158
毛里求斯	千克			249760	50356
泰国	千克			168643	36258
爱尔兰	千克			50940	8623
澳门	千克			50000	8083
文莱	千克			24980	1754
新加坡	千克			24370	7189
47073000 回收(废碎)的主要由机械浆制成的纸或纸板					
合计	千克	269700	59956	7170636639	1005950218
美国	千克			3755141979	535113318
日本	千克			757888485	113104536
英国	千克			631123211	79211909
香港	千克	4470	404	450774850	66225252
加拿大	千克			377137636	52514927
荷兰	千克			296855047	39779571
澳大利亚	千克			228036488	29014557
德国	千克			152138390	18980243
比利时	千克			127192912	17778200
法国	千克			89916897	12185641
意大利	千克			81488192	10737616
爱尔兰	千克			45400550	6088365
韩国	千克			45095145	6577822
希腊	千克			29810708	4122157
西班牙	千克			27040050	3758852
新西兰	千克			16400156	2170934
挪威	千克			11161090	1707971

（续）

商品/国别（地区）	计量单位	出口数量	出口金额（美元）	进口数量	进口金额（美元）
台湾省	千克			8574083	1373571
新加坡	千克			6466830	821102
文莱	千克			5856403	598544
芬兰	千克			4602680	646382
阿联酋	千克			3634770	542505
澳门	千克			2902000	414426
瑞典	千克			2413820	391525
斯洛文尼亚	千克			2355140	355742
沙特阿拉伯	千克			1924230	301024
以色列	千克			1214170	145575
葡萄牙	千克			1146230	175160
墨西哥	千克			980735	203878
科威特	千克			942970	150577
土耳其	千克			912160	210034
哥斯达黎加	千克			596712	93843
乌克兰	千克			551630	63686
波兰	千克			517910	64739
南非	千克			466096	60075
立陶宛	千克			464690	50117
牙买加	千克			349700	49708
丹麦	千克			331130	53438
留尼汪	千克			184880	19967
巴拿马	千克			137546	20904
特立尼达和多巴哥	千克			129080	20783
洪都拉斯	千克			103311	10734
罗马尼亚	千克			95300	16250
波多黎各	千克			74317	11926
爱沙尼亚	千克			70440	6012
俄罗斯	千克			35890	6120
朝鲜	千克	114600	27816		
菲律宾	千克	150630	31736		
47079000 回收(废碎)的其他纸及纸板，包括未分选的					
合计	千克	5000	150	3811330086	490578598
日本	千克			1122189206	149097756
美国	千克			788248119	104933251
英国	千克			414780348	51946648
荷兰	千克			343423723	41082366
意大利	千克			225543169	26621375
澳大利亚	千克			213562680	29022108
德国	千克			180950462	21780562
加拿大	千克			157684985	21541378
比利时	千克			110391600	13292412
香港	千克			78476440	9748516
希腊	千克			45997193	5796365
法国	千克			38825569	4511619
菲律宾	千克			24447194	2941981
西班牙	千克			23057925	2865108
斯洛文尼亚	千克			13307730	1472729
爱尔兰	千克			7201786	818821
挪威	千克			5684310	753502
瑞典	千克			3949540	493075
葡萄牙	千克			3810670	489061

（续）

商品/国别（地区）	计量单位	出口数量	出口金额（美元）	进口数量	进口金额（美元）
墨西哥	千克			3399650	474405
新西兰	千克			2312380	368319
爱沙尼亚	千克			1142230	126946
文莱	千克			598008	69903
韩国	千克			542770	77397
芬兰	千克			496940	78529
阿联酋	千克			418020	61867
台湾省	千克			308296	43497
波兰	千克			306900	41437
乌克兰	千克			142270	13224
立陶宛	千克			66160	7080
南非	千克			63813	7361
萨尔瓦多	千克	5000	150		

4801 成卷或成张的新闻纸

48010000 成卷或成张的新闻纸

商品/国别（地区）	计量单位	出口数量	出口金额（美元）	进口数量	进口金额（美元）
合计	千克	207031875	117376816	20648464	11473499
印度	千克	112887192	64857940		
香港	千克	31398352	17274076		
伊朗	千克	9767719	5216882		
马来西亚	千克	9238174	5611147		
阿联酋	千克	7057473	4020556		
德国	千克	4651199	2591602	10	26
台湾省	千克	4008813	2244188		
土耳其	千克	3049525	1474107		
留尼汪	千克	2608628	1421296		
澳大利亚	千克	2605145	1393557		
巴西	千克	2084741	1110859		
泰国	千克	1739886	1078654		
坦桑尼亚	千克	1666178	929303		
菲律宾	千克	1581557	845531		
日本	千克	1201397	810746	1761090	1248927
毛里求斯	千克	1186283	716585		
希腊	千克	1001272	527375		
澳门	千克	938889	558011		
新加坡	千克	896883	521250		
比利时	千克	698122	372402		
塞浦路斯	千克	687105	386813		
尼日利亚	千克	683034	417000		
马达加斯加	千克	656054	399043		
俄罗斯	千克	492724	315343	7029106	3111892
柬埔寨	千克	415114	235773		
蒙古	千克	406190	87910		
厄立特里亚	千克	400166	249283		
巴布亚新几内亚	千克	309654	161003		
哥伦比亚	千克	252137	130845		
苏丹	千克	238430	127285		
朝鲜	千克	184708	134679		
孟加拉国	千克	179780	131013		
安哥拉	千克	171765	95037		
美国	千克	141976	77151	3458107	2015296
多哥	千克	132344	83377		

（续）

商品/国别（地区）	计量单位	出口数量	出口金额（美元）	进口数量	进口金额（美元）
南非	千克	128194	65637		
伊拉克	千克	103252	54211		
意大利	千克	102716	54231		
智利	千克	100320	56932		
危地马拉	千克	98316	50141		
荷兰	千克	73439	35985		
苏里南	千克	67675	27606		
加纳	千克	63900	38170		
新西兰	千克	57580	36533	722763	440921
肯尼亚	千克	55152	29989		
洪都拉斯	千克	49038	24520		
亚洲其他国家(地区)	千克	48943	34259		
塞内加尔	千克	38000	23180		
刚果(布)	千克	36895	20844		
也门	千克	29237	16238		
秘鲁	千克	26640	14119		
阿根廷	千克	25930	12965		
阿尔及利亚	千克	24748	14230		
韩国	千克	23170	11140	98802	46452
厄瓜多尔	千克	23000	17159		
越南	千克	22774	5704		
刚果(金)	千克	21500	8784		
委内瑞拉	千克	20795	3665		
沙特阿拉伯	千克	20020	13013		
利比里亚	千克	19910	15928		
科特迪瓦	千克	19000	10830		
喀麦隆	千克	17360	14757		
吉布提	千克	14969	8607		
埃及	千克	13847	9476		
斯里兰卡	千克	12340	9455		
塞拉利昂	千克	12221	6280		
萨尔瓦多	千克	11540	7963		
圭亚那	千克	8484	4921		
约旦	千克	8150	2103		
缅甸	千克	6948	5383		
印度尼西亚	千克	3720	1786	20998	10061
巴林	千克	3240	1507		
卢森堡	千克	225	227		
英国	千克	60	647	5	110
西班牙	千克	17	57		
芬兰	千克	1	12	2972702	2100855
中国	千克			103464	58395
瑞典	千克			3584723	1790386
挪威	千克			21493	17624
加拿大	千克			875201	632554

4802 书写、印刷或类似用途的未经涂布的纸及纸板

48021000 手工制纸及纸板

商品/国别（地区）	计量单位	出口数量	出口金额（美元）	进口数量	进口金额（美元）
合计	千克	2479924	11254862	1662947	851101
日本	千克	1028994	8087728	5156	21595
韩国	千克	680364	1694793	1576952	721643
沙特阿拉伯	千克	163535	48855		

（续）

商品/国别（地区）	计量单位	出口数量	出口金额（美元）	进口数量	进口金额（美元）
台湾省	千克	98708	361934	2064	3916
香港	千克	61908	98629	454	543
美国	千克	49681	143970	2444	13091
吉尔吉斯斯坦	千克	47810	95620		
英国	千克	47678	109133	3431	3335
澳大利亚	千克	39205	90625	0	1
印度	千克	36458	10665		
马来西亚	千克	31986	19417		
朝鲜	千克	26750	62475		
印度尼西亚	千克	21271	33571	4100	2624
土耳其	千克	15888	22441		
以色列	千克	14775	26935		
德国	千克	14427	38557	4039	28708
斯里兰卡	千克	13500	16642		
罗马尼亚	千克	12017	18415	28	1
意大利	千克	11283	99531	14	1083
新西兰	千克	8220	11878		
厄瓜多尔	千克	6977	12974		
法国	千克	5345	24269	225	2373
新加坡	千克	5230	19004	291	5045
冈比亚	千克	4964	10077		
南非	千克	4716	15760		
荷兰	千克	3861	10885		
希腊	千克	2191	6169		
西班牙	千克	2161	3221		
芬兰	千克	1987	3699		
瑞典	千克	1975	17761	40	418
阿联酋	千克	1945	5296	8	147
阿曼	千克	1793	2152		
比利时	千克	1510	7022		
智利	千克	1440	3335		
多米尼加	千克	1393	2657		
埃及	千克	1280	2112		
塔吉克斯坦	千克	1200	2400		
加拿大	千克	976	2936	11	478
黎巴嫩	千克	900	1035		
蒙古	千克	700	210		
澳门	千克	600	282		
厄立特里亚	千克	500	775		
立陶宛	千克	387	1670		
巴西	千克	200	962		
奥地利	千克	200	95		
泰国	千克	165	1499	1946	4777
爱沙尼亚	千克	136	1148		
挪威	千克	111	451		
俄罗斯	千克	94	576		
菲律宾	千克	91	98		
乌克兰	千克	83	678		
波兰	千克	60	295		
越南	千克	57	53		
安哥拉	千克	50	38		
瑞士	千克	47	491		

（续）

商品/国别（地区）	计量单位	出口数量	出口金额（美元）	进口数量	进口金额（美元）
利比亚	千克	40	173		
墨西哥	千克	28	29		
文莱	千克	28	21		
爱尔兰	千克	26	340		
阿根廷	千克	19	400		
中国	千克			61744	41323
48022010 照相原纸					
合计	千克	591003	1370072	1278244	809973
德国	千克	88	60	837959	522607
荷兰	千克			289852	158276
日本	千克	12801	6353	149499	125379
中国	千克			932	3707
意大利	千克	80	269	2	4
沙特阿拉伯	千克	47380	29333		
巴基斯坦	千克	5000	6000		
卡塔尔	千克	8610	9127		
加拿大	千克	558	330		
英国	千克	5275	13763		
马里	千克	3720	5580		
尼日利亚	千克	5375	6450		
土耳其	千克	7040	11616		
印度	千克	7504	6804		
马尔代夫	千克	2075	2490		
柬埔寨	千克	1200	1296		
阿尔及利亚	千克	8130	9860		
约旦	千克	8660	9891		
肯尼亚	千克	510	1275		
台湾省	千克	17145	16608		
哥伦比亚	千克	10959	10933		
新西兰	千克	8663	8023		
巴布亚新几内亚	千克	3250	2600		
哥斯达黎加	千克	4656	4004		
法国	千克	9582	20783		
澳大利亚	千克	3511	4315		
乌干达	千克	150	674		
古巴	千克	13412	11839		
美国	千克	23695	52239		
越南	千克	16932	259146		
韩国	千克	765	3450		
保加利亚	千克	280	560		
吉尔吉斯斯坦	千克	7500	30000		
波兰	千克	450	772		
伊朗	千克	7250	8007		
莫桑比克	千克	2940	1999		
南非	千克	3900	3432		
伊拉克	千克	2250	2925		
蒙古	千克	2	8		
黎巴嫩	千克	1656	2202		
菲律宾	千克	35368	28435		
马来西亚	千克	30448	28554		
巴西	千克	9253	54009		
乌克兰	千克	2562	2380		

(续)

商品/国别(地区)	计量单位	出口数量	出口金额(美元)	进口数量	进口金额(美元)
加纳	千克	2187	1881		
香港	千克	85391	527375		
泰国	千克	41668	35147		
比利时	千克	1694	847		
西班牙	千克	351	6191		
印度尼西亚	千克	42726	50440		
阿根廷	千克	1116	258		
厄瓜多尔	千克	1015	4919		
巴拿马	千克	12506	10336		
阿联酋	千克	2075	2562		
瑞典	千克	246	642		
也门	千克	1020	1632		
毛里求斯	千克	9423	9309		
新加坡	千克	49000	40139		
48022090 其他光敏热敏电敏纸及纸板的原纸和原纸板					
合计	千克	1214861	1867151	9632872	11742202
日本	千克	2601	19979	7865328	8821463
德国	千克	39	2074	669838	891295
韩国	千克			500381	649273
泰国	千克	2994	7374	236552	284579
俄罗斯	千克			150960	155827
芬兰	千克			99726	794650
台湾省	千克	2574	4497	55950	84171
荷兰	千克	80	2016	51520	30912
美国	千克	1502	4679	1033	25499
中国	千克			1026	1937
加拿大	千克			241	519
新加坡	千克	58916	87616	124	1059
西班牙	千克			98	466
印度	千克	5059	7491	70	58
瑞士	千克			14	23
英国	千克			5	65
瑞典	千克			3	210
意大利	千克	3	450	2	160
马来西亚	千克	130	1367	1	36
巴基斯坦	千克	1	71		
澳大利亚	千克	52	215		
法国	千克	3	196		
以色列	千克	464	720		
科威特	千克	2608	5815		
黎巴嫩	千克	5	348		
格鲁吉亚	千克	17842	10705		
越南	千克	44043	214313		
特立尼达和多巴哥	千克	96	510		
南非	千克	1108	1747		
冰岛	千克	10	4		
坦桑尼亚	千克	100	234		
比利时	千克	3	250		
苏丹	千克	1575	8467		
多米尼加	千克	11322	3142		
加那利群岛	千克	19800	10242		
菲律宾	千克	716	1115		

(续)

商品/国别(地区)	计量单位	出口数量	出口金额(美元)	进口数量	进口金额(美元)
加纳	千克	840	1680		
埃及	千克	110062	66036		
香港	千克	842188	1187722		
尼泊尔	千克	23950	105145		
墨西哥	千克	220	679		
朝鲜	千克	400	420		
印度尼西亚	千克	19850	24576		
马耳他	千克	16080	32160		
阿尔及利亚	千克	1350	2970		
巴拿马	千克	1140	4560		
亚洲其他国家(地区)	千克	12415	36885		
沙特阿拉伯	千克	5363	1541		
阿联酋	千克	4702	2013		
爱沙尼亚	千克	35	68		
塞拉利昂	千克	2620	5059		
48024000 壁纸原纸					
合计	千克	4632367	6640567	10806630	18597867
芬兰	千克			5046723	5331443
德国	千克			3298043	6047030
美国	千克	932	660	836370	1664359
比利时	千克	1020	2346	685842	2763893
法国	千克			459408	2296496
荷兰	千克			323110	138037
瑞士	千克			60861	130797
意大利	千克	18598	16570	31663	83407
韩国	千克	36837	54480	27518	45596
台湾省	千克	1151013	1136575	24697	66339
日本	千克	377	4187	9906	17826
英国	千克	339	100	2489	12644
南非	千克	6920	7958		
伊朗	千克	1437	44850		
俄罗斯	千克	67	993		
马来西亚	千克	980	767		
加纳	千克	5640	5189		
赤道几内亚	千克	717	2776		
西班牙	千克	10	270		
贝宁	千克	812	471		
印度尼西亚	千克	26932	28260		
越南	千克	188937	180942		
巴林	千克	1900	4429		
阿尔及利亚	千克	500	988		
肯尼亚	千克	7059	6573		
圭亚那	千克	1920	1190		
印度	千克	3127103	5032785		
委内瑞拉	千克	16270	38975		
斯洛文尼亚	千克	62	322		
加拿大	千克	4914	6143		
阿联酋	千克	300	769		
埃及	千克	5655	8596		
新加坡	千克	20398	46920		
巴基斯坦	千克	4718	5483		

(续)

商品/国别（地区）	计量单位	出口数量	出口金额（美元）	进口数量	进口金额（美元）
48025400 其他未涂书写、印刷纸或类似用途的纸及纸板，机械浆≤10%，重<40 克					
合计	千克	7134872	11418110	9220455	11297901
日本	千克	5680	9327	3685494	4592756
奥地利	千克			1184396	2362821
台湾省	千克	545282	754692	1053718	1040833
芬兰	千克			778283	665838
法国	千克	7339	9859	705224	1002391
印度尼西亚	千克	244291	295984	458953	356982
中国	千克			442982	357053
美国	千克	1172097	3495304	412073	318254
西班牙	千克	23969	24516	410229	529325
德国	千克	1465	3073	54971	23232
捷克	千克			17827	38950
韩国	千克	1951587	3182618	7289	4304
泰国	千克	67683	63258	3854	2222
澳大利亚	千克	14223	18250	3450	1311
香港	千克	449482	532159	1246	1084
意大利	千克	14089	14178	460	417
比利时	千克			4	13
马来西亚	千克	245398	202352	2	115
新加坡	千克	12611	21004		
阿联酋	千克	116153	125249		
巴基斯坦	千克	72343	85051		
埃塞俄比亚	千克	85253	68371		
瑞典	千克	176	621		
巴拿马	千克	26000	6710		
卡塔尔	千克	4949	11847		
新喀里多尼亚	千克	12	58		
科威特	千克	5580	7589		
毛里求斯	千克	12987	11655		
英国	千克	12024	42225		
加拿大	千克	206725	486078		
几内亚	千克	59232	31165		
委内瑞拉	千克	385	558		
刚果(金)	千克	110	129		
柬埔寨	千克	2007	4740		
荷兰	千克	12846	16921		
印度	千克	30802	40772		
亚洲其他国家(地区)	千克	8343	11187		
留尼汪	千克	598	849		
阿尔及利亚	千克	1100	902		
澳门	千克	1887	578		
圭亚那	千克	360	696		
立陶宛	千克	51	150		
海地	千克	1546	2938		
亚美尼亚	千克	7848	9975		
越南	千克	225993	220793		
安哥拉	千克	395	429		
南非	千克	401317	520758		
特立尼达和多巴哥	千克	12800	4506		
黎巴嫩	千克	16767	19880		

(续)

商品/国别（地区）	计量单位	出口数量	出口金额（美元）	进口数量	进口金额（美元）
马达加斯加	千克	1700	1600		
东帝汶	千克	195	340		
伊朗	千克	4430	6960		
多米尼加	千克	10834	9893		
科特迪瓦	千克	32471	35030		
孟加拉国	千克	504940	463256		
葡萄牙	千克	149093	138615		
菲律宾	千克	219574	232808		
巴西	千克	331	4122		
乌克兰	千克	10431	17026		
尼加拉瓜	千克	395	656		
朝鲜	千克	10873	9945		
墨西哥	千克	43295	69019		
斯里兰卡	千克	35536	43219		
缅甸	千克	641	66		
智利	千克	4726	4253		
危地马拉	千克	22740	19560		
丹麦	千克	882	1788		
48025500 其他未涂书写、印刷或类似用途的成卷的纸及纸板，机械浆≤10%，40 克≤重≤150 克					
合计	千克	88065059	65226265	119793468	88318252
印度尼西亚	千克	9101759	6323738	79987754	52215641
日本	千克	1033770	881023	17841094	16034762
台湾省	千克	286435	289675	8751393	7687352
美国	千克	3249879	2316935	3382788	2708413
中国	千克			2527612	2391688
澳大利亚	千克	2143959	1573863	1764448	1112501
瑞典	千克			1517899	1169976
泰国	千克	2354010	1798922	923888	788181
德国	千克	155424	108821	678895	1526869
法国	千克	214387	356502	619311	933008
荷兰	千克	49205	35248	391521	350293
芬兰	千克	37207	25048	318698	292940
俄罗斯	千克	939716	1363343	227712	118410
巴西	千克	180360	136056	225872	176966
加拿大	千克	230945	155213	124798	140263
韩国	千克	1821461	1325426	122420	161966
丹麦	千克	13355	32861	92646	86906
香港	千克	8763710	6543034	90153	78703
瑞士	千克	17757	7131	52647	37323
西班牙	千克			51515	111900
印度	千克	3365095	2370642	27048	26219
英国	千克	20526	24656	18612	24711
比利时	千克	34115	71440	17398	95570
新加坡	千克	3243415	2309272	11312	14513
意大利	千克	853722	614301	11195	8987
立陶宛	千克	38034	28145	10550	18741
马来西亚	千克	5255934	3782214	2407	1880
葡萄牙	千克			880	836
菲律宾	千克	2123317	1534113	542	280
南非	千克	113308	92858	460	2454
沙特阿拉伯	千克	1615458	1135682		

(续)

商品/国别（地区）	计量单位	出口数量	出口金额（美元）	进口数量	进口金额（美元）
罗马尼亚	千克	837533	565694		
埃塞俄比亚	千克	839502	621551		
阿联酋	千克	741525	589558		
巴拿马	千克	23523	17884		
巴基斯坦	千克	1383750	894964		
利比亚	千克	430	1976		
埃及	千克	2833862	1979918		
新喀里多尼亚	千克	42392	21712		
科威特	千克	19500	14625		
毛里求斯	千克	101182	67606		
斐济	千克	11572	8332		
卡塔尔	千克	36114	27808		
哈萨克斯坦	千克	26000	24700		
乌兹别克斯坦	千克	47527	41788		
尼日利亚	千克	149366	113019		
土耳其	千克	309812	245201		
冈比亚	千克	20000	16640		
留尼汪	千克	39000	29250		
柬埔寨	千克	12000	6480		
亚洲其他国家(地区)	千克	253631	156622		
吉布提	千克	186306	139725		
肯尼亚	千克	1605300	1307047		
约旦	千克	2055479	1576435		
新西兰	千克	2189998	1495445		
阿尔及利亚	千克	69033	48794		
圭亚那	千克	2900	50		
澳门	千克	200	103		
古巴	千克	562419	845731		
海地	千克	203255	172493		
巴林	千克	18400	14168		
秘鲁	千克	79460	62590		
伊拉克	千克	20140	29713		
安哥拉	千克	30411	51990		
黎巴嫩	千克	5322844	3656676		
伊朗	千克	11951014	8621132		
蒙古	千克	41508	24750		
莫桑比克	千克	39000	29250		
保加利亚	千克	268788	189119		
刚果(布)	千克	27781	22970		
格鲁吉亚	千克	31525	24589		
捷克	千克	12	13		
孟加拉国	千克	252044	173485		
叙利亚	千克	4766031	3733523		
乌克兰	千克	240392	192110		
加纳	千克	201112	175478		
科特迪瓦	千克	89717	68185		
喀麦隆	千克	9	500		
多米尼加	千克	10	315		
朝鲜	千克	593291	384221		
缅甸	千克	1909923	1276136		
社会群岛	千克	25040	13426		
智利	千克	48168	39016		

(续)

商品/国别（地区）	计量单位	出口数量	出口金额（美元）	进口数量	进口金额（美元）
也门	千克	31632	24014		
希腊	千克	154926	108356		
斯里兰卡	千克	17202	12295		
波多黎各	千克	32555	21752		
阿曼	千克	12750	9180		
48025600 其他未涂书写、印刷或类似用途的纸及纸板机械浆≤10%，40 克≤重≤150 克，成张≤435 毫米×297 毫米					
合计	千克	197168287	180238795	7010464	10267266
日本	千克	49911823	53490128	1269591	3604421
澳大利亚	千克	29442114	25330911	194285	195030
韩国	千克	28187639	23919492	43422	34461
香港	千克	21994874	18665998	10345	10243
美国	千克	15233555	11689924	683571	1699032
菲律宾	千克	6860829	5811421	420	1018
新加坡	千克	6606701	5902492	330799	231797
新西兰	千克	5480864	4610593		
马来西亚	千克	3358127	2966303	426	1213
泰国	千克	2351715	1752091	173778	134552
俄罗斯	千克	1984236	2056072		
南非	千克	1702403	1818300	156418	126327
台湾省	千克	1688119	1534451	577024	350163
巴基斯坦	千克	1648109	1388624		
沙特阿拉伯	千克	1582146	1420143		
阿联酋	千克	1195551	1111031		
罗马尼亚	千克	1168753	1195077		
塞尔维亚	千克	1035042	1081721		
埃及	千克	1011214	631991		
黎巴嫩	千克	948717	850743		
叙利亚	千克	821892	509139		
吉尔吉斯斯坦	千克	801657	1645814		
缅甸	千克	648611	461742		
哈萨克斯坦	千克	630984	525209		
古巴	千克	577679	798443		
西班牙	千克	513839	487305	17250	13098
约旦	千克	506159	339932		
希腊	千克	505752	503150		
危地马拉	千克	406909	409581		
蒙古	千克	386065	310522		
埃塞俄比亚	千克	373739	275739		
吉布提	千克	340979	273206		
乌克兰	千克	323757	319969		
加拿大	千克	284917	228235	20	143
喀麦隆	千克	272832	279869		
肯尼亚	千克	266712	274268		
意大利	千克	265205	234848	3619	12190
阿曼	千克	255884	267026		
智利	千克	253407	212863		
社会群岛	千克	251328	188043		
新喀里多尼亚	千克	249325	197537		
波多黎各	千克	234179	169968		
加纳	千克	224523	179217		
德国	千克	223704	233713	173419	323760

(续)

商品/国别(地区)	计量单位	出口数量	出口金额(美元)	进口数量	进口金额(美元)
秘鲁	千克	201535	190212		
英国	千克	185594	146098	17786	85161
巴拿马	千克	175494	131686		
卡塔尔	千克	172460	155221		
朝鲜	千克	170840	143182		
安哥拉	千克	167374	133765		
印度尼西亚	千克	158878	120990	959808	789163
塞浦路斯	千克	137673	145294		
塞内加尔	千克	136282	117491		
孟加拉国	千克	127600	103860		
土耳其	千克	125424	104195		
伊朗	千克	120102	123048		
加蓬	千克	116551	96413		
巴西	千克	110975	90908	1595657	1634645
斯洛文尼亚	千克	98545	105904		
留尼汪	千克	98390	103081		
乌兹别克斯坦	千克	93358	83685		
印度	千克	91293	70764	5630	30051
尼日利亚	千克	91285	88109		
巴布亚新几内亚	千克	86747	69774		
多米尼加	千克	85698	58914		
匈牙利	千克	82077	78875		
巴林	千克	78561	80893		
几内亚	千克	73925	60901		
斯洛伐克	千克	73152	33167		
斐济	千克	60197	43863		
文莱	千克	59392	52261		
坦桑尼亚	千克	55086	46920		
阿尔及利亚	千克	49561	32215		
越南	千克	46184	43758	90	149
斯里兰卡	千克	43003	37448		
厄立特里亚	千克	41717	31653		
利比里亚	千克	40000	26400		
马达加斯加	千克	39424	40650		
格鲁吉亚	千克	39405	42348		
圭亚那	千克	38821	21898		
贝宁	千克	37822	35085		
也门	千克	36767	38703		
刚果(布)	千克	36724	33120		
爱尔兰	千克	36669	31937		
尼泊尔	千克	30984	29623		
莫桑比克	千克	29920	25096		
挪威	千克	28100	22503		
毛里求斯	千克	27132	28279		
荷兰	千克	27109	51420	975	3815
塔吉克斯坦	千克	26260	50625		
厄瓜多尔	千克	24000	15040		
特立尼达和多巴哥	千克	19762	13043		
科特迪瓦	千克	19703	20287		
萨尔瓦多	千克	19047	16860		
牙买加	千克	19044	19609		
亚洲其他国家(地区)	千克	18217	17700		

(续)

商品/国别(地区)	计量单位	出口数量	出口金额(美元)	进口数量	进口金额(美元)
马耳他	千克	15712	16886		
伊拉克	千克	15687	16347		
苏丹	千克	14183	23571		
利比亚	千克	13894	31135		
科威特	千克	13750	17639		
委内瑞拉	千克	12150	11372		
以色列	千克	9653	9918		
博茨瓦那	千克	8028	7925		
塞拉利昂	千克	7600	6770		
毛里塔尼亚	千克	5750	2760		
所罗门群岛	千克	4448	2224		
刚果(金)	千克	3905	7175		
法国	千克	3513	4620	3146	11258
澳门	千克	3450	2180		
阿根廷	千克	3110	2686		
冰岛	千克	3000	2940		
哥伦比亚	千克	2640	2323		
芬兰	千克	1845	1484	38809	60047
比利时	千克	1209	1116		
洪都拉斯	千克	808	4319		
马尔代夫	千克	480	1640		
纳米比亚	千克	430	1785		
哥斯达黎加	千克	208	1040		
乌拉圭	千克	202	1010		
捷克	千克	135	180		
摩洛哥	千克	45	98		
多哥	千克	20	34		
墨西哥	千克			10	129
奥地利	千克			189762	355043
葡萄牙	千克			128593	149467
国别(地区)不详	千克			5250	11190
瑞典	千克			4841	32863
中国	千克			425720	366837
48025700 其他未涂书写、印刷或类似用途的纸及纸板,机械浆≤10%,40 克≤重≤150 克					
合计	千克	150735155	113945042	144703216	149588020
香港	千克	31867038	24998444	370207	285431
尼日利亚	千克	9503225	6901813		
希腊	千克	8982409	6436762		
美国	千克	8894910	6515996	17137120	13123579
新加坡	千克	7912985	6335893	353859	297490
黎巴嫩	千克	6126919	4480013		
韩国	千克	5793135	4407646	3991205	28335514
澳大利亚	千克	5461914	4276722	12761099	9705281
新西兰	千克	5267592	3927113	62759	18828
日本	千克	5194181	3993039	20149209	17321140
伊朗	千克	5051422	3686310		
土耳其	千克	4682191	3169138		
马来西亚	千克	4275795	3925013	26022	13718
阿联酋	千克	3689102	2758364		
巴西	千克	2728766	1918462	1052632	770581
叙利亚	千克	2393627	1623184		

(续)

商品/国别(地区)	计量单位	出口数量	出口金额(美元)	进口数量	进口金额(美元)
巴基斯坦	千克	2344543	1635397		
南非	千克	2282193	1651715	4041	3600
肯尼亚	千克	2034717	1464664		
埃塞俄比亚	千克	1489096	1098370		
朝鲜	千克	1435071	1163277		
西班牙	千克	1303762	933501	220318	199399
罗马尼亚	千克	1289486	988592		
厄瓜多尔	千克	1222461	932953		
泰国	千克	1203204	965468	8109847	5963932
加纳	千克	1001163	754633		
台湾省	千克	997029	812506	19843677	15452236
印度	千克	959444	714935	123769	89547
亚洲其他国家(地区)	千克	945099	719436		
缅甸	千克	784701	579516		
毛里求斯	千克	739164	523836		
约旦	千克	708850	481240		
贝宁	千克	592881	422004		
科特迪瓦	千克	581277	446089		
以色列	千克	563681	450863		
菲律宾	千克	523811	440736		
吉布提	千克	462953	334660		
英国	千克	448875	340858	1242115	3965072
蒙古	千克	435876	302557		
保加利亚	千克	432919	310190		
俄罗斯	千克	411297	331305	936268	7954661
危地马拉	千克	406157	326088		
埃及	千克	396002	300927		
哥斯达黎加	千克	381880	272393		
沙特阿拉伯	千克	378447	275770		
斯里兰卡	千克	342548	240527		
塞尔维亚	千克	316835	254970		
苏丹	千克	291417	238414		
德国	千克	289838	197088	641966	577398
越南	千克	277612	230170		
乌兹别克斯坦	千克	242537	180113		
喀麦隆	千克	242283	173719		
阿根廷	千克	240729	161690		
斐济	千克	231266	165672		
卡塔尔	千克	223121	162830		
哈萨克斯坦	千克	216903	173192		
坦桑尼亚	千克	215963	158504		
哥伦比亚	千克	214956	172984		
巴拉圭	千克	212777	155702		
阿尔及利亚	千克	210174	144878		
巴林	千克	194750	133950		
斯洛文尼亚	千克	165546	130383		
科威特	千克	158940	123377		
塞内加尔	千克	146028	102874		
阿尔巴尼亚	千克	129867	96089		
意大利	千克	107367	81622	61542	86557
立陶宛	千克	100170	72510		
留尼汪	千克	98007	69831		

(续)

商品/国别(地区)	计量单位	出口数量	出口金额(美元)	进口数量	进口金额(美元)
牙买加	千克	71953	57904		
塞浦路斯	千克	70980	50350		
马达加斯加	千克	68167	48961		
新喀里多尼亚	千克	67930	43042		
马拉维	千克	64744	42468		
秘鲁	千克	60911	49017		
文莱	千克	57198	38993		
洪都拉斯	千克	53784	36251		
马耳他	千克	52860	37055		
突尼斯	千克	51077	28092		
社会群岛	千克	49529	31274		
萨尔瓦多	千克	39086	30390		
乌拉圭	千克	35654	24779		
巴布亚新几内亚	千克	35497	22769		
多哥	千克	34509	25537		
爱尔兰	千克	34224	22734		
也门	千克	33894	26500		
尼加拉瓜	千克	32832	19978		
阿塞拜疆	千克	31401	25270		
伊拉克	千克	31238	40093		
法国	千克	31204	43091	1328505	3013060
利比亚	千克	29843	15800		
格鲁吉亚	千克	28989	20906		
多米尼加	千克	24502	23964		
智利	千克	23405	18835		
利比里亚	千克	19510	9950		
澳门	千克	18890	7891		
安哥拉	千克	18783	30379		
科摩罗	千克	17043	11095		
巴拿马	千克	16850	11964		
加蓬	千克	16632	11160		
克罗地亚	千克	15423	10349		
斯洛伐克	千克	15163	10159		
印度尼西亚	千克	13365	29120	36395227	27504867
吉尔吉斯斯坦	千克	7800	23400		
圭亚那	千克	3300	5660		
津巴布韦	千克	2530	3981		
柬埔寨	千克	2200	1364		
刚果(布)	千克	1100	1493		
比利时	千克	184	3051	314135	160955
阿曼	千克	70	359		
加拿大	千克	17	116	461909	516734
瑞典	千克	0	18	299669	218030
芬兰	千克			1705065	1303457
奥地利	千克			111249	100694
荷兰	千克			1685833	879007
葡萄牙	千克			1889	1795
中国	千克			15161819	11565026
瑞士	千克			579	1403
波兰	千克			21500	31820
捷克	千克			2211	3089
丹麦	千克			125971	124119

(续)

48025800 其他未涂书写、印刷或类似用途的纸及纸浆，机械浆≤10%，重>150 克

商品/国别(地区)	计量单位	出口数量	出口金额(美元)	进口数量	进口金额(美元)
合计	千克	2450686	3596774	25923056	27782994
印度尼西亚	千克	14738	35032	10655478	8249182
日本	千克	4191	4828	3660132	6350895
美国	千克	570186	587056	3294684	3010684
台湾省	千克	59147	109246	2726209	2438761
比利时	千克	7876	26979	786130	629476
中国	千克			709246	462820
韩国	千克	56191	176044	632645	757370
英国	千克	1350	4365	627078	1679813
法国	千克	62951	236775	524983	1852958
意大利	千克	8610	7337	473156	479192
德国	千克			451877	489680
芬兰	千克			346405	416105
瑞典	千克			269580	176293
葡萄牙	千克			224479	214009
荷兰	千克	8450	8553	132365	80921
巴西	千克	1000	400	101430	91548
西班牙	千克	300	576	74258	104116
泰国	千克	123879	230503	72556	59434
奥地利	千克			71648	125928
丹麦	千克			48062	63657
香港	千克	812110	1135187	16601	15591
俄罗斯	千克	15556	11531	11221	5274
澳大利亚	千克	84200	131106	10193	20334
南非	千克	16458	19884	1631	2380
新加坡	千克	59954	204270	586	6041
新西兰	千克			380	319
印度	千克	347	2408	22	9
国别(地区)不详	千克			15	37
墨西哥	千克	99	540	6	167
以色列	千克	616	1487		
萨尔瓦多	千克	2210	3902		
肯尼亚	千克	985	1269		
哥斯达黎加	千克	3021	3750		
土耳其	千克	3950	917		
越南	千克	7351	21837		
秘鲁	千克	46578	33875		
吉尔吉斯斯坦	千克	2500	3750		
安哥拉	千克	17798	25123		
伊朗	千克	140896	42659		
亚洲其他国家(地区)	千克	5060	13032		
菲律宾	千克	17916	42527		
马来西亚	千克	38329	135909		
吉布提	千克	19250	15080		
尼日利亚	千克	32	38		
阿尔巴尼亚	千克	600	1128		
塔吉克斯坦	千克	7000	10500		
加拿大	千克	76923	64902		
哈萨克斯坦	千克	17760	88800		
巴基斯坦	千克	4875	1573		
加蓬	千克	400	800		

(续)

商品/国别(地区)	计量单位	出口数量	出口金额(美元)	进口数量	进口金额(美元)
朝鲜	千克	23041	26198		
沙特阿拉伯	千克	657	1971		
埃塞俄比亚	千克	19389	13860		
厄瓜多尔	千克	42066	28805		
斯里兰卡	千克	5000	4515		
智利	千克	8140	8652		
苏里南	千克	6750	2178		
古巴	千克	24000	65117		

48026110 成卷未涂布新闻纸，含机械浆纤维>10%

商品/国别(地区)	计量单位	出口数量	出口金额(美元)	进口数量	进口金额(美元)
合计	千克	8930	3700		
柬埔寨	千克	8930	3700		

48026190 其他成卷未涂布的新闻纸，含机械浆纤维>10%

商品/国别(地区)	计量单位	出口数量	出口金额(美元)	进口数量	进口金额(美元)
合计	千克	11053308	12543866	7534510	9722076
日本	千克	3370105	3392842	2842831	3373041
新加坡	千克	1917316	1193207		
叙利亚	千克	1504011	2509616		
越南	千克	887654	699967		
韩国	千克	744931	1486311	301	1405
印度	千克	711418	1246394		
台湾省	千克	576194	399093	1553232	1506163
意大利	千克	239648	402656	38851	69932
菲律宾	千克	236239	183738		
以色列	千克	141196	252808		
新西兰	千克	137260	105121		
马来西亚	千克	106693	68698	8274	19124
澳大利亚	千克	98972	87692	113488	66196
香港	千克	81719	50014		
泰国	千克	58518	35154		
德国	千克	52788	100759	999651	1843262
澳门	千克	47020	26596		
美国	千克	43722	33232	79916	112425
西班牙	千克	23194	81179	1	1
几内亚	千克	18684	11210		
埃塞俄比亚	千克	13000	11284		
俄罗斯	千克	10208	132704		
埃及	千克	8244	2660		
乌克兰	千克	6036	1557		
塔吉克斯坦	千克	4100	8200		
也门	千克	3420	4856		
爱尔兰	千克	2659	3473		
亚洲其他国家(地区)	千克	2500	1250		
委内瑞拉	千克	1664	3561		
阿联酋	千克	967	374		
瑞典	千克	946	1213	11865	23563
葡萄牙	千克	518	296		
缅甸	千克	514	1064		
英国	千克	495	990		
芬兰	千克	312	1821	288	2677
津巴布韦	千克	110	149		
伊朗	千克	97	194		
斯里兰卡	千克	73	368		
土库曼斯坦	千克	50	1429		

(续)

商品/国别(地区)	计量单位	出口数量	出口金额(美元)	进口数量	进口金额(美元)
黎巴嫩	千克	30	12		
法国	千克	28	22	383719	1034072
波多黎各	千克	21	9		
多米尼加	千克	19	36		
秘鲁	千克	9	36		
罗马尼亚	千克	5	19		
爱沙尼亚	千克	1	2		
中国	千克			33385	16804
斯洛文尼亚	千克			172452	322798
立陶宛	千克			57451	92313
印度尼西亚	千克			1140971	1015535
奥地利	千克			51900	126987
波兰	千克			45934	95778
48026200 成张未涂布书写、印刷或类似用途的纸及纸板纸，机械浆＞10%，成张≤435 毫米×297 毫米					
合计	千克	8911546	13493712	22675772	24507585
泰国	千克	11681	23346	17185300	18331927
巴西	千克	23166	21245	3707739	2940485
美国	千克	118424	125047	622178	1127405
奥地利	千克	10422	15111	554854	887266
日本	千克	116845	158285	233141	595224
南非	千克	78994	86302	131200	142848
德国	千克	19476	38305	59345	123953
立陶宛	千克	60	42	56723	113233
台湾省	千克	20318	61729	51426	65275
香港	千克	279615	193677	40274	52149
中国	千克			10539	7189
瑞典	千克	1590	2862	9904	49309
英国	千克	85712	94178	3109	26711
芬兰	千克			2183	5168
印度	千克	16835	15857	1825	8650
新加坡	千克	21057	32715	1320	4906
马来西亚	千克	116726	143491	1274	5105
法国	千克	1636	2327	997	4580
加拿大	千克	21200	4285	980	889
韩国	千克	47710	54925	977	13104
印度尼西亚	千克	18043	18129	188	203
澳大利亚	千克	1096128	1317351	156	805
葡萄牙	千克	14260	20058	100	802
意大利	千克	71337	63311	15	109
荷兰	千克	48209	56426	12	222
菲律宾	千克	113653	121466	11	64
瑞士	千克			2	4
罗马尼亚	千克	19263	29646		
巴基斯坦	千克	274483	286588		
利比亚	千克	67187	138538		
阿联酋	千克	53164	82852		
牙买加	千克	19374	17695		
巴拿马	千克	64340	45996		
卡塔尔	千克	17167	30483		
沙特阿拉伯	千克	69419	89377		
埃及	千克	48540	59506		

(续)

商品/国别(地区)	计量单位	出口数量	出口金额(美元)	进口数量	进口金额(美元)
科威特	千克	17933	27367		
斐济	千克	2928	5265		
瓦努阿图	千克	880	950		
毛里求斯	千克	21622	21140		
文莱	千克	4470	5853		
埃塞俄比亚	千克	1150	1898		
斯洛文尼亚	千克	29	10		
哈萨克斯坦	千克	310040	685539		
阿尔巴尼亚	千克	11827	14492		
图瓦卢	千克	3450	5745		
刚果(金)	千克	30520	25491		
几内亚	千克	39720	36012		
委内瑞拉	千克	13683	16206		
爱沙尼亚	千克	91	116		
乌兹别克斯坦	千克	1780	10611		
尼日利亚	千克	4563	3885		
爱尔兰	千克	1372	3087		
塞浦路斯	千克	455	1147		
玻利维亚	千克	17900	18896		
摩洛哥	千克	66135	58999		
吉布提	千克	253638	218022		
土耳其	千克	21290	17166		
所罗门群岛	千克	3584	1900		
马尔代夫	千克	939	1136		
亚洲其他国家(地区)	千克	10100	6625		
柬埔寨	千克	850	1280		
塞舌尔	千克	16497	14263		
塞尔维亚	千克	1025	1475		
约旦	千克	215475	178910		
索马里	千克	6363	6810		
阿尔及利亚	千克	69937	119951		
肯尼亚	千克	169819	231989		
巴布亚新几内亚	千克	23025	31770		
哥伦比亚	千克	3651	8007		
新西兰	千克	107925	100324		
纳米比亚	千克	9473	9235		
圭亚那	千克	73105	54611		
开曼群岛	千克	19350	17048		
澳门	千克	840	334		
马耳他	千克	22	147		
哥斯达黎加	千克	2660	6108		
汤加	千克	1143	2021		
萨尔瓦多	千克	357	125		
以色列	千克	18047	32402		
乌干达	千克	3200	1920		
古巴	千克	833022	1175069		
巴林	千克	733	1769		
挪威	千克	22071	4718		
伊朗	千克	315787	996121		
马达加斯加	千克	3658	3680		
伊拉克	千克	295878	341106		
特立尼达和多巴哥	千克	200	1500		

（续）

商品/国别（地区）	计量单位	出口数量	出口金额（美元）	进口数量	进口金额（美元）
黎巴嫩	千克	71831	84609		
越南	千克	76577	174118		
吉尔吉斯斯坦	千克	950931	2831464		
安哥拉	千克	8510	13032		
刚果(布)	千克	2745	5649		
莫桑比克	千克	20018	33480		
保加利亚	千克	1865	3021		
坦桑尼亚	千克	11900	10848		
格鲁吉亚	千克	1941	3791		
秘鲁	千克	56389	60355		
东帝汶	千克	5400	3840		
蒙古	千克	82920	28029		
塞拉利昂	千克	45	113		
多米尼加	千克	21789	19972		
俄罗斯	千克	170183	150224		
加纳	千克	135605	171966		
乌克兰	千克	58972	61076		
塔吉克斯坦	千克	252057	813590		
克罗地亚	千克	6369	6781		
乌拉圭	千克	56485	68260		
叙利亚	千克	47160	57011		
喀麦隆	千克	72474	54106		
津巴布韦	千克	41428	51341		
塞内加尔	千克	25709	23846		
尼加拉瓜	千克	19350	16361		
赤道几内亚	千克	6793	15888		
科特迪瓦	千克	26698	39746		
毛里塔尼亚	千克	5148	7592		
苏丹	千克	12043	20857		
法属圭亚那	千克	7104	12433		
马提尼克	千克	1170	3510		
斯里兰卡	千克	2338	2821		
比利时	千克	8284	12300		
西班牙	千克	184685	184001		
智利	千克	79716	88365		
突尼斯	千克	4525	4091		
希腊	千克	81564	73232		
朝鲜	千克	40661	35287		
墨西哥	千克	19828	54386		
博茨瓦那	千克	81703	84627		
缅甸	千克	1494	1914		
贝宁	千克	14476	9966		
危地马拉	千克	26096	28510		
丹麦	千克	507	563		
多哥	千克	4484	5350		
也门	千克	34933	47904		
苏里南	千克	3184	3388		
圣卢西亚	千克	1270	2401		
帕劳	千克	19600	16040		
阿根廷	千克	1725	3329		
厄瓜多尔	千克	836	2073		
尼日尔	千克	182	1013		

（续）

商品/国别（地区）	计量单位	出口数量	出口金额（美元）	进口数量	进口金额（美元）
密克罗尼西亚	千克	1600	3840		
48026910 其他未涂布新闻纸，含机械浆纤维＞10%					
合计	千克	20675	37700	0	52
约旦	千克	9490	3351		
香港	千克	5895	3043		
埃及	千克	4090	29857		
斐济	千克	950	824		
韩国	千克	250	625		
美国	千克			0	52
48026990 其他未涂布书写、印刷或类似用途的纸及纸板，含机械浆纤维＞10%					
合计	千克	32249826	25093305	23227196	24835784
日本	千克	20341714	15836529	8100833	8471639
澳大利亚	千克	2610610	1579844	40487	32355
台湾省	千克	1588986	1370235	2051730	1813561
香港	千克	1451103	1210931	38641	45576
越南	千克	943337	661330		
美国	千克	894165	874010	2065406	1555846
孟加拉国	千克	765975	619239		
新西兰	千克	693336	465474	406241	321759
菲律宾	千克	445589	308114		
马来西亚	千克	396082	313982	4145	9209
印度	千克	337388	223391	1370	685
蒙古	千克	161943	46057		
柬埔寨	千克	149142	66038		
亚洲其他国家(地区)	千克	96360	76778		
马达加斯加	千克	88282	147405		
泰国	千克	84015	67858	1721135	1151523
加纳	千克	70673	54661		
刚果(金)	千克	70286	55526		
新加坡	千克	67023	60729	30	30
多哥	千克	66394	62091		
苏丹	千克	63190	37914		
尼日利亚	千克	63182	68887		
韩国	千克	52019	100402	280731	335045
约旦	千克	48510	71948		
乌干达	千克	47634	38584		
缅甸	千克	47240	35423		
利比亚	千克	39984	27039		
巴基斯坦	千克	38136	24595		
澳门	千克	37052	15695		
埃塞俄比亚	千克	36080	30668		
喀麦隆	千克	35968	39704		
埃及	千克	29809	68385		
意大利	千克	24634	27702	44668	113083
波多黎各	千克	24600	18327		
德国	千克	23595	18233	2377781	4163618
英国	千克	22846	37413	153702	1124124
南非	千克	21482	6214		
阿联酋	千克	20201	16373		
巴拿马	千克	19736	17031		
斐济	千克	19459	20358		

(续)

商品/国别（地区）	计量单位	出口数量	出口金额（美元）	进口数量	进口金额（美元）
马里	千克	18564	13923		
土耳其	千克	18124	12923		
斯里兰卡	千克	18000	16370		
科特迪瓦	千克	17625	10575		
叙利亚	千克	17466	15260		
罗马尼亚	千克	17001	12523		
卡塔尔	千克	15120	37133		
哈萨克斯坦	千克	12470	14964		
伊朗	千克	9400	21060		
科摩罗	千克	9100	7280		
墨西哥	千克	6468	13256		
朝鲜	千克	5825	4259		
也门	千克	5600	13083		
巴布亚新几内亚	千克	5536	1958		
沙特阿拉伯	千克	5528	4280		
伊拉克	千克	4708	5791		
瑞典	千克	4705	946	134337	104783
乌克兰	千克	4000	3258		
塔吉克斯坦	千克	3380	4412		
西班牙	千克	2580	5361	5115	4916
智利	千克	2074	1213		
希腊	千克	2020	2085		
土库曼斯坦	千克	1751	29415		
乍得	千克	1389	2051		
塞尔维亚	千克	850	1464		
法国	千克	769	1982	404833	674172
比利时	千克	575	288	67080	60561
瑞士	千克	340	3000		
哥伦比亚	千克	300	219		
吉布提	千克	218	239		
黎巴嫩	千克	195	453		
印度尼西亚	千克	125	10115	3885869	3523436
加拿大	千克	73	254	392016	294825
坦桑尼亚	千克	48	5		
加蓬	千克	45	360		
芬兰	千克	30	15	267805	212355
葡萄牙	千克	21	70	10700	14534
爱沙尼亚	千克	15	63		
克罗地亚	千克	14	28		
亚美尼亚	千克	8	206		
立陶宛	千克	6	48	2676	4558
波兰	千克			64021	139606
中国	千克			556061	471314
巴西	千克			2382	1569
奥地利	千克			56296	129402
荷兰	千克			91105	61700

4803 卫生纸、面巾纸、餐巾纸以及家庭或卫生用的类似纸

商品/国别（地区）	计量单位	出口数量	出口金额（美元）	进口数量	进口金额（美元）
48030000 成卷成张的家庭或卫生用纸、面巾纸、餐巾纸					
合计	千克	122579094	111833997	17680311	22673390
澳大利亚	千克	35245331	32970924	31576	27777

(续)

商品/国别（地区）	计量单位	出口数量	出口金额（美元）	进口数量	进口金额（美元）
美国	千克	25704143	24271820	2354947	4663020
台湾省	千克	23632025	20537534	3944630	3207807
英国	千克	5248630	4481857	202308	209822
日本	千克	4226681	3998614	1533906	3082141
伊朗	千克	2999406	2789323		
香港	千克	2803891	2820218	2609	11976
牙买加	千克	2800749	2322637		
多米尼加	千克	2638944	2502828		
菲律宾	千克	1735637	957173		
西班牙	千克	1620125	1336706	28501	126613
新西兰	千克	1611843	1530981	1058	858
苏里南	千克	1386671	586665		
特立尼达和多巴哥	千克	1314394	1179583		
留尼汪	千克	1247113	1216226		
爱尔兰	千克	786155	757089		
萨尔瓦多	千克	742228	682963		
巴巴多斯	千克	563298	517530		
比利时	千克	515944	487937	81317	46839
塞舌尔	千克	472189	521590		
蒙古	千克	416980	93923		
法国	千克	377114	359792	833860	1826159
尼日利亚	千克	324327	316291		
马来西亚	千克	295234	755575	2418023	2460500
加纳	千克	240702	243147		
多米尼加	千克	240403	228403		
厄瓜多尔	千克	216906	167857		
阿联酋	千克	172848	153315	336	915
意大利	千克	157122	147111	80962	278910
法属波利尼西亚	千克	148938	131616		
坦桑尼亚	千克	141181	160137		
塞内加尔	千克	130415	124649		
加拿大	千克	128432	107499	213732	293097
塞浦路斯	千克	124460	115467		
孟加拉国	千克	116054	127114		
巴拿马	千克	108398	85824		
智利	千克	105023	101914		
埃及	千克	103200	60808	310	742
新加坡	千克	100031	130083	137475	120567
南非	千克	97317	94828	32	245
荷兰	千克	93096	125430	6061	29308
阿根廷	千克	76968	57072	1316	3981
吉尔吉斯斯坦	千克	68840	130240		
土耳其	千克	68142	70599		
博茨瓦那	千克	67745	20029		
喀麦隆	千克	61205	57830		
克罗地亚	千克	57491	50805		
吉布提	千克	51125	50189		
马耳他	千克	49791	36099		
马里	千克	49416	52677		
泰国	千克	46606	22825	52594	162252
科特迪瓦	千克	45984	49019		
波黑	千克	44715	38052		

(续)

商品/国别(地区)	计量单位	出口数量	出口金额(美元)	进口数量	进口金额(美元)
巴基斯坦	千克	39926	40747		
马达加斯加	千克	39560	34547		
哈萨克斯坦	千克	34304	32687		
巴布亚新几内亚	千克	31185	25699		
波多黎各	千克	28290	33933		
安哥拉	千克	27041	30139		
贝宁	千克	26878	28135		
墨西哥	千克	24800	31716	2	10
乌干达	千克	24326	27606		
刚果(金)	千克	22985	23462		
丹麦	千克	21656	60293	32580	24508
斯里兰卡	千克	21640	19558	4	8
所罗门群岛	千克	21203	11237		
澳门	千克	21077	30110		
毛里求斯	千克	21073	20041		
俄罗斯	千克	20671	27940	5011	3007
越南	千克	20500	18745	31779	18399
亚洲其他国家(地区)	千克	19380	16710		
汤加	千克	18400	11555		
沙特阿拉伯	千克	17550	22366		
巴哈马	千克	17309	14002		
格林纳达	千克	13474	12733		
阿尔及利亚	千克	13156	45388		
印度	千克	13115	26226	11988	12064
朝鲜	千克	13042	12339		
萨摩亚	千克	12811	10815		
危地马拉	千克	12809	9351		
缅甸	千克	12268	7819		
韩国	千克	12080	14281	630613	806753
津巴布韦	千克	10898	13077		
乌兹别克斯坦	千克	9900	5000		
柬埔寨	千克	9621	11336		
摩洛哥	千克	8526	4970		
瓦努阿图	千克	7657	6496		
海地	千克	6800	3510		
捷克	千克	6767	15909		
埃塞俄比亚	千克	6500	5559		
亚美尼亚	千克	6455	16701		
尼泊尔	千克	6405	23103		
莫桑比克	千克	6268	7268		
斐济	千克	5884	5096		
匈牙利	千克	4479	4142	9717	48154
德国	千克	4312	14509	489563	792198
印度尼西亚	千克	3629	9845	3478699	3274860
多哥	千克	3544	2858		
苏丹	千克	3220	12203		
希腊	千克	3105	2484		
斯威士兰	千克	2800	3100		
肯尼亚	千克	2715	4896		
卡塔尔	千克	2500	5540		
马拉维	千克	2068	3356		
哥斯达黎加	千克	1900	1657		

(续)

商品/国别(地区)	计量单位	出口数量	出口金额(美元)	进口数量	进口金额(美元)
瑞典	千克	1785	3641	54168	58404
赞比亚	千克	1150	1909		
以色列	千克	1150	600		
荷属安地列斯群岛	千克	1120	1490		
巴林	千克	792	1584		
文莱	千克	775	1163		
秘鲁	千克	637	411		
巴西	千克	468	562	126	1559
利比里亚	千克	455	170		
波兰	千克	375	1442	55454	160426
黎巴嫩	千克	155	233		
古巴	千克	146	967		
利比亚	千克	18	613		
中国	千克			888018	708161
奥地利	千克			1219	6828
芬兰	千克			11271	8718
瑞士	千克			54546	195804

4804 成卷或成张的未经涂布的牛皮纸及纸板

48041100 未漂白牛皮挂面板纸

商品/国别(地区)	计量单位	出口数量	出口金额(美元)	进口数量	进口金额(美元)
合计	千克	8733299	3676558	446522259	209138220
美国	千克	1057733	338394	192143380	93960040
俄罗斯	千克	2200	660	131029460	58499849
台湾省	千克	758131	350351	44323167	19053063
澳大利亚	千克	5040	10318	37681590	16921738
新西兰	千克			15404134	7100551
日本	千克	2801783	818112	7014260	4259029
加拿大	千克	11756	16411	6215086	3122722
瑞典	千克			4546910	2185924
波兰	千克	2025	2835	3665694	1452639
葡萄牙	千克			733220	300301
法国	千克			727429	496077
奥地利	千克			723496	330942
挪威	千克			550433	269236
韩国	千克	36410	23656	489051	307305
巴西	千克			301375	133617
南非	千克			296010	190666
德国	千克	2496	7384	184965	287005
印度尼西亚	千克	23764	26257	112808	56286
比利时	千克	23343	9658	111611	48183
荷兰	千克	3900	6696	100712	44926
芬兰	千克	2950	956	69213	65977
泰国	千克	2385	2825	38925	23716
中国	千克			34441	15095
马来西亚	千克	121442	159724	24711	12849
意大利	千克	550	2160	178	484
智利	千克	1300	684		
香港	千克	3403336	1476253		
斯里兰卡	千克	141880	60766		
朝鲜	千克	500	300		
菲律宾	千克	75231	24074		
刚果(布)	千克	5000	2000		

(续)

商品/国别（地区）	计量单位	出口数量	出口金额（美元）	进口数量	进口金额（美元）
越南	千克	105996	260741		
以色列	千克	121490	32802		
古巴	千克	5141	11686		
柬埔寨	千克	2860	1705		
哈萨克斯坦	千克	7500	15000		
尼日利亚	千克	358	834		
英国	千克	870	2052		
巴基斯坦	千克	5000	7063		
丹麦	千克	924	4164		
埃塞俄比亚	千克	5	37		
48041900 其他牛皮挂面板纸					
合计	千克	1491010	1059107	38498545	23840108
瑞典	千克			13929957	7394853
日本	千克	9457	4471	10109383	7522101
美国	千克	6603	6107	3635682	1845949
俄罗斯	千克			3514916	2138798
台湾省	千克			2345729	1787825
法国	千克			2187882	1149333
南非	千克	8	2	1415198	813900
新西兰	千克			328408	172402
德国	千克	11320	6516	236035	426928
澳大利亚	千克			176836	114943
加拿大	千克			176569	123301
芬兰	千克	3050	1186	142166	120165
意大利	千克			120645	100162
瑞士	千克			51686	26957
斯洛伐克	千克			49460	54376
荷兰	千克			42323	26240
奥地利	千克			23427	15109
中国	千克			11343	5833
韩国	千克	1281	780	900	933
阿曼	千克	479868	263163		
西班牙	千克	8050	15150		
香港	千克	141148	130230		
比利时	千克	71124	35965		
马来西亚	千克	73643	31042		
越南	千克	77000	200050		
伊朗	千克	486168	297697		
阿联酋	千克	75190	42106		
沙特阿拉伯	千克	4100	1852		
埃塞俄比亚	千克	43000	22790		
48042100 未漂白袋用牛皮纸					
合计	千克	1941177	851824	43833888	30700346
加拿大	千克	170	1166	10038567	6521406
俄罗斯	千克			8387334	5249673
美国	千克	16168	15164	8348307	5027964
瑞典	千克			6763367	4409111
日本	千克	1500	3869	6626032	6645070
芬兰	千克	500	428	636734	718977
波兰	千克	27361	58463	528420	403251
捷克	千克			425592	314963
巴西	千克			357479	232961

(续)

商品/国别（地区）	计量单位	出口数量	出口金额（美元）	进口数量	进口金额（美元）
奥地利	千克			294374	172412
澳大利亚	千克	105233	74776	254787	195967
香港	千克	17423	14059	207425	117708
韩国	千克			142582	103778
台湾省	千克	25600	10043	142148	102868
印度尼西亚	千克	37545	19026	137273	145510
德国	千克	27	80	112421	75462
比利时	千克	360	155	80160	28140
新西兰	千克	696	3282	78026	59278
中国	千克			71414	32504
南非	千克			50480	28521
荷兰	千克			50100	20100
法国	千克			37284	45603
新加坡	千克	26879	43793	24504	21304
英国	千克	8352	51297	23779	22096
马来西亚	千克	9575	9782	15279	5334
越南	千克	31857	39995	20	385
蒙古	千克	1124570	190038		
吉尔吉斯斯坦	千克	3100	4650		
牙买加	千克	25298	12232		
伊朗	千克	51397	25955		
莫桑比克	千克	29432	15157		
毛里求斯	千克	12955	6419		
刚果(布)	千克	10498	10498		
埃及	千克	11963	5982		
菲律宾	千克	15260	11904		
巴拿马	千克	11450	2025		
斐济	千克	57634	29082		
苏丹	千克	15096	8431		
孟加拉国	千克	26591	12610		
巴基斯坦	千克	119973	100070		
阿联酋	千克	765	528		
墨西哥	千克	10813	757		
朝鲜	千克	27096	20402		
厄瓜多尔	千克	51737	28922		
泰国	千克	320	242		
智利	千克	13440	7442		
斯里兰卡	千克	690	889		
印度	千克	155	185		
阿尔及利亚	千克	7388	8348		
亚洲其他国家(地区)	千克	3290	2366		
土耳其	千克	1020	1312		
48042900 其他袋用牛皮纸					
合计	千克	517744	570738	49791875	51060980
瑞典	千克			23577144	28414058
日本	千克	10572	15210	9141449	7926146
加拿大	千克	5446	16638	7098767	5116248
美国	千克	114544	273330	5239125	3657442
芬兰	千克			2106529	2340405
法国	千克			809247	1579007
英国	千克			490295	804065
台湾省	千克	385	1357	373135	302551

(续)

商品/国别(地区)	计量单位	出口数量	出口金额(美元)	进口数量	进口金额(美元)
荷兰	千克			305446	324590
比利时	千克	7813	3073	166109	123493
意大利	千克	825	1007	139738	186642
南非	千克			116087	70697
印度尼西亚	千克			62960	55773
中国	千克			59524	21459
澳大利亚	千克	1987	6351	56644	46973
香港	千克	188413	174085	35167	28795
韩国	千克	6696	11921	8534	8421
新加坡	千克	2799	2287	3108	47365
西班牙	千克			2867	6850
新西兰	千克	70	178		
柬埔寨	千克	21850	4370		
吉布提	千克	2280	1824		
委内瑞拉	千克	26000	22535		
安哥拉	千克	1877	2551		
越南	千克	7543	8557		
马来西亚	千克	8560	2994		
苏丹	千克	6000	3576		
马其顿	千克	85	203		
巴基斯坦	千克	48	18		
也门	千克	31400	4396		
朝鲜	千克	500	500		
巴布亚新几内亚	千克	95	202		
印度	千克	71956	13575		
48043100 其他未涂布的未漂白牛皮纸及纸板，平方米重≤150 克					
合计	千克	22313945	9464249	114656927	61621081
俄罗斯	千克	293980	231309	26695416	11549690
新西兰	千克	1820	3404	16573787	5382256
台湾省	千克	1247585	831553	14816670	6659005
澳大利亚	千克	111956	123382	14308135	7207748
美国	千克	324524	531706	6576763	4823161
瑞典	千克			6159566	5983737
韩国	千克	168056	181907	4224144	2630152
挪威	千克			3509793	1404954
泰国	千克	4325	4225	3438515	1403210
日本	千克	6526	7143	3358538	4339696
印度尼西亚	千克	927341	487397	2544982	1066873
波兰	千克			2231305	876003
葡萄牙	千克	1200	1607	1962330	840559
芬兰	千克			1922099	3147619
法国	千克			1610916	1158666
西班牙	千克	584	1822	1300118	569770
加拿大	千克	3610	10075	977482	551269
奥地利	千克			481427	308039
德国	千克	1245	2410	459963	557173
巴西	千克	38	46	400814	155091
意大利	千克	200	730	174252	233490
缅甸	千克	1600	2981	169964	82046
瑞士	千克			152694	68952
比利时	千克			134703	74086
英国	千克	100	150	130653	200221

(续)

商品/国别(地区)	计量单位	出口数量	出口金额(美元)	进口数量	进口金额(美元)
中国	千克			104602	102565
越南	千克	66058	48533	90087	84208
荷兰	千克	25366	17561	73129	108966
新加坡	千克	415525	178352	29147	24005
香港	千克	574672	433569	24394	13646
马来西亚	千克	284472	172344	11699	8725
白俄罗斯	千克			5640	3948
捷克	千克			3130	1503
国别(地区)不详	千克			70	49
巴基斯坦	千克	124771	140212		
阿曼	千克	351130	94805		
埃塞俄比亚	千克	13220	12348		
毛里求斯	千克	84341	61545		
埃及	千克	54706	33306		
卡塔尔	千克	12768	12300		
阿联酋	千克	9375	1936		
沙特阿拉伯	千克	8036	20088		
科威特	千克	17396	15886		
巴拿马	千克	3166	15830		
哈萨克斯坦	千克	113740	63720		
老挝	千克	9828	10319		
刚果(金)	千克	60	171		
印度	千克	344586	288351		
巴拉圭	千克	28400	23231		
柬埔寨	千克	14484	5836		
吉布提	千克	40067	22513		
亚洲其他国家(地区)	千克	247384	185616		
巴布亚新几内亚	千克	630	430		
约旦	千克	37392	33468		
肯尼亚	千克	180	225		
海地	千克	28224	20319		
以色列	千克	1383	860		
蒙古	千克	10660	2558		
伊朗	千克	11813939	3326683		
马达加斯加	千克	24954	29223		
刚果(布)	千克	120	263		
黎巴嫩	千克	12020	10976		
莫桑比克	千克	43966	22642		
坦桑尼亚	千克	12208	5995		
吉尔吉斯斯坦	千克	3250	9100		
安哥拉	千克	1441	1153		
菲律宾	千克	127784	64355		
叙利亚	千克	3014472	815009		
苏丹	千克	108444	67727		
科特迪瓦	千克	32450	18240		
孟加拉国	千克	3000	2448		
朝鲜	千克	341048	277181		
智利	千克	168031	100765		
斯里兰卡	千克	53553	23530		
厄瓜多尔	千克	227156	125549		
突尼斯	千克	124428	101916		
苏里南	千克	6574	2327		

（续）

商品/国别（地区）	计量单位	出口数量	出口金额（美元）	进口数量	进口金额（美元）
多哥	千克	36420	18400		
丹麦	千克	10926	23953		
尼日尔	千克	1562	2101		
阿根廷	千克	4090	3569		
斐济	千克	125399	73065		
48043900 其他未涂布牛皮纸及纸板，平方米重≤150 克					
合计	千克	13172855	4989010	52014100	54039994
日本	千克	40245	78280	13996646	16796984
台湾省	千克	106975	151237	11934588	10111705
瑞典	千克			11299165	10896256
美国	千克	98309	55509	2104569	1679955
韩国	千克	759	666	1979338	2862161
南非	千克	11550	11648	1648406	827545
澳大利亚	千克	8643	2986	1582356	998966
法国	千克	77408	80247	1373111	2258063
芬兰	千克			998220	919574
俄罗斯	千克	11602	31598	959556	635474
德国	千克	3167	2164	913444	2438826
巴西	千克	8000	11128	755395	874255
印度尼西亚	千克	169070	93702	524530	250051
英国	千克	9984	3243	504951	838991
加拿大	千克	162495	249113	461471	294589
泰国	千克	180	648	380561	534868
西班牙	千克	45	113	321825	483832
荷兰	千克			87702	65381
挪威	千克			81192	130419
中国	千克			56353	47712
意大利	千克	5472	4120	28059	50683
马来西亚	千克	144669	100380	10079	33839
香港	千克	38498	40675	7400	3821
瑞士	千克			3726	3746
新加坡	千克	103127	112670	734	759
印度	千克	1000	3665	676	908
爱尔兰	千克			28	436
国别(地区)不详	千克			19	195
亚洲其他国家(地区)	千克	8700	7790		
柬埔寨	千克	182302	113491		
老挝	千克	10210	10721		
马达加斯加	千克	18600	15392		
越南	千克	143992	126395		
伊朗	千克	9055903	2455060		
埃及	千克	31020	23516		
赤道几内亚	千克	700	160		
巴拿马	千克	2000	2250		
孟加拉国	千克	42800	44481		
阿联酋	千克	373137	132256		
菲律宾	千克	401480	124569		
乌克兰	千克	1000	1036		
朝鲜	千克	85583	55675		
毛里求斯	千克	63125	53506		
斯里兰卡	千克	173338	253414		
沙特阿拉伯	千克	1406915	380473		

（续）

商品/国别（地区）	计量单位	出口数量	出口金额（美元）	进口数量	进口金额（美元）
巴基斯坦	千克	47766	33546		
科威特	千克	26178	18586		
厄瓜多尔	千克	10000	11000		
墨西哥	千克	9445	10057		
阿根廷	千克	2112	7463		
苏里南	千克	1000	350		
突尼斯	千克	25260	21117		
摩洛哥	千克	12500	10000		
肯尼亚	千克	4960	2976		
约旦	千克	10631	8020		
古巴	千克	21000	31918		
48044100 其他未涂布的未漂白牛皮纸及纸板，150 克＜平方米重＜225 克					
合计	千克	12964803	5715920	82417468	39431348
美国	千克	2144	1806	20383459	13149152
台湾省	千克	1026518	666643	19431881	7915655
澳大利亚	千克	15272	5422	13046710	5456807
俄罗斯	千克	41992	151144	11835580	4766394
新西兰	千克			6420182	2349152
瑞典	千克			2178193	887520
芬兰	千克			2163263	1641703
挪威	千克			1494148	642543
加拿大	千克	35	45	1116913	435327
泰国	千克	56193	50029	1053276	472697
西班牙	千克			1008600	347017
葡萄牙	千克			690094	301770
马来西亚	千克	2070319	709248	475750	239195
法国	千克			245499	114001
日本	千克	20250	29601	219204	154331
德国	千克			159800	295362
巴西	千克			99322	38450
比利时	千克			97822	41194
波兰	千克			64136	24629
菲律宾	千克	6843691	2489301	59297	23963
中国	千克			52182	47987
南非	千克			51195	20478
奥地利	千克			25848	10446
印度尼西亚	千克	115913	38078	24491	9306
荷兰	千克			11397	7523
韩国	千克			5608	27772
英国	千克	35	14	2934	9790
意大利	千克			533	894
爱尔兰	千克			80	211
新加坡	千克	500873	197620	71	79
澳门	千克	1200	9077		
伊朗	千克	47100	12717		
秘鲁	千克	17370	9380		
约旦	千克	240	240		
乌兹别克斯坦	千克	1255980	609964		
土耳其	千克	22100	14365		
塞尔维亚	千克	7291	10059		
亚洲其他国家(地区)	千克	202943	126301		
朝鲜	千克	233371	144439		

（续）

商品/国别（地区）	计量单位	出口数量	出口金额（美元）	进口数量	进口金额（美元）
香港	千克	345589	330286		
哈萨克斯坦	千克	1500	4500		
科威特	千克	6100	5368		
吉尔吉斯斯坦	千克	11200	24900		
越南	千克	49139	23461		
沙特阿拉伯	千克	20	6		
厄瓜多尔	千克	720	612		
古巴	千克	47805	32679		
巴林	千克	21900	18615		
48044200 未涂布本体均匀漂白牛皮纸及纸板，150 克＜平方米重＜225 克且木纤维＞95%					
合计	千克	70980	76258	833877	1080396
台湾省	千克			379421	731641
法国	千克			150815	75408
荷兰	千克	3750	6696	124880	48336
日本	千克			88214	143954
俄罗斯	千克			49632	24816
美国	千克	24325	20188	21459	42747
瑞典	千克			17116	12324
南非	千克			2340	1170
瑞士	千克	551	1900		
马来西亚	千克	12000	3528		
意大利	千克	3400	5264		
澳大利亚	千克	8394	10353		
阿尔及利亚	千克	4800	5000		
德国	千克	5694	16411		
香港	千克	5323	4464		
利比亚	千克	2743	2454		
48044900 其他未涂布的牛皮纸及纸板，150 克＜平方米重＜225 克					
合计	千克	853790	384340	5662217	3137521
瑞典	千克			1086895	529691
南非	千克			1073651	556869
台湾省	千克			797988	598604
泰国	千克			684228	347506
比利时	千克			427377	167842
俄罗斯	千克			398168	186277
法国	千克			375296	150433
美国	千克	282312	76666	258852	131138
马来西亚	千克	51831	30702	193770	106585
印度尼西亚	千克	28345	10962	96964	37628
中国	千克			70293	37801
日本	千克			67074	215160
新西兰	千克			57054	25516
香港	千克	1028	294	32414	21273
加拿大	千克			24552	14571
芬兰	千克			8742	6994
巴西	千克			7809	3023
新加坡	千克	48926	25416	1090	610
意大利	千克	98	196		
约旦	千克	1200	774		
马耳他	千克	32360	93844		
亚洲其他国家(地区)	千克	1860	1488		

（续）

商品/国别（地区）	计量单位	出口数量	出口金额（美元）	进口数量	进口金额（美元）
澳大利亚	千克	10005	8400		
菲律宾	千克	98055	26475		
摩洛哥	千克	7100	3206		
柬埔寨	千克	940	400		
乌兹别克斯坦	千克	286338	104364		
德国	千克	3392	1153		
48045100 其他未涂布未漂白牛皮纸及纸板，平方米重≥225 克					
合计	千克	4594415	2182792	49986584	34337516
美国	千克	9657	2519	16568790	12371518
台湾省	千克	200000	130923	11085941	5152891
新西兰	千克			10853331	5302207
澳大利亚	千克	22210	21943	3897108	1539897
瑞典	千克			1317490	595452
加拿大	千克	11989	3913	1073518	558066
意大利	千克	67985	115068	1057759	164788
瑞士	千克			985239	6086161
葡萄牙	千克	913	4097	632484	277237
泰国	千克	80601	73037	506910	229308
德国	千克	2350	5385	406958	954406
马来西亚	千克	877957	321487	364708	192713
波兰	千克			355485	177007
中国	千克			259755	296509
印度尼西亚	千克	20740	12304	201347	74985
法国	千克			110466	98670
俄罗斯	千克			103530	40711
奥地利	千克			52618	20369
芬兰	千克			48449	24435
韩国	千克	166350	70698	44499	73630
越南	千克	1025806	350552	18200	9036
新加坡	千克	105157	36550	16526	21452
日本	千克	29319	47418	10077	53191
香港	千克	90451	90845	7545	5300
英国	千克	35	318	5290	8766
斯洛文尼亚	千克			2520	6455
爱尔兰	千克	35	275	35	2301
荷兰	千克			6	55
缅甸	千克	15335	5512		
朝鲜	千克	81411	30695		
苏里南	千克	93680	27908		
斯里兰卡	千克	18607	16653		
西班牙	千克	19908	43373		
墨西哥	千克	57049	82957		
加纳	千克	6620	3624		
菲律宾	千克	483692	171086		
孟加拉国	千克	49602	43460		
伊朗	千克	67189	18141		
马达加斯加	千克	431532	163245		
吉尔吉斯斯坦	千克	43000	56020		
蒙古	千克	700	140		
莫桑比克	千克	4018	2606		
古巴	千克	73033	49105		
约旦	千克	1125	940		

（续）

商品/国别（地区）	计量单位	出口数量	出口金额（美元）	进口数量	进口金额（美元）
印度	千克	1171	1171		
亚洲其他国家(地区)	千克	103656	39693		
柬埔寨	千克	278239	103673		
老挝	千克	6762	4598		
几内亚	千克	17221	6758		
埃及	千克	1125	1688		
沙特阿拉伯	千克	38	20		
阿联酋	千克	200	120		
智利	千克	1702	3443		
毛里求斯	千克	26245	18831		
48045200 未涂布的本体漂白牛皮纸及纸板，平方米重≥225 克且木纤维 >95%					
合计	千克	121967	77700	279746	222434
美国	千克	19809	15453	272998	182219
德国	千克			6748	40215
马来西亚	千克	2158	835		
台湾省	千克	100000	61412		
48045900 其他未涂布的牛皮纸及纸板，平方米重≥225 克					
合计	千克	316608	256384	554120	459785
台湾省	千克	19750	3446	195522	157176
新加坡	千克	7584	26844	171694	160579
美国	千克	158	334	42634	31049
加拿大	千克			42418	16967
新西兰	千克			39805	39595
中国	千克			15700	9105
香港	千克	11080	3661	13982	9703
法国	千克			13545	5418
日本	千克	8814	10334	10374	19393
马来西亚	千克	625	641	5354	3361
印度尼西亚	千克	27630	8025	1490	1749
韩国	千克			550	498
德国	千克	3570	1214	514	3706
奥地利	千克			446	1413
巴西	千克			78	62
荷兰	千克			9	7
英国	千克	11000	4258	5	4
泰国	千克	400	3600		
斯里兰卡	千克	409	785		
突尼斯	千克	300	330		
黎巴嫩	千克	2010	519		
越南	千克	161971	164159		
意大利	千克	10306	10522		
以色列	千克	17962	3472		
澳大利亚	千克	25	172		
印度	千克	3420	2199		
瑞典	千克	1613	2312		
牙买加	千克	2350	606		
埃及	千克	1502	1162		
西班牙	千克	2712	3764		
阿联酋	千克	21417	4025		

（续）

商品/国别（地区）	计量单位	出口数量	出口金额（美元）	进口数量	进口金额（美元）
4805 成卷或成张的其他木经涂布的纸及纸板					
48051100 半化学瓦楞原纸					
合计	千克	4808440	1182117	108248170	32388986
台湾省	千克			39675550	12067290
澳大利亚	千克			19772650	5910499
韩国	千克			8957931	2632694
印度尼西亚	千克			8809880	2353364
西班牙	千克			6502263	1794568
泰国	千克			6149510	1738167
马来西亚	千克			4981789	1286942
新西兰	千克			4563604	1340318
德国	千克			2749650	965232
芬兰	千克			1928144	917977
波兰	千克			911162	272290
法国	千克			833948	226937
日本	千克	2683278	681894	691745	377121
匈牙利	千克			658716	191605
英国	千克			389821	88820
斯洛文尼亚	千克			274837	60464
比利时	千克			234312	117156
荷兰	千克			121172	24234
瑞典	千克			40713	20074
奥地利	千克			773	3234
菲律宾	千克	5100	2106		
孟加拉国	千克	2400	7911		
美国	千克	2116462	486786		
叙利亚	千克	1200	3420		
48051200 草浆瓦楞原纸					
合计	千克	41095	50732	10	29
韩国	千克	23615	37162		
亚洲其他国家(地区)	千克	14700	10680		
澳门	千克	1200	502		
肯尼亚	千克	1070	1391		
美国	千克	300	350		
英国	千克	140	420		
约旦	千克	40	200		
马来西亚	千克	20	20		
泰国	千克	10	7		
中国	千克			10	29
48051900 其他瓦楞原纸					
合计	千克	7870410	2531738	338326356	111497098
台湾省	千克	679	1819	101883119	35707262
澳大利亚	千克	1955	1400	57852925	18118968
韩国	千克	2218	2297	53726400	16397129
泰国	千克	3450	2000	27770421	9014050
马来西亚	千克	3817717	1217015	22810981	7514880
印度尼西亚	千克	92703	29979	22498968	7155093
德国	千克			18243075	5858207
西班牙	千克			8016637	2612002
新西兰	千克			7806608	2544733
匈牙利	千克			2737857	905016

（续）

商品/国别（地区）	计量单位	出口数量	出口金额（美元）	进口数量	进口金额（美元）
英国	千克			2624772	981002
比利时	千克			2406148	754359
波兰	千克			2402466	787130
法国	千克	24285	6800	2188050	768360
芬兰	千克			1977349	1013622
日本	千克	455985	180647	1928161	827893
荷兰	千克			949050	342847
美国	千克	6788	3044	201924	100962
沙特阿拉伯	千克			190765	48366
俄罗斯	千克	10626	9138	100866	20173
中国	千克			5000	1090
意大利	千克			3279	2244
瑞士	千克			1535	21710
古巴	千克	7788	10229		
马达加斯加	千克	183603	64477		
越南	千克	169778	59335		
巴布亚新几内亚	千克	22449	7690		
莫桑比克	千克	33121	12464		
印度	千克	7450	14751		
菲律宾	千克	235182	95351		
委内瑞拉	千克	2496	2432		
巴西	千克	775	1092		
哈萨克斯坦	千克	630	315		
阿联酋	千克	177931	40924		
香港	千克	8425	5566		
厄瓜多尔	千克	1560370	454330		
科威特	千克	1550	1000		
新加坡	千克	211754	64898		
智利	千克	202	227		
斯里兰卡	千克	2450	1794		
缅甸	千克	4713	1956		
萨尔瓦多	千克	823337	238768		
48052400 强韧箱纸板（再生挂面纸板），平方米重≤150 克					
合计	千克	2193467	668884	5403990	2023768
印度尼西亚	千克			1850529	542148
日本	千克	221105	68927	1747743	717535
台湾省	千克			1068987	508993
比利时	千克			338926	104788
泰国	千克			222655	89062
韩国	千克			78481	21909
美国	千克	3	4	71049	29532
俄罗斯	千克			24446	8067
意大利	千克			460	690
英国	千克	18	62	450	675
瑞士	千克			174	261
中国	千克			90	108
马来西亚	千克	92	214		
菲律宾	千克	219833	83388		
缅甸	千克	119	165		
朝鲜	千克	100	155		
新加坡	千克	2622	149		
伊朗	千克	422104	174738		

（续）

商品/国别（地区）	计量单位	出口数量	出口金额（美元）	进口数量	进口金额（美元）
马达加斯加	千克	174457	62912		
加拿大	千克	410	46		
澳大利亚	千克	969	1378		
新西兰	千克	1058086	243365		
亚洲其他国家（地区）	千克	1185	356		
刚果（金）	千克	92364	33025		
48052500 强韧箱纸板（再生挂面纸板），平方米重＞150 克					
合计	千克	4009928	1593337	25870036	11123851
台湾省	千克			20968013	8887590
日本	千克	3658187	1447161	2022380	1142609
澳大利亚	千克			1495126	621738
美国	千克	50352	23056	656247	215790
新西兰	千克	57	190	309300	93068
比利时	千克			234467	65373
荷兰	千克			59196	14094
韩国	千克	40	14	54313	20342
中国	千克			47579	47538
印度尼西亚	千克			17990	11585
德国	千克			5425	4124
斐济	千克	34370	6874		
马来西亚	千克	80	368		
朝鲜	千克	57537	17659		
泰国	千克	5200	2498		
斯里兰卡	千克	13030	18684		
科威特	千克	4725	5056		
肯尼亚	千克	700	2000		
约旦	千克	6978	7641		
加拿大	千克	3480	1500		
乌兹别克斯坦	千克	59682	24779		
亚洲其他国家（地区）	千克	115510	35857		
48053000 亚硫酸盐包装纸					
合计	千克	2619623	3625030	446735	872367
美国	千克	550942	993053	5670	97594
埃及	千克	491488	534034		
香港	千克	291005	327990	11512	12928
越南	千克	99836	159896		
阿联酋	千克	77192	56662		
泰国	千克	75112	74531	0	1
英国	千克	72619	78288	86	677
肯尼亚	千克	68688	117916		
俄罗斯	千克	50550	74045		
印度	千克	50432	57694		
马来西亚	千克	41687	64650	1	3
多哥	千克	40054	31942		
伊朗	千克	39889	50759		
菲律宾	千克	39876	33131		
塔吉克斯坦	千克	37020	87026		
约旦	千克	36802	24349		
吉尔吉斯斯坦	千克	35350	87125		
黎巴嫩	千克	32424	32758		
哈萨克斯坦	千克	31490	74590		
贝宁	千克	27390	21537		

(续)

商品/国别(地区)	计量单位	出口数量	出口金额(美元)	进口数量	进口金额(美元)
乌兹别克斯坦	千克	25400	15052		
巴西	千克	22242	34138		
澳大利亚	千克	22163	37226	2	27
台湾省	千克	20801	35850	107466	108971
斯里兰卡	千克	19986	17411		
土耳其	千克	19608	10778		
意大利	千克	19136	24132	1234	11336
新加坡	千克	17285	24426	3000	1800
巴拿马	千克	16617	22647		
利比亚	千克	15616	22367		
墨西哥	千克	15170	15426		
叙利亚	千克	14273	18040		
阿根廷	千克	12027	16318		
以色列	千克	11982	20205		
委内瑞拉	千克	11284	24159		
洪都拉斯	千克	11197	21385		
阿尔及利亚	千克	10718	19386		
巴基斯坦	千克	10397	29140		
佛得角	千克	10091	14443		
秘鲁	千克	9000	14490		
印度尼西亚	千克	8942	19934	52953	137769
智利	千克	8859	12257		
比利时	千克	8772	20674		
伊拉克	千克	7942	10955		
新西兰	千克	7808	11340		
立陶宛	千克	7280	11866		
加拿大	千克	5821	2440		
毛里求斯	千克	5523	13728		
哥伦比亚	千克	5310	8302		
科威特	千克	4804	4737		
刚果(金)	千克	4632	7156		
日本	千克	3934	23719	58386	98067
沙特阿拉伯	千克	3414	4274		
格鲁吉亚	千克	3136	5128		
丹麦	千克	3116	3015	1	7
哥斯达黎加	千克	2912	5766		
吉布提	千克	2730	4914		
葡萄牙	千克	2700	3564		
南非	千克	2565	10370		
坦桑尼亚	千克	2508	3135		
匈牙利	千克	1890	3024		
柬埔寨	千克	1792	2688		
孟加拉国	千克	1654	2343		
韩国	千克	1650	2295	37138	118501
希腊	千克	1265	3191		
保加利亚	千克	750	1400		
德国	千克	732	691	1745	35166
牙买加	千克	647	466		
朝鲜	千克	500	400		
瓜德罗普岛	千克	250	372		
马耳他	千克	209	450		
克罗地亚	千克	200	470		

(续)

商品/国别(地区)	计量单位	出口数量	出口金额(美元)	进口数量	进口金额(美元)
荷兰	千克	180	656		
法国	千克	173	45	77451	167708
澳门	千克	160	126		
安哥拉	千克	20	70		
缅甸	千克	4	74		
西班牙	千克			240	1926
奥地利	千克			2	127
挪威	千克			90	45
芬兰	千克			66	2182
中国	千克			63014	56323
瑞典	千克			26678	21209
48054000 滤纸及纸板					
合计	千克	3260898	7784474	10710700	38066920
韩国	千克	101163	212536	4677191	12496149
美国	千克	788554	1840442	1704883	9399718
日本	千克	380941	966464	1355458	6353511
德国	千克	173	697	1218988	5665760
泰国	千克	75579	237240	501413	1433533
荷兰	千克			494404	264347
意大利	千克	140	519	199314	805131
西班牙	千克			140998	295484
墨西哥	千克			118305	313970
台湾省	千克	60808	85946	118272	498112
比利时	千克			57815	33039
英国	千克	2097	34804	37189	189099
瑞士	千克			25013	63851
加拿大	千克			18436	13723
香港	千克	17982	64543	13263	7883
土耳其	千克	179421	347663	10320	29601
巴西	千克			9454	59685
中国	千克			3992	52644
法国	千克			2374	17507
澳大利亚	千克	313474	762330	999	10370
芬兰	千克			984	12656
丹麦	千克			828	2238
新加坡	千克	37796	35502	329	3965
越南	千克	18322	39509	275	1236
印度	千克	95907	256096	92	39193
马来西亚	千克	141185	296435	55	3005
印度尼西亚	千克	694844	1576525	50	334
葡萄牙	千克			4	159
捷克	千克			1	539
奥地利	千克			1	262
波多黎各	千克			0	40
爱尔兰	千克			0	176
巴基斯坦	千克	1857	12298		
阿联酋	千克	60134	103199		
牙买加	千克	986	5604		
埃塞俄比亚	千克	154	759		
罗马尼亚	千克	11608	15699		
科威特	千克	1642	1492		
沙特阿拉伯	千克	2340	2223		

(续)

商品/国别(地区)	计量单位	出口数量	出口金额(美元)	进口数量	进口金额(美元)
埃及	千克	3343	20023		
哈萨克斯坦	千克	19662	53097		
委内瑞拉	千克	2500	12057		
玻利维亚	千克	10	308		
塞浦路斯	千克	5002	13549		
尼日利亚	千克	6	129		
马尔代夫	千克	16800	9744		
亚洲其他国家(地区)	千克	1130	4040		
摩洛哥	千克	840	1080		
哥伦比亚	千克	28705	25109		
肯尼亚	千克	1527	3474		
新西兰	千克	9443	14200		
阿尔及利亚	千克	16283	81416		
土库曼斯坦	千克	66	462		
萨尔瓦多	千克	3	3		
黎巴嫩	千克	80	681		
摩尔多瓦	千克	90	804		
秘鲁	千克	32170	146958		
波兰	千克	17252	86570		
南非	千克	297	1485		
坦桑尼亚	千克	0	387		
伊朗	千克	12853	31210		
菲律宾	千克	4480	9816		
科特迪瓦	千克	8008	33232		
俄罗斯	千克	34514	144862		
乌克兰	千克	9178	21246		
加纳	千克	300	1818		
孟加拉国	千克	61	281		
乌拉圭	千克	2107	11015		
突尼斯	千克	27	946		
朝鲜	千克	2396	6075		
斯里兰卡	千克	11648	63271		
阿根廷	千克	24239	51139		
智利	千克	7211	32222		
缅甸	千克	1560	3240		
48055000 毡纸及纸板					
合计	千克	639632	250363	607950	5904438
马来西亚	千克	545351	178134		
乌兹别克斯坦	千克	57440	31592		
韩国	千克	20000	8920	32062	25970
柬埔寨	千克	4959	1806		
印度	千克	4200	12156		
哈萨克斯坦	千克	3080	3179		
巴基斯坦	千克	2907	8226		
印度尼西亚	千克	1100	5906		
香港	千克	440	284	932	1264
新加坡	千克	127	146	2475	1584
泰国	千克	28	14		
法国	千克			602	388
意大利	千克			2219	1431
德国	千克			155	130
美国	千克			854	552

(续)

商品/国别(地区)	计量单位	出口数量	出口金额(美元)	进口数量	进口金额(美元)
台湾省	千克			57751	69511
日本	千克			504911	5798729
中国	千克			3527	3291
英国	千克			2462	1588
48059110 电解电容器纸，每平方米重≤150 克					
合计	千克	507884	2686769	2728818	24538940
日本	千克	11187	72378	1639913	17834849
德国	千克			774368	4716642
美国	千克	12766	41417	281198	1719493
中国	千克			17667	115106
瑞典	千克			11023	24185
台湾省	千克	723	3255	4649	128665
越南	千克	9346	55342		
马来西亚	千克	24507	102920		
奥地利	千克	65	15		
香港	千克	197363	1172044		
缅甸	千克	17527	17174		
印度尼西亚	千克	1139	12546		
泰国	千克	1550	18154		
韩国	千克	164841	873182		
墨西哥	千克	1569	4971		
亚洲其他国家(地区)	千克	24	338		
印度	千克	22496	134154		
匈牙利	千克	99	3043		
卡塔尔	千克	13815	12565		
意大利	千克	28867	163271		
48059190 其他未经涂布的纸及纸板，每平方米重≤150 克					
合计	千克	14257829	24772812	15143117	24401812
日本	千克	60315	138534	7041728	12205510
美国	千克	236544	396448	1281955	1809687
马来西亚	千克	137763	376131	982575	959173
台湾省	千克	205686	406063	970965	1614233
西班牙	千克	44662	105350	943881	1896484
印度尼西亚	千克	1454064	2231531	763268	284275
瑞典	千克	101882	66440	711885	1735208
法国	千克	16346	29092	419965	759164
中国	千克			406014	555529
澳大利亚	千克	131815	280470	405913	348622
芬兰	千克	12700	8636	282528	330849
德国	千克	37930	41931	221077	632010
意大利	千克	99171	185131	196784	472646
英国	千克	60937	150187	173724	249466
香港	千克	290904	462596	69537	58755
韩国	千克	1492468	1896128	65957	147669
新加坡	千克	52373	97161	65124	103680
巴西	千克	46950	29433	52934	75519
泰国	千克	292662	642455	40195	44680
加拿大	千克	111485	231341	26120	9469
亚洲其他国家(地区)	千克			9900	1485
卢森堡	千克			7733	87122
斯里兰卡	千克	281775	428468	2700	17060
荷兰	千克	43341	65448	436	1826

（续）

商品/国别（地区）	计量单位	出口数量	出口金额（美元）	进口数量	进口金额（美元）
瑞士	千克			177	1360
以色列	千克	1557	4129	42	331
毛里求斯	千克	30812	87527		
波多黎各	千克	14000	23800		
巴基斯坦	千克	670229	1282317		
沙特阿拉伯	千克	586024	1556407		
埃及	千克	299625	353381		
卡塔尔	千克	25498	11990		
巴拿马	千克	3704	7200		
埃塞俄比亚	千克	150000	101470		
科威特	千克	540	310		
委内瑞拉	千克	30677	60033		
尼日利亚	千克	282751	208661		
爱尔兰	千克	277	1295		
印度	千克	3836122	7837454		
柬埔寨	千克	30262	37728		
土耳其	千克	123650	138833		
巴拉圭	千克	40	200		
约旦	千克	52138	44227		
哥伦比亚	千克	69830	157809		
澳门	千克	23	36		
哥斯达黎加	千克	33684	36082		
肯尼亚	千克	46483	107373		
新西兰	千克	8204	13437		
萨尔瓦多	千克	20576	21125		
巴林	千克	12208	11459		
挪威	千克	2112	7861		
海地	千克	11186	44200		
南非	千克	20052	43454		
波兰	千克	1058	1221		
越南	千克	278576	361631		
秘鲁	千克	271505	576083		
黎巴嫩	千克	3409	6364		
伊朗	千克	88182	230736		
特立尼达和多巴哥	千克	20500	39560		
安哥拉	千克	4000	2295		
孟加拉国	千克	787338	1004540		
科特迪瓦	千克	36706	49553		
菲律宾	千克	62250	42029		
俄罗斯	千克	26773	49731		
尼加拉瓜	千克	12195	14159		
乌拉圭	千克	582	791		
塔吉克斯坦	千克	1000	500		
津巴布韦	千克	16211	13455		
叙利亚	千克	98903	157267		
葡萄牙	千克	53596	94702		
洪都拉斯	千克	4660	5520		
缅甸	千克	13865	70457		
危地马拉	千克	63759	78175		
多哥	千克	31721	24854		
希腊	千克	20498	34932		
墨西哥	千克	269648	462840		

（续）

商品/国别（地区）	计量单位	出口数量	出口金额（美元）	进口数量	进口金额（美元）
智利	千克	87816	93874		
厄瓜多尔	千克	33964	49843		
朝鲜	千克	23930	18353		
突尼斯	千克	440	1232		
比利时	千克	2152	7592		
丹麦	千克	22002	45251		
阿根廷	千克	13050	22500		
阿联酋	千克	333503	744000		
48059200 其他未涂布纸及纸板，150 克≤每平方米重<225 克					
合计	千克	29662993	16855811	6396398	6383186
韩国	千克	23007937	12206765	196205	104286
泰国	千克	2650974	1370507	827	805
乌兹别克斯坦	千克	1314512	843082		
阿尔及利亚	千克	1067035	1038649		
伊朗	千克	350159	238500		
印度尼西亚	千克	251354	178836	509409	335491
阿塞拜疆	千克	218653	41791		
阿联酋	千克	152028	120162		
台湾省	千克	109238	158814	373687	428095
叙利亚	千克	92000	67900		
丹麦	千克	82875	117784		
澳大利亚	千克	56207	89185	138644	62539
约旦	千克	45770	25229		
新加坡	千克	30763	25280	7526	4744
海地	千克	28938	13588		
乌克兰	千克	26000	11388		
马来西亚	千克	24991	41475	1700	1360
朝鲜	千克	24170	23305		
越南	千克	17733	22800		
美国	千克	17551	98469	1547117	1168572
南非	千克	15901	3544		
印度	千克	15055	23107	19	24
塔吉克斯坦	千克	15000	2674		
香港	千克	8479	22662	43604	35485
日本	千克	7004	21490	286353	812430
亚美尼亚	千克	6000	9240		
伊拉克	千克	5345	2030		
英国	千克	5123	10670	26732	19765
沙特阿拉伯	千克	4760	9196	41723	14609
波兰	千克	2876	7450		
土耳其	千克	2734	282		
亚洲其他国家(地区)	千克	2150	1075		
德国	千克	1055	2028	2028091	2162558
法国	千克	1032	2634	23	104
缅甸	千克	396	557		
意大利	千克	365	297	29294	23710
捷克	千克	348	1624		
智利	千克	153	475		
加纳	千克	100	231		
斯洛文尼亚	千克	81	387		
荷兰	千克	67	420	505	404
尼加拉瓜	千克	54	35		

（续）

商品/国别（地区）	计量单位	出口数量	出口金额（美元）	进口数量	进口金额（美元）
罗马尼亚	千克	27	194		
巴西	千克			18	472
瑞典	千克			134650	268089
瑞士	千克			1753	2949
奥地利	千克			2	18
芬兰	千克			540721	566031
中国	千克			476613	352133
墨西哥	千克			20	427
西班牙	千克			11162	18086
48059300 其他未涂布纸及纸板，每平方米重≥225 克					
合计	千克	9583099	8107469	44878101	42684948
台湾省	千克	417863	508142	13686699	5463877
荷兰	千克			9610774	5566906
日本	千克	707140	589461	5903040	8124743
韩国	千克	875974	1740763	5433388	3255989
中国	千克			1924855	1007092
瑞士	千克			1835133	11533136
马来西亚	千克	61639	100722	1393292	797304
美国	千克	51203	84516	1107494	3498776
德国	千克	31603	106237	999380	828047
印度尼西亚	千克	600707	377715	783185	642843
芬兰	千克			487424	384439
香港	千克	1085468	580445	464951	386572
新西兰	千克	60896	23375	281777	232279
泰国	千克	295243	462611	254508	106597
俄罗斯	千克	72132	91708	225190	177997
法国	千克			90005	59431
越南	千克	1306140	630801	68175	22375
新加坡	千克	54664	39691	67304	146510
瑞典	千克			63396	32806
罗马尼亚	千克	19000	22877	60024	253470
葡萄牙	千克	120	14	47135	42421
意大利	千克	130832	138117	36753	47622
英国	千克	99	55	30252	52951
波兰	千克	1516	9893	14115	14854
菲律宾	千克	345641	179420	6325	3172
以色列	千克	14133	7717	2765	1427
西班牙	千克	4977	5792	553	914
加拿大	千克	2179	5861	100	45
奥地利	千克			77	50
爱尔兰	千克			30	60
沙特阿拉伯	千克	82802	32111	2	243
阿联酋	千克	115847	75837		
牙买加	千克	4123	1030		
埃及	千克	145367	190615		
巴拿马	千克	444	2029		
巴基斯坦	千克	59885	40139		
埃塞俄比亚	千克	224895	148533		
利比亚	千克	4000	2152		
哈萨克斯坦	千克	192672	78602		
乌兹别克斯坦	千克	59800	11960		
匈牙利	千克	7867	12587		

（续）

商品/国别（地区）	计量单位	出口数量	出口金额（美元）	进口数量	进口金额（美元）
印度	千克	303122	268596		
柬埔寨	千克	2644	4641		
土耳其	千克	252061	111400		
亚洲其他国家(地区)	千克	16675	10536		
澳门	千克	4474	2462		
约旦	千克	2300	890		
哥伦比亚	千克	107178	80476		
阿尔及利亚	千克	33282	7855		
哥斯达黎加	千克	39021	12797		
纳米比亚	千克	500	200		
肯尼亚	千克	6864	1373		
澳大利亚	千克	187543	439810		
亚美尼亚	千克	2194	573		
土库曼斯坦	千克	55000	20350		
巴林	千克	1330	1756		
乌干达	千克	4577	915		
秘鲁	千克	34161	28218		
南非	千克	346293	122986		
黎巴嫩	千克	709	970		
伊朗	千克	475384	265133		
摩尔多瓦	千克	3117	1559		
捷克	千克	148	246		
格鲁吉亚	千克	712	890		
塔吉克斯坦	千克	26900	105800		
乌克兰	千克	20631	28426		
孟加拉国	千克	9069	2722		
喀麦隆	千克	14438	8400		
巴西	千克	48700	9583		
智利	千克	238005	82894		
朝鲜	千克	79583	38032		
贝宁	千克	28476	14684		
墨西哥	千克	123818	58816		
缅甸	千克	11310	34603		
比利时	千克	2433	4383		
斯里兰卡	千克	39712	15604		
突尼斯	千克	5623	6373		
希腊	千克	13795	4987		
也门	千克	4446	6002		

4806 高光泽透明或半透明纸

商品/国别（地区）	计量单位	出口数量	出口金额（美元）	进口数量	进口金额（美元）
48061000 植物羊皮纸					
合计	千克	372255	858171	502455	1917730
法国	千克			381068	1031832
日本	千克	20	40	60993	632729
美国	千克	13978	25770	28279	76327
台湾省	千克	52973	118047	13431	41633
丹麦	千克			9730	53851
德国	千克			4540	45030
韩国	千克			2830	20129
泰国	千克			1584	16199
伊朗	千克	11241	26329		

（续）

商品/国别（地区）	计量单位	出口数量	出口金额（美元）	进口数量	进口金额（美元）
巴基斯坦	千克	17898	44286		
蒙古	千克	15400	67000		
叙利亚	千克	6000	14118		
澳大利亚	千克	19496	48621		
印度尼西亚	千克	235249	513960		
48062000 防油纸					
合计	千克	4748436	6735076	2125036	2672645
马来西亚	千克	796875	929299		
澳大利亚	千克	767323	1133732		
美国	千克	537892	1066015	280321	497155
菲律宾	千克	512945	619268	15070	6046
泰国	千克	423557	538286	730	540
印度尼西亚	千克	320272	381299		
特立尼达和多巴哥	千克	267627	310301		
新加坡	千克	158942	183591	834	6300
日本	千克	107109	389465	112466	105911
肯尼亚	千克	105856	125416		
香港	千克	76394	82373	39874	47851
阿联酋	千克	69461	75808		
希腊	千克	50030	70909		
西班牙	千克	45620	54812	237356	119601
新西兰	千克	44691	63707		
英国	千克	34610	82824	269351	151336
秘鲁	千克	33844	43623		
圭亚那	千克	32400	32562		
危地马拉	千克	31802	37041		
韩国	千克	28314	27975	18178	49172
沙特阿拉伯	千克	28073	37155		
伊拉克	千克	25226	13118		
墨西哥	千克	24265	8735		
台湾省	千克	20822	40058	73832	144516
哈萨克斯坦	千克	20600	111000		
俄罗斯	千克	17308	49965		
牙买加	千克	15840	19958		
南非	千克	15433	20524		
斐济	千克	15159	21374		
孟加拉国	千克	14035	32000		
利比亚	千克	12606	19917		
巴拿马	千克	11158	5957		
瑞典	千克	11000	14850	383420	609177
智利	千克	8314	11224		
科特迪瓦	千克	8140	4884		
马耳他	千克	7874	10324		
巴林	千克	7710	7710		
比利时	千克	7276	7559	77087	35354
约旦	千克	6447	14769		
阿尔及利亚	千克	5589	11905		
格林纳达	千克	4519	5527		
意大利	千克	4310	2155	6714	12549
毛里求斯	千克	3525	4572		
法国	千克	2280	4880	15157	42948
挪威	千克	1380	966	127959	250341

（续）

商品/国别（地区）	计量单位	出口数量	出口金额（美元）	进口数量	进口金额（美元）
德国	千克	988	675	112739	170354
波兰	千克	884	1768		
阿尔巴尼亚	千克	727	909		
卡塔尔	千克	562	1512		
加拿大	千克	407	433		
朝鲜	千克	240	140		
澳门	千克	100	65		
亚洲其他国家(地区)	千克	40	48		
缅甸	千克	35	134		
巴西	千克			16367	19640
瑞士	千克			52	799
奥地利	千克			870	5740
芬兰	千克			195624	307369
荷兰	千克			27320	8611
捷克	千克			280	396
中国	千克			113435	80939
48063000 描图纸					
合计	千克	3183148	6763781	527096	1640183
俄罗斯	千克	493647	534304		
韩国	千克	403060	1217998	450	14352
香港	千克	343216	487172	14370	16800
印度	千克	338421	786478		
马来西亚	千克	155207	227758		
台湾省	千克	154888	437927	593	2030
印度尼西亚	千克	141632	367951		
澳门	千克	110115	45462		
泰国	千克	106545	204138	304	1520
菲律宾	千克	101314	102729		
法国	千克	92820	477354	40751	109978
日本	千克	91075	381466	578	66258
越南	千克	88756	250102		
土耳其	千克	81413	250519		
澳大利亚	千克	65106	37791		
巴西	千克	55759	160440		
美国	千克	33802	44146	40174	125394
埃及	千克	26232	31874		
孟加拉国	千克	25518	96525		
柬埔寨	千克	24819	40650		
亚洲其他国家(地区)	千克	23756	35007		
阿联酋	千克	22617	37899		
朝鲜	千克	21332	40713		
沙特阿拉伯	千克	20256	10965		
斯里兰卡	千克	19962	67867		
比利时	千克	18869	97695		
新加坡	千克	17951	42550	5979	21325
巴基斯坦	千克	13666	35272		
约旦	千克	12116	16763		
吉尔吉斯斯坦	千克	11300	28250		
厄瓜多尔	千克	10198	39809		
英国	千克	10120	6859	277231	840454
荷兰	千克	9709	3758	45000	230916
希腊	千克	7022	4213		

(续)

商品/国别（地区）	计量单位	出口数量	出口金额（美元）	进口数量	进口金额（美元）
加纳	千克	6480	2998		
阿根廷	千克	5005	17072		
古巴	千克	4765	23387		
爱尔兰	千克	2179	7986		
刚果(金)	千克	2000	2000		
伊朗	千克	1875	8992		
智利	千克	1871	8605		
西班牙	千克	1397	1676	1	40
苏丹	千克	1300	14208		
科威特	千克	750	7326		
塞浦路斯	千克	672	564		
匈牙利	千克	566	1130		
土库曼斯坦	千克	531	6077		
乌克兰	千克	489	612		
德国	千克	396	7160	25624	68570
安哥拉	千克	180	2287		
黎巴嫩	千克	112	101		
埃塞俄比亚	千克	109	301		
巴拿马	千克	54	23		
卡塔尔	千克	41	31		
加拿大	千克	36	60		
波兰	千克	34	28		
蒙古	千克	30	162		
莫桑比克	千克	20	527		
新西兰	千克	14	12		
卢旺达	千克	12	42		
缅甸	千克	6	5		
巴林	千克	5	5		
瑞士	千克			71400	138274
中国	千克			1744	1288
挪威	千克			2897	2984
48064000 半透明玻璃纸及其他高光泽透明或半透明纸					
合计	千克	9606747	15734862	34990036	49047324
芬兰	千克	54	2800	22951487	31275226
法国	千克	18	89	3062353	4243837
台湾省	千克	256224	368681	2972684	3348291
日本	千克	284926	984320	2295550	4345040
意大利	千克	274	814	1337939	1675603
美国	千克	62296	230045	1208184	1619926
挪威	千克			643065	1658050
匈牙利	千克			155493	152779
荷兰	千克	7820	3532	123433	165712
韩国	千克	301537	512357	110496	264195
中国	千克			62420	102130
西班牙	千克	75	325	24580	57417
比利时	千克	625	403	24071	15693
英国	千克	22655	35033	9549	77768
香港	千克	265349	321258	4452	11392
印度尼西亚	千克	540523	633419	2805	24249
德国	千克	210	493	878	4752
菲律宾	千克	753610	1019208	518	3959
越南	千克	178453	157700	54	1099
丹麦	千克			25	206

(续)

商品/国别（地区）	计量单位	出口数量	出口金额（美元）	进口数量	进口金额（美元）
新西兰	千克	125667	436284		
亚洲其他国家(地区)	千克	300	600		
土耳其	千克	13153	15099		
印度	千克	2182272	2466258		
加拿大	千克	8378	23293		
澳大利亚	千克	1136548	3858824		
尼日利亚	千克	58455	81148		
玻利维亚	千克	15580	19772		
哈萨克斯坦	千克	26551	56342		
沙特阿拉伯	千克	42294	75947		
伊朗	千克	1097819	1336012		
吉尔吉斯斯坦	千克	4820	14460		
黎巴嫩	千克	54876	76326		
孟加拉国	千克	491298	618707		
多米尼加	千克	12488	19052		
马来西亚	千克	182587	275079		
巴西	千克	98218	300519		
埃及	千克	278268	372760		
葡萄牙	千克	26120	40943		
巴拿马	千克	68423	53809		
巴基斯坦	千克	86892	126264		
危地马拉	千克	197416	238045		
厄瓜多尔	千克	24309	39761		
缅甸	千克	23067	38392		
斯里兰卡	千克	254309	314438		
埃塞俄比亚	千克	3	16		
泰国	千克	332610	455171		
希腊	千克	4200	5908		
新加坡	千克	55746	73910		
墨西哥	千克	9877	3824		
卢旺达	千克	11	42		
阿根廷	千克	6001	9301		
肯尼亚	千克	13542	18079		

4807 成卷或成张的复合纸及纸板

商品/国别（地区）	计量单位	出口数量	出口金额（美元）	进口数量	进口金额（美元）
48070000 成卷或成张的复合纸及纸板(使用粘合剂)，未涂布或未浸渍					
合计	千克	9106259	8576811	13565591	29229568
荷兰	千克	31790	77625	3681046	2201399
瑞典	千克	392	910	2727025	12021069
日本	千克	51666	50196	2132230	4520839
美国	千克	726912	1585946	1265527	2944105
韩国	千克	321008	240070	760483	1174714
德国	千克	23282	48119	756090	2497423
台湾省	千克	14083	16329	709839	895252
法国	千克	1060	1017	590222	1170982
西班牙	千克	74832	112766	389772	283537
芬兰	千克			120959	187564
中国	千克			105861	91413
波兰	千克	32110	23780	103961	93565
瑞士	千克	5425	3255	56833	667572
香港	千克	381996	244968	25901	81554
马来西亚	千克	297032	269408	22773	6996
加拿大	千克	7380	59040	20698	122919

（续）

商品/国别（地区）	计量单位	出口数量	出口金额（美元）	进口数量	进口金额（美元）
比利时	千克	4409	4610	18002	63268
越南	千克	635285	470878	16633	24778
新加坡	千克	143570	121749	16538	44502
泰国	千克	114144	126596	11461	32543
保加利亚	千克			10122	27715
印度	千克	2704907	1802318	10025	29662
英国	千克	56219	143800	9386	40079
奥地利	千克	24	2019	3430	4771
斯里兰卡	千克	189	845	589	243
澳大利亚	千克	90926	217428	118	259
捷克	千克			60	437
丹麦	千克			7	408
利比亚	千克	76560	61247		
也门	千克	3180	9540		
巴基斯坦	千克	77781	123789		
巴拿马	千克	79186	77242		
阿联酋	千克	34043	63460		
卡塔尔	千克	4500	4919		
科威特	千克	11964	6644		
埃塞俄比亚	千克	12970	10376		
沙特阿拉伯	千克	63057	94013		
埃及	千克	7587	12546		
斐济	千克	400	675		
玻利维亚	千克	110286	68577		
委内瑞拉	千克	73330	58664		
乌兹别克斯坦	千克	104	161		
尼日利亚	千克	253665	158959		
塞浦路斯	千克	4052	1568		
哈萨克斯坦	千克	1860	1860		
爱尔兰	千克	550	2363		
土耳其	千克	11185	18410		
柬埔寨	千克	5446	10130		
吉布提	千克	43359	32834		
摩洛哥	千克	9183	15219		
亚洲其他国家(地区)	千克	500	800		
阿尔及利亚	千克	39783	39126		
约旦	千克	33057	29522		
意大利	千克	8197	11775		
土库曼斯坦	千克	5390	42525		
古巴	千克	45	415		
以色列	千克	6100	2688		
巴哈马	千克	8382	54483		
南非	千克	201052	228599		
黎巴嫩	千克	20764	12796		
吉尔吉斯斯坦	千克	135740	261292		
蒙古	千克	22710	6717		
伊朗	千克	228017	120515		
伊拉克	千克	25887	24030		
秘鲁	千克	33950	26716		
安哥拉	千克	22500	5290		
马达加斯加	千克	9	35		
菲律宾	千克	411043	312697		

（续）

商品/国别（地区）	计量单位	出口数量	出口金额（美元）	进口数量	进口金额（美元）
喀麦隆	千克	1407	2343		
俄罗斯	千克	2350	5505		
乌克兰	千克	22133	13052		
葡萄牙	千克	5987	7115		
孟加拉国	千克	77426	58793		
苏丹	千克	180370	91011		
叙利亚	千克	348624	168908		
乍得	千克	1284	25565		
塔吉克斯坦	千克	3500	5100		
巴西	千克	84080	105850		
希腊	千克	10901	14498		
危地马拉	千克	84399	57766		
印度尼西亚	千克	165655	106759		
智利	千克	98699	81850		
朝鲜	千克	1457	909		
缅甸	千克	3434	4114		
墨西哥	千克	69967	33402		
阿根廷	千克	125433	146098		
厄瓜多尔	千克	160	400		
阿曼	千克	4620	1956		
黑山	千克	8358	8928		

4808 成卷或成张的瓦楞皱纹压纹、穿孔纸及纸板

48081000 瓦楞纸及纸板

商品/国别（地区）	计量单位	出口数量	出口金额（美元）	进口数量	进口金额（美元）
合计	千克	19076994	11378122	7990945	6667535
香港	千克	8680044	3688211	9580	8039
越南	千克	3203833	1311505	489	312
美国	千克	987326	995227	57694	343996
日本	千克	559098	432176	1716002	2250121
泰国	千克	490104	378147	7530	5417
菲律宾	千克	465522	369531	70	647
马来西亚	千克	458486	256438	1402	2120
台湾省	千克	282783	113527	755318	1287457
澳大利亚	千克	278662	484323	2811489	646707
韩国	千克	257937	176174	1198035	526201
伊朗	千克	242433	172143		
印度尼西亚	千克	203818	75213	74290	26744
南非	千克	197557	82030		
埃及	千克	185219	73784	2140	1699
新加坡	千克	183020	171261	62810	22844
澳门	千克	171604	102718		
土耳其	千克	168888	158175		
孟加拉国	千克	135577	73251		
朝鲜	千克	121189	78922		
印度	千克	114387	122933	8975	32877
科威特	千克	113611	104211		
沙特阿拉伯	千克	112450	124210	752	2886
加拿大	千克	102492	90202	78	1340
刚果(金)	千克	84708	33383		
荷兰	千克	81159	142359	312	4124
巴林	千克	74844	84016		

（续）

商品/国别（地区）	计量单位	出口数量	出口金额（美元）	进口数量	进口金额（美元）
阿联酋	千克	64512	65262		
约旦	千克	63123	40399		
厄瓜多尔	千克	55280	43956		
蒙古	千克	54250	11010		
俄罗斯	千克	52734	86565		
智利	千克	45603	93815	24	36
英国	千克	38334	49630	16	154
德国	千克	37939	49980	15813	185784
马达加斯加	千克	36980	15287		
埃塞俄比亚	千克	36000	20573		
巴拿马	千克	35124	175680		
委内瑞拉	千克	34665	82307		
以色列	千克	32390	55441		
新西兰	千克	27843	32170	4664	19895
吉尔吉斯斯坦	千克	27250	52678		
西班牙	千克	24828	28001	130	297
吉布提	千克	23831	13908		
巴西	千克	22923	8918	11	252
比利时	千克	22890	100349	690	2147
毛里塔尼亚	千克	22252	28478		
斯里兰卡	千克	21218	10696		
葡萄牙	千克	20965	4085		
柬埔寨	千克	20790	2495		
也门	千克	19662	22035		
哈萨克斯坦	千克	18720	9510		
立陶宛	千克	18360	16524		
亚洲其他国家(地区)	千克	18170	16656		
意大利	千克	17186	9112	4844	8341
利比亚	千克	15795	20381		
加纳	千克	15440	23301		
喀麦隆	千克	15292	13783		
毛里求斯	千克	13940	9160		
尼日利亚	千克	13870	10036		
古巴	千克	13500	69579		
秘鲁	千克	12250	36750		
墨西哥	千克	11529	18852		
多哥	千克	10451	16736		
伊拉克	千克	8965	7472		
摩洛哥	千克	7638	8948		
塔吉克斯坦	千克	7500	11350		
克罗地亚	千克	5444	7120		
贝宁	千克	4962	2486		
卡塔尔	千克	4869	5901		
黎巴嫩	千克	4194	9149		
阿尔及利亚	千克	3567	3678		
罗马尼亚	千克	3500	4312		
波多黎各	千克	3400	9996		
博茨瓦那	千克	3139	810		
安哥拉	千克	2949	3160		
瑞典	千克	2780	4360	1468	45029
法国	千克	2441	11681	317891	136526
芬兰	千克	2391	4046		

（续）

商品/国别（地区）	计量单位	出口数量	出口金额（美元）	进口数量	进口金额（美元）
白俄罗斯	千克	2111	1478		
萨尔瓦多	千克	1921	2328		
肯尼亚	千克	1785	3927		
丹麦	千克	1726	4226	10	34
斐济	千克	1400	3612		
保加利亚	千克	1227	1656		
巴巴多斯	千克	957	1399		
挪威	千克	928	1446		
尼泊尔	千克	800	1756		
缅甸	千克	699	548		
捷克	千克	642	622	191	2784
瑞士	千克	572	510	55751	489126
巴基斯坦	千克	480	124		
叙利亚	千克	264	383		
阿尔巴尼亚	千克	240	372		
斯洛文尼亚	千克	196	103		
匈牙利	千克	182	106	1400	5918
乌克兰	千克	133	145		
拉脱维亚	千克	115	120		
卢森堡	千克	75	76	3	315
波兰	千克	55	113		
塞浦路斯	千克	45	168		
塞内加尔	千克	24	42		
爱尔兰	千克	13	14		
坦桑尼亚	千克	12	180		
希腊	千克	10	11		
哥伦比亚	千克	2	10		
土库曼斯坦	千克	1	10		
奥地利	千克			386	1734
中国	千克			880537	604700
多米尼加	千克			150	932
48082000 袋用皱纹牛皮纸					
合计	千克	38041	39652	10908	31160
柬埔寨	千克	12572	6286		
意大利	千克	8342	7413		
新加坡	千克	6000	5130		
利比亚	千克	5134	11295		
泰国	千克	1500	2156		
马来西亚	千克	1304	3651		
约旦	千克	1200	464		
卡塔尔	千克	950	1900		
澳大利亚	千克	490	711		
伊朗	千克	335	603		
日本	千克	187	15	3770	9709
英国	千克	27	28		
芬兰	千克			221	443
美国	千克			654	10006
中国	千克			6263	11002
48083000 其他皱纹牛皮纸					
合计	千克	321235	538427	823193	3971806
美国	千克	13552	115196	571249	3111330
法国	千克	300	321	71924	243883

(续)

商品/国别(地区)	计量单位	出口数量	出口金额(美元)	进口数量	进口金额(美元)
韩国	千克	3010	14608	63145	132568
德国	千克	260	754	38051	155313
瑞士	千克			16712	100743
澳大利亚	千克	40	791	14056	37732
日本	千克	1400	798	13873	52589
英国	千克	6040	41090	10583	26027
斯洛伐克	千克			10000	51276
瑞典	千克			3849	41269
香港	千克	83012	75002	2455	2854
比利时	千克			2348	12755
中国	千克			2095	1497
台湾省	千克	2052	7118	1270	984
芬兰	千克			839	422
荷兰	千克			500	322
意大利	千克			160	103
奥地利	千克			69	109
西班牙	千克	850	2380	15	30
蒙古	千克	1000	200		
伊朗	千克	8434	10796		
马来西亚	千克	51640	26296		
俄罗斯	千克	7705	7089		
菲律宾	千克	1134	2293		
克罗地亚	千克	2543	2746		
苏丹	千克	433	606		
厄立特里亚	千克	7700	5236		
多米尼加	千克	817	1879		
泰国	千克	709	694		
斯里兰卡	千克	500	420		
印度尼西亚	千克	14659	10715		
贝宁	千克	592	332		
特立尼达和多巴哥	千克	407	839		
坦桑尼亚	千克	2324	2050		
越南	千克	14526	22854		
伊拉克	千克	3808	7997		
肯尼亚	千克	5400	3996		
阿尔及利亚	千克	2750	4125		
新西兰	千克	1976	1047		
澳门	千克	200	129		
柬埔寨	千克	8	12		
摩洛哥	千克	9750	30600		
印度	千克	6500	4875		
马尔代夫	千克	250	509		
爱尔兰	千克	726	1727		
哈萨克斯坦	千克	3200	12800		
巴基斯坦	千克	4165	4873		
沙特阿拉伯	千克	423	1841		
巴拿马	千克	1078	1294		
新加坡	千克	23320	4674		
阿联酋	千克	27040	100323		
利比亚	千克	5002	4502		
48089000 其他皱纹、压纹、穿孔纸及纸板(4803 的纸除外)					
合计	千克	4832851	7617134	12494259	20687061
美国	千克	153860	73992	5259034	8036880
韩国	千克	412464	768300	1745261	2765413

(续)

商品/国别(地区)	计量单位	出口数量	出口金额(美元)	进口数量	进口金额(美元)
法国	千克	38206	70168	1138244	1977007
意大利	千克	11736	36816	890520	1085275
台湾省	千克	172349	379923	633850	750492
瑞士	千克	67	1999	521210	1862380
英国	千克	48580	102864	405225	778288
印度尼西亚	千克	184133	211766	384968	373865
芬兰	千克			346916	382454
日本	千克	33834	54158	333716	1405265
中国	千克			259257	246384
德国	千克	194341	270862	209590	415091
比利时	千克	103218	160093	69248	71002
俄罗斯	千克	45371	63242	65617	27560
瑞典	千克	2087	2893	45212	251053
加拿大	千克	2298	6495	43090	32303
澳大利亚	千克	77754	153016	41083	55793
香港	千克	141288	270301	27866	74335
马来西亚	千克	89027	150905	26931	23604
巴西	千克	31253	60158	22055	17975
泰国	千克	121763	167027	13657	10965
西班牙	千克	32948	66796	6548	27449
荷兰	千克	92647	141047	2623	2585
菲律宾	千克	232078	337485	1067	644
新西兰	千克	4210	6084	670	691
印度	千克	175347	251506	467	5315
丹麦	千克	732	755	334	6993
沙特阿拉伯	千克	23745	64289		
阿联酋	千克	158894	205350		
巴拿马	千克	61761	135563		
新加坡	千克	132895	130818		
巴基斯坦	千克	63807	83335		
科威特	千克	2225	4534		
埃及	千克	4832	7868		
斐济	千克	4875	11828		
卡塔尔	千克	1815	3630		
罗马尼亚	千克	8439	13411		
毛里求斯	千克	1049	1431		
黑山	千克	681	1805		
匈牙利	千克	12788	22939		
委内瑞拉	千克	318287	503385		
哈萨克斯坦	千克	10152	20304		
刚果(金)	千克	4055	6650		
尼日利亚	千克	25753	3605		
乌兹别克斯坦	千克	4400	11440		
爱沙尼亚	千克	475	1150		
斯洛文尼亚	千克	2598	9542		
马里	千克	100	719		
土耳其	千克	200411	324402		
塞尔维亚	千克	2730	8890		
巴巴多斯	千克	3050	5700		
摩洛哥	千克	3862	3417		
巴拉圭	千克	2900	2900		
亚洲其他国家(地区)	千克	120	240		

(续)

商品/国别（地区）	计量单位	出口数量	出口金额（美元）	进口数量	进口金额（美元）
斯洛伐克	千克	2214	4568		
哥斯达黎加	千克	31153	42414		
约旦	千克	6152	12312		
肯尼亚	千克	232	186		
哥伦比亚	千克	7849	10988		
澳门	千克	3375	3033		
萨尔瓦多	千克	42456	57529		
以色列	千克	20772	35781		
巴林	千克	752	1130		
挪威	千克	720	2040		
伊朗	千克	274418	364276		
黎巴嫩	千克	85710	141461		
特立尼达和多巴哥	千克	6484	11227		
捷克	千克	3	18		
波兰	千克	69753	133481		
秘鲁	千克	159335	283674		
安哥拉	千克	629	1979		
越南	千克	83547	177462		
南非	千克	51629	102585		
保加利亚	千克	539	896		
吉尔吉斯斯坦	千克	17440	29648		
伊拉克	千克	112	118		
多米尼加	千克	18065	24173		
叙利亚	千克	19046	37498		
尼加拉瓜	千克	70777	134796		
加纳	千克	3600	6480		
乌克兰	千克	4667	9606		
赤道几内亚	千克	500	1838		
葡萄牙	千克	5008	9766		
乌拉圭	千克	3123	6385		
孟加拉国	千克	299	4488		
洪都拉斯	千克	15735	22238		
斯里兰卡	千克	68943	78075		
智利	千克	108437	183519		
厄瓜多尔	千克	68353	126392		
危地马拉	千克	54572	68732		
朝鲜	千克	10330	7640		
墨西哥	千克	18824	26796		
缅甸	千克	31322	38405		
希腊	千克	7686	15705		

4809 复写纸、自印复写纸及拷贝或转印纸

48092000 自印复写纸，成卷或成张的					
合计	千克	85407655	107746877	1791901	1515313
马来西亚	千克	7358798	9197668		
菲律宾	千克	6714830	8538446		
台湾省	千克	5689483	7246618	54568	90390
秘鲁	千克	5618307	7329361		
韩国	千克	5054182	6454174		
沙特阿拉伯	千克	4769206	5911157		
埃及	千克	4312526	5121052		
泰国	千克	4245749	5383136	594850	656798

(续)

商品/国别（地区）	计量单位	出口数量	出口金额（美元）	进口数量	进口金额（美元）
哥伦比亚	千克	3841877	4943684		
尼日利亚	千克	3775276	4710135		
阿联酋	千克	3725406	4723180		
智利	千克	2454155	3201797		
肯尼亚	千克	1838156	2329742		
约旦	千克	1810056	2262705		
伊朗	千克	1737138	2045375		
厄瓜多尔	千克	1707394	2211210		
孟加拉国	千克	1408546	1666749		
巴基斯坦	千克	1320037	1653667		
叙利亚	千克	1113768	1358170		
南非	千克	1070047	1414979		
意大利	千克	980161	1262326		
巴西	千克	821357	1036710		
黎巴嫩	千克	708588	867302		
科威特	千克	676381	846538		
斯里兰卡	千克	655122	785476		
越南	千克	646990	766432		
喀麦隆	千克	581138	746428		
加纳	千克	562893	698190		
日本	千克	480590	370018	1105644	699234
坦桑尼亚	千克	451541	581103		
卡塔尔	千克	438883	552883		
多哥	千克	412332	545818		
保加利亚	千克	412098	569742		
巴拉圭	千克	412048	521474		
柬埔寨	千克	388754	492985		
香港	千克	354899	416169	2085	1256
科特迪瓦	千克	330623	433095		
土耳其	千克	308376	394632		
苏丹	千克	299600	381003		
巴林	千克	299154	382318		
危地马拉	千克	296714	402369		
委内瑞拉	千克	289403	409122		
也门	千克	271336	347815		
印度	千克	270173	350606		
希腊	千克	258981	337092		
阿曼	千克	257221	337164		
俄罗斯	千克	251276	329795		
印度尼西亚	千克	242926	306426	5645	5913
马达加斯加	千克	227273	290658		
塞内加尔	千克	206515	293170		
哥斯达黎加	千克	192583	248071		
多米尼加	千克	172298	212276		
美国	千克	143970	191141	4028	17177
贝宁	千克	139012	192226		
阿尔及利亚	千克	135507	169904		
格鲁吉亚	千克	134102	175430		
乌拉圭	千克	114962	155068		
埃塞俄比亚	千克	94614	127092		
阿尔巴尼亚	千克	92418	120355		
哈萨克斯坦	千克	91404	115084		

(续)

商品/国别(地区)	计量单位	出口数量	出口金额(美元)	进口数量	进口金额(美元)
刚果(布)	千克	91264	126296		
蒙古	千克	88670	74094		
洪都拉斯	千克	88208	111605		
多米尼加	千克	88195	121632		
新加坡	千克	81840	165963		
阿根廷	千克	81815	112548		
西班牙	千克	76114	69172		
罗马尼亚	千克	73899	91840		
几内亚	千克	73503	94992		
吉布提	千克	72493	90453		
毛里求斯	千克	72240	89018		
萨尔瓦多	千克	69345	88034		
莫桑比克	千克	61328	75977		
阿塞拜疆	千克	57631	76127		
安哥拉	千克	52856	68304		
马里	千克	48807	72979		
乌克兰	千克	46474	37550		
马拉维	千克	41652	54081		
斐济	千克	37474	46392		
利比亚	千克	34551	45370		
巴哈马	千克	28405	34589		
刚果(金)	千克	28146	35515		
墨西哥	千克	27253	34005		
尼日尔	千克	27219	37186		
伊拉克	千克	26970	36601		
巴拿马	千克	25648	35310		
缅甸	千克	24838	27929		
海地	千克	18552	38517		
索马里	千克	17473	22482		
纳米比亚	千克	17301	12688		
塞舌尔	千克	16320	20950		
冈比亚	千克	16123	24830		
以色列	千克	16096	21278		
塞拉利昂	千克	15486	20813		
毛里塔尼亚	千克	15450	21604		
波多黎各	千克	14580	21199		
马尔代夫	千克	11475	13982		
玻利维亚	千克	10916	16756		
圭亚那	千克	10842	12338		
斯洛文尼亚	千克	7495	8977		
澳大利亚	千克	5633	16608		
加拿大	千克	4235	18356		
克罗地亚	千克	3870	5077		
芬兰	千克	3453	20411		
爱尔兰	千克	2333	3160		
朝鲜	千克	1380	2760		
英国	千克	991	3732	360	15017
澳门	千克	872	1004		
比利时	千克	380	361		
波兰	千克	283	438		
新西兰	千克	64	238		
德国	千克	51	77	255	6424

(续)

商品/国别(地区)	计量单位	出口数量	出口金额(美元)	进口数量	进口金额(美元)
牙买加	千克	10	60		
匈牙利	千克	0	108		
中国	千克			24466	23104
48099000 复写纸及其他拷贝或转印纸，成卷或成张的					
合计	千克	5663556	7636070	4328112	12466728
印度	千克	1193939	1541198	405	7904
巴基斯坦	千克	647101	625296		
香港	千克	499520	582784	18730	56961
孟加拉国	千克	496434	588957		
斯里兰卡	千克	359183	414223		
英国	千克	341518	603928	319	458
越南	千克	264311	424016	4666	1806
泰国	千克	228724	331903	366802	366560
澳大利亚	千克	174138	285264	179	1391
新加坡	千克	153932	168265	98	246
台湾省	千克	145617	155755	31549	387416
马来西亚	千克	134639	132535		
葡萄牙	千克	109428	186738	4260	283894
西班牙	千克	88962	243678	5	143
美国	千克	80620	256697	696522	1259891
加拿大	千克	74276	111753		
哥伦比亚	千克	67679	121786		
毛里求斯	千克	51359	59812		
危地马拉	千克	50585	76878		
萨尔瓦多	千克	47677	12910		
俄罗斯	千克	45339	71834		
菲律宾	千克	41939	34168		
比利时	千克	38325	36993		
秘鲁	千克	37841	74729		
印度尼西亚	千克	27441	20049	7085	5668
韩国	千克	25919	44473	1582163	2826109
土耳其	千克	22640	46113		
新西兰	千克	22069	27472		
蒙古	千克	21000	5040		
柬埔寨	千克	19254	77403		
阿联酋	千克	19092	23462		
埃及	千克	14435	3766		
伊朗	千克	11739	28400		
厄瓜多尔	千克	11375	19451		
苏里南	千克	11200	6259		
沙特阿拉伯	千克	9650	4113		
哥斯达黎加	千克	7645	4587		
法国	千克	6879	13854	1036	3558
巴拿马	千克	6155	5067		
洪都拉斯	千克	5371	26092		
希腊	千克	5137	6746		
委内瑞拉	千克	4695	38006		
南非	千克	4528	1991	128601	69682
智利	千克	4290	11374		
日本	千克	2698	3991	835769	6343176
安哥拉	千克	2530	3359		
丹麦	千克	2200	9403		

(续)

商品/国别(地区)	计量单位	出口数量	出口金额(美元)	进口数量	进口金额(美元)
坦桑尼亚	千克	2100	1890		
朝鲜	千克	2097	3298		
叙利亚	千克	2008	250		
黎巴嫩	千克	1991	3407		
意大利	千克	1926	6618	1046	43013
爱沙尼亚	千克	1636	9334		
以色列	千克	1594	9521	58	317
墨西哥	千克	1443	2288		
伊拉克	千克	1328	2400		
马耳他	千克	1326	2000		
马达加斯加	千克	798	1596		
利比亚	千克	520	1846		
巴西	千克	513	1198		
德国	千克	434	1122	470163	429551
立陶宛	千克	406	765		
贝宁	千克	352	540		
奥地利	千克	321	1320	30	201
克罗地亚	千克	270	1320		
瑞典	千克	224	375	27724	17747
加纳	千克	209	440		
澳门	千克	180	1161	180	360
阿根廷	千克	145	281		
摩洛哥	千克	122	274		
突尼斯	千克	108	458		
乍得	千克	104	6868		
阿曼	千克	68	546		
黑山	千克	45	352		
尼日利亚	千克	44	352		
塞尔维亚	千克	44	240		
匈牙利	千克	43	200		
罗马尼亚	千克	38	100		
荷兰	千克	38	800	29383	141098
拉脱维亚	千克	23	40		
约旦	千克	15	14		
缅甸	千克	10	114		
捷克	千克	5	171		
中国	千克			97364	170222
芬兰	千克			16961	26692
瑞士	千克			7014	22664

4810 成卷或成张矩形涂布无机物的纸及纸板

48101300 成卷的书写、印刷纸及纸板，含机械纤维≤10%					
合计	千克	388520544	296736434	191272878	189586684
日本	千克	218084130	168667566	35041108	31690021
香港	千克	17952919	14234791	21149	19493
美国	千克	15210848	12895370	34966831	38810442
法国	千克	13707964	9329340	4517051	6389038
韩国	千克	10586685	8233168	24047808	20160537
澳大利亚	千克	10321288	8300045	24860	11187
新加坡	千克	9195187	7081960	593	1435
马来西亚	千克	9159964	6946430		

(续)

商品/国别(地区)	计量单位	出口数量	出口金额(美元)	进口数量	进口金额(美元)
沙特阿拉伯	千克	8736804	6301748		
印度	千克	7727133	5495767	822	1307
英国	千克	7578037	5463474	17397	120692
新西兰	千克	5871587	4764177		
西班牙	千克	5494005	3731926	3091669	3721028
菲律宾	千克	5333351	3742573		
意大利	千克	5102727	3609112	820264	1295700
泰国	千克	5013639	3730174	9200	5980
加拿大	千克	3356991	2117645		
台湾省	千克	3162796	2430098	28807214	25441955
比利时	千克	2196023	1411870	701057	602257
印度尼西亚	千克	2037452	1679188	22424769	25478234
南非	千克	1930061	1465005		
智利	千克	1662201	1029870		
越南	千克	1633800	1220408		
巴西	千克	1625289	1228752		
黎巴嫩	千克	1616748	965431		
伊朗	千克	1599732	1184306		
以色列	千克	1491635	1147735		
阿根廷	千克	1435800	978056		
阿联酋	千克	1346812	922747		
委内瑞拉	千克	990275	683526		
希腊	千克	895212	609991		
厄瓜多尔	千克	721644	442548		
墨西哥	千克	701931	484757		
巴基斯坦	千克	623164	439371		
哥伦比亚	千克	548495	355167		
哥斯达黎加	千克	468777	300882		
科威特	千克	432784	318292		
俄罗斯	千克	329487	399842		
乌克兰	千克	269122	580290		
缅甸	千克	246035	219246		
丹麦	千克	244980	238972		
斯里兰卡	千克	243404	173404		
土耳其	千克	220918	179667		
德国	千克	214200	150462	10504057	12872519
爱尔兰	千克	146211	87821		
危地马拉	千克	120443	76569		
坦桑尼亚	千克	118303	84231		
喀麦隆	千克	114413	69777		
乌兹别克斯坦	千克	94072	73315		
埃及	千克	74661	57878		
罗马尼亚	千克	74583	46167		
匈牙利	千克	73880	42960		
巴林	千克	59568	42182		
肯尼亚	千克	49609	30708		
蒙古	千克	44195	23517		
巴拿马	千克	40550	30611		
哈萨克斯坦	千克	39600	36540		
保加利亚	千克	18995	14759		
留尼汪	千克	18744	11603		
科特迪瓦	千克	18635	15821		

(续)

商品/国别(地区)	计量单位	出口数量	出口金额(美元)	进口数量	进口金额(美元)
孟加拉国	千克	18186	17526		
法属圭亚那	千克	15232	8819		
吉尔吉斯斯坦	千克	14000	28000		
苏丹	千克	10820	6322		
叙利亚	千克	7985	2779		
挪威	千克	6600	16474		
荷兰	千克	5882	5431	234180	221566
芬兰	千克	3232	2566	10594507	10127160
贝宁	千克	2478	2352		
波兰	千克	1943	1162		
朝鲜	千克	1615	1460		
柬埔寨	千克	1550	6300		
格鲁吉亚	千克	1000	2900		
秘鲁	千克	861	431		
奥地利	千克	238	655	2800722	2498067
加纳	千克	223	200		
牙买加	千克	100	39		
塞内加尔	千克	58	2000		
加蓬	千克	28	1060		
多米尼加	千克	11	150		
阿尔巴尼亚	千克	4	200		
中国	千克			11463674	9069681
斯洛文尼亚	千克			5486	7941
瑞典	千克			868806	769026
瑞士	千克			309548	271235
国别(地区)不详	千克			106	183
48101400 成张的书写、印刷或类似用纸，机械纤维≤10%，成张≤435 毫米×297 毫米					
合计	千克	795879	904428	3540989	3543305
中国	千克			1931437	1574646
韩国	千克	57303	51886	559773	413382
台湾省	千克	5307	5652	437455	501945
日本	千克	1162	6054	214800	332331
芬兰	千克			172835	151939
印度尼西亚	千克			114590	139684
香港	千克	178718	286858	42967	29052
德国	千克	23300	50039	28292	64203
瑞士	千克			10954	254775
澳大利亚	千克	98	142	9104	9559
法国	千克			8540	37202
马来西亚	千克	26721	30781	2750	3645
美国	千克	17575	43091	2668	11693
瑞典	千克	3	33	2012	1811
奥地利	千克	642	5619	1100	1650
泰国	千克	10494	4239	800	240
意大利	千克	79	79	330	861
新加坡	千克	1193	1482	243	4489
荷兰	千克	5992	20359	180	4366
加拿大	千克	2478	3945	84	650
英国	千克	278	3327	68	5030
国别(地区)不详	千克			5	100
丹麦	千克			2	52

(续)

商品/国别(地区)	计量单位	出口数量	出口金额(美元)	进口数量	进口金额(美元)
越南	千克	850	4757		
柬埔寨	千克	4100	5053		
阿联酋	千克	640	919		
俄罗斯	千克	22880	80200		
乌拉圭	千克	633	3187		
巴西	千克	80	161		
埃塞俄比亚	千克	16997	14528		
智利	千克	21631	17500		
毛里求斯	千克	925	1350		
朝鲜	千克	46910	49673		
希腊	千克	928	900		
危地马拉	千克	18250	8730		
西班牙	千克	400	400		
阿根廷	千克	3960	7680		
伊朗	千克	5500	14300		
保加利亚	千克	41271	26617		
伊拉克	千克	4494	4118		
蒙古	千克	133483	25323		
刚果(金)	千克	800	1282		
印度	千克	386	4080		
巴布亚新几内亚	千克	1916	13978		
新西兰	千克	22090	15528		
亚洲其他国家(地区)	千克	113420	83308		
菲律宾	千克	1992	7270		
48101900 其他书写、印刷或类似用途的纸及纸板，含机械纤维≤10%					
合计	千克	933318560	674640655	118367674	110176154
美国	千克	182351900	130473034	1101731	1396403
香港	千克	94687963	71173380	111041	107494
英国	千克	66068194	47755430	720973	2081853
印度	千克	61000680	43390610	6663	5426
土耳其	千克	37510714	26606527	297	447
日本	千克	32797778	25186576	24108694	23536626
巴西	千克	32503777	23592362	11736	8072
台湾省	千克	27597440	20231476	17095064	14489265
新加坡	千克	27054613	19317504	7044	8951
泰国	千克	24697369	17394174	165567	134398
意大利	千克	24468300	17683643	523889	818168
马来西亚	千克	22790485	16544757	30	27
法国	千克	21933545	16182884	243771	377120
澳大利亚	千克	20085813	15003538	144946	79338
以色列	千克	14584682	10396998		
加拿大	千克	14501394	10459255		
俄罗斯	千克	14297215	10683702		
南非	千克	13539176	10115017	140	210
韩国	千克	12840620	8950435	22663195	19794282
阿根廷	千克	12749390	8572161	38466	150836
波兰	千克	9230273	6530584		
阿联酋	千克	8421247	5917171		
乌克兰	千克	7930385	5862789		
墨西哥	千克	7887662	5411230		
希腊	千克	7739382	5443200		

(续)

商品/国别(地区)	计量单位	出口数量	出口金额(美元)	进口数量	进口金额(美元)
秘鲁	千克	7622213	5626768		
德国	千克	7574443	5657260	2852217	2500505
哥伦比亚	千克	6493450	4485361		
比利时	千克	6225949	4256285	48701	48213
西班牙	千克	6092505	4325591	34242	27994
黎巴嫩	千克	5827185	3904236		
伊朗	千克	5203961	3475344		
新西兰	千克	5116795	3822678	21529	30902
危地马拉	千克	4651572	2955425		
越南	千克	4183458	2858446		
捷克	千克	4076518	3008206		
厄瓜多尔	千克	4004011	2864371		
塞尔维亚	千克	3853869	2757050		
罗马尼亚	千克	3493751	2567895		
保加利亚	千克	3484910	2488050		
孟加拉国	千克	3379648	2622818		
哈萨克斯坦	千克	3308251	2797969		
斯里兰卡	千克	3106543	2320613		
巴基斯坦	千克	2729901	1876793		
叙利亚	千克	2664395	1963306		
菲律宾	千克	2595907	1864128		
尼日利亚	千克	2198532	1632061		
肯尼亚	千克	2122149	1546566		
斯洛文尼亚	千克	2026952	1520838		
埃及	千克	2005394	1300770		
委内瑞拉	千克	1879967	1331924		
沙特阿拉伯	千克	1722344	1156309		
哥斯达黎加	千克	1570495	980359		
克罗地亚	千克	1437433	991900		
科威特	千克	1294326	1041852		
亚洲其他国家(地区)	千克	1200068	1190430		
巴林	千克	1188929	765497		
约旦	千克	1182356	835334		
缅甸	千克	1166768	802210		
智利	千克	1094211	740932		
蒙古	千克	1088790	507734		
印度尼西亚	千克	988836	787637	4056577	3893639
法属圭亚那	千克	895298	517309		
阿曼	千克	873837	538086		
朝鲜	千克	827392	721133		
爱尔兰	千克	644651	455334		
巴拉圭	千克	627068	431665		
瑞典	千克	558495	361511	196379	215208
拉脱维亚	千克	501990	374741		
奥地利	千克	495546	360653	533639	606145
留尼汪	千克	482668	375123		
喀麦隆	千克	470171	316840		
乌兹别克斯坦	千克	453540	336275		
匈牙利	千克	431386	251888		
塞浦路斯	千克	412304	279151		
苏丹	千克	348697	224896		
巴拿马	千克	345939	245131		

(续)

商品/国别(地区)	计量单位	出口数量	出口金额(美元)	进口数量	进口金额(美元)
立陶宛	千克	303220	228331		
加纳	千克	271636	205997		
阿尔巴尼亚	千克	267674	154180		
贝宁	千克	260330	179692		
塞内加尔	千克	255736	155278		
乌拉圭	千克	238009	168049		
多哥	千克	222151	161726		
洪都拉斯	千克	219574	134652		
芬兰	千克	218863	180955	1092357	1288065
波多黎各	千克	215642	168317		
埃塞俄比亚	千克	196758	189102		
荷兰	千克	192117	134213	268475	300000
文莱	千克	166268	109730		
毛里求斯	千克	159316	111662		
科特迪瓦	千克	158852	124689		
格鲁吉亚	千克	156796	107349		
圭亚那	千克	153618	122577		
莫桑比克	千克	140969	119208		
古巴	千克	130000	222436		
新喀里多尼亚	千克	125312	91784		
也门	千克	118557	87904		
坦桑尼亚	千克	118473	70672		
柬埔寨	千克	108618	82315		
吉尔吉斯斯坦	千克	106731	79356		
马耳他	千克	101528	66800		
马拉维	千克	101407	85689		
特立尼达和多巴哥	千克	99920	64400		
马里	千克	99045	61012		
多米尼加	千克	90535	60155		
澳门	千克	89919	51793		
波黑	千克	85905	72590		
利比亚	千克	74743	53893		
塞拉利昂	千克	70903	40840		
斯洛伐克	千克	59744	42556		
刚果(布)	千克	59720	39625		
萨尔瓦多	千克	54680	38158		
卡塔尔	千克	54348	33479		
牙买加	千克	41437	33971		
马达加斯加	千克	40625	25025		
爱沙尼亚	千克	38304	25894		
马其顿	千克	21442	18119		
毛里塔尼亚	千克	20496	17319		
巴巴多斯	千克	20425	11765		
多米尼加	千克	20295	17149		
葡萄牙	千克	20142	12408	47199	42594
瓜德罗普岛	千克	19935	13476		
阿尔及利亚	千克	17037	39185		
玻利维亚	千克	8400	15000		
马尔代夫	千克	4141	3180		
土库曼斯坦	千克	1750	7024		
赞比亚	千克	750	857		
丹麦	千克			3694	5541

（续）

商品/国别（地区）	计量单位	出口数量	出口金额（美元）	进口数量	进口金额（美元）
瑞士	千克			3017	16226
中国	千克			42266131	38211936
国别(地区)不详	千克			270	270
48102200 涂布高岭土或其他书写、印刷或类似用途纸及纸板，机械纤维>10%					
合计	千克	146511932	109472779	17421081	13588380
日本	千克	63358321	49269763	9908683	8403922
韩国	千克	27994431	20120392	15468	28139
澳大利亚	千克	21668392	15338141	272980	116239
香港	千克	8156609	5728586	24863	10674
伊朗	千克	4343392	3183556		
巴西	千克	3210277	2245985		
新加坡	千克	2632027	1805300		
泰国	千克	2168982	1550961	12444	6541
印度	千克	1696793	1134625		
美国	千克	1383975	1766170	425642	280305
阿曼	千克	1057549	741910		
印度尼西亚	千克	1012079	719990	17082	11669
意大利	千克	945411	656278	32698	146449
马来西亚	千克	918203	674988		
哥伦比亚	千克	767829	596067		
巴林	千克	698207	515810		
台湾省	千克	550188	398781	37726	31431
萨尔瓦多	千克	433870	292981		
乌克兰	千克	383234	255892		
委内瑞拉	千克	378413	293035		
希腊	千克	365584	259565		
孟加拉国	千克	310563	323826		
土耳其	千克	301315	214345		
沙特阿拉伯	千克	253694	173816		
加拿大	千克	248214	326394		
塞浦路斯	千克	161364	118950		
巴拿马	千克	150498	101113		
蒙古	千克	130305	75919		
阿根廷	千克	122016	83859		
南非	千克	111170	78661		
阿联酋	千克	97284	56755		
科威特	千克	91454	60880		
黎巴嫩	千克	79234	57286		
留尼汪	千克	59092	48455		
秘鲁	千克	49752	40299		
保加利亚	千克	46630	31779		
菲律宾	千克	26203	4446		
约旦	千克	25987	18597		
墨西哥	千克	20235	8195		
摩洛哥	千克	19423	13659		
博茨瓦那	千克	17945	13555		
科特迪瓦	千克	15640	2018		
阿尔及利亚	千克	15500	24712		
加纳	千克	12465	3217		
荷兰	千克	5906	17973		
尼日利亚	千克	5203	4744		

（续）

商品/国别（地区）	计量单位	出口数量	出口金额（美元）	进口数量	进口金额（美元）
尼日尔	千克	2832	3583		
赞比亚	千克	1426	3176		
以色列	千克	1285	5114		
莫桑比克	千克	1180	626		
多米尼加	千克	902	780		
危地马拉	千克	805	596		
葡萄牙	千克	767	529	3478	18972
芬兰	千克	747	2872	1398685	990876
马拉维	千克	475	628		
越南	千克	280	557		
新西兰	千克	160	300	33216	11660
德国	千克	99	90	4055733	2666969
马达加斯加	千克	40	249		
斯里兰卡	千克	40	763		
英国	千克	11	52	611673	473825
贝宁	千克	5	291		
喀麦隆	千克	5	101		
俄罗斯	千克	4	117		
巴基斯坦	千克	3	54		
尼泊尔	千克	3	52		
缅甸	千克	1	4		
肯尼亚	千克	1	4		
阿富汗	千克	1	4		
津巴布韦	千克	1	4		
利比里亚	千克	1	4		
中国	千克			392045	262571
法国	千克			23931	25322
比利时	千克			154734	102816
48102900 其他涂布高岭土或其他无机物的书写、印刷或类似用途纸及纸板，机械纤维>10%					
合计	千克	162510143	122052888	31840252	27128884
美国	千克	108538470	79992891	3548648	3251054
加拿大	千克	6821927	4843458		
英国	千克	6356723	4991098	426222	378865
南非	千克	3822798	3004852		
泰国	千克	3707055	2741535	3342	1948
香港	千克	2629577	1979334	92345	53121
以色列	千克	2623545	2168528		
法国	千克	2290578	1841651	105971	160175
土耳其	千克	1724049	1330897		
德国	千克	1620317	1202753	1097646	1220183
阿联酋	千克	1509987	1170036		
澳大利亚	千克	1508386	1131125	130647	83508
阿根廷	千克	1452133	1193684	70151	117974
哥伦比亚	千克	1421138	1153713		
印度	千克	996223	726816	398	308
希腊	千克	886152	724684		
墨西哥	千克	858330	692756		
新西兰	千克	821485	642737	16470	11710
比利时	千克	791722	663293	141664	82125
保加利亚	千克	727503	560504		
尼日利亚	千克	704276	548266		

(续)

商品/国别(地区)	计量单位	出口数量	出口金额(美元)	进口数量	进口金额(美元)
意大利	千克	695151	555602	545474	725846
巴西	千克	650431	467843	1775	4224
埃及	千克	585096	449375		
秘鲁	千克	562047	459432		
罗马尼亚	千克	451404	350477		
台湾省	千克	434882	440364	2855748	2580075
伊朗	千克	425221	413674		
黎巴嫩	千克	383568	291710		
科威特	千克	375614	276305		
波兰	千克	353768	278609		
塞尔维亚	千克	295436	214556		
沙特阿拉伯	千克	264563	202468		
越南	千克	245793	239065		
巴林	千克	238124	189247		
西班牙	千克	224027	183176	1045562	950246
约旦	千克	219654	157569		
叙利亚	千克	218816	177483		
波多黎各	千克	211341	150334		
肯尼亚	千克	199114	153803		
捷克	千克	196345	152884		
喀麦隆	千克	195344	165931		
哥斯达黎加	千克	187594	174201		
阿曼	千克	177926	145192		
俄罗斯	千克	158946	115161		
厄瓜多尔	千克	153015	122462		
荷兰	千克	148352	95068	30129	19102
圭亚那	千克	146899	137965		
洪都拉斯	千克	126534	106280		
蒙古	千克	120832	93511		
菲律宾	千克	119193	82679		
乌克兰	千克	118274	87409		
新加坡	千克	105851	70916	83	249
塞内加尔	千克	98975	87039		
斯里兰卡	千克	98673	91557		
留尼汪	千克	97015	78494		
苏丹	千克	79387	57688		
坦桑尼亚	千克	77857	66326		
利比亚	千克	77560	64816		
巴基斯坦	千克	76705	53951		
印度尼西亚	千克	76537	48218	3319053	2446425
委内瑞拉	千克	75250	65007		
智利	千克	75006	65907		
马拉维	千克	58248	43781		
瑞典	千克	40307	33231	556817	492829
孟加拉国	千克	40062	29580		
日本	千克	39813	34806	2572300	2934653
毛里求斯	千克	39770	31390		
瓜德罗普岛	千克	39604	28464		
贝宁	千克	39261	36870		
克罗地亚	千克	39200	36938		
安哥拉	千克	38893	84598		
乌拉圭	千克	38643	34296		

(续)

商品/国别(地区)	计量单位	出口数量	出口金额(美元)	进口数量	进口金额(美元)
刚果(布)	千克	38476	32280		
巴拉圭	千克	38134	32011		
也门	千克	37879	25509		
巴拿马	千克	35635	31765		
韩国	千克	35442	35701	11076414	8254469
哈萨克斯坦	千克	34401	102577		
马来西亚	千克	19840	16786		
多哥	千克	19760	18554		
刚果(金)	千克	19757	14015		
爱尔兰	千克	19699	18535		
格鲁吉亚	千克	19699	18516		
牙买加	千克	19530	16385		
奥地利	千克	19495	13809	648620	800883
芬兰	千克	19474	14389	753902	758365
多米尼加	千克	19363	11796		
埃塞俄比亚	千克	18938	15888		
黑山	千克	15053	8200		
科特迪瓦	千克	14728	10890		
突尼斯	千克	12700	27940		
加纳	千克	2916	4586		
马达加斯加	千克	485	289		
乌兹别克斯坦	千克	400	3919		
葡萄牙	千克	30	210		
马耳他	千克	10	12		
匈牙利	千克	3	4		
丹麦	千克	1	3	10944	14043
瑞士	千克			384	558
斯洛文尼亚	千克			106177	129511
中国	千克			2683366	1656435

48103100 涂布高岭土或其他无机物的本体均匀漂白牛皮纸及纸板，重≤150 克木纤维 >95%

商品/国别(地区)	计量单位	出口数量	出口金额(美元)	进口数量	进口金额(美元)
合计	千克	3040205	1930716	14372024	18836106
瑞士	千克			2812338	4440506
印度尼西亚	千克	24544	24704	1772301	2387650
台湾省	千克	1232198	932906	1735482	1714249
芬兰	千克			1641452	1903617
日本	千克	8186	40915	1623635	2453707
瑞典	千克			1115158	1345563
德国	千克	33807	46877	912924	1513187
美国	千克	32314	27381	792689	658275
意大利	千克	43100	21550	638885	962242
中国	千克			564076	418764
韩国	千克	1292	3300	351852	406633
法国	千克	2535	654	196157	398651
奥地利	千克			77325	86610
香港	千克	62028	62894	35919	32205
泰国	千克	116625	43572	35250	35656
巴西	千克			23642	24824
澳大利亚	千克	12530	36286	22215	12668
波兰	千克	357	1976	17936	34823
印度	千克	33013	40219	2172	1086
英国	千克	6000	7290	582	3597

（续）

商品/国别（地区）	计量单位	出口数量	出口金额（美元）	进口数量	进口金额（美元）
荷兰	千克	320	525	24	148
新加坡	千克	361	1048	6	12
西班牙	千克			4	1433
贝宁	千克	63049	66201		
阿根廷	千克	3546	4005		
比利时	千克	11039	32802		
希腊	千克	108	162		
朝鲜	千克	80735	58840		
马来西亚	千克	12155	8630		
菲律宾	千克	60650	35284		
苏丹	千克	385	908		
多米尼加	千克	2925	8775		
俄罗斯	千克	1752	2417		
伊朗	千克	116892	45480		
越南	千克	12430	8950		
蒙古	千克	862524	224620		
挪威	千克	8	8		
以色列	千克	2958	14790		
新西兰	千克	670	6700		
柬埔寨	千克	18446	18050		
亚洲其他国家(地区)	千克	177060	100820		
所罗门群岛	千克	2346	533		
埃及	千克	1317	644		
48103200 涂布高岭土或其他无机物的本体均匀漂白牛皮纸及纸板，重>150 克木纤维>95%					
合计	千克	510481506	422965785	395502822	328573065
美国	千克	52665217	46459480	99833502	100111832
印度	千克	43530697	36187506	4079	2040
香港	千克	40637128	34319622	1600923	873426
土耳其	千克	39353127	30843952	505	826
台湾省	千克	35711863	30914358	65165485	35969073
韩国	千克	22379492	17996635	67623371	39910635
巴基斯坦	千克	20907149	17994498		
泰国	千克	19140109	14648553	249195	297978
马来西亚	千克	18800111	15390651	51609	35365
越南	千克	18746381	14076952		
阿联酋	千克	14154317	11623711		
菲律宾	千克	12457843	10223756		
俄罗斯	千克	12273004	10547571	140860	82727
意大利	千克	11406166	9542014	1092995	962143
澳大利亚	千克	10156662	9151996	1697180	940649
埃及	千克	8373173	6961726		
伊朗	千克	7528971	6079356		
西班牙	千克	7211379	5839696	14889	7870
孟加拉国	千克	7070984	4921732		
沙特阿拉伯	千克	6857703	5649696		
英国	千克	6384057	5826231	1299959	1163705
黎巴嫩	千克	6335054	5330356		
新加坡	千克	6085160	4893606	38767	38325
南非	千克	5924858	4445174		
加拿大	千克	5563611	4926065	155326	177760
日本	千克	4982429	4522572	7542604	10714091

（续）

商品/国别（地区）	计量单位	出口数量	出口金额（美元）	进口数量	进口金额（美元）
比利时	千克	4629665	3906498	431933	408807
荷兰	千克	4547534	4162095	193843	199306
波兰	千克	4297034	3094820	82512	143418
叙利亚	千克	3417510	2803227		
巴西	千克	3242282	2688436	266096	148507
尼日利亚	千克	3099029	2456908		
斯里兰卡	千克	2987923	2296830		
斯洛文尼亚	千克	2817014	2124691		
印度尼西亚	千克	2429938	1155262	30850066	24534532
墨西哥	千克	2418141	1918128		
以色列	千克	2385859	2000945		
哈萨克斯坦	千克	2376722	2022468		
乌兹别克斯坦	千克	1573929	973221		
乌克兰	千克	1454665	1235516		
危地马拉	千克	1447712	1278758		
吉尔吉斯斯坦	千克	1338324	1206650		
约旦	千克	1303078	1094065		
保加利亚	千克	1171789	982276		
缅甸	千克	1073787	768666		
德国	千克	980229	880143	457288	597027
科威特	千克	968940	814917		
朝鲜	千克	926642	867694		
希腊	千克	901185	791927		
匈牙利	千克	879088	804327		
立陶宛	千克	855332	603750		
法国	千克	817471	688275	235111	457217
捷克	千克	796425	698984		
葡萄牙	千克	753087	627799	564059	494962
罗马尼亚	千克	706772	621257		
突尼斯	千克	622229	528319		
巴林	千克	582480	340072		
亚洲其他国家(地区)	千克	581600	481164		
肯尼亚	千克	520886	416582		
柬埔寨	千克	505095	459792		
格鲁吉亚	千克	460704	425327		
秘鲁	千克	403306	228898		
哥斯达黎加	千克	400788	343736		
塞尔维亚	千克	386977	335339		
阿曼	千克	327867	276494		
也门	千克	226644	178237		
丹麦	千克	224200	213900	3943	2435
洪都拉斯	千克	222303	188031		
塞浦路斯	千克	221511	151481		
巴拿马	千克	209749	183758		
委内瑞拉	千克	200217	154397		
阿尔及利亚	千克	191033	147603		
克罗地亚	千克	189216	178363		
利比亚	千克	162011	141514		
伊拉克	千克	161218	601614		
澳门	千克	160216	156755	490	490
萨尔瓦多	千克	156590	104839		
厄瓜多尔	千克	141896	108905		

(续)

商品/国别(地区)	计量单位	出口数量	出口金额(美元)	进口数量	进口金额(美元)
爱尔兰	千克	137315	127888		
毛里求斯	千克	133856	92846		
芬兰	千克	133201	126684	27948943	27301089
多哥	千克	128232	104670		
喀麦隆	千克	115290	90865		
乌拉圭	千克	112857	93724		
阿塞拜疆	千克	105439	90978		
智利	千克	104141	56633	439147	359294
巴拉圭	千克	103164	87487		
奥地利	千克	97764	79189	158745	175366
卡塔尔	千克	97049	84117		
坦桑尼亚	千克	95725	73901		
土库曼斯坦	千克	69481	58453		
厄立特里亚	千克	49266	44093		
马拉维	千克	45865	30534		
黑山	千克	41796	61102		
蒙古	千克	41672	124501		
新西兰	千克	40766	38751	13052668	11177219
阿根廷	千克	35571	29831		
瑞士	千克	32811	18660	506360	593251
乌干达	千克	25631	14994		
刚果(布)	千克	23820	19890		
牙买加	千克	23648	19391		
马耳他	千克	23051	19248		
多米尼加	千克	21648	25645		
斐济	千克	20060	9027		
毛里塔尼亚	千克	19056	14768		
贝宁	千克	18631	16209		
刚果(金)	千克	18508	14991		
波多黎各	千克	18458	14951		
苏丹	千克	18390	14896		
瑞典	千克	14906	12447	58761659	60652896
加纳	千克	14819	11781		
塔吉克斯坦	千克	4300	7850		
老挝	千克	2512	3416		
尼泊尔	千克	320	256		
中国	千克			15038710	10038804
48103900 其他涂布高岭土或其他无机物的牛皮纸及纸板，木纤维>95%					
合计	千克	698073	781967	36038259	18931966
美国	千克	65316	131001	19853784	10515983
瑞典	千克			12712008	5577930
巴西	千克			2147679	941777
日本	千克	27536	96129	568389	970683
俄罗斯	千克			311760	150522
意大利	千克			151254	351215
台湾省	千克	16050	18825	127040	154890
德国	千克			56131	59733
印度尼西亚	千克	33825	126339	23949	26344
荷兰	千克	8510	34198	21300	6390
香港	千克	137312	52488	20147	39422
韩国	千克	220	86	13166	52439

(续)

商品/国别(地区)	计量单位	出口数量	出口金额(美元)	进口数量	进口金额(美元)
新西兰	千克			10127	9308
瑞士	千克			8383	42197
新加坡	千克	5711	2935	4273	9048
马来西亚	千克			2789	4143
英国	千克	9555	25121	2165	12681
法国	千克			1729	5016
澳大利亚	千克	277	5318	1288	1569
中国	千克			853	655
匈牙利	千克			45	21
朝鲜	千克	1500	2570		
泰国	千克	29475	64584		
科威特	千克	10780	4312		
菲律宾	千克	48550	21146		
安哥拉	千克	40	117		
蒙古	千克	12000	2400		
越南	千克	219384	115975		
伊朗	千克	8408	23668		
阿联酋	千克	4483	6979		
厄瓜多尔	千克	34972	17662		
阿尔及利亚	千克	920	1104		
柬埔寨	千克	2400	1230		
印度	千克	975	1456		
沙特阿拉伯	千克	575	575		
尼日利亚	千克	17559	23184		
加拿大	千克	1740	2565		
48109200 涂布高岭土或其他无机物多层纸及纸板					
合计	千克	96450051	53897135	302244229	324276182
瑞典	千克	31926	25216	166075431	231173623
韩国	千克	178628	77523	49961547	26897874
台湾省	千克	23978	24290	38312163	19814032
巴西	千克	135176	79341	18820555	20591124
美国	千克	128484	96879	8547757	7896681
芬兰	千克	49820	32881	5170873	5311599
荷兰	千克			3474916	1914101
新西兰	千克			3288875	2717214
日本	千克	12898007	7233544	3101593	3504088
印度尼西亚	千克	5458906	2585082	2629394	2064444
中国	千克			1825516	1077048
德国	千克	276145	157216	697737	1029083
奥地利	千克			104852	59928
泰国	千克	3301636	1973608	48501	40013
智利	千克			42074	31717
新加坡	千克	406452	603426	41350	24960
瑞士	千克			36860	54883
法国	千克			34332	38255
意大利	千克	1082326	474535	10367	7779
香港	千克	17770873	11835443	9191	8752
英国	千克	1453	1299	6469	13634
马来西亚	千克	2878332	1342658	1784	857
澳大利亚	千克	508295	264401	1172	2958
印度	千克	739500	470234	910	1448
比利时	千克	108406	71445	10	87

(续)

商品/国别(地区)	计量单位	出口数量	出口金额(美元)	进口数量	进口金额(美元)
沙特阿拉伯	千克	827246	501819		
阿联酋	千克	1607910	890789		
埃塞俄比亚	千克	157560	103990		
巴基斯坦	千克	4266225	2519459		
罗马尼亚	千克	308264	203454		
埃及	千克	349513	174144		
利比亚	千克	41650	18326		
毛里求斯	千克	56266	26693		
斐济	千克	29940	14538		
科威特	千克	52860	28617		
委内瑞拉	千克	19176	7958		
哈萨克斯坦	千克	911754	568132		
乌兹别克斯坦	千克	1230899	778914		
塞浦路斯	千克	111039	61731		
尼日利亚	千克	129002	38254		
加拿大	千克	30	150		
土耳其	千克	4787375	2376551		
摩洛哥	千克	16172	36828		
巴拉圭	千克	820	6023		
柬埔寨	千克	30208	26162		
吉布提	千克	43920	18886		
阿尔及利亚	千克	13167	5186		
肯尼亚	千克	226880	106707		
马耳他	千克	67164	32798		
约旦	千克	35175	23216		
哥伦比亚	千克	4000	1910		
纳米比亚	千克	9102	14058		
澳门	千克	73200	39114		
巴林	千克	34646	19852		
以色列	千克	4474927	2844623		
古巴	千克	216000	233845		
南非	千克	945915	485440		
保加利亚	千克	148825	64278		
秘鲁	千克	436906	195461		
坦桑尼亚	千克	773140	354496		
波兰	千克	3582931	1802331		
越南	千克	6750350	3131519		
吉尔吉斯斯坦	千克	299647	193827		
伊朗	千克	9823793	4634974		
刚果(布)	千克	108850	54118		
安哥拉	千克	8000	5222		
孟加拉国	千克	696578	325873		
葡萄牙	千克	690336	407689		
塞内加尔	千克	57702	22313		
叙利亚	千克	207909	92837		
乌克兰	千克	431196	202712		
多米尼加	千克	493500	217140		
俄罗斯	千克	206388	146348		
毛里塔尼亚	千克	16144	10655		
科特迪瓦	千克	31576	13752		
洪都拉斯	千克	47510	20667		
津巴布韦	千克	3043	2678		

(续)

商品/国别(地区)	计量单位	出口数量	出口金额(美元)	进口数量	进口金额(美元)
尼加拉瓜	千克	57918	30147		
菲律宾	千克	187641	87499		
加纳	千克	259276	122093		
也门	千克	59395	22908		
西班牙	千克	1467669	844962		
阿曼	千克	54086	28097		
希腊	千克	216979	132925		
斯里兰卡	千克	330637	151882		
危地马拉	千克	178480	117797		
缅甸	千克	1748251	896012		
墨西哥	千克	19047	6735		
48109900 未列名涂布高岭土或其他无机物的纸及纸板					
合计	千克	12412518	8229480	3118949	5537774
印度尼西亚	千克	6252908	2957204	35664	17405
越南	千克	1456131	817367	10328	10263
伊朗	千克	725255	381176		
尼日利亚	千克	471913	191026		
香港	千克	395552	731448	123146	61437
缅甸	千克	365305	194045		
韩国	千克	343387	316593	524527	249398
叙利亚	千克	230569	84537		
吉尔吉斯斯坦	千克	184890	443550		
阿联酋	千克	159764	161244		
孟加拉国	千克	148472	54452		
土耳其	千克	129966	32370		
乌兹别克斯坦	千克	113428	56540		
加拿大	千克	98719	168341		
印度	千克	96820	157992	75	301
约旦	千克	91663	52798		
菲律宾	千克	88755	48735		
马来西亚	千克	75684	39952	24371	15597
埃及	千克	74080	79069		
澳大利亚	千克	72772	119832	23162	10459
沙特阿拉伯	千克	69358	60962		
俄罗斯	千克	66575	266209	351	374
巴基斯坦	千克	52840	24244		
阿尔及利亚	千克	52162	54248		
泰国	千克	47492	37163	139	108
英国	千克	46853	55463	39062	76039
以色列	千克	44510	19951	305	199
斐济	千克	37500	7500		
秘鲁	千克	32504	37257		
台湾省	千克	32260	103431	575994	622730
白俄罗斯	千克	31898	18426		
美国	千克	24284	46646	251522	331631
意大利	千克	24071	11075	130264	205988
亚洲其他国家(地区)	千克	22443	21057		
新西兰	千克	20174	15948		
马达加斯加	千克	19712	8062		
毛里求斯	千克	18000	8454		
智利	千克	17656	17297		
克罗地亚	千克	17352	174		

（续）

商品/国别（地区）	计量单位	出口数量	出口金额（美元）	进口数量	进口金额（美元）
科威特	千克	17302	19057		
巴拿马	千克	16972	98438		
日本	千克	16515	36263	740331	2284373
坦桑尼亚	千克	15264	6664		
塞内加尔	千克	14444	7222		
塔吉克斯坦	千克	12300	31500		
希腊	千克	10214	4125		
吉布提	千克	9616	6418		
哈萨克斯坦	千克	9340	41360		
新加坡	千克	5193	18975	5367	31298
格鲁吉亚	千克	5000	10400		
西班牙	千克	3800	7280		
巴西	千克	3648	10154		
危地马拉	千克	3500	1450		
阿根廷	千克	3286	9270		
斯里兰卡	千克	2230	1561	3337	3337
斯洛文尼亚	千克	1800	3807		
巴林	千克	1750	3301		
朝鲜	千克	1100	1515		
几内亚	千克	995	597		
罗马尼亚	千克	825	2150		
乌克兰	千克	770	1850		
匈牙利	千克	700	1395		
德国	千克	623	579	122245	841193
巴拉圭	千克	210	400		
波兰	千克	188	60		
立陶宛	千克	154	282		
阿尔巴尼亚	千克	150	168		
法国	千克	148	76	68047	185786
荷兰	千克	144	216	38897	127180
芬兰	千克	142	180	12951	10497
突尼斯	千克	136	27		
澳门	千克	100	26		
乌拉圭	千克	70	280		
多米尼加	千克	60	60		
南非	千克	60	250		
巴布亚新几内亚	千克	60	124		
葡萄牙	千克	20	108		
老挝	千克	7	14		
委内瑞拉	千克	5	40		
中国	千克			337364	317129
瑞典	千克			24779	29832
瑞士	千克			15009	95122
丹麦	千克			5	13
奥地利	千克			11707	10085

4811 成卷或成张矩形的涂布浸渍覆面染面饰面或印花纸

48111000 成卷或成张任何形状焦油纸及纸板、沥青纸及纸板					
合计	千克	4095941	1719673	162879	155145
坦桑尼亚	千克	865344	298106		
蒙古	千克	774960	126845		

（续）

商品/国别（地区）	计量单位	出口数量	出口金额（美元）	进口数量	进口金额（美元）
美国	千克	720726	403773	271	2056
加拿大	千克	531250	296600		
香港	千克	270681	153092	113696	54291
也门	千克	261562	98698		
澳门	千克	196570	61688		
巴拿马	千克	100000	51028		
牙买加	千克	98000	41744		
新西兰	千克	35660	16000		
瑞典	千克	34000	23520		
菲律宾	千克	31360	16312		
新加坡	千克	28330	34572		
朝鲜	千克	25600	5981		
危地马拉	千克	25000	13931		
加纳	千克	21700	11064		
亚洲其他国家(地区)	千克	21140	1793		
斯洛文尼亚	千克	14000	9556		
马来西亚	千克	11250	3367		
英国	千克	10100	4580	43	509
突尼斯	千克	6650	13020		
苏丹	千克	5589	2450		
巴基斯坦	千克	1244	2364		
刚果(布)	千克	1050	1155		
印度尼西亚	千克	997	17549		
越南	千克	900	659		
喀麦隆	千克	484	1575		
捷克	千克	362	283		
荷兰	千克	315	2047		
沙特阿拉伯	千克	291	651		
斐济	千克	225	2181		
柬埔寨	千克	197	71		
日本	千克	180	1443	16489	31183
埃塞俄比亚	千克	100	120		
澳大利亚	千克	69	77		
比利时	千克	30	120	2	2
伊朗	千克	15	58		
德国	千克	10	1600	1377	4294
瑞士	千克			13	75
中国	千克			4454	2013
台湾省	千克			111	659
韩国	千克			8342	3799
奥地利	千克			18081	56264
48114100 成卷或成张矩形的任何尺寸的自粘胶粘纸及纸板					
合计	千克	48780056	100005147	28693100	135864974
香港	千克	10175568	30012673	702014	1786764
马来西亚	千克	2538130	3305344	1843390	3580370
日本	千克	2401434	8544363	6595972	49009975
巴基斯坦	千克	1903965	3057583		
越南	千克	1873425	3092403	44	958
澳大利亚	千克	1862704	4510883	10966	65235
印度	千克	1729798	2740839	2883	14333
美国	千克	1708648	3448771	4420550	13717824
俄罗斯	千克	1645206	3563119	856	2718

(续)

商品/国别(地区)	计量单位	出口数量	出口金额(美元)	进口数量	进口金额(美元)
伊朗	千克	1605230	2296882		
埃及	千克	1224535	1822369		
印度尼西亚	千克	1097931	1744462	1316511	3140724
阿联酋	千克	1055274	1668448	1856	9886
孟加拉国	千克	1028191	1597010		
沙特阿拉伯	千克	1019033	1889035		
尼日利亚	千克	1017983	1394416		
德国	千克	771762	1874165	433983	3128480
新加坡	千克	768812	1036528	68638	548410
西班牙	千克	764271	1239172	41684	60464
菲律宾	千克	711667	913434	17	121
韩国	千克	699610	1373345	1670878	16059958
泰国	千克	535940	807259	960195	1464287
土耳其	千克	487995	853707	1041	4295
台湾省	千克	467870	934303	6265192	24531954
荷兰	千克	442349	843870	1650	59043
叙利亚	千克	429014	527413		
乌克兰	千克	419086	718124	12958	15550
英国	千克	412144	929614	296207	2512544
巴西	千克	399959	655170	165170	61600
南非	千克	370638	689381	82	1324
墨西哥	千克	362063	574527	19666	68595
约旦	千克	344738	480144		
阿尔及利亚	千克	324758	533807		
新西兰	千克	323426	717658	99	2308
意大利	千克	302579	628770	42018	431474
智利	千克	275177	506149		
以色列	千克	224119	438485	124	1892
伊拉克	千克	215415	291576		
黎巴嫩	千克	208855	438640		
法国	千克	196579	468188	160835	894534
芬兰	千克	190251	263657	120147	652265
加拿大	千克	158971	288124	309984	3031528
罗马尼亚	千克	150493	276543		
乌兹别克斯坦	千克	147935	314965		
危地马拉	千克	147912	243084		
利比亚	千克	146499	196567		
希腊	千克	144084	247455		
也门	千克	140917	224821		
肯尼亚	千克	139884	164282		
葡萄牙	千克	132190	199118	40	468
阿根廷	千克	128199	189700	6	130
科威特	千克	119680	185099		
斯里兰卡	千克	103469	176125	80	355
摩洛哥	千克	100363	97795		
波兰	千克	95455	115023	1919	27439
哥伦比亚	千克	92780	180294	23110	9244
赞比亚	千克	91339	50069		
乌拉圭	千克	90560	122998		
坦桑尼亚	千克	89155	107379		
格鲁吉亚	千克	89088	150312		
巴拿马	千克	88301	95917		

(续)

商品/国别(地区)	计量单位	出口数量	出口金额(美元)	进口数量	进口金额(美元)
秘鲁	千克	83179	111332		
克罗地亚	千克	77987	162352		
比利时	千克	74434	130216	63403	398996
塞尔维亚	千克	71733	135559		
萨尔瓦多	千克	71539	109370		
加纳	千克	67726	87083		
委内瑞拉	千克	67598	100386		
巴林	千克	65777	110241		
厄瓜多尔	千克	63025	121508	1	18
爱沙尼亚	千克	60750	51642		
突尼斯	千克	60190	81381		
斯洛文尼亚	千克	53512	88993	28	454
朝鲜	千克	50368	52413		
毛里求斯	千克	50223	80073		
安哥拉	千克	45945	92709		
加蓬	千克	41453	32835		
瑞典	千克	37970	82353	8076	74843
卡塔尔	千克	33971	88176	538	1417
伯利兹	千克	33380	35329		
保加利亚	千克	32515	54904		
刚果(金)	千克	31019	20551		
哈萨克斯坦	千克	28797	67234		
吉布提	千克	27868	19245		
科特迪瓦	千克	27848	32684		
立陶宛	千克	26983	61051		
哥斯达黎加	千克	25782	44435	1	20
贝宁	千克	24512	32308		
丹麦	千克	23657	58044	1543	49383
刚果(布)	千克	22329	17788		
苏丹	千克	19857	35400		
吉尔吉斯斯坦	千克	18920	41500		
塞内加尔	千克	17887	51901		
文莱	千克	17321	15708		
莫桑比克	千克	15847	19012		
冰岛	千克	15653	35481		
多米尼加	千克	14740	30741		
阿尔巴尼亚	千克	14499	21764		
加那利群岛	千克	14318	31290		
马达加斯加	千克	14050	28901		
爱尔兰	千克	13796	33395	396	17863
黑山	千克	12928	12273		
柬埔寨	千克	12906	41667		
津巴布韦	千克	12865	12670		
奥地利	千克	12696	12795	396	7508
尼加拉瓜	千克	11787	12216		
巴布亚新几内亚	千克	11524	21488		
佛得角	千克	11430	14313		
缅甸	千克	10854	22396		
斐济	千克	10697	24201		
纳米比亚	千克	10587	13763		
马尔代夫	千克	10206	11094		
挪威	千克	9267	24602	82	1745

（续）

商品/国别（地区）	计量单位	出口数量	出口金额（美元）	进口数量	进口金额（美元）
巴哈马	千克	8840	6729		
阿曼	千克	8013	6347		
留尼汪	千克	7934	9964		
马耳他	千克	7803	5280		
斯洛伐克	千克	7662	14218		
亚洲其他国家(地区)	千克	7636	8537		
巴勒斯坦	千克	6666	11142		
牙买加	千克	6156	12471		
巴巴多斯	千克	6030	5350		
多哥	千克	5750	4873		
塞浦路斯	千克	5676	15464		
摩尔多瓦	千克	5212	11501		
几内亚	千克	4800	1244		
洪都拉斯	千克	4749	5539		
蒙古	千克	4573	9196		
澳门	千克	4215	2456	1486	1486
喀麦隆	千克	3834	4841		
东帝汶	千克	3806	4044		
特立尼达和多巴哥	千克	3569	7874		
苏里南	千克	3464	7975		
瓦努阿图	千克	3139	3556		
马拉维	千克	3066	10326		
拉脱维亚	千克	3043	3492		
瑞士	千克	2878	7550	13954	170773
波多黎各	千克	2183	3739		
匈牙利	千克	2103	3551	474	23761
圭亚那	千克	2024	2186		
捷克	千克	1715	2463	73	1920
埃塞俄比亚	千克	1608	1499	174	2605
白俄罗斯	千克	1560	5697		
巴拉圭	千克	1191	2297		
汤加	千克	976	1435		
乌干达	千克	972	885		
塞舌尔	千克	962	1419		
安提瓜和巴布达	千克	828	1035		
萨摩亚	千克	750	1315		
荷属安地列斯群岛	千克	658	1902		
赤道几内亚	千克	639	2536		
博茨瓦那	千克	610	442		
尼日尔	千克	600	3075		
法属圭亚那	千克	494	998		
老挝	千克	350	1155		
多米尼加	千克	330	2785		
塞拉利昂	千克	330	660		
阿塞拜疆	千克	196	353		
玻利维亚	千克	116	464		
马约特岛	千克	68	86		
所罗门群岛	千克	47	198		
马里	千克	45	277		
圣卢西亚	千克	36	367		
马其顿	千克	23	200		
海地	千克	14	19		

（续）

商品/国别（地区）	计量单位	出口数量	出口金额（美元）	进口数量	进口金额（美元）
亚美尼亚	千克	3	18		
卢森堡	千克			15122	72761
国别(地区)不详	千克			522	2400
中国	千克			3096066	10139972
48114900 成卷或成张矩形的其他胶粘纸及纸板					
合计	千克	4706527	7607701	3995025	14884110
香港	千克	733668	617725	75728	385988
美国	千克	703047	942244	960116	1870615
印度尼西亚	千克	351609	865551	7705	5873
日本	千克	307632	799344	377653	3554593
马来西亚	千克	241989	154122	23996	16771
菲律宾	千克	232506	310595	45	346
泰国	千克	173411	508803	88818	179940
沙特阿拉伯	千克	147680	163833		
意大利	千克	144333	362067	537359	512976
英国	千克	117329	193807	4073	17230
伊朗	千克	113963	181229		
新加坡	千克	106207	91122	5274	13515
越南	千克	101098	64377	950	2629
韩国	千克	87853	191258	1359917	2536670
委内瑞拉	千克	84336	122907		
巴拿马	千克	79364	211126		
阿联酋	千克	71614	57717		
澳大利亚	千克	52598	100046	128	2234
台湾省	千克	43954	70655	350607	4773840
俄罗斯	千克	43028	81030		
法国	千克	42697	174068	4529	50526
阿曼	千克	35810	104852		
印度	千克	35207	32874	6	534
土耳其	千克	34266	53963		
加拿大	千克	33300	45188	3658	45646
比利时	千克	31796	22110	623	10782
西班牙	千克	31122	46620	99	9672
埃及	千克	27968	43249		
瑞典	千克	26038	68849	7036	73535
德国	千克	25287	37234	48241	419497
尼日利亚	千克	22166	29860		
荷兰	千克	22086	36974	126	567
墨西哥	千克	21076	87440	886	43346
黎巴嫩	千克	20309	62736		
波兰	千克	20279	33100		
利比亚	千克	20212	22040		
约旦	千克	19047	10756		
南非	千克	17769	13751		
智利	千克	17211	32737		
古巴	千克	16597	110226		
斯里兰卡	千克	16248	22039		
巴基斯坦	千克	15791	12922		
丹麦	千克	15393	33061	427	6190
巴西	千克	14358	31459	0	6
以色列	千克	14202	30081	8	8600
孟加拉国	千克	13664	21776	0	20

(续)

商品/国别(地区)	计量单位	出口数量	出口金额(美元)	进口数量	进口金额(美元)
乌克兰	千克	13652	43890		
摩洛哥	千克	10782	5291		
也门	千克	10559	8063		
新西兰	千克	9666	6330		
秘鲁	千克	9659	20771		
萨摩亚	千克	8675	4701		
塞浦路斯	千克	8401	9510		
哥斯达黎加	千克	7830	11474		
苏丹	千克	6300	2381		
柬埔寨	千克	5885	31837		
罗马尼亚	千克	5267	2826	6	710
哈萨克斯坦	千克	4500	18000		
芬兰	千克	4297	9649	8	112
瑞士	千克	4037	14620	4	995
阿根廷	千克	3720	4125		
科威特	千克	3688	4268		
喀麦隆	千克	3666	1796		
缅甸	千克	3623	7661		
克罗地亚	千克	3100	1459		
坦桑尼亚	千克	2906	8916		
哥伦比亚	千克	2620	3900		
马达加斯加	千克	2438	23063		
朝鲜	千克	2363	3875		
叙利亚	千克	2212	6844		
拉脱维亚	千克	2080	4160		
立陶宛	千克	1900	5200		
危地马拉	千克	1749	3874		
阿尔及利亚	千克	1602	1904		
蒙古	千克	1500	375		
博茨瓦那	千克	1340	3752		
厄瓜多尔	千克	1180	1419		
斯洛伐克	千克	1114	3855		
萨尔瓦多	千克	1010	2697		
澳门	千克	759	404		
爱尔兰	千克	690	1066	560	30834
乌拉圭	千克	580	3082		
斐济	千克	548	1934		
安哥拉	千克	534	1154		
突尼斯	千克	529	2019		
尼加拉瓜	千克	495	511		
阿尔巴尼亚	千克	420	1050		
亚洲其他国家(地区)	千克	370	559		
肯尼亚	千克	346	1681		
特立尼达和多巴哥	千克	275	614		
刚果(布)	千克	150	653		
阿富汗	千克	125	270		
赞比亚	千克	80	110		
匈牙利	千克	68	156	8	727
津巴布韦	千克	45	108		
保加利亚	千克	25	56		
巴布亚新几内亚	千克	20	120		
赤道几内亚	千克	11	65		

(续)

商品/国别(地区)	计量单位	出口数量	出口金额(美元)	进口数量	进口金额(美元)
挪威	千克	8	23		
奥地利	千克	4	20	1	58
圣文森特和格林纳丁斯	千克	4	7		
捷克	千克	2	30		
卢森堡	千克			59	2337
葡萄牙	千克			5	50
中国	千克			136366	306146
48115110 彩色相纸用双面涂塑纸，每平方米重>150克					
合计	千克	1936171	4453277	12461747	28536599
德国	千克	12640	26065	10546108	23201241
日本	千克	34820	161123	1062928	3479372
荷兰	千克	111081	183863	561886	317412
瑞士	千克			116502	1159413
印度尼西亚	千克	391838	517873	110551	93270
比利时	千克	1300	3091	39470	22695
加拿大	千克	485	525	13324	9060
美国	千克	117806	299653	3936	120756
中国	千克			3030	32909
马来西亚	千克	203947	261423	1302	47800
韩国	千克	9172	35165	1028	13711
法国	千克	5517	40651	700	10589
爱尔兰	千克	360	65	616	19712
瑞典	千克	807	5216	346	8206
台湾省	千克	6694	11947	18	244
意大利	千克	9502	34559	2	209
阿联酋	千克	29628	50593		
新加坡	千克	41235	156719		
沙特阿拉伯	千克	5563	8105		
巴基斯坦	千克	12175	21448		
科威特	千克	515	6559		
埃及	千克	10004	20053		
毛里求斯	千克	2320	3720		
牙买加	千克	52	101		
文莱	千克	2576	3864		
埃塞俄比亚	千克	40	400		
英国	千克	97060	289547		
尼日利亚	千克	18489	38072		
委内瑞拉	千克	16717	56924		
乌兹别克斯坦	千克	4	616		
马里	千克	11680	21024		
拉脱维亚	千克	656	1787		
阿尔巴尼亚	千克	42	27		
斯洛文尼亚	千克	210	239		
土耳其	千克	40034	108112		
印度	千克	78455	117428		
柬埔寨	千克	10596	12899		
塞尔维亚	千克	19	128		
阿尔及利亚	千克	1400	3080		
约旦	千克	5214	7696		
斯洛伐克	千克	1133	1859		
哥伦比亚	千克	4578	5457		

(续)

商品/国别（地区）	计量单位	出口数量	出口金额（美元）	进口数量	进口金额（美元）
巴布亚新几内亚	千克	1200	1608		
新西兰	千克	2660	15960		
澳大利亚	千克	131688	304807		
以色列	千克	2005	1535		
白俄罗斯	千克	5500	19334		
挪威	千克	411	1213		
芬兰	千克	4875	11324		
萨尔瓦多	千克	120	2100		
越南	千克	17429	26629		
波兰	千克	19190	40631		
伊拉克	千克	8031	9869		
秘鲁	千克	2380	18295		
坦桑尼亚	千克	1548	3855		
南非	千克	3448	8791		
黎巴嫩	千克	1530	3063		
捷克	千克	540	971		
蒙古	千克	500	100		
伊朗	千克	10996	37944		
莫桑比克	千克	1160	951		
俄罗斯	千克	34657	60995		
菲律宾	千克	109742	171544		
乌克兰	千克	6662	11261		
巴西	千克	5190	9593		
叙利亚	千克	2160	3802		
孟加拉国	千克	1016	3526		
加纳	千克	2192	3288		
香港	千克	101589	864912		
智利	千克	22285	29935		
西班牙	千克	5299	12460		
泰国	千克	60369	74951		
阿根廷	千克	44544	98348		
朝鲜	千克	160	870		
也门	千克	3818	3927		
丹麦	千克	9995	30150		
希腊	千克	4808	18535		
墨西哥	千克	100	255		
斯里兰卡	千克	10	45		
缅甸	千克	10000	28224		
48115190 其他塑料涂布、浸或覆盖漂白纸，平方米重>150 克					
合计	千克	6884787	17934840	30107496	116845103
日本	千克	26694	164583	8878114	57268576
美国	千克	64374	192380	8014583	25313328
芬兰	千克	28005	64151	4530996	5270557
德国	千克	33751	89554	2943576	3787326
意大利	千克	17321	28557	2776539	13621947
英国	千克	168797	346840	722643	2947495
台湾省	千克	71406	223027	676517	4387107
新加坡	千克	37606	69290	655409	1479533
泰国	千克	151080	386867	283674	591039
瑞典	千克	6504	22732	128470	455817
韩国	千克	4007	20455	122255	472090
荷兰	千克	75691	221272	93190	54850

(续)

商品/国别（地区）	计量单位	出口数量	出口金额（美元）	进口数量	进口金额（美元）
马来西亚	千克	116251	279895	52625	126478
沙特阿拉伯	千克	209640	461168	35877	124051
中国	千克			35433	79793
澳大利亚	千克	11384	38697	34514	14186
葡萄牙	千克	4773	6594	32292	44792
瑞士	千克			27344	591275
香港	千克	3320219	11226830	23641	14551
墨西哥	千克	8006	8609	22256	115593
印度	千克	689467	328814	15412	69338
印度尼西亚	千克	143168	310368	1495	9500
加拿大	千克	172	177	352	2886
爱尔兰	千克			115	315
西班牙	千克	9051	16387	107	2080
奥地利	千克	960	1728	60	480
越南	千克	448580	465142	4	90
丹麦	千克	10885	33828	3	30
斯里兰卡	千克	120	215		
巴基斯坦	千克	40709	58977		
阿联酋	千克	11372	26036		
利比亚	千克	16300	23636		
巴拿马	千克	2902	4047		
埃塞俄比亚	千克	140	420		
匈牙利	千克	5050	8393		
哈萨克斯坦	千克	20320	68872		
乌兹别克斯坦	千克	5510	4408		
尼日利亚	千克	18876	22473		
委内瑞拉	千克	253	2370		
老挝	千克	640	3825		
斯洛文尼亚	千克	220	724		
土耳其	千克	96661	848256		
亚洲其他国家(地区)	千克	315	337		
吉布提	千克	1440	25020		
塞尔维亚	千克	22	100		
新西兰	千克	325	1600		
约旦	千克	8553	9356		
澳门	千克	500	194		
阿尔及利亚	千克	7005	7773		
哥伦比亚	千克	7945	8515		
以色列	千克	35476	39812		
法国	千克	22154	28709		
挪威	千克	1728	8025		
黎巴嫩	千克	325	975		
波兰	千克	235	666		
伊朗	千克	29836	54556		
南非	千克	33346	41448		
捷克	千克	98	980		
秘鲁	千克	250	674		
安哥拉	千克	10	74		
马达加斯加	千克	40	2111		
保加利亚	千克	16400	17020		
莫桑比克	千克	13762	5248		
菲律宾	千克	284168	345097		

(续)

商品/国别(地区)	计量单位	出口数量	出口金额(美元)	进口数量	进口金额(美元)
叙利亚	千克	100860	81233		
俄罗斯	千克	227231	890330		
科特迪瓦	千克	2004	8170		
乌克兰	千克	12694	34271		
孟加拉国	千克	33388	31337		
乌拉圭	千克	5351	7890		
加纳	千克	493	1020		
苏丹	千克	1893	10341		
巴西	千克	36322	47134		
津巴布韦	千克	2100	2562		
多米尼加	千克	57	336		
智利	千克	36846	43021		
厄瓜多尔	千克	8235	11735		
缅甸	千克	232	1423		
也门	千克	8385	8814		
比利时	千克	21429	31008		
朝鲜	千克	1500	2797		
阿曼	千克	132	729		
阿根廷	千克	3306	5058		
突尼斯	千克	2087	2296		
科威特	千克	13080	3846		
埃及	千克	26364	30602		
48115910 其他用塑料涂布、浸渍或覆盖绝缘纸及纸板					
合计	千克	2254679	4581453	3364635	20347344
日本	千克	65366	237015	1283817	10233439
越南	千克	15100	29156	561283	774120
台湾省	千克	109533	282541	391804	1170648
瑞士	千克	250	86	327962	2375782
德国	千克	12089	27231	238888	1507979
美国	千克	21189	97689	203418	1616801
韩国	千克	635936	1406074	119438	991780
法国	千克			49241	246051
中国	千克			42819	358035
意大利	千克	22857	8702	37764	110994
马来西亚	千克	33557	78689	23956	15384
比利时	千克			17183	69621
印度	千克	227410	143156	16549	36067
香港	千克	324301	1200931	15716	330481
瑞典	千克			15426	139587
英国	千克			4899	76582
波兰	千克	2328	4044	4572	42192
新加坡	千克	28652	46895	3532	134564
芬兰	千克			1806	15400
西班牙	千克	24135	60606	1449	9405
加拿大	千克	71	252	966	10870
奥地利	千克			881	8910
斯洛文尼亚	千克			436	9523
泰国	千克	50346	122041	298	3016
巴西	千克	1586	2745	230	48211
匈牙利	千克			141	1654
保加利亚	千克	342	455	89	5336
丹麦	千克			31	180

(续)

商品/国别(地区)	计量单位	出口数量	出口金额(美元)	进口数量	进口金额(美元)
印度尼西亚	千克	60415	66186	26	370
爱尔兰	千克			13	3851
荷兰	千克			2	86
挪威	千克			0	425
伊拉克	千克	27200	38317		
南非	千克	87129	144297		
伊朗	千克	46768	28106		
蒙古	千克	14200	2900		
安哥拉	千克	899	3858		
摩尔多瓦	千克	2937	3039		
菲律宾	千克	25544	12394		
苏丹	千克	13409	22813		
孟加拉国	千克	39044	35544		
克罗地亚	千克	224	291		
多米尼加	千克	3550	9514		
俄罗斯	千克	668	1192		
乌克兰	千克	7364	3682		
赞比亚	千克	5	36		
朝鲜	千克	172547	178648		
智利	千克	162	825		
缅甸	千克	23032	30981		
斯里兰卡	千克	10339	10512		
墨西哥	千克	36	2278		
白俄罗斯	千克	1106	284		
土库曼斯坦	千克	1	20		
澳大利亚	千克	5515	5357		
马耳他	千克	48	312		
新西兰	千克	35943	72453		
摩洛哥	千克	4706	1412		
土耳其	千克	18600	6912		
亚洲其他国家(地区)	千克	36288	54061		
塞浦路斯	千克	100	47		
乌兹别克斯坦	千克	1577	3240		
尼日利亚	千克	9439	47702		
罗马尼亚	千克	5403	8085		
埃及	千克	562	2800		
巴基斯坦	千克	15245	23547		
阿联酋	千克	9626	11500		
48115990 未列名塑料涂布、浸渍或覆盖纸及纸板					
合计	千克	25699722	50063381	75325952	172799412
美国	千克	2965127	4382784	31350941	67547538
芬兰	千克	20493	16761	10035235	14976999
台湾省	千克	1835478	3154635	9480142	13538477
日本	千克	1157631	3056406	8279315	27707048
韩国	千克	1781167	4205497	2256610	5404395
荷兰	千克	5367	33766	2181567	2441376
德国	千克	143066	307784	2013206	7095306
新加坡	千克	1207909	1944430	1785040	8763579
英国	千克	320342	1511870	1282903	6908964
法国	千克	4486	15403	1203936	3808270
比利时	千克	14600	20519	950860	776170
印度尼西亚	千克	314597	373278	743464	1627638

（续）

商品/国别（地区）	计量单位	出口数量	出口金额（美元）	进口数量	进口金额（美元）
瑞典	千克	1585	2431	631948	3103349
意大利	千克	18047	32215	624357	2015296
中国	千克			544076	574825
巴西	千克	14418	124045	529737	2350977
西班牙	千克	13322	49126	281305	207750
加拿大	千克	56635	204654	264574	213919
香港	千克	3362370	8437751	165190	675035
挪威	千克	402	2623	155785	406654
菲律宾	千克	666620	1069838	135180	63844
马来西亚	千克	1979958	2775942	132711	488517
葡萄牙	千克	75589	119822	65412	268147
瑞士	千克			38557	482304
印度	千克	177915	213146	34715	189028
奥地利	千克	1698	28880	34298	266219
新西兰	千克	55443	84987	31482	82899
墨西哥	千克	1913	8856	29643	622961
泰国	千克	2444918	3020587	21422	67049
澳大利亚	千克	1773945	5814567	21419	68105
卢森堡	千克	800	1033	14588	21453
波兰	千克	6950	8761	2225	1291
斯洛文尼亚	千克			1783	24300
肯尼亚	千克			1348	6062
巴基斯坦	千克	10200	15331	550	2007
以色列	千克	32438	12326	316	1310
土耳其	千克	94009	102013	68	69
捷克	千克	36	375	33	231
国别(地区)不详	千克			11	51
阿联酋	千克	91501	112288		
沙特阿拉伯	千克	870029	1228822		
利比亚	千克	34271	37757		
巴拿马	千克	32	144		
埃及	千克	7010	3575		
乌兹别克斯坦	千克	23344	49995		
塞浦路斯	千克	7934	18580		
匈牙利	千克	14242	37312		
哈萨克斯坦	千克	43332	130175		
尼日利亚	千克	32686	106432		
委内瑞拉	千克	25350	73320		
玻利维亚	千克	56	250		
阿尔巴尼亚	千克	1542	2316		
摩洛哥	千克	7919	7464		
巴拉圭	千克	506	2400		
亚洲其他国家(地区)	千克	6801	14195		
吉布提	千克	30132	35001		
柬埔寨	千克	120	1052		
哥伦比亚	千克	47476	68228		
澳门	千克	12764	3921		
约旦	千克	79855	226634		
阿尔及利亚	千克	32500	36041		
亚美尼亚	千克	3912	4303		
古巴	千克	45244	46737		
土库曼斯坦	千克	14550	306917		
黎巴嫩	千克	2405	4358		

（续）

商品/国别（地区）	计量单位	出口数量	出口金额（美元）	进口数量	进口金额（美元）
伊朗	千克	1145893	1363822		
越南	千克	678223	1402425		
南非	千克	13434	6339		
蒙古	千克	324846	844231		
秘鲁	千克	83	18		
坦桑尼亚	千克	4038	3792		
伊拉克	千克	528	1910		
塞拉利昂	千克	5778	36131		
刚果(布)	千克	3049	2250		
俄罗斯	千克	43491	98639		
孟加拉国	千克	848027	995218		
乌克兰	千克	392457	1210702		
叙利亚	千克	20407	20539		
津巴布韦	千克	110	50		
多米尼加	千克	1100	1980		
喀麦隆	千克	740	1200		
斯里兰卡	千克	9065	16224		
阿根廷	千克	54393	109154		
丹麦	千克	30337	38329		
朝鲜	千克	17743	27026		
突尼斯	千克	5	15		
智利	千克	45631	63376		
厄瓜多尔	千克	35300	39550		
也门	千克	3167	4323		
危地马拉	千克	19800	36868		
波多黎各	千克	1974	6305		
希腊	千克	1316	3343		
多哥	千克	3800	18963		
48116010 用蜡、石蜡、硬脂精、油或甘油浸涂的绝缘纸及纸板					
合计	千克	403421	1709822	1584051	14609405
日本	千克	3134	116666	838675	6798637
美国	千克	5551	33826	281032	2954385
瑞士	千克			142070	868534
俄罗斯	千克			90980	262945
韩国	千克	11903	29758	53953	1155049
瑞典	千克			41287	260475
德国	千克	2334	14992	39660	1120587
台湾省	千克	292	329	23083	125417
西班牙	千克	2238	9121	21989	15665
香港	千克	16320	40490	20361	564388
中国	千克			16714	237776
新加坡	千克	2630	2029	8368	40328
丹麦	千克			2064	94827
荷兰	千克			1740	51986
英国	千克	8	260	1488	33529
比利时	千克	4143	50713	260	4572
波兰	千克			205	12113
印度	千克	3919	8078	34	2197
法国	千克			20	155
马来西亚	千克	3149	19659	19	1726
巴西	千克	2214	3217	15	365
挪威	千克			12	600
泰国	千克	2900	4200	10	743

（续）

商品/国别（地区）	计量单位	出口数量	出口金额（美元）	进口数量	进口金额（美元）
意大利	千克	170	1409	10	1374
加拿大	千克			1	539
澳大利亚	千克			1	493
菲律宾	千克	7982	13271		
叙利亚	千克	3130	7356		
塞内加尔	千克	6000	14817		
乌克兰	千克	111	500		
哈萨克斯坦	千克	2220	6660		
朝鲜	千克	39315	52977		
科威特	千克	910	1173		
巴基斯坦	千克	2485	4806		
沙特阿拉伯	千克	2566	3502		
印度尼西亚	千克	3600	6185		
缅甸	千克	9000	10940		
斯洛文尼亚	千克	4056	174106		
奥地利	千克	15382	690184		
安哥拉	千克	5	147		
捷克	千克	1	21		
马达加斯加	千克	69	377		
越南	千克	161714	233264		
墨西哥	千克	36376	74563		
亚洲其他国家(地区)	千克	25742	42775		
土库曼斯坦	千克	340	1240		
孟加拉国	千克	21512	36211		
48116090 用蜡、石蜡、硬脂精、油或甘油浸涂的其他纸及纸板					
合计	千克	4786385	9447466	6488316	19168649
日本	千克	133758	223168	1254404	4596782
美国	千克	29980	111951	1151428	4003720
韩国	千克	52190	217090	903942	2046859
德国	千克	2317	933	833909	2627812
台湾省	千克	12577	16497	771856	2708380
英国	千克	29434	82708	402204	657230
西班牙	千克			251541	116898
荷兰	千克	58	121	215633	712252
中国	千克			134268	197735
芬兰	千克	587	1970	99724	234861
法国	千克	5349	8337	79601	302122
比利时	千克			78420	71327
丹麦	千克	1300	2630	78120	178871
瑞典	千克			73327	126990
意大利	千克	68	93	36382	72037
挪威	千克			25244	26506
新加坡	千克	22528	96089	22064	78227
巴西	千克			20180	96650
马来西亚	千克	694805	1389099	19502	106760
加拿大	千克	35140	40056	12728	70083
泰国	千克	67172	178349	10208	100113
香港	千克	311948	883984	7208	20687
瑞士	千克			4504	4119
匈牙利	千克			787	1812
摩洛哥	千克	2623	4466	743	2752
印度尼西亚	千克	95676	159107	327	6252

（续）

商品/国别（地区）	计量单位	出口数量	出口金额（美元）	进口数量	进口金额（美元）
印度	千克	26194	53097	62	812
尼日利亚	千克	425	165		
柬埔寨	千克	903	103		
土耳其	千克	3038	12799		
吉布提	千克	1890	1890		
约旦	千克	15244	36429		
肯尼亚	千克	24843	42769		
澳门	千克	593	1771		
阿尔及利亚	千克	380	615		
新西兰	千克	3640	15860		
哥伦比亚	千克	4092	1450		
澳大利亚	千克	6864	57728		
以色列	千克	533	1090		
伊朗	千克	81224	99734		
南非	千克	2070179	4138939		
越南	千克	592306	862233		
坦桑尼亚	千克	18121	8844		
波兰	千克	876	9636		
莫桑比克	千克	25	128		
捷克	千克	75	187		
菲律宾	千克	161200	224776		
喀麦隆	千克	2100	3080		
孟加拉国	千克	42232	57852		
葡萄牙	千克	1554	2757		
乌克兰	千克	1030	1648		
斯里兰卡	千克	60960	83109		
墨西哥	千克	4754	2710		
朝鲜	千克	10500	16240		
委内瑞拉	千克	12906	28494		
刚果(金)	千克	1700	2879		
哈萨克斯坦	千克	51620	110468		
沙特阿拉伯	千克	848	1654		
埃及	千克	228	388		
文莱	千克	1949	9448		
阿联酋	千克	12321	8142		
利比亚	千克	7804	12705		
尼泊尔	千克	120	214		
埃塞俄比亚	千克	4650	22000		
巴基斯坦	千克	58954	96787		
48119000 未列名成卷成张矩形的经浸涂等或印花的纸、纸板、纤维素絮纸及纤维素纤维网纸					
合计	千克	89933923	186500987	63372931	118592986
台湾省	千克	11761134	22637462	6843054	9735609
美国	千克	10248308	22385148	8611332	18870662
日本	千克	5729356	17115477	9899096	33378428
印度	千克	4495925	5894379	2248	2592
澳大利亚	千克	3920865	8712031	14502	78467
越南	千克	3841111	8522587	850	2495
马来西亚	千克	3385905	7480041	186647	845357
韩国	千克	3163715	11466607	8639312	14698395
巴基斯坦	千克	3014377	4226480	8	43
泰国	千克	2439316	6366786	342515	837572

（续）

商品/国别（地区）	计量单位	出口数量	出口金额（美元）	进口数量	进口金额（美元）
伊朗	千克	2171471	3958448		
加拿大	千克	2085622	4023690	266674	111808
香港	千克	2041448	3324938	6761424	6761302
印度尼西亚	千克	2028974	3361027	466940	507839
菲律宾	千克	2010398	3662366	22432	90428
阿联酋	千克	1733603	3402091	383	1838
意大利	千克	1546312	2675599	1602244	3045970
英国	千克	1416779	3402508	772453	2017755
秘鲁	千克	1340727	2686449		
巴西	千克	1322967	3151516	13002	35185
沙特阿拉伯	千克	1211707	2593762		
哥伦比亚	千克	1169827	1754602		
南非	千克	981422	1735381	1943	1749
阿根廷	千克	941696	1201104	2080	2147
埃及	千克	736676	1011485		
俄罗斯	千克	681020	1198468		
西班牙	千克	653779	999137	458125	1774330
乌克兰	千克	646231	1760462		
尼日利亚	千克	634491	823102		
新加坡	千克	579296	1061374	18797	21929
委内瑞拉	千克	555302	849507		
比利时	千克	521840	1581882	274588	478828
叙利亚	千克	515014	419014		
罗马尼亚	千克	509335	1565572	1204	2167
德国	千克	502032	1184694	3073313	8025079
塞尔维亚	千克	501643	805620		
土耳其	千克	411390	635181	17	92
斯里兰卡	千克	387229	679891		
克罗地亚	千克	372417	1008019		
墨西哥	千克	371034	601948	300	232
法国	千克	354713	823323	1480709	6701598
孟加拉国	千克	337366	462957		
以色列	千克	314892	710343	2336	3176
希腊	千克	255080	580309		
乌兹别克斯坦	千克	255022	658023		
古巴	千克	247535	1100087		
荷兰	千克	243006	583754	276564	365214
格鲁吉亚	千克	216850	615287		
坦桑尼亚	千克	215614	289584		
芬兰	千克	215559	553573	42817	52559
丹麦	千克	208676	441776	7464	8062
新西兰	千克	197760	340947	1258	49618
立陶宛	千克	178785	491945		
阿尔及利亚	千克	178049	224844		
厄瓜多尔	千克	175678	226066		
巴拿马	千克	163589	215398		
黎巴嫩	千克	156195	223897		
肯尼亚	千克	152423	382794		
智利	千克	149465	269199		
哈萨克斯坦	千克	146144	411086		
波兰	千克	144810	375292	1529	11487
毛里求斯	千克	143559	349228		

（续）

商品/国别（地区）	计量单位	出口数量	出口金额（美元）	进口数量	进口金额（美元）
柬埔寨	千克	134611	104870		
埃塞俄比亚	千克	133264	137731		
保加利亚	千克	127743	198974		
危地马拉	千克	113605	277551		
斯洛伐克	千克	113505	168432		
波多黎各	千克	109154	152774		
吉尔吉斯斯坦	千克	108735	277700		
斯洛文尼亚	千克	107585	177632	31077	199681
葡萄牙	千克	95339	79266	18407	79790
拉脱维亚	千克	92943	281441		
巴拉圭	千克	88570	110096		
摩洛哥	千克	73070	122140		
乌拉圭	千克	72818	99469		
瑞典	千克	71590	253471	39682	135446
约旦	千克	70559	72823		
利比亚	千克	66669	51628		
捷克	千克	62528	39951		
多米尼加	千克	58075	68799		
塞浦路斯	千克	58013	159841		
吉布提	千克	56467	65287		
伊拉克	千克	54326	35289		
萨尔瓦多	千克	52777	77827		
科威特	千克	50612	85106		
爱尔兰	千克	48211	76432	2774	16785
玻利维亚	千克	45374	75669		
喀麦隆	千克	41705	93956		
巴布亚新几内亚	千克	40158	47260		
缅甸	千克	38329	23735		
莫桑比克	千克	36166	54180		
马达加斯加	千克	31200	26937		
哥斯达黎加	千克	30578	50388		
也门	千克	30386	32606		
匈牙利	千克	29202	33194		
阿尔巴尼亚	千克	25204	20254		
摩尔多瓦	千克	24443	55681		
爱沙尼亚	千克	23132	85499		
突尼斯	千克	21526	10735		
安哥拉	千克	19400	39495		
文莱	千克	19188	7290		
特立尼达和多巴哥	千克	17163	51369		
澳门	千克	16956	11006	34363	34309
津巴布韦	千克	16431	29501		
多哥	千克	15106	22955		
苏丹	千克	15069	22094		
朝鲜	千克	13977	35061		
加纳	千克	11697	15189		
马其顿	千克	9808	11438		
挪威	千克	9478	15488		
瑞士	千克	9462	35624	6939	12071
马耳他	千克	8990	7396		
白俄罗斯	千克	8762	17253		
斐济	千克	8411	15891		

（续）

商品/国别（地区）	计量单位	出口数量	出口金额（美元）	进口数量	进口金额（美元）
乌干达	千克	7800	13786		
尼加拉瓜	千克	7475	7792		
塞舌尔	千克	6960	5568		
马绍尔群岛	千克	6066	9706		
密克罗尼西亚	千克	5381	8609		
老挝	千克	4553	9747		
莱索托	千克	4106	6841		
亚洲其他国家(地区)	千克	3475	6699		
博茨瓦那	千克	3430	5831		
蒙古	千克	3370	26466		
奥地利	千克	2265	6781	203934	401228
新喀里多尼亚	千克	1900	5320		
巴林	千克	1707	1446		
塞内加尔	千克	1694	2151		
阿富汗	千克	872	2873		
留尼汪	千克	792	594		
洪都拉斯	千克	635	784		
阿塞拜疆	千克	300	718		
卡塔尔	千克	260	650		
法属波利尼西亚	千克	163	1169		
塞拉利昂	千克	120	85		
塔吉克斯坦	千克	65	150		
中国	千克			12947595	9193664

4812 纸浆制的滤块、滤板及滤片

商品/国别（地区）	计量单位	出口数量	出口金额（美元）	进口数量	进口金额（美元）
48120000 纸浆制的滤块、滤板及滤片					
合计	千克	1222785	1228212	1746645	13109991
德国	千克	227755	185193	552689	2924813
日本	千克	15765	31458	303985	4563390
美国	千克	4634	10057	251906	2111992
韩国	千克	80	104	202129	662146
英国	千克	1681	2679	121880	646972
墨西哥	千克			87412	961358
印度	千克	11475	9523	78031	318392
意大利	千克			73850	373024
瑞士	千克	341	2780	56351	287006
澳大利亚	千克	296	3271	7043	68411
瑞典	千克			3925	39997
突尼斯	千克			2100	9993
台湾省	千克	35793	48871	1793	37235
法国	千克			1484	33643
中国	千克			1466	23908
新加坡	千克	346	8611	376	9570
新西兰	千克			100	6882
荷兰	千克	1	1	52	9585
芬兰	千克			40	17500
挪威	千克			18	1997
波兰	千克	710995	536441	6	216
香港	千克	2979	11020	4	1307
马来西亚	千克	19419	35060	3	580
西班牙	千克			2	74
沙特阿拉伯	千克	27105	36130		

（续）

商品/国别（地区）	计量单位	出口数量	出口金额（美元）	进口数量	进口金额（美元）
巴基斯坦	千克	220	3060		
越南	千克	1818	6892		
南非	千克	43597	30629		
马达加斯加	千克	20	303		
伊朗	千克	211	1000		
秘鲁	千克	1060	2500		
伊拉克	千克	300	3940		
安哥拉	千克	350	4780		
菲律宾	千克	10000	7950		
俄罗斯	千克	2055	5633		
孟加拉国	千克	17172	24678		
塔吉克斯坦	千克	30	549		
乍得	千克	17	529		
科特迪瓦	千克	5450	54500		
泰国	千克	7364	12700		
朝鲜	千克	138	1667		
缅甸	千克	290	9732		
以色列	千克	9500	23100		
巴林	千克	14466	24255		
亚美尼亚	千克	50	379		
毛里求斯	千克	4320	4968		
土库曼斯坦	千克	13	402		
科威特	千克	3100	6820		
立陶宛	千克	45	1035		
摩洛哥	千克	8300	24900		
柬埔寨	千克	94	942		
马尔代夫	千克	11670	24936		
阿联酋	千克	18840	19504		
尼日利亚	千克	400	2857		
加拿大	千克	730	1123		
阿塞拜疆	千克	2500	750		

4813 卷烟纸

商品/国别（地区）	计量单位	出口数量	出口金额（美元）	进口数量	进口金额（美元）
48131000 成小本或管状的卷烟纸					
合计	千克	147091	150782		
泰国	千克	135019	102285		
新加坡	千克	11004	43197		
英国	千克	800	3600		
美国	千克	268	1700		
48132000 宽度不超过5厘米成卷的卷烟纸					
合计	千克	4837472	10879144	8676706	26938214
奥地利	千克			4950162	15223527
法国	千克			2995154	8849957
韩国	千克	2299	7710	693843	2578561
菲律宾	千克	15619	37630	14239	70259
马来西亚	千克	241703	680736	13070	53021
芬兰	千克			10238	162889
加拿大	千克	186100	287171		
老挝	千克	22631	78707		
匈牙利	千克	608	930		
委内瑞拉	千克	21773	42560		
英国	千克	6210	5345		

（续）

商品/国别（地区）	计量单位	出口数量	出口金额（美元）	进口数量	进口金额（美元）
日本	千克	190	378		
印度	千克	629583	2021729		
亚洲其他国家(地区)	千克	13145	5673		
德国	千克	37	108		
澳门	千克	65110	185036		
台湾省	千克	473889	961904		
立陶宛	千克	208172	322667		
澳大利亚	千克	1015	13100		
南非	千克	351556	996330		
保加利亚	千克	68446	106998		
美国	千克	190100	461911		
伊朗	千克	650577	1722272		
越南	千克	23486	89778		
蒙古	千克	33359	90301		
安哥拉	千克	11242	18437		
塞内加尔	千克	1039	758		
伯利兹	千克	6181	18733		
俄罗斯	千克	176862	271015		
乌克兰	千克	21332	33064		
苏丹	千克	13108	19661		
巴西	千克	20	20		
印度尼西亚	千克	69718	173507		
香港	千克	31708	128790		
朝鲜	千克	21567	26397		
阿曼	千克	430	1510		
贝宁	千克	11970	10773		
缅甸	千克	39395	96039		
尼日利亚	千克	11242	18854		
新加坡	千克	22748	90095		
埃塞俄比亚	千克	80221	156971		
罗马尼亚	千克	2894	9733		
墨西哥	千克	1650	1023		
阿联酋	千克	1096901	1666952		
沙特阿拉伯	千克	11636	17838		
48139000 其他卷烟纸，不论是否切成一定尺寸					
合计	千克	9581936	20671182	4014605	13518143
印度尼西亚	千克	3160114	4278827		
泰国	千克	1434681	1264637		
埃及	千克	840526	1090452		
香港	千克	710165	1952705		
巴基斯坦	千克	424246	2295385		
叙利亚	千克	324006	1854652		
朝鲜	千克	321507	836201		
台湾省	千克	281045	856856		
亚洲其他国家(地区)	千克	265334	676638		
南非	千克	178527	411882		
阿联酋	千克	169085	586364		
马来西亚	千克	155849	439859	16213	104595
菲律宾	千克	153248	353686	6000	36638
印度	千克	139202	300276		
加拿大	千克	133503	236403		
柬埔寨	千克	109940	379861		

（续）

商品/国别（地区）	计量单位	出口数量	出口金额（美元）	进口数量	进口金额（美元）
伊朗	千克	98040	232894		
也门	千克	96768	291360		
新加坡	千克	94043	193060		
土耳其	千克	65172	358624		
澳门	千克	64582	387109		
美国	千克	45717	137214		
越南	千克	40623	114976		
肯尼亚	千克	37467	121098		
贝宁	千克	32110	52683		
巴西	千克	30936	73467		
莫桑比克	千克	21040	49210		
韩国	千克	20368	173860		
亚美尼亚	千克	18795	235191		
意大利	千克	14522	12991		
德国	千克	14512	112729	21	407
蒙古	千克	13305	23484		
法国	千克	12936	29628	1204856	3282518
摩尔多瓦	千克	10778	24900		
英国	千克	10262	18312		
几内亚	千克	9511	8260		
约旦	千克	9265	85340		
苏丹	千克	4896	29670		
黑山	千克	4441	5552		
牙买加	千克	3500	31500		
罗马尼亚	千克	1841	15541		
缅甸	千克	1211	6852		
智利	千克	1100	13600		
塞内加尔	千克	895	1987		
希腊	千克	746	10168		
格鲁吉亚	千克	639	2799		
乌克兰	千克	520	966		
丹麦	千克	270	1042		
阿尔及利亚	千克	88	248		
波兰	千克	32	66		
伯利兹	千克	27	117		
奥地利	千克			2779503	10044449
日本	千克			8012	49536

4814 壁纸；窗用透明纸

商品/国别（地区）	计量单位	出口数量	出口金额（美元）	进口数量	进口金额（美元）
48141000 用木粒或草粒等饰面的壁纸					
合计	千克	4732	48846	12215	75057
法国	千克	1716	15148	5923	15981
中国	千克			3121	9410
意大利	千克			1536	40934
英国	千克	4	210	978	4663
美国	千克			384	2339
日本	千克			248	1533
奥地利	千克			11	25
丹麦	千克			7	4
香港	千克			5	3
墨西哥	千克			1	145
韩国	千克			1	20

（续）

商品/国别（地区）	计量单位	出口数量	出口金额（美元）	进口数量	进口金额（美元）
土耳其	千克	1700	11886		
加拿大	千克	877	11641		
芬兰	千克	435	9961		
48142000 塑料涂面或盖面的壁纸及类似品，印有图案或经其他装饰					
合计	千克	32032921	83299923	14012228	74829906
哈萨克斯坦	千克	3276964	10921734		
伊朗	千克	3208286	9195738		
俄罗斯	千克	2869971	8985321		
蒙古	千克	1552286	1453676		
吉尔吉斯斯坦	千克	1518502	5172569		
阿联酋	千克	1286541	2510454		
泰国	千克	1272062	3277954	8436	32055
印度尼西亚	千克	1071353	3227624		
美国	千克	972022	2222374	1188934	12186126
塔吉克斯坦	千克	889652	2708898		
马来西亚	千克	886632	1889292	12634	33149
香港	千克	809468	1742200	15	38
沙特阿拉伯	千克	709798	1424432		
乌兹别克斯坦	千克	687970	1707670		
意大利	千克	686479	2025748	1611251	6276002
德国	千克	607760	1511504	1734117	15707346
爱沙尼亚	千克	568948	1913167		
台湾省	千克	537591	1292784	501046	1796399
土耳其	千克	488899	1437313		
印度	千克	465212	1030456		
埃及	千克	401839	894324		
西班牙	千克	370121	695009	8919	95696
乌克兰	千克	345208	1043400		
芬兰	千克	339411	1031586	23790	33742
新加坡	千克	330919	901161	273	8367
朝鲜	千克	324935	685892	2320	1090
巴基斯坦	千克	280484	642915		
约旦	千克	251211	457238		
越南	千克	249919	644881		
英国	千克	221627	626120	1277991	6593486
黎巴嫩	千克	219004	512926		
荷兰	千克	207466	645304	210184	1700360
科威特	千克	198461	375527		
葡萄牙	千克	185533	316228		
亚洲其他国家(地区)	千克	162015	215935		
墨西哥	千克	154125	460575		
卡塔尔	千克	145193	248877		
波兰	千克	140436	332687		
利比亚	千克	137535	235688		
南非	千克	133077	361398	3	105
叙利亚	千克	131717	245701		
孟加拉国	千克	128243	286051		
比利时	千克	120167	240472	369705	1837845
巴林	千克	119133	150240		
韩国	千克	116256	287954	4332117	12978417
新西兰	千克	112451	204802	81	1945

（续）

商品/国别（地区）	计量单位	出口数量	出口金额（美元）	进口数量	进口金额（美元）
日本	千克	103876	372417	1965684	12103533
阿塞拜疆	千克	99568	321692		
菲律宾	千克	99157	151181		
巴西	千克	97929	398880		
尼日利亚	千克	91918	221968		
肯尼亚	千克	85823	132215		
伊拉克	千克	80200	143891		
希腊	千克	79389	142070		
加拿大	千克	79184	295245	296325	929680
澳大利亚	千克	78001	171700	112	19365
巴拿马	千克	76114	60071		
格鲁吉亚	千克	70795	195352		
法国	千克	69132	191678	384007	1814730
马尔代夫	千克	56280	63552		
罗马尼亚	千克	51725	79757		
以色列	千克	49981	82816		
阿尔巴尼亚	千克	41474	92659		
阿尔及利亚	千克	40607	77782		
澳门	千克	38961	24433		
文莱	千克	37890	52144		
突尼斯	千克	37406	82139		
也门	千克	28358	62155		
土库曼斯坦	千克	27879	84021		
智利	千克	27288	72212		
亚美尼亚	千克	27215	65437		
安哥拉	千克	27021	156009		
坦桑尼亚	千克	24967	34182		
爱尔兰	千克	24600	30212		
苏丹	千克	24321	57438		
拉脱维亚	千克	24135	78512		
毛里求斯	千克	24076	27724		
保加利亚	千克	22746	57448		
丹麦	千克	20693	50426	1330	10358
索马里	千克	17810	6895		
加纳	千克	17510	21730		
喀麦隆	千克	17468	36413		
缅甸	千克	17115	64921		
摩洛哥	千克	16068	17110		
斯洛文尼亚	千克	15438	27824		
厄瓜多尔	千克	15350	10232		
塞浦路斯	千克	14491	24521		
科特迪瓦	千克	13344	12198		
斐济	千克	13140	8856		
马达加斯加	千克	12627	63307		
秘鲁	千克	11882	20409		
摩尔多瓦	千克	11607	22775		
斯里兰卡	千克	11404	8578		
委内瑞拉	千克	10304	6492		
波黑	千克	10047	23434		
荷属安地列斯群岛	千克	9868	19199		
吉布提	千克	9428	14443		
玻利维亚	千克	9358	24062		

（续）

商品/国别（地区）	计量单位	出口数量	出口金额（美元）	进口数量	进口金额（美元）
几内亚	千克	9247	12287		
乌干达	千克	7500	16500		
克罗地亚	千克	7200	13949		
柬埔寨	千克	7056	10143		
莫桑比克	千克	6908	10244		
苏里南	千克	6800	18988		
阿根廷	千克	5779	98824	23156	126550
挪威	千克	5706	20182	2129	16121
特立尼达和多巴哥	千克	4936	17839		
法属圭亚那	千克	4550	8355		
多哥	千克	4530	7173		
牙买加	千克	3956	4534		
哥伦比亚	千克	3740	16620		
赤道几内亚	千克	3628	8682		
阿曼	千克	3181	5008		
刚果(金)	千克	3158	5317		
瑞典	千克	3141	8407	43131	478715
贝宁	千克	2780	2919		
多米尼加	千克	2600	7592		
留尼汪	千克	2004	3014		
圣卢西亚	千克	1812	4045		
哥斯达黎加	千克	1625	2890		
乌拉圭	千克	1570	3334		
刚果(布)	千克	1500	6930		
马提尼克	千克	1390	3386		
洪都拉斯	千克	1050	1176		
瓜德罗普岛	千克	909	772		
塞尔维亚	千克	844	1265		
加蓬	千克	844	1502		
塞内加尔	千克	780	4914		
佛得角	千克	768	1011		
社会群岛	千克	722	1227		
巴布亚新几内亚	千克	700	784		
尼泊尔	千克	640	1440		
埃塞俄比亚	千克	612	679		
危地马拉	千克	600	540		
安提瓜和巴布达	千克	565	763		
圭亚那	千克	519	3480		
瑞士	千克	389	1921		
利比里亚	千克	340	683		
黑山	千克	261	423		
卢旺达	千克	95	285		
马绍尔群岛	千克	93	120		
奥地利	千克	20	2940	56	3583
匈牙利	千克	13	122		
中非	千克	10	98		
捷克	千克			7120	26969
中国	千克			7362	18134
48149000 其他壁纸及类似品；窗用透明纸					
合计	千克	4288521	6804800	1881782	10470815
香港	千克	1709098	2114805	10	670
美国	千克	407316	1120637	173566	3126258

（续）

商品/国别（地区）	计量单位	出口数量	出口金额（美元）	进口数量	进口金额（美元）
马来西亚	千克	263954	268696	2880	18656
新加坡	千克	256871	247013		
印度	千克	130497	245738		
巴拿马	千克	118040	117649		
阿联酋	千克	114766	91521		
印度尼西亚	千克	97650	95270		
越南	千克	90408	159794		
菲律宾	千克	80089	69091		
墨西哥	千克	68425	107338		
加纳	千克	64222	27554		
西班牙	千克	59786	54629	1214	25770
伊朗	千克	59149	50949		
加拿大	千克	59131	43385	29475	139110
尼日利亚	千克	51568	89793		
沙特阿拉伯	千克	48329	52718		
德国	千克	43516	383234	99075	657888
泰国	千克	43291	36887		
埃及	千克	39356	40707		
澳大利亚	千克	38426	50948	10	1585
利比亚	千克	25472	29558		
摩洛哥	千克	25363	30571		
朝鲜	千克	24885	17648		
日本	千克	23989	166941	642381	2654743
韩国	千克	19143	43967	392553	834301
南非	千克	17488	63286		
叙利亚	千克	16685	23617		
秘鲁	千克	16375	12531		
斯里兰卡	千克	13430	22016		
比利时	千克	13140	16928	61547	103639
乌克兰	千克	12763	3851		
芬兰	千克	11998	111796	6915	35372
荷兰	千克	11580	40617	2214	26263
英国	千克	11128	38571	86005	120756
伊拉克	千克	10714	17691		
黎巴嫩	千克	10542	9828		
阿曼	千克	9990	5771		
蒙古	千克	9865	2396		
刚果(金)	千克	9753	12894		
台湾省	千克	8961	16274	140667	282987
俄罗斯	千克	8644	178154		
法国	千克	8097	93641	53677	376570
葡萄牙	千克	7960	11601		
肯尼亚	千克	7532	7437		
坦桑尼亚	千克	7352	5440		
哥伦比亚	千克	7278	3287		
意大利	千克	7238	65025	8383	94237
诺福克岛	千克	6100	3050		
柬埔寨	千克	5520	3401		
吉尔吉斯斯坦	千克	4890	9780		
科威特	千克	4147	4026		
澳门	千克	4010	3633	144	450
哈萨克斯坦	千克	3970	14940		

(续)

商品/国别(地区)	计量单位	出口数量	出口金额(美元)	进口数量	进口金额(美元)
马耳他	千克	3930	1521		
巴基斯坦	千克	3858	1864		
莫桑比克	千克	3795	2902		
罗马尼亚	千克	3480	5463		
巴西	千克	3156	14472		
约旦	千克	3090	4562		
土耳其	千克	3047	8106		
安哥拉	千克	2826	31337		
亚洲其他国家(地区)	千克	2800	3525		
孟加拉国	千克	2782	1143		
希腊	千克	2352	4192		
以色列	千克	2262	2932		
留尼汪	千克	2216	2315		
也门	千克	2200	5280		
乌干达	千克	1800	9002		
智利	千克	1720	3132		
瑞士	千克	1534	3068		
文莱	千克	1254	923		
新西兰	千克	1222	1732		
卡塔尔	千克	1147	1654		
阿尔及利亚	千克	986	1331		
马提尼克	千克	884	778		
委内瑞拉	千克	882	820		
刚果(布)	千克	820	19556		
索马里	千克	768	1152		
丹麦	千克	668	6459	8285	84081
奥地利	千克	628	93838	8557	85013
尼泊尔	千克	520	1142		
波兰	千克	420	2529	2020	16603
保加利亚	千克	304	1031		
圭亚那	千克	300	194		
黑山	千克	295	190		
厄瓜多尔	千克	256	184		
苏丹	千克	127	888		
赤道几内亚	千克	124	6424		
多米尼加	千克	66	85		
塞浦路斯	千克	61	75		
多哥	千克	40	430		
斯洛伐克	千克	6	39		
瑞典	千克	5	7	160885	1771251
中国	千克			19	254
阿根廷	千克			1300	14358

4816 复写纸、自印复写纸其他拷贝或转印纸

48162000 自印复写纸(4809 的纸除外)					
合计	千克	1765237	2736310	1369908	1483377
香港	千克	243176	355806	1055	1917
菲律宾	千克	242702	398418		
美国	千克	152397	238852	4307	36669
巴西	千克	149384	196939		
肯尼亚	千克	96038	131642		

(续)

商品/国别(地区)	计量单位	出口数量	出口金额(美元)	进口数量	进口金额(美元)
尼日利亚	千克	79137	107488		
蒙古	千克	54920	15026		
委内瑞拉	千克	51350	85456		
埃及	千克	40324	104963		
吉布提	千克	39646	52893		
澳大利亚	千克	34425	46060		
马来西亚	千克	32575	59084		
伊拉克	千克	32000	45243		
加纳	千克	31000	80452		
巴拉圭	千克	26547	35115		
智利	千克	24603	31871		
台湾省	千克	23818	45831		
斯里兰卡	千克	22113	29739		
新加坡	千克	20921	36793		
越南	千克	20167	6493		
印度尼西亚	千克	19550	55522	721	4771
黎巴嫩	千克	18856	27684		
圣卢西亚	千克	18576	25875		
秘鲁	千克	17400	28232		
刚果(布)	千克	17168	29623		
坦桑尼亚	千克	16270	42749		
海地	千克	15300	39050		
南非	千克	15140	34413		
伊朗	千克	13593	27640		
阿尔及利亚	千克	11625	12465		
贝宁	千克	10765	6676		
西班牙	千克	10363	22348		
巴基斯坦	千克	9817	17404		
阿联酋	千克	9769	15129		
苏丹	千克	9512	13584		
加蓬	千克	8414	14977		
利比亚	千克	8030	22468		
韩国	千克	7655	15184	141	6266
叙利亚	千克	7344	7570		
罗马尼亚	千克	7192	13498		
刚果(金)	千克	6460	10200		
也门	千克	5773	10827		
马尔代夫	千克	5730	2865		
澳门	千克	5671	2316		
安哥拉	千克	5409	9774		
朝鲜	千克	5406	3223		
喀麦隆	千克	5040	4133		
巴布亚新几内亚	千克	5025	7795		
加拿大	千克	4802	3842		
希腊	千克	4757	7696		
纳米比亚	千克	4321	6482		
科威特	千克	4007	6647		
亚洲其他国家(地区)	千克	3060	1888		
波兰	千克	2845	5528		
英国	千克	2434	12936	484	17070
沙特阿拉伯	千克	2403	5984		
以色列	千克	2368	4026		

（续）

商品/国别（地区）	计量单位	出口数量	出口金额（美元）	进口数量	进口金额（美元）
哈萨克斯坦	千克	2270	10922		
印度	千克	2000	5000		
匈牙利	千克	2000	2200		
塞尔维亚	千克	1800	2952		
德国	千克	1695	4982	243	2302
几内亚(比绍)	千克	1490	3200		
毛里求斯	千克	1462	4944		
乌克兰	千克	1438	2450		
白俄罗斯	千克	1260	4856		
马达加斯加	千克	1017	1930		
日本	千克	1000	3058	823210	636730
芬兰	千克	766	651		
意大利	千克	434	2481		
新西兰	千克	270	540		
科特迪瓦	千克	270	1628		
墨西哥	千克	233	210		
苏里南	千克	216	270		
圭亚那	千克	198	475		
乌兹别克斯坦	千克	158	474		
乌拉圭	千克	115	544		
法国	千克	32	61	46	3342
荷兰	千克	20	65		
泰国	千克			537717	756744
中国	千克			1864	9791
奥地利	千克			120	7775
48169010 热敏转印纸(4809 的纸除外)					
合计	千克	2496892	3817577	708800	2260588
香港	千克	766063	488058	3134	29486
委内瑞拉	千克	329932	541276		
津巴布韦	千克	163552	181550		
澳大利亚	千克	162989	338434	7	73
日本	千克	84349	239655	102989	375015
加拿大	千克	81201	138066	796	3942
新西兰	千克	77911	98202		
澳门	千克	63438	58965		
新加坡	千克	60577	195651	228	2991
南非	千克	60389	94452		
马来西亚	千克	52720	83337		
尼日利亚	千克	47616	67725		
莫桑比克	千克	30765	49593		
沙特阿拉伯	千克	28585	32457		
台湾省	千克	28084	21074	25190	473480
乌克兰	千克	27566	19178		
吉尔吉斯斯坦	千克	25550	64750		
土耳其	千克	23518	103003		
西班牙	千克	23408	40251	10	30
俄罗斯	千克	21682	127253		
伊朗	千克	20677	76499		
约旦	千克	19248	13184		
罗马尼亚	千克	18729	40824		
美国	千克	16054	48776	136177	539744
特立尼达和多巴哥	千克	15500	23768		

（续）

商品/国别（地区）	计量单位	出口数量	出口金额（美元）	进口数量	进口金额（美元）
韩国	千克	15476	35851	7398	91207
格鲁吉亚	千克	13251	21950		
赞比亚	千克	13000	6265		
巴拿马	千克	12856	58177		
巴布亚新几内亚	千克	11884	20094		
黎巴嫩	千克	11660	14764		
埃及	千克	9990	13956		
马尔代夫	千克	9650	9843		
阿尔及利亚	千克	8324	54209		
拉脱维亚	千克	8100	6327		
安哥拉	千克	8000	5361		
巴西	千克	7529	18817		
斯里兰卡	千克	7265	28425		
斐济	千克	6710	14882		
巴基斯坦	千克	6495	15547	76	1499
印度	千克	5657	13391	17	215
叙利亚	千克	5404	5516		
希腊	千克	5010	4760		
阿根廷	千克	4896	7428		
缅甸	千克	4706	7674		
利比亚	千克	4510	7935		
牙买加	千克	4186	1620		
菲律宾	千克	4085	6894		
哈萨克斯坦	千克	3978	5613		
阿联酋	千克	3720	6151		
马达加斯加	千克	3238	4667		
海地	千克	3210	6844		
黑山	千克	3075	6139		
厄瓜多尔	千克	2800	4620		
巴拉圭	千克	2738	825		
塞浦路斯	千克	2200	2967		
巴林	千克	2200	1232		
塔吉克斯坦	千克	2000	6370		
智利	千克	1881	4059		
挪威	千克	1872	3395		
哥斯达黎加	千克	1674	8340		
越南	千克	1650	14381		
也门	千克	1600	17675		
科威特	千克	1560	2320		
突尼斯	千克	1500	1677		
以色列	千克	1490	7594		
阿鲁巴岛	千克	1484	574		
危地马拉	千克	1335	2094		
印度尼西亚	千克	1261	36410		
比利时	千克	1124	1051		
圭亚那	千克	960	2076		
朝鲜	千克	860	3960		
孟加拉国	千克	839	7210		
斯洛伐克	千克	780	1497		
多米尼加	千克	728	896		
法国	千克	717	7542	16	2112
柬埔寨	千克	705	4489		

(续)

商品/国别(地区)	计量单位	出口数量	出口金额(美元)	进口数量	进口金额(美元)
墨西哥	千克	521	20046		
苏丹	千克	490	9600		
博茨瓦那	千克	437	500		
荷兰	千克	425	8077	15	371
埃塞俄比亚	千克	407	1000		
蒙古	千克	400	12327		
德国	千克	342	2336	398216	535841
瑞典	千克	280	9822	260	1937
土库曼斯坦	千克	254	1974		
英国	千克	222	4470	252	2495
意大利	千克	164	1021	93	5571
毛里求斯	千克	150	3094		
乌拉圭	千克	146	146		
坦桑尼亚	千克	120	140		
布基纳法索	千克	110	1750		
泰国	千克	95	296		
斯洛文尼亚	千克	94	588		
亚洲其他国家(地区)	千克	80	128		
哥伦比亚	千克	55	200		
卡塔尔	千克	38	95		
加纳	千克	30	156		
芬兰	千克	30	600		
阿塞拜疆	千克	25	16		
捷克	千克	20	127		
丹麦	千克	13	240	2	10
塞尔维亚	千克	9	290		
保加利亚	千克	5	120		
马其顿	千克	3	23		
多哥	千克	1	60		
匈牙利	千克			5	13
瑞士	千克			334	17534
中国	千克			33585	177022
48169090 复写纸及其他拷贝或转印纸，油印蜡纸及胶印版纸(4809 的纸除外)					
合计	千克	3319267	3444212	254074	1878259
孟加拉国	千克	558657	534837		
新加坡	千克	359273	312038	1	9
香港	千克	320368	309117	38514	85555
印度尼西亚	千克	316746	252217		
马来西亚	千克	222257	139612		
印度	千克	146251	222587	20	8
阿联酋	千克	144824	143714		
尼日利亚	千克	141196	84255		
泰国	千克	128355	132631	242	752
菲律宾	千克	121603	128355		
科特迪瓦	千克	98738	125259		
越南	千克	67620	61056		
日本	千克	56439	66391	104487	1339114
阿曼	千克	54454	33885		
刚果(布)	千克	49686	26320		
美国	千克	47718	66021	15819	218159
巴西	千克	46612	42235		

(续)

商品/国别(地区)	计量单位	出口数量	出口金额(美元)	进口数量	进口金额(美元)
澳大利亚	千克	32100	51862	26	1483
南非	千克	31568	96737		
伊朗	千克	29329	34983		
蒙古	千克	26622	8357		
喀麦隆	千克	18705	18215		
西班牙	千克	16645	8258	1	1
斯里兰卡	千克	16460	55135	313	1281
乌克兰	千克	15721	41890		
土耳其	千克	15625	23410		
阿尔及利亚	千克	15575	15508		
澳门	千克	15393	7116		
坦桑尼亚	千克	14535	21054		
阿根廷	千克	14340	5349		
加拿大	千克	12135	19081		
津巴布韦	千克	11061	12763		
哈萨克斯坦	千克	9500	33000		
缅甸	千克	9401	9247		
黎巴嫩	千克	9314	2526		
叙利亚	千克	9028	10816		
赤道几内亚	千克	8060	13105		
德国	千克	6729	20306	652	3191
柬埔寨	千克	6679	5502		
韩国	千克	6673	46255	14340	95264
俄罗斯	千克	6535	11051		
埃塞俄比亚	千克	6400	17327		
加纳	千克	5950	15046		
安哥拉	千克	5454	9237		
巴拿马	千克	5003	24371		
台湾省	千克	4851	13516	53255	82422
朝鲜	千克	4410	6310		
苏丹	千克	4181	5086		
沙特阿拉伯	千克	4118	3209		
东帝汶	千克	4032	2016		
贝宁	千克	3624	1740		
牙买加	千克	3500	2230		
英国	千克	3058	3950	227	5139
波兰	千克	2633	4053		
肯尼亚	千克	2194	3013		
塔吉克斯坦	千克	2140	4880		
利比亚	千克	2100	3558		
巴拉圭	千克	1796	3173		
墨西哥	千克	1566	7905		
罗马尼亚	千克	1551	6424		
赞比亚	千克	1474	7993		
刚果(金)	千克	1260	2117		
马达加斯加	千克	1216	4583		
丹麦	千克	1033	3915		
危地马拉	千克	1000	800		
约旦	千克	904	1125		
荷兰	千克	612	1211		
毛里求斯	千克	560	434		
芬兰	千克	560	440	4	69

（续）

商品/国别（地区）	计量单位	出口数量	出口金额（美元）	进口数量	进口金额（美元）
以色列	千克	328	1452	406	3003
吉尔吉斯斯坦	千克	300	1500		
也门	千克	300	220		
乌拉圭	千克	283	1624		
比利时	千克	223	989	30	140
智利	千克	211	6605		
瑞士	千克	200	1717		
意大利	千克	180	231	253	3270
巴布亚新几内亚	千克	156	4042		
法国	千克	127	3504	1319	18243
土库曼斯坦	千克	124	187		
莫桑比克	千克	120	180		
冰岛	千克	120	80		
委内瑞拉	千克	109	152		
突尼斯	千克	107	3898		
几内亚	千克	100	293		
斯洛文尼亚	千克	93	72		
秘鲁	千克	90	2165		
爱尔兰	千克	80	26		
马拉维	千克	80	353		
新西兰	千克	72	1470		
塞内加尔	千克	65	549		
哥斯达黎加	千克	50	28		
密克罗尼西亚	千克	18	696		
巴林	千克	7	203		
埃及	千克	6	224		
巴基斯坦	千克	5	20	70	380
希腊	千克	3	14		
葡萄牙	千克			15742	7286
中国	千克			8353	13490

4817 纸或纸板制的信封、通信卡片；各类纸盒装纸制文具

48171000 纸或纸板的信封					
合计	千克	23945452	47872169	339661	1366450
香港	千克	8559410	12310729	98800	306599
日本	千克	7734848	18850952	25602	162446
美国	千克	2500679	6126706	26713	170111
英国	千克	1314487	2968036	10144	46850
德国	千克	1010401	1584202	656	11867
阿联酋	千克	535392	705425	648	2649
澳大利亚	千克	476215	1006234	110	764
加拿大	千克	207147	574142	20	987
荷兰	千克	173054	399355	762	4905
新加坡	千克	165977	381724	1117	13747
西班牙	千克	105294	245756	359	2982
法国	千克	78170	175945	18775	72565
马来西亚	千克	74314	161466	78	422
以色列	千克	61096	163481		
韩国	千克	58250	281241	36695	52551
台湾省	千克	57756	124917	6762	23172
越南	千克	51424	213723	377	5375

（续）

商品/国别（地区）	计量单位	出口数量	出口金额（美元）	进口数量	进口金额（美元）
比利时	千克	51163	71578	93	810
加纳	千克	37648	73344		
刚果（金）	千克	36298	43097		
挪威	千克	32364	76905	30	154
也门	千克	31455	40995		
希腊	千克	30540	71675		
沙特阿拉伯	千克	30261	72770		
新西兰	千克	29122	59750		
坦桑尼亚	千克	24549	25071		
赞比亚	千克	23120	49764		
意大利	千克	22770	65337	2114	44750
安哥拉	千克	20373	40588		
几内亚	千克	18232	13560		
葡萄牙	千克	18093	33057	900	3837
约旦	千克	17841	35065		
哈萨克斯坦	千克	16900	48377		
刚果（布）	千克	16431	20371		
苏丹	千克	16033	43792		
塞内加尔	千克	15880	25480		
吉布提	千克	15530	11630		
菲律宾	千克	15506	35484		
海地	千克	15389	40244		
伊朗	千克	14479	15727		
丹麦	千克	14275	59105	45	188
澳门	千克	13711	12424		
南非	千克	12660	22471		
爱尔兰	千克	12413	27501		
巴基斯坦	千克	12174	22575		
科威特	千克	11500	72342		
利比亚	千克	10547	14690		
瑞典	千克	9222	26550	831	10919
布基纳法索	千克	8504	15574		
巴布亚新几内亚	千克	7930	21914		
印度尼西亚	千克	7710	18535	20	129
泰国	千克	7591	7340	25	136
芬兰	千克	6876	27176		
伊拉克	千克	6779	8883		
印度	千克	6267	22188	53	281
巴拉圭	千克	6240	9796		
阿富汗	千克	5634	23158		
牙买加	千克	4971	6580		
圭亚那	千克	4886	6352		
法属圭亚那	千克	4654	10761		
斯洛伐克	千克	4568	10249		
委内瑞拉	千克	4419	3035		
莫桑比克	千克	3398	4168		
阿尔及利亚	千克	3303	7471		
厄瓜多尔	千克	3264	3268		
喀麦隆	千克	3012	8838		
古巴	千克	2982	20042		
多哥	千克	2625	3150		
墨西哥	千克	2376	4791		

(续)

商品/国别(地区)	计量单位	出口数量	出口金额(美元)	进口数量	进口金额(美元)
瑞士	千克	2264	1826	212	2714
科特迪瓦	千克	2210	6457		
尼日利亚	千克	1563	3844		
肯尼亚	千克	1286	5037		
格鲁吉亚	千克	1282	962		
爱沙尼亚	千克	1199	4578		
摩洛哥	千克	1190	714		
巴拿马	千克	1176	1132		
乌克兰	千克	1170	7805		
俄罗斯	千克	917	3635	7	180
卡塔尔	千克	893	2904	258	382
马尔代夫	千克	888	5719		
文莱	千克	856	3812		
波兰	千克	798	2285	1	22
智利	千克	730	1560	0	37
马耳他	千克	705	2232		
波多黎各	千克	641	1333		
巴林	千克	630	1181		
突尼斯	千克	626	2700		
所罗门群岛	千克	600	2014		
黎巴嫩	千克	596	2446		
留尼汪	千克	510	938		
朝鲜	千克	472	2615		
卢旺达	千克	441	4003		
马达加斯加	千克	407	2944	2	18
克罗地亚	千克	406	528		
斯里兰卡	千克	390	747	20	3
佛得角	千克	377	588		
保加利亚	千克	360	360		
秘鲁	千克	288	1398		
吉尔吉斯斯坦	千克	240	432		
乌兹别克斯坦	千克	230	490		
萨摩亚	千克	168	380		
巴西	千克	139	1461		
土耳其	千克	127	1178	5	12
几内亚(比绍)	千克	90	144		
捷克	千克	44	511		
柬埔寨	千克	30	12		
乍得	千克	30	336		
埃塞俄比亚	千克	30	90	2	80
埃及	千克	20	40	48	96
马拉维	千克	19	66		
匈牙利	千克	12	24		
亚洲其他国家(地区)	千克	10	60		
阿塞拜疆	千克	8	19		
阿根廷	千克	2	5		
阿曼	千克	0	2		
奥地利	千克			191	6521
拉脱维亚	千克			26404	42246
中国	千克			80782	374943
48172000 纸或纸板制封缄信片、素色明信片及通信卡片					
合计	千克	2202436	6285896	34798	228192
美国	千克	1380494	3900532	455	5176
香港	千克	130151	258995	1358	10977

(续)

商品/国别(地区)	计量单位	出口数量	出口金额(美元)	进口数量	进口金额(美元)
比利时	千克	101694	323084		
英国	千克	99816	177899	1519	1384
澳大利亚	千克	96306	183617		
德国	千克	86716	283023	7	394
丹麦	千克	42955	395906	26	3119
荷兰	千克	37653	98436	13	113
菲律宾	千克	28405	42305		
新西兰	千克	25861	59472		
日本	千克	20771	143480	5933	61232
台湾省	千克	17572	46371	1136	2063
加拿大	千克	15958	40277		
韩国	千克	14190	38272	20466	38396
泰国	千克	13727	18501		
法国	千克	11086	35196	716	59554
澳门	千克	8037	21350		
新加坡	千克	6886	9623	10	157
芬兰	千克	6809	19320		
巴拿马	千克	6467	5996		
秘鲁	千克	6130	25424		
马来西亚	千克	5649	7567		
意大利	千克	5063	10465	1856	35312
智利	千克	4822	31264		
瑞典	千克	4096	21576		
捷克	千克	3288	5066		
塔吉克斯坦	千克	2900	14500		
西班牙	千克	2468	14397		
葡萄牙	千克	2230	2243		
阿联酋	千克	1826	10527		
南非	千克	1633	1805		
印度	千克	1430	12370		
莫桑比克	千克	1360	1197		
伊朗	千克	1200	1500		
以色列	千克	1056	2028		
立陶宛	千克	985	985		
沙特阿拉伯	千克	928	3322		
希腊	千克	881	1818		
挪威	千克	680	3200		
塞浦路斯	千克	583	2183		
尼日利亚	千克	504	2340		
奥地利	千克	208	2560	2	2
约旦	千克	200	449		
匈牙利	千克	172	172		
突尼斯	千克	165	1600		
俄罗斯	千克	163	2499		
巴西	千克	128	256		
墨西哥	千克	44	50		
保加利亚	千克	42	84		
乍得	千克	30	726		
委内瑞拉	千克	8	61		
叙利亚	千克	6	4		
土耳其	千克	4	3		
中国	千克			1301	10313

（续）

商品/国别（地区）	计量单位	出口数量	出口金额（美元）	进口数量	进口金额（美元）
48173000 纸或纸板制盒子、袋子及夹子、内袋各种纸制文具					
合计	千克	16789816	39695136	133224	733814
美国	千克	5330458	13806130	7531	62496
英国	千克	1660383	3405068	232	3381
香港	千克	1418650	2359891	4517	27713
日本	千克	906711	2222092	65032	350803
比利时	千克	709826	1719592		
法国	千克	650885	2189427	237	3022
澳大利亚	千克	579452	1282445	112	693
德国	千克	576556	1458602	937	22456
荷兰	千克	509278	1249549	919	6781
韩国	千克	383816	851443	23410	42859
意大利	千克	352762	1036757	2172	22316
加拿大	千克	339331	990719	17	74
泰国	千克	230052	750718	498	5604
新加坡	千克	198548	444926	987	8002
丹麦	千克	190256	277162	1	5
西班牙	千克	178275	419521	67	393
马来西亚	千克	133196	214151	30	175
沙特阿拉伯	千克	113857	316621		
芬兰	千克	109658	205406	53	227
巴西	千克	104903	195156		
阿联酋	千克	100446	252856	341	1170
阿富汗	千克	100384	107368		
希腊	千克	92847	287350		
乌克兰	千克	88826	156878		
台湾省	千克	84058	173207	10697	27137
南非	千克	82380	192730		
巴基斯坦	千克	77480	78752		
巴拿马	千克	76185	157237		
智利	千克	75055	85056		
瑞典	千克	60264	177895	0	10
摩洛哥	千克	56306	169825		
俄罗斯	千克	55968	105312	40	65
叙利亚	千克	54935	46652		
印度尼西亚	千克	53241	155863	858	4499
新西兰	千克	52201	115996		
委内瑞拉	千克	52111	71527		
波兰	千克	47811	139999	2	219
墨西哥	千克	47797	72695		
土耳其	千克	44028	148362	60	46
阿尔及利亚	千克	39181	39609		
菲律宾	千克	38338	80879		
印度	千克	36532	86908	24	170
加纳	千克	36428	26601		
约旦	千克	35352	44538		
瑞士	千克	34359	78354	53	4020
以色列	千克	33414	61672	105	162
黎巴嫩	千克	30922	40851		
捷克	千克	28337	40858	46	549
埃及	千克	26801	38863		
哥伦比亚	千克	26360	62623		

（续）

商品/国别（地区）	计量单位	出口数量	出口金额（美元）	进口数量	进口金额（美元）
科威特	千克	26087	77220		
克罗地亚	千克	24436	34569		
苏丹	千克	23975	16450		
伊朗	千克	21464	49702		
爱尔兰	千克	20668	56125		
冰岛	千克	20074	29696		
罗马尼亚	千克	19760	32069		
奥地利	千克	18557	76041	9	35
乌拉圭	千克	17915	15700		
阿根廷	千克	16632	45317		
缅甸	千克	14748	17963		
挪威	千克	14493	37775		
澳门	千克	13674	38765		
越南	千克	13072	26422		
爱沙尼亚	千克	12770	59547		
安哥拉	千克	12082	12714		
也门	千克	10318	27769		
拉脱维亚	千克	9392	23702		
塞拉利昂	千克	9098	13105		
厄瓜多尔	千克	8232	26550		
利比亚	千克	8100	23760		
葡萄牙	千克	7843	16913		
刚果（金）	千克	7666	8045		
巴林	千克	7172	43119		
伊拉克	千克	6575	11894		
保加利亚	千克	6442	21621		
塞浦路斯	千克	5774	11165		
萨尔瓦多	千克	5311	14566		
文莱	千克	5077	4046		
蒙古	千克	4133	20842		
巴勒斯坦	千克	4000	960		
刚果（布）	千克	3726	2836		
马耳他	千克	3645	9061		
塞尔维亚	千克	3570	5095		
赞比亚	千克	3500	1575		
乌兹别克斯坦	千克	3002	1501		
哥斯达黎加	千克	2803	7154		
肯尼亚	千克	2676	8796		
波多黎各	千克	2298	2540		
吉布提	千克	2225	9000		
利比里亚	千克	2200	9024		
突尼斯	千克	2169	4530		
哈萨克斯坦	千克	2033	6449		
多哥	千克	2000	2642		
尼日利亚	千克	1551	3473		
匈牙利	千克	1361	3792		
乌干达	千克	1210	2010		
多米尼加	千克	1177	3425		
土库曼斯坦	千克	1065	1238		
津巴布韦	千克	1000	1332		
斯洛文尼亚	千克	838	2281		
立陶宛	千克	805	1059		

（续）

商品/国别（地区）	计量单位	出口数量	出口金额（美元）	进口数量	进口金额（美元）
斐济	千克	673	3552		
卡塔尔	千克	672	1672	22	154
加蓬	千克	525	1400		
老挝	千克	427	641		
留尼汪	千克	350	428		
斯里兰卡	千克	293	918	65	253
毛里求斯	千克	260	452		
马尔代夫	千克	250	3781		
朝鲜	千克	240	2649		
尼加拉瓜	千克	140	1344		
秘鲁	千克	99	212		
柬埔寨	千克	56	1		
阿尔巴尼亚	千克	54	403		
贝宁	千克	50	25		
摩尔多瓦	千克	32	565		
坦桑尼亚	千克	30	1036		
赤道几内亚	千克	25	73		
卢旺达	千克	20	270		
埃塞俄比亚	千克	18	69		
巴布亚新几内亚	千克	8	8		
中国	千克			14150	138325

4818 卫生纸及类似纸

48181000 卫生纸					
合计	千克	215329245	242964525	3502348	7657543
香港	千克	73047602	89419487	28	262
美国	千克	65786596	65088709	303261	749144
日本	千克	20565307	25974093	833314	3539910
澳大利亚	千克	10986579	12965540		
加纳	千克	5403219	5162966		
澳门	千克	4469812	5750599		
新加坡	千克	3820144	3098059	2	11
墨西哥	千克	3523628	3689614		
英国	千克	2301947	2988772	426	5136
哥斯达黎加	千克	2081412	2036615		
波多黎各	千克	1996393	1972707		
牙买加	千克	1742122	1958762		
新西兰	千克	1654866	2251350		
菲律宾	千克	1261742	1536628		
台湾省	千克	1151440	2023691	56304	99844
俄罗斯	千克	917919	1399856		
马来西亚	千克	789779	519166	962	1702
安哥拉	千克	789772	830501		
加拿大	千克	725408	887660	62031	153729
肯尼亚	千克	567379	601919	115	4221
巴拿马	千克	531537	595345		
巴基斯坦	千克	497995	421519		
法国	千克	490009	691142	29728	85203
海地	千克	478231	404295		
阿联酋	千克	461602	520315	33505	42321
多哥	千克	411856	440490		
爱尔兰	千克	403000	470043		

（续）

商品/国别（地区）	计量单位	出口数量	出口金额（美元）	进口数量	进口金额（美元）
捷克	千克	364630	411061		
缅甸	千克	361171	525155		
洪都拉斯	千克	304813	329177		
多米尼加	千克	291691	312565		
爱沙尼亚	千克	286888	333620		
瑞典	千克	282977	294867	256644	421506
萨摩亚	千克	271893	245964		
丹麦	千克	270015	360903	100	799
萨尔瓦多	千克	252742	227779		
汤加	千克	252126	191900		
伊朗	千克	229338	195225		
西班牙	千克	220221	314006	7961	19608
坦桑尼亚	千克	219374	176918		
蒙古	千克	212901	82551		
喀麦隆	千克	183953	183963		
阿富汗	千克	173631	149473		
刚果(布)	千克	170420	269821		
巴巴多斯	千克	162663	194111		
南非	千克	153325	181389		
贝宁	千克	149069	163769		
荷兰	千克	136461	231621	3918	19763
刚果(金)	千克	133066	153035		
伊拉克	千克	127780	121460		
苏丹	千克	126634	82511		
乌干达	千克	120546	126556		
所罗门群岛	千克	120367	147634		
哈萨克斯坦	千克	109078	149279		
利比里亚	千克	107155	128331		
泰国	千克	102559	78424		
巴布亚新几内亚	千克	102148	151378		
科威特	千克	100563	134664		
留尼汪	千克	94750	116010		
埃塞俄比亚	千克	87069	34807		
瓦努阿图	千克	86022	118556		
莫桑比克	千克	85474	85882		
突尼斯	千克	82416	90657		
苏里南	千克	80018	58685		
斐济	千克	77921	84208		
乌兹别克斯坦	千克	75575	115427		
卡塔尔	千克	75355	44834		
圭亚那	千克	65777	63959		
纳米比亚	千克	62780	50848		
朝鲜	千克	59840	61446		
印度	千克	57631	52440		
阿鲁巴岛	千克	56665	77909		
希腊	千克	56438	61373		
斯洛文尼亚	千克	52399	109178		
尼日利亚	千克	46775	16607		
斯里兰卡	千克	44649	68051	24	24
尼泊尔	千克	42956	62102		
德国	千克	41103	90622	31734	81150
巴林	千克	40357	59526		

(续)

商品/国别(地区)	计量单位	出口数量	出口金额(美元)	进口数量	进口金额(美元)
布基纳法索	千克	39784	39788		
塞拉利昂	千克	39682	38108		
加蓬	千克	39207	29143		
特立尼达和多巴哥	千克	38390	37510		
孟加拉国	千克	36989	45420		
格鲁吉亚	千克	36758	32592		
哥伦比亚	千克	34981	34882		
马达加斯加	千克	34531	29494		
冰岛	千克	34252	24696		
波兰	千克	34109	37345		
智利	千克	32384	41539		
塞浦路斯	千克	31156	37225		
印度尼西亚	千克	30146	40211		
阿根廷	千克	26675	29544		
危地马拉	千克	26259	16903		
沙特阿拉伯	千克	25959	24639	1	14
越南	千克	24588	25446		
博茨瓦那	千克	23974	19205		
毛里求斯	千克	23921	23634		
吉布提	千克	23347	28669		
亚洲其他国家(地区)	千克	22173	22402		
毛里塔尼亚	千克	20976	25110		
韩国	千克	18480	25352	1457874	1904557
冈比亚	千克	17786	18383		
赞比亚	千克	17766	19292		
几内亚	千克	17026	23173		
以色列	千克	16490	28843	682	3925
荷属安地列斯群岛	千克	14850	18977		
约旦	千克	14039	27004		
罗马尼亚	千克	13395	5627		
佛得角	千克	13126	13782		
文莱	千克	13059	18115		
密克罗尼西亚	千克	12675	12142		
厄瓜多尔	千克	12189	15284		
玻利维亚	千克	11956	13271		
吉尔吉斯斯坦	千克	9435	12174		
莱索托	千克	9345	11393		
马尔代夫	千克	8860	11362		
意大利	千克	8641	25956	67704	87370
布隆迪	千克	8379	8822		
白俄罗斯	千克	8289	11945		
大洋洲其他国家(地区)		千克	7963	8038	
安提瓜和巴布达	千克	7776	10068		
津巴布韦	千克	6366	7427		
黎巴嫩	千克	5527	7848		
赤道几内亚	千克	5325	3868		
阿尔巴尼亚	千克	5016	5312		
阿尔及利亚	千克	4372	437		
新喀里多尼亚	千克	4350	3344		
立陶宛	千克	3719	5181		
库克群岛	千克	3528	5422		
葡萄牙	千克	2642	3073		

(续)

商品/国别(地区)	计量单位	出口数量	出口金额(美元)	进口数量	进口金额(美元)
塞内加尔	千克	2320	3575		
芬兰	千克	1931	5434	8	8
几内亚(比绍)	千克	1815	1925		
利比亚	千克	1640	1293		
东帝汶	千克	1554	2398		
委内瑞拉	千克	1280	2048		
马耳他	千克	1275	638		
卢旺达	千克	1080	877		
法属波利尼西亚	千克	1008	4116		
西撒哈拉	千克	975	1547		
埃及	千克	747	930		
比利时	千克	465	930		
巴哈马	千克	426	550		
叙利亚	千克	365	482		
马里	千克	151	285		
奥地利	千克	75	350	426	817
挪威	千克	48	40		
古巴	千克	13	22		
基里巴斯	千克	2	585		
中国	千克			353077	431112
瑞士	千克			463	3206
秘鲁	千克			2056	2201
48182000 纸手帕及面巾纸					
合计	千克	81672263	129827466	1152401	4329659
香港	千克	24362385	41049368	694	752
美国	千克	23337793	31915084	849599	2866136
日本	千克	13112773	22322987	26292	307884
澳大利亚	千克	4760453	5627140	5947	29016
英国	千克	3402146	8480847	5143	73255
澳门	千克	2886234	3822702		
捷克	千克	961392	1520758		
新西兰	千克	755058	1012866		
阿联酋	千克	540902	711423	4650	13077
俄罗斯	千克	511138	925002		
加拿大	千克	471424	945333	13453	42319
新加坡	千克	439613	650634	57	165
台湾省	千克	409412	855782	5227	20603
以色列	千克	396997	713857		
菲律宾	千克	355833	549169		
德国	千克	341453	773936	34470	124000
安哥拉	千克	231876	381966		
巴拿马	千克	225541	56431		
爱尔兰	千克	219345	334563		
马来西亚	千克	197621	178631		
南非	千克	197518	327478		
巴基斯坦	千克	191584	288319		
泰国	千克	181689	295057	446	1839
瑞典	千克	180357	341557		
刚果(金)	千克	173074	389819		
挪威	千克	156087	291722		
法国	千克	140500	635027	7791	52746
荷兰	千克	136639	239858	775	1843

（续）

商品/国别（地区）	计量单位	出口数量	出口金额（美元）	进口数量	进口金额（美元）
越南	千克	118123	283381	248	1258
卡塔尔	千克	107773	175356		
马达加斯加	千克	106217	210961		
厄瓜多尔	千克	101728	125614		
希腊	千克	101100	224322		
西班牙	千克	97392	247269	205	1074
哥斯达黎加	千克	94083	104495		
加纳	千克	92620	128548		
格鲁吉亚	千克	86663	161025		
爱沙尼亚	千克	79193	162244		
意大利	千克	74661	138460	606	13243
委内瑞拉	千克	72496	123732		
沙特阿拉伯	千克	71906	39094	14	112
阿富汗	千克	71273	86005		
智利	千克	67756	150362		
伊拉克	千克	67416	99658		
牙买加	千克	61773	85351		
阿根廷	千克	57047	109555		
科威特	千克	55896	80431		
刚果(布)	千克	50662	97710		
波多黎各	千克	49780	52504		
缅甸	千克	45170	132243		
印度	千克	39969	62925	20001	48812
秘鲁	千克	34299	37722		
丹麦	千克	31748	63216		
毛里塔尼亚	千克	30807	50934		
比利时	千克	30043	57939		
多米尼加	千克	24873	37187		
阿尔巴尼亚	千克	22563	29541		
坦桑尼亚	千克	21535	52051		
塞浦路斯	千克	18343	21352		
多哥	千克	17061	47604		
哈萨克斯坦	千克	17039	34558		
亚美尼亚	千克	16600	34345		
拉脱维亚	千克	15411	35944		
喀麦隆	千克	15259	27093		
土耳其	千克	14848	13454		
几内亚	千克	13720	28280		
阿鲁巴岛	千克	13371	22556		
肯尼亚	千克	13315	18058		
塞拉利昂	千克	12646	19722		
荷属安地列斯群岛	千克	12158	15045		
埃及	千克	11955	7217		
波兰	千克	10348	40130		
匈牙利	千克	9226	11587		
萨摩亚	千克	9200	6241		
约旦	千克	8606	27772		
东帝汶	千克	8288	11862		
布基纳法索	千克	8254	17309		
葡萄牙	千克	7875	39917		
加蓬	千克	7816	14114		
毛里求斯	千克	7733	12145		

（续）

商品/国别（地区）	计量单位	出口数量	出口金额（美元）	进口数量	进口金额（美元）
纳米比亚	千克	7646	11754		
乌拉圭	千克	7533	14504		
罗马尼亚	千克	7376	13222		
吉布提	千克	7050	12910		
芬兰	千克	6720	5320	19948	31319
克罗地亚	千克	6682	12999		
冈比亚	千克	6647	12557		
斐济	千克	6577	9598		
伊朗	千克	5974	10281		
贝宁	千克	5886	5512		
斯里兰卡	千克	5795	14239	45	173
文莱	千克	5569	7572		
莫桑比克	千克	5258	10059		
朝鲜	千克	5250	6799		
马耳他	千克	4922	1905		
黎巴嫩	千克	4758	11359		
乌克兰	千克	4626	6196		
孟加拉国	千克	4536	2975		
苏里南	千克	4431	5733		
卢旺达	千克	4420	6338		
巴布亚新几内亚	千克	4181	10641		
阿尔及利亚	千克	3614	5852	40	375
洪都拉斯	千克	3300	4290		
墨西哥	千克	3108	6960		
韩国	千克	3097	13932	10713	60124
尼泊尔	千克	2816	5146		
马尔代夫	千克	2805	8839		
瑞士	千克	2760	11154	30	467
汤加	千克	2405	1610		
蒙古	千克	2321	3985		
瓦努阿图	千克	1920	1920		
几内亚(比绍)	千克	1700	2705		
塞舌尔	千克	1585	2948		
巴巴多斯	千克	1575	1296		
巴拉圭	千克	1264	4422		
圭亚那	千克	820	992		
也门	千克	750	1200		
柬埔寨	千克	650	1170		
大洋洲其他国家(地区)	千克	503	1006		
塔吉克斯坦	千克	480	960		
立陶宛	千克	300	930		
特立尼达和多巴哥	千克	166	212		
斯洛文尼亚	千克	13	8		
中国	千克			142227	623665
印度尼西亚	千克			3281	13877
巴西	千克			115	317
奥地利	千克			384	1208
48183000 纸台布及纸餐巾					
合计	千克	24705128	46899227	478980	1719284
美国	千克	9717137	16545987	59856	170170
日本	千克	3212272	7792628	15487	75275
香港	千克	3119126	5036619	1213	5563

(续)

商品/国别（地区）	计量单位	出口数量	出口金额（美元）	进口数量	进口金额（美元）
澳大利亚	千克	1224322	2916263	90	302
英国	千克	955523	1714290	8204	68353
澳门	千克	842927	747703		
加拿大	千克	638674	1568876	3000	12648
德国	千克	507304	1071078	22184	123426
荷兰	千克	470072	1048805	1109	1885
瑞典	千克	377505	945434	290	4145
波多黎各	千克	284621	427555		
法国	千克	269357	686915	14616	21798
丹麦	千克	267923	754249	40	79
新西兰	千克	191058	318566	–	
菲律宾	千克	174080	251513	210	412
比利时	千克	136663	321081	645	1198
俄罗斯	千克	130195	268721		
南非	千克	128879	304801		
西班牙	千克	117836	254556		
孟加拉国	千克	111233	119592		
巴拿马	千克	102642	162695		
牙买加	千克	99473	133704		
爱尔兰	千克	98323	146173		
卡塔尔	千克	93561	239613		
新加坡	千克	86068	209372	29	69
哥斯达黎加	千克	81931	112903		
挪威	千克	79088	237444		
巴西	千克	73218	159449		
意大利	千克	66073	199455	83078	291742
喀麦隆	千克	60312	105161		
阿联酋	千克	58269	116260	739	2153
希腊	千克	50350	173032		
伊拉克	千克	47702	45898		
沙特阿拉伯	千克	43738	135543	15	30
阿根廷	千克	38477	89876	1	92
智利	千克	37476	81326		
伊朗	千克	37012	99179		
保加利亚	千克	36046	93142		
匈牙利	千克	35040	108040	57452	255810
韩国	千克	32967	97440	3963	13619
马来西亚	千克	31099	60637	2625	7119
坦桑尼亚	千克	30186	50776		
海地	千克	27494	32359		
印度	千克	27469	40244		
委内瑞拉	千克	23994	51541		
瑞士	千克	22888	51891		
蒙古	千克	22820	5920		
科威特	千克	19153	44213		
以色列	千克	18549	39982	940	2171
芬兰	千克	17247	34925	1157	4289
台湾省	千克	16290	36053	9	38
荷属安地列斯群岛	千克	16227	22178		
阿尔及利亚	千克	15800	28020		
捷克	千克	13690	35214		
拉脱维亚	千克	13202	32392		

(续)

商品/国别（地区）	计量单位	出口数量	出口金额（美元）	进口数量	进口金额（美元）
也门	千克	13150	10529		
哥伦比亚	千克	12623	40399		
冈比亚	千克	12600	27090		
苏里南	千克	12501	3829		
秘鲁	千克	12134	36670		
加纳	千克	11827	18114		
留尼汪	千克	11319	17022		
爱沙尼亚	千克	10852	32873	46285	255649
葡萄牙	千克	10136	27847		
阿鲁巴岛	千克	9660	13599		
特立尼达和多巴哥	千克	9245	13039		
泰国	千克	8433	17479	1734	5294
圭亚那	千克	8364	3671		
巴基斯坦	千克	7630	9156		
叙利亚	千克	7546	16597		
塞浦路斯	千克	7212	28049		
罗马尼亚	千克	5800	8468		
黎巴嫩	千克	5604	10405		
玻利维亚	千克	5200	11960		
洪都拉斯	千克	5096	7389		
墨西哥	千克	5067	12340		
安哥拉	千克	4343	8003		
苏丹	千克	4323	5591		
乌拉圭	千克	4200	13772		
多哥	千克	4143	6218		
土耳其	千克	3851	12128	424	2695
几内亚	千克	3822	5535		
克罗地亚	千克	3781	10960		
毛里求斯	千克	3686	1932		
多米尼加	千克	2913	3188		
中非	千克	2900	6783		
波兰	千克	2166	6152	19550	103731
埃及	千克	1996	3900		
斐济	千克	1944	2566		
柬埔寨	千克	1728	2592		
突尼斯	千克	1683	3418		
东帝汶	千克	1652	2230		
博茨瓦那	千克	1500	1901		
冰岛	千克	1260	3780		
莱索托	千克	1190	2509		
刚果(金)	千克	1125	675		
印度尼西亚	千克	1061	1533	272	520
赞比亚	千克	1000	710		
布隆迪	千克	986	897		
巴拉圭	千克	880	1996		
津巴布韦	千克	875	7294		
塞尔维亚	千克	858	2737		
尼泊尔	千克	753	1130		
危地马拉	千克	612	2106		
文莱	千克	561	842		
汤加	千克	379	401		
摩洛哥	千克	81	270		

(续)

商品/国别(地区)	计量单位	出口数量	出口金额(美元)	进口数量	进口金额(美元)
越南	千克	80	15	75	207
奥地利	千克	76	1126	3745	11039
瓜德罗普岛	千克	72	296		
尼日利亚	千克	34	114		
肯尼亚	千克	26	87		
法属圭亚那	千克	8	33		
斯洛文尼亚	千克			2929	10476
中国	千克			67871	50454
斯里兰卡	千克			32	168
乌克兰	千克			40	643
斯洛伐克	千克			59071	216022
48184000 纸卫生巾及止血塞、婴儿纸尿布、尿布衬里及类似卫生用品					
合计	千克	115910639	362742664	31066215	97139149
日本	千克	24607213	60898262	9000488	27506970
美国	千克	12289966	51997701	2344734	7776430
香港	千克	10500466	37841153	21081	56716
菲律宾	千克	6572575	15870637	207	1647
台湾省	千克	5515575	24582203	1240283	3950165
印度	千克	5249317	12913204		
巴基斯坦	千克	4771407	10550515		
加纳	千克	3885137	11039343		
韩国	千克	3596475	9779213	16648201	51832718
南非	千克	3072262	6476577		
智利	千克	2687102	7711596		
安哥拉	千克	2581776	6430467		
印度尼西亚	千克	2324605	8301828	66927	212683
澳大利亚	千克	1676606	6302838	65	233
英国	千克	1626922	7008954	40874	14004
埃及	千克	1531228	3259210		
肯尼亚	千克	1413035	4220671		
泰国	千克	1335903	6514663	439089	2873248
新加坡	千克	1222273	3487524		
牙买加	千克	1171251	3721335		
尼日利亚	千克	1144075	2614394		
马来西亚	千克	1110984	4528840	55487	75525
俄罗斯	千克	960086	4545444		
德国	千克	887481	3335823	157480	327673
捷克	千克	697595	3886935	35	136
巴布亚新几内亚	千克	692546	1921021		
乌克兰	千克	685965	3488111		
阿联酋	千克	661035	1776821	30	147
斯里兰卡	千克	647387	1457820		
土耳其	千克	600214	2362348		
意大利	千克	531284	1647690	187000	60702
喀麦隆	千克	439391	1139688		
蒙古	千克	384949	1800272		
伊拉克	千克	377805	1230284		
莫桑比克	千克	356304	824474		
坦桑尼亚	千克	346629	699129		
比利时	千克	346356	1962583	182740	60303
加拿大	千克	336924	890960	454128	1726422

(续)

商品/国别(地区)	计量单位	出口数量	出口金额(美元)	进口数量	进口金额(美元)
以色列	千克	322815	1941647		
吉布提	千克	291434	617807		
墨西哥	千克	289514	1608806		
沙特阿拉伯	千克	242561	1342116		
荷兰	千克	224435	778600	4202	21141
利比亚	千克	207637	511855		
伊朗	千克	203682	493439		
苏丹	千克	191393	564747		
萨摩亚	千克	188501	517177		
突尼斯	千克	184406	342422		
汤加	千克	181871	558976		
摩洛哥	千克	178739	666417		
苏里南	千克	178737	415760		
越南	千克	171141	396853	5	180
几内亚	千克	169679	421150		
新西兰	千克	153741	526557		
贝宁	千克	150570	423287		
斐济	千克	140403	388740		
巴拿马	千克	138447	526569		
塞内加尔	千克	127540	291161		
约旦	千克	119281	441808		
柬埔寨	千克	118790	350006		
希腊	千克	114361	252414		
刚果(金)	千克	106760	240279		
马绍尔群岛	千克	106728	294405		
毛里求斯	千克	105868	347417		
阿根廷	千克	104055	462545		
立陶宛	千克	102158	467913		
哈萨克斯坦	千克	101587	492623		
刚果(布)	千克	98575	222288		
阿尔巴尼亚	千克	93975	117288		
乌兹别克斯坦	千克	91976	255011		
马达加斯加	千克	87469	257634		
塞舌尔	千克	87101	211114		
缅甸	千克	80635	250065		
澳门	千克	74966	170444		
科特迪瓦	千克	72025	215132		
秘鲁	千克	67651	334750		
孟加拉国	千克	60921	88472		
海地	千克	59058	133637		
黎巴嫩	千克	58796	217707		
瓦努阿图	千克	57519	144907		
赤道几内亚	千克	57410	166100		
瑞典	千克	52602	252134	117420	50329
哥伦比亚	千克	52389	253580	29000	34800
多哥	千克	49883	224714		
波兰	千克	48999	414933		
也门	千克	41500	143990		
莱索托	千克	38506	147862		
博茨瓦那	千克	37857	173757		
格鲁吉亚	千克	33722	134435		
吉尔吉斯斯坦	千克	33209	142701		

（续）

商品/国别（地区）	计量单位	出口数量	出口金额（美元）	进口数量	进口金额（美元）
马尔代夫	千克	32532	97104		
塞拉利昂	千克	29205	81046		
乌拉圭	千克	29082	146192		
法国	千克	28457	82533	48686	237732
罗马尼亚	千克	28267	59673		
埃塞俄比亚	千克	27276	52553		
尼泊尔	千克	26734	102921		
社会群岛	千克	25387	74327		
新喀里多尼亚	千克	25051	74646		
阿富汗	千克	24254	61656		
马其顿	千克	23048	62806		
匈牙利	千克	22587	96979		
朝鲜	千克	22370	46486		
加蓬	千克	22300	67119		
西班牙	千克	22217	45078		
纳米比亚	千克	21612	54701		
冈比亚	千克	19980	194726		
马耳他	千克	19916	65648		
利比里亚	千克	18944	64442		
洪都拉斯	千克	18272	24522		
所罗门群岛	千克	17504	50890		
委内瑞拉	千克	17084	88464		
多米尼加	千克	16621	37951		
密克罗尼西亚	千克	16081	49075		
爱沙尼亚	千克	15581	26721		
留尼汪	千克	14824	32955		
保加利亚	千克	12316	59712		
亚美尼亚	千克	11197	21294		
白俄罗斯	千克	11183	61730		
毛里塔尼亚	千克	10907	90661		
老挝	千克	10669	22134		
芬兰	千克	8740	71450	885	6513
塞浦路斯	千克	8247	16820		
哥斯达黎加	千克	8145	26531		
乌干达	千克	7801	15100		
拉脱维亚	千克	6970	40428		
阿曼	千克	6322	16351		
亚洲其他国家(地区)	千克	5032	5893		
萨尔瓦多	千克	4546	9547		
基里巴斯	千克	3797	14168		
斯洛文尼亚	千克	3330	11439	14588	279432
特立尼达和多巴哥	千克	3107	6359		
科威特	千克	3051	6407		
古巴	千克	2234	4858		
卡塔尔	千克	1735	1682		
马拉维	千克	1707	9619		
丹麦	千克	1126	4238		
瑞士	千克	1068	4699		
赞比亚	千克	418	2531		
津巴布韦	千克	80	900		
文莱	千克	43	217		
中国	千克			12580	33300

（续）

商品/国别（地区）	计量单位	出口数量	出口金额（美元）	进口数量	进口金额（美元）
48185000 纸浆、纸、纸板、纤维素絮或纤维素纤维网纸制的衣服及衣着附件					
合计	千克	569596	1894093	79256	315682
美国	千克	336778	1171122	14457	124409
日本	千克	35684	159954	11490	49572
台湾省	千克	26584	79438	6249	31331
沙特阿拉伯	千克	26378	60902		
俄罗斯	千克	16836	40350		
瑞典	千克	15973	12123		
英国	千克	11380	29091	35	461
坦桑尼亚	千克	10678	8420		
泰国	千克	9353	16790		
菲律宾	千克	9214	47290		
西班牙	千克	8587	5861		
意大利	千克	8470	25228	1943	9840
澳大利亚	千克	7484	30183		
马来西亚	千克	7330	62966		
巴拿马	千克	5618	7242		
新加坡	千克	5433	48345		
多米尼加	千克	5120	11520		
加拿大	千克	4306	28415		
香港	千克	3618	16635	23032	51702
秘鲁	千克	3500	5000		
韩国	千克	3000	5403	692	12669
阿联酋	千克	1800	7924		
亚洲其他国家(地区)	千克	1600	640		
黎巴嫩	千克	1330	3445		
以色列	千克	990	2409		
朝鲜	千克	800	320		
立陶宛	千克	450	1478		
瑞士	千克	332	2643		
德国	千克	294	189	1721	5143
澳门	千克	270	70		
毛里求斯	千克	160	590		
土耳其	千克	158	1373		
捷克	千克	61	263		
文莱	千克	27	471		
墨西哥	千克			13	45
越南	千克			1	70
中国	千克			19623	30440
48189000 纸浆、纸、纸板、纤维素絮或纤维素纤维网纸制的其他家庭、卫生或医院用品					
合计	千克	28808879	45337296	2029597	5364441
美国	千克	18169630	24790039	1075545	2242795
菲律宾	千克	1396338	1793498		
德国	千克	1323180	3045678	73533	79964
日本	千克	968842	2288381	163968	927668
英国	千克	700784	960183	17513	62335
多米尼加	千克	694123	649110		
台湾省	千克	534500	1401352	483051	1421323
澳大利亚	千克	428319	1371842	20972	9283
香港	千克	343144	838799	5	105
马来西亚	千克	263298	552911	16398	39904

(续)

商品/国别(地区)	计量单位	出口数量	出口金额(美元)	进口数量	进口金额(美元)
孟加拉国	千克	253078	292660		
土耳其	千克	249239	392366		
意大利	千克	242746	466801		
法国	千克	220011	483095	119363	298094
韩国	千克	217577	577063	14461	132458
印度	千克	207697	631478		
新加坡	千克	182049	436687		
巴基斯坦	千克	147708	166870		
瑞典	千克	147357	137047	5424	8279
墨西哥	千克	125049	289234	14160	57056
沙特阿拉伯	千克	124054	244996		
荷兰	千克	123329	355206		
泰国	千克	118766	394291		
加拿大	千克	107821	249168	10926	15358
阿联酋	千克	104098	160095		
新西兰	千克	102232	174319		
巴拿马	千克	96733	101972		
比利时	千克	82328	199498		
西班牙	千克	79740	164547		
突尼斯	千克	75229	85008		
越南	千克	66250	169774		
以色列	千克	56064	96096		
丹麦	千克	53978	67652		
南非	千克	52904	116217		
加纳	千克	50752	47325		
哥斯达黎加	千克	49476	52311		
乌克兰	千克	43405	76173		
特立尼达和多巴哥	千克	40269	40955		
伊朗	千克	40172	53692		
巴西	千克	37033	59706		
印度尼西亚	千克	36140	46577	10940	49437
希腊	千克	32446	34319		
葡萄牙	千克	30759	73509	2059	10292
爱尔兰	千克	30109	45582		
斐济	千克	29621	37125		
马耳他	千克	20659	18593		
巴巴多斯	千克	20620	21839		
芬兰	千克	19725	44410	18	370
牙买加	千克	19074	17930		
塞内加尔	千克	17883	16094		
尼日利亚	千克	17349	20258		
哈萨克斯坦	千克	16694	34304		
塞浦路斯	千克	16591	12479		
波兰	千克	15965	32653		
亚洲其他国家(地区)	千克	15550	55000		
澳门	千克	15018	20622		
爱沙尼亚	千克	12190	31973		
巴勒斯坦	千克	11490	21304		
智利	千克	10577	12674		
卡塔尔	千克	10540	26530		
埃及	千克	9955	8955		
秘鲁	千克	9339	16578		

(续)

商品/国别(地区)	计量单位	出口数量	出口金额(美元)	进口数量	进口金额(美元)
约旦	千克	8672	32556		
黎巴嫩	千克	8603	19040		
坦桑尼亚	千克	7842	7560		
科威特	千克	6933	25002		
加蓬	千克	5605	6353		
波多黎各	千克	5511	8389		
俄罗斯	千克	4767	20060		
巴林	千克	4625	13200		
乌兹别克斯坦	千克	3430	6106		
罗马尼亚	千克	2941	5436		
摩洛哥	千克	2280	5460		
巴布亚新几内亚	千克	1450	42594		
瑞士	千克	1224	1750	72	1567
斯里兰卡	千克	1089	2295		
冈比亚	千克	1085	1276		
毛里求斯	千克	1080	3480		
匈牙利	千克	900	3000		
玻利维亚	千克	880	1510		
立陶宛	千克	722	1541		
委内瑞拉	千克	660	2983		
巴哈马	千克	360	780		
肯尼亚	千克	300	2000		
蒙古	千克	232	398		
阿曼	千克	90	400		
萨尔瓦多	千克	1	360		
法属波利尼西亚	千克	1	364		
哥伦比亚	千克			10	331
中国	千克			1179	7822

4819 纸包装容器

48191000 瓦楞纸或纸板制的箱、盒、匣					
合计	千克	288239029	322565055	29494123	52547440
香港	千克	107232974	78885882	4021451	3305503
美国	千克	54850347	77838355	1203652	2818258
越南	千克	11644726	13107734	95739	117942
日本	千克	11373491	18540052	3363410	7246180
澳大利亚	千克	9284506	10476666	296517	157772
印度尼西亚	千克	8695636	7162776	17811	37570
英国	千克	7494258	9971468	28039	175653
加拿大	千克	4762892	6657760	25550	67976
德国	千克	4364149	7636854	407817	1353425
泰国	千克	4119725	4712550	88587	194463
荷兰	千克	3770795	6829015	94802	216988
马来西亚	千克	3732405	3359681	80313	250536
蒙古	千克	3450687	1067081		
韩国	千克	3153677	5507913	2383832	3470032
澳门	千克	3029959	1965329	882	817
朝鲜	千克	2943035	2693641	5000	4000
法国	千克	2524158	4636205	282294	1521028
印度	千克	2285833	2458684	6490	16587
阿联酋	千克	2174949	2276131	20	83
新加坡	千克	2155548	2866533	96607	389199

（续）

商品/国别（地区）	计量单位	出口数量	出口金额（美元）	进口数量	进口金额（美元）
台湾省	千克	2134879	3392182	7095640	12157740
俄罗斯	千克	2024518	2241231	62434	30144
沙特阿拉伯	千克	1854839	3517788	120	1114
亚洲其他国家(地区)	千克	1726313	2094267		
丹麦	千克	1584026	2924156	66834	189857
意大利	千克	1479979	3467549	34746	193520
菲律宾	千克	1474748	1454897	11473	28633
西班牙	千克	1442841	2665257	30789	89611
比利时	千克	1316057	3210008	10162	16714
墨西哥	千克	1259053	1441518	31899	210550
巴西	千克	1011426	1843190	312	2381
南非	千克	931525	1152198	16	43
阿尔及利亚	千克	827818	773093		
秘鲁	千克	755838	458177		
哈萨克斯坦	千克	698776	1027935		
伊朗	千克	669610	892997		
瑞典	千克	529924	1216879	52063	135417
爱尔兰	千克	478216	1299264	1827	8253
委内瑞拉	千克	455551	472857		
新西兰	千克	435886	670398	281	651
希腊	千克	417231	596175		
捷克	千克	382792	813002	2577	15473
缅甸	千克	380543	272053	100	80
智利	千克	371606	448982	875	1470
以色列	千克	366380	782490	12820	43807
阿根廷	千克	351081	434551	40	204
伊拉克	千克	345326	400892		
土耳其	千克	335109	539992	4815	29229
肯尼亚	千克	326905	410719		
科威特	千克	323370	342559		
突尼斯	千克	315403	387018	4	70
塔吉克斯坦	千克	302685	720680		
埃及	千克	295892	374038		
厄瓜多尔	千克	295458	238456		
奥地利	千克	291430	703417	981	5924
利比亚	千克	291233	357948		
吉尔吉斯斯坦	千克	286810	627147		
孟加拉国	千克	278813	251846	1	4
波兰	千克	258009	589681	790	3944
芬兰	千克	254815	516860	2127	18931
巴基斯坦	千克	253033	276735		
多米尼加	千克	251324	210403	879	4298
巴拿马	千克	248299	242810		
古巴	千克	227574	671335		
斯里兰卡	千克	214120	343880		
尼日利亚	千克	203949	233487		
柬埔寨	千克	190951	204199		
约旦	千克	177223	208087		
安哥拉	千克	172867	273135		
摩洛哥	千克	172441	253734		
几内亚	千克	170485	155227		
苏丹	千克	165672	177114		

（续）

商品/国别（地区）	计量单位	出口数量	出口金额（美元）	进口数量	进口金额（美元）
挪威	千克	163999	300088	329	1889
乌克兰	千克	159203	168927		
葡萄牙	千克	137584	248140	371	1167
加纳	千克	117838	154387		
塞浦路斯	千克	104430	64955		
黎巴嫩	千克	96190	119409		
匈牙利	千克	90654	129857	64914	226378
斯洛伐克	千克	90254	282413	1504	8288
马里	千克	80441	63762	2	5
瑞士	千克	77900	141333	13815	139558
罗马尼亚	千克	76231	120451	405	8209
坦桑尼亚	千克	74868	91959		
立陶宛	千克	74487	133219		
哥伦比亚	千克	74384	80038		
留尼汪	千克	73043	41637		
莫桑比克	千克	71899	58435		
马耳他	千克	68879	85469		
亚美尼亚	千克	65435	250912		
刚果(金)	千克	64445	86215		
卡塔尔	千克	64188	89429		
拉脱维亚	千克	62991	96069		
巴布亚新几内亚	千克	61213	66045		
危地马拉	千克	60163	64145		
马达加斯加	千克	46277	65946		
牙买加	千克	45102	50045		
毛里求斯	千克	40782	95159		
乌干达	千克	40453	37235		
也门	千克	39971	90141		
所罗门群岛	千克	39485	46330		
克罗地亚	千克	38870	50564		
波多黎各	千克	37754	44426		
毛里塔尼亚	千克	36978	32554		
乌拉圭	千克	35386	34359		
阿曼	千克	34374	59652		
马提尼克	千克	32036	22594		
多哥	千克	31523	48361		
叙利亚	千克	30563	49196		
新喀里多尼亚	千克	30119	18865		
哥斯达黎加	千克	29355	68284	21	128
贝宁	千克	28341	26807		
斯洛文尼亚	千克	26267	72965	160	1171
巴拉圭	千克	24219	23401		
文莱	千克	23919	34131		
法属波利尼西亚	千克	21949	29322		
埃塞俄比亚	千克	20613	20221		
巴林	千克	20191	33386		
保加利亚	千克	20106	72798		
白俄罗斯	千克	19588	22922		
安提瓜和巴布达	千克	19285	18455		
特立尼达和多巴哥	千克	19218	18905		
刚果(布)	千克	17244	15803		
非洲其他国家(地区)	千克	16065	9967		

（续）

商品/国别（地区）	计量单位	出口数量	出口金额（美元）	进口数量	进口金额（美元）
尼泊尔	千克	15473	21230		
法属圭亚那	千克	15150	9378		
阿富汗	千克	15017	20975		
摩尔多瓦	千克	14367	11977		
冈比亚	千克	14138	20141		
帕劳共和国	千克	13830	6915		
马尔代夫	千克	13522	14137		
塞内加尔	千克	13486	13934		
喀麦隆	千克	12932	16291		
爱沙尼亚	千克	12563	50711	83	866
萨尔瓦多	千克	11541	11978		
卢森堡	千克	10440	45778		
阿尔巴尼亚	千克	9686	9739		
洪都拉斯	千克	9189	24120	2358	2530
马绍尔群岛	千克	8500	17825		
吉布提	千克	8226	21050		
格鲁吉亚	千克	8030	33191		
冰岛	千克	7907	16345		
塞拉利昂	千克	7500	7225		
津巴布韦	千克	7292	4847		
纳米比亚	千克	7160	5904		
乌兹别克斯坦	千克	6605	5158		
莱索托	千克	5910	14291		
斐济	千克	5287	5480		
加蓬	千克	5000	450		
巴巴多斯	千克	4391	4372		
黑山	千克	4240	3754		
圭亚那	千克	4160	4933		
瓜德罗普岛	千克	4019	3596		
土库曼斯坦	千克	3993	23825		
马拉维	千克	3879	3474		
科特迪瓦	千克	3321	1147		
塞尔维亚	千克	3074	7960		
中非	千克	2250	4982		
东帝汶	千克	1760	2152		
巴勒斯坦	千克	1738	1769		
利比里亚	千克	1552	1145		
海地	千克	1519	1241		
索马里	千克	1500	1100		
老挝	千克	1281	1531		
多米尼加	千克	1186	907	66	214
博茨瓦那	千克	1134	4290		
摩纳哥	千克	1036	1886		
巴哈马	千克	948	809		
苏里南	千克	930	1302		
圣其茨和尼维斯	千克	500	2400		
阿塞拜疆	千克	291	552		
瓦努阿图	千克	180	365		
大洋洲其他国家(地区)		千克	153	228	
乍得	千克	70	239		
列支敦士登	千克	10	1120		
斯威士兰	千克	8	12		

（续）

商品/国别（地区）	计量单位	出口数量	出口金额（美元）	进口数量	进口金额（美元）
玻利维亚	千克	1	3		
中国	千克			9486677	17624963
48192000 非瓦楞纸或纸板制的可折叠箱、盒、匣					
合计	千克	237035458	436631163	31181243	67885768
香港	千克	61478711	98842826	2101631	6779145
美国	千克	49925356	85977664	1390735	3362495
韩国	千克	11085482	33219071	11214633	15088232
英国	千克	10915264	22502468	44020	153313
日本	千克	8031802	20734797	801409	4152760
法国	千克	7911271	19125952	139254	2671867
越南	千克	6637103	8497758	12561	57617
马来西亚	千克	5419522	5143487	33074	165469
德国	千克	4883721	10913175	1435090	4539466
澳大利亚	千克	4467372	8789731	5754	17391
阿联酋	千克	3826364	5671269		
新加坡	千克	3682366	5860258	211820	693426
加拿大	千克	3296930	5617783	18855	57223
荷兰	千克	3284120	8279457	339132	1456116
沙特阿拉伯	千克	3164994	6013746		
台湾省	千克	3136039	8546930	2674769	3299569
西班牙	千克	2613050	4816831	11001	37800
印度	千克	2392393	2189734	8674	32145
俄罗斯	千克	2137577	5134816	61	55
意大利	千克	2022391	4550581	388894	1500142
比利时	千克	1993666	5430654	5432	21777
澳门	千克	1860736	3144933		
印度尼西亚	千克	1843672	2752952	46592	65514
缅甸	千克	1818281	3219023	0	25
伊朗	千克	1754690	3248100	42	254
泰国	千克	1708535	2862813	352991	1016408
菲律宾	千克	1625426	2781896	5213	4814
朝鲜	千克	1444545	2591301		
墨西哥	千克	998139	1549993	2481	10686
亚洲其他国家(地区)	千克	983893	2482277		
阿尔及利亚	千克	929222	1614910		
埃及	千克	865995	1295170	152	383
南非	千克	835203	1767000		
丹麦	千克	786344	1432647	4554356	8848147
巴西	千克	764178	1177537	2557	13252
以色列	千克	761679	1549486	19193	16013
利比亚	千克	728462	1274610		
巴拿马	千克	620988	1017971		
巴基斯坦	千克	562703	737307	60	951
多米尼加	千克	448446	752318		
摩洛哥	千克	441976	501567		
希腊	千克	433639	901017	1290	6874
伊拉克	千克	426794	667747		
匈牙利	千克	421774	572073	12812	98742
也门	千克	402506	515360		
罗马尼亚	千克	391852	714923		
科威特	千克	387700	578323		
新西兰	千克	371394	858227	937	1249

(续)

商品/国别（地区）	计量单位	出口数量	出口金额（美元）	进口数量	进口金额（美元）
蒙古	千克	356594	533184		
葡萄牙	千克	340095	603634	5	207
瑞典	千克	336207	713402	14786	73169
孟加拉国	千克	334642	453725		
土耳其	千克	323994	490914	22494	114518
苏丹	千克	318092	524884		
约旦	千克	312079	572524		
阿根廷	千克	281536	503862		
吉尔吉斯斯坦	千克	280346	514767		
波兰	千克	279569	897370	906	8342
黎巴嫩	千克	273635	375509		
爱尔兰	千克	270069	904222	55776	135945
尼日利亚	千克	256691	520917		
乌克兰	千克	228006	445483		
智利	千克	220207	412834	35	300
加纳	千克	219901	289259		
斯里兰卡	千克	194223	270363		
芬兰	千克	185315	364422	7033	46098
立陶宛	千克	178360	370228		
叙利亚	千克	178188	244949	270	807
捷克	千克	172610	412358	2221	7702
瑞士	千克	172375	373971	7930	119827
贝宁	千克	171782	339988		
几内亚	千克	171710	96668		
乌拉圭	千克	165786	237266	104	126
哈萨克斯坦	千克	157250	443820		
委内瑞拉	千克	152689	219231		
刚果(金)	千克	152155	300876		
科特迪瓦	千克	142339	343991		
安哥拉	千克	138982	207557		
突尼斯	千克	129962	187756		
多哥	千克	127777	155526		
阿曼	千克	116817	293081		
挪威	千克	115213	341095	1091	8370
秘鲁	千克	113523	187668		
马耳他	千克	112084	185164		
马里	千克	107401	86162		
乌兹别克斯坦	千克	104312	70008		
哥伦比亚	千克	99181	144006		
巴林	千克	93679	137867		
喀麦隆	千克	84935	129421		
奥地利	千克	84301	235055	131475	447509
卡塔尔	千克	83446	123481		
厄瓜多尔	千克	82415	113585		
莫桑比克	千克	75297	95944		
保加利亚	千克	67355	138527	39	572
肯尼亚	千克	67062	75208		
吉布提	千克	66996	66113		
塔吉克斯坦	千克	62413	92986		
柬埔寨	千克	60259	133991		
斯洛文尼亚	千克	58769	106469	49	323
克罗地亚	千克	58289	107221		

(续)

商品/国别（地区）	计量单位	出口数量	出口金额（美元）	进口数量	进口金额（美元）
塞内加尔	千克	57916	88918		
危地马拉	千克	56763	173568		
阿尔巴尼亚	千克	55860	64934		
黑山	千克	54396	160814		
埃塞俄比亚	千克	52369	54500		
刚果(布)	千克	51705	100323		
博茨瓦那	千克	51668	70913		
巴布亚新几内亚	千克	41831	48088		
洪都拉斯	千克	41240	50251		
伯利兹	千克	40599	87830		
塞尔维亚	千克	38771	53471		
毛里求斯	千克	38483	90796		
哥斯达黎加	千克	31817	53284	62	638
巴哈马	千克	31698	15986		
格鲁吉亚	千克	29724	68564		
古巴	千克	28841	12497		
斯洛伐克	千克	28138	73560	5874	12709
坦桑尼亚	千克	23396	41898	6	232
马拉维	千克	23000	7949		
拉脱维亚	千克	22707	43750	4572	9601
波多黎各	千克	22683	81712		
文莱	千克	22411	17643		
塞浦路斯	千克	21597	42923		
尼泊尔	千克	17646	27887		
利比里亚	千克	17154	17470		
汤加	千克	15795	15351		
斐济	千克	15152	27091		
东帝汶	千克	14431	15510		
牙买加	千克	13911	17133		
塞舌尔	千克	13066	7988		
多米尼加	千克	13054	28674		
萨尔瓦多	千克	12864	40457		
马尔代夫	千克	11303	14287		
巴拉圭	千克	11297	24074		
尼加拉瓜	千克	11043	7226		
冰岛	千克	8695	9240		
爱沙尼亚	千克	7707	34001		
苏里南	千克	7650	6220		
新喀里多尼亚	千克	7354	9729		
老挝	千克	7315	14701		
加那利群岛	千克	7250	6502		
塞拉利昂	千克	7150	9115		
卢森堡	千克	7056	31665		
莱索托	千克	6939	1791		
马达加斯加	千克	6219	7483		
库腊索岛	千克	6085	21898		
毛里塔尼亚	千克	5733	6586		
土库曼斯坦	千克	5712	17573		
津巴布韦	千克	5399	11501		
波黑	千克	5182	6751		
留尼汪	千克	4720	6274		
所罗门群岛	千克	4440	3552		

(续)

商品/国别(地区)	计量单位	出口数量	出口金额(美元)	进口数量	进口金额(美元)
纳米比亚	千克	3971	9886		
特立尼达和多巴哥	千克	3797	5673		
亚美尼亚	千克	2975	16093		
乌干达	千克	2972	13236		
海地	千克	2063	799		
巴巴多斯	千克	2050	5139		
巴勒斯坦	千克	1857	2396		
加蓬	千克	1848	2090		
白俄罗斯	千克	1577	1283		
安提瓜和巴布达	千克	1440	1210		
圭亚那	千克	1225	5457		
卢旺达	千克	1200	1140		
阿塞拜疆	千克	958	1536		
瓜德罗普岛	千克	516	1486		
马提尼克	千克	285	741		
玻利维亚	千克	233	389		
马绍尔群岛	千克	150	135		
摩纳哥	千克	112	579		
法属圭亚那	千克	52	144		
大洋洲其他国家(地区)		千克	32	240	
冈比亚	千克	15	3		
荷属安地列斯群岛	千克	11	64		
列支敦士登	千克	5	560		
直布罗陀	千克	0	1		
国别(地区)不详	千克			7338	8015
中国	千克			5083702	12721438
48193000 底宽40厘米及以上的纸袋					
合计	千克	7609185	16770993	3105732	6816069
日本	千克	2058706	6484362	174274	840114
香港	千克	1054246	1190888	30242	89611
美国	千克	798931	1911543	22803	61198
挪威	千克	621052	897251	2	63
澳门	千克	536917	570151		
德国	千克	361656	967610	610480	1384966
意大利	千克	296261	436805	57190	151848
菲律宾	千克	173687	433384		
马来西亚	千克	163853	277789	338184	972520
法国	千克	161913	470802	5525	25657
西班牙	千克	137512	365695	319	990
荷兰	千克	123377	335706	23487	67618
英国	千克	116227	257824		
澳大利亚	千克	104057	271780	8715	5100
希腊	千克	79824	141251		
越南	千克	69456	124416		
沙特阿拉伯	千克	58319	68413		
加拿大	千克	57998	134444		
葡萄牙	千克	53837	194518		
比利时	千克	52917	140709	22674	62842
哈萨克斯坦	千克	51408	48449		
瑞典	千克	36110	57811	3600	11468
瑞士	千克	30239	142910	12046	80253
阿根廷	千克	28111	39691		

(续)

商品/国别(地区)	计量单位	出口数量	出口金额(美元)	进口数量	进口金额(美元)
韩国	千克	26974	92050	320476	240568
阿联酋	千克	26545	91733	5	92
新加坡	千克	26061	82334	15748	26431
芬兰	千克	23862	61918		
丹麦	千克	20220	58909	6824	39212
巴拿马	千克	19497	14266		
阿曼	千克	18500	23125		
以色列	千克	15105	56281		
俄罗斯	千克	13897	28295	3	34
克罗地亚	千克	13621	49267		
奥地利	千克	12531	5208	169	486
泰国	千克	11292	6460	1020259	1527433
黎巴嫩	千克	10503	13306		
厄瓜多尔	千克	10245	14855		
墨西哥	千克	8148	15059		
新西兰	千克	7738	11118	143676	411850
波多黎各	千克	7408	4815		
乌克兰	千克	7272	15490		
波兰	千克	7197	15164	12369	29144
委内瑞拉	千克	7110	12794		
萨尔瓦多	千克	6800	2640		
印度	千克	6038	4848	1305	7334
塞浦路斯	千克	5870	10020		
南非	千克	5113	13765	250	2227
摩洛哥	千克	4203	5852		
立陶宛	千克	3795	4989		
捷克	千克	3455	5230	225	2004
蒙古	千克	3437	1895		
埃及	千克	3189	3880		
台湾省	千克	3134	5691	84930	203191
智利	千克	3096	6988		
科威特	千克	3093	3871		
爱尔兰	千克	2967	11075		
加蓬	千克	2940	4320		
土耳其	千克	2734	11398	21880	30265
马耳他	千克	2596	1946		
科特迪瓦	千克	2389	5885		
伊朗	千克	2360	5235		
拉脱维亚	千克	2002	3003		
朝鲜	千克	2000	2000		
利比亚	千克	1892	1797		
约旦	千克	1814	492		
莫桑比克	千克	1600	1120		
爱沙尼亚	千克	1542	1850		
罗马尼亚	千克	1515	1948		
印度尼西亚	千克	1342	1238	20925	102079
格鲁吉亚	千克	1200	1000		
塔吉克斯坦	千克	1030	1545		
肯尼亚	千克	902	179		
斯洛伐克	千克	800	1235		
巴西	千克	512	292	871	3606
喀麦隆	千克	418	3		

（续）

商品/国别（地区）	计量单位	出口数量	出口金额（美元）	进口数量	进口金额（美元）
卡塔尔	千克	415	208		
刚果(布)	千克	391	255		
阿尔巴尼亚	千克	374	1652		
洪都拉斯	千克	320	605		
巴基斯坦	千克	204	639		
安哥拉	千克	190	500		
匈牙利	千克	188	630	311	4647
乌拉圭	千克	140	500		
冰岛	千克	132	443		
埃塞俄比亚	千克	130	140		
尼泊尔	千克	114	960		
吉布提	千克	106	30		
阿尔及利亚	千克	94	100		
斯洛文尼亚	千克	77	92		
秘鲁	千克	48	35		
尼日利亚	千克	42	40		
柬埔寨	千克	36	39		
苏丹	千克	24	37		
毛里求斯	千克	23	96		
坦桑尼亚	千克	10	48		
缅甸	千克	8	64		
哥斯达黎加	千克	1	1		
中国	千克			145965	431218
48194000 其他纸袋，包括锥形袋					
合计	千克	252753663	558075006	3502237	13045420
美国	千克	78283551	181483001	335253	1224242
日本	千克	31209774	93545558	302293	1546511
香港	千克	27212298	36582912	56399	308576
英国	千克	17769792	37894436	14781	86004
德国	千克	11324752	27278566	549227	2729391
意大利	千克	8101339	19235818	67353	676673
澳大利亚	千克	7293594	16682838	14341	25459
法国	千克	7178804	17718791	25118	539301
加拿大	千克	6814921	12215342	250	2702
马来西亚	千克	6813967	7322440	61037	162389
荷兰	千克	5386997	13633542	51696	104938
韩国	千克	3656947	8805071	306393	443911
比利时	千克	3602863	8471072	246	2994
西班牙	千克	3031761	7539176	7359	42000
新加坡	千克	2190333	4167615	9088	91667
阿联酋	千克	2025863	3989782	881	7055
俄罗斯	千克	2012722	6670324		
希腊	千克	1899023	3523922	5	62
菲律宾	千克	1677746	2899898	28	21
芬兰	千克	1400989	2999905	15	273
台湾省	千克	1201069	2103211	856627	1479416
沙特阿拉伯	千克	1086776	2270721		
巴拿马	千克	1003116	1780920		
委内瑞拉	千克	975444	1725024		
波兰	千克	930217	1649142	14	854
南非	千克	905571	1438320	1	15
泰国	千克	806759	1521162	55471	274930

（续）

商品/国别（地区）	计量单位	出口数量	出口金额（美元）	进口数量	进口金额（美元）
智利	千克	750114	1445405	425	672
丹麦	千克	700859	1880112	453	4223
罗马尼亚	千克	698892	981518	124	1692
刚果(布)	千克	683735	802055		
瑞典	千克	669298	2026231	26385	250920
墨西哥	千克	606250	1430549	1001	10074
新西兰	千克	602053	1372967		
爱尔兰	千克	597627	1158795	177	2534
厄瓜多尔	千克	579459	683193		
葡萄牙	千克	504129	1056749		
巴西	千克	501849	1263451		
印度尼西亚	千克	494829	849485	53154	319170
斯洛文尼亚	千克	422731	774572		
克罗地亚	千克	421283	580740		
埃及	千克	397433	936765		
阿根廷	千克	376441	743793	2	4
科威特	千克	362572	560334		
以色列	千克	334849	601397	129	383
澳门	千克	324550	330399	3	60
乌克兰	千克	294020	498948		
伊朗	千克	292070	584702	35	250
哥伦比亚	千克	251979	426658		
哈萨克斯坦	千克	249046	546457		
印度	千克	231149	631986	2247	16344
奥地利	千克	222593	623779	12938	56872
秘鲁	千克	219402	447182		
黎巴嫩	千克	216167	380806		
挪威	千克	207140	598288	40	457
亚洲其他国家(地区)	千克	206370	73473		
瑞士	千克	203231	665055	22977	35332
塞浦路斯	千克	159150	351208		
摩洛哥	千克	153395	233595		
土耳其	千克	142665	490433	100	325
朝鲜	千克	135172	41919		
越南	千克	132534	283066	6163	35686
萨尔瓦多	千克	130791	275890		
哥斯达黎加	千克	129598	213994		
利比亚	千克	125732	254479		
马耳他	千克	120030	147105		
爱沙尼亚	千克	119597	270496		
卡塔尔	千克	117582	335637	12	25
也门	千克	116066	170398		
立陶宛	千克	114481	235547	65	480
约旦	千克	114439	183378		
波多黎各	千克	112014	194469		
多米尼加	千克	104642	169209		
捷克	千克	102841	309916	238	1415
文莱	千克	92578	95617		
危地马拉	千克	85397	146286		
特立尼达和多巴哥	千克	81022	120681		
乌拉圭	千克	80521	135533		
伊拉克	千克	72499	122707		

(续)

商品/国别(地区)	计量单位	出口数量	出口金额(美元)	进口数量	进口金额(美元)
拉脱维亚	千克	72233	192215		
阿尔及利亚	千克	70414	122733		
苏里南	千克	69546	66725		
加纳	千克	68920	96788		
巴基斯坦	千克	68620	167822		
保加利亚	千克	68604	110090	510	3071
安哥拉	千克	68552	274769		
匈牙利	千克	68176	126360	1132	17043
塞尔维亚	千克	61368	85804		
斐济	千克	53819	102560		
巴林	千克	52233	80507		
马达加斯加	千克	49116	59892		
洪都拉斯	千克	48266	93607		
突尼斯	千克	47492	104193		
巴拉圭	千克	47337	80317		
孟加拉国	千克	43938	80661		
圭亚那	千克	43781	58481		
吉尔吉斯斯坦	千克	43504	97571		
肯尼亚	千克	43431	65079		
尼加拉瓜	千克	37830	58871		
叙利亚	千克	37280	52792		
尼日利亚	千克	32487	56754		
黑山	千克	30582	44008		
毛里求斯	千克	29891	55561		
苏丹	千克	28365	28208		
多哥	千克	27677	36600		
喀麦隆	千克	27211	45531		
贝宁	千克	26580	35826		
阿曼	千克	25668	54044		
斯里兰卡	千克	24905	39168	141	1051
蒙古	千克	24436	19548		
莫桑比克	千克	23422	37330		
巴布亚新几内亚	千克	22041	59122		
坦桑尼亚	千克	19909	30336		
古巴	千克	19882	12724		
斯洛伐克	千克	18431	37986		
刚果(金)	千克	18032	27603		
阿尔巴尼亚	千克	16151	23540	664	6371
马尔代夫	千克	14559	17581		
纳米比亚	千克	14483	15904		
留尼汪	千克	13373	23581		
吉布提	千克	11101	14420		
多米尼加	千克	9675	10942		
牙买加	千克	9589	13130		
格鲁吉亚	千克	8950	17884		
利比里亚	千克	8572	11645		
加那利群岛	千克	8125	13637		
加蓬	千克	7580	16287		
阿鲁巴岛	千克	7540	9960		
埃塞俄比亚	千克	7281	11336		
缅甸	千克	7040	12027		
中非	千克	6770	9004		

(续)

商品/国别(地区)	计量单位	出口数量	出口金额(美元)	进口数量	进口金额(美元)
伯利兹	千克	6724	20907		
赤道几内亚	千克	6251	8089		
波黑	千克	5332	12703		
萨摩亚	千克	5026	7511		
新喀里多尼亚	千克	4681	16097		
安提瓜和巴布达	千克	4272	5272		
巴勒斯坦	千克	3600	5040		
博茨瓦那	千克	3496	5944		
马其顿	千克	3388	3018		
冈比亚	千克	3320	4940		
瓜德罗普岛	千克	3257	6616		
科特迪瓦	千克	3145	3584		
法属圭亚那	千克	2656	4852		
冰岛	千克	2570	9745		
马提尼克	千克	2158	2094		
塞拉利昂	千克	2040	3427		
汤加	千克	1613	2470		
亚美尼亚	千克	1568	5414		
法属波利尼西亚	千克	1461	2792		
库腊索岛	千克	1413	1473		
塞内加尔	千克	1395	2521		
乌兹别克斯坦	千克	1152	19362		
特克斯和凯科斯群岛	千克	1120	2464		
阿塞拜疆	千克	862	2558		
尼泊尔	千克	750	1551		
圣卢西亚	千克	723	717		
卢森堡	千克	687	2688		
马绍尔群岛	千克	409	575		
乌干达	千克	363	990		
格林纳达	千克	357	400		
毛里塔尼亚	千克	340	1020		
马里	千克	235	765		
东帝汶	千克	165	289		
赞比亚	千克	147	1239		
海地	千克	140	54		
塔吉克斯坦	千克	105	525		
白俄罗斯	千克	83	208		
所罗门群岛	千克	25	86		
佛得角	千克	11	22		
圣多美和普林西比	千克	1	4		
中国	千克			633514	2504291
国别(地区)不详	千克			118	316
柬埔寨	千克			25614	26975
48195000 纸、纸板、纤维素絮及纤维素纤维网纸制其他包装容器，包括唱片套					
合计	千克	16147667	42239894	581753	2627837
美国	千克	4386117	10705306	112166	561629
香港	千克	2348145	4496522	6293	21173
日本	千克	1261884	6114321	164577	759078
德国	千克	806021	2114138	99978	542991
俄罗斯	千克	730122	2092793		
荷兰	千克	673655	1913122	2	28

(续)

商品/国别（地区）	计量单位	出口数量	出口金额（美元）	进口数量	进口金额（美元）
英国	千克	574911	1582846		
西班牙	千克	569971	1350589		
意大利	千克	427887	1159878	262	9055
加拿大	千克	405313	707687		
韩国	千克	332656	894536	64693	205875
澳大利亚	千克	311321	674154		
马来西亚	千克	308622	793808	96891	286373
约旦	千克	295412	922407		
比利时	千克	243484	757248	1530	1530
法国	千克	215728	519630	730	20949
新加坡	千克	202193	445552	821	13880
阿联酋	千克	200808	310372		
菲律宾	千克	125233	178677		
希腊	千克	110093	269845		
巴西	千克	105394	223645		
土耳其	千克	105077	233420		
乌克兰	千克	92200	199432		
沙特阿拉伯	千克	88925	166479		
墨西哥	千克	79515	189492		
南非	千克	79493	298182		
伊朗	千克	74450	236692		
越南	千克	73263	164277		
波兰	千克	63544	141790		
新西兰	千克	54774	126414		
智利	千克	53979	95583		
台湾省	千克	48880	180848	6129	28312
以色列	千克	45087	99777		
阿塞拜疆	千克	45000	162809		
罗马尼亚	千克	44003	52577		
古巴	千克	39346	36836		
印度尼西亚	千克	38277	212265		
巴拿马	千克	35233	155685		
丹麦	千克	32952	176590	4000	10616
阿根廷	千克	31172	62685		
芬兰	千克	26918	74026		
特立尼达和多巴哥	千克	22272	20352		
埃及	千克	22131	11806		
塞浦路斯	千克	19176	129435		
肯尼亚	千克	18945	34831		
泰国	千克	18508	45769	612	529
蒙古	千克	18200	4368		
黎巴嫩	千克	18158	19764		
科威特	千克	16758	46591		
贝宁	千克	16142	77966		
爱尔兰	千克	16061	48598		
葡萄牙	千克	11407	37275		
瑞典	千克	11332	83056	540	4592
乌拉圭	千克	9748	18867		
斯洛文尼亚	千克	9345	15023		
挪威	千克	9088	28291		
瑞士	千克	8889	56652	1034	13295
印度	千克	8861	28322	6125	98454

(续)

商品/国别（地区）	计量单位	出口数量	出口金额（美元）	进口数量	进口金额（美元）
牙买加	千克	8096	4742		
喀麦隆	千克	8025	4901		
尼日利亚	千克	7655	6393		
马耳他	千克	7040	6164		
巴林	千克	6736	15163		
拉脱维亚	千克	6444	20396		
立陶宛	千克	5876	10221		
厄瓜多尔	千克	5542	7928		
文莱	千克	5529	11134		
哥伦比亚	千克	5399	16720		
奥地利	千克	4876	18765	884	14640
巴巴多斯	千克	4800	13500		
科特迪瓦	千克	4624	19168		
斯里兰卡	千克	3966	28557		
澳门	千克	2517	3034		
保加利亚	千克	2290	6323		
秘鲁	千克	2196	7638		
巴基斯坦	千克	2158	1940		
匈牙利	千克	2068	6407		
委内瑞拉	千克	1451	3308		
危地马拉	千克	1326	2170		
摩洛哥	千克	1255	4610		
克罗地亚	千克	1030	1883		
叙利亚	千克	763	492		
哥斯达黎加	千克	636	2328		
卡塔尔	千克	594	1760		
乌兹别克斯坦	千克	480	1392		
多米尼加	千克	420	592		
捷克	千克	416	1264	148	211
塞内加尔	千克	270	700		
柬埔寨	千克	253	368		
老挝	千克	210	2400		
斯洛伐克	千克	180	108	3	115
厄立特里亚	千克	150	350		
土库曼斯坦	千克	96	6400		
加纳	千克	85	238		
马达加斯加	千克	69	151		
洪都拉斯	千克	67	385		
哈萨克斯坦	千克			6	178
中国	千克			14329	34334
48196000 纸或纸板制的办公及类似场所用卷宗盒、信件盘、存储盒等物品					
合计	千克	10646365	24389283	687825	2955593
美国	千克	3524883	8161000	1274	9395
英国	千克	2183202	4180024	5154	33804
澳大利亚	千克	757258	1712965	3	11
日本	千克	643854	3017490	9282	53069
香港	千克	526838	922506	169	5046
西班牙	千克	478976	951149	355	3940
加拿大	千克	352415	586947		
德国	千克	235456	399968	687	9417
意大利	千克	209353	625649	1226	10014

（续）

商品/国别（地区）	计量单位	出口数量	出口金额（美元）	进口数量	进口金额（美元）
荷兰	千克	165572	314753	5156	5922
新加坡	千克	153682	596439	177	1188
阿联酋	千克	149938	223732		
法国	千克	139800	240815	5299	32979
韩国	千克	89887	196418	7098	23325
墨西哥	千克	83544	187408	567516	2448655
台湾省	千克	74576	253746	1193	3485
新西兰	千克	72330	140270		
马来西亚	千克	69543	250491	1005	2190
南非	千克	62066	98725		
沙特阿拉伯	千克	45128	81739		
波兰	千克	39993	75530	2772	5006
葡萄牙	千克	39987	76696		
丹麦	千克	39070	115541		
斯洛伐克	千克	38897	67800		
比利时	千克	38641	49791	255	418
希腊	千克	29053	37359	70	267
印度	千克	28533	54852	9	177
爱尔兰	千克	25842	24885		
巴拉圭	千克	19888	32846		
瑞典	千克	18936	46851		
布基纳法索	千克	18448	26074		
泰国	千克	14698	20016	174	4959
印度尼西亚	千克	14475	13185	1945	9431
菲律宾	千克	14197	27375		
阿根廷	千克	13371	52268		
埃及	千克	12638	29969		
俄罗斯	千克	12459	35704	5	70
智利	千克	11976	44005	5	5
巴西	千克	11967	35402		
尼日尔	千克	10865	13273		
加纳	千克	10343	17517		
奥地利	千克	9343	35850	76	386
瑞士	千克	8783	31249	319	10609
巴基斯坦	千克	8731	12135		
越南	千克	8595	8125		
安哥拉	千克	8223	26772		
委内瑞拉	千克	8188	14362		
黎巴嫩	千克	7744	13812		
秘鲁	千克	7673	13703		
斯洛文尼亚	千克	7319	3723		
喀麦隆	千克	6578	4956		
拉脱维亚	千克	5700	7200	1011	2306
阿尔巴尼亚	千克	4690	4027		
克罗地亚	千克	4599	7058		
伊朗	千克	4240	7039		
以色列	千克	3691	8713	6	74
芬兰	千克	3616	15472	24	448
卡塔尔	千克	3571	8019		
匈牙利	千克	3406	4213	66934	223975
巴拿马	千克	3368	2344		
挪威	千克	3347	16032		

（续）

商品/国别（地区）	计量单位	出口数量	出口金额（美元）	进口数量	进口金额（美元）
哥伦比亚	千克	3252	7988		
澳门	千克	3240	1629		
新喀里多尼亚	千克	2964	1907		
多米尼加	千克	2741	4821		
塞浦路斯	千克	2645	5963		
叙利亚	千克	2601	6901		
利比亚	千克	2552	6108		
乌克兰	千克	2262	6935		
爱沙尼亚	千克	2103	12000		
缅甸	千克	1764	4260		
尼日利亚	千克	1440	3429		
苏丹	千克	1433	2989		
罗马尼亚	千克	1250	4617		
文莱	千克	1111	434		
科威特	千克	994	1445		
坦桑尼亚	千克	906	1812		
刚果（金）	千克	904	788		
白俄罗斯	千克	867	2250		
保加利亚	千克	717	1855		
哥斯达黎加	千克	706	1200		
萨尔瓦多	千克	666	1153		
土耳其	千克	619	3013		
也门	千克	600	1122		
危地马拉	千克	572	972		
巴林	千克	519	2026		
斐济	千克	489	5050		
洪都拉斯	千克	436	742		
吉布提	千克	334	668		
厄瓜多尔	千克	273	507		
约旦	千克	236	478		
赞比亚	千克	234	2261		
多哥	千克	210	465		
亚洲其他国家(地区)	千克	200	1000		
毛里求斯	千克	122	275		
哈萨克斯坦	千克	120	4465		
巴布亚新几内亚	千克	97	194		
蒙古	千克	52	224		
柬埔寨	千克	51	191		
马耳他	千克	47	219		
朝鲜	千克	29	536		
斯里兰卡	千克	18	333		
乌兹别克斯坦	千克	4	48		
马达加斯加	千克	2	33	0	1
中国	千克			8540	54669
马其顿	千克			86	352

4820 纸或纸板制文具用品

48201000 48201000 账本、笔记本、收据本、定货本、登记本、信笺本、日记本及类似品					
合计	千克	282809901	519268306	2375768	10166020
美国	千克	60130264	127104093	22801	410785
香港	千克	29311067	45252991	95358	127416

(续)

商品/国别(地区)	计量单位	出口数量	出口金额(美元)	进口数量	进口金额(美元)
英国	千克	22097457	42929559	2963	47929
澳大利亚	千克	12818464	20885074	646	4143
日本	千克	9862140	27621791	149103	1161293
德国	千克	8626528	18575821	17273	411532
荷兰	千克	8306061	16471431	446	5927
沙特阿拉伯	千克	7393942	13871042	100	800
加拿大	千克	6721178	11949708	229	6025
西班牙	千克	6617073	13426711	963	11439
马来西亚	千克	5621369	5482398	2454	19895
阿联酋	千克	4229554	6652853	532	5057
科威特	千克	3912621	5381797		
安哥拉	千克	3823203	4858741		
瑞典	千克	3819293	6442371	288	6002
意大利	千克	3555099	8797441	7485	201271
巴基斯坦	千克	3481252	4103986	16	37
伊拉克	千克	3455339	4798912		
伊朗	千克	3339658	4617623		
古巴	千克	3221534	5029149		
波兰	千克	2645075	4325084	7	141
哈萨克斯坦	千克	2491192	6567498		
菲律宾	千克	2457433	3301145	95	345
法国	千克	2251369	5902560	11925	240607
墨西哥	千克	2239075	4383994		
以色列	千克	2173513	3647550	59	239
希腊	千克	2004559	3507932	35	588
约旦	千克	1995005	2720369		
新加坡	千克	1943985	2883538	28645	124408
比利时	千克	1689020	3859743	1485	20627
韩国	千克	1685973	2435651	424392	897649
巴西	千克	1543573	3059998	1584	6768
巴拿马	千克	1542020	3004285	2	2
蒙古	千克	1500303	1882082		
土耳其	千克	1462690	2495346	146	1033
南非	千克	1395718	2938277	34	50
委内瑞拉	千克	1393318	1878564		
智利	千克	1281701	2477906		
也门	千克	1267808	2325647		
丹麦	千克	1247146	2791808	207	4348
俄罗斯	千克	1219374	3470751	79	1148
斯洛伐克	千克	1176160	1760882		
克罗地亚	千克	1146561	1433355		
泰国	千克	1136107	1811210	2413	27036
埃及	千克	1004528	1306936	183	543
哥伦比亚	千克	989905	1590112		
喀麦隆	千克	981256	1222031		
印度尼西亚	千克	976832	1168984	4342	36061
新西兰	千克	938296	1695946	8	33
芬兰	千克	934202	2267747	180	1086
阿根廷	千克	908463	1759146		
挪威	千克	850590	1522881		
科特迪瓦	千克	811028	951519		
乌克兰	千克	806730	1365747		

(续)

商品/国别(地区)	计量单位	出口数量	出口金额(美元)	进口数量	进口金额(美元)
印度	千克	806197	983191	6842	1545971
台湾省	千克	736185	1581789	117003	330747
阿尔及利亚	千克	715890	1412298		
肯尼亚	千克	702254	1078587		
加纳	千克	699838	895024		
刚果(金)	千克	666366	777515		
厄瓜多尔	千克	642021	966547	194	326
葡萄牙	千克	628667	1419501		
越南	千克	595083	785868	531009	708995
利比亚	千克	556442	803612		
坦桑尼亚	千克	534306	704705		
塞内加尔	千克	524081	707449		
牙买加	千克	523227	603783		
朝鲜	千克	505005	819045		
刚果(布)	千克	495882	583554		
吉尔吉斯斯坦	千克	455132	1409876		
秘鲁	千克	432522	793004	90	100
波多黎各	千克	405825	570993		
亚洲其他国家(地区)	千克	399516	767846		
吉布提	千克	381718	438090		
苏丹	千克	377313	586450	1963	11645
几内亚	千克	360341	200571		
爱尔兰	千克	358230	744439		
尼日利亚	千克	331603	449384	180	595
瑞士	千克	328676	702266	2452	41675
叙利亚	千克	322073	380502		
黎巴嫩	千克	311356	453016		
罗马尼亚	千克	298697	480351		
危地马拉	千克	291330	530431		
阿曼	千克	276718	339178		
乌兹别克斯坦	千克	270826	643316		
哥斯达黎加	千克	270647	492762		
澳门	千克	250851	160777		
萨尔瓦多	千克	245888	446464		
阿尔巴尼亚	千克	245683	318226		
多哥	千克	238292	327868		
洪都拉斯	千克	229134	341691		
乌拉圭	千克	225620	393202		
摩洛哥	千克	202248	310288	189	309
塞拉利昂	千克	195926	250726		
斯洛文尼亚	千克	190965	367050	30	386
特立尼达和多巴哥	千克	188551	325798		
立陶宛	千克	183608	240524	271	607
马达加斯加	千克	179318	209956		
莫桑比克	千克	164914	295354		
塞尔维亚	千克	164468	245166		
利比里亚	千克	163101	158792		
纳米比亚	千克	161557	184770		
卡塔尔	千克	156491	285327	139	196
巴布亚新几内亚	千克	152418	285574		
拉脱维亚	千克	151971	329058		
捷克	千克	145102	307323	9	73

(续)

商品/国别(地区)	计量单位	出口数量	出口金额(美元)	进口数量	进口金额(美元)
塞浦路斯	千克	144845	298351		
保加利亚	千克	142544	270224		
多米尼加	千克	137731	230378		
尼日尔	千克	134891	196612		
塔吉克斯坦	千克	132543	413828		
孟加拉国	千克	125194	129529	45	107
斯里兰卡	千克	124776	240554		
赤道几内亚	千克	120144	182951		
海地	千克	119460	104778		
突尼斯	千克	110683	165227		
匈牙利	千克	107269	211719	19	2377
缅甸	千克	97781	202700		
巴林	千克	97217	134741		
布基纳法索	千克	92339	140424		
贝宁	千克	88599	136982		
埃塞俄比亚	千克	86556	105551	448	1450
毛里求斯	千克	84605	125442		
格鲁吉亚	千克	84032	128505		
尼泊尔	千克	68651	194204	20	59
卢旺达	千克	67028	72689		
马耳他	千克	65156	25968		
毛里塔尼亚	千克	57995	71508		
尼加拉瓜	千克	57191	60205		
伯利兹	千克	56783	98840		
爱沙尼亚	千克	56377	136034		
赞比亚	千克	52832	65239	120	667
加蓬	千克	49664	114864		
柬埔寨	千克	49145	57007		
马尔代夫	千克	47036	51696		
文莱	千克	46039	76416		
圭亚那	千克	45397	60278		
奥地利	千克	43263	127170	1455	14900
佛得角	千克	42287	49160		
黑山	千克	40491	53201		
苏里南	千克	35661	50433		
博茨瓦那	千克	33443	54597		
马其顿	千克	31921	33622		
安提瓜和巴布达	千克	31162	38111		
多米尼加	千克	27860	26176		
玻利维亚	千克	26766	78539		
巴哈马	千克	25533	29057		
所罗门群岛	千克	22793	30129		
斐济	千克	22208	49717		
东帝汶	千克	21222	23960		
波黑	千克	20743	25099		
塞舌尔	千克	20624	20554		
马里	千克	20029	19359		
汤加	千克	10344	15100		
巴拉圭	千克	9649	17924		
法属圭亚那	千克	9596	10996		
白俄罗斯	千克	9357	10233		
巴勒斯坦	千克	8790	7032		

(续)

商品/国别(地区)	计量单位	出口数量	出口金额(美元)	进口数量	进口金额(美元)
圣其茨和尼维斯	千克	6720	5376		
圣卢西亚	千克	6690	8907		
瓜德罗普岛	千克	6648	19426		
萨摩亚	千克	6578	11339		
加那利群岛	千克	5961	7616		
密克罗尼西亚	千克	5839	11478		
津巴布韦	千克	5752	11044	130	720
留尼汪	千克	4713	6060		
乌干达	千克	4477	15940		
图瓦卢	千克	3076	4522		
库腊索岛	千克	2857	2501		
索马里	千克	2810	1796		
冰岛	千克	2779	1707		
新喀里多尼亚	千克	2272	3334		
阿富汗	千克	2065	18201		
巴巴多斯	千克	575	740		
卢森堡	千克	550	1200		
中非	千克	485	951		
乍得	千克	462	1308		
土库曼斯坦	千克	435	506		
几内亚(比绍)	千克	164	1832		
阿塞拜疆	千克	42	203		
荷属安地列斯群岛	千克	25	108		
法属波利尼西亚	千克	4	5		
老挝	千克			860	534
列支敦士登	千克			23	654
国别(地区)不详	千克			50	465
中国	千克			935749	3720199
48202000 练习本					
合计	千克	55533431	101005224	67930	123699
哈萨克斯坦	千克	6416101	29757916		
埃塞俄比亚	千克	3785136	3608747		
古巴	千克	3464517	4903921		
吉尔吉斯斯坦	千克	3190680	11937484		
香港	千克	2584104	3219783	4	22
多哥	千克	2172652	2356201		
布基纳法索	千克	2056011	2328575		
海地	千克	1877639	1885069		
塔吉克斯坦	千克	1853007	4810143		
刚果(布)	千克	1673475	1619776		
乌兹别克斯坦	千克	1606918	2060642		
喀麦隆	千克	1591363	1733190		
安哥拉	千克	1369140	1542065		
阿富汗	千克	1313770	1649869		
科威特	千克	1260161	1452486		
以色列	千克	1146247	1220939	100	217
马达加斯加	千克	974038	918652		
刚果(金)	千克	964286	1106436		
塞拉利昂	千克	698471	794428		
蒙古	千克	643023	1419955		
伊拉克	千克	617024	755859		
利比里亚	千克	585364	668606		

(续)

商品/国别(地区)	计量单位	出口数量	出口金额(美元)	进口数量	进口金额(美元)
美国	千克	568348	1065757	604	21528
约旦	千克	553756	682302		
丹麦	千克	546677	753544		
坦桑尼亚	千克	507140	628694		
阿联酋	千克	506029	569375		
科特迪瓦	千克	501355	536305		
缅甸	千克	496111	740962		
也门	千克	482299	505721		
加纳	千克	457689	520623		
英国	千克	435389	564703	306	5310
塞内加尔	千克	419616	514365		
贝宁	千克	399219	464138		
卢旺达	千克	394128	403470		
希腊	千克	391606	568586		
法国	千克	341056	1551532	35	476
荷兰	千克	337180	484536		
芬兰	千克	324561	448165		
澳大利亚	千克	314365	408193	20	8
斐济	千克	311636	328497		
朝鲜	千克	271640	165207		
巴布亚新几内亚	千克	259241	308906		
巴基斯坦	千克	257542	287491		
意大利	千克	247448	624521		
瑞典	千克	243807	356266		
尼日尔	千克	203766	215266		
纳米比亚	千克	201980	305194		
巴拿马	千克	192418	295963		
立陶宛	千克	187691	222703		
牙买加	千克	162890	165010		
几内亚	千克	155870	140029		
格鲁吉亚	千克	141782	178820		
加蓬	千克	140851	157525		
马来西亚	千克	136790	135814		
沙特阿拉伯	千克	134923	213986		
肯尼亚	千克	130766	176609		
黎巴嫩	千克	127203	137699		
智利	千克	116677	114418	2552	8860
德国	千克	109790	174748	58	507
毛里求斯	千克	101789	96113		
比利时	千克	97962	679177		
所罗门群岛	千克	85575	110735		
澳门	千克	81495	61067		
吉布提	千克	79426	89885		
赤道几内亚	千克	71407	98916		
乍得	千克	70345	93780		
拉脱维亚	千克	68678	78664		
罗马尼亚	千克	67175	59266		
亚洲其他国家(地区)	千克	61890	24559		
莫桑比克	千克	58706	54946		
苏丹	千克	57589	66970		
乌克兰	千克	56476	48530		
利比亚	千克	53822	56562		

(续)

商品/国别(地区)	计量单位	出口数量	出口金额(美元)	进口数量	进口金额(美元)
毛里塔尼亚	千克	53018	64786		
波兰	千克	52415	66815		
委内瑞拉	千克	52286	68278		
日本	千克	49734	175895	1005	11623
伊朗	千克	49674	69434		
菲律宾	千克	48233	41246		
新加坡	千克	39548	45456	88	205
厄瓜多尔	千克	39469	48574		
圭亚那	千克	36900	40335		
巴哈马	千克	35100	47634		
南非	千克	34820	43234		
俄罗斯	千克	34230	183962		
台湾省	千克	33971	37857	27	109
越南	千克	30546	43234		
伯利兹	千克	25180	35021		
瓦努阿图	千克	21332	25845		
阿根廷	千克	19722	25434		
冈比亚	千克	19233	20366		
特立尼达和多巴哥	千克	19035	21840		
尼加拉瓜	千克	18040	20148		
韩国	千克	17987	46943	63043	73286
几内亚(比绍)	千克	17039	20827		
科摩罗	千克	16685	17715		
埃及	千克	15882	20326		
厄立特里亚	千克	14372	21890		
墨西哥	千克	14046	6532	88	1548
叙利亚	千克	12862	15711		
柬埔寨	千克	12577	12672		
印度尼西亚	千克	12382	21262		
佛得角	千克	11910	16235		
奥地利	千克	10350	22273		
泰国	千克	10199	22957		
西班牙	千克	7498	16285		
苏里南	千克	6450	19348		
克罗地亚	千克	6260	9224		
挪威	千克	6240	12099		
保加利亚	千克	6002	9082		
塞尔维亚	千克	5420	7144		
巴林	千克	5372	6010		
葡萄牙	千克	4762	7313		
阿尔巴尼亚	千克	4192	6539		
乌拉圭	千克	4022	6237		
格林纳达	千克	3800	4560		
危地马拉	千克	3505	3198		
新西兰	千克	3150	10750		
巴西	千克	2552	3697		
尼泊尔	千克	2470	5419		
加拿大	千克	2389	3928		
哥斯达黎加	千克	2300	1725		
塞舌尔	千克	1795	2190		
印度	千克	1658	1367		
卡塔尔	千克	1289	1573		

(续)

商品/国别(地区)	计量单位	出口数量	出口金额(美元)	进口数量	进口金额(美元)
斯里兰卡	千克	1283	2027		
基里巴斯	千克	1258	1332		
斯洛文尼亚	千克	1221	1400		
土耳其	千克	1148	3052		
爱尔兰	千克	640	781		
匈牙利	千克	379	523		
库腊索岛	千克	336	326		
博茨瓦那	千克	242	273		
黑山	千克	216	272		
赞比亚	千克	80	1174		
阿尔及利亚	千克	22	17		
马拉维	千克	6	67		
48203000 纸或纸板制的活动封面(书籍封面除外)、文件夹及卷宗皮					
合计	千克	77716118	134549452	931360	1491772
美国	千克	32028296	57202652	1497	22337
香港	千克	4992599	6036933	5565	20408
日本	千克	4671624	13035460	114112	418203
澳大利亚	千克	4163022	6449819	121	1556
英国	千克	3583722	5801867	64	1384
瑞典	千克	2363615	5034819	476	5483
加拿大	千克	1856432	3074812	387	16268
德国	千克	1752892	2880913	3525	40011
阿联酋	千克	1686540	2588324	31	36
沙特阿拉伯	千克	1174131	1575557		
意大利	千克	1161988	1815621	1678	24724
荷兰	千克	1063380	2081872	48	141
越南	千克	974693	1529255	39712	98794
土耳其	千克	902128	1200567		
尼日利亚	千克	740663	976014		
西班牙	千克	693562	1188865	239	3627
乌克兰	千克	555210	775492		
法国	千克	545788	1071129	589	25192
巴基斯坦	千克	497119	612632	5	15
南非	千克	492161	1032378	599	1474
希腊	千克	456062	769957	15	261
新西兰	千克	438404	686937		
菲律宾	千克	426842	511605		
俄罗斯	千克	394888	558041		
约旦	千克	394770	572880		
伊朗	千克	380202	529997		
利比亚	千克	368600	522068		
古巴	千克	328511	912569		
厄瓜多尔	千克	299012	368631		
卡塔尔	千克	294422	421878	10	20
新加坡	千克	290950	456872	1905	6902
肯尼亚	千克	286004	405926		
委内瑞拉	千克	275892	516716		
以色列	千克	275850	474075		
阿根廷	千克	252550	379775		
拉脱维亚	千克	252369	325293		
丹麦	千克	245942	519149	14	256

(续)

商品/国别(地区)	计量单位	出口数量	出口金额(美元)	进口数量	进口金额(美元)
布基纳法索	千克	236801	336304		
罗马尼亚	千克	223295	326564		
韩国	千克	208605	472338	48851	41455
芬兰	千克	208012	285778	21	173
墨西哥	千克	191680	374660	40692	184353
科特迪瓦	千克	183720	287460		
克罗地亚	千克	173231	266601		
波兰	千克	167278	292896		
伊拉克	千克	158489	291238		
也门	千克	154399	215473		
塞浦路斯	千克	153278	224437		
巴拿马	千克	152743	249167		
马来西亚	千克	152277	158818	85	1241
加纳	千克	147456	202660		
埃及	千克	140758	179483		
多哥	千克	133199	197992		
斯洛文尼亚	千克	124434	162797		
比利时	千克	121512	227662	6274	71712
科威特	千克	119748	190541		
印度	千克	118953	160468	27	97
阿尔及利亚	千克	118493	127093		
智利	千克	114727	210158		
塞内加尔	千克	108369	168664		
保加利亚	千克	105446	157145		
坦桑尼亚	千克	103210	126968		
斯里兰卡	千克	100613	120071	17	99
哈萨克斯坦	千克	99966	171308		
贝宁	千克	90450	124421		
黎巴嫩	千克	89439	136843		
摩洛哥	千克	88488	152016		
喀麦隆	千克	85373	136624		
叙利亚	千克	73225	115511		
秘鲁	千克	72484	80261		
葡萄牙	千克	71994	124101	8	61
巴西	千克	70417	195761	60	90
泰国	千克	60335	54066	8277	95213
斯洛伐克	千克	59735	131840		
马达加斯加	千克	57879	98779		
澳门	千克	56723	42122		
尼日尔	千克	54671	71293		
多米尼加	千克	53881	102304		
波多黎各	千克	53611	69096		
几内亚	千克	49981	76579		
缅甸	千克	48050	78418		
安哥拉	千克	47188	74430		
吉布提	千克	46982	73285		
莫桑比克	千克	45076	66872		
哥伦比亚	千克	43998	61885		
挪威	千克	40947	69176	210	534
埃塞俄比亚	千克	38226	45065		
毛里求斯	千克	37158	54940		
阿曼	千克	36647	41856		

(续)

商品/国别(地区)	计量单位	出口数量	出口金额(美元)	进口数量	进口金额(美元)
匈牙利	千克	36064	52432		
波黑	千克	35483	69640		
玻利维亚	千克	35267	61460		
赞比亚	千克	32496	60327		
台湾省	千克	32087	78516	1857	9439
危地马拉	千克	26177	53020		
阿尔巴尼亚	千克	25886	44223		
萨尔瓦多	千克	25578	40017		
爱尔兰	千克	25300	45207	5	3983
乌干达	千克	24280	35196		
巴拉圭	千克	22811	84115		
苏里南	千克	22778	31984		
刚果(金)	千克	22619	28054		
文莱	千克	21657	29740		
乌拉圭	千克	20675	27678		
特立尼达和多巴哥	千克	16591	18656		
尼泊尔	千克	13939	24533		
塞尔维亚	千克	13413	15870		
奥地利	千克	13165	27991	675	10088
苏丹	千克	13129	36326		
巴布亚新几内亚	千克	12613	28294		
乌兹别克斯坦	千克	12304	16687		
利比里亚	千克	12107	21739		
吉尔吉斯斯坦	千克	11400	22800		
塞拉利昂	千克	10676	17416		
马耳他	千克	10225	13001		
立陶宛	千克	9983	6888		
瑞士	千克	9233	16637	696	22977
柬埔寨	千克	8738	24267		
突尼斯	千克	8374	13916		
巴哈马	千克	7973	5722		
洪都拉斯	千克	7862	18038		
塞舌尔	千克	7812	15897		
塔吉克斯坦	千克	7750	15500		
黑山	千克	7067	6760		
牙买加	千克	6194	13137		
格鲁吉亚	千克	5588	10215		
刚果(布)	千克	5027	7550		
捷克	千克	4937	10374		
马拉维	千克	4103	8411		
留尼汪	千克	3378	6292		
巴林	千克	2242	4789		
哥斯达黎加	千克	1128	1537		
爱沙尼亚	千克	1080	1923		
马里	千克	861	1080		
阿富汗	千克	800	3200		
津巴布韦	千克	484	538		
印度尼西亚	千克	469	994	17	193
东帝汶	千克	416	1632		
马尔代夫	千克	350	1050		
加蓬	千克	308	477		
毛里塔尼亚	千克	300	555		

(续)

商品/国别(地区)	计量单位	出口数量	出口金额(美元)	进口数量	进口金额(美元)
纳米比亚	千克	120	530		
斐济	千克	91	218		
尼加拉瓜	千克	84	5580		
巴巴多斯	千克	70	84		
土库曼斯坦	千克	50	1013		
亚洲其他国家(地区)	千克	31	62		
朝鲜	千克	10	26		
中国	千克			652996	362972
48204000 多联商业表格纸、页间夹有复写纸的本					
合计	千克	5857183	12126666	66212	459759
香港	千克	3155062	5704583	1849	19534
日本	千克	1130437	3456524	15066	170981
美国	千克	240363	502115	3971	36094
澳大利亚	千克	164589	323254	23	749
埃及	千克	152600	195610	58	477
古巴	千克	135025	293884		
新加坡	千克	75830	134818	717	3933
吉布提	千克	71280	112365		
加纳	千克	68161	20511		
西班牙	千克	57371	108111	0	1
澳门	千克	52266	43491	4	1
墨西哥	千克	46332	46779		
格鲁吉亚	千克	44569	88880		
台湾省	千克	41114	113385	5583	9631
沙特阿拉伯	千克	41003	54534		
叙利亚	千克	31920	42965		
智利	千克	31255	59539	95	876
委内瑞拉	千克	24144	47123		
布基纳法索	千克	21630	32012		
拉脱维亚	千克	20350	42915		
多米尼加	千克	19995	29138		
阿富汗	千克	19575	50350		
柬埔寨	千克	17019	22625		
也门	千克	16670	41675		
刚果(金)	千克	15815	39538		
喀麦隆	千克	15640	29245		
卡塔尔	千克	12864	22231	51	252
丹麦	千克	11546	31300		
葡萄牙	千克	11478	11478		
乌克兰	千克	9820	21108		
瑞典	千克	9497	8197		
法国	千克	7795	24234	1466	6639
德国	千克	7646	33375	2706	25460
塞浦路斯	千克	6658	8332		
阿联酋	千克	5945	14581	821	4199
伊朗	千克	5824	34567		
英国	千克	5265	27222	2271	4297
印度	千克	4990	9596	154	439
海地	千克	4816	6743		
巴林	千克	4744	11005		
巴布亚新几内亚	千克	4555	33388		
阿尔及利亚	千克	4293	11677		

(续)

商品/国别(地区)	计量单位	出口数量	出口金额(美元)	进口数量	进口金额(美元)
吉尔吉斯斯坦	千克	4000	3600		
马来西亚	千克	3575	7232	1078	5482
加拿大	千克	2516	6257	1351	16607
菲律宾	千克	2427	5465	5	30
蒙古	千克	2249	41237		
哈萨克斯坦	千克	2200	31389		
俄罗斯	千克	2048	28150		
韩国	千克	1714	9567	4382	10895
斯里兰卡	千克	1352	4894	1	1
莫桑比克	千克	1000	12200		
巴拿马	千克	895	4627		
匈牙利	千克	825	2527		
安哥拉	千克	795	5515		
南非	千克	655	4682	2450	4426
孟加拉国	千克	600	1500		
新西兰	千克	535	5266	250	5078
爱尔兰	千克	400	1200		
越南	千克	261	250		
圭亚那	千克	250	1279		
肯尼亚	千克	210	1200		
意大利	千克	188	1257	15	444
泰国	千克	179	1214	197	766
尼日利亚	千克	172	681		
阿曼	千克	162	130		
坦桑尼亚	千克	100	100		
埃塞俄比亚	千克	51	171	3	93
朝鲜	千克	50	50		
克罗地亚	千克	12	12		
希腊	千克	6	8		
科特迪瓦	千克	5	3		
奥地利	千克			230	498
瑞士	千克			2467	8913
马达加斯加	千克			9	11
波兰	千克			2204	13278
挪威	千克			50	217
芬兰	千克			36	85
荷兰	千克			4485	20500
印度尼西亚	千克			6	24
中国	千克			12158	88848
48205000 纸或纸板制的样品薄及粘贴簿					
合计	千克	61776939	156119776	218358	809154
美国	千克	23821311	51550924	1907	12074
日本	千克	7363357	41043712	26080	145746
英国	千克	4293503	8738402	1728	26038
香港	千克	3487448	7075614	7577	14326
德国	千克	3014417	6002706	16361	191853
澳大利亚	千克	1864105	3982448	1	17
荷兰	千克	1664653	4478612		
法国	千克	1598583	2938325	1757	38838
芬兰	千克	1282732	2597568	18	241
加拿大	千克	950149	2166084	48	273
意大利	千克	875963	1725276	1496	8106

(续)

商品/国别(地区)	计量单位	出口数量	出口金额(美元)	进口数量	进口金额(美元)
西班牙	千克	745565	2176636	1148	941
比利时	千克	664716	1412408	2868	48758
俄罗斯	千克	629332	1576160		
马来西亚	千克	612962	1014027	866	702
巴西	千克	596173	1153505		
希腊	千克	549269	981795		
菲律宾	千克	533029	734642	526	882
泰国	千克	429684	919004		
瑞典	千克	426077	883606		
南非	千克	416471	850258		
墨西哥	千克	400605	858722	0	3
尼日利亚	千克	351719	713656		
波兰	千克	345002	710447	1	15
智利	千克	322335	599751		
以色列	千克	284311	596197		
韩国	千克	279344	798560	118939	217260
丹麦	千克	256159	567375	1186	15849
乌克兰	千克	248938	477998		
阿联酋	千克	225609	463910	20	84
新西兰	千克	191777	387079		
新加坡	千克	190536	364401	32	936
沙特阿拉伯	千克	155643	343721		
伊朗	千克	152989	235975		
挪威	千克	151676	335651		
台湾省	千克	150852	344757	1938	13706
阿根廷	千克	143573	280462		
哈萨克斯坦	千克	143182	211475		
巴拿马	千克	97019	240412		
加纳	千克	96310	168280		
立陶宛	千克	84673	179144		
土耳其	千克	82075	184429		
委内瑞拉	千克	80511	192270		
越南	千克	74117	129680	713	321
埃及	千克	70886	100765		
黎巴嫩	千克	68375	113908		
巴基斯坦	千克	66927	169381		
印度尼西亚	千克	64449	142091	0	1
突尼斯	千克	56742	159563		
印度	千克	55239	101407	109	489
贝宁	千克	54503	56753		
科威特	千克	46966	127621		
保加利亚	千克	46467	117287		
摩洛哥	千克	41479	92322		
匈牙利	千克	41109	75489		
塞内加尔	千克	38133	82911		
捷克	千克	36808	64588		
科特迪瓦	千克	35468	55317		
多米尼加	千克	32726	6074		
厄瓜多尔	千克	32622	63092		
坦桑尼亚	千克	31521	66696		
斯洛文尼亚	千克	30294	59941		
葡萄牙	千克	29907	56008		

（续）

商品/国别（地区）	计量单位	出口数量	出口金额（美元）	进口数量	进口金额（美元）
约旦	千克	29785	58113		
肯尼亚	千克	29269	55037		
孟加拉国	千克	28546	41730		
伊拉克	千克	26686	44285		
哥伦比亚	千克	23921	46067		
利比亚	千克	23130	49276		
澳门	千克	22876	8359		
斯洛伐克	千克	22476	40769		
多哥	千克	19352	17598		
罗马尼亚	千克	17201	35767		
也门	千克	17114	19525		
波多黎各	千克	16086	30176		
马耳他	千克	16031	7454		
克罗地亚	千克	15942	23895		
瑞士	千克	14196	25072	6	177
爱尔兰	千克	14135	33737		
塞浦路斯	千克	14009	24872		
叙利亚	千克	13975	22783		
尼加拉瓜	千克	11785	11056		
喀麦隆	千克	11708	20576		
乌干达	千克	11398	66232		
阿尔及利亚	千克	11337	9804		
阿尔巴尼亚	千克	10679	16704		
秘鲁	千克	10632	15054		
特立尼达和多巴哥	千克	10201	17383		
安哥拉	千克	9217	24189		
马达加斯加	千克	8831	21175		
萨尔瓦多	千克	8510	16082		
哥斯达黎加	千克	7069	6912		
卡塔尔	千克	6961	13179		
塞尔维亚	千克	6868	8250		
阿曼	千克	6479	15575		
斯里兰卡	千克	5680	23257		
埃塞俄比亚	千克	5586	15951		
苏丹	千克	5533	16172		
奥地利	千克	5148	21942	3	121
圭亚那	千克	5064	5932		
朝鲜	千克	4300	5160		
爱沙尼亚	千克	4075	6404		
毛里求斯	千克	3826	6428		
格鲁吉亚	千克	3804	5918		
冰岛	千克	3308	2518		
古巴	千克	3279	12170		
纳米比亚	千克	2624	3669		
乌拉圭	千克	2543	3618		
亚洲其他国家(地区)	千克	1800	12000		
博茨瓦那	千克	1672	2050		
巴林	千克	1600	4480	68	120
毛里塔尼亚	千克	1499	1349		
利比里亚	千克	1430	1173		
文莱	千克	1209	7172		
刚果(金)	千克	1170	2223		

（续）

商品/国别（地区）	计量单位	出口数量	出口金额（美元）	进口数量	进口金额（美元）
巴布亚新几内亚	千克	1144	2837		
留尼汪	千克	874	1066		
马尔代夫	千克	688	3504		
波黑	千克	609	1066		
苏里南	千克	605	1137		
拉脱维亚	千克	550	594		
百慕大群岛	千克	510	1584		
伯利兹	千克	414	800		
牙买加	千克	370	775		
缅甸	千克	152	699		
巴拉圭	千克	150	528		
刚果(布)	千克	119	102		
大洋洲其他国家(地区)		千克	100	1426	
乌兹别克斯坦	千克	21	34		
蒙古	千克	3	74		
中国	千克			32962	71277

48209000 纸或纸板制的其他文具用品；书籍封面

商品/国别（地区）	计量单位	出口数量	出口金额（美元）	进口数量	进口金额（美元）
合计	千克	25123063	58486781	657714	1212150
美国	千克	9133660	22232298	8327	66624
英国	千克	1996132	5050025	2593	28719
荷兰	千克	1831952	4910562	51	59
香港	千克	1716695	4253581	75311	72139
德国	千克	1217393	2713164	3685	30513
日本	千克	1108806	3136413	34824	169161
越南	千克	843330	695042		
尼日利亚	千克	802756	1605701		
澳大利亚	千克	659728	1653570	81	1108
意大利	千克	617551	1190969	404	6631
法国	千克	580434	1235173	711	74676
西班牙	千克	464280	1205323	110	603
比利时	千克	402633	1086092	265	2950
加拿大	千克	260978	768421	502	2231
印度尼西亚	千克	203480	506851	217145	255719
南非	千克	202308	331287	0	5
菲律宾	千克	166701	212377	781	3287
丹麦	千克	147088	329407	58	332
委内瑞拉	千克	145074	212940		
沙特阿拉伯	千克	140421	170888		
泰国	千克	116435	251267	218	4906
刚果(金)	千克	110433	140286		
韩国	千克	106794	238006	6520	23540
俄罗斯	千克	98431	226274		
新加坡	千克	91311	191832	358	2591
墨西哥	千克	90782	263249		
坦桑尼亚	千克	83569	102258		
以色列	千克	80784	172431	3	78
肯尼亚	千克	78566	97622		
马来西亚	千克	76233	158272	6	26
希腊	千克	75736	136945	5	59
土耳其	千克	69168	141311	40	56
印度	千克	67985	161831	17	219
台湾省	千克	65784	97680	80587	134250

(续)

商品/国别(地区)	计量单位	出口数量	出口金额(美元)	进口数量	进口金额(美元)
秘鲁	千克	61661	81140		
阿联酋	千克	61316	102012	124	659
瑞典	千克	61178	144881	118	2522
乌克兰	千克	58177	113176		
波兰	千克	53656	174566	673	3234
阿根廷	千克	53102	117840		
拉脱维亚	千克	47713	59030		
新西兰	千克	45845	142289		
芬兰	千克	45017	99713		
埃塞俄比亚	千克	44947	51640		
澳门	千克	43187	52823		
海地	千克	39827	40875		
巴拿马	千克	39351	70695		
巴基斯坦	千克	36658	182754		
布基纳法索	千克	35788	37574		
立陶宛	千克	35757	129021	2	45
智利	千克	33607	78391		
伊拉克	千克	32228	36387		
柬埔寨	千克	30300	37966		
波多黎各	千克	26986	47374		
伊朗	千克	26019	52288		
也门	千克	23020	43828		
加纳	千克	20630	11966		
孟加拉国	千克	19494	26667		
阿尔及利亚	千克	19195	51353		
科特迪瓦	千克	15930	19173		
挪威	千克	15252	41623		
科威特	千克	14753	31167		
叙利亚	千克	14183	14824		
蒙古	千克	14070	4221		
摩洛哥	千克	13785	48540		
克罗地亚	千克	12825	15288		
喀麦隆	千克	11433	63788		
多哥	千克	10899	14965		
塞尔维亚	千克	9589	15481		
巴西	千克	9060	25754		
危地马拉	千克	9038	31500		
古巴	千克	8458	21707		
爱尔兰	千克	7711	18107		
捷克	千克	7323	11672	12	117
黎巴嫩	千克	7275	12301		
埃及	千克	7150	9354		
突尼斯	千克	6563	15800		
葡萄牙	千克	6495	24359	1952	10485
罗马尼亚	千克	6056	16820		
利比亚	千克	5650	7319		
吉布提	千克	5150	5744		
斯里兰卡	千克	4375	8113	6	39
巴林	千克	4000	10743	2	10
乍得	千克	3979	13776		
斯洛伐克	千克	3407	8060		
卡塔尔	千克	3258	10390	37	32

(续)

商品/国别(地区)	计量单位	出口数量	出口金额(美元)	进口数量	进口金额(美元)
保加利亚	千克	2798	12267		
约旦	千克	2510	6136		
毛里求斯	千克	2468	5788		
厄瓜多尔	千克	2301	4095		
奥地利	千克	2066	7707	52	3917
瑞士	千克	2064	4840	170	4225
哈萨克斯坦	千克	1794	4477		
乌兹别克斯坦	千克	1711	3163		
爱沙尼亚	千克	1684	2812	13	144
哥伦比亚	千克	1588	3483		
马耳他	千克	1541	3459		
塞浦路斯	千克	1522	3752		
几内亚	千克	1520	2895		
阿尔巴尼亚	千克	1495	3094		
苏丹	千克	1490	2768		
塞内加尔	千克	1135	4215		
巴哈马	千克	1125	1419		
亚洲其他国家(地区)	千克	1095	1040		
刚果(布)	千克	600	1865		
匈牙利	千克	594	3053		
萨尔瓦多	千克	578	2712		
贝宁	千克	500	3954		
赤道几内亚	千克	388	894		
乌拉圭	千克	370	1004		
文莱	千克	347	1438		
洪都拉斯	千克	308	1414		
缅甸	千克	295	1470		
马达加斯加	千克	271	319		
哥斯达黎加	千克	262	1176		
斯洛文尼亚	千克	260	1460		
巴巴多斯	千克	200	228		
巴布亚新几内亚	千克	177	683		
朝鲜	千克	56	54		
牙买加	千克	52	394		
冰岛	千克	46	140		
玻利维亚	千克	46	230		
赞比亚	千克	40	20		
安哥拉	千克	29	677		
中国	千克			221951	306239

4821 纸或纸板制的各种标签

48211000 48211000 纸或纸板制的各种标签，印有文字图画					
合计	千克	72924445	291792299	24755834	252786636
香港	千克	39241914	164706810	7242762	33590354
美国	千克	12309085	43429290	1306212	35499918
英国	千克	4016787	12023691	130520	20843174
越南	千克	1896461	6704145	8478	80274
日本	千克	1198148	9612097	1678616	52800645
荷兰	千克	1137255	3442446	137470	1107706
澳大利亚	千克	816088	2946155	23906	420831
德国	千克	713947	3074135	267427	6392266
加拿大	千克	700835	2580712	38076	571377

（续）

商品/国别（地区）	计量单位	出口数量	出口金额（美元）	进口数量	进口金额（美元）
蒙古	千克	523070	2876007		
法国	千克	496833	2105377	66345	1383520
印度	千克	485257	2178948	17085	282189
印度尼西亚	千克	440149	2487299	21636	97472
孟加拉国	千克	432539	3209345	1709	11430
泰国	千克	421172	2096467	40965	315805
多哥	千克	406434	372921		
阿联酋	千克	354630	833227	6525	30691
马来西亚	千克	333242	768761	35119	738745
意大利	千克	314289	2050934	130096	2743857
俄罗斯	千克	294410	1076804	1425	11359
西班牙	千克	293110	1037531	17462	317752
台湾省	千克	285708	1167875	3110236	24538839
新加坡	千克	280438	1154346	44344	1470689
菲律宾	千克	279175	654725	3591	105753
比利时	千克	252389	806885	16810	397394
斯里兰卡	千克	231673	740187	105740	376908
芬兰	千克	199226	471971	3965	452390
韩国	千克	198006	1151650	1986622	24108930
柬埔寨	千克	192763	1247702	150	3954
南非	千克	189812	665386	5710	72992
澳门	千克	174090	235110	83220	77741
多米尼加	千克	170593	246441	23	703
科特迪瓦	千克	160852	224530		
巴基斯坦	千克	158933	834387	3178	16804
缅甸	千克	145364	761431		
墨西哥	千克	134291	561122	2925	101377
阿根廷	千克	133231	324014	72	1809
沙特阿拉伯	千克	131115	270456		
伊朗	千克	129907	166086	528	5504
土耳其	千克	129132	548710	7900	108587
瑞典	千克	117804	381472	25660	525585
丹麦	千克	116913	567878	8120	408695
新西兰	千克	97847	394237	832	31569
爱尔兰	千克	87324	455959	630	366508
以色列	千克	85859	312190	2194	144981
希腊	千克	76873	291548	1332	12480
刚果(金)	千克	75644	97515		
罗马尼亚	千克	68980	253734	456	29435
阿尔及利亚	千克	67967	140987		
埃及	千克	66820	212901	601	2425
智利	千克	66718	261536	72	1025
伊拉克	千克	66551	81866		
匈牙利	千克	63474	332116	3936	40574
波兰	千克	62774	540544	5208	76908
巴西	千克	62399	617344	958	132020
摩洛哥	千克	61672	153776		
巴拿马	千克	61447	156631		
葡萄牙	千克	54655	172804	2065	28796
乌克兰	千克	51770	122566	129	6727
苏丹	千克	45398	189392		
约旦	千克	44894	153501	435	116

（续）

商品/国别（地区）	计量单位	出口数量	出口金额（美元）	进口数量	进口金额（美元）
捷克	千克	41670	188717	1214	29564
尼日利亚	千克	40711	88705		
加纳	千克	39391	234383	5	1133
哈萨克斯坦	千克	36999	93095		
朝鲜	千克	36954	287061		
肯尼亚	千克	32097	88164		
秘鲁	千克	32051	127875	8	764
克罗地亚	千克	27118	75525		
卡塔尔	千克	26032	47369	2636	1813
乌拉圭	千克	25673	63648		
科威特	千克	25425	58037		
保加利亚	千克	25102	39679	684	6903
老挝	千克	25005	64000	34	100
斯洛文尼亚	千克	23820	77520	446	70054
几内亚	千克	22840	24261		
马达加斯加	千克	22266	137198	197	3050
叙利亚	千克	21373	75009		
挪威	千克	21343	110954	738	31199
黎巴嫩	千克	20762	86383		
巴布亚新几内亚	千克	19683	28682		
厄瓜多尔	千克	18083	52991	1	752
也门	千克	16830	16988		
格鲁吉亚	千克	16337	70697		
哥伦比亚	千克	16041	54928	50	3829
委内瑞拉	千克	15734	47046		
乌兹别克斯坦	千克	15552	108415		
马耳他	千克	13520	5918		
拉脱维亚	千克	12770	50123	731	11421
多米尼加	千克	12680	11196	5	1269
利比亚	千克	12108	18952		
喀麦隆	千克	11996	36246		
毛里求斯	千克	11774	79905		
亚洲其他国家(地区)	千克	11721	170465		
文莱	千克	11685	17900		
危地马拉	千克	11566	133949		
奥地利	千克	11540	130483	31184	947409
立陶宛	千克	11295	75798	526	5371
瑞士	千克	11145	73244	5275	323678
哥斯达黎加	千克	10880	20461	141	18713
洪都拉斯	千克	10851	29762		
波多黎各	千克	10849	33215	3995	158206
古巴	千克	10346	111101		
坦桑尼亚	千克	10225	15526		
阿尔巴尼亚	千克	10147	16519		
塞尔维亚	千克	9684	26224		
莫桑比克	千克	8399	8344		
突尼斯	千克	8345	67822	7	163
白俄罗斯	千克	7070	15234	123	19693
吉尔吉斯斯坦	千克	7003	18623		
马尔代夫	千克	5950	8255		
尼加拉瓜	千克	5748	9957		
阿富汗	千克	5513	51988	40	7754

（续）

商品/国别（地区）	计量单位	出口数量	出口金额（美元）	进口数量	进口金额（美元）
苏里南	千克	5148	11175		
牙买加	千克	4567	39917		
黑山	千克	4558	6279		
贝宁	千克	4511	12243		
巴林	千克	4279	13585	144	786
伯利兹	千克	4028	9889		
莱索托	千克	4027	82874	2	21
吉布提	千克	3930	6940		
爱沙尼亚	千克	3632	12724	115	1423
塞舌尔	千克	3280	3116		
卢旺达	千克	3104	25998		
海地	千克	3056	20674		
津巴布韦	千克	2570	19643		
刚果(布)	千克	2449	2206		
萨尔瓦多	千克	2385	28679	110	1650
特立尼达和多巴哥	千克	2339	10324		
巴拉圭	千克	2296	2305		
塞浦路斯	千克	2133	7685		
埃塞俄比亚	千克	2036	13476	134	3269
塞内加尔	千克	1771	4080		
塔吉克斯坦	千克	1700	8500		
纳米比亚	千克	1662	1983		
东帝汶	千克	1584	1331		
斐济	千克	1495	12172		
摩尔多瓦	千克	1470	4727		
阿鲁巴岛	千克	1453	1744		
土库曼斯坦	千克	1416	17892		
留尼汪	千克	1312	3407		
巴哈马	千克	1306	4829		
巴巴多斯	千克	1144	1575		
卢森堡	千克	1038	4919	86	1737
玻利维亚	千克	916	3527		
阿曼	千克	911	5522		
乌干达	千克	843	2373		
斯洛伐克	千克	818	39389	23	3576
布隆迪	千克	650	975		
马拉维	千克	574	4219		
圭亚那	千克	443	1024		
马绍尔群岛	千克	359	4500		
赞比亚	千克	300	1500		
萨摩亚	千克	162	149		
汤加	千克	126	200		
斯威士兰	千克	125	1946		
安哥拉	千克	105	60		
索马里	千克	100	1020		
马提尼克	千克	96	221		
冈比亚	千克	91	500		
马里	千克	91	4207		
新喀里多尼亚	千克	42	294		
加蓬	千克	30	25		
利比里亚	千克	28	1000		
阿塞拜疆	千克	24	149		

（续）

商品/国别（地区）	计量单位	出口数量	出口金额（美元）	进口数量	进口金额（美元）
波黑	千克	23	122		
马其顿	千克	19	100		
亚美尼亚	千克	18	512		
尼泊尔	千克	15	481	3	30
安道尔	千克	9	40		
布基纳法索	千克	5	17		
博茨瓦那	千克	3	30		
冰岛	千克	2	153	116	5182
中国	千克			8107585	40238494
瓦努阿图	千克			0	47
48219000 纸或纸板制的各种标签，未印文字图画					
合计	千克	37835628	74283165	2065789	34970445
香港	千克	3049600	6525841	266191	874233
巴基斯坦	千克	2982008	4693596	274	1017
叙利亚	千克	2748799	3601155		
埃及	千克	2608287	3609517		
印度	千克	2505726	3817294	1830	10253
菲律宾	千克	2133088	3543401	659	35901
美国	千克	2001102	7304424	367436	5741201
孟加拉国	千克	1831339	2557815	24	873
伊朗	千克	1821547	2446784		
印度尼西亚	千克	1600835	2399185	306	1064
越南	千克	1391960	2914665	1	33
阿联酋	千克	1136294	1734743	232	1505
英国	千克	898383	3201778	12507	2594892
土耳其	千克	788098	1173099	467	7336
沙特阿拉伯	千克	779504	1113509		
日本	千克	623291	2811142	279363	12883137
约旦	千克	622989	876968		
尼日利亚	千克	586874	903651		
马来西亚	千克	554538	983989	8214	117422
俄罗斯	千克	409155	987523	1	49
阿富汗	千克	408593	658645		
斯里兰卡	千克	399818	822847	187	3700
阿尔及利亚	千克	321018	480428		
德国	千克	320121	874613	156072	1745096
加拿大	千克	305326	727535	952	32689
新加坡	千克	304868	703841	3287	126670
黎巴嫩	千克	297933	418028	488	9631
比利时	千克	277421	1759834	3014	49325
澳大利亚	千克	232752	819047	368	16328
荷兰	千克	231662	692338	2316	98006
希腊	千克	204837	667034		
南非	千克	171275	312724	1595	1275
缅甸	千克	161865	294222		
也门	千克	153120	207059		
乌克兰	千克	140041	341031		
台湾省	千克	139972	195358	112665	1693111
格鲁吉亚	千克	133237	196553		
芬兰	千克	124131	310483	173	11047
科威特	千克	123398	211232		
法国	千克	116726	725014	85693	642429

（续）

商品/国别（地区）	计量单位	出口数量	出口金额（美元）	进口数量	进口金额（美元）
波兰	千克	115296	293694	33995	583198
意大利	千克	114491	452449	6215	82222
以色列	千克	105939	303508	68	10192
哥伦比亚	千克	96832	215648		
墨西哥	千克	93538	287907	862	40691
西班牙	千克	92276	370442	2637	119570
塞内加尔	千克	90456	128786		
泰国	千克	87350	269116	1084	23070
苏丹	千克	84509	148581		
秘鲁	千克	82010	124794		
阿根廷	千克	73874	126847	4	652
科特迪瓦	千克	64800	87752		
乌拉圭	千克	58943	86490		
巴拿马	千克	49993	87692		
柬埔寨	千克	46445	191317		
吉布提	千克	44808	62520		
肯尼亚	千克	43666	59730		
韩国	千克	43468	125599	490438	4848173
斐济	千克	43429	58883		
巴西	千克	39931	181771	412	7059
拉脱维亚	千克	39696	121115		
利比亚	千克	38024	55656		
委内瑞拉	千克	31998	103711		
葡萄牙	千克	31630	115880	26	132
塞浦路斯	千克	30707	130611		
巴林	千克	28957	59622	12	188
刚果(金)	千克	27148	47098		
加纳	千克	25539	68317		
巴拉圭	千克	24930	34686		
奥地利	千克	24481	39851	2423	58580
多哥	千克	23886	33452		
摩洛哥	千克	22544	58266		
保加利亚	千克	21429	33251		
伊拉克	千克	21197	42917		
瑞典	千克	21184	74002	27882	196922
哈萨克斯坦	千克	18059	32287		
尼泊尔	千克	16820	31324		
吉尔吉斯斯坦	千克	16600	39060		
罗马尼亚	千克	15601	33603	5	162
新西兰	千克	14983	75870	236	11955
丹麦	千克	13779	83714	3571	99233
澳门	千克	13610	15995	50	25
爱沙尼亚	千克	13303	30458	44	1679
厄瓜多尔	千克	13058	36132		
毛里塔尼亚	千克	12060	16368		
阿尔巴尼亚	千克	10812	19519		
埃塞俄比亚	千克	10705	17292	20	1321
智利	千克	8476	33792		
塞尔维亚	千克	8109	19433	70	140
萨尔瓦多	千克	7989	60625	50	750
克罗地亚	千克	7964	30460		
卡塔尔	千克	7480	25416		

（续）

商品/国别（地区）	计量单位	出口数量	出口金额（美元）	进口数量	进口金额（美元）
毛里求斯	千克	7170	43598		
斯洛文尼亚	千克	6636	9090		
爱尔兰	千克	6541	10794	178	19421
多米尼加	千克	5528	9340		
巴布亚新几内亚	千克	5342	25066		
马达加斯加	千克	4759	30352		
布隆迪	千克	4350	7575		
几内亚	千克	4110	1356		
巴勒斯坦	千克	4104	9317		
马耳他	千克	4040	3920		
黑山	千克	3710	9841		
赞比亚	千克	3515	850		
安哥拉	千克	3282	5250		
捷克	千克	3193	49151	20	1806
莫桑比克	千克	2629	7814		
特立尼达和多巴哥	千克	2360	5170		
玻利维亚	千克	2256	4015		
坦桑尼亚	千克	2002	6108		
白俄罗斯	千克	1842	4050		
波黑	千克	1823	5155		
立陶宛	千克	1552	5326		
哥斯达黎加	千克	1501	1905	33	1023
亚洲其他国家(地区)	千克	1464	4763		
乌兹别克斯坦	千克	1368	5035		
苏里南	千克	1350	4693		
挪威	千克	1336	5659	0	5
瑞士	千克	1294	6564	319	25714
匈牙利	千克	1178	18432	531	17257
留尼汪	千克	1117	1546		
洪都拉斯	千克	889	3901		
危地马拉	千克	834	3446		
布基纳法索	千克	675	1234		
老挝	千克	638	28527		
阿塞拜疆	千克	599	4500		
贝宁	千克	590	325		
朝鲜	千克	566	2991		
波多黎各	千克	520	1050	1275	25485
博茨瓦那	千克	480	1907		
塞舌尔	千克	302	560		
海地	千克	253	3362		
斯洛伐克	千克	195	437	4	14
喀麦隆	千克	186	93		
乌干达	千克	181	1480		
冈比亚	千克	161	566		
巴巴多斯	千克	135	1100		
阿曼	千克	133	1103		
古巴	千克	115	21729		
马绍尔群岛	千克	96	623		
法属圭亚那	千克	85	162		
圣卢西亚	千克	84	114		
蒙古	千克	53	265		
突尼斯	千克	50	54		

(续)

商品/国别(地区)	计量单位	出口数量	出口金额(美元)	进口数量	进口金额(美元)
摩尔多瓦	千克	49	451		
所罗门群岛	千克	34	69		
瓜德罗普岛	千克	28	32		
斯威士兰	千克	1	63		
乍得	千克	1	22		
土库曼斯坦	千克	0	10		
中国	千克			189010	2095583

4822 纸浆、纸或纸板制的筒管、卷轴、纡子等类似品

商品/国别(地区)	计量单位	出口数量	出口金额(美元)	进口数量	进口金额(美元)
48221000 纸制的纺织纱线用筒管、卷轴、纡子等物品					
合计	千克	3214184	2594860	255814	338722
香港	千克	1138704	504076	50	808
日本	千克	553983	654289	17090	31680
台湾省	千克	482812	358587	77061	29568
英国	千克	449431	563133		
伊朗	千克	151506	93196		
美国	千克	109188	135160	58	1391
叙利亚	千克	99650	69522		
孟加拉国	千克	44637	40273		
越南	千克	37999	28541		
马来西亚	千克	27179	14267		
尼日利亚	千克	23736	20098		
巴基斯坦	千克	16837	12369		
塔吉克斯坦	千克	15350	25525		
毛里求斯	千克	8570	5767		
澳大利亚	千克	8194	10636		
新加坡	千克	8125	5281		
多哥	千克	6880	10458		
俄罗斯	千克	4481	1881		
贝宁	千克	4000	4528		
沙特阿拉伯	千克	3740	7565		
南非	千克	2279	1732		
加拿大	千克	2201	2201		
韩国	千克	2200	3887	140502	252008
法国	千克	1823	2372		
塞尔维亚	千克	1700	4216		
泰国	千克	1700	1020		
阿尔及利亚	千克	1500	4145		
爱沙尼亚	千克	1465	6490		
印度	千克	1178	888		
澳门	千克	950	413		
立陶宛	千克	600	222		
蒙古	千克	560	672		
斐济	千克	336	1008		
新西兰	千克	315	325		
菲律宾	千克	270	63		
柬埔寨	千克	89	34		
阿联酋	千克	16	20		
德国	千克			209	6264
捷克	千克			300	900
瑞士	千克			153	1227

(续)

商品/国别(地区)	计量单位	出口数量	出口金额(美元)	进口数量	进口金额(美元)
荷兰	千克			2200	1334
意大利	千克			27	14
中国	千克			18164	13528
48229000 其他纸制筒管、卷轴、纡子等物品					
合计	千克	8894354	10145056	1136869	3024475
香港	千克	2465918	1111846	60667	5005
越南	千克	2298047	2015049		
日本	千克	438924	1444736	529980	1489862
美国	千克	425305	803591	144073	722311
泰国	千克	357694	274939	6	14
台湾省	千克	326858	74674	94267	109999
加拿大	千克	252845	421726	34	383
澳大利亚	千克	225480	494510	4126	3008
菲律宾	千克	206999	469338	32	181
荷兰	千克	133639	207578	2791	3958
印度尼西亚	千克	123320	775174	172888	277682
乌兹别克斯坦	千克	109742	53258		
新加坡	千克	109191	139542	10357	74444
孟加拉国	千克	100842	73995		
德国	千克	83562	135810	23456	150530
印度	千克	72089	52879	4536	37010
坦桑尼亚	千克	65761	30369		
英国	千克	60813	173851	633	977
马来西亚	千克	60611	87674	177	3773
韩国	千克	59978	69112	60631	82240
伊朗	千克	50156	60951		
西班牙	千克	43718	104263	41	5
古巴	千克	41602	63421		
丹麦	千克	41169	84484	6	594
马耳他	千克	40994	16443		
巴拿马	千克	37813	14370		
俄罗斯	千克	37625	95478		
意大利	千克	37045	25016	83	1192
肯尼亚	千克	34787	16188		
沙特阿拉伯	千克	34470	23280		
牙买加	千克	34392	12032		
法国	千克	32142	26051	1024	20524
摩洛哥	千克	31587	73086		
巴西	千克	31560	18936		
阿联酋	千克	31380	21135		
加纳	千克	30660	29140		
汤加	千克	28000	11984		
尼日利亚	千克	25002	27224		
蒙古	千克	24275	5357		
新西兰	千克	22650	54530		
土耳其	千克	21985	65595		
斯里兰卡	千克	15506	26187		
多哥	千克	13941	45541		
阿尔及利亚	千克	13692	7639		
巴基斯坦	千克	12955	9604		
哈萨克斯坦	千克	12720	19647		
爱尔兰	千克	11574	16463	5	108

(续)

商品/国别（地区）	计量单位	出口数量	出口金额（美元）	进口数量	进口金额（美元）
南非	千克	10644	60792		
乌克兰	千克	10534	7446		
智利	千克	8630	6500		
亚洲其他国家(地区)	千克	7400	6300		
缅甸	千克	7200	13501		
墨西哥	千克	7129	13376	640	4522
秘鲁	千克	6657	9662		
科威特	千克	6090	3959		
朝鲜	千克	6087	3582		
比利时	千克	5826	9592	3	50
塔吉克斯坦	千克	5600	28000		
黎巴嫩	千克	4628	9922		
也门	千克	4296	2449		
澳门	千克	4295	1694	10124	10124
希腊	千克	4045	8608		
纳米比亚	千克	3650	4640		
吉尔吉斯斯坦	千克	3330	9990		
波兰	千克	2685	20932		
马达加斯加	千克	1870	2356		
阿塞拜疆	千克	1682	1682		
格鲁吉亚	千克	1681	1207		
赞比亚	千克	1500	426		
瑞典	千克	1265	11979	1017	3021
奥地利	千克	1010	2531	62	1151
爱沙尼亚	千克	1009	2600		
柬埔寨	千克	766	291		
以色列	千克	710	2878		
阿根廷	千克	500	2060		
塞内加尔	千克	370	142		
斐济	千克	342	917		
克罗地亚	千克	300	1334		
苏里南	千克	288	1450		
埃及	千克	237	102		
捷克	千克	212	3177		
埃塞俄比亚	千克	170	300		
科特迪瓦	千克	150	308		
委内瑞拉	千克	140	51		
乌干达	千克	100	10		
瑞士	千克	92	866	473	8847
斯洛文尼亚	千克	83	268		
拉脱维亚	千克	73	200		
毛里求斯	千克	40	2200		
保加利亚	千克	20	1080		
芬兰	千克			130	466
中国	千克			14607	12494

4823 其他纸、纸板、纤维板絮纸及纤维素纤维网纸；及其制品

48232000 切成一定尺寸或形状的滤纸及纸板

商品/国别（地区）	计量单位	出口数量	出口金额（美元）	进口数量	进口金额（美元）
合计	千克	21013352	47742176	2315956	19947334
俄罗斯	千克	1730933	8144251		
美国	千克	1530869	3505614	329007	3984282

(续)

商品/国别（地区）	计量单位	出口数量	出口金额（美元）	进口数量	进口金额（美元）
伊朗	千克	1379682	2325683		
马来西亚	千克	1247609	1628947	1056	16190
台湾省	千克	1200959	1801485	431181	231248
印度尼西亚	千克	1160522	2687787	100	2626
香港	千克	1156144	820261	21129	75301
越南	千克	1121165	1269833	1226	10470
日本	千克	878721	1837741	259246	4164748
斯里兰卡	千克	679030	3750384		
沙特阿拉伯	千克	656375	300937		
韩国	千克	578044	1147144	444415	4839194
新加坡	千克	555507	881063	14314	44883
巴西	千克	501603	997305	1	54
阿联酋	千克	466798	371375		
土耳其	千克	450638	959107	1	105
德国	千克	426754	1902624	316861	1956744
印度	千克	387933	736352	14	972
菲律宾	千克	342848	411283		
阿根廷	千克	263255	908606		
巴基斯坦	千克	242375	358271		
南非	千克	220570	190686		
澳大利亚	千克	214678	347248	49857	289205
立陶宛	千克	211876	803575		
孟加拉国	千克	190388	700273		
乌克兰	千克	186457	808292		
叙利亚	千克	186297	454839		
西班牙	千克	181753	708855	5021	29324
哥伦比亚	千克	173065	315637		
加拿大	千克	163778	520684	2377	8973
委内瑞拉	千克	142762	360340		
缅甸	千克	132513	47550		
意大利	千克	132393	589226	89431	401913
埃及	千克	127672	391005		
泰国	千克	118897	291938	83361	353934
秘鲁	千克	105749	344458		
英国	千克	103870	145762	105854	980107
巴拿马	千克	94042	83803		
罗马尼亚	千克	86192	314876		
法国	千克	84958	219309	6438	195539
波兰	千克	78173	338545	0	742
尼日利亚	千克	58422	102185		
以色列	千克	52524	78600	171	550
荷兰	千克	50030	196042	15310	26831
巴布亚新几内亚	千克	50025	123677		
加纳	千克	49062	25338		
阿尔及利亚	千克	46290	76843		
澳门	千克	45009	20864		
智利	千克	43512	173008		
芬兰	千克	43414	124443	1304	65898
危地马拉	千克	41379	18181		
哈萨克斯坦	千克	39851	185796		
墨西哥	千克	39354	118442	5852	18719
苏丹	千克	36349	94853		

(续)

商品/国别(地区)	计量单位	出口数量	出口金额(美元)	进口数量	进口金额(美元)
肯尼亚	千克	35463	222566		
波多黎各	千克	33576	88643		
比利时	千克	32899	91564	673	27118
玻利维亚	千克	32383	140177		
保加利亚	千克	29343	51285		
白俄罗斯	千克	27331	81848		
莫桑比克	千克	22336	73582		
乌兹别克斯坦	千克	22139	42603		
厄瓜多尔	千克	18062	77833		
吉尔吉斯斯坦	千克	18025	38070		
希腊	千克	15857	28832		
柬埔寨	千克	15688	35690	1	2516
牙买加	千克	15573	24825		
捷克	千克	14626	51367	62	178
阿曼	千克	12000	30775		
新西兰	千克	11997	33677	260	1855
安哥拉	千克	11516	16705		
约旦	千克	11505	21030		
老挝	千克	10906	19202		
突尼斯	千克	10510	14582	4200	20916
科威特	千克	9714	22516		
科特迪瓦	千克	8790	35585		
津巴布韦	千克	7642	27328		
丹麦	千克	6790	21023	27	2437
多米尼加	千克	6340	6068		
克罗地亚	千克	6181	35160		
格鲁吉亚	千克	5500	28702		
朝鲜	千克	4934	9470		
埃塞俄比亚	千克	4017	19057		
蒙古	千克	3896	18346		
也门	千克	3540	4089		
喀麦隆	千克	3517	12108		
塔吉克斯坦	千克	3400	10200		
乌拉圭	千克	3373	21968		
马达加斯加	千克	3354	3116		
所罗门群岛	千克	2997	680		
爱尔兰	千克	2865	4575	7492	1611382
塞内加尔	千克	2715	3836		
尼加拉瓜	千克	2663	7766		
吉布提	千克	2640	3386		
瑞典	千克	2626	18915	462	5587
塞浦路斯	千克	2590	10731		
亚洲其他国家(地区)	千克	2535	7129		
挪威	千克	2125	9537	14	1161
匈牙利	千克	2028	10604	3	184
尼泊尔	千克	1875	10301		
拉脱维亚	千克	1707	7026		
葡萄牙	千克	1671	2397		
摩洛哥	千克	1320	5768		
洪都拉斯	千克	1221	4158		
巴巴多斯	千克	1056	4000		
马耳他	千克	1008	80252		

(续)

商品/国别(地区)	计量单位	出口数量	出口金额(美元)	进口数量	进口金额(美元)
古巴	千克	800	6723		
爱沙尼亚	千克	678	5795		
亚美尼亚	千克	592	1425		
卢旺达	千克	500	2922		
斯洛文尼亚	千克	492	732		
奥地利	千克	393	1120	45	15383
塞尔维亚	千克	380	354		
冰岛	千克	375	540		
新喀里多尼亚	千克	336	740		
塞舌尔	千克	308	2138		
伊拉克	千克	303	1392		
黎巴嫩	千克	204	1038		
瑞士	千克	135	151	364	282998
利比亚	千克	120	2600		
博茨瓦那	千克	100	60		
巴林	千克	62	102		
坦桑尼亚	千克	32	945		
毛里求斯	千克	28	262		
斯洛伐克	千克	23	200	230	652
赞比亚	千克	20	50		
卢森堡	千克	17	56		
土库曼斯坦	千克	12	754		
巴勒斯坦	千克	8	190		
汤加	千克	1	8		
中国	千克			118596	276415
48234000 已印制的自动记录器及打印纸卷、纸张及纸盘					
合计	千克	10677653	17946320	788848	3040507
香港	千克	1666211	2425973	16354	49227
日本	千克	725969	1456909	57857	1309899
委内瑞拉	千克	695160	1289334		
加拿大	千克	610018	1203757	239	11503
马来西亚	千克	506678	446483	582	4622
新加坡	千克	465338	750127	768	16282
印度尼西亚	千克	390634	397971	20	16
埃及	千克	389690	598537		
澳大利亚	千克	367462	539165	7	506
南非	千克	339248	539810		
印度	千克	299615	932724		
新西兰	千克	295517	467571		
美国	千克	285025	594820	33431	331855
尼日利亚	千克	260329	316078		
蒙古	千克	256558	268300		
阿联酋	千克	202701	338387		
巴西	千克	195347	490743		
泰国	千克	191924	373149	1	452
澳门	千克	148876	75221		
越南	千克	148827	239857		
沙特阿拉伯	千克	128232	302665		
菲律宾	千克	114752	215950	1941	15652
乌克兰	千克	102500	170618		
芬兰	千克	98894	294650	5	220
巴拿马	千克	83230	74229		

(续)

商品/国别(地区)	计量单位	出口数量	出口金额(美元)	进口数量	进口金额(美元)
台湾省	千克	80897	235854	615000	693309
阿尔巴尼亚	千克	80320	85327		
俄罗斯	千克	78489	206142		
墨西哥	千克	63775	63405		
亚洲其他国家(地区)	千克	63100	41015		
朝鲜	千克	61960	40287		
西班牙	千克	60657	91345	2	16
波多黎各	千克	53356	94562		
科威特	千克	51414	99292		
阿尔及利亚	千克	48965	94764		
特立尼达和多巴哥	千克	48167	85304		
马里	千克	47338	39260		
英国	千克	47230	93222	787	75184
智利	千克	45052	109204		
也门	千克	44803	65721		
加纳	千克	40738	57487		
津巴布韦	千克	39590	43430		
刚果(布)	千克	38335	29724		
巴基斯坦	千克	35409	82695		
爱尔兰	千克	33948	61710		
德国	千克	32950	68613	2676	80465
以色列	千克	32589	57068	7	241
吉布提	千克	29310	34629		
韩国	千克	28710	57803	18366	157818
阿根廷	千克	28526	65624		
多哥	千克	25213	66652		
斯里兰卡	千克	24958	61258		
格鲁吉亚	千克	24659	43600		
萨尔瓦多	千克	23361	19867		
危地马拉	千克	22483	40659		
厄瓜多尔	千克	22202	44178		
摩尔多瓦	千克	17380	13000		
马耳他	千克	17081	14628		
多米尼加	千克	16589	35285		
法国	千克	16304	36186	369	26121
古巴	千克	15364	48396		
毛里求斯	千克	14666	26136		
东帝汶	千克	13600	12688		
荷兰	千克	13473	34947	22	1920
柬埔寨	千克	13303	13120		
约旦	千克	13023	23478		
肯尼亚	千克	11942	15213		
土耳其	千克	11894	31386		
卡塔尔	千克	11892	23828		
孟加拉国	千克	11708	40077		
伊朗	千克	10753	39652		
坦桑尼亚	千克	10683	18686		
塞浦路斯	千克	9972	19835		
缅甸	千克	8423	11047		
巴布亚新几内亚	千克	7889	10584		
乌拉圭	千克	7773	21804		
爱沙尼亚	千克	6974	22318		

(续)

商品/国别(地区)	计量单位	出口数量	出口金额(美元)	进口数量	进口金额(美元)
保加利亚	千克	6817	37179		
叙利亚	千克	6365	12715		
文莱	千克	6320	30968		
科特迪瓦	千克	6075	10365		
安哥拉	千克	4976	11588		
哥伦比亚	千克	4930	15633		
乌兹别克斯坦	千克	4238	19860		
阿曼	千克	2976	4575		
秘鲁	千克	2971	19304		
喀麦隆	千克	2863	4844		
尼泊尔	千克	2739	10737		
巴林	千克	2613	5625		
刚果(金)	千克	2522	4446		
意大利	千克	2370	6899	2502	82151
苏丹	千克	2353	3240		
希腊	千克	2290	28554		
比利时	千克	2197	8676	144	19747
尼加拉瓜	千克	2181	11701		
罗马尼亚	千克	2104	10284		
葡萄牙	千克	2039	4190		
塞尔维亚	千克	1870	3403		
奥地利	千克	1626	3530	257	18313
摩洛哥	千克	1502	6076		
伊拉克	千克	1453	5687		
圭亚那	千克	1382	3177		
斐济	千克	1200	900		
马其顿	千克	1196	5409		
马达加斯加	千克	1054	3044		
利比亚	千克	858	7126		
黎巴嫩	千克	715	4812		
埃塞俄比亚	千克	630	7524		
捷克	千克	585	5911		
莫桑比克	千克	474	505		
克罗地亚	千克	408	492		
贝宁	千克	406	385		
阿鲁巴岛	千克	350	662		
尼日尔	千克	330	1650		
哈萨克斯坦	千克	215	585		
安提瓜和巴布达	千克	203	30		
匈牙利	千克	129	3393	80	784
白俄罗斯	千克	117	2070		
塞内加尔	千克	113	2084		
斯洛伐克	千克	105	1610		
几内亚	千克	100	70		
波兰	千克	88	1976	12	239
赞比亚	千克	80	235		
乌干达	千克	74	9150		
玻利维亚	千克	58	1089		
牙买加	千克	50	720		
拉脱维亚	千克	49	825		
突尼斯	千克	41	708		
洪都拉斯	千克	40	745		

(续)

商品/国别(地区)	计量单位	出口数量	出口金额(美元)	进口数量	进口金额(美元)
挪威	千克	31	612		
布基纳法索	千克	28	670		
几内亚(比绍)	千克	25	106		
老挝	千克	21	438		
冈比亚	千克	20	40		
厄立特里亚	千克	20	14		
赤道几内亚	千克	19	12		
立陶宛	千克	14	403		
纳米比亚	千克	14	300		
波黑	千克	14	369		
多米尼克	千克	13	45		
哥斯达黎加	千克	12	251		
毛里塔尼亚	千克	12	462		
阿富汗	千克	11	128		
斯洛文尼亚	千克	11	143		
卢旺达	千克	10	100		
巴拉圭	千克	4	80		
阿塞拜疆	千克	4	45		
中非	千克	3	45		
博茨瓦那	千克	1	40		
英属维尔京群岛	千克	1	28		
瑞士	千克			2805	46566
中国	千克			34523	91450
瑞典	千克			91	5949
48236100 竹浆纸或纸板制的盘，碟，盆，杯及类似品					
合计	千克	1587540	1822819	12	27
美国	千克	1339720	1291615		
香港	千克	119982	300498		
英国	千克	38707	24091		
加拿大	千克	21785	27486		
澳大利亚	千克	17801	52451		
台湾省	千克	13935	24722		
瑞典	千克	7960	19388		
印度尼西亚	千克	6993	22035		
以色列	千克	6977	23704		
法国	千克	3903	13067		
西班牙	千克	3151	11134		
韩国	千克	2623	1768	2	7
泰国	千克	1250	3662		
阿联酋	千克	970	2705		
波兰	千克	568	1374		
新加坡	千克	413	1782		
土耳其	千克	210	460		
德国	千克	185	124		
黎巴嫩	千克	180	504		
意大利	千克	134	186		
日本	千克	93	63	10	20
48236900 其他纸或纸板制的盘，碟，盆，杯及类似品					
合计	千克	83827632	195500546	164233	847654
美国	千克	20593148	47065172	14365	83933
日本	千克	8011264	21441071	17964	145643
澳大利亚	千克	7966513	20194756	472	2221

(续)

商品/国别(地区)	计量单位	出口数量	出口金额(美元)	进口数量	进口金额(美元)
香港	千克	7421422	17965745	931	9195
台湾省	千克	5664652	11708681	31407	61709
英国	千克	4924353	11661090	1347	10996
以色列	千克	4889829	8956944	530	1451
德国	千克	3519672	7821343	1491	17235
荷兰	千克	2604277	6200887	7829	38231
阿联酋	千克	2135341	4694014	1246	5116
俄罗斯	千克	1473476	2931663		
瑞典	千克	1299167	2976256	914	21783
爱尔兰	千克	1079577	2490456		
加拿大	千克	999319	2657317	3915	30626
沙特阿拉伯	千克	813341	1862618		
法国	千克	802053	2166907	613	4944
菲律宾	千克	792250	1815083		
新加坡	千克	743128	2090621	4966	23985
意大利	千克	538476	1511382	582	4512
泰国	千克	537670	1133776	715	5186
韩国	千克	535342	1287482	5540	25560
马来西亚	千克	478063	852325	75	418
新西兰	千克	460043	1179448	895	5895
南非	千克	421743	1069700		
希腊	千克	376352	877758		
比利时	千克	352499	995729	3266	13914
巴基斯坦	千克	309933	775680		
丹麦	千克	263611	697164		
挪威	千克	222023	557581		
阿尔及利亚	千克	216068	356077		
约旦	千克	204233	396798		
利比亚	千克	202978	316634		
西班牙	千克	186389	453240	96	944
科威特	千克	179159	422437		
伊朗	千克	135289	280669		
埃及	千克	124434	272091		
芬兰	千克	121305	341079	605	4016
阿曼	千克	120649	246035		
马耳他	千克	118607	306794		
墨西哥	千克	107889	232747		
卡塔尔	千克	107205	234369		
尼日利亚	千克	99516	163492		
瑞士	千克	97001	273810	375	3459
澳门	千克	88510	177554		
波兰	千克	82828	232075		
波多黎各	千克	76516	156853		
乌克兰	千克	74221	206071		
多米尼加	千克	62015	135056		
哥斯达黎加	千克	58878	127625		
印度尼西亚	千克	56547	122233	15912	62991
伊拉克	千克	56226	131455		
突尼斯	千克	54778	78970		
塞浦路斯	千克	54018	130825		
印度	千克	50800	92912		
巴林	千克	42272	88401		

（续）

商品/国别（地区）	计量单位	出口数量	出口金额（美元）	进口数量	进口金额（美元）
黎巴嫩	千克	41004	81264		
哈萨克斯坦	千克	40249	115895		
立陶宛	千克	35916	114883		
捷克	千克	35366	121025	123	2914
马达加斯加	千克	34244	86688		
越南	千克	33904	37839		
苏丹	千克	33205	51871		
哥伦比亚	千克	30914	59633		
牙买加	千克	29556	55416		
罗马尼亚	千克	28531	80050		
巴拿马	千克	28334	65521		
乌兹别克斯坦	千克	25770	47339		
危地马拉	千克	25680	50354		
匈牙利	千克	24560	64038		
秘鲁	千克	21060	38065		
摩洛哥	千克	17798	32480		
加纳	千克	17290	31533		
也门	千克	17043	39415		
斯洛文尼亚	千克	16929	58755		
肯尼亚	千克	15890	29779		
冰岛	千克	15872	40980		
土耳其	千克	14751	41529	23524	200272
喀麦隆	千克	13898	25841		
萨尔瓦多	千克	13481	22180		
毛里求斯	千克	13443	24828		
拉脱维亚	千克	13387	34025		
特立尼达和多巴哥	千克	13381	33312		
保加利亚	千克	12603	16165		
蒙古	千克	11946	11705		
奥地利	千克	11545	43105		
加蓬	千克	11012	19821		
新喀里多尼亚	千克	9652	30468		
纳米比亚	千克	8778	28134		
孟加拉国	千克	8640	18278		
玻利维亚	千克	8152	19099		
科特迪瓦	千克	7800	12089		
克罗地亚	千克	7222	18293		
委内瑞拉	千克	6948	19786		
古巴	千克	6930	11082		
葡萄牙	千克	6392	13274		
阿根廷	千克	6327	31575		
爱沙尼亚	千克	4912	16627		
阿塞拜疆	千克	4766	10200		
缅甸	千克	4080	11977		
荷属安地列斯群岛	千克	4048	10443		
斯里兰卡	千克	3936	7253	20	161
塞内加尔	千克	3430	6174		
塞尔维亚	千克	3289	6251		
巴西	千克	2764	12917		
土库曼斯坦	千克	2700	4160		
马尔代夫	千克	2242	5493		
柬埔寨	千克	2034	4942		

（续）

商品/国别（地区）	计量单位	出口数量	出口金额（美元）	进口数量	进口金额（美元）
斯洛伐克	千克	2000	3214		
智利	千克	1799	4408		
汤加	千克	1296	1529		
安哥拉	千克	792	633		
吉尔吉斯斯坦	千克	750	1500		
厄瓜多尔	千克	221	171		
马拉维	千克	170	105		
莫桑比克	千克	127	138		
多哥	千克	5	19		
尼日尔	千克	0	29		
中国	千克			24405	59931
埃塞俄比亚	千克			110	413
48237000 压制或模制纸浆制品					
合计	千克	20822733	46220656	2801645	7594457
美国	千克	6228024	15641772	5008	33495
日本	千克	3128491	11899769	33392	236438
澳大利亚	千克	2639619	2827715	21462	8798
韩国	千克	704988	1256292	140371	656902
印度尼西亚	千克	669295	1429277		
台湾省	千克	510043	741664	581236	433011
香港	千克	428796	1013440	4936	4942
印度	千克	419765	527663	6	10
英国	千克	408848	876062	48652	65661
尼日利亚	千克	381993	188167		
荷兰	千克	380653	819931	46200	99054
巴基斯坦	千克	379754	754968		
法国	千克	368729	720479	120	6441
阿尔及利亚	千克	317541	412357		
马来西亚	千克	273624	677001	385428	4215498
加拿大	千克	248574	543708	70151	132555
土耳其	千克	246306	375917		
阿联酋	千克	221944	446516		
德国	千克	214340	381100	6744	263656
科威特	千克	209104	276687		
新西兰	千克	186469	262554	373880	127117
意大利	千克	167592	303983	50	1674
泰国	千克	153843	318754	906460	350862
越南	千克	141718	197061	15847	28848
西班牙	千克	121273	242507	103	1812
南非	千克	113976	101005		
俄罗斯	千克	105215	155298		
挪威	千克	93438	129345		
丹麦	千克	87548	143216		
埃及	千克	76601	143124		
墨西哥	千克	76499	153651	854	4405
捷克	千克	75025	113140		
爱尔兰	千克	61416	120470		
吉布提	千克	59896	35568		
比利时	千克	54786	169856	1	55
芬兰	千克	53385	92806	55	4613
巴西	千克	52361	69628		
约旦	千克	48007	127692		

(续)

商品/国别(地区)	计量单位	出口数量	出口金额(美元)	进口数量	进口金额(美元)
蒙古	千克	47612	9574		
葡萄牙	千克	44690	79360	1268	33807
新加坡	千克	43784	164923		
孟加拉国	千克	43476	48991		
伊朗	千克	37236	82437		
菲律宾	千克	37117	73216		
希腊	千克	36919	49703		
巴布亚新几内亚	千克	35907	61705		
智利	千克	34308	48254		
委内瑞拉	千克	33920	91265		
沙特阿拉伯	千克	29995	94792		
多米尼加	千克	24410	11235		
波兰	千克	24346	47675		
古巴	千克	22730	40325		
阿根廷	千克	22390	158438		
瑞典	千克	21119	117299	160	943
叙利亚	千克	20500	43250		
特立尼达和多巴哥	千克	15045	7513		
多米尼加	千克	14426	21924		
匈牙利	千克	14178	54144	1	2417
刚果(布)	千克	13702	16624		
乌克兰	千克	13541	39105		
塔吉克斯坦	千克	10000	8000		
以色列	千克	7324	20264		
哈萨克斯坦	千克	6500	13000		
新喀里多尼亚	千克	6268	10418		
卡塔尔	千克	5494	9786		
巴拉圭	千克	5418	20566		
牙买加	千克	5400	15317		
萨摩亚	千克	4920	8525		
黎巴嫩	千克	3010	8755		
吉尔吉斯斯坦	千克	3000	6000		
哥伦比亚	千克	2701	2519		
危地马拉	千克	2400	860		
乌拉圭	千克	2103	4196		
巴林	千克	2069	7347		
保加利亚	千克	2023	3479		
喀麦隆	千克	1901	4320		
库克群岛	千克	1900	5226		
格鲁吉亚	千克	1500	200		
瓦努阿图	千克	1450	3054		
斯里兰卡	千克	1149	1050		
安哥拉	千克	810	1153		
毛里求斯	千克	774	2210		
苏丹	千克	737	1407		
巴拿马	千克	548	1863		
塞浦路斯	千克	498	3915		
澳门	千克	390	201		
斯洛文尼亚	千克	365	10		
罗马尼亚	千克	330	514	13229	103943
拉脱维亚	千克	154	351		
柬埔寨	千克	153	237		

(续)

商品/国别(地区)	计量单位	出口数量	出口金额(美元)	进口数量	进口金额(美元)
阿曼	千克	130	263		
奥地利	千克	124	1486	1374	1898
波多黎各	千克	117	202		
厄瓜多尔	千克	72	562		
肯尼亚	千克	70	105		
也门	千克	65	1220		
瑞士	千克	36	180	1	182
卢森堡	千克			197	21841
斯洛伐克	千克			1	3
中国	千克			144458	753576
48239010 以纸或纸板为底制成的铺地制品					
合计	千克	114962	221055	12138	135038
吉尔吉斯斯坦	千克	40505	77608		
台湾省	千克	24414	24556	454	1837
塔吉克斯坦	千克	16100	29620		
新加坡	千克	8681	2926		
安哥拉	千克	6000	11000		
摩洛哥	千克	4652	3721		
日本	千克	4131	6442	3681	17275
巴基斯坦	千克	3547	3536		
香港	千克	2923	3961		
美国	千克	1968	42594	7668	90858
阿尔及利亚	千克	1456	1747		
墨西哥	千克	487	12007		
韩国	千克	35	18	77	238
德国	千克	25	264	5	3
伊朗	千克	23	399		
乌克兰	千克	7	489		
法国	千克	6	3		
沙特阿拉伯	千克	2	34		
意大利	千克	0	1		
泰国	千克	0	1		
印度尼西亚	千克	0	128		
奥地利	千克			36	20891
西班牙	千克			33	2716
以色列	千克			183	725
加拿大	千克			1	495
48239020 神纸及类似用品					
合计	千克	84682117	98963891	55268	78499
台湾省	千克	32221490	45558128	39949	27110
香港	千克	23581865	16879426		
新加坡	千克	13129479	13279244	80	493
马来西亚	千克	10147762	14051605	10	37
美国	千克	1346798	1243060		
澳门	千克	1063396	608555		
菲律宾	千克	881728	943105		
日本	千克	556652	4261722	5301	38104
印度尼西亚	千克	475271	804198		
泰国	千克	190947	290930		
越南	千克	165460	339261		
加拿大	千克	117194	121448		
韩国	千克	105538	47822		

（续）

商品/国别（地区）	计量单位	出口数量	出口金额（美元）	进口数量	进口金额（美元）
英国	千克	87799	37577		
阿联酋	千克	84830	46522		
澳大利亚	千克	74202	61322	55	6
德国	千克	52910	17219		
荷兰	千克	47152	18324		
巴拿马	千克	44177	15597		
尼泊尔	千克	41900	12570		
西班牙	千克	35639	13795		
巴哈马	千克	34174	14443		
巴西	千克	24499	33642		
埃及	千克	24005	72247		
墨西哥	千克	18500	13581		
南非	千克	15440	6537		
阿曼	千克	13536	6936		
毛里求斯	千克	12375	37985		
印度	千克	10104	2607		
柬埔寨	千克	9782	1865		
阿根廷	千克	8400	5280		
尼日利亚	千克	8352	3341		
俄罗斯	千克	6725	63888		
法国	千克	5952	6703		
斯里兰卡	千克	5462	16932		
比利时	千克	4834	2376		
巴基斯坦	千克	4726	3049		
马耳他	千克	4680	3020		
叙利亚	千克	4200	1680		
卡塔尔	千克	4132	2133		
丹麦	千克	4023	3827		
土耳其	千克	2286	914		
新西兰	千克	1384	7528		
伊朗	千克	1353	349		
乌克兰	千克	476	246		
苏里南	千克	240	300		
加纳	千克	210	959		
莫桑比克	千克	48	69		
朝鲜	千克	30	24		
中国	千克			9873	12749
48239030 纸扇					
合计	千克	1318455	7250422	1020	15803
日本	千克	348391	4472027	788	13260
美国	千克	149426	586348	0	8
韩国	千克	92763	399390	55	677
西班牙	千克	87876	164679	10	23
德国	千克	58680	201519	10	88
香港	千克	57114	121153		
俄罗斯	千克	36797	129682		
泰国	千克	29327	44528		
菲律宾	千克	28314	35808		
印度尼西亚	千克	26894	35479		
马来西亚	千克	21010	31877	89	361
墨西哥	千克	18749	32586		
巴西	千克	17747	22784		

（续）

商品/国别（地区）	计量单位	出口数量	出口金额（美元）	进口数量	进口金额（美元）
比利时	千克	17119	66396		
伊朗	千克	16222	30582		
伊拉克	千克	15877	32622		
苏里南	千克	13116	29584		
阿联酋	千克	12499	29233		
意大利	千克	12227	40661	20	58
巴基斯坦	千克	12046	21105		
澳大利亚	千克	11944	48208		
英国	千克	11379	87378	27	776
印度	千克	10032	13866		
新加坡	千克	9463	18474		
乌克兰	千克	9303	17325		
埃及	千克	9008	12329		
吉尔吉斯斯坦	千克	8868	27289		
法国	千克	8567	99829		
塞内加尔	千克	8528	5267		
加拿大	千克	8304	40309		
格鲁吉亚	千克	7918	2271		
智利	千克	6425	20772		
黎巴嫩	千克	6022	9836		
希腊	千克	5924	8545		
波兰	千克	5799	10507		
越南	千克	5662	7182	12	57
阿尔及利亚	千克	5488	9248		
罗马尼亚	千克	5142	7199		
约旦	千克	4862	11631		
奥地利	千克	4799	50734	3	5
南非	千克	4750	9799		
沙特阿拉伯	千克	4742	12313		
洪都拉斯	千克	4635	7970		
苏丹	千克	4593	7663		
哈萨克斯坦	千克	4300	16300		
以色列	千克	4270	7619		
巴拿马	千克	4186	3840		
哥伦比亚	千克	3947	6081		
贝宁	千克	3802	5813		
葡萄牙	千克	3718	3530		
多哥	千克	3690	7085		
台湾省	千克	3582	21042		
澳门	千克	3380	1791		
保加利亚	千克	3358	4665		
黑山	千克	3258	3697		
克罗地亚	千克	2981	3603		
荷兰	千克	2953	13090		
刚果(金)	千克	2880	4856		
朝鲜	千克	2875	7538		
加纳	千克	2740	5252		
古巴	千克	2291	7923		
秘鲁	千克	2260	2556		
阿根廷	千克	1710	3335		
科特迪瓦	千克	1387	3466		
厄瓜多尔	千克	1361	5616		

(续)

商品/国别(地区)	计量单位	出口数量	出口金额(美元)	进口数量	进口金额(美元)
伯利兹	千克	1318	2093		
马提尼克	千克	1211	2301		
博茨瓦那	千克	1170	1895		
芬兰	千克	1141	1867		
委内瑞拉	千克	1035	2381		
瑞士	千克	762	13583		
波多黎各	千克	510	612		
丹麦	千克	460	1700		
土耳其	千克	436	1165		
挪威	千克	248	293		
捷克	千克	220	4821		
卡塔尔	千克	161	1510		
塞尔维亚	千克	130	2430		
斯洛文尼亚	千克	125	129		
毛里求斯	千克	123	185		
新西兰	千克	64	119		
立陶宛	千克	29	80		
喀麦隆	千克	20	269		
摩洛哥	千克	5	192		
瑞典	千克	5	93		
尼泊尔	千克	2	19		
中国	千克			6	490
48239090 未列名切成形的纸、纸板纤维素絮及纤维素纤维网纸;未列名纸浆及纸、纸板纤维素絮及纤维素纤维网纸制品					
合计	千克	195486444	311015476	32749337	103280558
香港	千克	35274480	34125665	2517046	3208927
美国	千克	33697450	57568793	1286354	6744026
马来西亚	千克	10794458	11196531	18674	154832
沙特阿拉伯	千克	7784917	9838848	335	345
澳大利亚	千克	7746990	12470960	29629	65030
日本	千克	7333792	28730648	8871656	43377093
阿联酋	千克	6984273	9405787	373	1129
英国	千克	6921518	12109620	123998	1503825
德国	千克	5122847	11421883	472131	2479950
印度尼西亚	千克	5020741	7577954	46495	113224
新加坡	千克	4172645	4680080	372790	1139592
越南	千克	3470647	4620517	1973	6156
加拿大	千克	3323449	5503458	65754	248113
韩国	千克	2940250	5663349	4936752	11649006
印度	千克	2793417	5104132	17913	160407
泰国	千克	2683975	5913520	157702	347241
荷兰	千克	2638317	6523286	199554	207643
西班牙	千克	2053662	3624312	5047	44194
台湾省	千克	2033416	3349620	9051396	17330218
法国	千克	2000010	4075413	655660	2080335
南非	千克	1904386	2486130	355	4049
意大利	千克	1703995	3297353	89741	701198
伊朗	千克	1636104	2391810		
墨西哥	千克	1627409	2668624	46246	83714
菲律宾	千克	1525364	2631606	51422	138193
巴拿马	千克	1409627	1242716		
新西兰	千克	1365052	1708291	1283	28169

(续)

商品/国别(地区)	计量单位	出口数量	出口金额(美元)	进口数量	进口金额(美元)
土耳其	千克	1347694	1480070	8141	55563
埃及	千克	1331387	1869326		
俄罗斯	千克	1245942	3672375		
比利时	千克	1209850	2609840	9534	127806
利比亚	千克	1162901	1487887		
科威特	千克	1058874	1628129		
巴基斯坦	千克	1046664	1700443	1	116
孟加拉国	千克	1045001	1483573	18	195
乌克兰	千克	923270	2116665	15	245
希腊	千克	918841	1377066	10	105
约旦	千克	855453	1051100	2	69
智利	千克	827749	1469389	18009	12485
阿尔及利亚	千克	728237	1012571		
巴西	千克	648751	1533999	366	71268
波兰	千克	622045	1000818	8636	66521
委内瑞拉	千克	591225	973132	0	3
阿根廷	千克	583421	928436	200	342
黎巴嫩	千克	495702	723432		
尼日利亚	千克	445823	457449		
哈萨克斯坦	千克	422458	1480826		
挪威	千克	419591	782078	189	3751
丹麦	千克	419123	993956	11044	114780
以色列	千克	413900	724442	1452	19100
阿曼	千克	408035	539589		
坦桑尼亚	千克	397446	359468		
吉尔吉斯斯坦	千克	354527	759601		
卡塔尔	千克	334256	636349	12	129
摩洛哥	千克	331087	280329		
葡萄牙	千克	318289	588012	86	2002
乌拉圭	千克	313704	221000		
朝鲜	千克	301175	635550	12530	5430
捷克	千克	299277	815760	18	306
瑞典	千克	282373	919872	415190	2196477
伊拉克	千克	269439	387385		
加纳	千克	268318	280152		
巴林	千克	266813	375775		
斯里兰卡	千克	243222	297648	2106	13024
马耳他	千克	239327	363195		
危地马拉	千克	236864	281586		
芬兰	千克	218649	578382	70394	533085
贝宁	千克	211293	116037		
哥伦比亚	千克	194763	366013		
缅甸	千克	188343	194799	0	31
澳门	千克	178974	110966	1617	6472
叙利亚	千克	172770	264770		
爱尔兰	千克	169011	243512	1643	17388
亚洲其他国家(地区)	千克	167398	328660		
柬埔寨	千克	166715	157034	19	359
肯尼亚	千克	166602	245938		
毛里求斯	千克	152794	307059		
奥地利	千克	151557	515057	127084	534404
萨尔瓦多	千克	149818	303061		

(续)

商品/国别(地区)	计量单位	出口数量	出口金额(美元)	进口数量	进口金额(美元)
乌兹别克斯坦	千克	148968	311564		
特立尼达和多巴哥	千克	146407	196919		
秘鲁	千克	145224	366789		
克罗地亚	千克	135731	257249	945	35237
厄瓜多尔	千克	134388	184002		
多哥	千克	129488	457170		
留尼汪	千克	121438	136958		
吉布提	千克	118941	121326		
哥斯达黎加	千克	113747	255328		
埃塞俄比亚	千克	111871	192454	47	979
多米尼加	千克	111129	136862	2296	15120
也门	千克	100363	145051		
罗马尼亚	千克	94887	169838		
波多黎各	千克	94356	176590		
科特迪瓦	千克	83653	84182		
安哥拉	千克	79789	123232		
刚果(金)	千克	78597	107839		
老挝	千克	70673	208602		
立陶宛	千克	64212	220186		
格鲁吉亚	千克	55475	118488		
白俄罗斯	千克	54309	123868	0	2
突尼斯	千克	52596	95363		
喀麦隆	千克	52545	77884		
苏丹	千克	52511	118843		
蒙古	千克	47714	92526		
古巴	千克	44227	148007		
乌干达	千克	44087	82395		
马达加斯加	千克	43867	89739	24	244
巴布亚新几内亚	千克	43419	114318		
塞浦路斯	千克	38778	59671		
玻利维亚	千克	38700	34019		
斯洛伐克	千克	38611	99811	5	944
斐济	千克	37027	70442		
海地	千克	36913	36692		
博茨瓦那	千克	34417	36750		
牙买加	千克	33576	69038		
圭亚那	千克	33454	48193		
几内亚	千克	32655	33506		
塔吉克斯坦	千克	31435	74569		
马尔代夫	千克	31380	22663		
塞尔维亚	千克	30334	73391		
莫桑比克	千克	29532	40948		
保加利亚	千克	29026	90499		
塞内加尔	千克	28995	39244		
拉脱维亚	千克	28832	74273		
文莱	千克	28705	39491		
匈牙利	千克	26942	58481	855	3725
瑞士	千克	26720	140028	76930	846532
斯洛文尼亚	千克	25457	67489	7	274
苏里南	千克	25450	28935		
所罗门群岛	千克	24100	32112		
亚美尼亚	千克	23929	70767		

(续)

商品/国别(地区)	计量单位	出口数量	出口金额(美元)	进口数量	进口金额(美元)
巴勒斯坦	千克	22882	29099		
洪都拉斯	千克	22688	54147		
刚果(布)	千克	21487	36271		
阿尔巴尼亚	千克	20507	39508		
厄立特里亚	千克	20346	17523		
新喀里多尼亚	千克	20138	19277		
伯利兹	千克	18509	48523		
塞舌尔	千克	15548	23900		
爱沙尼亚	千克	14172	20097		
土库曼斯坦	千克	12624	102148		
佛得角	千克	12210	13822		
巴拉圭	千克	10557	19448		
布基纳法索	千克	10372	11816		
津巴布韦	千克	10093	18748		
加那利群岛	千克	9869	33361		
加蓬	千克	9142	16626		
黑山	千克	8557	10782		
尼加拉瓜	千克	8484	79279		
赞比亚	千克	6040	5450		
基里巴斯	千克	4980	6634		
安提瓜和巴布达	千克	4498	4470		
马拉维	千克	3857	2100		
马里	千克	3656	133628		
利比里亚	千克	3243	3744		
巴哈马	千克	3188	1759		
东帝汶	千克	2873	2675		
冰岛	千克	2758	8699	0	1
库腊索岛	千克	2209	4326		
马绍尔群岛	千克	2140	1933		
瓦努阿图	千克	1485	1012		
库克群岛	千克	969	375		
波黑	千克	960	3337		
法属圭亚那	千克	886	2304		
马提尼克	千克	817	1354		
几内亚(比绍)	千克	745	610		
尼泊尔	千克	640	2152	0	2
塞拉利昂	千克	586	3674		
巴巴多斯	千克	560	2690		
卢旺达	千克	265	650		
圣卢西亚	千克	257	6250		
多米尼加	千克	220	690	1053	7560
摩尔多瓦	千克	202	909		
法属波利尼西亚	千克	150	1046		
萨摩亚	千克	136	544		
赤道几内亚	千克	133	631		
阿富汗	千克	116	257		
安道尔	千克	56	540		
尼日尔	千克	40	487		
马其顿	千克	38	558		
瓜德罗普岛	千克	20	248		
阿塞拜疆	千克	13	6		
卢森堡	千克	6	128	157	45761

(续)

商品/国别(地区)	计量单位	出口数量	出口金额(美元)	进口数量	进口金额(美元)
大洋洲其他国家(地区)	千克		5	180	
摩纳哥	千克			1	6
国别(地区)不详	千克			215	1304
中国	千克			2958207	6724802

9401 竹藤类家具

商品/国别(地区)	计量单位	出口数量	出口金额(美元)	进口数量	进口金额(美元)
94011000 飞机用坐具					
合计	件	5321	43311826	2377	25070176
香港	件	4395	40766652	1	1000
德国	件	455	699980	21	1709409
美国	件	156	1005163	618	4377144
韩国	件	108	24583		
菲律宾	件	54	129100		
澳大利亚	件	52	434		
阿曼	件	25	6873		
亚洲其他国家(地区)	件	20	785		
澳门	件	19	748		
日本	件	13	182759		
法国	件	12	320895	26	174679
新加坡	件	6	47547		
泰国	件	2	658		
南非	件	1	24450		
新西兰	件	1	500		
荷兰	件	1	99999		
卡塔尔	件	1	700	1	1000
捷克	件			10	90077
意大利	件			4	12448
英国	件			1680	18693128
奥地利	件			16	11291
94012010 皮革或再生皮革面的机动车辆用坐具					
合计	件	80487	3980138	7192	2679671
美国	件	27444	949297	221	297807
香港	件	8243	490141	29	11034
台湾省	件	7431	432261	48	13966
安哥拉	件	4767	47217		
韩国	件	4305	54970	280	91931
菲律宾	件	3004	198964		
新加坡	件	2162	136787		
日本	件	2150	274862	651	679118
西班牙	件	2149	60526		
加拿大	件	1948	120081	2	1855
厄瓜多尔	件	1696	19525		
秘鲁	件	1635	53354		
俄罗斯	件	1222	106571		
南非	件	1169	32011		
巴拿马	件	1142	131363		
法国	件	1009	19991	820	15343
土耳其	件	1000	6130	13	10080
德国	件	935	201526	682	887749
英国	件	624	91360	13	11433
比利时	件	617	15553	3	1494
澳大利亚	件	612	170873	8	3699

(续)

商品/国别(地区)	计量单位	出口数量	出口金额(美元)	进口数量	进口金额(美元)
阿曼	件	506	3591		
越南	件	486	5832		
埃及	件	477	78345		
阿联酋	件	465	57943		
意大利	件	382	16407	1	3845
摩洛哥	件	359	3799		
荷兰	件	314	42292	4	1834
马来西亚	件	295	55801	246	70559
马耳他	件	294	2580		
智利	件	263	11031		
泰国	件	206	2200	218	128213
苏里南	件	200	410		
希腊	件	144	6689		
肯尼亚	件	100	16750		
澳门	件	79	2013		
朝鲜	件	76	7548		
沙特阿拉伯	件	76	2659		
印度尼西亚	件	76	1938		
伊朗	件	50	1500		
印度	件	50	6863	1	250
黎巴嫩	件	50	3008		
卡塔尔	件	48	4800		
阿尔及利亚	件	33	5409		
葡萄牙	件	30	1377		
乌拉圭	件	30	1500		
以色列	件	30	3561		
亚洲其他国家(地区)	件	28	2240		
阿尔巴尼亚	件	20	1767		
新西兰	件	12	1000		
哥伦比亚	件	10	1750		
瑞典	件	9	3006	3	7506
墨西哥	件	9	1716		
叙利亚	件	7	3384		
卢森堡	件	4	2789		
埃塞俄比亚	件	2	748		
匈牙利	件	1	383		
巴西	件	1	1871	1	100
科威特	件	1	275		
波兰	件			3866	401078
中国	件			82	40777
94012090 机动车辆用其他坐具					
合计	件	1848205	61280906	214253	59783861
美国	件	344052	11450227	1131	481988
西班牙	件	184714	2597441	48	13976
日本	件	126554	5017635	59773	5819580
德国	件	105007	3562541	131656	49656548
俄罗斯	件	78451	1837199		
埃及	件	65980	4548858		
波兰	件	57918	2009305	6	2729
荷兰	件	57473	1819235	1006	60337
法国	件	44577	1647642	611	36009
英国	件	42337	1278740	1157	329212

(续)

商品/国别(地区)	计量单位	出口数量	出口金额(美元)	进口数量	进口金额(美元)
意大利	件	41550	1641763	2110	275355
阿联酋	件	35801	816752	4	294
尼日利亚	件	32064	236127		
马来西亚	件	31376	1119939	5419	818120
巴西	件	29858	513052	3345	69032
韩国	件	26771	1356685	289	40829
挪威	件	25951	987925	9	2190
保加利亚	件	24776	462710		
比利时	件	24089	2138783	3	181
澳大利亚	件	23842	922865	19	19482
葡萄牙	件	20839	720187		
香港	件	19748	927078	112	22982
菲律宾	件	17732	560356		
加纳	件	17402	136998		
新西兰	件	16936	518581		
乌拉圭	件	15792	806558		
墨西哥	件	15262	524322		
泰国	件	14334	464046	49	4598
加拿大	件	14013	521830	2	1807
哥斯达黎加	件	13838	170710		
爱沙尼亚	件	12896	413664		
智利	件	12788	890709	2	438
摩洛哥	件	10611	299755		
新加坡	件	10380	786815		
匈牙利	件	10330	260065	5	1143
土耳其	件	10165	172520	929	339328
以色列	件	9665	328883		
巴拿马	件	9347	164022		
越南	件	8962	1100135		
瑞典	件	8856	333480	66	26752
克罗地亚	件	8817	262648		
罗马尼亚	件	8529	203543		
厄瓜多尔	件	7655	118012		
沙特阿拉伯	件	7546	702700		
台湾省	件	7377	328195	252	54094
印度尼西亚	件	7366	150984	2	957
黎巴嫩	件	6944	139904		
芬兰	件	6779	208316		
哈萨克斯坦	件	6704	122267		
伊朗	件	6684	124078		
阿根廷	件	6603	128264		
约旦	件	5853	156582		
肯尼亚	件	5547	189608		
希腊	件	5341	261423		
印度	件	5270	124079	11	12012
奥地利	件	4962	81134	10	433
南非	件	4807	202820		
哥伦比亚	件	4755	185560		
爱尔兰	件	4619	157675		
丹麦	件	4514	99553		
捷克	件	4485	136116	2925	948441
巴基斯坦	件	4424	38474		

(续)

商品/国别(地区)	计量单位	出口数量	出口金额(美元)	进口数量	进口金额(美元)
秘鲁	件	4036	94648		
阿尔及利亚	件	3210	54044		
安哥拉	件	2578	27167		
危地马拉	件	2435	53537		
乌克兰	件	2155	119834		
立陶宛	件	1826	41407		
叙利亚	件	1764	46651		
纳米比亚	件	1543	22191		
塞尔维亚	件	1414	19113		
拉脱维亚	件	1320	33733		
新喀里多尼亚	件	1291	21372		
斯洛文尼亚	件	1066	27199		
利比亚	件	1032	24945		
坦桑尼亚	件	1009	49966		
孟加拉国	件	920	5000		
斯威士兰	件	897	18176		
委内瑞拉	件	869	97443		
马里	件	674	5905		
斯里兰卡	件	669	12584		
牙买加	件	630	12696		
毛里求斯	件	616	10589		
缅甸	件	610	27046		
科威特	件	569	8954		
马约特岛	件	504	11749		
突尼斯	件	463	15912		
吉布提	件	450	3782		
斐济	件	423	24170		
苏里南	件	400	16315		
瑞士	件	381	18414		
马尔代夫	件	323	2836		
白俄罗斯	件	320	3897		
文莱	件	313	7186		
马耳他	件	310	10168		
马达加斯加	件	300	6000		
巴勒斯坦	件	278	22815		
阿尔巴尼亚	件	277	3795		
苏丹	件	247	11423		
卡塔尔	件	211	10600		
古巴	件	210	20959		
巴拉圭	件	151	8003		
亚洲其他国家(地区)	件	141	7400		
伊拉克	件	128	1184		
澳门	件	116	2269		
乍得	件	60	6000		
圭亚那	件	60	3000		
塞浦路斯	件	56	4282		
多米尼加	件	54	1485		
留尼汪	件	50	4128		
阿富汗	件	50	13200		
社会群岛	件	30	1890		
刚果(金)	件	20	1064		
特立尼达和多巴哥	件	20	880		

（续）

商品/国别（地区）	计量单位	出口数量	出口金额（美元）	进口数量	进口金额（美元）
玻利维亚	件	20	1746		
法属波利尼西亚	件	17	2810		
埃塞俄比亚	件	14	902		
蒙古	件	11	631		
土库曼斯坦	件	10	2452		
瓦努阿图	件	10	690		
巴林	件	8	1140		
斯洛伐克	件	6	511		
科特迪瓦	件	6	1640		
朝鲜	件	4	300		
阿曼	件	1	183		
莫桑比克	件	1	822		
卢森堡	件			13	2126
中国	件			3289	742888
94013000 可调高度的转动坐具					
合计	件	36998849	975085600	107298	11748654
美国	件	9260557	288155280	4880	1745578
德国	件	2432633	62609704	1461	1220453
英国	件	1937051	49641472	89	57697
日本	件	1824806	44328716	642	208959
法国	件	1714998	34167340	29	18065
西班牙	件	1358840	33429314	2	1471
澳大利亚	件	1253138	39049990	186	131335
加拿大	件	1124952	33110357	68	43378
意大利	件	1055303	23051225	1880	272906
荷兰	件	883784	22229390	132	127274
比利时	件	795017	18106699	11	4364
巴西	件	702177	13775393	8	1738
阿联酋	件	696663	17269193		
波兰	件	647704	15104949	10488	722934
墨西哥	件	587765	13134229	175	54798
韩国	件	483010	11929751	47070	3309419
香港	件	431723	13019937	784	36710
丹麦	件	417521	8530278	159	63085
瑞典	件	413496	10071997	111	16859
南非	件	406891	8567193		
马来西亚	件	367621	6877566	9638	1580427
以色列	件	367147	8773902		
智利	件	363749	5938508		
越南	件	356944	19250801		
俄罗斯	件	352335	12350253		
沙特阿拉伯	件	345270	10158851		
希腊	件	301924	6905888		
新加坡	件	299715	8477727	146	62711
土耳其	件	297423	5855706	326	5868
印度	件	274782	8864333	12	2266
哥伦比亚	件	268259	5035264		
菲律宾	件	254139	5471016		
葡萄牙	件	240062	5204363		
台湾省	件	229815	6116080	5131	408241
委内瑞拉	件	218010	5240412		
印度尼西亚	件	195577	3872736	72	38809

（续）

商品/国别（地区）	计量单位	出口数量	出口金额（美元）	进口数量	进口金额（美元）
阿根廷	件	195570	4530669		
罗马尼亚	件	193896	4523893		
泰国	件	185344	3885243	6	1127
伊朗	件	172178	4375936		
巴拿马	件	168928	6024392		
秘鲁	件	167900	2742555		
克罗地亚	件	137963	3112477		
新西兰	件	134049	2789505	95	27745
摩洛哥	件	125865	2908884		
阿尔及利亚	件	123483	2429742		
埃及	件	95470	2283519		
保加利亚	件	90924	1859533		
芬兰	件	82693	2528955	109	38672
斯洛文尼亚	件	80290	2196169	288	8310
捷克	件	78088	2746429		
约旦	件	75499	1705643		
奥地利	件	68061	2022688		
哥斯达黎加	件	56581	1266416		
巴基斯坦	件	56368	1241111		
乌克兰	件	55825	1749604		
科威特	件	54519	1737039		
危地马拉	件	52653	764845		
尼日利亚	件	52071	897065		
乌拉圭	件	51007	909348		
爱尔兰	件	49741	1063568	129	55605
贝宁	件	49294	1070173		
黎巴嫩	件	47206	1217294		
厄瓜多尔	件	43863	747314		
瑞士	件	42701	964672	13	27794
加纳	件	41803	713339		
肯尼亚	件	39933	891342		
利比亚	件	39059	908655		
匈牙利	件	38961	1073161	1	290
斯里兰卡	件	37274	515924		
拉脱维亚	件	36718	724494		
立陶宛	件	36378	898487	6342	522905
格鲁吉亚	件	36098	672901		
多米尼加	件	31490	703585		
波多黎各	件	29438	715396		
挪威	件	27829	764643	15	72523
叙利亚	件	26950	401979		
斯洛伐克	件	26539	379209		
洪都拉斯	件	24548	437609		
塞浦路斯	件	24436	816530		
卡塔尔	件	24099	1033608		
马耳他	件	22977	376427		
澳门	件	20672	576816	6	968
萨尔瓦多	件	19847	326667		
塞尔维亚	件	19424	388703		
巴林	件	19380	490800		
也门	件	18797	336636		
安哥拉	件	17764	619044		

(续)

商品/国别（地区）	计量单位	出口数量	出口金额（美元）	进口数量	进口金额（美元）
古巴	件	17680	624306		
留尼汪	件	17298	296181		
坦桑尼亚	件	17282	443521		
伊拉克	件	16255	335653		
苏丹	件	14805	514409		
科特迪瓦	件	13946	395511		
爱沙尼亚	件	13707	315076		
阿曼	件	13034	491604		
莫桑比克	件	12162	311502		
牙买加	件	11581	239188		
哈萨克斯坦	件	11527	441482		
突尼斯	件	11511	350565		
毛里求斯	件	11251	200493		
文莱	件	10360	128616		
多哥	件	10176	193532		
孟加拉国	件	8887	161864		
特立尼达和多巴哥	件	8883	256148		
塞内加尔	件	8115	251770		
尼加拉瓜	件	7431	135176		
苏里南	件	6910	169371		
黑山	件	6814	139316		
巴拉圭	件	6813	163336		
纳米比亚	件	6447	262142		
海地	件	6361	151992		
阿尔巴尼亚	件	6275	186266		
喀麦隆	件	5970	183752		
吉布提	件	5857	136828		
马尔代夫	件	5568	163824		
柬埔寨	件	5413	124117		
瓜德罗普岛	件	5097	94591		
埃塞俄比亚	件	4649	129480		
阿富汗	件	3887	281492		
马拉维	件	3877	89979		
马提尼克	件	3582	76327		
蒙古	件	3515	162907		
尼泊尔	件	3408	44134		
朝鲜	件	3232	98594		
波黑	件	3145	97913		
加蓬	件	3016	45617		
刚果(布)	件	2886	50901		
圭亚那	件	2763	67157		
多米尼加	件	2598	36367		
乌兹别克斯坦	件	2578	90340		
斐济	件	2555	41138		
马其顿	件	2544	63477		
马达加斯加	件	2147	64858		
玻利维亚	件	2125	53379		
刚果(金)	件	2031	61036		
几内亚	件	2020	49466		
巴巴多斯	件	1898	53776		
缅甸	件	1790	37725		
布基纳法索	件	1676	65444		

(续)

商品/国别（地区）	计量单位	出口数量	出口金额（美元）	进口数量	进口金额（美元）
摩纳哥	件	1638	30071		
赤道几内亚	件	1616	66355		
阿塞拜疆	件	1602	66571		
利比里亚	件	1597	34425		
东帝汶	件	1582	26593		
新喀里多尼亚	件	1490	23793		
马里	件	1421	22188		
冰岛	件	1251	28947		
巴哈马	件	1067	60520		
乌干达	件	982	38805		
吉尔吉斯斯坦	件	971	19059		
塔吉克斯坦	件	922	12987		
乍得	件	795	41330		
亚洲其他国家(地区)	件	789	38552		
伯利兹	件	762	27009		
安道尔	件	620	12556		
老挝	件	542	11712		
博茨瓦那	件	517	18287		
巴勒斯坦	件	453	12747		
尼日尔	件	444	14768		
佛得角	件	405	11713		
白俄罗斯	件	368	23473		
库腊索岛	件	311	11854		
巴布亚新几内亚	件	298	4760		
圣卢西亚	件	250	5347		
塞拉利昂	件	249	7137		
法属圭亚那	件	244	6105		
津巴布韦	件	227	2279		
中非	件	134	8125		
土库曼斯坦	件	126	8903		
基里巴斯	件	91	3484		
亚美尼亚	件	67	7442		
毛里塔尼亚	件	61	1996		
安提瓜和巴布达	件	60	1110		
冈比亚	件	60	465		
萨摩亚	件	58	2002		
荷属安地列斯群岛	件	49	1890		
斯威士兰	件	45	6446		
塞舌尔	件	42	584		
马约特岛	件	18	307		
圣文森特和格林纳丁斯	件	12	452		
法属波利尼西亚	件	12	341		
格林纳达	件	10	1375		
百慕大群岛	件	5	188		
赞比亚	件	3	459		
中国	件			16794	857370
94014010 皮革或再生皮革面的能作床的两用椅					
合计	件	158693	15123529	38	11212
美国	件	46881	6298505	2	1140
马来西亚	件	7797	220664		
印度	件	7785	290463		

（续）

商品/国别（地区）	计量单位	出口数量	出口金额（美元）	进口数量	进口金额（美元）
日本	件	7417	297976	5	502
加拿大	件	6832	1052052		
阿联酋	件	6218	451559		
英国	件	5865	563741		
加纳	件	5264	171489		
法国	件	5208	514039		
西班牙	件	5179	244469		
澳大利亚	件	4000	530586		
荷兰	件	3703	410759		
意大利	件	3524	225914	2	4036
俄罗斯	件	3235	504457		
丹麦	件	2929	157346		
韩国	件	2786	83575		
越南	件	2622	809102		
德国	件	2451	271387		
比利时	件	2233	114509		
新加坡	件	2119	173025		
沙特阿拉伯	件	1998	80552		
希腊	件	1588	55433		
南非	件	1564	75393		
黎巴嫩	件	1533	49345		
香港	件	1329	119332		
罗马尼亚	件	1033	125305		
刚果(金)	件	994	4780		
乌克兰	件	839	24121		
菲律宾	件	821	91432		
埃及	件	787	22227		
澳门	件	785	46249		
委内瑞拉	件	760	86903		
巴拿马	件	740	70964		
约旦	件	667	25956		
泰国	件	659	48205		
哥伦比亚	件	592	53138		
摩洛哥	件	588	15711		
新西兰	件	577	87168		
智利	件	576	29738		
以色列	件	568	75123		
斯洛文尼亚	件	541	81735		
阿根廷	件	486	17068		
台湾省	件	430	28502		
爱尔兰	件	384	28890		
土耳其	件	373	11746		
马耳他	件	289	10150		
阿曼	件	289	5961		
波兰	件	275	24478		
伊朗	件	270	37558		
匈牙利	件	269	28512		
阿尔及利亚	件	226	16013		
巴西	件	215	15338		
波多黎各	件	170	50255		
巴林	件	151	5075		
巴基斯坦	件	144	58608		

（续）

商品/国别（地区）	计量单位	出口数量	出口金额（美元）	进口数量	进口金额（美元）
墨西哥	件	134	10474		
印度尼西亚	件	128	3562		
秘鲁	件	115	3450		
伊拉克	件	105	2709		
厄瓜多尔	件	100	11361		
瑞典	件	86	5555		
哥斯达黎加	件	84	13582		
拉脱维亚	件	67	9740		
保加利亚	件	65	20800		
哈萨克斯坦	件	50	10000		
多米尼加	件	44	6260		
毛里求斯	件	29	2555		
葡萄牙	件	28	9255		
斯洛伐克	件	27	5457		
斯里兰卡	件	17	1316		
白俄罗斯	件	15	5790		
圭亚那	件	6	594		
百慕大群岛	件	6	3100		
乌拉圭	件	6	1197		
朝鲜	件	5	1004		
利比里亚	件	4	820		
塞浦路斯	件	4	783		
挪威	件	3	294		
立陶宛	件	3	180		
肯尼亚	件	2	359		
乌兹别克斯坦	件	1	350		
萨尔瓦多	件	1	401		
中国	件			29	5534
94014090 其他能作床的两用椅、庭园坐具。野营设备除外					
合计	件	2231019	117149715	5279	758144
美国	件	586209	40018497	8	2106
日本	件	232746	12321866		
德国	件	144874	5890185	330	70093
加拿大	件	123342	5658611	1	419
法国	件	106940	3955270		
意大利	件	87738	2281911	54	128650
澳大利亚	件	86405	3924153		
西班牙	件	79389	2282242	3	1988
丹麦	件	76038	5645208	4	5919
荷兰	件	75562	3341647		
英国	件	73984	3400738		
韩国	件	71780	4243641		
比利时	件	44063	1377053	101	33176
俄罗斯	件	38300	1953952		
阿联酋	件	38193	1567817		
香港	件	36460	1392128	1	232
新加坡	件	25153	1449738	2	330
希腊	件	24908	1012076		
马来西亚	件	23957	2054381	7	1339
巴西	件	15861	257255		
波兰	件	15788	365321	74	15268
台湾省	件	15751	787153		

（续）

商品/国别（地区）	计量单位	出口数量	出口金额（美元）	进口数量	进口金额（美元）
瑞典	件	14396	585310	14	2290
沙特阿拉伯	件	11998	725214		
葡萄牙	件	10811	458606		
波多黎各	件	10535	396759		
芬兰	件	10083	237498		
墨西哥	件	9075	717191		
印度	件	8568	350292		
安哥拉	件	7667	98611		
巴拿马	件	7546	820040		
南非	件	7080	454246		
菲律宾	件	6229	395105		
新西兰	件	6029	469727		
土耳其	件	5956	468425		
智利	件	5562	140323		
埃及	件	5193	241081		
以色列	件	5145	504447		
印度尼西亚	件	4496	257259	10	707
摩洛哥	件	4373	138137		
罗马尼亚	件	4192	277582	1643	57632
泰国	件	4170	571850		
科威特	件	3985	284370		
瑞士	件	3509	217634		
加纳	件	3180	110690		
马耳他	件	2780	98251		
澳门	件	2550	157297		
伊朗	件	2288	263542		
乌克兰	件	2218	93052	1	178
阿根廷	件	2157	36098		
哥伦比亚	件	2129	151217		
留尼汪	件	2036	154318		
约旦	件	1936	113680		
秘鲁	件	1875	61379		
委内瑞拉	件	1843	118062		
爱尔兰	件	1691	96153		
克罗地亚	件	1647	38307		
伊拉克	件	1497	34260		
塞浦路斯	件	1439	81046		
巴林	件	1116	76708		
斯里兰卡	件	997	23745		
爱沙尼亚	件	944	75648		
越南	件	938	186844	6	485
洪都拉斯	件	906	63412		
卡塔尔	件	844	67428		
尼日利亚	件	817	37470		
阿尔巴尼亚	件	772	19920		
黎巴嫩	件	722	68122		
保加利亚	件	685	32700		
哥斯达黎加	件	669	57938		
多米尼加	件	608	49320		
马尔代夫	件	562	35830		
阿曼	件	526	35739		
乌拉圭	件	460	41475		

（续）

商品/国别（地区）	计量单位	出口数量	出口金额（美元）	进口数量	进口金额（美元）
格鲁吉亚	件	457	64442		
乌干达	件	448	2968		
新喀里多尼亚	件	426	21096		
毛里求斯	件	385	62488		
斯洛文尼亚	件	354	17562		
巴基斯坦	件	343	25436		
朝鲜	件	326	6037		
挪威	件	299	21643		
利比亚	件	292	12679		
危地马拉	件	276	26507		
亚洲其他国家(地区)	件	236	5692	1	30
肯尼亚	件	223	14272		
匈牙利	件	219	9247		
莫桑比克	件	210	11778		
巴布亚新几内亚	件	201	9367		
古巴	件	200	26957		
黑山	件	194	9603		
叙利亚	件	190	13101		
苏丹	件	189	12974		
斯洛伐克	件	186	37312	888	206455
也门	件	174	9148		
孟加拉国	件	173	8713		
拉脱维亚	件	167	26270		
法属波利尼西亚	件	149	22859		
多哥	件	143	6703		
贝宁	件	141	7198		
蒙古	件	135	31927		
厄瓜多尔	件	133	9698		
特立尼达和多巴哥	件	127	9295		
阿鲁巴岛	件	126	8006		
斐济	件	118	10518		
玻利维亚	件	113	21506		
马达加斯加	件	104	6853		
阿尔及利亚	件	100	6850		
海地	件	91	5708		
巴哈马	件	87	52200		
坦桑尼亚	件	79	2966		
几内亚	件	63	6370		
马里	件	52	1690		
科特迪瓦	件	50	645		
巴拉圭	件	41	2215		
吉布提	件	30	60		
安提瓜和巴布达	件	29	3058		
文莱	件	15	1345		
塞内加尔	件	12	1065		
马提尼克	件	10	1751		
刚果(布)	件	10	980		
瓜德罗普岛	件	8	1392		
捷克	件	5	125		
突尼斯	件	4	741		
奥地利	件	3	309		
塞尔维亚	件	2	189		

(续)

商品/国别(地区)	计量单位	出口数量	出口金额(美元)	进口数量	进口金额(美元)
中国	件			612	31616
立陶宛	件			1519	199231
94015100 竹制或藤制的坐具					
合计	件	594047	19615570	32511	582395
马来西亚	件	143704	6335381	2	211
美国	件	123395	2133470	60	13794
新加坡	件	82316	4960812		
印度尼西亚	件	56754	1396168	25203	400416
英国	件	37681	502709		
日本	件	20570	791756		
德国	件	15540	254714	3	185
法国	件	15025	240221		
墨西哥	件	9310	357146		
芬兰	件	8407	332596		
荷兰	件	8268	137186	87	4003
加拿大	件	7360	117497		
香港	件	7242	95832	3	292
西班牙	件	5273	138619	2	62
台湾省	件	5165	115549		
意大利	件	5066	90717		
澳大利亚	件	5056	147707		
俄罗斯	件	4872	168776		
韩国	件	3403	76354		
以色列	件	3225	80283		
阿联酋	件	2904	126999		
瑞士	件	2320	45324		
瑞典	件	1750	37357		
比利时	件	1515	31360		
黎巴嫩	件	1480	59932		
捷克	件	1436	18580		
葡萄牙	件	1412	23596		
奥地利	件	954	31854		
智利	件	910	17691		
丹麦	件	785	17021	3	775
土耳其	件	713	46418		
秘鲁	件	520	11799		
乌拉圭	件	484	6604		
巴哈马	件	450	11109		
埃及	件	438	37845		
伊朗	件	435	19453		
保加利亚	件	420	6782		
约旦	件	376	28067		
阿根廷	件	370	1901		
坦桑尼亚	件	360	18554		
哥伦比亚	件	348	23965		
印度	件	335	15277	81	2126
厄瓜多尔	件	318	35447		
巴拿马	件	296	2878		
巴西	件	270	5293		
波多黎各	件	270	10800		
拉脱维亚	件	265	32242		
委内瑞拉	件	255	5228		

(续)

商品/国别(地区)	计量单位	出口数量	出口金额(美元)	进口数量	进口金额(美元)
新西兰	件	245	4620		
立陶宛	件	232	79038		
乌克兰	件	216	28125		
巴巴多斯	件	212	13434		
波兰	件	211	4218		
摩洛哥	件	211	26141		
格鲁吉亚	件	201	23836		
爱尔兰	件	184	4333		
哈萨克斯坦	件	171	13283		
爱沙尼亚	件	170	29580		
苏丹	件	153	19916		
沙特阿拉伯	件	149	14250		
塞尔维亚	件	132	18876		
哥斯达黎加	件	124	20690		
克罗地亚	件	120	9396		
南非	件	109	5606		
荷属安地列斯群岛	件	106	7313		
阿鲁巴岛	件	103	6501		
乍得	件	100	235		
罗马尼亚	件	96	1877		
毛里求斯	件	83	7659		
匈牙利	件	82	9252		
希腊	件	80	1220		
叙利亚	件	67	4925		
留尼汪	件	62	10354		
古巴	件	61	22924		
蒙古	件	52	5897		
科威特	件	52	1128		
巴林	件	52	4150		
肯尼亚	件	48	7056		
刚果(金)	件	42	4672		
安哥拉	件	40	480		
圣卢西亚	件	38	619		
澳门	件	11	144		
加纳	件	4	220		
也门	件	4	100		
斯洛伐克	件	1	75		
菲律宾	件	1	120	327	68423
利比亚	件	1	438		
缅甸	件			8	120
泰国	件			2	317
中国	件			14	1061
尼泊尔	件			2930	6433
越南	件			3786	84177
94015900 柳条及类似材料制的坐具					
合计	件	238524	3843335	29666	674858
美国	件	120627	1362104	31	511
西班牙	件	39141	385330		
荷兰	件	13599	359042		
加拿大	件	8301	84632		
日本	件	7166	114483	10	113
意大利	件	6214	88717		

（续）

商品/国别（地区）	计量单位	出口数量	出口金额（美元）	进口数量	进口金额（美元）
德国	件	5581	312668	4	10471
俄罗斯	件	5212	37954		
比利时	件	4798	45475		
英国	件	4354	249230		
澳大利亚	件	4337	66377		
奥地利	件	2376	17052		
巴拿马	件	1600	129600		
以色列	件	1579	27471		
瑞典	件	1512	11733		
智利	件	1490	69290		
塞浦路斯	件	1454	70225		
韩国	件	1356	31582		
委内瑞拉	件	1341	115573		
法国	件	954	35283		
希腊	件	857	14551		
摩洛哥	件	820	48054		
波兰	件	756	6145		
阿联酋	件	549	20076		
黎巴嫩	件	340	26811		
拉脱维亚	件	320	6169		
巴西	件	311	12790		
马来西亚	件	286	4375		
墨西哥	件	250	27207		
葡萄牙	件	246	6640		
沙特阿拉伯	件	164	3088		
巴巴多斯	件	142	10692		
土耳其	件	140	15400		
香港	件	137	6411	5	5996
危地马拉	件	53	6736		
塞舌尔	件	40	3657		
安哥拉	件	38	7600		
台湾省	件	32	864		
新加坡	件	24	648		
南非	件	16	714		
叙利亚	件	9	720		
丹麦	件	2	166		
印度尼西亚	件			8	798
越南	件			29608	656969
94016110 皮革或再生皮革面的装软垫的木框架的其他坐具					
合计	件	15798346	2046815506	28826	17040466
美国	件	5743545	725683763	968	838244
英国	件	2331267	381515111	82	73668
加拿大	件	1077649	133976779	46	24248
澳大利亚	件	824447	131477994	86	50750
日本	件	785581	75597612	268	34911
德国	件	620513	50799911	864	628561
韩国	件	574660	57632125	212	82746
法国	件	465064	75785250	272	257625
荷兰	件	359230	56616981	123	8705
比利时	件	299568	30256929	240	33743
香港	件	254277	31662561	40	15485
丹麦	件	199627	18671249	1033	26984

（续）

商品/国别（地区）	计量单位	出口数量	出口金额（美元）	进口数量	进口金额（美元）
阿联酋	件	166939	22866651	4	1905
西班牙	件	165852	18869974	62	44168
爱尔兰	件	148660	17701521	1	2396
新西兰	件	142628	15817387	9	3312
以色列	件	123335	13092437	1	1824
沙特阿拉伯	件	115705	9771225		
意大利	件	113560	10423126	8042	9616645
瑞典	件	103131	7524950	3	1434
南非	件	82736	10118391	4	3290
新加坡	件	75308	9848630	90	72445
马来西亚	件	60359	7171127	777	160669
葡萄牙	件	54691	8105234		
墨西哥	件	46926	4257009	1	1032
希腊	件	43289	3260157		
波兰	件	42645	4243455	2797	523746
印度尼西亚	件	40496	12488486	676	96482
挪威	件	40021	4981592	1819	2074630
波多黎各	件	37510	6059457		
芬兰	件	35092	4519627	1	34
印度	件	32733	3487123	115	35821
巴西	件	26353	1180098		
台湾省	件	25237	4720589	56	46058
俄罗斯	件	23713	2400542		
土耳其	件	22113	2850028		
伊朗	件	19114	3225485	2	240
安哥拉	件	18290	2232462		
黎巴嫩	件	18152	3046011		
阿尔及利亚	件	17572	966603		
泰国	件	16751	3867704	1623	279929
智利	件	16487	2972348		
斯洛文尼亚	件	15992	1880370		
摩洛哥	件	15767	2333642		
巴拿马	件	15299	1565140		
委内瑞拉	件	14230	2770638		
科威特	件	13259	1534477		
克罗地亚	件	12166	1656730		
乌克兰	件	12088	1646062		
捷克	件	11960	1614294		
塞浦路斯	件	11386	1670306		
哥伦比亚	件	11198	1427388		
菲律宾	件	10994	1159393	78	41040
罗马尼亚	件	9917	1733734	409	23895
卡塔尔	件	9879	1538484		
留尼汪	件	8967	1902002		
巴林	件	8649	1358226		
保加利亚	件	8489	728886		
秘鲁	件	7501	1438356		
瑞士	件	7453	1093851	22	34800
多米尼加	件	6909	1043839		
埃及	件	6884	1148978		
约旦	件	6726	681517		
爱沙尼亚	件	6196	656287		

(续)

商品/国别(地区)	计量单位	出口数量	出口金额(美元)	进口数量	进口金额(美元)
澳门	件	6005	669134	3	865
乌拉圭	件	5982	784065		
苏丹	件	5738	570086		
利比亚	件	5560	611396		
阿曼	件	5554	515913		
马耳他	件	4994	839012		
危地马拉	件	4529	678098		
立陶宛	件	4352	943250	286	29199
哥斯达黎加	件	4248	664862		
厄瓜多尔	件	4124	456640		
匈牙利	件	4103	846426		
坦桑尼亚	件	3751	580462		
肯尼亚	件	3622	551165		
阿根廷	件	3589	199511		
吉布提	件	3445	382028		
哈萨克斯坦	件	3332	818437		
冰岛	件	3296	496869		
越南	件	3243	528420	1515	342652
拉脱维亚	件	3199	466748	19	3156
斯洛伐克	件	3146	732392		
科特迪瓦	件	2902	400014		
贝宁	件	2882	323182		
格鲁吉亚	件	2852	482782		
加纳	件	2510	416448		
塞内加尔	件	2457	396242		
喀麦隆	件	2453	375923	1	292
塞尔维亚	件	2238	51836		
叙利亚	件	2200	308593		
洪都拉斯	件	2068	333193		
纳米比亚	件	2059	198559		
尼日利亚	件	2029	420488		
乌兹别克斯坦	件	2015	208755		
马提尼克	件	1930	323422		
巴基斯坦	件	1795	132439	6	23235
牙买加	件	1613	187868		
新喀里多尼亚	件	1556	333278		
埃塞俄比亚	件	1463	100842		
萨尔瓦多	件	1428	175338		
奥地利	件	1340	272651	48	9997
特立尼达和多巴哥	件	1264	204156		
土库曼斯坦	件	1140	208519		
瓜德罗普岛	件	1135	252451		
孟加拉国	件	1064	156816		
苏里南	件	1008	169623		
阿尔巴尼亚	件	959	178942		
圭亚那	件	926	63863		
尼泊尔	件	919	30152		
马其顿	件	907	63141		
缅甸	件	900	115496		
也门	件	896	60606		
亚美尼亚	件	886	156198		
毛里求斯	件	841	151437		

(续)

商品/国别(地区)	计量单位	出口数量	出口金额(美元)	进口数量	进口金额(美元)
蒙古	件	686	115993		
巴布亚新几内亚	件	637	97076		
赤道几内亚	件	625	65196		
伊拉克	件	620	50105		
几内亚	件	615	140081		
乌干达	件	577	52614		
东帝汶	件	569	45989		
黑山	件	558	171966		
多哥	件	547	97791		
马达加斯加	件	532	43990		
莫桑比克	件	528	112749		
古巴	件	524	25772		
中非	件	521	160286		
利比里亚	件	498	101184		
刚果(金)	件	485	144468		
老挝	件	440	12750		
荷属安地列斯群岛	件	434	46013		
加蓬	件	428	117169		
刚果(布)	件	425	81579		
文莱	件	383	111875		
巴勒斯坦	件	364	37880		
尼加拉瓜	件	338	55337		
塔吉克斯坦	件	306	62180		
斯里兰卡	件	289	53317	16	58
博茨瓦那	件	285	42417		
卢森堡	件	284	72278		
百慕大群岛	件	280	68706		
巴巴多斯	件	276	31236		
朝鲜	件	224	25068		
卢旺达	件	215	14254		
突尼斯	件	212	58484		
马拉维	件	209	17139		
巴拉圭	件	198	24286		
吉尔吉斯斯坦	件	195	31748		
毛里塔尼亚	件	189	22411		
马里	件	172	19219		
不丹	件	164	6683		
亚洲其他国家(地区)	件	164	11640		
萨摩亚	件	162	13260		
马尔代夫	件	161	13740		
佛得角	件	159	36674		
塞拉利昂	件	125	7850		
阿塞拜疆	件	115	30303		
赞比亚	件	112	37574		
白俄罗斯	件	112	61311		
巴哈马	件	110	23013		
阿鲁巴岛	件	103	11594		
法属圭亚那	件	100	20040		
海地	件	94	12938		
斐济	件	92	19374		
塞舌尔	件	92	51833		
库克群岛	件	90	5402		

(续)

商品/国别(地区)	计量单位	出口数量	出口金额(美元)	进口数量	进口金额(美元)
乍得	件	60	25710		
布隆迪	件	58	9922		
斯威士兰	件	58	9081		
安提瓜和巴布达	件	54	6030		
圣卢西亚	件	52	1677		
玻利维亚	件	48	14100		
伯利兹	件	44	4805		
阿富汗	件	42	3994		
大洋洲其他国家(地区)	件	40	4704		
多米尼加	件	26	7435		
尼日尔	件	14	7150		
圣文森特和格林纳丁斯	件	12	480		
马约特岛	件	12	2232		
瓦努阿图	件	8	4841		
摩尔多瓦	件	6	595		
柬埔寨	件	6	2448		
开曼群岛	件	1	6		
中国	件			4777	1388434
波黑	件			1328	101049
国别(地区)不详	件			1	64
94016190 其他装软垫的木框架的坐具					
合计	件	27931101	1594073025	99764	23478004
美国	件	11407075	678955308	8792	5862635
日本	件	1947767	118721913	2298	96179
加拿大	件	1837864	106753590	35	20953
英国	件	1076898	80858322	361	556375
香港	件	1034342	26913434	318	63814
澳大利亚	件	1029036	89868197	166	31802
荷兰	件	925546	33315726	517	47450
德国	件	845702	26358919	233	175703
法国	件	745681	41312737	969	1298495
韩国	件	595968	18239608	762	112447
沙特阿拉伯	件	546093	50366257	2	224
西班牙	件	493215	18851690	447	464341
瑞典	件	468195	18047868	25	4243
阿联酋	件	456266	34024494	7	1572
比利时	件	399144	16958133	288	17766
意大利	件	364133	13721484	5828	9996082
马来西亚	件	339458	14105892	12928	207935
丹麦	件	239660	15635802	1350	40821
新加坡	件	222488	11878057	171	72163
波兰	件	194812	5515898	2146	370752
南非	件	159979	8884312	1	128
希腊	件	129418	7536923	14	3250
墨西哥	件	121236	5657593	6	29255
台湾省	件	114680	4888067	1604	54005
印度	件	103812	4693520	238	26822
卡塔尔	件	99050	6840646	5	4058
新西兰	件	97321	7512968		
俄罗斯	件	93557	4683705	1299	21329
挪威	件	93371	6244420	29	4938

(续)

商品/国别(地区)	计量单位	出口数量	出口金额(美元)	进口数量	进口金额(美元)
科威特	件	79133	9809150		
波多黎各	件	78026	6764457		
以色列	件	74286	4436956	2	44
智利	件	69385	3160838		
哈萨克斯坦	件	66707	2863085		
伊朗	件	64953	4217776		
瑞士	件	61180	1404022	41	72901
芬兰	件	58254	4751195	16	3562
爱尔兰	件	56241	6247196		
尼日利亚	件	52473	594032		
葡萄牙	件	52399	5320510		
巴拿马	件	51036	2778018		
乌克兰	件	50039	2616949		
巴西	件	47830	759253		
利比亚	件	43366	2326152		
菲律宾	件	41684	3216820	436	145034
土耳其	件	39118	3477330	11	806
摩洛哥	件	37636	2012262		
阿曼	件	34141	2162754	8	6869
黎巴嫩	件	33195	1608814		
苏丹	件	31561	1946930		
泰国	件	31128	2673681	1271	248588
约旦	件	26495	2069260		
印度尼西亚	件	26230	2180453	6000	529649
埃及	件	25824	2663355	38	13516
巴林	件	24818	2681277		
委内瑞拉	件	24472	1416715		
澳门	件	23812	2384087		
塞浦路斯	件	20065	1966488		
蒙古	件	19635	663784		
克罗地亚	件	17461	719936		
哥伦比亚	件	17194	764799	26	21565
罗马尼亚	件	17023	1319129	26799	902060
安哥拉	件	16099	919274		
阿根廷	件	14911	397844		
留尼汪	件	12813	1219215		
爱沙尼亚	件	11808	1013769		
捷克	件	11493	411870		
塔吉克斯坦	件	11481	451586		
阿尔及利亚	件	11032	458580		
多米尼加	件	10377	993044		
危地马拉	件	9412	542045		
厄瓜多尔	件	9236	724410		
肯尼亚	件	8478	390728		
匈牙利	件	8067	286007		
乌拉圭	件	7936	497278		
也门	件	7627	355475		
拉脱维亚	件	7524	486263	4	592
越南	件	7317	412542	10092	387347
洪都拉斯	件	7295	437294		
加纳	件	7238	282755		
保加利亚	件	6967	556545		

(续)

商品/国别(地区)	计量单位	出口数量	出口金额(美元)	进口数量	进口金额(美元)
奥地利	件	6734	598937	76	4512
阿尔巴尼亚	件	6536	471145		
坦桑尼亚	件	6269	160046		
秘鲁	件	5920	390380		
立陶宛	件	5630	1235020	1626	150636
斯洛文尼亚	件	5281	399736		
叙利亚	件	5035	116220		
阿塞拜疆	件	4973	251004		
马耳他	件	4762	243536		
尼泊尔	件	4745	57321		
特立尼达和多巴哥	件	4678	374689		
文莱	件	4469	230835		
塞尔维亚	件	4460	112654		
哥斯达黎加	件	4269	494033		
牙买加	件	4141	438855		
萨尔瓦多	件	4083	261235		
伊拉克	件	3997	299051		
格鲁吉亚	件	3876	494684		
巴基斯坦	件	3634	150318	48	3290
尼加拉瓜	件	3578	146203		
纳米比亚	件	3074	236402		
冰岛	件	2715	232178		
瓜德罗普岛	件	2713	105586		
斯里兰卡	件	2548	59469		
科特迪瓦	件	2547	188541		
乌兹别克斯坦	件	2518	324846		
塞内加尔	件	2390	197499		
黑山	件	2278	178167		
圭亚那	件	2210	75994		
斯洛伐克	件	2190	80523		
喀麦隆	件	2092	95988		
新喀里多尼亚	件	2026	122007		
毛里求斯	件	1931	195588		
马提尼克	件	1920	59992		
土库曼斯坦	件	1845	311934		
贝宁	件	1478	94423		
法属波利尼西亚	件	1405	40443		
玻利维亚	件	1382	20320		
亚美尼亚	件	1365	121842		
赤道几内亚	件	1322	107740		
加蓬	件	1285	120935		
巴哈马	件	1228	70685		
苏里南	件	1225	111417		
巴巴多斯	件	1218	71329		
马尔代夫	件	1215	104543		
巴布亚新几内亚	件	1167	57140		
孟加拉国	件	1118	45848		
埃塞俄比亚	件	979	56843		
库克群岛	件	946	53346		
柬埔寨	件	915	87305	2	571
莫桑比克	件	790	122689		
乌干达	件	778	30133		

(续)

商品/国别(地区)	计量单位	出口数量	出口金额(美元)	进口数量	进口金额(美元)
博茨瓦那	件	765	53673		
吉尔吉斯斯坦	件	719	41532		
缅甸	件	645	66314		
突尼斯	件	577	70476		
利比里亚	件	566	91519		
几内亚	件	547	28312		
不丹	件	536	8025		
巴勒斯坦	件	498	66638		
多哥	件	476	51204		
古巴	件	451	58376		
亚洲其他国家(地区)	件	441	33814		
刚果(金)	件	434	25839		
布基纳法索	件	431	51824		
开曼群岛	件	389	21594		
吉布提	件	378	18351		
津巴布韦	件	356	3891		
塞舌尔	件	342	77164		
大洋洲其他国家(地区)	件	330	39053		
马拉维	件	321	34267		
冈比亚	件	296	8717		
多米尼克	件	285	20834		
安提瓜和巴布达	件	241	10460		
圣卢西亚	件	225	17988		
马达加斯加	件	215	10985		
巴拉圭	件	205	15368		
塞卜泰(休达)	件	196	10602		
白俄罗斯	件	194	20125	18	291
老挝	件	185	6280	17	4908
斐济	件	175	37651		
赞比亚	件	175	16242		
荷属安地列斯群岛	件	165	17446		
阿富汗	件	160	8524		
东帝汶	件	156	12285		
卢森堡	件	134	15707		
马里	件	121	7688		
阿鲁巴岛	件	121	12036		
朝鲜	件	119	8147		
圣文森特和格林纳丁斯	件	104	3549		
刚果(布)	件	101	14947		
伯利兹	件	100	14128		
法属圭亚那	件	98	10216		
海地	件	81	11280		
摩尔多瓦	件	75	14399		
法罗群岛	件	60	1311		
塞拉利昂	件	59	1523		
格林纳达	件	54	1509		
圣其茨和尼维斯	件	54	1509		
马约特岛	件	44	1816		
萨摩亚	件	39	3604		
瓦努阿图	件	33	9914		
非洲其他国家(地区)	件	24	1620		

(续)

商品/国别(地区)	计量单位	出口数量	出口金额(美元)	进口数量	进口金额(美元)
中非	件	20	950		
几内亚(比绍)	件	10	2000		
尼日尔	件	5	11466		
马其顿	件	4	208		
乍得	件	3	168		
百慕大群岛	件	2	890		
波黑	件			20	1683
中国	件			12374	1394043
94016900 其他木框架的坐具(不包括编号 9401100094015000 的坐具)					
合计	件	34308678	806076459	437214	25514970
美国	件	8627810	213732391	1941	458230
新加坡	件	2867742	114418128	72	31081
日本	件	2717088	43018977	203	12985
马来西亚	件	2685884	91212045	9913	180097
德国	件	2538216	39212925	370	50146
英国	件	1206985	29049200	298	29196
西班牙	件	1170240	15424281	363	45457
瑞典	件	1072249	15662982	574	24329
澳大利亚	件	939885	21201762	78	6545
荷兰	件	914057	15560844	469	14184
法国	件	893856	12463074	688	310732
阿联酋	件	778786	26172946	4	273
波兰	件	669894	7795007	2074	140902
意大利	件	665742	8667767	1499	823374
加拿大	件	654769	14738539	20	6040
韩国	件	527273	13810393	729	20764
泰国	件	507142	18382393	95565	1348076
香港	件	498316	11966966	229	10438
比利时	件	478594	7796568	195	22120
丹麦	件	374431	6260317	36	5114
沙特阿拉伯	件	236826	6375738	3	126
菲律宾	件	234477	6647555	1577	75392
印度尼西亚	件	230619	8777668	52375	2077984
台湾省	件	191997	8572429	2232	134610
俄罗斯	件	189414	3164308	19130	635676
委内瑞拉	件	182613	1318347		
瑞士	件	153167	2018421	17	7431
印度	件	112007	3845656	1052	34109
南非	件	109989	1723679	32	7689
挪威	件	106564	2749805		
以色列	件	104512	1733553	27	2493
罗马尼亚	件	101249	1184497	61682	1532844
文莱	件	94983	4686880		
阿尔及利亚	件	89488	744210		
希腊	件	87336	1168066	29	1367
新西兰	件	70561	2433767		
墨西哥	件	61212	1333968		
芬兰	件	58189	879291		
克罗地亚	件	52925	255648		
安哥拉	件	52833	680604		
巴西	件	49777	981440	158	790

(续)

商品/国别(地区)	计量单位	出口数量	出口金额(美元)	进口数量	进口金额(美元)
葡萄牙	件	47613	712457		
爱尔兰	件	45468	1137724	14	1003
约旦	件	43778	760921		
土耳其	件	41951	878660	6	278
乌兹别克斯坦	件	39866	81020		
智利	件	35091	494396		
越南	件	33646	1265745	154721	16146035
伊朗	件	32522	772924		
科威特	件	30493	593517		
捷克	件	29836	404044	2	25
阿根廷	件	28472	304768		
乌克兰	件	26911	576371	444	19655
巴拿马	件	26704	325479		
利比亚	件	26247	381455		
澳门	件	25506	320938		
斯洛伐克	件	25113	283998		
匈牙利	件	24776	256464	187	8829
奥地利	件	23349	342117	4	607
摩洛哥	件	22952	272814		
塞浦路斯	件	17314	395989		
哈萨克斯坦	件	16684	346210		
卡塔尔	件	16213	490301		
阿曼	件	14944	406650		
黎巴嫩	件	14822	317133		
秘鲁	件	14196	146585		
苏丹	件	12292	291989		
斯洛文尼亚	件	11631	188326	122	15165
拉脱维亚	件	11036	204827	1010	11952
保加利亚	件	10824	139977	5883	196177
巴基斯坦	件	10313	82120	54	16152
爱沙尼亚	件	10057	236695		
埃及	件	9099	309726	58	9019
波多黎各	件	7470	326554		
马耳他	件	6943	98772		
尼泊尔	件	6813	71504	2	12
蒙古	件	6416	73041		
乌拉圭	件	6256	128523		
古巴	件	6193	896283		
塔吉克斯坦	件	6185	94823		
厄瓜多尔	件	5807	69851		
多米尼加	件	5722	141483		
巴林	件	5312	183117	4	349
缅甸	件	4813	173362	131	10217
立陶宛	件	4766	167785	5665	311104
塞尔维亚	件	4519	131160		
伊拉克	件	4157	65707		
哥伦比亚	件	4132	118133		
哥斯达黎加	件	4080	28002		
危地马拉	件	3887	73555		
尼日利亚	件	3649	65253		
黑山	件	3558	47179		
阿尔巴尼亚	件	3531	28110		

（续）

商品/国别（地区）	计量单位	出口数量	出口金额（美元）	进口数量	进口金额（美元）
加纳	件	3252	29430		
肯尼亚	件	3221	99905	15	183
瓜德罗普岛	件	3205	38102		
留尼汪	件	3028	48945		
突尼斯	件	2989	38583		
马提尼克	件	2960	42408		
新喀里多尼亚	件	2809	54271		
马尔代夫	件	2439	53012		
也门	件	2350	41867		
莫桑比克	件	2338	50435		
叙利亚	件	2212	24792		
特立尼达和多巴哥	件	2161	55297		
法属波利尼西亚	件	2155	16417		
牙买加	件	2093	47398		
纳米比亚	件	1707	55860		
坦桑尼亚	件	1678	62279	24	1677
贝宁	件	1580	30031		
几内亚	件	1569	20865		
斯里兰卡	件	1565	28588		
巴布亚新几内亚	件	1514	36624		
洪都拉斯	件	1246	31254		
格鲁吉亚	件	1131	36269		
白俄罗斯	件	1008	13253	4212	62751
东帝汶	件	1004	5020		
荷属安地列斯群岛	件	886	20816		
吉布提	件	863	47400		
圭亚那	件	847	7448		
柬埔寨	件	842	22769	171	13909
塞内加尔	件	815	43527		
萨尔瓦多	件	687	24313		
尼加拉瓜	件	655	11437		
博茨瓦那	件	500	4455		
老挝	件	493	7163	2037	123086
巴巴多斯	件	464	42291		
赤道几内亚	件	447	48359		
巴勒斯坦	件	442	24576		
吉尔吉斯斯坦	件	369	3369		
科特迪瓦	件	361	8322		
孟加拉国	件	351	29587	3	128
毛里求斯	件	341	22748		
苏里南	件	339	6665		
厄立特里亚	件	306	6313		
海地	件	300	9900		
津巴布韦	件	280	4146	24	1047
圣卢西亚	件	279	4071		
赞比亚	件	220	27980		
马达加斯加	件	213	3591		
马里	件	212	1447		
阿塞拜疆	件	210	20773		
安提瓜和巴布达	件	184	8622		
斐济	件	177	11266		
刚果（布）	件	170	4770		

（续）

商品/国别（地区）	计量单位	出口数量	出口金额（美元）	进口数量	进口金额（美元）
毛里塔尼亚	件	162	10090		
波黑	件	146	6586		
利比里亚	件	120	3327		
土库曼斯坦	件	117	7242		
朝鲜	件	106	1514		
摩尔多瓦	件	100	382		
亚洲其他国家（地区）	件	99	4840		
刚果（金）	件	82	4934		
加蓬	件	78	612		
不丹	件	72	743		
玻利维亚	件	59	14293		
巴哈马	件	50	26170		
乌干达	件	46	2881		
马拉维	件	40	3040		
萨摩亚	件	33	1355		
几内亚（比绍）	件	31	465		
巴拉圭	件	30	198		
百慕大群岛	件	30	891		
阿鲁巴岛	件	30	774		
圣文森特和格林纳丁斯	件	29	907		
乍得	件	27	8912		
亚美尼亚	件	24	2400		
尼日尔	件	24	2735		
塞舌尔	件	16	1224		
马约特岛	件	15	186		
马其顿	件	5	50		
大洋洲其他国家（地区）	件	4	212		
多哥	件	3	2239		
开曼群岛	件	3	19		
阿富汗	件	3	437		
卢森堡	件	2	200	6	1300
中国	件			8763	511739
喀麦隆	件			9	83
国别（地区）不详	件			9	1894
94017110 皮革或再生皮革面的带软垫的金属框架坐具					
合计	件	11414143	320358237	10338	3946870
美国	件	2310591	60288946	370	382880
德国	件	1281569	27482699	706	364658
韩国	件	1236314	12490717	104	17955
加拿大	件	509322	12305459	21	18653
日本	件	476177	12997550	1358	282050
荷兰	件	394769	13180536	107	24062
英国	件	369661	28459641	49	52747
西班牙	件	363512	7491640	37	17998
法国	件	294498	13503945	53	54140
意大利	件	291884	6724024	1189	1525323
比利时	件	290973	9709428	11	1441
澳大利亚	件	287762	18549197	161	84090
沙特阿拉伯	件	250347	4670864		
罗马尼亚	件	171179	1280460		
马来西亚	件	162083	7514862	49	5462

(续)

商品/国别(地区)	计量单位	出口数量	出口金额(美元)	进口数量	进口金额(美元)
印度	件	156709	2535233	7	441
丹麦	件	156062	5727742	330	84165
阿联酋	件	147449	6139037	13	14089
俄罗斯	件	145679	7425920		
台湾省	件	131380	1631091	423	17756
新加坡	件	122278	3875291	35	29013
香港	件	93790	2570774	18	8378
乌克兰	件	80360	600512		
南非	件	77960	3559849	2	1389
希腊	件	75536	1472525		
印度尼西亚	件	74487	1591656	10	135
墨西哥	件	68649	1424747	2	2200
菲律宾	件	60183	1657228	27	2291
瑞典	件	59166	1823489	22	23373
智利	件	55796	576505		
波兰	件	50473	1134230	2812	348843
埃及	件	48364	3392889		
以色列	件	47778	2478425	3	796
葡萄牙	件	46774	1407748		
加纳	件	44247	654076		
土耳其	件	43473	1349370	3	2559
巴基斯坦	件	42300	356015		
泰国	件	41298	1885945	18	6830
越南	件	38934	3151290		
伊朗	件	38575	1409653		
吉尔吉斯斯坦	件	38042	552725		
克罗地亚	件	32759	633355		
哥伦比亚	件	31152	652955		
约旦	件	27350	838047		
安哥拉	件	24463	655892		
巴西	件	23522	537534	2	300
巴拿马	件	23451	954378		
科威特	件	22619	515123		
捷克	件	22572	364651		
爱尔兰	件	20317	1335811	1	200
斯洛文尼亚	件	19362	503758		
摩洛哥	件	18863	645257		
阿根廷	件	17334	393813	26	11670
黎巴嫩	件	17159	428879		
秘鲁	件	16234	318740		
新西兰	件	15634	1251126		
伊拉克	件	15453	192322		
保加利亚	件	15062	267031		
马耳他	件	14689	1029028		
阿尔及利亚	件	14063	365553		
塞浦路斯	件	13450	334875		
波多黎各	件	13416	229447		
也门	件	13188	115745		
委内瑞拉	件	12477	610559		
斯洛伐克	件	11585	144965		
乌拉圭	件	11367	456633		
芬兰	件	11215	358535		

(续)

商品/国别(地区)	计量单位	出口数量	出口金额(美元)	进口数量	进口金额(美元)
苏丹	件	10907	406141		
哈萨克斯坦	件	10702	1540040		
贝宁	件	10412	67860		
柬埔寨	件	10060	130805		
爱沙尼亚	件	10054	46991		
蒙古	件	9563	107963		
坦桑尼亚	件	9395	164217		
澳门	件	9281	609796		
挪威	件	8191	545564	260	411223
利比亚	件	8092	131563		
毛里求斯	件	7624	177188		
肯尼亚	件	7205	199084		
朝鲜	件	7109	129868		
厄瓜多尔	件	6935	180575		
尼日利亚	件	6901	146048		
卡塔尔	件	6477	229702		
奥地利	件	5078	285710	15	13899
阿塞拜疆	件	5024	81734		
库克群岛	件	4963	137280		
瑞士	件	4781	326077	2	139
亚洲其他国家(地区)	件	4775	60344		
多米尼加	件	4623	180048		
立陶宛	件	4177	150701		
阿尔巴尼亚	件	3728	46334		
匈牙利	件	3644	39365		
缅甸	件	3620	79332		
多哥	件	3551	341265		
阿曼	件	3337	260500		
特立尼达和多巴哥	件	3192	130458		
莫桑比克	件	3111	39525		
纳米比亚	件	3109	50426		
巴勒斯坦	件	3063	12138		
塔吉克斯坦	件	3025	448466		
留尼汪	件	2798	57533		
格鲁吉亚	件	2748	35005		
塞尔维亚	件	2691	46873		
塞内加尔	件	2519	89199		
文莱	件	2340	52827		
哥斯达黎加	件	2265	80980		
刚果(金)	件	2239	27029		
吉布提	件	2233	29851		
叙利亚	件	1986	21933		
埃塞俄比亚	件	1960	3703		
塞拉利昂	件	1715	31117		
新喀里多尼亚	件	1687	11922		
赞比亚	件	1684	12283		
瓜德罗普岛	件	1434	17866		
古巴	件	1361	30083		
孟加拉国	件	1240	39319		
马提尼克	件	1223	20864		
拉脱维亚	件	1215	41630	45	13034
科特迪瓦	件	1182	50057		

(续)

商品/国别(地区)	计量单位	出口数量	出口金额(美元)	进口数量	进口金额(美元)
巴林	件	1102	90989		
斯里兰卡	件	1025	116565	40	1309
波黑	件	1012	37300		
索马里	件	965	47285		
加蓬	件	963	6181		
冰岛	件	944	15741		
巴哈马	件	862	266458		
牙买加	件	825	29701		
乌兹别克斯坦	件	776	21130		
斯威士兰	件	666	16847		
博茨瓦那	件	632	9255		
突尼斯	件	628	33185		
赤道几内亚	件	621	34604		
圭亚那	件	610	19006		
亚美尼亚	件	535	31353		
苏里南	件	490	12446		
危地马拉	件	469	14127		
摩尔多瓦	件	315	4095		
乌干达	件	315	17907		
黑山	件	310	11339		
利比里亚	件	253	13502		
卢旺达	件	228	21275		
马里	件	218	4493		
喀麦隆	件	214	9531		
洪都拉斯	件	199	14108		
马拉维	件	194	11728		
马约特岛	件	190	4110		
海地	件	160	755		
刚果(布)	件	139	1692		
巴布亚新几内亚	件	129	15085		
巴巴多斯	件	101	15680		
科摩罗	件	100	1000		
白俄罗斯	件	88	9062		
几内亚	件	78	6642		
阿富汗	件	70	2100		
塞舌尔	件	60	3866		
不丹	件	56	1156		
巴拉圭	件	42	4184		
瓦努阿图	件	40	155		
土库曼斯坦	件	38	19485		
马尔代夫	件	20	3800		
萨尔瓦多	件	20	552		
卢森堡	件	20	4246		
圣卢西亚	件	18	1188		
萨摩亚	件	15	580		
斐济	件	9	428		
厄立特里亚	件	5	306		
法属波利尼西亚	件	4	292		
马达加斯加	件	1	266		
圣文森特和格林纳丁斯	件	1	329		
中国	件			2007	121379

(续)

商品/国别(地区)	计量单位	出口数量	出口金额(美元)	进口数量	进口金额(美元)
94017190 其他带软垫的金属框架坐具					
合计	件	76671171	1384108808	61633	6580128
美国	件	23832344	492580431	20149	1517291
日本	件	7306465	71777399	1631	249538
德国	件	4294222	86156130	644	285330
法国	件	3583795	39704809	1122	175185
英国	件	2943798	64898663	736	82523
加拿大	件	2718893	56996343	23	5458
意大利	件	2319805	29692035	1920	908203
荷兰	件	2316986	53842006	168	25434
西班牙	件	2049134	32195685	13	41827
澳大利亚	件	1494443	42722969	290	398641
香港	件	1429952	18645434	306	38487
比利时	件	1263914	20038517	276	11071
韩国	件	1217277	15960150	1725	262169
马来西亚	件	1120122	22149296	1497	247975
阿联酋	件	1065977	23109969	7	413
沙特阿拉伯	件	982353	16494641	8	1062
新加坡	件	707807	16127351	464	90162
波兰	件	680886	4260769	4125	428531
印度	件	634885	10319206	57	2909
罗马尼亚	件	583438	3589964		
哈萨克斯坦	件	555712	8897683		
丹麦	件	545462	9813449	296	145994
印度尼西亚	件	541968	9727098	3815	171288
墨西哥	件	536434	9507864	136	42350
俄罗斯	件	526035	11300541		
台湾省	件	509921	7885912	3330	248352
智利	件	492911	5665952		
土耳其	件	479327	7666196	3	2386
以色列	件	463357	6956555	12	300
南非	件	457193	8408474		
希腊	件	437345	8625015		
摩洛哥	件	432930	5021935	1	1217
泰国	件	430428	7021107	14	11084
菲律宾	件	356623	4785803	46	9792
葡萄牙	件	323988	5408764		
乌克兰	件	316014	2938194		
巴拿马	件	288372	5067097		
瑞典	件	269476	7221149	26	6138
新西兰	件	225513	4222727	7	2374
阿根廷	件	214069	2830201		
越南	件	194573	25144240	2898	56069
埃及	件	186530	5191420		
伊朗	件	173301	3542674		
巴西	件	162215	1967177	16	3314
哥伦比亚	件	159495	1882054		
阿尔及利亚	件	156825	2198444		
吉尔吉斯斯坦	件	154361	3257478		
克罗地亚	件	148293	1518952		
保加利亚	件	144741	1294324	388	31144
爱尔兰	件	143468	2411558	425	143540

（续）

商品/国别（地区）	计量单位	出口数量	出口金额（美元）	进口数量	进口金额（美元）
加纳	件	137124	1633101		
挪威	件	130834	4067697		
科威特	件	129194	2530200		
约旦	件	124715	2647662		
拉脱维亚	件	124545	882891	17	6435
贝宁	件	123252	1764385		
委内瑞拉	件	115341	2284973		
波多黎各	件	106564	2677056		
黎巴嫩	件	95180	2399788	4	10045
捷克	件	94206	1329589		
肯尼亚	件	91738	1146149		
巴基斯坦	件	91053	932822		
芬兰	件	88674	1364750	86	10131
伊拉克	件	80718	756125		
尼日利亚	件	79292	1667735	1	75
马耳他	件	75819	2292189		
卡塔尔	件	75386	1675918		
哥斯达黎加	件	73429	565117		
澳门	件	72373	1582564		
苏丹	件	68561	747392		
秘鲁	件	67847	1170328		
斯洛文尼亚	件	67339	1082131		
利比亚	件	66456	1270381		
塔吉克斯坦	件	63034	1173514		
危地马拉	件	63000	526334		
安哥拉	件	62047	894844		
古巴	件	61237	2167277		
牙买加	件	60838	669025		
也门	件	59539	742323		
阿曼	件	59476	1668144		
叙利亚	件	58415	628339		
多哥	件	56053	1148700		
乌拉圭	件	55954	869528		
毛里求斯	件	54050	700406		
爱沙尼亚	件	51828	1271309		
乌兹别克斯坦	件	51823	827848		
塞浦路斯	件	51764	2212444		
厄瓜多尔	件	51400	730341		
多米尼加	件	50348	1266688		
巴林	件	46308	1088537		
斯洛伐克	件	45158	447289		
奥地利	件	44478	1644703	449	525585
留尼汪	件	35795	404138		
匈牙利	件	34876	545318		
洪都拉斯	件	33792	331990		
马达加斯加	件	32166	171081		
孟加拉国	件	30845	537271		
立陶宛	件	29576	414927		
蒙古	件	29031	1284132		
瑞士	件	28509	2159709		
坦桑尼亚	件	26739	333043		
朝鲜	件	25969	307550		

（续）

商品/国别（地区）	计量单位	出口数量	出口金额（美元）	进口数量	进口金额（美元）
突尼斯	件	24756	410104		
吉布提	件	23150	170611		
卢森堡	件	21890	655393		
苏里南	件	20400	125944		
萨尔瓦多	件	20379	217780		
莫桑比克	件	20052	403159		
文莱	件	19215	378624		
缅甸	件	18949	314454		
亚洲其他国家(地区)	件	18099	206958		
格鲁吉亚	件	17188	460915		
特立尼达和多巴哥	件	16609	207261		
马尔代夫	件	16459	351965		
塞内加尔	件	16116	406051		
刚果(布)	件	16045	181914		
斯里兰卡	件	15904	209873		
柬埔寨	件	15490	210154		
科特迪瓦	件	15355	353668		
阿尔巴尼亚	件	14742	184774		
刚果(金)	件	14219	105725		
喀麦隆	件	14053	189974		
海地	件	13773	100010		
圭亚那	件	11904	126267		
埃塞俄比亚	件	11310	159774		
纳米比亚	件	11262	298084		
塞尔维亚	件	10253	142477		
加蓬	件	9951	111770		
巴哈马	件	9477	417311		
斐济	件	7899	90896		
瓜德罗普岛	件	6753	122253		
玻利维亚	件	6709	55076		
几内亚	件	6164	127588		
尼加拉瓜	件	5946	45550		
毛里塔尼亚	件	5460	73254		
圣卢西亚	件	5263	44192		
乌干达	件	4802	78336		
巴拉圭	件	4084	101594		
新喀里多尼亚	件	3973	150039		
社会群岛	件	3934	15978		
博茨瓦那	件	3799	61314		
土库曼斯坦	件	3785	137188		
赤道几内亚	件	3669	125049		
列支敦士登	件	3240	74520		
塞拉利昂	件	3157	16162		
巴布亚新几内亚	件	2980	136483		
法属波利尼西亚	件	2923	132068		
马提尼克	件	2595	60011		
津巴布韦	件	2575	15406		
利比里亚	件	2516	82758		
老挝	件	2370	123430		
黑山	件	2264	67733		
冰岛	件	2171	53641		
巴巴多斯	件	2022	46258		

(续)

商品/国别（地区）	计量单位	出口数量	出口金额（美元）	进口数量	进口金额（美元）
白俄罗斯	件	1998	50343		
马拉维	件	1926	53770		
赞比亚	件	1631	39511		
亚美尼亚	件	1396	41252		
马里	件	1368	39091		
伯利兹	件	1275	46029		
荷属安地列斯群岛	件	1127	45319		
塞舌尔	件	1044	12742		
尼泊尔	件	1019	15270		
马其顿	件	963	20443		
圣文森特和格林纳丁斯	件	922	23100		
特克斯和凯科斯群岛	件	920	5060		
瓦努阿图	件	892	6281		
东帝汶	件	858	23519		
乍得	件	850	13760		
多米尼加	件	832	21835		
巴勒斯坦	件	802	20533		
安提瓜和巴布达	件	750	9789		
库腊索岛	件	642	10842		
波黑	件	638	17104		
库克群岛	件	539	14504		
佛得角	件	504	9247		
布基纳法索	件	450	11700		
盖比群岛	件	397	13618		
马约特岛	件	272	14325		
冈比亚	件	232	30656		
基里巴斯	件	210	1355		
法属圭亚那	件	190	4473		
非洲其他国家(地区)	件	187	2244		
卢旺达	件	170	5550		
索马里	件	168	1734		
阿塞拜疆	件	167	9189		
所罗门群岛	件	156	1326		
萨摩亚	件	114	3155		
阿鲁巴岛	件	108	17216		
圣其茨和尼维斯	件	100	1450		
阿富汗	件	76	9253		
尼日尔	件	59	15801		
不丹	件	32	2624		
中非	件	29	2457		
开曼群岛	件	13	95		
摩尔多瓦	件	10	3076		
厄立特里亚	件	10	527		
科摩罗	件	8	370		
中国	件			14502	380306
94017900 其他金属框架坐具					
合计	件	176806774	2174836501	397736	7946686
美国	件	64616863	817703642	1370	304644
德国	件	10687599	166981645	997	329720
英国	件	9593347	107940999	188	23100

(续)

商品/国别（地区）	计量单位	出口数量	出口金额（美元）	进口数量	进口金额（美元）
日本	件	8187920	59223489	314	69083
加拿大	件	7319978	102663944	18	11264
荷兰	件	7291784	145158001	848	37944
法国	件	6061471	75850395	284	88030
澳大利亚	件	5470543	63376544	164	5693
意大利	件	4892081	63094580	16919	599646
西班牙	件	4751952	63012680	324	107307
比利时	件	2976743	40410105	102	18651
瑞典	件	2564504	31746869	288	15260
韩国	件	1931567	17816065	3870	38702
丹麦	件	1862530	30778859	206	44512
南非	件	1779221	12550210		
俄罗斯	件	1742687	15264485		
马来西亚	件	1635000	16595889	481	79226
沙特阿拉伯	件	1602935	12827835	1	359
阿联酋	件	1477595	14920974	9	1436
波兰	件	1421947	12780540	20	2524
希腊	件	1393152	20897919	32	587
智利	件	1331389	9128944		
香港	件	1154400	10856389	169	9379
墨西哥	件	1034988	11138326	2	551
台湾省	件	1024822	6148801	161039	1341858
泰国	件	980440	8002394	37	20342
挪威	件	926570	17642495	210	130201
以色列	件	913506	10505061	8	120
菲律宾	件	858738	5550236	97	20549
阿根廷	件	850693	6291082	1	585
土耳其	件	815132	13033218	2	256
新加坡	件	793049	9617498	93	19401
新西兰	件	750221	7019627	22	1279
巴西	件	721406	5244625	4	215
印度	件	642128	5600631	87	5630
芬兰	件	631135	9317298	44	10802
罗马尼亚	件	621936	6494556	16998	430292
摩洛哥	件	576824	5378349		
乌克兰	件	523332	5139238		
印度尼西亚	件	518278	4840802	3217	98446
伊朗	件	513016	3584259		
奥地利	件	457464	10488585	49	7291
葡萄牙	件	451100	5327114		
委内瑞拉	件	442420	3265381		
巴拿马	件	421423	3743182		
埃及	件	391477	3857805		
克罗地亚	件	384864	4761613		
哥伦比亚	件	370891	2961558		
瑞士	件	355378	6588961	16	3468
阿尔及利亚	件	350899	2655704		
伊拉克	件	349311	1610470		
安哥拉	件	315173	2910043		
科威特	件	279597	2647541		
拉脱维亚	件	276220	1980407		
多米尼加	件	271580	1785224		

(续)

商品/国别（地区）	计量单位	出口数量	出口金额（美元）	进口数量	进口金额（美元）
爱尔兰	件	260753	3080354		
波多黎各	件	233565	2131304		
利比亚	件	206639	1775016		
秘鲁	件	200242	1821910		
捷克	件	196300	3060886	51182	494838
乌拉圭	件	186398	1408617		
黎巴嫩	件	181544	2079311	9	7886
哈萨克斯坦	件	180064	1881634		
约旦	件	179322	1555409		
塞浦路斯	件	175177	3779478		
加纳	件	173311	1116403		
斯洛文尼亚	件	166925	2737661	10464	460147
保加利亚	件	160564	2200487	26270	671335
匈牙利	件	148698	1925056	95	173289
阿曼	件	146524	1195637	1	13
肯尼亚	件	143600	689024		
格鲁吉亚	件	137249	1229036		
哥斯达黎加	件	135506	1051768		
叙利亚	件	130068	724210		
苏丹	件	129262	1767266		
巴基斯坦	件	123603	965951		
尼日利亚	件	118953	1318071	1	100
斯洛伐克	件	118529	1180710		
爱沙尼亚	件	110566	1869266		
塔吉克斯坦	件	108772	5147851		
立陶宛	件	98460	810327	4	80
也门	件	84344	643883		
坦桑尼亚	件	79598	413070		
蒙古	件	77123	560450		
毛里求斯	件	72806	529566		
厄瓜多尔	件	70362	883424		
纳米比亚	件	69658	360043		
特立尼达和多巴哥	件	62802	537837		
马耳他	件	59039	726584		
危地马拉	件	57873	521573		
塞尔维亚	件	57528	695844		
澳门	件	57244	495020	2	722
巴林	件	55388	485729		
越南	件	55302	998626	32270	606293
洪都拉斯	件	53325	403891		
突尼斯	件	53113	668892		
贝宁	件	48560	650539		
莫桑比克	件	46407	225521		
阿尔巴尼亚	件	45044	508872		
缅甸	件	41580	346506		
海地	件	35026	250015		
留尼汪	件	34936	434153		
新喀里多尼亚	件	33540	339432		
苏里南	件	32126	281364		
牙买加	件	31223	262447		
卡塔尔	件	30063	420305		
斯里兰卡	件	28423	275868		

(续)

商品/国别（地区）	计量单位	出口数量	出口金额（美元）	进口数量	进口金额（美元）
科特迪瓦	件	27874	316706		
赤道几内亚	件	26863	106418		
萨尔瓦多	件	26606	303325		
马达加斯加	件	25357	94976		
喀麦隆	件	25108	166721		
黑山	件	24118	208521		
毛里塔尼亚	件	23702	78045		
博茨瓦那	件	20978	142820		
刚果(布)	件	20152	125446		
佛得角	件	19871	42618		
巴布亚新几内亚	件	19498	81092		
吉尔吉斯斯坦	件	18782	215680		
朝鲜	件	18633	135716		
刚果(金)	件	18211	127348		
孟加拉国	件	17961	259959		
亚洲其他国家(地区)	件	17868	56130		
古巴	件	17208	375187		
尼加拉瓜	件	16927	110552		
巴巴多斯	件	16860	119427		
文莱	件	16355	156978		
瓜德罗普岛	件	14768	194440		
汤加	件	14247	21287		
巴哈马	件	13106	143332		
巴拉圭	件	12975	85977		
乌兹别克斯坦	件	12851	178157		
圭亚那	件	12268	92183		
赞比亚	件	12203	130027		
津巴布韦	件	12199	54749		
法属波利尼西亚	件	11681	96687		
多哥	件	10022	76771		
吉布提	件	9682	97737		
埃塞俄比亚	件	9563	41829		
加蓬	件	8938	80038		
东帝汶	件	7775	33308		
几内亚	件	7250	28888		
塞内加尔	件	6770	130840		
萨摩亚	件	6765	18574		
社会群岛	件	6593	88379		
波黑	件	6544	24797		
马提尼克	件	6338	136093		
马尔代夫	件	5814	92441		
乌干达	件	5753	38465		
斐济	件	5647	57425		
伯利兹	件	5028	16385		
玻利维亚	件	4069	132398		
安提瓜和巴布达	件	3759	44240		
库腊索岛	件	3595	27017		
库克群岛	件	3595	651621		
卢旺达	件	3396	16067		
柬埔寨	件	3052	29885		
加那利群岛	件	2954	42003		
瓦努阿图	件	2868	16026		
塞拉利昂	件	2772	18717		

（续）

商品/国别（地区）	计量单位	出口数量	出口金额（美元）	进口数量	进口金额（美元）
圣卢西亚	件	2770	15906		
摩尔多瓦	件	2764	27245		
圣文森特和格林纳丁斯	件	2745	14330		
马其顿	件	2712	12330		
圣多美和普林西比	件	2701	8373		
马绍尔群岛	件	2659	12858		
老挝	件	2641	20041		
冰岛	件	2597	30738		
阿鲁巴岛	件	2486	26976		
尼泊尔	件	2301	12842	340	2240
密克罗尼西亚	件	2138	8712		
冈比亚	件	2085	23368		
法属圭亚那	件	1770	14470		
马拉维	件	1674	26618		
大洋洲其他国家(地区)	件	1355	18112		
马约特岛	件	1067	17776		
所罗门群岛	件	1050	3161		
拉丁美洲其他国家(地区)	件	960	9840		
塞舌尔	件	847	5643		
尼日尔	件	825	16055		
图瓦卢	件	800	9600		
圣其茨和尼维斯	件	800	6750		
阿富汗	件	790	15175		
利比里亚	件	724	5233		
布基纳法索	件	550	8053		
格林纳达	件	507	4597		
多米尼克	件	471	14550		
乍得	件	427	31576		
阿塞拜疆	件	402	27555		
基里巴斯	件	360	1394		
马里	件	333	3031		
斯威士兰	件	324	13189		
土库曼斯坦	件	311	26055		
厄立特里亚	件	299	4121		
荷属安地列斯群岛	件	289	7714		
布隆迪	件	284	14768		
摩纳哥	件	235	3332		
索马里	件	182	1092		
卢森堡	件	177	3989		
不丹	件	150	2159		
百慕大群岛	件	113	1745		
盖比群岛	件	53	8258		
开曼群岛	件	28	1540		
中国	件			68568	1651390
94018010 石制的其他坐具					
合计	件	183395	10755197	4	190
阿联酋	件	23989	788792		
韩国	件	22785	1268862		
日本	件	18707	856657		
美国	件	17932	1306519		

（续）

商品/国别（地区）	计量单位	出口数量	出口金额（美元）	进口数量	进口金额（美元）
台湾省	件	15300	718456	2	110
马来西亚	件	9546	467392		
越南	件	7238	713076	2	80
德国	件	7157	944278		
新加坡	件	4763	361008		
加拿大	件	3797	259528		
荷兰	件	3750	126512		
伊朗	件	3616	234077		
香港	件	3514	203756		
比利时	件	3511	152677		
泰国	件	3344	229904		
黎巴嫩	件	2790	138892		
阿尔及利亚	件	2155	67526		
伊拉克	件	2150	89597		
英国	件	1859	156409		
意大利	件	1815	70934		
多哥	件	1759	125074		
也门	件	1633	73975		
法国	件	1523	92325		
土耳其	件	1405	128723		
埃及	件	1337	73433		
马耳他	件	1334	90750		
印度	件	1272	86711		
罗马尼亚	件	1220	45002		
南非	件	883	36385		
克罗地亚	件	879	39339		
科威特	件	840	24246		
印度尼西亚	件	828	116212		
沙特阿拉伯	件	786	48948		
澳大利亚	件	765	66083		
西班牙	件	728	59971		
以色列	件	601	30884		
俄罗斯	件	541	36003		
卡塔尔	件	498	18931		
墨西哥	件	450	14560		
危地马拉	件	405	15000		
丹麦	件	402	82380		
柬埔寨	件	393	41100		
爱尔兰	件	344	20391		
安哥拉	件	285	1853		
贝宁	件	280	5040		
巴拿马	件	257	27396		
尼日利亚	件	220	33000		
阿根廷	件	216	77760		
斐济	件	208	3744		
澳门	件	201	3122		
加纳	件	198	28533		
菲律宾	件	166	2623		
约旦	件	165	16008		
爱沙尼亚	件	136	15120		
葡萄牙	件	125	5672		
巴林	件	80	1120		

(续)

商品/国别（地区）	计量单位	出口数量	出口金额（美元）	进口数量	进口金额（美元）
秘鲁	件	60	898		
新西兰	件	56	605		
巴基斯坦	件	35	561		
蒙古	件	30	900		
塞浦路斯	件	21	297		
挪威	件	20	1887		
立陶宛	件	16	4000		
亚洲其他国家(地区)	件	16	160		
瑞士	件	15	2250		
萨尔瓦多	件	8	200		
赤道几内亚	件	8	80		
缅甸	件	6	54		
利比亚	件	6	257		
吉布提	件	5	433		
文莱	件	4	62		
乌拉圭	件	3	55		
斯洛文尼亚	件	3	140		
巴西	件	2	89		
94018090 其他坐具					
合计	件	80330172	499983619	285889	14730555
美国	件	13887759	128040456	7031	2748579
香港	件	5445332	10914489	2446	203914
新加坡	件	4923913	15233430	39	10960
日本	件	4166969	34803986	24831	921638
马来西亚	件	3605425	11137082	306	27595
英国	件	3496592	32210125	1315	74681
荷兰	件	2391884	17143480	431	75796
德国	件	2386181	25192483	2676	557327
澳大利亚	件	2130759	15561478	17	4304
加拿大	件	2060128	15257601	92	13671
沙特阿拉伯	件	1834850	7590642	1	32
菲律宾	件	1778108	3748840	42	61028
意大利	件	1756550	8958772	54021	1185500
西班牙	件	1531566	14115302	19	3605
韩国	件	1445845	13320891	59641	5114441
阿联酋	件	1361341	7408403		
印度	件	1189979	3600888	29	3427
法国	件	1132735	11701227	3329	226405
台湾省	件	1033736	5685530	16149	877630
智利	件	813382	2979722		
比利时	件	780710	6188271	34	7320
约旦	件	746623	1862589		
巴西	件	745245	5087601	1	232
埃及	件	697969	2164988	1	92
巴拿马	件	674205	1972818		
南非	件	652491	4554220	18	2049
波兰	件	644689	6594391	16	2704
俄罗斯	件	637658	11586545		
伊朗	件	624727	1452258		
阿根廷	件	615194	1903678		
泰国	件	564560	2342568	336	7489
阿尔及利亚	件	544555	2375678		

(续)

商品/国别（地区）	计量单位	出口数量	出口金额（美元）	进口数量	进口金额（美元）
黎巴嫩	件	540832	1756213	12	23190
以色列	件	536199	3718990	3	498
越南	件	520937	1073888	2012	37029
墨西哥	件	474226	3483283		
希腊	件	400476	2776625	2	10
葡萄牙	件	384041	1541458	17	1751
印度尼西亚	件	378357	1995240	353	16482
古巴	件	341913	247150		
克罗地亚	件	339033	1101552		
巴基斯坦	件	326096	851720	4	40
乌克兰	件	324010	1416225		
科威特	件	304706	968308		
罗马尼亚	件	303595	1758443	5	517
土耳其	件	294007	2942006	399	19892
利比亚	件	292053	831595		
安哥拉	件	287863	1613813		
丹麦	件	284918	1733735	321	34781
叙利亚	件	281006	853709		
伊拉克	件	273517	564343		
秘鲁	件	271189	922083		
委内瑞拉	件	230362	1185416		
莫桑比克	件	228263	293965		
瑞典	件	225230	2872143	120	25246
摩洛哥	件	211299	1140101		
哥伦比亚	件	206450	984489		
马耳他	件	195030	773000	1	130
塞浦路斯	件	186571	680890		
芬兰	件	184409	1640120	21	7702
乌拉圭	件	178947	478583		
新西兰	件	177901	1421306	2	140
爱尔兰	件	169211	807897		
尼日利亚	件	151046	527925		
蒙古	件	148829	918709		
也门	件	148304	410130		
奥地利	件	142548	543712	43	6915
保加利亚	件	140228	1348935		
特立尼达和多巴哥	件	117632	194306		
哥斯达黎加	件	116728	839786		
肯尼亚	件	107774	326171		
挪威	件	105697	1621905	1214	1624806
苏丹	件	104407	191684		
纳米比亚	件	103489	107590		
赤道几内亚	件	102894	247439		
斯里兰卡	件	98505	217258		
博茨瓦那	件	96276	757722		
加纳	件	95026	283339	1	70
老挝	件	93154	835821		
喀麦隆	件	87301	230429		
卡塔尔	件	87120	251871		
巴布亚新几内亚	件	86400	131213		
毛里求斯	件	83300	168034		
斯洛文尼亚	件	77001	1001318	809	26112

(续)

商品/国别（地区）	计量单位	出口数量	出口金额（美元）	进口数量	进口金额（美元）
阿曼	件	76937	202916		
厄瓜多尔	件	71639	365657		
多哥	件	67466	161387		
刚果(金)	件	62210	73140		
巴拉圭	件	62186	67490		
卢森堡	件	61022	938373		
圭亚那	件	59927	71619		
马尔代夫	件	58855	134324		
苏里南	件	58830	80697		
澳门	件	57147	231898		
哈萨克斯坦	件	56642	277571		
新喀里多尼亚	件	56021	155035		
瑞士	件	54682	680938	10	691
塞内加尔	件	54679	66964		
巴林	件	51160	176789		
留尼汪	件	50404	111304		
匈牙利	件	50062	621588	4	727
危地马拉	件	46779	182810		
突尼斯	件	45797	139693		
贝宁	件	44937	96228		
佛得角	件	44472	36491		
捷克	件	44437	436074		
朝鲜	件	44077	123647		
波多黎各	件	43423	700813		
坦桑尼亚	件	42988	76951		
吉布提	件	41897	105956		
刚果(布)	件	41508	422750		
缅甸	件	39937	37118		
埃塞俄比亚	件	37784	94412		
爱沙尼亚	件	36445	642846		
立陶宛	件	35826	371322		
巴哈马	件	33968	30908		
加蓬	件	33042	54861		
拉脱维亚	件	33015	100490	87145	168910
塞尔维亚	件	31565	165528		
文莱	件	31132	149995		
亚洲其他国家(地区)	件	30363	65529		
利比里亚	件	29762	112880		
阿尔巴尼亚	件	26847	70013		
几内亚	件	25826	52260		
洪都拉斯	件	25669	168756		
马达加斯加	件	25138	40560		
冈比亚	件	24256	30680		
黑山	件	24198	161027		
多米尼加	件	23995	221687		
海地	件	20294	71404		
法属波利尼西亚	件	19191	119808		
塔吉克斯坦	件	18360	667878		
吉尔吉斯斯坦	件	17709	88337		
白俄罗斯	件	17523	183797		
津巴布韦	件	17410	12203		
巴巴多斯	件	17195	66127		

(续)

商品/国别（地区）	计量单位	出口数量	出口金额（美元）	进口数量	进口金额（美元）
东帝汶	件	15823	26738		
法属圭亚那	件	15188	12076		
萨尔瓦多	件	14659	70880		
科特迪瓦	件	13774	81760	4	48
瓦努阿图	件	13210	11643		
斐济	件	12918	44461		
社会群岛	件	11302	72483		
牙买加	件	10658	159226		
格鲁吉亚	件	8667	41652		
索马里	件	8603	18503		
孟加拉国	件	8135	25340		
马提尼克	件	8092	15623		
布隆迪	件	8000	78571		
多米尼加	件	7725	75927		
密克罗尼西亚	件	7055	7148		
伯利兹	件	7041	12036		
尼加拉瓜	件	6598	25127		
毛里塔尼亚	件	6575	11820		
柬埔寨	件	6320	21794		
库腊索岛	件	5965	13011		
布基纳法索	件	5468	14753		
萨摩亚	件	5010	19844		
塞舌尔	件	4913	12080		
波黑	件	4350	3480		
荷属安地列斯群岛	件	4296	19070		
斯洛伐克	件	4037	52968		
马里	件	3055	67210		
巴勒斯坦	件	2700	11944		
瓜德罗普岛	件	2582	7306		
汤加	件	2430	4516		
乌干达	件	2375	17989		
圣卢西亚	件	2241	5272		
玻利维亚	件	2065	10174		
阿富汗	件	2000	7900		
图瓦卢	件	1788	6841		
厄立特里亚	件	1725	1444		
塞拉利昂	件	1452	3187		
莱索托	件	1233	41633		
格林纳达	件	1056	9439		
乍得	件	1000	11320		
所罗门群岛	件	679	1296		
安提瓜和巴布达	件	480	1766		
马绍尔群岛	件	440	563		
特克斯和凯科斯群岛	件	336	10080		
赞比亚	件	325	4652		
阿塞拜疆	件	300	300		
马拉维	件	286	838		
土库曼斯坦	件	220	4853		
摩尔多瓦	件	168	2330		
乌兹别克斯坦	件	60	1620		
基里巴斯	件	60	150		
马约特岛	件	50	1065		

(续)

商品/国别(地区)	计量单位	出口数量	出口金额(美元)	进口数量	进口金额(美元)
冰岛	件	40	800		
卢旺达	件	21	1133		
亚美尼亚	件	20	1888		
尼日尔	件	3	2549		
国别(地区)不详	件			5	70
中国	件			20561	604379
94019011 机动车辆用座椅调角器					
合计	件	6255717	33999023	5905825	43110382
印度	件	2330919	9998802	43314	326714
日本	件	733739	4504026	3665307	23539604
美国	件	655603	3155614	2605	165284
韩国	件	492427	3374366	256949	1590166
波兰	件	393884	2852594	167197	1740364
泰国	件	271034	1691491		
土耳其	件	184086	1199874		
比利时	件	175200	943146		
阿根廷	件	168020	1011665		
萨尔瓦多	件	156600	19898		
马来西亚	件	140946	1495649	41	89
台湾省	件	123868	641506	61198	600771
捷克	件	88352	565733	489	30345
香港	件	86298	557457		
沙特阿拉伯	件	41694	155102		
巴西	件	27697	193134		
西班牙	件	27220	18517	7601	130518
葡萄牙	件	22004	45534		
加拿大	件	21160	130677	1964	7125
印度尼西亚	件	15480	87556		
埃及	件	14996	186640		
菲律宾	件	12280	79860		
德国	件	11261	708132	743778	9308580
墨西哥	件	8562	50007	55	4079
英国	件	7532	54424	28839	412724
荷兰	件	5500	81041		
俄罗斯	件	5045	8085		
奥地利	件	4803	34302	28	9587
斯里兰卡	件	4505	26535		
匈牙利	件	4030	19026	1296	11396
越南	件	3672	17986		
丹麦	件	3000	7250		
智利	件	2942	10317		
巴基斯坦	件	2256	14515		
委内瑞拉	件	2200	17645		
法国	件	1935	13164	879276	4409475
新加坡	件	1837	7134		
澳大利亚	件	1605	10488		
意大利	件	1225	8158	6	1076
阿联酋	件	101	686		
伊朗	件	100	742		
新西兰	件	40	257		
乌兹别克斯坦	件	20	20		
哥伦比亚	件	9	32		

(续)

商品/国别(地区)	计量单位	出口数量	出口金额(美元)	进口数量	进口金额(美元)
文莱	件	7	51		
乌克兰	件	7	47		
乌拉圭	件	6	44		
南非	件	4	19		
塞内加尔	件	3	16		
秘鲁	件	2	54		
洪都拉斯	件	1	5		
瑞典	件			43373	746484
中国	件			2109	72127
罗马尼亚	件			400	3874
94019019 其他机动车辆用坐具零件					
合计	千克	49585142	419387456	63955238	505198647
日本	千克	18262151	219497143	25731202	229959957
韩国	千克	1235403	15429045	16850630	82833707
德国	千克	2319380	8707184	10293851	100812911
美国	千克	10191079	65427348	2298711	17259175
台湾省	千克	1067140	5801043	2114151	12851103
波兰	千克	234322	1307586	1547917	11280855
菲律宾	千克	146626	485388	1335978	6641172
捷克	千克	54385	264487	941096	8146675
法国	千克	93041	568105	842619	7189808
加拿大	千克	2677251	14429004	425509	3043087
西班牙	千克	979381	3468302	307517	2496275
匈牙利	千克	57913	1393606	237874	3169543
墨西哥	千克	616313	4241411	204837	5934174
英国	千克	2001333	10876145	171717	1590406
中国	千克			160618	4831672
瑞典	千克	65985	373628	113350	1567228
比利时	千克	13125	114778	79899	875090
荷兰	千克	146863	1291976	40414	205256
奥地利	千克	303	30104	37030	771184
马来西亚	千克	57827	223845	29822	257493
香港	千克	332681	15078056	29419	770997
罗马尼亚	千克	83729	75610	28710	340279
葡萄牙	千克	80349	562177	28672	907777
瑞士	千克			21180	191996
澳大利亚	千克	1316743	6090537	18775	232268
斯洛伐克	千克	1044376	3345646	18678	254638
印度尼西亚	千克	710478	5760166	14987	256589
印度	千克	3269001	14756322	6784	69281
泰国	千克	747610	8586168	5985	48042
斯洛文尼亚	千克	17611	65192	4792	131813
新加坡	千克	39951	354644	4493	49006
意大利	千克	237180	1088873	3986	64563
土耳其	千克	149183	1136235	3623	109755
南非	千克	156264	1549433	138	43190
以色列	千克	18459	48562	98	2646
阿根廷	千克	45924	395984	75	2201
克罗地亚	千克	2871	15007	29	1596
苏丹	千克	2756	4045	23	180
伊朗	千克	31492	209862	14	297
爱沙尼亚	千克			12	1123

（续）

商品/国别（地区）	计量单位	出口数量	出口金额（美元）	进口数量	进口金额（美元）
国别(地区)不详	千克			10	208
巴基斯坦	千克	17813	97081	5	14
卢森堡	千克	10	1522	3	2325
芬兰	千克	1526	6690	3	1033
直布罗陀	千克			1	15
丹麦	千克	2646	48658	1	44
埃及	千克	32189	123738		
阿联酋	千克	45778	339908		
文莱	千克	82	447		
利比亚	千克	7353	19617		
沙特阿拉伯	千克	6277	32200		
科威特	千克	65	934		
瓦努阿图	千克	6	89		
委内瑞拉	千克	90383	300764		
乌兹别克斯坦	千克	2	2		
爱尔兰	千克	131	10590		
哈萨克斯坦	千克	44000	256400		
摩洛哥	千克	800	2720		
亚洲其他国家(地区)	千克	15	27		
阿尔及利亚	千克	706	16196		
哥伦比亚	千克	180345	571452		
新西兰	千克	922	7475		
哥斯达黎加	千克	2	1		
肯尼亚	千克	1831	15082		
立陶宛	千克	3	29		
古巴	千克	5102	285116		
挪威	千克	108176	832914		
越南	千克	24454	150412		
秘鲁	千克	126	1399		
保加利亚	千克	18	307		
坦桑尼亚	千克	6326	56797		
安哥拉	千克	1280	8422		
伊拉克	千克	15355	85385		
吉尔吉斯斯坦	千克	2500	10000		
巴西	千克	230629	1906594		
俄罗斯	千克	28951	421527		
乌克兰	千克	93	1303		
叙利亚	千克	9795	34938		
孟加拉国	千克	32	193		
毛里塔尼亚	千克	5876	8932		
塔吉克斯坦	千克	2800	19600		
智利	千克	2884	14688		
厄瓜多尔	千克	157073	507436		
斯里兰卡	千克	7144	25176		
希腊	千克	3779	16305		
尼泊尔	千克	6	33		
突尼斯	千克	32399	94510		
阿曼	千克	980	1200		
94019090 其他坐具零件					
合计	千克	375814259	1149083131	19659441	60304774
美国	千克	138112482	499199937	1422726	15146484
马来西亚	千克	23436658	74550393	118415	477808

（续）

商品/国别（地区）	计量单位	出口数量	出口金额（美元）	进口数量	进口金额（美元）
德国	千克	18990811	59651962	309749	7885628
香港	千克	14011743	30611947	18566	525399
加拿大	千克	12635304	38428840	973	15315
澳大利亚	千克	11675626	35654243	19651	124333
意大利	千克	10833836	27478905	75335	568746
阿联酋	千克	10461165	40353894		
韩国	千克	9177613	20866460	762445	2714050
英国	千克	8093952	19461458	48584	2753517
西班牙	千克	7605815	15035319	3622	37416
日本	千克	7117029	26537621	2180492	3547040
俄罗斯	千克	6996450	32418818		
法国	千克	5604587	11331904	27572	2077252
印度	千克	5518247	15206299	29	424
台湾省	千克	5485298	9619522	1955366	5569915
新加坡	千克	5296069	17008488	12268	322045
沙特阿拉伯	千克	5275166	15157420		
巴西	千克	4352309	8747407	20023	39079
南非	千克	4182406	8732183	45	6085
墨西哥	千克	3834535	7257215	79	39620
波兰	千克	3831704	8077132	76266	305240
越南	千克	3668464	5503533	5432318	5710925
约旦	千克	3644340	8181743		
印度尼西亚	千克	3143261	5424467	889747	1052675
乌克兰	千克	2586612	8007316		
泰国	千克	2461812	5261196	19601	64461
罗马尼亚	千克	2347554	4747138	27511	135409
土耳其	千克	2325474	5493512	2771	24755
埃及	千克	2306429	5801931		
以色列	千克	1918348	4193774	35	2592
荷兰	千克	1785701	5415981	6118	67219
伊朗	千克	1765000	4219986		
芬兰	千克	1702021	4085305	242	5808
比利时	千克	1668091	4262108	257298	802914
丹麦	千克	1485738	5597870	7174	123881
安哥拉	千克	1307602	2215262		
突尼斯	千克	1227880	1090398		
哈萨克斯坦	千克	1053091	2147478		
阿尔及利亚	千克	1010279	2198154		
加纳	千克	1000506	4155010	7	55
菲律宾	千克	958007	2536601	15	247
尼日利亚	千克	852561	2033041		
哥伦比亚	千克	838367	1740674		
智利	千克	799283	1583143		
巴拿马	千克	735527	1732391		
瑞典	千克	654183	2200293	11969	28288
希腊	千克	645306	2203070		
新西兰	千克	521137	967058	2	22
叙利亚	千克	492269	1170360		
黎巴嫩	千克	489777	1311003		
摩洛哥	千克	430642	1587149		
立陶宛	千克	429805	1868477	5458	39128
厄瓜多尔	千克	409726	729895		

(续)

商品/国别（地区）	计量单位	出口数量	出口金额（美元）	进口数量	进口金额（美元）
巴基斯坦	千克	396762	712551	25	156
利比亚	千克	383480	1658137		
阿根廷	千克	375601	878822		
孟加拉国	千克	351853	420031		
马耳他	千克	338334	722000	7	70
秘鲁	千克	280640	796457		
捷克	千克	266938	466527	366	6544
葡萄牙	千克	257159	679259		
多米尼加	千克	234955	307159		
阿曼	千克	220910	467861		
也门	千克	212996	327681		
卡塔尔	千克	183635	420224		
斯洛文尼亚	千克	183079	392874	7214	36724
匈牙利	千克	168718	398677	7073	33562
吉尔吉斯斯坦	千克	160289	716697		
斯里兰卡	千克	159717	276451		
科威特	千克	148339	434029		
委内瑞拉	千克	148025	300113		
多哥	千克	142559	293350		
爱沙尼亚	千克	129712	358119		
哥斯达黎加	千克	117492	210151		
苏丹	千克	112626	325639		
拉脱维亚	千克	104983	272564	1669	24892
爱尔兰	千克	97903	692623	4307	48789
波多黎各	千克	96753	197741		
奥地利	千克	88935	2192174	1987	114657
瑞士	千克	86812	199013	50	5227
挪威	千克	76616	390179	1713	58389
阿尔巴尼亚	千克	71731	297484		
特立尼达和多巴哥	千克	65987	241059		
白俄罗斯	千克	60612	127760		
乌兹别克斯坦	千克	59590	71877		
塔吉克斯坦	千克	58245	92956		
马尔代夫	千克	53928	103017		
危地马拉	千克	53446	142935		
巴林	千克	53231	64606		
斯洛伐克	千克	42011	88087		
斐济	千克	41142	59501		
伊拉克	千克	39296	147107		
肯尼亚	千克	34929	45037		
塞浦路斯	千克	34443	197335		
文莱	千克	33200	32535		
贝宁	千克	28594	91365		
克罗地亚	千克	27626	22536		
澳门	千克	26040	82245		
亚洲其他国家(地区)	千克	23685	19774		
巴勒斯坦	千克	23073	34106		
保加利亚	千克	21684	57164	25771	180755
乌拉圭	千克	19580	44091		
格鲁吉亚	千克	18593	146584		
蒙古	千克	17400	3695		
直布罗陀	千克	16686	29357		

(续)

商品/国别（地区）	计量单位	出口数量	出口金额（美元）	进口数量	进口金额（美元）
毛里求斯	千克	15402	31575		
塞尔维亚	千克	14799	30524		
巴哈马	千克	13771	6316		
莫桑比克	千克	13610	18647		
马达加斯加	千克	13213	18045		
朝鲜	千克	10369	13598		
洪都拉斯	千克	9204	15735		
吉布提	千克	6936	13169		
巴布亚新几内亚	千克	6922	6362		
埃塞俄比亚	千克	6203	10651		
尼加拉瓜	千克	5451	7455		
萨尔瓦多	千克	5334	9550		
巴拉圭	千克	5000	9850		
马拉维	千克	4980	16625		
柬埔寨	千克	4832	3886		
缅甸	千克	4716	7445	6509	22091
加蓬	千克	3453	3340		
卢森堡	千克	3322	11337		
坦桑尼亚	千克	3002	1504		
索马里	千克	2760	1380		
纳米比亚	千克	2672	15116		
科特迪瓦	千克	2613	3108		
黑山	千克	2553	6263		
牙买加	千克	2172	4202		
毛里塔尼亚	千克	1360	2856		
不丹	千克	1122	294		
几内亚	千克	1088	1632		
古巴	千克	738	1894		
老挝	千克	657	740		
库腊索岛	千克	444	1375		
乌干达	千克	438	1868		
阿富汗	千克	314	2365		
冰岛	千克	140	336		
喀麦隆	千克	125	800		
津巴布韦	千克	100	333		
刚果(金)	千克	50	61		
开曼群岛	千克	50	80		
苏里南	千克	46	51		
塞拉利昂	千克	45	28		
马其顿	千克	33	165		
新喀里多尼亚	千克	32	432		
塞内加尔	千克	15	42		
大洋洲其他国家(地区)	千克	2	26		
安提瓜和巴布达	千克	0	70		
波黑	千克			138	2246
尼泊尔	千克			268	474
中国	千克			5889872	9556423

9403 木制家具

94031000 办公室用金属家具

商品/国别（地区）	计量单位	出口数量	出口金额（美元）	进口数量	进口金额（美元）
合计	件	9295619	211997259	18862	5318830
美国	件	2217925	42325311	1744	734246

（续）

商品/国别（地区）	计量单位	出口数量	出口金额（美元）	进口数量	进口金额（美元）
韩国	件	1224016	4879909	951	207548
日本	件	533145	15407416	1405	360885
香港	件	368181	14056280	376	29952
德国	件	295798	5514250	995	831416
荷兰	件	288344	6181588	227	58276
澳大利亚	件	288085	11645190	42	68113
阿联酋	件	284213	8483144	1	665
加拿大	件	255243	5239836	365	450291
英国	件	244809	4713489	533	337513
俄罗斯	件	237251	4323628		
意大利	件	227545	4549577	235	86967
西班牙	件	218044	3897779	28	4032
新加坡	件	210405	6690145	374	74763
瑞典	件	194221	1585298	306	35903
马来西亚	件	184457	4850770	2419	563189
沙特阿拉伯	件	182198	4662359	1	220
印度	件	139099	4173429	5	906
比利时	件	136192	3405063	34	3967
法国	件	110965	2107370	298	77900
印度尼西亚	件	103756	4850981	15	11536
科威特	件	69371	3719304		
丹麦	件	65622	767363	362	212223
哈萨克斯坦	件	63465	3587808		
波兰	件	59661	958968	1	58
菲律宾	件	55341	1676710		
阿尔及利亚	件	52671	1689089		
墨西哥	件	50968	1489430	21	32252
加纳	件	39756	774281		
泰国	件	36327	1274753	1287	125089
台湾省	件	34807	1240008	5893	483966
伊朗	件	32365	417782		
埃及	件	32144	935682		
也门	件	30337	1510063		
挪威	件	25717	336342		
南非	件	25612	350851	1	780
希腊	件	25407	462363		
乌兹别克斯坦	件	23702	1547657		
新西兰	件	21751	647543	3	432
瑞士	件	21526	202498	68	99697
乌克兰	件	21130	429102		
利比亚	件	20399	1942674		
以色列	件	19642	370029	5	384
安哥拉	件	19107	1821614		
苏丹	件	18404	803872		
吉尔吉斯斯坦	件	16763	736670		
巴基斯坦	件	16557	462376		
卡塔尔	件	16139	612196		
约旦	件	16001	684109		
尼日利亚	件	15208	563290		
塔吉克斯坦	件	14291	888715		
澳门	件	13912	493269	10	387
奥地利	件	12937	297479	4	249

（续）

商品/国别（地区）	计量单位	出口数量	出口金额（美元）	进口数量	进口金额（美元）
巴拿马	件	12857	369656		
葡萄牙	件	11615	179554		
蒙古	件	10836	309257		
土耳其	件	10793	233169	295	194357
阿根廷	件	10364	243429		
海地	件	10354	672457		
巴林	件	10101	330064		
多米尼加	件	10072	359561		
巴西	件	9689	355602		
越南	件	9513	573331		
罗马尼亚	件	9317	220002		
肯尼亚	件	9236	327658		
吉布提	件	9024	72145		
芬兰	件	9003	456486	84	91441
黎巴嫩	件	8332	511867		
智利	件	8279	270498		
委内瑞拉	件	8269	440781	1	3209
摩洛哥	件	8081	203933		
多哥	件	7768	231492		
捷克	件	7699	153642	1	14285
哥斯达黎加	件	7368	220821		
坦桑尼亚	件	6700	369644		
危地马拉	件	6220	181302		
孟加拉国	件	6207	110424		
古巴	件	5500	576910		
立陶宛	件	5490	35146		
土库曼斯坦	件	5486	372751		
朝鲜	件	5342	248176		
莫桑比克	件	5107	210868		
塞浦路斯	件	4971	159467	1	291
马耳他	件	4934	89670		
阿曼	件	4933	195905		
柬埔寨	件	4731	268057		
乌拉圭	件	4689	194241		
特立尼达和多巴哥	件	4651	294057		
乍得	件	3636	290285		
伊拉克	件	3602	126703		
保加利亚	件	3496	136103		
苏里南	件	3419	149186		
叙利亚	件	3188	112164		
贝宁	件	3147	153034		
刚果(金)	件	3136	104338		
厄瓜多尔	件	2846	110067		
克罗地亚	件	2705	66947		
塞内加尔	件	2655	203336		
斯里兰卡	件	2609	64847		
纳米比亚	件	2453	97634		
巴巴多斯	件	2433	112527		
马达加斯加	件	2143	55784		
秘鲁	件	2118	198389		
亚洲其他国家(地区)	件	1922	84901		
哥伦比亚	件	1919	69445		

（续）

商品/国别（地区）	计量单位	出口数量	出口金额（美元）	进口数量	进口金额（美元）
匈牙利	件	1884	80566		
牙买加	件	1774	104848		
阿尔巴尼亚	件	1754	72939		
格鲁吉亚	件	1745	38463		
卢旺达	件	1591	58209		
乌干达	件	1535	44432		
圭亚那	件	1507	95903		
埃塞俄比亚	件	1479	83749		
洪都拉斯	件	1396	40288		
阿富汗	件	1385	89986		
刚果(布)	件	1358	26425		
波多黎各	件	1357	129757	3	55426
萨尔瓦多	件	1330	56592		
巴布亚新几内亚	件	1256	143178		
文莱	件	1176	56025		
加蓬	件	1153	160854		
科特迪瓦	件	1142	96595		
斯洛伐克	件	1016	15806	1	462
马尔代夫	件	990	38683		
赞比亚	件	953	69653		
尼日尔	件	870	33565		
毛里求斯	件	862	49557		
毛里塔尼亚	件	831	68892		
赤道几内亚	件	823	33074		
几内亚	件	815	37331		
喀麦隆	件	735	46735		
爱尔兰	件	686	34445		
马拉维	件	669	47428		
利比里亚	件	648	30118		
黑山	件	594	39827		
留尼汪	件	580	9241		
斯威士兰	件	560	12081		
缅甸	件	503	35351		
博茨瓦那	件	465	25609		
塞尔维亚	件	449	64579		
塞拉利昂	件	414	15791		
巴拉圭	件	408	39267		
玻利维亚	件	400	8127		
马里	件	361	12663		
伯利兹	件	356	14495		
萨摩亚	件	305	62961		
马提尼克	件	292	2944		
瓜德罗普岛	件	285	5646		
新喀里多尼亚	件	254	15695		
突尼斯	件	230	75942		
斯洛文尼亚	件	218	14632		
科摩罗	件	200	10000		
拉脱维亚	件	194	101328		
瓦努阿图	件	190	9395		
密克罗尼西亚	件	185	15639		
东帝汶	件	178	5491		
爱沙尼亚	件	176	9536		

（续）

商品/国别（地区）	计量单位	出口数量	出口金额（美元）	进口数量	进口金额（美元）
斐济	件	172	9200		
法属波利尼西亚	件	146	1069		
亚美尼亚	件	140	10920		
塞舌尔	件	135	5522		
阿塞拜疆	件	85	4085		
马其顿	件	65	9100		
荷属安地列斯群岛	件	65	11253		
圣其茨和尼维斯	件	60	3360		
佛得角	件	56	1640		
津巴布韦	件	50	1913		
图瓦卢	件	50	1050		
白俄罗斯	件	46	7239		
波黑	件	42	16893		
厄立特里亚	件	31	1822		
摩尔多瓦	件	20	1460		
巴哈马	件	13	312		
尼加拉瓜	件	12	1823		
格林纳达	件	12	2502		
马约特岛	件	6	23		
巴勒斯坦	件	4	1171		
多米尼克	件	2	151		
中国	件			467	65554
94032000 其他金属家具					
合计	件	206630522	2921345577	410171	24211910
美国	件	71361363	1101500350	7447	2862026
日本	件	23471569	234370162	5224	1675974
英国	件	12214958	168016869	2167	188380
德国	件	8814638	120866122	3066	2834682
澳大利亚	件	7311462	113809361	214	56408
加拿大	件	6698086	123579966	207	166115
西班牙	件	5154590	60919788	4039	372223
法国	件	5100494	94031671	691	863161
荷兰	件	4695735	68830195	329	44945
阿联酋	件	4657121	53794103	15	3716
意大利	件	4384865	59084047	3848	3868616
比利时	件	3951457	46493120	631	558808
马来西亚	件	2749697	40258211	487	200965
瑞典	件	2524802	27830877	1175	101057
香港	件	2024396	35410194	494	93271
南非	件	1955634	26437798		
俄罗斯	件	1873585	25213013	20	881
沙特阿拉伯	件	1853077	25854285	3	240
韩国	件	1842540	21375162	6295	857378
菲律宾	件	1572206	14585932	295	148759
新加坡	件	1546496	24848797	729	128246
波兰	件	1398030	15633208	13207	213967
印度	件	1132300	17582237	113361	939953
伊朗	件	1073177	11426342	1	671
智利	件	987783	12331088		
丹麦	件	977288	15435765	367	134150
希腊	件	956533	14064636	11	2587

（续）

商品/国别（地区）	计量单位	出口数量	出口金额（美元）	进口数量	进口金额（美元）
利比亚	件	911393	5703671		
新西兰	件	887110	10550956	7	18570
伊拉克	件	840594	6979326		
墨西哥	件	800963	12350571	236	47811
以色列	件	733097	7899539	7	3806
印度尼西亚	件	719555	10973414	143	24040
安哥拉	件	665832	7174068		
尼日利亚	件	646757	6460979		
芬兰	件	625820	7184980	720	633874
台湾省	件	617154	10026777	98395	2267427
阿尔及利亚	件	584848	6319792		
巴西	件	582125	7698501	4	1360
土耳其	件	562058	9242481	1	171
巴拿马	件	560595	9727935		
也门	件	552689	4150812		
葡萄牙	件	534509	7052296	1	1309
泰国	件	498714	7734075	804	33056
加纳	件	479836	4095524		
摩洛哥	件	460901	5286583		
科威特	件	406047	5160999		
罗马尼亚	件	402326	5198996		
约旦	件	391844	5539306	1	226
贝宁	件	377207	6630769		
哈萨克斯坦	件	365633	20126339		
爱尔兰	件	356023	2842352	13	2438
委内瑞拉	件	353150	4757152		
挪威	件	336065	4755048		
乌克兰	件	327894	5043266		
厄瓜多尔	件	320778	2120362		
埃及	件	313421	5741025	26709	224846
瑞士	件	307654	4068945	216	240327
秘鲁	件	303243	4133556		
黎巴嫩	件	291918	3733851	36	45837
阿根廷	件	286713	4705212		
吉尔吉斯斯坦	件	284948	8029110		
克罗地亚	件	268311	3092992		
卡塔尔	件	256964	3494352		
阿曼	件	237312	3454340		
塔吉克斯坦	件	228948	15051129		
肯尼亚	件	216320	3261245		
巴基斯坦	件	201322	2671794		
坦桑尼亚	件	197554	1378467		
捷克	件	188616	1784089	139	564856
叙利亚	件	179187	1996922		
奥地利	件	175256	3364993	1312	10740
波多黎各	件	157354	3060566		
苏丹	件	146111	2621795		
巴林	件	141121	1740667		
塞浦路斯	件	137555	1906269		
保加利亚	件	134027	2399274	367	7509

（续）

商品/国别（地区）	计量单位	出口数量	出口金额（美元）	进口数量	进口金额（美元）
多米尼加	件	131413	1991578		
古巴	件	127953	2531029		
哥伦比亚	件	125607	1995866		
哥斯达黎加	件	125312	1117433		
斯洛文尼亚	件	120209	1808415		
黑山	件	116403	454652		
留尼汪	件	116062	1115402		
多哥	件	115300	2434290		
阿尔巴尼亚	件	114084	799479		
越南	件	109762	3371734	35468	605311
爱沙尼亚	件	104012	1623791		
匈牙利	件	102035	1166346	50	40454
马耳他	件	98310	3111169		
立陶宛	件	94923	600142	1739	64127
突尼斯	件	88244	817913	1	282
纳米比亚	件	85662	1350017		
莫桑比克	件	81776	1016354		
拉脱维亚	件	80176	729079	71	5183
斯里兰卡	件	78261	873890	13	1651
塞内加尔	件	75064	591352		
乌拉圭	件	72151	961718		
毛里求斯	件	68400	928920		
喀麦隆	件	65361	789767		
澳门	件	60259	2115700	3	9541
朝鲜	件	50216	929214		
利比里亚	件	47629	161694		
吉布提	件	46923	342642		
牙买加	件	46802	801214		
洪都拉斯	件	46548	414177		
巴布亚新几内亚	件	46362	1252903		
乌兹别克斯坦	件	45934	2421743		
摩尔多瓦	件	44210	162740		
危地马拉	件	41841	415900		
苏里南	件	41631	371660		
科特迪瓦	件	40451	302737		
文莱	件	40435	622130		
塞尔维亚	件	40341	590193		
津巴布韦	件	38206	223939		
蒙古	件	36696	570506		
斯洛伐克	件	36588	428915	66	199555
孟加拉国	件	36534	840151		
毛里塔尼亚	件	36184	435857		
萨尔瓦多	件	35567	234899		
博茨瓦那	件	35416	442373		
亚洲其他国家(地区)	件	33791	526681		
特立尼达和多巴哥	件	28533	773502		
加蓬	件	27689	395573		
刚果(金)	件	25728	309727		
马达加斯加	件	22561	213785		
佛得角	件	21023	207643		

（续）

商品/国别（地区）	计量单位	出口数量	出口金额（美元）	进口数量	进口金额（美元）
刚果(布)	件	20110	319377		
柬埔寨	件	19544	522910		
瓜德罗普岛	件	19284	300106		
赤道几内亚	件	19150	270264		
缅甸	件	18959	431428		
斐济	件	18073	314439		
几内亚	件	17964	456744		
新喀里多尼亚	件	16565	386558		
圭亚那	件	16549	192646		
东帝汶	件	14843	159176		
格鲁吉亚	件	14755	329818		
埃塞俄比亚	件	14692	226278		
巴勒斯坦	件	14658	106837		
海地	件	14361	178203		
马尔代夫	件	14025	387711		
索马里	件	13597	127169		
马提尼克	件	12531	205131		
荷属安地列斯群岛	件	11963	87138		
圣马丁岛	件	10774	41407		
斯威士兰	件	10042	87076		
尼泊尔	件	7276	141859		
卢森堡	件	6876	149363		
巴拉圭	件	6660	203699		
赞比亚	件	5926	119509		
库腊索岛	件	5320	37394		
乌干达	件	4937	101771		
诺福克岛	件	4921	46602		
土库曼斯坦	件	4698	312412		
莱索托	件	4448	11964		
卢旺达	件	4425	75229		
法属圭亚那	件	4382	36324		
老挝	件	3948	328495		
加那利群岛	件	3830	34110		
伯利兹	件	3657	64988		
巴巴多斯	件	3642	40291		
巴哈马	件	2874	94138		
社会群岛	件	2869	75816		
阿鲁巴岛	件	2757	158357		
马里	件	2609	53748		
乍得	件	2417	144972		
尼加拉瓜	件	2316	51419		
冰岛	件	2161	45421		
百慕大群岛	件	2010	12653		
塞拉利昂	件	1984	24346		
安提瓜和巴布达	件	1953	50617		
冈比亚	件	1793	46514		
汤加	件	1726	18044		
格林纳达	件	1607	12016		
玻利维亚	件	1597	25176		
法属波利尼西亚	件	1596	57725		
阿富汗	件	1556	143766		

（续）

商品/国别（地区）	计量单位	出口数量	出口金额（美元）	进口数量	进口金额（美元）
波黑	件	1505	88871		
瓦努阿图	件	1492	44989		
马绍尔群岛	件	1427	21621		
圣文森特和格林纳丁斯	件	1283	28578		
马拉维	件	1261	80473		
几内亚(比绍)	件	1226	15118		
萨摩亚	件	1168	23174		
图瓦卢	件	1097	17446		
多米尼克	件	914	40263		
所罗门群岛	件	840	57556		
帕劳	件	840	42840		
塞舌尔	件	816	20777		
马其顿	件	722	12642		
圣卢西亚	件	698	19120		
尼日尔	件	672	56079		
白俄罗斯	件	658	30973		
马约特岛	件	540	18094		
圣多美和普林西比	件	374	4360		
圣其茨和尼维斯	件	334	10020		
不丹	件	323	8702		
拉丁美洲其他国家(地区)	件	240	3480		
特克斯和凯科斯群岛	件	230	5083		
中非	件	223	57205		
厄立特里亚	件	200	9960		
密克罗尼西亚	件	119	976		
大洋洲其他国家(地区)	件	69	17203		
英属维尔京群岛	件	60	1445		
非洲其他国家(地区)	件	45	1719		
亚美尼亚	件	41	891		
安道尔	件	24	365		
开曼群岛	件	16	1837		
阿塞拜疆	件	13	4468		
科摩罗	件	10	800		
中国	件			79326	2840424
94033000 办公室用木家具					
合计	件	13633684	517949393	42142	7001976
美国	件	5037028	209105784	619	769841
日本	件	847037	31944008	282	66737
韩国	件	842688	24047594	599	43496
加拿大	件	548534	16415693	66	120972
英国	件	492033	10849297	23	48910
澳大利亚	件	400156	14186358	53	30812
沙特阿拉伯	件	338976	27748638	2	608
法国	件	331465	7565009	118	43683
香港	件	321260	10837147	412	60266
德国	件	258521	9969390	5424	970860
阿联酋	件	237377	14911547	37	3647
墨西哥	件	206591	3937993	2	392

（续）

商品/国别（地区）	计量单位	出口数量	出口金额（美元）	进口数量	进口金额（美元）
新加坡	件	181599	5562225	338	551345
菲律宾	件	179867	2807734	48	37126
西班牙	件	158406	3452710	29	109515
印度	件	153086	6613807	111	17624
台湾省	件	150884	4355542	3216	133692
利比亚	件	141506	5372949		
意大利	件	131472	2523966	475	795253
马来西亚	件	126197	5621112	654	181175
阿尔及利亚	件	123868	3194776		
南非	件	118761	3771355		
比利时	件	105192	2681753	56	2697
委内瑞拉	件	93918	2617949		
印度尼西亚	件	93337	3936668	288	73728
伊朗	件	86464	3191645		
智利	件	86143	2630240	4	663
荷兰	件	81882	3443746	18	2097
摩洛哥	件	79953	2304403	9	19189
巴拿马	件	78071	1780829		
以色列	件	75757	3107447		
安哥拉	件	67087	3487970		
科威特	件	60594	4625106	1	107
波兰	件	57188	1401614	1399	60997
土耳其	件	55106	869907	1	36
埃及	件	54100	1451537		
丹麦	件	53967	2830418	184	144601
克罗地亚	件	49180	747365	2619	136358
爱尔兰	件	39487	1032905	1	307
危地马拉	件	37197	504600		
葡萄牙	件	36908	837425		
希腊	件	36481	884952	3	1232
哥伦比亚	件	35772	865543		
多米尼加	件	35721	1057951		
阿根廷	件	30182	533463		
马耳他	件	29400	685191		
俄罗斯	件	29015	2014486		
约旦	件	27921	1754779		
乌克兰	件	27115	805295		
苏丹	件	26963	2438630		
罗马尼亚	件	25115	817786	208	112390
巴西	件	24854	549527	2	642
古巴	件	23370	1506062		
秘鲁	件	22818	682601		
波多黎各	件	22256	697605	3	69900
泰国	件	22244	1396027	116	36509
厄瓜多尔	件	22110	433090		
卡塔尔	件	21983	2228092		
尼泊尔	件	19009	1016102	2	29
巴基斯坦	件	18899	979386	15	123
哈萨克斯坦	件	18796	1469619		
阿曼	件	18128	1645528		

（续）

商品/国别（地区）	计量单位	出口数量	出口金额（美元）	进口数量	进口金额（美元）
洪都拉斯	件	17885	385462		
蒙古	件	16040	513899		
哥斯达黎加	件	15926	537912		
拉脱维亚	件	15075	443961		
萨尔瓦多	件	14685	232708		
加纳	件	14116	872413		
越南	件	13513	787495	1022	215172
叙利亚	件	13423	299945		
巴林	件	12441	1031121		
肯尼亚	件	12034	789275		
瑞典	件	11940	596222	3	844
黎巴嫩	件	10849	693113		
坦桑尼亚	件	10838	740018		
伊拉克	件	10435	862361		
澳门	件	9866	593019	48	4137
乌拉圭	件	9634	291595		
新西兰	件	9584	447422	19	13053
保加利亚	件	9320	314021		
纳米比亚	件	9178	474915		
匈牙利	件	8418	188414	2	217
吉布提	件	8150	515482		
牙买加	件	7965	191753		
斯洛文尼亚	件	7868	210112		
芬兰	件	7724	299443	2	1612
斯里兰卡	件	7564	147513		
特立尼达和多巴哥	件	7516	379586		
也门	件	7353	550940		
阿尔巴尼亚	件	7274	83990		
赤道几内亚	件	6648	1201543		
马达加斯加	件	6047	425362		
挪威	件	6003	387355		
莫桑比克	件	5747	228899		
黑山	件	5458	190144		
留尼汪	件	5201	114264		
阿富汗	件	5134	116118		
瓜德罗普岛	件	4652	162078		
贝宁	件	4601	309883		
塔吉克斯坦	件	4547	78872		
缅甸	件	4411	411265	9	659
瑞士	件	4344	201642	1	8942
乍得	件	4321	205392		
孟加拉国	件	4226	285389		
塞尔维亚	件	4200	103196		
科特迪瓦	件	3922	244257		
玻利维亚	件	3813	74477		
尼日利亚	件	3791	256977		
塞内加尔	件	3738	486585		
马提尼克	件	3482	116742		
塞浦路斯	件	3286	176576		
文莱	件	3190	248283		

（续）

商品/国别（地区）	计量单位	出口数量	出口金额（美元）	进口数量	进口金额（美元）
马拉维	件	3162	265837		
格鲁吉亚	件	3130	157255		
尼加拉瓜	件	3102	94678		
奥地利	件	3024	178360	39	127622
埃塞俄比亚	件	3008	170251		
喀麦隆	件	2777	234447		
土库曼斯坦	件	2752	693178		
巴巴多斯	件	2464	117965		
乌兹别克斯坦	件	2412	289213		
立陶宛	件	2086	80584	420	16560
博茨瓦那	件	2023	216708		
圭亚那	件	1910	83790		
毛里求斯	件	1805	68658		
爱沙尼亚	件	1699	102502		
阿塞拜疆	件	1663	76789		
刚果(金)	件	1615	205604		
乌干达	件	1556	99821		
多米尼加	件	1459	84917		
斐济	件	1378	36085		
突尼斯	件	1349	33230		
朝鲜	件	1346	83663		
吉尔吉斯斯坦	件	1305	37330		
新喀里多尼亚	件	1298	75713		
加蓬	件	1288	68451		
巴布亚新几内亚	件	1212	137618		
库克群岛	件	1123	131939		
波黑	件	1100	23378		
柬埔寨	件	1025	81199		
马里	件	924	84823		
摩纳哥	件	900	28200		
几内亚	件	865	168426		
刚果(布)	件	853	179989		
赞比亚	件	808	158322		
老挝	件	757	70684	168	39471
圣文森特和格林纳丁斯	件	744	41165		
东帝汶	件	729	143115		
索马里	件	709	48181		
法属波利尼西亚	件	676	16700		
卢旺达	件	674	57658		
苏里南	件	662	38362		
尼日尔	件	635	70379		
亚洲其他国家(地区)	件	626	72944		
多哥	件	620	124709		
佛得角	件	587	46413		
捷克	件	504	16650	13947	1079062
布隆迪	件	426	32019		
利比里亚	件	364	29341		
斯威士兰	件	353	46399		
毛里塔尼亚	件	286	34028		
海地	件	223	56376		

（续）

商品/国别（地区）	计量单位	出口数量	出口金额（美元）	进口数量	进口金额（美元）
冰岛	件	203	2380		
中非	件	199	66328		
马尔代夫	件	198	35259		
斯洛伐克	件	196	4036	6150	450811
塞拉利昂	件	137	19307		
巴勒斯坦	件	73	15687		
巴哈马	件	68	6869		
津巴布韦	件	53	5785		
塞舌尔	件	53	39631		
荷属安地列斯群岛	件	30	3488		
厄立特里亚	件	29	2182		
圣卢西亚	件	21	542		
巴拉圭	件	19	1175		
亚美尼亚	件	17	7260		
开曼群岛	件	10	3576		
阿鲁巴岛	件	7	747		
马其顿	件	4	1810		
中国	件			2875	396255
94034000 厨房用木家具					
合计	件	15988342	614859667	324050	59509233
美国	件	8865073	356281715	1124	213397
澳大利亚	件	1119943	27649022	134	24273
日本	件	803517	29626279	97	114130
德国	件	777891	35591514	162129	44685621
英国	件	561046	25663371	135	22848
西班牙	件	464938	8591448	56	91568
法国	件	359484	9475414	422	156451
意大利	件	329809	6037056	44415	5053818
韩国	件	327109	7629041	11584	1678038
瑞典	件	289958	8888632	6273	437269
加拿大	件	277782	15896921	9	8885
荷兰	件	221926	8329468	278	14652
比利时	件	177665	3810774	4	946
丹麦	件	130637	10252360	1370	272534
阿联酋	件	119345	5667318	9	252
马来西亚	件	113583	4462048	2720	159931
香港	件	108831	4763751	15	5215
沙特阿拉伯	件	69451	3368619	1	447
波兰	件	59926	1804325	10173	959033
新加坡	件	49747	5123732		
俄罗斯	件	46007	1081598	2646	189943
以色列	件	40889	1304386	1	555
波多黎各	件	32185	1322514		
奥地利	件	31922	68508	9	171871
挪威	件	30027	2323410		
利比亚	件	28341	568443		
葡萄牙	件	27181	239188		
瑞士	件	27120	888994		
芬兰	件	25786	357167		
台湾省	件	21945	1641152	536	14636
巴拿马	件	21251	877649		
黎巴嫩	件	19171	701586		

(续)

商品/国别(地区)	计量单位	出口数量	出口金额(美元)	进口数量	进口金额(美元)
新西兰	件	19006	720980		
伊朗	件	18675	712549		
爱尔兰	件	18209	1228264		
智利	件	17520	626677	1	514
安哥拉	件	17351	1768707		
印度	件	15961	979622	26	3026
菲律宾	件	15247	783910	92	33037
巴哈马	件	13628	551255		
希腊	件	13401	298335		
马尔代夫	件	12445	102771		
南非	件	12378	554548	5	3460
阿尔及利亚	件	10068	616127		
印度尼西亚	件	9614	647673	819	123929
尼日利亚	件	9595	383646		
哈萨克斯坦	件	9115	784348		
罗马尼亚	件	8754	130074	660	66476
土耳其	件	8656	154743		
乌干达	件	7254	492652		
卡塔尔	件	7072	449043		
阿根廷	件	7026	175036		
墨西哥	件	6837	649621		
匈牙利	件	6600	79507	1881	223696
科威特	件	6488	476045		
安提瓜和巴布达	件	6442	363136		
澳门	件	5580	529649		
圣马丁岛	件	5564	170859		
约旦	件	5503	289665		
哥伦比亚	件	5004	162062		
苏丹	件	4787	332741		
摩洛哥	件	4278	250960		
哥斯达黎加	件	4264	126594		
牙买加	件	3817	413495		
开曼群岛	件	3692	90463		
越南	件	3671	178385	655	136963
伊拉克	件	3647	155619		
加纳	件	3604	347261		
委内瑞拉	件	3577	522842		
捷克	件	3506	110474	1617	236565
巴基斯坦	件	3346	217023		
新喀里多尼亚	件	3093	142642		
法属波利尼西亚	件	2999	183369		
秘鲁	件	2768	99592		
克罗地亚	件	2705	53788	49	1402
拉脱维亚	件	2687	196775	1	31
特立尼达和多巴哥	件	2613	113383		
刚果(布)	件	2578	55144		
巴巴多斯	件	2395	82350		
赞比亚	件	2067	201299		
泰国	件	2002	670764	7982	179246
乌兹别克斯坦	件	1972	245022		
纳米比亚	件	1947	95842		
荷属安地列斯群岛	件	1944	204101		

(续)

商品/国别(地区)	计量单位	出口数量	出口金额(美元)	进口数量	进口金额(美元)
多米尼加	件	1892	365534		
乌克兰	件	1870	104477	540	85203
阿曼	件	1698	158551		
留尼汪	件	1691	104844		
塞浦路斯	件	1618	321610		
吉布提	件	1462	70823		
叙利亚	件	1324	20630		
乍得	件	1246	3799		
巴林	件	1211	270114		
也门	件	1092	80457		
埃及	件	1063	121191		
肯尼亚	件	1056	260651		
洪都拉斯	件	1012	69203		
厄瓜多尔	件	1006	48760		
乌拉圭	件	1003	24790		
坦桑尼亚	件	987	283635		
马达加斯加	件	930	186604		
蒙古	件	699	333121	23	640
格鲁吉亚	件	673	59627		
所罗门群岛	件	666	47540		
马提尼克	件	640	42671		
瓜德罗普岛	件	638	50425		
保加利亚	件	633	24397		
贝宁	件	489	51669		
爱沙尼亚	件	487	37445	220	48006
斯洛伐克	件	450	124376	22	845
吉尔吉斯斯坦	件	438	9429		
巴布亚新几内亚	件	421	50846		
苏里南	件	411	12742		
马耳他	件	409	50485		
瓦努阿图	件	330	34876		
刚果(金)	件	298	125888		
塞尔维亚	件	280	32865		
东帝汶	件	274	12598		
圭亚那	件	252	23378		
巴西	件	250	10530	9	388
埃塞俄比亚	件	244	39454		
孟加拉国	件	240	46882		
莫桑比克	件	238	20282		
塔吉克斯坦	件	233	36106		
斯洛文尼亚	件	227	18051	880	251203
毛里求斯	件	217	98253		
朝鲜	件	211	19464	944	23600
立陶宛	件	211	26592	61318	3498688
赤道几内亚	件	208	82334		
几内亚	件	201	37188		
亚美尼亚	件	195	14014		
斯里兰卡	件	182	188225	16	15600
柬埔寨	件	180	57734	40	5657
危地马拉	件	160	27507		
巴勒斯坦	件	159	48411		

(续)

商品/国别(地区)	计量单位	出口数量	出口金额(美元)	进口数量	进口金额(美元)
特克斯和凯科斯群岛	件	156	8700		
文莱	件	151	12789		
斐济	件	151	5582		
阿塞拜疆	件	135	28936		
萨尔瓦多	件	135	12450		
博茨瓦那	件	115	35585		
冰岛	件	107	22356		
塞内加尔	件	94	8596		
多米尼克	件	80	3774		
喀麦隆	件	74	6176		
黑山	件	66	2608		
几内亚(比绍)	件	64	1600		
尼加拉瓜	件	62	930		
拉丁美洲其他国家(地区)	件	60	10000		
阿鲁巴岛	件	52	3000		
法罗群岛	件	49	2988		
加蓬	件	47	3491		
亚洲其他国家(地区)	件	45	5131		
卢旺达	件	44	13000		
科特迪瓦	件	41	3418		
塞舌尔	件	33	2906		
阿尔巴尼亚	件	33	3250		
多哥	件	29	7199		
缅甸	件	28	1338	20	1330
冈比亚	件	16	1484		
巴拉圭	件	14	1526		
佛得角	件	10	74		
突尼斯	件	4	580		
土库曼斯坦	件	2	225		
马约特岛	件	2	62		
白俄罗斯	件			14	1197
中国	件			1952	278814
卢森堡	件			1	744
老挝	件			123	12660
94035010 卧室用红木家具					
合计	件	4494	634683	12393	7730810
越南	件			11564	7577385
泰国	件			308	25079
台湾省	件	15	4645	135	4149
老挝	件			114	38441
印度尼西亚	件	28	3576	112	23543
美国	件	290	35170	93	42539
柬埔寨	件			39	10906
中国	件			21	387
菲律宾	件			3	4317
新加坡	件	128	13904	2	3000
国别(地区)不详	件			1	1000
德国	件	11	10951	1	64
印度	件	5	200		
以色列	件	26	740		

(续)

商品/国别(地区)	计量单位	出口数量	出口金额(美元)	进口数量	进口金额(美元)
马来西亚	件	95	18849		
新喀里多尼亚	件	14	1675		
澳大利亚	件	43	35149		
日本	件	438	21090		
阿联酋	件	12	919		
丹麦	件	1	50		
西班牙	件	14	120		
科特迪瓦	件	21	4498		
乌兹别克斯坦	件	2	980		
加拿大	件	306	71630		
立陶宛	件	18	990		
塞内加尔	件	49	3990		
意大利	件	7	100		
新西兰	件	7	150		
法国	件	565	68463		
香港	件	665	316038		
英国	件	1730	19128		
澳门	件	4	1678		
94035091 卧室用漆木家具					
合计	件	2127641	162873604	138900	15282596
美国	件	651713	52971541	212	167139
马来西亚	件	264390	22268201	41	2118
英国	件	172934	14617603	21	3527
日本	件	160162	11574044	32	23756
澳大利亚	件	153874	12958615	48	16810
韩国	件	127013	9759397	441	44584
法国	件	104595	3292118	143	73573
德国	件	97527	3364403	4829	587268
比利时	件	89414	4455196	112	31500
加拿大	件	52941	5069186	1	339
荷兰	件	39879	2392200		
丹麦	件	34810	1486353	2302	238819
台湾省	件	33681	2310036	14	3671
香港	件	19576	2132952		
新加坡	件	12077	1112325		
新西兰	件	10627	674612		
爱尔兰	件	8786	903379		
阿联酋	件	7508	976114		
沙特阿拉伯	件	5414	931019		
伊朗	件	5336	1036025		
挪威	件	5007	402312	4	2702
西班牙	件	4254	174201	34	67452
留尼汪	件	4235	251863		
俄罗斯	件	4069	781408	1296	198242
马达加斯加	件	3836	586381		
波多黎各	件	3640	347181		
意大利	件	3215	320694	3471	4355173
摩洛哥	件	3199	389610		
澳门	件	2438	517868		
塞浦路斯	件	2413	251540		
瑞典	件	2325	107249	3879	625041
波兰	件	2256	278971	78181	5378972

（续）

商品/国别（地区）	计量单位	出口数量	出口金额（美元）	进口数量	进口金额（美元）
葡萄牙	件	2225	49543		
特立尼达和多巴哥	件	2201	362719		
荷属安地列斯群岛	件	1999	403619		
卡塔尔	件	1596	168496		
马耳他	件	1492	211345		
南非	件	1413	73476		
菲律宾	件	1305	35245	39	73338
纳米比亚	件	1304	41335		
瑞士	件	1211	121324		
委内瑞拉	件	1149	97643		
希腊	件	1145	181554		
海地	件	1000	47706		
乌兹别克斯坦	件	960	126725		
乌克兰	件	957	244447	2471	229696
马尔代夫	件	843	97370		
印度	件	813	125071	14	8946
多米尼加	件	782	60564		
以色列	件	750	42832	2	1054
土耳其	件	714	113814		
巴林	件	711	69694		
巴拿马	件	682	35745		
黎巴嫩	件	681	98868		
斯洛文尼亚	件	571	10239	20	1643
立陶宛	件	566	32632	2983	396751
墨西哥	件	519	98883		
埃及	件	511	84656		
克罗地亚	件	485	33378		
拉脱维亚	件	479	75754	3467	41681
芬兰	件	464	51668	1578	430253
利比亚	件	453	96644		
阿根廷	件	437	31306		
加纳	件	403	127925		
博茨瓦那	件	390	8908		
印度尼西亚	件	349	36937	315	80270
哈萨克斯坦	件	283	57408		
安哥拉	件	256	192565		
白俄罗斯	件	212	40058		
肯尼亚	件	208	12760		
多米尼加	件	200	20280		
爱沙尼亚	件	185	19100	1088	26950
马提尼克	件	180	12346		
泰国	件	123	34297	9965	429649
科威特	件	121	22139		
尼日利亚	件	112	20926		
蒙古	件	88	15424		
坦桑尼亚	件	81	9727		
萨尔瓦多	件	70	7549		
罗马尼亚	件	67	11909	14527	608686
阿鲁巴岛	件	66	38215		
阿曼	件	60	10860		
哥斯达黎加	件	55	9295		
阿尔及利亚	件	51	24510		

（续）

商品/国别（地区）	计量单位	出口数量	出口金额（美元）	进口数量	进口金额（美元）
新喀里多尼亚	件	50	2908		
保加利亚	件	50	9532	2138	85075
巴布亚新几内亚	件	49	12670		
叙利亚	件	49	6720		
柬埔寨	件	39	5489		
约旦	件	36	4140		
格鲁吉亚	件	30	13896		
朝鲜	件	28	9570		
塔吉克斯坦	件	26	3404		
大洋洲其他国家(地区)	件	26	3812		
越南	件	18	3523	37	11728
阿尔巴尼亚	件	18	4680		
哥伦比亚	件	16	2356	93	86698
吉尔吉斯斯坦	件	16	1738		
文莱	件	11	2208		
贝宁	件	11	8099		
塞内加尔	件	8	960		
捷克	件	8	5927	792	56563
奥地利	件	7	14586	18	6215
几内亚	件	7	1295		
塞舌尔	件	6	1360		
智利	件	4	1192		
缅甸	件	4	847		
莫桑比克	件	2	662		
老挝	件			20	281
中国	件			562	121611
斯洛伐克	件			3710	764822
94035099 其他卧室用木家具					
合计	件	26166538	1935528472	235592	24931211
美国	件	6727888	681413403	5743	2681285
日本	件	3239380	134790632	52	22595
沙特阿拉伯	件	2206435	155809518	1	278
澳大利亚	件	1443085	102303141	198	38779
英国	件	1240243	103310834	186	47437
阿联酋	件	1052271	83596252	31	2951
德国	件	1035329	36259099	1113	381743
香港	件	719400	51127833	56	10694
韩国	件	656696	52463580	1226	108370
加拿大	件	638061	47002365	45	14798
法国	件	476410	19405132	7741	1017542
马来西亚	件	446645	45453821	2035	181194
新加坡	件	419212	42453931	474	57884
利比亚	件	403142	26537283		
荷兰	件	311119	14185509	359	63458
伊朗	件	291517	18551989		
西班牙	件	259421	10570646	115	123851
摩洛哥	件	239400	12437605	48	11788
比利时	件	236546	8322388	165	51530
约旦	件	219688	14700636		
瑞典	件	209223	5893376	12790	1051331

（续）

商品/国别（地区）	计量单位	出口数量	出口金额（美元）	进口数量	进口金额（美元）
卡塔尔	件	206183	15161876		
意大利	件	180572	10784436	58980	6290012
阿尔及利亚	件	174275	9667335		
科威特	件	154522	10514770		
以色列	件	146620	8867682	6	574
丹麦	件	145673	4737435	1583	163168
苏丹	件	145318	8517786		
南非	件	128424	8213029	4	2529
印度	件	127854	13243827	233	39720
台湾省	件	119890	10188269	1912	75394
阿曼	件	109336	8163924		
乌克兰	件	101368	9262277	8	785
俄罗斯	件	100106	11732617	20646	161724
波兰	件	97380	5140264	10950	1000706
新西兰	件	94654	4989040		
伊拉克	件	93293	4980867		
乌兹别克斯坦	件	92909	5617503		
委内瑞拉	件	90546	4158419		
黎巴嫩	件	86871	6847894		
印度尼西亚	件	85025	10369615	5461	1071080
泰国	件	79521	9331791	14823	1202003
巴林	件	63692	5308531		
拉脱维亚	件	47178	3853615	628	45976
哈萨克斯坦	件	45817	4394770		
菲律宾	件	45406	3756333	332	192924
希腊	件	44209	3971280	14	645
芬兰	件	43243	3401382	640	26963
爱尔兰	件	42403	3561807		
挪威	件	40213	1288306	9	3394
也门	件	38716	3083921		
瑞士	件	35646	577963	5	20598
墨西哥	件	30873	2463443	7	8456
塔吉克斯坦	件	30526	2095463		
澳门	件	30064	2603513		
巴拿马	件	28962	2522288		
文莱	件	24257	3005009		
波多黎各	件	23698	2336461		
安哥拉	件	23567	2536091		
蒙古	件	21899	574311		
克罗地亚	件	20787	1079632	9	2665
罗马尼亚	件	19392	1494416	12561	428557
埃及	件	18692	2119709		
格鲁吉亚	件	17718	1367253		
土耳其	件	15829	906639	48	2416
塞浦路斯	件	15388	1525974		
马耳他	件	15205	1454522		
留尼汪	件	13497	716339		
厄瓜多尔	件	12530	676163		
越南	件	12390	1722478	32390	4873653
葡萄牙	件	11582	714545	37	29991

（续）

商品/国别（地区）	计量单位	出口数量	出口金额（美元）	进口数量	进口金额（美元）
巴基斯坦	件	11194	630829	29	5293
多米尼加	件	11056	664461		
立陶宛	件	11045	1633131	14243	1248126
巴西	件	10972	149591	16	4000
爱沙尼亚	件	10922	1204073	2	1867
捷克	件	10590	325227	7913	389061
奥地利	件	9565	606317		
突尼斯	件	9458	631870		
阿塞拜疆	件	9455	579060		
叙利亚	件	9153	462325		
坦桑尼亚	件	9088	988099		
保加利亚	件	8295	740489	4495	64036
斯洛文尼亚	件	7327	626505	219	43197
塞内加尔	件	6580	453413		
亚洲其他国家(地区)	件	6456	297588		
哥伦比亚	件	6007	466231		
塞尔维亚	件	5997	172649		
朝鲜	件	5699	307098		
匈牙利	件	5659	323765		
科特迪瓦	件	5654	284178		
肯尼亚	件	5549	547644		
尼日利亚	件	5502	522872		
马尔代夫	件	4817	342253		
阿尔巴尼亚	件	4537	386571		
瓜德罗普岛	件	4320	209007		
哥斯达黎加	件	4235	271334		
马达加斯加	件	4186	608152		
巴勒斯坦	件	3987	281563		
古巴	件	3905	484063		
纳米比亚	件	3648	442377		
埃塞俄比亚	件	3438	191381		
吉布提	件	3208	287692		
洪都拉斯	件	3183	322890		
黑山	件	3152	383654		
智利	件	2989	214760		
赤道几内亚	件	2971	323593		
博茨瓦那	件	2833	186876		
贝宁	件	2801	215014		
圭亚那	件	2748	80140		
阿根廷	件	2703	152827		
加纳	件	2598	267385		
特立尼达和多巴哥	件	2521	384671		
马提尼克	件	2408	124560		
斯里兰卡	件	2379	179329		
几内亚	件	2282	270365		
土库曼斯坦	件	2268	126484		
危地马拉	件	2168	178385		
牙买加	件	2166	214334		
马里	件	2110	89455		
喀麦隆	件	2064	195888		

(续)

商品/国别（地区）	计量单位	出口数量	出口金额（美元）	进口数量	进口金额（美元）
缅甸	件	1938	233136	15	2804
柬埔寨	件	1737	213008	71	3144
利比里亚	件	1732	121367		
吉尔吉斯斯坦	件	1725	107832		
布基纳法索	件	1683	89062		
莫桑比克	件	1505	128334		
阿富汗	件	1332	58484		
乌拉圭	件	1319	139493		
秘鲁	件	1259	79356		
巴布亚新几内亚	件	1256	93884		
刚果(金)	件	1118	148375		
马约特岛	件	1112	100735		
亚美尼亚	件	1017	187896		
摩尔多瓦	件	944	47572		
赞比亚	件	936	104904		
库克群岛	件	918	114269		
毛里求斯	件	917	104897		
毛里塔尼亚	件	786	20940		
刚果(布)	件	723	120551		
尼加拉瓜	件	721	46685		
巴哈马	件	713	101789		
尼泊尔	件	677	41555		
萨尔瓦多	件	609	59071		
加蓬	件	574	66318		
斯洛伐克	件	572	93961	1210	203309
冈比亚	件	561	30956		
法属波利尼西亚	件	452	22025		
法属圭亚那	件	428	21553		
乌干达	件	392	63250		
荷属安地列斯群岛	件	384	29506		
冰岛	件	340	71063		
新喀里多尼亚	件	335	34975		
孟加拉国	件	318	80388		
白俄罗斯	件	295	42337		
海地	件	250	35640		
不丹	件	223	3406		
乍得	件	209	27980		
多米尼克	件	200	2612		
圣卢西亚	件	180	3491		
阿鲁巴岛	件	175	19600		
玻利维亚	件	151	12726		
斐济	件	148	12327		
卢森堡	件	129	12070		
社会群岛	件	129	12022		
塞舌尔	件	109	17088		
卢旺达	件	96	27568		
巴巴多斯	件	86	4578		
马拉维	件	56	27962		
英属维尔京群岛	件	51	10398		
瓦努阿图	件	49	9221		

(续)

商品/国别（地区）	计量单位	出口数量	出口金额（美元）	进口数量	进口金额（美元）
巴拉圭	件	49	8670		
塞拉利昂	件	46	1283		
津巴布韦	件	46	6478	147	16988
安提瓜和巴布达	件	40	7329		
几内亚(比绍)	件	20	2560		
多哥	件	17	3789		
老挝	件	16	2688	54	8917
萨摩亚	件	14	853		
开曼群岛	件	13	6620		
安道尔	件	10	120		
汤加	件	7	226		
尼日尔	件	6	1518		
苏里南	件	4	800		
东帝汶	件	3	3118		
国别(地区)不详	件			3	283
中国	件			13511	1428745
94036010 其他红木家具					
合计	件	34326	4529290	41679	8989947
越南	件			38065	8371571
老挝	件			978	197202
泰国	件	9	2100	835	102181
印度尼西亚	件	215	21453	789	98188
台湾省	件	1517	331909	600	62924
中国	件			187	25156
柬埔寨	件			123	44339
菲律宾	件			48	40954
美国	件	3970	324087	21	26587
爱尔兰	件			11	3614
缅甸	件			10	12437
国别(地区)不详	件			5	1700
意大利	件			2	2051
巴基斯坦	件			2	345
英国	件			1	478
印度	件			1	191
日本	件	17574	1530439	1	29
法国	件	326	23531		
香港	件	6275	1525545		
俄罗斯	件	1	114		
马来西亚	件	667	113018		
埃及	件	1	310		
塔吉克斯坦	件	42	2940		
阿联酋	件	173	14118		
澳门	件	642	153657		
利比亚	件	10	2470		
斯洛伐克	件	287	22900		
澳大利亚	件	240	4938		
加拿大	件	285	30107		
比利时	件	5	53234		
韩国	件	199	17156		
塞内加尔	件	49	6821		

(续)

商品/国别（地区）	计量单位	出口数量	出口金额（美元）	进口数量	进口金额（美元）
德国	件	10	7372		
荷兰	件	1	366		
黎巴嫩	件	4	416		
挪威	件	49	3609		
新加坡	件	1768	334481		
芬兰	件	7	2199		
94036091 其他漆木家具					
合计	件	8838442	471956529	798018	43559357
美国	件	3677301	205330918	346	160196
日本	件	971369	62803979	792	155042
英国	件	628503	33502626	25	9693
德国	件	614162	16876409	47528	3994984
澳大利亚	件	290085	14964673	18	12227
荷兰	件	241703	10727750	13	5674
比利时	件	203282	9981758	77	9088
法国	件	193343	11969724	143	100152
西班牙	件	189861	7169040	222	375698
马来西亚	件	167613	13681215	1761	69520
加拿大	件	163865	9062948	26	3256
意大利	件	163854	5023093	14573	9592805
丹麦	件	136215	6344945	3658	535894
波兰	件	128310	4126580	359120	11832804
韩国	件	117959	7067511	2656	195638
瑞典	件	114663	4024481	27565	1935579
阿根廷	件	114480	545372		
香港	件	68348	5680887	28	7205
新加坡	件	67243	4144600	13	1410
俄罗斯	件	61352	2304736	10684	560043
台湾省	件	57435	3714091	2417	117358
沙特阿拉伯	件	47750	5025324		
挪威	件	39479	2170555		
阿联酋	件	33726	2668791		
瑞士	件	33553	1829118	6	3913
希腊	件	24628	1605297		
土耳其	件	24619	1472313		
南非	件	17989	515123		
爱尔兰	件	17677	826127		
阿尔及利亚	件	16539	300695		
以色列	件	16418	736639		
捷克	件	15263	584658	9290	603650
新西兰	件	14258	632982		
葡萄牙	件	11150	507055	92092	1254777
芬兰	件	10498	457042	520	112175
墨西哥	件	9186	535769		
斯洛文尼亚	件	8859	153324	15036	1448827
菲律宾	件	7271	425544	218	368650
匈牙利	件	6928	353546	1032	225307
科威特	件	6098	721120		
伊朗	件	5865	668791		
克罗地亚	件	5580	349510	6104	403592

(续)

商品/国别（地区）	计量单位	出口数量	出口金额（美元）	进口数量	进口金额（美元）
澳门	件	5430	707832		
智利	件	5368	546525		
摩洛哥	件	5256	815872		
泰国	件	4752	370754	30437	807183
波多黎各	件	4490	309149		
乌克兰	件	4109	911616	2	357
埃及	件	3776	575343		
塞浦路斯	件	3588	281944		
卡塔尔	件	3446	291883		
黎巴嫩	件	3332	362880		
罗马尼亚	件	3049	224040	2939	358538
马提尼克	件	2618	47662		
印度	件	2592	282645	11297	186720
奥地利	件	2492	98045	30	57119
拉脱维亚	件	2435	152913	18781	717186
印度尼西亚	件	2403	198420	4531	214154
安哥拉	件	2356	169149		
土库曼斯坦	件	2176	838430		
斯洛伐克	件	1850	89978	9706	1248939
冰岛	件	1692	80583		
巴林	件	1618	201625		
委内瑞拉	件	1536	69746		
博茨瓦那	件	1486	11680		
约旦	件	1469	184308		
特立尼达和多巴哥	件	1448	267266		
巴拿马	件	1431	91665		
留尼汪	件	1426	120328		
巴西	件	1180	81834	11	552
厄瓜多尔	件	1004	60803		
利比亚	件	885	45200		
贝宁	件	857	101385		
哥伦比亚	件	845	34799	16	46472
哈萨克斯坦	件	809	132496		
尼日利亚	件	783	204092		
加纳	件	753	96787		
叙利亚	件	734	77804		
马耳他	件	582	69719		
多米尼加	件	568	74928		
巴基斯坦	件	476	33656	50	988
瓜德罗普岛	件	426	37777		
阿尔巴尼亚	件	425	24740		
苏丹	件	418	24696		
阿曼	件	392	71238		
缅甸	件	381	62770	2	1758
保加利亚	件	369	80329	7086	648053
肯尼亚	件	280	20951		
荷属安地列斯群岛	件	278	42515		
越南	件	278	37938	32302	664918
伊拉克	件	248	27782		
立陶宛	件	220	26713	80994	4072543

(续)

商品/国别(地区)	计量单位	出口数量	出口金额(美元)	进口数量	进口金额(美元)
秘鲁	件	216	6777		
格鲁吉亚	件	198	96557		
危地马拉	件	192	11799		
莫桑比克	件	191	41619		
塞内加尔	件	190	7491		
老挝	件	190	2781	24	5624
也门	件	138	14130		
蒙古	件	134	78694		
文莱	件	129	27527		
纳米比亚	件	123	15990		
赞比亚	件	114	14097		
白俄罗斯	件	111	47574	2230	191148
赤道几内亚	件	108	24482		
马尔代夫	件	106	8290		
孟加拉国	件	103	27659		
毛里求斯	件	103	10139		
爱沙尼亚	件	95	9850	11	2743
新喀里多尼亚	件	92	14077		
几内亚	件	83	13963		
阿鲁巴岛	件	80	21826		
黑山	件	70	8660		
科特迪瓦	件	67	7017		
马拉维	件	61	3234		
乌兹别克斯坦	件	59	21571		
洪都拉斯	件	57	12878	5	3045
利比里亚	件	52	6696		
多哥	件	40	4768		
巴哈马	件	32	1280		
哥斯达黎加	件	32	8317		
马约特岛	件	31	2458		
亚洲其他国家(地区)	件	30	10920		
尼加拉瓜	件	26	1714		
斯里兰卡	件	21	2539		
圭亚那	件	19	1352		
斯威士兰	件	16	777		
朝鲜	件	14	1800		
大洋洲其他国家(地区)	件	11	4038		
加蓬	件	10	402		
塞尔维亚	件	3	894		
中国	件			1568	233071
国别(地区)不详	件			3	101
柬埔寨	件			4	1710
坦桑尼亚	件			6	240
波黑	件			20	1038
94036099 其他木家具					
合计	件	103620579	3884410388	1145456	64045451
美国	件	32166657	1134166731	6522	3011567
日本	件	13365865	292404758	2563	205826
新加坡	件	6618542	512289987	6469	531466
英国	件	5468471	155155177	379	108635
德国	件	4797754	96883272	21664	3720464
马来西亚	件	4596060	290652260	4170	246273

(续)

商品/国别(地区)	计量单位	出口数量	出口金额(美元)	进口数量	进口金额(美元)
加拿大	件	3533849	139417867	42930	862756
法国	件	3527951	106136711	4972	2050832
香港	件	2710167	109018422	883	332055
澳大利亚	件	2531059	103163959	289	90730
荷兰	件	2284065	54314530	942	149114
阿联酋	件	2002044	114237187	50	5683
比利时	件	1601243	41908794	214	63182
意大利	件	1389497	33053070	211162	15962977
瑞典	件	1273819	31468777	223787	6022518
沙特阿拉伯	件	1217195	68505000	3	245
西班牙	件	1170299	33426154	2316	848359
丹麦	件	1026799	36992934	1537	192270
泰国	件	990558	75765377	88454	2226243
韩国	件	976829	31636412	6010	778059
波兰	件	666290	17987766	123522	5045307
南非	件	493318	19394306	12	6510
新西兰	件	492127	8654696	1	4661
印度尼西亚	件	446588	35284477	28253	3268538
台湾省	件	433509	21669097	38815	1129448
印度	件	419091	24808266	4434	238742
伊朗	件	409317	27835941		
希腊	件	355861	10874456	42	3056
阿尔及利亚	件	331876	10472252		
挪威	件	310741	10536714	908	123434
苏丹	件	299759	4198937		
菲律宾	件	291873	15673385	2889	1122312
智利	件	275556	5335828	2	24
委内瑞拉	件	275158	5018116		
墨西哥	件	274299	7781398		
以色列	件	253089	9982817	5	695
摩洛哥	件	229280	9587687		
哥伦比亚	件	212171	2183376		
利比亚	件	174574	7855914		
俄罗斯	件	166011	10192108	731	26738
葡萄牙	件	158457	5060380	786	59178
巴拿马	件	157419	4010865		
约旦	件	130129	7596549		
爱尔兰	件	127748	5040152	10	683
科威特	件	126264	7352572		
芬兰	件	124176	4972166	4	2200
文莱	件	103552	10966102		
波多黎各	件	99743	4369566		
伊拉克	件	94684	3478466		
巴西	件	89279	2055040		
土耳其	件	86822	3270761	108	3779
乌克兰	件	85910	8622769	4	724
瑞士	件	85163	2342579	77	142986
蒙古	件	84307	1964334		
克罗地亚	件	83029	2290158	197	12197
澳门	件	81800	5352749		
安哥拉	件	81607	2265322		
越南	件	79423	4816086	91463	4008101

（续）

商品/国别（地区）	计量单位	出口数量	出口金额（美元）	进口数量	进口金额（美元）
卡塔尔	件	74053	5231452	4	1858
黎巴嫩	件	67029	5102739		
奥地利	件	60762	1100071	61	44222
东帝汶	件	59125	161204		
埃及	件	54575	2747917	12	1204
罗马尼亚	件	53807	2629304	13111	1199494
厄瓜多尔	件	52807	678220		
匈牙利	件	52362	1635549	25	909
坦桑尼亚	件	51390	1061212	6	419
尼日利亚	件	48529	979534		
多米尼加	件	46742	2350547		
阿根廷	件	45628	825071		
哈萨克斯坦	件	44013	3415976		
塞浦路斯	件	43485	2401408		
捷克	件	39376	929608	18906	741692
阿曼	件	38588	2876369	5	4553
秘鲁	件	37118	626281		
拉脱维亚	件	36217	1874959	6190	207397
突尼斯	件	36108	822949		
加纳	件	35486	649582		
立陶宛	件	33631	1923145	73133	2752578
巴林	件	32263	2575433		
乌兹别克斯坦	件	31247	1993873		
哥斯达黎加	件	28900	459075		
古巴	件	28667	1043027		
留尼汪	件	27019	825395		
格鲁吉亚	件	26446	1740085		
巴基斯坦	件	26031	883414	46	5747
斯洛文尼亚	件	25269	1067000	50200	1014533
也门	件	25229	641797		
保加利亚	件	22055	1053948	5069	284180
马耳他	件	18730	1002154		
爱沙尼亚	件	17246	1628920		
叙利亚	件	16506	786398		
吉布提	件	15841	441903		
塞尔维亚	件	15292	652217	1	176
斯洛伐克	件	13938	450983	24349	1251962
法属波利尼西亚	件	13339	363174		
科特迪瓦	件	13183	491392		
萨尔瓦多	件	13036	196733		
玻利维亚	件	12154	101132		
洪都拉斯	件	11989	375650		
缅甸	件	11160	1169229	277	28976
阿尔巴尼亚	件	11073	558879		
特立尼达和多巴哥	件	10860	985972		
乌拉圭	件	10606	496673		
肯尼亚	件	8811	496156	4	24
牙买加	件	8807	549413		
危地马拉	件	8759	230495		
冰岛	件	8212	164792		

（续）

商品/国别（地区）	计量单位	出口数量	出口金额（美元）	进口数量	进口金额（美元）
塔吉克斯坦	件	7875	233861		
黑山	件	7719	369060		
喀麦隆	件	7245	410643		
瓜德罗普岛	件	6602	265470		
新喀里多尼亚	件	6565	321446		
马提尼克	件	6127	319316		
卢森堡	件	5836	40892		
赞比亚	件	5410	234244		
塞内加尔	件	4912	373360		
贝宁	件	4756	412760		
朝鲜	件	4569	131964		
圭亚那	件	4520	143500		
马达加斯加	件	4368	50073		
博茨瓦那	件	4225	114816		
斯里兰卡	件	4200	119370		
巴勒斯坦	件	3864	63235		
库克群岛	件	3260	355131		
马尔代夫	件	3216	244288		
纳米比亚	件	3091	244279		
莫桑比克	件	3065	255287		
巴哈马	件	2959	395521		
毛里求斯	件	2837	225368		
赤道几内亚	件	2720	257367		
斐济	件	2702	101121		
吉尔吉斯斯坦	件	2571	109495		
亚洲其他国家(地区)	件	2567	67397		
亚美尼亚	件	2408	180910		
荷属安地列斯群岛	件	2300	174887		
土库曼斯坦	件	2296	143503		
柬埔寨	件	2249	140658	32	36552
马拉维	件	2243	66078		
几内亚	件	2194	168352		
苏里南	件	2172	74790		
阿塞拜疆	件	2028	431545		
巴巴多斯	件	1651	107692		
乌干达	件	1575	75290		
孟加拉国	件	1487	142439		
加蓬	件	1443	109845		
马其顿	件	1354	44657		
波黑	件	1079	53392	6	517
巴拉圭	件	1075	68755		
法属圭亚那	件	969	94992		
尼泊尔	件	950	59406	18	4964
白俄罗斯	件	864	143698	784	38838
利比里亚	件	804	119402		
多哥	件	778	95594		
阿鲁巴岛	件	745	148589		
刚果(金)	件	628	43749		
津巴布韦	件	601	17399		
佛得角	件	583	12032		

(续)

商品/国别(地区)	计量单位	出口数量	出口金额(美元)	进口数量	进口金额(美元)
尼加拉瓜	件	504	22721		
马里	件	455	38677		
乍得	件	402	22959		
安提瓜和巴布达	件	374	52194		
冈比亚	件	328	19553		
巴布亚新几内亚	件	322	30913		
圣其茨和尼维斯	件	312	41487		
毛里塔尼亚	件	287	92498		
埃塞俄比亚	件	276	45747		
摩尔多瓦	件	269	14143		
老挝	件	223	24040	1053	101269
开曼群岛	件	220	30100		
索马里	件	208	19210		
刚果(布)	件	200	4002		
不丹	件	190	1458		
马约特岛	件	164	4105		
圣卢西亚	件	162	17151		
海地	件	140	16936		
萨摩亚	件	137	6807		
布基纳法索	件	115	9150		
塞舌尔	件	103	39844		
阿富汗	件	88	10235		
大洋洲其他国家(地区)	件	85	11800		
圣文森特和格林纳丁斯	件	83	5581		
法罗群岛	件	79	8755		
布隆迪	件	77	9130		
格林纳达	件	60	5864		
塞拉利昂	件	58	1149		
百慕大群岛	件	50	832		
马绍尔群岛	件	28	1016		
卢旺达	件	26	12868		
尼日尔	件	18	1956		
瓦努阿图	件	11	4162		
几内亚(比绍)	件	11	1320		
安道尔	件	10	80		
厄立特里亚	件	9	1026		
汤加	件	8	306		
伯利兹	件	5	243		
中非	件	2	3411		
多米尼克	件	1	100		
国别(地区)不详	件			20	1687
中国	件			34565	3713133
94037000 塑料家具					
合计	件	22814327	339591635	384963	11398117
美国	件	8963388	148545217	16767	3279845
日本	件	1522808	10697515	3399	197620
澳大利亚	件	1156730	17061597	37	3513
加拿大	件	932607	16736079	4	5771
香港	件	736900	5419782	737	25251

(续)

商品/国别(地区)	计量单位	出口数量	出口金额(美元)	进口数量	进口金额(美元)
英国	件	707502	9803364	48	10841
西班牙	件	628407	10781628	95	23220
马来西亚	件	427780	2989907	14	1857
阿联酋	件	408470	5698450		
德国	件	324510	5029863	1328	4077533
墨西哥	件	323689	4901897		
沙特阿拉伯	件	317110	4997486	2	127
新加坡	件	314649	2723060	792	27503
伊朗	件	269048	7450255	1	270
菲律宾	件	254791	2030625	1	333
法国	件	225226	5188788	1400	72797
韩国	件	221999	3140565	305677	2321945
荷兰	件	202554	4456805	153	30085
越南	件	177951	1733361	58	11782
智利	件	174544	1878861		
印度	件	170282	2825858		
印度尼西亚	件	168046	1381210	33	4203
巴西	件	167688	1907174		
以色列	件	166179	2985981		
阿尔及利亚	件	164266	1640850		
南非	件	164175	2405558		
俄罗斯	件	164010	7594151		
台湾省	件	160937	1610690	5638	113581
比利时	件	159333	3574657	47	1206
意大利	件	139268	2758795	44620	986586
缅甸	件	130971	1777298		
埃及	件	114742	1279656		
巴拿马	件	104268	1442241		
泰国	件	101304	1309132		
约旦	件	87922	902236		
科威特	件	79754	913561		
朝鲜	件	77403	447361		
新西兰	件	76472	1156321	4	1720
伊拉克	件	71658	511592		
丹麦	件	70170	1590488	82	2675
安哥拉	件	64935	746334		
希腊	件	63593	1473869		
厄瓜多尔	件	61867	735004		
叙利亚	件	60488	547378		
亚洲其他国家(地区)	件	59992	266038		
土耳其	件	58699	957446	11	5485
黎巴嫩	件	57720	792163		
乌克兰	件	56174	417532	1	6
葡萄牙	件	56149	538123		
罗马尼亚	件	49814	648921	10	315
摩洛哥	件	48783	824681		
委内瑞拉	件	47002	877964		
瑞典	件	45310	637900	17	4374
加纳	件	42195	529742		
巴基斯坦	件	41678	465009		

（续）

商品/国别（地区）	计量单位	出口数量	出口金额（美元）	进口数量	进口金额（美元）
利比亚	件	37416	457610		
危地马拉	件	37036	254605		
斯里兰卡	件	33779	133720		
挪威	件	33569	705768	37	535
纳米比亚	件	33431	170018		
波多黎各	件	32762	520501		
爱尔兰	件	32274	394423		
阿根廷	件	31026	398514		
芬兰	件	30031	546488	2	133
尼日利亚	件	29298	378316		
哥伦比亚	件	29167	416125		
塞浦路斯	件	27068	727840		
苏丹	件	26602	204397		
巴林	件	26418	342114		
秘鲁	件	26245	468938		
卡塔尔	件	25876	365157		
哈萨克斯坦	件	25534	995363		
波兰	件	24467	454145		
特立尼达和多巴哥	件	22295	414966		
埃塞俄比亚	件	22152	12941		
瑞士	件	21162	1008077	74	776
毛里求斯	件	20162	151039		
突尼斯	件	20051	100841	450	22712
刚果(金)	件	19602	55730		
塔吉克斯坦	件	19589	1219081		
肯尼亚	件	18086	128339		
保加利亚	件	17983	484689		
蒙古	件	17146	93467		
坦桑尼亚	件	15871	105853		
莫桑比克	件	15814	87141		
马耳他	件	14419	226269		
澳门	件	12867	217118		
多米尼加	件	12581	291153		
也门	件	12399	90787		
哥斯达黎加	件	12097	234726		
乌拉圭	件	11607	164081		
佛得角	件	11580	38326		
苏里南	件	10880	143643		
喀麦隆	件	10649	94496		
洪都拉斯	件	10441	194981		
克罗地亚	件	10334	282573		
赤道几内亚	件	10267	67679		
阿尔巴尼亚	件	10259	119907		
吉布提	件	9866	36837		
博茨瓦那	件	9223	90192		
乌兹别克斯坦	件	9007	545639		
孟加拉国	件	8708	222910		
牙买加	件	8668	132761		
阿曼	件	8486	133419		
爱沙尼亚	件	8368	72865		

（续）

商品/国别（地区）	计量单位	出口数量	出口金额（美元）	进口数量	进口金额（美元）
文莱	件	8230	93344		
贝宁	件	7730	104611		
匈牙利	件	7402	309068		
法属波利尼西亚	件	6972	167906		
萨尔瓦多	件	6655	89782		
黑山	件	6546	47297		
斯洛文尼亚	件	5880	87548	1	173
科特迪瓦	件	5805	40510		
留尼汪	件	5801	126893		
马达加斯加	件	5639	41811		
多哥	件	5358	42939		
圭亚那	件	5030	40202		
奥地利	件	4848	126777	52	2419
马尔代夫	件	4752	69926		
新喀里多尼亚	件	4726	61697		
海地	件	4596	52557		
柬埔寨	件	4422	40559		
刚果(布)	件	4309	26547		
捷克	件	4028	66636		
瓦努阿图	件	3747	9188		
津巴布韦	件	3684	4676		
塞内加尔	件	3513	40622		
塞尔维亚	件	3393	64741		
利比里亚	件	3366	30140		
伯利兹	件	3294	11489		
东帝汶	件	3285	9424		
多米尼克	件	3075	28570		
斐济	件	2979	38506		
拉脱维亚	件	2842	30063		
索马里	件	2802	21635		
古巴	件	2445	27899		
格鲁吉亚	件	2380	43549		
马提尼克	件	2298	24332		
乍得	件	2000	5431		
立陶宛	件	1988	43098		
几内亚	件	1873	40096		
巴布亚新几内亚	件	1843	26063		
冰岛	件	1826	18315		
加蓬	件	1811	11181		
巴巴多斯	件	1796	23571		
萨摩亚	件	1750	36465		
斯洛伐克	件	1616	57284	18	605
库腊索岛	件	1440	3404		
巴拉圭	件	1306	15241		
荷属安地列斯群岛	件	1282	25875		
社会群岛	件	1280	25465		
巴勒斯坦	件	975	19403		
尼加拉瓜	件	973	18230		
法属圭亚那	件	950	6125		
毛里塔尼亚	件	877	14713		

(续)

商品/国别(地区)	计量单位	出口数量	出口金额(美元)	进口数量	进口金额(美元)
密克罗尼西亚	件	802	5030		
阿富汗	件	745	9012		
巴哈马	件	637	8792		
加那利群岛	件	522	2506		
瓜德罗普岛	件	511	19548		
吉尔吉斯斯坦	件	503	8820		
波黑	件	482	27493		
圣卢西亚	件	463	21228		
马约特岛	件	428	6086		
亚美尼亚	件	394	18914		
阿塞拜疆	件	391	45110		
格林纳达	件	352	3527		
马里	件	348	4179		
马绍尔群岛	件	200	1200		
白俄罗斯	件	185	17172		
赞比亚	件	185	2220		
乌干达	件	175	8750		
中非	件	168	4956		
塞舌尔	件	133	620		
安提瓜和巴布达	件	115	3058		
玻利维亚	件	114	2481		
摩尔多瓦	件	110	6118		
不丹	件	96	2112		
塞拉利昂	件	73	8500		
尼日尔	件	50	1512		
冈比亚	件	48	230		
布基纳法索	件	39	291		
基里巴斯	件	38	2803		
尼泊尔	件	20	176		
汤加	件	16	58		
阿鲁巴岛	件	11	831		
百慕大群岛	件	10	391		
特克斯和凯科斯群岛	件	9	144		
库克群岛	件	8	1776		
国别(地区)不详	件			20	113
中国	件			3333	160207
94038100 竹制或藤制的家具					
合计	件	1417807	34909000	4247	143206
美国	件	384668	10755868	4	175
日本	件	206285	1263571	1	66
比利时	件	165263	1090166		
德国	件	112329	2033999	1	220
新加坡	件	93368	6958353		
马来西亚	件	88764	6135950	1	20
法国	件	57111	1039539	2	1070
英国	件	52624	777053	2	32
加拿大	件	41493	731323		
荷兰	件	26764	496182	7	9616
意大利	件	23892	439611		

(续)

商品/国别(地区)	计量单位	出口数量	出口金额(美元)	进口数量	进口金额(美元)
澳大利亚	件	19181	316221	2	48
奥地利	件	12510	269380		
以色列	件	12072	18198		
韩国	件	10352	85578		
土耳其	件	8530	42649		
巴西	件	7146	183587		
智利	件	6680	65865		
瑞典	件	6549	92333		
挪威	件	6466	57381		
西班牙	件	5929	126189		
葡萄牙	件	5846	54178		
墨西哥	件	5661	171888		
克罗地亚	件	5500	21568		
芬兰	件	5209	313359		
伊朗	件	4602	28785		
泰国	件	4357	30636	39	1775
阿根廷	件	3515	102693		
台湾省	件	2893	31740	14	7175
黎巴嫩	件	2238	50296		
爱尔兰	件	2236	24826		
瑞士	件	2182	43723		
丹麦	件	2124	43870	1	106
沙特阿拉伯	件	2116	59828		
俄罗斯	件	1954	115209		
香港	件	1663	19220		
波兰	件	1593	27214		
阿联酋	件	1553	114864		
希腊	件	1326	32169		
马耳他	件	1254	25551		
秘鲁	件	1212	32760		
科特迪瓦	件	1000	16785		
巴拿马	件	770	11281		
危地马拉	件	732	6504		
巴基斯坦	件	600	5120		
新西兰	件	520	37252		
拉脱维亚	件	486	70656		
委内瑞拉	件	467	13386		
捷克	件	458	7717		
南非	件	436	11637		
印度尼西亚	件	407	5180	3563	70753
埃及	件	360	28416		
坦桑尼亚	件	360	62184		
哥斯达黎加	件	285	14721		
厄瓜多尔	件	279	10932		
乌拉圭	件	265	15695		
哥伦比亚	件	265	10000		
瓜德罗普岛	件	232	6776		
特立尼达和多巴哥	件	210	19070		
马提尼克	件	199	5573		
波多黎各	件	180	13005		

(续)

商品/国别(地区)	计量单位	出口数量	出口金额(美元)	进口数量	进口金额(美元)
保加利亚	件	172	18048		
印度	件	167	7901		
乌克兰	件	154	15844		
塞浦路斯	件	154	4152		
巴哈马	件	150	4184		
安哥拉	件	137	12344		
格鲁吉亚	件	136	11603		
圭亚那	件	125	3692		
留尼汪	件	120	3558		
巴巴多斯	件	115	7976		
苏丹	件	95	11451		
荷属安地列斯群岛	件	81	6935		
立陶宛	件	72	42503		
约旦	件	61	3091		
哈萨克斯坦	件	57	18666		
毛里求斯	件	51	2025		
科威特	件	48	1552		
匈牙利	件	46	3999		
摩洛哥	件	45	3593		
加纳	件	40	3120		
塔吉克斯坦	件	36	1152		
叙利亚	件	34	3890		
罗马尼亚	件	32	880		
古巴	件	32	1768		
刚果(金)	件	30	1245		
蒙古	件	21	1680		
巴林	件	20	3840		
阿鲁巴岛	件	15	911		
肯尼亚	件	11	3794		
白俄罗斯	件	10	1350		
乌兹别克斯坦	件	10	300		
尼日利亚	件	8	6590		
也门	件	1	100		
菲律宾	件			146	37591
中国	件			298	12393
越南	件			166	2166
94038910 柳条及类似材料制的家具					
合计	件	227756	3580907	1716	132730
英国	件	67478	930038		
美国	件	42852	1279443	10	361
沙特阿拉伯	件	16602	127755		
波兰	件	16046	143972		
西班牙	件	15214	168231		
德国	件	13411	143219		
加拿大	件	12088	139659		
荷兰	件	6407	65377		
意大利	件	5267	74366		
希腊	件	5238	56544		
以色列	件	4661	84296		
爱尔兰	件	3977	27400		

(续)

商品/国别(地区)	计量单位	出口数量	出口金额(美元)	进口数量	进口金额(美元)
法国	件	3467	50810	1	183
丹麦	件	2680	35955		
匈牙利	件	1710	23850		
约旦	件	1266	14502		
日本	件	1191	28304		
香港	件	1094	17341		
俄罗斯	件	994	5655		
澳大利亚	件	886	18751		
比利时	件	695	12911		
韩国	件	656	4160		
科威特	件	580	7642		
黎巴嫩	件	541	40711		
摩洛哥	件	492	4853		
阿联酋	件	379	6874		
智利	件	342	3781		
瑞士	件	215	3963		
埃及	件	198	4479		
塞浦路斯	件	150	432		
马其顿	件	140	850		
巴西	件	130	9468		
墨西哥	件	119	9451		
危地马拉	件	116	16881		
葡萄牙	件	91	3636		
斯洛文尼亚	件	84	3536		
罗马尼亚	件	76	684		
新加坡	件	51	2746		
马来西亚	件	50	657	8	780
巴巴多斯	件	42	3418		
塞舌尔	件	28	1107		
瑞典	件	20	1405		
菲律宾	件	12	411		
泰国	件	8	416		
文莱	件	6	205		
叙利亚	件	6	762		
中国	件			24	801
印度尼西亚	件			144	1571
越南	件			1529	129034
94038920 石制家具					
合计	件	1959596	114972463	373	244069
美国	件	426115	27975773	4	3309
埃及	件	211794	853273	7	942
香港	件	179134	7965019	1	145
韩国	件	173659	7978400	8	3910
台湾省	件	124888	5061591	15	1644
越南	件	105473	7513381	1	100
马来西亚	件	68828	3747096	7	8263
英国	件	61718	3348946	1	316
法国	件	49075	1379521	9	31283
加拿大	件	48792	2535368		
阿联酋	件	41236	2838166		

(续)

商品/国别(地区)	计量单位	出口数量	出口金额(美元)	进口数量	进口金额(美元)
荷兰	件	40218	2168017	8	139
德国	件	35745	1664631	153	13982
新加坡	件	33034	16225968	15	14555
沙特阿拉伯	件	25340	2000821		
意大利	件	23352	1296998	68	135651
泰国	件	19225	1450403	2	1040
印度尼西亚	件	18830	858267	1	1805
日本	件	16631	1212324	1	287
比利时	件	16534	668359		
马耳他	件	14212	790469		
老挝	件	13119	926547		
西班牙	件	11116	1172658	4	218
澳大利亚	件	10935	1462969		
印度	件	9509	676730	5	2717
丹麦	件	9334	665313		
伊朗	件	9168	740990		
菲律宾	件	8989	425818	30	10391
南非	件	7792	477954		
爱尔兰	件	6971	264411	2	752
土耳其	件	6923	630628		
澳门	件	6806	337611		
智利	件	5726	348127		
卡塔尔	件	5681	253810		
希腊	件	5340	170130		
肯尼亚	件	5223	113233		
尼日利亚	件	4849	237754		
俄罗斯	件	4656	645546		
挪威	件	4643	48503		
哈萨克斯坦	件	4586	1104469		
巴拿马	件	3756	140385		
瑞典	件	3526	217491	1	488
阿曼	件	3474	224971		
柬埔寨	件	3269	180713		
克罗地亚	件	3176	163876		
伊拉克	件	3136	134287		
摩洛哥	件	3133	191502		
以色列	件	3122	174291		
乌克兰	件	2974	95128		
黎巴嫩	件	2971	202223		
墨西哥	件	2630	257842		
巴基斯坦	件	2623	105093		
朝鲜	件	2402	173540		
巴林	件	2068	108785		
也门	件	2024	29579		
约旦	件	2007	40424		
新西兰	件	1970	219771		
阿尔及利亚	件	1947	143970		
多哥	件	1861	242629		
波兰	件	1813	100691		
斯洛文尼亚	件	1811	21733		

(续)

商品/国别(地区)	计量单位	出口数量	出口金额(美元)	进口数量	进口金额(美元)
巴西	件	1769	83492		
拉脱维亚	件	1555	21770		
加纳	件	1444	89506		
厄瓜多尔	件	1401	69729		
葡萄牙	件	1310	53578		
塞浦路斯	件	1294	55559		
罗马尼亚	件	1266	86094		
马尔代夫	件	1225	65966		
安哥拉	件	1166	56712		
科威特	件	1112	60379		
孟加拉国	件	1072	49436		
利比亚	件	983	134428		
乌拉圭	件	783	35146		
亚洲其他国家(地区)	件	781	56145		
阿根廷	件	772	16040		
斐济	件	728	29763		
苏丹	件	696	34900		
缅甸	件	647	51846		
贝宁	件	644	66526		
坦桑尼亚	件	612	21718		
委内瑞拉	件	523	18776		
几内亚	件	501	25784		
黑山	件	500	15300		
斯里兰卡	件	402	30239		
苏里南	件	382	8878		
哥斯达黎加	件	372	11357		
保加利亚	件	342	10856		
纳米比亚	件	337	4292		
文莱	件	332	19712		
喀麦隆	件	308	26138		
刚果(布)	件	300	7462		
芬兰	件	292	19183		
哥伦比亚	件	258	18954		
毛里求斯	件	232	12743		
吉尔吉斯斯坦	件	230	4360		
波多黎各	件	203	32807		
奥地利	件	194	56628	5	5914
危地马拉	件	188	6747		
巴哈马	件	180	2787		
巴布亚新几内亚	件	169	11847		
特克斯和凯科斯群岛	件	155	5704		
叙利亚	件	151	4695		
海地	件	117	1763		
爱沙尼亚	件	112	27579		
刚果(金)	件	88	2640		
留尼汪	件	75	973		
马达加斯加	件	68	2210		
多米尼加	件	62	16300		
科特迪瓦	件	56	759		
塞尔维亚	件	48	3936		

(续)

商品/国别(地区)	计量单位	出口数量	出口金额(美元)	进口数量	进口金额(美元)
蒙古	件	43	1620		
巴巴多斯	件	37	4497		
东帝汶	件	36	216		
塞内加尔	件	36	1556		
秘鲁	件	24	310		
格鲁吉亚	件	23	421		
吉布提	件	18	1800		
赤道几内亚	件	16	226		
马里	件	10	420		
古巴	件	6	1208		
瑞士	件	5	750		
立陶宛	件	4	2399		
加蓬	件	3	360		
埃塞俄比亚	件	3	1400		
萨尔瓦多	件	2	96		
赞比亚	件	1	126		
中国	件			25	6218
94038990 其他材料制的家具					
合计	件	38225969	936027492	106038	22412753
美国	件	7856784	189459246	878	879761
英国	件	3318904	68697667	82	139939
德国	件	3044940	58913034	2145	16794996
荷兰	件	1829838	38389221	96	2594
香港	件	1419674	30808636	690	158455
法国	件	1302141	35067557	118	73157
加拿大	件	1235437	30419658	3	1752
日本	件	1180852	26758614	3688	284976
马来西亚	件	1065121	28868596	1653	427026
西班牙	件	910718	21457078	168	7554
澳大利亚	件	873054	21741638	58	4014
新加坡	件	776588	21011925	157	302392
意大利	件	768441	18966072	1080	993756
韩国	件	607739	12278001	1720	56346
阿联酋	件	582524	18336950	7	1371
越南	件	499955	20855050	59161	463064
沙特阿拉伯	件	489871	15061121		
南非	件	475129	10066067	1	539
波兰	件	436951	7185130	5649	228406
伊朗	件	426317	9039395		
丹麦	件	391961	9745685	96	55841
比利时	件	379376	9936986	3	7394
菲律宾	件	330304	8133729	33	14633
俄罗斯	件	325316	29013475		
瑞典	件	323816	10984633	811	76123
台湾省	件	316470	6227982	14318	533210
印度尼西亚	件	284178	8589168	881	18059
泰国	件	266385	7839492	477	16931
新西兰	件	256428	6382473		
印度	件	249336	5856018	125	3984
墨西哥	件	248945	5678250	206	7233

(续)

商品/国别(地区)	计量单位	出口数量	出口金额(美元)	进口数量	进口金额(美元)
安哥拉	件	241127	2380878		
希腊	件	208255	4773032	3	2860
智利	件	208011	4259434		
阿尔及利亚	件	199817	4730287		
巴基斯坦	件	193737	2708156	1	3191
土耳其	件	188580	5507242	4	1967
巴西	件	161076	3735641	1	1338
埃及	件	159844	6750698		
摩洛哥	件	150601	4599303		
挪威	件	142641	4600474		
伊拉克	件	142231	2499802		
哈萨克斯坦	件	132048	5127572		
罗马尼亚	件	123744	2437333		
尼日利亚	件	122876	2853336		
巴拿马	件	118944	5634101		
贝宁	件	118496	2359569		
也门	件	117007	2185775		
委内瑞拉	件	113408	2501466		
以色列	件	109888	3980066		
约旦	件	95908	1922604		
肯尼亚	件	95690	1455200		
马耳他	件	89095	5624959		
爱尔兰	件	86241	1683552		
厄瓜多尔	件	85401	1023030		
阿根廷	件	83024	2679219		
利比亚	件	75646	1691743		
科威特	件	74158	1977122		
加纳	件	73214	1566367		
喀麦隆	件	70070	831014		
葡萄牙	件	68139	1794102	184	7899
秘鲁	件	66886	1348565		
乌克兰	件	66765	1842381		
朝鲜	件	65802	1518810		
黎巴嫩	件	62865	1794088		
奥地利	件	61318	1919988	25	31202
克罗地亚	件	60676	1670478		
苏丹	件	53391	1117002		
芬兰	件	53181	1614776	67	46832
澳门	件	52452	1491337		
哥伦比亚	件	50376	1687145		
卡塔尔	件	49692	1879439		
亚洲其他国家(地区)	件	44901	1067189		
坦桑尼亚	件	43842	738929		
吉布提	件	43138	361508		
叙利亚	件	43100	960274		
古巴	件	42679	756212		
巴林	件	39832	1591578		
斯洛文尼亚	件	39174	991256	1158	62003
莫桑比克	件	38181	627967		
阿曼	件	36151	2530758		

（续）

商品/国别（地区）	计量单位	出口数量	出口金额（美元）	进口数量	进口金额（美元）
吉尔吉斯斯坦	件	34311	315572		
纳米比亚	件	33901	496520		
斯洛伐克	件	31965	367356	1920	272807
蒙古	件	30220	1231767		
塔吉克斯坦	件	30019	374470		
保加利亚	件	25191	641452		
孟加拉国	件	24902	847545		
巴布亚新几内亚	件	24636	334776		
加蓬	件	24627	290769		
赤道几内亚	件	22816	370795		
博茨瓦那	件	22366	262954		
塞浦路斯	件	21216	765913		
突尼斯	件	20319	304344		
多哥	件	19072	889436		
刚果(布)	件	18845	399239		
缅甸	件	18441	369597		
文莱	件	18059	468756		
波多黎各	件	17819	875909	2	20244
危地马拉	件	17483	214806		
毛里求斯	件	17387	495645		
刚果(金)	件	17384	283289		
瑞士	件	16169	489900	9	17258
埃塞俄比亚	件	15712	224640		
斯里兰卡	件	15583	413771		
拉脱维亚	件	15390	216385		
哥斯达黎加	件	14514	295507		
捷克	件	14379	397136	1	300
乌拉圭	件	14150	531646		
马尔代夫	件	13972	646517		
多米尼加	件	13321	542800		
黑山	件	12044	161405		
佛得角	件	11427	123215		
马达加斯加	件	11342	157184		
牙买加	件	11263	201186		
塞内加尔	件	11102	275428		
特立尼达和多巴哥	件	11050	270462		
爱沙尼亚	件	10709	265033		
津巴布韦	件	10415	145863		
匈牙利	件	10325	244388	7	2820
柬埔寨	件	9431	240295		
塞尔维亚	件	9402	181429		
毛里塔尼亚	件	8252	165960		
立陶宛	件	7942	200255		
阿尔巴尼亚	件	7769	212216		
科特迪瓦	件	6820	163984		
马拉维	件	6252	106563		
巴哈马	件	6184	462841		
苏里南	件	5926	54367		
留尼汪	件	5902	169871		
圭亚那	件	5350	136626		
阿塞拜疆	件	5232	162072		
马里	件	4945	142557		
斐济	件	4931	98232		
斯威士兰	件	4891	53706		
萨尔瓦多	件	4865	93524		
海地	件	4684	45448		
洪都拉斯	件	4051	100520		
瓜德罗普岛	件	3931	159556		
马提尼克	件	3826	187471		
赞比亚	件	3502	127781		
新喀里多尼亚	件	3497	77811		
几内亚	件	3492	109734		
格鲁吉亚	件	2730	119260		
乌兹别克斯坦	件	2674	134524		
库克群岛	件	2516	131082		
玻利维亚	件	1754	75038		
尼加拉瓜	件	1656	88470		
东帝汶	件	1539	39587		
索马里	件	1445	26428		
尼泊尔	件	1417	4449		
巴巴多斯	件	1400	29952		
阿鲁巴岛	件	1377	48348		
塞舌尔	件	1325	8774		
乍得	件	1032	51678		
伯利兹	件	944	11956		
尼日尔	件	868	26856		
多米尼克	件	864	40630		
波黑	件	860	38067		
白俄罗斯	件	788	33231	1	5809
利比里亚	件	768	29570		
冈比亚	件	730	14855		
安提瓜和巴布达	件	671	7623		
巴拉圭	件	610	7355		
法属波利尼西亚	件	602	15592		
荷属安地列斯群岛	件	550	34966		
土库曼斯坦	件	520	49028		
瓦努阿图	件	467	7295		
马其顿	件	386	22472		
冰岛	件	344	14525		
圣文森特和格林纳丁斯	件	342	1605		
汤加	件	322	4729		
莱索托	件	287	5751		
法属圭亚那	件	250	4908		
摩尔多瓦	件	205	10510		
马约特岛	件	194	5111		
老挝	件	156	4643		
库腊索岛	件	154	5390		
科摩罗	件	150	2925		
非洲其他国家(地区)	件	136	4760		
阿富汗	件	122	8199		

（续）

商品/国别（地区）	计量单位	出口数量	出口金额（美元）	进口数量	进口金额（美元）
乌干达	件	120	9179		
圣卢西亚	件	120	1043		
所罗门群岛	件	111	2276		
不丹	件	104	7800		
开曼群岛	件	100	6882		
社会群岛	件	80	4000		
中非	件	73	4556		
巴勒斯坦	件	66	814		
塞拉利昂	件	57	1345		
卢旺达	件	56	2184		
萨摩亚	件	51	1413		
摩纳哥	件	40	223		
加那利群岛	件	31	618		
圣马力诺	件	30	1800		
卢森堡	件	15	4140		
亚美尼亚	件	12	615		
格林纳达	件	10	274		
密克罗尼西亚	件	3	689		
国别（地区）不详	件			3	1344
中国	件			8348	381373

94039000 其他编号 9403 所列物品的零件

商品/国别（地区）	计量单位	出口数量	出口金额（美元）	进口数量	进口金额（美元）
合计	千克	731889477	1506150241	28985302	75051713
美国	千克	241555377	510590452	194892	1876560
香港	千克	56932083	119412956	90581	144317
日本	千克	46958649	109827281	87605	761106
德国	千克	30702534	65649440	1375444	5187108
英国	千克	27224017	54141813	11675	917086
西班牙	千克	20786508	37140941	352866	709097
马来西亚	千克	19925436	56760555	1302959	2126928
荷兰	千克	19656374	35992447	39623	289993
澳大利亚	千克	19138983	45037475	7210	44654
韩国	千克	18891882	24022622	64299	215885
加拿大	千克	17165206	33084967	1513950	2171219
意大利	千克	15926799	28488743	3991987	11145923
澳门	千克	14120984	7725815		
法国	千克	13542117	28676370	585938	1323448
新加坡	千克	12076115	31521644	110373	919598
阿联酋	千克	11199376	26887665	14	240
比利时	千克	10835085	20688484	1472	9400
瑞典	千克	10286069	21695853	3154608	7647767
俄罗斯	千克	9322016	21370030	592109	1044214
沙特阿拉伯	千克	9272104	19544642		
波兰	千克	8335064	14335170	1487931	3678507
台湾省	千克	6387810	11218018	1266530	3774834
印度	千克	6061989	15011170	132061	313915
丹麦	千克	5967610	13621092	416171	2018864
越南	千克	3724296	5407452	3126659	5675612
瑞士	千克	3238477	7382826	9490	139160
伊朗	千克	2958700	6034205		
埃及	千克	2819350	6135605		

（续）

商品/国别（地区）	计量单位	出口数量	出口金额（美元）	进口数量	进口金额（美元）
泰国	千克	2793876	7449779	1059898	2396668
土耳其	千克	2680921	7191752		
希腊	千克	2592858	4707140	90	1545
南非	千克	2506343	4706481	90	4614
卡塔尔	千克	2478083	2523243		
乌克兰	千克	2460738	4741969	358	870
菲律宾	千克	2369718	5929055	11183	22100
芬兰	千克	2320304	5476768	73403	325110
以色列	千克	2305688	4156832	60	286
安哥拉	千克	1957449	2448815		
巴西	千克	1939170	3711662	120	208
巴拿马	千克	1838313	2210936		
利比亚	千克	1829016	3319748		
约旦	千克	1769558	4307504		
印度尼西亚	千克	1766099	3888324	362134	847748
科威特	千克	1762637	3899676		
摩洛哥	千克	1733749	2118555		
突尼斯	千克	1688163	1090372		
阿尔及利亚	千克	1635897	2340687		
马耳他	千克	1507089	1106782		
黎巴嫩	千克	1398211	1842576		
墨西哥	千克	1276343	2591238	48	2567
罗马尼亚	千克	1114018	1913637	2704	7393
斯洛伐克	千克	1094073	1613039	1129579	2418102
智利	千克	1067076	2689165	22	930
新西兰	千克	983813	1964137	220	1612
葡萄牙	千克	981086	1690434	776297	1755448
哈萨克斯坦	千克	974749	4360868		
拉脱维亚	千克	798323	1104589	56384	172459
立陶宛	千克	790360	1965216	1479676	2466407
阿曼	千克	788332	1816894	4	8
巴基斯坦	千克	766900	1292664	129	451
吉尔吉斯斯坦	千克	763352	3135080		
爱尔兰	千克	740458	1808958	249	3935
奥地利	千克	636851	1281784	918250	3722765
捷克	千克	611618	1077268	336398	842226
苏丹	千克	550275	977070	40	80
波多黎各	千克	511464	871269		
委内瑞拉	千克	496748	1157685		
多米尼加	千克	461989	660788	993	1922
叙利亚	千克	454874	929469		
危地马拉	千克	397152	811309		
尼日利亚	千克	378316	477696		
秘鲁	千克	366158	615875		
斯洛文尼亚	千克	361785	390329	229248	1226601
伊拉克	千克	351843	813688		
挪威	千克	336658	943515	277	3803
也门	千克	322355	614239		
匈牙利	千克	310024	495618	362984	1353715
阿根廷	千克	302477	652954		

(续)

商品/国别（地区）	计量单位	出口数量	出口金额（美元）	进口数量	进口金额（美元）
哥伦比亚	千克	279857	707028		
克罗地亚	千克	279852	477763	214058	430272
哥斯达黎加	千克	255081	570318		
塞浦路斯	千克	238854	449802		
厄瓜多尔	千克	202575	341248		
爱沙尼亚	千克	195467	423934	869380	2252908
塔吉克斯坦	千克	167253	569955		
坦桑尼亚	千克	162646	170306		
巴林	千克	161168	375503		
加纳	千克	157565	151873		
多米尼克	千克	154838	167586		
斯里兰卡	千克	146194	396554		
肯尼亚	千克	139802	172427		
保加利亚	千克	131620	301416	65021	120471
文莱	千克	93610	77636		
朝鲜	千克	91989	75767		
巴哈马	千克	90555	199181		
洪都拉斯	千克	86319	416415		
孟加拉国	千克	85904	148103		
毛里求斯	千克	85504	100461		
牙买加	千克	84022	127044	26	375
阿尔巴尼亚	千克	82411	213152		
白俄罗斯	千克	77211	184530	133012	303724
乌拉圭	千克	76370	212151		
吉布提	千克	67347	103501		
塞尔维亚	千克	64229	147301	9548	37230
特立尼达和多巴哥	千克	57133	147200		
贝宁	千克	54313	30691		
格鲁吉亚	千克	52765	82618		
马达加斯加	千克	47565	11266		
苏里南	千克	44457	149951		
阿富汗	千克	35653	85026		
斐济	千克	34106	68294		
蒙古	千克	29114	46178		
老挝	千克	28536	57135		
莫桑比克	千克	24521	48860	4591	4499
科特迪瓦	千克	24059	35122		
圭亚那	千克	23887	14699		
埃塞俄比亚	千克	23774	35612		
留尼汪	千克	22684	15215		
几内亚	千克	21991	48436		
巴拉圭	千克	21407	62293		
赞比亚	千克	21113	24269		
喀麦隆	千克	21089	35144		
乌兹别克斯坦	千克	20643	66071		
亚洲其他国家(地区)	千克	19998	24321		
海地	千克	18557	22283		
多哥	千克	17610	7179		
阿鲁巴岛	千克	15870	13143		

(续)

商品/国别（地区）	计量单位	出口数量	出口金额（美元）	进口数量	进口金额（美元）
塞内加尔	千克	15640	20941		
巴布亚新几内亚	千克	13635	13873		
库腊索岛	千克	12834	21000		
缅甸	千克	12549	33419	739	623
古巴	千克	11908	28718		
冈比亚	千克	11500	17825		
马尔代夫	千克	10721	23034		
乌干达	千克	9953	34690		
柬埔寨	千克	9879	9147	23202	19630
佛得角	千克	9624	12831		
萨尔瓦多	千克	9389	22436		
摩尔多瓦	千克	7270	17598		
土库曼斯坦	千克	6632	24218		
新喀里多尼亚	千克	6068	6567		
巴勒斯坦	千克	5975	10515		
圣其茨尼维斯	千克	4958	14050		
博茨瓦那	千克	4710	3045		
卢旺达	千克	4466	6875		
开曼群岛	千克	4318	8080		
马里	千克	4149	7551		
安提瓜和巴布达	千克	3611	9144		
黑山	千克	3510	8828		
巴巴多斯	千克	3474	5120		
法属波利尼西亚	千克	3463	8669		
冰岛	千克	2767	17044		
纳米比亚	千克	2237	1805		
尼加拉瓜	千克	2204	4790		
加蓬	千克	2098	2307		
塞舌尔	千克	2065	4915		
马拉维	千克	2018	3538		
津巴布韦	千克	1938	3140		
荷属安地列斯群岛	千克	1847	8939		
利比里亚	千克	1570	2420		
刚果(布)	千克	1510	15722		
大洋洲其他国家(地区)	千克	1181	3978		
瓜德罗普岛	千克	980	1223		
法属圭亚那	千克	911	1200		
刚果(金)	千克	660	63		
玻利维亚	千克	485	3250		
马提尼克	千克	340	436		
伯利兹	千克	200	598		
波黑	千克	190	121	139005	319976
萨摩亚	千克	185	80		
阿塞拜疆	千克	130	2870		
马其顿	千克	108	367		
汤加	千克	86	207		
诺福克岛	千克	81	210		
卢森堡	千克	2	19	440	1614
中国	千克			808995	1845383

索　　引

说明：

一、本索引是条目条头、表头、图题和条目内容的主题索引。

二、索引按汉语拼音字母顺序排列。用阿拉伯数字开头的主题，依次排在汉字索引条后。

三、索引后面的数字表示所在页码。

A

B

C

D

F

G

H

J

K

L

M

N

O

P

Q

R

S

T

W

X

Y

Z

参加编纂单位名单

北京市

朝阳区园林绿化局
房山区园林绿化局
通州区园林绿化局
顺义区园林绿化局
昌平区园林绿化局
大兴区园林绿化局
怀柔区园林绿化局
平谷区人民政府果品办公室
密云县园林绿化局
延庆县果品服务中心

市园林绿化局直属单位

西山试验林场
十三陵林场
共青林场
八达岭林场
温泉苗圃
天竺苗圃
南大荒苗圃
琅山苗圃
黄垡苗圃
大东流苗圃
蚕业蜂业管理站
松山国家级自然保护区管理处
野生动物保护自然保护区管理站

天津市

红桥区林业局
塘沽区林业工作站
汉沽区林业局
大港城乡办林业科
东丽区林业局
西青区农业经济委员会
津南区农业经济委员会
武清区林业局
宝坻区林业局
蓟县林业局
宁河县林业局
静海县林业局

河北省

石家庄市林业局

长安区农办
桥东区农办
桥西区农办
新华区农办
裕华区园林局
井陉矿区林业局
辛集市林业局
藁城市林业局
晋州市林业局
新乐市林业局
鹿泉市林业局
井陉县林业局
正定县林业局
栾城县林业局
行唐县林业局
灵寿县林业局
高邑县林业局
深泽县林业局
赞皇县林业局
无极县林业局
平山县林业局
元氏县林业局
赵县林业局
石家庄市南化苗圃

张家口市林业局

桥西区林业局
宣化区农委
下花园区农委
宣化县林业局
张北县林业局
康保县林业局
沽源县林业局
尚义县林业局
蔚县林业局
阳原县林业局
怀安县林业局
万全县林业局
怀来县林业局
涿鹿县林业局
赤城县林业局
崇礼县林业局
张家口市林场
张家口市高新区农委
张家口市察北管理区林业局

承德市林业局

双桥区林业局
双滦区林水局
鹰手营子矿区林水局
承德县林业局
兴隆县林业局
平泉县林业局
滦平县林业局

隆化县林业局
丰宁满族自治县林业局
宽城满族自治县林业局
围场满族蒙古族自治县林业局
滦平林场管理处
御道口林场

秦皇岛市林业局

海港区林业局
山海关区林业局
北戴河区林业局
昌黎县林业局
抚宁县林业局
卢龙县林业局
青龙满族自治县林业局
秦皇岛市海滨林场
秦皇岛市南大寺园艺场

唐山市林业局

路北区农林畜牧水产局
路南区农林畜牧水产局
古冶区农林畜牧水产局
开平区农林畜牧水产局
丰润区林业局
丰南区林业局
遵化市林业局
迁安市林业局
滦县林业局
滦南县林业局
乐亭县林业局
迁西县林业局
玉田县林业局
唐海县农林畜牧水产局
芦台经济技术开发区农委
汉沽管理区农业局

廊坊市林业局

广阳区林业局
安次区林业局
霸州市林业局
三河市林业局
固安县林业局
永清县林业局
香河县林业局
大城县林业局
文安县林业局
大厂回族自治县林业局
廊坊市杨柳青林场

保定市林业局

新市区农业局
北市区农业局
南市区农业局
定州市林业局
涿州市农业局
安国市林业局
高碑店市农牧局
满城县林业局
清苑县农业局
易县林业局
徐水县林业局
涞源县林业局
定兴县林业局
顺平县林业局
唐县林业局
望都县林业局
涞水县林业局
高阳县林业局
安新县农业局
雄县农业局
容城县农牧局
曲阳县林业局
阜平县林业局
博野县农业局
蠡县林业局
保定市林木良种场

沧州市林业局

运河区农林局
新华区农林局
泊头市林业局
任丘市林业局
黄骅市林业局
河间市林业局
沧县林业局
青县林业局
东光县林业局
海兴县农林局
盐山县农林局
肃宁县林业局
南皮县林业局
吴桥县农林局
献县林业局
孟村回族自治县农林局
临港经济技术开发区林业局
南大港管理区林业局

衡水市林业局

桃城区林业局
冀州市林业局
深州市林业局
枣强县林业局
武邑县林业局
武强县林业局
饶阳县林业局
安平县林业局
故城县林业局
景县林业局
阜城县林业局

邢台市林业局

桥东区农业局
桥西区农业局
南宫市林业局
沙河市林业局
邢台县林业局
临城县林业局
内丘县林业局
柏乡县林业局
隆尧县林业局
任县林业局
南和县林业局
宁晋县林业局
巨鹿县林业局
新河县林业局
广宗县林业局
平乡县林业局
威县林业局
清河县林业局
临西县林业局

高新技术开发区农业办
大曹庄管委会农业办

邯郸市林业局

丛台区农牧局
邯山区农牧局
复兴区农牧局
峰峰矿区林业局
武安市林业局
邯郸县林业局
临漳县林业局
成安县林业局
大名县林业局
涉县林业局
磁县林业局
肥乡县林业局
永年县林业局
邱县林业局
鸡泽县林业局
广平县林业局
馆陶县林业局
魏县林业局
曲周县林业局
邯郸市漳河林场

省林业局直属单位

塞罕坝机械化林场
木兰围场国有林场管理局
河北雾灵山国家级自然保护区管理局
小五台国家级自然保护区管理局
河北省林业示范场

山西省

大同市林业局

大同市植物园

阳泉市林业局

郊区林业局
平定县林业局
盂县林业局

晋城市林业局

城区林业局
沁水县林业局
阳城县林业局
陵川县林业局

晋中市林业局

介休市林业局
榆社县林业局
左权县林业局
和顺县林业局
太谷县林业局
祁县林业局
平遥县林业局
灵石县林业局

临汾市林业局

古县林业局

运城市林业局

盐湖区林业局
临猗县林业局
万荣县林业局
新绛县林业局
稷山县林业局
闻喜县林业局
夏县林业局
平陆县林业局
垣曲县林业局

内蒙古自治区

呼和浩特市林业局

新城区林业局
玉泉区林业局
托克托县林业局
武川县林业局
清水河县林业局
土默特左旗林业局

包头市林业局

昆都仑区林业局
东河区林业局
青山区林业局
石拐区林业局
九原区林业局
固阳县林业局
土默特右旗林业局
达尔罕茂明安联合旗林业局
稀土高新区林业局

乌海市林业局

海勃湾区林业局
海南区林业局
乌达区林业局

赤峰市林业局

红山区林业局
元宝山区林业局
松山区林业局
宁城县林业局
林西县林业局
阿鲁科尔沁旗林业局
巴林左旗林业局
巴林右旗林业局
克什克腾旗林业局
翁牛特旗林业局
喀喇沁旗林业局
敖汉旗林业局

通辽市林业局

科尔沁区林业局
霍林郭勒市林业局
开鲁县林业局
库伦旗林业局
奈曼旗林业局
扎鲁特旗林业局
科尔沁左翼中旗林业局
科尔沁左翼后旗林业局

呼伦贝尔市林业局

扎兰屯市林业局
牙克石市林业局
根河市林业局
额尔古纳市林业局
阿荣旗林业局
新巴尔虎左旗林业局
陈巴尔虎旗林业局
鄂伦春自治旗林业局
鄂温克族自治旗林业局

莫力达瓦达斡尔族自治旗林业局
乌奴尔林业局
南木林业局
柴河林业局
免渡河林业局
红花尔基林业局
巴林林业局

鄂尔多斯市林业局

东胜区林业局
达拉特旗林业局
准格尔旗林业局
鄂托克前旗林业局
鄂托克旗林业局
杭锦旗林业局
乌审旗林业局
伊金霍洛旗林业局

乌兰察布市林业局

集宁区林业局
丰镇市林业局
卓资县林业局
化德县林业局
商都县林业局
兴和县林业局
凉城县林业局
察哈尔右翼前旗林业局
察哈尔右翼中旗林业局
察哈尔右翼后旗林业局
四子王旗林业局

巴彦淖尔市林业局

临河区林业局
五原县林业局
磴口县林业局
乌拉特前旗林业局
乌拉特中旗林业局
乌拉特后旗林业局
杭锦后旗林业局

兴安盟林业局

乌兰浩特市林业局
阿尔山市林业局
科尔沁右翼前旗林业局
科尔沁右翼中旗林业局
扎赉特旗林业局
五岔沟林业局
白狼林业局

锡林郭勒盟林业局

锡林浩特市林业局
二连浩特市林业局
多伦县林业局
阿巴嘎旗林业局
苏尼特左旗林业局
苏尼特右旗林业局
东乌珠穆沁旗林业局
西乌珠穆沁旗林业局
太仆寺旗林业局
镶黄旗林业局
正镶白旗林业局
正蓝旗林业局

阿拉善盟林业局

阿拉善左旗林业局
阿拉善右旗林业局
额济纳旗林业局

辽宁省

沈阳市林业局

苏家屯区农林局
沈北新区农林局
于洪区农林局
东陵区林业局
新民市林业局
辽中县林业局
康平县林业局
法库县林业局

朝阳市林业局

双塔区林业局
龙城区林业局
北票市林业局
凌源市林业局
朝阳县林业局
建平县林业局
喀喇沁左翼蒙古族自治县林业局

阜新市林业局

细河区农林水利局
海州区农村经济工作办公室
新邱区林业局
太平区农林水利局
清河门农村经济局
彰武县林业局
阜新蒙古族自治县林果局

铁岭市林业局

银州区林业局
清河区林业局
调兵山市林业局
开原市林业局
铁岭县林业局
西丰县林业局
昌图县林业局
铁岭经济开发区林业局

抚顺市林业局

顺城区农发局
东洲区农发局
望花区农发局
抚顺县林业局
新宾满族自治县林业局
清原满族自治县林业局

本溪市林业局　本溪市农委

平山区林业局
溪湖区林业局
明山区林业局
南芬区林业局
本溪满族自治县林业局
桓仁满族自治县林业局
本溪市经济开发区林业局

辽阳市林业局

白塔区农村经济局
文圣区东兴街道办事处
宏伟区农村经济局
弓长岭区农村经济局
太子河区农村经济局
灯塔市林业局
辽阳县林业局

鞍山市林业局

千山区农村经济发展局
海城市林业局
台安县林业局
岫岩满族自治县林业局
千山风景区林业局
鞍山市开发区林业局

丹东市林业局

振兴区农发局
元宝区农发局
振安区林业局
凤城市林业局
东港市林业局
宽甸满族自治县林业局

大连市林业局

甘井子区农发局
旅顺口区农林水利局
金州新区农林水利局
瓦房店市林业局
普兰店市林业局
庄河市林业水利局
长海县农林水务局
长兴岛社会事业管理局
大连经济技术开发区林业局

营口市林业局

鲅鱼圈区林业局
老边区农委
大石桥市林业局
盖州市林业局

盘锦市农林局

兴隆台区农村经济局
双台子区农村经济局
大洼县农村经济局
盘山县农村经济局

锦州市林业局

太和区林业水利局
凌海市林业局
北镇市林业局
黑山县林业局
义县林业果树局

葫芦岛市林业局

龙港区林业局
连山区林业局
南票区林业局
兴城市林业局
绥中县林业局
建昌县林业局

省林业厅直属单位

辽宁实验林场
杨树研究所
生态实验林场
森林经营研究所
经济林研究所
固沙造林研究所
干旱地区造林研究所

吉林省

长春市林业局

南关区林业局
朝阳区林业局
宽城区林业局
二道区林业局
绿园区林业局
双阳区林业局
德惠市林业局
九台市林业局
榆树市林业局
农安县林业局

白城市林业局

洮北区林业局
大安市林业局
洮南市林业局
镇赉县林业局
通榆县林业局

松原市林业局

宁江区林业局
扶余县林业局
长岭县林业局
乾安县林业局
前郭尔罗斯蒙古族自治县林业局

吉林市林业局

船营区林业局
龙潭区林业局
昌邑区林业局
丰满区林业局
磐石市林业局
蛟河市林业局
桦甸市林业局
舒兰市林业局
永吉县林业局

四平市林业局

铁西区林业局
铁东区林业局
双辽市林业局
公主岭市林业局
梨树县林业局
伊通满族自治县林业局

辽源市林业局

龙山区林业局
西安区林业局
东丰县林业局
东辽县林业局

通化市林业局

东昌区林业局
二道江区林业局
梅河口市林业局
集安市林业局
通化县林业局
辉南县林业局
柳河县林业局

白山市林业局

八道江区林业局
江源区林业局
临江市林业局
抚松县林业局
靖宇县林业局
长白朝鲜族自治县林业局

延边朝鲜族自治州林业局

延吉市林业园林管理局
图们市林业局
敦化市林业局
珲春市林业局

龙井市林业局
和龙市林业局
汪清县林业局
安图县林业局

延边州林管局

黄泥河林业局
敦化林业局
大石头林业局
八家子林业局
和龙林业局
汪清林业局
大兴沟林业局
天桥岭林业局
珲春林业局
安图森林经营局
白河林业有限公司

省林业厅直属单位

上营森林经营局
辉南森林经营局
长白森林经营局
长白山林业局

黑龙江省

哈尔滨市林业局

松北区农林局
道里区农林局
南岗区农林局
道外区农林局
香坊区农林局
平房区农林局
呼兰区林业局
阿城区林业局
双城市林业局
尚志市林业局
五常市林业局
依兰县林业局
方正县林业局
宾县林业局
巴彦县林业局
木兰县林业局
通河县林业局
延寿县林业局
转山实验林场
山河实验林场
丹清河实验林场
胜利实验林场

齐齐哈尔市林业局

昂昂溪林场
富拉尔基区林业局
碾子山区林业局
铁锋区林业局
梅里斯达斡尔族区林业局
讷河市林业局
龙江县林业局
依安县林业局
泰来县林业局
泰来县东方红机械林场
甘南县林业局
富裕县林业局
克山县林业局
克东县林业局
拜泉县林业局

黑河市林业局

爱辉区林业局
北安市林业局
五大连池市林业局
嫩江县林业局
逊克县林业局
孙吴县林业局
五大连池风景区管理委员会

大庆市林业局

大庆高新区东风农场
萨尔图区农林局
龙凤区农林局
让胡路区农林局
大同区林业局
红岗区农林局
肇州县林业局
肇源县林业局
林甸县林业局
杜尔伯特蒙古族自治县林业局

伊春市林业局

铁力市林业局
嘉荫县林业局

鹤岗市林业局

向阳区林业局
兴山区林业局
工农区林业局
南山区林业局
兴安区林业局
东山区林业局
萝北县林业局
绥滨县林业局

佳木斯市林业局

前进区林业局
东风区林业局
郊区林业局
同江市林业局
富锦市林业局
桦南县林业局
桦川县林业局
汤原县林业局
抚远县林业局
孟家岗林场

双鸭山市林业局

尖山区林业站
岭东区林业站
四方台区林业站
宝山区林业站
集贤县林业局
友谊县林业局
宝清县林业局
饶河县林业局

七台河市林业局

桃山区林业局
新兴区林业局
茄子河区林业局
勃利县林业局

鸡西市林业局

鸡冠区林业局
恒山区人民政府林业站

滴道区人民政府林业站
梨树区林业站
城子河区林业局
麻山区林业局
虎林市林业局
密山市林业局
鸡东县林业局

牡丹江市林业局

穆棱市林业局
绥芬河市林业局
海林市林业局
宁安市林业局
东宁县林业局
林口县林业局

绥化市林业局

北林区林业局
安达市林业局
肇东市林业局
海伦市林管局
望奎县林业局
兰西县林业局
青冈县林业局
庆安县林业局
明水县林业局
绥棱县林管局

大兴安岭地区行署营林局

加格达奇区中小企业局
呼玛县林业局
塔河县营林局
漠河县林业局

省林业厅直属单位

尚志国有林场管理局
庆安国有林场管理局
森林植物园

上海市

杨浦区林业站
闵行区林业站
宝山区林业站
嘉定区林业站
浦东新区绿化管理署
金山区林业站
松江区林业站
青浦区林业站
南汇区林业站
奉贤区林业署
崇明县农业委员会

江苏省

南京市林业局

玄武区林业局
白下区林业局
秦淮区林业局
建邺区林业局
鼓楼区林业局
下关区林业局
浦口区林业局
六合区林业局
栖霞区林业局
雨花台区林业局
江宁区林业局
溧水县林业局
高淳县林业局

徐州市林业局

云龙区林业局
鼓楼区林业局
九里区林业局
贾汪区林业局
泉山区林业局
邳州市林业局
新沂市林业局
铜山县林业局
睢宁县林业局
沛县林业局
丰县林业局

连云港市林业局

新浦区林业局
连云区林业局
海州区林业局
赣榆县林业局
灌云县林业局
东海县林业局
灌南县林业局

宿迁市林业局

宿城区林业局
宿豫区林业局
沭阳县林业局
泗阳县林业局
泗洪县林业局

淮安市林业局

清河区林业局
清浦区林业局
楚州区林业局
淮阴区林业局
金湖县林业局
盱眙县林业局
洪泽县林业局
涟水县林业局

盐城市林业局

亭湖区林业局
盐都区林业局
东台市林业局
大丰市林业局
射阳县林业局
阜宁县林业局
滨海县林业局
响水县林业局
建湖县林业局

扬州市林业局

维扬区林业局
广陵区林业局
邗江区林业局
仪征市林业局
江都市林业局
高邮市林业局
宝应县林业局

泰州市林业局

海陵区林业局
高港区林业局

靖江市林业局
泰兴市林业局
姜堰市林业局
兴化市林业局

南通市林业局

崇川区林业局
港闸区林业局
海门市林业局
启东市林业局
通州市林业局
如皋市林业局
如东县林业局
海安县林业局

镇江市林业局

京口区林业局
润州区林业局
丹徒区林业局
扬中市林业局
丹阳市林业局
句容市林业局

常州市林业局

新北区林业局
钟楼区林业局
天宁区林业局
戚墅堰区林业局
武进区林业局
金坛市林业局
溧阳市林业局

无锡市林业局

崇安区林业局
南长区林业局
北塘区林业局
滨湖区林业局
惠山区林业局
锡山区林业局
江阴市林业局
宜兴市林业局

苏州市林业局

金阊区林业局
沧浪区林业局
平江区林业局
虎丘区林业局
吴中区林业局
相城区林业局
吴江市林业局
昆山市林业局
太仓市林业局
常熟市林业局
张家港市林业局

浙江省

杭州市林业局

江干区林业局
西湖区林业局
滨江区林业局
余杭区林业局
萧山区林业局
临安市林业局
富阳市林业局
建德市林业局
桐庐县林业局
淳安县林业局

湖州市林业局

吴兴区林业局
南浔区林业局
长兴县林业局
德清县林业局
安吉县林业局

嘉兴市林业局

南湖区林业局
秀洲区林业局
平湖市林业局
海宁市林业局
桐乡市林业局
嘉善县林业局
海盐县林业局

舟山市林业局

定海区林业局
普陀区林业局
岱山县林业局
嵊泗县林业局

宁波市林业局

江东区林业局
江北区林业局
北仑区林业局
镇海区林业局
鄞州区林业局
慈溪市林业局
余姚市林业局
奉化市林业局
宁海县林业局
象山县林业局

绍兴市林业局

诸暨市林业局
上虞市林业局
嵊州市林业局
绍兴县林业局

衢州市林业局

柯城区林业局
衢江区林业局
江山市林业局
常山县林业局
开化县林业局
龙游县林业局

金华市林业局

婺城区林业局
金东区林业局
兰溪市林业局
永康市林业局
义乌市林业局
东阳市林业局
武义县林业局
浦江县林业局
磐安县林业局

台州市林业局

椒江区林业局
黄岩区林业局
路桥区林业局
临海市林业局
温岭市林业局
三门县林业局
天台县林业局

仙居县林业局
玉环县林业局
温州市林业局
鹿城区林业局
龙湾区林业局
瓯海区林业局
瑞安市林业局
乐清市林业局
永嘉县林业局
文成县林业局
平阳县林业局
泰顺县林业局
洞头县林业局
苍南县林业局
丽水市林业局
莲都区林业局
龙泉市林业局
缙云县林业局
青田县林业局
云和县林业局
遂昌县林业局
松阳县林业局
庆元县林业局
景宁畲族自治县林业局

安徽省

合肥市林业局
蜀山区林业局
庐阳区林业局
瑶海区林业局
肥东县林业局
肥西县林业局
宿州市林业局
埇桥区林业局
砀山县林业局
萧县林业局
灵璧县林业局
泗县林业局
淮北市林业局
相山区农林水局
杜集区农林水局
烈山区农林水局
濉溪县林业局
阜阳市林业局
颍州区林业局
颍东区林业局
颍泉区林业局
界首市林业局
临泉县林业局
太和县林业局
颍上县林业局
亳州市林业局
谯城区林业局
涡阳县林业局
蒙城县林业局
利辛县林业局
蚌埠市林业局
蚌山区林业局
龙子湖区林业局
禹会区林业局
淮上区林业局
怀远县林业局
五河县林业局
固镇县林业局
淮南市林业局
田家庵区林业局
谢家集区林业局
八公山区林业局
潘集区林业局
凤台县林业局
滁州市林业局
琅琊区农委
南谯区林业局
天长市林业局
来安县林业局
全椒县林业局
定远县林业局
凤阳县林业局
沙河集林业总场
芜湖市林业局
弋江区林业局
三山区林业局
鸠江区林业局
芜湖县林业局
繁昌县林业局
南陵县林业局
铜陵市林业局
狮子山区农委
郊区农林水利局
安庆市林业局
大观区林业局
迎江区林业局
宜秀区林业局
桐城市林业局
怀宁县林业局
枞阳县林业局
潜山县林业局
太湖县林业局
宿松县林业局
望江县林业局
岳西县林业局
黄山市林业局
屯溪区林业局
黄山区林业局
徽州区林业局
歙县林业局
休宁县林业局
黟县林业局
祁门县林业局
六安市林业局
裕安区林业局
寿县林业局
霍邱县林业局
舒城县林业局
金寨县林业局
霍山县林业局
巢湖市林业局
居巢区林业局
庐江县林业局
无为县林业局
含山县林业局

和县林业局

池州市林业局

贵池区林业局

东至县林业局

石台县林业局

青阳县林业局

九华山风景区管委会

宣城市林业局

宣州区林业局

宁国市林业局

郎溪县林业局

广德县林业局

泾县林业局

旌德县林业局

绩溪县林业局

福建省

福州市林业局

晋安区林业局

福清市林业局

长乐市林业局

闽侯县林业局

连江县林业局

南平市林业局

延平区林业局

邵武市林业局

武夷山市林业局

建瓯市林业局

建阳市林业局

顺昌县林业局

浦城县林业局

光泽县林业局

松溪县林业局

政和县林业局

三明市林业局

梅列区林业局

三元区林业局

永安市林业局

明溪县林业局

大田县林业局

尤溪县林业局

沙县林业局

建宁县林业局

莆田市林业局

涵江区林业局

泉州市林业局

洛江区林业局

泉港区林业局

惠安县林业局

安溪县林业局

永春县林业局

漳州市林业局

龙海市林业局

龙岩市林业局

永定县林业局

宁德市林业局

福鼎市林业局

寿宁县林业局

屏南县林业局

江西省

南昌市林业局

青云谱区林业局

湾里区林业局

青山湖区林业局

南昌县林业局

新建县林业局

安义县林业局

进贤县林业局

九江市林业局

浔阳区林业局

庐山区林业局

瑞昌市林业局

九江县林业局

武宁县林业局

修水县林业局

永修县林业局

德安县林业局

星子县林业局

都昌县林业局

湖口县林业局

彭泽县林业局

景德镇市林业局

昌江区林业局

珠山区林业局

乐平市林业局

浮梁县林业局

鹰潭市林业局

月湖区林业局

贵溪市林业局

余江县林业局

新余市林业局

渝水区林业局

分宜县林业局

萍乡市林业局

安源区林业局

湘东区林业局

莲花县林业局

上栗县林业局

芦溪县林业局

经济开发区管理委员会

赣州市林业局

章贡区林业局

瑞金市林业局

南康市林业局

赣县林业局

信丰县林业局

大余县林业局

上犹县林业局

崇义县林业局

安远县林业局

龙南县林业局

定南县林业局

全南县林业局

宁都县林业局

于都县林业局

兴国县林业局

会昌县林业局

寻乌县林业局

石城县林业局

上饶市林业局

信州区林业局
德兴市林业局
上饶县林业局
广丰县林业局
玉山县林业局
铅山县林业局
横峰县林业局
弋阳县林业局
余干县林业局
鄱阳县林业局
万年县林业局
婺源县林业局

抚州市林业局

临川区林业局
南城县林业局
黎川县林业局
南丰县林业局
崇仁县林业局
乐安县林业局
宜黄县林业局
金溪县林业局
资溪县林业局
东乡县林业局
广昌县林业局

宜春市林业局

袁州区林业局
丰城市林业局
樟树市林业局
高安市林业局
奉新县林业局
万载县林业局
上高县林业局
宜丰县林业局
靖安县林业局
铜鼓县林业局
明月山温泉风景名胜区管委会

吉安市林业局

吉州区林业局
青原区林业局
井冈山市林业局
吉安县林业局
吉水县林业局
峡江县林业局
新干县林业局
永丰县林业局
泰和县林业局
遂川县林业局
万安县林业局
安福县林业局
永新县林业局

山东省

济南市林业局

市中区农业经济发展局
槐荫区农业经济发展局
天桥区农业经济发展局
历城区林业局
长清区林业局
章丘市林业局
平阴县林业局
济阳县林业局
商河县林业局
高新区农服中心

聊城市林业局

东昌府区林业局
临清市林业局
阳谷县林业局
莘县林业局
茌平县林业局
东阿县林业局
冠县林业局
高唐县林业局

德州市林业局

德城区林业局
乐陵市林业局
禹城市林业局
陵县林业局
平原县林业局
夏津县林业局
武城县林业局
齐河县林业局
临邑县林业局
宁津县林业局
庆云县林业局
经济开发区林业局

东营市林业局

东营区林业局
河口区林业局
垦利县林业局
利津县林业局
广饶县林业局

淄博市林业局

张店区林业局
淄川区林业局
博山区林业局
临淄区林业局
周村区林业局
桓台县林业局
高青县林业局
沂源县林业局

潍坊市林业局

奎文区林业局
潍城区农林局
寒亭区林业局
坊子区林业局
安丘市林业局
昌邑市林业局
高密市林业局
青州市林业局
诸城市林业局
寿光市林业局
临朐县林业局
昌乐县林业局

烟台市林业局

莱山区林业局
芝罘区林业局
福山区林业局
牟平区林业局
栖霞市林业局

海阳市林业局
龙口市林业局
莱阳市林业局
莱州市林业局
蓬莱市林业局
招远市林业局
长岛国家级自然保护区管理局

威海市林业局

环翠区林业局
荣成市林业局
乳山市林业局
文登市林业局

青岛市林业局

四方区林业局
黄岛区林业局
城阳区林业局
胶州市林业局
胶南市林业局

日照市林业局

经济开发区农村发展局
东港区林业局
岚山区林业局
五莲县林业局
莒县林业局

临沂市林业局

兰山区林业局
罗庄区林业局
郯城县林业局
苍山县林业局
沂水县林业局
蒙阴县林业局
费县林业局
沂南县林业局
临沭县林业局

枣庄市林业局

薛城区林业局
市中区林业局
峄城区林业局
台儿庄区林业局
山亭区林业局
滕州市林业局

济宁市林业局

市中区林业局
任城区林业局
曲阜市林业局
兖州市林业局
邹城市林业局
微山县林业局
鱼台县林业局
金乡县林业局
嘉祥县林业局
汶上县林业局
泗水县林业局
梁山县林业局

泰安市林业局

泰山区林业局
岱岳区林业局
新泰市林业局
肥城市林业局
宁阳县林业局
东平县林业局

莱芜市林业局

莱城区林业局
钢城区林业局
高新区社会事务管理局
雪野旅游区社会事务管理局

滨州市林业局

滨城区林业局
惠民县林业局
阳信县林业局
无棣县林业局
沾化县林业局
博兴县林业局
邹平县林业局

菏泽市林业局

牡丹区林业局
定陶县林业局
成武县林业局

河南省

郑州市林业局

中原区农经委
二七区农经委
管城回族区农委会
金水区农经委
上街区农经委
惠济区林业局
新郑市林业局
登封市林业局
新密市林业局
巩义市林业局
荥阳市林业局
中牟县林业局

三门峡市林业和园林局

湖滨区林业局
义马市农林和农机局
灵宝市林业局
渑池县林业局
陕县林业局
卢氏县林业局

洛阳市林业局

西工区农办
老城区农办
瀍河回族区农办
涧西区农办
吉利区农办
洛龙区农林局
偃师市林业局
孟津县林业局
新安县林业局
栾川县林业局
嵩县林业局
汝阳县林业局
宜阳县林业局
洛宁县林业局
伊川县林业局
高新区农村和社会事务局
伊洛工业园区社会事务局
龙门文化旅游园区社会事务局

焦作市林业局

解放区农林水利局
山阳区林业局
中站区农林水利局
马村区农林水利局

孟州市林业局
沁阳市林业局
修武县林业局
博爱县林业局
武陟县林业局
温县林业局

新乡市林业局

卫滨区农村工作委员会
红旗区农村工作委员会
凤泉区林业局
牧野区农林局
卫辉市林业局
辉县市林业局
新乡县林业局
获嘉县林业局
原阳县林业局
延津县林业局
封丘县林业局
长垣县林业局

鹤壁市林业局

淇滨区林业局
山城区林业局
鹤山区林业局
浚县林业局
淇县林业局

安阳市林业局

北关区农林水务局
文峰区农林水牧局
殷都区农林水牧局
龙安区林业局
林州市林业局
安阳县林业局
汤阴县林业局
滑县林业局
内黄县林业局

濮阳市林业局

华龙区林业局
清丰县林业局
南乐县林业局
范县林业局
台前县林业局
濮阳县林业局
高新区农业科技服务中心

开封市农林局

鼓楼区林业局
龙亭区林业局
顺河回族区林业局
禹王台区林业局
金明区林业局
杞县林业局
通许县林业局
尉氏县林业局
开封县林业局
兰考县林业局

商丘市林业局

梁园区林业局
睢阳区林业局
永城市林业局
虞城县林业局
民权县林业局
宁陵县林业局
睢县林业局
夏邑县林业局
柘城县林业局

许昌市林业局

东城区农村工作局
魏都区林业局
禹州市农业林业局
长葛市林业局
许昌县林业局
鄢陵县林业局
襄城县林业局
经济技术开发区农村工作局

漯河市林业和园林局

郾城区林业技术推广站
源汇区林业局
召陵区林业局
舞阳县林业园艺局
临颍县林业园艺局

平顶山市林业局

新华区农林水利局
卫东区农林水利局
湛河区农林水利局
石龙区林业畜牧局
舞钢市林业局
汝州市林业局
宝丰县林业局
叶县林业局
鲁山县林业局
郏县林业局

南阳市林业局

卧龙区林业局
宛城区林业局
邓州市林业局
南召县林业局
方城县林业局
西峡县林业局
镇平县林业局
内乡县林业局
淅川县林业局
社旗县林业局
唐河县林业局
新野县林业局
桐柏县林业局
河南伏牛山国家级自然保护区
黄石庵管理局

信阳市林业局

浉河区林业局
平桥区林业局
息县林业局
淮滨县林业局
潢川县林业局
光山县林业局
固始县林业局
商城县林业局
罗山县林业局
新县林业局

周口市林业局

川汇区林业局
项城市林业局
扶沟县林业局
西华县林业局
商水县林业局

太康县林业局
鹿邑县林业局
郸城县林业局
淮阳县林业局
沈丘县林业局
驻马店市林业局
驿城区林业局
确山县林业局
泌阳县林业局
遂平县林业局
西平县林业局
上蔡县林业局
汝南县林业局
平舆县林业局
新蔡县林业局
正阳县林业局
济源市林业局

湖北省

武汉市林业局
青山区林业局
洪山区林业局
东西湖区林业局
汉南区林业局
襄阳市林业局
樊城区林业局
襄州区林业局
老河口市林业局
南漳县林业局
谷城县林业局
保康县林业局
荆门市林业局
东宝区林业局
掇刀区林业局
钟祥市林业局
沙洋县林业局
京山县林业局
黄冈市林业局
黄州区林业局
罗田县林业局
蕲春县林业局
黄石市林业局
下陆区林业局
黄石港区林业局
西塞山区林业局
铁山区林业局
大冶市林业局
阳新县林业局
咸宁市林业局
咸安区林业局
赤壁市林业局
嘉鱼县林业局
崇阳县林业局
通山县林业局
荆州市林业局
沙市区林业局
荆州区林业局
石首市林业局
江陵县林业局
公安县林业局
监利县林业局
宜昌市林业局
点军区林业局
枝江市林业局
当阳市林业局
远安县林业局
兴山县林业局
秭归县林业局
长阳土家族自治县林业局
五峰土家族自治县林业局
随州市林业局
广水市林业局
恩施土家族苗族自治州林业局
恩施市林业局
利川市林业局
建始县林业局
巴东县林业局
宣恩县林业局
咸丰县林业局
来凤县林业局
鹤峰县林业局

湖南省

长沙市林业局
岳麓区农林水利局
芙蓉区农林水利局
天心区农林水利局
开福区农林水利局
雨花区农林水利局
浏阳市林业局
长沙县林业局
望城县林业局
宁乡县林业局
张家界市林业局
永定区林业局
武陵源区林业局
慈利县林业局
桑植县林业局
常德市林业局
武陵区林业局
鼎城区林业局
津市市林业局
安乡县林业局
汉寿县林业局
澧县林业局
临澧县林业局
桃源县林业局
石门县林业局
益阳市林业局
赫山区林业局
资阳区林业局
沅江市林业局
南县林业局
桃江县林业局
安化县林业局
岳阳市林业局
岳阳楼区农林局
君山区林业局
云溪区林业局

汨罗市林业局
临湘市林业局
岳阳县林业局
华容县林业局
湘阴县林业局
平江县林业局

株洲市林业局

天元区农村工作局
荷塘区农村工作局
芦淞区农村工作局
石峰区农村工作局
醴陵市林业局
株洲县林业局
攸县林业局
茶陵县林业局
炎陵县林业局

湘潭市林业局

岳塘区林业局
雨湖区林业局
湘乡市林业局
韶山市林业局
湘潭县林业局

衡阳市林业局

蒸湘区林业局
雁峰区林业局
珠晖区林业局
石鼓区林业局
南岳区农林局
常宁市林业局
耒阳市林业局
衡阳县林业局
衡南县林业局
衡山县林业局
衡东县林业局
祁东县林业局

郴州市林业局

北湖区林业局
苏仙区林业局
资兴市林业局
桂阳县林业局
永兴县林业局
宜章县林业局
嘉禾县林业局
临武县林业局
汝城县林业局
桂东县林业局
安仁县林业局

永州市林业局

冷水滩区林业局
零陵区林业局
东安县林业局
道县林业局
宁远县林业局
江永县林业局
蓝山县林业局
新田县林业局
双牌县林业局
祁阳县林业局
江华瑶族自治县林业局
金洞区林业局

邵阳市林业局

大祥区农林局
双清区农林局
北塔区林业局
武冈市林业局
邵东县林业局
邵阳县林业局
新邵县林业局
隆回县林业局
洞口县林业局
绥宁县林业局
新宁县林业局
城步苗族自治县林业局

怀化市林业局

洪江区林业局
鹤城区林业局
洪江市林业局
沅陵县林业局
辰溪县林业局
溆浦县林业局
中方县林业局
会同县林业局
麻阳苗族自治县林业局
新晃侗族自治县林业局
芷江侗族自治县林业局
靖州苗族侗族自治县林业局
通道侗族自治县林业局

娄底市林业局

娄星区林业局
冷水江市林业局
涟源市林业局
双峰县林业局
新化县林业局

湘西土家族苗族自治州林业局

吉首市林业局
泸溪县林业局
凤凰县林业局
花垣县林业局
保靖县林业局
古丈县林业局
永顺县林业局
龙山县林业局

广东省

广州市林业局

越秀区林业局
荔湾区林业局
海珠区林业局
天河区林业局
白云区林业局
黄埔区林业局
番禺区林业局
花都区林业局
南沙区林业局
萝岗区林业局
增城市林业局
从化市林业局
广州市属总林场

清远市林业局

清城区林业局
英德市林业局

连州市林业局
佛冈县林业局
阳山县林业局
清新县林业局
连山壮族瑶族自治县林业局
连南瑶族自治县林业局
清远市属总林场

韶关市林业局
浈江区林业局
武江区林业局
曲江区林业局
乐昌市林业局
南雄市林业局
始兴县林业局
仁化县林业局
翁源县林业局
新丰县林业局
乳源瑶族自治县林业局
韶关市属总林场

河源市林业局
源城区林业局
紫金县林业局
龙川县林业局
连平县林业局
和平县林业局
东源县林业局
新丰江林管局
河源市属总林场

梅州市林业局
梅江区林业局
兴宁市林业局
梅县林业局
大埔县林业局
丰顺县林业局
五华县林业局
平远县林业局
蕉岭县林业局

潮州市林业局
湘桥区林业局
潮安县林业局
饶平县林业局
枫溪区林业局
潮州市属总林场

汕头市林业局
金平区林业局
濠江区林业局
龙湖区林业局
潮阳区林业局
潮南区林业局
澄海区林业局
南澳县林业局

揭阳市林业局
榕城区林业局
普宁市林业局
揭东县林业局
揭西县林业局
惠来县林业局

汕尾市林业局
陆丰市林业局
海丰县林业局
陆河县林业局
华侨区林业局
红海湾区林业局
汕尾市属总林场

惠州市林业局
惠城区林业局
惠阳区林业局
博罗县林业局
惠东县林业局
龙门县林业局
大亚湾区林业局
惠州市属总林场

东莞市林业局
大屏嶂林场
大岭山林场

深圳市林业局
罗湖区林业局
南山区林业局
宝安区林业局
龙岗区林业局
盐田区林业局
光明新区林业局

珠海市林业局
香洲区林业局
斗门区林业局
高新区林业局

中山市林业局
中山市属总林场

江门市林业局
蓬江区林业局
江海区林业局
新会区林业局
恩平市林业局
台山市林业局
开平市林业局
鹤山市林业局
江门市属总林场

佛山市林业局
禅城区林业局
南海区林业局
顺德区林业局
三水区林业局
高明区林业局
佛山市属总林场

肇庆市林业局
端州区林业局
鼎湖区林业局
高要市林业局
广宁县林业局
怀集县林业局
封开县林业局
德庆县林业局
肇庆市林业总场

云浮市林业局
云城区林业局
罗定市林业局
云安县林业局
新兴县林业局
郁南县林业局
云浮市属总林场

阳江市林业局
江城区林业局
阳春市林业局

阳西县林业局
阳东县林业局
海陵区林业局
高新区林业局
岗侨区林业局
阳江市属总林场

茂名市林业局

茂南区林业局
茂港区林业局
化州市林业局
信宜市林业局
高州市林业局
电白县林业局
茂名市属总林场

湛江市林业局

赤坎区林业局
霞山区林业局
坡头区林业局
麻章区林业局
东海岛区林业局
吴川市林业局
廉江市林业局
雷州市林业局
遂溪县林业局
徐闻县林业局
湛江市属总林场

省林业局直属单位

西江林业局
乳阳林业局
樟木头林场
天井山林场
龙眼洞林场
连山林场
乐昌林场
东江林场

广西壮族自治区

南宁市林业局

青秀区农林水利局
兴宁区农林水利局
江南区农业林业水利局
西乡塘区农林水利局
良庆区农林水利局
邕宁区农林水利局
武鸣县林业局
横县林业局
宾阳县林业局
上林县林业局
隆安县林业局
马山县林业局
华侨投资区农林水利局

桂林市林业局

象山区农林水利局
叠彩区农林水利局
秀峰区农林水利局
七星区农林水利局
雁山区林业局
阳朔县林业局
临桂县林业局
灵川县林业局
全州县林业局
兴安县林业局
永福县林业局
灌阳县林业局
资源县林业局
平乐县林业局
荔浦县林业局
龙胜各族自治县林业局
恭城瑶族自治县林业局

柳州市林业局

柳北区林业局
城中区农林水利局
鱼峰区农林水利局
柳南区农林水利局
柳江县林业局
柳城县林业局
鹿寨县林业局
融安县林业局
三江侗族自治县林业局
融水苗族自治县林业局

梧州市林业局

长洲区林业局
万秀区农林水利局
蝶山区农林水利局
岑溪市林业局
苍梧县林业局
藤县林业局
蒙山县林业局

贵港市林业局

港北区林业局
港南区林业局
覃塘区林业局
桂平市林业局
平南县林业局
天平山林场
覃塘林场

玉林市林业局

玉州区林业局
福绵区林业局
北流市林业局
兴业县林业局
陆川县林业局
博白县林业局

钦州市林业局

钦南区林业局
钦北区林业局
灵山县林业局
浦北县林业局

北海市林业局

海城区林业局
银海区林业局
铁山港区林业局
合浦县林业局

防城港市林业局

港口区林业局
防城区林业局
东兴市林业局
上思县林业局

崇左市林业局

江州区林业局
凭祥市林业局

扶绥县林业局
大新县林业局
天等县林业局
宁明县林业局
龙州县林业局

百色市林业局

右江区林业局
田阳县林业局
田东县林业局
平果县林业局
德保县林业局
靖西县林业局
那坡县林业局
凌云县林业局
乐业县林业局
西林县林业局
田林县林业局
隆林各族自治县林业局

河池市林业局

金城江区林业局
宜州市林业局
南丹县林业局
天峨县林业局
凤山县林业局
东兰县林业局
巴马瑶族自治县林业局
都安瑶族自治县林业局
大化瑶族自治县林业局
罗城仫佬族自治县林业局
环江毛南族自治县林业局

来宾市林业局

兴宾区林业局
合山市林业局
象州县林业局
武宣县林业局
忻城县林业局
金秀瑶族自治县林业局

贺州市林业局

八步区林业局
平桂管理区林业局
昭平县林业局
钟山县林业局
富川瑶族自治县林业局

自治区林业厅直属单位

高峰林场
七坡林场
博白林场
六万林场
东门林场
派阳山林场
雅长林场
黄冕林场
三门江林场
钦廉林场
大桂山林场
维都林场
沙塘林场
良凤江国家森林公园
广西林业集团有限公司

海南省

三亚市林业局

省直辖县级行政单位

琼海市林业局
万宁市林业局
五指山市林业局
儋州市林业局
临高县林业局
澄迈县林业局
定安县林业局
尖峰岭林业局

重庆市

渝中区林业局
大渡口区林业绿化办公室
江北区农林水利局
沙坪坝区林业局
九龙坡区农林水利局
南岸区农林水利局
北碚区林业局
万盛区林业局
双桥区农林水务局
渝北区林业局
巴南区林业局
万州区林业局
涪陵区林业局
黔江区林业局
长寿区林业局
江津区林业局
合川区林业局
永川区林业局
南川区林业局
綦江县林业局
潼南县林业局
铜梁县林业局
大足县林业局
荣昌县林业局
璧山县林业局
垫江县林业局
武隆县林业局
丰都县林业局
城口县林业局
梁平县林业局
开县林业局
巫溪县林业局
巫山县林业局
奉节县林业局
云阳县林业局
忠县林业局
石柱土家族自治县林业局
彭水苗族土家族自治县林业局
酉阳土家族苗族自治县林业局
秀山土家族苗族自治县林业局

四川省

成都市林业局

成华区林业局
龙泉驿区林业局

青白江区林业局
新都区林业局
温江区林业局
都江堰市林业局
彭州市林业局
邛崃市林业局
崇州市林业局
金堂县林业局
双流县林业局
郫县林业局
大邑县林业局
蒲江县林业局
新津县林业局

广元市林业局

利州区林业局
元坝区林业局
朝天区林业局
旺苍县林业局
青川县林业局
剑阁县林业局
苍溪县林业局
广元市国营中心苗圃

绵阳市林业局

涪城区林业局
游仙区林业局
江油市林业局
三台县林业局
盐亭县林业局
安县林业局
梓潼县林业局
北川羌族自治县林业局
平武县林业局

德阳市林业局

旌阳区林业局
什邡市林业局
广汉市林业局
绵竹市林业局
罗江县林业局
中江县林业局

南充市林业局

顺庆区林业局
高坪区林业局
嘉陵区林业局
阆中市林业局
南部县林业局
营山县林业局
蓬安县林业局
仪陇县林业局
西充县林业局

广安市林业局

广安区林业局
华蓥市林业局
岳池县林业局
武胜县林业局
邻水县林业局

遂宁市林业局

船山区林业局
安居区林业局
蓬溪县林业局
射洪县林业局
大英县林业局

内江市林业局

市中区林业局
东兴区林业局
威远县林业局
资中县林业局
隆昌县林业局

乐山市林业局

市中区林业局
沙湾区林业局
五通桥区林业局
金口河区林业局
峨眉山市林业局
犍为县林业局
井研县林业局
夹江县林业局
沐川县林业局
峨边彝族自治县林业局
马边彝族自治县林业局

自贡市林业局

自流井区林业局
大安区林业局
贡井区林业局
沿滩区林业局
荣县林业局
富顺县林业局

泸州市林业局

江阳区林业局
纳溪区林业局
龙马潭区林业局
泸县林业局
合江县林业局
叙永县林业局
古蔺县林业局

宜宾市林业局

翠屏区林业局
宜宾县林业局
南溪县林业局
江安县林业局
长宁县林业局
高县林业局
筠连县林业局
珙县林业局
兴文县林业局
屏山县林业局

攀枝花市林业局

东区林业局
西区林业局
仁和区林业局
米易县林业局
盐边县林业局

巴中市林业局

巴州区林业局
通江县林业局
南江县林业局
平昌县林业局

达州市林业局

通川区林业局
万源市林业局
达县林业局
宣汉县林业局
开江县林业局
大竹县林业局

渠县林业局

资阳市林业局

雁江区林业局

简阳市林业局

乐至县林业局

安岳县林业局

眉山市林业局

东坡区林业局

仁寿县林业局

彭山县林业局

洪雅县林业局

丹棱县林业局

青神县林业局

雅安市林业局

雨城区林业局

名山县林业局

荥经县林业局

汉源县林业局

石棉县林业局

天全县林业局

芦山县林业局

宝兴县林业局

阿坝藏族羌族自治州林业局

红原县林业局

甘孜藏族自治州林业局

康定县林业局

泸定县林业局

丹巴县林业局

九龙县林业局

雅江县林业局

道孚县林业局

炉霍县林业局

甘孜县林业局

新龙县林业局

德格县林业局

白玉县林业局

石渠县林业局

色达县林业局

理塘县林业局

巴塘县林业局

乡城县林业局

稻城县林业局

得荣县林业局

甘孜州林业工程处

凉山彝族自治州林业局

西昌市林业局

盐源县林业局

德昌县林业局

会理县林业局

会东县林业局

宁南县林业局

普格县林业局

布拖县林业局

金阳县林业局

昭觉县林业局

喜德县林业局

冕宁县林业局

越西县林业局

甘洛县林业局

美姑县林业局

雷波县林业局

木里藏族自治县林业局

阿坝州管局

小金林业局

松潘林业局

壤塘林业局

南坪林业局

黑水林业局

观音桥林业局

川南林业局

普威林业局

木里林业局

凉北林业局

甘孜州管局

炉霍林业局

贵州省

贵阳市林业局

乌当区林业局

南明区林业局

云岩区林业局

花溪区林业局

白云区林业局

小河区林业局

清镇市林业局

开阳县林业局

修文县林业局

息烽县林业局

六盘水市林业局

钟山区林业局

盘县林业局

六枝特区林业局

水城县林业局

遵义市林业局

赤水市林业局

仁怀市林业局

湄潭县林业局

安顺市林业局

西秀区林业局

平坝县林业局

普定县林业局

镇宁布依族苗族自治县林业局

紫云苗族布依族自治县林业局

开发区农林牧水局

黄果树林业绿化局

毕节地区林业局

毕节市林业局

黔西县林业局

织金县林业局

百里杜鹃管委会

铜仁地区林业局

江口县林业局

德江县林业局

印江土家族苗族自治县林业局

万山特区林业局

黔东南苗族侗族自治州林业局

凯里市林业局

黄平县林业局

施秉县林业局

三穗县林业局

镇远县林业局

岑巩县林业局

天柱县林业局
锦屏县林业局
剑河县林业局
台江县林业局
黎平县林业局
榕江县林业局
从江县林业局
雷山县林业局
麻江县林业局
丹寨县林业局

黔南布依族苗族自治州林业局

都匀市林业局
福泉市林业局
荔波县林业局
贵定县林业局
瓮安县林业局
独山县林业局
平塘县林业局
罗甸县林业局
长顺县林业局
惠水县林业局
三都水族自治县林业局

黔西南布依族苗族自治州林业局

兴义市林业局
兴仁县林业局
普安县林业局
晴隆县林业局
贞丰县林业局
望谟县林业局
册亨县林业局

省林业厅直属单位

茂兰国家级自然保护区管理局
梵净山国家级自然保护区管理局
贵州省木材工业有限公司

云南省

昆明市林业局

盘龙区林业局
五华区林业局
官渡区林业局
西山区林业局
东川区林业局
安宁市林业局
呈贡县林业局
晋宁县林业局
富民县林业局
宜良县林业局
嵩明县林业局
石林彝族自治县林业局
禄劝彝族苗族自治县林业局
寻甸回族彝族自治县林业局

曲靖市林业局

麒麟区林业局
马龙县林业局
沾益县林业局
富源县林业局
陆良县林业局
会泽县林业局

玉溪市林业局

红塔区林业局
江川县林业局
澄江县林业局
通海县林业局
华宁县林业局
易门县林业局
峨山彝族自治县林业局
新平彝族傣族自治县林业局
元江哈尼族彝族傣族自治县林业局

保山市林业局

隆阳区林业局
施甸县林业局
腾冲县林业局
龙陵县林业局
昌宁县林业局

昭通市林业局

水富县林业局

丽江市林业局

古城区林业局
永胜县林业局
玉龙纳西族自治县林业局
宁蒗彝族自治县林业局

普洱市林业局

思茅区林业局
宁洱哈尼族彝族自治县林业局
墨江哈尼族自治县林业局
景东彝族自治县林业局
镇沅彝族哈尼族拉祜族自治县林业局
江城哈尼族彝族自治县林业局
孟连傣族拉祜族佤族自治县林业局
墨江林业局

临沧市林业局

临翔区林业局
凤庆县林业局
云县林业局
永德县林业局
镇康县林业局
双江拉祜族佤族布朗族傣族自治县林业局
耿马傣族佤族自治县林业局
沧源佤族自治县林业局

德宏傣族景颇族自治州林业局

潞西市林业局
瑞丽市林业局
梁河县林业局
盈江县林业局
陇川县林业局
畹町市林业局

怒江傈僳族自治州林业局

泸水县林业局
福贡县林业局
贡山独龙族怒族自治县林业局
兰坪白族普米族自治县林业局

迪庆藏族自治州林业局

维西傈僳族自治县林业局

大理白族自治州林业局

大理市林业局
祥云县林业局

宾川县林业局
弥渡县林业局
永平县林业局
云龙县林业局
洱源县林业局
剑川县林业局
鹤庆县林业局
漾濞彝族自治县林业局
南涧彝族自治县林业局
巍山彝族回族自治县林业局

楚雄彝族自治州林业局

楚雄市林业局
双柏县林业局
牟定县林业局
南华县林业局
姚安县林业局
大姚县林业局
永仁县林业局
元谋县林业局
武定县林业局
禄丰县林业局

红河哈尼族彝族自治州林业局

蒙自县林业局
个旧市林业局
开远市林业局
绿春县林业局
建水县林业局
石屏县林业局
弥勒县林业局
金平苗族瑶族傣族自治县林业局
河口瑶族自治县林业局
屏边苗族自治县林业局

文山壮族苗族自治州林业局

文山县林业局

西双版纳傣族自治州林业局

景洪市林业局
勐海县林业局
勐腊县林业局

省林业厅直属林业局

黑白水林业局
红旗林业局
华坪林业局
清水江林业局
新平林业局
云台山林业局

西藏自治区

拉萨市林业绿化局

林周县林业绿化局
达孜县林业绿化局

昌都地区林业局

昌都县林业局
江达县林业局
贡觉县林业局
类乌齐县林业局
丁青县林业局
察雅县林业局
八宿县林业局
左贡县林业局
芒康县林业局
洛隆县林业局
边坝县林业局

林芝地区林业局

工布江达县林业局
米林县林业局
墨脱县林业局
察隅县林业局
朗县林业局

山南地区林业局

扎囊县林业局
贡嘎县林业局
加查县林业局

日喀则地区林业局

南木林县林业局
江孜县林业局
定日县林业局
定结县林业局
亚东县林业局
吉隆县林业局
聂拉木县林业局

陕西省

西安市林业局

未央区林业局
灞桥区林业局
雁塔区林业局
阎良区林业局
临潼区林业局
长安区林业局
蓝田县林业局
周至县林业局
户县林业局
高陵县林业局

延安市林业局

宝塔区林业局
延长县林业局
延川县林业局
子长县林业局
安塞县林业局
志丹县林业局
吴起县林业局
甘泉县林业局
富县林业局
洛川县林业局
宜川县林业局
黄龙县林业局
黄陵县林业局
桥山林业局
桥北林业局
劳山林业局
黄龙山林业局
风景林场

铜川市林业局

耀州区林业局
王益区林业局
印台区林业局
宜君县林业局

渭南市林业局

临渭区林业局

华阴市林业局
韩城市林业局
华县林业局
潼关县林业局
大荔县林业局
蒲城县林业局
澄城县林业局
白水县林业局
合阳县林业局
富平县林业局

咸阳市林业局

秦都区林业局
渭城区林业局
兴平市林业局
三原县林业局
泾阳县林业局
永寿县林业局
旬邑县林业局
武功县林业局
乾县林业局
礼泉县林业局
淳化县林业局
长武县林业局
彬县林业局

宝鸡市林业局

金台区林业局
陈仓区林业局
凤翔县林业局
岐山县林业局
眉县林业局
陇县林业局
千阳县林业局
麟游县林业局
凤县林业局
太白县林业局
辛家山林业局
马头滩林业局
陕西省苗木繁育中心

汉中市林业局

汉台区林业局
南郑县林业局
城固县林业局
洋县林业局
西乡县林业局
勉县林业局
宁强县林业局
略阳县林业局
镇巴县林业局
留坝县林业局
佛坪县林业局

榆林市林业局

榆阳区林业局
神木县林业局
府谷县林业局
横山县林业局
靖边县林业局
定边县林业局
绥德县林业局
米脂县林业局
佳县林业局
吴堡县林业局
清涧县林业局
子洲县林业局

安康市林业局

汉滨区林业局
紫阳县林业局
镇坪县林业局
旬阳县林业局
石泉县林业局
平利县林业局
宁陕县林业局
岚皋县林业局
汉阴县林业局
白河县林业局

商洛市林业局

商州区林业局
洛南县林业局
丹凤县林业局
商南县林业局
山阳县林业局
镇安县林业局
柞水县林业局

省森林资源管理局

太白林业局
宁西林业局
宁东林业局
龙草坪林业局
汉西林业局
长青林业局
西安林产化学工厂
胶合板厂
林产品贸易总公司
林产品经销公司
林业机械研究所
森林职工医院

省林业厅直属单位

杨凌区农林局
楼观台林场
太白山国家级自然保护区管理局
牛背梁国家级自然保护区管理局
佛坪国家级自然保护区管理局
长青国家级自然保护区管理局

甘肃省

兰州市林业局

城关区林业局
七里河区林业局
西固区林业局
安宁区林业局
永登县林业局
皋兰县林业局
榆中县林业局

嘉峪关市林业局

金昌市林业局

金川区林业局
永昌县林业局

白银市林业局

白银区林业局
平川区林业局
靖远县林业局
会宁县林业局

景泰县林业局

天水市林业局

秦州区林业局

麦积区林业局

清水县林业局

秦安县林业局

甘谷县林业局

武山县林业局

张家川回族自治县林业局

武威市林业局

凉州区林业局

民勤县林业局

古浪县林业局

天祝藏族自治县林业局

石羊河林业总场

酒泉市林业局

肃州区林业局

玉门市林业局

敦煌市林业局

金塔县林业局

瓜州县林业局

阿克塞哈萨克族自治县林业局

张掖市林业局

甘州区林业局

民乐县林业局

临泽县林业局

高台县林业局

山丹县林业局

庆阳市林业局

西峰区林业局

庆城县林业局

环县林业局

华池县林业局

合水县林业局

正宁县林业局

宁县林业局

镇原县林业局

正宁林业总场

湘乐林业总场

华池林业总场

合水林业总场

平凉市林业局

灵台县林业局

崇信县林业局

静宁县林业局

定西市林业局

安定区林业局

通渭县林业局

临洮县林业局

漳县林业局

岷县林业局

渭源县林业局

陇西县林业局

陇南市林业局

成县林业局

康县林业局

临夏回族自治州林业局

临夏市林业局

临夏县林业局

康乐县林业局

永靖县林业局

广河县林业局

和政县林业局

东乡族自治县林业局

积石山保安族东乡族撒拉族自治县林业局

甘南藏族自治州林业局

临潭县林业局

卓尼县林业局

舟曲县林业局

夏河县林业局

白龙江林管局

舟曲林业局

洮河林业局

河西综合开发局

迭部林业局

白水江林业局

甘肃省营林局

小陇山林业实验局

青海省

西宁市林业局

城中区林业局

城东区林业局

城西区林业局

城北区林业局

大通回族土族自治县林业局

湟源县林业局

湟中县林业局

上五庄森林公园

群加森林公园

湟水森林公园

东峡森林公园

大通森林公园

海东地区林业局

平安县林业局

乐都县林业局

民和回族土族自治县林业局

互助土族自治县林业局

化隆回族自治县林业局

循化撒拉族自治县林业局

峡群寺森林公园

上北山森林公园

南门峡森林公园

北山森林公园

海北藏族自治州林业局

海晏县林业局

祁连县林业局

刚察县林业局

门源回族自治县林业局

仙米森林公园

祁连森林公园

黄南藏族自治州林业局

同仁县林业局

尖扎县林业局

河南蒙古族自治县林业局

麦秀森林公园

坎布拉森林公园

海南藏族自治州林业局

共和县林业局

同德县林业局

贵德县林业局

兴海县林业局

贵南县林业局
黄河森林公园
果洛藏族自治州林业局
玛沁县林业局
玛多狩猎场
玉树藏族自治州林业局
玉树县林业局
曲麻莱县林业局
海西蒙古族藏族自治州林业局
德令哈市林业局
格尔木市林业局
乌兰县林业局
都兰县林业局
哈里哈图森林公园
都兰狩猎场
省林业局直属单位
三江源自然保护区管理局
孟达自然保护区管理局
玛可河林业局
林业专用物资储备管理站
青海湖国家级自然保护区管理局

宁夏回族自治区

银川市林业局
兴庆区林业局
金凤区林业局
西夏区林业局
灵武市林业局
永宁县林业局
贺兰县林业局
石嘴山市林业局
大武口区林业局
惠农区林业局
平罗县林业局
吴忠市林业局
利通区林业局
青铜峡市林业局
盐池县林业局
同心县林业局
红寺堡开发区林业局
固原市林业局
原州区林业局
西吉县林业局
隆德县林业局
泾源县林业局
彭阳县林业局
中卫市林业局
市辖区林业局
中宁县林业局
海原县林业局

新疆维吾尔自治区

乌鲁木齐市林业局
米东区林业局
克拉玛依市林业局
吐鲁番地区林业局
吐鲁番市林业局
鄯善县林业局
哈密地区林业局
伊吾县林业局
巴里坤哈萨克自治县林业局
哈密市林业局
昌吉回族自治州林业局
阜康市林业局
奇台县林业局
巴音郭楞蒙古自治州林业局
且末县林业局
博湖县林业局
焉耆回族自治县林业局
若羌县林业局
和静县林业局
阿克苏地区林业局
库车县林业局
沙雅县林业局
乌什县林业局
新和县林业局
阿瓦提县林业局
阿克苏市林业局
温宿县林业局
富蕴县林业局
阿勒泰市林业局
克孜勒苏柯尔克孜自治州林业局
阿图什市林业局
喀什地区林业局
麦盖提县林业局
英吉沙县林业局
塔什库尔干塔吉克自治县林业局
疏勒县林业局
叶城县林业局
岳普湖县林业局
喀什市林业局
疏附县林业局
巴楚县林业局
泽普县林业局
莎车县林业局
伽师县林业局
和田地区林业局
墨玉县林业局
和田市林业局
和田县林业局
皮山县林业局
洛浦县林业局
策勒县林业局
于田县林业局
民丰县林业局
伊犁哈萨克自治州林业局
霍城县林业局
察布查尔锡伯自治县林业局
巩留县林业局
塔城地区林业局
额敏县林业局
沙湾县林业局
托里县林业局
裕民县林业局
和布克赛尔蒙古自治县林业局
乌苏市林业局
塔城市林业局
新疆阿尔泰山国有林管理局
布尔津林场

新疆天山东部国有林管理局

玛纳斯南山林场
米泉林场
木垒林场
哈密林场
吉木萨尔林场
奇台林场
呼图壁林场
板房沟林场
乌鲁木齐南山林场

新疆天山西部国有林管理局

蒙玛拉林场
尼勒克林场
伊宁林场
霍城林场
察布查尔林场
巩留林场
特克斯林场
昭苏林场

内蒙古森工集团

毕拉河林业局
绰源林业局
大杨树林业局
得耳布尔林业局
金河林业局
库都尔林业局
满归林业局
乌尔旗汉林业局
伊图里河林业局

吉林森工集团

湾沟林业局
松江河林业局
三岔子林业局
泉阳林业局
露水河林业局
临江林业局
红石林业局
白石山林业局
金桥木业有限公司
吉林森工集团股份公司

龙江森工集团

牡丹江林业管理局

大海林林业局
柴河林业局
东京城林业局
穆棱林业局
绥阳林业局
海林林业局
林口林业局
八面通林业局
牡丹江木材综合加工厂
柴河纸板厂

合江林业管理局

桦南林业局
双鸭山林业局
鹤立林业局
鹤北林业局
清河林业局
东方红林业局
迎春林业局
万力木业有限公司
万成木业有限责任公司
佳木斯木材加工厂

伊春林业管理局

乌伊岭林业局
新青林业局
红星林业局
上甘岭林业局
友好林业局
翠峦林业局
乌马河林业局
美溪林业局
金山屯林业局
南岔林业局
朗乡林业局
桃山林业局
铁力林业局
双丰林业局
汤旺河林业局
五营林业局
南岔木材水解厂
伊春木材综合加工厂
友好木材综合加工厂

松花江林业管理局

山河屯林业局
苇河林业局
亚布力林业局
方正林业局
兴隆林业局
绥棱林业局
通北林业局
沾河林业局
兴隆中密度纤维板有限公司
绥化复合板厂
绥化木材综合加工厂
齐齐哈尔新工木材厂
松江胶合板厂
哈尔滨木器制造厂
正阳河木材综合加工厂
香坊木材综合加工厂

直属单位

带岭实验局

大兴安岭林业集团

新林林业局
加格达奇区林业局
图强林业局
松岭林业局
塔河林业局
阿木尔林业局
十八站林业局
韩家园林业局
呼中林业局
西林吉林业局